# Kelley Blue Book

**USED CAR GUIDE**
Consumer Edition
**1999 – 2013 Models**

---

| **Vol. 22** | **April—June 2014** | **No. 2** |
|---|---|---|

LES KELLEY - - - - - - - - - - - - - - - - - - - - - - - - *Founder*
BRAD PRICKETT - - - - - - - - - - - - *Director, Industry Products*
KELLY J. SALAZAR - - - - - - - - - - - - *Director, Publications*

Copyright © 2014 by Kelley Blue Book Co., all rights reserved. Printed in U.S.A. Any reproduction, transmission, or storage of the contents of this publication in whole or in part, by any means, is strictly prohibited without the express written consent of the publisher.

Kelley Blue Book Used Car Guide, Consumer Edition is published four times per year in January, April, July and October for $9.95 per issue by Kelley Blue Book Co., P.O. Box 19691, Irvine, CA 92623. POSTMASTER: Send address changes to Kelley Blue Book Auto Market Report, P.O. Box 19691, Irvine, CA 92623.

This publication is distributed to the book trade by NBN (National Book Network), 4501 Forbes Blvd, Ste 200, Lanham, MD 20706.

*Published at:*
**P.O. Box 19691, Irvine, California 92623**
*We assume no responsibility for errors or omissions.*

**Official Guidebooks Since 1926**

# ORDER YOUR BLUE BOOK NOW!

**Kelley Blue Book**
**P.O. Box 19691**
**Irvine, California 92623**

Please accept our order for _____ copies of the Kelley Blue Book Used Car Guide Consumer Edition, at $9.95 per copy, including shipping.

NAME _____
ADDRESS _____
CITY _____
STATE _____ ZIP _____
PHONE (_____)_____
VISA or MASTER CARD # _____
EXP. DATE _____ SIGNATURE _____

    Visa ☐    MasterCard ☐    Check Enclosed ☐

California residents please add sales tax. Shipping outside U.S. extra.

# INTRODUCTION

Since 1926, Kelley Blue Book has provided the automotive industry with used vehicle values. Today we are the trusted resource relied upon by both the automotive industry and consumers. This **Consumer Edition** has been prepared to provide values and information relevant to the different types of consumer transactions.

### What is a guidebook?

A guidebook such as this one is just that, a guide. To produce the most timely, accurate and trusted used vehicle values, Kelley Blue Book's pricing analysts constantly collect and review new and used vehicle transaction data, as well as information on each vehicle's current supply and demand. They then meticulously determine and report used car values based on real market information.

This guidebook represents the educated opinion of Kelley Blue Book's staff and each value is determined after carefully studying information we deem complete and reliable. We assume no responsibility for errors or omissions.

### Is this book the same as the Kelley Blue Book trade publication?

This book contains the trusted values you have come to expect from Kelley Blue Book. The values in the Consumer Guide represent transactions relevant to consumers including Trade-In, Private Party and used Retail Values.

### What is the difference between Trade-In, Private Party and Retail Values?

Kelley Blue Book provides several different values representing different types of transactions.

**Trade-In Value** is what consumers can expect to receive from a dealer for a Trade-In vehicle assuming an accurate appraisal of condition. This value will likely be less than the Private Party Value because the dealer incurs the cost of safety inspections, reconditioning and other costs of doing business.

**Kelley Blue Book factors the following into our Trade-In values:**

**Safety Inspections** — The dealer will incur the cost of inspecting and repairing the vehicle to ensure that it meets government requirements for safety and smog emissions.

**Reconditioning** — Before reselling a vehicle a dealer can spend hundreds or even thousands of dollars performing repairs, routine maintenance and cosmetic detailing and touch up.

The dealer also hopes to make a fair profit for its efforts.

# INTRODUCTION

**Private Party Value** is what a buyer can expect to pay when buying a used car from a private party. The Private Party Value assumes the vehicle is sold "As Is" and carries no warranty (other than the continuing factory warranty). The final sales price will vary depending on the vehicle's actual condition and local market conditions. This value may also be used to derive Fair Market Value for insurance and vehicle donation purposes.

**Suggested Retail Value** is representative of dealers' asking prices and is the starting point for negotiation between a consumer and a dealer. This Suggested Retail Value assumes that the vehicle has been fully reconditioned and has a clean Title History. This value also takes into account the dealers' profit, costs for advertising, sales commissions and other costs of doing business. The final sales price will likely be less depending on the vehicle's actual condition, popularity, type of warranty offered and local market conditions.

**How does Condition affect the value of the vehicle and what is the difference between "Good," "Very Good," and "Excellent"?**
There is never a single correct value for a used vehicle. The value of a vehicle depends on several factors, most importantly condition and overall appearance. Supply and demand for a particular vehicle, local market conditions and the economy also play a role in determining a car's value.

Kelley Blue Book provides additional values for used vehicles in each of the following conditions:

**"Excellent"** condition means that the vehicle looks new, is in excellent mechanical condition and needs no reconditioning. The vehicle has never had any body/paint work, is free of rust, has a clean title history and will pass a smog and safety inspection. The engine compartment is clean and free of visible defects, with no fluid leaks. The vehicle also has complete and verifiable service records. Roughly 3% of all used vehicles fall into this category.

**"Very Good"** condition means that the vehicle may have minor cosmetic defects, is in excellent mechanical condition, and requires minimal (if any) reconditioning. The vehicle is rust free and has had minor or no body/paint work. A clean title history, minimal signs of wear or visible defects, and will pass a smog and safety inspection. The vehicle also has most of its maintenance records.

**"Good"** condition means that the vehicle is free of any major defects. The vehicle has a clean title history with only minor (if any) paint, body and/or interior blemishes and no major mechanical problems. There should be little to no rust on the vehicle. The tires match and have substantial tread wear left. Only some reconditioning or routine servicing required to be sold at retail. Most used vehicles fall into this category.

# HOW TO USE THE BLUE BOOK

**Asterisks (\*\*\*\*)** may appear in place of values on certain vehicles where due to rarity in the marketplace or extreme special interest we can not yet provide accurate Trade-In or Private Party values. Some of these vehicles may be limited production or rarely traded-in. We have included retail values for these vehicles but asterisks appear in place of Trade-In and Private Party values.

## FINDING A VEHICLE

There are two sections in this book, the Automobile or Car section up front and the Truck & Van Section in the back. The Truck & Van section is marked by black tabs on each page. Within each section, the makes are listed alphabetically and models are listed by size within each make. Model years are listed oldest to newest.

## EQUIPMENT ADJUSTMENTS

To get the most accurate value, you will need to add or deduct from the base value depending on the equipment. "Adds" and "Deducts" appear underneath individual vehicles and in separate Equipment Schedules. A value in parentheses represents a "Deduct." More generic equipment adjustments appear in the Equipment Schedules. Schedules for cars are at the front of the book. Equipment schedules for trucks and vans are at the back of the book.

You should always add or subtract for each item that is listed separately, even if it is part of a package that you have already added for or if it was considered original standard equipment. If an equipment item is listed both underneath the vehicle listing and in the Equipment Schedule, use the value underneath the vehicle listing because it is specific to that vehicle.

## MILEAGE

Mileage must also be taken into consideration to derive the most accurate valuation of a used vehicle. On page 9 we have listed an "acceptable" range of mileage for each model year. The range does not represent the average mileage driven for the model year but the point of resistance where value can be affected. As a vehicle gets older, condition is more important than mileage. Vehicles with more miles may sometimes be worth more than lower mileage vehicles if its condition is better. It is important to note that the values we list are intended for vehicles within the acceptable mileage range.

# HOW TO USE THE BLUE BOOK

## ABBREVIATIONS USED IN THIS BOOK

**VIN** — Vehicle Identification Number. The VIN may vary depending on model, engine, transmission and option packages.

**W.B.** — Wheelbase. This is the distance from the center of the front wheel to the center of the rear wheel.

**CID/L** — Engine size displacement in cubic inches or liters.

**List** — This is the original suggested retail price of the vehicle when it was sold new, including destination charges and equipment as indicated on the equipment schedule.

**Trucks** — Trucks listed in this guide have a smooth exterior with the rear wheel wells inside the bed. Value adjustments for models with the rear wheel wells on the outside of the bed can be found on the Truck Equipment Schedules under the Stepside listing.

**Premium Sound** — This refers to an upgraded sound system (Bose, JBL, Infinity, etc.) not simply a CD changer, equalizer or an aftermarket receiver.

## VEHICLE IDENTIFICATION NUMBERS (VINs)

If you are not sure of the year or model of a vehicle, you can often determine them from the Vehicle Identification Number or VIN. Using VINs can get a bit technical. If you already know the year and the model of the vehicle you can skip this information.

Under 2013 Jaguar, you will see the heading "2013 JAGUAR — SAJ (WA0E7)-D-#." This indicates that all 2013 Jaguars have a VIN starting with SAJ and have a D in the 10th position. The fourth through eighth positions determine the specific Jaguar model and are marked by parentheses. The hyphens indicate positions which can be ignored and the # symbol represents the individual vehicle's serial number.

Please note that we do not have room in this guidebook to list all the VIN information. There are some VINs that you cannot decode using the information provided. Also there are some VINs that indicate two or more possible models. In these cases you must determine the particular model by inspecting the vehicle.

# TIPS ON BUYING A USED CAR

## DEALER vs PRIVATE PARTY

There are advantages and disadvantages to buying a car from a dealer vs a Private Party. With a dealer, you may get a warranty and some dealerships offer certification programs for late model vehicles that will extend the original factory warranty. While buying from a dealership provides security, buying from a Private Party can save you money. When buying from a private party, ask for all repair and maintenance records and contact information of the previous owner in case you have questions later.

## TRADING-IN YOUR VEHICLE

If you are trading your vehicle to a dealer, be sure to check the Trade-In Value and the Private Party Value of your vehicle. You may find it to your benefit to sell the vehicle yourself.

## CHECKING OUT A USED VEHICLE

If you are contacting a private party, be sure to ask why they are selling the vehicle. Ask them to describe the condition of the vehicle and how it was used (daily, as a second car, kids car). Ask if they have all of the repair and maintenance records for the vehicle. Ask if you can take the car to a mechanic for an inspection. This is extremely important as private party sales are "As Is" and once you have bought the vehicle, it's yours. If your state requires a smog certificate, insist that the vehicle pass a smog test before buying the car. Smog checks are the current owner's responsibility. Also be certain the vehicle's registration is current and paid to date. It can be costly to reinstate an expired registration. Registration fees vary from state to state, be sure to consult your state's Department of Motor Vehicles.

— Stand away from the vehicle and look at its body panels. Do they all match in color? Do they line up?

— Check the tires for wear. Uneven tire wear, balding on the sides or in the middle, could indicate the need for an alignment or a costly repair to the vehicle's suspension.

— Open the trunk, hood and doors. Look for paint specks or over spray, a sign that all or part of the vehicle has been repainted. If the vehicle has been repainted it is often a sign of some previous damage.

— Check the radiator fluid. If it is very dark or has oil droplets in it, there is a good chance the vehicle has a cracked head gasket meaning that coolant and oil are mixing together.

— Look at the condition of the rubber on each foot pedal and the leather on the steering wheel. Do they show heavy wear? Heavy wear in a low mileage vehicle may indicate that the vehicle has seen more mileage then the odometer indicates.

# TIPS ON BUYING A USED CAR

— Spend as much time as you can inside the vehicle. Feel the seat, and we mean really feel it. Take a good long time to sit, because really, the seat is one of the most important parts of the vehicle.

— What about the steering wheel? Is it too high up or too close to the dash? When adjusted comfortably, does it cut off any or all the gauges? Look at the layout of the radio and heater controls. Can they be easily adjusted without taking your eyes off the road? Look over your shoulders, are there any blind spots that you cannot compensate for by using your mirrors? Climb into the seats, front and back. Is there enough legroom and headroom? Do the headrests come up far enough? Do they touch your head or are they raked back at an angle away from you? Does the seatbelt have an adjustable anchor or does it cut into your neck? Check to see how far the rear windows roll down. Some models have windows that only go down a few inches or are sealed in place and don't roll down at all. Take your time to explore all these areas.

— Then take it for a drive. How does it sound? A prolonged tapping could be the valves needing adjustment or a bad hydraulic lifter. Pump the brake pedal a few times and then press hard with your foot. If it slowly sinks all the way to the floor, there is either a leak in the line or the master cylinder/brake booster is dying. Shift into gear. If the vehicle is an automatic, the transmission should engage immediately and shifts should be crisp and quick. With your foot firmly on the brake, shift from drive to reverse; clunks or grinding noises could indicate a worn or broken engine/transmission mount, bad U-joints or differential wear.

— As you drive along, does the steering wheel shake or vibrate? It shouldn't. Vibration in the steering wheel can mean anything from an unbalanced wheel to a loose steering rack. Cars with ABS (anti-lock brakes) will have a slight pulsating action in the brake pedal when the brakes are applied with some force. Cars without ABS should not have a pulsating brake pedal.

— We also recommend that you contact your local Department of Motor Vehicles. Ask them what forms are required to transfer the vehicle title as well as any other required information. For example, some states require a smog certificate while others require the bill of sale from the current owner.

— Lastly, whatever you do, get it in WRITING. This means if you settle with a private party, write up a contract stating what you are paying for the vehicle and under what terms it is to be delivered. Likewise with a dealer, any work they promise to do or options they intend to add, get it in writing before you close the deal.

# MILEAGE RANGES

## ACCEPTABLE MILEAGE RANGES

The following are acceptable mileage ranges for each model year. They do **not** represent the average miles driven. Rather, they represent an accepted mileage range as demonstrated by market research. If a vehicle's mileage is outside of the accepted range, dollar adjustments may be necessary. Mileage higher than shown on the guidelines below can expect to encounter resistance from a buyer.

| YEAR | ACCEPTABLE MILEAGE RANGE |
|---|---|
| 1999 – 2001 | 146,000 – 151,000 |
| 2002 | 138,000 – 143,000 |
| 2003 | 129,000 – 134,000 |
| 2204 | 120,000 – 125,000 |
| 2005 | 111,000 – 116,000 |
| 2006 | 103,000 – 108,000 |
| 2007 | 92,000 – 97,000 |
| 2008 | 81,000 – 86,000 |
| 2009 | 67,000 – 72,000 |
| 2010 | 52,000 – 57,000 |
| 2011 | 40,000 – 45,000 |
| 2012 | 30,000 – 35,000 |
| 2013 | 21,000 – 26,000 |

# PRIVATE PARTY & RETAIL EQUIPMENT VALUE CONVERSION

Use the chart below to convert Trade-In Equipment Values to Private Party and Retail Values. Simply find your total Trade-In Equipment Value under the Trade-In (TI) column then follow across to the Private Party and Retail (PP/R) column. This new figure will be your Private Party or Retail Equipment Value.

| TI | PP/R | TI | PP/R | TI | PP/R | TI | PP/R | TI | PP/R |
|---|---|---|---|---|---|---|---|---|---|
| 25 | 35 | 225 | 300 | 425 | 565 | 625 | 835 | 825 | 1100 |
| 50 | 65 | 250 | 335 | 450 | 600 | 650 | 865 | 850 | 1135 |
| 75 | 100 | 275 | 365 | 475 | 635 | 675 | 900 | 875 | 1165 |
| 100 | 135 | 300 | 400 | 500 | 665 | 700 | 935 | 900 | 1200 |
| 125 | 165 | 325 | 435 | 525 | 700 | 725 | 965 | 925 | 1235 |
| 150 | 200 | 350 | 465 | 550 | 735 | 750 | 1000 | 950 | 1265 |
| 175 | 235 | 375 | 500 | 575 | 765 | 775 | 1035 | 975 | 1300 |
| 200 | 265 | 400 | 535 | 600 | 800 | 800 | 1065 | 1000 | 1335 |

## 1999-2000 FACTORY EQUIPMENT TRADE-IN VALUES

| Equipment | 1 | 2 | 3 | 4 | 5 | 6 |
|---|---|---|---|---|---|---|
| Premium Sound | 25 | 25 | 25 | 25 | 25 | 25 |
| Navigation System | 50 | — | — | 100 | 100 | — |
| Leather | * | * | 100 | 100 | 100 | 100 |
| T-Bar Roof | — | — | 225 | 225 | — | — |
| Rear Spoiler | 25 | 25 | 25 | 25 | 25 | 25 |
| Alloy Wheels | * | * | 25 | 25 | 25 | 25 |
| Premium Wheels | 100 | 100 | 50 | 50 | 50 | 25 |
| Roof Rack (Wagon) | 25 | 25 | 25 | 25 | 25 | 25 |
| Third Seat (Wagon) | 125 | 50 | 50 | 50 | 50 | 50 |
| **DEDUCT FOR:** | | | | | | |
| w/o ABS | — | — | (25) | (25) | (25) | (25) |
| w/o Power Windows | — | — | — | — | (25) | (25) |
| w/o Power Locks | — | — | — | — | (25) | (25) |
| w/o Tilt Wheel | — | — | — | — | (25) | (25) |
| w/o Leather | (100) | (100) | — | — | — | — |
| w/o Cassette | — | — | — | — | (50) | (50) |

\* — EQUIPMENT INCLUDED IN BASE PRICE

## 2001 FACTORY EQUIPMENT TRADE-IN VALUES

| Equipment | 1 | 2 | 3 | 4 | 5 | 6 |
|---|---|---|---|---|---|---|
| Premium Sound | 25 | 25 | 25 | 25 | 25 | 25 |
| Navigation System | 50 | 125 | 125 | 125 | 125 | 125 |
| Leather | * | * | 100 | 100 | 100 | 100 |
| Rear Spoiler | 25 | 25 | 25 | 25 | 25 | 25 |
| Parking Sensors | 100 | — | — | — | — | — |
| Alloy Wheels | * | * | 25 | 25 | 25 | 25 |
| Premium Wheels | 100 | 100 | 50 | 50 | 50 | 25 |
| Roof Rack (Wagon) | 25 | 25 | 25 | 25 | 25 | 25 |
| Third Seat (Wagon) | 125 | 50 | 50 | 50 | 50 | 50 |
| **DEDUCT FOR:** | | | | | | |
| w/o ABS | — | — | (25) | (25) | (25) | (25) |
| w/o Power Windows | — | — | — | — | (25) | (25) |
| w/o Power Locks | — | — | — | — | (25) | (25) |
| w/o Tilt Wheel | — | — | — | — | (25) | (25) |
| w/o Leather | (100) | (100) | — | — | — | — |
| w/o Cassette | — | — | — | — | (50) | (50) |

\* — EQUIPMENT INCLUDED IN BASE PRICE

**SEE PAGE 9 FOR PVT PARTY & RETAIL EQUIPMENT**

## 2002 FACTORY EQUIPMENT TRADE-IN VALUES

| Equipment | 1 | 2 | 3 | 4 | 5 | 6 |
|---|---|---|---|---|---|---|
| Premium Sound | 25 | 25 | 25 | 25 | 25 | 25 |
| Navigation System | 75 | 125 | 125 | 125 | 125 | 125 |
| Leather | * | * | 100 | 100 | 100 | 100 |
| Rear Spoiler | 25 | 25 | 25 | 25 | 25 | 25 |
| Parking Sensors | 100 | 75 | — | — | — | — |
| Alloy Wheels | * | * | 25 | 25 | 25 | 25 |
| Premium Wheels | 125 | 125 | 75 | 75 | 50 | 25 |
| Roof Rack (Wagon) | 25 | 25 | 25 | 25 | 25 | 25 |
| Third Seat (Wagon) | 150 | 75 | 75 | 75 | 50 | 50 |
| **DEDUCT FOR:** | | | | | | |
| w/o ABS | — | — | (50) | (50) | (25) | (25) |
| w/o Power Windows | — | — | — | — | (25) | (25) |
| w/o Power Locks | — | — | — | — | (25) | (25) |
| w/o Tilt Wheel | — | — | — | — | (25) | (25) |
| w/o Leather | (100) | (100) | — | — | — | — |
| w/o Cassette | — | — | — | — | (25) | (25) |

* — EQUIPMENT INCLUDED IN BASE PRICE

## 2003 FACTORY EQUIPMENT TRADE-IN VALUES

| Equipment | 1 | 2 | 3 | 4 | 5 | 6 |
|---|---|---|---|---|---|---|
| Premium Sound | 25 | 25 | 25 | 25 | 25 | 25 |
| Navigation System | 100 | 150 | 150 | 150 | 150 | 150 |
| Leather | * | * | 100 | 100 | 100 | 100 |
| Rear Spoiler | 25 | 25 | 25 | 25 | 25 | 25 |
| Parking Sensors | 100 | 75 | 75 | — | — | — |
| Alloy Wheels | * | * | 25 | 25 | 25 | 25 |
| Premium Wheels | 150 | 150 | 100 | 100 | 50 | 25 |
| Premium Whls 19"+ | 425 | 425 | 425 | 425 | 425 | 425 |
| Roof Rack (Wagon) | 25 | 25 | 25 | 25 | 25 | 25 |
| Third Seat (Wagon) | 200 | 100 | 100 | 100 | 50 | 50 |
| **DEDUCT FOR:** | | | | | | |
| w/o ABS | — | — | (50) | (50) | (25) | (25) |
| w/o Power Windows | — | — | — | — | (25) | (25) |
| w/o Power Locks | — | — | — | — | (25) | (25) |
| w/o Tilt Wheel | — | — | — | — | (25) | (25) |
| w/o Leather | (100) | (100) | — | — | — | — |

\* — EQUIPMENT INCLUDED IN BASE PRICE

**SEE PAGE 9 FOR PVT PARTY & RETAIL EQUIPMENT**

# 2004 FACTORY EQUIPMENT TRADE-IN VALUES

| Equipment | 1 | 2 | 3 | 4 | 5 | 6 |
|---|---|---|---|---|---|---|
| Premium Sound | 50 | 50 | 25 | 25 | 25 | 25 |
| Navigation System | 150 | 150 | 150 | 150 | 150 | 150 |
| Leather | * | * | 125 | 125 | 125 | 125 |
| Rear Spoiler | 25 | 25 | 25 | 25 | 25 | 25 |
| Parking Sensors | 125 | 75 | 75 | — | — | — |
| Alloy Wheels | * | * | 25 | 25 | 25 | 25 |
| Premium Wheels | 175 | 175 | 125 | 125 | 75 | 25 |
| Premium Whls 19"+ | 450 | 450 | 450 | 450 | 450 | 450 |
| Roof Rack (Wagon) | 25 | 25 | 25 | 25 | 25 | 25 |
| Third Seat (Wagon) | 250 | 125 | 125 | 125 | 75 | 75 |
| **DEDUCT FOR:** | | | | | | |
| w/o ABS | — | — | (25) | (50) | (25) | (25) |
| w/o Power Windows | — | — | — | — | (50) | (25) |
| w/o Power Locks | — | — | — | — | (25) | (25) |
| w/o Tilt Wheel | — | — | — | — | (25) | (25) |
| w/o Leather | (125) | (125) | — | — | — | — |

\* — EQUIPMENT INCLUDED IN BASE PRICE

# 2005 FACTORY EQUIPMENT TRADE-IN VALUES

| Equipment | 1 | 2 | 3 | 4 | 5 | 6 |
|---|---|---|---|---|---|---|
| Premium Sound | 75 | 75 | 25 | 25 | 25 | 25 |
| Video/DVD | 125 | 125 | 125 | 125 | 125 | 125 |
| Navigation System | 200 | 200 | 200 | 200 | 200 | 200 |
| Leather | * | * | 150 | 150 | 150 | 150 |
| Panorama Roof | 850 | — | — | — | — | — |
| Rear Spoiler | 25 | 25 | 25 | 25 | 25 | 25 |
| Parking Sensors | 150 | 100 | 75 | — | — | — |
| Backup Camera | 175 | 175 | 175 | — | — | — |
| Alloy Wheels | * | * | 50 | 50 | 25 | 25 |
| Premium Wheels | 200 | 200 | 150 | 150 | 100 | 50 |
| Premium Whls 19"+ | 450 | 450 | 450 | 450 | 450 | 450 |
| Roof Rack (Wagon) | 25 | 25 | 25 | 25 | 25 | 25 |
| Third Seat (Wagon) | 300 | 150 | 150 | 150 | 100 | 100 |
| **DEDUCT FOR:** | | | | | | |
| w/o ABS | — | — | (25) | (25) | (25) | (25) |
| w/o Power Windows | — | (100) | — | (100) | (75) | (25) |
| w/o Power Locks | — | (25) | — | (25) | (25) | (25) |
| w/o Tilt Wheel | — | (75) | — | (75) | (50) | (25) |
| w/o Leather | (150) | (150) | — | — | — | — |

\* — EQUIPMENT INCLUDED IN BASE PRICE

**SEE PAGE 9 FOR PVT PARTY & RETAIL EQUIPMENT**

## 2006 FACTORY EQUIPMENT TRADE-IN VALUES

| Equipment | 1 | 2 | 3 | 4 | 5 | 6 |
|---|---|---|---|---|---|---|
| Premium Sound | 100 | 100 | 50 | 50 | 50 | 50 |
| Video/DVD | 200 | 200 | 200 | 200 | 200 | 200 |
| Navigation System | 250 | 250 | 250 | 250 | 250 | 250 |
| Leather | * | * | 175 | 175 | 175 | 175 |
| Panorama Roof | 900 | — | — | — | — | — |
| Rear Spoiler | 25 | 25 | 25 | 25 | 25 | 25 |
| Parking Sensors | 175 | 125 | 75 | — | — | — |
| Backup Camera | 200 | 200 | 200 | — | — | — |
| Alloy Wheels | * | * | 75 | 75 | 50 | 25 |
| Premium Wheels | 250 | 250 | 175 | 175 | 125 | 75 |
| Premium Whls 19"+ | 450 | 450 | 450 | 450 | 450 | 450 |
| Roof Rack (Wagon) | 25 | 25 | 25 | 25 | 25 | 25 |
| Third Seat (Wagon) | 350 | 175 | 175 | 175 | 125 | 125 |
| **DEDUCT FOR:** | | | | | | |
| w/o ABS | — | — | (25) | (75) | (25) | (25) |
| w/o Power Windows | — | — | — | — | (100) | — |
| w/o Power Locks | — | — | — | — | (25) | — |
| w/o Tilt Wheel | — | — | — | — | (75) | — |
| w/o Leather | (175) | (175) | — | — | — | — |

\* — EQUIPMENT INCLUDED IN BASE PRICE

## 2007 FACTORY EQUIPMENT TRADE-IN VALUES

| Equipment | 1 | 2 | 3 | 4 | 5 | 6 |
|---|---|---|---|---|---|---|
| Premium Sound | 125 | 125 | 75 | 75 | 75 | 75 |
| Video/DVD | 200 | 200 | 200 | 200 | 200 | 200 |
| Navigation System | 300 | 300 | 300 | 300 | 300 | 300 |
| Leather | * | * | 200 | 200 | 200 | 200 |
| Panorama Roof | 950 | — | 700 | 700 | — | — |
| Rear Spoiler | 25 | 25 | 25 | 25 | 25 | 25 |
| Parking Sensors | 200 | 150 | 100 | — | — | — |
| Backup Camera | 200 | 200 | 200 | — | — | — |
| Alloy Wheels | * | * | 100 | 100 | 75 | 50 |
| Premium Wheels | 300 | 300 | 200 | 200 | 150 | 100 |
| Premium Whls 19"+ | 450 | 450 | 450 | 450 | 450 | 450 |
| Roof Rack (Wagon) | 25 | 25 | 25 | 25 | 25 | 25 |
| Third Seat (Wagon) | 400 | 200 | 200 | 200 | 150 | 150 |
| **DEDUCT FOR:** | | | | | | |
| w/o ABS | — | — | (50) | (50) | (25) | (25) |
| w/o Power Windows | — | — | — | — | (125) | (75) |
| w/o Power Locks | — | — | — | — | (50) | (25) |
| w/o Tilt Wheel | — | — | — | — | (100) | (50) |
| w/o Leather | (200) | (200) | — | — | — | — |

\* — EQUIPMENT INCLUDED IN BASE PRICE

## 2008 FACTORY EQUIPMENT TRADE-IN VALUES

| Equipment | 1 | 2 | 3 | 4 | 5 | 6 |
|---|---|---|---|---|---|---|
| Premium Sound | 150 | 150 | 100 | 100 | 75 | 75 |
| Video/DVD | 250 | 250 | 250 | 250 | 250 | 250 |
| Navigation System | 325 | 325 | 325 | 325 | 325 | 325 |
| Leather | * | * | 250 | 250 | 250 | 250 |
| Panorama Roof | 950 | — | 750 | 750 | — | — |
| Rear Spoiler | 50 | 50 | 50 | 50 | 50 | 50 |
| Parking Sensors | 225 | 150 | 100 | — | — | — |
| Backup Camera | 200 | 200 | 200 | — | — | — |
| Alloy Wheels | * | * | 100 | 100 | 75 | 50 |
| Premium Wheels | 325 | 325 | 225 | 225 | 150 | 100 |
| Premium Whls 19"+ | 500 | 500 | 500 | 500 | 500 | 500 |
| Roof Rack (Wagon) | 50 | 50 | 50 | 50 | 50 | 50 |
| Third Seat (Wagon) | 425 | 225 | 225 | 225 | 175 | 175 |
| **DEDUCT FOR:** | | | | | | |
| w/o ABS | — | — | (100) | (100) | (50) | (25) |
| w/o Power Windows | — | — | — | — | (125) | (75) |
| w/o Power Locks | — | — | — | — | (50) | (25) |
| w/o Tilt Wheel | — | — | — | — | (100) | (50) |
| w/o Leather | (250) | (250) | — | — | — | — |

* — EQUIPMENT INCLUDED IN BASE PRICE

## 2009 FACTORY EQUIPMENT TRADE-IN VALUES

| Equipment | 1 | 2 | 3 | 4 | 5 | 6 |
|---|---|---|---|---|---|---|
| Premium Sound | 175 | 175 | 125 | 125 | 75 | 75 |
| Video/DVD | 300 | 300 | 300 | 300 | 300 | 300 |
| Navigation System | 350 | 350 | 350 | 350 | 350 | 350 |
| Leather | * | * | 300 | 300 | 300 | 300 |
| Panorama Roof | 950 | 775 | 775 | 775 | — | — |
| Rear Spoiler | 75 | 75 | 75 | 75 | 75 | 75 |
| Parking Sensors | 250 | 175 | 100 | — | — | — |
| Backup Camera | 200 | 200 | 200 | — | — | — |
| Alloy Wheels | * | * | 100 | 100 | 75 | 50 |
| Premium Wheels | 350 | 350 | 250 | 250 | 175 | 100 |
| Premium Whls 19"+ | 550 | 550 | 550 | 550 | 550 | 550 |
| Roof Rack (Wagon) | 75 | 75 | 75 | 75 | 50 | 50 |
| Third Seat (Wagon) | 450 | 250 | 250 | 250 | 200 | 200 |
| **DEDUCT FOR:** | | | | | | |
| w/o ABS | — | — | (100) | (100) | (50) | (50) |
| w/o Power Windows | — | — | — | — | (150) | (75) |
| w/o Power Locks | — | — | — | — | (50) | (25) |
| w/o Tilt Wheel | — | — | — | — | (100) | (50) |
| w/o Leather | (300) | (300) | — | — | — | — |

\* — EQUIPMENT INCLUDED IN BASE PRICE

**SEE PAGE 9 FOR PVT PARTY & RETAIL EQUIPMENT**

## 2010 FACTORY EQUIPMENT TRADE-IN VALUES

| Equipment | 1 | 2 | 3 | 4 | 5 | 6 |
|---|---|---|---|---|---|---|
| Premium Sound | 200 | 200 | 150 | 150 | 100 | 75 |
| Video/DVD | 350 | 350 | 350 | 350 | 350 | 350 |
| Navigation System | 400 | 400 | 400 | 400 | 400 | 400 |
| Leather | * | * | 350 | 350 | 350 | 350 |
| Panorama Roof | 950 | 825 | 825 | 500 | — | — |
| Rear Spoiler | 100 | 100 | 100 | 100 | 100 | 100 |
| Parking Sensors | 275 | 200 | 100 | — | — | — |
| Backup Camera | 200 | 200 | 200 | — | — | — |
| Alloy Wheels | * | * | 100 | 100 | 75 | 50 |
| Premium Wheels | 400 | 400 | 275 | 275 | 200 | 100 |
| Premium Whls 19"+ | 600 | 600 | 600 | 600 | 600 | 600 |
| Roof Rack (Wagon) | 100 | 100 | 100 | 100 | 50 | 50 |
| Third Seat (Wagon) | 475 | 275 | 275 | 275 | 225 | 225 |
| **DEDUCT FOR:** | | | | | | |
| w/o ABS | — | — | (100) | (100) | (50) | (50) |
| w/o Power Windows | — | — | — | — | (175) | (75) |
| w/o Power Locks | — | — | — | — | (50) | (25) |
| w/o Tilt Wheel | — | — | — | — | (100) | (50) |
| w/o Leather | (350) | (350) | — | — | — | — |

\* — EQUIPMENT INCLUDED IN BASE PRICE

SEE PAGE 9 FOR PVT PARTY & RETAIL EQUIPMENT

## 2011 FACTORY EQUIPMENT TRADE-IN VALUES

| Equipment | 1 | 2 | 3 | 4 | 5 | 6 |
|---|---|---|---|---|---|---|
| Premium Sound | 225 | 225 | 175 | 175 | 125 | 75 |
| Video/DVD | 400 | 400 | 400 | 400 | 400 | 400 |
| Navigation System | 450 | 450 | 450 | 450 | 450 | 450 |
| Leather | * | * | 400 | 400 | 400 | 400 |
| Panorama Roof | 975 | 825 | 825 | — | — | — |
| Rear Spoiler | 100 | 100 | 100 | 100 | 100 | 100 |
| Parking Sensors | 300 | 225 | 125 | 125 | — | — |
| Backup Camera | 200 | 200 | 200 | 200 | — | — |
| Alloy Wheels | * | * | 125 | 125 | 100 | 75 |
| Premium Wheels | 450 | 450 | 300 | 300 | 225 | 125 |
| Premium Whls 19"+ | 675 | 675 | 675 | 675 | 675 | 675 |
| Roof Rack (Wagon) | — | 100 | 100 | 100 | 50 | 50 |
| Third Seat (Wagon) | — | 300 | 300 | 300 | 250 | 250 |
| **DEDUCT FOR:** | | | | | | |
| w/o ABS | — | — | (125) | (125) | (75) | (25) |
| w/o Power Windows | — | — | — | — | (200) | (100) |
| w/o Power Locks | — | — | — | — | (75) | (25) |
| w/o Tilt Wheel | — | — | — | — | (100) | (75) |
| w/o Leather | (400) | (400) | — | — | — | — |

\* — EQUIPMENT INCLUDED IN BASE PRICE

**SEE PAGE 9 FOR PVT PARTY & RETAIL EQUIPMENT**

## 2012 FACTORY EQUIPMENT TRADE-IN VALUES

| Equipment | 1 | 2 | 3 | 4 | 5 | 6 |
|---|---|---|---|---|---|---|
| Premium Sound | 250 | 250 | 200 | 200 | 150 | 100 |
| Video/DVD | 450 | 450 | 450 | 450 | 450 | 450 |
| Navigation System | 500 | 500 | 500 | 500 | 500 | 500 |
| Leather | * | * | 450 | 450 | 450 | 450 |
| Panorama Roof | 1000 | 825 | 825 | 825 | — | — |
| Rear Spoiler | 100 | 100 | 100 | 100 | 100 | 100 |
| Parking Sensors | 325 | 250 | 150 | 150 | — | — |
| Backup Camera | 200 | 200 | 200 | 200 | — | — |
| Alloy Wheels | * | * | 150 | 150 | 125 | 100 |
| Premium Wheels | 500 | 500 | 350 | 350 | 250 | 150 |
| Premium Whls 19"+ | 750 | 750 | 750 | 750 | 750 | 750 |
| Roof Rack (Wagon) | — | 100 | 100 | 100 | 50 | 50 |
| Third Seat (Wagon) | — | 350 | 350 | 350 | 275 | 275 |
| **DEDUCT FOR:** | | | | | | |
| w/o ABS | — | — | (150) | (150) | (100) | (50) |
| w/o Power Windows | — | — | — | — | (225) | (125) |
| w/o Power Locks | — | — | — | — | (100) | (50) |
| w/o Tilt Wheel | — | — | — | — | (125) | (100) |
| w/o Leather | (450) | (450) | — | — | — | — |

\* — EQUIPMENT INCLUDED IN BASE PRICE

**22    SEE PAGE 9 FOR PVT PARTY & RETAIL EQUIPMENT**

## 2013 FACTORY EQUIPMENT TRADE-IN VALUES

| Equipment | 1 | 2 | 3 | 4 | 5 | 6 |
|---|---|---|---|---|---|---|
| Premium Sound | 275 | 275 | 225 | 225 | 175 | 125 |
| Video/DVD | 500 | 500 | 500 | 500 | 500 | 500 |
| Navigation System | 550 | 550 | 550 | 550 | 550 | 550 |
| Leather | * | * | 525 | 525 | 525 | 525 |
| Panorama Roof | 1025 | 825 | 825 | 825 | — | — |
| Rear Spoiler | 100 | 100 | 100 | 100 | 100 | 100 |
| Parking Sensors | 350 | 275 | 175 | 175 | — | — |
| Backup Camera | 200 | 200 | 200 | 200 | 150 | 125 |
| Alloy Wheels | * | * | 175 | 175 | 275 | 175 |
| Premium Wheels | 550 | 550 | 400 | 400 | 275 | 175 |
| Premium Whls 19"+ | 825 | 825 | 825 | 825 | 825 | 825 |
| Roof Rack (Wagon) | — | 100 | 100 | 100 | 50 | 50 |
| Third Seat (Wagon) | — | 400 | 400 | 400 | 300 | 300 |
| **DEDUCT FOR:** | | | | | | |
| w/o ABS | — | — | (175) | (175) | (125) | (75) |
| w/o Power Windows | — | — | — | — | (250) | (150) |
| w/o Power Locks | — | — | — | — | (125) | (75) |
| w/o Tilt Wheel | — | — | — | — | (150) | (125) |
| w/o Leather | (525) | (525) | — | — | — | — |

\* — EQUIPMENT INCLUDED IN BASE PRICE

**SEE PAGE 9 FOR PVT PARTY & RETAIL EQUIPMENT**

# 1999 ACURA

| Body Type | VIN | List | Trade-In Good | Very Good | Pvt-Party Good | Retail Excellent |
|---|---|---|---|---|---|---|

# *Automobile Section*

## ACURA

### 1999 ACURA — (JH4or19U)(DB765)-X-#

**INTEGRA—4-Cyl.—Equipment Schedule 3**
W.B. 101.2", 103.1" (4D); 1.8 Liter.

| Model | VIN | List | Good | Very Good | Good | Excellent |
|---|---|---|---|---|---|---|
| LS Sedan 4D | DB765 | 21255 | 1275 | 1400 | 2175 | 3450 |
| LS Sport Coupe 2D | DC445 | 20455 | 1300 | 1425 | 2200 | 3500 |
| GS Sedan 4D | DB766 | 22655 | 1375 | 1525 | 2325 | 3675 |
| GS Sport Coupe 2D | DC446 | 22105 | 1450 | 1600 | 2425 | 3850 |
| GS-R Sedan 4D | DB858 | 22855 | 1450 | 1600 | 2425 | 3850 |
| GS-R Sport Coupe 2D | DC238 | 22555 | 1500 | 1650 | 2500 | 3950 |
| Manual, 5-Spd (Sedan) | 3,5 | | (100) | (100) | (135) | (135) |

**CL—4-Cyl.—Equipment Schedule 1**
W.B. 106.9"; 2.3 Liter.

| 2.3 Coupe 2D | YA325 | 24355 | 1425 | 1575 | 2300 | 3575 |
|---|---|---|---|---|---|---|
| Manual, 5-Spd | | | (150) | (150) | (200) | (200) |

**CL—V6—Equipment Schedule 1**
W.B. 106.9"; 3.0 Liter.

| 3.0 Coupe 2D | YA225 | 26605 | 1550 | 1700 | 2575 | 4000 |
|---|---|---|---|---|---|---|

**TL—V6—Equipment Schedule 1**
W.B. 108.1"; 3.2 Liter.

| 3.2 Sedan 4D | UA564 | 28405 | 1150 | 1275 | 1900 | 2925 |
|---|---|---|---|---|---|---|

**RL—V6—Equipment Schedule 1**
W.B. 114.6"; 3.5 Liter.

| 3.5 Sedan 4D | KA964 | 42355 | 2000 | 2200 | 3075 | 4600 |
|---|---|---|---|---|---|---|

**NSX—V6—Equipment Schedule 2**
W.B. 99.6"; 3.0 Liter, 3.2 Liter.

| Sport Coupe 2D | NA123 | 84745 | 21800 | 22700 | 24600 | 29700 |
|---|---|---|---|---|---|---|
| T-Targa 2D | NA126 | 88745 | 21900 | 22800 | 24800 | 29800 |

### 2000 ACURA — (JH4or19U)(DB765)-Y-#

**INTEGRA—4-Cyl.—Equipment Schedule 3**
W.B. 101.2", 103.1" (4D); 1.8 Liter.

| Model | VIN | List | Good | Very Good | Good | Excellent |
|---|---|---|---|---|---|---|
| LS Sedan 4D | DB765 | 21355 | 1725 | 1900 | 2700 | 4125 |
| LS Sport Coupe 2D | DC445 | 20555 | 1775 | 1950 | 2775 | 4225 |
| GS Sedan 4D | DB766 | 22755 | 1875 | 2050 | 2925 | 4425 |
| GS Sport Coupe 2D | DC446 | 22205 | 1950 | 2150 | 3025 | 4575 |
| GS-R Sedan 4D | DB859 | 22955 | 1925 | 2125 | 3000 | 4525 |
| GS-R Sport Coupe 2D | DC239 | 22655 | 2000 | 2200 | 3100 | 4675 |
| Type R Sport Cpe 2D | DC231 | 24805 | **** | **** | **** | 8150 |
| Manual, 5-Spd (Sedan) | 3,5 | | (100) | (100) | (135) | (135) |

**TL—V6—Equipment Schedule 1**
W.B. 108.1"; 3.2 Liter.

| 3.2 Sedan 4D | UA566 | 28855 | 1475 | 1625 | 2275 | 3450 |
|---|---|---|---|---|---|---|

**RL—V6—Equipment Schedule 1**
W.B. 114.6"; 3.5 Liter.

| 3.5 Sedan 4D | KA965 | 42455 | 2375 | 2600 | 3425 | 4975 |
|---|---|---|---|---|---|---|

**NSX—V6—Equipment Schedule 2**
W.B. 99.6"; 3.0 Liter, 3.2 Liter.

| Sport Coupe 2D | NA123 | 84745 | 24000 | 25000 | 26900 | 32000 |
|---|---|---|---|---|---|---|
| T-Targa 2D | NA126 | 88745 | 24200 | 25200 | 27100 | 32300 |

### 2001 ACURA — (JH4or19U)(DB765)-1-#

**INTEGRA—4-Cyl.—Equipment Schedule 3**
W.B. 101.2", 103.1" (4D); 1.8 Liter.

| Model | VIN | List | Good | Very Good | Good | Excellent |
|---|---|---|---|---|---|---|
| LS Sedan 4D | DB765 | 21480 | 2150 | 2350 | 3125 | 4575 |
| LS Sport Coupe 2D | DC445 | 20680 | 2225 | 2450 | 3225 | 4725 |
| GS Sedan 4D | DB766 | 22380 | 2350 | 2575 | 3400 | 4950 |
| GS Sport Coupe 2D | DC446 | 22330 | 2425 | 2650 | 3500 | 5100 |
| GS-R Sedan 4D | DB859 | 22980 | 2400 | 2625 | 3475 | 5050 |
| GS-R Sport Coupe 2D | DC239 | 22780 | 2525 | 2775 | 3625 | 5275 |
| Type R Sport Cpe 2D | DC231 | 24930 | **** | **** | **** | 9625 |
| Manual, 5-Spd (Sedan) | 3,5 | | (175) | (175) | (235) | (235) |

**CL—V6—Equipment Schedule 1**
W.B. 106.9"; 3.2 Liter.

| 3.2 Coupe 2D | YA424 | 28460 | 1975 | 2175 | 2875 | 4200 |
|---|---|---|---|---|---|---|

**DEDUCT FOR RECONDITIONING**

# 2001 ACURA

| Body Type | VIN | List | Trade-In Good | Trade-In Very Good | Pvt-Party Good | Retail Excellent |
|---|---|---|---|---|---|---|
| 3.2 Type S Coupe 2D | YA426 | 30810 | 2425 | 2650 | 3475 | 5050 |
| **TL—V6—Equipment Schedule 1** | | | | | | |
| W.B. 108.1"; 3.2 Liter. | | | | | | |
| 3.2 Sedan 4D | UA566 | 29030 | 1725 | 1900 | 2625 | 3925 |
| **RL—V6—Equipment Schedule 1** | | | | | | |
| W.B. 114.6"; 3.5 Liter. | | | | | | |
| 3.5 Sedan 4D | KA965 | 42630 | 3400 | 3725 | 4625 | 6475 |
| **NSX—V6—Equipment Schedule 2** | | | | | | |
| W.B. 99.6"; 3.0 Liter, 3.2 Liter. | | | | | | |
| Sport Coupe 2D | NA123 | 84845 | 26000 | 27000 | 28800 | 34100 |
| Targa 2D | NA126 | 88845 | 26200 | 27200 | 29000 | 34400 |

## 2002 ACURA — (JH4or19U)(DC548)-2-#

| Body Type | VIN | List | Good | Very Good | Pvt-Party Good | Retail Excellent |
|---|---|---|---|---|---|---|
| **RSX—4-Cyl.—Equipment Schedule 3** | | | | | | |
| W.B. 101.2"; 2.0 Liter. | | | | | | |
| Sport Coupe 2D | DC548 | 21350 | 2975 | 3275 | 3900 | 5375 |
| Type S Sport Cpe 2D | DC530 | 23650 | 3475 | 3800 | 4675 | 6400 |
| **CL—V6—Equipment Schedule 1** | | | | | | |
| W.B. 106.9"; 3.2 Liter. | | | | | | |
| 3.2 Coupe 2D | YA424 | 28510 | 2525 | 2775 | 3500 | 4975 |
| 3.2 Type S Coupe 2D | YA426 | 30860 | 2975 | 3275 | 4250 | 6000 |
| **TL—V6—Equipment Schedule 1** | | | | | | |
| W.B. 108.1"; 3.2 Liter. | | | | | | |
| 3.2 Sedan 4D | UA566 | 29360 | 2225 | 2450 | 3225 | 4675 |
| 3.2 Type S Sedan 4D | UA568 | 31710 | 2600 | 2850 | 3725 | 5375 |
| **RL—V6—Equipment Schedule 1** | | | | | | |
| W.B. 114.6"; 3.5 Liter. | | | | | | |
| 3.5 Sedan 4D | KA965 | 43630 | 3725 | 4050 | 4925 | 6700 |
| **NSX—V6—Equipment Schedule 2** | | | | | | |
| W.B. 99.6"; 3.0 Liter, 3.2 Liter. | | | | | | |
| Targa 2D | NA126 | 89745 | 28100 | 29200 | 31900 | 38500 |

## 2003 ACURA — (JH4or19U)(DC548)-3-#

| Body Type | VIN | List | Good | Very Good | Pvt-Party Good | Retail Excellent |
|---|---|---|---|---|---|---|
| **RSX—4-Cyl.—Equipment Schedule 3** | | | | | | |
| W.B. 101.2"; 2.0 Liter. | | | | | | |
| Sport Coupe 2D | DC548 | 21375 | 3600 | 3925 | 4850 | 6625 |
| Type S Sport Cpe 2D | DC530 | 23770 | 4350 | 4700 | 5775 | 7850 |
| **CL—V6—Equipment Schedule 1** | | | | | | |
| W.B. 106.9"; 3.2 Liter. | | | | | | |
| 3.2 Coupe 2D | YA424 | 28700 | 2900 | 3200 | 4100 | 5775 |
| 3.2 Type S Coupe 2D | YA426 | 31050 | 3650 | 3975 | 5075 | 7050 |
| **TL—V6—Equipment Schedule 1** | | | | | | |
| W.B. 108.1"; 3.2 Liter. | | | | | | |
| 3.2 Sedan 4D | UA566 | 29480 | 3050 | 3350 | 4050 | 5600 |
| 3.2 Type S Sedan 4D | UA568 | 31830 | 3325 | 3650 | 4550 | 6275 |
| **RL—V6—Equipment Schedule 1** | | | | | | |
| W.B. 114.6"; 3.5 Liter. | | | | | | |
| 3.5 Sedan 4D | KA965 | 43650 | 4400 | 4750 | 5750 | 7725 |
| **NSX—V6—Equipment Schedule 2** | | | | | | |
| W.B. 99.6"; 3.0 Liter, 3.2 Liter. | | | | | | |
| Targa 2D | NA126 | 89765 | 30600 | 31700 | 33900 | 40200 |

## 2004 ACURA — (JH4or19U)(DC548)-4-#

| Body Type | VIN | List | Good | Very Good | Pvt-Party Good | Retail Excellent |
|---|---|---|---|---|---|---|
| **RSX—4-Cyl.—Equipment Schedule 3** | | | | | | |
| W.B. 101.2"; 2.0 Liter. | | | | | | |
| Sport Coupe 2D | DC548 | 21470 | 4350 | 4700 | 5675 | 7625 |
| Type S Sport Cpe 2D | DC530 | 23865 | 5050 | 5425 | 6750 | 9000 |
| **TSX—4-Cyl.—Equipment Schedule 3** | | | | | | |
| W.B. 105.1"; 2.4 Liter. | | | | | | |
| Sedan 4D | CL958 | 26990 | 5800 | 6200 | 7300 | 9425 |
| **TL—V6—Equipment Schedule 1** | | | | | | |
| W.B. 107.9"; 3.2 Liter. | | | | | | |
| 3.2 Sedan 4D | UA566 | 33195 | 5775 | 6175 | 7175 | 9200 |
| **RL—V6—Equipment Schedule 1** | | | | | | |
| W.B. 114.6"; 3.5 Liter. | | | | | | |
| 3.5 Sedan 4D | KA965 | 46100 | 5750 | 6150 | 7475 | 9875 |
| **NSX—V6—Equipment Schedule 2** | | | | | | |
| W.B. 99.6"; 3.0 Liter, 3.2 Liter. | | | | | | |
| Targa 2D | NA126 | 89765 | 35100 | 36400 | 37900 | 44300 |

EQUIPMENT & MILEAGE PAGE 9 TO 23

# 2005 ACURA

| Body Type | VIN | List | Trade-In Good | Very Good | Pvt-Party Good | Retail Excellent |
|---|---|---|---|---|---|---|

## 2005 ACURA — (JH4or19U)(DC548)-5-#

**RSX—4-Cyl.—Equipment Schedule 3**
W.B. 101.2"; 2.0 Liter.
| | | | | | | |
|---|---|---|---|---|---|---|
| Sport Coupe 2D | DC548 | 21745 | 5450 | 5850 | 7100 | 9225 |
| Type S Sport Cpe 2D | DC530 | 24240 | 6550 | 6975 | 8400 | 10850 |

**TSX—4-Cyl.—Equipment Schedule 3**
W.B. 105.1"; 2.4 Liter.
| | | | | | | |
|---|---|---|---|---|---|---|
| Sedan 4D | CL968 | 27760 | 6700 | 7150 | 8225 | 10250 |

**TL—V6—Equipment Schedule 1**
W.B. 107.9"; 3.2 Liter.
| | | | | | | |
|---|---|---|---|---|---|---|
| 3.2 Sedan 4D | UA662 | 33670 | 7075 | 7525 | 8725 | 10950 |

**RL SH-AWD—V6—Equipment Schedule 1**
W.B. 110.2"; 3.5 Liter.
| | | | | | | |
|---|---|---|---|---|---|---|
| 3.5 Sedan 4D | KB165 | 49670 | 7625 | 8100 | 9600 | 12200 |

**NSX—V6—Equipment Schedule 2**
W.B. 99.6"; 3.0 Liter, 3.2 Liter.
| | | | | | | |
|---|---|---|---|---|---|---|
| Targa 2D | NA126 | 89765 | 39300 | 40800 | 42500 | 49300 |

## 2006 ACURA — (JH4or19U)(DC548)-6-#

**RSX—4-Cyl.—Equipment Schedule 3**
W.B. 101.2"; 2.0 Liter.
| | | | | | | |
|---|---|---|---|---|---|---|
| Sport Coupe 2D | DC548 | 21840 | 6375 | 6825 | 8000 | 10100 |
| Type S Sport Cpe 2D | DC530 | 24460 | 7850 | 8325 | 9675 | 12200 |

**TSX—4-Cyl.—Equipment Schedule 3**
W.B. 105.1"; 2.4 Liter.
| | | | | | | |
|---|---|---|---|---|---|---|
| Sedan 4D | CL968 | 28505 | 7775 | 8250 | 9300 | 11450 |

**TL—V6—Equipment Schedule 1**
W.B. 107.9"; 3.2 Liter.
| | | | | | | |
|---|---|---|---|---|---|---|
| 3.2 Sedan 4D | UA662 | 33940 | 8400 | 8900 | 10050 | 12350 |

**RL SH-AWD—V6—Equipment Schedule 1**
W.B. 110.2"; 3.5 Liter.
| | | | | | | |
|---|---|---|---|---|---|---|
| 3.5 Sedan 4D | KB165 | 49915 | 8650 | 9150 | 10400 | 12900 |
| Technology Pkg | | | 675 | 675 | 900 | 900 |

## 2007 ACURA — (JH4or19U)(CL968)-7-#

**TSX—4-Cyl. VTEC—Equipment Schedule 3**
W.B. 105.1"; 2.4 Liter.
| | | | | | | |
|---|---|---|---|---|---|---|
| Sedan 4D | CL968 | 28760 | 8725 | 9225 | 10300 | 12650 |

**TL—V6 VTEC—Equipment Schedule 1**
W.B. 107.9"; 3.2 Liter, 3.5 Liter.
| | | | | | | |
|---|---|---|---|---|---|---|
| 3.2 Sedan 4D | UA662 | 34295 | 10000 | 10550 | 11600 | 13950 |
| Type S Sedan 4D | UA755 | 38795 | 11850 | 12450 | 13650 | 16450 |

**RL SH-AWD—V6—Equipment Schedule 1**
W.B. 110.2"; 3.5 Liter.
| | | | | | | |
|---|---|---|---|---|---|---|
| 3.5 Sedan 4D | KB165 | 46450 | 10350 | 10900 | 12200 | 14900 |
| Technology Pkg | | | 700 | 700 | 935 | 935 |

## 2008 ACURA — (JH4or19U)(CL968)-8-#

**TSX—4-Cyl. VTEC—Equipment Schedule 3**
W.B. 105.1"; 2.4 Liter.
| | | | | | | |
|---|---|---|---|---|---|---|
| Sedan 4D | CL968 | 28905 | 10050 | 10600 | 11300 | 13350 |

**TL—V6 VTEC—Equipment Schedule 1**
W.B. 107.9"; 3.2 Liter, 3.5 Liter.
| | | | | | | |
|---|---|---|---|---|---|---|
| 3.2 Sedan 4D | UA662 | 34440 | 11750 | 12350 | 13300 | 15800 |
| Type S Sedan 4D | UA765 | 38940 | 14600 | 15250 | 16450 | 19450 |

**RL SH-AWD—V6—Equipment Schedule 1**
W.B. 110.2"; 3.5 Liter.
| | | | | | | |
|---|---|---|---|---|---|---|
| 3.5 Sedan 4D | KB165 | 46995 | 12200 | 12800 | 14100 | 17050 |
| Technology Pkg | | | 700 | 700 | 935 | 935 |

## 2009 ACURA — (JH4or19U)(CU266)-9-#

**TSX—4-Cyl. VTEC—Equipment Schedule 3**
W.B. 106.4"; 2.4 Liter.
| | | | | | | |
|---|---|---|---|---|---|---|
| Sedan 4D | CU266 | 29720 | 12350 | 12950 | 13850 | 16350 |
| Technology Pkg | | | 725 | 725 | 965 | 965 |

**TL—V6 VTEC—Equipment Schedule 1**
W.B. 109.3"; 3.5 Liter, 3.7 Liter.
| | | | | | | |
|---|---|---|---|---|---|---|
| Sedan 4D | UA862 | 35765 | 15050 | 15750 | 16500 | 19150 |
| Technology Pkg | | | 725 | 725 | 965 | 965 |
| SH-AWD | | | 1850 | 1850 | 2465 | 2465 |

**DEDUCT FOR RECONDITIONING**

# 2009 ACURA

| Body Type | VIN | List | Trade-In Good | Very Good | Pvt-Party Good | Retail Excellent |
|---|---|---|---|---|---|---|
| **RL SH-AWD—V6—Equipment Schedule 1** | | | | | | |
| W.B. 110.2"; 3.7 Liter. | | | | | | |
| 3.5 Sedan 4D | KB265 | 47040 | 16700 | 17450 | 18650 | 22000 |
| Technology Pkg | | | 725 | 725 | 965 | 965 |

## 2010 ACURA — (JH4or19U)(CU2F6)-A-#

| Body Type | VIN | List | Trade-In Good | Very Good | Pvt-Party Good | Retail Excellent |
|---|---|---|---|---|---|---|
| **TSX—4-Cyl. VTEC—Equipment Schedule 3** | | | | | | |
| W.B. 106.4"; 2.4 Liter. | | | | | | |
| Sedan 4D | CU2F6 | 30070 | 13900 | 14550 | 15400 | 17900 |
| Technology Pkg | | | 750 | 750 | 1000 | 1000 |
| V6, VTEC, 3.5 Liter | 4 | | 2025 | 2025 | 2700 | 2700 |
| **TL—V6 VTEC—Equipment Schedule 1** | | | | | | |
| W.B. 109.3"; 3.5 Liter, 3.7 Liter. | | | | | | |
| Sedan 4D | UA8F2 | 35915 | 16750 | 17500 | 18250 | 21100 |
| Technology Pkg | | | 750 | 750 | 1000 | 1000 |
| SH-AWD | | | 1925 | 1925 | 2565 | 2565 |
| **RL SH-AWD—V6—Equipment Schedule 1** | | | | | | |
| W.B. 110.2"; 3.7 Liter. | | | | | | |
| Sedan 4D | KB2F5 | 47640 | 19750 | 20600 | 21600 | 25000 |
| Technology Pkg | | | 750 | 750 | 1000 | 1000 |

## 2011 ACURA — (JH4or19U)(CU2F6)-B-#

| Body Type | VIN | List | Trade-In Good | Very Good | Pvt-Party Good | Retail Excellent |
|---|---|---|---|---|---|---|
| **TSX—4-Cyl. VTEC—Equipment Schedule 3** | | | | | | |
| W.B. 106.4"; 2.4 Liter. | | | | | | |
| Sedan 4D | CU2F6 | 30470 | 16250 | 16950 | 17400 | 19800 |
| Wagon 4D | CW2H5 | 31820 | 18000 | 18750 | 19200 | 21800 |
| Technology Pkg | | | 750 | 750 | 1000 | 1000 |
| V6, VTEC, 3.5 Liter | 4 | | 2150 | 2150 | 2865 | 2865 |
| **TL—V6 VTEC—Equipment Schedule 1** | | | | | | |
| W.B. 109.3"; 3.5 Liter, 3.7 Liter. | | | | | | |
| Sedan 4D | UA8F2 | 36165 | 18750 | 19600 | 20100 | 22900 |
| Technology Pkg | | | 750 | 750 | 1000 | 1000 |
| **RL SH-AWD—V6—Equipment Schedule 1** | | | | | | |
| W.B. 110.2"; 3.7 Liter. | | | | | | |
| Sedan 4D | KB2F5 | 48060 | 25600 | 26600 | 27200 | 30900 |
| Advance Pkg | | | 925 | 925 | 1235 | 1235 |
| Technology Pkg | | | 750 | 750 | 1000 | 1000 |

## 2012 ACURA — (JH4or19U)(CU2F4)-C-#

| Body Type | VIN | List | Trade-In Good | Very Good | Pvt-Party Good | Retail Excellent |
|---|---|---|---|---|---|---|
| **TSX—4-Cyl. VTEC—Equipment Schedule 3** | | | | | | |
| W.B. 106.4"; 2.4 Liter. | | | | | | |
| Sedan 4D | CU2F4 | 30695 | 18500 | 19300 | 19750 | 22500 |
| Wagon 4D | CW2H5 | 32045 | 20400 | 21200 | 21700 | 24700 |
| Technology Pkg | | | 775 | 775 | 1035 | 1035 |
| V6, VTEC, 3.5 Liter | 4 | | 2250 | 2250 | 3000 | 3000 |
| **TL—V6 VTEC—Equipment Schedule 1** | | | | | | |
| W.B. 109.3"; 3.5 Liter. | | | | | | |
| Sedan 4D | UA8F2 | 36600 | 22000 | 23000 | 23300 | 26500 |
| Advance Pkg | | | 950 | 950 | 1265 | 1265 |
| Technology Pkg | | | 775 | 775 | 1035 | 1035 |
| **TL SH-AWD—V6 VTEC—Equipment Schedule 1** | | | | | | |
| W.B. 109.3"; 3.7 Liter. | | | | | | |
| Sedan 4D | UA9F2 | 40150 | 25400 | 26400 | 26800 | 30300 |
| Advance Pkg | | | 950 | 950 | 1265 | 1265 |
| Technology Pkg | | | 775 | 775 | 1035 | 1035 |
| **RL SH-AWD—V6—Equipment Schedule 1** | | | | | | |
| W.B. 110.2"; 3.7 Liter. | | | | | | |
| Sedan 4D | KB2F5 | 48585 | 29500 | 30700 | 31100 | 35200 |
| Advance Pkg | | | 950 | 950 | 1265 | 1265 |
| Technology Pkg | | | 775 | 775 | 1035 | 1035 |

## 2013 ACURA — (JH4or19U)(DE1F3)-D-#

| Body Type | VIN | List | Trade-In Good | Very Good | Pvt-Party Good | Retail Excellent |
|---|---|---|---|---|---|---|
| **ILX—4-Cyl. VTEC—Equipment Schedule 3** | | | | | | |
| W.B. 105.1"; 2.0 Liter, 2.4 Liter. | | | | | | |
| 2.0L Sedan 4D | DE1F3 | 26795 | 17950 | 18700 | 19150 | 21800 |
| 2.4L Sedan 4D | DE2E5 | 30095 | 18200 | 19000 | 19450 | 22100 |
| Technology Pkg | | | 1500 | 1500 | 2000 | 2000 |
| **ILX—4-Cyl. VTEC Hybrid—Equipment Schedule 3** | | | | | | |
| W.B. 105.1"; 1.5 Liter. | | | | | | |
| Sedan 4D | DE3F3 | 29795 | 18800 | 19600 | 20000 | 22800 |
| Technology Pkg | | | 1500 | 1500 | 2000 | 2000 |

EQUIPMENT & MILEAGE PAGE 9 TO 23

## 2013 ACURA

| Body Type | VIN | List | Trade-In Good | Very Good | Pvt-Party Good | Retail Excellent |
|---|---|---|---|---|---|---|
| **TSX—4-Cyl. VTEC**—Equipment Schedule 3 | | | | | | |
| W.B. 106.4"; 2.4 Liter. | | | | | | |
| Sedan 4D | CU2F4 | 31405 | 21200 | 22100 | 22000 | 24600 |
| Wagon 4D | CW2H5 | 32775 | 22900 | 23900 | 23800 | 26600 |
| Technology Pkg | | | 775 | 775 | 1035 | 1035 |
| V6, VTEC, 3.5 Liter | 4 | | 2375 | 2375 | 3165 | 3165 |
| **TL—V6 VTEC**—Equipment Schedule 1 | | | | | | |
| W.B. 109.3"; 3.5 Liter. | | | | | | |
| Sedan 4D | UA8F2 | 36800 | 25200 | 26200 | 26300 | 29600 |
| Special Ed Sedan 4D | UA8F3 | 38300 | 25200 | 26200 | 26300 | 29600 |
| Advance Pkg | | | 975 | 975 | 1300 | 1300 |
| Technology Pkg | | | 775 | 775 | 1035 | 1035 |
| **TL SH-AWD—V6 VTEC**—Equipment Schedule 1 | | | | | | |
| W.B. 109.3"; 3.7 Liter. | | | | | | |
| Sedan 4D | UA9F2 | 40350 | 28400 | 29600 | 29700 | 33400 |
| Advance Pkg | | | 975 | 975 | 1300 | 1300 |
| Technology Pkg | | | 775 | 775 | 1035 | 1035 |

## ASTON MARTIN

### 2005 ASTON MARTIN — SCF(AD01A)-5-#

**DB9—V12**—Equipment Schedule 2
W.B. 107.9"; 6.0 Liter.

| Body Type | VIN | List | Good | Very Good | Good | Excellent |
|---|---|---|---|---|---|---|
| Coupe 2D | AD01A | 160000 | **** | **** | **** | 70600 |
| Volante Conv 2D | AD02A | 173000 | **** | **** | **** | 76400 |

**VANQUISH S—V12**—Equipment Schedule 2
W.B. 105.9"; 6.0 Liter.

| Coupe 2D | AC243 | 255000 | **** | **** | **** | 105000 |
|---|---|---|---|---|---|---|

### 2006 ASTON MARTIN — SCF(AD01A)-6-#

**DB9—V12**—Equipment Schedule 2
W.B. 107.9"; 6.0 Liter.

| Coupe 2D | AD01A | 162350 | **** | **** | **** | 71300 |
|---|---|---|---|---|---|---|
| Volante Conv 2D | AD02A | 176250 | **** | **** | **** | 79700 |

**VANQUISH S—V12**—Equipment Schedule 2
W.B. 105.9"; 6.0 Liter.

| Coupe 2D | AC243 | 261350 | **** | **** | **** | 108200 |
|---|---|---|---|---|---|---|

**VANTAGE—V8**—Equipment Schedule 2
W.B. 102.4"; 4.3 Liter.

| Coupe 2D | BB03B | 108750 | **** | **** | **** | 65900 |
|---|---|---|---|---|---|---|

### 2007 ASTON MARTIN — SCF(AD01A)-7-#

**DB9—V12**—Equipment Schedule 2
W.B. 108.0"; 6.0 Liter.

| Coupe 2D | AD01A | 163400 | **** | **** | **** | 87100 |
|---|---|---|---|---|---|---|
| Volante Conv 2D | AD02A | 176900 | **** | **** | **** | 95600 |

**VANTAGE—V8**—Equipment Schedule 2
W.B. 102.5"; 4.3 Liter.

| Coupe 2D | BB03B | 111950 | **** | **** | **** | 72000 |
|---|---|---|---|---|---|---|
| Roadster 2D | BF04B | 125150 | **** | **** | **** | 81400 |

### 2008 ASTON MARTIN — SCF(AD01A)-8-#

**DB9—V12**—Equipment Schedule 2
W.B. 108.0"; 6.0 Liter.

| Coupe 2D | AD01A | 168950 | **** | **** | **** | 101300 |
|---|---|---|---|---|---|---|
| Volante Conv 2D | AD02A | 182450 | **** | **** | **** | 118300 |

**DBS—V12**—Equipment Schedule 2
W.B. 107.9"; 6.0 Liter.

| Coupe 2D | FAB05 | 266350 | **** | **** | **** | 149000 |
|---|---|---|---|---|---|---|

**VANTAGE—V8**—Equipment Schedule 2
W.B. 102.5"; 4.3 Liter.

| Coupe 2D | BF03B | 114750 | **** | **** | **** | 75700 |
|---|---|---|---|---|---|---|
| Roadster 2D | BF04B | 127750 | **** | **** | **** | 84800 |

### 2009 ASTON MARTIN — SCF(AD01E)-9-#

**DB9—V12**—Equipment Schedule 2
W.B. 108.0"; 6.0 Liter.

| Coupe 2D | AD01E | 184685 | **** | **** | **** | 130000 |
|---|---|---|---|---|---|---|
| Volante Conv 2D | AD02E | 198185 | **** | **** | **** | 146400 |

**DEDUCT FOR RECONDITIONING**

# 2009 ASTON MARTIN

| Body Type | VIN | List | Trade-In Good | Very Good | Pvt-Party Good | Retail Excellent |
|---|---|---|---|---|---|---|
| **DBS—V12—Equipment Schedule 2** | | | | | | |
| W.B. 107.9"; 6.0 Liter. | | | | | | |
| Coupe 2D | AB05D | 270615 | **** | **** | **** | 167600 |
| Volante Conv 2D | AB02D | 284115 | **** | **** | **** | 170900 |
| **VANTAGE—V8—Equipment Schedule 2** | | | | | | |
| W.B. 102.5"; 4.3 Liter. | | | | | | |
| Coupe 2D | BF03C | 122365 | **** | **** | **** | 85200 |
| Roadster 2D | BF04C | 135365 | **** | **** | **** | 94100 |

## 2010 ASTON MARTIN — SCF(FDAAE)-A-#

| Body Type | VIN | List | Good | Very Good | Good | Excellent |
|---|---|---|---|---|---|---|
| **DB9—V12—Equipment Schedule 2** | | | | | | |
| W.B. 107.9"; 6.0 Liter. | | | | | | |
| Coupe 2D | FDAAE | 187685 | **** | **** | **** | 140300 |
| Volante Conv 2D | FDABE | 201185 | **** | **** | **** | 156100 |
| **DBS—V12—Equipment Schedule 2** | | | | | | |
| W.B. 107.9"; 6.0 Liter. | | | | | | |
| Coupe 2D | FDCBD | 273615 | **** | **** | **** | 190500 |
| Volante Conv 2D | FDCCD | 287115 | **** | **** | **** | 193800 |
| **RAPIDE—V12—Equipment Schedule 2** | | | | | | |
| W.B. 117.7"; 6.0 Liter. | | | | | | |
| Sedan 4D | HDDAJ | 203665 | **** | **** | **** | 162700 |
| **VANTAGE—V8—Equipment Schedule 2** | | | | | | |
| W.B. 102.5"; 4.7 Liter. | | | | | | |
| Coupe 2D | EBBAC | 122365 | **** | **** | **** | 96900 |
| Roadster 2D | EBBBC | 135365 | **** | **** | **** | 107800 |
| N420 Coupe 2D | EBBAC | 135315 | **** | **** | **** | 101300 |
| N420 Roadster 2D | EBBBC | 148315 | **** | **** | **** | 112200 |

## 2011 ASTON MARTIN — SCF(FDAAE)-B-#

| Body Type | VIN | List | Good | Very Good | Good | Excellent |
|---|---|---|---|---|---|---|
| **DB9—V12—Equipment Schedule 2** | | | | | | |
| W.B. 107.9"; 6.0 Liter. | | | | | | |
| Coupe 2D | FDAAE | 192230 | **** | **** | **** | 156500 |
| Luxury Ed Coupe 2D | FDAAE | 201175 | **** | **** | **** | 161200 |
| Sports Ed Coupe 2D | FDAAE | 201566 | **** | **** | **** | 161700 |
| Volante Conv 2D | FDABE | 205730 | **** | **** | **** | 172300 |
| Volante Luxury Conv | FDABE | 214275 | **** | **** | **** | 177600 |
| Volante Sports Conv | FDABE | 214666 | **** | **** | **** | 178100 |
| **DBS—V12—Equipment Schedule 2** | | | | | | |
| W.B. 107.9"; 6.0 Liter. | | | | | | |
| Coupe 2D | FDCBD | 273275 | **** | **** | **** | 213500 |
| Volante Conv 2D | FDCCD | 286910 | **** | **** | **** | 216700 |
| **VANTAGE—V8—Equipment Schedule 2** | | | | | | |
| W.B. 102.5"; 4.7 Liter. | | | | | | |
| Coupe 2D | EBBAK | 121965 | **** | **** | **** | 104200 |
| Convertible 2D | EBBBK | 134965 | **** | **** | **** | 114900 |
| N420 Coupe 2D | EBBAK | 133215 | **** | **** | **** | 108500 |
| N420 Convertible 2D | EBBBK | 146215 | **** | **** | **** | 119200 |
| S Coupe 2D | EKBDL | 139615 | **** | **** | **** | 116700 |
| S Convertible 2D | EKBEL | 152615 | **** | **** | **** | 127800 |
| **VANTAGE—V12—Equipment Schedule 2** | | | | | | |
| W.B. 107.9"; 6.0 Liter. | | | | | | |
| Coupe 2D | EBBCF | 185150 | **** | **** | **** | 151300 |
| Carbon Black Coupe | EBBCF | 196610 | **** | **** | **** | 157800 |

## 2012 ASTON MARTIN — SCF(FDAAE)-C-#

| Body Type | VIN | List | Good | Very Good | Good | Excellent |
|---|---|---|---|---|---|---|
| **DB9—V12—Equipment Schedule 2** | | | | | | |
| W.B. 107.9"; 6.0 Liter. | | | | | | |
| Coupe 2D | FDAAE | 193730 | **** | **** | **** | 171500 |
| Luxury Ed Coupe 2D | FDAAE | 199975 | **** | **** | **** | 176200 |
| Sports Ed Coupe 2D | FDAAE | 200366 | **** | **** | **** | 176800 |
| Volante Conv 2D | FDABE | 208730 | **** | **** | **** | 187300 |
| Volante Luxury Conv | FDABE | 214975 | **** | **** | **** | 192600 |
| Volante Sports Conv | FDABE | 215636 | **** | **** | **** | 193100 |
| **RAPIDE—V12—Equipment Schedule 2** | | | | | | |
| W.B. 117.7"; 6.0 Liter. | | | | | | |
| Sedan 4D | HDDAJ | 212110 | **** | **** | **** | 176900 |
| Luxe Sedan 4D | HDDAJ | 231065 | **** | **** | **** | 189700 |
| **VANTAGE—V8—Equipment Schedule 2** | | | | | | |
| W.B. 102.5"; 4.7 Liter. | | | | | | |
| Coupe 2D | EBBAK | 122465 | **** | **** | **** | 113000 |
| Convertible 2D | EBBBK | 135465 | **** | **** | **** | 123700 |
| N420 Coupe 2D | EBBAK | 133715 | **** | **** | **** | 117300 |

**EQUIPMENT & MILEAGE PAGE 9 TO 23**

# 2012 ASTON MARTIN

| Body Type | VIN | List | Trade-In Good | Very Good | Pvt-Party Good | Retail Excellent |
|---|---|---|---|---|---|---|
| N420 Convertible 2D | EBBBK | 146715 | **** | **** | **** | 127900 |
| S Coupe 2D | EKBDL | 140115 | **** | **** | **** | 125500 |
| S Convertible 2D | EKBEL | 153115 | **** | **** | **** | 136400 |
| **VANTAGE—V12—Equipment Schedule 2** | | | | | | |
| W.B. 107.9"; 6.0 Liter. | | | | | | |
| Coupe 2D | EBBCF | 185650 | **** | **** | **** | 159900 |
| Carbon Black Coupe | EBBCF | 201010 | **** | **** | **** | 166300 |
| **VIRAGE—V12—Equipment Schedule 2** | | | | | | |
| W.B. 107.9"; 6.0 Liter. | | | | | | |
| Coupe 2D | FDECN | 211610 | **** | **** | **** | 163800 |
| Volante Conv 2D | FDEDN | 226610 | **** | **** | **** | 174300 |

# AUDI

## 1999 AUDI — WAU(DD38D)-X-#

**A4—V6—Equipment Schedule 3**
W.B. 103.0"; 2.8 Liter.

| Body Type | VIN | List | Good | Very Good | Pvt-Party Good | Retail Excellent |
|---|---|---|---|---|---|---|
| Sedan 4D | DD38D | 28890 | 575 | 650 | 1175 | 1900 |
| Quattro AWD | C,E | | 1175 | 1175 | 1565 | 1565 |
| Manual, 5-Spd | | | (125) | (125) | (165) | (165) |
| 4-Cyl, Turbo, 1.8 Liter | B | | (475) | (475) | (635) | (635) |
| **A4 AVANT QUATTRO AWD—V6—Equipment Schedule 3** | | | | | | |
| W.B. 102.6"; 2.8 Liter. | | | | | | |
| Wagon 4D | GD38D | 31540 | 1500 | 1650 | 2325 | 3550 |
| Manual, 5-Spd | | | (125) | (125) | (165) | (165) |
| 4-Cyl, Turbo, 1.8 Liter | B | | (475) | (475) | (635) | (635) |
| **A6—V6—Equipment Schedule 3** | | | | | | |
| W.B. 108.7"; 2.8 Liter. | | | | | | |
| Sedan 4D | AA24B | 34250 | 1600 | 1750 | 2325 | 3400 |
| Quattro AWD | B | | 1175 | 1175 | 1565 | 1565 |
| **A6 AVANT QUATTRO AWD—V6—Equipment Schedule 3** | | | | | | |
| W.B. 108.6"; 2.8 Liter. | | | | | | |
| Wagon 4D | DA24B | 37100 | 2250 | 2475 | 3350 | 4800 |
| **A8—V8—Equipment Schedule 1** | | | | | | |
| W.B. 113.0"; 3.7 Liter, 4.2 Liter. | | | | | | |
| Sedan 4D | AF34D | 57900 | 1025 | 1125 | 1625 | 2375 |
| Quattro AWD Sed 4D | BG34D | 65500 | 1975 | 2175 | 2800 | 4050 |

## 2000 AUDI — (WAUorTRU)(AH28D)-Y-#

**A4—V6—Equipment Schedule 3**
W.B. 103.0"; 2.8 Liter.

| Body Type | VIN | List | Good | Very Good | Pvt-Party Good | Retail Excellent |
|---|---|---|---|---|---|---|
| Sedan 4D | AH28D | 30390 | 700 | 775 | 1300 | 2000 |
| Quattro AWD | D | | 1200 | 1200 | 1600 | 1600 |
| Manual, 5-Spd | | | (125) | (125) | (165) | (165) |
| 4-Cyl, Turbo, 1.8 Liter | C | | (525) | (525) | (700) | (700) |
| **A4 AVANT QUATTRO AWD—V6—Equipment Schedule 3** | | | | | | |
| W.B. 102.6"; 2.8 Liter. | | | | | | |
| Wagon 4D | KH28D | 33140 | 1925 | 2125 | 2850 | 4225 |
| Manual, 5-Spd | | | (125) | (125) | (165) | (165) |
| 4-Cyl, Turbo, 1.8 Liter | C | | (525) | (525) | (700) | (700) |
| **S4 QUATTRO AWD—V6 Turbo—Equipment Schedule 3** | | | | | | |
| W.B. 102.6"; 2.7 Liter. | | | | | | |
| 2.7T Sedan 4D | DD68D | 39625 | 2400 | 2625 | 3300 | 4700 |
| **A6—V6—Equipment Schedule 3** | | | | | | |
| W.B. 108.7"; 2.8 Liter. | | | | | | |
| Sedan 4D | BH24B | 34475 | 1800 | 1975 | 2550 | 3700 |
| Quattro AWD | G,J | | 1200 | 1200 | 1600 | 1600 |
| **A6 AVANT QUATTRO AWD—V6—Equipment Schedule 3** | | | | | | |
| W.B. 108.6"; 2.8 Liter. | | | | | | |
| Wagon 4D | LH24B | 37425 | 2450 | 2700 | 3575 | 5075 |
| **A6 QUATTRO AWD—V6 Turbo—Equipment Schedule 3** | | | | | | |
| W.B. 108.7"; 2.7 Liter. | | | | | | |
| 2.7T Sedan 4D | ED24B | 39075 | 2850 | 3150 | 4075 | 5775 |
| **A6 QUATTRO AWD—V8—Equipment Schedule 3** | | | | | | |
| W.B. 108.6"; 4.2 Liter. | | | | | | |
| 4.2 Sedan 4D | ZL54B | 49425 | 2975 | 3275 | 4250 | 5975 |
| **A8 QUATTRO AWD—V8—Equipment Schedule 1** | | | | | | |
| W.B. 113.4", 118.5" (L); 4.2 Liter. | | | | | | |
| Sedan 4D | FL54D | 62525 | 2100 | 2300 | 2900 | 4150 |
| L Sedan 4D | FL54D | 68425 | 2825 | 3125 | 4000 | 5600 |

**DEDUCT FOR RECONDITIONING**

# 2000 AUDI

| Body Type | VIN | List | Trade-In Good | Very Good | Pvt-Party Good | Retail Excellent |
|---|---|---|---|---|---|---|
| **TT—4-Cyl. Turbo**—Equipment Schedule 2 | | | | | | |
| W.B. 95.4", 95.6"; 1.8 Liter. | | | | | | |
| Coupe 2D | TC28N | 31025 | 2875 | 3175 | 3975 | 5650 |
| Quattro AWD | U | | 1200 | 1200 | 1600 | 1600 |

## 2001 AUDI — (WAUorTRU)(AH68D)-1-#

| Body Type | VIN | List | Good | Very Good | Good | Excellent |
|---|---|---|---|---|---|---|
| **A4—V6**—Equipment Schedule 3 | | | | | | |
| W.B. 103.0"; 2.8 Liter. | | | | | | |
| Sedan 4D | AH68D | 30890 | 925 | 1025 | 1575 | 2425 |
| Quattro AWD | D | | 1250 | 1250 | 1665 | 1665 |
| Manual, 5-Spd | | | (175) | (175) | (235) | (235) |
| 4-Cyl, Turbo, 1.8 Liter | C | | (575) | (575) | (765) | (765) |
| **A4 AVANT QUATTRO AWD—V6**—Equipment Schedule 3 | | | | | | |
| W.B. 102.6"; 2.8 Liter. | | | | | | |
| Wagon 4D | KH68D | 33640 | 2425 | 2650 | 3325 | 4725 |
| Manual, 5-Spd | | | (175) | (175) | (235) | (235) |
| 4-Cyl, Turbo, 1.8 Liter | C | | (575) | (575) | (765) | (765) |
| **S4 QUATTRO AWD—V6 Turbo**—Equipment Schedule 3 | | | | | | |
| W.B. 102.6"; 2.7 Liter. | | | | | | |
| 2.7T Sedan 4D | RD58D | 39450 | 3075 | 3375 | 4075 | 5650 |
| 2.7T Avant Wagon 4D | XD58D | 41050 | 3750 | 4075 | 5075 | 6975 |
| **A6—V6**—Equipment Schedule 3 | | | | | | |
| W.B. 108.7"; 2.8 Liter. | | | | | | |
| Sedan 4D | BH54B | 34950 | 1875 | 2050 | 2650 | 3850 |
| Quattro AWD | E | | 1250 | 1250 | 1665 | 1665 |
| **A6 AVANT QUATTRO AWD—V6**—Equipment Schedule 3 | | | | | | |
| W.B. 108.6"; 2.8 Liter. | | | | | | |
| Wagon 4D | LH54B | 37900 | 2525 | 2775 | 3675 | 5200 |
| **A6 QUATTRO AWD—V6 Turbo**—Equipment Schedule 3 | | | | | | |
| W.B. 108.6"; 2.7 Liter. | | | | | | |
| 2.7T Sedan 4D | ED54B | 40050 | 3125 | 3450 | 4450 | 6250 |
| Sport Pkg | | | 275 | 275 | 365 | 365 |
| **ALLROAD QUATTRO AWD—V6 Turbo**—Equipment Sch 1 | | | | | | |
| W.B. 108.5"; 2.7 Liter. | | | | | | |
| 2.7T Wagon 4D | YP54B | 43450 | 3550 | 3875 | 5000 | 7000 |
| **A6 QUATTRO AWD—V8**—Equipment Schedule 3 | | | | | | |
| W.B. 108.6"; 4.2 Liter. | | | | | | |
| 4.2 Sedan 4D | ZL54B | 49950 | 3300 | 3625 | 4675 | 6550 |
| Sport Pkg | | | 275 | 275 | 365 | 365 |
| **A8 QUATTRO AWD—V8**—Equipment Schedule 1 | | | | | | |
| W.B. 113.4", 118.5" (L); 4.2 Liter. | | | | | | |
| Sedan 4D | FL54D | 62750 | 2175 | 2400 | 3000 | 4300 |
| L Sedan 4D | ML54D | 68450 | 3075 | 3400 | 4325 | 6050 |
| **S8 QUATTRO AWD—V8**—Equipment Schedule 1 | | | | | | |
| W.B. 113.4"; 4.2 Liter. | | | | | | |
| Sedan 4D | GU54D | 73050 | 5150 | 5550 | 7200 | 9900 |
| **TT—4-Cyl. Turbo**—Equipment Schedule 2 | | | | | | |
| W.B. 95.4"; 1.8 Liter. | | | | | | |
| Coupe 2D | SC28N | 31750 | 2950 | 3250 | 3850 | 5300 |
| Roadster 2D | TC28N | 33750 | 3650 | 3975 | 4875 | 6625 |
| Power Folding Roof | | | 275 | 275 | 365 | 365 |
| **TT QUATTRO AWD—4-Cyl. HO Turbo**—Equipment Schedule 2 | | | | | | |
| W.B. 95.4"; 1.8 Liter. | | | | | | |
| Coupe 2D | WT28N | 36650 | 4425 | 4775 | 5825 | 7875 |
| Roadster 2D | UT28N | 39450 | 4975 | 5350 | 6500 | 8775 |

## 2002 AUDI — (WAUorTRU)(JC58E)-2-#

| Body Type | VIN | List | Good | Very Good | Good | Excellent |
|---|---|---|---|---|---|---|
| **A4—V6**—Equipment Schedule 3 | | | | | | |
| W.B. 104.3"; 3.0 Liter. | | | | | | |
| Sedan 4D | JC58E | 31965 | 1725 | 1900 | 2625 | 3925 |
| Sport Pkg | | | 150 | 150 | 200 | 200 |
| Quattro AWD | L | | 1275 | 1275 | 1700 | 1700 |
| Manual, 5-Spd | | | (200) | (200) | (265) | (265) |
| 4-Cyl, Turbo, 1.8 Liter | C | | (650) | (650) | (865) | (865) |
| **A4 AVANT QUATTRO AWD—V6**—Equipment Schedule 3 | | | | | | |
| W.B. 104.3"; 3.0 Liter. | | | | | | |
| Wagon 4D | VC58E | 34715 | 3150 | 3475 | 4250 | 5800 |
| Sport Pkg | | | 150 | 150 | 200 | 200 |
| Manual, 5-Spd | | | (200) | (200) | (265) | (265) |
| 4-Cyl, Turbo, 1.8 Liter | C | | (650) | (650) | (865) | (865) |
| **S4 QUATTRO AWD—V6 Turbo**—Equipment Schedule 3 | | | | | | |
| W.B. 102.6"; 2.7 Liter. | | | | | | |

EQUIPMENT & MILEAGE PAGE 9 TO 23

# 2002 AUDI

| Body Type | VIN | List | Trade-In Good | Very Good | Pvt-Party Good | Retail Excellent |
|---|---|---|---|---|---|---|
| 2.7T Sedan 4D | RD68D | 39475 | 3275 | 3575 | 4175 | 5675 |
| 2.7T Avant Wagon 4D | XD68D | 41075 | 3950 | 4300 | 5150 | 6925 |
| **A6—V6—Equipment Schedule 3** | | | | | | |
| W.B. 108.7"; 3.0 Liter. | | | | | | |
| Sedan 4D | JT54B | 35975 | 1850 | 2050 | 2750 | 3975 |
| Quattro AWD | L | | 1275 | 1275 | 1700 | 1700 |
| **A6 AVANT QUATTRO AWD—V6—Equipment Schedule 3** | | | | | | |
| W.B. 108.6"; 3.0 Liter. | | | | | | |
| Wagon 4D | VT54B | 38925 | 2775 | 3075 | 3950 | 5575 |
| **A6 QUATTRO AWD—V6 Turbo—Equipment Schedule 3** | | | | | | |
| W.B. 108.7"; 2.7 Liter. | | | | | | |
| 2.7T Sedan 4D | LD54B | 40325 | 3325 | 3650 | 4675 | 6525 |
| Sport Pkg | | | 300 | 300 | 400 | 400 |
| **ALLROAD QUATTRO AWD—V6 Turbo—Equipment Sch 1** | | | | | | |
| W.B. 108.5"; 2.7 Liter. | | | | | | |
| 2.7T Wagon 4D | YD54B | 43325 | 3550 | 3900 | 5175 | 7225 |
| **A6 QUATTRO AWD—V8—Equipment Schedule 3** | | | | | | |
| W.B. 108.6"; 4.2 Liter. | | | | | | |
| 4.2 Sedan 4D | ML54B | 50225 | 3700 | 4025 | 5150 | 7175 |
| Sport Pkg | | | 300 | 300 | 400 | 400 |
| **S6 AVANT QUATTRO AWD—V8—Equipment Schedule 1** | | | | | | |
| W.B. 108.6"; 4.2 Liter. | | | | | | |
| Wagon 4D | XU54B | 61375 | 9925 | 10450 | 13550 | 18450 |
| **A8 QUATTRO AWD—V8—Equipment Schedule 3** | | | | | | |
| W.B. 113.4", 118.5" (L); 4.2 Liter. | | | | | | |
| Sedan 4D | FL44D | 62775 | 2475 | 2725 | 3475 | 4825 |
| L Sedan 4D | ML44D | 67775 | 3550 | 3875 | 4800 | 6600 |
| **S8 QUATTRO AWD—V8—Equipment Schedule 1** | | | | | | |
| W.B. 113.4"; 4.2 Liter. | | | | | | |
| Sedan 4D | GU44D | 74775 | 5625 | 6025 | 7625 | 10300 |
| **TT—4-Cyl. Turbo—Equipment Schedule 2** | | | | | | |
| W.B. 95.4"; 1.8 Liter. | | | | | | |
| Coupe 2D | SC28N | 31775 | 3575 | 3900 | 4625 | 6200 |
| Roadster 2D | TC28N | 33775 | 4375 | 4725 | 5600 | 7425 |
| Power Folding Roof | | | 300 | 300 | 400 | 400 |
| **TT QUATTRO AWD—4-Cyl. Turbo—Equipment Schedule 2** | | | | | | |
| W.B. 95.4"; 1.8 Liter. | | | | | | |
| 180 Coupe 2D | WC28N | 33595 | 4400 | 4750 | 5625 | 7475 |
| **TT QUATTRO AWD—4-Cyl. HO Turbo—Equipment Schedule 2** | | | | | | |
| W.B. 95.6"; 1.8 Liter. | | | | | | |
| 225 Coupe 2D | WT28N | 36675 | 5075 | 5450 | 6425 | 8500 |
| 225 Roadster 2D | UT28N | 39475 | 5650 | 6050 | 7325 | 9650 |
| 225 ALMS Comm Cpe | WT28N | 40245 | 6150 | 6575 | 7925 | 10400 |

# 2003 AUDI — (WAU,WUA,WA1 or TRU)(JC58E)-3-#

| Body Type | VIN | List | Trade-In Good | Very Good | Pvt-Party Good | Retail Excellent |
|---|---|---|---|---|---|---|
| **A4—4-Cyl. Turbo—Equipment Schedule 3** | | | | | | |
| W.B. 104.3", 104.5" (Cab); 1.8 Liter. | | | | | | |
| 1.8T Sedan 4D | JC58E | 26910 | 2300 | 2525 | 3275 | 4725 |
| 1.8T Cabriolet 2D | AC48H | 35610 | 2250 | 2475 | 3125 | 4350 |
| Sport Pkg | | | 175 | 175 | 235 | 235 |
| Manual, 5-Spd | | | (200) | (200) | (265) | (265) |
| **A4 QUATTRO AWD—4-Cyl. Turbo—Equipment Schedule 3** | | | | | | |
| W.B. 104.5"; 1.8 Liter. | | | | | | |
| 1.8T Sedan 4D | LC58E | 28660 | 2900 | 3200 | 4050 | 5800 |
| **A4—V6—Equipment Schedule 3** | | | | | | |
| W.B. 104.3", 104.5" (Cab); 3.0 Liter. | | | | | | |
| Sedan 4D | JT58E | 32250 | 2625 | 2875 | 3700 | 5300 |
| Cabriolet 2D | AT28H | 42160 | 2750 | 3050 | 3750 | 5150 |
| Sport Pkg | | | 175 | 175 | 235 | 235 |
| Manual, 5-Spd | | | (200) | (200) | (265) | (265) |
| **A4 QUATTRO AWD—V6—Equipment Schedule 3** | | | | | | |
| W.B. 104.5"; 3.0 Liter. | | | | | | |
| 3.0 Sedan 4D | LT58E | 34150 | 3175 | 3500 | 4600 | 6525 |
| Sport Pkg | | | 175 | 175 | 235 | 235 |
| Manual, 5-Spd | | | (200) | (200) | (265) | (265) |
| **A4 AVANT QUATTRO AWD—4-Cyl. Turbo—Equipment Schedule 3** | | | | | | |
| W.B. 104.3"; 1.8 Liter. | | | | | | |
| 1.8T Wagon 4D | VC58E | 29660 | 3300 | 3625 | 4450 | 6075 |
| Manual, 5-Spd | | | (200) | (200) | (265) | (265) |
| **A4 AVANT QUATTRO AWD—V6—Equipment Schedule 3** | | | | | | |
| W.B. 104.3"; 3.0 Liter. | | | | | | |
| Wagon 4D | VT58E | 35000 | 4000 | 4350 | 5300 | 7200 |
| Sport Pkg | | | 175 | 175 | 235 | 235 |

**32    DEDUCT FOR RECONDITIONING**

# 2003 AUDI

| Body Type | VIN | List | Trade-In Good | Trade-In Very Good | Pvt-Party Good | Retail Excellent |
|---|---|---|---|---|---|---|
| Manual, 5-Spd | | | (200) | (200) | (265) | (265) |
| **A6—V6—Equipment Schedule 3** | | | | | | |
| W.B. 108.7"; 3.0 Liter. | | | | | | |
| Sedan 4D | JT54B | 36360 | 1875 | 2075 | 2825 | 4100 |
| **A6 QUATTRO AWD—V6—Equipment Schedule 3** | | | | | | |
| W.B. 108.7"; 3.0 Liter. | | | | | | |
| Sedan 4D | LT54B | 38260 | 3150 | 3475 | 4500 | 6350 |
| **A6 AVANT QUATTRO AWD—V6—Equipment Schedule 3** | | | | | | |
| W.B. 108.6"; 3.0 Liter. | | | | | | |
| Wagon 4D | VT54B | 39310 | 2950 | 3250 | 4250 | 6000 |
| **A6 QUATTRO AWD—V6 Turbo—Equipment Schedule 3** | | | | | | |
| W.B. 108.7"; 2.7 Liter. | | | | | | |
| 2.7T Sedan 4D | LD54B | 41510 | 3600 | 3925 | 5075 | 7150 |
| **ALLROAD QUATTRO AWD—V6 Turbo—Equipment Schedule 1** | | | | | | |
| W.B. 108.5"; 2.7 Liter. | | | | | | |
| 2.7T Wagon 4D | YD54B | 45110 | 3575 | 3925 | 5275 | 7400 |
| **A6 QUATTRO AWD—V8—Equipment Schedule 3** | | | | | | |
| W.B. 108.6"; 4.2 Liter. | | | | | | |
| 4.2 Sedan 4D | ML54B | 48460 | 3825 | 4175 | 5600 | 7850 |
| Sport Pkg | | | 300 | 300 | 400 | 400 |
| **S6 AVANT QUATTRO AWD—V8—Equipment Schedule 1** | | | | | | |
| W.B. 108.6"; 4.2 Liter. | | | | | | |
| Wagon 4D | XU54B | 61060 | 10350 | 10900 | 14400 | 19700 |
| **RS6 QUATTRO AWD—V8 Bi Turbo—Equipment Schedule 1** | | | | | | |
| W.B. 108.6"; 4.2 Liter. | | | | | | |
| Sedan 4D | PV54B | 84660 | 14800 | 15500 | 16900 | 20300 |
| **A8 QUATTRO AWD—V8—Equipment Schedule 1** | | | | | | |
| W.B. 113.4", 118.5" (L); 4.2 Liter. | | | | | | |
| Sedan 4D | FL44D | 62860 | 3325 | 3650 | 4300 | 5750 |
| L Sedan 4D | ML44D | 67860 | 4225 | 4575 | 5575 | 7375 |
| **S8 QUATTRO AWD—V8—Equipment Schedule 1** | | | | | | |
| W.B. 113.4"; 4.2 Liter. | | | | | | |
| Sedan 4D | GU44D | 74460 | 6400 | 6825 | 8275 | 10800 |
| **TT—4-Cyl. Turbo—Equipment Schedule 2** | | | | | | |
| W.B. 95.4"; 1.8 Liter. | | | | | | |
| Coupe 2D | SC28N | 33145 | 4200 | 4550 | 5300 | 6975 |
| Roadster 2D | TC28N | 35145 | 4950 | 5325 | 6400 | 8350 |
| Power Folding Roof | | | 325 | 325 | 435 | 435 |
| **TT QUATTRO AWD—4-Cyl. HO Turbo—Equipment Schedule 2** | | | | | | |
| W.B. 95.4"; 1.8 Liter. | | | | | | |
| Coupe 2D | WT28N | 36845 | 5650 | 6050 | 7225 | 9400 |
| Roadster 2D | UT28N | 39645 | 6400 | 6825 | 8100 | 10500 |

# 2004 AUDI — (WAU,WA1orTRU)(JC58E)-4-#

| Body Type | VIN | List | Trade-In Good | Trade-In Very Good | Pvt-Party Good | Retail Excellent |
|---|---|---|---|---|---|---|
| **A4—4-Cyl. Turbo—Equipment Schedule 3** | | | | | | |
| W.B. 104.3", 104.5" (Cab); 1.8 Liter. | | | | | | |
| 1.8T Sedan 4D | JC58E | 27420 | 3000 | 3300 | 4050 | 5525 |
| 1.8T Cabriolet 2D | AC48H | 35970 | 3525 | 3850 | 4600 | 6150 |
| Sport Pkg | | | 175 | 175 | 235 | 235 |
| Ultra Sport Pkg | | | 775 | 775 | 1035 | 1035 |
| **A4 QUATTRO AWD—4-Cyl. Turbo—Equipment Schedule 3** | | | | | | |
| W.B. 104.3"; 1.8 Liter. | | | | | | |
| 1.8T Sedan 4D | LC58E | 29520 | 3675 | 4000 | 4875 | 6600 |
| Sport Pkg | | | 175 | 175 | 235 | 235 |
| Ultra Sport Pkg | | | 775 | 775 | 1035 | 1035 |
| **A4 AVANT QUATTRO AWD—4-Cyl. Turbo—Equipment Schedule 3** | | | | | | |
| W.B. 104.3"; 1.8 Liter. | | | | | | |
| 1.8T Wagon 4D | VC58E | 30520 | 4075 | 4425 | 5325 | 7150 |
| Sport Pkg | | | 175 | 175 | 235 | 235 |
| Ultra Sport Pkg | | | 775 | 775 | 1035 | 1035 |
| **A4—V6—Equipment Schedule 3** | | | | | | |
| W.B. 104.3", 104.5" (Cab); 3.0 Liter. | | | | | | |
| Sedan 4D | JT58E | 31840 | 3575 | 3900 | 4750 | 6450 |
| Cabriolet 2D | AT48H | 42490 | 3900 | 4250 | 5250 | 7000 |
| Sport Pkg | | | 175 | 175 | 235 | 235 |
| Ultra Sport Pkg | | | 775 | 775 | 1035 | 1035 |
| Manual, 5-Spd | | | (200) | (200) | (265) | (265) |
| **A4 QUATTRO AWD—V6—Equipment Schedule 3** | | | | | | |
| W.B. 104.3", 104.5" (Cab); 3.0 Liter. | | | | | | |
| 3.0 Sedan 4D | LT58E | 35010 | 4075 | 4425 | 5350 | 7225 |
| 3.0 Cabriolet 2D | DT48H | 44270 | 4350 | 4725 | 5800 | 7700 |
| Sport Pkg | | | 175 | 175 | 235 | 235 |
| Ultra Sport Pkg | | | 775 | 775 | 1035 | 1035 |

EQUIPMENT & MILEAGE PAGE 9 TO 23

# 2004 AUDI

| Body Type | VIN | List | Trade-In Good | Very Good | Pvt-Party Good | Retail Excellent |
|---|---|---|---|---|---|---|
| Manual, 5-Spd | | | (200) | (200) | (265) | (265) |
| **A4 AVANT QUATTRO AWD—V6**—Equipment Schedule 3 | | | | | | |
| W.B. 104.3"; 3.0 Liter. | | | | | | |
| Wagon 4D | VT58E | 35480 | 4800 | 5175 | 6200 | 8300 |
| Sport Pkg | | | 175 | 175 | 235 | 235 |
| Ultra Sport Pkg | | | 775 | 775 | 1035 | 1035 |
| **S4 QUATTRO AWD—V8**—Equipment Schedule 1 | | | | | | |
| W.B. 104.3", 104.5" (Cab); 4.2 Liter. | | | | | | |
| Sedan 4D | PL58E | 47490 | 4650 | 5025 | 5825 | 7475 |
| Cabriolet 2D | RL48H | 55720 | 5650 | 6050 | 6975 | 8900 |
| **S4 AVANT QUATTRO AWD—V8**—Equipment Schedule 1 | | | | | | |
| W.B. 104.3"; 4.2 Liter. | | | | | | |
| Wagon 4D | XL63E | 48490 | 5800 | 6200 | 7150 | 9100 |
| **A6**—Equipment Schedule 3 | | | | | | |
| W.B. 108.7"; 3.0 Liter. | | | | | | |
| Sedan 4D | JT54B | 36640 | 2050 | 2275 | 2950 | 4175 |
| **A6 QUATTRO AWD—V6**—Equipment Schedule 3 | | | | | | |
| W.B. 108.7"; 3.0 Liter. | | | | | | |
| Sedan 4D | LT54B | 40170 | 3450 | 3775 | 4925 | 6775 |
| **A6 AVANT QUATTRO AWD—V6**—Equipment Schedule 3 | | | | | | |
| W.B. 108.6"; 3.0 Liter. | | | | | | |
| Wagon 4D | VT54B | 40840 | 3250 | 3575 | 4450 | 6175 |
| **A6 QUATTRO AWD—V6 Turbo**—Equipment Schedule 3 | | | | | | |
| W.B. 108.7"; 2.7 Liter. | | | | | | |
| 2.7T Sedan 4D | LD54B | 42840 | 3925 | 4275 | 5525 | 7575 |
| 2.7T S-Line Sedan 4D | CD64B | 43870 | 4300 | 4650 | 6000 | 8200 |
| **ALLROAD QUATTRO AWD—V6 Turbo**—Equipment Schedule 1 | | | | | | |
| W.B. 108.5"; 2.7 Liter. | | | | | | |
| 2.7T Wagon 4D | YD54B | 40640 | 3775 | 4125 | 5350 | 7325 |
| **ALLROAD QUATTRO AWD—V8 Turbo**—Equipment Schedule 1 | | | | | | |
| W.B. 108.5"; 4.2 Liter. | | | | | | |
| 4.2 Wagon 4D | YL64B | 47640 | 4225 | 4575 | 5900 | 8075 |
| **A6 QUATTRO AWD—V8**—Equipment Schedule 3 | | | | | | |
| W.B. 108.6"; 4.2 Liter. | | | | | | |
| 4.2 Sedan 4D | ML54B | 49690 | 4450 | 4825 | 6200 | 8450 |
| Sport Pkg | | | 325 | 325 | 435 | 435 |
| **A8 QUATTRO AWD—V8**—Equipment Schedule 1 | | | | | | |
| W.B. 121.1"; 4.2 Liter. | | | | | | |
| L Sedan 4D | ML44E | 69190 | 8925 | 9425 | 10400 | 12700 |
| **TT—4-Cyl. Turbo**—Equipment Schedule 2 | | | | | | |
| W.B. 95.4"; 1.8 Liter. | | | | | | |
| Coupe 2D | SC28N | 33940 | 4750 | 5125 | 6050 | 7825 |
| Roadster 2D | TC28N | 35940 | 6025 | 6450 | 7525 | 9675 |
| Power Folding Roof | | | 325 | 325 | 435 | 435 |
| **TT QUATTRO AWD—V6**—Equipment Schedule 2 | | | | | | |
| W.B. 95.6"; 3.2 Liter. | | | | | | |
| Coupe 2D | WF28N | 40590 | 7075 | 7525 | 8825 | 11300 |
| Roadster 2D | UF28N | 43590 | 7875 | 8350 | 9775 | 12500 |
| 4-Cyl, HO Turbo, 1.8L | T | | (1050) | (1050) | (1400) | (1400) |

# 2005 AUDI — (WAU, WA1 or TRU)(JC58E)-5-#

| Body Type | VIN | List | Trade-In Good | Very Good | Pvt-Party Good | Retail Excellent |
|---|---|---|---|---|---|---|
| **A4—4-Cyl. Turbo**—Equipment Schedule 3 | | | | | | |
| W.B. 104.3", 104.5" (Cab); 1.8 Liter. | | | | | | |
| 1.8T Sedan 4D | JC58E | 32670 | 3825 | 4175 | 5075 | 6725 |
| 1.8T Cabriolet 2D | AC48H | 43020 | 4200 | 4575 | 5700 | 7500 |
| Sport Pkg | | | 175 | 175 | 235 | 235 |
| Ultra Sport Pkg | | | 850 | 850 | 1135 | 1135 |
| S-Line Pkg | | | 600 | 600 | 800 | 800 |
| **A4 QUATTRO AWD—4-Cyl. Turbo**—Equipment Schedule 3 | | | | | | |
| W.B. 104.3"; 1.8 Liter. | | | | | | |
| 1.8T Sedan 4D | LC58E | 30070 | 4425 | 4775 | 5775 | 7625 |
| Sport Pkg | | | 175 | 175 | 235 | 235 |
| Ultra Sport Pkg | | | 850 | 850 | 1135 | 1135 |
| S-Line Pkg | | | 600 | 600 | 800 | 800 |
| **A4—V6**—Equipment Schedule 3 | | | | | | |
| W.B. 104.3", 104.5" (Cab); 3.0 Liter. | | | | | | |
| Sedan 4D | JT58E | 32670 | 4425 | 4775 | 5775 | 7625 |
| Cabriolet 2D | AT48H | 43020 | 4750 | 5125 | 6350 | 8325 |
| Sport Pkg | | | 175 | 175 | 235 | 235 |
| Ultra Sport Pkg | | | 850 | 850 | 1135 | 1135 |
| S-Line Pkg | | | 600 | 600 | 800 | 800 |
| **A4 QUATTRO AWD—V6**—Equipment Schedule 3 | | | | | | |
| W.B. 104.3"; 3.0 Liter. | | | | | | |

**34   DEDUCT FOR RECONDITIONING**

# 2005 AUDI

| Body Type | VIN | List | Trade-In Good | Trade-In Very Good | Pvt-Party Good | Retail Excellent |
|---|---|---|---|---|---|---|
| 3.0 Sedan 4D | JT58E | 35510 | 5075 | 5475 | 6775 | 8875 |
| 3.0 Cabriolet 2D | DT48H | 44970 | 5250 | 5650 | 6950 | 9075 |
| Sport Pkg | | | 175 | 175 | 235 | 235 |
| Ultra Sport Pkg | | | 850 | 850 | 1135 | 1135 |
| S-Line Pkg | | | 600 | 600 | 800 | 800 |
| **A4 AVANT QUATTRO AWD—4-Cyl. Turbo—Equipment Schedule 3** | | | | | | |
| W.B. 104.3"; 1.8 Liter. | | | | | | |
| 1.8T Wagon 4D | VC58E | 31070 | 4575 | 4950 | 6125 | 8025 |
| Sport Pkg | | | 175 | 175 | 235 | 235 |
| Ultra Sport Pkg | | | 850 | 850 | 1135 | 1135 |
| **A4 AVANT QUATTRO AWD—V6—Equipment Schedule 3** | | | | | | |
| W.B. 104.3"; 3.0 Liter. | | | | | | |
| Wagon 4D | VT58E | 36510 | 5175 | 5575 | 6825 | 8925 |
| Sport Pkg | | | 175 | 175 | 235 | 235 |
| Ultra Sport Pkg | | | 850 | 850 | 1135 | 1135 |
| **A4 (2005.5)—4-Cyl. Turbo—Equipment Schedule 3** | | | | | | |
| W.B. 104.3"; 2.0 Liter. | | | | | | |
| 2.0T Sedan 4D | AF78E | 29270 | 4550 | 4925 | 6150 | 8075 |
| Sport Pkg | | | 175 | 175 | 235 | 235 |
| **A4 QUATTRO AWD (2005.5)—4-Cyl. Turbo—Equipment Schedule 3** | | | | | | |
| W.B. 104.3"; 1.8 Liter. | | | | | | |
| 2.0T Sedan 4D | AF78E | 31370 | 5100 | 5500 | 6800 | 8925 |
| Sport Pkg | | | 175 | 175 | 235 | 235 |
| **A4 AVANT QUATTRO AWD (2005.5)—4-Cyl. Turbo—Equip Sch 3** | | | | | | |
| W.B. 104.3"; 2.0 Liter. | | | | | | |
| 2.0T Wagon 4D | KF78E | 32370 | 6175 | 6600 | 8000 | 10400 |
| Sport Pkg | | | 175 | 175 | 235 | 235 |
| **A4 QUATTRO AWD (2005.5)—V6—Equipment Schedule 3** | | | | | | |
| W.B. 104.3"; 3.2 Liter. | | | | | | |
| 3.2 Sedan 4D | DG78E | 36120 | 5725 | 6125 | 7550 | 9850 |
| Sport Pkg | | | 175 | 175 | 235 | 235 |
| **A4 AVANT QUATTRO AWD (2005.5)—V6—Equipment Sch 3** | | | | | | |
| W.B. 104.3"; 3.2 Liter. | | | | | | |
| 3.2 Wagon 4D | KG78E | 37120 | 6825 | 7275 | 8875 | 11500 |
| Sport Pkg | | | 175 | 175 | 235 | 235 |
| **S4 QUATTRO AWD—V8—Equipment Schedule 1** | | | | | | |
| W.B. 104.3", 104.5" (Cab); 4.2 Liter. | | | | | | |
| Sedan 4D | PL58E | 47770 | 6650 | 7100 | 8025 | 9925 |
| Cabriolet 2D | RL48H | 55870 | 9500 | 10050 | 11300 | 13900 |
| **S4 AVANT QUATTRO AWD—V8—Equipment Schedule 1** | | | | | | |
| W.B. 104.3"; 4.2 Liter. | | | | | | |
| Wagon 4D | XL58E | 48770 | 8225 | 8725 | 9850 | 12150 |
| **S4 QUATTRO AWD (2005.5)—V8—Equipment Schedule 1** | | | | | | |
| W.B. 104.3"; 4.2 Liter. | | | | | | |
| Sedan 4D | GL68E | 49320 | 8175 | 8675 | 9800 | 12050 |
| **S4 AVANT QUATTRO AWD (2005.5)—V8—Equipment Schedule 1** | | | | | | |
| W.B. 104.3"; 4.2 Liter. | | | | | | |
| Wagon 4D | UL58E | 50320 | 9900 | 10450 | 11750 | 14450 |
| **A6 QUATTRO AWD—V6—Equipment Schedule 3** | | | | | | |
| W.B. 111.9"; 3.2 Liter. | | | | | | |
| Sedan 4D | DG54F | 41620 | 7750 | 8225 | 9400 | 11650 |
| Sport Pkg | | | 325 | 325 | 435 | 435 |
| **A6 QUATTRO AWD—V8—Equipment Schedule 3** | | | | | | |
| W.B. 111.9"; 4.2 Liter. | | | | | | |
| 4.2 Sedan 4D | DL54F | 51220 | 9150 | 9675 | 11000 | 13650 |
| Sport Pkg | | | 325 | 325 | 435 | 435 |
| S-Line Pkg | E | | 600 | 600 | 800 | 800 |
| **ALLROAD QUATTRO AWD—V6 Turbo—Equipment Schedule 1** | | | | | | |
| W.B. 108.5"; 2.7 Liter. | | | | | | |
| 2.7T Wagon 4D | YD54B | 40970 | 7650 | 8125 | 9275 | 11550 |
| **ALLROAD QUATTRO AWD—V8—Equipment Schedule 1** | | | | | | |
| W.B. 108.5"; 4.2 Liter. | | | | | | |
| 4.2 Wagon 4D | YL54B | 47970 | 8200 | 8675 | 9950 | 12350 |
| **A8 QUATTRO AWD—V8—Equipment Schedule 1** | | | | | | |
| W.B. 115.9", 121.0" (L); 4.2 Liter. | | | | | | |
| Sedan 4D | LL44E | 67310 | 6875 | 7325 | 8450 | 10500 |
| L Sedan 4D | ML44E | 70620 | 8400 | 8900 | 10150 | 12550 |
| **A8 QUATTRO AWD—W12—Equipment Schedule 1** | | | | | | |
| W.B. 121.0"; 6.0 Liter. | | | | | | |
| L Sedan 4D | MR44E | 118120 | 23500 | 24400 | 27200 | 33200 |
| **TT—4-Cyl. Turbo—Equipment Schedule 2** | | | | | | |
| W.B. 95.4"; 1.8 Liter. | | | | | | |
| Coupe 2D | SC28N | 34220 | 6025 | 6450 | 7450 | 9375 |

EQUIPMENT & MILEAGE PAGE 9 TO 23

# 2005 AUDI

| Body Type | VIN | List | Trade-In Good | Very Good | Pvt-Party Good | Retail Excellent |
|---|---|---|---|---|---|---|
| Roadster 2D | TC28N | 36220 | 7200 | 7675 | 8875 | 11100 |
| Power Folding Roof | | | 350 | 350 | 465 | 465 |
| **TT QUATTRO AWD—V6—Equipment Schedule 2** | | | | | | |
| W.B. 95.4", 95.6" (Cpe); 3.2 Liter. | | | | | | |
| Coupe 2D | WF28N | 40870 | 9475 | 10000 | 11500 | 14300 |
| Roadster 2D | UF28N | 43870 | 10300 | 10800 | 12400 | 15400 |
| 4-Cyl, HO Turbo, 1.8L | T | | (1100) | (1100) | (1465) | (1465) |

## 2006 AUDI — (WAU,WUAorTRU)(HF68P)-6-#

**A3—4-Cyl. Turbo—Equipment Schedule 3**
W.B. 101.5"; 2.0 Liter.

| Body Type | VIN | List | Good | Very Good | Good | Excellent |
|---|---|---|---|---|---|---|
| 2.0T Wagon 4D | HF68P | 26860 | 5325 | 5725 | 6825 | 8650 |
| Sport Pkg | M | | 200 | 200 | 265 | 265 |
| **A3 QUATTRO AWD—V6—Equipment Schedule 3** | | | | | | |
| W.B. 101.5"; 3.2 Liter. | | | | | | |
| 3.2 S-Line Wagon 4D | KD78P | 34700 | 8950 | 9475 | 11100 | 13900 |
| **A4—4-Cyl. Turbo—Equipment Schedule 3** | | | | | | |
| W.B. 104.3", 104.5" (Cab); 1.8 Liter, 2.0 Liter. | | | | | | |
| 2.0T Sedan 4D | AF78K | 29560 | 5350 | 5750 | 6900 | 8775 |
| 1.8T Cabriolet 2D | AC48H | 38060 | 5475 | 5875 | 7050 | 8975 |
| S-Line Pkg | B,E | | 650 | 650 | 865 | 865 |
| **A4 QUATTRO AWD—4-Cyl. Turbo—Equipment Schedule 3** | | | | | | |
| W.B. 104.3"; 1.8 Liter. | | | | | | |
| 2.0T Sedan 4D | DF58E | 32260 | 5950 | 6375 | 7575 | 9625 |
| S-Line Pkg | B,E | | 650 | 650 | 865 | 865 |
| **A4—V6—Equipment Schedule 3** | | | | | | |
| W.B. 104.3"; 3.2 Liter. | | | | | | |
| 3.2 Sedan 4D | AH78E | 34660 | 6675 | 7125 | 8400 | 10650 |
| S-Line Pkg | | | 650 | 650 | 865 | 865 |
| **A4 QUATTRO AWD—V6—Equipment Schedule 3** | | | | | | |
| W.B. 104.3"; 3.2 Liter. | | | | | | |
| 3.2 Sedan 4D | DG78E | 37310 | 7475 | 7950 | 9325 | 11800 |
| S-Line Pkg | | | 650 | 650 | 865 | 865 |
| **A4 QUATTRO AWD—V6—Equipment Schedule 3** | | | | | | |
| W.B. 104.5"; 3.0 Liter. | | | | | | |
| 3.0 Cabriolet 2D | DT48H | 46210 | 6950 | 7400 | 8800 | 11150 |
| S-Line Pkg | E | | 650 | 650 | 865 | 865 |
| **A4 AVANT QUATTRO AWD—4-Cyl. Turbo—Equipment Sch 3** | | | | | | |
| W.B. 104.3"; 2.0 Liter. | | | | | | |
| 2.0T Wagon 4D | KF78E | 32660 | 7200 | 7675 | 8875 | 11150 |
| S-Line Pkg | S | | 650 | 650 | 865 | 865 |
| **A4 AVANT QUATTRO AWD—V6—Equipment Schedule 3** | | | | | | |
| W.B. 104.3"; 3.2 Liter. | | | | | | |
| 3.2 Wagon 4D | KH78E | 37760 | 8525 | 9025 | 10500 | 13150 |
| S-Line Pkg | S | | 650 | 650 | 865 | 865 |
| **S4 QUATTRO AWD—V8—Equipment Schedule 1** | | | | | | |
| W.B. 104.3", 104.5" (Cab); 4.2 Liter. | | | | | | |
| Sedan 4D | GL78E | 49620 | 10350 | 10900 | 12000 | 14400 |
| Special Ed Sedan 4D | GL78E | 60970 | 12550 | 13150 | 14500 | 17400 |
| Cabriolet 2D | RL48H | 57860 | 11200 | 11750 | 13050 | 15650 |
| **S4 AVANT QUATTRO AWD—V8—Equipment Schedule 1** | | | | | | |
| W.B. 104.3"; 4.2 Liter. | | | | | | |
| Wagon 4D | UL78E | 50620 | 11700 | 12300 | 13600 | 16300 |
| **A6—V6—Equipment Schedule 3** | | | | | | |
| W.B. 111.9"; 3.2 Liter. | | | | | | |
| 3.2 Sedan 4D | AH74F | 41540 | 6825 | 7275 | 8375 | 10450 |
| S-Line Pkg | B | | 650 | 650 | 865 | 865 |
| **A6 QUATTRO AWD—V6—Equipment Schedule 3** | | | | | | |
| W.B. 111.9"; 3.2 Liter. | | | | | | |
| 3.2 Sedan 4D | DG74F | 44690 | 9300 | 9825 | 11200 | 13850 |
| S-Line Pkg | E | | 650 | 650 | 865 | 865 |
| **A6 AVANT QUATTRO AWD—V6—Equipment Schedule 3** | | | | | | |
| W.B. 111.9"; 3.2 Liter. | | | | | | |
| 3.2 Wagon 4D | KG74F | 47590 | 10650 | 11200 | 12750 | 15750 |
| **A6 QUATTRO AWD—V8—Equipment Schedule 3** | | | | | | |
| W.B. 111.9"; 4.2 Liter. | | | | | | |
| 4.2 Sedan 4D | DL74F | 54490 | 10150 | 10700 | 12200 | 15100 |
| S-Line Pkg | E | | 650 | 650 | 865 | 865 |
| **A8 QUATTRO AWD—V8—Equipment Schedule 1** | | | | | | |
| W.B. 115.9", 121.0" (L); 4.2 Liter. | | | | | | |
| Sedan 4D | LL44E | 68850 | 9800 | 10350 | 11600 | 13950 |
| L Sedan 4D | ML44E | 72810 | 11100 | 11700 | 13000 | 15600 |
| Premium Pkg | | | 950 | 950 | 1265 | 1265 |

**36    DEDUCT FOR RECONDITIONING**

# 2006 AUDI

| Body Type | VIN | List | Trade-In Good | Very Good | Pvt-Party Good | Retail Excellent |
|---|---|---|---|---|---|---|
| Sport Pkg | | | 650 | 650 | 865 | 865 |
| **A8 QUATTRO AWD—W12—Equipment Schedule 1** | | | | | | |
| W.B. 121.0"; 6.0 Liter. | | | | | | |
| L Sedan 4D | MR44E | 120610 | 27400 | 28500 | 30900 | 36800 |
| **TT—4-Cyl. Turbo—Equipment Schedule 2** | | | | | | |
| W.B. 95.4"; 1.8 Liter. | | | | | | |
| Coupe 2D | SC28N | 34710 | 7550 | 8025 | 9125 | 11300 |
| Roadster 2D | TC28N | 36710 | 9125 | 9650 | 11000 | 13600 |
| Power Folding Roof | | | 375 | 375 | 500 | 500 |
| **TT QUATTRO AWD—V6—Equipment Schedule 2** | | | | | | |
| W.B. 95.6"; 3.2 Liter. | | | | | | |
| Coupe 2D | WD28N | 38110 | 10350 | 10900 | 12350 | 15200 |
| Special Ed Coupe 2D | PD28N | 44259 | 12500 | 13100 | 14850 | 18250 |
| Roadster 2D | UD28N | 44360 | 11100 | 11700 | 13350 | 16400 |
| Special Ed Roadster | RD28N | 47259 | 13450 | 14100 | 15950 | 19550 |
| 4-Cyl, HO, Turbo, 1.8 Liter | | | (1150) | (1150) | (1535) | (1535) |

# 2007 AUDI — (WAU,WUAorTRU)(HF78P)-7-#

| Body Type | VIN | List | Trade-In Good | Very Good | Pvt-Party Good | Retail Excellent |
|---|---|---|---|---|---|---|
| **A3—4-Cyl. Turbo—Equipment Schedule 3** | | | | | | |
| W.B. 101.5"; 2.0 Liter. | | | | | | |
| 2.0T Wagon 4D | HF78P | 27540 | 7100 | 7550 | 8525 | 10500 |
| S-Line Pkg | | | 700 | 700 | 935 | 935 |
| **A3 QUATTRO AWD—V6—Equipment Schedule 3** | | | | | | |
| W.B. 101.5"; 3.2 Liter. | | | | | | |
| 3.2 S-Line Wagon 4D | KD8P | 34700 | 10850 | 11400 | 12800 | 15600 |
| **A4—4-Cyl. Turbo—Equipment Schedule 3** | | | | | | |
| W.B. 104.3"; 2.0 Liter. | | | | | | |
| 2.0T Sedan 4D | AF78N | 30160 | 6775 | 7225 | 8275 | 10300 |
| 2.0T Cabriolet 2D | AF48N | 39820 | 7550 | 8025 | 9050 | 11150 |
| S-Line Pkg | | | 700 | 700 | 935 | 935 |
| **A4 QUATTRO AWD—4-Cyl. Turbo—Equipment Schedule 3** | | | | | | |
| W.B. 104.3"; 2.0 Liter. | | | | | | |
| 2.0T Sedan 4D | DF783 | 32260 | 7775 | 8250 | 9400 | 11650 |
| 2.0T Cabriolet 2D | DF48N | 41920 | 8800 | 9300 | 10500 | 12850 |
| S-Line Pkg | | | 700 | 700 | 935 | 935 |
| **A4—V6—Equipment Schedule 3** | | | | | | |
| W.B. 104.3"; 3.2 Liter. | | | | | | |
| 3.2 Sedan 4D | AH78N | 38360 | 9275 | 9800 | 11100 | 13750 |
| S-Line Pkg | | | 700 | 700 | 935 | 935 |
| **A4 QUATTRO AWD—V6—Equipment Schedule 3** | | | | | | |
| W.B. 104.3"; 3.2 Liter. | | | | | | |
| 3.2 Sedan 4D | DH78N | 38360 | 9925 | 10450 | 11850 | 14600 |
| 3.2 Cabriolet 2D | DH48N | 47670 | 10050 | 10600 | 11850 | 14500 |
| S-Line Pkg | | | 700 | 700 | 935 | 935 |
| **A4 AVANT QUATTRO AWD—4-Cyl. Turbo—Equipment Sch 3** | | | | | | |
| W.B. 104.3"; 2.0 Liter. | | | | | | |
| 2.0T Wagon 4D | KF78E | 33260 | 8525 | 9025 | 10100 | 12350 |
| S-Line Pkg | | | 700 | 700 | 935 | 935 |
| **A4 AVANT QUATTRO AWD—V6—Equipment Schedule 3** | | | | | | |
| W.B. 104.3"; 3.2 Liter. | | | | | | |
| 3.2 Wagon 4D | KH78E | 39360 | 9650 | 10200 | 11350 | 13800 |
| S-Line Pkg | | | 700 | 700 | 935 | 935 |
| **RS 4 QUATTRO AWD—V8—Equipment Schedule 1** | | | | | | |
| W.B. 104.3"; 4.2 Liter. | | | | | | |
| Sedan 4D | RU78E | 68820 | 25700 | 26800 | 27700 | 31900 |
| **S4 QUATTRO AWD—V8—Equipment Schedule 1** | | | | | | |
| W.B. 104.3", 104.5" (Cab); 4.2 Liter. | | | | | | |
| Sedan 4D | GL78E | 50720 | 12650 | 13300 | 14150 | 16700 |
| Cabriolet 2D | RU48H | 63180 | 13550 | 14200 | 15200 | 17900 |
| **S4 AVANT QUATTRO AWD—V8—Equipment Schedule 1** | | | | | | |
| W.B. 104.3"; 4.2 Liter. | | | | | | |
| Wagon 4D | UU78E | 51720 | 14050 | 14700 | 15750 | 18550 |
| **A6—V6—Equipment Schedule 3** | | | | | | |
| W.B. 111.9"; 3.2 Liter. | | | | | | |
| 3.2 Sedan 4D | AH74F | 42670 | 8650 | 9150 | 10300 | 12700 |
| S-Line Pkg | | | 700 | 700 | 935 | 935 |
| **A6 QUATTRO AWD—V6—Equipment Schedule 3** | | | | | | |
| W.B. 111.9"; 3.2 Liter. | | | | | | |
| 3.2 Sedan 4D | DH74F | 45820 | 11750 | 12350 | 13900 | 17050 |
| S-Line Pkg | | | 700 | 700 | 935 | 935 |
| **A6 AVANT QUATTRO AWD—V6—Equipment Schedule 3** | | | | | | |
| W.B. 111.9"; 3.2 Liter. | | | | | | |
| 3.2 Wagon 4D | KH94F | 48720 | 12450 | 13050 | 14650 | 17950 |

EQUIPMENT & MILEAGE PAGE 9 TO 23

# 2007 AUDI

| Body Type | VIN | List | Trade-In Good | Trade-In Very Good | Pvt-Party Good | Retail Excellent |
|---|---|---|---|---|---|---|
| S-Line Pkg | | | 700 | 700 | 935 | 935 |
| **A6 QUATTRO AWD—V8**—Equipment Schedule 3 | | | | | | |
| W.B. 111.9"; 4.2 Liter. | | | | | | |
| 4.2 Sedan 4D | DV74F | 56020 | 12000 | 12600 | 14150 | 17350 |
| S-Line Pkg | B | | 700 | 700 | 935 | 935 |
| **S6 QUATTRO AWD—V10**—Equipment Schedule 1 | | | | | | |
| W.B. 112.1"; 5.2 Liter. | | | | | | |
| Sedan 4D | GN74F | 72720 | 15500 | 16200 | 17050 | 19850 |
| **A8 QUATTRO AWD—V8**—Equipment Schedule 1 | | | | | | |
| W.B. 115.9"; 121.0" (L); 4.2 Liter. | | | | | | |
| Sedan 4D | LV44E | 69620 | 14150 | 14800 | 15700 | 18350 |
| L Sedan 4D | MV44E | 73620 | 15650 | 16350 | 17300 | 20200 |
| Premium Pkg | | | 1050 | 1050 | 1400 | 1400 |
| Sport Pkg | | | 700 | 700 | 935 | 935 |
| **A8 QUATTRO AWD—W12**—Equipment Schedule 1 | | | | | | |
| W.B. 121.0"; 6.0 Liter. | | | | | | |
| L Sedan 4D | MR44E | 121770 | 32000 | 33200 | 34700 | 40200 |
| **S8 QUATTRO AWD—V10**—Equipment Schedule 1 | | | | | | |
| W.B. 115.9"; 5.2 Liter. | | | | | | |
| Sedan 4D | PN44E | 92720 | 25500 | 26500 | 27700 | 32200 |

## 2008 AUDI — (WAUorWUA)(HF78P)-8-#

| Body Type | VIN | List | Trade-In Good | Trade-In Very Good | Pvt-Party Good | Retail Excellent |
|---|---|---|---|---|---|---|
| **A3—4-Cyl. Turbo**—Equipment Schedule 3 | | | | | | |
| W.B. 101.5"; 2.0 Liter. | | | | | | |
| 2.0T Wagon 4D | HF78F | 28185 | 8625 | 9125 | 9900 | 11750 |
| S-Line Pkg | | | 750 | 750 | 1000 | 1000 |
| **A3 QUATTRO AWD—V6**—Equipment Schedule 3 | | | | | | |
| W.B. 101.5"; 3.2 Liter. | | | | | | |
| 3.2 S-Line Wagon 4D | KD78P | 35690 | 12050 | 12650 | 13600 | 16050 |
| **A4—4-Cyl. Turbo**—Equipment Schedule 3 | | | | | | |
| W.B. 104.3"; 2.0 Liter. | | | | | | |
| 2.0T Sedan 4D | AF78E | 30975 | 9200 | 9725 | 10700 | 12950 |
| 2.0T Cabriolet 2D | AF48E | 40025 | 11250 | 11850 | 12850 | 15300 |
| S-Line Pkg | B | | 750 | 750 | 1000 | 1000 |
| **A4 QUATTRO AWD—4-Cyl. Turbo**—Equipment Schedule 3 | | | | | | |
| W.B. 104.3"; 2.0 Liter. | | | | | | |
| 2.0T Sedan 4D | DF58E | 33075 | 10550 | 11100 | 12200 | 14700 |
| 2.0T Cabriolet 2D | DF48E | 42625 | 12450 | 13050 | 14200 | 16900 |
| S-Line Pkg | B | | 750 | 750 | 1000 | 1000 |
| **A4 AVANT QUATTRO AWD—4-Cyl. Turbo**—Equipment Schedule 3 | | | | | | |
| W.B. 104.3"; 2.0 Liter. | | | | | | |
| 2.0T Wagon 4D | KF78E | 34075 | 12450 | 13050 | 14200 | 16950 |
| S-Line Pkg | S | | 750 | 750 | 1000 | 1000 |
| **A4—V6**—Equipment Schedule 3 | | | | | | |
| W.B. 104.3"; 3.2 Liter. | | | | | | |
| 3.2 Sedan 4D | AH78E | 37075 | 11150 | 11700 | 12850 | 15500 |
| S-Line Pkg | B | | 750 | 750 | 1000 | 1000 |
| **A4 QUATTRO AWD—V6**—Equipment Schedule 3 | | | | | | |
| W.B. 104.3"; 3.2 Liter. | | | | | | |
| 3.2 Sedan 4D | DH58E | 39175 | 12000 | 12600 | 13800 | 16600 |
| S-Line Pkg | B | | 750 | 750 | 1000 | 1000 |
| **A4 QUATTRO AWD—V6**—Equipment Schedule 3 | | | | | | |
| W.B. 104.3"; 3.2 Liter. | | | | | | |
| 3.2 Cabriolet 2D | DH48H | 48675 | 13600 | 14250 | 15450 | 18350 |
| S-Line Pkg | E | | 750 | 750 | 1000 | 1000 |
| **A4 AVANT QUATTRO AWD—V6**—Equipment Schedule 3 | | | | | | |
| W.B. 104.3"; 3.2 Liter. | | | | | | |
| 3.2 Wagon 4D | KH78E | 40175 | 13300 | 13950 | 15200 | 18150 |
| S-Line Pkg | S | | 750 | 750 | 1000 | 1000 |
| **RS 4 QUATTRO AWD—V8**—Equipment Schedule 1 | | | | | | |
| W.B. 104.3"; 4.2 Liter. | | | | | | |
| Sedan 4D | RU78E | 69785 | 29400 | 30600 | 31800 | 36800 |
| Cabriolet 2D | YU78E | 84775 | 33000 | 34300 | 35500 | 41100 |
| **S4 QUATTRO AWD—V8**—Equipment Schedule 1 | | | | | | |
| W.B. 104.3", 104.5" (Cab); 4.2 Liter. | | | | | | |
| Sedan 4D | GL78E | 51785 | 18700 | 19550 | 20300 | 23400 |
| Cabriolet 2D | RL48H | 60050 | 19900 | 20800 | 21500 | 24800 |
| **S4 AVANT QUATTRO AWD—V8**—Equipment Schedule 1 | | | | | | |
| W.B. 104.3"; 4.2 Liter. | | | | | | |
| Wagon 4D | UL78E | 52785 | 20400 | 21300 | 22100 | 25400 |
| **A5 QUATTRO AWD—V6**—Equipment Schedule 2 | | | | | | |
| W.B. 108.3"; 3.2 Liter. | | | | | | |
| Coupe 2D | DH78T | 41975 | 18150 | 18950 | 19850 | 23000 |

**DEDUCT FOR RECONDITIONING**

# 2008 AUDI

| Body Type | VIN | List | Trade-In Good | Very Good | Pvt-Party Good | Retail Excellent |
|---|---|---|---|---|---|---|
| S-Line Pkg | E | | 750 | 750 | 1000 | 1000 |
| **S5 QUATTRO AWD—V8**—Equipment Schedule 1 | | | | | | |
| W.B. 108.3"; 4.2 Liter. | | | | | | |
| Coupe 2D | RV78T | 54325 | 20800 | 21600 | 22600 | 26200 |
| **A6—V6**—Equipment Schedule 3 | | | | | | |
| W.B. 111.9"; 3.2 Liter. | | | | | | |
| 3.2 Sedan 4D | AH74F | 43725 | 10850 | 11400 | 12350 | 14700 |
| S-Line Pkg | B | | 750 | 750 | 1000 | 1000 |
| **A6 QUATTRO AWD—V6**—Equipment Schedule 3 | | | | | | |
| W.B. 111.9"; 3.2 Liter. | | | | | | |
| 3.2 Sedan 4D | DH74F | 46875 | 13750 | 14400 | 15600 | 18550 |
| S-Line Pkg | E,S | | 750 | 750 | 1000 | 1000 |
| **A6 AVANT QUATTRO AWD—V6**—Equipment Schedule 3 | | | | | | |
| W.B. 111.9"; 3.2 Liter. | | | | | | |
| 3.2 Wagon 4D | KH94F | 49775 | 14450 | 15100 | 16350 | 19450 |
| S-Line Pkg | E,S | | 750 | 750 | 1000 | 1000 |
| **A6 QUATTRO AWD—V8**—Equipment Schedule 3 | | | | | | |
| W.B. 111.9"; 4.2 Liter. | | | | | | |
| 4.2 Sedan 4D | DV74F | 57075 | 15550 | 16250 | 17550 | 20800 |
| S-Line Pkg | B | | 750 | 750 | 1000 | 1000 |
| **S6 QUATTRO AWD—V10**—Equipment Schedule 1 | | | | | | |
| W.B. 112.1"; 5.2 Liter. | | | | | | |
| Sedan 4D | DN74F | 74425 | 20400 | 21200 | 22000 | 25400 |
| **A8 QUATTRO AWD—V8**—Equipment Schedule 1 | | | | | | |
| W.B. 115.9"; 121.0" (L); 4.2 Liter. | | | | | | |
| Sedan 4D | LV44E | 71465 | 18300 | 19100 | 19750 | 22700 |
| L Sedan 4D | MV44E | 75465 | 20100 | 20900 | 21600 | 24700 |
| Premium Pkg | | | 1150 | 1150 | 1535 | 1535 |
| Sport Pkg | | | 750 | 750 | 1000 | 1000 |
| **A8 QUATTRO AWD—W12**—Equipment Schedule 1 | | | | | | |
| W.B. 121.0"; 6.0 Liter. | | | | | | |
| L Sedan 4D | MR44E | 122575 | 38100 | 39600 | 40400 | 46000 |
| **R8 QUATTRO AWD—V8**—Equipment Schedule 1 | | | | | | |
| W.B. 104.3"; 4.2 Liter. | | | | | | |
| Coupe 2D | AV342 | 124200 | **** | **** | **** | 88800 |
| **S8 QUATTRO AWD—V10**—Equipment Schedule 1 | | | | | | |
| W.B. 115.9"; 5.2 Liter. | | | | | | |
| Sedan 4D | PN44E | 96175 | 29600 | 30800 | 31600 | 36100 |
| **TT—4-Cyl. Turbo**—Equipment Schedule 2 | | | | | | |
| W.B. 97.2"; 2.0 Liter. | | | | | | |
| Coupe 2D | AF38J | 35575 | 13700 | 14350 | 15500 | 18350 |
| Roadster 2D | MF38J | 37575 | 14600 | 15250 | 16450 | 19500 |
| Power Folding Roof | | | 400 | 400 | 535 | 535 |
| S-Line Pkg | | | 750 | 750 | 1000 | 1000 |
| **TT QUATTRO AWD—V6**—Equipment Schedule 2 | | | | | | |
| W.B. 97.2"; 3.2 Liter. | | | | | | |
| 3.2 Coupe 2D | DD38J | 43675 | 16900 | 17650 | 18950 | 22400 |
| 3.2 Roadster 2D | RD38J | 46675 | 20300 | 21100 | 22500 | 26600 |
| S-Line Pkg | | | 750 | 750 | 1000 | 1000 |

## 2009 AUDI — (WAUorWUA)(HF78P)-9-#

| Body Type | VIN | List | Good | Very Good | Good | Excellent |
|---|---|---|---|---|---|---|
| **A3—4-Cyl. Turbo**—Equipment Schedule 3 | | | | | | |
| W.B. 101.5"; 2.0 Liter. | | | | | | |
| 2.0T Wagon 4D | HF78P | 29225 | 10850 | 11400 | 12250 | 14400 |
| S-Line Pkg | | | 800 | 800 | 1065 | 1065 |
| **A3 QUATTRO AWD—4-Cyl. Turbo**—Equipment Schedule 3 | | | | | | |
| W.B. 101.5"; 2.0 Liter. | | | | | | |
| 2.0T Wagon 4D | KF78P | 31325 | 12800 | 13400 | 14400 | 16950 |
| S-Line Pkg | | | 800 | 800 | 1065 | 1065 |
| **A3 QUATTRO AWD—V6**—Equipment Schedule 3 | | | | | | |
| W.B. 101.5"; 3.2 Liter. | | | | | | |
| 3.2 Wagon 4D | KD78P | 37800 | 14200 | 14850 | 15900 | 18650 |
| S-Line Pkg | | | 800 | 800 | 1065 | 1065 |
| **A4—4-Cyl. Turbo**—Equipment Schedule 3 | | | | | | |
| W.B. 104.3", 110.6" (Sed); 2.0 Liter. | | | | | | |
| 2.0T Sedan 4D | AF78E | 31525 | 12550 | 13150 | 14250 | 16900 |
| 2.0T Cabriolet 2D | AF48H | 41575 | 14100 | 14750 | 15750 | 18500 |
| 2.0T Special Ed Cab 2D | AF48H | 41575 | 14800 | 15450 | 16500 | 19350 |
| Premium Plus Pkg | | | 775 | 775 | 1035 | 1035 |
| **A4 QUATTRO AWD—4-Cyl. Turbo**—Equipment Schedule 3 | | | | | | |
| W.B. 104.3", 110.6" (Sed); 2.0 Liter. | | | | | | |
| 2.0T Sedan 4D | LF78K | 33525 | 13950 | 14600 | 15750 | 18600 |
| 2.0T Cabriolet 2D | DF48H | 41575 | 15650 | 16350 | 17400 | 20400 |

EQUIPMENT & MILEAGE PAGE 9 TO 23  39

# 2009 AUDI

| Body Type | VIN | List | Trade-In Good | Very Good | Pvt-Party Good | Retail Excellent |
|---|---|---|---|---|---|---|
| 2.0T Special Ed Cab | DF48H | 43675 | 16150 | 16850 | 17950 | 21000 |
| Premium Plus Pkg | | | 775 | 775 | 1035 | 1035 |
| **A4 AVANT QUATTRO AWD—4-Cyl. Turbo**—Equipment Schedule 3 | | | | | | |
| W.B. 110.6"; 2.0 Liter. | | | | | | |
| 2.0T Wagon 4D | VF78K | 35325 | 16000 | 16700 | 17800 | 21000 |
| Premium Plus Pkg | | | 775 | 775 | 1035 | 1035 |
| **A4 QUATTRO AWD—V6**—Equipment Schedule 3 | | | | | | |
| W.B. 104.3", 110.6" (Sed); 3.2 Liter. | | | | | | |
| 3.2 Sedan 4D | LK98K | 40825 | 15750 | 16450 | 17650 | 20800 |
| 3.2 Cabriolet 2D | DH48H | 49625 | 18000 | 18800 | 19950 | 23300 |
| 3.2 Special Ed Cab 2D | DH48H | 49625 | 19250 | 20100 | 21300 | 24900 |
| **S4 QUATTRO AWD—V8**—Equipment Schedule 1 | | | | | | |
| W.B. 104.5"; 4.2 Liter. | | | | | | |
| Cabriolet 2D | RL48H | 60450 | 27100 | 28200 | 28900 | 33100 |
| **A5 QUATTRO AWD—V6**—Equipment Schedule 1 | | | | | | |
| W.B. 108.3"; 3.2 Liter. | | | | | | |
| Coupe 2D | DK78T | 42425 | 20800 | 21700 | 22500 | 25900 |
| S-Line Pkg | | | 800 | 800 | 1065 | 1065 |
| **S5 QUATTRO AWD—V8**—Equipment Schedule 1 | | | | | | |
| W.B. 108.3"; 4.2 Liter. | | | | | | |
| Coupe 2D | RV78T | 54825 | 25000 | 26000 | 26700 | 30600 |
| **A6—V6**—Equipment Schedule 3 | | | | | | |
| W.B. 111.9"; 3.2 Liter. | | | | | | |
| 3.2 Sedan 4D | AH74F | 45925 | 15850 | 16550 | 17400 | 20200 |
| **A6 QUATTRO AWD—V6 Supercharged**—Equipment Schedule 3 | | | | | | |
| W.B. 111.9"; 3.0 Liter. | | | | | | |
| 3.0T Sedan 4D | DH74F | 50925 | 19450 | 20300 | 21200 | 24500 |
| **A6 AVANT QUATTRO AWD—V6 Supercharged**—Equipment Schedule 3 | | | | | | |
| W.B. 111.9"; 3.0 Liter. | | | | | | |
| 3.0T Wagon 4D | KH94F | 54135 | 19850 | 20700 | 21600 | 25000 |
| **A6 QUATTRO AWD—V8**—Equipment Schedule 1 | | | | | | |
| W.B. 111.9"; 4.2 Liter. | | | | | | |
| 4.2 Sedan 4D | DV74F | 61775 | 21000 | 21900 | 22800 | 26400 |
| **S6 QUATTRO AWD—V10**—Equipment Schedule 1 | | | | | | |
| W.B. 112.1"; 5.2 Liter. | | | | | | |
| Sedan 4D | DN74F | 76675 | 26300 | 27400 | 27700 | 31300 |
| **A8 QUATTRO AWD—V8**—Equipment Schedule 1 | | | | | | |
| W.B. 115.9", 121.0" (L); 4.2 Liter. | | | | | | |
| Sedan 4D | LV44E | 74875 | 28900 | 30100 | 30700 | 34800 |
| L Sedan 4D | MV44E | 78725 | 30400 | 31600 | 32200 | 36500 |
| Sport Pkg | | | 800 | 800 | 1065 | 1065 |
| **A8 QUATTRO AWD—W12**—Equipment Schedule 1 | | | | | | |
| W.B. 121.0"; 6.0 Liter. | | | | | | |
| L Sedan 4D | MR44E | 122625 | 48300 | 50100 | 50900 | 57600 |
| **R8 QUATTRO AWD—V8**—Equipment Schedule 1 | | | | | | |
| W.B. 104.3"; 4.2 Liter. | | | | | | |
| Coupe 2D | AU342 | 124800 | **** | **** | **** | 95900 |
| **S8 QUATTRO AWD—V10**—Equipment Schedule 1 | | | | | | |
| W.B. 115.9"; 5.2 Liter. | | | | | | |
| Sedan 4D | PN44E | 99125 | 40300 | 41800 | 42300 | 48000 |
| **TT—4-Cyl. Turbo**—Equipment Schedule 2 | | | | | | |
| W.B. 97.2"; 2.0 Liter. | | | | | | |
| Coupe 2D | AF38J | 36025 | 15200 | 15900 | 16650 | 19250 |
| Roadster 2D | MF38J | 38025 | 16050 | 16800 | 17550 | 20300 |
| Power Folding Roof | | | 400 | 400 | 535 | 535 |
| S-Line Pkg | | | 800 | 800 | 1065 | 1065 |
| **TT QUATTRO AWD—4-Cyl. Turbo**—Equipment Schedule 2 | | | | | | |
| W.B. 97.2"; 2.0 Liter. | | | | | | |
| Coupe 2D | DF38J | 38125 | 17750 | 18500 | 19300 | 22300 |
| Roadster 2D | RF38J | 40125 | 21100 | 22000 | 22900 | 26400 |
| Power Folding Roof | | | 400 | 400 | 535 | 535 |
| S-Line Pkg | | | 800 | 800 | 1065 | 1065 |
| **TT QUATTRO AWD—V6**—Equipment Schedule 2 | | | | | | |
| W.B. 97.2"; 3.2 Liter. | | | | | | |
| 3.2 Coupe 2D | DD38J | 44295 | 20100 | 20900 | 21700 | 25100 |
| 3.2 Roadster 2D | RD38J | 47365 | 22200 | 23200 | 24000 | 27700 |
| S-Line Pkg | | | 800 | 800 | 1065 | 1065 |
| **TTS QUATTRO AWD—4-Cyl. Turbo**—Equipment Schedule 2 | | | | | | |
| W.B. 97.2"; 2.0 Liter. | | | | | | |
| Coupe 2D | UF38J | 46325 | 23400 | 24400 | 25200 | 29100 |
| Roadster 2D | WF38J | 48325 | 26200 | 27300 | 28200 | 32500 |
| Power Folding Roof | | | 400 | 400 | 535 | 535 |

**40   DEDUCT FOR RECONDITIONING**

# 2010 AUDI

| Body Type | VIN | List | Trade-In Good | Very Good | Pvt-Party Good | Retail Excellent |
|---|---|---|---|---|---|---|

## 2010 AUDI — (TRUorWAUorWUA)(BFBFM)–A–#

**A3—4-Cyl. Turbo—Equipment Schedule 3**
W.B. 101.5"; 2.0 Liter.
2.0T Wagon 4D .................... BFBFM 29575 **13450 14100 14900 17350**
**A3 QUATTRO AWD—4-Cyl. Turbo—Equipment Schedule 3**
W.B. 101.5"; 2.0 Liter.
2.0T Wagon 4D .................... DFBFM 31675 **15750 16450 17300 20100**
**A3—4-Cyl. Turbo Diesel—Equipment Schedule 3**
W.B. 101.5"; 2.0 Liter.
2.0 TDI Wagon 4D ................ BJBFM 30775 **15600 16300 17150 19900**
**A4—4-Cyl. Turbo—Equipment Schedule 3**
W.B. 110.6"; 2.0 Liter.
2.0T Sedan 4D .................... AFBFL 32275 **14850 15500 16400 19150**
  Premium Plus Pkg .................................. **800 800 1065 1065**
**A4 QUATTRO AWD—4-Cyl. Turbo—Equipment Schedule 3**
W.B. 110.6"; 2.0 Liter.
2.0T Sedan 4D .................... BFBFL 34375 **16800 17550 18500 21500**
  S-Line Pkg ........................ B **800 800 1065 1065**
  Premium Plus Pkg .................................. **800 800 1065 1065**
  Prestige Pkg .................................. **1675 1675 2235 2235**
**A4 AVANT QUATTRO AWD—4-Cyl. Turbo—Equipment Schedule 3**
W.B. 110.6"; 2.0 Liter.
2.0T Wagon 4D ................... SFBFL 36175 **18650 19500 20400 23600**
  S-Line Pkg .................................. **800 800 1065 1065**
  Premium Plus Pkg .................................. **800 800 1065 1065**
  Prestige Pkg .................................. **1675 1675 2235 2235**
**S4 QUATTRO AWD—V6 Supercharged—Equipment Schedule 1**
W.B. 110.7"; 3.0 Liter.
Sedan 4D ........................ BGBFL 48125 **26700 27800 28200 31900**
  Prestige Pkg .................................. **1675 1675 2235 2235**
**A5—4-Cyl. Turbo—Equipment Schedule 1**
W.B. 108.3"; 2.0 Liter.
2.0T Cabriolet 2D ................ AFAFH 42825 **22300 23300 24100 27700**
**A5 QUATTRO AWD—4-Cyl. Turbo—Equipment Schedule 1**
W.B. 108.3"; 2.0 Liter.
2.0T Coupe 2D .................... CFAFR 38525 **20900 21800 22600 26000**
2.0T Cabriolet 2D ................ CFAFH 44925 **23600 24500 25400 29200**
  Prestige Pkg .................................. **1675 1675 2235 2235**
**A5 QUATTRO AWD—V6—Equipment Schedule 1**
W.B. 108.3"; 3.2 Liter.
Coupe 2D ........................ LKAFR 44825 **23400 24300 25200 29000**
  Prestige Pkg .................................. **1675 1675 2235 2235**
**S5 QUATTRO AWD—V6 Turbo—Equipment Schedule 1**
W.B. 108.3"; 3.0 Liter.
3.0T Cabriolet 2D ................ CGAFH 59075 **29800 31000 31600 36000**
  Prestige Pkg .................................. **1675 1675 2235 2235**
**S5 QUATTRO AWD—V8—Equipment Schedule 1**
W.B. 108.3"; 4.2 Liter.
Coupe 2D ........................ CVAFR 54425 **28400 29600 30200 34300**
  Prestige Pkg .................................. **1675 1675 2235 2235**
**A6—V6—Equipment Schedule 3**
W.B. 111.9"; 3.2 Liter.
3.2 Sedan 4D .................... AKBFB 46025 **18550 19350 20000 22900**
**A6 QUATTRO AWD—V6 Supercharged—Equipment Schedule 3**
W.B. 111.9"; 3.0 Liter.
3.0T Sedan 4D ................... AGBFB 51025 **22000 23000 23600 27000**
  Prestige Pkg .................................. **1675 1675 2235 2235**
**A6 AVANT QUATTRO AWD—V6 Supercharged—Equipment Schedule 3**
W.B. 111.9"; 3.0 Liter.
3.0T Wagon 4D ................... SGBFB 54135 **22500 23500 24100 27600**
  Prestige Pkg .................................. **1675 1675 2235 2235**
**A6 QUATTRO AWD—V8—Equipment Schedule 3**
W.B. 111.9"; 4.2 Liter.
4.2 Sedan 4D ................... BVBFB 61775 **23600 24600 25200 28900**
**S6 QUATTRO AWD—V10—Equipment Schedule 1**
W.B. 112.1"; 5.2 Liter.
Sedan 4D ........................ BNBFB 78225 **34000 35300 35300 39500**
**A8 QUATTRO AWD—V8—Equipment Schedule 1**
W.B. 115.9", 121.0" (L); 4.2 Liter.
Sedan 4D ........................ BVAFA 75375 **32300 33500 33600 37600**
L Sedan 4D ..................... SVAFA 79225 **33800 35100 35100 39300**
  Sport Pkg .................................. **800 800 1065 1065**

EQUIPMENT & MILEAGE PAGE 9 TO 23

# 2010 AUDI

| Body Type | VIN | List | Trade-In Good | Very Good | Pvt-Party Good | Retail Excellent |
|---|---|---|---|---|---|---|
| **R8 QUATTRO AWD—V8—Equipment Schedule 1** | | | | | | |
| W.B. 104.3"; 4.2 Liter. | | | | | | |
| 4.2 Coupe 2D | AUAFG | 126600 | **** | **** | **** | 103900 |
| **R8 QUATTRO AWD—V10—Equipment Schedule 1** | | | | | | |
| W.B. 104.3"; 5.2 Liter. | | | | | | |
| 5.2 Coupe 2D | ANAFG | 158400 | **** | **** | **** | 133200 |
| **TT QUATTRO AWD—4-Cyl. Turbo—Equipment Schedule 2** | | | | | | |
| W.B. 97.2"; 2.0 Liter. | | | | | | |
| Coupe 2D | AFAFK | 38625 | 20700 | 21500 | 22100 | 25100 |
| Roadster 2D | SFAFK | 41625 | 22300 | 23300 | 23800 | 27100 |
| S-Line Pkg | | | 800 | 800 | 1065 | 1065 |
| Prestige Pkg | | | 1675 | 1675 | 2235 | 2235 |
| **TTS QUATTRO AWD—4-Cyl. Turbo—Equipment Schedule 3** | | | | | | |
| W.B. 97.2"; 2.0 Liter. | | | | | | |
| Coupe 2D | B1AFK | 46725 | 24600 | 25600 | 26100 | 29700 |
| Roadster 2D | S1AFK | 49725 | 27600 | 28700 | 29300 | 33300 |
| Prestige Pkg | | | 1675 | 1675 | 2235 | 2235 |

## 2011 AUDI — (TRUorWAUorWUA)(BFBFM)-B-#

| Body Type | VIN | List | Trade-In Good | Very Good | Pvt-Party Good | Retail Excellent |
|---|---|---|---|---|---|---|
| **A3—4-Cyl. Turbo—Equipment Schedule 3** | | | | | | |
| W.B. 101.5"; 2.0 Liter. | | | | | | |
| 2.0T Wagon 4D | BFBFM | 29625 | 15550 | 16250 | 17100 | 19850 |
| **A3 QUATTRO AWD—4-Cyl. Turbo—Equipment Schedule 3** | | | | | | |
| W.B. 101.5"; 2.0 Liter. | | | | | | |
| 2.0T Wagon 4D | DFBFM | 31725 | 18200 | 19000 | 19900 | 23100 |
| **A3—4-Cyl. Turbo Diesel—Equipment Schedule 3** | | | | | | |
| W.B. 101.5"; 2.0 Liter. | | | | | | |
| 2.0 TDI Wagon 4D | BJBFM | 31125 | 17800 | 18550 | 19450 | 22600 |
| **A4—4-Cyl. Turbo—Equipment Schedule 3** | | | | | | |
| W.B. 110.6"; 2.0 Liter. | | | | | | |
| 2.0T Sedan 4D | AFBFL | 32825 | 16800 | 17550 | 18300 | 21100 |
| Premium Plus Pkg | | | 850 | 850 | 1135 | 1135 |
| **A4 QUATTRO AWD—4-Cyl. Turbo—Equipment Schedule 3** | | | | | | |
| W.B. 110.6"; 2.0 Liter. | | | | | | |
| 2.0T Sedan 4D | BFBFL | 35015 | 19250 | 20100 | 20900 | 24100 |
| S-Line Pkg | | | 800 | 800 | 1065 | 1065 |
| Premium Plus Pkg | | | 850 | 850 | 1135 | 1135 |
| Prestige Pkg | | | 1750 | 1750 | 2335 | 2335 |
| **A4 AVANT QUATTRO AWD—4-Cyl. Turbo—Equipment Schedule 3** | | | | | | |
| W.B. 110.6"; 2.0 Liter. | | | | | | |
| 2.0T Wagon 4D | SFBFL | 36815 | 23200 | 24200 | 24800 | 28300 |
| S-Line Pkg | | | 800 | 800 | 1065 | 1065 |
| Premium Plus Pkg | | | 850 | 850 | 1135 | 1135 |
| Prestige Pkg | | | 1750 | 1750 | 2335 | 2335 |
| **S4 QUATTRO AWD—V6 Supercharged—Equipment Schedule 1** | | | | | | |
| W.B. 110.7"; 3.0 Liter. | | | | | | |
| Sedan 4D | BGBFL | 48875 | 29600 | 30800 | 31000 | 34800 |
| Prestige Pkg | | | 1750 | 1750 | 2335 | 2335 |
| **A5—4-Cyl. Turbo—Equipment Schedule 1** | | | | | | |
| W.B. 108.3"; 2.0 Liter. | | | | | | |
| 2.0T Cabriolet 2D | AFAFH | 42875 | 25600 | 26600 | 27100 | 30700 |
| Premium Plus Pkg | | | 850 | 850 | 1135 | 1135 |
| Prestige Pkg | | | 1750 | 1750 | 2335 | 2335 |
| **A5 QUATTRO AWD—4-Cyl. Turbo—Equipment Schedule 3** | | | | | | |
| W.B. 108.3"; 2.0 Liter. | | | | | | |
| 2.0T Coupe 2D | CFAFR | 38665 | 24200 | 25100 | 25600 | 29100 |
| 2.0T Cabriolet 2D | CFAFH | 45065 | 27500 | 28600 | 29100 | 33000 |
| S-Line Pkg | | | 800 | 800 | 1065 | 1065 |
| Premium Plus Pkg | | | 850 | 850 | 1135 | 1135 |
| Prestige Pkg | | | 1750 | 1750 | 2335 | 2335 |
| **S5 QUATTRO AWD—V6 Supercharged—Equipment Schedule 1** | | | | | | |
| W.B. 108.3"; 3.0 Liter. | | | | | | |
| 3.0T Convertible 2D | CGAFH | 59325 | 33800 | 35100 | 35300 | 39800 |
| Prestige Pkg | | | 1750 | 1750 | 2335 | 2335 |
| **S5 QUATTRO AWD—V8—Equipment Schedule 1** | | | | | | |
| W.B. 108.3"; 4.2 Liter. | | | | | | |
| Coupe 2D | CVAFR | 55175 | 32400 | 33600 | 33900 | 38200 |
| Prestige Pkg | | | 1750 | 1750 | 2335 | 2335 |
| **A6—V6—Equipment Schedule 3** | | | | | | |
| W.B. 111.9"; 3.2 Liter. | | | | | | |
| 3.2 Sedan 4D | AKBFB | 46075 | 25500 | 26500 | 27200 | 31200 |
| Premium Plus Pkg | | | 850 | 850 | 1135 | 1135 |

**DEDUCT FOR RECONDITIONING**

# 2011 AUDI

| Body Type | VIN | List | Trade-In Good | Very Good | Pvt-Party Good | Retail Excellent |
|---|---|---|---|---|---|---|
| **A6 QUATTRO AWD—V6 Supercharged**—Equipment Schedule 3 | | | | | | |
| W.B. 111.9"; 3.0 Liter. | | | | | | |
| 3.0T Sedan 4D | BGBFB | 51075 | 28600 | 29800 | 30600 | 35000 |
| Premium Plus Pkg | | | 850 | 850 | 1135 | 1135 |
| Prestige Pkg | | | 1750 | 1750 | 2335 | 2335 |
| **A6 AVANT QUATTRO AWD—V6 Supercharged**—Equipment Schedule 3 | | | | | | |
| W.B. 111.9"; 3.0 Liter. | | | | | | |
| 3.0T Wagon 4D | SGBFB | 54185 | 29100 | 30300 | 31100 | 35600 |
| Premium Plus Pkg | | | 850 | 850 | 1135 | 1135 |
| Prestige Pkg | | | 1750 | 1750 | 2335 | 2335 |
| **A6 QUATTRO AWD—V8**—Equipment Schedule 3 | | | | | | |
| W.B. 111.9"; 4.2 Liter. | | | | | | |
| 4.2 Sedan 4D | BVBFB | 60025 | 30200 | 31400 | 32300 | 36900 |
| **A8 QUATTRO AWD—V8**—Equipment Schedule 1 | | | | | | |
| W.B. 115.9", 121.0" (L); 4.2 Liter. | | | | | | |
| 4.2 Sedan 4D | AVAFD | 78925 | 39200 | 40700 | 40500 | 45200 |
| L 4.2 Sedan 4D | RVAFD | 84875 | 40700 | 42200 | 42000 | 46900 |
| Sport Pkg | | | 800 | 800 | 1065 | 1065 |
| Premium Pkg | | | 1450 | 1450 | 1935 | 1935 |
| **R8 QUATTRO AWD—V8**—Equipment Schedule 1 | | | | | | |
| W.B. 104.3"; 4.2 Liter. | | | | | | |
| 4.2 Coupe 2D | AUAFG | 126250 | **** | **** | **** | 114600 |
| 4.2 Convertible 2D | VUAFG | 139750 | **** | **** | **** | 122100 |
| **R8 QUATTRO AWD—V10**—Equipment Schedule 1 | | | | | | |
| W.B. 104.3"; 5.2 Liter. | | | | | | |
| 5.2 Coupe 2D | ANAFG | 159950 | **** | **** | **** | 143400 |
| 5.2 Convertible 2D | VNAFG | 173450 | **** | **** | **** | 152100 |
| **TT QUATTRO AWD—4-Cyl. Turbo**—Equipment Schedule 2 | | | | | | |
| W.B. 97.2"; 2.0 Liter. | | | | | | |
| Coupe 2D | BFAFK | 39175 | 25500 | 26500 | 26700 | 30100 |
| Roadster 2D | SFAFK | 42175 | 27000 | 28100 | 28300 | 31900 |
| S-Line Pkg | | | 800 | 800 | 1065 | 1065 |
| Prestige Pkg | | | 1750 | 1750 | 2335 | 2335 |
| **TTS QUATTRO AWD—4-Cyl. Turbo**—Equipment Schedule 1 | | | | | | |
| W.B. 97.2"; 2.0 Liter. | | | | | | |
| Coupe 2D | F1AFK | 47875 | 29200 | 30400 | 30600 | 34500 |
| Roadster 2D | W1AFK | 50875 | 32300 | 33500 | 33800 | 38000 |
| Prestige Pkg | | | 1750 | 1750 | 2335 | 2335 |

# 2012 AUDI — (TRUorWAUorWUA)(BFAFM)-C-#

| Body Type | VIN | List | Trade-In Good | Very Good | Pvt-Party Good | Retail Excellent |
|---|---|---|---|---|---|---|
| **A3—4-Cyl. Turbo**—Equipment Schedule 3 | | | | | | |
| W.B. 101.5"; 2.0 Liter. | | | | | | |
| 2.0T Wagon 4D | BFAFM | 29625 | 16900 | 17650 | 18800 | 22100 |
| **A3 QUATTRO AWD—4-Cyl. Turbo**—Equipment Schedule 3 | | | | | | |
| W.B. 101.5"; 2.0 Liter. | | | | | | |
| 2.0T Wagon 4D | DFAFM | 31725 | 19550 | 20400 | 21700 | 25400 |
| **A3—4-Cyl. Turbo Diesel**—Equipment Schedule 3 | | | | | | |
| W.B. 101.5"; 2.0 Liter. | | | | | | |
| 2.0 TDI Wagon 4D | BJAFM | 31125 | 19150 | 20000 | 21200 | 24900 |
| **A4—4-Cyl. Turbo**—Equipment Schedule 3 | | | | | | |
| W.B. 110.6"; 2.0 Liter. | | | | | | |
| 2.0T Sedan 4D | AFAFL | 33375 | 20200 | 21000 | 21600 | 24600 |
| S-Line Plus Pkg | | | 800 | 800 | 1065 | 1065 |
| Premium Plus Pkg | | | 900 | 900 | 1200 | 1200 |
| Prestige Pkg | | | 1850 | 1850 | 2465 | 2465 |
| **A4 QUATTRO AWD—4-Cyl. Turbo**—Equipment Schedule 3 | | | | | | |
| W.B. 110.6"; 2.0 Liter. | | | | | | |
| 2.0T Sedan 4D | BFAFL | 35475 | 22600 | 23600 | 24100 | 27500 |
| S-Line Plus Pkg | | | 800 | 800 | 1065 | 1065 |
| Premium Plus Pkg | | | 900 | 900 | 1200 | 1200 |
| Prestige Pkg | | | 1850 | 1850 | 2465 | 2465 |
| **A4 AVANT QUATTRO AWD—4-Cyl. Turbo**—Equipment Schedule 3 | | | | | | |
| W.B. 110.6"; 2.0 Liter. | | | | | | |
| 2.0T Wagon 4D | SFAFL | 37275 | 28400 | 29500 | 29800 | 33600 |
| S-Line Plus Pkg | | | 800 | 800 | 1065 | 1065 |
| Premium Plus Pkg | | | 900 | 900 | 1200 | 1200 |
| Prestige Pkg | | | 1850 | 1850 | 2465 | 2465 |
| **S4 QUATTRO AWD—V6 Supercharged**—Equipment Schedule 1 | | | | | | |
| W.B. 110.7"; 3.0 Liter. | | | | | | |
| Sedan 4D | BGAFL | 49575 | 34000 | 35300 | 35400 | 39600 |
| Prestige Pkg | | | 1850 | 1850 | 2465 | 2465 |
| **A5—4-Cyl. Turbo**—Equipment Schedule 1 | | | | | | |
| W.B. 108.3"; 2.0 Liter. | | | | | | |

# 2012 AUDI

| Body Type | VIN | List | Trade-In Good | Very Good | Pvt-Party Good | Retail Excellent |
|---|---|---|---|---|---|---|
| 2.0T Cabriolet 2D | AFAFH | 43475 | 29700 | 30900 | 31300 | 35300 |
| S-Line Pkg | | | 800 | 800 | 1065 | 1065 |
| Premium Plus Pkg | | | 900 | 900 | 1200 | 1200 |
| Prestige Pkg | | | 1850 | 1850 | 2465 | 2465 |
| **A5 QUATTRO AWD—4-Cyl. Turbo—Equipment Schedule 1** | | | | | | |
| W.B. 108.3"; 2.0 Liter. | | | | | | |
| 2.0T Coupe 2D | CFAFR | 39175 | 27000 | 28100 | 28400 | 32100 |
| 2.0T Cabriolet 2D | CFAFH | 45575 | 32400 | 33600 | 34000 | 38400 |
| S-Line Pkg | | | 800 | 800 | 1065 | 1065 |
| Premium Plus Pkg | | | 900 | 900 | 1200 | 1200 |
| Prestige Pkg | | | 1850 | 1850 | 2465 | 2465 |
| **S5 QUATTRO AWD—V6 Supercharged—Equipment Schedule 1** | | | | | | |
| W.B. 108.3"; 3.0 Liter. | | | | | | |
| 3.0T Convertible 2D | CGAFH | 60175 | 39500 | 41000 | 41000 | 45900 |
| Prestige Pkg | | | 1850 | 1850 | 2465 | 2465 |
| **S5 QUATTRO AWD—V8—Equipment Schedule 1** | | | | | | |
| W.B. 108.3"; 4.2 Liter. | | | | | | |
| Coupe 2D | CVAFH | 55975 | 37700 | 39100 | 39100 | 43800 |
| Prestige Pkg | | | 1850 | 1850 | 2465 | 2465 |
| **A6—4-Cyl. Turbo—Equipment Schedule 3** | | | | | | |
| W.B. 114.7"; 2.0 Liter. | | | | | | |
| 2.0T Sedan 4D | AFAFC | 42575 | 33400 | 34700 | 34700 | 38800 |
| Premium Plus Pkg | | | 900 | 900 | 1200 | 1200 |
| Sport Pkg | | | 400 | 400 | 535 | 535 |
| **A6 QUATTRO AWD—V6 Supercharged—Equipment Schedule 3** | | | | | | |
| W.B. 114.7"; 3.0 Liter. | | | | | | |
| 3.0T Sedan 4D | BGAFC | 50775 | 35900 | 37200 | 37200 | 41600 |
| Premium Plus Pkg | | | 900 | 900 | 1200 | 1200 |
| Prestige Pkg | | | 1850 | 1850 | 2465 | 2465 |
| Sport Pkg | | | 400 | 400 | 535 | 535 |
| **A7 QUATTRO AWD—6-Cyl. Supercharged—Equipment Schedule 1** | | | | | | |
| W.B. 114.7"; 3.0 Liter. | | | | | | |
| Premium Sedan 4D | SGAFC | 60125 | 44600 | 46200 | 46100 | 51700 |
| Premium Plus Pkg | | | 925 | 925 | 1235 | 1235 |
| Prestige Pkg | | | 1850 | 1850 | 2465 | 2465 |
| **A8 QUATTRO AWD—V8—Equipment Schedule 1** | | | | | | |
| W.B. 117.8"; 122.9" (L); 4.2 Liter. | | | | | | |
| 4.2 Sedan 4D | AVAFD | 79625 | 47400 | 49100 | 49500 | 55600 |
| L 4.2 Sedan 4D | RVAFD | 85575 | 48900 | 50700 | 51000 | 57300 |
| Premium Pkg | | | 1450 | 1450 | 1935 | 1935 |
| **A8 QUATTRO AWD—W12—Equipment Schedule 1** | | | | | | |
| W.B. 112.9"; 6.3 Liter. | | | | | | |
| L Sedan 4D | R4AFD | 136975 | 98700 | 102000 | 101800 | 114000 |
| Premium Pkg | | | 1450 | 1450 | 1935 | 1935 |
| **R8 AWD—V8—Equipment Schedule 1** | | | | | | |
| W.B. 104.3"; 4.2 Liter. | | | | | | |
| 4.2 Coupe 2D | AUAFG | 126250 | **** | **** | **** | 118000 |
| 4.2 Spyder 2D | SUAFG | 139750 | **** | **** | **** | 125400 |
| **R8 AWD—V10—Equipment Schedule 1** | | | | | | |
| W.B. 104.3"; 5.2 Liter. | | | | | | |
| 5.2 Coupe 2D | ENAFG | 161450 | **** | **** | **** | 146400 |
| 5.2 Spyder 2D | VNAFG | 175150 | **** | **** | **** | 154900 |
| GT Coupe 2D | 9NAFG | 200150 | **** | **** | **** | 190300 |
| GT Spyder Conv 2D | 8NAFG | 213650 | **** | **** | **** | 204500 |

## 2013 AUDI — (TRUorWAUorWUA)(BEAFM)-D-#

| Body Type | VIN | List | Good | Very Good | Good | Excellent |
|---|---|---|---|---|---|---|
| **A3—4-Cyl. Turbo—Equipment Schedule 3** | | | | | | |
| W.B. 101.5"; 2.0 Liter. | | | | | | |
| 2.0T Premium Wagon | BEAFM | 29645 | 20700 | 21500 | 22800 | 26700 |
| 2.0T Premium Plus | KEAFM | 31645 | 23200 | 24200 | 25500 | 29800 |
| AWD | D | | 1425 | 1425 | 1900 | 1900 |
| **A3—4-Cyl. Turbo Diesel—Equipment Schedule 3** | | | | | | |
| W.B. 101.5"; 2.0 Liter. | | | | | | |
| 2.0 TDI Premium Wag | BJAFM | 31145 | 22900 | 23800 | 25200 | 29500 |
| 2.0 TDI Premium Plus | KJAFM | 33145 | 24600 | 25600 | 27000 | 31600 |
| **allroad QUATTRO AWD—4-Cyl. Turbo—Equipment Schedule 3** | | | | | | |
| W.B. 110.4"; 2.0 Liter. | | | | | | |
| Premium Wagon 4D | 9FAFL | 40495 | 30200 | 31400 | 31400 | 35200 |
| Premium Plus Wagon | UFAFL | 43795 | 33900 | 35200 | 35100 | 39300 |
| Prestige Wagon 4D | VFAFL | 49695 | 36100 | 37400 | 37400 | 41800 |
| **A4 QUATTRO AWD—4-Cyl. Turbo—Equipment Schedule 3** | | | | | | |
| W.B. 110.6"; 2.0 Liter. | | | | | | |
| Premium Sedan 4D | BFAFL | 35495 | 24000 | 24900 | 25400 | 28700 |

**44 DEDUCT FOR RECONDITIONING**

# 2013 AUDI

| Body Type | VIN | List | Trade-In Good | Trade-In Very Good | Pvt-Party Good | Retail Excellent |
|---|---|---|---|---|---|---|
| Premium Plus Sedan | FFAFL | 39659 | 26200 | 27300 | 27700 | 31300 |
| Prestige Sedan 4D | KFAFL | 45245 | 29900 | 31100 | 31500 | 35700 |
| S-Line Pkg | | | 800 | 800 | 1065 | 1065 |
| FWD | A | | (1425) | (1425) | (1900) | (1900) |

**S4 QUATTRO AWD—V6 Supercharged—Equipment Schedule 1**
W.B. 110.7"; 3.0 Liter.

| Body Type | VIN | List | Good | Very Good | Good | Excellent |
|---|---|---|---|---|---|---|
| Premium Plus Sedan | BGAFL | 49895 | 39100 | 40600 | 40000 | 44300 |
| Prestige Sedan 4D | KGAFL | 56145 | 44900 | 46500 | 45800 | 50600 |

**A5 QUATTRO AWD—4-Cyl. Turbo—Equipment Schedule 1**
W.B. 108.3"; 2.0 Liter.

| Body Type | VIN | List | Good | Very Good | Good | Excellent |
|---|---|---|---|---|---|---|
| 2.0T Premium Cab 2D | CFAFH | 46345 | 33100 | 34400 | 34600 | 39000 |
| 2.0T Premium + Cab | LFAFH | 49895 | 34900 | 36200 | 36400 | 41000 |
| 2.0T Prestige Cab 2D | VFAFH | 55795 | 36400 | 37700 | 37900 | 42700 |
| S-Line Pkg | | | 800 | 800 | 1065 | 1065 |
| FWD | | | (1425) | (1425) | (1900) | (1900) |

**A5 QUATTRO AWD—4-Cyl. Turbo—Equipment Schedule 1**
W.B. 108.3"; 2.0 Liter.

| Body Type | VIN | List | Good | Very Good | Good | Excellent |
|---|---|---|---|---|---|---|
| 2.0T Premium Cpe 2D | CFAFR | 39945 | 28900 | 30100 | 30400 | 34300 |
| 2.0T Premium Plus 2D | LFAFR | 43495 | 31600 | 32800 | 33100 | 37300 |
| 2.0T Prestige Cpe 2D | VFAFR | 49395 | 34400 | 35700 | 35900 | 40500 |
| S-Line Pkg | | | 800 | 800 | 1065 | 1065 |

**S5 QUATTRO AWD—V6 Supercharged—Equipment Schedule 1**
W.B. 108.3"; 3.0 Liter.

| Body Type | VIN | List | Good | Very Good | Good | Excellent |
|---|---|---|---|---|---|---|
| Premium Plus Cpe 2D | CGAFR | 53195 | 42100 | 43600 | 43100 | 47900 |
| Prestige Coupe 2D | VGAFR | 59845 | 45100 | 46700 | 46100 | 51200 |
| Premium Plus Conv | CGAFH | 60195 | 45200 | 46800 | 46500 | 51600 |
| Prestige Convertible | VGAFH | 66845 | 48500 | 50200 | 49500 | 54900 |

**RS 5 QUATTRO AWD—V8—Equipment Schedule 1**
W.B. 108.3"; 4.2 Liter.

| Body Type | VIN | List | Good | Very Good | Good | Excellent |
|---|---|---|---|---|---|---|
| Coupe 2D | C6AFR | 69795 | 55600 | 57400 | 56600 | 62800 |
| Convertible 2D | C6AFH | 78795 | 65000 | 67200 | 65000 | 72000 |

**A6 QUATTRO AWD—4-Cyl. Turbo—Equipment Schedule 3**
W.B. 114.7"; 2.0 Liter.

| Body Type | VIN | List | Good | Very Good | Good | Excellent |
|---|---|---|---|---|---|---|
| 2.0T Premium Sedan | BFAFC | 45295 | 35500 | 36800 | 38600 | 45000 |
| 2.0T Premium Plus | GFAFC | 49595 | 38300 | 39700 | 41500 | 48400 |
| FWD | | | (1425) | (1425) | (1900) | (1900) |

**A6 QUATTRO AWD—V6 Supercharged—Equipment Schedule 3**
W.B. 114.7"; 3.0 Liter.

| Body Type | VIN | List | Good | Very Good | Good | Excellent |
|---|---|---|---|---|---|---|
| 3.0T Premium Sed 4D | BGAFC | 51295 | 38000 | 39400 | 41200 | 48000 |
| 3.0T Premium Plus | GGAFC | 55595 | 39800 | 41300 | 43200 | 50300 |
| 3.0T Prestige Sed 4D | HGAFC | 57845 | 43000 | 44600 | 46500 | 54200 |
| Innovation Pkg | | | 1275 | 1275 | 1700 | 1700 |

**S6 QUATTRO AWD—V8 Twin Turbo—Equipment Schedule 1**
W.B. 114.7"; 4.0 Liter.

| Body Type | VIN | List | Good | Very Good | Good | Excellent |
|---|---|---|---|---|---|---|
| Prestige Sedan 4D | B2AFC | 74095 | 56500 | 58500 | 57000 | 62400 |
| Innovation Pkg | | | 1275 | 1275 | 1700 | 1700 |

**A7 QUATTRO AWD—V6 Supercharged—Equipment Schedule 1**
W.B. 114.7"; 3.0 Liter.

| Body Type | VIN | List | Good | Very Good | Good | Excellent |
|---|---|---|---|---|---|---|
| Premium Sedan 4D | SGAFC | 60995 | 50900 | 52700 | 52600 | 58700 |
| Premium Plus Sedan | YGAFC | 64695 | 53100 | 55000 | 54800 | 61200 |
| Prestige Sedan 4D | 2GAFC | 67045 | 55400 | 57400 | 57100 | 63800 |
| Innovation Pkg | | | 1275 | 1275 | 1700 | 1700 |

**S7 QUATTRO AWD—V8 Twin Turbo—Equipment Schedule 1**
W.B. 114.7"; 4.0 Liter.

| Body Type | VIN | List | Good | Very Good | Good | Excellent |
|---|---|---|---|---|---|---|
| Prestige Sedan 4D | S23FC | 79695 | 72100 | 74600 | 71700 | 77700 |
| Innovation Pkg | | | 1275 | 1275 | 1700 | 1700 |

**TT QUATTRO AWD—4-Cyl. Turbo—Equipment Schedule 2**
W.B. 97.2"; 2.0 Liter.

| Body Type | VIN | List | Good | Very Good | Good | Excellent |
|---|---|---|---|---|---|---|
| Premium Plus Coupe | BFAFK | 39545 | 29300 | 30500 | 30800 | 34700 |
| Prestige Coupe 2D | KFAFK | 45645 | 34100 | 35400 | 35600 | 40100 |
| PremiumPlus Rdstr | SFAFK | 42545 | 31700 | 32900 | 33200 | 37400 |
| Prestige Roadster 2D | 4FAFK | 48645 | 36400 | 37700 | 37900 | 42700 |
| S-Line Pkg | | | 800 | 800 | 1065 | 1065 |

**TT RS QUATTRO AWD—5-Cyl. Turbo—Equipment Schedule 2**
W.B. 97.2"; 2.5 Liter.

| Body Type | VIN | List | Good | Very Good | Good | Excellent |
|---|---|---|---|---|---|---|
| Coupe 2D | B3AFC | 58095 | 44600 | 46200 | 46600 | 52400 |

**TTS QUATTRO AWD—4-Cyl. Turbo—Equipment Schedule 3**
W.B. 97.2"; 2.0 Liter.

| Body Type | VIN | List | Good | Very Good | Good | Excellent |
|---|---|---|---|---|---|---|
| Premium Plus Cpe 2D | B1AFK | 48245 | 36000 | 37400 | 37600 | 42400 |
| Prestige Coupe 2D | K1AFK | 51545 | 38700 | 40100 | 40300 | 45300 |
| PremiumPlus Rdstr | S1AFK | 51245 | 38300 | 39800 | 40000 | 45000 |
| Prestige Roadster 2D | 41AFK | 54545 | 41000 | 42500 | 42600 | 47900 |

# 1999 BMW

| Body Type | VIN | List | Trade-In Good | Very Good | Pvt-Party Good | Retail Excellent |
|---|---|---|---|---|---|---|

## BMW

### 1999 BMW — (4UorWB)(SorA)(CG833)-X-#

**3 SERIES—4-Cyl.**—Equipment Schedule 1
W.B. 106.3"; 1.9 Liter.

| Model | VIN | List | Good | Very Good | Pvt-Party | Retail |
|---|---|---|---|---|---|---|
| 318ti H'Back Coupe 2D | CG833 | 26270 | 1400 | 1550 | 2125 | 3150 |

**3 SERIES—6-Cyl.**—Equipment Schedule 1
W.B. 106.3", 107.3" (Sedan); 2.5 Liter, 2.8 Liter.

| Model | VIN | List | Good | Very Good | Pvt-Party | Retail |
|---|---|---|---|---|---|---|
| 323i Sedan 4D | AM332 | 30670 | 1850 | 2025 | 2750 | 4075 |
| 323is Coupe 2D | BF833 | 32645 | 2075 | 2275 | 3000 | 4375 |
| 323i Convertible 2D | BJ833 | 37695 | 1375 | 1525 | 2025 | 2950 |
| 328i Sedan 4D | AM633 | 37670 | 2125 | 2325 | 3125 | 4575 |
| 328is Coupe 2D | BG233 | 37145 | 2450 | 2675 | 3500 | 5075 |
| 328i Convertible 2D | BK833 | 43045 | 1950 | 2150 | 2725 | 3950 |
| Sport Pkg | | | 175 | 175 | 235 | 235 |
| Hard Top (Conv) | | | 300 | 300 | 400 | 400 |
| Rollover Pkg (Conv) | | | 100 | 100 | 135 | 135 |
| Manual, 5-Spd (ex 2D) | | | (300) | (300) | (400) | (400) |

**M3—6-Cyl.**—Equipment Schedule 1
W.B. 106.3", 106.7" (Coupe); 3.2 Liter.

| Model | VIN | List | Good | Very Good | Pvt-Party | Retail |
|---|---|---|---|---|---|---|
| Coupe 2D | BG933 | 41695 | 3800 | 4125 | 4950 | 6650 |
| Convertible 2D | BK033 | 48145 | 4450 | 4800 | 5725 | 7650 |
| Hard Top (Conv) | | | 300 | 300 | 400 | 400 |

**Z3—6-Cyl.**—Equipment Schedule 1
W.B. 96.3", 96.8" (M); 2.5 Liter, 2.8 Liter, 3.2 Liter.

| Model | VIN | List | Good | Very Good | Pvt-Party | Retail |
|---|---|---|---|---|---|---|
| Coupe 2D | CK533 | 38045 | 5275 | 5675 | 7075 | 9500 |
| 2.3 Roadster 2D | CH933 | 33120 | 4300 | 4650 | 5675 | 7650 |
| 2.8 Roadster 2D | CH333 | 37745 | 5475 | 5875 | 7325 | 9825 |
| M Coupe 2D | CM933 | 42670 | 10300 | 10850 | 12850 | 16550 |
| M Roadster 2D | CK933 | 43270 | 6900 | 7350 | 8675 | 11250 |
| Hard Top (Roadster) | | | 300 | 300 | 400 | 400 |

**5 SERIES—6-Cyl.**—Equipment Schedule 1
W.B. 111.4"; 2.8 Liter.

| Model | VIN | List | Good | Very Good | Pvt-Party | Retail |
|---|---|---|---|---|---|---|
| 528i Sedan 4D | DM633 | 42945 | 2100 | 2300 | 3100 | 4575 |
| 528iT Wagon 4D | DP633 | 44745 | 1150 | 1275 | 1775 | 2650 |
| Premium Pkg | | | 150 | 150 | 200 | 200 |
| Sport Pkg | | | 300 | 300 | 400 | 400 |
| Manual, 5-Spd | | | (350) | (350) | (465) | (465) |

**5 SERIES—V8**—Equipment Schedule 1
W.B. 111.4"; 4.4 Liter.

| Model | VIN | List | Good | Very Good | Pvt-Party | Retail |
|---|---|---|---|---|---|---|
| 540i Sedan 4D | DN633 | 51670 | 2950 | 3250 | 4275 | 6225 |
| 540iT Wagon 4D | DR633 | 54050 | 2700 | 2950 | 3925 | 5750 |
| Sport Pkg | | | 300 | 300 | 400 | 400 |

**7 SERIES—V8**—Equipment Schedule 1
W.B. 115.4", 120.9" (iL); 4.4 Liter.

| Model | VIN | List | Good | Very Good | Pvt-Party | Retail |
|---|---|---|---|---|---|---|
| 740i Sedan 4D | GG833 | 62970 | 2025 | 2225 | 3000 | 4425 |
| 740iL Sedan 4D | GH833 | 66970 | 2575 | 2825 | 3750 | 5475 |
| Sport Pkg | | | 300 | 300 | 400 | 400 |

**7 SERIES—V12**—Equipment Schedule 1
W.B. 120.9"; 5.4 Liter.

| Model | VIN | List | Good | Very Good | Pvt-Party | Retail |
|---|---|---|---|---|---|---|
| 750iL Sedan 4D | GJ033 | 92670 | 3525 | 3850 | 5225 | 7500 |

### 2000 BMW — (4UorWB)(SorA)(AM334)-Y-#

**3 SERIES—6-Cyl.**—Equipment Schedule 1
W.B. 107.3"; 2.5 Liter, 2.8 Liter.

| Model | VIN | List | Good | Very Good | Pvt-Party | Retail |
|---|---|---|---|---|---|---|
| 323i Sedan 4D | AM334 | 32680 | 2175 | 2400 | 3075 | 4450 |
| 323i Wagon 4D | AR334 | 32985 | 2125 | 2325 | 3100 | 4525 |
| 323Ci Coupe 2D | BM334 | 34280 | 2475 | 2725 | 3425 | 4875 |
| 323Ci Convertible 2D | BR534 | 38285 | 2150 | 2350 | 2875 | 4050 |
| 328i Sedan 4D | AM534 | 37670 | 2475 | 2725 | 3475 | 4975 |
| 328Ci Coupe 2D | BM534 | 38335 | 2875 | 3175 | 3950 | 5575 |
| Hard Top (Conv) | | | 300 | 300 | 400 | 400 |
| Premium Pkg | | | 175 | 175 | 235 | 235 |
| Sport Pkg | | | 175 | 175 | 235 | 235 |
| Sport Premium Pkg | | | 225 | 225 | 300 | 300 |
| Manual, 5-Spd (ex 2D) | | | (300) | (300) | (400) | (400) |

**Z3—6-Cyl.**—Equipment Schedule 1
W.B. 96.3"; 2.5 Liter, 2.8 Liter.

| Model | VIN | List | Good | Very Good | Pvt-Party | Retail |
|---|---|---|---|---|---|---|
| Coupe 2D | CK534 | 38395 | 5900 | 6325 | 7750 | 10250 |
| 2.3 Roadster 2D | CH933 | 34470 | 4675 | 5050 | 6200 | 8225 |

**46   DEDUCT FOR RECONDITIONING**

# 2000 BMW

| Body Type | VIN | List | Trade-In Good | Very Good | Pvt-Party Good | Retail Excellent |
|---|---|---|---|---|---|---|
| 2.8 Roadster 2D | CH334 | 38445 | 6150 | 6575 | 8050 | 10600 |
| Hard Top (Roadster) | | | 300 | 300 | 400 | 400 |
| **M—6-Cyl.—Equipment Schedule 1** | | | | | | |
| W.B. 96.8"; 3.2 Liter. | | | | | | |
| Coupe 2D | CM934 | 42670 | 11100 | 11650 | 13550 | 17200 |
| Roadster 2D | CK934 | 43270 | 8025 | 8500 | 9925 | 12650 |
| Hard Top (Roadster) | | | 300 | 300 | 400 | 400 |
| **Z8—V8—Equipment Schedule 1** | | | | | | |
| W.B. 98.9"; 5.0 Liter. | | | | | | |
| Roadster 2D | EJ134 | 130670 | **** | **** | **** | 54400 |
| **5 SERIES—6-Cyl.—Equipment Schedule 1** | | | | | | |
| W.B. 111.4"; 2.8 Liter. | | | | | | |
| 528i Sedan 4D | DM634 | 44595 | 2475 | 2725 | 3650 | 5375 |
| 528iT Wagon 4D | DP634 | 46545 | 1475 | 1625 | 2300 | 3425 |
| Premium Pkg | | | 175 | 175 | 235 | 235 |
| Sport Pkg | | | 325 | 325 | 435 | 435 |
| Manual, 5-Spd | | | (375) | (375) | (500) | (500) |
| **5 SERIES—V8—Equipment Schedule 1** | | | | | | |
| W.B. 111.4"; 4.4 Liter. | | | | | | |
| 540i Sedan 4D | DN634 | 52970 | 3375 | 3700 | 5075 | 7325 |
| 540iT Wagon 4D | DR634 | 55350 | 3175 | 3500 | 4800 | 6950 |
| Sport Pkg | | | 325 | 325 | 435 | 435 |
| **M5—V8—Equipment Schedule 1** | | | | | | |
| W.B. 111.4"; 5.0 Liter. | | | | | | |
| Sedan 4D | DE934 | 72070 | 4125 | 4475 | 5425 | 7325 |
| **7 SERIES—V8—Equipment Schedule 1** | | | | | | |
| W.B. 115.4", 120.9" (iL); 4.4 Liter. | | | | | | |
| 740i Sedan 4D | GG834 | 64670 | 2350 | 2575 | 3350 | 4825 |
| 740iL Sedan 4D | GH834 | 66970 | 3000 | 3300 | 4200 | 5975 |
| Sport Pkg | | | 325 | 325 | 435 | 435 |
| **7 SERIES—V12—Equipment Schedule 1** | | | | | | |
| W.B. 120.9"; 5.4 Liter. | | | | | | |
| 750iL Sedan 4D | GJ034 | 95270 | 3825 | 4150 | 5450 | 7700 |

# 2001 BMW — WBAorWBS(AV334)-1-#

| Body Type | VIN | List | Trade-In Good | Very Good | Pvt-Party Good | Retail Excellent |
|---|---|---|---|---|---|---|
| **3 SERIES—6-Cyl.—Equipment Schedule 1** | | | | | | |
| W.B. 107.3"; 2.5 Liter, 3.0 Liter. | | | | | | |
| 325i Sedan 4D | AV334 | 30060 | 2725 | 3025 | 3625 | 5075 |
| 325i AWD Sedan 4D | AV334 | 31810 | 3025 | 3325 | 4025 | 5575 |
| 325Ci Coupe 2D | BN334 | 32060 | 2850 | 3150 | 3775 | 5225 |
| 325Cic Convertible 2D | BS334 | 38010 | 2850 | 3150 | 3900 | 5375 |
| 325iT Wagon 4D | AW334 | 32470 | 2750 | 3050 | 3775 | 5350 |
| 325xiT AWD Wagon 4D | AW334 | 34220 | 3175 | 3475 | 4325 | 6100 |
| 330i Sedan 4D | AV534 | 39280 | 3075 | 3400 | 4225 | 5850 |
| 330xi AWD Sedan 4D | AV534 | 41030 | 3600 | 3925 | 4900 | 6725 |
| 330Ci Coupe 2D | BN534 | 39335 | 3225 | 3550 | 4400 | 6050 |
| 330Cic Convertible 2D | BS534 | 44245 | 3500 | 3825 | 4700 | 6425 |
| Hard Top (Conv) | | | 350 | 350 | 465 | 465 |
| Premium Pkg | | | 175 | 175 | 235 | 235 |
| Sport Pkg | | | 200 | 200 | 265 | 265 |
| Manual, 5-Spd (ex 2D) | | | (325) | (325) | (435) | (435) |
| **M3—6-Cyl.—Equipment Schedule 1** | | | | | | |
| W.B. 107.5"; 3.2 Liter. | | | | | | |
| Coupe 2D | BL934 | 46045 | 4700 | 5075 | 6075 | 7950 |
| Convertible 2D | BR934 | 54045 | 5350 | 5750 | 6850 | 8925 |
| Hard Top (Conv) | | | 350 | 350 | 465 | 465 |
| **Z3—6-Cyl.—Equipment Schedule 1** | | | | | | |
| W.B. 96.3"; 2.5 Liter, 3.0 Liter. | | | | | | |
| 2.5i Roadster 2D | CN334 | 34295 | 5150 | 5550 | 6600 | 8600 |
| 3.0i Coupe 2D | CK734 | 39645 | 6525 | 6950 | 8300 | 10750 |
| 3.0i Roadster 2D | CN534 | 39745 | 6800 | 7250 | 8625 | 11200 |
| Hard Top (Roadster) | | | 350 | 350 | 465 | 465 |
| **M—6-Cyl.—Equipment Schedule 1** | | | | | | |
| W.B. 96.8"; 3.2 Liter. | | | | | | |
| Coupe 2D | CN934 | 45635 | 11650 | 12200 | 14100 | 17750 |
| Roadster 2D | CL934 | 46635 | 9350 | 9875 | 11400 | 14400 |
| Hard Top (Roadster) | | | 350 | 350 | 465 | 465 |
| **Z8—V8—Equipment Schedule 1** | | | | | | |
| W.B. 98.6"; 5.0 Liter. | | | | | | |
| Roadster 2D | EJ134 | 130745 | **** | **** | **** | 60800 |
| **5 SERIES—6-Cyl.—Equipment Schedule 1** | | | | | | |
| W.B. 111.4"; 2.5 Liter, 3.0 Liter. | | | | | | |
| 525i Sedan 4D | DT334 | 40195 | 2825 | 3125 | 3925 | 5600 |

# 2001 BMW

| Body Type | VIN | List | Trade-In Good | Very Good | Pvt-Party Good | Retail Excellent |
|---|---|---|---|---|---|---|
| 525iT Wagon 4D | DS334 | 41995 | 1750 | 1925 | 2525 | 3675 |
| 530i Sedan 4D | DT534 | 44345 | 3275 | 3600 | 4700 | 6625 |
| **Premium Pkg** | | | 175 | 175 | 235 | 235 |
| **Sport Pkg** | | | 375 | 375 | 500 | 500 |
| **Manual, 5-Spd** | | | (400) | (400) | (535) | (535) |
| **5 SERIES—V8**—Equipment Schedule 1 | | | | | | |
| W.B. 111.4"; 4.4 Liter. | | | | | | |
| 540i Sedan 4D | DN634 | 51670 | 3950 | 4300 | 5575 | 7825 |
| 540iT Wagon 4D | DR634 | 54050 | 3675 | 4000 | 5225 | 7325 |
| **Sport Pkg** | | | 375 | 375 | 500 | 500 |
| **M5—V8**—Equipment Schedule 1 | | | | | | |
| W.B. 111.4"; 5.0 Liter. | | | | | | |
| Sedan 4D | DE934 | 69970 | 4100 | 4450 | 5450 | 7400 |
| **7 SERIES—V8**—Equipment Schedule 1 | | | | | | |
| W.B. 115.4", 120.9" (iL); 4.4 Liter. | | | | | | |
| 740i Sedan 4D | GG834 | 63470 | 2875 | 3175 | 4025 | 5625 |
| 740iL Sedan 4D | GH834 | 67470 | 3600 | 3925 | 4950 | 6850 |
| **Sport Pkg** | | | 375 | 375 | 500 | 500 |
| **7 SERIES—V12**—Equipment Schedule 1 | | | | | | |
| W.B. 120.9"; 5.4 Liter. | | | | | | |
| 750iL Sedan 4D | GJ034 | 92670 | 4650 | 5000 | 6300 | 8625 |
| **Sport Pkg** | | | 175 | 175 | 235 | 235 |

# 2002 BMW — WBA,WBS,4USor5UM(ET374)-2-#

| Body Type | VIN | List | Trade-In Good | Very Good | Pvt-Party Good | Retail Excellent |
|---|---|---|---|---|---|---|
| **3 SERIES—6-Cyl.**—Equipment Schedule 1 | | | | | | |
| W.B. 107.3"; 2.5 Liter, 3.0 Liter. | | | | | | |
| 325i Sedan 4D | ET374 | 32465 | 3075 | 3400 | 4100 | 5575 |
| 325xi AWD Sedan 4D | EU334 | 34215 | 3475 | 3800 | 4500 | 6200 |
| 325Ci Coupe 2D | BN334 | 34645 | 3100 | 3425 | 4125 | 5600 |
| 325Cic Convertible 2D | BS334 | 39470 | 3250 | 3575 | 4225 | 5725 |
| 325iT Wagon 4D | EN334 | 34865 | 3375 | 3700 | 4375 | 5950 |
| 325xiT AWD Wagon 4D | EP334 | 36615 | 3725 | 4050 | 4950 | 6725 |
| 330i Sedan 4D | EV534 | 38410 | 3575 | 3900 | 4725 | 6375 |
| 330xi AWD Sedan 4D | EW534 | 40160 | 4125 | 4475 | 5375 | 7250 |
| 330Ci Coupe 2D | BN534 | 39410 | 3850 | 4200 | 5025 | 6775 |
| 330Cic Convertible 2D | BS534 | 46820 | 3975 | 4325 | 5100 | 6775 |
| **Hard Top (Conv)** | | | 375 | 375 | 500 | 500 |
| **Premium Pkg** | | | 200 | 200 | 265 | 265 |
| **Sport Pkg** | | | 225 | 225 | 300 | 300 |
| **Manual, 5-Spd (ex 2D)** | | | (350) | (350) | (465) | (465) |
| **M3—6-Cyl.**—Equipment Schedule 1 | | | | | | |
| W.B. 107.5"; 3.2 Liter. | | | | | | |
| Coupe 2D | BL934 | 49745 | 5450 | 5850 | 6800 | 8700 |
| Convertible 2D | BR934 | 55545 | 6025 | 6450 | 7550 | 9625 |
| **Hard Top (Conv)** | | | 375 | 375 | 500 | 500 |
| **Z3—6-Cyl.**—Equipment Schedule 1 | | | | | | |
| W.B. 96.3"; 2.5 Liter, 3.0 Liter. | | | | | | |
| 2.5i Roadster 2D | CN334 | 34370 | 5875 | 6300 | 7400 | 9475 |
| 3.0i Coupe 2D | CK734 | 39920 | 7400 | 7850 | 9225 | 11750 |
| 3.0i Roadster 2D | CN534 | 39820 | 7725 | 8200 | 9675 | 12350 |
| **Hard Top (Roadster)** | | | 375 | 375 | 500 | 500 |
| **Sport Pkg** | | | 175 | 175 | 235 | 235 |
| **M—6-Cyl.**—Equipment Schedule 1 | | | | | | |
| W.B. 96.8"; 3.2 Liter. | | | | | | |
| Coupe 2D | CN934 | 45635 | 13100 | 13700 | 15700 | 19500 |
| Roadster 2D | CL934 | 46635 | 10900 | 11450 | 13000 | 16200 |
| **Hard Top** | | | 375 | 375 | 500 | 500 |
| **Z8—V8**—Equipment Schedule 1 | | | | | | |
| W.B. 98.6"; 5.0 Liter. | | | | | | |
| Roadster 2D | EJ134 | 132745 | **** | **** | **** | 66100 |
| **5 SERIES—6-Cyl.**—Equipment Schedule 1 | | | | | | |
| W.B. 111.4"; 2.5 Liter, 3.0 Liter. | | | | | | |
| 525i Sedan 4D | DT434 | 41070 | 3025 | 3325 | 4200 | 5850 |
| 525iT Wagon 4D | DS334 | 42870 | 2000 | 2200 | 2750 | 3900 |
| 530i Sedan 4D | DT634 | 44670 | 3850 | 4200 | 5250 | 7250 |
| **Premium Pkg** | | | 200 | 200 | 265 | 265 |
| **Sport Pkg** | | | 400 | 400 | 535 | 535 |
| **Manual, 5-Spd** | | | (450) | (450) | (600) | (600) |
| **5 SERIES—V8**—Equipment Schedule 1 | | | | | | |
| W.B. 111.4"; 4.4 Liter. | | | | | | |
| 540i Sedan 4D | DN634 | 53145 | 4275 | 4625 | 5800 | 7975 |
| 540iT Wagon 4D | DR634 | 55545 | 4275 | 4625 | 5800 | 7975 |
| **Sport Pkg** | | | 400 | 400 | 535 | 535 |

**DEDUCT FOR RECONDITIONING**

# 2002 BMW

| Body Type | VIN | List | Trade-In Good | Very Good | Pvt-Party Good | Retail Excellent |
|---|---|---|---|---|---|---|
| **M5—V8—Equipment Schedule 1** | | | | | | |
| W.B. 111.4"; 5.0 Liter. | | | | | | |
| Sedan 4D | DE934 | 72645 | 4875 | 5250 | 6525 | 8900 |
| **7 SERIES—V8—Equipment Schedule 1** | | | | | | |
| W.B. 117.7", 123.2" (Li); 4.4 Liter. | | | | | | |
| 745i Sedan 4D | GL634 | 68495 | 4350 | 4700 | 5600 | 7475 |
| 745Li Sedan 4D | GN634 | 72495 | 4900 | 5275 | 6475 | 8600 |
| Sport Pkg | | | 400 | 400 | 535 | 535 |

## 2003 BMW — WBA,WBSor4US(EV334)-3-#

| Body Type | VIN | List | Good | Very Good | Good | Excellent |
|---|---|---|---|---|---|---|
| **3 SERIES—6-Cyl.—Equipment Schedule 1** | | | | | | |
| W.B. 107.3"; 2.5 Liter, 3.0 Liter. | | | | | | |
| 325i Sedan 4D | EV334 | 32270 | 3525 | 3850 | 4550 | 6075 |
| 325xi AWD Sedan 4D | EU334 | 34020 | 3975 | 4325 | 5100 | 6775 |
| 325Ci Coupe 2D | BN334 | 34070 | 3800 | 4125 | 4900 | 6500 |
| 325Cic Convertible 2D | BS334 | 40120 | 4050 | 4400 | 5075 | 6625 |
| 325iT Wagon 4D | EN334 | 33820 | 3800 | 4125 | 4950 | 6625 |
| 325xiT AWD Wagon 4D | EP334 | 35570 | 4350 | 4700 | 5600 | 7475 |
| 330i Sedan 4D | EV534 | 39070 | 4150 | 4500 | 5300 | 7050 |
| 330xi AWD Sedan 4D | EW534 | 40820 | 4525 | 4875 | 5750 | 7600 |
| 330Ci Coupe 2D | BN534 | 40070 | 4375 | 4750 | 5775 | 7650 |
| 330Cic Convertible 2D | BS534 | 44870 | 4575 | 4950 | 5875 | 7650 |
| Hard Top (Conv) | | | 400 | 400 | 535 | 535 |
| Premium Pkg | | | 225 | 225 | 300 | 300 |
| Sport Pkg | | | 200 | 200 | 265 | 265 |
| Performance Pkg | | | 1125 | 1125 | 1500 | 1500 |
| Manual, 5-Spd (ex 2D) | | | (375) | (375) | (500) | (500) |
| **M3—6-Cyl.—Equipment Schedule 1** | | | | | | |
| W.B. 107.5"; 3.2 Liter. | | | | | | |
| Coupe 2D | BL934 | 49345 | 6350 | 6775 | 7875 | 9975 |
| Convertible 2D | BR934 | 55195 | 7050 | 7500 | 8725 | 11050 |
| Hard Top (Conv) | | | 400 | 400 | 535 | 535 |
| **Z4—6-Cyl.—Equipment Schedule 1** | | | | | | |
| W.B. 98.2"; 2.5 Liter, 3.0 Liter. | | | | | | |
| 2.5i Roadster 2D | BT334 | 37690 | 5700 | 6100 | 7150 | 9150 |
| 3.0i Roadster 2D | BT534 | 43215 | 6500 | 6925 | 8075 | 10300 |
| Premium Pkg | | | 225 | 225 | 300 | 300 |
| Sport Pkg | | | 200 | 200 | 265 | 265 |
| **Z8—V8—Equipment Schedule 1** | | | | | | |
| W.B. 98.6"; 4.8 Liter, 5.0 Liter. | | | | | | |
| Roadster 2D | EJ134 | 134295 | **** | **** | **** | 71900 |
| Alpina Roadster 2D | EJ134 | 139295 | **** | **** | **** | 87400 |
| **5 SERIES—6-Cyl.—Equipment Schedule 1** | | | | | | |
| W.B. 111.4"; 2.5 Liter, 3.0 Liter. | | | | | | |
| 525i Sedan 4D | DT334 | 41770 | 3650 | 3975 | 4950 | 6800 |
| 525iT Wagon 4D | DS334 | 43470 | 2525 | 2775 | 3375 | 4725 |
| 530i Sedan 4D | DT534 | 45370 | 4475 | 4825 | 6100 | 8175 |
| Premium Pkg | | | 225 | 225 | 300 | 300 |
| Sport Pkg | | | 450 | 450 | 600 | 600 |
| Manual, 5-Spd | | | (325) | (325) | (435) | (435) |
| **5 SERIES—V8—Equipment Schedule 1** | | | | | | |
| W.B. 111.4"; 4.4 Liter. | | | | | | |
| 540i Sedan 4D | DN634 | 52495 | 4725 | 5100 | 6525 | 8875 |
| 540iT Wagon 4D | DR634 | 56085 | 4725 | 5100 | 6525 | 8875 |
| Sport Pkg | | | 450 | 450 | 600 | 600 |
| **M5—V8—Equipment Schedule 1** | | | | | | |
| W.B. 111.4"; 5.0 Liter. | | | | | | |
| Sedan 4D | DE934 | 73195 | 5425 | 5825 | 7175 | 9550 |
| **7 SERIES—V8—Equipment Schedule 1** | | | | | | |
| W.B. 117.7", 123.2" (Li); 4.4 Liter. | | | | | | |
| 745i Sedan 4D | GL634 | 70895 | 5150 | 5550 | 6450 | 8275 |
| 745Li Sedan 4D | GN634 | 73195 | 6025 | 6450 | 7450 | 9525 |
| Sport Pkg | | | 450 | 450 | 600 | 600 |
| **7 SERIES—V12—Equipment Schedule 1** | | | | | | |
| W.B. 123.2"; 6.0 Liter. | | | | | | |
| 760Li Sedan 4D | GN834 | 118195 | 11950 | 12550 | 14650 | 18500 |

## 2004 BMW — WBA,WBSor4US(EV334)-4-#

| Body Type | VIN | List | Good | Very Good | Good | Excellent |
|---|---|---|---|---|---|---|
| **3 SERIES—6-Cyl.—Equipment Schedule 1** | | | | | | |
| W.B. 107.3"; 2.5 Liter, 3.0 Liter. | | | | | | |
| 325i Sedan 4D | EV334 | 33265 | 4075 | 4425 | 5075 | 6650 |
| 325xi AWD Sedan 4D | EU334 | 35015 | 4350 | 4725 | 5600 | 7300 |

# 2004 BMW

| Body Type | VIN | List | Trade-In Good | Very Good | Pvt-Party Good | Retail Excellent |
|---|---|---|---|---|---|---|
| 325Ci Coupe 2D | BD334 | 34570 | 4450 | 4800 | 5575 | 7300 |
| 325Cic Convertible 2D | BW334 | 40720 | 4575 | 4950 | 5725 | 7325 |
| 325iT Wagon 4D | EN334 | 34815 | 5475 | 5850 | 6700 | 8675 |
| 325xiT AWD Wagon 4D | EP334 | 36565 | 5975 | 6400 | 7500 | 9650 |
| 330i Sedan 4D | EV534 | 39270 | 4700 | 5075 | 6025 | 7825 |
| 330xi AWD Sedan 4D | EW534 | 41020 | 5100 | 5475 | 6475 | 8400 |
| 330Ci Coupe 2D | BD534 | 40720 | 5225 | 5625 | 6675 | 8700 |
| 330Cic Convertible 2D | BW534 | 45570 | 5425 | 5825 | 6700 | 8525 |
| Hard Top (Conv) | | | 425 | 425 | 565 | 565 |
| Premium Pkg | | | 250 | 250 | 335 | 335 |
| Sport Pkg | | | 200 | 200 | 265 | 265 |
| Performance Pkg | | | 1225 | 1225 | 1635 | 1635 |
| Manual, 5-Spd (ex 2D) | | | (400) | (400) | (535) | (535) |

**M3—6-Cyl.—Equipment Schedule 1**
W.B. 107.5"; 3.2 Liter.

| Body Type | VIN | List | Good | Very Good | Good | Excellent |
|---|---|---|---|---|---|---|
| Coupe 2D | BL934 | 51340 | 7275 | 7725 | 8925 | 11250 |
| Convertible 2D | BR934 | 56595 | 8150 | 8625 | 9900 | 12450 |
| Hard Top (Conv) | | | 425 | 425 | 565 | 565 |

**Z4—6-Cyl.—Equipment Schedule 1**
W.B. 98.2"; 2.5 Liter, 3.0 Liter.

| Body Type | VIN | List | Good | Very Good | Good | Excellent |
|---|---|---|---|---|---|---|
| 2.5i Roadster 2D | BT334 | 37790 | 5975 | 6400 | 7475 | 9525 |
| 3.0i Roadster 2D | BT534 | 43315 | 6750 | 7175 | 8425 | 10700 |
| Premium Pkg | | | 250 | 250 | 335 | 335 |
| Sport Pkg | | | 200 | 200 | 265 | 265 |

**5 SERIES—6-Cyl.—Equipment Schedule 1**
W.B. 113.7"; 2.5 Liter, 3.0 Liter.

| Body Type | VIN | List | Good | Very Good | Good | Excellent |
|---|---|---|---|---|---|---|
| 525i Sedan 4D | NA535 | 43670 | 5600 | 6000 | 7150 | 9325 |
| 530i Sedan 4D | NA735 | 48670 | 6625 | 7075 | 8450 | 11000 |
| Premium Pkg | | | 250 | 250 | 335 | 335 |
| Sport Pkg | | | 500 | 500 | 665 | 665 |
| Manual, 6-Spd | | | (375) | (375) | (500) | (500) |

**5 SERIES—V8—Equipment Schedule 1**
W.B. 113.7"; 4.4 Liter.

| Body Type | VIN | List | Good | Very Good | Good | Excellent |
|---|---|---|---|---|---|---|
| 545i Sedan 4D | NB335 | 54995 | 6750 | 7200 | 8600 | 11200 |
| Sport Pkg | | | 500 | 500 | 665 | 665 |

**6 SERIES—V8—Equipment Schedule 1**
W.B. 109.4"; 4.4 Liter.

| Body Type | VIN | List | Good | Very Good | Good | Excellent |
|---|---|---|---|---|---|---|
| 645Ci Coupe 2D | EH734 | 69995 | 9350 | 9875 | 11050 | 13500 |
| 645Cic Convertible 2D | EK734 | 76995 | 11600 | 12200 | 13550 | 16450 |
| Sport Pkg | | | 500 | 500 | 665 | 665 |

**7 SERIES—V8—Equipment Schedule 1**
W.B. 117.7", 123.2" (Li); 4.4 Liter.

| Body Type | VIN | List | Good | Very Good | Good | Excellent |
|---|---|---|---|---|---|---|
| 745i Sedan 4D | GL634 | 69195 | 5675 | 6075 | 7025 | 8950 |
| 745Li Sedan 4D | GN634 | 73195 | 6600 | 7050 | 8150 | 10350 |
| Sport Pkg | | | 500 | 500 | 665 | 665 |

**7 SERIES—V12—Equipment Schedule 1**
W.B. 117.7", 123.2" (Li); 6.0 Liter.

| Body Type | VIN | List | Good | Very Good | Good | Excellent |
|---|---|---|---|---|---|---|
| 760i Sedan 4D | GL834 | 111795 | 11100 | 11650 | 13450 | 16900 |
| 760Li Sedan 4D | GN834 | 117795 | 12400 | 13000 | 15050 | 18900 |

# 2005 BMW — WBA,WBSor4US(EV334)-5-#

**3 SERIES—6-Cyl.—Equipment Schedule 1**
W.B. 107.3"; 2.5 Liter, 3.0 Liter.

| Body Type | VIN | List | Good | Very Good | Good | Excellent |
|---|---|---|---|---|---|---|
| 325i Sedan 4D | EV334 | 33715 | 4875 | 5250 | 6275 | 8050 |
| 325xi AWD Sedan 4D | EU334 | 35465 | 5325 | 5725 | 6800 | 8700 |
| 325Ci Coupe 2D | BD334 | 36115 | 5600 | 6000 | 7025 | 8875 |
| 325Ci Convertible 2D | BW334 | 42420 | 6100 | 6525 | 7550 | 9400 |
| 325i Wagon 4D | EN334 | 35615 | 5975 | 6400 | 7500 | 9400 |
| 325xi AWD Wagon 4D | EP334 | 37365 | 6850 | 7300 | 8500 | 10750 |
| 330i Sedan 4D | EV534 | 39120 | 5825 | 6250 | 7375 | 9400 |
| 330xi AWD Sedan 4D | EW534 | 40870 | 6100 | 6525 | 7775 | 9900 |
| 330Ci Coupe 2D | BD534 | 40720 | 6800 | 7250 | 8475 | 10650 |
| 330Ci Convertible 2D | BW534 | 46470 | 6875 | 7325 | 8400 | 10450 |
| Hard Top (Conv) | | | 450 | 450 | 600 | 600 |
| Premium Pkg | | | 275 | 275 | 365 | 365 |
| Sport Pkg | | | 200 | 200 | 265 | 265 |
| Performance Pkg | | | 1325 | 1325 | 1765 | 1765 |
| Manual, 5-Spd (ex 2D) | | | (425) | (425) | (565) | (565) |

**M3—6-Cyl.—Equipment Schedule 1**
W.B. 107.5"; 3.2 Liter.

| Body Type | VIN | List | Good | Very Good | Good | Excellent |
|---|---|---|---|---|---|---|
| Coupe 2D | BL934 | 51140 | 12000 | 12600 | 13950 | 16750 |
| Convertible 2D | BR934 | 56495 | 12750 | 13350 | 14750 | 17700 |
| Hard Top (Conv) | | | 450 | 450 | 600 | 600 |

**50 DEDUCT FOR RECONDITIONING**

# 2005 BMW

| Body Type | VIN | List | Trade-In Good | Trade-In Very Good | Pvt-Party Good | Retail Excellent |
|---|---|---|---|---|---|---|
| Club Sport Pkg | | | 775 | 775 | 1035 | 1035 |
| Competition | | | 775 | 775 | 1035 | 1035 |
| **Z4—6-Cyl.—Equipment Schedule 1** | | | | | | |
| W.B. 98.2"; 2.5 Liter, 3.0 Liter. | | | | | | |
| 2.5i Roadster 2D | BT335 | 38415 | 8125 | 8600 | 10050 | 12600 |
| 3.0i Roadster 2D | BT535 | 44265 | 8975 | 9475 | 11000 | 13800 |
| Premium Pkg | | | 275 | 275 | 365 | 365 |
| Sport Pkg | | | 200 | 200 | 265 | 265 |
| **5 SERIES—6-Cyl.—Equipment Schedule 1** | | | | | | |
| W.B. 113.7"; 2.5 Liter, 3.0 Liter. | | | | | | |
| 525i Sedan 4D | NA535 | 44720 | 6675 | 7125 | 8300 | 10450 |
| 530i Sedan 4D | NA735 | 48820 | 7750 | 8225 | 9575 | 12000 |
| Premium Pkg | | | 275 | 275 | 365 | 365 |
| Sport Pkg | | | 550 | 550 | 735 | 735 |
| **5 SERIES—V8—Equipment Schedule 1** | | | | | | |
| W.B. 113.7"; 4.4 Liter. | | | | | | |
| 545i Sedan 4D | NB335 | 56495 | 7925 | 8400 | 9775 | 12250 |
| Sport Pkg | | | 550 | 550 | 735 | 735 |
| **6 SERIES—V8—Equipment Schedule 1** | | | | | | |
| W.B. 109.4"; 4.4 Liter. | | | | | | |
| 645Ci Coupe 2D | EH734 | 70595 | 11150 | 11700 | 13400 | 16450 |
| 645Cic Convertible 2D | EK734 | 78895 | 13450 | 14100 | 15950 | 19550 |
| Sport Pkg | | | 550 | 550 | 735 | 735 |
| **7 SERIES—V8—Equipment Schedule 1** | | | | | | |
| W.B. 117.7", 123.2" (Li); 4.4 Liter. | | | | | | |
| 745i Sedan 4D | GL635 | 70595 | 7600 | 8075 | 9400 | 11800 |
| 745Li Sedan 4D | GN635 | 74595 | 9625 | 10150 | 11800 | 14700 |
| Sport Pkg | | | 550 | 550 | 735 | 735 |
| **7 SERIES—V12—Equipment Schedule 1** | | | | | | |
| W.B. 117.7", 123.2" (Li); 6.0 Liter. | | | | | | |
| 760i Sedan 4D | GL835 | 111895 | 13050 | 13650 | 15750 | 19600 |
| 760Li Sedan 4D | GN835 | 119295 | 14400 | 15050 | 17300 | 21500 |

# 2006 BMW — WBA,WBSor4US(VB135)–6–#

| Body Type | VIN | List | Trade-In Good | Trade-In Very Good | Pvt-Party Good | Retail Excellent |
|---|---|---|---|---|---|---|
| **3 SERIES—6-Cyl.—Equipment Schedule 1** | | | | | | |
| W.B. 107.3", 108.7" (Sed & Wag); 2.5 Liter, 3.0 Liter. | | | | | | |
| 325i Sedan 4D | VB135 | 35315 | 7275 | 7750 | 8825 | 10950 |
| 325xi AWD Sedan 4D | VD135 | 37215 | 7800 | 8275 | 9450 | 11700 |
| 325Ci Coupe 2D | BD334 | 36715 | 6850 | 7300 | 8300 | 10250 |
| 325Ci Convertible 2D | BW334 | 43020 | 7700 | 8175 | 9225 | 11300 |
| 325xi AWD Wagon 4D | VT135 | 39015 | 9825 | 10350 | 11750 | 14400 |
| 330i Sedan 4D | VB335 | 40020 | 8450 | 8950 | 10250 | 12700 |
| 330xi AWD Sedan 4D | VD335 | 41920 | 8875 | 9450 | 10750 | 13250 |
| 330Ci Coupe 2D | BD534 | 41020 | 8925 | 9450 | 10700 | 13150 |
| 330Ci Convertible 2D | BW534 | 46870 | 9175 | 9700 | 10950 | 13350 |
| Hard Top (Conv) | | | 475 | 475 | 635 | 635 |
| Premium Pkg | | | 300 | 300 | 400 | 400 |
| Sport Pkg | | | 200 | 200 | 265 | 265 |
| Performance Pkg | | | 1400 | 1400 | 1865 | 1865 |
| **M3—6-Cyl.—Equipment Schedule 1** | | | | | | |
| W.B. 107.5"; 3.2 Liter. | | | | | | |
| Coupe 2D | BL934 | 52640 | 14750 | 15400 | 16700 | 19850 |
| Convertible 2D | BR934 | 58295 | 15500 | 16200 | 17500 | 20800 |
| Hard Top (Conv) | | | 475 | 475 | 635 | 635 |
| Competition Pkg | | | 850 | 850 | 1135 | 1135 |
| **Z4—6-Cyl.—Equipment Schedule 1** | | | | | | |
| W.B. 98.2"; 3.0 Liter. | | | | | | |
| 3.0i Roadster 2D | BU335 | 39135 | 9100 | 9625 | 10950 | 13550 |
| 3.0si Coupe 2D | DU534 | 40795 | 10600 | 11150 | 12700 | 15700 |
| 3.0si Roadster 2D | BU535 | 44485 | 11100 | 11700 | 13250 | 16350 |
| Premium Pkg | | | 300 | 300 | 400 | 400 |
| Sport Pkg | | | 200 | 200 | 265 | 265 |
| **Z4 M SERIES—6-Cyl.—Equipment Schedule 1** | | | | | | |
| W.B. 98.3"; 3.2 Liter. | | | | | | |
| Coupe 2D | DU934 | 49995 | 17900 | 18650 | 20600 | 24900 |
| Roadster 2D | BT935 | 51995 | 16900 | 17650 | 19500 | 23600 |
| Premium Pkg | | | 300 | 300 | 400 | 400 |
| **5 SERIES—6-Cyl.—Equipment Schedule 1** | | | | | | |
| W.B. 113.7", 113.6" (Wag); 3.0 Liter. | | | | | | |
| 525i Sedan 4D | NE535 | 43195 | 7750 | 8225 | 9450 | 11750 |
| 525xi AWD Sedan 4D | NF335 | 45395 | 8775 | 9275 | 10650 | 13200 |
| 530i Sedan 4D | NE735 | 47495 | 9075 | 9600 | 11000 | 13600 |
| 530xi AWD Sedan 4D | NF735 | 49695 | 9525 | 10050 | 11500 | 14250 |

# 2006 BMW

| Body Type | VIN | List | Trade-In Good | Very Good | Pvt-Party Good | Retail Excellent |
|---|---|---|---|---|---|---|
| 530xi AWD Wagon 4D | NN735 | 52095 | 10800 | 11400 | 13050 | 16100 |
| Premium Pkg | | | 300 | 300 | 400 | 400 |
| Sport Pkg | | | 575 | 575 | 765 | 765 |
| **5 SERIES—V8—Equipment Schedule 1** | | | | | | |
| W.B. 113.7"; 4.8 Liter. | | | | | | |
| 550i Sedan 4D | NB535 | 58095 | 10650 | 11250 | 12900 | 15900 |
| Sport Pkg | | | 575 | 575 | 765 | 765 |
| **M5—V10—Equipment Schedule 1** | | | | | | |
| W.B. 113.7"; 5.0 Liter. | | | | | | |
| Sedan 4D | NB935 | 84895 | 15500 | 16200 | 17900 | 21600 |
| **6 SERIES—V8—Equipment Schedule 1** | | | | | | |
| W.B. 109.4"; 4.8 Liter. | | | | | | |
| 650i Coupe 2D | EH134 | 72495 | 13250 | 13900 | 15450 | 18650 |
| 650i Convertible 2D | EK134 | 79495 | 15150 | 15850 | 17500 | 21100 |
| Sport Pkg | | | 575 | 575 | 765 | 765 |
| **M6—V10—Equipment Schedule 1** | | | | | | |
| W.B. 109.5"; 5.0 Liter. | | | | | | |
| Coupe 2D | EH934 | 99795 | 20400 | 21200 | 23200 | 27900 |
| **7 SERIES—V8—Equipment Schedule 1** | | | | | | |
| W.B. 117.7", 123.2" (Li); 4.8 Liter. | | | | | | |
| 750i Sedan 4D | HL835 | 72495 | 9950 | 10500 | 11950 | 14600 |
| 750Li Sedan 4D | HN835 | 76495 | 12400 | 13000 | 14600 | 17800 |
| Sport Pkg | | | 575 | 575 | 765 | 765 |
| **7 SERIES—V12—Equipment Schedule 1** | | | | | | |
| W.B. 117.7", 123.2" (Li); 6.0 Liter. | | | | | | |
| 760i Sedan 4D | HL035 | 113895 | 15500 | 16200 | 18050 | 21900 |
| 760Li Sedan 4D | HN035 | 121295 | 16700 | 17450 | 19350 | 23500 |

## 2007 BMW — WBA,WBSor4US(VA335)-7-#

| Body Type | VIN | List | Trade-In Good | Very Good | Pvt-Party Good | Retail Excellent |
|---|---|---|---|---|---|---|
| **3 SERIES—6-Cyl.—Equipment Schedule 1** | | | | | | |
| W.B. 108.7"; 3.0 Liter. | | | | | | |
| 328i Sedan 4D | VA335 | 36815 | 8775 | 9275 | 10400 | 12700 |
| 328xi AWD Sedan 4D | VC935 | 39735 | 9650 | 10200 | 11350 | 13850 |
| 328i Coupe 2D | WB335 | 39715 | 11350 | 11950 | 13000 | 15550 |
| 328xi AWD Coupe 2D | WC335 | 41515 | 11700 | 12300 | 13400 | 16000 |
| 328i Convertible 2D | WL135 | 43975 | 12050 | 12650 | 13600 | 16050 |
| 328i Wagon 4D | VS135 | 38615 | 10050 | 10600 | 11800 | 14450 |
| 328xi AWD Wagon 4D | VT735 | 40515 | 11750 | 12350 | 13750 | 16750 |
| Premium Pkg | | | 300 | 300 | 400 | 400 |
| Sport Pkg | | | 200 | 200 | 265 | 265 |
| **3 SERIES—6-Cyl. Twin Turbo—Equipment Schedule 1** | | | | | | |
| W.B. 108.7"; 3.0 Liter. | | | | | | |
| 335i Sedan 4D | VB735 | 39675 | 10950 | 11500 | 12850 | 15650 |
| 335xi AWD Sedan 4D | VD535 | 41575 | 11500 | 12100 | 13500 | 16400 |
| 335i Coupe 2D | WB735 | 44020 | 12600 | 13250 | 14350 | 17150 |
| 335i Convertible 2D | WL735 | 49875 | 13350 | 14000 | 15050 | 17800 |
| Premium Pkg | | | 300 | 300 | 400 | 400 |
| Sport Pkg | | | 200 | 200 | 265 | 265 |
| **Z4—6-Cyl.—Equipment Schedule 1** | | | | | | |
| W.B. 98.2"; 3.0 Liter. | | | | | | |
| 3.0i Roadster 2D | BU335 | 37095 | 10350 | 10900 | 12100 | 14700 |
| 3.0si Coupe 2D | DU535 | 41095 | 11550 | 12150 | 13500 | 16350 |
| 3.0si Roadster 2D | BU535 | 43095 | 12050 | 12650 | 14050 | 17050 |
| Premium Pkg | | | 300 | 300 | 400 | 400 |
| Sport Pkg | | | 200 | 200 | 265 | 265 |
| **Z4 M SERIES—6-Cyl.—Equipment Schedule 1** | | | | | | |
| W.B. 98.3"; 3.2 Liter. | | | | | | |
| Coupe 2D | DU934 | 50795 | 20300 | 21100 | 22900 | 27300 |
| Roadster 2D | BT935 | 52795 | 18950 | 19800 | 21500 | 25700 |
| Premium Pkg | | | 300 | 300 | 400 | 400 |
| **5 SERIES—6-Cyl.—Equipment Schedule 1** | | | | | | |
| W.B. 113.7", 113.6" (Wag); 3.0 Liter. | | | | | | |
| 525i Sedan 4D | NE535 | 46920 | 9300 | 9825 | 11100 | 13700 |
| 525xi AWD Sedan 4D | NF335 | 49120 | 10550 | 11100 | 12500 | 15350 |
| 530i Sedan 4D | NE735 | 50920 | 10750 | 11300 | 12750 | 15700 |
| 530xi AWD Sedan 4D | NF735 | 53120 | 11500 | 12100 | 13650 | 16750 |
| 530xi AWD Wagon 4D | NN735 | 55520 | 12550 | 13200 | 14800 | 18150 |
| Premium Pkg | | | 300 | 300 | 400 | 400 |
| Sport Pkg | | | 600 | 600 | 800 | 800 |
| **5 SERIES—V8—Equipment Schedule 1** | | | | | | |
| W.B. 113.7"; 4.8 Liter. | | | | | | |
| 550i Sedan 4D | NB535 | 60485 | 12350 | 12950 | 14550 | 17900 |
| Sport Pkg | | | 600 | 600 | 800 | 800 |

**52  DEDUCT FOR RECONDITIONING**

# 2007 BMW

| Body Type | VIN | List | Trade-In Good | Very Good | Pvt-Party Good | Retail Excellent |
|---|---|---|---|---|---|---|
| **M5—V10—Equipment Schedule 1** | | | | | | |
| W.B. 113.7"; 5.0 Liter. | | | | | | |
| Sedan 4D | NB935 | 86195 | 20300 | 21100 | 22400 | 26200 |
| **6-SERIES—V8—Equipment Schedule 1** | | | | | | |
| W.B. 109.4"; 4.8 Liter. | | | | | | |
| 650i Coupe 2D | EH135 | 74595 | 15300 | 16000 | 17400 | 20800 |
| 650i Convertible 2D | EK135 | 81595 | 19850 | 20700 | 22400 | 26700 |
| Sport Pkg | | | 600 | 600 | 800 | 800 |
| **M6—V10—Equipment Schedule 1** | | | | | | |
| W.B. 109.5"; 5.0 Liter. | | | | | | |
| Coupe 2D | EH935 | 101995 | 21800 | 22700 | 24500 | 29200 |
| Convertible 2D | EK935 | 108695 | 23700 | 24600 | 26600 | 31600 |
| **7 SERIES—V8—Equipment Schedule 1** | | | | | | |
| W.B. 117.7", 123.1" (Li); 4.8 Liter. | | | | | | |
| 750i Sedan 4D | HL835 | 75695 | 13350 | 14000 | 15400 | 18500 |
| 750Li Sedan 4D | HN835 | 78795 | 15750 | 16450 | 18000 | 21600 |
| Sport Pkg | | | 600 | 600 | 800 | 800 |
| **7 SERIES—V12—Equipment Schedule 1** | | | | | | |
| W.B. 123.1"; 6.0 Liter. | | | | | | |
| 760Li Sedan 4D | HN035 | 123795 | 19550 | 20400 | 22200 | 26500 |
| **2008 BMW — WBA,WBS(UP735)-8-#** | | | | | | |
| **1 SERIES—6-Cyl.—Equipment Schedule 1** | | | | | | |
| W.B. 104.7"; 3.0 Liter. | | | | | | |
| 128i Coupe 2D | UP735 | 33095 | 9100 | 9625 | 10200 | 11950 |
| 128i Convertible 2D | UL735 | 33875 | 11900 | 12500 | 13200 | 15400 |
| Premium Pkg | | | 350 | 350 | 465 | 465 |
| Sport Pkg | | | 250 | 250 | 335 | 335 |
| **1 SERIES—6-Cyl. Twin Turbo—Equipment Schedule 1** | | | | | | |
| W.B. 104.7"; 3.0 Liter. | | | | | | |
| 135i Coupe 2D | UC735 | 39395 | 12900 | 13500 | 14350 | 16700 |
| 135i Convertible 2D | UN935 | 39875 | 14500 | 15150 | 16000 | 18600 |
| Premium Pkg | | | 350 | 350 | 465 | 465 |
| Sport Pkg | | | 250 | 250 | 335 | 335 |
| **3 SERIES—6-Cyl.—Equipment Schedule 1** | | | | | | |
| W.B. 108.7"; 3.0 Liter. | | | | | | |
| 328i Sedan 4D | VA335 | 36895 | 10700 | 11250 | 12300 | 14700 |
| 328xi AWD Sedan 4D | VC935 | 38795 | 11400 | 12000 | 13050 | 15650 |
| 328i Coupe 2D | WB335 | 39795 | 12600 | 13200 | 14300 | 16900 |
| 328xi AWD Coupe 2D | WC335 | 41595 | 13200 | 13850 | 14950 | 17650 |
| 328i Convertible 2D | WL135 | 46800 | 14750 | 15400 | 16400 | 19200 |
| 328i Wagon 4D | VS135 | 38695 | 12900 | 13500 | 14800 | 17650 |
| 328xi AWD Wagon 4D | VT735 | 40595 | 14900 | 15550 | 16950 | 20200 |
| Premium Pkg | | | 350 | 350 | 465 | 465 |
| Sport Pkg | | | 250 | 250 | 335 | 335 |
| **3 SERIES—6-Cyl. Twin Turbo—Equipment Schedule 1** | | | | | | |
| W.B. 108.7"; 3.0 Liter. | | | | | | |
| 335i Sedan 4D | VB735 | 42400 | 12950 | 13550 | 14850 | 17750 |
| 335xi AWD Sedan 4D | VD535 | 44300 | 13650 | 14300 | 15600 | 18600 |
| 335i Coupe 2D | WB735 | 44300 | 14600 | 15250 | 16400 | 19400 |
| 335xi AWD Coupe 2D | WC735 | 46100 | 15100 | 15800 | 16950 | 20000 |
| 335i Convertible 2D | WL735 | 51150 | 16350 | 17050 | 18100 | 21200 |
| Premium Pkg | | | 350 | 350 | 465 | 465 |
| Sport Pkg | | | 250 | 250 | 335 | 335 |
| **M3—V8—Equipment Schedule 1** | | | | | | |
| W.B. 108.7"; 4.0 Liter. | | | | | | |
| Sedan 4D | VA935 | 56650 | 25200 | 26200 | 26800 | 30600 |
| Coupe 2D | WD935 | 59350 | 26000 | 27100 | 27700 | 31600 |
| Convertible 2D | WL935 | 68200 | 27700 | 28800 | 29500 | 33600 |
| Premium Pkg | | | 350 | 350 | 465 | 465 |
| **Z4—6-Cyl.—Equipment Schedule 1** | | | | | | |
| W.B. 98.2"; 3.0 Liter. | | | | | | |
| 3.0i Roadster 2D | BU335 | 40595 | 12700 | 13300 | 14600 | 17450 |
| 3.0si Coupe 2D | DU535 | 43445 | 13900 | 14550 | 15850 | 18950 |
| 3.0si Roadster 2D | BU535 | 45445 | 14450 | 15100 | 16450 | 19650 |
| Premium Pkg | | | 350 | 350 | 465 | 465 |
| Sport Pkg | | | 250 | 250 | 335 | 335 |
| **Z4 M SERIES—6-Cyl.—Equipment Schedule 1** | | | | | | |
| W.B. 98.3"; 3.2 Liter. | | | | | | |
| Coupe 2D | DU935 | 52870 | 23400 | 24400 | 25900 | 30600 |
| Roadster 2D | BT935 | 54870 | 21800 | 22700 | 24200 | 28600 |
| Premium Pkg | | | 350 | 350 | 465 | 465 |

# 2008 BMW

| Body Type | VIN | List | Trade-In Good | Very Good | Pvt-Party Good | Retail Excellent |
|---|---|---|---|---|---|---|
| **5 SERIES—6-Cyl.**—Equipment Schedule 1 | | | | | | |
| W.B. 113.7"; 3.0 Liter. | | | | | | |
| 528i Sedan 4D | NU535 | 46525 | 12250 | 12850 | 14000 | 16700 |
| 528xi AWD Sedan 4D | NV135 | 48725 | 13250 | 13900 | 15150 | 18100 |
| **Premium Pkg** | | | 350 | 350 | 465 | 465 |
| **Sport Pkg** | | | 700 | 700 | 935 | 935 |
| **5 SERIES—6-Cyl. Twin Turbo**—Equipment Schedule 1 | | | | | | |
| W.B. 113.7", 113.6" (Wag); 3.0 Liter. | | | | | | |
| 535i Sedan 4D | NW135 | 51625 | 13700 | 14350 | 15650 | 18650 |
| 535xi AWD Sedan 4D | NV935 | 53825 | 14950 | 15600 | 17000 | 20300 |
| 535xi AWD Wagon 4D | PT735 | 56225 | 16700 | 17450 | 18900 | 22500 |
| **Premium Pkg** | | | 350 | 350 | 465 | 465 |
| **Sport Pkg** | | | 700 | 700 | 935 | 935 |
| **5 SERIES—V8**—Equipment Schedule 1 | | | | | | |
| W.B. 113.7"; 4.8 Liter. | | | | | | |
| 550i Sedan 4D | NW535 | 61075 | 18650 | 19500 | 21000 | 25000 |
| **Sport Pkg** | | | 700 | 700 | 935 | 935 |
| **M5—V10**—Equipment Schedule 1 | | | | | | |
| W.B. 113.7"; 5.0 Liter. | | | | | | |
| Sedan 4D | NB935 | 86675 | 22500 | 23400 | 24600 | 28600 |
| **6 SERIES—V8**—Equipment Schedule 1 | | | | | | |
| W.B. 109.4"; 4.8 Liter. | | | | | | |
| 650i Coupe 2D | EA535 | 76375 | 19850 | 20700 | 22200 | 26300 |
| 650i Convertible 2D | EB535 | 84775 | 24800 | 25800 | 27500 | 32500 |
| **Sport Pkg** | | | 700 | 700 | 935 | 935 |
| **M6—V10**—Equipment Schedule 1 | | | | | | |
| W.B. 109.5"; 5.0 Liter. | | | | | | |
| Coupe 2D | EH935 | 103075 | 26700 | 27800 | 29600 | 35000 |
| Convertible 2D | EK935 | 108875 | 28200 | 29300 | 31300 | 37000 |
| **7 SERIES—V8**—Equipment Schedule 1 | | | | | | |
| W.B. 117.7", 123.2" (Li); 4.8 Liter. | | | | | | |
| 750i Sedan 4D | HL835 | 76575 | 16700 | 17450 | 18600 | 21900 |
| 750Li Sedan 4D | HN835 | 79675 | 19050 | 19900 | 21100 | 24800 |
| **Sport Pkg** | | | 700 | 700 | 935 | 935 |
| **7 SERIES—V12**—Equipment Schedule 1 | | | | | | |
| W.B. 123.2"; 6.0 Liter. | | | | | | |
| 760Li Sedan 4D | HN035 | 125075 | 22900 | 23800 | 25200 | 29600 |
| **ALPINA B7—V8 Supercharged**—Equipment Schedule 1 | | | | | | |
| W.B. 117.7"; 4.4 Liter. | | | | | | |
| Sedan 4D | HL835 | 117075 | 24100 | 25000 | 26500 | 31100 |

## 2009 BMW — WBA,WBS(UP735)-9-#

| Body Type | VIN | List | Trade-In Good | Very Good | Pvt-Party Good | Retail Excellent |
|---|---|---|---|---|---|---|
| **1 SERIES—6-Cyl.**—Equipment Schedule 1 | | | | | | |
| W.B. 104.7"; 3.0 Liter. | | | | | | |
| 128i Coupe 2D | UP735 | 31550 | 11500 | 12100 | 12750 | 14800 |
| 128i Convertible 2D | UL735 | 36150 | 14500 | 15150 | 15950 | 18450 |
| **Premium Pkg** | | | 400 | 400 | 535 | 535 |
| **Sport Pkg** | | | 275 | 275 | 365 | 365 |
| **1 SERIES—6-Cyl. Twin Turbo**—Equipment Schedule 1 | | | | | | |
| W.B. 104.7"; 3.0 Liter. | | | | | | |
| 135i Coupe 2D | UC735 | 38000 | 16000 | 16700 | 17500 | 20300 |
| 135i Convertible 2D | UN935 | 42300 | 17250 | 18000 | 18800 | 21800 |
| **Premium Pkg** | | | 400 | 400 | 535 | 535 |
| **Sport Pkg** | | | 275 | 275 | 365 | 365 |
| **3 SERIES—6-Cyl.**—Equipment Schedule 1 | | | | | | |
| W.B. 108.7"; 3.0 Liter. | | | | | | |
| 328i Sedan 4D | PH735 | 35750 | 12650 | 13250 | 14250 | 16800 |
| 328i xDrive Sedan 4D | PK735 | 37750 | 13650 | 14300 | 15300 | 18000 |
| 328i Coupe 2D | WB335 | 38650 | 15100 | 15800 | 16800 | 19700 |
| 328i xDrive Coupe 2D | WC335 | 40550 | 15750 | 16450 | 17500 | 20500 |
| 328i Convertible 2D | WL135 | 46700 | 17450 | 18200 | 19050 | 22100 |
| 328i Wagon 4D | UT935 | 37150 | 17150 | 17900 | 18900 | 22100 |
| 328i xDrive Wagon 4D | UU335 | 39550 | 19650 | 20500 | 21600 | 25200 |
| **Premium Pkg** | | | 400 | 400 | 535 | 535 |
| **Sport Pkg** | | | 275 | 275 | 365 | 365 |
| **3 SERIES—6-Cyl. Twin Turbo**—Equipment Schedule 1 | | | | | | |
| W.B. 108.7"; 3.0 Liter. | | | | | | |
| 335i Sedan 4D | PM735 | 41125 | 16150 | 16850 | 18000 | 21100 |
| 335i xDrive Sedan 4D | PL335 | 43125 | 16900 | 17650 | 18750 | 22000 |
| 335i Coupe 2D | WB735 | 43025 | 17550 | 18300 | 19400 | 22700 |
| 335i xDrive Coupe 2D | WC735 | 44800 | 18400 | 19200 | 20400 | 23800 |
| 335i Convertible 2D | WL735 | 51525 | 19750 | 20600 | 21500 | 24900 |
| **Premium Pkg** | | | 400 | 400 | 535 | 535 |

**54    DEDUCT FOR RECONDITIONING**

# 2009 BMW

| Body Type | VIN | List | Trade-In Good | Very Good | Pvt-Party Good | Retail Excellent |
|---|---|---|---|---|---|---|
| Sport Pkg | | | 275 | 275 | 365 | 365 |
| **3 SERIES—6-Cyl. Twin Turbo Diesel**—Equipment Schedule 1 | | | | | | |
| W.B. 108.7"; 3.0 Liter. | | | | | | |
| 335d Sedan 4D | PN735 | 44725 | 18300 | 19100 | 20300 | 23800 |
| Premium Pkg | | | 400 | 400 | 535 | 535 |
| Sport Pkg | | | 275 | 275 | 365 | 365 |
| **M3—V8**—Equipment Schedule 1 | | | | | | |
| W.B. 108.7"; 4.0 Liter. | | | | | | |
| Sedan 4D | PM935 | 56975 | 28500 | 29700 | 30600 | 35300 |
| Coupe 2D | WD935 | 60925 | 29300 | 30500 | 31600 | 36300 |
| Convertible 2D | WL935 | 69025 | 31000 | 32200 | 33300 | 38300 |
| **Z4—6-Cyl.**—Equipment Schedule 1 | | | | | | |
| W.B. 98.3"; 3.0 Liter. | | | | | | |
| 30i Roadster 2D | LM535 | 46575 | 19150 | 20000 | 21100 | 24600 |
| Premium Pkg | | | 400 | 400 | 535 | 535 |
| Sport Pkg | | | 275 | 275 | 365 | 365 |
| **Z4—6-Cyl. Twin Turbo**—Equipment Schedule 1 | | | | | | |
| W.B. 98.3"; 3.0 Liter | | | | | | |
| 35i Roadster 2D | LM735 | 52475 | 23600 | 24500 | 25800 | 30000 |
| Premium Pkg | | | 400 | 400 | 535 | 535 |
| Sport Pkg | | | 275 | 275 | 365 | 365 |
| **5 SERIES—6-Cyl.**—Equipment Schedule 1 | | | | | | |
| W.B. 113.7"; 3.0 Liter. | | | | | | |
| 528i Sedan 4D | NU535 | 46625 | 14900 | 15550 | 16650 | 19550 |
| 528i xDrive Sedan 4D | NV135 | 48925 | 16250 | 16950 | 18100 | 21200 |
| Premium Pkg | | | 400 | 400 | 535 | 535 |
| Sport Pkg | | | 800 | 800 | 1065 | 1065 |
| **5 SERIES—6-Cyl. Twin Turbo**—Equipment Schedule 1 | | | | | | |
| W.B. 113.7", 113.6" (Wag); 3.0 Liter. | | | | | | |
| 535i Sedan 4D | NW135 | 51925 | 18250 | 19050 | 20200 | 23700 |
| 535i xDrive Sedan 4D | NV935 | 54225 | 19250 | 20100 | 21300 | 25000 |
| 535i xDrive Wagon 4D | PT735 | 56625 | 21300 | 22200 | 23500 | 27500 |
| Premium Pkg | | | 400 | 400 | 535 | 535 |
| Sport Pkg | | | 800 | 800 | 1065 | 1065 |
| **5 SERIES—V8**—Equipment Schedule 1 | | | | | | |
| W.B. 113.7"; 4.8 Liter. | | | | | | |
| 550i Sedan 4D | NW535 | 61225 | 24300 | 25200 | 26600 | 31200 |
| Sport Pkg | | | 800 | 800 | 1065 | 1065 |
| **M5—V10**—Equipment Schedule 1 | | | | | | |
| W.B. 113.7"; 5.0 Liter. | | | | | | |
| Sedan 4D | NB935 | 89325 | 28200 | 29300 | 30500 | 35100 |
| **6 SERIES—V8**—Equipment Schedule 1 | | | | | | |
| W.B. 109.4"; 4.8 Liter. | | | | | | |
| 650i Coupe 2D | EA535 | 79025 | 24200 | 25100 | 26100 | 30100 |
| 650i Convertible 2D | EB535 | 87425 | 29900 | 31100 | 32200 | 37100 |
| Sport Pkg | | | 800 | 800 | 1065 | 1065 |
| **M6—V10**—Equipment Schedule 1 | | | | | | |
| W.B. 109.5"; 5.0 Liter. | | | | | | |
| Coupe 2D | EH935 | 105925 | 31000 | 32200 | 33300 | 38400 |
| Convertible 2D | EK935 | 111725 | 34400 | 35700 | 36800 | 42400 |
| **7 SERIES—V8 Twin Turbo**—Equipment Schedule 1 | | | | | | |
| W.B. 120.9", 126.4" (Li); 4.4 Liter. | | | | | | |
| 750i Sedan 4D | KA835 | 82125 | 27500 | 28600 | 29200 | 33100 |
| 750Li Sedan 4D | KB835 | 86025 | 30500 | 31700 | 32200 | 36500 |
| Sport Pkg | | | 800 | 800 | 1065 | 1065 |

# 2010 BMW — WB(AorS)(UP7C5)-A-#

| Body Type | VIN | List | Trade-In Good | Very Good | Pvt-Party Good | Retail Excellent |
|---|---|---|---|---|---|---|
| **1 SERIES—6-Cyl.**—Equipment Schedule 1 | | | | | | |
| W.B. 104.7"; 3.0 Liter. | | | | | | |
| 128i Coupe 2D | UP7C5 | 34645 | 13500 | 14150 | 14800 | 17100 |
| 128i Convertible 2D | UL7C5 | 38595 | 16550 | 17300 | 18000 | 20700 |
| Premium Pkg | | | 450 | 450 | 600 | 600 |
| Sport Pkg | | | 300 | 300 | 400 | 400 |
| **1 SERIES—6-Cyl. Twin Turbo**—Equipment Schedule 1 | | | | | | |
| W.B. 104.7"; 3.0 Liter. | | | | | | |
| 135i Coupe 2D | UC7C5 | 40445 | 18350 | 19150 | 19900 | 22900 |
| 135i Convertible 2D | UN9C5 | 44745 | 19550 | 20400 | 21100 | 24300 |
| Premium Pkg | | | 450 | 450 | 600 | 600 |
| Sport Pkg | | | 300 | 300 | 400 | 400 |
| **3 SERIES—6-Cyl.**—Equipment Schedule 1 | | | | | | |
| W.B. 104.7"; 3.0 Liter. | | | | | | |
| 328i Sedan 4D | PH7C5 | 33675 | 15250 | 15950 | 16850 | 19650 |
| 328i xDrive Sedan 4D | PK7C5 | 35675 | 16600 | 17350 | 18300 | 21300 |

# 2010 BMW

| Body Type | VIN | List | Trade-In Good | Trade-In Very Good | Pvt-Party Good | Retail Excellent |
|---|---|---|---|---|---|---|
| 328i Coupe 2D | WB3C5 | 36575 | 17900 | 18650 | 19550 | 22700 |
| 328i xDrive Coupe 2D | WC3C5 | 38475 | 18750 | 19600 | 20500 | 23800 |
| 328i Convertible 2D | WL1C5 | 45375 | 20600 | 21400 | 22100 | 25300 |
| 328i Wagon 4D | UT9C5 | 36225 | 19550 | 20400 | 21300 | 24700 |
| 328i xDrive Wagon 4D | UU3C5 | 38225 | 21300 | 22200 | 23200 | 26800 |
| Premium Pkg | | | 450 | 450 | 600 | 600 |
| Sport Pkg | | | 300 | 300 | 400 | 400 |

**3 SERIES—6-Cyl. Twin Turbo**—Equipment Schedule 1
W.B. 108.7"; 3.0 Liter.

| Body Type | VIN | List | Trade-In Good | Trade-In Very Good | Pvt-Party Good | Retail Excellent |
|---|---|---|---|---|---|---|
| 335i Sedan 4D | PM7C5 | 42450 | 20600 | 21500 | 22500 | 26200 |
| 335i xDrive Sedan 4D | PL3C5 | 44450 | 21200 | 22100 | 23100 | 26900 |
| 335i Coupe 2D | WB7C5 | 44350 | 22100 | 23100 | 24000 | 27800 |
| 335i xDrive Coupe 2D | WC7C5 | 46250 | 23000 | 24000 | 24900 | 28900 |
| 335i Convertible 2D | WL7C5 | 52850 | 23700 | 24600 | 25400 | 29000 |
| Premium Pkg | | | 450 | 450 | 600 | 600 |
| Sport Pkg | | | 300 | 300 | 400 | 400 |

**3 SERIES—6-Cyl. Twin Turbo Diesel**—Equipment Schedule 1
W.B. 108.7"; 3.0 Liter.

| Body Type | VIN | List | Trade-In Good | Trade-In Very Good | Pvt-Party Good | Retail Excellent |
|---|---|---|---|---|---|---|
| 335d Sedan 4D | PN7C5 | 44725 | 21700 | 22600 | 23600 | 27500 |
| Premium Pkg | | | 450 | 450 | 600 | 600 |
| Sport Pkg | | | 300 | 300 | 400 | 400 |

**M3—V8**—Equipment Schedule 1
W.B. 108.7"; 4.0 Liter.

| Body Type | VIN | List | Trade-In Good | Trade-In Very Good | Pvt-Party Good | Retail Excellent |
|---|---|---|---|---|---|---|
| Sedan 4D | PM9C5 | 56975 | 32200 | 33400 | 34400 | 39500 |
| Coupe 2D | WD9C5 | 59975 | 33100 | 34400 | 35300 | 40600 |
| Convertible 2D | WL9C5 | 69025 | 34800 | 36100 | 37100 | 42600 |

**Z4—6-Cyl.**—Equipment Schedule 1
W.B. 98.3"; 3.0 Liter.

| Body Type | VIN | List | Trade-In Good | Trade-In Very Good | Pvt-Party Good | Retail Excellent |
|---|---|---|---|---|---|---|
| 30i Roadster 2D | LM5C5 | 46575 | 20700 | 21500 | 22200 | 25400 |
| Premium Pkg | | | 450 | 450 | 600 | 600 |
| Sport Pkg | | | 300 | 300 | 400 | 400 |

**Z4—6-Cyl. Twin Turbo**—Equipment Schedule 1
W.B. 98.3"; 3.0 Liter.

| Body Type | VIN | List | Trade-In Good | Trade-In Very Good | Pvt-Party Good | Retail Excellent |
|---|---|---|---|---|---|---|
| 35i Roadster 2D | LM7C5 | 52475 | 24700 | 25700 | 26400 | 30100 |
| Premium Pkg | | | 450 | 450 | 600 | 600 |
| Sport Pkg | | | 300 | 300 | 400 | 400 |

**5 SERIES—6-Cyl.**—Equipment Schedule 1
W.B. 113.7"; 3.0 Liter.

| Body Type | VIN | List | Trade-In Good | Trade-In Very Good | Pvt-Party Good | Retail Excellent |
|---|---|---|---|---|---|---|
| 528i Sedan 4D | NU5C5 | 44625 | 19050 | 19900 | 20900 | 24300 |
| 528i xDrive Sedan 4D | NV1C5 | 48925 | 20500 | 21300 | 22300 | 25900 |
| Premium Pkg | | | 450 | 450 | 600 | 600 |
| Sport Pkg | | | 900 | 900 | 1200 | 1200 |

**5 SERIES—6-Cyl. Twin Turbo**—Equipment Schedule 1
W.B. 113.7", 113.6" (Wag), 120.7" (Gran Turismo); 3.0 Liter.

| Body Type | VIN | List | Trade-In Good | Trade-In Very Good | Pvt-Party Good | Retail Excellent |
|---|---|---|---|---|---|---|
| 535i Sedan 4D | NW1C5 | 51925 | 22400 | 23400 | 24400 | 28300 |
| 535i xDrive Sedan 4D | NV9C5 | 54225 | 23000 | 24000 | 25000 | 29000 |
| 535i xDrive Wagon 4D | PT7C5 | 56625 | 26900 | 28000 | 29200 | 33800 |
| 535i Gran Turismo Sed | SN2C5 | 56875 | 21000 | 21900 | 22900 | 26600 |
| Premium Pkg | | | 450 | 450 | 600 | 600 |
| Sport Pkg | | | 900 | 900 | 1200 | 1200 |

**5 SERIES—V8**—Equipment Schedule 1
W.B. 113.7", 120.7" (Gran Turismo); 4.8 Liter.

| Body Type | VIN | List | Trade-In Good | Trade-In Very Good | Pvt-Party Good | Retail Excellent |
|---|---|---|---|---|---|---|
| 550i Sedan 4D | NW5C5 | 61475 | 27600 | 28700 | 29900 | 34700 |
| 550i Gran Turismo Sed | SN4C5 | 65775 | 28000 | 29100 | 30400 | 35300 |
| 550i GranTurismo xDrv | SP4C5 | 67075 | 28200 | 29300 | 30600 | 35500 |
| Sport Pkg | | | 900 | 900 | 1200 | 1200 |

**M5—V10**—Equipment Schedule 1
W.B. 113.7"; 5.0 Liter.

| Body Type | VIN | List | Trade-In Good | Trade-In Very Good | Pvt-Party Good | Retail Excellent |
|---|---|---|---|---|---|---|
| Sedan 4D | NB9C5 | 89325 | 30400 | 31600 | 32400 | 37000 |

**6 SERIES—V8**—Equipment Schedule 1
W.B. 109.4"; 4.8 Liter.

| Body Type | VIN | List | Trade-In Good | Trade-In Very Good | Pvt-Party Good | Retail Excellent |
|---|---|---|---|---|---|---|
| 650i Coupe 2D | EA5C5 | 80325 | 29400 | 30600 | 31400 | 35800 |
| 650i Convertible 2D | EB5C5 | 87425 | 35300 | 36600 | 37400 | 42700 |
| Sport Pkg | | | 900 | 900 | 1200 | 1200 |

**M6—V10**—Equipment Schedule 1
W.B. 109.5"; 5.0 Liter.

| Body Type | VIN | List | Trade-In Good | Trade-In Very Good | Pvt-Party Good | Retail Excellent |
|---|---|---|---|---|---|---|
| Coupe 2D | EH9C5 | 105925 | 36400 | 37700 | 38500 | 43900 |
| Convertible 2D | EK9C5 | 111725 | 40200 | 41700 | 42500 | 48500 |

**7 SERIES—V8 Twin Turbo**—Equipment Schedule 1
W.B. 120.0", 126.4" (Li); 4.4 Liter.

| Body Type | VIN | List | Trade-In Good | Trade-In Very Good | Pvt-Party Good | Retail Excellent |
|---|---|---|---|---|---|---|
| 750i Sedan 4D | KA8C5 | 82280 | 32100 | 33300 | 33600 | 37900 |
| 750i xDrive Sedan | KC6C5 | 85580 | 33900 | 35200 | 35500 | 40000 |
| 750Li Sedan 4D | KC8C5 | 86180 | 35100 | 36400 | 36700 | 41300 |

**DEDUCT FOR RECONDITIONING**

# 2010 BMW

| Body Type | VIN | List | Trade-In Good | Very Good | Pvt-Party Good | Retail Excellent |
|---|---|---|---|---|---|---|
| 750Li xDrive Sedan | KC8C5 | 89480 | 36900 | 38300 | 38500 | 43300 |
| **7 SERIES—V12**—Equipment Schedule 1 | | | | | | |
| W.B. 126.4"; 6.0 Liter. | | | | | | |
| 760Li Sedan 4D | KB0C5 | 140425 | 56100 | 58100 | 58300 | 65600 |

## 2011 BMW — WB(AorS)(UP7C5)-B-#

**1 SERIES—6-Cyl.**—Equipment Schedule 1
W.B. 104.7"; 3.0 Liter.

| Body Type | VIN | List | Good | Very Good | Good | Excellent |
|---|---|---|---|---|---|---|
| 128i Coupe 2D | UP7C5 | 33445 | 15600 | 16300 | 17000 | 19600 |
| 128i Convertible 2D | UL7C5 | 37445 | 19200 | 20000 | 20800 | 23900 |
| Premium Pkg | | | 500 | 500 | 665 | 665 |
| Sport Pkg | | | 325 | 325 | 435 | 435 |

**1 SERIES—6-Cyl. Twin Turbo**—Equipment Schedule 1
W.B. 104.7"; 3.0 Liter.

| Body Type | VIN | List | Good | Very Good | Good | Excellent |
|---|---|---|---|---|---|---|
| 135i Coupe 2D | UC9C5 | 39295 | 20700 | 21600 | 22300 | 25700 |
| 135i Convertible 2D | UN7C5 | 43795 | 22000 | 22900 | 23600 | 27200 |
| M Coupe 2D | UR9C5 | 47010 | 43900 | 45500 | 46400 | 53100 |
| Premium Pkg | | | 500 | 500 | 665 | 665 |
| Sport Pkg | | | 325 | 325 | 435 | 435 |

**3 SERIES—6-Cyl.**—Equipment Schedule 1
W.B. 108.7"; 3.0 Liter.

| Body Type | VIN | List | Good | Very Good | Good | Excellent |
|---|---|---|---|---|---|---|
| 328i Sedan 4D | PH7C5 | 37945 | 18150 | 18950 | 19650 | 22700 |
| 328i xDrive Sedan 4D | PK7C5 | 39945 | 19800 | 20700 | 21400 | 24700 |
| 328i Coupe 2D | KE3C5 | 40000 | 20200 | 21000 | 21700 | 25000 |
| 328i xDrive Coupe 2D | KF3C5 | 41900 | 21200 | 22100 | 22800 | 26200 |
| 328i Convertible 2D | DW3C5 | 47750 | 24400 | 25300 | 26000 | 29700 |
| 328i Sport Wagon 4D | UT9C5 | 39445 | 22000 | 23000 | 23700 | 27100 |
| 328i xDrive Sport Wag | UU3C5 | 41445 | 23700 | 24600 | 25400 | 29100 |
| Premium Pkg | | | 500 | 500 | 665 | 665 |
| Sport Pkg | | | 325 | 325 | 435 | 435 |
| M Sport Pkg | | | 1150 | 1150 | 1535 | 1535 |

**3 SERIES—6-Cyl. Twin Turbo**—Equipment Schedule 1
W.B. 108.7"; 3.0 Liter.

| Body Type | VIN | List | Good | Very Good | Good | Excellent |
|---|---|---|---|---|---|---|
| 335i Sedan 4D | PM5C5 | 44800 | 23600 | 24600 | 25400 | 29200 |
| 335i xDrive Sedan 4D | PL5C5 | 46800 | 24100 | 25100 | 25900 | 29800 |
| 335i Coupe 2D | KG7C5 | 46850 | 24900 | 25900 | 26700 | 30600 |
| 335i xDrive Coupe 2D | KF9C5 | 48750 | 26000 | 27100 | 27900 | 32000 |
| 335is Coupe 2D | KG1C5 | 54050 | 28800 | 30000 | 30900 | 35300 |
| 335i Convertible 2D | DX7C5 | 53950 | 28100 | 29200 | 30000 | 34300 |
| 335is Convertible 2D | DX1C5 | 61150 | 31800 | 33000 | 33800 | 38500 |
| Premium Pkg | | | 500 | 500 | 665 | 665 |
| Sport Pkg | | | 325 | 325 | 435 | 435 |
| M Sport Pkg | | | 1150 | 1150 | 1535 | 1535 |

**3 SERIES—6-Cyl. Twin Turbo Diesel**—Equipment Schedule 1
W.B. 108.7"; 3.0 Liter.

| Body Type | VIN | List | Good | Very Good | Good | Excellent |
|---|---|---|---|---|---|---|
| 335d Sedan 4D | PN7C5 | 46475 | 24600 | 25600 | 26500 | 30400 |
| Premium Pkg | | | 500 | 500 | 665 | 665 |
| Sport Pkg | | | 325 | 325 | 435 | 435 |
| M Sport Pkg | | | 1150 | 1150 | 1535 | 1535 |

**M3—V8**—Equipment Schedule 1
W.B. 108.7"; 4.0 Liter.

| Body Type | VIN | List | Good | Very Good | Good | Excellent |
|---|---|---|---|---|---|---|
| Sedan 4D | PM9C5 | 59575 | 37800 | 39200 | 40100 | 45900 |
| Coupe 2D | KG9C5 | 61525 | 38700 | 40100 | 41000 | 47000 |
| Convertible 2D | DX9C5 | 69625 | 40300 | 41800 | 42800 | 48900 |

**Z4—6-Cyl.**—Equipment Schedule 1
W.B. 98.3"; 3.0 Liter.

| Body Type | VIN | List | Good | Very Good | Good | Excellent |
|---|---|---|---|---|---|---|
| 30i Roadster 2D | LM5C5 | 50995 | 25000 | 26000 | 26500 | 30100 |
| Premium Pkg | | | 500 | 500 | 665 | 665 |
| Sport Pkg | | | 325 | 325 | 435 | 435 |
| M Sport Pkg | | | 1150 | 1150 | 1535 | 1535 |

**Z4—6-Cyl. Twin Turbo**—Equipment Schedule 1
W.B. 98.3"; 3.0 Liter.

| Body Type | VIN | List | Good | Very Good | Good | Excellent |
|---|---|---|---|---|---|---|
| 35i Roadster 2D | LM7C5 | 55845 | 28800 | 30000 | 30500 | 34600 |
| 35is Roadster 2D | LM1C5 | 63420 | 34600 | 35900 | 36400 | 41300 |
| Premium Pkg | | | 500 | 500 | 665 | 665 |
| Sport Pkg | | | 325 | 325 | 435 | 435 |
| M Sport Pkg | | | 1150 | 1150 | 1535 | 1535 |

**5 SERIES—6-Cyl.**—Equipment Schedule 1
W.B. 116.9"; 3.0 Liter.

| Body Type | VIN | List | Good | Very Good | Good | Excellent |
|---|---|---|---|---|---|---|
| 528i Sedan 4D | FR1C5 | 46875 | 25800 | 26900 | 27600 | 31500 |
| Premium Pkg | | | 500 | 500 | 665 | 665 |
| Sport Pkg | | | 975 | 975 | 1300 | 1300 |
| M Sport Pkg | | | 1150 | 1150 | 1535 | 1535 |

# 2011 BMW

| Body Type | VIN | List | Trade-In Good | Very Good | Pvt-Party Good | Retail Excellent |
|---|---|---|---|---|---|---|
| **5 SERIES—6-Cyl. Twin Turbo**—Equipment Schedule 1 | | | | | | |
| W.B. 116.9", 120.9" (Gran Turismo); 3.0 Liter. | | | | | | |
| 535i Sedan 4D | FR7C5 | 52425 | 29100 | 30300 | 31100 | 35500 |
| 535i xDrive Sedan 4D | FU7C5 | 54225 | 31200 | 32400 | 33200 | 37900 |
| 535i Gran Turismo Sed | SN2C5 | 56875 | 27800 | 28900 | 29600 | 33800 |
| 535i GrnTurismo xDrv | SP2C5 | 59175 | 31500 | 32700 | 33500 | 38200 |
| Premium Pkg | | | 500 | 500 | 665 | 665 |
| Sport Pkg | | | 975 | 975 | 1300 | 1300 |
| M Sport Pkg | | | 1150 | 1150 | 1535 | 1535 |
| **5 SERIES—V8 Twin Turbo**—Equipment Schedule 1 | | | | | | |
| W.B. 116.9", 120.9" (Gran Turismo); 4.4 Liter. | | | | | | |
| 550i Sedan 4D | FR9C5 | 61075 | 34400 | 35700 | 36500 | 41600 |
| 550i xDrive Sedan 4D | FU9C5 | 62875 | 38000 | 40100 | 40900 | 46600 |
| 550i Gran Turismo Sed | SN4C5 | 64775 | 34900 | 36200 | 37000 | 42200 |
| 550i GrnTurismo xDrv | SP4C5 | 67075 | 35100 | 36400 | 37200 | 42400 |
| Premium Pkg | | | 500 | 500 | 665 | 665 |
| Sport Pkg | | | 975 | 975 | 1300 | 1300 |
| M Sport Pkg | | | 1150 | 1150 | 1535 | 1535 |
| **7 SERIES—6-Cyl. Twin Turbo**—Equipment Schedule 1 | | | | | | |
| W.B. 120.9", 126.4" (Li); 3.0 Liter. | | | | | | |
| 740i Sedan 4D | KA4C5 | 71525 | 35300 | 36600 | 37000 | 41800 |
| 740Li Sedan 4D | KB4C5 | 75925 | 37300 | 38700 | 39000 | 44100 |
| **7 SERIES—V8 Twin Turbo**—Equipment Schedule 1 | | | | | | |
| W.B. 120.9", 126.4" (Li); 4.4 Liter. | | | | | | |
| 750i Sedan 4D | KA8C5 | 84375 | 38300 | 39800 | 40100 | 45300 |
| 750i xDrive Sedan 4D | KC6C5 | 87675 | 40100 | 41600 | 41900 | 47400 |
| 750Li Sedan 4D | KB8C5 | 88275 | 41300 | 42800 | 43100 | 48700 |
| 750Li xDrive Sedan 4D | KC8C5 | 91575 | 43100 | 44700 | 45000 | 50800 |
| **7 SERIES—V8 Twin Turbo ActiveHybrid**—Equipment Schedule 1 | | | | | | |
| W.B. 120.9", 126.4" (Li); 4.4 Liter. | | | | | | |
| 750i Sedan 4D | KX6C5 | 103175 | 43900 | 45500 | 45800 | 51700 |
| 750Li Sedan 4D | KX8C5 | 107075 | 45800 | 47400 | 47700 | 53800 |
| **7 SERIES—V12 Twin Turbo**—Equipment Schedule 1 | | | | | | |
| W.B. 126.4"; 6.0 Liter. | | | | | | |
| 760Li Sedan 4D | KB0C5 | 139975 | 79800 | 82500 | 82600 | 93000 |
| **ALPINA B7—V8 Twin Turbo**—Equipment Schedule 1 | | | | | | |
| W.B. 120.9"; 4.4 Liter. | | | | | | |
| Sedan 4D | KA8C5 | 123875 | 64800 | 67100 | 67400 | 76000 |
| xDrive Sedan 4D | KC6C5 | 127175 | 69300 | 71700 | 71900 | 81100 |

## 2012 BMW — WB(AorS)(UP7C5) – C – #

| Body Type | VIN | List | Trade-In Good | Very Good | Pvt-Party Good | Retail Excellent |
|---|---|---|---|---|---|---|
| **1 SERIES—6-Cyl.**—Equipment Schedule 1 | | | | | | |
| W.B. 104.7"; 3.0 Liter. | | | | | | |
| 128i Coupe 2D | UP7C5 | 35320 | 18600 | 19400 | 20100 | 23100 |
| 128i Convertible 2D | UL7C5 | 39920 | 22300 | 23300 | 24000 | 27600 |
| Premium Pkg | | | 550 | 550 | 735 | 735 |
| Sport Pkg | | | 350 | 350 | 465 | 465 |
| M Sport Pkg | | | 1175 | 1175 | 1565 | 1565 |
| **1 SERIES—6-Cyl. Twin Turbo**—Equipment Schedule 1 | | | | | | |
| W.B. 104.7"; 3.0 Liter. | | | | | | |
| 135i Coupe 2D | UC9C5 | 41825 | 23600 | 24600 | 25300 | 29100 |
| 135i Convertible 2D | UN7C5 | 46575 | 25100 | 26100 | 26900 | 30800 |
| Premium Pkg | | | 550 | 550 | 735 | 735 |
| M Sport Pkg | | | 1175 | 1175 | 1565 | 1565 |
| **3 SERIES—6-Cyl.**—Equipment Schedule 1 | | | | | | |
| W.B. 108.7"; 3.0 Liter. | | | | | | |
| 328i Sedan 4D | 3A5C5 | 39290 | 23100 | 24000 | 24500 | 27900 |
| 328i Coupe 2D | KE3C5 | 42870 | 23200 | 24200 | 24800 | 28300 |
| 328i xDrive Coupe 2D | KF3C5 | 44570 | 24800 | 25800 | 26400 | 30200 |
| 328i Convertible 2D | DW3C5 | 50820 | 29800 | 31000 | 31400 | 35600 |
| 328i Sport Wagon 4D | UT9C5 | 41620 | 25900 | 27000 | 27300 | 30900 |
| 328i xDrive Sport Wag | UU3C5 | 43620 | 27700 | 28800 | 29100 | 32900 |
| Premium Pkg | | | 550 | 550 | 735 | 735 |
| Sport Pkg | | | 350 | 350 | 465 | 465 |
| M Sport Pkg | | | 1175 | 1175 | 1565 | 1565 |
| **3 SERIES—6-Cyl. Twin Turbo**—Equipment Schedule 1 | | | | | | |
| W.B. 108.7"; 3.0 Liter. | | | | | | |
| 335i Sedan 4D | 3A9C5 | 44745 | 28500 | 29700 | 30200 | 34300 |
| 335i Coupe 2D | KG7C5 | 45775 | 27700 | 28800 | 29500 | 33600 |
| 335i xDrive Coupe 2D | KF9C5 | 47475 | 29100 | 30300 | 31000 | 35400 |
| 335is Coupe 2D | KG1C5 | 52775 | 33400 | 34700 | 35400 | 40400 |
| 335i Convertible 2D | DX7C5 | 54475 | 33100 | 34400 | 34800 | 39300 |
| 335is Convertible 2D | DX1C5 | 61475 | 38800 | 40300 | 40600 | 45900 |

**58** DEDUCT FOR RECONDITIONING

# 2012 BMW

| Body Type | VIN | List | Trade-In Good | Very Good | Pvt-Party Good | Retail Excellent |
|---|---|---|---|---|---|---|
| Premium Pkg | | | 550 | 550 | 735 | 735 |
| M Sport Pkg | | | 1175 | 1175 | 1565 | 1565 |
| **M3—V8—Equipment Schedule 1** | | | | | | |
| W.B. 108.7"; 4.0 Liter. | | | | | | |
| Coupe 2D | KG9C5 | 63595 | 47100 | 48800 | 49400 | 56200 |
| Convertible 2D | DX9C5 | 73045 | 48800 | 50500 | 51100 | 58100 |
| Competition Pkg | | | 1200 | 1200 | 1600 | 1600 |
| **Z4—4-Cyl. Turbo—Equipment Schedule 1** | | | | | | |
| W.B. 98.3"; 2.0 Liter. | | | | | | |
| 28i Roadster 2D | LL5C5 | 51790 | 28000 | 29100 | 29500 | 33200 |
| Premium Pkg | | | 550 | 550 | 735 | 735 |
| Sport Pkg | | | 350 | 350 | 465 | 465 |
| M Sport Pkg | | | 1175 | 1175 | 1565 | 1565 |
| **Z4—6-Cyl. Twin Turbo—Equipment Schedule 1** | | | | | | |
| W.B. 98.3"; 3.0 Liter. | | | | | | |
| 35i Roadster 2D | LM7C5 | 56495 | 32500 | 33800 | 34000 | 38300 |
| 35is Roadster 2D | LM1C5 | 65095 | 39200 | 40700 | 40900 | 46000 |
| Premium Pkg | | | 550 | 550 | 735 | 735 |
| Sport Pkg | | | 350 | 350 | 465 | 465 |
| M Sport Pkg | | | 1175 | 1175 | 1565 | 1565 |
| **5 SERIES—6-Cyl.—Equipment Schedule 1** | | | | | | |
| W.B. 116.9"; 3.0 Liter. | | | | | | |
| 528i Sedan 4D | XG5C5 | 47575 | 29400 | 30600 | 31100 | 35200 |
| 528i xDrive Sedan 4D | XH5C5 | 49875 | 31400 | 32600 | 33100 | 37400 |
| Premium Pkg | | | 550 | 550 | 735 | 735 |
| Sport Pkg | | | 1050 | 1050 | 1400 | 1400 |
| M Sport Pkg | | | 1175 | 1175 | 1565 | 1565 |
| **5 SERIES—6-Cyl. Twin Turbo—Equipment Schedule 1** | | | | | | |
| W.B. 116.9", 120.7" (Gran Turismo); 3.0 Liter. | | | | | | |
| 535i Sedan 4D | FR7C5 | 53125 | 33000 | 34300 | 34700 | 39300 |
| 535i xDrive Sedan 4D | FU7C5 | 55425 | 35100 | 36400 | 36800 | 41700 |
| 535i Gran Turismo Sed | SN2C5 | 58275 | 32800 | 34000 | 33300 | 37700 |
| 535i Grn Turismo xDrv | SP2C5 | 61275 | 35400 | 36700 | 37100 | 42000 |
| Premium Pkg | | | 550 | 550 | 735 | 735 |
| Sport Pkg | | | 1050 | 1050 | 1400 | 1400 |
| M Sport Pkg | | | 1175 | 1175 | 1565 | 1565 |
| **5 SERIES—6-Cyl. Turbo ActiveHybrid—Equipment Schedule 1** | | | | | | |
| W.B. 116.9"; 3.0 Liter. | | | | | | |
| Sedan 4D | FZ9C5 | 61845 | 38300 | 39800 | 40200 | 45400 |
| Premium Pkg | | | 550 | 550 | 735 | 735 |
| Sport Pkg | | | 1050 | 1050 | 1400 | 1400 |
| **5 SERIES—V8 Twin Turbo—Equipment Schedule 1** | | | | | | |
| W.B. 116.9", 120.7" (Gran Turismo); 4.4 Liter. | | | | | | |
| 550i Sedan 4D | FR9C5 | 62575 | 38200 | 39700 | 40100 | 45300 |
| 550i xDrive Sedan 4D | FU9C5 | 64875 | 42500 | 44100 | 44400 | 50200 |
| 550i Gran Turismo Sed | SN4C5 | 67675 | 38700 | 40200 | 40600 | 45900 |
| 550i Grn Turismo xDrv | SP4C5 | 70275 | 38900 | 40400 | 40800 | 46100 |
| Sport Pkg | | | 1050 | 1050 | 1400 | 1400 |
| M Sport Pkg | | | 1175 | 1175 | 1565 | 1565 |
| **6 SERIES—6-Cyl. Turbo—Equipment Schedule 1** | | | | | | |
| W.B. 112.4"; 3.0 Liter. | | | | | | |
| 640i Coupe 2D | LW3C5 | 74475 | 45500 | 47200 | 47500 | 53700 |
| 640i Convertible 2D | LW7C5 | 81975 | 47900 | 49300 | 49900 | 56500 |
| Individual Comp | | | 2450 | 2450 | 3265 | 3265 |
| M Sport Pkg | | | 1050 | 1050 | 1400 | 1400 |
| **6 SERIES—V8 Twin Turbo—Equipment Schedule 1** | | | | | | |
| W.B. 112.4"; 4.4 Liter. | | | | | | |
| 650i Coupe 2D | LX3C5 | 83875 | 49200 | 51000 | 51700 | 58400 |
| 650i xDrive Coupe 2D | LX5C5 | 86875 | 52000 | 53900 | 54500 | 61600 |
| 650i Convertible 2D | LZ3C5 | 92375 | 52900 | 54800 | 55400 | 62600 |
| 650i xDrive Convertible | LZ5C5 | 94375 | 55700 | 57700 | 58200 | 65800 |
| Individual Comp | | | 2450 | 2450 | 3265 | 3265 |
| M Sport Pkg | | | 1050 | 1050 | 1400 | 1400 |
| **M6—V8 Twin Turbo—Equipment Schedule 1** | | | | | | |
| W.B. 112.2"; 4.4 Liter. | | | | | | |
| Convertible 2D | LZ9C5 | 115295 | 73600 | 76100 | 76500 | 86400 |
| **7 SERIES—6-Cyl. Twin Turbo—Equipment Schedule 1** | | | | | | |
| W.B. 120.9", 126.4" (Li); 3.0 Liter. | | | | | | |
| 740i Sedan 4D | KA4C5 | 71875 | 40800 | 42300 | 42400 | 47600 |
| 740Li Sedan 4D | KB4C5 | 76375 | 42800 | 44400 | 44400 | 49900 |
| **7 SERIES—V8 Twin Turbo—Equipment Schedule 1** | | | | | | |
| W.B. 120.9", 126.4" (Li); 4.4 Liter. | | | | | | |
| 750i Sedan 4D | KA8C5 | 86175 | 43900 | 45500 | 45500 | 51100 |

## 2012 BMW

| Body Type | VIN | List | Trade-In Good | Very Good | Pvt-Party Good | Retail Excellent |
|---|---|---|---|---|---|---|
| 750i xDrive Sedan 4D | KC6C5 | 89475 | 45700 | 47300 | 47300 | 53100 |
| 750Li Sedan 4D | KB8C5 | 90075 | 46500 | 48200 | 48500 | 54500 |
| 750Li xDrive Sedan 4D | KC8C5 | 93375 | 48300 | 50100 | 50300 | 56500 |
| Individual Comp | | | 2450 | 2450 | 3265 | 3265 |
| M Sport Pkg | | | 1175 | 1175 | 1565 | 1565 |

**7 SERIES—V8 Twin Turbo ActiveHybrid**—Equipment Schedule 1
W.B. 126.4"; 4.4 Liter.

| | | | | | | |
|---|---|---|---|---|---|---|
| 750i Sedan 4D | KX6C5 | 97875 | 49100 | 50900 | 51200 | 57400 |
| 750Li Sedan 4D | KX8C5 | 101875 | 51000 | 52800 | 53000 | 59500 |
| Individual Comp | | | 2450 | 2450 | 3265 | 3265 |
| M Sport Pkg | | | 1175 | 1175 | 1565 | 1565 |

**7 SERIES—V12 Twin Turbo**—Equipment Schedule 1
W.B. 126.4"; 6.0 Liter.

| | | | | | | |
|---|---|---|---|---|---|---|
| 760Li Sedan 4D | KB0C5 | 142375 | 85300 | 88200 | 87700 | 98300 |
| Individual Comp | | | 2450 | 2450 | 3265 | 3265 |
| M Sport Pkg | | | 1175 | 1175 | 1565 | 1565 |

**ALPINA B7—V8 Twin Turbo**—Equipment Schedule 1
W.B. 120.9"; 4.4 Liter.

| | | | | | | |
|---|---|---|---|---|---|---|
| Sedan 4D | KB8C5 | 124475 | 70400 | 72800 | 72600 | 81400 |
| xDrive Sedan 4D | KC8C5 | 127775 | 74900 | 77400 | 77200 | 86500 |

## 2013 BMW — WB(AorS)(UP7C5)-D-#

**1 SERIES—6-Cyl.**—Equipment Schedule 1
W.B. 104.7"; 3.0 Liter.

| | | | | | | |
|---|---|---|---|---|---|---|
| 128i Coupe 2D | UP7C5 | 35590 | 21600 | 22500 | 23300 | 26800 |
| 128i Convertible 2D | UL7C5 | 41290 | 25300 | 26300 | 27100 | 31100 |
| Premium Pkg | | | 575 | 575 | 765 | 765 |
| M Sport Pkg | | | 1200 | 1200 | 1600 | 1600 |

**3 SERIES—4-Cyl. Turbo**—Equipment Schedule 1
W.B. 110.6"; 2.0 Liter.

| | | | | | | |
|---|---|---|---|---|---|---|
| 328i Sedan 4D | 3A5C5 | 38845 | 27600 | 28700 | 29100 | 32800 |
| 328i xDrive Sedan 4D | 3B3C5 | 40845 | 29200 | 30400 | 30700 | 34600 |
| Premium Pkg | | | 575 | 575 | 765 | 765 |

**3 SERIES—6-Cyl.**—Equipment Schedule 1
W.B. 108.7"; 3.0 Liter.

| | | | | | | |
|---|---|---|---|---|---|---|
| 328i Coupe 2D | KE3C5 | 42040 | 27800 | 28900 | 29300 | 33000 |
| 328i xDrive Coupe 2D | KF3C5 | 43740 | 29500 | 30700 | 31000 | 34900 |
| 328i Convertible 2D | DW3C5 | 50045 | 34500 | 35800 | 35900 | 40300 |
| Premium Pkg | | | 575 | 575 | 765 | 765 |
| M Sport Pkg | | | 1200 | 1200 | 1600 | 1600 |

**3 SERIES—6-Cyl. Turbo**—Equipment Schedule 1
W.B. 108.7", 110.6" (335i xDrive Sed); 3.0 Liter.

| | | | | | | |
|---|---|---|---|---|---|---|
| 335i Sedan 4D | 3A9C5 | 45145 | 33600 | 34900 | 35100 | 39600 |
| 335i xDrive Sedan 4D | 3B9C5 | 47145 | 34600 | 35900 | 36100 | 40700 |
| 335i Coupe 2D | KG7C5 | 47445 | 32500 | 33800 | 34000 | 38300 |
| 335i xDrive Coupe 2D | KF9C5 | 49145 | 34500 | 35800 | 36000 | 40500 |
| 335i Convertible 2D | DX7C5 | 54695 | 38600 | 40100 | 40100 | 45000 |
| Premium Pkg | | | 575 | 575 | 765 | 765 |
| M Sport Pkg | | | 1200 | 1200 | 1600 | 1600 |

**3 SERIES—6-Cyl. Turbo ActiveHybrid**—Equipment Schedule 1
W.B. 110.6"; 3.0 Liter.

| | | | | | | |
|---|---|---|---|---|---|---|
| 3 Sedan 4D | 3F9C5 | 51645 | 32900 | 34200 | 34400 | 38800 |
| Premium Pkg | | | 575 | 575 | 765 | 765 |
| M Sport Pkg | | | 1200 | 1200 | 1600 | 1600 |

**Z4—4-Cyl. Turbo**—Equipment Schedule 1
W.B. 98.3"; 2.0 Liter.

| | | | | | | |
|---|---|---|---|---|---|---|
| 28i Roadster 2D | LL5C5 | 48245 | 30600 | 31800 | 32000 | 35900 |
| Premium Pkg | | | 575 | 575 | 765 | 765 |
| Sport Pkg | | | 375 | 375 | 500 | 500 |
| M Sport Pkg | | | 1200 | 1200 | 1600 | 1600 |

**Z4—6-Cyl. Twin Turbo**—Equipment Schedule 1
W.B. 98.3"; 3.0 Liter.

| | | | | | | |
|---|---|---|---|---|---|---|
| 35i Roadster 2D | LM7C5 | 56045 | 35300 | 36600 | 36700 | 41100 |
| 35is Roadster 2D | LM1C5 | 65095 | 42500 | 44100 | 44000 | 49300 |
| Premium Pkg | | | 575 | 575 | 765 | 765 |
| M Sport Pkg | | | 1200 | 1200 | 1600 | 1600 |

**5 SERIES—4-Cyl. Turbo**—Equipment Schedule 1
W.B. 116.9"; 2.0 Liter.

| | | | | | | |
|---|---|---|---|---|---|---|
| 528i Sedan 4D | XG5C5 | 49845 | 36100 | 37400 | 37800 | 42800 |
| 528i xDrive Sedan 4D | XH5C5 | 52145 | 38100 | 39500 | 39900 | 45100 |
| Premium Pkg | | | 575 | 575 | 765 | 765 |
| M Sport Pkg | | | 1200 | 1200 | 1600 | 1600 |

# 2013 BMW

| Body Type | VIN | List | Trade-In Good | Very Good | Pvt-Party Good | Retail Excellent |
|---|---|---|---|---|---|---|
| **5 SERIES—6-Cyl. Turbo**—Equipment Schedule 1 | | | | | | |
| W.B. 116.9", 120.9" (Gran Turismo); 3.0 Liter. | | | | | | |
| 535i Sedan 4D | FR7C5 | 53995 | 39600 | 41100 | 41500 | 46900 |
| 535i xDrive Sedan 4D | FU7C5 | 56295 | 41700 | 43200 | 43600 | 49300 |
| 535i Gran Turismo Sed | SN2C5 | 58895 | 38300 | 39700 | 40100 | 45300 |
| 535i Grn Turismo xDrv | SP2C5 | 61195 | 42000 | 43500 | 43900 | 49600 |
| Premium Pkg | | | 575 | 575 | 765 | 765 |
| M Sport Pkg | | | 1200 | 1200 | 1600 | 1600 |
| **5 SERIES—6-Cyl. Turbo ActiveHybrid**—Equipment Schedule 1 | | | | | | |
| W.B. 116.9"; 3.0 Liter. | | | | | | |
| 5 Sedan 4D | FZ9C5 | 61995 | 44000 | 45600 | 45900 | 51900 |
| Premium Pkg | | | 575 | 575 | 765 | 765 |
| Sport Pkg | | | 1125 | 1125 | 1500 | 1500 |
| **5 SERIES—V8 Twin Turbo**—Equipment Schedule 1 | | | | | | |
| W.B. 116.9", 120.9" (Gran Turismo); 4.4 Liter. | | | | | | |
| 550i Sedan 4D | FR9C5 | 63295 | 44900 | 46500 | 46900 | 52900 |
| 550i xDrive Sedan 4D | FU9C5 | 65595 | 48800 | 50600 | 51200 | 57800 |
| 550i Gran Turismo Sed | SN0C5 | 68395 | | | | |
| 550i Grn Turismo xDrv | SP0C5 | 70695 | | | | |
| Dynamic Handling Pkg | | | 1200 | 1200 | 1600 | 1600 |
| Executive Pkg | | | 2100 | 2100 | 2800 | 2800 |
| M Sport Pkg | | | 1200 | 1200 | 1600 | 1600 |
| **M5—V8 Twin Turbo**—Equipment Schedule 1 | | | | | | |
| W.B. 116.9"; 4.4 Liter. | | | | | | |
| Sedan 4D | FV9C5 | 92095 | 68900 | 71200 | 69700 | 76600 |
| **6 SERIES—6-Cyl. Turbo**—Equipment Schedule 1 | | | | | | |
| W.B. 112.4"; 3.0 Liter. | | | | | | |
| 640i Coupe 2D | LW3C5 | 75295 | 61500 | 63600 | 63100 | 70200 |
| 640i Convertible 2D | LW7C5 | 82795 | 63900 | 66100 | 66500 | 72900 |
| 640i Gran Coupe 4D | 6A0C5 | 76895 | 64400 | 66600 | 66000 | 73400 |
| Individual Comp | | | 2500 | 2500 | 3335 | 3335 |
| M Sport Pkg | | | 1125 | 1125 | 1500 | 1500 |
| **6 SERIES—V8 Twin Turbo**—Equipment Schedule 1 | | | | | | |
| W.B. 112.4"; 4.4 Liter. | | | | | | |
| 650i Coupe 2D | YM9C5 | 86395 | 65500 | 67800 | 67200 | 74700 |
| 650i xDrive Coupe 2D | YM1C5 | 89395 | 68300 | 70700 | 70000 | 77800 |
| 650i Gran Coupe 4D | 6B2C5 | 87395 | 67500 | 69900 | 69200 | 77000 |
| 650iGranCpe xDrv4D | 6B4C5 | 90395 | 70500 | 72900 | 72100 | 80300 |
| 650i Convertible 2D | YP9C5 | 93895 | 69200 | 71600 | 70900 | 78800 |
| 650i xDrive Convertible | YP1C5 | 96895 | 72000 | 74500 | 73600 | 81900 |
| Individual Comp | | | 2500 | 2500 | 3335 | 3335 |
| M Sport Pkg | | | 1125 | 1125 | 1500 | 1500 |
| **M6—V8 Twin Turbo**—Equipment Schedule 1 | | | | | | |
| W.B. 112.2"; 4.4 Liter. | | | | | | |
| Coupe 2D | LX9C5 | 108295 | | | | |
| Convertible 2D | LZ9C5 | 115295 | | | | |
| **7 SERIES—6-Cyl. Turbo**—Equipment Schedule 1 | | | | | | |
| W.B. 126.4"; 3.0 Liter. | | | | | | |
| 740i Sedan 4D | YA6C5 | 74195 | 61500 | 63600 | 65300 | 74900 |
| 740Li Sedan 4D | YE4C5 | 78195 | 63500 | 65700 | 67300 | 77300 |
| 740Li xDrive Sedan 4D | YF4C5 | 81195 | 70300 | 72700 | 74400 | 85400 |
| Individual Comp | | | 2500 | 2500 | 3335 | 3335 |
| **7 SERIES—6-Cyl. Turbo ActiveHybrid**—Equipment Schedule 1 | | | | | | |
| W.B. 126.4"; 3.0 Liter. | | | | | | |
| ActiveHybrid 7 Sedan | YE0C5 | 84895 | 70700 | 73100 | 74800 | 85900 |
| Individual Comp | | | 2500 | 2500 | 3335 | 3335 |
| M Sport Pkg | | | 1200 | 1200 | 1600 | 1600 |
| **7 SERIES—V8 Twin Turbo**—Equipment Schedule 1 | | | | | | |
| W.B. 126.4"; 4.4 Liter. | | | | | | |
| 750i Sedan 4D | YA8C5 | 88195 | 64500 | 66800 | 68400 | 78500 |
| 750i xDrive Sedan 4D | YB6C5 | 91495 | 66500 | 68800 | 70500 | 80900 |
| 750Li Sedan 4D | YE8C5 | 91895 | 67700 | 70100 | 71800 | 82300 |
| 750Li xDrive Sedan 4D | YF8C5 | 95195 | 69500 | 71900 | 73600 | 84400 |
| Individual Comp | | | 2500 | 2500 | 3335 | 3335 |
| **ALPINA B7—V8 Twin Turbo**—Equipment Schedule 1 | | | | | | |
| W.B. 126.4"; 4.4 Liter. | | | | | | |
| Sedan 4D | YA8C5 | 127495 | 95400 | 98600 | 100400 | 115100 |

# 2005 BENTLEY

| Body Type | VIN | List | Trade-In Good | Very Good | Pvt-Party Good | Retail Excellent |
|---|---|---|---|---|---|---|

## BENTLEY

### 2005 BENTLEY — SCB(LC37F)-5-#

**ARNAGE—V8 Twin Turbo**—Equipment Schedule 2
W.B. 122.7", 132.5"; 6.8 Liter.
| R Sedan 4D | LC37F | 219985 | **** | **** | **** | 87000 |
| T Sedan 4D | LF34F | 241985 | **** | **** | **** | 92800 |
| RL Sedan 4D | LC37F | 250985 | **** | **** | **** | 98700 |

**CONTINENTAL—W12 Twin Turbo**—Equipment Schedule 2
W.B. 108.0", 120.7"; 6.0 Liter.
| Coupe 2D | CR63W | 162285 | **** | **** | **** | 85300 |
| Flying Spur Sedan 4D | BR53W | 172125 | **** | **** | **** | 81700 |

### 2006 BENTLEY — SCB(LC43F)-6-#

**ARNAGE—V8 Twin Turbo**—Equipment Schedule 2
W.B. 122.7", 132.5"; 6.8 Liter.
| R Sedan 4D | LC43F | 220985 | **** | **** | **** | 105100 |
| T Sedan 4D | LF34F | 242985 | **** | **** | **** | 110900 |
| RL Sedan 4D | LC37F | 251985 | **** | **** | **** | 116700 |

**CONTINENTAL AWD—W12 Twin Turbo**—Equipment Schedule 2
W.B. 108.1", 120.7"; 6.0 Liter.
| Coupe 2D | CR63W | 171285 | **** | **** | **** | 94200 |
| Flying Spur Sedan 4D | BR53W | 172125 | **** | **** | **** | 90700 |

### 2007 BENTLEY — SCB(LC47J)-7-#

**ARNAGE—V8 Twin Turbo**—Equipment Schedule 2
W.B. 122.7", 132.5"; 6.8 Liter.
| R Sedan 4D | LC47J | 229985 | **** | **** | **** | 122600 |
| T Sedan 4D | LF44J | 250985 | **** | **** | **** | 130600 |
| RL Sedan 4D | LF37J | 271985 | **** | **** | **** | 145300 |

**AZURE—V8 Twin Turbo**—Equipment Schedule 2
W.B. 122.7"; 6.8 Liter.
| Convertible 2D | DC47L | 337085 | **** | **** | **** | 171100 |

**CONTINENTAL AWD—W12 Twin Turbo**—Equipment Schedule 2
W.B. 108.1", 120.7"; 6.0 Liter.
| GT Coupe 2D | CR73W | 176285 | **** | **** | **** | 110700 |
| Flying Spur Sedan 4D | BR93W | 176285 | **** | **** | **** | 107300 |
| GTC Convertible 2D | DR33W | 196285 | **** | **** | **** | 122100 |

### 2008 BENTLEY — SCB(LC47J)-8-#

**ARNAGE—V8 Twin Turbo**—Equipment Schedule 2
W.B. 122.7", 132.5"; 6.8 Liter.
| R Sedan 4D | LC47J | 229085 | **** | **** | **** | 142900 |
| T Sedan 4D | LF44J | 250085 | **** | **** | **** | 155100 |
| RL Sedan 4D | LE47K | 271085 | **** | **** | **** | 167300 |

**AZURE—V8 Twin Turbo**—Equipment Schedule 2
W.B. 122.7"; 6.8 Liter.
| Convertible 2D | DC47L | 338085 | **** | **** | **** | 209300 |

**CONTINENTAL AWD—W12 Twin Turbo**—Equipment Schedule 2
W.B. 108.1", 120.7"; 6.0 Liter.
| GT Coupe 2D | CR73W | 178585 | **** | **** | **** | 119800 |
| GT Speed Coupe 2D | CP73W | 202585 | **** | **** | **** | 136600 |
| Flying Spur Sedan 4D | BR93W | 173585 | **** | **** | **** | 116400 |
| GTC Convertible 2D | DR33W | 196585 | **** | **** | **** | 130900 |

### 2009 BENTLEY — SCB(LC47J)-9-#

**ARNAGE—V8 Twin Turbo**—Equipment Schedule 2
W.B. 122.7", 132.5"; 6.8 Liter.
| R Sedan 4D | LC47J | 227585 | **** | **** | **** | 160500 |
| T Sedan 4D | LF44J | 249585 | **** | **** | **** | 176800 |
| RL Sedan 4D | LE47K | 270585 | **** | **** | **** | 187700 |
| Final Series Sedan 4D | LF44J | 273585 | **** | **** | **** | 204000 |

**AZURE—V8 Twin Turbo**—Equipment Schedule 2
W.B. 122.7"; 6.8 Liter.
| Convertible 2D | DC47L | 342085 | **** | **** | **** | 259900 |

**BROOKLANDS—V8 Twin Turbo**—Equipment Schedule 2
W.B. 122.7"; 6.8 Liter.
| Coupe 2D | CC41N | 348085 | **** | **** | **** | 261500 |

# 2009 BENTLEY

| Body Type | VIN | List | Trade-In Good | Very Good | Pvt-Party Good | Retail Excellent |
|---|---|---|---|---|---|---|
| **CONTINENTAL AWD—W12 Twin Turbo**—Equipment Schedule 2 | | | | | | |
| W.B. 108.1", 120.7"; 6.0 Liter. | | | | | | |
| GT Coupe 2D | CR73W | 181795 | **** | **** | **** | 138800 |
| GT Speed Coupe 2D | CP73W | 206195 | **** | **** | **** | 160700 |
| Flying Spur Sedan 4D | BR93W | 176495 | **** | **** | **** | 131100 |
| Flying Spur Speed Sdn | BP93W | 201095 | **** | **** | **** | 157900 |
| GTC Convertible 2D | DR33W | 200095 | **** | **** | **** | 156300 |
| GTC Speed Conv 2D | DP33W | | **** | **** | **** | 191100 |

## 2010 BENTLEY — SCB(DC4BL)-A-#

| Body Type | VIN | List | Trade-In Good | Very Good | Pvt-Party Good | Retail Excellent |
|---|---|---|---|---|---|---|
| **AZURE T—V8 Twin Turbo**—Equipment Schedule 2 | | | | | | |
| W.B. 122.7"; 6.8 Liter. | | | | | | |
| Convertible 2D | DC4BL | 370095 | **** | **** | **** | 343500 |
| **BROOKLANDS—V8 Twin Turbo**—Equipment Schedule 2 | | | | | | |
| W.B. 122.7"; 6.8 Liter. | | | | | | |
| Coupe 2D | CC41N | 348085 | **** | **** | **** | 322000 |
| **CONTINENTAL AWD—W12 Twin Turbo**—Equipment Schedule 2 | | | | | | |
| W.B. 108.1", 120.7"; 6.0 Liter. | | | | | | |
| GT Coupe 2D | CR7ZA | 189095 | **** | **** | **** | 145300 |
| GT Speed Cpe 2D | CP7ZA | 213995 | **** | **** | **** | 166700 |
| Supersports Cpe 2D | CU8ZA | 272195 | **** | **** | **** | 228400 |
| Flying Spur Sed 4D | BR9ZA | 183895 | **** | **** | **** | 139400 |
| Flying Spur Speed Sed | BP9ZA | 208795 | **** | **** | **** | 164000 |
| GTC Convertible 2D | DR3ZA | 207795 | **** | **** | **** | 162400 |
| GTC Speed Conv 2D | DP3ZA | 237695 | **** | **** | **** | 196500 |
| Supersports Conv 2D | CU8ZA | | **** | **** | **** | 259700 |

## 2011 BENTLEY — SCB(BR9ZA)-B-#

| Body Type | VIN | List | Trade-In Good | Very Good | Pvt-Party Good | Retail Excellent |
|---|---|---|---|---|---|---|
| **CONTINENTAL AWD—W12 Twin Turbo**—Equipment Schedule 2 | | | | | | |
| W.B. 108.1", 120.7"; 6.0 Liter. | | | | | | |
| Flying Spur Sedan 4D | BR9ZA | 186795 | **** | **** | **** | 144200 |
| Flying Spur Speed 4D | BP9ZA | 212195 | **** | **** | **** | 168400 |
| Supersports Coupe 2D | CU7ZA | 272195 | **** | **** | **** | 231900 |
| GTC Convertible 2D | DR3ZA | 211195 | **** | **** | **** | 166800 |
| GTC Speed Conv 2D | DP3ZA | 238695 | **** | **** | **** | 200500 |
| Supersports Conv 2D | DU3ZA | 285595 | **** | **** | **** | 262700 |
| **MULSANNE—V8 Twin Turbo**—Equipment Schedule 2 | | | | | | |
| W.B. 128.6"; 6.8 Liter. | | | | | | |
| Sedan 4D | BB7ZH | 291295 | **** | **** | **** | 272500 |

## 2012 BENTLEY — SCB(BR9ZA)-C-#

| Body Type | VIN | List | Trade-In Good | Very Good | Pvt-Party Good | Retail Excellent |
|---|---|---|---|---|---|---|
| **CONTINENTAL AWD—W12 Twin Turbo**—Equipment Schedule 2 | | | | | | |
| W.B. 108.1", 120.7"; 6.0 Liter. | | | | | | |
| Flying Spur Sedan 4D | BR9ZA | 186795 | **** | **** | **** | 149900 |
| Flying Spur Speed 4D | BP9ZA | 212195 | **** | **** | **** | 174100 |
| GT Coupe 2D | FR7ZA | 192495 | **** | **** | **** | 155700 |
| Supersports Coupe 2D | CU7ZA | 269595 | **** | **** | **** | 237300 |
| Supersports Conv 2D | DU3ZA | 282995 | **** | **** | **** | 267900 |
| **MULSANNE—V8 Twin Turbo**—Equipment Schedule 2 | | | | | | |
| W.B. 128.6"; 6.8 Liter. | | | | | | |
| Sedan 4D | BB7ZH | 296295 | **** | **** | **** | 282500 |

# BUICK

## 1999 BUICK — (1,2or3)G4(WS52M)-X-#

| Body Type | VIN | List | Trade-In Good | Very Good | Pvt-Party Good | Retail Excellent |
|---|---|---|---|---|---|---|
| **CENTURY—V6**—Equipment Schedule 4 | | | | | | |
| W.B. 109.0"; 3.1 Liter. | | | | | | |
| Custom Sedan 4D | WS52M | 19755 | 900 | 1000 | 1675 | 2675 |
| Limited | Y | | 275 | 275 | 365 | 365 |
| **REGAL—V6**—Equipment Schedule 4 | | | | | | |
| W.B. 109.0"; 3.8 Liter. | | | | | | |
| LS Sedan 4D | WB52K | 22255 | 900 | 1000 | 1675 | 2675 |
| Gran Touring Pkg | | | 50 | 50 | 65 | 65 |
| **REGAL—V6 Supercharged**—Equipment Schedule 4 | | | | | | |
| W.B. 109.0"; 3.8 Liter. | | | | | | |
| GS Sedan 4D | WF521 | 24955 | 1300 | 1425 | 2250 | 3600 |
| **LeSABRE—V6**—Equipment Schedule 4 | | | | | | |
| W.B. 110.8"; 3.8 Liter. | | | | | | |
| Custom Sedan 4D | HP52K | 23535 | 900 | 1000 | 1700 | 2750 |
| Limited Sedan 4D | HR52K | 26605 | 1200 | 1325 | 2150 | 3450 |

# 1999 BUICK

| Body Type | VIN | List | Trade-In Good | Very Good | Pvt-Party Good | Retail Excellent |
|---|---|---|---|---|---|---|
| Gran Touring Pkg | | | 50 | 50 | 65 | 65 |
| **PARK AVENUE—V6—Equipment Schedule 4** | | | | | | |
| W.B. 113.8"; 3.8 Liter. | | | | | | |
| Sedan 4D | CW52K | 31800 | 1075 | 1200 | 1875 | 2975 |
| Gran Touring Pkg | | | 50 | 50 | 65 | 65 |
| **PARK AVENUE—V6 Supercharged—Equipment Schedule 4** | | | | | | |
| W.B. 113.8"; 3.8 Liter. | | | | | | |
| Ultra Sedan 4D | CU521 | 36695 | 1375 | 1525 | 2300 | 3650 |
| Gran Touring Pkg | | | 50 | 50 | 65 | 65 |
| **RIVIERA—V6 Supercharged—Equipment Schedule 2** | | | | | | |
| W.B. 113.8"; 3.8 Liter. | | | | | | |
| Coupe 2D | GD221 | 35830 | 1900 | 2075 | 3300 | 5175 |

## 2000 BUICK — (1,2or3)G4(WS52J)-Y-#

| Body Type | VIN | List | Good | Very Good | Good | Excellent |
|---|---|---|---|---|---|---|
| **CENTURY—V6—Equipment Schedule 4** | | | | | | |
| W.B. 109.0"; 3.1 Liter. | | | | | | |
| Custom Sedan 4D | WS52J | 20592 | 1100 | 1225 | 1950 | 3100 |
| Century 2000 Pkg | | | 150 | 150 | 200 | 200 |
| Limited | Y | | 300 | 300 | 400 | 400 |
| **REGAL—V6—Equipment Schedule 4** | | | | | | |
| W.B. 109.0"; 3.8 Liter. | | | | | | |
| LS Sedan 4D | WB52K | 22780 | 1100 | 1225 | 1900 | 3000 |
| Gran Touring Pkg | | | 50 | 50 | 65 | 65 |
| **REGAL—V6 Supercharged—Equipment Schedule 4** | | | | | | |
| W.B. 109.0"; 3.8 Liter. | | | | | | |
| GS Sedan 4D | WF521 | 25625 | 1425 | 1575 | 2475 | 3900 |
| **LeSABRE—V6—Equipment Schedule 4** | | | | | | |
| W.B. 112.2"; 3.8 Liter. | | | | | | |
| Custom Sedan 4D | HP54K | 24115 | 1150 | 1275 | 1950 | 3050 |
| Limited Sedan 4D | HR54K | 27310 | 1475 | 1625 | 2400 | 3750 |
| Gran Touring Pkg | | | 50 | 50 | 65 | 65 |
| **PARK AVENUE—V6—Equipment Schedule 4** | | | | | | |
| W.B. 113.8"; 3.8 Liter. | | | | | | |
| Sedan 4D | CW52K | 32395 | 1250 | 1375 | 2025 | 3150 |
| Gran Touring Pkg | | | 50 | 50 | 65 | 65 |
| **PARK AVENUE—V6 Supercharged—Equipment Schedule 4** | | | | | | |
| W.B. 113.8"; 3.8 Liter. | | | | | | |
| Ultra Sedan 4D | CU521 | 37470 | 1625 | 1800 | 2650 | 4100 |
| Gran Touring Pkg | | | 50 | 50 | 65 | 65 |

## 2001 BUICK — (1or2)G4(WS52J)-2-#

| Body Type | VIN | List | Good | Very Good | Good | Excellent |
|---|---|---|---|---|---|---|
| **CENTURY—V6—Equipment Schedule 4** | | | | | | |
| W.B. 109.0"; 3.1 Liter. | | | | | | |
| Custom Sedan 4D | WS52J | 20870 | 1350 | 1500 | 2300 | 3650 |
| Limited | Y | | 350 | 350 | 465 | 465 |
| **REGAL—V6—Equipment Schedule 4** | | | | | | |
| W.B. 109.0"; 3.8 Liter. | | | | | | |
| LS Sedan 4D | WB52K | 23445 | 1275 | 1400 | 2175 | 3400 |
| Abboud Pkg | | | 75 | 75 | 100 | 100 |
| Gran Touring Pkg | | | 75 | 75 | 100 | 100 |
| **REGAL—V6 Supercharged—Equipment Schedule 4** | | | | | | |
| W.B. 109.0"; 3.8 Liter. | | | | | | |
| GS Sedan 4D | WF521 | 26695 | 1725 | 1900 | 2825 | 4350 |
| Abboud Pkg | | | 75 | 75 | 100 | 100 |
| **LeSABRE—V6—Equipment Schedule 4** | | | | | | |
| W.B. 112.2"; 3.8 Liter. | | | | | | |
| Custom Sedan 4D | HP54K | 24762 | 1450 | 1600 | 2300 | 3600 |
| Limited Sedan 4D | HR54K | 29451 | 1725 | 1900 | 2800 | 4325 |
| Gran Touring Pkg | | | 75 | 75 | 100 | 100 |
| **PARK AVENUE—V6—Equipment Schedule 4** | | | | | | |
| W.B. 113.8"; 3.8 Liter. | | | | | | |
| Sedan 4D | CW52K | 33700 | 1525 | 1675 | 2425 | 3675 |
| Gran Touring Pkg | | | 75 | 75 | 100 | 100 |
| **PARK AVENUE—V6 Supercharged—Equipment Schedule 4** | | | | | | |
| W.B. 113.8"; 3.8 Liter. | | | | | | |
| Ultra Sedan 4D | CU521 | 38210 | 2000 | 2200 | 3075 | 4625 |
| Gran Touring Pkg | | | 75 | 75 | 100 | 100 |

## 2002 BUICK — (1or2)G4(WS52J)-2-#

| Body Type | VIN | List | Good | Very Good | Good | Excellent |
|---|---|---|---|---|---|---|
| **CENTURY—V6—Equipment Schedule 4** | | | | | | |
| W.B. 109.0"; 3.1 Liter. | | | | | | |
| Custom Sedan 4D | WS52J | 21325 | 1650 | 1825 | 2775 | 4350 |

## 2002 BUICK

| Body Type | VIN | List | Trade-In Good | Trade-In Very Good | Pvt-Party Good | Retail Excellent |
|---|---|---|---|---|---|---|
| Limited | Y | | 375 | 375 | 500 | 500 |
| **REGAL—V6—Equipment Schedule 4** | | | | | | |
| W.B. 109.0"; 3.8 Liter. | | | | | | |
| LS Sedan 4D | WB52K | 23840 | 1725 | 1900 | 2650 | 4000 |
| Abboud Pkg | | | 75 | 75 | 100 | 100 |
| Gran Touring Pkg | | | 100 | 100 | 135 | 135 |
| **REGAL—V6 Supercharged—Equipment Schedule 4** | | | | | | |
| W.B. 109.0"; 3.8 Liter. | | | | | | |
| GS Sedan 4D | WF521 | 27895 | 2200 | 2425 | 3325 | 4950 |
| Abboud Pkg | | | 75 | 75 | 100 | 100 |
| **LeSABRE—V6—Equipment Schedule 4** | | | | | | |
| W.B. 112.2"; 3.8 Liter. | | | | | | |
| Custom Sedan 4D | HP54K | 24975 | 1750 | 1925 | 2725 | 4125 |
| Limited Sedan 4D | HR54K | 30675 | 2125 | 2325 | 3250 | 4875 |
| **PARK AVENUE—V6—Equipment Schedule 4** | | | | | | |
| W.B. 113.8"; 3.8 Liter. | | | | | | |
| Sedan 4D | CW52K | 34165 | 2050 | 2250 | 3050 | 4525 |
| Gran Touring Pkg | | | 100 | 100 | 135 | 135 |
| **PARK AVENUE—V6 Supercharged—Equipment Schedule 4** | | | | | | |
| W.B. 113.8"; 3.8 Liter. | | | | | | |
| Ultra Sedan 4D | CU521 | 38675 | 2550 | 2800 | 3750 | 5500 |
| Gran Touring Pkg | | | 100 | 100 | 135 | 135 |

## 2003 BUICK — (1or2)G4(WS52J)-3-#

| Body Type | VIN | List | Trade-In Good | Trade-In Very Good | Pvt-Party Good | Retail Excellent |
|---|---|---|---|---|---|---|
| **CENTURY—V6—Equipment Schedule 4** | | | | | | |
| W.B. 109.0"; 3.1 Liter. | | | | | | |
| Sedan 4D | WS52J | 21685 | 2050 | 2250 | 3275 | 5025 |
| Limited | Y | | 425 | 425 | 565 | 565 |
| **REGAL—V6—Equipment Schedule 4** | | | | | | |
| W.B. 109.0"; 3.8 Liter. | | | | | | |
| LS Sedan 4D | WB52K | 24230 | 2125 | 2325 | 3175 | 4700 |
| Abboud Pkg | | | 100 | 100 | 135 | 135 |
| Gran Touring Pkg | | | 100 | 100 | 135 | 135 |
| **REGAL—V6 Supercharged—Equipment Schedule 4** | | | | | | |
| W.B. 109.0"; 3.8 Liter. | | | | | | |
| GS Sedan 4D | WF521 | 28175 | 2675 | 2925 | 3950 | 5800 |
| Abboud Pkg | | | 100 | 100 | 135 | 135 |
| **LeSABRE—V6—Equipment Schedule 4** | | | | | | |
| W.B. 112.2"; 3.8 Liter. | | | | | | |
| Custom Sedan 4D | HP52K | 25730 | 2300 | 2525 | 3325 | 4825 |
| Limited Sedan 4D | HR54K | 31360 | 2750 | 3050 | 3925 | 5650 |
| Celebration Edition | | | 375 | 375 | 500 | 500 |
| **PARK AVENUE—V6—Equipment Schedule 4** | | | | | | |
| W.B. 113.8"; 3.8 Liter. | | | | | | |
| Sedan 4D | CW54K | 34615 | 2550 | 2800 | 3625 | 5225 |
| Gran Touring Pkg | | | 100 | 100 | 135 | 135 |
| **PARK AVENUE—V6 Supercharged—Equipment Schedule 4** | | | | | | |
| W.B. 113.8"; 3.8 Liter. | | | | | | |
| Ultra Sedan 4D | CU541 | 39915 | 3075 | 3375 | 4325 | 6175 |

## 2004 BUICK — (1or2)G4(WS52J)-4-#

| Body Type | VIN | List | Trade-In Good | Trade-In Very Good | Pvt-Party Good | Retail Excellent |
|---|---|---|---|---|---|---|
| **CENTURY—V6—Equipment Schedule 4** | | | | | | |
| W.B. 109.0"; 3.1 Liter. | | | | | | |
| Sedan 4D | WS52J | 22415 | 2625 | 2875 | 3775 | 5500 |
| Limited | | | 275 | 275 | 365 | 365 |
| Special Edition | | | 500 | 500 | 665 | 665 |
| **REGAL—V6—Equipment Schedule 4** | | | | | | |
| W.B. 109.0"; 3.8 Liter. | | | | | | |
| LS Sedan 4D | WB52K | 24895 | 2600 | 2850 | 3700 | 5350 |
| Abboud Pkg | | | 100 | 100 | 135 | 135 |
| Gran Touring Pkg | | | 100 | 100 | 135 | 135 |
| **REGAL—V6 Supercharged—Equipment Schedule 4** | | | | | | |
| W.B. 109.0"; 3.8 Liter. | | | | | | |
| GS Sedan 4D | WF521 | 28345 | 3125 | 3450 | 4575 | 6525 |
| Abboud Pkg | | | 100 | 100 | 135 | 135 |
| **LeSABRE—V6—Equipment Schedule 4** | | | | | | |
| W.B. 112.2"; 3.8 Liter. | | | | | | |
| Custom Sedan 4D | HP54K | 26470 | 2900 | 3200 | 4025 | 5725 |
| Limited Sedan 4D | HR54K | 32245 | 3325 | 3650 | 4750 | 6675 |
| Celebration Edition | | | 400 | 400 | 535 | 535 |
| **PARK AVENUE—V6—Equipment Schedule 4** | | | | | | |
| W.B. 113.8"; 3.8 Liter. | | | | | | |

EQUIPMENT & MILEAGE PAGE 9 TO 23

# 2004 BUICK

| Body Type | VIN | List | Trade-In Good | Very Good | Pvt-Party Good | Retail Excellent |
|---|---|---|---|---|---|---|
| Sedan 4D | CW52K | 35545 | 2950 | 3250 | 4225 | 5950 |
| Gran Touring Pkg | | | 100 | 100 | 135 | 135 |
| **PARK AVENUE**—V6 Supercharged—Equipment Schedule 4 | | | | | | |
| W.B. 113.8"; 3.8 Liter. | | | | | | |
| Ultra Sedan 4D | CU521 | 40720 | 3600 | 3925 | 5050 | 7100 |

## 2005 BUICK — (1or2)G4(WS52J)–5–#

**CENTURY**—V6—Equipment Schedule 4
W.B. 109.0"; 3.1 Liter.

| | | | | | | |
|---|---|---|---|---|---|---|
| Sedan 4D | WS52J | 22950 | 2925 | 3250 | 4650 | 6725 |
| Limited | | | 300 | 300 | 400 | 400 |
| Special Edition | | | 550 | 550 | 735 | 735 |

**LACROSSE**—V6—Equipment Schedule 4
W.B. 110.5"; 3.6 Liter, 3.8 Liter.

| | | | | | | |
|---|---|---|---|---|---|---|
| CX Sedan 4D | WC532 | 23495 | 3575 | 3900 | 4925 | 6675 |
| CXL Sedan 4D | WD532 | 25995 | 4375 | 4725 | 5900 | 7950 |
| CXS Sedan 4D | WE537 | 28995 | 4875 | 5250 | 6525 | 8750 |

**LeSABRE**—V6—Equipment Schedule 4
W.B. 112.2"; 3.8 Liter.

| | | | | | | |
|---|---|---|---|---|---|---|
| Custom Sedan 4D | HP52K | 27270 | 3375 | 3700 | 4625 | 6375 |
| Limited Sedan 4D | HR54K | 32930 | 3900 | 4250 | 5450 | 7425 |
| Celebration Edition | | | 450 | 450 | 600 | 600 |

**PARK AVENUE**—V6—Equipment Schedule 4
W.B. 113.8"; 3.8 Liter.

| | | | | | | |
|---|---|---|---|---|---|---|
| Sedan 4D | CW54K | 36350 | 3625 | 3950 | 5100 | 6975 |

**PARK AVENUE**—V6 Supercharged—Equipment Schedule 4
W.B. 113.8"; 3.8 Liter.

| | | | | | | |
|---|---|---|---|---|---|---|
| Special Ed Ultra 4D | CU541 | 41525 | 4350 | 4725 | 6225 | 8450 |

## 2006 BUICK — (1or2)G4(WC582)–6–#

**LACROSSE**—V6—Equipment Schedule 4
W.B. 110.5"; 3.6 Liter, 3.8 Liter.

| | | | | | | |
|---|---|---|---|---|---|---|
| CX Sedan 4D | WC582 | 23595 | 4300 | 4650 | 5625 | 7400 |
| CXL Sedan 4D | WD582 | 26095 | 4925 | 5300 | 6575 | 8625 |
| CXS Sedan 4D | WE587 | 29095 | 5325 | 5725 | 7050 | 9225 |

**LUCERNE**—V6—Equipment Schedule 4
W.B. 115.6"; 3.8 Liter.

| | | | | | | |
|---|---|---|---|---|---|---|
| CX Sedan 4D | HP572 | 26990 | 4550 | 4925 | 5800 | 7550 |
| CXL Sedan 4D | HD572 | 28990 | 4975 | 5375 | 6500 | 8425 |
| V8, 4.6 Liter | Y | | 600 | 600 | 800 | 800 |

**LUCERNE**—V8—Equipment Schedule 4
W.B. 115.6"; 4.6 Liter.

| | | | | | | |
|---|---|---|---|---|---|---|
| CXS Sedan 4D | HE57Y | 35990 | 5400 | 5800 | 7100 | 9150 |

## 2007 BUICK — (1or2)G4(WC582)–7–#

**LACROSSE**—V6—Equipment Schedule 4
W.B. 110.5"; 3.6 Liter, 3.8 Liter.

| | | | | | | |
|---|---|---|---|---|---|---|
| CX Sedan 4D | WC582 | 22915 | 4975 | 5350 | 6325 | 8200 |
| CXL Sedan 4D | WD582 | 25330 | 5600 | 6000 | 7250 | 9375 |
| CXS Sedan 4D | WE587 | 27545 | 6100 | 6525 | 7850 | 10100 |

**LUCERNE**—V6—Equipment Schedule 4
W.B. 115.6"; 3.8 Liter.

| | | | | | | |
|---|---|---|---|---|---|---|
| CX Sedan 4D | HP572 | 26265 | 5350 | 5750 | 6800 | 8675 |
| CXL Sedan 4D | HD572 | 29280 | 6175 | 6600 | 7750 | 9850 |
| V8, 4.6 Liter | Y | | 650 | 650 | 865 | 865 |

**LUCERNE**—V8—Equipment Schedule 4
W.B. 115.6"; 4.6 Liter.

| | | | | | | |
|---|---|---|---|---|---|---|
| CXS Sedan 4D | HE57Y | 35295 | 6675 | 7125 | 8325 | 10550 |

## 2008 BUICK — (1or2)G4(WC582)–8–#

**LACROSSE**—V6—Equipment Schedule 4
W.B. 110.5"; 3.6 Liter, 3.8 Liter.

| | | | | | | |
|---|---|---|---|---|---|---|
| CX Sedan 4D | WC582 | 23995 | 6375 | 6800 | 7825 | 9775 |
| CXL Sedan 4D | WD582 | 26395 | 7475 | 7950 | 9125 | 11400 |
| CXS Sedan 4D | WE587 | 27995 | 9500 | 10050 | 11450 | 14200 |

**LACROSSE**—V8—Equipment Schedule 4
W.B. 110.5"; 5.3 Liter.

| | | | | | | |
|---|---|---|---|---|---|---|
| Super Sedan 4D | WN58C | 31995 | 10900 | 11450 | 13100 | 16200 |

**LUCERNE**—V6—Equipment Schedule 4
W.B. 115.6"; 3.8 Liter.

| | | | | | | |
|---|---|---|---|---|---|---|
| CX Sedan 4D | HP572 | 26995 | 6475 | 6900 | 7850 | 9725 |
| CXL Sedan 4D | HD572 | 29595 | 7300 | 7775 | 8850 | 10950 |

**DEDUCT FOR RECONDITIONING**

# 2008 BUICK

| Body Type | VIN | List | Trade-In Good | Trade-In Very Good | Pvt-Party Good | Retail Excellent |
|---|---|---|---|---|---|---|
| CXL Special Ed 4D | HR572 | 32150 | 7650 | 8125 | 9225 | 11400 |
| V8, 4.6 Liter | | | 700 | 700 | 935 | 935 |
| **LUCERNE—V8—Equipment Schedule 4** | | | | | | |
| W.B. 115.6"; 4.6 Liter. | | | | | | |
| CXS Sedan 4D | HE57Y | 36595 | 8250 | 8750 | 9900 | 12250 |
| Super Sedan 4D | HF579 | 39395 | 10300 | 10850 | 12250 | 15050 |

## 2009 BUICK — (1or2)G4(WC582)-9-#

| Body Type | VIN | List | Trade-In Good | Trade-In Very Good | Pvt-Party Good | Retail Excellent |
|---|---|---|---|---|---|---|
| **LACROSSE—V6—Equipment Schedule 4** | | | | | | |
| W.B. 110.5"; 3.8 Liter. | | | | | | |
| CX Sedan 4D | WC582 | 25590 | 7050 | 7500 | 8400 | 10250 |
| CXL Sedan 4D | WD582 | 27960 | 9850 | 10400 | 11500 | 13950 |
| **LACROSSE—V8—Equipment Schedule 4** | | | | | | |
| W.B. 110.5"; 5.3 Liter. | | | | | | |
| Super Sedan 4D | WN58C | 33755 | 11700 | 12300 | 13600 | 16450 |
| **LUCERNE—V6—Equipment Schedule 4** | | | | | | |
| W.B. 115.6"; 3.9 Liter. | | | | | | |
| CX Sedan 4D | HP57M | 27520 | 8600 | 9100 | 9975 | 12000 |
| CXL Sedan 4D | HD57M | 30165 | 9500 | 10050 | 11000 | 13200 |
| CXL Special Ed 4D | HR57M | 32980 | 10000 | 10550 | 11550 | 13850 |
| **LUCERNE—V8—Equipment Schedule 4** | | | | | | |
| W.B. 115.6"; 4.6 Liter. | | | | | | |
| Super Sedan 4D | HF579 | 39395 | 12750 | 13350 | 14700 | 17600 |

## 2010 BUICK — (1,2or3)G4(GB5EG)-A-#

| Body Type | VIN | List | Trade-In Good | Trade-In Very Good | Pvt-Party Good | Retail Excellent |
|---|---|---|---|---|---|---|
| **LACROSSE—V6—Equipment Schedule 4** | | | | | | |
| W.B. 111.7"; 3.0 Liter. | | | | | | |
| CX Sedan 4D | GB5EG | 27835 | 11250 | 11800 | 12750 | 15150 |
| CXL Sedan 4D | GC5EG | 30395 | 13100 | 13750 | 14850 | 17600 |
| CXS Sedan 4D | GE5EV | 33765 | 15950 | 16650 | 17900 | 21100 |
| AWD | D | | 1100 | 1100 | 1465 | 1465 |
| 4-Cyl, 2.4 Liter | C | | (600) | (600) | (800) | (800) |
| **LUCERNE—V6—Equipment Schedule 4** | | | | | | |
| W.B. 115.6"; 3.9 Liter. | | | | | | |
| CX Sedan 4D | HA5EM | 29995 | 10850 | 11400 | 12350 | 14650 |
| CXL Sedan 4D | HC5EM | 33495 | 12300 | 12900 | 13900 | 16500 |
| CXL Special Ed 4D | HD5EM | 33995 | 12550 | 13150 | 14250 | 16900 |
| CXL Premium Ed | HC5EM | 36390 | 13300 | 13950 | 15050 | 17850 |
| **LUCERNE—V8—Equipment Schedule 4** | | | | | | |
| W.B. 115.6"; 4.6 Liter. | | | | | | |
| Super Sedan 4D | HH5E9 | 39995 | 16000 | 16700 | 17950 | 21200 |

## 2011 BUICK — (1or2)G4(GN5EC)-B-#

| Body Type | VIN | List | Trade-In Good | Trade-In Very Good | Pvt-Party Good | Retail Excellent |
|---|---|---|---|---|---|---|
| **REGAL—4-Cyl.—Equipment Schedule 4** | | | | | | |
| W.B. 107.8"; 2.4 Liter. | | | | | | |
| CXL Sedan 4D | GN5EC | 26995 | 11650 | 12250 | 13050 | 15350 |
| **REGAL—4-Cyl. Turbo—Equipment Schedule 4** | | | | | | |
| W.B. 107.8"; 2.0 Liter. | | | | | | |
| CXL Sedan 4D | GV5EV | 29495 | 13550 | 14200 | 15150 | 17800 |
| **LACROSSE—V6—Equipment Schedule 4** | | | | | | |
| W.B. 111.7"; 3.0 Liter. | | | | | | |
| CX Sedan 4D | GA5ED | 27245 | 12750 | 13350 | 14300 | 16700 |
| CXL Sedan 4D | GC5ED | 30395 | 14700 | 15350 | 16300 | 19100 |
| AWD | D | | 1100 | 1100 | 1465 | 1465 |
| 4-Cyl, 2.4 Liter | C | | (650) | (650) | (865) | (865) |
| **LACROSSE—V6—Equipment Schedule 4** | | | | | | |
| W.B. 111.7"; 3.6 Liter. | | | | | | |
| CXS Sedan 4D | GE5ED | 33765 | 17700 | 18450 | 19500 | 22700 |
| **LUCERNE—V6—Equipment Schedule 4** | | | | | | |
| W.B. 115.6"; 3.9 Liter. | | | | | | |
| CX Sedan 4D | HA5EM | 29995 | 13100 | 13750 | 14700 | 17300 |
| CXL Sedan 4D | HC5EM | 33495 | 14350 | 15000 | 16050 | 18800 |
| CXL Premium Sed 4D | HJ5EM | 36440 | 15550 | 16250 | 17300 | 20300 |
| **LUCERNE—V8—Equipment Schedule 4** | | | | | | |
| W.B. 115.6"; 4.6 Liter. | | | | | | |
| Super Sedan 4D | HK5ES | 45225 | 19600 | 20500 | 21600 | 25300 |

## 2012 BUICK — (1or2)G4(PP5SK)-C-#

| Body Type | VIN | List | Trade-In Good | Trade-In Very Good | Pvt-Party Good | Retail Excellent |
|---|---|---|---|---|---|---|
| **VERANO—4-Cyl.—Equipment Schedule 4** | | | | | | |
| W.B. 105.7"; 2.4 Liter. | | | | | | |
| Sedan 4D | PP5SK | 23470 | 13450 | 14100 | 14950 | 17450 |
| Convenience Sedan | PR5SK | 24670 | 14100 | 14750 | 15650 | 18250 |

# 2012 BUICK

| Body Type | VIN | List | Trade-In Good | Very Good | Pvt-Party Good | Retail Excellent |
|---|---|---|---|---|---|---|
| Leather Sedan 4D | PS5SK | 26850 | 15000 | 15700 | 16600 | 19350 |
| **REGAL—4-Cyl.—Equipment Schedule 4** | | | | | | |
| W.B. 107.8"; 2.4 Liter. | | | | | | |
| Sedan 4D | GR5EK | 27530 | 13750 | 14400 | 15350 | 18000 |
| Premium 1 Sedan 4D | GS5EK | 28965 | 15050 | 15750 | 16700 | 19550 |
| Premium 2 Sedan 4D | GT5EK | 31395 | 15550 | 16250 | 17250 | 20200 |
| **REGAL—4-Cyl. Turbo—Equipment Schedule 4** | | | | | | |
| W.B. 107.8"; 2.0 Liter. | | | | | | |
| Premium 1 Sedan 4D | GS5EV | 30735 | 15300 | 16000 | 17000 | 19850 |
| Premium 2 Sedan 4D | GT5EV | 32145 | 17450 | 18200 | 19250 | 22500 |
| Premium 3 Sedan 4D | GU5EV | 33395 | 17900 | 18650 | 19750 | 23100 |
| GS Sedan 4D | GV5EV | 35310 | 19650 | 20500 | 21600 | 25200 |
| **LACROSSE—V6—Equipment Schedule 4** | | | | | | |
| W.B. 111.7"; 3.6 Liter. | | | | | | |
| Sedan 4D | GA5ER | 30820 | 15750 | 16450 | 17550 | 20700 |
| Convenience Sedan | GB5ER | 31290 | 16300 | 17000 | 18200 | 21400 |
| Leather Sedan 4D | GC5ER | 32755 | 16750 | 17500 | 18650 | 21900 |
| Premium I Sedan 4D | GD5ER | 33300 | 17050 | 17800 | 18950 | 22300 |
| Premium II Sedan 4D | GF5E3 | 34725 | 18650 | 19500 | 20700 | 24300 |
| Premium III Sedan 4D | GH5E3 | 36145 | 19800 | 20700 | 21900 | 25700 |
| Touring Sedan 4D | GJ5E3 | 39130 | 21100 | 22000 | 23300 | 27300 |
| AWD | L | | 1200 | 1200 | 1600 | 1600 |
| 4-Cyl, eAssist, 2.4 Liter | | | (700) | (700) | (935) | (935) |

## 2013 BUICK — (1or2)G4(PP5SK)-D-#

| Body Type | VIN | List | Good | Very Good | Pvt-Party Good | Retail Excellent |
|---|---|---|---|---|---|---|
| **VERANO—4-Cyl. Flex Fuel—Equipment Schedule 4** | | | | | | |
| W.B. 105.7"; 2.4 Liter. | | | | | | |
| Sedan 4D | PP5SK | 23965 | 14700 | 15400 | 16250 | 18950 |
| Convenience Sedan | PR5SK | 25260 | 14950 | 15650 | 16500 | 19250 |
| Leather Sedan 4D | PS5SK | 27640 | 16250 | 16950 | 17850 | 20800 |
| **VERANO—4-Cyl. Turbo—Equipment Schedule 4** | | | | | | |
| W.B. 105.7"; 2.0 Liter. | | | | | | |
| Premium Sedan 4D | PT5SV | 29990 | 18250 | 19050 | 20000 | 23200 |
| **REGAL—4-Cyl. eAssist—Equipment Schedule 4** | | | | | | |
| W.B. 107.8"; 2.4 Liter. | | | | | | |
| Sedan 4D | GR5ER | 29900 | 14850 | 15500 | 16900 | 20200 |
| Premium 1 Sedan 4D | GS5ER | 31520 | 16150 | 16900 | 18350 | 21900 |
| Premium 1 Sedan 4D | GT5GR | 32930 | 18350 | 19150 | 20700 | 24700 |
| **REGAL—4-Cyl. Turbo Flex Fuel—Equipment Schedule 4** | | | | | | |
| W.B. 107.8"; 2.0 Liter. | | | | | | |
| Premium 1 Sedan 4D | GS5GV | 31520 | 16250 | 17000 | 18450 | 22000 |
| Premium 2 Sedan 4D | GT5GV | 32930 | 18400 | 19200 | 20800 | 24800 |
| Premium 3 Sedan 4D | GU5GV | 34100 | 18850 | 19700 | 21300 | 25400 |
| **REGAL—4-Cyl. Turbo—Equipment Schedule 4** | | | | | | |
| W.B. 107.8"; 2.0 Liter. | | | | | | |
| GS Sedan 4D | GV5GV | 35865 | 20600 | 21400 | 23100 | 27500 |
| **LACROSSE—V6—Equipment Schedule 4** | | | | | | |
| W.B. 111.7"; 3.6 Liter. | | | | | | |
| Sedan 4D | GA5ER | 32535 | 18400 | 19200 | 20300 | 23800 |
| Leather Sedan 4D | GC5ER | 34785 | 19600 | 20500 | 21600 | 25200 |
| Premium I Sedan 4D | GD5E3 | 36160 | 20400 | 21300 | 22400 | 26200 |
| Premium II Sedan 4D | GF5E3 | 37580 | 21400 | 22300 | 23500 | 27400 |
| Touring Sedan 4D | GJ5E3 | 40115 | 23800 | 24800 | 26100 | 30400 |
| AWD | | | 1250 | 1250 | 1665 | 1665 |
| 4-Cyl, eAssist, 2.4 Liter | R | | (750) | (750) | (1000) | (1000) |

# CADILLAC

## 1999 CADILLAC — (Wor1)(Gor0)6(VR52R)-X-#

| Body Type | VIN | List | Good | Very Good | Pvt-Party Good | Retail Excellent |
|---|---|---|---|---|---|---|
| **CATERA—V6—Equipment Schedule 2** | | | | | | |
| W.B. 107.5"; 3.0 Liter. | | | | | | |
| Sedan 4D | VR52R | 34820 | 450 | 500 | 1100 | 1825 |
| Sport | | | 200 | 200 | 265 | 265 |
| **ELDORADO—V8—Equipment Schedule 2** | | | | | | |
| W.B. 108.0"; 4.6 Liter. | | | | | | |
| Coupe 2D | EL12Y | 40690 | 2350 | 2575 | 3425 | 5000 |
| Touring Coupe 2D | ET129 | 44165 | 3025 | 3325 | 4325 | 6250 |
| **SEVILLE—V8—Equipment Schedule 2** | | | | | | |
| W.B. 112.2"; 4.6 Liter. | | | | | | |
| SLS Sedan 4D | KS52Y | 44025 | 700 | 775 | 1300 | 2050 |
| STS Touring Sedan 4D | KY529 | 48520 | 1500 | 1650 | 2525 | 3950 |

**DEDUCT FOR RECONDITIONING**

# 1999 CADILLAC

| Body Type | VIN | List | Trade-In Good | Very Good | Pvt-Party Good | Retail Excellent |
|---|---|---|---|---|---|---|
| **DeVILLE—V8—Equipment Schedule 2** | | | | | | |
| W.B. 113.8"; 4.6 Liter. | | | | | | |
| Sedan 4D | KD54Y | 40085 | 1050 | 1150 | 1825 | 2850 |
| d'Elegance Sedan 4D | KE54Y | 43400 | 1375 | 1525 | 2275 | 3575 |
| Concours Sedan 4D | KF549 | 43900 | 1525 | 1675 | 2600 | 4075 |

## 2000 CADILLAC — (Wor1)(Gor0)6(VR52R)-Y-#

| Body Type | VIN | List | Good | Very Good | Good | Excellent |
|---|---|---|---|---|---|---|
| **CATERA—V6—Equipment Schedule 2** | | | | | | |
| W.B. 107.5"; 3.0 Liter. | | | | | | |
| Sedan 4D | VR52R | 31500 | 525 | 600 | 1200 | 1975 |
| Sport | | | 225 | 225 | 300 | 300 |
| **ELDORADO—V8—Equipment Schedule 2** | | | | | | |
| W.B. 108.0"; 4.6 Liter. | | | | | | |
| ESC Coupe 2D | EL12Y | 39790 | 2900 | 3200 | 3950 | 5575 |
| ETC Coupe 2D | ET129 | 43365 | 3575 | 3900 | 4825 | 6750 |
| **SEVILLE—V8—Equipment Schedule 2** | | | | | | |
| W.B. 112.2"; 4.6 Liter. | | | | | | |
| SLS Sedan 4D | KS52Y | 44550 | 700 | 775 | 1300 | 2000 |
| STS Touring Sedan 4D | KY529 | 49150 | 1600 | 1750 | 2625 | 4075 |
| **DeVILLE—V8—Equipment Schedule 2** | | | | | | |
| W.B. 115.3"; 4.6 Liter. | | | | | | |
| Sedan 4D | KD54Y | 40955 | 900 | 1000 | 1575 | 2475 |
| DHS Sedan 4D | KE54Y | 45370 | 1275 | 1400 | 2100 | 3300 |
| DTS Sedan 4D | KF549 | 45370 | 1350 | 1500 | 2200 | 3450 |

## 2001 CADILLAC — (Wor1)(Gor0)6(VR52R)-1-#

| Body Type | VIN | List | Good | Very Good | Good | Excellent |
|---|---|---|---|---|---|---|
| **CATERA—V6—Equipment Schedule 2** | | | | | | |
| W.B. 107.4"; 3.0 Liter. | | | | | | |
| Sedan 4D | VR52R | 31945 | 625 | 700 | 1325 | 2150 |
| Sport Pkg | | | 250 | 250 | 335 | 335 |
| **ELDORADO—V8—Equipment Schedule 2** | | | | | | |
| W.B. 108.0"; 4.6 Liter. | | | | | | |
| ESC Coupe 2D | EL12Y | 40756 | 3100 | 3400 | 4275 | 6025 |
| ETC Coupe 2D | ET129 | 44331 | 3650 | 3975 | 5150 | 7200 |
| **SEVILLE—V8—Equipment Schedule 2** | | | | | | |
| W.B. 112.2"; 4.6 Liter. | | | | | | |
| SLS Sedan 4D | KS52Y | 42655 | 700 | 775 | 1275 | 2000 |
| STS Touring Sedan 4D | KY529 | 48765 | 1675 | 1850 | 2725 | 4200 |
| **DeVILLE—V8—Equipment Schedule 2** | | | | | | |
| W.B. 115.3"; 4.6 Liter. | | | | | | |
| Sedan 4D | KD54Y | 42000 | 1025 | 1125 | 1850 | 2975 |
| DHS Sedan 4D | KE54Y | 46987 | 1325 | 1450 | 2300 | 3675 |
| DTS Sedan 4D | KF549 | 46987 | 1400 | 1550 | 2500 | 4025 |

## 2002 CADILLAC — 1G6(EL12Y)-2-#

| Body Type | VIN | List | Good | Very Good | Good | Excellent |
|---|---|---|---|---|---|---|
| **ELDORADO—V8—Equipment Schedule 2** | | | | | | |
| W.B. 108.0"; 4.6 Liter. | | | | | | |
| ESC Coupe 2D | EL12Y | 42610 | 3575 | 3900 | 5075 | 7125 |
| ETC Coupe 2D | ET129 | 45745 | 4275 | 4625 | 5975 | 8375 |
| ECS Coupe 2D | ET129 | 48405 | 4700 | 5075 | 6550 | 9125 |
| **SEVILLE—V8—Equipment Schedule 2** | | | | | | |
| W.B. 112.2"; 4.6 Liter. | | | | | | |
| SLS Sedan 4D | KS52Y | 44269 | 700 | 775 | 1275 | 1975 |
| STS Touring Sedan 4D | KY529 | 49825 | 1775 | 1950 | 2850 | 4375 |
| **DeVILLE—V8—Equipment Schedule 2** | | | | | | |
| W.B. 115.3"; 4.6 Liter. | | | | | | |
| Sedan 4D | KD54Y | 43070 | 1050 | 1150 | 1825 | 2875 |
| DHS Sedan 4D | KE54Y | 48000 | 1525 | 1675 | 2600 | 4075 |
| DTS Sedan 4D | KF549 | 48000 | 1725 | 1900 | 2900 | 4525 |

## 2003 CADILLAC — 1G6(DM57N)-3-#

| Body Type | VIN | List | Good | Very Good | Good | Excellent |
|---|---|---|---|---|---|---|
| **CTS—V6—Equipment Schedule 2** | | | | | | |
| W.B. 113.4"; 3.2 Liter. | | | | | | |
| Sedan 4D | DM57N | 31190 | 2850 | 3150 | 3975 | 5525 |
| Luxury Sport Pkg | | | 300 | 300 | 400 | 400 |
| **SEVILLE—V8—Equipment Schedule 2** | | | | | | |
| W.B. 112.2"; 4.6 Liter. | | | | | | |
| SLS Sedan 4D | KS54Y | 45270 | 1050 | 1150 | 1700 | 2575 |
| STS Touring Sedan 4D | KY549 | 51175 | 2125 | 2325 | 3250 | 4875 |
| **DeVILLE—V8—Equipment Schedule 2** | | | | | | |
| W.B. 115.3"; 4.6 Liter. | | | | | | |
| Sedan 4D | KD54Y | 43995 | 1475 | 1625 | 2425 | 3725 |

**EQUIPMENT & MILEAGE PAGE 9 TO 23**

# 2003 CADILLAC

| Body Type | VIN | List | Trade-In Good | Very Good | Pvt-Party Good | Retail Excellent |
|---|---|---|---|---|---|---|
| DHS Sedan 4D | KE54Y | 48825 | 2075 | 2275 | 3275 | 4975 |
| DTS Sedan 4D | KF549 | 48825 | 2250 | 2475 | 3550 | 5375 |

## 2004 CADILLAC — 1G6(DM57N)-4-#

**CTS—V6—Equipment Schedule 2**
W.B. 113.4"; 3.2 Liter.

| | | | | | | |
|---|---|---|---|---|---|---|
| Sedan 4D | DM57N | 33155 | 3525 | 3850 | 4725 | 6475 |
| Luxury Sport Pkg | | | 325 | 325 | 435 | 435 |
| V6, 3.6 Liter | 7 | | 475 | 475 | 635 | 635 |

**CTS-V—V8—Equipment Schedule 2**
W.B. 113.4"; 5.7 Liter.

| | | | | | | |
|---|---|---|---|---|---|---|
| Sedan 4D | DN57S | 49995 | 9225 | 9750 | 11050 | 13800 |

**SEVILLE—V8—Equipment Schedule 2**
W.B. 112.2"; 4.6 Liter.

| | | | | | | |
|---|---|---|---|---|---|---|
| SLS Sedan 4D | KS52Y | 47955 | 3175 | 3475 | 4475 | 6400 |

**DEVILLE—V8—Equipment Schedule 2**
W.B. 115.3"; 4.6 Liter.

| | | | | | | |
|---|---|---|---|---|---|---|
| Sedan 4D | KD54Y | 45445 | 1875 | 2050 | 2800 | 4175 |
| DHS Sedan 4D | KE54Y | 50595 | 2650 | 2900 | 3875 | 5650 |
| DTS Sedan 4D | KF549 | 50595 | 2775 | 3075 | 4225 | 6125 |

**XLR—V8—Equipment Schedule 1**
W.B. 105.7"; 4.6 Liter.

| | | | | | | |
|---|---|---|---|---|---|---|
| Hardtop Conv 2D | YV34A | 76200 | 8200 | 8675 | 9675 | 11900 |

## 2005 CADILLAC — 1G6(DM56T)-5-#

**CTS—V6—Equipment Schedule 2**
W.B. 113.4"; 2.8 Liter.

| | | | | | | |
|---|---|---|---|---|---|---|
| Sedan 4D | DM56T | 33595 | 4500 | 4875 | 6000 | 8000 |
| Luxury Pkg | | | 350 | 350 | 465 | 465 |
| V6, 3.6 Liter | 7 | | 525 | 525 | 700 | 700 |

**CTS-V—V8—Equipment Schedule 2**
W.B. 113.4"; 5.7 Liter.

| | | | | | | |
|---|---|---|---|---|---|---|
| Sedan 4D | DN56S | 49995 | 10050 | 10600 | 11950 | 14750 |

**STS—V6—Equipment Schedule 2**
W.B. 116.6"; 3.6 Liter.

| | | | | | | |
|---|---|---|---|---|---|---|
| Sedan 4D | DW677 | 40995 | 4375 | 4750 | 6075 | 8150 |
| AWD | | | 1525 | 1525 | 2035 | 2035 |
| V8, 4.6 Liter | A | | 800 | 800 | 1065 | 1065 |

**DEVILLE—V8—Equipment Schedule 2**
W.B. 115.3"; 4.6 Liter.

| | | | | | | |
|---|---|---|---|---|---|---|
| Sedan 4D | KD54Y | 46490 | 2425 | 2675 | 3600 | 5150 |
| DHS Sedan 4D | KE54Y | 52045 | 3450 | 3775 | 5100 | 7175 |
| DTS Sedan 4D | KF549 | 52045 | 3700 | 4050 | 5425 | 7625 |

**XLR—V8—Equipment Schedule 1**
W.B. 105.7"; 4.6 Liter.

| | | | | | | |
|---|---|---|---|---|---|---|
| Hardtop Conv 2D | YV34A | 76650 | 10750 | 11350 | 12600 | 15100 |

## 2006 CADILLAC — 1G6(DM57T)-6-#

**CTS—V6—Equipment Schedule 2**
W.B. 113.4"; 2.8 Liter.

| | | | | | | |
|---|---|---|---|---|---|---|
| Sedan 4D | DM57T | 32435 | 5525 | 5925 | 7200 | 9350 |
| Luxury Pkg | | | 375 | 375 | 500 | 500 |
| V6, 3.6 Liter | 7 | | 550 | 550 | 735 | 735 |

**CTS-V—V8—Equipment Schedule 2**
W.B. 113.4"; 6.0 Liter.

| | | | | | | |
|---|---|---|---|---|---|---|
| Sedan 4D | DN57U | 51395 | 11200 | 11750 | 13250 | 16300 |

**STS—V6—Equipment Schedule 2**
W.B. 116.4"; 3.6 Liter.

| | | | | | | |
|---|---|---|---|---|---|---|
| Sedan 4D | DW677 | 41740 | 5600 | 6025 | 7275 | 9350 |
| AWD | | | 1650 | 1650 | 2200 | 2200 |
| V8, 4.6 Liter | A | | 975 | 975 | 1300 | 1300 |

**STS-V—V8 Supercharged—Equipment Schedule 2**
W.B. 116.4"; 4.4 Liter.

| | | | | | | |
|---|---|---|---|---|---|---|
| Sedan 4D | DX67D | 77090 | 11750 | 12350 | 14700 | 18600 |

**DTS—V8—Equipment Schedule 2**
W.B. 115.6"; 4.6 Liter.

| | | | | | | |
|---|---|---|---|---|---|---|
| Sedan 4D | KD57Y | 41990 | 5050 | 5450 | 7075 | 9500 |
| Luxury Pkg | | | 1175 | 1175 | 1565 | 1565 |
| Performance Pkg | | | 1175 | 1175 | 1565 | 1565 |

**XLR—V8—Equipment Schedule 1**
W.B. 105.7"; 4.6 Liter.

| | | | | | | |
|---|---|---|---|---|---|---|
| Hardtop Conv 2D | YV36A | 77295 | 12350 | 13000 | 14200 | 16950 |

## 2006 CADILLAC

| Body Type | VIN | List | Trade-In Good | Trade-In Very Good | Pvt-Party Good | Retail Excellent |
|---|---|---|---|---|---|---|
| Star Black Ltd Conv | YV36A | 79795 | 16750 | 17500 | 18900 | 22400 |
| **XLR-V—V8 Supercharged**—Equipment Schedule 1 | | | | | | |
| W.B. 105.7"; 4.4 Liter. | | | | | | |
| Convertible 2D | YX36D | 98300 | 18500 | 19300 | 20800 | 24700 |

## 2007 CADILLAC — 1G6(DM57T)-7-#

**CTS—V6**—Equipment Schedule 2
W.B. 113.4"; 2.8 Liter.

| Body Type | VIN | List | Good | Very Good | Good | Excellent |
|---|---|---|---|---|---|---|
| Sedan 4D | DM57T | 31390 | 6500 | 6925 | 7975 | 10000 |
| Luxury Pkg | | | 400 | 400 | 535 | 535 |
| V6, 3.6 Liter | 7 | | 575 | 575 | 765 | 765 |

**CTS-V—V8**—Equipment Schedule 2
W.B. 113.4"; 6.0 Liter.

| | | | | | | |
|---|---|---|---|---|---|---|
| Sedan 4D | DN57U | 53205 | 13550 | 14200 | 15800 | 19200 |

**DTS—V8**—Equipment Schedule 2
W.B. 115.6"; 4.6 Liter.

| | | | | | | |
|---|---|---|---|---|---|---|
| Sedan 4D | KD57Y | 41990 | 6725 | 7175 | 8325 | 10450 |
| Luxury Pkg | | | 1250 | 1250 | 1665 | 1665 |
| Performance Pkg | | | 1250 | 1250 | 1665 | 1665 |

**STS—V6**—Equipment Schedule 2
W.B. 116.4"; 3.6 Liter.

| | | | | | | |
|---|---|---|---|---|---|---|
| Sedan 4D | DW677 | 42765 | 7275 | 7750 | 9150 | 11650 |
| Platinum Edition | | | 1200 | 1200 | 1600 | 1600 |
| 4-AWD | | | 1775 | 1775 | 2365 | 2365 |
| V8, 4.6 Liter | A | | 1175 | 1175 | 1565 | 1565 |

**STS-V—V8 Supercharged**—Equipment Schedule 2
W.B. 116.4"; 4.4 Liter.

| | | | | | | |
|---|---|---|---|---|---|---|
| Sedan 4D | DX67D | 77485 | 12850 | 13500 | 15750 | 19850 |

**XLR—V8**—Equipment Schedule 1
W.B. 105.7"; 4.6 Liter.

| | | | | | | |
|---|---|---|---|---|---|---|
| Hardtop Conv 2D | YV36A | 78495 | 16800 | 17550 | 18600 | 21700 |
| Platinum Edition | | | 1200 | 1200 | 1600 | 1600 |

**XLR-V—V8 Supercharged**—Equipment Schedule 1
W.B. 105.7"; 4.4 Liter.

| | | | | | | |
|---|---|---|---|---|---|---|
| Convertible 2D | YX36D | 100000 | 22900 | 23900 | 25100 | 29200 |

## 2008 CADILLAC — 1G6(DF577)-8-#

**CTS—V6**—Equipment Schedule 2
W.B. 113.4"; 3.6 Liter.

| | | | | | | |
|---|---|---|---|---|---|---|
| Sedan 4D | DF577 | 34290 | 11150 | 11700 | 13000 | 15750 |
| Luxury Pkg | | | 475 | 475 | 635 | 635 |
| Performance Pkg | | | 1325 | 1325 | 1765 | 1765 |
| Premium Pkg | | | 1325 | 1325 | 1765 | 1765 |
| AWD | G,H,S,T | | 1875 | 1875 | 2500 | 2500 |
| V6, DI, 3.6 Liter | V | | 1200 | 1200 | 1600 | 1600 |

**DTS—V8**—Equipment Schedule 2
W.B. 115.6"; 4.6 Liter.

| | | | | | | |
|---|---|---|---|---|---|---|
| Sedan 4D | KD57Y | 42590 | 9100 | 9625 | 10950 | 13550 |
| Luxury Pkg | | | 1350 | 1350 | 1800 | 1800 |
| Performance Pkg | | | 1325 | 1325 | 1765 | 1765 |
| Platinum Edition | | | 1275 | 1275 | 1700 | 1700 |

**STS—V6**—Equipment Schedule 2
W.B. 116.4"; 3.6 Liter.

| | | | | | | |
|---|---|---|---|---|---|---|
| Sedan 4D | DW67V | 43135 | 8850 | 9350 | 10700 | 13250 |
| Platinum Edition | | | 1275 | 1275 | 1700 | 1700 |
| AWD | A,D,B,L | | 1875 | 1875 | 2500 | 2500 |
| V8, 4.6 Liter | | | 1350 | 1350 | 1800 | 1800 |

**STS-V—V8 Supercharged**—Equipment Schedule 2
W.B. 116.4"; 4.4 Liter.

| | | | | | | |
|---|---|---|---|---|---|---|
| Sedan 4D | DX67D | 79000 | 13950 | 14650 | 16600 | 20500 |

**XLR—V8**—Equipment Schedule 1
W.B. 105.7"; 4.6 Liter.

| | | | | | | |
|---|---|---|---|---|---|---|
| Hardtop Conv 2D | YV36A | 79600 | 23200 | 24100 | 25900 | 29300 |
| Platinum Edition | | | 1275 | 1275 | 1700 | 1700 |

**XLR-V—V8 Supercharged**—Equipment Schedule 1
W.B. 105.7"; 4.4 Liter.

| | | | | | | |
|---|---|---|---|---|---|---|
| Convertible 2D | YX36D | 100000 | 29200 | 30400 | 31700 | 36700 |

## 2009 CADILLAC — 1G6(DF577)-9-#

**CTS—V6**—Equipment Schedule 2
W.B. 113.4"; 3.6 Liter.

| | | | | | | |
|---|---|---|---|---|---|---|
| Sedan 4D | DF577 | 36080 | 12900 | 13500 | 14750 | 17600 |

# 2009 CADILLAC

| Body Type | VIN | List | Trade-In Good | Trade-In Very Good | Pvt-Party Good | Retail Excellent |
|---|---|---|---|---|---|---|
| Luxury Pkg | | | 550 | 550 | 735 | 735 |
| Performance Pkg | | | 1425 | 1425 | 1900 | 1900 |
| Premium Pkg | | | 1425 | 1425 | 1900 | 1900 |
| AWD | G,H,S,T | | 2000 | 2000 | 2665 | 2665 |
| V6, DI, 3.6 Liter | V | | 1275 | 1275 | 1700 | 1700 |
| **CTS-V—V8**—Equipment Schedule 2 W.B. 113.4"; 6.2 Liter. | | | | | | |
| Sedan 4D | DN57P | 62595 | 28300 | 29400 | 30300 | 34800 |
| **DTS—V8**—Equipment Schedule 2 W.B. 115.6"; 4.6 Liter. | | | | | | |
| Sedan 4D | KD57Y | 44900 | 13450 | 14100 | 15500 | 18600 |
| Performance Pkg | | | 1425 | 1425 | 1900 | 1900 |
| Platinum Edition | | | 1350 | 1350 | 1800 | 1800 |
| **STS—V6**—Equipment Schedule 2 W.B. 116.4"; 3.6 Liter. | | | | | | |
| Sedan 4D | DW67V | 45290 | 12200 | 12800 | 14400 | 17600 |
| Platinum Edition | | | 1350 | 1350 | 1800 | 1800 |
| AWD | A,D,B,L | | 2000 | 2000 | 2665 | 2665 |
| V8, 4.6 Liter | A | | 1550 | 1550 | 2065 | 2065 |
| **STS-V—V8 Supercharged**—Equipment Schedule 2 W.B. 116.4"; 4.4 Liter. | | | | | | |
| Sedan 4D | DX67D | 81940 | 23300 | 24200 | 26800 | 32700 |
| **XLR—V8**—Equipment Schedule 1 W.B. 105.7"; 4.6 Liter. | | | | | | |
| Platinum Conv 2D | YV36A | 83530 | 29700 | 30900 | 32400 | 37700 |
| **XLR-V—V8 Supercharged**—Equipment Schedule 1 W.B. 105.7"; 4.4 Liter. | | | | | | |
| Convertible 2D | YX36D | 102530 | 35900 | 37200 | 38900 | 45200 |

# 2010 CADILLAC — 1G6(DA5EG)-A-#

| Body Type | VIN | List | Trade-In Good | Trade-In Very Good | Pvt-Party Good | Retail Excellent |
|---|---|---|---|---|---|---|
| **CTS—V6**—Equipment Schedule 2 W.B. 113.4"; 3.0 Liter. | | | | | | |
| Sedan 4D | DA5EG | 37270 | 15050 | 15750 | 16750 | 19600 |
| Wagon 4D | DA8EG | 39090 | 15950 | 16650 | 17650 | 20700 |
| Luxury Pkg | | | 600 | 600 | 800 | 800 |
| 4-AWD | C,D,G,H | | 2000 | 2000 | 2665 | 2665 |
| **CTS—V6 DI**—Equipment Schedule 2 W.B. 113.4"; 3.6 Liter. | | | | | | |
| 3.6 Sedan 4D | DJ5EV | 42605 | 17200 | 17950 | 19000 | 22200 |
| 3.6 Wagon 4D | DJ8EV | 44190 | 18600 | 19400 | 20500 | 24000 |
| 4-AWD | L,M,R,S | | 2000 | 2000 | 2665 | 2665 |
| **CTS-V—V8 Supercharged**—Equipment Schedule 2 W.B. 113.4"; 6.2 Liter. | | | | | | |
| Sedan 4D | DV5EP | 64145 | 32300 | 33500 | 34200 | 38900 |
| **DTS—V8**—Equipment Schedule 2 W.B. 115.6"; 4.6 Liter. | | | | | | |
| Sedan 4D | KA5EY | 47200 | 16250 | 17000 | 18500 | 22100 |
| Luxury Collection | | | 1500 | 1500 | 2000 | 2000 |
| Premium Collection | | | 1300 | 1300 | 1735 | 1735 |
| Platinum Collection | | | 1425 | 1425 | 1900 | 1900 |
| **STS—V6**—Equipment Schedule 2 W.B. 116.4"; 3.6 Liter. | | | | | | |
| Sedan 4D | DU6EV | 47670 | 14150 | 14800 | 16350 | 19750 |
| 4-AWD | | | 2000 | 2000 | 2665 | 2665 |
| V8, 4.6 Liter | A | | 1850 | 1850 | 2465 | 2465 |

# 2011 CADILLAC — 1G6(DA5EY)-B-#

| Body Type | VIN | List | Trade-In Good | Trade-In Very Good | Pvt-Party Good | Retail Excellent |
|---|---|---|---|---|---|---|
| **CTS—V6**—Equipment Schedule 2 W.B. 113.4"; 3.0 Liter. | | | | | | |
| Sedan 4D | DA5EY | 37580 | 16950 | 17700 | 18550 | 21500 |
| Sport Wagon 4D | DA8EY | 39090 | 18550 | 19350 | 20300 | 23500 |
| Luxury Pkg | | | 650 | 650 | 865 | 865 |
| Performance Pkg | | | 1500 | 1500 | 2000 | 2000 |
| 4-AWD | C,D | | 2000 | 2000 | 2665 | 2665 |
| **CTS—V6 DI**—Equipment Schedule 2 W.B. 113.4"; 3.6 Liter. | | | | | | |
| 3.6 Sedan 4D | D15ED | 42605 | 20100 | 21000 | 21900 | 25300 |
| 3.6 Coupe 2D | DJ1ED | 39230 | 20600 | 21500 | 22400 | 25900 |
| 3.6 Sport Wagon 4D | DJ8ED | 44190 | 20800 | 21700 | 22600 | 26200 |
| 4-AWD | L,M | | 2000 | 2000 | 2665 | 2665 |
| **CTS-V—V8 Supercharged**—Equipment Schedule 2 W.B. 113.4"; 6.2 Liter. | | | | | | |

**DEDUCT FOR RECONDITIONING**

# 2011 CADILLAC

| Body Type | VIN | List | Trade-In Good | Very Good | Pvt-Party Good | Retail Excellent |
|---|---|---|---|---|---|---|
| Sedan 4D | DV5EP | 65820 | 35300 | 36600 | 37000 | 41700 |
| Coupe 2D | DV1EP | 65820 | 35900 | 37300 | 37600 | 42400 |
| Wagon 4D | DV8EP | 64290 | 35600 | 36900 | 37300 | 42100 |

**DTS—V8—Equipment Schedule 2**
W.B. 115.6"; 4.6 Liter.

| | | | | | | |
|---|---|---|---|---|---|---|
| Sedan 4D | KA5E6 | 47600 | 21500 | 22400 | 23900 | 28100 |
| Luxury Collection | | | 1500 | 1500 | 2000 | 2000 |
| Premium Collection | | | 1375 | 1375 | 1835 | 1835 |
| Platinum Collection | | | 1500 | 1500 | 2000 | 2000 |

**STS—V6—Equipment Schedule 2**
W.B. 116.4"; 3.6 Liter.

| | | | | | | |
|---|---|---|---|---|---|---|
| Sedan 4D | DU6ED | 48105 | 18100 | 18900 | 20400 | 24300 |
| AWD | | | 2000 | 2000 | 2665 | 2665 |

# 2012 CADILLAC — 1G6(DA5E5)-C-#

**CTS—V6—Equipment Schedule 2**
W.B. 113.4"; 3.0 Liter.

| | | | | | | |
|---|---|---|---|---|---|---|
| Sedan 4D | DA5E5 | 36189 | 18000 | 18750 | 19550 | 22600 |
| Sport Wagon 4D | DA8E5 | 39890 | 20100 | 20900 | 21700 | 25100 |
| Luxury Pkg | | | 700 | 700 | 935 | 935 |
| Touring Pkg | | | 900 | 900 | 1200 | 1200 |
| AWD | C,D | | 2000 | 2000 | 2665 | 2665 |

**CTS—V6 DI—Equipment Schedule 2**
W.B. 113.4"; 3.6 Liter.

| | | | | | | |
|---|---|---|---|---|---|---|
| 3.6 Coupe 2D | DJ1E3 | 39590 | 23200 | 24200 | 25000 | 28800 |
| Touring Pkg | | | 900 | 900 | 1200 | 1200 |
| Performance Luxury | | | 1275 | 1275 | 1700 | 1700 |
| Performance Pkg | | | 1500 | 1500 | 2000 | 2000 |
| Premium Pkg | | | 2200 | 2200 | 2935 | 2935 |
| AWD | L | | 2000 | 2000 | 2665 | 2665 |

**CTS—V6 DI—Equipment Schedule 2**
W.B. 113.4"; 3.6 Liter.

| | | | | | | |
|---|---|---|---|---|---|---|
| 3.6 Sedan 4D | DJ5E3 | 43165 | 22600 | 23600 | 24400 | 28100 |
| 3.6 Sport Wagon 4D | DA8E3 | 45065 | 23800 | 24700 | 25600 | 29500 |
| Touring Pkg | | | 900 | 900 | 1200 | 1200 |
| Performance Luxury | | | 1275 | 1275 | 1700 | 1700 |
| Premium Pkg | | | 2200 | 2200 | 2935 | 2935 |
| AWD | L | | 2000 | 2000 | 2665 | 2665 |

**CTS—V—V8 Supercharged—Equipment Schedule 2**
W.B. 113.4"; 6.2 Liter.

| | | | | | | |
|---|---|---|---|---|---|---|
| Sedan 4D | DV5EP | 65390 | 38900 | 40400 | 40400 | 45200 |
| Coupe 2D | DV1EP | 66710 | 39800 | 41300 | 41300 | 46300 |
| Sport Wagon 4D | DV8EP | 65390 | 39200 | 40700 | 40700 | 45600 |

# 2013 CADILLAC — 1G6(AA5SA)-D-#

**ATS—4-Cyl.—Equipment Schedule 2**
W.B. 109.3"; 2.5 Liter.

| | | | | | | |
|---|---|---|---|---|---|---|
| 2.5L Standard Sedan | AA5SA | 33990 | 19450 | 20300 | 21000 | 24000 |
| 2.5L Luxury Sedan 4D | AB5SA | 38485 | 21100 | 21900 | 22600 | 25900 |

**ATS—4-Cyl. Turbo—Equipment Schedule 2**
W.B. 109.3"; 2.0 Liter.

| | | | | | | |
|---|---|---|---|---|---|---|
| 2.0L Standard Sed | AA5SX | 35795 | 20900 | 21700 | 22400 | 25700 |
| 2.0L Luxury Sed 4D | AB5SX | 40290 | 21700 | 22600 | 23300 | 26700 |
| 2.0L Performance Sed | AC5SX | 42790 | 23700 | 24600 | 25400 | 29000 |
| 2.0L Premium Sed | AE5SX | 45790 | 25500 | 26500 | 27200 | 31100 |
| AWD | J | | 2000 | 2000 | 2665 | 2665 |

**ATS—V6 Flex Fuel—Equipment Schedule 2**
W.B. 109.3"; 3.6 Liter.

| | | | | | | |
|---|---|---|---|---|---|---|
| 3.6L Luxury Sedan 4D | AB5S3 | 42090 | 23800 | 24700 | 25500 | 29100 |
| 3.6L Performance Sed | AC5S3 | 44590 | 24800 | 25800 | 26500 | 30300 |
| 3.6L Premium Sed | AE5S3 | 47590 | 26300 | 27400 | 28100 | 32100 |
| AWD | H | | 2000 | 2000 | 2665 | 2665 |

**XTS—V6 Flex Fuel—Equipment Schedule 2**
W.B. 111.7"; 3.6 Liter.

| | | | | | | |
|---|---|---|---|---|---|---|
| Sedan 4D | 1N5S3 | 44995 | 26100 | 27200 | 27500 | 31000 |
| Luxury Sedan 4D | 1P5S3 | 49610 | 28900 | 30100 | 30400 | 34300 |
| Premium Sedan 4D | 1S5S3 | 54505 | 31200 | 32400 | 32700 | 36800 |
| Platinum Sedan 4D | 1U5S3 | 59080 | 34700 | 36000 | 36200 | 40800 |
| AWD | R | | 2000 | 2000 | 2665 | 2665 |

**CTS—V6—Equipment Schedule 2**
W.B. 113.4"; 3.0 Liter.

| | | | | | | |
|---|---|---|---|---|---|---|
| 3.0 Luxury Sedan 4D | DE5E5 | 39990 | 20900 | 21800 | 22400 | 25700 |

# 2013 CADILLAC

| Body Type | VIN | List | Trade-In Good | Very Good | Pvt-Party Good | Retail Excellent |
|---|---|---|---|---|---|---|
| 3.0 Sport Wagon 4D | DA8E5 | 40100 | 22100 | 23100 | 23700 | 27100 |
| 3.0 Luxury Sport Wag | DE8E5 | 43045 | 24100 | 25000 | 25700 | 29400 |
| Touring Pkg | | | 950 | 950 | 1265 | 1265 |
| AWD | G,H | | 2000 | 2000 | 2665 | 2665 |
| **CTS—V6 DI**—Equipment Schedule 2 | | | | | | |
| W.B. 113.4"; 3.6 Liter. | | | | | | |
| 3.6 Performance Sedan | DJ5E3 | 44235 | 23700 | 24600 | 25300 | 28900 |
| 3.6 Premium Sedan 4D | DP5E3 | 49185 | 26100 | 27200 | 27900 | 31800 |
| 3.6 Coupe 2D | DA1E3 | 39800 | 25600 | 26700 | 27300 | 31200 |
| 3.6 Performance Coupe | DJ1E3 | 44845 | 29000 | 30200 | 30900 | 35300 |
| 3.6 Premium Coupe | DP1E3 | 49045 | 32200 | 33400 | 34200 | 39000 |
| 3.6 Performance Wag | DJ8E3 | 45085 | 26600 | 27700 | 28400 | 32400 |
| 3.6 Premium Wagon | DP8E3 | 50645 | 29300 | 30500 | 31200 | 35700 |
| Touring Pkg | | | 950 | 950 | 1265 | 1265 |
| AWD | L,M | | 2000 | 2000 | 2665 | 2665 |
| **CTS-V—V8 Supercharged**—Equipment Schedule 2 | | | | | | |
| W.B. 113.4"; 6.2 Liter. | | | | | | |
| Sedan 4D | DV5EP | 65410 | 45200 | 46800 | 46700 | 52300 |
| Coupe 2D | DV1EP | 65410 | 47000 | 48700 | 48500 | 54300 |
| Sport Wagon 4D | DV8EP | 65410 | 45700 | 47400 | 47200 | 52800 |

# CHEVROLET

## 1999 CHEVROLET — (1,2or3)(C,GorY)1(MR226)-X-#

| Body Type | VIN | List | Good | Very Good | Good | Excellent |
|---|---|---|---|---|---|---|
| **METRO—3-Cyl.**—Equipment Schedule 6 | | | | | | |
| W.B. 93.1"; 1.0 Liter. | | | | | | |
| Coupe 2D | MR226 | 10488 | 575 | 650 | 1300 | 2150 |
| **METRO—4-Cyl.**—Equipment Schedule 6 | | | | | | |
| W.B. 93.1"; 1.3 Liter. | | | | | | |
| LSi Sedan 4D | MR522 | 12187 | 725 | 800 | 1550 | 2550 |
| LSi Coupe 2D | MR222 | 11285 | 675 | 750 | 1450 | 2425 |
| **PRIZM—4-Cyl.**—Equipment Schedule 6 | | | | | | |
| W.B. 97.1"; 1.8 Liter. | | | | | | |
| Sedan 4D | SK528 | 13828 | 550 | 625 | 1300 | 2200 |
| LSi Sedan 4D | SK528 | 15269 | 675 | 750 | 1500 | 2525 |
| **CAVALIER—4-Cyl.**—Equipment Schedule 5 | | | | | | |
| W.B. 104.1"; 2.2 Liter, 2.4 Liter. | | | | | | |
| Sedan 4D | JC524 | 13876 | 525 | 600 | 1200 | 1950 |
| Coupe 2D | JC124 | 13776 | 500 | 575 | 1150 | 1900 |
| RS Coupe 2D | JC124 | 15216 | 700 | 775 | 1425 | 2300 |
| LS Sedan 4D | JF524 | 14921 | 675 | 750 | 1375 | 2250 |
| Z24 Coupe 2D | JF12T | 17261 | 925 | 1025 | 1850 | 3100 |
| Z24 Convertible 2D | JF32T | 20861 | 1550 | 1700 | 2850 | 4575 |
| **MALIBU—V6**—Equipment Schedule 5 | | | | | | |
| W.B. 107.5"; 3.1 Liter. | | | | | | |
| Sedan 4D | ND52M,J | 17080 | 1425 | 1575 | 2525 | 4100 |
| LS Sedan 4D | NE52M,J | 19445 | 1700 | 1875 | 2950 | 4700 |
| 4-Cyl., 2.4 Liter | T | | (100) | (100) | (135) | (135) |
| **LUMINA—V6**—Equipment Schedule 4 | | | | | | |
| W.B. 107.5"; 3.1 Liter, 3.8 Liter. | | | | | | |
| Sedan 4D | WL52M | 18982 | 525 | 600 | 1100 | 1775 |
| LS Sedan 4D | WL52M | 20480 | 725 | 800 | 1400 | 2225 |
| LTZ Sedan 4D | WN52K | 20920 | 775 | 875 | 1475 | 2325 |
| **MONTE CARLO—V6**—Equipment Schedule 4 | | | | | | |
| W.B. 107.5"; 3.1 Liter, 3.8 Liter. | | | | | | |
| LS Coupe 2D | WW12M | 19070 | 750 | 825 | 1425 | 2275 |
| Z34 Coupe 2D | WX12K | 21095 | 900 | 1000 | 1650 | 2625 |
| **CAMARO—V6**—Equipment Schedule 4 | | | | | | |
| W.B. 101.1"; 3.8 Liter. | | | | | | |
| Coupe 2D | FP22K | 19221 | 1850 | 2025 | 2675 | 3900 |
| Convertible 2D | FP32K | 24796 | 2725 | 3025 | 3825 | 5500 |
| T-Bar Roof | | | 225 | 225 | 300 | 300 |
| Manual, 5-Spd | | | (150) | (150) | (200) | (200) |
| **CAMARO—V8**—Equipment Schedule 4 | | | | | | |
| W.B. 101.1"; 5.7 Liter. | | | | | | |
| Z28 Coupe 2D | FP22G | 22996 | 2650 | 2900 | 3725 | 5350 |
| Z28 Convertible 2D | FP32G | 28385 | 3700 | 4025 | 5275 | 7475 |
| T-Bar Roof | | | 225 | 225 | 300 | 300 |
| SS | | | 650 | 650 | 865 | 865 |
| **CORVETTE—V8**—Equipment Schedule 2 | | | | | | |
| W.B. 104.5"; 5.7 Liter. | | | | | | |

**DEDUCT FOR RECONDITIONING**

# 1999 CHEVROLET

| Body Type | VIN | List | Trade-In Good | Trade-In Very Good | Pvt-Party Good | Retail Excellent |
|---|---|---|---|---|---|---|
| Hard Top 2D | YY12G | 39082 | 5100 | 5500 | 6450 | 8275 |
| Coupe 2D | YY22G | 39476 | 5600 | 6000 | 7025 | 8975 |
| Convertible 2D | YY32G | 45884 | 6825 | 7275 | 8500 | 10800 |
| Glass Roof Panel | | | 250 | 250 | 335 | 335 |
| Dual Roof Panels | | | 300 | 300 | 400 | 400 |
| Suspension Pkg | | | 200 | 200 | 265 | 265 |
| Manual, 6-Spd | | | 150 | 150 | 200 | 200 |

## 2000 CHEVROLET — (1,2or3)(C,GorY)1(MR226)-Y-#

**METRO—3-Cyl.—Equipment Schedule 6**
W.B. 93.1"; 1.0 Liter.

| Body Type | VIN | List | Good | Very Good | Pvt Good | Retail |
|---|---|---|---|---|---|---|
| Coupe 2D | MR226 | 10680 | 625 | 700 | 1375 | 2275 |

**METRO—4-Cyl.—Equipment Schedule 6**
W.B. 93.1"; 1.3 Liter.

| LSi Sedan 4D | MR522 | 12395 | 825 | 925 | 1700 | 2800 |
|---|---|---|---|---|---|---|
| LSi Coupe 2D | MR222 | 11530 | 850 | 950 | 1725 | 2875 |

**PRIZM—4-Cyl.—Equipment Schedule 6**
W.B. 97.1"; 1.8 Liter.

| Sedan 4D | SK528 | 14246 | 600 | 675 | 1375 | 2275 |
|---|---|---|---|---|---|---|
| LSi Sedan 4D | SK528 | 16272 | 775 | 875 | 1650 | 2750 |

**CAVALIER—4-Cyl.—Equipment Schedule 5**
W.B. 104.1"; 2.2 Liter, 2.4 Liter.

| Sedan 4D | JC524 | 14275 | 550 | 625 | 1250 | 2075 |
|---|---|---|---|---|---|---|
| Coupe 2D | JC124 | 14175 | 525 | 600 | 1225 | 2025 |
| LS Sedan 4D | JF524 | 15220 | 675 | 750 | 1475 | 2450 |
| Z24 Coupe 2D | JF12T | 17560 | 1225 | 1350 | 2275 | 3725 |
| Z24 Convertible 2D | JF32T | 21025 | 1925 | 2125 | 3325 | 5225 |

**MALIBU—V6—Equipment Schedule 5**
W.B. 107.0"; 3.1 Liter.

| Sedan 4D | ND52J | 16995 | 1700 | 1875 | 2950 | 4650 |
|---|---|---|---|---|---|---|
| LS Sedan 4D | NE52J | 19625 | 2100 | 2300 | 3400 | 5200 |

**LUMINA—V6—Equipment Schedule 5**
W.B. 107.5"; 3.1 Liter.

| Sedan 4D | WL52J | 19350 | 550 | 625 | 1125 | 1775 |
|---|---|---|---|---|---|---|

**IMPALA—V6—Equipment Schedule 4**
W.B. 110.5"; 3.4 Liter, 3.8 Liter.

| Sedan 4D | WF52E | 19787 | 950 | 1050 | 1700 | 2675 |
|---|---|---|---|---|---|---|
| LS Sedan 4D | WH52K | 22925 | 1250 | 1375 | 2100 | 3325 |

**MONTE CARLO—V6—Equipment Schedule 4**
W.B. 110.5"; 3.4 Liter, 3.8 Liter.

| LS Coupe 2D | WW12E | 20090 | 1075 | 1200 | 1850 | 2925 |
|---|---|---|---|---|---|---|
| SS Coupe 2D | WX12K | 22295 | 1500 | 1650 | 2550 | 4025 |

**CAMARO—V6—Equipment Schedule 4**
W.B. 101.1"; 3.8 Liter.

| Coupe 2D | FP22K | 19360 | 2050 | 2250 | 2875 | 4150 |
|---|---|---|---|---|---|---|
| Convertible 2D | FP32K | 25490 | 3050 | 3350 | 4175 | 5900 |
| T-Bar Roof | | | 225 | 225 | 300 | 300 |
| Manual, 5-Spd | | | (200) | (200) | (265) | (265) |

**CAMARO—V8—Equipment Schedule 4**
W.B. 101.1"; 5.7 Liter.

| Z28 Coupe 2D | FP22S | 23515 | 3050 | 3350 | 4175 | 5900 |
|---|---|---|---|---|---|---|
| Z28 Convertible 2D | FP32G | 28900 | 4250 | 4600 | 5900 | 8225 |
| T-Bar Roof | | | 225 | 225 | 300 | 300 |
| SS | | | 750 | 750 | 1000 | 1000 |

**CORVETTE—V8—Equipment Schedule 2**
W.B. 104.5"; 5.7 Liter.

| Hard Top 2D | YY12G | 39205 | 5950 | 6375 | 7275 | 9150 |
|---|---|---|---|---|---|---|

**CORVETTE—V8—Equipment Schedule 2**
W.B. 104.5"; 5.7 Liter.

| Coupe 2D | YY12G | 40085 | 6400 | 6825 | 7850 | 9825 |
|---|---|---|---|---|---|---|
| Convertible 2D | YY32G | 46510 | 7675 | 8150 | 9275 | 11600 |
| Glass Roof Panel | | | 250 | 250 | 335 | 335 |
| Dual Roof Panels | | | 300 | 300 | 400 | 400 |
| Suspension Pkg | | | 200 | 200 | 265 | 265 |
| Manual, 6-Spd | | | 150 | 150 | 200 | 200 |

## 2001 CHEVROLET — (1or2)(C,GorY)(MR522)-1-#

**METRO—4-Cyl.—Equipment Schedule 6**
W.B. 93.1"; 1.3 Liter.

| LSi Sedan 4D | MR522 | 12915 | 1075 | 1200 | 2075 | 3425 |
|---|---|---|---|---|---|---|

**PRIZM—4-Cyl.—Equipment Schedule 6**
W.B. 97.0"; 1.8 Liter.

# 2001 CHEVROLET

| Body Type | VIN | List | Trade-In Good | Trade-In Very Good | Pvt-Party Good | Retail Excellent |
|---|---|---|---|---|---|---|
| Sedan 4D | SK528 | 14460 | 675 | 750 | 1450 | 2375 |
| LSi Sedan 4D | SK528 | 16525 | 900 | 1000 | 1800 | 2975 |
| **CAVALIER—4-Cyl.—Equipment Schedule 5** <br> W.B. 104.1"; 2.2 Liter, 2.4 Liter. | | | | | | |
| Sedan 4D | JC524 | 14480 | 675 | 750 | 1425 | 2350 |
| Coupe 2D | JC124 | 14380 | 650 | 725 | 1375 | 2275 |
| LS Sedan 4D | JF524 | 15375 | 825 | 925 | 1650 | 2725 |
| Z24 Coupe 2D | JF12T | 17665 | 2050 | 2250 | 3425 | 5300 |
| **MALIBU—V6—Equipment Schedule 5** <br> W.B. 107.0"; 3.1 Liter. | | | | | | |
| Sedan 4D | ND52J | 17595 | 2150 | 2350 | 3550 | 5475 |
| LS Sedan 4D | NE52J | 19875 | 2575 | 2825 | 3925 | 5825 |
| **LUMINA—V6—Equipment Schedule 4** <br> W.B. 107.5"; 3.1 Liter. | | | | | | |
| Sedan 4D | WL52J | 19490 | 575 | 650 | 1100 | 1700 |
| **IMPALA—V6—Equipment Schedule 4** <br> W.B. 110.5"; 3.4 Liter, 3.8 Liter. | | | | | | |
| Sedan 4D | WF52E | 20271 | 1025 | 1125 | 1725 | 2700 |
| LS Sedan 4D | WH52K | 23825 | 1375 | 1525 | 2325 | 3600 |
| **MONTE CARLO—V6—Equipment Schedule 4** <br> W.B. 110.5"; 3.4 Liter, 3.8 Liter. | | | | | | |
| LS Coupe 2D | WW12E | 20410 | 1200 | 1325 | 2050 | 3150 |
| SS Coupe 2D | WX15K | 23000 | 1875 | 2050 | 2975 | 4525 |
| **CAMARO—V6—Equipment Schedule 4** <br> W.B. 101.1"; 3.8 Liter. | | | | | | |
| Coupe 2D | FP22K | 19035 | 2350 | 2575 | 3250 | 4650 |
| Convertible 2D | FP32K | 25760 | 3375 | 3700 | 4725 | 6625 |
| T-Bar Roof | | | 225 | 225 | 300 | 300 |
| RS | | | 100 | 100 | 135 | 135 |
| Manual, 5-Spd | | | (200) | (200) | (265) | (265) |
| **CAMARO—V8—Equipment Schedule 4** <br> W.B. 101.1"; 5.7 Liter. | | | | | | |
| Z28 Coupe 2D | FP22G | 23935 | 3475 | 3800 | 4875 | 6800 |
| Z28 Convertible 2D | FP32G | 29325 | 5025 | 5400 | 7100 | 9775 |
| T-Bar Roof | | | 225 | 225 | 300 | 300 |
| SS | | | 875 | 875 | 1165 | 1165 |
| **CORVETTE—V8—Equipment Schedule 2** <br> W.B. 104.5"; 5.7 Liter. | | | | | | |
| Coupe 2D | YY22G | 40475 | 6950 | 7400 | 8375 | 10400 |
| Z06 Hard Top 2D | YY12G | 47500 | 8800 | 9300 | 10500 | 13000 |
| Convertible 2D | YY32G | 47000 | 8450 | 8950 | 10100 | 12500 |
| Glass Roof Panel | | | 250 | 250 | 335 | 335 |
| Dual Roof Panels | | | 300 | 300 | 400 | 400 |
| Suspension Pkg | | | 200 | 200 | 265 | 265 |
| Z51 Handling | | | 200 | 200 | 265 | 265 |
| Manual, 6-Spd | | | 150 | 150 | 200 | 200 |

## 2002 CHEVROLET — (1or2)(GorY)1(SK528)-2-#

| Body Type | VIN | List | Trade-In Good | Trade-In Very Good | Pvt-Party Good | Retail Excellent |
|---|---|---|---|---|---|---|
| **PRIZM—4-Cyl.—Equipment Schedule 6** <br> W.B. 97.0"; 1.8 Liter. | | | | | | |
| Sedan 4D | SK528 | 14815 | 825 | 925 | 1650 | 2725 |
| LSi Sedan 4D | SK528 | 16880 | 950 | 1050 | 1725 | 2750 |
| **CAVALIER—4-Cyl.—Equipment Schedule 5** <br> W.B. 104.1"; 2.2 Liter, 2.4 Liter. | | | | | | |
| Sedan 4D | JC524 | 15280 | 875 | 975 | 1650 | 2650 |
| Coupe 2D | JC124 | 15180 | 850 | 950 | 1600 | 2600 |
| LS Sedan 4D | JF524 | 16330 | 1050 | 1150 | 1900 | 3050 |
| LS Coupe 2D | JS124 | 16230 | 1000 | 1100 | 1825 | 2925 |
| LS Sport Sedan 4D | JF52F | 17700 | 1200 | 1325 | 2125 | 3425 |
| LS Sport Coupe 2D | JS12F | 17600 | 1200 | 1325 | 2125 | 3425 |
| Z24 Sedan 4D | JH52T | 17900 | 1550 | 1700 | 2600 | 4075 |
| Z24 Coupe 2D | JF12T | 17800 | 2000 | 2200 | 3375 | 5275 |
| **MALIBU—V6—Equipment Schedule 5** <br> W.B. 107.0"; 3.1 Liter. | | | | | | |
| Sedan 4D | ND52J | 18120 | 2350 | 2575 | 3675 | 5525 |
| LS Sedan 4D | NE52J | 20325 | 2750 | 3050 | 4200 | 6225 |
| **IMPALA—V6—Equipment Schedule 4** <br> W.B. 110.5"; 3.4 Liter, 3.8 Liter. | | | | | | |
| Sedan 4D | WF52E | 20820 | 1275 | 1400 | 2050 | 3150 |
| LS Sedan 4D | WH52K | 24270 | 1750 | 1925 | 2800 | 4275 |
| **MONTE CARLO—V6—Equipment Schedule 4** <br> W.B. 110.5"; 3.4 Liter, 3.8 Liter. | | | | | | |
| LS Coupe 2D | WW12E | 20920 | 1375 | 1525 | 2200 | 3350 |

DEDUCT FOR RECONDITIONING

# 2002 CHEVROLET

| Body Type | VIN | List | Trade-In Good | Very Good | Pvt-Party Good | Retail Excellent |
|---|---|---|---|---|---|---|
| SS Coupe 2D | WX12K | 23470 | 2225 | 2450 | 3375 | 5025 |
| **CAMARO—V6—Equipment Schedule 4** | | | | | | |
| W.B. 101.1"; 3.8 Liter. | | | | | | |
| Coupe 2D | FP22K | 20640 | 2925 | 3225 | 3775 | 5175 |
| Convertible 2D | FP32K | 26650 | 4050 | 4400 | 5325 | 7175 |
| T-Bar Roof | | | 250 | 250 | 335 | 335 |
| RS | | | 100 | 100 | 135 | 135 |
| Manual, 5-Spd | | | (250) | (250) | (335) | (335) |
| **CAMARO—V8—Equipment Schedule 4** | | | | | | |
| W.B. 101.1"; 5.7 Liter. | | | | | | |
| Z28 Coupe 2D | FP22G | 24770 | 4250 | 4600 | 5550 | 7475 |
| Z28 Convertible 2D | FP32G | 30165 | 6050 | 6475 | 7975 | 10600 |
| T-Bar Roof | | | 250 | 250 | 335 | 335 |
| RS | | | 100 | 100 | 135 | 135 |
| 35th Anniversary | | | 1000 | 1000 | 1335 | 1335 |
| **CORVETTE—V8—Equipment Schedule 2** | | | | | | |
| W.B. 104.5"; 5.7 Liter. | | | | | | |
| Coupe 2D | YY22G | 41650 | 8150 | 8625 | 9250 | 11050 |
| Z06 Hard Top 2D | YY12G | 50350 | 9925 | 10450 | 11200 | 13300 |
| Convertible 2D | YY32G | 48175 | 9725 | 10250 | 11000 | 13050 |
| Glass Roof Panel | | | 250 | 250 | 335 | 335 |
| Dual Roof Panels | | | 300 | 300 | 400 | 400 |
| Suspension Pkg | | | 200 | 200 | 265 | 265 |
| Z51 Handling | | | 200 | 200 | 265 | 265 |
| Manual, 6-Spd | | | 150 | 150 | 200 | 200 |

## 2003 CHEVROLET — (1or2)G1(JC52F)-3-#

| Body Type | VIN | List | Good | Very Good | Good | Excellent |
|---|---|---|---|---|---|---|
| **CAVALIER—4-Cyl.—Equipment Schedule 5** | | | | | | |
| W.B. 104.1"; 2.2 Liter. | | | | | | |
| Sedan 4D | JC52F | 15520 | 1150 | 1275 | 1925 | 3000 |
| Coupe 2D | JC12F | 15370 | 1150 | 1275 | 1925 | 3000 |
| LS Sedan 4D | JF52F | 16920 | 1375 | 1525 | 2300 | 3575 |
| LS Coupe 2D | JF12F | 16770 | 1375 | 1525 | 2325 | 3650 |
| LS Sport Sedan 4D | JH52F | 18120 | 1525 | 1675 | 2475 | 3800 |
| LS Sport Coupe 2D | JH12F | 17970 | 1475 | 1625 | 2475 | 3850 |
| **MALIBU—V6—Equipment Schedule 5** | | | | | | |
| W.B. 107.0"; 3.1 Liter. | | | | | | |
| Sedan 4D | ND52J | 18290 | 2725 | 3025 | 4025 | 5900 |
| LS Sedan 4D | NE52J | 20575 | 3000 | 3300 | 4375 | 6375 |
| **IMPALA—V6—Equipment Schedule 4** | | | | | | |
| W.B. 110.5"; 3.4 Liter, 3.8 Liter. | | | | | | |
| Sedan 4D | WF52E | 21350 | 1825 | 2000 | 2775 | 4150 |
| LS Sedan 4D | WH52K | 24460 | 2200 | 2425 | 3300 | 4900 |
| **MONTE CARLO—V6—Equipment Schedule 4** | | | | | | |
| W.B. 110.5"; 3.4 Liter, 3.8 Liter. | | | | | | |
| LS Coupe 2D | WW12E | 21350 | 1700 | 1875 | 2525 | 3725 |
| SS Coupe 2D | WX12K | 23665 | 2450 | 2695 | 3525 | 5125 |
| **CORVETTE—V8—Equipment Schedule 2** | | | | | | |
| W.B. 104.5"; 5.7 Liter. | | | | | | |
| Coupe 2D | YY22G | 43895 | 9375 | 9900 | 10850 | 13150 |
| Z06 Hard Top 2D | YY12S | 51155 | 11000 | 11600 | 12750 | 15400 |
| Convertible 2D | YY32G | 50370 | 10800 | 11400 | 12550 | 15150 |
| 50th Anniversary | | | 2050 | 2050 | 2735 | 2735 |
| Glass Roof Panel | | | 250 | 250 | 335 | 335 |
| Dual Roof Panels | | | 300 | 300 | 400 | 400 |
| Suspension Pkg | | | 200 | 200 | 265 | 265 |
| Z51 Handling | | | 200 | 200 | 265 | 265 |
| Manual, 6-Spd | | | 150 | 150 | 200 | 200 |

## 2004 CHEVROLET — (1,2orK)(GorL)1(TD526)-4-#

| Body Type | VIN | List | Good | Very Good | Good | Excellent |
|---|---|---|---|---|---|---|
| **AVEO—4-Cyl.—Equipment Schedule 6** | | | | | | |
| W.B. 97.6"; 1.6 Liter. | | | | | | |
| SVM Sedan 4D | TD526 | 9995 | 925 | 1025 | 1525 | 2325 |
| SVM Hatchback 4D | TD626 | 9995 | 1025 | 1125 | 1650 | 2500 |
| Sedan 4D | TD526 | 11690 | 1425 | 1575 | 2275 | 3450 |
| Hatchback 4D | TD626 | 11690 | 1450 | 1600 | 2300 | 3500 |
| LS Sedan 4D | TJ526 | 12635 | 1550 | 1700 | 2425 | 3700 |
| LS Hatchback 4D | TJ626 | 13435 | 1750 | 1925 | 2700 | 4100 |
| **CAVALIER—4-Cyl.—Equipment Schedule 5** | | | | | | |
| W.B. 104.1"; 2.2 Liter. | | | | | | |
| Sedan 4D | JC52F | 15995 | 1350 | 1500 | 2275 | 3525 |
| Coupe 2D | JC12F | 15810 | 1375 | 1525 | 2250 | 3500 |

# 2004 CHEVROLET

| Body Type | VIN | List | Trade-In Good | Very Good | Pvt-Party Good | Retail Excellent |
|---|---|---|---|---|---|---|
| LS Sedan 4D | JF52F | 17230 | 1575 | 1725 | 2625 | 4100 |
| LS Coupe 2D | JF12F | 17030 | 1575 | 1725 | 2625 | 4100 |
| LS Sport Sedan 4D | JH52F | 18635 | 1725 | 1900 | 2850 | 4425 |
| LS Sport Coupe 2D | JH12F | 18435 | 1725 | 1900 | 2825 | 4375 |
| **CLASSIC—4-Cyl.**—Equipment Schedule 5 W.B. 107.0"; 2.2 Liter. | | | | | | |
| Sedan 4D | ND52F | 19380 | 2125 | 2325 | 3100 | 4550 |
| **MALIBU—4-Cyl.**—Equipment Schedule 5 W.B. 106.3"; 2.2 Liter. | | | | | | |
| Sedan 4D | ZS52F | 18995 | 2350 | 2575 | 3425 | 5000 |
| V6, 3.5 Liter | 8 | | 375 | 375 | 500 | 500 |
| **MALIBU—V6**—Equipment Schedule 5 W.B. 106.3", 112.3" (MAXX); 3.5 Liter. | | | | | | |
| MAXX Hatchback 4D | ZS638 | 21725 | 2650 | 2900 | 3825 | 5550 |
| LS Sedan 4D | ZT528 | 20995 | 3175 | 3475 | 4525 | 6525 |
| LS MAXX H'Back 4D | ZT638 | 22225 | 2750 | 3050 | 3950 | 5750 |
| LT Sedan 4D | ZU528 | 23495 | 3000 | 3300 | 4300 | 6200 |
| LT MAXX H'Back 4D | ZU668 | 24725 | 3050 | 3350 | 4375 | 6300 |
| **IMPALA—V6**—Equipment Schedule 4 W.B. 110.5"; 3.4 Liter, 3.8 Liter. | | | | | | |
| Sedan 4D | WF52E | 22150 | 2125 | 2325 | 3100 | 4550 |
| LS Sedan 4D | WH52K | 25000 | 2675 | 2925 | 3850 | 5575 |
| **IMPALA—V6 Supercharged**—Equipment Schedule 4 W.B. 110.5"; 3.8 Liter. | | | | | | |
| SS Sedan 4D | WP521 | 27995 | 3400 | 3725 | 5000 | 7150 |
| **MONTE CARLO—V6**—Equipment Schedule 4 W.B. 110.5"; 3.4 Liter, 3.8 Liter. | | | | | | |
| LS Coupe 2D | WW12E | 22075 | 2425 | 2650 | 3400 | 4900 |
| SS Coupe 2D | WX12K | 24225 | 3200 | 3500 | 4425 | 6275 |
| V6, Supercharged, 3.8L | | | 525 | 525 | 700 | 700 |
| **CORVETTE—V8**—Equipment Schedule 2 W.B. 104.5"; 5.7 Liter. | | | | | | |
| Coupe 2D | YY22G | 44535 | 10350 | 10900 | 12500 | 15500 |
| Z06 Hard Top 2D | YY12S | 52385 | 12000 | 12650 | 14400 | 17800 |
| Convertible 2D | YY32G | 51535 | 11800 | 12400 | 14150 | 17550 |
| Commemorative Ed | | | 475 | 475 | 635 | 635 |
| Glass Roof Panel | | | 250 | 250 | 335 | 335 |
| Dual Roof Panels | | | 300 | 300 | 400 | 400 |
| Suspension Pkg | | | 200 | 200 | 265 | 265 |
| Z51 Handling | | | 200 | 200 | 265 | 265 |
| Manual, 6-Spd | | | 150 | 150 | 200 | 200 |

# 2005 CHEVROLET—(1,2orK)(GorL)1(TD526)-5-#

| Body Type | VIN | List | Trade-In Good | Very Good | Pvt-Party Good | Retail Excellent |
|---|---|---|---|---|---|---|
| **AVEO—4-Cyl.**—Equipment Schedule 6 W.B. 97.6"; 1.6 Liter. | | | | | | |
| SVM Sedan 4D | TD526 | 9995 | 800 | 900 | 1475 | 2200 |
| SVM Hatchback 4D | TD626 | 9995 | 850 | 950 | 1550 | 2275 |
| LS Sedan 4D | TD526 | 12635 | 1450 | 1600 | 2375 | 3525 |
| LS Hatchback 4D | TD626 | 12635 | 1650 | 1825 | 2625 | 3875 |
| LT Sedan 4D | TG526 | 12760 | 1750 | 1950 | 2775 | 4075 |
| LT Hatchback 4D | TG626 | 13905 | 1800 | 2000 | 2825 | 4150 |
| **COBALT—4-Cyl.**—Equipment Schedule 5 W.B. 103.3"; 2.2 Liter. | | | | | | |
| Sedan 4D | AJ52F | 15040 | 2550 | 2800 | 3675 | 5200 |
| Coupe 2D | AJ12F | 15040 | 2650 | 2950 | 3800 | 5350 |
| LS Sedan 4D | AL52F | 17335 | 2775 | 3075 | 4075 | 5675 |
| LS Coupe 2D | AL12F | 17335 | 2875 | 3200 | 4200 | 5825 |
| LT Sedan 4D | AM52F | 18760 | 3025 | 3350 | 4350 | 6025 |
| **COBALT—4-Cyl. Supercharged**—Equipment Schedule 5 W.B. 103.3"; 2.0 Liter. | | | | | | |
| SS Coupe 2D | AP12P | 21995 | 4125 | 4475 | 5775 | 7900 |
| **CAVALIER—4-Cyl.**—Equipment Schedule 5 W.B. 104.1"; 2.2 Liter. | | | | | | |
| Sedan 4D | JC52F | 16025 | 1500 | 1675 | 2700 | 4175 |
| Coupe 2D | JC12F | 15825 | 1350 | 1500 | 2525 | 3925 |
| LS Sedan 4D | JF52F | 17705 | 1850 | 2050 | 3225 | 4925 |
| LS Coupe 2D | JF12F | 17505 | 1850 | 2050 | 3150 | 4775 |
| LS Sport Sedan 4D | JH52F | 19125 | 2025 | 2250 | 3375 | 5075 |
| LS Sport Coupe 2D | JH12F | 18925 | 1975 | 2175 | 3300 | 5000 |
| **CLASSIC—4-Cyl.**—Equipment Schedule 5 W.B. 107.0"; 2.2 Liter. | | | | | | |
| Sedan 4D | ND52F | 20130 | 3050 | 3350 | 4300 | 6000 |

# 2005 CHEVROLET

| Body Type | VIN | List | Trade-In Good | Trade-In Very Good | Pvt-Party Good | Retail Excellent |
|---|---|---|---|---|---|---|
| **MALIBU—4-Cyl.—Equipment Schedule 5** | | | | | | |
| W.B. 106.3"; 2.2 Liter. | | | | | | |
| Sedan 4D | ZS528 | 19710 | 3100 | 3400 | 4350 | 6075 |
| V6, 3.5 Liter | 8 | | 400 | 400 | 535 | 535 |
| **MALIBU—V6—Equipment Schedule 5** | | | | | | |
| W.B. 106.3", 112.3" (MAXX); 3.5 Liter. | | | | | | |
| MAXX Hatchback 4D | ZS628 | 21475 | 3300 | 3625 | 4625 | 6425 |
| LS Sedan 4D | ZT528 | 21775 | 3325 | 3650 | 4800 | 6675 |
| LS MAXX H'Back 4D | ZT628 | 21975 | 3475 | 3800 | 5000 | 6925 |
| LT Sedan 4D | ZU548 | 24570 | 3650 | 3975 | 5225 | 7225 |
| LT MAXX H'Back 4D | ZU648 | 25120 | 3750 | 4100 | 5350 | 7400 |
| **IMPALA—V6—Equipment Schedule 4** | | | | | | |
| W.B. 110.5"; 3.4 Liter, 3.8 Liter. | | | | | | |
| Sedan 4D | WF52E | 23130 | 2450 | 2700 | 3675 | 5300 |
| LS Sedan 4D | WH52K | 25990 | 2925 | 3250 | 4475 | 6375 |
| **IMPALA—V6 Supercharged—Equipment Schedule 4** | | | | | | |
| W.B. 110.5"; 3.8 Liter. | | | | | | |
| SS Sedan 4D | WP521 | 29085 | 4225 | 4575 | 6200 | 8725 |
| **MONTE CARLO—V6—Equipment Schedule 4** | | | | | | |
| W.B. 110.5"; 3.4 Liter, 3.8 Liter. | | | | | | |
| LS Coupe 2D | WW12E | 23060 | 3075 | 3375 | 4350 | 6075 |
| LT Coupe 2D | WX12K | 25220 | 3625 | 3950 | 5225 | 7250 |
| **MONTE CARLO—V6 Supercharged—Equipment Schedule 4** | | | | | | |
| W.B. 110.5"; 3.8 Liter. | | | | | | |
| SS Coupe 2D | WZ121 | 28885 | 4500 | 4875 | 6025 | 7875 |
| **CORVETTE—V8—Equipment Schedule 2** | | | | | | |
| W.B. 105.8"; 6.0 Liter. | | | | | | |
| Coupe 2D | YY22U | 44245 | 13850 | 14500 | 15800 | 18800 |
| Convertible 2D | YY34U | 52245 | 15300 | 16000 | 17400 | 20700 |
| Glass Roof Panel | | | 250 | 250 | 335 | 335 |
| Dual Roof Panels | | | 300 | 300 | 400 | 400 |
| Suspension Pkg | | | 200 | 200 | 265 | 265 |
| Z51 Handling | | | 200 | 200 | 265 | 265 |
| Manual, 6-Spd | | | 150 | 150 | 200 | 200 |

## 2006 CHEVY–(1,2,3orK)(GorL)(1orN)(TD526)–6–#

| Body Type | VIN | List | Good | Very Good | Good | Excellent |
|---|---|---|---|---|---|---|
| **AVEO—4-Cyl.—Equipment Schedule 6** | | | | | | |
| W.B. 97.6"; 1.6 Liter. | | | | | | |
| SVM Sedan 4D | TD526 | 9995 | 975 | 1100 | 1775 | 2600 |
| SVM Hatchback 4D | TD626 | 9995 | 1025 | 1150 | 1825 | 2700 |
| **AVEO—4-Cyl.—Equipment Schedule 6** | | | | | | |
| W.B. 97.6"; 1.6 Liter. | | | | | | |
| LS Sedan 4D | TD526 | 12760 | 1875 | 2075 | 2900 | 4225 |
| LS Hatchback 4D | TD626 | 12760 | 2050 | 2275 | 3150 | 4575 |
| LT Sedan 4D | TG526 | 13165 | 2350 | 2600 | 3550 | 5100 |
| LT Hatchback 4D | TG626 | 14180 | 2300 | 2550 | 3475 | 5025 |
| Manual, 5-Spd | | | (300) | (300) | (400) | (400) |
| **COBALT—4-Cyl.—Equipment Schedule 5** | | | | | | |
| W.B. 103.3"; 2.2 Liter, 2.4 Liter. | | | | | | |
| LS Sedan 4D | AK15F | 15340 | 2875 | 3200 | 4150 | 5725 |
| LS Coupe 2D | AK15F | 15340 | 2975 | 3300 | 4250 | 5850 |
| LT Sedan 4D | AL55F | 17640 | 3225 | 3550 | 4525 | 6175 |
| LT Coupe 2D | AL15F | 17640 | 3325 | 3650 | 4625 | 6300 |
| LTZ Sedan 4D | AZ55F | 18990 | 3675 | 4025 | 5025 | 6750 |
| SS Sedan 4D | AM55B | 19640 | 3925 | 4275 | 5275 | 7075 |
| SS Coupe 2D | AM15B | 19640 | 4125 | 4475 | 5500 | 7325 |
| **COBALT—4-Cyl. Supercharged—Equipment Schedule 5** | | | | | | |
| W.B. 103.3"; 2.0 Liter. | | | | | | |
| SS Coupe 2D | AP15P | 21990 | 4700 | 5075 | 6650 | 9025 |
| **HHR—4-Cyl.—Equipment Schedule 5** | | | | | | |
| W.B. 103.5"; 2.2 Liter. | | | | | | |
| LS Sport Wagon 4D | A13D | 16990 | 3700 | 4050 | 5000 | 6675 |
| LT Sport Wagon 4D | A23D | 17990 | 3925 | 4275 | 5225 | 6975 |
| 4-Cyl, 2.4 Liter | P | | 225 | 225 | 300 | 300 |
| **MALIBU—4-Cyl.—Equipment Schedule 5** | | | | | | |
| W.B. 106.3"; 2.2 Liter. | | | | | | |
| LT Sedan 4D | ZT55F | 19990 | 4000 | 4350 | 5425 | 7275 |
| V6, 3.5 Liter | 8 | | 425 | 425 | 565 | 565 |
| **MALIBU—V6—Equipment Schedule 5** | | | | | | |
| W.B. 106.3"; 3.5 Liter. | | | | | | |
| LS Sedan 4D | ZS558 | 17990 | 3900 | 4250 | 5300 | 7125 |
| 4-Cyl, 2.2 Liter | F | | (250) | (250) | (335) | (335) |

**EQUIPMENT & MILEAGE PAGE 9 TO 23**   79

# 2006 CHEVROLET

| Body Type | VIN | List | Trade-In Good | Very Good | Pvt-Party Good | Retail Excellent |
|---|---|---|---|---|---|---|
| **MALIBU—V6—Equipment Schedule 5** | | | | | | |
| W.B. 106.3", 112.3" (MAXX); 3.5 Liter, 3.9 Liter. | | | | | | |
| LS MAXX H'Back 4D | ZS658 | 20835 | 3925 | 4275 | 5325 | 7175 |
| LT MAXX H'Back 4D | ZT658 | 21650 | 4450 | 4800 | 5975 | 8000 |
| SS Sedan 4D | ZW571 | 24490 | 5250 | 5625 | 6950 | 9250 |
| SS MAXX H'Back 4D | ZW671 | 24690 | 5300 | 5700 | 7225 | 9600 |
| LTZ Sedan 4D | ZU578 | 24830 | 5050 | 5425 | 6700 | 8950 |
| LTZ MAXX H'Back 4D | ZU678 | 25380 | 5300 | 5700 | 7225 | 9600 |
| **IMPALA—V6—Equipment Schedule 4** | | | | | | |
| W.B. 110.5"; 3.5 Liter, 3.9 Liter. | | | | | | |
| LS Sedan 4D | WB55K | 21990 | 4100 | 4450 | 5550 | 7450 |
| LT Sedan 4D | WC551 | 22520 | 4350 | 4700 | 5850 | 7850 |
| LTZ Sedan 4D | WU551 | 27530 | 4925 | 5300 | 6775 | 9050 |
| **IMPALA—V8—Equipment Schedule 4** | | | | | | |
| W.B. 110.5"; 5.3 Liter. | | | | | | |
| SS Sedan 4D | WD55C | 27790 | 5950 | 6375 | 8100 | 10800 |
| **MONTE CARLO—V6—Equipment Schedule 4** | | | | | | |
| W.B. 110.5"; 3.5 Liter, 3.9 Liter. | | | | | | |
| LS Coupe 2D | WJ15K | 21990 | 3675 | 4025 | 5125 | 6975 |
| LT Coupe 2D | WK15K | 22520 | 4125 | 4475 | 5675 | 7700 |
| LTZ Coupe 2D | WN151 | 26635 | 4625 | 5000 | 6525 | 8800 |
| **MONTE CARLO—V8—Equipment Schedule 4** | | | | | | |
| W.B. 110.5"; 5.3 Liter. | | | | | | |
| SS Coupe 2D | WL15C | 27790 | 6000 | 6425 | 7650 | 9725 |
| **CORVETTE—V8—Equipment Schedule 5** | | | | | | |
| W.B. 105.7"; 6.0 Liter, 7.0 Liter. | | | | | | |
| Coupe 2D | YY22U | 47345 | 16550 | 17300 | 18350 | 21500 |
| Convertible 2D | YY32U | 53585 | 18000 | 18800 | 19950 | 23300 |
| Z06 Coupe 2D | YY25E | 65800 | 26100 | 27200 | 28600 | 33300 |
| Glass Roof Panel | | | 250 | 250 | 335 | 335 |
| Dual Roof Panels | | | 300 | 300 | 400 | 400 |
| Suspension Pkg | | | 200 | 200 | 265 | 265 |
| Z51 Handling | | | 200 | 200 | 265 | 265 |
| Manual, 6-Spd | | | 150 | 150 | 200 | 200 |

# 2007 CHEVY—(1,2,3orK)(GorL)(1orN)(TD566)-7-#

| Body Type | VIN | List | Trade-In Good | Very Good | Pvt-Party Good | Retail Excellent |
|---|---|---|---|---|---|---|
| **AVEO—4-Cyl.—Equipment Schedule 6** | | | | | | |
| W.B. 97.6"; 1.6 Liter. | | | | | | |
| LS Sedan 4D | TD566 | 13165 | 2650 | 2950 | 3800 | 5350 |
| LT Sedan 4D | TG566 | 13470 | 3075 | 3375 | 4350 | 6075 |
| Manual, 5-Spd | | | (300) | (300) | (400) | (400) |
| **AVEO5—4-Cyl.—Equipment Schedule 6** | | | | | | |
| W.B. 97.6"; 1.6 Liter. | | | | | | |
| SVM Hatchback 4D | TD666 | 10045 | 1625 | 1800 | 2475 | 3575 |
| LS Hatchback 4D | TD666 | 12515 | 2300 | 2550 | 3350 | 4750 |
| Automatic | | | 300 | 300 | 400 | 400 |
| **COBALT—4-Cyl.—Equipment Schedule 5** | | | | | | |
| W.B. 103.3"; 2.2 Liter, 2.4 Liter. | | | | | | |
| LS Sedan 4D | AK55F | 14515 | 3600 | 3925 | 4850 | 6500 |
| LS Coupe 2D | AK15F | 14515 | 3700 | 4050 | 4975 | 6625 |
| LT Sedan 4D | AL55F | 15635 | 3950 | 4300 | 5225 | 6925 |
| LT Coupe 2D | AL15F | 15635 | 4250 | 4600 | 5550 | 7300 |
| SS Sedan 4D | AM52B | 19920 | 4900 | 5275 | 6225 | 8075 |
| SS Coupe 2D | AM15B | 19920 | 5250 | 5625 | 6575 | 8500 |
| Manual, 5-Spd | | | (425) | (425) | (565) | (565) |
| **COBALT—4-Cyl.—Equipment Schedule 5** | | | | | | |
| W.B. 103.3"; 2.2 Liter. | | | | | | |
| LTZ Sedan 4D | AZ55F | 18790 | 4450 | 4800 | 5750 | 7550 |
| **COBALT—4-Cyl. Supercharged—Equipment Schedule 5** | | | | | | |
| W.B. 103.3"; 2.0 Liter. | | | | | | |
| SS Coupe 2D | AP18P | 21465 | 5425 | 5825 | 7300 | 9675 |
| **HHR—4-Cyl.—Equipment Schedule 5** | | | | | | |
| W.B. 103.5"; 2.2 Liter. | | | | | | |
| LS Sport Wagon 4D | A13D | 17470 | 4400 | 4750 | 5775 | 7650 |
| LS Panel Sport Wag 2D | A15D | 17750 | 4500 | 4875 | 5900 | 7775 |
| LT Sport Wagon 4D | A23D | 18470 | 4625 | 5000 | 6025 | 7950 |
| LT Panel Sport Wag 2D | A25P | 19595 | 4725 | 5100 | 6125 | 8075 |
| Manual, 5-Spd | | | (425) | (425) | (565) | (565) |
| 4-Cyl, 2.4L (ex LT Panel) | P | | 250 | 250 | 335 | 335 |
| **MALIBU—4-Cyl.—Equipment Schedule 5** | | | | | | |
| W.B. 106.3"; 2.2 Liter. | | | | | | |
| LT Sedan 4D | ZT58N | 18930 | 4775 | 5150 | 6150 | 8050 |
| V6, 3.5 Liter | N | | 475 | 475 | 635 | 635 |

# 2007 CHEVROLET

| Body Type | VIN | List | Trade-In Good | Very Good | Pvt-Party Good | Retail Excellent |
|---|---|---|---|---|---|---|
| **MALIBU—V6**—Equipment Schedule 5 | | | | | | |
| W.B. 106.3"; 3.5 Liter. | | | | | | |
| LS Sedan 4D | ZS58N | 17495 | 4675 | 5050 | 6025 | 7900 |
| 4-Cyl, 2.2 Liter | F | | (250) | (250) | (335) | (335) |
| **MALIBU—V6**—Equipment Schedule 5 | | | | | | |
| W.B. 106.3", 112.3" (MAXX); 3.5 Liter, 3.9 Liter. | | | | | | |
| LS MAXX H'Back 4D | ZS68N | 20385 | 4850 | 5225 | 6250 | 8175 |
| LT MAXX H'Back 4D | ZT68N | 21130 | 5275 | 5650 | 6750 | 8800 |
| SS Sedan 4D | ZW571 | 23965 | 6025 | 6450 | 7825 | 10200 |
| SS MAXX H'Back 4D | ZW671 | 24265 | 6250 | 6675 | 8100 | 10500 |
| LTZ Sedan 4D | ZU57N | 24170 | 5700 | 6100 | 7450 | 9700 |
| LTZ MAXX H'Back 4D | ZU67N | 24470 | 6250 | 6675 | 8100 | 10500 |
| **IMPALA—V6**—Equipment Schedule 4 | | | | | | |
| W.B. 110.5"; 3.5 Liter, 3.9 Liter. | | | | | | |
| LS Sedan 4D | WB55K | 21445 | 5150 | 5525 | 6525 | 8450 |
| LT Sedan 4D | WT55K | 22125 | 5400 | 5800 | 6825 | 8825 |
| LTZ Sedan 4D | WU551 | 26935 | 6375 | 6800 | 8150 | 10500 |
| **IMPALA—V8**—Equipment Schedule 4 | | | | | | |
| W.B. 110.5"; 5.3 Liter. | | | | | | |
| SS Sedan 4D | WD55C | 28540 | 7200 | 7675 | 9225 | 11850 |
| **MONTE CARLO—V6**—Equipment Schedule 5 | | | | | | |
| W.B. 110.5"; 3.5 Liter. | | | | | | |
| LS Coupe 2D | WJ15K | 21515 | 4675 | 5050 | 6250 | 8350 |
| LT Coupe 2D | WK15K | 23125 | 5200 | 5575 | 6875 | 9175 |
| **MONTE CARLO—V8**—Equipment Schedule 5 | | | | | | |
| W.B. 110.5"; 5.3 Liter. | | | | | | |
| SS Coupe 2D | WL15C | 28240 | 7900 | 8375 | 9600 | 11950 |
| **CORVETTE—V8**—Equipment Schedule 2 | | | | | | |
| W.B. 105.7"; 6.0 Liter, 7.0 Liter. | | | | | | |
| Coupe 2D | YY25U | 46245 | 17800 | 18600 | 19400 | 22500 |
| Convertible 2D | YY36U | 54320 | 19500 | 20400 | 21200 | 24600 |
| Z06 Coupe 2D | YY25E | 70000 | 27500 | 28600 | 29600 | 34100 |
| Glass Roof Panel | | | 250 | 250 | 335 | 335 |
| Dual Roof Panels | | | 300 | 300 | 400 | 400 |
| Suspension Pkg | | | 200 | 200 | 265 | 265 |
| Z51 Handling | | | 200 | 200 | 265 | 265 |
| Indy Pace Car Pkg | | | 1150 | 1150 | 1535 | 1535 |
| Manual, 6-Spd | | | 150 | 150 | 200 | 200 |

## 2008 CHEVY — (1,2,3orK)(GorL)(1orN)(TD566)-8-#

| Body Type | VIN | List | Trade-In Good | Very Good | Pvt-Party Good | Retail Excellent |
|---|---|---|---|---|---|---|
| **AVEO—4-Cyl.**—Equipment Schedule 6 | | | | | | |
| W.B. 97.6"; 1.6 Liter. | | | | | | |
| LS Sedan 4D | TD566 | 15255 | 3225 | 3550 | 4525 | 6175 |
| LT Sedan 4D | TG566 | 15180 | 3775 | 4125 | 5200 | 7050 |
| Manual, 5-Spd w/Overdrive | | | (375) | (375) | (500) | (500) |
| **AVEO5—4-Cyl.**—Equipment Schedule 6 | | | | | | |
| W.B. 97.6"; 1.6 Liter. | | | | | | |
| SVM Hatchback 4D | TD666 | 10610 | 1975 | 2175 | 2825 | 3950 |
| **AVEO5—4-Cyl.**—Equipment Schedule 6 | | | | | | |
| W.B. 97.6"; 1.6 Liter. | | | | | | |
| LS Hatchback 4D | TD666 | 13620 | 3275 | 3600 | 4425 | 6050 |
| Manual, 5-Spd w/Overdrive | | | (375) | (375) | (500) | (500) |
| **COBALT—4-Cyl.**—Equipment Schedule 5 | | | | | | |
| W.B. 103.3"; 2.2 Liter, 2.4 Liter. | | | | | | |
| LS Sedan 4D | AK58F | 15215 | 4225 | 4575 | 5475 | 7175 |
| LS Coupe 2D | AK18F | 15215 | 4325 | 4675 | 5575 | 7300 |
| LT Sedan 4D | AL58F | 15915 | 4700 | 5075 | 5975 | 7775 |
| LT Coupe 2D | AL18F | 15915 | 4800 | 5175 | 6075 | 7875 |
| Sport Sedan 4D | AM58B | 20540 | 5450 | 5850 | 6925 | 8850 |
| Sport Coupe 2D | AM18B | 20540 | 5750 | 6150 | 7250 | 9200 |
| Manual, 5-Spd | | | (450) | (450) | (600) | (600) |
| **COBALT—4-Cyl. Turbo**—Equipment Schedule 5 | | | | | | |
| W.B. 103.3"; 2.0 Liter. | | | | | | |
| SS Coupe 2D | AP18X | 22995 | 7075 | 7525 | 9025 | 11650 |
| **HHR—4-Cyl.**—Equipment Schedule 5 | | | | | | |
| W.B. 103.5"; 2.2 Liter. | | | | | | |
| LS Sport Wagon 4D | A13D | 17795 | 5025 | 5425 | 6550 | 8450 |
| LS Panel Sport Wag 2D | A15D | 18095 | 5125 | 5525 | 6675 | 8600 |
| LT Sport Wagon 4D | A23D | 18795 | 5425 | 5825 | 7025 | 9075 |
| LT Panel Sport Wag 2D | A25D | 19095 | 5525 | 5925 | 7150 | 9225 |
| Manual, 5-Spd | 3 | | (450) | (450) | (600) | (600) |
| 4-Cyl, 2.4 Liter | P | | 250 | 250 | 335 | 335 |

0414     **EQUIPMENT & MILEAGE PAGE 9 TO 23**     81

# 2008 CHEVROLET

| Body Type | VIN | List | Trade-In Good | Very Good | Pvt-Party Good | Retail Excellent |
|---|---|---|---|---|---|---|
| **HHR—4-Cyl. Turbo**—Equipment Schedule 5 | | | | | | |
| W.B. 103.5"; 2.0 Liter. | | | | | | |
| SS Sport Wagon 4D | A83X | 22995 | 8700 | 9200 | 10950 | 14000 |
| Manual, 5-Spd | | | (450) | (450) | (600) | (600) |
| **MALIBU CLASSIC—4-Cyl.**—Equipment Schedule 5 | | | | | | |
| W.B. 106.3"; 2.2 Liter. | | | | | | |
| LS Sedan 4D | ZS58F | 18495 | 4050 | 4400 | 5125 | 6575 |
| V6, 3.5 Liter | N | | 500 | 500 | 665 | 665 |
| **MALIBU CLASSIC—V6**—Equipment Schedule 5 | | | | | | |
| W.B. 106.3"; 3.5 Liter. | | | | | | |
| LT Sedan 4D | ZT58N | 20880 | 4850 | 5225 | 6025 | 7725 |
| **MALIBU—4-Cyl.**—Equipment Schedule 4 | | | | | | |
| W.B. 112.3"; 2.4 Liter. | | | | | | |
| LS Sedan 4D | ZG58B | 19995 | 6425 | 6850 | 7900 | 9875 |
| LT Sedan 4D | ZH58B | 20955 | 7175 | 7650 | 8900 | 11200 |
| V6, 3.5 Liter | N | | 400 | 400 | 535 | 535 |
| V6, 3.6 Liter | 7 | | 800 | 800 | 1065 | 1065 |
| **MALIBU—4-Cyl. Hybrid**—Equipment Schedule 4 | | | | | | |
| W.B. 112.3"; 2.4 Liter. | | | | | | |
| Sedan 4D | ZF585 | 22790 | 7725 | 8200 | 9525 | 11950 |
| **MALIBU—V6**—Equipment Schedule 4 | | | | | | |
| W.B. 112.3"; 3.6 Liter. | | | | | | |
| LTZ Sedan 4D | ZK587 | 26995 | 8450 | 8950 | 10350 | 12950 |
| **IMPALA—V6**—Equipment Schedule 4 | | | | | | |
| W.B. 110.5"; 3.9 Liter. | | | | | | |
| LS Sedan 4D | WB55K | 21940 | 6100 | 6525 | 7650 | 9700 |
| LT Sedan 4D | WT55K | 22550 | 6375 | 6800 | 7975 | 10100 |
| LT 50th Anniv Ed Sed | WV55K | 25995 | 7000 | 7450 | 8775 | 11100 |
| LTZ Sedan 4D | WU553 | 27515 | 7575 | 8050 | 9425 | 11900 |
| **IMPALA—V8**—Equipment Schedule 4 | | | | | | |
| W.B. 110.5"; 5.3 Liter. | | | | | | |
| SS Sedan 4D | WD55C | 28920 | 8450 | 8950 | 10400 | 13150 |
| **CORVETTE—V8**—Equipment Schedule 2 | | | | | | |
| W.B. 105.7"; 6.2 Liter, 7.0 Liter. | | | | | | |
| Coupe 2D | YY25W | 47245 | 19950 | 20800 | 21400 | 24400 |
| Convertible 2D | YY36W | 55585 | 22700 | 23700 | 24200 | 27600 |
| Z06 Coupe 2D | YY25E | 71000 | 31200 | 32400 | 33000 | 37600 |
| Glass Roof Panel | | | 275 | 275 | 365 | 365 |
| Dual Roof Panels | | | 350 | 350 | 465 | 465 |
| Suspension Pkg | | | 250 | 250 | 335 | 335 |
| Z51 Handling | | | 250 | 250 | 335 | 335 |
| Indy Pace Car Pkg | | | 1200 | 1200 | 1600 | 1600 |
| 4LT | | | 1800 | 1800 | 2400 | 2400 |
| Manual, 6-Spd | | | 175 | 175 | 235 | 235 |

# 2009 CHEVY — (1,2,3orK)(GorL)(1orN)(TD56E)-9-#

| Body Type | VIN | List | Trade-In Good | Very Good | Pvt-Party Good | Retail Excellent |
|---|---|---|---|---|---|---|
| **AVEO—4-Cyl.**—Equipment Schedule 6 | | | | | | |
| W.B. 97.6"; 1.6 Liter. | | | | | | |
| LS Sedan 4D | TD56E | 12120 | 3725 | 4075 | 4975 | 6600 |
| **AVEO—4-Cyl.**—Equipment Schedule 6 | | | | | | |
| W.B. 97.6"; 1.6 Liter. | | | | | | |
| LT Sedan 4D | TG56E | 15180 | 4600 | 4975 | 6025 | 7950 |
| Manual, 5-Spd w/Overdrive | | | (400) | (400) | (535) | (535) |
| **AVEO5—4-Cyl.**—Equipment Schedule 6 | | | | | | |
| W.B. 97.6"; 1.6 Liter. | | | | | | |
| LS Hatchback 4D | TD66E | 12120 | 3725 | 4075 | 4975 | 6600 |
| **AVEO5—4-Cyl.**—Equipment Schedule 6 | | | | | | |
| W.B. 97.6"; 1.6 Liter. | | | | | | |
| LT Hatchback 4D | TG66E | 14255 | 4175 | 4525 | 5500 | 7300 |
| Automatic, 4-Spd | | | 400 | 400 | 535 | 535 |
| **COBALT—4-Cyl.**—Equipment Schedule 5 | | | | | | |
| W.B. 103.3"; 2.2 Liter. | | | | | | |
| XFE Sedan 4D | AK58H | 15710 | 4650 | 5025 | 5825 | 7500 |
| XFE Coupe 2D | AK18H | 15710 | 4600 | 4975 | 5775 | 7425 |
| LS XFE Sedan 4D | AK58H | 15670 | 4550 | 4925 | 5725 | 7350 |
| LS XFE Coupe 2D | AK18H | 15670 | 4500 | 4875 | 5650 | 7275 |
| LT XFE Sedan 4D | AL58H | 16370 | 5250 | 5625 | 6525 | 8375 |
| LT XFE Coupe 2D | AL18H | 16370 | 5225 | 5625 | 6700 | 8575 |
| **COBALT—4-Cyl.**—Equipment Schedule 5 | | | | | | |
| W.B. 103.3"; 2.2 Liter. | | | | | | |
| LS Sedan 4D | AS58H | 16595 | 5350 | 5750 | 6625 | 8500 |
| LS Coupe 2D | AS18H | 16595 | 5325 | 5725 | 6800 | 8700 |
| LT Sedan 4D | AT58H | 17295 | 5525 | 5925 | 7000 | 8925 |

**DEDUCT FOR RECONDITIONING**

# 2009 CHEVROLET

| Body Type | VIN | List | Trade-In Good | Very Good | Pvt-Party Good | Retail Excellent |
|---|---|---|---|---|---|---|
| LT Coupe 2D | AT18H | 17295 | 5625 | 6025 | 7100 | 9025 |
| Manual, 5-Spd | | | (475) | (475) | (635) | (635) |
| **COBALT—4-Cyl. Turbo**—Equipment Schedule 5 | | | | | | |
| W.B. 103.3"; 2.0 Liter. | | | | | | |
| SS Sedan 4D | AP58X | 23435 | 8400 | 8900 | 10450 | 13250 |
| SS Coupe 2D | AP18X | 23435 | 8500 | 9000 | 10050 | 12300 |
| **HHR—4-Cyl.**—Equipment Schedule 5 | | | | | | |
| W.B. 103.5"; 2.2 Liter. | | | | | | |
| LS Sport Wagon 4D | A13D | 19590 | 5725 | 6125 | 7125 | 8975 |
| LS Panel Sport Wag 2D | A15D | 19900 | 5825 | 6250 | 7250 | 9150 |
| LT Sport Wagon 4D | A23D | 20590 | 6275 | 6700 | 7750 | 9775 |
| LT Panel Sport Wag 2D | A25D | 20900 | 6375 | 6800 | 7875 | 9925 |
| Manual, 5-Spd | | | (475) | (475) | (635) | (635) |
| 4-Cyl, 2.4 Liter | P | | 275 | 275 | 365 | 365 |
| **HHR—4-Cyl. Turbo**—Equipment Schedule 5 | | | | | | |
| W.B. 103.5"; 2.0 Liter. | | | | | | |
| SS Sport Wagon 4D | A83X | 25490 | 9825 | 10350 | 11850 | 14700 |
| SS Panel Sport Wag 2D | A83X | 25810 | 10550 | 11100 | 12750 | 15900 |
| Manual, 5-Spd | | | (475) | (475) | (635) | (635) |
| **MALIBU—4-Cyl.**—Equipment Schedule 4 | | | | | | |
| W.B. 112.3"; 2.4 Liter. | | | | | | |
| LS Sedan 4D | ZG57B | 22090 | 7625 | 8100 | 9175 | 11300 |
| LT Sedan 4D | ZH57B | 22930 | 8100 | 8600 | 9700 | 11950 |
| LTZ Sedan 4D | ZK57B | 27365 | 9350 | 9875 | 11100 | 13650 |
| V6, 3.5 Liter | N | | 425 | 425 | 565 | 565 |
| V6, 3.6 Liter | 7 | | 850 | 850 | 1135 | 1135 |
| **MALIBU—4-Cyl. Hybrid**—Equipment Schedule 4 | | | | | | |
| W.B. 112.3"; 2.4 Liter. | | | | | | |
| Sedan 4D | ZF575 | 26040 | 8975 | 9475 | 10700 | 13150 |
| **IMPALA—V6**—Equipment Schedule 4 | | | | | | |
| W.B. 110.5"; 3.5 Liter, 3.9 Liter. | | | | | | |
| LS Sedan 4D | WB55K | 23795 | 7175 | 7650 | 8725 | 10800 |
| LT Sedan 4D | WT55K | 24650 | 7450 | 7925 | 9025 | 11200 |
| LTZ Sedan 4D | WU553 | 29635 | 8925 | 9425 | 10700 | 13250 |
| **IMPALA—V8**—Equipment Schedule 4 | | | | | | |
| W.B. 110.5"; 5.3 Liter. | | | | | | |
| SS Sedan 4D | WD55C | 31140 | 10300 | 10850 | 12250 | 15100 |
| **CORVETTE—V8**—Equipment Schedule 2 | | | | | | |
| W.B. 105.7"; 6.2 Liter, 7.0 Liter. | | | | | | |
| Coupe 2D | YY25W | 49145 | 22900 | 23900 | 24400 | 27800 |
| Convertible 2D | YY36W | 53800 | 25600 | 26700 | 27300 | 31100 |
| Z06 Coupe 2D | YZ25E | 74955 | 36300 | 37600 | 38300 | 43500 |
| Glass Roof Panel | | | 300 | 300 | 400 | 400 |
| Dual Roof Panels | | | 400 | 400 | 535 | 535 |
| 4LT | | | 1850 | 1850 | 2465 | 2465 |
| Hertz Special Ed | | | 725 | 725 | 965 | 965 |
| Suspension Pkg | | | 275 | 275 | 365 | 365 |
| Z51 Handling Pkg | | | 275 | 275 | 365 | 365 |
| Manual, 6-Spd | | | 200 | 200 | 265 | 265 |
| **CORVETTE—V8 Supercharged**—Equipment Schedule 2 | | | | | | |
| W.B. 105.7"; 6.2 Liter. | | | | | | |
| ZR1 Coupe 2D | YR25R | 105000 | **** | **** | **** | 75500 |

# 2010 CHEVY — (1,2,3,6orK)(GorL)(1orN)(TD5DE)-A-#

| Body Type | VIN | List | Good | Very Good | Good | Excellent |
|---|---|---|---|---|---|---|
| **AVEO—4-Cyl.**—Equipment Schedule 6 | | | | | | |
| W.B. 97.6"; 1.6 Liter. | | | | | | |
| LS Sedan 4D | TD5DE | 12685 | 4950 | 5325 | 6275 | 7975 |
| **AVEO—4-Cyl.**—Equipment Schedule 6 | | | | | | |
| W.B. 97.6"; 1.6 Liter. | | | | | | |
| LT Sedan 4D | TD5DE | 15895 | 5775 | 6175 | 7225 | 9125 |
| Manual, 5-Spd w/Overdrive | | | (500) | (500) | (665) | (665) |
| **AVEO5—4-Cyl.**—Equipment Schedule 6 | | | | | | |
| W.B. 97.6"; 1.6 Liter. | | | | | | |
| LS Hatchback 4D | TD6DE | 12685 | 5000 | 5400 | 6350 | 8025 |
| **AVEO5—4-Cyl.**—Equipment Schedule 6 | | | | | | |
| W.B. 97.6"; 1.6 Liter. | | | | | | |
| LT Hatchback 4D | TD6DE | 15745 | 5975 | 6400 | 7450 | 9400 |
| Manual, 5-Spd w/Overdrive | | | (500) | (500) | (665) | (665) |
| **COBALT—4-Cyl.**—Equipment Schedule 5 | | | | | | |
| W.B. 103.3"; 2.2 Liter. | | | | | | |
| XFE Sedan 4D | AK58H | 15710 | 5475 | 5875 | 6725 | 8400 |
| XFE Coupe 2D | AK18H | 15710 | 5325 | 5725 | 6500 | 8025 |
| LS XFE Sedan 4D | AA5F5 | 16390 | 5675 | 6075 | 6950 | 8650 |

EQUIPMENT & MILEAGE PAGE 9 TO 23

# 2010 CHEVROLET

| Body Type | VIN | List | Trade-In Good | Very Good | Pvt-Party Good | Retail Excellent |
|---|---|---|---|---|---|---|
| LS XFE Coupe 2D | AA1F5 | 16390 | 5625 | 6025 | 6900 | 8600 |
| LT XFE Sedan 4D | AC5F5 | 17190 | 6300 | 6725 | 7650 | 9500 |
| LT XFE Coupe 2D | AC1F5 | 17190 | 6650 | 7100 | 8050 | 10000 |

**COBALT—4-Cyl.—Equipment Schedule 5**
W.B. 103.3"; 2.2 Liter.

| | | | | | | |
|---|---|---|---|---|---|---|
| LS Sedan 4D | AB5F5 | 16390 | 5700 | 6100 | 6975 | 8700 |
| LS Coupe 2D | AB1F5 | 16390 | 6075 | 6500 | 7400 | 9200 |

**COBALT—4-Cyl.—Equipment Schedule 5**
W.B. 103.3"; 2.2 Liter.

| | | | | | | |
|---|---|---|---|---|---|---|
| LT Sedan 4D | AD5F5 | 17190 | 6850 | 7300 | 8275 | 10250 |
| LT Coupe 2D | AD1F5 | 17190 | 7000 | 7450 | 8450 | 10450 |
| Manual, 5-Spd | | | (525) | (525) | (700) | (700) |

**COBALT—4-Cyl. Turbo—Equipment Schedule 5**
W.B. 103.3"; 2.0 Liter.

| | | | | | | |
|---|---|---|---|---|---|---|
| SS Coupe 2D | AG1FX | 25255 | 11250 | 11850 | 12800 | 15250 |

**HHR—4-Cyl.—Equipment Schedule 5**
W.B. 103.5"; 2.2 Liter.

| | | | | | | |
|---|---|---|---|---|---|---|
| LS Sport Wagon 4D | AADB | 20440 | 6800 | 7250 | 8300 | 10300 |
| LS Panel Sport Wag 2D | AADB | 20750 | 7100 | 7550 | 8625 | 10700 |
| LT Sport Wagon 4D | ABDB | 21440 | 7400 | 7875 | 8950 | 11100 |
| LT Panel Sport Wag 2D | ABDB | 21750 | 7450 | 7925 | 9000 | 11150 |
| 4-Cyl, Flex Fuel, 2.4L | V | | (525) | (525) | (700) | (700) |
| | | | 300 | 300 | 400 | 400 |

**HHR—4-Cyl. Turbo—Equipment Schedule 5**
W.B. 103.5"; 2.0 Liter.

| | | | | | | |
|---|---|---|---|---|---|---|
| SS Sport Wagon 4D | ADDM | 26975 | 10750 | 11300 | 12850 | 15800 |
| Manual, 5-Spd | | | (525) | (525) | (700) | (700) |

**MALIBU—4-Cyl.—Equipment Schedule 4**
W.B. 112.3"; 2.4 Liter.

| | | | | | | |
|---|---|---|---|---|---|---|
| LS Sedan 4D | ZB5EB | 22545 | 8475 | 8975 | 10000 | 12200 |
| LT Sedan 4D | ZC5EB | 23435 | 8975 | 9475 | 10600 | 12900 |
| LTZ Sedan 4D | ZE5E7 | 27325 | 10100 | 10650 | 11800 | 14400 |
| V6, 3.6 Liter | 7 | | 900 | 900 | 1200 | 1200 |

**IMPALA—V6—Equipment Schedule 4**
W.B. 110.5"; 3.5 Liter, 3.9 Liter.

| | | | | | | |
|---|---|---|---|---|---|---|
| LS Sedan 4D | WA5EK | 24715 | 8050 | 8550 | 9550 | 11700 |
| LT Sedan 4D | WB5EK | 25880 | 8300 | 8800 | 9825 | 12050 |
| LTZ Sedan 4D | WC5EM | 30455 | 9875 | 10400 | 11600 | 14150 |

**CAMARO—V6—Equipment Schedule 4**
W.B. 112.3"; 3.6 Liter.

| | | | | | | |
|---|---|---|---|---|---|---|
| LS Coupe 2D | FE1EV | 23990 | 13750 | 14400 | 15100 | 17450 |
| LT Coupe 2D | FF1EV | 25625 | 15550 | 16250 | 16950 | 19600 |
| RS | | | 1300 | 1300 | 1735 | 1735 |

**CAMARO—V8—Equipment Schedule 4**
W.B. 112.3"; 6.2 Liter.

| | | | | | | |
|---|---|---|---|---|---|---|
| SS Coupe 2D | FS1EW | 31990 | 19900 | 20800 | 21500 | 24800 |

**CORVETTE—V8—Equipment Schedule 2**
W.B.105.7"; 6.2 Liter, 7.0 Liter.

| | | | | | | |
|---|---|---|---|---|---|---|
| Coupe 2D | YE2DW | 49880 | 25000 | 26000 | 26200 | 29600 |
| Convertible 2D | YE3DW | 54530 | 28200 | 29300 | 29600 | 33400 |
| Grand Sport Cpe 2D | YP2DW | 55720 | 31100 | 32300 | 32500 | 36600 |
| Grand Sport Conv 2D | YP3DW | 59530 | 33800 | 35100 | 35300 | 39700 |
| Z06 Coupe 2D | YJ2DE | 75235 | 39900 | 41400 | 41500 | 46600 |
| Glass Roof Panel | | | 325 | 325 | 435 | 435 |
| Dual Roof Panels | | | 325 | 325 | 435 | 435 |
| Heritage | | | 450 | 450 | 600 | 600 |
| 4LT | | | 1500 | 1500 | 2000 | 2000 |
| Suspension Pkg | | | 1900 | 1900 | 2535 | 2535 |
| Manual, 6-Spd | | | 300 | 300 | 400 | 400 |
| | | | 225 | 225 | 300 | 300 |

**CORVETTE—V8 Supercharged—Equipment Schedule 2**
W.B. 105.7"; 6.2 Liter.

| | | | | | | |
|---|---|---|---|---|---|---|
| ZR1 Coupe 2D | YM2DT | 109130 | **** | **** | **** | 82200 |

# 2011 CHEVY — (1,2,3,6orK)(G1,GAorL1)(TD5DG)–B–#

**AVEO—4-Cyl.—Equipment Schedule 6**
W.B. 97.6"; 1.6 Liter.

| | | | | | | |
|---|---|---|---|---|---|---|
| LS Sedan 4D | TD5DG | 12685 | 6100 | 6525 | 7375 | 9125 |

**AVEO—4-Cyl.—Equipment Schedule 6**
W.B. 97.6"; 1.6 Liter.

| | | | | | | |
|---|---|---|---|---|---|---|
| LT Sedan 4D | TD5DG | 15745 | 6825 | 7275 | 8275 | 10200 |
| Manual, 5-Spd w/Overdrive | | | (500) | (500) | (665) | (665) |

**AVEO5—4-Cyl.—Equipment Schedule 6**
W.B. 97.6"; 1.6 Liter.

**DEDUCT FOR RECONDITIONING**

# 2011 CHEVROLET

| Body Type | VIN | List | Trade-In Good | Very Good | Pvt-Party Good | Retail Excellent |
|---|---|---|---|---|---|---|
| LS Hatchback 4D | TD6DG | 12835 | 6150 | 6575 | 7425 | 9200 |
| **AVEO5—4-Cyl.—Equipment Schedule 6** | | | | | | |
| W.B. 97.6"; 1.6 Liter. | | | | | | |
| LT Hatchback 4D | TD6DG | 15745 | 6875 | 7325 | 8325 | 10250 |
| Manual, 5-Spd w/Overdrive | | | (500) | (500) | (665) | (665) |
| **CRUZE—4-Cyl.—Equipment Schedule 6** | | | | | | |
| W.B. 105.7"; 1.8 Liter. | | | | | | |
| LS Sedan 4D | PB5SH | 17920 | 9300 | 9825 | 10700 | 12800 |
| Manual, 6-Spd w/Overdrive | B | | (500) | (500) | (665) | (665) |
| **CRUZE—4-Cyl. Turbo—Equipment Schedule 6** | | | | | | |
| W.B. 105.7"; 1.4 Liter. | | | | | | |
| LT Sedan 4D | PF5S9 | 18895 | 10000 | 10550 | 11450 | 13700 |
| LTZ Sedan 4D | PH5S9 | 22695 | 11400 | 12000 | 13050 | 15550 |
| **CRUZE—4-Cyl. Turbo—Equipment Schedule 6** | | | | | | |
| W.B. 105.7"; 1.4 Liter. | | | | | | |
| eco Sedan 4D | PK5S9 | 19820 | 10650 | 11200 | 12150 | 14500 |
| Manual, 6-Spd w/Overdrive | K | | (500) | (500) | (665) | (665) |
| **VOLT—AC Electric—Equipment Schedule 3** | | | | | | |
| W.B. 105.7". | | | | | | |
| Sedan 4D | RC6S4 | 41000 | 16600 | 17350 | 18000 | 20600 |
| **HHR—4-Cyl.—Equipment Schedule 5** | | | | | | |
| W.B. 103.5"; 2.2 Liter. | | | | | | |
| LS Sport Wagon 4D | AEFW | 19440 | 8700 | 9200 | 10200 | 12400 |
| LS Panel Sport Wag 2D | AEFW | 19750 | 8950 | 9475 | 10450 | 12750 |
| LT Sport Wagon 4D | AFFW | 20440 | 9250 | 9775 | 10850 | 13200 |
| Manual, 5-Spd | E | | (525) | (525) | (700) | (700) |
| 4-Cyl, Flex Fuel, 2.4L | U | | 300 | 300 | 400 | 400 |
| **MALIBU—4-Cyl.—Equipment Schedule 4** | | | | | | |
| W.B. 112.3"; 2.4 Liter. | | | | | | |
| LS Sedan 4D | ZB5E1 | 22695 | 9200 | 9725 | 10800 | 13150 |
| LT Sedan 4D | ZC5E1 | 23545 | 10000 | 10550 | 11700 | 14150 |
| LTZ Sedan 4D | ZE5E1 | 27735 | 11000 | 11550 | 12800 | 15550 |
| V6, 3.6 Liter | 7 | | 950 | 950 | 1265 | 1265 |
| **IMPALA—V6—Equipment Schedule 4** | | | | | | |
| W.B. 110.5"; 3.5 Liter, 3.9 Liter. | | | | | | |
| LS Sedan 4D | WA5EK | 25215 | 8850 | 9375 | 10300 | 12500 |
| LT Sedan 4D | WB5EK | 26430 | 9175 | 9700 | 10700 | 13000 |
| LTZ Sedan 4D | WC5EM | 30755 | 10650 | 11200 | 12300 | 14850 |
| **CAMARO—V6—Equipment Schedule 4** | | | | | | |
| W.B. 112.3"; 3.6 Liter. | | | | | | |
| LS Coupe 2D | FA1ED | 24525 | 14300 | 14950 | 15700 | 18200 |
| LT Coupe 2D | FB1ED | 25725 | 16450 | 17200 | 17950 | 20800 |
| LT Convertible 2D | FB3ED | 30995 | 18200 | 19000 | 19800 | 22900 |
| RS | | | 1350 | 1350 | 1800 | 1800 |
| **CAMARO—V8—Equipment Schedule 4** | | | | | | |
| W.B. 112.3"; 6.2 Liter. | | | | | | |
| SS Coupe 2D | FJ1EJ | 32790 | 20900 | 21800 | 22600 | 26200 |
| SS Convertible 2D | FJ3EJ | 38495 | 22000 | 22900 | 23700 | 27300 |
| **CORVETTE—V8—Equipment Schedule 2** | | | | | | |
| W.B.105.7"; 6.2 Liter, 7.0 Liter. | | | | | | |
| Coupe 2D | YA2DW | 49900 | 26600 | 27700 | 27900 | 31400 |
| Convertible 2D | YA3DW | 54550 | 30500 | 31700 | 31900 | 35800 |
| Grand Sport Cpe 2D | YP2DW | 55740 | 32800 | 34100 | 34200 | 38400 |
| Grand Sport Conv 2D | YP3DW | 59950 | 35900 | 37200 | 37300 | 41900 |
| Z06 Coupe 2D | YJ2DE | 75255 | 43400 | 45000 | 45000 | 50400 |
| Dual Roof Panels | | | 500 | 500 | 665 | 665 |
| Glass Roof Panel | | | 350 | 350 | 465 | 465 |
| Heritage | | | 1600 | 1600 | 2135 | 2135 |
| 4LT | | | 1950 | 1950 | 2600 | 2600 |
| Magnetic Ride Suspension | | | 325 | 325 | 435 | 435 |
| Manual, 6-Spd | A | | 250 | 250 | 335 | 335 |
| **CORVETTE—V8 Supercharged—Equipment Schedule 2** | | | | | | |
| W.B. 105.7"; 6.2 Liter. | | | | | | |
| ZR1 Coupe 2D | YM2DT | 112050 | **** | **** | **** | 88500 |

## 2012 CHEVY — (1,2or3)G1or(6orK)L1(JB5SH)-C-#

**SONIC—4-Cyl.—Equipment Schedule 6**
W.B. 99.4"; 1.8 Liter.

| Body Type | VIN | List | Good | Very Good | Good | Excellent |
|---|---|---|---|---|---|---|
| LS Sedan 4D | JB5SH | 14495 | 7500 | 7975 | 9025 | 11100 |
| LS Hatchback 4D | JB6SH | 15395 | 7850 | 8325 | 9400 | 11500 |
| LT Sedan 4D | JD5SH | 15695 | 8100 | 8600 | 9675 | 11900 |
| LT Hatchback 4D | JD6SH | 16495 | 8350 | 8850 | 9950 | 12250 |
| LTZ Sedan 4D | JF5SH | 17295 | 8900 | 9400 | 10600 | 13050 |

# 2012 CHEVROLET

| Body Type | VIN | List | Trade-In Good | Very Good | Pvt-Party Good | Retail Excellent |
|---|---|---|---|---|---|---|
| LTZ Hatchback 4D | JF6SH | 17995 | 9250 | 9775 | 11000 | 13500 |
| Automatic, 6-Spd | C | | 500 | 500 | 665 | 665 |
| 4-Cyl, Turbo, 1.4 Liter | B | | 350 | 350 | 465 | 465 |
| **CRUZE—4-Cyl.—Equipment Schedule 5** | | | | | | |
| W.B. 105.7"; 1.8 Liter. | | | | | | |
| LS Sedan 4D | PD5SH | 17470 | 10050 | 10600 | 11650 | 14050 |
| Manual, 6-Spd w/Overdrive | | | (550) | (550) | (735) | (735) |
| **CRUZE—4-Cyl. Turbo—Equipment Schedule 5** | | | | | | |
| W.B. 105.7"; 1.4 Liter. | | | | | | |
| LT Sedan 4D | PL5SC | 19225 | 10800 | 11350 | 12450 | 15000 |
| eco Sedan 4D | PK5SC | 19995 | 11200 | 11750 | 12950 | 15550 |
| Manual, 6-Spd | L,M | | (550) | (550) | (735) | (735) |
| **CRUZE—4-Cyl. Turbo—Equipment Schedule 5** | | | | | | |
| W.B. 105.7"; 1.4 Liter. | | | | | | |
| LTZ Sedan 4D | PH5SC | 23225 | 12400 | 13000 | 14250 | 17150 |
| **VOLT—AC Electric—Equipment Schedule 3** | | | | | | |
| W.B. 105.7". | | | | | | |
| Sedan 4D | RA6S4 | 39995 | 17500 | 18300 | 18900 | 21600 |
| **MALIBU—4-Cyl.—Equipment Schedule 4** | | | | | | |
| W.B. 112.3"; 2.4 Liter. | | | | | | |
| LS Sedan 4D | ZB5E0 | 22755 | 10100 | 10650 | 11850 | 14450 |
| LT Sedan 4D | ZC5E0 | 24115 | 10900 | 11450 | 12800 | 15600 |
| LTZ Sedan 4D | ZE5E0 | 29245 | 12100 | 12700 | 14150 | 17200 |
| V6, 3.6 Liter | 7 | | 1000 | 1000 | 1335 | 1335 |
| **IMPALA—V6—Equipment Schedule 4** | | | | | | |
| W.B. 110.5"; 3.6 Liter. | | | | | | |
| LS Sedan 4D | WA6E3 | 20470 | 10000 | 10550 | 11650 | 14100 |
| LT Sedan 4D | WB5E3 | 27995 | 10450 | 11000 | 12150 | 14700 |
| LTZ Sedan 4D | WC5E3 | 31010 | 11750 | 12350 | 13650 | 16500 |
| **CAMARO—V6—Equipment Schedule 4** | | | | | | |
| W.B. 112.3"; 3.6 Liter. | | | | | | |
| LS Coupe 2D | FA1E3 | 25095 | 15000 | 15700 | 16450 | 19000 |
| LT Coupe 2D | FB1E3 | 27095 | 17150 | 17900 | 18700 | 21600 |
| LT Convertible 2D | FB3E3 | 31995 | 19000 | 19850 | 20700 | 23800 |
| RS | | | 1400 | 1400 | 1865 | 1865 |
| **CAMARO—V8—Equipment Schedule 4** | | | | | | |
| W.B. 112.3"; 6.2 Liter. | | | | | | |
| SS Coupe 2D | FJ1EW | 37345 | 22100 | 23000 | 23800 | 27500 |
| SS Convertible 2D | FJ3EW | 39795 | 22600 | 23500 | 24500 | 28200 |
| **CAMARO—V8 Supercharged—Equipment Schedule 4** | | | | | | |
| W.B. 112.3"; 6.2 Liter. | | | | | | |
| ZL1 Coupe 2D | FS1EP | 54995 | 40100 | 41600 | 41300 | 45900 |
| **CORVETTE—V8—Equipment Schedule 2** | | | | | | |
| W.B.105.7"; 6.2 Liter, 7.0 Liter. | | | | | | |
| Coupe 2D | YA2DW | 51750 | 28900 | 30100 | 30200 | 33800 |
| Convertible 2D | YA3DW | 56750 | 32900 | 34200 | 34200 | 38300 |
| Grand Sport Coupe | YP2DW | 55350 | 35200 | 36500 | 36500 | 40900 |
| Grand Sport Conv 2D | YP3DW | 61750 | 38200 | 39700 | 39600 | 44300 |
| Z06 Coupe 2D | YJ2DE | 76500 | 45800 | 47400 | 47200 | 52800 |
| Glass Roof Panel | | | 375 | 375 | 500 | 500 |
| Dual Roof Panels | | | 550 | 550 | 735 | 735 |
| Centennial Edition | | | 5425 | 5425 | 7235 | 7235 |
| Heritage | | | 1700 | 1700 | 2265 | 2265 |
| 4LT | | | 2000 | 2000 | 2665 | 2665 |
| Suspension Pkg | | | 350 | 350 | 465 | 465 |
| Manual, 6-Spd | A,B,C,D | | 275 | 275 | 365 | 365 |
| **CORVETTE—V8 Supercharged—Equipment Schedule 2** | | | | | | |
| W.B. 105.7"; 6.2 Liter. | | | | | | |
| ZR1 Coupe 2D | YM2DT | 113500 | **** | **** | **** | 95700 |

# 2013 CHEVY — (1,2or3)G1or(6orK)L1(CA6S9)–D–#

| Body Type | VIN | List | Trade-In Good | Very Good | Pvt-Party Good | Retail Excellent |
|---|---|---|---|---|---|---|
| **SPARK—4-Cyl. ECOTEC—Equipment Schedule 6** | | | | | | |
| W.B. 93.5"; 1.2 Liter. | | | | | | |
| LS Hatchback 4D | CA6S9 | 12995 | 7675 | 8150 | 9100 | 11100 |
| LT Hatchback 4D | CC6S9 | 14495 | 8525 | 9025 | 10050 | 12200 |
| **SONIC—4-Cyl.—Equipment Schedule 6** | | | | | | |
| W.B. 99.4"; 1.8 Liter. | | | | | | |
| LS Sedan 4D | JB5S4 | 14995 | 8700 | 9200 | 10600 | 13300 |
| LS Hatchback 4D | JB6SH | 15595 | 9000 | 9500 | 11000 | 13800 |
| LT Sedan 4D | JD5SH | 16430 | 9250 | 9775 | 11300 | 14150 |
| LT Hatchback 4D | JD6SH | 17030 | 9500 | 10050 | 11600 | 14500 |
| LTZ Sedan 4D | JF5SH | 18040 | 10600 | 11150 | 12800 | 16000 |
| LTZ Hatchback 4D | JF6SH | 18640 | 10950 | 11500 | 13250 | 16550 |

**DEDUCT FOR RECONDITIONING**

# 2013 CHEVROLET

| Body Type | VIN | List | Trade-In Good | Trade-In Very Good | Pvt-Party Good | Retail Excellent |
|---|---|---|---|---|---|---|
| Automatic, 6-Spd | C | | 525 | 525 | 700 | 700 |
| 4-Cyl, Turbo, 1.4 Liter | B | | 375 | 375 | 500 | 500 |
| **SONIC—4-Cyl. Turbo—Equipment Schedule 6** | | | | | | |
| W.B. 99.4"; 1.4 Liter. | | | | | | |
| RS Hatchback 4D | JH6SB | 20995 | 12650 | 13300 | 15250 | 18950 |
| Automatic, 6-Spd | G | | 525 | 525 | 700 | 700 |
| **CRUZE—4-Cyl.—Equipment Schedule 5** | | | | | | |
| W.B. 105.7"; 1.8 Liter. | | | | | | |
| LS Sedan 4D | PA5SH | 19020 | 11000 | 11550 | 12700 | 15300 |
| Manual, 6-Spd w/Overdrive | B | | (575) | (575) | (765) | (765) |
| **CRUZE—4-Cyl. Turbo—Equipment Schedule 5** | | | | | | |
| W.B. 105.7"; 1.4 Liter. | | | | | | |
| LT Sedan 4D | PC5SB | 20450 | 11750 | 12350 | 13550 | 16300 |
| eco Sedan 4D | PH5SB | 21670 | 12700 | 13350 | 14550 | 17500 |
| LTZ Sedan 4D | PG5SB | 24345 | 14400 | 15050 | 16500 | 19800 |
| Manual, 6-Spd w/OD | D,F | | (575) | (575) | (765) | (765) |
| **VOLT—AC Electric—Equipment Schedule 3** | | | | | | |
| W.B. 105.7". | | | | | | |
| Sedan 4D | RA6E4 | 39995 | 21300 | 22200 | 22400 | 25200 |
| **MALIBU—4-Cyl.—Equipment Schedule 4** | | | | | | |
| W.B. 107.8"; 2.5 Liter. | | | | | | |
| LS Sedan 4D | 1B5RA | 23150 | 11750 | 12350 | 13500 | 16250 |
| LT Sedan 4D | 1C5RA | 24765 | 13250 | 13900 | 15100 | 17950 |
| eco Sedan 4D | 1D5RR | 25995 | 14400 | 15050 | 16350 | 19400 |
| LTZ Sedan 4D | 1H5RA | 28590 | 15600 | 16300 | 17600 | 20900 |
| **IMPALA—V6—Equipment Schedule 4** | | | | | | |
| W.B. 110.5"; 3.6 Liter. | | | | | | |
| LS Sedan 4D | WA5E3 | 26685 | 11200 | 11750 | 12850 | 15400 |
| LT Sedan 4D | WB5E3 | 28210 | 11700 | 12300 | 13450 | 16100 |
| LTZ Sedan 4D | WC5E3 | 31225 | 12900 | 13500 | 14800 | 17750 |
| **CAMARO—V6—Equipment Schedule 4** | | | | | | |
| W.B. 112.3"; 3.6 Liter. | | | | | | |
| LS Coupe 2D | FA1E3 | 24245 | 16100 | 16850 | 17550 | 20300 |
| LT Coupe 2D | FB1E3 | 26660 | 18500 | 19300 | 20100 | 23100 |
| LT Convertible 2D | FB3D3 | 31560 | 21000 | 21900 | 22700 | 26100 |
| RS Pkg | | | 1450 | 1450 | 1935 | 1935 |
| **CAMARO—V8—Equipment Schedule 4** | | | | | | |
| W.B. 112.3"; 6.2 Liter. | | | | | | |
| SS Coupe 2D | FJ1EJ | 33535 | 23900 | 24900 | 25800 | 29600 |
| SS Convertible 2D | FJ3DJ | 39585 | 26000 | 27000 | 27900 | 32100 |
| **CAMARO—V8 Supercharged—Equipment Schedule 4** | | | | | | |
| W.B. 112.3"; 6.2 Liter. | | | | | | |
| ZL1 Coupe 2D | FL1EP | 56550 | 41800 | 43300 | 42300 | 46500 |
| ZL1 Convertible 2D | FL3DP | 61745 | 48000 | 49000 | 48800 | 53500 |
| **CORVETTE—V8—Equipment Schedule 2** | | | | | | |
| W.B. 105.7"; 6.2 Liter, 7.0 Liter. | | | | | | |
| Coupe 2D | YA2DW | 51825 | 32500 | 33800 | 34300 | 39000 |
| Convertible 2D | YA3DW | 56825 | 36500 | 37800 | 38400 | 43600 |
| Grand Sport Coupe | YP2DW | 58225 | 38700 | 40200 | 40800 | 46300 |
| Grand Sport Conv 2D | YP3DW | 61825 | | | | |
| Z06 Coupe 2D | YJ2DE | 76575 | | | | |
| Glass Roof Panel | | | 400 | 400 | 535 | 535 |
| Dual Roof Panels | | | 575 | 575 | 765 | 765 |
| Heritage Pkg | | | 1800 | 1800 | 2400 | 2400 |
| 4LT | | | 2050 | 2050 | 2735 | 2735 |
| Suspension Pkg | | | 375 | 375 | 500 | 500 |
| Manual, 6-Spd | A,B,C,D | | 300 | 300 | 400 | 400 |
| **CORVETTE—V8 Supercharged—Equipment Schedule 2** | | | | | | |
| W.B. 105.7"; 6.2 Liter. | | | | | | |
| ZR1 Coupe 2D | YM2DT | 113575 | | | | |

# CHRYSLER

## 1999 CHRYSLER — (1,2,3or4)C3—(U42Y)—X—#

| Body Type | VIN | List | Trade-In Good | Trade-In Very Good | Pvt-Party Good | Retail Excellent |
|---|---|---|---|---|---|---|
| **SEBRING—4-Cyl.—Equipment Schedule 4** | | | | | | |
| W.B. 103.7"; 2.0 Liter. | | | | | | |
| LX Coupe 2D | U42Y | 19390 | 725 | 800 | 1475 | 2425 |
| Manual, 5-Spd | | | (200) | (200) | (265) | (265) |
| V6, 2.5 Liter | N | | 175 | 175 | 235 | 235 |
| **SEBRING—V6—Equipment Schedule 4** | | | | | | |
| W.B. 103.7", 106.0" (Conv); 2.5 Liter. | | | | | | |

# 1999 CHRYSLER

| Body Type | VIN | List | Trade-In Good | Very Good | Pvt-Party Good | Retail Excellent |
|---|---|---|---|---|---|---|
| LXi Coupe 2D | U52N | 21860 | 825 | 925 | 1625 | 2675 |
| JX Convertible 2D | L45H | 24505 | 475 | 525 | 1025 | 1600 |
| JXi Convertible 2D | L55H | 26820 | 925 | 1025 | 1650 | 2600 |
| Limited | | | 200 | 200 | 265 | 265 |
| **CIRRUS—V6—Equipment Schedule 4** | | | | | | |
| W.B. 108.0"; 2.5 Liter. | | | | | | |
| LXi Sedan 4D | J56H | 19995 | 950 | 1050 | 1825 | 2975 |
| **CONCORDE—V6—Equipment Schedule 4** | | | | | | |
| W.B. 113.0"; 2.7 Liter. | | | | | | |
| LX Sedan 4D | D46R | 22115 | 925 | 1025 | 1775 | 2900 |
| LXi | | | 50 | 50 | 65 | 65 |
| V6, 3.2 Liter | J | | 175 | 175 | 235 | 235 |
| **LHS—V6—Equipment Schedule 2** | | | | | | |
| W.B. 113.0"; 3.5 Liter. | | | | | | |
| Sedan 4D | C56G | 29445 | 700 | 775 | 1375 | 2200 |
| **300M—V6—Equipment Schedule 2** | | | | | | |
| W.B. 113.0"; 3.5 Liter. | | | | | | |
| Sedan 4D | E66G | 29445 | 600 | 675 | 1325 | 2175 |

# 2000 CHRYSLER — (1,2,3or4)C3—(U42N)—Y—#

| Body Type | VIN | List | Trade-In Good | Very Good | Pvt-Party Good | Retail Excellent |
|---|---|---|---|---|---|---|
| **SEBRING—V6—Equipment Schedule 4** | | | | | | |
| W.B. 103.7", 106.0" (Conv); 2.5 Liter. | | | | | | |
| LX Coupe 2D | U42N | 19635 | 825 | 925 | 1625 | 2625 |
| LXi Coupe 2D | U52N | 22015 | 925 | 1025 | 1775 | 2875 |
| JX Convertible 2D | L45H | 24790 | 500 | 575 | 1050 | 1675 |
| JXi Convertible 2D | L55H | 27105 | 1000 | 1100 | 1775 | 2800 |
| Limited | | | 225 | 225 | 300 | 300 |
| **CIRRUS—4-Cyl.—Equipment Schedule 4** | | | | | | |
| W.B. 108.0"; 2.0 Liter, 2.4 Liter. | | | | | | |
| LX Sedan 4D | J46B | 17675 | 1025 | 1125 | 1925 | 3125 |
| Manual, 5-Spd | | | (225) | (225) | (300) | (300) |
| **CIRRUS—V6—Equipment Schedule 4** | | | | | | |
| W.B. 108.0"; 2.5 Liter. | | | | | | |
| LXi Sedan 4D | J56H | 20480 | 1100 | 1225 | 2025 | 3300 |
| **CONCORDE—V6—Equipment Schedule 4** | | | | | | |
| W.B. 113.0"; 2.7 Liter, 3.2 Liter. | | | | | | |
| LX Sedan 4D | D46R | 22550 | 1000 | 1100 | 1875 | 3075 |
| LXi Sedan 4D | D36J | 26480 | 1375 | 1525 | 2450 | 4000 |
| **LHS—V6—Equipment Schedule 2** | | | | | | |
| W.B. 113.0"; 3.5 Liter. | | | | | | |
| Sedan 4D | C56G | 28695 | 800 | 900 | 1500 | 2375 |
| **300M—V6—Equipment Schedule 2** | | | | | | |
| W.B. 113.0"; 3.5 Liter. | | | | | | |
| Sedan 4D | E66G | 29690 | 1000 | 1100 | 1800 | 2900 |

# 2001 CHRYSLER — 1C(4or8)—(Y4BB)—1—#

| Body Type | VIN | List | Trade-In Good | Very Good | Pvt-Party Good | Retail Excellent |
|---|---|---|---|---|---|---|
| **PT CRUISER—4-Cyl.—Equipment Schedule 4** | | | | | | |
| W.B. 103.0"; 2.4 Liter. | | | | | | |
| Sport Wagon 4D | Y4BB | 18415 | 850 | 950 | 1525 | 2375 |
| Limited Sport Wag 4D | Y4BB | 21385 | 1000 | 1100 | 1725 | 2700 |
| **SEBRING—4-Cyl.—Equipment Schedule 4** | | | | | | |
| W.B. 103.7", 108.0" (Sed); 2.4 Liter. | | | | | | |
| LX Sedan 4D | L46G | 18520 | 1125 | 1250 | 2025 | 3275 |
| LX Coupe 2D | G42G | 20495 | 925 | 1025 | 1725 | 2800 |
| V6, 2.7 Liter | R,H | | 150 | 150 | 200 | 200 |
| **SEBRING—V6—Equipment Schedule 4** | | | | | | |
| W.B. 103.7", 106.0" (Conv), 108.0" (Sed); 2.7 Liter, 3.0 Liter. | | | | | | |
| LXi Sedan 4D | L66R | 21405 | 1275 | 1400 | 2250 | 3625 |
| LXi Coupe 2D | G62H | 22885 | 1025 | 1125 | 1875 | 3025 |
| LX Convertible 2D | L55U | 24945 | 525 | 600 | 1150 | 1875 |
| LXi Convertible 2D | L65U | 27405 | 1000 | 1100 | 1975 | 3200 |
| Limited Convertible 2D | L65U | 29490 | 1525 | 1675 | 2775 | 4450 |
| **CONCORDE—V6—Equipment Schedule 4** | | | | | | |
| W.B. 113.0"; 2.7 Liter, 3.2 Liter. | | | | | | |
| LX Sedan 4D | D46R | 22995 | 1125 | 1250 | 2050 | 3300 |
| LXi Sedan 4D | D36J | 27240 | 1475 | 1625 | 2675 | 4325 |
| **LHS—V6—Equipment Schedule 2** | | | | | | |
| W.B. 113.0"; 3.5 Liter. | | | | | | |
| Sedan 4D | C56G | 29210 | 900 | 1000 | 1600 | 2525 |
| **300M—V6—Equipment Schedule 2** | | | | | | |
| W.B. 113.0"; 3.5 Liter. | | | | | | |
| Sedan 4D | E66G | 30170 | 1250 | 1375 | 2100 | 3300 |

**DEDUCT FOR RECONDITIONING**

# 2001 CHRYSLER

| Body Type | VIN | List | Trade-In Good | Very Good | Pvt-Party Good | Retail Excellent |
|---|---|---|---|---|---|---|
| **PROWLER—V6—Equipment Schedule 1** | | | | | | |
| W.B. 113.3"; 3.5 Liter. | | | | | | |
| Roadster 2D | W65G | 45400 | 9300 | 9825 | 10900 | 13150 |

## 2002 CHRYSLER—(1,2,3or4)C(3,4or8)—(Y48B)—2—#

| Body Type | VIN | List | Trade-In Good | Very Good | Pvt-Party Good | Retail Excellent |
|---|---|---|---|---|---|---|
| **PT CRUISER—4-Cyl.—Equipment Schedule 4** | | | | | | |
| W.B. 103.0"; 2.4 Liter. | | | | | | |
| Sport Wagon 4D | Y48B | 17590 | 975 | 1075 | 1700 | 2675 |
| Touring Sport Wag 4D | Y58B | 19305 | 1075 | 1200 | 1850 | 2875 |
| Limited Sport Wag 4D | Y68B | 21655 | 1275 | 1400 | 2125 | 3350 |
| Dream Cruiser | | | 425 | 425 | 565 | 565 |
| Woodie Edition | | | 200 | 200 | 265 | 265 |
| **SEBRING—4-Cyl.—Equipment Schedule 4** | | | | | | |
| W.B. 103.7", 106.0" (Conv), 108.0" (Sed); 2.4 Liter. | | | | | | |
| LX Sedan 4D | L46X | 18535 | 1150 | 1275 | 2025 | 3200 |
| LX Coupe 2D | G42G | 20615 | 950 | 1050 | 1725 | 2750 |
| LX Convertible 2D | L55G | 23905 | 675 | 750 | 1300 | 2050 |
| V6, 2.7 Liter | R,H | | 200 | 200 | 265 | 265 |
| **SEBRING—V6—Equipment Schedule 4** | | | | | | |
| W.B. 103.7", 106.0" (Conv), 108.0" (Sed); 2.7 Liter, 3.0 Liter. | | | | | | |
| LXi Sedan 4D | L56R | 20875 | 1400 | 1550 | 2475 | 3950 |
| LXi Coupe 2D | G52H | 23130 | 1050 | 1150 | 1875 | 2975 |
| LXi Convertible 2D | L55R | 26755 | 1250 | 1375 | 2200 | 3500 |
| GTC Convertible 2D | L75R | 25875 | 800 | 900 | 1475 | 2325 |
| Limited Convertible 2D | L65R | 29390 | 1850 | 2025 | 3100 | 4825 |
| **CONCORDE—V6—Equipment Schedule 4** | | | | | | |
| W.B. 113.0"; 2.7 Liter, 3.5 Liter. | | | | | | |
| LX Sedan 4D | D46R | 22995 | 1225 | 1350 | 2100 | 3350 |
| LXi Sedan 4D | D36M | 25600 | 1600 | 1750 | 2775 | 4375 |
| Limited Sedan 4D | D56G | 28495 | 2050 | 2250 | 3450 | 5400 |
| **300M—V6—Equipment Schedule 2** | | | | | | |
| W.B. 113.0"; 3.5 Liter. | | | | | | |
| Sedan 4D | E66G | 28995 | 1550 | 1700 | 2475 | 3800 |
| Special Sedan 4D | E76K | 32595 | 1700 | 1875 | 2700 | 4100 |
| **PROWLER—V6—Equipment Schedule 2** | | | | | | |
| W.B. 113.0"; 3.5 Liter. | | | | | | |
| Roadster 2D | W65G | 45400 | 10600 | 11150 | 12200 | 14650 |

## 2003 CHRYSLER—(1,2,3or4)C(3,4or8)—(Y48B)—3—#

| Body Type | VIN | List | Trade-In Good | Very Good | Pvt-Party Good | Retail Excellent |
|---|---|---|---|---|---|---|
| **PT CRUISER—4-Cyl.—Equipment Schedule 4** | | | | | | |
| W.B. 103.0"; 2.4 Liter. | | | | | | |
| Sport Wagon 4D | Y48B | 18010 | 1100 | 1225 | 1800 | 2775 |
| Touring Sport Wag 4D | Y58B | 19940 | 1300 | 1425 | 2075 | 3175 |
| Limited Sport Wag 4D | Y68B | 22180 | 1350 | 1500 | 2225 | 3425 |
| Woodie Edition | | | 200 | 200 | 265 | 265 |
| **PT CRUISER—4-Cyl. HO Turbo—Equipment Schedule 4** | | | | | | |
| W.B. 103.0"; 2.4 Liter. | | | | | | |
| GT Sport Wagon 4D | Y78G | 23320 | 1400 | 1550 | 2275 | 3500 |
| Dream Cruiser | | | 450 | 450 | 600 | 600 |
| **SEBRING—4-Cyl.—Equipment Schedule 4** | | | | | | |
| W.B. 103.7", 106.0" (Conv), 108.0" (Sed); 2.4 Liter. | | | | | | |
| LX Sedan 4D | L46X | 19930 | 1400 | 1550 | 2325 | 3700 |
| LX Coupe 2D | G42G | 21560 | 1200 | 1325 | 2050 | 3250 |
| LX Convertible 2D | L45X | 24560 | 875 | 975 | 1625 | 2525 |
| V6, Flex Fuel, 2.7 Liter | U,R | | 250 | 250 | 335 | 335 |
| **SEBRING—V6—Equipment Schedule 4** | | | | | | |
| W.B. 103.7", 106.0" (Conv), 108.0" (Sed); 2.7 Liter, 3.0 Liter. | | | | | | |
| LXi Sedan 4D | L56R | 21295 | 1975 | 2175 | 3300 | 5150 |
| LXi Coupe 2D | G52H | 23835 | 1300 | 1425 | 2200 | 3475 |
| GTC Convertible 2D | L75R | 26160 | 1300 | 1425 | 2200 | 3400 |
| LXi Convertible 2D | L55T | 27410 | 1725 | 1900 | 2800 | 4300 |
| Limited Convertible 2D | L65R | 30045 | 2250 | 2475 | 3575 | 5425 |
| **CONCORDE—V6—Equipment Schedule 4** | | | | | | |
| W.B. 113.0"; 2.7 Liter, 3.5 Liter. | | | | | | |
| LX Sedan 4D | D46R | 23510 | 1500 | 1650 | 2525 | 3950 |
| LXi Sedan 4D | D36M | 26240 | 2050 | 2250 | 3350 | 5150 |
| Limited Sedan 4D | D56G | 29135 | 2500 | 2750 | 4025 | 6150 |
| **300M—V6—Equipment Schedule 2** | | | | | | |
| W.B. 113.0"; 3.5 Liter. | | | | | | |
| Sedan 4D | E66G | 29245 | 2100 | 2300 | 3175 | 4725 |
| Special Sedan 4D | E76K | 32895 | 2275 | 2500 | 3425 | 5075 |

**EQUIPMENT & MILEAGE PAGE 9 TO 23**

# 2004 CHRYSLER

| Body Type | VIN | List | Trade-In Good | Very Good | Pvt-Party Good | Retail Excellent |
|---|---|---|---|---|---|---|

## 2004 CHRYSLER – (1,2,3or4)C(3,4or8)-(Y48B)-4-#

**PT CRUISER—4-Cyl.—Equipment Schedule 4**
W.B. 103.0"; 2.4 Liter.

| | | | | | | |
|---|---|---|---|---|---|---|
| Sport Wagon 4D | Y48B | 19515 | 1550 | 1700 | 2400 | 3675 |
| Touring Sport Wag 4D | Y58B | 20585 | 1600 | 1750 | 2575 | 3975 |
| Limited Sport Wag 4D | Y68B | 22825 | 1800 | 1975 | 2825 | 4300 |
| 4-Cyl, Turbo, 2.4 Liter | 8 | | 475 | 475 | 635 | 635 |

**PT CRUISER—4-Cyl. HO Turbo—Equipment Schedule 4**
W.B. 103.0"; 2.4 Liter.

| | | | | | | |
|---|---|---|---|---|---|---|
| GT Sport Wagon 4D | Y78G | 26245 | 1900 | 2075 | 2950 | 4475 |

**SEBRING—4-Cyl.—Equipment Schedule 4**
W.B. 103.7", 106.0" (Conv), 108.0" (Sed); 2.4 Liter.

| | | | | | | |
|---|---|---|---|---|---|---|
| Sedan 4D | L46R | 19360 | 2025 | 2225 | 3275 | 5000 |
| Coupe 2D | G42G | 22305 | 1575 | 1725 | 2600 | 4050 |
| Convertible 2D | L45J | 25570 | 1325 | 1450 | 2200 | 3375 |
| LX Sedan 4D | L46X | 19500 | 1775 | 1950 | 2900 | 4475 |
| LX Convertible 2D | L45X | 25215 | 1300 | 1425 | 2150 | 3325 |
| V6, Flex Fuel, 2.7 Liter | T | | 300 | 300 | 400 | 400 |

**SEBRING—V6—Equipment Schedule 4**
W.B. 103.7", 106.0" (Conv), 108.0" (Sed); 2.7 Liter, 3.0 Liter.

| | | | | | | |
|---|---|---|---|---|---|---|
| LXi Sedan 4D | L56R | 21840 | 2575 | 2825 | 4100 | 6200 |
| LXi Convertible 2D | L55T | 28140 | 2150 | 2350 | 3350 | 5050 |
| GTC Convertible 2D | L75R | 27045 | 1775 | 1950 | 2825 | 4275 |
| Touring Sedan 4D | L56R | 21200 | 2375 | 2600 | 3800 | 5775 |
| Touring Convertible 2D | L55T | 28370 | 2350 | 2600 | 3825 | 5750 |
| Limited Sedan 4D | L66R | 23490 | 2775 | 3075 | 4375 | 6625 |
| Limited Coupe 2D | G52H | 24580 | 2075 | 2275 | 3350 | 5100 |
| Limited Convertible 2D | L65R | 31180 | 2925 | 3225 | 4650 | 6925 |

**CONCORDE—V6—Equipment Schedule 4**
W.B. 113.0"; 2.7 Liter, 3.5 Liter.

| | | | | | | |
|---|---|---|---|---|---|---|
| LX Sedan 4D | D46R | 24130 | 1800 | 1975 | 2850 | 4350 |
| LXi Sedan 4D | D36M | 26860 | 2450 | 2675 | 3800 | 5725 |
| Limited Sedan 4D | D56G | 29755 | 3025 | 3325 | 4625 | 6900 |

**300M—V6—Equipment Schedule 2**
W.B. 113.0"; 3.5 Liter.

| | | | | | | |
|---|---|---|---|---|---|---|
| Sedan 4D | E66G | 29865 | 2375 | 2600 | 3500 | 5150 |
| Special Sedan 4D | E76K | 33295 | 2625 | 2875 | 3850 | 5625 |

**CROSSFIRE—V6—Equipment Schedule 1**
W.B. 94.5"; 3.2 Liter.

| | | | | | | |
|---|---|---|---|---|---|---|
| Coupe 2D | N69L | 35570 | 3250 | 3575 | 4200 | 5625 |

## 2005 CHRYSLER — (1,2,3or4)C(4or8)-(Y48B)-5-#

**PT CRUISER—4-Cyl.—Equipment Schedule 4**
W.B. 103.0".

| | | | | | | |
|---|---|---|---|---|---|---|
| Sport Wagon 4D | Y48B | 14820 | 1675 | 1850 | 2700 | 3975 |
| Convertible 2D | Y45X | 21685 | 2150 | 2375 | 3350 | 4900 |
| Touring Sport Wag 4D | Y58B | 13820 | 2050 | 2275 | 3225 | 4725 |
| Limited Sport Wag 4D | Y68B | 18730 | 2150 | 2375 | 3350 | 4900 |
| 4-Cyl, Turbo, 2.4 Liter | E | | 500 | 500 | 665 | 665 |

**PT CRUISER—4-Cyl.Turbo—Equipment Schedule 4**

| | | | | | | |
|---|---|---|---|---|---|---|
| Touring Convertible 2D | Y55X | 25595 | 2900 | 3200 | 4225 | 5975 |
| 4-Cyl, 2.4 Liter | B,X | | (475) | (475) | (635) | (635) |

**PT CRUISER—4-Cyl. HO Turbo—Equipment Schedule 4**
W.B. 103.0"; 2.4 Liter.

| | | | | | | |
|---|---|---|---|---|---|---|
| GT Sport Wagon 4D | Y78S | 23935 | 2650 | 2950 | 3925 | 5625 |
| GT Convertible 2D | Y75S | 28595 | 2650 | 2950 | 3925 | 5625 |

**SEBRING—4-Cyl.—Equipment Schedule 4**
W.B. 103.7", 106.0" (Conv), 108.0" (Sed); 2.4 Liter.

| | | | | | | |
|---|---|---|---|---|---|---|
| Sedan 4D | L46X | 19975 | 1750 | 1950 | 2900 | 4325 |
| Coupe 2D | G42G | 22770 | 1450 | 1600 | 2475 | 3750 |
| Convertible 2D | L45X | 26035 | 1400 | 1550 | 2425 | 3650 |
| V6, 2.7 Liter | R | | 350 | 350 | 465 | 465 |

**SEBRING—V6—Equipment Schedule 4**
W.B. 103.7", 106.0" (Conv), 108.0" (Sed); 2.7 Liter, 3.0 Liter.

| | | | | | | |
|---|---|---|---|---|---|---|
| GTC Convertible 2D | L75R | 27510 | 1500 | 1675 | 2550 | 3850 |
| Touring Sedan 4D | L56R | 20695 | 2375 | 2625 | 3775 | 5575 |
| Touring Convertible 2D | L55T | 28835 | 2275 | 2525 | 3800 | 5625 |
| Limited Sedan 4D | L66R | 22985 | 2675 | 2975 | 4200 | 6150 |
| Limited Coupe 2D | G52H | 26105 | 1850 | 2050 | 3025 | 4525 |
| Limited Convertible 2D | L65R | 31645 | 3000 | 3325 | 4825 | 7025 |
| TSi Sedan 4D | L56R | 24455 | 3100 | 3425 | 4950 | 7225 |

**90    DEDUCT FOR RECONDITIONING**

# 2005 CHRYSLER

| Body Type | VIN | List | Trade-In Good | Very Good | Pvt-Party Good | Retail Excellent |
|---|---|---|---|---|---|---|
| **300—V6—Equipment Schedule 2** | | | | | | |
| W.B. 120.0"; 2.7 Liter, 3.5 Liter. | | | | | | |
| Sedan 4D | A43R | 24695 | 4875 | 5250 | 6325 | 8150 |
| Touring Sedan 4D | A53G | 27720 | 5450 | 5850 | 7000 | 9000 |
| Signature Series | | | 200 | 200 | 265 | 265 |
| Limited | | | 775 | 775 | 1035 | 1035 |
| AWD | | | 625 | 625 | 835 | 835 |
| **300C—V8 HEMI—Equipment Schedule 2** | | | | | | |
| W.B. 120.0"; 5.7 Liter. | | | | | | |
| Sedan 4D | A63H | 33495 | 6050 | 6475 | 7700 | 9850 |
| AWD | K | | 625 | 625 | 835 | 835 |
| **300—V8 HEMI—Equipment Schedule 2** | | | | | | |
| W.B. 120.0"; 6.1 Liter. | | | | | | |
| SRT8 Sedan 4D | A73W | 39995 | 8550 | 9050 | 10050 | 12250 |
| **CROSSFIRE—V6—Equipment Schedule 1** | | | | | | |
| W.B. 94.5"; 3.2 Liter. | | | | | | |
| Coupe 2D | N69L | 29920 | 2850 | 3175 | 3925 | 5250 |
| Roadster 2D | N65L | 34960 | 4150 | 4500 | 5475 | 7225 |
| Limited Coupe 2D | N69L | 35695 | 3950 | 4300 | 5225 | 6925 |
| Limited Roadster 2D | N65L | 39995 | 4725 | 5100 | 6350 | 8375 |
| **CROSSFIRE—V6 Supercharged—Equipment Schedule 1** | | | | | | |
| W.B. 94.5"; 3.2 Liter. | | | | | | |
| SRT-6 Coupe 2D | N79N | 45695 | 6575 | 7025 | 8650 | 11300 |
| SRT-6 Roadster 2D | N75N | 49995 | 6950 | 7400 | 9100 | 11900 |

# 2006 CHRYSLER — (1,2,3or4)C(4or8)–(Y48B)-6-#

| Body Type | VIN | List | Trade-In Good | Very Good | Pvt-Party Good | Retail Excellent |
|---|---|---|---|---|---|---|
| **PT CRUISER—4-Cyl.—Equipment Schedule 4** | | | | | | |
| W.B. 103.0"; 2.4 Liter. | | | | | | |
| Sport Wagon 4D | Y48B | 15950 | 2250 | 2475 | 3275 | 4650 |
| Convertible 2D | Y45X | 21795 | 2825 | 3125 | 4200 | 5900 |
| Touring Sport Wag 4D | Y58B | 17945 | 2725 | 3025 | 3900 | 5500 |
| Limited Sport Wag 4D | Y68B | 20360 | 3000 | 3325 | 4400 | 6150 |
| Route 66 Edition | | | 150 | 150 | 200 | 200 |
| Signature Series | | | 150 | 150 | 200 | 200 |
| 4-Cyl, Turbo, 2.4 Liter | E,8 | | 525 | 525 | 700 | 700 |
| **PT CRUISER—4-Cyl. Turbo—Equipment Schedule 4** | | | | | | |
| W.B. 103.0"; 2.4 Liter. | | | | | | |
| Touring Convertible 2D | Y55X | 26150 | 3525 | 3850 | 4975 | 6850 |
| 4-Cyl, 2.4 Liter | B,X | | (500) | (500) | (665) | (665) |
| **PT CRUISER—4-Cyl. Turbo—Equipment Schedule 4** | | | | | | |
| W.B. 103.0"; 2.4 Liter. | | | | | | |
| GT Sport Wagon 4D | Y78G | 24835 | 3150 | 3475 | 4575 | 6350 |
| GT Convertible 2D | Y75S | 30050 | 3550 | 3875 | 5025 | 6875 |
| **SEBRING—4-Cyl.—Equipment Schedule 4** | | | | | | |
| W.B. 106.0, 108.0" (Sed); 2.4 Liter. | | | | | | |
| Sedan 4D | L46X | 20380 | 2075 | 2300 | 3175 | 4600 |
| Convertible 2D | L45X | 26440 | 2600 | 2900 | 3725 | 5225 |
| V6, 2.7 Liter | T | | 375 | 375 | 500 | 500 |
| **SEBRING—V6—Equipment Schedule 4** | | | | | | |
| W.B. 106.0, 108.0" (Sed); 2.7 Liter. | | | | | | |
| TSi Sedan 4D | L36R | 24665 | 3650 | 3975 | 5425 | 7655 |
| GTC Convertible 2D | L75R | 27915 | 2900 | 3200 | 4100 | 5725 |
| Touring Sedan 4D | L56R | 21100 | 2575 | 2875 | 3850 | 5500 |
| Touring Convertible 2D | L55R | 29240 | 3700 | 4050 | 5275 | 7275 |
| Limited Sedan 4D | L66R | 23390 | 3000 | 3325 | 4575 | 6500 |
| Limited Convertible 2D | L65R | 32050 | 4475 | 4825 | 6250 | 8600 |
| **300—V6—Equipment Schedule 2** | | | | | | |
| W.B. 120.0"; 2.7 Liter, 3.5 Liter. | | | | | | |
| Sedan 4D | A43R | 24200 | 5675 | 6100 | 7300 | 9300 |
| Touring Sedan 4D | A53G | 28300 | 6275 | 6700 | 7975 | 10150 |
| Signature Series | | | 200 | 200 | 265 | 265 |
| Limited | | | 825 | 825 | 1100 | 1100 |
| AWD | K | | 700 | 700 | 935 | 935 |
| **300C—V8 HEMI—Equipment Schedule 2** | | | | | | |
| W.B. 120.0"; 5.7 Liter. | | | | | | |
| Sedan 4D | A63H | 34100 | 7350 | 7825 | 9225 | 11700 |
| Heritage | | | 300 | 300 | 400 | 400 |
| AWD | K | | 700 | 700 | 935 | 935 |
| **300—V8 HEMI—Equipment Schedule 2** | | | | | | |
| W.B. 120.0"; 6.1 Liter. | | | | | | |
| SRT8 Sedan 4D | A73W | 42695 | 9475 | 10000 | 11100 | 13400 |
| **CROSSFIRE—V6—Equipment Schedule 1** | | | | | | |
| W.B. 94.5"; 3.2 Liter. | | | | | | |

EQUIPMENT & MILEAGE PAGE 9 TO 23

# 2006 CHRYSLER

| Body Type | VIN | List | Trade-In Good | Very Good | Pvt-Party Good | Retail Excellent |
|---|---|---|---|---|---|---|
| Coupe 2D | N59L | 30070 | 3125 | 3450 | 4275 | 5750 |
| Roadster 2D | N55L | 35110 | 4450 | 4825 | 6175 | 8175 |
| Limited Coupe 2D | N69L | 36195 | 4175 | 4550 | 5825 | 7750 |
| Limited Roadster 2D | N65L | 40545 | 5325 | 5725 | 7225 | 9500 |
| **CROSSFIRE—V6 Supercharged—Equipment Schedule 1** | | | | | | |
| W.B. 94.5"; 3.2 Liter. | | | | | | |
| SRT-6 Coupe 2D | N79N | 46085 | 7775 | 8250 | 10150 | 13300 |
| SRT-6 Roadster 2D | N75N | 50395 | 9100 | 9625 | 11900 | 15500 |

## 2007 CHRYSLER — (1,2,3or4)C(4or8)–(Y48B)–7–#

**PT CRUISER—4-Cyl.—Equipment Schedule 4**
W.B. 103.0"; 2.4 Liter.

| Body Type | VIN | List | Good | Very Good | Good | Excellent |
|---|---|---|---|---|---|---|
| Sport Wagon 4D | Y48B | 15950 | 2850 | 3150 | 3900 | 5375 |
| Convertible 2D | Y45X | 22045 | 3450 | 3775 | 4650 | 6350 |
| Touring Sport Wag 4D | Y58B | 18295 | 3175 | 3500 | 4325 | 5900 |
| Limited Sport Wag 4D | Y68B | 21740 | 3700 | 4050 | 5125 | 6975 |
| Signature Series | | | 175 | 175 | 235 | 235 |
| Street Cruiser PCH | | | 325 | 325 | 435 | 435 |
| 4-Cyl, Turbo, 2.4 Liter | 8,E | | 550 | 550 | 735 | 735 |
| **PT CRUISER—4-Cyl. Turbo—Equipment Schedule 4** | | | | | | |
| W.B. 103.0"; 2.4 Liter. | | | | | | |
| Touring Convertible 2D | Y55X | 26350 | 4000 | 4350 | 5450 | 7375 |
| GT Sport Wagon 4D | Y78G | 24835 | 4250 | 4600 | 5725 | 7675 |
| GT Convertible 2D | Y75S | 30250 | 4600 | 4975 | 6100 | 8125 |
| **SEBRING—4-Cyl.—Equipment Schedule 4** | | | | | | |
| W.B. 108.9"; 2.4 Liter. | | | | | | |
| Sedan 4D | C46K | 18995 | 4175 | 4525 | 5675 | 7675 |
| Touring Sedan 4D | C56K | 20195 | 4675 | 5050 | 6300 | 8475 |
| Limited Sedan 4D | C66K | 23995 | 5225 | 5600 | 6975 | 9350 |
| V6, Flex Fuel, 2.7 Liter | R | | 400 | 400 | 535 | 535 |
| V6, HO, 3.5 Liter | M | | 550 | 550 | 735 | 735 |
| **300—V6—Equipment Schedule 2** | | | | | | |
| W.B. 120.0"; 2.7 Liter, 3.5 Liter. | | | | | | |
| Sedan 4D | A43R | 24480 | 6350 | 6775 | 7800 | 9775 |
| Touring Sedan 4D | A53G | 29290 | 7150 | 7625 | 8800 | 11000 |
| Signature Series | | | 275 | 275 | 365 | 365 |
| Limited | | | 875 | 875 | 1165 | 1165 |
| AWD | | | 775 | 775 | 1035 | 1035 |
| **300C—V8 HEMI—Equipment Schedule 2** | | | | | | |
| W.B. 120.0"; 5.7 Liter. | | | | | | |
| Sedan 4D | A63H | 34935 | 8950 | 9450 | 10850 | 13550 |
| SRT Design | | | 300 | 300 | 400 | 400 |
| Heritage | | | 350 | 350 | 465 | 465 |
| AWD | K | | 775 | 775 | 1035 | 1035 |
| **300—V8 HEMI—Equipment Schedule 2** | | | | | | |
| W.B. 120.0"; 6.1 Liter. | | | | | | |
| SRT8 Sedan 4D | A73W | 40970 | 12050 | 12650 | 13650 | 16200 |
| **CROSSFIRE—V6—Equipment Schedule 1** | | | | | | |
| W.B. 94.5"; 3.2 Liter. | | | | | | |
| Coupe 2D | N59L | 30435 | 3900 | 4250 | 5000 | 6500 |
| Roadster 2D | N55L | 36595 | 5475 | 5875 | 7025 | 9025 |
| Limited Coupe 2D | N69L | 36560 | 5125 | 5525 | 6625 | 8500 |
| Limited Roadster 2D | N65L | 40955 | 6550 | 6975 | 8275 | 10550 |

## 2008 CHRYSLER — (1,2,3or4)C(4or8)(Y48B)-8-#

**PT CRUISER—4-Cyl.—Equipment Schedule 4**
W.B. 103.0"; 2.4 Liter.

| Body Type | VIN | List | Good | Very Good | Good | Excellent |
|---|---|---|---|---|---|---|
| Sport Wagon 4D | Y48B | 16780 | 3275 | 3600 | 4325 | 5825 |
| Convertible 2D | Y55X | 19995 | 4200 | 4550 | 5600 | 7475 |
| Touring Sport Wag 4D | Y58B | 19570 | 3800 | 4150 | 5100 | 6825 |
| Signature Series | | | 200 | 200 | 265 | 265 |
| 4-Cyl, Turbo, 2.4 Liter | E | | 575 | 575 | 765 | 765 |
| **PT CRUISER—4-Cyl. Turbo—Equipment Schedule 4** | | | | | | |
| W.B. 103.0"; 2.4 Liter. | | | | | | |
| Limited Sport Wag 4D | Y688 | 23300 | 4850 | 5225 | 6350 | 8400 |
| **SEBRING—4-Cyl.—Equipment Schedule 4** | | | | | | |
| W.B. 108.9"; 2.4 Liter. | | | | | | |
| LX Sedan 4D | C46K | 19365 | 5150 | 5550 | 6675 | 8600 |
| LX Convertible 2D | C45K | 26515 | 4875 | 5250 | 6250 | 8175 |
| Touring Sedan 4D | C56K | 20500 | 5400 | 5800 | 6950 | 8950 |
| Limited Sedan 4D | C66K | 24190 | 6800 | 7250 | 8575 | 11000 |
| Signature Series | | | 250 | 250 | 335 | 335 |

# 2008 CHRYSLER

| Body Type | VIN | List | Trade-In Good | Trade-In Very Good | Pvt-Party Good | Retail Excellent |
|---|---|---|---|---|---|---|
| AWD | D | | 1125 | 1125 | 1500 | 1500 |
| V6, HO, 3.5 Liter | | | 600 | 600 | 800 | 800 |
| **SEBRING—V6—Equipment Schedule 4** | | | | | | |
| W.B. 108.9"; 2.7 Liter, 3.5 Liter. | | | | | | |
| Touring Convertible 2D | C55R | 29115 | 6050 | 6475 | 7850 | 10150 |
| Limited Convertible 2D | C65M | 32730 | 8575 | 9075 | 10900 | 14050 |
| Power Hard Top | | | 450 | 450 | 600 | 600 |
| **300—V6—Equipment Schedule 2** | | | | | | |
| W.B. 120.0"; 2.7 Liter, 3.5 Liter. | | | | | | |
| Sedan 4D | A43R | 25270 | 7700 | 8175 | 9175 | 11250 |
| Touring Sedan 4D | A53G | 29265 | 8850 | 9375 | 10450 | 12750 |
| Limited Sedan 4D | A33G | 32295 | 9500 | 10050 | 11200 | 13650 |
| Signature Series | | | 325 | 325 | 435 | 435 |
| AWD | K | | 825 | 825 | 1100 | 1100 |
| **300C—V8 HEMI—Equipment Schedule 2** | | | | | | |
| W.B. 120.0"; 5.7 Liter. | | | | | | |
| Sedan 4D | A63H | 36070 | 10800 | 11350 | 12700 | 15450 |
| SRT Design | | | 325 | 325 | 435 | 435 |
| Heritage | | | 400 | 400 | 535 | 535 |
| AWD | K | | 825 | 825 | 1100 | 1100 |
| **300—V8 HEMI—Equipment Schedule 2** | | | | | | |
| W.B. 120.0"; 6.1 Liter. | | | | | | |
| SRT8 Sedan 4D | A73W | 44223 | 15850 | 16550 | 17550 | 20500 |
| **CROSSFIRE—V6—Equipment Schedule 1** | | | | | | |
| W.B. 94.5"; 3.2 Liter. | | | | | | |
| Limited Coupe 2D | N69L | 36685 | 6775 | 7225 | 8225 | 10250 |
| Limited Roadster 2D | N65L | 41130 | 8350 | 8850 | 10050 | 12500 |

# 2009 CHRYSLER — (1,2,3or4)C(4or8)(Y489)-9-#

| Body Type | VIN | List | Trade-In Good | Trade-In Very Good | Pvt-Party Good | Retail Excellent |
|---|---|---|---|---|---|---|
| **PT CRUISER—4-Cyl.—Equipment Schedule 4** | | | | | | |
| W.B. 103.0"; 2.4 Liter. | | | | | | |
| Sport Wagon 4D | Y489 | 18745 | 4200 | 4550 | 5400 | 7025 |
| Touring Sport Wag 4D | Y589 | 20700 | 4675 | 5050 | 5950 | 7725 |
| Dream Cruiser | | | 575 | 575 | 765 | 765 |
| 4-Cyl, Turbo, 2.4 Liter | E | | 650 | 650 | 865 | 865 |
| **PT CRUISER—4-Cyl. Turbo—Equipment Schedule 4** | | | | | | |
| W.B. 103.0"; 2.4 Liter. | | | | | | |
| Limited Sport Wag 4D | Y688 | 24430 | 6000 | 6425 | 7700 | 9925 |
| **SEBRING—4-Cyl.—Equipment Schedule 4** | | | | | | |
| W.B. 108.9"; 2.4 Liter. | | | | | | |
| LX Sedan 4D | C46K | 21255 | 6025 | 6450 | 7475 | 9425 |
| LX Convertible 2D | C45K | 28130 | 6375 | 6800 | 7575 | 9275 |
| Touring Sedan 4D | C56B | 21655 | 6475 | 6900 | 7975 | 10050 |
| Limited Sedan 4D | C66B | 26660 | 8700 | 9200 | 10600 | 13250 |
| V6, HO, 3.5 Liter | V | | 550 | 550 | 735 | 735 |
| **SEBRING—V6—Equipment Schedule 4** | | | | | | |
| W.B. 108.9"; 2.7 Liter, 3.5 Liter. | | | | | | |
| Touring Convertible 2D | C55D | 30610 | 8000 | 8500 | 9425 | 11500 |
| Limited Convertible 2D | C65V | 35465 | 11900 | 12500 | 13800 | 16700 |
| Power Hard Top | | | 475 | 475 | 635 | 635 |
| **300—V6—Equipment Schedule 2** | | | | | | |
| W.B. 120.0"; 2.7 Liter, 3.5 Liter. | | | | | | |
| LX Sedan 4D | A43D | 27415 | 9100 | 9625 | 10600 | 12800 |
| Touring Sedan 4D | A53V | 29885 | 9850 | 10400 | 11400 | 13750 |
| Limited Sedan 4D | A33V | 35220 | 11300 | 11900 | 13050 | 15750 |
| AWD | K | | 900 | 900 | 1200 | 1200 |
| **300C—V8 HEMI—Equipment Schedule 2** | | | | | | |
| W.B. 120.0"; 5.7 Liter. | | | | | | |
| Sedan 4D | A63T | 37585 | 13100 | 13750 | 15100 | 18150 |
| Heritage | | | 450 | 450 | 600 | 600 |
| AWD | K | | 900 | 900 | 1200 | 1200 |
| **300—V8 HEMI—Equipment Schedule 2** | | | | | | |
| W.B. 120.0"; 6.1 Liter. | | | | | | |
| SRT8 Sedan 4D | A73W | 46361 | 20100 | 20900 | 21900 | 25400 |

# 2010 CHRYSLER — (1,2or3)(AorC)(3or4)(Y5F9)-A-#

| Body Type | VIN | List | Trade-In Good | Trade-In Very Good | Pvt-Party Good | Retail Excellent |
|---|---|---|---|---|---|---|
| **PT CRUISER—4-Cyl.—Equipment Schedule 4** | | | | | | |
| W.B. 103.0"; 2.4 Liter. | | | | | | |
| Classic Sport Wag 4D | Y5F9 | 18995 | 6825 | 7275 | 8125 | 10000 |
| **SEBRING—4-Cyl.—Equipment Schedule 4** | | | | | | |
| W.B. 108.9"; 2.4 Liter. | | | | | | |
| LX Convertible 2D | C4EB | 28590 | 7675 | 8150 | 9125 | 11150 |

**EQUIPMENT & MILEAGE PAGE 9 TO 23**

# 2010 CHRYSLER

| Body Type | VIN | List | Trade-In Good | Trade-In Very Good | Pvt-Party Good | Retail Excellent |
|---|---|---|---|---|---|---|
| Touring Sedan 4D | C4FB | 20860 | 6975 | 7425 | 8600 | 10750 |
| Limited Sedan 4D | C5FB | 22855 | 7900 | 8375 | 9625 | 12000 |
| V6, HO, 3.5 Liter | V | | 600 | 600 | 800 | 800 |
| **SEBRING—V6—Equipment Schedule 4** | | | | | | |
| W.B. 108.9"; 2.7 Liter. | | | | | | |
| Touring Convertible 2D | C5ED | 29950 | 8075 | 8575 | 9550 | 11650 |
| Limited Convertible 2D | C6EV | 35445 | 13350 | 14000 | 15550 | 18850 |
| Power Hard Top | | | 500 | 500 | 665 | 665 |
| **300—V6—Equipment Schedule 2** | | | | | | |
| W.B. 120.0"; 2.7 Liter, 3.5 Liter. | | | | | | |
| Touring Sedan 4D | A5CD | 28010 | 11000 | 11550 | 12500 | 14900 |
| Touring Plus Sed 4D | A5CV | 29100 | 11400 | 12000 | 13000 | 15450 |
| Touring Signature Sed | A5CV | 31225 | 11950 | 12550 | 13550 | 16100 |
| Limited Sedan 4D | A3CV | 35860 | 13350 | 14000 | 15150 | 18000 |
| AWD | K | | 1100 | 1100 | 1465 | 1465 |
| **300C—V8 HEMI—Equipment Schedule 2** | | | | | | |
| W.B. 120.0"; 5.7 Liter. | | | | | | |
| Sedan 4D | A6CT | 38760 | 14950 | 15600 | 16850 | 20000 |
| AWD | K | | 1100 | 1100 | 1465 | 1465 |
| **300—V8 HEMI—Equipment Schedule 2** | | | | | | |
| W.B. 120.0"; 6.1 Liter. | | | | | | |
| SRT8 Sedan 4D | A7CW | 45615 | 21800 | 22700 | 23700 | 27400 |

# 2011 CHRYSLER — (1,2or3)(AorC)(3or4)(C4FB)–B–#

| Body Type | VIN | List | Trade-In Good | Trade-In Very Good | Pvt-Party Good | Retail Excellent |
|---|---|---|---|---|---|---|
| **200—4-Cyl.—Equipment Schedule 4** | | | | | | |
| W.B. 108.9"; 2.4 Liter. | | | | | | |
| LX Sedan 4D | C4FB | 19995 | 8450 | 8950 | 9900 | 12050 |
| Touring Convertible 2D | C2EB | 27195 | 10100 | 10650 | 11600 | 13850 |
| Limited Convertible 2D | C7EG | 31990 | 13950 | 14600 | 15900 | 18950 |
| V6, Flex Fuel, 3.6 Liter | G | | 875 | 875 | 1165 | 1165 |
| **200—V6—Equipment Schedule 4** | | | | | | |
| W.B. 108.9"; 3.6 Liter. | | | | | | |
| Touring Sedan 4D | C1FB | 23790 | 9450 | 9975 | 11050 | 13400 |
| Limited Sedan 4D | C2FB | 26290 | 10350 | 10900 | 12050 | 14550 |
| 4-Cyl, 2.4 Liter | B | | (650) | (650) | (865) | (865) |
| **200—V6—Equipment Schedule 4** | | | | | | |
| W.B. 108.9"; 3.6 Liter. | | | | | | |
| S Sedan 4D | C8FG | 26790 | 11550 | 12100 | 13400 | 16200 |
| S Convertible 2D | C8EG | 32490 | 15150 | 15850 | 17150 | 20400 |
| **300—V6—Equipment Schedule 2** | | | | | | |
| W.B. 120.0"; 3.6 Liter. | | | | | | |
| Sedan 4D | A4CG | 27995 | 13750 | 14400 | 15250 | 17750 |
| Limited Sedan 4D | A5CG | 31995 | 14950 | 15600 | 16500 | 19200 |
| **300C—V8 HEMI—Equipment Schedule 2** | | | | | | |
| W.B. 120.0"; 5.7 Liter. | | | | | | |
| Sedan 4D | A6CT | 38995 | 17550 | 18300 | 19200 | 22300 |
| Adaptive Cruise Control | | | 450 | 450 | 600 | 600 |

# 2012 CHRYSLER — (1,2or3)C3–(CBAB)–C–#

| Body Type | VIN | List | Trade-In Good | Trade-In Very Good | Pvt-Party Good | Retail Excellent |
|---|---|---|---|---|---|---|
| **200—4-Cyl.—Equipment Schedule 4** | | | | | | |
| W.B. 108.9"; 2.4 Liter. | | | | | | |
| LX Sedan 4D | CBAB | 19745 | 9550 | 10100 | 11050 | 13250 |
| Touring Convertible 2D | CBEB | 27325 | 11450 | 12050 | 13000 | 15450 |
| V6, Flex Fuel, 3.6 Liter | G | | 925 | 925 | 1235 | 1235 |
| **200—V6—Equipment Schedule 4** | | | | | | |
| W.B. 108.9"; 3.6 Liter. | | | | | | |
| Touring Sedan 4D | CBBB | 23915 | 10450 | 11000 | 12000 | 14400 |
| Limited Sedan 4D | CBCB | 26615 | 11400 | 11950 | 13100 | 15700 |
| 4-Cyl, 2.4 Liter | B | | (700) | (700) | (935) | (935) |
| **200—V6—Equipment Schedule 4** | | | | | | |
| W.B. 108.9"; 3.6 Liter. | | | | | | |
| S Sedan 4D | CBHG | 27115 | 12700 | 13300 | 14600 | 17500 |
| S Convertible 2D | CBGG | 32820 | 16900 | 17650 | 18900 | 22400 |
| Limited Convertible 2D | CBFG | 32320 | 15650 | 16350 | 17550 | 20800 |
| **300—V6—Equipment Schedule 2** | | | | | | |
| W.B. 120.0"; 3.6 Liter. | | | | | | |
| Sedan 4D | CAAG | 27995 | 15400 | 16100 | 16900 | 19550 |
| Limited Sedan 4D | CACG | 32995 | 16550 | 17300 | 18100 | 20900 |
| AWD | H | | 1200 | 1200 | 1600 | 1600 |
| **300S—V6—Equipment Schedule 2** | | | | | | |
| W.B. 120.0"; 3.6 Liter. | | | | | | |
| Sedan 4D | CABG | 33995 | 20200 | 21000 | 21900 | 25300 |

**DEDUCT FOR RECONDITIONING**

# 2012 CHRYSLER

| Body Type | VIN | List | Trade-In Good | Very Good | Pvt-Party Good | Retail Excellent |
|---|---|---|---|---|---|---|
| V8, HEMI, 5.7 Liter | T | | 2300 | 2300 | 3065 | 3065 |
| **300—V8 HEMI—Equipment Schedule 2** | | | | | | |
| W.B. 120.0"; 5.7 Liter, 6.4 Liter. | | | | | | |
| 300C Sedan 4D | CAET | 38995 | 18950 | 19800 | 20600 | 23800 |
| 300C Luxury Series Sed | CAPT | 42895 | 21900 | 22900 | 23700 | 27400 |
| SRT8 Sedan 4D | CAFJ | 47995 | 28300 | 29400 | 29700 | 33300 |
| AWD | G,J | | 1200 | 1200 | 1600 | 1600 |

## 2013 CHRYSLER — (1,2or3)C3-(CBAB)-D-#

| Body Type | VIN | List | Good | Very Good | Good | Excellent |
|---|---|---|---|---|---|---|
| **200—4-Cyl.—Equipment Schedule 4** | | | | | | |
| W.B. 108.9"; 2.4 Liter. | | | | | | |
| LX Sedan 4D | CBAB | 19990 | 10600 | 11150 | 12200 | 14600 |
| Touring Convertible 2D | CBEB | 28095 | 13550 | 14200 | 14700 | 16750 |
| V6, Flex Fuel, 3.6 Liter | G | | 950 | 950 | 1265 | 1265 |
| **200—V6—Equipment Schedule 4** | | | | | | |
| W.B. 108.9"; 3.6 Liter. | | | | | | |
| LX Z Sedan 4D | CBAG | 22385 | 11100 | 11650 | 12750 | 15250 |
| Touring Sedan 4D | CBBB | 22990 | 11400 | 11950 | 13050 | 15650 |
| Limited Sedan 4D | CBCB | 25680 | 12150 | 12750 | 13850 | 16500 |
| Limited Convertible 2D | CBFG | 33090 | 17800 | 18550 | 19050 | 21600 |
| S Convertible 2D | CBGG | 33590 | 19100 | 19900 | 20400 | 23100 |
| 4-Cyl, 2.4 Liter | B | | (950) | (950) | (1265) | (1265) |
| **300—V6—Equipment Schedule 2** | | | | | | |
| W.B. 120.0"; 3.6 Liter. | | | | | | |
| Sedan 4D | CAAG | 30840 | 17500 | 18250 | 19050 | 22000 |
| Motown Sedan 4D | CAAG | 34140 | 18300 | 19100 | 19850 | 22900 |
| AWD | R | | 1250 | 1250 | 1665 | 1665 |
| **300S—V6 Flex Fuel—Equipment Schedule 2** | | | | | | |
| W.B. 120.0"; 3.6 Liter. | | | | | | |
| Sedan 4D | CABG | 33990 | 20700 | 21500 | 22300 | 25700 |
| AWD | G | | 1250 | 1250 | 1665 | 1665 |
| V8, HEMI, 5.7 Liter | T | | 2650 | 2650 | 3535 | 3535 |
| **300S AWD—V6 Flex Fuel—Equipment Schedule 2** | | | | | | |
| W.B. 120.0"; 3.6 Liter. | | | | | | |
| Glacier Sedan 4D | CAGG | 37840 | 23100 | 24100 | 24900 | 28700 |
| V8, HEMI, 5.7 Liter | T | | 2650 | 2650 | 3535 | 3535 |
| **300C—V6—Equipment Schedule 2** | | | | | | |
| W.B. 120.0"; 3.6 Liter. | | | | | | |
| Sedan 4D | CACG | 36990 | 20300 | 21100 | 21900 | 25300 |
| Luxury Series Sedan | CAPG | 40990 | 22600 | 23600 | 24400 | 28100 |
| Varvatos Luxury Sedan | CADG | 41490 | 25200 | 26200 | 27100 | 31100 |
| Varvatos Limited Sed | CADG | 44490 | 27300 | 28400 | 29300 | 33700 |
| AWD | K | | 1250 | 1250 | 1665 | 1665 |
| V8, HEMI, 5.7 Liter | T | | 2650 | 2650 | 3535 | 3535 |
| **300—V8 HEMI—Equipment Schedule 2** | | | | | | |
| W.B. 120.0"; 6.4 Liter. | | | | | | |
| SRT8 Core Sedan 4D | CAXJ | 46275 | 30100 | 31300 | 31200 | 34600 |
| SRT8 Sedan 4D | CAFJ | 49845 | 34000 | 35200 | 35000 | 38900 |

# DODGE

## 1999 DODGE — (1,2or4)B3-(S47C)-X-#

| Body Type | VIN | List | Good | Very Good | Good | Excellent |
|---|---|---|---|---|---|---|
| **NEON—4-Cyl.—Equipment Schedule 6** | | | | | | |
| W.B. 104.0"; 2.0 Liter. | | | | | | |
| Highline Sedan 4D | S47C | 13320 | 600 | 675 | 1275 | 2075 |
| Highline Coupe 2D | S42C | 13120 | 625 | 700 | 1325 | 2150 |
| Competition Sedan 4D | S27C | 14985 | 800 | 900 | 1575 | 2575 |
| Competition Coupe 2D | S22Y | 14805 | 800 | 900 | 1575 | 2575 |
| **AVENGER—V6—Equipment Schedule 4** | | | | | | |
| W.B. 103.7"; 2.5 Liter. | | | | | | |
| Coupe 2D | U42N | 19665 | 575 | 650 | 1275 | 2025 |
| ES Coupe 2D | U52N | 20975 | 675 | 750 | 1400 | 2275 |
| Manual, 5-Spd | | | (200) | (200) | (265) | (265) |
| 4-Cyl, 2.0 Liter | Y | | (100) | (100) | (135) | (135) |
| **STRATUS—4-Cyl.—Equipment Schedule 5** | | | | | | |
| W.B. 108.0"; 2.0 Liter, 2.4 Liter. | | | | | | |
| Sedan 4D | J46C | 16865 | 575 | 650 | 1250 | 2025 |
| **STRATUS—V6—Equipment Schedule 4** | | | | | | |
| W.B. 108.0"; 2.5 Liter. | | | | | | |
| ES Sedan 4D | J56H | 19495 | 1025 | 1125 | 1925 | 3125 |

# 1999 DODGE

| Body Type | VIN | List | Trade-In Good | Very Good | Pvt-Party Good | Retail Excellent |
|---|---|---|---|---|---|---|
| **INTREPID—V6**—Equipment Schedule 4 | | | | | | |
| W.B. 113.0"; 2.7 Liter, 3.2 Liter. | | | | | | |
| Sedan 4D | D46R | 20495 | 675 | 750 | 1400 | 2300 |
| ES Sedan 4D | D56J | 23340 | 1100 | 1225 | 2050 | 3350 |
| **VIPER—V10**—Equipment Schedule 2 | | | | | | |
| W.B. 96.2"; 8.0 Liter. | | | | | | |
| R/T/10 Roadster 2D | R65E | 66425 | 10500 | 11050 | 12900 | 16250 |
| GTS Coupe 2D | R69E | 68925 | 12450 | 13100 | 15200 | 19050 |
| Competition | | | 950 | 950 | 1265 | 1265 |

## 2000 DODGE — (1,2or4)B3–(S46C)–Y–#

| Body Type | VIN | List | Trade-In Good | Very Good | Pvt-Party Good | Retail Excellent |
|---|---|---|---|---|---|---|
| **NEON—4-Cyl.**—Equipment Schedule 6 | | | | | | |
| W.B. 105.0"; 2.0 Liter. | | | | | | |
| Highline Sedan 4D | S46C | 13890 | 700 | 775 | 1400 | 2250 |
| ES Sedan 4D | S56C | 14680 | 925 | 1025 | 1725 | 2800 |
| **AVENGER—V6**—Equipment Schedule 4 | | | | | | |
| W.B. 103.7"; 2.5 Liter. | | | | | | |
| Coupe 2D | U42N | 18840 | 625 | 700 | 1250 | 1975 |
| ES Coupe 2D | U52N | 21130 | 825 | 925 | 1525 | 2400 |
| **STRATUS—4-Cyl.**—Equipment Schedule 5 | | | | | | |
| W.B. 108.0"; 2.0 Liter, 2.4 Liter. | | | | | | |
| SE Sedan 4D | J46C | 17525 | 750 | 825 | 1425 | 2250 |
| **STRATUS—V6**—Equipment Schedule 4 | | | | | | |
| W.B. 108.0"; 2.5 Liter. | | | | | | |
| ES Sedan 4D | J56H | 20655 | 1100 | 1225 | 1900 | 3025 |
| **INTREPID—V6**—Equipment Schedule 4 | | | | | | |
| W.B. 113.0"; 2.7 Liter, 3.2 Liter, 3.5 Liter. | | | | | | |
| Sedan 4D | D46R | 20950 | 750 | 825 | 1500 | 2450 |
| ES Sedan 4D | D56J | 22530 | 1125 | 1250 | 2075 | 3375 |
| R/T Sedan 4D | D76V | 24995 | 1500 | 1650 | 2775 | 4475 |
| **VIPER—V10**—Equipment Schedule 2 | | | | | | |
| W.B. 96.2"; 8.0 Liter. | | | | | | |
| RT/10 Roadster 2D | R65E | 70925 | 11500 | 12050 | 13500 | 16450 |
| GTS Coupe 2D | R69E | 73425 | 13750 | 14450 | 16000 | 19500 |
| Competition | | | 1075 | 1075 | 1435 | 1435 |

## 2001 DODGE — (1,2or4)B3–(S46C)–1–#

| Body Type | VIN | List | Trade-In Good | Very Good | Pvt-Party Good | Retail Excellent |
|---|---|---|---|---|---|---|
| **NEON—4-Cyl.**—Equipment Schedule 6 | | | | | | |
| W.B. 105.0"; 2.0 Liter. | | | | | | |
| Highline Sedan 4D | S46C | 14275 | 750 | 825 | 1500 | 2425 |
| ES Sedan 4D | S46C | 15095 | 975 | 1075 | 1825 | 2950 |
| Competition Sedan 4D | S66C | 15155 | 775 | 875 | 1525 | 2475 |
| R/T Sedan 4D | S66F | 16845 | 1025 | 1125 | 1900 | 3075 |
| **STRATUS—4-Cyl.**—Equipment Schedule 4 | | | | | | |
| W.B. 103.7", 108.0" (Sed); 2.4 Liter. | | | | | | |
| SE Sedan 4D | J46X | 18425 | 775 | 875 | 1450 | 2275 |
| SE Coupe 2D | G42X | 19230 | 375 | 425 | 875 | 1375 |
| Manual, 5-Spd | | | (200) | (200) | (265) | (265) |
| V6, 2.7 Liter | U,H | | 150 | 150 | 200 | 200 |
| **STRATUS—V6**—Equipment Schedule 4 | | | | | | |
| W.B. 103.7", 108.0" (Sed); 2.7 Liter, 3.0 Liter. | | | | | | |
| ES Sedan 4D | J56U | 21010 | 1200 | 1325 | 2025 | 3200 |
| ES Coupe 2D | G52H | 22390 | 1025 | 1125 | 1800 | 2825 |
| **INTREPID—V6**—Equipment Schedule 4 | | | | | | |
| W.B. 113.0"; 2.7 Liter, 3.2 Liter, 3.5 Liter. | | | | | | |
| SE Sedan 4D | D46R | 21395 | 925 | 1025 | 1750 | 2825 |
| ES Sedan 4D | D56J | 23090 | 1250 | 1375 | 2225 | 3600 |
| R/T Sedan 4D | D66V | 25460 | 1750 | 1925 | 3125 | 4975 |
| **VIPER—V10**—Equipment Schedule 2 | | | | | | |
| W.B. 96.2"; 8.0 Liter. | | | | | | |
| RT/10 Roadster 2D | R65E | 67950 | 12450 | 13100 | 14100 | 16750 |
| GTS Coupe 2D | R69E | 70450 | 14950 | 15650 | 16750 | 19900 |
| Competition | | | 1200 | 1200 | 1600 | 1600 |

## 2002 DODGE — (1,2or4)B3–(S26C)–2–#

| Body Type | VIN | List | Trade-In Good | Very Good | Pvt-Party Good | Retail Excellent |
|---|---|---|---|---|---|---|
| **NEON—4-Cyl.**—Equipment Schedule 6 | | | | | | |
| W.B. 105.0"; 2.0 Liter. | | | | | | |
| S Sedan 4D | S26C | 10570 | 350 | 400 | 900 | 1425 |
| Sedan 4D | S26C | 13805 | 400 | 450 | 950 | 1550 |
| SXT Sedan 4D | S66C | 15935 | 1050 | 1150 | 1925 | 3100 |
| ACR Sedan 4D | S66F | 14795 | 825 | 925 | 1600 | 2575 |
| SE Sedan 4D | S46C | 15405 | 850 | 950 | 1625 | 2625 |

**DEDUCT FOR RECONDITIONING**

# 2002 DODGE

| Body Type | VIN | List | Trade-In Good | Very Good | Pvt-Party Good | Retail Excellent |
|---|---|---|---|---|---|---|
| ES Sedan 4D | S56C | 15860 | 950 | 1050 | 1775 | 2875 |
| R/T Sedan 4D | S76F | 16680 | 1125 | 1250 | 2025 | 3300 |
| **STRATUS—4-Cyl.—Equipment Schedule 4** | | | | | | |
| W.B. 103.7", 108.0" (Sed); 2.4 Liter. | | | | | | |
| SE Sedan 4D | L46X | 18290 | 825 | 925 | 1550 | 2475 |
| SE Coupe 2D | G42X | 19340 | 400 | 450 | 925 | 1500 |
| SXT Sedan 4D | L66X | 19345 | 1000 | 1100 | 1800 | 2875 |
| SXT Coupe 2D | G42G | 19695 | 450 | 500 | 1000 | 1600 |
| Manual, 5-Spd | | | (250) | (250) | (335) | (335) |
| V6, 2.7 Liter | R,H | | 200 | 200 | 265 | 265 |
| **STRATUS—V6—Equipment Schedule 4** | | | | | | |
| W.B. 103.7", 108.0" (Sed); 2.7 Liter, 3.0 Liter. | | | | | | |
| ES Sedan 4D | J56R | 21255 | 1300 | 1425 | 2225 | 3575 |
| R/T Sedan 4D | L76R | 22150 | 1475 | 1625 | 2600 | 4150 |
| R/T Coupe 2D | G52H | 22490 | 1125 | 1250 | 1975 | 3175 |
| **INTREPID—V6—Equipment Schedule 4** | | | | | | |
| W.B. 113.0"; 2.7 Liter, 3.5 Liter. | | | | | | |
| SE Sedan 4D | D46R | 21230 | 1050 | 1150 | 1850 | 2950 |
| ES Sedan 4D | D56M | 23155 | 1500 | 1650 | 2500 | 3975 |
| SXT Sedan 4D | D56G | 24170 | 1450 | 1600 | 2525 | 4025 |
| R/T Sedan 4D | D76G | 27240 | 1950 | 2150 | 3300 | 5175 |
| **VIPER—V10—Equipment Schedule 2** | | | | | | |
| W.B. 96.2"; 8.0 Liter. | | | | | | |
| RT/10 Roadster 2D | R65E | 75500 | 13350 | 14000 | 14950 | 17650 |
| GTS Coupe 2D | R69E | 76000 | 16300 | 17050 | 18100 | 21300 |
| Competition | | | 1325 | 1325 | 1765 | 1765 |

## 2003 DODGE — (1,2or4)B3–(S46C)–3–#

| Body Type | VIN | List | Good | Very Good | Pvt-Party Good | Retail Excellent |
|---|---|---|---|---|---|---|
| **NEON—4-Cyl.—Equipment Schedule 6** | | | | | | |
| W.B. 105.0"; 2.0 Liter. | | | | | | |
| SE Sedan 4D | S46C | 13925 | 1075 | 1200 | 1925 | 3075 |
| SXT Sedan 4D | S66C | 16235 | 1225 | 1350 | 2150 | 3425 |
| R/T Sedan 4D | S76F | 17250 | 1325 | 1450 | 2400 | 3850 |
| **NEON—4-Cyl. Turbo—Equipment Schedule 6** | | | | | | |
| W.B. 105.0"; 2.4 Liter. | | | | | | |
| SRT-4 Sedan 4D | S66S | 19965 | 3175 | 3475 | 4175 | 5775 |
| **STRATUS—4-Cyl.—Equipment Schedule 4** | | | | | | |
| W.B. 103.7", 108.0" (Sed); 2.4 Liter. | | | | | | |
| SXT Sedan 4D | L46X | 18340 | 1350 | 1500 | 2150 | 3350 |
| SXT Coupe 2D | G42GX | 20680 | 525 | 600 | 1050 | 1625 |
| SE Sedan 4D | L46X | 18470 | 1375 | 1525 | 2300 | 3550 |
| SE Coupe 2D | G42G | 20680 | 475 | 525 | 975 | 1525 |
| Manual, 5-Spd | | | (300) | (300) | (400) | (400) |
| V6, Flex Fuel, 2.7 Liter | R,H | | 250 | 250 | 335 | 335 |
| **STRATUS—V6—Equipment Schedule 4** | | | | | | |
| W.B. 103.7", 108.0" (Sed); 2.7 Liter, 3.0 Liter. | | | | | | |
| ES Sedan 4D | J56U | 21980 | 1425 | 1575 | 2375 | 3650 |
| R/T Sedan 4D | L76R | 22340 | 1800 | 1975 | 2900 | 4450 |
| R/T Coupe 2D | G52H | 23175 | 1250 | 1375 | 2025 | 3125 |
| **INTREPID—V6—Equipment Schedule 4** | | | | | | |
| W.B. 113.0"; 2.7 Liter, 3.5 Liter. | | | | | | |
| SE Sedan 4D | D46R | 21720 | 1325 | 1450 | 2175 | 3400 |
| ES Sedan 4D | D56J | 25515 | 1875 | 2050 | 3075 | 4775 |
| SXT Sedan 4D | D66G | 24335 | 1775 | 1950 | 2925 | 4550 |
| **VIPER—V10—Equipment Schedule 2** | | | | | | |
| W.B. 98.8"; 8.3 Liter. | | | | | | |
| SRT10 Roadster 2D | R65Z | 83795 | 16650 | 17400 | 18150 | 21100 |

## 2004 DODGE — (1,2or4)B3–(S46C)–4–#

| Body Type | VIN | List | Good | Very Good | Pvt-Party Good | Retail Excellent |
|---|---|---|---|---|---|---|
| **NEON—4-Cyl.—Equipment Schedule 6** | | | | | | |
| W.B. 105.0"; 2.0 Liter. | | | | | | |
| SE Sedan 4D | S46C | 14495 | 1275 | 1400 | 2275 | 3600 |
| SXT Sedan 4D | S66C | 16805 | 1475 | 1625 | 2550 | 4050 |
| R/T Sedan 4D | S76F | 17895 | 1675 | 1850 | 2850 | 4500 |
| **NEON—4-Cyl. HO Turbo—Equipment Schedule 6** | | | | | | |
| W.B. 105.0"; 2.4 Liter. | | | | | | |
| SRT-4 Sedan 4D | S66S | 20995 | 3425 | 3750 | 4625 | 6350 |
| **STRATUS—4-Cyl.—Equipment Schedule 4** | | | | | | |
| W.B. 103.7", 108.0" (Sed); 2.4 Liter. | | | | | | |
| SXT Sedan 4D | L46X | 19155 | 1350 | 1500 | 2200 | 3325 |
| SXT Coupe 2D | G42G | 20535 | 1050 | 1150 | 1700 | 2575 |
| SE Sedan 4D | L46X | 20315 | 1350 | 1500 | 2200 | 3325 |

# 2004 DODGE

| Body Type | VIN | List | Trade-In Good | Very Good | Pvt-Party Good | Retail Excellent |
|---|---|---|---|---|---|---|
| Manual, 5-Spd | | | (350) | (350) | (465) | (465) |
| V6, Flex Fuel, 2.7 Liter | T | | 300 | 300 | 400 | 400 |
| **STRATUS—V6—Equipment Schedule 4** | | | | | | |
| W.B. 103.7", 108.0" (Sed); 2.7 Liter, 3.0 Liter. | | | | | | |
| ES Sedan 4D | J56R | 22600 | 1475 | 1625 | 2350 | 3575 |
| R/T Sedan 4D | L76R | 23135 | 2150 | 2350 | 3300 | 4950 |
| R/T Coupe 2D | G52H | 23750 | 1275 | 1400 | 2000 | 3025 |
| **INTREPID—V6—Equipment Schedule 4** | | | | | | |
| W.B. 113.0"; 2.7 Liter, 3.5 Liter. | | | | | | |
| SE Sedan 4D | D46R | 22270 | 1625 | 1800 | 2600 | 4000 |
| ES Sedan 4D | D56J | 26065 | 2250 | 2475 | 3525 | 5300 |
| SXT Sedan 4D | D66G | 24485 | 2000 | 2200 | 3150 | 4775 |
| **VIPER—V10—Equipment Schedule 2** | | | | | | |
| W.B. 98.8"; 8.3 Liter. | | | | | | |
| SRT10 Roadster 2D | R65Z | 84795 | 18300 | 19100 | 19800 | 22900 |

## 2005 DODGE — (1,2or4)B3-(S26C)-5-#

| Body Type | VIN | List | Trade-In Good | Very Good | Pvt-Party Good | Retail Excellent |
|---|---|---|---|---|---|---|
| **NEON—4-Cyl.—Equipment Schedule 6** | | | | | | |
| W.B. 105.0"; 2.0 Liter. | | | | | | |
| SE Sedan 4D | S26C | 14985 | 1300 | 1450 | 2400 | 3725 |
| SXT Sedan 4D | S56C | 17295 | 1625 | 1800 | 2875 | 4400 |
| Special Edition | | | 75 | 75 | 100 | 100 |
| **NEON—4-Cyl. HO Turbo—Equipment Schedule 6** | | | | | | |
| W.B. 105.0"; 2.4 Liter. | | | | | | |
| SRT-4 Sedan 4D | S66S | 21195 | 4150 | 4500 | 5525 | 7350 |
| **STRATUS—4-Cyl.—Equipment Schedule 4** | | | | | | |
| W.B. 103.7", 108.0" (Sed); 2.4 Liter. | | | | | | |
| SXT Sedan 4D | L46J | 19770 | 2350 | 2600 | 3500 | 5000 |
| SXT Coupe 2D | G42G | 21825 | 2000 | 2200 | 3050 | 4400 |
| Special Edition | | | 150 | 150 | 200 | 200 |
| Manual, 5-Spd | | | (400) | (400) | (535) | (535) |
| V6, Flex Fuel, 2.7 Liter | T | | 350 | 350 | 465 | 465 |
| **STRATUS—V6—Equipment Schedule 4** | | | | | | |
| W.B. 103.7", 108.0" (Sed); 2.7 Liter, 3.0 Liter. | | | | | | |
| R/T Sedan 4D | L76T | 22250 | 3175 | 3500 | 4575 | 6450 |
| R/T Coupe 2D | G52H | 24320 | 2150 | 2375 | 3225 | 4650 |
| **MAGNUM—V6—Equipment Schedule 4** | | | | | | |
| W.B. 120.0"; 2.7 Liter, 3.5 Liter. | | | | | | |
| SE Sport Wagon 4D | V48T | 22495 | 3900 | 4250 | 5250 | 7000 |
| SXT Sport Wagon 4D | V48T | 22695 | 4200 | 4550 | 5600 | 7475 |
| Special Edition | | | 150 | 150 | 200 | 200 |
| AWD | Z | | 675 | 675 | 900 | 900 |
| **MAGNUM—V8 HEMI—Equipment Schedule 4** | | | | | | |
| W.B. 120.0"; 5.7 Liter. | | | | | | |
| R/T Sport Wagon 4D | V582 | 29995 | 4950 | 5325 | 6725 | 8925 |
| AWD | Z | | 675 | 675 | 900 | 900 |
| **VIPER—V10—Equipment Schedule 2** | | | | | | |
| W.B. 98.8"; 8.3 Liter. | | | | | | |
| SRT10 Roadster 2D | Z65Z | 85395 | 20200 | 21000 | 21900 | 25300 |
| Copperhead Edition | | | 1450 | 1450 | 1935 | 1935 |
| Mamba Edition | | | 1250 | 1250 | 1665 | 1665 |

## 2006 DODGE — (1,2or4)B3-(L46X)-6-#

| Body Type | VIN | List | Trade-In Good | Very Good | Pvt-Party Good | Retail Excellent |
|---|---|---|---|---|---|---|
| **STRATUS—4-Cyl.—Equipment Schedule 4** | | | | | | |
| W.B. 108.0"; 2.4 Liter. | | | | | | |
| SXT Sedan 4D | L46X | 20140 | 2800 | 3100 | 3925 | 5450 |
| V6, 2.7 Liter | R | | 625 | 625 | 835 | 835 |
| **STRATUS—V6—Equipment Schedule 4** | | | | | | |
| W.B. 108.0"; 2.7 Liter. | | | | | | |
| R/T Sedan 4D | L76R | 24120 | 3500 | 3825 | 4975 | 6825 |
| **MAGNUM—V6—Equipment Schedule 4** | | | | | | |
| W.B. 120.0"; 2.7 Liter, 3.5 Liter. | | | | | | |
| Sport Wagon 4D | V47V | 22995 | 4325 | 4700 | 5875 | 7750 |
| SXT Sport Wagon 4D | V47V | 25935 | 5050 | 5450 | 6725 | 8850 |
| AWD | Z | | 750 | 750 | 1000 | 1000 |
| V8, HEMI, 5.7 Liter | 2 | | 1275 | 1275 | 1700 | 1700 |
| **MAGNUM—V8 HEMI—Equipment Schedule 4** | | | | | | |
| W.B. 120.0"; 5.7 Liter, 6.1 Liter. | | | | | | |
| R/T Sport Wagon 4D | V572 | 30910 | 6400 | 6850 | 8425 | 11000 |
| SRT8 Sport Wagon 4D | V773 | 37995 | 10950 | 11500 | 12950 | 15850 |
| AWD | Z | | 750 | 750 | 1000 | 1000 |

**98    DEDUCT FOR RECONDITIONING**

# 2006 DODGE

| Body Type | VIN | List | Trade-In Good | Very Good | Pvt-Party Good | Retail Excellent |
|---|---|---|---|---|---|---|
| **CHARGER—V6—Equipment Schedule 4** | | | | | | |
| W.B. 120.0"; 2.7 Liter, 3.5 Liter. | | | | | | |
| Sedan 4D | A43G | 22295 | 5825 | 6250 | 7450 | 9500 |
| SXT Sedan 4D | A43G | 25995 | 6275 | 6700 | 7975 | 10150 |
| V8, HEMI, 5.7 Liter | H | | 1275 | 1275 | 1700 | 1700 |
| **CHARGER—V8 HEMI—Equipment Schedule 4** | | | | | | |
| W.B. 120.0"; 5.7 Liter, 6.1 Liter. | | | | | | |
| R/T Sedan 4D | A53H | 29995 | 7950 | 8425 | 9950 | 12600 |
| SRT8 Sedan 4D | A73W | 38095 | 11050 | 11650 | 12800 | 15250 |
| Daytona Edition | | | 600 | 600 | 800 | 800 |
| Performance Group | | | 650 | 650 | 865 | 865 |
| **VIPER—V10—Equipment Schedule 2** | | | | | | |
| W.B. 98.8"; 8.3 Liter. | | | | | | |
| SRT10 Coupe 2D | Z697 | 86995 | 26800 | 27900 | 28800 | 33100 |
| SRT10 Convertible 2D | Z65Z | 85745 | 24900 | 25900 | 26800 | 30700 |
| First Edition Group | | | 800 | 800 | 1065 | 1065 |

## 2007 DODGE — (1,2or4)B3-(B28C)-7-#

| Body Type | VIN | List | Trade-In Good | Very Good | Pvt-Party Good | Retail Excellent |
|---|---|---|---|---|---|---|
| **CALIBER—4-Cyl.—Equipment Schedule 6** | | | | | | |
| W.B. 103.7"; 1.8 Liter, 2.0 Liter. | | | | | | |
| Sport Wagon 4D | B28C | 14985 | 3900 | 4250 | 5150 | 6800 |
| SXT Sport Wagon 4D | B48C | 16985 | 4175 | 4525 | 5475 | 7225 |
| Manual, 5-Spd | | | (300) | (300) | (400) | (400) |
| **CALIBER AWD—4-Cyl.—Equipment Schedule 6** | | | | | | |
| W.B. 103.7"; 2.4 Liter. | | | | | | |
| R/T Sport Wagon 4D | E78K | 19985 | 5600 | 6000 | 7375 | 9625 |
| FWD | | | (675) | (675) | (900) | (900) |
| Manual, 5-Spd | | | (300) | (300) | (400) | (400) |
| **MAGNUM—V6—Equipment Schedule 4** | | | | | | |
| W.B. 120.0"; 2.7 Liter, 3.5 Liter. | | | | | | |
| Sport Wagon 4D | V47T | 23545 | 5275 | 5675 | 6900 | 8975 |
| SXT Sport Wagon 4D | V47V | 27405 | 5825 | 6250 | 7550 | 9775 |
| AWD | Z | | 825 | 825 | 1100 | 1100 |
| V8, HEMI, 5.7 Liter | 2 | | 1350 | 1350 | 1800 | 1800 |
| **MAGNUM—V8 HEMI—Equipment Schedule 4** | | | | | | |
| W.B. 120.0"; 5.7 Liter, 6.1 Liter. | | | | | | |
| R/T Sport Wagon 4D | V572 | 31590 | 8200 | 8700 | 10450 | 13400 |
| SRT8 Sport Wagon 4D | V773 | 38220 | 12300 | 12900 | 14250 | 17200 |
| AWD | Z | | 825 | 825 | 1100 | 1100 |
| **CHARGER—V6—Equipment Schedule 4** | | | | | | |
| W.B. 120.0"; 2.7 Liter, 3.5 Liter. | | | | | | |
| SE Sedan 4D | A43R | 23475 | 6625 | 7075 | 8175 | 10300 |
| SXT Sedan 4D | A43G | 26580 | 7075 | 7525 | 8700 | 10950 |
| AWD | K | | 825 | 825 | 1100 | 1100 |
| V6, HO, 3.5 Liter (SE) | G | | 275 | 275 | 365 | 365 |
| V8, HEMI, 5.7 Liter | H | | 1350 | 1350 | 1800 | 1800 |
| **CHARGER—V8 HEMI—Equipment Schedule 4** | | | | | | |
| W.B. 120.0"; 5.7 Liter, 6.1 Liter. | | | | | | |
| R/T Sedan 4D | A53H | 30890 | 9625 | 10150 | 11700 | 14650 |
| SRT8 Sedan 4D | A73W | 38695 | 13650 | 14300 | 15400 | 18150 |
| Performance Group | | | 675 | 675 | 900 | 900 |
| Daytona Edition | | | 675 | 675 | 900 | 900 |
| Super Bee Special Ed | | | 200 | 200 | 265 | 265 |
| AWD | K | | 825 | 825 | 1100 | 1100 |

## 2008 DODGE — (1,2or3)B3-(B28C)-8-#

| Body Type | VIN | List | Trade-In Good | Very Good | Pvt-Party Good | Retail Excellent |
|---|---|---|---|---|---|---|
| **CALIBER—4-Cyl.—Equipment Schedule 6** | | | | | | |
| W.B. 103.7"; 1.8 Liter, 2.0 Liter. | | | | | | |
| SE Sport Wagon 4D | B28C | 15485 | 4650 | 5025 | 5975 | 7800 |
| SXT Sport Wagon 4D | B48C | 18180 | 5100 | 5475 | 6500 | 8475 |
| Manual, 5-Spd w/Overdrive | | | (375) | (375) | (500) | (500) |
| **CALIBER AWD—4-Cyl.—Equipment Schedule 6** | | | | | | |
| W.B. 103.7"; 2.4 Liter. | | | | | | |
| R/T Sport Wagon 4D | E78K | 21055 | 6650 | 7100 | 8525 | 11050 |
| FWD | | | (725) | (725) | (965) | (965) |
| Manual, 5-Spd w/Overdrive | | | (375) | (375) | (500) | (500) |
| **CALIBER—4-Cyl. Turbo—Equipment Schedule 6** | | | | | | |
| W.B. 103.7"; 2.4 Liter. | | | | | | |
| SRT4 Sport Wagon 4D | B68F | 23015 | 7950 | 8425 | 9575 | 11850 |
| **AVENGER—4-Cyl.—Equipment Schedule 4** | | | | | | |
| W.B. 108.9"; 2.4 Liter. | | | | | | |
| SE Sedan 4D | C46K | 19265 | 5100 | 5475 | 6300 | 8025 |

## 2008 DODGE

| Body Type | VIN | List | Trade-In Good | Very Good | Pvt-Party Good | Retail Excellent |
|---|---|---|---|---|---|---|
| SXT Sedan 4D | C56K | 20195 | 5375 | 5775 | 6800 | 8675 |
| V6, 2.7 Liter | R | | 675 | 675 | 900 | 900 |
| **AVENGER—V6**—Equipment Schedule 4 | | | | | | |
| W.B. 108.9"; 3.5 Liter. | | | | | | |
| R/T Sedan 4D | C76M | 23945 | 7000 | 7450 | 8750 | 11050 |
| AWD | Z | | 900 | 900 | 1200 | 1200 |
| **MAGNUM—V6**—Equipment Schedule 4 | | | | | | |
| W.B. 120.0"; 2.7 Liter, 3.5 Liter. | | | | | | |
| Sport Wagon 4D | V47T | 24095 | 6800 | 7250 | 8500 | 10800 |
| SXT Sport Wagon 4D | V37V | 27900 | 7425 | 7900 | 9300 | 11800 |
| AWD | Z | | 900 | 900 | 1200 | 1200 |
| V8, HEMI, 5.7 Liter | 2 | | 1425 | 1425 | 1900 | 1900 |
| **MAGNUM—V8 HEMI**—Equipment Schedule 4 | | | | | | |
| W.B. 120.0"; 5.7 Liter, 6.1 Liter. | | | | | | |
| R/T Sport Wagon 4D | V572 | 32455 | 10050 | 10600 | 12350 | 15600 |
| SRT8 Sport Wagon 4D | V773 | 38580 | 14600 | 15250 | 16750 | 20100 |
| AWD | Z | | 900 | 900 | 1200 | 1200 |
| **CHARGER—V6**—Equipment Schedule 4 | | | | | | |
| W.B. 120.0"; 2.7 Liter, 3.5 Liter. | | | | | | |
| Sedan 4D | A43R | 22350 | 7650 | 8125 | 9275 | 11550 |
| SXT Sedan 4D | A33G | 26360 | 8550 | 9050 | 10300 | 12750 |
| AWD | K | | 900 | 900 | 1200 | 1200 |
| V6, HO, 3.5 Liter (Base) | G | | 300 | 300 | 400 | 400 |
| V8, HEMI, 5.7 Liter | H | | 1425 | 1425 | 1900 | 1900 |
| **CHARGER—V8 HEMI**—Equipment Schedule 4 | | | | | | |
| W.B. 120.0"; 5.7 Liter, 6.1 Liter. | | | | | | |
| R/T Sedan 4D | A53H | 31430 | 11250 | 11850 | 13450 | 16600 |
| SRT8 Sedan 4D | A73W | 38993 | 15700 | 16400 | 17400 | 20400 |
| Performance Pkg | | | 725 | 725 | 965 | 965 |
| Daytona Edition | | | 725 | 725 | 965 | 965 |
| Super Bee Special Ed | | | 200 | 200 | 265 | 265 |
| AWD | K | | 900 | 900 | 1200 | 1200 |
| **CHALLENGER—V8 HEMI**—Equipment Schedule 4 | | | | | | |
| W.B. 98.8"; 6.1 Liter. | | | | | | |
| SRT8 Coupe 2D | J74W | 40158 | 19450 | 20300 | 21100 | 24300 |
| **VIPER—V10**—Equipment Schedule 2 | | | | | | |
| W.B. 98.8"; 8.4 Liter. | | | | | | |
| SRT10 Coupe 2D | Z69Z | 86496 | 37700 | 39100 | 39800 | 45400 |
| SRT10 Convertible 2D | Z65Z | 85746 | 35700 | 37000 | 37800 | 43100 |

## 2009 DODGE — (1,2or3)(B3orD4)-(B28C)-9-#

| Body Type | VIN | List | Trade-In Good | Very Good | Pvt-Party Good | Retail Excellent |
|---|---|---|---|---|---|---|
| **CALIBER—4-Cyl.**—Equipment Schedule 6 | | | | | | |
| W.B. 103.7"; 1.8 Liter, 2.0 Liter, 2.4 Liter. | | | | | | |
| SE Sport Wagon 4D | B28C | 17290 | 5200 | 5600 | 6550 | 8250 |
| SXT Sport Wagon 4D | B48C | 18660 | 5650 | 6050 | 7050 | 8875 |
| R/T Sport Wagon 4D | B78B | 21200 | 7175 | 7650 | 8850 | 11100 |
| Manual, 5-Spd w/Overdrive | | | (400) | (400) | (535) | (535) |
| **CALIBER—4-Cyl. Turbo**—Equipment Schedule 6 | | | | | | |
| W.B. 103.7"; 2.4 Liter. | | | | | | |
| SRT4 Sport Wagon 4D | B68F | 24670 | 9650 | 10200 | 11300 | 13700 |
| **AVENGER—4-Cyl.**—Equipment Schedule 4 | | | | | | |
| W.B. 108.9"; 2.4 Liter. | | | | | | |
| SE Sedan 4D | C46B | 20505 | 5900 | 6325 | 7275 | 9125 |
| SXT Sedan 4D | C56B | 21790 | 7050 | 7500 | 8650 | 10800 |
| V6, 2.7 Liter | D | | 725 | 725 | 965 | 965 |
| **AVENGER—V6**—Equipment Schedule 4 | | | | | | |
| W.B. 108.9"; 3.5 Liter. | | | | | | |
| R/T Sedan 4D | C76V | 25705 | 8600 | 9100 | 10400 | 12900 |
| **CHARGER—V6**—Equipment Schedule 4 | | | | | | |
| W.B. 120.0"; 2.7 Liter, 3.5 Liter. | | | | | | |
| Sedan 4D | A43D | 24595 | 9050 | 9550 | 10650 | 12900 |
| SXT Sedan 4D | A33V | 26210 | 10000 | 10550 | 11650 | 14150 |
| AWD | | | 950 | 950 | 1265 | 1265 |
| V6, HO, 3.5 Liter (Base) | V | | 325 | 325 | 435 | 435 |
| **CHARGER—V8 HEMI**—Equipment Schedule 4 | | | | | | |
| W.B. 120.0"; 5.7 Liter, 6.1 Liter. | | | | | | |
| R/T Sedan 4D | A53T | 32560 | 13000 | 13600 | 15100 | 18300 |
| SRT8 Sedan 4D | A73W | 41121 | 20400 | 21200 | 22000 | 25300 |
| Performance Pkg | | | 750 | 750 | 1000 | 1000 |
| Daytona Edition | | | 750 | 750 | 1000 | 1000 |
| Super Bee Special Ed | | | 225 | 225 | 300 | 300 |
| AWD | K | | 950 | 950 | 1265 | 1265 |

**DEDUCT FOR RECONDITIONING**

# 2009 DODGE

| Body Type | VIN | List | Trade-In Good | Very Good | Pvt-Party Good | Retail Excellent |
|---|---|---|---|---|---|---|
| **CHALLENGER—V6—Equipment Schedule 4** | | | | | | |
| W.B. 116.0"; 3.5 Liter. | | | | | | |
| SE Coupe 2D | J44V | 21995 | 12650 | 13250 | 14000 | 16250 |
| **CHALLENGER—V8 HEMI—Equipment Schedule 4** | | | | | | |
| W.B. 116.0"; 5.7 Liter, 6.1 Liter. | | | | | | |
| R/T Coupe 2D | J54T | 29995 | 17100 | 17850 | 18650 | 21600 |
| SRT8 Coupe 2D | J74W | 39995 | 20900 | 21800 | 22700 | 26200 |
| **VIPER—V10—Equipment Schedule 2** | | | | | | |
| W.B. 98.8"; 8.4 Liter. | | | | | | |
| SRT10 Coupe 2D | Z69Z | 89021 | 47000 | 48700 | 49100 | 55600 |
| SRT10 Convertible 2D | Z65Z | 88271 | 45000 | 46600 | 47100 | 53300 |
| VOI 10 Edition | | | 6900 | 6900 | 9200 | 9200 |

## 2010 DODGE — (1or2)B3-(B1HA)-A-#

| Body Type | VIN | List | Good | Very Good | Pvt-Party Good | Retail Excellent |
|---|---|---|---|---|---|---|
| **CALIBER—4-Cyl.—Equipment Schedule 6** | | | | | | |
| W.B. 103.7"; 1.8 Liter, 2.0 Liter, 2.4 Liter. | | | | | | |
| Express Sport Wag 4D | B1HA | 17510 | 5650 | 6050 | 6850 | 8450 |
| Mainstreet Spt Wag 4D | B3HA | 18690 | 7050 | 7500 | 8450 | 10400 |
| Uptown Sport Wagon | B9HA | 20625 | 8775 | 9275 | 10400 | 12700 |
| **CALIBER—4-Cyl.—Equipment Schedule 6** | | | | | | |
| W.B. 103.7"; 1.8 Liter, 2.0 Liter, 2.4 Liter. | | | | | | |
| SE Sport Wagon 4D | B2HA | 18605 | 6250 | 6675 | 7500 | 9225 |
| Heat Sport Wagon 4D | B3HA | 20070 | 7225 | 7700 | 8650 | 10600 |
| SXT Sport Wagon 4D | B4HA | 20370 | 7300 | 7775 | 8725 | 10700 |
| Rush Sport Wagon 4D | B8HB | 21625 | 8875 | 9375 | 10500 | 12850 |
| R/T Sport Wagon 4D | B7HB | 22260 | 9400 | 9925 | 11100 | 13550 |
| Manual, 5-Spd w/Overdrive | | | (500) | (500) | (665) | (665) |
| **AVENGER—4-Cyl.—Equipment Schedule 4** | | | | | | |
| W.B. 108.9"; 2.4 Liter. | | | | | | |
| SXT Sedan 4D | C4FB | 20970 | 7350 | 7825 | 8950 | 11100 |
| V6, 2.7 Liter | D | | 750 | 750 | 1000 | 1000 |
| **AVENGER—V6—Equipment Schedule 4** | | | | | | |
| W.B. 108.9"; 2.4 Liter. | | | | | | |
| R/T Sedan 4D | C5FB | 22470 | 8750 | 9250 | 10550 | 13050 |
| **CHARGER—V6—Equipment Schedule 4** | | | | | | |
| W.B. 120.0"; 2.7 Liter, 3.5 Liter. | | | | | | |
| Sedan 4D | A4CD | 25140 | 10700 | 11250 | 12250 | 14650 |
| SXT Sedan 4D | A3CV | 26900 | 11150 | 11700 | 12750 | 15250 |
| Rallye Sedan 4D | A9CV | 27395 | 11650 | 12250 | 13350 | 15950 |
| AWD | K | | 1000 | 1000 | 1335 | 1335 |
| V6, HO, 3.5 Liter (Base) | V | | 325 | 325 | 435 | 435 |
| **CHARGER—V8 HEMI—Equipment Schedule 4** | | | | | | |
| W.B. 120.0"; 5.7 Liter, 6.1 Liter. | | | | | | |
| R/T Sedan 4D | A5CT | 32120 | 15950 | 16650 | 18050 | 21500 |
| SRT8 Sedan 4D | A7CW | 38930 | 22000 | 23000 | 23600 | 27000 |
| Road/Track Pkg | | | 800 | 800 | 1065 | 1065 |
| AWD | K | | 1000 | 1000 | 1335 | 1335 |
| **CHALLENGER—V6—Equipment Schedule 4** | | | | | | |
| W.B. 116.0"; 3.5 Liter. | | | | | | |
| SE Coupe 2D | J4DV | 23460 | 13450 | 14100 | 15000 | 17500 |
| **CHALLENGER—V8 HEMI—Equipment Schedule 4** | | | | | | |
| W.B. 116.0"; 5.7 Liter, 6.1 Liter. | | | | | | |
| R/T Coupe 2D | J5DT | 31585 | 18150 | 18950 | 19950 | 23300 |
| SRT8 Coupe 2D | J7DW | 41955 | 22200 | 23200 | 24200 | 28200 |
| **VIPER—V10—Equipment Schedule 2** | | | | | | |
| W.B. 98.8"; 8.4 Liter. | | | | | | |
| SRT10 Coupe 2D | Z6JZ | 94930 | 56900 | 58900 | 59000 | 66300 |
| SRT10 Convertible 2D | Z6EZ | 94180 | 54900 | 56800 | 57000 | 64000 |

## 2011 DODGE — (1or2)B3-(B1HA)-B-#

| Body Type | VIN | List | Good | Very Good | Pvt-Party Good | Retail Excellent |
|---|---|---|---|---|---|---|
| **CALIBER—4-Cyl.—Equipment Schedule 6** | | | | | | |
| W.B. 103.7"; 1.8 Liter, 2.0 Liter, 2.4 Liter. | | | | | | |
| Express Sport Wag 4D | B1HA | 17630 | 7450 | 7925 | 8725 | 10550 |
| Mainstreet Spt Wag 4D | B3HA | 18990 | 9300 | 9825 | 10750 | 12950 |
| Uptown Sport Wagon | B9HA | 20835 | 10450 | 11000 | 12000 | 14400 |
| **CALIBER—4-Cyl.—Equipment Schedule 6** | | | | | | |
| W.B. 103.7"; 1.8 Liter, 2.0 Liter, 2.4 Liter. | | | | | | |
| Heat Sport Wagon 4D | B5HA | 19835 | 9500 | 10050 | 11000 | 13200 |
| Rush Sport Wagon 4D | B8HB | 21835 | 10600 | 11150 | 12150 | 14600 |
| Manual, 5-Spd w/Overdrive | | | (500) | (500) | (665) | (665) |
| **AVENGER—4-Cyl.—Equipment Schedule 4** | | | | | | |
| W.B. 108.9"; 2.4 Liter. | | | | | | |

**EQUIPMENT & MILEAGE PAGE 9 TO 23**

# 2011 DODGE

| Body Type | VIN | List | Trade-In Good | Very Good | Pvt-Party Good | Retail Excellent |
|---|---|---|---|---|---|---|
| Express Sedan 4D | D1FB | 19995 | 8850 | 9375 | 10500 | 12950 |
| Mainstreet Sedan 4D | D1FB | 21995 | 9050 | 9550 | 10800 | 13250 |
| LUX Sedan 4D | D2FB | 24295 | 9650 | 10200 | 11450 | 14050 |

**CHARGER—V6**—Equipment Schedule 4
W.B. 120.2"; 3.6 Liter.

| | | | | | | |
|---|---|---|---|---|---|---|
| Sedan 4D | L3CG | 25995 | 13950 | 14600 | 15600 | 18300 |
| Rallye | | | 500 | 500 | 665 | 665 |

**CHARGER—V8 HEMI**—Equipment Schedule 4
W.B. 120.2"; 5.7 Liter.

| | | | | | | |
|---|---|---|---|---|---|---|
| R/T Sedan 4D | L5CT | 30995 | 18900 | 19750 | 20900 | 24400 |
| AWD | M | | 1050 | 1050 | 1400 | 1400 |

**CHALLENGER—V6**—Equipment Schedule 4
W.B. 116.0"; 3.6 Liter.

| | | | | | | |
|---|---|---|---|---|---|---|
| Coupe 2D | J4DG | 25495 | 16400 | 17150 | 17750 | 20400 |

**CHALLENGER—V8 HEMI**—Equipment Schedule 4
W.B. 116.0"; 5.7 Liter, 6.1 Liter.

| | | | | | | |
|---|---|---|---|---|---|---|
| R/T Coupe 2D | J5DT | 30495 | 21100 | 22000 | 22500 | 25700 |
| SRT8 Coupe 2D | J7DJ | 45714 | 28000 | 29100 | 29800 | 34000 |

## 2012 DODGE — (1,2or3)C3-(DWBA)-C-#

**CALIBER—4-Cyl.**—Equipment Schedule 6
W.B. 103.7"; 2.0 Liter.

| | | | | | | |
|---|---|---|---|---|---|---|
| SE Sport Wagon 4D | DWBA | 18130 | 8850 | 9375 | 10150 | 12150 |
| SXT Plus Sport Wag 4D | DWEA | 19480 | 10000 | 10550 | 11450 | 13650 |
| Automatic, CVT | | | 500 | 500 | 665 | 665 |

**CALIBER—4-Cyl.**—Equipment Schedule 6
W.B. 103.7"; 2.0 Liter.

| | | | | | | |
|---|---|---|---|---|---|---|
| SXT Sport Wagon 4D | DWDA | 19515 | 9900 | 10450 | 11300 | 13500 |

**AVENGER—4-Cyl.**—Equipment Schedule 4
W.B. 108.9"; 2.4 Liter.

| | | | | | | |
|---|---|---|---|---|---|---|
| SE Sedan 4D | DZAB | 19745 | 9700 | 10250 | 11300 | 13700 |
| SXT Sedan 4D | DZCB | 22245 | 10150 | 10700 | 11800 | 14300 |

**AVENGER—V6**—Equipment Schedule 4
W.B. 108.9"; 3.6 Liter.

| | | | | | | |
|---|---|---|---|---|---|---|
| SXT Plus Sedan 4D | DZEG | 24745 | 11050 | 11600 | 12850 | 15500 |
| R/T Sedan 4D | DZBG | 26745 | 13800 | 14450 | 15950 | 19250 |

**CHARGER—V6**—Equipment Schedule 4
W.B. 120.2"; 3.6 Liter.

| | | | | | | |
|---|---|---|---|---|---|---|
| SE Sedan 4D | DXBG | 26320 | 14750 | 15400 | 16350 | 19150 |
| SXT Sedan 4D | DXHG | 29320 | 16350 | 17100 | 18100 | 21100 |
| Rallye | | | 500 | 500 | 665 | 665 |

**CHARGER—V8 HEMI**—Equipment Schedule 4
W.B. 120.2"; 5.7 Liter, 6.4 Liter.

| | | | | | | |
|---|---|---|---|---|---|---|
| R/T Sedan 4D | DXCT | 30820 | 19550 | 20400 | 21500 | 25000 |
| SRT8 Superbee Sedan | DXGJ | 28200 | 29300 | 29500 | 33000 |
| SRT8 Sedan 4D | DXEJ | 47650 | 29800 | 31000 | 31100 | 34700 |
| AWD | D | | 1200 | 1200 | 1600 | 1600 |

**CHALLENGER—V6**—Equipment Schedule 4
W.B. 116.0"; 3.6 Liter.

| | | | | | | |
|---|---|---|---|---|---|---|
| SXT Coupe 2D | DYAG | 25820 | 16000 | 16750 | 17350 | 19900 |

**CHALLENGER—V8 HEMI**—Equipment Schedule 4
W.B. 116.0"; 5.7 Liter, 6.4 Liter.

| | | | | | | |
|---|---|---|---|---|---|---|
| R/T Coupe 2D | DYBT | 30820 | 21100 | 21900 | 22400 | 25400 |
| SRT8 392 Coupe 2D | DYCJ | 46150 | 28800 | 30000 | 30700 | 35100 |

## 2013 DODGE — (1,2or3)C3-(DFAA)-D-#

**DART—4-Cyl.**—Equipment Schedule 6
W.B. 106.4"; 1.4 Liter, 2.0 Liter, 2.4 Liter.

| | | | | | | |
|---|---|---|---|---|---|---|
| SE Sedan 4D | DFAA | 16790 | 10050 | 10600 | 11150 | 13000 |
| SXT Sedan 4D | DFBA | 18790 | 11500 | 12100 | 12750 | 14850 |
| Rallye Sedan 4D | DFBA | 19790 | 12100 | 12700 | 13350 | 15550 |
| Limited Sedan 4D | DFCA | 20790 | 12700 | 13330 | 14100 | 16350 |
| GT Sedan 4D | DFEB | 22890 | 14150 | 14800 | 15650 | 18150 |
| Automatic, 6-Spd | | | 525 | 525 | 700 | 700 |
| 4-Cyl, MltiAir Trbo, 1.4L | | | 200 | 200 | 265 | 265 |

**DART—4-Cyl. Turbo**—Equipment Schedule 6
W.B. 106.4"; 1.4 Liter.

| | | | | | | |
|---|---|---|---|---|---|---|
| Aero Sedan 4D | DFAH | 20090 | 12450 | 13050 | 13750 | 15950 |

**AVENGER—4-Cyl.**—Equipment Schedule 4
W.B. 108.9"; 2.4 Liter.

| | | | | | | |
|---|---|---|---|---|---|---|
| SE Sedan 4D | DZAB | 19990 | 10700 | 11250 | 12400 | 15000 |

**DEDUCT FOR RECONDITIONING**

# 2013 DODGE

| Body Type | VIN | List | Trade-In Good | Very Good | Pvt-Party Good | Retail Excellent |
|---|---|---|---|---|---|---|
| **AVENGER—4-Cyl.—Equipment Schedule 4** | | | | | | |
| W.B. 108.9"; 2.4 Liter. | | | | | | |
| SXT Sedan 4D | DZCB | 22990 | 11250 | 11800 | 13050 | 15750 |
| V6, Flex Fuel, 3.6 Liter | G | | 950 | 950 | 1265 | 1265 |
| **AVENGER—V6 Flex Fuel—Equipment Schedule 4** | | | | | | |
| W.B. 108.9"; 3.6 Liter. | | | | | | |
| SE Sedan 4D | DZAG | 22690 | 11050 | 11600 | 12850 | 15500 |
| R/T Sedan 4D | DZBG | 26490 | 13900 | 14550 | 16050 | 19350 |
| **CHARGER—V6—Equipment Schedule 4** | | | | | | |
| W.B. 120.2"; 3.6 Liter. | | | | | | |
| SE Sedan 4D | DXBG | 26790 | 15550 | 16250 | 17150 | 20000 |
| SXT Sedan 4D | DXHG | 29590 | 17250 | 18000 | 19000 | 22100 |
| SXT Plus Sedan 4D | DXHG | 31590 | 18200 | 19000 | 19950 | 23200 |
| Rallye | | | 500 | 500 | 665 | 665 |
| AWD | F | | 1150 | 1150 | 1535 | 1535 |
| **CHARGER—V8 HEMI—Equipment Schedule 4** | | | | | | |
| W.B. 120.2"; 5.7 Liter, 6.4 Liter. | | | | | | |
| R/T Sedan 4D | DXCT | 30990 | 20600 | 21500 | 22500 | 26200 |
| R/T Plus Sedan 4D | DXCT | 32990 | 21200 | 22100 | 23200 | 26900 |
| R/T Road/Track Sed | DXCT | 34990 | 21500 | 22400 | 23400 | 27300 |
| R/T Max Sedan 4D | DXCT | 37190 | 22200 | 23100 | 24200 | 28100 |
| SRT8 Super Bee Sedan | DXGJ | 43800 | 30500 | 31700 | 31900 | 35800 |
| SRT8 Sedan 4D | DXEJ | 47020 | 33200 | 34500 | 34600 | 38800 |
| AWD | D | | 1150 | 1150 | 1535 | 1535 |
| **CHALLENGER—V6 Flex Fuel—Equipment Schedule 4** | | | | | | |
| W.B. 116.0"; 3.6 Liter. | | | | | | |
| SXT Coupe 2D | DYAG | 26990 | 16900 | 17650 | 18150 | 20700 |
| SXT Plus Coupe 2D | DYAG | 28990 | 18400 | 19200 | 19700 | 22400 |
| Rallye Redline Cpe 2D | DYAG | 30890 | 20900 | 21700 | 22200 | 25300 |
| **CHALLENGER—V8 HEMI—Equipment Schedule 4** | | | | | | |
| W.B. 116.0"; 5.7 Liter, 6.4 Liter. | | | | | | |
| R/T Coupe 2D | DYBT | 32190 | 21300 | 22200 | 22700 | 25800 |
| R/T Plus Coupe 2D | DYBT | 34190 | 22600 | 23600 | 24000 | 27300 |
| R/T Classic Coupe 2D | DYBT | 36190 | 24300 | 25200 | 25800 | 29300 |
| SRT8 Core Coupe 2D | DYDJ | 42220 | 29100 | 30300 | 30800 | 35000 |
| SRT8 392 Coupe 2D | DYCJ | 47120 | 32100 | 33300 | 33900 | 38400 |

# FERRARI

## 2006 FERRARI — ZFF(EW58A)-6-#

| Body Type | VIN | List | Trade-In Good | Very Good | Pvt-Party Good | Retail Excellent |
|---|---|---|---|---|---|---|
| **F430—V8—Equipment Schedule 2** | | | | | | |
| W.B. 102.4"; 4.3 Liter. | | | | | | |
| Coupe 2D | EW58A | 171185 | **** | **** | **** | 154600 |
| Challenge Coupe 2D | EW58A | 228500 | **** | **** | **** | 180900 |
| Spider Convertible 2D | EW59A | 195909 | **** | **** | **** | 182900 |
| **612 SCAGLIETTI—V12—Equipment Schedule 2** | | | | | | |
| W.B. 116.1"; 5.7 Liter. | | | | | | |
| Coupe 2D | AA54A | 264134 | **** | **** | **** | 194200 |

## 2007 FERRARI — ZFF(EW58A)-7-#

| Body Type | VIN | List | Trade-In Good | Very Good | Pvt-Party Good | Retail Excellent |
|---|---|---|---|---|---|---|
| **F430—V8—Equipment Schedule 2** | | | | | | |
| W.B. 102.4"; 4.3 Liter. | | | | | | |
| Coupe 2D | EW58A | 174579 | **** | **** | **** | 158000 |
| Spider Convertible 2D | EW59A | 202713 | **** | **** | **** | 185300 |
| **599 GTB FIORANO—V12—Equipment Schedule 2** | | | | | | |
| W.B. 103.3"; 6.0 Liter. | | | | | | |
| Coupe 2D | FC60A | 275345 | **** | **** | **** | 253600 |
| **612 SCAGLIETTI—V12—Equipment Schedule 2** | | | | | | |
| W.B. 116.1"; 5.7 Liter. | | | | | | |
| Coupe 2D | JB54A | 269381 | **** | **** | **** | 198200 |

## 2008 FERRARI — ZFF(EW58A)-8-#

| Body Type | VIN | List | Trade-In Good | Very Good | Pvt-Party Good | Retail Excellent |
|---|---|---|---|---|---|---|
| **F430—V8—Equipment Schedule 2** | | | | | | |
| W.B. 102.4"; 4.3 Liter. | | | | | | |
| Coupe 2D | EW58A | 191425 | **** | **** | **** | 158900 |
| Spider Convertible 2D | EW59A | 221810 | **** | **** | **** | 187600 |
| **430 SCUDERIA—V8—Equipment Schedule 2** | | | | | | |
| W.B. 102.4"; 4.3 Liter. | | | | | | |
| Coupe 2D | KW64A | 261956 | **** | **** | **** | 165600 |
| **599 GTB FIORANO—V12—Equipment Schedule 2** | | | | | | |
| W.B. 103.3"; 6.0 Liter. | | | | | | |

# 2008 FERRARI

| Body Type | VIN | List | Trade-In Good | Very Good | Pvt-Party Good | Retail Excellent |
|---|---|---|---|---|---|---|
| Coupe 2D | FC60A | 317595 | **** | **** | **** | 255000 |
| **612 SCAGLIETTI—V12—Equipment Schedule 2** <br> W.B. 116.1"; 5.7 Liter. | | | | | | |
| Coupe 2D | JB54A | 281887 | **** | **** | **** | 199300 |

## 2009 FERRARI — ZFF(EW58A)-9-#

**F430—V8—Equipment Schedule 2** <br> W.B. 102.4'; 4.3 Liter.

| | | | | | | |
|---|---|---|---|---|---|---|
| Coupe 2D | EW58A | 192925 | **** | **** | **** | 162000 |
| Spider Convertible 2D | EW59A | 223310 | **** | **** | **** | 190700 |

**430 SCUDERIA—V8—Equipment Schedule 2** <br> W.B. 102.4'; 4.3 Liter.

| | | | | | | |
|---|---|---|---|---|---|---|
| Coupe 2D | KW64A | 287618 | **** | **** | **** | 171300 |
| Spider 16M Coupe 2D | KW66A | 313000 | **** | **** | **** | 195700 |

**CALIFORNIA—V8—Equipment Schedule 2** <br> W.B. 105.1"; 4.3 Liter.

| | | | | | | |
|---|---|---|---|---|---|---|
| Convertible 2D | LJ65A | 197350 | **** | **** | **** | 184800 |

**599 GTB FIORANO—V12—Equipment Schedule 2** <br> W.B. 108.3"; 6.0 Liter.

| | | | | | | |
|---|---|---|---|---|---|---|
| Coupe 2D | FC60A | 326730 | **** | **** | **** | 257000 |

**612 SCAGLIETTI—V12—Equipment Schedule 2** <br> W.B. 116.4"; 5.7 Liter.

| | | | | | | |
|---|---|---|---|---|---|---|
| Coupe 2D | JB54A | 320038 | **** | **** | **** | 201100 |

## 2010 FERRARI — ZFF(67NFA)-A-#

**458 ITALIA—V8—Equipment Schedule 2** <br> W.B. 104.3"; 4.5 Liter.

| | | | | | | |
|---|---|---|---|---|---|---|
| Coupe 2D | 67NFA | 230675 | **** | **** | **** | 216700 |

**CALIFORNIA—V8—Equipment Schedule 2** <br> W.B. 105.1"; 4.3 Liter.

| | | | | | | |
|---|---|---|---|---|---|---|
| Convertible 2D | LJA5A | 196450 | **** | **** | **** | 188300 |

**599 GTB FIORANO—V12—Equipment Schedule 2** <br> W.B. 108.3"; 6.0 Liter.

| | | | | | | |
|---|---|---|---|---|---|---|
| Coupe 2D | 60FCA | 326730 | **** | **** | **** | 258900 |

**612 SCAGLIETTI—V12—Equipment Schedule 2** <br> W.B. 116.1"; 5.7 Liter.

| | | | | | | |
|---|---|---|---|---|---|---|
| Coupe 2D | 54JBA | 315538 | **** | **** | **** | 201900 |

## 2011 FERRARI — ZFF(67NFA)-B-#

**458 ITALIA—V8—Equipment Schedule 2** <br> W.B. 104.3"; 4.5 Liter.

| | | | | | | |
|---|---|---|---|---|---|---|
| Coupe 2D | 67NFA | 230675 | **** | **** | **** | 221500 |

**CALIFORNIA—V8—Equipment Schedule 2** <br> W.B. 105.1"; 4.3 Liter.

| | | | | | | |
|---|---|---|---|---|---|---|
| Convertible 2D | 65LJA | 196450 | **** | **** | **** | 193400 |

**599 GTB FIORANO—V12—Equipment Schedule 2** <br> W.B. 108.3"; 6.0 Liter.

| | | | | | | |
|---|---|---|---|---|---|---|
| Coupe 2D | 60FCA | 327130 | **** | **** | **** | 263200 |

**599 GTO—V12—Equipment Schedule 2** <br> W.B. 108.3"; 6.0 Liter.

| | | | | | | |
|---|---|---|---|---|---|---|
| Coupe 2D | 70RCA | 416550 | **** | **** | **** | 473100 |

**612 SCAGLIETTI—V12—Equipment Schedule 2** <br> W.B. 116.1"; 5.7 Liter.

| | | | | | | |
|---|---|---|---|---|---|---|
| Coupe 2D | | 315538 | **** | **** | **** | 206800 |

## 2012 FERRARI — ZFF(67NFA)-C-#

**458 ITALIA—V8—Equipment Schedule 2** <br> W.B. 104.3"; 4.5 Liter.

| | | | | | | |
|---|---|---|---|---|---|---|
| Coupe 2D | 67NFA | 236182 | **** | **** | **** | 264400 |

**CALIFORNIA—V8—Equipment Schedule 2** <br> W.B. 105.1"; 4.3 Liter.

| | | | | | | |
|---|---|---|---|---|---|---|
| Convertible 2D | 65LJA | 201290 | **** | **** | **** | 211900 |

**FF AWD—V12—Equipment Schedule 2** <br> W.B. 116.1"; 6.3 Liter.

| | | | | | | |
|---|---|---|---|---|---|---|
| Coupe 2D | 73SKA | 298750 | **** | **** | **** | 284600 |

**DEDUCT FOR RECONDITIONING**

# 2012 FIAT

| Body Type | VIN | List | Trade-In Good | Very Good | Pvt-Party Good | Retail Excellent |
|---|---|---|---|---|---|---|

## FIAT

### 2012 FIAT — (3C3)-(FFAR)-C-#

**500—4-Cyl.—Equipment Schedule 4**
W.B. 90.6"; 1.4 Liter.
| | | | | | | |
|---|---|---|---|---|---|---|
| Pop Hatchback 2D | FFAR | 17000 | 8100 | 8600 | 9375 | 11250 |
| Sport Hatchback 2D | FFBR | 19000 | 8500 | 9000 | 9850 | 11800 |
| Lounge Hatchback 2D | FFCR | 20000 | 9675 | 10200 | 11100 | 13300 |
| Abarth Hatchback 2D | FFHH | 22700 | 12900 | 13550 | 14300 | 16650 |
| Gucci Hatchback 2D | FFCR | 24200 | 12100 | 12700 | 13750 | 16400 |

**500C—4-Cyl.—Equipment Schedule 4**
W.B. 90.6"; 1.4 Liter.
| | | | | | | |
|---|---|---|---|---|---|---|
| Pop Convertible 2D | FFDR | 21000 | 10200 | 10700 | 11650 | 13950 |
| Lounge Convertible 2D | FFER | 24000 | 11600 | 12150 | 13250 | 15800 |
| Gucci Convertible 2D | FFER | 28200 | 13550 | 14200 | 15450 | 18450 |

### 2013 FIAT — (3C3)-(FFAR)-D-#

**500—4-Cyl.—Equipment Schedule 4**
W.B. 90.6"; 1.4 Liter.
| | | | | | | |
|---|---|---|---|---|---|---|
| Pop Hatchback 2D | FFAR | 16200 | 9100 | 9625 | 10550 | 12700 |
| Sport Hatchback 2D | FFBR | 18200 | 9750 | 10300 | 11250 | 13550 |
| Sport Cattiva H'Back | FFBR | 20400 | 11250 | 11800 | 13100 | 15700 |

**500—4-Cyl. Turbo—Equipment Schedule 4**
W.B. 90.6"; 1.4 Liter.
| | | | | | | |
|---|---|---|---|---|---|---|
| Hatchback 2D | FFHH | 20300 | 11300 | 11850 | 13000 | 15600 |
| Cattiva Hatchback 2D | FFHH | 21150 | 11650 | 12250 | 13550 | 16250 |
| Abarth Hatchback 2D | FFFH | 22700 | 14900 | 15600 | 16300 | 18800 |

**500C—4-Cyl.—Equipment Schedule 4**
W.B. 90.6"; 1.4 Liter.
| | | | | | | |
|---|---|---|---|---|---|---|
| Pop Convertible 2D | FFDR | 20200 | 11200 | 11750 | 12900 | 15450 |
| Lounge Convertible 2D | FFER | 23200 | 13050 | 13700 | 15000 | 17950 |
| Abarth Convertible 2D | FFJH | 26700 | 17500 | 18250 | 19000 | 21900 |
| Gucci Convertible 2D | FFER | 29000 | 16550 | 17300 | 18900 | 22600 |

**500e—Electric—Equipment Schedule 4**
W.B. 90.6".
| | | | | | | |
|---|---|---|---|---|---|---|
| Hatchback 2D | FFGE | 32600 | 19700 | 20500 | 21900 | 25500 |

## FISKER

### 2012 FISKER

**KARMA—AC Electric—Equipment Schedule 2**
W.B. 124.4".
| | | | | | | |
|---|---|---|---|---|---|---|
| EcoStandard Sedan 4D | K12AA | 103000 | **** | **** | **** | 84800 |
| EcoSport Sedan 4D | K14AA | 111000 | **** | **** | **** | 86900 |
| EcoChic Sedan 4D | K16AA | 116000 | **** | **** | **** | 90300 |

## FORD

### 1999 FORD — (1,2or3)FA-(P10P)-X-#

**ESCORT—4-Cyl.—Equipment Schedule 6**
W.B. 98.4"; 2.0 Liter.
| | | | | | | |
|---|---|---|---|---|---|---|
| LX Sedan 4D | P10P | 12665 | 475 | 525 | 1125 | 1850 |
| SE Sedan 4D | P13P | 13350 | 500 | 575 | 1150 | 1900 |
| SE Wagon 4D | P15P | 14550 | 650 | 725 | 1400 | 2275 |
| ZX2 Coupe 2D | P113 | 13705 | 650 | 725 | 1400 | 2275 |
| S/R Performance Pkg | | | 50 | 50 | 65 | 65 |

**CONTOUR—4-Cyl.—Equipment Schedule 5**
W.B. 106.5"; 2.0 Liter.
| | | | | | | |
|---|---|---|---|---|---|---|
| LX Sedan 4D | P653 | 15810 | 550 | 625 | 1225 | 2025 |
| SE Sedan 4D | P663 | 17305 | 725 | 800 | 1500 | 2475 |
| V6, 2.5 Liter | L | | 100 | 100 | 135 | 135 |

**CONTOUR—V6—Equipment Schedule 5**
W.B. 106.5"; 2.5 Liter.
| | | | | | | |
|---|---|---|---|---|---|---|
| SVT Sedan 4D | P68G | 23200 | 1600 | 1750 | 2875 | 4700 |

**MUSTANG—V6—Equipment Schedule 4**
W.B. 101.3"; 3.8 Liter.
| | | | | | | |
|---|---|---|---|---|---|---|
| Coupe 2D | P404 | 18360 | 2275 | 2500 | 3300 | 4825 |

## 1999 FORD

| Body Type | VIN | List | Trade-In Good | Very Good | Pvt-Party Good | Retail Excellent |
|---|---|---|---|---|---|---|
| Convertible 2D | P444 | 22960 | 2675 | 2925 | 3850 | 5550 |
| Manual, 5-Spd | | | (150) | (150) | (200) | (200) |
| **MUSTANG—V8**—Equipment Schedule 4 | | | | | | |
| W.B. 101.3"; 4.6 Liter. | | | | | | |
| GT Coupe 2D | P42X | 22760 | 2900 | 3200 | 3875 | 5400 |
| GT Convertible 2D | P45X | 28760 | 3550 | 3875 | 4850 | 6675 |
| Cobra Coupe 2D | P47V | 27995 | 6650 | 7075 | 8475 | 11050 |
| Cobra Convertible 2D | P46V | 31995 | 7400 | 7875 | 9475 | 12350 |
| **TAURUS—V6**—Equipment Schedule 4 | | | | | | |
| W.B. 108.5"; 3.0 Liter. | | | | | | |
| LX Sedan 4D | P52U | 18670 | 550 | 625 | 1200 | 1950 |
| SE Sedan 4D | P53U | 18995 | 575 | 650 | 1225 | 2000 |
| SE Wagon 4D | P58U | 19995 | 800 | 900 | 1575 | 2550 |
| V6, 24V, 3.0 Liter | S | | 100 | 100 | 135 | 135 |
| **TAURUS—V8**—Equipment Schedule 4 | | | | | | |
| W.B. 108.5"; 3.4 Liter. | | | | | | |
| SHO Sedan 4D | P54N | 29550 | 1675 | 1850 | 2650 | 4050 |
| **CROWN VICTORIA—V8**—Equipment Schedule 4 | | | | | | |
| W.B. 114.7"; 4.6 Liter. | | | | | | |
| Sedan 4D | P73W | 22510 | 700 | 775 | 1350 | 2175 |
| LX Sedan 4D | P74W | 24530 | 925 | 1025 | 1675 | 2675 |

## 2000 FORD — (1,2or3)FA-(P33P)-Y-#

| Body Type | VIN | List | Trade-In Good | Very Good | Pvt-Party Good | Retail Excellent |
|---|---|---|---|---|---|---|
| **FOCUS—4-Cyl.**—Equipment Schedule 6 | | | | | | |
| W.B. 103.0"; 2.0 Liter. | | | | | | |
| LX Sedan 4D | P33P | 13335 | 900 | 1000 | 1550 | 2375 |
| SE Sedan 4D | P34P | 13980 | 1200 | 1325 | 1975 | 3050 |
| SE Wagon 4D | P36P | 15795 | 1325 | 1450 | 2225 | 3450 |
| Sony Special Edition | | | 50 | 50 | 65 | 65 |
| 4-Cyl, 16V, 2.0 Liter | 3 | | 75 | 75 | 100 | 100 |
| **FOCUS—4-Cyl. 16V**—Equipment Schedule 6 | | | | | | |
| W.B. 103.0"; 2.0 Liter. | | | | | | |
| ZX3 Hatchback 2D | P313 | 13075 | 925 | 1025 | 1600 | 2475 |
| ZTS Sedan 4D | P383 | 15580 | 1325 | 1450 | 2250 | 3475 |
| Kona Limited Edition | | | 50 | 50 | 65 | 65 |
| **ESCORT—4-Cyl.**—Equipment Schedule 6 | | | | | | |
| W.B. 98.4"; 2.0 Liter. | | | | | | |
| Sedan 4D | P13P | 12440 | 525 | 600 | 1225 | 2025 |
| ZX2 Coupe 2D | P113 | 12970 | 675 | 750 | 1450 | 2400 |
| S/R Performance Pkg | | | 75 | 75 | 100 | 100 |
| **CONTOUR—V6**—Equipment Schedule 5 | | | | | | |
| W.B. 106.5"; 2.5 Liter. | | | | | | |
| SE Sedan 4D | P66L | 17265 | 750 | 825 | 1500 | 2450 |
| SE Sport Sedan 4D | P66L | 18195 | 1200 | 1325 | 2175 | 3550 |
| SVT Sedan 4D | P68G | 23250 | 1775 | 1950 | 3225 | 5150 |
| 4-Cyl, 2.0 Liter | Z,3 | | (100) | (100) | (135) | (135) |
| **MUSTANG—V6**—Equipment Schedule 4 | | | | | | |
| W.B. 101.3"; 3.8 Liter. | | | | | | |
| Coupe 2D | P404 | 18410 | 2350 | 2575 | 3450 | 5050 |
| Convertible 2D | P444 | 23260 | 2775 | 3075 | 4025 | 5825 |
| Manual, 5-Spd | | | (200) | (200) | (265) | (265) |
| **MUSTANG—V8**—Equipment Schedule 4 | | | | | | |
| W.B. 101.3"; 4.6 Liter. | | | | | | |
| GT Coupe 2D | P42X | 22905 | 3125 | 3425 | 4100 | 5625 |
| GT Convertible 2D | P45X | 27160 | 3850 | 4200 | 5150 | 7025 |
| **TAURUS—V6**—Equipment Schedule 4 | | | | | | |
| W.B. 108.5"; 3.0 Liter. | | | | | | |
| LX Sedan 4D | P52U | 18995 | 650 | 725 | 1300 | 2075 |
| SE Sedan 4D | P53U | 19295 | 675 | 750 | 1325 | 2125 |
| SE Wagon 4D | P58U | 20450 | 925 | 1025 | 1700 | 2700 |
| SES Sedan 4D | P55U | 20290 | 800 | 900 | 1500 | 2400 |
| SES Wagon 4D | P55U | 20870 | 925 | 1025 | 1700 | 2700 |
| SEL Sedan 4D | P56U | 21565 | 950 | 1050 | 1725 | 2750 |
| V6, 24V, 3.0 Liter | S | | 100 | 100 | 135 | 135 |
| **CROWN VICTORIA—V8**—Equipment Schedule 4 | | | | | | |
| W.B. 114.7"; 4.6 Liter. | | | | | | |
| Sedan 4D | P73W | 22610 | 850 | 950 | 1525 | 2375 |
| LX Sedan 4D | P74W | 24725 | 1075 | 1200 | 1825 | 2875 |

## 2001 FORD — (1,2or3)FA-(P33P)-1-#

**FOCUS—4-Cyl.**—Equipment Schedule 6
W.B. 103.0"; 2.0 Liter.

**DEDUCT FOR RECONDITIONING**

# 2001 FORD

| Body Type | VIN | List | Trade-In Good | Trade-In Very Good | Pvt-Party Good | Retail Excellent |
|---|---|---|---|---|---|---|
| LX Sedan 4D | P33P | 13645 | 1050 | 1150 | 1750 | 2700 |
| SE Sedan 4D | P34P | 14505 | 1375 | 1525 | 2300 | 3550 |
| Street Edition | | | 50 | 50 | 65 | 65 |
| 4-Cyl, 16V, 2.0 Liter | 3 | | 75 | 75 | 100 | 100 |
| **FOCUS—4-Cyl. 16V—Equipment Schedule 6** | | | | | | |
| W.B. 103.0"; 2.0 Liter. | | | | | | |
| ZX3 Hatchback 2D | P313 | 13385 | 1100 | 1225 | 1825 | 2825 |
| ZTS Sedan 4D | P383 | 15725 | 1325 | 1450 | 2225 | 3450 |
| SE Wagon 4D | P363 | 16700 | 1500 | 1650 | 2450 | 3800 |
| Street Edition | | | 50 | 50 | 65 | 65 |
| S2 Feature Car | | | 50 | 50 | 65 | 65 |
| Traction Control | | | 150 | 150 | 200 | 200 |
| **ESCORT—4-Cyl.—Equipment Schedule 6** | | | | | | |
| W.B. 98.4"; 2.0 Liter. | | | | | | |
| Sedan 4D | P13P | 14230 | 550 | 625 | 1175 | 1925 |
| **ZX2—4-Cyl.—Equipment Schedule 6** | | | | | | |
| W.B. 98.4"; 2.0 Liter. | | | | | | |
| Coupe 2D | P113 | 13310 | 575 | 650 | 1225 | 1975 |
| **MUSTANG—V6—Equipment Schedule 4** | | | | | | |
| W.B. 101.3"; 3.8 Liter. | | | | | | |
| Coupe 2D | P404 | 17695 | 2525 | 2775 | 3625 | 5250 |
| Deluxe Coupe 2D | P404 | 18260 | 2525 | 2775 | 3625 | 5250 |
| Deluxe Convertible 2D | P444 | 23110 | 2950 | 3250 | 4200 | 6025 |
| Premium Coupe 2D | P404 | 19490 | 3000 | 3300 | 4250 | 6125 |
| Premium Conv 2D | P444 | 25675 | 2950 | 3250 | 4200 | 6025 |
| Manual, 5-Spd | | | (200) | (200) | (265) | (265) |
| **MUSTANG—V8—Equipment Schedule 4** | | | | | | |
| W.B. 101.3"; 4.6 Liter. | | | | | | |
| GT Deluxe Coupe | P42X | 23330 | 3350 | 3675 | 4525 | 6200 |
| GT Deluxe Convertible | P45X | 27585 | 4550 | 4900 | 6025 | 8150 |
| GT Premium Coupe | P42X | 24480 | 3350 | 3675 | 4525 | 6200 |
| GT Premium Conv 2D | P45X | 28735 | 4800 | 5175 | 6325 | 8550 |
| Bullitt Coupe 2D | P42X | 26683 | 4425 | 4775 | 5850 | 7950 |
| Cobra Coupe 2D | P47V | 29205 | 7100 | 7550 | 9000 | 11650 |
| Cobra Convertible 2D | P46V | 33205 | 8850 | 9350 | 11050 | 14300 |
| **TAURUS—V6—Equipment Schedule 4** | | | | | | |
| W.B. 108.5"; 3.0 Liter. | | | | | | |
| LX Sedan 4D | P52U | 19455 | 800 | 900 | 1475 | 2350 |
| SE Sedan 4D | P53U | 19635 | 825 | 925 | 1525 | 2425 |
| SE Wagon 4D | P58U | 20790 | 1150 | 1275 | 1975 | 3150 |
| SES Sedan 4D | P55U | 20650 | 1075 | 1200 | 1875 | 2975 |
| SES Wagon 4D | P55U | 21225 | 1200 | 1325 | 2050 | 3250 |
| SEL Sedan 4D | P56U | 22135 | 1300 | 1425 | 2200 | 3475 |
| V6, 24V, 3.0 Liter | | | 125 | 125 | 165 | 165 |
| **CROWN VICTORIA—V8 Equipment Schedule 4** | | | | | | |
| W.B. 114.7"; 4.6 Liter. | | | | | | |
| Sedan 4D | P73W | 22620 | 950 | 1050 | 1625 | 2500 |
| Sedan 4D | P74W | 24735 | 1225 | 1350 | 2000 | 3100 |

# 2002 FORD — (1,2or3)FA-(P33P)-2-#

| Body Type | VIN | List | Trade-In Good | Trade-In Very Good | Pvt-Party Good | Retail Excellent |
|---|---|---|---|---|---|---|
| **FOCUS—4-Cyl.—Equipment Schedule 6** | | | | | | |
| W.B. 103.0"; 2.0 Liter. | | | | | | |
| LX Sedan 4D | P33P | 13220 | 1200 | 1325 | 1925 | 2925 |
| SE Sedan 4D | P34P | 15625 | 1475 | 1625 | 2375 | 3625 |
| SE Wagon 4D | P36P | 17015 | 1850 | 2025 | 2900 | 4400 |
| 4-Cyl, 16V, 2.0 Liter | 3 | | 75 | 75 | 100 | 100 |
| **FOCUS—4-Cyl. 16V—Equipment Schedule 6** | | | | | | |
| W.B. 103.0"; 2.0 Liter. | | | | | | |
| ZX3 Hatchback 2D | P313 | 13700 | 1150 | 1275 | 1950 | 2975 |
| ZTS Sedan 4D | P383 | 15730 | 1500 | 1650 | 2400 | 3675 |
| ZX5 Hatchback 4D | P373 | 16105 | 1450 | 1600 | 2350 | 3575 |
| SVT Hatchback 2D | P395 | 17995 | 1800 | 1975 | 2725 | 4075 |
| ZTW Wagon 4D | P363 | 18195 | 1850 | 2025 | 2900 | 4400 |
| **ESCORT—4-Cyl.—Equipment Schedule 6** | | | | | | |
| W.B. 98.4"; 2.0 Liter. | | | | | | |
| Sedan 4D | P13P | 14450 | 650 | 725 | 1325 | 2150 |
| **ZX2—4-Cyl.—Equipment Schedule 6** | | | | | | |
| W.B. 98.4"; 2.0 Liter. | | | | | | |
| Coupe 2D | P113 | 13655 | 600 | 675 | 1250 | 2025 |
| **MUSTANG—V6—Equipment Schedule 4** | | | | | | |
| W.B. 101.3"; 3.8 Liter. | | | | | | |
| Coupe 2D | P404 | 18100 | 2900 | 3200 | 3950 | 5550 |
| Deluxe Coupe 2D | P404 | 18705 | 2900 | 3200 | 3950 | 5550 |

## 2002 FORD

| Body Type | VIN | List | Trade-In Good | Trade-In Very Good | Pvt-Party Good | Retail Excellent |
|---|---|---|---|---|---|---|
| Deluxe Convertible 2D | P444 | 23955 | 3350 | 3675 | 4525 | 6325 |
| Premium Coupe 2D | P404 | 19820 | 3150 | 3450 | 4275 | 5975 |
| Premium Conv 2D | P444 | 26210 | 3550 | 3875 | 4775 | 6675 |
| Manual, 5-Spd. | | | (250) | (250) | (335) | (335) |
| **MUSTANG—V8—Equipment Schedule 4** | | | | | | |
| W.B. 101.3"; 4.6 Liter. | | | | | | |
| GT Deluxe Coupe 2D | P42X | 23845 | 3875 | 4225 | 5125 | 6950 |
| GT Deluxe Convertible | P45X | 28430 | 4625 | 4975 | 6050 | 8150 |
| GT Premium Coupe | P42X | 25015 | 4225 | 4575 | 5575 | 7525 |
| GT Premium Conv 2D | P45X | 29270 | 4850 | 5225 | 6325 | 8525 |
| **TAURUS—V6—Equipment Schedule 4** | | | | | | |
| W.B. 108.5"; 3.0 Liter. | | | | | | |
| LX Sedan 4D | P52U | 19445 | 975 | 1075 | 1700 | 2650 |
| SE Sedan 4D | P53U | 20070 | 1000 | 1100 | 1725 | 2700 |
| SE Wagon 4D | P58U | 22005 | 1275 | 1400 | 2200 | 3450 |
| SES Sedan 4D | P55U | 21085 | 1275 | 1400 | 2100 | 3300 |
| SEL Sedan 4D | P56S | 22995 | 1425 | 1575 | 2425 | 3775 |
| SEL Wagon 4D | P59S | 23265 | 1325 | 1450 | 2275 | 3575 |
| V6, 24V, 3.0L (ex SEL) | S | | 150 | 150 | 200 | 200 |
| **CROWN VICTORIA—V8—Equipment Schedule 4** | | | | | | |
| W.B. 114.7"; 4.6 Liter. | | | | | | |
| Sedan 4D | P73W | 23435 | 1200 | 1325 | 1900 | 2875 |
| LX Sedan 4D | P74W | 27025 | 1575 | 1725 | 2375 | 3625 |
| LX Sport Sedan 4D | P74W | 28840 | 1600 | 1750 | 2525 | 3825 |
| **THUNDERBIRD—V8—Equipment Schedule 2** | | | | | | |
| W.B. 107.2"; 3.9 Liter. | | | | | | |
| Soft Top Conv 2D | P60A | 35495 | 6075 | 6500 | 7550 | 9600 |
| Hard Top | | | 450 | 450 | 600 | 600 |

## 2003 FORD — (1,2or3)FA-(P33P)-3-#

| Body Type | VIN | List | Trade-In Good | Trade-In Very Good | Pvt-Party Good | Retail Excellent |
|---|---|---|---|---|---|---|
| **FOCUS—4-Cyl.—Equipment Schedule 6** | | | | | | |
| W.B. 103.0"; 2.0 Liter, 2.3 Liter. | | | | | | |
| LX Sedan 4D | P33P | 13505 | 1225 | 1350 | 2100 | 3275 |
| SE Sedan 4D | P34P | 15175 | 1700 | 1875 | 2775 | 4275 |
| SE Wagon 4D | P36P | 17525 | 2000 | 2200 | 3200 | 4900 |
| 4-Cyl, 16V, 2.3 Liter | Z | | 100 | 100 | 135 | 135 |
| **FOCUS—4-Cyl. 16V—Equipment Schedule 6** | | | | | | |
| W.B. 103.0"; 2.0 Liter, 2.3 Liter. | | | | | | |
| ZX3 Hatchback 2D | P313 | 13990 | 1300 | 1425 | 2200 | 3425 |
| ZX5 Hatchback 4D | P373 | 15900 | 1600 | 1750 | 2625 | 4050 |
| ZTS Sedan 4D | P383 | 16095 | 1625 | 1800 | 2650 | 4100 |
| ZTW Wagon 4D | P363 | 17870 | 1950 | 2150 | 3150 | 4800 |
| ZX3 SVT Hatchback 2D | P395 | 19100 | 1950 | 2150 | 2900 | 4275 |
| ZX5 SVT Hatchback 4D | P375 | 19600 | 2125 | 2325 | 3125 | 4600 |
| **ZX2—4-Cyl.—Equipment Schedule 6** | | | | | | |
| W.B. 98.4"; 2.0 Liter. | | | | | | |
| Coupe 2D | P113 | 14250 | 875 | 975 | 1650 | 2650 |
| **MUSTANG—V6—Equipment Schedule 4** | | | | | | |
| W.B. 101.3"; 3.8 Liter. | | | | | | |
| Coupe 2D | P404 | 18345 | 3050 | 3350 | 4100 | 5725 |
| Deluxe Coupe 2D | P404 | 19075 | 3050 | 3350 | 4100 | 5725 |
| Deluxe Convertible | P444 | 24080 | 3525 | 3850 | 4700 | 6525 |
| Premium Coupe 2D | P404 | 20190 | 3550 | 3875 | 4725 | 6550 |
| Premium Convertible 2D | P444 | 26665 | 3825 | 4150 | 5225 | 7225 |
| Manual, 5-Spd. | | | (300) | (300) | (400) | (400) |
| **MUSTANG—V8—Equipment Schedule 4** | | | | | | |
| W.B. 101.3"; 4.6 Liter. | | | | | | |
| GT Deluxe Coupe 2D | P42X | 24330 | 4500 | 4850 | 5725 | 7600 |
| GT Deluxe Convertible | P45X | 28670 | 5250 | 5650 | 6850 | 9000 |
| GT Premium Coupe 2D | P42X | 25500 | 4950 | 5325 | 6275 | 8275 |
| GT Premium Conv 2D | P45X | 29840 | 5600 | 6000 | 7250 | 9550 |
| Mach 1 Coupe 2D | P42R | 29810 | 6625 | 7050 | 8475 | 11100 |
| **MUSTANG—V8 Supercharged—Equipment Schedule 4** | | | | | | |
| W.B. 101.3"; 4.6 Liter. | | | | | | |
| Cobra Coupe 2D | P48Y | 34085 | 8800 | 9300 | 10400 | 12850 |
| Cobra Convertible 2D | P49Y | 38460 | 10300 | 10850 | 12150 | 14950 |
| 10th Anniversary | | | 225 | 225 | 300 | 300 |
| **TAURUS—V6—Equipment Schedule 4** | | | | | | |
| W.B. 108.5"; 3.0 Liter. | | | | | | |
| LX Sedan 4D | P52U | 20230 | 1475 | 1625 | 2375 | 3700 |
| SE Sedan 4D | P53U | 20345 | 1525 | 1675 | 2450 | 3800 |
| SE Wagon 4D | P582 | 21995 | 1800 | 1975 | 2950 | 4550 |
| SES Sedan 4D | P55U | 21670 | 1725 | 1900 | 2850 | 4400 |

## 2003 FORD

| Body Type | VIN | List | Trade-In Good | Trade-In Very Good | Pvt-Party Good | Retail Excellent |
|---|---|---|---|---|---|---|
| SEL Sedan 4D | P56S | 23570 | 2075 | 2275 | 3350 | 5150 |
| SEL Wagon 4D | P59U | 23820 | 1850 | 2025 | 3025 | 4675 |
| V6, 24V, 3.0 Liter | S | | 175 | 175 | 235 | 235 |
| **CROWN VICTORIA—V8—Equipment Schedule 4** | | | | | | |
| W.B. 114.7"; 4.6 Liter. | | | | | | |
| Sedan 4D | P73W | 24510 | 1400 | 1550 | 2175 | 3250 |
| LX Sedan 4D | P74W | 27780 | 1825 | 2000 | 2725 | 4050 |
| LX Sport Sedan 4D | P74W | 29600 | 1975 | 2175 | 2925 | 4325 |
| **THUNDERBIRD—V8—Equipment Schedule 2** | | | | | | |
| W.B. 107.2"; 3.9 Liter. | | | | | | |
| Soft Top Conv 2D | P60A | 36895 | 7200 | 7650 | 8825 | 11200 |
| 007 Hard Top Conv 2D | P62A | 43995 | **** | **** | **** | 17200 |
| Hard Top | | | 475 | 475 | 635 | 635 |

## 2004 FORD — (1,2or3)FA-(P333)-4-#

| Body Type | VIN | List | Trade-In Good | Trade-In Very Good | Pvt-Party Good | Retail Excellent |
|---|---|---|---|---|---|---|
| **FOCUS—4-Cyl.—Equipment Schedule 6** | | | | | | |
| W.B. 103.0"; 2.0 Liter. | | | | | | |
| LX Sedan 4D | P333 | 14640 | 1550 | 1700 | 2425 | 3700 |
| SE Wagon 4D | P363 | 18490 | 2525 | 2775 | 3825 | 5650 |
| 4-Cyl, 16V, 2.0L/2.3L | P,Z | | 100 | 100 | 135 | 135 |
| **FOCUS—4-Cyl. 16V—Equipment Schedule 6** | | | | | | |
| W.B. 103.0"; 2.0 Liter, 2.3 Liter. | | | | | | |
| ZX3 Hatchback 2D | P313 | 14180 | 1650 | 1825 | 2575 | 3900 |
| ZX5 Hatchback 4D | P373 | 15580 | 1850 | 2025 | 2850 | 4300 |
| SE Sedan 4D | P34Z | 16311 | 2125 | 2325 | 3250 | 4850 |
| ZTS Sedan 4D | P38Z | 16080 | 2050 | 2250 | 3125 | 4700 |
| ZTW Wagon 4D | P35Z | 18290 | 2400 | 2625 | 3650 | 5400 |
| SVT Hatchback 2D | P395 | 19375 | 2400 | 2625 | 3250 | 4600 |
| SVT Hatchback 4D | P375 | 19630 | 2775 | 3075 | 3900 | 5425 |
| **MUSTANG—V6—Equipment Schedule 4** | | | | | | |
| W.B. 101.3"; 3.8 Liter, 3.9 Liter. | | | | | | |
| Coupe 2D | P404 | 18775 | 3175 | 3475 | 4225 | 5850 |
| Deluxe Coupe 2D | P404 | 19505 | 3200 | 3500 | 4250 | 5900 |
| Deluxe Convertible 2D | P444 | 24510 | 3525 | 3850 | 4825 | 6650 |
| Premium Coupe 2D | P404 | 20160 | 3725 | 4050 | 5075 | 6975 |
| Premium Convertible 2D | P444 | 26635 | 4050 | 4400 | 5475 | 7525 |
| Manual, 5-Spd | | | (350) | (350) | (465) | (465) |
| **MUSTANG—V8—Equipment Schedule 4** | | | | | | |
| W.B. 101.3"; 4.6 Liter. | | | | | | |
| GT Deluxe Coupe 2D | P42X | 24300 | 4625 | 4975 | 6025 | 8100 |
| GT Deluxe Convertible | P45X | 28640 | 5450 | 5850 | 7250 | 9700 |
| GT Premium Coupe 2D | P42X | 25470 | 4900 | 5275 | 6575 | 8825 |
| GT Premium Conv 2D | P45X | 29810 | 5800 | 6200 | 7700 | 10250 |
| Mach 1 Coupe 2D | P42R | 29875 | 6950 | 7400 | 9200 | 12250 |
| **MUSTANG—V8 Supercharged—Equipment Schedule 4** | | | | | | |
| W.B. 101.3"; 4.6 Liter. | | | | | | |
| Cobra Coupe 2D | P48Y | 35485 | 9975 | 10500 | 11600 | 14100 |
| Cobra Convertible 2D | P49Y | 39575 | 11850 | 12450 | 13750 | 16700 |
| **TAURUS—V6—Equipment Schedule 4** | | | | | | |
| W.B. 108.5"; 3.0 Liter. | | | | | | |
| LX Sedan 4D | P52U | 20720 | 1700 | 1875 | 2700 | 4100 |
| SE Sedan 4D | P53U | 20855 | 1850 | 2025 | 2900 | 4400 |
| SE Wagon 4D | P58U | 22290 | 2175 | 2400 | 3375 | 5075 |
| SES Sedan 4D | P55U | 22040 | 2050 | 2250 | 3200 | 4800 |
| SEL Sedan 4D | P56S | 23965 | 2325 | 2550 | 3600 | 5400 |
| SEL Wagon 4D | P59U | 24115 | 2225 | 2450 | 3450 | 5200 |
| V6, 24V, 3.0 Liter | S | | 200 | 200 | 265 | 265 |
| **CROWN VICTORIA—V8—Equipment Schedule 4** | | | | | | |
| W.B. 114.7"; 4.6 Liter. | | | | | | |
| Sedan 4D | P73W | 24345 | 2100 | 2300 | 3025 | 4400 |
| LX Sedan 4D | P74W | 27370 | 2550 | 2800 | 3625 | 5225 |
| LX Sport Sedan 4D | P74W | 30890 | 2750 | 3050 | 3900 | 5600 |
| **THUNDERBIRD—V8—Equipment Schedule 2** | | | | | | |
| W.B. 107.2"; 3.9 Liter. | | | | | | |
| Soft Top Conv 2D | P60A | 37530 | 7900 | 8375 | 9525 | 11950 |
| Pacific Coast Conv 2D | P63A | 43995 | **** | **** | **** | 14650 |
| Hard Top | | | 500 | 500 | 665 | 665 |

## 2005 FORD — (1,2or3)(FAorZV)-(P31N)-5-#

| Body Type | VIN | List | Trade-In Good | Trade-In Very Good | Pvt-Party Good | Retail Excellent |
|---|---|---|---|---|---|---|
| **FOCUS—4-Cyl.—Equipment Schedule 6** | | | | | | |
| W.B. 102.9"; 2.0 Liter, 2.3 Liter. | | | | | | |
| ZX3 S Hatchback 2D | P31N | 14545 | 2100 | 2325 | 3200 | 4650 |

# 2005 FORD

| Body Type | VIN | List | Trade-In Good | Very Good | Pvt-Party Good | Retail Excellent |
|---|---|---|---|---|---|---|
| ZX3 SE Hatchback 2D | P31N | 15865 | 2550 | 2800 | 3800 | 5450 |
| ZX3 SES Hatchback 2D | P31N | 16965 | 2875 | 3175 | 4225 | 6050 |
| ZX4 S Sedan 4D | P34N | 14965 | 2600 | 2900 | 3875 | 5550 |
| ZX4 SE Sedan 4D | P34N | 16465 | 2675 | 2975 | 3975 | 5675 |
| ZX4 SES Sedan 4D | P34N | 17565 | 3100 | 3400 | 4525 | 6450 |
| ZX4 ST Sedan 4D | P38Z | 18335 | 3050 | 3350 | 4475 | 6350 |
| ZX5 S Hatchback 4D | P38N | 15665 | 2700 | 3000 | 4000 | 5725 |
| ZX5 SE Hatchback 4D | P37N | 17165 | 2950 | 3250 | 4325 | 6175 |
| ZX5 SES H'Back 4D | P37N | 18265 | 3175 | 3500 | 4800 | 6800 |
| ZXW SE Wagon 4D | P36N | 18165 | 2900 | 3200 | 4275 | 6075 |
| ZXW SES Wagon 4D | P33N | 19265 | 3275 | 3600 | 4925 | 6975 |
| **MUSTANG—V6—Equipment Schedule 4** | | | | | | |
| W.B. 107.1"; 4.0 Liter. | | | | | | |
| Deluxe Coupe 2D | T80N | 19890 | 5050 | 5450 | 6700 | 8750 |
| Deluxe Convertible 2D | T84N | 24615 | 5550 | 5950 | 7300 | 9500 |
| Premium Coupe 2D | T80N | 20765 | 5475 | 5875 | 7200 | 9400 |
| Premium Convertible 2D | T84N | 25490 | 6025 | 6450 | 7850 | 10200 |
| Manual, 5-Spd | | | (400) | (400) | (535) | (535) |
| **MUSTANG—V8—Equipment Schedule 4** | | | | | | |
| W.B. 107.1"; 4.6 Liter. | | | | | | |
| GT Deluxe Coupe 2D | T82R | 25815 | 6725 | 7175 | 8325 | 10450 |
| GT Deluxe Convertible | T85H | 30240 | 10150 | 10700 | 12300 | 15300 |
| GT Premium Coupe 2D | T82R | 26995 | 7850 | 8325 | 9650 | 12050 |
| GT Premium Conv 2D | T85H | 31420 | 10550 | 11100 | 12600 | 15600 |
| **TAURUS—V6—Equipment Schedule 4** | | | | | | |
| W.B. 108.5"; 3.0 Liter. | | | | | | |
| SE Sedan 4D | P53U | 21145 | 1925 | 2125 | 3150 | 4700 |
| SE Wagon 4D | P58U | 23015 | 2300 | 2550 | 3675 | 5450 |
| SEL Sedan 4D | P56U | 23055 | 2300 | 2550 | 3675 | 5450 |
| SEL Wagon 4D | P59U | 24005 | 2325 | 2575 | 3725 | 5500 |
| V6, 24V, 3.0 Liter | S | | 200 | 200 | 265 | 265 |
| **FIVE HUNDRED—V6—Equipment Schedule 4** | | | | | | |
| W.B. 112.9"; 3.0 Liter. | | | | | | |
| SE Sedan 4D | P231 | 22795 | 2675 | 2975 | 3825 | 5400 |
| SEL Sedan 4D | P241 | 24795 | 3000 | 3325 | 4400 | 6175 |
| Limited Sedan 4D | P251 | 26795 | 3250 | 3575 | 4725 | 6600 |
| AWD | 6,7,8 | | 550 | 550 | 735 | 735 |
| **CROWN VICTORIA—V8—Equipment Schedule 4** | | | | | | |
| W.B. 114.7"; 4.6 Liter. | | | | | | |
| Sedan 4D | P73W | 24810 | 2475 | 2725 | 3550 | 5000 |
| LX Sedan 4D | P74W | 27945 | 2925 | 3250 | 4275 | 5950 |
| LX Sport Sedan 4D | P74W | 31210 | 3200 | 3525 | 4625 | 6425 |
| **THUNDERBIRD—V8—Equipment Schedule 2** | | | | | | |
| W.B. 107.2"; 3.9 Liter. | | | | | | |
| Soft Top Conv 2D | P60A | 38065 | 8575 | 9075 | 10400 | 12950 |
| 50th Anniv Conv 2D | P69A | 44430 | 10450 | 11000 | 12550 | 15600 |
| Hard Top | | | 500 | 500 | 665 | 665 |
| **GT—V8 Supercharged—Equipment Schedule 2** | | | | | | |
| W.B. 106.7"; 5.4 Liter. | | | | | | |
| Coupe 2D | P90S | 143345 | **** | **** | **** | 143300 |

# 2006 FORD—(1,2or3)(F7,FAorZV)-(P31N)-6-#

| Body Type | VIN | List | Trade-In Good | Very Good | Pvt-Party Good | Retail Excellent |
|---|---|---|---|---|---|---|
| **FOCUS—4-Cyl.—Equipment Schedule 6** | | | | | | |
| W.B. 102.9"; 2.0 Liter, 2.3 Liter. | | | | | | |
| ZX3 S Hatchback 2D | P31N | 14905 | 2700 | 3000 | 3825 | 5325 |
| ZX4 ST Sedan 4D | P38Z | 17585 | 3675 | 4025 | 5200 | 7175 |
| **FOCUS—4-Cyl.—Equipment Schedule 6** | | | | | | |
| W.B. 102.9"; 2.0 Liter, 2.3 Liter. | | | | | | |
| ZX3 SE Hatchback 2D | P31N | 16075 | 3025 | 3350 | 4400 | 6100 |
| ZX3 SES Hatchback 2D | P31N | 16835 | 3425 | 3750 | 4900 | 6750 |
| ZX4 S Sedan 4D | P34N | 15265 | 3125 | 3450 | 4525 | 6250 |
| ZX4 SE Sedan 4D | P34N | 16375 | 3275 | 3600 | 4700 | 6500 |
| ZX4 SES Sedan 4D | P34N | 17135 | 3525 | 3850 | 5025 | 6925 |
| ZX5 S Hatchback 4D | P37N | 15975 | 3225 | 3550 | 4650 | 6425 |
| ZX5 SE Hatchback 4D | P37N | 17080 | 3525 | 3850 | 5025 | 6925 |
| ZX5 SES Hatchback 4D | P37N | 17815 | 3925 | 4275 | 5525 | 7600 |
| ZXW SE Wag Wagon 4D | P36N | 18095 | 3525 | 3850 | 5025 | 6925 |
| ZXW SES Wagon 4D | P36N | 18855 | 4075 | 4425 | 5725 | 7850 |
| Manual, 5-Spd | | | (300) | (300) | (400) | (400) |
| **FUSION—4-Cyl.—Equipment Schedule 4** | | | | | | |
| W.B. 107.4"; 2.3 Liter. | | | | | | |
| S Sedan 4D | P06Z | 18620 | 3925 | 4275 | 5375 | 7275 |
| SE Sedan 4D | P07Z | 19375 | 4200 | 4550 | 5700 | 7700 |

110 DEDUCT FOR RECONDITIONING

## 2006 FORD

| Body Type | VIN | List | Trade-In Good | Trade-In Very Good | Pvt-Party Good | Retail Excellent |
|---|---|---|---|---|---|---|
| Manual, 5-Spd | | | (425) | (425) | (565) | (565) |
| V6, 3.0 Liter | 1 | | 625 | 625 | 835 | 835 |
| **FUSION—V6—Equipment Schedule 4** | | | | | | |
| W.B. 107.4"; 3.0 Liter. | | | | | | |
| SEL Sedan 4D | P081 | 22360 | 5050 | 5450 | 6975 | 9350 |
| Manual, 5-Spd | | | (425) | (425) | (565) | (565) |
| 4-Cyl, 2.3 Liter | Z | | (600) | (600) | (800) | (800) |
| **MUSTANG—V6—Equipment Schedule 4** | | | | | | |
| W.B. 107.1"; 4.0 Liter. | | | | | | |
| Coupe 2D | T80N | 19835 | 5825 | 6250 | 7400 | 9450 |
| Convertible 2D | T84N | 24660 | 6500 | 6925 | 8175 | 10400 |
| Deluxe Coupe 2D | T80N | 19935 | 5825 | 6250 | 7400 | 9450 |
| Deluxe Convertible 2D | T84N | 24760 | 6500 | 6925 | 8175 | 10400 |
| Premium Coupe 2D | T80N | 20810 | 6375 | 6800 | 8025 | 10250 |
| Premium Convertible 2D | T84N | 25635 | 6725 | 7175 | 8525 | 10850 |
| Manual, 5-Spd | | | (425) | (425) | (565) | (565) |
| **MUSTANG—V8—Equipment Schedule 4** | | | | | | |
| W.B. 107.1"; 4.6 Liter. | | | | | | |
| GT Deluxe Coupe | T82H | 25860 | 7550 | 8025 | 9250 | 11550 |
| GT Deluxe Convertible | T85H | 30685 | 10500 | 11050 | 12550 | 15400 |
| GT Premium Coupe | T82H | 27040 | 9775 | 10300 | 11700 | 14450 |
| GT Premium Con 2D | T85H | 31865 | 11000 | 11600 | 13100 | 16050 |
| **TAURUS—6-Cyl.—Equipment Schedule 4** | | | | | | |
| W.B. 108.5"; 3.0 Liter. | | | | | | |
| SE Sedan 4D | P53U | 21515 | 2350 | 2600 | 3600 | 5200 |
| SEL Sedan 4D | P56U | 23665 | 2500 | 2800 | 3950 | 5725 |
| **FIVE HUNDRED—V6—Equipment Schedule 4** | | | | | | |
| W.B. 112.9"; 3.0 Liter. | | | | | | |
| SE Sedan 4D | P231 | 22930 | 3125 | 3450 | 4375 | 5950 |
| SEL Sedan 4D | P241 | 24930 | 3525 | 3850 | 4875 | 6600 |
| Limited Sedan 4D | P251 | 27080 | 3975 | 4325 | 5425 | 7325 |
| AWD | 6,7,8 | | 575 | 575 | 765 | 765 |
| **CROWN VICTORIA—V8—Equipment Schedule 4** | | | | | | |
| W.B. 114.7"; 4.6 Liter. | | | | | | |
| Sedan 4D | P73W | 25285 | 3025 | 3350 | 4200 | 5700 |
| LX Sedan 4D | P74W | 28830 | 3800 | 4150 | 5150 | 6925 |
| LX Sport Sedan 4D | P74W | 31605 | 4100 | 4450 | 5525 | 7375 |
| **GT—V8 Supercharged—Equipment Schedule 2** | | | | | | |
| W.B. 106.7"; 5.4 Liter. | | | | | | |
| Coupe 2D | P90S | 153345 | **** | **** | **** | 163900 |
| Heritage Coupe 2D | P90S | 166345 | **** | **** | **** | 183000 |

## 2007 FORD — (1,2or3)(F7,FAorZV)-(P31N)-7-#

| Body Type | VIN | List | Trade-In Good | Trade-In Very Good | Pvt-Party Good | Retail Excellent |
|---|---|---|---|---|---|---|
| **FOCUS—4-Cyl.—Equipment Schedule 6** | | | | | | |
| W.B. 102.9"; 2.0 Liter, 2.3 Liter. | | | | | | |
| S Hatchback 2D | P31N | 14985 | 3225 | 3550 | 4325 | 5850 |
| ST Sedan 4D | P38Z | 17690 | 4500 | 4875 | 6025 | 8075 |
| **FOCUS—4-Cyl.—Equipment Schedule 6** | | | | | | |
| W.B. 102.9"; 2.0 Liter. | | | | | | |
| SES Wagon 4D | P36N | 18145 | 4600 | 4975 | 6150 | 8225 |
| Automatic | | | 300 | 300 | 400 | 400 |
| **FOCUS—4-Cyl.—Equipment Schedule 6** | | | | | | |
| W.B. 102.9"; 2.0 Liter. | | | | | | |
| S Sedan 4D | P34N | 15110 | 3725 | 4050 | 4925 | 6650 |
| S Hatchback 4D | P37N | 15810 | 3725 | 4075 | 5075 | 6850 |
| SE Sedan 4D | P34N | 16375 | 3925 | 4275 | 5325 | 7150 |
| SE Hatchback 2D | P31N | 16075 | 3725 | 4050 | 4925 | 6650 |
| SE Hatchback 4D | P37N | 17080 | 4225 | 4575 | 5700 | 7625 |
| SE Wagon 4D | P36N | 18095 | 4475 | 4825 | 6025 | 8025 |
| SES Sedan 4D | P34N | 17135 | 4300 | 4650 | 5775 | 7750 |
| SES Hatchback 2D | P31N | 16835 | 4150 | 4500 | 5600 | 7525 |
| SES Hatchback 4D | P37N | 17845 | 4700 | 5075 | 6275 | 8375 |
| Manual, 5-Spd | | | (300) | (300) | (400) | (400) |
| **FUSION—4-Cyl.—Equipment Schedule 4** | | | | | | |
| W.B. 107.4"; 2.3 Liter. | | | | | | |
| S Sedan 4D | P06Z | 18845 | 4475 | 4825 | 5900 | 7800 |
| SE Sedan 4D | P07Z | 19705 | 4875 | 5250 | 6375 | 8425 |
| AWD | 1,2 | | 825 | 825 | 1100 | 1100 |
| Manual, 5-Spd | | | (450) | (450) | (600) | (600) |
| V6, 3.0 Liter | 1 | | 650 | 650 | 865 | 865 |
| **FUSION—V6—Equipment Schedule 4** | | | | | | |
| W.B. 107.4"; 3.0 Liter. | | | | | | |
| SEL Sedan 4D | P081 | 22675 | 5925 | 6350 | 7825 | 10300 |

# 2007 FORD

| Body Type | VIN | List | Trade-In Good | Very Good | Pvt-Party Good | Retail Excellent |
|---|---|---|---|---|---|---|
| AWD | 1,2 | | 825 | 825 | 1100 | 1100 |
| Manual, 5-Spd | | | (450) | (450) | (600) | (600) |
| 4-Cyl, 2.3 Liter | Z | | (625) | (625) | (835) | (835) |
| **MUSTANG—V6—Equipment Schedule 4** | | | | | | |
| W.B. 107.1"; 4.0 Liter. | | | | | | |
| Deluxe Coupe 2D | T80N | 19995 | 6600 | 7050 | 8125 | 10200 |
| Deluxe Convertible | T84N | 24820 | 7375 | 7850 | 9075 | 11400 |
| Premium Coupe 2D | T80N | 20990 | 7300 | 7775 | 9000 | 11300 |
| Premium Convertible 2D | T84N | 25815 | 7875 | 8350 | 9650 | 12100 |
| Pony Pkg | | | 175 | 175 | 235 | 235 |
| Manual, 5-Spd | | | (450) | (450) | (600) | (600) |
| **MUSTANG—V8—Equipment Schedule 4** | | | | | | |
| W.B. 107.1"; 4.6 Liter. | | | | | | |
| GT Deluxe Coupe | T82H | 26440 | 9650 | 10200 | 11300 | 13750 |
| GT Deluxe Convertible | T85H | 31265 | 11050 | 11600 | 12900 | 15650 |
| GT Premium Coupe 2D | T82H | 27620 | 10450 | 11000 | 12200 | 14800 |
| GT Premium Conv 2D | T85H | 32445 | 11200 | 11750 | 13200 | 16100 |
| Shelby Pkg | | | 850 | 850 | 1135 | 1135 |
| **MUSTANG SHELBY GT500—V8 Supercharged—Equipment Schedule 4** | | | | | | |
| W.B. 107.1"; 5.4 Liter. | | | | | | |
| Cobra Coupe 2D | T88S | 42975 | 19000 | 19800 | 20400 | 23200 |
| Cobra Convertible 2D | T89S | 47800 | 21900 | 22900 | 23400 | 26700 |
| **TAURUS—6-Cyl.—Equipment Schedule 4** | | | | | | |
| W.B. 108.5"; 3.0 Liter. | | | | | | |
| SE Sedan 4D | P53U | 21745 | 2800 | 3100 | 3975 | 5550 |
| SEL Sedan 4D | P56U | 23895 | 3100 | 3400 | 4350 | 6050 |
| **FIVE HUNDRED—V6—Equipment Schedule 4** | | | | | | |
| W.B. 112.9"; 3.0 Liter. | | | | | | |
| SEL Sedan 4D | P241 | 23420 | 4075 | 4425 | 5475 | 7325 |
| Limited Sedan 4D | P251 | 26995 | 4525 | 4900 | 6025 | 8025 |
| AWD | 7,8 | | 625 | 625 | 835 | 835 |
| **CROWN VICTORIA—V8—Equipment Schedule 4** | | | | | | |
| W.B. 114.6"; 4.6 Liter. | | | | | | |
| Sedan 4D | P73W | 25390 | 4100 | 4450 | 5325 | 6975 |
| LX Sedan 4D | P74W | 28385 | 5050 | 5425 | 6425 | 8375 |

# 2008 FORD — (1,2or3)(F7,FAorZV)-(P32N)-8-#

| Body Type | VIN | List | Trade-In Good | Very Good | Pvt-Party Good | Retail Excellent |
|---|---|---|---|---|---|---|
| **FOCUS—4-Cyl.—Equipment Schedule 6** | | | | | | |
| W.B. 102.9"; 2.0 Liter. | | | | | | |
| S Coupe 2D | P32N | 14695 | 4275 | 4625 | 5525 | 7225 |
| **FOCUS—4-Cyl.—Equipment Schedule 6** | | | | | | |
| W.B. 102.9"; 2.0 Liter. | | | | | | |
| S Sedan 4D | P34N | 15810 | 4925 | 5300 | 6275 | 8175 |
| SE Coupe 2D | P33N | 16510 | 5375 | 5775 | 6800 | 8850 |
| SE Sedan 4D | P35N | 16810 | 5400 | 5800 | 7050 | 9125 |
| SES Sedan 4D | P35N | 17810 | 5650 | 6050 | 7325 | 9500 |
| SES Coupe 2D | P33N | 17510 | 5750 | 6150 | 7450 | 9650 |
| Manual, 5-Spd w/Overdrive | | | (375) | (375) | (500) | (500) |
| **FUSION—4-Cyl.—Equipment Schedule 4** | | | | | | |
| W.B. 107.4"; 2.3 Liter. | | | | | | |
| S Sedan 4D | P06Z | 19370 | 5300 | 5700 | 6775 | 8675 |
| SE Sedan 4D | P07Z | 20295 | 6000 | 6425 | 7600 | 9675 |
| AWD | 1,2 | | 875 | 875 | 1165 | 1165 |
| Manual, 5-Spd | | | (500) | (500) | (665) | (665) |
| V6, 3.0 Liter | 1 | | 675 | 675 | 900 | 900 |
| **FUSION—V6—Equipment Schedule 4** | | | | | | |
| W.B. 107.4"; 3.0 Liter. | | | | | | |
| SEL Sedan 4D | P081 | 22875 | 7175 | 7650 | 9025 | 11500 |
| AWD | 1,2 | | 875 | 875 | 1165 | 1165 |
| Manual, 5-Spd | | | (500) | (500) | (665) | (665) |
| 4-Cyl, 2.3 Liter | Z | | (675) | (675) | (900) | (900) |
| **MUSTANG—V6—Equipment Schedule 4** | | | | | | |
| W.B. 107.1"; 4.0 Liter. | | | | | | |
| Deluxe Coupe 2D | T80N | 20990 | 7100 | 7550 | 8500 | 10450 |
| Deluxe Convertible | T84N | 25815 | 8425 | 8925 | 9925 | 12100 |
| Premium Coupe 2D | T80N | 21675 | 8125 | 8625 | 9700 | 11950 |
| Premium Convertible | T84N | 26500 | 8725 | 9225 | 10350 | 12750 |
| Pony Pkg | | | 175 | 175 | 235 | 235 |
| Manual, 5-Spd w/Overdrive | | | (500) | (500) | (665) | (665) |
| **MUSTANG—V8—Equipment Schedule 4** | | | | | | |
| W.B. 107.1"; 4.6 Liter. | | | | | | |
| GT Deluxe Coupe | T82H | 27230 | 10100 | 10650 | 11800 | 14350 |
| GT Deluxe Convertible | T85H | 32055 | 11650 | 12200 | 13550 | 16400 |

**112    DEDUCT FOR RECONDITIONING**

# 2008 FORD

| Body Type | VIN | List | Trade-In Good | Very Good | Pvt-Party Good | Retail Excellent |
|---|---|---|---|---|---|---|
| GT Premium Coupe | T82H | 28215 | 11050 | 11600 | 12900 | 15650 |
| GT Premium Conv 2D | T85H | 33040 | 11900 | 12500 | 13850 | 16800 |
| Bullitt Pkg | | | 850 | 850 | 1135 | 1135 |
| Shelby Pkg | | | 900 | 900 | 1200 | 1200 |
| **MUSTANG SHELBY GT500—V8 Supercharged**—Equipment Schedule 4 | | | | | | |
| W.B. 107.1"; 5.4 Liter. | | | | | | |
| Coupe 2D | T88S | 43975 | 20800 | 21600 | 21900 | 24600 |
| Convertible 2D | T89S | 48800 | 23500 | 24400 | 24700 | 27700 |
| **TAURUS—V6**—Equipment Schedule 4 | | | | | | |
| W.B. 112.9"; 3.5 Liter. | | | | | | |
| SEL Sedan 4D | P24W | 23995 | 5725 | 6125 | 7325 | 9375 |
| Limited Sedan 4D | P25W | 27980 | 6500 | 6925 | 8200 | 10500 |
| AWD | | 7,8 | 1350 | 1350 | 1800 | 1800 |
| **CROWN VICTORIA—V8**—Equipment Schedule 4 | | | | | | |
| W.B. 114.7"; 4.6 Liter. | | | | | | |
| Sedan 4D | P73V | 26120 | 6300 | 6725 | 7650 | 9500 |
| LX Sedan 4D | P74V | 29145 | 7100 | 7550 | 8625 | 10700 |

## 2009 FORD — (1,2or3)(F7,FAorZV)-(P34N)-9-#

| Body Type | VIN | List | Trade-In Good | Very Good | Pvt-Party Good | Retail Excellent |
|---|---|---|---|---|---|---|
| **FOCUS—4-Cyl.**—Equipment Schedule 6 | | | | | | |
| W.B. 102.9"; 2.0 Liter. | | | | | | |
| S Sedan 4D | P34N | 16505 | 5300 | 5700 | 6425 | 8100 |
| SE Coupe 2D | P33N | 17690 | 6025 | 6450 | 7450 | 9350 |
| SE Sedan 4D | P35N | 17690 | 6125 | 6550 | 7550 | 9475 |
| SES Coupe 2D | P33N | 19080 | 6675 | 7125 | 8175 | 10250 |
| SES Sedan 4D | P35N | 19080 | 6850 | 7300 | 8375 | 10500 |
| SEL Sedan 4D | P35N | 19480 | 6900 | 7350 | 8425 | 10550 |
| Manual, 5-Spd w/Overdrive | | | (400) | (400) | (535) | (535) |
| **FUSION—4-Cyl.**—Equipment Schedule 4 | | | | | | |
| W.B. 107.4"; 2.3 Liter. | | | | | | |
| S Sedan 4D | P06Z | 18860 | 6625 | 7075 | 8100 | 10100 |
| SE Sedan 4D | P07Z | 20000 | 7250 | 7725 | 8875 | 11050 |
| AWD | | 1,2 | 950 | 950 | 1265 | 1265 |
| Manual, 5-Spd w/Overdrive | | | (525) | (525) | (700) | (700) |
| V6, 3.0 Liter | | 1 | 725 | 725 | 965 | 965 |
| **FUSION—V6**—Equipment Schedule 4 | | | | | | |
| W.B. 107.4"; 3.0 Liter. | | | | | | |
| SEL Sedan 4D | P08I | 24065 | 8925 | 9425 | 10800 | 13400 |
| AWD | | 1,2 | 950 | 950 | 1265 | 1265 |
| 4-Cyl, 2.3 Liter | | Z | (725) | (725) | (965) | (965) |
| **MUSTANG—V6**—Equipment Schedule 4 | | | | | | |
| W.B. 107.1"; 4.0 Liter. | | | | | | |
| Deluxe Coupe 2D | T80N | 21525 | 8250 | 8750 | 9750 | 11900 |
| Deluxe Convertible 2D | T84N | 26350 | 9975 | 10500 | 11700 | 14250 |
| Premium Coupe 2D | T80N | 23315 | 10050 | 10600 | 11800 | 14400 |
| Premium Convertible 2D | T84N | 28140 | 10400 | 10950 | 12150 | 14750 |
| Pony Pkg | | | 175 | 175 | 235 | 235 |
| Manual, 5-Spd Overdrive | | | (525) | (525) | (700) | (700) |
| **MUSTANG—V8**—Equipment Schedule 4 | | | | | | |
| W.B. 107.1"; 4.6 Liter. | | | | | | |
| GT Deluxe Coupe | T82H | 27220 | 12100 | 12700 | 14000 | 16900 |
| GT Deluxe Convertible | T85H | 32045 | 13900 | 14550 | 16050 | 19350 |
| GT Premium Coupe | T82H | 29170 | 13000 | 13600 | 15100 | 18200 |
| GT Premium Conv 2D | T85H | 34780 | 14300 | 14950 | 16500 | 19900 |
| Bullitt Pkg | | | 900 | 900 | 1200 | 1200 |
| **MUSTANG SHELBY GT500—V8 Supercharged**—Equipment Schedule 4 | | | | | | |
| W.B. 107.1"; 5.4 Liter. | | | | | | |
| Coupe 2D | T88S | 43975 | 23400 | 24400 | 24400 | 27200 |
| Convertible 2D | T89S | 48305 | 26100 | 27200 | 27200 | 30300 |
| **TAURUS—V6**—Equipment Schedule 4 | | | | | | |
| W.B. 112.9"; 3.5 Liter. | | | | | | |
| SE Sedan 4D | P23W | 24950 | 6925 | 7375 | 8350 | 10350 |
| SEL Sedan 4D | P24W | 26250 | 7175 | 7650 | 8725 | 10800 |
| Limited Sedan 4D | P25W | 30250 | 8600 | 9100 | 10300 | 12750 |
| AWD | | 6,7,8 | 1425 | 1425 | 1900 | 1900 |
| **CROWN VICTORIA—V8**—Equipment Schedule 4 | | | | | | |
| W.B. 114.7"; 4.6 Liter. | | | | | | |
| LX Sedan 4D | P74V | 30080 | 8025 | 8525 | 9650 | 11950 |

## 2010 FORD — (1,2or3)(FAorZV)(P3EN)-A-#

**FOCUS—4-Cyl.**—Equipment Schedule 6
W.B. 102.9"; 2.0 Liter.

## 2010 FORD

| Body Type | VIN | List | Trade-In Good | Very Good | Pvt-Party Good | Retail Excellent |
|---|---|---|---|---|---|---|
| S Sedan 4D | P3EN | 17505 | 6750 | 7200 | 8025 | 9850 |
| SE Coupe 2D | P3CN | 18385 | 7375 | 7850 | 8800 | 10750 |
| SE Sedan 4D | P3FN | 18385 | 7425 | 7900 | 8850 | 10850 |
| SES Coupe 2D | P3DN | 19995 | 8525 | 9025 | 10050 | 12250 |
| SES Sedan 4D | P3GN | 19995 | 8425 | 8925 | 9950 | 12150 |
| SEL Sedan 4D | P3HN | 19995 | 8475 | 8975 | 10000 | 12200 |
| Manual, 5-Spd w/Overdrive | | | (500) | (500) | (665) | (665) |

**FUSION—4-Cyl.—Equipment Schedule 4**
W.B. 107.4"; 2.5 Liter.

| Body Type | VIN | List | Good | Very Good | Good | Excellent |
|---|---|---|---|---|---|---|
| S Sedan 4D | P0GA | 19995 | 7700 | 8175 | 9225 | 11350 |
| SE Sedan 4D | P0HA | 21270 | 8675 | 9175 | 10300 | 12650 |
| V6, Flex Fuel, 3.0 Liter | G | | 750 | 750 | 1000 | 1000 |

**FUSION—4-Cyl. Hybrid—Equipment Schedule 4**
W.B. 107.4"; 2.5 Liter.

| Body Type | VIN | List | Good | Very Good | Good | Excellent |
|---|---|---|---|---|---|---|
| Sedan 4D | P0L3 | 27995 | 11250 | 11800 | 12700 | 15000 |

**FUSION—V6 Flex Fuel—Equipment Schedule 4**
W.B. 107.4"; 3.0 Liter.

| Body Type | VIN | List | Good | Very Good | Good | Excellent |
|---|---|---|---|---|---|---|
| SEL Sedan 4D | P0JG | 26310 | 9800 | 10350 | 11600 | 14200 |
| AWD | C,D | | 1100 | 1100 | 1465 | 1465 |
| 4-Cyl, 2.5 Liter | A | | (675) | (675) | (900) | (900) |

**FUSION—V6—Equipment Schedule 4**
W.B. 107.4"; 3.5 Liter.

| Body Type | VIN | List | Good | Very Good | Good | Excellent |
|---|---|---|---|---|---|---|
| Sport Sedan 4D | P0KC | 26550 | 10850 | 11400 | 12800 | 15700 |
| AWD | C,D | | 1100 | 1100 | 1465 | 1465 |

**MUSTANG—V6—Equipment Schedule 4**
W.B. 107.1"; 4.0 Liter.

| Body Type | VIN | List | Good | Very Good | Good | Excellent |
|---|---|---|---|---|---|---|
| Coupe 2D | P8AN | 22840 | 9900 | 10450 | 11500 | 13950 |
| Convertible 2D | P8EN | 27840 | 10700 | 11250 | 12400 | 14950 |
| Premium Coupe 2D | P8AN | 25245 | 10900 | 11450 | 12600 | 15250 |
| Premium Conv 2D | P8EN | 30245 | 11800 | 12400 | 13650 | 16500 |
| Pony Pkg | | | 200 | 200 | 265 | 265 |
| Manual, 5-Spd w/Overdrive | | | (550) | (550) | (735) | (735) |

**MUSTANG—V8—Equipment Schedule 4**
W.B. 107.1"; 4.6 Liter.

| Body Type | VIN | List | Good | Very Good | Good | Excellent |
|---|---|---|---|---|---|---|
| GT Coupe 2D | P8CH | 28845 | 14550 | 15200 | 16300 | 19250 |
| GT Convertible 2D | P8FH | 34840 | 16900 | 17650 | 18850 | 22200 |
| GT Premium Coupe 2D | P8CH | 31845 | 15750 | 16450 | 17600 | 20700 |
| GT Premium Conv | P8FH | 37245 | 17200 | 17950 | 19150 | 22500 |

**MUSTANG SHELBY GT500—V8 Supercharged—Equipment Schedule 4**
W.B. 107.1"; 4.6 Liter.

| Body Type | VIN | List | Good | Very Good | Good | Excellent |
|---|---|---|---|---|---|---|
| Coupe 2D | P8JS | 47575 | 27300 | 28400 | 28700 | 32400 |
| Convertible 2D | P8KS | 52575 | 27900 | 29000 | 29300 | 33100 |

**TAURUS—V6—Equipment Schedule 4**
W.B. 112.9"; 3.5 Liter.

| Body Type | VIN | List | Good | Very Good | Good | Excellent |
|---|---|---|---|---|---|---|
| SE Sedan 4D | P2DW | 25995 | 10400 | 10950 | 11950 | 14300 |
| SEL Sedan 4D | P2EW | 27995 | 11300 | 11900 | 13000 | 15550 |
| Limited Sedan 4D | P2FW | 31995 | 12350 | 12950 | 14100 | 16900 |
| AWD | H,J | | 1525 | 1525 | 2035 | 2035 |

**TAURUS AWD—V6 EcoBoost Twin Turbo—Equipment Schedule 4**
W.B. 112.9"; 3.5 Liter.

| Body Type | VIN | List | Good | Very Good | Good | Excellent |
|---|---|---|---|---|---|---|
| SHO Sedan 4D | P2KT | 37995 | 16100 | 16850 | 17600 | 20400 |

**CROWN VICTORIA—V8 Flex Fuel—Equipment Schedule 4**
W.B. 114.7"; 4.6 Liter.

| Body Type | VIN | List | Good | Very Good | Good | Excellent |
|---|---|---|---|---|---|---|
| LX Sedan 4D | P7EV | 30780 | 8925 | 9450 | 10600 | 13050 |

## 2011 FORD — (1,2or3)(FAorZV)(P4AJ)-B-#

**FIESTA—4-Cyl.—Equipment Schedule 6**
W.B. 98.0"; 1.6 Liter.

| Body Type | VIN | List | Good | Very Good | Good | Excellent |
|---|---|---|---|---|---|---|
| S Sedan 4D | P4AJ | 13995 | 6675 | 7125 | 7925 | 9725 |
| SE Sedan 4D | P4EJ | 14995 | 7550 | 8025 | 8975 | 10950 |
| SE Hatchback 4D | P4EJ | 15795 | 7750 | 8225 | 9175 | 11200 |
| SEL Sedan 4D | P4CJ | 16995 | 8525 | 9025 | 10050 | 12200 |
| SES Hatchback 4D | P4FJ | 17795 | 8625 | 9150 | 10150 | 12350 |
| Automatic, 6-Spd w/OD | | | 475 | 475 | 635 | 635 |

**FOCUS—4-Cyl.—Equipment Schedule 6**
W.B. 102.9"; 2.0 Liter.

| Body Type | VIN | List | Good | Very Good | Good | Excellent |
|---|---|---|---|---|---|---|
| S Sedan 4D | P3EN | 18180 | 7600 | 8075 | 8925 | 10800 |
| SE Sedan 4D | P3FN | 18810 | 8500 | 9000 | 9900 | 11950 |
| SES Sedan 4D | P3GN | 20410 | 9550 | 10100 | 11100 | 13350 |
| Manual, 5-Spd w/Overdrive | | | (500) | (500) | (665) | (665) |

**FOCUS—4-Cyl.—Equipment Schedule 6**
W.B. 102.9"; 2.0 Liter.

| Body Type | VIN | List | Good | Very Good | Good | Excellent |
|---|---|---|---|---|---|---|
| SEL Sedan 4D | P3HN | 20395 | 9400 | 9925 | 10900 | 13150 |

**114   DEDUCT FOR RECONDITIONING**

# 2011 FORD

| Body Type | VIN | List | Trade-In Good | Very Good | Pvt-Party Good | Retail Excellent |
|---|---|---|---|---|---|---|
| **FUSION—4-Cyl.—Equipment Schedule 4** | | | | | | |
| W.B. 107.4"; 2.5 Liter. | | | | | | |
| S Sedan 4D | P0GA | 21295 | 8550 | 9050 | 10200 | 12550 |
| SE Sedan 4D | P0HA | 22975 | 9800 | 10350 | 11650 | 14300 |
| AWD | C | | 700 | 700 | 935 | 935 |
| V6, Flex Fuel, 3.0 Liter | G | | 750 | 750 | 1000 | 1000 |
| **FUSION—4-Cyl. Hybrid—Equipment Schedule 4** | | | | | | |
| W.B. 107.4"; 2.5 Liter. | | | | | | |
| Sedan 4D | P0L3 | 28825 | 12500 | 13150 | 13950 | 16400 |
| **FUSION—V6—Equipment Schedule 4** | | | | | | |
| W.B. 107.4"; 3.5 Liter. | | | | | | |
| SEL Sedan 4D | P0JG | 27140 | 11000 | 11550 | 12950 | 15900 |
| AWD | C | | 700 | 700 | 935 | 935 |
| 4-Cyl, 2.5 Liter | A | | (700) | (700) | (935) | (935) |
| **FUSION—V6—Equipment Schedule 4** | | | | | | |
| W.B. 107.4"; 3.5 Liter. | | | | | | |
| Sport Sedan 4D | P0KC | 27380 | 12000 | 12600 | 14150 | 17350 |
| AWD | D | | 700 | 700 | 935 | 935 |
| **MUSTANG—V6—Equipment Schedule 4** | | | | | | |
| W.B. 107.1"; 3.7 Liter. | | | | | | |
| Coupe 2D | P8AM | 23990 | 11650 | 12250 | 13400 | 16050 |
| Convertible 2D | P8EM | 28990 | 12500 | 13150 | 14300 | 17100 |
| Premium Coupe 2D | P8AM | 26695 | 12450 | 13050 | 14250 | 17050 |
| Premium Conv 2D | P8EM | 31695 | 13550 | 14200 | 15550 | 18600 |
| Pony Pkg | | | 200 | 200 | 265 | 265 |
| Manual, 6-Spd w/Overdrive | | | (575) | (575) | (765) | (765) |
| **MUSTANG—V8—Equipment Schedule 4** | | | | | | |
| W.B. 107.1"; 5.0 Liter. | | | | | | |
| GT Coupe 2D | P8CF | 30495 | 17850 | 18600 | 19500 | 22700 |
| GT Convertible 2D | P8FF | 35495 | 20600 | 21500 | 22400 | 26000 |
| GT Premium Coupe 2D | P8CF | 33695 | 19900 | 20800 | 21700 | 25200 |
| GT Premium Conv 2D | P8FF | 38695 | 21000 | 21900 | 22900 | 26500 |
| Brembo Brake Pkg | | | 450 | 450 | 600 | 600 |
| **MUSTANG SHELBY GT500—V8 Supercharged—Equipment Schedule 4** | | | | | | |
| W.B. 107.1"; 5.4 Liter. | | | | | | |
| Coupe 2D | P8JS | 49495 | 30900 | 32100 | 32300 | 36200 |
| Convertible 2D | P8KS | 54495 | 33500 | 34800 | 34900 | 39100 |
| **TAURUS—V6—Equipment Schedule 4** | | | | | | |
| W.B. 112.9"; 3.5 Liter. | | | | | | |
| SE Sedan 4D | P2DW | 25995 | 11300 | 11900 | 12950 | 15450 |
| SEL Sedan 4D | P2EW | 28195 | 12200 | 12800 | 13900 | 16550 |
| Limited Sedan 4D | P2FW | 32595 | 13050 | 13700 | 14900 | 17750 |
| AWD | H | | 1600 | 1600 | 2135 | 2135 |
| **TAURUS AWD—V6 EcoBoost Twin Turbo—Equipment Schedule 4** | | | | | | |
| W.B. 112.9"; 3.5 Liter. | | | | | | |
| SHO Sedan 4D | P2KT | 38595 | 16900 | 17650 | 18350 | 21100 |
| **CROWN VICTORIA—V8 Flex Fuel—Equipment Schedule 4** | | | | | | |
| W.B. 114.7"; 4.6 Liter. | | | | | | |
| LX Sedan 4D | P7EV | 30780 | 9950 | 10500 | 11600 | 14050 |

## 2012 FORD — (1,2or3)FAor1ZV-(P4AJ)-C-#

| Body Type | VIN | List | Trade-In Good | Very Good | Pvt-Party Good | Retail Excellent |
|---|---|---|---|---|---|---|
| **FIESTA—4-Cyl.—Equipment Schedule 6** | | | | | | |
| W.B. 98.0"; 1.6 Liter. | | | | | | |
| S Sedan 4D | P4AJ | 13995 | 7350 | 7825 | 8750 | 10700 |
| S Hatchback 4D | P4TJ | 14895 | 7950 | 8425 | 9400 | 11450 |
| SE Sedan 4D | P4BJ | 15250 | 8250 | 8750 | 9725 | 11850 |
| SE Hatchback 4D | P4EJ | 16195 | 8700 | 9200 | 10200 | 12450 |
| SEL Sedan 4D | P4CJ | 17295 | 9150 | 9675 | 10700 | 13050 |
| SES Hatchback 4D | P4FJ | 18195 | 9500 | 10050 | 11150 | 13550 |
| Automatic, 6-Spd | | | 500 | 500 | 665 | 665 |
| **FOCUS—4-Cyl.—Equipment Schedule 6** | | | | | | |
| W.B. 104.3"; 2.0 Liter. | | | | | | |
| S Sedan 4D | P3E2 | 18090 | 8850 | 9375 | 10250 | 12400 |
| SE Sedan 4D | P3F2 | 19090 | 9800 | 10350 | 11350 | 13700 |
| SE Hatchback 4D | P3K2 | 19885 | 10200 | 10750 | 11800 | 14200 |
| Titanium Sedan 4D | P3J2 | 22995 | 12600 | 13250 | 14450 | 17350 |
| Titanium Hatchback 4D | P3N2 | 23490 | 12700 | 13300 | 14650 | 17600 |
| Manual, 5-Spd | | | (500) | (500) | (665) | (665) |
| **FOCUS—4-Cyl.—Equipment Schedule 6** | | | | | | |
| W.B. 104.3"; 2.0 Liter. | | | | | | |
| SEL Sedan 4D | P3H2 | 20995 | 10600 | 11150 | 12200 | 14700 |
| SEL Hatchback 4D | P3M2 | 21790 | 10850 | 11400 | 12550 | 15100 |

EQUIPMENT & MILEAGE PAGE 9 TO 23

# 2012 FORD

| Body Type | VIN | List | Trade-In Good | Very Good | Pvt-Party Good | Retail Excellent |
|---|---|---|---|---|---|---|
| **FOCUS—AC Electric—Equipment Schedule 6** | | | | | | |
| W.B. 104.3". | | | | | | |
| Hatchback 4D | P3R4 | 39995 | 18450 | 19250 | 19700 | 22400 |
| **FUSION—4-Cyl.—Equipment Schedule 4** | | | | | | |
| W.B. 107.4"; 2.5 Liter. | | | | | | |
| S Sedan 4D | P0GA | 20645 | 10100 | 10650 | 11900 | 14550 |
| SE Sedan 4D | P0HA | 23625 | 11050 | 11600 | 13000 | 15850 |
| AWD | C | | 725 | 725 | 965 | 965 |
| V6, Flex Fuel, 3.0 Liter | G | | 750 | 750 | 1000 | 1000 |
| **FUSION—4-Cyl. Hybrid—Equipment Schedule 4** | | | | | | |
| W.B. 107.4"; 2.5 Liter. | | | | | | |
| Sedan 4D | P0L3 | 29395 | 14550 | 15200 | 16000 | 18550 |
| **FUSION—V6—Equipment Schedule 4** | | | | | | |
| W.B. 107.4"; 3.5 Liter. | | | | | | |
| SEL Sedan 4D | P0JG | 27480 | 12300 | 12900 | 14400 | 17550 |
| AWD | C | | 725 | 725 | 965 | 965 |
| 4-Cyl, 2.5 Liter | A | | (750) | (750) | (1000) | (1000) |
| **FUSION—V6—Equipment Schedule 4** | | | | | | |
| W.B. 107.4"; 3.5 Liter. | | | | | | |
| Sport Sedan 4D | P0KC | 27945 | 13700 | 14350 | 16050 | 19550 |
| AWD | D | | 725 | 725 | 965 | 965 |
| **MUSTANG—V6—Equipment Schedule 4** | | | | | | |
| W.B. 107.1"; 3.7 Liter. | | | | | | |
| Premium Coupe 2D | P8AM | 27890 | 14500 | 15150 | 16550 | 19750 |
| Premium Convertible | P8EM | 32890 | 15500 | 16200 | 17600 | 21000 |
| **MUSTANG—V8—Equipment Schedule 4** | | | | | | |
| W.B. 107.1"; 5.0 Liter. | | | | | | |
| GT Premium Coupe 2D | P8CF | 34505 | 20900 | 21700 | 22700 | 26400 |
| GT Premium Conv 2D | P8FF | 39505 | 21900 | 22900 | 23900 | 27700 |
| Boss 302 Coupe 2D | P8CU | 40995 | 28000 | 29100 | 29100 | 32600 |
| Brembo Brake Pkg | | | 500 | 500 | 665 | 665 |
| **MUSTANG SHELBY GT500—V8 Supercharged—Equipment Schedule 4** | | | | | | |
| W.B. 107.1"; 5.4 Liter. | | | | | | |
| Coupe 2D | P8JS | 49495 | 32400 | 33600 | 33600 | 37500 |
| Convertible 2D | P8KS | 54495 | 35300 | 36600 | 36600 | 40800 |
| **TAURUS—V6—Equipment Schedule 4** | | | | | | |
| W.B. 112.9"; 3.5 Liter. | | | | | | |
| SE Sedan 4D | P2DW | 26350 | 12500 | 13150 | 14000 | 16500 |
| SEL Sedan 4D | P2EW | 28550 | 13350 | 14000 | 15000 | 17650 |
| Limited Sedan 4D | P2FW | 32950 | 14450 | 15100 | 16150 | 19000 |
| AWD | H | | 1650 | 1650 | 2200 | 2200 |
| **TAURUS AWD—V6 EcoBoost Twin Turbo—Equipment Schedule 4** | | | | | | |
| W.B. 112.9"; 3.5 Liter. | | | | | | |
| SHO Sedan 4D | P2KT | 38950 | 20100 | 20900 | 21500 | 24600 |

## 2013 FORD — (1,2or3)FAor1ZV-(P4AJ)-D-#

| Body Type | VIN | List | Good | Very Good | Good | Excellent |
|---|---|---|---|---|---|---|
| **FIESTA—4-Cyl.—Equipment Schedule 6** | | | | | | |
| W.B. 98.0"; 1.6 Liter. | | | | | | |
| S Sedan 4D | P4AJ | 13995 | 7750 | 8225 | 9225 | 11300 |
| S Hatchback 4D | P4TJ | 14995 | 8825 | 9350 | 10400 | 12700 |
| SE Sedan 4D | P4BJ | 15995 | 9050 | 9575 | 10650 | 13000 |
| SE Hatchback 4D | P4EJ | 16995 | 9550 | 10100 | 11250 | 13750 |
| Titanium Sedan 4D | P4CJ | 17995 | 10800 | 11350 | 12600 | 15350 |
| Titanium Hatchback 4D | P4FJ | 18995 | 11200 | 11800 | 13050 | 15900 |
| Automatic, 6-Spd | | | 525 | 525 | 700 | 700 |
| **FOCUS—4-Cyl.—Equipment Schedule 6** | | | | | | |
| W.B. 104.3"; 2.0 Liter. | | | | | | |
| S Sedan 4D | P3E2 | 16995 | 9900 | 10450 | 11600 | 14100 |
| SE Sedan 4D | P3F2 | 18995 | 11100 | 11650 | 12900 | 15750 |
| SE Hatchback 4D | P3K2 | 19995 | 11550 | 12150 | 13500 | 16350 |
| Titanium Sedan 4D | P3J2 | 23995 | 14000 | 14650 | 16250 | 19700 |
| Titanium Hatchback 4D | P3N2 | 24995 | 14300 | 14950 | 16600 | 20100 |
| Manual, 5-Spd | | | (525) | (525) | (700) | (700) |
| **FOCUS ST—4-Cyl. Turbo EcoBoost—Equipment Schedule 6** | | | | | | |
| W.B. 104.3"; 2.0 Liter. | | | | | | |
| Hatchback 4D | P3L9 | 24495 | 16800 | 17550 | 17950 | 20400 |
| **FOCUS—AC Electric—Equipment Schedule 6** | | | | | | |
| W.B. 104.3". | | | | | | |
| Hatchback 4D | P3R4 | 39995 | 22300 | 23200 | 23800 | 27100 |
| **FUSION—4-Cyl.—Equipment Schedule 6** | | | | | | |
| W.B. 112.2"; 2.5 Liter. | | | | | | |
| S Sedan 4D | P0G7 | 22495 | 13350 | 14000 | 14950 | 17550 |
| SE Sedan 4D | P0H7 | 24495 | 15450 | 16150 | 17150 | 20100 |

**116    DEDUCT FOR RECONDITIONING**    0414

## 2013 FORD

| Body Type | VIN | List | Trade-In Good | Trade-In Very Good | Pvt-Party Good | Retail Excellent |
|---|---|---|---|---|---|---|
| 4-Cyl EcoBoost Turbo 1.6L | R | | 150 | 150 | 200 | 200 |
| 4-Cyl EcoBoost Turbo 2.0L | 9 | | 200 | 200 | 265 | 265 |
| **FUSION—4-Cyl. Hybrid**—Equipment Schedule 4 | | | | | | |
| W.B. 112.2"; 2.0 Liter. | | | | | | |
| SE Sedan 4D | P0LU | 27995 | 18150 | 18950 | 19600 | 22500 |
| **FUSION—4-Cyl. Turbo EcoBoost**—Equipment Schedule 4 | | | | | | |
| W.B. 112.2"; 2.0 Liter. | | | | | | |
| Titanium Sedan 4D | P0K9 | 30995 | 18150 | 18950 | 20000 | 23500 |
| AWD | D | | 750 | 750 | 1000 | 1000 |
| **FUSION ENERGI—4-Cyl. Plug-In Hybrid**—Equipment Schedule 4 | | | | | | |
| W.B. 112.2"; 2.0 Liter. | | | | | | |
| SE Sedan 4D | P0PU | 39495 | 27000 | 28100 | 28800 | 32900 |
| Titanium Sedan 4D | P0SU | 40995 | 28400 | 29600 | 30300 | 34700 |
| **C-MAX—4-Cyl. Hybrid**—Equipment Schedule 4 | | | | | | |
| W.B. 104.3"; 2.0 Liter. | | | | | | |
| SE Wagon 4D | P5AU | 25995 | 14350 | 15000 | 15700 | 18100 |
| SEL Wagon 4D | P5BU | 28995 | 16000 | 16750 | 17450 | 20100 |
| **C-MAX ENERGI—4-Cyl. Hybrid**—Equipment Schedule 3 | | | | | | |
| W.B. 104.3"; 2.0 Liter. | | | | | | |
| SEL Wagon 4D | P5CU | 33745 | 18650 | 19500 | 20200 | 23200 |
| **MUSTANG—V6**—Equipment Schedule 4 | | | | | | |
| W.B. 107.1"; 3.7 Liter. | | | | | | |
| Coupe 2D | P8AM | 22995 | 15350 | 16050 | 17100 | 20100 |
| Convertible 2D | P8EM | 27995 | 16300 | 17050 | 18100 | 21300 |
| Premium Coupe 2D | P8AM | 26995 | 16300 | 17050 | 18100 | 21300 |
| Premium Conv 2D | P8EM | 31995 | 17600 | 18350 | 19500 | 22800 |
| **MUSTANG—V8**—Equipment Schedule 4 | | | | | | |
| W.B. 107.1"; 5.0 Liter. | | | | | | |
| GT Coupe 2D | P8CF | | 21400 | 22300 | 22600 | 25500 |
| GT Convertible 2D | P8FF | 37290 | 23100 | 24100 | 24300 | 27400 |
| GT Premium Coupe 2D | P8CF | 35095 | 23400 | 24400 | 24600 | 27800 |
| GT Premium Conv 2D | P8FF | 40095 | 25100 | 26100 | 26300 | 29700 |
| Boss 302 Coupe 2D | P8CU | 42995 | 29500 | 30700 | 30300 | 33400 |
| Brembo Brake Pkg | | | 550 | 550 | 735 | 735 |
| **MUSTANG SHELBY GT500—V8 Supercharged**—Equipment Schedule 4 | | | | | | |
| W.B. 107.1"; 5.4 Liter. | | | | | | |
| Coupe 2D | P8JZ | 54995 | 46000 | 47600 | 46600 | 51200 |
| Convertible 2D | P8KZ | 59995 | 48500 | 50300 | 49400 | 54400 |
| **TAURUS—V6**—Equipment Schedule 4 | | | | | | |
| W.B. 112.9"; 3.5 Liter. | | | | | | |
| SE Sedan 4D | P2D8 | 27395 | 14200 | 14850 | 15700 | 18200 |
| SEL Sedan 4D | P2E8 | 29595 | 15250 | 15950 | 16750 | 19450 |
| Limited Sedan 4D | P2F8 | 33795 | 15950 | 16650 | 17500 | 20300 |
| AWD | | | 1700 | 1700 | 2265 | 2265 |
| 4-Cyl EcoBoost Turbo 2.0L | 9 | | 200 | 200 | 265 | 265 |
| **TAURUS AWD—V6 Twin Turbo EcoBoost**—Equipment Schedule 4 | | | | | | |
| W.B. 112.9"; 3.5 Liter. | | | | | | |
| SHO Sedan 4D | P2KT | 39995 | 22700 | 23700 | 24200 | 27500 |

# HONDA

## 1999 HONDA — (1HG,2HGorJHM)(EJ632)-X-#

| Body Type | VIN | List | Trade-In Good | Trade-In Very Good | Pvt-Party Good | Retail Excellent |
|---|---|---|---|---|---|---|
| **CIVIC—4-Cyl.**—Equipment Schedule 6 | | | | | | |
| W.B. 103.2"; 1.6 Liter. | | | | | | |
| CX Hatchback 2D | EJ632 | 11065 | 500 | 575 | 1050 | 1650 |
| DX Sedan 4D | EJ652 | 13200 | 950 | 1050 | 1675 | 2650 |
| DX Coupe 2D | EJ612 | 12995 | 900 | 1000 | 1625 | 2550 |
| DX Hatchback 2D | EJ634 | 12515 | 800 | 900 | 1475 | 2325 |
| VP Sedan 4D | EJ661 | 15045 | 1250 | 1375 | 2100 | 3325 |
| HX Coupe 2D | EJ712 | 13815 | 1000 | 1100 | 1750 | 2775 |
| LX Sedan 4D | EJ657 | 15245 | 1100 | 1225 | 1900 | 2975 |
| EX Sedan 4D | EJ854 | 17145 | 1300 | 1425 | 2175 | 3425 |
| EX Coupe 2D | EJ814 | 15985 | 1200 | 1325 | 2025 | 3200 |
| Si Coupe 2D | EM115 | 17860 | 1825 | 2000 | 2950 | 4525 |
| **ACCORD—4-Cyl.**—Equipment Schedule 3 | | | | | | |
| W.B. 105.1", 106.9" (Sed); 2.3 Liter. | | | | | | |
| DX Sedan 4D | CF864 | 16415 | 1275 | 1400 | 2100 | 3275 |
| LX Sedan 4D | CG564 | 19605 | 1650 | 1825 | 2625 | 4075 |
| LX Coupe 2D | CG324 | 19605 | 775 | 875 | 1575 | 2550 |
| EX Sedan 4D | CG565 | 22115 | 1950 | 2150 | 3175 | 4875 |
| EX Coupe 2D | CG325 | 22115 | 1150 | 1275 | 2125 | 3500 |

# 1999 HONDA

| Body Type | VIN | List | Trade-In Good | Trade-In Very Good | Pvt-Party Good | Retail Excellent |
|---|---|---|---|---|---|---|
| Manual, 5-Spd | 1,3,5 | ---- | (200) | (200) | (265) | (265) |
| V6, VTEC, 3.0 Liter | | ---- | 100 | 100 | 135 | 135 |
| **PRELUDE—4-Cyl.—Equipment Schedule 3** | | | | | | |
| W.B. 101.8"; 2.2 Liter. | | | | | | |
| Coupe 2D | BB614 | 23865 | 1575 | 1725 | 2500 | 3850 |
| Type SH Coupe 2D | BB615 | 26365 | 1800 | 1975 | 2825 | 4300 |
| Automatic | | ---- | 125 | 125 | 165 | 165 |

## 2000 HONDA — (1HG,2HGorJHM)(ZE137)-Y-#

| Body Type | VIN | List | Good | Very Good | Good | Excellent |
|---|---|---|---|---|---|---|
| **INSIGHT—3-Cyl. Hybrid—Equipment Schedule 3** | | | | | | |
| W.B. 94.5"; 1.0 Liter. | | | | | | |
| Hatchback 2D | ZE137 | 20495 | 1725 | 1900 | 2475 | 3575 |
| **CIVIC—4-Cyl.—Equipment Schedule 6** | | | | | | |
| W.B. 103.2"; 1.6 Liter. | | | | | | |
| CX Hatchback 2D | EJ632 | 11165 | 825 | 925 | 1400 | 2150 |
| DX Sedan 4D | EJ652 | 13300 | 1225 | 1350 | 1925 | 2950 |
| DX Coupe 2D | EJ612 | 13095 | 1125 | 1250 | 1800 | 2750 |
| DX Hatchback 2D | EJ634 | 12615 | 1025 | 1125 | 1675 | 2550 |
| VP Sedan 4D | EJ661 | 15145 | 1450 | 1600 | 2325 | 3550 |
| HX Coupe 2D | EJ712 | 13915 | 1275 | 1400 | 2000 | 3050 |
| LX Sedan 4D | EJ657 | 15345 | 1350 | 1500 | 2100 | 3200 |
| EX Sedan 4D | EJ854 | 17245 | 1550 | 1700 | 2450 | 3725 |
| EX Coupe 2D | EJ814 | 15965 | 1500 | 1650 | 2375 | 3625 |
| Si Coupe 2D | EM115 | 17960 | 2225 | 2450 | 3225 | 4725 |
| **ACCORD—4-Cyl.—Equipment Schedule 3** | | | | | | |
| W.B. 105.1", 106.9" (Sed); 2.3 Liter. | | | | | | |
| DX Sedan 4D | CF864 | 16565 | 1300 | 1425 | 2100 | 3250 |
| LX Sedan 4D | CG564 | 19755 | 1750 | 1925 | 2725 | 4200 |
| LX Coupe 2D | CG324 | 19755 | 850 | 950 | 1650 | 2650 |
| SE Sedan 4D | CG567 | 20995 | 1850 | 2025 | 2975 | 4575 |
| EX Sedan 4D | CG565 | 22265 | 2125 | 2325 | 3375 | 5150 |
| EX Coupe 2D | CG325 | 22265 | 1200 | 1325 | 2275 | 3675 |
| Manual, 5-Spd | | ---- | (200) | (200) | (265) | (265) |
| V6, VTEC, 3.0 Liter | | ---- | 100 | 100 | 135 | 135 |
| **PRELUDE—4-Cyl.—Equipment Schedule 3** | | | | | | |
| W.B. 101.8"; 2.2 Liter. | | | | | | |
| Coupe 2D | BB614 | 23915 | 1950 | 2150 | 3025 | 4575 |
| Type SH Coupe 2D | BB615 | 26415 | 2200 | 2425 | 3400 | 5125 |
| Automatic | | ---- | 125 | 125 | 165 | 165 |
| **S2000—4-Cyl.—Equipment Schedule 2** | | | | | | |
| W.B. 94.5"; 2.0 Liter. | | | | | | |
| Convertible 2D | AP114 | 32415 | 6875 | 7325 | 8800 | 11450 |
| Hard Top | | ---- | 450 | 450 | 600 | 600 |

## 2001 HONDA — (1HGorJHM)(ZE135)-1-#

| Body Type | VIN | List | Good | Very Good | Good | Excellent |
|---|---|---|---|---|---|---|
| **INSIGHT—3-Cyl. Hybrid—Equipment Schedule 3** | | | | | | |
| W.B. 94.5"; 1.0 Liter. | | | | | | |
| Hatchback 2D | ZE135 | 20620 | 1675 | 1850 | 2450 | 3575 |
| **CIVIC—4-Cyl.—Equipment Schedule 6** | | | | | | |
| W.B. 103.1"; 1.7 Liter. | | | | | | |
| DX Sedan 4D | ES152 | 13400 | 1400 | 1550 | 2125 | 3225 |
| DX Coupe 2D | EM212 | 13200 | 1300 | 1425 | 2000 | 3050 |
| HX Coupe 2D | EM217 | 14000 | 1375 | 1525 | 2200 | 3325 |
| LX Sedan 4D | ES165 | 15450 | 1700 | 1875 | 2625 | 3975 |
| LX Coupe 2D | EM225 | 15245 | 1650 | 1825 | 2550 | 3875 |
| EX Sedan 4D | ES267 | 17350 | 2000 | 2200 | 3050 | 4550 |
| EX Coupe 2D | EM229 | 16850 | 1950 | 2150 | 2975 | 4450 |
| GX Sedan 4D | EN264 | 20670 | 1875 | 2050 | 2725 | 3975 |
| **ACCORD—4-Cyl.—Equipment Schedule 3** | | | | | | |
| W.B. 105.1", 106.9" (Sed); 2.3 Liter. | | | | | | |
| DX Sedan 4D | CF864 | 16640 | 1350 | 1500 | 2150 | 3300 |
| VP Sedan 4D | CF866 | 17640 | 1650 | 1825 | 2550 | 3925 |
| LX Sedan 4D | CG564 | 20030 | 1925 | 2125 | 3050 | 4650 |
| LX Coupe 2D | CG324 | 20030 | 1000 | 1100 | 1775 | 2850 |
| EX Sedan 4D | CG565 | 22640 | 2450 | 2675 | 3825 | 5775 |
| EX Coupe 2D | CG325 | 22640 | 1450 | 1600 | 2525 | 4025 |
| Manual, 5-Spd | 1,5 | ---- | (200) | (200) | (265) | (265) |
| V6, VTEC, 3.0 Liter | | ---- | 175 | 175 | 235 | 235 |
| **PRELUDE—4-Cyl.—Equipment Schedule 3** | | | | | | |
| W.B. 101.8"; 2.2 Liter. | | | | | | |
| Coupe 2D | BB614 | 24040 | 2500 | 2750 | 3675 | 5400 |
| Type SH Coupe 2D | BB615 | 26540 | 2800 | 3100 | 4075 | 5950 |

**DEDUCT FOR RECONDITIONING**

# 2001 HONDA

| Body Type | VIN | List | Trade-In Good | Very Good | Pvt-Party Good | Retail Excellent |
|---|---|---|---|---|---|---|
| Automatic | | | 125 | 125 | 165 | 165 |
| **S2000—4-Cyl.—Equipment Schedule 2** | | | | | | |
| W.B. 94.5"; 2.0 Liter. | | | | | | |
| Convertible 2D | AP114 | 32740 | 7400 | 7875 | 9400 | 12200 |
| Hard Top | | | 500 | 500 | 665 | 665 |

## 2002 HONDA — (1HG,SHHorJHM)(ZE135)-2-#

**INSIGHT—3-Cyl. Hybrid—Equipment Schedule 3**
W.B. 94.5"; 1.0 Liter.

| | | | | | | |
|---|---|---|---|---|---|---|
| Hatchback 2D | ZE135 | 21720 | 1900 | 2075 | 2550 | 3600 |

**CIVIC—4-Cyl.—Equipment Schedule 6**
W.B. 101.2", 103.1" (Sed & Cpe); 1.7 Liter, 2.0 Liter.

| | | | | | | |
|---|---|---|---|---|---|---|
| DX Sedan 4D | ES151 | 13450 | 1725 | 1900 | 2550 | 3775 |
| DX Coupe 2D | EM212 | 13250 | 1625 | 1800 | 2425 | 3575 |
| HX Coupe 2D | EM217 | 14050 | 1800 | 1975 | 2650 | 3900 |
| LX Sedan 4D | ES166 | 15550 | 2125 | 2325 | 3100 | 4525 |
| LX Coupe 2D | EM225 | 15350 | 2100 | 2300 | 3050 | 4450 |
| EX Sedan 4D | ES267 | 17450 | 2500 | 2750 | 3600 | 5225 |
| EX Coupe 2D | EM229 | 16950 | 2450 | 2675 | 3525 | 5125 |
| Si Hatchback 2D | EP335 | 19440 | 2775 | 3075 | 3800 | 5350 |

**ACCORD—4-Cyl.—Equipment Schedule 3**
W.B. 105.1", 106.9" (Sed); 2.3 Liter.

| | | | | | | |
|---|---|---|---|---|---|---|
| DX Sedan 4D | CF864 | 16740 | 1700 | 1875 | 2500 | 3750 |
| VP Sedan 4D | CF866 | 17740 | 1950 | 2150 | 2950 | 4375 |
| LX Sedan 4D | CG564 | 20130 | 2375 | 2600 | 3525 | 5225 |
| LX Coupe 2D | CG324 | 20130 | 1275 | 1400 | 2150 | 3325 |
| SE Sedan 4D | CG567 | 21290 | 2700 | 2950 | 3975 | 5825 |
| SE Coupe 2D | CG320 | 21290 | 1575 | 1725 | 2550 | 3925 |
| EX Sedan 4D | CG566 | 22740 | 3025 | 3325 | 4425 | 6450 |
| EX Coupe 2D | CG325 | 22740 | 1875 | 2050 | 3000 | 4550 |
| Manual, 5-Spd | 1,5 | | (250) | (250) | (335) | (335) |
| V6, VTEC, 3.0 Liter | | | 250 | 250 | 335 | 335 |

**S2000—4-Cyl.—Equipment Schedule 2**
W.B. 94.5"; 2.0 Liter.

| | | | | | | |
|---|---|---|---|---|---|---|
| Convertible 2D | AP114 | 32840 | 7600 | 8075 | 9500 | 12200 |
| Hard Top | | | 525 | 525 | 700 | 700 |

## 2003 HONDA — (1HG,SHHorJHM)(ZE135)-3-#

**INSIGHT—3-Cyl. Hybrid—Equipment Schedule 3**
W.B. 94.5"; 1.0 Liter.

| | | | | | | |
|---|---|---|---|---|---|---|
| Hatchback 2D | ZE135 | 21740 | 2050 | 2250 | 2925 | 4250 |

**CIVIC—4-Cyl.—Equipment Schedule 6**
W.B. 101.2", 103.1" (Sed & Cpe); 1.7 Liter, 2.0 Liter.

| | | | | | | |
|---|---|---|---|---|---|---|
| DX Sedan 4D | ES151 | 13470 | 2100 | 2300 | 2925 | 4175 |
| DX Coupe 2D | EM212 | 13270 | 2100 | 2300 | 2925 | 4175 |
| HX Coupe 2D | EM217 | 14140 | 2300 | 2525 | 3175 | 4550 |
| LX Sedan 4D | ES166 | 15670 | 2775 | 3075 | 3800 | 5375 |
| LX Coupe 2D | EM225 | 15470 | 2675 | 2925 | 3675 | 5200 |
| EX Sedan 4D | ES267 | 17520 | 3100 | 3400 | 4225 | 5925 |
| EX Coupe 2D | EM229 | 17220 | 3150 | 3450 | 4275 | 6025 |
| Si Hatchback 2D | EP335 | 19560 | 3275 | 3600 | 4450 | 6125 |

**CIVIC—4-Cyl. Hybrid—Equipment Schedule 6**
W.B. 103.2"; 1.3 Liter.

| | | | | | | |
|---|---|---|---|---|---|---|
| Sedan 4D | ES966 | 19990 | 1975 | 2175 | 2875 | 4200 |

**ACCORD—4-Cyl.—Equipment Schedule 3**
W.B. 105.1", 107.9" (Sed); 2.4 Liter.

| | | | | | | |
|---|---|---|---|---|---|---|
| DX Sedan 4D | CM551 | 17060 | 3425 | 3750 | 4600 | 6425 |
| LX Sedan 4D | CM564 | 20460 | 3625 | 3950 | 5025 | 6975 |
| LX Coupe 2D | CM712 | 20560 | 2675 | 2925 | 3875 | 5650 |
| EX Sedan 4D | CM556 | 22860 | 4525 | 4875 | 6175 | 8525 |
| EX Coupe 2D | CM716 | | 3125 | 3450 | 4650 | 6725 |
| Manual, 5-Spd | 1,5 | | (300) | (300) | (400) | (400) |
| V6, VTEC, 3.0 Liter | | | 300 | 300 | 400 | 400 |

**S2000—4-Cyl.—Equipment Schedule 2**
W.B. 94.5"; 2.0 Liter.

| | | | | | | |
|---|---|---|---|---|---|---|
| Convertible 2D | AP114 | 33060 | 7825 | 8300 | 9675 | 12300 |
| Hard Top | | | 575 | 575 | 765 | 765 |

## 2004 HONDA — (1HG,SHHorJHM)(ZE135)-4-#

**INSIGHT—3-Cyl. Hybrid—Equipment Schedule 3**
W.B. 94.5"; 1.0 Liter.

| | | | | | | |
|---|---|---|---|---|---|---|
| Hatchback 2D | ZE135 | 21870 | 2675 | 2925 | 3750 | 5375 |

# 2004 HONDA

| Body Type | VIN | List | Trade-In Good | Very Good | Pvt-Party Good | Retail Excellent |
|---|---|---|---|---|---|---|
| **CIVIC—4-Cyl.—Equipment Schedule 6** | | | | | | |
| W.B. 101.2", 103.1" (Sed & Cpe); 1.7 Liter, 2.0 Liter. | | | | | | |
| DX Sedan 4D | ES151 | 13500 | 2700 | 2950 | 3625 | 5100 |
| Value Sedan 4D | ES163 | 14900 | 3175 | 3500 | 4400 | 6100 |
| Value Coupe 2D | EM221 | 13900 | 3050 | 3350 | 4075 | 5675 |
| HX Coupe 2D | EM217 | 14200 | 3000 | 3300 | 4025 | 5600 |
| LX Sedan 4D | ES166 | 15850 | 3425 | 3750 | 4700 | 6525 |
| LX Coupe 2D | EM225 | 15650 | 3325 | 3650 | 4575 | 6350 |
| EX Sedan 4D | ES267 | 17750 | 3825 | 4150 | 5225 | 7200 |
| EX Coupe 2D | EM229 | 17350 | 3725 | 4050 | 5100 | 7025 |
| Si Hatchback 2D | EP335 | 19560 | 3825 | 4150 | 5025 | 6800 |
| GX Sedan 4D | EN264 | 21250 | 3275 | 3600 | 4750 | 6775 |
| **CIVIC—4-Cyl. Hybrid—Equipment Schedule 6** | | | | | | |
| W.B. 103.1"; 1.3 Liter. | | | | | | |
| Sedan 4D | ES966 | 20140 | 2675 | 2925 | 3750 | 5375 |
| **ACCORD—4-Cyl.—Equipment Schedule 3** | | | | | | |
| W.B. 105.1", 107.9" (Sed); 2.4 Liter. | | | | | | |
| DX Sedan 4D | CM551 | 17190 | 4275 | 4625 | 5525 | 7375 |
| LX Sedan 4D | CM553 | 20590 | 4725 | 5100 | 6075 | 8100 |
| LX Coupe 2D | CM712 | 20690 | 3400 | 3725 | 4700 | 6350 |
| EX Sedan 4D | CM556 | 22990 | 5675 | 6075 | 7225 | 9575 |
| EX Coupe 2D | CM716 | | 4025 | 4375 | 5500 | 7600 |
| Manual, 5-Spd | | 1,5 | (350) | (350) | (465) | (465) |
| V6, VTEC, 3.0 Liter | | | 350 | 350 | 465 | 465 |
| **S2000—4-Cyl.—Equipment Schedule 2** | | | | | | |
| W.B. 94.5"; 2.2 Liter. | | | | | | |
| Convertible 2D | AP214 | 33290 | 7925 | 8400 | 9750 | 12350 |
| Hard Top | | | 600 | 600 | 800 | 800 |

# 2005 HONDA — (1HG, SHHorJHM)(ZE137)-5-#

| Body Type | VIN | List | Trade-In Good | Very Good | Pvt-Party Good | Retail Excellent |
|---|---|---|---|---|---|---|
| **INSIGHT—3-Cyl. Hybrid—Equipment Schedule 3** | | | | | | |
| W.B. 94.5"; 1.0 Liter. | | | | | | |
| Hatchback 2D | ZE137 | 22045 | 3000 | 3300 | 4125 | 5650 |
| **CIVIC—4-Cyl.—Equipment Schedule 6** | | | | | | |
| W.B. 101.2", 103.1" (Sed & Cpe); 1.7 Liter, 2.0 Liter. | | | | | | |
| DX Sedan 4D | ES151 | 13675 | 3400 | 3725 | 4600 | 6125 |
| Value Sedan 4D | ES163 | 15075 | 4100 | 4450 | 5425 | 7200 |
| Value Coupe 2D | EM221 | 14075 | 3750 | 4100 | 5000 | 6675 |
| HX Coupe 2D | EM217 | 14375 | 3700 | 4050 | 4950 | 6600 |
| LX Sedan 4D | ES166 | 16025 | 4400 | 4750 | 5800 | 7675 |
| LX Coupe 2D | EM225 | 15825 | 4300 | 4650 | 5675 | 7500 |
| LX Special Ed Sed 4D | ES155 | 16775 | 4300 | 4650 | 5675 | 7500 |
| LX Special Ed Cpe 2D | EM215 | 16575 | 4200 | 4550 | 5550 | 7350 |
| EX Sedan 4D | ES267 | 17925 | 4675 | 5050 | 6325 | 8350 |
| EX Coupe 2D | EM220 | 17525 | 4775 | 5150 | 6450 | 8500 |
| EX Special Ed Sed 4D | ES257 | 18375 | 4925 | 5300 | 6625 | 8725 |
| EX Special Ed Cpe 2D | EM219 | 17975 | 4825 | 5200 | 6500 | 8575 |
| Si Hatchback 2D | EP335 | 19735 | 4925 | 5300 | 6550 | 8575 |
| GX Sedan 4D | EN264 | 20910 | 3950 | 4300 | 5475 | 7450 |
| **CIVIC—4-Cyl. Hybrid—Equipment Schedule 6** | | | | | | |
| W.B. 103.1"; 1.3 Liter. | | | | | | |
| Sedan 4D | ES966 | 20315 | 3025 | 3350 | 4300 | 5900 |
| **ACCORD—4-Cyl.—Equipment Schedule 3** | | | | | | |
| W.B. 105.1", 107.9" (Sed); 2.4 Liter. | | | | | | |
| DX Sedan 4D | CM561 | 17510 | 4375 | 4725 | 5675 | 7475 |
| LX Sedan 4D | CM564 | 20990 | 4975 | 5375 | 6600 | 8625 |
| LX Coupe 2D | CM723 | 21090 | 5075 | 5475 | 6750 | 8850 |
| LX Special Ed Cpe 2D | CM723 | 25065 | 5575 | 5975 | 7350 | 9600 |
| EX Sedan 4D | CM567 | 23415 | 6025 | 6450 | 7850 | 10200 |
| EX Coupe 2D | CM726 | | 5675 | 6075 | 7475 | 9750 |
| Manual, 5-Spd | | | (400) | (400) | (535) | (535) |
| V6, VTEC, 3.0 Liter | | | 400 | 400 | 535 | 535 |
| **ACCORD—V6 Hybrid—Equipment Schedule 3** | | | | | | |
| W.B. 107.9"; 3.0 Liter. | | | | | | |
| Sedan 4D | CN364 | 30655 | 7025 | 7475 | 9125 | 11800 |
| **S2000—4-Cyl.—Equipment Schedule 2** | | | | | | |
| W.B. 94.5"; 2.2 Liter. | | | | | | |
| Convertible 2D | AP214 | 33465 | 8325 | 8825 | 10250 | 12650 |
| Hard Top | | | 625 | 625 | 835 | 835 |

# 2006 HONDA

| Body Type | VIN | List | Trade-In Good | Very Good | Pvt-Party Good | Retail Excellent |
|---|---|---|---|---|---|---|

## 2006 HONDA — (1HG,SHHorJHM)(ZE137)-6-#

**INSIGHT—3-Cyl. Hybrid**—Equipment Schedule 3
W.B. 94.5"; 1.0 Liter.

| Body Type | VIN | List | Good | Very Good | Pvt-Party Good | Retail Excellent |
|---|---|---|---|---|---|---|
| Hatchback 2D | ZE137 | 22080 | 4250 | 4625 | 5775 | 7500 |

**CIVIC—4-Cyl.**—Equipment Schedule 6
W.B. 104.3", 106.3" (Sed); 1.8 Liter, 2.0 Liter.

| DX Sedan 4D | FA162 | 15110 | 4425 | 4800 | 5875 | 7625 |
|---|---|---|---|---|---|---|
| LX Sedan 4D | FA165 | 17060 | 5425 | 5825 | 7025 | 9100 |
| LX Coupe 2D | FG126 | 16860 | 5275 | 5675 | 6850 | 8875 |
| EX Sedan 4D | FA168 | 18810 | 6000 | 6425 | 7800 | 10050 |
| EX Coupe 2D | FG128 | 18810 | 5925 | 6350 | 7700 | 9925 |
| Manual, 5-Spd | | | (300) | (300) | (400) | (400) |

**CIVIC—4-Cyl.**—Equipment Schedule 6
W.B. 104.3", 106.3" (Sed); 1.8 Liter, 2.0 Liter.

| DX Coupe 2D | FG112 | 14910 | 4100 | 4450 | 5275 | 6900 |
|---|---|---|---|---|---|---|
| Si Coupe 2D | FG215 | 20540 | 6175 | 6600 | 7875 | 10050 |
| GX Sedan 4D | FA465 | 24990 | 5300 | 5700 | 7000 | 9075 |

**CIVIC—4-Cyl. Hybrid**—Equipment Schedule 6
W.B. 106.3"; 1.3 Liter.

| Sedan 4D | FA362 | 22400 | 4425 | 4800 | 5975 | 7775 |
|---|---|---|---|---|---|---|

**ACCORD—4-Cyl.**—Equipment Schedule 3
W.B. 105.1", 107.9" (Sed); 2.4 Liter.

| VP Sedan 4D | CM561 | 19575 | 4700 | 5075 | 6100 | 7850 |
|---|---|---|---|---|---|---|
| LX Sedan 4D | CM564 | 21375 | 5750 | 6150 | 7325 | 9375 |
| LX Coupe 2D | CM723 | 21225 | 6225 | 6650 | 7800 | 9925 |
| SE Sedan 4D | CM563 | 22075 | 5950 | 6375 | 7550 | 9650 |
| EX Sedan 4D | CM567 | 23800 | 6975 | 7425 | 8825 | 11250 |
| EX Coupe 2D | CM726 | | 6850 | 7300 | 8600 | 10900 |
| Manual, 5-Spd | | | (425) | (425) | (565) | (565) |
| V6, VTEC, 3.0 Liter | | | 450 | 450 | 600 | 600 |

**ACCORD—V6 Hybrid**—Equipment Schedule 3
W.B. 107.9"; 3.0 Liter.

| Sedan 4D | CN364 | 31540 | 10150 | 10700 | 12550 | 15850 |
|---|---|---|---|---|---|---|

**S2000—4-Cyl.**—Equipment Schedule 2
W.B. 94.5"; 2.2 Liter.

| Convertible 2D | AP214 | 34600 | 9500 | 10050 | 11500 | 14100 |
|---|---|---|---|---|---|---|
| Hard Top | | | 650 | 650 | 865 | 865 |

## 2007 HONDA — (1HG,SHHorJHM)(GD384)-7-#

**FIT—4-Cyl. VTEC**—Equipment Schedule 6
W.B. 96.5"; 1.5 Liter.

| Hatchback 4D | GD384 | 14445 | 5350 | 5750 | 6600 | 8425 |
|---|---|---|---|---|---|---|
| Sport Hatchback 4D | GD386 | 15765 | 5650 | 6050 | 7150 | 9100 |
| Manual, 5-Spd | | | (300) | (300) | (400) | (400) |

**CIVIC—4-Cyl. VTEC**—Equipment Schedule 6
W.B. 104.3", 106.3" (Sed); 1.8 Liter, 2.0 Liter.

| DX Sedan 4D | FA162 | 15605 | 5100 | 5475 | 6225 | 7875 |
|---|---|---|---|---|---|---|
| LX Sedan 4D | FA165 | 17555 | 6075 | 6500 | 7525 | 9450 |
| LX Coupe 2D | FG126 | 17355 | 6025 | 6450 | 7475 | 9375 |
| EX Sedan 4D | FA168 | 19305 | 6550 | 6975 | 8050 | 10100 |
| EX Coupe 2D | FG128 | 19305 | 6550 | 6975 | 8050 | 10100 |
| Manual, 5-Spd | | | (300) | (300) | (400) | (400) |

**CIVIC—4-Cyl. VTEC**—Equipment Schedule 6
W.B. 104.3"; 1.8 Liter.

| DX Coupe 2D | FG112 | 15405 | 4550 | 4925 | 5600 | 7100 |
|---|---|---|---|---|---|---|
| Automatic | 2,6 | | 300 | 300 | 400 | 400 |

**CIVIC—4-Cyl. VTEC**—Equipment Schedule 6
W.B. 104.3", 106.3" (Sed); 1.8 Liter, 2.0 Liter.

| Si Sedan 4D | FA555 | 21885 | 8350 | 8850 | 9950 | 12200 |
|---|---|---|---|---|---|---|
| Si Coupe 2D | FG215 | 21685 | 8250 | 8750 | 9825 | 12100 |

**CIVIC—4-Cyl. Hybrid**—Equipment Schedule 6
W.B. 106.3"; 1.3 Liter.

| Sedan 4D | FA362 | 23195 | 5525 | 5925 | 6850 | 8575 |
|---|---|---|---|---|---|---|

**CIVIC—4-Cyl. NGV**—Equipment Schedule 6
W.B. 106.3"; 1.8 Liter.

| GX Sedan 4D | FA465 | 25185 | 7425 | 7900 | 9075 | 11300 |
|---|---|---|---|---|---|---|

**ACCORD—4-Cyl. VTEC**—Equipment Schedule 3
W.B. 105.1", 107.9" (Sed); 2.4 Liter.

| VP Sedan 4D | CM561 | 20020 | 5550 | 5950 | 6925 | 8750 |
|---|---|---|---|---|---|---|
| LX Sedan 4D | CM564 | 21520 | 6400 | 6825 | 7900 | 9925 |
| LX Coupe 2D | CM723 | 21870 | 6875 | 7325 | 8350 | 10400 |

# 2007 HONDA

| Body Type | VIN | List | Trade-In Good | Trade-In Very Good | Pvt-Party Good | Retail Excellent |
|---|---|---|---|---|---|---|
| SE Sedan 4D | CM563 | 22220 | 7000 | 7450 | 8575 | 10750 |
| EX Sedan 4D | CM567 | 23945 | 8600 | 9100 | 10450 | 13100 |
| EX Coupe 2D | CM826 | | 7825 | 8300 | 9400 | 11700 |
| EX-L Sedan 4D | CM665 | 25685 | 9575 | 10100 | 11600 | 14450 |
| EX-L Coupe 2D | CM726 | 25785 | 8375 | 8875 | 10100 | 12550 |
| Manual, 5-Spd | | | (450) | (450) | (600) | (600) |
| V6, VTEC, 3.0 Liter | | | 500 | 500 | 665 | 665 |

**ACCORD—V6 Hybrid**—Equipment Schedule 3
W.B. 107.9"; 3.0 Liter.

| Sedan 4D | CN364 | 33585 | 11050 | 11600 | 13250 | 16500 |
|---|---|---|---|---|---|---|

**S2000—4-Cyl. VTEC**—Equipment Schedule 2
W.B. 94.5"; 2.2 Liter.

| Convertible 2D | AP214 | 34845 | 11950 | 12550 | 13900 | 16850 |
|---|---|---|---|---|---|---|
| Hard Top | | | 650 | 650 | 865 | 865 |

## 2008 HONDA — (1HG,SHHorJHM)(GD384)-8-#

**FIT—4-Cyl. VTEC**—Equipment Schedule 6
W.B. 98.4"; 1.5 Liter.

| Hatchback 4D | GD384 | 15385 | 6200 | 6625 | 7675 | 9650 |
|---|---|---|---|---|---|---|
| Sport Hatchback 4D | GD386 | 16705 | 6825 | 7275 | 8375 | 10500 |
| Manual, 5-Spd w/Overdrive | | | (375) | (375) | (500) | (500) |

**CIVIC—4-Cyl. VTEC**—Equipment Schedule 6
W.B. 104.3", 106.3" (Sed); 1.8 Liter, 2.0 Liter.

| DX Sedan 4D | FA162 | 15645 | 5550 | 5950 | 6800 | 8475 |
|---|---|---|---|---|---|---|
| LX Sedan 4D | FA165 | 17595 | 6925 | 7375 | 8350 | 10350 |
| LX Coupe 2D | FG126 | 17395 | 6725 | 7175 | 8125 | 10050 |
| EX Sedan 4D | FA168 | 19345 | 7925 | 8400 | 9525 | 11750 |
| EX Coupe 2D | FG128 | 19345 | 8175 | 8675 | 9800 | 12100 |
| EX-L Sedan 4D | FA169 | 20545 | 8375 | 8875 | 10050 | 12400 |
| EX-L Coupe 2D | FG129 | 20545 | 8575 | 9075 | 10250 | 12650 |
| Manual, 5-Spd w/Overdrive | | | (375) | (375) | (500) | (500) |

**CIVIC—4-Cyl. VTEC**—Equipment Schedule 6
W.B. 104.3"; 1.8 Liter.

| DX Coupe 2D | FG112 | 15445 | 5175 | 5550 | 6200 | 7750 |
|---|---|---|---|---|---|---|
| Automatic, 5-Spd | | 2.6 | 350 | 350 | 465 | 465 |

**CIVIC—4-Cyl. VTEC**—Equipment Schedule 6
W.B. 104.3", 106.3" (Sed); 2.0 Liter.

| Si Sedan 4D | FA555 | 21925 | 9750 | 10300 | 11250 | 13550 |
|---|---|---|---|---|---|---|
| Si Coupe 2D | FG215 | 21725 | 9500 | 10100 | 11050 | 13300 |
| Si Mugen Sedan 4D | FA555 | 30135 | 13800 | 14450 | 15800 | 18950 |

**CIVIC—4-Cyl. Hybrid**—Equipment Schedule 6
W.B. 106.3"; 1.3 Liter.

| Sedan 4D | FA362 | 23235 | 6750 | 7200 | 8200 | 10150 |
|---|---|---|---|---|---|---|

**CIVIC—4-Cyl. NGV**—Equipment Schedule 6
W.B. 106.3" (Sed); 1.8 Liter.

| GX Sedan 4D | FA465 | 25225 | 8775 | 9275 | 10450 | 12900 |
|---|---|---|---|---|---|---|

**ACCORD—4-Cyl. VTEC**—Equipment Schedule 3
W.B. 107.9", 110.2" (Sed); 2.4 Liter.

| LX Sedan 4D | CP253 | 21795 | 8000 | 8500 | 9475 | 11600 |
|---|---|---|---|---|---|---|
| LX-P Sedan 4D | CP254 | 22795 | 8450 | 8950 | 9975 | 12200 |
| LX-S Coupe 2D | CS113 | 23295 | 7775 | 8250 | 9325 | 11500 |
| EX Sedan 4D | CP257 | 24495 | 9800 | 10350 | 11550 | 14150 |
| EX Coupe 2D | CS117 | 24594 | 9025 | 9550 | 10700 | 13150 |
| EX-L Sedan 4D | CP258 | 26495 | 10450 | 11000 | 12250 | 15000 |
| EX-L Coupe 2D | CS118 | 26595 | 9925 | 10450 | 11750 | 14400 |
| Manual, 5-Spd w/Overdrive | | | (500) | (500) | (665) | (665) |
| V6, VTEC, 3.5 Liter | | | 575 | 575 | 765 | 765 |

**S2000—4-Cyl. VTEC**—Equipment Schedule 2
W.B. 94.5"; 2.2 Liter.

| Convertible 2D | AP214 | 34935 | 13250 | 13900 | 15150 | 18100 |
|---|---|---|---|---|---|---|
| CR Convertible 2D | AP212 | 37935 | 15050 | 15750 | 17100 | 20300 |
| Hard Top | | | 675 | 675 | 900 | 900 |

## 2009 HONDA — (1HG,SHHorJHM)(GE882)-9-#

**FIT—4-Cyl. VTEC**—Equipment Schedule 6
W.B. 98.4"; 1.5 Liter.

| Hatchback 4D | GE882 | 16020 | 7450 | 7925 | 8775 | 10600 |
|---|---|---|---|---|---|---|
| Sport Hatchback 4D | GE884 | 17580 | 8150 | 8650 | 9525 | 11500 |
| Manual, 5-Spd w/Overdrive | | | (400) | (400) | (535) | (535) |

**CIVIC—4-Cyl. VTEC**—Equipment Schedule 6
W.B. 104.3", 106.3" (Sed); 1.8 Liter, 2.0 Liter.

| DX Sedan 4D | FA162 | 16175 | 6500 | 6925 | 7725 | 9475 |
|---|---|---|---|---|---|---|

**DEDUCT FOR RECONDITIONING**

## 2009 HONDA

| Body Type | VIN | List | Trade-In Good | Very Good | Pvt-Party Good | Retail Excellent |
|---|---|---|---|---|---|---|
| VP Sedan 4D | FA163 | 16925 | 7250 | 7725 | 8625 | 10550 |
| LX Sedan 4D | FA165 | 18125 | 8000 | 8500 | 9450 | 11550 |
| LX Coupe 2D | FG126 | 17925 | 7850 | 8325 | 9275 | 11350 |
| LX-S Sedan 4D | FA166 | 18765 | 8150 | 8650 | 9625 | 11700 |
| EX Sedan 4D | FA168 | 19975 | 8850 | 9375 | 10400 | 12650 |
| EX Coupe 2D | FG128 | 19975 | 8850 | 9375 | 10400 | 12650 |
| EX-L Sedan 4D | FA169 | 21525 | 9100 | 9625 | 10700 | 13000 |
| EX-L Coupe 2D | FG129 | 21525 | 9350 | 9875 | 11000 | 13350 |
| Manual, 5-Spd w/Overdrive | | | (400) | (400) | (535) | (535) |

**CIVIC—4-Cyl. VTEC—Equipment Schedule 6**
W.B. 104.3"; 1.8 Liter.

| Body Type | VIN | List | Good | Very Good | Good | Excellent |
|---|---|---|---|---|---|---|
| DX Coupe 2D | FG112 | 15875 | 5925 | 6350 | 7125 | 8750 |
| Automatic, 5-Spd | 2,6 | | 400 | 400 | 535 | 535 |

**CIVIC—4-Cyl. VTEC—Equipment Schedule 6**
W.B. 104.3", 106.3" (Sed); 2.0 Liter.

| Body Type | VIN | List | Good | Very Good | Good | Excellent |
|---|---|---|---|---|---|---|
| Si Sedan 4D | FA555 | 22775 | 11550 | 12100 | 13100 | 15600 |
| Si Coupe 2D | FG215 | 22575 | 11350 | 11900 | 12900 | 15350 |

**CIVIC—4-Cyl. Hybrid—Equipment Schedule 6**
W.B. 106.3"; 1.3 Liter.

| Body Type | VIN | List | Good | Very Good | Good | Excellent |
|---|---|---|---|---|---|---|
| Sedan 4D | FA362 | 24320 | 8250 | 8750 | 9700 | 11800 |

**CIVIC—4-Cyl. NGV—Equipment Schedule 6**
W.B. 106.3"; 1.8 Liter.

| Body Type | VIN | List | Good | Very Good | Good | Excellent |
|---|---|---|---|---|---|---|
| GX Sedan 4D | FA465 | 25860 | 10050 | 10550 | 11650 | 14150 |

**ACCORD—4-Cyl. VTEC—Equipment Schedule 3**
W.B. 107.9", 110.2" (Sed); 2.4 Liter.

| Body Type | VIN | List | Good | Very Good | Good | Excellent |
|---|---|---|---|---|---|---|
| LX Sedan 4D | CP253 | 22225 | 8700 | 9200 | 10200 | 12350 |
| LX-P Sedan 4D | CP254 | 23415 | 9225 | 9750 | 10800 | 13100 |
| LX-S Coupe 2D | CS113 | 23725 | 8700 | 9200 | 10300 | 12650 |
| EX Sedan 4D | CP257 | 24925 | 10600 | 11150 | 12250 | 14850 |
| EX Coupe 2D | CS117 | 24925 | 10100 | 10650 | 11900 | 14550 |
| EX-L Sedan 4D | CP258 | 27115 | 11300 | 11850 | 13100 | 15800 |
| EX-L Coupe 2D | CS118 | 27215 | 10800 | 11350 | 12700 | 15500 |
| Manual, 5-Spd w/Overdrive | | | (525) | (525) | (700) | (700) |
| V6, VTEC, 3.5 Liter | | | 650 | 650 | 865 | 865 |

**S2000—4-Cyl.VTEC—Equipment Schedule 2**
W.B. 94.5"; 2.2 Liter.

| Body Type | VIN | List | Good | Very Good | Good | Excellent |
|---|---|---|---|---|---|---|
| Convertible 2D | AP214 | 35665 | 13700 | 14350 | 15350 | 18050 |
| CR Convertible 2D | AP212 | 38665 | 15250 | 15950 | 17000 | 19950 |
| Hard Top | | | 700 | 700 | 935 | 935 |

## 2010 HONDA — (1HG,SHHorJHM)(GE8H2)-A-#

**FIT—4-Cyl. VTEC—Equipment Schedule 6**
W.B. 98.4"; 1.5 Liter.

| Body Type | VIN | List | Good | Very Good | Good | Excellent |
|---|---|---|---|---|---|---|
| Hatchback 4D | GE8H2 | 16410 | 8400 | 8900 | 9675 | 11550 |
| Sport Hatchback 4D | GE8H4 | 17970 | 9250 | 9775 | 10650 | 12700 |
| Sport VSA Hatchback | GE8H6 | 19820 | 9800 | 10350 | 11200 | 13400 |
| Manual, 5-Spd w/Overdrive | | | (500) | (500) | (665) | (665) |

**INSIGHT—4-Cyl.VTEC Hybrid—Equipment Schedule 3**
W.B. 100.4"; 1.3 Liter.

| Body Type | VIN | List | Good | Very Good | Good | Excellent |
|---|---|---|---|---|---|---|
| LX Hatchback 4D | ZE2E15 | 20510 | 8475 | 8975 | 9925 | 12050 |
| EX Hatchback 4D | ZE2E17 | 22010 | 9550 | 10100 | 11150 | 13500 |

**CIVIC—4-Cyl. VTEC—Equipment Schedule 6**
W.B. 104.3", 106.3" (Sed); 1.8 Liter, 2.0 Liter.

| Body Type | VIN | List | Good | Very Good | Good | Excellent |
|---|---|---|---|---|---|---|
| DX Sedan 4D | FA1F2 | 16365 | 7100 | 7550 | 8325 | 10050 |
| VP Sedan 4D | FA1F3 | 17115 | 8200 | 8700 | 9525 | 11450 |
| LX Sedan 4D | FA1F5 | 18315 | 9000 | 9500 | 10450 | 12550 |
| LX Coupe 2D | FG1B6 | 18115 | 8800 | 9300 | 10200 | 12300 |
| LX-S Sedan 4D | FA1F6 | 18915 | 9200 | 9725 | 10650 | 12800 |
| EX Sedan 4D | FA1F8 | 20165 | 10100 | 10650 | 11600 | 13900 |
| EX Coupe 2D | FG1B8 | 20165 | 9950 | 10500 | 11450 | 13750 |
| EX-L Sedan 4D | FA1F9 | 21715 | 10400 | 10950 | 11950 | 14300 |
| EX-L Coupe 2D | FG1B9 | 21715 | 10300 | 10850 | 11800 | 14150 |
| Manual, 5-Spd w/Overdrive | | | (500) | (500) | (665) | (665) |

**CIVIC—4-Cyl. VTEC—Equipment Schedule 6**
W.B. 104.3", 106.3" (Sed); 1.8 Liter, 2.0 Liter.

| Body Type | VIN | List | Good | Very Good | Good | Excellent |
|---|---|---|---|---|---|---|
| DX Coupe 2D | FG1A2 | 16165 | 6625 | 7075 | 7775 | 9450 |
| Automatic, 5-Spd | 2,6 | | 450 | 450 | 600 | 600 |

**CIVIC—4-Cyl. VTEC—Equipment Schedule 6**
W.B. 104.3"; 1.8 Liter.

| Body Type | VIN | List | Good | Very Good | Good | Excellent |
|---|---|---|---|---|---|---|
| Si Sedan 4D | FA5E5 | 22965 | 12400 | 13000 | 13850 | 16300 |
| Si Coupe 2D | FG2A5 | 22765 | 12200 | 12800 | 13650 | 16050 |

**CIVIC—4-Cyl. Hybrid—Equipment Schedule 6**
W.B. 106.3"; 1.3 Liter.

EQUIPMENT & MILEAGE PAGE 9 TO 23

# 2010 HONDA

| Body Type | VIN | List | Trade-In Good | Very Good | Pvt-Party Good | Retail Excellent |
|---|---|---|---|---|---|---|
| Sedan 4D | FA3F2 | 24510 | 9950 | 10500 | 11450 | 13700 |
| **CIVIC—4-Cyl. NGV—Equipment Schedule 6** | | | | | | |
| W.B. 106.3"; 1.8 Liter. | | | | | | |
| GX Sedan 4D | FA4F5 | 26050 | 11850 | 12450 | 13550 | 16150 |
| **ACCORD—4-Cyl. VTEC—Equipment Schedule 3** | | | | | | |
| W.B. 107.9", 110.2" (Sed); 2.4 Liter. | | | | | | |
| LX Sedan 4D | CP2E3 | 22565 | 10100 | 10650 | 11550 | 13800 |
| LX-P Sedan 4D | CP2E4 | 23605 | 10600 | 11150 | 12100 | 14450 |
| LX-S Coupe 2D | CS1A3 | 24065 | 10350 | 10900 | 11700 | 13850 |
| EX Sedan 4D | CP2E7 | 25340 | 11550 | 12150 | 13200 | 15700 |
| EX Coupe 2D | CS1A7 | 25390 | 11550 | 12150 | 13050 | 15450 |
| EX-L Sedan 4D | CP2E8 | 27580 | 12450 | 13050 | 14150 | 16850 |
| EX-L Coupe 2D | CS1A8 | 27630 | 12350 | 12950 | 13950 | 16600 |
| Manual, 5-Spd w/Overdrive | | | (550) | (550) | (735) | (735) |
| V6, VTEC, 3.5 Liter | | | 725 | 725 | 965 | 965 |

## 2011 HONDA — (1,2,5orJ)(9,HorK)(B,G,MorX)ZF1C4–B–#

| Body Type | VIN | List | Trade-In Good | Very Good | Pvt-Party Good | Retail Excellent |
|---|---|---|---|---|---|---|
| **CR-Z—4-Cyl. VTEC Hybrid—Equipment Schedule 6** | | | | | | |
| W.B. 95.9"; 1.5 Liter. | | | | | | |
| Coupe 2D | ZF1C4 | 20115 | 9650 | 10200 | 10850 | 12800 |
| EX Coupe 2D | ZF1C6 | 21675 | 10250 | 10800 | 11500 | 13500 |
| **FIT—4-Cyl. VTEC—Equipment Schedule 6** | | | | | | |
| W.B. 98.4"; 1.5 Liter. | | | | | | |
| Hatchback 4D | GE8H3 | 16650 | 9900 | 10450 | 11100 | 13000 |
| Sport Hatchback 4D | GE8H5 | 18460 | 10650 | 11200 | 11850 | 13900 |
| Manual, 5-Spd w/Overdrive | | | (500) | (500) | (665) | (665) |
| **INSIGHT—4-Cyl. VTEC Hybrid—Equipment Schedule 3** | | | | | | |
| W.B. 100.4"; 1.3 Liter. | | | | | | |
| Hatchback 4D | ZE2H3 | 18950 | 8950 | 9450 | 10300 | 12350 |
| LX Hatchback 4D | ZE2H5 | 20650 | 9600 | 10150 | 11000 | 13150 |
| EX Hatchback 4D | ZE2H7 | 22240 | 10700 | 11250 | 12250 | 14600 |
| **CIVIC—4-Cyl. VTEC—Equipment Schedule 6** | | | | | | |
| W.B. 104.3", 106.3"; 1.8 Liter, 2.0 Liter. | | | | | | |
| DX Sedan 4D | FA1F2 | 16555 | 7900 | 8375 | 9100 | 10900 |
| VP Sedan 4D | FA1F3 | 17305 | 9250 | 9775 | 10600 | 12600 |
| LX Sedan 4D | FA1F5 | 18505 | 9900 | 10450 | 11300 | 13450 |
| LX Coupe 2D | FG1B6 | 18305 | 9650 | 10200 | 11000 | 13100 |
| LX-S Sedan 4D | FA1F6 | 19105 | 10350 | 10900 | 11750 | 14000 |
| EX Sedan 4D | FA1F8 | 20355 | 11200 | 11750 | 12700 | 15100 |
| EX Coupe 2D | FG1B8 | 20355 | 11000 | 11550 | 12500 | 14850 |
| EX-L Sedan 4D | FA1F9 | 22705 | 11450 | 12050 | 13000 | 15450 |
| EX-L Coupe 2D | FG1B9 | 22705 | 11350 | 11950 | 12900 | 15350 |
| Manual, 5-Spd w/Overdrive | | | (500) | (500) | (665) | (665) |
| **CIVIC—4-Cyl. VTEC—Equipment Schedule 6** | | | | | | |
| W.B. 104.3"; 1.8 Liter. | | | | | | |
| DX Coupe 2D | FG1A2 | 16355 | 7200 | 7675 | 8350 | 10000 |
| Automatic, 5-Spd | B | | 475 | 475 | 635 | 635 |
| **CIVIC—4-Cyl. VTEC—Equipment Schedule 6** | | | | | | |
| W.B. 104.3", 106.3" (Sed); 1.8 Liter, 2.0 Liter. | | | | | | |
| EX-L Sedan 4D | FA1F9 | 22705 | 11450 | 12050 | 13000 | 15450 |
| EX-L Coupe 2D | FG1B9 | 22705 | 11350 | 11950 | 12900 | 15350 |
| Si Sedan 4D | FA5E5 | 23155 | 13550 | 14200 | 15000 | 17500 |
| Si Coupe 2D | FG2A5 | 22955 | 13350 | 14000 | 14800 | 17250 |
| **CIVIC—4-Cyl. Hybrid—Equipment Schedule 6** | | | | | | |
| W.B. 106.3"; 1.3 Liter. | | | | | | |
| Sedan 4D | FA3F2 | 24700 | 11550 | 12150 | 12900 | 15150 |
| **CIVIC—4-Cyl. NGV—Equipment Schedule 6** | | | | | | |
| W.B. 106.3"; 1.8 Liter. | | | | | | |
| GX Sedan 4D | FA4F5 | 26240 | 13400 | 14050 | 14950 | 17450 |
| **ACCORD—4-Cyl. VTEC—Equipment Schedule 3** | | | | | | |
| W.B. 107.9", 110.2" (Sed); 2.4 Liter. | | | | | | |
| LX Sedan 4D | CP2F3 | 22730 | 11200 | 11750 | 12550 | 14800 |
| LX-P Sedan 4D | CP2F4 | 23730 | 11700 | 12300 | 13200 | 15550 |
| LX-S Coupe 2D | CS1B3 | 24330 | 11300 | 11900 | 12600 | 14700 |
| SE Sedan 4D | CP2F6 | 24480 | 12300 | 12900 | 13750 | 16150 |
| EX Sedan 4D | CP2F7 | 25655 | 12950 | 13550 | 14600 | 17200 |
| EX Coupe 2D | CS1B7 | 26005 | 12700 | 13300 | 14200 | 16650 |
| EX-L Sedan 4D | CP2F8 | 28105 | 13700 | 14350 | 15400 | 18150 |
| EX-L Coupe 2D | CS1B8 | 27855 | 13800 | 14450 | 15350 | 17950 |
| Manual, 5-Spd w/Overdrive | | | (575) | (575) | (765) | (765) |
| V6, VTEC, 3.5 Liter | | | 800 | 800 | 1065 | 1065 |

**DEDUCT FOR RECONDITIONING**

# 2012 HONDA

| Body Type | VIN | List | Trade-In Good | Trade-In Very Good | Pvt-Party Good | Retail Excellent |
|---|---|---|---|---|---|---|
| **2012 HONDA** — (1,2,5orJ)(9,HorK)(B,G,MorX)ZF1C4-C-# | | | | | | |
| **CR-Z—4-Cyl. i-VTEC Hybrid**—Equipment Schedule 6 | | | | | | |
| W.B. 95.9"; 1.5 Liter. | | | | | | |
| Coupe 2D | ZF1C4 | 20315 | 11550 | 12150 | 12700 | 14700 |
| EX Coupe 2D | ZF1C6 | 21875 | 12300 | 12900 | 13500 | 15600 |
| **FIT—4-Cyl. VTEC**—Equipment Schedule 6 | | | | | | |
| W.B. 98.4"; 1.5 Liter. | | | | | | |
| Hatchback 4D | GE8H3 | 16745 | 10350 | 10900 | 11550 | 13550 |
| Sport Hatchback 4D | GE8H5 | 18530 | 11300 | 11900 | 12650 | 14800 |
| Manual, 5-Spd | G | | (500) | (500) | (665) | (665) |
| **INSIGHT—4-Cyl. VTEC Hybrid**—Equipment Schedule 3 | | | | | | |
| W.B. 100.4"; 1.3 Liter. | | | | | | |
| Hatchback 4D | ZE2H3 | 19120 | 9700 | 10250 | 10950 | 12900 |
| LX Hatchback 4D | ZE2H5 | 20895 | 10450 | 11000 | 11750 | 13850 |
| EX Hatchback 4D | ZE2H7 | 22585 | 11650 | 12250 | 13050 | 15350 |
| **CIVIC—4-Cyl. VTEC**—Equipment Schedule 6 | | | | | | |
| W.B. 105.1"; 1.8 Liter. | | | | | | |
| LX Sedan 4D | FB2F5 | 18605 | 11200 | 11750 | 12600 | 14850 |
| Manual, 5-Spd w/Overdrive | E | | (550) | (550) | (735) | (735) |
| **CIVIC—4-Cyl. VTEC**—Equipment Schedule 6 | | | | | | |
| W.B. 103.2", 105.1" (Sed); 1.8 Liter. | | | | | | |
| DX Sedan 4D | FB2E2 | 16555 | 9350 | 9875 | 10600 | 12550 |
| DX Coupe 2D | FG3A2 | 16355 | 9150 | 9675 | 10400 | 12300 |
| LX Coupe 2D | FG3A5 | 18405 | 10500 | 11050 | 11800 | 13950 |
| EX Coupe 2D | FG3B8 | 21255 | 12050 | 12650 | 13500 | 15950 |
| Automatic, 5-Spd | | | 500 | 500 | 665 | 665 |
| **CIVIC—4-Cyl. VTEC**—Equipment Schedule 6 | | | | | | |
| W.B. 103.2", 105.1" (Sed); 1.8 Liter, 2.4 Liter. | | | | | | |
| HF Sedan 4D | FB2F6 | 20205 | 11750 | 12350 | 13200 | 15550 |
| EX Sedan 4D | FB2F9 | 21255 | 12150 | 12750 | 13650 | 16050 |
| EX-L Sedan 4D | FB2F9 | 23350 | 13350 | 14400 | 15000 | 17650 |
| EX-L Coupe 2D | FG3B9 | 22705 | 13200 | 13850 | 14850 | 17450 |
| Si Coupe 2D | FG4A5 | 22955 | 14250 | 14900 | 15550 | 17900 |
| Si Sedan 4D | FB6E5 | 23155 | 14450 | 15100 | 15750 | 18150 |
| **CIVIC—4-Cyl. Hybrid**—Equipment Schedule 6 | | | | | | |
| W.B. 105.1"; 1.3 Liter. | | | | | | |
| Sedan 4D | FB4F2 | 24800 | 13600 | 14250 | 14900 | 17150 |
| **CIVIC—4-Cyl. NGV**—Equipment Schedule 6 | | | | | | |
| W.B. 106.3"; 1.8 Liter. | | | | | | |
| Sedan 4D | FB5F5 | 26925 | 15150 | 15850 | 16650 | 19350 |
| **ACCORD—4-Cyl. VTEC**—Equipment Schedule 3 | | | | | | |
| W.B. 107.9", 110.2" (Sed); 2.4 Liter. | | | | | | |
| LX Sedan 4D | CP2F3 | 23050 | 12750 | 13400 | 14150 | 16550 |
| LX-P Sedan 4D | CP2F4 | 24050 | 13200 | 13850 | 14750 | 17200 |
| LX-S Coupe 2D | CS1B3 | 24650 | 13300 | 13950 | 14750 | 17150 |
| SE Sedan 4D | CP2F6 | 24800 | 13750 | 14400 | 15300 | 17900 |
| EX Sedan 4D | CP2F5 | 25975 | 14650 | 15300 | 16250 | 18950 |
| EX Coupe 2D | CP2F7 | 26325 | 14550 | 15200 | 16050 | 18650 |
| EX-L Sedan 4D | CP2F8 | 28425 | 15250 | 15950 | 16850 | 19700 |
| EX-L Coupe 2D | CS1B8 | 28175 | 16150 | 16900 | 17750 | 20600 |
| Manual, 5-Spd | | | (600) | (600) | (800) | (800) |
| V6, VTEC, 3.5 Liter | 2 | | 875 | 875 | 1165 | 1165 |
| **2013 HONDA** — (1,2,5orJ)(9,HorK)(B,G,MorX)ZF1C4-D-# | | | | | | |
| **CR-Z—4-Cyl. i-VTEC Hybrid**—Equipment Schedule 6 | | | | | | |
| W.B. 95.9"; 1.5 Liter. | | | | | | |
| Coupe 2D | ZF1C4 | 20765 | 12650 | 13250 | 14150 | 16600 |
| EX Coupe 2D | ZF1C6 | 22445 | 13650 | 14300 | 15200 | 17800 |
| **FIT—4-Cyl. VTEC**—Equipment Schedule 6 | | | | | | |
| W.B. 98.4"; 1.5 Liter. | | | | | | |
| Hatchback 4D | GE8G3 | 16115 | 10900 | 11450 | 12150 | 14200 |
| Sport Hatchback 4D | GE8G5 | 17850 | 12100 | 12700 | 13450 | 15700 |
| Automatic, 5-Spd | G | | 525 | 525 | 700 | 700 |
| **FIT—AC Electric**—Equipment Schedule 6 | | | | | | |
| W.B. 98.4". | | | | | | |
| EV Hatchback 4D | ZA2H4 | 37415 | | | | |
| **INSIGHT—4-Cyl. Hybrid**—Equipment Schedule 3 | | | | | | |
| W.B. 100.4"; 1.3 Liter. | | | | | | |
| Hatchback 4D | ZE2H3 | 19290 | 13000 | 13600 | 14550 | 17050 |
| LX Hatchback 4D | ZE2H5 | 21065 | 13900 | 14550 | 15500 | 18150 |
| EX Hatchback 4D | ZE2H7 | 22755 | 15400 | 16100 | 17050 | 19950 |

# 2013 HONDA

| Body Type | VIN | List | Trade-In Good | Very Good | Pvt-Party Good | Retail Excellent |
|---|---|---|---|---|---|---|
| **CIVIC—4-Cyl.—Equipment Schedule 6** | | | | | | |
| W.B. 105.1"; 1.8 Liter. | | | | | | |
| LX Sedan 4D | FB2F5 | 19755 | 12600 | 13250 | 14000 | 16200 |
| LX Coupe 2D | FG3B5 | 19555 | 12600 | 13200 | 13850 | 16050 |
| EX Coupe 2D | FG3B8 | 21605 | 14250 | 14950 | 15700 | 18150 |
| Manual, 5-Spd | E | | (550) | (550) | (735) | (735) |
| **CIVIC—4-Cyl.—Equipment Schedule 6** | | | | | | |
| W.B. 103.2", 105.1" (Sed); 1.8 Liter. | | | | | | |
| HF Sedan 4D | FB2F6 | 20555 | 13350 | 14000 | 14750 | 17100 |
| EX Sedan 4D | FB2F8 | 21605 | 14350 | 15050 | 15800 | 18300 |
| EX-L Sedan 4D | FB2F9 | 23055 | 15350 | 16050 | 16850 | 19450 |
| EX-L Coupe 2D | FG3B9 | 23055 | 15150 | 15850 | 16600 | 19250 |
| Si Sedan 4D | FB6E5 | 23505 | 15900 | 16650 | 17200 | 19700 |
| Si Coupe 2D | FB6E5 | 23305 | 15500 | 16200 | 16800 | 19250 |
| **CIVIC—4-Cyl. Hybrid—Equipment Schedule 6** | | | | | | |
| W.B. 105.1"; 1.3 Liter. | | | | | | |
| Sedan 4D | FB4F2 | 25150 | 16650 | 17400 | 17600 | 19800 |
| **CIVIC—4-Cyl. NGV—Equipment Schedule 6** | | | | | | |
| W.B. 106.3"; 1.8 Liter. | | | | | | |
| Sedan 4D | FB5F5 | 27255 | 18100 | 18900 | 19150 | 21600 |
| **ACCORD—4-Cyl.—Equipment Schedule 3** | | | | | | |
| W.B. 107.3", 109.3" (Sed); 2.4 Liter. | | | | | | |
| LX Sedan 4D | CR2F3 | 23270 | 15150 | 15850 | 16900 | 19900 |
| Sport Sedan 4D | CR2F5 | 24980 | 16400 | 17150 | 18250 | 21500 |
| LX-S Coupe 2D | CT1B3 | 24990 | 15100 | 15800 | 16650 | 19400 |
| EX Sedan 4D | CR2F7 | 26195 | 17750 | 18500 | 19700 | 23100 |
| EX Coupe 2D | CT1B7 | 26665 | 16600 | 17350 | 18250 | 21200 |
| EX-L Sedan 4D | CR2F8 | 28785 | 19400 | 20200 | 21500 | 25200 |
| EX-L Coupe 2D | CT2B8 | 28860 | 18600 | 19400 | 20300 | 23600 |
| Touring Sedan 4D | CR3F9 | 34220 | 24500 | 25500 | 26900 | 31500 |
| Manual, 6-Spd | | | (625) | (625) | (835) | (835) |
| V6, i-VTEC, 3.5 Liter | | | 950 | 950 | 1265 | 1265 |

# HYUNDAI

## 1999 HYUNDAI — KMH(VD14N)-X-#

| Body Type | VIN | List | Trade-In Good | Very Good | Pvt-Party Good | Retail Excellent |
|---|---|---|---|---|---|---|
| **ACCENT—4-Cyl.—Equipment Schedule 6** | | | | | | |
| W.B. 94.5"; 1.5 Liter. | | | | | | |
| L Hatchback 2D | VD14N | 9434 | 475 | 525 | 1075 | 1775 |
| GS Hatchback 2D | VD34N | 12129 | 525 | 600 | 1150 | 1875 |
| GL Sedan 4D | VF24N | 12129 | 550 | 625 | 1175 | 1925 |
| Sport Pkg | | | 100 | 100 | 135 | 135 |
| **ELANTRA—4-Cyl.—Equipment Schedule 5** | | | | | | |
| W.B. 100.4"; 2.0 Liter. | | | | | | |
| GL Sedan 4D | JF24F | 12734 | 425 | 475 | 1025 | 1700 |
| GL Wagon 4D | JW24F | 13634 | 600 | 675 | 1300 | 2125 |
| GLS Sedan 4D | JF34F | 13934 | 550 | 625 | 1225 | 2000 |
| GLS Wagon 4D | JW34F | 14434 | 700 | 775 | 1450 | 2375 |
| **TIBURON—4-Cyl.—Equipment Schedule 5** | | | | | | |
| W.B. 97.4"; 2.0 Liter. | | | | | | |
| Coupe 2D | JG24F | 16229 | 575 | 650 | 1275 | 2125 |
| FX Coupe 2D | JG34F | 17729 | 775 | 875 | 1600 | 2650 |
| **SONATA—4-Cyl.—Equipment Schedule 5** | | | | | | |
| W.B. 106.3"; 2.4 Liter. | | | | | | |
| Sedan 4D | WF24S | 16234 | 500 | 575 | 1175 | 1950 |
| V6, 2.5 Liter | V | | 100 | 100 | 135 | 135 |
| **SONATA—V6—Equipment Schedule 5** | | | | | | |
| W.B. 106.3"; 2.5 Liter. | | | | | | |
| GLS Sedan 4D | WF34V | 18234 | 600 | 675 | 1325 | 2200 |

## 2000 HYUNDAI — KMH(CF35G)-Y-#

| Body Type | VIN | List | Trade-In Good | Very Good | Pvt-Party Good | Retail Excellent |
|---|---|---|---|---|---|---|
| **ACCENT—4-Cyl.—Equipment Schedule 6** | | | | | | |
| W.B. 96.1"; 1.5 Liter. | | | | | | |
| L Hatchback 2D | CF35G | 9434 | 475 | 525 | 1075 | 1775 |
| GS Hatchback 2D | CG35G | 10784 | 525 | 600 | 1150 | 1875 |
| GL Sedan 4D | CG45G | 10884 | 575 | 650 | 1225 | 2000 |
| **ELANTRA—4-Cyl.—Equipment Schedule 5** | | | | | | |
| W.B. 100.4"; 2.0 Liter. | | | | | | |
| GLS Sedan 4D | JF34F | 12984 | 575 | 650 | 1350 | 2275 |
| GLS Wagon 4D | JW34F | 13684 | 725 | 800 | 1600 | 2700 |

**126 DEDUCT FOR RECONDITIONING**

# 2000 HYUNDAI

| Body Type | VIN | List | Trade-In Good | Very Good | Pvt-Party Good | Retail Excellent |
|---|---|---|---|---|---|---|
| **TIBURON—4-Cyl.—Equipment Schedule 5** | | | | | | |
| W.B. 97.4"; 2.0 Liter. | | | | | | |
| Coupe 2D | JG24F | 15184 | 700 | 775 | 1425 | 2300 |
| **SONATA—4-Cyl.—Equipment Schedule 5** | | | | | | |
| W.B. 106.3"; 2.4 Liter. | | | | | | |
| Sedan 4D | WF14S | 15934 | 600 | 675 | 1325 | 2175 |
| **SONATA—V6—Equipment Schedule 5** | | | | | | |
| W.B. 106.3"; 2.5 Liter. | | | | | | |
| GLS Sedan 4D | WF34V | 17934 | 750 | 825 | 1575 | 2650 |

## 2001 HYUNDAI — KMH(CF35G)-1-#

| Body Type | VIN | List | Good | Very Good | Good | Excellent |
|---|---|---|---|---|---|---|
| **ACCENT—4-Cyl.—Equipment Schedule 6** | | | | | | |
| W.B. 96.1"; 1.5 Liter, 1.6 Liter. | | | | | | |
| L Hatchback 2D | CF35G | 10184 | 500 | 575 | 1100 | 1775 |
| GS Hatchback 2D | CH35C | 10584 | 550 | 625 | 1175 | 1900 |
| GL Sedan 4D | CG45C | 11084 | 600 | 675 | 1250 | 2000 |
| **ELANTRA—4-Cyl.—Equipment Schedule 5** | | | | | | |
| W.B. 102.7"; 2.0 Liter. | | | | | | |
| GLS Sedan 4D | JF35D | 13734 | 675 | 750 | 1475 | 2450 |
| GT Hatchback 4D | JF35D | 15234 | 1000 | 1100 | 2000 | 3300 |
| **TIBURON—4-Cyl.—Equipment Schedule 5** | | | | | | |
| W.B. 97.4"; 2.0 Liter. | | | | | | |
| Coupe 2D | JG25D | 15734 | 850 | 950 | 1625 | 2650 |
| **SONATA—4-Cyl.—Equipment Schedule 5** | | | | | | |
| W.B. 106.3"; 2.4 Liter. | | | | | | |
| Sedan 4D | WF15S | 15934 | 725 | 800 | 1500 | 2475 |
| **SONATA—V6—Equipment Schedule 5** | | | | | | |
| W.B. 106.3"; 2.5 Liter. | | | | | | |
| GLS Sedan 4D | WF35V | 17934 | 925 | 1025 | 1825 | 3025 |
| **XG300—V6—Equipment Schedule 3** | | | | | | |
| W.B. 108.3"; 3.0 Liter. | | | | | | |
| Sedan 4D | FU45D | 23934 | 750 | 825 | 1375 | 2175 |
| L Sedan 4D | FU45D | 25434 | 950 | 1050 | 1650 | 2600 |

## 2002 HYUNDAI — KMH(CF35G)-2-#

| Body Type | VIN | List | Good | Very Good | Good | Excellent |
|---|---|---|---|---|---|---|
| **ACCENT—4-Cyl.—Equipment Schedule 6** | | | | | | |
| W.B. 96.1"; 1.5 Liter, 1.6 Liter. | | | | | | |
| L Hatchback 2D | CF35G | 10244 | 600 | 675 | 1275 | 2075 |
| GS Hatchback 2D | CH35C | 10744 | 600 | 675 | 1275 | 2075 |
| GL Sedan 4D | CG45C | 11144 | 700 | 775 | 1425 | 2325 |
| **ELANTRA—4-Cyl.—Equipment Schedule 5** | | | | | | |
| W.B. 102.7"; 2.0 Liter. | | | | | | |
| GLS Sedan 4D | DN45D | 13794 | 1100 | 1225 | 1925 | 3100 |
| GT Hatchback 4D | DN55D | 15294 | 1350 | 1500 | 2300 | 3650 |
| **SONATA—4-Cyl.—Equipment Schedule 5** | | | | | | |
| W.B. 106.3"; 2.4 Liter. | | | | | | |
| Sedan 4D | WF15S | 16494 | 750 | 825 | 1475 | 2400 |
| V6, 2.7 Liter | H | | 200 | 200 | 265 | 265 |
| **SONATA—V6—Equipment Schedule 5** | | | | | | |
| W.B. 106.3"; 2.7 Liter. | | | | | | |
| GLS Sedan 4D | WF35H | 17994 | 1000 | 1100 | 1900 | 3100 |
| LX Sedan 4D | WF35H | 19319 | 1275 | 1400 | 2250 | 3650 |
| **XG350—V6—Equipment Schedule 3** | | | | | | |
| W.B. 108.3"; 3.5 Liter. | | | | | | |
| Sedan 4D | FU45E | 24494 | 1225 | 1350 | 2100 | 3250 |
| L Sedan 4D | FU45E | 26094 | 1450 | 1600 | 2400 | 3725 |

## 2003 HYUNDAI — KMH(CF35C)-3-#

| Body Type | VIN | List | Good | Very Good | Good | Excellent |
|---|---|---|---|---|---|---|
| **ACCENT—4-Cyl.—Equipment Schedule 6** | | | | | | |
| W.B. 96.1"; 1.6 Liter. | | | | | | |
| Hatchback 2D | CF35C | 10745 | 675 | 750 | 1300 | 2025 |
| GL Hatchback 2D | CG35C | 11144 | 875 | 975 | 1575 | 2450 |
| GL Sedan 4D | CG45C | 11544 | 850 | 950 | 1525 | 2400 |
| GT Hatchback 2D | CG45C | 11544 | 850 | 950 | 1525 | 2400 |
| **ELANTRA—4-Cyl.—Equipment Schedule 5** | | | | | | |
| W.B. 102.7"; 2.0 Liter. | | | | | | |
| GLS Sedan 4D | DN45D | 13794 | 1350 | 1500 | 2200 | 3375 |
| GT Sedan 4D | DN55D | 15444 | 1625 | 1800 | 2575 | 3925 |
| GT Hatchback 4D | DN55D | 15444 | 1625 | 1800 | 2575 | 3925 |
| **TIBURON—4-Cyl.—Equipment Schedule 3** | | | | | | |
| W.B. 99.6"; 2.0 Liter. | | | | | | |
| Coupe 2D | HM65D | 16494 | 1200 | 1325 | 2025 | 3125 |

**EQUIPMENT & MILEAGE PAGE 9 TO 23**

# 2003 HYUNDAI

| Body Type | VIN | List | Trade-In Good | Trade-In Very Good | Pvt-Party Good | Retail Excellent |
|---|---|---|---|---|---|---|
| Manual, 5-Spd. | | | (275) | (275) | (365) | (365) |
| **TIBURON—V6—Equipment Schedule 3** | | | | | | |
| W.B. 99.6"; 2.7 Liter. | | | | | | |
| GT Coupe 2D | HN65F | 19244 | 1550 | 1700 | 2500 | 3850 |
| Manual, 5-Spd. | | | (275) | (275) | (365) | (365) |
| **SONATA—4-Cyl.—Equipment Schedule 5** | | | | | | |
| W.B. 106.3"; 2.4 Liter. | | | | | | |
| Sedan 4D | WF15S | 16494 | 775 | 875 | 1550 | 2525 |
| V6, 2.7 Liter | H | | 250 | 250 | 335 | 335 |
| **SONATA—V6—Equipment Schedule 5** | | | | | | |
| W.B. 106.3"; 2.7 Liter. | | | | | | |
| GLS Sedan 4D | WF35H | 18094 | 1075 | 1200 | 2150 | 3600 |
| LX Sedan 4D | WF35H | 19319 | 1325 | 1450 | 2500 | 4050 |
| **XG350—V6—Equipment Schedule 3** | | | | | | |
| W.B. 108.3"; 3.5 Liter. | | | | | | |
| Sedan 4D | FU45E | 24494 | 1675 | 1850 | 2500 | 3725 |
| L Sedan 4D | FU45E | 26094 | 2000 | 2200 | 2950 | 4325 |

## 2004 HYUNDAI — KMH(CF35C)-4-#

| Body Type | VIN | List | Trade-In Good | Trade-In Very Good | Pvt-Party Good | Retail Excellent |
|---|---|---|---|---|---|---|
| **ACCENT—4-Cyl.—Equipment Schedule 6** | | | | | | |
| W.B. 96.1"; 1.6 Liter. | | | | | | |
| Hatchback 2D | CF35C | 11289 | 900 | 1000 | 1550 | 2400 |
| GL Hatchback 2D | CG35C | 11439 | 1000 | 1100 | 1675 | 2600 |
| GL Sedan 4D | CG45C | 11839 | 1125 | 1250 | 1850 | 2875 |
| GT Hatchback 2D | CG45C | 11939 | 1200 | 1325 | 1950 | 3025 |
| **ELANTRA—4-Cyl.—Equipment Schedule 5** | | | | | | |
| W.B. 102.7"; 2.0 Liter. | | | | | | |
| GLS Sedan 4D | DN45D | 14639 | 1575 | 1725 | 2425 | 3675 |
| GT Sedan 4D | DN55D | 16189 | 1800 | 1975 | 2750 | 4100 |
| GT Hatchback 4D | DN55D | 16189 | 1900 | 2075 | 2875 | 4300 |
| **TIBURON—4-Cyl.—Equipment Schedule 3** | | | | | | |
| W.B. 99.6"; 2.0 Liter. | | | | | | |
| Coupe 2D | HM65D | 18439 | 1700 | 1875 | 2550 | 3800 |
| Manual, 5-Spd. | | | (325) | (325) | (435) | (435) |
| **TIBURON—V6—Equipment Schedule 3** | | | | | | |
| W.B. 99.6"; 2.7 Liter. | | | | | | |
| GT Coupe 2D | HN65F | 19639 | 2150 | 2350 | 3175 | 4675 |
| GT Special Ed Cpe 2D | HN65F | 20987 | 2700 | 2950 | 3925 | 5700 |
| Manual, 5-Spd. | | | (325) | (325) | (435) | (435) |
| **SONATA—4-Cyl.—Equipment Schedule 5** | | | | | | |
| W.B. 106.3"; 2.4 Liter. | | | | | | |
| Sedan 4D | WF15S | 17339 | 875 | 975 | 1625 | 2600 |
| V6, 2.7 Liter | H | | 300 | 300 | 400 | 400 |
| **SONATA—V6—Equipment Schedule 5** | | | | | | |
| W.B. 106.3"; 2.7 Liter. | | | | | | |
| GLS Sedan 4D | WF35H | 19339 | 1325 | 1450 | 2525 | 4150 |
| LX Sedan 4D | WF35H | 20339 | 1750 | 1925 | 3025 | 4775 |
| **XG350—V6—Equipment Schedule 3** | | | | | | |
| W.B. 108.3"; 3.5 Liter. | | | | | | |
| Sedan 4D | FU45E | 24589 | 2075 | 2275 | 3000 | 4350 |
| L Sedan 4D | FU45E | 26189 | 2400 | 2625 | 3425 | 4950 |

## 2005 HYUNDAI — KMH(CG35C)-5-#

| Body Type | VIN | List | Trade-In Good | Trade-In Very Good | Pvt-Party Good | Retail Excellent |
|---|---|---|---|---|---|---|
| **ACCENT—4-Cyl.—Equipment Schedule 6** | | | | | | |
| W.B. 96.1"; 1.6 Liter. | | | | | | |
| GLS Hatchback 2D | CG45C | 11344 | 1475 | 1650 | 2450 | 3675 |
| GLS Sedan 4D | CG45C | 11844 | 1775 | 1975 | 2850 | 4225 |
| GT Hatchback 2D | CG35C | 11939 | 1575 | 1750 | 2600 | 3850 |
| **ELANTRA—4-Cyl.—Equipment Schedule 5** | | | | | | |
| W.B. 102.7"; 2.0 Liter. | | | | | | |
| GLS Sedan 4D | DN46D | 14644 | 2275 | 2500 | 3375 | 4800 |
| GLS Hatchback 4D | DN56D | 14944 | 2175 | 2400 | 3225 | 4625 |
| GT Sedan 4D | DN46D | 16194 | 2600 | 2900 | 3775 | 5350 |
| GT Hatchback 4D | DN56D | 16194 | 2500 | 2750 | 3650 | 5175 |
| **TIBURON—4-Cyl.—Equipment Schedule 3** | | | | | | |
| W.B. 99.6"; 2.0 Liter. | | | | | | |
| GS Coupe 2D | HM65D | 17494 | 2450 | 2700 | 3575 | 5050 |
| Manual, 5-Spd. | | | (375) | (375) | (500) | (500) |
| **TIBURON—V6—Equipment Schedule 3** | | | | | | |
| W.B. 99.6"; 2.7 Liter. | | | | | | |
| GT Coupe 2D | HN65F | 19494 | 2975 | 3300 | 4400 | 6150 |
| SE Coupe 2D | HN65F | 20594 | 3675 | 4025 | 5300 | 7350 |

DEDUCT FOR RECONDITIONING

## 2005 HYUNDAI

| Body Type | VIN | List | Trade-In Good | Very Good | Pvt-Party Good | Retail Excellent |
|---|---|---|---|---|---|---|
| Manual, 5-Spd | | | (375) | (375) | (500) | (500) |
| **SONATA—4-Cyl.—Equipment Schedule 5** | | | | | | |
| W.B. 106.3"; 2.4 Liter. | | | | | | |
| GL Sedan 4D | WF25S | 17394 | 2625 | 2925 | 3950 | 5675 |
| V6, 2.7 Liter | H | | 350 | 350 | 465 | 465 |
| **SONATA—V6—Equipment Schedule 5** | | | | | | |
| W.B. 106.3"; 2.7 Liter. | | | | | | |
| GLS Sedan 4D | WF35H | 19394 | 3225 | 3550 | 4750 | 6775 |
| LX Sedan 4D | WF35H | 20394 | 3625 | 3950 | 5450 | 7725 |
| **XG350—V6—Equipment Schedule 3** | | | | | | |
| W.B. 108.3"; 3.5 Liter. | | | | | | |
| Sedan 4D | FU45E | 24994 | 2450 | 2700 | 3600 | 5125 |
| L Sedan 4D | FU45E | 26594 | 2850 | 3150 | 4125 | 5825 |

## 2006 HYUNDAI — KMH(CN46C)-6-#

| Body Type | VIN | List | Good | Very Good | Good | Excellent |
|---|---|---|---|---|---|---|
| **ACCENT—4-Cyl.—Equipment Schedule 6** | | | | | | |
| W.B. 98.4"; 1.6 Liter. | | | | | | |
| GLS Sedan 4D | CN46C | 13845 | 2575 | 2875 | 3950 | 5600 |
| Manual, 5-Spd | | | (300) | (300) | (400) | (400) |
| **ELANTRA—4-Cyl.—Equipment Schedule 5** | | | | | | |
| W.B. 102.7"; 2.0 Liter. | | | | | | |
| GLS Sedan 4D | DN46D | 15095 | 3050 | 3375 | 4400 | 6075 |
| GLS Hatchback 4D | DN56D | 15495 | 2950 | 3275 | 4275 | 5900 |
| Limited Sedan 4D | DN46D | 16045 | 3075 | 3400 | 4425 | 6100 |
| GT Hatchback 4D | DN56D | 16415 | 3175 | 3500 | 4550 | 6275 |
| **TIBURON—4-Cyl.—Equipment Schedule 3** | | | | | | |
| W.B. 99.6"; 2.0 Liter. | | | | | | |
| GS Coupe 2D | HM65D | 17595 | 3175 | 3500 | 4475 | 6100 |
| Manual, 5-Spd | | | (400) | (400) | (535) | (535) |
| **TIBURON—V6—Equipment Schedule 3** | | | | | | |
| W.B. 99.6"; 2.7 Liter. | | | | | | |
| GT Coupe 2D | HN65F | 19995 | 4050 | 4400 | 5550 | 7500 |
| GT Limited Coupe 2D | HN65F | 21995 | 4925 | 5300 | 6850 | 9200 |
| SE Coupe 2D | HN65F | 21595 | 4875 | 5250 | 6775 | 9100 |
| Manual, 5-Spd | | | (400) | (400) | (535) | (535) |
| **SONATA—4-Cyl.—Equipment Schedule 5** | | | | | | |
| W.B. 107.4"; 2.4 Liter. | | | | | | |
| GL Sedan 4D | ET46C | 19395 | 3425 | 3750 | 4700 | 6325 |
| GLS Sedan 4D | EU46C | 19995 | 3925 | 4275 | 5300 | 7100 |
| V6, 3.3 Liter | F | | 375 | 375 | 500 | 500 |
| **SONATA—V6—Equipment Schedule 5** | | | | | | |
| W.B. 107.4"; 3.3 Liter. | | | | | | |
| LX Sedan 4D | EU46F | 23495 | 4225 | 4600 | 5875 | 7850 |
| **AZERA—V6—Equipment Schedule 3** | | | | | | |
| W.B. 109.4"; 3.8 Liter. | | | | | | |
| SE Sedan 4D | FC46F | 24995 | 3975 | 4325 | 5275 | 6850 |
| Limited Sedan 4D | FC46F | 27495 | 4725 | 5100 | 6150 | 7925 |

## 2007 HYUNDAI — KMH(CM36C)-7-#

| Body Type | VIN | List | Good | Very Good | Good | Excellent |
|---|---|---|---|---|---|---|
| **ACCENT—4-Cyl.—Equipment Schedule 6** | | | | | | |
| W.B. 98.4"; 1.6 Liter. | | | | | | |
| GS Hatchback 2D | CM36C | 11995 | 2575 | 2875 | 3575 | 4950 |
| GLS Sedan 4D | CN46C | 14145 | 3150 | 3475 | 4300 | 5900 |
| SE Hatchback 2D | CN36C | 15495 | 3325 | 3650 | 4675 | 6375 |
| Manual, 5-Spd | | | (300) | (300) | (400) | (400) |
| **ELANTRA—4-Cyl.—Equipment Schedule 5** | | | | | | |
| W.B. 104.3"; 2.0 Liter. | | | | | | |
| GLS Sedan 4D | DU46D | 16495 | 4225 | 4575 | 5625 | 7500 |
| SE Sedan 4D | DU46D | 17295 | 4375 | 4725 | 5800 | 7725 |
| Limited Sedan 4D | DU46D | 18295 | 4675 | 5050 | 6175 | 8200 |
| Manual, 5-Spd | | | (425) | (425) | (565) | (565) |
| **TIBURON—4-Cyl.—Equipment Schedule 3** | | | | | | |
| W.B. 99.6"; 2.0 Liter. | | | | | | |
| GS Coupe 2D | HM65D | 18295 | 4125 | 4475 | 5350 | 7000 |
| Manual, 5-Spd | | | (425) | (425) | (565) | (565) |
| **TIBURON—V6—Equipment Schedule 3** | | | | | | |
| W.B. 99.6"; 2.7 Liter. | | | | | | |
| GT Coupe 2D | HN66F | 20995 | 5050 | 5425 | 6425 | 8375 |
| GT Limited Coupe 2D | HN66F | 23295 | 6125 | 6550 | 7900 | 10250 |
| SE Coupe 2D | HN66F | 22595 | 5675 | 6075 | 7375 | 9550 |
| Manual, 5-Spd | | | (425) | (425) | (565) | (565) |

EQUIPMENT & MILEAGE PAGE 9 TO 23

# 2007 HYUNDAI

| Body Type | VIN | List | Trade-In Good | Very Good | Pvt-Party Good | Retail Excellent |
|---|---|---|---|---|---|---|
| **SONATA—4-Cyl.**—Equipment Schedule 5 | | | | | | |
| W.B. 107.4"; 2.4 Liter. | | | | | | |
| GLS Sedan 4D | ET46C | 18895 | 4525 | 4900 | 5900 | 7775 |
| Manual, 5-Spd | | | (425) | (425) | (565) | (565) |
| **SONATA—V6**—Equipment Schedule 5 | | | | | | |
| W.B. 107.4"; 3.3 Liter. | | | | | | |
| SE Sedan 4D | EU46F | 21595 | 4950 | 5325 | 6625 | 8700 |
| Limited Sedan 4D | EU46F | 23595 | 5950 | 6375 | 7800 | 10200 |
| **AZERA—V6**—Equipment Schedule 3 | | | | | | |
| W.B. 109.4"; 3.3 Liter, 3.8 Liter. | | | | | | |
| GLS Sedan 4D | FC46D | 24895 | 5650 | 6050 | 7025 | 8850 |
| SE Sedan 4D | FC46F | 25195 | 5725 | 6125 | 7125 | 8950 |
| Limited Sedan 4D | FC46F | 27795 | 6375 | 6800 | 7850 | 9850 |

## 2008 HYUNDAI — (KMHor5NP)(CM36C)-8-#

| Body Type | VIN | List | Trade-In Good | Very Good | Pvt-Party Good | Retail Excellent |
|---|---|---|---|---|---|---|
| **ACCENT—4-Cyl.**—Equipment Schedule 6 | | | | | | |
| W.B. 98.4"; 1.6 Liter. | | | | | | |
| GS Hatchback 2D | CM36C | 12395 | 3550 | 3875 | 4750 | 6300 |
| GLS Sedan 4D | CN46C | 14545 | 4125 | 4475 | 5425 | 7175 |
| SE Hatchback 2D | CN36C | 15995 | 4500 | 4875 | 5875 | 7750 |
| Manual, 5-Spd w/Overdrive | | | (375) | (375) | (500) | (500) |
| **ELANTRA—4-Cyl.**—Equipment Schedule 5 | | | | | | |
| W.B. 104.3"; 2.0 Liter. | | | | | | |
| GLS Sedan 4D | DU46D | 15145 | 5025 | 5400 | 6400 | 8325 |
| SE Sedan 4D | DU46D | 17845 | 5225 | 5625 | 6850 | 8875 |
| Manual, 5-Spd w/Overdrive | | | (450) | (450) | (600) | (600) |
| **TIBURON—4-Cyl.**—Equipment Schedule 3 | | | | | | |
| W.B. 99.6"; 2.0 Liter. | | | | | | |
| GS Coupe 2D | HM65D | 18595 | 5925 | 6350 | 7300 | 9125 |
| Manual, 5-Spd | | | (450) | (450) | (600) | (600) |
| **TIBURON—V6**—Equipment Schedule 3 | | | | | | |
| W.B. 99.6"; 2.7 Liter. | | | | | | |
| GT Coupe 2D | HN66F | 21495 | 6975 | 7425 | 8475 | 10550 |
| GT Limited Coupe 2D | HN66F | 22995 | 8375 | 8875 | 10100 | 12600 |
| SE Coupe 2D | HN66F | 22845 | 8050 | 8550 | 9750 | 12150 |
| Manual, 5-Spd | | | (450) | (450) | (600) | (600) |
| Manual, 6-Spd | | | 0 | 0 | 0 | 0 |
| **SONATA—4-Cyl.**—Equipment Schedule 5 | | | | | | |
| W.B. 107.4"; 2.4 Liter. | | | | | | |
| GLS Sedan 4D | ET46C | 19545 | 5225 | 5625 | 6675 | 8550 |
| Manual, 5-Spd | | | (450) | (450) | (600) | (600) |
| V6, 3.3 Liter | F | | 525 | 525 | 700 | 700 |
| **SONATA—V6**—Equipment Schedule 5 | | | | | | |
| W.B. 107.4"; 3.3 Liter. | | | | | | |
| SE Sedan 4D | EU46F | 22745 | 6300 | 6725 | 7925 | 10100 |
| Manual, 5-Spd | | | (450) | (450) | (600) | (600) |
| 4-Cyl, 2.4 Liter | C | | (475) | (475) | (635) | (635) |
| **SONATA—V6**—Equipment Schedule 5 | | | | | | |
| W.B. 107.4"; 3.3 Liter. | | | | | | |
| Limited Sedan 4D | EU46F | 24695 | 7025 | 7475 | 8850 | 11200 |
| 4-Cyl, 2.4 Liter | C | | (475) | (475) | (635) | (635) |
| **AZERA—V6**—Equipment Schedule 3 | | | | | | |
| W.B. 109.4"; 3.3 Liter, 3.8 Liter. | | | | | | |
| GLS Sedan 4D | FC46D | 25295 | 7050 | 7500 | 8500 | 10500 |
| Limited Sedan 4D | FC46F | 29245 | 8200 | 8700 | 9775 | 12000 |

## 2009 HYUNDAI — (KMHor5NP)(CM36C)-9-#

| Body Type | VIN | List | Trade-In Good | Very Good | Pvt-Party Good | Retail Excellent |
|---|---|---|---|---|---|---|
| **ACCENT—4-Cyl.**—Equipment Schedule 6 | | | | | | |
| W.B. 98.4"; 1.6 Liter. | | | | | | |
| GS Hatchback 2D | CM36C | 12745 | 4350 | 4700 | 5575 | 7250 |
| GLS Sedan 4D | CN46C | 14595 | 4900 | 5275 | 6200 | 8050 |
| SE Hatchback 2D | CN36C | 16545 | 5175 | 5575 | 6725 | 8700 |
| Manual, 5-Spd w/Overdrive | | | (400) | (400) | (535) | (535) |
| **ELANTRA—4-Cyl.**—Equipment Schedule 5 | | | | | | |
| W.B. 104.3", 106.3"(Wag); 2.0 Liter. | | | | | | |
| GLS Sedan 4D | DU46D | 15795 | 5825 | 6250 | 7275 | 9175 |
| SE Sedan 4D | DU46D | 18495 | 6425 | 6850 | 7950 | 10000 |
| Touring Wagon 4D | DC86E | 19295 | 7650 | 8125 | 9425 | 11850 |
| Manual, 5-Spd w/Overdrive | | | (475) | (475) | (635) | (635) |
| **SONATA—4-Cyl.**—Equipment Schedule 5 | | | | | | |
| W.B. 107.4"; 2.4 Liter. | | | | | | |
| GLS Sedan 4D | ET46C | 20195 | 6700 | 7150 | 8100 | 10050 |

**130  DEDUCT FOR RECONDITIONING**

# 2009 HYUNDAI

| Body Type | VIN | List | Trade-In Good | Very Good | Pvt-Party Good | Retail Excellent |
|---|---|---|---|---|---|---|
| Manual, 5-Spd w/Overdrive | | | (475) | (475) | (635) | (635) |
| V6, 3.3 Liter | F | | 550 | 550 | 735 | 735 |
| **SONATA—V6**—Equipment Schedule 5 | | | | | | |
| W.B. 107.4"; 3.3 Liter. | | | | | | |
| SE Sedan 4D | EU46F | 22745 | 7975 | 8475 | 9600 | 11850 |
| Manual, 5-Spd w/Overdrive | | | (475) | (475) | (635) | (635) |
| 4-Cyl, 2.4 Liter | C | | (525) | (525) | (700) | (700) |
| **SONATA—V6**—Equipment Schedule 5 | | | | | | |
| W.B. 107.4"; 3.3 Liter. | | | | | | |
| Limited Sedan 4D | EU46F | 27245 | 9625 | 10150 | 11500 | 14150 |
| 4-Cyl, 2.4 Liter | C | | (525) | (525) | (700) | (700) |
| **AZERA—V6**—Equipment Schedule 3 | | | | | | |
| W.B. 109.4"; 3.3 Liter, 3.8 Liter. | | | | | | |
| GLS Sedan 4D | FC46D | 25295 | 8600 | 9100 | 10050 | 12200 |
| Limited Sedan 4D | FC46F | 29245 | 9800 | 10350 | 11400 | 13800 |
| **GENESIS—V6**—Equipment Schedule 3 | | | | | | |
| W.B. 115.6"; 3.8 Liter. | | | | | | |
| 3.8 Sedan 4D | GB46E | 33000 | 11750 | 12350 | 13400 | 16000 |
| Technology Pkg | | | 1225 | 1225 | 1635 | 1635 |
| **GENESIS—V8**—Equipment Schedule 3 | | | | | | |
| W.B. 115.6"; 4.6 Liter. | | | | | | |
| 4.6 Sedan 4D | GC46F | 38000 | 13800 | 14450 | 15700 | 18700 |
| Technology Pkg | | | 1225 | 1225 | 1635 | 1635 |

## 2010 HYUNDAI — (KMHor5NP)(CM3AC)-A-#

| Body Type | VIN | List | Trade-In Good | Very Good | Pvt-Party Good | Retail Excellent |
|---|---|---|---|---|---|---|
| **ACCENT—4-Cyl.**—Equipment Schedule 6 | | | | | | |
| W.B. 98.4"; 1.6 Liter. | | | | | | |
| Blue Hatchback 2D | CM3AC | 10690 | 3800 | 4150 | 4750 | 6050 |
| **ACCENT—4-Cyl.**—Equipment Schedule 6 | | | | | | |
| W.B. 98.4"; 1.6 Liter. | | | | | | |
| GS Hatchback 2D | CM3AC | 13715 | 5625 | 6025 | 7000 | 8825 |
| GLS Sedan 4D | CN46C | 15365 | 5850 | 6275 | 7250 | 9125 |
| SE Hatchback 2D | CN3AC | 17715 | 7150 | 7600 | 8625 | 10700 |
| Manual, 5-Spd w/Overdrive | | | (500) | (500) | (665) | (665) |
| **ELANTRA—4-Cyl.**—Equipment Schedule 5 | | | | | | |
| W.B. 104.3"; 2.0 Liter. | | | | | | |
| Blue Sedan 4D | DU4AD | 14865 | 6550 | 6975 | 7775 | 9525 |
| GLS Sedan 4D | DU4AD | 17615 | 7450 | 7925 | 8850 | 10800 |
| SE Sedan 4D | DU4AD | 18565 | 8025 | 8525 | 9475 | 11550 |
| **ELANTRA—4-Cyl.**—Equipment Schedule 5 | | | | | | |
| W.B. 106.3"; 2.0 Liter. | | | | | | |
| GLS Touring Wagon | DB8AE | 17915 | 7725 | 8200 | 9150 | 11150 |
| SE Touring Wagon 4D | DC8AE | 20515 | 9350 | 9875 | 10950 | 13350 |
| Manual, 5-Spd w/Overdrive | | | (525) | (525) | (700) | (700) |
| **SONATA—4-Cyl.**—Equipment Schedule 5 | | | | | | |
| W.B. 107.4"; 3.3 Liter. | | | | | | |
| GLS Sedan 4D | ET4AC | 20620 | 7700 | 8175 | 9050 | 11000 |
| Manual, 5-Spd w/Overdrive | | | (525) | (525) | (700) | (700) |
| **SONATA—V6**—Equipment Schedule 5 | | | | | | |
| W.B. 107.4"; 3.3 Liter. | | | | | | |
| SE Sedan 4D | EU4AF | 24770 | 9175 | 9700 | 10700 | 12950 |
| Limited Sedan 4D | EU4AF | 27270 | 11000 | 11600 | 12750 | 15400 |
| 4-Cyl, 2.4 Liter | | | (600) | (600) | (800) | (800) |
| **AZERA—V6**—Equipment Schedule 3 | | | | | | |
| W.B. 109.4"; 3.3 Liter, 3.8 Liter. | | | | | | |
| GLS Sedan 4D | FC4DD | 25745 | 10350 | 10900 | 11800 | 14100 |
| Limited Sedan 4D | FC4DF | 30345 | 12650 | 13250 | 14450 | 17250 |
| **GENESIS—4-Cyl. Turbo**—Equipment Schedule 3 | | | | | | |
| W.B. 111.0"; 2.0 Liter. | | | | | | |
| 2.0T Coupe 2D | HT6KD | 22750 | 10300 | 10850 | 11650 | 13800 |
| 2.0T R-Spec Coupe 2D | HT6KD | 24500 | 10650 | 11200 | 12050 | 14300 |
| 2.0T Premium Coupe | HT6KD | 25000 | 10850 | 11400 | 12300 | 14550 |
| 2.0T Track Coupe 2D | HT6KD | 27500 | 11850 | 12450 | 13350 | 15800 |
| **GENESIS—V6**—Equipment Schedule 3 | | | | | | |
| W.B. 111.0", 115.6" (Sed); 3.8 Liter. | | | | | | |
| 3.8 Sedan 4D | GC4DE | 33800 | 13900 | 14550 | 15850 | 18850 |
| 3.8 Coupe 2D | HU6KH | 25750 | 11650 | 12250 | 13150 | 15550 |
| 3.8 Grand Touring | HU6KH | 29250 | 12250 | 12850 | 13900 | 16400 |
| 3.8 Track Coupe 2D | HU6KH | 31250 | 12750 | 13350 | 14400 | 17050 |
| Premium Pkg | | | 1050 | 1050 | 1400 | 1400 |
| Technology Pkg | | | 1275 | 1275 | 1700 | 1700 |
| **GENESIS—V8**—Equipment Schedule 3 | | | | | | |
| W.B. 115.6"; 4.6 Liter. | | | | | | |

# 2010 HYUNDAI

| Body Type | VIN | List | Trade-In Good | Very Good | Pvt-Party Good | Retail Excellent |
|---|---|---|---|---|---|---|
| 4.6 Sedan 4D | GC4DF | 40300 | 16000 | 16750 | 18100 | 21500 |
| Technology Pkg | | | 1275 | 1275 | 1700 | 1700 |

## 2011 HYUNDAI — 5N(MorP)orKM(8orH)(CM3AC)-B-#

**ACCENT—4-Cyl.—Equipment Schedule 6**
W.B. 98.4"; 1.6 Liter.
| GL Hatchback 2D | CM3AC | 10705 | 4775 | 5150 | 5700 | 7075 |

**ACCENT—4-Cyl.—Equipment Schedule 6**
W.B. 98.4"; 1.6 Liter.
| GS Hatchback 2D | CM3AC | 14415 | 6950 | 7400 | 8300 | 10250 |
| GLS Sedan 4D | CN4AC | 15415 | 6850 | 7300 | 8175 | 10100 |
| SE Hatchback 2D | CN3AC | 16865 | 8325 | 8825 | 9825 | 12000 |
| Manual, 5-Spd w/Overdrive | | | (500) | (500) | (665) | (665) |

**ELANTRA—4-Cyl.—Equipment Schedule 5**
W.B. 106.3"; 1.8 Liter.
| GLS Sedan 4D | DH4AE | 17800 | 9600 | 10150 | 10900 | 12950 |
| Limited Sedan 4D | DH4AE | 20700 | 10950 | 11500 | 12400 | 14650 |

**ELANTRA—4-Cyl.—Equipment Schedule 5**
W.B. 106.3"; 2.0 Liter.
| GLS Touring Wag 4D | DB8AE | 17915 | 9300 | 9825 | 10600 | 12600 |
| Touring SE Wagon 4D | DC8AE | 21015 | 11050 | 11600 | 12500 | 14800 |
| Manual, 5-Spd w/Overdrive | | | (525) | (525) | (700) | (700) |

**SONATA—4-Cyl.—Equipment Schedule 5**
W.B. 110.0"; 2.4 Liter.
| GLS Sedan 4D | EB4AC | 20915 | 10200 | 10750 | 11750 | 14100 |
| Manual, 6-Spd w/Overdrive | | | (525) | (525) | (700) | (700) |

**SONATA—4-Cyl.—Equipment Schedule 5**
W.B. 110.0"; 2.4 Liter.
| SE Sedan 4D | EC4AC | 23315 | 11450 | 12050 | 13150 | 15750 |
| Limited Sedan 4D | EC4AC | 26015 | 12700 | 13300 | 14600 | 17450 |
| 4-Cyl, Turbo, 2.0 Liter | B | | 1325 | 1325 | 1765 | 1765 |

**SONATA—4-Cyl. Hybrid—Equipment Schedule 5**
W.B. 110.0"; 2.4 Liter.
| Sedan 4D | EC4A4 | 26545 | 13400 | 14050 | 15350 | 18350 |

**AZERA—V6—Equipment Schedule 3**
W.B. 109.4"; 3.3 Liter, 3.8 Liter.
| GLS Sedan 4D | FC4DD | 26270 | 12200 | 12800 | 13600 | 15900 |
| Limited Sedan 4D | FC4DF | 30870 | 13850 | 14500 | 15400 | 18050 |

**GENESIS—4-Cyl. Turbo—Equipment Schedule 3**
W.B. 111.0"; 2.0 Liter.
| 2.0T Coupe 2D | HT6KD | 23050 | 12700 | 13350 | 14200 | 16750 |
| 2.0T R-Spec Coupe 2D | HT6KD | 25300 | 13350 | 14000 | 15000 | 17650 |
| 2.0T Premium Cpe 2D | HT6KD | 27550 | 14050 | 14700 | 15750 | 18500 |

**GENESIS—V6—Equipment Schedule 3**
W.B. 111.0", 115.6" (Sed); 3.8 Liter.
| 3.8 Sedan 4D | GC4DF | 33800 | 15000 | 15700 | 17100 | 20500 |
| 3.8 R-Spec Coupe 2D | HU6KH | 27550 | 14150 | 14800 | 15850 | 18600 |
| 3.8 Grand Touring | HU6KH | 30550 | 15850 | 16550 | 17650 | 20700 |
| 3.8 Track Coupe 2D | HU6KH | 31550 | 16000 | 16700 | 17800 | 20900 |
| Premium Pkg | | | 1125 | 1125 | 1500 | 1500 |
| Technology Pkg | | | 1350 | 1350 | 1800 | 1800 |

**GENESIS—V8—Equipment Schedule 3**
W.B. 115.6"; 4.6 Liter.
| 4.6 Sedan 4D | GC4DF | 43800 | 17100 | 17850 | 19400 | 23200 |
| Technology Pkg | | | 1350 | 1350 | 1800 | 1800 |

**EQUUS—V8—Equipment Schedule 3**
W.B. 119.9"; 4.6 Liter.
| Signature Sedan 4D | GH4JF | 58900 | 26800 | 27900 | 27900 | 31300 |
| Ultimate Sedan 4D | GH4JF | 65400 | 28800 | 30000 | 30100 | 33600 |

## 2012 HYUNDAI — 5NPorKMH(CT4AE)-C-#

**ACCENT—4-Cyl.—Equipment Schedule 6**
W.B. 98.4"; 1.6 Liter.
| GLS Sedan 4D | CT4AE | 15955 | 8800 | 9325 | 10200 | 12300 |
| GS Hatchback 4D | CT5AE | 16555 | 8750 | 9250 | 10200 | 12300 |
| Manual, 6-Spd w/Overdrive | | | (550) | (550) | (735) | (735) |

**ACCENT—4-Cyl.—Equipment Schedule 6**
W.B. 98.4"; 1.6 Liter.
| SE Hatchback 4D | CU5AE | 16555 | 9100 | 9625 | 10600 | 12800 |
| Auto, 6-Spd w/Overdrive | | | 500 | 500 | 665 | 665 |

**VELOSTER—4-Cyl.—Equipment Schedule 4**
W.B. 104.3"; 1.6 Liter.

**132    DEDUCT FOR RECONDITIONING**                              0414

# 2012 HYUNDAI

| Body Type | VIN | List | Trade-In Good | Very Good | Pvt-Party Good | Retail Excellent |
|---|---|---|---|---|---|---|
| Coupe 3D | TC6AD | 19310 | 11700 | 12300 | 12900 | 15000 |
| Style Pkg | | | 275 | 275 | 365 | 365 |
| Tech Pkg | | | 450 | 450 | 600 | 600 |
| **ELANTRA—4-Cyl.—Equipment Schedule 5** | | | | | | |
| W.B. 106.3"; 1.8 Liter, 2.0 Liter. | | | | | | |
| GLS Sedan 4D | DH4AE | 18195 | 10600 | 11150 | 11900 | 14050 |
| Touring GLS Wagon | DB8AE | 17945 | 10350 | 10900 | 11650 | 13750 |
| Touring SE Wagon 4D | DC8AE | 21045 | 11850 | 12450 | 13300 | 15700 |
| Manual, 5-Spd w/Overdrive | | | (550) | (550) | (735) | (735) |
| Manual, 6-Spd w/Overdrive | | | (550) | (550) | (735) | (735) |
| **ELANTRA—4-Cyl.—Equipment Schedule 5** | | | | | | |
| W.B. 106.3"; 1.8 Liter. | | | | | | |
| Limited Sedan 4D | DH4AE | 21195 | 12700 | 13300 | 14300 | 16850 |
| **SONATA—4-Cyl.—Equipment Schedule 5** | | | | | | |
| W.B. 110.0"; 2.4 Liter. | | | | | | |
| GLS Sedan 4D | EB4AC | 21455 | 11200 | 11750 | 12750 | 15150 |
| Manual, 6-Spd w/Overdrive | | | (550) | (550) | (735) | (735) |
| **SONATA—4-Cyl.—Equipment Schedule 5** | | | | | | |
| W.B. 110.0"; 2.4 Liter. | | | | | | |
| SE Sedan 4D | EC4AC | 23855 | 12550 | 13200 | 14200 | 16850 |
| Limited Sedan 4D | EC4AC | 27105 | 14350 | 15000 | 16250 | 19250 |
| 4-Cyl, Turbo, 2.0 Liter | B | | 1375 | 1375 | 1835 | 1835 |
| **SONATA—4-Cyl. Hybrid—Equipment Schedule 5** | | | | | | |
| W.B. 110.0"; 2.4 Liter. | | | | | | |
| Sedan 4D | EC4A4 | 26625 | 13700 | 14350 | 15550 | 18450 |
| **AZERA—V6—Equipment Schedule 3** | | | | | | |
| W.B. 112.0"; 3.3 Liter. | | | | | | |
| Sedan 4D | FH4DG | 32875 | 18500 | 19300 | 19950 | 22800 |
| **GENESIS—4-Cyl. Turbo—Equipment Schedule 3** | | | | | | |
| W.B. 111.0"; 2.0 Liter. | | | | | | |
| 2.0T Coupe 2D | HT6KD | 23100 | 13950 | 14600 | 15300 | 17750 |
| 2.0T R-Spec Coupe 2D | HT6KD | 25350 | 14800 | 15500 | 16250 | 18750 |
| 2.0T Premium Cpe 2D | HT6KD | 27600 | 15900 | 16600 | 17350 | 20100 |
| **GENESIS—V6—Equipment Schedule 3** | | | | | | |
| W.B. 111.0", 115.6" (Sed); 3.8 Liter. | | | | | | |
| 3.8 Sedan 4D | GC4DD | 35050 | 16750 | 17500 | 18850 | 22300 |
| 3.8 R-Spec Coupe 2D | HU6KH | 27600 | 15500 | 16200 | 16950 | 19600 |
| 3.8 Grand Touring | HU6KH | 30600 | 18550 | 19350 | 20100 | 23200 |
| 3.8 Track Coupe 2D | HU6KH | 31600 | 19000 | 19800 | 20600 | 23800 |
| Premium Pkg | | | 1175 | 1175 | 1565 | 1565 |
| Technology Pkg | | | 1425 | 1425 | 1900 | 1900 |
| **GENESIS—V8—Equipment Schedule 3** | | | | | | |
| W.B. 115.6"; 4.6 Liter, 5.0 Liter. | | | | | | |
| 4.6 Sedan 4D | GC4DF | 45350 | 19100 | 19950 | 21400 | 25300 |
| 5.0 Sedan 4D | GC4DH | 46350 | 24200 | 25200 | 26900 | 31800 |
| 5.0 R-Spec Sedan 4D | GC4DH | 47350 | 27000 | 28100 | 29900 | 35300 |
| **EQUUS—V8—Equipment Schedule 3** | | | | | | |
| W.B. 119.9"; 5.0 Liter. | | | | | | |
| Signature Sedan 4D | GH4JH | 59650 | 29100 | 30300 | 30700 | 34700 |
| Ultimate Sedan 4D | GH4JH | 66650 | 31100 | 32300 | 32800 | 37100 |

# 2013 HYUNDAI — 5NPorKMH(CT4AE)-D-#

| Body Type | VIN | List | Trade-In Good | Very Good | Pvt-Party Good | Retail Excellent |
|---|---|---|---|---|---|---|
| **ACCENT—4-Cyl.—Equipment Schedule 6** | | | | | | |
| W.B. 98.4"; 1.6 Liter. | | | | | | |
| GLS Sedan 4D | CT4AE | 15320 | 9600 | 10150 | 11200 | 13600 |
| GS Hatchback 4D | CT5AE | 15570 | 9950 | 10500 | 11600 | 14050 |
| SE Hatchback 4D | CU5AE | 16870 | 10750 | 11300 | 12500 | 15150 |
| Auto, 6-Spd w/Overdrive | | | 525 | 525 | 700 | 700 |
| **VELOSTER—4-Cyl.—Equipment Schedule 4** | | | | | | |
| W.B. 104.3"; 1.6 Liter. | | | | | | |
| Coupe 3D | TC6AD | 19475 | 13250 | 13900 | 14600 | 16900 |
| RE:MIX Coupe 3D | TC6AD | 21925 | 15000 | 15700 | 16500 | 19050 |
| Style Pkg | | | 275 | 275 | 365 | 365 |
| Tech Pkg | | | 475 | 475 | 635 | 635 |
| **VELOSTER—4-Cyl. Turbo—Equipment Schedule 4** | | | | | | |
| W.B. 104.3"; 1.6 Liter. | | | | | | |
| Coupe 3D | TC6AD | 23725 | 15950 | 16650 | 17400 | 20100 |
| **ELANTRA—4-Cyl.—Equipment Schedule 5** | | | | | | |
| W.B. 106.3"; 1.8 Liter. | | | | | | |
| GLS Sedan 4D | DH4AE | 18470 | 11750 | 12350 | 13350 | 15900 |
| GS Coupe 2D | DH6AE | 19220 | 12200 | 12800 | 13850 | 16450 |
| SE Coupe 2D | DH6AE | 21520 | 13900 | 14550 | 15750 | 18700 |
| GT Hatchback 4D | D35LE | 20170 | 13000 | 13600 | 14800 | 17600 |

# 2013 HYUNDAI

| Body Type | VIN | List | Trade-In Good | Trade-In Very Good | Pvt-Party Good | Retail Excellent |
|---|---|---|---|---|---|---|
| Manual, 6-Spd. | | | (575) | (575) | (765) | (765) |
| **ELANTRA—4-Cyl.—Equipment Schedule 5** | | | | | | |
| W.B. 106.3"; 1.8 Liter. | | | | | | |
| Limited Sedan 4D | DH4AE | 21720 | 14100 | 14750 | 16000 | 18950 |
| **SONATA—4-Cyl.—Equipment Schedule 5** | | | | | | |
| W.B. 110.0"; 2.4 Liter. | | | | | | |
| GLS Sedan 4D | EB4AC | 21670 | 12550 | 13200 | 14100 | 16600 |
| **SONATA—4-Cyl.—Equipment Schedule 5** | | | | | | |
| W.B. 110.0"; 2.4 Liter. | | | | | | |
| SE Sedan 4D | EC4AC | 24120 | 13650 | 14300 | 15350 | 18100 |
| Limited Sedan 4D | EC4AC | 26620 | 16500 | 17250 | 18400 | 21600 |
| 4-Cyl, Turbo, 2.0 Liter | B | | 1450 | 1450 | 1935 | 1935 |
| **SONATA—4-Cyl. Hybrid—Equipment Schedule 5** | | | | | | |
| W.B. 110.0"; 2.4 Liter. | | | | | | |
| Sedan 4D | EC4A4 | 26445 | 16500 | 17250 | 18400 | 21600 |
| Limited Sedan 4D | EC4A4 | 31345 | 20300 | 21100 | 22400 | 26300 |
| **AZERA—V6—Equipment Schedule 3** | | | | | | |
| W.B. 112.0"; 3.3 Liter. | | | | | | |
| Sedan 4D | FG4JG | 33125 | 22900 | 23900 | 24300 | 27500 |
| Technology Pkg | | | 1500 | 1500 | 2000 | 2000 |
| **GENESIS—4-Cyl. Turbo—Equipment Schedule 3** | | | | | | |
| W.B. 111.0"; 2.0 Liter. | | | | | | |
| 2.0T Coupe 2D | HT6KD | 25125 | 16250 | 17000 | 17600 | 20200 |
| 2.0T R-Spec Coupe 2D | HT6KD | 27375 | 17500 | 18250 | 18900 | 21700 |
| 2.0T Premium Cpe 2D | HT6KD | 29625 | 19100 | 19950 | 20600 | 23600 |
| **GENESIS—V6—Equipment Schedule 3** | | | | | | |
| W.B. 111.0", 115.6" (Sed); 3.8 Liter. | | | | | | |
| 3.8 Sedan 4D | GC4DD | 35075 | 17350 | 18100 | 19300 | 22700 |
| 3.8 R-Spec Coupe 2D | HU6KJ | 29625 | 19300 | 20100 | 20800 | 23900 |
| 3.8 Grand Touring 2D | HU6KJ | 32875 | 21100 | 22000 | 22600 | 25900 |
| 3.8 Track Coupe 2D | HU6KJ | 33875 | 21900 | 22800 | 23500 | 26900 |
| Premium Pkg | | | 1250 | 1250 | 1665 | 1665 |
| Technology Pkg | | | 1500 | 1500 | 2000 | 2000 |
| **GENESIS—V8—Equipment Schedule 3** | | | | | | |
| W.B. 115.6"; 5.0 Liter. | | | | | | |
| 5.0 R-Spec Sedan 4D | GC4DH | 47675 | 29100 | 30300 | 31900 | 37300 |
| **EQUUS—V8—Equipment Schedule 3** | | | | | | |
| W.B. 119.9"; 5.0 Liter. | | | | | | |
| Signature Sedan 4D | GH4JH | 60150 | 34700 | 36000 | 36600 | 41500 |
| Ultimate Sedan 4D | GH4JH | 67150 | 36700 | 38100 | 38700 | 43900 |

# INFINITI

## 1999 INFINITI — JNK(CP11A)-X-#

| Body Type | VIN | List | Good | Very Good | Good | Excellent |
|---|---|---|---|---|---|---|
| **G20—4-Cyl.—Equipment Schedule 1** | | | | | | |
| W.B. 102.4"; 2.0 Liter. | | | | | | |
| Sedan 4D | CP11A | 23820 | 1225 | 1350 | 2050 | 3225 |
| Touring | | | 100 | 100 | 135 | 135 |
| Manual, 5-Spd | | | (175) | (175) | (235) | (235) |
| **I30—V6—Equipment Schedule 1** | | | | | | |
| W.B. 106.3"; 3.0 Liter. | | | | | | |
| Sedan 4D | CA21A | 30725 | 1225 | 1350 | 2100 | 3275 |
| Limited Sedan 4D | CA21A | 31625 | 1375 | 1525 | 2325 | 3600 |
| Touring | | | 100 | 100 | 135 | 135 |
| Manual, 5-Spd | | | (175) | (175) | (235) | (235) |
| **Q45—V8—Equipment Schedule 1** | | | | | | |
| W.B. 111.4"; 4.1 Liter. | | | | | | |
| Sedan 4D | BY31A | 48725 | 2100 | 2300 | 3225 | 4850 |
| Touring | | | 100 | 100 | 135 | 135 |

## 2000 INFINITI — JNK(CP11A)-Y-#

| Body Type | VIN | List | Good | Very Good | Good | Excellent |
|---|---|---|---|---|---|---|
| **G20—4-Cyl.—Equipment Schedule 1** | | | | | | |
| W.B. 102.4"; 2.0 Liter. | | | | | | |
| Sedan 4D | CP11A | 24220 | 1450 | 1600 | 2350 | 3700 |
| Touring | | | 100 | 100 | 135 | 135 |
| Manual, 5-Spd | | | (225) | (225) | (300) | (300) |
| **I30—V6—Equipment Schedule 1** | | | | | | |
| W.B. 108.3"; 3.0 Liter. | | | | | | |
| Sedan 4D | CA21A | 29990 | 1600 | 1750 | 2500 | 3775 |
| Touring | | | 100 | 100 | 135 | 135 |

**DEDUCT FOR RECONDITIONING**

# 2000 INFINITI

| Body Type | VIN | List | Trade-In Good | Very Good | Pvt-Party Good | Retail Excellent |
|---|---|---|---|---|---|---|
| **Q45—V8—Equipment Schedule 1** | | | | | | |
| W.B. 111.4"; 4.1 Liter. | | | | | | |
| Sedan 4D | BY31A | 49420 | 2675 | 2925 | 3825 | 5525 |
| Touring | | | 100 | 100 | 135 | 135 |
| Anniversary Ed | | | 200 | 200 | 265 | 265 |

## 2001 INFINITI — JNK(CP11A)-1-#

| Body Type | VIN | List | Good | Very Good | Good | Excellent |
|---|---|---|---|---|---|---|
| **G20—4-Cyl.—Equipment Schedule 1** | | | | | | |
| W.B. 102.4"; 2.0 Liter. | | | | | | |
| Sedan 4D | CP11A | 24220 | 1775 | 1950 | 2800 | 4250 |
| Touring | | | 125 | 125 | 165 | 165 |
| Manual, 5-Spd | | | (225) | (225) | (300) | (300) |
| **I30—V6—Equipment Schedule 1** | | | | | | |
| W.B. 108.3"; 3.0 Liter. | | | | | | |
| Sedan 4D | CA31A | 29990 | 2050 | 2250 | 3000 | 4425 |
| Touring | | | 150 | 150 | 200 | 200 |
| **Q45—V8—Equipment Schedule 1** | | | | | | |
| W.B. 111.4"; 4.1 Liter. | | | | | | |
| Sedan 4D | BY31A | 49420 | 3125 | 3450 | 4425 | 6200 |
| Touring | | | 150 | 150 | 200 | 200 |

## 2002 INFINITI — JNK(CP11A)-2-#

| Body Type | VIN | List | Good | Very Good | Good | Excellent |
|---|---|---|---|---|---|---|
| **G20—4-Cyl.—Equipment Schedule 1** | | | | | | |
| W.B. 102.4"; 2.0 Liter. | | | | | | |
| Sedan 4D | CP11A | 24340 | 2175 | 2400 | 3225 | 4750 |
| Sport Pkg | | | 150 | 150 | 200 | 200 |
| Manual, 5-Spd | | | (300) | (300) | (400) | (400) |
| **I35—V6—Equipment Schedule 1** | | | | | | |
| W.B. 108.3"; 3.5 Liter. | | | | | | |
| Sedan 4D | DA31A | 29295 | 2625 | 2875 | 3650 | 5200 |
| Sport Pkg | | | 200 | 200 | 265 | 265 |
| **Q45—V8—Equipment Schedule 1** | | | | | | |
| W.B. 113.0"; 4.5 Liter. | | | | | | |
| Sedan 4D | BF01A | 51045 | 4325 | 4675 | 5550 | 7375 |
| Sport Pkg | | | 200 | 200 | 265 | 265 |
| Premium Pkg | | | 675 | 675 | 900 | 900 |

## 2003 INFINITI — JNK(CV51E)-3-#

| Body Type | VIN | List | Good | Very Good | Good | Excellent |
|---|---|---|---|---|---|---|
| **G35—V6—Equipment Schedule 1** | | | | | | |
| W.B. 112.2"; 3.5 Liter. | | | | | | |
| Sedan 4D | CV51E | 29495 | 4250 | 4600 | 5425 | 7225 |
| Sport Coupe 2D | CV54E | 32945 | 5925 | 6325 | 7375 | 9450 |
| **I35—V6—Equipment Schedule 1** | | | | | | |
| W.B. 108.3"; 3.5 Liter. | | | | | | |
| Sedan 4D | DA31A | 30995 | 3200 | 3525 | 4375 | 6025 |
| Sport Pkg | | | 250 | 250 | 335 | 335 |
| **M45—V8—Equipment Schedule 1** | | | | | | |
| W.B. 110.2"; 4.5 Liter. | | | | | | |
| Sedan 4D | AY41E | 43845 | 3125 | 3425 | 4400 | 6275 |
| **Q45—V8—Equipment Schedule 1** | | | | | | |
| W.B. 113.0"; 4.5 Liter. | | | | | | |
| Sedan 4D | BF01A | 52545 | 5275 | 5675 | 6675 | 8650 |
| Premium Sedan 4D | BF01A | 62145 | 7025 | 7475 | 8800 | 11300 |

## 2004 INFINITI — JNK(CV51E)-4-#

| Body Type | VIN | List | Good | Very Good | Good | Excellent |
|---|---|---|---|---|---|---|
| **G35—V6—Equipment Schedule 1** | | | | | | |
| W.B. 112.2"; 3.5 Liter. | | | | | | |
| Sedan 4D | CV51E | 30690 | 4700 | 5075 | 6075 | 7925 |
| Coupe 2D | CV54E | 32140 | 6625 | 7075 | 8100 | 10200 |
| AWD | F | | 625 | 625 | 835 | 835 |
| **I35—V6—Equipment Schedule 1** | | | | | | |
| W.B. 108.3"; 3.5 Liter. | | | | | | |
| Sedan 4D | DA31A | 31190 | 4000 | 4350 | 5300 | 7200 |
| **M45—V8—Equipment Schedule 1** | | | | | | |
| W.B. 110.2"; 4.5 Liter. | | | | | | |
| Sedan 4D | AY41E | 44840 | 4475 | 4825 | 5900 | 7975 |
| **Q45—V8—Equipment Schedule 1** | | | | | | |
| W.B. 113.0"; 4.5 Liter. | | | | | | |
| Sedan 4D | BF01A | 52990 | 6275 | 6700 | 7900 | 10100 |
| Premium Sedan 4D | BF01A | 62190 | 8250 | 8725 | 10250 | 13050 |
| Journey Pkg | | | 825 | 825 | 1100 | 1100 |

**EQUIPMENT & MILEAGE PAGE 9 TO 23**

# 2005 INFINITI

| Body Type | VIN | List | Trade-In Good | Trade-In Very Good | Pvt-Party Good | Retail Excellent |
|---|---|---|---|---|---|---|

## 2005 INFINITI — JNK(CV51E)-5-#

**G35—V6—Equipment Schedule 1**
W.B. 112.2"; 3.5 Liter.
| Sedan 4D | CV51E | 31310 | 6125 | 6550 | 7675 | 9725 |
| x AWD Sedan 4D | CV51F | 34260 | 6250 | 6675 | 7900 | 10000 |
| Coupe 2D | CV54E | 31310 | 7700 | 8175 | 9250 | 11400 |

**Q45—V8—Equipment Schedule 1**
W.B. 113.0"; 4.5 Liter.
| Sedan 4D | BF01A | 56810 | 7175 | 7650 | 8875 | 11150 |
| Premium Pkg | | | 875 | 875 | 1165 | 1165 |

## 2006 INFINITI — JNK(CV51E)-6-#

**G35—V6—Equipment Schedule 1**
W.B. 112.2"; 3.5 Liter.
| Sedan 4D | CV51E | 32150 | 7200 | 7675 | 8775 | 10900 |
| x AWD Sedan 4D | CV51F | 34710 | 7550 | 8025 | 9225 | 11450 |
| Coupe 2D | CV54E | 33900 | 8675 | 9175 | 10450 | 12850 |

**M35—V6—Equipment Schedule 1**
W.B. 114.2"; 3.5 Liter.
| Sedan 4D | AY01E | 41250 | 8525 | 9025 | 10550 | 13200 |
| x AWD Sedan 4D | AY01F | 44040 | 9075 | 9600 | 11150 | 13950 |
| Sport Sedan 4D | AY01E | 44050 | 8775 | 9275 | 10850 | 13550 |
| Premium Pkg | | | 625 | 625 | 835 | 835 |

**M45—V8—Equipment Schedule 1**
W.B. 114.2"; 4.5 Liter.
| Sedan 4D | BY01E | 47560 | 10400 | 10950 | 12800 | 16000 |
| Sport Sedan 4D | BY01E | 50360 | 11400 | 12000 | 13900 | 17350 |
| Premium Pkg | | | 650 | 650 | 865 | 865 |

**Q45—V8—Equipment Schedule 1**
W.B. 113.0"; 4.5 Liter.
| Sport Sedan 4D | BF01A | 58750 | 8575 | 9075 | 10700 | 13550 |
| Premium Pkg | | | 950 | 950 | 1265 | 1265 |

## 2007 INFINITI — JNK(BV61E)-7-#

**G35—V6—Equipment Schedule 1**
W.B. 112.2"; 3.5 Liter.
| Sedan 4D | BV61E | 34500 | 10550 | 11100 | 12150 | 14650 |
| Journey Sedan 4D | BV61E | 34950 | 10700 | 11250 | 12350 | 14850 |
| Sport Sedan 4D | BV61E | 36500 | 11100 | 11650 | 12800 | 15450 |
| x AWD Sedan 4D | BV61F | 36800 | 10950 | 11500 | 12600 | 15150 |
| Coupe 2D | CV54E | 34150 | 11050 | 11600 | 12700 | 15300 |

**M35—V6—Equipment Schedule 1**
W.B. 114.2"; 3.5 Liter.
| Sedan 4D | AY01E | 42150 | 10250 | 10800 | 12200 | 15000 |
| x AWD Sedan 4D | AY01F | 45265 | 10750 | 11300 | 12800 | 15750 |
| Sport Sedan 4D | AY01E | 44950 | 10450 | 11000 | 12450 | 15350 |
| Premium Pkg | | | 675 | 675 | 900 | 900 |

**M45—V8—Equipment Schedule 1**
W.B. 114.2"; 4.5 Liter.
| Sedan 4D | BY01E | 49800 | 12150 | 12750 | 14400 | 17700 |
| Sport Sedan 4D | BY01E | 51200 | 13050 | 13700 | 15500 | 19000 |
| Premium Pkg | | | 675 | 675 | 900 | 900 |

## 2008 INFINITI — JNK(BV61E)-8-#

**G35—V6—Equipment Schedule 1**
W.B. 112.2"; 3.5 Liter.
| Sedan 4D | BV61E | 32315 | 12550 | 13200 | 14250 | 16950 |
| Journey Sedan 4D | BV61E | 32765 | 12700 | 13350 | 14400 | 17100 |
| Sport Sedan 4D | BV61E | 33115 | 13050 | 13700 | 14850 | 17700 |
| x AWD Sedan 4D | BV61F | 34815 | 12900 | 13500 | 14700 | 17500 |

**G37—V6—Equipment Schedule 1**
W.B. 112.2"; 3.7 Liter.
| Coupe 2D | CV64E | 34965 | 13500 | 14150 | 15150 | 17850 |
| Journey Coupe 2D | CV64E | 35715 | 13900 | 14550 | 15600 | 18350 |
| Sport Coupe 2D | CV64E | 36265 | 14000 | 14650 | 15700 | 18450 |

**M35—V6—Equipment Schedule 1**
W.B. 114.2"; 3.5 Liter.
| Sedan 4D | AY01E | 43765 | 12450 | 13050 | 14350 | 17150 |
| x AWD Sedan 4D | AY01F | 44515 | 13000 | 13600 | 14950 | 17850 |
| Premium Pkg | | | 725 | 725 | 965 | 965 |

**DEDUCT FOR RECONDITIONING**

# 2008 INFINITI

| Body Type | VIN | List | Trade-In Good | Very Good | Pvt-Party Good | Retail Excellent |
|---|---|---|---|---|---|---|
| **M45—V8—Equipment Schedule 1** | | | | | | |
| W.B. 114.2"; 4.5 Liter. | | | | | | |
| Sedan 4D | BY01E | 50065 | 14450 | 15100 | 16500 | 19700 |
| x AWD Sedan 4D | BY01F | 52565 | 15450 | 16150 | 17550 | 21000 |
| Premium Pkg | | | 725 | 725 | 965 | 965 |

## 2009 INFINITI — JNK(CV61E)-9-#

| Body Type | VIN | List | Trade-In Good | Very Good | Pvt-Party Good | Retail Excellent |
|---|---|---|---|---|---|---|
| **G37—V6—Equipment Schedule 1** | | | | | | |
| W.B. 112.2"; 3.7 Liter. | | | | | | |
| Sedan 4D | CV61E | 34115 | 14300 | 14950 | 16050 | 18950 |
| Coupe 2D | CV64E | 36765 | 15900 | 16600 | 17400 | 20100 |
| Convertible 2D | CV66E | 44715 | 20100 | 20900 | 21800 | 25100 |
| Journey Sedan 4D | CV61E | 34565 | 14500 | 15150 | 16250 | 19200 |
| Journey Coupe 2D | CV64E | 37515 | 16350 | 17050 | 17850 | 20700 |
| Sport Sedan 4D | CV61E | 35115 | 15000 | 15700 | 16800 | 19800 |
| Sport Coupe 2D | CV64E | 37865 | 16550 | 17300 | 18100 | 20900 |
| Sport Convertible 2D | CV66E | 44765 | 20700 | 21500 | 22400 | 25800 |
| x AWD Sedan 4D | CV61F | 36115 | 14750 | 15400 | 16550 | 19500 |
| x AWD Coupe 2D | CV64F | 39565 | 16650 | 17400 | 18200 | 21000 |
| **M35—V6—Equipment Schedule 1** | | | | | | |
| W.B. 114.2"; 3.5 Liter. | | | | | | |
| Sedan 4D | CY01E | 46615 | 15600 | 16300 | 17450 | 20500 |
| x AWD Sedan 4D | CY01F | 48765 | 16100 | 16850 | 18000 | 21200 |
| Premium Pkg | | | 750 | 750 | 1000 | 1000 |
| **M45—V8—Equipment Schedule 1** | | | | | | |
| W.B. 114.2"; 4.5 Liter. | | | | | | |
| Sedan 4D | BY01E | 52965 | 17550 | 18300 | 19500 | 23000 |
| x AWD Sedan 4D | BY01F | 56765 | 18950 | 19800 | 21100 | 24700 |
| Premium Pkg | | | 750 | 750 | 1000 | 1000 |

## 2010 INFINITI — JNK(CV6AE)-A-#

| Body Type | VIN | List | Trade-In Good | Very Good | Pvt-Party Good | Retail Excellent |
|---|---|---|---|---|---|---|
| **G37—V6—Equipment Schedule 1** | | | | | | |
| W.B. 112.2"; 3.7 Liter. | | | | | | |
| Sedan 4D | CV6AE | 34115 | 16700 | 17450 | 18450 | 21600 |
| Coupe 2D | CV6EE | 36915 | 17500 | 18250 | 19050 | 22000 |
| Convertible 2D | CV6FE | 45215 | 21800 | 22700 | 23500 | 27100 |
| Journey Sedan 4D | CV6AE | 36315 | 16800 | 17550 | 18600 | 21700 |
| Journey Coupe 2D | CV6EE | 39365 | 18200 | 19000 | 19750 | 22800 |
| Sport Sedan 4D | CV6AE | 37865 | 18000 | 18750 | 19850 | 23200 |
| Sport Coupe 2D | CV6EE | 41265 | 18750 | 19600 | 20400 | 23500 |
| Sport Convertible 2D | CV6FE | 47815 | 23000 | 23900 | 24800 | 28500 |
| x AWD Sedan 4D | CV6AF | 37915 | 17200 | 17950 | 19000 | 22200 |
| x AWD Coupe 2D | CV6EF | 41015 | 18400 | 19200 | 20000 | 23100 |
| Anniversary Ed Sed | CV6AE | 44215 | 19750 | 20600 | 21700 | 25400 |
| Anniversary Ed Conv | CV6FE | 55765 | 26700 | 27700 | 28700 | 33000 |
| **M35—V6—Equipment Schedule 1** | | | | | | |
| W.B. 114.2"; 3.5 Liter. | | | | | | |
| Sedan 4D | CY0AP | 46665 | 18000 | 18750 | 19800 | 23100 |
| x AWD Sedan 4D | CY0AR | 48815 | 18650 | 19500 | 20500 | 23900 |
| **M45—V8—Equipment Schedule 1** | | | | | | |
| W.B. 114.2"; 4.5 Liter. | | | | | | |
| Sedan 4D | BY0AP | 53015 | 20400 | 21200 | 22300 | 26000 |
| x AWD Sedan 4D | BY0AR | 56815 | 21300 | 22200 | 23300 | 27200 |
| Premium Pkg | | | 800 | 800 | 1065 | 1065 |

## 2011 INFINITI — JN1(DV6AE)-B-#

| Body Type | VIN | List | Trade-In Good | Very Good | Pvt-Party Good | Retail Excellent |
|---|---|---|---|---|---|---|
| **G25—V6—Equipment Schedule 1** | | | | | | |
| W.B. 112.2"; 2.5 Liter. | | | | | | |
| Sedan 4D | DV6AE | 31825 | 15050 | 15750 | 16500 | 19150 |
| Journey Sedan 4D | DV6AE | 34225 | 15950 | 16650 | 17450 | 20200 |
| x AWD Sedan 4D | DV6AF | 35825 | 16200 | 16900 | 17750 | 20500 |
| **G37—V6—Equipment Schedule 1** | | | | | | |
| W.B. 112.2"; 3.7 Liter. | | | | | | |
| Coupe 2D | CV6EE | 36925 | 19950 | 20800 | 21400 | 24500 |
| Convertible 2D | CV6FE | 45375 | 24300 | 25200 | 25900 | 29600 |
| Journey Sedan 4D | CV6AE | 36925 | 18200 | 19000 | 19800 | 22900 |
| Journey Coupe 2D | CV6EE | 39525 | 20800 | 21600 | 22300 | 25500 |
| Sport Appearance Ed | CV6AE | 40075 | 20100 | 20900 | 21800 | 25200 |
| Sport Sedan 4D | CV6AE | 40325 | 20200 | 21000 | 21900 | 25300 |
| Sport Coupe 2D | CV6EE | 41275 | 21200 | 22100 | 22700 | 26000 |
| Sport Convertible 2D | CV6FE | 49825 | 25800 | 26900 | 27500 | 31400 |
| Limited Ed Sedan 4D | CV6AE | 44275 | 21800 | 22700 | 23600 | 27300 |

**EQUIPMENT & MILEAGE PAGE 9 TO 23**

# 2011 INFINITI

| Body Type | VIN | List | Trade-In Good | Very Good | Pvt-Party Good | Retail Excellent |
|---|---|---|---|---|---|---|
| x AWD Sedan 4D | CV6AF | 38525 | 19150 | 20000 | 20900 | 24100 |
| x AWD Coupe 2D | CV6EF | 41025 | 21000 | 21900 | 22500 | 25800 |
| x AWD Sport Appear | CV6AF | 41675 | 20800 | 21600 | 22500 | 26000 |
| **G IPL—V6—Equipment Schedule 1** | | | | | | |
| W.B. 112.2"; 3.7 Liter. | | | | | | |
| Coupe 2D | CV6EE | 50725 | 26500 | 27600 | 28300 | 32300 |
| **M37—V6—Equipment Schedule 1** | | | | | | |
| W.B. 114.2"; 3.7 Liter. | | | | | | |
| Sedan 4D | BY1AP | 47115 | 23200 | 24200 | 25100 | 29000 |
| x AWD Sedan 4D | BY1AR | 49265 | 23600 | 24500 | 25500 | 29500 |
| Premium Pkg | | | 800 | 800 | 1065 | 1065 |
| Technology Pkg | | | 1350 | 1350 | 1800 | 1800 |
| Sport Pkg | | | 1000 | 1000 | 1335 | 1335 |
| Sport Touring Pkg | | | 925 | 925 | 1235 | 1235 |
| Deluxe Touring Pkg | | | 925 | 925 | 1235 | 1235 |
| **M56—V8—Equipment Schedule 1** | | | | | | |
| W.B. 114.2"; 5.6 Liter. | | | | | | |
| Sedan 4D | AY1AP | 58415 | 25600 | 26600 | 27600 | 31900 |
| x AWD Sedan 4D | AY1AR | 62215 | 26500 | 27600 | 28600 | 33000 |
| Premium Pkg | | | 800 | 800 | 1065 | 1065 |
| Technology Pkg | | | 1350 | 1350 | 1800 | 1800 |
| Sport Pkg | | | 1000 | 1000 | 1335 | 1335 |
| Sport Touring Pkg | | | 925 | 925 | 1235 | 1235 |
| Deluxe Touring Pkg | | | 925 | 925 | 1235 | 1235 |

## 2012 INFINITI — (3orJ)N1(DV6AE)-C-#

| Body Type | VIN | List | Trade-In Good | Very Good | Pvt-Party Good | Retail Excellent |
|---|---|---|---|---|---|---|
| **G25—V6—Equipment Schedule 1** | | | | | | |
| W.B. 112.2"; 2.5 Liter. | | | | | | |
| Sedan 4D | DV6AE | 33295 | 17100 | 17850 | 18450 | 21100 |
| Journey Sedan 4D | DV6AE | 35695 | 18400 | 19200 | 19750 | 22600 |
| x AWD Sedan 4D | DV6AF | 37295 | 18550 | 19350 | 19950 | 22800 |
| **G37—V6—Equipment Schedule 1** | | | | | | |
| W.B. 112.2"; 3.7 Liter. | | | | | | |
| Coupe 2D | CV6EE | 38495 | 23500 | 24400 | 24900 | 28200 |
| Convertible 2D | CV6FE | 47295 | 27900 | 29000 | 29400 | 33300 |
| Journey Sedan 4D | CV6AE | 37095 | 20200 | 21000 | 21600 | 24700 |
| Journey Coupe 2D | CV6EE | 39945 | 24200 | 25100 | 25600 | 29000 |
| Sport Appearance 4D | CV6AE | 40245 | 21200 | 22100 | 22600 | 25800 |
| Sport Sedan 4D | CV6AE | 41495 | 21400 | 22300 | 22900 | 26100 |
| Sport Coupe 2D | CV6EE | 44695 | 25100 | 26100 | 26500 | 30000 |
| Sport Convertible 2D | CV6FE | 51745 | 28500 | 29700 | 30100 | 34100 |
| Limited Ed Sedan 4D | CV6AE | 45445 | 25100 | 26100 | 26700 | 30400 |
| x AWD Sedan 4D | CV6AF | 38695 | 21000 | 21800 | 22400 | 25600 |
| x AWD Coupe 2D | CV6EF | 41595 | 24900 | 25900 | 26300 | 29800 |
| x AWD Sport Appear | CV6AF | 41845 | 21900 | 22900 | 23400 | 26700 |
| **G IPL—V6—Equipment Schedule 1** | | | | | | |
| W.B. 112.2"; 3.7 Liter. | | | | | | |
| Coupe 2D | CV6EE | 52145 | 29700 | 30900 | 31300 | 35500 |
| **M35—V6 Hybrid—Equipment Schedule 1** | | | | | | |
| W.B. 114.2"; 3.5 Liter. | | | | | | |
| Sedan 4D | EY1AP | 54575 | 28100 | 29200 | 30000 | 34300 |
| Premium Pkg | | | 800 | 800 | 1065 | 1065 |
| Deluxe Touring Pkg | | | 950 | 950 | 1265 | 1265 |
| Technology Pkg | | | 1425 | 1425 | 1900 | 1900 |
| **M37—V6—Equipment Schedule 1** | | | | | | |
| W.B. 114.2"; 3.7 Liter. | | | | | | |
| Sedan 4D | BY1AP | 48575 | 27500 | 28600 | 29700 | 34000 |
| x AWD Sedan 4D | BY1AF | 50725 | 27900 | 29000 | 29700 | 34000 |
| Premium Pkg | | | 800 | 800 | 1065 | 1065 |
| Technology Pkg | | | 1425 | 1425 | 1900 | 1900 |
| Sport Pkg | | | 1000 | 1000 | 1335 | 1335 |
| Sport Touring Pkg | | | 950 | 950 | 1265 | 1265 |
| Deluxe Touring Pkg | | | 950 | 950 | 1265 | 1265 |
| **M56—V8—Equipment Schedule 1** | | | | | | |
| W.B. 114.2"; 5.6 Liter. | | | | | | |
| Sedan 4D | AY1AP | 59975 | 29800 | 31000 | 31800 | 36300 |
| x AWD Sedan 4D | AY1AF | 63775 | 30800 | 32000 | 32800 | 37400 |
| Technology Pkg | | | 1425 | 1425 | 1900 | 1900 |
| Sport Pkg | | | 1000 | 1000 | 1335 | 1335 |
| Sport Touring Pkg | | | 950 | 950 | 1265 | 1265 |
| Deluxe Touring Pkg | | | 950 | 950 | 1265 | 1265 |

# 2013 INFINITI

| Body Type | VIN | List | Trade-In Good | Very Good | Pvt-Party Good | Retail Excellent |
|---|---|---|---|---|---|---|

## 2013 INFINITI — (3orJ)N1(CV6FE)–D–#

**G37—V6—Equipment Schedule 1**
W.B. 112.2"; 3.7 Liter.

| Body Type | VIN | List | Good | Very Good | Good | Excellent |
|---|---|---|---|---|---|---|
| Convertible 2D | CV6FE | 48095 | 29700 | 30900 | 31200 | 35200 |
| Journey Sedan 4D | CV6AP | 37795 | 21400 | 22300 | 22900 | 26000 |
| Journey Coupe 2D | CV6EK | 41305 | 25600 | 26600 | 26900 | 30300 |
| Sport Sedan 4D | CV6AP | 42395 | 23500 | 24400 | 25000 | 28500 |
| Sport Coupe 2D | CV6EK | 46045 | 27300 | 28400 | 28700 | 32300 |
| Sport Convertible 2D | CV6FE | 52895 | 31800 | 33000 | 33300 | 37500 |
| x AWD Sedan 4D | CV6AR | 39395 | 22400 | 23400 | 23900 | 27200 |
| x AWD Coupe 2D | CV6EL | 42955 | 26400 | 27500 | 27800 | 31300 |

**G IPL—V6—Equipment Schedule 1**
W.B. 112.2"; 3.7 Liter.

| Body Type | VIN | List | Good | Very Good | Good | Excellent |
|---|---|---|---|---|---|---|
| Coupe 2D | CV6EK | 53295 | 31600 | 32800 | 33100 | 37300 |
| Convertible 2D | CV6FE | 61495 | 35400 | 36700 | 36800 | 41500 |

**M35—V6 Hybrid—Equipment Schedule 1**
W.B. 114.2"; 3.5 Liter.

| Body Type | VIN | List | Good | Very Good | Good | Excellent |
|---|---|---|---|---|---|---|
| Sedan 4D | EY1AP | 55655 | 31800 | 33000 | 33600 | 38200 |
| Premium Pkg | | | 800 | 800 | 1065 | 1065 |
| Technology Pkg | | | 1500 | 1500 | 2000 | 2000 |
| Touring Pkg | | | 975 | 975 | 1300 | 1300 |

**M37—V6—Equipment Schedule 1**
W.B. 114.2"; 3.7 Liter.

| Body Type | VIN | List | Good | Very Good | Good | Excellent |
|---|---|---|---|---|---|---|
| Sedan 4D | BY1AP | 49605 | 31100 | 32300 | 32900 | 37400 |
| x AWD Sedan 4D | BY1AR | 51755 | 31500 | 32700 | 33300 | 37800 |
| Premium Pkg | | | 800 | 800 | 1065 | 1065 |
| Sport Pkg | | | 1000 | 1000 | 1335 | 1335 |
| Technology Pkg | | | 1500 | 1500 | 2000 | 2000 |
| Touring Pkg | | | 975 | 975 | 1300 | 1300 |

**M56—V8—Equipment Schedule 1**
W.B. 114.2"; 5.6 Liter.

| Body Type | VIN | List | Good | Very Good | Good | Excellent |
|---|---|---|---|---|---|---|
| Sedan 4D | AY1AP | 62105 | 33500 | 34800 | 35300 | 40100 |
| x AWD Sedan 4D | AY1AR | 64605 | 34500 | 35800 | 36400 | 41300 |
| Sport Pkg | | | 1000 | 1000 | 1335 | 1335 |
| Technology Pkg | | | 1500 | 1500 | 2000 | 2000 |
| Touring Pkg | | | 975 | 975 | 1300 | 1300 |

# JAGUAR

## 1999 JAGUAR — SAJ(HX104)–X–#

**XJ8—V8—Equipment Schedule 1**
W.B. 113.0", 117.9" (L & Vanden Plas); 4.0 Liter.

| Body Type | VIN | List | Good | Very Good | Good | Excellent |
|---|---|---|---|---|---|---|
| Sedan 4D | HX104 | 55780 | 1575 | 1725 | 2400 | 3550 |
| L Sedan 4D | HX604 | 60830 | 1800 | 1975 | 2675 | 3975 |
| Vanden Plas Sedan 4D | KX604 | 64880 | 2400 | 2625 | 3500 | 5125 |
| Traction Control | | | 100 | 100 | 135 | 135 |

**XJR—V8 Supercharged—Equipment Schedule 1**
W.B. 113.0"; 4.0 Liter.

| Body Type | VIN | List | Good | Very Good | Good | Excellent |
|---|---|---|---|---|---|---|
| Sedan 4D | PX184 | 69030 | 2825 | 3125 | 4075 | 5925 |

**XK8—V8—Equipment Schedule 2**
W.B. 101.9"; 4.0 Liter.

| Body Type | VIN | List | Good | Very Good | Good | Excellent |
|---|---|---|---|---|---|---|
| Coupe 2D | GX504 | 66330 | 3300 | 3625 | 4875 | 6800 |
| Convertible 2D | GX204 | 71330 | 3150 | 3475 | 4450 | 6250 |
| Traction Control | | | 100 | 100 | 135 | 135 |

## 2000 JAGUAR — SAJ(DorJ)(A01C)–Y–#

**S-TYPE—V6—Equipment Schedule 1**
W.B. 114.5"; 3.0 Liter.

| Body Type | VIN | List | Good | Very Good | Good | Excellent |
|---|---|---|---|---|---|---|
| Sedan 4D | A01C | 44980 | 1475 | 1625 | 2250 | 3325 |
| Sport Pkg | | | 125 | 125 | 165 | 165 |

**S-TYPE—V8—Equipment Schedule 1**
W.B. 114.5"; 4.0 Liter.

| Body Type | VIN | List | Good | Very Good | Good | Excellent |
|---|---|---|---|---|---|---|
| Sedan 4D | A01D | 48580 | 1975 | 2175 | 2900 | 4250 |
| Sport Pkg | | | 125 | 125 | 165 | 165 |

**XJ8—V8—Equipment Schedule 1**
W.B. 113.0", 117.9" (L & Vanden Plas); 4.0 Liter.

| Body Type | VIN | List | Good | Very Good | Good | Excellent |
|---|---|---|---|---|---|---|
| Sedan 4D | A14C | 56245 | 1625 | 1800 | 2475 | 3675 |
| L Sedan 4D | A23C | 61295 | 1850 | 2025 | 2775 | 4100 |
| Vanden Plas Sedan 4D | A24C | 65345 | 2600 | 2850 | 3800 | 5550 |

# 2000 JAGUAR

| Body Type | VIN | List | Trade-In Good | Very Good | Pvt-Party Good | Retail Excellent |
|---|---|---|---|---|---|---|
| **XJR—V8 Supercharged—Equipment Schedule 1** | | | | | | |
| W.B. 113.0"; 4.0 Liter. | | | | | | |
| Sedan 4D | A15B | 69145 | 3200 | 3500 | 4625 | 6675 |
| **XJ8—V8 Supercharged—Equipment Schedule 1** | | | | | | |
| W.B. 117.9"; 4.0 Liter. | | | | | | |
| Vanden Plas Sedan 4D | A14B | 81245 | 6700 | 7125 | 8925 | 12000 |
| **XK8—V8—Equipment Schedule 2** | | | | | | |
| W.B. 101.9"; 4.0 Liter. | | | | | | |
| Coupe 2D | A41C | 66795 | 3750 | 4100 | 5225 | 7100 |
| Convertible 2D | A42C | 71795 | 3525 | 3850 | 4725 | 6450 |
| **XKR—V8 Supercharged—Equipment Schedule 2** | | | | | | |
| W.B. 101.9"; 4.0 Liter. | | | | | | |
| Coupe 2D | A41B | 77395 | 4825 | 5200 | 6050 | 7775 |
| Convertible 2D | A42B | 82395 | 4725 | 5100 | 5950 | 7650 |

## 2001 JAGUAR — SAJD(A01C)–1–#

| Body Type | VIN | List | Good | Very Good | Good | Excellent |
|---|---|---|---|---|---|---|
| **S-TYPE—V6—Equipment Schedule 1** | | | | | | |
| W.B. 114.5"; 3.0 Liter. | | | | | | |
| Sedan 4D | A01C | 46250 | 1775 | 1950 | 2550 | 3725 |
| Sport Pkg | | | 125 | 125 | 165 | 165 |
| **S-TYPE—V8—Equipment Schedule 1** | | | | | | |
| W.B. 114.5"; 4.0 Liter. | | | | | | |
| Sedan 4D | A01D | 49950 | 2250 | 2475 | 3175 | 4600 |
| Sport Pkg | | | 125 | 125 | 165 | 165 |
| **XJ8—V8—Equipment Schedule 1** | | | | | | |
| W.B. 113.0", 117.9" (L & Vanden Plas); 4.0 Liter. | | | | | | |
| Sedan 4D | A14C | 56950 | 1775 | 1950 | 2675 | 3975 |
| L Sedan 4D | A23C | 62950 | 2000 | 2200 | 2975 | 4400 |
| Vanden Plas Sedan 4D | A24C | 68250 | 2800 | 3100 | 4075 | 5950 |
| **XJR—V8 Supercharged—Equipment Schedule 1** | | | | | | |
| W.B. 113.0"; 4.0 Liter. | | | | | | |
| Sedan 4D | A15B | 69930 | 3475 | 3800 | 5175 | 7450 |
| **XJ8—V8 Supercharged—Equipment Schedule 1** | | | | | | |
| W.B. 117.9"; 4.0 Liter. | | | | | | |
| Vanden Plas Sedan 4D | A25B | 83950 | 7875 | 8350 | 9725 | 12400 |
| **XK8—V8—Equipment Schedule 2** | | | | | | |
| W.B. 101.9"; 4.0 Liter. | | | | | | |
| Coupe 2D | A41C | 69750 | 3900 | 4250 | 5325 | 7175 |
| Convertible 2D | A42C | 74750 | 3425 | 3750 | 4750 | 6425 |
| **XKR—V8 Supercharged—Equipment Schedule 2** | | | | | | |
| W.B. 101.9"; 4.0 Liter. | | | | | | |
| Coupe 2D | A41B | 80750 | 5575 | 5975 | 6825 | 8625 |
| Convertible 2D | A42B | 85750 | 5475 | 5875 | 6700 | 8500 |

## 2002 JAGUAR — SAJ-(A51D)–2–#

| Body Type | VIN | List | Good | Very Good | Good | Excellent |
|---|---|---|---|---|---|---|
| **X-TYPE AWD—V6—Equipment Schedule 2** | | | | | | |
| W.B. 106.7"; 2.5 Liter, 3.0 Liter. | | | | | | |
| 2.5L Sedan 4D | A51D | 34370 | 1925 | 2125 | 2800 | 4075 |
| 2.5L Sport Sedan 4D | A53D | 36370 | 2100 | 2300 | 3025 | 4400 |
| 3.0L Sedan 4D | A51C | 39095 | 2325 | 2550 | 3325 | 4825 |
| 3.0L Sport Sedan 4D | A53C | 41095 | 2625 | 2875 | 3725 | 5375 |
| Manual, 5-Spd | | | (325) | (325) | (435) | (435) |
| **S-TYPE—V6—Equipment Schedule 1** | | | | | | |
| W.B. 114.5"; 3.0 Liter. | | | | | | |
| Sedan 4D | A01C | 46320 | 1925 | 2125 | 2775 | 4025 |
| Sport | | | 675 | 675 | 900 | 900 |
| Manual, 5-Spd | | | (325) | (325) | (435) | (435) |
| **S-TYPE—V8—Equipment Schedule 1** | | | | | | |
| W.B. 114.5"; 4.0 Liter. | | | | | | |
| Sedan 4D | A01D | 49975 | 2400 | 2625 | 3400 | 4900 |
| Sport | | | 675 | 675 | 900 | 900 |
| **XJ8—V8—Equipment Schedule 1** | | | | | | |
| W.B. 113.0"; 4.0 Liter. | | | | | | |
| Sedan 4D | A14C | 56975 | 2150 | 2350 | 3025 | 4350 |
| **XJ SPORT—V8—Equipment Schedule 1** | | | | | | |
| W.B. 113.0"; 4.0 Liter. | | | | | | |
| Sedan 4D | A14C | 59975 | 2575 | 2825 | 3575 | 5100 |
| **VANDEN PLAS—V8—Equipment Schedule 1** | | | | | | |
| W.B. 117.9"; 4.0 Liter. | | | | | | |
| Sedan 4D | A24C | 68975 | 3300 | 3625 | 4675 | 6600 |
| **XJR—V8 Supercharged—Equipment Schedule 1** | | | | | | |
| W.B. 113.0"; 4.0 Liter. | | | | | | |

# 2002 JAGUAR

| Body Type | VIN | List | Trade-In Good | Very Good | Pvt-Party Good | Retail Excellent |
|---|---|---|---|---|---|---|
| Sedan 4D | A15B | 72475 | 4175 | 4525 | 5825 | 8125 |
| 100 Sedan 4D | A15B | | 5600 | 6000 | 7900 | 10950 |
| **XJ SUPER—V8 Supercharged**—Equipment Schedule 1 | | | | | | |
| W.B. 117.9"; 4.0 Liter. | | | | | | |
| Sedan 4D | A25B | 79975 | 8450 | 8950 | 10250 | 12900 |
| **XK8—V8**—Equipment Schedule 2 | | | | | | |
| W.B. 101.9"; 4.0 Liter. | | | | | | |
| Coupe 2D | A41C | 69975 | 4250 | 4600 | 5625 | 7450 |
| Convertible 2D | A42C | 74975 | 3700 | 4050 | 4975 | 6600 |
| **XKR—V8 Supercharged**—Equipment Schedule 2 | | | | | | |
| W.B. 101.9"; 4.0 Liter. | | | | | | |
| Coupe 2D | A41B | 82975 | 5950 | 6350 | 7250 | 9175 |
| Convertible 2D | A42B | 87975 | 5850 | 6250 | 7150 | 9050 |
| 100 Coupe 2D | A41B | 84000 | **** | **** | **** | 21900 |
| 100 Convertible 2D | A42B | 86975 | **** | **** | **** | 21600 |

## 2003 JAGUAR — SAJ-(A51D)-3-#

**X-TYPE AWD—V6**—Equipment Schedule 2
W.B. 106.7"; 2.5 Liter, 3.0 Liter.

| Body Type | VIN | List | Good | Very Good | Good | Excellent |
|---|---|---|---|---|---|---|
| 2.5L Sedan 4D | A51D | 29950 | 1950 | 2150 | 2800 | 4100 |
| 3.0L Sedan 4D | A51C | 36950 | 2525 | 2775 | 3575 | 5150 |
| Sport Pkg | | | 575 | 575 | 765 | 765 |
| Manual, 5-Spd | | | (375) | (375) | (500) | (500) |
| **S-TYPE—V6**—Equipment Schedule 1 | | | | | | |
| W.B. 114.5"; 3.0 Liter. | | | | | | |
| Sedan 4D | A01T | 44975 | 1950 | 2150 | 2650 | 3775 |
| Sport Pkg | | | 750 | 750 | 1000 | 1000 |
| Manual, 5-Spd | | | (375) | (375) | (500) | (500) |
| V8, 4.2 Liter | U | | 475 | 475 | 635 | 635 |
| **S-TYPE R—V8 Supercharged**—Equipment Schedule 1 | | | | | | |
| W.B. 114.5"; 4.2 Liter. | | | | | | |
| Sedan 4D | A03V | 62400 | 3925 | 4275 | 5525 | 7575 |
| **XJ8—V8**—Equipment Schedule 1 | | | | | | |
| W.B. 113.0"; 4.0 Liter. | | | | | | |
| Sedan 4D | A14C | 56975 | 2725 | 3025 | 3750 | 5325 |
| **XJ SPORT—V8**—Equipment Schedule 1 | | | | | | |
| W.B. 113.0"; 4.0 Liter. | | | | | | |
| Sedan 4D | A12C | 59975 | 3150 | 3450 | 4300 | 6075 |
| **VANDEN PLAS—V8**—Equipment Schedule 1 | | | | | | |
| W.B. 117.9"; 4.0 Liter. | | | | | | |
| Sedan 4D | A24C | 68975 | 3950 | 4300 | 5500 | 7675 |
| **XJR—V8 Supercharged**—Equipment Schedule 1 | | | | | | |
| W.B. 113.0"; 4.0 Liter. | | | | | | |
| Sedan 4D | A15B | 72475 | 5075 | 5450 | 6950 | 9625 |
| **XJ SUPER—V8**—Equipment Schedule 1 | | | | | | |
| W.B. 117.9"; 4.0 Liter. | | | | | | |
| Sedan 4D | A25B | 79975 | 10200 | 10750 | 12300 | 15500 |
| **XK8—V8**—Equipment Schedule 2 | | | | | | |
| W.B. 101.9"; 4.2 Liter. | | | | | | |
| Coupe 2D | A41C | 69975 | 5025 | 5425 | 6475 | 8375 |
| Convertible 2D | A42C | 74975 | 4550 | 4925 | 5825 | 7575 |
| **XKR—V8 Supercharged**—Equipment Schedule 2 | | | | | | |
| W.B. 101.9"; 4.2 Liter. | | | | | | |
| Coupe 2D | A41B | 81975 | 7350 | 7825 | 8900 | 11150 |
| Convertible 2D | A42B | 86975 | 7250 | 7700 | 8775 | 11000 |
| Handling Pkg | | | 1350 | 1350 | 1800 | 1800 |

## 2004 JAGUAR — SAJ-(WA51D)-4-#

**X-TYPE AWD—V6**—Equipment Schedule 2
W.B. 106.7"; 2.5 Liter, 3.0 Liter.

| Body Type | VIN | List | Good | Very Good | Good | Excellent |
|---|---|---|---|---|---|---|
| 2.5L Sedan 4D | WA51D | 30520 | 2150 | 2350 | 2975 | 4250 |
| 3.0L Sedan 4D | WA51C | 33995 | 2750 | 3050 | 3750 | 5275 |
| Sport Pkg | | | 625 | 625 | 835 | 835 |
| Manual, 5-Spd | | | (400) | (400) | (535) | (535) |
| **S-TYPE—V6**—Equipment Schedule 1 | | | | | | |
| W.B. 114.5"; 3.0 Liter. | | | | | | |
| Sedan 4D | WA01T | 44995 | 1850 | 2050 | 2775 | 3975 |
| Sport Pkg | | | 800 | 800 | 1065 | 1065 |
| Manual, 5-Spd | | | (400) | (400) | (535) | (535) |
| V8, 4.2 Liter | | | 500 | 500 | 665 | 665 |

**S-TYPE R—V8 Supercharged**—Equipment Schedule 1
W.B. 114.5"; 4.2 Liter.

# 2004 JAGUAR

| Body Type | VIN | List | Trade-In Good | Very Good | Pvt-Party Good | Retail Excellent |
|---|---|---|---|---|---|---|
| Sedan 4D | WA03V | 63120 | 4350 | 4725 | 6225 | 8625 |
| **XJ8—V8—Equipment Schedule 1** | | | | | | |
| W.B. 119.4"; 4.2 Liter. | | | | | | |
| Sedan 4D | WA71C | 59995 | 3675 | 4000 | 4900 | 6675 |
| **VANDEN PLAS—V8—Equipment Schedule 1** | | | | | | |
| W.B. 119.4"; 4.2 Liter. | | | | | | |
| Sedan 4D | WA74C | 68995 | 5300 | 5700 | 7125 | 9575 |
| **XJR—V8 Supercharged—Equipment Schedule 1** | | | | | | |
| W.B. 119.4"; 4.2 Liter. | | | | | | |
| Sedan 4D | WA73B | 74995 | 6200 | 6625 | 8225 | 11000 |
| **XK8—V8—Equipment Schedule 2** | | | | | | |
| W.B. 101.9"; 4.2 Liter. | | | | | | |
| Coupe 2D | WA41C | 69995 | 5750 | 6175 | 7175 | 9150 |
| Convertible 2D | WA42C | 74995 | 5125 | 5500 | 6375 | 8150 |
| **XKR—V8 Supercharged—Equipment Schedule 2** | | | | | | |
| W.B. 101.9"; 4.2 Liter. | | | | | | |
| Coupe 2D | WA41B | 82995 | 8625 | 9125 | 10050 | 12300 |
| Convertible 2D | WA42B | 87995 | 8525 | 9025 | 9950 | 12150 |
| Handling Pkg | | | 1450 | 1450 | 1935 | 1935 |

## 2005 JAGUAR — SAJD(WA51D)-5-#

| Body Type | VIN | List | Good | Very Good | Good | Excellent |
|---|---|---|---|---|---|---|
| **X-TYPE AWD—V6—Equipment Schedule 2** | | | | | | |
| W.B. 106.7"; 2.5 Liter, 3.0 Liter. | | | | | | |
| 2.5L Sedan 4D | WA51D | 32245 | 2400 | 2650 | 3350 | 4650 |
| 3.0L Sedan 4D | WA51C | 34995 | 2875 | 3200 | 4100 | 5625 |
| 3.0L Wagon 4D | WA54C | 36995 | 4150 | 4500 | 5675 | 7675 |
| Sport Pkg | | | 675 | 675 | 900 | 900 |
| VDP Edition | | | 1125 | 1125 | 1500 | 1500 |
| Manual, 5-Spd | | | (450) | (450) | (600) | (600) |
| **S-TYPE—V6—Equipment Schedule 1** | | | | | | |
| W.B. 114.5"; 3.0 Liter. | | | | | | |
| Sedan 4D | WA01T | 45995 | 3450 | 3775 | 4875 | 6700 |
| Sport Pkg | | | 875 | 875 | 1165 | 1165 |
| VDP Edition | | | 975 | 975 | 1300 | 1300 |
| V8, 4.2 Liter | | | 600 | 600 | 800 | 800 |
| **S-TYPE R—V8 Supercharged—Equipment Schedule 1** | | | | | | |
| W.B. 114.5"; 4.2 Liter. | | | | | | |
| Sedan 4D | WA03V | 58995 | 7225 | 7700 | 9925 | 13350 |
| **XJ8—V8—Equipment Schedule 1** | | | | | | |
| W.B. 119.4", 124.4" (L); 4.2 Liter. | | | | | | |
| Sedan 4D | WA71C | 61495 | 5675 | 6075 | 7200 | 9175 |
| L Sedan 4D | WA79C | 63495 | 6800 | 7250 | 8475 | 10750 |
| **VANDEN PLAS—V8—Equipment Schedule 1** | | | | | | |
| W.B. 124.4"; 4.2 Liter. | | | | | | |
| Sedan 4D | WA82C | 70995 | 8600 | 9100 | 10650 | 13450 |
| **XJR—V8 Supercharged—Equipment Schedule 1** | | | | | | |
| W.B. 119.4"; 4.2 Liter. | | | | | | |
| Sedan 4D | WA73B | 75995 | 10300 | 10850 | 12650 | 15900 |
| **XJ SUPER—V8 Supercharged—Equipment Schedule 1** | | | | | | |
| W.B. 124.4"; 4.2 Liter. | | | | | | |
| Sedan 4D | WA82B | 89995 | 15800 | 16550 | 18600 | 22800 |
| **XK8—V8—Equipment Schedule 2** | | | | | | |
| W.B. 101.9"; 4.2 Liter. | | | | | | |
| Coupe 2D | DA41C | 70495 | 7075 | 7525 | 8725 | 10900 |
| Convertible 2D | DA42C | 75495 | 6400 | 6850 | 7950 | 9975 |
| **XKR—V8 Supercharged—Equipment Schedule 2** | | | | | | |
| W.B. 101.9"; 4.2 Liter. | | | | | | |
| Coupe 2D | DA41B | 82995 | 11450 | 12050 | 13600 | 16550 |
| Convertible 2D | DA42B | 87995 | 10950 | 11550 | 13050 | 15900 |
| Handling Pkg | | | 1525 | 1525 | 2035 | 2035 |

## 2006 JAGUAR — SAJ-(WA51A)-6-#

| Body Type | VIN | List | Good | Very Good | Good | Excellent |
|---|---|---|---|---|---|---|
| **X-TYPE AWD—V6—Equipment Schedule 2** | | | | | | |
| W.B. 106.7"; 3.0 Liter. | | | | | | |
| 3.0L Sedan 4D | WA51A | 32995 | 3775 | 4125 | 5000 | 6625 |
| 3.0L Wagon 4D | WA54A | 36995 | 4875 | 5250 | 6525 | 8550 |
| Sport Pkg | | | 725 | 725 | 965 | 965 |
| VDP Edition | | | 1225 | 1225 | 1635 | 1635 |
| **S-TYPE—V6—Equipment Schedule 1** | | | | | | |
| W.B. 114.5"; 3.0 Liter. | | | | | | |
| Sedan 4D | WA01A | 45995 | 4350 | 4725 | 6050 | 8075 |
| VDP Edition | | | 1050 | 1050 | 1400 | 1400 |

**142   DEDUCT FOR RECONDITIONING**

# 2006 JAGUAR

| Body Type | VIN | List | Trade-In Good | Very Good | Pvt-Party Good | Retail Excellent |
|---|---|---|---|---|---|---|
| V8, 4.2 Liter | B | | 700 | 700 | 935 | 935 |

**S-TYPE R—V8 Supercharged—Equipment Schedule 1**
W.B. 114.5"; 4.2 Liter.

| | | | | | | |
|---|---|---|---|---|---|---|
| Sedan 4D | WA03C | 63995 | 8575 | 9075 | 11350 | 14950 |

**XJ8—V8—Equipment Schedule 1**
W.B. 119.4", 124.4" (L); 4.2 Liter.

| | | | | | | |
|---|---|---|---|---|---|---|
| Sedan 4D | WA71B | 62495 | 7500 | 7975 | 9250 | 11600 |
| L Sedan 4D | WA79B | 64995 | 9725 | 10250 | 11750 | 14700 |

**VANDEN PLAS—V8—Equipment Schedule 1**
W.B. 124.4"; 4.2 Liter.

| | | | | | | |
|---|---|---|---|---|---|---|
| Sedan 4D | WA82B | 74995 | 10600 | 11150 | 12900 | 16100 |

**XJR—V8 Supercharged—Equipment Schedule 1**
W.B. 119.4"; 4.2 Liter.

| | | | | | | |
|---|---|---|---|---|---|---|
| Sedan 4D | WA73C | 79995 | 12200 | 12800 | 14650 | 18250 |

**XJ SUPER—V8 Supercharged—Equipment Schedule 1**
W.B. 124.4"; 4.2 Liter.

| | | | | | | |
|---|---|---|---|---|---|---|
| Sedan 4D | WA82C | 91995 | 17950 | 18750 | 20700 | 25100 |
| Portfolio Sedan 4D | WA86C | 115995 | 28900 | 30100 | 32900 | 39700 |

**XK8—V8—Equipment Schedule 2**
W.B. 101.9"; 4.2 Liter.

| | | | | | | |
|---|---|---|---|---|---|---|
| Coupe 2D | DA41C | 70495 | 8525 | 9025 | 10350 | 12850 |
| Convertible 2D | DA42C | 75495 | 7825 | 8300 | 9600 | 11900 |

**XKR—V8 Supercharged—Equipment Schedule 2**
W.B. 101.9"; 4.2 Liter.

| | | | | | | |
|---|---|---|---|---|---|---|
| Coupe 2D | DA41B | 82995 | 13850 | 14500 | 15750 | 18750 |
| Convertible 2D | DA42B | 87995 | 13450 | 14100 | 15350 | 18250 |
| Handling Pkg | | | 1625 | 1625 | 2165 | 2165 |

# 2007 JAGUAR — SAJ-(WA51A)-7-#

**X-TYPE AWD—V6—Equipment Schedule 2**
W.B. 106.7"; 3.0 Liter.

| | | | | | | |
|---|---|---|---|---|---|---|
| 3.0L Sedan 4D | WA51A | 34995 | 5100 | 5475 | 6300 | 8050 |
| 3.0L Wagon 4D | WA54A | 39995 | 6225 | 6650 | 7800 | 9875 |
| Luxury Pkg | | | 400 | 400 | 535 | 535 |

**S-TYPE—V6—Equipment Schedule 1**
W.B. 114.5"; 3.0 Liter.

| | | | | | | |
|---|---|---|---|---|---|---|
| Sedan 4D | WA01A | 49000 | 6050 | 6475 | 7625 | 9725 |
| V8, 4.2 Liter | B | | 800 | 800 | 1065 | 1065 |

**S-TYPE R—V8 Supercharged—Equipment Schedule 1**
W.B. 114.5"; 4.2 Liter.

| | | | | | | |
|---|---|---|---|---|---|---|
| Sedan 4D | WA03C | 64000 | 11200 | 11750 | 13750 | 17300 |

**XJ8—V8—Equipment Schedule 1**
W.B. 119.4", 124.4" (L); 4.2 Liter.

| | | | | | | |
|---|---|---|---|---|---|---|
| Sedan 4D | WA71B | 64250 | 9650 | 10200 | 11200 | 13500 |
| L Sedan 4D | WA79B | 67750 | 11600 | 12200 | 13400 | 16100 |

**VANDEN PLAS—V8—Equipment Schedule 1**
W.B. 124.4"; 4.2 Liter.

| | | | | | | |
|---|---|---|---|---|---|---|
| Sedan 4D | WA82B | 75500 | 12450 | 13050 | 14400 | 17300 |

**XJR—V8 Supercharged—Equipment Schedule 1**
W.B. 119.4"; 4.2 Liter.

| | | | | | | |
|---|---|---|---|---|---|---|
| Sedan 4D | WA73C | 81500 | 14000 | 14650 | 16100 | 19300 |

**XJ SUPER—V8 Supercharged—Equipment Schedule 1**
W.B. 124.4"; 4.2 Liter.

| | | | | | | |
|---|---|---|---|---|---|---|
| Sedan 4D | WA82C | 92000 | 22500 | 23500 | 24500 | 28400 |

**XK—V8—Equipment Schedule 2**
W.B. 108.3"; 4.2 Liter.

| | | | | | | |
|---|---|---|---|---|---|---|
| Coupe 2D | WA43B | 75500 | 15050 | 15750 | 17050 | 20300 |
| Convertible 2D | WA44B | 81500 | 17250 | 18000 | 19450 | 23100 |
| Luxury Pkg | | | 1200 | 1200 | 1600 | 1600 |

**XKR—V8 Supercharged—Equipment Schedule 2**
W.B. 108.3"; 4.2 Liter.

| | | | | | | |
|---|---|---|---|---|---|---|
| Coupe 2D | WA43C | 86500 | 18800 | 19600 | 20200 | 23200 |
| Convertible 2D | WA44C | 92500 | 20200 | 21000 | 21700 | 24800 |
| Luxury Pkg | | | 1200 | 1200 | 1600 | 1600 |

# 2008 JAGUAR — SAJ-(A51A)-8-#

**X-TYPE AWD—V6—Equipment Schedule 2**
W.B. 106.7"; 3.0 Liter.

| | | | | | | |
|---|---|---|---|---|---|---|
| 3.0L Sedan 4D | WA51A | 35725 | 6075 | 6500 | 7275 | 8925 |
| 3.0L Wagon 4D | WA54A | 39995 | 7425 | 7900 | 8825 | 10800 |
| Luxury Pkg | | | 425 | 425 | 565 | 565 |

# 2008 JAGUAR

| Body Type | VIN | List | Trade-In Good | Very Good | Pvt-Party Good | Retail Excellent |
|---|---|---|---|---|---|---|
| **S-TYPE—V6—Equipment Schedule 1** | | | | | | |
| W.B. 114.5"; 3.0 Liter. | | | | | | |
| Sedan 4D | WA01A | 50000 | 10150 | 10700 | 11800 | 14300 |
| V8, 4.2 Liter | B | | 900 | 900 | 1200 | 1200 |
| **S-TYPE R—V8 Supercharged—Equipment Schedule 1** | | | | | | |
| W.B. 114.5"; 4.2 Liter. | | | | | | |
| Sedan 4D | WA03C | 66000 | 14700 | 15350 | 16950 | 20400 |
| Luxury Pkg | | | 400 | 400 | 535 | 535 |
| **XJ8—V8—Equipment Schedule 1** | | | | | | |
| W.B. 119.4", 124.4" (L); 4.2 Liter. | | | | | | |
| Sedan 4D | WA71B | 65500 | 14250 | 14900 | 16100 | 19050 |
| L Sedan 4D | WA79B | 69000 | 17900 | 18650 | 20000 | 23600 |
| **VANDEN PLAS—V8—Equipment Schedule 1** | | | | | | |
| W.B. 124.4"; 4.2 Liter. | | | | | | |
| Sedan 4D | WA82B | 77750 | 18700 | 19550 | 20900 | 24700 |
| **XJR—V8 Supercharged—Equipment Schedule 1** | | | | | | |
| W.B. 119.4"; 4.2 Liter. | | | | | | |
| Sedan 4D | WA73C | 85250 | 21400 | 22300 | 23800 | 28100 |
| **XJ SUPER—V8 Supercharged—Equipment Schedule 1** | | | | | | |
| W.B. 124.4"; 4.2 Liter. | | | | | | |
| Sedan 4D | WA82C | 95750 | 26100 | 27100 | 28400 | 33000 |
| **XK—V8—Equipment Schedule 2** | | | | | | |
| W.B. 108.3"; 4.2 Liter. | | | | | | |
| Coupe 2D | WA43B | 76500 | 18500 | 19300 | 20600 | 24300 |
| Convertible 2D | WA44B | 82500 | 21000 | 21900 | 23200 | 27300 |
| Luxury Pkg | | | 1275 | 1275 | 1700 | 1700 |
| **XKR—V8 Supercharged—Equipment Schedule 2** | | | | | | |
| W.B. 108.3"; 4.2 Liter. | | | | | | |
| Coupe 2D | WA43C | 87700 | 21400 | 22300 | 22900 | 26200 |
| Portfolio Coupe 2D | WA45C | 99700 | 29100 | 30300 | 31100 | 35500 |
| Convertible 2D | WA44C | 93700 | 23300 | 24300 | 24900 | 28500 |
| Portfolio Conv 2D | WA46C | 104800 | 29500 | 30700 | 31500 | 36000 |
| Luxury Pkg | | | 1275 | 1275 | 1700 | 1700 |

## 2009 JAGUAR — SAJ-(WA05B)-9-#

| Body Type | VIN | List | Trade-In Good | Very Good | Pvt-Party Good | Retail Excellent |
|---|---|---|---|---|---|---|
| **XF—V8—Equipment Schedule 1** | | | | | | |
| W.B. 114.5"; 4.2 Liter. | | | | | | |
| Luxury Sedan 4D | WA05B | 49975 | 16950 | 17700 | 18900 | 22300 |
| Prem Luxury Sed 4D | WA06B | 55975 | 18450 | 19250 | 20500 | 24200 |
| **XF—V8 Supercharged—Equipment Schedule 1** | | | | | | |
| W.B. 114.5"; 4.2 Liter. | | | | | | |
| Sedan 4D | WA07C | 62975 | 22700 | 23700 | 25100 | 29500 |
| **XJ8—V8—Equipment Schedule 1** | | | | | | |
| W.B. 119.4", 124.4" (L); 4.2 Liter. | | | | | | |
| Sedan 4D | WA71B | 66475 | 16500 | 17250 | 18450 | 21800 |
| L Sedan 4D | WA79B | 69975 | 20100 | 20900 | 22300 | 26200 |
| **VANDEN PLAS—V8—Equipment Schedule 1** | | | | | | |
| W.B. 124.4"; 4.2 Liter. | | | | | | |
| Sedan 4D | WA82B | 76850 | 20800 | 21600 | 23000 | 27100 |
| **XJR—V8 Supercharged—Equipment Schedule 1** | | | | | | |
| W.B. 119.4"; 4.2 Liter. | | | | | | |
| Sedan 4D | WA73C | 84350 | 23400 | 24300 | 25800 | 30400 |
| **XJ SUPER—V8 Supercharged—Equipment Schedule 1** | | | | | | |
| W.B. 124.4"; 4.2 Liter. | | | | | | |
| Sedan 4D | WA82C | 94850 | 30100 | 31300 | 32100 | 36700 |
| Portfolio Sedan 4D | WA86C | 105000 | 42800 | 44400 | 45200 | 51600 |
| **XK—V8—Equipment Schedule 2** | | | | | | |
| W.B. 108.3"; 4.2 Liter. | | | | | | |
| Coupe 2D | WA43B | 77775 | 22200 | 23200 | 24100 | 28000 |
| Convertible 2D | WA44B | 83775 | 24500 | 25500 | 26500 | 30700 |
| Luxury Pkg | | | 1350 | 1350 | 1800 | 1800 |
| **XKR—V8 Supercharged—Equipment Schedule 2** | | | | | | |
| W.B. 108.3"; 4.2 Liter. | | | | | | |
| Coupe 2D | WA43C | 88175 | 28500 | 29700 | 30100 | 34100 |
| Portfolio Coupe 2D | WA45C | 95975 | 36400 | 37800 | 38200 | 43200 |
| Convertible 2D | WA44C | 94175 | 30400 | 31600 | 32100 | 36300 |
| Portfolio Conv 2D | WA46C | 101975 | 36800 | 38200 | 38600 | 43600 |
| Luxury Pkg | | | 1350 | 1350 | 1800 | 1800 |

## 2010 JAGUAR — SAJ-(WA0FA)-A-#

**XF—V8—Equipment Schedule 1**
W.B. 114.5"; 4.2 Liter, 5.0 Liter (Premium).

**144    DEDUCT FOR RECONDITIONING**

# 2010 JAGUAR

| Body Type | VIN | List | Trade-In Good | Very Good | Pvt-Party Good | Retail Excellent |
|---|---|---|---|---|---|---|
| Sports Sedan 4D | WA0FA | 52000 | 21400 | 22300 | 23500 | 27500 |
| Premium Sedan 4D | WA0GB | 57000 | 22900 | 23900 | 25100 | 29400 |
| **XF—V8 Supercharged**—Equipment Schedule 1 | | | | | | |
| W.B. 114.5"; 5.0 Liter. | | | | | | |
| Sports Sedan 4D | WA0HE | 68000 | 27100 | 28200 | 29600 | 34600 |
| **XFR—V8 Supercharged**—Equipment Schedule 1 | | | | | | |
| W.B. 114.5"; 5.0 Liter. | | | | | | |
| Sports Sedan 4D | WA0JC | 80000 | 35700 | 37000 | 38700 | 45100 |
| **XK—V8**—Equipment Schedule 2 | | | | | | |
| W.B. 108.3"; 5.0 Liter. | | | | | | |
| Coupe 2D | WA4DB | 83000 | 32500 | 33800 | 34300 | 39000 |
| Convertible 2D | WA4EB | 89000 | 34800 | 36100 | 36700 | 41600 |
| **XKR—V8 Supercharged**—Equipment Schedule 2 | | | | | | |
| W.B. 108.3"; 5.0 Liter. | | | | | | |
| Coupe 2D | WA4DC | 96000 | 34800 | 36100 | 36600 | 41500 |
| Convertible 2D | WA4EC | 102000 | 36800 | 38200 | 38600 | 43700 |

## 2011 JAGUAR — SAJ-(WA0FB)-B-#

**XF—V8**—Equipment Schedule 1
W.B. 114.5"; 5.0 Liter.

| Body Type | VIN | List | Good | Very Good | Pvt-Party Good | Retail Excellent |
|---|---|---|---|---|---|---|
| Sports Sedan 4D | WA0FB | 53000 | 23500 | 24400 | 25700 | 29900 |
| Premium Sedan 4D | WA0GB | 57000 | 25000 | 26000 | 27300 | 31800 |
| **XF—V8 Supercharged**—Equipment Schedule 1 | | | | | | |
| W.B. 114.5"; 5.0 Liter. | | | | | | |
| Sports Sedan 4D | WA0HE | 68000 | 29100 | 30300 | 31700 | 36900 |
| **XFR—V8 Supercharged**—Equipment Schedule 1 | | | | | | |
| W.B. 114.5"; 5.0 Liter. | | | | | | |
| Sports Sedan 4D | WA0JC | 80000 | 38700 | 40200 | 41900 | 48600 |
| **XJ—V8**—Equipment Schedule 2 | | | | | | |
| W.B. 119.4", 124.3" (XJL); 5.0 Liter. | | | | | | |
| XJ Sedan 4D | WA1CB | 72500 | 30700 | 31900 | 32700 | 37300 |
| XJL Sedan 4D | WA2CB | 79500 | 34000 | 35300 | 36000 | 41100 |
| Luxury Pkg | | | 1500 | 1500 | 2000 | 2000 |
| **XJ—V8 Supercharged**—Equipment Schedule 2 | | | | | | |
| W.B. 119.4", 124.3" (XJL); 5.0 Liter. | | | | | | |
| XJ Sedan 4D | WA1GE | 87500 | 39500 | 41000 | 41800 | 47600 |
| XJL Sedan 4D | WA2GE | 90500 | 41700 | 43200 | 44000 | 50100 |
| **XJ SUPERSPORT—V8 Supercharged**—Equipment Schedule 2 | | | | | | |
| W.B. 119.4", 124.3" (XJL); 5.0 Liter. | | | | | | |
| XJ Sedan 4D | WA1JC | 110000 | 51700 | 53600 | 54600 | 62200 |
| XJL Sedan 4D | WA2JC | 113000 | 57500 | 59500 | 60500 | 68900 |
| **XK—V8**—Equipment Schedule 2 | | | | | | |
| W.B. 108.3"; 5.0 Liter. | | | | | | |
| Coupe 2D | WA4FB | 83000 | 35700 | 37000 | 36800 | 41000 |
| Convertible 2D | WA4GB | 89000 | 38000 | 39400 | 39100 | 43600 |
| **XKR—V8 Supercharged**—Equipment Schedule 2 | | | | | | |
| W.B. 108.3"; 5.0 Liter. | | | | | | |
| Coupe 2D | WA4DC | 96000 | 44400 | 46000 | 45500 | 50500 |
| Convertible 2D | WA4EC | 102000 | 46100 | 47700 | 47500 | 52700 |
| **XKR175—V8 Supercharged**—Equipment Schedule 2 | | | | | | |
| W.B. 108.3"; 5.0 Liter. | | | | | | |
| 75th Anniv Coupe | WA4DC | 105500 | 60100 | 62200 | 61500 | 68200 |

## 2012 JAGUAR — SAJ-(WA0FB)-C-#

**XF—V8**—Equipment Schedule 1
W.B. 114.5"; 5.0 Liter.

| Body Type | VIN | List | Good | Very Good | Pvt-Party Good | Retail Excellent |
|---|---|---|---|---|---|---|
| Sedan 4D | WA0FB | 53875 | 27000 | 28100 | 29300 | 34000 |
| Portfolio Sedan 4D | WA0GB | 59875 | 31400 | 32600 | 34000 | 39400 |
| **XF—V8 Supercharged**—Equipment Schedule 1 | | | | | | |
| W.B. 114.5"; 5.0 Liter. | | | | | | |
| Sedan 4D | WA0HE | 68975 | 32700 | 34000 | 35400 | 41000 |
| **XFR—V8 Supercharged**—Equipment Schedule 1 | | | | | | |
| W.B. 114.5"; 5.0 Liter. | | | | | | |
| Sedan 4D | WA0JC | 82875 | 43600 | 45200 | 46800 | 54200 |
| **XJ—V8**—Equipment Schedule 2 | | | | | | |
| W.B. 119.4", 124.3" (XJL); 5.0 Liter. | | | | | | |
| XJ Sedan 4D | WA1CB | 74575 | 38900 | 40400 | 40200 | 44800 |
| XJL Portfolio Sedan | WA2CB | 81575 | 43400 | 45000 | 44700 | 49800 |
| **XJ—V8 Supercharged**—Equipment Schedule 2 | | | | | | |
| W.B. 119.4", 124.3" (XJL); 5.0 Liter. | | | | | | |
| XJ Sedan 4D | WA1GE | 89475 | 48000 | 49800 | 49700 | 55300 |
| XJL Sedan 4D | WA2GE | 92475 | 50500 | 52300 | 52100 | 58100 |

## 2012 JAGUAR

| Body Type | VIN | List | Trade-In Good | Very Good | Pvt-Party Good | Retail Excellent |
|---|---|---|---|---|---|---|
| **XJ SUPERSPORT—V8 Supercharged**—Equipment Schedule 2 | | | | | | |
| W.B. 119.4", 124.3" (XJL); 5.0 Liter. | | | | | | |
| XJ Sedan 4D | WA1JC | 112075 | 60000 | 62100 | 61600 | 68600 |
| XJL Sedan 4D | WA2JC | 118575 | 65700 | 68000 | 67400 | 75000 |
| **XK—V8**—Equipment Schedule 2 | | | | | | |
| W.B. 108.3"; 5.0 Liter. | | | | | | |
| Coupe 2D | WA4FB | 85375 | 44800 | 46400 | 46100 | 51400 |
| Convertible 2D | WA4GB | 91375 | 47100 | 48800 | 48400 | 53900 |
| **XKR—V8 Supercharged**—Equipment Schedule 2 | | | | | | |
| W.B. 108.3"; 5.0 Liter. | | | | | | |
| Coupe 2D | WA4DC | 98375 | 54000 | 55900 | 56400 | 63600 |
| Convertible 2D | WA4EC | 104375 | 56000 | 58000 | 58400 | 65900 |
| **XKR-S—V8 Supercharged**—Equipment Schedule 2 | | | | | | |
| W.B. 108.3"; 5.0 Liter. | | | | | | |
| Coupe 2D | WA4HA | 132875 | 83900 | 86700 | 86700 | 97700 |
| Convertible 2D | WA4JA | 138875 | 85800 | 88700 | 88800 | 99900 |
| **2013 JAGUAR — SAJ-(WA0E7)-D-#** | | | | | | |
| **XF—V6 Supercharged**—Equipment Schedule 2 | | | | | | |
| W.B. 114.5"; 3.0 Liter. | | | | | | |
| Sedan 4D | WA0E7 | 50875 | 34000 | 35300 | 35900 | 40700 |
| AWD | J | | 1425 | 1425 | 1900 | 1900 |
| 4-Cyl, Turbo, 2.0 Liter | S | | (1400) | (1400) | (1865) | (1865) |
| **XJ—V6 Supercharged**—Equipment Schedule 2 | | | | | | |
| W.B. 119.4"; 3.0 Liter. | | | | | | |
| XJ Sedan 4D | WA1C7 | 74075 | 51400 | 53200 | 53800 | 60700 |
| AWD | J | | 1425 | 1425 | 1900 | 1900 |
| **XJ—V8**—Equipment Schedule 2 | | | | | | |
| W.B. 124.3"; 5.0 Liter. | | | | | | |
| XJL Portfolio Sedan | WA2GB | 82075 | 55900 | 57900 | 58300 | 65800 |
| AWD | J | | 1425 | 1425 | 1900 | 1900 |
| V6, Supercharged, 3.0L | D | | 975 | 975 | 1300 | 1300 |

# KIA

## 1999 KIA — KNA(FB121)-X-#

| Body Type | VIN | List | Good | Very Good | Good | Excellent |
|---|---|---|---|---|---|---|
| **SEPHIA—4-Cyl.**—Equipment Schedule 6 | | | | | | |
| W.B. 100.8"; 1.8 Liter. | | | | | | |
| Sedan 4D | FB121 | 11605 | 550 | 625 | 1275 | 2100 |
| LS Sedan 4D | FB121 | 12345 | 700 | 775 | 1500 | 2500 |

## 2000 KIA — KNA(FA121)-Y-#

| | | | | | | |
|---|---|---|---|---|---|---|
| **SEPHIA—4-Cyl.**—Equipment Schedule 6 | | | | | | |
| W.B. 100.8"; 1.8 Liter. | | | | | | |
| Sedan 4D | FA121 | 11605 | 575 | 650 | 1300 | 2175 |
| LS Sedan 4D | FA121 | 12345 | 725 | 800 | 1550 | 2575 |
| **SPECTRA—4-Cyl.**—Equipment Schedule 6 | | | | | | |
| W.B. 100.8"; 1.8 Liter. | | | | | | |
| GS Sedan 4D | FB161 | 11245 | 675 | 750 | 1425 | 2325 |
| GSX Sedan 4D | FB161 | 13445 | 950 | 1050 | 1850 | 3025 |

## 2001 KIA — KNA(DC123)-1-#

| | | | | | | |
|---|---|---|---|---|---|---|
| **RIO—4-Cyl.**—Equipment Schedule 6 | | | | | | |
| W.B. 94.9"; 1.5 Liter. | | | | | | |
| Sedan 4D | DC123 | 11755 | 375 | 425 | 950 | 1575 |
| **SEPHIA—4-Cyl.**—Equipment Schedule 6 | | | | | | |
| W.B. 100.8"; 1.8 Liter. | | | | | | |
| Sedan 4D | FB121 | 11945 | 725 | 800 | 1575 | 2600 |
| LS Sedan 4D | FB121 | 12645 | 900 | 1000 | 1850 | 3075 |
| **SPECTRA—4-Cyl.**—Equipment Schedule 6 | | | | | | |
| W.B. 100.8"; 1.8 Liter. | | | | | | |
| GS Hatchback 4D | FB161 | 12345 | 650 | 725 | 1300 | 2100 |
| GSX Hatchback 4D | FB161 | 13645 | 850 | 950 | 1600 | 2550 |
| **OPTIMA—4-Cyl.**—Equipment Schedule 6 | | | | | | |
| W.B. 106.3"; 2.4 Liter. | | | | | | |
| LX Sedan 4D | GD126 | 16599 | 750 | 825 | 1525 | 2500 |
| SE Sedan 4D | GD126 | 18899 | 1250 | 1375 | 2225 | 3600 |
| V6, 2.5 Liter | 4 | | 175 | 175 | 235 | 235 |

# 2002 KIA

| Body Type | VIN | List | Trade-In Good | Very Good | Pvt-Party Good | Retail Excellent |
|---|---|---|---|---|---|---|

## 2002 KIA — KNA(DC123)-2-#

**RIO—4-Cyl.—Equipment Schedule 6**
W.B. 94.9"; 1.5 Liter.
| | | | | | | |
|---|---|---|---|---|---|---|
| Sedan 4D | DC123 | 12120 | 475 | 525 | 1125 | 1875 |
| Cinco Wagon 4D | DC163 | 10465 | 525 | 600 | 1200 | 2000 |

**SPECTRA—4-Cyl.—Equipment Schedule 6**
W.B. 100.8"; 1.8 Liter.
| | | | | | | |
|---|---|---|---|---|---|---|
| Sedan 4D | FB121 | 12450 | 575 | 650 | 1200 | 1925 |
| GS Hatchback 4D | FB161 | 12850 | 800 | 900 | 1525 | 2450 |
| LS Sedan 4D | FB121 | 13090 | 825 | 925 | 1575 | 2525 |
| GSX Hatchback 4D | FB161 | 14090 | 950 | 1050 | 1750 | 2800 |

**OPTIMA—4-Cyl.—Equipment Schedule 5**
W.B. 106.3"; 2.4 Liter.
| | | | | | | |
|---|---|---|---|---|---|---|
| LX Sedan 4D | GD126 | 16244 | 1125 | 1250 | 2000 | 3175 |
| SE Sedan 4D | GD126 | 17894 | 1650 | 1825 | 2825 | 4425 |
| V6, 2.7 Liter | 8 | | 250 | 250 | 335 | 335 |

## 2003 KIA — KNA(DC125)-3-#

**RIO—4-Cyl.—Equipment Schedule 6**
W.B. 94.9"; 1.6 Liter.
| | | | | | | |
|---|---|---|---|---|---|---|
| Sedan 4D | DC125 | 12780 | 525 | 600 | 1250 | 2100 |
| Cinco Wagon 4D | DC165 | 10620 | 825 | 925 | 1725 | 2900 |

**SPECTRA—4-Cyl.—Equipment Schedule 6**
W.B. 100.8"; 1.8 Liter.
| | | | | | | |
|---|---|---|---|---|---|---|
| Sedan 4D | FB121 | 12715 | 875 | 975 | 1625 | 2600 |
| GS Hatchback 4D | FB161 | 13140 | 975 | 1075 | 1775 | 2850 |
| LS Sedan 4D | FB121 | 13320 | 1100 | 1225 | 1950 | 3125 |
| GSX Hatchback 4D | FB161 | 14360 | 1300 | 1425 | 2250 | 3600 |

**OPTIMA—4-Cyl.—Equipment Schedule 5**
W.B. 106.3"; 2.4 Liter.
| | | | | | | |
|---|---|---|---|---|---|---|
| LX Sedan 4D | GD126 | 16915 | 1500 | 1650 | 2500 | 3900 |
| SE Sedan 4D | GD126 | 18590 | 2050 | 2250 | 3275 | 5000 |
| V6, 2.7 Liter | 8 | | 300 | 300 | 400 | 400 |

## 2004 KIA — KNA(DC125)-4-#

**RIO—4-Cyl.—Equipment Schedule 6**
W.B. 94.9"; 1.6 Liter.
| | | | | | | |
|---|---|---|---|---|---|---|
| Sedan 4D | DC125 | 12930 | 925 | 1025 | 1875 | 3125 |
| Cinco Wagon 4D | DC165 | 11155 | 1175 | 1300 | 2275 | 3775 |

**SPECTRA—4-Cyl.—Equipment Schedule 6**
W.B. 100.8", 102.8" (LX & EX); 1.8 Liter, 2.0 Liter.
| | | | | | | |
|---|---|---|---|---|---|---|
| Sedan 4D | FB121 | 13320 | 1250 | 1375 | 1975 | 2950 |
| GS Hatchback 4D | FB161 | 13580 | 1450 | 1600 | 2225 | 3325 |
| LS Sedan 4D | FB121 | 13590 | 1300 | 1425 | 2050 | 3050 |
| LX Sedan 4D | FB121 | 14120 | 1450 | 1600 | 2225 | 3325 |
| EX Sedan 4D | FB121 | 14290 | 1600 | 1750 | 2425 | 3600 |
| GSX Hatchback 4D | FB161 | 14630 | 1750 | 1925 | 2625 | 3900 |

**OPTIMA—4-Cyl.—Equipment Schedule 5**
W.B. 106.3"; 2.4 Liter.
| | | | | | | |
|---|---|---|---|---|---|---|
| LX Sedan 4D | GD126 | 16960 | 1800 | 1975 | 2825 | 4275 |
| EX Sedan 4D | GD126 | 18635 | 2425 | 2650 | 3675 | 5450 |
| V6, 2.7 Liter | 8 | | 350 | 350 | 465 | 465 |

**AMANTI—V6—Equipment Schedule 3**
W.B. 110.2"; 3.5 Liter.
| | | | | | | |
|---|---|---|---|---|---|---|
| Sedan 4D | LD124 | 25535 | 2125 | 2325 | 3100 | 4525 |

## 2005 KIA — KNA(DC125)-5-#

**RIO—4-Cyl.—Equipment Schedule 6**
W.B. 94.9"; 1.6 Liter.
| | | | | | | |
|---|---|---|---|---|---|---|
| Sedan 4D | DC125 | 13835 | 1250 | 1400 | 2475 | 3950 |
| Cinco Wagon 4D | DC165 | 11155 | 1675 | 1850 | 3125 | 4900 |

**SPECTRA—4-Cyl.—Equipment Schedule 6**
W.B. 102.8"; 2.0 Liter.
| | | | | | | |
|---|---|---|---|---|---|---|
| LX Sedan 4D | FE121 | 14135 | 2025 | 2250 | 3025 | 4325 |
| SX Sedan 4D | FE121 | 15265 | 2350 | 2600 | 3450 | 4900 |
| SX Sedan 4D | FE121 | 16510 | 2450 | 2700 | 3575 | 5075 |

**SPECTRA5—4-Cyl.—Equipment Schedule 6**
W.B. 102.8"; 2.0 Liter.
| | | | | | | |
|---|---|---|---|---|---|---|
| Hatchback 4D | FE161 | 16510 | 2550 | 2800 | 3700 | 5225 |

**OPTIMA—4-Cyl.—Equipment Schedule 5**
W.B. 106.3"; 2.4 Liter.

# 2005 KIA

| Body Type | VIN | List | Trade-In Good | Very Good | Pvt-Party Good | Retail Excellent |
|---|---|---|---|---|---|---|
| LX Sedan 4D | GD126 | 17740 | 2150 | 2375 | 3400 | 4975 |
| EX Sedan 4D | GD126 | 19190 | 2825 | 3125 | 4425 | 6375 |
| V6, 2.7 Liter | 8 | | 400 | 400 | 535 | 535 |
| **AMANTI—V6—Equipment Schedule 3** | | | | | | |
| W.B. 110.2"; 3.5 Liter. | | | | | | |
| Sedan 4D | LD124 | 25840 | 2550 | 2800 | 3825 | 5500 |

## 2006 KIA — KNA(DE123)-6-#

| Body Type | VIN | List | Good | Very Good | Good | Excellent |
|---|---|---|---|---|---|---|
| **RIO—4-Cyl.—Equipment Schedule 6** | | | | | | |
| W.B. 98.4"; 1.6 Liter. | | | | | | |
| Sedan 4D | DE123 | 11110 | 1875 | 2075 | 2900 | 4200 |
| **RIO—4-Cyl.—Equipment Schedule 6** | | | | | | |
| W.B. 98.4"; 1.6 Liter. | | | | | | |
| LX Sedan 4D | DE123 | 14125 | 2525 | 2775 | 3775 | 5400 |
| Manual, 5-Spd | | | (300) | (300) | (400) | (400) |
| **RIO5—4-Cyl.—Equipment Schedule 6** | | | | | | |
| W.B. 98.4"; 1.6 Liter. | | | | | | |
| SX Hatchback 4D | DE163 | 14040 | 2450 | 2700 | 3675 | 5250 |
| **SPECTRA—4-Cyl.—Equipment Schedule 6** | | | | | | |
| W.B. 102.8"; 2.0 Liter. | | | | | | |
| LX Sedan 4D | FE121 | 13475 | 2350 | 2600 | 3550 | 5000 |
| **SPECTRA—4-Cyl.—Equipment Schedule 6** | | | | | | |
| W.B. 102.8"; 2.0 Liter. | | | | | | |
| EX Sedan 4D | FE121 | 15840 | 2875 | 3200 | 4225 | 5900 |
| SX Sedan 4D | FE121 | 17140 | 3200 | 3525 | 4650 | 6450 |
| Manual, 5-Spd | | | (300) | (300) | (400) | (400) |
| **SPECTRA5—4-Cyl.—Equipment Schedule 6** | | | | | | |
| W.B. 102.8"; 2.0 Liter. | | | | | | |
| Hatchback 4D | FE161 | 17140 | 3300 | 3625 | 4775 | 6625 |
| Manual, 5-Spd | | | (300) | (300) | (400) | (400) |
| **OPTIMA—4-Cyl.—Equipment Schedule 5** | | | | | | |
| W.B. 106.3"; 2.4 Liter. | | | | | | |
| LX Sedan 4D | GD126 | 18040 | 3375 | 3700 | 4800 | 6725 |
| EX Sedan 4D | GD126 | 19490 | 4175 | 4525 | 5975 | 8275 |
| V6, 2.7 Liter | 8 | | 450 | 450 | 600 | 600 |
| **OPTIMA (2006.5)—4-Cyl.—Equipment Schedule 5** | | | | | | |
| W.B. 107.1"; 2.4 Liter. | | | | | | |
| LX Sedan 4D | GE123 | 18250 | 3450 | 3775 | 4650 | 6200 |
| V6, 2.7 Liter | 4 | | 450 | 450 | 600 | 600 |
| **OPTIMA (2006.5)—V6—Equipment Schedule 5** | | | | | | |
| W.B. 107.1"; 2.7 Liter. | | | | | | |
| EX Sedan 4D | GE124 | 21000 | 4525 | 4900 | 5925 | 7825 |
| 4-Cyl, 2.4 Liter | 3 | | (500) | (500) | (665) | (665) |
| **AMANTI—V6—Equipment Schedule 3** | | | | | | |
| W.B. 110.2"; 3.5 Liter. | | | | | | |
| Sedan 4D | LD124 | 28435 | 3475 | 3800 | 4800 | 6500 |

## 2007 KIA — KNA(DE123)-7-#

| Body Type | VIN | List | Good | Very Good | Good | Excellent |
|---|---|---|---|---|---|---|
| **RIO—4-Cyl.—Equipment Schedule 6** | | | | | | |
| W.B. 98.4"; 1.6 Liter. | | | | | | |
| Sedan 4D | DE123 | 11350 | 2250 | 2475 | 3375 | 4850 |
| **RIO—4-Cyl.—Equipment Schedule 6** | | | | | | |
| W.B. 98.4"; 1.6 Liter. | | | | | | |
| LX Sedan 4D | DE123 | 14925 | 3225 | 3550 | 4650 | 6575 |
| SX Sedan 4D | DE123 | 14290 | 3025 | 3325 | 4400 | 6225 |
| Manual, 5-Spd | | | (300) | (300) | (400) | (400) |
| **RIO5—4-Cyl.—Equipment Schedule 6** | | | | | | |
| W.B. 98.4"; 1.6 Liter. | | | | | | |
| SX Hatchback 4D | DE163 | 14330 | 3175 | 3500 | 4600 | 6500 |
| Automatic | | | 300 | 300 | 400 | 400 |
| **SPECTRA—4-Cyl.—Equipment Schedule 6** | | | | | | |
| W.B. 102.8"; 2.0 Liter. | | | | | | |
| LX Sedan 4D | FE121 | 13495 | 2925 | 3225 | 4025 | 5550 |
| **SPECTRA—4-Cyl.—Equipment Schedule 6** | | | | | | |
| W.B. 102.8"; 2.0 Liter. | | | | | | |
| EX Sedan 4D | FE121 | 16495 | 3600 | 3925 | 5025 | 6850 |
| SX Sedan 4D | FE121 | 17595 | 4050 | 4400 | 5575 | 7575 |
| Manual, 5-Spd | | | (300) | (300) | (400) | (400) |
| **SPECTRA5—4-Cyl.—Equipment Schedule 6** | | | | | | |
| W.B. 102.8"; 2.0 Liter. | | | | | | |
| SX Hatchback 4D | FE161 | 17595 | 4250 | 4600 | 5825 | 7900 |
| Manual, 5-Spd | | | (300) | (300) | (400) | (400) |

**DEDUCT FOR RECONDITIONING**

## 2007 KIA

| Body Type | VIN | List | Trade-In Good | Very Good | Pvt-Party Good | Retail Excellent |
|---|---|---|---|---|---|---|
| **RONDO—V6—Equipment Schedule 4** | | | | | | |
| W.B. 106.3"; 2.7 Liter. | | | | | | |
| LX Wagon 4D | FG526 | 19495 | 4025 | 4375 | 5275 | 6925 |
| EX Wagon 4D | FG526 | 20795 | 4475 | 4825 | 5775 | 7550 |
| 4-Cyl., 2.4 Liter | 5 | | (275) | (275) | (365) | (365) |
| **OPTIMA—4-Cyl.—Equipment Schedule 5** | | | | | | |
| W.B. 107.1"; 2.4 Liter. | | | | | | |
| LX Sedan 4D | GE123 | 18250 | 4075 | 4425 | 5450 | 7275 |
| Manual, 5-Spd | | | (425) | (425) | (565) | (565) |
| V6, 2.7 Liter | 4 | | 500 | 500 | 665 | 665 |
| **OPTIMA—4-Cyl.—Equipment Schedule 5** | | | | | | |
| W.B. 107.1"; 2.4 Liter. | | | | | | |
| EX Sedan 4D | GE123 | 19995 | 4700 | 5075 | 6200 | 8225 |
| V6, 2.7 Liter | 4 | | 500 | 500 | 665 | 665 |
| **AMANTI—V6—Equipment Schedule 3** | | | | | | |
| W.B. 110.2"; 3.8 Liter. | | | | | | |
| Sedan 4D | LD125 | 26175 | 5350 | 5750 | 6825 | 8875 |

## 2008 KIA — KNA(DE123)-8-#

| Body Type | VIN | List | Good | Very Good | Good | Excellent |
|---|---|---|---|---|---|---|
| **RIO—4-Cyl.—Equipment Schedule 6** | | | | | | |
| W.B. 98.4"; 1.6 Liter. | | | | | | |
| Sedan 4D | DE123 | 11515 | 3100 | 3400 | 4125 | 5575 |
| **RIO—4-Cyl.—Equipment Schedule 6** | | | | | | |
| W.B. 98.4"; 1.6 Liter. | | | | | | |
| LX Sedan 4D | DE123 | 14390 | 3950 | 4300 | 5300 | 7100 |
| SX Sedan 4D | DE123 | 14725 | 4175 | 4525 | 5575 | 7450 |
| Manual, 5-Spd w/Overdrive | | | (375) | (375) | (500) | (500) |
| **RIO5—4-Cyl.—Equipment Schedule 6** | | | | | | |
| W.B. 98.4"; 1.6 Liter. | | | | | | |
| LX Hatchback 4D | DE163 | 15090 | 4275 | 4625 | 5700 | 7600 |
| Manual, 5-Spd w/Overdrive | | | (375) | (375) | (500) | (500) |
| **RIO5—4-Cyl.—Equipment Schedule 6** | | | | | | |
| W.B. 98.4"; 1.6 Liter. | | | | | | |
| SX Hatchback 4D | DE163 | 14495 | 4000 | 4350 | 5375 | 7175 |
| Automatic, 4-Spd w/OD | | | 350 | 350 | 465 | 465 |
| **SPECTRA—4-Cyl.—Equipment Schedule 6** | | | | | | |
| W.B. 102.8"; 2.0 Liter. | | | | | | |
| LX Sedan 4D | FE121 | 14520 | 3700 | 4050 | 4900 | 6500 |
| EX Sedan 4D | FE121 | 16520 | 4250 | 4600 | 5550 | 7325 |
| SX Sedan 4D | FE121 | 17620 | 4700 | 5075 | 6100 | 8000 |
| Manual, 5-Spd w/Overdrive | | | (375) | (375) | (500) | (500) |
| **SPECTRA5—4-Cyl.—Equipment Schedule 6** | | | | | | |
| W.B. 102.8"; 2.0 Liter. | | | | | | |
| SX Hatchback 4D | FE161 | 17620 | 4900 | 5275 | 6325 | 8300 |
| Manual, 5-Spd w/Overdrive | | | (375) | (375) | (500) | (500) |
| **RONDO—V6—Equipment Schedule 4** | | | | | | |
| W.B. 106.3"; 2.7 Liter. | | | | | | |
| LX Wagon 4D | FG526 | 19495 | 4950 | 5325 | 6375 | 8350 |
| EX Wagon 4D | FG526 | 20795 | 5650 | 6050 | 7375 | 9600 |
| 4-Cyl., 2.4 Liter | 5 | | (275) | (275) | (365) | (365) |
| **OPTIMA—4-Cyl.—Equipment Schedule 5** | | | | | | |
| W.B. 107.1"; 2.4 Liter. | | | | | | |
| LX Sedan 4D | GE123 | 18390 | 5150 | 5525 | 6525 | 8475 |
| EX Sedan 4D | GE123 | 20135 | 5800 | 6225 | 7500 | 9675 |
| Manual, 5-Spd w/Overdrive | | | (450) | (450) | (600) | (600) |
| V6, 2.7 Liter | 4 | | 575 | 575 | 765 | 765 |
| **AMANTI—V6—Equipment Schedule 3** | | | | | | |
| W.B. 110.2"; 3.8 Liter. | | | | | | |
| Sedan 4D | LD125 | 26195 | 6475 | 6900 | 7925 | 9900 |

## 2009 KIA — KNA(DE123)-9-#

| Body Type | VIN | List | Good | Very Good | Good | Excellent |
|---|---|---|---|---|---|---|
| **RIO—4-Cyl.—Equipment Schedule 6** | | | | | | |
| W.B. 98.4"; 1.6 Liter. | | | | | | |
| Sedan 4D | DE123 | 12145 | 3500 | 3825 | 4625 | 6075 |
| **RIO—4-Cyl.—Equipment Schedule 6** | | | | | | |
| W.B. 98.4"; 1.6 Liter. | | | | | | |
| LX Sedan 4D | DE223 | 14825 | 4900 | 5275 | 6250 | 8125 |
| SX Sedan 4D | DE223 | 15390 | 5100 | 5475 | 6450 | 8350 |
| Manual, 5-Spd w/Overdrive | | | (400) | (400) | (535) | (535) |
| **RIO5—4-Cyl.—Equipment Schedule 6** | | | | | | |
| W.B. 98.4"; 1.6 Liter. | | | | | | |
| SX Hatchback 4D | DE163 | 14930 | 4850 | 5225 | 6200 | 8050 |

0414  EQUIPMENT & MILEAGE PAGE 9 TO 23  149

# 2009 KIA

| Body Type | VIN | List | Trade-In Good | Trade-In Very Good | Pvt-Party Good | Retail Excellent |
|---|---|---|---|---|---|---|
| Automatic, 4-Spd w/OD | | | 400 | 400 | 535 | 535 |
| **RIO5—4-Cyl.—Equipment Schedule 6** | | | | | | |
| W.B. 98.4"; 1.6 Liter. | | | | | | |
| LX Hatchback 4D | DE243 | 15525 | 4950 | 5325 | 6300 | 8175 |
| Manual, 5-Spd w/Overdrive | | | (400) | (400) | (535) | (535) |
| **SPECTRA—4-Cyl.—Equipment Schedule 6** | | | | | | |
| W.B. 102.8"; 2.0 Liter. | | | | | | |
| LX Sedan 4D | FE221 | 14850 | 4225 | 4575 | 5325 | 6825 |
| EX Sedan 4D | FE221 | 16750 | 5125 | 5500 | 6350 | 8100 |
| SX Sedan 4D | FE221 | 17750 | 5450 | 5850 | 6925 | 8800 |
| Manual, 5-Spd w/Overdrive | | | (400) | (400) | (535) | (535) |
| **SPECTRA5—4-Cyl.—Equipment Schedule 6** | | | | | | |
| W.B. 102.8"; 2.0 Liter. | | | | | | |
| SX Hatchback 4D | FE241 | 17995 | 5650 | 6050 | 7150 | 9100 |
| Manual, 5-Spd w/Overdrive | | | (400) | (400) | (535) | (535) |
| **RONDO—V6—Equipment Schedule 4** | | | | | | |
| W.B. 106.3"; 2.7 Liter. | | | | | | |
| LX Wagon 4D | FG526 | 20145 | 6425 | 6850 | 7825 | 9725 |
| EX Wagon 4D | FG526 | 22945 | 6975 | 7425 | 8475 | 10500 |
| 4-Cyl, 2.4 Liter | | 5 | (300) | (300) | (400) | (400) |
| **OPTIMA—4-Cyl.—Equipment Schedule 5** | | | | | | |
| W.B. 107.1"; 2.4 Liter. | | | | | | |
| LX Sedan 4D | GE123 | 19625 | 6725 | 7175 | 8225 | 10300 |
| EX Sedan 4D | GE123 | 21365 | 8525 | 9025 | 10350 | 12850 |
| SX Sedan 4D | GE123 | 21815 | 9700 | 10250 | 11700 | 14550 |
| Manual, 5-Spd w/Overdrive | | | (475) | (475) | (635) | (635) |
| V6, 2.7 Liter | | 4 | 650 | 650 | 865 | 865 |
| **AMANTI—V6—Equipment Schedule 3** | | | | | | |
| W.B. 110.2"; 3.8 Liter. | | | | | | |
| Sedan 4D | LD225 | 26795 | 8450 | 8950 | 10050 | 12300 |

## 2010 KIA — KN(AorD)(DF4A3)-A-#

| Body Type | VIN | List | Good | Very Good | Good | Excellent |
|---|---|---|---|---|---|---|
| **RIO—4-Cyl.—Equipment Schedule 6** | | | | | | |
| W.B. 98.4"; 1.6 Liter. | | | | | | |
| Sedan 4D | DF4A3 | 12390 | 4125 | 4475 | 5100 | 6450 |
| **RIO—4-Cyl.—Equipment Schedule 6** | | | | | | |
| W.B. 98.4"; 1.6 Liter. | | | | | | |
| LX Sedan 4D | DH4A3 | 16790 | 5650 | 6050 | 7000 | 8800 |
| SX Sedan 4D | DH4A3 | 16490 | 6025 | 6450 | 7425 | 9325 |
| Manual, 5-Spd w/Overdrive | | | (500) | (500) | (665) | (665) |
| **RIO5—4-Cyl.—Equipment Schedule 6** | | | | | | |
| W.B. 98.4"; 1.6 Liter. | | | | | | |
| LX Hatchback 4D | DG5A3 | 14590 | 5425 | 5825 | 6750 | 8475 |
| Automatic, 4-Spd w/OD | | | 450 | 450 | 600 | 600 |
| **RIO5—4-Cyl.—Equipment Schedule 6** | | | | | | |
| W.B. 98.4"; 1.6 Liter. | | | | | | |
| SX Hatchback 4D | DH5A3 | 16790 | 6250 | 6675 | 7675 | 9625 |
| Manual, 5-Spd w/Overdrive | | | (500) | (500) | (665) | (665) |
| **SOUL—4-Cyl.—Equipment Schedule 6** | | | | | | |
| W.B. 100.4"; 2.0 Liter. | | | | | | |
| Wagon 4D | JT2A1 | 13995 | 6575 | 7025 | 7850 | 9650 |
| + Wagon 4D | JT2A2 | 15645 | 8000 | 8500 | 9500 | 11650 |
| Sport Wagon 4D | JT2A2 | 17645 | 8575 | 9075 | 10150 | 12400 |
| ! Wagon 4D | JT2A2 | 17645 | 8800 | 9300 | 10450 | 12750 |
| Automatic, 4-Spd w/OD | | | 450 | 450 | 600 | 600 |
| **FORTE—4-Cyl.—Equipment Schedule 6** | | | | | | |
| W.B. 104.3"; 2.0 Liter, 2.4 Liter (SX). | | | | | | |
| LX Sedan 4D | FT4A2 | 15390 | 6750 | 7200 | 8200 | 10150 |
| EX Sedan 4D | FU4A2 | 17490 | 7350 | 7825 | 8850 | 10950 |
| Koup EX Coupe 2D | FU6A2 | 18290 | 8700 | 9200 | 10400 | 12800 |
| SX Sedan 4D | FW4A3 | 18890 | 9225 | 9750 | 11000 | 13500 |
| Koup SX Coupe 2D | FW6A3 | 19390 | 9725 | 10250 | 11550 | 14150 |
| **OPTIMA—4-Cyl.—Equipment Schedule 5** | | | | | | |
| W.B. 107.1"; 2.4 Liter. | | | | | | |
| LX Sedan 4D | GG4A3 | 19890 | 7725 | 8200 | 9025 | 10900 |
| EX Sedan 4D | GH4A3 | 21690 | 9850 | 10400 | 11350 | 13650 |
| SX Sedan 4D | GH4A3 | 22490 | 10650 | 11200 | 12250 | 14700 |
| Manual, 5-Spd w/Overdrive | | | (525) | (525) | (700) | (700) |
| V6, 2.7 Liter | | 4 | 725 | 725 | 965 | 965 |
| **RONDO—4-Cyl.—Equipment Schedule 4** | | | | | | |
| W.B. 106.3"; 2.4 Liter. | | | | | | |
| LX Wagon 4D | HG8C8 | 19890 | 8125 | 8625 | 9625 | 11800 |

**150    DEDUCT FOR RECONDITIONING**

# 2011 KIA

| Body Type | VIN | List | Trade-In Good | Very Good | Pvt-Party Good | Retail Excellent |
|---|---|---|---|---|---|---|

## 2011 KIA — KN(AorD)(DF4A3)-B-#

**RIO—4-Cyl.—Equipment Schedule 6**
W.B. 98.4"; 1.6 Liter.
| | | | | | | |
|---|---|---|---|---|---|---|
| Sedan 4D | DF4A3 | 12990 | 5850 | 6275 | 7125 | 8825 |
| LX Sedan 4D | DG4A3 | 15690 | 7450 | 7925 | 8975 | 11050 |
| SX Sedan 4D | DH4A3 | 16790 | 8925 | 9450 | 10600 | 13000 |

**RIO5—4-Cyl.—Equipment Schedule 6**
W.B. 98.4"; 1.6 Liter.
| | | | | | | |
|---|---|---|---|---|---|---|
| LX Hatchback 4D | DG5A3 | 15790 | 7550 | 8025 | 9075 | 11200 |
| SX Hatchback 4D | DH5A3 | 17090 | 9150 | 9675 | 10850 | 13300 |

**SOUL—4-Cyl.—Equipment Schedule 6**
W.B. 100.4"; 1.6 Liter, 2.0 Liter.
| | | | | | | |
|---|---|---|---|---|---|---|
| Wagon 4D | JT2A1 | 13995 | 7650 | 8125 | 8975 | 10900 |
| Sport Wagon 4D | JT2A2 | 19190 | 10300 | 10850 | 11900 | 14350 |
| ! Wagon 4D | JT2A2 | 19190 | 10150 | 10700 | 11750 | 14150 |

**SOUL—4-Cyl.—Equipment Schedule 6**
W.B. 100.4"; 2.0 Liter.
| | | | | | | |
|---|---|---|---|---|---|---|
| + Wagon 4D | JT2A2 | 16190 | 9200 | 9725 | 10700 | 12950 |
| Automatic, 4-Spd w/OD | | | 475 | 475 | 635 | 635 |

**FORTE—4-Cyl.—Equipment Schedule 6**
W.B. 104.3"; 2.0 Liter, 2.4 Liter (SX).
| | | | | | | |
|---|---|---|---|---|---|---|
| LX Sedan 4D | FT4A2 | 16690 | 7550 | 8025 | 8975 | 10950 |
| Koup EX Coupe 2D | FU6A2 | 18690 | 9350 | 9875 | 11000 | 13350 |
| Koup SX Coupe 2D | FW6A3 | 20090 | 10100 | 10650 | 11800 | 14350 |
| SX Hatchback 4D | FW5A3 | 20090 | 10100 | 10650 | 11800 | 14350 |
| Manual, 6-Spd w/Overdrive | | | (500) | (500) | (665) | (665) |

**FORTE—4-Cyl.—Equipment Schedule 6**
W.B. 104.3"; 2.0 Liter, 2.4 Liter (SX).
| | | | | | | |
|---|---|---|---|---|---|---|
| EX Hatchback 4D | FU5A2 | 17590 | 7900 | 8375 | 9350 | 11400 |
| EX Sedan 4D | FU4A2 | 18090 | 8450 | 8950 | 9950 | 12150 |
| SX Sedan 4D | FW4A3 | 19590 | 9850 | 10400 | 11550 | 14000 |

**OPTIMA—4-Cyl.—Equipment Schedule 5**
W.B. 110.0"; 2.4 Liter.
| | | | | | | |
|---|---|---|---|---|---|---|
| LX Sedan 4D | GM4A7 | 21190 | 11150 | 11700 | 12350 | 14400 |
| EX Sedan 4D | GN4A7 | 23190 | 12750 | 13400 | 14050 | 16350 |
| Manual, 6-Spd w/Overdrive | | | (525) | (525) | (700) | (700) |
| 4-Cyl, Turbo, 2.0 Liter | 6 | | 1600 | 1600 | 2135 | 2135 |

**OPTIMA—4-Cyl. Turbo—Equipment Schedule 5**
W.B. 110.0"; 2.0 Liter.
| | | | | | | |
|---|---|---|---|---|---|---|
| SX Sedan 4D | GR4A6 | 26690 | 15150 | 15850 | 16650 | 19300 |

## 2012 KIA — 5XXorKN(AorD)(JT2A5)-C-#

**SOUL—4-Cyl.—Equipment Schedule 6**
W.B. 100.4"; 1.6 Liter, 2.0 Liter.
| | | | | | | |
|---|---|---|---|---|---|---|
| Wagon 4D | JT2A5 | 14650 | 8550 | 9050 | 9875 | 11900 |
| + Wagon 4D | JT2A6 | 17050 | 10000 | 10550 | 11500 | 13750 |
| Automatic, 6-Spd | | | 500 | 500 | 665 | 665 |

**SOUL—4-Cyl.—Equipment Schedule 6**
W.B. 100.4"; 2.0 Liter.
| | | | | | | |
|---|---|---|---|---|---|---|
| ! Wagon 4D | JT2A6 | 20350 | 10600 | 11150 | 12200 | 14600 |

**RIO—4-Cyl.—Equipment Schedule 6**
W.B. 101.2"; 1.6 Liter.
| | | | | | | |
|---|---|---|---|---|---|---|
| LX Sedan 4D | DM4A3 | 15450 | 8850 | 9375 | 10150 | 12100 |
| Manual, 6-Spd | | | (550) | (550) | (735) | (735) |

**RIO—4-Cyl.—Equipment Schedule 6**
W.B. 101.2"; 1.6 Liter.
| | | | | | | |
|---|---|---|---|---|---|---|
| LX Hatchback 4D | DM5A3 | 14350 | 8300 | 8800 | 9550 | 11450 |
| Automatic, 6-Spd w/OD | | | 500 | 500 | 665 | 665 |

**RIO—4-Cyl.—Equipment Schedule 6**
W.B. 101.2"; 1.6 Liter, 2.0 Liter.
| | | | | | | |
|---|---|---|---|---|---|---|
| EX Sedan 4D | DN4A3 | 17050 | 9875 | 10400 | 11300 | 13450 |
| EX Hatchback 4D | DN5A3 | 17250 | 10100 | 10600 | 11500 | 13700 |
| SX Sedan 4D | DN4A3 | 18250 | 11350 | 11900 | 12900 | 15350 |
| SX Hatchback 4D | DN5A3 | 18450 | 11500 | 12050 | 13050 | 15550 |

**FORTE—4-Cyl.—Equipment Schedule 6**
W.B. 104.3"; 2.0 Liter, 2.4 Liter (SX).
| | | | | | | |
|---|---|---|---|---|---|---|
| LX Sedan 4D | FT4A2 | 16950 | 8600 | 9100 | 10050 | 12250 |
| Koup EX Coupe 2D | FU6A2 | 18950 | 10150 | 10700 | 11800 | 14300 |
| Koup SX Coupe 2D | FW6A3 | 20350 | 10700 | 11250 | 12400 | 15000 |
| Manual, 6-Spd w/Overdrive | | | (550) | (550) | (735) | (735) |

**EQUIPMENT & MILEAGE PAGE 9 TO 23**

# 2012 KIA

| Body Type | VIN | List | Trade-In Good | Very Good | Pvt-Party Good | Retail Excellent |
|---|---|---|---|---|---|---|
| **FORTE—4-Cyl.—Equipment Schedule 6** | | | | | | |
| W.B. 104.3"; 2.0 Liter, 2.4 Liter (SX). | | | | | | |
| EX Hatchback 4D | FU5A2 | 18850 | 10050 | 10600 | 11700 | 14150 |
| EX Sedan 4D | FU4A2 | 18350 | 9600 | 10150 | 11200 | 13600 |
| SX Hatchback 4D | FW5A3 | 20350 | 11050 | 11600 | 12850 | 15550 |
| SX Sedan 4D | FW4A3 | 19850 | 10550 | 11100 | 12250 | 14800 |
| **OPTIMA—4-Cyl.—Equipment Schedule 5** | | | | | | |
| W.B. 110.0"; 2.4 Liter. | | | | | | |
| LX Sedan 4D | GM4A7 | 21750 | 11950 | 12550 | 13250 | 15400 |
| EX Sedan 4D | GN4A7 | 23950 | 13700 | 14350 | 15150 | 17600 |
| 4-Cyl, Turbo, 2.0 Liter | 6 | | 1700 | 1700 | 2265 | 2265 |
| **OPTIMA—4-Cyl. Turbo—Equipment Schedule 5** | | | | | | |
| W.B. 110.0"; 2.0 Liter. | | | | | | |
| SX Sedan 4D | GR4A6 | 27250 | 17150 | 17900 | 18750 | 21700 |
| **OPTIMA—4-Cyl. Hybrid—Equipment Schedule 5** | | | | | | |
| W.B. 110.0"; 2.4 Liter. | | | | | | |
| Sedan 4D | GM4AD | 26450 | 13850 | 14500 | 15300 | 17800 |

## 2013 KIA — 5XXorKN(AorD)(JT2A5)-D-#

| Body Type | VIN | List | Trade-In Good | Very Good | Pvt-Party Good | Retail Excellent |
|---|---|---|---|---|---|---|
| **SOUL—4-Cyl.—Equipment Schedule 6** | | | | | | |
| W.B. 100.4"; 1.6 Liter, 2.0 Liter. | | | | | | |
| Wagon 4D | JT2A5 | 15175 | 9700 | 10250 | 11150 | 13350 |
| + Wagon 4D | JT2A6 | 17475 | 11100 | 11650 | 12700 | 15200 |
| Automatic, 6-Spd | | | 525 | 525 | 700 | 700 |
| **SOUL—4-Cyl.—Equipment Schedule 6** | | | | | | |
| W.B. 100.4"; 2.0 Liter. | | | | | | |
| ! Wagon 4D | JT2A6 | 20675 | 11700 | 12300 | 13450 | 15950 |
| **RIO—4-Cyl.—Equipment Schedule 6** | | | | | | |
| W.B. 101.2"; 1.6 Liter. | | | | | | |
| LX Sedan 4D | DM4A3 | 14350 | 9600 | 10150 | 11050 | 13250 |
| LX Hatchback 4D | DM5A3 | 14550 | 9700 | 10250 | 11150 | 13350 |
| Automatic, 6-Spd | | | 525 | 525 | 700 | 700 |
| **RIO—4-Cyl.—Equipment Schedule 6** | | | | | | |
| W.B. 101.2"; 1.6 Liter. | | | | | | |
| EX Sedan 4D | DN4A3 | 17250 | 11450 | 12050 | 13100 | 15650 |
| EX Hatchback 4D | DN5A3 | 17450 | 11650 | 12250 | 13300 | 15900 |
| SX Sedan 4D | DN4A3 | 18450 | 12450 | 13050 | 14200 | 16900 |
| SX Hatchback 4D | DN5A3 | 18650 | 12550 | 13150 | 14400 | 17150 |
| **FORTE—4-Cyl.—Equipment Schedule 6** | | | | | | |
| W.B. 104.3"; 2.0 Liter, 2.4 Liter (SX). | | | | | | |
| LX Sedan 4D | FT4A2 | 17175 | 9400 | 9925 | 10900 | 13100 |
| EX Sedan 4D | FU4A2 | 18575 | 10850 | 11400 | 12500 | 15000 |
| EX Hatchback 4D | FU5A2 | 19075 | 11400 | 11950 | 13100 | 15700 |
| SX Sedan 4D | FW4A3 | 20075 | 12300 | 12900 | 14100 | 16900 |
| SX Hatchback 4D | FW5A3 | 20575 | 12450 | 13050 | 14350 | 17200 |
| Koup SX Coupe 2D | FW6A3 | 19575 | 11850 | 12450 | 13600 | 16300 |
| **FORTE—4-Cyl.—Equipment Schedule 6** | | | | | | |
| W.B. 104.3"; | | | | | | |
| Koup EX Coupe 2D | FU6A2 | 18175 | 10950 | 11500 | 12600 | 15150 |
| Manual, 6-Spd w/OD | | | (550) | (550) | (735) | (735) |
| **OPTIMA—4-Cyl.—Equipment Schedule 5** | | | | | | |
| W.B. 110.0"; 2.4 Liter. | | | | | | |
| LX Sedan 4D | GM4A7 | 21975 | 13400 | 14050 | 14900 | 17350 |
| EX Sedan 4D | GN4A7 | 24275 | 15550 | 16250 | 17100 | 19900 |
| **OPTIMA—4-Cyl. Hybrid—Equipment Schedule 5** | | | | | | |
| W.B. 110.0"; 2.4 Liter. | | | | | | |
| LX Sedan 4D | GM4AD | 26675 | 16750 | 17500 | 18450 | 21400 |
| EX Sedan 4D | GN4AD | 32725 | 22200 | 23200 | 24200 | 28000 |
| **OPTIMA—4-Cyl. Turbo—Equipment Schedule 5** | | | | | | |
| W.B. 110.0"; 2.0 Liter. | | | | | | |
| SX Sedan 4D | GR4A6 | 27575 | 20400 | 21200 | 22200 | 25800 |
| SXL Sedan 4D | GR4A6 | 35275 | 23700 | 24600 | 25700 | 29800 |

# LAMBORGHINI

## 2006 LAMBORGHINI — ZHW(GU12T)-6-#

| Body Type | VIN | List | Trade-In Good | Very Good | Pvt-Party Good | Retail Excellent |
|---|---|---|---|---|---|---|
| **GALLARDO—V10—Equipment Schedule 2** | | | | | | |
| W.B. 100.8"; 5.0 Liter. | | | | | | |
| Coupe 2D | GU12T | 171300 | **** | **** | **** | 97200 |
| SE Coupe 2D | GU12T | 194670 | **** | **** | **** | 121400 |
| Spyder Roadster 2D | GU22T | 196300 | **** | **** | **** | 119100 |

**152  DEDUCT FOR RECONDITIONING**

# 2006 LAMBORGHINI

| Body Type | VIN | List | Trade-In Good | Very Good | Pvt-Party Good | Retail Excellent |
|---|---|---|---|---|---|---|
| **MURCIELAGO—V12—Equipment Schedule 2** W.B. 104.9"; 6.2 Liter. | | | | | | |
| Coupe 2D | BU16S | 289300 | **** | **** | **** | 160700 |
| Roadster 2D | BU26S | 320500 | **** | **** | **** | 172100 |

## 2007 LAMBORGHINI — ZHW(GU12T)-7-#

| Body Type | VIN | List | Trade-In Good | Very Good | Pvt-Party Good | Retail Excellent |
|---|---|---|---|---|---|---|
| **GALLARDO—V10—Equipment Schedule 2** W.B. 100.8"; 5.0 Liter. | | | | | | |
| Coupe 2D | GU12T | 180550 | **** | **** | **** | 105600 |
| Spyder Roadster 2D | GU22T | 199000 | **** | **** | **** | 127300 |
| **MURCIELAGO—V12—Equipment Schedule 2** W.B. 104.9"; 6.2 Liter. | | | | | | |
| Coupe 2D | BU37S | 313100 | **** | **** | **** | 192500 |
| Roadster 2D | BU47S | 347000 | **** | **** | **** | 203800 |

## 2008 LAMBORGHINI — ZHW(GU12T)-8-#

| Body Type | VIN | List | Trade-In Good | Very Good | Pvt-Party Good | Retail Excellent |
|---|---|---|---|---|---|---|
| **GALLARDO—V10—Equipment Schedule 2** W.B. 100.8"; 5.0 Liter. | | | | | | |
| Coupe 2D | GU12T | 196300 | **** | **** | **** | 114400 |
| Coupe 2D | GU43T | 234440 | **** | **** | **** | 141700 |
| Spyder Roadster 2D | GU22T | 227760 | **** | **** | **** | 135500 |
| **MURCIELAGO—V12—Equipment Schedule 2** W.B. 104.9"; 6.2 Liter. | | | | | | |
| Coupe 2D | BU37S | 347800 | **** | **** | **** | 219600 |
| Roadster 2D | BU47S | 380600 | **** | **** | **** | 230600 |

## 2009 LAMBORGHINI — ZHW(GU54T)-9-#

| Body Type | VIN | List | Trade-In Good | Very Good | Pvt-Party Good | Retail Excellent |
|---|---|---|---|---|---|---|
| **GALLARDO—V10—Equipment Schedule 2** W.B. 100.7"; 5.2 Liter. | | | | | | |
| LP 560-4 Coupe 2D | GU54T | 205100 | **** | **** | **** | 167400 |
| LP 560-4 Roadster 2D | GU22T | 223000 | **** | **** | **** | 188300 |
| **MURCIELAGO—V12—Equipment Schedule 2** W.B. 104.9"; 6.5 Liter. | | | | | | |
| Coupe 2D | BU47S | 389800 | **** | **** | **** | 258100 |
| LP 640 Coupe 2D | BU37S | 361400 | **** | **** | **** | 247300 |

## 2010 LAMBORGHINI — ZHW(GU5BZ)-A-#

| Body Type | VIN | List | Trade-In Good | Very Good | Pvt-Party Good | Retail Excellent |
|---|---|---|---|---|---|---|
| **GALLARDO LP 550-2—V10—Equipment Schedule 2** W.B. 100.8"; 5.2 Liter. | | | | | | |
| Valentino Balboni Cpe | GU5BZ | 222795 | **** | **** | **** | 178600 |
| **GALLARDO LP 560-4—V10—Equipment Schedule 2** W.B. 100.7"; 5.2 Liter. | | | | | | |
| Coupe 2D | GU54T | 206095 | **** | **** | **** | 180200 |
| Roadster 2D | GU6AU | 223995 | **** | **** | **** | 204200 |
| **MURCIELAGO—V12—Equipment Schedule 2** W.B. 104.9"; 6.5 Liter. | | | | | | |
| LP 640-4 Coupe 2D | BU37S | 361395 | **** | **** | **** | 274200 |
| SuperVeloce Coupe | BU8AH | 456395 | **** | **** | **** | 360500 |
| LP 640-4 Conv 2D | BU4AN | 389795 | **** | **** | **** | 284800 |
| LP 650-4 Conv 2D | BU4AN | 423695 | **** | **** | **** | 302900 |

## 2011 LAMBORGHINI — ZHW(GU5BZ)-B-#

| Body Type | VIN | List | Trade-In Good | Very Good | Pvt-Party Good | Retail Excellent |
|---|---|---|---|---|---|---|
| **GALLARDO—V10—Equipment Schedule 2** W.B. 100.7" (560-4 Cpe), 100.8"; 5.2 Liter. | | | | | | |
| LP 550-2 Bicolore 2D | GU5BZ | 199095 | **** | **** | **** | 182500 |
| LP 560-4 Coupe 2D | GU54T | 210095 | **** | **** | **** | 192100 |
| LP 560-4 Spyder 2D | GU6AU | 235795 | **** | **** | **** | 215900 |
| LP 570-4 Superleggera | GU7AJ | 245695 | **** | **** | **** | 230800 |
| LP 570-4 Performante | GU8AJ | 256795 | **** | **** | **** | 239400 |

## 2012 LAMBORGHINI — ZHW(GU5BZ)-C-#

| Body Type | VIN | List | Trade-In Good | Very Good | Pvt-Party Good | Retail Excellent |
|---|---|---|---|---|---|---|
| **GALLARDO—V10—Equipment Schedule 2** W.B. 100.7" (560-4 Cpe), 100.8"; 5.2 Liter. | | | | | | |
| LP 550-2 Bicolore 2D | GU5BZ | 196995 | **** | **** | **** | 194600 |
| LP 560-4 Coupe 2D | GU5AU | 207995 | **** | **** | **** | 204200 |
| LP 560-4 Spyder 2D | GU6AU | 231395 | **** | **** | **** | 228000 |
| LP 570-4 Superleggera | GU7AJ | 243595 | **** | **** | **** | 242900 |
| LP 570-4 Performante | GU8AJ | 253095 | **** | **** | **** | 251500 |
| **AVENTADOR—V12—Equipment Schedule 2** W.B.106.3"; 6.5 Liter. | | | | | | |
| Coupe 2D | UC1ZD | 389995 | **** | **** | **** | 467100 |

EQUIPMENT & MILEAGE PAGE 9 TO 23

# 1999 LEXUS

| Body Type | VIN | List | Trade-In Good | Very Good | Pvt-Party Good | Retail Excellent |
|---|---|---|---|---|---|---|

## LEXUS

### 1999 LEXUS — JT8(BF28G)-X-#

**ES 300—V6—Equipment Schedule 1**
W.B. 105.1"; 3.0 Liter.
| | | | | | | |
|---|---|---|---|---|---|---|
| Sedan 4D | BF28G | 34235 | 2050 | 2250 | 2825 | 4050 |
| Coach Edition | | | 125 | 125 | 165 | 165 |

**GS 300—6-Cyl.—Equipment Schedule 1**
W.B. 110.2"; 3.0 Liter.
| | | | | | | |
|---|---|---|---|---|---|---|
| Sedan 4D | BD68S | 40580 | 2425 | 2650 | 3475 | 5000 |

**GS 400—V8—Equipment Schedule 1**
W.B. 110.2"; 4.0 Liter.
| | | | | | | |
|---|---|---|---|---|---|---|
| Sedan 4D | BH68X | 47020 | 3750 | 4075 | 5400 | 7650 |

**SC 300—6-Cyl.—Equipment Schedule 1**
W.B. 105.9"; 3.0 Liter.
| | | | | | | |
|---|---|---|---|---|---|---|
| Sport Coupe 2D | CD32Z | 46640 | 3950 | 4300 | 5275 | 7175 |
| Traction Control | | | 100 | 100 | 135 | 135 |

**SC 400—V8—Equipment Schedule 1**
W.B. 105.9"; 4.0 Liter.
| | | | | | | |
|---|---|---|---|---|---|---|
| Sport Coupe 2D | CH32Y | 56830 | 4700 | 5075 | 6200 | 8400 |
| Traction Control | | | 100 | 100 | 135 | 135 |

**LS 400—V8—Equipment Schedule 1**
W.B. 112.2"; 4.0 Liter.
| | | | | | | |
|---|---|---|---|---|---|---|
| Sedan 4D | BH28F | 55220 | 3525 | 3850 | 4650 | 6250 |

### 2000 LEXUS — JT8(BF28G)-Y-#

**ES 300—V6—Equipment Schedule 1**
W.B. 105.1"; 3.0 Liter.
| | | | | | | |
|---|---|---|---|---|---|---|
| Sedan 4D | BF28G | 34785 | 2350 | 2575 | 3150 | 4425 |
| Platinum Series | | | 150 | 150 | 200 | 200 |

**GS 300—6-Cyl.—Equipment Schedule 1**
W.B. 110.2"; 3.0 Liter.
| | | | | | | |
|---|---|---|---|---|---|---|
| Sedan 4D | BD68S | 40880 | 2900 | 3200 | 3900 | 5475 |
| Platinum Series | | | 150 | 150 | 200 | 200 |

**GS 400—V8—Equipment Schedule 1**
W.B. 110.2"; 4.0 Liter.
| | | | | | | |
|---|---|---|---|---|---|---|
| Sedan 4D | BH68X | 47520 | 4325 | 4675 | 5875 | 8075 |
| Platinum Series | | | 150 | 150 | 200 | 200 |

**SC 300—6-Cyl.—Equipment Schedule 1**
W.B. 105.9"; 3.0 Liter.
| | | | | | | |
|---|---|---|---|---|---|---|
| Sport Coupe 2D | CD32Z | 47140 | 4475 | 4825 | 5825 | 7825 |
| Traction Control | | | 100 | 100 | 135 | 135 |

**SC 400—V8—Equipment Schedule 1**
W.B. 105.9"; 4.0 Liter.
| | | | | | | |
|---|---|---|---|---|---|---|
| Sport Coupe 2D | CH32Y | 57530 | 5325 | 5700 | 6875 | 9175 |
| Traction Control | | | 100 | 100 | 135 | 135 |

**LS 400—V8—Equipment Schedule 1**
W.B. 112.2"; 4.0 Liter.
| | | | | | | |
|---|---|---|---|---|---|---|
| Sedan 4D | BH28F | 55420 | 4300 | 4650 | 5625 | 7400 |
| Platinum Series | | | 150 | 150 | 200 | 200 |

### 2001 LEXUS — JT(8orH)(BF28G)-1-#

**ES 300—V6—Equipment Schedule 1**
W.B. 105.1"; 3.0 Liter.
| | | | | | | |
|---|---|---|---|---|---|---|
| Sedan 4D | BF28G | 34935 | 2625 | 2925 | 3575 | 4925 |
| Coach Edition | | | 175 | 175 | 235 | 235 |

**IS 300—6-Cyl.—Equipment Schedule 1**
W.B. 105.1"; 3.0 Liter.
| | | | | | | |
|---|---|---|---|---|---|---|
| Sedan 4D | BD182 | 34055 | 3625 | 3950 | 4825 | 6525 |

**GS 300—6-Cyl.—Equipment Schedule 1**
W.B. 110.2"; 3.0 Liter.
| | | | | | | |
|---|---|---|---|---|---|---|
| Sedan 4D | BD68S | 41780 | 3225 | 3550 | 4350 | 5950 |

**GS 430—V8—Equipment Schedule 1**
W.B. 110.2"; 4.3 Liter.
| | | | | | | |
|---|---|---|---|---|---|---|
| Sedan 4D | BN68X | 50580 | 4775 | 5150 | 6275 | 8475 |

**LS 430—V8—Equipment Schedule 1**
W.B. 115.2"; 4.3 Liter.
| | | | | | | |
|---|---|---|---|---|---|---|
| Sedan 4D | BN30F | 54550 | 5200 | 5600 | 6675 | 8675 |
| Ultra Luxury Pkg | | | 1450 | 1450 | 1935 | 1935 |

**DEDUCT FOR RECONDITIONING**

## 2002 LEXUS

| Body Type | VIN | List | Trade-In Good | Very Good | Pvt-Party Good | Retail Excellent |
|---|---|---|---|---|---|---|

### 2002 LEXUS — JT(8orH)(BF30G)-2-#

**ES 300—V6**—Equipment Schedule 1
W.B. 107.1"; 3.0 Liter.
Sedan 4D .................. BF30G 33640   3900   4250   4900   6450
**IS 300—6-Cyl.**—Equipment Schedule 1
W.B. 105.1"; 3.0 Liter.
Sedan 4D .................. BD192 33655   4325   4675   5800   7750
Sport Cross H'Back 4D .. ED192 35195   4425   4800   5925   7900
  Manual, 5-Spd .......... (325)   (325)   (435)   (435)
**GS 300—6-Cyl.**—Equipment Schedule 1
W.B. 110.2"; 3.0 Liter.
Sedan 4D .................. BD69S 41840   3825   4150   5075   6875
  SportDesign ................ 350   350   465   465
**GS 430—V8**—Equipment Schedule 1
W.B. 110.2"; 4.3 Liter.
Sedan 4D .................. BL69S 48980   5200   5600   6975   9375
**LS 430—V8**—Equipment Schedule 1
W.B. 115.2"; 4.3 Liter.
Sedan 4D .................. BN30F 56080   5900   6325   7275   9175
  Ultra Luxury Pkg .......... 1575   1575   2100   2100
**SC 430—V8**—Equipment Schedule 1
W.B. 103.1"; 4.3 Liter.
Convertible 2D .......... FN48Y 59030   7675   8150   9675   12500

### 2003 LEXUS — JT(8orH)(BF30G)-3-#

**ES 300—V6**—Equipment Schedule 1
W.B. 107.1"; 3.0 Liter.
Sedan 4D .................. BF30G 33780   4600   4950   5625   7250
**IS 300—6-Cyl.**—Equipment Schedule 1
W.B. 105.1"; 3.0 Liter.
Sedan 4D .................. BD192 32485   5000   5375   6475   8500
Sport Cross H'Back 4D .. ED192 32525   5100   5475   6600   8650
  SportDesign ................ 625   625   835   835
  Manual, 5-Spd .......... (375)   (375)   (500)   (500)
**GS 300—6-Cyl.**—Equipment Schedule 1
W.B. 110.2"; 3.0 Liter.
Sedan 4D .................. BD69S 40960   4750   5125   6000   7900
  SportDesign ................ 375   375   500   500
**GS 430—V8**—Equipment Schedule 1
W.B. 110.2"; 4.3 Liter.
Sedan 4D .................. BL69S 48400   6125   6550   7825   10250
**LS 430—V8**—Equipment Schedule 1
W.B. 115.2"; 4.3 Liter.
Sedan 4D .................. BN30F 56600   7050   7500   8500   10650
  Ultra Luxury Pkg .......... 1675   1675   2235   2235
**SC 430—V8**—Equipment Schedule 1
W.B. 103.1"; 4.3 Liter.
Convertible 2D .......... FN48Y 62600   8775   9275   10650   13400

### 2004 LEXUS — JT(8orH)(BA30G)-4-#

**ES 330—V6**—Equipment Schedule 1
W.B. 107.1"; 3.3 Liter.
Sedan 4D .................. BA30G 32350   5575   5975   6850   8675
**IS 300—6-Cyl.**—Equipment Schedule 1
W.B. 105.1"; 3.0 Liter.
Sedan 4D .................. BD192 32815   5500   5900   6950   9025
Sport Cross H'Back 4D .. ED192 32855   5600   6000   7075   9150
  SportDesign ................ 650   650   865   865
  Manual, 5-Spd .......... (400)   (400)   (535)   (535)
**GS 300—6-Cyl.**—Equipment Schedule 1
W.B. 110.2"; 3.0 Liter.
Sedan 4D .................. BD68S 41010   5100   5475   6550   8525
**GS 430—V8**—Equipment Schedule 1
W.B. 110.2"; 4.3 Liter.
Sedan 4D .................. BL69S 48450   6950   7400   8800   11400
**LS 430—V8**—Equipment Schedule 1
W.B. 115.2"; 4.3 Liter.
Sedan 4D .................. BN30F 55750   8100   8575   9500   11650
  Ultra Luxury Pkg .......... 1775   1775   2365   2365
**SC 430—V8**—Equipment Schedule 1
W.B. 103.1"; 4.3 Liter.

# 2004 LEXUS

| Body Type | VIN | List | Trade-In Good | Very Good | Pvt-Party Good | Retail Excellent |
|---|---|---|---|---|---|---|
| Convertible 2D | FN48Y | 63200 | 10000 | 10550 | 11950 | 14950 |

## 2005 LEXUS — JT(8orH)(BA30G)-5-#

**ES 330—V6—Equipment Schedule 1**
W.B. 107.1"; 3.3 Liter.
| Sedan 4D | BA30G | 32600 | 6925 | 7375 | 8475 | 10550 |

**IS 300—6-Cyl.—Equipment Schedule 1**
W.B. 105.1"; 3.0 Liter.
| Sedan 4D | BD192 | 34315 | 7550 | 8025 | 9375 | 11850 |
| Sport Cross H'Back 4D | ED192 | 34355 | 7650 | 8125 | 9500 | 11950 |
| Manual, 5-Spd | | | (450) | (450) | (600) | (600) |

**GS 300—6-Cyl.—Equipment Schedule 1**
W.B. 110.2"; 3.0 Liter.
| Sedan 4D | BD69S | 41160 | 6950 | 7400 | 8875 | 11450 |

**GS 430—V8—Equipment Schedule 1**
W.B. 110.2"; 4.3 Liter.
| Sedan 4D | BL69S | 48600 | 8825 | 9350 | 11150 | 14350 |

**LS 430—V8—Equipment Schedule 1**
W.B. 115.2"; 4.3 Liter.
| Sedan 4D | BN36F | 56300 | 11050 | 11600 | 12550 | 14850 |
| Ultra Luxury Pkg | | | 1850 | 1850 | 2465 | 2465 |

**SC 430—V8—Equipment Schedule 1**
W.B. 103.1"; 4.3 Liter.
| Convertible 2D | FN48Y | 63800 | 12950 | 13550 | 15400 | 18950 |

## 2006 LEXUS — JT(8orH)(BA30G)-6-#

**ES 330—V6—Equipment Schedule 1**
W.B. 107.1"; 3.3 Liter.
| Sedan 4D | BA30G | 32950 | 7850 | 8325 | 9375 | 11550 |

**IS 250—V6—Equipment Schedule 1**
W.B. 107.5"; 2.5 Liter.
| Sedan 4D | BK262 | 31750 | 9475 | 10000 | 11300 | 13850 |
| Luxury Pkg | | | 750 | 750 | 1000 | 1000 |
| Sport Pkg | | | 725 | 725 | 965 | 965 |
| AWD | | | 1100 | 1100 | 1465 | 1465 |

**IS 350—V6—Equipment Schedule 1**
W.B. 107.5"; 3.5 Liter.
| Sedan 4D | BE262 | 36030 | 11450 | 12050 | 13600 | 16600 |
| Luxury Pkg | | | 750 | 750 | 1000 | 1000 |
| Sport Pkg | | | 725 | 725 | 965 | 965 |

**GS 300 AWD—V6—Equipment Schedule 1**
W.B. 112.2"; 3.0 Liter.
| Sedan 4D | CH96S | 45545 | 10800 | 11400 | 12850 | 15700 |
| RWD | B | | (625) | (625) | (835) | (835) |

**GS 430—V8—Equipment Schedule 1**
W.B. 112.2"; 4.3 Liter.
| Sedan 4D | BN96S | 53025 | 12600 | 13200 | 14800 | 18050 |

**LS 430—V8—Equipment Schedule 1**
W.B. 115.2"; 4.3 Liter.
| Sedan 4D | BN36F | 57175 | 12600 | 13200 | 14300 | 16950 |
| Ultra Luxury Pkg | | | 1950 | 1950 | 2600 | 2600 |

**SC 430—V8—Equipment Schedule 1**
W.B. 103.1"; 4.3 Liter.
| Convertible 2D | FN48Y | 66005 | 15250 | 15950 | 17600 | 21200 |
| Pebble Beach Special Ed | | | 325 | 325 | 435 | 435 |

## 2007 LEXUS — JT(8orH)(BK262)-7-#

**IS 250—V6—Equipment Schedule 1**
W.B. 107.5"; 2.5 Liter.
| Sedan 4D | BK262 | 32015 | 11300 | 11900 | 13000 | 15550 |
| Luxury Pkg | | | 800 | 800 | 1065 | 1065 |
| AWD | | | 1175 | 1175 | 1565 | 1565 |

**IS 350—V6—Equipment Schedule 1**
W.B. 107.5"; 3.5 Liter.
| Sedan 4D | BE262 | 36295 | 13300 | 13950 | 15250 | 18200 |
| Luxury Pkg | | | 800 | 800 | 1065 | 1065 |
| Sport Pkg | | | 800 | 800 | 1065 | 1065 |

**ES 350—V6—Equipment Schedule 1**
W.B. 109.3"; 3.5 Liter.
| Sedan 4D | BJ46G | 35145 | 10800 | 11350 | 12500 | 15000 |
| Ultra Luxury Pkg | | | 2025 | 2025 | 2700 | 2700 |

**DEDUCT FOR RECONDITIONING**

# 2007 LEXUS

| Body Type | VIN | List | Trade-In Good | Very Good | Pvt-Party Good | Retail Excellent |
|---|---|---|---|---|---|---|
| **GS 350 AWD—V6—Equipment Schedule 1** | | | | | | |
| W.B. 112.2"; 3.5 Liter. | | | | | | |
| Sedan 4D | CE96S | 46865 | **13550** | **14200** | **15400** | **18300** |
| RWD | B | | **(675)** | **(675)** | **(900)** | **(900)** |
| **GS 430—V8—Equipment Schedule 1** | | | | | | |
| W.B. 112.2"; 4.3 Liter. | | | | | | |
| Sedan 4D | BN96S | 53070 | **15350** | **16050** | **17300** | **20600** |
| **GS 450h—V6 Hybrid—Equipment Schedule 1** | | | | | | |
| W.B. 112.2"; 3.5 Liter. | | | | | | |
| Sedan 4D | BC96S | 55595 | **15950** | **16650** | **17950** | **21300** |
| **LS 460—V8—Equipment Schedule 1** | | | | | | |
| W.B. 116.9"; 121.7" (L); 4.6 Liter. | | | | | | |
| Sedan 4D | BL46F | 61715 | **19350** | **20200** | **21000** | **24200** |
| L Sedan 4D | GL46F | 71715 | **22800** | **23800** | **24600** | **28300** |
| Executive Pkg | | | **2525** | **2525** | **3365** | **3365** |
| Luxury Pkg | | | **400** | **400** | **535** | **535** |
| Touring | | | **475** | **475** | **635** | **635** |
| **SC 430—V8—Equipment Schedule 1** | | | | | | |
| W.B. 103.1"; 4.3 Liter. | | | | | | |
| Convertible 2D | FN45Y | 66150 | **17250** | **18000** | **19250** | **22700** |
| Pebble Beach Special Ed | | | **350** | **350** | **465** | **465** |

## 2008 LEXUS — JT(8orH)(BK262)-8-#

| Body Type | VIN | List | Trade-In Good | Very Good | Pvt-Party Good | Retail Excellent |
|---|---|---|---|---|---|---|
| **IS 250—V6—Equipment Schedule 1** | | | | | | |
| W.B. 107.5"; 2.5 Liter. | | | | | | |
| Sedan 4D | BK262 | 32390 | **13050** | **13700** | **14750** | **17400** |
| Luxury Pkg | | | **850** | **850** | **1135** | **1135** |
| AWD | | | **1250** | **1250** | **1665** | **1665** |
| **IS 350—V6—Equipment Schedule 1** | | | | | | |
| W.B. 107.5"; 3.5 Liter. | | | | | | |
| Sedan 4D | BE262 | 36670 | **15550** | **16250** | **17400** | **20500** |
| Luxury Pkg | | | **850** | **850** | **1135** | **1135** |
| Sport Pkg | | | **850** | **850** | **1135** | **1135** |
| **IS F—V8—Equipment Schedule 1** | | | | | | |
| W.B. 107.5"; 5.0 Liter. | | | | | | |
| Sedan 4D | BP262 | 56765 | **26100** | **27100** | **28000** | **32300** |
| **ES 350—V6—Equipment Schedule 1** | | | | | | |
| W.B. 109.3"; 3.5 Liter. | | | | | | |
| Sedan 4D | BJ46G | 34485 | **11850** | **12450** | **13350** | **15800** |
| Ultra Luxury Pkg | | | **2100** | **2100** | **2800** | **2800** |
| **GS 350 AWD—V6—Equipment Schedule 1** | | | | | | |
| W.B. 112.2"; 3.5 Liter. | | | | | | |
| Sedan 4D | CE96S | 47375 | **16500** | **17250** | **18250** | **21400** |
| RWD | B | | **(725)** | **(725)** | **(965)** | **(965)** |
| **GS 450h—V6 Hybrid—Equipment Schedule 1** | | | | | | |
| W.B. 112.2"; 3.5 Liter. | | | | | | |
| Sedan 4D | BC96S | 55665 | **19100** | **19950** | **21100** | **24600** |
| **GS 460—V8—Equipment Schedule 1** | | | | | | |
| W.B. 112.2"; 4.6 Liter. | | | | | | |
| Sedan 4D | BN96S | 53385 | **18500** | **19300** | **20400** | **23800** |
| **LS 460—V8—Equipment Schedule 1** | | | | | | |
| W.B. 116.9"; 121.7" (L); 4.6 Liter. | | | | | | |
| Sedan 4D | BL46F | 62265 | **21700** | **22600** | **23200** | **26500** |
| L Sedan 4D | GL46F | 72265 | **25200** | **26200** | **26800** | **30600** |
| Executive Pkg | | | **2650** | **2650** | **3535** | **3535** |
| Luxury Pkg | | | **425** | **425** | **565** | **565** |
| Touring | | | **500** | **500** | **665** | **665** |
| **LS 600h—V8 Hybrid—Equipment Schedule 1** | | | | | | |
| W.B. 121.7"; 5.0 Liter. | | | | | | |
| L Sedan 4D | DU46F | 104765 | **35200** | **36500** | **37200** | **42300** |
| Executive Pkg | | | **2650** | **2650** | **3535** | **3535** |
| **SC 430—V8—Equipment Schedule 1** | | | | | | |
| W.B. 103.1"; 4.3 Liter. | | | | | | |
| Convertible 2D | FN45Y | 66220 | **22800** | **23800** | **25100** | **29500** |
| Pebble Beach Special Ed | | | **375** | **375** | **500** | **500** |

## 2009 LEXUS — JT(8orH)(BK262)-9-#

| Body Type | VIN | List | Trade-In Good | Very Good | Pvt-Party Good | Retail Excellent |
|---|---|---|---|---|---|---|
| **IS 250—V6—Equipment Schedule 1** | | | | | | |
| W.B. 107.5"; 2.5 Liter. | | | | | | |
| Sedan 4D | BK262 | 33200 | **14950** | **15600** | **16550** | **19300** |
| Luxury Pkg | | | **900** | **900** | **1200** | **1200** |
| AWD | C | | **1325** | **1325** | **1765** | **1765** |

# 2009 LEXUS

| Body Type | VIN | List | Trade-In Good | Very Good | Pvt-Party Good | Retail Excellent |
|---|---|---|---|---|---|---|
| **IS 350—V6—Equipment Schedule 1** | | | | | | |
| W.B. 107.5"; 3.5 Liter. | | | | | | |
| Sedan 4D | BE262 | 37430 | 18150 | 18950 | 19900 | 23200 |
| Luxury Pkg | | | 900 | 900 | 1200 | 1200 |
| Sport Pkg | | | 900 | 900 | 1200 | 1200 |
| **IS F—V8—Equipment Schedule 1** | | | | | | |
| W.B. 107.5"; 5.0 Liter. | | | | | | |
| Sedan 4D | BP262 | 57435 | 31300 | 32500 | 33300 | 37900 |
| **ES 350—V6—Equipment Schedule 1** | | | | | | |
| W.B. 109.3"; 3.5 Liter. | | | | | | |
| Sedan 4D | BJ46G | 35145 | 15000 | 15700 | 16650 | 19450 |
| Ultra Luxury Pkg | | | 2175 | 2175 | 2900 | 2900 |
| **GS 350 AWD—V6—Equipment Schedule 1** | | | | | | |
| W.B. 112.2"; 3.5 Liter. | | | | | | |
| Sedan 4D | CE96S | 47675 | 19750 | 20600 | 21400 | 24600 |
| RWD | B | | (775) | (775) | (1035) | (1035) |
| **GS 450h—V6 Hybrid—Equipment Schedule 1** | | | | | | |
| W.B. 112.2"; 3.5 Liter. | | | | | | |
| Sedan 4D | BC96S | 57225 | 22300 | 23300 | 24000 | 27700 |
| **GS 460—V8—Equipment Schedule 1** | | | | | | |
| W.B. 112.2"; 4.6 Liter. | | | | | | |
| Sedan 4D | BN96S | 54145 | 21700 | 22600 | 23400 | 27000 |
| **LS 460—V8—Equipment Schedule 1** | | | | | | |
| W.B. 116.9", 121.7" (L); 4.6 Liter. | | | | | | |
| Sedan 4D | BL46F | 64500 | 24400 | 25300 | 26100 | 29800 |
| L Sedan 4D | GL46F | 74410 | 28500 | 29700 | 30500 | 34800 |
| Luxury Pkg | | | 450 | 450 | 600 | 600 |
| Touring | | | 550 | 550 | 735 | 735 |
| AWD | C | | 1625 | 1625 | 2165 | 2165 |
| **LS 600h—V8 Hybrid—Equipment Schedule 1** | | | | | | |
| W.B. 121.7"; 5.0 Liter. | | | | | | |
| L Sedan 4D | DU46F | 106710 | 40000 | 41500 | 42300 | 48300 |
| Executive Seating | | | 2775 | 2775 | 3700 | 3700 |
| **SC 430—V8—Equipment Schedule 1** | | | | | | |
| W.B. 103.1"; 4.3 Liter. | | | | | | |
| Convertible 2D | FN45Y | 67630 | 25300 | 26300 | 27400 | 31700 |
| Pebble Beach Special Ed | | | 375 | 375 | 500 | 500 |

# 2010 LEXUS — JTH(BB1BA)-A-#

| Body Type | VIN | List | Trade-In Good | Very Good | Pvt-Party Good | Retail Excellent |
|---|---|---|---|---|---|---|
| **HS 250h—4-Cyl. Hybrid—Equipment Schedule 1** | | | | | | |
| W.B. 106.3"; 2.4 Liter. | | | | | | |
| Sedan 4D | BB1BA | 35075 | 16050 | 16800 | 17650 | 20500 |
| Premium Sedan 4D | BB1BA | 37845 | 17050 | 17800 | 18650 | 21700 |
| **IS 250—V6—Equipment Schedule 1** | | | | | | |
| W.B. 107.5"; 2.5 Liter. | | | | | | |
| Sedan 4D | BF5C2 | 33890 | 17550 | 18300 | 19000 | 21900 |
| Luxury Pkg | | | 950 | 950 | 1265 | 1265 |
| AWD | C | | 1400 | 1400 | 1865 | 1865 |
| **IS 350—V6—Equipment Schedule 1** | | | | | | |
| W.B. 107.5"; 3.5 Liter. | | | | | | |
| Sedan 4D | BE5C2 | 38170 | 21600 | 22500 | 23300 | 26700 |
| Convertible 2D | FE2C2 | 44815 | 24000 | 24900 | 25700 | 29500 |
| Luxury Pkg | | | 950 | 950 | 1265 | 1265 |
| **IS F—V8—Equipment Schedule 1** | | | | | | |
| W.B. 107.5"; 5.0 Liter. | | | | | | |
| Sedan 4D | BP5C2 | 58635 | 36100 | 37500 | 37800 | 42600 |
| **ES 350—V6—Equipment Schedule 1** | | | | | | |
| W.B. 109.3"; 3.5 Liter. | | | | | | |
| Sedan 4D | BK1EG | 35675 | 17550 | 18300 | 19100 | 22100 |
| Ultra Luxury Pkg | | | 2300 | 2300 | 3065 | 3065 |
| **GS 350 AWD—V6—Equipment Schedule 1** | | | | | | |
| W.B. 112.2"; 3.5 Liter. | | | | | | |
| Sedan 4D | CE1KB | 47825 | 22000 | 23000 | 23600 | 27000 |
| RWD | B | | (800) | (800) | (1065) | (1065) |
| **GS 450h—V6 Hybrid—Equipment Schedule 1** | | | | | | |
| W.B. 112.2"; 3.5 Liter. | | | | | | |
| Sedan 4D | BC1KS | 57425 | 25900 | 27000 | 27700 | 31700 |
| **GS 460—V8—Equipment Schedule 1** | | | | | | |
| W.B. 112.2"; 4.6 Liter. | | | | | | |
| Sedan 4D | BL1KS | 54345 | 25400 | 26400 | 27100 | 31000 |
| **LS 460—V8—Equipment Schedule 1** | | | | | | |
| W.B. 116.9", 121.7" (L); 4.6 Liter. | | | | | | |
| Sedan 4D | BL5EF | 65555 | 29700 | 30900 | 31200 | 35300 |

**158    DEDUCT FOR RECONDITIONING**

# 2010 LEXUS

| Body Type | VIN | List | Trade-In Good | Trade-In Very Good | Pvt-Party Good | Retail Excellent |
|---|---|---|---|---|---|---|
| L Sedan 4D | GL5EF | 71100 | 34000 | 35300 | 35600 | 40100 |
| Sport Pkg | | | 2425 | 2425 | 3235 | 3235 |
| Luxury Pkg | | | 475 | 475 | 635 | 635 |
| AWD | C | | 1725 | 1725 | 2300 | 2300 |

**LS 600h—V8 Hybrid—Equipment Schedule 1**
W.B. 121.7"; 5.0 Liter.

| Body Type | VIN | List | Good | Very Good | Good | Excellent |
|---|---|---|---|---|---|---|
| L Sedan 4D | DU1EF | 109675 | 49700 | 51500 | 51900 | 58400 |

**SC 430—V8—Equipment Schedule 1**
W.B. 103.1"; 4.3 Liter.

| Body Type | VIN | List | Good | Very Good | Good | Excellent |
|---|---|---|---|---|---|---|
| Convertible 2D | FN2EY | 68380 | 28000 | 29100 | 30100 | 34700 |

## 2011 LEXUS — JTH(KD5BH)-B-#

**CT 200h—4-Cyl. Hybrid—Equipment Schedule 1**
W.B. 102.4"; 1.8 Liter.

| Body Type | VIN | List | Good | Very Good | Good | Excellent |
|---|---|---|---|---|---|---|
| Hatchback 4D | KD5BH | 29995 | 18550 | 19350 | 19950 | 22800 |
| Premium H'Back 4D | KD5BH | 31775 | 19850 | 20700 | 21300 | 24400 |

**HS 250h—4-Cyl. Hybrid—Equipment Schedule 1**
W.B. 106.3"; 2.4 Liter.

| Body Type | VIN | List | Good | Very Good | Good | Excellent |
|---|---|---|---|---|---|---|
| Sedan 4D | BB1BA | 35975 | 17600 | 18350 | 19250 | 22300 |
| Premium Sedan 4D | BB1BA | 38745 | 18750 | 19600 | 20500 | 23700 |
| Touring Pkg | | | 550 | 550 | 735 | 735 |
| Technology Pkg | | | 750 | 750 | 1000 | 1000 |

**IS 250—V6—Equipment Schedule 1**
W.B. 107.5"; 2.5 Liter.

| Body Type | VIN | List | Good | Very Good | Good | Excellent |
|---|---|---|---|---|---|---|
| Sedan 4D | BF5C2 | 34190 | 19950 | 20800 | 21400 | 24600 |
| Luxury Plus Pkg | | | 1000 | 1000 | 1335 | 1335 |
| F-Sport Pkg | | | 1000 | 1000 | 1335 | 1335 |
| AWD | | | 1500 | 1500 | 2000 | 2000 |

**IS 250C—V6—Equipment Schedule 1**
W.B. 107.5"; 2.5 Liter.

| Body Type | VIN | List | Good | Very Good | Good | Excellent |
|---|---|---|---|---|---|---|
| Convertible 2D | FF2C2 | 41935 | 25300 | 26300 | 27000 | 30800 |
| Luxury Pkg | | | 1000 | 1000 | 1335 | 1335 |

**IS 350—V6—Equipment Schedule 1**
W.B. 107.5"; 3.5 Liter.

| Body Type | VIN | List | Good | Very Good | Good | Excellent |
|---|---|---|---|---|---|---|
| Sedan 4D | BE5C2 | 39445 | 23900 | 24800 | 25500 | 29200 |
| Luxury Plus Pkg | | | 1000 | 1000 | 1335 | 1335 |
| F-Sport Pkg | | | 1000 | 1000 | 1335 | 1335 |
| AWD | | | 1500 | 1500 | 2000 | 2000 |

**IS 350C—V6—Equipment Schedule 1**
W.B. 107.5"; 3.5 Liter.

| Body Type | VIN | List | Good | Very Good | Good | Excellent |
|---|---|---|---|---|---|---|
| Convertible 2D | FE2C2 | 46215 | 28700 | 29900 | 30600 | 35000 |
| Luxury Pkg | | | 1000 | 1000 | 1335 | 1335 |

**IS F—V8—Equipment Schedule 1**
W.B. 107.5"; 5.0 Liter.

| Body Type | VIN | List | Good | Very Good | Good | Excellent |
|---|---|---|---|---|---|---|
| Sedan 4D | BP5C2 | 59335 | 38000 | 39400 | 39600 | 44400 |

**ES 350—V6—Equipment Schedule 1**
W.B. 109.3"; 3.5 Liter.

| Body Type | VIN | List | Good | Very Good | Good | Excellent |
|---|---|---|---|---|---|---|
| Sedan 4D | BK1EG | 36400 | 20300 | 21100 | 21800 | 25100 |
| Ultra Luxury Pkg | | | 2350 | 2350 | 3135 | 3135 |

**GS 350 AWD—V6—Equipment Schedule 1**
W.B. 112.2"; 3.5 Liter.

| Body Type | VIN | List | Good | Very Good | Good | Excellent |
|---|---|---|---|---|---|---|
| Sedan 4D | CE1KS | 48825 | 25800 | 26900 | 27300 | 31000 |
| RWD | B | | (800) | (800) | (1065) | (1065) |

**GS 450h—V6 Hybrid—Equipment Schedule 1**
W.B. 112.2"; 3.5 Liter.

| Body Type | VIN | List | Good | Very Good | Good | Excellent |
|---|---|---|---|---|---|---|
| Sedan 4D | BC1KS | 58825 | 29700 | 30900 | 31400 | 35600 |

**GS 460—V8—Equipment Schedule 1**
W.B. 112.2"; 4.6 Liter.

| Body Type | VIN | List | Good | Very Good | Good | Excellent |
|---|---|---|---|---|---|---|
| Sedan 4D | BL1KS | 55345 | 29100 | 30300 | 30800 | 34900 |

**LS 460—V8—Equipment Schedule 1**
W.B. 116.9", 121.7" (L); 4.6 Liter.

| Body Type | VIN | List | Good | Very Good | Good | Excellent |
|---|---|---|---|---|---|---|
| Sedan 4D | BL5EF | 66255 | 33100 | 34400 | 34700 | 39200 |
| L Sedan 4D | GL5EF | 71800 | 37400 | 38800 | 39000 | 44000 |
| Sport Pkg | | | 2575 | 2575 | 3435 | 3435 |
| Luxury Pkg | | | 500 | 500 | 665 | 665 |
| AWD | C | | 1825 | 1825 | 2435 | 2435 |

**LS 600h—V8 Hybrid—Equipment Schedule 1**
W.B. 121.7"; 5.0 Liter.

| Body Type | VIN | List | Good | Very Good | Good | Excellent |
|---|---|---|---|---|---|---|
| L Sedan 4D | DU5EF | 110875 | 55800 | 57800 | 58100 | 65400 |

# 2012 LEXUS

| Body Type | VIN | List | Trade-In Good | Very Good | Pvt-Party Good | Retail Excellent |
|---|---|---|---|---|---|---|

## 2012 LEXUS — JTH(KD5BH)–C–#

**CT 200h—4-Cyl. Hybrid—Equipment Schedule 1**
W.B. 102.4"; 1.8 Liter.
| Hatchback 4D | KD5BH | 29995 | 20700 | 21500 | 21900 | 24800 |
| Premium H'Back 4D | KD5BH | 32125 | 22000 | 23000 | 23300 | 26300 |
| F Sport Spcl Ed 4D | KD5BH | 38870 | 26000 | 27000 | 27300 | 30900 |

**HS 250h—4-Cyl. Hybrid—Equipment Schedule 1**
W.B. 106.3"; 2.4 Liter.
| Sedan 4D | BB1BA | 37905 | 21500 | 22400 | 22900 | 26100 |
| Premium Sedan 4D | BB1BA | 40675 | 22700 | 23700 | 24200 | 27500 |
| Touring Pkg | | | 575 | 575 | 765 | 765 |
| Technology Pkg | | | 775 | 775 | 1035 | 1035 |

**IS 250—V6—Equipment Schedule 1**
W.B. 107.5"; 2.5 Liter.
| Sedan 4D | BF5C2 | 35640 | 21900 | 22900 | 23400 | 26600 |
| Luxury Pkg | | | 1050 | 1050 | 1400 | 1400 |
| F-Sport Pkg | | | 1000 | 1000 | 1335 | 1335 |
| AWD | | | 1600 | 1600 | 2135 | 2135 |

**IS 250C—V6—Equipment Schedule 1**
W.B. 107.5"; 2.5 Liter.
| Convertible 2D | FF2C2 | 43235 | 28400 | 29600 | 30200 | 34300 |
| Luxury Pkg | | | 1050 | 1050 | 1400 | 1400 |

**IS 350—V6—Equipment Schedule 1**
W.B. 107.5"; 3.5 Liter.
| Sedan 4D | BE5C2 | 40895 | 26000 | 27100 | 27600 | 31400 |
| Luxury Pkg | | | 1050 | 1050 | 1400 | 1400 |
| F-Sport Pkg | | | 1000 | 1000 | 1335 | 1335 |
| AWD | | | 1600 | 1600 | 2135 | 2135 |

**IS 350C—V6—Equipment Schedule 1**
W.B. 107.5"; 3.5 Liter.
| Convertible 2D | FE2C2 | 47515 | 32000 | 33200 | 33800 | 38400 |
| Luxury Pkg | | | 1050 | 1050 | 1400 | 1400 |

**IS F—V8—Equipment Schedule 1**
W.B. 107.5"; 5.0 Liter.
| Sedan 4D | BP5C2 | 62175 | 40200 | 41700 | 41700 | 46700 |

**ES 350—V6—Equipment Schedule 1**
W.B. 109.3"; 3.5 Liter.
| Sedan 4D | BK1EG | 37600 | 24000 | 24900 | 25400 | 28900 |
| Ultra Luxury Pkg | | | 2425 | 2425 | 3235 | 3235 |

**LS 460—V8—Equipment Schedule 1**
W.B. 116.9", 121.7" (L); 4.6 Liter.
| Sedan 4D | BL5EF | 68005 | 41500 | 43000 | 42600 | 47400 |
| L Sedan 4D | GL5EF | 73650 | 45800 | 47400 | 46900 | 52100 |
| Sport Special Ed 4D | BL5EF | 77875 | 49600 | 51400 | 51100 | 56700 |
| Sport Pkg | | | 2700 | 2700 | 3600 | 3600 |
| Luxury Pkg | | | 700 | 700 | 935 | 935 |
| AWD | C | | 1900 | 1900 | 2535 | 2535 |

**LS 600h—V8 Hybrid—Equipment Schedule 1**
W.B. 121.7"; 5.0 Liter.
| L Sedan 4D | DU5EF | 113125 | 64200 | 66500 | 65700 | 72900 |

**LFA—V10—Equipment Schedule 1**
W.B. 102.6"; 4.8 Liter.
| Coupe 2D | HX8BH | 377400 | **** | **** | **** | 377100 |

## 2013 LEXUS — JTH(KD5BH)–D–#

**CT 200h—4-Cyl. Hybrid—Equipment Schedule 1**
W.B. 102.4"; 1.8 Liter.
| Hatchback 4D | KD5BH | 32745 | 23300 | 24200 | 24600 | 27800 |

**IS 250—V6—Equipment Schedule 1**
W.B. 107.5"; 2.5 Liter.
| Sedan 4D | BF5C2 | 35960 | 24900 | 25900 | 26300 | 29800 |
| Luxury Plus | | | 1100 | 1100 | 1465 | 1465 |
| F Sport Pkg | | | 1000 | 1000 | 1335 | 1335 |
| AWD | C | | 1600 | 1600 | 2135 | 2135 |

**IS 250C—V6—Equipment Schedule 1**
W.B. 107.5"; 2.5 Liter.
| Convertible 2D | FF2C2 | 43405 | 32500 | 33800 | 34200 | 38700 |
| Luxury Pkg | | | 1100 | 1100 | 1465 | 1465 |

**IS 350—V6—Equipment Schedule 1**
W.B. 107.5"; 3.5 Liter.
| Sedan 4D | BE5C2 | 41215 | 29200 | 30400 | 30900 | 34900 |

**160    DEDUCT FOR RECONDITIONING**

# 2013 LEXUS

| Body Type | VIN | List | Trade-In Good | Very Good | Pvt-Party Good | Retail Excellent |
|---|---|---|---|---|---|---|
| Luxury Plus | | | 0 | 0 | 0 | 0 |
| F Sport Pkg | | | 1000 | 1000 | 1335 | 1335 |
| AWD | C | | 1600 | 1600 | 2135 | 2135 |
| **IS 350C—V6—Equipment Schedule 1** | | | | | | |
| W.B. 107.5"; 3.5 Liter. | | | | | | |
| Convertible 2D | FE2C2 | 47685 | 36300 | 37600 | 38000 | 43000 |
| Luxury Pkg | | | 1100 | 1100 | 1465 | 1465 |
| **IS F—V8—Equipment Schedule 1** | | | | | | |
| W.B. 107.5"; 5.0 Liter. | | | | | | |
| Sedan 4D | BP5C2 | 62495 | 46200 | 47900 | 48000 | 53600 |
| **ES 300h—4-Cyl. Hybrid—Equipment Schedule 1** | | | | | | |
| W.B. 111.0"; 2.5 Liter. | | | | | | |
| Sedan 4D | BW7GG | 39745 | 32400 | 33600 | 33700 | 37700 |
| **ES 350—V6—Equipment Schedule 1** | | | | | | |
| W.B. 111.0"; 3.5 Liter. | | | | | | |
| Sedan 4D | BK7GG | 36995 | 29000 | 30200 | 30300 | 33900 |
| Ultra Luxury Pkg | | | 2525 | 2525 | 3365 | 3365 |
| **GS 350—V6—Equipment Schedule 1** | | | | | | |
| W.B. 112.2"; 3.5 Liter. | | | | | | |
| Sedan 4D | BE1BL | 47775 | 34300 | 35600 | 36300 | 41500 |
| Luxury Pkg | | | 1500 | 1500 | 2000 | 2000 |
| Premium Pkg | | | 1200 | 1200 | 1600 | 1600 |
| F Sport Pkg | | | 1700 | 1700 | 2265 | 2265 |
| AWD | C | | 1000 | 1000 | 1335 | 1335 |
| **GS 450h—V6 Hybrid—Equipment Schedule 1** | | | | | | |
| W.B. 112.2"; 3.5 Liter. | | | | | | |
| Sedan 4D | BS1BL | 59825 | 38400 | 39900 | 40700 | 46300 |
| Luxury Pkg | | | 1500 | 1500 | 2000 | 2000 |
| **LS 460—V8—Equipment Schedule 1** | | | | | | |
| W.B. 116.9", 121.7" (L); 4.6 Liter. | | | | | | |
| Sedan 4D | BL1EF | 72885 | 59400 | 61400 | 60600 | 67100 |
| L Sedan 4D | GL1EF | 79185 | 63700 | 65900 | 64900 | 71800 |
| Ultra Luxury Pkg | | | 750 | 750 | 1000 | 1000 |
| AWD | C | | 2000 | 2000 | 2665 | 2665 |
| **LS 600h—V8 Hybrid—Equipment Schedule 1** | | | | | | |
| W.B. 121.7"; 5.0 Liter. | | | | | | |
| L Sedan 4D | DU1EF | 120805 | | | | |

# LINCOLN

## 1999 LINCOLN — 1LN(LM81W)-X-#

| Body Type | VIN | List | Good | Very Good | Good | Excellent |
|---|---|---|---|---|---|---|
| **TOWN CAR—V8—Equipment Schedule 2** | | | | | | |
| W.B. 117.7"; 4.6 Liter. | | | | | | |
| Executive Sedan 4D | LM81W | 38995 | 1200 | 1325 | 2125 | 3325 |
| Signature Sedan 4D | LM82W | 40995 | 1325 | 1450 | 2300 | 3600 |
| Cartier Sedan 4D | LM83W | 43495 | 1500 | 1650 | 2525 | 3975 |
| **CONTINENTAL—V8—Equipment Schedule 2** | | | | | | |
| W.B. 109.0"; 4.6 Liter. | | | | | | |
| Sedan 4D | LM97V | 38995 | 1700 | 1875 | 2950 | 4675 |

## 2000 LINCOLN — 1LN(HM81W)-Y-#

| Body Type | VIN | List | Good | Very Good | Good | Excellent |
|---|---|---|---|---|---|---|
| **TOWN CAR—V8—Equipment Schedule 2** | | | | | | |
| W.B. 117.7", 123.7" (L Pkg); 4.6 Liter. | | | | | | |
| Executive Sedan 4D | HM81W | 39300 | 1325 | 1450 | 2250 | 3525 |
| Signature Sedan 4D | HM82W | 41300 | 1475 | 1625 | 2400 | 3850 |
| Cartier Sedan 4D | HM83W | 43800 | 1675 | 1850 | 2750 | 4275 |
| L Pkg | | | 950 | 950 | 1265 | 1265 |
| Touring | | | 75 | 75 | 100 | 100 |
| **CONTINENTAL—V8—Equipment Schedule 2** | | | | | | |
| W.B. 117.7"; 4.6 Liter. | | | | | | |
| Sedan 4D | HM97V | 39550 | 1875 | 2050 | 3150 | 4900 |
| **LS—V6—Equipment Schedule 2** | | | | | | |
| W.B. 114.5"; 3.0 Liter. | | | | | | |
| Sedan 4D | HM86S | 31450 | 1500 | 1650 | 2425 | 3700 |
| Sport Pkg | | | 75 | 75 | 100 | 100 |
| Manual, 5-Spd | | | (225) | (225) | (300) | (300) |
| **LS—V8—Equipment Schedule 2** | | | | | | |
| W.B. 114.5"; 3.9 Liter. | | | | | | |
| Sedan 4D | HM87A | 35225 | 2225 | 2450 | 3450 | 5200 |
| Sport Pkg | | | 75 | 75 | 100 | 100 |

0414    **EQUIPMENT & MILEAGE PAGE 9 TO 23**    161

# 2001 LINCOLN

| Body Type | VIN | List | Trade-In Good | Very Good | Pvt-Party Good | Retail Excellent |
|---|---|---|---|---|---|---|

## 2001 LINCOLN — 1LN(HM81W)-1-#

**TOWN CAR—V8—Equipment Schedule 2**
W.B. 117.7", 123.7" (L); 4.6 Liter.
| | | | | | | |
|---|---|---|---|---|---|---|
| Executive Sedan 4D | HM81W | 39865 | 1475 | 1625 | 2400 | 3675 |
| Executive L Sed 4D | HM84W | 44225 | 2675 | 2925 | 4100 | 6125 |
| Signature Sedan 4D | HM82W | 42035 | 1675 | 1850 | 2675 | 4075 |
| Signature Touring 4D | HM82W | 42745 | 1725 | 1900 | 2725 | 4175 |
| Cartier Sedan 4D | HM83W | 44420 | 1950 | 2150 | 3050 | 4625 |
| Cartier L Sedan 4D | HM85W | 49230 | 3325 | 3650 | 5225 | 7700 |

**CONTINENTAL—V8—Equipment Schedule 2**
W.B. 109.0"; 4.6 Liter.
| | | | | | | |
|---|---|---|---|---|---|---|
| Sedan 4D | HM97V | 40100 | 2175 | 2400 | 3525 | 5375 |

**LS—V6—Equipment Schedule 2**
W.B. 114.5"; 3.0 Liter.
| | | | | | | |
|---|---|---|---|---|---|---|
| Sedan 4D | HM86S | 32250 | 1925 | 2125 | 2925 | 4375 |
| Sport Pkg | | | 75 | 75 | 100 | 100 |
| Manual, 5-Spd | | | (275) | (275) | (365) | (365) |

**LS—V8—Equipment Schedule 2**
W.B. 114.5"; 3.9 Liter.
| | | | | | | |
|---|---|---|---|---|---|---|
| Sedan 4D | HM87A | 36280 | 2650 | 2900 | 3950 | 5825 |
| Sport Pkg | | | 75 | 75 | 100 | 100 |

## 2002 LINCOLN — 1LN(HM81W)-2-#

**TOWN CAR—V8—Equipment Schedule 2**
W.B. 117.7", 123.7" (L); 4.6 Liter.
| | | | | | | |
|---|---|---|---|---|---|---|
| Executive Sedan 4D | HM81W | 40540 | 1475 | 1625 | 2375 | 3625 |
| Executive L Sed 4D | HM84W | 44600 | 3050 | 3350 | 4600 | 6800 |
| Signature Sedan 4D | HM82W | 42710 | 1875 | 2050 | 2925 | 4425 |
| Signature Touring 4D | HM82W | 43420 | 1925 | 2125 | 3000 | 4525 |
| Cartier Sedan 4D | HM83W | 45095 | 2300 | 2525 | 3525 | 5300 |
| Cartier L Sedan 4D | HM85W | 49605 | 3675 | 4000 | 5675 | 8325 |

**CONTINENTAL—V8—Equipment Schedule 2**
W.B. 109.0"; 4.6 Liter.
| | | | | | | |
|---|---|---|---|---|---|---|
| Sedan 4D | HM97V | 38555 | 2500 | 2750 | 3800 | 5650 |

**LS—V6—Equipment Schedule 2**
W.B. 114.5"; 3.0 Liter.
| | | | | | | |
|---|---|---|---|---|---|---|
| Sedan 4D | HM86S | 33455 | 2125 | 2325 | 3200 | 4750 |
| LSE | | | 1000 | 1000 | 1335 | 1335 |
| Manual, 5-Spd | | | (300) | (300) | (400) | (400) |

**LS—V8—Equipment Schedule 2**
W.B. 114.5"; 3.9 Liter.
| | | | | | | |
|---|---|---|---|---|---|---|
| Sedan 4D | HM87A | 37630 | 2875 | 3175 | 4250 | 6200 |
| LSE | | | 1000 | 1000 | 1335 | 1335 |

## 2003 LINCOLN — 1LN(HM81W)-3-#

**TOWN CAR—V8—Equipment Schedule 2**
W.B. 117.7", 123.7" (L); 4.6 Liter.
| | | | | | | |
|---|---|---|---|---|---|---|
| Executive Sedan 4D | HM81W | 41140 | 1975 | 2175 | 2725 | 3875 |
| Executive L Sed 4D | HM84W | 45115 | 3775 | 4100 | 5150 | 7125 |
| Signature Sedan 4D | HM82W | 43600 | 2375 | 2600 | 3225 | 4550 |
| Cartier Sedan 4D | HM83W | 46110 | 2900 | 3200 | 4050 | 5650 |
| Cartier L Sedan 4D | HM85W | 51570 | 4725 | 5100 | 6575 | 9000 |
| Limited Edition | | | 375 | 375 | 500 | 500 |

**LS—V8—Equipment Schedule 2**
W.B. 114.5"; 3.0 Liter.
| | | | | | | |
|---|---|---|---|---|---|---|
| Sedan 4D | HM86S | 40695 | 3225 | 3525 | 4325 | 6025 |
| V6, 3.0 Liter | S | | (850) | (850) | (1135) | (1135) |

## 2004 LINCOLN — 1LN(HM81W)-4-#

**TOWN CAR—V8—Equipment Schedule 2**
W.B. 117.7", 123.7" (L); 4.6 Liter.
| | | | | | | |
|---|---|---|---|---|---|---|
| Executive Sedan 4D | HM81W | 42810 | 2025 | 2225 | 2750 | 3875 |
| Executive L Sed 4D | HM84W | 45790 | 4275 | 4625 | 5725 | 7800 |
| Signature Sedan 4D | HM81W | 41815 | 2450 | 2675 | 3275 | 4600 |
| Ultimate Sedan 4D | HM83W | 44925 | 3275 | 3600 | 4475 | 6150 |
| Ultimate L Sedan 4D | HM85W | 50470 | 5400 | 5800 | 7350 | 9950 |

**LS—V6—Equipment Schedule 2**
W.B. 114.5"; 3.0 Liter.
| | | | | | | |
|---|---|---|---|---|---|---|
| Sedan 4D | HM86S | 32495 | 3300 | 3625 | 4575 | 6350 |

**LS—V8—Equipment Schedule 2**
W.B. 114.5"; 3.9 Liter.

**DEDUCT FOR RECONDITIONING**

# 2004 LINCOLN

| Body Type | VIN | List | Trade-In Good | Very Good | Pvt-Party Good | Retail Excellent |
|---|---|---|---|---|---|---|
| Sport Sedan 4D | HM87A | 40095 | 4300 | 4650 | 6025 | 8400 |
| LSE | | | 1200 | 1200 | 1600 | 1600 |

## 2005 LINCOLN — 1LN(ForH)(M86S)-5-#

**LS—V6—Equipment Schedule 2**
W.B. 114.5"; 3.0 Liter.
| | | | | | | |
|---|---|---|---|---|---|---|
| Sedan 4D | M86S | 32965 | 3275 | 3600 | 4875 | 6875 |

**LS—V8—Equipment Schedule 2**
W.B. 114.5"; 3.9 Liter.
| | | | | | | |
|---|---|---|---|---|---|---|
| Sport Sedan 4D | M87A | 40515 | 4275 | 4625 | 6175 | 8650 |
| LSE | | | 1300 | 1300 | 1735 | 1735 |

**TOWN CAR—V8—Equipment Schedule 2**
W.B. 117.7", 123.7" (L); 4.6 Liter.
| | | | | | | |
|---|---|---|---|---|---|---|
| Signature Sedan 4D | M81W | 42470 | 3975 | 4325 | 5300 | 7050 |
| Signature Ltd Sed 4D | M83W | 45310 | 4750 | 5125 | 6450 | 8525 |
| Executive Sedan 4D | M84W | 46445 | 5850 | 6275 | 7775 | 10200 |
| Signature L Sedan 4D | M85W | 50915 | 7050 | 7500 | 9300 | 12200 |
| Limited Edition | | | 250 | 250 | 335 | 335 |

## 2006 LINCOLN — (1or3)LN(ForH)(M261)-6-#

**ZEPHYR—V6—Equipment Schedule 2**
W.B. 107.4"; 3.0 Liter.
| | | | | | | |
|---|---|---|---|---|---|---|
| Sedan 4D | M261 | 29660 | 4975 | 5375 | 6550 | 8525 |

**LS—V8—Equipment Schedule 2**
W.B. 114.5"; 3.9 Liter.
| | | | | | | |
|---|---|---|---|---|---|---|
| Sedan 4D | M87A | 39945 | 5225 | 5625 | 7100 | 9450 |

**TOWN CAR—V8—Equipment Schedule 2**
W.B. 117.7", 123.7" (L); 4.6 Liter.
| | | | | | | |
|---|---|---|---|---|---|---|
| Signature Sedan 4D | M81W | 42875 | 4850 | 5225 | 6225 | 7950 |
| Signature Ltd Sedan | M82W | 45740 | 5725 | 6150 | 7325 | 9300 |
| Designer Sedan 4D | M83W | 46735 | 6550 | 7000 | 8250 | 10500 |
| Executive L Sedan 4D | M84W | 46990 | 7300 | 7775 | 9125 | 11550 |
| Signature L Sedan 4D | M85W | 51345 | 9850 | 10400 | 12100 | 15200 |

## 2007 LINCOLN — (1or3)LN-(M26T)-7-#

**MKZ—V6—Equipment Schedule 2**
W.B. 107.4"; 3.5 Liter.
| | | | | | | |
|---|---|---|---|---|---|---|
| Sedan 4D | M26T | 29890 | 6300 | 6725 | 7825 | 9875 |
| AWD | 8 | | 1100 | 1100 | 1465 | 1465 |

**TOWN CAR—V8—Equipment Schedule 2**
W.B. 117.7", 123.7" (L); 4.6 Liter.
| | | | | | | |
|---|---|---|---|---|---|---|
| Signature Sedan 4D | M81W | 42985 | 6850 | 7300 | 8000 | 9700 |
| Signature Ltd Sedan | M82W | 45850 | 7725 | 8200 | 9025 | 10900 |
| Designer Sedan 4D | M83W | 48110 | 8575 | 9075 | 9925 | 11950 |
| Executive L Sedan 4D | M84W | 47160 | 10050 | 10600 | 11600 | 13900 |
| Signature L Sedan 4D | M85W | 51455 | 11800 | 12400 | 13550 | 16250 |

## 2008 LINCOLN — (1or3)LN-(M26T)-8-#

**MKZ—V6—Equipment Schedule 2**
W.B. 107.4"; 3.5 Liter.
| | | | | | | |
|---|---|---|---|---|---|---|
| Sedan 4D | M26T | 30915 | 7600 | 8075 | 9100 | 11200 |
| AWD | | | 1175 | 1175 | 1565 | 1565 |

**TOWN CAR—V8—Equipment Schedule 2**
W.B. 117.7", 123.7" (L); 4.6 Liter.
| | | | | | | |
|---|---|---|---|---|---|---|
| Signature Ltd Sed 4D | M82W | 45910 | 9600 | 10150 | 11000 | 13100 |
| Signature L Sedan 4D | M85W | 51515 | 13650 | 14300 | 15500 | 18400 |

## 2009 LINCOLN — (1or3)LN-(M26T)-9-#

**MKZ—V6—Equipment Schedule 2**
W.B. 107.4"; 3.5 Liter.
| | | | | | | |
|---|---|---|---|---|---|---|
| Sedan 4D | M26T | 32535 | 9950 | 10500 | 11450 | 13750 |
| AWD | | | 1225 | 1225 | 1635 | 1635 |

**MKS—V6—Equipment Schedule 2**
W.B. 112.9"; 3.7 Liter.
| | | | | | | |
|---|---|---|---|---|---|---|
| Sedan 4D | M93R | 38465 | 12850 | 13450 | 14900 | 17950 |
| AWD | | | 2225 | 2225 | 2965 | 2965 |

**TOWN CAR—V8—Equipment Schedule 2**
W.B. 117.7", 123.7" (L); 4.6 Liter.
| | | | | | | |
|---|---|---|---|---|---|---|
| Signature Ltd Sedan | M82W | 46760 | 11700 | 12300 | 13250 | 15750 |
| Signature L Sedan 4D | M85W | 52430 | 15600 | 16300 | 17500 | 20700 |

# 2010 LINCOLN

| Body Type | VIN | List | Trade-In Good | Trade-In Very Good | Pvt-Party Good | Retail Excellent |
|---|---|---|---|---|---|---|

## 2010 LINCOLN — (1or3)LN-(L2GC)-A-#

**MKZ—V6—Equipment Schedule 2**
W.B. 107.4"; 3.5 Liter.
| Sedan 4D | L2GC | 34965 | 11800 | 12400 | 13350 | 15850 |
| AWD | J | | 1300 | 1300 | 1735 | 1735 |

**MKS—V6—Equipment Schedule 2**
W.B. 112.9"; 3.7 Liter.
| Sedan 4D | L9DR | 41695 | 14150 | 14800 | 16250 | 19550 |
| AWD | E | | 2325 | 2325 | 3100 | 3100 |

**MKS—V6 EcoBoost Twin Turbo—Equipment Schedule 2**
W.B. 112.9"; 3.5 Liter.
| Sedan 4D | L9FT | 48985 | 19100 | 19950 | 21700 | 26000 |

**TOWN CAR—V8—Equipment Schedule 2**
W.B. 117.7", 123.7" (L); 4.6 Liter.
| Signature Ltd Sedan | L8CV | 47470 | 14650 | 15300 | 16250 | 19000 |
| Signature L Sedan 4D | L8FV | 53140 | 19150 | 20000 | 21100 | 24500 |

## 2011 LINCOLN — (1or3)LN-(L2GC)-B-#

**MKZ—V6—Equipment Schedule 2**
W.B. 107.4"; 3.5 Liter.
| Sedan 4D | L2GC | 35180 | 12900 | 13500 | 14550 | 17150 |
| AWD | J | | 1375 | 1375 | 1835 | 1835 |

**MKZ—4-Cyl. Hybrid—Equipment Schedule 2**
W.B. 107.4"; 2.5 Liter.
| Sedan 4D | L2L3 | 35180 | 16500 | 17250 | 18400 | 21600 |

**MKS—V6—Equipment Schedule 2**
W.B. 112.9"; 3.7 Liter.
| Sedan 4D | L9DR | 42095 | 15450 | 16150 | 17500 | 20800 |
| AWD | E | | 2450 | 2450 | 3265 | 3265 |

**MKS—V6 EcoBoost Twin Turbo—Equipment Schedule 2**
W.B. 112.9"; 3.5 Liter.
| Sedan 4D | L9FT | 48985 | 20400 | 21300 | 22900 | 27100 |

**TOWN CAR—V8—Equipment Schedule 2**
W.B. 117.7", 123.7" (L); 4.6 Liter.
| Signature LTD Sedan | L8CV | 47870 | 20500 | 21300 | 22200 | 25700 |
| Signature L Sedan | L8FV | 53540 | 24500 | 25500 | 26500 | 30500 |

## 2012 LINCOLN — (1,2or3)LN-(L2GC)-C-#

**MKZ—V6—Equipment Schedule 2**
W.B. 107.4"; 3.5 Liter.
| Sedan 4D | L2GC | 35630 | 14650 | 15300 | 16250 | 19000 |
| AWD | J | | 1425 | 1425 | 1900 | 1900 |

**MKZ—4-Cyl. Hybrid—Equipment Schedule 2**
W.B. 107.4"; 2.5 Liter.
| Sedan 4D | L2L3 | 35630 | 18400 | 19200 | 20300 | 23600 |

**MKS—V6—Equipment Schedule 2**
W.B. 112.9"; 3.7 Liter.
| Sedan 4D | L9DR | 42375 | 18350 | 19150 | 20300 | 23800 |
| AWD | E | | 2575 | 2575 | 3435 | 3435 |

**MKS AWD—V6 EcoBoost Twin Turbo—Equipment Schedule 2**
W.B. 112.9"; 3.5 Liter.
| Sedan 4D | L9FT | 49265 | 23400 | 24300 | 25600 | 30000 |

## 2013 LINCOLN — (1,2or3)LN-(L2G9)-D-#

**MKZ—4-Cyl. EcoBoost—Equipment Schedule 2**
W.B. 112.2"; 2.0 Liter.
| Sedan 4D | L2G9 | 36800 | 22700 | 23700 | 24300 | 27800 |
| AWD | J | | 1500 | 1500 | 2000 | 2000 |
| V6, 3.7 Liter | K | | 650 | 650 | 865 | 865 |

**MKZ—4-Cyl. Hybrid—Equipment Schedule 2**
W.B. 107.4"; 2.0 Liter.
| Sedan 4D | L2LU | 36800 | 26700 | 27800 | 28500 | 32500 |

**MKS—V6—Equipment Schedule 2**
W.B. 112.9"; 3.7 Liter.
| Sedan 4D | L9DK | 43685 | 20800 | 21600 | 22800 | 26600 |
| AWD | E | | 2700 | 2700 | 3600 | 3600 |

**MKS AWD—V6 EcoBoost Twin Turbo—Equipment Schedule 2**
W.B. 112.9"; 3.5 Liter.
| Sedan 4D | L9FT | 50675 | 25600 | 26700 | 28000 | 32600 |

**DEDUCT FOR RECONDITIONING**

# 2005 LOTUS

| Body Type | VIN | List | Trade-In Good | Very Good | Pvt-Party Good | Retail Excellent |
|---|---|---|---|---|---|---|

## LOTUS

### 2005 LOTUS — SCC(PC111)-5-#

**ELISE—4-Cyl.—Equipment Schedule 1**
W.B. 90.5"; 1.8 Liter.

| | | | | | | |
|---|---|---|---|---|---|---|
| Coupe 2D | PC111 | 43915 | **** | **** | **** | 19250 |
| Sport Pkg | | | **** | **** | **** | 1200 |
| Touring Pkg | | | **** | **** | **** | 765 |

### 2006 LOTUS — SCC(PC111)-6-#

**ELISE—4-Cyl.—Equipment Schedule 1**
W.B. 90.5"; 1.8 Liter.

| | | | | | | |
|---|---|---|---|---|---|---|
| Coupe 2D | PC111 | 43915 | **** | **** | **** | 23500 |
| Sport Pkg | | | **** | **** | **** | 1265 |
| Touring Pkg | | | **** | **** | **** | 835 |
| Track Pkg | | | **** | **** | **** | 1865 |

**EXIGE—4-Cyl.—Equipment Schedule 1**
W.B. 90.5"; 1.8 Liter.

| | | | | | | |
|---|---|---|---|---|---|---|
| Coupe 2D | PC111 | 51915 | **** | **** | **** | 27800 |
| Touring Pkg | | | **** | **** | **** | 835 |
| Track Pkg | | | **** | **** | **** | 1865 |

### 2007 LOTUS — SCC(PC111)-7-#

**ELISE—4-Cyl.—Equipment Schedule 2**
W.B. 90.5"; 1.8 Liter.

| | | | | | | |
|---|---|---|---|---|---|---|
| Coupe 2D | PC111 | 44915 | **** | **** | **** | 27300 |
| Track Pkg | | | **** | **** | **** | 1935 |

**EXIGE S—4-Cyl. Supercharged—Equipment Schedule 1**
W.B. 90.5"; 1.8 Liter.

| | | | | | | |
|---|---|---|---|---|---|---|
| Coupe 2D | VC111 | 60815 | **** | **** | **** | 35700 |
| Track Pkg | | | **** | **** | **** | 1935 |

### 2008 LOTUS — SCC(PC111)-8-#

**ELISE—4-Cyl.—Equipment Schedule 2**
W.B. 90.5"; 1.8 Liter.

| | | | | | | |
|---|---|---|---|---|---|---|
| Coupe 2D | PC111 | 47195 | **** | **** | **** | 31000 |
| Sport Pkg | | | **** | **** | **** | 1335 |
| Touring Pkg | | | **** | **** | **** | 935 |

**ELISE—4-Cyl. Supercharged—Equipment Schedule 2**
W.B. 90.5"; 1.8 Liter.

| | | | | | | |
|---|---|---|---|---|---|---|
| SC Coupe 2D | ZC111 | 55425 | **** | **** | **** | 35900 |
| Sport Pkg | | | **** | **** | **** | 1335 |
| Touring Pkg | | | **** | **** | **** | 935 |

**EXIGE S—4-Cyl. Supercharged—Equipment Schedule 1**
W.B. 90.5"; 1.8 Liter.

| | | | | | | |
|---|---|---|---|---|---|---|
| Coupe 2D | VC111 | 61925 | **** | **** | **** | 39500 |
| 240 Coupe 2D | WC111 | 65815 | **** | **** | **** | 43100 |
| Touring Pkg | | | **** | **** | **** | 935 |
| Track Pkg | | | **** | **** | **** | 2000 |

### 2009 LOTUS — SCC(PC111)-9-#

**ELISE—4-Cyl.—Equipment Schedule 2**
W.B. 90.5"; 1.8 Liter.

| | | | | | | |
|---|---|---|---|---|---|---|
| Coupe 2D | PC111 | 48175 | **** | **** | **** | 37200 |
| Sport Pkg | | | **** | **** | **** | 1335 |
| Touring Pkg | | | **** | **** | **** | 935 |

**ELISE—4-Cyl. Supercharged—Equipment Schedule 2**
W.B. 90.5"; 1.8 Liter.

| | | | | | | |
|---|---|---|---|---|---|---|
| SC Coupe 2D | ZC111 | 55915 | **** | **** | **** | 41900 |
| Sport Pkg | | | **** | **** | **** | 1335 |
| Touring Pkg | | | **** | **** | **** | 935 |

**EXIGE—4-Cyl. Supercharged—Equipment Schedule 1**
W.B. 90.5"; 1.8 Liter.

| | | | | | | |
|---|---|---|---|---|---|---|
| S240 Coupe 2D | AC111 | 66615 | **** | **** | **** | 48600 |
| S260 Coupe 2D | AC111 | 75920 | **** | **** | **** | 54800 |
| Touring Pkg | | | **** | **** | **** | 935 |
| Track Pkg | | | **** | **** | **** | 2000 |

# 2010 LOTUS

| Body Type | VIN | List | Trade-In Good | Very Good | Pvt-Party Good | Retail Excellent |
|---|---|---|---|---|---|---|

## 2010 LOTUS — SCC(LHCPC)-A-#

**ELISE—4-Cyl.**—Equipment Schedule 2
W.B. 90.5"; 1.8 Liter.
| | | | | | | |
|---|---|---|---|---|---|---|
| Coupe 2D | LHCPC | 48375 | **** | **** | **** | 43000 |
| Sport Pkg | | | | | | 1335 |
| Touring Pkg | | | **** | **** | **** | 935 |

**ELISE—4-Cyl. Supercharged**—Equipment Schedule 2
W.B. 90.5"; 1.8 Liter.
| | | | | | | |
|---|---|---|---|---|---|---|
| SC Coupe 2D | | 56115 | **** | **** | **** | 47600 |
| Sport Pkg | | | | | | 1335 |
| Touring Pkg | | | **** | **** | **** | 935 |

**EXIGE—4-Cyl. Supercharged**—Equipment Schedule 1
W.B. 90.5"; 1.8 Liter.
| | | | | | | |
|---|---|---|---|---|---|---|
| S240 Coupe 2D | LHHWC | 66815 | **** | **** | **** | 54200 |
| Touring Pkg | | | **** | **** | **** | 935 |
| Track Pkg | | | **** | **** | **** | 2000 |

**EVORA—V6**—Equipment Schedule 2
W.B. 101.4"; 3.5 Liter.
| | | | | | | |
|---|---|---|---|---|---|---|
| Coupe 2D | LMDTU | 74165 | **** | **** | **** | 67500 |
| Premium Pkg | | | | | | 1065 |
| Sport Pkg | | | **** | **** | **** | 1335 |
| Technology Pkg | | | **** | **** | **** | 1700 |

## 2011 LOTUS — SCC(LHCPC)-B-#

**ELISE—4-Cyl.**—Equipment Schedule 2
W.B. 90.5"; 1.6 Liter.
| | | | | | | |
|---|---|---|---|---|---|---|
| Coupe 2D | LHCPC | 48375 | **** | **** | **** | 50000 |
| Sport Pkg | | | | | | 1335 |
| Touring Pkg | | | **** | **** | **** | 935 |

**ELISE—4-Cyl. Supercharged**—Equipment Schedule 2
W.B. 90.5"; 1.8 Liter.
| | | | | | | |
|---|---|---|---|---|---|---|
| SC Coupe 2D | LHCZC | 56115 | **** | **** | **** | 54500 |
| Sport Pkg | | | **** | **** | **** | 1335 |
| Touring Pkg | | | **** | **** | **** | 935 |

**EXIGE—4-Cyl. Supercharged**—Equipment Schedule 1
W.B. 90.5"; 1.8 Liter.
| | | | | | | |
|---|---|---|---|---|---|---|
| S240 Coupe 2D | LHHAC | 66815 | **** | **** | **** | 60900 |
| S260 Sport Coupe 2D | LHHAC | 76075 | **** | **** | **** | 66900 |
| Touring Pkg | | | **** | **** | **** | 935 |
| Track Pkg | | | | | | 2000 |

**EVORA—V6**—Equipment Schedule 2
W.B. 101.4"; 3.5 Liter.
| | | | | | | |
|---|---|---|---|---|---|---|
| Coupe 2D | LMDTC | 65175 | **** | **** | **** | 74000 |
| Sport Pkg | | | **** | **** | **** | 1335 |
| Technology Pkg | | | **** | **** | **** | 1800 |

## 2012 LOTUS — SCC(LMDTC)-C-#

**EVORA—V6**—Equipment Schedule 2
W.B. 101.4"; 3.5 Liter.
| | | | | | | |
|---|---|---|---|---|---|---|
| Coupe 2D | LMDTC | 67275 | **** | **** | **** | 78300 |
| Sport Pkg | | | **** | **** | **** | 1335 |
| Technology Pkg | | | **** | **** | **** | 1900 |

# MASERATI

## 2005 MASERATI — ZAM(BC38A)-5-#

**COUPE—V8**—Equipment Schedule 1
W.B. 104.7"; 4.2 Liter.
| | | | | | | |
|---|---|---|---|---|---|---|
| Cambiocorsa Coupe | BC38A | 88227 | 20600 | 21500 | 22300 | 25600 |
| GT Coupe 2D | BC38A | 99522 | 18600 | 19400 | 20200 | 23200 |

## 2006 MASERATI — ZAM(BC38A)-6-#

**GT—V8**—Equipment Schedule 1
W.B. 104.7"; 4.2 Liter.
| | | | | | | |
|---|---|---|---|---|---|---|
| GT Coupe 2D | BC38A | 81250 | 19700 | 20500 | 22000 | 26000 |

**CAMBIOCORSA—V8**—Equipment Schedule 1
W.B. 104.7"; 4.2 Liter.
| | | | | | | |
|---|---|---|---|---|---|---|
| Coupe 2D | BC38A | 88927 | 21700 | 22600 | 24100 | 28500 |

**DEDUCT FOR RECONDITIONING**

# 2006 MASERATI

| Body Type | VIN | List | Trade-In Good | Very Good | Pvt-Party Good | Retail Excellent |
|---|---|---|---|---|---|---|
| **GRANSPORT—V8—Equipment Schedule 1** | | | | | | |
| W.B. 104.7"; 4.2 Liter. | | | | | | |
| Coupe 2D | EC38A | 100222 | 26500 | 27600 | 29400 | 34700 |
| LE Coupe 2D | EC38A | 105472 | 28300 | 29400 | 31400 | 36900 |
| Spyder Convertible 2D | EB18A | 101250 | 29200 | 30400 | 32300 | 38100 |
| **QUATTROPORTE—V8—Equipment Schedule 1** | | | | | | |
| W.B. 120.6"; 4.2 Liter. | | | | | | |
| Sedan 4D | CE39A | 105050 | 14400 | 15050 | 16250 | 19250 |
| Executive GT Sed 4D | CE39A | 117250 | 22700 | 23600 | 25200 | 29700 |

## 2007 MASERATI — ZAM(FE39A)-7-#

| Body Type | VIN | List | Trade-In Good | Very Good | Pvt-Party Good | Retail Excellent |
|---|---|---|---|---|---|---|
| **QUATTROPORTE—V8—Equipment Schedule 2** | | | | | | |
| W.B. 120.6"; 4.2 Liter. | | | | | | |
| DuoSelect Sedan 4D | FE39A | 111950 | 16450 | 17150 | 18150 | 21200 |
| Sedan 4D | CE39A | 113600 | 18400 | 19200 | 20200 | 23600 |
| DuoSelect Exec GT | FE39A | 121950 | 24500 | 25500 | 26700 | 31100 |
| Executive GT Sed 4D | CE39A | 123750 | 26500 | 27500 | 28800 | 33500 |
| DuoSelect Sport GT | FE39A | 120650 | 21600 | 22500 | 23600 | 27500 |
| Sport GT Sedan 4D | CE39A | 122450 | 23500 | 24500 | 25600 | 29900 |

## 2008 MASERATI — ZAM(GJ45A)-8-#

| Body Type | VIN | List | Trade-In Good | Very Good | Pvt-Party Good | Retail Excellent |
|---|---|---|---|---|---|---|
| **GRANTURISMO—V8—Equipment Schedule 2** | | | | | | |
| W.B. 115.8"; 4.2 Liter. | | | | | | |
| Coupe 2D | GJ45A | 113450 | 36300 | 37700 | 38900 | 44800 |
| **QUATTROPORTE—V8—Equipment Schedule 2** | | | | | | |
| W.B. 120.6"; 4.2 Liter. | | | | | | |
| Sedan 4D | CE39A | 119000 | 22700 | 23700 | 24300 | 27700 |
| Executive GT Sed 4D | FE39A | 129150 | 30500 | 31700 | 32400 | 37000 |

## 2009 MASERATI — ZAM(GJ45A)-9-#

| Body Type | VIN | List | Trade-In Good | Very Good | Pvt-Party Good | Retail Excellent |
|---|---|---|---|---|---|---|
| **GRANTURISMO—V8—Equipment Schedule 2** | | | | | | |
| W.B. 115.8"; 4.2 Liter, 4.7 Liter. | | | | | | |
| Coupe 2D | GJ45A | 121100 | 45100 | 46700 | 46500 | 52000 |
| S Coupe 2D | HJ45A | 125600 | 54700 | 56600 | 56500 | 63100 |
| **QUATTROPORTE—V8—Equipment Schedule 2** | | | | | | |
| W.B. 120.6"; 4.2 Liter. | | | | | | |
| Sedan 4D | FK39A | 124350 | 34000 | 35300 | 35800 | 40700 |
| S Sedan 4D | JK39A | 130150 | 39900 | 41400 | 41900 | 47600 |
| Sport GT S Sedan 4D | FE39A | 138100 | 43900 | 45500 | 46000 | 52100 |

## 2010 MASERATI — ZAM(45GLA)-A-#

| Body Type | VIN | List | Trade-In Good | Very Good | Pvt-Party Good | Retail Excellent |
|---|---|---|---|---|---|---|
| **GRANTURISMO—V8—Equipment Schedule 2** | | | | | | |
| W.B. 115.8"; 4.2 Liter, 4.7 Liter. | | | | | | |
| Coupe 2D | 45GLA | 121900 | 52000 | 53900 | 53700 | 59800 |
| S Coupe 2D | 45KLA | 125900 | 63500 | 65500 | 64900 | 72400 |
| Convertible 2D | 45KMA | 139700 | 73900 | 76400 | 75600 | 84200 |
| **QUATTROPORTE—V8—Equipment Schedule 2** | | | | | | |
| W.B. 120.6"; 4.2 Liter, 4.7 Liter. | | | | | | |
| Sedan 4D | 39FKA | 124650 | 42600 | 44200 | 44000 | 49200 |
| S Sedan 4D | 39JKA | 130650 | 48200 | 50000 | 50000 | 55900 |
| Sport GT S Sedan 4D | 39KKA | 138600 | 52200 | 54100 | 54000 | 60300 |

## 2011 MASERATI — ZAM(45GLA)-B-#

| Body Type | VIN | List | Trade-In Good | Very Good | Pvt-Party Good | Retail Excellent |
|---|---|---|---|---|---|---|
| **GRANTURISMO—V8—Equipment Schedule 2** | | | | | | |
| W.B. 115.8"; 4.2 Liter, 4.7 Liter. | | | | | | |
| Coupe 2D | 45GLA | 122800 | 53000 | 54900 | 55000 | 61600 |
| S Coupe 2D | 45KLA | 125900 | 65000 | 67200 | 66100 | 73000 |
| Convertible 2D | 45KMA | 140200 | 74600 | 77200 | 75600 | 83500 |
| **QUATTROPORTE—V8—Equipment Schedule 2** | | | | | | |
| W.B. 120.6"; 4.2 Liter, 4.7 Liter. | | | | | | |
| Sedan 4D | 39FKA | 125150 | 54400 | 56300 | 55900 | 62000 |
| S Sedan 4D | 39JKA | 131150 | 60400 | 62500 | 61800 | 68600 |
| Sport GT S Sedan 4D | 39KKA | 139100 | 64400 | 66600 | 65800 | 73000 |

## 2012 MASERATI — ZAM(45KLA)-C-#

| Body Type | VIN | List | Trade-In Good | Very Good | Pvt-Party Good | Retail Excellent |
|---|---|---|---|---|---|---|
| **GRANTURISMO—V8—Equipment Schedule 2** | | | | | | |
| W.B. 115.8"; 4.7 Liter. | | | | | | |
| S Coupe 2D | 45KLA | 126500 | 74900 | 77500 | 76800 | 85800 |
| MC Coupe 2D | 45MLA | 143400 | 101300 | 104700 | 103800 | 115800 |
| Convertible 2D | 45KMA | 140800 | 84600 | 87400 | 86500 | 96600 |
| Sport Convertible 2D | 45MMA | 146300 | 103300 | 106700 | 105800 | 118000 |

# 2012 MASERATI

| Body Type | VIN | List | Trade-In Good | Very Good | Pvt-Party Good | Retail Excellent |
|---|---|---|---|---|---|---|
| **QUATTROPORTE—V8—Equipment Schedule 2** W.B. 120.6"; 4.7 Liter. | | | | | | |
| S Sedan 4D | 39JKA | 131150 | 65400 | 67600 | 69300 | 79600 |
| Sport GT S Sedan 4D | 39KKA | 139100 | 69300 | 71700 | 73500 | 84300 |

# MAYBACH

## 2005 MAYBACH — WDB(VF78J)-5-#

**57—V12 Twin Turbo—Equipment Schedule 1**
W.B. 133.5"; 5.5 Liter.
| Sedan 4D | VF78J | 327250 | **** | **** | **** | 91800 |

**62—V12 Twin Turbo—Equipment Schedule 1**
W.B. 150.7"; 5.5 Liter.
| Sedan 4D | VG78J | 377750 | **** | **** | **** | 126900 |

## 2006 MAYBACH — WDB(VF78J)-6-#

**57—V12 Twin Turbo—Equipment Schedule 1**
W.B. 133.5"; 5.5 Liter, 6.0 Liter.
| Sedan 4D | VF78J | 335250 | **** | **** | **** | 128000 |
| S Sedan 4D | VF79J | 369750 | **** | **** | **** | 148300 |

**62—V12 Twin Turbo—Equipment Schedule 1**
W.B. 150.7"; 5.5 Liter.
| Sedan 4D | VG78J | 385250 | **** | **** | **** | 167400 |

## 2007 MAYBACH — WDB(VF78J)-7-#

**57—V12 Twin Turbo—Equipment Schedule 1**
W.B. 133.5"; 5.5 Liter, 6.0 Liter.
| Sedan 4D | VF78J | 338250 | **** | **** | **** | 168200 |
| S Sedan 4D | VF79J | 377750 | **** | **** | **** | 187800 |

**62—V12 Twin Turbo—Equipment Schedule 1**
W.B. 133.5", 150.7"; 5.5 Liter, 6.0 Liter.
| Sedan 4D | VG78J | 389250 | **** | **** | **** | 206400 |
| S Sedan 4D | VG79J | 428750 | **** | **** | **** | 224500 |

## 2008 MAYBACH — WDB(VF78J)-8-#

**57—V12 Twin Turbo—Equipment Schedule 1**
W.B. 133.5", 150.7"; 5.5 Liter, 6.0 Liter.
| Sedan 4D | VF78J | 343250 | **** | **** | **** | 198100 |
| S Sedan 4D | VF79J | 382750 | **** | **** | **** | 217400 |

**62—V12 Twin Turbo—Equipment Schedule 1**
W.B. 133.5", 150.7"; 5.5 Liter, 6.0 Liter.
| Sedan 4D | VG78J | 394250 | **** | **** | **** | 248800 |
| S Sedan 4D | VG79J | 433750 | **** | **** | **** | 270900 |

## 2009 MAYBACH — WDB(VF78J)-9-#

**57—V12 Twin Turbo—Equipment Schedule 1**
W.B. 133.5", 150.7"; 5.5 Liter, 6.0 Liter.
| Sedan 4D | VF78J | 360750 | **** | **** | **** | 240000 |
| S Sedan 4D | VF79J | 400250 | **** | **** | **** | 258900 |

**62—V12 Twin Turbo—Equipment Schedule 1**
W.B. 150.7"; 5.5 Liter, 6.0 Liter.
| Sedan 4D | VG78J | 411750 | **** | **** | **** | 295100 |
| S Sedan 4D | VG79J | 451250 | **** | **** | **** | 316800 |

**LANDAULET—V12 Twin Turbo—Equipment Schedule 1**
W.B. 150.7"; 6.0 Liter.
| Sedan 4D | | 1382750 | | | | |

## 2010 MAYBACH — WDB(VF7JB)-A-#

**57—V12 Twin Turbo—Equipment Schedule 1**
W.B. 133.5", 150.7"; 5.5 Liter, 6.0 Liter.
| Sedan 4D | VF7JB | 368750 | **** | **** | **** | 326200 |
| S Sedan 4D | VF7KB | 408250 | **** | **** | **** | 344700 |
| Zeppelin Sedan 4D | VG7KB | 458250 | **** | **** | **** | 411900 |

**62—V12 Twin Turbo—Equipment Schedule 1**
W.B. 150.7"; 5.5 Liter, 6.0 Liter.
| Sedan 4D | VG7JB | 454750 | **** | **** | **** | 380100 |
| S Sedan 4D | | 494250 | **** | **** | **** | 409800 |
| Zeppelin Sedan 4D | VG7KB | 509250 | **** | **** | **** | 466900 |

**DEDUCT FOR RECONDITIONING**

# 2010 MAYBACH

| Body Type | VIN | List | Trade-In Good | Very Good | Pvt-Party Good | Retail Excellent |
|---|---|---|---|---|---|---|

**LANDAULET—V12 Twin Turbo—Equipment Schedule 1**
W.B. 150.7"; 6.0 Liter.
Sedan 4D .................................. VG7KB 1382750

## 2011 MAYBACH — WDB(VF7JB)-B-#

**57—V12 Twin Turbo—Equipment Schedule 1**
W.B. 133.5", 150.7"; 5.5 Liter, 6.0 Liter.
| | | | | | | |
|---|---|---|---|---|---|---|
| Sedan 4D | VF7JB | 375250 | **** | **** | **** | 364600 |
| S Sedan 4D | VF7HB | 414750 | **** | **** | **** | 382800 |

**62—V12 Twin Turbo—Equipment Schedule 1**
W.B. 150.7"; 5.5 Liter, 6.0 Liter.
| | | | | | | |
|---|---|---|---|---|---|---|
| Sedan 4D | VG7JB | 430750 | **** | **** | **** | 417700 |
| S Sedan 4D | VG7HB | 470250 | **** | **** | **** | 446800 |

**LANDAULET—V12 Twin Turbo—Equipment Schedule 1**
W.B. 150.7"; 6.0 Liter.
Sedan 4D .................................. VG7HB 1382750

## 2012 MAYBACH — WDB(VF7JB)-C-#

**57—V12 Twin Turbo—Equipment Schedule 1**
W.B. 133.5", 150.7"; 5.5 Liter, 6.0 Liter.
| | | | | | | |
|---|---|---|---|---|---|---|
| Sedan 4D | VF7JB | 379050 | **** | **** | **** | 405300 |
| S Sedan 4D | VF7HB | 418950 | **** | **** | **** | 423500 |

**62—V12 Twin Turbo—Equipment Schedule 1**
W.B. 150.7"; 5.5 Liter, 6.0 Liter.
| | | | | | | |
|---|---|---|---|---|---|---|
| Sedan 4D | VG7JB | 430450 | **** | **** | **** | 458300 |
| S Sedan 4D | VG7HB | 470350 | **** | **** | **** | 487400 |

**LANDAULET—V12 Twin Turbo—Equipment Schedule 1**
W.B. 150.7"; 6.0 Liter.
Sedan 4D .................................. VG7HB 1382750

# MAZDA

## 1999 MAZDA — (Jor1)(M1orYV)(BJ222)-X-#

**PROTEGE'—4-Cyl.—Equipment Schedule 6**
W.B. 102.8"; 1.6 Liter, 1.8 Liter.
| | | | | | | |
|---|---|---|---|---|---|---|
| DX Sedan 4D | BJ222 | 13995 | 500 | 575 | 1150 | 1900 |
| LX Sedan 4D | BJ222 | 14725 | 650 | 725 | 1400 | 2300 |
| ES Sedan 4D | BJ221 | 15375 | 825 | 925 | 1650 | 2725 |

**626—4-Cyl.—Equipment Schedule 4**
W.B. 105.1"; 2.0 Liter.
| | | | | | | |
|---|---|---|---|---|---|---|
| LX Sedan 4D | GF2C | 19165 | 1300 | 1425 | 2200 | 3500 |
| ES Sedan 4D | GF2C | 20245 | 1650 | 1825 | 2825 | 4475 |
| Manual, 5-Spd | | | (200) | (200) | (265) | (265) |
| V6, 2.5 Liter | D | | 100 | 100 | 135 | 135 |

**MX-5 MIATA—4-Cyl.—Equipment Schedule 6**
W.B. 89.2"; 1.8 Liter.
| | | | | | | |
|---|---|---|---|---|---|---|
| Convertible 2D | NB353 | 21420 | 1550 | 1700 | 2475 | 3800 |
| 10th Anniversary Conv | NB353 | 27325 | 2450 | 2675 | 3775 | 5625 |
| Hard Top | | | 300 | 300 | 400 | 400 |

**MILLENIA—V6—Equipment Schedule 2**
W.B. 108.3"; 2.5 Liter.
| | | | | | | |
|---|---|---|---|---|---|---|
| Sedan 4D | TA221 | 28995 | 875 | 975 | 1600 | 2525 |

**MILLENIA—V6 Supercharged—Equipment Schedule 2**
W.B. 108.3"; 2.3 Liter.
| | | | | | | |
|---|---|---|---|---|---|---|
| S Sedan 4D | TA222 | 31495 | 1125 | 1250 | 1950 | 3075 |

## 2000 MAZDA — (Jor1)(M1orYV)(BJ222)-Y-#

**PROTEGE'—4-Cyl.—Equipment Schedule 6**
W.B. 102.8"; 1.6 Liter, 1.8 Liter.
| | | | | | | |
|---|---|---|---|---|---|---|
| DX Sedan 4D | BJ222 | 13995 | 525 | 600 | 1150 | 1875 |
| LX Sedan 4D | BJ222 | 14840 | 725 | 800 | 1450 | 2375 |
| ES Sedan 4D | BJ221 | 15490 | 875 | 975 | 1675 | 2725 |

**626—4-Cyl.—Equipment Schedule 4**
W.B. 105.1"; 2.0 Liter.
| | | | | | | |
|---|---|---|---|---|---|---|
| LX Sedan 4D | GF2C | 19695 | 1475 | 1625 | 2400 | 3750 |
| ES Sedan 4D | GF2C | 21095 | 1750 | 1925 | 2900 | 4525 |
| Manual, 5-Spd | | | (200) | (200) | (265) | (265) |
| V6, 2.5 Liter | D | | 100 | 100 | 135 | 135 |

**MX-5 MIATA—4-Cyl.—Equipment Schedule 6**
W.B. 89.2"; 1.8 Liter.

## 2000 MAZDA

| Body Type | VIN | List | Trade-In Good | Very Good | Pvt-Party Good | Retail Excellent |
|---|---|---|---|---|---|---|
| Convertible 2D | NB353 | 22595 | 1925 | 2125 | 2975 | 4475 |
| LS Convertible 2D | NB353 | 25345 | 2375 | 2600 | 3625 | 5400 |
| Special Ed Conv 2D | NB353 | 25505 | 2475 | 2725 | 3750 | 5600 |
| Hard Top | | | 300 | 300 | 400 | 400 |
| **MILLENIA—V6—Equipment Schedule 2** | | | | | | |
| W.B. 108.3"; 2.5 Liter. | | | | | | |
| Sedan 4D | TA221 | 25445 | 975 | 1075 | 1700 | 2700 |
| **MILLENIA—V6 Supercharged—Equipment Schedule 2** | | | | | | |
| W.B. 108.3"; 2.3 Liter. | | | | | | |
| S Sedan 4D | TA222 | 30445 | 1225 | 1350 | 2050 | 3250 |
| Millennium Edition | | | 100 | 100 | 135 | 135 |

## 2001 MAZDA — (Jor1)(M1orYV)(BJ222)-1-#

| Body Type | VIN | List | Good | Very Good | Good | Excellent |
|---|---|---|---|---|---|---|
| **PROTEGE'—4-Cyl.—Equipment Schedule 6** | | | | | | |
| W.B. 102.8"; 1.6 Liter, 2.0 Liter. | | | | | | |
| DX Sedan 4D | BJ222 | 14095 | 750 | 825 | 1475 | 2375 |
| LX Sedan 4D | BJ222 | 14895 | 1050 | 1150 | 1925 | 3100 |
| ES Sedan 4D | BJ225 | 16015 | 1150 | 1275 | 2075 | 3325 |
| MP3 Sedan 4D | BJ227 | 18500 | 1500 | 1650 | 2275 | 3375 |
| **626—4-Cyl.—Equipment Schedule 4** | | | | | | |
| W.B. 105.1"; 2.0 Liter. | | | | | | |
| LX Sedan 4D | GF22C | 20015 | 1575 | 1725 | 2550 | 3900 |
| ES Sedan 4D | GF22C | 21415 | 2000 | 2200 | 3150 | 4775 |
| Manual, 5-Spd | | | (200) | (200) | (265) | (265) |
| V6, 2.5 Liter | D | | 150 | 150 | 200 | 200 |
| **MX-5 MIATA—4-Cyl.—Equipment Schedule 6** | | | | | | |
| W.B. 89.2"; 1.8 Liter. | | | | | | |
| Convertible 2D | NB353 | 21660 | 2125 | 2325 | 3025 | 4350 |
| LS Convertible 2D | NB353 | 24410 | 2625 | 2875 | 3675 | 5275 |
| SE Convertible 2D | NB353 | 26195 | 2725 | 3025 | 3800 | 5450 |
| Hard Top | | | 350 | 350 | 465 | 465 |
| **MILLENIA—V6—Equipment Schedule 2** | | | | | | |
| W.B. 108.3"; 2.5 Liter. | | | | | | |
| Sedan 4D | TA221 | 28505 | 1200 | 1325 | 1975 | 3075 |
| **MILLENIA—V6 Supercharged—Equipment Schedule 2** | | | | | | |
| W.B. 108.3"; 2.3 Liter. | | | | | | |
| S Sedan 4D | TA222 | 31505 | 1375 | 1525 | 2325 | 3600 |

## 2002 MAZDA — (Jor1)(M1orYV)(BJ222)-2-#

| Body Type | VIN | List | Good | Very Good | Good | Excellent |
|---|---|---|---|---|---|---|
| **PROTEGE'—4-Cyl.—Equipment Schedule 6** | | | | | | |
| W.B. 102.8"; 2.0 Liter. | | | | | | |
| DX Sedan 4D | BJ222 | 14530 | 1000 | 1100 | 1750 | 2775 |
| LX Sedan 4D | BJ222 | 15335 | 1175 | 1300 | 2000 | 3150 |
| ES Sedan 4D | BJ221 | 16060 | 1450 | 1600 | 2375 | 3750 |
| **PROTEGE'5—4-Cyl.—Equipment Schedule 6** | | | | | | |
| W.B. 102.8"; 2.0 Liter. | | | | | | |
| Hatchback 4D | BJ245 | 16815 | 1875 | 2050 | 3125 | 4875 |
| **626—4-Cyl.—Equipment Schedule 4** | | | | | | |
| W.B. 105.1"; 2.0 Liter. | | | | | | |
| LX Sedan 4D | GF22C | 20015 | 1900 | 2075 | 3050 | 4650 |
| ES Sedan 4D | GF22C | 22915 | 2675 | 2925 | 4200 | 6300 |
| Manual, 5-Spd | | | (250) | (250) | (335) | (335) |
| V6, 2.5 Liter | D | | 200 | 200 | 265 | 265 |
| **MX-5 MIATA—4-Cyl.—Equipment Schedule 6** | | | | | | |
| W.B. 89.2"; 1.8 Liter. | | | | | | |
| Convertible 2D | NB353 | 21660 | 2525 | 2775 | 3400 | 4775 |
| LS Convertible 2D | NB353 | 24410 | 3025 | 3325 | 4025 | 5600 |
| SE Convertible 2D | NB353 | 26275 | 3100 | 3425 | 4275 | 5925 |
| Hard Top | | | 375 | 375 | 500 | 500 |
| **MILLENIA—V6—Equipment Schedule 2** | | | | | | |
| W.B. 108.3"; 2.5 Liter. | | | | | | |
| Sedan 4D | TA221 | 28505 | 1350 | 1500 | 2175 | 3300 |
| **MILLENIA—V6 Supercharged—Equipment Schedule 2** | | | | | | |
| W.B. 108.3"; 2.3 Liter. | | | | | | |
| S Sedan 4D | TA222 | 31505 | 1600 | 1750 | 2500 | 3775 |

## 2003 MAZDA — (Jor1)(M1orYV)(BJ225)-3-#

| Body Type | VIN | List | Good | Very Good | Good | Excellent |
|---|---|---|---|---|---|---|
| **PROTEGE'—4-Cyl.—Equipment Schedule 6** | | | | | | |
| W.B. 102.8"; 2.0 Liter. | | | | | | |
| DX Sedan 4D | BJ225 | 14690 | 1800 | 1975 | 2700 | 4050 |
| LX Sedan 4D | BJ225 | 15575 | 1875 | 2050 | 2800 | 4175 |
| ES Sedan 4D | BJ225 | 16300 | 2150 | 2350 | 3200 | 4725 |

**DEDUCT FOR RECONDITIONING**

# 2003 MAZDA

| Body  Type | VIN | List | Trade-In Good | Trade-In Very Good | Pvt-Party Good | Retail Excellent |
|---|---|---|---|---|---|---|
| **PROTEGE'5—4-Cyl.—Equipment Schedule 6** | | | | | | |
| W.B. 102.8"; 2.0 Liter. | | | | | | |
| Hatchback 4D | BJ245 | 17055 | 2775 | 3075 | 4050 | 5925 |
| **PROTEGE'—4-Cyl. Turbo—Equipment Schedule 6** | | | | | | |
| W.B. 102.8"; 2.0 Liter. | | | | | | |
| Mazdaspeed Sedan 4D | BJ227 | 20500 | 2450 | 2675 | 3275 | 4575 |
| **6—4-Cyl.—Equipment Schedule 4** | | | | | | |
| W.B. 105.3"; 2.3 Liter. | | | | | | |
| i Sedan 4D | FP80C | 19900 | 1875 | 2050 | 3000 | 4575 |
| Sport Pkg | | | 250 | 250 | 335 | 335 |
| Manual, 5-Spd | | | (300) | (300) | (400) | (400) |
| **6—V6—Equipment Schedule 4** | | | | | | |
| W.B. 105.3"; 3.0 Liter. | | | | | | |
| s Sedan 4D | FP80D | 22520 | 2225 | 2450 | 3525 | 5325 |
| Sport Pkg | | | 250 | 250 | 335 | 335 |
| Manual, 5-Spd | | | (300) | (300) | (400) | (400) |
| **MX-5 MIATA—4-Cyl.—Equipment Schedule 6** | | | | | | |
| W.B. 89.2"; 1.8 Liter. | | | | | | |
| Club Sport Conv 2D | NB353 | 20000 | **** | **** | **** | 10250 |
| Convertible 2D | NB353 | 22125 | 3025 | 3325 | 3875 | 5250 |
| Shinsen Conv 2D | NB353 | 23625 | 3475 | 3800 | 4575 | 6150 |
| LS Convertible 2D | NB353 | 24905 | 3575 | 3900 | 4700 | 6325 |
| SE Convertible 2D | NB353 | 26550 | 3975 | 4325 | 5175 | 6950 |
| Hard Top | | | 400 | 400 | 535 | 535 |

# 2004 MAZDA — (Jor1)(M1orYV)(BK12F)-4-#

| Body  Type | VIN | List | Trade-In Good | Trade-In Very Good | Pvt-Party Good | Retail Excellent |
|---|---|---|---|---|---|---|
| **MAZDA3—4-Cyl.—Equipment Schedule 6** | | | | | | |
| W.B. 103.9"; 2.0 Liter, 2.3 Liter. | | | | | | |
| i Sedan 4D | BK12F | 15100 | 2925 | 3225 | 4050 | 5775 |
| s Sedan 4D | BK123 | 17825 | 3375 | 3700 | 4650 | 6575 |
| s Hatchback 4D | BK143 | 18315 | 3425 | 3750 | 4875 | 6875 |
| **MAZDA6—4-Cyl.—Equipment Schedule 4** | | | | | | |
| W.B. 105.3"; 2.3 Liter. | | | | | | |
| i Sedan 4D | FP80C | 20120 | 2925 | 3225 | 4200 | 6075 |
| i Hatchback 4D | FP84C | 22165 | 3375 | 3700 | 4800 | 6900 |
| Sport Pkg | | | 250 | 250 | 335 | 335 |
| Manual, 5-Spd | | | (350) | (350) | (465) | (465) |
| **MAZDA6—V6—Equipment Schedule 4** | | | | | | |
| W.B. 105.3"; 3.0 Liter. | | | | | | |
| s Sedan 4D | FP80D | 22765 | 3375 | 3700 | 4800 | 6900 |
| s Hatchback 4D | FP84D | 24315 | 3675 | 4000 | 5375 | 7700 |
| s Wagon 4D | FP82D | 23645 | 3600 | 3925 | 5100 | 7325 |
| Sport Pkg | | | 250 | 250 | 335 | 335 |
| Manual, 5-Spd | | | (350) | (350) | (465) | (465) |
| **MX-5 MIATA—4-Cyl.—Equipment Schedule 6** | | | | | | |
| W.B. 89.2"; 1.8 Liter. | | | | | | |
| Convertible 2D | NB353 | 22388 | 3150 | 3475 | 4050 | 5400 |
| LS Convertible 2D | NB353 | 25193 | 3850 | 4200 | 4875 | 6450 |
| Hard Top | | | 425 | 425 | 565 | 565 |
| **MX-5 MIATA—4-Cyl. Turbo—Equipment Schedule 6** | | | | | | |
| W.B. 89.2"; 1.8 Liter. | | | | | | |
| Mazdaspeed Conv | NB354 | 26020 | 4250 | 4600 | 5350 | 7050 |
| **RX-8—Rotary—Equipment Schedule 3** | | | | | | |
| W.B. 106.4"; 1.3 Liter. | | | | | | |
| Coupe 4D | FE173 | 25700 | 3025 | 3325 | 4150 | 5825 |
| Sport Pkg | | | 350 | 350 | 465 | 465 |
| Touring | | | 525 | 525 | 700 | 700 |
| Grand Touring Pkg | | | 700 | 700 | 935 | 935 |

# 2005 MAZDA — (Jor1)(M1orYV)-(K12F)-5-#

| Body  Type | VIN | List | Trade-In Good | Trade-In Very Good | Pvt-Party Good | Retail Excellent |
|---|---|---|---|---|---|---|
| **MAZDA3—4-Cyl.—Equipment Schedule 6** | | | | | | |
| W.B. 103.9"; 2.0 Liter, 2.3 Liter. | | | | | | |
| i Sedan 4D | K12F | 15100 | 3200 | 3525 | 4475 | 6100 |
| s Sedan 4D | K123 | 18035 | 3625 | 3950 | 5000 | 6775 |
| s Hatchback 4D | K143 | 18525 | 3725 | 4075 | 5125 | 6950 |
| sp Sedan 4D | K323 | 20130 | 3900 | 4250 | 5350 | 7225 |
| sp Hatchback 4D | K343 | 20130 | 4000 | 4350 | 5475 | 7375 |
| **MAZDA6—4-Cyl.—Equipment Schedule 4** | | | | | | |
| W.B. 105.3"; 2.3 Liter. | | | | | | |
| i Sedan 4D | P80C | 20590 | 3650 | 3975 | 5025 | 6825 |
| i Sport Sedan 4D | P80C | 23090 | 4250 | 4600 | 5775 | 7800 |
| i Sport Hatchback 4D | P84C | 23620 | 4500 | 4875 | 6075 | 8200 |

# 2005 MAZDA

| Body Type | VIN | List | Trade-In Good | Trade-In Very Good | Pvt-Party Good | Retail Excellent |
|---|---|---|---|---|---|---|
| i Grand Touring Sedan | P80C | 24940 | 4900 | 5275 | 6575 | 8825 |
| Manual, 5-Spd | | | (400) | (400) | (535) | (535) |
| **MAZDA6—V6—Equipment Schedule 4** | | | | | | |
| W.B. 105.3"; 3.0 Liter. | | | | | | |
| s Sedan 4D | P80D | 24990 | 4375 | 4725 | 5925 | 8000 |
| s Hatchback 4D | P84D | 25690 | 4750 | 5125 | 6400 | 8600 |
| s Base Sport Wagon | P82D | 24590 | 4525 | 4900 | 6125 | 8225 |
| s Sport Wagon 4D | P82D | 25720 | 4900 | 5275 | 6575 | 8825 |
| s Grand Touring Sedan | P80D | 26870 | 5125 | 5525 | 7075 | 9475 |
| s Grand Touring Wagon | P82D | 27540 | 5325 | 5725 | 7325 | 9800 |
| Manual, 5-Spd | | | (400) | (400) | (535) | (535) |
| **MX-5 MIATA—4-Cyl.—Equipment Schedule 6** | | | | | | |
| W.B. 89.2"; 1.8 Liter. | | | | | | |
| Convertible 2D | B353 | 22643 | 4000 | 4350 | 5325 | 6875 |
| LS Convertible 2D | B353 | 25448 | 4850 | 5225 | 6300 | 8100 |
| Hard Top | | | 450 | 450 | 600 | 600 |
| **MX-5 MIATA—4-Cyl. Turbo—Equipment Schedule 6** | | | | | | |
| W.B. 89.2"; 1.8 Liter. | | | | | | |
| Mazdaspeed Conv 2D | B354 | 26325 | 5450 | 5850 | 7000 | 8975 |
| **RX-8—Rotary—Equipment Schedule 3** | | | | | | |
| W.B. 106.4"; 1.3 Liter. | | | | | | |
| Coupe 4D | E173 | 26120 | 3700 | 4050 | 5175 | 7075 |
| Shinka Special Ed 4D | E173 | 32220 | 4675 | 5050 | 6600 | 8950 |
| Sport Pkg | | | 400 | 400 | 535 | 535 |
| Touring | | | 575 | 575 | 765 | 765 |
| Grand Touring Pkg | | | 750 | 750 | 1000 | 1000 |

# 2006 MAZDA — (Jor1)(M1orYV)-(K12F)-6-#

| Body Type | VIN | List | Trade-In Good | Trade-In Very Good | Pvt-Party Good | Retail Excellent |
|---|---|---|---|---|---|---|
| **MAZDA3—4-Cyl.—Equipment Schedule 6** | | | | | | |
| W.B. 103.9"; 2.0 Liter, 2.3 Liter. | | | | | | |
| i Sedan 4D | K12F | 15170 | 3850 | 4200 | 5150 | 6850 |
| i Touring Sedan 4D | K12F | 17450 | 4175 | 4525 | 5525 | 7325 |
| s Sedan 4D | K123 | 18390 | 4400 | 4750 | 5800 | 7675 |
| s Hatchback 4D | K143 | 18880 | 4500 | 4875 | 5925 | 7825 |
| s Touring Sedan 4D | K123 | 19125 | 4600 | 4975 | 6025 | 8000 |
| s Touring Hatchback 4D | K143 | 19125 | 4600 | 4975 | 6025 | 8000 |
| s Grand Touring Sedan | K123 | 20675 | 4525 | 4900 | 6150 | 8150 |
| s Grand Touring H'Bck | K143 | 20675 | 4525 | 4900 | 6150 | 8150 |
| Manual, 5-Spd | | | (300) | (300) | (400) | (400) |
| **MAZDA6—4-Cyl.—Equipment Schedule 4** | | | | | | |
| W.B. 105.3"; 2.3 Liter. | | | | | | |
| i Sedan 4D | P80C | 20570 | 4050 | 4400 | 5475 | 7350 |
| i Sport Sedan 4D | P80C | 23270 | 4525 | 4900 | 6050 | 8100 |
| i Sport Hatchback 4D | P84C | 23670 | 5000 | 5375 | 6625 | 8850 |
| i Grand Touring Sedan | P80C | 25270 | 5450 | 5850 | 7400 | 9825 |
| i Grand Sport Sedan 4D | P80C | 25770 | 5775 | 6175 | 7775 | 10350 |
| Manual, 5-Spd | | | (425) | (425) | (565) | (565) |
| **MAZDA6—V6—Equipment Schedule 4** | | | | | | |
| W.B. 105.3"; 3.0 Liter. | | | | | | |
| s Sedan 4D | P80D | 24520 | 4650 | 5025 | 6200 | 8300 |
| s Wagon 4D | P82D | 25120 | 4875 | 5250 | 6700 | 8925 |
| s Sport Sedan 4D | P80D | 25420 | 4925 | 5300 | 6750 | 9000 |
| s Sport Hatchback 4D | P84D | 26020 | 5150 | 5550 | 7025 | 9350 |
| s Sport Wagon 4D | P82D | 26120 | 5325 | 5725 | 7225 | 9625 |
| s Grand Touring Sedan | P80D | 27820 | 5775 | 6175 | 7775 | 10350 |
| s Grand Touring Wagon | P82D | 27720 | 5900 | 6325 | 7925 | 10550 |
| s Grand Sport Sedan | P80D | 28620 | 5975 | 6400 | 8025 | 10650 |
| s Grand Sport H'Back | P84D | 29220 | 5900 | 6325 | 7925 | 10550 |
| s Grand Sport Wag 4D | P82D | 29420 | 6250 | 6675 | 8350 | 11100 |
| Manual, 5-Spd | | | (425) | (425) | (565) | (565) |
| **MAZDASPEED6 AWD—4-Cyl. Turbo—Equipment Schedule 4** | | | | | | |
| W.B. 105.3"; 2.3 Liter. | | | | | | |
| Sport Sedan 4D | G12L | 28555 | 5350 | 5750 | 6950 | 8925 |
| Grand Touring Sed 4D | G12L | 30485 | 6025 | 6450 | 7650 | 9800 |
| **MX-5 MIATA—4-Cyl.—Equipment Schedule 6** | | | | | | |
| W.B. 91.7"; 2.0 Liter. | | | | | | |
| Club Spec Conv 2D | C25F | 20995 | 4750 | 5125 | 6075 | 7725 |
| Convertible 2D | C25F | 21995 | 5150 | 5550 | 6525 | 8275 |
| Touring Convertible 2D | C25F | 22995 | 5550 | 5975 | 7075 | 8950 |
| Sport Convertible 2D | C25F | 23495 | 5900 | 6325 | 7450 | 9425 |
| Grand Touring Conv | C25F | 24995 | 6100 | 6525 | 7700 | 9725 |
| 3rd Generation Ltd Cnv | C25F | 27260 | 8400 | 8900 | 10350 | 13000 |
| Hard Top | | | 475 | 475 | 635 | 635 |

**DEDUCT FOR RECONDITIONING**

# 2006 MAZDA

| Body Type | VIN | List | Trade-In Good | Very Good | Pvt-Party Good | Retail Excellent |
|---|---|---|---|---|---|---|
| **RX-8—Rotary—Equipment Schedule 3** | | | | | | |
| W.B. 106.4"; 1.3 Liter. | | | | | | |
| Coupe 4D | E173 | 26995 | 4425 | 4775 | 5950 | 7975 |
| Shinka Spcl Ed 4D | E173 | 33880 | 5375 | 5775 | 7400 | 9875 |
| Sport Pkg | | | 425 | 425 | 565 | 565 |
| Touring | | | 625 | 625 | 835 | 835 |
| Grand Touring Pkg | | | 800 | 800 | 1065 | 1065 |

## 2007 MAZDA — (Jor1)(M1orYV)–(K12F)-7-#

| Body Type | VIN | List | Trade-In Good | Very Good | Pvt-Party Good | Retail Excellent |
|---|---|---|---|---|---|---|
| **MAZDA3—4-Cyl.—Equipment Schedule 6** | | | | | | |
| W.B. 103.9"; 2.0 Liter, 2.3 Liter. | | | | | | |
| i Sport Sedan 4D | K12F | 15255 | 4575 | 4950 | 5850 | 7650 |
| i Touring Sedan 4D | K12F | 17615 | 4800 | 5175 | 6125 | 7975 |
| s Sport Sedan 4D | K123 | 18600 | 5725 | 6125 | 7425 | 9600 |
| s Sport Hatchback 4D | K143 | 19090 | 5750 | 6150 | 7450 | 9625 |
| s Touring Sedan 4D | K123 | 19835 | 5825 | 6250 | 7525 | 9750 |
| s Touring Hatchback 4D | K143 | 19835 | 5850 | 6275 | 7550 | 9775 |
| s Grand Touring Sedan | K123 | 21305 | 5925 | 6350 | 7650 | 9900 |
| s Grand Touring H'Bck | K143 | 21305 | 5925 | 6350 | 7650 | 9900 |
| Manual, 5-Spd | | | (300) | (300) | (400) | (400) |
| **MAZDASPEED3—4-Cyl. Turbo—Equipment Schedule 6** | | | | | | |
| W.B. 103.9"; 2.3 Liter. | | | | | | |
| Sport Hatchback 4D | K14L | 22800 | 7150 | 7625 | 8850 | 11100 |
| Grand Touring H'Back | K14L | 24515 | 8675 | 9175 | 10550 | 13200 |
| **MAZDA6—4-Cyl.—Equipment Schedule 4** | | | | | | |
| W.B. 105.3"; 2.3 Liter. | | | | | | |
| i Sport Sedan 4D | P80C | 20425 | 4650 | 5025 | 6100 | 8075 |
| i Sport Value Ed Sedan | P80C | 20925 | 4900 | 5275 | 6400 | 8450 |
| i Spt Value Ed H'Back | P84C | 21925 | 5575 | 5975 | 7425 | 9775 |
| i Touring Sedan 4D | P80C | 23015 | 5225 | 5625 | 7000 | 9225 |
| i Touring Hatchback 4D | P84C | 24015 | 6325 | 6750 | 8325 | 10900 |
| i Grand Touring Sedan | P80C | 24585 | 6150 | 6575 | 8100 | 10650 |
| i Grand Touring H'Bck | P84C | 25335 | 6400 | 6825 | 8400 | 11050 |
| Manual, 5-Spd | | | (450) | (450) | (600) | (600) |
| **MAZDA6—V6—Equipment Schedule 4** | | | | | | |
| W.B. 105.3"; 3.0 Liter. | | | | | | |
| s Sport Value Sedan 4D | P80D | 23635 | 5225 | 5625 | 7000 | 9225 |
| s Spt Value Ed H'Back | P84D | 24635 | 6025 | 6450 | 7950 | 10450 |
| s Spt Value Ed Wagon | P82D | 24695 | 5675 | 6075 | 7550 | 9925 |
| s Touring Sedan 4D | P80D | 25725 | 6150 | 6575 | 8100 | 10650 |
| s Touring H'Back 4D | P84D | 26725 | 6800 | 7250 | 8900 | 11650 |
| s Touring Wagon 4D | P82D | 26775 | 7150 | 7625 | 9400 | 12300 |
| s Grand Touring Sedan | P80D | 27595 | 6825 | 7275 | 8925 | 11700 |
| s Grand Touring H'Back | P84D | 28345 | 7175 | 7625 | 9350 | 12250 |
| s Grand Touring Wagon | P82D | 28395 | 7300 | 7775 | 9575 | 12550 |
| Manual, 5-Spd | | | (450) | (450) | (600) | (600) |
| **MAZDASPEED6 AWD—4-Cyl. Turbo—Equipment Schedule 4** | | | | | | |
| W.B. 105.3"; 2.3 Liter. | | | | | | |
| Sport Sedan 4D | G12L | 28590 | 6450 | 6875 | 7950 | 9975 |
| Grand Touring Sedan | G12L | 30520 | 7050 | 7500 | 8700 | 10900 |
| **MX-5 MIATA—4-Cyl.—Equipment Schedule 6** | | | | | | |
| W.B. 91.7"; 2.0 Liter. | | | | | | |
| SV Convertible 2D | C25F | 20995 | 6300 | 6725 | 7550 | 9300 |
| Sport Conv Hard Top | C26F | 24945 | 8425 | 8925 | 9975 | 12200 |
| **MX-5 MIATA—4-Cyl.—Equipment Schedule 6** | | | | | | |
| W.B. 91.7"; 2.0 Liter. | | | | | | |
| Sport Convertible 2D | C25F | 21995 | 6675 | 7125 | 7975 | 9825 |
| Touring Convertible 2D | C25F | 23800 | 7300 | 7775 | 8750 | 10750 |
| Grand Touring Conv | C25F | 25060 | 8225 | 8725 | 9750 | 11950 |
| Touring Conv Hard Top | C26F | 24789 | 8325 | 8825 | 9875 | 12100 |
| Grand Touring HT 2D | C26F | 28055 | 9475 | 10000 | 11200 | 13650 |
| **RX-8—Rotary—Equipment Schedule 3** | | | | | | |
| W.B. 106.4"; 1.3 Liter. | | | | | | |
| Sport Coupe 4D | E173 | 27030 | 5750 | 6150 | 7125 | 8975 |
| Touring Coupe 4D | E173 | 30930 | 6950 | 7400 | 8475 | 10650 |
| Grand Touring Coupe | E173 | 32365 | 9350 | 9875 | 11050 | 13550 |
| Performance Pkg | | | 475 | 475 | 635 | 635 |

## 2008 MAZDA — (Jor1)(M1orYV)–(K12F)-8-#

| Body Type | VIN | List | Trade-In Good | Very Good | Pvt-Party Good | Retail Excellent |
|---|---|---|---|---|---|---|
| **MAZDA3—4-Cyl.—Equipment Schedule 6** | | | | | | |
| W.B. 103.9"; 2.0 Liter, 2.3 Liter. | | | | | | |
| i Sport Sedan 4D | K12F | 15390 | 5925 | 6350 | 7325 | 9200 |

**EQUIPMENT & MILEAGE PAGE 9 TO 23**

# 2008 MAZDA

| Body Type | VIN | List | Trade-In Good | Trade-In Very Good | Pvt-Party Good | Retail Excellent |
|---|---|---|---|---|---|---|
| i Touring Sedan 4D | K12F | 17750 | 6475 | 6900 | 7950 | 9950 |
| i Touring Value Sed 4D | K12F | 17230 | 6375 | 6800 | 7825 | 9825 |
| s Sport Sedan 4D | K123 | 18980 | 7475 | 7950 | 9150 | 11450 |
| s Sport Hatchback 4D | K143 | 19470 | 7700 | 8175 | 9400 | 11750 |
| s Touring Sedan 4D | K123 | 19970 | 7925 | 8400 | 9650 | 12050 |
| s Touring Hatchback 4D | K143 | 19970 | 8050 | 8550 | 9800 | 12200 |
| s Grand Touring Sedan | K123 | 21440 | 8825 | 9350 | 10650 | 13300 |
| s Grand Touring H'Bck | K143 | 21440 | 8400 | 8900 | 10200 | 12700 |
| Manual, 5-Spd w/Overdrive | | | (375) | (375) | (500) | (500) |

**MAZDASPEED3—4-Cyl. Turbo—Equipment Schedule 6**
W.B. 103.9"; 2.3 Liter.

| Body Type | VIN | List | Good | Very Good | Good | Excellent |
|---|---|---|---|---|---|---|
| Sport Hatchback 4D | K14L | 22935 | 9075 | 9600 | 10850 | 13400 |
| Grand Touring H'Back | K14L | 24650 | 10050 | 10550 | 11950 | 14750 |

**MAZDA6—4-Cyl.—Equipment Schedule 4**
W.B. 105.3"; 2.3 Liter.

| Body Type | VIN | List | Good | Very Good | Good | Excellent |
|---|---|---|---|---|---|---|
| i Sport Sedan 4D | P80C | 19585 | 5550 | 5950 | 7000 | 8875 |
| i Sport Value Sedan 4D | P80C | 21245 | 6350 | 6775 | 7900 | 10000 |
| i Spt Value Ed H'Back | P80C | 22245 | 7250 | 7725 | 9025 | 11350 |
| i Touring Sedan 4D | P80C | 22835 | 6575 | 7025 | 8175 | 10300 |
| i Touring Hatchback 4D | P84C | 23835 | 7625 | 8100 | 9450 | 11900 |
| i Grand Touring Sedan | P80C | 24685 | 8150 | 8650 | 10050 | 12650 |
| i Grand Touring H'Bck | P84C | 25435 | 8475 | 8975 | 10400 | 13100 |

**MAZDA6—V6—Equipment Schedule 4**
W.B. 105.3"; 3.0 Liter.

| Body Type | VIN | List | Good | Very Good | Good | Excellent |
|---|---|---|---|---|---|---|
| s Sport Value Sedan 4D | P80D | 23755 | 7150 | 7625 | 8900 | 11250 |
| s Spt Value Ed H'Back | P84D | 24755 | 8150 | 8650 | 10050 | 12650 |
| s Touring Sedan 4D | P80D | 25445 | 7825 | 8300 | 9675 | 12200 |
| s Touring H'Back 4D | P84D | 26445 | 8475 | 8975 | 10400 | 13100 |
| s Grand Touring Sedan | P80D | 27595 | 11200 | 11750 | 13600 | 17050 |
| s Grand Touring H'Back | P84D | 28345 | 10950 | 11500 | 13350 | 16700 |
| Manual, 5-Spd w/Overdrive | | | (500) | (500) | (665) | (665) |

**MX-5 MIATA—4-Cyl.—Equipment Schedule 6**
W.B. 91.7"; 2.0 Liter.

| Body Type | VIN | List | Good | Very Good | Good | Excellent |
|---|---|---|---|---|---|---|
| SV Convertible 2D | C25F | 21180 | 7850 | 8325 | 9125 | 10950 |

**MX-5 MIATA—4-Cyl.—Equipment Schedule 6**
W.B. 91.7"; 2.0 Liter.

| Body Type | VIN | List | Good | Very Good | Good | Excellent |
|---|---|---|---|---|---|---|
| Sport Convertible 2D | C25F | 22180 | 8400 | 8900 | 9700 | 11650 |
| Touring Convertible 2D | C25F | 24225 | 9100 | 9625 | 10500 | 12600 |
| Grand Touring Conv | C25F | 25485 | 9550 | 10100 | 11000 | 13150 |
| Special Ed Conv 2D | C26F | 27225 | 10850 | 11400 | 12400 | 14800 |
| Power Hard Top | | | 1200 | 1200 | 1600 | 1600 |

**RX-8—Rotary—Equipment Schedule 3**
W.B 106.4"; 1.3 Liter.

| Body Type | VIN | List | Good | Very Good | Good | Excellent |
|---|---|---|---|---|---|---|
| Sport Coupe 4D | E173 | 27030 | 6275 | 6700 | 7525 | 9275 |
| Touring Coupe 4D | E173 | 30930 | 8450 | 8950 | 10000 | 12250 |
| Grand Touring Coupe | E173 | 32365 | 9500 | 10050 | 11200 | 13700 |
| 40th Anniv Coupe 4D | E173 | 32705 | 9650 | 10200 | 11350 | 13900 |
| Performance Pkg | | | 500 | 500 | 665 | 665 |

# 2009 MAZDA — (Jor1)(M1orYV)-(K12F)-9-#

**MAZDA3—4-Cyl.—Equipment Schedule 6**
W.B. 103.9"; 2.0 Liter, 2.3 Liter.

| Body Type | VIN | List | Good | Very Good | Good | Excellent |
|---|---|---|---|---|---|---|
| i Sport Sedan 4D | K12F | 16060 | 6900 | 7350 | 8275 | 10250 |
| i Touring Value Sed 4D | K12F | 18465 | 8025 | 8525 | 9625 | 11850 |
| s Sport Sedan 4D | K123 | 19455 | 8525 | 9025 | 10150 | 12500 |
| s Sport Hatchback 4D | K143 | 19945 | 9225 | 9750 | 11000 | 13500 |
| s Touring Sedan 4D | K123 | 20445 | 9325 | 9850 | 11100 | 13650 |
| s Touring Hatchback 4D | K143 | 20445 | 9525 | 10050 | 11350 | 13900 |
| s Grand Touring Sedan | K123 | 22215 | 9775 | 10300 | 11600 | 14250 |
| s Grand Touring H'Bck | K143 | 22215 | 9825 | 10350 | 11650 | 14300 |
| Manual, 5-Spd w/Overdrive | | | (400) | (400) | (535) | (535) |

**MAZDASPEED3—4-Cyl. Turbo—Equipment Schedule 6**
W.B. 103.9"; 2.3 Liter.

| Body Type | VIN | List | Good | Very Good | Good | Excellent |
|---|---|---|---|---|---|---|
| Sport Hatchback 4D | K14L | 23410 | 10450 | 11000 | 11900 | 14150 |
| Grand Touring H'Back | K14L | 25125 | 11200 | 11750 | 12750 | 15150 |

**MAZDA6—4-Cyl.—Equipment Schedule 6**
W.B. 109.8"; 2.5 Liter.

| Body Type | VIN | List | Good | Very Good | Good | Excellent |
|---|---|---|---|---|---|---|
| i Sport Value Sedan 4D | P80A | 19220 | 7200 | 7650 | 8600 | 10600 |
| i Sport Sedan 4D | P81A | 21820 | 7225 | 7700 | 8700 | 10700 |
| i Touring Sedan 4D | P82A | 23275 | 8525 | 9025 | 10150 | 12450 |
| i Grand Touring Sedan | P82A | 26480 | 9500 | 10050 | 11250 | 13800 |

**MAZDA6—V6—Equipment Schedule 4**
W.B. 109.8"; 3.7 Liter.

**174    DEDUCT FOR RECONDITIONING**

# 2009 MAZDA

| Body Type | VIN | List | Trade-In Good | Trade-In Very Good | Pvt-Party Good | Retail Excellent |
|---|---|---|---|---|---|---|
| s Sport Sedan 4D | P81B | 24800 | 8950 | 9475 | 10600 | 13000 |
| s Touring Sedan 4D | P82B | 25745 | 10050 | 10600 | 11850 | 14550 |
| s Grand Touring Sedan | P82B | 28930 | 11900 | 12500 | 14000 | 17100 |

**MX-5 MIATA—4-Cyl.**—Equipment Schedule 6
W.B. 91.7"; 2.0 Liter.

| Body Type | VIN | List | Good | Very Good | Pvt-Party Good | Retail Excellent |
|---|---|---|---|---|---|---|
| SV Convertible 2D | C25F | 22420 | 9500 | 10050 | 10650 | 12500 |

**MX-5 MIATA—4-Cyl.**—Equipment Schedule 6
W.B. 91.7"; 2.0 Liter.

| Body Type | VIN | List | Good | Very Good | Pvt-Party Good | Retail Excellent |
|---|---|---|---|---|---|---|
| Sport Convertible 2D | C25F | 23420 | 10050 | 10600 | 11200 | 13150 |
| Touring Convertible 2D | C25F | 25760 | 10650 | 11200 | 11900 | 13900 |
| Grand Touring Conv | C25F | 27020 | 11400 | 12000 | 12700 | 14850 |
| Power Hard Top | | | 1275 | 1275 | 1700 | 1700 |

**RX-8—Rotary**—Equipment Schedule 3
W.B. 106.4"; 1.3 Liter.

| Body Type | VIN | List | Good | Very Good | Pvt-Party Good | Retail Excellent |
|---|---|---|---|---|---|---|
| Sport Coupe 4D | E174 | 27085 | 8000 | 8500 | 9300 | 11200 |
| Touring Coupe 4D | E17M | 29210 | 10150 | 10650 | 11650 | 13950 |
| Grand Touring Coupe | E17M | 32350 | 10800 | 11350 | 12350 | 14800 |
| R3 Coupe 4D | E174 | 32580 | 11300 | 11850 | 12950 | 15500 |

# 2010 MAZDA — (Jor1)(M1orYV)–(L1SF)–A–#

**MAZDA3—4-Cyl.**—Equipment Schedule 6
W.B. 103.9"; 2.0 Liter.

| Body Type | VIN | List | Good | Very Good | Pvt-Party Good | Retail Excellent |
|---|---|---|---|---|---|---|
| i SV Sedan 4D | L1SF | 16045 | 7550 | 8025 | 8875 | 10750 |

**MAZDA3—4-Cyl.**—Equipment Schedule 6
W.B. 103.9"; 2.0 Liter, 2.5 Liter.

| Body Type | VIN | List | Good | Very Good | Pvt-Party Good | Retail Excellent |
|---|---|---|---|---|---|---|
| i Sport Sedan 4D | L1SF | 17495 | 8350 | 8850 | 9725 | 11750 |
| i Touring Sedan 4D | L1SF | 19020 | 8950 | 9475 | 10400 | 12550 |
| s Sport Sedan 4D | L1S5 | 20210 | 10100 | 10650 | 11700 | 14050 |
| s Sport Hatchback 4D | L1H5 | 21090 | 10300 | 10850 | 11900 | 14300 |
| s Grand Touring Sed 4D | L1S5 | 22970 | 11000 | 11550 | 12650 | 15200 |
| s Grand Touring H'Bck | L1H5 | 23550 | 11150 | 11700 | 12850 | 15450 |
| Manual, 5-Spd w/Overdrive | | | (500) | (500) | (665) | (665) |

**MAZDASPEED—4-Cyl.** Turbo—Equipment Schedule 6
W.B. 103.9"; 2.3 Liter.

| Body Type | VIN | List | Good | Very Good | Pvt-Party Good | Retail Excellent |
|---|---|---|---|---|---|---|
| Sport Hatchback 4D | L1H3 | 24090 | 12500 | 13100 | 14150 | 16750 |

**MAZDA6—4-Cyl.**—Equipment Schedule 4
W.B. 109.8"; 2.5 Liter.

| Body Type | VIN | List | Good | Very Good | Pvt-Party Good | Retail Excellent |
|---|---|---|---|---|---|---|
| i Sport Value Sedan 4D | Z8BH | 19200 | 8225 | 8725 | 9650 | 11700 |
| i Sport Sedan 4D | Z8BH | 21070 | 8375 | 8875 | 9800 | 11900 |
| i Touring Sedan 4D | Z8CH | 22550 | 9250 | 9775 | 10800 | 13100 |
| i Touring Plus Sedan 4D | Z8CH | 24500 | 9750 | 10300 | 11350 | 13750 |
| i Grand Touring Sed 4D | Z8CH | 26685 | 10350 | 10900 | 12000 | 14500 |

**MAZDA6—V6**—Equipment Schedule 4
W.B. 109.8"; 3.7 Liter.

| Body Type | VIN | List | Good | Very Good | Pvt-Party Good | Retail Excellent |
|---|---|---|---|---|---|---|
| s Touring Plus Sedan | Z8CB | 27200 | 10950 | 11500 | 12700 | 15350 |
| s Grand Touring Sed 4D | Z8CB | 29140 | 12800 | 13400 | 14850 | 17900 |

**MX-5 MIATA—4-Cyl.**—Equipment Schedule 6
W.B. 91.7"; 2.0 Liter.

| Body Type | VIN | List | Good | Very Good | Pvt-Party Good | Retail Excellent |
|---|---|---|---|---|---|---|
| Sport Convertible 2D | C2EF | 23560 | 11500 | 12100 | 12700 | 14750 |
| Touring Convertible 2D | C2EF | 25900 | 12200 | 12800 | 13450 | 15550 |
| Grand Touring Conv 2D | C2EF | 27160 | 12900 | 13500 | 14250 | 16500 |
| Power Hard Top | | | 1375 | 1375 | 1835 | 1835 |

**RX-8—Rotary**—Equipment Schedule 3
W.B. 106.3"; 1.3 Liter.

| Body Type | VIN | List | Good | Very Good | Pvt-Party Good | Retail Excellent |
|---|---|---|---|---|---|---|
| Sport Coupe 4D | E1CP | 27245 | 9150 | 9675 | 10250 | 12100 |
| Grand Touring Coupe | E17M | 33410 | 11750 | 12350 | 13100 | 15350 |
| R3 Coupe 4D | E1CP | 32740 | 12400 | 13000 | 13650 | 15850 |

# 2011 MAZDA — 1YVorJM1–(E1HY)–B–#

**MAZDA2—4-Cyl.**—Equipment Schedule 6
W.B. 98.0"; 1.5 Liter.

| Body Type | VIN | List | Good | Very Good | Pvt-Party Good | Retail Excellent |
|---|---|---|---|---|---|---|
| Sport Hatchback 4D | E1HY | 14730 | 7050 | 7500 | 8425 | 10300 |
| Touring Hatchback 4D | E1HY | 16185 | 7625 | 8100 | 9050 | 11050 |
| Automatic, 4-Spd | | | 475 | 475 | 635 | 635 |

**MAZDA3—4-Cyl.**—Equipment Schedule 6
W.B. 103.9"; 2.0 Liter.

| Body Type | VIN | List | Good | Very Good | Pvt-Party Good | Retail Excellent |
|---|---|---|---|---|---|---|
| i SV Sedan 4D | L1TF | 16200 | 8000 | 8500 | 9275 | 11150 |

**MAZDA3—4-Cyl.**—Equipment Schedule 6
W.B. 103.9"; 2.0 Liter, 2.5 Liter.

| Body Type | VIN | List | Good | Very Good | Pvt-Party Good | Retail Excellent |
|---|---|---|---|---|---|---|
| i Sport Sedan 4D | L1UF | 18350 | 9300 | 9825 | 10700 | 12850 |
| i Touring Sedan 4D | L1VF | 19745 | 9950 | 10500 | 11400 | 13650 |
| s Sport Sedan 4D | L1U5 | 21140 | 11250 | 11850 | 12900 | 15400 |

# 2011 MAZDA

| Body Type | VIN | List | Trade-In Good | Very Good | Pvt-Party Good | Retail Excellent |
|---|---|---|---|---|---|---|
| s Sport Hatchback 4D | L1K5 | 21640 | 11650 | 12250 | 13300 | 15900 |
| s Grand Touring Sedan | L1W5 | 24105 | 12550 | 13200 | 14300 | 17050 |
| s Grand Touring H'Back | L1M5 | 24605 | 12750 | 13400 | 14500 | 17300 |
| Manual, 5-Spd w/Overdrive | | | (500) | (500) | (665) | (665) |
| **MAZDASPEED3—4-Cyl. Turbo**—Equipment Schedule 6 | | | | | | |
| W.B. 103.9"; 2.3 Liter. | | | | | | |
| Sport Hatchback 4D | L1K3 | 24090 | 13350 | 14000 | 14800 | 17200 |
| **MAZDA6—4-Cyl.**—Equipment Schedule 4 | | | | | | |
| W.B. 109.8"; 2.5 Liter. | | | | | | |
| i Sport Sedan 4D | Z8BH | 21785 | 9350 | 9875 | 10850 | 13100 |
| i Touring Sedan 4D | Z8CH | 23430 | 10200 | 10750 | 11800 | 14200 |
| i Touring Plus Sedan 4D | Z8CH | 25035 | 11000 | 11550 | 12700 | 15300 |
| i Grand Touring Sed 4D | Z8CH | 27615 | 11400 | 11950 | 13150 | 15800 |
| **MAZDA6—V6**—Equipment Schedule 4 | | | | | | |
| W.B. 109.8"; 3.7 Liter. | | | | | | |
| s Touring Plus Sedan | Z8CB | 27875 | 12000 | 12600 | 13800 | 16600 |
| s Grand Touring Sed 4D | Z8CB | 30115 | 14100 | 14750 | 16200 | 19400 |
| **MX-5 MIATA—4-Cyl.**—Equipment Schedule 6 | | | | | | |
| W.B. 91.7"; 2.0 Liter. | | | | | | |
| Sport Convertible 2D | C2JF | 23710 | 12400 | 13000 | 13600 | 15700 |
| Touring Convertible 2D | C2LF | 26050 | 13200 | 13850 | 14450 | 16600 |
| Grand Touring Conv 2D | C2NF | 27310 | 14200 | 14850 | 15450 | 17750 |
| Special Ed Conv 2D | C1SF | 31720 | 16450 | 17200 | 17800 | 20400 |
| Power Hard Top | | | 1450 | 1450 | 1935 | 1935 |
| **RX-8—Rotary**—Equipment Schedule 3 | | | | | | |
| W.B. 106.3"; 1.3 Liter. | | | | | | |
| Sport Coupe 4D | E1RP | 27590 | 9850 | 10400 | 10900 | 12700 |
| R3 Coupe 4D | E1T4 | 33085 | 12900 | 13550 | 14400 | 16950 |
| Grand Touring Coupe | E1SP | 33755 | 12700 | 13350 | 13950 | 16150 |

# 2012 MAZDA — 1YVorJM1–(E1HY)–C–#

| Body Type | VIN | List | Trade-In Good | Very Good | Pvt-Party Good | Retail Excellent |
|---|---|---|---|---|---|---|
| **MAZDA2—4-Cyl.**—Equipment Schedule 6 | | | | | | |
| W.B. 98.0"; 1.5 Liter. | | | | | | |
| Sport Hatchback 4D | E1HY | 15165 | 8100 | 8600 | 9525 | 11550 |
| Touring Hatchback 4D | E1HY | 16650 | 8800 | 9300 | 10350 | 12550 |
| Automatic, 4-Spd | | | 500 | 500 | 665 | 665 |
| **MAZDA3—4-Cyl.**—Equipment Schedule 6 | | | | | | |
| W.B. 103.9"; 2.0 Liter. | | | | | | |
| i SV Sedan 4D | L1TF | 16595 | 9250 | 9775 | 10700 | 12800 |
| **MAZDA3—4-Cyl.**—Equipment Schedule 6 | | | | | | |
| W.B. 103.9"; 2.0 Liter, 2.5 Liter. | | | | | | |
| i Sport Sedan 4D | L1UF | 18350 | 10450 | 11000 | 11950 | 14350 |
| i Touring Sedan 4D | L1VF | 19745 | 11150 | 11700 | 12800 | 15300 |
| i Touring Hatchback 4D | L1L7 | 20595 | 12600 | 13250 | 14350 | 17150 |
| i Grand Touring Sedan | L1W7 | 23095 | 13950 | 14600 | 15900 | 19000 |
| i Grand Touring H'Back | L1M7 | 23595 | 14450 | 15100 | 16450 | 19600 |
| s Grand Touring Sed 4D | L1W5 | 23865 | 14800 | 15500 | 16800 | 20100 |
| s Grand Touring H'Back | L1M5 | 24365 | 15100 | 15800 | 17150 | 20400 |
| Manual, 5-Spd | | | (500) | (500) | (665) | (665) |
| Manual, 6-Spd SKYACTIV | | | 0 | 0 | 0 | 0 |
| **MAZDA3—4-Cyl.**—Equipment Schedule 6 | | | | | | |
| W.B. 103.9"; 2.5 Liter. | | | | | | |
| s Touring Sedan 4D | L1V5 | 21495 | 12900 | 13550 | 14700 | 17550 |
| s Touring Hatchback 4D | L1L5 | 21995 | 13000 | 13600 | 14900 | 17800 |
| Auto 5-Spd w/Manual Mode | | | 500 | 500 | 665 | 665 |
| **MAZDASPEED3—4-Cyl. Turbo**—Equipment Schedule 6 | | | | | | |
| W.B. 103.9"; 2.3 Liter. | | | | | | |
| Touring Hatchback 4D | L1L3 | 24495 | 14800 | 15450 | 16150 | 18600 |
| **MAZDA6—4-Cyl.**—Equipment Schedule 4 | | | | | | |
| W.B. 109.8"; 2.5 Liter. | | | | | | |
| i Sport Sedan 4D | Z8BH | 22035 | 10450 | 11000 | 12000 | 14350 |
| i Touring Sedan 4D | Z8DH | 23680 | 11250 | 11800 | 12900 | 15450 |
| i Touring Plus Sedan | Z8EH | 25285 | 12600 | 13300 | 14450 | 17250 |
| i Grand Touring Sedan | Z8CH | 27865 | 13250 | 13900 | 15200 | 18150 |
| **MAZDA6—V6**—Equipment Schedule 4 | | | | | | |
| W.B. 109.8"; 3.7 Liter. | | | | | | |
| s Touring Plus Sedan | Z8EB | 28125 | 13750 | 14400 | 15700 | 18750 |
| s Grand Touring Sedan | Z8CB | 30365 | 15550 | 16250 | 17650 | 21000 |
| **MX-5 MIATA—4-Cyl.**—Equipment Schedule 6 | | | | | | |
| W.B. 91.7"; 2.0 Liter. | | | | | | |
| Sport Convertible 2D | C2JF | 23985 | 14250 | 14900 | 15350 | 17500 |
| Touring Convertible 2D | C2LF | 26345 | 15700 | 16400 | 16850 | 19150 |
| Grand Touring Conv 2D | C2NF | 27615 | 16650 | 17400 | 17850 | 20300 |

**176 DEDUCT FOR RECONDITIONING**

# 2012 MAZDA

| Body Type | VIN | List | Trade-In Good | Very Good | Pvt-Party Good | Retail Excellent |
|---|---|---|---|---|---|---|
| Special Ed Conv 2D | C2SF | 32020 | 20400 | 21200 | 21600 | 24600 |
| Power Hard Top | | | 1525 | 1525 | 2035 | 2035 |

## 2013 MAZDA — 1YVorJM1-(DE1KY)-D-#

**MAZDA2—4-Cyl.**—Equipment Schedule 6
W.B. 98.0"; 1.5 Liter.
| Sport Hatchback 4D | DE1KY | 15515 | 8850 | 9350 | 10550 | 12950 |
| Touring Hatchback 4D | DE1LY | 17005 | 9725 | 10250 | 11500 | 14100 |
| Automatic, 4-Spd | | | 525 | 525 | 700 | 700 |

**MAZDA3—4-Cyl.**—Equipment Schedule 6
W.B. 103.9"; 2.0 Liter.
| i SV Sedan 4D | BL1TF | 17495 | 10200 | 10750 | 12050 | 14750 |
| i Touring Hatchback | BL1L7 | 20795 | 13000 | 13600 | 15300 | 18700 |
| Auto, 5-Spd w/Manual Mode | | | 525 | 525 | 700 | 700 |

**MAZDA3—4-Cyl.**—Equipment Schedule 6
W.B. 103.9"; 2.5 Liter.
| i Sport Sedan 4D | BL1U7 | 20020 | 11700 | 12300 | 13800 | 16850 |
| i Touring Sedan 4D | BL1V7 | 21145 | 13100 | 13750 | 15450 | 18850 |
| i Grand Touring HBk | BL1M7 | 24095 | 14950 | 15600 | 17450 | 21300 |
| i Grand Touring Sedan | BL1W7 | 23595 | 14450 | 15100 | 16900 | 20600 |
| s Grand Touring Sed | BL1W5 | 25945 | 16000 | 16750 | 18650 | 22700 |
| s Grand Touring HBk | BL1M5 | 26445 | 16475 | 17150 | 19100 | 23300 |

**MAZDASPEED3—4-Cyl. Turbo**—Equipment Schedule 6
W.B. 103.9"; 2.3 Liter.
| Touring Hatchback 4D | BL1L3 | 24995 | 17150 | 17900 | 18250 | 20700 |

**MAZDA6—4-Cyl.**—Equipment Schedule 4
W.B. 109.8"; 2.5 Liter.
| i Sport Sedan 4D | Z8BH | 22520 | 11550 | 12150 | 13100 | 15550 |
| i Touring Sedan 4D | Z8DH | 24165 | 12350 | 12950 | 14000 | 16650 |
| i Touring Plus Sedan | Z8EH | 25965 | 13600 | 14250 | 15450 | 18350 |
| i Grand Touring Sedan | Z8CH | 28545 | 14450 | 15100 | 16350 | 19400 |

**MAZDA6—V6**—Equipment Schedule 4
W.B. 109.8"; 3.7 Liter.
| s Grand Touring Sedan | Z8CB | 30785 | 16500 | 17250 | 18550 | 22000 |

**MX-5 MIATA—4-Cyl.**—Equipment Schedule 5
W.B. 91.7"; 2.0 Liter.
| Sport Convertible 2D | NC2JF | 25595 | 18850 | 19700 | 19950 | 22500 |
| Club Convertible 2D | NG2LF | 27500 | 19850 | 20700 | 21000 | 23600 |
| Grand Touring Conv | NC2NF | 28145 | 20400 | 21200 | 21500 | 24200 |
| Power Hard Top | | | 1600 | 1600 | 2135 | 2135 |

# McLAREN

## 2012 McLAREN

**MP4-12C—V8 Twin Turbo**—Equipment Schedule 2
W.B. 105.1"; 3.8 Liter.
| Coupe 2D | 11AAA | 231400 | **** | **** | **** | 227900 |

# MERCEDES-BENZ

## 1999 MERCEDES-BENZ — WDB(KK47F)-X-#

**SLK-CLASS—4-Cyl. Supercharged**—Equipment Schedule 1
W.B. 94.5"; 2.3 Liter.
| SLK230 Roadster 2D | KK47F | 41495 | 2500 | 2750 | 3425 | 4850 |
| Sport Pkg | | | 475 | 475 | 635 | 635 |
| Manual, 5-Spd | | | (250) | (250) | (335) | (335) |

**C-CLASS—4-Cyl. Supercharged**—Equipment Schedule 1
W.B. 105.9"; 2.3 Liter.
| C230 Sedan 4D | HA24G | 34795 | 1125 | 1250 | 1900 | 2900 |
| Sport Pkg | | | 200 | 200 | 265 | 265 |

**C-CLASS—V6**—Equipment Schedule 1
W.B. 105.9"; 2.8 Liter.
| C280 Sedan 4D | HA29G | 38630 | 1300 | 1425 | 2125 | 3225 |
| Sport Pkg | | | 200 | 200 | 265 | 265 |

**C-CLASS—V8**—Equipment Schedule 1
W.B. 105.9"; 4.3 Liter.
| C43 Sedan 4D | HA33G | 53595 | 3025 | 3325 | 4250 | 5950 |

**CLK-CLASS—V6**—Equipment Schedule 1
W.B. 105.9"; 3.2 Liter.

# 1999 MERCEDES-BENZ

| Body Type | VIN | List | Trade-In Good | Very Good | Pvt-Party Good | Retail Excellent |
|---|---|---|---|---|---|---|
| CLK320 Coupe 2D | LJ65G | 42485 | 1850 | 2025 | 2700 | 3975 |
| CLK320 Cabriolet 2D | LK65G | 47795 | 1925 | 2125 | 2725 | 3975 |
| **CLK-CLASS—V8—Equipment Schedule 1** | | | | | | |
| W.B. 105.9"; 4.3 Liter. | | | | | | |
| CLK430 Coupe 2D | LJ70G | 49785 | 2375 | 2600 | 3400 | 4950 |
| **E-CLASS—V6—Equipment Schedule 1** | | | | | | |
| W.B. 111.5"; 3.2 Liter. | | | | | | |
| E320 Sedan 4D | JF65F | 47905 | 1975 | 2175 | 2675 | 3775 |
| E320 AWD Sedan 4D | JF82F | 50695 | 2075 | 2275 | 2800 | 3950 |
| E320 Wagon 4D | JH65F | 48905 | 2200 | 2425 | 2975 | 4175 |
| E320 AWD Wagon 4D | JH82F | 51695 | 2475 | 2725 | 3300 | 4625 |
| **E-CLASS—6-Cyl. Turbo Diesel—Equipment Schedule 1** | | | | | | |
| W.B. 111.5"; 3.0 Liter. | | | | | | |
| E300TD Sedan 4D | JF25F | 45430 | 5100 | 5475 | 6950 | 9400 |
| **E-CLASS—V8—Equipment Schedule 1** | | | | | | |
| W.B. 111.5"; 4.3 Liter, 5.5 Liter. | | | | | | |
| E430 Sedan 4D | JF70F | 53005 | 2950 | 3250 | 4050 | 5600 |
| E55 Sedan 4D | JF744 | 69695 | 5600 | 6000 | 7050 | 9075 |
| Sport Pkg | | | 475 | 475 | 635 | 635 |
| **CL-CLASS—V8—Equipment Schedule 1** | | | | | | |
| W.B. 115.9"; 5.0 Liter. | | | | | | |
| CL500 Coupe 2D | GA70G | 93795 | 4500 | 4875 | 5700 | 7350 |
| **CL-CLASS—V12—Equipment Schedule 1** | | | | | | |
| W.B. 115.9"; 6.0 Liter. | | | | | | |
| CL600 Coupe 2D | GA76G | 140495 | 5625 | 6025 | 7000 | 8975 |
| **S-CLASS—6-Cyl.—Equipment Schedule 1** | | | | | | |
| W.B. 119.7", 123.6" (LWB); 3.2 Liter. | | | | | | |
| S320 SWB Sedan 4D | GA32G | 65345 | 2575 | 2850 | 3625 | 5075 |
| S320 LWB Sedan 4D | GA33G | 68595 | 2775 | 3075 | 3875 | 5400 |
| **S-CLASS—V8—Equipment Schedule 1** | | | | | | |
| W.B. 123.6"; 4.2 Liter, 5.0 Liter. | | | | | | |
| S420 Sedan 4D | GA43G | 75795 | 3175 | 3500 | 4375 | 6075 |
| S500 Sedan 4D | GA51G | 89795 | 3175 | 3500 | 4375 | 6075 |
| Grand Edition | | | 125 | 125 | 165 | 165 |
| **S-CLASS—V12—Equipment Schedule 1** | | | | | | |
| W.B. 123.6"; 6.0 Liter. | | | | | | |
| S600 Sedan 4D | GA57G | 137845 | 3850 | 4200 | 5175 | 7075 |
| **SL-CLASS—V8—Equipment Schedule 1** | | | | | | |
| W.B. 99.0"; 5.0 Liter. | | | | | | |
| SL500 Roadster 2D | FA68F | 82695 | 4175 | 4525 | 5475 | 7350 |
| Sport Pkg | | | 700 | 700 | 935 | 935 |
| Panorama Roof | | | 575 | 575 | 765 | 765 |
| **SL-CLASS—V12—Equipment Schedule 1** | | | | | | |
| W.B. 99.0"; 6.0 Liter. | | | | | | |
| SL600 Roadster 2D | FA76F | 130095 | 5200 | 5600 | 6925 | 9250 |
| Sport Pkg | | | 700 | 700 | 935 | 935 |
| Panorama Roof | | | 575 | 575 | 765 | 765 |

# 2000 MERCEDES-BENZ — WDB(KK47F)-Y-#

| Body Type | VIN | List | Trade-In Good | Very Good | Pvt-Party Good | Retail Excellent |
|---|---|---|---|---|---|---|
| **SLK-CLASS—4-Cyl. Supercharged—Equipment Schedule 1** | | | | | | |
| W.B. 94.5"; 2.3 Liter. | | | | | | |
| SLK230 Roadster 2D | KK47F | 42495 | 2725 | 3025 | 3600 | 5025 |
| Sport Pkg | | | 550 | 550 | 735 | 735 |
| designo Edition | | | 475 | 475 | 635 | 635 |
| Manual, 5-Spd | | | (275) | (275) | (365) | (365) |
| **C-CLASS—4-Cyl. Supercharged—Equipment Schedule 1** | | | | | | |
| W.B. 105.9"; 2.3 Liter. | | | | | | |
| C230 Sedan 4D | HA24G | 34820 | 1325 | 1450 | 2100 | 3150 |
| Sport Pkg | | | 200 | 200 | 265 | 265 |
| **C-CLASS—V6—Equipment Schedule 1** | | | | | | |
| W.B. 105.9"; 2.8 Liter. | | | | | | |
| C280 Sedan 4D | HA29G | 39020 | 1550 | 1700 | 2400 | 3600 |
| Sport Pkg | | | 200 | 200 | 265 | 265 |
| **C-CLASS—V8—Equipment Schedule 1** | | | | | | |
| W.B. 105.9"; 4.3 Liter. | | | | | | |
| C43 Sedan 4D | HA33G | 53595 | 3675 | 4000 | 4825 | 6500 |
| **CLK-CLASS—V6—Equipment Schedule 1** | | | | | | |
| W.B. 105.9"; 3.2 Liter. | | | | | | |
| CLK320 Coupe 2D | LJ65G | 43505 | 2000 | 2200 | 2825 | 4050 |
| CLK320 Cabriolet 2D | LK65G | 48695 | 2275 | 2500 | 3100 | 4375 |
| designo Edition | | | 475 | 475 | 635 | 635 |
| **CLK-CLASS—V8—Equipment Schedule 1** | | | | | | |
| W.B. 105.9"; 4.3 Liter. | | | | | | |

**DEDUCT FOR RECONDITIONING**

# 2000 MERCEDES-BENZ

| Body Type | VIN | List | Trade-In Good | Trade-In Very Good | Pvt-Party Good | Retail Excellent |
|---|---|---|---|---|---|---|
| CLK430 Coupe 2D | LJ70G | 51005 | 2550 | 2800 | 3550 | 5050 |
| CLK430 Cabriolet 2D | LK70G | 56195 | 3025 | 3325 | 4200 | 5850 |
| designo Edition | | | 475 | 475 | 635 | 635 |
| **E-CLASS—V6**—Equipment Schedule 1 | | | | | | |
| W.B. 111.5"; 3.2 Liter. | | | | | | |
| E320 Sedan 4D | JF65G | 48825 | 2125 | 2325 | 2825 | 3975 |
| E320 AWD Sedan 4D | JF82G | 51625 | 2225 | 2450 | 2950 | 4125 |
| E320 Wagon 4D | JH65F | 49675 | 2375 | 2600 | 3150 | 4375 |
| E320 AWD Wagon 4D | JH82F | 52475 | 2650 | 2900 | 3475 | 4800 |
| designo Edition | | | 475 | 475 | 635 | 635 |
| **E-CLASS—V8**—Equipment Schedule 1 | | | | | | |
| W.B. 111.5"; 4.3 Liter, 5.0 Liter. | | | | | | |
| E430 Sedan 4D | JF70G | 54175 | 2975 | 3275 | 4025 | 5525 |
| E430 AWD Sedan 4D | JF83G | 56975 | 3525 | 3850 | 4725 | 6425 |
| E55 Sedan 4D | JF74G | 71395 | 6300 | 6725 | 7750 | 9900 |
| Sport Pkg (E430) | | | 550 | 550 | 735 | 735 |
| designo Edition | | | 475 | 475 | 635 | 635 |
| **CL-CLASS—V8**—Equipment Schedule 1 | | | | | | |
| W.B. 113.6"; 5.0 Liter. | | | | | | |
| CL500 Coupe 2D | PJ75J | 87145 | 4975 | 5350 | 6600 | 8800 |
| **S-CLASS—V8**—Equipment Schedule 1 | | | | | | |
| W.B. 121.5"; 4.3 Liter, 5.0 Liter. | | | | | | |
| S430 Sedan 4D | NG70J | 70295 | 3325 | 3650 | 4475 | 6125 |
| S500 Sedan 4D | NG75J | 79445 | 3500 | 3825 | 4700 | 6400 |
| Sport Pkg | | | 800 | 800 | 1065 | 1065 |
| designo Edition | | | 475 | 475 | 635 | 635 |
| DISTRONIC Cruise Control | | | 200 | 200 | 265 | 265 |
| **SL-CLASS—V8**—Equipment Schedule 1 | | | | | | |
| W.B. 99.0"; 5.0 Liter. | | | | | | |
| SL500 Roadster 2D | FA68F | 84195 | 4550 | 4900 | 5825 | 7750 |
| Sport Pkg | | | 800 | 800 | 1065 | 1065 |
| designo Edition | | | 475 | 475 | 635 | 635 |
| Panorama Roof | | | 650 | 650 | 865 | 865 |
| **SL-CLASS—V12**—Equipment Schedule 1 | | | | | | |
| W.B. 99.0"; 6.0 Liter. | | | | | | |
| SL60 Roadster 2D | FA76F | 132145 | 5900 | 6300 | 7675 | 10100 |
| Sport Pkg | | | 800 | 800 | 1065 | 1065 |
| designo Edition | | | 475 | 475 | 635 | 635 |
| Panorama Roof | | | 650 | 650 | 865 | 865 |

# 2001 MERCEDES-BENZ — WDB(KK49F)-1-#

| Body Type | VIN | List | Trade-In Good | Trade-In Very Good | Pvt-Party Good | Retail Excellent |
|---|---|---|---|---|---|---|
| **SLK-CLASS—4-Cyl. Supercharged**—Equipment Schedule 1 | | | | | | |
| W.B. 94.5"; 2.3 Liter. | | | | | | |
| SLK230 Roadster 2D | KK49F | 40495 | 2775 | 3075 | 3900 | 5575 |
| Sport Pkg | | | 625 | 625 | 835 | 835 |
| designo Edition | | | 525 | 525 | 700 | 700 |
| Manual, 6-Spd | | | (325) | (325) | (435) | (435) |
| **SLK-CLASS—V6**—Equipment Schedule 1 | | | | | | |
| W.B. 94.5"; 3.2 Liter. | | | | | | |
| SLK320 Roadster 2D | KK65F | 45495 | 3175 | 3500 | 4425 | 6150 |
| Sport Pkg | | | 625 | 625 | 835 | 835 |
| designo Edition | | | 525 | 525 | 700 | 700 |
| Manual, 6-Spd | | | (325) | (325) | (435) | (435) |
| **C-CLASS—V6**—Equipment Schedule 1 | | | | | | |
| W.B. 106.9"; 2.6 Liter, 3.2 Liter. | | | | | | |
| C240 Sedan 4D | RF61G | 34610 | 2125 | 2325 | 2975 | 4250 |
| C320 Sedan 4D | RF64G | 40310 | 2375 | 2600 | 3300 | 4725 |
| Sport Pkg | | | 250 | 250 | 335 | 335 |
| Manual, 6-Spd | | | (325) | (325) | (435) | (435) |
| **CLK-CLASS—V6**—Equipment Schedule 1 | | | | | | |
| W.B. 105.9"; 3.2 Liter. | | | | | | |
| CLK320 Coupe 2D | LJ65G | 42595 | 2175 | 2400 | 2975 | 4225 |
| CLK320 Cabriolet 2D | LK65G | 49545 | 2525 | 2775 | 3525 | 4925 |
| designo Edition | | | 525 | 525 | 700 | 700 |
| **CLK-CLASS—V8**—Equipment Schedule 1 | | | | | | |
| W.B. 105.9"; 4.3 Liter, 5.5 Liter. | | | | | | |
| CLK430 Coupe 2D | LJ70G | 50295 | 2625 | 2925 | 3700 | 5200 |
| CLK430 Cabriolet 2D | LK70G | 57145 | 3450 | 3775 | 4700 | 6450 |
| CLK55 Coupe 2D | LJ74G | 68045 | 3600 | 3925 | 4775 | 6475 |
| designo Edition | | | 525 | 525 | 700 | 700 |
| **E-CLASS—V6**—Equipment Schedule 1 | | | | | | |
| W.B. 111.5"; 3.2 Liter. | | | | | | |
| E320 Sedan 4D | JF65F | 48495 | 2200 | 2425 | 2975 | 4175 |

# 2001 MERCEDES-BENZ

| Body Type | VIN | List | Trade-In Good | Very Good | Pvt-Party Good | Retail Excellent |
|---|---|---|---|---|---|---|
| E320 AWD Sedan 4D | JF82F | 51345 | 2300 | 2525 | 3100 | 4325 |
| E320 Wagon 4D | JH65F | 49295 | 2600 | 2850 | 3475 | 4825 |
| E320 AWD Wagon 4D | JH82F | 52145 | 2875 | 3175 | 3800 | 5275 |
| designo Edition (ex AWD) | | | 525 | 525 | 700 | 700 |
| Sport Pkg (ex AWD) | | | 625 | 625 | 835 | 835 |
| **E-CLASS—V8**—Equipment Schedule 1 | | | | | | |
| W.B. 111.5"; 4.3 Liter, 5.5 Liter. | | | | | | |
| E430 Sedan 4D | JF70F | 53845 | 3000 | 3300 | 4125 | 5700 |
| E430 AWD Sedan 4D | JF83G | 56695 | 3600 | 3925 | 4875 | 6675 |
| E55 Sedan 4D | JF744 | 70945 | 6700 | 7150 | 8200 | 10350 |
| designo Edition | | | 525 | 525 | 700 | 700 |
| Sport Pkg (E430 RWD) | | | 625 | 625 | 835 | 835 |
| **CL-CLASS—V8**—Equipment Schedule 1 | | | | | | |
| W.B. 113.6"; 5.0 Liter, 5.5 Liter. | | | | | | |
| CL500 Coupe 2D | PJ75J | 89145 | 5325 | 5725 | 6975 | 9225 |
| CL55 Coupe 2D | PJ73J | 100145 | 9350 | 9875 | 12000 | 15650 |
| Sport Pkg (CL500) | | | 925 | 925 | 1235 | 1235 |
| designo Edition | | | 525 | 525 | 700 | 700 |
| **CL-CLASS—V12**—Equipment Schedule 1 | | | | | | |
| W.B. 113.6"; 5.8 Liter. | | | | | | |
| CL600 Coupe 2D | PJ78J | 119145 | 9725 | 10250 | 12450 | 16250 |
| Sport Pkg | | | 925 | 925 | 1235 | 1235 |
| designo Edition | | | 525 | 525 | 700 | 700 |
| **S-CLASS—V8**—Equipment Schedule 1 | | | | | | |
| W.B. 121.5"; 4.3 Liter, 5.0 Liter, 5.5 Liter. | | | | | | |
| S430 Sedan 4D | NG70J | 71445 | 3575 | 3900 | 4750 | 6425 |
| S500 Sedan 4D | NG75J | 80595 | 3725 | 4050 | 4925 | 6675 |
| S55 Sedan 4D | NG73J | 98645 | 7775 | 8250 | 9550 | 12050 |
| Sport Pkg (S430,S500) | | | 925 | 925 | 1235 | 1235 |
| designo Edition | | | 525 | 525 | 700 | 700 |
| **S-CLASS—V12**—Equipment Schedule 1 | | | | | | |
| W.B. 121.5"; 6.0 Liter. | | | | | | |
| S600 Sedan 4D | NG78J | 115985 | 4175 | 4525 | 5600 | 7475 |
| Sport Pkg | | | 925 | 925 | 1235 | 1235 |
| designo Edition | | | 525 | 525 | 700 | 700 |
| **SL-CLASS—V8**—Equipment Schedule 1 | | | | | | |
| W.B. 99.0"; 5.0 Liter. | | | | | | |
| SL500 Roadster 2D | FA68F | 84445 | 4875 | 5250 | 6100 | 7975 |
| designo Edition | | | 525 | 525 | 700 | 700 |
| Panorama Roof | | | 725 | 725 | 965 | 965 |
| **SL-CLASS—V12**—Equipment Schedule 1 | | | | | | |
| W.B. 99.0"; 6.0 Liter. | | | | | | |
| SL600 Roadster 2D | FA76F | 129595 | 5875 | 6275 | 7475 | 9750 |
| designo Edition | | | 525 | 525 | 700 | 700 |
| Panorama Roof | | | 725 | 725 | 965 | 965 |

# 2002 MERCEDES-BENZ — WDB(KK49F)-2-#

| Body Type | VIN | List | Trade-In Good | Very Good | Pvt-Party Good | Retail Excellent |
|---|---|---|---|---|---|---|
| **SLK-CLASS—4-Cyl. Supercharged**—Equipment Schedule 1 | | | | | | |
| W.B. 94.5"; 2.3 Liter. | | | | | | |
| SLK230 Roadster 2D | KK49F | 41345 | 3100 | 3425 | 4225 | 5800 |
| Sport Pkg | | | 625 | 625 | 835 | 835 |
| designo Edition | | | 550 | 550 | 735 | 735 |
| Manual, 6-Spd | | | (350) | (350) | (465) | (465) |
| **SLK-CLASS—V6**—Equipment Schedule 1 | | | | | | |
| W.B. 94.5"; 3.2 Liter. | | | | | | |
| SLK320 Roadster 2D | KK65F | 46745 | 3650 | 3975 | 4900 | 6700 |
| Sport Pkg | | | 625 | 625 | 835 | 835 |
| designo Edition | | | 550 | 550 | 735 | 735 |
| Manual, 6-Spd | | | (350) | (350) | (465) | (465) |
| **SLK-CLASS—V6 Supercharged**—Equipment Schedule 1 | | | | | | |
| W.B. 94.5"; 3.2 Liter. | | | | | | |
| SLK32 Roadster 2D | KK66F | 55545 | 8500 | 9000 | 10350 | 13050 |
| designo Edition | | | 550 | 550 | 735 | 735 |
| **C-CLASS—4-Cyl. Supercharged**—Equipment Schedule 1 | | | | | | |
| W.B. 106.9"; 2.3 Liter. | | | | | | |
| C230 Sport Coupe 2D | RN47J | 29490 | 2200 | 2425 | 2975 | 4200 |
| Manual, 6-Spd | | | (350) | (350) | (465) | (465) |
| **C-CLASS—V6**—Equipment Schedule 1 | | | | | | |
| W.B. 106.9"; 2.6 Liter, 3.2 Liter. | | | | | | |
| C240 Sedan 4D | RF61J | 33680 | 2750 | 3050 | 3650 | 5100 |
| C320 Sedan 4D | RF64J | 38780 | 2825 | 3125 | 3900 | 5425 |
| C320 Wagon 4D | RH64J | 40280 | 2900 | 3200 | 4000 | 5550 |
| Sport Pkg | | | 275 | 275 | 365 | 365 |

**DEDUCT FOR RECONDITIONING**

# 2002 MERCEDES-BENZ

| Body Type | VIN | List | Trade-In Good | Trade-In Very Good | Pvt-Party Good | Retail Excellent |
|---|---|---|---|---|---|---|
| Manual, 6-Spd | | | (350) | (350) | (465) | (465) |
| **C-CLASS—V6 Supercharged**—Equipment Schedule 1 | | | | | | |
| W.B. 106.9"; 3.2 Liter. | | | | | | |
| C32 Sedan 4D | RF65J | 50545 | 4575 | 4950 | 5925 | 7750 |
| **CLK-CLASS—V6**—Equipment Schedule 1 | | | | | | |
| W.B. 105.9"; 3.2 Liter. | | | | | | |
| CLK320 Coupe 2D | LJ65G | 44565 | 2775 | 3075 | 3875 | 5400 |
| CLK320 Cabriolet 2D | LK65G | 50245 | 3125 | 3450 | 4225 | 5775 |
| Sport Pkg | | | 625 | 625 | 835 | 835 |
| designo Edition | | | 550 | 550 | 735 | 735 |
| **CLK-CLASS—V8**—Equipment Schedule 1 | | | | | | |
| W.B. 105.9"; 4.3 Liter, 5.5 Liter. | | | | | | |
| CLK430 Coupe 2D | LJ70G | 52265 | 3225 | 3550 | 4425 | 6150 |
| CLK430 Cabriolet 2D | LK70G | 57945 | 3950 | 4300 | 5225 | 7100 |
| CLK55 Coupe 2D | LJ74G | 69095 | 5350 | 5725 | 6650 | 8700 |
| CLK55 Cabriolet 2D | LK74G | 79645 | 5750 | 6150 | 7425 | 9725 |
| designo Edition | | | 550 | 550 | 735 | 735 |
| **E-CLASS—V6**—Equipment Schedule 1 | | | | | | |
| W.B. 111.5"; 3.2 Liter. | | | | | | |
| E320 Sedan 4D | JF65J | 50280 | 2750 | 3050 | 3700 | 5050 |
| E320 AWD Sedan 4D | JF82J | 53130 | 2950 | 3250 | 3950 | 5375 |
| E320 Wagon 4D | JH65J | 51080 | 3150 | 3475 | 4175 | 5675 |
| E320 AWD Wagon 4D | JH82J | 53130 | 3650 | 3975 | 4800 | 6475 |
| Sport Pkg (ex AWD) | | | 625 | 625 | 835 | 835 |
| designo Edition (ex AWD) | | | 550 | 550 | 735 | 735 |
| **E-CLASS—V8**—Equipment Schedule 1 | | | | | | |
| W.B. 111.5"; 4.3 Liter, 5.5 Liter. | | | | | | |
| E430 Sedan 4D | JF70J | 55680 | 3725 | 4050 | 4875 | 6575 |
| E430 AWD Sedan 4D | JF83J | 58530 | 4225 | 4575 | 5500 | 7375 |
| E55 Sedan 4D | JF74J | 71995 | 7100 | 7550 | 8625 | 10850 |
| Sport Pkg (E430 RWD) | | | 625 | 625 | 835 | 835 |
| designo Edition | | | 550 | 550 | 735 | 735 |
| **CL-CLASS—V8**—Equipment Schedule 1 | | | | | | |
| W.B. 113.6"; 5.0 Liter, 5.5 Liter. | | | | | | |
| CL500 Coupe 2D | PJ75J | 92395 | 5750 | 6175 | 7475 | 9775 |
| CL55 Coupe 2D | PJ73J | 105145 | 10300 | 10850 | 13050 | 16850 |
| Sport Pkg (CL500) | | | 1050 | 1050 | 1400 | 1400 |
| designo Edition | | | 550 | 550 | 735 | 735 |
| **CL-CLASS—V12**—Equipment Schedule 1 | | | | | | |
| W.B. 113.6"; 5.8 Liter. | | | | | | |
| CL600 Coupe 2D | PJ78J | 120895 | 10050 | 10600 | 12650 | 16400 |
| Sport Pkg | | | 1050 | 1050 | 1400 | 1400 |
| designo Edition | | | 550 | 550 | 735 | 735 |
| **S-CLASS—V8**—Equipment Schedule 1 | | | | | | |
| W.B. 121.5"; 4.3 Liter, 5.0 Liter, 5.5 Liter. | | | | | | |
| S430 Sedan 4D | NG70J | 72495 | 4225 | 4575 | 5625 | 7450 |
| S500 Sedan 4D | NG75J | 81845 | 4325 | 4675 | 5750 | 7600 |
| S55 Sedan 4D | NG73J | 101145 | 8525 | 9025 | 10100 | 12500 |
| designo Edition (S430,S500) | | | 550 | 550 | 735 | 735 |
| designo Edition | | | 550 | 550 | 735 | 735 |
| **S-CLASS—V12**—Equipment Schedule 1 | | | | | | |
| W.B. 121.5"; 5.8 Liter. | | | | | | |
| S600 Sedan 4D | NG78J | 117545 | 5250 | 5650 | 6825 | 8950 |
| Sport Pkg | | | 1050 | 1050 | 1400 | 1400 |
| designo Edition | | | 550 | 550 | 735 | 735 |
| **SL-CLASS—V8**—Equipment Schedule 1 | | | | | | |
| W.B. 99.0"; 5.0 Liter. | | | | | | |
| SL500 Roadster 2D | FA68F | 85445 | 5075 | 5450 | 6475 | 8400 |
| Sport Pkg | | | 1050 | 1050 | 1400 | 1400 |
| Panorama Roof | | | 750 | 750 | 1000 | 1000 |
| Silver Arrow Edition | | | 600 | 600 | 800 | 800 |
| **SL-CLASS—V12**—Equipment Schedule 1 | | | | | | |
| W.B. 99.0"; 6.0 Liter. | | | | | | |
| SL600 Roadster 2D | FA76F | 132195 | 6300 | 6725 | 7900 | 10200 |
| Panorama Roof | | | 750 | 750 | 1000 | 1000 |
| Silver Arrow Edition | | | 600 | 600 | 800 | 800 |

# 2003 MERCEDES-BENZ — WDB(KK49F)-3-#

| Body Type | VIN | List | Trade-In Good | Trade-In Very Good | Pvt-Party Good | Retail Excellent |
|---|---|---|---|---|---|---|
| **SLK-CLASS—4-Cyl. Supercharged**—Equipment Schedule 1 | | | | | | |
| W.B. 94.5"; 2.3 Liter. | | | | | | |
| SLK230 Roadster 2D | KK49F | 40265 | 3175 | 3500 | 4375 | 6050 |
| Sport Pkg | | | 625 | 625 | 835 | 835 |
| designo Edition | | | 600 | 600 | 800 | 800 |

# 2003 MERCEDES-BENZ

| Body Type | VIN | List | Trade-In Good | Trade-In Very Good | Pvt-Party Good | Retail Excellent |
|---|---|---|---|---|---|---|
| Manual, 6-Spd | | | (400) | (400) | (535) | (535) |
| **SLK-CLASS—V6**—Equipment Schedule 1 | | | | | | |
| W.B. 94.5"; 3.2 Liter. | | | | | | |
| SLK320 Roadster 2D | KK65F | 45715 | 3725 | 4050 | 5075 | 6975 |
| Sport Pkg | | | 625 | 625 | 835 | 835 |
| designo Edition | | | 600 | 600 | 800 | 800 |
| Manual, 6-Spd | | | (400) | (400) | (535) | (535) |
| **SLK-CLASS—V6 Supercharged**—Equipment Schedule 1 | | | | | | |
| W.B. 94.5"; 3.2 Liter. | | | | | | |
| SLK32 Roadster 2D | KK66F | 56115 | 9100 | 9625 | 11000 | 13900 |
| designo Edition | | | 600 | 600 | 800 | 800 |
| **C-CLASS—4-Cyl. Supercharged**—Equipment Schedule 1 | | | | | | |
| W.B. 106.9"; 1.8 Liter. | | | | | | |
| C230 Sport Sedan 4D | RF40J | 30310 | 3450 | 3775 | 4550 | 6150 |
| C230 Sport Coupe 2D | RN40J | 28270 | 2725 | 3025 | 3525 | 4800 |
| Manual, 6-Spd | | | (400) | (400) | (535) | (535) |
| **C-CLASS—V6**—Equipment Schedule 1 | | | | | | |
| W.B. 106.9"; 2.6 Liter, 3.2 Liter. | | | | | | |
| C240 Sedan 4D | RF61J | 32165 | 3500 | 3825 | 4600 | 6225 |
| C240 4MATIC Sed 4D | RF81J | 33965 | 3825 | 4150 | 5000 | 6725 |
| C240 Wagon 4D | RH61J | 33544 | 3625 | 3950 | 4750 | 6425 |
| C240 4MATIC Wag 4D | RH81J | 35344 | 4150 | 4500 | 5400 | 7250 |
| C320 Sedan 4D | RF64J | 38790 | 4025 | 4375 | 5250 | 7050 |
| C320 Sport Sedan 4D | RF64J | 38790 | 4375 | 4725 | 5675 | 7600 |
| C320 4MATIC Sed 4D | RF84J | 40590 | 4600 | 4950 | 5950 | 7950 |
| C320 4MATIC Spt Sed | RF84J | 35920 | 4725 | 5100 | 6100 | 8150 |
| C320 Coupe 2D | RN64J | 30620 | 2700 | 2950 | 3475 | 4775 |
| C320 Wagon 4D | RH64J | 38840 | 4225 | 4575 | 5500 | 7375 |
| C320 4MATIC Wag 4D | RH84J | 40640 | 4450 | 4800 | 5775 | 7725 |
| Manual, 6-Spd | | | (400) | (400) | (535) | (535) |
| **C-CLASS—V6 Supercharged**—Equipment Schedule 1 | | | | | | |
| W.B. 106.9"; 3.2 Liter. | | | | | | |
| C32 Sedan 4D | RF65J | 52065 | 6300 | 6725 | 7875 | 10150 |
| **CLK-CLASS—V6**—Equipment Schedule 1 | | | | | | |
| W.B. 105.9", 106.9" (Coupe); 3.2 Liter. | | | | | | |
| CLK320 Coupe 2D | TJ65J | 44565 | 4475 | 4825 | 5625 | 7400 |
| CLK320 Cabriolet 2D | LK65G | 50615 | 3950 | 4300 | 5125 | 6875 |
| Sport Pkg (Cabriolet) | | | 625 | 625 | 835 | 835 |
| designo Edition | | | 600 | 600 | 800 | 800 |
| **CLK-CLASS—V8**—Equipment Schedule 1 | | | | | | |
| W.B. 105.9", 106.9" (Coupe); 4.3 Liter, 5.0 Liter, 5.5 Liter. | | | | | | |
| CLK430 Cabriolet 2D | LK70G | 58315 | 4375 | 4750 | 5850 | 7800 |
| CLK500 Coupe 2D | TJ75J | 52865 | 4950 | 5325 | 6400 | 8350 |
| CLK55 Coupe 2D | TJ76H | 69470 | 6800 | 7250 | 8325 | 10600 |
| designo Edition | | | 600 | 600 | 800 | 800 |
| **E-CLASS—V6**—Equipment Schedule 1 | | | | | | |
| W.B. 111.5", 112.4" (Sed); 3.2 Liter. | | | | | | |
| E320 Sedan 4D | UF65J | 49165 | 4475 | 4850 | 5625 | 7700 |
| E320 Wagon 4D | JH65J | 55415 | 5400 | 5800 | 6950 | 9100 |
| E320 4MATIC Wag 4D | JH82J | 55415 | 5550 | 5950 | 7125 | 9325 |
| Sport Pkg (Sedan) | | | 625 | 625 | 835 | 835 |
| **E-CLASS—V8**—Equipment Schedule 1 | | | | | | |
| W.B. 112.4"; 5.0 Liter. | | | | | | |
| E500 Sedan 4D | UF70J | 57065 | 4750 | 5125 | 6175 | 8125 |
| Sport Pkg | | | 625 | 625 | 835 | 835 |
| **E-CLASS—V8 Supercharged**—Equipment Schedule 1 | | | | | | |
| W.B. 112.4"; 5.5 Liter. | | | | | | |
| E55 Sedan 4D | UF72J | 76720 | 8125 | 8600 | 9875 | 12400 |
| **CL-CLASS—V8**—Equipment Schedule 1 | | | | | | |
| W.B. 113.6"; 5.0 Liter. | | | | | | |
| CL500 Coupe 2D | PJ75J | 93315 | 6125 | 6550 | 7800 | 10050 |
| Sport Pkg | | | 1175 | 1175 | 1565 | 1565 |
| designo Edition | | | 600 | 600 | 800 | 800 |
| **CL-CLASS—V8 Supercharged**—Equipment Schedule 1 | | | | | | |
| W.B. 113.6"; 5.5 Liter. | | | | | | |
| CL55 Coupe 2D | PJ74J | 115265 | 10750 | 11300 | 13350 | 17100 |
| designo Edition | | | 600 | 600 | 800 | 800 |
| **CL-CLASS—V12 Twin Turbo**—Equipment Schedule 1 | | | | | | |
| W.B. 113.6"; 5.5 Liter. | | | | | | |
| CL600 Coupe 2D | PJ76J | 127265 | 10450 | 11000 | 13000 | 16650 |
| Sport Pkg | | | 1175 | 1175 | 1565 | 1565 |
| designo Edition | | | 600 | 600 | 800 | 800 |

**DEDUCT FOR RECONDITIONING**

# 2003 MERCEDES-BENZ

| Body Type | VIN | List | Trade-In Good | Trade-In Very Good | Pvt-Party Good | Retail Excellent |
|---|---|---|---|---|---|---|
| **S-CLASS—V8—Equipment Schedule 1** | | | | | | |
| W.B. 121.5"; 4.3 Liter, 5.0 Liter. | | | | | | |
| S430 Sedan 4D | NG70J | 73265 | 5325 | 5725 | 6700 | 8600 |
| S430 4MATIC Sed 4D | NG83J | 76165 | 6025 | 6450 | 7575 | 9725 |
| S500 Sedan 4D | NG75J | 82665 | 5350 | 5750 | 6800 | 8750 |
| S500 4MATIC Sed 4D | NG84J | 85565 | 6825 | 7275 | 8525 | 10900 |
| Sport Pkg | | | 1175 | 1175 | 1565 | 1565 |
| designo Edition | | | 600 | 600 | 800 | 800 |
| **S-CLASS—V8 Supercharged—Equipment Schedule 1** | | | | | | |
| W.B. 121.5"; 5.5 Liter. | | | | | | |
| S55 Sedan 4D | NG74J | 107165 | 8750 | 9250 | 10300 | 12650 |
| designo Edition | | | 600 | 600 | 800 | 800 |
| **S-CLASS—V12—Equipment Schedule 1** | | | | | | |
| W.B. 121.5"; 5.8 Liter. | | | | | | |
| S600 Sedan 4D | NG76J | 121205 | 6425 | 6850 | 7925 | 10050 |
| Sport Pkg | | | 1175 | 1175 | 1565 | 1565 |
| designo Edition | | | 600 | 600 | 800 | 800 |
| **SL-CLASS—V8—Equipment Schedule 1** | | | | | | |
| W.B. 100.8"; 5.0 Liter. | | | | | | |
| SL500 Roadster 2D | SK75F | 87655 | 8250 | 8725 | 9925 | 12400 |
| Sport Pkg | | | 1175 | 1175 | 1565 | 1565 |
| designo Edition | | | 600 | 600 | 800 | 800 |
| Launch Edition | | | 1550 | 1550 | 2065 | 2065 |
| **SL-CLASS—V8 Supercharged—Equipment Schedule 1** | | | | | | |
| W.B. 100.8"; 5.5 Liter. | | | | | | |
| SL55 Roadster 2D | SK74F | 114915 | 14150 | 14850 | 16300 | 19700 |
| designo Edition | | | 600 | 600 | 800 | 800 |

# 2004 MERCEDES-BENZ — WDB(KK49F)-4-#

| Body Type | VIN | List | Trade-In Good | Trade-In Very Good | Pvt-Party Good | Retail Excellent |
|---|---|---|---|---|---|---|
| **SLK-CLASS—4-Cyl. Supercharged—Equipment Schedule 1** | | | | | | |
| W.B. 94.5"; 2.3 Liter. | | | | | | |
| SLK230 Roadster 2D | KK49F | 40320 | 4500 | 4875 | 5950 | 7875 |
| SLK230 Special Ed | KK49F | 41920 | 5250 | 5650 | 6850 | 9025 |
| Sport Pkg | | | 625 | 625 | 835 | 835 |
| designo Edition | | | 650 | 650 | 865 | 865 |
| Manual, 6-Spd | | | (425) | (425) | (565) | (565) |
| **SLK-CLASS—V6—Equipment Schedule 1** | | | | | | |
| W.B. 94.5"; 3.2 Liter. | | | | | | |
| SLK320 Roadster 2D | KK65F | 47330 | 5050 | 5425 | 6600 | 8725 |
| Sport Pkg | | | 625 | 625 | 835 | 835 |
| designo Edition | | | 650 | 650 | 865 | 865 |
| Manual, 6-Spd | | | (425) | (425) | (565) | (565) |
| **SLK-CLASS—V6 Supercharged—Equipment Schedule 1** | | | | | | |
| W.B. 94.5"; 3.2 Liter. | | | | | | |
| SLK32 Roadster 2D | KK66F | 56170 | 12000 | 12600 | 14150 | 17500 |
| designo Edition | | | 650 | 650 | 865 | 865 |
| **C-CLASS—4-Cyl. Supercharged—Equipment Schedule 1** | | | | | | |
| W.B. 106.9"; 1.8 Liter. | | | | | | |
| C230 Sport Sedan 4D | RF40J | 33180 | 4250 | 4600 | 5450 | 7250 |
| C230 Sport Coupe 2D | RN47J | 30090 | 3475 | 3800 | 4525 | 6075 |
| Manual, 6-Spd | | | (425) | (425) | (565) | (565) |
| **C-CLASS—V6—Equipment Schedule 1** | | | | | | |
| W.B. 106.9"; 2.6 Liter, 3.2 Liter. | | | | | | |
| C240 Sedan 4D | RF61J | 33920 | 4150 | 4500 | 5325 | 7100 |
| C240 4MATIC Sed 4D | RF81J | 35120 | 4550 | 4900 | 5825 | 7725 |
| C240 Wagon 4D | RH61J | 35290 | 4450 | 4800 | 5700 | 7575 |
| C240 4MATIC Wag 4D | RH81J | 36495 | 4975 | 5350 | 6325 | 8375 |
| C320 Sedan 4D | RF64J | 39270 | 4775 | 5150 | 6075 | 8075 |
| C320 Sport Sedan 4D | RF64J | 38070 | 4850 | 5225 | 6400 | 8450 |
| C320 4MATIC Sed 4D | RF84J | 40470 | 5200 | 5600 | 6800 | 9000 |
| C320 Sport Coupe 2D | RN64J | 29610 | 3650 | 3975 | 4575 | 6150 |
| C320 Wagon 4D | RH64J | 40640 | 5125 | 5500 | 6725 | 8875 |
| C320 4MATIC Wag 4D | RH84J | 41840 | 5350 | 5750 | 7000 | 9225 |
| Manual, 6-Spd | | | (425) | (425) | (565) | (565) |
| **C-CLASS—V6 Supercharged—Equipment Schedule 1** | | | | | | |
| W.B. 106.9"; 3.2 Liter. | | | | | | |
| C32 Sedan 4D | RF65J | 53120 | 7400 | 7875 | 8975 | 11300 |
| **CLK-CLASS—V6—Equipment Schedule 1** | | | | | | |
| W.B. 106.9"; 3.2 Liter. | | | | | | |
| CLK320 Coupe 2D | TJ65J | 46480 | 5400 | 5800 | 6825 | 8825 |
| CLK320 Cabriolet 2D | LK65G | 52120 | 6175 | 6600 | 7700 | 9825 |
| designo Edition | | | 650 | 650 | 865 | 865 |

EQUIPMENT & MILEAGE PAGE 9 TO 23

# 2004 MERCEDES-BENZ

| Body Type | VIN | List | Trade-In Good | Very Good | Pvt-Party Good | Retail Excellent |
|---|---|---|---|---|---|---|
| **CLK-CLASS—V8—Equipment Schedule 1** | | | | | | |
| W.B. 106.9"; 5.0 Liter, 5.5 Liter. | | | | | | |
| CLK500 Coupe 2D | TJ75J | 54520 | 6150 | 6575 | 7700 | 9925 |
| CLK500 Cabriolet 2D | TK75G | 61570 | 6725 | 7175 | 8325 | 10600 |
| CLK55 Coupe 2D | TJ76H | 70620 | 8325 | 8825 | 10150 | 12900 |
| CLK55 Cabriolet 2D | LJ74G | 80220 | 8700 | 9200 | 10600 | 13400 |
| designo Edition | | | 650 | 650 | 865 | 865 |
| **E-CLASS—V6—Equipment Schedule 1** | | | | | | |
| W.B. 112.4"; 3.2 Liter. | | | | | | |
| E320 Sedan 4D | UF65J | 49410 | 5525 | 5925 | 6850 | 8725 |
| E320 4MATIC Sed 4D | UF82J | 51910 | 5950 | 6375 | 7425 | 9450 |
| E320 Wagon 4D | UH65J | 51910 | 6925 | 7375 | 8525 | 10850 |
| E320 4MATIC Wag 4D | UH82J | 54410 | 8075 | 8550 | 9900 | 12550 |
| Sport Pkg | | | 625 | 625 | 835 | 835 |
| designo Edition | | | 650 | 650 | 865 | 865 |
| **E-CLASS—V8—Equipment Schedule 1** | | | | | | |
| W.B. 112.4"; 5.0 Liter. | | | | | | |
| E500 Sedan 4D | UF70J | 58510 | 5575 | 5975 | 6900 | 8800 |
| E500 4MATIC Sed 4D | UF83J | 60545 | 7550 | 8025 | 9250 | 11700 |
| E500 4MATIC Wag 4D | UH83J | 63210 | 8900 | 9400 | 10850 | 13700 |
| Sport Pkg | | | 625 | 625 | 835 | 835 |
| designo Edition | | | 650 | 650 | 865 | 865 |
| **E-CLASS—V8 Supercharged—Equipment Schedule 1** | | | | | | |
| W.B. 112.4"; 5.5 Liter. | | | | | | |
| E55 Sedan 4D | UF76J | 80070 | 9050 | 9550 | 10750 | 13350 |
| designo Edition | | | 650 | 650 | 865 | 865 |
| **CL-CLASS—V8—Equipment Schedule 1** | | | | | | |
| W.B. 113.6"; 5.0 Liter. | | | | | | |
| CL500 Coupe 2D | PJ75J | 94520 | 6775 | 7225 | 8450 | 10800 |
| Sport Pkg | | | 1300 | 1300 | 1735 | 1735 |
| designo Edition | | | 650 | 650 | 865 | 865 |
| **CL-CLASS—V8 Supercharged—Equipment Schedule 1** | | | | | | |
| W.B. 113.6"; 5.5 Liter. | | | | | | |
| CL55 Coupe 2D | PJ74J | 119520 | 11600 | 12150 | 14150 | 17950 |
| designo Edition | | | 650 | 650 | 865 | 865 |
| **CL-CLASS—V12 Twin Turbo—Equipment Schedule 1** | | | | | | |
| W.B. 113.6"; 5.5 Liter. | | | | | | |
| CL600 Coupe 2D | PJ76J | 129320 | 11400 | 11950 | 13900 | 17650 |
| Sport Pkg | | | 1300 | 1300 | 1735 | 1735 |
| designo Edition | | | 650 | 650 | 865 | 865 |
| **S-CLASS—V8—Equipment Schedule 1** | | | | | | |
| W.B. 121.5"; 4.3 Liter, 5.0 Liter. | | | | | | |
| S430 Sedan 4D | NG70J | 74320 | 5600 | 6000 | 7075 | 9075 |
| S430 4MATIC Sed 4D | NG83J | 78220 | 7300 | 7750 | 9100 | 11600 |
| S500 Sedan 4D | NG75J | 83770 | 5700 | 6100 | 7200 | 9225 |
| S500 4MATIC Sed 4D | NG84J | 86970 | 7475 | 7925 | 9300 | 11850 |
| Sport Pkg | | | 1300 | 1300 | 1735 | 1735 |
| designo Edition | | | 650 | 650 | 865 | 865 |
| **S-CLASS—V8 Supercharged—Equipment Schedule 1** | | | | | | |
| W.B. 121.5"; 5.5 Liter. | | | | | | |
| S55 Sedan 4D | NG74J | 111870 | 9125 | 9625 | 10750 | 13250 |
| designo Edition | | | 650 | 650 | 865 | 865 |
| **S-CLASS—V12 Twin Turbo—Equipment Schedule 1** | | | | | | |
| W.B. 121.5"; 5.5 Liter. | | | | | | |
| S600 Sedan 4D | NG76J | 124260 | 7275 | 7725 | 8775 | 11000 |
| Sport Pkg | | | 1300 | 1300 | 1735 | 1735 |
| designo Edition | | | 650 | 650 | 865 | 865 |
| **SL-CLASS—V8—Equipment Schedule 1** | | | | | | |
| W.B. 100.8"; 5.0 Liter. | | | | | | |
| SL500 Roadster 2D | SK75F | 89800 | 9675 | 10200 | 11300 | 13800 |
| Sport Pkg | | | 1300 | 1300 | 1735 | 1735 |
| designo Edition | | | 650 | 650 | 865 | 865 |
| **SL-CLASS—V8 Supercharged—Equipment Schedule 1** | | | | | | |
| W.B. 100.8"; 5.5 Liter. | | | | | | |
| SL55 Roadster 2D | SK74F | 121450 | 15850 | 16600 | 17850 | 21300 |
| designo Edition | | | 650 | 650 | 865 | 865 |
| **SL-CLASS—V12 Twin Turbo—Equipment Schedule 1** | | | | | | |
| W.B. 100.8"; 5.5 Liter. | | | | | | |
| SL600 Roadster 2D | SK76F | 128550 | 13500 | 14200 | 15650 | 19050 |
| Sport Pkg | | | 1300 | 1300 | 1735 | 1735 |
| designo Edition | | | 650 | 650 | 865 | 865 |

# 2005 MERCEDES-BENZ

| Body Type | VIN | List | Trade-In Good | Very Good | Pvt-Party Good | Retail Excellent |
|---|---|---|---|---|---|---|

## 2005 MERCEDES-BENZ — WDBorWDD(WK56F)-5-#

**SLK-CLASS—V6—Equipment Schedule 1**
W.B. 95.7"; 3.5 Liter.
| SLK350 Roadster 2D | WK56F | 47610 | 9825 | 10350 | 11950 | 14850 |
| Sport Pkg | | | 625 | 625 | 835 | 835 |
| designo Edition | | | 700 | 700 | 935 | 935 |
| Manual, 6-Spd | | | (450) | (450) | (600) | (600) |

**SLK-CLASS—V8—Equipment Schedule 1**
W.B. 95.7"; 5.5 Liter.
| SLK55 Roadster 2D | WK73F | 61220 | 15550 | 16250 | 18250 | 22300 |
| designo Edition | | | 700 | 700 | 935 | 935 |

**C-CLASS—4-Cyl. Supercharged—Equipment Schedule 1**
W.B. 106.9"; 1.8 Liter.
| C230 Sport Sedan 4D | RF40J | 34650 | 5500 | 5900 | 7075 | 9100 |
| C230 Sport Coupe 2D | RN40J | 30850 | 5175 | 5550 | 6500 | 8375 |
| Manual, 6-Spd | | | (450) | (450) | (600) | (600) |

**C-CLASS—V6—Equipment Schedule 1**
W.B. 106.9"; 2.6 Liter, 3.2 Liter.
| C240 Sedan 4D | RF61J | 36660 | 5600 | 6000 | 7200 | 9250 |
| C240 4MATIC Sedan | RF81J | 37860 | 5900 | 6325 | 7550 | 9675 |
| C240 Wagon 4D | RH61J | 39360 | 6100 | 6525 | 7775 | 9975 |
| C240 4MATIC Wagon | RH81J | 39230 | 6325 | 6750 | 8125 | 10400 |
| C320 Sedan 4D | RF64J | 41960 | 6200 | 6625 | 7900 | 10100 |
| C320 4MATIC Sedan | RF84J | 43160 | 6650 | 7100 | 8500 | 10900 |
| C320 Sport Sedan 4D | RF64J | 39460 | 6325 | 6750 | 8125 | 10400 |
| C320 Sport Coupe 2D | RN64J | 33250 | 5100 | 5500 | 6625 | 8525 |
| Manual, 6-Spd | | | (450) | (450) | (600) | (600) |

**C-CLASS—V8—Equipment Schedule 1**
W.B. 106.9"; 5.5 Liter.
| C55 Sedan 4D | RF76J | 54620 | 8825 | 9325 | 10700 | 13300 |

**CLK-CLASS—V6—Equipment Schedule 1**
W.B. 106.9"; 3.2 Liter.
| CLK320 Coupe 2D | TJ65G | 47410 | 6500 | 6950 | 8100 | 10200 |
| CLK320 Cabriolet 2D | TK65G | 53420 | 7175 | 7625 | 8875 | 11100 |
| designo Edition | | | 700 | 700 | 935 | 935 |

**CLK-CLASS—V8—Equipment Schedule 1**
W.B. 106.9"; 5.0 Liter, 5.5 Liter.
| CLK500 Coupe 2D | TJ75G | 55910 | 7250 | 7700 | 9000 | 11300 |
| CLK500 Cabriolet 2D | TK75G | 61920 | 8375 | 8875 | 10250 | 12750 |
| CLK55 Coupe 2D | TJ76G | 71620 | 9050 | 9550 | 11200 | 14100 |
| CLK55 Cabriolet 2D | TK76G | 82870 | 11000 | 11550 | 13000 | 15950 |
| designo Edition | | | 700 | 700 | 935 | 935 |

**E-CLASS—6-Cyl. Turbo Diesel—Equipment Schedule 1**
W.B. 112.4"; 3.2 Liter.
| E320 CDI Sedan 4D | UF26J | 52855 | 11200 | 11800 | 13500 | 16800 |
| designo Edition | | | 700 | 700 | 935 | 935 |

**E-CLASS—V6—Equipment Schedule 1**
W.B. 112.4"; 3.2 Liter.
| E320 Sedan 4D | UF65J | 52280 | 6950 | 7400 | 8575 | 10750 |
| E320 4MATIC Sedan | UF82J | 54775 | 7775 | 8250 | 9525 | 11900 |
| E320 Wagon 4D | UH65J | 54400 | 8400 | 8900 | 10250 | 12850 |
| E320 4MATIC Wagon | UH82J | 56900 | 9725 | 10250 | 11750 | 14650 |
| Sport Pkg | | | 625 | 625 | 835 | 835 |
| designo Edition | | | 700 | 700 | 935 | 935 |

**E-CLASS—V8—Equipment Schedule 1**
W.B. 112.4"; 5.0 Liter.
| E500 Sedan 4D | UF70J | 60480 | 7900 | 8375 | 9700 | 12150 |
| E500 4MATIC Sedan | UF83J | 61420 | 9575 | 10100 | 11600 | 14450 |
| E500 4MATIC Wagon | UH83J | 63950 | 10050 | 10600 | 12200 | 15200 |
| Sport Pkg | | | 625 | 625 | 835 | 835 |
| designo Edition | | | 700 | 700 | 935 | 935 |

**E-CLASS—V8 Supercharged—Equipment Schedule 1**
W.B. 112.4"; 5.5 Liter.
| E55 Sedan 4D | UF76J | 81920 | 11500 | 12100 | 13600 | 16500 |
| E55 Wagon 4D | UF86J | 83220 | 14500 | 15150 | 16850 | 20400 |
| designo Edition | | | 700 | 700 | 935 | 935 |

**CL-CLASS—V8—Equipment Schedule 1**
W.B. 113.6"; 5.0 Liter.
| CL500 Coupe 2D | PJ75J | 94620 | 8550 | 9050 | 10600 | 13250 |
| Sport Pkg | | | 1425 | 1425 | 1900 | 1900 |
| designo Edition | | | 700 | 700 | 935 | 935 |

**EQUIPMENT & MILEAGE PAGE 9 TO 23**

# 2005 MERCEDES-BENZ

| Body Type | VIN | List | Trade-In Good | Very Good | Pvt-Party Good | Retail Excellent |
|---|---|---|---|---|---|---|
| **CL-CLASS—V8 Supercharged**—Equipment Schedule 1 | | | | | | |
| W.B. 113.6"; 5.5 Liter. | | | | | | |
| CL55 Coupe 2D | PJ74J | 119620 | 13550 | 14200 | 16400 | 20400 |
| designo Edition | | | 700 | 700 | 935 | 935 |
| **CL-CLASS—V12 Twin Turbo**—Equipment Schedule 1 | | | | | | |
| W.B. 113.6"; 5.5 Liter, 6.0 Liter. | | | | | | |
| CL600 Coupe 2D | PJ76J | 128620 | 12750 | 13400 | 15500 | 19250 |
| CL65 Coupe 2D | PJ79J | 178220 | 28300 | 29400 | 32000 | 38400 |
| Sport Pkg | | | 1425 | 1425 | 1900 | 1900 |
| designo Edition | | | 700 | 700 | 935 | 935 |
| **S-CLASS—V8**—Equipment Schedule 1 | | | | | | |
| W.B. 121.5"; 4.3 Liter, 5.0 Liter. | | | | | | |
| S430 Sedan 4D | NG70J | 76020 | 8650 | 9150 | 10400 | 12850 |
| S430 4MATIC Sedan | NG83J | 76020 | 10250 | 10800 | 12250 | 15050 |
| S500 Sedan 4D | NG75J | 84620 | 9150 | 9675 | 10950 | 13500 |
| S500 4MATIC Sedan | NG84J | 84620 | 10650 | 11200 | 12650 | 15600 |
| Sport Pkg | | | 1425 | 1425 | 1900 | 1900 |
| designo Edition | | | 700 | 700 | 935 | 935 |
| **S-CLASS—V8 Supercharged**—Equipment Schedule 1 | | | | | | |
| W.B. 121.5"; 5.5 Liter. | | | | | | |
| S55 Sedan 4D | NG74J | 112620 | 9925 | 10450 | 11850 | 14600 |
| designo Edition | | | 700 | 700 | 935 | 935 |
| **S-CLASS—V12 Twin Turbo**—Equipment Schedule 1 | | | | | | |
| W.B. 121.5"; 5.5 Liter. | | | | | | |
| S600 Sedan 4D | NG76J | 125470 | 8125 | 8600 | 9925 | 12400 |
| Sport Pkg | | | 1425 | 1425 | 1900 | 1900 |
| **SL-CLASS—V8**—Equipment Schedule 1 | | | | | | |
| W.B. 100.8"; 5.0 Liter. | | | | | | |
| SL500 Roadster 2D | SK75F | 91920 | 13250 | 13850 | 15400 | 18600 |
| Sport Pkg | | | 1425 | 1425 | 1900 | 1900 |
| designo Edition | | | 700 | 700 | 935 | 935 |
| **SL-CLASS—V8 Supercharged**—Equipment Schedule 1 | | | | | | |
| W.B. 100.8"; 5.5 Liter. | | | | | | |
| SL55 Roadster 2D | SK74F | 120120 | 17500 | 18300 | 19650 | 23200 |
| designo Edition | | | 700 | 700 | 935 | 935 |
| **SL-CLASS—V12 Twin Turbo**—Equipment Schedule 1 | | | | | | |
| W.B. 100.8"; 5.5 Liter, 6.0 Liter. | | | | | | |
| SL600 Roadster 2D | SK76F | 125620 | 24700 | 25700 | 27900 | 33500 |
| SL65 Roadster 2D | SK79F | 182720 | 26900 | 28000 | 29800 | 35100 |
| Sport Pkg (SL600) | | | 1425 | 1425 | 1900 | 1900 |
| designo Edition | | | 700 | 700 | 935 | 935 |
| **SLR-CLASS—V8 Supercharged**—Equipment Schedule 1 | | | | | | |
| W.B. 106.3"; 5.5 Liter. | | | | | | |
| McLaren Coupe 2D | AJ76F | 455750 | **** | **** | **** | 185300 |

# 2006 MERCEDES-BENZ — WDBorWDD(WK54F)-6-#

| Body Type | VIN | List | Trade-In Good | Very Good | Pvt-Party Good | Retail Excellent |
|---|---|---|---|---|---|---|
| **SLK-CLASS—V6**—Equipment Schedule 1 | | | | | | |
| W.B. 95.7"; 3.0 Liter, 3.5 Liter. | | | | | | |
| SLK280 Roadster 2D | WK54F | 45085 | 9625 | 10150 | 11600 | 14300 |
| SLK350 Roadster 2D | WK56F | 49135 | 11000 | 11600 | 13250 | 16350 |
| Sport Pkg | | | 625 | 625 | 835 | 835 |
| designo Edition | | | 750 | 750 | 1000 | 1000 |
| Manual, 6-Spd | | | (475) | (475) | (635) | (635) |
| **SLK-CLASS—V8**—Equipment Schedule 1 | | | | | | |
| W.B. 95.7"; 5.5 Liter. | | | | | | |
| SLK55 Roadster 2D | WK73F | 63575 | 19250 | 20100 | 21800 | 26000 |
| designo Edition | | | 750 | 750 | 1000 | 1000 |
| **C-CLASS—V6**—Equipment Schedule 1 | | | | | | |
| W.B. 106.9"; 2.5 Liter, 3.0 Liter, 3.5 Liter. | | | | | | |
| C230 Sport Sedan 4D | RF52J | 33155 | 6625 | 7075 | 8375 | 10650 |
| C280 Sedan 4D | RF54J | 35515 | 6725 | 7175 | 8475 | 10750 |
| C280 4MATIC Sedan | RF92J | 37315 | 7075 | 7525 | 8875 | 11250 |
| C350 Sedan 4D | RF56J | 40715 | 7625 | 8100 | 9525 | 12050 |
| C350 4MATIC Sedan | RF87J | 42515 | 8225 | 8700 | 10250 | 12950 |
| Manual, 6-Spd | | | (475) | (475) | (635) | (635) |
| **C-CLASS—V8**—Equipment Schedule 1 | | | | | | |
| W.B. 106.9"; 5.5 Liter. | | | | | | |
| C55 Sedan 4D | RF76J | 56225 | 10950 | 11550 | 13100 | 16050 |
| **CLK-CLASS—V6**—Equipment Schedule 1 | | | | | | |
| W.B. 106.9"; 3.5 Liter. | | | | | | |
| CLK350 Coupe 2D | TJ56J | 49025 | 7700 | 8175 | 9350 | 11600 |
| CLK350 Cabriolet 2D | TK56G | 55975 | 8675 | 9175 | 10500 | 12950 |

**186  DEDUCT FOR RECONDITIONING**

# 2006 MERCEDES-BENZ

| Body Type | VIN | List | Trade-In Good | Trade-In Very Good | Pvt-Party Good | Retail Excellent |
|---|---|---|---|---|---|---|
| designo Edition | | | 750 | 750 | 1000 | 1000 |
| **CLK-CLASS—V8—Equipment Schedule 1** | | | | | | |
| *W.B. 106.9"; 5.0 Liter, 5.5 Liter.* | | | | | | |
| CLK500 Coupe 2D | TJ57J | 57325 | 8800 | 9300 | 10650 | 13150 |
| CLK500 Cabriolet 2D | TK75G | 64275 | 10050 | 10600 | 12100 | 14900 |
| CLK55 Cabriolet 2D | TK76G | 84275 | 15300 | 16000 | 17400 | 20800 |
| designo Edition | | | 750 | 750 | 1000 | 1000 |
| **E-CLASS—6-Cyl. Turbo Diesel—Equipment Schedule 1** | | | | | | |
| *W.B. 112.4"; 3.2 Liter.* | | | | | | |
| E320 CDI Sedan 4D | UF26J | 54845 | 11700 | 12300 | 13850 | 16850 |
| designo Edition | | | 750 | 750 | 1000 | 1000 |
| **E-CLASS—V6—Equipment Schedule 1** | | | | | | |
| *W.B. 112.4"; 3.5 Liter.* | | | | | | |
| E350 Sedan 4D | UF56J | 52325 | 8325 | 8825 | 9925 | 12150 |
| E350 4MATIC Sedan | UF87J | 54825 | 9800 | 10350 | 11650 | 14200 |
| E350 Wagon 4D | UH56J | 54505 | 9400 | 9925 | 11200 | 13650 |
| E350 4MATIC Wagon | UH87J | 57005 | 10400 | 10950 | 12300 | 15000 |
| Sport Pkg | | | 625 | 625 | 835 | 835 |
| designo Edition | | | 750 | 750 | 1000 | 1000 |
| **E-CLASS—V8—Equipment Schedule 1** | | | | | | |
| *W.B. 112.4"; 5.0 Liter.* | | | | | | |
| E500 Sedan 4D | UF70J | 60675 | 10350 | 10900 | 12250 | 14900 |
| E500 4MATIC Sedan | UF83J | 64475 | 10700 | 11250 | 12750 | 15500 |
| E500 4MATIC Wagon | UH83J | 65505 | 12100 | 12700 | 14300 | 17400 |
| Sport Pkg | | | 625 | 625 | 835 | 835 |
| designo Edition | | | 750 | 750 | 1000 | 1000 |
| **E-CLASS—V8 Supercharged—Equipment Schedule 1** | | | | | | |
| *W.B. 112.4"; 5.5 Liter.* | | | | | | |
| E55 Sedan 4D | UF76J | 84275 | 13500 | 14150 | 15650 | 18900 |
| E55 Wagon 4D | UH76J | 83375 | 16950 | 17700 | 19400 | 23300 |
| designo Edition | | | 750 | 750 | 1000 | 1000 |
| **CL-CLASS—V8—Equipment Schedule 1** | | | | | | |
| *W.B. 113.6"; 5.0 Liter.* | | | | | | |
| CL500 Coupe 2D | PJ75J | 97275 | 10450 | 11000 | 12650 | 15550 |
| designo Edition | | | 750 | 750 | 1000 | 1000 |
| **CL-CLASS—V8 Supercharged—Equipment Schedule 1** | | | | | | |
| *W.B. 113.6"; 5.5 Liter.* | | | | | | |
| CL55 Coupe 2D | PJ74J | 122975 | 16800 | 17550 | 19750 | 24200 |
| designo Edition | | | 750 | 750 | 1000 | 1000 |
| **CL-CLASS—V12 Twin Turbo—Equipment Schedule 1** | | | | | | |
| *W.B. 113.6"; 5.5 Liter, 6.0 Liter.* | | | | | | |
| CL600 Coupe 2D | PJ76J | 132875 | 14450 | 15150 | 17100 | 21000 |
| CL65 Coupe 2D | PJ79J | 182975 | 32200 | 33400 | 34200 | 39000 |
| designo Edition | | | 750 | 750 | 1000 | 1000 |
| **CLS-CLASS—V8—Equipment Schedule 1** | | | | | | |
| *W.B. 112.4"; 5.0 Liter.* | | | | | | |
| CLS500 Coupe 4D | DJ75X | 66975 | 14050 | 14750 | 16100 | 19200 |
| Sport Pkg | | | 1550 | 1550 | 2065 | 2065 |
| designo Edition | | | 750 | 750 | 1000 | 1000 |
| **CLS-CLASS—V8 Supercharged—Equipment Schedule 1** | | | | | | |
| *W.B. 112.4"; 5.5 Liter.* | | | | | | |
| CLS55 Coupe 4D | DJ76X | 89075 | 18050 | 18850 | 19700 | 22800 |
| designo Edition | | | 750 | 750 | 1000 | 1000 |
| **S-CLASS—V6—Equipment Schedule 1** | | | | | | |
| *W.B. 121.5"; 3.7 Liter.* | | | | | | |
| S350 Sedan 4D | NF67J | 65675 | 8975 | 9500 | 10700 | 13050 |
| **S-CLASS—V8—Equipment Schedule 1** | | | | | | |
| *W.B. 121.5"; 4.3 Liter, 5.0 Liter.* | | | | | | |
| S430 Sedan 4D | NG70J | 78025 | 10050 | 10600 | 12000 | 14600 |
| S430 4MATIC Sedan | NG83J | 79025 | 12150 | 12750 | 14250 | 17350 |
| S500 Sedan 4D | NG75J | 87825 | 11050 | 11650 | 13100 | 15900 |
| S500 4MATIC Sedan | NG84J | 88125 | 12550 | 13150 | 14700 | 17850 |
| Sport Pkg | | | 1550 | 1550 | 2065 | 2065 |
| designo Edition | | | 750 | 750 | 1000 | 1000 |
| **S-CLASS—V8 Supercharged—Equipment Schedule 1** | | | | | | |
| *W.B. 121.5"; 5.5 Liter.* | | | | | | |
| S55 Sedan 4D | NG74J | 116625 | 11850 | 12450 | 13650 | 16250 |
| designo Edition | | | 750 | 750 | 1000 | 1000 |
| **S-CLASS—V12 Twin Turbo—Equipment Schedule 1** | | | | | | |
| *W.B. 121.5"; 5.5 Liter, 6.0 Liter.* | | | | | | |
| S600 Sedan 4D | NG76J | 131725 | 10400 | 10950 | 12650 | 15550 |
| S65 Sedan 4D | NG79J | 169775 | 23700 | 24600 | 27600 | 33900 |
| Sport Pkg (S600) | | | 1550 | 1550 | 2065 | 2065 |

# 2006 MERCEDES-BENZ

| Body Type | VIN | List | Trade-In Good | Very Good | Pvt-Party Good | Retail Excellent |
|---|---|---|---|---|---|---|
| designo Edition | | | 750 | 750 | 1000 | 1000 |
| **SL-CLASS—V8—Equipment Schedule 1** | | | | | | |
| W.B. 100.8"; 5.0 Liter. | | | | | | |
| SL500 Roadster 2D | SK75F | 94675 | 15250 | 15950 | 17500 | 21000 |
| Sport Pkg | | | 1550 | 1550 | 2065 | 2065 |
| designo Edition | | | 750 | 750 | 1000 | 1000 |
| **SL-CLASS—V8 Supercharged—Equipment Schedule 1** | | | | | | |
| W.B. 100.8"; 5.5 Liter. | | | | | | |
| SL55 Roadster 2D | SK74F | 127875 | 20800 | 21700 | 22600 | 26000 |
| designo Edition | | | 750 | 750 | 1000 | 1000 |
| **SL-CLASS—V12 Twin Turbo—Equipment Schedule 1** | | | | | | |
| W.B. 100.8"; 5.5 Liter, 6.0 Liter. | | | | | | |
| SL600 Roadster 2D | SK76F | 134275 | 26400 | 27400 | 29500 | 35200 |
| SL65 Roadster 2D | SK79F | 188335 | 31600 | 32800 | 33900 | 39000 |
| Sport Pkg (SL600) | | | 1550 | 1550 | 2065 | 2065 |
| designo Edition | | | 750 | 750 | 1000 | 1000 |
| **SLR-CLASS—V8 Supercharged—Equipment Schedule 1** | | | | | | |
| W.B. 106.3"; 5.5 Liter. | | | | | | |
| McLaren Coupe 2D | AJ76F | 455750 | **** | **** | **** | 229100 |

# 2007 MERCEDES-BENZ — WDBorWDD(WK54F)-7-#

| Body Type | VIN | List | Trade-In Good | Very Good | Pvt-Party Good | Retail Excellent |
|---|---|---|---|---|---|---|
| **SLK-CLASS—V6—Equipment Schedule 1** | | | | | | |
| W.B. 95.7"; 3.0 Liter, 3.5 Liter. | | | | | | |
| SLK280 Roadster 2D | WK54F | 45555 | 11650 | 12250 | 13500 | 16250 |
| SLK350 Roadster 2D | WK56F | 49605 | 13050 | 13700 | 15100 | 18200 |
| AMG Sport Pkg | | | 625 | 625 | 835 | 835 |
| designo Edition | | | 800 | 800 | 1065 | 1065 |
| Manual, 6-Spd | | | (500) | (500) | (665) | (665) |
| **SLK-CLASS—V8—Equipment Schedule 1** | | | | | | |
| W.B. 95.7"; 5.5 Liter. | | | | | | |
| SLK55 Roadster 2D | WK73F | 64575 | 23300 | 24300 | 25900 | 30500 |
| designo Edition | | | 800 | 800 | 1065 | 1065 |
| Performance Pkg | | | 3700 | 3700 | 4935 | 4935 |
| **C-CLASS—V6—Equipment Schedule 1** | | | | | | |
| W.B. 106.9"; 2.5 Liter, 3.0 Liter, 3.5 Liter. | | | | | | |
| C230 Sport Sedan 4D | RF52J | 34205 | 7725 | 8200 | 9375 | 11700 |
| C280 Sedan 4D | RF54J | 35965 | 7825 | 8300 | 9500 | 11800 |
| C280 4MATIC Sedan | RF92J | 37765 | 8225 | 8725 | 9950 | 12350 |
| C350 Sedan 4D | RF56J | 41165 | 8875 | 9375 | 10750 | 13300 |
| C350 4MATIC Sedan | RF87J | 42965 | 9650 | 10200 | 11600 | 14350 |
| Manual, 6-Spd | | | (500) | (500) | (665) | (665) |
| **CLK-CLASS—V6—Equipment Schedule 1** | | | | | | |
| W.B. 106.9"; 3.5 Liter. | | | | | | |
| CLK350 Coupe 2D | TJ56J | 49505 | 9350 | 9875 | 10950 | 13300 |
| CLK350 Cabriolet 2D | TK56F | 54975 | 10950 | 11500 | 12600 | 15150 |
| designo Edition | | | 800 | 800 | 1065 | 1065 |
| **CLK-CLASS—V8—Equipment Schedule 1** | | | | | | |
| W.B. 106.9"; 5.5 Liter, 6.3 Liter. | | | | | | |
| CLK550 Coupe 2D | TJ72H | 58205 | 10700 | 11250 | 12500 | 15150 |
| CLK550 Cabriolet 2D | TK72F | 63675 | 12700 | 13300 | 14650 | 17550 |
| CLK63 Cabriolet 2D | TK77G | 92575 | 20800 | 21600 | 22700 | 26400 |
| designo Edition | | | 800 | 800 | 1065 | 1065 |
| **E-CLASS—V6 Turbo Diesel—Equipment Schedule 1** | | | | | | |
| W.B. 112.4"; 3.0 Liter. | | | | | | |
| E320 BlueTEC Sed | UF22X | 52325 | 13500 | 14150 | 15500 | 18550 |
| designo Edition | | | 800 | 800 | 1065 | 1065 |
| **E-CLASS—V6—Equipment Schedule 1** | | | | | | |
| W.B. 112.4"; 3.5 Liter. | | | | | | |
| E350 Sedan 4D | UF56X | 51325 | 10250 | 10800 | 11800 | 14200 |
| E350 4MATIC Sedan | UF87X | 56475 | 11550 | 12150 | 13300 | 15950 |
| E350 4MATIC Wagon | UH87X | 53825 | 14050 | 14700 | 16100 | 19250 |
| Sport Pkg (Sedan) | | | 625 | 625 | 835 | 835 |
| designo Edition | | | 800 | 800 | 1065 | 1065 |
| **E-CLASS—V8—Equipment Schedule 1** | | | | | | |
| W.B. 112.4"; 5.5 Liter, 6.3 Liter. | | | | | | |
| E550 Sedan 4D | UF72X | 59775 | 11950 | 12550 | 13700 | 16450 |
| E550 4MATIC Sedan | UF90X | 62275 | 13950 | 14600 | 16000 | 19150 |
| E63 Sedan 4D | UF77X | 85375 | 17650 | 18400 | 19850 | 23600 |
| E63 Wagon 4D | UH77X | 86175 | 21200 | 22100 | 23700 | 28100 |
| AMG Sport Pkg (E550) | | | 625 | 625 | 835 | 835 |
| designo Edition | | | 800 | 800 | 1065 | 1065 |
| **CL-CLASS—V8—Equipment Schedule 1** | | | | | | |
| W.B. 116.3"; 5.5 Liter. | | | | | | |

# 2007 MERCEDES-BENZ

| Body Type | VIN | List | Trade-In Good | Trade-In Very Good | Pvt-Party Good | Retail Excellent |
|---|---|---|---|---|---|---|
| CL550 Coupe 2D | EJ71X | 100675 | 21800 | 22700 | 23600 | 27200 |
| AMG Sport Pkg | | | 625 | 625 | 835 | 835 |
| designo Edition | | | 800 | 800 | 1065 | 1065 |
| **CL-CLASS—V12 Twin Turbo—Equipment Schedule 1** | | | | | | |
| W.B. 116.3"; 5.5 Liter. | | | | | | |
| CL600 Coupe 2D | EJ76X | 144975 | 26400 | 27500 | 28400 | 32700 |
| designo Edition | | | 800 | 800 | 1065 | 1065 |
| **CLS-CLASS—V8—Equipment Schedule 1** | | | | | | |
| W.B. 112.4"; 5.5 Liter, 6.3 Liter. | | | | | | |
| CLS550 Sedan 4D | DJ72X | 68975 | 16550 | 17300 | 18700 | 22300 |
| CLS63 Coupe 4D | DJ77X | 92975 | 21600 | 22500 | 23000 | 26300 |
| AMG Sport Pkg (CLS550) | | | 1650 | 1650 | 2200 | 2200 |
| designo Edition | | | 800 | 800 | 1065 | 1065 |
| **S-CLASS—V8—Equipment Schedule 1** | | | | | | |
| W.B. 124.6"; 5.5 Liter. | | | | | | |
| S550 Sedan 4D | NG71X | 87175 | 19550 | 20400 | 22100 | 26300 |
| S550 4MATIC Sedan | NG86X | 89525 | 21000 | 21900 | 23700 | 28200 |
| AMG Sport Pkg | | | 1650 | 1650 | 2200 | 2200 |
| designo Edition | | | 800 | 800 | 1065 | 1065 |
| **S-CLASS—V12 Twin Turbo—Equipment Schedule 1** | | | | | | |
| W.B. 124.6"; 5.5 Liter, 6.0 Liter. | | | | | | |
| S600 Sedan 4D | NG76X | 143675 | 22900 | 23800 | 25400 | 29900 |
| S65 Sedan 4D | NG79X | 184875 | 37900 | 39300 | 41600 | 48800 |
| designo Edition | | | 800 | 800 | 1065 | 1065 |
| **SL-CLASS—V8—Equipment Schedule 1** | | | | | | |
| W.B. 100.8"; 5.5 Liter. | | | | | | |
| SL550 Roadster 2D | SK71F | 97275 | 19550 | 20400 | 21900 | 25900 |
| AMG Sport Pkg | | | 1650 | 1650 | 2200 | 2200 |
| designo Edition | | | 800 | 800 | 1065 | 1065 |
| **SL-CLASS—V8 Supercharged—Equipment Schedule 1** | | | | | | |
| W.B. 100.8"; 5.5 Liter. | | | | | | |
| SL55 Roadster 2D | SK72F | 132175 | 25200 | 26200 | 26900 | 30800 |
| designo Edition | | | 800 | 800 | 1065 | 1065 |
| Performance Pkg | | | 3700 | 3700 | 4935 | 4935 |
| **SL-CLASS—V12 Twin Turbo—Equipment Schedule 1** | | | | | | |
| W.B. 100.8"; 5.5 Liter, 6.0 Liter. | | | | | | |
| SL600 Roadster 2D | SK77F | 135375 | 24000 | 24900 | 26600 | 31500 |
| SL65 Roadster 2D | SK79F | 189375 | 38400 | 39900 | 40700 | 46400 |
| AMG Sport Pkg (SL600) | | | 1650 | 1650 | 2200 | 2200 |
| designo Edition | | | 800 | 800 | 1065 | 1065 |
| **SLR-CLASS—V8 Supercharged—Equipment Schedule 1** | | | | | | |
| W.B. 106.3"; 5.5 Liter. | | | | | | |
| McLaren 722 Edition | AJ76F | 485750 | **** | **** | **** | 258300 |

# 2008 MERCEDES-BENZ — WDBorWDD(WK54F)-8-#

| Body Type | VIN | List | Trade-In Good | Trade-In Very Good | Pvt-Party Good | Retail Excellent |
|---|---|---|---|---|---|---|
| **SLK-CLASS—V6—Equipment Schedule 1** | | | | | | |
| W.B. 95.7"; 3.0 Liter, 3.5 Liter. | | | | | | |
| SLK280 Roadster 2D | WK54F | 46115 | 14150 | 14800 | 16000 | 18900 |
| SLK280 Edition Rdstr | WK54F | 51100 | 15150 | 15850 | 17050 | 20200 |
| SLK350 Roadster 2D | WK56F | 49975 | 16300 | 17000 | 18300 | 21600 |
| SLK350 Edition Rdstr | WK56F | 56800 | 21000 | 21900 | 23300 | 27500 |
| AMG Sport Pkg | | | 1700 | 1700 | 2265 | 2265 |
| designo Edition | | | 825 | 825 | 1100 | 1100 |
| Manual, 6-Spd w/Overdrive | | | (450) | (450) | (600) | (600) |
| **SLK-CLASS—V8—Equipment Schedule 1** | | | | | | |
| W.B. 95.7"; 5.5 Liter. | | | | | | |
| SLK55 Roadster 2D | WK73F | 65025 | 27700 | 28800 | 30300 | 35300 |
| Performance Pkg | | | 3900 | 3900 | 5200 | 5200 |
| **C-CLASS—V6—Equipment Schedule 1** | | | | | | |
| W.B. 108.7"; 3.0 Liter, 3.5 Liter. | | | | | | |
| C300 Sport Sed 4D | GF54X | 34915 | 12700 | 13300 | 14500 | 17250 |
| C300 Sport 4MATIC | GF81X | 36715 | 13400 | 14050 | 15250 | 18100 |
| C300 Luxury Sedan 4D | GF54X | 35175 | 12400 | 13000 | 14050 | 16750 |
| C300 Luxury 4MATIC | GF81X | 35925 | 13100 | 13750 | 14900 | 17750 |
| C350 Sport Sedan 4D | GF56X | 38775 | 14300 | 14950 | 16200 | 19250 |
| Manual, 6-Spd Overdrive | | | (450) | (450) | (600) | (600) |
| **C-CLASS—V8—Equipment Schedule 1** | | | | | | |
| W.B. 108.7"; 6.3 Liter. | | | | | | |
| C63 AMG Sedan 4D | GF77X | 54625 | 27400 | 28500 | 29400 | 33700 |
| **CLK-CLASS—V6—Equipment Schedule 1** | | | | | | |
| W.B. 108.7"; 3.5 Liter. | | | | | | |
| CLK350 Coupe 2D | TJ56H | 47275 | 12250 | 12850 | 14000 | 16700 |
| CLK350 Cabriolet 2D | TK56F | 55325 | 14850 | 15500 | 16650 | 19650 |

# 2008 MERCEDES-BENZ

| Body Type | VIN | List | Trade-In Good | Trade-In Very Good | Pvt-Party Good | Retail Excellent |
|---|---|---|---|---|---|---|
| designo Edition | | | 825 | 825 | 1100 | 1100 |
| **CLK-CLASS—V8—Equipment Schedule 1** | | | | | | |
| W.B. 106.9"; 5.5 Liter, 6.3 Liter. | | | | | | |
| CLK550 Coupe 2D | TJ72H | 56975 | 14200 | 14850 | 16200 | 19300 |
| CLK550 Cabriolet 2D | TK72F | 64025 | 16800 | 17550 | 18750 | 22100 |
| CLK63 Cabriolet 2D | TK77G | 90325 | 25600 | 26600 | 27400 | 31500 |
| CLK63 Black Series | TJ77H | 135825 | 46800 | 48500 | 48900 | 55300 |
| designo Edition | | | 825 | 825 | 1100 | 1100 |
| **E-CLASS—V6 Turbo Diesel—Equipment Schedule 1** | | | | | | |
| W.B. 112.4"; 3.0 Liter. | | | | | | |
| E320 BlueTEC Sedan | UF22X | 52675 | 16250 | 16950 | 17900 | 20800 |
| designo Edition | | | 825 | 825 | 1100 | 1100 |
| **E-CLASS—V6—Equipment Schedule 1** | | | | | | |
| W.B. 112.4"; 3.5 Liter. | | | | | | |
| E350 Sedan 4D | UF56X | 51675 | 12600 | 13200 | 14050 | 16400 |
| E350 4MATIC Sedan | UF87X | 53175 | 14000 | 14650 | 15550 | 18100 |
| E350 4MATIC Wagon | UH87X | 56475 | 17250 | 18000 | 18950 | 22000 |
| AMG Sport Pkg (Sedan) | | | 700 | 700 | 935 | 935 |
| designo Edition | | | 825 | 825 | 1100 | 1100 |
| **E-CLASS—V8—Equipment Schedule 1** | | | | | | |
| W.B. 112.4"; 5.5 Liter, 6.3 Liter. | | | | | | |
| E550 Sedan 4D | UF72X | 61875 | 15450 | 16150 | 17050 | 19850 |
| E550 4MATIC Sedan | UF90X | 63375 | 19550 | 20400 | 21400 | 24900 |
| E63 Sedan 4D | UF77X | 85775 | 21700 | 22600 | 23700 | 27700 |
| E63 Wagon 4D | UH77X | 86575 | 24600 | 25600 | 26900 | 31300 |
| AMG Sport Pkg | | | 700 | 700 | 935 | 935 |
| designo Edition | | | 825 | 825 | 1100 | 1100 |
| **CL-CLASS—V8—Equipment Schedule 1** | | | | | | |
| W.B. 116.3"; 5.5 Liter, 6.2 Liter. | | | | | | |
| CL550 Coupe 2D | EJ71X | 104425 | 29000 | 30200 | 30700 | 34800 |
| CL63 Coupe 2D | EJ77X | 138325 | 38900 | 40400 | 40900 | 46300 |
| AMG Sport Pkg | | | 1700 | 1700 | 2265 | 2265 |
| designo Edition | | | 825 | 825 | 1100 | 1100 |
| Performance Pkg | | | 3900 | 3900 | 5200 | 5200 |
| **CL-CLASS—V12 Twin Turbo—Equipment Schedule 1** | | | | | | |
| W.B. 116.3"; 5.5 Liter, 6.0 Liter. | | | | | | |
| CL600 Coupe 2D | EJ76X | 148225 | 40500 | 42000 | 42500 | 48100 |
| CL65 Coupe 2D | EJ79X | 197775 | 70900 | 73400 | 73300 | 82400 |
| designo Edition | | | 825 | 825 | 1100 | 1100 |
| **CLS-CLASS—V8—Equipment Schedule 1** | | | | | | |
| W.B. 112.4"; 5.5 Liter, 6.3 Liter. | | | | | | |
| CLS550 Coupe 4D | DJ72X | 70075 | 19850 | 20700 | 21800 | 25400 |
| CLS63 Coupe 4D | DJ77X | 96975 | 26300 | 27300 | 28100 | 32300 |
| AMG Sport Pkg (CLS550) | | | 1700 | 1700 | 2265 | 2265 |
| designo Edition | | | 825 | 825 | 1100 | 1100 |
| P1 Pkg | | | 350 | 350 | 465 | 465 |
| **S-CLASS—V8—Equipment Schedule 1** | | | | | | |
| W.B. 124.6"; 5.5 Liter, 6.3 Liter. | | | | | | |
| S550 Sedan 4D | NG71X | 88775 | 24900 | 25900 | 26700 | 30700 |
| S550 4MATIC Sedan | NG86X | 91775 | 26300 | 27400 | 28200 | 32400 |
| S63 Sedan 4D | NG77X | 127775 | 31600 | 32800 | 34200 | 39700 |
| AMG Sport Pkg | | | 1700 | 1700 | 2265 | 2265 |
| designo Edition | | | 825 | 825 | 1100 | 1100 |
| Performance Pkg | | | 3900 | 3900 | 5200 | 5200 |
| **S-CLASS—V12 Twin Turbo—Equipment Schedule 1** | | | | | | |
| W.B. 124.6"; 5.5 Liter, 6.0 Liter. | | | | | | |
| S600 Sedan 4D | NG76X | 147975 | 29300 | 30500 | 31300 | 35800 |
| S65 Sedan 4D | NG79X | 186575 | 45400 | 47000 | 47900 | 54600 |
| designo Edition | | | 825 | 825 | 1100 | 1100 |
| **SL-CLASS—V8—Equipment Schedule 1** | | | | | | |
| W.B. 100.8"; 5.5 Liter. | | | | | | |
| SL550 Roadster 2D | SK71F | 97425 | 24600 | 25600 | 26900 | 31400 |
| AMG Sport Pkg | | | 1700 | 1700 | 2265 | 2265 |
| designo Edition | | | 825 | 825 | 1100 | 1100 |
| **SL-CLASS—V8 Supercharged—Equipment Schedule 1** | | | | | | |
| W.B. 100.8"; 5.5 Liter. | | | | | | |
| SL55 Roadster 2D | SK72F | 132725 | 29800 | 31000 | 31400 | 35500 |
| Premium Pkg 1 | | | 350 | 350 | 465 | 465 |
| **SL-CLASS—V12 Twin Turbo—Equipment Schedule 1** | | | | | | |
| W.B. 100.8"; 5.5 Liter, 6.0 Liter. | | | | | | |
| SL600 Roadster 2D | SK77F | 134025 | 29400 | 30600 | 32200 | 37500 |
| SL65 Roadster 2D | SK79F | 188025 | 43900 | 45500 | 45700 | 51500 |
| AMG Sport Pkg (SL600) | | | 1700 | 1700 | 2265 | 2265 |

DEDUCT FOR RECONDITIONING

# 2008 MERCEDES-BENZ

| Body Type | VIN | List | Trade-In Good | Very Good | Pvt-Party Good | Retail Excellent |
|---|---|---|---|---|---|---|
| designo Edition | | | 825 | 825 | 1100 | 1100 |
| **SLR-CLASS—V8 Supercharged**—Equipment Schedule 1 | | | | | | |
| W.B. 106.3"; 5.5 Liter. | | | | | | |
| McLaren Roadster 2D | AK76F | 500750 | **** | **** | **** | 269400 |

# 2009 MERCEDES-BENZ — WDBorWDD(WK54F)-9-#

| Body Type | VIN | List | Trade-In Good | Very Good | Pvt-Party Good | Retail Excellent |
|---|---|---|---|---|---|---|
| **SLK-CLASS—V6**—Equipment Schedule 1 | | | | | | |
| W.B. 95.7"; 3.0 Liter, 3.5 Liter. | | | | | | |
| SLK300 Roadster 2D | WK54F | 47285 | 17500 | 18250 | 19350 | 22600 |
| SLK350 Roadster 2D | WK56F | 50825 | 19650 | 20500 | 21600 | 25300 |
| AMG Sport Pkg | | | 775 | 775 | 1035 | 1035 |
| Manual, 6-Spd w/Overdrive | | | (475) | (475) | (635) | (635) |
| **SLK-CLASS—V8**—Equipment Schedule 1 | | | | | | |
| W.B. 95.7"; 5.5 Liter. | | | | | | |
| SLK55 Roadster 2D | WK73F | 65175 | 32400 | 33600 | 34800 | 40100 |
| Performance Pkg | | | 3900 | 3900 | 5200 | 5200 |
| **C-CLASS—V6**—Equipment Schedule 1 | | | | | | |
| W.B. 108.7"; 3.0 Liter, 3.5 Liter. | | | | | | |
| C300 Sport Sedan 4D | GF54X | 32975 | 14100 | 14750 | 15900 | 18800 |
| C300 Sport 4MATIC | GF81X | 35715 | 15000 | 15700 | 16850 | 19900 |
| C300 Luxury Sedan 4D | GF54X | 36275 | 13900 | 14550 | 15700 | 18550 |
| C300 Luxury 4MATIC | GF81X | 34970 | 15350 | 16050 | 17250 | 20350 |
| C350 Sport Sedan 4D | GF56X | 39075 | 16250 | 16950 | 18200 | 21500 |
| Premium Pkg 1 | | | 400 | 400 | 535 | 535 |
| Premium Pkg 2 | | | 350 | 350 | 465 | 465 |
| Manual, 6-Spd Overdrive | | | (475) | (475) | (635) | (635) |
| **C-CLASS—V8**—Equipment Schedule 1 | | | | | | |
| W.B. 108.7"; 6.3 Liter. | | | | | | |
| C63 Sedan 4D | GF77X | 55975 | 29700 | 30900 | 31500 | 35800 |
| Performance Pkg | | | 1400 | 1400 | 1865 | 1865 |
| Premium Pkg 2 | | | 350 | 350 | 465 | 465 |
| **CLK-CLASS—V6**—Equipment Schedule 1 | | | | | | |
| W.B. 106.9"; 3.5 Liter. | | | | | | |
| CLK350 Coupe 2D | TJ56H | 47675 | 14300 | 14950 | 15950 | 18700 |
| CLK350 Cabriolet 2D | TK56F | 55675 | 19250 | 20100 | 21100 | 24600 |
| AMG Sport Pkg | | | 775 | 775 | 1035 | 1035 |
| designo Edition | | | 850 | 850 | 1135 | 1135 |
| **CLK-CLASS—V8**—Equipment Schedule 1 | | | | | | |
| W.B. 106.9"; 5.5 Liter. | | | | | | |
| CLK550 Coupe 2D | TJ72H | 57375 | 17150 | 17900 | 18950 | 22200 |
| CLK550 Cabriolet 2D | TK72F | 65375 | 21200 | 22100 | 23200 | 27000 |
| designo Edition | | | 850 | 850 | 1135 | 1135 |
| **E-CLASS—V6 Turbo Diesel**—Equipment Schedule 1 | | | | | | |
| W.B. 112.4"; 3.0 Liter. | | | | | | |
| E320 BlueTEC Sedan | UF22X | 53775 | 20400 | 21200 | 22500 | 26400 |
| designo Edition | | | 850 | 850 | 1135 | 1135 |
| **E-CLASS—V6**—Equipment Schedule 1 | | | | | | |
| W.B. 112.4"; 3.5 Liter. | | | | | | |
| E350 Sedan 4D | UF56X | 52775 | 16400 | 17100 | 18300 | 21500 |
| E350 4MATIC Sedan | UF87X | 52775 | 18000 | 18750 | 19950 | 23500 |
| E350 4MATIC Wagon | UH87X | 56825 | 20700 | 21500 | 22800 | 26800 |
| AMG Sport Pkg (Sedan) | | | 775 | 775 | 1035 | 1035 |
| designo Edition | | | 850 | 850 | 1135 | 1135 |
| **E-CLASS—V8**—Equipment Schedule 1 | | | | | | |
| W.B. 112.4"; 5.5 Liter, 6.3 Liter. | | | | | | |
| E550 Sedan 4D | UF72X | 61275 | 22500 | 23500 | 24800 | 29100 |
| E550 4MATIC Sedan | UF90X | 64475 | 24900 | 25900 | 27300 | 32000 |
| E63 Sedan 4D | UF77X | 86875 | 26500 | 27500 | 28400 | 32700 |
| E63 Wagon 4D | UH77X | 87675 | 29300 | 30500 | 31500 | 36200 |
| AMG Sport Pkg (E550) | | | 775 | 775 | 1035 | 1035 |
| designo Edition | | | 850 | 850 | 1135 | 1135 |
| **CL-CLASS—V8**—Equipment Schedule 1 | | | | | | |
| W.B. 116.3"; 5.5 Liter, 6.3 Liter. | | | | | | |
| CL550 4MATIC Coupe | EJ71X | 105975 | 34500 | 35800 | 36800 | 42100 |
| CL63 Coupe 2D | EJ77X | 140575 | 44400 | 46000 | 47000 | 53800 |
| designo Edition | | | 850 | 850 | 1135 | 1135 |
| AMG Sport Pkg | | | 1750 | 1750 | 2335 | 2335 |
| Performance Pkg | | | 3900 | 3900 | 5200 | 5200 |
| **CLS-CLASS—V8**—Equipment Schedule 1 | | | | | | |
| W.B. 112.4"; 5.5 Liter, 6.3 Liter. | | | | | | |
| CLS550 Coupe 4D | DJ72X | 69775 | 24200 | 25100 | 26300 | 30500 |
| CLS63 Coupe 4D | DJ77X | 95375 | 28200 | 29300 | 30200 | 34600 |
| AMG Sport Pkg (CLS550) | | | 1750 | 1750 | 2335 | 2335 |

# 2009 MERCEDES-BENZ

| Body Type | VIN | List | Trade-In Good | Very Good | Pvt-Party Good | Retail Excellent |
|---|---|---|---|---|---|---|
| designo Edition | | | 850 | 850 | 1135 | 1135 |
| P1 Pkg | | | 400 | 400 | 535 | 535 |
| **S-CLASS—V8—Equipment Schedule 1** | | | | | | |
| W.B. 124.6"; 5.5 Liter, 6.3 Liter. | | | | | | |
| S550 Sedan 4D | NG71X | 89125 | 29800 | 31000 | 31800 | 36300 |
| S550 4MATIC Sedan | NG86X | 92125 | 31300 | 32500 | 33300 | 38000 |
| S63 Sedan 4D | NG77X | 129225 | 38700 | 40200 | 40900 | 46600 |
| AMG Sport Pkg | | | 1750 | 1750 | 2335 | 2335 |
| designo Edition | | | 850 | 850 | 1135 | 1135 |
| Performance Pkg | | | 3900 | 3900 | 5200 | 5200 |
| **SL-CLASS—V8—Equipment Schedule 1** | | | | | | |
| W.B. 100.8"; 5.5 Liter, 6.3 Liter. | | | | | | |
| SL550 Roadster 2D | SK71F | 96775 | 33500 | 34800 | 35500 | 40500 |
| SL63 Roadster 2D | SK70F | 132875 | 42600 | 44200 | 44300 | 49900 |
| designo Edition | | | 850 | 850 | 1135 | 1135 |
| **SLR-CLASS—V8 Supercharged—Equipment Schedule 1** | | | | | | |
| W.B. 106.3"; 5.5 Liter. | | | | | | |
| McLaren Roadster 2D | AK76F | 500750 | **** | **** | **** | 314000 |

## 2010 MERCEDES-BENZ — WDBorWDD(WK5EA)-A-#

| Body Type | VIN | List | Trade-In Good | Very Good | Pvt-Party Good | Retail Excellent |
|---|---|---|---|---|---|---|
| **SLK-CLASS—V6—Equipment Schedule 1** | | | | | | |
| W.B. 95.7"; 3.0 Liter, 3.5 Liter. | | | | | | |
| SLK300 Roadster 2D | WK5EA | 47775 | 21800 | 22700 | 23700 | 27500 |
| SLK350 Roadster 2D | WK5JA | 52775 | 24000 | 24900 | 26000 | 30100 |
| AMG Sport Pkg | | | 850 | 850 | 1135 | 1135 |
| Manual, 6-Spd w/Overdrive | | | (500) | (500) | (665) | (665) |
| **SLK-CLASS—V8—Equipment Schedule 1** | | | | | | |
| W.B. 95.7"; 5.5 Liter. | | | | | | |
| SLK55 Roadster 2D | WK7DA | 68525 | 40600 | 42100 | 42700 | 48500 |
| Performance Pkg | | | 3900 | 3900 | 5200 | 5200 |
| **C-CLASS—V6—Equipment Schedule 1** | | | | | | |
| W.B. 108.7"; 3.0 Liter, 3.5 Liter. | | | | | | |
| C300 Sport Sedan 4D | GF5EB | 34475 | 16000 | 16750 | 17600 | 20400 |
| C300 Sport 4MATIC | GF8BB | 37975 | 16900 | 17650 | 18500 | 21500 |
| C300 Luxury Sedan 4D | GF5KB | 36175 | 15750 | 16450 | 17300 | 20100 |
| C300 Luxury 4MATIC | GF8BB | 38175 | 16600 | 17350 | 18200 | 21100 |
| C350 Sport Sedan 4D | GF5GB | 40625 | 19150 | 20000 | 20900 | 24200 |
| Premium Pkg 1 | | | 450 | 450 | 600 | 600 |
| Premium Pkg 2 | | | 375 | 375 | 500 | 500 |
| Manual, 6-Spd Overdrive | | | (500) | (500) | (665) | (665) |
| **C-CLASS—V8—Equipment Schedule 1** | | | | | | |
| W.B. 108.7"; 6.3 Liter. | | | | | | |
| C63 Sedan 4D | GF7HB | 60325 | 33600 | 34900 | 35400 | 40000 |
| Performance Pkg | | | 1450 | 1450 | 1935 | 1935 |
| Premium Pkg 2 | | | 375 | 375 | 500 | 500 |
| **E-CLASS—V6—Equipment Schedule 1** | | | | | | |
| W.B. 108.7", 113.1" (Sed); 3.5 Liter. | | | | | | |
| E350 Sedan 4D | HF5GB | 49475 | 22500 | 23500 | 24500 | 28300 |
| E350 4MATIC Sedan | HF8HB | 51975 | 23900 | 24800 | 25900 | 30000 |
| E350 Coupe 2D | KJ5GB | 48925 | 24000 | 24900 | 26000 | 30100 |
| AMG Sport Pkg (Sedan) | | | 850 | 850 | 1135 | 1135 |
| **E-CLASS—V8—Equipment Schedule 1** | | | | | | |
| W.B. 108.7", 113.1" (Sed); 5.5 Liter. | | | | | | |
| E550 Sedan 4D | HF7CB | 57175 | 27000 | 28100 | 29200 | 33800 |
| E550 4MATIC Sedan | HF9AB | 59675 | 29600 | 30800 | 32000 | 37000 |
| E550 Coupe 2D | KJ7CB | 55525 | 26600 | 27700 | 28800 | 33300 |
| E63 Sedan 4D | HF7HB | 88325 | 37500 | 38900 | 39100 | 43900 |
| AMG Sport Pkg (E550) | | | 850 | 850 | 1135 | 1135 |
| **CL-CLASS—V8—Equipment Schedule 1** | | | | | | |
| W.B. 116.3"; 5.5 Liter, 6.3 Liter. | | | | | | |
| CL550 4MATIC Coupe | EJ8GB | 112575 | 38600 | 40100 | 40400 | 45500 |
| CL63 Coupe 2D | EJ7HB | 148675 | 59200 | 61300 | 61600 | 69300 |
| designo Edition | | | 875 | 875 | 1165 | 1165 |
| Performance Pkg | | | 3900 | 3900 | 5200 | 5200 |
| **CL-CLASS—V12—Equipment Schedule 1** | | | | | | |
| W.B. 116.3"; 5.5 Liter, 6.0 Liter. | | | | | | |
| CL600 Coupe 2D | EJ7GB | 158275 | 63200 | 65400 | 65600 | 73900 |
| CL65 Coupe 2D | EJ7KB | 211045 | 105800 | 109300 | 107900 | 120000 |
| designo Edition | | | 875 | 875 | 1165 | 1165 |
| **CLS-CLASS—V8—Equipment Schedule 1** | | | | | | |
| W.B. 112.4"; 5.5 Liter, 6.3 Liter. | | | | | | |
| CLS550 Coupe 4D | DJ7CB | 74575 | 29800 | 31000 | 31900 | 36600 |
| CLS63 Coupe 4D | DJ7HB | 101425 | 36500 | 37900 | 38100 | 42900 |

**DEDUCT FOR RECONDITIONING**

# 2010 MERCEDES-BENZ

| Body Type | VIN | List | Trade-In Good | Very Good | Pvt-Party Good | Retail Excellent |
|---|---|---|---|---|---|---|
| AMG Sport Pkg (CLS550) | | | 1800 | 1800 | 2400 | 2400 |
| designo Edition | | | 875 | 875 | 1165 | 1165 |
| Premium Pkg 1 | | | 450 | 450 | 600 | 600 |
| **S-CLASS—V6 Hybrid—Equipment Schedule 1** | | | | | | |
| W.B. 124.6"; 3.5 Liter. | | | | | | |
| S400 Sedan 4D | NG9FB | 88825 | 30500 | 31700 | 32100 | 36300 |
| designo Edition | | | 875 | 875 | 1165 | 1165 |
| **S-CLASS—V8—Equipment Schedule 1** | | | | | | |
| W.B. 124.6"; 5.5 Liter, 6.3 Liter. | | | | | | |
| S550 Sedan 4D | NG7BB | 93475 | 35400 | 36700 | 37100 | 41900 |
| S550 4MATIC Sedan | NG8GB | 96475 | 36400 | 38300 | 38600 | 43600 |
| S63 Sedan 4D | NG7HB | 137425 | 52900 | 54800 | 55100 | 62100 |
| AMG Sport Pkg | | | 1800 | 1800 | 2400 | 2400 |
| designo Edition | | | 875 | 875 | 1165 | 1165 |
| Performance Pkg | | | 3900 | 3900 | 5200 | 5200 |

# 2011 MERCEDES-BENZ — WDBorWDD(WK5EA)-B-#

| Body Type | VIN | List | Trade-In Good | Very Good | Pvt-Party Good | Retail Excellent |
|---|---|---|---|---|---|---|
| **SLK-CLASS—V6—Equipment Schedule 1** | | | | | | |
| W.B. 95.7"; 3.0 Liter, 3.5 Liter. | | | | | | |
| SLK300 Roadster 2D | WK5EA | 48525 | 25600 | 26600 | 27400 | 31500 |
| SLK350 Roadster 2D | WK5JA | 54175 | 28900 | 30100 | 31000 | 35500 |
| Sport Pkg | | | 925 | 925 | 1235 | 1235 |
| Premium Pkg | | | 900 | 900 | 1200 | 1200 |
| Manual, 6-Spd w/Overdrive | E | | (500) | (500) | (665) | (665) |
| **C-CLASS—V6—Equipment Schedule 1** | | | | | | |
| W.B. 108.7"; 3.0 Liter, 3.5 Liter. | | | | | | |
| C300 Sport Sed 4D | GF5EB | 34865 | 18450 | 19250 | 20000 | 23000 |
| C300 Luxury Sedan 4D | GF5EB | 36775 | 18200 | 19000 | 19700 | 22700 |
| C300 Sport 4MATIC | GF8BB | 38365 | 19450 | 20300 | 21000 | 24200 |
| C300 Luxury 4MATIC | GF8BB | 39175 | 19150 | 20000 | 20700 | 23800 |
| C350 Luxury Sedan 4D | GF5GB | 40865 | 22600 | 23600 | 24300 | 27900 |
| Premium Pkg 1 | | | 500 | 500 | 665 | 665 |
| Manual, 6-Spd Overdrive | | | (500) | (500) | (665) | (665) |
| **C-CLASS—V8—Equipment Schedule 1** | | | | | | |
| W.B. 108.7"; 6.3 Liter. | | | | | | |
| C63 AMG Sedan 4D | GF7HB | 61175 | 38000 | 39400 | 39400 | 44000 |
| **E-CLASS—V6—Equipment Schedule 1** | | | | | | |
| W.B. 108.7", 113.2" (Sed); 3.5 Liter. | | | | | | |
| E350 Sedan 4D | HF5GB | 50275 | 26900 | 28000 | 28500 | 32400 |
| E350 4MATIC Sedan | HF8BB | 52775 | 28200 | 29300 | 29900 | 34000 |
| E350 Coupe 2D | KJ5GB | 49725 | 28300 | 29400 | 30000 | 34100 |
| E350 Convertible 2D | KK5GF | 57725 | 33900 | 35200 | 35700 | 40500 |
| E350 4MATIC Wagon | HH8HB | 57075 | 30800 | 32000 | 32500 | 36900 |
| Premium Pkg 1 | | | 500 | 500 | 665 | 665 |
| **E-CLASS—V6 Turbo Diesel—Equipment Schedule 1** | | | | | | |
| W.B. 113.2"; 3.0 Liter. | | | | | | |
| E350 BlueTEC Sed 4D | HF2EB | 51775 | 30300 | 31500 | 32100 | 36400 |
| **E-CLASS—V8—Equipment Schedule 1** | | | | | | |
| W.B. 108.7", 113.2" (Sed); 5.5 Liter. | | | | | | |
| E550 Sedan 4D | HF7CB | 57975 | 31400 | 32600 | 33200 | 37600 |
| E550 4MATIC Sedan | HF9AB | 60475 | 34100 | 35400 | 35900 | 40700 |
| E550 Coupe 2D | KJ7CB | 56325 | 31000 | 32200 | 32700 | 37200 |
| E550 Convertible 2D | KK7CF | 65675 | 40300 | 41800 | 42300 | 47900 |
| E63 AMG Sedan 4D | HF7HB | 88475 | 47000 | 48700 | 48300 | 53800 |
| Premium Pkg 1 | | | 500 | 500 | 665 | 665 |
| **CL-CLASS—V8 Twin Turbo—Equipment Schedule 1** | | | | | | |
| W.B. 116.3"; 4.6 Liter, 5.5 Liter. | | | | | | |
| CL550 Coupe 2D | EJ9EB | 114025 | 47000 | 48700 | 49300 | 55900 |
| CL63 Coupe 2D | EJ7EB | 151125 | 68400 | 70800 | 71000 | 80000 |
| designo Edition | | | 900 | 900 | 1200 | 1200 |
| **CL-CLASS—V12 Twin Turbo—Equipment Schedule 1** | | | | | | |
| W.B. 116.3"; 6.0 Liter. | | | | | | |
| CL600 Coupe 2D | EJ7GB | 157875 | 72400 | 74900 | 75000 | 84500 |
| CL65 Coupe 2D | EJ7KB | 210175 | 128400 | 132600 | 126800 | 137100 |
| designo Edition | | | 900 | 900 | 1200 | 1200 |
| **CLS-CLASS—V8 Twin Turbo—Equipment Schedule 1** | | | | | | |
| W.B. 112.4"; 5.5 Liter, 6.3 Liter. | | | | | | |
| CLS550 Coupe 4D | DJ7CB | 76175 | 32100 | 33300 | 33800 | 38200 |
| CLS63 AMG Coupe 4D | DJ7HB | 102525 | 39700 | 41200 | 41800 | 47400 |
| Premium Pkg 1 | | | 500 | 500 | 665 | 665 |
| **S-CLASS—V6 Hybrid—Equipment Schedule 1** | | | | | | |
| W.B. 124.6"; 3.5 Liter. | | | | | | |
| S400 Sedan 4D | NG9FB | 91875 | 35600 | 36900 | 37800 | 43300 |

# 2011 MERCEDES-BENZ

| Body Type | VIN | List | Trade-In Good | Very Good | Pvt-Party Good | Retail Excellent |
|---|---|---|---|---|---|---|
| Sport Pkg | | | 1850 | 1850 | 2465 | 2465 |
| **S-CLASS—V8 Twin Turbo**—Equipment Schedule 1 | | | | | | |
| W.B. 124.6"; 5.5 Liter, 6.3 Liter. | | | | | | |
| S550 Sedan 4D | NG7BB | 94525 | 41400 | 42900 | 43900 | 50200 |
| S550 4MATIC Sedan | NG8GB | 97525 | 42900 | 44500 | 45400 | 51900 |
| S63 Sedan 4D | NG7EB | 137875 | 67400 | 69800 | 69900 | 78600 |
| Premium Pkg 2 | | | 400 | 400 | 535 | 535 |
| AMG Sport Pkg | | | 1850 | 1850 | 2465 | 2465 |
| **S-CLASS—V12 Twin Turbo**—Equipment Schedule 1 | | | | | | |
| W.B. 124.6"; 5.5 Liter, 6.0 Liter. | | | | | | |
| S600 Sedan 4D | NG7GB | 158925 | 87500 | 90500 | 88200 | 97100 |
| S65 Sedan 4D | NG7KB | 211975 | 104000 | 107400 | 104900 | 115500 |
| **SL-CLASS—V8**—Equipment Schedule 1 | | | | | | |
| W.B. 100.8"; 5.5 Liter, 6.3 Liter. | | | | | | |
| SL550 Roadster | SK7BA | 104775 | 47500 | 49200 | 49000 | 54800 |
| SL63 AMG Roadster | SK7AA | 142525 | 56100 | 58100 | 57500 | 63800 |
| designo Edition | | | 900 | 900 | 1200 | 1200 |
| Premium Pkg 1 | | | 925 | 925 | 1235 | 1235 |
| Performance Pkg | | | 3900 | 3900 | 5200 | 5200 |
| **SL-CLASS—V12 Twin Turbo**—Equipment Schedule 1 | | | | | | |
| W.B. 100.8"; 6.0 Liter. | | | | | | |
| SL65 AMG Roadster | SK7KA | 202225 | 93200 | 96300 | 94600 | 104800 |
| **SLS-CLASS—V8**—Equipment Schedule 1 | | | | | | |
| W.B. 105.5"; 6.3 Liter. | | | | | | |
| AMG Coupe 2D | RJ7HA | 187450 | **** | **** | **** | 176600 |

# 2012 MERCEDES-BENZ — WDBorWDD(PK4HA)-C-#

| Body Type | VIN | List | Trade-In Good | Very Good | Pvt-Party Good | Retail Excellent |
|---|---|---|---|---|---|---|
| **SLK-CLASS—4-Cyl. Turbo**—Equipment Schedule 1 | | | | | | |
| W.B. 95.7"; 1.8 Liter. | | | | | | |
| SLK250 Roadster 2D | PK4HA | 43375 | 28400 | 29600 | 29700 | 33200 |
| Premium Pkg | | | 900 | 900 | 1200 | 1200 |
| Sport Pkg | | | 1000 | 1000 | 1335 | 1335 |
| **SLK-CLASS—V6**—Equipment Schedule 1 | | | | | | |
| W.B. 95.7"; 3.5 Liter. | | | | | | |
| SLK350 Roadster 2D | PK5HA | 55675 | 34400 | 35700 | 35700 | 39900 |
| Premium Pkg | | | 900 | 900 | 1200 | 1200 |
| Sport Pkg | | | 1000 | 1000 | 1335 | 1335 |
| **SLK-CLASS—V8**—Equipment Schedule 1 | | | | | | |
| W.B. 95.7"; 5.5 Liter. | | | | | | |
| SLK55 AMG Roadster | PK7FA | 68375 | 59500 | 61600 | 61400 | 68700 |
| **C-CLASS—4-Cyl. Turbo**—Equipment Schedule 1 | | | | | | |
| W.B. 108.7"; 1.8 Liter. | | | | | | |
| C250 Coupe 2D | GJ4HB | 38970 | 22900 | 23800 | 24500 | 28000 |
| C250 Luxury Sedan | GF4HB | 36970 | 21200 | 22100 | 22800 | 26000 |
| C250 Sport Sedan 4D | GF4HB | 36550 | 21600 | 22500 | 23200 | 26500 |
| Multimedia Pkg | | | 350 | 350 | 465 | 465 |
| Premium Pkg 1 | | | 550 | 550 | 735 | 735 |
| **C-CLASS—V6**—Equipment Schedule 1 | | | | | | |
| W.B. 108.7"; 3.0 Liter, 3.5 Liter. | | | | | | |
| C300 4MATIC Sport | GF8BB | 39770 | 23500 | 24400 | 25100 | 28700 |
| C300 4MATIC Luxury | GF8BB | 40180 | 23200 | 24100 | 24800 | 28400 |
| C350 Sport Sedan 4D | GF5HB | 42325 | 25500 | 26500 | 27200 | 31000 |
| C350 Coupe 2D | GJ5HB | 44995 | 26200 | 27300 | 28000 | 31900 |
| Multimedia Pkg | | | 350 | 350 | 465 | 465 |
| Premium Pkg 1 | | | 550 | 550 | 735 | 735 |
| **C-CLASS—V8**—Equipment Schedule 1 | | | | | | |
| W.B. 108.7"; 6.3 Liter. | | | | | | |
| C63 AMG Sedan 4D | GF7HB | 62780 | 44800 | 46400 | 46200 | 51600 |
| C63 AMG Coupe 2D | GJ7HB | 65280 | 47000 | 48700 | 48400 | 54000 |
| **E-CLASS—V6**—Equipment Schedule 1 | | | | | | |
| W.B. 108.7", 113.2" (Sed); 3.5 Liter. | | | | | | |
| E350 Sedan 4D | HF5KB | 54075 | 30300 | 31500 | 32100 | 36400 |
| E350 4MATIC Sedan | HF8JB | 55485 | 31700 | 32900 | 33500 | 37900 |
| E350 Coupe 2D | KJ5KB | 50675 | 31800 | 33000 | 33600 | 38100 |
| E350 Convertible 2D | KK5KF | 58595 | 37400 | 38800 | 39200 | 44500 |
| E350 4MATIC Wagon | HH8JB | 59645 | 34300 | 35600 | 36100 | 40900 |
| Premium Pkg 1 | | | 550 | 550 | 735 | 735 |
| Premium Pkg 2 | | | 400 | 400 | 535 | 535 |
| Sport Pkg | | | 1000 | 1000 | 1335 | 1335 |
| **E-CLASS—V6 Turbo Diesel**—Equipment Schedule 1 | | | | | | |
| W.B. 113.2"; 3.0 Liter. | | | | | | |
| E350 BlueTEC Sed 4D | HF2EB | 54185 | 33800 | 35100 | 35600 | 40300 |
| Premium Pkg 1 | | | 550 | 550 | 735 | 735 |

**194 DEDUCT FOR RECONDITIONING**

# 2012 MERCEDES-BENZ

| Body Type | VIN | List | Trade-In Good | Trade-In Very Good | Pvt-Party Good | Retail Excellent |
|---|---|---|---|---|---|---|
| Premium Pkg 2 | | | 400 | 400 | 535 | 535 |
| Sport Pkg | | | 1000 | 1000 | 1335 | 1335 |
| **E-CLASS—V8 Twin Turbo**—Equipment Schedule 1 | | | | | | |
| W.B. 108.7", 113.2" (Sed); 4.6 Liter, 5.5 Liter. | | | | | | |
| E550 4MATIC Sedan | HF9DB | 60665 | 37600 | 39000 | 39400 | 44700 |
| E550 Coupe 2D | KJ7DB | 57465 | 34500 | 35800 | 36300 | 41200 |
| E550 Convertible 2D | KK7DF | 65675 | 43800 | 45400 | 45800 | 51900 |
| E63 AMG Sedan 4D | HF7EB | 89775 | 55000 | 57000 | 56500 | 62700 |
| E63 AMG Wagon 4D | HH7EB | 92375 | 58000 | 60000 | 59400 | 66000 |
| Premium Pkg 1 | | | 550 | 550 | 735 | 735 |
| Premium Pkg 2 | | | 400 | 400 | 535 | 535 |
| **CL-CLASS—V8 Twin Turbo**—Equipment Schedule 1 | | | | | | |
| W.B. 116.3"; 4.6 Liter, 5.5 Liter. | | | | | | |
| CL550 Coupe 2D | EJ9EB | 115850 | 62400 | 64500 | 65500 | 74500 |
| CL63 Coupe 2D | EJ7EB | 153250 | 84200 | 87000 | 87800 | 99800 |
| designo Edition | | | 900 | 900 | 1200 | 1200 |
| **CL-CLASS—V12 Twin Turbo**—Equipment Schedule 1 | | | | | | |
| W.B. 116.3"; 5.5 Liter, 6.0 Liter. | | | | | | |
| CL600 Coupe 2D | EJ7EB | 163050 | 87700 | 90700 | 91500 | 104000 |
| CL65 Coupe 2D | EJ7KB | 214850 | 150700 | 155600 | 151300 | 166300 |
| designo Edition | | | 900 | 900 | 1200 | 1200 |
| **CLS-CLASS—V8 Twin Turbo**—Equipment Schedule 1 | | | | | | |
| W.B. 113.2"; 4.6 Liter, 5.5 Liter. | | | | | | |
| CLS550 Coupe 4D | LJ7DB | 72175 | 49600 | 51400 | 52000 | 58600 |
| CLS550 4MATIC Cpe | LJ9BB | 74675 | 51400 | 53200 | 53800 | 60700 |
| CLS63 AMG Coupe 4D | LJ7EB | 95775 | 66900 | 69200 | 68900 | 76900 |
| Premium Pkg 1 | | | 550 | 550 | 735 | 735 |
| designo Edition | | | 900 | 900 | 1200 | 1200 |
| Performance Pkg | | | 3900 | 3900 | 5200 | 5200 |
| **S-CLASS—V6 Hybrid**—Equipment Schedule 1 | | | | | | |
| W.B. 124.6"; 3.5 Liter. | | | | | | |
| S400 Sedan 4D | NG9FB | 93600 | 46100 | 47700 | 48200 | 54500 |
| designo Edition | | | 900 | 900 | 1200 | 1200 |
| Premium Pkg 2 | | | 400 | 400 | 535 | 535 |
| Sport Pkg | | | 1900 | 1900 | 2535 | 2535 |
| **S-CLASS—V6 Turbo Diesel**—Equipment Schedule 1 | | | | | | |
| W.B. 124.6"; 3.0 Liter. | | | | | | |
| S350 BlueTec 4MATIC | NG8DB | 94300 | 48400 | 50200 | 50900 | 57600 |
| designo Edition | | | 900 | 900 | 1200 | 1200 |
| Premium Pkg 2 | | | 400 | 400 | 535 | 535 |
| Sport Pkg | | | 1900 | 1900 | 2535 | 2535 |
| **S-CLASS—V8 Twin Turbo**—Equipment Schedule 1 | | | | | | |
| W.B. 124.6"; 5.5 Liter, 6.3 Liter. | | | | | | |
| S550 Sedan 4D | NG7DB | 96250 | 46700 | 48400 | 49200 | 55700 |
| S63 Sedan 4D | NG7EB | 141050 | 82100 | 84800 | 84100 | 93900 |
| S550 4MATIC Sedan | NG9EB | 99250 | 48200 | 50000 | 50700 | 57400 |
| designo Edition | | | 900 | 900 | 1200 | 1200 |
| Sport Pkg | | | 1900 | 1900 | 2535 | 2535 |
| Performance Pkg | | | 3900 | 3900 | 5200 | 5200 |
| **S-CLASS—V12 Twin Turbo**—Equipment Schedule 1 | | | | | | |
| W.B. 124.6"; 5.5 Liter, 6.0 Liter. | | | | | | |
| S600 Sedan 4D | NG7GB | 166450 | 102800 | 106200 | 104800 | 116400 |
| S65 Sedan 4D | NG7KB | 216850 | 119700 | 123600 | 121700 | 135100 |
| designo Edition | | | 900 | 900 | 1200 | 1200 |
| **SL-CLASS—V8**—Equipment Schedule 1 | | | | | | |
| W.B. 100.8"; 5.5 Liter, 6.3 Liter. | | | | | | |
| SL550 Roadster | SK7BA | 105825 | 60800 | 62900 | 61800 | 68200 |
| SL63 AMG Roadster | SK7AA | 143915 | 74200 | 76700 | 74400 | 81300 |
| designo Edition | | | 900 | 900 | 1200 | 1200 |
| **SLS-CLASS—V8**—Equipment Schedule 1 | | | | | | |
| W.B. 105.5"; 6.3 Liter. | | | | | | |
| AMG Coupe 2D | RJ7HA | 192175 | **** | **** | **** | 183700 |
| AMG Convertible 2D | RK7HA | 198675 | **** | **** | **** | 188900 |

# 2013 MERCEDES-BENZ — WDBorWDD(PK4HA)-D-#

| Body Type | VIN | List | Trade-In Good | Trade-In Very Good | Pvt-Party Good | Retail Excellent |
|---|---|---|---|---|---|---|
| **SLK-CLASS—4-Cyl. Turbo**—Equipment Schedule 1 | | | | | | |
| W.B. 95.7"; 1.8 Liter. | | | | | | |
| SLK250 Roadster 2D | PK4HA | 43805 | 36500 | 37900 | 38100 | 42800 |
| Premium Pkg | | | 900 | 900 | 1200 | 1200 |
| Sport Pkg | | | 1050 | 1050 | 1400 | 1400 |
| Manual, 6-Spd | | | (500) | (500) | (665) | (665) |
| **SLK-CLASS—V6**—Equipment Schedule 1 | | | | | | |
| W.B. 95.7"; 3.5 Liter. | | | | | | |

# 2013 MERCEDES-BENZ

| Body Type | VIN | List | Trade-In Good | Trade-In Very Good | Pvt-Party Good | Retail Excellent |
|---|---|---|---|---|---|---|
| SLK350 Roadster 2D | PK5HA | 56305 | 45100 | 46800 | 47100 | 52900 |
| Sport Pkg | | | 1050 | 1050 | 1400 | 1400 |

**SLK-CLASS—V8—Equipment Schedule 1**
W.B. 95.7"; 5.5 Liter.

| Body Type | VIN | List | Trade-In Good | Trade-In Very Good | Pvt-Party Good | Retail Excellent |
|---|---|---|---|---|---|---|
| SLK55 AMG Roadster | PK7FA | 68895 | 60900 | 63000 | 62700 | 70000 |

**C-CLASS—4-Cyl. Turbo—Equipment Schedule 1**
W.B. 108.7"; 1.8 Liter.

| Body Type | VIN | List | Trade-In Good | Trade-In Very Good | Pvt-Party Good | Retail Excellent |
|---|---|---|---|---|---|---|
| C250 Sport Sedan 4D | GF4HB | 36255 | 23300 | 24200 | 24700 | 28100 |
| C250 Luxury Sedan | GF4HB | 36675 | 23100 | 24000 | 24500 | 27900 |
| C250 Coupe 2D | GJ4HB | 38705 | 25300 | 26300 | 26800 | 30400 |
| Premium Pkg 1 | | | 575 | 575 | 765 | 765 |
| Sport Pkg | | | 1050 | 1050 | 1400 | 1400 |

**C-CLASS—V6—Equipment Schedule 1**
W.B. 108.7"; 3.5 Liter.

| Body Type | VIN | List | Trade-In Good | Trade-In Very Good | Pvt-Party Good | Retail Excellent |
|---|---|---|---|---|---|---|
| C300 4MATIC Sport | GF8AB | 39855 | 25900 | 27000 | 27500 | 31200 |
| C300 4MATIC Luxury | GF8AB | 40265 | 25600 | 26700 | 27200 | 30800 |
| C350 Sport Sedan 4D | GF5HB | 42305 | 29300 | 30500 | 31000 | 35200 |
| C350 Coupe 2D | GJ5HB | 44105 | 30300 | 31500 | 32100 | 36400 |
| C350 4MATIC Coupe | GJ8JB | 46105 | 32000 | 33200 | 33800 | 38300 |
| Premium Pkg 1 | | | 575 | 575 | 765 | 765 |
| Sport Pkg | | | 1050 | 1050 | 1400 | 1400 |

**C-CLASS—V8—Equipment Schedule 1**
W.B. 108.9"; 6.3 Liter.

| Body Type | VIN | List | Trade-In Good | Trade-In Very Good | Pvt-Party Good | Retail Excellent |
|---|---|---|---|---|---|---|
| C63 AMG Sedan 4D | GF7HB | 62405 | 48600 | 50400 | 51300 | 58200 |
| C63 AMG Coupe 2D | GJ7HB | 64935 | 51200 | 53000 | 53900 | 61200 |

**E-CLASS—V6—Equipment Schedule 1**
W.B. 108.7", 113.2" (Sed); 3.5 Liter.

| Body Type | VIN | List | Trade-In Good | Trade-In Very Good | Pvt-Party Good | Retail Excellent |
|---|---|---|---|---|---|---|
| E350 Sedan 4D | HF5KB | 53525 | 33900 | 35200 | 35500 | 40000 |
| E350 4MATIC Sedan | HF8JB | 54405 | 35300 | 36600 | 36900 | 41600 |
| E350 Coupe 2D | KJ5KB | 52025 | 35400 | 36700 | 37000 | 41700 |
| E350 4MATIC Coupe | KJ8JB | 54525 | 37400 | 38800 | 39000 | 43900 |
| E350 Convertible 2D | KK5KF | 59975 | 40900 | 42400 | 42600 | 48000 |
| E350 Wagon | HH8JB | 58605 | | | | |
| designo Edition | | | 900 | 900 | 1200 | 1200 |
| Premium Pkg 1 | | | 575 | 575 | 765 | 765 |
| Premium Pkg 2 | | | 425 | 425 | 565 | 565 |
| Sport Pkg | | | 1050 | 1050 | 1400 | 1400 |

**E-CLASS—V6 Turbo Diesel—Equipment Schedule 1**
W.B. 113.2"; 3.0 Liter.

| Body Type | VIN | List | Trade-In Good | Trade-In Very Good | Pvt-Party Good | Retail Excellent |
|---|---|---|---|---|---|---|
| E350 BlueTEC Sed 4D | HF2EB | 54725 | 37500 | 38900 | 39100 | 44000 |
| Premium Pkg 1 | | | 575 | 575 | 765 | 765 |
| Premium Pkg 2 | | | 425 | 425 | 565 | 565 |
| Sport Pkg | | | 1050 | 1050 | 1400 | 1400 |

**E-CLASS—V6 Hybrid—Equipment Schedule 1**
W.B. 113.2"; 3.5 Liter.

| Body Type | VIN | List | Trade-In Good | Trade-In Very Good | Pvt-Party Good | Retail Excellent |
|---|---|---|---|---|---|---|
| E400 Sedan 4D | HF9FB | 58325 | 38500 | 40000 | 40200 | 45300 |
| designo Edition | | | 900 | 900 | 1200 | 1200 |
| Premium Pkg 1 | | | 575 | 575 | 765 | 765 |
| Premium Pkg 2 | | | 425 | 425 | 565 | 565 |

**E-CLASS—V8 Twin Turbo—Equipment Schedule 1**
W.B. 108.7", 113.2" (Sed); 4.6 Liter, 5.5 Liter.

| Body Type | VIN | List | Trade-In Good | Trade-In Very Good | Pvt-Party Good | Retail Excellent |
|---|---|---|---|---|---|---|
| E550 4MATIC Sedan | HF9BB | 61305 | | | | |
| E550 Coupe 2D | KJ7DB | 58865 | 38100 | 39500 | 39700 | 44700 |
| E550 Convertible 2D | KK7DF | 67125 | | | | |
| E63 AMG Sedan 4D | HF7EB | 90705 | | | | |
| E63 AMG Wagon 4D | HH7EB | 93305 | | | | |
| designo Edition | | | 900 | 900 | 1200 | 1200 |
| Premium Pkg 1 | | | 575 | 575 | 765 | 765 |
| Premium Pkg 2 | | | 425 | 425 | 565 | 565 |
| Sport Pkg | | | | | | |

**CLS-CLASS—V8 Twin Turbo—Equipment Schedule 1**
W.B. 113.1"; 4.6 Liter, 5.5 Liter.

| Body Type | VIN | List | Trade-In Good | Trade-In Very Good | Pvt-Party Good | Retail Excellent |
|---|---|---|---|---|---|---|
| CLS550 Coupe 4D | LJ7DB | 72905 | 55500 | 57400 | 57400 | 64700 |
| CLS550 4MATIC Cpe | LJ9BB | 75405 | 57300 | 59300 | 59400 | 66700 |
| CLS63 AMG Coupe 4D | LJ7EB | 98605 | | | | |
| designo Edition | | | 900 | 900 | 1200 | 1200 |
| Premium Pkg 1 | | | 575 | 575 | 765 | 765 |
| Performance Pkg | | | | | | |

**S-CLASS—V8 Twin Turbo—Equipment Schedule 1**
W.B. 124.6"; 4.6 Liter, 5.5 Liter.

| Body Type | VIN | List | Trade-In Good | Trade-In Very Good | Pvt-Party Good | Retail Excellent |
|---|---|---|---|---|---|---|
| S550 Sedan 4D | NG7DAB | 95905 | 59800 | 61900 | 61400 | 68400 |
| S63 Sedan 4D | NG7EB | 140905 | | | | |
| S550 4MATIC Sedan | NG9EB | 98905 | 61300 | 63400 | 62900 | 70000 |

**DEDUCT FOR RECONDITIONING**

# 2013 MERCEDES-BENZ

| Body Type | VIN | List | Trade-In Good | Very Good | Pvt-Party Good | Retail Excellent |
|---|---|---|---|---|---|---|
| designo Edition | | | 900 | 900 | 1200 | 1200 |
| Sport Pkg | | | 1950 | 1950 | 2600 | 2600 |
| Performance Pkg | | | | | | |
| **SL-CLASS—V8 Twin Turbo—Equipment Schedule 1** | | | | | | |
| W.B. 101.8"; 4.6 Liter, 5.5 Liter. | | | | | | |
| SL550 Roadster | JK7DA | 106405 | 69500 | 71900 | 70500 | 77700 |
| SL63 AMG Roadster | JK7EA | 146705 | 96300 | 99500 | 96100 | 104500 |
| designo Edition | | | 900 | 900 | 1200 | 1200 |
| Premium Pkg | | | 1000 | 1000 | 1335 | 1335 |
| **SL-CLASS—V12 Twin Turbo—Equipment Schedule 1** | | | | | | |
| W.B. 101.8"; 6.0 Liter. | | | | | | |
| SL65 AMG Roadster | JK7KA | 214445 | 125500 | 129600 | 124600 | 135400 |
| designo Edition | | | 900 | 900 | 1200 | 1200 |
| Premium Pkg | | | 1000 | 1000 | 1335 | 1335 |

# MERCURY

## 1999 MERCURY — (1,2or3)(MEorZW)–(M10P)–X–#

| Body Type | VIN | List | Trade-In Good | Very Good | Pvt-Party Good | Retail Excellent |
|---|---|---|---|---|---|---|
| **TRACER—4-Cyl.—Equipment Schedule 6** | | | | | | |
| W.B. 98.4"; 2.0 Liter. | | | | | | |
| GS Sedan 4D | M10P | 12740 | 650 | 725 | 1425 | 2350 |
| LS Sedan 4D | M13P | 13485 | 725 | 800 | 1550 | 2550 |
| LS Wagon 4D | M15P | 14690 | 950 | 1050 | 1900 | 3150 |
| **MYSTIQUE—4-Cyl.—Equipment Schedule 5** | | | | | | |
| W.B. 106.5"; 2.0 Liter. | | | | | | |
| GS Sedan 4D | M653 | 17740 | 675 | 750 | 1425 | 2350 |
| **MYSTIQUE—V6—Equipment Schedule 5** | | | | | | |
| W.B. 106.5"; 2.5 Liter. | | | | | | |
| LS Sedan 4D | M66L | 19095 | 900 | 1000 | 1775 | 2925 |
| **SABLE—V6—Equipment Schedule 4** | | | | | | |
| W.B. 108.5"; 3.0 Liter. | | | | | | |
| GS Sedan 4D | M50U | 18995 | 575 | 650 | 1225 | 2000 |
| LS Sedan 4D | M53U | 20095 | 750 | 825 | 1500 | 2425 |
| LS Wagon 4D | M58U | 21195 | 925 | 1025 | 1750 | 2850 |
| V6, 24V, 3.0 Liter | S | | 100 | 100 | 135 | 135 |
| **COUGAR—V6—Equipment Schedule 4** | | | | | | |
| W.B. 106.4"; 2.5 Liter. | | | | | | |
| Coupe 2D | T61L | 18630 | 425 | 475 | 1050 | 1725 |
| Manual, 5-Spd | | | (125) | (125) | (165) | (165) |
| 4-Cyl., 2.0 Liter | 3 | | (200) | (200) | (265) | (265) |
| **GRAND MARQUIS—V8—Equipment Schedule 4** | | | | | | |
| W.B. 114.7"; 4.6 Liter. | | | | | | |
| GS Sedan 4D | M74W | 22825 | 875 | 975 | 1600 | 2550 |
| LS Sedan 4D | M75W | 24725 | 1100 | 1225 | 1925 | 3075 |

## 2000 MERCURY — (1,2or3)(MEorZW)–(M653)–Y–#

| Body Type | VIN | List | Trade-In Good | Very Good | Pvt-Party Good | Retail Excellent |
|---|---|---|---|---|---|---|
| **MYSTIQUE—4-Cyl.—Equipment Schedule 5** | | | | | | |
| W.B. 106.5"; 2.0 Liter. | | | | | | |
| GS Sedan 4D | M653 | 17495 | 800 | 900 | 1575 | 2575 |
| **MYSTIQUE—V6—Equipment Schedule 5** | | | | | | |
| W.B. 106.5"; 2.5 Liter. | | | | | | |
| LS Sedan 4D | M66L | 18795 | 1075 | 1200 | 2000 | 3250 |
| **SABLE—V6—Equipment Schedule 4** | | | | | | |
| W.B. 108.5"; 3.0 Liter. | | | | | | |
| GS Sedan 4D | M50U | 19395 | 700 | 775 | 1375 | 2175 |
| GS Wagon 4D | M58U | 20195 | 900 | 1000 | 1650 | 2650 |
| LS Sedan 4D | M53U | 20495 | 800 | 900 | 1500 | 2400 |
| V6, 24V, 3.0 Liter | S | | 100 | 100 | 135 | 135 |
| **SABLE—V6 24V—Equipment Schedule 4** | | | | | | |
| W.B. 108.5"; 3.0 Liter. | | | | | | |
| LS Premium Sedan 4D | M55S | 21795 | 975 | 1075 | 1750 | 2800 |
| LS Premium Wagon 4D | M59S | 22895 | 1075 | 1200 | 1900 | 3050 |
| **COUGAR—V6—Equipment Schedule 4** | | | | | | |
| W.B. 106.4"; 2.5 Liter. | | | | | | |
| Coupe 2D | T61L | 18880 | 475 | 525 | 1125 | 1825 |
| Manual, 5-Spd | | | (125) | (125) | (165) | (165) |
| 4-Cyl., 2.0 Liter | 3 | | (225) | (225) | (300) | (300) |
| **GRAND MARQUIS—V8—Equipment Schedule 4** | | | | | | |
| W.B. 114.7"; 4.6 Liter. | | | | | | |
| GS Sedan 4D | M74W | 23020 | 975 | 1075 | 1650 | 2575 |
| LS Sedan 4D | M75W | 24920 | 1250 | 1375 | 2025 | 3150 |

# 2001 MERCURY

| Body Type | VIN | List | Trade-In Good | Very Good | Pvt-Party Good | Retail Excellent |
|---|---|---|---|---|---|---|

## 2001 MERCURY — (1or2)(MEorZW)-(M50U)-1-#

**SABLE—V6—Equipment Schedule 4**
W.B. 108.5"; 3.0 Liter.
| | | | | | | |
|---|---|---|---|---|---|---|
| GS Sedan 4D | M50U | 19785 | 850 | 950 | 1550 | 2475 |
| GS Wagon 4D | M58U | 21585 | 1125 | 1250 | 1950 | 3075 |
| LS Sedan 4D | M53U | 20885 | 1050 | 1150 | 1850 | 2925 |
| V6, 24V, 3.0 Liter | S | | 125 | 125 | 165 | 165 |

**SABLE—V6 24V—Equipment Schedule 4**
W.B. 108.5"; 3.0 Liter.
| | | | | | | |
|---|---|---|---|---|---|---|
| LS Premium Sedan 4D | M55S | 22185 | 1200 | 1325 | 2050 | 3250 |
| LS Premium Wagon 4D | M59S | 23285 | 1225 | 1350 | 2100 | 3300 |

**COUGAR—V6—Equipment Schedule 4**
W.B. 106.4"; 2.5 Liter.
| | | | | | | |
|---|---|---|---|---|---|---|
| Coupe 2D | T61L | 18545 | 625 | 700 | 1300 | 2075 |
| C2 Coupe 2D | T61L | 20660 | 950 | 1050 | 1775 | 2850 |
| Zn Coupe 2D | T61L | 21645 | 1050 | 1150 | 1925 | 3100 |
| Manual, 5-Spd | | | (175) | (175) | (235) | (235) |
| 4-Cyl, 2.0 Liter | 3 | | (250) | (250) | (335) | (335) |

**GRAND MARQUIS—V8—Equipment Schedule 4**
W.B. 114.7"; 4.6 Liter.
| | | | | | | |
|---|---|---|---|---|---|---|
| GS Sedan 4D | M74W | 23460 | 1150 | 1275 | 1850 | 2825 |
| LS Sedan 4D | M75W | 25360 | 1375 | 1525 | 2225 | 3425 |

## 2002 MERCURY — (1or2)(MEorZW)-(M50U)-2-#

**SABLE—V6—Equipment Schedule 4**
W.B. 108.5"; 3.0 Liter.
| | | | | | | |
|---|---|---|---|---|---|---|
| GS Sedan 4D | M50U | 20255 | 975 | 1075 | 1700 | 2650 |
| GS Wagon 4D | M58U | 21665 | 1350 | 1500 | 2200 | 3450 |

**SABLE—V6 24V—Equipment Schedule 4**
W.B. 108.5"; 3.0 Liter.
| | | | | | | |
|---|---|---|---|---|---|---|
| LS Premium Sedan 4D | M55S | 22680 | 1350 | 1500 | 2325 | 3625 |
| LS Premium Wagon 4D | M59S | 23845 | 1375 | 1525 | 2350 | 3675 |

**COUGAR—V6—Equipment Schedule 4**
W.B. 106.4"; 2.5 Liter.
| | | | | | | |
|---|---|---|---|---|---|---|
| Coupe 2D | T61L | 18490 | 950 | 1050 | 1625 | 2525 |
| Sport Coupe 2D | T61L | 18990 | 1100 | 1225 | 1825 | 2850 |
| C2 Coupe 2D | T61L | 19505 | 1200 | 1325 | 1975 | 3050 |
| Xr Coupe 2D | T61L | 19940 | 1250 | 1375 | 2025 | 3150 |
| Manual, 5-Spd | | | (200) | (200) | (265) | (265) |
| 4-Cyl, 2.0 Liter | 3 | | (275) | (275) | (365) | (365) |
| 35th Anniversary | | | 75 | 75 | 100 | 100 |

**GRAND MARQUIS—V8—Equipment Schedule 4**
W.B. 114.7"; 4.6 Liter.
| | | | | | | |
|---|---|---|---|---|---|---|
| GS Sedan 4D | M74W | 24325 | 1325 | 1450 | 2125 | 3200 |
| LS Sedan 4D | M75W | 27800 | 1625 | 1800 | 2500 | 3800 |
| LSE Sedan 4D | M75W | 29305 | 1850 | 2025 | 2825 | 4225 |

## 2003 MERCURY — (1or2)ME-(M50U)-3-#

**SABLE—V6—Equipment Schedule 4**
W.B. 108.5"; 3.0 Liter.
| | | | | | | |
|---|---|---|---|---|---|---|
| GS Sedan 4D | M50U | 20770 | 1475 | 1625 | 2375 | 3700 |
| GS Wagon 4D | M58U | 22180 | 1800 | 1975 | 2950 | 4550 |

**SABLE—V6 24V—Equipment Schedule 4**
W.B. 108.5"; 3.0 Liter.
| | | | | | | |
|---|---|---|---|---|---|---|
| LS Premium Sedan 4D | M55S | 23145 | 1875 | 2050 | 3050 | 4725 |
| LS Premium Wagon 4D | M59S | 24310 | 1925 | 2125 | 3125 | 4825 |

**GRAND MARQUIS—V8—Equipment Schedule 4**
W.B. 114.7"; 4.6 Liter.
| | | | | | | |
|---|---|---|---|---|---|---|
| GS Sedan 4D | M74W | 24875 | 2000 | 2200 | 2925 | 4300 |
| LS Sedan 4D | M75W | 28605 | 2275 | 2500 | 3325 | 4850 |
| LSE Sedan 4D | M75W | 30110 | 2575 | 2825 | 3725 | 5400 |
| Limited Edition | | | 375 | 375 | 500 | 500 |

**MARAUDER—V8—Equipment Schedule 2**
W.B. 114.7"; 4.6 Liter.
| | | | | | | |
|---|---|---|---|---|---|---|
| Sedan 4D | M75V | 34495 | 5175 | 5550 | 6675 | 8925 |

## 2004 MERCURY — (1or2)ME-(M50U)-4-#

**SABLE—V6—Equipment Schedule 4**
W.B. 108.5"; 3.0 Liter.
| | | | | | | |
|---|---|---|---|---|---|---|
| GS Sedan 4D | M50U | 21595 | 1700 | 1875 | 2700 | 4100 |
| GS Wagon 4D | M58U | 22595 | 2125 | 2325 | 3300 | 4950 |

# 2004 MERCURY

| Body Type | VIN | List | Trade-In Good | Very Good | Pvt-Party Good | Retail Excellent |
|---|---|---|---|---|---|---|
| **SABLE—V6 24V**—Equipment Schedule 4 | | | | | | |
| W.B. 108.5"; 3.0 Liter. | | | | | | |
| LS Premium Sedan 4D | M55S | 23895 | 2250 | 2475 | 3475 | 5250 |
| LS Premium Wagon 4D | M59S | 24795 | 2325 | 2550 | 3600 | 5400 |
| **GRAND MARQUIS—V8**—Equipment Schedule 4 | | | | | | |
| W.B. 114.7"; 4.6 Liter. | | | | | | |
| GS Sedan 4D | M74W | 24695 | 2450 | 2675 | 3450 | 4950 |
| LS Sedan 4D | M75W | 29595 | 2775 | 3075 | 3875 | 5525 |
| Limited Edition | | | 425 | 425 | 565 | 565 |
| **MARAUDER—V8**—Equipment Schedule 2 | | | | | | |
| W.B. 114.7"; 4.6 Liter. | | | | | | |
| Sedan 4D | M79V | 34495 | 6550 | 6975 | 8375 | 10950 |

## 2005 MERCURY — (1or2)ME-(M50U)-5-#

| Body Type | VIN | List | Good | Very Good | Good | Excellent |
|---|---|---|---|---|---|---|
| **SABLE—V6**—Equipment Schedule 4 | | | | | | |
| W.B. 108.5"; 3.0 Liter. | | | | | | |
| GS Sedan 4D | M50U | 21525 | 2175 | 2400 | 3500 | 5200 |
| **SABLE—V6 24V**—Equipment Schedule 4 | | | | | | |
| W.B. 108.5"; 3.0 Liter. | | | | | | |
| LS Sedan 4D | M55S | 24490 | 2325 | 2575 | 3725 | 5500 |
| LS Wagon 4D | M59S | 25800 | 2425 | 2675 | 3850 | 5700 |
| **MONTEGO—V6**—Equipment Schedule 4 | | | | | | |
| W.B. 112.9"; 3.0 Liter. | | | | | | |
| Luxury Sedan 4D | M401 | 24995 | 2975 | 3275 | 4225 | 5900 |
| Premier Sedan 4D | M421 | 27195 | 3025 | 3325 | 4275 | 6000 |
| AWD | | | 550 | 550 | 735 | 735 |
| **GRAND MARQUIS—V8**—Equipment Schedule 4 | | | | | | |
| W.B. 114.7"; 4.6 Liter. | | | | | | |
| GS Sedan 4D | M74W | 25095 | 2950 | 3275 | 4225 | 5800 |
| LS Sedan 4D | M75W | 30150 | 3425 | 3750 | 4800 | 6575 |
| LSE Sedan 4D | M75W | 30620 | 3575 | 3900 | 5000 | 6825 |

## 2006 MERCURY — (1,2or3)ME-(M07Z)-6-#

| Body Type | VIN | List | Good | Very Good | Good | Excellent |
|---|---|---|---|---|---|---|
| **MILAN—4-Cyl.**—Equipment Schedule 4 | | | | | | |
| W.B. 107.4"; 2.3 Liter. | | | | | | |
| Sedan 4D | M07Z | 19820 | 4025 | 4375 | 5500 | 7425 |
| Premier Sedan 4D | M08Z | 21715 | 4400 | 4750 | 5950 | 8025 |
| Manual, 5-Spd | | | (425) | (425) | (565) | (565) |
| V6, 3.0 Liter | 1 | | 625 | 625 | 835 | 835 |
| **MONTEGO—V6**—Equipment Schedule 4 | | | | | | |
| W.B. 112.9"; 3.0 Liter. | | | | | | |
| Luxury Sedan 4D | M401 | 25130 | 3275 | 3600 | 4550 | 6200 |
| Premier Sedan 4D | M421 | 27580 | 3875 | 4225 | 5300 | 7150 |
| AWD | | | 575 | 575 | 765 | 765 |
| **GRAND MARQUIS—V8**—Equipment Schedule 4 | | | | | | |
| W.B. 114.7"; 4.6 Liter. | | | | | | |
| GS Sedan 4D | M74W | 25555 | 3375 | 3700 | 4550 | 6050 |
| LS Sedan 4D | M75V | 30840 | 4100 | 4450 | 5400 | 7150 |
| Limited Edition | | | 475 | 475 | 635 | 635 |

## 2007 MERCURY—(1,2or3)ME-(M07Z)-7-#

| Body Type | VIN | List | Good | Very Good | Good | Excellent |
|---|---|---|---|---|---|---|
| **MILAN—4-Cyl.**—Equipment Schedule 4 | | | | | | |
| W.B. 107.4"; 2.3 Liter. | | | | | | |
| Sedan 4D | M07Z | 22465 | 4725 | 5100 | 6200 | 8175 |
| Premier Sedan 4D | M08Z | 23995 | 5100 | 5500 | 6850 | 9025 |
| AWD | | | 825 | 825 | 1100 | 1100 |
| Manual, 5-Spd | | | (450) | (450) | (600) | (600) |
| V6, 3.0 Liter | 1 | | 650 | 650 | 865 | 865 |
| **MONTEGO—V6**—Equipment Schedule 4 | | | | | | |
| W.B. 112.9"; 3.0 Liter. | | | | | | |
| Sedan 4D | M401 | 24220 | 3950 | 4300 | 5325 | 7125 |
| Premier Sedan 4D | M421 | 27995 | 4750 | 5125 | 6300 | 8400 |
| AWD | | | 625 | 625 | 835 | 835 |
| **GRAND MARQUIS—V8**—Equipment Schedule 4 | | | | | | |
| W.B. 114.6"; 4.6 Liter. | | | | | | |
| GS Sedan 4D | M74V | 25660 | 4025 | 4375 | 5125 | 6625 |
| LS Sedan 4D | M75V | 30320 | 4825 | 5200 | 6050 | 7775 |
| Palm Beach Edition | | | 400 | 400 | 535 | 535 |

## 2008 MERCURY — (1,2or3)ME-(M07Z)-8-#

**MILAN—4-Cyl.**—Equipment Schedule 4
W.B. 107.4"; 2.3 Liter.

## 2008 MERCURY

| Body Type | VIN | List | Trade-In Good | Very Good | Pvt-Party Good | Retail Excellent |
|---|---|---|---|---|---|---|
| Sedan 4D | M07Z | 20325 | 5700 | 6100 | 7250 | 9250 |
| Premier Sedan 4D | M08Z | 22020 | 6225 | 6650 | 7850 | 10000 |
| AWD | | | 875 | 875 | 1165 | 1165 |
| Manual, 5-Spd w/Overdrive | | | (500) | (500) | (665) | (665) |
| V6, 3.0 Liter | 1 | | 675 | 675 | 900 | 900 |
| **SABLE—V6—Equipment Schedule 4** | | | | | | |
| W.B. 112.9"; 3.5 Liter. | | | | | | |
| Sedan 4D | M40W | 24290 | 5825 | 6250 | 7425 | 9525 |
| Premier Sedan 4D | M42W | 28080 | 6575 | 7025 | 8300 | 10600 |
| AWD | | | 1350 | 1350 | 1800 | 1800 |
| **GRAND MARQUIS—V8—Equipment Schedule 4** | | | | | | |
| W.B. 114.6"; 4.6 Liter. | | | | | | |
| GS Sedan 4D | M74V | 25830 | 6125 | 6550 | 7375 | 9100 |
| LS Sedan 4D | M75V | 28720 | 6825 | 7275 | 8225 | 10100 |
| Palm Beach Edition | | | 425 | 425 | 565 | 565 |

## 2009 MERCURY — (1,2or3)ME-(M07Z)-9-#

| Body Type | VIN | List | Trade-In Good | Very Good | Pvt-Party Good | Retail Excellent |
|---|---|---|---|---|---|---|
| **MILAN—4-Cyl.—Equipment Schedule 4** | | | | | | |
| W.B. 107.4"; 2.3 Liter. | | | | | | |
| Sedan 4D | M07Z | 20910 | 7025 | 7475 | 8550 | 10650 |
| Premier Sedan 4D | M08Z | 23160 | 8025 | 8525 | 9750 | 12100 |
| AWD | | | 950 | 950 | 1265 | 1265 |
| Manual, 5-Spd w/Overdrive | | | (525) | (525) | (700) | (700) |
| V6, 3.0 Liter | 1 | | 725 | 725 | 965 | 965 |
| **SABLE—V6—Equipment Schedule 4** | | | | | | |
| W.B. 112.9"; 3.5 Liter. | | | | | | |
| Sedan 4D | M40W | 25250 | 7325 | 7800 | 8875 | 11000 |
| Premier Sedan 4D | M42W | 29510 | 8175 | 8675 | 9825 | 12150 |
| AWD | | | 1425 | 1425 | 1900 | 1900 |
| **GRAND MARQUIS—V8—Equipment Schedule 4** | | | | | | |
| W.B. 114.6"; 4.6 Liter. | | | | | | |
| LS Sedan 4D | M75V | 29585 | 8375 | 8875 | 9775 | 11850 |

## 2010 MERCURY — (2or3)ME-(M0HA)-A-#

| Body Type | VIN | List | Trade-In Good | Very Good | Pvt-Party Good | Retail Excellent |
|---|---|---|---|---|---|---|
| **MILAN—4-Cyl.—Equipment Schedule 4** | | | | | | |
| W.B. 107.4"; 2.5 Liter. | | | | | | |
| Sedan 4D | M0HA | 21905 | 8275 | 8775 | 9875 | 12150 |
| **MILAN—4-Cyl. Hybrid—Equipment Schedule 4** | | | | | | |
| W.B. 107.4"; 2.5 Liter. | | | | | | |
| Sedan 4D | M0L3 | 28225 | 10950 | 11500 | 12350 | 14650 |
| **MILAN—V6 Flex Fuel—Equipment Schedule 4** | | | | | | |
| W.B. 107.4"; 3.0 Liter. | | | | | | |
| Premier Sedan 4D | M0JA | 26675 | 9100 | 9625 | 10850 | 13300 |
| AWD | C | | 1100 | 1100 | 1465 | 1465 |
| 4-Cyl, 2.5 Liter | A | | (675) | (675) | (900) | (900) |
| **GRAND MARQUIS—V8—Equipment Schedule 4** | | | | | | |
| W.B. 114.6"; 4.6 Liter. | | | | | | |
| LS Sedan 4D | M7FV | 30285 | 9850 | 10400 | 11250 | 13450 |

## 2011 MERCURY — (2or3)ME-(M0HA)-B-#

| Body Type | VIN | List | Trade-In Good | Very Good | Pvt-Party Good | Retail Excellent |
|---|---|---|---|---|---|---|
| **MILAN—4-Cyl.—Equipment Schedule 4** | | | | | | |
| W.B. 107.4"; 2.5 Liter. | | | | | | |
| Sedan 4D | M0HA | 22750 | 9400 | 9925 | 11200 | 13750 |
| **MILAN—4-Cyl. Hybrid—Equipment Schedule 4** | | | | | | |
| W.B. 107.4"; 2.5 Liter. | | | | | | |
| Sedan 4D | M0L3 | 29070 | 11900 | 12500 | 13350 | 15700 |
| **MILAN—V6 Flex Fuel—Equipment Schedule 4** | | | | | | |
| W.B. 107.4"; 3.0 Liter. | | | | | | |
| Premier Sedan 4D | M0JA | 25890 | 10150 | 10700 | 12000 | 14750 |
| AWD | C | | 700 | 700 | 935 | 935 |
| 4-Cyl, 2.5 Liter | A | | (700) | (700) | (935) | (935) |
| **GRAND MARQUIS—V8—Equipment Schedule 4** | | | | | | |
| W.B. 114.6"; 4.6 Liter. | | | | | | |
| LS Sedan 4D | M7FV | 30810 | 11450 | 12050 | 13000 | 15450 |

# MINI

## 2002 MINI — (WMW(RC334)-2-#

**COOPER—4-Cyl.—Equipment Schedule 3**
W.B. 97.1"; 1.6 Liter.

## 2002 MINI

| Body Type | VIN | List | Trade-In Good | Very Good | Pvt-Party Good | Retail Excellent |
|---|---|---|---|---|---|---|
| Hatchback 2D | RC334 | 16850 | 2425 | 2650 | 3525 | 5150 |
| Sport Pkg | | | 250 | 250 | 335 | 335 |
| **COOPER S—4-Cyl. Supercharged**—Equipment Schedule 3 | | | | | | |
| W.B. 97.1"; 1.6 Liter. | | | | | | |
| Hatchback 2D | RE334 | 19850 | 2375 | 2600 | 3250 | 4600 |
| Sport Pkg | | | 250 | 250 | 335 | 335 |
| John Cooper Works | | | 1425 | 1425 | 1900 | 1900 |

## 2003 MINI — WMW(RC334)-3-#

**COOPER—4-Cyl.**—Equipment Schedule 3
W.B. 97.1"; 1.6 Liter.

| Body Type | VIN | List | Good | Very Good | Good | Excellent |
|---|---|---|---|---|---|---|
| Hatchback 2D | RC334 | 18575 | 2800 | 3100 | 3925 | 5625 |
| Sport Pkg | | | 275 | 275 | 365 | 365 |
| **COOPER S—4-Cyl. Supercharged**—Equipment Schedule 3 | | | | | | |
| W.B. 97.1"; 1.6 Liter. | | | | | | |
| Hatchback 2D | RE334 | 20325 | 3250 | 3575 | 4400 | 6050 |
| Sport Pkg | | | 275 | 275 | 365 | 365 |
| John Cooper Works | | | 1525 | 1525 | 2035 | 2035 |

## 2004 MINI — WMW(RC334)-4-#

**COOPER—4-Cyl.**—Equipment Schedule 3
W.B. 97.1"; 1.6 Liter.

| Body Type | VIN | List | Good | Very Good | Good | Excellent |
|---|---|---|---|---|---|---|
| Hatchback 2D | RC334 | 18299 | 3250 | 3575 | 4475 | 6175 |
| Sport Pkg | | | 300 | 300 | 400 | 400 |
| **COOPER S—4-Cyl. Supercharged**—Equipment Schedule 3 | | | | | | |
| W.B. 97.1"; 1.6 Liter. | | | | | | |
| Hatchback 2D | RE334 | 19999 | 3800 | 4125 | 5000 | 6750 |
| Sport Pkg | | | 300 | 300 | 400 | 400 |
| MC40 Pkg | | | 1500 | 1500 | 2000 | 2000 |
| John Cooper Works | | | 1650 | 1650 | 2200 | 2200 |

## 2005 MINI — WMW(RC334)-5-#

**COOPER—4-Cyl.**—Equipment Schedule 3
W.B. 97.1"; 1.6 Liter.

| Body Type | VIN | List | Good | Very Good | Good | Excellent |
|---|---|---|---|---|---|---|
| Hatchback 2D | RC334 | 18299 | 3575 | 3900 | 4900 | 6625 |
| Sport Pkg | | | 300 | 300 | 400 | 400 |
| **COOPER CONVERTIBLE—4-Cyl.**—Equipment Schedule 3 | | | | | | |
| W.B. 97.1"; 1.6 Liter. | | | | | | |
| Convertible 2D | RF334 | 22800 | 4275 | 4625 | 5775 | 7750 |
| Sport Pkg | | | 300 | 300 | 400 | 400 |
| **COOPER S—4-Cyl. Supercharged**—Equipment Schedule 3 | | | | | | |
| W.B. 97.1"; 1.6 Liter. | | | | | | |
| Hatchback 2D | RE334 | 20449 | 4200 | 4550 | 5475 | 7175 |
| Sport Pkg | | | 300 | 300 | 400 | 400 |
| John Cooper Works | | | 1750 | 1750 | 2335 | 2335 |
| **COOPER CONVERTIBLE S—4-Cyl. Supercharged**—Equipment Schedule 3 | | | | | | |
| W.B. 97.1"; 1.6 Liter. | | | | | | |
| S Convertible 2D | RH334 | 24950 | 5125 | 5525 | 6750 | 8800 |
| Sport Pkg | | | 300 | 300 | 400 | 400 |
| John Cooper Works | | | 1750 | 1750 | 2335 | 2335 |

## 2006 MINI — WMW(RC335)-6-#

**COOPER—4-Cyl.**—Equipment Schedule 3
W.B. 97.1"; 1.6 Liter.

| Body Type | VIN | List | Good | Very Good | Good | Excellent |
|---|---|---|---|---|---|---|
| Hatchback 2D | RC335 | 18800 | 4350 | 4700 | 5850 | 7875 |
| Sport Pkg | | | 325 | 325 | 435 | 435 |
| Checkmate Pkg | | | 475 | 475 | 635 | 635 |
| **COOPER CONVERTIBLE—4-Cyl.**—Equipment Schedule 3 | | | | | | |
| W.B. 97.1"; 1.6 Liter. | | | | | | |
| Convertible 2D | RF335 | 23300 | 5050 | 5450 | 6925 | 9250 |
| Sport Pkg | | | 325 | 325 | 435 | 435 |
| **COOPER S—4-Cyl. Supercharged**—Equipment Schedule 3 | | | | | | |
| W.B. 97.1"; 1.6 Liter. | | | | | | |
| S Hatchback 2D | RE335 | 22500 | 4825 | 5200 | 6225 | 7975 |
| GP Hatchback 2D | RE935 | 31150 | **** | **** | **** | 16500 |
| Sport Pkg | | | 325 | 325 | 435 | 435 |
| Checkmate Pkg | | | 475 | 475 | 635 | 635 |
| John Cooper Works (ex GP) | | | 1875 | 1875 | 2500 | 2500 |
| **COOPER CONVERTIBLE S—4-Cyl. Supercharged**—Equipment Schedule 3 | | | | | | |
| W.B. 97.1"; 1.6 Liter. | | | | | | |
| S Convertible 2D | RH335 | 26800 | 6050 | 6475 | 7700 | 9825 |
| Sport Pkg | | | 325 | 325 | 435 | 435 |

# 2006 MINI

| Body Type | VIN | List | Trade-In Good | Trade-In Very Good | Pvt-Party Good | Retail Excellent |
|---|---|---|---|---|---|---|
| John Cooper Works | | | 1875 | 1875 | 2500 | 2500 |

## 2007 MINI — WMW(MF335)-7-#

**COOPER—4-Cyl.—Equipment Schedule 3**
W.B. 97.1"; 1.6 Liter.

| Body Type | VIN | List | Good | Very Good | Good | Excellent |
|---|---|---|---|---|---|---|
| Hatchback 2D | MF335 | 20050 | 4900 | 5275 | 6450 | 8375 |
| Sport Pkg | | | 350 | 350 | 465 | 465 |

**COOPER—4-Cyl. Turbo—Equipment Schedule 3**
W.B. 97.1"; 1.6 Liter.

| | | | | | | |
|---|---|---|---|---|---|---|
| S Hatchback 2D | MF735 | 23200 | 6125 | 6550 | 7650 | 9700 |
| Sport Pkg | | | 350 | 350 | 465 | 465 |

**COOPER CONVERTIBLE—4-Cyl.—Equipment Schedule 3**
W.B. 97.1"; 1.6 Liter.

| | | | | | | |
|---|---|---|---|---|---|---|
| Convertible 2D | RF335 | 23900 | 6200 | 6625 | 7975 | 10300 |
| Sport Pkg | | | 350 | 350 | 465 | 465 |

**COOPER CONVERTIBLE—4-Cyl. Turbo—Equipment Schedule 3**
W.B. 97.1"; 1.6 Liter.

| | | | | | | |
|---|---|---|---|---|---|---|
| S Convertible 2D | RH335 | 27400 | 9000 | 9525 | 11000 | 13850 |
| Sport Pkg | | | 350 | 350 | 465 | 465 |
| John Cooper Works | | | 2000 | 2000 | 2665 | 2665 |

## 2008 MINI — WMW(MF335)-8-#

**COOPER—4-Cyl.—Equipment Schedule 3**
W.B. 97.1"; 1.6 Liter.

| | | | | | | |
|---|---|---|---|---|---|---|
| Hatchback 2D | MF335 | 19950 | 6450 | 6875 | 7975 | 10050 |
| Sport Pkg | | | 400 | 400 | 535 | 535 |

**COOPER—4-Cyl. Turbo—Equipment Schedule 3**
W.B. 97.1"; 1.6 Liter.

| | | | | | | |
|---|---|---|---|---|---|---|
| S Hatchback 2D | MF735 | 23100 | 7625 | 8100 | 9150 | 11250 |
| Sport Pkg | | | 400 | 400 | 535 | 535 |

**COOPER CONVERTIBLE—4-Cyl.—Equipment Schedule 3**
W.B. 97.1"; 1.6 Liter.

| | | | | | | |
|---|---|---|---|---|---|---|
| Convertible 2D | RF335 | 23850 | 8475 | 8975 | 10350 | 12950 |
| Sport Pkg | | | 400 | 400 | 535 | 535 |

**COOPER CONVERTIBLE—4-Cyl. Turbo—Equipment Schedule 3**
W.B. 97.1"; 1.6 Liter.

| | | | | | | |
|---|---|---|---|---|---|---|
| S Convertible 2D | RH335 | 27300 | 9850 | 10400 | 11650 | 14300 |
| Sport Pkg | | | 400 | 400 | 535 | 535 |
| John Cooper Works | | | 2200 | 2200 | 2935 | 2935 |

**COOPER CLUBMAN—4-Cyl.—Equipment Schedule 3**
W.B. 100.4"; 1.6 Liter.

| | | | | | | |
|---|---|---|---|---|---|---|
| Hatchback 2D | ML335 | 21850 | 7475 | 7950 | 9000 | 11100 |
| Sport Pkg | | | 400 | 400 | 535 | 535 |

**COOPER CLUBMAN—4-Cyl. Turbo—Equipment Schedule 3**
W.B. 100.4"; 1.6 Liter.

| | | | | | | |
|---|---|---|---|---|---|---|
| S Hatchback 2D | MM335 | 25350 | 8900 | 9400 | 10300 | 12400 |
| Sport Pkg | | | 400 | 400 | 535 | 535 |

## 2009 MINI — WMW(MF335)-9-#

**COOPER HARDTOP—4-Cyl.—Equipment Schedule 3**
W.B. 97.1" 1.6 Liter.

| | | | | | | |
|---|---|---|---|---|---|---|
| Hatchback 2D | MF335 | 20450 | 7600 | 8075 | 8925 | 10800 |
| Sport Pkg | | | 450 | 450 | 600 | 600 |

**COOPER HARDTOP—4-Cyl. Turbo—Equipment Schedule 3**
W.B. 97.1"; 1.6 Liter.

| | | | | | | |
|---|---|---|---|---|---|---|
| S Hatchback 2D | MF735 | 22600 | 8675 | 9175 | 9975 | 11900 |
| Sport Pkg | | | 450 | 450 | 600 | 600 |

**COOPER CONVERTIBLE—4-Cyl.—Equipment Schedule 3**
W.B. 97.1"; 1.6 Liter.

| | | | | | | |
|---|---|---|---|---|---|---|
| Convertible 2D | MR335 | 25800 | 10200 | 10700 | 11750 | 14150 |
| Sport Pkg | | | 450 | 450 | 600 | 600 |

**COOPER CONVERTIBLE—4-Cyl. Turbo—Equipment Schedule 3**
W.B. 97.1"; 1.6 Liter.

| | | | | | | |
|---|---|---|---|---|---|---|
| S Convertible 2D | MS335 | 27450 | 11650 | 12200 | 13200 | 15650 |
| Sport Pkg | | | 450 | 450 | 600 | 600 |

**COOPER CLUBMAN—4-Cyl.—Equipment Schedule 3**
W.B. 100.4"; 1.6 Liter.

| | | | | | | |
|---|---|---|---|---|---|---|
| Hatchback 2D | ML335 | 22100 | 8700 | 9200 | 10150 | 12250 |
| Sport Pkg | | | 450 | 450 | 600 | 600 |

**COOPER CLUBMAN—4-Cyl. Turbo—Equipment Schedule 3**
W.B. 100.4"; 1.6 Liter.

| | | | | | | |
|---|---|---|---|---|---|---|
| S Hatchback 2D | MM335 | 25600 | 10000 | 10550 | 11400 | 13600 |

**DEDUCT FOR RECONDITIONING**

## 2009 MINI

| Body Type | VIN | List | Trade-In Good | Very Good | Pvt-Party Good | Retail Excellent |
|---|---|---|---|---|---|---|
| Sport Pkg | | | 450 | 450 | 600 | 600 |
| **JOHN COOPER WORKS HARDTOP—4-Cyl. Turbo—Equipment Schedule 3** | | | | | | |
| W.B. 97.1"; 1.6 Liter. | | | | | | |
| Hatchback 2D | MF935 | 29200 | 12550 | 13150 | 14250 | 16900 |
| **JOHN COOPER WORKS CONVERTIBLE—4-Cyl. Turbo—Equip Sch 3** | | | | | | |
| W.B. 97.1"; 1.6 Liter. | | | | | | |
| Convertible 2D | MS935 | 34950 | 17250 | 18000 | 19300 | 22800 |
| **JOHN COOPER WORKS CLUBMAN—4-Cyl. Turbo—Equipment Sch 3** | | | | | | |
| W.B. 100.4"; 1.6 Liter. | | | | | | |
| Hatchback 2D | MM935 | 31450 | 13150 | 13800 | 14950 | 17750 |

## 2010 MINI — WMW(MF3C5)-A-#

| Body Type | VIN | List | Trade-In Good | Very Good | Pvt-Party Good | Retail Excellent |
|---|---|---|---|---|---|---|
| **COOPER HARDTOP—4-Cyl.—Equipment Schedule 3** | | | | | | |
| W.B. 97.1"; 1.6 Liter. | | | | | | |
| Hatchback 2D | MF3C5 | 19950 | 9600 | 10150 | 10850 | 12850 |
| Sport Pkg | | | 500 | 500 | 665 | 665 |
| **COOPER HARDTOP—4-Cyl. Turbo—Equipment Schedule 3** | | | | | | |
| W.B. 97.1"; 1.6 Liter. | | | | | | |
| S Hatchback 2D | MF7C5 | 23000 | 11350 | 11900 | 12700 | 14900 |
| Sport Pkg | | | 500 | 500 | 665 | 665 |
| **COOPER CONVERTIBLE—4-Cyl.—Equipment Schedule 3** | | | | | | |
| W.B. 97.1"; 1.6 Liter. | | | | | | |
| Convertible 2D | MR3C5 | 26200 | 11800 | 12400 | 13250 | 15650 |
| Sport Pkg | | | 500 | 500 | 665 | 665 |
| **COOPER CONVERTIBLE—4-Cyl. Turbo—Equipment Schedule 3** | | | | | | |
| W.B. 97.1"; 1.6 Liter. | | | | | | |
| S Convertible 2D | MS3C5 | 27850 | 14750 | 15400 | 16400 | 19150 |
| Sport Pkg | | | 500 | 500 | 665 | 665 |
| **COOPER CLUBMAN—4-Cyl.—Equipment Schedule 3** | | | | | | |
| W.B. 100.3"; 1.6 Liter. | | | | | | |
| Hatchback 2D | ML3C5 | 22400 | 9550 | 10100 | 10950 | 13100 |
| Sport Pkg | | | 500 | 500 | 665 | 665 |
| **COOPER S CLUBMAN—4-Cyl. Turbo—Equipment Schedule 3** | | | | | | |
| W.B. 100.3"; 1.6 Liter. | | | | | | |
| S Hatchback 2D | MM3C5 | 26000 | 12100 | 12700 | 13500 | 15850 |
| Sport Pkg | | | 500 | 500 | 665 | 665 |
| **JOHN COOPER WORKS HARDTOP—4-Cyl. Turbo—Equipment Schedule 3** | | | | | | |
| W.B. 97.1"; 1.6 Liter. | | | | | | |
| Hatchback 2D | MF9C5 | 29500 | 15900 | 16600 | 17600 | 20500 |
| **JOHN COOPER WORKS CONVERTIBLE—4-Cyl. Turbo—Equip Sch 3** | | | | | | |
| W.B. 97.1"; 1.6 Liter. | | | | | | |
| Convertible 2D | MS9C5 | 34700 | 19900 | 20800 | 21800 | 25500 |
| **JOHN COOPER WORKS CLUBMAN—4-Cyl. Turbo—Equipment Sch 3** | | | | | | |
| W.B. 100.3"; 1.6 Liter. | | | | | | |
| Hatchback 2D | MM9C5 | 31700 | 16000 | 16700 | 17700 | 20700 |

## 2011 MINI — WMW(SU3C5)-B-#

| Body Type | VIN | List | Trade-In Good | Very Good | Pvt-Party Good | Retail Excellent |
|---|---|---|---|---|---|---|
| **COOPER HARDTOP—4-Cyl.—Equipment Schedule 3** | | | | | | |
| W.B. 97.1"; 1.6 Liter. | | | | | | |
| Hatchback 2D | SU3C5 | 21350 | 11300 | 11900 | 12600 | 14750 |
| Sport Pkg | | | 550 | 550 | 735 | 735 |
| **COOPER HARDTOP—4-Cyl. Turbo—Equipment Schedule 3** | | | | | | |
| W.B. 97.1"; 1.6 Liter. | | | | | | |
| S Hatchback 2D | SV3C5 | 23700 | 13500 | 14150 | 14900 | 17300 |
| Sport Pkg | | | 550 | 550 | 735 | 735 |
| **COOPER CONVERTIBLE—4-Cyl.—Equipment Schedule 3** | | | | | | |
| W.B. 97.1"; 1.6 Liter. | | | | | | |
| Convertible 2D | ZN3C5 | 26800 | 13900 | 14550 | 15400 | 18000 |
| Sport Pkg | | | 550 | 550 | 735 | 735 |
| **COOPER CONVERTIBLE—4-Cyl. Turbo—Equipment Schedule 3** | | | | | | |
| W.B. 97.1"; 1.6 Liter. | | | | | | |
| S Convertible 2D | ZP3C5 | 28550 | 17700 | 18450 | 19300 | 22300 |
| Sport Pkg | | | 550 | 550 | 735 | 735 |
| **COOPER CLUBMAN—4-Cyl.—Equipment Schedule 3** | | | | | | |
| W.B. 100.3"; 1.6 Liter. | | | | | | |
| Hatchback 2D | ZF3C5 | 23050 | 11750 | 12350 | 13100 | 15300 |
| Sport Pkg | | | 550 | 550 | 735 | 735 |
| **COOPER CLUBMAN—4-Cyl. Turbo—Equipment Schedule 3** | | | | | | |
| W.B. 100.3"; 1.6 Liter. | | | | | | |
| S Hatchback 2D | ZG3C5 | 26750 | 14150 | 14800 | 15650 | 18200 |
| **COOPER COUNTRYMAN—4-Cyl.—Equipment Schedule 3** | | | | | | |
| W.B. 102.2"; 1.6 Liter. | | | | | | |

## 2011 MINI

| Body Type | VIN | List | Trade-In Good | Very Good | Pvt-Party Good | Retail Excellent |
|---|---|---|---|---|---|---|
| Hatchback 4D | ZB3C5 | 22350 | 14700 | 15350 | 15950 | 18350 |
| **COOPER COUNTRYMAN—4-Cyl. Turbo**—Equipment Schedule 3 | | | | | | |
| W.B. 102.2"; 1.6 Liter. | | | | | | |
| Hatchback 4D | ZC3C5 | 25950 | 15850 | 16550 | 17150 | 19650 |
| **COOPER COUNTRYMAN AWD—4-Cyl. Turbo**—Equipment Sch 3 | | | | | | |
| W.B. 102.2"; 1.6 Liter. | | | | | | |
| ALL4 Hatchback 4D | ZC5C5 | 27650 | 18250 | 19050 | 19650 | 22500 |
| **JOHN COOPER WORKS HARDTOP—4-Cyl. Turbo**—Equipment Schedule 3 | | | | | | |
| W.B. 97.1"; 1.6 Liter. | | | | | | |
| Hatchback 2D | SV9C5 | 29800 | 19700 | 20600 | 21400 | 24800 |
| **JOHN COOPER WORKS CONVERTIBLE—4-Cyl. Turbo**—Equip Sch 3 | | | | | | |
| W.B. 97.1"; 1.6 Liter. | | | | | | |
| Convertible 2D | ZP9C5 | 35000 | 21900 | 22800 | 23700 | 27300 |
| **JOHN COOPER WORKS CLUBMAN—4-Cyl. Turbo**—Equipment Sch 3 | | | | | | |
| W.B. 100.3"; 1.6 Liter. | | | | | | |
| Hatchback 2D | ZG9C5 | 32000 | 19150 | 20000 | 20900 | 24300 |

## 2012 MINI — WMW(SU3C5)-C-#

| Body Type | VIN | List | Trade-In Good | Very Good | Pvt-Party Good | Retail Excellent |
|---|---|---|---|---|---|---|
| **COOPER HARDTOP—4-Cyl.**—Equipment Schedule 3 | | | | | | |
| W.B. 97.1"; 1.6 Liter. | | | | | | |
| Hatchback 2D | SU3C5 | 21450 | 12500 | 13150 | 13900 | 16300 |
| Sport Pkg | | | 600 | 600 | 800 | 800 |
| **COOPER HARDTOP—4-Cyl. Turbo**—Equipment Schedule 3 | | | | | | |
| W.B. 97.1"; 1.6 Liter. | | | | | | |
| S Hatchback 2D | SV3C5 | 23800 | 15350 | 16050 | 16600 | 19000 |
| Sport Pkg | | | 600 | 600 | 800 | 800 |
| **COOPER COUPE—4-Cyl.**—Equipment Schedule 3 | | | | | | |
| W.B. 97.1"; 1.6 Liter. | | | | | | |
| Coupe 2D | SX1C5 | 22000 | 12400 | 13000 | 13550 | 15500 |
| Sport Pkg | | | 600 | 600 | 800 | 800 |
| **COOPER COUPE—4-Cyl. Turbo**—Equipment Schedule 3 | | | | | | |
| W.B. 97.1"; 1.6 Liter. | | | | | | |
| S Coupe 2D | SX3C5 | 25300 | 15200 | 15900 | 16400 | 18700 |
| Sport Pkg | | | 600 | 600 | 800 | 800 |
| **COOPER ROADSTER—4-Cyl.**—Equipment Schedule 3 | | | | | | |
| W.B. 97.1"; 1.6 Liter. | | | | | | |
| Roadster 2D | SY1C5 | 25050 | 16100 | 16850 | 17750 | 20600 |
| Sport Pkg | | | 600 | 600 | 800 | 800 |
| **COOPER ROADSTER—4-Cyl. Turbo**—Equipment Schedule 3 | | | | | | |
| W.B. 97.1"; 1.6 Liter. | | | | | | |
| S Roadster 2D | SY3C5 | 28050 | 19250 | 20100 | 21000 | 24400 |
| Sport Pkg | | | 600 | 600 | 800 | 800 |
| **COOPER CONVERTIBLE—4-Cyl.**—Equipment Schedule 3 | | | | | | |
| W.B. 97.1"; 1.6 Liter. | | | | | | |
| Convertible 2D | ZN3C5 | 26900 | 16350 | 17100 | 18050 | 21100 |
| Sport Pkg | | | 600 | 600 | 800 | 800 |
| **COOPER CONVERTIBLE—4-Cyl. Turbo**—Equipment Schedule 3 | | | | | | |
| W.B. 97.1"; 1.6 Liter. | | | | | | |
| S Convertible 2D | ZP3C5 | 28650 | 19700 | 20600 | 21100 | 24100 |
| Sport Pkg | | | 600 | 600 | 800 | 800 |
| **COOPER CLUBMAN—4-Cyl.**—Equipment Schedule 3 | | | | | | |
| W.B. 100.3"; 1.6 Liter. | | | | | | |
| Hatchback 2D | ZF3C5 | 23150 | 12900 | 13500 | 14300 | 16650 |
| Sport Pkg | | | 600 | 600 | 800 | 800 |
| **COOPER CLUBMAN—4-Cyl. Turbo**—Equipment Schedule 3 | | | | | | |
| W.B. 100.3"; 1.6 Liter. | | | | | | |
| S Hatchback 2D | ZG3C5 | 26850 | 16000 | 16700 | 17550 | 20300 |
| **COOPER COUNTRYMAN—4-Cyl.**—Equipment Schedule 3 | | | | | | |
| W.B. 102.2"; 1.6 Liter. | | | | | | |
| Hatchback 4D | ZB3C5 | 22450 | 15500 | 16200 | 16850 | 19450 |
| **COOPER COUNTRYMAN—4-Cyl. Turbo**—Equipment Schedule 3 | | | | | | |
| W.B. 102.2"; 1.6 Liter. | | | | | | |
| S Hatchback 4D | ZC3C5 | 26050 | 17750 | 18500 | 19200 | 22100 |
| **COOPER COUNTRYMAN AWD—4-Cyl. Turbo**—Equipment Sch 3 | | | | | | |
| W.B. 102.2"; 1.6 Liter. | | | | | | |
| S ALL4 Hatchback 4D | ZC5C5 | 27750 | 19450 | 20300 | 21000 | 24200 |
| **JOHN COOPER WORKS HARDTOP—4-Cyl. Turbo**—Equipment Schedule 3 | | | | | | |
| W.B. 97.1"; 1.6 Liter. | | | | | | |
| Hatchback 2D | SV9C5 | 30600 | 21500 | 22400 | 22900 | 26100 |
| **JOHN COOPER WORKS COUPE—4-Cyl. Turbo**—Equipment Schedule 3 | | | | | | |
| W.B. 97.1"; 1.6 Liter. | | | | | | |
| Coupe 2D | SX5C5 | 31900 | 20600 | 21400 | 21900 | 25000 |

**DEDUCT FOR RECONDITIONING**

# 2012 MINI

| Body Type | VIN | List | Trade-In Good | Very Good | Pvt-Party Good | Retail Excellent |
|---|---|---|---|---|---|---|
| **JOHN COOPER WORKS ROADSTER—4-Cyl. Turbo**—Equipment Schedule 3 | | | | | | |
| W.B. 97.1"; 1.6 Liter. | | | | | | |
| Roadster 2D | SY5C5 | 35200 | 24500 | 25500 | 26500 | 30700 |
| **JOHN COOPER WORKS CONVERTIBLE—4-Cyl. Turbo**—Equipment Sch 3 | | | | | | |
| W.B. 97.1"; 1.6 Liter. | | | | | | |
| Convertible 2D | ZP9C5 | 35800 | 24800 | 25800 | 26400 | 30100 |
| **JOHN COOPER WORKS CLUBMAN—4-Cyl. Turbo**—Equipment Sch 3 | | | | | | |
| W.B. 100.3"; 1.6 Liter. | | | | | | |
| Hatchback 2D | ZG9C5 | 32100 | 21900 | 22800 | 23700 | 27400 |

## 2013 MINI — WMW(SU3C5)-D-#

| Body Type | VIN | List | Trade-In Good | Very Good | Pvt-Party Good | Retail Excellent |
|---|---|---|---|---|---|---|
| **COOPER HARDTOP—4-Cyl.**—Equipment Schedule 3 | | | | | | |
| W.B. 97.1"; 1.6 Liter. | | | | | | |
| Hatchback 2D | SU3C5 | 20400 | 14250 | 14900 | 15750 | 18350 |
| Sport Pkg | | | 650 | 650 | 865 | 865 |
| **COOPER HARDTOP—4-Cyl. Turbo**—Equipment Schedule 3 | | | | | | |
| W.B. 97.1"; 1.6 Liter. | | | | | | |
| S Hatchback 2D | SV3C5 | 24000 | 17700 | 18450 | 18850 | 21400 |
| Sport Pkg | | | 650 | 650 | 865 | 865 |
| **COOPER PACEMAN—4-Cyl.**—Equipment Schedule 3 | | | | | | |
| W.B. 102.2"; 1.6 Liter. | | | | | | |
| Hatchback 2D | SS1C5 | 24600 | 19600 | 20400 | 20200 | 23000 |
| **COOPER PACEMAN—4-Cyl. Turbo**—Equipment Schedule 3 | | | | | | |
| W.B. 102.2"; 1.6 Liter. | | | | | | |
| S Hatchback 2D | SS5C5 | 28200 | 22300 | 23200 | 23500 | 26400 |
| **COOPER PACEMAN AWD—4-Cyl. Turbo**—Equipment Schedule 3 | | | | | | |
| W.B. 102.2"; 1.6 Liter. | | | | | | |
| S ALL4 Hatchback 2D | SS7C5 | 29900 | 23800 | 24800 | 25000 | 28100 |
| **COOPER PACEMAN JOHN COOPER WORKS AWD—4-Cyl. Turbo**—Sch 3 | | | | | | |
| W.B. 102.2"; 1.6 Liter. | | | | | | |
| ALL4 Hatchback 2D | SS9C5 | 36900 | 29800 | 30900 | 31100 | 34900 |
| **COOPER CONVERTIBLE—4-Cyl.**—Equipment Schedule 3 | | | | | | |
| W.B. 97.1"; 1.6 Liter. | | | | | | |
| Convertible 2D | ZN3C5 | 25850 | 18950 | 19800 | 20700 | 24100 |
| Sport Pkg | | | 650 | 650 | 865 | 865 |
| **COOPER CONVERTIBLE—4-Cyl. Turbo**—Equipment Schedule 3 | | | | | | |
| W.B. 97.1"; 1.6 Liter. | | | | | | |
| S Convertible 2D | ZP3C5 | 28850 | 22100 | 23000 | 23300 | 26400 |
| Sport Pkg | | | 650 | 650 | 865 | 865 |
| **COOPER ROADSTER—4-Cyl.**—Equipment Schedule 3 | | | | | | |
| W.B. 97.1"; 1.6 Liter. | | | | | | |
| Roadster 2D | SY1C5 | 26250 | 19150 | 20000 | 20500 | 23300 |
| Sport Pkg | | | 650 | 650 | 865 | 865 |
| **COOPER CLUBMAN—4-Cyl.**—Equipment Schedule 3 | | | | | | |
| W.B. 100.3"; 1.6 Liter. | | | | | | |
| Hatchback 2D | ZF3C5 | 22100 | 14550 | 15250 | 15900 | 18350 |
| Sport Pkg | | | 650 | 650 | 865 | 865 |
| **COOPER CLUBMAN—4-Cyl. Turbo**—Equipment Schedule 3 | | | | | | |
| W.B. 100.3"; 1.6 Liter. | | | | | | |
| S Hatchback 2D | ZG3C5 | 25800 | 17300 | 18050 | 18850 | 21700 |
| Sport Pkg | | | 650 | 650 | 865 | 865 |
| **COOPER CLUBVAN—4-Cyl**—Equipment Schedule 3 | | | | | | |
| W.B. 100.3"; 1.6 Liter. | | | | | | |
| Hatchback 2D | ZF3C5 | 25995 | | | | |
| Sport Pkg | | | | | | |
| **COOPER COUNTRYMAN—4-Cyl.**—Equipment Schedule 3 | | | | | | |
| W.B. 102.2"; 1.6 Liter. | | | | | | |
| Hatchback 4D | ZB3C5 | 22700 | 18300 | 19100 | 19500 | 22200 |
| **COOPER COUNTRYMAN—4-Cyl. Turbo**—Equipment Schedule 3 | | | | | | |
| W.B. 102.2"; 1.6 Liter. | | | | | | |
| Hatchback 4D | ZC3C5 | 26300 | 21100 | 21900 | 22400 | 25400 |
| **COOPER COUNTRYMAN AWD—4-Cyl. Turbo**—Equipment Schedule 3 | | | | | | |
| W.B. 102.2"; 1.6 Liter. | | | | | | |
| ALL4 Hatchback 4D | ZC5C5 | 28000 | 22700 | 23600 | 24000 | 27200 |
| **JOHN COOPER WORKS HARDTOP—4-Cyl. Turbo**—Equipment Schedule 3 | | | | | | |
| W.B. 97.1"; 1.6 Liter. | | | | | | |
| Hatchback 2D | SU9C5 | 30800 | 23800 | 24800 | 25200 | 28400 |
| **JOHN COOPER WORKS COUPE—4-Cyl. Turbo**—Equipment Schedule 3 | | | | | | |
| W.B. 97.1"; 1.6 Liter. | | | | | | |
| John Cooper Works | SX9C5 | 32050 | 21900 | 22800 | 23500 | 26900 |
| **JOHN COOPER WORKS CONVERTIBLE—4-Cyl. Turbo**—Equipment Sch 3 | | | | | | |
| W.B. 97.1"; 1.6 Liter. | | | | | | |
| Convertible 2D | MR9C5 | 36000 | 28400 | 29500 | 29900 | 33800 |

# 2013 MINI

| Body Type | VIN | List | Trade-In Good | Very Good | Pvt-Party Good | Retail Excellent |
|---|---|---|---|---|---|---|
| **JOHN COOPER WORKS ROADSTER—4-Cyl. Turbo—Equipment Schedule 3** | | | | | | |
| W.B. 97.1"; 1.6 Liter. | | | | | | |
| Roadster 2D | SY9C5 | 36400 | 27300 | 28400 | 28900 | 32800 |
| **JOHN COOPER WORKS CLUBMAN—4-Cyl. Turbo—Equipment Sch 3** | | | | | | |
| W.B. 100.3"; 1.6 Liter. | | | | | | |
| Hatchback 2D | MH9C5 | 33000 | 22800 | 23800 | 24700 | 28400 |
| **JOHN COOPER WORKS COUNTRYMAN AWD—4-Cyl. Turbo—Equip Sch 3** | | | | | | |
| W.B. 100.3"; 1.6 Liter. | | | | | | |
| ALL4 Hatchback 4D | XD135 | 35550 | 29000 | 30100 | 30600 | 34600 |

# MITSUBISHI

## 1999 MITSUBISHI — (J,4or6)(A3orMM)A(Y26A)-X-#

| Body Type | VIN | List | Good | Very Good | Good | Excellent |
|---|---|---|---|---|---|---|
| **MIRAGE—4-Cyl.—Equipment Schedule 6** | | | | | | |
| W.B. 95.1", 98.4" (Sed); 1.5 Liter, 1.8 Liter. | | | | | | |
| DE Sedan 4D | Y26A | 14405 | 550 | 625 | 1225 | 2025 |
| DE Coupe 2D | Y11A | 12455 | 450 | 500 | 1075 | 1775 |
| LS Sedan 4D | Y36C | 15432 | 650 | 725 | 1375 | 2275 |
| LS Coupe 2D | Y31C | 15025 | 650 | 725 | 1375 | 2275 |
| **ECLIPSE—4-Cyl.—Equipment Schedule 4** | | | | | | |
| W.B. 98.8"; 2.0 Liter, 2.4 Liter. | | | | | | |
| RS Coupe 2D | K34Y | 18474 | 725 | 800 | 1375 | 2200 |
| GS Coupe 2D | K44Y | 20214 | 850 | 950 | 1675 | 2650 |
| GS Spyder Conv 2D | X35G | 22836 | 1275 | 1400 | 2275 | 3625 |
| Automatic | | | 125 | 125 | 165 | 165 |
| **ECLIPSE—4-Cyl. Turbo—Equipment Schedule 4** | | | | | | |
| W.B. 98.8"; 2.0 Liter. | | | | | | |
| GS-T Coupe 2D | K54F | 23645 | 1375 | 1525 | 2050 | 3050 |
| GS-T Spyder Conv 2D | X55F | 27395 | 1850 | 2025 | 2750 | 4075 |
| GSX Coupe 2D | L54F | 26985 | 1800 | 1975 | 2675 | 3975 |
| Automatic | | | 125 | 125 | 165 | 165 |
| **GALANT—4-Cyl.—Equipment Schedule 4** | | | | | | |
| W.B. 103.7"; 2.4 Liter. | | | | | | |
| DE Sedan 4D | A36G | 17425 | 500 | 575 | 1150 | 1900 |
| ES Sedan 4D | A46G | 18425 | 525 | 600 | 1200 | 1975 |
| V6, 3.0 Liter | L | | 100 | 100 | 135 | 135 |
| **GALANT—V6—Equipment Schedule 4** | | | | | | |
| W.B. 103.7"; 3.0 Liter. | | | | | | |
| LS Sedan 4D | A56L | 24685 | 1175 | 1300 | 2200 | 3625 |
| GTZ Sedan 4D | A46L | 24785 | 1225 | 1350 | 2275 | 3750 |
| **3000GT—V6—Equipment Schedule 4** | | | | | | |
| W.B. 97.2"; 3.0 Liter. | | | | | | |
| Coupe 2D | M44H | 25920 | 3625 | 3950 | 4850 | 6625 |
| SL Coupe 2D | M84J | 33870 | 4900 | 5275 | 6425 | 8675 |
| Automatic | | | 125 | 125 | 165 | 165 |
| **3000GT—V6 Turbo—Equipment Schedule 2** | | | | | | |
| W.B. 97.2"; 3.0 Liter. | | | | | | |
| VR-4 Coupe 2D | N74K | 45070 | 6950 | 7400 | 9275 | 12400 |
| **DIAMANTE—V6—Equipment Schedule 4** | | | | | | |
| W.B. 107.1"; 3.5 Liter. | | | | | | |
| Luxury Sedan 4D | P37P | 27669 | 825 | 925 | 1625 | 2650 |
| Traction Control | | | 100 | 100 | 135 | 135 |

## 2000 MITSUBISHI — (J,4or6)(A3orMM)A(Y26A)-Y-#

| Body Type | VIN | List | Good | Very Good | Good | Excellent |
|---|---|---|---|---|---|---|
| **MIRAGE—4-Cyl.—Equipment Schedule 6** | | | | | | |
| W.B. 95.1", 98.4" (Sed); 1.5 Liter, 1.8 Liter. | | | | | | |
| DE Sedan 4D | Y26A | 14412 | 725 | 800 | 1475 | 2425 |
| DE Coupe 2D | Y11A | 13062 | 500 | 575 | 1150 | 1850 |
| LS Sedan 4D | Y36C | 17372 | 925 | 1025 | 1775 | 2925 |
| LS Coupe 2D | Y31C | 15032 | 775 | 875 | 1550 | 2550 |
| **ECLIPSE—4-Cyl.—Equipment Schedule 4** | | | | | | |
| W.B. 100.8"; 2.4 Liter. | | | | | | |
| RS Coupe 2D | C34G | 18932 | 825 | 925 | 1500 | 2375 |
| GS Coupe 2D | C44G | 20482 | 875 | 975 | 1675 | 2650 |
| Automatic | | | 125 | 125 | 165 | 165 |
| **ECLIPSE—V6—Equipment Schedule 4** | | | | | | |
| W.B. 100.8"; 3.0 Liter. | | | | | | |
| GT Coupe 2D | C84L | 21622 | 1125 | 1250 | 1875 | 2925 |
| Traction Control | | | 125 | 125 | 165 | 165 |
| Automatic | | | 125 | 125 | 165 | 165 |

**206  DEDUCT FOR RECONDITIONING**

# 2000 MITSUBISHI

| Body Type | VIN | List | Trade-In Good | Very Good | Pvt-Party Good | Retail Excellent |
|---|---|---|---|---|---|---|
| **GALANT—4-Cyl.**—Equipment Schedule 4 | | | | | | |
| W.B. 103.7"; 2.4 Liter. | | | | | | |
| DE Sedan 4D | A36G | 17792 | 475 | 525 | 1125 | 1850 |
| ES Sedan 4D | A46G | 18692 | 550 | 625 | 1250 | 2050 |
| V6, 3.0 Liter | L | | 100 | 100 | 135 | 135 |
| **GALANT—V6**—Equipment Schedule 4 | | | | | | |
| W.B. 103.7"; 3.0 Liter. | | | | | | |
| LS Sedan 4D | A56L | 24092 | 1350 | 1500 | 2475 | 4100 |
| GTZ Sedan 4D | A46L | 24192 | 1375 | 1525 | 2525 | 4150 |
| **DIAMANTE—V6**—Equipment Schedule 4 | | | | | | |
| W.B. 107.1"; 3.5 Liter. | | | | | | |
| ES Sedan 4D | P57P | 25467 | 950 | 1050 | 1800 | 2925 |
| LS Sedan 4D | P67P | 28367 | 1200 | 1325 | 2175 | 3525 |

## 2001 MITSUBISHI–(J,4or6)(A3orMM)A(Y11A)-1-#

| Body Type | VIN | List | Trade-In Good | Very Good | Pvt-Party Good | Retail Excellent |
|---|---|---|---|---|---|---|
| **MIRAGE—4-Cyl.**—Equipment Schedule 6 | | | | | | |
| W.B. 95.1", 98.4" (Sed); 1.5 Liter, 1.8 Liter. | | | | | | |
| DE Coupe 2D | Y11A | 13277 | 550 | 625 | 1200 | 1950 |
| ES Sedan 4D | Y26C | 14147 | 850 | 950 | 1650 | 2675 |
| LS Sedan 4D | Y36C | 14997 | 925 | 1025 | 1750 | 2850 |
| LS Coupe 2D | Y31C | 15237 | 975 | 1075 | 1825 | 2975 |
| **ECLIPSE—4-Cyl.**—Equipment Schedule 4 | | | | | | |
| W.B. 100.8"; 2.4 Liter. | | | | | | |
| RS Coupe 2D | C31G | 18507 | 850 | 950 | 1500 | 2350 |
| GS Coupe 2D | C41G | 19317 | 900 | 1000 | 1675 | 2600 |
| GS Spyder Conv 2D | E35G | 23927 | 1325 | 1450 | 2250 | 3500 |
| Automatic | | | 125 | 125 | 165 | 165 |
| **ECLIPSE—V6**—Equipment Schedule 4 | | | | | | |
| W.B. 100.8"; 3.0 Liter. | | | | | | |
| GT Coupe 2D | C81H | 21467 | 1225 | 1350 | 1950 | 2975 |
| GT Spyder Conv 2D | E55H | 26927 | 1800 | 1975 | 2825 | 4300 |
| Traction Control | | | 125 | 125 | 165 | 165 |
| Automatic | | | 125 | 125 | 165 | 165 |
| **GALANT—4-Cyl.**—Equipment Schedule 4 | | | | | | |
| W.B. 103.7"; 2.4 Liter. | | | | | | |
| DE Sedan 4D | A36G | 18077 | 450 | 500 | 1075 | 1775 |
| ES Sedan 4D | A46G | 18927 | 575 | 650 | 1275 | 2075 |
| V6, 3.0 Liter | H | | 175 | 175 | 235 | 235 |
| **GALANT—V6**—Equipment Schedule 4 | | | | | | |
| W.B. 103.7"; 3.0 Liter. | | | | | | |
| LS Sedan 4D | A56H | 24427 | 1450 | 1600 | 2625 | 4275 |
| GTZ Sedan 4D | A46H | 24527 | 1475 | 1625 | 2775 | 4525 |
| **DIAMANTE—V6**—Equipment Schedule 4 | | | | | | |
| W.B. 107.1"; 3.5 Liter. | | | | | | |
| ES Sedan 4D | P57P | 25907 | 1075 | 1200 | 1875 | 3000 |
| LS Sedan 4D | P67P | 28927 | 1375 | 1525 | 2325 | 3675 |

## 2002 MITSUBISHI–(J,4or6)(A3orMM)A(Y11A)-2-#

| Body Type | VIN | List | Trade-In Good | Very Good | Pvt-Party Good | Retail Excellent |
|---|---|---|---|---|---|---|
| **MIRAGE—4-Cyl.**—Equipment Schedule 6 | | | | | | |
| W.B. 95.1"; 1.5 Liter, 1.8 Liter. | | | | | | |
| DE Coupe 2D | Y11A | 13362 | 625 | 700 | 1300 | 2125 |
| LS Coupe 2D | Y31C | 15332 | 1225 | 1350 | 2200 | 3575 |
| **LANCER—4-Cyl.**—Equipment Schedule 4 | | | | | | |
| W.B. 102.4"; 2.0 Liter. | | | | | | |
| ES Sedan 4D | J26E | 15242 | 1275 | 1400 | 2125 | 3325 |
| LS Sedan 4D | J36E | 16442 | 1300 | 1425 | 2150 | 3375 |
| OZ Rally Sedan 4D | J86E | 16832 | 1325 | 1450 | 2300 | 3600 |
| **ECLIPSE—4-Cyl.**—Equipment Schedule 4 | | | | | | |
| W.B. 100.8"; 2.4 Liter. | | | | | | |
| RS Coupe 2D | C31G | 18642 | 875 | 975 | 1500 | 2325 |
| GS Coupe 2D | C41G | 19512 | 1125 | 1250 | 1950 | 3000 |
| GS Spyder Conv 2D | E35G | 24172 | 1400 | 1550 | 2325 | 3575 |
| Automatic | | | 150 | 150 | 200 | 200 |
| **ECLIPSE—V6**—Equipment Schedule 4 | | | | | | |
| W.B. 100.8"; 3.0 Liter. | | | | | | |
| GT Coupe 2D | C81H | 21702 | 1500 | 1650 | 2300 | 3525 |
| GT Spyder Conv 2D | E55H | 27152 | 2225 | 2450 | 3425 | 5150 |
| Automatic | | | 150 | 150 | 200 | 200 |
| Traction Control | | | 150 | 150 | 200 | 200 |
| **GALANT—4-Cyl.**—Equipment Schedule 4 | | | | | | |
| W.B. 103.7"; 2.4 Liter. | | | | | | |
| DE Sedan 4D | A36G | 18262 | 450 | 500 | 1050 | 1700 |

# 2002 MITSUBISHI

| Body Type | VIN | List | Trade-In Good | Very Good | Pvt-Party Good | Retail Excellent |
|---|---|---|---|---|---|---|
| ES Sedan 4D | A46G | 19072 | 600 | 675 | 1275 | 2075 |
| LS Sedan 4D | A46G | 21672 | 1175 | 1300 | 2250 | 3650 |
| V6, 3.0 Liter | L | | 250 | 250 | 335 | 335 |
| **GALANT—V6—Equipment Schedule 4** | | | | | | |
| W.B. 103.7"; 3.0 Liter. | | | | | | |
| GTZ Sedan 4D | A46H | 24712 | 1550 | 1700 | 2825 | 4575 |
| **DIAMANTE—V6—Equipment Schedule 4** | | | | | | |
| W.B. 107.1"; 3.5 Liter. | | | | | | |
| ES Sedan 4D | P57P | 26247 | 1275 | 1400 | 2125 | 3325 |
| VR-X Sedan 4D | P67P | 27557 | 1475 | 1625 | 2500 | 3925 |
| LS Sedan 4D | P67P | 29007 | 1550 | 1700 | 2600 | 4075 |

# 2003 MITSUBISHI — (J,4or6)(A3orMM)A(J26E)-3-#

| Body Type | VIN | List | Trade-In Good | Very Good | Pvt-Party Good | Retail Excellent |
|---|---|---|---|---|---|---|
| **LANCER—4-Cyl.—Equipment Schedule 6** | | | | | | |
| W.B. 102.4"; 2.0 Liter. | | | | | | |
| ES Sedan 4D | J26E | 15387 | 1400 | 1550 | 2400 | 3800 |
| LS Sedan 4D | J36E | 16617 | 1425 | 1575 | 2450 | 3850 |
| OZ Rally Sedan 4D | J86E | 17117 | 1725 | 1900 | 2900 | 4500 |
| **LANCER AWD—4-Cyl. Turbo—Equipment Schedule 4** | | | | | | |
| W.B. 103.3"; 2.0 Liter. | | | | | | |
| Evolution Sedan 4D | H86F | 29582 | 9550 | 10050 | 11850 | 15200 |
| **ECLIPSE—4-Cyl.—Equipment Schedule 4** | | | | | | |
| W.B. 100.8"; 2.4 Liter. | | | | | | |
| RS Coupe 2D | C34G | 18717 | 975 | 1075 | 1600 | 2450 |
| GS Coupe 2D | C44G | 19617 | 1350 | 1500 | 2200 | 3350 |
| GS Spyder Conv 2D | E45G | 24397 | 1700 | 1875 | 2675 | 4050 |
| Automatic | | | 175 | 175 | 235 | 235 |
| **ECLIPSE—V6—Equipment Schedule 4** | | | | | | |
| W.B. 100.8"; 3.0 Liter. | | | | | | |
| GT Coupe 2D | C84H | 21807 | 1875 | 2050 | 2750 | 4075 |
| GT Spyder Conv 2D | E85H | 27592 | 2825 | 3125 | 4050 | 5850 |
| GTS Coupe 2D | C74H | 24777 | 3025 | 3325 | 4325 | 6225 |
| GTS Spyder Conv 2D | E75H | 30242 | 3400 | 3725 | 5000 | 7150 |
| Automatic | | | 175 | 175 | 235 | 235 |
| Traction Control | | | 150 | 150 | 200 | 200 |
| **GALANT—4-Cyl.—Equipment Schedule 4** | | | | | | |
| W.B. 103.7"; 2.4 Liter. | | | | | | |
| DE Sedan 4D | A36G | 18347 | 450 | 500 | 1075 | 1775 |
| ES Sedan 4D | A46G | 19157 | 625 | 700 | 1325 | 2175 |
| LS Sedan 4D | A46G | 21757 | 1125 | 1250 | 2150 | 3450 |
| V6, 3.0 Liter | H | | 300 | 300 | 400 | 400 |
| **GALANT—V6—Equipment Schedule 4** | | | | | | |
| W.B. 103.7"; 3.0 Liter. | | | | | | |
| GTZ Sedan 4D | A46H | 25047 | 1675 | 1850 | 2950 | 4675 |
| **DIAMANTE—V6—Equipment Schedule 4** | | | | | | |
| W.B. 107.1"; 3.5 Liter. | | | | | | |
| ES Sedan 4D | P57P | 26557 | 1550 | 1700 | 2475 | 3775 |
| VR-X Sedan 4D | P87P | 27677 | 1850 | 2025 | 2900 | 4375 |
| LS Sedan 4D | P67P | 29027 | 1925 | 2125 | 3000 | 4525 |

# 2004 MITSUBISHI — (J,4or6)(A3)A(J26E)-4-#

| Body Type | VIN | List | Trade-In Good | Very Good | Pvt-Party Good | Retail Excellent |
|---|---|---|---|---|---|---|
| **LANCER—4-Cyl.—Equipment Schedule 6** | | | | | | |
| W.B. 102.4"; 2.0 Liter, 2.4 Liter. | | | | | | |
| ES Sedan 4D | J26E | 14972 | 1850 | 2025 | 2850 | 4300 |
| LS Sedan 4D | J36E | 16572 | 2075 | 2275 | 3175 | 4750 |
| LS Wagon 4D | D29F | 17172 | 2075 | 2275 | 3175 | 4750 |
| OZ Rally Sedan 4D | J86E | 17172 | 2250 | 2475 | 3425 | 5125 |
| Ralliart Sedan 4D | J66F | 18572 | 2275 | 2500 | 3100 | 4400 |
| Ralliart Wagon 4D | D69F | 19772 | 2650 | 2950 | 3750 | 5250 |
| **LANCER AWD—4-Cyl. Turbo—Equipment Schedule 4** | | | | | | |
| W.B. 103.3"; 2.0 Liter. | | | | | | |
| Evolution RS Sedan 4D | H36D | 27374 | 8800 | 9300 | 10700 | 13450 |
| Evolution Sedan 4D | H86D | 30574 | 9850 | 10400 | 11850 | 14900 |
| **ECLIPSE—4-Cyl.—Equipment Schedule 4** | | | | | | |
| W.B. 100.8"; 2.4 Liter. | | | | | | |
| RS Coupe 2D | C34G | 18892 | 1375 | 1525 | 2200 | 3325 |
| GS Coupe 2D | C44G | 19892 | 2025 | 2225 | 3075 | 4575 |
| GS Spyder Conv 2D | E45G | 24892 | 2400 | 2625 | 3600 | 5350 |
| Automatic | | | 200 | 200 | 265 | 265 |
| **ECLIPSE—V6—Equipment Schedule 4** | | | | | | |
| W.B. 100.8"; 3.0 Liter. | | | | | | |
| GT Coupe 2D | C84H | 22092 | 2325 | 2550 | 3275 | 4700 |

208    DEDUCT FOR RECONDITIONING

# 2004 MITSUBISHI

| Body Type | VIN | List | Trade-In Good | Trade-In Very Good | Pvt-Party Good | Retail Excellent |
|---|---|---|---|---|---|---|
| GT Spyder Conv 2D | E85H | 28144 | 3300 | 3625 | 4725 | 6650 |
| GTS Coupe 2D | C74H | 25092 | 3450 | 3775 | 4900 | 6925 |
| GTS Spyder Conv 2D | E75H | 30794 | 4150 | 4500 | 5825 | 8175 |
| Automatic | | | 200 | 200 | 265 | 265 |
| **GALANT—4-Cyl.—Equipment Schedule 4** | | | | | | |
| W.B. 108.3"; 2.4 Liter. | | | | | | |
| DE Sedan 4D | A36G | 18592 | 1725 | 1900 | 2550 | 3750 |
| ES Sedan 4D | A46G | 19592 | 1950 | 2150 | 2850 | 4175 |
| V6, 3.8 Liter | S | | 350 | 350 | 465 | 465 |
| **GALANT—V6—Equipment Schedule 4** | | | | | | |
| W.B. 108.3"; 3.8 Liter. | | | | | | |
| LS Sedan 4D | A46H | 21592 | 2850 | 3150 | 4225 | 6075 |
| GTS Sedan 4D | A46H | 26292 | 3050 | 3375 | 4500 | 6450 |
| **DIAMANTE—V6—Equipment Schedule 4** | | | | | | |
| W.B. 107.2"; 3.5 Liter. | | | | | | |
| ES Sedan 4D | P57P | 25594 | 2150 | 2350 | 3150 | 4625 |
| VR-X Sedan 4D | P87P | 27414 | 2525 | 2775 | 3650 | 5325 |
| LS Sedan 4D | P67P | 28214 | 2600 | 2850 | 3775 | 5475 |

## 2005 MITSUBISHI — (J,4or6)(A3)A(J26E)-5-#

| Body Type | VIN | List | Trade-In Good | Trade-In Very Good | Pvt-Party Good | Retail Excellent |
|---|---|---|---|---|---|---|
| **LANCER—4-Cyl.—Equipment Schedule 6** | | | | | | |
| W.B. 102.4"; 2.0 Liter, 2.4 Liter. | | | | | | |
| ES Sedan 4D | J26E | 15474 | 2100 | 2325 | 3225 | 4700 |
| OZ Rally Sedan 4D | J86E | 17874 | 2675 | 2975 | 4000 | 5725 |
| Ralliart Sedan 4D | J66F | 18774 | 2900 | 3225 | 4225 | 5900 |
| **LANCER AWD—4-Cyl. Turbo—Equipment Schedule 4** | | | | | | |
| W.B. 103.3"; 2.0 Liter. | | | | | | |
| Evolution RS Sedan 4D | H36D | 28774 | 9150 | 9675 | 11000 | 13600 |
| Evolution VIII Sedan | H76D | 33074 | 10400 | 10950 | 12450 | 15350 |
| Evolution MR Ed Sedan | H86D | 35574 | 11500 | 12100 | 13800 | 17050 |
| **ECLIPSE—4-Cyl.—Equipment Schedule 4** | | | | | | |
| W.B. 100.8"; 2.4 Liter. | | | | | | |
| GS Coupe 2D | C44G | 20044 | 2825 | 3125 | 4150 | 5900 |
| GS Spyder Conv 2D | E45G | 25494 | 3250 | 3575 | 4875 | 6900 |
| Automatic | | | 200 | 200 | 265 | 265 |
| **ECLIPSE—V6—Equipment Schedule 4** | | | | | | |
| W.B. 100.8"; 3.0 Liter. | | | | | | |
| GT Coupe 2D | C84H | 23494 | 2925 | 3250 | 4125 | 5650 |
| GT Spyder Conv 2D | E55H | 28494 | 4200 | 4550 | 5700 | 7675 |
| GTS Coupe 2D | C74H | 25244 | 4300 | 4650 | 5825 | 7825 |
| GTS Spyder Conv 2D | E75H | 31094 | 4825 | 5200 | 6675 | 8950 |
| Automatic | | | 200 | 200 | 265 | 265 |
| **GALANT—4-Cyl.—Equipment Schedule 4** | | | | | | |
| W.B. 108.3"; 2.4 Liter. | | | | | | |
| DE Sedan 4D | B26F | 19594 | 2825 | 3125 | 3925 | 5300 |
| ES Sedan 4D | B46F | 20494 | 3150 | 3475 | 4325 | 5800 |
| SE Sedan 4D | B46F | 21594 | 3650 | 3975 | 4925 | 6575 |
| **GALANT—V6—Equipment Schedule 4** | | | | | | |
| W.B. 108.3"; 3.8 Liter. | | | | | | |
| LS Sedan 4D | B46S | 23094 | 4575 | 4950 | 6025 | 8025 |
| GTS Sedan 4D | B76S | 27094 | 4800 | 5175 | 6525 | 8625 |

## 2006 MITSUBISHI — (J,4or6)(A3)A(J26E)-6-#

| Body Type | VIN | List | Trade-In Good | Trade-In Very Good | Pvt-Party Good | Retail Excellent |
|---|---|---|---|---|---|---|
| **LANCER—4-Cyl.—Equipment Schedule 6** | | | | | | |
| W.B. 102.4"; 2.0 Liter, 2.4 Liter. | | | | | | |
| ES Sedan 4D | J26E | 16104 | 2500 | 2800 | 3725 | 5200 |
| SE Sedan 4D | J26E | 16704 | 2575 | 2875 | 3825 | 5325 |
| OZ Rally Sedan 4D | J86E | 18404 | 3375 | 3700 | 4825 | 6650 |
| Ralliart Sedan 4D | J66F | 19574 | 4125 | 4475 | 5575 | 7500 |
| **LANCER AWD—4-Cyl. Turbo—Equipment Schedule 4** | | | | | | |
| W.B. 103.3"; 2.0 Liter. | | | | | | |
| Evolution RS Sedan 4D | H36C | 29274 | 9900 | 10450 | 11800 | 14350 |
| Evolution IX Sedan 4D | H86C | 31994 | 11650 | 12200 | 13700 | 16600 |
| Evolution MR Sedan 4D | H86C | 35784 | 13000 | 13600 | 15150 | 18400 |
| **ECLIPSE—4-Cyl.—Equipment Schedule 4** | | | | | | |
| W.B. 101.4"; 2.4 Liter. | | | | | | |
| GS Coupe 2D | K24F | 20924 | 4275 | 4625 | 5550 | 7300 |
| **ECLIPSE—V6—Equipment Schedule 4** | | | | | | |
| W.B. 101.4"; 3.8 Liter. | | | | | | |
| GT Coupe 2D | K34T | 25224 | 4225 | 4600 | 5750 | 7575 |
| Special Edition | 4 | | 950 | 950 | 1265 | 1265 |

# 2006 MITSUBISHI

| Body Type | VIN | List | Trade-In Good | Trade-In Very Good | Pvt-Party Good | Retail Excellent |
|---|---|---|---|---|---|---|
| **GALANT—4-Cyl.—Equipment Schedule 4** | | | | | | |
| W.B. 108.3"; 2.4 Liter. | | | | | | |
| DE Sedan 4D | B26F | 19994 | 3075 | 3400 | 4150 | 5500 |
| ES Sedan 4D | B46F | 20894 | 3675 | 4025 | 4850 | 6400 |
| SE Sedan 4D | B36F | 22594 | 4200 | 4550 | 5475 | 7175 |
| **GALANT—V6—Equipment Schedule 4** | | | | | | |
| W.B. 108.3"; 3.8 Liter. | | | | | | |
| LS Sedan 4D | B46S | 23594 | 4950 | 5325 | 6550 | 8575 |
| GTS Sedan 4D | B76S | 27594 | 5400 | 5800 | 7100 | 9250 |

## 2007 MITSUBISHI — (Jor4)(A3)A(J26E)-7-#

| Body Type | VIN | List | Trade-In Good | Trade-In Very Good | Pvt-Party Good | Retail Excellent |
|---|---|---|---|---|---|---|
| **LANCER—4-Cyl.—Equipment Schedule 6** | | | | | | |
| W.B. 102.4"; 2.0 Liter. | | | | | | |
| ES Sedan 4D | J26E | 16104 | 3350 | 3675 | 4500 | 6100 |
| Manual, 5-Spd w/Overdrive | | | (350) | (350) | (465) | (465) |
| **ECLIPSE—4-Cyl.—Equipment Schedule 4** | | | | | | |
| W.B. 101.4"; 2.4 Liter. | | | | | | |
| GS Coupe 2D | K24F | 21224 | 4975 | 5350 | 6200 | 7975 |
| GS Spyder Conv 2D | L25F | 26914 | 6100 | 6525 | 7700 | 9825 |
| SE Coupe 2D | K64F | 23024 | 5575 | 5975 | 7100 | 9075 |
| **ECLIPSE—V6—Equipment Schedule 4** | | | | | | |
| W.B. 101.4"; 3.8 Liter. | | | | | | |
| GT Coupe 2D | K34T | 24924 | 5325 | 5725 | 6800 | 8675 |
| GT Spyder Conv 2D | L35T | 29794 | 6700 | 7150 | 8450 | 10750 |
| **GALANT—4-Cyl.—Equipment Schedule 4** | | | | | | |
| W.B. 108.3"; 2.4 Liter. | | | | | | |
| DE Sedan 4D | B26F | 20524 | 3700 | 4050 | 4875 | 6450 |
| ES Sedan 4D | B36F | 21624 | 4325 | 4675 | 5625 | 7400 |
| SE Sedan 4D | B36F | 23324 | 5050 | 5450 | 6700 | 8750 |
| **GALANT—V6—Equipment Schedule 4** | | | | | | |
| W.B. 108.3"; 3.8 Liter. | | | | | | |
| GTS Sedan 4D | B56S | 25624 | 6100 | 6525 | 7925 | 10300 |
| Ralliart Sedan 4D | B76T | 27624 | 6875 | 7325 | 8850 | 11500 |

## 2008 MITSUBISHI — (1,4orJ)A3-(U16U)-8-#

| Body Type | VIN | List | Trade-In Good | Trade-In Very Good | Pvt-Party Good | Retail Excellent |
|---|---|---|---|---|---|---|
| **LANCER—4-Cyl.—Equipment Schedule 6** | | | | | | |
| W.B. 103.7"; 2.0 Liter. | | | | | | |
| DE Sedan 4D | U16U | 15515 | 5050 | 5425 | 6400 | 8325 |
| ES Sedan 4D | U26U | 17515 | 5725 | 6125 | 7400 | 9575 |
| GTS Sedan 4D | U86U | 19115 | 7400 | 7875 | 9450 | 12150 |
| Manual, 5-Spd w/Overdrive | | | (375) | (375) | (500) | (500) |
| **LANCER—4-Cyl. Turbo—Equipment Schedule 4** | | | | | | |
| W.B. 104.3"; 2.0 Liter. | | | | | | |
| Evolution GSR Sedan | W86V | 33615 | 15700 | 16400 | 17500 | 20600 |
| Evolution MR Sedan | W56V | 38940 | 21900 | 22900 | 24200 | 28300 |
| **ECLIPSE—4-Cyl.—Equipment Schedule 4** | | | | | | |
| W.B. 101.4"; 2.4 Liter. | | | | | | |
| GS Coupe 2D | K24F | 21624 | 5800 | 6225 | 7200 | 9075 |
| GS Spyder Conv 2D | L25F | 27324 | 7175 | 7650 | 8850 | 11100 |
| SE Coupe 2D | K64F | 25424 | 6925 | 7375 | 8475 | 10650 |
| V6, 3.8 Liter (SE) | T | | 1900 | 1900 | 2535 | 2535 |
| **ECLIPSE—V6—Equipment Schedule 4** | | | | | | |
| W.B. 101.4"; 3.8 Liter. | | | | | | |
| GT Coupe 2D | K34T | 25124 | 6825 | 7275 | 8250 | 10200 |
| GT Spyder Conv 2D | L35T | 30224 | 8625 | 9125 | 10300 | 12650 |
| **GALANT—4-Cyl.—Equipment Schedule 4** | | | | | | |
| W.B. 108.3"; 2.4 Liter. | | | | | | |
| DE Sedan 4D | B26F | 20624 | 4650 | 5025 | 5875 | 7575 |
| ES Sedan 4D | B36F | 21724 | 5175 | 5575 | 6675 | 8600 |
| **GALANT—V6—Equipment Schedule 4** | | | | | | |
| W.B. 108.3"; 3.8 Liter. | | | | | | |
| Ralliart Sedan 4D | B76T | 27774 | 9525 | 10050 | 11850 | 15050 |

## 2009 MITSUBISHI — (1,4orJ)A3-(K24F)-9-#

| Body Type | VIN | List | Trade-In Good | Trade-In Very Good | Pvt-Party Good | Retail Excellent |
|---|---|---|---|---|---|---|
| **ECLIPSE—4-Cyl.—Equipment Schedule 4** | | | | | | |
| W.B. 101.4"; 2.4 Liter. | | | | | | |
| GS Coupe 2D | K24F | 20749 | 6700 | 7150 | 8050 | 9875 |
| GS Spyder Conv 2D | L25F | 26449 | 8650 | 9150 | 10250 | 12500 |
| **ECLIPSE—V6—Equipment Schedule 4** | | | | | | |
| W.B. 101.4"; 3.8 Liter. | | | | | | |
| GT Coupe 2D | K34T | 25799 | 9150 | 9675 | 10900 | 13400 |
| GT Spyder Conv 2D | L35T | 29649 | 10800 | 11350 | 12700 | 15600 |

# 2009 MITSUBISHI

| Body Type | VIN | List | Trade-In Good | Very Good | Pvt-Party Good | Retail Excellent |
|---|---|---|---|---|---|---|
| **LANCER—4-Cyl.—Equipment Schedule 6** | | | | | | |
| W.B. 103.7"; 2.0 Liter, 2.4 Liter. | | | | | | |
| DE Sedan 4D | U16U | 15540 | 5900 | 6325 | 7200 | 8950 |
| ES Sedan 4D | U26U | 17740 | 6725 | 7175 | 8100 | 10050 |
| GTS Sedan 4D | U86U | 19640 | 9250 | 9775 | 11050 | 13600 |
| Manual, 5-Spd w/Overdrive | | | (400) | (400) | (535) | (535) |
| **LANCER AWD—4-Cyl. Turbo—Equipment Schedule 4** | | | | | | |
| W.B. 103.7"; 2.0 Liter. | | | | | | |
| Ralliart Sedan 4D | V66V | 27165 | 10600 | 11150 | 12600 | 15500 |
| **GALANT—4-Cyl.—Equipment Schedule 4** | | | | | | |
| W.B. 108.3"; 2.4 Liter. | | | | | | |
| ES Sedan 4D | B36F | 21724 | 6275 | 6700 | 7750 | 9750 |
| Sport Ed Sedan 4D | B36F | 23124 | 7250 | 7725 | 8925 | 11200 |
| **GALANT—V6—Equipment Schedule 4** | | | | | | |
| W.B. 108.3"; 3.8 Liter. | | | | | | |
| Sport Sedan 4D | B46T | 25124 | 9650 | 10200 | 11700 | 14600 |
| Ralliart Sedan 4D | B76T | 27924 | 10350 | 10900 | 12500 | 15550 |

## 2010 MITSUBISHI — (4orJ)A3-(K2DF)-A-#

| Body Type | VIN | List | Trade-In Good | Very Good | Pvt-Party Good | Retail Excellent |
|---|---|---|---|---|---|---|
| **ECLIPSE—4-Cyl.—Equipment Schedule 4** | | | | | | |
| W.B. 101.4"; 2.4 Liter. | | | | | | |
| GS Coupe 2D | K2DF | 22419 | 8375 | 8875 | 9725 | 11700 |
| GS Sport Coupe 2D | K5DF | 25763 | 9300 | 9825 | 10750 | 12950 |
| GS Spyder Conv 2D | L2EF | 28519 | 10450 | 11000 | 12000 | 14400 |
| **ECLIPSE—V6—Equipment Schedule 4** | | | | | | |
| W.B. 101.4"; 3.8 Liter. | | | | | | |
| GT Coupe 2D | K3DT | 30128 | 12050 | 12650 | 13650 | 16200 |
| GT Spyder Conv 2D | L3ET | 33548 | 13450 | 14100 | 15250 | 18050 |
| **LANCER—4-Cyl.—Equipment Schedule 4** | | | | | | |
| W.B. 103.7"; 2.0 Liter, 2.4 Liter. | | | | | | |
| DE Sedan 4D | U1FU | 16410 | 7200 | 7675 | 8500 | 10300 |
| ES Sedan 4D | U2FU | 18610 | 7850 | 8325 | 9200 | 11150 |
| GTS Sedan 4D | U8FW | 20710 | 9750 | 10300 | 11300 | 13650 |
| GTS Sportback 4D | X8HW | 20910 | 9950 | 10500 | 11500 | 13900 |
| Manual, 5-Spd w/Overdrive | | | (500) | (500) | (665) | (665) |
| **LANCER AWD—4-Cyl. Turbo—Equipment Schedule 4** | | | | | | |
| W.B. 103.7"; 2.0 Liter. | | | | | | |
| Ralliart Sedan 4D | V6FV | 27910 | 14150 | 14800 | 15550 | 18050 |
| Ralliart Sportback 4D | Y6HV | 28310 | 14350 | 15000 | 15800 | 18250 |
| Evolution GSR Sedan | W8FV | 34310 | 18700 | 19550 | 20600 | 24000 |
| Evolution SE Sedan | W6FV | 36535 | 20200 | 21100 | 22100 | 25800 |
| Evolution MR Sedan | W5FV | 39710 | 22800 | 23800 | 24900 | 29000 |
| Evolution MR Touring | W5FV | 41710 | 23800 | 24700 | 26000 | 30200 |
| **GALANT—4-Cyl.—Equipment Schedule 4** | | | | | | |
| W.B. 108.3"; 2.4 Liter. | | | | | | |
| FE Sedan 4D | B2FF | 22260 | 7500 | 7975 | 9075 | 11250 |
| ES Sedan 4D | B3FF | 22319 | 8000 | 8500 | 9625 | 11900 |
| SE Sedan 4D | B3FF | 24719 | 10100 | 10650 | 12000 | 14800 |

## 2011 MITSUBISHI — (4orJ)A3-(K5DF)-B-#

| Body Type | VIN | List | Trade-In Good | Very Good | Pvt-Party Good | Retail Excellent |
|---|---|---|---|---|---|---|
| **ECLIPSE—4-Cyl.—Equipment Schedule 4** | | | | | | |
| W.B. 101.4"; 2.4 Liter. | | | | | | |
| GS Coupe 2D | K5DF | 20744 | 9550 | 10100 | 10900 | 12950 |
| **ECLIPSE—4-Cyl.—Equipment Schedule 4** | | | | | | |
| W.B. 101.4"; 2.4 Liter. | | | | | | |
| GS Sport Coupe | K5DF | 25673 | 10900 | 11450 | 12400 | 14700 |
| GS Spyder Conv 2D | L5EF | 28744 | 11350 | 11950 | 12900 | 15300 |
| **ECLIPSE—V6—Equipment Schedule 4** | | | | | | |
| W.B. 101.4"; 3.8 Liter. | | | | | | |
| GT Coupe 2D | K3DT | 30153 | 13350 | 14000 | 15000 | 17650 |
| GT Spyder Conv 2D | L3ET | 33573 | 14400 | 15050 | 16100 | 18900 |
| **LANCER—4-Cyl.—Equipment Schedule 4** | | | | | | |
| W.B. 103.7"; 2.0 Liter. | | | | | | |
| DE Sedan 4D | U1FU | 15740 | 7900 | 8375 | 9225 | 11150 |
| ES Sportback 4D | X2HU | 18455 | 8850 | 9375 | 10250 | 12400 |
| **LANCER—4-Cyl.—Equipment Schedule 4** | | | | | | |
| W.B. 103.7"; 2.0 Liter, 2.4 Liter. | | | | | | |
| ES Sedan 4D | U2FU | 17155 | 8800 | 9300 | 10250 | 12400 |
| GTS Sedan 4D | U8FW | 21055 | 10800 | 11350 | 12450 | 15000 |
| GTS Sportback 4D | X8HW | 21455 | 11000 | 11550 | 12700 | 15250 |
| Manual, 5-Spd w/Overdrive | | | (500) | (500) | (665) | (665) |

# 2011 MITSUBISHI

| Body Type | VIN | List | Trade-In Good | Very Good | Pvt-Party Good | Retail Excellent |
|---|---|---|---|---|---|---|
| **LANCER AWD—4-Cyl. Turbo**—Equipment Schedule 4 | | | | | | |
| W.B. 103.7"; 2.0 Liter. | | | | | | |
| Ralliart Sedan 4D | V6FV | 28240 | 15900 | 16600 | 17450 | 20300 |
| Ralliart Sportback 4D | Y6HV | 28640 | 16200 | 16900 | 17800 | 20700 |
| Evolution GSR Sedan | W8FV | 34335 | 20500 | 21300 | 22100 | 25500 |
| Evolution MR Sedan | W5FV | 39735 | 23900 | 24800 | 25700 | 29600 |
| **GALANT—4-Cyl.**—Equipment Schedule 4 | | | | | | |
| W.B. 108.3"; 2.4 Liter. | | | | | | |
| FE Sedan 4D | B2FF | 22903 | 8375 | 8875 | 9875 | 12050 |
| ES Sedan 4D | B3FF | 22344 | 8775 | 9275 | 10300 | 12550 |
| SE Sedan 4D | B3FF | 24744 | 10750 | 11300 | 12500 | 15200 |

## 2012 MITSUBISHI — (4orJ)A3-(K2DF)-C-#

| Body Type | VIN | List | Good | Very Good | Good | Excellent |
|---|---|---|---|---|---|---|
| **ECLIPSE—4-Cyl.**—Equipment Schedule 4 | | | | | | |
| W.B. 101.4"; 2.4 Liter. | | | | | | |
| GS Coupe 2D | K2DF | 21259 | 10550 | 11100 | 12050 | 14400 |
| **ECLIPSE—4-Cyl.**—Equipment Schedule 4 | | | | | | |
| W.B. 101.4"; 2.4 Liter. | | | | | | |
| GS Sport Coupe 2D | K5DF | 25688 | 11500 | 12100 | 13150 | 15700 |
| GS Spyder Conv 2D | L5EF | 26574 | 12150 | 12750 | 13850 | 16550 |
| GS Sport Spyder Conv | L5EF | 28759 | 12550 | 13150 | 14400 | 17150 |
| SE Coupe 2D | K5DF | 25703 | 11800 | 12400 | 13450 | 16100 |
| SE Spyder Conv 2D | L5EF | 29074 | 13100 | 13750 | 14950 | 17850 |
| **ECLIPSE—V6**—Equipment Schedule 4 | | | | | | |
| W.B. 101.4"; 3.8 Liter. | | | | | | |
| GT Coupe 2D | K3DT | 30168 | 15950 | 16650 | 17750 | 20900 |
| GT Spyder Conv 2D | L3ET | 33588 | 17500 | 18250 | 19450 | 22800 |
| **LANCER—4-Cyl.**—Equipment Schedule 6 | | | | | | |
| W.B. 103.7"; 2.0 Liter, 2.4 Liter. | | | | | | |
| DE Sedan 4D | U1FU | 16490 | 8800 | 9300 | 10050 | 11900 |
| ES Sportback 4D | X2HU | 19190 | 10250 | 10800 | 11600 | 13700 |
| GT Sportback 4D | X8HW | 22140 | 12050 | 12650 | 13550 | 16000 |
| **LANCER—4-Cyl.**—Equipment Schedule 6 | | | | | | |
| W.B. 103.7"; 2.0 Liter. | | | | | | |
| ES Sedan 4D | U2FU | 18690 | 9600 | 10150 | 10900 | 12900 |
| GT Sedan 4D | U8FW | 20640 | 10900 | 11450 | 12300 | 14550 |
| Manual, 5-Spd | | | (500) | (500) | (665) | (665) |
| **LANCER AWD—4-Cyl.**—Equipment Schedule 6 | | | | | | |
| W.B. 103.7"; 2.4 Liter. | | | | | | |
| SE Sedan 4D | V2FW | 20990 | 11100 | 11650 | 12550 | 14800 |
| **LANCER AWD—4-Cyl. Turbo**—Equipment Schedule 4 | | | | | | |
| W.B. 103.7", 104.3"; 2.0 Liter. | | | | | | |
| Ralliart Sedan 4D | V6FV | 28790 | 16750 | 17500 | 18100 | 20700 |
| Evolution GSR Sedan | W8FV | 35290 | 23000 | 24000 | 24600 | 28100 |
| Evolution MR Sedan | W5FV | 38490 | 27000 | 28100 | 28800 | 32800 |
| **GALANT—4-Cyl.**—Equipment Schedule 4 | | | | | | |
| W.B. 108.3"; 2.4 Liter. | | | | | | |
| FE Sedan 4D | B2FF | 22903 | 9400 | 9925 | 10950 | 13200 |
| ES Sedan 4D | B3FF | 22694 | 9700 | 10250 | 11250 | 13600 |
| SE Sedan 4D | B3FF | 25094 | 11900 | 12500 | 13700 | 16500 |

## 2013 MITSUBISHI — (4orJ)A3-(U1FU)-D-#

| Body Type | VIN | List | Good | Very Good | Good | Excellent |
|---|---|---|---|---|---|---|
| **LANCER—4-Cyl.**—Equipment Schedule 6 | | | | | | |
| W.B. 103.7"; 2.0 Liter. | | | | | | |
| DE Sedan 4D | U1FU | 16790 | 9850 | 10400 | 11550 | 14050 |
| **LANCER—4-Cyl.**—Equipment Schedule 6 | | | | | | |
| W.B. 103.7"; 2.0 Liter, 2.4 Liter. | | | | | | |
| ES Sedan 4D | U2FU | 17890 | 10650 | 11200 | 12500 | 15200 |
| GT Sedan 4D | U8FW | 20790 | 12500 | 13100 | 14650 | 17750 |
| Manual, 5-Spd | | | (525) | (525) | (700) | (700) |
| **LANCER—4-Cyl.**—Equipment Schedule 6 | | | | | | |
| W.B. 103.7"; 2.0 Liter, 2.4 Liter. | | | | | | |
| ES Hatchback 4D | X2HU | 19290 | 11450 | 12050 | 13400 | 16250 |
| GT Hatchback 4D | X8HW | 22290 | 13400 | 14050 | 15650 | 18950 |
| **LANCER AWD—4-Cyl.**—Equipment Schedule 6 | | | | | | |
| W.B. 103.7"; 2.4 Liter. | | | | | | |
| SE Sedan 4D | V2FW | 21090 | 12850 | 13450 | 15050 | 18200 |
| **LANCER AWD—4-Cyl. Turbo**—Equipment Schedule 4 | | | | | | |
| W.B. 103.7", 104.3"; 2.0 Liter. | | | | | | |
| Ralliart Sedan 4D | V6FV | 28890 | 19050 | 19900 | 20400 | 23300 |
| Evolution GSR Sedan | W8FV | 35490 | 25100 | 26100 | 26800 | 30600 |
| Evolution MR Sedan | W5FV | 38690 | 28700 | 29900 | 30600 | 34900 |

**DEDUCT FOR RECONDITIONING**

# 1999 NISSAN

| Body Type | VIN | List | Trade-In Good | Very Good | Pvt-Party Good | Retail Excellent |
|---|---|---|---|---|---|---|

## NISSAN

### 1999 NISSAN — (1N4,JN1or3N1)(AB41D)-X-#

**SENTRA—4-Cyl.—Equipment Schedule 6**
W.B. 99.8"; 1.6 Liter, 2.0 Liter.

| | | | | | | |
|---|---|---|---|---|---|---|
| XE Sedan 4D | AB41D | 13319 | 650 | 725 | 1325 | 2125 |
| GXE Sedan 4D | AB41D | 14719 | 850 | 950 | 1625 | 2600 |
| SE Sedan 4D | BB41D | 15719 | 1025 | 1125 | 1875 | 3025 |

**ALTIMA—4-Cyl.—Equipment Schedule 4**
W.B. 103.1"; 2.4 Liter.

| | | | | | | |
|---|---|---|---|---|---|---|
| XE Sedan 4D | DL01D | 18209 | 1050 | 1150 | 1875 | 2975 |
| GXE Sedan 4D | DL01D | 18510 | 1200 | 1325 | 2075 | 3325 |
| SE Sedan 4D | DL01D | 19810 | 1400 | 1550 | 2375 | 3775 |
| GLE Sedan 4D | DL01D | 20510 | 1600 | 1750 | 2675 | 4225 |
| Manual, 5-Spd | | | (200) | (200) | (265) | (265) |

**MAXIMA—V6—Equipment Schedule 4**
W.B. 106.3"; 3.0 Liter.

| | | | | | | |
|---|---|---|---|---|---|---|
| GXE Sedan 4D | CA21D | 23769 | 725 | 800 | 1525 | 2525 |
| SE Sedan 4D | CA21D | 25019 | 825 | 925 | 1675 | 2800 |
| GLE Sedan 4D | CA21D | 27419 | 1025 | 1125 | 2000 | 3325 |
| Manual, 5-Spd | | | (200) | (200) | (265) | (265) |

### 2000 NISSAN — (1N4,JN1or3N1)(CB51D)-Y-#

**SENTRA—4-Cyl.—Equipment Schedule 6**
W.B. 99.8"; 1.8 Liter, 2.0 Liter.

| | | | | | | |
|---|---|---|---|---|---|---|
| XE Sedan 4D | CB51D | 12169 | 775 | 875 | 1475 | 2375 |
| GXE Sedan 4D | CB51D | 14019 | 975 | 1075 | 1775 | 2825 |
| CA Sedan 4D | DB51D | 15319 | 1050 | 1150 | 1875 | 3000 |
| SE Sedan 4D | BB51D | 15419 | 1200 | 1325 | 2100 | 3350 |

**ALTIMA—4-Cyl.—Equipment Schedule 4**
W.B. 103.1"; 2.4 Liter.

| | | | | | | |
|---|---|---|---|---|---|---|
| XE Sedan 4D | DL01D | 18459 | 1375 | 1525 | 2225 | 3450 |
| GXE Sedan 4D | DL01D | 18659 | 1425 | 1575 | 2275 | 3550 |
| SE Sedan 4D | DL01D | 19960 | 1650 | 1825 | 2700 | 4200 |
| GLE Sedan 4D | DL01D | 20910 | 1875 | 2050 | 3025 | 4675 |
| Manual, 5-Spd | | | (200) | (200) | (265) | (265) |

**MAXIMA—V6—Equipment Schedule 4**
W.B. 108.3"; 3.0 Liter.

| | | | | | | |
|---|---|---|---|---|---|---|
| GXE Sedan 4D | CA31A | 23269 | 1400 | 1550 | 2275 | 3525 |
| SE Sedan 4D | CA31A | 24669 | 1575 | 1725 | 2500 | 3900 |
| GLE Sedan 4D | CA31A | 26769 | 1700 | 1875 | 2800 | 4325 |
| Manual, 5-Spd | | | (200) | (200) | (265) | (265) |

### 2001 NISSAN — (1N4,JN1or3N1)(CB51D)-1-#

**SENTRA—4-Cyl.—Equipment Schedule 6**
W.B. 99.8"; 1.8 Liter, 2.0 Liter.

| | | | | | | |
|---|---|---|---|---|---|---|
| XE Sedan 4D | CB51D | 13368 | 900 | 1000 | 1625 | 2600 |
| GXE Sedan 4D | CB51D | 14019 | 1175 | 1300 | 2025 | 3225 |
| CA Sedan 4D | DB51D | 15319 | 1375 | 1525 | 2425 | 3825 |
| SE Sedan 4D | BB51D | 15419 | 1475 | 1625 | 2575 | 4050 |

**ALTIMA—4-Cyl.—Equipment Schedule 4**
W.B. 103.1"; 2.4 Liter.

| | | | | | | |
|---|---|---|---|---|---|---|
| XE Sedan 4D | DL01D | 18459 | 1775 | 1950 | 2725 | 4100 |
| GXE Sedan 4D | DL01D | 18659 | 1825 | 2000 | 2800 | 4200 |
| SE Sedan 4D | DL01D | 19960 | 2250 | 2475 | 3400 | 5075 |
| GLE Sedan 4D | DL01D | 20190 | 2475 | 2725 | 3725 | 5500 |
| LE Pkg | | | 75 | 75 | 100 | 100 |
| Manual, 5-Spd | | | (200) | (200) | (265) | (265) |

**MAXIMA—V6—Equipment Schedule 4**
W.B. 108.3"; 3.0 Liter.

| | | | | | | |
|---|---|---|---|---|---|---|
| GXE Sedan 4D | CA31D | 23469 | 1600 | 1750 | 2600 | 4000 |
| SE Sedan 4D | CA31D | 24669 | 1850 | 2025 | 2950 | 4500 |
| SE 20th Anniv Sed 4D | CA31A | 28169 | 2175 | 2400 | 3425 | 5200 |
| GLE Sedan 4D | CA31D | 26969 | 2050 | 2250 | 3250 | 4925 |
| Manual, 5-Spd | | | (200) | (200) | (265) | (265) |

### 2002 NISSAN — (1N4,JN1or3N1)(CB51D)-2-#

**SENTRA—4-Cyl.—Equipment Schedule 6**
W.B. 99.8"; 1.8 Liter, 2.5 Liter.

EQUIPMENT & MILEAGE PAGE 9 TO 23

# 2002 NISSAN

| Body Type | VIN | List | Trade-In Good | Very Good | Pvt-Party Good | Retail Excellent |
|---|---|---|---|---|---|---|
| XE Sedan 4D | CB51D | 13588 | 1150 | 1275 | 2000 | 3075 |
| GXE Sedan 4D | CB51D | 14289 | 1425 | 1575 | 2350 | 3650 |
| CA Sedan 4D | DB51D | 15439 | 1800 | 1975 | 2900 | 4425 |
| SE-R Sedan 4D | AB51A | 16539 | 1800 | 1975 | 2625 | 3875 |
| SE-R Spec V Sedan 4D | AB51A | 17539 | 2000 | 2200 | 2900 | 4250 |

**ALTIMA—4-Cyl.—Equipment Schedule 4**
W.B. 110.2"; 2.5 Liter.

| | | | | | | |
|---|---|---|---|---|---|---|
| 2.5 Sedan 4D | AL11D | 17869 | 2250 | 2475 | 3325 | 4900 |
| 2.5 S Sedan 4D | AL11D | 19389 | 2450 | 2675 | 3600 | 5275 |
| 2.5 SL Sedan 4D | AL11D | 23239 | 3050 | 3350 | 4425 | 6425 |
| Manual, 5-Spd | | | (250) | (250) | (335) | (335) |

**ALTIMA—V6—Equipment Schedule 4**
W.B. 110.2"; 3.5 Liter.

| | | | | | | |
|---|---|---|---|---|---|---|
| 3.5 SE Sedan 4D | BL11D | 23689 | 3175 | 3500 | 4775 | 6900 |
| Manual, 5-Spd | | | (250) | (250) | (335) | (335) |

**MAXIMA—V6—Equipment Schedule 4**
W.B. 108.3"; 3.5 Liter.

| | | | | | | |
|---|---|---|---|---|---|---|
| GXE Sedan 4D | CA31D | 25239 | 1825 | 2000 | 2800 | 4200 |
| SE Sedan 4D | CA31D | 25989 | 2175 | 2400 | 3300 | 4900 |
| GLE Sedan 4D | CA31D | 27639 | 2425 | 2650 | 3650 | 5400 |

## 2003 NISSAN — (1N4,JN1or3N1)(CB51D)-3-#

**SENTRA—4-Cyl.—Equipment Schedule 6**
W.B. 99.8"; 1.8 Liter, 2.5 Liter.

| | | | | | | |
|---|---|---|---|---|---|---|
| XE Sedan 4D | CB51D | 13888 | 1600 | 1750 | 2525 | 3850 |
| GXE Sedan 4D | CB51D | 14639 | 1900 | 2075 | 2950 | 4450 |
| Limited Sedan 4D | AB51D | 17139 | 2425 | 2650 | 3700 | 5525 |
| SE-R Sedan 4D | AB51D | 16739 | 2000 | 2200 | 2900 | 4225 |
| SE-R Spec V Sed 4D | AB51D | 17739 | 2200 | 2425 | 3150 | 4575 |

**ALTIMA—4-Cyl.—Equipment Schedule 4**
W.B. 110.2"; 2.5 Liter.

| | | | | | | |
|---|---|---|---|---|---|---|
| 2.5 Sedan 4D | AL11D | 17689 | 2725 | 3025 | 3825 | 5500 |
| 2.5 S Sedan 4D | AL11D | 19539 | 3025 | 3325 | 4225 | 6025 |
| 2.5 SL Sedan 4D | AL11D | 23539 | 3500 | 3825 | 5025 | 7100 |
| Manual, 5-Spd | | | (300) | (300) | (400) | (400) |

**ALTIMA—V6—Equipment Schedule 4**
W.B. 110.2"; 3.5 Liter.

| | | | | | | |
|---|---|---|---|---|---|---|
| 3.5 SE Sedan 4D | BL11D | 23689 | 3825 | 4150 | 5450 | 7700 |
| Manual, 5-Spd | | | (300) | (300) | (400) | (400) |

**MAXIMA—V6—Equipment Schedule 4**
W.B. 108.3"; 3.5 Liter.

| | | | | | | |
|---|---|---|---|---|---|---|
| GXE Sedan 4D | DA31D | 25439 | 2600 | 2850 | 3600 | 5125 |
| SE Sedan 4D | DA31D | 26189 | 2875 | 3175 | 3975 | 5625 |
| GLE Sedan 4D | DA31D | 28089 | 3275 | 3575 | 4475 | 6325 |

**350Z—V6—Equipment Schedule 3**
W.B. 104.3"; 3.5 Liter.

| | | | | | | |
|---|---|---|---|---|---|---|
| Coupe 2D | AZ34D | 26809 | 5475 | 5875 | 6950 | 9025 |
| Enthusiast Coupe 2D | AZ34D | 29759 | 6075 | 6500 | 7650 | 9900 |
| Performance Cpe 2D | AZ34D | 30969 | 6275 | 6700 | 7900 | 10200 |
| Touring Coupe 2D | AZ34D | 32129 | 6275 | 6700 | 7900 | 10200 |
| Track Coupe 2D | AZ34D | 34619 | 6675 | 7100 | 8350 | 10800 |

## 2004 NISSAN—(1N4,JN1or3N1)(CB51D)-4-#

**SENTRA—4-Cyl.—Equipment Schedule 6**
W.B. 99.8"; 1.8 Liter.

| | | | | | | |
|---|---|---|---|---|---|---|
| Sedan 4D | CB51D | 13760 | 2300 | 2525 | 3425 | 5050 |
| S Sedan 4D | CB51D | 14740 | 2475 | 2725 | 3650 | 5375 |
| SE-R Sedan 4D | AB51D | 17640 | 2675 | 2925 | 3700 | 5250 |
| SE-R Spec V Sed 4D | AB51D | 17840 | 2900 | 3200 | 4000 | 5650 |
| 4-Cyl, 2.5 Liter | A | | 150 | 150 | 200 | 200 |

**ALTIMA—4-Cyl.—Equipment Schedule 4**
W.B. 110.2"; 2.5 Liter.

| | | | | | | |
|---|---|---|---|---|---|---|
| 2.5 Sedan 4D | AL11D | 17890 | 3075 | 3400 | 4375 | 6150 |
| 2.5 S Sedan 4D | AL11D | 19740 | 3375 | 3700 | 4750 | 6675 |
| 2.5 SL Sedan 4D | AL11D | 23740 | 4375 | 4725 | 6050 | 8400 |
| Manual, 5-Spd | | | (350) | (350) | (465) | (465) |

**ALTIMA—V6—Equipment Schedule 4**
W.B. 110.2"; 3.5 Liter.

| | | | | | | |
|---|---|---|---|---|---|---|
| 3.5 SE Sedan 4D | BL11D | 23790 | 4475 | 4825 | 6175 | 8575 |
| Manual, 5-Spd | | | (350) | (350) | (465) | (465) |

**MAXIMA—V6—Equipment Schedule 4**
W.B. 111.2"; 3.5 Liter.

# 2004 NISSAN

| Body Type | VIN | List | Trade-In Good | Very Good | Pvt-Party Good | Retail Excellent |
|---|---|---|---|---|---|---|
| SE Sedan 4D | BA41E | 27510 | 3825 | 4150 | 5225 | 7200 |
| SL Sedan 4D | BA41E | 29440 | 4225 | 4575 | 5725 | 7875 |
| **350Z—V6**—Equipment Schedule 3 | | | | | | |
| W.B. 104.3"; 3.5 Liter. | | | | | | |
| Coupe 2D | AZ34D | 26910 | 6100 | 6525 | 7600 | 9775 |
| Enthusiast Coupe 2D | AZ34D | 29860 | 6775 | 7225 | 8400 | 10750 |
| Enthusiast Roadster | AZ36A | 35580 | 7475 | 7925 | 9200 | 11800 |
| Performance Cpe 2D | AZ34D | 31070 | 6975 | 7425 | 8625 | 11050 |
| Track Coupe 2D | AZ34D | 34720 | 7575 | 8050 | 9325 | 11950 |
| Touring Coupe 2D | AZ34D | 33820 | 6975 | 7425 | 8625 | 11050 |
| Touring Roadster 2D | AZ36A | 37950 | 7675 | 8150 | 9450 | 12100 |

## 2005 NISSAN — (1N4,JN1or3N1)(CB51D)-5-#

**SENTRA—4-Cyl.**—Equipment Schedule 6
W.B. 99.8"; 1.8 Liter, 2.5 Liter.

| | | | | | | |
|---|---|---|---|---|---|---|
| Sedan 4D | CB51D | 14280 | 2525 | 2775 | 3675 | 5225 |
| S Sedan 4D | CB51D | 16280 | 2725 | 3025 | 4100 | 5775 |
| SE-R Sedan 4D | AB51D | 18180 | 3500 | 3825 | 4875 | 6650 |
| SE-R Spec V Sed 4D | AB51D | 18380 | 3700 | 4050 | 5125 | 6975 |
| Special Edition | | | 50 | 50 | 65 | 65 |

**ALTIMA—4-Cyl.**—Equipment Schedule 4
W.B. 110.2"; 2.5 Liter.

| | | | | | | |
|---|---|---|---|---|---|---|
| 2.5 Sedan 4D | AL11D | 17760 | 3650 | 3975 | 5000 | 6750 |
| 2.5 S Sedan 4D | AL11D | 20110 | 4100 | 4450 | 5550 | 7475 |
| SL | | | 500 | 500 | 665 | 665 |
| Manual, 5-Spd | | | (400) | (400) | (535) | (535) |

**ALTIMA—V6**—Equipment Schedule 4
W.B. 110.2"; 3.5 Liter.

| | | | | | | |
|---|---|---|---|---|---|---|
| 3.5 SE Sedan 4D | BL11D | 24310 | 4925 | 5300 | 6775 | 9050 |
| 3.5 SL Sedan 4D | BL11D | 27460 | 5650 | 6050 | 7650 | 10200 |
| 3.5 SE-R Sedan 4D | BL11D | 29760 | 6575 | 7025 | 8800 | 11700 |
| Manual, 5-Spd | | | (400) | (400) | (535) | (535) |

**MAXIMA—V6**—Equipment Schedule 4
W.B. 111.2"; 3.5 Liter.

| | | | | | | |
|---|---|---|---|---|---|---|
| SE Sedan 4D | BA41E | 28080 | 4450 | 4800 | 5975 | 8025 |
| SL Sedan 4D | BA41E | 29910 | 4750 | 5125 | 6575 | 8775 |

**350Z—V6**—Equipment Schedule 3
W.B. 104.3"; 3.5 Liter.

| | | | | | | |
|---|---|---|---|---|---|---|
| Coupe 2D | AZ35D | 27060 | 6625 | 7075 | 8175 | 10300 |
| Enthusiast Coupe 2D | AZ34D | 30010 | 7425 | 7900 | 9075 | 11400 |
| Enthusiast Roadster | AZ36A | 36030 | 9800 | 10350 | 11850 | 14750 |
| Performance Cpe 2D | AZ34D | 31210 | 7625 | 8100 | 9300 | 11650 |
| Touring Coupe 2D | AZ34D | 32360 | 7850 | 8325 | 9650 | 12100 |
| Touring Roadster 2D | AZ36A | 38430 | 10000 | 10550 | 11950 | 14750 |
| Track Coupe 2D | AZ34D | 34860 | 9800 | 10350 | 11650 | 14350 |
| 35th Anniv Coupe 2D | AZ34D | 37660 | 12400 | 13000 | 14950 | 18600 |
| Grand Touring Rdstr | AZ36D | 39300 | 10850 | 11400 | 13100 | 16250 |

## 2006 NISSAN — (1N4,JN1or3N1)(CB51D)-6-#

**SENTRA—4-Cyl.**—Equipment Schedule 6
W.B. 99.8"; 1.8 Liter, 2.5 Liter.

| | | | | | | |
|---|---|---|---|---|---|---|
| Sedan 4D | CB51D | 14615 | 3175 | 3500 | 4525 | 6225 |
| S Sedan 4D | CB51D | 16615 | 3425 | 3750 | 4850 | 6625 |
| Manual, 5-Spd | | | (300) | (300) | (400) | (400) |

**SENTRA—4-Cyl.**—Equipment Schedule 6
W.B. 99.8"; 1.8 Liter, 2.5 Liter.

| | | | | | | |
|---|---|---|---|---|---|---|
| SE-R Sedan 4D | AB51D | 18580 | 4225 | 4575 | 5625 | 7500 |
| SE-R Spec V Sed 4D | AB51D | 18780 | 4425 | 4775 | 5875 | 7825 |
| Special Edition | | | 50 | 50 | 65 | 65 |

**ALTIMA—4-Cyl.**—Equipment Schedule 4
W.B. 110.2"; 2.5 Liter.

| | | | | | | |
|---|---|---|---|---|---|---|
| 2.5 Sedan 4D | AL11D | 18230 | 4025 | 4375 | 5300 | 7000 |
| SL | | | 600 | 600 | 800 | 800 |

**ALTIMA—4-Cyl.**—Equipment Schedule 4
W.B. 110.2"; 2.5 Liter.

| | | | | | | |
|---|---|---|---|---|---|---|
| 2.5 S Sedan 4D | AL11D | 20580 | 4750 | 5125 | 6175 | 8100 |
| SL | | | 600 | 600 | 800 | 800 |
| Manual, 5-Spd | | | (425) | (425) | (565) | (565) |

**ALTIMA—V6**—Equipment Schedule 4
W.B. 110.2"; 3.5 Liter.

| | | | | | | |
|---|---|---|---|---|---|---|
| 3.5 SE Sedan 4D | BL11D | 24730 | 5875 | 6300 | 7700 | 10050 |
| 3.5 SL Sedan 4D | BL11D | 27880 | 6525 | 6975 | 8575 | 11200 |

EQUIPMENT & MILEAGE PAGE 9 TO 23

# 2006 NISSAN

| Body Type | VIN | List | Trade-In Good | Very Good | Pvt-Party Good | Retail Excellent |
|---|---|---|---|---|---|---|
| 3.5 SE-R Sedan 4D | BL11D | 30130 | 7275 | 7750 | 9475 | 12300 |
| Manual, 5-Spd | | | (425) | (425) | (565) | (565) |
| Manual, 6-Spd | | | 0 | 0 | 0 | 0 |
| **MAXIMA—V6—Equipment Schedule 4** | | | | | | |
| W.B. 111.2"; 3.5 Liter. | | | | | | |
| SE Sedan 4D | BA41E | 28515 | 5200 | 5600 | 6825 | 8875 |
| SL Sedan 4D | BA41E | 30580 | 5625 | 6050 | 7425 | 9625 |
| **350Z—V6—Equipment Schedule 3** | | | | | | |
| W.B. 104.3"; 3.5 Liter. | | | | | | |
| Coupe 2D | AZ34D | 28030 | 7375 | 7850 | 8950 | 11100 |
| Enthusiast Coupe 2D | AZ34D | 30730 | 8925 | 9425 | 10750 | 13250 |
| Enthusiast Roadster | AZ36A | 35665 | 9850 | 10400 | 11900 | 14800 |
| Touring Coupe 2D | AZ34D | 33330 | 9150 | 9675 | 11000 | 13550 |
| Touring Roadster 2D | AZ36A | 39265 | 10300 | 10850 | 12400 | 15350 |
| Track Coupe 2D | AZ34D | 34930 | 10350 | 10900 | 12350 | 15250 |
| Grand Touring Coupe | AZ34D | 37465 | 10500 | 11050 | 12550 | 15500 |
| Grand Touring Rdstr | AZ36D | 41615 | 11000 | 11550 | 13200 | 16300 |

## 2007 NISSAN—(1N4,JN1or3N1)(BC11E)-7-#

| Body Type | VIN | List | Trade-In Good | Very Good | Pvt-Party Good | Retail Excellent |
|---|---|---|---|---|---|---|
| **VERSA—4-Cyl.—Equipment Schedule 6** | | | | | | |
| W.B. 102.4"; 1.8 Liter. | | | | | | |
| S Sedan 4D | BC11E | 13975 | 4025 | 4375 | 5250 | 6900 |
| S Hatchback 4D | BC13E | 13975 | 4125 | 4475 | 5375 | 7050 |
| SL Sedan 4D | BC11E | 16175 | 4700 | 5075 | 6050 | 7900 |
| SL Hatchback 4D | BC13E | 16175 | 4725 | 5100 | 6075 | 7925 |
| Manual, 6-Spd | | | (375) | (375) | (500) | (500) |
| **SENTRA—4-Cyl.—Equipment Schedule 6** | | | | | | |
| W.B. 105.7"; 2.0 Liter. | | | | | | |
| Sedan 4D | AB61E | 16175 | 4725 | 5100 | 6200 | 8225 |
| S Sedan 4D | AB61E | 17075 | 4825 | 5200 | 6325 | 8375 |
| Manual, 6-Spd | | | (375) | (375) | (500) | (500) |
| **SENTRA—4-Cyl.—Equipment Schedule 6** | | | | | | |
| W.B. 105.7"; 2.0 Liter, 2.5 Liter. | | | | | | |
| SL Sedan 4D | AB61E | 19015 | 4950 | 5325 | 6700 | 8850 |
| SE-R Sedan 4D | BB61E | 20015 | 5950 | 6375 | 7400 | 9325 |
| SE-R Spec V Sedan | CB61E | 20515 | 6250 | 6675 | 7725 | 9725 |
| **ALTIMA—4-Cyl.—Equipment Schedule 4** | | | | | | |
| W.B. 109.3"; 2.5 Liter. | | | | | | |
| 2.5 Sedan 4D | AL21E | 18565 | 6000 | 6425 | 7475 | 9425 |
| 2.5 S Sedan 4D | AL21E | 20925 | 6300 | 6725 | 7825 | 9850 |
| SL | | | 700 | 700 | 935 | 935 |
| **ALTIMA—4-Cyl. Hybrid—Equipment Schedule 4** | | | | | | |
| W.B. 109.3"; 2.5 Liter. | | | | | | |
| Sedan 4D | CL21E | 25015 | 7050 | 7500 | 8675 | 10900 |
| **ALTIMA—V6—Equipment Schedule 4** | | | | | | |
| W.B. 109.3"; 3.5 Liter. | | | | | | |
| 3.5 SE Sedan 4D | BL21E | 25125 | 8825 | 9350 | 10750 | 13500 |
| 3.5 SL Sedan 4D | BL21E | 29015 | 10200 | 10750 | 12350 | 15450 |
| **MAXIMA—V6—Equipment Schedule 4** | | | | | | |
| W.B. 111.2"; 3.5 Liter. | | | | | | |
| SE Sedan 4D | BA41E | 28665 | 6600 | 7050 | 8175 | 10300 |
| SL Sedan 4D | BA41E | 30915 | 7175 | 7650 | 8900 | 11200 |
| **350Z—V6—Equipment Schedule 3** | | | | | | |
| W.B. 104.3"; 3.5 Liter. | | | | | | |
| Coupe 2D | BZ34D | 28515 | 8225 | 8725 | 9900 | 12250 |
| Enthusiast Coupe 2D | BZ34D | 30600 | 9500 | 10050 | 11350 | 14050 |
| Enthusiast Roadster | BZ36A | 37115 | 10450 | 11000 | 12500 | 15400 |
| Touring Coupe 2D | BZ34D | 33200 | 10150 | 10700 | 12150 | 15000 |
| Touring Roadster 2D | BZ36A | 39525 | 10950 | 11500 | 13050 | 16050 |
| Grand Touring Coupe | BZ34A | 37725 | 11900 | 12500 | 14150 | 17400 |
| Grand Touring Rdstr | BZ36A | 41875 | 11500 | 12100 | 13700 | 16850 |
| NISMO Coupe 2D | BZ34D | 38695 | **** | **** | **** | 20600 |

## 2008 NISSAN — (1N4,JN1or3N1)(BC11E)-8-#

| Body Type | VIN | List | Trade-In Good | Very Good | Pvt-Party Good | Retail Excellent |
|---|---|---|---|---|---|---|
| **VERSA—4-Cyl.—Equipment Schedule 6** | | | | | | |
| W.B. 102.4"; 1.8 Liter. | | | | | | |
| S Sedan 4D | BC11E | 14170 | 4900 | 5275 | 6200 | 8000 |
| S Hatchback 4D | BC13E | 14270 | 5100 | 5475 | 6425 | 8325 |
| SL Sedan 4D | BC11E | 16120 | 5325 | 5725 | 6900 | 8900 |
| SL Hatchback 4D | BC13E | 16470 | 5350 | 5750 | 6925 | 8925 |
| Manual, 6-Spd w/Overdrive | | | (400) | (400) | (535) | (535) |

DEDUCT FOR RECONDITIONING

# 2008 NISSAN

| Body Type | VIN | List | Trade-In Good | Very Good | Pvt-Party Good | Retail Excellent |
|---|---|---|---|---|---|---|
| **SENTRA—4-Cyl.—Equipment Schedule 6** | | | | | | |
| W.B. 105.7"; 2.0 Liter. | | | | | | |
| S Sedan 4D | AB61E | 17730 | 5525 | 5925 | 7025 | 8950 |
| Manual, 6-Spd | | | (425) | (425) | (565) | (565) |
| **SENTRA—4-Cyl.—Equipment Schedule 6** | | | | | | |
| W.B. 105.7"; 2.0 Liter, 2.5 Liter. | | | | | | |
| Sedan 4D | AB61E | 16375 | 5325 | 5725 | 6800 | 8675 |
| SL Sedan 4D | AB61E | 19305 | 5975 | 6400 | 7525 | 9600 |
| SE-R Sedan 4D | BB61E | 20305 | 7200 | 7675 | 8725 | 10800 |
| SE-R Spec V Sedan | CB61E | 20805 | 7975 | 8475 | 9575 | 11800 |
| **ALTIMA—4-Cyl.—Equipment Schedule 4** | | | | | | |
| W.B. 105.3", 109.3" (Sed); 2.5 Liter. | | | | | | |
| 2.5 Sedan 4D | AL21E | 18855 | 7100 | 7550 | 8700 | 10850 |
| 2.5 S Sedan 4D | AL21E | 21630 | 7600 | 8075 | 9275 | 11550 |
| 2.5 S Coupe 2D | AL24E | 21650 | 8775 | 9275 | 10600 | 13150 |
| SL | | | 800 | 800 | 1065 | 1065 |
| **ALTIMA—4-Cyl. Hybrid—Equipment Schedule 4** | | | | | | |
| W.B. 109.3"; 2.5 Liter. | | | | | | |
| Sedan 4D | CL21E | 25695 | 8875 | 9400 | 10700 | 13300 |
| **ALTIMA—V6—Equipment Schedule 4** | | | | | | |
| W.B. 105.3", 109.3" (Sed); 3.5 Liter. | | | | | | |
| 3.5 SE Sedan 4D | BL21E | 25630 | 9925 | 10450 | 11950 | 14800 |
| 3.5 SE Coupe 2D | BL24E | 26050 | 11400 | 11950 | 13650 | 16900 |
| 3.5 SL Sedan 4D | BL21E | 28905 | 10900 | 11450 | 13000 | 16100 |
| **MAXIMA—V6—Equipment Schedule 4** | | | | | | |
| W.B. 111.2"; 3.5 Liter. | | | | | | |
| SE Sedan 4D | BA41E | 28755 | 7850 | 8325 | 9425 | 11650 |
| SL Sedan 4D | BA41E | 31005 | 8800 | 9300 | 10550 | 13000 |
| **350Z—V6—Equipment Schedule 3** | | | | | | |
| W.B. 104.3"; 3.5 Liter. | | | | | | |
| Coupe 2D | BZ34D | 28605 | 11650 | 12250 | 13350 | 15950 |
| Enthusiast Coupe 2D | BZ34D | 31305 | 12200 | 12800 | 13900 | 16600 |
| Enthusiast Roadster | BZ36A | 37940 | 13400 | 14050 | 15300 | 18250 |
| Touring Coupe 2D | BZ34D | 33935 | 13450 | 14100 | 15250 | 18200 |
| Touring Roadster 2D | BZ36A | 40290 | 13700 | 14350 | 15650 | 18650 |
| Grand Touring Cpe 2D | BZ34D | 38400 | 13950 | 14600 | 15900 | 18950 |
| Grand Touring Rdstr | BZ36A | 42440 | 14250 | 14900 | 16200 | 19350 |
| NISMO Coupe 2D | BZ34D | 38775 | **** | **** | **** | 25600 |

# 2009 NISSAN — (1N4,JN1or3N1)(AZ28R)-9-#

| Body Type | VIN | List | Trade-In Good | Very Good | Pvt-Party Good | Retail Excellent |
|---|---|---|---|---|---|---|
| **VERSA—4-Cyl.—Equipment Schedule 6** | | | | | | |
| W.B. 102.4"; 1.6 Liter. | | | | | | |
| Sedan 4D | CC11E | 11685 | 4350 | 4700 | 5425 | 6950 |
| Automatic, 4-Spd w/OD | | | 400 | 400 | 535 | 535 |
| **VERSA—4-Cyl.—Equipment Schedule 6** | | | | | | |
| W.B. 102.4"; 1.8 Liter. | | | | | | |
| S Sedan 4D | BC11E | 14685 | 5675 | 6075 | 7150 | 9075 |
| S Hatchback 4D | BC13E | 14685 | 5625 | 6025 | 7075 | 9000 |
| Manual, 6-Spd w/Overdrive | | | (425) | (425) | (565) | (565) |
| **VERSA—4-Cyl.—Equipment Schedule 6** | | | | | | |
| W.B. 102.4"; 1.8 Liter. | | | | | | |
| SL Sedan 4D | BC11E | 16650 | 6100 | 6525 | 7625 | 9650 |
| SL Hatchback 4D | BC13E | 16870 | 6200 | 6625 | 7750 | 9800 |
| SL FE Plus Hatchback | BC13E | 17050 | 6350 | 6775 | 7900 | 10000 |
| **SENTRA—4-Cyl.—Equipment Schedule 6** | | | | | | |
| W.B. 105.7"; 2.0 Liter. | | | | | | |
| Sedan 4D | AB61E | 17425 | 6600 | 7050 | 8050 | 10050 |
| S Sedan 4D | AB61E | 18455 | 6750 | 7200 | 8225 | 10300 |
| Manual, 6-Spd | | | (450) | (450) | (600) | (600) |
| **SENTRA—4-Cyl.—Equipment Schedule 6** | | | | | | |
| W.B. 105.7"; 2.0 Liter, 2.5 Liter. | | | | | | |
| FE Plus Sedan 4D | AB61E | 18000 | 6700 | 7150 | 8175 | 10200 |
| S FE Plus Sedan 4D | AB61E | 19030 | 6950 | 7400 | 8450 | 10550 |
| SR FE Plus Sedan 4D | AB61E | 18480 | 6925 | 7375 | 8425 | 10500 |
| SL Sedan 4D | AB61E | 20355 | 7125 | 7575 | 8725 | 10900 |
| SL FE Plus Sedan 4D | AB61E | 20930 | 7425 | 7900 | 9075 | 11300 |
| SE-R Sedan 4D | BB61E | 21355 | 8725 | 9225 | 10250 | 12550 |
| SE-R Spec V Sedan | CB61E | 21855 | 9075 | 9600 | 10700 | 13050 |
| **ALTIMA—4-Cyl.—Equipment Schedule 4** | | | | | | |
| W.B. 105.3", 109.3" (Sed); 2.5 Liter. | | | | | | |
| 2.5 Sedan 4D | AL21E | 20595 | 8200 | 8700 | 9800 | 12050 |
| 2.5 S Sedan 4D | AL21E | 22235 | 8600 | 9100 | 10250 | 12600 |
| 2.5 S Coupe 2D | AL24E | 22945 | 9475 | 10000 | 11250 | 13850 |

EQUIPMENT & MILEAGE PAGE 9 TO 23

## 2009 NISSAN

| Body Type | VIN | List | Trade-In Good | Very Good | Pvt-Party Good | Retail Excellent |
|---|---|---|---|---|---|---|
| SL | | | 900 | 900 | 1200 | 1200 |
| **ALTIMA—4-Cyl. Hybrid—Equipment Schedule 4** | | | | | | |
| W.B. 109.3"; 2.5 Liter. | | | | | | |
| Sedan 4D | CL21E | 27345 | 9925 | 10450 | 11750 | 14450 |
| **ALTIMA—V6—Equipment Schedule 4** | | | | | | |
| W.B. 105.3", 109.3" (Sed); 3.5 Liter. | | | | | | |
| 3.5 SE Sedan 4D | BL21E | 26375 | 10700 | 11250 | 12600 | 15450 |
| 3.5 SE Coupe 2D | BL24E | 27585 | 12150 | 12750 | 14250 | 17450 |
| 3.5 SL Sedan 4D | BL21E | 30075 | 11800 | 12400 | 13900 | 17000 |
| **MAXIMA—V6—Equipment Schedule 4** | | | | | | |
| W.B. 109.3"; 3.5 Liter. | | | | | | |
| S Sedan 4D | BA41E | 29985 | 11850 | 12450 | 13450 | 16000 |
| SV Sedan 4D | BA41E | 32685 | 12750 | 13350 | 14500 | 17200 |
| **350Z—V6—Equipment Schedule 3** | | | | | | |
| W.B. 104.3"; 3.5 Liter. | | | | | | |
| Enthusiast Roadster | BZ36A | 38565 | 15400 | 16100 | 16900 | 19600 |
| Touring Roadster 2D | BZ36A | 40915 | 15900 | 16600 | 17450 | 20200 |
| Grand Touring Rdstr | BZ36A | 43265 | 17100 | 17900 | 18750 | 21700 |
| **370Z—V6—Equipment Schedule 4** | | | | | | |
| W.B. 100.4"; 3.7 Liter. | | | | | | |
| Coupe 2D | AZ44E | 30650 | 13900 | 14550 | 15350 | 17850 |
| Touring Coupe 2D | AZ44E | 35180 | 16000 | 16750 | 17600 | 20400 |
| NISMO Coupe 2D | AZ44E | 39850 | **** | **** | **** | 25600 |
| Sport Pkg | | | 1200 | 1200 | 1600 | 1600 |
| **LEAF—AC Electric—Equipment Schedule 3** | | | | | | |
| W.B. 106.3". | | | | | | |
| S Hatchback 4D | AZ0CP | 29650 | 18250 | 19050 | 19300 | 21700 |
| SV Hatchback 4D | AZ0CP | 32670 | 20700 | 21500 | 21700 | 24400 |
| SL Hatchback 4D | AZ0CP | 35690 | 22000 | 22900 | 23000 | 25900 |
| **GT-R AWD—V6 Turbo—Equipment Schedule 2** | | | | | | |
| W.B. 109.5"; 3.8 Liter. | | | | | | |
| Coupe 2D | AR54M | 77840 | 46700 | 48400 | 48200 | 53900 |
| Premium Coupe 2D | AR54F | 80090 | 47100 | 48800 | 49000 | 54800 |

## 2010 NISSAN — (1,3orJ)N(1,4or6)(AZ2KT)–A–#

| Body Type | VIN | List | Trade-In Good | Very Good | Pvt-Party Good | Retail Excellent |
|---|---|---|---|---|---|---|
| **CUBE—4-Cyl.—Equipment Schedule 6** | | | | | | |
| W.B. 99.6"; 1.8 Liter. | | | | | | |
| S Sport Wagon 4D | AZ2KT | 16750 | 7900 | 8375 | 9475 | 11700 |
| Manual, 6-Spd w/Overdrive | | | (500) | (500) | (665) | (665) |
| **CUBE—4-Cyl.—Equipment Schedule 6** | | | | | | |
| W.B. 99.6"; 1.8 Liter. | | | | | | |
| Wagon 4D | AZ2KR | 14710 | 6850 | 7300 | 8325 | 10300 |
| SL Sport Wagon 4D | AZ2KR | 17850 | 8600 | 9100 | 10250 | 12650 |
| Krom Sport Wagon | AZ2KR | 20840 | 9850 | 10400 | 11700 | 14400 |
| **VERSA—4-Cyl.—Equipment Schedule 6** | | | | | | |
| W.B. 102.4"; 1.6 Liter. | | | | | | |
| Sedan 4D | CC1AE | 11710 | 5250 | 5650 | 6425 | 7975 |
| Automatic, 4-Spd w/OD | | | 450 | 450 | 600 | 600 |
| **VERSA—4-Cyl.—Equipment Schedule 6** | | | | | | |
| W.B. 102.4"; 1.8 Liter. | | | | | | |
| S Sedan 4D | BC1AE | 14820 | 6425 | 6850 | 7725 | 9525 |
| S Hatchback 4D | BC1CE | 14870 | 6700 | 7150 | 8025 | 9900 |
| Manual, 6-Spd w/Overdrive | | | (500) | (500) | (665) | (665) |
| **VERSA—4-Cyl.—Equipment Schedule 6** | | | | | | |
| W.B. 102.4"; 1.8 Liter. | | | | | | |
| SL Sedan 4D | BC1AE | 16820 | 7175 | 7650 | 8625 | 10650 |
| SL Hatchback 4D | BC1CE | 17250 | 7650 | 8125 | 9150 | 11250 |
| **SENTRA—4-Cyl.—Equipment Schedule 6** | | | | | | |
| W.B. 105.7"; 2.0 Liter. | | | | | | |
| Sedan 4D | AB6AP | 17320 | 7550 | 8025 | 9000 | 11050 |
| Manual, 6-Spd w/Overdrive | | | (500) | (500) | (665) | (665) |
| **SENTRA—4-Cyl.—Equipment Schedule 6** | | | | | | |
| W.B. 105.7"; 2.0 Liter, 2.5 Liter. | | | | | | |
| S Sedan 4D | AB6AP | 17880 | 7925 | 8400 | 9425 | 11550 |
| SR Sedan 4D | AB6AP | 17880 | 7925 | 8400 | 9425 | 11550 |
| SL Sedan 4D | AB6AP | 19280 | 9100 | 9625 | 10750 | 13150 |
| SE-R Sedan 4D | BB6AP | 20300 | 9600 | 10150 | 11150 | 13500 |
| SE-R Spec V Sedan | CB6AP | 20800 | 9900 | 10450 | 11500 | 13900 |
| **ALTIMA—4-Cyl.—Equipment Schedule 6** | | | | | | |
| W.B. 105.3", 109.3" (Sed); 2.5 Liter. | | | | | | |
| 2.5 Sedan 4D | AL2AP | 20620 | 9250 | 9775 | 10850 | 13150 |
| 2.5 S Sedan 4D | AL2AP | 22560 | 9550 | 10100 | 11150 | 13550 |
| 2.5 S Coupe 2D | AL2EP | 23660 | 11200 | 11750 | 13000 | 15750 |

**DEDUCT FOR RECONDITIONING**

# 2010 NISSAN

| Body Type | VIN | List | Trade-In Good | Very Good | Pvt-Party Good | Retail Excellent |
|---|---|---|---|---|---|---|
| SL | | | 900 | 900 | 1200 | 1200 |
| **ALTIMA—4-Cyl. Hybrid**—Equipment Schedule 4 | | | | | | |
| W.B. 109.3"; 2.5 Liter. | | | | | | |
| Sedan 4D | CL2AP | 27500 | 11150 | 11700 | 12950 | 15650 |
| Premium Pkg | | | 1050 | 1050 | 1400 | 1400 |
| **ALTIMA—V6**—Equipment Schedule 4 | | | | | | |
| W.B. 105.3", 109.3" (Sed); 3.5 Liter. | | | | | | |
| 3.5 SR Sedan 4D | BL2AP | 25240 | 12400 | 13000 | 14450 | 17450 |
| 3.5 SR Coupe 2D | BL2EP | 27990 | 13850 | 14500 | 16050 | 19350 |
| Premium Pkg | | | 1050 | 1050 | 1400 | 1400 |
| **MAXIMA—V6**—Equipment Schedule 4 | | | | | | |
| W.B. 109.3"; 3.5 Liter. | | | | | | |
| S Sedan 4D | AA5AE | 31180 | 12800 | 13400 | 14400 | 16950 |
| SV Sedan 4D | AA5AE | 33900 | 14200 | 14850 | 15900 | 18700 |
| **370Z—V6**—Equipment Schedule 4 | | | | | | |
| W.B. 100.4"; 3.7 Liter. | | | | | | |
| Coupe 2D | AZ4EE | 30710 | 17250 | 18000 | 18700 | 21500 |
| Roadster 2D | AZ4FH | 37690 | 19350 | 20200 | 20900 | 24000 |
| Touring Coupe 2D | AZ4EH | 35380 | 19150 | 20000 | 20700 | 23800 |
| Touring Roadster 2D | AZ4FH | 42540 | 20600 | 21400 | 22100 | 25400 |
| NISMO Coupe 2D | AZ4EE | 39910 | **** | **** | **** | 28200 |
| Sport Pkg | | | 1275 | 1275 | 1700 | 1700 |
| **GT-R AWD—V6 Twin Turbo**—Equipment Schedule 2 | | | | | | |
| W.B. 109.4"; 3.8 Liter. | | | | | | |
| Coupe 2D | AR5EF | 81790 | 52100 | 54000 | 53800 | 60000 |
| Premium Coupe 2D | AR5EF | 84040 | 52900 | 54800 | 54600 | 60900 |

## 2011 NISSAN — (1,3orJ)N(1or4)(AZ2KT)–B–#

| Body Type | VIN | List | Good | Very Good | Good | Excellent |
|---|---|---|---|---|---|---|
| **CUBE—4-Cyl.**—Equipment Schedule 6 | | | | | | |
| W.B. 99.6"; 1.8 Liter. | | | | | | |
| S Sport Wagon 4D | AZ2KT | 17430 | 8850 | 9350 | 10200 | 12150 |
| Manual, 6-Spd w/Overdrive | | | (500) | (500) | (665) | (665) |
| **CUBE—4-Cyl.**—Equipment Schedule 6 | | | | | | |
| W.B. 99.6"; 1.8 Liter. | | | | | | |
| Wagon 4D | AZ2KR | 15040 | 7950 | 8425 | 9175 | 10950 |
| SL Sport Wagon 4D | AZ2KR | 18500 | 9900 | 10450 | 11300 | 13450 |
| S Krom Sport Wagon | AZ2KR | 21940 | 11150 | 11700 | 12700 | 15100 |
| **VERSA—4-Cyl.**—Equipment Schedule 6 | | | | | | |
| W.B. 102.4"; 1.6 Liter. | | | | | | |
| Sedan 4D | CC1AP | 11990 | 6300 | 6725 | 7475 | 9150 |
| Automatic, 4-Spd w/OD | | | 475 | 475 | 635 | 635 |
| **VERSA—4-Cyl.**—Equipment Schedule 6 | | | | | | |
| W.B. 102.4"; 1.8 Liter. | | | | | | |
| S Sedan 4D | BC1AP | 15350 | 7125 | 7575 | 8475 | 10300 |
| S Hatchback 4D | BC1CP | 15300 | 7600 | 8075 | 8975 | 10950 |
| Manual, 6-Spd w/Overdrive | | | (500) | (500) | (665) | (665) |
| **VERSA—4-Cyl.**—Equipment Schedule 6 | | | | | | |
| W.B. 102.4"; 1.8 Liter. | | | | | | |
| SL Sedan 4D | BC1AP | 17220 | 8700 | 9200 | 10200 | 12350 |
| SL Hatchback 4D | BC1CP | 17650 | 9400 | 9925 | 11000 | 13350 |
| **SENTRA—4-Cyl.**—Equipment Schedule 6 | | | | | | |
| W.B. 105.7"; 2.0 Liter. | | | | | | |
| Sedan 4D | AB6AP | 17104 | 8175 | 8675 | 9550 | 11600 |
| Manual, 6-Spd w/Overdrive | | | (500) | (500) | (665) | (665) |
| **SENTRA—4-Cyl.**—Equipment Schedule 6 | | | | | | |
| W.B. 105.7"; 2.0 Liter, 2.5 Liter. | | | | | | |
| S Sedan 4D | AB6AP | 18200 | 8625 | 9125 | 10100 | 12200 |
| SR Sedan 4D | AB6AP | 18200 | 8825 | 9325 | 10300 | 12450 |
| SL Sedan 4D | AB6AP | 19600 | 9375 | 9900 | 10900 | 13200 |
| SE-R Sedan 4D | BB6AP | 20330 | 10850 | 11400 | 12400 | 14800 |
| SE-R Spec V Sedan | CB6AP | 20830 | 11150 | 11700 | 12750 | 15200 |
| **ALTIMA—4-Cyl.**—Equipment Schedule 6 | | | | | | |
| W.B. 105.3", 109.3" (Sed); 2.5 Liter. | | | | | | |
| 2.5 Sedan 4D | AL2AP | 20650 | 10150 | 10700 | 11750 | 14200 |
| 2.5 S Sedan 4D | AL2AP | 22810 | 10650 | 11200 | 12300 | 14850 |
| 2.5 S Coupe 2D | AL2EP | 24190 | 12150 | 12750 | 14000 | 16850 |
| SL | | | 900 | 900 | 1200 | 1200 |
| **ALTIMA—4-Cyl. Hybrid**—Equipment Schedule 4 | | | | | | |
| W.B. 109.3"; 2.5 Liter. | | | | | | |
| Sedan 4D | CL2AP | 27530 | 12150 | 12750 | 14000 | 16850 |
| Premium Pkg | | | 1125 | 1125 | 1500 | 1500 |
| **ALTIMA—V6**—Equipment Schedule 4 | | | | | | |
| W.B. 105.3", 109.3" (Sed); 3.5 Liter. | | | | | | |

EQUIPMENT & MILEAGE PAGE 9 TO 23

# 2011 NISSAN

| Body Type | VIN | List | Trade-In Good | Very Good | Pvt-Party Good | Retail Excellent |
|---|---|---|---|---|---|---|
| 3.5 SR Sedan 4D | BL2AP | 25490 | 13400 | 14050 | 15450 | 18600 |
| 3.5 SR Coupe 2D | BL2EP | 28520 | 14950 | 15600 | 17150 | 20600 |
| Premium Pkg | | | 1125 | 1125 | 1500 | 1500 |
| **MAXIMA—V6—Equipment Schedule 4** | | | | | | |
| W.B. 109.3"; 3.5 Liter. | | | | | | |
| S Sedan 4D | AA5AP | 31560 | 13750 | 14400 | 15400 | 18050 |
| SV Sedan 4D | AA5AP | 34280 | 15700 | 16400 | 17450 | 20400 |
| **370Z—V6—Equipment Schedule 4** | | | | | | |
| W.B. 100.4"; 3.7 Liter. | | | | | | |
| Coupe 2D | AZ4EH | 31360 | 19450 | 20300 | 20700 | 23400 |
| Roadster 2D | AZ4FH | 38270 | 21700 | 22600 | 23000 | 26000 |
| Touring Coupe 2D | AZ4EH | 36030 | 21200 | 22100 | 22500 | 25400 |
| Touring Roadster 2D | AZ4FH | 43150 | 22600 | 23600 | 23900 | 27000 |
| NISMO Coupe 2D | AZ4EH | 40740 | **** | **** | **** | 28800 |
| Sport Pkg | | | 1350 | 1350 | 1800 | 1800 |
| **LEAF—AC Electric—Equipment Schedule 3** | | | | | | |
| W.B. 106.3". | | | | | | |
| SV Hatchback 4D | AZ0CP | 33600 | 11250 | 11800 | 12450 | 14550 |
| SL Hatchback 4D | AZ0CP | 34540 | 11600 | 12200 | 12950 | 15100 |
| **GT-R AWD—V6 Twin Turbo—Equipment Schedule 2** | | | | | | |
| W.B. 109.4"; 3.8 Liter. | | | | | | |
| Premium Coupe 2D | AR5EF | 85060 | 55800 | 57800 | 57200 | 63500 |

# 2012 NISSAN — (1,3orJ)N(1,3or4)(AZ2KT)-C-#

| Body Type | VIN | List | Good | Very Good | Good | Excellent |
|---|---|---|---|---|---|---|
| **CUBE—4-Cyl.—Equipment Schedule 6** | | | | | | |
| W.B. 99.6"; 1.8 Liter. | | | | | | |
| S Sport Wagon 4D | AZ2KT | 18200 | 10250 | 10800 | 11800 | 14150 |
| Manual, 6-Spd | | | (550) | (550) | (735) | (735) |
| **CUBE—4-Cyl.—Equipment Schedule 6** | | | | | | |
| W.B. 99.6"; 1.8 Liter. | | | | | | |
| Wagon 4D | AZ2KT | 15760 | 8600 | 9100 | 10000 | 12050 |
| SL Sport Wagon 4D | AZ2KT | 19300 | 11050 | 11600 | 12700 | 15200 |
| **VERSA—4-Cyl.—Equipment Schedule 6** | | | | | | |
| W.B. 102.4"; 1.6 Liter. | | | | | | |
| S Sedan 4D | CN7AP | 11750 | 8050 | 8550 | 9425 | 11450 |
| Automatic, CVT | | | 500 | 500 | 665 | 665 |
| **VERSA—4-Cyl.—Equipment Schedule 6** | | | | | | |
| W.B. 102.4"; 1.8 Liter. | | | | | | |
| S Hatchback 4D | BC1CP | 16260 | 9150 | 9675 | 10650 | 12900 |
| Manual, 6-Spd | | | (550) | (550) | (735) | (735) |
| **VERSA—4-Cyl.—Equipment Schedule 6** | | | | | | |
| W.B. 102.4"; 1.6 Liter, 1.8 Liter. | | | | | | |
| SV Sedan 4D | CN7AP | 15320 | 8950 | 9475 | 10400 | 12600 |
| SL Sedan 4D | CN7AP | 16320 | 9900 | 10450 | 11500 | 13850 |
| SL Hatchback 4D | BC1CP | 19150 | 11050 | 11600 | 12750 | 15350 |
| **SENTRA—4-Cyl.—Equipment Schedule 6** | | | | | | |
| W.B. 105.7"; 2.0 Liter. | | | | | | |
| Sedan 4D | AB6AP | 18210 | 9200 | 9725 | 10700 | 12900 |
| Manual, 6-Spd | | | (550) | (550) | (735) | (735) |
| **SENTRA—4-Cyl.—Equipment Schedule 6** | | | | | | |
| W.B. 105.7"; 2.0 Liter, 2.5 Liter. | | | | | | |
| S Sedan 4D | AB6AP | 18740 | 9600 | 10150 | 11150 | 13400 |
| SR Sedan 4D | AB6AP | 18740 | 9700 | 10250 | 11250 | 13550 |
| SL Sedan 4D | AB6AP | 20140 | 11200 | 11750 | 12900 | 15500 |
| SE-R Sedan 4D | BB6AP | 20870 | 12150 | 12750 | 13800 | 16450 |
| SE-R Spec V Sedan 4D | CB6AP | 21370 | 12500 | 13150 | 14200 | 16900 |
| **ALTIMA—4-Cyl.—Equipment Schedule 4** | | | | | | |
| W.B. 105.3", 109.3" (Sed); 2.5 Liter. | | | | | | |
| 2.5 Sedan 4D | AL2AP | 21170 | 11150 | 11750 | 12850 | 15500 |
| 2.5 S Sedan 4D | AL2AP | 23330 | 11550 | 12150 | 13350 | 16100 |
| 2.5 S Coupe 2D | AL2EP | 24860 | 12850 | 13450 | 14850 | 17900 |
| SL | | | 900 | 900 | 1200 | 1200 |
| **ALTIMA—V6—Equipment Schedule 4** | | | | | | |
| W.B. 105.3", 109.3" (Sed); 3.5 Liter. | | | | | | |
| 3.5 SR Sedan 4D | BL2AP | 26190 | 14500 | 15150 | 16650 | 20000 |
| 3.5 SR Coupe 2D | BL2EP | 29190 | 15950 | 16650 | 18250 | 21900 |
| Premium Pkg | | | 1175 | 1175 | 1565 | 1565 |
| **MAXIMA—V6—Equipment Schedule 4** | | | | | | |
| W.B. 109.3"; 3.5 Liter. | | | | | | |
| S Sedan 4D | AA5AP | 32510 | 15400 | 16100 | 17100 | 20000 |
| SV Sedan 4D | AA5AP | 35210 | 17600 | 18350 | 19450 | 22700 |
| Premium Pkg | | | 1100 | 1100 | 1465 | 1465 |
| Sport Pkg | | | 350 | 350 | 465 | 465 |

**DEDUCT FOR RECONDITIONING**

# 2012 NISSAN

| Body Type | VIN | List | Trade-In Good | Very Good | Pvt-Party Good | Retail Excellent |
|---|---|---|---|---|---|---|
| **370Z—V6—Equipment Schedule 4** | | | | | | |
| W.B. 100.4"; 3.7 Liter. | | | | | | |
| Coupe 2D | AZ4EH | 32210 | 21400 | 22300 | 22400 | 25200 |
| Roadster 2D | AZ4FH | 40260 | 24400 | 25300 | 25500 | 28500 |
| Touring Coupe 2D | AZ4EH | 36910 | 23400 | 24300 | 24500 | 27400 |
| Touring Roadster 2D | AZ4FH | 44280 | 25200 | 26200 | 26300 | 29400 |
| NISMO Coupe 2D | AZ4EH | 41590 | 26800 | 27900 | 27900 | 31300 |
| Sport Pkg | | | 1425 | 1425 | 1900 | 1900 |
| **LEAF—AC Electric—Equipment Schedule 3** | | | | | | |
| W.B. 106.3". | | | | | | |
| SV Hatchback 4D | AZ0CP | 36050 | 13400 | 14050 | 14900 | 17350 |
| SL Hatchback 4D | AZ0CP | 38100 | 14600 | 15250 | 16150 | 18800 |
| **GT-R AWD—V6 Twin Turbo—Equipment Schedule 2** | | | | | | |
| W.B. 109.4"; 3.8 Liter. | | | | | | |
| Premium Coupe 2D | AR5EF | 90950 | 59900 | 62000 | 61000 | 67300 |
| Black Edition Coupe | AR5EF | 96100 | 64000 | 66200 | 65000 | 71800 |

## 2013 NISSAN — (1,3orJ)N(1,3or4)(AZ2KT)-D-#

| Body Type | VIN | List | Trade-In Good | Very Good | Pvt-Party Good | Retail Excellent |
|---|---|---|---|---|---|---|
| **CUBE—4-Cyl.—Equipment Schedule 6** | | | | | | |
| W.B. 99.6"; 1.8 Liter. | | | | | | |
| S Wagon 4D | AZ2KT | 18550 | 11100 | 11650 | 12800 | 15350 |
| Manual, 6-Spd | | | (550) | (550) | (735) | (735) |
| **CUBE—4-Cyl.—Equipment Schedule 6** | | | | | | |
| W.B. 99.6"; 1.8 Liter. | | | | | | |
| SL Wagon 4D | AZ2KT | 19650 | 11900 | 12500 | 13700 | 16450 |
| **VERSA—4-Cyl.—Equipment Schedule 6** | | | | | | |
| W.B. 102.4"; 1.6 Liter, 1.8 Liter. | | | | | | |
| S Sedan 4D | CN7AP | 12770 | 8500 | 9000 | 10050 | 12250 |
| S Plus Sedan 4D | CN7AP | 14470 | 8800 | 9300 | 10350 | 12600 |
| SV Sedan 4D | CN7AP | 15770 | 9800 | 10350 | 11450 | 13900 |
| SL Sedan 4D | CN7AP | 17700 | 10800 | 11350 | 12600 | 15300 |
| **SENTRA—4-Cyl.—Equipment Schedule 6** | | | | | | |
| W.B. 106.3"; 1.8 Liter. | | | | | | |
| FE+ S Sedan 4D | AB7AP | 18440 | 11300 | 11900 | 12700 | 14900 |
| FE+ SV Sedan 4D | AB7AP | 18600 | 11350 | 11950 | 12750 | 15000 |
| SV Sedan 4D | AB7AP | 18750 | 11500 | 12100 | 12900 | 15150 |
| SR Sedan 4D | AB7AP | 19650 | 12300 | 12900 | 13750 | 16150 |
| SL Sedan 4D | AB7AP | 20540 | 13050 | 13700 | 14650 | 17150 |
| **SENTRA—4-Cyl.—Equipment Schedule 6** | | | | | | |
| W.B. 106.3"; 1.8 Liter. | | | | | | |
| S Sedan 4D | AB7AP | 18040 | 11050 | 11600 | 12400 | 14600 |
| Manual, 6-Spd | | | (550) | (550) | (735) | (735) |
| **ALTIMA—4-Cyl.—Equipment Schedule 4** | | | | | | |
| W.B. 105.3", 109.3" (Sed); 2.5 Liter. | | | | | | |
| 2.5 Sedan 4D | AL3AP | 22280 | 13200 | 13850 | 15000 | 17900 |
| 2.5 S Sedan 4D | AL3AP | 23280 | 13700 | 14350 | 15650 | 18650 |
| 2.5 S Coupe 2D | AL2EP | 25760 | 15000 | 15700 | 17050 | 20300 |
| 2.5 SV Sedan 4D | AL3AP | 24880 | 14300 | 14950 | 16300 | 19400 |
| 2.5 SL Sedan 4D | AL3AP | 28830 | 18200 | 19000 | 20500 | 24400 |
| Premium Pkg | | | 1250 | 1250 | 1665 | 1665 |
| **ALTIMA—V6—Equipment Schedule 4** | | | | | | |
| W.B. 105.3", 109.3" (Sed); 3.5 Liter. | | | | | | |
| 3.5 S Sedan 4D | BL3AP | 26140 | 16900 | 17650 | 19100 | 22700 |
| 3.5 SV Sedan 4D | BL3AP | 27900 | 17900 | 18650 | 20200 | 24000 |
| 3.5 SL Sedan 4D | BL3AP | 30860 | 19750 | 20600 | 22200 | 26400 |
| **MAXIMA—V6—Equipment Schedule 4** | | | | | | |
| W.B. 109.3"; 3.5 Liter. | | | | | | |
| S Sedan 4D | AA5AP | 33560 | 16450 | 17200 | 18050 | 21000 |
| SV Sedan 4D | AA5AP | 35860 | 19650 | 20500 | 21400 | 24800 |
| Premium Pkg | | | 1200 | 1200 | 1600 | 1600 |
| Sport Pkg | | | 375 | 375 | 500 | 500 |
| **370Z—V6—Equipment Schedule 4** | | | | | | |
| W.B. 100.4"; 3.7 Liter. | | | | | | |
| Coupe 2D | AZ4EH | 33900 | 25700 | 26700 | 26800 | 30000 |
| Roadster 2D | AZ4FH | 42250 | 28500 | 29700 | 29800 | 33400 |
| Touring Coupe 2D | AZ4EH | 38600 | 27500 | 28600 | 28800 | 32300 |
| Touring Roadster 2D | AZ4FH | 44950 | 29300 | 30500 | 30600 | 34300 |
| NISMO Coupe 2D | AZ4EH | 43800 | 31000 | 32200 | 32300 | 36100 |
| Sport Pkg | | | 1500 | 1500 | 2000 | 2000 |
| **GT-R AWD—V6 Twin Turbo—Equipment Schedule 2** | | | | | | |
| W.B. 109.4"; 3.8 Liter. | | | | | | |
| Premium Coupe 2D | AR5EF | 97820 | 75300 | 77900 | 76500 | 84700 |
| Black Edition Coupe | AR5EF | 107320 | 79400 | 82100 | 80600 | 89100 |

0414  EQUIPMENT & MILEAGE PAGE 9 TO 23  221

# 1999 OLDSMOBILE

| Body Type | VIN | List | Trade-In Good | Very Good | Pvt-Party Good | Retail Excellent |
|---|---|---|---|---|---|---|

## OLDSMOBILE

### 1999 OLDSMOBILE — (1or2)G3(NK52T)-X-#

**ALERO—4-Cyl.—Equipment Schedule 5**
W.B. 107.0"; 2.4 Liter.
| | | | | | | |
|---|---|---|---|---|---|---|
| GX Sedan 4D | NK52T | 16850 | 425 | 475 | 1025 | 1675 |
| GX Coupe 2D | NK12T | 16850 | 350 | 400 | 925 | 1500 |
| GL Sedan 4D | NL52T | 18745 | 600 | 675 | 1300 | 2125 |
| GL Coupe 2D | NL12T | 19180 | 550 | 625 | 1225 | 2000 |
| V6, 3.4 Liter | E | | 125 | 125 | 165 | 165 |

**ALERO—V6—Equipment Schedule 4**
W.B. 107.0"; 3.4 Liter.
| | | | | | | |
|---|---|---|---|---|---|---|
| GLS Sedan 4D | NF52E | 21400 | 1025 | 1125 | 1950 | 3175 |
| GLS Coupe 2D | NF12E | 21400 | 875 | 975 | 1725 | 2800 |

**CUTLASS—V6—Equipment Schedule 4**
W.B. 107.0"; 3.1 Liter.
| | | | | | | |
|---|---|---|---|---|---|---|
| GL Sedan 4D | NB52M | 19325 | 975 | 1075 | 1925 | 3200 |
| GLS Sedan 4D | NG52M | 20250 | 1250 | 1375 | 2325 | 3800 |

**INTRIGUE—V6—Equipment Schedule 4**
W.B. 109.0"; 3.5 Liter, 3.8 Liter.
| | | | | | | |
|---|---|---|---|---|---|---|
| GX Sedan 4D | WH52K | 21735 | 650 | 725 | 1375 | 2275 |
| GL Sedan 4D | WS52K | 23135 | 775 | 875 | 1550 | 2550 |
| GLS Sedan 4D | WX52H | 25505 | 1000 | 1100 | 1875 | 3050 |

**EIGHTY EIGHT—V6—Equipment Schedule 4**
W.B. 110.8"; 3.8 Liter.
| | | | | | | |
|---|---|---|---|---|---|---|
| Sedan 4D | HN52K | 24170 | 650 | 725 | 1325 | 2150 |
| LS Sedan 4D | HN52K | 25720 | 725 | 800 | 1450 | 2325 |

**LSS—V6—Equipment Schedule 4**
W.B. 110.8"; 3.8 Liter.
| | | | | | | |
|---|---|---|---|---|---|---|
| Sedan 4D | HY52K | 29720 | 1225 | 1350 | 2175 | 3525 |
| V6, Supercharged, 3.8L | 1 | | 150 | 150 | 200 | 200 |

**AURORA—V8—Equipment Schedule 2**
W.B. 113.8"; 4.0 Liter.
| | | | | | | |
|---|---|---|---|---|---|---|
| Sedan 4D | GR62C | 36899 | 1575 | 1725 | 2675 | 4300 |

### 2000 OLDSMOBILE — (1or2)G3(NK52T)-Y-#

**ALERO—4-Cyl.—Equipment Schedule 5**
W.B. 107.0"; 2.4 Liter.
| | | | | | | |
|---|---|---|---|---|---|---|
| GX Sedan 4D | NK52T | 16995 | 625 | 700 | 1325 | 2175 |
| GX Coupe 2D | NK12T | 16995 | 625 | 700 | 1325 | 2175 |
| GL Sedan 4D | NL52T | 18185 | 825 | 925 | 1625 | 2675 |
| GL Coupe 2D | NL12T | 18185 | 775 | 875 | 1550 | 2550 |
| V6, 3.4 Liter | E | | 125 | 125 | 165 | 165 |

**ALERO—V6—Equipment Schedule 4**
W.B. 107.0"; 3.4 Liter.
| | | | | | | |
|---|---|---|---|---|---|---|
| GLS Sedan 4D | NF52E | 21900 | 1225 | 1350 | 2250 | 3675 |
| GLS Coupe 2D | NF12E | 21900 | 1225 | 1350 | 2250 | 3675 |

**INTRIGUE—V6—Equipment Schedule 4**
W.B. 109.0"; 3.5 Liter.
| | | | | | | |
|---|---|---|---|---|---|---|
| GX Sedan 4D | WH52H | 22650 | 800 | 900 | 1600 | 2650 |
| GL Sedan 4D | WS52H | 24280 | 925 | 1025 | 1775 | 2900 |
| GLS Sedan 4D | WX52H | 26280 | 1250 | 1375 | 2225 | 3625 |
| Sterling Edition | | | 50 | 50 | 65 | 65 |

### 2001 OLDSMOBILE — 1G3(NK52T)-1-#

**ALERO—4-Cyl.—Equipment Schedule 5**
W.B. 107.0"; 2.4 Liter.
| | | | | | | |
|---|---|---|---|---|---|---|
| GX Sedan 4D | NK52T | 17785 | 825 | 925 | 1575 | 2550 |
| GX Coupe 2D | NK12T | 17785 | 850 | 950 | 1625 | 2600 |
| GL Sedan 4D | NL52T | 19195 | 950 | 1050 | 1775 | 2850 |
| GL Coupe 2D | NL12T | 19195 | 875 | 975 | 1650 | 2675 |
| V6, 3.4 Liter | E | | 150 | 150 | 200 | 200 |

**ALERO—V6—Equipment Schedule 4**
W.B. 107.0"; 3.4 Liter.
| | | | | | | |
|---|---|---|---|---|---|---|
| GLS Sedan 4D | NF52E | 22540 | 1300 | 1425 | 2275 | 3675 |
| GLS Coupe 2D | NF12E | 22765 | 1200 | 1325 | 2125 | 3425 |

**INTRIGUE—V6—Equipment Schedule 4**
W.B. 109.0"; 3.5 Liter.
| | | | | | | |
|---|---|---|---|---|---|---|
| GX Sedan 4D | WH52H | 22995 | 1075 | 1200 | 1950 | 3125 |
| GL Sedan 4D | WS52H | 24750 | 1375 | 1525 | 2350 | 3750 |

# 2001 OLDSMOBILE

| Body Type | VIN | List | Trade-In Good | Very Good | Pvt-Party Good | Retail Excellent |
|---|---|---|---|---|---|---|
| GLS Sedan 4D | WX52H | 27115 | 1700 | 1875 | 2800 | 4400 |
| **AURORA—V6**—Equipment Schedule 2 | | | | | | |
| W.B. 112.2"; 3.5 Liter. | | | | | | |
| Sedan 4D | GR64H | 31579 | 1725 | 1900 | 2600 | 3875 |
| **AURORA—V8**—Equipment Schedule 2 | | | | | | |
| W.B. 112.2"; 4.0 Liter. | | | | | | |
| Sedan 4D | GS64C | 35314 | 2425 | 2650 | 3550 | 5225 |

## 2002 OLDSMOBILE — 1G3(NK52T)-2-#

| Body Type | VIN | List | Trade-In Good | Very Good | Pvt-Party Good | Retail Excellent |
|---|---|---|---|---|---|---|
| **ALERO—4-Cyl.**—Equipment Schedule 5 | | | | | | |
| W.B. 107.0"; 2.2 Liter. | | | | | | |
| GX Sedan 4D | NK52T | 18055 | 1050 | 1150 | 1850 | 2975 |
| GX Coupe 2D | NK12T | 18055 | 1075 | 1200 | 1900 | 3025 |
| GL Sedan 4D | NL52T | 20040 | 1175 | 1300 | 2050 | 3250 |
| GL Coupe 2D | NL12T | 20265 | 1075 | 1200 | 1900 | 3025 |
| V6, 3.4 Liter | E | | 150 | 150 | 200 | 200 |
| **ALERO—V6**—Equipment Schedule 4 | | | | | | |
| W.B. 107.0"; 3.4 Liter. | | | | | | |
| GLS Sedan 4D | NF52E | 22675 | 1500 | 1650 | 2625 | 4150 |
| GLS Coupe 2D | NF12E | 22900 | 1400 | 1550 | 2475 | 3925 |
| **INTRIGUE—V6**—Equipment Schedule 4 | | | | | | |
| W.B. 109.0"; 3.5 Liter. | | | | | | |
| GX Sedan 4D | WH52H | 23427 | 1500 | 1650 | 2500 | 4000 |
| GL Sedan 4D | WS52H | 25012 | 1700 | 1875 | 2900 | 4550 |
| GLS Sedan 4D | WX52H | 28502 | 2025 | 2225 | 3375 | 5225 |
| **AURORA—V6**—Equipment Schedule 2 | | | | | | |
| W.B. 112.2"; 3.5 Liter. | | | | | | |
| Sedan 4D | GR64H | 31665 | 2175 | 2400 | 3200 | 4725 |
| **AURORA—V8**—Equipment Schedule 2 | | | | | | |
| W.B. 112.2"; 4.0 Liter. | | | | | | |
| Sedan 4D | GS64C | 35660 | 2825 | 3125 | 4100 | 5950 |

## 2003 OLDSMOBILE — 1G3(NK52F)-3-#

| Body Type | VIN | List | Trade-In Good | Very Good | Pvt-Party Good | Retail Excellent |
|---|---|---|---|---|---|---|
| **ALERO—4-Cyl.**—Equipment Schedule 5 | | | | | | |
| W.B. 107.0"; 2.2 Liter. | | | | | | |
| GX Sedan 4D | NK52F | 18335 | 1200 | 1325 | 2025 | 3175 |
| GX Coupe 2D | NK12F | 18335 | 1175 | 1300 | 1975 | 3125 |
| GL Sedan 4D | NL52F | 20175 | 1275 | 1400 | 2125 | 3350 |
| GL Coupe 2D | NL12F | 20175 | 1275 | 1400 | 2125 | 3350 |
| V6, 3.4 Liter | E | | 175 | 175 | 235 | 235 |
| **ALERO—V6**—Equipment Schedule 4 | | | | | | |
| W.B. 107.0"; 3.4 Liter. | | | | | | |
| GLS Sedan 4D | NF52E | 22755 | 1800 | 1975 | 3000 | 4650 |
| GLS Coupe 2D | NF12E | 23005 | 1700 | 1875 | 2850 | 4425 |
| **AURORA—V8**—Equipment Schedule 2 | | | | | | |
| W.B. 112.2"; 4.0 Liter. | | | | | | |
| Sedan 4D | GS64C | 34775 | 3325 | 3650 | 4650 | 6600 |

## 2004 OLDSMOBILE — 1G3(NK52F)-4-#

| Body Type | VIN | List | Trade-In Good | Very Good | Pvt-Party Good | Retail Excellent |
|---|---|---|---|---|---|---|
| **ALERO—4-Cyl.**—Equipment Schedule 5 | | | | | | |
| W.B. 107.0"; 2.2 Liter. | | | | | | |
| GX Sedan 4D | NK52F | 18825 | 1400 | 1550 | 2325 | 3600 |
| GX Coupe 2D | NK12F | 18825 | 1375 | 1525 | 2200 | 3400 |
| GL Sedan 4D | NL52F | 20775 | 1600 | 1750 | 2600 | 4025 |
| GL Coupe 2D | NL12F | 20775 | 1600 | 1750 | 2600 | 4025 |
| V6, 3.4 Liter | E | | 200 | 200 | 265 | 265 |
| **ALERO—V6**—Equipment Schedule 4 | | | | | | |
| W.B. 107.0"; 3.4 Liter. | | | | | | |
| GLS Sedan 4D | NF52E | 23425 | 2175 | 2400 | 3450 | 5250 |
| GLS Coupe 2D | NF12E | 23675 | 2100 | 2300 | 3325 | 5050 |

# PLYMOUTH

## 1999 PLYMOUTH — (1or3)P3(EorH)(S47C)-X-#

| Body Type | VIN | List | Trade-In Good | Very Good | Pvt-Party Good | Retail Excellent |
|---|---|---|---|---|---|---|
| **NEON—4-Cyl.**—Equipment Schedule 6 | | | | | | |
| W.B. 104.0"; 2.0 Liter. | | | | | | |
| Highline Sedan 4D | S47C | 13320 | 600 | 675 | 1275 | 2075 |
| Highline Coupe 2D | S42C | 13120 | 575 | 650 | 1250 | 2025 |
| Competition Sedan 4D | S27C | 14985 | 850 | 950 | 1650 | 2700 |
| Competition Coupe 2D | S22C | 14805 | 850 | 950 | 1650 | 2700 |

# 1999 PLYMOUTH

| Body Type | VIN | List | Trade-In Good | Very Good | Pvt-Party Good | Retail Excellent |
|---|---|---|---|---|---|---|
| **BREEZE—4-Cyl.**—Equipment Schedule 5 | | | | | | |
| W.B. 108.0"; 2.0 Liter, 2.4 Liter. | | | | | | |
| Sedan 4D | J46C | 16700 | 675 | 750 | 1400 | 2300 |
| **PROWLER—V6**—Equipment Schedule 1 | | | | | | |
| W.B. 113.3"; 3.5 Liter. | | | | | | |
| Roadster 2D | W65G | 40000 | 7025 | 7475 | 8500 | 10500 |

## 2000 PLYMOUTH — (1or3)P3(EorH)(S46C)-Y-#

| Body Type | VIN | List | Good | Very Good | Good | Excellent |
|---|---|---|---|---|---|---|
| **NEON—4-Cyl.**—Equipment Schedule 6 | | | | | | |
| W.B. 105.0"; 2.0 Liter. | | | | | | |
| Highline Sedan 4D | S46C | 13890 | 675 | 750 | 1375 | 2200 |
| LX Sedan 4D | S46C | 14680 | 1075 | 1200 | 1950 | 3150 |
| **BREEZE—4-Cyl.**—Equipment Schedule 5 | | | | | | |
| W.B. 108.0"; 2.0 Liter, 2.4 Liter. | | | | | | |
| Sedan 4D | J46C | 17525 | 775 | 875 | 1550 | 2525 |
| **PROWLER—V6**—Equipment Schedule 1 | | | | | | |
| W.B. 113.3"; 3.5 Liter. | | | | | | |
| Roadster 2D | W65G | 43500 | 8250 | 8750 | 9850 | 12000 |

## 2001 PLYMOUTH — 1P3(EorH)(S46C)-1-#

| Body Type | VIN | List | Good | Very Good | Good | Excellent |
|---|---|---|---|---|---|---|
| **NEON—4-Cyl.**—Equipment Schedule 6 | | | | | | |
| W.B. 105.0"; 2.0 Liter. | | | | | | |
| Highline Sedan 4D | S46C | 14275 | 800 | 900 | 1575 | 2550 |
| LX Sedan 4D | S46C | 15095 | 1075 | 1200 | 1975 | 3200 |

# PONTIAC

## 1999 PONTIAC — (1,2,3or4)G2(JB524)-X-#

| Body Type | VIN | List | Good | Very Good | Good | Excellent |
|---|---|---|---|---|---|---|
| **SUNFIRE—4-Cyl.**—Equipment Schedule 5 | | | | | | |
| W.B. 104.1"; 2.2 Liter, 2.4 Liter. | | | | | | |
| SE Sedan 4D | JB524 | 14685 | 500 | 575 | 1175 | 1925 |
| SE Coupe 2D | JB124 | 14685 | 450 | 500 | 1075 | 1800 |
| GT Coupe 2D | JD12T | 17055 | 750 | 825 | 1550 | 2550 |
| GT Convertible 2D | JB32T | 21655 | 1150 | 1275 | 2175 | 3575 |
| **GRAND AM—4-Cyl.**—Equipment Schedule 5 | | | | | | |
| W.B. 106.7"; 2.4 Liter. | | | | | | |
| SE Coupe 2D | NE12T | 16595 | 750 | 825 | 1500 | 2425 |
| V6, 3.4 Liter | E | | 125 | 125 | 165 | 165 |
| **GRAND AM—V6**—Equipment Schedule 5 | | | | | | |
| W.B. 106.7"; 3.4 Liter. | | | | | | |
| SE Sedan 4D | NE52T | 16995 | 900 | 1000 | 1725 | 2800 |
| 4-Cyl., 2.4 Liter | T | | (125) | (125) | (165) | (165) |
| **GRAND AM—V6**—Equipment Schedule 5 | | | | | | |
| W.B. 106.7"; 3.4 Liter. | | | | | | |
| GT Sedan 4D | NW52E | 19995 | 1175 | 1300 | 2125 | 3450 |
| GT Coupe 2D | NW12E | 19595 | 1125 | 1250 | 2050 | 3325 |
| **FIREBIRD—V6**—Equipment Schedule 4 | | | | | | |
| W.B. 101.1"; 3.8 Liter. | | | | | | |
| Coupe 2D | FS22K | 20540 | 2025 | 2225 | 2850 | 4100 |
| Convertible 2D | FS32K | 26465 | 3000 | 3300 | 4125 | 5825 |
| T-Bar Roof | | | 225 | 225 | 300 | 300 |
| Manual, 5-Spd | | | (150) | (150) | (200) | (200) |
| **FIREBIRD—V8**—Equipment Schedule 4 | | | | | | |
| W.B. 101.1"; 5.7 Liter. | | | | | | |
| Formula Coupe 2D | FV22G | 23930 | 3050 | 3350 | 4175 | 5900 |
| Trans Am Coupe 2D | FV22G | 27040 | 3400 | 3725 | 4800 | 6725 |
| Trans Am Conv 2D | FV32G | 31110 | 4300 | 4650 | 5975 | 8300 |
| T-Bar Roof | | | 225 | 225 | 300 | 300 |
| Ram Air Handling Pkg | | | 450 | 450 | 600 | 600 |
| **GRAND PRIX—V6**—Equipment Schedule 4 | | | | | | |
| W.B. 110.5"; 3.8 Liter. | | | | | | |
| SE Sedan 4D | WJ52K | 20210 | 825 | 925 | 1550 | 2450 |
| GT Sedan 4D | WP52K | 21705 | 1075 | 1200 | 1900 | 3025 |
| GT Coupe 2D | WP12K | 21555 | 1000 | 1100 | 1800 | 2850 |
| V6, 3.1 Liter | M | | (200) | (200) | (265) | (265) |
| **GRAND PRIX—V6 Supercharged**—Equipment Schedule 4 | | | | | | |
| W.B. 110.5"; 3.8 Liter. | | | | | | |
| GTP Sedan 4D | WR521 | 24470 | 1400 | 1550 | 2375 | 3775 |
| GTP Coupe 2D | WR121 | 24320 | 1375 | 1525 | 2325 | 3700 |
| **BONNEVILLE—V6**—Equipment Schedule 4 | | | | | | |
| W.B. 110.8"; 3.8 Liter. | | | | | | |

# 1999 PONTIAC

| Body Type | VIN | List | Trade-In Good | Trade-In Very Good | Pvt-Party Good | Retail Excellent |
|---|---|---|---|---|---|---|
| SE Sedan 4D | HX52K | 23715 | 825 | 925 | 1575 | 2500 |
| SSE Sedan 4D | HZ52K | 30715 | 1275 | 1400 | 2225 | 3575 |
| SLE | | | 75 | 75 | 100 | 100 |
| **BONNEVILLE—V6 Supercharged**—Equipment Schedule 4 | | | | | | |
| W.B. 110.8"; 3.8 Liter. | | | | | | |
| SSEi Sedan 4D | HZ521 | 31665 | 1450 | 1600 | 2375 | 3700 |

## 2000 PONTIAC — (1,2,3or4)G2(JB524)-Y-#

| Body Type | VIN | List | Good | Very Good | Good | Excellent |
|---|---|---|---|---|---|---|
| **SUNFIRE—4-Cyl.**—Equipment Schedule 5 | | | | | | |
| W.B. 104.1"; 2.2 Liter, 2.4 Liter. | | | | | | |
| SE Sedan 4D | JB524 | 15120 | 550 | 625 | 1250 | 2100 |
| SE Coupe 2D | JB124 | 15020 | 500 | 575 | 1175 | 1950 |
| GT Coupe 2D | JD12T | 17530 | 825 | 925 | 1700 | 2800 |
| GT Convertible 2D | JD32T | 22120 | 1250 | 1375 | 2350 | 3925 |
| **GRAND AM—4-Cyl.**—Equipment Schedule 5 | | | | | | |
| W.B. 107.0"; 2.4 Liter. | | | | | | |
| SE Coupe 2D | NE12T | 17240 | 850 | 950 | 1575 | 2525 |
| V6, 3.4 Liter | E | | 125 | 125 | 165 | 165 |
| **GRAND AM—V6**—Equipment Schedule 5 | | | | | | |
| W.B. 107.0"; 3.4 Liter. | | | | | | |
| SE Sedan 4D | NE52T | 17540 | 1025 | 1125 | 1825 | 2925 |
| 4-Cyl, 2.4 Liter | T | | (125) | (125) | (165) | (165) |
| **GRAND AM—V6**—Equipment Schedule 5 | | | | | | |
| W.B. 107.0"; 3.4 Liter. | | | | | | |
| GT Sedan 4D | NW52E | 20385 | 1325 | 1450 | 2250 | 3600 |
| GT Coupe 2D | NW12E | 20085 | 1275 | 1400 | 2200 | 3500 |
| **FIREBIRD—V6**—Equipment Schedule 4 | | | | | | |
| W.B. 101.1"; 3.8 Liter. | | | | | | |
| Coupe 2D | FS22K | 20535 | 2300 | 2525 | 3150 | 4475 |
| Convertible 2D | FS32K | 26460 | 3400 | 3725 | 4550 | 6350 |
| T-Bar Roof | | | 225 | 225 | 300 | 300 |
| Manual, 5-Spd | | | (200) | (200) | (265) | (265) |
| **FIREBIRD—V8**—Equipment Schedule 4 | | | | | | |
| W.B. 101.1"; 5.7 Liter. | | | | | | |
| Formula Coupe 2D | FV22G | 24055 | 3425 | 3750 | 4750 | 6600 |
| Trans Am Coupe 2D | FV22G | 27165 | 3975 | 4325 | 5450 | 7525 |
| Trans Am Conv 2D | FV32G | 31235 | 5075 | 5450 | 6850 | 9400 |
| T-Bar Roof | | | 225 | 225 | 300 | 300 |
| Ram Air Handling Pkg | | | 500 | 500 | 665 | 665 |
| **GRAND PRIX—V6**—Equipment Schedule 4 | | | | | | |
| W.B. 110.5"; 3.8 Liter. | | | | | | |
| SE Sedan 4D | WJ52K | 20610 | 925 | 1025 | 1650 | 2625 |
| GT Sedan 4D | WP52K | 22105 | 1250 | 1375 | 2125 | 3350 |
| GT Coupe 2D | WP12K | 21955 | 1175 | 1300 | 2025 | 3175 |
| V6, 3.1 Liter | J | | (200) | (200) | (265) | (265) |
| **GRAND PRIX—V6 Supercharged**—Equipment Schedule 4 | | | | | | |
| W.B. 110.5"; 3.8 Liter. | | | | | | |
| GTP Sedan 4D | WR521 | 24870 | 1600 | 1750 | 2725 | 4300 |
| GTP Coupe 2D | WR121 | 24720 | 1575 | 1725 | 2700 | 4250 |
| **BONNEVILLE—V6**—Equipment Schedule 4 | | | | | | |
| W.B. 112.2"; 3.8 Liter. | | | | | | |
| SE Sedan 4D | HX52K | 24295 | 1025 | 1125 | 1775 | 2800 |
| SLE Sedan 4D | HY52K | 27995 | 1375 | 1525 | 2375 | 3725 |
| SSEi Sedan 4D | HZ52K | 32250 | 1650 | 1825 | 2625 | 4025 |
| V6, Supercharged, 3.8L | | | 150 | 150 | 200 | 200 |

## 2001 PONTIAC — (1,2or3)G(2or7)(JB524)-1-#

| Body Type | VIN | List | Good | Very Good | Good | Excellent |
|---|---|---|---|---|---|---|
| **SUNFIRE—4-Cyl.**—Equipment Schedule 5 | | | | | | |
| W.B. 104.1"; 2.2 Liter, 2.4 Liter. | | | | | | |
| SE Sedan 4D | JB524 | 15650 | 750 | 825 | 1525 | 2500 |
| SE Coupe 2D | JB124 | 15395 | 700 | 775 | 1450 | 2375 |
| GT Coupe 2D | JD12T | 17625 | 950 | 1050 | 1825 | 2975 |
| **GRAND AM—4-Cyl.**—Equipment Schedule 5 | | | | | | |
| W.B. 107.0"; 2.4 Liter. | | | | | | |
| SE Coupe 2D | NE12T | 17500 | 1150 | 1275 | 1950 | 3050 |
| V6, 3.4 Liter | E | | 150 | 150 | 200 | 200 |
| **GRAND AM—V6**—Equipment Schedule 5 | | | | | | |
| W.B. 107.0"; 3.4 Liter. | | | | | | |
| SE Sedan 4D | NE52E | 17800 | 1350 | 1500 | 2225 | 3500 |
| 4-Cyl, 2.4 Liter | T | | (150) | (150) | (200) | (200) |
| **GRAND AM—V6**—Equipment Schedule 5 | | | | | | |
| W.B. 107.0"; 3.4 Liter. | | | | | | |

EQUIPMENT & MILEAGE PAGE 9 TO 23

# 2001 PONTIAC

| Body Type | VIN | List | Trade-In Good | Very Good | Pvt-Party Good | Retail Excellent |
|---|---|---|---|---|---|---|
| GT Sedan 4D | NW52E | 21110 | 1700 | 1875 | 2850 | 4425 |
| GT Coupe 2D | NW12E | 20810 | 1675 | 1850 | 2800 | 4375 |
| **FIREBIRD—V6**—Equipment Schedule 4 | | | | | | |
| W.B. 101.1"; 3.8 Liter. | | | | | | |
| Coupe 2D | FS22K | 20810 | 2700 | 2950 | 3575 | 4975 |
| Convertible 2D | FS32K | 26735 | 3825 | 4150 | 5150 | 7025 |
| T-Bar Roof | | | 225 | 225 | 300 | 300 |
| Manual, 5-Spd | | | (200) | (200) | (265) | (265) |
| 75th Anniversary | | | 300 | 300 | 400 | 400 |
| **FIREBIRD—V8**—Equipment Schedule 4 | | | | | | |
| W.B. 101.1"; 5.7 Liter. | | | | | | |
| Formula Coupe 2D | FV22G | 24480 | 4100 | 4450 | 5475 | 7475 |
| Trans Am Coupe 2D | FV22G | 27590 | 4850 | 5225 | 6425 | 8700 |
| Trans Am Conv 2D | FV32G | 31660 | 5875 | 6275 | 7925 | 10650 |
| T-Bar Roof | | | 225 | 225 | 300 | 300 |
| Ram Air Handling Pkg | | | 575 | 575 | 765 | 765 |
| 75th Anniversary | | | 300 | 300 | 400 | 400 |
| NHRA Pkg | | | 150 | 150 | 200 | 200 |
| **GRAND PRIX—V6**—Equipment Schedule 4 | | | | | | |
| W.B. 110.5"; 3.1 Liter, 3.8 Liter. | | | | | | |
| SE Sedan 4D | WJ52J | 21135 | 1125 | 1250 | 1925 | 3025 |
| GT Sedan 4D | WP52K | 22615 | 1450 | 1600 | 2475 | 3900 |
| GT Coupe 2D | WP12K | 22465 | 1450 | 1600 | 2375 | 3725 |
| Special Edition | | | 75 | 75 | 100 | 100 |
| **GRAND PRIX—V6 Supercharged**—Equipment Schedule 4 | | | | | | |
| W.B. 110.5"; 3.8 Liter. | | | | | | |
| GTP Sedan 4D | WR521 | 26135 | 1925 | 2125 | 3200 | 4925 |
| GTP Coupe 2D | WR121 | 25935 | 1900 | 2075 | 3150 | 4875 |
| Special Edition | | | 75 | 75 | 100 | 100 |
| **BONNEVILLE—V6**—Equipment Schedule 4 | | | | | | |
| W.B. 112.2"; 3.8 Liter. | | | | | | |
| SE Sedan 4D | HX52K | 25730 | 1225 | 1350 | 2100 | 3275 |
| SLE Sedan 4D | HY52K | 28700 | 1675 | 1850 | 2750 | 4250 |
| **BONNEVILLE—V6 Supercharged**—Equipment Schedule 4 | | | | | | |
| W.B. 112.2"; 3.8 Liter. | | | | | | |
| SSEi Sedan 4D | HZ521 | 33070 | 2050 | 2250 | 2950 | 4275 |

## 2002 PONTIAC — (1or2)G2(JB524)-2-#

| Body Type | VIN | List | Trade-In Good | Very Good | Pvt-Party Good | Retail Excellent |
|---|---|---|---|---|---|---|
| **SUNFIRE—4-Cyl.**—Equipment Schedule 5 | | | | | | |
| W.B. 104.1"; 2.2 Liter, 2.4 Liter. | | | | | | |
| SE Sedan 4D | JB524 | 16545 | 975 | 1075 | 1800 | 2900 |
| SE Coupe 2D | JB124 | 16045 | 950 | 1050 | 1775 | 2850 |
| GT Coupe 2D | JD12T | 18205 | 1150 | 1275 | 2175 | 3500 |
| **GRAND AM—4-Cyl.**—Equipment Schedule 5 | | | | | | |
| W.B. 107.0"; 2.2 Liter. | | | | | | |
| SE Coupe 2D | NE12T | 18210 | 1525 | 1675 | 2475 | 3800 |
| V6, 3.4 Liter | E | | 175 | 175 | 235 | 235 |
| **GRAND AM—V6**—Equipment Schedule 5 | | | | | | |
| W.B. 107.0"; 3.4 Liter. | | | | | | |
| SE Sedan 4D | NE52E | 20385 | 1750 | 1925 | 2800 | 4275 |
| 4-Cyl, 2.2 Liter | F | | (200) | (200) | (265) | (265) |
| **GRAND AM—V6**—Equipment Schedule 5 | | | | | | |
| W.B. 107.0"; 3.4 Liter. | | | | | | |
| GT Sedan 4D | NW52E | 21425 | 2125 | 2325 | 3350 | 5075 |
| GT Coupe 2D | NW12E | 21275 | 2100 | 2300 | 3300 | 5000 |
| **FIREBIRD—V6**—Equipment Schedule 4 | | | | | | |
| W.B. 101.1"; 3.8 Liter. | | | | | | |
| Coupe 2D | FS22K | 21105 | 3275 | 3575 | 4175 | 5675 |
| Convertible 2D | FS32K | 27205 | 4550 | 4900 | 5900 | 7875 |
| T-Bar Roof | | | 250 | 250 | 335 | 335 |
| GT Pkg | | | 175 | 175 | 235 | 235 |
| Manual, 5-Spd | | | (250) | (250) | (335) | (335) |
| **FIREBIRD—V8**—Equipment Schedule 4 | | | | | | |
| W.B. 101.1"; 5.7 Liter. | | | | | | |
| Formula Coupe 2D | FV22G | 26235 | 4925 | 5300 | 6350 | 8475 |
| Trans Am Coupe 2D | FV22G | 28265 | 5700 | 6100 | 7500 | 9950 |
| Trans Am Conv 2D | FV32G | 32335 | 6875 | 7325 | 8925 | 11800 |
| T-Bar Roof | | | 250 | 250 | 335 | 335 |
| Collector Edition | | | 350 | 350 | 465 | 465 |
| NHRA Pkg | | | 175 | 175 | 235 | 235 |
| Ram Air Handling Pkg | | | 650 | 650 | 865 | 865 |
| **GRAND PRIX—V6**—Equipment Schedule 4 | | | | | | |
| W.B. 110.5"; 3.1 Liter, 3.8 Liter. | | | | | | |

**226   DEDUCT FOR RECONDITIONING**

# 2002 PONTIAC

| Body Type | VIN | List | Trade-In Good | Very Good | Pvt-Party Good | Retail Excellent |
|---|---|---|---|---|---|---|
| SE Sedan 4D | WJ52J | 21575 | 1325 | 1450 | 2150 | 3350 |
| GT Sedan 4D | WP52K | 23695 | 1800 | 1975 | 2950 | 4525 |
| GT Coupe 2D | WP12K | 23545 | 1725 | 1900 | 2825 | 4375 |
| **GRAND PRIX—V6 Supercharged—**Equipment Schedule 4 | | | | | | |
| W.B. 110.5"; 3.8 Liter. | | | | | | |
| GTP Sedan 4D | WR521 | 26415 | 2200 | 2425 | 3550 | 5400 |
| GTP Coupe 2D | WR121 | 26235 | 2175 | 2400 | 3500 | 5350 |
| **BONNEVILLE—V6—**Equipment Schedule 4 | | | | | | |
| W.B. 112.2"; 3.8 Liter. | | | | | | |
| SE Sedan 4D | HX52K | 26355 | 1600 | 1750 | 2475 | 3725 |
| SLE Sedan 4D | HY52K | 29545 | 2100 | 2300 | 3150 | 4675 |
| **BONNEVILLE—V6 Supercharged—**Equipment Schedule 4 | | | | | | |
| W.B. 112.2"; 3.8 Liter. | | | | | | |
| SSEi Sedan 4D | HZ521 | 33605 | 2650 | 2900 | 3600 | 5050 |

## 2003 PONTIAC — (1or5)G2orY2(JB12F)-3-#

| Body Type | VIN | List | Trade-In Good | Very Good | Pvt-Party Good | Retail Excellent |
|---|---|---|---|---|---|---|
| **SUNFIRE—4-Cyl.—**Equipment Schedule 5 | | | | | | |
| W.B. 104.1"; 2.2 Liter. | | | | | | |
| Coupe 2D | JB12F | 15435 | 1200 | 1325 | 2000 | 3100 |
| **VIBE—4-Cyl.—**Equipment Schedule 6 | | | | | | |
| W.B. 102.4"; 1.8 Liter. | | | | | | |
| Sport Wagon 4D | SL628 | 17700 | 2550 | 2800 | 3375 | 4700 |
| GT Sport Wagon | SN62L | 19900 | 2525 | 2775 | 3350 | 4675 |
| AWD | M | | 650 | 650 | 865 | 865 |
| **GRAND AM—V6—**Equipment Schedule 5 | | | | | | |
| W.B. 107.0"; 3.4 Liter. | | | | | | |
| SE Sedan 4D | NE52E | 20620 | 2075 | 2275 | 3275 | 4975 |
| 4-Cyl., 2.2 Liter | F | | (200) | (200) | (265) | (265) |
| **GRAND AM—V6—**Equipment Schedule 5 | | | | | | |
| W.B. 107.0"; 3.4 Liter. | | | | | | |
| GT Sedan 4D | NW52E | 21640 | 2575 | 2825 | 4050 | 6125 |
| GT Coupe 2D | NW12E | 21640 | 2525 | 2775 | 3975 | 6000 |
| **GRAND PRIX—V6—**Equipment Schedule 4 | | | | | | |
| W.B. 110.5"; 3.1 Liter, 3.8 Liter. | | | | | | |
| SE Sedan 4D | WK52J | 22140 | 1550 | 1700 | 2450 | 3725 |
| GT Sedan 4D | WP52K | 23990 | 2150 | 2350 | 3300 | 4925 |
| **GRAND PRIX—V6 Supercharged—**Equipment Schedule 4 | | | | | | |
| W.B. 110.5"; 3.8 Liter. | | | | | | |
| GTP Sedan 4D | WR521 | 26800 | 2525 | 2775 | 3825 | 5675 |
| **BONNEVILLE—V6—**Equipment Schedule 4 | | | | | | |
| W.B. 112.2"; 3.8 Liter. | | | | | | |
| SE Sedan 4D | HX52K | 26665 | 2075 | 2275 | 3000 | 4350 |
| SLE Sedan 4D | HY52K | 29855 | 2600 | 2850 | 3700 | 5325 |
| **BONNEVILLE—V6 Supercharged—**Equipment Schedule 4 | | | | | | |
| W.B. 112.2"; 3.8 Liter. | | | | | | |
| SSEi Sedan 4D | HZ541 | 34085 | 3125 | 3450 | 4275 | 5900 |

## 2004 PONTIAC — (1,2,5or6)G2orY2(JB12F)-4-#

| Body Type | VIN | List | Trade-In Good | Very Good | Pvt-Party Good | Retail Excellent |
|---|---|---|---|---|---|---|
| **SUNFIRE—4-Cyl.—**Equipment Schedule 5 | | | | | | |
| W.B. 104.1"; 2.2 Liter. | | | | | | |
| Coupe 2D | JB12F | 16695 | 1600 | 1750 | 2650 | 4125 |
| **VIBE—4-Cyl.—**Equipment Schedule 6 | | | | | | |
| W.B. 102.4"; 1.8 Liter. | | | | | | |
| Sport Wagon 4D | SL628 | 17895 | 2375 | 2600 | 3250 | 4575 |
| GT Sport Wagon | SN62L | 19995 | 2700 | 2950 | 3650 | 5125 |
| AWD | M | | 700 | 700 | 935 | 935 |
| **GRAND AM—V6—**Equipment Schedule 5 | | | | | | |
| W.B. 107.0"; 3.4 Liter. | | | | | | |
| SE Sedan 4D | NE52E | 21210 | 2575 | 2825 | 3875 | 5725 |
| 4-Cyl., 2.2 Liter | F | | (225) | (225) | (300) | (300) |
| **GRAND AM—V6—**Equipment Schedule 5 | | | | | | |
| W.B. 107.0"; 3.4 Liter. | | | | | | |
| GT Sedan 4D | NW52E | 22450 | 3275 | 3575 | 4800 | 6975 |
| GT Coupe 2D | NW12E | 22450 | 3175 | 3475 | 4650 | 6775 |
| **GRAND PRIX—V6—**Equipment Schedule 4 | | | | | | |
| W.B. 110.5"; 3.8 Liter. | | | | | | |
| GT Sedan 4D | WP522 | 22395 | 2925 | 3225 | 4300 | 6275 |
| **GRAND PRIX—V6 Supercharged—**Equipment Schedule 4 | | | | | | |
| W.B. 110.5"; 3.8 Liter. | | | | | | |
| GT Sedan 4D | WR524 | 26495 | 3150 | 3475 | 4775 | 6950 |
| **BONNEVILLE—V6—**Equipment Schedule 4 | | | | | | |
| W.B. 112.2"; 3.8 Liter. | | | | | | |

# 2004 PONTIAC

| Body Type | VIN | List | Trade-In Good | Very Good | Pvt-Party Good | Retail Excellent |
|---|---|---|---|---|---|---|
| SE Sedan 4D | HX52K | 27570 | 2550 | 2800 | 3600 | 5150 |
| SLE Sedan 4D | HY52K | 30420 | 3075 | 3400 | 4450 | 6300 |
| **BONNEVILLE—V8—Equipment Schedule 4** | | | | | | |
| W.B. 112.2"; 4.6 Liter. | | | | | | |
| GXP Sedan 4D | HZ52K | 35995 | 3675 | 4000 | 4875 | 6625 |
| **GTO—V8—Equipment Schedule 2** | | | | | | |
| W.B. 109.8"; 5.7 Liter. | | | | | | |
| Coupe 2D | VX13G | 33495 | 5425 | 5825 | 6975 | 9100 |

## 2005 PONTIAC — (1,2,3,5or6)G2orY2(JB12F)-5-#

| Body Type | VIN | List | Good | Very Good | Good | Excellent |
|---|---|---|---|---|---|---|
| **SUNFIRE—4-Cyl.—Equipment Schedule 5** | | | | | | |
| W.B. 104.1"; 2.2 Liter. | | | | | | |
| Coupe 2D | JB12F | 15650 | 2150 | 2375 | 3375 | 4950 |
| **VIBE—4-Cyl.—Equipment Schedule 6** | | | | | | |
| W.B. 102.4"; 1.8 Liter. | | | | | | |
| Sport Wagon 4D | SL628 | 18325 | 3450 | 3775 | 4650 | 6225 |
| GT Sport Wagon | SN62L | 20535 | 4075 | 4425 | 5400 | 7175 |
| AWD | M | | 750 | 750 | 1000 | 1000 |
| **GRAND AM—V6—Equipment Schedule 4** | | | | | | |
| W.B. 107.0"; 3.4 Liter. | | | | | | |
| SE Sedan 4D | NE52E | 21210 | 2975 | 3275 | 4500 | 6525 |
| 4-Cyl., 2.2 Liter | F | | (250) | (250) | (335) | (335) |
| **GRAND AM—V6—Equipment Schedule 5** | | | | | | |
| W.B. 107.0"; 3.4 Liter. | | | | | | |
| GT Coupe 2D | NW12E | 22990 | 3550 | 3875 | 5450 | 7800 |
| **GRAND PRIX—V6—Equipment Schedule 4** | | | | | | |
| W.B. 110.5"; 3.8 Liter. | | | | | | |
| Sedan 4D | WP522 | 23560 | 3125 | 3450 | 4675 | 6600 |
| GT Sedan 4D | WS522 | 25460 | 3875 | 4225 | 5650 | 7925 |
| **GRAND PRIX—V6 Supercharged—Equipment Schedule 4** | | | | | | |
| W.B. 110.5"; 3.8 Liter. | | | | | | |
| GTP Sedan 4D | WR524 | 27220 | 4125 | 4475 | 5975 | 8375 |
| **GRAND PRIX—V8—Equipment Schedule 4** | | | | | | |
| W.B. 110.5"; 5.3 Liter. | | | | | | |
| GXP Sedan 4D | WC52C | 29995 | 4650 | 5025 | 6900 | 9625 |
| **G6—V6—Equipment Schedule 4** | | | | | | |
| W.B. 112.3"; 3.5 Liter. | | | | | | |
| Sedan 4D | ZG528 | 21700 | 3125 | 3450 | 4425 | 6025 |
| GT Sedan 4D | ZH528 | 23925 | 4175 | 4525 | 5700 | 7725 |
| **BONNEVILLE—V6—Equipment Schedule 4** | | | | | | |
| W.B. 112.2"; 3.8 Liter. | | | | | | |
| SE Sedan 4D | HX52K | 28650 | 2875 | 3200 | 4250 | 5925 |
| SLE Sedan 4D | HY52K | 31035 | 3625 | 3950 | 5200 | 7200 |
| **BONNEVILLE—V8—Equipment Schedule 4** | | | | | | |
| W.B. 112.2"; 4.6 Liter. | | | | | | |
| GXP Sedan 4D | HZ54V | 36120 | 4275 | 4625 | 5625 | 7450 |
| **GTO—V8—Equipment Schedule 2** | | | | | | |
| W.B. 109.8"; 6.0 Liter. | | | | | | |
| Coupe 2D | VX12U | 34295 | 7650 | 8125 | 9525 | 12050 |

## 2006 PONTIAC — (1,2,3,5or6)G2orY2(SL658)-6-#

| Body Type | VIN | List | Good | Very Good | Good | Excellent |
|---|---|---|---|---|---|---|
| **VIBE—4-Cyl.—Equipment Schedule 6** | | | | | | |
| W.B. 102.4"; 1.8 Liter. | | | | | | |
| Sport Wagon 4D | SL658 | 17840 | 4600 | 4975 | 5925 | 7725 |
| Manual, 5-Spd. | | | (300) | (300) | (400) | (400) |
| AWD | M | | 800 | 800 | 1065 | 1065 |
| **VIBE—4-Cyl.—Equipment Schedule 6** | | | | | | |
| W.B. 102.4"; 1.8 Liter. | | | | | | |
| GT Sport Wagon 4D | SN65L | 21015 | 5425 | 5825 | 7100 | 9225 |
| AWD | M | | 800 | 800 | 1065 | 1065 |
| **SOLSTICE—4-Cyl.—Equipment Schedule 6** | | | | | | |
| W.B. 95.1"; 2.4 Liter. | | | | | | |
| Convertible 2D | MB35B | 19995 | 4975 | 5375 | 6375 | 8150 |
| **GRAND PRIX—V6—Equipment Schedule 4** | | | | | | |
| W.B. 110.5"; 3.8 Liter. | | | | | | |
| Sedan 4D | WP552 | 22990 | 3650 | 3975 | 5150 | 7100 |
| **GRAND PRIX—V6 Supercharged—Equipment Schedule 4** | | | | | | |
| W.B. 110.5"; 3.8 Liter. | | | | | | |
| GT Sedan 4D | WR554 | 26745 | 4450 | 4800 | 6175 | 8425 |
| **GRAND PRIX—V8—Equipment Schedule 4** | | | | | | |
| W.B. 110.5"; 5.3 Liter. | | | | | | |
| GXP Sedan 4D | WC55C | 29395 | 5275 | 5675 | 7425 | 10100 |

**DEDUCT FOR RECONDITIONING**

# 2006 PONTIAC

| Body Type | VIN | List | Trade-In Good | Very Good | Pvt-Party Good | Retail Excellent |
|---|---|---|---|---|---|---|
| **G6—4-Cyl.—Equipment Schedule 4** | | | | | | |
| W.B. 112.3"; 2.4 Liter. | | | | | | |
| Sedan 4D | ZG558 | 20655 | 3625 | 3950 | 4925 | 6625 |
| V6, 3.5 Liter | 8 | | 400 | 400 | 535 | 535 |
| **G6—V6—Equipment Schedule 4** | | | | | | |
| W.B. 112.3"; 3.5 Liter, 3.9 Liter. | | | | | | |
| GT Sedan 4D | ZH558 | 23180 | 4675 | 5050 | 6200 | 8250 |
| GT Coupe 2D | ZH158 | 22955 | 5125 | 5525 | 6950 | 9225 |
| GT Hard Top Conv 2D | ZH358 | 28490 | 8875 | 9400 | 11600 | 15250 |
| GTP Sedan 4D | ZM551 | 24835 | 5500 | 5900 | 7400 | 9825 |
| GTP Coupe 2D | ZM151 | 24610 | 5600 | 6000 | 7525 | 9975 |
| GTP Hard Top Conv | ZM351 | 29990 | 10150 | 10650 | 13150 | 17250 |
| **GTO—V8—Equipment Schedule 2** | | | | | | |
| W.B. 109.8"; 6.0 Liter. | | | | | | |
| Coupe 2D | VX12U | 32995 | 8750 | 9250 | 10600 | 13100 |

## 2007 PONTIAC — (1,2,3,5or6)G2orY2(SL658)-7-#

| Body Type | VIN | List | Trade-In Good | Very Good | Pvt-Party Good | Retail Excellent |
|---|---|---|---|---|---|---|
| **VIBE—4-Cyl.—Equipment Schedule 6** | | | | | | |
| W.B. 102.4"; 1.8 Liter. | | | | | | |
| Sport Wagon 4D | SL658 | 17995 | 5250 | 5625 | 6550 | 8400 |
| Manual, 5-Spd | | | (300) | (300) | (400) | (400) |
| **SOLSTICE—4-Cyl.—Equipment Schedule 6** | | | | | | |
| W.B. 95.1"; 2.4 Liter. | | | | | | |
| Convertible 2D | MB35B | 22955 | 5875 | 6300 | 7275 | 9150 |
| Automatic | | | 300 | 300 | 400 | 400 |
| **SOLSTICE—4-Cyl. Turbo—Equipment Schedule 6** | | | | | | |
| W.B. 95.1"; 2.0 Liter. | | | | | | |
| GXP Convertible 2D | MG35X | 27955 | 7350 | 7800 | 8950 | 11200 |
| Automatic | | | 300 | 300 | 400 | 400 |
| **GRAND PRIX—V6—Equipment Schedule 4** | | | | | | |
| W.B. 110.5"; 3.8 Liter. | | | | | | |
| Sedan 4D | WP552 | 22315 | 4650 | 5025 | 6100 | 8050 |
| **GRAND PRIX—V6 Supercharged—Equipment Schedule 4** | | | | | | |
| W.B. 110.5"; 3.8 Liter. | | | | | | |
| GT Sedan 4D | WR554 | 25235 | 5325 | 5725 | 6900 | 9075 |
| **GRAND PRIX—V8—Equipment Schedule 4** | | | | | | |
| W.B. 110.5"; 5.3 Liter. | | | | | | |
| GXP Sedan 4D | WC55C | 29315 | 6450 | 6875 | 8450 | 10700 |
| **G5—4-Cyl.—Equipment Schedule 4** | | | | | | |
| W.B. 103.5"; 2.2 Liter, 2.4 Liter. | | | | | | |
| Coupe 2D | AL15F | 15845 | 3825 | 4175 | 5125 | 6825 |
| GT Coupe 2D | AN15B | 18645 | 4625 | 5000 | 6075 | 8050 |
| **G6—4-Cyl.—Equipment Schedule 4** | | | | | | |
| W.B. 112.3"; 2.4 Liter. | | | | | | |
| Sedan 4D | ZG55B | 19265 | 4525 | 4900 | 5750 | 7450 |
| Sport Pkg | | | 250 | 250 | 335 | 335 |
| **G6—V6—Equipment Schedule 4** | | | | | | |
| W.B. 112.3"; 3.5 Liter, 3.6 Liter, 3.9 Liter. | | | | | | |
| GT Sedan 4D | ZH55N | 22615 | 5400 | 5800 | 6975 | 8975 |
| GT Coupe 2D | ZH15N | 22415 | 5700 | 6100 | 7300 | 9400 |
| GT Hard Top Conv 2D | ZH35N | 29215 | 9775 | 10300 | 12200 | 15500 |
| GTP Sedan 4D | ZM557 | 25115 | 6600 | 7050 | 8350 | 10700 |
| GTP Coupe 2D | ZM157 | 24915 | 6600 | 7050 | 8350 | 10700 |
| Sport Pkg | | | 225 | 225 | 300 | 300 |

## 2008 PONTIAC-(1,2,3or6G2,5Y2orKL2)(SL658)-8-#

| Body Type | VIN | List | Trade-In Good | Very Good | Pvt-Party Good | Retail Excellent |
|---|---|---|---|---|---|---|
| **VIBE—4-Cyl.—Equipment Schedule 6** | | | | | | |
| W.B. 102.4"; 1.8 Liter. | | | | | | |
| Sport Wagon 4D | SL658 | 18195 | 6200 | 6625 | 7675 | 9625 |
| Manual, 5-Spd w/Overdrive | P | | (375) | (375) | (500) | (500) |
| **SOLSTICE—4-Cyl.—Equipment Schedule 6** | | | | | | |
| W.B. 95.1"; 2.4 Liter. | | | | | | |
| Convertible 2D | MB35B | 22295 | 7100 | 7550 | 8525 | 10550 |
| Automatic, 5-Spd | | | 350 | 350 | 465 | 465 |
| **SOLSTICE—4-Cyl. Turbo—Equipment Schedule 6** | | | | | | |
| W.B. 95.1"; 2.0 Liter. | | | | | | |
| GXP Convertible 2D | MG35X | 27895 | 9200 | 9725 | 10900 | 13450 |
| Automatic, 5-Spd | | | 350 | 350 | 465 | 465 |
| **GRAND PRIX—V6—Equipment Schedule 4** | | | | | | |
| W.B. 110.5"; 3.8 Liter. | | | | | | |
| Sedan 4D | WP552 | 22500 | 5450 | 5850 | 7100 | 9200 |

EQUIPMENT & MILEAGE PAGE 9 TO 23

# 2008 PONTIAC

| Body Type | VIN | List | Trade-In Good | Very Good | Pvt-Party Good | Retail Excellent |
|---|---|---|---|---|---|---|
| **GRAND PRIX—V8—Equipment Schedule 4** | | | | | | |
| W.B. 110.5"; 5.3 Liter. | | | | | | |
| GXP Sedan 4D | WC55C | 29500 | 7250 | 7725 | 9300 | 11950 |
| **G5—4-Cyl.—Equipment Schedule 4** | | | | | | |
| W.B. 103.5"; 2.2 Liter, 2.4 Liter. | | | | | | |
| Coupe 2D | AL15F | 16450 | 4750 | 5125 | 6075 | 7900 |
| GT Coupe 2D | AS15B | 20560 | 5550 | 5950 | 7225 | 9350 |
| **G6—4-Cyl.—Equipment Schedule 4** | | | | | | |
| W.B. 112.3"; 2.4 Liter. | | | | | | |
| Sedan 4D | ZG55B | 19995 | 5400 | 5800 | 6925 | 8900 |
| Sport Pkg | | | 275 | 275 | 365 | 365 |
| **G6—V6—Equipment Schedule 4** | | | | | | |
| W.B. 112.3"; 3.5 Liter, 3.6 Liter, 3.9 Liter. | | | | | | |
| GT Sedan 4D | ZH55N | 22995 | 5900 | 6325 | 7500 | 9600 |
| GT Coupe 2D | ZH15N | 22995 | 6350 | 6775 | 8025 | 10250 |
| GT Hard Top Conv 2D | ZH35N | 29995 | 10550 | 11100 | 13000 | 16450 |
| GXP Sedan 4D | ZM557 | 27310 | 8250 | 8750 | 10300 | 13100 |
| GXP Coupe 2D | ZM157 | 27105 | 8500 | 9000 | 10600 | 13450 |
| Sport Pkg | | | 225 | 225 | 300 | 300 |
| **G8—V6—Equipment Schedule 4** | | | | | | |
| W.B. 114.8"; 3.6 Liter. | | | | | | |
| Sedan 4D | EC557 | 27595 | 11250 | 11800 | 12950 | 15600 |
| **G8—V8—Equipment Schedule 4** | | | | | | |
| W.B. 114.8"; 6.0 Liter. | | | | | | |
| GT Sedan 4D | ER55Y | 29995 | 13100 | 13750 | 15100 | 18150 |

# 2009 PONTIAC—(1,2,3or6G2,5Y2orKL2)(SP678)—9—#

| Body Type | VIN | List | Trade-In Good | Very Good | Pvt-Party Good | Retail Excellent |
|---|---|---|---|---|---|---|
| **VIBE—4-Cyl.—Equipment Schedule 6** | | | | | | |
| W.B. 102.4"; 1.8 Liter, 2.4 Liter. | | | | | | |
| Sport Wagon 4D | SP678 | 16745 | 7300 | 7775 | 8675 | 10600 |
| GT Sport Wagon 4D | SR670 | 20945 | 8800 | 9325 | 10300 | 12550 |
| Manual, 5-Spd w/Overdrive | L | | (400) | (400) | (535) | (535) |
| AWD | M | | 1475 | 1475 | 1965 | 1965 |
| **SOLSTICE—4-Cyl.—Equipment Schedule 6** | | | | | | |
| W.B. 95.1"; 2.4 Liter. | | | | | | |
| Coupe 2D | MB25B | 26845 | 9500 | 10050 | 11000 | 13250 |
| Convertible 2D | MB35B | 23870 | 8800 | 9325 | 10200 | 12300 |
| Street Ed Conv 2D | MK35B | 30030 | 10500 | 11050 | 12100 | 14500 |
| Automatic, 5-Spd | | | 400 | 400 | 535 | 535 |
| **SOLSTICE—4-Cyl. Turbo—Equipment Schedule 6** | | | | | | |
| W.B. 95.1"; 2.0 Liter. | | | | | | |
| GXP Coupe 2D | MG25X | 30995 | 10850 | 11400 | 12450 | 14950 |
| GXP Convertible 2D | MG35X | 29080 | 10450 | 11000 | 12050 | 14450 |
| Automatic, 5-Spd | | | 400 | 400 | 535 | 535 |
| **G3—4-Cyl.—Equipment Schedule 6** | | | | | | |
| W.B. 97.6"; 1.6 Liter. | | | | | | |
| Hatchback 4D | TD62E | 14995 | 3825 | 4175 | 4900 | 6350 |
| Automatic, 4-Spd w/OD | | | 400 | 400 | 535 | 535 |
| **G5—4-Cyl.—Equipment Schedule 4** | | | | | | |
| W.B. 103.5"; 2.2 Liter. | | | | | | |
| Coupe 2D | AS15H | 17860 | 5325 | 5725 | 6750 | 8575 |
| GT Coupe 2D | AT15H | 21160 | 6450 | 6875 | 8025 | 10150 |
| **G6—4-Cyl.—Equipment Schedule 4** | | | | | | |
| W.B. 112.3"; 2.4 Liter. | | | | | | |
| Sedan 4D | ZG55B | 20295 | 6850 | 7300 | 8350 | 9925 |
| Sport Pkg | | | 300 | 300 | 400 | 400 |
| **G6—V6—Equipment Schedule 4** | | | | | | |
| W.B. 112.3"; 3.5 Liter, 3.6 Liter, 3.9 Liter. | | | | | | |
| GT Sedan 4D | ZH55N | 24095 | 8300 | 8800 | 9775 | 11900 |
| GT Coupe 2D | ZH15N | 23995 | 8500 | 9000 | 10000 | 12200 |
| GT Hard Top Conv 2D | ZH35N | 31785 | 12550 | 13150 | 14500 | 17600 |
| GXP Sedan 4D | ZM557 | 28495 | 10200 | 10700 | 11900 | 14450 |
| GXP Coupe 2D | ZM157 | 28395 | 10350 | 10900 | 12050 | 14600 |
| Sport Pkg | | | 250 | 250 | 335 | 335 |
| **G6 (2009.5)—4-Cyl.—Equipment Schedule 4** | | | | | | |
| W.B. 112.3"; 2.4 Liter. | | | | | | |
| Sedan 4D | ZG55B | 21835 | 7450 | 7925 | 8850 | 10800 |
| Coupe 2D | ZJ15B | 22890 | 7950 | 8425 | 9400 | 11450 |
| **G6 (2009.5)—V6—Equipment Schedule 4** | | | | | | |
| W.B. 112.3"; 3.5 Liter, 3.6 Liter, 3.9 Liter. | | | | | | |
| GT Sedan 4D | ZK55K | 25380 | 8450 | 8950 | 9950 | 12100 |
| GT Coupe 2D | ZK15K | 25280 | 8800 | 9325 | 10300 | 12550 |
| GT Hard Top Conv 2D | ZH35N | 32970 | 13700 | 14350 | 15950 | 19300 |

**230 DEDUCT FOR RECONDITIONING**

# 2009 PONTIAC

| Body Type | VIN | List | Trade-In Good | Very Good | Pvt-Party Good | Retail Excellent |
|---|---|---|---|---|---|---|
| GXP Sedan 4D | ZM557 | 29730 | 10950 | 11550 | 12800 | 15550 |
| GXP Coupe 2D | ZM157 | 29630 | 11250 | 11800 | 13100 | 15900 |
| **G8—V6—Equipment Schedule 4** | | | | | | |
| W.B. 114.8"; 3.6 Liter. | | | | | | |
| Sedan 4D | ER577 | 27995 | 12750 | 13350 | 14400 | 16950 |
| **G8—V8—Equipment Schedule 4** | | | | | | |
| W.B. 114.8"; 6.0 Liter, 6.2 Liter. | | | | | | |
| GT Sedan 4D | EC57Y | 31360 | 15150 | 15850 | 16900 | 19850 |
| GXP Sedan 4D | EP57W | 39995 | 20800 | 21600 | 22900 | 26800 |

## 2010 PONTIAC — (1,5orK)(G,LorY)2(SP6E8)–A–#

**VIBE—4-Cyl.—Equipment Schedule 6**
W.B. 102.4"; 1.8 Liter, 2.4 Liter.

| Body Type | VIN | List | Good | Very Good | Good | Excellent |
|---|---|---|---|---|---|---|
| Sport Wagon 4D | SP6E8 | 17585 | 8600 | 9100 | 10050 | 12200 |
| Manual, 5-Spd w/Overdrive | N | | (500) | (500) | (665) | (665) |
| AWD | M | | 1550 | 1550 | 2065 | 2065 |

**VIBE—4-Cyl.—Equipment Schedule 6**
W.B. 102.4"; 2.4 Liter.

| | | | | | | |
|---|---|---|---|---|---|---|
| GT Sport Wagon 4D | SR6E0 | 22560 | 10350 | 10900 | 12000 | 14500 |
| Manual, 5-Spd w/Overdrive | N | | (500) | (500) | (665) | (665) |

**G3—4-Cyl.—Equipment Schedule 6**
W.B. 97.6"; 1.6 Liter.

| | | | | | | |
|---|---|---|---|---|---|---|
| Hatchback 4D | TD62E | 14995 | 4700 | 5075 | 6000 | 7650 |
| Automatic, 4-Spd w/OD | | | 450 | 450 | 600 | 600 |

**G6—4-Cyl.—Equipment Schedule 4**
W.B. 112.3"; 2.4 Liter.

| | | | | | | |
|---|---|---|---|---|---|---|
| Sedan 4D | ZA5EB | 21995 | 8300 | 8800 | 9775 | 11950 |

# PORSCHE

## 1999 PORSCHE — WPO(CA298)–X–#

**BOXSTER—6-Cyl.—Equipment Schedule 1**
W.B. 95.2"; 2.5 Liter.

| | | | | | | |
|---|---|---|---|---|---|---|
| Cabriolet 2D | CA298 | 44316 | 3875 | 4225 | 5525 | 7600 |
| Full Leather | | | 100 | 100 | 135 | 135 |
| Hard Top | | | 300 | 300 | 400 | 400 |
| Aero Kit | | | 1100 | 1100 | 1465 | 1465 |
| Sport Design | | | 325 | 325 | 435 | 435 |
| Sport Touring Pkg | | | 775 | 775 | 1035 | 1035 |
| Automatic w/Tiptronic | | | 300 | 300 | 400 | 400 |

**911 CARRERA—6-Cyl.—Equipment Schedule 1**
W.B. 92.6"; 3.4 Liter.

| | | | | | | |
|---|---|---|---|---|---|---|
| Coupe 2D | AA299 | 70815 | 6450 | 6875 | 7925 | 9975 |
| Cabriolet 2D | CA299 | 80245 | 8000 | 8475 | 9775 | 12250 |
| Full Leather | | | 100 | 100 | 135 | 135 |
| Hard Top (Cabriolet) | | | 300 | 300 | 400 | 400 |
| Aero Kit | | | 1100 | 1100 | 1465 | 1465 |
| Automatic w/Tiptronic | | | 300 | 300 | 400 | 400 |

**911 CARRERA 4 AWD—6-Cyl.—Equipment Schedule 1**
W.B. 92.6"; 3.4 Liter.

| | | | | | | |
|---|---|---|---|---|---|---|
| Coupe 2D | AA299 | 75980 | 9425 | 9950 | 11350 | 14200 |
| Cabriolet 2D | CA299 | 85420 | 9375 | 9900 | 11300 | 14150 |
| Full Leather | | | 100 | 100 | 135 | 135 |
| Hard Top (Cabriolet) | | | 300 | 300 | 400 | 400 |
| Aero Kit | | | 1100 | 1100 | 1465 | 1465 |
| Automatic w/Tiptronic | | | 300 | 300 | 400 | 400 |

## 2000 PORSCHE — WPO(CA298)–Y–#

**BOXSTER—6-Cyl.—Equipment Schedule 1**
W.B. 95.2"; 2.7 Liter, 3.2 Liter.

| | | | | | | |
|---|---|---|---|---|---|---|
| Cabriolet 2D | CA298 | 44745 | 4200 | 4550 | 5800 | 7875 |
| S Cabriolet 2D | CB298 | 53245 | 5925 | 6350 | 8050 | 10800 |
| Full Leather | | | 100 | 100 | 135 | 135 |
| Hard Top | | | 300 | 300 | 400 | 400 |
| Aero Kit | | | 1200 | 1200 | 1600 | 1600 |
| Sport Design | | | 375 | 375 | 500 | 500 |
| Sport Touring Pkg | | | 900 | 900 | 1200 | 1200 |
| Automatic w/Tiptronic | | | 300 | 300 | 400 | 400 |

**911 CARRERA—6-Cyl.—Equipment Schedule 1**
W.B. 92.6"; 3.4 Liter.

| | | | | | | |
|---|---|---|---|---|---|---|
| Coupe 2D | AA299 | 71375 | 7250 | 7700 | 9050 | 11550 |

# 2000 PORSCHE

| Body Type | VIN | List | Trade-In Good | Very Good | Pvt-Party Good | Retail Excellent |
|---|---|---|---|---|---|---|
| Cabriolet 2D | CA299 | 80755 | 8625 | 9125 | 10700 | 13600 |
| Full Leather | | | 100 | 100 | 135 | 135 |
| Hard Top (Cabriolet) | | | 300 | 300 | 400 | 400 |
| Aero Kit | | | 1200 | 1200 | 1600 | 1600 |
| Automatic w/Tiptronic | | | 300 | 300 | 400 | 400 |

**911 CARRERA 4 AWD—6-Cyl.**—Equipment Schedule 1
W.B. 92.6"; 3.4 Liter.

| Body Type | VIN | List | Good | Very Good | Good | Excellent |
|---|---|---|---|---|---|---|
| Coupe 2D | AA299 | 76805 | 9725 | 10250 | 12000 | 15200 |
| Cabriolet 2D | CA299 | 86185 | 9950 | 10500 | 12400 | 15700 |
| Full Leather | | | 100 | 100 | 135 | 135 |
| Hard Top | | | 300 | 300 | 400 | 400 |
| Aero Kit | | | 1200 | 1200 | 1600 | 1600 |
| Millennium Pkg | | | 2700 | 2700 | 3600 | 3600 |
| Automatic w/Tiptronic | | | 300 | 300 | 400 | 400 |

# 2001 PORSCHE — WPO(CA298)-1-#

**BOXSTER—6-Cyl.**—Equipment Schedule 1
W.B. 95.2"; 2.7 Liter, 3.2 Liter.

| Body Type | VIN | List | Good | Very Good | Good | Excellent |
|---|---|---|---|---|---|---|
| Cabriolet 2D | CA298 | 42865 | 4475 | 4850 | 6100 | 8225 |
| S Cabriolet 2D | CB298 | 50965 | 6500 | 6925 | 8700 | 11600 |
| Full Leather | | | 100 | 100 | 135 | 135 |
| Hard Top | | | 350 | 350 | 465 | 465 |
| Aero Kit | | | 1300 | 1300 | 1735 | 1735 |
| Sport Design | | | 400 | 400 | 535 | 535 |
| Sport Touring Pkg | | | 1075 | 1075 | 1435 | 1435 |
| Automatic w/Tiptronic | | | 350 | 350 | 465 | 465 |

**911 CARRERA—6-Cyl.**—Equipment Schedule 1
W.B. 92.6"; 3.4 Liter.

| Body Type | VIN | List | Good | Very Good | Good | Excellent |
|---|---|---|---|---|---|---|
| Coupe 2D | AA299 | 70275 | 8800 | 9300 | 10150 | 12250 |
| Cabriolet 2D | CA299 | 79775 | 10850 | 11400 | 12500 | 15000 |
| Full Leather | | | 100 | 100 | 135 | 135 |
| Hard Top (Cabriolet) | | | 350 | 350 | 465 | 465 |
| Aero Kit | | | 1300 | 1300 | 1735 | 1735 |
| Automatic w/Tiptronic | | | 350 | 350 | 465 | 465 |

**911 CARRERA 4 AWD—6-Cyl.**—Equipment Schedule 1
W.B. 92.6"; 3.4 Liter.

| Body Type | VIN | List | Good | Very Good | Good | Excellent |
|---|---|---|---|---|---|---|
| Coupe 2D | AA299 | 75320 | 11900 | 12500 | 13650 | 16350 |
| Cabriolet 2D | CA299 | 84820 | 11700 | 12300 | 13450 | 16100 |
| Full Leather | | | 100 | 100 | 135 | 135 |
| Hard Top (Cabriolet) | | | 350 | 350 | 465 | 465 |
| Aero Kit | | | 1300 | 1300 | 1735 | 1735 |
| Automatic w/Tiptronic | | | 350 | 350 | 465 | 465 |

**911 TURBO AWD—6-Cyl. Turbo**—Equipment Schedule 1
W.B. 92.5"; 3.6 Liter.

| Body Type | VIN | List | Good | Very Good | Good | Excellent |
|---|---|---|---|---|---|---|
| Coupe 2D | AB299 | 111765 | 14700 | 15350 | 17050 | 20800 |
| Full Leather | | | 100 | 100 | 135 | 135 |
| Aero Kit | | | 1300 | 1300 | 1735 | 1735 |
| Automatic w/Tiptronic | | | 350 | 350 | 465 | 465 |

# 2002 PORSCHE — WPO(CA298)-2-#

**BOXSTER—6-Cyl.**—Equipment Schedule 1
W.B. 95.2"; 2.7 Liter, 3.2 Liter.

| Body Type | VIN | List | Good | Very Good | Good | Excellent |
|---|---|---|---|---|---|---|
| Cabriolet 2D | CA298 | 43365 | 5175 | 5575 | 6900 | 9200 |
| S Cabriolet 2D | CB298 | 52365 | 10150 | 10700 | 13150 | 17300 |
| Full Leather | | | 100 | 100 | 135 | 135 |
| Hard Top | | | 375 | 375 | 500 | 500 |
| Aero Kit | | | 1400 | 1400 | 1865 | 1865 |
| Sport Design | | | 450 | 450 | 600 | 600 |
| Sport Touring Pkg | | | 1150 | 1150 | 1535 | 1535 |
| Automatic w/Tiptronic | | | 400 | 400 | 535 | 535 |

**911 CARRERA—6-Cyl.**—Equipment Schedule 1
W.B. 92.6"; 3.6 Liter.

| Body Type | VIN | List | Good | Very Good | Good | Excellent |
|---|---|---|---|---|---|---|
| Coupe 2D | AA299 | 73450 | 10450 | 11000 | 12050 | 14400 |
| Targa 2D | AA299 | 75965 | 12500 | 13150 | 14250 | 17050 |
| Cabriolet 2D | CA299 | 83150 | 12550 | 13200 | 14300 | 17100 |
| Full Leather | | | 100 | 100 | 135 | 135 |
| Hard Top (Cabriolet) | | | 375 | 375 | 500 | 500 |
| Aero Kit | | | 1400 | 1400 | 1865 | 1865 |
| Automatic w/Tiptronic | | | 400 | 400 | 535 | 535 |

**911 CARRERA 4 AWD—6-Cyl.**—Equipment Schedule 1
W.B. 92.5" (4S), 92.6"; 3.6 Liter.

| Body Type | VIN | List | Good | Very Good | Good | Excellent |
|---|---|---|---|---|---|---|
| 4S Coupe 2D | AA299 | 80965 | 14050 | 14700 | 15900 | 19000 |

**DEDUCT FOR RECONDITIONING**

# 2002 PORSCHE

| Body Type | VIN | List | Trade-In Good | Very Good | Pvt-Party Good | Retail Excellent |
|---|---|---|---|---|---|---|
| Cabriolet 2D | CA299 | 88750 | 13500 | 14150 | 15300 | 18300 |
| Full Leather | | | 100 | 100 | 135 | 135 |
| Hard Top | | | 375 | 375 | 500 | 500 |
| Aero Kit | | | 1400 | 1400 | 1865 | 1865 |
| Automatic w/Tiptronic | | | 400 | 400 | 535 | 535 |
| **911 TURBO AWD—6-Cyl. Turbo**—Equipment Schedule 1 | | | | | | |
| W.B. 92.6"; 3.6 Liter. | | | | | | |
| Coupe 2D | AB299 | 115765 | 18050 | 18850 | 19650 | 22800 |
| Full Leather | | | 100 | 100 | 135 | 135 |
| Aero Kit | | | 1400 | 1400 | 1865 | 1865 |
| Automatic w/Tiptronic | | | 400 | 400 | 535 | 535 |
| **911 TURBO—6-Cyl. Turbo**—Equipment Schedule 1 | | | | | | |
| W.B. 92.6"; 3.6 Liter. | | | | | | |
| GT2 Coupe 2D | AB299 | 180665 | **** | **** | **** | 61100 |

## 2003 PORSCHE — WPO(CA298)-3-#

| | | | | | | |
|---|---|---|---|---|---|---|
| **BOXSTER—6-Cyl.**—Equipment Schedule 1 | | | | | | |
| W.B. 95.1"; 2.7 Liter, 3.2 Liter. | | | | | | |
| Cabriolet 2D | CA298 | 45485 | 6175 | 6600 | 7925 | 10300 |
| S Cabriolet 2D | CB298 | 54485 | 11900 | 12500 | 14950 | 19250 |
| Full Leather | | | 100 | 100 | 135 | 135 |
| Hard Top | | | 400 | 400 | 535 | 535 |
| Aero Kit | | | 1500 | 1500 | 2000 | 2000 |
| Sport Design | | | 500 | 500 | 665 | 665 |
| Automatic w/Tiptronic | | | 450 | 450 | 600 | 600 |
| **911 CARRERA—6-Cyl.**—Equipment Schedule 1 | | | | | | |
| W.B. 92.6"; 3.6 Liter. | | | | | | |
| Coupe 2D | AA299 | 72435 | 11900 | 12550 | 13500 | 16100 |
| Targa 2D | BA299 | 79835 | 14600 | 15300 | 16400 | 19450 |
| Cabriolet 2D | CA299 | 82235 | 13900 | 14550 | 15650 | 18600 |
| Full Leather | | | 100 | 100 | 135 | 135 |
| Hard Top (Cabriolet) | | | 400 | 400 | 535 | 535 |
| Aero Kit | | | 1500 | 1500 | 2000 | 2000 |
| Automatic w/Tiptronic | | | 450 | 450 | 600 | 600 |
| **911 CARRERA 4 AWD—6-Cyl.**—Equipment Schedule 1 | | | | | | |
| W.B. 92.6"; 3.6 Liter. | | | | | | |
| 4S Coupe 2D | AA299 | 82565 | 15200 | 15900 | 17050 | 20200 |
| Cabriolet 2D | CA299 | 87835 | 14900 | 15600 | 16700 | 19850 |
| Full Leather | | | 100 | 100 | 135 | 135 |
| Hard Top | | | 400 | 400 | 535 | 535 |
| Aero Kit | | | 1500 | 1500 | 2000 | 2000 |
| Automatic w/Tiptronic | | | 450 | 450 | 600 | 600 |
| **911 TURBO AWD—6-Cyl. Turbo**—Equipment Schedule 1 | | | | | | |
| W.B. 92.6"; 3.6 Liter. | | | | | | |
| Coupe 2D | AB299 | 118265 | 19850 | 20700 | 21900 | 25700 |
| Full Leather | | | 100 | 100 | 135 | 135 |
| Aero Kit | | | 1500 | 1500 | 2000 | 2000 |
| Automatic w/Tiptronic | | | 450 | 450 | 600 | 600 |
| **911 TURBO—6-Cyl. Turbo**—Equipment Schedule 1 | | | | | | |
| W.B. 92.6"; 3.6 Liter. | | | | | | |
| GT2 Coupe 2D | AB299 | 183765 | **** | **** | **** | 69200 |

## 2004 PORSCHE — WPO(CA298)-4-#

| | | | | | | |
|---|---|---|---|---|---|---|
| **BOXSTER—6-Cyl.**—Equipment Schedule 1 | | | | | | |
| W.B. 95.1"; 2.7 Liter, 3.2 Liter. | | | | | | |
| Cabriolet 2D | CA298 | 45485 | 7275 | 7725 | 9125 | 11650 |
| S Cabriolet 2D | CB298 | 54485 | 12600 | 13200 | 15500 | 19650 |
| Full Leather | | | 125 | 125 | 165 | 165 |
| Hard Top | | | 425 | 425 | 565 | 565 |
| Aero Kit | | | 1575 | 1575 | 2100 | 2100 |
| Sport Design | | | 500 | 500 | 665 | 665 |
| Special Edition | | | 1050 | 1050 | 1400 | 1400 |
| Automatic w/Tiptronic | | | 500 | 500 | 665 | 665 |
| **911 CARRERA—6-Cyl.**—Equipment Schedule 1 | | | | | | |
| W.B. 92.6"; 3.6 Liter. | | | | | | |
| Coupe 2D | AA299 | 72435 | 14500 | 15200 | 15850 | 18400 |
| Targa 2D | BA299 | 79835 | 18700 | 19500 | 20200 | 23400 |
| Cabriolet 2D | CA299 | 82235 | 18900 | 19750 | 20400 | 23600 |
| 40th Anniversary | | | 3575 | 3575 | 4765 | 4765 |
| Full Leather | | | 125 | 125 | 165 | 165 |
| Hard Top (Cabriolet) | | | 425 | 425 | 565 | 565 |
| Aero Kit | | | 1575 | 1575 | 2100 | 2100 |

EQUIPMENT & MILEAGE PAGE 9 TO 23

# 2004 PORSCHE

| Body Type | VIN | List | Trade-In Good | Very Good | Pvt-Party Good | Retail Excellent |
|---|---|---|---|---|---|---|
| Automatic w/Tiptronic | | | 500 | 500 | 665 | 665 |
| **911 CARRERA 4 AWD—6-Cyl.**—Equipment Schedule 1 | | | | | | |
| W.B. 92.5"; 3.6 Liter. | | | | | | |
| Cabriolet 2D | CA299 | 86285 | 19900 | 20800 | 21500 | 24800 |
| 4S Coupe 2D | AA299 | 84165 | 20700 | 21600 | 22300 | 25800 |
| 4S Cabriolet 2D | CA299 | 93965 | 23200 | 24200 | 25000 | 28800 |
| Full Leather | | | 125 | 125 | 165 | 165 |
| Hard Top (Cabriolet) | | | 425 | 425 | 565 | 565 |
| Aero Kit | | | 1575 | 1575 | 2100 | 2100 |
| Automatic w/Tiptronic | | | 500 | 500 | 665 | 665 |
| **911 TURBO AWD—6-Cyl. Turbo**—Equipment Schedule 1 | | | | | | |
| W.B. 92.5"; 3.6 Liter. | | | | | | |
| Coupe 2D | AB299 | 120465 | 24100 | 25100 | 25800 | 29600 |
| Cabriolet 2D | CB299 | 130265 | 26100 | 27100 | 27900 | 32000 |
| Full Leather | | | 125 | 125 | 165 | 165 |
| Aero Kit | | | 1575 | 1575 | 2100 | 2100 |
| Power Kit X-50 | | | 1575 | 1575 | 2100 | 2100 |
| Automatic w/Tiptronic | | | 500 | 500 | 665 | 665 |
| **911 GT2 TURBO—6-Cyl. Turbo**—Equipment Schedule 1 | | | | | | |
| W.B. 92.7"; 3.6 Liter. | | | | | | |
| Coupe 2D | AB299 | 193765 | **** | **** | **** | 80900 |
| **911 GT3—6-Cyl.**—Equipment Schedule 1 | | | | | | |
| W.B. 92.7"; 3.6 Liter. | | | | | | |
| Coupe 2D | AC299 | 101965 | 30900 | 32100 | 33600 | 39300 |
| **CARRERA GT—V10**—Equipment Schedule 1 | | | | | | |
| W.B. 107.5"; 5.7 Liter. | | | | | | |
| Roadster 2D | CA298 | 446165 | **** | **** | **** | 278200 |

# 2005 PORSCHE — WPO(CA298)-5-#

| Body Type | VIN | List | Trade-In Good | Very Good | Pvt-Party Good | Retail Excellent |
|---|---|---|---|---|---|---|
| **BOXSTER—6-Cyl.**—Equipment Schedule 1 | | | | | | |
| W.B. 95.1"; 2.7 Liter, 3.2 Liter. | | | | | | |
| Cabriolet 2D | CA298 | 44595 | 10100 | 10650 | 12400 | 15450 |
| S Cabriolet 2D | CB298 | 53895 | 13700 | 14350 | 16450 | 20400 |
| Full Leather | | | 150 | 150 | 200 | 200 |
| Hard Top | | | 450 | 450 | 600 | 600 |
| Aero Kit | | | 1650 | 1650 | 2200 | 2200 |
| Sport Pkg | | | 500 | 500 | 665 | 665 |
| Automatic w/Tiptronic | | | 550 | 550 | 735 | 735 |
| **911 CARRERA—6-Cyl.**—Equipment Schedule 1 | | | | | | |
| W.B. 92.5" (S), 92.6"; 3.6 Liter, 3.8 Liter. | | | | | | |
| Coupe 2D | AA299 | 73165 | 17900 | 18700 | 19850 | 23300 |
| Targa 2D | BA299 | 79865 | 22100 | 23000 | 24400 | 28500 |
| Cabriolet 2D | CA299 | 82965 | 22600 | 23500 | 24900 | 29100 |
| S Coupe 2D | AB299 | 79895 | 23500 | 24500 | 25800 | 30200 |
| S Cabriolet 2D | CB299 | 89695 | 25900 | 26900 | 28300 | 33100 |
| Full Leather | | | 150 | 150 | 200 | 200 |
| Hard Top (Cabriolet) | | | 450 | 450 | 600 | 600 |
| Aero Kit | | | 1650 | 1650 | 2200 | 2200 |
| Automatic w/Tiptronic | | | 550 | 550 | 735 | 735 |
| **911 CARRERA 4 AWD—6-Cyl.**—Equipment Schedule 1 | | | | | | |
| W.B. 92.5"; 3.6 Liter. | | | | | | |
| 4S Coupe 2D | AA299 | 84195 | 24200 | 25200 | 26600 | 31100 |
| 4S Cabriolet 2D | CA299 | 93995 | 27500 | 28600 | 30100 | 35200 |
| Full Leather | | | 150 | 150 | 200 | 200 |
| Hard Top (Cabriolet) | | | 450 | 450 | 600 | 600 |
| Aero Kit | | | 1650 | 1650 | 2200 | 2200 |
| Automatic w/Tiptronic | | | 550 | 550 | 735 | 735 |
| **911 TURBO AWD—6-Cyl. Turbo**—Equipment Schedule 1 | | | | | | |
| W.B. 92.5"; 3.6 Liter. | | | | | | |
| Cabriolet 2D | CB299 | 130295 | 39700 | 41200 | 41900 | 47800 |
| S Coupe 2D | AB299 | 133495 | 40700 | 42200 | 41400 | 47200 |
| S Cabriolet 2D | CB299 | 143295 | 43000 | 44600 | 45300 | 51600 |
| Full Leather | | | 150 | 150 | 200 | 200 |
| Aero Kit | | | 1650 | 1650 | 2200 | 2200 |
| Power Kit X-50 | | | 1650 | 1650 | 2200 | 2200 |
| Automatic w/Tiptronic | | | 550 | 550 | 735 | 735 |
| **911 GT2—6-Cyl. Turbo**—Equipment Schedule 1 | | | | | | |
| W.B. 92.5"; 3.6 Liter. | | | | | | |
| Coupe 2D | AB299 | 193795 | **** | **** | **** | 92800 |
| **911 GT3—6-Cyl.**—Equipment Schedule 1 | | | | | | |
| W.B. 92.5"; 3.6 Liter. | | | | | | |
| Coupe 2D | AC299 | 101995 | 35500 | 36800 | 38800 | 45400 |

**234  DEDUCT FOR RECONDITIONING**

# 2005 PORSCHE

| Body Type | VIN | List | Trade-In Good | Very Good | Pvt-Party Good | Retail Excellent |
|---|---|---|---|---|---|---|
| **CARRERA GT—V10**—Equipment Schedule 1 | | | | | | |
| W.B. 107.5"; 5.7 Liter. | | | | | | |
| Roadster 2D | CA298 | 448400 | **** | **** | **** | 332200 |

## 2006 PORSCHE — WPO(CA298)-6-#

| Body Type | VIN | List | Trade-In Good | Very Good | Pvt-Party Good | Retail Excellent |
|---|---|---|---|---|---|---|
| **BOXSTER—6-Cyl.**—Equipment Schedule 1 | | | | | | |
| W.B. 95.1"; 2.7 Liter, 3.2 Liter. | | | | | | |
| Cabriolet 2D | CA298 | 45795 | 11500 | 12050 | 13750 | 16900 |
| S Cabriolet 2D | CB298 | 55495 | 18700 | 19550 | 21800 | 26700 |
| Full Leather | | | 175 | 175 | 235 | 235 |
| Hard Top | | | 475 | 475 | 635 | 635 |
| Aero Kit | | | 1725 | 1725 | 2300 | 2300 |
| Sport Pkg | | | 500 | 500 | 665 | 665 |
| Automatic w/Tiptronic | | | 575 | 575 | 765 | 765 |
| **CAYMAN—6-Cyl.**—Equipment Schedule 1 | | | | | | |
| W.B. 95.1"; 3.4 Liter. | | | | | | |
| S Coupe 2D | AB298 | 59695 | 17050 | 17850 | 19400 | 23200 |
| Full Leather | | | 175 | 175 | 235 | 235 |
| Automatic w/Tiptronic | | | 575 | 575 | 765 | 765 |
| **911 CARRERA—6-Cyl.**—Equipment Schedule 1 | | | | | | |
| W.B. 92.5"; 3.6 Liter, 3.8 Liter. | | | | | | |
| Coupe 2D | AA299 | 73615 | 21000 | 21900 | 23200 | 27100 |
| Cabriolet 2D | CA299 | 83715 | 25400 | 26400 | 27800 | 32500 |
| S Coupe 2D | AB299 | 83715 | 26200 | 27300 | 28800 | 33700 |
| S Cabriolet 2D | CB299 | 93745 | 28600 | 29800 | 31300 | 36600 |
| Full Leather | | | 175 | 175 | 235 | 235 |
| Hard Top (Cabriolet) | | | 475 | 475 | 635 | 635 |
| Aero Kit | | | 1725 | 1725 | 2300 | 2300 |
| Automatic w/Tiptronic | | | 575 | 575 | 765 | 765 |
| **911 CARRERA 4 AWD—6-Cyl.**—Equipment Schedule 1 | | | | | | |
| W.B. 92.5"; 3.6 Liter, 3.8 Liter. | | | | | | |
| Coupe 2D | AA299 | 79415 | 24000 | 24900 | 26300 | 30800 |
| Cabriolet 2D | CA299 | 89445 | 26900 | 28000 | 29600 | 34500 |
| 4S Coupe 2D | AB299 | 89445 | 27200 | 28300 | 29900 | 34900 |
| 4S Cabriolet 2D | CB299 | 99445 | 31600 | 32800 | 34500 | 40200 |
| Full Leather | | | 175 | 175 | 235 | 235 |
| Hard Top (Cabriolet) | | | 475 | 475 | 635 | 635 |
| Aero Kit | | | 1725 | 1725 | 2300 | 2300 |
| Automatic w/Tiptronic | | | 575 | 575 | 765 | 765 |

## 2007 PORSCHE — WPO(CA298)-7-#

| Body Type | VIN | List | Trade-In Good | Very Good | Pvt-Party Good | Retail Excellent |
|---|---|---|---|---|---|---|
| **BOXSTER—6-Cyl.**—Equipment Schedule 1 | | | | | | |
| W.B. 95.1"; 2.7 Liter, 3.4 Liter. | | | | | | |
| Cabriolet 2D | CA298 | 46395 | 13550 | 14200 | 15450 | 18400 |
| S Cabriolet 2D | CB298 | 56295 | 20800 | 21700 | 23300 | 27600 |
| Full Leather | | | 200 | 200 | 265 | 265 |
| Hard Top | | | 500 | 500 | 665 | 665 |
| Aero Kit | | | 1800 | 1800 | 2400 | 2400 |
| Sport Pkg | | | 500 | 500 | 665 | 665 |
| Automatic w/Tiptronic | | | 600 | 600 | 800 | 800 |
| **CAYMAN—6-Cyl.**—Equipment Schedule 1 | | | | | | |
| W.B. 95.1"; 2.7 Liter, 3.4 Liter. | | | | | | |
| Coupe 2D | AA298 | 54955 | 14650 | 15300 | 16650 | 19900 |
| S Coupe 2D | AB298 | 64455 | 19150 | 20000 | 21600 | 25700 |
| Full Leather | | | 200 | 200 | 265 | 265 |
| Automatic w/Tiptronic | | | 600 | 600 | 800 | 800 |
| **911 CARRERA—6-Cyl.**—Equipment Schedule 1 | | | | | | |
| W.B. 92.5"; 3.6 Liter. | | | | | | |
| Coupe 2D | AA299 | 73195 | 24500 | 25500 | 26600 | 30900 |
| Cabriolet 2D | CA299 | 83395 | 28800 | 30000 | 31200 | 36100 |
| Full Leather | | | 200 | 200 | 265 | 265 |
| Hard Top (Cabriolet) | | | 500 | 500 | 665 | 665 |
| Aero Kit | | | 1800 | 1800 | 2400 | 2400 |
| ASM Sport Suspension | | | 725 | 725 | 965 | 965 |
| Automatic w/Tiptronic | | | 600 | 600 | 800 | 800 |
| **911 CARRERA—6-Cyl.**—Equipment Schedule 1 | | | | | | |
| W.B. 92.5"; 3.8 Liter. | | | | | | |
| S Coupe 2D | AB299 | 83395 | 29700 | 30900 | 32200 | 37300 |
| S Cabriolet 2D | CB299 | 93595 | 32100 | 33300 | 34700 | 40200 |
| Full Leather | | | 200 | 200 | 265 | 265 |
| Hard Top | | | 500 | 500 | 665 | 665 |
| Aero Kit | | | 1800 | 1800 | 2400 | 2400 |

EQUIPMENT & MILEAGE PAGE 9 TO 23

# 2007 PORSCHE

| Body Type | VIN | List | Trade-In Good | Very Good | Pvt-Party Good | Retail Excellent |
|---|---|---|---|---|---|---|
| Automatic w/Tiptronic | | | 600 | 600 | 800 | 800 |
| **911 CARRERA 4 AWD—6-Cyl.**—Equipment Schedule 1 | | | | | | |
| W.B. 92.5"; 3.6 Liter. | | | | | | |
| Coupe 2D | AA299 | 78995 | 27400 | 28500 | 29700 | 34500 |
| Cabriolet 2D | CA299 | 89195 | 30400 | 31600 | 32900 | 38100 |
| Full Leather | | | 200 | 200 | 265 | 265 |
| Hard Top (Cabriolet) | | | 500 | 500 | 665 | 665 |
| Aero Kit | | | 1800 | 1800 | 2400 | 2400 |
| ASM Sport Suspension | | | 725 | 725 | 965 | 965 |
| Automatic w/Tiptronic | | | 600 | 600 | 800 | 800 |
| **911 CARRERA 4 AWD—6-Cyl.**—Equipment Schedule 1 | | | | | | |
| W.B. 92.5"; 3.8 Liter. | | | | | | |
| 4S Coupe 2D | AB299 | 89195 | 30700 | 31900 | 33200 | 38500 |
| 4S Cabriolet 2D | CB299 | 99395 | 35100 | 36400 | 37800 | 43800 |
| Full Leather | | | 200 | 200 | 265 | 265 |
| Hard Top | | | 500 | 500 | 665 | 665 |
| Aero Kit | | | 1800 | 1800 | 2400 | 2400 |
| Automatic w/Tiptronic | | | 600 | 600 | 800 | 800 |
| **911 TARGA AWD—6-Cyl.**—Equipment Schedule 1 | | | | | | |
| W.B. 92.5"; 3.6 Liter. | | | | | | |
| 4 Coupe 2D | BA299 | 86495 | 30500 | 31700 | 33000 | 38300 |
| Full Leather | | | 200 | 200 | 265 | 265 |
| ASM Sport Suspension | | | 725 | 725 | 965 | 965 |
| Automatic w/Tiptronic | | | 600 | 600 | 800 | 800 |
| **911 TARGA AWD—6-Cyl.**—Equipment Schedule 1 | | | | | | |
| W.B. 92.5"; 3.8 Liter. | | | | | | |
| 4S Coupe 2D | BB299 | 96695 | 33300 | 34600 | 35900 | 41600 |
| Full Leather | | | 200 | 200 | 265 | 265 |
| Automatic w/Tiptronic | | | 600 | 600 | 800 | 800 |
| **911 GT3—6-Cyl.**—Equipment Schedule 1 | | | | | | |
| W.B. 92.7"; 3.6 Liter. | | | | | | |
| Coupe 2D | AC299 | 106795 | 43500 | 45100 | 45700 | 52000 |
| Full Leather | | | 200 | 200 | 265 | 265 |
| **911 TURBO AWD—6-Cyl. Turbo**—Equipment Schedule 1 | | | | | | |
| W.B. 92.5"; 3.6 Liter. | | | | | | |
| Coupe 2D | AD299 | 123695 | 40200 | 41700 | 42900 | 49400 |
| Full Leather | | | 200 | 200 | 265 | 265 |
| Automatic w/Tiptronic | | | 600 | 600 | 800 | 800 |

# 2008 PORSCHE — WPO(CA298)-8-#

| Body Type | VIN | List | Trade-In Good | Very Good | Pvt-Party Good | Retail Excellent |
|---|---|---|---|---|---|---|
| **BOXSTER—6-Cyl.**—Equipment Schedule 1 | | | | | | |
| W.B. 95.1"; 2.7 Liter, 3.4 Liter. | | | | | | |
| Cabriolet 2D | CA298 | 46660 | 17000 | 17750 | 19100 | 22700 |
| Limited Edition Cab | CA298 | 50760 | 22800 | 23700 | 25400 | 30000 |
| S Cabriolet 2D | CB298 | 56560 | 23700 | 24600 | 26400 | 31200 |
| S Limited Edition | CB298 | 60760 | 25500 | 26500 | 28300 | 33400 |
| Full Leather | | | 250 | 250 | 335 | 335 |
| Hard Top | | | 550 | 550 | 735 | 735 |
| Aero Kit | | | 1925 | 1925 | 2565 | 2565 |
| Sport Pkg | | | 575 | 575 | 765 | 765 |
| Automatic w/Tiptronic | | | 700 | 700 | 935 | 935 |
| **CAYMAN—6-Cyl.**—Equipment Schedule 1 | | | | | | |
| W.B. 95.1"; 2.7 Liter, 3.4 Liter. | | | | | | |
| Coupe 2D | AA298 | 53470 | 17300 | 18050 | 19250 | 22600 |
| S Coupe 2D | AB298 | 63170 | 21800 | 22700 | 24100 | 28300 |
| S Design Ed 1 Cpe 2D | AB298 | 70760 | 24800 | 25800 | 27200 | 31900 |
| Full Leather | | | 250 | 250 | 335 | 335 |
| Automatic w/Tiptronic | | | 700 | 700 | 935 | 935 |
| **911 CARRERA—6-Cyl.**—Equipment Schedule 1 | | | | | | |
| W.B. 92.5"; 3.6 Liter. | | | | | | |
| Coupe 2D | AA299 | 74360 | 28500 | 29700 | 30400 | 34900 |
| Cabriolet 2D | CA299 | 84660 | 34500 | 35800 | 36700 | 42000 |
| Full Leather | | | 250 | 250 | 335 | 335 |
| Hard Top (Cabriolet) | | | 550 | 550 | 735 | 735 |
| Aero Kit | | | 1925 | 1925 | 2565 | 2565 |
| ASM Sport Suspension | | | 750 | 750 | 1000 | 1000 |
| Automatic w/Tiptronic | | | 700 | 700 | 935 | 935 |
| **911 CARRERA—6-Cyl.**—Equipment Schedule 1 | | | | | | |
| W.B. 92.5"; 3.8 Liter. | | | | | | |
| S Coupe 2D | AB299 | 84660 | 35900 | 37200 | 38100 | 43600 |
| S Cabriolet 2D | CB299 | 94960 | 38200 | 39600 | 40500 | 46300 |
| Full Leather | | | 250 | 250 | 335 | 335 |
| Hard Top (Cabriolet) | | | 550 | 550 | 735 | 735 |

**236** DEDUCT FOR RECONDITIONING

# 2008 PORSCHE

| Body Type | VIN | List | Trade-In Good | Very Good | Pvt-Party Good | Retail Excellent |
|---|---|---|---|---|---|---|
| Automatic w/Tiptronic | | | 700 | 700 | 935 | 935 |
| **911 CARRERA 4 AWD—6-Cyl.—Equipment Schedule 1** | | | | | | |
| W.B. 92.5"; 3.6 Liter. | | | | | | |
| Coupe 2D | AA299 | 80260 | 31400 | 32600 | 33500 | 38300 |
| Full Leather | | | 250 | 250 | 335 | 335 |
| Aero Kit | | | 1925 | 1925 | 2565 | 2565 |
| ASM Sport Suspension | | | 750 | 750 | 1000 | 1000 |
| Automatic w/Tiptronic | | | 700 | 700 | 935 | 935 |
| **911 CARRERA 4 AWD—6-Cyl.—Equipment Schedule 1** | | | | | | |
| W.B. 92.5"; 3.6 Liter, 3.8 Liter. | | | | | | |
| Cabriolet 2D | CA299 | 90560 | 35800 | 37100 | 38000 | 43500 |
| 4S Coupe 2D | AB299 | 90560 | 36600 | 37900 | 38800 | 44400 |
| 4S Cabriolet 2D | CB299 | 100860 | 41300 | 42800 | 43700 | 50000 |
| Full Leather | | | 250 | 250 | 335 | 335 |
| Hard Top (Cabriolet) | | | 550 | 550 | 735 | 735 |
| Aero Kit | | | 1925 | 1925 | 2565 | 2565 |
| Automatic w/Tiptronic | | | 700 | 700 | 935 | 935 |
| **911 TARGA AWD—6-Cyl.—Equipment Schedule 1** | | | | | | |
| W.B. 92.5"; 3.6 Liter. | | | | | | |
| 4 Coupe 2D | BA299 | 87860 | 36000 | 37300 | 38200 | 43700 |
| Full Leather | | | 250 | 250 | 335 | 335 |
| ASM Sport Suspension | | | 750 | 750 | 1000 | 1000 |
| Automatic w/Tiptronic | | | 700 | 700 | 935 | 935 |
| **911 TARGA AWD—6-Cyl.—Equipment Schedule 1** | | | | | | |
| W.B. 92.5"; 3.8 Liter. | | | | | | |
| 4S Coupe 2D | BB299 | 98160 | 37400 | 38800 | 39700 | 45300 |
| Full Leather | | | 250 | 250 | 335 | 335 |
| Automatic w/Tiptronic | | | 700 | 700 | 935 | 935 |
| **911 TURBO AWD—6-Cyl. Turbo—Equipment Schedule 1** | | | | | | |
| W.B. 92.5"; 3.6 Liter. | | | | | | |
| Coupe 2D | AD299 | 127060 | 48200 | 50000 | 50600 | 57100 |
| Cabriolet 2D | CD299 | 137360 | 51700 | 53600 | 54100 | 61100 |
| Full Leather | | | 250 | 250 | 335 | 335 |
| Automatic w/Tiptronic | | | 700 | 700 | 935 | 935 |
| **911 GT2—6-Cyl. Twin Turbo—Equipment Schedule 1** | | | | | | |
| W.B. 92.5"; 3.6 Liter. | | | | | | |
| Coupe 2D | AD299 | 192560 | **** | **** | **** | 106900 |
| **911 GT3—6-Cyl.—Equipment Schedule 1** | | | | | | |
| W.B. 92.5"; 3.6 Liter. | | | | | | |
| Coupe 2D | AC299 | 108360 | 53000 | 54900 | 55500 | 62600 |

# 2009 PORSCHE — WPO(CA298)-9-#

| Body Type | VIN | List | Good | Very Good | Good | Excellent |
|---|---|---|---|---|---|---|
| **BOXSTER—6-Cyl.—Equipment Schedule 1** | | | | | | |
| W.B. 95.1"; 2.9 Liter, 3.4 Liter. | | | | | | |
| Cabriolet 2D | CA298 | 50880 | 21100 | 22000 | 23200 | 27200 |
| S Cabriolet 2D | CB298 | 60980 | 26900 | 28000 | 29400 | 34400 |
| Full Leather | | | 300 | 300 | 400 | 400 |
| Hard Top | | | 575 | 575 | 765 | 765 |
| Aero Kit | | | 2050 | 2050 | 2735 | 2735 |
| Sport Pkg | | | 650 | 650 | 865 | 865 |
| Automatic, PDK | | | 800 | 800 | 1065 | 1065 |
| **911 CARRERA—6-Cyl.—Equipment Schedule 1** | | | | | | |
| W.B. 92.5"; 3.6 Liter. | | | | | | |
| Coupe 2D | AA299 | 80540 | 34700 | 36000 | 36400 | 41100 |
| Full Leather | | | 300 | 300 | 400 | 400 |
| Aero Kit | | | 2050 | 2050 | 2735 | 2735 |
| ASM Sport Suspension | | | 775 | 775 | 1035 | 1035 |
| Automatic, PDK | | | 800 | 800 | 1065 | 1065 |
| **911 CARRERA—6-Cyl.—Equipment Schedule 1** | | | | | | |
| W.B. 92.5"; 3.8 Liter. | | | | | | |
| S Coupe 2D | AB299 | 91140 | 43600 | 45200 | 45500 | 51300 |
| Full Leather | | | 300 | 300 | 400 | 400 |
| Aero Kit | | | 2050 | 2050 | 2735 | 2735 |
| ASM Sport Suspension | | | 775 | 775 | 1035 | 1035 |
| Automatic, PDK | | | 800 | 800 | 1065 | 1065 |
| **911 CARRERA—6-Cyl.—Equipment Schedule 1** | | | | | | |
| W.B. 92.5"; 3.6 Liter. | | | | | | |
| Cabriolet 2D | CA299 | 91140 | 40600 | 42100 | 42400 | 47900 |
| Full Leather | | | 300 | 300 | 400 | 400 |
| Hard Top (Cabriolet) | | | 575 | 575 | 765 | 765 |
| Aero Kit | | | 2050 | 2050 | 2735 | 2735 |
| Automatic, PDK | | | 800 | 800 | 1065 | 1065 |

**EQUIPMENT & MILEAGE PAGE 9 TO 23**

## 2009 PORSCHE

| Body Type | VIN | List | Trade-In Good | Very Good | Pvt-Party Good | Retail Excellent |
|---|---|---|---|---|---|---|
| **911 CARRERA—6-Cyl.**—Equipment Schedule 1 | | | | | | |
| W.B. 92.5"; 3.8 Liter. | | | | | | |
| S Cabriolet 2D | CB299 | 101740 | 45400 | 47000 | 47300 | 53300 |
| Full Leather | | | 300 | 300 | 400 | 400 |
| Aero Kit | | | 2050 | 2050 | 2735 | 2735 |
| Automatic, PDK | | | 800 | 800 | 1065 | 1065 |
| **911 CARRERA 4 AWD—6-Cyl.**—Equipment Schedule 1 | | | | | | |
| W.B. 92.5"; 3.6 Liter, 3.8 Liter. | | | | | | |
| Coupe 2D | AA299 | 91140 | 37900 | 39300 | 39600 | 44700 |
| 4S Coupe 2D | AB299 | 97240 | 43000 | 44600 | 44900 | 50600 |
| Full Leather | | | 300 | 300 | 400 | 400 |
| Aero Kit | | | 2050 | 2050 | 2735 | 2735 |
| ASM Sport Suspension | | | 775 | 775 | 1035 | 1035 |
| Automatic, PDK | | | 800 | 800 | 1065 | 1065 |
| **911 CARRERA 4 AWD—6-Cyl.**—Equipment Schedule 1 | | | | | | |
| W.B. 92.5"; 3.6 Liter, 3.8 Liter. | | | | | | |
| Cabriolet 2D | CA299 | 97240 | 42000 | 43500 | 43800 | 49500 |
| 4S Cabriolet 2D | CB299 | 107840 | 48100 | 49800 | 50000 | 56400 |
| Full Leather | | | 300 | 300 | 400 | 400 |
| Hard Top (Cabriolet) | | | 575 | 575 | 765 | 765 |
| Aero Kit | | | 2050 | 2050 | 2735 | 2735 |
| Automatic, PDK | | | 800 | 800 | 1065 | 1065 |
| **911 GT2 6-Cyl. Twin Turbo**—Equipment Schedule 1 | | | | | | |
| W.B. 92.5"; 3.6 Liter. | | | | | | |
| Coupe 2D | AD299 | 194950 | **** | **** | **** | 126600 |

## 2010 PORSCHE — WPO(CA2A8)-A-#

| Body Type | VIN | List | Trade-In Good | Very Good | Pvt-Party Good | Retail Excellent |
|---|---|---|---|---|---|---|
| **BOXSTER—6-Cyl.**—Equipment Schedule 1 | | | | | | |
| W.B. 95.1"; 2.9 Liter, 3.4 Liter. | | | | | | |
| Cabriolet 2D | CA2A8 | 48550 | 23600 | 24500 | 25400 | 29100 |
| S Cabriolet 2D | CB2A8 | 58950 | 29300 | 30500 | 31400 | 36000 |
| Full Leather | | | 350 | 350 | 465 | 465 |
| Hard Top | | | 600 | 600 | 800 | 800 |
| SportDesign | | | 725 | 725 | 965 | 965 |
| Automatic, PDK | | | 875 | 875 | 1165 | 1165 |
| **CAYMAN—6-Cyl.**—Equipment Schedule 1 | | | | | | |
| W.B. 95.1"; 2.9 Liter, 3.4 Liter. | | | | | | |
| Coupe 2D | AA2A8 | 52350 | 25400 | 26400 | 27100 | 31000 |
| S Coupe 2D | AB2A8 | 65870 | 32700 | 34000 | 34800 | 39700 |
| Full Leather | | | 350 | 350 | 465 | 465 |
| Automatic, PDK | | | 875 | 875 | 1165 | 1165 |
| **911 CARRERA—6-Cyl.**—Equipment Schedule 1 | | | | | | |
| W.B. 92.5"; 3.6 Liter. | | | | | | |
| Coupe 2D | AA2A9 | 78750 | 40600 | 42100 | 42300 | 47600 |
| Cabriolet 2D | CA2A9 | 89750 | 46600 | 48300 | 48300 | 54300 |
| Full Leather | | | 350 | 350 | 465 | 465 |
| Hard Top | | | 600 | 600 | 800 | 800 |
| Aero Kit | | | 2175 | 2175 | 2900 | 2900 |
| ASM Sport Suspension | | | 800 | 800 | 1065 | 1065 |
| Automatic, PDK | | | 875 | 875 | 1165 | 1165 |
| **911 CARRERA—6-Cyl.**—Equipment Schedule 1 | | | | | | |
| W.B. 92.5"; 3.8 Liter. | | | | | | |
| S Coupe 2D | AB2A9 | 89750 | 49200 | 51000 | 51300 | 57700 |
| Full Leather | | | 350 | 350 | 465 | 465 |
| ASM Sport Suspension | | | 800 | 800 | 1065 | 1065 |
| Aero Kit | | | 2175 | 2175 | 2900 | 2900 |
| Automatic, PDK | | | 875 | 875 | 1165 | 1165 |
| **911 CARRERA—6-Cyl.**—Equipment Schedule 1 | | | | | | |
| W.B. 92.5"; 3.8 Liter. | | | | | | |
| S Cabriolet 2D | CB2A9 | 100750 | 53200 | 55100 | 55400 | 62200 |
| Full Leather | | | 350 | 350 | 465 | 465 |
| Hard Top | | | 600 | 600 | 800 | 800 |
| Automatic, PDK | | | 875 | 875 | 1165 | 1165 |
| **911 CARRERA 4 AWD—6-Cyl.**—Equipment Schedule 1 | | | | | | |
| W.B. 92.5"; 3.6 Liter, 3.8 Liter. | | | | | | |
| Coupe 2D | AA2A9 | 85050 | 44000 | 45600 | 45700 | 51400 |
| 4S Coupe 2D | AB2A9 | 96050 | 49500 | 51300 | 51600 | 58000 |
| Full Leather | | | 350 | 350 | 465 | 465 |
| Aero Kit | | | 2175 | 2175 | 2900 | 2900 |
| ASM Sport Suspension | | | 800 | 800 | 1065 | 1065 |
| Automatic, PDK | | | 875 | 875 | 1165 | 1165 |
| **911 CARRERA 4 AWD—6-Cyl.**—Equipment Schedule 1 | | | | | | |
| W.B. 92.5"; 3.6 Liter, 3.8 Liter. | | | | | | |

**DEDUCT FOR RECONDITIONING**

# 2010 PORSCHE

| Body Type | VIN | List | Trade-In Good | Very Good | Pvt-Party Good | Retail Excellent |
|---|---|---|---|---|---|---|
| Cabriolet 2D | CA2A9 | 96050 | 48800 | 50400 | 50900 | 57300 |
| 4S Cabriolet 2D | CB2A9 | 107050 | 54800 | 56700 | 57000 | 64100 |
| Full Leather | | | 350 | 350 | 465 | 465 |
| Hard Top (Cabriolet) | | | 600 | 600 | 800 | 800 |
| Automatic, PDK | | | 875 | 875 | 1165 | 1165 |

**911 TARGA AWD—6-Cyl.—Equipment Schedule 1**
W.B. 92.5"; 3.6 Liter.

| | | | | | | |
|---|---|---|---|---|---|---|
| 4 Coupe 2D | BA2A9 | 93050 | 48700 | 50400 | 50400 | 56700 |
| Full Leather | | | 350 | 350 | 465 | 465 |
| ASM Sport Suspension | | | 800 | 800 | 1065 | 1065 |
| Automatic, PDK | | | 875 | 875 | 1165 | 1165 |

**911 TARGA AWD—6-Cyl.—Equipment Schedule 1**
W.B. 92.5"; 3.6 Liter.

| | | | | | | |
|---|---|---|---|---|---|---|
| 4S Coupe 2D | BB2A9 | 104050 | 51200 | 53000 | 53300 | 60000 |
| Full Leather | | | 350 | 350 | 465 | 465 |
| Automatic, PDK | | | 875 | 875 | 1165 | 1165 |

**911 TURBO AWD—6-Cyl. Turbo—Equipment Schedule 1**
W.B. 92.5"; 3.6 Liter.

| | | | | | | |
|---|---|---|---|---|---|---|
| Coupe 2D | AD2A9 | 133750 | 79200 | 81900 | 81200 | 90700 |
| Cabriolet 2D | CD2A9 | 144750 | 89400 | 92400 | 91500 | 102100 |
| Full Leather | | | 350 | 350 | 465 | 465 |
| Automatic, PDK | | | 875 | 875 | 1165 | 1165 |

**911 GT3—6-Cyl.—Equipment Schedule 1**
W.B. 92.7"; 3.8 Liter.

| | | | | | | |
|---|---|---|---|---|---|---|
| Coupe 2D | AC2A9 | 113150 | 84200 | 87000 | 86500 | 96950 |
| RS Coupe 2D | AC2A9 | 133750 | 95800 | 99000 | 98200 | 110000 |

**PANAMERA—V8—Equipment Schedule 1**
W.B. 115.0"; 4.8 Liter.

| | | | | | | |
|---|---|---|---|---|---|---|
| S Sedan 4D | AB2A7 | 90775 | 46900 | 48600 | 48400 | 53900 |

**PANAMERA AWD—V8—Equipment Schedule 1**
W.B. 115.0"; 4.8 Liter.

| | | | | | | |
|---|---|---|---|---|---|---|
| 4S Sedan 4D | AB2A7 | 94775 | 48900 | 50700 | 50400 | 56100 |

**PANAMERA AWD—V8 Twin Turbo—Equipment Schedule 1**
W.B. 115.0"; 4.8 Liter.

| | | | | | | |
|---|---|---|---|---|---|---|
| Sedan 4D | AC2A7 | 133575 | 74000 | 76500 | 75500 | 83800 |

# 2011 PORSCHE — WPO(CA2A8)-B-#

**BOXSTER—6-Cyl.—Equipment Schedule 1**
W.B. 95.1"; 2.9 Liter, 3.4 Liter.

| | | | | | | |
|---|---|---|---|---|---|---|
| Convertible 2D | CA2A8 | 49050 | 27900 | 29000 | 29700 | 34000 |
| S Convertible 2D | CB2A8 | 59550 | 34800 | 36100 | 36900 | 42100 |
| Spyder Convertible 2D | CB2A8 | 64510 | 42200 | 43800 | 44600 | 50800 |
| Full Leather | | | 400 | 400 | 535 | 535 |
| Hard Top | | | 625 | 625 | 835 | 835 |
| SportDesign Pkg | | | 800 | 800 | 1065 | 1065 |
| Automatic, PDK | | | 950 | 950 | 1265 | 1265 |

**CAYMAN—6-Cyl.—Equipment Schedule 1**
W.B. 95.1"; 2.9 Liter, 3.4 Liter.

| | | | | | | |
|---|---|---|---|---|---|---|
| Coupe 2D | AA2A8 | 54400 | 28900 | 30100 | 30800 | 35000 |
| S Coupe 2D | AB2A8 | 66470 | 36600 | 38000 | 38600 | 43900 |
| Full Leather | | | 400 | 400 | 535 | 535 |
| Automatic, PDK | | | 950 | 950 | 1265 | 1265 |

**911 CARRERA—6-Cyl.—Equipment Schedule 1**
W.B. 92.5"; 3.6 Liter.

| | | | | | | |
|---|---|---|---|---|---|---|
| Coupe 2D | AA2A9 | 78750 | 47500 | 49200 | 48800 | 54500 |
| Cabriolet 2D | CA2A9 | 89750 | 53100 | 55000 | 54800 | 61100 |
| Full Leather | | | 400 | 400 | 535 | 535 |
| Hard Top | | | 625 | 625 | 835 | 835 |
| Aero Kit | | | 2300 | 2300 | 3065 | 3065 |
| ASM Sport Suspension | | | 825 | 825 | 1100 | 1100 |
| Automatic, PDK | | | 950 | 950 | 1265 | 1265 |

**911 CARRERA—6-Cyl.—Equipment Schedule 1**
W.B. 92.5"; 3.8 Liter.

| | | | | | | |
|---|---|---|---|---|---|---|
| S Coupe 2D | AB2A9 | 91450 | 56100 | 58100 | 57800 | 64500 |
| Full Leather | | | 400 | 400 | 535 | 535 |
| Aero Kit | | | 2300 | 2300 | 3065 | 3065 |
| ASM Sport Suspension | | | 825 | 825 | 1100 | 1100 |
| Automatic, PDK | | | 950 | 950 | 1265 | 1265 |

**911 CARRERA—6-Cyl.—Equipment Schedule 1**
W.B. 92.5"; 3.8 Liter.

| | | | | | | |
|---|---|---|---|---|---|---|
| S Cabriolet 2D | CB2A9 | 102450 | 59600 | 61700 | 61300 | 68400 |
| Full Leather | | | 400 | 400 | 535 | 535 |
| Hard Top | | | 625 | 625 | 835 | 835 |

EQUIPMENT & MILEAGE PAGE 9 TO 23

# 2011 PORSCHE

| Body Type | VIN | List | Trade-In Good | Very Good | Pvt-Party Good | Retail Excellent |
|---|---|---|---|---|---|---|
| Automatic, PDK | | | 950 | 950 | 1265 | 1265 |
| **911 CARRERA 4 AWD—6-Cyl.**—Equipment Schedule 1 | | | | | | |
| W.B. 92.5"; 3.6 Liter, 3.8 Liter. | | | | | | |
| Coupe 2D | AA2A9 | 85050 | 50500 | 52300 | 52200 | 58200 |
| Cabriolet 2D | CA2A9 | 96050 | 55700 | 57700 | 57400 | 64000 |
| 4S Coupe 2D | AB2A9 | 99750 | 57000 | 59000 | 58700 | 65500 |
| Full Leather | | | 400 | 400 | 535 | 535 |
| Hard Top | | | 625 | 625 | 835 | 835 |
| Aero Kit | | | 2300 | 2300 | 3065 | 3065 |
| ASM Sport Suspension | | | 825 | 825 | 1100 | 1100 |
| Automatic, PDK | | | 950 | 950 | 1265 | 1265 |
| **911 CARRERA 4 AWD—6-Cyl.**—Equipment Schedule 1 | | | | | | |
| W.B. 92.5"; 3.8 Liter. | | | | | | |
| 4S Cabriolet 2D | CB2A9 | 108750 | 61700 | 63800 | 63400 | 70700 |
| Full Leather | | | 400 | 400 | 535 | 535 |
| Hard Top | | | 625 | 625 | 835 | 835 |
| Automatic, PDK | | | 950 | 950 | 1265 | 1265 |
| **911 TARGA AWD—6-Cyl.**—Equipment Schedule 1 | | | | | | |
| W.B. 92.5"; 3.6 Liter. | | | | | | |
| 4 Coupe 2D | BA2A9 | 93050 | 55200 | 57200 | 56900 | 63500 |
| Full Leather | | | 400 | 400 | 535 | 535 |
| ASM Sport Suspension | | | 825 | 825 | 1100 | 1100 |
| Automatic, PDK | | | 950 | 950 | 1265 | 1265 |
| **911 TARGA AWD—6-Cyl.**—Equipment Schedule 1 | | | | | | |
| W.B. 92.5"; 3.8 Liter. | | | | | | |
| 4S Coupe 2D | BB2A9 | 105750 | 57600 | 59600 | 59300 | 66100 |
| Full Leather | | | 400 | 400 | 535 | 535 |
| Automatic, PDK | | | 950 | 950 | 1265 | 1265 |
| **911 TURBO AWD—6-Cyl. Twin Turbo**—Equipment Schedule 1 | | | | | | |
| W.B. 92.5"; 3.8 Liter. | | | | | | |
| Coupe 2D | AD2A9 | 136450 | 96500 | 99700 | 97800 | 108300 |
| Full Leather | | | 400 | 400 | 535 | 535 |
| Aero Kit | | | 2300 | 2300 | 3065 | 3065 |
| Automatic, PDK | | | 950 | 950 | 1265 | 1265 |
| **911 TURBO AWD—6-Cyl. Twin Turbo**—Equipment Schedule 1 | | | | | | |
| W.B. 92.5"; 3.8 Liter. | | | | | | |
| Convertible 2D | CD2A9 | 147750 | 109100 | 112700 | 110700 | 122600 |
| Full Leather | | | 400 | 400 | 535 | 535 |
| Hard Top | | | 625 | 625 | 835 | 835 |
| Automatic, PDK | | | 950 | 950 | 1265 | 1265 |
| **911 TURBO S AWD—6-Cyl. Twin Turbo**—Equipment Schedule 1 | | | | | | |
| W.B. 92.5"; 3.8 Liter. | | | | | | |
| Coupe 2D | AD2A9 | 161650 | 112000 | 115700 | 113600 | 125800 |
| Convertible 2D | CD2A9 | 173050 | 116900 | 120800 | 118600 | 131300 |
| Full Leather | | | 400 | 400 | 535 | 535 |
| Aero Kit | | | 2300 | 2300 | 3065 | 3065 |
| **911 GT3—6-Cyl.**—Equipment Schedule 1 | | | | | | |
| W.B. 92.7"; 3.8 Liter, 4.0 Liter. | | | | | | |
| Coupe 2D | AC2A9 | 116650 | 94600 | 97800 | 96600 | 107700 |
| RS Coupe 2D | AC2A9 | 136450 | 105800 | 109300 | 108300 | 120700 |
| RS 4.0 Coupe 2D | AC2A9 | 185950 | 131700 | 136100 | 134400 | 149800 |
| Full Leather | | | 400 | 400 | 535 | 535 |
| **911 GTS—6-Cyl.**—Equipment Schedule 1 | | | | | | |
| W.B. 92.5"; 3.8 Liter. | | | | | | |
| Coupe 2D | AB2A9 | 104050 | 64300 | 66500 | 66000 | 73600 |
| Aero Kit | | | 2300 | 2300 | 3065 | 3065 |
| ASM Sport Suspension | | | 825 | 825 | 1100 | 1100 |
| **911 GTS—6-Cyl.**—Equipment Schedule 1 | | | | | | |
| W.B. 92.5"; 3.8 Liter. | | | | | | |
| Convertible 2D | CB2A9 | 113850 | 68100 | 70500 | 69900 | 77900 |
| Hard Top | | | 625 | 625 | 835 | 835 |
| Aero Kit | | | 2300 | 2300 | 3065 | 3065 |
| **911 SPEEDSTER—6-Cyl.**—Equipment Schedule 1 | | | | | | |
| W.B. 92.5"; 3.8 Liter. | | | | | | |
| Convertible 2D | CB2A9 | 204950 | 163300 | 168600 | 165800 | 184500 |
| **911 GT2 RS—6-Cyl. Twin Turbo**—Equipment Schedule 1 | | | | | | |
| W.B. 92.7"; 3.6 Liter. | | | | | | |
| Coupe 2D | AE2A9 | 245950 | **** | **** | **** | 184500 |
| **PANAMERA—V6**—Equipment Schedule 1 | | | | | | |
| W.B. 115.0"; 3.6 Liter. | | | | | | |
| Sedan 4D | AA2A7 | 75375 | 44100 | 45700 | 45500 | 50800 |
| Automatic, PDK | | | 950 | 950 | 1265 | 1265 |

**240   DEDUCT FOR RECONDITIONING**

# 2011 PORSCHE

| Body Type | VIN | List | Trade-In Good | Very Good | Pvt-Party Good | Retail Excellent |
|---|---|---|---|---|---|---|
| **PANAMERA AWD—V6—Equipment Schedule 1** | | | | | | |
| W.B. 115.0"; 3.6 Liter. | | | | | | |
| 4 Sedan 4D | AA2A7 | 79875 | 46500 | 48200 | 47900 | 53500 |
| **PANAMERA—V8—Equipment Schedule 1** | | | | | | |
| W.B. 115.0"; 4.8 Liter. | | | | | | |
| S Sedan 4D | AB2A7 | 90775 | 52800 | 54700 | 54600 | 61000 |
| Automatic | | | 950 | 950 | 1265 | 1265 |
| **PANAMERA AWD—V8—Equipment Schedule 1** | | | | | | |
| W.B. 115.0"; 4.8 Liter. | | | | | | |
| 4S Sedan 4D | AB2A7 | 95675 | 54100 | 56000 | 55900 | 62400 |
| **PANAMERA AWD—V8 Twin Turbo—Equipment Schedule 1** | | | | | | |
| W.B. 115.0"; 4.8 Liter. | | | | | | |
| Turbo Sedan 4D | AC2A7 | 136275 | 81500 | 84200 | 83400 | 93000 |

## 2012 PORSCHE — WPO(CA2A8)-C-#

| Body Type | VIN | List | Trade-In Good | Very Good | Pvt-Party Good | Retail Excellent |
|---|---|---|---|---|---|---|
| **BOXSTER—6-Cyl.—Equipment Schedule 1** | | | | | | |
| W.B. 95.1"; 2.9 Liter, 3.4 Liter. | | | | | | |
| Convertible 2D | CA2A8 | 49050 | 31200 | 32400 | 32500 | 36500 |
| S Convertible 2D | CB2A8 | 59550 | 39500 | 41000 | 41000 | 45900 |
| Spyder Convertible 2D | CB2A8 | 62750 | 46400 | 48300 | 48100 | 53800 |
| S Black Ed Conv 2D | CB2A8 | 63450 | 43600 | 45200 | 45100 | 50500 |
| Full Leather | | | 450 | 450 | 600 | 600 |
| Hard Top | | | 650 | 650 | 865 | 865 |
| SportDesign Pkg | | | 875 | 875 | 1165 | 1165 |
| Auto, 7-Spd w/PDK MM | | | 1025 | 1025 | 1365 | 1365 |
| **CAYMAN—6-Cyl.—Equipment Schedule 1** | | | | | | |
| W.B. 95.1"; 2.9 Liter, 3.4 Liter. | | | | | | |
| Coupe 2D | AA2A8 | 56270 | 34900 | 36200 | 36500 | 41200 |
| S Coupe 2D | AB2A8 | 70670 | 42500 | 44100 | 44300 | 49900 |
| R Coupe 2D | AB2A8 | 70910 | 49100 | 50900 | 51300 | 57800 |
| S Black Ed Coupe 2D | AB2A8 | 72110 | 45000 | 46600 | 46800 | 52700 |
| Full Leather | | | 450 | 450 | 600 | 600 |
| Auto, 7-Spd w/PDK | | | 1025 | 1025 | 1365 | 1365 |
| **911 CARRERA—6-Cyl.—Equipment Schedule 1** | | | | | | |
| W.B. 92.5"; 3.6 Liter, 3.8 Liter. | | | | | | |
| 997 Coupe 2D | AA2A9 | 79950 | 53000 | 54900 | 54900 | 61400 |
| 991 Coupe 2D | AA2A9 | 83050 | 54600 | 56500 | 56500 | 63200 |
| Cabriolet 2D | CA2A9 | 91050 | 60600 | 62700 | 62500 | 69900 |
| Full Leather | | | 450 | 450 | 600 | 600 |
| Aero Kit | | | 2400 | 2400 | 3200 | 3200 |
| ASM Sport Suspension | | | 850 | 850 | 1135 | 1135 |
| Auto, 7-Spd PDK Manual | | | 1025 | 1025 | 1365 | 1365 |
| **911 CARRERA BLACK EDITION—6-Cyl.—Equipment Schedule 1** | | | | | | |
| W.B. 92.5"; 3.6 Liter. | | | | | | |
| Coupe 2D | AA2A9 | 82250 | 53600 | 55500 | 55500 | 62100 |
| Convertible 2D | CA2A9 | 92250 | 56100 | 58100 | 58000 | 64900 |
| Full Leather | | | 450 | 450 | 600 | 600 |
| Hard Top | | | 650 | 650 | 865 | 865 |
| ASM Sport Suspension | | | 850 | 850 | 1135 | 1135 |
| Auto, 7-Spd PDK Manual | | | 1025 | 1025 | 1365 | 1365 |
| **911 CARRERA 4 AWD—6-Cyl.—Equipment Schedule 1** | | | | | | |
| W.B. 92.5"; 3.6 Liter, 3.8 Liter. | | | | | | |
| Coupe 2D | AA2A9 | 86350 | 58000 | 60000 | 59900 | 67000 |
| Cabriolet 2D | CA2A9 | 97450 | 63200 | 65400 | 65100 | 72800 |
| 4S Coupe 2D | AB2A9 | 99250 | 64500 | 66700 | 66400 | 74300 |
| GTS Coupe 2D | AB2A7 | 111150 | 72000 | 74500 | 74000 | 82800 |
| Full Leather | | | 450 | 450 | 600 | 600 |
| Aero Kit | | | 2400 | 2400 | 3200 | 3200 |
| ASM Sport Suspension | | | 850 | 850 | 1135 | 1135 |
| Auto, 7-Spd PDK Manual | | | 1025 | 1025 | 1365 | 1365 |
| **911 CARRERA 4 AWD—6-Cyl.—Equipment Schedule 1** | | | | | | |
| W.B. 92.5"; 3.8 Liter. | | | | | | |
| 4S Cabriolet 2D | CB2A9 | 110350 | 69100 | 71500 | 71100 | 79500 |
| GTS Convertible 2D | CB2A9 | 121050 | 76700 | 79300 | 78700 | 88000 |
| Full Leather | | | 450 | 450 | 600 | 600 |
| Hard Top | | | 650 | 650 | 865 | 865 |
| Auto, 7-Spd PDK Manual | | | 1025 | 1025 | 1365 | 1365 |
| **911 CARRERA S—6-Cyl.—Equipment Schedule 1** | | | | | | |
| W.B. 92.5"; 3.8 Liter. | | | | | | |
| 997 Coupe 2D | AB2A9 | 92850 | 63600 | 65800 | 65500 | 73300 |
| Cabriolet 2D | CB2A9 | 103950 | 67000 | 69400 | 69000 | 77200 |
| Full Leather | | | 450 | 450 | 600 | 600 |
| Auto, 7-Spd PDK Manual | | | 1025 | 1025 | 1365 | 1365 |

EQUIPMENT & MILEAGE PAGE 9 TO 23

# 2012 PORSCHE

| Body Type | VIN | List | Trade-In Good | Trade-In Very Good | Pvt-Party Good | Retail Excellent |
|---|---|---|---|---|---|---|
| **911 CARRERA S—6-Cyl.—Equipment Schedule 1** | | | | | | |
| W.B. 92.5"; 3.8 Liter. | | | | | | |
| 991 Coupe 2D | AB2A9 | 97350 | 64900 | 67100 | 66800 | 74700 |
| Full Leather | | | 450 | 450 | 600 | 600 |
| ASM Sport Suspension | | | 850 | 850 | 1135 | 1135 |
| Auto, 7-Spd PDK Manual | | | 1025 | 1025 | 1365 | 1365 |
| **911 TARGA AWD—6-Cyl.—Equipment Schedule 1** | | | | | | |
| W.B. 92.5"; 3.6 Liter. | | | | | | |
| 4 Coupe 2D | BA2A9 | 94450 | 62700 | 64800 | 64600 | 72300 |
| Full Leather | | | 450 | 450 | 600 | 600 |
| ASM Sport Suspension | | | 850 | 850 | 1135 | 1135 |
| Auto, 7-Spd PDK Manual | | | 1025 | 1025 | 1365 | 1365 |
| **911 TARGA AWD—6-Cyl.—Equipment Schedule 1** | | | | | | |
| W.B. 92.5"; 3.8 Liter. | | | | | | |
| 4S Coupe 2D | BB2A9 | 107350 | 65100 | 67300 | 67000 | 75000 |
| Full Leather | | | 450 | 450 | 600 | 600 |
| Auto, 7-Spd PDK Manual | | | 1025 | 1025 | 1365 | 1365 |
| **911 TURBO AWD—6-Cyl. Twin Turbo—Equipment Schedule 1** | | | | | | |
| W.B. 92.5"; 3.8 Liter. | | | | | | |
| Coupe 2D | AD2A9 | 138450 | 107800 | 111300 | 110100 | 122600 |
| Cabriolet 2D | CD2A9 | 149950 | 120800 | 124800 | 123200 | 137100 |
| Full Leather | | | 450 | 450 | 600 | 600 |
| Hard Top | | | 650 | 650 | 865 | 865 |
| Auto, 7-Spd PDK Manual | | | 1025 | 1025 | 1365 | 1365 |
| **911 TURBO S AWD—6-Cyl. Twin Turbo—Equipment Schedule 1** | | | | | | |
| W.B. 92.5"; 3.8 Liter. | | | | | | |
| Coupe 2D | AD2A9 | 161650 | 123700 | 127800 | 126100 | 140400 |
| Convertible 2D | CD2A9 | 173050 | 128700 | 132900 | 131100 | 145900 |
| Aero Kit | | | 2400 | 2400 | 3200 | 3200 |
| Hard Top | | | 650 | 650 | 865 | 865 |
| **911 GTS—6-Cyl.—Equipment Schedule 1** | | | | | | |
| W.B. 92.5"; 3.8 Liter. | | | | | | |
| Coupe 2D | AB2A9 | 104050 | 71200 | 73700 | 73200 | 81900 |
| Convertible 2D | CB2A9 | 113850 | 75600 | 78200 | 77600 | 86800 |
| Hard Top | | | 650 | 650 | 865 | 865 |
| **PANAMERA—V6—Equipment Schedule 1** | | | | | | |
| W.B. 114.9"; 3.6 Liter. | | | | | | |
| Sedan 4D | AA2A7 | 76175 | 56200 | 58200 | 57600 | 63800 |
| **PANAMERA—V6 Hybrid—Equipment Schedule 1** | | | | | | |
| W.B. 114.9"; 3.0 Liter. | | | | | | |
| S Sedan 4D | AD2A7 | 95975 | 68600 | 71000 | 70000 | 77600 |
| **PANAMERA AWD—V6—Equipment Schedule 1** | | | | | | |
| W.B. 114.9"; 3.6 Liter. | | | | | | |
| 4 Sedan 4D | AA2A7 | 80775 | 58600 | 60600 | 60000 | 66500 |
| **PANAMERA—V8—Equipment Schedule 1** | | | | | | |
| W.B. 114.9"; 4.8 Liter. | | | | | | |
| S Sedan 4D | AB2A7 | 91275 | 65300 | 67500 | 66600 | 73800 |
| **PANAMERA AWD—V8—Equipment Schedule 1** | | | | | | |
| W.B. 114.9"; 4.8 Liter. | | | | | | |
| 4S Sedan 4D | AB2A7 | 96175 | 66500 | 68800 | 67900 | 75300 |
| **PANAMERA AWD—V8 Twin Turbo—Equipment Schedule 1** | | | | | | |
| W.B. 115.0"; 4.8 Liter. | | | | | | |
| Turbo Sedan 4D | AC2A7 | 137675 | 93900 | 97100 | 95200 | 105400 |
| Turbo S Sedan 4D | AC2A7 | 174175 | 117800 | 121700 | 119500 | 132300 |

# 2013 PORSCHE — WPO(CA2A8)-D-#

| Body Type | VIN | List | Trade-In Good | Trade-In Very Good | Pvt-Party Good | Retail Excellent |
|---|---|---|---|---|---|---|
| **BOXSTER—6-Cyl.—Equipment Schedule 1** | | | | | | |
| W.B. 95.1"; 2.7 Liter, 3.4 Liter. | | | | | | |
| Convertible 2D | CA2A8 | 50450 | 44000 | 45600 | 45400 | 50800 |
| S Convertible 2D | CB2A8 | 61850 | 52400 | 54300 | 54200 | 60600 |
| Full Leather | | | 525 | 525 | 700 | 700 |
| Auto, 7-Spd w/PDK Manual | | | 1100 | 1100 | 1465 | 1465 |
| **911 CARRERA—6-Cyl.—Equipment Schedule 1** | | | | | | |
| W.B. 92.5", 96.5" (Cab); 3.4 Liter. | | | | | | |
| Coupe 2D | AA2A9 | 83050 | 63200 | 65400 | 64500 | 71500 |
| Cabriolet 2D | CA2A9 | 94650 | | | | |
| Full Leather | | | 525 | 525 | 700 | 700 |
| ASM Sport Suspension | | | 875 | 875 | 1165 | 1165 |
| Auto, 7-Spd PDK Manual | | | 1100 | 1100 | 1465 | 1465 |
| **911 CARRERA S—6-Cyl.—Equipment Schedule 1** | | | | | | |
| W.B. 92.5", 96.5" (Cab); 3.8 Liter. | | | | | | |
| Coupe 2D | AB2A9 | 97350 | 73400 | 75900 | 74700 | 82800 |
| Cabriolet 2D | CB2A9 | 108950 | | | | |

**242    DEDUCT FOR RECONDITIONING**

# 2013 PORSCHE

| Body Type | VIN | List | Trade-In Good | Trade-In Very Good | Pvt-Party Good | Retail Excellent |
|---|---|---|---|---|---|---|
| Full Leather | | | 525 | 525 | 700 | 700 |
| Auto, 7-Spd PDK Manual | | | 1100 | 1100 | 1465 | 1465 |
| **PANAMERA—V6—Equipment Schedule 1** | | | | | | |
| W.B. 114.9"; 3.6 Liter. | | | | | | |
| Sedan 4D | | 76825 | 65900 | 68200 | 67300 | 74600 |
| Platinum Ed Sedan | | 81475 | 69800 | 72200 | 71200 | 78900 |
| **PANAMERA—V6 Hybrid—Equipment Schedule 1** | | | | | | |
| W.B. 114.9"; 3.0 Liter. | | | | | | |
| S Sedan 4D | | 97125 | 78400 | 81100 | 79700 | 88300 |
| **PANAMERA AWD—V6—Equipment Schedule 1** | | | | | | |
| W.B. 114.9"; 3.6 Liter. | | | | | | |
| 4 Sedan 4D | | 81425 | 68300 | 70700 | 69700 | 77200 |
| 4 Platinum Ed Sed | | 85575 | | | | |
| **PANAMERA—V8—Equipment Schedule 1** | | | | | | |
| W.B. 114.9"; 4.8 Liter. | | | | | | |
| S Sedan 4D | | 92325 | 75000 | 77600 | 76300 | 84600 |
| **PANAMERA AWD—V8—Equipment Schedule 1** | | | | | | |
| W.B. 114.9"; 4.8 Liter. | | | | | | |
| 4S Sedan 4D | | 97325 | | | | |
| GTS Sedan 4D | | 111975 | 97300 | 100600 | 99100 | 109700 |

# ROLLS ROYCE

## 2005 ROLLS ROYCE — SCA(1S684)-5-#

**PHANTOM—V12—Equipment Schedule 2**
W.B. 140.6"; 6.8 Liter.

| Body Type | VIN | List | Good | Very Good | Pvt-Party | Retail |
|---|---|---|---|---|---|---|
| Sedan 4D | 1S684 | 328750 | **** | **** | **** | 116400 |

## 2006 ROLLS ROYCE — SCA(1S684)-6-#

**PHANTOM—V12—Equipment Schedule 2**
W.B. 140.6"; 6.8 Liter.

| Sedan 4D | 1S684 | 329750 | **** | **** | **** | 151200 |
|---|---|---|---|---|---|---|

## 2007 ROLLS ROYCE — SCA(1S685)-7-#

**PHANTOM—V12—Equipment Schedule 2**
W.B. 140.6", 150.4"; 6.8 Liter.

| Sedan 4D | 1S685 | 335350 | **** | **** | **** | 183600 |
|---|---|---|---|---|---|---|
| Extended Sedan 4D | 1L685 | 387500 | **** | **** | **** | 228400 |

## 2008 ROLLS ROYCE — SCA(1S685)-8-#

**PHANTOM—V12—Equipment Schedule 2**
W.B. 130.7", 140.6" (Sed), 150.4" (Ext); 6.8 Liter.

| Sedan 4D | 1S685 | 345000 | **** | **** | **** | 207300 |
|---|---|---|---|---|---|---|
| Extended Sedan 4D | 1L685 | 408000 | **** | **** | **** | 251500 |
| Drophead Coupe 2D | 2D685 | 412000 | **** | **** | **** | 284600 |

## 2009 ROLLS ROYCE — SCA(1S685)-9-#

**PHANTOM—V12—Equipment Schedule 2**
W.B. 130.7", 140.6" (Sed), 150.4" (Ext); 6.8 Liter.

| Sedan 4D | 1S685 | 382000 | **** | **** | **** | 234100 |
|---|---|---|---|---|---|---|
| Extended Sedan 4D | 1L685 | 452000 | **** | **** | **** | 283200 |
| Coupe 2D | 3C675 | 402000 | **** | **** | **** | 266500 |
| Drophead Coupe 2D | 2D685 | 436000 | **** | **** | **** | 309700 |

## 2010 ROLLS ROYCE — SCA(664S5)-A-#

**GHOST—V12 Twin Turbo—Equipment Schedule 2**
W.B. 129.7"; 6.6 Liter.

| Sedan 4D | 664S5 | 247000 | **** | **** | **** | 210100 |
|---|---|---|---|---|---|---|

**PHANTOM—V12—Equipment Schedule 2**
W.B. 130.7", 140.6" (Sed), 150.4" (Ext); 6.8 Liter.

| Sedan 4D | 681S5 | 382000 | **** | **** | **** | 275200 |
|---|---|---|---|---|---|---|
| Extended Sedan 4D | 681L5 | 452000 | **** | **** | **** | 323500 |
| Coupe 2D | 683C5 | 410000 | **** | **** | **** | 307100 |
| Drophead Coupe 2D | 682D5 | 445000 | **** | **** | **** | 349600 |

## 2011 ROLLS ROYCE — SCA(664S5)-B-#

**GHOST—V12 Twin Turbo—Equipment Schedule 2**
W.B. 129.7"; 6.6 Liter.

| Sedan 4D | 664S5 | 250200 | **** | **** | **** | 244800 |
|---|---|---|---|---|---|---|

# 2011 ROLLS ROYCE

| Body Type | VIN | List | Trade-In Good | Very Good | Pvt-Party Good | Retail Excellent |
|---|---|---|---|---|---|---|
| **PHANTOM—V12—Equipment Schedule 2** | | | | | | |
| W.B. 130.7", 140.6" (Sed), 150.4" (Ext); 6.8 Liter. | | | | | | |
| Sedan 4D | 681S5 | 385000 | **** | **** | **** | **308600** |
| Extended Sedan 4D | 681L5 | 455000 | **** | **** | **** | **355800** |
| Coupe 2D | 673C5 | 413000 | **** | **** | **** | **339700** |
| Drophead Conv 2D | 682D5 | 452000 | **** | **** | **** | **381300** |

## 2012 ROLLS ROYCE — SCA(664S5)-C-#

| Body Type | VIN | List | Good | Very Good | Good | Excellent |
|---|---|---|---|---|---|---|
| **GHOST—V12 Twin Turbo—Equipment Schedule 2** | | | | | | |
| W.B. 129.7", 136.4" (Ext); 6.6 Liter. | | | | | | |
| Sedan 4D | 664S5 | 253700 | **** | **** | **** | **268100** |
| Extended Sedan 4D | 664L5 | 292000 | **** | **** | **** | **287000** |
| **PHANTOM—V12—Equipment Schedule 2** | | | | | | |
| W.B. 130.7", 140.6" (Sed), 150.4" (Ext); 6.8 Liter. | | | | | | |
| Sedan 4D | 681S5 | 385000 | **** | **** | **** | **347500** |
| Extended Sedan 4D | 681L5 | 455000 | **** | **** | **** | **395400** |
| Coupe 2D | 683C5 | 413000 | **** | **** | **** | **379100** |
| Drophead Conv 2D | 682D5 | 452000 | **** | **** | **** | **421200** |

# SAAB

## 1999 SAAB — YS3(DD38N)-X-#

| Body Type | VIN | List | Good | Very Good | Good | Excellent |
|---|---|---|---|---|---|---|
| **9-3—4-Cyl. Turbo—Equipment Schedule 3** | | | | | | |
| W.B. 102.6"; 2.0 Liter. | | | | | | |
| Hatchback 2D | DD38N | 26225 | 350 | 400 | 775 | 1150 |
| Hatchback 4D | DD58N | 26725 | 375 | 425 | 800 | 1200 |
| Convertible 2D | DD78N | 38725 | 700 | 775 | 1225 | 1825 |
| SE Hatchback 4D | DF58N | 33275 | 575 | 650 | 1050 | 1600 |
| SE Convertible 2D | DF78N | 44570 | 775 | 875 | 1325 | 1975 |
| Automatic | | | 125 | 125 | 165 | 165 |
| 4-Cyl, HO Turbo, 2.0L | P | | 150 | 150 | 200 | 200 |
| **9-3—4-Cyl. HO Turbo—Equipment Schedule 3** | | | | | | |
| W.B. 102.6"; 2.3 Liter. | | | | | | |
| Viggen Coupe 2D | DP35G | 38325 | 1675 | 1850 | 2550 | 3825 |
| **9-5—V6 Turbo—Equipment Schedule 2** | | | | | | |
| W.B. 106.4"; 3.0 Liter. | | | | | | |
| Sedan 4D | ED48Z | 35640 | 600 | 675 | 1175 | 1825 |
| Wagon 4D | ED58Z | 37475 | 650 | 725 | 1225 | 1925 |
| SE Sedan 4D | EF48Z | 37825 | 750 | 825 | 1375 | 2150 |
| Manual, 5-Spd | | | (175) | (175) | (235) | (235) |
| 4-Cyl, Turbo, 2.3 Liter | E | | (475) | (475) | (635) | (635) |

## 2000 SAAB — YS3(DD35H)-Y-#

| Body Type | VIN | List | Good | Very Good | Good | Excellent |
|---|---|---|---|---|---|---|
| **9-3—4-Cyl. Turbo—Equipment Schedule 3** | | | | | | |
| W.B. 102.6"; 2.0 Liter. | | | | | | |
| Hatchback 2D | DD35H | 27675 | 375 | 425 | 800 | 1200 |
| Hatchback 4D | DD55H | 28175 | 400 | 450 | 825 | 1250 |
| Convertible 2D | DD75H | 41225 | 825 | 925 | 1375 | 2075 |
| Automatic | 8 | | 125 | 125 | 165 | 165 |
| **9-3—4-Cyl. HO Turbo—Equipment Schedule 3** | | | | | | |
| W.B. 102.6"; 2.0 Liter, 2.3 Liter. | | | | | | |
| SE Hatchback 4D | DF55K | 33670 | 775 | 875 | 1300 | 1975 |
| SE Convertible 2D | DF75K | 44770 | 900 | 1000 | 1475 | 2200 |
| Viggen Hatchback 2D | DP35G | 38325 | 2175 | 2400 | 3200 | 4725 |
| Viggen Hatchback 4D | DP55G | 38325 | 1900 | 2075 | 2825 | 4175 |
| Viggen Convertible 2D | DP75G | 45570 | 2525 | 2775 | 3675 | 5375 |
| Automatic | 8 | | 125 | 125 | 165 | 165 |
| **9-5—4-Cyl. Turbo—Equipment Schedule 2** | | | | | | |
| W.B. 106.4", 106.6" (Wagon); 2.3 Liter. | | | | | | |
| Sedan 4D | ED48E | 35300 | 625 | 700 | 1200 | 1875 |
| Wagon 4D | ED58E | 35300 | 700 | 775 | 1300 | 2050 |
| Gary Fisher Edition | | | 350 | 350 | 465 | 465 |
| Manual, 5-Spd | 5 | | (225) | (225) | (300) | (300) |
| **9-5—4-Cyl. HO Turbo—Equipment Schedule 2** | | | | | | |
| W.B. 106.4", 106.6" (Wagon); 2.3 Liter. | | | | | | |
| Aero Sedan 4D | EH48G | 41550 | 1550 | 1700 | 2575 | 4025 |
| Aero Wagon 4D | EH58G | 44145 | 1900 | 2075 | 3100 | 4800 |
| Manual, 5-Spd | 5 | | (225) | (225) | (300) | (300) |
| **9-5—V6 Turbo—Equipment Schedule 2** | | | | | | |
| W.B. 106.4", 106.6" (Wagon); 3.0 Liter. | | | | | | |
| SE Sedan 4D | EF48Z | 38325 | 900 | 1000 | 1575 | 2475 |

**DEDUCT FOR RECONDITIONING**

## 2000 SAAB

| Body Type | VIN | List | Trade-In Good | Very Good | Pvt-Party Good | Retail Excellent |
|---|---|---|---|---|---|---|
| SE Wagon 4D | EF58Z | 38325 | 1075 | 1200 | 1825 | 2850 |

## 2001 SAAB — YS3(DD35H)-1-#

**9-3—4-Cyl. Turbo—Equipment Schedule 3**
W.B. 102.6"; 2.0 Liter.

| | | | | | | |
|---|---|---|---|---|---|---|
| Hatchback 2D | DD35H | 27070 | 400 | 450 | 800 | 1200 |
| Hatchback 4D | DD55H | 27570 | 425 | 475 | 850 | 1250 |
| Automatic | | | 125 | 125 | 165 | 165 |

**9-3—4-Cyl. HO Turbo—Equipment Schedule 3**
W.B. 102.6"; 2.0 Liter, 2.3 Liter.

| | | | | | | |
|---|---|---|---|---|---|---|
| SE Hatchback 4D | DF55K | 33170 | 800 | 900 | 1300 | 1950 |
| SE Convertible 2D | DF75K | 40570 | 950 | 1050 | 1600 | 2350 |
| Viggen Hatchback 2D | DP35G | 38510 | 2700 | 2950 | 3775 | 5400 |
| Viggen Hatchback 4D | DP55G | 38510 | 2350 | 2575 | 3325 | 4775 |
| Viggen Convertible 2D | DP75G | 45570 | 3100 | 3400 | 4300 | 6125 |
| Automatic | | | 125 | 125 | 165 | 165 |

**9-5—4-Cyl. Turbo—Equipment Schedule 3**
W.B. 106.4"; 2.3 Liter.

| | | | | | | |
|---|---|---|---|---|---|---|
| Sedan 4D | ED48E | 34570 | 625 | 700 | 1225 | 1925 |
| Wagon 4D | ED58E | 35270 | 800 | 900 | 1475 | 2300 |
| Manual, 5-Spd | | | (225) | (225) | (300) | (300) |

**9-5—4-Cyl. HO Turbo—Equipment Schedule 2**
W.B. 106.4"; 2.3 Liter.

| | | | | | | |
|---|---|---|---|---|---|---|
| Aero Sedan 4D | EH48G | 40750 | 1650 | 1825 | 2775 | 4325 |
| Aero Wagon 4D | EH58G | 41450 | 2000 | 2200 | 3300 | 5100 |
| Manual, 5-Spd | | | (225) | (225) | (300) | (300) |

**9-5—V6 Turbo—Equipment Schedule 2**
W.B. 106.4"; 3.0 Liter.

| | | | | | | |
|---|---|---|---|---|---|---|
| SE Sedan 4D | EF48Z | 39225 | 1000 | 1100 | 1750 | 2750 |
| SE Wagon 4D | EF58Z | 39925 | 1200 | 1325 | 2025 | 3175 |

## 2002 SAAB — YS3(DF55K)-2-#

**9-3—4-Cyl. Turbo—Equipment Schedule 3**
W.B. 102.6"; 2.0 Liter.

| | | | | | | |
|---|---|---|---|---|---|---|
| SE Hatchback 4D | DF55K | 29820 | 825 | 925 | 1350 | 2000 |
| SE Convertible 2D | DF75K | 41820 | 1250 | 1375 | 1975 | 2925 |
| Automatic | | | 150 | 150 | 200 | 200 |

**9-3—4-Cyl. HO Turbo—Equipment Schedule 3**
W.B. 102.6"; 2.3 Liter.

| | | | | | | |
|---|---|---|---|---|---|---|
| Viggen Hatchback 2D | DP35G | 38720 | 3250 | 3550 | 4450 | 6250 |
| Viggen Hatchback 4D | DP55G | 38720 | 2850 | 3150 | 3925 | 5550 |
| Viggen Convertible 2D | DP75G | 45620 | 3575 | 3900 | 5025 | 7025 |

**9-5—4-Cyl. Turbo—Equipment Schedule 3**
W.B. 106.4"; 2.3 Liter.

| | | | | | | |
|---|---|---|---|---|---|---|
| Linear Sedan 4D | EB49E | 35820 | 725 | 800 | 1300 | 2025 |
| Linear Wagon 4D | EB59E | 36520 | 1050 | 1150 | 1750 | 2700 |
| Manual, 5-Spd | 5 | | (300) | (300) | (400) | (400) |

**9-5—4-Cyl. HO Turbo—Equipment Schedule 2**
W.B. 106.4"; 2.3 Liter.

| | | | | | | |
|---|---|---|---|---|---|---|
| Aero Sedan 4D | EH49G | 40475 | 1975 | 2175 | 3125 | 4775 |
| Aero Wagon 4D | EH59G | 41175 | 2325 | 2550 | 3650 | 5525 |
| Manual, 5-Spd | 5 | | (300) | (300) | (400) | (400) |

**9-5—V6 Turbo—Equipment Schedule 2**
W.B. 106.4"; 3.0 Liter.

| | | | | | | |
|---|---|---|---|---|---|---|
| Arc Sedan 4D | ED49Z | 39275 | 1275 | 1400 | 2050 | 3150 |
| Arc Wagon 4D | ED59Z | 39975 | 1500 | 1650 | 2350 | 3625 |

## 2003 SAAB — YS3(FB49S)-3-#

**9-3—4-Cyl. Turbo—Equipment Schedule 3**
W.B. 105.3"; 2.0 Liter.

| | | | | | | |
|---|---|---|---|---|---|---|
| Linear Sedan 4D | FB49S | 27725 | 1325 | 1450 | 2000 | 3025 |

**9-3—4-Cyl. HO Turbo—Equipment Schedule 3**
W.B. 102.6", 105.3" (Sed); 2.0 Liter.

| | | | | | | |
|---|---|---|---|---|---|---|
| Arc Sedan 4D | FD49Y | 31820 | 1575 | 1725 | 2425 | 3650 |
| Vector Sedan 4D | FF48Y | 33120 | 1725 | 1900 | 2625 | 3950 |
| SE Convertible 2D | DF75K | 40620 | 1775 | 1950 | 2700 | 4025 |

**9-5—4-Cyl. Turbo—Equipment Schedule 2**
W.B. 106.4"; 2.3 Liter.

| | | | | | | |
|---|---|---|---|---|---|---|
| Linear Sedan 4D | EB49E | 35920 | 1275 | 1400 | 1975 | 3000 |
| Linear Wagon 4D | EB59E | 36620 | 1550 | 1700 | 2325 | 3525 |
| Manual, 5-Spd | | | (325) | (325) | (435) | (435) |

EQUIPMENT & MILEAGE PAGE 9 TO 23

# 2003 SAAB

| Body — Type | VIN | List | Trade-In Good | Very Good | Pvt-Party Good | Retail Excellent |
|---|---|---|---|---|---|---|
| **9-5—4-Cyl. HO Turbo**—Equipment Schedule 2 | | | | | | |
| W.B. 106.4"; 2.3 Liter. | | | | | | |
| Aero Sedan 4D | EH49G | 40575 | 2675 | 2925 | 4000 | 5925 |
| Aero Wagon 4D | EH59G | 41275 | 3225 | 3525 | 4775 | 7000 |
| Manual, 5-Spd | | | (325) | (325) | (435) | (435) |
| **9-5—V6 Turbo**—Equipment Schedule 2 | | | | | | |
| W.B. 106.3"; 3.0 Liter. | | | | | | |
| Arc Sedan 4D | ED49Z | 39275 | 1750 | 1925 | 2700 | 4075 |
| Arc Wagon 4D | ED59Z | 39975 | 2000 | 2200 | 3050 | 4575 |

## 2004 SAAB — YS3(FB45S)-4-#

| Body — Type | VIN | List | Trade-In Good | Very Good | Pvt-Party Good | Retail Excellent |
|---|---|---|---|---|---|---|
| **9-3—4-Cyl. Turbo**—Equipment Schedule 3 | | | | | | |
| W.B. 105.3"; 2.0 Liter. | | | | | | |
| Linear Sedan 4D | FB49S | 28015 | 1550 | 1700 | 2325 | 3450 |
| **9-3—4-Cyl. HO Turbo**—Equipment Schedule 3 | | | | | | |
| W.B. 105.3"; 2.0 Liter. | | | | | | |
| Arc Sedan 4D | FD49Y | 32110 | 1875 | 2050 | 2750 | 4050 |
| Arc Convertible 2D | FD79Y | 41920 | 2850 | 3150 | 4050 | 5850 |
| Aero Sedan 4D | FH49Y | 34710 | 2250 | 2475 | 3250 | 4750 |
| Aero Convertible 2D | FH79Y | 44525 | 3025 | 3325 | 4450 | 6400 |
| **9-5—4-Cyl. Turbo**—Equipment Schedule 2 | | | | | | |
| W.B. 106.4"; 2.3 Liter. | | | | | | |
| Linear Wagon 4D | EB59E | 34225 | 1925 | 2125 | 2750 | 4025 |
| Arc Sedan 4D | ED49G | 36455 | 2200 | 2425 | 3125 | 4525 |
| Arc Wagon 4D | ED59G | 37165 | 2525 | 2775 | 3550 | 5100 |
| Manual, 5-Spd | | | (375) | (375) | (500) | (500) |
| **9-5—4-Cyl. HO Turbo**—Equipment Schedule 2 | | | | | | |
| W.B. 106.4"; 2.3 Liter. | | | | | | |
| Aero Sedan 4D | EH49G | 41490 | 3350 | 3675 | 4650 | 6575 |
| Aero Wagon 4D | EH59G | 42195 | 3575 | 3900 | 5100 | 7200 |
| Manual, 5-Spd | | | (375) | (375) | (500) | (500) |

## 2005 SAAB — (YS3orJF4)(GG616)-5-#

| Body — Type | VIN | List | Trade-In Good | Very Good | Pvt-Party Good | Retail Excellent |
|---|---|---|---|---|---|---|
| **9-2X AWD—4-Cyl.**—Equipment Schedule 3 | | | | | | |
| W.B. 99.4"; 2.5 Liter. | | | | | | |
| Linear Wagon 4D | GG616 | 24935 | 3375 | 3700 | 4600 | 6150 |
| **9-2X AWD—4-Cyl. Turbo**—Equipment Schedule 3 | | | | | | |
| W.B. 99.4"; 2.0 Liter. | | | | | | |
| Aero Wagon 4D | GG226 | 28895 | 4725 | 5100 | 6425 | 8525 |
| **9-3—4-Cyl. Turbo**—Equipment Schedule 3 | | | | | | |
| W.B. 105.3"; 2.0 Liter. | | | | | | |
| Linear Sedan 4D | FB49S | 28920 | 2300 | 2550 | 3350 | 4725 |
| Linear Convertible 2D | FB79S | 39170 | 3525 | 3850 | 5075 | 7025 |
| **9-3—4-Cyl. HO Turbo**—Equipment Schedule 3 | | | | | | |
| W.B. 105.3"; 2.0 Liter. | | | | | | |
| Arc Sedan 4D | FD49Y | 32320 | 2850 | 3150 | 4050 | 5675 |
| Arc Convertible 2D | FD79Y | 42170 | 3925 | 4275 | 5575 | 7700 |
| Aero Sedan 4D | FH49Y | 34200 | 3125 | 3450 | 4550 | 6350 |
| Aero Convertible 2D | FH79Y | 44670 | 4300 | 4650 | 6000 | 8350 |
| **9-5—4-Cyl. Turbo**—Equipment Schedule 2 | | | | | | |
| W.B. 106.4"; 2.3 Liter. | | | | | | |
| Linear Wagon 4D | EB59E | 34620 | 1825 | 2025 | 2700 | 3850 |
| Arc Sedan 4D | ED49A | 36970 | 2200 | 2425 | 3175 | 4500 |
| Arc Wagon 4D | ED59A | 37770 | 2575 | 2875 | 3650 | 5125 |
| Manual, 5-Spd | | | (425) | (425) | (565) | (565) |
| **9-5—4-Cyl. HO Turbo**—Equipment Schedule 2 | | | | | | |
| W.B. 106.4"; 2.3 Liter. | | | | | | |
| Aero Sedan 4D | EH49G | 42020 | 3575 | 3900 | 5075 | 7000 |
| Aero Wagon 4D | EH59G | 42820 | 4275 | 4625 | 5950 | 8175 |
| Manual, 5-Spd | | | (425) | (425) | (565) | (565) |

## 2006 SAAB — (YS3orJF4)(GG616)-6-#

| Body — Type | VIN | List | Trade-In Good | Very Good | Pvt-Party Good | Retail Excellent |
|---|---|---|---|---|---|---|
| **9-2X AWD—4-Cyl.**—Equipment Schedule 3 | | | | | | |
| W.B. 99.4"; 2.5 Liter. | | | | | | |
| 2.5i Wagon 4D | GG616 | 24960 | 4250 | 4625 | 5725 | 7500 |
| **9-2X AWD—4-Cyl. Turbo**—Equipment Schedule 3 | | | | | | |
| W.B. 99.4"; 2.5 Liter. | | | | | | |
| Aero Wagon 4D | GG726 | 28290 | 5800 | 6225 | 7650 | 9925 |
| **9-3—4-Cyl. Turbo**—Equipment Schedule 3 | | | | | | |
| W.B. 105.3"; 2.0 Liter. | | | | | | |
| 2.0T Sedan 4D | FD49Y | 27970 | 3000 | 3325 | 4175 | 5650 |
| 2.0T Convertible 2D | FD79Y | 38570 | 4450 | 4800 | 5925 | 7925 |

**246    DEDUCT FOR RECONDITIONING**

# 2006 SAAB

| Body Type | VIN | List | Trade-In Good | Trade-In Very Good | Pvt-Party Good | Retail Excellent |
|---|---|---|---|---|---|---|
| 2.0T SportCombi Wag | FD59Y | 28970 | 3500 | 3825 | 4775 | 6425 |
| **9-3—6-Cyl. Turbo**—Equipment Schedule 3 | | | | | | |
| W.B. 105.3"; 2.8 Liter. | | | | | | |
| Aero Sedan 4D | FH41U | 33970 | 4225 | 4575 | 5650 | 7575 |
| Aero Convertible 2D | FH71U | 43970 | 5000 | 5400 | 6800 | 9050 |
| Aero SportCombi Wag | FH51U | 34970 | 4650 | 5025 | 6175 | 8225 |
| 20th Anniversary | | | 900 | 900 | 1200 | 1200 |
| **9-5—4-Cyl. Turbo**—Equipment Schedule 2 | | | | | | |
| W.B. 106.4"; 2.3 Liter. | | | | | | |
| 2.3T Sedan 4D | ED45G | 36170 | 3475 | 3800 | 4625 | 6125 |
| 2.3T SportCombi Wag | ED56G | 37170 | 4450 | 4800 | 5775 | 7575 |
| Manual, 5-Spd | | | (475) | (475) | (635) | (635) |

## 2007 SAAB — (YS3orJF4)(FD49Y)-7-#

| Body Type | VIN | List | Good | Very Good | Good | Excellent |
|---|---|---|---|---|---|---|
| **9-3—4-Cyl. Turbo**—Equipment Schedule 3 | | | | | | |
| W.B. 105.3"; 2.0 Liter. | | | | | | |
| 2.0T Sedan 4D | FD49Y | 27995 | 4400 | 4750 | 5575 | 7175 |
| 2.0T Convertible 2D | FD79Y | 38595 | 5800 | 6225 | 7375 | 9450 |
| 2.0T SportCombi Wag | FD59Y | 28995 | 5125 | 5500 | 6400 | 8225 |
| **9-3—V6 Turbo**—Equipment Schedule 3 | | | | | | |
| W.B. 105.3"; 2.8 Liter. | | | | | | |
| Aero Sedan 4D | FH41U | 34295 | 5800 | 6225 | 7375 | 9450 |
| Aero Convertible 2D | FH716 | 44195 | 6950 | 7400 | 8800 | 11200 |
| Aero SportCombi Wag | FH51U | 35195 | 6150 | 6575 | 7775 | 9950 |
| 4-Cyl, Turbo, 2.0L (Wag) | Y | | (1350) | (1350) | (1800) | (1800) |
| **9-5—4-Cyl. Turbo**—Equipment Schedule 2 | | | | | | |
| W.B. 106.4"; 2.3 Liter. | | | | | | |
| 2.3T Sedan 4D | ED45G | 36465 | 4475 | 4825 | 5775 | 7550 |
| 2.3T Aero Sedan 4D | EH49G | 36535 | 4875 | 5250 | 6225 | 8125 |
| 2.3T SportCombi Wag | ED55G | 37465 | 5575 | 5975 | 7050 | 9175 |
| 2.3T Aero SportCombi | EH59G | 37535 | 5925 | 6350 | 7675 | 9950 |
| Manual, 5-Spd | | | (500) | (500) | (665) | (665) |

## 2008 SAAB — (YS3orJF4)(FB49Y)-8-#

| Body Type | VIN | List | Good | Very Good | Good | Excellent |
|---|---|---|---|---|---|---|
| **9-3—4-Cyl. Turbo**—Equipment Schedule 3 | | | | | | |
| W.B. 105.3"; 2.0 Liter. | | | | | | |
| 2.0T Sedan 4D | FB49Y | 29735 | 5250 | 5650 | 6550 | 8225 |
| 2.0T Convertible 2D | FB79Y | 41060 | 8200 | 8700 | 9925 | 12350 |
| 2.0T SportCombi Wag | FB59Y | 30980 | 6150 | 6575 | 7550 | 9450 |
| **9-3—V6 Turbo**—Equipment Schedule 3 | | | | | | |
| W.B. 105.3"; 2.8 Liter. | | | | | | |
| Aero Sedan 4D | FH41U | 36715 | 7075 | 7525 | 8675 | 10800 |
| Aero Convertible 2D | FH71U | 47015 | 10600 | 11150 | 12650 | 15650 |
| Aero SportCombi Wag | FH51U | 37615 | 8400 | 8900 | 10150 | 12650 |
| XWD | 2,7 | | 1600 | 1600 | 2135 | 2135 |
| **9-3 AWD—V6 Turbo**—Equipment Schedule 3 | | | | | | |
| W.B. 105.3"; 2.8 Liter. | | | | | | |
| Turbo X Sedan 4D | FM42R | 43860 | 10150 | 10650 | 12150 | 15000 |
| Turbo X SportCombi | FM57U | 44660 | 10250 | 10750 | 12250 | 15200 |
| **9-5—4-Cyl. Turbo**—Equipment Schedule 2 | | | | | | |
| W.B. 106.4"; 2.3 Liter. | | | | | | |
| 2.3T Sedan 4D | ED49G | 37205 | 6450 | 6875 | 7825 | 9725 |
| 2.3T Aero Sedan 4D | EH49G | 38300 | 6850 | 7300 | 8275 | 10250 |
| 2.3T SportCombi Wag | ED59G | 38455 | 7700 | 8175 | 9225 | 11400 |
| 2.3T Aero SportCombi | EH59G | 39550 | 8275 | 8775 | 9925 | 12300 |
| Manual, 5-Spd w/Overdrive | 5 | | (550) | (550) | (735) | (735) |

## 2009 SAAB — (YS3)(FB49Y)-9-#

| Body Type | VIN | List | Good | Very Good | Good | Excellent |
|---|---|---|---|---|---|---|
| **9-3—4-Cyl. Turbo**—Equipment Schedule 3 | | | | | | |
| W.B. 105.3"; 2.0 Liter. | | | | | | |
| 2.0T Sedan 4D | FB49Y | 31535 | 6975 | 7425 | 8300 | 10200 |
| 2.0T Convertible 2D | FB79Y | 44280 | 10950 | 11500 | 12850 | 15650 |
| 2.0T SportCombi Wag | FB59Y | 32390 | 8100 | 8600 | 9625 | 11800 |
| XWD | | | 1700 | 1700 | 2265 | 2265 |
| **9-3 AWD—V6 Turbo**—Equipment Schedule 3 | | | | | | |
| W.B. 105.3"; 2.8 Liter. | | | | | | |
| Aero Sedan 4D | FH42R | 44010 | 11250 | 11800 | 13200 | 16050 |
| Aero SportCombi Wag | FH52R | 45290 | 11400 | 12000 | 13350 | 16300 |
| **9-3—V6 Turbo**—Equipment Schedule 3 | | | | | | |
| W.B. 105.3"; 2.8 Liter. | | | | | | |
| Aero Convertible 2D | FH71R | 51735 | 13100 | 13750 | 15350 | 18650 |

# 2009 SAAB

| Body Type | VIN | List | Trade-In Good | Very Good | Pvt-Party Good | Retail Excellent |
|---|---|---|---|---|---|---|
| **9-5—4-Cyl. Turbo**—Equipment Schedule 2 | | | | | | |
| W.B. 106.4"; 2.3 Liter. | | | | | | |
| 2.3T Sedan 4D | ED49G | 39285 | 11850 | 12450 | 13550 | 16150 |
| 2.3T SportCombi Wag | ED59G | 40555 | 12950 | 13600 | 14700 | 17550 |
| Aero Sedan 4D | EH49G | 40305 | 12250 | 12850 | 13950 | 16650 |
| Aero SportCombi Wag | EH59G | 41670 | 13350 | 14000 | 15250 | 18150 |
| Griffin Sedan 4D | EB49G | 42775 | 13350 | 14000 | 15450 | 18400 |
| Griffin SptCombi Wag | EB59G | 44045 | 14550 | 15200 | 16500 | 19650 |
| Manual, 5-Spd w/Overdrive | 5 | | (600) | (600) | (800) | (800) |

## 2010 SAAB — (YS3)(FA4CY)-A-#

| Body Type | VIN | List | Good | Very Good | Good | Excellent |
|---|---|---|---|---|---|---|
| **9-3—4-Cyl. Turbo**—Equipment Schedule 3 | | | | | | |
| W.B. 105.3"; 2.0 Liter. | | | | | | |
| 2.0T Sport Sedan 4D | FA4CY | 31075 | 8625 | 9125 | 10050 | 12150 |
| 2.0T Convertible 2D | FE7CY | 42165 | 12650 | 13300 | 14550 | 17500 |
| 2.0T SportCombi Wag | FA5CY | 32505 | 10050 | 10600 | 11650 | 14050 |
| Aero Sport Sedan 4D | FC4CY | 37515 | 12100 | 12700 | 13950 | 16800 |
| Aero Convertible 2D | FG7CY | 47255 | 14800 | 15500 | 16950 | 20400 |
| Aero SportCombi Wag | FC5CY | 39195 | 12900 | 13500 | 14900 | 17950 |
| XWD | B,N | | 1800 | 1800 | 2400 | 2400 |
| **9-3X AWD—4-Cyl. Turbo**—Equipment Schedule 3 | | | | | | |
| W.B. 105.3"; 2.0 Liter. | | | | | | |
| SportCombi Wagon | FD5BY | 37800 | 11800 | 12400 | 13600 | 16400 |
| **9-5 AWD—V6 Turbo**—Equipment Schedule 2 | | | | | | |
| W.B. 111.7"; 2.8 Liter. | | | | | | |
| Aero Sedan 4D | ER4BJ | 49990 | 14250 | 14900 | 16100 | 19050 |

## 2011 SAAB — (YS3)(FA4CY)-B-#

| Body Type | VIN | List | Good | Very Good | Good | Excellent |
|---|---|---|---|---|---|---|
| **9-3—4-Cyl. Turbo**—Equipment Schedule 3 | | | | | | |
| W.B. 105.3"; 2.0 Liter. | | | | | | |
| 2.0T Sport Sedan 4D | FA4CY | 31075 | 10000 | 10550 | 11550 | 13900 |
| 2.0T Convertible 2D | FE7CY | 42165 | 13750 | 14400 | 15800 | 18950 |
| 2.0T SportCombi Wag | FA5CY | 32505 | 11700 | 12300 | 13450 | 16200 |
| Aero Sport Sedan 4D | FC4CY | 36165 | 13750 | 14400 | 15800 | 18950 |
| Aero Convertible 2D | FG7CY | 45905 | 16300 | 17000 | 18550 | 22200 |
| Aero SportCombi Wag | FC5CY | 37845 | 14700 | 15400 | 16800 | 20100 |
| **9-3X AWD—4-Cyl. Turbo**—Equipment Schedule 3 | | | | | | |
| W.B. 105.3"; 2.0 Liter. | | | | | | |
| SportCombi Wagon | FD5BY | 37800 | 13100 | 13750 | 15100 | 18100 |
| Turbo4 XWD Sedan | FA4BZ | 33220 | 12000 | 12600 | 13800 | 16550 |
| Aero XWD Sport Sed | FC4NY | 38940 | 14350 | 15000 | 16450 | 19700 |
| Auto, 6-Spd w/Sentronic | B | | 300 | 300 | 400 | 400 |
| **9-5—4-Cyl. Turbo**—Equipment Schedule 3 | | | | | | |
| W.B. 111.7"; 2.0 Liter. | | | | | | |
| Turbo4 Sedan 4D | GN4AR | 39350 | 15350 | 16050 | 17050 | 20000 |
| Turbo4 Premium 4D | GN4AR | 44260 | 15850 | 16550 | 17600 | 20600 |
| **9-5 AWD—V6 Turbo**—Equipment Schedule 3 | | | | | | |
| W.B. 111.7"; 2.8 Liter. | | | | | | |
| Turbo6 Sedan 4D | GN4BJ | 48855 | 16600 | 17350 | 18400 | 21500 |
| Aero Sedan 4D | GR4BJ | 51390 | 17100 | 17850 | 18900 | 22100 |

# SATURN

## 1999 SATURN — 1G8Z(F528)-X-#

| Body Type | VIN | List | Good | Very Good | Good | Excellent |
|---|---|---|---|---|---|---|
| **SATURN—4-Cyl.**—Equipment Schedule 6 | | | | | | |
| W.B. 102.4"; 1.9 Liter. | | | | | | |
| SL Sedan 4D | F528 | 11995 | 500 | 575 | 1250 | 2125 |
| SL1 Sedan 4D | G528 | 12695 | 500 | 575 | 1250 | 2125 |
| SL2 Sedan 4D | J527 | 13195 | 550 | 625 | 1350 | 2275 |
| SC1 Coupe 2D | D128 | 13345 | 500 | 575 | 1250 | 2125 |
| SC1 Coupe 3D | E128 | 13845 | 425 | 475 | 1125 | 1925 |
| SC2 Coupe 2D | G127 | 14945 | 550 | 625 | 1350 | 2275 |
| SC2 Coupe 3D | G127 | 15445 | 650 | 725 | 1500 | 2550 |
| SW1 Wagon 4D | G828 | 13695 | 525 | 600 | 1300 | 2200 |
| SW2 Wagon 4D | J827 | 14695 | 600 | 675 | 1425 | 2425 |

## 2000 SATURN — 1G8(JorZ)(F528)-Y-#

| Body Type | VIN | List | Good | Very Good | Good | Excellent |
|---|---|---|---|---|---|---|
| **SATURN—4-Cyl.**—Equipment Schedule 6 | | | | | | |
| W.B. 102.4"; 1.9 Liter. | | | | | | |
| SL Sedan 4D | F528 | 12085 | 525 | 600 | 1300 | 2200 |

**248    DEDUCT FOR RECONDITIONING**

# 2000 SATURN

| Body Type | VIN | List | Trade-In Good | Very Good | Pvt-Party Good | Retail Excellent |
|---|---|---|---|---|---|---|
| SL1 Sedan 4D | G528 | 12885 | 525 | 600 | 1300 | 2200 |
| SL2 Sedan 4D | J527 | 13335 | 600 | 675 | 1425 | 2425 |
| SC1 Coupe 3D | N128 | 12975 | 475 | 525 | 1225 | 2075 |
| SC2 Coupe 3D | R127 | 15585 | 675 | 750 | 1550 | 2650 |
| SW2 Wagon 4D | J827 | 14730 | 625 | 700 | 1475 | 2500 |

**SATURN L-SERIES—4-Cyl.**—Equipment Schedule 3
W.B. 106.5"; 2.2 Liter.

| | | | | | | |
|---|---|---|---|---|---|---|
| LS Sedan 4D | R52F | 16700 | 350 | 400 | 850 | 1375 |
| LS1 Sedan 4D | T52F | 18150 | 550 | 625 | 1150 | 1825 |
| LW1 Wagon 4D | U82F | 19375 | 625 | 700 | 1250 | 2000 |
| Manual, 5-Spd | | | (200) | (200) | (265) | (265) |

**SATURN L-SERIES—V6**—Equipment Schedule 3
W.B. 106.5"; 3.0 Liter.

| | | | | | | |
|---|---|---|---|---|---|---|
| LS2 Sedan 4D | W52R | 20575 | 1000 | 1100 | 1775 | 2850 |
| LW2 Wagon 4D | W82R | 21800 | 1200 | 1325 | 2075 | 3300 |

# 2001 SATURN — 1G8(JorZ)(F528)-1-#

**SATURN—4-Cyl.**—Equipment Schedule 6
W.B. 102.4"; 1.9 Liter.

| | | | | | | |
|---|---|---|---|---|---|---|
| SL Sedan 4D | F528 | 11995 | 600 | 675 | 1375 | 2300 |
| SL1 Sedan 4D | G528 | 12910 | 600 | 675 | 1375 | 2300 |
| SL2 Sedan 4D | J527 | 13360 | 700 | 775 | 1550 | 2575 |
| SC1 Coupe 3D | N128 | 13960 | 625 | 700 | 1425 | 2375 |
| SC2 Coupe 3D | R127 | 16110 | 875 | 975 | 1825 | 3050 |
| SW2 Wagon 4D | J827 | 14755 | 850 | 950 | 1775 | 2975 |

**SATURN L-SERIES—4-Cyl.**—Equipment Schedule 3
W.B. 106.5"; 2.2 Liter.

| | | | | | | |
|---|---|---|---|---|---|---|
| L100 Sedan 4D | R52F | 16245 | 500 | 575 | 1075 | 1725 |
| L200 Sedan 4D | T52F | 18210 | 700 | 775 | 1375 | 2175 |
| LW200 Wagon 4D | U82F | 19335 | 825 | 925 | 1550 | 2475 |
| Manual, 5-Spd | | | (200) | (200) | (265) | (265) |

**SATURN L-SERIES—V6**—Equipment Schedule 3
W.B. 106.5"; 3.0 Liter.

| | | | | | | |
|---|---|---|---|---|---|---|
| L300 Sedan 4D | W52R | 19995 | 1300 | 1425 | 2225 | 3575 |
| LW300 Wagon 4D | W82R | 21860 | 1450 | 1600 | 2550 | 4075 |

# 2002 SATURN — 1G8(JorZ)(F528)-2-#

**SATURN—4-Cyl.**—Equipment Schedule 6
W.B. 102.4"; 1.9 Liter.

| | | | | | | |
|---|---|---|---|---|---|---|
| SL Sedan 4D | F528 | 11995 | 700 | 775 | 1425 | 2300 |
| SL1 Sedan 4D | G528 | 13275 | 750 | 825 | 1500 | 2425 |
| SL2 Sedan 4D | J527 | 13800 | 925 | 1025 | 1750 | 2850 |
| SC1 Coupe 3D | N128 | 14325 | 825 | 925 | 1600 | 2600 |
| SC2 Coupe 3D | R127 | 16545 | 1100 | 1225 | 2025 | 3275 |

**SATURN L-SERIES—4-Cyl.**—Equipment Schedule 3
W.B. 106.5"; 2.2 Liter.

| | | | | | | |
|---|---|---|---|---|---|---|
| L100 Sedan 4D | R52F | 16870 | 775 | 875 | 1375 | 2150 |
| L200 Sedan 4D | T52F | 19070 | 1200 | 1325 | 1950 | 3025 |
| LW200 Wagon 4D | U82F | 20515 | 1300 | 1425 | 2100 | 3250 |
| Manual, 5-Spd | | | (250) | (250) | (335) | (335) |

**SATURN L-SERIES—V6**—Equipment Schedule 3
W.B. 106.5"; 3.0 Liter.

| | | | | | | |
|---|---|---|---|---|---|---|
| L300 Sedan 4D | W52R | 20920 | 1675 | 1850 | 2725 | 4175 |
| LW300 Wagon 4D | W82R | 22850 | 1900 | 2075 | 3050 | 4650 |

# 2003 SATURN — 1G8(AG54F)-3-#

**ION—4-Cyl.**—Equipment Schedule 6
W.B. 103.2"; 2.2 Liter.

| | | | | | | |
|---|---|---|---|---|---|---|
| 1 Sedan 4D | AG54F | 12895 | 1175 | 1300 | 1900 | 2925 |
| 2 Sedan 4D | AJ54F | 14895 | 1350 | 1500 | 2125 | 3275 |
| 3 Sedan 4D | AL52F | 16395 | 1550 | 1700 | 2500 | 3850 |
| 2 Quad Coupe 4D | AN12F | 15395 | 1375 | 1525 | 2275 | 3475 |
| 3 Quad Coupe 4D | AW12F | 16895 | 1650 | 1825 | 2650 | 4050 |

**SATURN L-SERIES—4-Cyl.**—Equipment Schedule 3
W.B. 106.5"; 2.2 Liter.

| | | | | | | |
|---|---|---|---|---|---|---|
| L200 Sedan 4D | JT54F | 19040 | 1475 | 1625 | 2375 | 3625 |
| LW200 Wagon 4D | JU84F | 20850 | 1575 | 1725 | 2500 | 3825 |
| Manual, 5-Spd | | | (300) | (300) | (400) | (400) |

**SATURN L-SERIES—V6**—Equipment Schedule 3
W.B. 106.5"; 3.0 Liter.

| | | | | | | |
|---|---|---|---|---|---|---|
| L300 Sedan 4D | JW54R | 21255 | 2075 | 2275 | 3200 | 4825 |
| LW300 Wagon 4D | JW84R | 23185 | 2300 | 2525 | 3525 | 5300 |

# 2004 SATURN

| Body Type | VIN | List | Trade-In Good | Very Good | Pvt-Party Good | Retail Excellent |
|---|---|---|---|---|---|---|
| **2004 SATURN — 1G8(AG54F)-4-#** | | | | | | |
| **ION—4-Cyl.**—Equipment Schedule 6 W.B. 103.2"; 2.2 Liter. | | | | | | |
| 1 Sedan 4D | AG54F | 11975 | 1275 | 1400 | 2050 | 3150 |
| 2 Sedan 4D | AJ52F | 15200 | 1425 | 1575 | 2350 | 3600 |
| 3 Sedan 4D | AL52F | 16725 | 1650 | 1825 | 2650 | 4075 |
| 2 Quad Coupe 4D | AN12F | 15750 | 1525 | 1675 | 2475 | 3800 |
| 3 Quad Coupe 4D | AW12F | 17250 | 1650 | 1825 | 2650 | 4075 |
| **ION—4-Cyl. Supercharged**—Equipment Schedule 6 W.B. 103.5"; 2.0 Liter. | | | | | | |
| Red Line Quad Cpe 4D | AY12P | 20950 | 3125 | 3450 | 4475 | 6325 |
| **SATURN L-SERIES—4-Cyl.**—Equipment Schedule 3 W.B. 106.5"; 2.2 Liter. | | | | | | |
| L300 Sedan 4D | JC54F | 16995 | 2000 | 2200 | 2975 | 4400 |
| L300 Wagon 4D | JC84F | 19045 | 2150 | 2350 | 3175 | 4675 |
| **SATURN L-SERIES—V6**—Equipment Schedule 3 W.B. 106.5"; 3.0 Liter. | | | | | | |
| L300 Sedan 4D | JD54R | 21410 | 2775 | 3075 | 3975 | 5725 |
| L300 Wagon 4D | JD84R | 23560 | 3050 | 3350 | 4325 | 6200 |
| **2005 SATURN — 1G8(AG52F)-5-#** | | | | | | |
| **ION—4-Cyl.**—Equipment Schedule 6 W.B. 103.2"; 2.2 Liter. | | | | | | |
| 1 Sedan 4D | AG52F | 12975 | 1750 | 1950 | 2700 | 3925 |
| 2 Sedan 4D | AJ52F | 15845 | 2100 | 2325 | 3175 | 4550 |
| 3 Sedan 4D | AL52F | 17370 | 2525 | 2775 | 3725 | 5300 |
| 2 Quad Coupe 4D | AN12F | 16395 | 2300 | 2550 | 3425 | 4900 |
| 3 Quad Coupe 4D | AW12F | 18145 | 2725 | 3025 | 3975 | 5650 |
| **ION—4-Cyl. Supercharged**—Equipment Schedule 6 W.B. 103.2"; 2.0 Liter. | | | | | | |
| Red Line Quad Cpe 4D | AY12P | 21450 | 3675 | 4025 | 5075 | 6875 |
| **SATURN L-SERIES—V6**—Equipment Schedule 3 W.B. 106.5"; 3.0 Liter. | | | | | | |
| L300 Sedan 4D | JD54R | 21995 | 3300 | 3625 | 4825 | 6725 |
| **2006 SATURN — 1G8(AJ55F)-6-#** | | | | | | |
| **ION—4-Cyl.**—Equipment Schedule 6 W.B. 103.2"; 2.2 Liter, 2.4 Liter. | | | | | | |
| 2 Sedan 4D | AJ55F | 13390 | 2200 | 2425 | 3350 | 4825 |
| 3 Sedan 4D | AL55F | 15790 | 2775 | 3075 | 4250 | 6075 |
| 2 Quad Coupe 4D | AN15F | 13825 | 2375 | 2625 | 3725 | 5350 |
| 3 Quad Coupe 4D | AW15F | 17090 | 3175 | 3500 | 4800 | 6800 |
| Manual, 5-Spd | M | | (300) | (300) | (400) | (400) |
| **ION—4-Cyl. Supercharged**—Equipment Schedule 6 W.B. 103.2"; 2.0 Liter. | | | | | | |
| Red Line Quad Cpe 4D | AY15P | 19990 | 4125 | 4475 | 5400 | 7100 |
| **2007 SATURN — 1G8(AJ55F)-7-#** | | | | | | |
| **ION—4-Cyl.**—Equipment Schedule 6 W.B. 103.2"; 2.2 Liter, 2.4 Liter. | | | | | | |
| 2 Sedan 4D | AJ55F | 13495 | 2950 | 3250 | 4125 | 5750 |
| 3 Sedan 4D | AL55F | 15915 | 3575 | 3900 | 5075 | 7000 |
| 2 Quad Coupe 4D | AN15F | 14495 | 3300 | 3625 | 4575 | 6350 |
| 3 Quad Coupe 4D | AW15F | 17215 | 3875 | 4225 | 5475 | 7525 |
| Manual, 5-Spd | M | | (300) | (300) | (400) | (400) |
| **ION—4-Cyl. Supercharged**—Equipment Schedule 6 W.B. 103.2"; 2.0 Liter. | | | | | | |
| Red Line Quad Cpe 4D | AY15P | 20420 | 5150 | 5550 | 6750 | 8750 |
| **AURA—V6**—Equipment Schedule 4 W.B. 112.3"; 3.5 Liter, 3.6 Liter. | | | | | | |
| XE Sedan 4D | ZS57N | 20595 | 4925 | 5300 | 6450 | 8525 |
| XR Sedan 4D | ZV577 | 24595 | 5825 | 6250 | 7725 | 10150 |
| Panorama Roof | | | 325 | 325 | 435 | 435 |
| **SKY—4-Cyl.**—Equipment Schedule 3 W.B. 95.1"; 2.4 Liter. | | | | | | |
| Roadster 2D | MB35B | 24540 | 6200 | 6625 | 7675 | 9650 |
| **SKY—4-Cyl. Turbo**—Equipment Schedule 3 W.B. 95.1"; 2.0 Liter. | | | | | | |
| Red Line Roadster 2D | MG35X | 29745 | 8300 | 8800 | 10150 | 12700 |

**DEDUCT FOR RECONDITIONING**

# 2008 SATURN

| Body Type | VIN | List | Trade-In Good | Very Good | Pvt-Party Good | Retail Excellent |
|---|---|---|---|---|---|---|
| **2008 SATURN — 1G8(AR671)-8-#** | | | | | | |
| **ASTRA—4-Cyl.—Equipment Schedule 4** | | | | | | |
| W.B. 102.9"; 1.8 Liter. | | | | | | |
| XE Hatchback 4D | AR671 | 17718 | 4425 | 4775 | 5625 | 7275 |
| XE Hatchback 2D | AT271 | 18870 | 4800 | 5175 | 6050 | 7825 |
| XR Hatchback 4D | AT671 | 19115 | 4850 | 5225 | 6325 | 8150 |
| **AURA—4-Cyl. Hybrid—Equipment Schedule 4** | | | | | | |
| W.B. 112.3"; 2.4 Liter. | | | | | | |
| Green Line Sedan 4D | ZR575 | 22790 | 7800 | 8275 | 9975 | 12900 |
| **AURA—V6—Equipment Schedule 4** | | | | | | |
| W.B. 112.3"; 3.5 Liter, 3.6 Liter. | | | | | | |
| XE Sedan 4D | ZS57N | 21495 | 5600 | 6000 | 7300 | 9500 |
| XR Sedan 4D | ZV577 | 25495 | 6625 | 7075 | 8525 | 11050 |
| 4-Cyl, 2.4 Liter | B | | (275) | (275) | (365) | (365) |
| **SKY—4-Cyl.—Equipment Schedule 3** | | | | | | |
| W.B. 95.1"; 2.4 Liter. | | | | | | |
| Roadster 2D | MC35B | 26520 | 8175 | 8675 | 9725 | 11950 |
| **SKY—4-Cyl. Turbo—Equipment Schedule 3** | | | | | | |
| W.B. 95.1"; 2.0 Liter. | | | | | | |
| Red Line Roadster 2D | MG35X | 30700 | 9925 | 10450 | 11700 | 14300 |
| **2009 SATURN — 1G8(ZR575)-9-#** | | | | | | |
| **AURA—4-Cyl. Hybrid—Equipment Schedule 4** | | | | | | |
| W.B. 112.3"; 2.4 Liter. | | | | | | |
| Sedan 4D | ZR575 | 25580 | 9175 | 9700 | 11250 | 14150 |
| **AURA—4-Cyl.—Equipment Schedule 4** | | | | | | |
| W.B. 112.3"; 2.4 Liter. | | | | | | |
| XE Sedan 4D | ZS57B | 21995 | 6600 | 7050 | 8200 | 10350 |
| **AURA—V6—Equipment Schedule 4** | | | | | | |
| W.B. 112.3"; 3.6 Liter. | | | | | | |
| XR Sedan 4D | ZV577 | 26595 | 7825 | 8300 | 9675 | 12200 |
| 4-Cyl, 2.4 Liter | B | | (325) | (325) | (435) | (435) |
| **SKY—4-Cyl.—Equipment Schedule 3** | | | | | | |
| W.B. 95.1"; 2.4 Liter. | | | | | | |
| Roadster 2D | MN35B | 27780 | 10050 | 10600 | 11450 | 13650 |
| **SKY—4-Cyl. Turbo—Equipment Schedule 3** | | | | | | |
| W.B. 95.1"; 2.0 Liter. | | | | | | |
| Red Line Roadster 2D | MG35X | 32090 | 11450 | 12050 | 13000 | 15450 |

# SCION

| Body Type | VIN | List | Trade-In Good | Very Good | Pvt-Party Good | Retail Excellent |
|---|---|---|---|---|---|---|
| **2004 SCION — JT(KorL)(KT624)-4-#** | | | | | | |
| **xA—4-Cyl.—Equipment Schedule 6** | | | | | | |
| W.B. 93.3"; 1.5 Liter. | | | | | | |
| Hatchback 4D | KT624 | 13765 | 2725 | 3025 | 3775 | 5225 |
| **xB—4-Cyl.—Equipment Schedule 6** | | | | | | |
| W.B. 98.4"; 1.5 Liter. | | | | | | |
| Sport Wagon 4D | KT324 | 13765 | 2825 | 3125 | 3850 | 5300 |
| **2005 SCION — JT(KorL)(KT624)-5-#** | | | | | | |
| **xA—4-Cyl.—Equipment Schedule 6** | | | | | | |
| W.B. 93.3"; 1.5 Liter. | | | | | | |
| Hatchback 4D | KT624 | 13795 | 3425 | 3750 | 4750 | 6450 |
| Release Series 1.0 | | | 450 | 450 | 600 | 600 |
| Release Series 2.0 | | | 300 | 300 | 400 | 400 |
| **xB—4-Cyl.—Equipment Schedule 6** | | | | | | |
| W.B. 98.4"; 1.5 Liter. | | | | | | |
| Sport Wagon 4D | KT334 | 14995 | 4175 | 4525 | 5675 | 7675 |
| Release Series 2.0 | | | 375 | 375 | 500 | 500 |
| **tC—4-Cyl.—Equipment Schedule 4** | | | | | | |
| W.B. 106.3"; 2.4 Liter. | | | | | | |
| Hatchback Coupe 2D | DE177 | 17265 | 4100 | 4450 | 5400 | 7150 |
| **2006 SCION — JT(KorL)(KT624)-6-#** | | | | | | |
| **xA—4-Cyl.—Equipment Schedule 6** | | | | | | |
| W.B. 93.3"; 1.5 Liter. | | | | | | |
| Hatchback 4D | KT624 | 14110 | 4100 | 4450 | 5375 | 7075 |
| Release Series 2.0 | | | 400 | 400 | 535 | 535 |
| Release Series 3.0 | | | 725 | 725 | 965 | 965 |

EQUIPMENT & MILEAGE PAGE 9 TO 23

# 2006 SCION

| Body Type | VIN | List | Trade-In Good | Very Good | Pvt-Party Good | Retail Excellent |
|---|---|---|---|---|---|---|
| Manual, 5-Spd | | | (300) | (300) | (400) | (400) |
| **xB—4-Cyl.—Equipment Schedule 6** | | | | | | |
| W.B. 98.4"; 1.5 Liter. | | | | | | |
| Sport Wagon 4D | KT324 | 15260 | 4850 | 5225 | 6475 | 8475 |
| Release Series 2.0 | | | 475 | 475 | 635 | 635 |
| Release Series 3.0 | | | 725 | 725 | 965 | 965 |
| Manual, 5-Spd | 3 | | (300) | (300) | (400) | (400) |
| **tC—4-Cyl.—Equipment Schedule 4** | | | | | | |
| W.B. 106.3"; 2.4 Liter. | | | | | | |
| Hatchback Coupe 2D | DE177 | 17580 | 4775 | 5150 | 6250 | 8075 |
| Release Series 2.0 | | | 700 | 700 | 935 | 935 |
| Special Edition | | | 1050 | 1050 | 1400 | 1400 |

## 2007 SCION — JT(KorL)(DE177)-7-#

**tC—4-Cyl.—Equipment Schedule 4**
W.B. 106.3"; 2.4 Liter.

| Body Type | VIN | List | Good | Very Good | Good | Excellent |
|---|---|---|---|---|---|---|
| Spec H'Back Coupe 2D | DE177 | 16340 | 5225 | 5625 | 6650 | 8500 |
| Hatchback Coupe 2D | DE177 | 17820 | 5575 | 5975 | 7050 | 9000 |
| Release Series 3.0 | | | 750 | 750 | 1000 | 1000 |

## 2008 SCION — JT(KorL)(KU104)-8-#

**xD—4-Cyl.—Equipment Schedule 4**
W.B. 96.9"; 1.8 Liter.

| Body Type | VIN | List | Good | Very Good | Good | Excellent |
|---|---|---|---|---|---|---|
| Hatchback 4D | KU104 | 15970 | 6400 | 6825 | 7900 | 9950 |
| Release Series 1.0 | | | 750 | 750 | 1000 | 1000 |

**xB—4-Cyl.—Equipment Schedule 6**
W.B. 102.4"; 2.4 Liter.

| Body Type | VIN | List | Good | Very Good | Good | Excellent |
|---|---|---|---|---|---|---|
| Sport Wagon 4D | KE50E | 17270 | 7100 | 7550 | 8700 | 10900 |
| Manual, 5-Spd w/Overdrive | | | (375) | (375) | (500) | (500) |

**tC—4-Cyl.—Equipment Schedule 4**
W.B. 106.3"; 2.4 Liter.

| Body Type | VIN | List | Good | Very Good | Good | Excellent |
|---|---|---|---|---|---|---|
| Spec H'Back Coupe 2D | DE167 | 16720 | 6425 | 6850 | 7850 | 9825 |
| Hatchback Coupe 2D | DE167 | 18470 | 6750 | 7200 | 8225 | 10300 |
| Release Series 4.0 | | | 675 | 675 | 900 | 900 |

## 2009 SCION — JT(KorL)(KU104)-9-#

**xD—4-Cyl.—Equipment Schedule 4**
W.B. 96.9"; 1.8 Liter.

| Body Type | VIN | List | Good | Very Good | Good | Excellent |
|---|---|---|---|---|---|---|
| Hatchback 4D | KU104 | 16145 | 7175 | 7650 | 8525 | 10400 |
| Release Series 2.0 | | | 775 | 775 | 1035 | 1035 |

**xB—4-Cyl.—Equipment Schedule 6**
W.B. 102.4"; 2.4 Liter.

| Body Type | VIN | List | Good | Very Good | Good | Excellent |
|---|---|---|---|---|---|---|
| Sport Wagon 4D | KE50E | 17320 | 8125 | 8625 | 9525 | 11550 |
| Manual, 5-Spd w/Overdrive | | | (400) | (400) | (535) | (535) |

**tC—4-Cyl.—Equipment Schedule 4**
W.B. 106.3"; 2.4 Liter.

| Body Type | VIN | List | Good | Very Good | Good | Excellent |
|---|---|---|---|---|---|---|
| Hatchback Coupe 2D | DE167 | 18470 | 7675 | 8150 | 9075 | 11050 |
| Release Series 5.0 | | | 675 | 675 | 900 | 900 |

## 2010 SCION — JT(KorL)(KU4B4)-A-#

**xD—4-Cyl.—Equipment Schedule 4**
W.B. 96.9"; 1.8 Liter.

| Body Type | VIN | List | Good | Very Good | Good | Excellent |
|---|---|---|---|---|---|---|
| Hatchback 4D | KU4B4 | 16295 | 8050 | 8550 | 9300 | 11150 |

**xB—4-Cyl.—Equipment Schedule 6**
W.B. 102.4"; 2.4 Liter.

| Body Type | VIN | List | Good | Very Good | Good | Excellent |
|---|---|---|---|---|---|---|
| Sport Wagon 4D | ZE4FE | 17395 | 9300 | 9825 | 10800 | 13000 |
| Manual, 5-Spd w/Overdrive | | | (500) | (500) | (665) | (665) |

**xB—4-Cyl.—Equipment Schedule 6**
W.B. 102.4"; 2.4 Liter.

| Body Type | VIN | List | Good | Very Good | Good | Excellent |
|---|---|---|---|---|---|---|
| Release Series 7.0 Wag | ZE4FE | 18990 | 10050 | 10600 | 11600 | 13950 |
| Automatic, 4-Spd w/OD | | | 450 | 450 | 600 | 600 |

**tC—4-Cyl.—Equipment Schedule 4**
W.B. 106.3"; 2.4 Liter.

| Body Type | VIN | List | Good | Very Good | Good | Excellent |
|---|---|---|---|---|---|---|
| Hatchback Coupe 2D | DE3B7 | 18520 | 8600 | 9100 | 10000 | 12100 |
| Release Series 6.0 2D | DE3B7 | 19290 | 9750 | 10300 | 11300 | 13650 |

## 2011 SCION — JT(KorL)(KU4B4)-B-#

**xD—4-Cyl.—Equipment Schedule 4**
W.B. 96.9"; 1.8 Liter.

| Body Type | VIN | List | Good | Very Good | Good | Excellent |
|---|---|---|---|---|---|---|
| Hatchback 4D | KU4B4 | 16420 | 8800 | 9300 | 10150 | 12100 |
| Release Series 3.0 4D | KU4B4 | 18425 | 9950 | 10500 | 11350 | 13550 |

**DEDUCT FOR RECONDITIONING**

# 2011 SCION

| Body Type | VIN | List | Trade-In Good | Very Good | Pvt-Party Good | Retail Excellent |
|---|---|---|---|---|---|---|
| **xB—4-Cyl.—Equipment Schedule 6** | | | | | | |
| W.B. 102.4"; 2.4 Liter. | | | | | | |
| Sport Wagon 4D | ZE4FE | 17680 | 10150 | 10700 | 11500 | 13650 |
| Manual, 5-Spd w/Overdrive | | | (500) | (500) | (665) | (665) |
| **xB—4-Cyl.—Equipment Schedule 6** | | | | | | |
| W.B. 102.4"; 2.4 Liter. | | | | | | |
| Release Series 8.0 Wag | ZE4FE | 19125 | 11450 | 12050 | 12950 | 15350 |
| Automatic, 4-Spd w/OD | | | 475 | 475 | 635 | 635 |
| **tC—4-Cyl.—Equipment Schedule 4** | | | | | | |
| W.B. 102.4"; 2.4 Liter. | | | | | | |
| Hatchback Coupe 2D | JF5C7 | 19995 | 10350 | 10900 | 11700 | 13850 |

## 2012 SCION — JT(K,LorN)(JJ1B0)-C-#

| Body Type | VIN | List | Good | Very Good | Good | Excellent |
|---|---|---|---|---|---|---|
| **iQ—4-Cyl.—Equipment Schedule 4** | | | | | | |
| W.B. 78.7"; 1.3 Liter. | | | | | | |
| Hatchback 2D | JJ1B0 | 15995 | 8200 | 8700 | 9275 | 10950 |
| **xD—4-Cyl.—Equipment Schedule 4** | | | | | | |
| W.B. 96.9"; 1.8 Liter. | | | | | | |
| Hatchback 4D | KU4B4 | 16875 | 9500 | 10050 | 10900 | 13100 |
| Release Series 4.0 4D | KU4B4 | 17780 | 10400 | 10950 | 11900 | 14200 |
| **xB—4-Cyl.—Equipment Schedule 6** | | | | | | |
| W.B. 102.4"; 2.4 Liter. | | | | | | |
| Sport Wagon 4D | ZE4FE | 17980 | 11200 | 11750 | 12550 | 14750 |
| **tC—4-Cyl.—Equipment Schedule 4** | | | | | | |
| W.B. 106.3"; 2.5 Liter. | | | | | | |
| Hatchback Coupe 2D | JF5C7 | 20295 | 11250 | 11800 | 12650 | 14900 |
| Release Series 7.0 2D | JF5C7 | 22625 | 12250 | 12850 | 13700 | 16150 |

## 2013 SCION — JT(K,LorN)(JJXB0)-D-#

| Body Type | VIN | List | Good | Very Good | Good | Excellent |
|---|---|---|---|---|---|---|
| **iQ—4-Cyl.—Equipment Schedule 4** | | | | | | |
| W.B. 78.7"; 1.3 Liter. | | | | | | |
| Hatchback 2D | JJXB0 | 16140 | 9850 | 10400 | 11150 | 13200 |
| **xD—4-Cyl.—Equipment Schedule 4** | | | | | | |
| W.B. 96.9"; 1.8 Liter. | | | | | | |
| Hatchback 4D | KUPB4 | 17275 | 10550 | 11100 | 11850 | 13950 |
| 10 Series H'Back 4D | KUPB4 | 19710 | 12700 | 13300 | 13550 | 15950 |
| **xB—4-Cyl.—Equipment Schedule 6** | | | | | | |
| W.B. 102.4"; 2.4 Liter. | | | | | | |
| Sport Wagon 4D | ZE4FE | 18675 | 13000 | 13650 | 14200 | 16250 |
| 10 Series Spt Wagon | ZE4FE | 20915 | 14700 | 15350 | 15900 | 18200 |
| **tC—4-Cyl.—Equipment Schedule 4** | | | | | | |
| W.B. 106.3"; 2.5 Liter. | | | | | | |
| Hatchback Coupe 2D | JF5C7 | 20455 | 12500 | 13150 | 13900 | 16250 |
| Release Series 8.0 2D | JF5C7 | 23595 | 14800 | 15450 | 16400 | 19150 |
| **FR-S—4-Cyl.—Equipment Schedule 4** | | | | | | |
| W.B. 101.2"; 2.0 Liter. | | | | | | |
| Coupe 2D | ZNAA1 | 24930 | 16900 | 17650 | 17950 | 20300 |

# SMART

## 2008 SMART — WME(EJ31X)-8-#

| Body Type | VIN | List | Good | Very Good | Good | Excellent |
|---|---|---|---|---|---|---|
| **FORTWO—3-Cyl.—Equipment Schedule 3** | | | | | | |
| W.B. 73.5"; 1.0 Liter. | | | | | | |
| Hatchback 2D | EJ31X | 12235 | 3975 | 4325 | 4975 | 6325 |
| Passion Hatchback 2D | EJ31X | 14235 | 4200 | 4550 | 5225 | 6625 |
| Passion Conv 2D | EK31X | 17235 | 4825 | 5200 | 5925 | 7500 |

## 2009 SMART — WME(EJ31X)-9-#

| Body Type | VIN | List | Good | Very Good | Good | Excellent |
|---|---|---|---|---|---|---|
| **FORTWO—3-Cyl.—Equipment Schedule 3** | | | | | | |
| W.B. 73.5"; 1.0 Liter. | | | | | | |
| Pure Hatchback 2D | EJ31X | 12635 | 4475 | 4825 | 5475 | 6900 |
| Passion Hatchback 2D | EJ31X | 14635 | 4825 | 5200 | 5875 | 7400 |
| Passion Conv 2D | EK31X | 17635 | 5550 | 5950 | 6875 | 8625 |
| BRABUS H'Back 2D | EJ31X | 18635 | 6350 | 6775 | 7775 | 9750 |
| BRABUS Conv 2D | EK31X | 21635 | 7050 | 7500 | 8575 | 10700 |

## 2010 SMART — WME(EJ3BA)-A-#

| Body Type | VIN | List | Good | Very Good | Good | Excellent |
|---|---|---|---|---|---|---|
| **FORTWO—3-Cyl.—Equipment Schedule 3** | | | | | | |
| W.B. 75.3"; 1.0 Liter. | | | | | | |
| Pure Coupe 2D | EJ3BA | 12635 | 5000 | 5375 | 5925 | 7350 |

# 2010 SMART

| Body Type | VIN | List | Trade-In Good | Very Good | Pvt-Party Good | Retail Excellent |
|---|---|---|---|---|---|---|
| Passion Coupe 2D | EJ3BA | 14635 | 5350 | 5750 | 6500 | 8025 |
| Passion Conv 2D | EK4BA | 17635 | 6725 | 7175 | 8000 | 9825 |

## 2011 SMART — WME(EJ3BA)-B-#

**FORTWO—3-Cyl.—Equipment Schedule 3**
W.B. 75.3"; 1.0 Liter.

| | | | | | | |
|---|---|---|---|---|---|---|
| Pure Coupe 2D | EJ3BA | 13240 | 5325 | 5725 | 6525 | 8100 |
| Passion Coupe 2D | EJ3BA | 15440 | 6175 | 6600 | 7450 | 9225 |
| Passion Conv 2D | EK3BA | 18440 | 7875 | 8350 | 9425 | 11600 |

## 2012 SMART — WME(EJ3BA)-C-#

**FORTWO—3-Cyl.—Equipment Schedule 3**
W.B. 75.3"; 1.0 Liter.

| | | | | | | |
|---|---|---|---|---|---|---|
| Pure Coupe 2D | EJ3BA | 13240 | 6125 | 6550 | 7300 | 8925 |
| Passion Coupe 2D | EJ3BA | 15440 | 6850 | 7300 | 8075 | 9875 |
| Passion Conv 2D | EK3BA | 18440 | 8825 | 9350 | 10300 | 12500 |

## 2013 SMART — WME(EJ3BA)-D-#

**FORTWO—3-Cyl.—Equipment Schedule 3**
W.B. 75.3"; 1.0 Liter.

| | | | | | | |
|---|---|---|---|---|---|---|
| Pure Coupe 2D | EJ3BA | 13240 | 7150 | 7625 | 8300 | 9950 |
| Passion Coupe 2D | EJ3BA | 15640 | 8050 | 8550 | 9250 | 11050 |
| Passion Conv 2D | EK3BA | 18640 | 10050 | 10600 | 11450 | 13600 |

# SUBARU

## 1999 SUBARU — JF1or4S3(GC435)-X-#

**IMPREZA AWD—4-Cyl.—Equipment Schedule 5**
W.B. 99.2"; 2.2 Liter, 2.5 Liter.

| | | | | | | |
|---|---|---|---|---|---|---|
| L Sedan 4D | GC435 | 17190 | 600 | 675 | 1225 | 1950 |
| L Coupe 2D | GM435 | 17190 | 525 | 600 | 1125 | 1800 |
| L Sport Wagon 4D | GF435 | 17590 | 800 | 900 | 1525 | 2425 |
| Outback Sport Wag 4D | GF485 | 19290 | 1250 | 1375 | 2175 | 3450 |
| 2.5RS Coupe 2D | GM675 | 20490 | 1250 | 1375 | 2175 | 3450 |

**LEGACY AWD—4-Cyl.—Equipment Schedule 4**
W.B. 103.5"; 2.2 Liter, 2.5 Liter.

| | | | | | | |
|---|---|---|---|---|---|---|
| Brighton Wagon 4D | BK425 | 18524 | 1325 | 1450 | 2100 | 3150 |
| L Sedan 4D | BD435 | 20490 | 1200 | 1325 | 1925 | 2900 |
| L Wagon 4D | BK435 | 21190 | 1500 | 1650 | 2325 | 3475 |
| Outback Wagon 4D | BG686 | 23790 | 2250 | 2475 | 2325 | 3475 |
| Outback Ltd Wag 4D | BG686 | 25890 | 2475 | 2725 | 3325 | 4925 |
| GT Sedan 4D | BD675 | 24090 | 1850 | 2025 | 2775 | 5350 |
| GT Limited Sedan 4D | BE656 | 25390 | 2100 | 2300 | 3125 | 4625 |
| GT Wagon 4D | BK675 | 24790 | 2125 | 2325 | 3150 | 4650 |
| Sport Util Sedan 4D | BD685 | 23890 | 2100 | 2300 | 3125 | 4625 |
| Ltd Sport Util Sed 4D | BD685 | 26090 | 2800 | 3100 | 4100 | 5975 |
| Dual Moon Roofs | | | 75 | 75 | 100 | 100 |
| Manual, 5-Spd (Sedan) | | | (200) | (200) | (265) | (265) |

## 2000 SUBARU — JF1or4S3(GC435)-Y-#

**IMPREZA AWD—4-Cyl.—Equipment Schedule 5**
W.B. 99.2"; 2.2 Liter, 2.5 Liter.

| | | | | | | |
|---|---|---|---|---|---|---|
| L Sedan 4D | GC435 | 17190 | 975 | 1075 | 1700 | 2650 |
| L Coupe 2D | GM435 | 17190 | 925 | 1025 | 1625 | 2525 |
| L Sport Wagon 4D | GF435 | 17590 | 1225 | 1350 | 2025 | 3175 |
| Outback Sport Wag 4D | GF485 | 19390 | 1625 | 1800 | 2700 | 4200 |
| 2.5RS Sedan 4D | GC675 | 20590 | 1600 | 1750 | 2675 | 4150 |
| 2.5RS Coupe 2D | GM675 | 20590 | 1550 | 1700 | 2600 | 4050 |

**LEGACY AWD—4-Cyl.—Equipment Schedule 4**
W.B. 104.3"; 2.5 Liter.

| | | | | | | |
|---|---|---|---|---|---|---|
| Brighton Wagon 4D | BH625 | 19690 | 1825 | 2000 | 2675 | 3950 |
| L Sedan 4D | BE635 | 20490 | 1625 | 1800 | 2425 | 3600 |
| L Wagon 4D | BH635 | 21190 | 1975 | 2175 | 2875 | 4225 |
| GT Sedan 4D | BE645 | 24090 | 2350 | 2575 | 3400 | 4950 |
| GT Limited Sedan 4D | BE656 | 25590 | 2600 | 2850 | 3725 | 5400 |
| GT Wagon 4D | BH645 | 24990 | 2700 | 2950 | 3875 | 5600 |
| Dual Moon Roofs | | | (100) | (100) | (135) | (135) |
| Manual, 5-Spd (Sedan) | | | (200) | (200) | (265) | (265) |

**OUTBACK AWD—4-Cyl.—Equipment Schedule 4**
W.B. 104.3"; 2.5 Liter.

**DEDUCT FOR RECONDITIONING**

# 2000 SUBARU

| Body Type | VIN | List | Trade-In Good | Very Good | Pvt-Party Good | Retail Excellent |
|---|---|---|---|---|---|---|
| Wagon 4D | BH666 | 23990 | 1325 | 1450 | 2300 | 3700 |
| Limited Sedan 4D | BE686 | 26390 | 1550 | 1700 | 2775 | 4425 |
| Limited Wagon 4D | BH686 | 27390 | 1650 | 1825 | 2925 | 4650 |
| Dual Moon Roofs | | | (100) | (100) | (135) | (135) |

## 2001 SUBARU — JF1or4S3(GC435)-1-#

**IMPREZA AWD—4-Cyl.**—Equipment Schedule 5
W.B. 99.2"; 2.2 Liter, 2.5 Liter.

| Body Type | VIN | List | Good | Very Good | Good | Excellent |
|---|---|---|---|---|---|---|
| L Sedan 4D | GC435 | 17290 | 1175 | 1300 | 1875 | 2875 |
| L Coupe 2D | GM435 | 17290 | 1075 | 1200 | 1750 | 2675 |
| L Sport Wagon 4D | GF435 | 17690 | 1325 | 1450 | 2075 | 3175 |
| Outback Sport Wag 4D | GF485 | 19490 | 1850 | 2025 | 2900 | 4400 |
| 2.5RS Sedan 4D | GC675 | 20790 | 1800 | 1975 | 2825 | 4300 |
| 2.5RS Coupe 2D | GM675 | 20790 | 1800 | 1975 | 2825 | 4300 |

**LEGACY AWD—4-Cyl.**—Equipment Schedule 4
W.B. 104.3"; 2.5 Liter.

| Body Type | VIN | List | Good | Very Good | Good | Excellent |
|---|---|---|---|---|---|---|
| L Sedan 4D | BE635 | 20590 | 2000 | 2200 | 2875 | 4200 |
| L Wagon 4D | BH635 | 21290 | 2375 | 2600 | 3375 | 4900 |
| GT Sedan 4D | BE645 | 24190 | 2750 | 3050 | 4050 | 5800 |
| GT Limited Sedan 4D | BE656 | 25690 | 3025 | 3325 | 4400 | 6300 |
| GT Wagon 4D | BH645 | 25090 | 3125 | 3450 | 4550 | 6475 |
| Dual Moon Roofs | | | 100 | 100 | 135 | 135 |
| Manual, 5-Spd (Sedan) | | | (200) | (200) | (265) | (265) |

**OUTBACK AWD—4-Cyl.**—Equipment Schedule 4
W.B. 104.3"; 2.5 Liter.

| Body Type | VIN | List | Good | Very Good | Good | Excellent |
|---|---|---|---|---|---|---|
| Wagon 4D | BH665 | 24190 | 1775 | 1950 | 2800 | 4275 |
| Limited Sedan 4D | BE686 | 26390 | 2125 | 2325 | 3300 | 4975 |
| Limited Wagon 4D | BH686 | 27590 | 2175 | 2400 | 3400 | 5100 |
| Dual Moon Roofs | | | (100) | (100) | (135) | (135) |

**OUTBACK AWD—H6**—Equipment Schedule 4
W.B. 104.3"; 3.0 Liter.

| Body Type | VIN | List | Good | Very Good | Good | Excellent |
|---|---|---|---|---|---|---|
| L.L. Bean Wagon 4D | BH806 | 29990 | 2525 | 2775 | 3900 | 5825 |
| VDC Wagon 4D | BH896 | 32390 | 3250 | 3550 | 4925 | 7300 |
| Dual Moon Roofs | | | (100) | (100) | (135) | (135) |

## 2002 SUBARU — JF1or4S3(GG655)-2-#

**IMPREZA AWD—4-Cyl.**—Equipment Schedule 5
W.B. 99.4"; 2.5 Liter.

| Body Type | VIN | List | Good | Very Good | Good | Excellent |
|---|---|---|---|---|---|---|
| 2.5TS Sport Wagon 4D | GG655 | 18820 | 2100 | 2300 | 3050 | 4450 |
| Outback Sport Wag 4D | GF485 | 20020 | 2650 | 2900 | 3775 | 5475 |
| 2.5RS Sedan 4D | GC675 | 20320 | 2300 | 2525 | 3325 | 4825 |

**IMPREZA AWD—4-Cyl. Turbo**—Equipment Schedule 4
W.B. 99.4"; 2.0 liter.

| Body Type | VIN | List | Good | Very Good | Good | Excellent |
|---|---|---|---|---|---|---|
| WRX Sedan 4D | GD295 | 25520 | 4575 | 4925 | 5975 | 8050 |
| WRX Sport Wagon 4D | GG295 | 25520 | 4375 | 4725 | 5725 | 7725 |

**LEGACY AWD—4-Cyl.**—Equipment Schedule 4
W.B. 104.3"; 2.5 Liter.

| Body Type | VIN | List | Good | Very Good | Good | Excellent |
|---|---|---|---|---|---|---|
| L Sedan 4D | BE635 | 20620 | 2525 | 2775 | 3450 | 4900 |
| L Wagon 4D | BH635 | 21320 | 2850 | 3150 | 4025 | 5650 |
| GT Sedan 4D | BE645 | 24220 | 3475 | 3800 | 4825 | 6725 |
| GT Limited Sedan 4D | BE656 | 26020 | 3750 | 4075 | 5175 | 7200 |
| GT Wagon 4D | BH645 | 25120 | 3725 | 4050 | 5150 | 7150 |
| Dual Moon Roofs | | | 100 | 100 | 135 | 135 |
| Manual, 5-Spd (Sedan) | | | (250) | (250) | (335) | (335) |

**OUTBACK AWD—4-Cyl.**—Equipment Schedule 4
W.B. 104.3"; 2.5 Liter.

| Body Type | VIN | List | Good | Very Good | Good | Excellent |
|---|---|---|---|---|---|---|
| Wagon 4D | BH665 | 24220 | 2600 | 2850 | 3800 | 5550 |
| Limited Sedan 4D | BE686 | 26520 | 3050 | 3350 | 4400 | 6400 |
| Limited Wagon 4D | BH686 | 27620 | 3125 | 3425 | 4525 | 6550 |
| Dual Moon Roofs | | | (100) | (100) | (135) | (135) |

**OUTBACK AWD—H6**—Equipment Schedule 4
W.B. 104.3"; 3.0 Liter.

| Body Type | VIN | List | Good | Very Good | Good | Excellent |
|---|---|---|---|---|---|---|
| Sedan 4D | BE896 | 28520 | 3100 | 3400 | 4475 | 6500 |
| L.L. Bean Wagon 4D | BH806 | 30020 | 3375 | 3700 | 5025 | 7250 |
| VDC Sedan 4D | BE806 | 30920 | 3725 | 4050 | 5500 | 7900 |
| VDC Wagon 4D | BH896 | 32420 | 4175 | 4525 | 6125 | 8750 |
| Dual Moon Roofs | | | 100 | 100 | 135 | 135 |

## 2003 SUBARU — JF1or4S3(GG655)-3-#

**IMPREZA AWD—4-Cyl.**—Equipment Schedule 5
W.B. 99.4"; 2.5 Liter.

| Body Type | VIN | List | Good | Very Good | Good | Excellent |
|---|---|---|---|---|---|---|
| 2.5TS Sport Wagon 4D | GG655 | 18920 | 2650 | 2900 | 3625 | 5100 |

EQUIPMENT & MILEAGE PAGE 9 TO 23

# 2003 SUBARU

| Body Type | VIN | List | Trade-In Good | Very Good | Pvt-Party Good | Retail Excellent |
|---|---|---|---|---|---|---|
| Outbk "Sport" Spt Wg | GG685 | 20120 | 3125 | 3450 | 4375 | 6125 |
| 2.5RS Sedan 4D | GD675 | 20420 | 2900 | 3200 | 3925 | 5525 |
| **IMPREZA AWD—4-Cyl. Turbo—Equipment Schedule 4** | | | | | | |
| W.B. 99.4"; 2.0 Liter. | | | | | | |
| WRX Sedan 4D | GD296 | 25720 | 5325 | 5725 | 6950 | 9150 |
| WRX Sport Wagon 4D | GG296 | 25220 | 5100 | 5475 | 6675 | 8800 |
| **LEGACY AWD—4-Cyl.—Equipment Schedule 4** | | | | | | |
| W.B. 104.3"; 2.5 Liter. | | | | | | |
| L Sedan 4D | BE635 | 20820 | 3175 | 3500 | 4325 | 5950 |
| L Wagon 4D | BH635 | 21520 | 3550 | 3875 | 4800 | 6575 |
| L Special Ed Sed 4D | BE635 | 21320 | 3325 | 3650 | 4525 | 6200 |
| L Special Ed Wag 4D | BH635 | 22420 | 3800 | 4125 | 5100 | 6975 |
| GT Sedan 4D | BE646 | 26320 | 4375 | 4725 | 5825 | 7925 |
| GT Wagon 4D | BH646 | 27220 | 4650 | 5025 | 6400 | 8675 |
| Dual Moon Roofs | | | (100) | (100) | (135) | (135) |
| Manual, 5-Spd (Sedan) | | | (300) | (300) | (400) | (400) |
| **OUTBACK AWD—4-Cyl.—Equipment Schedule 4** | | | | | | |
| W.B. 104.3"; 2.5 Liter. | | | | | | |
| Wagon 4D | BH675 | 24370 | 3550 | 3875 | 4900 | 6775 |
| Limited Sedan 4D | BE686 | 26820 | 4025 | 4375 | 5500 | 7600 |
| Limited Wagon 4D | BH686 | 27920 | 4150 | 4500 | 5650 | 7800 |
| Dual Moon Roofs | | | (100) | (100) | (135) | (135) |
| **OUTBACK AWD—H6—Equipment Schedule 4** | | | | | | |
| W.B. 104.3"; 3.0 Liter. | | | | | | |
| Sedan 4D | BE896 | 29020 | 4075 | 4425 | 5575 | 7675 |
| Wagon 4D | BH896 | 29720 | 3650 | 3975 | 5025 | 6950 |
| L.L. Bean Wagon 4D | BH806 | 30520 | 4550 | 4900 | 6175 | 8475 |
| VDC Sedan 4D | BE896 | 31420 | 4950 | 5325 | 6675 | 9150 |
| VDC Wagon 4D | BH896 | 32920 | 5300 | 5700 | 7350 | 10050 |

# 2004 SUBARU — JF1or4S3(GG655)-4-#

| Body Type | VIN | List | Good | Very Good | Good | Excellent |
|---|---|---|---|---|---|---|
| **IMPREZA AWD—4-Cyl.—Equipment Schedule 4** | | | | | | |
| W.B. 99.4"; 2.5 Liter. | | | | | | |
| 2.5TS Sport Wagon 4D | GG655 | 19245 | 3250 | 3575 | 4425 | 6075 |
| Outback Sport Wag | GG685 | 20445 | 4050 | 4400 | 5425 | 7375 |
| 2.5RS Sedan 4D | GD675 | 20745 | 3550 | 3875 | 4800 | 6575 |
| **IMPREZA AWD—4-Cyl. Turbo—Equipment Schedule 4** | | | | | | |
| W.B. 99.4"; 2.0 Liter. | | | | | | |
| WRX Sedan 4D | GD296 | 26045 | 6525 | 6950 | 8350 | 10850 |
| WRX Sport Wagon 4D | GG296 | 26545 | 6300 | 6725 | 7975 | 10400 |
| **IMPREZA AWD—4-Cyl. HO Turbo—Equipment Schedule 4** | | | | | | |
| W.B. 100.0"; 2.5 Liter. | | | | | | |
| WRX STi Sedan 4D | GD706 | 31545 | 11850 | 12450 | 14900 | 19150 |
| **LEGACY AWD—4-Cyl.—Equipment Schedule 4** | | | | | | |
| W.B. 104.3"; 2.5 Liter. | | | | | | |
| L Sedan 4D | BE635 | 21245 | 4125 | 4475 | 5300 | 7050 |
| L Wagon 4D | BH635 | 21945 | 4675 | 5050 | 5950 | 7900 |
| GT Sedan 4D | BE646 | 26645 | 5500 | 5900 | 7150 | 9450 |
| GT Wagon 4D | BH646 | 27545 | 5925 | 6325 | 7675 | 10100 |
| Dual Moon Roofs | | | (125) | (125) | (165) | (165) |
| Manual, 5-Spd | | | (350) | (350) | (465) | (465) |
| **OUTBACK AWD—4-Cyl.—Equipment Schedule 4** | | | | | | |
| W.B. 104.3"; 2.5 Liter. | | | | | | |
| Wagon 4D | BH675 | 24695 | 4650 | 5000 | 5975 | 7975 |
| Limited Sedan 4D | BE686 | 27145 | 5175 | 5550 | 6625 | 8800 |
| Limited Wagon 4D | BH686 | 28245 | 5375 | 5750 | 6875 | 9125 |
| Dual Moon Roofs | | | (125) | (125) | (165) | (165) |
| **OUTBACK AWD—H6—Equipment Schedule 4** | | | | | | |
| W.B. 104.3"; 3.0 Liter. | | | | | | |
| Sedan 4D | BE896 | 29345 | 5275 | 5650 | 6750 | 8950 |
| 35th Anniv Wagon 4D | BH815 | 27645 | 4750 | 5125 | 6100 | 8125 |
| L.L. Bean Wagon 4D | BH806 | 30845 | 5650 | 6050 | 7400 | 9825 |
| VDC Sedan 4D | BE896 | 31545 | 6100 | 6525 | 7950 | 10500 |
| VDC Wagon 4D | BH896 | 33045 | 6650 | 7050 | 8600 | 11350 |

# 2005 SUBARU — (JFor4S)(1,3or4)(GD675)-5-#

| Body Type | VIN | List | Good | Very Good | Good | Excellent |
|---|---|---|---|---|---|---|
| **IMPREZA AWD—4-Cyl.—Equipment Schedule 5** | | | | | | |
| W.B. 99.4"; 2.5 Liter. | | | | | | |
| 2.5RS Sedan 4D | GD675 | 19470 | 4075 | 4425 | 5400 | 7175 |
| 2.5RS Sport Wagon 4D | GG675 | 19470 | 4375 | 4725 | 5775 | 7650 |
| Outback Sport Wag | GG685 | 20370 | 5500 | 5900 | 7325 | 9650 |
| Outback Spt Spcl Ed | GG685 | 20320 | 5400 | 5800 | 7200 | 9500 |

**DEDUCT FOR RECONDITIONING**

# 2005 SUBARU

| Body Type | VIN | List | Trade-In Good | Very Good | Pvt-Party Good | Retail Excellent |
|---|---|---|---|---|---|---|
| **IMPREZA AWD—4-Cyl. Turbo**—Equipment Schedule 4 | | | | | | |
| W.B. 99.4"; 2.0 Liter. | | | | | | |
| WRX Sedan 4D | GD296 | 25370 | 7650 | 8125 | 9450 | 11900 |
| WRX Sport Wagon 4D | GG296 | 24870 | 7300 | 7775 | 9050 | 11400 |
| **IMPREZA AWD—4-Cyl. HO Turbo**—Equipment Schedule 4 | | | | | | |
| W.B. 99.4"; 2.5 Liter. | | | | | | |
| WRX STi Sedan 4D | GD706 | 32770 | 13000 | 13600 | 15550 | 19250 |
| **LEGACY AWD—4-Cyl.**—Equipment Schedule 4 | | | | | | |
| W.B. 105.1"; 2.5 Liter. | | | | | | |
| 2.5i Sedan 4D | BL616 | 22870 | 4125 | 4475 | 5775 | 7725 |
| 2.5i Wagon 4D | BP616 | 23870 | 4750 | 5125 | 6650 | 8975 |
| 2.5i Limited Sedan 4D | BL626 | 26120 | 5475 | 5875 | 7525 | 10100 |
| 2.5i Limited Wagon 4D | BP626 | 27320 | 5600 | 6000 | 7675 | 10300 |
| Dual Moon Roofs | | | (150) | (150) | (200) | (200) |
| Manual, 5-Spd | | | (400) | (400) | (535) | (535) |
| **LEGACY AWD—4-Cyl. Turbo**—Equipment Schedule 4 | | | | | | |
| W.B. 105.1"; 2.5 Liter. | | | | | | |
| 2.5GT Sedan 4D | BL686 | 27870 | 5725 | 6125 | 7825 | 10500 |
| 2.5GT Wagon 4D | BP686 | 28870 | 6225 | 6650 | 8500 | 11350 |
| 2.5GT Limited Sed 4D | BL676 | 30370 | 8025 | 8500 | 10700 | 14100 |
| 2.5GT Limited Wag 4D | BP676 | 31570 | 9350 | 9875 | 12300 | 16200 |
| Dual Moon Roofs | | | (150) | (150) | (200) | (200) |
| Manual, 5-Spd | | | (400) | (400) | (535) | (535) |
| **OUTBACK AWD—4-Cyl.**—Equipment Schedule 4 | | | | | | |
| W.B. 105.1"; 2.5 Liter. | | | | | | |
| 2.5i Wagon 4D | BP61C | 25870 | 4925 | 5300 | 6425 | 8300 |
| 2.5i Limited Wagon | BP62C | 28670 | 6000 | 6425 | 7675 | 9875 |
| Dual Moon Roofs | | | (150) | (150) | (200) | (200) |
| **OUTBACK AWD—4-Cyl. Turbo**—Equipment Schedule 4 | | | | | | |
| W.B. 105.1"; 2.5 Liter. | | | | | | |
| 2.5XT Wagon 4D | BP68C | 29870 | 6150 | 6575 | 7950 | 10200 |
| 2.5XT Limited Wagon | BP67C | 32570 | 6775 | 7225 | 8675 | 11100 |
| Dual Moon Roofs | | | (150) | (150) | (200) | (200) |
| **OUTBACK AWD—H6**—Equipment Schedule 4 | | | | | | |
| W.B. 105.1"; 3.0 Liter. | | | | | | |
| 3.0R Sedan 4D | BL84C | 31670 | 8775 | 9275 | 11050 | 14100 |
| 3.0R L.L. Bean Wagon | BP86C | 32870 | 9100 | 9625 | 11450 | 14600 |
| 3.0R VDC Ltd Wagon | BP85C | 34070 | 9950 | 10500 | 12400 | 15800 |
| Dual Moon Roofs | | | (150) | (150) | (200) | (200) |

# 2006 SUBARU — (JFor4S)(1,3or4)(GD676)-6-#

| Body Type | VIN | List | Trade-In Good | Very Good | Pvt-Party Good | Retail Excellent |
|---|---|---|---|---|---|---|
| **IMPREZA AWD—4-Cyl.**—Equipment Schedule 5 | | | | | | |
| W.B. 99.4"; 2.5 Liter. | | | | | | |
| 2.5i Sedan 4D | GD676 | 19720 | 4425 | 4800 | 5925 | 7725 |
| 2.5i Sport Wagon | GG676 | 19720 | 4700 | 5075 | 6225 | 8125 |
| Outback Sport Wagon | GG686 | 20620 | 6100 | 6525 | 7975 | 10300 |
| **IMPREZA AWD—4-Cyl. Turbo**—Equipment Schedule 4 | | | | | | |
| W.B. 99.4"; 2.5 Liter. | | | | | | |
| WRX TR Sedan 4D | GD796 | 24620 | 8250 | 8750 | 9925 | 12300 |
| WRX Sedan 4D | GD796 | 25620 | 9450 | 9975 | 11300 | 13950 |
| WRX Sport Wagon 4D | GG796 | 25620 | 9050 | 9550 | 10850 | 13400 |
| WRX Limited Sedan | GD796 | 29120 | 10900 | 11450 | 13000 | 16000 |
| WRX Limited Spt Wag | GG796 | 28620 | 10600 | 11150 | 12650 | 15600 |
| **IMPREZA AWD—4-Cyl. HO Turbo**—Equipment Schedule 4 | | | | | | |
| W.B. 100.0"; 2.5 Liter. | | | | | | |
| WRX STi Sedan 4D | GD706 | 33620 | 14950 | 15600 | 17800 | 22000 |
| **LEGACY AWD—4-Cyl.**—Equipment Schedule 4 | | | | | | |
| W.B. 105.1"; 2.5 Liter. | | | | | | |
| i Sedan 4D | BL616 | 23520 | 5275 | 5675 | 6850 | 8850 |
| i Wagon 4D | BP616 | 24520 | 5925 | 6350 | 7425 | 9425 |
| i Limited Sedan 4D | BL626 | 26120 | 7500 | 7975 | 9275 | 11650 |
| i Limited Wagon 4D | BP626 | 27320 | 7600 | 8075 | 9400 | 11800 |
| Manual, 5-Spd | | | (425) | (425) | (565) | (565) |
| **LEGACY AWD—4-Cyl. Turbo**—Equipment Schedule 4 | | | | | | |
| W.B. 105.1"; 2.5 Liter. | | | | | | |
| GT Limited Sedan 4D | BL676 | 30620 | 11700 | 12300 | 14050 | 17450 |
| GT Limited Wag 4D | BP676 | 31820 | 12050 | 12650 | 14500 | 18050 |
| Manual, 5-Spd | | | (425) | (425) | (565) | (565) |
| **OUTBACK AWD—4-Cyl.**—Equipment Schedule 4 | | | | | | |
| W.B. 105.1"; 2.5 Liter. | | | | | | |
| 2.5i Wagon 4D | BP61C | 26420 | 5800 | 6225 | 7275 | 9150 |
| 2.5i Limited Sedan 4D | BL62C | 28020 | 6650 | 7100 | 8250 | 10350 |
| 2.5i Limited Wagon | BP62C | 29220 | 8000 | 8475 | 9800 | 12250 |

# 2006 SUBARU

| Body Type | VIN | List | Trade-In Good | Very Good | Pvt-Party Good | Retail Excellent |
|---|---|---|---|---|---|---|
| **OUTBACK AWD—4-Cyl. Turbo**—Equipment Schedule 4 | | | | | | |
| W.B. 105.1"; 2.5 Liter. | | | | | | |
| 2.5XT Wagon 4D | BP68C | 30420 | 8150 | 8625 | 9975 | 12450 |
| 2.5XT Limited Wagon | BP67C | 32820 | 9100 | 9625 | 11050 | 13750 |
| **OUTBACK AWD—H6**—Equipment Schedule 4 | | | | | | |
| W.B. 105.1"; 3.0 Liter. | | | | | | |
| 3.0R Wagon 4D | BP84C | 29620 | 8600 | 9100 | 10500 | 13100 |
| 3.0R L.L. Bean Sed 4D | BL86C | 31920 | 10350 | 10900 | 12500 | 15550 |
| 3.0R L.L. Bean Wagon | BP86C | 33120 | 10650 | 11200 | 12850 | 15950 |
| 3.0R VDC Ltd Wagon | BP85C | 36320 | 11600 | 12200 | 13950 | 17300 |

## 2007 SUBARU — (JFor4S)(1,3or4)(GD616)-7-#

| Body Type | VIN | List | Trade-In Good | Very Good | Pvt-Party Good | Retail Excellent |
|---|---|---|---|---|---|---|
| **IMPREZA AWD—4-Cyl.**—Equipment Schedule 5 | | | | | | |
| W.B. 99.4"; 2.5 Liter. | | | | | | |
| 2.5i Sedan 4D | GD616 | 19420 | 5200 | 5600 | 6675 | 8525 |
| 2.5i Sport Wagon | GD616 | 19420 | 5400 | 5800 | 6900 | 8825 |
| Outback Sport Wagon | GG626 | 20620 | 6675 | 7125 | 8375 | 10650 |
| Manual, 5-Spd | | | (425) | (425) | (565) | (565) |
| **IMPREZA AWD—4-Cyl. Turbo**—Equipment Schedule 4 | | | | | | |
| W.B. 99.4"; 2.5 Liter. | | | | | | |
| WRX TR Sedan 4D | GD756 | 24620 | 9250 | 9775 | 10900 | 13250 |
| WRX Sedan 4D | GD746 | 25620 | 10600 | 11150 | 12400 | 15050 |
| WRX Sport Wagon | GG746 | 25120 | 10250 | 10800 | 11950 | 14550 |
| WRX Limited Sedan | GG746 | 29120 | 12200 | 12800 | 14200 | 17200 |
| WRX Limited Spt Wag | GG746 | 28620 | 11900 | 12500 | 13850 | 16800 |
| **IMPREZA AWD—4-Cyl. HO Turbo**—Equipment Schedule 4 | | | | | | |
| W.B. 99.4"; 2.5 Liter. | | | | | | |
| WRX STi Sedan 4D | GD766 | 34120 | 16900 | 17650 | 19450 | 23500 |
| WRX STi Limited Sed | GD776 | 34120 | 17500 | 18250 | 20100 | 24300 |
| **LEGACY AWD—4-Cyl.**—Equipment Schedule 4 | | | | | | |
| W.B. 105.1"; 2.5 Liter. | | | | | | |
| i Sedan 4D | BL616 | 22120 | 6100 | 6525 | 7700 | 9825 |
| i Wagon 4D | BP616 | 23620 | 6725 | 7175 | 8400 | 10650 |
| i Limited Sedan | BL626 | 24720 | 8275 | 8775 | 10200 | 12850 |
| i Limited Wagon 4D | BP626 | 25920 | 8750 | 9250 | 10750 | 13500 |
| Manual, 5-Spd | | | (450) | (450) | (600) | (600) |
| **LEGACY AWD—4-Cyl. Turbo**—Equipment Schedule 4 | | | | | | |
| W.B. 105.1"; 2.5 Liter. | | | | | | |
| GT Limited Sedan 4D | BL676 | 30120 | 12300 | 12900 | 14850 | 18550 |
| GT Limited Wagon 4D | BP676 | 31520 | 12400 | 13000 | 15000 | 18700 |
| GT spec.B Sedan 4D | BL696 | 34620 | 13500 | 14150 | 16350 | 20400 |
| Manual, 5-Spd | | | (450) | (450) | (600) | (600) |
| **OUTBACK AWD—4-Cyl.**—Equipment Schedule 4 | | | | | | |
| W.B. 105.1"; 2.5 Liter. | | | | | | |
| 2.5i Basic Wagon 4D | BP61C | 23620 | 7150 | 7625 | 8625 | 10600 |
| 2.5i Wagon 4D | BP61C | 25220 | 7500 | 7975 | 9000 | 11050 |
| 2.5i Limited Sedan 4D | BL62C | 27020 | 8700 | 9200 | 10300 | 12650 |
| 2.5i Limited Wagon 4D | BP62C | 28020 | 9250 | 9775 | 11000 | 13450 |
| **OUTBACK AWD—4-Cyl. Turbo**—Equipment Schedule 4 | | | | | | |
| W.B. 105.1"; 2.5 Liter. | | | | | | |
| 2.5XT Limited Wagon | BP63C | 32820 | 10300 | 10850 | 12150 | 14850 |
| **OUTBACK AWD—H6 HO**—Equipment Schedule 4 | | | | | | |
| W.B. 105.1"; 3.0 Liter. | | | | | | |
| 3.0R L.L. Bean Sedan | BL86C | 30920 | 11550 | 12150 | 13600 | 16600 |
| 3.0R L.L. Bean Wagon | BP86C | 32120 | 11900 | 12500 | 14000 | 17100 |

## 2008 SUBARU — (JFor4S)(1,3or4)(GE616)-8-#

| Body Type | VIN | List | Trade-In Good | Very Good | Pvt-Party Good | Retail Excellent |
|---|---|---|---|---|---|---|
| **IMPREZA AWD—4-Cyl.**—Equipment Schedule 5 | | | | | | |
| W.B. 103.1"; 2.5 Liter. | | | | | | |
| 2.5i Sedan 4D | GE616 | 18640 | 6750 | 7200 | 8125 | 10050 |
| 2.5i Premium Sedan | GE616 | 20140 | 7950 | 8425 | 9525 | 11750 |
| 2.5i Sport Wagon | GH616 | 19140 | 7700 | 8175 | 9250 | 11400 |
| 2.5i Premium Wagon | GH616 | 20640 | 8450 | 8950 | 10100 | 12400 |
| Outback Sport Wagon | GH636 | 21640 | 9350 | 9875 | 11150 | 13650 |
| Manual, 5-Spd w/Overdrive | | | (450) | (450) | (600) | (600) |
| **IMPREZA AWD—4-Cyl. Turbo**—Equipment Schedule 4 | | | | | | |
| W.B. 103.1", 103.3" (STI); 2.5 Liter. | | | | | | |
| WRX Sedan 4D | GE756 | 25995 | 11850 | 12450 | 13450 | 16000 |
| WRX Premium Sedan | GE756 | 27095 | 12350 | 12950 | 14000 | 16600 |
| WRX Sport Wagon | GH746 | 26495 | 12150 | 12750 | 13750 | 16350 |
| WRX Premium Wagon | GH756 | 27595 | 12550 | 13150 | 14300 | 17000 |
| WRX STI Sport Wagon | GR796 | 35640 | 19150 | 20000 | 21300 | 25100 |

**258 DEDUCT FOR RECONDITIONING**

# 2008 SUBARU

| Body Type | VIN | List | Trade-In Good | Very Good | Pvt-Party Good | Retail Excellent |
|---|---|---|---|---|---|---|
| **LEGACY AWD—4-Cyl.**—Equipment Schedule 4 | | | | | | |
| W.B. 105.1"; 2.5 Liter. | | | | | | |
| 2.5i Sedan 4D | BL616 | 22140 | 7075 | 7525 | 8550 | 10550 |
| 2.5i Limited Sedan 4D | BL626 | 24740 | 9900 | 10450 | 11650 | 14250 |
| Manual, 5-Spd w/Overdrive | | | (500) | (500) | (665) | (665) |
| **LEGACY AWD—4-Cyl. Turbo**—Equipment Schedule 4 | | | | | | |
| W.B. 105.1"; 2.5 Liter. | | | | | | |
| 2.5GT Limited Sedan | BL676 | 30440 | 13450 | 14100 | 15650 | 19000 |
| 2.5GT spec.B Sedan | BL696 | 34640 | 15350 | 16050 | 17650 | 21300 |
| Manual, 5-Spd HD w/OD | | | (500) | (500) | (665) | (665) |
| **LEGACY AWD—6-Cyl.**—Equipment Schedule 4 | | | | | | |
| W.B. 105.1"; 3.0 Liter. | | | | | | |
| 3.0R Limited Sedan 4D | BL856 | 31940 | 14200 | 14850 | 16400 | 19800 |
| **OUTBACK AWD—4-Cyl.**—Equipment Schedule 4 | | | | | | |
| W.B. 105.1"; 2.5 Liter. | | | | | | |
| Basic Wagon 4D | BP60C | 23640 | 8850 | 9375 | 10300 | 12450 |
| 2.5i Wagon 4D | BP61C | 25240 | 9150 | 9675 | 10650 | 12900 |
| 2.5i Limited Wagon 4D | BP62C | 28040 | 10950 | 11500 | 12650 | 15300 |
| **OUTBACK AWD—4-Cyl. Turbo**—Equipment Schedule 4 | | | | | | |
| W.B. 105.1"; 2.5 Liter. | | | | | | |
| 2.5XT Limited Wag | BP63C | 32840 | 11850 | 12450 | 13700 | 16450 |
| **OUTBACK AWD—H6**—Equipment Schedule 4 | | | | | | |
| W.B. 105.1"; 3.0 Liter. | | | | | | |
| 3.0R L.L. Bean Wagon | BP86C | 32140 | 12550 | 13200 | 14450 | 17350 |

## 2009 SUBARU — (JFor4S)(1,3or4)(GE616)-9-#

| Body Type | VIN | List | Trade-In Good | Very Good | Pvt-Party Good | Retail Excellent |
|---|---|---|---|---|---|---|
| **IMPREZA AWD—4-Cyl.**—Equipment Schedule 5 | | | | | | |
| W.B. 103.1"; 2.5 Liter. | | | | | | |
| 2.5i Sedan 4D | GE616 | 19160 | 8250 | 8750 | 9675 | 11750 |
| 2.5i Premium Sedan | GE606 | 21180 | 9375 | 9900 | 10950 | 13250 |
| 2.5i Sport Wagon | GH616 | 19660 | 9225 | 9750 | 10800 | 13100 |
| 2.5i Premium Wagon | GH606 | 21680 | 9575 | 10100 | 11150 | 13550 |
| Outback Sport Wagon | GH636 | 21660 | 10500 | 11050 | 12250 | 14800 |
| Manual, 5-Spd w/Overdrive | | | (475) | (475) | (635) | (635) |
| **IMPREZA AWD—4-Cyl. Turbo**—Equipment Schedule 4 | | | | | | |
| W.B. 103.1", 103.3" (STI); 2.5 Liter. | | | | | | |
| WRX Sedan 4D | GE766 | 25660 | 13550 | 14200 | 15150 | 17750 |
| WRX Premium Sedan | GE786 | 28160 | 14100 | 14750 | 15700 | 18400 |
| WRX Sport Wagon | GH766 | 26160 | 13950 | 14600 | 15550 | 18200 |
| WRX Premium Wagon | GH786 | 28660 | 14400 | 15050 | 16050 | 18750 |
| 2.5GT Sedan 4D | GE746 | 27160 | 13700 | 14350 | 15850 | 19100 |
| 2.5GT Sport Wagon | GH746 | 27660 | 13850 | 14550 | 16050 | 19300 |
| WRX STI Sport Wag | GR896 | 35660 | 21000 | 21900 | 23100 | 26900 |
| **LEGACY AWD—4-Cyl.**—Equipment Schedule 4 | | | | | | |
| W.B. 105.1"; 2.5 Liter. | | | | | | |
| 2.5i Sedan 4D | BL606 | 22460 | 8500 | 9000 | 9825 | 11850 |
| 2.5i Limited Sedan 4D | BL626 | 25660 | 10700 | 11250 | 12250 | 14700 |
| Manual, 5-Spd w/Overdrive | | | (525) | (525) | (700) | (700) |
| **LEGACY AWD—4-Cyl. Turbo**—Equipment Schedule 4 | | | | | | |
| W.B. 105.1"; 2.5 Liter. | | | | | | |
| 2.5GT Limited Sedan | BL676 | 31060 | 14150 | 14800 | 16150 | 19250 |
| 2.5GT spec.B Sedan | BL696 | 35260 | 15950 | 16650 | 18100 | 21500 |
| Manual, 5-Spd HD w/OD | | | (525) | (525) | (700) | (700) |
| **LEGACY AWD—6-Cyl.**—Equipment Schedule 4 | | | | | | |
| W.B. 105.1"; 3.0 Liter. | | | | | | |
| 3.0R Sedan 4D | BL846 | 27260 | 12500 | 13150 | 14250 | 17050 |
| 3.0R Limited Sedan 4D | BL856 | 30560 | 14150 | 14800 | 16150 | 19250 |
| **OUTBACK AWD—4-Cyl.**—Equipment Schedule 4 | | | | | | |
| W.B. 105.1"; 2.5 Liter. | | | | | | |
| 2.5i Wagon 4D | BP60C | 23960 | 11150 | 11700 | 12550 | 14800 |
| 2.5i Limited Wagon 4D | BP66C | 28960 | 13250 | 13900 | 14900 | 17550 |
| **OUTBACK AWD—4-Cyl. Turbo**—Equipment Schedule 4 | | | | | | |
| W.B. 105.1"; 2.5 Liter. | | | | | | |
| 2.5XT Limited Wagon | BP63C | 33460 | 13950 | 14600 | 15700 | 18550 |
| **OUTBACK AWD—H6**—Equipment Schedule 4 | | | | | | |
| W.B. 105.1"; 3.0 Liter. | | | | | | |
| 3.0R Limited Wagon | BP85C | 32760 | 14350 | 15000 | 16150 | 19050 |

## 2010 SUBARU — (JFor4S)(1,3or4)(GE6A6)-A-#

| Body Type | VIN | List | Trade-In Good | Very Good | Pvt-Party Good | Retail Excellent |
|---|---|---|---|---|---|---|
| **IMPREZA AWD—4-Cyl.**—Equipment Schedule 5 | | | | | | |
| W.B. 103.1"; 2.5 Liter. | | | | | | |
| 2.5i Sedan 4D | GE6A6 | 18190 | 9400 | 9925 | 10750 | 12750 |

## 2010 SUBARU

| Body Type | VIN | List | Trade-In Good | Trade-In Very Good | Pvt-Party Good | Retail Excellent |
|---|---|---|---|---|---|---|
| 2.5i Premium Sedan | GE6A6 | 19190 | 10100 | 10650 | 11450 | 13650 |
| 2.5i Sport Wagon | GH6A6 | 18690 | 9900 | 10450 | 11250 | 13400 |
| 2.5i Premium Wagon | GH6A6 | 19690 | 10750 | 11300 | 12200 | 14500 |
| Outback Sport Wagon | GH6D6 | 20690 | 11400 | 12000 | 12950 | 15350 |
| Manual, 5-Spd w/Overdrive | | | (525) | (525) | (700) | (700) |

**IMPREZA AWD—4-Cyl. Turbo—Equipment Schedule 4**
W.B. 103.1", 103.3" (STI); 2.5 Liter.

| Body Type | VIN | List | Good | Very Good | Pvt-Party Good | Retail Excellent |
|---|---|---|---|---|---|---|
| WRX Sedan 4D | GE7G6 | 25690 | 14950 | 15600 | 16400 | 18950 |
| WRX Premium Sedan | GE7G6 | 28190 | 15800 | 16550 | 17300 | 20000 |
| WRX Limited Sedan | GE7E6 | 29190 | 17850 | 18650 | 19450 | 22500 |
| WRX Sport Wagon | GH7G6 | 26190 | 15350 | 16050 | 16800 | 19400 |
| WRX Premium Wagon | GH7G6 | 28690 | 16200 | 16900 | 17700 | 20500 |
| WRX Limited Wagon | GH7G6 | 29690 | 17850 | 18650 | 19450 | 22500 |
| 2.5GT Sedan 4D | GE7E6 | 27690 | 14900 | 15555 | 16750 | 19800 |
| 2.5GT Sport Wagon | GH7E6 | 28190 | 15100 | 15800 | 16950 | 20000 |
| WRX STI Sport Wagon | GR8H6 | 35690 | 22000 | 23000 | 23800 | 27400 |
| WRX STI Spec Ed Wag | GR8H6 | 33690 | 22500 | 23500 | 24300 | 28000 |

**LEGACY AWD—4-Cyl.—Equipment Schedule 4**
W.B. 108.3"; 2.5 Liter.

| Body Type | VIN | List | Good | Very Good | Pvt-Party Good | Retail Excellent |
|---|---|---|---|---|---|---|
| 2.5i Sedan 4D | BMAA6 | 21690 | 10550 | 11100 | 11950 | 14250 |
| 2.5i Premium Sedan | BMAB6 | 22690 | 11250 | 11850 | 12800 | 15200 |
| 2.5i Limited Sedan 4D | BMCJ6 | 25660 | 13900 | 14550 | 15700 | 18600 |

**LEGACY AWD—4-Cyl. Turbo—Equipment Schedule 4**
W.B. 108.3"; 2.5 Liter.

| Body Type | VIN | List | Good | Very Good | Pvt-Party Good | Retail Excellent |
|---|---|---|---|---|---|---|
| 2.5GT Premium Sed | BMFC6 | 28660 | 18350 | 19150 | 20500 | 24200 |
| 2.5GT Limited Sedan | BMFJ6 | 30660 | 19900 | 20800 | 22200 | 26200 |

**LEGACY AWD—6-Cyl.—Equipment Schedule 4**
W.B. 108.3"; 3.6 Liter.

| Body Type | VIN | List | Good | Very Good | Pvt-Party Good | Retail Excellent |
|---|---|---|---|---|---|---|
| 3.6R Sedan 4D | BMDA6 | 25660 | 14250 | 14900 | 16100 | 19050 |
| 3.6R Premium Sedan | BMDC6 | 26660 | 15050 | 15750 | 16950 | 20000 |
| 3.6R Limited Sed 4D | BMDJ6 | 28660 | 18250 | 19050 | 20400 | 24000 |

**OUTBACK AWD—4-Cyl.—Equipment Schedule 4**
W.B. 107.9"; 2.5 Liter.

| Body Type | VIN | List | Good | Very Good | Pvt-Party Good | Retail Excellent |
|---|---|---|---|---|---|---|
| 2.5i Wagon 4D | BRCAC | 24690 | 11850 | 12450 | 13200 | 15450 |
| 2.5i Premium Wagon | BRCBC | 26290 | 14400 | 15050 | 15950 | 18650 |
| 2.5i Limited Wagon | BRCJC | 28690 | 17100 | 17850 | 18800 | 21900 |

**OUTBACK AWD—6-Cyl.—Equipment Schedule 4**
W.B. 107.9"; 3.6 Liter.

| Body Type | VIN | List | Good | Very Good | Pvt-Party Good | Retail Excellent |
|---|---|---|---|---|---|---|
| 3.6R Wagon 4D | BRDAC | 28690 | 16650 | 17400 | 18350 | 21400 |
| 3.6R Premium Wagon | BRECC | 29690 | 17800 | 18550 | 19650 | 23000 |
| 3.6R Limited Wagon | BRDJC | 31690 | 19550 | 20400 | 21500 | 25100 |

## 2011 SUBARU — (JFor4S)(1,3or4)(GE6A6)-B-#

**IMPREZA AWD—4-Cyl.—Equipment Schedule 5**
W.B. 103.1"; 2.5 Liter.

| Body Type | VIN | List | Good | Very Good | Pvt-Party Good | Retail Excellent |
|---|---|---|---|---|---|---|
| 2.5i Sedan 4D | GE6A6 | 18220 | 10900 | 11450 | 12250 | 14400 |
| 2.5i Premium Sedan | GE6B6 | 19220 | 11650 | 12250 | 13050 | 15350 |
| 2.5i Sport Wagon | GH6A6 | 18720 | 11350 | 11950 | 12750 | 15000 |
| 2.5i Premium Wagon | GH6B6 | 19720 | 12350 | 12950 | 13800 | 16200 |
| Outback Sport Wagon | GH6D6 | 20720 | 12950 | 13550 | 14550 | 17050 |
| Manual, 5-Spd w/Overdrive | | | (525) | (525) | (700) | (700) |

**IMPREZA AWD—4-Cyl. Turbo—Equipment Schedule 4**
W.B. 103.3"; 2.5 Liter.

| Body Type | VIN | List | Good | Very Good | Pvt-Party Good | Retail Excellent |
|---|---|---|---|---|---|---|
| WRX Sedan 4D | GV7E6 | 26220 | 17500 | 18250 | 18800 | 21500 |
| WRX Premium Sedan | GV7F6 | 28720 | 18650 | 19500 | 20000 | 22900 |
| WRX Limited Sedan | GV7F6 | 29720 | 20500 | 21300 | 21900 | 25000 |
| WRX Sport Wagon | GR7E6 | 26220 | 17800 | 18550 | 19150 | 21900 |
| WRX Premium Wagon | GR7E6 | 28720 | 19250 | 20100 | 20700 | 23600 |
| WRX Limited Wagon | GR7E6 | 29720 | 20500 | 21300 | 21900 | 25000 |
| WRX STI Sedan 4D | GV8J6 | 34720 | 24600 | 25600 | 26200 | 29800 |
| WRX STI Limited Sed | GV8J6 | 38070 | 25600 | 26700 | 27300 | 31100 |
| WRX STI Sport Wagon | GR8H6 | 36720 | 25400 | 26400 | 27000 | 30700 |

**LEGACY AWD—4-Cyl.—Equipment Schedule 4**
W.B. 108.3"; 2.5 Liter.

| Body Type | VIN | List | Good | Very Good | Pvt-Party Good | Retail Excellent |
|---|---|---|---|---|---|---|
| 2.5i Sedan 4D | BMAA6 | 21720 | 11650 | 12250 | 13050 | 15300 |
| 2.5i Premium Sedan | BMAB6 | 22720 | 12550 | 13200 | 13950 | 16400 |
| 2.5i Limited Sedan | BMCJ6 | 26020 | 14950 | 15600 | 16600 | 19400 |

**LEGACY AWD—4-Cyl. Turbo—Equipment Schedule 4**
W.B. 108.3"; 2.5 Liter.

| Body Type | VIN | List | Good | Very Good | Pvt-Party Good | Retail Excellent |
|---|---|---|---|---|---|---|
| 2.5GT Limited Sedan | BMFK6 | 32120 | 20800 | 21700 | 22800 | 26600 |

**LEGACY AWD—6-Cyl.—Equipment Schedule 4**
W.B. 108.3"; 3.6 Liter.

| Body Type | VIN | List | Good | Very Good | Pvt-Party Good | Retail Excellent |
|---|---|---|---|---|---|---|
| 3.6R Sedan 4D | BMDA6 | 25720 | 14950 | 15600 | 16600 | 19400 |

**DEDUCT FOR RECONDITIONING**

# 2011 SUBARU

| Body Type | VIN | List | Trade-In Good | Very Good | Pvt-Party Good | Retail Excellent |
|---|---|---|---|---|---|---|
| 3.6R Premium Sedan | BMDC6 | 26720 | 16000 | 16700 | 17700 | 20700 |
| 3.6R Limited Sedan | BMDJ6 | 29020 | 19000 | 19850 | 20900 | 24400 |

**OUTBACK AWD—4-Cyl.—Equipment Schedule 4**
W.B. 107'9"; 2.5 Liter.
| 2.5i Wagon 4D | BRAAC | 24920 | 13100 | 13750 | 14600 | 17000 |
| 2.5i Premium Wagon | BRCBC | 26220 | 15750 | 16450 | 17350 | 20200 |
| 2.5i Limited Wagon | BRCJC | 29220 | 18650 | 19450 | 20400 | 23700 |

**OUTBACK AWD—6-Cyl.—Equipment Schedule 4**
W.B. 107.9"; 3.6 Liter.
| 3.6R Wagon 4D | BRDAC | 28920 | 18750 | 19600 | 20500 | 23900 |
| 3.6R Premium Wagon | BRDCC | 29920 | 19850 | 20700 | 21700 | 25200 |
| 3.6R Limited Wagon | BRDJC | 32220 | 21100 | 22000 | 23000 | 26700 |

## 2012 SUBARU — JF1or4S3(GJAA6)-C-#

**IMPREZA AWD—4-Cyl.—Equipment Schedule 5**
W.B. 104.1"; 2.0 Liter.
| 2.0i Sedan 4D | GJAA6 | 18245 | 12600 | 13200 | 13800 | 15800 |
| 2.0i Wagon 4D | GPAA6 | 18745 | 12800 | 13400 | 14000 | 16050 |
| 2.0i Premium Sedan | GPAB6 | 20045 | 14050 | 14700 | 15250 | 17500 |
| 2.0i Sport Prem Wag | GPAL6 | 21045 | 14800 | 15450 | 16050 | 18350 |
| Manual, 5-Spd | | | (550) | (550) | (735) | (735) |

**IMPREZA AWD—4-Cyl.—Equipment Schedule 5**
W.B. 104.1"; 2.0 Liter.
| 2.0i Premium Sedan | GJAB6 | 19545 | 13650 | 14300 | 14850 | 17000 |
| 2.0i Limited Sedan | GJAG6 | 22345 | 15500 | 16200 | 16750 | 19150 |
| 2.0i Limited Wagon | GPAG6 | 22845 | 16050 | 16750 | 17300 | 19800 |
| 2.0i Sport Ltd Wagon | GPAR6 | 23345 | 16300 | 17000 | 17550 | 20100 |

**IMPREZA AWD—4-Cyl. Turbo—Equipment Schedule 4**
W.B. 103.3"; 2.5 Liter.
| WRX Sedan 4D | GV7E6 | 26345 | 18950 | 19800 | 20100 | 22700 |
| WRX Premium Sedan | GV7F6 | 28845 | 20100 | 20900 | 21200 | 23900 |
| WRX Limited Sed | GV7U6 | 29845 | 21900 | 22900 | 23100 | 26100 |
| WRX Sport Wagon | GR7E6 | 26345 | 19450 | 20300 | 20600 | 23300 |
| WRX Premium Wagon | GR7E6 | 28845 | 20800 | 21600 | 21900 | 24700 |
| WRX Limited Wagon | GR7E6 | 29845 | 21900 | 22800 | 23100 | 26100 |
| WRX STI Sedan 4D | GV8J6 | 34845 | 26200 | 27300 | 27600 | 31100 |
| WRX STI Limited Sed | GV8J6 | 38195 | 28400 | 29600 | 29900 | 33600 |
| WRX STI Sport Wagon | GR8H6 | 36845 | 26700 | 27800 | 28100 | 31700 |

**LEGACY AWD—4-Cyl.—Equipment Schedule 4**
W.B. 108.3"; 2.5 Liter.
| 2.5i Sedan 4D | BMAA6 | 21745 | 12500 | 13150 | 13800 | 16100 |
| 2.5i Premium Sedan | BMAB6 | 23045 | 13500 | 14150 | 14950 | 17400 |
| 2.5i Limited Sedan 4D | BMAK6 | 26345 | 15900 | 16600 | 17450 | 20200 |

**LEGACY AWD—4-Cyl. Turbo—Equipment Schedule 4**
W.B. 108.3"; 2.5 Liter.
| 2.5GT Sedan 4D | BMFL6 | 32345 | 22500 | 23400 | 24400 | 28200 |

**LEGACY AWD—6-Cyl.—Equipment Schedule 4**
W.B. 108.3"; 3.6 Liter.
| 3.6R Sedan 4D | BMEA6 | 25845 | 15450 | 16150 | 17000 | 19700 |
| 3.6R Premium Sedan | BMEC6 | 27045 | 16850 | 17600 | 18450 | 21400 |
| 3.6R Limited Sedan | BMEJ6 | 29345 | 19700 | 20600 | 21500 | 24900 |

**OUTBACK AWD—4-Cyl.—Equipment Schedule 4**
W.B. 107.9"; 2.5 Liter.
| 2.5i Wagon 4D | BRCAC | 24070 | 15550 | 16250 | 17050 | 19700 |
| 2.5i Premium Wagon | BRCBC | 25570 | 17000 | 17750 | 18550 | 21500 |
| 2.5i Limited Wagon | BRCJC | 29470 | 19950 | 20800 | 21700 | 25000 |

**OUTBACK AWD—6-Cyl.—Equipment Schedule 4**
W.B. 107.9"; 3.6 Liter.
| 3.6R Wagon 4D | BREAC | 29070 | 19550 | 20400 | 21200 | 24500 |
| 3.6R Premium Wagon | BRECC | 30270 | 21000 | 21900 | 22800 | 26300 |
| 3.6R Limited Wagon | BREJC | 32470 | 22100 | 23100 | 23900 | 27600 |

## 2013 SUBARU — JF1or4S3(ZCAB1)-D-#

**BRZ—4-Cyl.—Equipment Schedule 4**
W.B. 101.2"; 2.0 Liter.
| Premium Coupe 2D | ZCAB1 | 27365 | 20100 | 20900 | 21300 | 24000 |
| Limited Coupe 2D | ZCAC1 | 29365 | 21100 | 21900 | 22300 | 25200 |

**IMPREZA AWD—4-Cyl.—Equipment Schedule 5**
W.B. 104.1"; 2.0 Liter.
| 2.0i Sedan 4D | GJAA6 | 19665 | 14050 | 14700 | 15350 | 17650 |
| 2.0i Premium Sedan | GJAB6 | 21065 | 15250 | 15950 | 16600 | 19050 |
| 2.0i Wagon 4D | GPAA6 | 20165 | 14500 | 15150 | 15800 | 18200 |

# 2013 SUBARU

| Body Type | VIN | List | Trade-In Good | Very Good | Pvt-Party Good | Retail Excellent |
|---|---|---|---|---|---|---|
| 2.0i Premium Wagon | GPAB6 | 21565 | 15750 | 16450 | 17100 | 19650 |
| 2.0i Sport Prem Wag | GPAL6 | 22565 | 16400 | 17100 | 17800 | 20400 |
| Manual, 5-Spd | | | (575) | (575) | (765) | (765) |
| **IMPREZA AWD—4-Cyl.**—Equipment Schedule 5 | | | | | | |
| W.B. 104.1"; 2.0 Liter. | | | | | | |
| 2.0i Limited Sedan | GJAG6 | 22765 | 16600 | 17350 | 18000 | 20700 |
| 2.0i Limited Wagon | GJAB6 | 23265 | 16900 | 17650 | 18300 | 21000 |
| 2.0i Sport Ltd Wagon | GPAR6 | 23765 | 17350 | 18100 | 18750 | 21600 |
| **IMPREZA AWD—4-Cyl. Turbo**—Equipment Schedule 4 | | | | | | |
| W.B. 103.3"; 2.5 Liter. | | | | | | |
| WRX Sedan 4D | GV7E6 | 26565 | 21400 | 22300 | 22600 | 25500 |
| WRX Premium Sedan | GV7F6 | 29065 | 22700 | 23600 | 23900 | 27000 |
| WRX Limited Sed | GJ7F6 | 30065 | 23400 | 25300 | 25600 | 28900 |
| WRX STI Sedan 4D | GV8J6 | 33065 | 28700 | 29900 | 30200 | 33900 |
| WRX STI Limited Sed | GJ8J6 | 38415 | 31200 | 32400 | 32700 | 36700 |
| WRX Sport Wagon | GR7E6 | 26565 | 21900 | 22800 | 23100 | 26100 |
| WRX Premium Wagon | GR7E6 | 29065 | 23200 | 24100 | 24400 | 27500 |
| WRX Limited Wagon | GR7E6 | 30065 | 24400 | 25400 | 25600 | 28900 |
| WRX STI Sport Wagon | GR8H6 | 37065 | 29200 | 30400 | 30700 | 34500 |
| **LEGACY AWD—4-Cyl.**—Equipment Schedule 4 | | | | | | |
| W.B. 108.3"; 2.5 Liter. | | | | | | |
| 2.5i Sedan 4D | BMAA6 | 21070 | 13300 | 13950 | 14850 | 17300 |
| 2.5i Premium Sedan | BMCB6 | 23270 | 14700 | 15350 | 16300 | 19000 |
| 2.5i Sport Sedan 4D | | 25270 | 16150 | 16900 | 17850 | 20800 |
| 2.5i Limited Sedan 4D | BMCJ6 | 26670 | 17700 | 18450 | 19450 | 22700 |
| **LEGACY AWD—6-Cyl.**—Equipment Schedule 4 | | | | | | |
| W.B. 108.3"; 3.6 Liter. | | | | | | |
| 3.6R Sedan 4D | BMDA6 | 26170 | 17050 | 17800 | 18750 | 21900 |
| 3.6R Limited Sedan | BMDJ6 | 29670 | 21100 | 22000 | 23100 | 26800 |
| **OUTBACK AWD—4-Cyl.**—Equipment Schedule 4 | | | | | | |
| W.B. 107.9"; 2.5 Liter. | | | | | | |
| 2.5i Wagon 4D | BRCAC | 25290 | 17150 | 17900 | 18650 | 21500 |
| 2.5i Premium Wagon | BRCBC | 26740 | 19150 | 20000 | 20800 | 23900 |
| 2.5i Limited Wagon | BRCJC | 29890 | 21500 | 22400 | 23200 | 26800 |
| **OUTBACK AWD—6-Cyl.**—Equipment Schedule 4 | | | | | | |
| W.B. 107.9"; 3.6 Liter. | | | | | | |
| 3.6R Wagon 4D | BRDAC | 29290 | 21100 | 22000 | 22800 | 26300 |
| 3.6R Limited Wagon | BRDJC | 32890 | 24300 | 25200 | 26100 | 30100 |

# SUZUKI

## 1999 SUZUKI — (JSor2S)3(AB21H)-X-#

**SWIFT—4-Cyl.**—Equipment Schedule 6
W.B. 93.1"; 1.3 Liter.

| | | | | | | |
|---|---|---|---|---|---|---|
| Hatchback 2D | | AB21H | 9479 | 650 | 725 | 1425 | 2350 |

**ESTEEM—4-Cyl.**—Equipment Schedule 6
W.B. 97.6"; 1.6 Liter, 1.8 Liter.

| | | | | | | |
|---|---|---|---|---|---|---|
| GL Sedan 4D | | GB31S | 12629 | 600 | 675 | 1325 | 2200 |
| GL Wagon 4D | | GB31W | 13129 | 700 | 775 | 1475 | 2450 |
| GLX Sedan 4D | | GB31S | 13729 | 750 | 825 | 1575 | 2600 |
| GLX Wagon 4D | | GB31W | 14229 | 825 | 925 | 1675 | 2775 |

## 2000 SUZUKI — (JSor2S)3(AB21H)-Y-#

**SWIFT—4-Cyl.**—Equipment Schedule 6
W.B. 93.1"; 1.3 Liter.

| | | | | | | |
|---|---|---|---|---|---|---|
| GA Hatchback 2D | | AB21H | 9499 | 700 | 775 | 1500 | 2475 |
| GL Hatchback 2D | | AB21H | 10499 | 700 | 775 | 1500 | 2475 |

**ESTEEM—4-Cyl.**—Equipment Schedule 6
W.B. 97.6"; 1.6 Liter, 1.8 Liter.

| | | | | | | |
|---|---|---|---|---|---|---|
| GL Sedan 4D | | GB31S | 13349 | 625 | 700 | 1375 | 2275 |
| GL Wagon 4D | | GB31W | 13849 | 725 | 800 | 1525 | 2550 |
| GLX Sedan 4D | | GB31S | 14349 | 800 | 900 | 1650 | 2750 |
| GLX Wagon 4D | | GB31W | 14849 | 875 | 975 | 1775 | 2925 |

## 2001 SUZUKI — (JSor2S)2(AB21H)-1-#

**SWIFT—4-Cyl.**—Equipment Schedule 6
W.B. 93.1"; 1.3 Liter.

| | | | | | | |
|---|---|---|---|---|---|---|
| GA Hatchback 2D | | AB21H | 9729 | 750 | 825 | 1550 | 2575 |
| GL Hatchback 2D | | AB21H | 10729 | 750 | 825 | 1550 | 2575 |

**ESTEEM—4-Cyl.**—Equipment Schedule 6
W.B. 97.6"; 1.8 Liter.

**DEDUCT FOR RECONDITIONING**

# 2001 SUZUKI

| Body Type | VIN | List | Trade-In Good | Trade-In Very Good | Pvt-Party Good | Retail Excellent |
|---|---|---|---|---|---|---|
| GL Sedan 4D | GB41S | 13679 | 650 | 725 | 1425 | 2350 |
| GL Wagon 4D | GB41W | 14179 | 775 | 875 | 1625 | 2700 |
| GLX Sedan 4D | GB41W | 14479 | 850 | 950 | 1750 | 2875 |
| GLX Wagon 4D | GB41W | 14979 | 900 | 1000 | 1825 | 3025 |

## 2002 SUZUKI — JS2(RA41S)-2-#

**AERIO—4-Cyl.**—Equipment Schedule 6
W.B. 97.6"; 2.0 Liter.

| Body Type | VIN | List | Good | Very Good | Pvt-Party | Retail |
|---|---|---|---|---|---|---|
| S Sedan 4D | RA41S | 14999 | 750 | 825 | 1475 | 2400 |
| GS Sedan 4D | RA41S | 14999 | 675 | 750 | 1375 | 2225 |
| SX Wagon 4D | RC41H | 15999 | 1025 | 1125 | 1900 | 3050 |

**ESTEEM—4-Cyl.**—Equipment Schedule 6
W.B. 97.6"; 1.8 Liter.

| Body Type | VIN | List | Good | Very Good | Pvt-Party | Retail |
|---|---|---|---|---|---|---|
| GL Sedan 4D | GB41S | 13799 | 800 | 900 | 1575 | 2575 |
| GL Wagon 4D | GB41W | 14299 | 900 | 1000 | 1725 | 2825 |
| GLX Sedan 4D | GB41S | 14799 | 1000 | 1100 | 1875 | 3050 |
| GLX Wagon 4D | GB41W | 15299 | 1100 | 1225 | 2025 | 3300 |

## 2003 SUZUKI — JS2(RA41S)-3-#

**AERIO—4-Cyl.**—Equipment Schedule 6
W.B. 97.6"; 2.0 Liter.

| Body Type | VIN | List | Good | Very Good | Pvt-Party | Retail |
|---|---|---|---|---|---|---|
| S Sedan 4D | RA41S | 14019 | 1050 | 1150 | 1850 | 2950 |
| GS Sedan 4D | RA41S | 15294 | 950 | 1050 | 1700 | 2725 |
| SX Wagon 4D | RC41H | 15519 | 1325 | 1450 | 2250 | 3575 |
| AWD | B | | 275 | 275 | 365 | 365 |

## 2004 SUZUKI — JS2orKL5(RA61S)-4-#

**AERIO—4-Cyl.**—Equipment Schedule 6
W.B. 97.6"; 2.3 Liter.

| Body Type | VIN | List | Good | Very Good | Pvt-Party | Retail |
|---|---|---|---|---|---|---|
| S Sedan 4D | RA61S | 14299 | 1250 | 1375 | 2100 | 3325 |
| LX Sedan 4D | RA61S | 15999 | 1375 | 1525 | 2400 | 3775 |
| SX Wagon 4D | RC61H | 16299 | 1475 | 1625 | 2525 | 4000 |
| AWD | B | | 275 | 275 | 365 | 365 |

**FORENZA—4-Cyl.**—Equipment Schedule 3
W.B. 102.4"; 2.0 Liter.

| Body Type | VIN | List | Good | Very Good | Pvt-Party | Retail |
|---|---|---|---|---|---|---|
| S Sedan 4D | JD52Z | 13799 | 1075 | 1200 | 1775 | 2725 |
| LX Sedan 4D | JJ52Z | 15699 | 1150 | 1275 | 1975 | 3025 |
| EX Sedan 4D | JJ52Z | 16499 | 1250 | 1375 | 2100 | 3225 |
| Manual, 5-Spd | | | (350) | (350) | (465) | (465) |

**VERONA—6-Cyl.**—Equipment Schedule 3
W.B. 106.3"; 2.5 Liter.

| Body Type | VIN | List | Good | Very Good | Pvt-Party | Retail |
|---|---|---|---|---|---|---|
| S Sedan 4D | VJ52L | 16999 | 1275 | 1400 | 2100 | 3275 |
| LX Sedan 4D | VJ52L | 18299 | 1600 | 1750 | 2550 | 3975 |
| EX Sedan 4D | VM52L | 19999 | 1675 | 1850 | 2650 | 4125 |

## 2005 SUZUKI — JS2orKL5(RA62S)-5-#

**AERIO—4-Cyl.**—Equipment Schedule 6
W.B. 97.6"; 2.3 Liter.

| Body Type | VIN | List | Good | Very Good | Pvt-Party | Retail |
|---|---|---|---|---|---|---|
| S Sedan 4D | RA62S | 14894 | 1475 | 1650 | 2625 | 4025 |
| LX Sedan 4D | RA61S | 16594 | 1675 | 1850 | 2900 | 4450 |
| SX Wagon 4D | RC61H | 16894 | 1875 | 2075 | 3200 | 4850 |
| AWD | B,D | | 275 | 275 | 365 | 365 |

**FORENZA—4-Cyl.**—Equipment Schedule 3
W.B. 102.4"; 2.0 Liter.

| Body Type | VIN | List | Good | Very Good | Pvt-Party | Retail |
|---|---|---|---|---|---|---|
| S Sedan 4D | JD56Z | 14794 | 975 | 1100 | 1825 | 2700 |
| S Wagon 4D | JD86Z | 15294 | 1175 | 1325 | 2075 | 3075 |
| LX Sedan 4D | JJ56Z | 16694 | 1100 | 1225 | 1975 | 2950 |
| LX Wagon 4D | JJ86Z | 17194 | 1400 | 1550 | 2350 | 3500 |
| EX Sedan 4D | JJ56Z | 17494 | 1300 | 1450 | 2225 | 3325 |
| EX Wagon 4D | JJ86Z | 17994 | 1500 | 1675 | 2475 | 3675 |
| Manual, 5-Spd | | | (400) | (400) | (535) | (535) |

**RENO—4-Cyl.**—Equipment Schedule 4
W.B. 102.4"; 2.0 Liter.

| Body Type | VIN | List | Good | Very Good | Pvt-Party | Retail |
|---|---|---|---|---|---|---|
| S Hatchback 4D | JD66Z | 14794 | 1375 | 1525 | 2175 | 3225 |
| LX Hatchback 4D | JJ66Z | 16694 | 2325 | 2575 | 3525 | 5100 |
| EX Hatchback 4D | JJ66Z | 17494 | 2425 | 2675 | 3650 | 5275 |
| Manual, 5-Spd | | | (400) | (400) | (535) | (535) |

**VERONA—6-Cyl.**—Equipment Schedule 3
W.B. 106.3"; 2.5 Liter.

| Body Type | VIN | List | Good | Very Good | Pvt-Party | Retail |
|---|---|---|---|---|---|---|
| S Sedan 4D | VJ56L | 17799 | 1550 | 1725 | 2525 | 3825 |
| LX Sedan 4D | VJ56L | 19794 | 1975 | 2175 | 3225 | 4800 |
| EX Sedan 4D | VM56L | 20994 | 2150 | 2375 | 3475 | 5150 |

EQUIPMENT & MILEAGE PAGE 9 TO 23

# 2006 SUZUKI

| Body Type | VIN | List | Trade-In Good | Very Good | Pvt-Party Good | Retail Excellent |
|---|---|---|---|---|---|---|
| **2006 SUZUKI — JS2orKL5(RA62S)-6-#** | | | | | | |
| **AERIO—4-Cyl.—Equipment Schedule 6** | | | | | | |
| W.B. 97.6"; 2.3 Liter. | | | | | | |
| Sedan 4D | RA62S | 15479 | 2250 | 2475 | 3425 | 4950 |
| SX Wagon 4D | RC61H | 15979 | 2800 | 3100 | 4150 | 5950 |
| Manual, 5-Spd | | | (300) | (300) | (400) | (400) |
| **AERIO—4-Cyl.—Equipment Schedule 6** | | | | | | |
| W.B. 97.6"; 2.3 Liter. | | | | | | |
| Premium Sedan 4D | RA61S | 15679 | 2500 | 2750 | 3750 | 5425 |
| SX Premium Wagon | RA61H | 15879 | 2725 | 3025 | 4050 | 5825 |
| Automatic | | | 300 | 300 | 400 | 400 |
| AWD | B | | 300 | 300 | 400 | 400 |
| **FORENZA—4-Cyl.—Equipment Schedule 3** | | | | | | |
| W.B. 102.4"; 2.0 Liter. | | | | | | |
| Sedan 4D | JD56Z | 15179 | 1325 | 1475 | 2250 | 3375 |
| Premium Sedan 4D | JJ56Z | 16879 | 1950 | 2175 | 3275 | 4800 |
| Wagon 4D | JD86Z | 15879 | 1525 | 1700 | 2500 | 3750 |
| Premium Wagon 4D | JJ86Z | 17279 | 2050 | 2275 | 3400 | 4975 |
| Manual, 5-Spd | | | (425) | (425) | (565) | (565) |
| **RENO—4-Cyl.—Equipment Schedule 3** | | | | | | |
| W.B. 102.4"; 2.0 Liter. | | | | | | |
| Hatchback 4D | JD66Z | 14679 | 1650 | 1825 | 2600 | 3800 |
| Convenience H'Back | JD66Z | 15729 | 2275 | 2525 | 3600 | 5150 |
| Premium Hatchback | JD66Z | 16879 | 2775 | 3075 | 4250 | 6050 |
| Manual, 5-Spd | | | (425) | (425) | (565) | (565) |
| **VERONA—6-Cyl.—Equipment Schedule 3** | | | | | | |
| W.B. 106.3"; 2.5 Liter. | | | | | | |
| Sedan 4D | VJ56L | 18879 | 1700 | 1875 | 2750 | 4075 |
| Luxury Sedan 4D | VM56L | 20879 | 2125 | 2350 | 3350 | 4900 |
| **2007 SUZUKI — JS2orKL5(RA62S)-7-#** | | | | | | |
| **AERIO—4-Cyl.—Equipment Schedule 6** | | | | | | |
| W.B. 97.6"; 2.3 Liter. | | | | | | |
| Sedan 4D | RA62S | 16594 | 2500 | 2750 | 3750 | 5400 |
| Manual, 5-Spd | | | (300) | (300) | (400) | (400) |
| **AERIO—4-Cyl.—Equipment Schedule 6** | | | | | | |
| W.B. 97.6"; 2.3 Liter. | | | | | | |
| Premium Sedan 4D | RA61S | 16824 | 3275 | 3600 | 4775 | 6800 |
| AWD | B | | 300 | 300 | 400 | 400 |
| **SX4—4-Cyl.—Equipment Schedule 4** | | | | | | |
| W.B. 98.4"; 2.0 Liter. | | | | | | |
| Hatchback Sedan 4D | YB413 | 16594 | 3925 | 4275 | 5200 | 6925 |
| Sport H'Back Sed 4D | YB417 | 17994 | 4325 | 4675 | 5675 | 7525 |
| Manual, 5-Spd | | | (450) | (450) | (600) | (600) |
| **FORENZA—4-Cyl.—Equipment Schedule 3** | | | | | | |
| W.B. 102.4"; 2.0 Liter. | | | | | | |
| Sedan 4D | JD56Z | 15594 | 1825 | 2025 | 2750 | 3975 |
| Wagon 4D | JD86Z | 16294 | 2050 | 2275 | 3050 | 4375 |
| Manual, 5-Spd | | | (450) | (450) | (600) | (600) |
| **RENO—4-Cyl.—Equipment Schedule 4** | | | | | | |
| W.B. 102.4"; 2.0 Liter. | | | | | | |
| Hatchback 4D | JD66Z | 15094 | 2225 | 2450 | 3250 | 4600 |
| Manual, 5-Spd | | | (450) | (450) | (600) | (600) |
| **2008 SUZUKI — JS2orKL5(YC414)-8-#** | | | | | | |
| **SX4—4-Cyl.—Equipment Schedule 4** | | | | | | |
| W.B. 98.4"; 2.0 Liter. | | | | | | |
| Sedan 4D | YC414 | 15395 | 2825 | 3125 | 3725 | 5000 |
| Sport Sedan 4D | YC415 | 16495 | 4150 | 4500 | 5450 | 7200 |
| Sport Road Trip Sed | YC417 | 17099 | 5150 | 5525 | 6650 | 8725 |
| Road Trip Ed H'Back | YA417 | 17099 | 5225 | 5600 | 6725 | 8850 |
| Manual, 5-Spd w/Overdrive | | | (500) | (500) | (665) | (665) |
| **SX4 AWD—4-Cyl.—Equipment Schedule 4** | | | | | | |
| W.B. 98.4"; 2.0 Liter. | | | | | | |
| Hatchback 4D | YB413 | 16995 | 4650 | 5025 | 6050 | 7975 |
| FWD | | | (1150) | (1150) | (1535) | (1535) |
| Manual, 5-Spd w/Overdrive | | | (500) | (500) | (665) | (665) |
| **FORENZA—4-Cyl.—Equipment Schedule 3** | | | | | | |
| W.B. 102.4"; 2.0 Liter. | | | | | | |
| Sedan 4D | JD56Z | 15974 | 2300 | 2550 | 3300 | 4625 |
| Wagon 4D | JD86Z | 16874 | 2475 | 2725 | 3525 | 4925 |

**DEDUCT FOR RECONDITIONING**

# 2008 SUZUKI

| Body Type | VIN | List | Trade-In Good | Very Good | Pvt-Party Good | Retail Excellent |
|---|---|---|---|---|---|---|
| Manual, 5-Spd w/Overdrive | | | (500) | (500) | (665) | (665) |
| **RENO—4-Cyl.—Equipment Schedule 4** | | | | | | |
| W.B. 102.4"; 2.0 Liter. | | | | | | |
| Hatchback 4D | JD66Z | 15324 | 2975 | 3275 | 4100 | 5675 |
| Manual, 5-Spd w/Overdrive | | | (500) | (500) | (665) | (665) |

## 2009 SUZUKI — JS2orKL5(YC411)-9-#

| | VIN | List | Good | Very Good | Good | Excellent |
|---|---|---|---|---|---|---|
| **SX4—4-Cyl.—Equipment Schedule 4** | | | | | | |
| W.B. 98.4"; 2.0 Liter. | | | | | | |
| Sedan 4D | YC411 | 13959 | 3300 | 3625 | 4250 | 5525 |
| LE Sedan 4D | YC412 | 16899 | 4225 | 4575 | 5325 | 6850 |
| Sport Sedan 4D | YC414 | 17499 | 4525 | 4900 | 5650 | 7250 |
| Manual, 5-Spd w/Overdrive | | | (525) | (525) | (700) | (700) |
| **SX4 AWD—4-Cyl.—Equipment Schedule 4** | | | | | | |
| W.B. 98.4"; 2.0 Liter. | | | | | | |
| Hatchback 4D | YB413 | 18234 | 5225 | 5625 | 6675 | 8500 |
| FWD | | | (1100) | (1100) | (1465) | (1465) |
| Manual, 5-Spd w/Overdrive | | | (525) | (525) | (700) | (700) |

## 2010 SUZUKI — JS2(YC5A1)-A-#

| | VIN | List | Good | Very Good | Good | Excellent |
|---|---|---|---|---|---|---|
| **SX4—4-Cyl.—Equipment Schedule 4** | | | | | | |
| W.B. 98.4"; 2.0 Liter. | | | | | | |
| Sedan 4D | YC5A1 | 14094 | 4425 | 4775 | 5500 | 7025 |
| Sportback 4D | YA5A9 | 19834 | 6625 | 7075 | 8200 | 10350 |
| LE Sedan 4D | YC5A2 | 15684 | 5225 | 5600 | 6400 | 8125 |
| Sport S Sedan 4D | YC5A4 | 17984 | 5750 | 6150 | 7200 | 9125 |
| Sport SE Sedan 4D | YC5A4 | 18434 | 5950 | 6375 | 7425 | 9400 |
| Sport GTS Sedan 4D | YC5A9 | 19584 | 6825 | 7275 | 8425 | 10600 |
| **SX4 AWD—4-Cyl.—Equipment Schedule 4** | | | | | | |
| W.B. 98.4"; 2.0 Liter. | | | | | | |
| Hatchback 4D | YB5A3 | 18684 | 6150 | 6575 | 7650 | 9675 |
| FWD | A | | (1175) | (1175) | (1565) | (1565) |
| **KIZASHI—4-Cyl.—Equipment Schedule 4** | | | | | | |
| W.B. 106.3"; 2.4 Liter. | | | | | | |
| S Sedan 4D | RE9A1 | 21234 | 5650 | 6050 | 6875 | 8525 |
| SE Sedan 4D | RE9A3 | 22234 | 6875 | 7325 | 8325 | 10250 |
| GTS Sedan 4D | RE9A5 | 24334 | 8425 | 8925 | 10000 | 12300 |
| SLS Sedan 4D | RE9A7 | 26234 | 9850 | 10400 | 11650 | 14250 |
| AWD | F | | 1550 | 1550 | 2065 | 2065 |

## 2011 SUZUKI — JS2(YC5A1)-B-#

| | VIN | List | Good | Very Good | Good | Excellent |
|---|---|---|---|---|---|---|
| **SX4—4-Cyl.—Equipment Schedule 4** | | | | | | |
| W.B. 98.4"; 2.0 Liter. | | | | | | |
| Sedan 4D | YC5A1 | 14244 | 5325 | 5725 | 6525 | 8075 |
| LE Sedan 4D | YC5A2 | 15940 | 6450 | 6875 | 7750 | 9575 |
| LE Anniv Ed Sedan 4D | YC5A2 | 17744 | 7675 | 8150 | 9175 | 11300 |
| Sport S Sedan 4D | YC5A4 | 17124 | 7000 | 7450 | 8350 | 10300 |
| Sport SE Sedan 4D | YC5A4 | 18494 | 7525 | 8000 | 9025 | 11100 |
| Sport GTS Sedan 4D | YC5A9 | 19644 | 8275 | 8775 | 9850 | 12100 |
| Sportback 4D | YA5A5 | 19894 | 7650 | 8125 | 9150 | 11250 |
| **SX4 AWD—4-Cyl.—Equipment Schedule 4** | | | | | | |
| W.B. 98.4"; 2.0 Liter. | | | | | | |
| Hatchback 4D | YB5A3 | 17744 | 7000 | 7450 | 8350 | 10300 |
| Premium H'Back 4D | YB5A3 | 19344 | 7825 | 8300 | 9350 | 11500 |
| **KIZASHI—4-Cyl.—Equipment Schedule 4** | | | | | | |
| W.B. 106.3"; 2.4 Liter. | | | | | | |
| S Sedan 4D | RE9A1 | 21644 | 6550 | 6975 | 7825 | 9600 |
| SE Sedan 4D | RE9A3 | 22644 | 8500 | 9000 | 10050 | 12250 |
| Sport GTS Sedan 4D | RE9A6 | 24744 | 9500 | 10050 | 11200 | 13650 |
| Sport SLS Sedan 4D | RE9A7 | 26544 | 10800 | 11350 | 12650 | 15400 |
| AWD | F | | 1650 | 1650 | 2200 | 2200 |

## 2012 SUZUKI — JS2(YC5A1)-C-#

| | VIN | List | Good | Very Good | Good | Excellent |
|---|---|---|---|---|---|---|
| **SX4—4-Cyl.—Equipment Schedule 4** | | | | | | |
| W.B. 98.4"; 2.0 Liter. | | | | | | |
| Sedan 4D | YC5A1 | 14464 | 6325 | 6750 | 7725 | 9650 |
| LE Sedan 4D | YC5A2 | 18314 | 7800 | 8275 | 9475 | 11800 |
| Sport SE Sedan 4D | YC5A4 | 18964 | 8500 | 9000 | 10250 | 12750 |
| Sportback 4D | YA5A5 | 18764 | 8400 | 8900 | 10150 | 12600 |
| Technology H'Back 4D | YA5A5 | 19264 | 8575 | 9075 | 10350 | 12850 |
| **SX4 AWD—4-Cyl.—Equipment Schedule 4** | | | | | | |
| W.B. 98.4"; 2.0 Liter. | | | | | | |

**EQUIPMENT & MILEAGE PAGE 9 TO 23**

# 2012 SUZUKI

| Body Type | VIN | List | Trade-In Good | Very Good | Pvt-Party Good | Retail Excellent |
|---|---|---|---|---|---|---|
| Hatchback 4D | YB5A3 | 17764 | 7700 | 8175 | 9275 | 11550 |
| Premium H'Back 4D | YB5A3 | 19640 | 8900 | 9425 | 10700 | 13250 |
| Technology Value 4D | YB5A3 | 20414 | 9900 | 10450 | 11850 | 14700 |

**KIZASHI—4-Cyl.—Equipment Schedule 4**
W.B. 106.3"; 2.4 Liter.

| Body Type | VIN | List | Good | Very Good | Good | Excellent |
|---|---|---|---|---|---|---|
| S Sedan 4D | RE9A1 | 21764 | 7925 | 8400 | 9350 | 11400 |
| SE Sedan 4D | RE9A3 | 23064 | 9850 | 10400 | 11500 | 13950 |
| Sport GTS Sedan 4D | RE9A6 | 25164 | 10800 | 11350 | 12550 | 15200 |
| Sport SLS Sedan 4D | RE9A8 | 28363 | 12050 | 12650 | 14000 | 16900 |
| AWD | F | | 1725 | 1725 | 2300 | 2300 |

## 2013 SUZUKI — JS2(YC5A3)-D-#

**SX4—4-Cyl.—Equipment Schedule 4**
W.B. 98.4"; 2.0 Liter.

| Body Type | VIN | List | Good | Very Good | Good | Excellent |
|---|---|---|---|---|---|---|
| LE Sedan 4D | YC5A3 | 16640 | 8750 | 9250 | 10300 | 12550 |
| LE Popular Sedan 4D | YC5A3 | 18644 | 9875 | 10400 | 11600 | 14100 |
| Sport SE Sedan 4D | YC5A5 | 19594 | 10600 | 11150 | 12350 | 15000 |

**SX4—4-Cyl.—Equipment Schedule 4**
W.B. 98.4"; 2.0 Liter.

| Body Type | VIN | List | Good | Very Good | Good | Excellent |
|---|---|---|---|---|---|---|
| Hatchback 4D | YB5A3 | 17794 | 9275 | 9800 | 10900 | 13300 |
| FWD | A | | (1300) | (1300) | (1735) | (1735) |

**SX4—4-Cyl.—Equipment Schedule 4**
W.B. 98.4"; 2.0 Liter.

| Body Type | VIN | List | Good | Very Good | Good | Excellent |
|---|---|---|---|---|---|---|
| Premium H'Back 4D | YB5A3 | 19970 | 11200 | 11750 | 13000 | 15800 |
| Technology Value 4D | YB5A4 | 21244 | 11600 | 12150 | 13500 | 16400 |

**KIZASHI—4-Cyl.—Equipment Schedule 4**
W.B. 106.3"; 2.4 Liter.

| Body Type | VIN | List | Good | Very Good | Good | Excellent |
|---|---|---|---|---|---|---|
| Sedan 4D | RE9A1 | 20794 | 9200 | 9725 | 11100 | 13800 |
| SE Sedan 4D | RE9A3 | 22544 | 10950 | 11500 | 12500 | 14950 |
| Sport GTS Sedan 4D | RE9A6 | 26594 | 11900 | 12500 | 14150 | 17450 |
| AWD | F | | 1825 | 1825 | 2435 | 2435 |

**KIZASHI AWD—4-Cyl.—Equipment Schedule 4**
W.B. 106.3"; 2.4 Liter.

| Body Type | VIN | List | Good | Very Good | Good | Excellent |
|---|---|---|---|---|---|---|
| Sport SLS Sedan 4D | RF9A8 | 29794 | 13200 | 13850 | 15650 | 19200 |

# TOYOTA

## 1999 TOYOTA–(J,1,2or4)(NorT)(X,1,2or5)(BR12E)-X-#

**COROLLA—4-Cyl.—Equipment Schedule 6**
W.B. 97.0"; 1.8 Liter.

| Body Type | VIN | List | Good | Very Good | Good | Excellent |
|---|---|---|---|---|---|---|
| VE Sedan 4D | BR12E | 13588 | 1175 | 1300 | 2000 | 3175 |
| CE Sedan 4D | BR12E | 14278 | 1200 | 1325 | 2050 | 3250 |
| LE Sedan 4D | BR12E | 15288 | 1425 | 1575 | 2375 | 3750 |

**CAMRY—4-Cyl.—Equipment Schedule 4**
W.B. 105.2"; 2.2 Liter.

| Body Type | VIN | List | Good | Very Good | Good | Excellent |
|---|---|---|---|---|---|---|
| CE Sedan 4D | BG22K | 19444 | 1100 | 1225 | 1925 | 3025 |
| LE Sedan 4D | BG22K | 20218 | 1200 | 1325 | 2050 | 3250 |
| XLE Sedan 4D | BG22K | 23178 | 1400 | 1550 | 2350 | 3700 |
| Manual, 5-Spd | | | (200) | (200) | (265) | (265) |
| V6, 3.0 Liter | F | | 75 | 75 | 100 | 100 |

**SOLARA—4-Cyl.—Equipment Schedule 4**
W.B. 105.1"; 2.2 Liter.

| Body Type | VIN | List | Good | Very Good | Good | Excellent |
|---|---|---|---|---|---|---|
| SE Coupe 2D | CG22P | 19858 | 1875 | 2050 | 2750 | 4050 |
| Manual, 5-Spd | | | (200) | (200) | (265) | (265) |
| V6, 3.0 Liter | F | | 75 | 75 | 100 | 100 |

**SOLARA—V6—Equipment Schedule 4**
W.B. 105.1"; 3.0 Liter.

| Body Type | VIN | List | Good | Very Good | Good | Excellent |
|---|---|---|---|---|---|---|
| SLE Coupe 2D | CF22P | 25408 | 2750 | 3050 | 3925 | 5675 |

**CELICA—4-Cyl.—Equipment Schedule 4**
W.B. 99.9"; 2.2 Liter.

| Body Type | VIN | List | Good | Very Good | Good | Excellent |
|---|---|---|---|---|---|---|
| GT Liftback 2D | DG02T | 22240 | 1375 | 1525 | 2100 | 3175 |
| GT Convertible 2D | FG02T | 25319 | 2200 | 2425 | 3325 | 4975 |
| Automatic | | | 125 | 125 | 165 | 165 |

**AVALON—V6—Equipment Schedule 4**
W.B. 107.1"; 3.0 Liter.

| Body Type | VIN | List | Good | Very Good | Good | Excellent |
|---|---|---|---|---|---|---|
| XL Sedan 4D | BF18B | 24988 | 1075 | 1200 | 1750 | 2675 |
| XLS Sedan 4D | BF18B | 28998 | 1375 | 1525 | 2150 | 3300 |

## 2000 TOYOTA–(J,1,2or4)(NorT)(X,1,2or5)(BT123)-Y-#

**ECHO—4-Cyl.—Equipment Schedule 6**
W.B. 93.3"; 1.5 Liter.

**DEDUCT FOR RECONDITIONING**

# 2000 TOYOTA

| Body Type | VIN | List | Trade-In Good | Very Good | Pvt-Party Good | Retail Excellent |
|---|---|---|---|---|---|---|
| Sedan 4D | BT123 | 11945 | 1450 | 1600 | 2450 | 3925 |
| Coupe 2D | AT123 | 11645 | 1300 | 1425 | 2250 | 3575 |
| **COROLLA—4-Cyl.**—Equipment Schedule 6 | | | | | | |
| W.B. 97.0"; 1.8 Liter. | | | | | | |
| VE Sedan 4D | BR12E | 13603 | 1175 | 1300 | 1875 | 2875 |
| CE Sedan 4D | BR12E | 14653 | 1325 | 1450 | 2075 | 3175 |
| LE Sedan 4D | BR12E | 15523 | 1575 | 1725 | 2400 | 3675 |
| **CAMRY—4-Cyl.**—Equipment Schedule 4 | | | | | | |
| W.B. 105.2"; 2.2 Liter. | | | | | | |
| CE Sedan 4D | BG22K | 19820 | 1325 | 1450 | 2175 | 3425 |
| LE Sedan 4D | BG22K | 20743 | 1450 | 1600 | 2350 | 3675 |
| XLE Sedan 4D | BG22K | 24423 | 1500 | 1650 | 2525 | 3950 |
| Manual, 5-Spd | | | (200) | (200) | (265) | (265) |
| V6, 3.0 Liter | F | | 75 | 75 | 100 | 100 |
| **SOLARA—4-Cyl.**—Equipment Schedule 4 | | | | | | |
| W.B. 105.1"; 2.2 Liter. | | | | | | |
| SE Coupe 2D | CG22P | 20193 | 2275 | 2500 | 3225 | 4650 |
| SE Convertible 2D | FG22P | 25523 | 3100 | 3400 | 4300 | 6100 |
| Manual, 5-Spd | | | (200) | (200) | (265) | (265) |
| V6, 3.0 Liter | F | | 75 | 75 | 100 | 100 |
| **SOLARA—V6**—Equipment Schedule 4 | | | | | | |
| W.B. 105.1"; 3.0 Liter. | | | | | | |
| SLE Coupe 2D | CF22P | 26293 | 3150 | 3450 | 4375 | 6200 |
| SLE Convertible 2D | FF22P | 30943 | 3650 | 3975 | 5175 | 7300 |
| **MR2 SPYDER—4-Cyl.**—Equipment Schedule 4 | | | | | | |
| W.B. 96.5"; 1.8 Liter. | | | | | | |
| Convertible 2D | FG320 | 23553 | 2575 | 2825 | 3650 | 5250 |
| **CELICA—4-Cyl.**—Equipment Schedule 4 | | | | | | |
| W.B. 102.3"; 1.8 Liter. | | | | | | |
| GT Liftback 2D | DR32T | 17970 | 1575 | 1725 | 2450 | 3725 |
| GT-S Liftback 2D | DY32T | 21620 | 2125 | 2325 | 3225 | 4800 |
| Automatic | | | 125 | 125 | 165 | 165 |
| **AVALON—V6**—Equipment Schedule 4 | | | | | | |
| W.B. 107.1"; 3.0 Liter. | | | | | | |
| XL Sedan 4D | BF28B | 25650 | 1825 | 2000 | 2650 | 3925 |
| XLS Sedan 4D | BF28B | 30210 | 2075 | 2275 | 3075 | 4550 |

## 2001 TOYOTA—(J,1,2or4)(NorT)(D,X,1or2)(BT123)-1-#

| Body Type | VIN | List | Good | Very Good | Good | Excellent |
|---|---|---|---|---|---|---|
| **ECHO—4-Cyl.**—Equipment Schedule 6 | | | | | | |
| W.B. 93.3"; 1.5 Liter. | | | | | | |
| Sedan 4D | BT123 | 11930 | 1775 | 1950 | 2850 | 4425 |
| Coupe 2D | AT123 | 11400 | 1600 | 1750 | 2575 | 4050 |
| **COROLLA—4-Cyl.**—Equipment Schedule 6 | | | | | | |
| W.B. 97.0"; 1.8 Liter. | | | | | | |
| CE Sedan 4D | BR12E | 13753 | 1500 | 1650 | 2250 | 3425 |
| S Sedan 4D | BR12E | 14343 | 1600 | 1750 | 2475 | 3750 |
| LE Sedan 4D | BR12E | 14863 | 1650 | 1825 | 2550 | 3850 |
| **PRIUS—4-Cyl. Hybrid**—Equipment Schedule 3 | | | | | | |
| W.B. 100.4"; 1.5 Liter. | | | | | | |
| Sedan 4D | BK12U | 20450 | 1650 | 1825 | 2550 | 3850 |
| **CAMRY—4-Cyl.**—Equipment Schedule 4 | | | | | | |
| W.B. 105.1"; 2.2 Liter. | | | | | | |
| CE Sedan 4D | BG22K | 19733 | 1700 | 1875 | 2675 | 4050 |
| LE Sedan 4D | BG22K | 20895 | 1725 | 1900 | 2700 | 4100 |
| XLE Sedan 4D | BG22K | 24575 | 2000 | 2200 | 3100 | 4650 |
| Manual, 5-Spd | | | (200) | (200) | (265) | (265) |
| V6, 3.0 Liter | F | | 125 | 125 | 165 | 165 |
| **SOLARA—4-Cyl.**—Equipment Schedule 4 | | | | | | |
| W.B. 105.1"; 2.2 Liter. | | | | | | |
| SE Coupe 2D | CG22P | 20245 | 2425 | 2650 | 3375 | 4825 |
| SE Convertible 2D | FG22P | 25575 | 3325 | 3650 | 4700 | 6625 |
| Manual, 5-Spd | | | (200) | (200) | (265) | (265) |
| V6, 3.0 Liter | F | | 125 | 125 | 165 | 165 |
| **SOLARA—V6**—Equipment Schedule 4 | | | | | | |
| W.B. 105.1"; 3.0 Liter. | | | | | | |
| SLE Coupe 2D | CF22P | 25645 | 3325 | 3650 | 4700 | 6625 |
| SLE Convertible 2D | FF22P | 30995 | 4075 | 4425 | 5675 | 7925 |
| **MR2 SPYDER—4-Cyl.**—Equipment Schedule 4 | | | | | | |
| W.B. 96.5"; 1.8 Liter. | | | | | | |
| Convertible 2D | FG320 | 24065 | 2900 | 3200 | 3975 | 5600 |
| **CELICA—4-Cyl.**—Equipment Schedule 4 | | | | | | |
| W.B. 102.3"; 1.8 Liter. | | | | | | |
| GT Liftback 2D | DR32T | 18285 | 1725 | 1900 | 2550 | 3800 |

**EQUIPMENT & MILEAGE PAGE 9 TO 23**

# 2001 TOYOTA

| Body Type | VIN | List | Trade-In Good | Very Good | Pvt-Party Good | Retail Excellent |
|---|---|---|---|---|---|---|
| GT-S Liftback 2D | DY32T | 21935 | 2250 | 2475 | 3275 | 4800 |
| Automatic | | | 125 | 125 | 165 | 165 |
| **AVALON—V6**—Equipment Schedule 4 | | | | | | |
| W.B. 107.1"; 3.0 Liter. | | | | | | |
| XL Sedan 4D | BF28B | 26325 | 2225 | 2450 | 3200 | 4650 |
| XLS Sedan 4D | BF28B | 30885 | 2575 | 2825 | 3650 | 5275 |

## 2002 TOYOTA—(J,1,2or4)(NorT)(D,X,1or2)(BT123)-2-#

| Body Type | VIN | List | Trade-In Good | Very Good | Pvt-Party Good | Retail Excellent |
|---|---|---|---|---|---|---|
| **ECHO—4-Cyl.**—Equipment Schedule 6 | | | | | | |
| W.B. 93.3"; 1.5 Liter. | | | | | | |
| Sedan 4D | BT123 | 12265 | 1925 | 2125 | 3100 | 4750 |
| Coupe 2D | AT123 | 11675 | 1800 | 1975 | 2800 | 4325 |
| **COROLLA—4-Cyl.**—Equipment Schedule 4 | | | | | | |
| W.B. 97.0"; 1.8 Liter. | | | | | | |
| CE Sedan 4D | BR12E | 13533 | 1800 | 1975 | 2700 | 4025 |
| S Sedan 4D | BR12E | 14073 | 1975 | 2175 | 2925 | 4350 |
| LE Sedan 4D | BR12E | 14443 | 2100 | 2300 | 3100 | 4575 |
| **PRIUS—4-Cyl. Hybrid**—Equipment Schedule 3 | | | | | | |
| W.B. 100.4"; 1.5 Liter. | | | | | | |
| Sedan 4D | BK12U | 20480 | 2000 | 2200 | 3100 | 4700 |
| **CAMRY—4-Cyl.**—Equipment Schedule 4 | | | | | | |
| W.B. 107.1"; 2.4 Liter. | | | | | | |
| LE Sedan 4D | BE32K | 20285 | 2475 | 2725 | 3750 | 5600 |
| SE Sedan 4D | BE32K | 21625 | 2600 | 2850 | 3925 | 5850 |
| XLE Sedan 4D | BF32K | 25890 | 3125 | 3425 | 4675 | 6875 |
| Manual, 5-Spd | | | (250) | (250) | (335) | (335) |
| V6, 3.0 Liter | F | | 175 | 175 | 235 | 235 |
| **SOLARA—4-Cyl.**—Equipment Schedule 4 | | | | | | |
| W.B. 105.1"; 2.4 Liter. | | | | | | |
| SE Coupe 2D | CE22P | 20650 | 2550 | 2800 | 3525 | 5000 |
| SE Convertible 2D | FE22P | 25980 | 3775 | 4100 | 5250 | 7325 |
| Manual, 5-Spd | | | (250) | (250) | (335) | (335) |
| V6, 3.0 Liter | F | | 175 | 175 | 235 | 235 |
| **SOLARA—V6**—Equipment Schedule 4 | | | | | | |
| W.B. 105.1"; 3.0 Liter. | | | | | | |
| SLE Coupe 2D | CF22P | 25160 | 3550 | 3875 | 4975 | 6950 |
| SLE Convertible 2D | FF22P | 31010 | 4475 | 4825 | 6175 | 8550 |
| **MR2 SPYDER—4-Cyl.**—Equipment Schedule 4 | | | | | | |
| W.B. 96.5"; 1.8 Liter. | | | | | | |
| Convertible 2D | FR320 | 25000 | 3600 | 3925 | 4900 | 6725 |
| **CELICA—4-Cyl.**—Equipment Schedule 4 | | | | | | |
| W.B. 102.4"; 1.8 Liter. | | | | | | |
| GT Liftback 2D | DR32T | 18390 | 2150 | 2350 | 3050 | 4400 |
| GT-S Liftback 2D | DY32T | 22040 | 2775 | 3075 | 3850 | 5500 |
| Automatic | | | 150 | 150 | 200 | 200 |
| **AVALON—V6**—Equipment Schedule 4 | | | | | | |
| W.B. 107.1"; 3.0 Liter. | | | | | | |
| XL Sedan 4D | BF28B | 26330 | 2750 | 3050 | 3700 | 5200 |
| XLS Sedan 4D | BF28B | 30890 | 3125 | 3450 | 4350 | 6050 |

## 2003 TOYOTA—J,1,2or4(NorT)D,X,1or2(BT123)-3-#

| Body Type | VIN | List | Trade-In Good | Very Good | Pvt-Party Good | Retail Excellent |
|---|---|---|---|---|---|---|
| **ECHO—4-Cyl.**—Equipment Schedule 6 | | | | | | |
| W.B. 93.3"; 1.5 Liter. | | | | | | |
| Sedan 4D | BT123 | 12375 | 2275 | 2500 | 3500 | 5225 |
| Coupe 2D | AT123 | 11785 | 2100 | 2300 | 3225 | 4850 |
| **COROLLA—4-Cyl.**—Equipment Schedule 4 | | | | | | |
| W.B. 102.4"; 1.8 Liter. | | | | | | |
| CE Sedan 4D | BR32E | 14055 | 3275 | 3575 | 4325 | 5975 |
| S Sedan 4D | BR32E | 15000 | 3400 | 3725 | 4475 | 6175 |
| LE Sedan 4D | BR32E | 15165 | 3525 | 3850 | 4800 | 6600 |
| Sport Pkg | | | 75 | 75 | 100 | 100 |
| TRD Pkg | | | 150 | 150 | 200 | 200 |
| **PRIUS—4-Cyl. Hybrid**—Equipment Schedule 3 | | | | | | |
| W.B. 100.4"; 1.5 Liter. | | | | | | |
| Sedan 4D | BK12U | 20730 | 2700 | 2950 | 4000 | 5875 |
| **MATRIX—4-Cyl.**—Equipment Schedule 4 | | | | | | |
| W.B. 102.4"; 1.8 Liter. | | | | | | |
| Sport Wagon 4D | KR32E | 15985 | 2525 | 2775 | 3350 | 4675 |
| XR Sport Wagon 4D | KR32E | 17495 | 3075 | 3400 | 4200 | 5775 |
| XRS Sport Wagon 4D | KY32E | 19235 | 2900 | 3200 | 3975 | 5475 |
| TRD Pkg | | | 300 | 300 | 400 | 400 |
| 4WD | | | 650 | 650 | 865 | 865 |

**268   DEDUCT FOR RECONDITIONING**

# 2003 TOYOTA

| Body Type | VIN | List | Trade-In Good | Very Good | Pvt-Party Good | Retail Excellent |
|---|---|---|---|---|---|---|
| **CAMRY—4-Cyl.—Equipment Schedule 4** | | | | | | |
| W.B. 107.1"; 2.4 Liter. | | | | | | |
| LE Sedan 4D | BE30K | 20285 | 3150 | 3475 | 4400 | 6150 |
| SE Sedan 4D | BE30K | 21625 | 3425 | 3750 | 4750 | 6625 |
| Manual, 5-Spd | | | (300) | (300) | (400) | (400) |
| V6, 3.0 Liter | F | | 225 | 225 | 300 | 300 |
| **CAMRY—V6—Equipment Schedule 4** | | | | | | |
| W.B. 107.1"; 3.0 Liter. | | | | | | |
| XLE Sedan 4D | BF30K | 25920 | 3975 | 4325 | 5475 | 7575 |
| 4-Cyl, 2.4 Liter | E | | (200) | (200) | (265) | (265) |
| **SOLARA—4-Cyl.—Equipment Schedule 4** | | | | | | |
| W.B. 105.1"; 2.4 Liter. | | | | | | |
| SE Coupe 2D | CE22P | 20650 | 3000 | 3300 | 4075 | 5575 |
| SE Convertible 2D | FE22P | 25980 | 4400 | 4750 | 5800 | 7850 |
| Manual, 5-Spd | | | (300) | (300) | (400) | (400) |
| V6, 3.0 Liter | F | | 225 | 225 | 300 | 300 |
| **SOLARA—V6—Equipment Schedule 4** | | | | | | |
| W.B. 105.1"; 3.0 Liter. | | | | | | |
| SLE Coupe 2D | CF22P | 25160 | 4400 | 4750 | 5800 | 7850 |
| SLE Convertible 2D | FF22P | 31010 | 5125 | 5500 | 6900 | 9300 |
| **MR2 SPYDER—4-Cyl.—Equipment Schedule 4** | | | | | | |
| W.B. 96.5"; 1.8 Liter. | | | | | | |
| Convertible 2D | FR320 | 25055 | 4550 | 4900 | 5875 | 7875 |
| **CELICA—4-Cyl.—Equipment Schedule 4** | | | | | | |
| W.B. 102.4"; 1.8 Liter. | | | | | | |
| GT Liftback 2D | DR32T | 18610 | 2750 | 3050 | 3700 | 5200 |
| GT-S Liftback 2D | DY32T | 22455 | 3350 | 3675 | 4625 | 6425 |
| Automatic | | | 175 | 175 | 235 | 235 |
| **AVALON—V6—Equipment Schedule 4** | | | | | | |
| W.B. 107.1"; 3.0 Liter. | | | | | | |
| XL Sedan 4D | BF28B | 26330 | 3325 | 3650 | 4350 | 5850 |
| XLS Sedan 4D | BF28B | 27150 | 3850 | 4200 | 4975 | 6650 |

# 2004 TOYOTA—(J,1,2or4)(NorT)D,Xor1(BT123)-4-#

| Body Type | VIN | List | Trade-In Good | Very Good | Pvt-Party Good | Retail Excellent |
|---|---|---|---|---|---|---|
| **ECHO—4-Cyl.—Equipment Schedule 4** | | | | | | |
| W.B. 93.3"; 1.5 Liter. | | | | | | |
| Sedan 4D | BT123 | 12215 | 2600 | 2850 | 3550 | 5650 |
| Coupe 2D | AT123 | 11685 | 2350 | 2575 | 3500 | 5150 |
| **COROLLA—4-Cyl.—Equipment Schedule 6** | | | | | | |
| W.B. 102.4"; 1.8 Liter. | | | | | | |
| CE Sedan 4D | BR32E | 14085 | 3600 | 3925 | 4650 | 6225 |
| S Sedan 4D | BR32E | 15030 | 4000 | 4350 | 5125 | 6825 |
| LE Sedan 4D | BR32E | 15295 | 4125 | 4475 | 5275 | 7025 |
| **PRIUS—4-Cyl. Hybrid—Equipment Schedule 3** | | | | | | |
| W.B. 106.3"; 1.5 Liter. | | | | | | |
| Hatchback Sedan 4D | KB20U | 20510 | 3900 | 4250 | 5300 | 7300 |
| **MATRIX—4-Cyl.—Equipment Schedule 6** | | | | | | |
| W.B. 102.4"; 1.8 Liter. | | | | | | |
| Sport Wagon 4D | KR32E | 15985 | 2950 | 3250 | 4125 | 5775 |
| XR Sport Wagon 4D | KR32E | 17495 | 3450 | 3775 | 4775 | 6625 |
| XRS Sport Wagon 4D | KY32E | 19265 | 3550 | 3875 | 4900 | 6775 |
| Sport Pkg | | | 325 | 325 | 435 | 435 |
| 4WD | L | | 700 | 700 | 935 | 935 |
| **CAMRY—4-Cyl.—Equipment Schedule 4** | | | | | | |
| W.B. 107.1"; 2.4 Liter. | | | | | | |
| Sedan 4D | BE32K | 19390 | 3675 | 4000 | 4825 | 6525 |
| LE Sedan 4D | BE32K | 20390 | 3950 | 4300 | 5175 | 6950 |
| SE Sedan 4D | BE32K | 21220 | 4275 | 4625 | 5550 | 7475 |
| Manual, 5-Spd | | | (350) | (350) | (465) | (465) |
| V6, 3.0 Liter | F,A | | 275 | 275 | 365 | 365 |
| **CAMRY—V6—Equipment Schedule 4** | | | | | | |
| W.B. 107.1"; 3.0 Liter. | | | | | | |
| XLE Sedan 4D | BF32K | 25920 | 5075 | 5450 | 6750 | 9000 |
| 4-Cyl, 2.4 Liter | E | | (275) | (275) | (365) | (365) |
| **SOLARA—4-Cyl.—Equipment Schedule 4** | | | | | | |
| W.B. 107.2"; 2.4 Liter. | | | | | | |
| SE Coupe 2D | CE38P | 20465 | 3375 | 3700 | 4475 | 6075 |
| SE Sport Coupe 2D | CE38P | 21960 | 4175 | 4525 | 5450 | 7325 |
| Manual, 5-Spd | | | (350) | (350) | (465) | (465) |
| V6, 3.3 Liter | A | | 275 | 275 | 365 | 365 |
| **SOLARA—V6—Equipment Schedule 4** | | | | | | |
| W.B. 107.2"; 3.3 Liter. | | | | | | |
| SLE Coupe 2D | CA389 | 26510 | 5225 | 5625 | 6950 | 9275 |

**EQUIPMENT & MILEAGE PAGE 9 TO 23**

## 2004 TOYOTA

| Body Type | VIN | List | Trade-In Good | Very Good | Pvt-Party Good | Retail Excellent |
|---|---|---|---|---|---|---|
| 4-Cyl, 2.4 Liter | E | | (275) | (275) | (365) | (365) |
| **SOLARA—V6—Equipment Schedule 4** | | | | | | |
| W.B 107.1"; 3.3 Liter. | | | | | | |
| SE Convertible 2D | FA22P | 26465 | 4850 | 5225 | 6500 | 8675 |
| SLE Convertible 2D | FA22P | 29965 | 5950 | 6350 | 7825 | 10400 |
| **MR2 SPYDER—4-Cyl.—Equipment Schedule 4** | | | | | | |
| W.B. 96.5"; 1.8 Liter. | | | | | | |
| Convertible 2D | FR320 | 25410 | 5250 | 5650 | 6925 | 9175 |
| **CELICA—4-Cyl.—Equipment Schedule 4** | | | | | | |
| W.B. 102.4"; 1.8 Liter. | | | | | | |
| GT Liftback 2D | DR32T | 17905 | 3475 | 3800 | 4700 | 6425 |
| GT-S Liftback 2D | DY32T | 22570 | 4350 | 4700 | 5775 | 7850 |
| Automatic | | | 200 | 200 | 265 | 265 |
| **AVALON—V6—Equipment Schedule 4** | | | | | | |
| W.B. 107.1"; 3.0 Liter. | | | | | | |
| XL Sedan 4D | BF28B | 26560 | 4300 | 4650 | 5400 | 7100 |
| XLS Sedan 4D | BF28B | 31020 | 4875 | 5250 | 6100 | 7975 |

## 2005 TOYOTA—(J,1,2or4)(NorT)D,Xor1(BT123)-5-#

| Body Type | VIN | List | Trade-In Good | Very Good | Pvt-Party Good | Retail Excellent |
|---|---|---|---|---|---|---|
| **ECHO—4-Cyl.—Equipment Schedule 6** | | | | | | |
| W.B. 93.3"; 1.5 Liter. | | | | | | |
| Sedan 4D | BT123 | 12620 | 2950 | 3250 | 4425 | 6350 |
| Coupe 2D | AT123 | 12090 | 2650 | 2950 | 4025 | 5800 |
| **COROLLA—4-Cyl.—Equipment Schedule 6** | | | | | | |
| W.B. 102.4"; 1.8 Liter. | | | | | | |
| CE Sedan 4D | BR32E | 14220 | 4225 | 4575 | 5575 | 7400 |
| S Sedan 4D | BR32E | 15265 | 4425 | 4775 | 5825 | 7725 |
| LE Sedan 4D | BR32E | 15430 | 4775 | 5150 | 6250 | 8250 |
| XRS Sedan 4D | BY32E | 17995 | 4925 | 5300 | 6625 | 8750 |
| **PRIUS—4-Cyl. Hybrid—Equipment Schedule 3** | | | | | | |
| W.B. 106.3"; 1.5 Liter. | | | | | | |
| Hatchback Sedan 4D | KB22U | 21515 | 5225 | 5625 | 6850 | 8875 |
| **MATRIX—4-Cyl.—Equipment Schedule 6** | | | | | | |
| W.B. 102.4"; 1.8 Liter. | | | | | | |
| Sport Wagon 4D | KR32E | 16105 | 4325 | 4675 | 5700 | 7575 |
| XR Sport Wagon 4D | KR32E | 17615 | 4700 | 5075 | 6150 | 8150 |
| XRS Sport Wagon 4D | KY32E | 19290 | 4950 | 5325 | 6450 | 8525 |
| 4WD | L | | 750 | 750 | 1000 | 1000 |
| **CAMRY—4-Cyl.—Equipment Schedule 4** | | | | | | |
| W.B. 107.1"; 2.4 Liter. | | | | | | |
| Sedan 4D | BE32K | 19415 | 4775 | 5150 | 6075 | 7875 |
| LE Sedan 4D | BE32K | 20515 | 5050 | 5450 | 6600 | 8525 |
| SE Sedan 4D | BE32K | 21345 | 5850 | 6275 | 7525 | 9700 |
| Manual, 5-Spd | | | (400) | (400) | (535) | (535) |
| V6, 3.0 Liter | F,A | | 325 | 325 | 435 | 435 |
| **CAMRY—V6—Equipment Schedule 4** | | | | | | |
| W.B. 107.1"; 3.0 Liter. | | | | | | |
| XLE Sedan 4D | BF32K | 25945 | 6625 | 7075 | 8425 | 10850 |
| 4-Cyl, 2.4 Liter | E | | (325) | (325) | (435) | (435) |
| **SOLARA—4-Cyl.—Equipment Schedule 4** | | | | | | |
| W.B. 107.1"; 2.4 Liter. | | | | | | |
| SE Coupe 2D | CE38P | 20590 | 4150 | 4500 | 5325 | 6925 |
| SE Sport Coupe 2D | CE38P | 22085 | 4825 | 5200 | 6325 | 8175 |
| Manual, 5-Spd | | | (400) | (400) | (535) | (535) |
| V6, 3.3 Liter | A | | 325 | 325 | 435 | 435 |
| **SOLARA—V6—Equipment Schedule 4** | | | | | | |
| W.B. 107.1"; 3.3 Liter. | | | | | | |
| SLE Coupe 2D | CA38P | 26635 | 6225 | 6650 | 8025 | 10350 |
| 4-Cyl, 2.4 Liter | E | | (325) | (325) | (435) | (435) |
| **SOLARA—V6—Equipment Schedule 4** | | | | | | |
| W.B. 107.1"; 3.3 Liter. | | | | | | |
| SE Convertible 2D | FA38P | 26920 | 5850 | 6275 | 7600 | 9775 |
| SLE Convertible 2D | FA38P | 30190 | 7225 | 7700 | 9200 | 11800 |
| **MR2 SPYDER—4-Cyl.—Equipment Schedule 4** | | | | | | |
| W.B. 96.5"; 1.8 Liter. | | | | | | |
| Convertible 2D | FR320 | 26685 | 5750 | 6150 | 7350 | 9450 |
| **CELICA—4-Cyl.—Equipment Schedule 4** | | | | | | |
| W.B. 102.4"; 1.8 Liter. | | | | | | |
| GT Liftback 2D | DR32T | 19830 | 3825 | 4175 | 5150 | 6900 |
| GT-S Liftback 2D | DY32T | 23575 | 4725 | 5100 | 6450 | 8575 |
| Automatic | | | 200 | 200 | 265 | 265 |
| **AVALON—V6—Equipment Schedule 4** | | | | | | |
| W.B. 111.0"; 3.5 Liter. | | | | | | |

**DEDUCT FOR RECONDITIONING**

## 2005 TOYOTA

| Body Type | VIN | List | Trade-In Good | Very Good | Pvt-Party Good | Retail Excellent |
|---|---|---|---|---|---|---|
| XL Sedan 4D | BK36B | 26890 | 6025 | 6450 | 7425 | 9325 |
| Touring Sedan 4D | BK36B | 29140 | 6475 | 6900 | 7950 | 9950 |
| XLS Sedan 4D | BK36B | 31340 | 7075 | 7525 | 8700 | 10850 |
| Limited Sedan 4D | BK36B | 34080 | 7450 | 7925 | 9125 | 11400 |

## 2006 TOYOTA—(1,2,4orJ)(NorT)(1,DorX)(BR32E)-6-#

**COROLLA—4-Cyl.—Equipment Schedule 6**
W.B. 102.4"; 1.8 Liter.

| Body Type | VIN | List | Trade-In Good | Very Good | Pvt-Party Good | Retail Excellent |
|---|---|---|---|---|---|---|
| CE Sedan 4D | BR32E | 14545 | 4950 | 5325 | 6275 | 8150 |
| S Sedan 4D | BR32E | 15590 | 5075 | 5475 | 6625 | 8600 |
| LE Sedan 4D | BR32E | 15755 | 5325 | 5725 | 6925 | 8975 |
| XRS Sedan 4D | BY32E | 18320 | 5875 | 6300 | 7650 | 9875 |

**PRIUS—4-Cyl. Hybrid—Equipment Schedule 3**
W.B. 106.3"; 1.5 Liter.

| | | | | | | |
|---|---|---|---|---|---|---|
| Hatchback Sedan 4D | KB22U | 22305 | 5900 | 6325 | 7775 | 10100 |
| Package #5 | | | 200 | 200 | 265 | 265 |

**MATRIX—4-Cyl.—Equipment Schedule 6**
W.B. 102.4"; 1.8 Liter.

| | | | | | | |
|---|---|---|---|---|---|---|
| Sport Wagon 4D | KR32E | 16450 | 4875 | 5250 | 6250 | 8150 |
| XR Sport Wagon 4D | KR32E | 17960 | 5200 | 5600 | 6825 | 8875 |
| Manual, 5-Spd | L | | (300) | (300) | (400) | (400) |
| 4WD | | | 800 | 800 | 1065 | 1065 |

**MATRIX—4-Cyl.—Equipment Schedule 6**
W.B. 102.4"; 1.8 Liter.

| | | | | | | |
|---|---|---|---|---|---|---|
| XRS Sport Wagon 4D | KY32E | 19640 | 5350 | 5750 | 7000 | 9100 |
| 4WD | L | | 800 | 800 | 1065 | 1065 |

**CAMRY—4-Cyl.—Equipment Schedule 4**
W.B. 107.1"; 2.4 Liter.

| | | | | | | |
|---|---|---|---|---|---|---|
| Sedan 4D | BE32K | 18985 | 5225 | 5625 | 6650 | 8450 |
| LE Sedan 4D | BE32K | 20915 | 5725 | 6125 | 7225 | 9150 |
| SE Sedan 4D | BE32K | 21745 | 6925 | 7375 | 8675 | 10950 |
| Manual, 5-Spd | | | (425) | (425) | (565) | (565) |
| V6, 3.0 Liter | F,A | | 375 | 375 | 500 | 500 |

**CAMRY—V6—Equipment Schedule 4**
W.B. 107.1"; 3.0 Liter.

| | | | | | | |
|---|---|---|---|---|---|---|
| XLE Sedan 4D | BF32K | 26425 | 8400 | 8900 | 10400 | 13100 |
| 4-Cyl. 2.4 Liter | E | | (375) | (375) | (500) | (500) |

**SOLARA—4-Cyl.—Equipment Schedule 4**
W.B. 107.1"; 2.4 Liter.

| | | | | | | |
|---|---|---|---|---|---|---|
| SE Coupe 2D | CE38P | 20900 | 4450 | 4825 | 5775 | 7375 |
| SE Sport Coupe 2D | CE38P | 22395 | 5250 | 5650 | 6675 | 8500 |
| Manual, 5-Spd | | | (425) | (425) | (565) | (565) |
| V6, 3.3 Liter | A | | 375 | 375 | 500 | 500 |

**SOLARA—V6—Equipment Schedule 4**
W.B. 107.1"; 3.3 Liter.

| | | | | | | |
|---|---|---|---|---|---|---|
| SLE Coupe 2D | CA38P | 26875 | 7150 | 7625 | 8925 | 11300 |
| 4-Cyl. 2.4 Liter | E | | (375) | (375) | (500) | (500) |

**SOLARA—V6—Equipment Schedule 4**
W.B. 107.1"; 3.3 Liter.

| | | | | | | |
|---|---|---|---|---|---|---|
| SE Convertible 2D | FA38P | 27480 | 6500 | 6950 | 8200 | 10400 |
| SLE Convertible 2D | FA38P | 30750 | 9300 | 9825 | 11450 | 14400 |

**AVALON—V6—Equipment Schedule 4**
W.B. 111.0"; 3.5 Liter.

| | | | | | | |
|---|---|---|---|---|---|---|
| XL Sedan 4D | BK36B | 27165 | 6775 | 7225 | 8250 | 10200 |
| Touring Sedan 4D | BK36B | 29415 | 7475 | 7950 | 9025 | 11150 |
| XLS Sedan 4D | BK36B | 31615 | 8175 | 8675 | 9800 | 12100 |
| Limited Sedan 4D | BK36B | 34355 | 8600 | 9100 | 10400 | 12800 |

## 2007 TOYOTA—(1,2,4orJ)(NorT)(1,DorX)(JT923)-7-#

**YARIS—4-Cyl.—Equipment Schedule 6**
W.B. 96.9", 100.4" (Sedan); 1.5 Liter.

| | | | | | | |
|---|---|---|---|---|---|---|
| Hatchback 2D | JT923 | 12430 | 4250 | 4600 | 5475 | 7125 |
| Sedan 4D | BT923 | 13130 | 4950 | 5325 | 6275 | 8150 |
| S Sedan 4D | BT923 | 14630 | 5325 | 5725 | 6725 | 8700 |
| Manual, 5-Spd | | | (300) | (300) | (400) | (400) |

**COROLLA—4-Cyl.—Equipment Schedule 6**
W.B. 102.4"; 1.8 Liter.

| | | | | | | |
|---|---|---|---|---|---|---|
| CE Sedan 4D | BR32E | 14785 | 5400 | 5800 | 6850 | 8725 |
| S Sedan 4D | BR32E | 15830 | 5800 | 6225 | 7300 | 9275 |
| LE Sedan 4D | BR32E | 15995 | 5950 | 6375 | 7475 | 9500 |
| Manual, 5-Spd | | | (375) | (375) | (500) | (500) |

# 2007 TOYOTA

| Body Type | VIN | List | Trade-In Good | Very Good | Pvt-Party Good | Retail Excellent |
|---|---|---|---|---|---|---|
| **PRIUS—4-Cyl. Hybrid—Equipment Schedule 3** | | | | | | |
| W.B. 106.3"; 1.5 Liter. | | | | | | |
| Hatchback Sedan 4D | KB20U | 22755 | 6800 | 7250 | 8425 | 10650 |
| Touring H'Back 4D | KB20U | 23650 | 8500 | 9000 | 10450 | 13100 |
| Package #4 | | | 200 | 200 | 265 | 265 |
| Package #5 | | | 300 | 300 | 400 | 400 |
| Package #6 | | | 450 | 450 | 600 | 600 |
| **MATRIX—4-Cyl.—Equipment Schedule 6** | | | | | | |
| W.B. 102.4"; 1.8 Liter. | | | | | | |
| Sport Wagon 4D | KR30E | 16640 | 5475 | 5875 | 7000 | 8975 |
| XR Sport Wagon 4D | KR30E | 18150 | 6375 | 6800 | 8050 | 10250 |
| Manual, 5-Spd | | | (300) | (300) | (400) | (400) |
| **CAMRY—4-Cyl.—Equipment Schedule 4** | | | | | | |
| W.B. 109.3"; 2.4 Liter. | | | | | | |
| CE Sedan 4D | BE46K | 19900 | 6575 | 7025 | 7950 | 9850 |
| LE Sedan 4D | BE46K | 21355 | 7000 | 7450 | 8500 | 10550 |
| SE Sedan 4D | BE46K | 22520 | 8550 | 9050 | 10200 | 12600 |
| XLE Sedan 4D | BE46K | 25280 | 9475 | 10000 | 11300 | 13900 |
| Manual, 5-Spd | | | (450) | (450) | (600) | (600) |
| V6, 3.5 Liter | K | | 400 | 400 | 535 | 535 |
| **CAMRY—4-Cyl. Hybrid—Equipment Schedule 4** | | | | | | |
| W.B. 109.3"; 2.4 Liter. | | | | | | |
| Sedan 4D | BB46K | 26480 | 8125 | 8625 | 9875 | 12300 |
| **SOLARA—4-Cyl.—Equipment Schedule 4** | | | | | | |
| W.B. 107.1"; 2.4 Liter. | | | | | | |
| SE Coupe 2D | CE30P | 21340 | 5275 | 5675 | 6500 | 8100 |
| Sport Coupe 2D | CE30P | 23610 | 6100 | 6525 | 7400 | 9200 |
| Manual, 5-Spd | | | (450) | (450) | (600) | (600) |
| V6, 3.3 Liter | A | | 400 | 400 | 535 | 535 |
| **SOLARA—V6—Equipment Schedule 4** | | | | | | |
| W.B. 107.1"; 3.3 Liter. | | | | | | |
| SLE Coupe 2D | CA309 | 27565 | 8950 | 9450 | 10700 | 13200 |
| 4-Cyl, 2.4 Liter | E | | (425) | (425) | (565) | (565) |
| **SOLARA—V6—Equipment Schedule 4** | | | | | | |
| W.B. 107.1"; 3.3 Liter. | | | | | | |
| SE Convertible 2D | FA38P | 27770 | 8425 | 8925 | 10150 | 12500 |
| Sport Convertible 2D | FA38P | 30040 | 9650 | 10200 | 11500 | 14100 |
| SLE Convertible 2D | FA38P | 31040 | 10450 | 11000 | 12400 | 15250 |
| **AVALON—V6—Equipment Schedule 4** | | | | | | |
| W.B. 111.0"; 3.5 Liter. | | | | | | |
| XL Sedan 4D | BK36B | 27455 | 7425 | 7900 | 8850 | 10800 |
| Touring Sedan 4D | BK36B | 29705 | 8025 | 8525 | 9500 | 11600 |
| XLS Sedan 4D | BK36B | 31905 | 9025 | 9525 | 10650 | 12950 |
| Limited Sedan 4D | BK36B | 34645 | 10000 | 10550 | 11700 | 14250 |

## 2008 TOYOTA—(1,2,4orJ)(NorT)(1,DorX)(JT923)-8-#

| Body Type | VIN | List | Trade-In Good | Very Good | Pvt-Party Good | Retail Excellent |
|---|---|---|---|---|---|---|
| **YARIS—4-Cyl.—Equipment Schedule 6** | | | | | | |
| W.B. 96.9", 100.4" (Sedan); 1.5 Liter. | | | | | | |
| Hatchback 2D | JT923 | 12860 | 4825 | 5200 | 6000 | 7650 |
| Sedan 4D | BT923 | 13560 | 5350 | 5750 | 6800 | 8650 |
| S Hatchback 2D | JT923 | 14535 | 5550 | 5950 | 7025 | 8925 |
| S Sedan 4D | BT923 | 15060 | 5875 | 6300 | 7400 | 9400 |
| Manual, 5-Spd w/Overdrive | | | (375) | (375) | (500) | (500) |
| **COROLLA—4-Cyl.—Equipment Schedule 6** | | | | | | |
| W.B. 102.4"; 1.8 Liter. | | | | | | |
| CE Sedan 4D | BR32E | 15065 | 6100 | 6525 | 7525 | 9450 |
| S Sedan 4D | BR32E | 16110 | 6650 | 7100 | 8150 | 10200 |
| LE Sedan 4D | BR32E | 16275 | 6725 | 7175 | 8225 | 10300 |
| Manual, 5-Spd w/Overdrive | | | (375) | (375) | (500) | (500) |
| **PRIUS—4-Cyl. Hybrid—Equipment Schedule 3** | | | | | | |
| W.B. 106.3"; 1.5 Liter. | | | | | | |
| Standard H'Back Sed | KB20U | 21610 | 6900 | 7350 | 8350 | 10350 |
| Hatchback Sedan 4D | KB20U | 22985 | 7800 | 8275 | 9350 | 11550 |
| Touring H'Back 4D | KB20U | 23880 | 8950 | 9450 | 10700 | 13150 |
| Package #3 | | | 100 | 100 | 135 | 135 |
| Package #4 | | | 150 | 150 | 200 | 200 |
| Package #5 | | | 350 | 350 | 465 | 465 |
| Package #6 | | | 325 | 325 | 435 | 435 |
| **MATRIX—4-Cyl.—Equipment Schedule 6** | | | | | | |
| W.B. 102.4"; 1.8 Liter. | | | | | | |
| Sport Wagon 4D | KR30E | 16970 | 6500 | 6925 | 8000 | 10050 |
| XR Sport Wagon 4D | KR30E | 18480 | 7700 | 8175 | 9450 | 11800 |
| Manual, 5-Spd | | | (350) | (350) | (465) | (465) |

**272   DEDUCT FOR RECONDITIONING**

# 2008 TOYOTA

| Body Type | VIN | List | Trade-In Good | Trade-In Very Good | Pvt-Party Good | Retail Excellent |
|---|---|---|---|---|---|---|
| **CAMRY—4-Cyl.—Equipment Schedule 4** | | | | | | |
| W.B. 109.3"; 2.4 Liter. | | | | | | |
| Sedan 4D | BE46K | 20280 | 7600 | 8075 | 9000 | 10950 |
| LE Sedan 4D | BE46K | 21735 | 8150 | 8650 | 9600 | 11650 |
| SE Sedan 4D | BE46K | 22900 | 9425 | 9950 | 11050 | 13400 |
| XLE Sedan 4D | BE46K | 25660 | 10450 | 11000 | 12100 | 14700 |
| Manual, 5-Spd w/Overdrive | | | (500) | (500) | (665) | (665) |
| V6, 3.5 Liter | K | | 475 | 475 | 635 | 635 |
| **CAMRY—4-Cyl. Hybrid—Equipment Schedule 4** | | | | | | |
| W.B. 109.3"; 2.4 Liter. | | | | | | |
| Sedan 4D | BB46K | 25860 | 11600 | 12150 | 13400 | 16150 |
| **SOLARA—4-Cyl.—Equipment Schedule 4** | | | | | | |
| W.B. 107.1"; 2.4 Liter. | | | | | | |
| SE Coupe 2D | CE30P | 21420 | 6400 | 6825 | 7600 | 9275 |
| SE Sport Coupe 2D | CE30P | 23690 | 7800 | 8275 | 9200 | 11200 |
| Manual, 5-Spd w/Overdrive | | | (500) | (500) | (665) | (665) |
| V6, 3.3 Liter | A | | 475 | 475 | 635 | 635 |
| **SOLARA—V6—Equipment Schedule 4** | | | | | | |
| W.B. 107.1"; 3.3 Liter. | | | | | | |
| SLE Coupe 2D | CA30P | 27565 | 9825 | 10350 | 11450 | 13900 |
| 4-Cyl, 2.4 Liter | E | | (575) | (575) | (765) | (765) |
| **SOLARA—V6—Equipment Schedule 4** | | | | | | |
| W.B. 107.1"; 3.3 Liter. | | | | | | |
| SE Convertible 2D | FA38P | 27850 | 9325 | 9850 | 10900 | 13250 |
| Sport Convertible 2D | FA38P | 30120 | 10400 | 10950 | 12150 | 14700 |
| SLE Convertible 2D | FA38P | 31120 | 11300 | 11850 | 13100 | 15850 |
| **AVALON—V6—Equipment Schedule 4** | | | | | | |
| W.B. 111.0"; 3.5 Liter. | | | | | | |
| XL Sedan 4D | BK36B | 27735 | 9900 | 10450 | 11300 | 13500 |
| Touring Sedan 4D | BK36B | 29985 | 10550 | 11100 | 12000 | 14300 |
| XLS Sedan 4D | BK36B | 32035 | 11450 | 12050 | 13050 | 15500 |
| Limited Sedan 4D | BK36B | 35075 | 12150 | 12750 | 13900 | 16500 |

# 2009 TOYOTA—(1,2,4orJ)(NorT)(1,DorX)(JT903)-9-#

| Body Type | VIN | List | Trade-In Good | Trade-In Very Good | Pvt-Party Good | Retail Excellent |
|---|---|---|---|---|---|---|
| **YARIS—4-Cyl.—Equipment Schedule 6** | | | | | | |
| W.B. 96.9", 100.4" (Sedan); 1.5 Liter. | | | | | | |
| Hatchback 2D | JT903 | 12955 | 5725 | 6125 | 7000 | 8800 |
| Sedan 4D | BT903 | 14515 | 6475 | 6900 | 7875 | 9825 |
| S Hatchback 2D | JT903 | 15575 | 6550 | 6975 | 7975 | 9925 |
| S Sedan 4D | BT903 | 16630 | 6800 | 7250 | 8250 | 10250 |
| Manual, 5-Spd w/Overdrive | | | (400) | (400) | (535) | (535) |
| **YARIS—4-Cyl.—Equipment Schedule 6** | | | | | | |
| W.B. 96.9", 100.4" (Sedan); 1.5 Liter. | | | | | | |
| Hatchback 4D | KT903 | 14025 | 6375 | 6800 | 7775 | 9675 |
| S Hatchback 4D | KT903 | 15875 | 6625 | 7075 | 8050 | 10050 |
| **COROLLA—4-Cyl.—Equipment Schedule 6** | | | | | | |
| W.B. 102.4"; 1.8 Liter, 2.4 Liter. | | | | | | |
| Sedan 4D | BU40E | 15910 | 7000 | 7450 | 8325 | 10250 |
| S Sedan 4D | BU40E | 16980 | 7425 | 7900 | 8875 | 10900 |
| XRS Sedan 4D | BE40E | 19420 | 9650 | 10200 | 11400 | 13900 |
| Manual, 5-Spd w/Overdrive | | | (400) | (400) | (535) | (535) |
| **COROLLA—4-Cyl.—Equipment Schedule 6** | | | | | | |
| W.B. 102.4"; 1.8 Liter. | | | | | | |
| LE Sedan 4D | BU40E | 17310 | 7525 | 8000 | 9000 | 11050 |
| XLE Sedan 4D | BU40E | 18210 | 9100 | 9625 | 10750 | 13150 |
| **PRIUS—4-Cyl. Hybrid—Equipment Schedule 3** | | | | | | |
| W.B. 106.3"; 1.5 Liter. | | | | | | |
| Standard H'Back Sed | KB20U | 22750 | 9250 | 9775 | 10650 | 12700 |
| Hatchback Sedan 4D | KB20U | 24035 | 10100 | 10650 | 11550 | 13800 |
| Touring H'Back 4D | KB20U | 24930 | 11100 | 11700 | 12600 | 15050 |
| Package #2 | | | 100 | 100 | 135 | 135 |
| Package #3 | | | 200 | 200 | 265 | 265 |
| Package #4 | | | 300 | 300 | 400 | 400 |
| Package #5 | | | 400 | 400 | 535 | 535 |
| Package #6 | | | 600 | 600 | 800 | 800 |
| **MATRIX—4-Cyl.—Equipment Schedule 6** | | | | | | |
| W.B. 102.4"; 1.8 Liter, 2.4 Liter. | | | | | | |
| Sport Wagon 4D | KU40E | 17850 | 7575 | 8050 | 8975 | 10950 |
| XRS Sport Wagon 4D | GE40E | 21320 | 9525 | 10050 | 11150 | 13550 |
| Manual, 5-Spd w/Overdrive | | | (400) | (400) | (535) | (535) |
| **MATRIX—4-Cyl.—Equipment Schedule 6** | | | | | | |
| W.B. 102.4"; 2.4 Liter. | | | | | | |
| S Sport Wagon 4D | KE40E | 18920 | 8600 | 9100 | 10100 | 12300 |

# 2009 TOYOTA

| Body Type | VIN | List | Trade-In Good | Trade-In Very Good | Pvt-Party Good | Retail Excellent |
|---|---|---|---|---|---|---|
| 4WD | | | 1200 | 1200 | 1600 | 1600 |
| Automatic, 5-Spd | | | 400 | 400 | 535 | 535 |
| **CAMRY—4-Cyl.**—Equipment Schedule 4 | | | | | | |
| W.B. 109.3"; 2.4 Liter. | | | | | | |
| Sedan 4D | BE46K | 20430 | 8625 | 9125 | 9975 | 12000 |
| LE Sedan 4D | BE46K | 21885 | 8975 | 9475 | 10400 | 12550 |
| SE Sedan 4D | BE46K | 23050 | 10200 | 10700 | 11700 | 14050 |
| XLE Sedan 4D | BE46K | 25810 | 11100 | 11700 | 12800 | 15300 |
| Manual, 5-Spd w/Overdrive | | | (525) | (525) | (700) | (700) |
| V6, 3.5 Liter | K | | 550 | 550 | 735 | 735 |
| **CAMRY—4-Cyl. Hybrid**—Equipment Schedule 4 | | | | | | |
| W.B. 109.3"; 2.4 Liter. | | | | | | |
| Sedan 4D | BB46K | 26010 | 12500 | 13150 | 14200 | 16900 |
| **AVALON—V6**—Equipment Schedule 4 | | | | | | |
| W.B. 111.0"; 3.5 Liter. | | | | | | |
| XL Sedan 4D | BK36B | 28505 | 10650 | 11200 | 12050 | 14200 |
| XLS Sedan 4D | BK36B | 32805 | 13000 | 13600 | 14650 | 17250 |
| Limited Sedan 4D | BK36B | 35845 | 13800 | 14450 | 15500 | 18250 |

## 2010 TOYOTA—(2,4orJ)T(1,DorN)(JT4K3)-A-#

| Body Type | VIN | List | Trade-In Good | Trade-In Very Good | Pvt-Party Good | Retail Excellent |
|---|---|---|---|---|---|---|
| **YARIS—4-Cyl.**—Equipment Schedule 6 | | | | | | |
| W.B. 96.9", 100.4" (Sed); 1.5 Liter. | | | | | | |
| Hatchback 2D | JT4K3 | 13905 | 6525 | 6950 | 7800 | 9600 |
| Hatchback 4D | KT4K3 | 14205 | 6900 | 7350 | 8225 | 10100 |
| Sedan 4D | BT4K3 | 14665 | 7175 | 7625 | 8525 | 10450 |
| Manual, 5-Spd w/Overdrive | | | (500) | (500) | (665) | (665) |
| **COROLLA—4-Cyl.**—Equipment Schedule 6 | | | | | | |
| W.B. 102.4"; 1.8 Liter, 2.4 Liter. | | | | | | |
| Sedan 4D | BU4EE | 16070 | 8225 | 8725 | 9700 | 11800 |
| S Sedan 4D | BU4EE | 17140 | 8775 | 9275 | 10350 | 12600 |
| XRS Sedan 4D | BE4EE | 19580 | 10750 | 11300 | 12500 | 15150 |
| Manual, 5-Spd w/Overdrive | | | (500) | (500) | (665) | (665) |
| **COROLLA—4-Cyl.**—Equipment Schedule 6 | | | | | | |
| W.B. 102.4"; 1.8 Liter. | | | | | | |
| LE Sedan 4D | BU4EE | 17470 | 8675 | 9175 | 10200 | 12400 |
| XLE Sedan 4D | BU4EE | 18370 | 10050 | 10600 | 11750 | 14250 |
| **PRIUS—4-Cyl. Hybrid**—Equipment Schedule 3 | | | | | | |
| W.B. 106.3"; 1.8 Liter. | | | | | | |
| I Hatchback 4D | KN3DU | 22150 | 11250 | 11800 | 12550 | 14750 |
| II Hatchback 4D | KN3DU | 23150 | 11500 | 12100 | 12850 | 15050 |
| III Hatchback 4D | KN3DU | 24550 | 12250 | 12850 | 13650 | 16000 |
| IV Hatchback 4D | KN3DU | 27350 | 14050 | 14700 | 15650 | 18250 |
| V Hatchback 4D | KN3DU | 28820 | 15300 | 16000 | 16950 | 19800 |
| **MATRIX—4-Cyl.**—Equipment Schedule 6 | | | | | | |
| W.B. 102.4"; 1.8 Liter, 2.4 Liter. | | | | | | |
| Sport Wagon 4D | KU4EE | 18110 | 8950 | 9450 | 10500 | 12700 |
| XRS Sport Wagon 4D | ME4EE | 21520 | 10350 | 10900 | 12000 | 14500 |
| Manual, 5-Spd w/Overdrive | | | (500) | (500) | (665) | (665) |
| **MATRIX—4-Cyl.**—Equipment Schedule 6 | | | | | | |
| W.B. 102.4"; 2.4 Liter. | | | | | | |
| S Sport Wagon 4D | KE4EE | 19210 | 9400 | 9925 | 10950 | 13250 |
| 4WD | | | 1400 | 1400 | 1865 | 1865 |
| Automatic, 5-Spd | | | 450 | 450 | 600 | 600 |
| **CAMRY—4-Cyl.**—Equipment Schedule 4 | | | | | | |
| W.B. 109.3"; 2.5 Liter. | | | | | | |
| Sedan 4D | BF3EK | 21195 | 9750 | 10300 | 11200 | 13400 |
| LE Sedan 4D | BF3EK | 22650 | 10200 | 10750 | 11700 | 14000 |
| SE Sedan 4D | BF3EK | 23915 | 11300 | 11900 | 12950 | 15450 |
| XLE Sedan 4D | BF3EK | 26675 | 12200 | 12800 | 13900 | 16600 |
| V6, 3.5 Liter | K | | 600 | 600 | 800 | 800 |
| **CAMRY—4-Cyl. Hybrid**—Equipment Schedule 4 | | | | | | |
| W.B. 109.3"; 2.4 Liter. | | | | | | |
| Sedan 4D | BB3EK | 26900 | 13100 | 13750 | 14900 | 17700 |
| **AVALON—V6**—Equipment Schedule 4 | | | | | | |
| W.B. 111.0"; 3.5 Liter. | | | | | | |
| XL Sedan 4D | BK36B | 28695 | 13050 | 13700 | 14650 | 16950 |
| XLS Sedan 4D | BK36B | 32995 | 15750 | 16450 | 17350 | 20200 |
| Limited Sedan 4D | BK36B | 36035 | 16550 | 17300 | 18200 | 21200 |

## 2011 TOYOTA—(2,3,4,5orJ)T(1,4,D,KorN)(JT4KE)-B-#

**YARIS—4-Cyl.**—Equipment Schedule 6
W.B. 96.9", 100.4" (Sed); 1.5 Liter.

**DEDUCT FOR RECONDITIONING**

# 2011 TOYOTA

| Body Type | VIN | List | Trade-In Good | Very Good | Pvt-Party Good | Retail Excellent |
|---|---|---|---|---|---|---|
| Hatchback 2D | JT4KE | 14415 | 7750 | 8225 | 9200 | 11250 |
| Hatchback 4D | KT4K3 | 14017 | 7600 | 8075 | 9025 | 11050 |
| Sedan 4D | BT4KE | 15175 | 8050 | 8550 | 9525 | 11600 |
| Manual, 5-Spd w/Overdrive | | | (500) | (500) | (665) | (665) |

**COROLLA—4-Cyl.**—Equipment Schedule 6
W.B. 102.4"; 1.8 Liter.

| Body Type | VIN | List | Good | Very Good | Good | Excellent |
|---|---|---|---|---|---|---|
| Sedan 4D | BU4EE | 16360 | 9150 | 9675 | 10650 | 12800 |
| S Sedan 4D | BU4EE | 18230 | 10300 | 10850 | 11850 | 14250 |
| Manual, 5-Spd w/Overdrive | | | (500) | (500) | (665) | (665) |

**COROLLA—4-Cyl.**—Equipment Schedule 6
W.B. 102.4"; 1.8 Liter.

| Body Type | VIN | List | Good | Very Good | Good | Excellent |
|---|---|---|---|---|---|---|
| LE Sedan 4D | BU4EE | 18060 | 9500 | 10050 | 11000 | 13250 |

**PRIUS—4-Cyl. Hybrid**—Equipment Schedule 3
W.B. 106.3"; 1.8 Liter.

| Body Type | VIN | List | Good | Very Good | Good | Excellent |
|---|---|---|---|---|---|---|
| One Hatchback 4D | KN3DU | 22410 | 12450 | 13050 | 13750 | 16000 |
| Two Hatchback 4D | KN3DU | 23810 | 12700 | 13300 | 14100 | 16450 |
| Three Hatchback 4D | KN3DU | 24810 | 13900 | 14550 | 15350 | 17850 |
| Four Hatchback 4D | KN3DU | 27610 | 16100 | 16800 | 17650 | 20500 |
| Five Hatchback 4D | KN3DU | 29080 | 17300 | 18050 | 18950 | 21900 |

**MATRIX—4-Cyl.**—Equipment Schedule 6
W.B. 102.4"; 1.8 Liter.

| Body Type | VIN | List | Good | Very Good | Good | Excellent |
|---|---|---|---|---|---|---|
| Sport Wagon 4D | KU4EE | 20145 | 10550 | 11100 | 11900 | 14100 |
| Manual, 5-Spd w/Overdrive | | | (500) | (500) | (665) | (665) |

**MATRIX—4-Cyl.**—Equipment Schedule 6
W.B. 102.4"; 2.4 Liter.

| Body Type | VIN | List | Good | Very Good | Good | Excellent |
|---|---|---|---|---|---|---|
| S Sport Wagon 4D | KE4EE | 20025 | 10450 | 11000 | 11800 | 14000 |
| AWD | L | | 1525 | 1525 | 2035 | 2035 |
| Automatic, 4-Spd | | | 475 | 475 | 635 | 635 |

**CAMRY—4-Cyl.**—Equipment Schedule 4
W.B. 109.3"; 2.5 Liter.

| Body Type | VIN | List | Good | Very Good | Good | Excellent |
|---|---|---|---|---|---|---|
| Sedan 4D | BF3EK | 21405 | 10750 | 11300 | 12150 | 14400 |
| LE Sedan 4D | BF3EK | 22860 | 11100 | 11650 | 12600 | 14900 |
| SE Sedan 4D | BF3EK | 24125 | 12400 | 13000 | 14000 | 16550 |
| XLE Sedan 4D | BF3EK | 26885 | 13200 | 13850 | 14950 | 17650 |
| V6, 3.5 Liter | K | | 650 | 650 | 865 | 865 |

**CAMRY—4-Cyl. Hybrid**—Equipment Schedule 4
W.B. 109.3"; 2.4 Liter.

| Body Type | VIN | List | Good | Very Good | Good | Excellent |
|---|---|---|---|---|---|---|
| Sedan 4D | BB3EK | 27160 | 14500 | 15150 | 16100 | 18800 |

**AVALON—V6**—Equipment Schedule 4
W.B. 111.0"; 3.5 Liter.

| Body Type | VIN | List | Good | Very Good | Good | Excellent |
|---|---|---|---|---|---|---|
| Sedan 4D | BK3DB | 33005 | 17150 | 17900 | 18650 | 21500 |
| Limited Sedan 4D | BK3DB | 36245 | 18250 | 19050 | 19750 | 22800 |

# 2012 TOYOTA—(2,4,5orJ)T(1,4,DorF)(JT4D3)-C-#

**YARIS—4-Cyl.**—Equipment Schedule 6
W.B. 98.8"; 1.5 Liter.

| Body Type | VIN | List | Good | Very Good | Good | Excellent |
|---|---|---|---|---|---|---|
| L Hatchback 2D | JT4D3 | 15600 | 8500 | 9000 | 10050 | 12350 |
| SE Hatchback 4D | KT4D3 | 17960 | 10400 | 10950 | 12200 | 14900 |
| Manual, 5-Spd | | | (500) | (500) | (665) | (665) |

**YARIS—4-Cyl.**—Equipment Schedule 6
W.B. 98.8"; 1.5 Liter.

| Body Type | VIN | List | Good | Very Good | Good | Excellent |
|---|---|---|---|---|---|---|
| L Hatchback 2D | KT4D3 | 15900 | 8600 | 9100 | 10250 | 12550 |
| LE Hatchback 2D | JT4D3 | 16385 | 9500 | 10050 | 11250 | 13750 |
| LE Hatchback 4D | KT4D3 | 16860 | 9900 | 10450 | 11650 | 14250 |
| Sedan 4D | BT4K3 | 16120 | 8800 | 9300 | 10450 | 12800 |

**COROLLA—4-Cyl.**—Equipment Schedule 6
W.B. 102.4"; 1.8 Liter.

| Body Type | VIN | List | Good | Very Good | Good | Excellent |
|---|---|---|---|---|---|---|
| L Sedan 4D | BU4EE | 16890 | 10350 | 10900 | 11800 | 14100 |
| S Sedan 4D | BU4EE | 18750 | 11450 | 12000 | 13050 | 15550 |
| Manual, 5-Spd | | | (550) | (550) | (735) | (735) |

**COROLLA—4-Cyl.**—Equipment Schedule 6
W.B. 102.4"; 1.8 Liter.

| Body Type | VIN | List | Good | Very Good | Good | Excellent |
|---|---|---|---|---|---|---|
| LE Sedan 4D | BU4EE | 18670 | 10900 | 11450 | 12400 | 14800 |

**PRIUS C—4-Cyl. Hybrid**—Equipment Schedule 3
W.B. 100.4"; 1.5 Liter.

| Body Type | VIN | List | Good | Very Good | Good | Excellent |
|---|---|---|---|---|---|---|
| One Hatchback 4D | KDTB3 | 19710 | 12450 | 13050 | 13650 | 15700 |
| Two Hatchback 4D | KDTB3 | 20660 | 13150 | 13800 | 14400 | 16550 |
| Three Hatchback 4D | KDTB3 | 22395 | 14150 | 14800 | 15400 | 17700 |
| Four Hatchback 4D | KDTB3 | 23990 | 15050 | 15750 | 16350 | 18750 |

**PRIUS—4-Cyl. Hybrid**—Equipment Schedule 3
W.B. 106.3"; 1.8 Liter.

| Body Type | VIN | List | Good | Very Good | Good | Excellent |
|---|---|---|---|---|---|---|
| One Hatchback 4D | KN3DU | 23775 | 13550 | 14200 | 14850 | 17100 |
| Two Hatchback 4D | KN3DU | 24760 | 13950 | 14600 | 15250 | 17600 |

# 2012 TOYOTA

| Body Type | VIN | List | Trade-In Good | Very Good | Pvt-Party Good | Retail Excellent |
|---|---|---|---|---|---|---|
| Three Hatchback 4D | KN3DU | 26325 | 15100 | 15700 | 16650 | 19150 |
| Four Hatchback 4D | KN3DU | 28995 | 17000 | 17850 | 18550 | 21300 |
| Five Hatchback 4D | KN3DU | 30565 | 18350 | 19150 | 19850 | 22800 |
| **PRIUS PLUG-IN—4-Cyl. Hybrid**—Equipment Schedule 3 | | | | | | |
| W.B. 106.3"; 1.8 Liter. | | | | | | |
| Hatchback 4D | KN3DP | 32760 | 19150 | 20000 | 20500 | 23300 |
| Advanced H'Back 4D | KN3DP | 40285 | 25400 | 26400 | 26900 | 30500 |
| **PRIUS V—4-Cyl. Hybrid**—Equipment Schedule 3 | | | | | | |
| W.B. 109.4"; 1.8 Liter. | | | | | | |
| Two Wagon 4D | ZN3EU | 27160 | 17500 | 18250 | 18750 | 21400 |
| Three Wagon 4D | ZN3EU | 27925 | 17900 | 18650 | 19150 | 21800 |
| Five Wagon 4D | ZN3EU | 30750 | 19050 | 19900 | 20400 | 23200 |
| Technology Pkg | | | 2275 | 2275 | 3035 | 3035 |
| **MATRIX—4-Cyl.**—Equipment Schedule 6 | | | | | | |
| W.B. 102.4"; 1.8 Liter. | | | | | | |
| Sport Wagon 4D | KU4EE | 20445 | 12550 | 13150 | 14050 | 16400 |
| Manual, 5-Spd | | | (500) | (500) | (665) | (665) |
| **MATRIX—4-Cyl.**—Equipment Schedule 6 | | | | | | |
| W.B. 102.4"; 2.4 Liter. | | | | | | |
| S Sport Wagon 4D | KE4EE | 20325 | 12400 | 13000 | 13750 | 16100 |
| AWD | L | | 1675 | 1675 | 2235 | 2235 |
| Automatic, 4-Spd | | | 550 | 550 | 735 | 735 |
| **CAMRY—4-Cyl.**—Equipment Schedule 4 | | | | | | |
| W.B. 109.3"; 2.5 Liter. | | | | | | |
| L Sedan 4D | BF1FK | 22715 | 12650 | 13300 | 14150 | 16650 |
| LE Sedan 4D | BF1FK | 23260 | 13050 | 13700 | 14700 | 17250 |
| SE Sedan 4D | BF1FK | 23760 | 14500 | 15150 | 16200 | 19050 |
| XLE Sedan 4D | BF1FK | 25485 | 15800 | 16500 | 17550 | 20600 |
| V6, 3.5 Liter | K | | 700 | 700 | 935 | 935 |
| **CAMRY—4-Cyl. Hybrid**—Equipment Schedule 4 | | | | | | |
| W.B. 109.3"; 2.5 Liter. | | | | | | |
| LE Sedan 4D | BD1FK | 26660 | 17550 | 18300 | 19100 | 22100 |
| XLE Sedan 4D | BD1FK | 28160 | 19750 | 20600 | 21400 | 24700 |
| **AVALON—V6**—Equipment Schedule 4 | | | | | | |
| W.B. 111.0"; 3.5 Liter. | | | | | | |
| Sedan 4D | BK3DB | 33955 | 18350 | 19150 | 19750 | 22700 |
| Limited Sedan 4D | BK3DB | 39195 | 19950 | 20800 | 21500 | 24600 |

## 2013 TOYOTA—(2,4,5orJ)T(1,4,DorF)(KTLD3)-D-#

| Body Type | VIN | List | Trade-In Good | Very Good | Pvt-Party Good | Retail Excellent |
|---|---|---|---|---|---|---|
| **YARIS—4-Cyl.**—Equipment Schedule 6 | | | | | | |
| W.B. 98.8"; 1.5 Liter. | | | | | | |
| L Hatchback 4D | KTLD3 | 16190 | 10500 | 11050 | 12450 | 15300 |
| LE Hatchback 4D | KTLD3 | 17225 | 10900 | 11450 | 12950 | 15900 |
| **COROLLA—4-Cyl.**—Equipment Schedule 6 | | | | | | |
| W.B. 102.4"; 1.8 Liter. | | | | | | |
| L Sedan 4D | BU4EE | 17855 | 11200 | 11750 | 12750 | 15150 |
| S Sedan 4D | BU4EE | 19855 | 12550 | 13200 | 14200 | 16850 |
| Manual, 5-Spd | | | (525) | (525) | (700) | (700) |
| **COROLLA—4-Cyl.**—Equipment Schedule 6 | | | | | | |
| W.B. 102.4"; 1.8 Liter. | | | | | | |
| LE Sedan 4D | BU4EE | 18975 | 11800 | 12400 | 13400 | 15950 |
| **PRIUS—4-Cyl. Hybrid**—Equipment Schedule 3 | | | | | | |
| W.B. 106.3"; 1.8 Liter. | | | | | | |
| Two Hatchback 4D | KN3DU | 24960 | 15400 | 16100 | 16850 | 19500 |
| Three Hatchback 4D | KN3DU | 26525 | 15900 | 16600 | 17400 | 20100 |
| **CAMRY—4-Cyl.**—Equipment Schedule 4 | | | | | | |
| W.B. 109.3"; 2.5 Liter. | | | | | | |
| L Sedan 4D | BF1FK | 22995 | 13450 | 14100 | 15350 | 18300 |
| LE Sedan 4D | BF1FK | 23440 | 14100 | 14750 | 16050 | 19100 |
| **CAMRY—4-Cyl.**—Equipment Schedule 4 | | | | | | |
| W.B. 109.3"; 2.5 Liter. | | | | | | |
| SE Sedan 4D | BF1FK | 24160 | 15700 | 16400 | 17750 | 21100 |
| XLE Sedan 4D | BF1FK | 25615 | 18100 | 18900 | 20400 | 24200 |
| V6, 3.5 Liter | K | | 750 | 750 | 1000 | 1000 |
| **CAMRY—4-Cyl. Hybrid**—Equipment Schedule 4 | | | | | | |
| W.B. 109.3"; 2.5 Liter. | | | | | | |
| LE Sedan 4D | BD1FK | 26900 | 18450 | 19250 | 20100 | 23100 |
| XLE Sedan 4D | BD1FK | 28430 | 20400 | 21300 | 22100 | 25400 |
| **AVALON—V6**—Equipment Schedule 4 | | | | | | |
| W.B. 111.0"; 3.5 Liter. | | | | | | |
| XLE Sedan 4D | BK1EB | 31785 | 21400 | 22300 | 22900 | 26100 |
| XLE Premium Sedan | BK1EB | 33990 | 22500 | 23500 | 24000 | 27300 |
| XLE Touring Sedan | BK1EB | 36295 | 24000 | 24900 | 25500 | 29100 |

**DEDUCT FOR RECONDITIONING**

## 2013 TOYOTA

| Body Type | VIN | List | Trade-In Good | Very Good | Pvt-Party Good | Retail Excellent |
|---|---|---|---|---|---|---|
| Limited Sedan 4D | BK1EB | 40445 | 25500 | 26500 | 27100 | 30800 |

# VOLKSWAGEN

## 1999 VOLKSWAGEN — (3orW)VW(FB81H)-X-#

**GOLF—4-Cyl.—Equipment Schedule 6**
W.B. 97.4"; 2.0 Liter.
| | | | | | | |
|---|---|---|---|---|---|---|
| GL Hatchback 4D | FB81H | 14855 | 1000 | 1100 | 1950 | 3200 |
| Wolfsburg Edition | J | | 25 | 25 | 35 | 35 |

**GOLF GTI VR6—V6—Equipment Schedule 6**
W.B. 97.4"; 2.8 Liter.
| | | | | | | |
|---|---|---|---|---|---|---|
| Hatchback 2D | HD81H | 20735 | 1250 | 1375 | 2250 | 3675 |

**NEW GOLF—4-Cyl.—Equipment Schedule 6**
W.B. 98.9"; 2.0 Liter.
| | | | | | | |
|---|---|---|---|---|---|---|
| GL Hatchback 2D | BC31J | 15425 | 550 | 625 | 1275 | 2125 |
| GLS Hatchback 2D | CG31J | 16875 | 775 | 875 | 1650 | 2725 |

**NEW GOLF—4-Cyl. Turbo Diesel—Equipment Schedule 6**
W.B. 98.9"; 1.9 Liter.
| | | | | | | |
|---|---|---|---|---|---|---|
| GL TDI H'Back 2D | BF31J | 16720 | 1500 | 1650 | 2250 | 3400 |
| GLS TDI H'Back 4D | GF31J | 17925 | 1775 | 1950 | 2725 | 4075 |

**NEW GTI—4-Cyl.—Equipment Schedule 6**
W.B. 98.9"; 2.0 Liter.
| | | | | | | |
|---|---|---|---|---|---|---|
| GLS Hatchback 2D | DC31J | 18025 | 675 | 750 | 1400 | 2275 |

**NEW GTI—V6—Equipment Schedule 6**
W.B. 98.9"; 2.8 Liter.
| | | | | | | |
|---|---|---|---|---|---|---|
| GLX Hatchback 2D | DE21J | 22675 | 1650 | 1825 | 2875 | 4650 |

**NEW BEETLE—4-Cyl.—Equipment Schedule 6**
W.B. 98.9"; 2.0 Liter.
| | | | | | | |
|---|---|---|---|---|---|---|
| GL Hatchback 2D | BC21C | 16425 | 1125 | 1250 | 2000 | 3200 |
| GLS Hatchback 2D | CC21C | 17375 | 850 | 950 | 1600 | 2550 |

**NEW BEETLE—4-Cyl. Turbo—Equipment Schedule 6**
W.B. 98.9"; 1.8 Liter.
| | | | | | | |
|---|---|---|---|---|---|---|
| GLS Hatchback 2D | CD21C | 19525 | 950 | 1050 | 1750 | 2800 |
| GLX Hatchback 2D | DD21C | 21425 | 1075 | 1200 | 1925 | 3075 |

**NEW BEETLE—4-Cyl. Turbo Diesel—Equipment Schedule 6**
W.B. 98.9"; 1.9 Liter.
| | | | | | | |
|---|---|---|---|---|---|---|
| GLS TDI H'Back 2D | CF21C | 18425 | 1675 | 1850 | 2700 | 4175 |

**JETTA—4-Cyl.—Equipment Schedule 6**
W.B. 97.4"; 2.0 Liter.
| | | | | | | |
|---|---|---|---|---|---|---|
| GL Sedan 4D | RB81H | 16205 | 800 | 900 | 1525 | 2425 |
| Wolfsburg Edition | P | | 25 | 25 | 35 | 35 |

**JETTA—4-Cyl. Turbo Diesel—Equipment Schedule 6**
W.B. 97.4"; 1.9 Liter.
| | | | | | | |
|---|---|---|---|---|---|---|
| TDI Sedan 4D | RF81H | 17130 | 1675 | 1850 | 2750 | 4325 |

**JETTA—V6—Equipment Schedule 6**
W.B. 97.4"; 2.8 Liter.
| | | | | | | |
|---|---|---|---|---|---|---|
| GLX Sedan 4D | TD81H | 21455 | 1300 | 1425 | 2225 | 3575 |

**NEW JETTA—4-Cyl.—Equipment Schedule 6**
W.B. 98.9"; 2.0 Liter.
| | | | | | | |
|---|---|---|---|---|---|---|
| GL Sedan 4D | RC29M | 16400 | 550 | 625 | 1175 | 1875 |
| GLS Sedan 4D | SC29M | 16875 | 650 | 725 | 1325 | 2100 |

**NEW JETTA—4-Cyl. Turbo Diesel—Equipment Schedule 6**
W.B. 98.9"; 1.9 Liter.
| | | | | | | |
|---|---|---|---|---|---|---|
| GL TDI Sedan 4D | RF29M | 17695 | 1300 | 1425 | 2025 | 3100 |
| GLS TDI Sedan 4D | SF29M | 17925 | 1475 | 1625 | 2275 | 3450 |

**NEW JETTA VR6—V6—Equipment Schedule 6**
W.B. 98.9"; 2.8 Liter.
| | | | | | | |
|---|---|---|---|---|---|---|
| GLS Sedan 4D | SE29M | 20475 | 850 | 950 | 1600 | 2575 |
| GLX Sedan 4D | TE29M | 24025 | 950 | 1050 | 1750 | 2800 |

**CABRIO—4-Cyl.—Equipment Schedule 3**
W.B. 97.4"; 2.0 Liter.
| | | | | | | |
|---|---|---|---|---|---|---|
| GL Convertible 2D | AB81E | 20835 | 925 | 1025 | 1725 | 2775 |
| GLS Convertible 2D | BB81E | 23665 | 1175 | 1300 | 2100 | 3350 |
| Manual, 5-Spd | | | (100) | (100) | (135) | (135) |

**NEW CABRIO—4-Cyl.—Equipment Schedule 3**
W.B. 97.4"; 2.0 Liter.
| | | | | | | |
|---|---|---|---|---|---|---|
| GL Convertible 2D | CB81E | 22015 | 675 | 750 | 1350 | 2175 |
| GLS Convertible 2D | DB81E | 24700 | 850 | 950 | 1600 | 2575 |
| Manual, 5-Spd | | | (100) | (100) | (135) | (135) |

**PASSAT—4-Cyl. Turbo—Equipment Schedule 4**
W.B. 106.4"; 1.8 Liter.

# 1999 VOLKSWAGEN

| Body Type | VIN | List | Trade-In Good | Trade-In Very Good | Pvt-Party Good | Retail Excellent |
|---|---|---|---|---|---|---|
| GLS Sedan 4D | MA63B | 22775 | 1175 | 1300 | 1975 | 3100 |
| GLS Wagon 4D | NA63B | 23325 | 1200 | 1325 | 2025 | 3175 |
| Manual, 5-Spd | | | (200) | (200) | (265) | (265) |
| V6, 2.8 Liter | D | | 100 | 100 | 135 | 135 |

**PASSAT—V6—Equipment Schedule 4**
W.B. 106.4"; 2.8 Liter.

| | | | | | | |
|---|---|---|---|---|---|---|
| GLX Sedan 4D | UD63B | 30300 | 2025 | 2225 | 3325 | 5125 |

## 2000 VOLKSWAGEN — (3orW)VW(BC21J)-Y-#

**GOLF—4-Cyl.—Equipment Schedule 6**
W.B. 98.9"; 2.0 Liter.

| | | | | | | |
|---|---|---|---|---|---|---|
| GL Hatchback 2D | BC21J | 15425 | 650 | 725 | 1275 | 2000 |
| GLS Hatchback 4D | GC21J | 16875 | 1000 | 1100 | 1750 | 2775 |

**GOLF—4-Cyl. Turbo—Equipment Schedule 6**
W.B. 98.9"; 1.8 Liter.

| | | | | | | |
|---|---|---|---|---|---|---|
| GLS Hatchback 4D | GH21J | 18425 | 1200 | 1325 | 2025 | 3200 |

**GOLF—4-Cyl. Turbo Diesel—Equipment Schedule 6**
W.B. 98.9"; 1.9 Liter.

| | | | | | | |
|---|---|---|---|---|---|---|
| GL TDI H'Back 2D | BF21J | 16720 | 1875 | 2050 | 2825 | 4225 |
| GLS TDI H'Back 4D | GF21J | 17295 | 2400 | 2625 | 3575 | 5275 |

**GTI—4-Cyl.—Equipment Schedule 6**
W.B. 98.9"; 2.0 Liter.

| | | | | | | |
|---|---|---|---|---|---|---|
| GLS Hatchback 2D | DC21J | 18200 | 900 | 1000 | 1550 | 2425 |

**GTI—4-Cyl. Turbo—Equipment Schedule 6**
W.B. 98.9"; 1.8 Liter.

| | | | | | | |
|---|---|---|---|---|---|---|
| GLS Hatchback 2D | DH21J | 19750 | 1500 | 1650 | 2375 | 3675 |

**GTI—V6—Equipment Schedule 6**
W.B. 98.9"; 2.8 Liter.

| | | | | | | |
|---|---|---|---|---|---|---|
| GLX Hatchback 2D | DE21J | 23145 | 1825 | 2000 | 2950 | 4525 |

**NEW BEETLE—4-Cyl.—Equipment Schedule 6**
W.B. 98.9"; 2.0 Liter.

| | | | | | | |
|---|---|---|---|---|---|---|
| GL Hatchback 2D | BC21C | 16425 | 1100 | 1225 | 1950 | 3125 |
| GLS Hatchback 2D | CC21C | 17375 | 975 | 1075 | 1775 | 2825 |

**NEW BEETLE—4-Cyl. Turbo—Equipment Schedule 6**
W.B. 98.9"; 1.8 Liter.

| | | | | | | |
|---|---|---|---|---|---|---|
| GLS Hatchback 2D | CD21C | 19525 | 1075 | 1200 | 1925 | 3075 |
| GLX Hatchback 2D | DD21C | 21600 | 1075 | 1200 | 1925 | 3075 |

**NEW BEETLE—4-Cyl. Turbo Diesel—Equipment Schedule 6**
W.B. 98.9"; 1.9 Liter.

| | | | | | | |
|---|---|---|---|---|---|---|
| GLS TDI H'Back 2D | CF21C | 18425 | 2125 | 2325 | 3175 | 4675 |

**JETTA—4-Cyl.—Equipment Schedule 6**
W.B. 98.9"; 2.0 Liter.

| | | | | | | |
|---|---|---|---|---|---|---|
| GL Sedan 4D | RC29M | 17225 | 800 | 900 | 1425 | 2225 |
| GLS Sedan 4D | SC29M | 18175 | 925 | 1025 | 1600 | 2500 |

**JETTA—4-Cyl. Turbo—Equipment Schedule 6**
W.B. 98.9"; 1.8 Liter.

| | | | | | | |
|---|---|---|---|---|---|---|
| GLS Sedan 4D | SD29M | 19725 | 675 | 750 | 1250 | 1950 |

**JETTA—4-Cyl. Turbo Diesel—Equipment Schedule 6**
W.B. 98.9"; 1.9 Liter.

| | | | | | | |
|---|---|---|---|---|---|---|
| GL TDI Sedan 4D | RF29M | 18520 | 1675 | 1850 | 2525 | 3775 |
| GLS TDI Sedan 4D | SF29M | 19225 | 1950 | 2150 | 2900 | 4275 |

**JETTA—V6—Equipment Schedule 6**
W.B. 98.9"; 2.8 Liter.

| | | | | | | |
|---|---|---|---|---|---|---|
| GLS Sedan 4D | SE29M | 20475 | 850 | 950 | 1500 | 2325 |
| GLX Sedan 4D | TE29M | 24695 | 1150 | 1275 | 1900 | 2975 |

**CABRIO—4-Cyl.—Equipment Schedule 3**
W.B. 97.4"; 2.0 Liter.

| | | | | | | |
|---|---|---|---|---|---|---|
| GL Convertible 2D | CC21V | 22015 | 875 | 975 | 1625 | 2625 |
| GLS Convertible 2D | DC21V | 24700 | 1075 | 1200 | 1925 | 3075 |
| Manual, 5-Spd | | | (100) | (100) | (135) | (135) |

**PASSAT—4-Cyl. Turbo—Equipment Schedule 4**
W.B. 106.4"; 1.8 Liter.

| | | | | | | |
|---|---|---|---|---|---|---|
| GLS Sedan 4D | MA23B | 22800 | 1300 | 1425 | 2175 | 3350 |
| GLS Wagon 4D | NA23B | 23600 | 1500 | 1650 | 2425 | 3750 |
| Manual, 5-Spd | | | (200) | (200) | (265) | (265) |
| V6, 2.8 Liter | D | | 100 | 100 | 135 | 135 |

**PASSAT—V6—Equipment Schedule 4**
W.B. 106.4"; 2.8 Liter.

| | | | | | | |
|---|---|---|---|---|---|---|
| GLX Sedan 4D | PD23B | 29255 | 2425 | 2650 | 3700 | 5525 |
| GLX Wagon 4D | VD23B | 30055 | 2375 | 2600 | 3625 | 5425 |
| Manual, 5-Spd | | | (200) | (200) | (265) | (265) |

**PASSAT 4MOTION AWD—V6—Equipment Schedule 4**
W.B. 106.4"; 2.8 Liter.

278  DEDUCT FOR RECONDITIONING  0414

# 2000 VOLKSWAGEN

| Body Type | VIN | List | Trade-In Good | Very Good | Pvt-Party Good | Retail Excellent |
|---|---|---|---|---|---|---|
| GLS Sedan 4D | TH23B | 27050 | 2575 | 2825 | 3925 | 5825 |
| GLS Wagon 4D | RH23B | 27850 | 2625 | 2875 | 4000 | 5925 |
| GLX Sedan 4D | UH23B | 30905 | 2825 | 3125 | 4250 | 6300 |
| GLX Wagon 4D | WH23B | 31705 | 2850 | 3150 | 4300 | 6350 |

## 2001 VOLKSWAGEN — (3orW)VW(BK21J)-1-#

**GOLF—4-Cyl.—Equipment Schedule 6**
W.B. 98.9"; 2.0 Liter.

| Body Type | VIN | List | Good | Very Good | Good | Excellent |
|---|---|---|---|---|---|---|
| GL Hatchback 2D | BK21J | 15425 | 900 | 1000 | 1525 | 2350 |
| GLS Hatchback 4D | GK21J | 16875 | 1125 | 1250 | 1925 | 2950 |

**GOLF—4-Cyl. Turbo—Equipment Schedule 6**
W.B. 98.9"; 1.8 Liter.

| GLS Hatchback 4D | GC21J | 18425 | 1375 | 1525 | 2250 | 3475 |
|---|---|---|---|---|---|---|

**GOLF—4-Cyl. Turbo Diesel—Equipment Schedule 6**
W.B. 98.9"; 1.9 Liter.

| GL TDI H'Back 2D | BP21J | 16720 | 2375 | 2600 | 3300 | 4750 |
|---|---|---|---|---|---|---|
| GLS TDI H'Back 4D | GP21J | 17925 | 2950 | 3250 | 4050 | 5750 |

**GTI—4-Cyl. Turbo—Equipment Schedule 6**
W.B. 98.9"; 1.8 Liter.

| GLS Hatchback 2D | DC21J | 19800 | 1450 | 1600 | 2275 | 3500 |
|---|---|---|---|---|---|---|

**GTI—V6—Equipment Schedule 6**
W.B. 98.9"; 2.8 Liter.

| GLX Hatchback 2D | PG21J | 23425 | 1800 | 1975 | 2850 | 4375 |
|---|---|---|---|---|---|---|

**NEW BEETLE—4-Cyl.—Equipment Schedule 6**
W.B. 98.7"; 2.0 Liter.

| GL Hatchback 2D | BK21C | 17325 | 1150 | 1275 | 2050 | 3275 |
|---|---|---|---|---|---|---|
| GLS Hatchback 2D | CK21C | 17375 | 1125 | 1250 | 2000 | 3225 |

**NEW BEETLE—4-Cyl. Turbo—Equipment Schedule 6**
W.B. 98.7"; 1.8 Liter.

| GLS Hatchback 2D | CD21C | 19550 | 1225 | 1350 | 2150 | 3450 |
|---|---|---|---|---|---|---|
| Sport Hatchback 2D | ED21C | 21175 | 1300 | 1425 | 2275 | 3625 |
| GLX Hatchback 2D | DD21C | 21775 | 1425 | 1575 | 2450 | 3925 |

**NEW BEETLE—4-Cyl. Turbo Diesel—Equipment Schedule 6**
W.B. 98.7"; 1.9 Liter.

| GLS TDI H'Back 2D | CP21C | 18425 | 2625 | 2875 | 3725 | 5375 |
|---|---|---|---|---|---|---|

**JETTA—4-Cyl.—Equipment Schedule 6**
W.B. 98.9", 99.0" (Wag); 2.0 Liter.

| GL Sedan 4D | RK29M | 18125 | 900 | 1000 | 1525 | 2350 |
|---|---|---|---|---|---|---|
| GLS Sedan 4D | SK29M | 19075 | 1100 | 1225 | 1800 | 2750 |
| GLS Wagon 4D | SK21J | 19150 | 975 | 1075 | 1625 | 2500 |

**JETTA—4-Cyl. Turbo—Equipment Schedule 6**
W.B. 98.9"; 1.8 Liter.

| GLS Sedan 4D | SD29M | 19725 | 1025 | 1125 | 1700 | 2600 |
|---|---|---|---|---|---|---|
| Wolfsburg Edition | | | 50 | 50 | 65 | 65 |

**JETTA—4-Cyl. Turbo Diesel—Equipment Schedule 6**
W.B. 98.9"; 1.9 Liter.

| GL TDI Sedan 4D | RP29M | 18520 | 1925 | 2125 | 2700 | 3900 |
|---|---|---|---|---|---|---|
| GLS TDI Sedan 4D | SP29M | 19225 | 2325 | 2550 | 3225 | 4625 |

**JETTA—V6—Equipment Schedule 6**
W.B. 98.9", 99.0" (Wag); 2.8 Liter.

| GLS Sedan 4D | SG29M | 20475 | 1175 | 1300 | 1900 | 2900 |
|---|---|---|---|---|---|---|
| GLS Wagon 4D | SG21J | 21450 | 1375 | 1525 | 2150 | 3325 |
| GLX Sedan 4D | TG29M | 24825 | 1375 | 1525 | 2150 | 3325 |
| GLX Wagon 4D | TG21J | 25950 | 1400 | 1550 | 2300 | 3525 |

**CABRIO—4-Cyl.—Equipment Schedule 6**
W.B. 97.4"; 2.0 Liter.

| GL Convertible 2D | BC21V | 21625 | 1000 | 1100 | 1725 | 2675 |
|---|---|---|---|---|---|---|
| GLS Convertible 2D | CC21V | 22000 | 1250 | 1375 | 2050 | 3200 |
| GLX Convertible 2D | DC21V | 23700 | 1450 | 1600 | 2325 | 3625 |
| Manual, 5-Spd. | | | (175) | (175) | (235) | (235) |

**PASSAT—4-Cyl. Turbo—Equipment Schedule 4**
W.B. 106.4"; 1.8 Liter.

| GLS Sedan 4D | AD23B | 23050 | 1425 | 1575 | 2300 | 3500 |
|---|---|---|---|---|---|---|
| GLS Wagon 4D | HD23B | 23850 | 2050 | 2250 | 3100 | 4625 |
| Manual, 5-Spd. | | | (200) | (200) | (265) | (265) |
| V6, 2.8 Liter | | | 150 | 150 | 200 | 200 |

**NEW PASSAT—4-Cyl. Turbo—Equipment Schedule 4**
W.B. 106.4"; 1.8 Liter.

| GLS Sedan 4D | PD23B | 23375 | 1400 | 1550 | 2200 | 3325 |
|---|---|---|---|---|---|---|
| GLS Wagon 4D | VD23B | 24175 | 1525 | 1675 | 2375 | 3575 |
| Manual, 5-Spd. | | | (200) | (200) | (265) | (265) |
| V6, 2.8 Liter | H | | 150 | 150 | 200 | 200 |

# 2001 VOLKSWAGEN

| Body Type | VIN | List | Trade-In Good | Trade-In Very Good | Pvt-Party Good | Retail Excellent |
|---|---|---|---|---|---|---|
| **PASSAT—V6—Equipment Schedule 4** | | | | | | |
| W.B. 106.4"; 2.8 Liter. | | | | | | |
| GLX Sedan 4D | BH23B | 29810 | 2675 | 2925 | 3925 | 5750 |
| GLX Wagon 4D | JH23B | 30610 | 2675 | 2925 | 3925 | 5750 |
| Manual, 5-Spd | | | (200) | (200) | (265) | (265) |
| **NEW PASSAT—V6—Equipment Schedule 4** | | | | | | |
| W.B. 106.4"; 2.8 Liter. | | | | | | |
| GLX Sedan 4D | RD23B | 30375 | 2000 | 2200 | 3025 | 4475 |
| GLX Wagon 4D | WD23B | 31175 | 2475 | 2725 | 3675 | 5425 |
| Manual, 5-Spd | | | (200) | (200) | (265) | (265) |
| **PASSAT 4MOTION AWD—V6—Equipment Schedule 4** | | | | | | |
| W.B. 106.4"; 2.8 Liter. | | | | | | |
| GLS Sedan 4D | DH23B | 27400 | 2775 | 3075 | 4025 | 5850 |
| GLS Wagon 4D | KH23B | 28200 | 2925 | 3225 | 4275 | 6225 |
| GLX Sedan 4D | EH23B | 31560 | 3150 | 3475 | 4725 | 6850 |
| GLX Wagon 4D | LH23B | 32360 | 3200 | 3525 | 4800 | 6950 |
| **NEW PASSAT 4MOTION AWD—V6—Equipment Schedule 4** | | | | | | |
| W.B. 106.4"; 2.8 Liter. | | | | | | |
| GLS Sedan 4D | SH23B | 27625 | 2000 | 2200 | 3025 | 4475 |
| GLS Wagon 4D | XH23B | 28425 | 2275 | 2500 | 3400 | 5050 |
| GLX Sedan 4D | TH23B | 32125 | 2625 | 2875 | 3900 | 5725 |
| GLX Wagon 4D | YH23B | 32925 | 2925 | 3225 | 4300 | 6300 |

## 2002 VOLKSWAGEN—(3,9orW)(BorV)W(BK21J)-2-#

| Body Type | VIN | List | Trade-In Good | Trade-In Very Good | Pvt-Party Good | Retail Excellent |
|---|---|---|---|---|---|---|
| **GOLF—4-Cyl.—Equipment Schedule 6** | | | | | | |
| W.B. 98.9"; 2.0 Liter. | | | | | | |
| GL Hatchback 2D | BK21J | 15600 | 1500 | 1650 | 2275 | 3450 |
| GL Hatchback 4D | FK21J | 15800 | 1625 | 1800 | 2525 | 3850 |
| GLS Hatchback 4D | GK21J | 17150 | 1825 | 2000 | 2825 | 4250 |
| **GOLF—4-Cyl. Turbo Diesel—Equipment Schedule 6** | | | | | | |
| W.B. 98.9"; 1.9 Liter. | | | | | | |
| GL TDI H'Back 2D | BP21J | 16895 | 2750 | 3050 | 3625 | 5050 |
| GL TDI H'Back 4D | FP21J | 17095 | 2900 | 3200 | 3825 | 5275 |
| GLS TDI H'Back 4D | GP21J | 18200 | 3375 | 3700 | 4425 | 6050 |
| **GTI—4-Cyl. Turbo—Equipment Schedule 6** | | | | | | |
| W.B. 98.9"; 1.8 Liter. | | | | | | |
| Hatchback 2D | DE61J | 19460 | 1675 | 1850 | 2625 | 3950 |
| 337 Edition H'Back 2D | DE61J | 22775 | 2125 | 2325 | 3250 | 4875 |
| **GTI VR6—V6—Equipment Schedule 6** | | | | | | |
| W.B. 98.9"; 2.8 Liter. | | | | | | |
| Hatchback 2D | DH61J | 20845 | 2100 | 2300 | 3200 | 4800 |
| **NEW BEETLE—4-Cyl.—Equipment Schedule 6** | | | | | | |
| W.B. 98.7"; 2.0 Liter. | | | | | | |
| GL Hatchback 2D | BK21C | 17325 | 1575 | 1725 | 2425 | 3700 |
| GLS Hatchback 2D | CK21C | 17400 | 1625 | 1775 | 2475 | 3800 |
| **NEW BEETLE—4-Cyl. Turbo—Equipment Schedule 6** | | | | | | |
| W.B. 98.7"; 1.8 Liter. | | | | | | |
| GLS Hatchback 2D | CD21C | 19750 | 1775 | 1950 | 2700 | 4100 |
| Sport Hatchback 2D | ED21C | 20800 | 1750 | 1925 | 2775 | 4200 |
| GLX Hatchback 2D | DD21C | 22050 | 1850 | 2025 | 2900 | 4425 |
| S Hatchback 2D | FE21C | 23905 | 1850 | 2025 | 2900 | 4425 |
| **NEW BEETLE—4-Cyl. Turbo Diesel—Equipment Schedule 6** | | | | | | |
| W.B. 98.7"; 1.9 Liter. | | | | | | |
| GLS TDI H'Back 2D | CP21C | 18450 | 3300 | 3600 | 4475 | 6250 |
| **JETTA—4-Cyl.—Equipment Schedule 6** | | | | | | |
| W.B. 98.9", 99.0" (Wag); 2.0 Liter. | | | | | | |
| GL Sedan 4D | RK69M | 18275 | 1375 | 1525 | 2075 | 3150 |
| GL Wagon 4D | RK61J | 19075 | 1375 | 1525 | 2075 | 3150 |
| GLS Sedan 4D | SK69M | 19325 | 1475 | 1625 | 2225 | 3325 |
| GLS Wagon 4D | SK21J | 19250 | 1425 | 1575 | 2150 | 3250 |
| **JETTA—4-Cyl. Turbo—Equipment Schedule 6** | | | | | | |
| W.B. 98.9", 99.0" (Wag); 1.8 Liter. | | | | | | |
| GLS Sedan 4D | SE69M | 20100 | 1375 | 1525 | 2075 | 3150 |
| GLS Wagon 4D | SE61J | 20900 | 1500 | 1650 | 2350 | 3525 |
| **JETTA—4-Cyl. Turbo Diesel—Equipment Schedule 6** | | | | | | |
| W.B. 98.9", 99.0" (Wag); 1.9 Liter. | | | | | | |
| GL TDI Sedan 4D | RP69M | 18695 | 2375 | 2600 | 3275 | 4625 |
| GL TDI Wagon 4D | RP69M | 19495 | 2550 | 2800 | 3500 | 4925 |
| GLS TDI Sedan 4D | SP69M | 19500 | 2900 | 3200 | 3950 | 5525 |
| GLS TDI Wagon 4D | SP69M | 20300 | 3275 | 3600 | 4575 | 6400 |
| **JETTA—V6—Equipment Schedule 6** | | | | | | |
| W.B. 98.9", 99.0" (Wag); 2.8 Liter. | | | | | | |
| GLS Sedan 4D | SH69M | 20750 | 1450 | 1600 | 2275 | 3425 |

**DEDUCT FOR RECONDITIONING**

# 2002 VOLKSWAGEN

| Body Type | VIN | List | Trade-In Good | Trade-In Very Good | Pvt-Party Good | Retail Excellent |
|---|---|---|---|---|---|---|
| GLS Wagon 4D | SH61J | 21550 | 1650 | 1825 | 2525 | 3825 |
| GLI Sedan 4D | VH69M | 23500 | 1850 | 2025 | 2800 | 4200 |
| GLX Sedan 4D | TH69M | 25250 | 1850 | 2025 | 2800 | 4200 |
| GLX Wagon 4D | TH61J | 26050 | 1950 | 2150 | 2950 | 4400 |
| **CABRIO—4-Cyl.—Equipment Schedule 3** | | | | | | |
| W.B. 97.4"; 2.0 Liter. | | | | | | |
| GL Convertible 2D | BC21V | 21025 | 1350 | 1500 | 2125 | 3250 |
| GLS Convertible 2D | CC21V | 22025 | 1525 | 1675 | 2450 | 3750 |
| GLX Convertible 2D | DC21V | 23725 | 1750 | 1925 | 2750 | 4200 |
| Manual, 5-Spd | | | (200) | (200) | (265) | (265) |
| **PASSAT—4-Cyl. Turbo—Equipment Schedule 4** | | | | | | |
| W.B. 106.4"; 1.8 Liter. | | | | | | |
| GLS Sedan 4D | PD63B | 23375 | 1575 | 1725 | 2500 | 3850 |
| GLS Wagon 4D | VD63B | 24175 | 1700 | 1875 | 2675 | 4100 |
| Manual, 5-Spd | | | (250) | (250) | (335) | (335) |
| V6, 2.8 Liter | H | | 200 | 200 | 265 | 265 |
| **PASSAT—V6—Equipment Schedule 4** | | | | | | |
| W.B. 106.4"; 2.8 Liter. | | | | | | |
| GLX Sedan 4D | RH63B | 30375 | 2225 | 2450 | 3450 | 5175 |
| GLX Wagon 4D | WH63B | 31175 | 2800 | 3100 | 4275 | 6350 |
| Manual, 5-Spd | | | (250) | (250) | (335) | (335) |
| **PASSAT 4MOTION AWD—V6—Equipment Schedule 4** | | | | | | |
| W.B. 106.4"; 2.8 Liter. | | | | | | |
| GLS Sedan 4D | SH63B | 27625 | 2450 | 2675 | 3775 | 5625 |
| GLS Wagon 4D | XH63B | 28425 | 2550 | 2800 | 3900 | 5850 |
| GLX Sedan 4D | TH63B | 32125 | 2975 | 3275 | 4525 | 6700 |
| GLX Wagon 4D | YH63B | 32925 | 3175 | 3500 | 4975 | 7350 |
| **PASSAT 4MOTION AWD—W8—Equipment Schedule 4** | | | | | | |
| W.B. 106.4"; 4.0 Liter. | | | | | | |
| Sedan 4D | UH63B | 38450 | 3875 | 4225 | 5550 | 7875 |
| Wagon 4D | ZH63B | 39250 | 3975 | 4325 | 5700 | 8050 |

# 2003 VOLKSWAGEN — (3,9orW)(BorV)W(BK21J)-3-#

| Body Type | VIN | List | Trade-In Good | Trade-In Very Good | Pvt-Party Good | Retail Excellent |
|---|---|---|---|---|---|---|
| **GOLF—4-Cyl.—Equipment Schedule 6** | | | | | | |
| W.B. 98.9"; 2.0 Liter. | | | | | | |
| GL Hatchback 2D | BK21J | 15870 | 1675 | 1850 | 2575 | 3850 |
| GL Hatchback 4D | FK21J | 16070 | 1775 | 1950 | 2700 | 4050 |
| GLS Hatchback 4D | GK21J | 18095 | 2125 | 2325 | 3175 | 4725 |
| **GOLF—4-Cyl. Turbo Diesel—Equipment Schedule 6** | | | | | | |
| W.B. 98.9"; 1.9 Liter. | | | | | | |
| GL TDI H'Back 2D | BP21J | 17295 | 3425 | 3750 | 4400 | 6000 |
| GL TDI H'Back 4D | FP21J | 17495 | 3450 | 3775 | 4600 | 6225 |
| GLS TDI H'Back 4D | GP21J | 19285 | 4000 | 4350 | 5275 | 7100 |
| **GTI—4-Cyl. Turbo—Equipment Schedule 6** | | | | | | |
| W.B. 98.9"; 1.8 Liter. | | | | | | |
| Hatchback 2D | DE21J | 19640 | 2125 | 2325 | 3075 | 4550 |
| 20th Anniv H'Back 2D | DE61J | 23800 | 2675 | 2925 | 3800 | 5500 |
| **GTI VR6—V6—Equipment Schedule 6** | | | | | | |
| W.B. 98.9"; 2.8 Liter. | | | | | | |
| Hatchback 2D | DH61J | 22570 | 2675 | 2925 | 3800 | 5500 |
| **NEW BEETLE—4-Cyl.—Equipment Schedule 6** | | | | | | |
| W.B. 98.7", 98.8" (Conv); 2.0 Liter. | | | | | | |
| GL Hatchback 2D | BK21C | 16525 | 1625 | 1775 | 2375 | 3550 |
| GL Convertible 2D | BK21Y | 22090 | 2300 | 2525 | 3400 | 5000 |
| GLS Hatchback 2D | CK21C | 18390 | 2000 | 2200 | 2975 | 4400 |
| GLS Convertible 2D | CK21Y | 22425 | 2125 | 2325 | 3150 | 4675 |
| 4-Cyl, Turbo, 1.8 Liter | | | 150 | 150 | 200 | 200 |
| **NEW BEETLE—4-Cyl. Turbo—Equipment Schedule 6** | | | | | | |
| W.B. 98.7", 98.8" (Conv); 1.8 Liter. | | | | | | |
| GLX Hatchback 2D | DE21C | 22215 | 2175 | 2400 | 3225 | 4775 |
| GLX Convertible 2D | DD21Y | 26125 | 2425 | 2650 | 3575 | 5225 |
| S Hatchback 2D | FE21C | 24115 | 2325 | 2550 | 3425 | 5050 |
| **NEW BEETLE—4-Cyl. Turbo Diesel—Equipment Schedule 6** | | | | | | |
| W.B. 98.7"; 1.9 Liter. | | | | | | |
| GL TDI H'Back 2D | BP21C | 17770 | 3575 | 3900 | 4650 | 6375 |
| GLS TDI H'Back 2D | CP21C | 19570 | 4050 | 4400 | 5400 | 7350 |
| **JETTA—4-Cyl.—Equipment Schedule 6** | | | | | | |
| W.B. 98.9", 99.0" (Wag); 2.0 Liter. | | | | | | |
| GL Sedan 4D | RK69M | 18550 | 1775 | 1950 | 2650 | 3900 |
| GL Wagon 4D | RK61J | 19350 | 1750 | 1925 | 2600 | 3875 |
| GLS Sedan 4D | SK69M | 20240 | 1875 | 2050 | 2775 | 4100 |
| GLS Wagon 4D | SK61J | 20165 | 1875 | 2050 | 2775 | 4100 |
| 4-Cyl, Turbo, 1.8 Liter | E | | 350 | 350 | 465 | 465 |

**EQUIPMENT & MILEAGE PAGE 9 TO 23**

# 2003 VOLKSWAGEN

| Body Type | VIN | List | Trade-In Good | Very Good | Pvt-Party Good | Retail Excellent |
|---|---|---|---|---|---|---|
| **JETTA—4-Cyl. Turbo—Equipment Schedule 6** | | | | | | |
| W.B. 98.9", 99.0" (Wag); 1.8 Liter. | | | | | | |
| Wolfsburg Sedan 4D | PE69M | 20075 | 1800 | 1975 | 2675 | 3950 |
| **JETTA—4-Cyl. Turbo Diesel—Equipment Schedule 6** | | | | | | |
| W.B. 98.9", 99.0" (Wag); 1.9 Liter. | | | | | | |
| GL TDI Sedan 4D | RP69M | 19065 | 3550 | 3875 | 4625 | 6325 |
| GL TDI Wagon 4D | RP61J | 19865 | 3650 | 3975 | 4750 | 6500 |
| GLS TDI Sedan 4D | SP69M | 20545 | 3875 | 4225 | 5175 | 7075 |
| GLS TDI Wagon 4D | SP61J | 21345 | 4325 | 4675 | 5750 | 7800 |
| **JETTA—V6—Equipment Schedule 6** | | | | | | |
| W.B. 98.9"; 2.8 Liter. | | | | | | |
| GLI Sedan 4D | VH69M | 23525 | 2475 | 2725 | 3600 | 5225 |
| GLX Sedan 4D | TH69M | 27515 | 2750 | 3050 | 3975 | 5750 |
| **PASSAT—4-Cyl. Turbo—Equipment Schedule 4** | | | | | | |
| W.B. 106.4"; 1.8 Liter. | | | | | | |
| GL Sedan 4D | MD63B | 23400 | 1125 | 1250 | 1875 | 2850 |
| GL Wagon 4D | ND63B | 24200 | 1300 | 1425 | 2100 | 3200 |
| GLS Sedan 4D | PD63B | 24535 | 1750 | 1925 | 2700 | 4075 |
| GLS Wagon 4D | VD63B | 27835 | 1875 | 2050 | 2875 | 4325 |
| Manual, 5-Spd | | | (300) | (300) | (400) | (400) |
| V6, 2.8 Liter | H | | 250 | 250 | 335 | 335 |
| **PASSAT—V6—Equipment Schedule 4** | | | | | | |
| W.B. 106.4"; 2.8 Liter. | | | | | | |
| GLX Sedan 4D | RH63B | 30400 | 2425 | 2650 | 3650 | 5425 |
| GLX Wagon 4D | WH63B | 31200 | 2975 | 3275 | 4425 | 6500 |
| Manual, 5-Spd | | | (300) | (300) | (400) | (400) |
| **PASSAT 4MOTION AWD—V6—Equipment Schedule 4** | | | | | | |
| W.B. 106.4"; 2.8 Liter. | | | | | | |
| GLX Sedan 4D | TH63B | 32150 | 3050 | 3375 | 4700 | 6900 |
| GLX Wagon 4D | YH63B | 32950 | 3400 | 3725 | 5200 | 7575 |
| **PASSAT 4MOTION AWD—W8—Equipment Schedule 4** | | | | | | |
| W.B. 106.4"; 4.0 Liter. | | | | | | |
| Sedan 4D | UK63B | 38475 | 4325 | 4675 | 6475 | 9200 |
| Wagon 4D | ZK63B | 39275 | 4525 | 4900 | 6750 | 9550 |

# 2004 VOLKSWAGEN—(W,3or9)(VorB)W(BK21J)-4-#

| Body Type | VIN | List | Trade-In Good | Very Good | Pvt-Party Good | Retail Excellent |
|---|---|---|---|---|---|---|
| **GOLF—4-Cyl.—Equipment Schedule 6** | | | | | | |
| W.B. 98.9"; 2.0 Liter. | | | | | | |
| GL Hatchback 2D | BK21J | 16155 | 2100 | 2300 | 2975 | 4300 |
| GL Hatchback 4D | FK21J | 16355 | 2225 | 2450 | 3150 | 4550 |
| GLS Hatchback 4D | GK21J | 18715 | 2500 | 2750 | 3525 | 5050 |
| **GOLF—4-Cyl. Turbo Diesel—Equipment Schedule 6** | | | | | | |
| W.B. 98.9"; 1.9 Liter. | | | | | | |
| GL TDI H'Back 4D | FP21J | 17775 | 5200 | 5575 | 6600 | 8700 |
| GLS TDI H'Back 4D | GP21J | 19895 | 5675 | 6075 | 7375 | 9700 |
| **GTI—4-Cyl. Turbo—Equipment Schedule 6** | | | | | | |
| W.B. 98.9"; 1.8 Liter. | | | | | | |
| Hatchback 2D | DE61J | 19825 | 3000 | 3300 | 4025 | 5600 |
| **GTI VR6—V6—Equipment Schedule 6** | | | | | | |
| W.B. 98.9"; 2.8 Liter. | | | | | | |
| Hatchback 2D | DH61J | 22645 | 3550 | 3875 | 4875 | 6750 |
| **R32 AWD—V6—Equipment Schedule 3** | | | | | | |
| W.B. 99.1"; 3.2 Liter. | | | | | | |
| Hatchback 2D | KG61J | 29675 | 7975 | 8450 | 9700 | 12250 |
| **NEW BEETLE—4-Cyl.—Equipment Schedule 6** | | | | | | |
| W.B. 98.7", 98.8" (Conv); 2.0 Liter. | | | | | | |
| GL Hatchback 2D | BK21C | 17780 | 2150 | 2350 | 3075 | 4500 |
| GL Convertible 2D | BK21Y | 22650 | 2800 | 3100 | 3950 | 5650 |
| GLS Hatchback 2D | CK21C | 19095 | 2300 | 2525 | 3275 | 4750 |
| GLS Convertible 2D | CK21Y | 23215 | 2550 | 2800 | 3625 | 5200 |
| 4-Cyl, Turbo, 1.8 Liter | D | | 175 | 175 | 235 | 235 |
| **NEW BEETLE—4-Cyl. Turbo—Equipment Schedule 6** | | | | | | |
| W.B. 98.7"; 1.8 Liter. | | | | | | |
| S Hatchback 2D | FE21C | 24425 | 3325 | 3650 | 4800 | 6825 |
| **NEW BEETLE—4-Cyl. Turbo—Equipment Schedule 6** | | | | | | |
| W.B. 98.7"; 1.9 Liter. | | | | | | |
| GL TDI H'Back 2D | BP21C | 18205 | 4100 | 4450 | 5400 | 7300 |
| GLS TDI H'Back 2D | CP21C | 20335 | 4725 | 5100 | 6175 | 8300 |
| **JETTA—4-Cyl.—Equipment Schedule 6** | | | | | | |
| W.B. 98.9", 99.0" (Wag); 2.0 Liter. | | | | | | |
| GL Sedan 4D | RK29M | 18880 | 2175 | 2400 | 3100 | 4475 |
| GL Wagon 4D | RK61J | 19880 | 2250 | 2475 | 3200 | 4625 |
| GLS Sedan 4D | SK29M | 20910 | 2475 | 2725 | 3500 | 5025 |

# 2004 VOLKSWAGEN

| Body Type | VIN | List | Trade-In Good | Trade-In Very Good | Pvt-Party Good | Retail Excellent |
|---|---|---|---|---|---|---|
| GLS Wagon 4D | SK21J | 21035 | 2300 | 2525 | 3250 | 4700 |
| 4-Cyl, Turbo, 1.8 Liter | E | | 400 | 400 | 535 | 535 |
| **JETTA—4-Cyl. Turbo**—Equipment Schedule 6 | | | | | | |
| W.B. 98.9"; 1.8 Liter. | | | | | | |
| GLI Sedan 4D | VH69M | 23785 | 3275 | 3575 | 4550 | 6450 |
| V6, 2.8 Liter | H | | 125 | 125 | 165 | 165 |
| **JETTA—4-Cyl. Turbo Diesel**—Equipment Schedule 6 | | | | | | |
| W.B. 98.9", 99.0" (Wag); 1.9 Liter. | | | | | | |
| GL TDI Sedan 4D | RP29M | 19245 | 3950 | 4300 | 5150 | 6900 |
| GL TDI Wagon 4D | RP21J | 20245 | 4050 | 4400 | 5275 | 7050 |
| GLS TDI Sedan 4D | SP69M | 21055 | 4275 | 4625 | 5525 | 7400 |
| GLS TDI Wagon 4D | SP61J | 22055 | 4775 | 5150 | 6150 | 8200 |
| **PASSAT—4-Cyl. Turbo**—Equipment Schedule 4 | | | | | | |
| W.B. 106.4"; 1.8 Liter. | | | | | | |
| GL Sedan 4D | MD63B | 23430 | 1400 | 1550 | 2150 | 3200 |
| GL Wagon 4D | ND63B | 24450 | 1650 | 1825 | 2450 | 3650 |
| GLS Sedan 4D | PD63B | 25030 | 2175 | 2400 | 3175 | 4650 |
| GLS Wagon 4D | VD63B | 26030 | 2325 | 2550 | 3375 | 4925 |
| Manual, 5-Spd | | | (350) | (350) | (465) | (465) |
| **PASSAT 4MOTION AWD—4-Cyl. Turbo**—Equipment Schedule 4 | | | | | | |
| W.B. 106.4"; 1.8 Liter. | | | | | | |
| GLS Sedan 4D | PD63B | 26780 | 3100 | 3425 | 4600 | 6600 |
| GLS Wagon 4D | VD63B | 27780 | 3525 | 3850 | 5150 | 7375 |
| Manual, 5-Spd | | | (350) | (350) | (465) | (465) |
| **PASSAT—4-Cyl. Turbo Diesel**—Equipment Schedule 4 | | | | | | |
| W.B. 106.4"; 2.0 Liter. | | | | | | |
| GL TDI Sedan 4D | ME63B | 23635 | 3900 | 4250 | 5175 | 6850 |
| GL TDI Wagon 4D | NE63B | 24635 | 4000 | 4350 | 5300 | 7000 |
| GLS TDI Sedan 4D | PE63B | 25235 | 5000 | 5400 | 6575 | 8400 |
| GLS TDI Wagon 4D | VE63B | 26235 | 5150 | 5550 | 6750 | 8850 |
| Manual, 5-Spd | | | (350) | (350) | (465) | (465) |
| **PASSAT—V6**—Equipment Schedule 4 | | | | | | |
| W.B. 106.4"; 2.8 Liter. | | | | | | |
| GLX Sedan 4D | RH63B | 31430 | 3075 | 3375 | 4375 | 6325 |
| GLX Wagon 4D | WH63B | 32430 | 3750 | 4075 | 5450 | 7800 |
| Manual, 5-Spd | | | (350) | (350) | (465) | (465) |
| **PASSAT 4MOTION AWD—V6**—Equipment Schedule 4 | | | | | | |
| W.B. 106.4"; 2.8 Liter. | | | | | | |
| GLX Sedan 4D | TH63B | 33180 | 3875 | 4225 | 5625 | 8025 |
| GLX Wagon 4D | YH63B | 34180 | 4275 | 4625 | 6175 | 8775 |
| **PASSAT 4MOTION AWD—W8**—Equipment Schedule 4 | | | | | | |
| W.B. 106.4"; 4.0 Liter. | | | | | | |
| Sedan 4D | UK63B | 39235 | 5275 | 5675 | 7150 | 9550 |
| Wagon 4D | ZK63B | 40235 | 5475 | 5875 | 7400 | 9875 |
| Sport Pkg | | | 175 | 175 | 235 | 235 |
| **PHAETON AWD—V8**—Equipment Schedule 1 | | | | | | |
| W.B. 118.1"; 4.2 Liter. | | | | | | |
| Sedan 4D | AF63D | 65215 | 6550 | 7000 | 7750 | 9500 |
| 4-Passenger Seating | | | 300 | 300 | 400 | 400 |
| W12, 6.0 Liter | | | 2325 | 2325 | 3100 | 3100 |

# 2005 VOLKSWAGEN—(W,3or9)(VorB)W(BL61J)-5-#

| **GOLF—4-Cyl.**—Equipment Schedule 6 | | | | | | |
|---|---|---|---|---|---|---|
| W.B. 98.9"; 2.0 Liter. | | | | | | |
| GL Hatchback 2D | BL61J | 15830 | 2550 | 2800 | 3625 | 5050 |
| GL Hatchback 4D | FL61J | 16030 | 2475 | 2775 | 3675 | 5125 |
| GLS Hatchback 4D | GL61J | 18390 | 2875 | 3200 | 4175 | 5800 |
| **GOLF—4-Cyl. Turbo Diesel**—Equipment Schedule 6 | | | | | | |
| W.B. 98.9"; 1.9 Liter. | | | | | | |
| GL TDI H'Back 4D | FR61J | 17450 | 5700 | 6100 | 7300 | 9375 |
| GLS TDI H'Back 4D | GR61J | 19580 | 6400 | 6825 | 8100 | 10350 |
| **GTI—4-Cyl. Turbo**—Equipment Schedule 6 | | | | | | |
| W.B. 98.9"; 1.8 Liter. | | | | | | |
| Hatchback 2D | DE61J | 19510 | 3350 | 3675 | 4650 | 6325 |
| **GTI VR6—V6**—Equipment Schedule 6 | | | | | | |
| W.B. 98.9"; 2.8 Liter. | | | | | | |
| Hatchback 2D | DH61J | 22330 | 4075 | 4425 | 5550 | 7500 |
| **NEW BEETLE—4-Cyl.**—Equipment Schedule 6 | | | | | | |
| W.B. 98.7", 98.8" (Conv); 2.0 Liter. | | | | | | |
| GL Hatchback 2D | BK31C | 18220 | 2300 | 2550 | 3300 | 4650 |
| GL Convertible 2D | BM31Y | 22940 | 3025 | 3350 | 4375 | 6050 |
| GLS Hatchback 2D | CK31C | 19345 | 2675 | 2975 | 3925 | 5475 |
| GLS Convertible 2D | CM31Y | 23615 | 2825 | 3125 | 4125 | 5725 |

EQUIPMENT & MILEAGE PAGE 9 TO 23

# 2005 VOLKSWAGEN

| Body Type | VIN | List | Trade-In Good | Very Good | Pvt-Party Good | Retail Excellent |
|---|---|---|---|---|---|---|
| Bi-Color H'Back 2D | CK31C | 21360 | 2875 | 3200 | 4175 | 5800 |
| Dark Flint Ed Conv | CM31Y | 26405 | 2875 | 3200 | 4175 | 5800 |
| 4-Cyl, Turbo, 1.8 Liter | D | | 175 | 175 | 235 | 235 |
| **NEW BEETLE—4-Cyl. Turbo Diesel**—Equipment Schedule 6 | | | | | | |
| W.B. 98.7"; 1.9 Liter. | | | | | | |
| GLS TDI H'Back 2D | CR31C | 20585 | 5300 | 5700 | 6850 | 9025 |
| **JETTA—4-Cyl.**—Equipment Schedule 6 | | | | | | |
| W.B. 98.9", 99.0" (Wag); 2.0 Liter. | | | | | | |
| GL Sedan 4D | RK69M | 19130 | 2550 | 2800 | 3650 | 5100 |
| GL Wagon 4D | RL61J | 20130 | 2800 | 3100 | 3950 | 5525 |
| GLS Sedan 4D | SK69M | 21170 | 3050 | 3350 | 4275 | 5950 |
| GLS Wagon 4D | SL61J | 21295 | 2900 | 3200 | 4075 | 5700 |
| 4-Cyl, Turbo, 1.8 Liter | E | | 425 | 425 | 565 | 565 |
| **JETTA—4-Cyl. Turbo**—Equipment Schedule 6 | | | | | | |
| W.B. 98.9", 99.0" (Wag); 1.8 Liter. | | | | | | |
| GLI Sedan 4D | SE69M | 24645 | 3825 | 4175 | 5400 | 7450 |
| **JETTA—4-Cyl. Turbo Diesel**—Equipment Schedule 6 | | | | | | |
| W.B. 98.9", 99.0" (Wag); 1.9 Liter. | | | | | | |
| GL TDI Wagon 4D | RR61J | 20505 | 4275 | 4625 | 5550 | 7275 |
| GLS TDI Sedan 4D | SR69M | 21315 | 4475 | 4825 | 5775 | 7550 |
| GLS TDI Wagon 4D | SR61J | 22315 | 4800 | 5175 | 6375 | 8300 |
| **NEW JETTA—5-Cyl.**—Equipment Schedule 6 | | | | | | |
| W.B. 101.5"; 2.5 Liter. | | | | | | |
| Value Edition Sed 4D | PF71K | 18515 | 3225 | 3550 | 4450 | 6000 |
| 2.5 Sedan 4D | SF71K | 21005 | 3625 | 3950 | 4925 | 6625 |
| Package #1 | | | 200 | 200 | 265 | 265 |
| Package #2 | | | 425 | 425 | 565 | 565 |
| **NEW JETTA—4-Cyl. Turbo Diesel**—Equipment Schedule 6 | | | | | | |
| W.B. 101.5"; 1.9 Liter. | | | | | | |
| TDI Sedan 4D | RT71K | 22000 | 5175 | 5575 | 6800 | 8850 |
| Package #1 | | | 200 | 200 | 265 | 265 |
| Package #2 | | | 425 | 425 | 565 | 565 |
| **PASSAT—4-Cyl. Turbo**—Equipment Schedule 4 | | | | | | |
| W.B. 106.4"; 1.8 Liter. | | | | | | |
| GL Sedan 4D | MD63B | 23760 | 1975 | 2175 | 2875 | 4050 |
| GL Wagon 4D | ND63B | 24760 | 2250 | 2475 | 3225 | 4525 |
| GLS Sedan 4D | AD63B | 26030 | 2675 | 2975 | 3925 | 5425 |
| GLS Wagon 4D | CD63B | 27030 | 2825 | 3125 | 4100 | 5675 |
| Manual, 5-Spd | | | (400) | (400) | (535) | (535) |
| **PASSAT 4MOTION AWD—4-Cyl. Turbo**—Equipment Schedule 4 | | | | | | |
| W.B. 106.4"; 1.8 Liter. | | | | | | |
| GLS Sedan 4D | BD63B | 27780 | 3900 | 4250 | 5450 | 7450 |
| GLS Wagon 4D | DD63B | 28780 | 4400 | 4750 | 6075 | 8275 |
| Manual, 5-Spd | | | (400) | (400) | (535) | (535) |
| **PASSAT—4-Cyl. Turbo Diesel**—Equipment Schedule 4 | | | | | | |
| W.B. 106.4"; 2.0 Liter. | | | | | | |
| GL TDI Sedan 4D | ME63B | 23935 | 4375 | 4750 | 5800 | 7475 |
| GL TDI Wagon 4D | NE63B | 24935 | 4475 | 4850 | 5925 | 7625 |
| GLS TDI Sedan 4D | AE63B | 26235 | 5625 | 6050 | 7250 | 9250 |
| GLS TDI Wagon 4D | CE63B | 27235 | 5925 | 6350 | 7600 | 9675 |
| **PASSAT—V6**—Equipment Schedule 4 | | | | | | |
| W.B. 106.4"; 2.8 Liter. | | | | | | |
| GLX Sedan 4D | RU63B | 31440 | 3925 | 4275 | 5475 | 7500 |
| GLX Wagon 4D | WU63B | 32440 | 4675 | 5050 | 6650 | 9025 |
| Manual, 5-Spd | | | (400) | (400) | (535) | (535) |
| **PASSAT 4MOTION AWD—V6**—Equipment Schedule 4 | | | | | | |
| W.B. 106.4"; 2.8 Liter. | | | | | | |
| GLX Sedan 4D | TU63B | 33190 | 4725 | 5100 | 6700 | 9100 |
| GLX Wagon 4D | YU63B | 34190 | 5225 | 5625 | 7325 | 9950 |
| **PHAETON—V8**—Equipment Schedule 1 | | | | | | |
| W.B. 118.1"; 4.2 Liter. | | | | | | |
| Sedan 4D | AF93D | 68865 | 4350 | 4725 | 5575 | 7000 |
| 4-Passenger Seating | | | 375 | 375 | 500 | 500 |
| W12, 6.0 Liter | H | | 2675 | 2675 | 3565 | 3565 |

# 2006 VOLKSWAGEN—(W,3or9)(VorB)W(BR71K)-6-#

| | | | | | | |
|---|---|---|---|---|---|---|
| **RABBIT—5-Cyl.**—Equipment Schedule 6 | | | | | | |
| W.B. 101.5"; 2.5 Liter. | | | | | | |
| Hatchback 2D | BR71K | 16695 | 3500 | 3825 | 4600 | 6075 |
| Hatchback 4D | DR71K | 18695 | 3900 | 4250 | 5275 | 6925 |
| Manual, 5-Spd | A | | (300) | (300) | (400) | (400) |
| **GOLF—4-Cyl.**—Equipment Schedule 6 | | | | | | |
| W.B. 98.9"; 2.0 Liter. | | | | | | |

DEDUCT FOR RECONDITIONING

# 2006 VOLKSWAGEN

| Body Type | VIN | List | Trade-In Good | Very Good | Pvt-Party Good | Retail Excellent |
|---|---|---|---|---|---|---|
| GL Hatchback 4D | FL61J | 16645 | 2950 | 3275 | 4200 | 5750 |
| GLS Hatchback 4D | GL61J | 19005 | 3575 | 3900 | 4975 | 6775 |
| **GOLF—4-Cyl. Turbo Diesel**—Equipment Schedule 6 | | | | | | |
| W.B. 98.9"; 1.9 Liter. | | | | | | |
| GLS TDI H'Back 4D | GR61J | 20195 | 7200 | 7675 | 8975 | 11350 |
| **GTI—4-Cyl. Turbo**—Equipment Schedule 6 | | | | | | |
| W.B. 98.9", 101.5"; 1.8 Liter, 2.0 Liter. | | | | | | |
| 1.8T Hatchback 2D | DE61J | 20955 | 4450 | 4800 | 5775 | 7600 |
| 2.0T Hatchback 2D | EV71K | 22620 | 5500 | 5900 | 7325 | 9550 |
| Package #2 | | | 775 | 775 | 1035 | 1035 |
| **NEW BEETLE—5-Cyl.**—Equipment Schedule 6 | | | | | | |
| W.B. 98.7", 98.8" (Conv); 2.5 Liter. | | | | | | |
| 2.5 Hatchback 2D | PF31C | 18870 | 3425 | 3750 | 4800 | 6550 |
| 2.5 Convertible 2D | PF31Y | 23610 | 4375 | 4725 | 5975 | 8100 |
| Package #1 | | | 225 | 225 | 300 | 300 |
| Package #2 | | | 425 | 425 | 565 | 565 |
| Manual, 5-Spd | | | (300) | (300) | (400) | (400) |
| **NEW BEETLE—4-Cyl. Turbo Diesel**—Equipment Schedule 6 | | | | | | |
| W.B. 98.7"; 1.9 Liter. | | | | | | |
| TDI Hatchback 2D | PR31C | 19005 | 5600 | 6000 | 7300 | 9500 |
| Package #1 | R | | 225 | 225 | 300 | 300 |
| Package #2 | S | | 425 | 425 | 565 | 565 |
| **JETTA—5-Cyl.**—Equipment Schedule 6 | | | | | | |
| W.B. 101.5"; 2.5 Liter. | | | | | | |
| 2.5 Value Ed Sedan | PF71K | 19590 | 3925 | 4275 | 5225 | 6950 |
| 2.5 Sedan 4D | RF71K | 21980 | 4350 | 4700 | 5750 | 7600 |
| Package #1 | S | | 225 | 225 | 300 | 300 |
| Package #2 | D | | 425 | 425 | 565 | 565 |
| Manual, 5-Spd | | | (300) | (300) | (400) | (400) |
| **JETTA—4-Cyl. Turbo**—Equipment Schedule 6 | | | | | | |
| W.B. 101.5"; 2.0 Liter. | | | | | | |
| 2.0T Sedan 4D | AJ71K | 25080 | 4800 | 5175 | 6475 | 8575 |
| Package #1 | K | | 225 | 225 | 300 | 300 |
| Package #2 | M | | 425 | 425 | 565 | 565 |
| Package #3 | N | | 625 | 625 | 835 | 835 |
| Manual, 6-Spd | | | (325) | (325) | (435) | (435) |
| Manual, 6-Spd | | | (325) | (325) | (435) | (435) |
| **JETTA—4-Cyl. Turbo**—Equipment Schedule 6 | | | | | | |
| W.B. 101.5"; 2.0 Liter. | | | | | | |
| GLI Sedan 4D | TJ71K | 24405 | 4775 | 5150 | 6250 | 8250 |
| Package #1 | K | | 225 | 225 | 300 | 300 |
| Package #2 | M | | 425 | 425 | 565 | 565 |
| **JETTA—4-Cyl. Turbo Diesel**—Equipment Schedule 6 | | | | | | |
| W.B. 101.5"; 1.9 Liter. | | | | | | |
| TDI Sedan 4D | RT71K | 22980 | 6125 | 6550 | 7700 | 9725 |
| TDI Special Ed Sedan | FT71K | 22980 | 7275 | 7750 | 9025 | 11350 |
| Package #1 | | | 225 | 225 | 300 | 300 |
| Package #2 | | | 425 | 425 | 565 | 565 |
| Manual, 5-Spd | | | (300) | (300) | (400) | (400) |
| **PASSAT—4-Cyl. Turbo**—Equipment Schedule 4 | | | | | | |
| W.B. 106.7"; 2.0 Liter. | | | | | | |
| 2.0T Value Ed Sedan | AK73C | 24640 | 3975 | 4325 | 5175 | 6800 |
| 2.0T Sedan 4D | AK73C | 25590 | 4125 | 4475 | 5350 | 7025 |
| Luxury Pkg | | | 800 | 800 | 1065 | 1065 |
| **PASSAT—V6**—Equipment Schedule 4 | | | | | | |
| W.B. 106.7"; 3.6 Liter. | | | | | | |
| 3.6 Sedan 4D | AU73C | 30565 | 6025 | 6450 | 7900 | 10200 |
| Luxury Pkg | | | 800 | 800 | 1065 | 1065 |
| **PASSAT 4MOTION AWD—V6**—Equipment Schedule 4 | | | | | | |
| W.B. 106.4"; 3.6 Liter. | | | | | | |
| 3.6 Sedan 4D | BU73C | 32515 | 7000 | 7450 | 9050 | 11700 |
| Luxury Pkg | | | 800 | 800 | 1065 | 1065 |
| **PHAETON—V8**—Equipment Schedule 1 | | | | | | |
| W.B. 118.1"; 4.2 Liter. | | | | | | |
| Sedan 4D | AF03D | 68655 | 7325 | 7800 | 8775 | 10650 |
| 4-Passenger Seating | | | 450 | 450 | 600 | 600 |
| W12, 6.0 Liter | K | | 3000 | 3000 | 4000 | 4000 |

## 2007 VOLKSWAGEN—(W,3or9)(VorB)W(BR71K)-7-#

| Body Type | VIN | List | Good | Very Good | Good | Excellent |
|---|---|---|---|---|---|---|
| **RABBIT—5-Cyl.**—Equipment Schedule 6 | | | | | | |
| W.B. 101.5"; 2.5 Liter. | | | | | | |
| Hatchback 2D | BR71K | 16705 | 4325 | 4675 | 5575 | 7250 |
| Hatchback 4D | DR71K | 18825 | 4925 | 5300 | 6275 | 8150 |

# 2007 VOLKSWAGEN

| Body Type | VIN | List | Trade-In Good | Very Good | Pvt-Party Good | Retail Excellent |
|---|---|---|---|---|---|---|
| Manual, 5-Spd | A | | (300) | (300) | (400) | (400) |
| **GTI—4-Cyl. Turbo—Equipment Schedule 6** | | | | | | |
| W.B. 101.5"; 2.0 Liter. | | | | | | |
| 2.0T Hatchback 2D | EV71K | 22730 | 6800 | 7250 | 8200 | 10200 |
| Package #2 | | | 825 | 825 | 1100 | 1100 |
| Automatic DSG w/Tiptronic | | | 300 | 300 | 400 | 400 |
| **GTI—4-Cyl. Turbo—Equipment Schedule 6** | | | | | | |
| W.B. 101.5"; 2.0 Liter. | | | | | | |
| 2.0T Hatchback 4D | HV71K | 24305 | 8200 | 8700 | 9850 | 12150 |
| Package #2 | | | 825 | 825 | 1100 | 1100 |
| Manual, 6-Spd | G | | (375) | (375) | (500) | (500) |
| **EOS—4-Cyl. Turbo—Equipment Schedule 3** | | | | | | |
| W.B. 101.5"; 2.0 Liter. | | | | | | |
| Hardtop Conv 2D | AA71F | 28620 | 6125 | 6550 | 7375 | 9125 |
| 2.0T Hardtop Conv 2D | DA71F | 31825 | 6600 | 7050 | 7900 | 9750 |
| **EOS—V6—Equipment Schedule 3** | | | | | | |
| W.B. 101.5"; 3.2 Liter. | | | | | | |
| 3.2L Hardtop Conv 2D | DB71F | 37480 | 8575 | 9075 | 10150 | 12450 |
| **NEW BEETLE—5-Cyl.—Equipment Schedule 6** | | | | | | |
| W.B. 98.7"; 98.8" (Conv); 2.5 Liter. | | | | | | |
| 2.5 Hatchback 2D | PW31C | 18885 | 4575 | 4950 | 5925 | 7800 |
| 2.5 Convertible 2D | PF31Y | 23825 | 5300 | 5700 | 7000 | 9150 |
| Package #1 | | | 225 | 225 | 300 | 300 |
| Package #2 | | | 450 | 450 | 600 | 600 |
| Triple White Ed (Conv) | | | 425 | 425 | 565 | 565 |
| Manual, 5-Spd | | | (300) | (300) | (400) | (400) |
| **JETTA—5-Cyl.—Equipment Schedule 6** | | | | | | |
| W.B. 101.5"; 2.5 Liter. | | | | | | |
| Sedan 4D | GF71K | 19690 | 4800 | 5175 | 6075 | 7850 |
| 2.5 Sedan 4D | PF71K | 19695 | 5075 | 5450 | 6400 | 8250 |
| Wolfsburg Ed Sedan | EF71K | 21175 | 5725 | 6125 | 7350 | 9450 |
| Package #1 | | | 225 | 225 | 300 | 300 |
| Package #2 | | | 450 | 450 | 600 | 600 |
| Manual, 5-Spd | | | (300) | (300) | (400) | (400) |
| **JETTA—4-Cyl. Turbo—Equipment Schedule 6** | | | | | | |
| W.B. 101.5"; 2.0 Liter. | | | | | | |
| 2.0T Sedan 4D | AJ71K | 23695 | 5825 | 6250 | 7475 | 9600 |
| Package #1 | | | 225 | 225 | 300 | 300 |
| Package #2 | | | 450 | 450 | 600 | 600 |
| Manual, 6-Spd | | | (375) | (375) | (500) | (500) |
| **JETTA—4-Cyl. Turbo—Equipment Schedule 6** | | | | | | |
| W.B. 101.5"; 2.0 Liter. | | | | | | |
| GLI Sedan 4D | TJ71K | 24620 | 7000 | 7450 | 8825 | 11300 |
| Package #1 | | | 225 | 225 | 300 | 300 |
| Package #2 | | | 450 | 450 | 600 | 600 |
| Automatic w/Tiptronic | | | 300 | 300 | 400 | 400 |
| **PASSAT—4-Cyl. Turbo—Equipment Schedule 4** | | | | | | |
| W.B. 106.7"; 2.0 Liter. | | | | | | |
| Sedan 4D | JK73C | 24665 | 5050 | 5425 | 6225 | 7900 |
| Wagon 4D | XK73C | 26085 | 5575 | 5975 | 7000 | 8875 |
| 2.0T Sedan 4D | AK73C | 25665 | 5175 | 5550 | 6350 | 8075 |
| 2.0T Value Ed Wag 4D | LK73C | 25855 | 5575 | 5975 | 7000 | 8875 |
| 2.0T Wagon 4D | LK73C | 26805 | 5725 | 6125 | 7175 | 9100 |
| 2.0T Wolfsburg Ed Sed | AK73C | 27630 | 6875 | 7325 | 8500 | 10700 |
| Luxury Pkg | | | 850 | 850 | 1135 | 1135 |
| Sport Pkg | | | 875 | 875 | 1165 | 1165 |
| **PASSAT—V6—Equipment Schedule 4** | | | | | | |
| W.B. 106.7"; 3.6 Liter. | | | | | | |
| 3.6 Sedan 4D | AU73C | 30590 | 9450 | 9975 | 11550 | 14500 |
| 3.6 Wagon 4D | LU73C | 31790 | 11050 | 11600 | 13400 | 16800 |
| Luxury Pkg | | | 850 | 850 | 1135 | 1135 |
| Sport Pkg | | | 875 | 875 | 1165 | 1165 |
| **PASSAT 4MOTION AWD—V6—Equipment Schedule 4** | | | | | | |
| W.B. 106.7"; 3.6 Liter. | | | | | | |
| 3.6 Sedan 4D | BU73C | 32540 | 10200 | 10750 | 12400 | 15550 |
| 3.6 Wagon 4D | MU73C | 33740 | 12200 | 12800 | 14750 | 18450 |
| Luxury Pkg | | | 850 | 850 | 1135 | 1135 |
| Sport Pkg | | | 875 | 875 | 1165 | 1165 |

# 2008 VOLKSWAGEN—(W,3or9)(VorB)W(BA71K)-8-#

| Body Type | VIN | List | Trade-In Good | Very Good | Pvt-Party Good | Retail Excellent |
|---|---|---|---|---|---|---|
| **RABBIT—5-Cyl.—Equipment Schedule 6** | | | | | | |
| W.B. 101.5"; 2.5 Liter. | | | | | | |
| Hatchback 2D | BA71K | 17205 | 5075 | 5450 | 6300 | 8075 |

**286    DEDUCT FOR RECONDITIONING**

# 2008 VOLKSWAGEN

| Body Type | VIN | List | Trade-In Good | Very Good | Pvt-Party Good | Retail Excellent |
|---|---|---|---|---|---|---|
| Hatchback 4D | DA71K | 19200 | 5700 | 6100 | 7225 | 9200 |
| Manual, 5-Spd w/Overdrive | A | | (375) | (375) | (500) | (500) |
| **GTI—4-Cyl. Turbo—Equipment Schedule 6** | | | | | | |
| W.B. 101.5"; 2.0 Liter. | | | | | | |
| 2.0T Hatchback 2D | EV71K | 24445 | 8275 | 8775 | 9800 | 12000 |
| Automatic, 6-Spd | F | | 350 | 350 | 465 | 465 |
| 4-Cyl, PZEV, 2.0 Liter | D | | 0 | 0 | 0 | 0 |
| **GTI—4-Cyl. Turbo—Equipment Schedule 6** | | | | | | |
| W.B. 101.5"; 2.0 Liter. | | | | | | |
| 2.0T Hatchback 4D | HV71K | 24945 | 9550 | 10100 | 11250 | 13750 |
| Manual, 6-Spd w/OD | G | | (400) | (400) | (535) | (535) |
| 4-Cyl, PZEV, 2.0 Liter | D | | 0 | 0 | 0 | 0 |
| **EOS—4-Cyl. Turbo—Equipment Schedule 3** | | | | | | |
| W.B. 101.5"; 2.0 Liter. | | | | | | |
| Hardtop Conv 2D | AA71F | 30630 | 7600 | 8075 | 8725 | 10400 |
| Komfort HT Conv 2D | BA71F | 32885 | 8100 | 8600 | 9275 | 11000 |
| LUX Hardtop Conv 2D | FA71F | 35630 | 9450 | 9975 | 10750 | 12750 |
| **EOS—V6—Equipment Schedule 3** | | | | | | |
| W.B. 101.5"; 3.2 Liter. | | | | | | |
| VR6 Hardtop Conv 2D | DB71F | 38630 | 10100 | 10650 | 11450 | 13550 |
| **NEW BEETLE—5-Cyl.—Equipment Schedule 6** | | | | | | |
| W.B. 98.8"; 2.5 Liter. | | | | | | |
| S Hatchback 2D | PW31C | 19080 | 5175 | 5575 | 6575 | 8375 |
| S Convertible 2D | PF31Y | 24840 | 6775 | 7225 | 8400 | 10600 |
| Package #1 | | | 225 | 225 | 300 | 300 |
| Manual, 5-Spd w/Overdrive | | | (375) | (375) | (500) | (500) |
| **NEW BEETLE—5-Cyl.—Equipment Schedule 6** | | | | | | |
| W.B. 98.8"; 2.5 Liter. | | | | | | |
| SE Hatchback 2D | RW31C | 21080 | 6500 | 6925 | 8075 | 10200 |
| SE Convertible 2D | RF31Y | 26265 | 7175 | 7650 | 8950 | 11300 |
| Triple White Pkg | | | 150 | 150 | 200 | 200 |
| **GLI—4-Cyl. Turbo—Equipment Schedule 4** | | | | | | |
| W.B. 101.5"; 2.0 Liter. | | | | | | |
| 2.0T Sedan 4D | BJ71K | 25945 | 9525 | 10050 | 11700 | 14700 |
| **JETTA—5-Cyl.—Equipment Schedule 6** | | | | | | |
| W.B. 101.5"; 2.5 Liter. | | | | | | |
| S Sedan 4D | JM71K | 18705 | 5375 | 5775 | 6625 | 8425 |
| SE Sedan 4D | RM71K | 21475 | 6350 | 6775 | 7925 | 10050 |
| Manual, 5-Spd w/Overdrive | | | (375) | (375) | (500) | (500) |
| **JETTA—5-Cyl.—Equipment Schedule 6** | | | | | | |
| W.B. 101.5"; 2.5 Liter. | | | | | | |
| SEL Sedan 4D | RM71K | 23465 | 7200 | 7675 | 8975 | 11350 |
| **JETTA—4-Cyl. Turbo—Equipment Schedule 6** | | | | | | |
| W.B. 101.5"; 2.0 Liter. | | | | | | |
| Wolfsburg Ed Sedan | RJ71A | 22600 | 7600 | 8075 | 9425 | 11900 |
| Manual, 6-Spd w/Overdrive | | | (400) | (400) | (535) | (535) |
| **R32—V6—Equipment Schedule 3** | | | | | | |
| W.B. 101.5"; 3.2 Liter. | | | | | | |
| Hatchback 2D | KC71K | 33630 | 11450 | 12050 | 12900 | 15200 |
| **PASSAT—4-Cyl. Turbo—Equipment Schedule 4** | | | | | | |
| W.B. 106.7"; 2.0 Liter. | | | | | | |
| Sedan 4D | JK73C | 25630 | 5200 | 5600 | 6150 | 7450 |
| Wagon 4D | XK73C | 26830 | 5550 | 5950 | 6525 | 7875 |
| Komfort Sedan 4D | AK73C | 28430 | 6800 | 7250 | 7950 | 9550 |
| Komfort Wagon 4D | LK73C | 29630 | 9075 | 9600 | 10400 | 12450 |
| LUX Sedan 4D | EK73C | 30630 | 8200 | 8700 | 9425 | 11300 |
| LUX Wagon 4D | TK73C | 31830 | 10100 | 10600 | 11500 | 13700 |
| **PASSAT—V6—Equipment Schedule 4** | | | | | | |
| W.B. 106.7"; 3.6 Liter. | | | | | | |
| VR6 Sedan 4D | CU73C | 36630 | 9275 | 9800 | 10650 | 12700 |
| **PASSAT 4MOTION AWD—V6—Equipment Schedule 4** | | | | | | |
| W.B. 106.7"; 3.6 Liter. | | | | | | |
| VR6 Sedan 4D | DU73C | 38580 | 10250 | 10750 | 11650 | 13850 |
| VR6 Wagon 4D | RU73C | 39780 | 12250 | 12850 | 13850 | 16450 |

# 2009 VOLKSWAGEN—(W,3or9)(VorB)W(AA71K)-9-#

| Body Type | VIN | List | Trade-In Good | Very Good | Pvt-Party Good | Retail Excellent |
|---|---|---|---|---|---|---|
| **RABBIT—5-Cyl.—Equipment Schedule 6** | | | | | | |
| W.B. 101.5"; 2.5 Liter. | | | | | | |
| S Hatchback 2D | AA71K | 16540 | 6425 | 6850 | 7675 | 9425 |
| Auto, 6-Spd w/Overdrive | | | 400 | 400 | 535 | 535 |
| **RABBIT—5-Cyl.—Equipment Schedule 6** | | | | | | |
| W.B. 101.5"; 2.5 Liter. | | | | | | |
| S Hatchback 4D | CA71K | 19640 | 8000 | 8500 | 9475 | 11600 |

**EQUIPMENT & MILEAGE PAGE 9 TO 23**

# 2009 VOLKSWAGEN

| Body Type | VIN | List | Trade-In Good | Very Good | Pvt-Party Good | Retail Excellent |
|---|---|---|---|---|---|---|
| **GTI—4-Cyl. Turbo**—Equipment Schedule 6 | | | | | | |
| W.B. 101.5"; 2.0 Liter. | | | | | | |
| 2.0T Hatchback 2D | EV71K | 24740 | 9300 | 9825 | 10850 | 13100 |
| Automatic, 6-Spd | F | | 400 | 400 | 535 | 535 |
| 4-Cyl. PZEV, 2.0 Liter | D | | 0 | 0 | 0 | 0 |
| **GTI—4-Cyl. Turbo**—Equipment Schedule 6 | | | | | | |
| W.B. 101.5"; 2.0 Liter. | | | | | | |
| 2.0T Hatchback 4D | HV71K | 25340 | 10100 | 10650 | 11700 | 14150 |
| Manual, 6-Spd | G | | (425) | (425) | (565) | (565) |
| 4-Cyl. PZEV, 2.0 Liter | D | | 0 | 0 | 0 | 0 |
| **EOS—4-Cyl. Turbo**—Equipment Schedule 3 | | | | | | |
| W.B. 101.5"; 2.0 Liter. | | | | | | |
| Komfort HT Conv 2D | BA71F | 32580 | 10450 | 11000 | 11850 | 14100 |
| LUX Hardtop Conv 2D | FA71F | 34890 | 11750 | 12350 | 13300 | 15800 |
| **NEW BEETLE—5-Cyl.**—Equipment Schedule 6 | | | | | | |
| W.B. 98.8"; 2.5 Liter. | | | | | | |
| Hatchback 2D | PW31C | 19740 | 6450 | 6875 | 7775 | 9600 |
| Manual, 5-Spd w/Overdrive | | | (400) | (400) | (535) | (535) |
| **NEW BEETLE—5-Cyl.**—Equipment Schedule 6 | | | | | | |
| W.B. 98.8"; 2.5 Liter. | | | | | | |
| Convertible 2D | PF31Y | 26240 | 9575 | 10100 | 11350 | 13950 |
| **GLI—4-Cyl. Turbo**—Equipment Schedule 4 | | | | | | |
| W.B. 101.5"; 2.0 Liter. | | | | | | |
| 2.0T Sedan 4D | BJ71K | 26340 | 10700 | 11250 | 12750 | 15750 |
| **JETTA—5-Cyl.**—Equipment Schedule 6 | | | | | | |
| W.B. 101.5"; 2.5 Liter. | | | | | | |
| S Sedan 4D | JM71K | 19090 | 6750 | 7200 | 8200 | 10250 |
| S Sportwagen 4D | KM71K | 20749 | 7825 | 8300 | 9475 | 11800 |
| SE Sedan 4D | RM71K | 21670 | 7875 | 8350 | 9550 | 11850 |
| California Edition | | | 850 | 850 | 1135 | 1135 |
| Manual, 5-Spd w/Overdrive | | | (400) | (400) | (535) | (535) |
| **JETTA—5-Cyl.**—Equipment Schedule 6 | | | | | | |
| W.B. 101.5"; 2.5 Liter. | | | | | | |
| SE Sportwagen 4D | PM71K | 21999 | 8425 | 8925 | 10150 | 12600 |
| Automatic, 6-Spd w/OD | | | 400 | 400 | 535 | 535 |
| **JETTA—5-Cyl.**—Equipment Schedule 6 | | | | | | |
| W.B. 101.5"; 2.5 Liter. | | | | | | |
| SEL Sedan 4D | RM71K | 23440 | 8950 | 9475 | 10750 | 13300 |
| **JETTA—4-Cyl. Turbo**—Equipment Schedule 6 | | | | | | |
| W.B. 101.5"; 2.0 Liter. | | | | | | |
| Wolfsburg Ed Sedan | RJ71K | 23095 | 8900 | 9425 | 10700 | 13250 |
| Manual, 5-Spd w/Overdrive | | | (425) | (425) | (565) | (565) |
| **JETTA—4-Cyl. Turbo**—Equipment Schedule 6 | | | | | | |
| W.B. 101.5"; 2.0 Liter. | | | | | | |
| SEL Sportwagen 4D | PJ71K | 26640 | 9900 | 10450 | 11850 | 14650 |
| Automatic, 6-Spd DSG | | | 400 | 400 | 535 | 535 |
| **JETTA—4-Cyl. Turbo Diesel**—Equipment Schedule 6 | | | | | | |
| W.B. 101.5"; 2.0 Liter. | | | | | | |
| TDI Sedan 4D | AL71K | 23740 | 10900 | 11450 | 12550 | 15000 |
| TDI Sportwagen 4D | PL71K | 25340 | 13200 | 13850 | 15150 | 18100 |
| Manual, 6-Spd w/Overdrive | | | (425) | (425) | (565) | (565) |
| **PASSAT—4-Cyl. Turbo**—Equipment Schedule 4 | | | | | | |
| W.B. 106.7"; 2.0 Liter. | | | | | | |
| Komfort Sedan 4D | AK73C | 28990 | 9050 | 9550 | 10550 | 12750 |
| Komfort Wagon 4D | LK73C | 30380 | 10550 | 11100 | 12200 | 14700 |
| **CC—4-Cyl. Turbo**—Equipment Schedule 4 | | | | | | |
| W.B. 106.7"; 2.0 Liter. | | | | | | |
| Sport Sedan 4D | ML73C | 28580 | 9450 | 9975 | 10800 | 12850 |
| Luxury Sedan 4D | HL73C | 32680 | 11200 | 11750 | 12700 | 15100 |
| **CC—V6**—Equipment Schedule 4 | | | | | | |
| W.B. 106.7"; 3.6 Liter. | | | | | | |
| VR6 Sport Sedan 4D | EU73C | 38990 | 12000 | 12600 | 13600 | 16150 |
| **CC 4MOTION AWD—V6**—Equipment Schedule 4 | | | | | | |
| W.B. 106.7"; 3.6 Liter. | | | | | | |
| VR6 Sedan 4D | GU73C | 39990 | 12600 | 13200 | 14350 | 17000 |

## 2010 VOLKSWAGEN — (Wor3)VW(AA7AJ)–A–#

| Body Type | VIN | List | Trade-In Good | Very Good | Pvt-Party Good | Retail Excellent |
|---|---|---|---|---|---|---|
| **GOLF—5-Cyl.**—Equipment Schedule 6 | | | | | | |
| W.B. 101.5"; 2.5 Liter. | | | | | | |
| Hatchback 2D | AA7AJ | 18190 | 7850 | 8325 | 9125 | 11000 |
| Automatic, 6-Spd w/OD | | | 450 | 450 | 600 | 600 |
| **GOLF—5-Cyl.**—Equipment Schedule 6 | | | | | | |
| W.B. 101.5"; 2.5 Liter. | | | | | | |

**DEDUCT FOR RECONDITIONING**

# 2010 VOLKSWAGEN

| Body Type | VIN | List | Trade-In Good | Very Good | Pvt-Party Good | Retail Excellent |
|---|---|---|---|---|---|---|
| Hatchback 4D | DB7AJ | 19890 | 9200 | 9725 | 10650 | 12750 |
| **GOLF—4-Cyl. Turbo Diesel**—Equipment Schedule 6 | | | | | | |
| W.B. 101.5"; 2.0 Liter. | | | | | | |
| TDI Hatchback 2D | MM7AJ | 22889 | 12750 | 13400 | 14100 | 16500 |
| TDI Hatchback 4D | NM7AJ | 23489 | 13250 | 13900 | 14750 | 17200 |
| Automatic, 6-Spd DSG | | | 450 | 450 | 600 | 600 |
| **GTI—4-Cyl. Turbo**—Equipment Schedule 6 | | | | | | |
| W.B. 101.5"; 2.0 Liter. | | | | | | |
| 2.0T Hatchback 2D | EV71K | 24239 | 12200 | 12800 | 13700 | 16100 |
| Automatic, 6-Spd | F | | 450 | 450 | 600 | 600 |
| **GTI—4-Cyl. Turbo**—Equipment Schedule 6 | | | | | | |
| W.B. 101.5"; 2.0 Liter. | | | | | | |
| 2.0T Hatchback 4D | HD7AJ | 25690 | 12900 | 13500 | 14500 | 17100 |
| Manual, 6-Spd | G | | (500) | (500) | (665) | (665) |
| **EOS—4-Cyl. Turbo**—Equipment Schedule 3 | | | | | | |
| W.B. 101.5"; 2.0 Liter. | | | | | | |
| Komfort HT Conv 2D | BA7AH | 33840 | 13050 | 13700 | 14750 | 17450 |
| LUX Hardtop Conv 2D | FA7AH | 36240 | 14450 | 15100 | 16100 | 18850 |
| **NEW BEETLE—5-Cyl.**—Equipment Schedule 6 | | | | | | |
| W.B. 98.8"; 2.5 Liter. | | | | | | |
| Hatchback 2D | PW31C | 20340 | 7800 | 8275 | 9200 | 11200 |
| Manual, 5-Spd | | | (450) | (450) | (600) | (600) |
| **NEW BEETLE—5-Cyl.**—Equipment Schedule 6 | | | | | | |
| W.B. 98.8"; 2.5 Liter. | | | | | | |
| Final Edition H'Back | PW3AG | 21140 | 8850 | 9375 | 10350 | 12550 |
| Red Rock Ed H'Back | PW3AG | 21140 | 8300 | 8800 | 9725 | 11800 |
| Convertible 2D | PF31Y | 27140 | 11100 | 11700 | 12900 | 15600 |
| Final Edition Conv | RW3AL | 28140 | 12200 | 12800 | 14100 | 17000 |
| **JETTA—5-Cyl.**—Equipment Schedule 6 | | | | | | |
| W.B. 101.5"; 2.5 Liter. | | | | | | |
| S Sedan 4D | JXA8J | 19405 | 7650 | 8125 | 9050 | 11050 |
| S Sportwagen 4D | KX8AJ | 21065 | 9100 | 9625 | 10650 | 12950 |
| Limited Ed Sedan 4D | JXA8J | 20145 | 8850 | 9375 | 10350 | 12600 |
| SE Sedan 4D | RX8AJ | 22195 | 9200 | 9725 | 10750 | 13050 |
| Manual, 5-Spd w/Overdrive | | | (500) | (500) | (665) | (665) |
| **JETTA—5-Cyl.**—Equipment Schedule 6 | | | | | | |
| W.B. 101.5"; 2.5 Liter. | | | | | | |
| SE Sportwagen 4D | PX8AJ | 23990 | 10000 | 10550 | 11650 | 14150 |
| SEL Sedan 4D | RX8AJ | 24205 | 10100 | 10650 | 11800 | 14300 |
| **JETTA—4-Cyl. Turbo**—Equipment Schedule 6 | | | | | | |
| W.B. 101.5"; 2.0 Liter. | | | | | | |
| Wolfsburg Ed Sedan | RJ8AJ | 23800 | 10150 | 10700 | 11850 | 14350 |
| Manual, 6-Spd w/Overdrive | | | (500) | (500) | (665) | (665) |
| **JETTA—4-Cyl. Turbo Diesel**—Equipment Schedule 6 | | | | | | |
| W.B. 101.5"; 2.0 Liter. | | | | | | |
| TDI Sedan 4D | AL8AJ | 24460 | 12500 | 13150 | 13850 | 16150 |
| TDI Cup Ed Sedan | AL8AJ | 26840 | 15050 | 15750 | 16600 | 19300 |
| TDI Sportwagen 4D | PL8AJ | 26110 | 14800 | 15450 | 16350 | 19000 |
| Manual, 6-Spd w/Overdrive | | | (500) | (500) | (665) | (665) |
| **PASSAT—4-Cyl. Turbo**—Equipment Schedule 4 | | | | | | |
| W.B. 106.7"; 2.0 Liter. | | | | | | |
| Komfort Sedan 4D | JK7AN | 27695 | 11150 | 11700 | 12650 | 15050 |
| Komfort Wagon 4D | XK7AN | 29095 | 12600 | 13250 | 14250 | 16900 |
| **CC—4-Cyl. Turbo**—Equipment Schedule 6 | | | | | | |
| W.B. 106.7"; 2.0 Liter. | | | | | | |
| Sport Sedan 4D | ML7AN | 29400 | 12200 | 11750 | 12650 | 15000 |
| Luxury Sedan 4D | HL7AN | 33630 | 12850 | 13450 | 14550 | 17200 |
| **CC—V6**—Equipment Schedule 4 | | | | | | |
| W.B. 106.7"; 3.6 Liter. | | | | | | |
| VR6 Sport Sedan 4D | EU7AN | 39815 | 14400 | 15050 | 16200 | 19100 |
| **CC 4MOTION AWD—V6**—Equipment Schedule 4 | | | | | | |
| W.B. 106.7"; 3.6 Liter. | | | | | | |
| VR6 Sedan 4D | GU7AN | 40865 | 15900 | 16600 | 17750 | 20900 |

# 2011 VOLKSWAGEN — (Wor3)VW(AA7AJ)-B-#

| Body Type | VIN | List | Trade-In Good | Very Good | Pvt-Party Good | Retail Excellent |
|---|---|---|---|---|---|---|
| **GOLF—5-Cyl.**—Equipment Schedule 6 | | | | | | |
| W.B. 101.5"; 2.5 Liter. | | | | | | |
| Hatchback 2D | AA7AJ | 19030 | 9050 | 9550 | 10350 | 12350 |
| Automatic, 6-Spd w/OD | | | 475 | 475 | 635 | 635 |
| **GOLF—5-Cyl.**—Equipment Schedule 6 | | | | | | |
| W.B. 101.5"; 2.5 Liter. | | | | | | |
| Hatchback 4D | DA7AJ | 20750 | 10100 | 10650 | 11500 | 13650 |

# 2011 VOLKSWAGEN

| Body Type | VIN | List | Trade-In Good | Very Good | Pvt-Party Good | Retail Excellent |
|---|---|---|---|---|---|---|
| **GOLF—4-Cyl. Turbo Diesel**—Equipment Schedule 6 | | | | | | |
| W.B. 101.5"; 2.0 Liter. | | | | | | |
| TDI Hatchback 2D | MM7AJ | 23580 | **13900** | **14550** | **15250** | **17650** |
| TDI Hatchback 4D | NM7AJ | 24205 | **14800** | **15450** | **16200** | **18700** |
| Automatic, 6-Spd DSG | | | **475** | **475** | **635** | **635** |
| **GTI—4-Cyl. Turbo**—Equipment Schedule 6 | | | | | | |
| W.B. 101.5"; 2.0 Liter. | | | | | | |
| 2.0T Hatchback 2D | FV7AJ | 24460 | **13550** | **14200** | **15050** | **17550** |
| Automatic, 6-Spd | F | | **475** | **475** | **635** | **635** |
| **GTI—4-Cyl. Turbo**—Equipment Schedule 6 | | | | | | |
| W.B. 101.5"; 2.0 Liter. | | | | | | |
| 2.0T Hatchback 4D | HV7AJ | 26160 | **14350** | **15000** | **15900** | **18500** |
| Manual, 6-Spd | G | | **(500)** | **(500)** | **(665)** | **(665)** |
| **EOS—4-Cyl. Turbo**—Equipment Schedule 3 | | | | | | |
| W.B. 101.5"; 2.0 Liter. | | | | | | |
| Komfort HT Conv 2D | AD7AH | 34810 | **15600** | **16300** | **17000** | **19550** |
| LUX Hardtop Conv 2D | FD7AH | 36870 | **17100** | **17850** | **18550** | **21400** |
| **JETTA—4-Cyl.**—Equipment Schedule 6 | | | | | | |
| W.B. 104.4"; 2.0 Liter. | | | | | | |
| Sedan 4D | 2K8AJ | 16865 | **8500** | **9000** | **9975** | **12150** |
| S Sedan 4D | 1K8AJ | 17865 | **9000** | **9525** | **10500** | **12750** |
| Manual, 5-Spd w/Overdrive | 1 | | **(500)** | **(500)** | **(665)** | **(665)** |
| **JETTA—5-Cyl.**—Equipment Schedule 6 | | | | | | |
| W.B. 101.5"; 2.5 Liter. | | | | | | |
| S SportWagen 4D | KX8AJ | 20595 | **11500** | **12100** | **13350** | **16200** |
| Manual, 5-Spd w/Overdrive | K | | **(500)** | **(500)** | **(665)** | **(665)** |
| **JETTA—5-Cyl.**—Equipment Schedule 6 | | | | | | |
| W.B. 101.5"; 2.5 Liter. | | | | | | |
| SE SportWagen 4D | PX8AJ | 24225 | **13100** | **13750** | **15200** | **18400** |
| **JETTA—5-Cyl.**—Equipment Schedule 6 | | | | | | |
| W.B. 101.5"; 2.5 Liter. | | | | | | |
| SE Sedan 4D | DX8AJ | 20065 | **10150** | **10700** | **11800** | **14350** |
| SEL Sedan 4D | LX8AJ | 23265 | **12400** | **13000** | **14350** | **17350** |
| Manual, 5-Spd w/Overdrive | B | | **(500)** | **(500)** | **(665)** | **(665)** |
| **JETTA—4-Cyl. Turbo Diesel**—Equipment Schedule 6 | | | | | | |
| W.B. 101.5"; 2.0 Liter. | | | | | | |
| TDI Sedan 4D | LL8AJ | 24865 | **13600** | **14250** | **15050** | **17550** |
| TDI SportWagen 4D | PL8AJ | 26600 | **16000** | **16700** | **17550** | **20400** |
| Manual, 5-Spd w/Overdrive | 3 | | **(500)** | **(500)** | **(665)** | **(665)** |
| **CC—4-Cyl. Turbo**—Equipment Schedule 4 | | | | | | |
| W.B. 106.7"; 2.0 Liter. | | | | | | |
| Sport Sedan 4D | MN7AN | 30120 | **12650** | **13250** | **14200** | **16650** |
| Luxury Sedan 4D | HN7AN | 31995 | **13400** | **14050** | **15000** | **17550** |
| R-Line Sedan 4D | MN7AN | 32040 | **13300** | **13950** | **14900** | **17450** |
| Lux Plus Sedan 4D | HN7AN | 34395 | **14350** | **15000** | **16000** | **18700** |
| Lux Limited Sedan 4D | HN7AN | 35195 | **14600** | **15250** | **16250** | **19000** |
| **CC 4MOTION AWD—V6**—Equipment Schedule 4 | | | | | | |
| W.B. 106.7"; 3.6 Liter. | | | | | | |
| VR6 Sedan 4D | GU7AN | 40810 | **18300** | **19100** | **20200** | **23600** |

# 2012 VOLKSWAGEN — (1,3orW)VW(AA7AJ)-C-#

| Body Type | VIN | List | Trade-In Good | Very Good | Pvt-Party Good | Retail Excellent |
|---|---|---|---|---|---|---|
| **GOLF—5-Cyl.**—Equipment Schedule 6 | | | | | | |
| W.B. 101.5"; 2.5 Liter. | | | | | | |
| 2.5L Hatchback 2D | AA7AJ | 18765 | **9950** | **10500** | **11300** | **13450** |
| Automatic, 6-Spd | | | **500** | **500** | **665** | **665** |
| **GOLF—5-Cyl.**—Equipment Schedule 6 | | | | | | |
| W.B. 101.5"; 2.5 Liter. | | | | | | |
| 2.5L Hatchback 4D | DA7AJ | 20565 | **11000** | **11550** | **12500** | **14850** |
| **GOLF AWD—4-Cyl. Turbo**—Equipment Schedule 6 | | | | | | |
| W.B. 101.5"; 2.0 Liter. | | | | | | |
| R Hatchback 2D | RF7AJ | 34760 | **23600** | **24500** | **25100** | **28500** |
| R Hatchback 4D | PF7AJ | 36860 | **24600** | **25600** | **26100** | **29600** |
| **GOLF—4-Cyl. Turbo Diesel**—Equipment Schedule 6 | | | | | | |
| W.B. 101.5"; 2.0 Liter. | | | | | | |
| TDI Hatchback 2D | MM7AJ | 24765 | **15150** | **15850** | **16850** | **19700** |
| TDI Hatchback 4D | DM7AJ | 25465 | **16400** | **17100** | **18150** | **21300** |
| Automatic, 6-Spd DSG | | | **500** | **500** | **665** | **665** |
| **BEETLE—5-Cyl.**—Equipment Schedule 6 | | | | | | |
| W.B. 99.9"; 2.5 Liter. | | | | | | |
| Hatchback 2D | AX7AT | 19765 | **10950** | **11500** | **12350** | **14600** |
| 2.5L Hatchback 2D | HX7AT | 20565 | **11250** | **11800** | **12700** | **15050** |
| **BEETLE—4-Cyl. Turbo**—Equipment Schedule 6 | | | | | | |
| W.B. 99.9"; 2.0 Liter. | | | | | | |

**290   DEDUCT FOR RECONDITIONING**

# 2012 VOLKSWAGEN

| Body Type | VIN | List | Trade-In Good | Very Good | Pvt-Party Good | Retail Excellent |
|---|---|---|---|---|---|---|
| 2.0T Hatchback 2D | 487AT | 24165 | 13550 | 14200 | 15300 | 18050 |
| 2.0T Launch Ed 2D | V87AT | 25720 | 14500 | 15150 | 16300 | 19200 |
| **GTI—4-Cyl. Turbo—Equipment Schedule 6** | | | | | | |
| W.B. 101.5"; 2.0 Liter. | | | | | | |
| 2.0T Hatchback 2D | EV7AT | 24465 | 14900 | 15550 | 16350 | 18900 |
| Automatic, 6-Spd | F | | 500 | 500 | 665 | 665 |
| **GTI—4-Cyl. Turbo—Equipment Schedule 6** | | | | | | |
| W.B. 101.5"; 2.0 Liter. | | | | | | |
| 2.0T Hatchback 4D | HV7AT | 26165 | 15900 | 16600 | 17350 | 20100 |
| Manual, 6-Spd w/OD | G | | (550) | (550) | (735) | (735) |
| **EOS—4-Cyl. Turbo—Equipment Schedule 3** | | | | | | |
| W.B. 101.5"; 2.0 Liter. | | | | | | |
| Komfort HT Conv 2D | BW7AH | 34765 | 16050 | 16800 | 17650 | 20500 |
| LUX Hardtop Conv | FW7AH | 38020 | 17800 | 18550 | 19450 | 22600 |
| Executive HT Conv | FW7AH | 41175 | 20300 | 21200 | 22100 | 25600 |
| **JETTA—4-Cyl.—Equipment Schedule 6** | | | | | | |
| W.B. 104.4"; 2.0 Liter. | | | | | | |
| 2.0L Sedan 4D | 1K8AJ | 16135 | 9350 | 9875 | 10850 | 13050 |
| 2.0L S Sedan 4D | 1K7AJ | 17265 | 9750 | 10300 | 11250 | 13550 |
| Manual, 5-Spd | 1 | | (500) | (500) | (665) | (665) |
| **JETTA—4-Cyl. Turbo—Equipment Schedule 6** | | | | | | |
| W.B. 104.4"; 2.0 Liter. | | | | | | |
| 2.0T GLI Sedan 4D | 567AJ | 24515 | 14650 | 15300 | 16750 | 20000 |
| 2.0T GLI Autobahn Sed | 567AJ | 26565 | 16400 | 17150 | 18650 | 22300 |
| Manual, 6-Spd | 5 | | (500) | (500) | (665) | (665) |
| **JETTA—4-Cyl. Turbo Diesel—Equipment Schedule 6** | | | | | | |
| W.B. 104.4"; 2.0 Liter. | | | | | | |
| 2.0L TDI Sedan 4D | 3L7AJ | 23295 | 14700 | 15350 | 16200 | 18800 |
| Manual, 6-Spd | 3 | | (500) | (500) | (665) | (665) |
| **JETTA—5-Cyl.—Equipment Schedule 6** | | | | | | |
| W.B. 104.4"; 2.5 Liter. | | | | | | |
| 2.5L SE Sedan 4D | DX7AJ | 20365 | 11050 | 11600 | 12700 | 15250 |
| Manual, 5-Spd | B | | (500) | (500) | (665) | (665) |
| **JETTA—5-Cyl.—Equipment Schedule 6** | | | | | | |
| W.B. 104.4"; 2.5 Liter. | | | | | | |
| 2.5L SEL Sedan 4D | GX7AJ | 23965 | 13600 | 14250 | 15600 | 18700 |
| Manual, 5-Spd | G | | (500) | (500) | (665) | (665) |
| **JETTA—5-Cyl.—Equipment Schedule 6** | | | | | | |
| W.B. 104.4"; 2.5 Liter. | | | | | | |
| 2.5L SEL Premium Sed | LX7AJ | 25575 | 15500 | 16200 | 17650 | 21100 |
| **JETTA SPORTWAGEN—5-Cyl.—Equipment Schedule 6** | | | | | | |
| W.B. 101.5"; 2.5 Liter. | | | | | | |
| 2.5L S SportWagen 4D | KX7AJ | 22065 | 12700 | 13350 | 14500 | 17400 |
| Manual, 5-Spd | K | | (500) | (500) | (665) | (665) |
| **JETTA SPORTWAGEN—5-Cyl.—Equipment Schedule 6** | | | | | | |
| W.B. 101.5"; 2.5 Liter. | | | | | | |
| 2.5L SE SportWagen | PX7AJ | 24980 | 15000 | 15700 | 17100 | 20500 |
| **JETTA SPORTWAGEN—4-Cyl. Turbo Diesel—Equipment Schedule 6** | | | | | | |
| W.B. 101.5"; 2.0 Liter. | | | | | | |
| 2.0L TDI SportWagen | ML7AJ | 27410 | 17800 | 18550 | 19450 | 22500 |
| Manual, 6-Spd | M | | (500) | (500) | (665) | (665) |
| **PASSAT—5-Cyl.—Equipment Schedule 4** | | | | | | |
| W.B. 110.4"; 2.5 Liter. | | | | | | |
| S Sedan 4D | AH7A3 | 23460 | 10000 | 10550 | 11200 | 13150 |
| SE Sedan 4D | BH7A3 | 25595 | 12150 | 12750 | 13550 | 15850 |
| SEL Sedan 4D | CH7A3 | 29165 | 15050 | 15750 | 16600 | 19300 |
| SEL Premium Sed 4D | CH7A3 | 30665 | 17050 | 17800 | 18700 | 21700 |
| **PASSAT—4-Cyl. Turbo Diesel—Equipment Schedule 4** | | | | | | |
| W.B. 110.4"; 2.0 Liter. | | | | | | |
| TDI SE Sedan 4D | BN7A3 | 28665 | 17050 | 17800 | 18800 | 21900 |
| TDI SEL Premium Sed | CN7A3 | 32965 | 18850 | 19700 | 20700 | 24100 |
| **PASSAT—V6—Equipment Schedule 4** | | | | | | |
| W.B. 110.4"; 3.6 Liter. | | | | | | |
| SE Sedan 4D | BM7A3 | 29765 | 15700 | 16400 | 17350 | 20300 |
| SEL Premium Sedan 4D | CM7A3 | 33720 | 17500 | 18250 | 19250 | 22500 |
| **CC—4-Cyl. Turbo—Equipment Schedule 6** | | | | | | |
| W.B. 106.7"; 2.0 Liter. | | | | | | |
| Sport Sedan 4D | MN7AN | 30435 | 14300 | 14950 | 15850 | 18500 |
| Luxury Sedan 4D | HN7AN | 32240 | 15650 | 16350 | 17250 | 20100 |
| R-Line Sedan 4D | HN7AN | 32380 | 15050 | 15750 | 16650 | 19400 |
| Lux Plus Sedan 4D | HN7AN | 34685 | 16650 | 17400 | 18350 | 21400 |
| Lux Limited Sedan 4D | HN7AN | 35485 | 17000 | 17700 | 18700 | 21800 |

EQUIPMENT & MILEAGE PAGE 9 TO 23

# 2012 VOLKSWAGEN

| Body Type | VIN | List | Trade-In Good | Very Good | Pvt-Party Good | Retail Excellent |
|---|---|---|---|---|---|---|
| **CC 4MOTION AWD—V6**—Equipment Schedule 4 | | | | | | |
| W.B. 106.7"; 3.6 Liter. | | | | | | |
| VR6 Sedan 4D | GU7AN | 41210 | **20600** | **21500** | **22500** | **26200** |

## 2013 VOLKSWAGEN — (1,3orW)VW(AB7AJ)–D–#

| Body Type | VIN | List | Trade-In Good | Very Good | Pvt-Party Good | Retail Excellent |
|---|---|---|---|---|---|---|
| **GOLF—5-Cyl.**—Equipment Schedule 6 | | | | | | |
| W.B. 101.5"; 2.5 Liter. | | | | | | |
| 2.5L Hatchback 2D | AB7AJ | 18790 | **11300** | **11900** | **12950** | **15450** |
| Automatic, 6-Spd DSG | | | **525** | **525** | **700** | **700** |
| **GOLF—5-Cyl.**—Equipment Schedule 6 | | | | | | |
| W.B. 101.5"; 2.5 Liter. | | | | | | |
| 2.5L Hatchback 4D | DB7AJ | 20590 | **12450** | **13050** | **14150** | **16900** |
| **BEETLE—5-Cyl.**—Equipment Schedule 6 | | | | | | |
| W.B. 99.9"; 2.5 Liter. | | | | | | |
| 2.5L Hatchback 2D | HX7AT | 20590 | **13150** | **13800** | **14650** | **17200** |
| **BEETLE—4-Cyl. Turbo**—Equipment Schedule 6 | | | | | | |
| W.B. 99.9"; 2.0 Liter. | | | | | | |
| Hatchback 2D | 467AT | 24190 | **16100** | **16800** | **17850** | **20900** |
| Fender Ed H'Back 2D | 467AT | 28925 | **19450** | **20300** | **21500** | **25100** |
| **GTI—4-Cyl. Turbo**—Equipment Schedule 6 | | | | | | |
| W.B. 101.5"; 2.0 Liter. | | | | | | |
| Hatchback Sedan 4D | HV7AJ | 25390 | **17750** | **18500** | **19350** | **22400** |
| Manual, 6-Spd w/OD | G | | **(550)** | **(550)** | **(735)** | **(735)** |
| **GTI—4-Cyl. Turbo**—Equipment Schedule 6 | | | | | | |
| W.B. 101.5"; 2.0 Liter. | | | | | | |
| Hatchback Coupe 2D | FV7AJ | 24790 | **17150** | **17900** | **18750** | **21700** |
| Automatic, 6-Spd | F | | **525** | **525** | **700** | **700** |
| **JETTA—4-Cyl.**—Equipment Schedule 6 | | | | | | |
| W.B. 104.4"; 2.0 Liter. | | | | | | |
| 2.0L Sedan 4D | 2K7AJ | 17440 | **10850** | **11400** | **12550** | **15100** |
| 2.0L S Sedan 4D | 2K7AJ | 18570 | **11350** | **11950** | **13150** | **15850** |
| Manual, 5-Spd | 1 | | **(525)** | **(525)** | **(700)** | **(700)** |
| **JETTA—4-Cyl. Turbo Diesel**—Equipment Schedule 6 | | | | | | |
| W.B. 104.4"; 2.0 Liter. | | | | | | |
| 2.0L TDI Sedan 4D | LL7AJ | 24885 | **16100** | **16850** | **17750** | **20600** |
| Manual, 6-Spd | 3 | | **(525)** | **(525)** | **(700)** | **(700)** |
| **JETTA—4-Cyl. Turbo Hybrid**—Equipment Schedule 6 | | | | | | |
| W.B. 104.4"; 1.4 Liter. | | | | | | |
| Sedan 4D | 637AJ | 25790 | **17000** | **17750** | **18750** | **21900** |
| **JETTA—5-Cyl.**—Equipment Schedule 6 | | | | | | |
| W.B. 104.4"; 2.5 Liter. | | | | | | |
| 2.5L SE Sedan 4D | DX7AJ | 20890 | **12650** | **13300** | **14550** | **17550** |
| Manual, 5-Spd | B | | **(525)** | **(525)** | **(700)** | **(700)** |
| **JETTA SPORTWAGEN—5-Cyl.**—Equipment Schedule 6 | | | | | | |
| W.B. 101.5"; 2.5 Liter. | | | | | | |
| 2.5L SportWagen 4D | PX7AJ | 22290 | **13450** | **14100** | **15550** | **18700** |
| **PASSAT—5-Cyl.**—Equipment Schedule 4 | | | | | | |
| W.B. 110.4"; 2.5 Liter. | | | | | | |
| 2.5L S Sedan 4D | AH7A3 | 23740 | **10950** | **11500** | **12500** | **14850** |
| Wolfsburg Ed Sedan | AH783 | 24290 | **11800** | **12400** | **13350** | **15850** |
| 2.5L SE Sedan 4D | BH7A3 | 25840 | **13700** | **14350** | **15250** | **17850** |
| 2.5L SEL Sedan 4D | CH7A3 | 29720 | **16250** | **17000** | **18000** | **21000** |
| 2.5L SEL Premium 4D | CH7A3 | 31220 | **17900** | **18650** | **19200** | **21900** |
| **PASSAT—4-Cyl. Turbo Diesel**—Equipment Schedule 4 | | | | | | |
| W.B. 110.4"; 2.0 Liter. | | | | | | |
| TDI SE Sedan 4D | BN7A3 | 29020 | **18000** | **18750** | **19700** | **22900** |
| TDI SEL Premium Sed | CN7A3 | 33710 | **19650** | **20500** | **21500** | **24900** |
| **PASSAT—V6**—Equipment Schedule 4 | | | | | | |
| W.B. 110.4"; 3.6 Liter. | | | | | | |
| SE Sedan 4D | BM7A3 | 30030 | **16650** | **17400** | **18350** | **21400** |
| SEL Premium Sed 4D | CM7A3 | 34320 | **18150** | **18950** | **19900** | **23100** |
| **CC—4-Cyl. Turbo**—Equipment Schedule 4 | | | | | | |
| W.B. 106.7"; 2.0 Liter. | | | | | | |
| Sport Sedan 4D | BN7AN | 32890 | **17400** | **18150** | **19100** | **22300** |
| Sport Plus Sedan 4D | BN7AN | 33820 | **17750** | **18500** | **19500** | **22700** |
| R-Line Sedan 4D | BN7AN | 34120 | **18150** | **18950** | **19900** | **23200** |
| Luxury Sedan 4D | R7AN | 36460 | **20200** | **21000** | **22000** | **25600** |
| **CC—V6**—Equipment Schedule 4 | | | | | | |
| W.B. 106.7"; 3.6 Liter. | | | | | | |
| VR6 Lux Sedan 4D | HU7AN | 38550 | **22300** | **23300** | **24300** | **28200** |
| **CC 4MOTION AWD—V6**—Equipment Schedule 4 | | | | | | |
| W.B. 106.7"; 3.6 Liter. | | | | | | |
| VR6 Sedan 4D | GU7AN | 42240 | **24200** | **25100** | **26300** | **30500** |

**292  DEDUCT FOR RECONDITIONING**

# 1999 VOLVO

| Body Type | VIN | List | Trade-In Good | Very Good | Pvt-Party Good | Retail Excellent |
|---|---|---|---|---|---|---|

## VOLVO

### 1999 VOLVO — YV1(LS55A)-X-#

**70 SERIES—5-Cyl.—Equipment Schedule 3**
W.B. 104.9"; 2.4 Liter.

| Body Type | VIN | List | Good | Very Good | Good | Excellent |
|---|---|---|---|---|---|---|
| S70 Sedan 4D | LS55A | 28935 | 1300 | 1425 | 2050 | 3125 |
| V70 Wagon 4D | LW55A | 30235 | 1450 | 1600 | 2225 | 3425 |
| Manual, 5-Spd | 4 | | (125) | (125) | (165) | (165) |

**70 SERIES—5-Cyl. Turbo—Equipment Schedule 1**
W.B. 104.3", 104.5" (S70 AWD), 104.9" (C70, GLT, T-5, R); 2.3L, 2.4L

| Body Type | VIN | List | Good | Very Good | Good | Excellent |
|---|---|---|---|---|---|---|
| C70 LT Coupe 2D | NK56D | 37570 | 825 | 925 | 1525 | 2450 |
| C70 HT Coupe 2D | NK53D | 40945 | 1250 | 1375 | 2150 | 3400 |
| C70 Convertible 2D | NC56D | 43970 | 775 | 875 | 1475 | 2325 |
| V70 GLT Sedan 4D | LS56A | 35105 | 1925 | 2125 | 3000 | 4525 |
| V70 GLT Wagon 4D | LW56A | 36405 | 1975 | 2175 | 3075 | 4625 |
| S70 T-5 Sedan 4D | LS53A | 37155 | 2150 | 2350 | 3325 | 5000 |
| V70 T-5 Wagon 4D | LW53A | 38455 | 2200 | 2425 | 3400 | 5100 |
| S70 AWD Sedan 4D | LT56A | 36985 | 2450 | 2675 | 3750 | 5600 |
| V70 AWD Wagon 4D | LV56A | 38285 | 2650 | 2900 | 4025 | 6000 |
| V70 XC AWD Wag 4D | LZ56A | 39460 | 2700 | 2950 | 4100 | 6100 |
| V70 R AWD Wagon 4D | LV52A | 41970 | 3200 | 3500 | 4825 | 7100 |

**80 SERIES—6-Cyl.—Equipment Schedule 1**
W.B. 109.9"; 2.9 Liter.

| Body Type | VIN | List | Good | Very Good | Good | Excellent |
|---|---|---|---|---|---|---|
| S80 2.9 Sedan 4D | TS97D | 38790 | 1350 | 1500 | 2175 | 3350 |

**80 SERIES—6-Cyl. Turbo—Equipment Schedule 1**
W.B. 109.9"; 2.8 Liter.

| Body Type | VIN | List | Good | Very Good | Good | Excellent |
|---|---|---|---|---|---|---|
| S80 T-6 Sedan 4D | TS90D | 43755 | 2100 | 2300 | 3350 | 5075 |

### 2000 VOLVO — YV1(VS252)-Y-#

**40 SERIES—4-Cyl. Turbo—Equipment Schedule 3**
W.B. 100.3"; 1.9 Liter.

| Body Type | VIN | List | Good | Very Good | Good | Excellent |
|---|---|---|---|---|---|---|
| S40 Sedan 4D | VS252 | 23475 | 1225 | 1350 | 2125 | 3400 |
| V40 Wagon 4D | VW252 | 24475 | 1550 | 1700 | 2725 | 4325 |

**70 SERIES—5-Cyl.—Equipment Schedule 3**
W.B. 104.9"; 2.4 Liter.

| Body Type | VIN | List | Good | Very Good | Good | Excellent |
|---|---|---|---|---|---|---|
| S70 Sedan 4D | LS61J | 29075 | 1425 | 1575 | 2125 | 3150 |
| S70 SE Sedan 4D | LS61J | 30075 | 1575 | 1725 | 2300 | 3450 |
| V70 Wagon 4D | LW61J | 30375 | 1600 | 1750 | 2425 | 3625 |
| V70 SE Wagon 4D | LW61J | 31575 | 1725 | 1900 | 2600 | 3875 |
| Manual, 5-Spd | 4 | | (125) | (125) | (165) | (165) |

**70 SERIES—5-Cyl. Turbo—Equipment Schedule 1**
W.B. 104.5", 104.9" (C70, S70 & V70 ex. AWD); 2.3 Liter, 2.4 Liter.

| Body Type | VIN | List | Good | Very Good | Good | Excellent |
|---|---|---|---|---|---|---|
| C70 LT Coupe 2D | NK56D | 45675 | 975 | 1075 | 1675 | 2600 |
| C70 LT Convertible 2D | NC56D | 45675 | 925 | 1025 | 1600 | 2500 |
| C70 HT Coupe 2D | NK53D | 40575 | 1325 | 1450 | 2275 | 3550 |
| C70 HT Conv 2D | NC53D | 47075 | 1350 | 1500 | 2275 | 3550 |
| S70 GLT Sedan 4D | LS56D | 34675 | 2250 | 2475 | 3325 | 4875 |
| S70 GLT SE Sedan 4D | LS56D | 33075 | 2450 | 2675 | 3600 | 5250 |
| V70 GLT Wagon 4D | LW56D | 35975 | 2400 | 2625 | 3525 | 5150 |
| S70 T-5 Sedan 4D | LS53D | 37275 | 2475 | 2725 | 3625 | 5300 |
| S70 AWD Sedan 4D | LT56D | 36575 | 2825 | 3125 | 4100 | 5950 |
| V70 XC AWD Wag 4D | LZ56D | 39075 | 2925 | 3225 | 4225 | 6150 |
| V70 XC AWD SE Wag | LZ56D | 39575 | 2775 | 3075 | 4025 | 5875 |
| V70 R AWD Wagon 4D | LV60D | 42075 | 3550 | 3875 | 5250 | 7575 |

**80 SERIES—6-Cyl.—Equipment Schedule 1**
W.B. 109.9"; 2.9 Liter.

| Body Type | VIN | List | Good | Very Good | Good | Excellent |
|---|---|---|---|---|---|---|
| S80 2.9 Sedan 4D | TS94D | 37775 | 1800 | 1975 | 2850 | 4350 |

**80 SERIES—6-Cyl. Turbo—Equipment Schedule 1**
W.B. 109.9"; 2.8 Liter.

| Body Type | VIN | List | Good | Very Good | Good | Excellent |
|---|---|---|---|---|---|---|
| S80 T6 Sedan 4D | TS90D | 42275 | 2600 | 2850 | 4025 | 6025 |

### 2001 VOLVO — YV1(VS295)-1-#

**40 SERIES—4-Cyl. Turbo—Equipment Schedule 3**
W.B. 100.9"; 1.9 Liter.

| Body Type | VIN | List | Good | Very Good | Good | Excellent |
|---|---|---|---|---|---|---|
| S40 Sedan 4D | VS295 | 24075 | 1550 | 1700 | 2500 | 3825 |
| S40 SE Sedan 4D | VS295 | 28025 | 1900 | 2075 | 3000 | 4550 |
| V40 Wagon 4D | VW295 | 25075 | 2125 | 2325 | 3325 | 5050 |
| V40 SE Wagon 4D | VW295 | 29025 | 2275 | 2500 | 3550 | 5350 |

**60 SERIES—5-Cyl.—Equipment Schedule 3**
W.B. 106.9"; 2.4 Liter.

EQUIPMENT & MILEAGE PAGE 9 TO 23

# 2001 VOLVO

| Body Type | VIN | List | Trade-In Good | Very Good | Pvt-Party Good | Retail Excellent |
|---|---|---|---|---|---|---|
| S60 2.4 Sedan 4D | RS61N | 27075 | **1250** | **1375** | 2075 | 3200 |
| **60 SERIES—5-Cyl. Turbo**—Equipment Schedule 3 | | | | | | |
| W.B. 106.9"; 2.3 Liter, 2.4 Liter. | | | | | | |
| S60 2.4T Sedan 4D | RS58D | 30375 | **1750** | **1925** | 2775 | 4200 |
| S60 T5 Sedan 4D | RS53D | 33675 | **2325** | **2550** | 3600 | 5400 |
| **70 SERIES—5-Cyl.**—Equipment Schedule 3 | | | | | | |
| W.B. 108.5"; 2.4 Liter. | | | | | | |
| V70 Wagon 4D | SW61N | 31075 | **1725** | **1900** | 2650 | 4000 |
| **70 SERIES—5-Cyl. Turbo**—Equipment Schedule 1 | | | | | | |
| W.B. 104.9", 108.5" (V70 ex XC), 108.8" (XC); 2.3 Liter, 2.4 Liter. | | | | | | |
| C70 LT Convertible 2D | NC56D | 44075 | **1075** | **1200** | 1750 | 2700 |
| C70 HT Coupe 2D | NK53D | 38475 | **1475** | **1625** | 2400 | 3675 |
| C70 HT Conv 2D | NC53D | 47075 | **1500** | **1650** | 2425 | 3725 |
| V70 2.4T Wagon 4D | SW58D | 35375 | **2725** | **3025** | 4050 | 5975 |
| V70 T5 Wagon 4D | SW53D | 36675 | **2850** | **3150** | 4225 | 6200 |
| V70 XC AWD Wag 4D | SZ58D | 37975 | **3175** | **3475** | 4675 | 6850 |
| **80 SERIES—6-Cyl.**—Equipment Schedule 1 | | | | | | |
| W.B. 109.9"; 2.9 Liter. | | | | | | |
| S80 2.9 Sedan 4D | TS94D | 38675 | **1875** | **2050** | 2850 | 4250 |
| **80 SERIES—6-Cyl. Turbo**—Equipment Schedule 1 | | | | | | |
| W.B. 109.9"; 2.8 Liter. | | | | | | |
| S80 T6A Sedan 4D | TS90D | 42675 | **2850** | **3150** | 4200 | 6150 |
| S80 T6 Executive 4D | T90D | 48075 | **3000** | **3300** | 4400 | 6450 |

## 2002 VOLVO — YV1(VS295)-2-#

| Body Type | VIN | List | Trade-In Good | Very Good | Pvt-Party Good | Retail Excellent |
|---|---|---|---|---|---|---|
| **40 SERIES—4-Cyl. Turbo**—Equipment Schedule 3 | | | | | | |
| W.B. 100.9"; 1.9 Liter. | | | | | | |
| S40 Sedan 4D | VS295 | 24525 | **1750** | **1925** | 2675 | 4000 |
| V40 Wagon 4D | VW295 | 25525 | **2450** | **2675** | 3650 | 5375 |
| **60 SERIES—5-Cyl.**—Equipment Schedule 3 | | | | | | |
| W.B. 106.9"; 2.4 Liter. | | | | | | |
| S60 2.4 Sedan 4D | RS61N | 27750 | **1725** | **1900** | 2625 | 3925 |
| **60 SERIES—5-Cyl. Turbo**—Equipment Schedule 3 | | | | | | |
| W.B. 106.9"; 2.3 Liter, 2.4 Liter. | | | | | | |
| S60 2.4T Sedan 4D | RS58D | 32250 | **2200** | **2425** | 3275 | 4850 |
| S60 T5 Sedan 4D | RS53D | 35850 | **2800** | **3100** | 4100 | 6000 |
| S60 2.4T AWD Sed 4D | RH58D | 34000 | **2600** | **2850** | 3825 | 5625 |
| **70 SERIES—5-Cyl.**—Equipment Schedule 3 | | | | | | |
| W.B. 108.5"; 2.4 Liter. | | | | | | |
| V70 Wagon 4D | SW61R | 31650 | **1925** | **2125** | 2775 | 4025 |
| **70 SERIES—5-Cyl. Turbo**—Equipment Schedule 3 | | | | | | |
| W.B. 104.9", 108.5" (V70 ex XC), 108.8" (XC); 2.3 Liter, 2.4 Liter. | | | | | | |
| C70 LT Convertible 2D | NC56D | 44750 | **1225** | **1350** | 1950 | 2925 |
| C70 HT Coupe 2D | NK53D | 38150 | **1700** | **1875** | 2575 | 3850 |
| C70 HT Convertible | NC53D | 46750 | **1725** | **1900** | 2600 | 3875 |
| V70 2.4T Wagon 4D | SW58D | 36150 | **3075** | **3375** | 4275 | 6100 |
| V70 2.4T AWD Wag 4D | SJ58D | 37900 | **3475** | **3800** | 4825 | 6825 |
| V70 T5 Wagon 4D | SW53D | 38350 | **3200** | **3500** | 4450 | 6325 |
| V70 XC AWD Wag 4D | SZ58D | 38425 | **3450** | **3775** | 4950 | 7000 |
| **80 SERIES—6-Cyl.**—Equipment Schedule 1 | | | | | | |
| W.B. 109.9"; 2.9 Liter. | | | | | | |
| S80 2.9 Sedan 4D | TS94D | 38775 | **2250** | **2475** | 3325 | 4875 |
| **80 SERIES—6-Cyl. Turbo**—Equipment Schedule 1 | | | | | | |
| W.B. 109.9"; 2.9 Liter. | | | | | | |
| S80 T6 Sedan 4D | TS90D | 42775 | **3125** | **3450** | 4675 | 6775 |
| S80 T6 Executive 4D | TS90D | 50275 | **3275** | **3600** | 4875 | 7050 |

## 2003 VOLVO — YV1(VS275)-3-#

| Body Type | VIN | List | Trade-In Good | Very Good | Pvt-Party Good | Retail Excellent |
|---|---|---|---|---|---|---|
| **40 SERIES—4-Cyl. Turbo**—Equipment Schedule 3 | | | | | | |
| W.B. 100.9"; 1.9 Liter. | | | | | | |
| S40 Sedan 4D | VS275 | 24560 | **2050** | **2250** | 3000 | 4400 |
| V40 Wagon 4D | VW275 | 25560 | **2650** | **2900** | 3825 | 5525 |
| **60 SERIES—5-Cyl.**—Equipment Schedule 3 | | | | | | |
| W.B. 107.0"; 2.4 Liter. | | | | | | |
| S60 2.4 Sedan 4D | RS61T | 28230 | **1975** | **2175** | 2850 | 4150 |
| **60 SERIES—5-Cyl. Turbo**—Equipment Schedule 3 | | | | | | |
| W.B. 107.0"; 2.3 Liter, 2.4 Liter, 2.5 Liter. | | | | | | |
| S60 2.4T Sedan 4D | RS58D | 31085 | **2450** | **2675** | 3475 | 5000 |
| S60 2.5T AWD Sed 4D | RH59H | 32835 | **2850** | **3150** | 4000 | 5725 |
| S60 T5 Sedan 4D | RS53D | 34685 | **2925** | **3225** | 4275 | 6100 |
| **70 SERIES—5-Cyl.**—Equipment Schedule 3 | | | | | | |
| W.B. 108.5"; 2.4 Liter. | | | | | | |

**294    DEDUCT FOR RECONDITIONING**

# 2003 VOLVO

| Body Type | VIN | List | Trade-In Good | Trade-In Very Good | Pvt-Party Good | Retail Excellent |
|---|---|---|---|---|---|---|
| V70 Wagon 4D | SW61T | 29530 | 2325 | 2550 | 3200 | 4575 |
| **70 SERIES—5-Cyl. Turbo—Equipment Schedule 1** | | | | | | |
| W.B. 104.9", 108.5" (V70), 108.8" (XC70); 2.3 Liter, 2.4 Liter, 2.5 Liter. | | | | | | |
| C70 LT Convertible 2D | NC63D | 44785 | 1600 | 1750 | 2375 | 3500 |
| C70 HT Conv 2D | NC62D | 47785 | 2200 | 2425 | 3175 | 4600 |
| V70 2.4T Wagon 4D | SW58D | 31530 | 3475 | 3800 | 4850 | 6775 |
| V70 2.5T AWD Wag 4D | SJ59H | 33280 | 3900 | 4250 | 5400 | 7500 |
| V70 T5 Wagon 4D | SW53D | 35730 | 3675 | 4000 | 5100 | 7100 |
| XC70 AWD Wagon 4D | SZ59H | 34530 | 4000 | 4350 | 5525 | 7675 |
| **80 SERIES—6-Cyl.—Equipment Schedule 1** | | | | | | |
| W.B. 109.9"; 2.9 Liter. | | | | | | |
| S80 2.9 Sedan 4D | TS92D | 39110 | 2475 | 2725 | 3625 | 5300 |
| **80 SERIES—6-Cyl. Turbo—Equipment Schedule 1** | | | | | | |
| W.B. 109.9"; 2.9 Liter. | | | | | | |
| S80 T6 Sedan 4D | TS91D | 44595 | 3450 | 3775 | 5125 | 7375 |
| S80 T6 Elite Sedan 4D | TS91Z | 48880 | 3625 | 3950 | 5375 | 7700 |

# 2004 VOLVO — YV1(VS275)-4-#

| Body Type | VIN | List | Trade-In Good | Trade-In Very Good | Pvt-Party Good | Retail Excellent |
|---|---|---|---|---|---|---|
| **40 SERIES—4-Cyl. Turbo—Equipment Schedule 3** | | | | | | |
| W.B. 101.0"; 1.9 Liter. | | | | | | |
| S40 Sedan 4D | VS275 | 25385 | 2150 | 2350 | 3025 | 4375 |
| S40 LSE Sedan 4D | VS275 | 29530 | 2350 | 2575 | 3300 | 4725 |
| V40 Wagon 4D | VW275 | 26385 | 2850 | 3150 | 3950 | 5600 |
| V40 LSE Wagon 4D | VW275 | 30530 | 3100 | 3425 | 4425 | 6250 |
| **40 SERIES—5-Cyl.—Equipment Schedule 3** | | | | | | |
| W.B. 103.9"; 2.4 Liter. | | | | | | |
| S40 2.4i Sedan 4D | MS382 | 27170 | 2400 | 2625 | 3350 | 4800 |
| **40 SERIES—5-Cyl. Turbo—Equipment Schedule 3** | | | | | | |
| W.B. 103.9"; 2.5 Liter. | | | | | | |
| S40 T5 Sedan 4D | MS682 | 29970 | 2925 | 3225 | 4200 | 5950 |
| **60 SERIES—5-Cyl.—Equipment Schedule 3** | | | | | | |
| W.B. 106.9"; 2.4 Liter. | | | | | | |
| S60 2.4 Sedan 4D | RS61T | 28645 | 2175 | 2400 | 3025 | 4325 |
| **60 SERIES—5-Cyl. Turbo—Equipment Schedule 3** | | | | | | |
| W.B. 106.9", 107.0" (R); 2.3 Liter, 2.5 Liter. | | | | | | |
| S60 2.5T Sedan 4D | RS59V | 30295 | 2550 | 2800 | 3675 | 5200 |
| S60 T5 Sedan 4D | RS53D | 34845 | 3150 | 3475 | 4450 | 6225 |
| S60 R AWD Sedan 4D | RH52Y | 38810 | 4375 | 4750 | 6250 | 8650 |
| AWD (2.5T) | | | 725 | 725 | 965 | 965 |
| **70 SERIES—5-Cyl.—Equipment Schedule 1** | | | | | | |
| W.B. 108.5"; 2.4 Liter. | | | | | | |
| V70 Wagon 4D | SW61T | 30145 | 2875 | 3175 | 3825 | 5325 |
| **70 SERIES—5-Cyl. Turbo—Equipment Schedule 1** | | | | | | |
| W.B. 104.9", 108.5" (V70), 108.8" (XC70); 2.3L, 2.4L, 2.5L. | | | | | | |
| C70 LT Convertible 2D | NC63D | 40565 | 2125 | 2325 | 2925 | 4150 |
| C70 HT Conv 2D | NC62D | 43565 | 2600 | 2900 | 3700 | 5175 |
| V70 2.5T Wagon 4D | SW59V | 35070 | 4375 | 4725 | 5875 | 8050 |
| V70 T5 Wagon 4D | SW53D | 38145 | 4475 | 4825 | 6000 | 8200 |
| V70 R AWD Wagon 4D | SJ52Y | 40060 | 5650 | 6050 | 7700 | 10450 |
| XC70 AWD Wagon 4D | SZ59H | 38145 | 4725 | 5100 | 6325 | 8625 |
| AWD (2.5T) | | | 725 | 725 | 965 | 965 |
| **80 SERIES—5-Cyl.—Equipment Schedule 1** | | | | | | |
| W.B. 109.9"; 2.9 Liter. | | | | | | |
| S80 2.9 Sedan 4D | TS92D | 39725 | 3175 | 3500 | 4450 | 6225 |
| **80 SERIES—5-Cyl. Turbo—Equipment Schedule 1** | | | | | | |
| W.B. 109.9"; 2.5 Liter. | | | | | | |
| S80 2.5T Sedan 4D | TR59V | 38630 | 2975 | 3275 | 4200 | 5875 |
| **80 SERIES—6-Cyl. Twin Turbo—Equipment Schedule 1** | | | | | | |
| W.B. 109.9"; 2.9 Liter. | | | | | | |
| S80 T6 Sedan 4D | TS91Z | 45210 | 4275 | 4625 | 5875 | 8125 |
| S80 T6 Premier Sed 4D | TS91Z | 49200 | 4275 | 4625 | 6100 | 8450 |

# 2005 VOLVO — YV1(MS392)-5-#

| Body Type | VIN | List | Trade-In Good | Trade-In Very Good | Pvt-Party Good | Retail Excellent |
|---|---|---|---|---|---|---|
| **40 SERIES—5-Cyl.—Equipment Schedule 3** | | | | | | |
| W.B. 103.9"; 2.4 Liter. | | | | | | |
| S40 2.4i Sedan 4D | MS392 | 25145 | 3175 | 3500 | 4525 | 6225 |
| **40 SERIES—5-Cyl. Turbo—Equipment Schedule 3** | | | | | | |
| W.B. 103.9"; 2.5 Liter. | | | | | | |
| S40 T5 Sedan 4D | MS682 | 27945 | 3875 | 4225 | 5400 | 7375 |
| AWD | H | | 575 | 575 | 765 | 765 |

**EQUIPMENT & MILEAGE PAGE 9 TO 23**

# 2005 VOLVO

| Body Type | VIN | List | Trade-In Good | Very Good | Pvt-Party Good | Retail Excellent |
|---|---|---|---|---|---|---|
| **50 SERIES—5-Cyl.—Equipment Schedule 3** | | | | | | |
| W.B. 103.9"; 2.4 Liter. | | | | | | |
| V50 2.4i Sport Wagon | MW382 | 28640 | 3525 | 3850 | 4875 | 6600 |
| **50 SERIES—5-Cyl. Turbo—Equipment Schedule 3** | | | | | | |
| W.B. 103.9"; 2.5 Liter. | | | | | | |
| V50 T5 Sport Wagon | MW682 | 29145 | 4650 | 5025 | 6475 | 8675 |
| AWD | | | 575 | 575 | 765 | 765 |
| **60 SERIES—5-Cyl.—Equipment Schedule 3** | | | | | | |
| W.B. 106.9"; 2.4 Liter. | | | | | | |
| S60 2.4 Sedan 4D | RS612 | 28920 | 2475 | 2775 | 3675 | 5100 |
| **60 SERIES—5-Cyl. Turbo—Equipment Schedule 3** | | | | | | |
| W.B. 106.9"; 2.4 Liter, 2.5 Liter. | | | | | | |
| S60 2.5T Sedan 4D | RS592 | 30420 | 2975 | 3300 | 4300 | 5925 |
| S60 T5 Sedan 4D | RS547 | 35170 | 3900 | 4250 | 5450 | 7475 |
| S60 R AWD Sedan 4D | RH527 | 39185 | 4825 | 5200 | 6825 | 9275 |
| AWD (2.5T) | | | 750 | 750 | 1000 | 1000 |
| **70 SERIES—5-Cyl.—Equipment Schedule 3** | | | | | | |
| W.B. 108.5"; 2.4 Liter. | | | | | | |
| V70 Wagon 4D | SW612 | 30445 | 4225 | 4575 | 5650 | 7575 |
| **70 SERIES—5-Cyl. Turbo—Equipment Schedule 1** | | | | | | |
| W.B. 108.5", 108.8" (XC70); 2.4 Liter, 2.5 Liter. | | | | | | |
| V70 2.5T Wagon 4D | SW592 | 36895 | 5750 | 6150 | 7725 | 10250 |
| V70 T5 Wagon 4D | SW547 | 39345 | 5850 | 6275 | 7850 | 10400 |
| V70 R AWD Wagon 4D | SJ527 | 40685 | 7325 | 7800 | 9725 | 12850 |
| XC70 AWD Wagon 4D | SZ592 | 38145 | 6100 | 6525 | 8150 | 10800 |
| **80 SERIES—5-Cyl. Turbo—Equipment Schedule 1** | | | | | | |
| W.B. 109.9"; 2.5 Liter. | | | | | | |
| S80 2.5T Sedan 4D | TS592 | 39185 | 4950 | 5325 | 6550 | 8725 |
| AWD | | | 675 | 675 | 900 | 900 |
| **80 SERIES—6-Cyl. Twin Turbo—Equipment Schedule 1** | | | | | | |
| W.B. 109.9"; 2.9 Liter. | | | | | | |
| S80 T6 Sedan 4D | TS911 | 45210 | 6075 | 6500 | 8125 | 10750 |
| S80 T6 Premier Sed 4D | TR911 | 49200 | 6250 | 6675 | 8350 | 11050 |

## 2006 VOLVO — YV1(MS382)-6-#

| Body Type | VIN | List | Trade-In Good | Very Good | Pvt-Party Good | Retail Excellent |
|---|---|---|---|---|---|---|
| **40 SERIES—5-Cyl.—Equipment Schedule 3** | | | | | | |
| W.B. 103.9"; 2.4 Liter. | | | | | | |
| S40 2.4i Sedan 4D | MS382 | 25650 | 4175 | 4525 | 5500 | 7275 |
| **40 SERIES—5-Cyl. Turbo—Equipment Schedule 3** | | | | | | |
| W.B. 103.9"; 2.5 Liter. | | | | | | |
| S40 T5 Sedan 4D | MS682 | 28510 | 4700 | 5075 | 6350 | 8350 |
| AWD | H | | 600 | 600 | 800 | 800 |
| **50 SERIES—5-Cyl.—Equipment Schedule 3** | | | | | | |
| W.B. 103.9"; 2.4 Liter. | | | | | | |
| V50 2.4i Sport Wagon | MW382 | 26900 | 4100 | 4475 | 5500 | 7075 |
| **50 SERIES—5-Cyl. Turbo—Equipment Schedule 3** | | | | | | |
| W.B. 103.9"; 2.5 Liter. | | | | | | |
| V50 T5 Sport Wag | MW682 | 29735 | 5400 | 5800 | 6975 | 8925 |
| AWD | J | | 600 | 600 | 800 | 800 |
| **60 SERIES—5-Cyl. Turbo—Equipment Schedule 3** | | | | | | |
| W.B. 106.9"; 2.4 Liter, 2.5 Liter. | | | | | | |
| S60 2.5T Sedan 4D | RS592 | 30965 | 4100 | 4450 | 5475 | 7300 |
| S60 T5 Sedan 4D | RS547 | 33940 | 4900 | 5275 | 6650 | 8825 |
| S60 R AWD Sedan 4D | RH527 | 39865 | 5850 | 6275 | 7900 | 10400 |
| AWD (2.5T) | | | 775 | 775 | 1035 | 1035 |
| **70 SERIES—5-Cyl.—Equipment Schedule 3** | | | | | | |
| W.B. 108.5"; 2.4 Liter. | | | | | | |
| V70 2.4 Wagon 4D | SW612 | 31140 | 5375 | 5775 | 6950 | 8975 |
| **70 SERIES—5-Cyl. Turbo—Equipment Schedule 1** | | | | | | |
| W.B. 103.9" (C70), 108.5" (V70), 108.8" (XC70); 2.5 Liter. | | | | | | |
| C70 T5 Convertible 2D | MC682 | 40655 | 7250 | 7700 | 9100 | 11500 |
| V70 2.5T Wagon 4D | SW592 | 36445 | 6925 | 7375 | 8850 | 11350 |
| V70 R AWD Wagon 4D | SJ527 | 41490 | 9350 | 9875 | 11700 | 14900 |
| XC70 AWD Wagon 4D | SZ592 | 39390 | 8050 | 8550 | 10150 | 13000 |
| XC70 Ocean Race Wag | SZ592 | 41430 | 10150 | 10700 | 12650 | 16150 |
| **80 SERIES—5-Cyl. Turbo—Equipment Schedule 1** | | | | | | |
| W.B. 109.9"; 2.5 Liter. | | | | | | |
| S80 2.5T Sedan 4D | TS592 | 38280 | 6625 | 7075 | 8650 | 11250 |
| AWD | | | 700 | 700 | 935 | 935 |

**DEDUCT FOR RECONDITIONING**

# 2007 VOLVO

| Body Type | VIN | List | Trade-In Good | Very Good | Pvt-Party Good | Retail Excellent |
|---|---|---|---|---|---|---|

## 2007 VOLVO — YV1(MS382)-7-#

**40 SERIES—5-Cyl.—Equipment Schedule 3**
W.B. 103.9"; 2.4 Liter.
| S40 2.4i Sedan 4D | MS382 | 26185 | 5475 | 5875 | 7100 | 9175 |

**40 SERIES—5-Cyl. Turbo—Equipment Schedule 3**
W.B. 103.9"; 2.5 Liter.
| S40 T5 Sedan 4D | MS682 | 30335 | 6175 | 6600 | 7925 | 10200 |
| AWD | H | | 650 | 650 | 865 | 865 |

**50 SERIES—5-Cyl.—Equipment Schedule 3**
W.B. 103.9"; 2.4 Liter.
| V50 2.4i Sport Wagon | MW382 | 27385 | 5425 | 5825 | 6700 | 8375 |

**50 SERIES—5-Cyl. Turbo—Equipment Schedule 3**
W.B. 103.9"; 2.5 Liter.
| V50 T5 Sport Wag 4D | MW682 | 30285 | 6900 | 7350 | 8350 | 10350 |
| AWD | J | | 650 | 650 | 865 | 865 |

**60 SERIES—5-Cyl. Turbo—Equipment Schedule 3**
W.B. 106.9"; 2.4 Liter, 2.5 Liter.
| S60 2.5T Sedan 4D | RS592 | 31580 | 5025 | 5425 | 6550 | 8450 |
| S60 T5 Sedan 4D | RS547 | 34680 | 6025 | 6450 | 7700 | 9900 |
| S60 R AWD Sedan 4D | RH527 | 40930 | 7300 | 7775 | 9275 | 11900 |
| AWD (2.5T) | | | 825 | 825 | 1100 | 1100 |

**70 SERIES—5-Cyl.—Equipment Schedule 3**
W.B. 103.9"; 2.4 Liter.
| V70 2.4 Wagon 4D | SW612 | 31740 | 6975 | 7425 | 8650 | 10850 |

**70 SERIES—5-Cyl. Turbo—Equipment Schedule 3**
W.B. 103.9" (C70), 108.5" (V70), 108.8" (XC70); 2.5 Liter.
| C70 T5 Convertible 2D | MC682 | 41035 | 8625 | 9125 | 10200 | 12450 |
| V70 2.5T Wagon 4D | SW592 | 37120 | 9500 | 10050 | 11550 | 14450 |
| V70 R AWD Wagon 4D | SJ527 | 42885 | 12300 | 12900 | 14800 | 18400 |
| XC70 AWD Wagon 4D | SZ592 | 40110 | 11000 | 11550 | 13300 | 16550 |

**80 SERIES—6-Cyl.—Equipment Schedule 3**
W.B. 111.6"; 3.2 Liter.
| S80 Sedan 4D | AS982 | 39400 | 7000 | 7450 | 9000 | 11600 |
| Sport Pkg | | | 275 | 275 | 365 | 365 |
| AWD | | | 750 | 750 | 1000 | 1000 |

## 2008 VOLVO — YV1(MK672)-8-#

**30 SERIES—5-Cyl. Turbo—Equipment Schedule 3**
W.B. 103.9"; 2.5 Liter.
| C30 T5 1.0 H'Back 2D | MK672 | 23295 | 9100 | 9625 | 10250 | 12150 |
| C30 T5 2.0 H'Back 2D | MK672 | 26445 | 10250 | 10800 | 11550 | 13600 |
| C30 T5 2.0 R-Design | MK672 | 26445 | 10650 | 11200 | 11950 | 14100 |

**40 SERIES—5-Cyl.—Equipment Schedule 3**
W.B. 103.9"; 2.4 Liter.
| S40 2.4i Sedan 4D | MS382 | 26360 | 6700 | 7150 | 8200 | 10300 |

**40 SERIES—5-Cyl. Turbo—Equipment Schedule 3**
W.B. 103.9"; 2.5 Liter.
| S40 T5 Sedan 4D | MS672 | 29260 | 7325 | 7800 | 9000 | 11250 |
| AWD | | | 675 | 675 | 900 | 900 |

**50 SERIES—5-Cyl.—Equipment Schedule 3**
W.B. 103.9"; 2.4 Liter.
| V50 2.4i Sport Wagon | MW382 | 27560 | 6975 | 7425 | 8425 | 10450 |

**50 SERIES—5-Cyl. Turbo—Equipment Schedule 3**
W.B. 103.9"; 2.5 Liter.
| V50 T5 Sport Wag 4D | MW672 | 30460 | 8700 | 9200 | 10450 | 12900 |
| AWD | | | 675 | 675 | 900 | 900 |

**60 SERIES—5-Cyl. Turbo—Equipment Schedule 3**
W.B. 106.9"; 2.4 Liter, 2.5 Liter.
| S60 2.5T Sedan 4D | RS592 | 31630 | 6225 | 6650 | 7725 | 9725 |
| S60 T5 Sedan 4D | RS547 | 34730 | 7125 | 7575 | 8825 | 11100 |
| AWD | | | 950 | 950 | 1265 | 1265 |

**70 SERIES—5-Cyl. Turbo—Equipment Schedule 3**
W.B. 103.9"; 2.5 Liter.
| C70 T5 Convertible 2D | MC672 | 41235 | 11300 | 11900 | 12900 | 15350 |

**70 SERIES—6-Cyl.—Equipment Schedule 3**
W.B. 103.9"; 3.2 Liter.
| V70 3.2 Wagon 4D | SW612 | 33210 | 9750 | 10300 | 11450 | 13950 |

**70 SERIES AWD—6-Cyl.—Equipment Schedule 1**
W.B. 110.8"; 3.2 Liter.
| XC70 3.2 AWD Wagon | BZ982 | 37520 | 13000 | 13600 | 15200 | 18450 |

# 2008 VOLVO

| Body Type | VIN | List | Trade-In Good | Very Good | Pvt-Party Good | Retail Excellent |
|---|---|---|---|---|---|---|
| **80 SERIES—6-Cyl.—Equipment Schedule 1** | | | | | | |
| W.B. 111.6"; 3.2 Liter. | | | | | | |
| S80 Sedan 4D | AS982 | 39450 | 8750 | 9250 | 10400 | 12700 |
| Sport Pkg | | | 300 | 300 | 400 | 400 |
| AWD | | | 800 | 800 | 1065 | 1065 |
| V8, 4.4 Liter | | | 3200 | 3200 | 4265 | 4265 |
| **80 SERIES AWD—6-Cyl. Turbo—Equipment Schedule 1** | | | | | | |
| W.B. 111.6"; 3.0 Liter. | | | | | | |
| S80 T6 Sedan 4D | AH992 | 42790 | 11250 | 11800 | 13200 | 16100 |
| Sport Pkg | | | 300 | 300 | 400 | 400 |

## 2009 VOLVO — YV1(MK672)-9-#

| Body Type | VIN | List | Good | Very Good | Good | Excellent |
|---|---|---|---|---|---|---|
| **30 SERIES—5-Cyl. Turbo—Equipment Schedule 3** | | | | | | |
| W.B. 103.9"; 2.5 Liter. | | | | | | |
| C30 T5 H'Back 2D | MK672 | 24625 | 10900 | 11450 | 12450 | 14900 |
| C30 T5 R-Design 2D | MK672 | 26775 | 12300 | 12900 | 14000 | 16750 |
| **40 SERIES—5-Cyl.—Equipment Schedule 3** | | | | | | |
| W.B. 103.9"; 2.4 Liter. | | | | | | |
| S40 2.4i Sedan 4D | MS382 | 29375 | 9450 | 9975 | 11100 | 13500 |
| **40 SERIES—5-Cyl. Turbo—Equipment Schedule 3** | | | | | | |
| W.B. 103.9"; 2.5 Liter. | | | | | | |
| S40 T5 R-Design Sedan | MS672 | 33175 | 10250 | 10800 | 11950 | 14550 |
| AWD | H | | 700 | 700 | 935 | 935 |
| **50 SERIES—5-Cyl.—Equipment Schedule 3** | | | | | | |
| W.B. 103.9"; 2.4 Liter. | | | | | | |
| V50 2.4i Sport Wagon | MW382 | 30595 | 9900 | 10450 | 11700 | 14400 |
| **50 SERIES AWD—5-Cyl. Turbo—Equipment Schedule 3** | | | | | | |
| W.B. 103.9"; 2.5 Liter. | | | | | | |
| V50 T5 Sport Wagon | MJ672 | 36295 | 12000 | 12600 | 14150 | 17300 |
| **60 SERIES—5-Cyl. Turbo—Equipment Schedule 3** | | | | | | |
| W.B. 106.9"; 2.4 Liter, 2.5 Liter. | | | | | | |
| S60 2.5T SE Sed 4D | RS592 | 31775 | 7925 | 8400 | 9475 | 11650 |
| S60 2.5T Sedan 4D | RS592 | 33625 | 8875 | 9375 | 10600 | 13000 |
| S60 T5 Sedan 4D | RS547 | 37225 | 9950 | 10500 | 11750 | 14450 |
| AWD | | | 1000 | 1000 | 1335 | 1335 |
| **70 SERIES—5-Cyl. Turbo—Equipment Schedule 1** | | | | | | |
| W.B. 103.9"; 2.5 Liter. | | | | | | |
| C70 T5 Convertible 2D | MC672 | 41845 | 13900 | 14550 | 15450 | 18000 |
| **70 SERIES—6-Cyl.—Equipment Schedule 3** | | | | | | |
| W.B. 110.9"; 3.2 Liter. | | | | | | |
| V70 3.2 Wagon 4D | SW612 | 33695 | 12000 | 12600 | 13450 | 15750 |
| **70 SERIES AWD—6-Cyl.—Equipment Schedule 1** | | | | | | |
| W.B. 110.8"; 3.0 Liter, 3.2 Liter. | | | | | | |
| XC70 3.2 Wagon 4D | BZ982 | 38045 | 15350 | 16050 | 17050 | 19950 |
| XC70 T6 Wagon 4D | BZ992 | 40295 | 16850 | 17600 | 18650 | 21800 |
| **80 SERIES—6-Cyl.—Equipment Schedule 1** | | | | | | |
| W.B. 111.6"; 3.2 Liter. | | | | | | |
| S80 3.2 Sedan 4D | AS982 | 40425 | 11400 | 12000 | 13300 | 16150 |
| **80 SERIES AWD—6-Cyl. Turbo—Equipment Schedule 1** | | | | | | |
| W.B. 111.6"; 3.0 Liter. | | | | | | |
| S80 T6 Sedan 4D | AH992 | 42875 | 13900 | 14550 | 16150 | 19550 |

## 2010 VOLVO — YV1(1or4)(672MK)-A-#

| Body Type | VIN | List | Good | Very Good | Good | Excellent |
|---|---|---|---|---|---|---|
| **30 SERIES—5-Cyl. Turbo—Equipment Schedule 3** | | | | | | |
| W.B. 103.9"; 2.5 Liter. | | | | | | |
| C30 T5 H'Back 2D | 672MK | 24950 | 13100 | 13750 | 14900 | 17800 |
| C30 T5 R-Design 2D | 672MK | 27150 | 14500 | 15150 | 16500 | 19700 |
| **40 SERIES—5-Cyl.—Equipment Schedule 3** | | | | | | |
| W.B. 103.9"; 2.4 Liter. | | | | | | |
| S40 2.4i Sedan 4D | 382MS | 28300 | 11250 | 11800 | 12900 | 15400 |
| **40 SERIES—5-Cyl. Turbo—Equipment Schedule 3** | | | | | | |
| W.B. 103.9"; 2.5 Liter. | | | | | | |
| S40 T5 R-Design 4D | 672MS | 32000 | 12000 | 12600 | 13700 | 16400 |
| AWD | H | | 800 | 800 | 1065 | 1065 |
| **50 SERIES—5-Cyl.—Equipment Schedule 3** | | | | | | |
| W.B. 103.9"; 2.4 Liter. | | | | | | |
| V50 2.4i Sport Wagon | 382MW | 29550 | 11700 | 12300 | 13600 | 16400 |
| **50 SERIES AWD—5-Cyl. Turbo—Equipment Schedule 3** | | | | | | |
| W.B. 103.9"; 2.5 Liter. | | | | | | |
| V50 T5 R-Design Wag | 672MJ | 33900 | 15300 | 16000 | 17600 | 21200 |
| **70 SERIES—5-Cyl. Turbo—Equipment Schedule 1** | | | | | | |
| W.B. 103.9"; 2.5 Liter. | | | | | | |

**DEDUCT FOR RECONDITIONING**

# 2010 VOLVO

| Body Type | VIN | List | Good | Trade-In Very Good | Pvt-Party Good | Retail Excellent |
|---|---|---|---|---|---|---|
| C70 T5 Convertible 2D | 672MC | 42100 | **16100** | **16800** | **17350** | **19850** |
| **70 SERIES—6-Cyl.—Equipment Schedule 3** | | | | | | |
| W.B. 110.8"; 3.2 Liter. | | | | | | |
| V70 3.2 Wagon 4D | 982BW | 34400 | **15600** | **16300** | **17300** | **20200** |
| V70 R-Design Wagon | 960BW | 38850 | **19850** | **20700** | **21800** | **25500** |
| **70 SERIES AWD—6-Cyl.—Equipment Schedule 1** | | | | | | |
| W.B. 110.8"; 3.0 Liter, 3.2 Liter. | | | | | | |
| XC70 3.2 Wagon 4D | 962BZ | 38800 | **19450** | **20300** | **21400** | **25000** |
| XC70 T6 Wagon 4D | 992BZ | 43650 | **20800** | **21700** | **22800** | **26700** |
| **80 SERIES—6-Cyl.—Equipment Schedule 1** | | | | | | |
| W.B. 111.6"; 3.2 Liter. | | | | | | |
| S80 Sedan 4D | 960AS | 40050 | **14150** | **14800** | **16050** | **19000** |
| **80 SERIES AWD—6-Cyl. Turbo—Equipment Schedule 1** | | | | | | |
| W.B. 111.6"; 3.0 Liter. | | | | | | |
| S80 T6 Sedan 4D | 992AH | 43800 | **16900** | **17650** | **19000** | **22500** |
| **80 SERIES AWD—V8—Equipment Schedule 1** | | | | | | |
| W.B. 111.6"; 4.4 Liter. | | | | | | |
| S80 Sedan 4D | 852AH | 51800 | **21300** | **22200** | **23700** | **28000** |

## 2011 VOLVO — YV(1or4)(672MK)-B-#

| Body Type | VIN | List | Good | Trade-In Very Good | Pvt-Party Good | Retail Excellent |
|---|---|---|---|---|---|---|
| **30 SERIES—5-Cyl. Turbo—Equipment Schedule 3** | | | | | | |
| W.B. 103.9"; 2.5 Liter. | | | | | | |
| C30 T5 H'Back 2D | 672MK | 25450 | **13800** | **14450** | **15400** | **18200** |
| C30 R-Design 2D | 672MK | 27800 | **15200** | **15900** | **17000** | **20000** |
| **40 SERIES—5-Cyl. Turbo—Equipment Schedule 3** | | | | | | |
| W.B. 103.9"; 2.5 Liter. | | | | | | |
| S40 T5 Sedan 4D | 672MS | 28600 | **13600** | **14250** | **15200** | **17750** |
| S40 T5 R-Design 4D | 672MS | 32000 | **14850** | **15500** | **16500** | **19300** |
| **50 SERIES—5-Cyl. Turbo—Equipment Schedule 3** | | | | | | |
| W.B. 103.9"; 2.5 Liter. | | | | | | |
| V50 T5 Sport Wagon | 672MW | 29650 | **16900** | **17650** | **20100** | **24800** |
| V50 R-Design Wagon | 672MW | 33700 | **18350** | **19150** | **21700** | **26800** |
| **60 SERIES AWD—6-Cyl. Turbo—Equipment Schedule 3** | | | | | | |
| W.B. 109.3"; 3.0 Liter. | | | | | | |
| S60 T6 Sedan 4D | 902FH | 38550 | **19550** | **20400** | **21600** | **25300** |
| **70 SERIES—5-Cyl. Turbo—Equipment Schedule 1** | | | | | | |
| W.B. 103.9"; 2.5 Liter. | | | | | | |
| C70 T5 Convertible 2D | 672MC | 40800 | **19650** | **20500** | **21000** | **23900** |
| **70 SERIES—6-Cyl.—Equipment Schedule 1** | | | | | | |
| W.B. 110.8"; 3.2 Liter. | | | | | | |
| XC70 3.2 Wagon 4D | 952BL | 32850 | **23300** | **24100** | **24900** | **28700** |
| **70 SERIES AWD—6-Cyl.—Equipment Schedule 1** | | | | | | |
| W.B. 110.8"; 3.0 Liter. | | | | | | |
| XC70 T6 Wagon 4D | 902BZ | 38850 | **25100** | **26100** | **27000** | **31100** |
| **80 SERIES—6-Cyl.—Equipment Schedule 1** | | | | | | |
| W.B. 111.6"; 3.2 Liter. | | | | | | |
| S80 Sedan 4D | 952AS | 37800 | **17150** | **17900** | **19000** | **22300** |
| **80 SERIES AWD—6-Cyl. Turbo—Equipment Schedule 1** | | | | | | |
| W.B. 111.6"; 3.0 Liter. | | | | | | |
| S80 T6 Sedan 4D | 902AH | 41550 | **20900** | **21800** | **23000** | **27000** |

## 2012 VOLVO — YV(1or4)(672MK)-C-#

| Body Type | VIN | List | Good | Trade-In Very Good | Pvt-Party Good | Retail Excellent |
|---|---|---|---|---|---|---|
| **30 SERIES—5-Cyl. Turbo—Equipment Schedule 3** | | | | | | |
| W.B. 103.9"; 2.5 Liter. | | | | | | |
| C30 T5 H'Back 2D | 672MK | 25575 | **15600** | **16300** | **17300** | **19850** |
| C30 R-Design 2D | 672MK | 27975 | **17050** | **17800** | **18650** | **21600** |
| **60 SERIES—5-Cyl. Turbo—Equipment Schedule 3** | | | | | | |
| W.B. 109.3"; 2.5 Liter. | | | | | | |
| S60 T5 Sedan 4D | 622FS | 32300 | **16950** | **17700** | **18600** | **21600** |
| **60 SERIES AWD—6-Cyl. Turbo—Equipment Schedule 3** | | | | | | |
| W.B. 109.3"; 3.0 Liter. | | | | | | |
| S60 T6 Sedan 4D | 902FH | 38550 | **22800** | **23700** | **24800** | **28700** |
| S60 T6 R-Design 4D | 902FH | 43150 | **27000** | **28100** | **29200** | **33800** |
| **70 SERIES—5-Cyl. Turbo—Equipment Schedule 1** | | | | | | |
| W.B. 103.9"; 2.5 Liter. | | | | | | |
| C70 T5 Convertible 2D | 672MC | 40825 | **22100** | **23100** | **23600** | **27000** |
| **70 SERIES—6-Cyl.—Equipment Schedule 1** | | | | | | |
| W.B. 110.8"; 3.2 Liter. | | | | | | |
| XC70 3.2 Wagon 4D | 952BL | 36375 | **25600** | **26700** | **27100** | **30800** |
| **70 SERIES AWD—6-Cyl. Turbo—Equipment Schedule 1** | | | | | | |
| W.B. 110.8"; 3.0 Liter. | | | | | | |
| XC70 T6 Wagon 4D | 902BZ | 39475 | **27600** | **28700** | **29200** | **33100** |

# 2012 VOLVO

| Body Type | VIN | List | Trade-In Good | Very Good | Pvt-Party Good | Retail Excellent |
|---|---|---|---|---|---|---|
| **80 SERIES—6-Cyl.—Equipment Schedule 1** | | | | | | |
| W.B. 111.6"; 3.2 Liter. | | | | | | |
| S80 Sedan 4D | 952AS | 38425 | 20200 | 21000 | 22100 | 25800 |
| **80 SERIES AWD—6-Cyl. Turbo—Equipment Schedule 1** | | | | | | |
| W.B. 111.6"; 3.0 Liter. | | | | | | |
| S80 T6 Sedan 4D | 902AH | 42175 | 23400 | 24400 | 25600 | 29800 |

## 2013 VOLVO — YV(1or4)(672MK)-D-#

| Body Type | VIN | List | Trade-In Good | Very Good | Pvt-Party Good | Retail Excellent |
|---|---|---|---|---|---|---|
| **30 SERIES—5-Cyl. Turbo—Equipment Schedule 3** | | | | | | |
| W.B. 103.9"; 2.5 Liter. | | | | | | |
| C30 T5 H'Back 2D | 672MK | 26395 | 20700 | 21500 | 22300 | 25600 |
| C30 T5 Premier 2D | 672MK | 27995 | 22600 | 23600 | 24300 | 27900 |
| C30 T5 Premier Plus | 672MK | 29095 | 23100 | 24100 | 24800 | 28500 |
| C30 T5 Platinum 2D | 672MK | 31395 | 25200 | 26200 | 27000 | 31000 |
| C30 T5 R-Design 2D | 672MK | 28745 | 22100 | 23100 | 23800 | 27300 |
| C30 T5 R-Dsgn Prmr | 672MK | 30345 | 27200 | 28300 | 29100 | 33400 |
| C30 T5 R-Dsgn Prmr + | 672MK | 31445 | 23900 | 24800 | 25600 | 29400 |
| C30 T5 R Platinum | 672MK | 33745 | 25600 | 26700 | 27500 | 31500 |
| **60 SERIES—5-Cyl. Turbo—Equipment Schedule 3** | | | | | | |
| W.B. 109.3"; 2.5 Liter. | | | | | | |
| S60 T5 Sedan 4D | 612FS | 32645 | 21800 | 22700 | 23600 | 27300 |
| S60 T5 Premier Sedan | 612FS | 34845 | 22800 | 23800 | 24700 | 28400 |
| S60 T5 Premier Plus 4D | 612FS | 35995 | 23900 | 24800 | 25800 | 29800 |
| S60 T5 Platinum 4D | 612FS | 38695 | 26300 | 27400 | 28400 | 32700 |
| AWD | H | | 1300 | 1300 | 1735 | 1735 |
| **60 SERIES AWD—6-Cyl. Turbo—Equipment Schedule 3** | | | | | | |
| W.B. 109.3"; 3.0 Liter. | | | | | | |
| S60 T6 Sedan 4D | 902FH | 41345 | 27600 | 28700 | 29700 | 34200 |
| S60 T6 Premier Plus 4D | 902FH | 42495 | 29000 | 30200 | 31300 | 36000 |
| S60 T6 Platinum Sed | 902FH | 45195 | 31900 | 33100 | 34200 | 39400 |
| S60 T6 R-Design 4D | 902FH | 44795 | 31800 | 33000 | 34100 | 39300 |
| S60 T6 R-Dsgn Plnm | 902FH | 47495 | 33000 | 34300 | 35400 | 40700 |
| **70 SERIES—5-Cyl. Turbo—Equipment Schedule 1** | | | | | | |
| W.B. 103.9"; 2.5 Liter. | | | | | | |
| C70 T5 Convertible 2D | 672MC | 41885 | 28000 | 29100 | 30100 | 34500 |
| C70 T5 Premier + Conv | 672MC | 43085 | 29200 | 30300 | 31300 | 35900 |
| C70 T5 Platinum Conv | 672MC | 45685 | 31600 | 32800 | 33800 | 38700 |
| **70 SERIES AWD—6-Cyl.—Equipment Schedule 1** | | | | | | |
| W.B. 110.8"; 3.2 Liter. | | | | | | |
| XC70 3.2 Wagon 4D | 952BZ | 36345 | 28800 | 29900 | 31800 | 37500 |
| XC70 3.2 Premier Wag | 952BZ | 39595 | 28700 | 29800 | 31600 | 37200 |
| XC70 Premier Plus Wag | 952BZ | 40745 | 30700 | 31900 | 33800 | 39800 |
| XC70 Platinum Wag 4D | 952BZ | 44195 | 34600 | 35900 | 38000 | 44700 |
| FWD | L | | (1200) | (1200) | (1600) | (1600) |
| **70 SERIES AWD—6-Cyl. Turbo—Equipment Schedule 1** | | | | | | |
| W.B. 110.8"; 3.0 Liter. | | | | | | |
| XC70 T6 Wagon 4D | 902BZ | 40995 | 31100 | 32300 | 34300 | 40300 |
| XC70 T6 Premier Plus | 902BZ | 42995 | 33600 | 34900 | 36900 | 43400 |
| XC70 T6 Platinum Wag | 902BZ | 45695 | 35600 | 36900 | 39100 | 45900 |

# 1999 ACURA

| Body Type | VIN | List | Trade-In Good | Very Good | Pvt-Party Good | Retail Excellent |
|---|---|---|---|---|---|---|

# Truck & Van Section

## ACURA

### 1999 ACURA — JAE(DJ58X)-X-#

**SLX 4WD—V6—Truck Equipment Schedule T3**
| | | | | | | |
|---|---|---|---|---|---|---|
| Sport Utility 4D | DJ58X | 36755 | 1925 | 2125 | 3000 | 4525 |

### 2000 ACURA — No Production

### 2001 ACURA — 2HN(YD182)-1-#

**MDX 4WD—V6—Truck Equipment Schedule T3**
| | | | | | | |
|---|---|---|---|---|---|---|
| Sport Utility 4D | YD182 | 34850 | 2675 | 2925 | 3600 | 5025 |
| Touring Spt Util 4D | YD186 | 37450 | 3150 | 3475 | 4350 | 6025 |

### 2002 ACURA — 2HN(YD182)-2-#

**MDX 4WD—V6—Truck Equipment Schedule T3**
| | | | | | | |
|---|---|---|---|---|---|---|
| Sport Utility 4D | YD182 | 35180 | 3475 | 3800 | 4500 | 6025 |
| Touring Spt Util 4D | YD186 | 37780 | 4275 | 4625 | 5475 | 7250 |

### 2003 ACURA — 2HN(YD182)-3-#

**MDX 4WD—V6—Truck Equipment Schedule T3**
| | | | | | | |
|---|---|---|---|---|---|---|
| Sport Utility 4D | YD182 | 36200 | 4200 | 4550 | 5475 | 7175 |
| Touring Spt Util 4D | YD186 | 38800 | 5000 | 5375 | 6425 | 8350 |

### 2004 ACURA — 2NH(YD182)-4-#

**MDX 4WD—V6—Truck Equipment Schedule T3**
| | | | | | | |
|---|---|---|---|---|---|---|
| Sport Utility 4D | YD182 | 36945 | 5625 | 6025 | 7000 | 9000 |
| Touring Spt Util 4D | YD186 | 39545 | 6500 | 6925 | 8100 | 10350 |

### 2005 ACURA — 2HN(YD182)-5-#

**MDX 4WD—V6—Truck Equipment Schedule T3**
| | | | | | | |
|---|---|---|---|---|---|---|
| Sport Utility 4D | YD182 | 37270 | 7025 | 7475 | 8875 | 11200 |
| Touring Spt Util 4D | YD186 | 40095 | 8475 | 8975 | 10600 | 13300 |

### 2006 ACURA — 2HN(YD182)-6-#

**MDX 4WD—V6—Truck Equipment Schedule T3**
| | | | | | | |
|---|---|---|---|---|---|---|
| Sport Utility 4D | YD182 | 37740 | 8000 | 8475 | 9875 | 12250 |
| Touring Spt Util 4D | YD186 | 40565 | 9575 | 10100 | 11700 | 14500 |

### 2007 ACURA — 2HN(TB182)-7-#

**RDX SH-AWD—4-Cyl. Turbo—Truck Equipment Schedule T3**
| | | | | | | |
|---|---|---|---|---|---|---|
| Sport Utility 4D | TB182 | 33610 | 10550 | 11100 | 12000 | 14150 |
| Technology Pkg | | | 350 | 350 | 465 | 465 |

**MDX AWD—V6 VTEC—Truck Equipment Schedule T3**
| | | | | | | |
|---|---|---|---|---|---|---|
| Sport Utility 4D | YD282 | 40665 | 14300 | 14950 | 16000 | 18750 |
| Sport Pkg | | | 350 | 350 | 465 | 465 |
| Technology Pkg | | | 875 | 875 | 1165 | 1165 |

### 2008 ACURA — 2HNor5J8(TB182)-8-#

**RDX AWD—4-Cyl. Turbo—Truck Equipment Schedule T3**
| | | | | | | |
|---|---|---|---|---|---|---|
| Sport Utility 4D | TB182 | 33910 | 12450 | 13100 | 13950 | 16300 |
| Technology Pkg | | | 375 | 375 | 500 | 500 |

**MDX AWD—V6 VTEC—Truck Equipment Schedule T3**
| | | | | | | |
|---|---|---|---|---|---|---|
| Sport Utility 4D | YD282 | 40910 | 16450 | 17200 | 18400 | 21600 |
| Sport | | | 375 | 375 | 500 | 500 |
| Technology Pkg | | | 925 | 925 | 1235 | 1235 |

### 2009 ACURA — 2HNor5J8(TB182)-9-#

**RDX AWD—4-Cyl. Turbo—Truck Equipment Schedule T3**
| | | | | | | |
|---|---|---|---|---|---|---|
| Sport Utility 4D | TB182 | 34455 | 15100 | 15800 | 16650 | 19300 |
| Technology Pkg | | | 400 | 400 | 535 | 535 |

**MDX AWD—V6 VTEC—Truck Equipment Schedule T3**
| | | | | | | |
|---|---|---|---|---|---|---|
| Sport Utility 4D | YD282 | 41550 | 19750 | 20600 | 21800 | 25500 |

**SEE BACK PAGES FOR TRUCK EQUIPMENT**

# 2009 ACURA

| Body Type | VIN | List | Trade-In Good | Very Good | Pvt-Party Good | Retail Excellent |
|---|---|---|---|---|---|---|
| Sport Pkg | | | 400 | 400 | 535 | 535 |
| Technology Pkg | | | 975 | 975 | 1300 | 1300 |

## 2010 ACURA — 2HNor5J8(TB1H2)-A-#

**RDX AWD—4-Cyl. Turbo**—Truck Equipment Schedule T3
| Sport Utility 4D | TB1H2 | 35330 | 18550 | 19400 | 20100 | 23100 |
| Technology Pkg | | | 425 | 425 | 565 | 565 |
| FWD | | 2 | (1175) | (1175) | (1565) | (1565) |

**MDX AWD—V6 VTEC**—Truck Equipment Schedule T3
| Sport Utility 4D | YD282 | 43040 | 22800 | 23800 | 24700 | 28400 |
| Advance Pkg | | | 1250 | 1250 | 1665 | 1665 |
| Technology Pkg | | | 1025 | 1025 | 1365 | 1365 |

**ZDX AWD—V6 VTEC**—Truck Equipment Schedule T3
| Sport Utility 4D | YB1H2 | 46305 | 20100 | 20900 | 21500 | 24500 |
| Advance Pkg | | | 850 | 850 | 1135 | 1135 |
| Technology Pkg | | | 425 | 425 | 565 | 565 |

## 2011 ACURA — 2HNor5J8(TB1H2)-B-#

**RDX AWD—4-Cyl. Turbo**—Truck Equipment Schedule T3
| Sport Utility 4D | TB1H2 | 35480 | 20100 | 20900 | 21700 | 24800 |
| Technology Pkg | | | 450 | 450 | 600 | 600 |
| FWD | | 2 | (1200) | (1200) | (1600) | (1600) |

**MDX AWD—V6 VTEC**—Truck Equipment Schedule T3
| Sport Utility 4D | YD2H2 | 43440 | 25300 | 26300 | 26700 | 30200 |
| Advance Pkg | | | 1300 | 1300 | 1735 | 1735 |
| Technology Pkg | | | 1075 | 1075 | 1435 | 1435 |

**ZDX AWD—V6 VTEC**—Truck Equipment Schedule T3
| Sport Utility 4D | YB1H2 | 46505 | 24700 | 25700 | 25900 | 29000 |
| Advance Pkg | | | 875 | 875 | 1165 | 1165 |
| Technology Pkg | | | 450 | 450 | 600 | 600 |

## 2012 ACURA — 2HNor5J8(TB2H2)-C-#

**RDX—4-Cyl. Turbo**—Truck Equipment Schedule T3
| Sport Utility 4D | TB2H2 | 33780 | 21100 | 22000 | 22400 | 25300 |
| Technology Pkg | | | 450 | 450 | 600 | 600 |

**RDX SH-AWD—4-Cyl. Turbo**—Truck Equipment Schedule T3
| Sport Utility 4D | TB1H2 | 35780 | 23400 | 24300 | 24800 | 28000 |
| Technology Pkg | | | 450 | 450 | 600 | 600 |

**MDX AWD—V6 VTEC**—Truck Equipment Schedule T3
| Sport Utility 4D | YD2H2 | 43815 | 29800 | 31000 | 31200 | 35000 |
| Advance Pkg | | | 1375 | 1375 | 1835 | 1835 |
| Technology Pkg | | | 1150 | 1150 | 1535 | 1535 |

**ZDX AWD—V6 VTEC**—Truck Equipment Schedule T3
| Sport Utility 4D | YB1H2 | 46905 | 26900 | 28000 | 28700 | 32700 |
| Advance Pkg | | | 925 | 925 | 1235 | 1235 |
| Technology Pkg | | | 450 | 450 | 600 | 600 |

## 2013 ACURA — 2HNor5J8(TB4H3)-D-#

**RDX—4-Cyl. Turbo**—Truck Equipment Schedule T3
| Sport Utility 4D | TB4H3 | 36615 | 27500 | 28600 | 29400 | 33600 |
| Technology Pkg | | | 475 | 475 | 635 | 635 |
| FWD | | 3 | (800) | (800) | (1065) | (1065) |

**MDX AWD—V6 VTEC**—Truck Equipment Schedule T3
| Sport Utility 4D | YD2H2 | 44175 | 32500 | 33800 | 34100 | 38300 |
| Advance Pkg | | | 1425 | 1425 | 1900 | 1900 |
| Technology Pkg | | | 1200 | 1200 | 1600 | 1600 |

**ZDX AWD—V6 VTEC**—Truck Equipment Schedule T3
| Sport Utility 4D | YB1H6 | 51815 | 31600 | 32800 | 33200 | 37300 |

# AUDI

## 2008 AUDI — WA1(AY74L)-8-#

**Q7 QUATTRO AWD—V6**—Truck Equipment Schedule T3
| 3.6 Sport Utility 4D | AY74L | 43275 | 14900 | 15600 | 16600 | 19300 |
| 3.6 Premium Utility | BY74L | 49125 | 18050 | 18850 | 19900 | 23100 |
| S-Line Pkg | | E | 700 | 700 | 935 | 935 |

**Q7 QUATTRO AWD—V8**—Truck Equipment Schedule T3
| 4.2 Premium Utility | BV74L | 59375 | 20700 | 21600 | 22700 | 26400 |
| S-Line Pkg | | E | 700 | 700 | 935 | 935 |
| Adaptive Cruise Control | | | 375 | 375 | 500 | 500 |

**DEDUCT FOR RECONDITIONING**

# 2009 AUDI

| Body Type | VIN | List | Trade-In Good | Very Good | Pvt-Party Good | Retail Excellent |
|---|---|---|---|---|---|---|

## 2009 AUDI — WA1(KF98R)-9-#

**Q5 QUATTRO AWD—V6—Truck Equipment Schedule T3**
| | | | | | | |
|---|---|---|---|---|---|---|
| 3.2 Premium Utility | KF98R | 38025 | 19450 | 20300 | 21000 | 23900 |
| S-Line Pkg | E | | 800 | 800 | 1065 | 1065 |

**Q7 QUATTRO AWD—V6—Truck Equipment Schedule T3**
| | | | | | | |
|---|---|---|---|---|---|---|
| 3.6 Sport Utility 4D | AY74L | 44325 | 18350 | 19150 | 20000 | 23000 |
| 3.6 Premium Utility | AY74L | 47725 | 21800 | 22800 | 23600 | 27000 |
| Premium Plus Pkg | | | 800 | 800 | 1065 | 1065 |
| Prestige Pkg | | | 1600 | 1600 | 2135 | 2135 |

**Q7 QUATTRO AWD—V8—Truck Equipment Schedule T3**
| | | | | | | |
|---|---|---|---|---|---|---|
| 4.2 Premium Utility | BV74L | 60045 | 25500 | 26600 | 27400 | 31500 |
| S-Line Pkg | E | | 800 | 800 | 1065 | 1065 |
| Adaptive Cruise Control | | | 400 | 400 | 535 | 535 |

## 2010 AUDI — WA1(CKAFP)-A-#

**Q5 QUATTRO AWD—V6—Truck Equipment Schedule T3**
| | | | | | | |
|---|---|---|---|---|---|---|
| 3.2 Premium Util | CKAFP | 38175 | 22900 | 23900 | 24500 | 27900 |
| Premium Plus Pkg | | | 850 | 850 | 1135 | 1135 |
| S-Line Pkg | M,W | | 900 | 900 | 1200 | 1200 |

**Q7 QUATTRO AWD—V6—Truck Equipment Schedule T3**
| | | | | | | |
|---|---|---|---|---|---|---|
| 3.6 Premium Util | CYAFE | 47725 | 28500 | 29700 | 30200 | 34200 |
| Premium Plus Pkg | | | 850 | 850 | 1135 | 1135 |
| Prestige Pkg | | | 1675 | 1675 | 2235 | 2235 |
| S-Line Pkg | M,W | | 900 | 900 | 1200 | 1200 |

**Q7 QUATTRO AWD—V6 Turbo Diesel—Truck Equipment Schedule T3**
| | | | | | | |
|---|---|---|---|---|---|---|
| 3.0 TDI Prem Util | CMAFE | 51725 | 32700 | 34000 | 34500 | 39000 |
| Premium Plus Pkg | | | 850 | 850 | 1135 | 1135 |
| Prestige Pkg | | | 1675 | 1675 | 2235 | 2235 |
| S-Line Pkg | M,W | | 900 | 900 | 1200 | 1200 |

**Q7 QUATTRO AWD—V8—Truck Equipment Schedule T3**
| | | | | | | |
|---|---|---|---|---|---|---|
| 4.2 Premium Util | DVAFE | 61825 | 34000 | 35300 | 35800 | 40500 |
| S-Line Pkg | D | | 900 | 900 | 1200 | 1200 |
| Adaptive Cruise Control | | | 425 | 425 | 565 | 565 |

## 2011 AUDI — WA1(CFBFP)-B-#

**Q5 QUATTRO AWD—4-Cyl. Turbo—Truck Equipment Schedule T3**
| | | | | | | |
|---|---|---|---|---|---|---|
| 2.0T Premium Util | CFBFP | 36075 | 23800 | 24700 | 25400 | 28900 |
| Premium Plus Pkg | | | 875 | 875 | 1165 | 1165 |

**Q5 QUATTRO AWD—V6—Truck Equipment Schedule T3**
| | | | | | | |
|---|---|---|---|---|---|---|
| 3.2 Premium Util | CKBFP | 43375 | 27500 | 28600 | 29400 | 33400 |
| Prestige Pkg | | | 1750 | 1750 | 2335 | 2335 |
| S-Line Pkg | | | 1000 | 1000 | 1335 | 1335 |

**Q7 QUATTRO AWD—V6 Turbo Diesel—Truck Equipment Schedule T3**
| | | | | | | |
|---|---|---|---|---|---|---|
| 3.0 TDI Prem Util | CMAFE | 51775 | 38300 | 39800 | 40100 | 45200 |
| Premium Plus Pkg | | | 875 | 875 | 1165 | 1165 |

**Q7 QUATTRO AWD—V6 Supercharged—Truck Equipment Schedule T3**
| | | | | | | |
|---|---|---|---|---|---|---|
| 3.0 Premium Util | CGAFE | 46575 | 33400 | 34700 | 35100 | 39600 |
| 3.0 Prestige Utility | VGAFE | 59775 | 40300 | 41800 | 42100 | 47500 |
| Premium Plus Pkg | | | 875 | 875 | 1165 | 1165 |
| S-Line Pkg | | | 1000 | 1000 | 1335 | 1335 |

## 2012 AUDI — WA1(CFAFP)-C-#

**Q5 QUATTRO AWD—4-Cyl. Turbo—Truck Equipment Schedule T3**
| | | | | | | |
|---|---|---|---|---|---|---|
| 2.0T Premium SUV | CFAFP | 36475 | 28100 | 29200 | 29700 | 33500 |
| Premium Plus Pkg | | | 925 | 925 | 1235 | 1235 |

**Q5 QUATTRO AWD—V6—Truck Equipment Schedule T3**
| | | | | | | |
|---|---|---|---|---|---|---|
| 3.2 Premium Plus | DKAFP | 43875 | 33400 | 34700 | 35100 | 39500 |
| Prestige Pkg | | | 1850 | 1850 | 2465 | 2465 |
| S-Line Pkg | | | 1000 | 1000 | 1335 | 1335 |

**Q7 QUATTRO AWD—V6 Turbo Diesel—Truck Equipment Schedule T3**
| | | | | | | |
|---|---|---|---|---|---|---|
| 3.0 TDI Prem Util | CMAFE | 52325 | 42600 | 44200 | 44200 | 49400 |
| Premium Plus Pkg | | | 925 | 925 | 1235 | 1235 |
| Prestige Pkg | | | 1850 | 1850 | 2465 | 2465 |
| S-Line Pkg | | | 1000 | 1000 | 1335 | 1335 |

**Q7 QUATTRO AWD—V6 Supercharged—Truck Equipment Schedule T3**
| | | | | | | |
|---|---|---|---|---|---|---|
| 3.0 Premium Util | AGAFE | 47125 | 37700 | 39100 | 39200 | 43900 |
| 3.0 Prestige Utility | DGAFE | 60825 | 47100 | 48800 | 48700 | 54500 |
| Premium Plus Pkg | | | 925 | 925 | 1235 | 1235 |
| S-Line Pkg | | | 1000 | 1000 | 1335 | 1335 |

**SEE BACK PAGES FOR TRUCK EQUIPMENT**

# 2013 AUDI

| Body Type | VIN | List | Trade-In Good | Very Good | Pvt-Party Good | Retail Excellent |
|---|---|---|---|---|---|---|
| **2013 AUDI — WA1(CFAFP)–D–#** | | | | | | |
| **Q5 QUATTRO AWD—4-Cyl. Turbo**—Truck Equipment Schedule T3 | | | | | | |
| 2.0T Premium SUV | CFAFP | 36795 | 29700 | 30900 | 31100 | 34800 |
| 2.0T Premium Plus | LFAFP | 41095 | 32600 | 33900 | 34000 | 38100 |
| **Q5 QUATTRO AWD—4-Cyl. Turbo Hybrid**—Truck Equipment Schedule T3 | | | | | | |
| Prestige SUV 4D | C8AFP | 51795 | 41500 | 43000 | 43000 | 48100 |
| **Q5 QUATTRO AWD—V6 Turbo**—Truck Equipment Schedule T3 | | | | | | |
| 3.0TPremiumPlus | DGAFP | 44795 | 36200 | 37500 | 37600 | 42100 |
| 3.0T Prestige SUV | WGAFP | 52295 | 42600 | 44200 | 44100 | 49300 |
| S-Line Pkg | | | 1000 | 1000 | 1335 | 1335 |
| **Q7 QUATTRO AWD—V6 Supercharged**—Truck Equipment Schedule T3 | | | | | | |
| 3.0T Premium Util | CGAFE | 47695 | 38500 | 40000 | 41200 | 47300 |
| 3.0T Premium + | LGAFE | 54045 | 44900 | 46500 | 47800 | 54800 |
| 3.0TSLinePrestige | DGAFE | 61445 | 51000 | 52800 | 54000 | 62000 |
| **Q7 QUATTRO AWD—V6 Turbo Diesel**—Truck Equipment Schedule T3 | | | | | | |
| 3.0 TDI Premium | CMAFE | 52895 | 44000 | 45600 | 46900 | 53800 |
| 3.0 TDI Prem Plus | LMAFE | 59245 | 49500 | 51300 | 52500 | 60200 |
| 3.0 TDI Prestige | VMAFE | 65445 | 54500 | 56400 | 57700 | 66100 |

# BMW

| Body Type | VIN | List | Good | Very Good | Good | Excellent |
|---|---|---|---|---|---|---|
| **2000 BMW — WBA(FB335)–Y–#** | | | | | | |
| **X5 AWD—8-Cyl.**—Truck Equipment Schedule T3 | | | | | | |
| 4.4i Sport Utility 4D | FB335 | 49970 | 3250 | 3550 | 4200 | 5725 |
| Sport Pkg | | | 150 | 150 | 200 | 200 |
| **2001 BMW — WBA(FA535)–1–#** | | | | | | |
| **X5 AWD—6-Cyl.**—Truck Equipment Schedule T3 | | | | | | |
| 3.0i Sport Utility 4D | FA535 | 42195 | 3325 | 3650 | 4400 | 5950 |
| Sport Pkg | | | 175 | 175 | 235 | 235 |
| **X5 AWD—V8**—Truck Equipment Schedule T3 | | | | | | |
| 4.4i Sport Utility 4D | FB335 | 49970 | 3725 | 4050 | 4875 | 6575 |
| Sport Pkg | | | 175 | 175 | 235 | 235 |
| **2002 BMW — 5UX(FA535)–2–#** | | | | | | |
| **X5 AWD—6-Cyl.**—Truck Equipment Schedule T3 | | | | | | |
| 3.0i Sport Util 4D | FA535 | 42270 | 4450 | 4800 | 5650 | 7475 |
| Sport Pkg | | | 175 | 175 | 235 | 235 |
| **X5 AWD—V8**—Truck Equipment Schedule T3 | | | | | | |
| 4.4i Sport Util 4D | FB335 | 50045 | 4675 | 5050 | 6125 | 8075 |
| 4.6is Sport Util 4D | FB935 | 66845 | 7100 | 7550 | 8775 | 11200 |
| Sport Pkg | | | 175 | 175 | 235 | 235 |
| **2003 BMW — 5UX(FA535)–3–#** | | | | | | |
| **X5 AWD—6-Cyl.**—Truck Equipment Schedule T3 | | | | | | |
| 3.0i Sport Util 4D | FA535 | 42920 | 5350 | 5750 | 6750 | 8725 |
| Sport Pkg | | | 200 | 200 | 265 | 265 |
| **X5 AWD**—Truck Equipment Schedule T3 | | | | | | |
| 4.4i Sport Util 4D | FB335 | 50045 | 5800 | 6200 | 7275 | 9375 |
| 4.6is Sport Util 4D | FB935 | 67495 | 9650 | 10200 | 11450 | 14250 |
| Sport Pkg | | | 200 | 200 | 265 | 265 |
| **2004 BMW — WBXor5UX(PA734)–4–#** | | | | | | |
| **X3 AWD—6-Cyl.**—Truck Equipment Schedule T3 | | | | | | |
| 2.5i Sport Utility 4D | PA734 | 33740 | 3925 | 4275 | 4975 | 6400 |
| 3.0i Sport Utility 4D | PA934 | 38270 | 4975 | 5350 | 6175 | 7875 |
| Sport Pkg | | | 200 | 200 | 265 | 265 |
| Premium Pkg | | | 775 | 775 | 1035 | 1035 |
| **X5 AWD—6-Cyl.**—Truck Equipment Schedule T3 | | | | | | |
| 3.0i Sport Util 4D | FA135 | 40995 | 6650 | 7100 | 8225 | 10450 |
| Sport Pkg | | | 200 | 200 | 265 | 265 |
| **X5 AWD—V8**—Truck Equipment Schedule T3 | | | | | | |
| 4.4i Sport Util 4D | FB535 | 52195 | 8025 | 8500 | 9850 | 12450 |
| 4.8is Sport Util 4D | FA935 | 70495 | 11250 | 11800 | 13050 | 15900 |
| Sport Pkg | | | 200 | 200 | 265 | 265 |

**DEDUCT FOR RECONDITIONING**

# 2005 BMW

| Body Type | VIN | List | Trade-In Good | Very Good | Pvt-Party Good | Retail Excellent |
|---|---|---|---|---|---|---|

## 2005 BMW — WBXor5UX(PA734)-5-#

**X3 AWD—6-Cyl.—Truck Equipment Schedule T3**
| | | | | | | |
|---|---|---|---|---|---|---|
| 2.5i Sport Utility 4D | PA734 | 34715 | 5550 | 5950 | 6925 | 8625 |
| 3.0i Sport Utility 4D | PA934 | 38445 | 6275 | 6725 | 7825 | 9700 |
| Sport Pkg | | | 200 | 200 | 265 | 265 |
| Premium Pkg | | | 825 | 825 | 1100 | 1100 |

**X5 AWD—6-Cyl.—Truck Equipment Schedule T3**
| | | | | | | |
|---|---|---|---|---|---|---|
| 3.0i Sport Utility 4D | FA135 | 45120 | 7650 | 8125 | 9475 | 11750 |
| Sport Pkg | | | 200 | 200 | 265 | 265 |

**X5 AWD—V8—Truck Equipment Schedule T3**
| | | | | | | |
|---|---|---|---|---|---|---|
| 4.4i Sport Utility 4D | FB535 | 53495 | 9075 | 9600 | 11050 | 13700 |
| 4.8is Sport Util 4D | FA935 | 70795 | 11800 | 12400 | 13850 | 16750 |
| Sport Pkg | | | 200 | 200 | 265 | 265 |

## 2006 BMW — WBXor5UX(PA934)-6-#

**X3 AWD—6-Cyl.—Truck Equipment Schedule T3**
| | | | | | | |
|---|---|---|---|---|---|---|
| 3.0i Sport Utility 4D | PA934 | 38945 | 8025 | 8500 | 9950 | 12400 |
| Sport Pkg | | | 200 | 200 | 265 | 265 |
| Premium Pkg | | | 875 | 875 | 1165 | 1165 |

**X5 AWD—6-Cyl.—Truck Equipment Schedule T3**
| | | | | | | |
|---|---|---|---|---|---|---|
| 3.0i Sport Util 4D | FA135 | 45920 | 9075 | 9600 | 10950 | 13450 |
| Sport Pkg | | | 200 | 200 | 265 | 265 |

**X5 AWD—V8—Truck Equipment Schedule T3**
| | | | | | | |
|---|---|---|---|---|---|---|
| 4.4i Sport Utility 4D | FB535 | 54295 | 10200 | 10750 | 12200 | 14900 |
| 4.8is Sport Util 4D | FA935 | 71795 | 12950 | 13550 | 15050 | 18000 |
| Sport Pkg | | | 200 | 200 | 265 | 265 |

## 2007 BMW — WBXor5UX(PC934)-7-#

**X3 AWD—6-Cyl.—Truck Equipment Schedule T3**
| | | | | | | |
|---|---|---|---|---|---|---|
| 3.0si Sport Util 4D | PC934 | 41145 | 10250 | 10800 | 12150 | 14800 |
| Sport Pkg | | | 200 | 200 | 265 | 265 |
| Premium Pkg | | | 950 | 950 | 1265 | 1265 |

**X5 AWD—6-Cyl.—Truck Equipment Schedule T3**
| | | | | | | |
|---|---|---|---|---|---|---|
| 3.0si Sport Util 4D | FE435 | 48045 | 15150 | 15850 | 17100 | 20100 |
| Sport Pkg | | | 200 | 200 | 265 | 265 |
| Third Row Seat | | | 400 | 400 | 535 | 535 |

**X5 AWD—V8—Truck Equipment Schedule T3**
| | | | | | | |
|---|---|---|---|---|---|---|
| 4.8i Sport Utility 4D | FE834 | 55195 | 18350 | 19150 | 20600 | 24200 |
| Sport Pkg | | | 200 | 200 | 265 | 265 |
| Third Row Seat | | | 400 | 400 | 535 | 535 |

## 2008 BMW — WBXor5UX(PC934)-8-#

**X3 AWD—6-Cyl.—Truck Equipment Schedule T3**
| | | | | | | |
|---|---|---|---|---|---|---|
| 3.0si Sport Util 4D | PC934 | 40225 | 12550 | 13150 | 14500 | 17300 |
| Sport Pkg | | | 250 | 250 | 335 | 335 |
| Premium Pkg | | | 1000 | 1000 | 1335 | 1335 |

**X5 AWD—6-Cyl.—Truck Equipment Schedule T3**
| | | | | | | |
|---|---|---|---|---|---|---|
| 3.0si Sport Util 4D | FE435 | 46675 | 17550 | 18300 | 19200 | 22100 |
| Sport Pkg | | | 250 | 250 | 335 | 335 |
| Third Row Seat | | | 475 | 475 | 635 | 635 |

**X5 AWD—V8—Truck Equipment Schedule T3**
| | | | | | | |
|---|---|---|---|---|---|---|
| 4.8i Sport Utility 4D | FE835 | 55275 | 19750 | 20600 | 21500 | 24800 |
| Sport Pkg | | | 250 | 250 | 335 | 335 |
| Third Row Seat | | | 475 | 475 | 635 | 635 |

**X6 AWD—V6 Twin Turbo—Truck Equipment Schedule T3**
| | | | | | | |
|---|---|---|---|---|---|---|
| 35i Sport Utility 4D | FG435 | 53275 | 26600 | 27700 | 28200 | 31900 |
| Sport Pkg | | | 250 | 250 | 335 | 335 |

**X6 AWD—V8 Twin Turbo—Truck Equipment Schedule T3**
| | | | | | | |
|---|---|---|---|---|---|---|
| 50i Sport Utility 4D | FG835 | 63775 | 29000 | 30200 | 30700 | 34700 |
| Sport Pkg | | | 250 | 250 | 335 | 335 |

## 2009 BMW — WBXor5UX(PC934)-9-#

**X3 AWD—6-Cyl.—Truck Equipment Schedule T3**
| | | | | | | |
|---|---|---|---|---|---|---|
| 3.0i Sport Utility 4D | PC934 | 41975 | 16250 | 16950 | 18100 | 21100 |
| Sport Pkg | | | 275 | 275 | 365 | 365 |
| Premium Pkg | | | 1000 | 1000 | 1335 | 1335 |

**X5 AWD—6-Cyl.—Truck Equipment Schedule T3**
| | | | | | | |
|---|---|---|---|---|---|---|
| 30i Sport Utility 4D | FE435 | 49775 | 20900 | 21800 | 22600 | 25800 |
| Sport Pkg | | | 275 | 275 | 365 | 365 |
| Third Row Seat | | | 550 | 550 | 735 | 735 |

**SEE BACK PAGES FOR TRUCK EQUIPMENT**

# 2009 BMW

| Body Type | VIN | List | Trade-In Good | Very Good | Pvt-Party Good | Retail Excellent |
|---|---|---|---|---|---|---|
| **X5 AWD—6-Cyl. Turbo Diesel**—Truck Equipment Sch T3 | | | | | | |
| 35d Sport Utility 4D | FF035 | 53475 | 23700 | 24600 | 25400 | 29100 |
| Sport Pkg | | | 275 | 275 | 365 | 365 |
| Third Row Seat | | | 550 | 550 | 735 | 735 |
| **X5 AWD—V8**—Truck Equipment Schedule T3 | | | | | | |
| 48i Sport Utility 4D | FE835 | 57025 | 24100 | 25000 | 25800 | 29500 |
| Sport Pkg | | | 275 | 275 | 365 | 365 |
| Third Row Seat | | | 550 | 550 | 735 | 735 |
| **X6 AWD—V6 Twin Turbo**—Truck Equipment Schedule T3 | | | | | | |
| 35i Sport Utility 4D | FG435 | 56725 | 31200 | 32400 | 32700 | 36800 |
| Sport Pkg | | | 275 | 275 | 365 | 365 |
| **X6 AWD—V8 Twin Turbo**—Truck Equipment Schedule T3 | | | | | | |
| 50i Sport Utility 4D | FG835 | 67475 | 33700 | 35000 | 35300 | 39600 |
| Sport Pkg | | | 275 | 275 | 365 | 365 |

## 2010 BMW — (Wor5)(B,UorY)(MorX)(PC9C4)-A-#

| Body Type | VIN | List | Trade-In Good | Very Good | Pvt-Party Good | Retail Excellent |
|---|---|---|---|---|---|---|
| **X3 AWD—6-Cyl.**—Truck Equipment Schedule T3 | | | | | | |
| 3.0i Sport Utility 4D | PC9C4 | 39575 | 20400 | 21200 | 21800 | 24700 |
| Sport Pkg | | | 300 | 300 | 400 | 400 |
| Premium Pkg | | | 1000 | 1000 | 1335 | 1335 |
| **X5 AWD—6-Cyl.**—Truck Equipment Schedule T3 | | | | | | |
| xDrive30i Sport Utility 4D | | 48475 | 25400 | 26400 | 26900 | 30400 |
| Sport Activity Pkg | | | 300 | 300 | 400 | 400 |
| M Sport Pkg | | | 1125 | 1125 | 1500 | 1500 |
| Third Row Seat | | | 600 | 600 | 800 | 800 |
| **X5 AWD—6-Cyl. Turbo Diesel**—Truck Equipment Schedule T3 | | | | | | |
| xDrive35d Sport Utility 4D | | 52175 | 28000 | 29100 | 29700 | 33600 |
| Sport Activity Pkg | | | 300 | 300 | 400 | 400 |
| Third Row Seat | | | 600 | 600 | 800 | 800 |
| **X5 AWD—V8**—Truck Equipment Schedule T3 | | | | | | |
| xDrive48i Sport Utility 4D | | 57175 | 29500 | 30700 | 31200 | 35300 |
| Sport Activity Pkg | | | 300 | 300 | 400 | 400 |
| M Sport Pkg | | | 1125 | 1125 | 1500 | 1500 |
| Third Row Seat | | | 600 | 600 | 800 | 800 |
| **X5 M AWD—V8 Twin Turbo**—Truck Equipment Schedule T3 | | | | | | |
| Sport Utility 4D | GY0C5 | 86375 | 40100 | 41600 | 41700 | 46800 |
| **X6 AWD—V6 Twin Turbo**—Truck Equipment Schedule T3 | | | | | | |
| 35i Sport Utility 4D | FG4C5 | 57375 | 34400 | 35700 | 35700 | 39900 |
| Sport Pkg | | | 300 | 300 | 400 | 400 |
| **X6 AWD—V8 Twin Turbo**—Truck Equipment Schedule T3 | | | | | | |
| 50i Sport Utility 4D | FG8C5 | 68075 | 37100 | 38500 | 38400 | 42800 |
| Sport Pkg | | | 300 | 300 | 400 | 400 |
| **X6 M AWD—V8 Twin Turbo**—Truck Equipment Schedule T3 | | | | | | |
| Sport Utility 4D | GZ0C5 | 89875 | 44700 | 46300 | 46600 | 52400 |
| **X6 AWD—V8 Twin Turbo ActiveHybrid**—Truck Equipment Sch T3 | | | | | | |
| Sport Utility 4D | FH0C5 | 89775 | 39700 | 41200 | 41100 | 45800 |
| Adaptive Cruise Control | | | (425) | (425) | (565) | (565) |

## 2011 BMW — 5(UXorYM)(WX5C5)-B-#

| Body Type | VIN | List | Trade-In Good | Very Good | Pvt-Party Good | Retail Excellent |
|---|---|---|---|---|---|---|
| **X3 AWD—6-Cyl.**—Truck Equipment Schedule T3 | | | | | | |
| xDrive28i Spt Utl | WX5C5 | 39075 | 24100 | 25000 | 25700 | 29300 |
| Sport Pkg | | | 325 | 325 | 435 | 435 |
| Premium Pkg | | | 1000 | 1000 | 1335 | 1335 |
| **X3 AWD—6-Cyl. Twin Turbo**—Truck Equipment Schedule T3 | | | | | | |
| xDrive35i Spt Utl | WX7C5 | 43375 | 27400 | 28500 | 29200 | 33200 |
| Sport Pkg | | | 325 | 325 | 435 | 435 |
| Premium Pkg | | | 1000 | 1000 | 1335 | 1335 |
| **X5 AWD—6-Cyl.**—Truck Equipment Schedule T3 | | | | | | |
| 35i Sport Utility 4D | ZV4C5 | 48125 | 30700 | 31900 | 32300 | 36300 |
| 35i Premium SUV | ZV4C5 | 52475 | 31700 | 32900 | 33300 | 37400 |
| 35i Sport Activity | ZV4C5 | 54975 | 32900 | 34200 | 34500 | 38800 |
| M Sport Pkg | | | 1150 | 1150 | 1535 | 1535 |
| Third Row Seat | | | 650 | 650 | 865 | 865 |
| **X5 AWD—6-Cyl. Turbo Diesel**—Truck Equipment Schedule T3 | | | | | | |
| 35d Sport Util 4D | ZW0C5 | 53625 | 33900 | 35200 | 35500 | 39900 |
| Premium Pkg | | | 875 | 875 | 1165 | 1165 |
| Sport Activity Pkg | | | 325 | 325 | 435 | 435 |
| Third Row Seat | | | 650 | 650 | 865 | 865 |
| **X5 AWD—V8 Twin Turbo**—Truck Equipment Schedule T3 | | | | | | |
| 50i Sport Utility 4D | ZV8C5 | 59275 | 35500 | 36800 | 37100 | 41700 |
| Sport Activity Pkg | | | 325 | 325 | 435 | 435 |
| M Sport Pkg | | | 1150 | 1150 | 1535 | 1535 |

**DEDUCT FOR RECONDITIONING**

# 2011 BMW

| Body Type | VIN | List | Trade-In Good | Very Good | Pvt-Party Good | Retail Excellent |
|---|---|---|---|---|---|---|
| Third Row Seat | | | 650 | 650 | 865 | 865 |
| **X5 M AWD—V8 Twin Turbo**—Truck Equipment Schedule T3 | | | | | | |
| xDrive Sport Util | GY0C5 | 86575 | 45300 | 46900 | 46700 | 52000 |
| **X6 AWD—V6 Twin Turbo**—Truck Equipment Schedule T3 | | | | | | |
| 35i Sport Utility 4D | FG2C5 | 57375 | 38300 | 39800 | 40100 | 45100 |
| Sport Pkg | | | 325 | 325 | 435 | 435 |
| Active Cruise Control | | | 450 | 450 | 600 | 600 |
| **X6 AWD—V8 Twin Turbo**—Truck Equipment Schedule T3 | | | | | | |
| 50i Sport Utility 4D | FG8C5 | 68075 | 41200 | 42700 | 43000 | 48300 |
| Sport Pkg | | | 325 | 325 | 435 | 435 |
| Active Cruise Control | | | 450 | 450 | 600 | 600 |
| **X6 M AWD—V8 Twin Turbo**—Truck Equipment Schedule T3 | | | | | | |
| Sport Utility 4D | GZ0C5 | 98075 | 49400 | 51200 | 51400 | 57600 |
| **X6 AWD—V8 Twin Turbo ActiveHybrid**—Truck Equipment Sch T3 | | | | | | |
| Sport Utility 4D | FH0C5 | 89775 | 44300 | 45900 | 46100 | 51900 |

## 2012 BMW — 5(UXorYM)(WX5C5)-C-#

| Body Type | VIN | List | Good | Very Good | Good | Excellent |
|---|---|---|---|---|---|---|
| **X3 AWD—6-Cyl.**—Truck Equipment Schedule T3 | | | | | | |
| xDrive28i Spt Util | WX5C5 | 37725 | 25100 | 26100 | 26400 | 29600 |
| Sport Activity Pkg | | | 350 | 350 | 465 | 465 |
| Premium Pkg | | | 1000 | 1000 | 1335 | 1335 |
| **X3 AWD—6-Cyl. Twin Turbo**—Truck Equipment Schedule T3 | | | | | | |
| xDrive35i Spt Util | WX7C5 | 43275 | 28600 | 29800 | 30100 | 33800 |
| Sport Activity Pkg | | | 350 | 350 | 465 | 465 |
| Premium Pkg | | | 1000 | 1000 | 1335 | 1335 |
| **X5 AWD—6-Cyl.**—Truck Equipment Schedule T3 | | | | | | |
| 35i Sport Utility 4D | ZV4C5 | 48075 | 32600 | 33900 | 34100 | 38200 |
| 35i Premium Utility | ZV4C5 | 55675 | 34100 | 35400 | 35600 | 39900 |
| 35i Sport Activity | ZV4C5 | 58175 | 35300 | 36600 | 36700 | 41200 |
| Sport Pkg | | | 350 | 350 | 465 | 465 |
| M Sport Pkg | | | 1175 | 1175 | 1565 | 1565 |
| Third Row Seat | | | 700 | 700 | 935 | 935 |
| **X5 AWD—6-Cyl. Twin Turbo Diesel**—Truck Equipment Schedule T3 | | | | | | |
| 35d Sport Utility | ZW0C5 | 57175 | 37500 | 38900 | 39000 | 43700 |
| Premium Pkg | | | 925 | 925 | 1235 | 1235 |
| Sport Activity Pkg | | | 350 | 350 | 465 | 465 |
| Third Row Seat | | | 700 | 700 | 935 | 935 |
| **X5 AWD—V8 Twin Turbo**—Truck Equipment Schedule T3 | | | | | | |
| 50i Sport Utility 4D | ZV8C5 | 64675 | 40300 | 41800 | 41900 | 46900 |
| Sport Activity Pkg | | | 350 | 350 | 465 | 465 |
| Premium Pkg | | | 925 | 925 | 1235 | 1235 |
| M Sport Pkg | | | 1175 | 1175 | 1565 | 1565 |
| Third Row Seat | | | 700 | 700 | 935 | 935 |
| **X5 M AWD—V8 Twin Turbo**—Truck Equipment Schedule T3 | | | | | | |
| Sport Utility 4D | GY0C5 | 88145 | 53700 | 55600 | 54800 | 60500 |
| **X6 AWD—V6 Twin Turbo**—Truck Equipment Schedule T3 | | | | | | |
| 35i Sport Utility 4D | FG2C5 | 59775 | 40200 | 41700 | 41900 | 47000 |
| Sport Pkg | | | 350 | 350 | 465 | 465 |
| Active Cruise Control | | | 475 | 475 | 635 | 635 |
| **X6 AWD—V8 Twin Turbo**—Truck Equipment Schedule T3 | | | | | | |
| 50i Sport Utility 4D | FG8C5 | 70375 | 44900 | 46500 | 46600 | 52300 |
| Sport Pkg | | | 350 | 350 | 465 | 465 |
| Active Cruise Control | | | 475 | 475 | 635 | 635 |
| **X6 M AWD—V8 Twin Turbo**—Truck Equipment Schedule T3 | | | | | | |
| Sport Utility 4D | GZ0C5 | 91195 | 58800 | 60900 | 60000 | 66300 |

## 2013 BMW — 5(UXorYM)(VM1C5)-D-#

| Body Type | VIN | List | Good | Very Good | Good | Excellent |
|---|---|---|---|---|---|---|
| **X1—4-Cyl. Twin Turbo**—Truck Equipment Schedule T3 | | | | | | |
| sDrive28i Spt Util | VM1C5 | 32995 | 23800 | 24700 | 25100 | 28200 |
| Premium Pkg | | | 1000 | 1000 | 1335 | 1335 |
| M Sport Pkg | | | 1200 | 1200 | 1600 | 1600 |
| Ultimate Pkg | | | 2675 | 2675 | 3565 | 3565 |
| **X1 AWD—4-Cyl. Twin Turbo**—Truck Equipment Schedule T3 | | | | | | |
| xDrive28i Spt Util | VL1C5 | 34695 | 25700 | 26700 | 27000 | 30300 |
| Premium Pkg | | | 1000 | 1000 | 1335 | 1335 |
| M Sport Pkg | | | 1200 | 1200 | 1600 | 1600 |
| Ultimate Pkg | | | 2675 | 2675 | 3565 | 3565 |
| **X1 AWD—6-Cyl. Twin Turbo**—Truck Eqiupment Schedule T3 | | | | | | |
| xDrive35i Spt Util | VM5C5 | 40795 | 31100 | 32300 | 32600 | 36600 |
| Premium Pkg | | | 1000 | 1000 | 1335 | 1335 |
| M Sport Pkg | | | 1200 | 1200 | 1600 | 1600 |
| Ultimate Pkg | | | 2675 | 2675 | 3565 | 3565 |

SEE BACK PAGES FOR TRUCK EQUIPMENT

# 2013 BMW

| Body Type | VIN | List | Trade-In Good | Very Good | Pvt-Party Good | Retail Excellent |
|---|---|---|---|---|---|---|
| **X3 AWD—4-Cyl. Turbo**—Truck Equipment Schedule T3 | | | | | | |
| xDrive28i Spt Util | WX9C5 | 39395 | 30600 | 31800 | 32100 | 36100 |
| Sport Activity Pkg | | | 375 | 375 | 500 | 500 |
| Premium Pkg | | | 1000 | 1000 | 1335 | 1335 |
| M Sport Pkg | | | 1200 | 1200 | 1600 | 1600 |
| **X3 AWD—6-Cyl. Twin Turbo**—Truck Equipment Schedule T3 | | | | | | |
| xDrive35i Spt Util | WX7C5 | 44495 | 34100 | 35400 | 35600 | 40000 |
| Sport Activity Pkg | | | 375 | 375 | 500 | 500 |
| Premium Pkg | | | 1000 | 1000 | 1335 | 1335 |
| M Sport Pkg | | | 1200 | 1200 | 1600 | 1600 |
| **X5 AWD—6-Cyl. Twin Turbo**—Truck Equipment Schedule T3 | | | | | | |
| 35i Sport Utility 4D | ZV4C5 | 48395 | 39800 | 41300 | 41400 | 46400 |
| 35i Premium Utility | ZV4C5 | 56095 | 42200 | 43800 | 43800 | 49000 |
| 35i Sport Activity | ZV4C5 | 58595 | 43200 | 44800 | 44800 | 50200 |
| Third Row Seat | | | 750 | 750 | 1000 | 1000 |
| **X5 AWD—6-Cyl. Twin Turbo Diesel**—Truck Equipment Schedule T3 | | | | | | |
| 35d Sport Utility | ZW0C5 | 57595 | 47200 | 48900 | 48800 | 54600 |
| Sport Activity Pkg | | | 375 | 375 | 500 | 500 |
| Premium Pkg | | | 950 | 950 | 1265 | 1265 |
| **X5 AWD—V8 Twin Turbo**—Truck Equipment Schedule T3 | | | | | | |
| 50i Sport Utility 4D | ZV8C5 | 65095 | 48300 | 50100 | 50300 | 56300 |
| Sport Activity Pkg | | | 375 | 375 | 500 | 500 |
| Premium Pkg | | | 950 | 950 | 1265 | 1265 |
| M Sport Pkg | | | 1200 | 1200 | 1600 | 1600 |
| **X5 M AWD—V8 Twin Turbo**—Truck Equipment Schedule T3 | | | | | | |
| Sport Utility 4D | GY0C5 | 89745 | 68800 | 71200 | 69300 | 75800 |
| **X6 AWD—6-Cyl. Twin Turbo**—Truck Equipment Schedule T3 | | | | | | |
| xDrive35i Spt Util | FG2C5 | 60695 | 47000 | 48700 | 48000 | 53100 |
| Premium Pkg | | | 950 | 950 | 1265 | 1265 |
| Active Cruise Control | | | 500 | 500 | 665 | 665 |
| **X6 AWD—V8 Twin Turbo**—Truck Equipment Schedule T3 | | | | | | |
| xDrive 50i Spt Util | FG8C5 | 71295 | 51400 | 53200 | 52700 | 58300 |
| Premium Pkg | | | 950 | 950 | 1265 | 1265 |
| Active Cruise Control | | | 500 | 500 | 665 | 665 |
| **X6 M AWD—V8 Twin Turbo**—Truck Equipment Schedule T3 | | | | | | |
| Sport Utility 4D | GZ0C5 | 93795 | 72000 | 74500 | 72700 | 79900 |

# BUICK

## 2002 BUICK — 3G5-(A03E)-2-#

| Body Type | VIN | List | Trade-In Good | Very Good | Pvt-Party Good | Retail Excellent |
|---|---|---|---|---|---|---|
| **RENDEZVOUS—V6**—Truck Equipment Schedule T3 | | | | | | |
| CX Sport Utility 4D | A03E | 26279 | 1050 | 1150 | 1900 | 3025 |
| Third Row Seat | | | 200 | 200 | 265 | 265 |
| AWD | B | | 425 | 425 | 565 | 565 |
| **RENDEZVOUS AWD—V6**—Truck Equipment Schedule T3 | | | | | | |
| CXL Sport Utility 4D | B03E | 31502 | 1425 | 1575 | 2550 | 4100 |
| Third Row Seat | | | 200 | 200 | 265 | 265 |

## 2003 BUICK — 3G5-(A03E)-3-#

| Body Type | VIN | List | Trade-In Good | Very Good | Pvt-Party Good | Retail Excellent |
|---|---|---|---|---|---|---|
| **RENDEZVOUS—V6**—Truck Equipment Schedule T3 | | | | | | |
| CX Sport Utility 4D | A03E | 26975 | 1625 | 1800 | 2500 | 3750 |
| CXL Sport Utility 4D | B03E | 30200 | 2200 | 2425 | 3300 | 4875 |
| Third Row Seat | | | 225 | 225 | 300 | 300 |
| AWD | B | | 450 | 450 | 600 | 600 |

## 2004 BUICK — (3G5or5GA)-(A03E)-4-#

| Body Type | VIN | List | Trade-In Good | Very Good | Pvt-Party Good | Retail Excellent |
|---|---|---|---|---|---|---|
| **RENDEZVOUS—V6**—Truck Equipment Schedule T3 | | | | | | |
| CX Sport Utility 4D | A03E | 26545 | 2175 | 2400 | 3250 | 4800 |
| CXL Sport Utility 4D | A03E | 31410 | 2775 | 3075 | 4075 | 5950 |
| Third Row Seat | | | 225 | 225 | 300 | 300 |
| AWD | B | | 475 | 475 | 635 | 635 |
| V6, 3.6 Liter | 7 | | 325 | 325 | 435 | 435 |
| **RENDEZVOUS AWD—V6**—Truck Equipment Schedule T3 | | | | | | |
| Ultra Sport Utility 4D | B037 | 39695 | 3100 | 3425 | 4700 | 6800 |
| Third Row Seat | | | 225 | 225 | 300 | 300 |
| **RAINIER AWD—6-Cyl.**—Truck Equipment Schedule T1 | | | | | | |
| CXL Sport Utility 4D | T13S | 37895 | 3450 | 3775 | 4850 | 6800 |
| 2WD | S | | (975) | (975) | (1300) | (1300) |
| V8, 5.3 Liter | P | | 225 | 225 | 300 | 300 |

**308      DEDUCT FOR RECONDITIONING**

# 2005 BUICK

| Body Type | VIN | List | Trade-In Good | Very Good | Pvt-Party Good | Retail Excellent |
|---|---|---|---|---|---|---|

## 2005 BUICK — (3G5or5GA)-(A04E)-5-#

**RENDEZVOUS—V6—Truck Equipment Schedule T3**
| | | | | | | |
|---|---|---|---|---|---|---|
| CX Sport Utility 4D | A04E | 27270 | 2825 | 3150 | 4200 | 5800 |
| CXL Sport Utility 4D | A03E | 31600 | 3425 | 3750 | 4950 | 6775 |
| Ultra Sport Util 4D | A03E | 36840 | 3875 | 4225 | 5525 | 7525 |
| Third Row Seat | | | 250 | 250 | 335 | 335 |
| AWD | B | | 500 | 500 | 665 | 665 |
| V6, 3.6 Liter | 7 | | 325 | 325 | 435 | 435 |

**TERRAZA—V6—Truck Equipment Schedule T3**
| | | | | | | |
|---|---|---|---|---|---|---|
| CX Minivan 4D | V23L | 28825 | 4000 | 4350 | 5750 | 7925 |
| CXL Minivan 4D | V33L | 31885 | 4425 | 4800 | 6300 | 8625 |
| AWD | X | | 525 | 525 | 700 | 700 |

**RAINIER AWD—6-Cyl.—Truck Equipment Schedule T1**
| | | | | | | |
|---|---|---|---|---|---|---|
| CXL Sport Utility 4D | T13S | 37590 | 4350 | 4700 | 6125 | 8350 |
| 2WD | S | | (1050) | (1050) | (1400) | (1400) |
| V8, 5.3 Liter | M | | 250 | 250 | 335 | 335 |

## 2006 BUICK — (3G5or5GA)-(A03L)-6-#

**RENDEZVOUS—V6—Truck Equipment Schedule T3**
| | | | | | | |
|---|---|---|---|---|---|---|
| CX Sport Utility 4D | A03L | 27305 | 3575 | 3925 | 5100 | 6950 |
| CXL Sport Utility 4D | A03L | 30955 | 4175 | 4525 | 5850 | 7925 |
| Third Row Seat | | | 250 | 250 | 335 | 335 |
| AWD | B | | 525 | 525 | 700 | 700 |
| V6, 3.6 Liter | 7 | | 350 | 350 | 465 | 465 |

**TERRAZA—V6—Truck Equipment Schedule T3**
| | | | | | | |
|---|---|---|---|---|---|---|
| CX Minivan 4D | V23L | 28530 | 4750 | 5125 | 6825 | 9225 |
| CXL Minivan 4D | V33L | 31930 | 5325 | 5725 | 7525 | 10150 |
| AWD | X | | 550 | 550 | 735 | 735 |

**RAINIER AWD—6-Cyl.—Truck Equipment Schedule T1**
| | | | | | | |
|---|---|---|---|---|---|---|
| CXL Sport Utility 4D | T13S | 35785 | 5200 | 5600 | 7075 | 9325 |
| 2WD | S | | (1150) | (1150) | (1535) | (1535) |
| V8, 5.3 Liter | M | | 275 | 275 | 365 | 365 |

## 2007 BUICK — (3G5or5GA)-(A03L)-7-#

**RENDEZVOUS—V6—Truck Equipment Schedule T3**
| | | | | | | |
|---|---|---|---|---|---|---|
| CX Sport Utility 4D | A03L | 25795 | 5100 | 5475 | 6500 | 8350 |
| CXL Sport Utility 4D | A03L | 29370 | 5525 | 5925 | 7200 | 9225 |
| Third Row Seat | | | 250 | 250 | 335 | 335 |

**TERRAZA—V6—Truck Equipment Schedule T3**
| | | | | | | |
|---|---|---|---|---|---|---|
| CX Minivan 4D | V231 | 27275 | 5750 | 6175 | 7875 | 10450 |
| CX Plus Minivan 4D | V231 | 28615 | 5875 | 6300 | 8025 | 10600 |
| CXL Minivan 4D | V331 | 31395 | 7050 | 7500 | 9450 | 12500 |

**RAINIER AWD—6-Cyl.—Truck Equipment Schedule T1**
| | | | | | | |
|---|---|---|---|---|---|---|
| CXL Sport Utility 4D | T13S | 34140 | 6900 | 7350 | 8750 | 11150 |
| 2WD | S | | (1225) | (1225) | (1635) | (1635) |
| V8, 5.3 Liter | M | | 300 | 300 | 400 | 400 |

## 2008 BUICK — (3G5or5GA)-(R137)-8-#

**ENCLAVE—V6—Truck Equipment Schedule T3**
| | | | | | | |
|---|---|---|---|---|---|---|
| CX Sport Utility 4D | R137 | 34760 | 11300 | 11900 | 13050 | 15550 |
| CXL Sport Utility 4D | R237 | 36990 | 13900 | 14550 | 15950 | 18950 |
| AWD | V | | 750 | 750 | 1000 | 1000 |

## 2009 BUICK — (3G5or5GA)-(R13D)-9-#

**ENCLAVE—V6—Truck Equipment Schedule T3**
| | | | | | | |
|---|---|---|---|---|---|---|
| CX Sport Utility 4D | R13D | 37805 | 13500 | 14150 | 15250 | 17950 |
| CXL Sport Utility 4D | R23D | 40115 | 16650 | 17400 | 18600 | 21800 |
| AWD | V | | 800 | 800 | 1065 | 1065 |

## 2010 BUICK — (3G5or5GA)-(RAED)-A-#

**ENCLAVE—V6—Truck Equipment Schedule T3**
| | | | | | | |
|---|---|---|---|---|---|---|
| CX Sport Utility | RAED | 35993 | 16400 | 17150 | 18050 | 20900 |
| CXL Sport Utility | RBED | 39105 | 19650 | 20500 | 21500 | 24800 |
| AWD | V | | 825 | 825 | 1100 | 1100 |

## 2011 BUICK — (5GA)-(RAED)-B-#

**ENCLAVE—V6—Truck Equipment Schedule T3**
| | | | | | | |
|---|---|---|---|---|---|---|
| CX Sport Utility | RAED | 36290 | 18450 | 19250 | 19950 | 22800 |
| CXL Sport Utility | RBED | 39405 | 22100 | 23100 | 23700 | 27100 |

**SEE BACK PAGES FOR TRUCK EQUIPMENT**

# 2011 BUICK

| Body Type | VIN | List | Trade-In Good | Trade-In Very Good | Pvt-Party Good | Retail Excellent |
|---|---|---|---|---|---|---|
| AWD | V | | 875 | 875 | 1165 | 1165 |

## 2012 BUICK — (5GA)-(RAED)-C-#

**ENCLAVE—V6**—Truck Equipment Schedule T3
| | | | | | | |
|---|---|---|---|---|---|---|
| Sport Utility 4D | RAED | 37410 | 22600 | 23600 | 24200 | 27500 |
| Convenience Util | RBED | 38330 | 22800 | 23700 | 24400 | 27700 |
| Leather Spt Util | RCED | 40525 | 25300 | 26300 | 26900 | 30600 |
| Premium Spt Util | RDED | 43890 | 27000 | 28100 | 28700 | 32600 |
| AWD | V | | 950 | 950 | 1265 | 1265 |

## 2013 BUICK — (5GA)-(JARB)-D-#

**ENCORE—4-Cyl. Turbo**—Truck Equipment Schedule T1
| | | | | | | |
|---|---|---|---|---|---|---|
| Sport Utility 4D | JARB | 24950 | 17500 | 18250 | 18900 | 21600 |
| Convenience Util | JBRB | 25760 | 18450 | 19250 | 19900 | 22700 |
| Leather Sport Util | JCRB | 27460 | 19550 | 20400 | 21000 | 24000 |
| Premium Sport Util | JDRB | 28940 | 20600 | 21400 | 22100 | 25100 |
| AWD | E | | 1025 | 1025 | 1365 | 1365 |

**ENCLAVE—V6**—Truck Equipment Schedule T3
| | | | | | | |
|---|---|---|---|---|---|---|
| Convenience 4D | RBED | 39270 | 27900 | 29000 | 30000 | 34600 |
| Leather Sport Util | RCED | 43285 | 30700 | 31900 | 33000 | 38000 |
| Premium Sport Util | RDED | 46450 | 32400 | 33700 | 34800 | 40000 |
| AWD | V | | 1025 | 1025 | 1365 | 1365 |

# CADILLAC

## 1999 CADILLAC — 1GY-(K13R)-X-#

**ESCALADE AWD—V8**—Truck Equipment Schedule T3
| | | | | | | |
|---|---|---|---|---|---|---|
| Sport Utility 4D | K13R | 46525 | 950 | 1050 | 1625 | 2525 |

## 2000 CADILLAC — 1GY-(K13R)-Y-#

**ESCALADE AWD—V8**—Truck Equipment Schedule T3
| | | | | | | |
|---|---|---|---|---|---|---|
| Sport Utility 4D | K13R | 46875 | 1350 | 1500 | 2175 | 3300 |

## 2001 CADILLAC — No Production

## 2002 CADILLAC — (1or3)GY-(K63N)-2-#

**ESCALADE AWD—V8**—Truck Equipment Schedule T3
| | | | | | | |
|---|---|---|---|---|---|---|
| Sport Utility 4D | K63N | 51980 | 4500 | 4875 | 6125 | 8275 |
| 2WD | C | | (500) | (500) | (665) | (665) |
| V8, 5.3 Liter | T | | (225) | (225) | (300) | (300) |

**ESCALADE EXT AWD—V8**—Truck Equipment Schedule T3
| | | | | | | |
|---|---|---|---|---|---|---|
| Sport Util Pickup 4D | K13N | 49990 | 4300 | 4650 | 5875 | 7950 |

## 2003 CADILLAC — (1or3)GY-(K63N)-3-#

**ESCALADE AWD—V8**—Truck Equipment Schedule T3
| | | | | | | |
|---|---|---|---|---|---|---|
| Sport Utility 4D | K63N | 53975 | 5750 | 6175 | 7325 | 9450 |
| 2WD | C | | (550) | (550) | (735) | (735) |
| V8, 5.3 Liter | T | | (250) | (250) | (335) | (335) |

**ESCALADE EXT AWD—V8**—Truck Equipment Schedule T3
| | | | | | | |
|---|---|---|---|---|---|---|
| Sport Util Pickup 4D | K63N | 51215 | 5575 | 5975 | 7025 | 9075 |

**ESCALADE ESV AWD—V8**—Truck Equipment Schedule T3
| | | | | | | |
|---|---|---|---|---|---|---|
| Sport Utility 4D | K66N | 56160 | 6225 | 6650 | 7875 | 10150 |

## 2004 CADILLAC — (1or3)GY-(E637)-4-#

**SRX AWD—V6**—Truck Equipment Schedule T3
| | | | | | | |
|---|---|---|---|---|---|---|
| Sport Utility 4D | E637 | 40935 | 4625 | 4975 | 5800 | 7625 |
| Third Row Seat | | | 725 | 725 | 965 | 965 |
| Luxury Performance | | | 1200 | 1200 | 1600 | 1600 |
| 2WD | | | (500) | (500) | (665) | (665) |
| V8, 4.6 Liter | A | | 275 | 275 | 365 | 365 |

**ESCALADE AWD—V8**—Truck Equipment Schedule T3
| | | | | | | |
|---|---|---|---|---|---|---|
| Sport Utility 4D | K63N | 55695 | 6975 | 7425 | 8600 | 10900 |
| 2WD | C | | (600) | (600) | (800) | (800) |
| V8, 5.3 Liter | T | | (250) | (250) | (335) | (335) |

**ESCALADE EXT AWD—V8**—Truck Equipment Schedule T3
| | | | | | | |
|---|---|---|---|---|---|---|
| Sport Util Pickup 4D | K63N | 52975 | 6725 | 7175 | 8300 | 10550 |

**ESCALADE ESV AWD—V8**—Truck Equipment Schedule T3
| | | | | | | |
|---|---|---|---|---|---|---|
| Sport Utility 4D | K66N | 58095 | 7650 | 8125 | 9375 | 11850 |
| Platinum Utility 4D | K66N | 69730 | 10700 | 11250 | 13000 | 16350 |

# 2005 CADILLAC

| Body Type | VIN | List | Trade-In Good | Very Good | Pvt-Party Good | Retail Excellent |
|---|---|---|---|---|---|---|

## 2005 CADILLAC — (1or3)GY-(E637)-5-#

**SRX AWD—V6**—Truck Equipment Schedule T3

| | | | | | | |
|---|---|---|---|---|---|---|
| Sport Utility 4D | E637 | 41895 | 4800 | 5175 | 6375 | 8200 |
| Third Row Seat | | | 725 | 725 | 965 | 965 |
| Luxury Performance | | | 1300 | 1300 | 1735 | 1735 |
| 2WD | | | (550) | (550) | (735) | (735) |
| V8, 4.6 Liter | A | | 275 | 275 | 365 | 365 |

**ESCALADE AWD—V8**—Truck Equipment Schedule T3

| | | | | | | |
|---|---|---|---|---|---|---|
| Sport Utility 4D | K63N | 56615 | 8850 | 9350 | 10850 | 13450 |
| 2WD | C | | (650) | (650) | (865) | (865) |
| V8, 5.3 Liter | T | | (275) | (275) | (365) | (365) |

**ESCALADE EXT AWD—V8**—Truck Equipment Schedule T3

| | | | | | | |
|---|---|---|---|---|---|---|
| Sport Util Pickup 4D | K62N | 53895 | 8600 | 9100 | 10550 | 13100 |

**ESCALADE ESV AWD—V8**—Truck Equipment Schedule T3

| | | | | | | |
|---|---|---|---|---|---|---|
| Sport Utility 4D | K66N | 59015 | 9625 | 10150 | 11800 | 14600 |
| Platinum Sport Util | K66N | 70385 | 11700 | 12300 | 14200 | 17600 |

## 2006 CADILLAC — (1or3)GY-(E637)-6-#

**SRX AWD—V6**—Truck Equipment Schedule T3

| | | | | | | |
|---|---|---|---|---|---|---|
| Sport Utility 4D | E637 | 39390 | 5875 | 6300 | 7575 | 9625 |
| Third Row Seat | | | 750 | 750 | 1000 | 1000 |
| 2WD | | | (575) | (575) | (765) | (765) |
| V8, 4.6 Liter | A | | 300 | 300 | 400 | 400 |

**ESCALADE AWD—V8**—Truck Equipment Schedule T3

| | | | | | | |
|---|---|---|---|---|---|---|
| Sport Utility 4D | K63N | 57280 | 10700 | 11300 | 12850 | 15700 |
| 2WD | C | | (700) | (700) | (935) | (935) |

**ESCALADE EXT AWD—V8**—Truck Equipment Schedule T3

| | | | | | | |
|---|---|---|---|---|---|---|
| Sport Util Pickup 4D | K62N | 54210 | 10400 | 10950 | 12550 | 15300 |

**ESCALADE ESV AWD—V8**—Truck Equipment Schedule T3

| | | | | | | |
|---|---|---|---|---|---|---|
| Sport Utility 4D | K66N | 59680 | 11550 | 12150 | 13800 | 16800 |
| Platinum Sport Util | K66N | 71050 | 14450 | 15150 | 17000 | 20700 |

## 2007 CADILLAC — (1or3)GY-(E637)-7-#

**SRX AWD—V6**—Truck Equipment Schedule T3

| | | | | | | |
|---|---|---|---|---|---|---|
| Sport Utility 4D | E637 | 39595 | 8225 | 8725 | 9900 | 12150 |
| Third Row Seat | | | 775 | 775 | 1035 | 1035 |
| 2WD | | | (625) | (625) | (835) | (835) |
| V8, 4.6 Liter | A | | 325 | 325 | 435 | 435 |

**ESCALADE AWD—V8**—Truck Equipment Schedule T3

| | | | | | | |
|---|---|---|---|---|---|---|
| Sport Utility 4D | K638 | 57675 | 19850 | 20700 | 22200 | 26100 |
| 2WD | C | | (750) | (750) | (1000) | (1000) |

**ESCALADE EXT AWD—V8**—Truck Equipment Schedule T3

| | | | | | | |
|---|---|---|---|---|---|---|
| Sport Util Pickup 4D | K628 | 54605 | 19550 | 20400 | 21900 | 25800 |

**ESCALADE ESV AWD—V8**—Truck Equipment Schedule T3

| | | | | | | |
|---|---|---|---|---|---|---|
| Sport Utility 4D | K668 | 60075 | 20700 | 21600 | 23100 | 27200 |

## 2008 CADILLAC — (1or3)GY-(E437)-8-#

**SRX AWD—V6**—Truck Equipment Schedule T3

| | | | | | | |
|---|---|---|---|---|---|---|
| Sport Utility 4D | E437 | 41480 | 10950 | 11500 | 12500 | 14900 |
| Third Row Seat | | | 800 | 800 | 1065 | 1065 |
| 2WD | 2,6 | | (750) | (750) | (1000) | (1000) |
| V8, 4.6 Liter | A | | 450 | 450 | 600 | 600 |

**ESCALADE AWD—V8**—Truck Equipment Schedule T3

| | | | | | | |
|---|---|---|---|---|---|---|
| Sport Utility 4D | K638 | 58195 | 23800 | 24700 | 25700 | 29600 |
| 2WD | C | | (875) | (875) | (1165) | (1165) |

**ESCALADE EXT AWD—V8**—Truck Equipment Schedule T3

| | | | | | | |
|---|---|---|---|---|---|---|
| Sport Util Pickup 4D | K628 | 55115 | 23500 | 24400 | 25400 | 29300 |
| Luxury Collection | | | 600 | 600 | 800 | 800 |

**ESCALADE ESV AWD—V8**—Truck Equipment Schedule T3

| | | | | | | |
|---|---|---|---|---|---|---|
| Sport Utility 4D | K668 | 60610 | 25200 | 26200 | 27200 | 31300 |
| Luxury Collection | | | 600 | 600 | 800 | 800 |
| Platinum Edition | | | 1700 | 1700 | 2265 | 2265 |
| 2WD | C | | (875) | (875) | (1165) | (1165) |

## 2009 CADILLAC — (1or3)GY-(E437)-9-#

**SRX AWD—V6**—Truck Equipment Schedule T3

| | | | | | | |
|---|---|---|---|---|---|---|
| Sport Utility 4D | E437 | 41480 | 12800 | 13400 | 14650 | 17350 |
| Third Row Seat | | | 800 | 800 | 1065 | 1065 |
| 2WD | 2,6 | | (775) | (775) | (1035) | (1035) |
| V8, 4.6 Liter | A | | 450 | 450 | 600 | 600 |

**SEE BACK PAGES FOR TRUCK EQUIPMENT**

# 2009 CADILLAC

| Body Type | VIN | List | Trade-In Good | Very Good | Pvt-Party Good | Retail Excellent |
|---|---|---|---|---|---|---|
| **ESCALADE AWD—V8**—Truck Equipment Schedule T3 | | | | | | |
| Sport Utility 4D | K132 | 63305 | 27600 | 28700 | 29600 | 33800 |
| 2WD | C | | (1000) | (1000) | (1335) | (1335) |
| **ESCALADE AWD—V8 Hybrid**—Truck Equipment Schedule T3 | | | | | | |
| Sport Utility 4D | K435 | 74325 | 31100 | 32300 | 33200 | 38000 |
| 2WD | C | | (1000) | (1000) | (1335) | (1335) |
| **ESCALADE EXT AWD—V8**—Truck Equipment Schedule T3 | | | | | | |
| Sport Utility Pickup 4D | K628 | 59690 | 27100 | 28200 | 29000 | 33200 |
| Luxury Collection | | | 625 | 625 | 835 | 835 |
| **ESCALADE ESV AWD—V8**—Truck Equipment Schedule T3 | | | | | | |
| Sport Utility 4D | K668 | 65835 | 30400 | 31600 | 32500 | 37200 |
| Luxury Collection | | | 625 | 625 | 835 | 835 |
| Platinum Edition | | | 1750 | 1750 | 2335 | 2335 |
| 2WD | C | | (1000) | (1000) | (1335) | (1335) |

# 2010 CADILLAC — (1or3)GY-(NBEY)-A-#

| Body Type | VIN | List | Trade-In Good | Very Good | Pvt-Party Good | Retail Excellent |
|---|---|---|---|---|---|---|
| **SRX—V6**—Truck Equipment Schedule T3 | | | | | | |
| Sport Utility 4D | NBEY | 34155 | 19200 | 20000 | 21400 | 25300 |
| Performance Pkg | | | 750 | 750 | 1000 | 1000 |
| AWD | | | 800 | 800 | 1065 | 1065 |
| V6, Turbo, 2.8 Liter | 4 | | 2100 | 2100 | 2800 | 2800 |
| **ESCALADE AWD—V8 Flex Fuel**—Truck Equipment Schedule T3 | | | | | | |
| Sport Utility 4D | KAEF | 65995 | 32800 | 34100 | 34700 | 39300 |
| 2WD | C | | (1100) | (1100) | (1465) | (1465) |
| **ESCALADE AWD—V8 Hybrid**—Truck Equipment Schedule T3 | | | | | | |
| Sport Utility 4D | KEEJ | 76925 | 37000 | 38400 | 38900 | 44100 |
| 2WD | C | | (1100) | (1100) | (1465) | (1465) |
| **ESCALADE EXT AWD—V8**—Truck Equipment Schedule T3 | | | | | | |
| Sport Utility Pickup 4D | K628 | 62370 | 31800 | 33000 | 33700 | 38200 |
| Luxury Pkg | | | 650 | 650 | 865 | 865 |
| Premium Pkg | | | 1300 | 1300 | 1735 | 1735 |
| **ESCALADE ESV AWD—V8 Flex Fuel**—Truck Equipment Schedule T3 | | | | | | |
| Sport Utility 4D | KKEF | 68550 | 37300 | 38700 | 39200 | 44500 |
| Luxury Pkg | | | 650 | 650 | 865 | 865 |
| Platinum Edition | | | 1800 | 1800 | 2400 | 2400 |
| 2WD | C | | (1100) | (1100) | (1465) | (1465) |

# 2011 CADILLAC — (1or3)(GGorGY)-(NBEY)-B-#

| Body Type | VIN | List | Trade-In Good | Very Good | Pvt-Party Good | Retail Excellent |
|---|---|---|---|---|---|---|
| **SRX—V6**—Truck Equipment Schedule T3 | | | | | | |
| Sport Utility 4D | NBEY | 34705 | 20500 | 21300 | 22200 | 25600 |
| Luxury Collection | | | 675 | 675 | 900 | 900 |
| Performance Pkg | | | 775 | 775 | 1035 | 1035 |
| Premium Collection | | | 1350 | 1350 | 1800 | 1800 |
| AWD | E | | 875 | 875 | 1165 | 1165 |
| V6, Turbo, 2.8 Liter | 6 | | 2200 | 2200 | 2935 | 2935 |
| **ESCALADE AWD—V8 Flex Fuel**—Truck Equipment Schedule T3 | | | | | | |
| Sport Utility 4D | 4AEF | 65995 | 39200 | 40700 | 40700 | 45500 |
| 2WD | 3 | | (1200) | (1200) | (1600) | (1600) |
| **ESCALADE AWD—V8 Hybrid**—Truck Equipment Schedule T3 | | | | | | |
| Sport Utility 4D | 4EEJ | 76925 | 44200 | 45800 | 45700 | 51100 |
| 2WD | 3 | | (1200) | (1200) | (1600) | (1600) |
| **ESCALADE EXT AWD—V8 Flex Fuel**—Truck Equipment Schedule T3 | | | | | | |
| Sport Util Pickup 4D | 4LEF | 62835 | 37600 | 39000 | 39100 | 43800 |
| Luxury Pkg | | | 675 | 675 | 900 | 900 |
| Premium Pkg | | | 1350 | 1350 | 1800 | 1800 |
| **ESCALADE ESV AWD—V8 Flex Fuel**—Truck Equipment Schedule T3 | | | | | | |
| Sport Utility 4D | 4GEF | 69215 | 44200 | 45800 | 45700 | 51100 |
| Luxury Pkg | | | 675 | 675 | 900 | 900 |
| Platinum Edition | | | 1850 | 1850 | 2465 | 2465 |
| 2WD | 3 | | (1200) | (1200) | (1600) | (1600) |

# 2012 CADILLAC — (1or3)GYor3GG-(NGE3)-C-#

| Body Type | VIN | List | Trade-In Good | Very Good | Pvt-Party Good | Retail Excellent |
|---|---|---|---|---|---|---|
| **SRX—V6**—Truck Equipment Schedule T3 | | | | | | |
| Sport Utility 4D | NGE3 | 36860 | 21500 | 22400 | 23400 | 27000 |
| Luxury Collection | | | 700 | 700 | 935 | 935 |
| Performance Pkg | | | 800 | 800 | 1065 | 1065 |
| AWD | D,E,F,H | | 950 | 950 | 1265 | 1265 |
| **ESCALADE AWD—V8 Flex Fuel**—Truck Equipment Schedule T3 | | | | | | |
| Sport Utility 4D | 4AEF | 66670 | 43300 | 44900 | 44800 | 50000 |
| 2WD | 3 | | (1300) | (1300) | (1735) | (1735) |
| **ESCALADE AWD—V8 Hybrid**—Truck Equipment Schedule T3 | | | | | | |
| Sport Utility 4D | 4EEJ | 77350 | 49600 | 51400 | 51500 | 57500 |

**DEDUCT FOR RECONDITIONING**

# 2012 CADILLAC

| Body Type | VIN | List | Trade-In Good | Trade-In Very Good | Pvt-Party Good | Retail Excellent |
|---|---|---|---|---|---|---|
| 2WD | 2 | | (1300) | (1300) | (1735) | (1735) |
| **ESCALADE EXT AWD—V8 Flex Fuel**—Truck Equipment Schedule T3 | | | | | | |
| Sport Util Pickup 4D | 4LEF | 64010 | 41600 | 43100 | 43100 | 48100 |
| Luxury Pkg | | | 700 | 700 | 935 | 935 |
| Premium Pkg | | | 1400 | 1400 | 1865 | 1865 |
| **ESCALADE ESV AWD—V8 Flex Fuel**—Truck Equipment Schedule T3 | | | | | | |
| Sport Utility 4D | 4GEF | 69270 | 47400 | 49200 | 49300 | 55000 |
| Luxury Pkg | | | 700 | 700 | 935 | 935 |
| Platinum Edition | | | 1900 | 1900 | 2535 | 2535 |
| 2WD | 3 | | (1300) | (1300) | (1735) | (1735) |

## 2013 CADILLAC — (1or3)GYor3GG-(NAE3)-D-#

| Body Type | VIN | List | Trade-In Good | Trade-In Very Good | Pvt-Party Good | Retail Excellent |
|---|---|---|---|---|---|---|
| **SRX—V6 Flex Fuel**—Truck Equipment Schedule T3 | | | | | | |
| Sport Utility 4D | NAE3 | 38050 | 23200 | 24200 | 25300 | 29300 |
| Luxury Collection | NCE3 | 43425 | 27100 | 28200 | 29400 | 34100 |
| Performance 4D | NDE3 | 45800 | 28900 | 30100 | 31400 | 36300 |
| Premium Collection | NEE3 | 48640 | 31600 | 32800 | 34200 | 39500 |
| AWD | G | | 1025 | 1025 | 1365 | 1365 |
| **ESCALADE AWD—V8 Flex Fuel**—Truck Equipment Schedule T3 | | | | | | |
| Sport Utility 4D | 4AEF | 66715 | 44700 | 46300 | 46100 | 51400 |
| Luxury Spt Util 4D | 4BEF | 70940 | 47300 | 49000 | 49100 | 54700 |
| Premium Spt Util 4D | 4CEF | 75220 | 50300 | 52100 | 52000 | 58000 |
| Platinum Ed 4D | 4DEF | 83490 | 56300 | 58300 | 58000 | 64600 |
| 2WD | 3 | | (1400) | (1400) | (1865) | (1865) |
| **ESCALADE AWD—V8 Hybrid**—Truck Equipment Schedule T3 | | | | | | |
| Sport Utility 4D | 4EEJ | 77395 | 51300 | 53100 | 53000 | 59100 |
| Platinum Spt Util 4D | 4FEJ | 86840 | 59300 | 61300 | 61000 | 67900 |
| 2WD | 3 | | (1400) | (1400) | (1865) | (1865) |
| **ESCALADE EXT AWD—V8 Flex Fuel**—Truck Equipment Schedule T3 | | | | | | |
| Sport Util Pickup 4D | 4LEF | 64055 | 43000 | 44600 | 44400 | 49500 |
| Luxury Sport Util | 4MEF | 68245 | 45300 | 47000 | 47000 | 52400 |
| Premium Sport Util | 4NEF | 70635 | 46300 | 48000 | 48000 | 53600 |
| **ESCALADE ESV AWD—V8 Flex Fuel**—Truck Equipment Schedule T3 | | | | | | |
| Sport Utility 4D | 4GEF | 69315 | 48800 | 50600 | 50600 | 56300 |
| Luxury Spt Util 4D | 4HEF | 73540 | 48800 | 50600 | 50600 | 56300 |
| Premium Spt Util 4D | 4JEF | 78420 | 53300 | 55200 | 55000 | 61300 |
| Platinum Spt Util 4D | 4KEF | 86090 | 57800 | 59800 | 59500 | 66300 |
| 2WD | 3 | | (1400) | (1400) | (1865) | (1865) |

# CHEVROLET/GMC

## 1999 CHEVY/GMC-(1,2or3)(CorG)(A,CorN)-J186-X-#

| Body Type | VIN | List | Trade-In Good | Trade-In Very Good | Pvt-Party Good | Retail Excellent |
|---|---|---|---|---|---|---|
| **TRACKER 4WD—4-Cyl.**—Truck Equipment Schedule T2 | | | | | | |
| Sport Utility Conv 2D | J186 | 15095 | 775 | 875 | 1625 | 2675 |
| Sport Utility 4D | J136 | 16295 | 1125 | 1250 | 2175 | 3600 |
| 2WD | E | | (275) | (275) | (365) | (365) |
| **BLAZER/JIMMY 4WD—V6**—Truck Equipment Schedule T1 | | | | | | |
| Sport Utility 2D | T13W | 22995 | 950 | 1050 | 1750 | 2800 |
| Sport Utility 4D | T13W | 25945 | 1275 | 1400 | 2225 | 3550 |
| 2WD | S | | (575) | (575) | (765) | (765) |
| **ENVOY 4WD—V6**—Truck Equipment Schedule T3 | | | | | | |
| Sport Utility 4D | K13W | 34125 | 2150 | 2350 | 3350 | 5050 |
| **TAHOE/YUKON 4WD—V8**—Truck Equipment Schedule T1 | | | | | | |
| Sport Utility 2D | K18R | 27995 | 450 | 500 | 975 | 1525 |
| Sport Utility 4D | K13R | 32950 | 1025 | 1125 | 1775 | 2775 |
| 2WD | S | | (350) | (350) | (465) | (465) |
| V8, Turbo Dsl, 6.5L | C | | 275 | 275 | 365 | 365 |
| **YUKON DENALI 4WD—V8**—Truck Equipment Schedule T3 | | | | | | |
| Sport Utility 4D | K13R | 43505 | 2900 | 3200 | 3950 | 5575 |
| **SUBURBAN 4WD—V8**—Truck Equipment Schedule T1 | | | | | | |
| K1500 Sport Utility | K16R | 28840 | 1100 | 1225 | 1950 | 3100 |
| K2500 Sport Utility | K26R | 30424 | 1200 | 1325 | 2075 | 3325 |
| Third Row Seat | | | 200 | 200 | 265 | 265 |
| 2WD | C | | (575) | (575) | (765) | (765) |
| V8, 454/7.4 Liter | J | | 150 | 150 | 200 | 200 |
| V8, Turbo Dsl, 6.5L | F | | 275 | 275 | 365 | 365 |
| **VENTURE—V6**—Truck Equipment Schedule T2 | | | | | | |
| Cargo Minivan 4D | G05E | 22025 | 1125 | 1250 | 1900 | 2975 |
| **VENTURE—V6**—Truck Equipment Schedule T1 | | | | | | |
| Minivan 4D | U05E | 22625 | 850 | 950 | 1525 | 2375 |
| Extended Minivan | X09E | 23625 | 950 | 1050 | 1650 | 2600 |

SEE BACK PAGES FOR TRUCK EQUIPMENT

# 1999 CHEVROLET/GMC

| Body Type | VIN | List | Trade-In Good | Trade-In Very Good | Pvt-Party Good | Retail Excellent |
|---|---|---|---|---|---|---|
| Second Sliding Door | | | 50 | 50 | 65 | 65 |
| **ASTRO/SAFARI—V6**—Truck Equipment Schedule T2 | | | | | | |
| Cargo/SL Cargo | M19W | 20268 | 1425 | 1575 | 2350 | 3700 |
| Dutch Doors | | | 50 | 50 | 65 | 65 |
| AWD | L | | 250 | 250 | 335 | 335 |
| **ASTRO/SAFARI—V6**—Truck Equipment Schedule T1 | | | | | | |
| Minivan/SL Minivan | M19W | 21547 | 1250 | 1375 | 2100 | 3300 |
| Dutch Doors | | | 50 | 50 | 65 | 65 |
| AWD | L | | 250 | 250 | 335 | 335 |
| **EXPRESS/SAVANA—V8**—Truck Equipment Schedule T1 | | | | | | |
| 1500 Passenger Van | G15M | 24100 | 1525 | 1675 | 2625 | 4150 |
| 2500 Passenger Van | G25R | 26105 | 1600 | 1750 | 2750 | 4325 |
| 3500 Passenger Van | G35R | 26394 | 1700 | 1875 | 2900 | 4550 |
| 5-Passenger Seating | | | (200) | (200) | (265) | (265) |
| 155" WB | 9 | | 50 | 50 | 65 | 65 |
| V6, 4.3 Liter | W | | (200) | (200) | (265) | (265) |
| V8, 5.7 Liter (1500) | R | | 150 | 150 | 200 | 200 |
| V8, 454/7.4 Liter | | | 100 | 100 | 135 | 135 |
| V8, Turbo Dsl, 6.5L | F,S | | 100 | 100 | 135 | 135 |
| **EXPRESS/SAVANA—V6**—Truck Equipment Schedule T1 | | | | | | |
| 1500 Cargo Van | G15W | 21505 | 975 | 1075 | 1875 | 3050 |
| 2500 Cargo Van | G25W | 21955 | 1025 | 1125 | 1950 | 3175 |
| 155" WB | 9 | | 50 | 50 | 65 | 65 |
| V8, 5.0 Liter | M | | 100 | 100 | 135 | 135 |
| V8, 5.7 Liter | R | | 150 | 150 | 200 | 200 |
| V8, Turbo Diesel, 6.5L | F,S | | 150 | 150 | 200 | 200 |
| **EXPRESS/SAVANA—V8**—Truck Equipment Schedule T1 | | | | | | |
| 3500 Cargo Van | G35R | 23489 | 1075 | 1200 | 2025 | 3300 |
| 155" WB | 9 | | 50 | 50 | 65 | 65 |
| V8, 454/7.4 Liter | J | | 200 | 200 | 265 | 265 |
| V8, Turbo Diesel, 6.5L | F,S | | 150 | 150 | 200 | 200 |
| **S10/SONOMA PICKUP—4-Cyl.**—Truck Equipment Schedule T2 | | | | | | |
| Short Bed | S144 | 12658 | 1075 | 1200 | 2050 | 3350 |
| Long Bed | S144 | 13322 | 925 | 1025 | 1800 | 2975 |
| Extended Cab | S194 | 15890 | 1650 | 1825 | 2950 | 4800 |
| Third Door | | | 100 | 100 | 135 | 135 |
| 4WD | T | | 400 | 400 | 535 | 535 |
| V6, 4.3 Liter | X | | 150 | 150 | 200 | 200 |
| V6, High Output, 4.3L | W | | 200 | 200 | 265 | 265 |
| **SILVERADO/SIERRA REGULAR CAB—V8 (New)**—Truck Sch T1 | | | | | | |
| 1500 Short Bed | C14V | 18390 | 2450 | 2675 | 3575 | 5200 |
| 1500 Long Bed | C14V | 18690 | 2300 | 2525 | 3375 | 4925 |
| 2500 Long Bed | C24T | 21601 | 1725 | 1900 | 2650 | 4000 |
| 2500 HD Long Bed | C24T | 22445 | 2200 | 2425 | 3325 | 4975 |
| 4WD | K | | 650 | 650 | 865 | 865 |
| V6, 4.3 Liter | W | | (350) | (350) | (465) | (465) |
| V8, 5.3 Liter (1500) | T | | 75 | 75 | 100 | 100 |
| V8, 6.0 Liter | U | | 150 | 150 | 200 | 200 |
| V8, Turbo Diesel, 6.5L | F,S | | 275 | 275 | 365 | 365 |
| **SILVERADO/SIERRA EXTENDED CAB—V8 (New)**—Truck Sch T1 | | | | | | |
| 1500 Short Bed | C19V | 22635 | 3375 | 3700 | 4825 | 6925 |
| 1500 Long Bed | C19V | 22935 | 3175 | 3475 | 4550 | 6550 |
| 4WD | K | | 650 | 650 | 865 | 865 |
| V6, 4.3 Liter | W | | (350) | (350) | (465) | (465) |
| V8, 5.3 Liter | T | | 75 | 75 | 100 | 100 |
| **SILVERADO/SIERRA EXTENDED CAB—V8 (New)**—Truck Sch T1 | | | | | | |
| 2500 Short Bed | C29T | 24051 | 3050 | 3350 | 4525 | 6625 |
| 2500 HD Short Bed | K29T | 27995 | 3350 | 3675 | 4950 | 7225 |
| 2500 HD Long Bed | C29T | 25195 | 3300 | 3600 | 4875 | 7125 |
| V8, 6.0 Liter (ex Lg Bd) | U | | 150 | 150 | 200 | 200 |
| V8, Turbo Diesel, 6.5L | F,S | | 275 | 275 | 365 | 365 |
| **REGULAR CAB PICKUP—V8**—Truck Equipment Schedule T1 | | | | | | |
| 2500 HD Long Bed | C24R | 21558 | 1675 | 1850 | 2825 | 4425 |
| 3500 Long Bed | C34R | 21856 | 1750 | 1925 | 2950 | 4600 |
| 4WD | K | | 650 | 650 | 865 | 865 |
| V8, 454/7.4 Liter | J | | 150 | 150 | 200 | 200 |
| V8, Turbo Diesel, 6.5L | F,S | | 275 | 275 | 365 | 365 |
| **EXTENDED CAB PICKUP—V8**—Truck Equipment Schedule T1 | | | | | | |
| 1500 Short Bed | C19R | 23356 | 2200 | 2425 | 3650 | 5625 |
| 2500 HD Short Bed | K29R | 28268 | 2600 | 2850 | 4250 | 6500 |
| 2500 HD Long Bed | C29R | 23162 | 2200 | 2425 | 3650 | 5625 |
| 3500 Long Bed | C39R | 25282 | 2375 | 2600 | 3900 | 6000 |
| 4WD | K | | 650 | 650 | 865 | 865 |

**DEDUCT FOR RECONDITIONING**

# 1999 CHEVROLET/GMC

| Body Type | VIN | List | Trade-In Good | Very Good | Pvt-Party Good | Retail Excellent |
|---|---|---|---|---|---|---|
| V8, 5.7 Liter (1500) | R | | 75 | 75 | 100 | 100 |
| V8, 454/7.4 Liter | J | | 150 | 150 | 200 | 200 |
| V8, Turbo Diesel, 6.5L | F,S | | 275 | 275 | 365 | 365 |
| **CREW CAB PICKUP—V8—Truck Equipment Schedule T1** | | | | | | |
| 2500 Short Bed | C23R | 24547 | 2475 | 2725 | 4050 | 6225 |
| 3500 Long Bed | C33R | 24986 | 2875 | 3175 | 4675 | 7125 |
| 4WD | K | | 650 | 650 | 865 | 865 |
| V8, 454/7.4 Liter | J | | 150 | 150 | 200 | 200 |
| V8, Turbo Diesel, 6.5L | F,S | | 275 | 275 | 365 | 365 |
| **CREW CAB PICKUP—V8—Truck Equipment Schedule T1** | | | | | | |
| 3500 Short Bed | C33J | 26466 | 3125 | 3425 | 5050 | 7675 |
| 4WD | K | | 650 | 650 | 865 | 865 |
| V8, Turbo Diesel, 6.5L | F,S | | 275 | 275 | 365 | 365 |

## 2000 CHEVY/GMC—(1,2or3)(CorG)(1,B,CorN)−J186-Y−#

| Body Type | VIN | List | Trade-In Good | Very Good | Pvt-Party Good | Retail Excellent |
|---|---|---|---|---|---|---|
| **TRACKER 4WD—4-Cyl.—Truck Equipment Schedule T2** | | | | | | |
| Sport Util Conv 2D | J186 | 15425 | 850 | 950 | 1700 | 2800 |
| Sport Utility 4D | J13C | 16650 | 1250 | 1375 | 2325 | 3825 |
| 2WD | E | | (300) | (300) | (400) | (400) |
| **BLAZER/JIMMY 4WD—V6—Truck Equipment Schedule T1** | | | | | | |
| Sport Utility 2D | T18W | 23495 | 1100 | 1225 | 1925 | 3075 |
| Sport Utility 4D | T13W | 26995 | 1400 | 1550 | 2350 | 3750 |
| 2WD | S | | (650) | (650) | (865) | (865) |
| **ENVOY 4WD—V6—Truck Equipment Schedule T3** | | | | | | |
| Sport Utility 4D | T13W | 34695 | 2575 | 2825 | 3775 | 5550 |
| **TAHOE 4WD—V8 4.8L Engine (New)—Truck Equipment Schedule T1** | | | | | | |
| Sport Utility 4D | K13V | 29441 | 1850 | 2025 | 3175 | 4975 |
| Third Row Seat | | | 200 | 200 | 265 | 265 |
| 2WD | C | | (400) | (400) | (535) | (535) |
| V8, 5.3 Liter | T | | 75 | 75 | 100 | 100 |
| **TAHOE 4WD—V8 5.7L Engine—Truck Equipment Schedule T1** | | | | | | |
| Sport Utility 4D | K13R | 39544 | 1525 | 1675 | 2550 | 4050 |
| 2WD | C | | (400) | (400) | (535) | (535) |
| **YUKON 4WD—V8 (New)—Truck Equipment Schedule T1** | | | | | | |
| SLE Sport Utility 4D | K13V | 35835 | 2150 | 2350 | 3650 | 5700 |
| Third Row Seat | | | 200 | 200 | 265 | 265 |
| 2WD | C | | (400) | (400) | (535) | (535) |
| V8, 5.3 Liter | T | | 75 | 75 | 100 | 100 |
| **YUKON DENALI 4WD—V8—Truck Equipment Schedule T3** | | | | | | |
| Sport Utility 4D | K13R | 44185 | 3700 | 4025 | 5150 | 7175 |
| **SUBURBAN 4WD—Truck Equipment Schedule T1** | | | | | | |
| K1500 Sport Utility | K16T | 29362 | 1475 | 1625 | 2650 | 4325 |
| K2500 Sport Utility | K26U | 31330 | 1600 | 1750 | 2850 | 4650 |
| Third Row Seat | | | 200 | 200 | 265 | 265 |
| 2WD | C | | (650) | (650) | (865) | (865) |
| **YUKON XL 4WD—V8—Truck Equipment Schedule T1** | | | | | | |
| 1500 Sport Utility | K13T | 38081 | 1850 | 2025 | 3400 | 5475 |
| 2500 Sport Utility | K23U | 39683 | 1950 | 2150 | 3575 | 5725 |
| Third Row Seat | | | 200 | 200 | 265 | 265 |
| 2WD | C | | (650) | (650) | (865) | (865) |
| **VENTURE—V6—Truck Equipment Schedule T2** | | | | | | |
| Cargo Minivan 4D | U05E | 22330 | 1375 | 1525 | 2150 | 3300 |
| **VENTURE—V6—Truck Equipment Schedule T2** | | | | | | |
| Minivan 4D | U05E | 22330 | 1050 | 1150 | 1725 | 2650 |
| Extended Minivan | X09E | 24930 | 1150 | 1275 | 1850 | 2850 |
| **ASTRO/SAFARI—V6—Truck Equipment Schedule T2** | | | | | | |
| Cargo/SL Cargo | M19W | 20635 | 1625 | 1800 | 2675 | 4175 |
| Dutch Doors | | | 50 | 50 | 65 | 65 |
| AWD | L | | 250 | 250 | 335 | 335 |
| **ASTRO/SAFARI—V6—Truck Equipment Schedule T1** | | | | | | |
| Minivan/SL Minivan | M19W | 21982 | 1400 | 1550 | 2375 | 3675 |
| Dutch Doors | | | 50 | 50 | 65 | 65 |
| AWD | L | | 250 | 250 | 335 | 335 |
| **EXPRESS/SAVANA—V8—Truck Equipment Schedule T1** | | | | | | |
| 1500 Passenger Van | G15M | 24240 | 1950 | 2150 | 3125 | 4800 |
| 2500 Passenger Van | G25R | 26245 | 2025 | 2225 | 3250 | 4950 |
| 3500 Passenger Van | G35R | 26534 | 2125 | 2325 | 3400 | 5200 |
| 5-Passenger Seating | 9 | | (200) | (200) | (265) | (265) |
| 155" WB | | | 50 | 50 | 65 | 65 |
| V6, 4.3 Liter | W | | (200) | (200) | (265) | (265) |
| V8, 5.7 Liter (1500) | R | | 150 | 150 | 200 | 200 |
| V8, 454/7.4 Liter | J | | 100 | 100 | 135 | 135 |
| V8, Turbo Dsl | F | | 100 | 100 | 135 | 135 |

**SEE BACK PAGES FOR TRUCK EQUIPMENT**

# 2000 CHEVROLET/GMC

| Body Type | VIN | List | Trade-In Good | Very Good | Pvt-Party Good | Retail Excellent |
|---|---|---|---|---|---|---|
| **EXPRESS/SAVANA—V6—**Truck Equipment Schedule T1 | | | | | | |
| 1500 Cargo Van | G15W | 21910 | 1175 | 1300 | 2000 | 3125 |
| 2500 Cargo Van | G25W | 22360 | 1225 | 1350 | 2050 | 3250 |
| 155" WB | | | 50 | 50 | 65 | 65 |
| V8, 5.0 Liter | M | | 100 | 100 | 135 | 135 |
| V8, 5.7 Liter | R | | 150 | 150 | 200 | 200 |
| V8, Turbo Diesel, 6.5L | F | | 150 | 150 | 200 | 200 |
| **EXPRESS/SAVANA—V8—**Truck Equipment Schedule T1 | | | | | | |
| 3500 Cargo Van | G35R | 23894 | 1275 | 1400 | 2125 | 3350 |
| 155" WB | | | 50 | 50 | 65 | 65 |
| V8, 454/7.4 Liter | J | | 200 | 200 | 265 | 265 |
| V8, Turbo Diesel, 6.5L | F | | 150 | 150 | 200 | 200 |
| **S10/SONOMA PICKUP—4-Cyl.—**Truck Equipment Schedule T2 | | | | | | |
| Short Bed | S144 | 12610 | 1375 | 1525 | 2400 | 3900 |
| Long Bed | S144 | 12661 | 1200 | 1325 | 2150 | 3475 |
| Extended Cab | S194 | 15309 | 1950 | 2150 | 3450 | 5450 |
| Third Door | | | 125 | 125 | 165 | 165 |
| 4WD | | | 400 | 400 | 535 | 535 |
| V6, 4.3 Liter | T | | 200 | 200 | 265 | 265 |
| **SILVERADO/SIERRA REGULAR CAB—V8 (New)—**Truck Schedule T1 | | | | | | |
| 1500 Short Bed | C14V | 18510 | 2825 | 3125 | 3875 | 5500 |
| 1500 Long Bed | C14V | 18810 | 2550 | 2900 | 3650 | 5200 |
| 2500 Short Bed | C24T | 21950 | 2150 | 2350 | 3100 | 4500 |
| 2500 HD Long Bed | C24T | 23074 | 2375 | 2600 | 3400 | 4900 |
| 4WD | | | 750 | 750 | 1000 | 1000 |
| V6, 4.3 Liter | W | | (350) | (350) | (465) | (465) |
| V8, 5.3 Liter (1500) | T | | 75 | 75 | 100 | 100 |
| V8, 6.0 Liter | U | | 150 | 150 | 200 | 200 |
| **SILVERADO/SIERRA EXTENDED CAB—V8 (New)—**Truck Schedule T1 | | | | | | |
| 1500 Short Bed | C19V | 22884 | 3725 | 4050 | 5200 | 7275 |
| 1500 Long Bed | C19V | 23184 | 3525 | 3850 | 4950 | 6925 |
| 2500 Short Bed | C29T | 24400 | 3425 | 3750 | 4950 | 7025 |
| Fourth Door | | | 150 | 150 | 200 | 200 |
| 4WD | K | | 750 | 750 | 1000 | 1000 |
| V6, 4.3 Liter | W | | (350) | (350) | (465) | (465) |
| V8, 5.3 Liter (1500) | T | | 75 | 75 | 100 | 100 |
| V8, 6.0 Liter | U | | 150 | 150 | 200 | 200 |
| **SILVERADO/SIERRA EXTENDED CAB—V8 (New)—**Truck Schedule T1 | | | | | | |
| 2500 HD Short Bed | C29U | 28324 | 3650 | 3975 | 5250 | 7425 |
| 2500 HD Long Bed | C29U | 25524 | 3475 | 3800 | 5025 | 7125 |
| Fourth Door | | | 150 | 150 | 200 | 200 |
| 4WD | K | | 750 | 750 | 1000 | 1000 |
| **REGULAR CAB PICKUP—V8—**Truck Equipment Schedule T1 | | | | | | |
| 2500 HD Long Bed | C24R | 21837 | 2025 | 2225 | 3350 | 5150 |
| 3500 Long Bed | C34R | 22435 | 2075 | 2275 | 3425 | 5275 |
| 4WD | K | | 750 | 750 | 1000 | 1000 |
| V8, 454/7.4 Liter | J | | 150 | 150 | 200 | 200 |
| V8, Turbo Diesel, 6.5L | F | | 275 | 275 | 365 | 365 |
| **EXTENDED CAB PICKUP 4WD—V8—**Truck Equipment Schedule T1 | | | | | | |
| 2500 HD Short Bed | K29R | 26547 | 3100 | 3400 | 4975 | 7550 |
| V8, 454/7.4 Liter | J | | 150 | 150 | 200 | 200 |
| V8, Turbo Diesel, 6.5L | F | | 275 | 275 | 365 | 365 |
| **EXTENDED CAB PICKUP—V8—**Truck Equipment Schedule T1 | | | | | | |
| 2500 HD Long Bed | C29R | 23441 | 2800 | 3100 | 4525 | 6900 |
| 3500 Long Bed | C39R | 25861 | 2775 | 3075 | 4475 | 6825 |
| 4WD | K | | 750 | 750 | 1000 | 1000 |
| V8, 454/7.4 Liter | J | | 150 | 150 | 200 | 200 |
| V8, Turbo Diesel, 6.5L | F | | 275 | 275 | 365 | 365 |
| **CREW CAB PICKUP—V8—**Truck Equipment Schedule T1 | | | | | | |
| 2500 Short Bed | C23R | 24826 | 2950 | 3250 | 4750 | 7225 |
| 3500 Short Bed | C33R | 27045 | 3550 | 3875 | 5825 | 8800 |
| 3500 Long Bed | C33R | 25565 | 3400 | 3725 | 5425 | 8200 |
| 4WD | K | | 750 | 750 | 1000 | 1000 |
| V8, 454/7.4 Liter | J | | 150 | 150 | 200 | 200 |
| V8, Turbo Diesel, 6.5L | F | | 275 | 275 | 365 | 365 |

## 2001 CHEVY/GMC—(1,2or3)(CorG)(A,B,CorN)—J18C—1—#

| Body Type | VIN | List | Trade-In Good | Very Good | Pvt-Party Good | Retail Excellent |
|---|---|---|---|---|---|---|
| **TRACKER 4WD—4-Cyl.—**Truck Equipment Schedule T2 | | | | | | |
| Sport Util Conv 2D | J18C | 16760 | 1175 | 1300 | 2075 | 3300 |
| Sport Utility 4D | J13C | 17380 | 1525 | 1675 | 2700 | 4275 |
| ZR2 Spt Utl Conv 2D | J78C | 18835 | 1575 | 1725 | 2775 | 4400 |
| 2WD | E | | (375) | (375) | (500) | (500) |

**DEDUCT FOR RECONDITIONING**

# 2001 CHEVROLET/GMC

| Body Type | VIN | List | Trade-In Good | Trade-In Very Good | Pvt-Party Good | Retail Excellent |
|---|---|---|---|---|---|---|
| **TRACKER 4WD—V6**—Truck Equipment Schedule T2 | | | | | | |
| ZR2 Sport Utility 4D | J734 | 21200 | 2625 | 2875 | 3675 | 5250 |
| LT Sport Utility 4D | J634 | 21880 | 2925 | 3225 | 4225 | 6000 |
| 2WD | E | | (375) | (375) | (500) | (500) |
| **BLAZER/JIMMY 4WD—V6**—Truck Equipment Schedule T1 | | | | | | |
| Sport Utility 2D | T18W | 23745 | 1425 | 1575 | 2325 | 3650 |
| Sport Utility 4D | T13W | 27345 | 1675 | 1850 | 2800 | 4350 |
| 2WD | S | | (725) | (725) | (965) | (965) |
| **TAHOE 4WD—V8**—Truck Equipment Schedule T1 | | | | | | |
| Sport Utility 4D | K13V | 31021 | 2875 | 3175 | 4175 | 6075 |
| Third Row Seat | | | 250 | 250 | 335 | 335 |
| 2WD | C | | (450) | (450) | (600) | (600) |
| V8, 5.3 Liter | T | | 125 | 125 | 165 | 165 |
| **YUKON 4WD—V8**—Truck Equipment Schedule T1 | | | | | | |
| SLE Sport Utility 4D | K13V | 36128 | 3250 | 3550 | 4700 | 6775 |
| Third Row Seat | | | 250 | 250 | 335 | 335 |
| 2WD | C | | (450) | (450) | (600) | (600) |
| V8, 5.3 Liter | T,Z | | 125 | 125 | 165 | 165 |
| **YUKON DENALI AWD—V8**—Truck Equipment Schedule T3 | | | | | | |
| Sport Utility 4D | K13V | 46680 | 4800 | 5175 | 6275 | 8425 |
| **SUBURBAN 4WD—V8**—Truck Equipment Schedule T1 | | | | | | |
| K1500 Sport Utility | K16T | 29602 | 2125 | 2325 | 3375 | 5125 |
| K2500 Sport Utility | K26U | 31545 | 2250 | 2475 | 3550 | 5375 |
| Third Row Seat | | | 250 | 250 | 335 | 335 |
| 2WD | C | | (725) | (725) | (965) | (965) |
| V8, 8.1 Liter | G | | 200 | 200 | 265 | 265 |
| **YUKON XL 4WD—V8**—Truck Equipment Schedule T1 | | | | | | |
| 1500 Sport Utility | K13T | 36287 | 2700 | 2950 | 4200 | 6325 |
| 2500 Sport Utility | K23U | 37659 | 2825 | 3125 | 4400 | 6575 |
| 2WD | C | | (725) | (725) | (965) | (965) |
| V8, 8.1 Liter | G | | 200 | 200 | 265 | 265 |
| **YUKON XL DENALI AWD—V8**—Truck Equipment Schedule T3 | | | | | | |
| 1500 Sport Utility 4D | K16U | 48185 | 4050 | 4400 | 5400 | 7375 |
| **VENTURE—V6**—Truck Equipment Schedule T1 | | | | | | |
| Minivan 4D | U05E | 21605 | 1375 | 1525 | 2175 | 3325 |
| Extended Minivan | X09E | 26085 | 1400 | 1550 | 2300 | 3525 |
| **ASTRO/SAFARI—V6**—Truck Equipment Schedule T2 | | | | | | |
| Cargo/SL Cargo | M19W | 21238 | 1950 | 2150 | 3075 | 4650 |
| Dutch Doors | | | 75 | 75 | 100 | 100 |
| AWD | L | | 300 | 300 | 400 | 400 |
| **ASTRO/SAFARI—V6**—Truck Equipment Schedule T2 | | | | | | |
| Minivan 3D | M19W | 23886 | 1850 | 2025 | 2925 | 4425 |
| Dutch Doors | | | 75 | 75 | 100 | 100 |
| AWD | L | | 300 | 300 | 400 | 400 |
| **EXPRESS/SAVANA VAN—V8**—Truck Equipment Schedule T1 | | | | | | |
| 1500 Passenger Van | G15M | 24730 | 2275 | 2500 | 3425 | 5075 |
| 2500 Passenger Van | G25R | 26735 | 2375 | 2600 | 3550 | 5275 |
| 3500 Passenger Van | G35R | 27024 | 2525 | 2775 | 3775 | 5550 |
| 155" WB | | | 75 | 75 | 100 | 100 |
| V6, 4.3 Liter | W | | (250) | (250) | (335) | (335) |
| V8, 5.7 Liter (1500) | R | | 175 | 175 | 235 | 235 |
| V8, 8.1 Liter | G | | 125 | 125 | 165 | 165 |
| V8, Turbo Dsl, 6.5L | F | | 125 | 125 | 165 | 165 |
| **EXPRESS/SAVANA VAN—V8**—Truck Equipment Schedule T1 | | | | | | |
| 1500 Cargo Van | G15M | 22520 | 1450 | 1600 | 2425 | 3850 |
| 2500 Cargo Van | G25M | 22650 | 1500 | 1650 | 2500 | 3950 |
| 3500 Cargo Van | G35R | 24929 | 1475 | 1625 | 2575 | 4075 |
| 155" WB | | | 75 | 75 | 100 | 100 |
| V6, 4.3 Liter | W | | (250) | (250) | (335) | (335) |
| V8, 5.7 Liter (ex 3500) | R | | 175 | 175 | 235 | 235 |
| V8, 8.1 Liter | G | | 250 | 250 | 335 | 335 |
| V8, Turbo Diesel, 6.5L | F | | 200 | 200 | 265 | 265 |
| **S10/SONOMA PICKUP—4-Cyl. Flex Fuel**—Truck Equipment Schedule T2 | | | | | | |
| Short Bed | S145 | 12859 | 1700 | 1875 | 2775 | 4275 |
| Long Bed | S145 | 13210 | 1575 | 1725 | 2475 | 3850 |
| Extended Cab | S195 | 16203 | 2375 | 2600 | 3775 | 5725 |
| Third Door | | | 150 | 150 | 200 | 200 |
| 4WD | T | | 550 | 550 | 735 | 735 |
| V6, 4.3 Liter | W | | 250 | 250 | 335 | 335 |
| **S10/SONOMA CREW CAB 4WD—V6**—Truck Equip Schedule T1 | | | | | | |
| LS/SLS Short Bed | T13W | 25369 | 3650 | 3975 | 5825 | 8675 |
| **SILVERADO/SIERRA REGULAR CAB—V8**—Truck Equip Schedule T1 | | | | | | |
| 1500 Short Bed | C14V | 19185 | 2975 | 3275 | 4150 | 5775 |

SEE BACK PAGES FOR TRUCK EQUIPMENT

## 2001 CHEVROLET/GMC

**TRUCKS & VANS**

| Body Type | VIN | List | Trade-In Good | Trade-In Very Good | Pvt-Party Good | Retail Excellent |
|---|---|---|---|---|---|---|
| 1500 Long Bed | C14V | 19485 | 2900 | 3200 | 3900 | 5450 |
| 2500 Long Bed | C24U | 23689 | 2250 | 2475 | 3075 | 4375 |
| 2500 HD Long Bed | C24U | 24109 | 2500 | 2750 | 3400 | 4800 |
| 3500 Long Bed | C34U | 25361 | 2500 | 2750 | 3400 | 4800 |
| 4WD | K | | 900 | 900 | 1200 | 1200 |
| V6, 4.3 Liter | W | | (375) | (375) | (500) | (500) |
| V8, 5.3 Liter | T | | 125 | 125 | 165 | 165 |
| V8, 8.1 Liter | G | | 200 | 200 | 265 | 265 |
| V8, Turbo Diesel, 6.6L | 1 | | 2700 | 2700 | 3600 | 3600 |

**SILVERADO/SIERRA EXTENDED CAB 4WD**—V8—Truck Equip Schedule T1

| Body Type | VIN | List | Good | Very Good | Good | Excellent |
|---|---|---|---|---|---|---|
| 1500 Short Bed | C19V | 23589 | 4200 | 4550 | 5700 | 7850 |
| 1500 Long Bed | C19V | 23889 | 3925 | 4275 | 5350 | 7375 |
| 2500 HD Short Bed | C29U | 26614 | 3775 | 4100 | 5175 | 7175 |
| 2500 HD Long Bed | C29U | 26859 | 3600 | 3925 | 4950 | 6875 |
| 3500 Long Bed | C39U | 28141 | 3675 | 4000 | 5050 | 7000 |
| 4WD | K | | 900 | 900 | 1200 | 1200 |
| V6, 4.3 Liter | W | | (375) | (375) | (500) | (500) |
| V8, 5.3 Liter | T | | 125 | 125 | 165 | 165 |
| V8, 8.1 Liter | G | | 200 | 200 | 265 | 265 |
| V8, Turbo Diesel, 6.6L | 1 | | 2700 | 2700 | 3600 | 3600 |

**SILVERADO/SIERRA EXTENDED CAB AWD**—V8—Truck Equip Sch T1

| | | | | | | |
|---|---|---|---|---|---|---|
| 2500 Short Bed | K29U | 29039 | 3575 | 3900 | 4925 | 6825 |

**SIERRA EXTENDED CAB PICKUP AWD**—V8—Truck Equipment Schedule T1

| | | | | | | |
|---|---|---|---|---|---|---|
| 1500 C3 Short Bed | C19U | 38995 | 6625 | 7050 | 9000 | 12200 |

**SILVERADO/SIERRA CREW CAB**—V8—Truck Equipment Schedule T1

| Body Type | VIN | List | Good | Very Good | Good | Excellent |
|---|---|---|---|---|---|---|
| 1500 HD Short Bed | C13U | 28912 | 4850 | 5225 | 6525 | 8925 |
| 2500 HD Short Bed | C23U | 27984 | 4050 | 4400 | 5525 | 7625 |
| 2500 HD Long Bed | C23U | 28284 | 3975 | 4325 | 5425 | 7500 |
| 3500 Long Bed | C33U | 30766 | 4100 | 4450 | 5600 | 7700 |
| 4WD | K | | 900 | 900 | 1200 | 1200 |
| V8, 8.1 Liter | G | | 200 | 200 | 265 | 265 |
| V8, Turbo Diesel, 6.6L | 1 | | 2700 | 2700 | 3600 | 3600 |

## 2002 CHEVY/GMC—(1,2or3)(CorG)(A,B,CorN)—(J18C)-2-#

**TRACKER 4WD**—4-Cyl.—Truck Equipment Schedule T2

| Body Type | VIN | List | Good | Very Good | Good | Excellent |
|---|---|---|---|---|---|---|
| Sport Util Conv 2D | J18C | 17415 | 1575 | 1725 | 2625 | 4100 |
| Sport Utility 4D | J13C | 18105 | 2125 | 2325 | 3450 | 5275 |
| ZR2 Spt Utl Conv 2D | J78C | 19395 | 2150 | 2350 | 3500 | 5375 |
| 2WD | E | | (450) | (450) | (600) | (600) |
| V6, 2.5 Liter | 4 | | 275 | 275 | 365 | 365 |

**TRACKER 4WD**—V6—Truck Equipment Schedule T2

| | | | | | | |
|---|---|---|---|---|---|---|
| ZR2 Sport Utility 4D | J734 | 21845 | 3125 | 3425 | 4450 | 6250 |
| LT Sport Utility 4D | J634 | 22008 | 3500 | 3825 | 4925 | 6900 |
| 2WD | E | | (450) | (450) | (600) | (600) |

**BLAZER 4WD**—V6—Truck Equipment Schedule T1

| | | | | | | |
|---|---|---|---|---|---|---|
| Sport Utility 2D | T18W | 23895 | 1600 | 1750 | 2550 | 3900 |
| Sport Utility 4D | T13W | 26130 | 2000 | 2200 | 3125 | 4725 |
| 2WD | S | | (800) | (800) | (1065) | (1065) |

**TRAILBLAZER 4WD**—6-Cyl.—Truck Equipment Schedule T1

| | | | | | | |
|---|---|---|---|---|---|---|
| Sport Utility 4D | T1S3 | 28130 | 1600 | 1750 | 2400 | 3575 |
| Ext Spt Util 4D | T16S | 33610 | 2125 | 2325 | 3100 | 4525 |
| 2WD | S | | (500) | (500) | (665) | (665) |

**ENVOY 4WD**—6-Cyl.—Truck Equipment Schedule T1

| | | | | | | |
|---|---|---|---|---|---|---|
| Sport Utility 4D | T13S | 31770 | 2200 | 2425 | 3200 | 4700 |
| 2WD | S | | (500) | (500) | (665) | (665) |

**ENVOY XL 4WD**—6-Cyl.—Truck Equipment Schedule T1

| | | | | | | |
|---|---|---|---|---|---|---|
| Sport Utility 4D | T16S | 33820 | 2600 | 2850 | 3750 | 5425 |
| 2WD | S | | (500) | (500) | (665) | (665) |

**TAHOE 4WD**—V8—Truck Equipment Schedule T1

| | | | | | | |
|---|---|---|---|---|---|---|
| Sport Utility 4D | K13V | 36345 | 3575 | 3900 | 4925 | 6850 |
| Third Row Seat | | | 275 | 275 | 365 | 365 |
| 2WD | C | | (500) | (500) | (665) | (665) |
| V8, 5.3 Liter | T,Z | | 175 | 175 | 235 | 235 |

**YUKON 4WD**—V8—Truck Equipment Schedule T1

| | | | | | | |
|---|---|---|---|---|---|---|
| Sport Utility 4D | K13V | 37000 | 4100 | 4450 | 5600 | 7725 |
| Third Row Seat | | | 275 | 275 | 365 | 365 |
| 2WD | C | | (500) | (500) | (665) | (665) |
| V8, 5.3 Liter | T,Z | | 175 | 175 | 235 | 235 |

**YUKON DENALI 4WD**—V8—Truck Equipment Schedule T3

| | | | | | | |
|---|---|---|---|---|---|---|
| Sport Utility 4D | K63U | 47355 | 5225 | 5625 | 6850 | 9075 |

**SUBURBAN 4WD**—V8—Truck Equipment Schedule T1

| | | | | | | |
|---|---|---|---|---|---|---|
| K1500 Sport Utility | K16T | 39219 | 2725 | 3025 | 4000 | 5850 |
| K2500 Sport Utility | K26U | 40916 | 2750 | 3050 | 4200 | 6125 |

**DEDUCT FOR RECONDITIONING**

# 2002 CHEVROLET/GMC

| Body Type | VIN | List | Trade-In Good | Very Good | Pvt-Party Good | Retail Excellent |
|---|---|---|---|---|---|---|
| 2WD | C | | (800) | (800) | (1065) | (1065) |
| V8, 8.1 Liter | G | | 200 | 200 | 265 | 265 |
| **YUKON 4WD AWD—V8—Truck Equipment Schedule T1** | | | | | | |
| 1500 Sport Utility | K13T | 37047 | 3175 | 3500 | 4800 | 6950 |
| 2500 Sport Utility | K23U | 38419 | 3300 | 3625 | 4950 | 7175 |
| 2WD | | | (800) | (800) | (1065) | (1065) |
| V8, 8.1 Liter | G | | 200 | 200 | 265 | 265 |
| **YUKON XL DENALI AWD—V8—Truck Equipment Schedule T3** | | | | | | |
| 1500 Sport Utility 4D | K66U | 48890 | 4925 | 5300 | 6325 | 8425 |
| **VENTURE—V6—Truck Equipment Schedule T2** | | | | | | |
| Cargo Minivan 4D | U05E | 24697 | 1850 | 2025 | 2850 | 4300 |
| **VENTURE—V6—Truck Equipment Schedule T1** | | | | | | |
| Minivan 4D | U03E | 22035 | 1575 | 1725 | 2475 | 3750 |
| Ext Minivan 4D | X03E | 26255 | 1800 | 1975 | 2775 | 4200 |
| 5-Passenger Seating | | | (275) | (275) | (365) | (365) |
| AWD | | | 350 | 350 | 465 | 465 |
| **ASTRO/SAFARI—V6—Truck Equipment Schedule T2** | | | | | | |
| Cargo/SL Cargo | M19W | 21768 | 2425 | 2650 | 3625 | 5350 |
| Dutch Doors | | | 100 | 100 | 135 | 135 |
| AWD | L | | 350 | 350 | 465 | 465 |
| **ASTRO/SAFARI—V6—Truck Equipment Schedule T1** | | | | | | |
| Minivan 3D | M19X | 24416 | 2400 | 2625 | 3575 | 5300 |
| Dutch Doors | | | 100 | 100 | 135 | 135 |
| AWD | L | | 350 | 350 | 465 | 465 |
| **EXPRESS/SAVANA VAN—V8—Truck Equipment Schedule T1** | | | | | | |
| 1500 Passenger Van | G15M | 25287 | 3125 | 3425 | 4475 | 6450 |
| 2500 Passenger Van | G25R | 27292 | 3200 | 3500 | 4575 | 6575 |
| 3500 Passenger Van | G35R | 27581 | 3375 | 3700 | 4800 | 6900 |
| 155" WB | | | 100 | 100 | 135 | 135 |
| V6, 4.3 Liter | W | | (275) | (275) | (365) | (365) |
| V8, 5.7 Liter (1500) | R | | 200 | 200 | 265 | 265 |
| V8, 8.1 Liter | G | | 150 | 150 | 200 | 200 |
| V8, Turbo Dsl, 6.5L | F | | 150 | 150 | 200 | 200 |
| **EXPRESS/SAVANA VAN—V8—Truck Equipment Schedule T1** | | | | | | |
| 1500 Cargo Van | G15M | 22948 | 1800 | 1975 | 3050 | 4750 |
| 2500 Cargo Van | G25M | 23078 | 1875 | 2050 | 3150 | 4900 |
| 3500 Cargo Van | G35R | 25357 | 1950 | 2150 | 3275 | 5075 |
| 155" WB | | | 100 | 100 | 135 | 135 |
| V6, 4.3 Liter | W | | (275) | (275) | (365) | (365) |
| V8, 5.7 Liter (ex 3500) | R | | 200 | 200 | 265 | 265 |
| V8, 8.1 Liter | G | | 275 | 275 | 365 | 365 |
| V8, Turbo Diesel, 6.5L | F | | 250 | 250 | 335 | 335 |
| **S10/SONOMA PICKUP—4-Cyl. Flex Fuel—Truck Equipment Sch T2** | | | | | | |
| Short Bed | S145 | 14327 | 2275 | 2500 | 3350 | 4900 |
| Long Bed | S145 | 15772 | 1900 | 2075 | 2825 | 4175 |
| Extended Cab | S195 | 16309 | 2850 | 3150 | 4125 | 5975 |
| 4WD | T | | 650 | 650 | 865 | 865 |
| V6, 4.3 Liter | | | 275 | 275 | 365 | 365 |
| **S10/SONOMA CREW CAB PICKUP 4WD—V6—Truck Equipment Sch T1** | | | | | | |
| LS/SLS Short Bed | T13W | 24584 | 4325 | 4675 | 6300 | 9000 |
| **AVALANCHE 4WD—V8—Truck Equipment Schedule T1** | | | | | | |
| 1500 Spt Util Pickup | C13T | 33965 | 3725 | 4050 | 5375 | 7650 |
| 2500 Spt Util Pickup | C23G | 35865 | 4800 | 5175 | 6825 | 9600 |
| 2WD | | | (800) | (800) | (1065) | (1065) |
| North Face Edition | | | 475 | 475 | 635 | 635 |
| **SILVERADO/SIERRA REGULAR CAB—V8—Truck Equipment Schedule T1** | | | | | | |
| 1500 Short Bed | C14V | 20028 | 3725 | 4050 | 4950 | 6725 |
| 1500 Long Bed | C14V | 20328 | 3500 | 3825 | 4675 | 6375 |
| 2500 Long Bed | C24U | 24182 | 2600 | 2850 | 3450 | 4800 |
| 2500 HD Long Bed | C34U | 24672 | 2950 | 3250 | 3875 | 5375 |
| 3500 Long Bed | C34U | 29017 | 3000 | 3300 | 3950 | 5450 |
| 4WD | K | | 1100 | 1100 | 1465 | 1465 |
| V6, 4.3 Liter | W,X | | (400) | (400) | (535) | (535) |
| V8, 5.3 Liter | T | | 175 | 175 | 235 | 235 |
| V8, 8.1 Liter | G | | 200 | 200 | 265 | 265 |
| V8, Turbo Diesel, 6.6L | 1 | | 3025 | 3025 | 4035 | 4035 |
| **SILVERADO/SIERRA EXTENDED CAB—V8—Truck Equipment Schedule T1** | | | | | | |
| 1500 Short Bed | C19V | 23952 | 5100 | 5475 | 6650 | 8950 |
| 1500 Long Bed | C19V | 25052 | 4800 | 5175 | 6275 | 8450 |
| 2500 HD Short Bed | K29U | 27177 | 4400 | 4750 | 5850 | 7925 |
| 2500 HD Long Bed | C29U | 27452 | 4250 | 4600 | 5650 | 7700 |
| 3500 Long Bed | C39U | 28734 | 4375 | 4725 | 5800 | 7900 |
| Quadrasteer | | | 375 | 375 | 500 | 500 |

SEE BACK PAGES FOR TRUCK EQUIPMENT

# 2002 CHEVROLET/GMC

| Body Type | VIN | List | Trade-In Good | Very Good | Pvt-Party Good | Retail Excellent |
|---|---|---|---|---|---|---|
| 4WD | K | | 1100 | 1100 | 1465 | 1465 |
| V6, 4.3 Liter | W,X | | (400) | (400) | (535) | (535) |
| V8, 5.3 Liter | T | | 175 | 175 | 235 | 235 |
| V8, 8.1 Liter | G | | 200 | 200 | 265 | 265 |
| V8, Turbo Diesel, 6.6L | 1 | | 3025 | 3025 | 4035 | 4035 |
| **SILVERADO/SIERRA EXTENDED CAB 4WD—V8—Truck Equipment Sch T1** | | | | | | |
| 2500 Short Bed | K29U | 29407 | 4100 | 4450 | 5475 | 7450 |
| **SIERRA DENALI EXT CAB PICKUP AWD—V8—Truck Equipment Schedule T3** | | | | | | |
| 1500 Short Bed | K69U | 44105 | 9025 | 9550 | 11000 | 13900 |
| **SILVERADO/SIERRA CREW CAB PICKUP—V8—Truck Equipment Sch T1** | | | | | | |
| 1500 HD Short Bed | C13V | 29425 | 5775 | 6175 | 7700 | 10300 |
| 2500 HD Short Bed | C23V | 28577 | 4725 | 5100 | 6250 | 8475 |
| 2500 HD Long Bed | C23V | 28877 | 4650 | 5000 | 6150 | 8350 |
| 3500 Long Bed | C33U | 30159 | 4800 | 5175 | 6350 | 8600 |
| 4WD | K | | 1100 | 1100 | 1465 | 1465 |
| V8, 8.1 Liter | G | | 200 | 200 | 265 | 265 |
| V8, Turbo Diesel, 6.6L | 1 | | 3025 | 3025 | 4035 | 4035 |

## 2003 CHEVY/GMC—(1,2or3)(CorG)(A,B,CorN)—(J18C)-3-#

| Body Type | VIN | List | Trade-In Good | Very Good | Pvt-Party Good | Retail Excellent |
|---|---|---|---|---|---|---|
| **TRACKER 4WD—4-Cyl.—Truck Equipment Schedule T2** | | | | | | |
| Sport Utl Conv 2D | J18C | 17815 | 2125 | 2325 | 3200 | 4775 |
| Sport Utility 4D | J13C | 18505 | 2775 | 3075 | 4100 | 6050 |
| ZR2 Spt Utl Conv 2D | J78C | 19675 | 2800 | 3100 | 4150 | 6075 |
| 2WD | E | | (525) | (525) | (700) | (700) |
| V6, 2.5 Liter | 4 | | 300 | 300 | 400 | 400 |
| **TRACKER 4WD—V6—Truck Equipment Schedule T2** | | | | | | |
| ZR2 Sport Utility 4D | J734 | 22125 | 3525 | 3850 | 4825 | 6650 |
| LT Sport Utility 4D | J6S4 | 22550 | 3975 | 4325 | 5400 | 7425 |
| 2WD | E | | (525) | (525) | (700) | (700) |
| **BLAZER—V6—Truck Equipment Schedule T1** | | | | | | |
| Xtreme Spt Util 2D | T18X | 24170 | 1850 | 2025 | 2825 | 4250 |
| **BLAZER 4WD—V6—Truck Equipment Schedule T1** | | | | | | |
| LS Sport Utility 2D | T18X | 24755 | 2175 | 2400 | 3300 | 4900 |
| LS Sport Utility 4D | T13X | 26585 | 2625 | 2875 | 3925 | 5775 |
| 2WD | | | (900) | (900) | (1200) | (1200) |
| **TRAILBLAZER 4WD—6-Cyl.—Truck Equipment Schedule T1** | | | | | | |
| LS Sport Utility 4D | T13S | 28800 | 1750 | 1925 | 2600 | 3875 |
| LS Extended Spt Utl | T16S | 33510 | 2375 | 2600 | 3550 | 5250 |
| LT Sport Utility 4D | T13S | 32345 | 2350 | 2575 | 3425 | 5025 |
| LT Extended Spt Utl | T16S | 34295 | 2700 | 2950 | 4000 | 5875 |
| LTZ Sport Utility 4D | T13S | 36195 | 2650 | 2900 | 3825 | 5575 |
| 2WD | S | | (900) | (900) | (1200) | (1200) |
| V8, 5.3 Liter | P | | 200 | 200 | 265 | 265 |
| **ENVOY 4WD—6-Cyl.—Truck Equipment Schedule T1** | | | | | | |
| SLE Sport Utility 4D | T13S | 31495 | 2525 | 2775 | 3675 | 5350 |
| SLT Sport Utility 4D | T13S | 36345 | 2550 | 2800 | 3700 | 5400 |
| 2WD | S | | (900) | (900) | (1200) | (1200) |
| **ENVOY XL 4WD—6-Cyl.—Truck Equipment Schedule T1** | | | | | | |
| SLE Sport Utility 4D | T16S | 33795 | 2900 | 3200 | 4450 | 6525 |
| SLT Sport Utility 4D | T16S | 38145 | 3050 | 3375 | 4650 | 6800 |
| 2WD | S | | (900) | (900) | (1200) | (1200) |
| V8, 5.3 Liter | P | | 200 | 200 | 265 | 265 |
| **TAHOE 4WD—V8—Truck Equipment Schedule T1** | | | | | | |
| LS Sport Utility 4D | K13V | 37387 | 4325 | 4675 | 5600 | 7500 |
| LT Sport Utility 4D | K13V | 41380 | 4850 | 5225 | 6450 | 8600 |
| Third Row Seat | | | 300 | 300 | 400 | 400 |
| 2WD | C | | (550) | (550) | (735) | (735) |
| V8, 5.3 Liter | T | | 200 | 200 | 265 | 265 |
| **YUKON—V8—Truck Equipment Schedule T1** | | | | | | |
| SLE Sport Utility 4D | C13V | 35027 | 4075 | 4425 | 5300 | 7100 |
| Third Row Seat | | | 300 | 300 | 400 | 400 |
| 4WD | K | | 550 | 550 | 735 | 735 |
| V8, 5.3 Liter | T | | 200 | 200 | 265 | 265 |
| **YUKON 4WD—V8—Truck Equipment Schedule T1** | | | | | | |
| SLT Sport Utility 4D | K13V | 40300 | 5450 | 5850 | 7175 | 9525 |
| Third Row Seat | | | 300 | 300 | 400 | 400 |
| 2WD | C | | (550) | (550) | (735) | (735) |
| V8, 5.3 Liter | T | | 200 | 200 | 265 | 265 |
| **YUKON DENALI 4WD—V8—Truck Equipment Schedule T3** | | | | | | |
| Sport Utility 4D | K63U | 49195 | 6325 | 6750 | 8025 | 10400 |
| **SUBURBAN 4WD—V8—Truck Equipment Schedule T1** | | | | | | |
| K1500 LS Sport Util | K16T | 43875 | 3150 | 3475 | 4300 | 5900 |
| K1500 LT Sport Util | K16T | 40630 | 3950 | 4300 | 5300 | 7225 |

DEDUCT FOR RECONDITIONING

# 2003 CHEVROLET/GMC

| Body Type | VIN | List | Trade-In Good | Trade-In Very Good | Pvt-Party Good | Retail Excellent |
|---|---|---|---|---|---|---|
| K2500 LS Sport Util | K26U | 45575 | 4050 | 4400 | 5425 | 7375 |
| K2500 LT Sport Util | K26U | 42230 | 4875 | 5250 | 6450 | 8725 |
| Quadrasteer | | | 425 | 425 | 565 | 565 |
| 2WD | C | | (900) | (900) | (1200) | (1200) |
| V8, 8.1 Liter | G | | 225 | 225 | 300 | 300 |
| **YUKON XL—V8—Truck Equipment Schedule T1** | | | | | | |
| 1500 SLE Sport Util | C16T | 37967 | 3075 | 3375 | 4050 | 5575 |
| 4WD | K | | 875 | 875 | 1165 | 1165 |
| **YUKON XL 4WD—V8—Truck Equipment Schedule T1** | | | | | | |
| 1500 SLE Sport Util | K16Z | 43590 | 4775 | 5150 | 6325 | 8575 |
| 2500 SLE Sport Util | K26U | 42875 | 4100 | 4450 | 5475 | 7450 |
| 2500 SLT Sport Util | K26U | 46165 | 4850 | 5225 | 6625 | 8975 |
| Quadrasteer | | | 425 | 425 | 565 | 565 |
| 2WD | C | | (900) | (900) | (1200) | (1200) |
| V8, 8.1 Liter | G | | 225 | 225 | 300 | 300 |
| **YUKON XL DENALI AWD—V8—Truck Equipment Schedule T3** | | | | | | |
| 1500 Sport Utility 4D | K16U | 50859 | 5525 | 5925 | 7125 | 9350 |
| **VENTURE—V6—Truck Equipment Schedule T2** | | | | | | |
| Cargo Minivan 4D | U03E | 22925 | 2300 | 2525 | 3375 | 4950 |
| **VENTURE—V6—Truck Equipment Schedule T1** | | | | | | |
| Minivan 4D | U03E | 23139 | 2075 | 2275 | 3075 | 4525 |
| Ext Minivan 4D | X03E | 24509 | 2125 | 2325 | 3150 | 4625 |
| LS Minivan 4D | U13E | 25845 | 2475 | 2725 | 3625 | 5300 |
| LS Ext Minivan | X03E | 26845 | 2525 | 2775 | 3675 | 5375 |
| LT Ext Minivan | X03E | 29745 | 2950 | 3250 | 4275 | 6175 |
| WarnerBros Ext | X13E | 31995 | 3050 | 3350 | 4400 | 6375 |
| 5-Passenger Seating | | | (300) | (300) | (400) | (400) |
| AWD | V | | 400 | 400 | 535 | 535 |
| **ASTRO/SAFARI—V6—Truck Equipment Schedule T2** | | | | | | |
| Cargo/SL Cargo 3D | M19X | 21952 | 3025 | 3325 | 4325 | 6225 |
| Dutch Doors | | | 100 | 100 | 135 | 135 |
| AWD | L | | 400 | 400 | 535 | 535 |
| **ASTRO/SAFARI—V6—Truck Equipment Schedule T1** | | | | | | |
| Minivan 3D | M19X | 23801 | 3000 | 3300 | 4275 | 6175 |
| LS Minivan 3D | M19X | 25390 | 3100 | 3400 | 4425 | 6375 |
| LT Minivan 3D | M19X | 29291 | 3175 | 3500 | 4700 | 6725 |
| Dutch Doors | | | 100 | 100 | 135 | 135 |
| AWD | L | | 400 | 400 | 535 | 535 |
| **EXPRESS/SAVANA VAN—V8—Truck Equipment Schedule T1** | | | | | | |
| 1500 Passenger | G15T | 27005 | 3875 | 4225 | 5500 | 7725 |
| 1500 LS Passenger | G15T | 28240 | 4000 | 4350 | 5650 | 7950 |
| 2500 Passenger | G25U | 28000 | 3925 | 4275 | 5550 | 7825 |
| 2500 Extended | G29U | 28995 | 4125 | 4475 | 5825 | 8175 |
| 2500 LS Passenger | G25U | 30740 | 4200 | 4550 | 4700 | 8300 |
| 2500 LS Extended | G29U | 31590 | 4350 | 4700 | 6125 | 8575 |
| 3500 Passenger | G35U | 28504 | 4225 | 4575 | 5950 | 8350 |
| 3500 Extended | G39U | 29499 | 4325 | 4675 | 6075 | 8525 |
| 3500 LS Passenger | G35U | 31244 | 4475 | 4825 | 6275 | 8800 |
| 3500 LS Extended | G39U | 32094 | 4550 | 4900 | 6375 | 8925 |
| AWD | H | | 400 | 400 | 535 | 535 |
| V6, 4.3 Liter | X | | (300) | (300) | (400) | (400) |
| **EXPRESS VAN—V6—Truck Equipment Schedule T1** | | | | | | |
| 1500 Cargo Van | G15X | 23185 | 2375 | 2600 | 3575 | 5325 |
| AWD | H | | 450 | 450 | 600 | 600 |
| V8, 5.3 Liter | T | | 300 | 300 | 400 | 400 |
| **EXPRESS VAN—V8—Truck Equipment Schedule T1** | | | | | | |
| 1500 Cargo Van | G15X | 23265 | 2725 | 3025 | 4075 | 6000 |
| AWD | H | | 450 | 450 | 600 | 600 |
| V6, 4.3 Liter | X | | (300) | (300) | (400) | (400) |
| **EXPRESS/SAVANA VAN—V8—Truck Equipment Schedule T1** | | | | | | |
| 2500 Cargo Van | G25V | 23415 | 2800 | 3100 | 4175 | 6150 |
| 2500 Ext Cargo | G29V | 24695 | 2875 | 3175 | 4275 | 6300 |
| 3500 Cargo Van | G35V | 25969 | 2900 | 3200 | 4325 | 6350 |
| 3500 Ext Cargo | G39V | 27249 | 3200 | 3525 | 4900 | 7175 |
| V6, 4.3 Liter | X | | (300) | (300) | (400) | (400) |
| V8, 5.3 Liter (ex 1500) | U | | 175 | 175 | 235 | 235 |
| V8, 6.0 Liter (ex 3500) | | | 300 | 300 | 400 | 400 |
| **S10/SONOMA REGULAR CAB PICKUP—4-Cyl.—Truck Equip Sch T2** | | | | | | |
| 2D 6' | S14H | 14771 | 2150 | 2350 | 3050 | 4400 |
| 2D 7 1/3' | S14H | 16218 | 2225 | 2450 | 3150 | 4525 |
| LS/SLS 2D 6' | S14H | 16495 | 2450 | 2675 | 3425 | 4925 |
| LS/SLS 2D 7 1/3' | S14H | 17945 | 2525 | 2775 | 3525 | 5050 |

**SEE BACK PAGES FOR TRUCK EQUIPMENT**

# 2003 CHEVROLET/GMC

| Body Type | VIN | List | Trade-In Good | Very Good | Pvt-Party Good | Retail Excellent |
|---|---|---|---|---|---|---|
| **S10/SONOMA EXTENDED CAB PICKUP—4-Cyl.**—Truck Equip Sch T2 | | | | | | |
| 3D 6' | S19H | 16593 | 2825 | 3125 | 3925 | 5575 |
| 4WD | T | | 800 | 800 | 1065 | 1065 |
| V6, 4.3 Liter | X | | 300 | 300 | 400 | 400 |
| **S10/SONOMA CREW CAB PICKUP 4WD—V6**—Truck Equip Sch T1 | | | | | | |
| LS/SLS 4D 4 1/2' | T13X | 24404 | 4675 | 5050 | 6500 | 9075 |
| **SSR REGULAR CAB PICKUP—V8**—Truck Equipment Schedule T3 | | | | | | |
| LS Convertible 2D | S14P | 41995 | 10750 | 11300 | 12350 | 14900 |
| **AVALANCHE 4WD—V8**—Truck Equipment Schedule T1 | | | | | | |
| 1500 Spt Util Pickup | K13T | 35139 | 4725 | 5100 | 6750 | 9375 |
| 2500 Spt Util Pickup | K23G | 37039 | 5975 | 6400 | 8375 | 11550 |
| 2WD | C | | (900) | (900) | (1200) | (1200) |
| North Face Edition | | | 500 | 500 | 665 | 665 |
| **SILVERADO REGULAR CAB PICKUP—V6**—Truck Equipment Sch T1 | | | | | | |
| 1500 2D 6 1/2' | C14X | 20031 | 3275 | 3600 | 4350 | 5900 |
| 1500 LS 2D 6 1/2' | C14X | 23584 | 3475 | 3800 | 4600 | 6200 |
| 4WD | K | | 1200 | 1200 | 1600 | 1600 |
| V8, 4.8 Liter | V | | 375 | 375 | 500 | 500 |
| V8, 5.3 Liter | T | | 600 | 600 | 800 | 800 |
| **SIERRA REGULAR CAB PICKUP—V8**—Truck Equipment Sch T1 | | | | | | |
| 1500 2D 6 1/2' | C14V | 20726 | 3525 | 3850 | 4650 | 6275 |
| 4WD | K | | 1200 | 1200 | 1600 | 1600 |
| V6, 4.3 Liter | X | | (425) | (425) | (565) | (565) |
| V8, 5.3 Liter | T | | 200 | 200 | 265 | 265 |
| **SILVERADO/SIERRA REGULAR CAB PICKUP—V8**—Truck Equipment Sch T1 | | | | | | |
| 1500 2D 8' | C14X | 21026 | 3150 | 3475 | 4200 | 5700 |
| 1500 LS/SLE 2D 8' | C14V | 24310 | 3600 | 3925 | 4750 | 6400 |
| 2500 Work Trk 8' | C24U | 24810 | 3600 | 3925 | 4650 | 6200 |
| 2500 HD Wrk Trk 8' | C24U | 25060 | 3975 | 4325 | 5100 | 6775 |
| 2500 HD 2D 8' | C24U | 23627 | 4325 | 4675 | 5525 | 7300 |
| 2500 LS/SLE 2D 8' | C24U | 23877 | 4775 | 5150 | 6050 | 8000 |
| 2500 HD LS/SLE 8' | C24U | 27460 | 4800 | 5175 | 6075 | 8025 |
| 2500 HD LS/SLE 2D 8' | C24U | 27710 | 4950 | 5325 | 6250 | 8250 |
| 4WD | K | | 1200 | 1200 | 1600 | 1600 |
| V6, 4.3 Liter | X | | (425) | (425) | (565) | (565) |
| V8, 5.3 Liter | T | | 200 | 200 | 265 | 265 |
| V8, 8.1 Liter | G | | 225 | 225 | 300 | 300 |
| V8, Turbo Diesel, 6.6L | 1 | | 3325 | 3325 | 4435 | 4435 |
| **SILVERADO/SIERRA REGULAR CAB 4WD—V8 Turbo Diesel**—Truck Sch T1 | | | | | | |
| 3500 2D 8' | K341 | 29317 | 8450 | 8950 | 10750 | 14000 |
| 3500 LS/SLE 2D 8' | K341 | 31960 | 9050 | 9550 | 11550 | 15000 |
| V8, 6.0 Liter | U | | (3250) | (3250) | (4335) | (4335) |
| V8, 8.1 Liter | G | | (3050) | (3050) | (4065) | (4065) |
| **SILVERADO/SIERRA EXTENDED CAB PICKUP—V8**—Truck Equip Sch T1 | | | | | | |
| 1500 Work Trk 6 1/2' | C19V | 24110 | 4300 | 4650 | 5600 | 7500 |
| 1500 4D 6 1/2' | C19V | 24465 | 4725 | 5100 | 6125 | 8175 |
| 1500 4D 8' | C19V | 25565 | 4425 | 4775 | 5750 | 7700 |
| 1500 LS/SLE 4D 6 1/2' | C19V | 27265 | 5075 | 5450 | 6750 | 9000 |
| 1500 LS/SLE 4D 8' | C19V | 27565 | 4975 | 5350 | 6625 | 8850 |
| 1500 LT/SLT 4D 6 1/2' | C19V | 32475 | 5475 | 5875 | 7250 | 9650 |
| 1500 LT/SLT 4D 8' | C19V | 32775 | 5100 | 5475 | 6775 | 9050 |
| 2500 HD 4D 6 1/2' | C29U | 28257 | 6100 | 6525 | 7850 | 10300 |
| 2500 HD 4D 8' | C29U | 26532 | 6300 | 6725 | 8075 | 10600 |
| 2500HD LS/SLE 8' | C29U | 30560 | 6600 | 7025 | 8450 | 11050 |
| 2500HD LT/SLT 8' | C29U | 34743 | 6800 | 7250 | 8675 | 11350 |
| Quadrasteer | | | 425 | 425 | 565 | 565 |
| 4WD | K | | 1200 | 1200 | 1600 | 1600 |
| V6, 4.3 Liter | X | | (425) | (425) | (565) | (565) |
| V8, 5.3 Liter | T | | 200 | 200 | 265 | 265 |
| V8, 8.1 Liter | G | | 225 | 225 | 300 | 300 |
| V8, Turbo Diesel, 6.6L | 1 | | 3325 | 3325 | 4435 | 4435 |
| **SILVERADO/SIERRA EXTENDED CAB PICKUP 4WD—V8**—Truck Equip Sch T1 | | | | | | |
| 2500 HD 4D 6 1/2' | K29U | 29822 | 5850 | 6250 | 7550 | 9900 |
| 2500 LS/SLE 6 1/2' | K29U | 32765 | 6625 | 7050 | 8475 | 11100 |
| 2500 LT/SLT 6 1/2' | K29U | 37285 | 6625 | 7050 | 8475 | 11100 |
| **SILVERADO/SIERRA EXTENDED CAB PICKUP 4WD—V8**—Truck Equip T1 | | | | | | |
| 2500HD LS/SLE 6 1/2' | K29U | 30260 | 8150 | 8650 | 10400 | 13550 |
| 2500HD LT/SLT 6 1/2' | K29U | 34443 | 8250 | 8750 | 10500 | 13700 |
| 3500 LS/SLE 4D 8' | K39U | 31510 | 8475 | 8975 | 10800 | 14050 |
| 2WD | C | | (1325) | (1325) | (1765) | (1765) |
| V8, 8.1 Liter | G | | 225 | 225 | 300 | 300 |
| V8, Turbo Diesel, 6.6L | 1 | | 3325 | 3325 | 4435 | 4435 |

**DEDUCT FOR RECONDITIONING**

# 2003 CHEVROLET/GMC

| Body Type | VIN | List | Trade-In Good | Trade-In Very Good | Pvt-Party Good | Retail Excellent |
|---|---|---|---|---|---|---|
| **SILVERADO/SIERRA EXTENDED CAB 4WD—V8 Turbo Diesel—Truck Sch T1** | | | | | | |
| 3500 4D 8' | K391 | 28909 | 11400 | 11950 | 14400 | 18650 |
| 3500 LT/SLT 4D 8' | K391 | 35310 | 12400 | 13000 | 15600 | 20200 |
| 2WD | C | | (1325) | (1325) | (1765) | (1765) |
| V8, 6.0 Liter | U | | (3250) | (3250) | (4335) | (4335) |
| V8, 8.1 Liter | | | (3050) | (3050) | (4065) | (4065) |
| **SILVERADO SS EXTENDED CAB PICKUP AWD—V8—Truck Equip Sch T3** | | | | | | |
| 1500 4D 6 1/2' | K19U | 39995 | 9775 | 10300 | 12650 | 16650 |
| **SIERRA DENALI EXTENDED CAB PICKUP AWD—V8—Truck Equip Sch T3** | | | | | | |
| 1500 4D 6 1/2' | K19U | 44995 | 9900 | 10450 | 12050 | 15200 |
| **SILVERADO/SIERRA CREW CAB 4WD—V8 Turbo Diesel—Truck Equip T1** | | | | | | |
| 2500 LT/SLT 6 1/2' | K231 | 46435 | 12150 | 12750 | 15350 | 19850 |
| 2WD | C | | (1325) | (1325) | (1765) | (1765) |
| V8, 6.0 Liter | U | | (3250) | (3250) | (4335) | (4335) |
| V8, 8.1 Liter | | | (3050) | (3050) | (4065) | (4065) |
| **SILVERADO CREW CAB PICKUP 4WD—V8—Truck Equip Schedule T1** | | | | | | |
| 1500HD LS 6 1/2 | K13U | 33860 | 7975 | 8450 | 10400 | 13700 |
| 1500HD LT 6 1/2 | K13U | 38140 | 8275 | 8775 | 10750 | 14200 |
| Quadrasteer | | | 425 | 425 | 565 | 565 |
| 2WD | S | | (900) | (900) | (1200) | (1200) |
| **SIERRA CREW CAB PICKUP—V8—Truck Equip Schedule T1** | | | | | | |
| 1500 HD SLE 6 1/2' | C13U | 30442 | 6575 | 7025 | 8675 | 11500 |
| 4WD | K | | 1200 | 1200 | 1600 | 1600 |
| **SIERRA CREW CAB PICKUP 4WD—V8—Truck Equip Schedule T1** | | | | | | |
| 1500 HD SLE 6 1/2' | K13U | 33348 | 8675 | 9175 | 11300 | 14900 |
| 2WD | C | | (1325) | (1325) | (1765) | (1765) |
| **SILVERADO/SIERRA CREW CAB PICKUP 4WD—V8—Truck Equip Schedule T1** | | | | | | |
| 2500 HD 4D 6 1/2' | K23U | 32640 | 7950 | 8425 | 10150 | 13250 |
| 2500HD LS/SLE 6 1/2 | K23U | 34629 | 8375 | 8875 | 10650 | 13900 |
| 3500 4D 8' | K33U | 31620 | 8000 | 8475 | 10200 | 13300 |
| 2WD | C | | (1325) | (1325) | (1765) | (1765) |
| V8, 8.1 Liter | E | | 225 | 225 | 300 | 300 |
| V8, Turbo Diesel, 6.6L | 1 | | 3325 | 3325 | 4435 | 4435 |
| **SILVERADO/SIERRA CREW CAB PICKUP—V8—Truck Equip Schedule T1** | | | | | | |
| 2500 HD 4D 8' | C23U | 29577 | 6600 | 7025 | 8450 | 11050 |
| 2500HD LS/SLE 8' | C23U | 32410 | 7000 | 7450 | 8925 | 11650 |
| 2500HD LT/SLT 8' | C23U | 36831 | 7100 | 7550 | 9125 | 11950 |
| 4WD | K | | 1200 | 1200 | 1600 | 1600 |
| V8, 8.1 Liter | E | | 225 | 225 | 300 | 300 |
| V8, Turbo Diesel, 6.6L | 1 | | 3325 | 3325 | 4435 | 4435 |
| **SILVERADO/SIERRA CREW CAB 4WD—V8 Turbo Diesel—Truck Equip T1** | | | | | | |
| 3500 LS/SLE 4D 8' | K331 | 33372 | 12550 | 13150 | 15800 | 20500 |
| 3500 LT/SLT 4D 8' | K331 | 37410 | 12700 | 13300 | 16000 | 20700 |
| 2WD | C | | (1325) | (1325) | (1765) | (1765) |
| V8, 6.0 Liter | U | | (3250) | (3250) | (4335) | (4335) |
| V8, 8.1 Liter | | | (3050) | (3050) | (4065) | (4065) |

# 2004 CHEVY/GMC—(1,2or3)(CorG)(A,B,CorN)—J134)-4-#

| Body Type | VIN | List | Trade-In Good | Trade-In Very Good | Pvt-Party Good | Retail Excellent |
|---|---|---|---|---|---|---|
| **TRACKER 4WD—V6—Truck Equipment Schedule T2** | | | | | | |
| Sport Utility 4D | J134 | 21355 | 3800 | 4125 | 5300 | 7375 |
| ZR2 Sport Utility 4D | J734 | 22705 | 4175 | 4525 | 5625 | 7700 |
| LT Sport Utility 4D | J634 | 23555 | 4500 | 4875 | 6250 | 8525 |
| 2WD | | | (600) | (600) | (800) | (800) |
| **BLAZER—V6—Truck Equipment Schedule T1** | | | | | | |
| Xtreme Spt Util 2D | S18X | 24940 | 2450 | 2675 | 3500 | 5025 |
| **BLAZER 4WD—V6—Truck Equipment Schedule T1** | | | | | | |
| LS Sport Utility 2D | T18X | 25395 | 2775 | 3075 | 3925 | 5625 |
| LS Sport Utility 4D | T13X | 27345 | 3325 | 3650 | 4650 | 6625 |
| 2WD | S | | (975) | (975) | (1300) | (1300) |
| **TRAILBLAZER 4WD—6-Cyl.—Truck Equipment Schedule T1** | | | | | | |
| LS Sport Utility 4D | T13S | 30045 | 2725 | 3025 | 3750 | 5325 |
| LT Sport Utility 4D | T13S | 32855 | 3250 | 3575 | 4600 | 6450 |
| LS Ext Sport Util | T16S | 32495 | 2900 | 3200 | 4000 | 5650 |
| LT Ext Sport Util | T16S | 34805 | 3425 | 3750 | 4850 | 6800 |
| 2WD | | | (975) | (975) | (1300) | (1300) |
| V8, 5.3 Liter | P | | 225 | 225 | 300 | 300 |
| **ENVOY 4WD—6-Cyl.—Truck Equipment Schedule T1** | | | | | | |
| SLE Sport Utility 4D | T13S | 34655 | 3425 | 3750 | 4825 | 6750 |
| SLT Sport Utility 4D | T13S | 36905 | 3575 | 3900 | 5025 | 7025 |
| 2WD | | | (975) | (975) | (1300) | (1300) |
| **ENVOY XL 4WD—6-Cyl.—Truck Equipment Schedule T1** | | | | | | |
| SLE Sport Utility 4D | T16S | 36455 | 3800 | 4125 | 5325 | 7450 |
| SLT Sport Utility 4D | T16S | 38705 | 4050 | 4400 | 5650 | 7900 |

SEE BACK PAGES FOR TRUCK EQUIPMENT

# 2004 CHEVROLET/GMC

| Body Type | VIN | List | Trade-In Good | Trade-In Very Good | Pvt-Party Good | Retail Excellent |
|---|---|---|---|---|---|---|
| 2WD | S | | (975) | (975) | (1300) | (1300) |
| V8, 5.3 Liter | P | | 225 | 225 | 300 | 300 |
| **ENVOY XUV 4WD—6-Cyl.—Truck Equipment Schedule T1** | | | | | | |
| SLE Sport Utility 4D | T12S | 34150 | 4600 | 4950 | 5900 | 7850 |
| 2WD | S | | (975) | (975) | (1300) | (1300) |
| V8, 5.3 Liter | S | | 225 | 225 | 300 | 300 |
| **ENVOY XUV 4WD—V8—Truck Equipment Schedule T1** | | | | | | |
| SLT Sport Utiltiy 4D | T12P | 40215 | 5600 | 6000 | 7325 | 9675 |
| 2WD | S | | (975) | (975) | (1300) | (1300) |
| 6-Cyl, 4.2 Liter | S | | (250) | (250) | (335) | (335) |
| **TAHOE 4WD—V8—Truck Equipment Schedule T1** | | | | | | |
| LS Sport Utility 4D | K13V | 38425 | 5475 | 5875 | 7100 | 9325 |
| LT Sport Utility 4D | K13V | 44600 | 6250 | 6675 | 8125 | 10650 |
| Third Row Seat | | | 325 | 325 | 435 | 435 |
| 2WD | C | | (600) | (600) | (800) | (800) |
| V8, 5.3 Liter | T | | 225 | 225 | 300 | 300 |
| **YUKON—V8—Truck Equipment Schedule T1** | | | | | | |
| SLE Sport Utility 4D | C13V | 35725 | 5275 | 5675 | 6850 | 9025 |
| Third Row Seat | | | 325 | 325 | 435 | 435 |
| 4WD | K | | 600 | 600 | 800 | 800 |
| V8, 5.3 Liter | T | | 225 | 225 | 300 | 300 |
| **YUKON 4WD—V8—Truck Equipment Schedule T1** | | | | | | |
| SLT Sport Utility 4D | K13V | 41315 | 7025 | 7475 | 9050 | 11850 |
| Third Row Seat | | | 325 | 325 | 435 | 435 |
| 2WD | C | | (600) | (600) | (800) | (800) |
| V8, 5.3 Liter | T | | 225 | 225 | 300 | 300 |
| **YUKON DENALI AWD—V8—Truck Equipment Schedule T3** | | | | | | |
| Sport Utility 4D | K13U | 50125 | 7375 | 7850 | 9225 | 11850 |
| **SUBURBAN 4WD—V8—Truck Equipment Schedule T1** | | | | | | |
| K1500 LS Sport Util | K16T | 45870 | 4750 | 5125 | 6325 | 8425 |
| K1500 LT Sport Util | K16T | 43070 | 5700 | 6100 | 7475 | 9900 |
| K2500 LS Sport Util | K26U | 42600 | 5800 | 6200 | 7600 | 10050 |
| K2500 LT Sport Util | K26U | 47570 | 6525 | 6950 | 8575 | 11300 |
| Quadrasteer | | | 450 | 450 | 600 | 600 |
| 2WD | C | | (975) | (975) | (1300) | (1300) |
| V8, 8.1 Liter | G | | 225 | 225 | 300 | 300 |
| **YUKON XL—V8—Truck Equipment Schedule T1** | | | | | | |
| 1500 SLE Sport Util | C16T | 38775 | 4575 | 4925 | 5900 | 7875 |
| 4WD | K | | 975 | 975 | 1300 | 1300 |
| **YUKON XL 4WD—V8—Truck Equipment Schedule T1** | | | | | | |
| 1500 SLT Sport Util | K16Z | 44765 | 6525 | 6950 | 8475 | 11200 |
| 2500 SLE Sport Util | K26U | 43210 | 5850 | 6250 | 7650 | 10150 |
| 2500 SLT Sport Util | K26U | 46500 | 6750 | 7200 | 8850 | 11650 |
| Quadrasteer | | | 450 | 450 | 600 | 600 |
| 2WD | C | | (975) | (975) | (1300) | (1300) |
| V8, 8.1 Liter | G | | 225 | 225 | 300 | 300 |
| **YUKON XL DENALI AWD—V8—Truck Equipment Schedule T3** | | | | | | |
| 1500 Sport Utility 4D | K16U | 51775 | 7050 | 7500 | 8850 | 11400 |
| **VENTURE—V6—Truck Equipment Schedule T2** | | | | | | |
| Cargo Minivan 4D | U03E | 23120 | 2700 | 2950 | 3875 | 5600 |
| **VENTURE—V6—Truck Equipment Schedule T1** | | | | | | |
| Minivan 4D | U03E | 21995 | 2575 | 2825 | 3700 | 5375 |
| LS Minivan 4D | U13E | 26040 | 3050 | 3350 | 4350 | 6250 |
| Ext Minivan 4D | X03E | 23570 | 2650 | 2900 | 3800 | 5525 |
| LS Ext Minivan 4D | X03E | 27390 | 3175 | 3475 | 4525 | 6500 |
| LT Ext Minivan 4D | X13E | 31290 | 3325 | 3650 | 4875 | 7000 |
| 5-Passenger Seating | | | (325) | (325) | (435) | (435) |
| AWD | V | | 450 | 450 | 600 | 600 |
| **ASTRO/SAFARI—V6—Truck Equipment Schedule T2** | | | | | | |
| Cargo 3D | M19X | 22965 | 3750 | 4075 | 5325 | 7500 |
| Dutch Doors | | | 100 | 100 | 135 | 135 |
| AWD | L | | 450 | 450 | 600 | 600 |
| **ASTRO/SAFARI—V6—Truck Equipment Schedule T1** | | | | | | |
| Minivan 3D | M19X | 24395 | 3675 | 4000 | 5225 | 7375 |
| LS/SLE Minivan | M19X | 25905 | 3825 | 4150 | 5425 | 7625 |
| LT/SLT Minivan | M19X | 29870 | 4050 | 4400 | 5725 | 8025 |
| Dutch Doors | | | 100 | 100 | 135 | 135 |
| AWD | L | | 450 | 450 | 600 | 600 |
| **EXPRESS/SAVANA VAN—V8—Truck Equipment Schedule T2** | | | | | | |
| 1500 Passenger | G15T | 27280 | 4800 | 5175 | 6400 | 8700 |
| 1500 LS Passenger | G15T | 28905 | 4950 | 5325 | 6575 | 8950 |
| 2500 Passenger | G25U | 28685 | 4875 | 5250 | 6500 | 8825 |
| 2500 LS Passenger | G25U | 31805 | 5150 | 5525 | 6825 | 9300 |

**DEDUCT FOR RECONDITIONING**

# 2004 CHEVROLET/GMC

| Body Type | VIN | List | Trade-In Good | Trade-In Very Good | Pvt-Party Good | Retail Excellent |
|---|---|---|---|---|---|---|
| 3500 Passenger | G35U | 29089 | 5200 | 5575 | 6900 | 9375 |
| 3500 LS Passenger | G35U | 32209 | 5300 | 5700 | 7250 | 9825 |
| 3500 Extended | G39U | 30409 | 5150 | 5550 | 7050 | 9575 |
| 3500 LS Extended | G39U | 33004 | 5425 | 5825 | 7400 | 10050 |
| AWD | H | — | 475 | 475 | 635 | 635 |
| V6, 4.3 Liter | X | — | (325) | (325) | (435) | (435) |
| **EXPRESS VAN—V6**—Truck Equipment Schedule T1 | | | | | | |
| 1500 Cargo Van | G15X | 23575 | 3100 | 3400 | 4425 | 6375 |
| AWD | H | — | 475 | 475 | 635 | 635 |
| V8, 5.3 Liter | T | — | 325 | 325 | 435 | 435 |
| **SAVANA VAN—V8**—Truck Equipment Schedule T1 | | | | | | |
| 1500 Cargo Van | G15T | 23185 | 3350 | 3675 | 4925 | 7075 |
| AWD | H | — | 475 | 475 | 635 | 635 |
| V6, 4.3 Liter | X | — | (325) | (325) | (435) | (435) |
| **EXPRESS/SAVANA VAN—V8**—Truck Equipment Schedule T1 | | | | | | |
| 2500 Cargo Van | G25V | 23965 | 3500 | 3825 | 5125 | 7350 |
| 2500 Extended | G29V | 25100 | 3600 | 3925 | 5275 | 7525 |
| 3500 Cargo Van | G35U | 27194 | 3625 | 3950 | 5300 | 7575 |
| 3500 Extended | G39U | 28414 | 4150 | 4500 | 6000 | 8550 |
| AWD | H | — | 475 | 475 | 635 | 635 |
| V6, 4.3 Liter | X | — | (325) | (325) | (435) | (435) |
| V8, 5.3 Liter (2500) | T | — | 200 | 200 | 265 | 265 |
| V8, 6.0 Liter (2500) | U | — | 325 | 325 | 435 | 435 |
| **S10/SONOMA CREW CAB PICKUP 4WD—V6**—Truck Equipment Sch T1 | | | | | | |
| LS/SLS 4D 4 1/2' | T13X | 25095 | 5450 | 5850 | 7200 | 9575 |
| **COLORADO/CANYON REGULAR CAB PICKUP—4-Cyl.**—Truck Equip Sch T2 | | | | | | |
| Base/SL 2D 6' | S148 | 17295 | 3500 | 3825 | 4625 | 6250 |
| LS/SLE 2D 6' | S148 | 18135 | 3900 | 4250 | 5100 | 6875 |
| 4WD | T | — | 900 | 900 | 1200 | 1200 |
| 5-Cyl, 3.5 Liter | 6 | — | 175 | 175 | 235 | 235 |
| **COLORADO/CANYON EXT CAB PICKUP—4-Cyl.**—Truck Equip Sch T2 | | | | | | |
| LS 4D 6' | S198 | 21235 | 5425 | 5825 | 7175 | 9550 |
| SL 4D 6' | S198 | 22210 | 4470 | 4075 | 6300 | 8400 |
| 4WD | T | — | 900 | 900 | 1200 | 1200 |
| 5-Cyl, 3.5 Liter | 6 | — | 175 | 175 | 235 | 235 |
| **COLORADO/CANYON EXT CAB PICKUP—5-Cyl.**—Truck Equip Sch T2 | | | | | | |
| Base 4D 6' | S196 | 20640 | 4800 | 5175 | 6425 | 8575 |
| SLE 4D 6' | S196 | 24555 | 5600 | 6000 | 7400 | 9825 |
| 4WD | T | — | 900 | 900 | 1200 | 1200 |
| 4-Cyl, 2.8 Liter | 8 | — | (150) | (150) | (200) | (200) |
| **COLORADO/CANYON CREW CAB PICKUP—5-Cyl.**—Truck Equip Sch T2 | | | | | | |
| LS/SLE 4D 5' | S136 | 23505 | 6475 | 6900 | 8450 | 11200 |
| 4WD | T | — | 900 | 900 | 1200 | 1200 |
| 4-Cyl, 2.8 Liter | 8 | — | (150) | (150) | (200) | (200) |
| **SSR REGULAR CAB PICKUP—V8**—Truck Equipment Schedule T3 | | | | | | |
| Convertible 2D | S14P | 41995 | 11700 | 12300 | 13550 | 16500 |
| **AVALANCHE 4WD—V8**—Truck Equipment Schedule T1 | | | | | | |
| 1500 Spt Util Pickup | K12T | 36100 | 5800 | 6200 | 7700 | 10250 |
| 2500 Spt Util Pickup | K22G | 37935 | 7375 | 7850 | 9725 | 12900 |
| 2WD | C | — | (975) | (975) | (1300) | (1300) |
| **SILVERADO REGULAR CAB PICKUP—V6**—Truck Equipment Sch T1 | | | | | | |
| 1500 2D 6 1/2' | C14X | 21905 | 3675 | 4000 | 4700 | 6225 |
| 4WD | K | — | 1300 | 1300 | 1735 | 1735 |
| V8, 4.8 Liter | V | — | 425 | 425 | 565 | 565 |
| V8, 5.3 Liter | T | — | 650 | 650 | 865 | 865 |
| **SIERRA REGULAR CAB PICKUP—V8**—Truck Equipment Sch T1 | | | | | | |
| 1500 2D 6 1/2' | C14V | 23400 | 3950 | 4300 | 5025 | 6650 |
| 4WD | K | — | 1300 | 1300 | 1735 | 1735 |
| V6, 4.3 Liter | X | — | (450) | (450) | (600) | (600) |
| V8, 5.3 Liter | T | — | 225 | 225 | 300 | 300 |
| **SILVERADO/SIERRA REGULAR CAB PICKUP—V8**—Truck Equipment Sch T1 | | | | | | |
| 1500 Work Trk 6 1/2' | C14V | 21185 | 2700 | 2950 | 3400 | 4575 |
| 1500 Work Truck 8' | C14V | 21285 | 2250 | 2475 | 2850 | 3900 |
| 1500 2D 8' | C14V | 23700 | 3500 | 3825 | 4500 | 5975 |
| 1500 LS/SLE 2D 6 1/2' | C14V | 25585 | 4200 | 4550 | 5325 | 7025 |
| 1500 LS/SLE 2D 8' | C14V | 25885 | 3950 | 4300 | 5025 | 6650 |
| 2500 Wrk Trk 2D 8' | C24U | 25465 | 4775 | 5150 | 5875 | 7600 |
| 2500 2D 8' | C24U | 26660 | 5575 | 5975 | 7000 | 9025 |
| 2500 LS/SLE 2D 8' | C24U | 28215 | 5900 | 6300 | 7375 | 9500 |
| 2500 HD Work Trk 8' | C25U | 25940 | 5125 | 5500 | 6275 | 8100 |
| 2500 HD 2D 8' | C24U | 26910 | 6100 | 6525 | 7600 | 9775 |
| 2500 HD LS/SLE 8' | C24U | 28690 | 6525 | 6950 | 8100 | 10400 |
| 4WD | K | — | 1300 | 1300 | 1735 | 1735 |

SEE BACK PAGES FOR TRUCK EQUIPMENT

## 2004 CHEVROLET/GMC

| Body Type | VIN | List | Trade-In Good | Trade-In Very Good | Pvt-Party Good | Retail Excellent |
|---|---|---|---|---|---|---|
| V6, 4.3 Liter | X | | (450) | (450) | (600) | (600) |
| V8, 5.3 Liter | T | | 225 | 225 | 300 | 300 |
| V8, 8.1 Liter | G | | 225 | 225 | 300 | 300 |
| V8, 6.6L Turbo Dsl | 1,2 | | 3650 | 3650 | 4865 | 4865 |
| **SILVERADO/SIERRA REGULAR CAB 4WD—V8—Truck Equipment Sch T1** | | | | | | |
| 3500 Wrk Trk 2D 8' | K34U | 29595 | 5350 | 5725 | 6525 | 8425 |
| V8, 8.1 Liter | G | | 225 | 225 | 300 | 300 |
| V8, 6.6L Turbo Dsl | 1,2 | | 3650 | 3650 | 4865 | 4865 |
| **SILVERADO/SIERRA REGULAR CAB 4WD—V8 Turbo Diesel—Truck Sch T1** | | | | | | |
| 3500 2D 8' | K341,2 | 30940 | 10250 | 10800 | 12600 | 16000 |
| 3500 LS/SLE 2D 8' | K341,2 | 31845 | 10750 | 11300 | 13150 | 16750 |
| V8, 6.0 Liter | U | | (3600) | (3600) | (4800) | (4800) |
| V8, 8.1 Liter | G | | (3375) | (3375) | (4500) | (4500) |
| **SILVERADO REGULAR CAB PICKUP—V8—Truck Equipment Sch T1** | | | | | | |
| 1500 Z71 2D 6 1/2' | K14V | 30235 | 5600 | 6000 | 7200 | 9400 |
| 1500 Z71 2D 8' | K14V | 30535 | 5400 | 5800 | 6950 | 9100 |
| V8, 5.3 Liter | T | | 225 | 225 | 300 | 300 |
| **SILVERADO/SIERRA EXT CAB PICKUP—V8—Truck Equipment Schedule T1** | | | | | | |
| 1500 Work Trk 6 1/2' | C19V | 25090 | 4625 | 4975 | 5825 | 7650 |
| 1500 Work Truck 8' | C19V | 25740 | 4050 | 4400 | 5150 | 6800 |
| 1500 4D 6 1/2' | C19V | 26260 | 5175 | 5575 | 6675 | 8750 |
| 1500 4D 8' | C19V | 26815 | 4775 | 5150 | 6200 | 8150 |
| 1500 LS/SLE 4D 6 1/2' | C19V | 28145 | 5450 | 5850 | 7000 | 9175 |
| 1500 LS/SLE 4D 8' | C19V | 28995 | 5325 | 5725 | 6850 | 8975 |
| 2500 HD Wk Tk 6 1/2' | C29U | 28895 | 7275 | 7725 | 9075 | 11600 |
| 2500 HD Wrk Trk 8' | C29U | 28890 | 7150 | 7600 | 8825 | 11300 |
| 2500 HD 4D 6 1/2' | C29U | 29160 | 7900 | 8375 | 9800 | 12500 |
| 2500 HD 4D 8' | C29U | 29460 | 8225 | 8725 | 10150 | 13000 |
| 2500 HD LS/SLE 8' | C29U | 31540 | 8550 | 9050 | 10550 | 13450 |
| 2500HD LT/SLT 6 1/2' | K29U | 35423 | 10750 | 11300 | 13150 | 16750 |
| 2500 HD LT/SLT 8' | C29U | 35723 | 8700 | 9200 | 10700 | 13700 |
| 3500 Wrk Trk 4D 8' | C39U | 30150 | 7125 | 7575 | 8800 | 11300 |
| Quadrasteer | | | 450 | 450 | 600 | 600 |
| 4WD | K | | 1300 | 1300 | 1735 | 1735 |
| V6, 4.3 Liter | X | | (450) | (450) | (600) | (600) |
| V8, 5.3 Liter | T | | 225 | 225 | 300 | 300 |
| V8, 6.0 Liter | U | | 425 | 425 | 565 | 565 |
| V8, 8.1 Liter | G | | 225 | 225 | 300 | 300 |
| V8, 6.6L Turbo Dsl | 1,2 | | 3650 | 3650 | 4865 | 4865 |
| **SILVERADO/SIERRA EXT CAB 4WD PICKUP—V8—Truck Equip Sch T1** | | | | | | |
| 2500 Wrk Trk 6 1/2' | K29U | 30820 | 6700 | 7125 | 8300 | 10650 |
| 2500 4D 6 1/2' | K29U | 31615 | 7675 | 8150 | 9525 | 12200 |
| 2500 LS/SLE 6 1/2' | K29U | 33520 | 8150 | 8650 | 10100 | 12900 |
| 2500HD LS/SLE 6 1/2' | K29U | 38040 | 8450 | 8950 | 10450 | 13300 |
| 2500HD LS/SLE 6 1/2' | K29U | 31240 | 10450 | 11000 | 12800 | 16300 |
| 3500 LS/SLE 4D 8' | K39U | 32490 | 11150 | 11700 | 13600 | 17300 |
| 2WD | | | (1675) | (1675) | (2235) | (2235) |
| V8, 8.1 Liter | G | | 225 | 225 | 300 | 300 |
| V8, 6.6L Turbo Dsl | 1,2 | | 3650 | 3650 | 4865 | 4865 |
| **SILVERADO/SIERRA EXT CAB 4WD—V8 Turbo Diesel—Truck Equip Sch T1** | | | | | | |
| 3500 4D 6 1/2' | K391,2 | 30400 | 13850 | 14500 | 16950 | 21500 |
| 3500 LT/SLT 4D 8' | K391,2 | 36290 | 15300 | 16050 | 18700 | 23700 |
| 2WD | | | (1675) | (1675) | (2235) | (2235) |
| V8, 6.0 Liter | U | | (3600) | (3600) | (4800) | (4800) |
| V8, 8.1 Liter | G | | (3375) | (3375) | (4500) | (4500) |
| **SILVERADO/SIERRA EXT CAB PICKUP—V8—Truck Equipment Schedule T1** | | | | | | |
| 1500 LT/SLT 4D 6 1/2' | C19T | 33455 | 6350 | 6775 | 8075 | 10550 |
| 1500 LT/SLT 4D 8' | C19T | 33755 | 5875 | 6275 | 7525 | 9800 |
| Quadrasteer | | | 450 | 450 | 600 | 600 |
| 4WD | K | | 1300 | 1300 | 1735 | 1735 |
| V8, 6.0 Liter | U | | 425 | 425 | 565 | 565 |
| **SILVERADO EXTENDED CAB PICKUP 4WD—V8—Truck Equipment Sch T1** | | | | | | |
| 1500 Z71 4D 6 1/2' | K19V | 32202 | 6850 | 7300 | 8775 | 11400 |
| V8, 5.3 Liter | T | | 225 | 225 | 300 | 300 |
| 1500 Z71 4D 8' | K19T | 33402 | 6675 | 7125 | 8550 | 11150 |
| **SILVERADO SS EXT CAB PICKUP AWD—V8—Truck Equipment Schedule T3** | | | | | | |
| 1500 4D 6 1/2' | K19N | | 10650 | 11250 | 13350 | 17250 |
| **SIERRA DENALI EXT CAB PICKUP AWD—V8—Truck Equip Schedule T3** | | | | | | |
| 1500 4D 6 1/2' | K19N | 41995 | 11150 | 11700 | 13500 | 16950 |
| **SILVERADO/SIERRA CREW CAB PICKUP—V8—Truck Equipment Sch T1** | | | | | | |
| 1500 LS/SLE 4D 5 3/4' | C13T | 31020 | 6825 | 7275 | 8725 | 11350 |
| 1500 LT/SLT 4D 5 3/4' | C13T | 35023 | 7350 | 7825 | 9350 | 12150 |

**DEDUCT FOR RECONDITIONING**

# 2004 CHEVROLET/GMC

| Body Type | VIN | List | Trade-In Good | Trade-In Very Good | Pvt-Party Good | Retail Excellent |
|---|---|---|---|---|---|---|
| 2500 LS/SLE 4D 6 1/2' | C23U | 31540 | 9250 | 9775 | 11400 | 14550 |
| 2500 LT/SLT 4D 6 1/2' | C23U | 36366 | 9500 | 10000 | 11700 | 14900 |
| 2500HD Wk Trk 6 1/2' | C23U | 30590 | 7700 | 8175 | 9550 | 12250 |
| 2500 HD Wrk Trk 8' | C23U | 30890 | 7600 | 8075 | 9450 | 12100 |
| 2500 HD 4D 8' | C23U | 31160 | 9000 | 9525 | 11050 | 14100 |
| 2500 HD LS/SLE 8' | C23U | 33390 | 9250 | 9775 | 11400 | 14550 |
| 2500 HD LT/SLT 8' | C23U | 37811 | 9500 | 10000 | 11700 | 14900 |
| 3500 Work Truck 8' | C33U | 32150 | 7825 | 8300 | 9700 | 12400 |
| Quadrasteer | | | 450 | 450 | 600 | 600 |
| 4WD | K | | 1300 | 1300 | 1735 | 1735 |
| V8, 8.1 Liter | | | 225 | 225 | 300 | 300 |
| V8, 6.6L Turbo Dsl | 1,2 | | 3650 | 3650 | 4865 | 4865 |

**SIERRA CREW CAB PICKUP—V8—Truck Equipment Sch T1**

| Body Type | VIN | List | Good | Very Good | Good | Excellent |
|---|---|---|---|---|---|---|
| 3500 4D 8' | C33U | 31710 | 9200 | 9725 | 11300 | 14400 |
| 4WD | K | | 1300 | 1300 | 1735 | 1735 |
| V8, Turbo Diesel, 6.6L | 1,2 | | 3650 | 3650 | 4865 | 4865 |
| V8, 8.1 Liter | G | | 225 | 225 | 300 | 300 |

**SILVERADO CREW CAB PICKUP 4WD—V8—Truck Equipment Sch T1**

| Body Type | VIN | List | Good | Very Good | Good | Excellent |
|---|---|---|---|---|---|---|
| 3500 4D 8' | K33U | 31710 | 10850 | 11400 | 13250 | 16850 |
| 2WD | C | | (1675) | (1675) | (2235) | (2235) |
| V8, 6.6L Turbo Dsl | 1,2 | | 3650 | 3650 | 4865 | 4865 |
| V8, 8.1 Liter | G | | 225 | 225 | 300 | 300 |

**SILVERADO/SIERRA CREW CAB 4WD—V8—Truck Equipment Sch T1**

| Body Type | VIN | List | Good | Very Good | Good | Excellent |
|---|---|---|---|---|---|---|
| 2500 HD 4D 6 1/2' | K23U | 34210 | 10850 | 11400 | 13250 | 16850 |
| 2500HD LS/SLE 6 1/2' | K23U | 35735 | 11050 | 11600 | 13500 | 17150 |
| 2WD | C | | (1675) | (1675) | (2235) | (2235) |
| V8, 8.1 Liter | G | | 225 | 225 | 300 | 300 |
| V8, 6.6L Turbo Dsl | 1,2 | | 3650 | 3650 | 4865 | 4865 |

**SILVERADO/SIERRA CREW CAB 4WD—V8 Turbo Diesel—Truck Sch T1**

| Body Type | VIN | List | Good | Very Good | Good | Excellent |
|---|---|---|---|---|---|---|
| 2500HD LT/SLT 6' | K23.2 | 47618 | 15100 | 15800 | 18450 | 23400 |
| 3500 LS/SLE 4D 8' | K33.2 | 34352 | 15300 | 16050 | 18700 | 23700 |
| 3500 LT/SLT 4D 8' | K33.2 | 38390 | 15600 | 16350 | 19050 | 24100 |
| 2WD | C | | (1675) | (1675) | (2235) | (2235) |
| V8, 6.0 Liter | U | | (3600) | (3600) | (4800) | (4800) |
| V8, 8.1 Liter | G | | (3375) | (3375) | (4500) | (4500) |

**SILVERADO CREW CAB PICKUP 4WD—V8—Truck Equipment Sch T1**

| Body Type | VIN | List | Good | Very Good | Good | Excellent |
|---|---|---|---|---|---|---|
| 1500 Z71 4D 5 3/4' | K13T | 35040 | 7300 | 7750 | 9300 | 12100 |

# 2005 CHEVY/GMC—(1,2or3)(CorG)(A,B,CorN)—(S18X)—5—#

**BLAZER—V6—Truck Equipment Schedule T1**

| Body Type | VIN | List | Good | Very Good | Good | Excellent |
|---|---|---|---|---|---|---|
| Xtreme Spt Util 2D | S18X | 24940 | 3100 | 3425 | 4650 | 6450 |

**BLAZER 4WD—V6—Truck Equipment Schedule T1**

| Body Type | VIN | List | Good | Very Good | Good | Excellent |
|---|---|---|---|---|---|---|
| LS Sport Utility 2D | T18X | 25850 | 3450 | 3775 | 5075 | 7050 |
| LS Sport Utility 4D | T13X | 28025 | 4200 | 4550 | 6050 | 8300 |
| 2WD | S | | (1050) | (1050) | (1400) | (1400) |

**EQUINOX—V6—Truck Equipment Schedule T1**

| Body Type | VIN | List | Good | Very Good | Good | Excellent |
|---|---|---|---|---|---|---|
| LS Sport Utility 4D | L13F | 21660 | 2650 | 2950 | 4050 | 5650 |
| LT Sport Utility 4D | L63F | 23600 | 3200 | 3525 | 4750 | 6575 |
| AWD | 2,7 | | 575 | 575 | 765 | 765 |

**TRAILBLAZER 4WD—6-Cyl.—Truck Equipment Schedule T1**

| Body Type | VIN | List | Good | Very Good | Good | Excellent |
|---|---|---|---|---|---|---|
| LS Sport Utility 4D | T13S | 30655 | 3350 | 3675 | 4875 | 6700 |
| LT Sport Utility 4D | T13S | 33305 | 4000 | 4350 | 5700 | 7775 |
| LS Ext Sport Util | T16S | 32775 | 3700 | 4050 | 5225 | 7075 |
| LT Ext Sport Util | T16S | 34955 | 4125 | 4475 | 5750 | 7750 |
| 2WD | S | | (1050) | (1050) | (1400) | (1400) |
| V8, 5.3 Liter | M | | 250 | 250 | 335 | 335 |

**ENVOY 4WD—6-Cyl.—Truck Equipment Schedule T1**

| Body Type | VIN | List | Good | Very Good | Good | Excellent |
|---|---|---|---|---|---|---|
| SLE Sport Utility 4D | T13S | 32685 | 4175 | 4525 | 5925 | 8075 |
| SLT Sport Utility 4D | T13S | 37025 | 4675 | 5050 | 6550 | 8900 |
| 2WD | S | | (1050) | (1050) | (1400) | (1400) |

**ENVOY DENALI 4WD—V8—Truck Equipment Schedule T3**

| Body Type | VIN | List | Good | Very Good | Good | Excellent |
|---|---|---|---|---|---|---|
| Sport Utility 4D | T63M | 39640 | 6900 | 7350 | 8975 | 11550 |
| 2WD | S | | (1050) | (1050) | (1400) | (1400) |

**ENVOY XL 4WD—6-Cyl.—Truck Equipment Schedule T1**

| Body Type | VIN | List | Good | Very Good | Good | Excellent |
|---|---|---|---|---|---|---|
| SLE Sport Utility 4D | T16S | 34355 | 4375 | 4750 | 6275 | 8425 |
| SLT Sport Utility 4D | T16S | 38675 | 4900 | 5300 | 6925 | 9275 |
| 2WD | S | | (1050) | (1050) | (1400) | (1400) |
| V8, 5.3 Liter | M | | 250 | 250 | 335 | 335 |

**ENVOY XL DENALI 4WD—V8—Truck Equipment Schedule T3**

| Body Type | VIN | List | Good | Very Good | Good | Excellent |
|---|---|---|---|---|---|---|
| Sport Utility 4D | T16M | 40920 | 6775 | 7225 | 8725 | 11100 |
| 2WD | S | | (1050) | (1050) | (1400) | (1400) |

**ENVOY XUV 4WD—6-Cyl.—Truck Equipment Schedule T1**

| Body Type | VIN | List | Good | Very Good | Good | Excellent |
|---|---|---|---|---|---|---|
| SLE Sport Utility 4D | T12S | 34440 | 5725 | 6150 | 7625 | 9925 |

SEE BACK PAGES FOR TRUCK EQUIPMENT

# 2005 CHEVROLET/GMC

**TRUCKS & VANS**

| Body Type | VIN | List | Trade-In Good | Trade-In Very Good | Pvt-Party Good | Retail Excellent |
|---|---|---|---|---|---|---|
| 2WD | S | | (1050) | (1050) | (1400) | (1400) |
| V8, 5.3 Liter | M | | 250 | 250 | 335 | 335 |
| **ENVOY XUV 4WD—V8—Truck Equipment Schedule T1** | | | | | | |
| SLT Sport Utility 4D | T12M | 39975 | 6625 | 7075 | 8675 | 11300 |
| 2WD | S | | (1050) | (1050) | (1400) | (1400) |
| 6-Cyl, 4.2 Liter | S | | (250) | (250) | (335) | (335) |
| **TAHOE 4WD—V8—Truck Equipment Schedule T1** | | | | | | |
| LS Sport Utility 4D | K13V | 39185 | 6575 | 7025 | 8500 | 10850 |
| LT Sport Utility 4D | K13V | 45155 | 7600 | 8075 | 9725 | 12400 |
| Third Row Seat | | | 350 | 350 | 465 | 465 |
| 2WD | C | | (650) | (650) | (865) | (865) |
| V8, 5.3 Liter | T | | 250 | 250 | 335 | 335 |
| **YUKON—V8—Truck Equipment Schedule T1** | | | | | | |
| SLE Sport Utility 4D | C13V | 36310 | 6450 | 6900 | 8350 | 10650 |
| Third Row Seat | | | 350 | 350 | 465 | 465 |
| 4WD | K | | 650 | 650 | 865 | 865 |
| V8, 5.3 Liter | T | | 250 | 250 | 335 | 335 |
| **YUKON 4WD—V8—Truck Equipment Schedule T1** | | | | | | |
| SLT Sport Utility 4D | K13V | 42075 | 8500 | 9000 | 10750 | 13700 |
| Third Row Seat | | | 350 | 350 | 465 | 465 |
| 2WD | C | | (650) | (650) | (865) | (865) |
| V8, 5.3 Liter | T | | 250 | 250 | 335 | 335 |
| **YUKON DENALI AWD—V8—Truck Equipment Schedule T3** | | | | | | |
| Sport Utility 4D | K63U | 50885 | 9775 | 10300 | 12000 | 14950 |
| **SUBURBAN 4WD—V8—Truck Equipment Schedule T1** | | | | | | |
| K1500 LS Sport Util | K16Z | 42415 | 6775 | 7225 | 8800 | 11300 |
| K1500 LT Sport Util | K16Z | 48005 | 7775 | 8250 | 9950 | 12750 |
| K2500 LS Sport Util | K26U | 43690 | 7875 | 8375 | 10100 | 12900 |
| K2500 LT Sport Util | K26U | 48890 | 9100 | 9625 | 11550 | 14750 |
| Quadrasteer | | | 500 | 500 | 665 | 665 |
| 2WD | C | | (1050) | (1050) | (1400) | (1400) |
| V8, 8.1 Liter | G | | 250 | 250 | 335 | 335 |
| **YUKON XL—V8—Truck Equipment Schedule T1** | | | | | | |
| 1500 SLE Sport Util | C16Z | 39360 | 6150 | 6575 | 7975 | 10250 |
| Quadrasteer | | | 500 | 500 | 665 | 665 |
| 4WD | K | | 1050 | 1050 | 1400 | 1400 |
| **YUKON XL 4WD—V8—Truck Equipment Schedule T1** | | | | | | |
| 1500 SLT Sport Util | K16Z | 46295 | 8800 | 9300 | 11200 | 14300 |
| 2500 SLE Sport Util | K26U | 43560 | 7925 | 8425 | 10150 | 12950 |
| 2500 SLT Sport Util | K26U | 47370 | 9300 | 9825 | 11800 | 15050 |
| Quadrasteer | | | 500 | 500 | 665 | 665 |
| 2WD | C | | (1050) | (1050) | (1400) | (1400) |
| V8, 8.1 Liter | G | | 250 | 250 | 335 | 335 |
| **YUKON XL DENALI AWD—V8—Truck Equipment Schedule T3** | | | | | | |
| 1500 Sport Utility 4D | K66U | 52535 | 9625 | 10150 | 11800 | 14700 |
| **VENTURE—V6—Truck Equipment Schedule T2** | | | | | | |
| Cargo Minivan 4D | V13E | 23880 | 2925 | 3225 | 4350 | 6125 |
| **VENTURE—V6—Truck Equipment Schedule T1** | | | | | | |
| Ext Minivan 4D | V03E | 24080 | 2825 | 3125 | 4225 | 5950 |
| LS Ext Minivan | V23E | 27550 | 3275 | 3600 | 4975 | 6950 |
| LT Ext Minivan | V33E | 31475 | 3650 | 4000 | 5450 | 7625 |
| 5-Passenger Seating | | | (350) | (350) | (465) | (465) |
| **ASTRO/SAFARI—V6—Truck Equipment Schedule T2** | | | | | | |
| Cargo 3D | M19X | 23540 | 4325 | 4675 | 6175 | 8475 |
| Dutch Doors | | | 100 | 100 | 135 | 135 |
| AWD | L | | 500 | 500 | 665 | 665 |
| **ASTRO/SAFARI—V6—Truck Equipment Schedule T1** | | | | | | |
| Minivan 3D | M19X | 25040 | 4275 | 4625 | 6100 | 8375 |
| LS Minivan 3D | M19X | 28535 | 4550 | 4925 | 6450 | 8850 |
| LT Minivan 3D | M19X | 30185 | 4650 | 5025 | 6800 | 9300 |
| Dutch Doors | | | 100 | 100 | 135 | 135 |
| AWD | L | | 500 | 500 | 665 | 665 |
| **UPLANDER—V6—Truck Equipment Schedule T2** | | | | | | |
| Cargo Minivan 4D | V13L | 21415 | 1775 | 1975 | 3125 | 4700 |
| **UPLANDER—V6—Truck Equipment Schedule T1** | | | | | | |
| Extended Minivan | V03L | 24350 | 2425 | 2675 | 3600 | 5050 |
| LS Extended | V23L | 26955 | 2600 | 2900 | 3825 | 5350 |
| LT Extended | V33L | 29385 | 3000 | 3325 | 4500 | 6225 |
| AWD | X | | 425 | 425 | 565 | 565 |
| **EXPRESS/SAVANA VAN—V8—Truck Equipment Schedule T1** | | | | | | |
| 1500 Passenger | G15T | 26305 | 5425 | 5825 | 7475 | 9925 |
| 1500 LS Passenger | G15T | 26990 | 5675 | 6075 | 7775 | 10350 |
| 2500 Passenger | G25V | 29405 | 5650 | 6050 | 7750 | 10300 |

**DEDUCT FOR RECONDITIONING**

# 2005 CHEVROLET/GMC

| Body Type | VIN | List | Trade-In Good | Trade-In Very Good | Pvt-Party Good | Retail Excellent |
|---|---|---|---|---|---|---|
| 2500 LS Passenger | G25V | 29540 | 5700 | 6125 | 7800 | 10350 |
| 3500 Passenger | G35U | 30009 | 5900 | 6325 | 8050 | 10700 |
| 3500 LS Passenger | G35U | 30624 | 6000 | 6425 | 8175 | 10850 |
| 3500 Extended | G39U | 31594 | 5975 | 6400 | 8150 | 10800 |
| 3500 LS Extended | G39U | 31594 | 6125 | 6550 | 8325 | 11050 |
| V6, 4.3 Liter | X | | (350) | (350) | (465) | (465) |
| **EXPRESS VAN—V6**—Truck Equipment Schedule T1 | | | | | | |
| 1500 Cargo Van | G15X | 23980 | 4475 | 4850 | 6125 | 8200 |
| AWD | H | | 500 | 500 | 665 | 665 |
| V8, 5.3 Liter | T | | 350 | 350 | 465 | 465 |
| **SAVANA VAN—V8**—Truck Equipment Schedule T1 | | | | | | |
| 1500 Cargo Van | G15X | 23575 | 4875 | 5250 | 6600 | 8825 |
| AWD | H | | 500 | 500 | 665 | 665 |
| V6, 4.3 Liter | X | | (350) | (350) | (465) | (465) |
| **EXPRESS/SAVANA VAN—V8**—Truck Equipment Schedule T1 | | | | | | |
| 2500 Cargo Van | G25T | 24275 | 4975 | 5375 | 6950 | 9275 |
| 3500 Cargo Van | G35M | 26809 | 5125 | 5525 | 7125 | 9500 |
| V8, 6.0 Liter | U | | 350 | 350 | 465 | 465 |
| **EXPRESS/SAVANA VAN—V8**—Truck Equipment Schedule T1 | | | | | | |
| 2500 Extended | G29T | 25415 | 5075 | 5475 | 7075 | 9425 |
| 3500 Extended | G39V | 28014 | 5275 | 5675 | 7300 | 9750 |
| V6, 4.3 Liter | X | | (350) | (350) | (465) | (465) |
| V8, 6.0 Liter | U | | 350 | 350 | 465 | 465 |
| **COLORADO/CANYON REGULAR CAB PICKUP—4-Cyl.**—Truck Equip Sch T2 | | | | | | |
| Base/SL 2D 6' | S148 | 17425 | 3275 | 3600 | 4625 | 6225 |
| LS 2D 6' | S148 | 18425 | 3675 | 4025 | 5100 | 6825 |
| 4WD | T | | 1000 | 1000 | 1335 | 1335 |
| 5-Cyl, 3.5 Liter | 6 | | 175 | 175 | 235 | 235 |
| **CANYON REGULAR CAB PICKUP—5-Cyl.**—Truck Equip Sch T2 | | | | | | |
| SLE 2D 6' | S146 | 19870 | 3875 | 4225 | 5350 | 7150 |
| 4WD | T | | 1000 | 1000 | 1335 | 1335 |
| 4-Cyl, 2.8 Liter | 8 | | (175) | (175) | (235) | (235) |
| **COLORADO EXTENDED CAB PICKUP—4-Cyl.**—Truck Equipment Sch T2 | | | | | | |
| LS 4D 6' | S198 | 21545 | 5200 | 5600 | 7150 | 9500 |
| 4WD | T | | 1000 | 1000 | 1335 | 1335 |
| 5-Cyl, 3.5 Liter | 6 | | 175 | 175 | 235 | 235 |
| **COLORADO EXTENDED CAB PICKUP—5-Cyl.**—Truck Equip Sch T2 | | | | | | |
| Base 4D 6' | S196 | 20770 | 4575 | 4950 | 6400 | 8525 |
| 4WD | T | | 1000 | 1000 | 1335 | 1335 |
| 4-Cyl, 2.8 Liter | 8 | | (175) | (175) | (235) | (235) |
| **CANYON EXTENDED CAB PICKUP—4-Cyl.**—Truck Equipment Sch T2 | | | | | | |
| SL 4D 6' | S198 | 20100 | 4475 | 4850 | 6275 | 8350 |
| 4WD | T | | 1000 | 1000 | 1335 | 1335 |
| 5-Cyl, 3.5 Liter | 6 | | 175 | 175 | 235 | 235 |
| **CANYON EXTENDED CAB PICKUP—5-Cyl.**—Truck Equipment Sch T2 | | | | | | |
| SLE 4D 6' | S196 | 22990 | 5375 | 5775 | 7375 | 9750 |
| 4WD | T | | 1000 | 1000 | 1335 | 1335 |
| 4-Cyl, 2.8 Liter | 8 | | (175) | (175) | (235) | (235) |
| **COLORADO/CANYON CREW CAB PICKUP—5-Cyl.**—Truck Equip Sch T2 | | | | | | |
| LS/SLE 4D 5' | S136 | 23915 | 6225 | 6650 | 8500 | 11200 |
| 4WD | T | | 1000 | 1000 | 1335 | 1335 |
| 4-Cyl, 2.8 Liter | 8 | | (175) | (175) | (235) | (235) |
| **SSR REGULAR CAB PICKUP—V8**—Truck Equipment Schedule T3 | | | | | | |
| Convertible 2D | S14H | 43055 | 14050 | 14700 | 16200 | 19350 |
| **AVALANCHE 4WD—V8**—Truck Equipment Schedule T1 | | | | | | |
| 1500 LS Util Pickup | K12Z | 37765 | 8550 | 9050 | 10750 | 13700 |
| 1500 LT Util Pickup | K12Z | 41805 | 9250 | 9775 | 11650 | 14750 |
| 2500 LS Util Pickup | K22G | 39175 | 10600 | 11150 | 13200 | 16700 |
| 2500 LT Util Pickup | K22G | 43215 | 10950 | 11500 | 13600 | 17200 |
| 2WD | C | | (1050) | (1050) | (1400) | (1400) |
| **SILVERADO/SIERRA REGULAR CAB PICKUP—V6**—Truck Equipment Sch T1 | | | | | | |
| 1500 2D 6 1/2' | C14X | 22555 | 3975 | 4325 | 5250 | 6850 |
| 4WD | K | | 1600 | 1600 | 2135 | 2135 |
| V8, 4.8 Liter | V | | 450 | 450 | 600 | 600 |
| V8, 5.3 Liter | T | | 700 | 700 | 935 | 935 |
| V8, FFV, 5.3 Liter | Z | | 650 | 650 | 865 | 865 |
| **SILVERADO/SIERRA REGULAR CAB PICKUP—V8**—Truck Equipment Sch T1 | | | | | | |
| 1500 Work Trk 6 1/2' | C14V | 21830 | 2975 | 3275 | 3950 | 5225 |
| 1500 Work Truck 8' | C14V | 21930 | 2500 | 2800 | 3400 | 4525 |
| 1500 2D 8' | C14V | 23935 | 3875 | 4225 | 5150 | 6725 |
| 1500 LS/SLE 2D 6 1/2' | C14V | 26585 | 4575 | 4950 | 5950 | 7750 |
| 1500 LS/SLE 2D 8' | C14V | 26685 | 4250 | 4600 | 5575 | 7275 |
| 2500 HD Wrk Trk 8' | C24U | 26350 | 6250 | 6675 | 7925 | 10050 |

SEE BACK PAGES FOR TRUCK EQUIPMENT

# 2005 CHEVROLET/GMC

| Body Type | VIN | List | Trade-In Good | Trade-In Very Good | Pvt-Party Good | Retail Excellent |
|---|---|---|---|---|---|---|
| 2500 HD 2D 8' | C24U | 27700 | 7500 | 7975 | 9450 | 11950 |
| 2500 HD LS/SLE 8' | C24U | 29100 | 7750 | 8225 | 9725 | 12300 |
| 4WD | K | | 1600 | 1600 | 2135 | 2135 |
| V6, 4.3 Liter | X | | (450) | (450) | (600) | (600) |
| V8, 5.3 Liter | T | | 250 | 250 | 335 | 335 |
| V8, 8.1 Liter | G | | 250 | 250 | 335 | 335 |
| V8, 6.6L Turbo Dsl | 2 | | 3950 | 3950 | 5265 | 5265 |
| **SILVERADO REGULAR CAB PICKUP 4WD—V8—Truck Equipment Sch T1** | | | | | | |
| 1500 Z71 2D 6 1/2' | K14V | 30570 | 6425 | 6850 | 8325 | 10700 |
| 1500 Z71 2D 8' | K14V | 30870 | 6225 | 6650 | 8075 | 10400 |
| V8, 5.3 Liter | T | | 250 | 250 | 335 | 335 |
| **SILVERADO/SIERRA REGULAR CAB PICKUP 4WD—V8—Truck Equip Sch T1** | | | | | | |
| 3500 Work Truck 8' | K34U | 30855 | 6500 | 6950 | 8225 | 10400 |
| V8, 8.1 Liter | G | | 250 | 250 | 335 | 335 |
| V8, 6.6L Turbo Dsl | 2 | | 3950 | 3950 | 5265 | 5265 |
| **SILVERADO/SIERRA REGULAR 4WD—V8 Turbo Diesel—Sch T1** | | | | | | |
| 3500 2D 8' | K342 | 31730 | 11800 | 12400 | 14500 | 18200 |
| 3500 LS/SLE 2D 8' | K342 | 32510 | 12150 | 12750 | 14900 | 18700 |
| V8, 6.0 Liter | U | | (3950) | (3950) | (5265) | (5265) |
| V8, 8.1 Liter | G | | (3700) | (3700) | (4935) | (4935) |
| **SILVERADO/SIERRA EXTENDED CAB—V8 Hybrid—Truck Equipment Sch T1** | | | | | | |
| 1500 LS/SLE 6 1/2' | C19T | 28845 | 10800 | 11350 | 13650 | 17400 |
| 4WD | K | | 1600 | 1600 | 2135 | 2135 |
| **SILVERADO/SIERRA EXTENDED CAB PICKUP—V8—Truck Equip Sch T1** | | | | | | |
| 1500 Work Trk 6 1/2' | C19V | 25790 | 5125 | 5525 | 6800 | 8800 |
| 1500 Work Truck 8' | C19V | 24790 | 4550 | 4925 | 5925 | 7700 |
| 1500 4D 6 1/2' | C19V | 27295 | 5800 | 6225 | 7600 | 9800 |
| 1500 4D 8' | C19V | 28295 | 5350 | 5750 | 7075 | 9125 |
| 1500 LS/SLE 4D 6 1/2' | C19V | 28845 | 6150 | 6575 | 8000 | 10300 |
| 1500 LS/SLE 4D 8' | C19V | 30045 | 5950 | 6375 | 7775 | 10000 |
| 1500 LT/SLT 4D 6 1/2' | C19T | 33985 | 7075 | 7550 | 9175 | 11800 |
| 1500 LT/SLT 4D 8' | C19T | 34285 | 6525 | 6975 | 8425 | 10850 |
| 2500HD Wk Trk 6 1/2' | C29U | 29050 | 8100 | 8600 | 10150 | 12800 |
| 2500 HD Wrk Trk 8' | C29U | 29350 | 8650 | 9150 | 10800 | 13650 |
| 2500 HD 4D 6 1/2' | C29U | 30300 | 9750 | 10300 | 12050 | 15200 |
| 2500 HD 4D 8' | C29U | 30300 | 9650 | 10200 | 11950 | 15050 |
| 2500 HD LS/SLE 8' | C29U | 32000 | 10300 | 10900 | 12750 | 16050 |
| 2500 HD LT/SLT 8' | C29U | 37280 | 10850 | 11200 | 13150 | 16500 |
| 3500 Work Truck 8' | C39U | 30610 | 8800 | 9300 | 11000 | 13850 |
| Quadrasteer | | | 500 | 500 | 665 | 665 |
| 4WD | K | | 1600 | 1600 | 2135 | 2135 |
| V6, 4.3 Liter | X | | (450) | (450) | (600) | (600) |
| V8, 5.3L (ex LT/SLT) | T | | 250 | 250 | 335 | 335 |
| V8, 8.1 Liter | G | | 250 | 250 | 335 | 335 |
| V8, 6.6L Turbo Dsl | 2 | | 3950 | 3950 | 5265 | 5265 |
| **SILVERADO/SIERRA EXTENDED CAB PICKUP 4WD—V8—Truck Equip Sch T1** | | | | | | |
| 2500HD LS/SLE 6 1/2 | K29U | 31700 | 12550 | 13150 | 15450 | 19400 |
| 2500HD LT/SLT 6 1/2 | K29U | 36980 | 12900 | 13500 | 15850 | 19900 |
| 3500 LS/SLE 4D 8' | K39U | 32950 | 13650 | 14300 | 16750 | 20900 |
| 2WD | C | | (1850) | (1850) | (2465) | (2465) |
| V8, 8.1 Liter | G | | 250 | 250 | 335 | 335 |
| V8, 6.6L Turbo Dsl | 2 | | 3950 | 3950 | 5265 | 5265 |
| **SILVERADO/SIERRA EXTENDED CAB 4WD—V8 Turbo Diesel—Truck Sch T1** | | | | | | |
| 3500 4D 8' | K392 | 31240 | 16750 | 17500 | 20300 | 25400 |
| 3500 LT/SLT 4D 8' | K392 | 37845 | 18150 | 18950 | 21900 | 27300 |
| 2WD | C | | (1850) | (1850) | (2465) | (2465) |
| V8, 6.0 Liter | U | | (3950) | (3950) | (5265) | (5265) |
| V8, 8.1 Liter | G | | (3700) | (3700) | (4935) | (4935) |
| **SILVERADO EXTENDED CAB PICKUP 4WD—V8—Truck Equipment Sch T1** | | | | | | |
| 1500 Z71 4D 6 1/2' | K19V | 32485 | 7775 | 8250 | 9975 | 12800 |
| 1500 Z71 4D 8' | K19V | 33685 | 7575 | 8050 | 9750 | 12500 |
| V8, 5.3 Liter | T | | 250 | 250 | 335 | 335 |
| **SILVERADO SS EXT CAB PICKUP—V8—Truck Equipment Schedule T3** | | | | | | |
| 1500 4D 6 1/2' | C19N | 36440 | 11800 | 12400 | 14850 | 18900 |
| AWD | | | 1600 | 1600 | 2135 | 2135 |
| **SILVERADO/SIERRA CREW CAB PICKUP—V8—Truck Equip Schedule T1** | | | | | | |
| 1500 LS/SLE 4D 5 3/4' | C13T | 30875 | 7550 | 8025 | 9725 | 12500 |
| 1500 LT/SLT 4D 5 3/4' | C13T | 35555 | 8050 | 8550 | 10300 | 13200 |
| 2500HD LS/SLE 6 1/2 | C23U | 31150 | 9900 | 10450 | 12250 | 15400 |
| 2500 HD Wrk Trk 8' | C23U | 31450 | 9700 | 10250 | 12000 | 15100 |
| 2500 HD 4D 8' | C23U | 33200 | 11100 | 11650 | 13650 | 17150 |
| 2500 HD LS/SLE 8' | C23U | 33950 | 11350 | 11950 | 14000 | 17550 |
| 2500 HD LT/SLT 8' | C23U | 38370 | 11700 | 12300 | 14400 | 18050 |

**DEDUCT FOR RECONDITIONING**

# 2005 CHEVROLET/GMC

| Body Type | VIN | List | Trade-In Good | Trade-In Very Good | Pvt-Party Good | Retail Excellent |
|---|---|---|---|---|---|---|
| 3500 Work Truck 8' | C33U | 32710 | 9900 | 10450 | 12250 | 15400 |
| Quadrasteer | | | 500 | 500 | 665 | 665 |
| 4WD | K | | 1600 | 1600 | 2135 | 2135 |
| V8, 8.1 Liter | G | | 250 | 250 | 335 | 335 |
| V8, 6.6L Turbo Dsl | 2 | | 3950 | 3950 | 5265 | 5265 |
| **SILVERADO/SIERRA CREW CAB PICKUP 4WD—V8—Truck Equip Sch T1** | | | | | | |
| 1500HD LS/SLE 6 1/2' | K13U | 35795 | 11200 | 11750 | 14100 | 17950 |
| 1500HD LT/SLT 6 1/2' | K13U | 40035 | 11500 | 12100 | 14500 | 18450 |
| 2500 HD 4D 6 1/2' | K23U | 35015 | 13350 | 14000 | 16400 | 20500 |
| 2500HD LS/SLE 6 1/2' | K23U | 36365 | 13350 | 14200 | 16600 | 20800 |
| 3500 4D 8' | K33U | 33340 | 13350 | 14000 | 16400 | 20500 |
| 2WD | C | | (1850) | (1850) | (2465) | (2465) |
| V8, 6.6L Turbo Dsl | 2 | | 3950 | 3950 | 5265 | 5265 |
| V8, 8.1 Liter | G | | 250 | 250 | 335 | 335 |
| **SILVERADO/SIERRA CREW CAB 4WD—V8—Turbo Diesel—Truck Sch T1** | | | | | | |
| 2500HD LT/SLT 6 1/2' | K232 | 48580 | 18150 | 18950 | 21900 | 27300 |
| 3500 LS/SLE 4D 8' | K332 | 34910 | 17850 | 18600 | 21600 | 26900 |
| 3500 LT/SLT 4D 8' | K332 | 38950 | 18850 | 19700 | 22700 | 28400 |
| 2WD | C | | (1850) | (1850) | (2465) | (2465) |
| V8, 6.0 Liter | U | | (3950) | (3950) | (5265) | (5265) |
| V8, 8.1 Liter | G | | (3700) | (3700) | (4935) | (4935) |
| **SILVERADO CREW CAB PICKUP 4WD—V8—Truck Equipment Sch T1** | | | | | | |
| 1500 Z71 4D 5 3/4' | K13T | 35385 | 7950 | 8450 | 10200 | 13050 |
| **SIERRA DENALI CREW CAB PICKUP AWD—V8—Truck Equip Schedule T3** | | | | | | |
| 1500 4D 5 3/4' | K63N | 45287 | 14050 | 14700 | 16950 | 21000 |

## 2006 CHEVY/GMC—(1,2or3)(CorG)(A,B,CorN)–(L13F)-6-#

| Body Type | VIN | List | Trade-In Good | Trade-In Very Good | Pvt-Party Good | Retail Excellent |
|---|---|---|---|---|---|---|
| **EQUINOX—V6—Truck Equipment Schedule T1** | | | | | | |
| LS Sport Utility 4D | L13F | 22345 | 3775 | 4125 | 5250 | 7050 |
| LT Sport Utility 4D | L63F | 22990 | 4275 | 4650 | 6075 | 8125 |
| AWD | | | 625 | 625 | 835 | 835 |
| **TRAILBLAZER 4WD—6-Cyl.—Truck Equipment Schedule T1** | | | | | | |
| LS Sport Utility 4D | T13S | 27240 | 4050 | 4425 | 5700 | 7575 |
| LT Sport Utility 4D | T13S | 29535 | 4725 | 5100 | 6525 | 8600 |
| LS Ext Sport Util | T16S | 28840 | 4725 | 5100 | 6500 | 8575 |
| LT Ext Sport Util | T16S | 30940 | 5150 | 5550 | 7000 | 9225 |
| 2WD | S | | (1150) | (1150) | (1535) | (1535) |
| V8, 5.3 Liter | M | | 275 | 275 | 365 | 365 |
| **TRAILBLAZER 4WD—V8—Truck Equipment Schedule T1** | | | | | | |
| SS Sport Util 4D | T13H | 33505 | 9450 | 9975 | 11800 | 14950 |
| 2WD | S | | (1150) | (1150) | (1535) | (1535) |
| **ENVOY 4WD—6-Cyl.—Truck Equipment Schedule T1** | | | | | | |
| SLE Sport Utility 4D | T13S | 31550 | 5175 | 5575 | 7050 | 9275 |
| SLT Sport Utility 4D | T13S | 32585 | 5450 | 5875 | 7475 | 9825 |
| 2WD | S | | (1150) | (1150) | (1535) | (1535) |
| **ENVOY DENALI 4WD—V8—Truck Equipment Schedule T3** | | | | | | |
| Sport Utility 4D | T63M | 39395 | 8450 | 8950 | 10650 | 13500 |
| 2WD | S | | (1150) | (1150) | (1535) | (1535) |
| **ENVOY XL 4WD—6-Cyl.—Truck Equipment Schedule T1** | | | | | | |
| SLE Sport Utility 4D | T16S | 32880 | 5800 | 6225 | 7875 | 10300 |
| SLT Sport Utility 4D | T16S | 33870 | 6375 | 6825 | 8575 | 11200 |
| 2WD | S | | (1150) | (1150) | (1535) | (1535) |
| V8, 5.3 Liter | M | | 275 | 275 | 365 | 365 |
| **ENVOY XL DENALI 4WD—V8—Truck Equipment Schedule T3** | | | | | | |
| Sport Utility 4D | T66M | 40825 | 7725 | 8200 | 9750 | 12300 |
| 2WD | S | | (1150) | (1150) | (1535) | (1535) |
| **TAHOE 4WD—V8—Truck Equipment Schedule T1** | | | | | | |
| LS Sport Utility 4D | K13V | 40750 | 7500 | 7975 | 9400 | 11850 |
| LT Sport Utility 4D | K13V | 45625 | 9475 | 10000 | 11800 | 14800 |
| Third Row Seat | | | 375 | 375 | 500 | 500 |
| 2WD | C | | (700) | (700) | (935) | (935) |
| V8, 5.3 Liter | T | | 275 | 275 | 365 | 365 |
| **YUKON—V8—Truck Equipment Schedule T1** | | | | | | |
| SLE Sport Utility 4D | C13V | 37280 | 8050 | 8525 | 10100 | 12700 |
| Third Row Seat | | | 375 | 375 | 500 | 500 |
| 4WD | K | | 700 | 700 | 935 | 935 |
| V8, 5.3 Liter | T | | 275 | 275 | 365 | 365 |
| **YUKON 4WD—V8—Truck Equipment Schedule T1** | | | | | | |
| SL Sport Utility 4D | K13V | 37640 | 8350 | 8850 | 10450 | 13100 |
| SLT Sport Utility 4D | K13V | 42210 | 10400 | 10950 | 12800 | 16050 |
| Third Row Seat | | | 375 | 375 | 500 | 500 |
| 2WD | C | | (700) | (700) | (935) | (935) |
| V8, 5.3 Liter | T | | 275 | 275 | 365 | 365 |

SEE BACK PAGES FOR TRUCK EQUIPMENT

# 2006 CHEVROLET/GMC

| Body Type | VIN | List | Trade-In Good | Trade-In Very Good | Pvt-Party Good | Retail Excellent |
|---|---|---|---|---|---|---|
| **YUKON DENALI AWD—V8—Truck Equipment Schedule T3** | | | | | | |
| Sport Utility 4D | K63U | 51160 | 11900 | 12500 | 14200 | 17400 |
| **SUBURBAN 4WD—V8—Truck Equipment Schedule T1** | | | | | | |
| K1500 LS Sport Util | K16Z | 42440 | 7525 | 8000 | 9575 | 12150 |
| K1500 LT Sport Util | K16Z | 47935 | 8850 | 9375 | 11250 | 14250 |
| K1500 LTZ Spt Utl | K16Z | 53400 | 10250 | 10800 | 12300 | 15050 |
| K2500 LS Sport Util | K26U | 48820 | 8975 | 9500 | 11400 | 14400 |
| K2500 LT Sport Util | K26U | 44920 | 9825 | 10350 | 12350 | 15650 |
| 2WD | C | | (1150) | (1150) | (1535) | (1535) |
| V8, 8.1 Liter | G | | 275 | 275 | 365 | 365 |
| **YUKON XL—V8—Truck Equipment Schedule T1** | | | | | | |
| 1500 SLE Sport Util | C16Z | 40330 | 7225 | 7700 | 9225 | 11750 |
| 4WD | K | | 1125 | 1125 | 1500 | 1500 |
| **YUKON XL 4WD—V8—Truck Equipment Schedule T1** | | | | | | |
| 1500 SL Sport Util | K16Z | 40413 | 7875 | 8350 | 10050 | 12750 |
| 1500 SLT Sport Util | K16Z | 46320 | 9725 | 10250 | 12250 | 15500 |
| 2500 SLE Sport Util | K26U | 44105 | 9075 | 9600 | 11500 | 14550 |
| 2500 SLT Sport Util | K26U | 47395 | 10200 | 10750 | 12750 | 16150 |
| 2WD | C | | (1150) | (1150) | (1535) | (1535) |
| V8, 8.1 Liter | G | | 275 | 275 | 365 | 365 |
| **YUKON XL DENALI AWD—V8—Truck Equipment Schedule T3** | | | | | | |
| 1500 Sport Utility 4D | K66U | 52810 | 11750 | 12350 | 14050 | 17200 |
| **UPLANDER—V6—Truck Equipment Schedule T2** | | | | | | |
| Cargo Minivan 4D | V13L | 21640 | 2725 | 3025 | 4150 | 5925 |
| **UPLANDER—V6—Truck Equipment Schedule T1** | | | | | | |
| LS Minivan 4D | U23L | 21990 | 2400 | 2700 | 3675 | 5100 |
| LS Extended 4D | V23L | 24575 | 2850 | 3175 | 4225 | 5825 |
| LT Extended 4D | V33L | 28385 | 3675 | 4025 | 5250 | 7175 |
| AWD | | | 450 | 450 | 600 | 600 |
| **EXPRESS/SAVANA VAN—V8—Truck Equipment Schedule T1** | | | | | | |
| 1500 LS Passenger | G15T | 26770 | 6600 | 7050 | 8500 | 10900 |
| 1500 LT Passenger | G15T | 28580 | 6900 | 7350 | 8850 | 11350 |
| 2500 LS Passenger | G25V | 28625 | 6775 | 7225 | 8700 | 11150 |
| 2500 LT Passenger | G25V | 30435 | 7100 | 7550 | 9075 | 11650 |
| 3500 LS Passenger | G35U | 30704 | 7225 | 7700 | 9325 | 11950 |
| 3500 LS Extended | G39U | 29574 | 7775 | 8250 | 9950 | 12750 |
| 3500 LT Passenger | G35U | 32119 | 7675 | 8150 | 9850 | 12600 |
| 3500 LT Extended | G39U | 29914 | 8225 | 8725 | 10500 | 13400 |
| AWD | H | | 525 | 525 | 700 | 700 |
| V6, 4.3 Liter | X | | (375) | (375) | (500) | (500) |
| **EXPRESS VAN—V6—Truck Equipment Schedule T1** | | | | | | |
| 1500 Cargo Van | G15X | 22660 | 5075 | 5475 | 6775 | 8800 |
| AWD | H | | 525 | 525 | 700 | 700 |
| V8, 5.3 Liter | T | | 375 | 375 | 500 | 500 |
| **SAVANA VAN—V8—Truck Equipment Schedule T1** | | | | | | |
| 1500 Cargo Van | G15T | 23980 | 5600 | 6000 | 7400 | 9575 |
| AWD | H | | 525 | 525 | 700 | 700 |
| V6, 4.3 Liter | X | | (375) | (375) | (500) | (500) |
| **EXPRESS/SAVANA VAN—V8—Truck Equipment Schedule T1** | | | | | | |
| 2500 Cargo Van | G25V | 25750 | 5975 | 6400 | 7825 | 10150 |
| 2500 Extended | G29V | 24175 | 6150 | 6575 | 8050 | 10400 |
| 3500 Cargo Van | G35V | 27434 | 6200 | 6625 | 8100 | 10450 |
| 3500 Extended | G39V | 26729 | 6650 | 7100 | 8625 | 11150 |
| V8, 6.0 Liter | U | | 375 | 375 | 500 | 500 |
| V8, 6.6L Turbo Dsl | 2 | | 4100 | 4100 | 5465 | 5465 |
| **COLORADO/CANYON REGULAR CAB PICKUP—4-Cyl.—Truck Equip Sch T1** | | | | | | |
| Work Truck 2D 6' | S148 | 17085 | 3075 | 3400 | 4250 | 5650 |
| LS/SL 2D 6' | S148 | 17085 | 3625 | 3975 | 4900 | 6475 |
| LT 2D 6' | S148 | 18715 | 4225 | 4575 | 5625 | 7375 |
| 4WD | T | | 1100 | 1100 | 1465 | 1465 |
| 5-Cyl., 3.5 Liter | 6 | | 175 | 175 | 235 | 235 |
| **CANYON REGULAR CAB PICKUP—5-Cyl.—Truck Equipment Sch T1** | | | | | | |
| SLE 2D 6' | S146 | 20410 | 4100 | 4475 | 5675 | 7450 |
| 4WD | T | | 1100 | 1100 | 1465 | 1465 |
| 4-Cyl., 2.8 Liter | 8 | | (175) | (175) | (235) | (235) |
| **CANYON EXTENDED CAB PICKUP—4-Cyl.—Truck Equipment Sch T1** | | | | | | |
| Work Truck 4D 6' | S198 | 19460 | 4425 | 4800 | 6050 | 7925 |
| 4WD | T | | 1100 | 1100 | 1465 | 1465 |
| 5-Cyl., 3.5 Liter | 6 | | 175 | 175 | 235 | 235 |
| **COLORADO/CANYON EXTENDED CAB PICKUP—4-Cyl.—Truck Sch T1** | | | | | | |
| LS/SL 4D 6' | S198 | 19460 | 4900 | 5300 | 6625 | 8650 |
| 4WD | T | | 1100 | 1100 | 1465 | 1465 |
| 5-Cyl., 3.5 Liter | 6 | | 175 | 175 | 235 | 235 |

**DEDUCT FOR RECONDITIONING**

# 2006 CHEVROLET/GMC

| Body Type | VIN | List | Trade-In Good | Trade-In Very Good | Pvt-Party Good | Retail Excellent |
|---|---|---|---|---|---|---|
| **COLORADO/CANYON EXTENDED CAB PICKUP—5-Cyl.—Truck Sch T1** | | | | | | |
| LT/SLE 4D 6' | S196 | 22090 | 6100 | 6525 | 8025 | 10450 |
| 4WD | T | | 1100 | 1100 | 1465 | 1465 |
| 4-Cyl, 2.8 Liter | 8 | | (175) | (175) | (235) | (235) |
| **COLORADO/CANYON CREW CAB PICKUP—5-Cyl.—Truck Equip Sch T1** | | | | | | |
| LT/SLE 4D 5 1/4' | S136 | 23900 | 7250 | 7725 | 9475 | 12250 |
| 4WD | T | | 1100 | 1100 | 1465 | 1465 |
| 4-Cyl, 2.8 Liter | 8 | | (175) | (175) | (235) | (235) |
| **CANYON CREW CAB PICKUP—5-Cyl.—Truck Equipment Sch T2** | | | | | | |
| SLT 4D 5' | S136 | 26810 | 7350 | 7825 | 9600 | 12400 |
| 4WD | T | | 1100 | 1100 | 1465 | 1465 |
| **SSR REGULAR CAB PICKUP—V8—Truck Equipment Schedule T3** | | | | | | |
| Convertible 2D | S14H | 39990 | 16950 | 17700 | 19200 | 22800 |
| **AVALANCHE 4WD—V8—Truck Equipment Schedule T1** | | | | | | |
| 1500 LS Util Pickup | K12Z | 37885 | 9925 | 10450 | 12150 | 15100 |
| 1500 LT Util Pickup | K12Z | 41730 | 10550 | 11100 | 12850 | 15950 |
| 2500 LS Util Pickup | K22G | 39295 | 11800 | 12400 | 14600 | 18250 |
| 2500 LT Util Pickup | K22G | 43140 | 12100 | 12700 | 14700 | 18250 |
| 2WD | C | | (1150) | (1150) | (1535) | (1535) |
| **SILVERADO REGULAR CAB PICKUP—V6—Truck Equipment Sch T1** | | | | | | |
| 1500 LS/SL 2D 6 1/2' | C14X | 23345 | 4475 | 4850 | 5750 | 7375 |
| 4WD | K | | 2000 | 2000 | 2665 | 2665 |
| V8, 4.8 Liter | V | | 450 | 450 | 600 | 600 |
| V8, 5.3 Liter | T | | 750 | 750 | 1000 | 1000 |
| V8, FFV, 5.3 Liter | Z | | 700 | 700 | 935 | 935 |
| **SILVERADO/SIERRA REGULAR CAB PICKUP—V8—Truck Equipment Sch T1** | | | | | | |
| 1500 Work Trk 6 1/2' | C14V | 18755 | 3075 | 3400 | 4125 | 5375 |
| 1500 Work Truck 8' | C14V | 19030 | 2700 | 3000 | 3550 | 4675 |
| 1500 LS/SL 2D 8' | C14V | 24690 | 4575 | 4950 | 5850 | 7525 |
| 1500 LT 6 1/2' | C14V | 23875 | 4900 | 5300 | 6425 | 8225 |
| 1500 LT/SLE 8' | C14V | 24165 | 4925 | 5300 | 6250 | 8025 |
| 2500 HD Wrk Trk 8' | C24U | 23795 | 6250 | 6675 | 7800 | 9750 |
| 2500 HD LS/SL 8' | C24U | 27295 | 7400 | 7875 | 9175 | 11450 |
| 3500 Wrk Trk 2D 8' | C34U | 24060 | 6450 | 6900 | 8100 | 10150 |
| 3500 SL 8' | C34U | 30275 | 7700 | 8175 | 9500 | 11850 |
| 3500 LT/SLE 2D 8' | C34U | 26355 | 8150 | 8650 | 10000 | 12450 |
| 4WD | K | | 2000 | 2000 | 2665 | 2665 |
| V6, 4.3 Liter | X | | (450) | (450) | (600) | (600) |
| V8, 5.3 Liter | T | | 275 | 275 | 365 | 365 |
| V8, 8.1 Liter | G | | 275 | 275 | 365 | 365 |
| V8, 6.6L Turbo Dsl | 2,D | | 4100 | 4100 | 5465 | 5465 |
| **SILVERADO/SIERRA REGULAR CAB PICKUP 4WD—V8—Truck Equip Sch T1** | | | | | | |
| 2500 HD LT/SLE 8' | K24U | 25455 | 10300 | 10850 | 12550 | 15550 |
| 2WD | C | | (2250) | (2250) | (3000) | (3000) |
| V8, 8.1 Liter | G | | 275 | 275 | 365 | 365 |
| V8, 6.6L Turbo Dsl | 2,D | | 4100 | 4100 | 5465 | 5465 |
| **SILVERADO REGULAR CAB PICKUP—V8 Turbo Diesel—Truck Equip Sch T1** | | | | | | |
| 3500 LS 2D 8' | C342,D | 30275 | 11950 | 12550 | 14550 | 18000 |
| 4WD | K | | 2000 | 2000 | 2665 | 2665 |
| V8, 6.0 Liter | U | | (4100) | (4100) | (5465) | (5465) |
| V8, 8.1 Liter | G | | (3825) | (3825) | (5100) | (5100) |
| **SILVERADO/SIERRA EXTENDED CAB PICKUP—V8—Truck Equip Sch T1** | | | | | | |
| 1500 LT/SLE 4D 8' | C19T | 27660 | 7150 | 7625 | 9100 | 11550 |
| 4WD | K | | 2000 | 2000 | 2665 | 2665 |
| **SILVERADO EXTENDED CAB—V8 Hybrid—Truck Equip Sch T1** | | | | | | |
| 1500 LT 4D 6 1/2' | C19T | 26485 | 11200 | 11750 | 13850 | 17450 |
| 4WD | K | | 2000 | 2000 | 2665 | 2665 |
| **SIERRA EXTENDED CAB 4WD—V8 Hybrid—Truck Equip Sch T1** | | | | | | |
| 1500 SLE 4D 6 1/2' | K19T | 26485 | 13350 | 14000 | 16500 | 20700 |
| 2WD | C | | (2250) | (2250) | (3000) | (3000) |
| **SILVERADO/SIERRA EXTENDED CAB PICKUP—V8—Truck Equip Sch T1** | | | | | | |
| 1500 Work Trk 6 1/2' | C19V | 22935 | 5400 | 5800 | 7000 | 8950 |
| 1500 Work Truck 8' | C19V | 25040 | 4900 | 5300 | 6425 | 8225 |
| 1500 LS 4D 6 1/2' | C19V | 27195 | 7200 | 7675 | 9150 | 11650 |
| 1500 LS/SL 4D 8' | C19V | 28125 | 6800 | 7250 | 8700 | 11050 |
| 1500 LT/SLE 4D 6 1/2' | C19V | 26485 | 7700 | 8175 | 9725 | 12350 |
| 4WD | K | | 2000 | 2000 | 2665 | 2665 |
| V8, 5.3 Liter | T,B,Z | | 275 | 275 | 365 | 365 |
| **SILVERADO/SIERRA EXTENDED CAB PICKUP—V8—Truck Equip Sch T1** | | | | | | |
| 1500 LT 4D 5 3/4' | C19T | 30130 | 7875 | 8375 | 9925 | 12600 |
| 1500 SLT 4D 5 3/4' | C19T | 31200 | 9500 | 10050 | 11850 | 15000 |
| 1500 SLT 4D 8' | C19T | 31640 | 7725 | 8200 | 9750 | 12400 |
| 2500HD Wk Trk 6 1/2' | C29U | 26485 | 9000 | 9525 | 11000 | 13700 |

SEE BACK PAGES FOR TRUCK EQUIPMENT

# 2006 CHEVROLET/GMC

| Body Type | VIN | List | Trade-In Good | Very Good | Pvt-Party Good | Retail Excellent |
|---|---|---|---|---|---|---|
| 2500HD Work Trk 8' | C29U | 26780 | 8800 | 9300 | 10800 | 13450 |
| 2500 HD SL 4D 6 1/2' | C29U | 29570 | 10750 | 11300 | 13050 | 16150 |
| 2500 HD LS/SL 4D 8' | C29U | 29860 | 10650 | 11200 | 12950 | 16050 |
| 2500 HD SLT 8' | C29U | 33400 | 12000 | 12600 | 14500 | 17900 |
| 3500 Work Truck 8' | C39U | 27350 | 9100 | 9625 | 11150 | 13850 |
| 4WD | K | | 2000 | 2000 | 2665 | 2665 |
| V8, 6.6L Turbo Dsl | 2,D | | 4100 | 4100 | 5465 | 5465 |
| V8, 8.1 Liter | G | | 275 | 275 | 365 | 365 |
| **SIERRA EXTENDED CAB PICKUP—V8 Turbo Diesel**—Truck Equip Sch T1 | | | | | | |
| 3500 SL 4D 8' | C392,D | 32790 | 15050 | 15750 | 18000 | 22200 |
| 4WD | K | | 2000 | 2000 | 2665 | 2665 |
| V8, 6.0 Liter | U | | (4100) | (4100) | (5465) | (5465) |
| V8, 8.1 Liter | G | | (3825) | (3825) | (5100) | (5100) |
| **SIERRA EXTENDED CAB PICKUP 4WD—V8**—Truck Equip Sch T1 | | | | | | |
| 1500 SL 4D 6 1/2' | K19V | 27195 | 9600 | 10150 | 11950 | 15100 |
| 2WD | C | | (2250) | (2250) | (3000) | (3000) |
| V6, 4.3 Liter | X | | (450) | (450) | (600) | (600) |
| V8, 5.3 Liter | T | | 275 | 275 | 365 | 365 |
| **SIERRA EXTENDED CAB PICKUP 4WD—V8**—Truck Equip Sch T1 | | | | | | |
| 1500 SLT 4D 6 1/2' | K19B | 31350 | 11150 | 11700 | 13800 | 17400 |
| 2WD | C | | (2250) | (2250) | (3000) | (3000) |
| V8, HO, 6.0 Liter | N | | 475 | 475 | 635 | 635 |
| **SILVERADO/SIERRA EXTENDED CAB PICKUP 4WD—V8**—Truck Sch T1 | | | | | | |
| 2500 HD LS 6 1/2' | K29U | 29570 | 12950 | 13600 | 15650 | 19350 |
| 2500HD LT/SLE 6 1/2 | K29U | 29200 | 13600 | 14250 | 16400 | 20300 |
| 2500 HD SLT 6 1/2' | K29U | 33110 | 14450 | 15100 | 17350 | 21400 |
| 3500 LS 4D 8' | K39U | 28000 | 12800 | 13400 | 15500 | 19150 |
| 2WD | C | | (2250) | (2250) | (3000) | (3000) |
| V8, 8.1 Liter | G | | 275 | 275 | 365 | 365 |
| V8, 6.6L Turbo Dsl | 2,D | | 4100 | 4100 | 5465 | 5465 |
| **SIERRA EXTENDED CAB—V8 Turbo Diesel**—Truck Equipment Sch T1 | | | | | | |
| 3500 SL 4D 8' | C392,D | 32790 | 15050 | 15750 | 18000 | 22200 |
| 4WD | K | | 2000 | 2000 | 2665 | 2665 |
| V8, 6.0 Liter | U | | (4100) | (4100) | (5465) | (5465) |
| V8, 8.1 Liter | G | | (3825) | (3825) | (5100) | (5100) |
| **SILVERADO/SIERRA EXTENDED CAB 4WD—V8 Turbo Diesel**—Truck Sch T1 | | | | | | |
| 3500 LT/SLE 4D 8' | K392,D | 29900 | 17550 | 18750 | 21300 | 26300 |
| 2WD | C | | (2250) | (2250) | (3000) | (3000) |
| V8, 6.0 Liter | U | | (4100) | (4100) | (5465) | (5465) |
| V8, 8.1 Liter | G | | (3825) | (3825) | (5100) | (5100) |
| **SILVERADO SS EXTENDED CAB PICKUP—V8**—Truck Equip Schedule T1 | | | | | | |
| 1500 4D 6 1/2' | C19N | 36625 | 12850 | 13450 | 15900 | 20000 |
| **SILVERADO/SIERRA CREW CAB PICKUP—V8**—Truck Equip Schedule T1 | | | | | | |
| 1500 LT/SLE 4D 5 3/4' | C13V | 27090 | 9050 | 9575 | 11350 | 14350 |
| 1500 LT/SLE 4D 5 3/4' | C13T | 29040 | 9300 | 9825 | 11650 | 14700 |
| 1500 SLE 6 1/2' | C13U | 32855 | 10150 | 10700 | 12600 | 15900 |
| 2500 HD Wk Tk 6 1/2 | C23U | 28480 | 10650 | 11200 | 12950 | 15900 |
| 2500 HD Wk Trk 8' | C23U | 28770 | 10550 | 11100 | 12800 | 15900 |
| 2500 HD LS/SL 8' | C23U | 31830 | 12100 | 12700 | 14700 | 18200 |
| 2500 HD LT/SLE 8' | C23U | 31415 | 12700 | 13300 | 15350 | 19000 |
| 2500 HD SLT 8' | C23U | 35475 | 13650 | 14300 | 16450 | 20300 |
| 4WD | K | | 2000 | 2000 | 2665 | 2665 |
| V8, HO, 6.0 Liter | N | | 475 | 475 | 635 | 635 |
| V8, 8.1 Liter | G | | 275 | 275 | 365 | 365 |
| V8, 6.6L Turbo Dsl | 2,D | | 4100 | 4100 | 5465 | 5465 |
| **SILVERADO/SIERRA CREW CAB PICKUP 4WD—V8**—Truck Equip Schedule T1 | | | | | | |
| 1500 SLT 4D 5 3/4' | K13T | 33215 | 12200 | 12800 | 15050 | 18950 |
| 1500 HD LT 6 1/2' | K13D | 36305 | 12350 | 12950 | 15200 | 19150 |
| 1500 HD LS 6 1/2' | K13D | 34205 | 13400 | 13950 | 16400 | 20600 |
| 2500HD LS/SL 6 1/2' | K23T | 34485 | 14650 | 15300 | 17550 | 21700 |
| 2WD | C | | (2250) | (2250) | (3000) | (3000) |
| V8, 8.1 Liter | G | | 275 | 275 | 365 | 365 |
| V8, 6.6L Turbo Dsl | 2,D | | 4100 | 4100 | 5465 | 5465 |
| **SILVERADO CREW CAB 4WD—V8 Turbo Diesel**—Truck Equip Sch T1 | | | | | | |
| 3500 LS 4D 8' | K332,D | 35005 | 19350 | 20200 | 22900 | 28200 |
| 2WD | C | | (2250) | (2250) | (3000) | (3000) |
| V8, 6.0 Liter | U | | (4100) | (4100) | (5465) | (5465) |
| V8, 8.1 Liter | G | | (3825) | (3825) | (5100) | (5100) |
| **SIERRA CREW CAB—V8 Turbo Diesel**—Truck Equipment Sch T1 | | | | | | |
| 3500 SL 4D 8' | C332,D | 35005 | 17000 | 17750 | 20200 | 24900 |
| 3500 SLE 4D 8' | C332,D | 32515 | 17400 | 18150 | 20700 | 25500 |
| 4WD | K | | 2000 | 2000 | 2665 | 2665 |
| V8, 6.0 Liter | U | | (4100) | (4100) | (5465) | (5465) |

**DEDUCT FOR RECONDITIONING**

# 2006 CHEVROLET/GMC

| Body Type | VIN | List | Trade-In Good | Very Good | Pvt-Party Good | Retail Excellent |
|---|---|---|---|---|---|---|
| V8, 8.1 Liter | G | | (3825) | (3825) | (5100) | (5100) |
| **SILVERADO/SIERRA CREW CAB 4WD—V8 Turbo Diesel—Truck Sch T1** | | | | | | |
| 2500HD LT/SLE 6' | K232,D | 43415 | 19550 | 20400 | 23100 | 28500 |
| 2500 HD SLT 6 1/2' | K232,D | 48050 | 20400 | 21200 | 24000 | 29600 |
| 3500 LT 4D 8' | K232,D | 32015 | 19350 | 20200 | 22900 | 28200 |
| 3500 SLT 4D 8' | K232,D | 35885 | 20500 | 21300 | 24200 | 29700 |
| 2WD | C | | (2250) | (2250) | (3000) | (3000) |
| V8, 6.0 Liter | U | | (4100) | (4100) | (5465) | (5465) |
| V8, 8.1 Liter | G | | (3825) | (3825) | (5100) | (5100) |
| **SIERRA DENALI CREW CAB PICKUP AWD—V8—Truck Equip Schedule T3** | | | | | | |
| 1500 4D 5 3/4' | K63N | 42610 | 15850 | 16550 | 18500 | 22500 |

# 2007 CHEVY/GMC—(1,2or3)(CorG)(A,B,CorN)—(L13F)-7-#

| Body Type | VIN | List | Good | Very Good | Good | Excellent |
|---|---|---|---|---|---|---|
| **EQUINOX—V6—Truck Equipment Schedule T1** | | | | | | |
| LS Sport Utility 4D | L13F | 22680 | 5200 | 5600 | 6750 | 8775 |
| LT Sport Utility 4D | L63F | 23655 | 5700 | 6125 | 7525 | 9775 |
| AWD | 2,7 | | 650 | 650 | 865 | 865 |
| **TRAILBLAZER 4WD—6-Cyl.—Truck Equipment Schedule T1** | | | | | | |
| LS Sport Utility 4D | T13S | 27735 | 5725 | 6150 | 7400 | 9450 |
| LT Sport Utility 4D | T13S | 30945 | 6450 | 6875 | 8250 | 10500 |
| 2WD | S | | (1225) | (1225) | (1635) | (1635) |
| V8, 5.3 Liter | M | | 300 | 300 | 400 | 400 |
| **TRAILBLAZER AWD—V8—Truck Equipment Schedule T1** | | | | | | |
| SS Sport Utility 4D | T13H | 34015 | 11700 | 12300 | 13900 | 16950 |
| 2WD | S | | (1225) | (1225) | (1635) | (1635) |
| **ENVOY 4WD—6-Cyl.—Truck Equipment Schedule T1** | | | | | | |
| SLE Sport Utility 4D | T13S | 29330 | 6825 | 7275 | 8675 | 11050 |
| SLT Sport Utility 4D | T13S | 33695 | 7575 | 8050 | 9625 | 12250 |
| 2WD | S | | (1225) | (1225) | (1635) | (1635) |
| **ENVOY DENALI 4WD—V8—Truck Equipment Schedule T3** | | | | | | |
| Sport Utility 4D | T63M | 37570 | 10700 | 11250 | 12750 | 15600 |
| 2WD | S | | (1225) | (1225) | (1635) | (1635) |
| **ACADIA—V6—Truck Equipment Schedule T1** | | | | | | |
| SLE Sport Utility 4D | R137 | 29990 | 8700 | 9225 | 10450 | 12850 |
| AWD | V | | 725 | 725 | 965 | 965 |
| **ACADIA AWD—V6—Truck Equipment Schedule T1** | | | | | | |
| SLT Sport Utility 4D | V237 | 35960 | 12100 | 12700 | 14350 | 17500 |
| 2WD | R | | (700) | (700) | (935) | (935) |
| **TAHOE—V8—Truck Equipment Schedule T1** | | | | | | |
| LS Sport Utility 4D | C13C | 34755 | 11500 | 12100 | 13700 | 16750 |
| Third Row Seat | | | 400 | 400 | 535 | 535 |
| 4WD | K | | 1225 | 1225 | 1635 | 1635 |
| V8, 5.3 Liter | J | | 300 | 300 | 400 | 400 |
| **TAHOE 4WD—V8—Truck Equipment Schedule T1** | | | | | | |
| LT Sport Utility 4D | K130 | 40120 | 15000 | 15700 | 17650 | 21600 |
| LTZ Sport Utility 4D | K130 | 48980 | 17150 | 17900 | 19400 | 23000 |
| Third Row Seat | | | 400 | 400 | 535 | 535 |
| 2WD | C | | (1225) | (1225) | (1635) | (1635) |
| **YUKON—V8—Truck Equipment Schedule T1** | | | | | | |
| SLE Sport Utility 4D | C130 | 34690 | 13150 | 13800 | 15600 | 19100 |
| Third Row Seat | | | 400 | 400 | 535 | 535 |
| 4WD | K | | 1225 | 1225 | 1635 | 1635 |
| V8, 4.8 Liter | C | | (300) | (300) | (400) | (400) |
| **YUKON 4WD—V8—Truck Equipment Schedule T1** | | | | | | |
| SLT Sport Utility 4D | K130 | 41670 | 16550 | 17300 | 19400 | 23700 |
| Third Row Seat | | | 400 | 400 | 535 | 535 |
| 2WD | C | | (1225) | (1225) | (1635) | (1635) |
| V8, 4.8 Liter | C | | (300) | (300) | (400) | (400) |
| **YUKON DENALI AWD—V8—Truck Equipment Schedule T3** | | | | | | |
| Sport Utility 4D | K638 | 48370 | 19050 | 19900 | 21500 | 25500 |
| **SUBURBAN 4WD—V8—Truck Equipment Schedule T1** | | | | | | |
| K1500 LS Sport Util | K163 | 39790 | 13650 | 14300 | 16100 | 19600 |
| K1500 LT Sport Util | K163 | 40540 | 15175 | 15950 | 17850 | 21700 |
| K1500 LTZ Sport Utl | K163 | 48455 | 16200 | 16950 | 18550 | 22200 |
| K2500 LS Sport Util | K26K | 41715 | 15350 | 16050 | 17950 | 21800 |
| K2500 LT Sport Util | K26K | 39705 | 16550 | 17300 | 19300 | 23500 |
| 2WD | C | | (1225) | (1225) | (1635) | (1635) |
| V8, 6.0 Liter | Y | | 525 | 525 | 700 | 700 |
| **YUKON XL 4WD—V8—Truck Equipment Schedule T1** | | | | | | |
| 1500 SLE Sport Util | K163 | 37790 | 14250 | 14900 | 16750 | 20400 |
| 1500 SLT Sport Util | K163 | 44170 | 16250 | 16950 | 19000 | 23100 |
| 2500 SLE Sport Util | K26K | 41765 | 15050 | 15750 | 17650 | 21400 |
| 2500 SLT Sport Util | K26K | 45345 | 17550 | 18300 | 20400 | 24800 |

SEE BACK PAGES FOR TRUCK EQUIPMENT

# 2007 CHEVROLET/GMC

| Body Type | VIN | List | Trade-In Good | Trade-In Very Good | Pvt-Party Good | Retail Excellent |
|---|---|---|---|---|---|---|
| 2WD | C | | (1225) | (1225) | (1635) | (1635) |
| V8, 6.0 Liter | Y | | 525 | 525 | 700 | 700 |
| **YUKON XL DENALI AWD—V8**—Truck Equipment Schedule T3 | | | | | | |
| 1500 Sport Utility 4D | K168 | 50870 | 18100 | 18900 | 20600 | 24600 |
| **UPLANDER—V6**—Truck Equipment Schedule T2 | | | | | | |
| Cargo Minivan 4D | V131 | 22670 | 3625 | 3975 | 5375 | 7500 |
| **UPLANDER—V6**—Truck Equipment Schedule T1 | | | | | | |
| LS Minivan 4D | U231 | 20770 | 3300 | 3625 | 4525 | 6100 |
| LS Extended Minivan | V231 | 23845 | 3825 | 4175 | 5300 | 7125 |
| LT Extended Minivan | V331 | 27970 | 5175 | 5575 | 7175 | 9525 |
| **EXPRESS/SAVANA VAN—V8**—Truck Equipment Schedule T1 | | | | | | |
| 1500 LS Passenger | G15T | 26486 | 7875 | 8375 | 9650 | 12000 |
| 1500 LT Passenger | G15Z | 27955 | 8175 | 8675 | 10000 | 12400 |
| 2500 LS Passenger | G25V | 27265 | 8075 | 8575 | 9875 | 12250 |
| 2500 LT Passenger | G25V | 29075 | 8375 | 8875 | 10200 | 12700 |
| 3500 LS Passenger | G35U | 29299 | 8775 | 9300 | 10650 | 13200 |
| 3500 LS Extended | G39U | 31529 | 10000 | 10550 | 12100 | 14950 |
| 3500 LT Passenger | G35U | 30714 | 9750 | 10300 | 11800 | 14600 |
| 3500 LT Extended | G39U | 31869 | 10400 | 10950 | 12550 | 15500 |
| AWD | H | | 550 | 550 | 735 | 735 |
| **EXPRESS VAN—V6**—Truck Equipment Schedule T1 | | | | | | |
| 1500 Cargo Van | G15X | 23130 | 6450 | 6875 | 8300 | 10650 |
| AWD | H | | 550 | 550 | 735 | 735 |
| V8, 5.3 Liter | T | | 400 | 400 | 535 | 535 |
| **SAVANA VAN—V8**—Truck Equipment Schedule T1 | | | | | | |
| 1500 Cargo Van | G15T | 22720 | 6900 | 7350 | 8925 | 11450 |
| AWD | H | | 550 | 550 | 735 | 735 |
| V6, 4.3 Liter | X | | (400) | (400) | (535) | (535) |
| **EXPRESS/SAVANA VAN—V8**—Truck Equipment Schedule T1 | | | | | | |
| 2500 Cargo Van | G25V | 23495 | 7400 | 7875 | 9500 | 12150 |
| 2500 Extended | G29V | 24595 | 7600 | 8075 | 9725 | 12450 |
| 3500 Cargo Van | G35V | 26099 | 7750 | 8225 | 9900 | 12650 |
| 3500 Extended | G39V | 27674 | 8100 | 8600 | 10300 | 13200 |
| 3500 Van Cab-Ch | G31Z | 24773 | 7375 | 7850 | 9825 | 12900 |
| V8, 6.0 Liter | U | | 400 | 400 | 535 | 535 |
| V8, 6.6L Turbo Dsl | 2,6 | | 4250 | 4250 | 5665 | 5665 |
| **COLORADO/CANYON REGULAR CAB PICKUP—4-Cyl.**—Truck Equip Sch T1 | | | | | | |
| Work Truck 2D 6' | S140 | 17455 | 4250 | 4600 | 5600 | 7325 |
| LS/SL 2D 6' | S149 | 19455 | 4675 | 5050 | 6100 | 7950 |
| LT/SLE 2D 6' | S149 | 21085 | 5000 | 5400 | 6500 | 8700 |
| 4WD | T | | 1300 | 1300 | 1735 | 1735 |
| 5-Cyl. 3.7 Liter | E | | 200 | 200 | 265 | 265 |
| **CANYON REGULAR CAB PICKUP—5-Cyl.**—Truck Equipment Sch T1 | | | | | | |
| SLE 2D 6' | S14E | 19135 | 5125 | 5525 | 6850 | 8875 |
| 4WD | T | | 1300 | 1300 | 1735 | 1735 |
| 4-Cyl. 2.9 Liter | 9 | | (175) | (175) | (235) | (235) |
| **CANYON EXTENDED CAB PICKUP—4-Cyl.**—Truck Equipment Sch T1 | | | | | | |
| Work Truck 4D 6' | S199 | 19455 | 5675 | 6075 | 7475 | 9700 |
| 4WD | T | | 1300 | 1300 | 1735 | 1735 |
| 5-Cyl. 3.7 Liter | E | | 200 | 200 | 265 | 265 |
| **COLORADO/CANYON EXTENDED CAB PICKUP—4-Cyl.**—Truck Equip Sch T1 | | | | | | |
| LS/SL 4D 6' | S199 | 19455 | 6150 | 6575 | 8050 | 10400 |
| 4WD | T | | 1300 | 1300 | 1735 | 1735 |
| 5-Cyl. 3.7 Liter | E | | 200 | 200 | 265 | 265 |
| **COLORADO/CANYON EXTENDED CAB PICKUP—5-Cyl.**—Truck Equip Sch T1 | | | | | | |
| LT/SLE 4D 6' | S19E | 22085 | 7475 | 7950 | 9675 | 12450 |
| 4WD | T | | 1300 | 1300 | 1735 | 1735 |
| 4-Cyl. 2.9 Liter | 9 | | (175) | (175) | (235) | (235) |
| **COLORADO/CANYON CREW CAB PICKUP—5-Cyl.**—Truck Equip Sch T1 | | | | | | |
| LT/SLE 4D 5 1/4' | S13E | 23360 | 8525 | 9025 | 10900 | 14050 |
| 4WD | T | | 1300 | 1300 | 1735 | 1735 |
| 4-Cyl. 2.9 Liter | 9 | | (175) | (175) | (235) | (235) |
| **CANYON CREW CAB PICKUP—5-Cyl.**—Truck Equipment Sch T2 | | | | | | |
| SLT 4D 5' | S13E | 25720 | 9800 | 10350 | 12450 | 16000 |
| 4WD | T | | 1300 | 1300 | 1735 | 1735 |
| **AVALANCHE 4WD—V8**—Truck Equipment Schedule T1 | | | | | | |
| LS Spt Util Pickup | K123 | 36610 | 14400 | 15050 | 16700 | 20100 |
| LT Spt Util Pickup | K123 | 36940 | 15100 | 15800 | 17450 | 21000 |
| LTZ Spt Util Pickup | K123 | 43670 | 16550 | 17300 | 19050 | 22900 |
| 2WD | C | | (1225) | (1225) | (1635) | (1635) |
| **SILVERADO CLASSIC REGULAR CAB**—Truck Equipment Sch T1 | | | | | | |
| 1500 LS 2D 6 1/2' | C14X | 22070 | 4050 | 4400 | 5200 | 6675 |
| 4WD | K | | 2200 | 2200 | 2935 | 2935 |

**DEDUCT FOR RECONDITIONING**

# 2007 CHEVROLET/GMC

## TRUCKS & VANS

| Body Type | VIN | List | Trade-In Good | Trade-In Very Good | Pvt-Party Good | Retail Excellent |
|---|---|---|---|---|---|---|
| V8, 4.8 Liter | V | | 450 | 450 | 600 | 600 |
| V8, 5.3 Liter | T | | 825 | 825 | 1100 | 1100 |
| **SILVERADO/SIERRA CLASSIC REGULAR CAB—V8—Truck Equipment Sch T1** | | | | | | |
| 1500 Work Trk 6 1/2' | C14V | 19350 | 3175 | 3500 | 4200 | 5450 |
| 1500 Work Truck 8' | C14V | 19625 | 2850 | 3150 | 3700 | 4800 |
| 1500 SL 2D 6 1/2' | C14V | 23015 | 4575 | 4950 | 5800 | 7400 |
| 1500 LS/SL 2D 8' | C14V | 23455 | 3975 | 4325 | 5125 | 6575 |
| 1500 LT/SLE 2D 6 1/2' | C14V | 24250 | 4975 | 5350 | 6250 | 7975 |
| 1500 LT/SLE 2D 8' | C14V | 24540 | 4875 | 5250 | 6150 | 7825 |
| 2500 HD Wrk Trk 8' | C24U | 24620 | 6750 | 7200 | 8375 | 10400 |
| 2500 HD LT/SLE 8' | C24U | 25880 | 8850 | 9350 | 10750 | 13300 |
| 3500 Work Truck 8' | C34U | 25355 | 7150 | 7625 | 8825 | 10950 |
| 3500 LS/SL 2D 8' | C34U | 25410 | 8450 | 8950 | 10300 | 12750 |
| 3500 SLE 2D 8' | C34U | 27185 | 9050 | 9575 | 11000 | 13550 |
| 4WD | K | | 2200 | 2200 | 2935 | 2935 |
| V6, 4.3 Liter | X | | (450) | (450) | (600) | (600) |
| V8, 5.3 Liter | T | | 300 | 300 | 400 | 400 |
| V8, 8.1 Liter | G | | 300 | 300 | 400 | 400 |
| V8, 6.6L Turbo Dsl | D | | 4250 | 4250 | 5665 | 5665 |
| **SIERRA CLASSIC REGULAR CAB 4WD—V8—Truck Equipment Sch T1** | | | | | | |
| 2500 HD SL 2D 8' | K24U | 24915 | 10850 | 11400 | 13050 | 16050 |
| 2WD | C | | (2425) | (2425) | (3235) | (3235) |
| V8, 8.1 Liter | G | | 300 | 300 | 400 | 400 |
| V8, 6.6L Turbo Dsl | D | | 4250 | 4250 | 5665 | 5665 |
| **SILVERADO CLASSIC REGULAR CAB—V8 Turbo Diesel—Truck Sch T1** | | | | | | |
| 2500 HD LS 2D 8' | C24D | 33240 | 12600 | 13200 | 15150 | 18600 |
| 4WD | K | | 2200 | 2200 | 2935 | 2935 |
| V8, 6.0 Liter | U | | (4250) | (4250) | (5665) | (5665) |
| V8, 8.1 Liter | G | | (3950) | (3950) | (5265) | (5265) |
| **SILVERADO CLASSIC REGULAR CAB—V8—Truck Equipment Sch T1** | | | | | | |
| 3500 LT 2D 8' | C34U | 26780 | 9050 | 9575 | 11000 | 13550 |
| 4WD | K | | 2200 | 2200 | 2935 | 2935 |
| V8, 8.1 Liter | G | | 300 | 300 | 400 | 400 |
| **SILVERADO/SIERRA CLASSIC EXTENDED CAB—V8—Truck Equip Sch T1** | | | | | | |
| 1500 LT/SLE 4D 5 3/4' | C19T | 27830 | 8350 | 8850 | 10400 | 13050 |
| 1500 LT/SLE 4D 8' | C19T | 28035 | 7350 | 7825 | 9250 | 11650 |
| 1500 SLT 4D 5 3/4' | C19T | 31575 | 9000 | 9525 | 11200 | 14050 |
| 1500 SLT 4D 8' | C19T | 32015 | 8150 | 8650 | 10150 | 12800 |
| 4WD | K | | 2200 | 2200 | 2935 | 2935 |
| **SILVERADO/SIERRA CLASSIC EXTENDED 4WD—V8 Hybrid—Truck Sch T1** | | | | | | |
| 1500 LT/SLE 6 1/2' | K19T | 33105 | 14700 | 15350 | 17850 | 22300 |
| 2WD | C | | (2425) | (2425) | (3235) | (3235) |
| **SILVERADO/SIERRA CLASSIC EXTENDED CAB—V8—Truck Equip Sch T1** | | | | | | |
| 1500 Work Trk 6 1/2' | C19V | 23310 | 5350 | 5750 | 6875 | 8750 |
| 1500 Work Truck 8' | C19V | 25415 | 5025 | 5400 | 6325 | 8025 |
| 1500 LS 6 1/2' | C19V | 25785 | 7150 | 7625 | 9025 | 11400 |
| 1500 LS/SL 4D 8' | C19V | 26815 | 6625 | 7075 | 8325 | 10550 |
| 1500 LT/SLE 4D 6 1/2' | C19V | 26860 | 7450 | 7925 | 9350 | 11800 |
| 2500HD WkTrk 6 1/2' | C29U | 26910 | 10200 | 10750 | 12350 | 15100 |
| 2500HD Wrk Trk 8' | C29U | 27205 | 10000 | 10550 | 12050 | 14850 |
| 2500 HD LS 6 1/2' | C29U | 28310 | 11650 | 12250 | 14100 | 17200 |
| 2500 HD LS/SL 4D 8' | C29U | 28605 | 11550 | 12150 | 13850 | 17050 |
| 2500 HD SLE 6 1/2' | C29U | 30125 | 12150 | 12750 | 14500 | 17850 |
| 2500 HD LT/SLE 8' | C29U | 28825 | 11700 | 12300 | 14000 | 17250 |
| 2500 HD SLT 6 1/2' | C29U | 33485 | 13000 | 13650 | 15550 | 19150 |
| 2500 HD SLT 4D 8' | C29U | 33775 | 12750 | 13350 | 15300 | 18800 |
| 3500 Work Truck 8' | C37775 | | 10200 | 10750 | 12250 | 15100 |
| 3500 LS/SL 4D 8' | C39V | 29520 | 11750 | 12350 | 14050 | 17300 |
| 3500 SLE 4D 8' | C39V | 30825 | 12250 | 12850 | 14650 | 18000 |
| 4WD | K | | 2200 | 2200 | 2935 | 2935 |
| V6, 4.3 Liter | X | | (450) | (450) | (600) | (600) |
| V8, 5.3 Liter | T | | 300 | 300 | 400 | 400 |
| V8, 8.1 Liter | G | | 300 | 300 | 400 | 400 |
| V8, 6.6L Turbo Dsl | D | | 4250 | 4250 | 5665 | 5665 |
| **SILVERADO CLASSIC EXTENDED CAB—V8 Turbo Diesel—Truck Sch T1** | | | | | | |
| 3500 LT 4D 8' | C39D | 38080 | 16800 | 17550 | 19850 | 24300 |
| 4WD | K | | 2200 | 2200 | 2935 | 2935 |
| V8, 6.0 Liter | U | | (4250) | (4250) | (5665) | (5665) |
| V8, 8.1 Liter | G | | (3950) | (3950) | (5265) | (5265) |
| **SILVERADO CLASSIC EXTENDED CAB 4WD—V8—Truck Equip Sch T1** | | | | | | |
| 2500 HD LT 6 1/2' | K29U | 28530 | 14850 | 15500 | 17650 | 21600 |
| 2WD | C | | (2425) | (2425) | (3235) | (3235) |
| V8, 8.1 Liter | G | | 300 | 300 | 400 | 400 |

**SEE BACK PAGES FOR TRUCK EQUIPMENT**

# 2007 CHEVROLET/GMC

| Body Type | VIN | List | Trade-In Good | Very Good | Pvt-Party Good | Retail Excellent |
|---|---|---|---|---|---|---|
| V8, 6.6L Turbo Dsl | D | | 4250 | 4250 | 5665 | 5665 |
| **SIERRA CLASSIC EXTENDED CAB 4WD**—V8—Truck Equipment Sch T1 | | | | | | |
| 1500 SL 4D 6 1/2' | K19V | 25785 | 9900 | 10450 | 12200 | 15300 |
| 1500 SLT 4D 6 1/2' | K19Z | 31725 | 11150 | 11700 | 13700 | 17150 |
| 2500 HD SL 4D 6 1/2' | K29U | 28310 | 14350 | 15000 | 17100 | 21000 |
| 2WD | C | | (2425) | (2425) | (3235) | (3235) |
| V6, 4.3 Liter | X | | (450) | (450) | (600) | (600) |
| V8, 5.3 Liter | T,B | | 300 | 300 | 400 | 400 |
| V8, 6.6L Turbo Dsl | D | | 4250 | 4250 | 5665 | 5665 |
| V8, 8.1 Liter | G | | 300 | 300 | 400 | 400 |
| **SILVERADO SS CLASSIC EXTENDED CAB**—V8—Truck Equip Sch T3 | | | | | | |
| 1500 4D 6 1/2' | C19N | 34180 | 13200 | 13850 | 16150 | 20200 |
| **SILVERADO/SIERRA CLASSIC CREW CAB**—V8—Truck Equipment Schedule T1 | | | | | | |
| 1500 LS/SL 4D 5 3/4' | C13V | 25595 | 8850 | 9375 | 10950 | 13750 |
| 1500 LT 4D 5 3/4' | C13Z | 29415 | 9000 | 9525 | 11200 | 14050 |
| 1500 SLT 4D 5 3/4' | C13Z | 33590 | 9900 | 10450 | 12200 | 15300 |
| 4WD | K | | 2200 | 2200 | 2935 | 2935 |
| V8, 6.0 Liter | | | 525 | 525 | 700 | 700 |
| **SIERRA CLASSIC CREW CAB**—V8—Truck Equipment Schedule T1 | | | | | | |
| 1500 SLE 4D 8' | C19J | 28205 | 9700 | 10250 | 11950 | 15000 |
| 4WD | | | 2200 | 2200 | 2935 | 2935 |
| **SILVERADO/SIERRA CLASSIC CREW CAB**—V8—Truck Equip Schedule T1 | | | | | | |
| 1500 HD SLT 6 1/2' | C13Z | 30545 | 9900 | 10450 | 12200 | 15300 |
| 1500 HD SLT 4D 6 1/2' | C13U | 34580 | 11050 | 11600 | 13550 | 17000 |
| 2500HD WrkTrk 6 1/2' | C23U | 28905 | 11500 | 12100 | 13800 | 17000 |
| 2500HD Wrk Trk 8' | C23U | 29195 | 11400 | 12000 | 13700 | 16850 |
| 2500 HD LS/SL 4D 8' | C23U | 30595 | 13000 | 13650 | 15550 | 19150 |
| 2500HD LT/SLE 8' | C23U | 30745 | 13550 | 14200 | 16200 | 19900 |
| 2500 HD SLT 4D 8' | C23U | 35850 | 14550 | 15200 | 17300 | 21200 |
| 3500 Work Truck 8' | C33U | 30015 | 11700 | 12300 | 14000 | 17250 |
| 3500 SLE 4D/DR 8' | C33U | 32940 | 13750 | 14400 | 16400 | 20200 |
| 3500 SLT 4D 8' | C33U | 36260 | 14750 | 15400 | 17500 | 21500 |
| 4WD | K | | 2200 | 2200 | 2935 | 2935 |
| V8, 8.1 Liter | G | | 300 | 300 | 400 | 400 |
| V8, 6.6L Turbo Dsl | D | | 4250 | 4250 | 5665 | 5665 |
| **SIERRA CLASSIC CREW CAB 4WD**—V8—Truck Equipment Schedule T1 | | | | | | |
| 1500 SLE 4D 5 3/4' | K13Z | 29015 | 11700 | 12300 | 14350 | 17950 |
| 1500 HD SLE 6 1/2' | K13U | 30545 | 12600 | 13250 | 15350 | 19200 |
| 2500 HD SL 4D 6 1/2' | K23U | 30295 | 15950 | 16700 | 18900 | 23200 |
| 2WD | C | | (2425) | (2425) | (3235) | (3235) |
| V8, 8.1 Liter | G | | 300 | 300 | 400 | 400 |
| V8, 6.6L Turbo Dsl | D | | 4250 | 4250 | 5665 | 5665 |
| **SIERRA CLASSIC CREW CAB 4WD**—V8 Turbo Diesel—Truck Sch T1 | | | | | | |
| 2500 HD SLE 6 1/2' | K23D | 32045 | 21000 | 21900 | 24600 | 30100 |
| 3500 SL 4D 8' | K33D | 31515 | 22600 | 23600 | 26400 | 32200 |
| 2WD | C | | (2425) | (2425) | (3235) | (3235) |
| V8, 6.0 Liter | U | | (4250) | (4250) | (5665) | (5665) |
| V8, 8.1 Liter | G | | (3950) | (3950) | (5265) | (5265) |
| **SILVERADO CLASSIC CREW CAB**—V8 Turbo Diesel—Truck Sch T1 | | | | | | |
| 2500 HD LS 6 1/2' | C23D | 37525 | 17800 | 18550 | 20900 | 25700 |
| 3500 LS 4D 8' | C33D | 38745 | 17800 | 18550 | 20900 | 25700 |
| 4WD | K | | 2200 | 2200 | 2935 | 2935 |
| V8, 6.0 Liter | U | | (4250) | (4250) | (5665) | (5665) |
| V8, 8.1 Liter | G | | (3950) | (3950) | (5265) | (5265) |
| **SILVERADO/SIERRA CLASSIC CREW CAB 4WD**—V8 Turbo Diesel—Sch T1 | | | | | | |
| 2500 HD LT 6 1/2' | K23D | 39590 | 21000 | 21900 | 24600 | 30100 |
| 2500 HD SLT 6 1/2' | K23D | 35560 | 22000 | 23000 | 25700 | 31400 |
| 3500 LT 4D 8' | K33D | 42975 | 21000 | 21900 | 24600 | 30100 |
| 2WD | C | | (2425) | (2425) | (3235) | (3235) |
| V8, 6.0 Liter | U | | (4250) | (4250) | (5665) | (5665) |
| V8, 8.1 Liter | G | | (3950) | (3950) | (5265) | (5265) |
| **SIERRA DENALI CLASSIC CREW CAB AWD**—V8—Truck Equip Sch T3 | | | | | | |
| 1500 4D 5 3/4' | K63N | 40025 | 17800 | 18550 | 20400 | 24500 |
| **SILVERADO/SIERRA REGULAR CAB**—V8—Truck Equipment Schedule T1 | | | | | | |
| 1500 Work Trk 6 1/2' | C140 | 19360 | 5100 | 5500 | 6600 | 8400 |
| 4WD | K | | 2200 | 2200 | 2935 | 2935 |
| V6, 4.3 Liter | X | | (450) | (450) | (600) | (600) |
| V8, 5.3 Liter | J | | 300 | 300 | 400 | 400 |
| **SILVERADO REGULAR CAB**—V6—Truck Equipment Schedule T1 | | | | | | |
| 1500 Work Truck 8' | C14X | 19055 | 4200 | 4550 | 5375 | 6875 |
| 4WD | K | | 2200 | 2200 | 2935 | 2935 |
| V8, 4.8 Liter | C | | 450 | 450 | 600 | 600 |
| V8, 5.3 Liter | J | | 825 | 825 | 1100 | 1100 |

**DEDUCT FOR RECONDITIONING**

# 2007 CHEVROLET/GMC

| Body Type | VIN | List | Trade-In Good | Trade-In Very Good | Pvt-Party Good | Retail Excellent |
|---|---|---|---|---|---|---|
| **SIERRA REGULAR CAB—V8**—Truck Equipment Schedule T1 | | | | | | |
| 1500 Work Truck 8' | C14C | 20525 | 4825 | 5200 | 6075 | 7750 |
| 4WD | K | | 2200 | 2200 | 2935 | 2935 |
| V6, 4.3 Liter | X | | (450) | (450) | (600) | (600) |
| V8, 5.3 Liter | J | | 300 | 300 | 400 | 400 |
| **SILVERADO/SIERRA REGULAR CAB—V8**—Truck Equipment Schedule T1 | | | | | | |
| 1500 LS/SL 2D 6 1/2' | C14C | 19255 | 6400 | 6825 | 8075 | 10200 |
| 1500 LS/SL 2D 8' | C14C | 19755 | 6050 | 6475 | 7675 | 9725 |
| 2500 HD Work Trk 8' | C24K | 25443 | 7200 | 7675 | 8875 | 11000 |
| 2500 HD LT/SLE 8' | C24U | 24575 | 10300 | 10850 | 12350 | 15250 |
| 3500 HD Wrk Trk 8' | C34K | 25665 | 7400 | 7875 | 9100 | 11300 |
| 3500 SLE 2D 8' | C34K | 28060 | 10450 | 11000 | 12550 | 15450 |
| 4WD | K | | 2200 | 2200 | 2935 | 2935 |
| V6, 4.3 Liter | X | | (450) | (450) | (600) | (600) |
| V8, 5.3 Liter | J | | 300 | 300 | 400 | 400 |
| V8, 6.6L Turbo Dsl | 6 | | 4250 | 4250 | 5665 | 5665 |
| **SILVERADO REGULAR CAB 4WD—V8 Turbo Diesel**—Truck Equip SchT1 | | | | | | |
| 3500 HD LT 8' | K346 | 28060 | 17700 | 18450 | 20800 | 25500 |
| 2WD | C | | (2425) | (2425) | (3235) | (3235) |
| V8, 6.6L Turbo Dsl | 6 | | (4250) | (4250) | (5665) | (5665) |
| **SILVERADO EXTENDED CAB PICKUP—V6**—Truck Equipment Sch T1 | | | | | | |
| 1500 Work Truck 6' | C19X | 23900 | 6825 | 7275 | 8575 | 10800 |
| 4WD | K | | 2200 | 2200 | 2935 | 2935 |
| V8, 4.8 Liter | | | (300) | (300) | (400) | (400) |
| V8, 5.3 Liter | J | | 525 | 525 | 700 | 700 |
| **SIERRA EXTENDED CAB PICKUP—V8**—Truck Equipment Sch T1 | | | | | | |
| 1500 Work Truck 6' | C19C | 24500 | 7350 | 7825 | 9250 | 11650 |
| 4WD | K | | 2200 | 2200 | 2935 | 2935 |
| V6, 4.3 Liter | X | | (450) | (450) | (600) | (600) |
| V8, 5.3 Liter | J | | 300 | 300 | 400 | 400 |
| **SILVERADO/SIERRA EXTENDED CAB PICKUP—V8**—Truck Equip Sch T1 | | | | | | |
| 1500 Work Truck 5 3/4' | C190 | 23605 | 7550 | 8025 | 9475 | 11950 |
| 1500 Work Truck 8' | C190 | 25245 | 7650 | 8125 | 9575 | 12100 |
| 1500 LS 4D 5 3/4' | C190 | 24100 | 8850 | 9350 | 11000 | 13850 |
| 1500 LS 4D 6 1/2' | C190 | 24395 | 8800 | 9325 | 10900 | 13700 |
| 1500 LS 4D 8' | C190 | 25740 | 8050 | 8550 | 10050 | 12650 |
| 1500 LT/SLE 4D 8' | C19J | 28205 | 9700 | 10250 | 11950 | 15000 |
| 1500 LTZ/SLT 5 3/4' | C19J | 32105 | 10800 | 11350 | 13250 | 16550 |
| 1500 LTZ/SLT 4D 8' | C19J | 32695 | 10200 | 10750 | 12550 | 15700 |
| 4WD | K | | 2200 | 2200 | 2935 | 2935 |
| V6, 4.3 Liter | X | | (450) | (450) | (600) | (600) |
| V8, 6.0 Liter | Y | | 525 | 525 | 700 | 700 |
| V6, 4.3 Liter | X | | (450) | (450) | (600) | (600) |
| **SILVERADO/SIERRA EXTENDED CAB 4WD—V8**—Truck Sch T1 | | | | | | |
| 1500 LTZ/SLT 6 1/2' | K19J | 35500 | 13300 | 13950 | 16250 | 20300 |
| 2WD | C | | (2425) | (2425) | (3235) | (3235) |
| V8, 6.0 Liter | Y | | 525 | 525 | 700 | 700 |
| **SILVERADO/SIERRA EXTENDED CAB PICKUP—V8**—Truck Equip Sch T1 | | | | | | |
| 1500 LT/SLE 4D 5 3/4' | C19C | 26565 | 10000 | 10550 | 12300 | 15450 |
| 1500 LT/SLE 4D 6 1/2' | C19C | 26860 | 9400 | 9925 | 11650 | 14600 |
| 4WD | K | | 2200 | 2200 | 2935 | 2935 |
| V8, 5.3 Liter | J | | 300 | 300 | 400 | 400 |
| V8, 6.0 Liter | Y | | 525 | 525 | 700 | 700 |
| **SILVERADO/SIERRA EXTENDED CAB PICKUP—V8**—Truck Equip Sch T1 | | | | | | |
| 2500 HD Work Trk 6' | C29K | 27475 | 11500 | 12100 | 13800 | 17000 |
| 2500 HD Work Trk 8' | C29K | 27770 | 11400 | 12000 | 13700 | 16850 |
| 3500 HD Wrk Trk 8' | C39K | 28785 | 11800 | 12400 | 14150 | 17400 |
| 3500 HD LTZ/SLT 8' | C39K | 36045 | 15000 | 15700 | 17800 | 21800 |
| 4WD | K | | 2200 | 2200 | 2935 | 2935 |
| V8, 6.6L Turbo Dsl | 6 | | 4250 | 4250 | 5665 | 5665 |
| **SILVERADO/SIERRA EXTENDED CAB 4WD—V8**—Truck Equip Sch T1 | | | | | | |
| 2500HD LT/SLE 6 1/2' | K29K | 30470 | 16700 | 17450 | 19700 | 24200 |
| 2500 HD LT/SLE 8' | K29K | 30765 | 16450 | 17200 | 19450 | 23800 |
| 2500 HD LTZ/SLT 6' | K29K | 35395 | 17600 | 18350 | 20700 | 25400 |
| 2500 HD LTZ/SLT 8' | K29K | 35690 | 17400 | 18150 | 20500 | 25100 |
| 2WD | C | | (2425) | (2425) | (3235) | (3235) |
| V8, 6.6L Turbo Dsl | 6 | | 4250 | 4250 | 5665 | 5665 |
| **SILVERADO/SIERRA EXTENDED CAB 4WD—V8 Turbo Diesel**—Truck Sch T1 | | | | | | |
| 3500 HD LT/SLE 8' | K396 | 31790 | 21400 | 22300 | 25000 | 30600 |
| 2WD | C | | (2425) | (2425) | (3235) | (3235) |
| V8, 6.6L Turbo Dsl | 6 | | (4250) | (4250) | (5665) | (5665) |
| **SILVERADO/SIERRA CREW CAB PICKUP—V8**—Truck Equip Schedule T1 | | | | | | |
| 1500 Wrk Trk 5 3/4' | C133 | 27600 | 9600 | 10150 | 11850 | 14900 |

SEE BACK PAGES FOR TRUCK EQUIPMENT

# 2007 CHEVROLET/GMC

| Body Type | VIN | List | Trade-In Good | Trade-In Very Good | Pvt-Party Good | Retail Excellent |
|---|---|---|---|---|---|---|
| 1500 LT/SLE 5 3/4' | C13C | 29415 | 11800 | 12400 | 14450 | 18100 |
| 2500 HD LT/SLE 8' | C23K | 32840 | 15900 | 16600 | 18800 | 23100 |
| 2500 HD LTZ/SLT 8' | C23K | 37680 | 16800 | 17550 | 19850 | 24300 |
| 4WD | K | | 2200 | 2200 | 2935 | 2935 |
| V8, 5.3 Liter | J,M | | 300 | 300 | 400 | 400 |
| V8, 6.0 Liter | Y | | 525 | 525 | 700 | 700 |
| V8, 6.6L Turbo Dsl | 6 | | 4250 | 4250 | 5665 | 5665 |
| **SIERRA CREW CAB PICKUP—V8**—Truck Equip Schedule T1 ||||||||
| 2500 HD Work Trk 6' | C23K | 28750 | 13700 | 14350 | 16350 | 20100 |
| 2500 HD Work Trk 8' | C23K | 29045 | 13550 | 14200 | 16200 | 19900 |
| 3500 Work Truck 8' | C33K | 29975 | 14100 | 14750 | 16800 | 20600 |
| 4WD | K | | 2200 | 2200 | 2935 | 2935 |
| V8, 6.6L Turbo Dsl | 6 | | 4250 | 4250 | 5665 | 5665 |
| **SILVERADO/SIERRA CREW CAB 4WD—V8**—Truck Equip Sch T1 ||||||||
| 1500 LTZ/SLT 5 3/4' | K13M | 33520 | 15200 | 15900 | 18450 | 23000 |
| 2WD | C | | (2425) | (2425) | (3235) | (3235) |
| V8, 6.0 Liter | Y | | 525 | 525 | 700 | 700 |
| **SILVERADO/SIERRA CREW CAB 4WD—V8 Turbo Diesel**—Truck Sch T1 ||||||||
| 3500 HD LT/SLE 8' | K336 | 32380 | 23800 | 24700 | 27700 | 33900 |
| 3500 HD LTZ/SLT 8' | K336 | 37010 | 24800 | 25800 | 28800 | 35200 |
| 2WD | C | | (2425) | (2425) | (3235) | (3235) |
| V8, 6.0 Liter | K | | (4250) | (4250) | (5665) | (5665) |
| **SILVERADO CREW CAB PICKUP—V8**—Truck Equipment Sch T1 ||||||||
| 2500 HD Work Trk 6' | C23K | 31850 | 13700 | 14350 | 16350 | 20100 |
| 4WD | K | | 2200 | 2200 | 2935 | 2935 |
| V8, 6.6L Turbo Dsl | 6 | | 4250 | 4250 | 5665 | 5665 |
| **SILVERADO CREW CAB—V8 Turbo Diesel**—Truck Equip Sch T1 ||||||||
| 2500 HD Work Trk 8' | C236 | 37440 | 18200 | 19000 | 21400 | 26200 |
| 3500 HD Wrk Trk 8' | C336 | 29975 | 18650 | 19500 | 21900 | 26900 |
| 4WD | K | | 2200 | 2200 | 2935 | 2935 |
| V8, 6.0 Liter | K | | (4250) | (4250) | (5665) | (5665) |
| **SILVERADO/SIERRA CREW CAB 4WD—V8 Turbo Diesel**—Truck Sch T1 ||||||||
| 2500 HD LT/SLE 6' | K236 | 44040 | 23400 | 24300 | 27300 | 33300 |
| 2500 HD LTZ/SLT 6' | K236 | 48880 | 24400 | 25400 | 28400 | 34700 |
| 2WD | C | | (2425) | (2425) | (3235) | (3235) |
| V8, 6.0 Liter | K | | (4250) | (4250) | (5665) | (5665) |
| **SIERRA DENALI CREW CAB PICKUP AWD**—V8—Truck Equip Schedule T3 ||||||||
| 1500 4D 5 3/4' | K638 | 42095 | 22200 | 23200 | 25300 | 30300 |
| 2WD | C | | (750) | (750) | (1000) | (1000) |

## 2008 CHEVY/GMC—(1,2or3)(CorG)(A,B,CorN)—(L13F)—8—#

| Body Type | VIN | List | Good | Very Good | Good | Excellent |
|---|---|---|---|---|---|---|
| **EQUINOX—V6**—Truck Equipment Schedule T1 ||||||||
| LS Sport Utility 4D | L13F | 22995 | 5900 | 6325 | 7375 | 9225 |
| LT Sport Utility 4D | L13F | 23855 | 7050 | 7525 | 8750 | 10900 |
| AWD | 2,4,6,8,0 | | 700 | 700 | 935 | 935 |
| **EQUINOX AWD—V6**—Truck Equipment Schedule T1 ||||||||
| LTZ Sport Utility 4D | L83F | 29295 | 10850 | 11400 | 13100 | 16200 |
| Sport SUV 4D | L037 | 29595 | 11400 | 12000 | 13750 | 17000 |
| FWD | 7 | | (725) | (725) | (965) | (965) |
| **TRAILBLAZER 4WD—6-Cyl.**—Truck Equipment Schedule T1 ||||||||
| LS Sport Utility 4D | T13S | 29650 | 6825 | 7275 | 8475 | 10650 |
| LT Sport Utility 4D | T13S | 28415 | 7550 | 8025 | 9375 | 11750 |
| 2WD | S | | (1300) | (1300) | (1735) | (1735) |
| V8, 5.3 Liter | M | | 325 | 325 | 435 | 435 |
| **TRAILBLAZER AWD—V8**—Truck Equipment Schedule T1 ||||||||
| SS Sport Utility 4D | T33H | 33990 | 14450 | 15100 | 16700 | 20100 |
| 2WD | S | | (1300) | (1300) | (1735) | (1735) |
| **ENVOY 4WD—6-Cyl.**—Truck Equipment Schedule T1 ||||||||
| SLE Sport Utility 4D | T23S | 29850 | 8200 | 8700 | 10100 | 12650 |
| SLT Sport Utility 4D | T13S | 33795 | 9100 | 9625 | 11200 | 13950 |
| 2WD | S | | (1300) | (1300) | (1735) | (1735) |
| **ENVOY DENALI 4WD—V8**—Truck Equipment Schedule T3 ||||||||
| Sport Utility 4D | T43M | 36730 | 13650 | 14300 | 15850 | 19050 |
| 2WD | S | | (1300) | (1300) | (1735) | (1735) |
| **ACADIA—V6**—Truck Equipment Schedule T1 ||||||||
| SLE Sport Utility 4D | R137 | 29845 | 10300 | 10850 | 11900 | 14300 |
| AWD | V | | 750 | 750 | 1000 | 1000 |
| **ACADIA AWD—V6**—Truck Equipment Schedule T1 ||||||||
| SLT Sport Utility 4D | V237 | 36310 | 13900 | 14550 | 15950 | 19050 |
| 2WD | R | | (725) | (725) | (965) | (965) |
| **TAHOE—V8**—Truck Equipment Schedule T1 ||||||||
| LS Sport Utility 4D | C13C | 34995 | 14350 | 15000 | 16250 | 19250 |
| Third Row Seat | | | 475 | 475 | 635 | 635 |

**DEDUCT FOR RECONDITIONING**

# 2008 CHEVROLET/GMC

| Body Type | VIN | List | Trade-In Good | Trade-In Very Good | Pvt-Party Good | Retail Excellent |
|---|---|---|---|---|---|---|
| 4WD | K | | 1300 | 1300 | 1735 | 1735 |
| V8, FFV, 5.3L | 0 | | 325 | 325 | 435 | 435 |
| **TAHOE 4WD—V8—Truck Equipment Schedule T1** | | | | | | |
| LT Sport Utility 4D | K130 | 40650 | 18250 | 19050 | 20400 | 24100 |
| LTZ Sport Utility 4D | K130 | 48230 | 22000 | 23000 | 23800 | 27400 |
| Third Row Seat | | | 475 | 475 | 635 | 635 |
| 2WD | C | | (1300) | (1300) | (1735) | (1735) |
| V8, 6.2 Liter | 8 | | 525 | 525 | 700 | 700 |
| **TAHOE 4WD—V8 Hybrid—Truck Equipment Schedule T1** | | | | | | |
| Sport Utility 4D | K135 | 53295 | 20700 | 21600 | 23100 | 27200 |
| Third Row Seat | | | 475 | 475 | 635 | 635 |
| 2WD | C | | (1300) | (1300) | (1735) | (1735) |
| **YUKON—V8—Truck Equipment Schedule T1** | | | | | | |
| SLE Sport Utility 4D | C230 | 36490 | 16150 | 16900 | 18200 | 21500 |
| Third Row Seat | | | 475 | 475 | 635 | 635 |
| 4WD | K | | 1300 | 1300 | 1735 | 1735 |
| V8, 4.8 Liter | C | | (325) | (325) | (435) | (435) |
| **YUKON 4WD—V8—Truck Equipment Schedule T1** | | | | | | |
| SLT Sport Utility 4D | K330 | 42700 | 19700 | 20600 | 22000 | 26000 |
| Third Row Seat | | | 475 | 475 | 635 | 635 |
| 2WD | C | | (1300) | (1300) | (1735) | (1735) |
| **YUKON 4WD—V8 Hybrid—Truck Equipment Schedule T1** | | | | | | |
| Sport Utility 4D | K135 | 53755 | 21000 | 21900 | 23400 | 27500 |
| Third Row Seat | | | 475 | 475 | 635 | 635 |
| 2WD | C | | (1300) | (1300) | (1735) | (1735) |
| **YUKON DENALI AWD—V8—Truck Equipment Schedule T3** | | | | | | |
| Sport Utility 4D | K038 | 49420 | 23300 | 24200 | 25100 | 28900 |
| 2WD | C | | (1300) | (1300) | (1735) | (1735) |
| **SUBURBAN 4WD—V8—Truck Equipment Schedule T1** | | | | | | |
| K1500 LS Sport Utl | K163 | 41080 | 17000 | 17750 | 19050 | 22400 |
| K1500 LT Spt Utl | K263 | 42005 | 18650 | 19500 | 20900 | 24500 |
| K1500 LTZ Spt Utl | K363 | 49320 | 21200 | 22100 | 23200 | 27000 |
| K2500 LS Sport Utl | K46K | 43375 | 18750 | 19600 | 21000 | 24700 |
| K2500 LT Sport Utl | K26K | 40575 | 20200 | 21000 | 22400 | 26400 |
| 2WD | C | | (1300) | (1300) | (1735) | (1735) |
| V8, 6.0 Liter | Y | | 550 | 550 | 735 | 735 |
| **YUKON XL 4WD—V8—Truck Equipment Schedule T1** | | | | | | |
| 1500 SLE Sport Util | K263 | 38990 | 17600 | 18350 | 19700 | 23200 |
| 1500 SLT Sport Util | K363 | 45215 | 19750 | 20600 | 22100 | 25900 |
| 2500 SLE Sport Util | K56K | 43190 | 18450 | 19250 | 20700 | 24300 |
| 2500 SLT Sport Util | K66K | 46585 | 20500 | 21300 | 22800 | 26800 |
| 2WD | C | | (1300) | (1300) | (1735) | (1735) |
| V8, 6.0 Liter | Y | | 550 | 550 | 735 | 735 |
| **YUKON XL DENALI AWD—V8—Truck Equipment Schedule T3** | | | | | | |
| 1500 Sport Utility 4D | K068 | 61980 | 23100 | 24000 | 25200 | 29300 |
| 2WD | C | | (1300) | (1300) | (1735) | (1735) |
| **UPLANDER—V6—Truck Equipment Schedule T2** | | | | | | |
| Cargo Minivan 4D | V131 | 23385 | 4775 | 5150 | 6675 | 9050 |
| **UPLANDER—V6—Truck Equipment Schedule T1** | | | | | | |
| LS Minivan 4D | U231 | 21870 | 4025 | 4375 | 5350 | 7000 |
| LS Extended Minivan | V231 | 24540 | 4825 | 5200 | 6300 | 8200 |
| LT Extended Minivan | V331 | 29540 | 6200 | 6625 | 8100 | 10500 |
| **EXPRESS/SAVANA VAN—V8—Truck Equipment Schedule T1** | | | | | | |
| 1500 LS Passenger | G154 | 26710 | 9100 | 9625 | 11000 | 13600 |
| 1500 LT Passenger | G154 | 28560 | 9500 | 10050 | 11450 | 14150 |
| 2500 LS Passenger | G25K | 28195 | 9350 | 9875 | 11300 | 13950 |
| 2500 LT Passenger | G25K | 30045 | 9700 | 10250 | 11700 | 14400 |
| 3500 LS Passenger | G35K | 29914 | 10050 | 10600 | 12100 | 14900 |
| 3500 LS Extended | G39K | 32429 | 10950 | 11500 | 13100 | 16100 |
| 3500 LT Passenger | G35K | 31369 | 10850 | 11400 | 12950 | 15950 |
| 3500 LT Extended | G39K | 32799 | 11550 | 12150 | 13850 | 17000 |
| AWD | H | | 575 | 575 | 765 | 765 |
| **EXPRESS VAN—V6—Truck Equipment Schedule T1** | | | | | | |
| 1500 Cargo Van | G15X | 24650 | 8700 | 9225 | 10700 | 13350 |
| AWD | H | | 575 | 575 | 765 | 765 |
| V8, 5.3 Liter | 4 | | 575 | 575 | 765 | 765 |
| **SAVANA VAN—V8—Truck Equipment Schedule T1** | | | | | | |
| 1500 Cargo | G154 | 23130 | 9200 | 9725 | 11300 | 14150 |
| AWD | H | | 575 | 575 | 765 | 765 |
| V6, 4.3 Liter | X | | (475) | (475) | (635) | (635) |
| **EXPRESS/SAVANA VAN—V8—Truck Equipment Schedule T1** | | | | | | |
| 2500 Cargo Van | G25C | 24205 | 9700 | 10250 | 11900 | 14850 |
| 2500 Extended | G29C | 25240 | 10300 | 10850 | 12550 | 15650 |

SEE BACK PAGES FOR TRUCK EQUIPMENT

# 2008 CHEVROLET/GMC

| Body Type | VIN | List | Trade-In Good | Trade-In Very Good | Pvt-Party Good | Retail Excellent |
|---|---|---|---|---|---|---|
| 3500 Cargo Van | G35C | 26809 | 10500 | 11050 | 12800 | 15950 |
| 3500 Extended | G39C | 27784 | 10600 | 11150 | 12900 | 16050 |
| V8, 6.0 Liter | K | | 450 | 450 | 600 | 600 |
| V8, 6.6L Turbo Dsl | 6 | | 4475 | 4475 | 5965 | 5965 |
| **COLORADO/CANYON REGULAR CAB PICKUP—4-Cyl.**—Truck Equip Sch T1 | | | | | | |
| Work Truck 2D 6' | S149 | 16290 | 4475 | 4850 | 5750 | 7400 |
| LT 2D 6' | S349 | 17530 | 5500 | 5900 | 7125 | 9100 |
| 4WD | T | | 1500 | 1500 | 2000 | 2000 |
| 5-Cyl, 3.7 Liter | E | | 200 | 200 | 265 | 265 |
| **COLORADO/CANYON REGULAR CAB PICKUP—4-Cyl.**—Truck Equip Sch T1 | | | | | | |
| LS/SL 2D 6' | S249 | 16565 | 5000 | 5400 | 6550 | 8375 |
| 4WD | T | | 1500 | 1500 | 2000 | 2000 |
| 5-Cyl, 3.7 Liter | E | | 200 | 200 | 265 | 265 |
| **CANYON REGULAR CAB PICKUP—5-Cyl.**—Truck Equipment Sch T1 | | | | | | |
| SLE 2D 6' | S34E | 18335 | 5800 | 6225 | 7475 | 9525 |
| 4WD | T | | 1500 | 1500 | 2000 | 2000 |
| 4-Cyl, 2.9 Liter | 9 | | (200) | (200) | (265) | (265) |
| **CANYON EXTENDED CAB PICKUP—4-Cyl.**—Truck Equipment Sch T1 | | | | | | |
| Work Truck 4D 6' | S199 | 18365 | 6700 | 7150 | 8600 | 10950 |
| 4WD | T | | 1500 | 1500 | 2000 | 2000 |
| 5-Cyl, 3.7 Liter | E | | 200 | 200 | 265 | 265 |
| **COLORADO/CANYON EXTENDED CAB PICKUP—4-Cyl.**—Truck Equip T1 | | | | | | |
| LS/SL 4D 6' | S299 | 18855 | 6900 | 7350 | 8825 | 11200 |
| 4WD | T | | 1500 | 1500 | 2000 | 2000 |
| 5-Cyl, 3.7 Liter | E | | 200 | 200 | 265 | 265 |
| **COLORADO EXTENDED CAB PICKUP—5-Cyl.**—Truck Equipment Sch T2 | | | | | | |
| LT 4D 6' | S39E | 21990 | 8100 | 8600 | 10200 | 12900 |
| 4WD | T | | 1500 | 1500 | 2000 | 2000 |
| 4-Cyl, 2.9 Liter | 9 | | (200) | (200) | (265) | (265) |
| **CANYON EXTENDED CAB PICKUP—5-Cyl.**—Truck Equipment Sch T1 | | | | | | |
| SLE 4D 6' | S39E | 20760 | 8100 | 8600 | 10200 | 12900 |
| 4WD | T | | 1500 | 1500 | 2000 | 2000 |
| 4-Cyl, 2.9 Liter | 9 | | (200) | (200) | (265) | (265) |
| **COLORADO/CANYON CREW CAB PICKUP—5-Cyl.**—Truck Equip Sch T2 | | | | | | |
| LT/SLE 4D 5 1/4' | S33C | 22600 | 9850 | 10400 | 12250 | 15500 |
| 4WD | T | | 1500 | 1500 | 2000 | 2000 |
| 4-Cyl, 2.9 Liter | 9 | | (200) | (200) | (265) | (265) |
| **CANYON CREW CAB PICKUP—5-Cyl.**—Truck Equipment Sch T2 | | | | | | |
| SLT 4D 5' | S53C | 27240 | 10550 | 11100 | 13150 | 16550 |
| 4WD | T | | 1500 | 1500 | 2000 | 2000 |
| **AVALANCHE 4WD—V8**—Truck Equipment Schedule T1 | | | | | | |
| LS Spt Util Pickup | K123 | 37385 | 16650 | 17400 | 18800 | 22300 |
| LT Spt Util Pickup | K223 | 37465 | 18100 | 18900 | 20400 | 24100 |
| LTZ Spt Util Pickup | K333 | 38255 | 19850 | 20700 | 22300 | 26400 |
| 2WD | C | | (1300) | (1300) | (1735) | (1735) |
| **SILVERADO/SIERRA REGULAR CAB PICKUP—V8**—Truck Equipment Sch T1 | | | | | | |
| 1500 Work Trk 6 1/2' | C140 | 19540 | 6950 | 7400 | 8500 | 10500 |
| 4WD | K | | 2600 | 2600 | 3465 | 3465 |
| V6, 4.3 Liter | X | | (525) | (525) | (700) | (700) |
| V8, 5.3 Liter | J | | 325 | 325 | 435 | 435 |
| **SILVERADO REGULAR CAB PICKUP—V6**—Truck Equipment Sch T1 | | | | | | |
| 1500 Work Truck 8' | C14X | 18380 | 5750 | 6175 | 7100 | 8775 |
| 4WD | K | | 2600 | 2600 | 3465 | 3465 |
| V8, 4.8 Liter | C | | 525 | 525 | 700 | 700 |
| V8, 5.3 Liter | J | | 925 | 925 | 1235 | 1235 |
| **SIERRA REGULAR CAB PICKUP—V8**—Truck Equipment Sch T1 | | | | | | |
| 1500 Work Truck 8' | C14C | 18485 | 6400 | 6825 | 7825 | 9650 |
| 4WD | K | | 2600 | 2600 | 3465 | 3465 |
| V6, 4.3 Liter | X | | (525) | (525) | (700) | (700) |
| V8, 5.3 Liter | J | | 325 | 325 | 435 | 435 |
| **SILVERADO/SIERRA REGULAR CAB PICKUP—V8**—Truck Equipment Sch T1 | | | | | | |
| 1500 LS/SL 2D 6 1/2' | C14C | 19010 | 8500 | 9000 | 10200 | 12550 |
| 1500 LS/SL 2D 8' | C14C | 19400 | 8100 | 8600 | 9775 | 12000 |
| 1500 LT/SLE 2D 6 1/2' | C24C | 24955 | 9250 | 9775 | 11100 | 13600 |
| 1500 LT/SLE 2D 8' | C24C | 27880 | 8750 | 9250 | 10550 | 12950 |
| 2500 HD Wrk Trk 8' | C54K | 24755 | 9150 | 9675 | 10750 | 12950 |
| 2500 HD LT/SLE 2D 8' | C54K | 28400 | 11600 | 12200 | 13450 | 16150 |
| 3500 HD Wrk Trk 8' | C74K | 24975 | 9250 | 9775 | 10950 | 13100 |
| 3500 SLE 2D 8' | C84K | 28340 | 11750 | 12350 | 13650 | 16350 |
| 4WD | K | | 2600 | 2600 | 3465 | 3465 |
| V6, 4.3 Liter | X | | (525) | (525) | (700) | (700) |
| V8, 5.3 Liter | J | | 325 | 325 | 435 | 435 |
| V8, 6.6L Turbo Dsl | 6 | | 4475 | 4475 | 5965 | 5965 |

**342    DEDUCT FOR RECONDITIONING**

# 2008 CHEVROLET/GMC

| Body Type | VIN | List | Trade-In Good | Trade-In Very Good | Pvt-Party Good | Retail Excellent |
|---|---|---|---|---|---|---|
| **SILVERADO REGULAR CAB 4WD—V8 Turbo Diesel**—Truck Equip Sch T1 | | | | | | |
| 3500 HD LT 8' | K846 | 28340 | 19450 | 20300 | 22100 | 26400 |
| 2WD | C | | (2650) | (2650) | (3535) | (3535) |
| V8, 6.0 Liter | K | | (4475) | (4475) | (5965) | (5965) |
| **SILVERADO/SIERRA EXTENDED CAB PICKUP—V8**—Truck Equip Sch T1 | | | | | | |
| 1500 Work Truck 4D 8' | C190 | 29810 | 9200 | 9725 | 11050 | 13550 |
| 1500 LT/SLE 4D 8' | C290 | 28125 | 11500 | 12100 | 13650 | 16700 |
| 1500 LTZ/SLT 5 3/4' | C390 | 32135 | 13100 | 13750 | 15550 | 18950 |
| 1500 LTZ/SLT 4D 8' | C390 | 32725 | 12450 | 13050 | 14800 | 18050 |
| 4WD | K | | 2600 | 2600 | 3465 | 3465 |
| V8, 6.0 Liter | Y | | 550 | 550 | 735 | 735 |
| **SILVERADO/SIERRA EXTENDED CAB 4WD PICKUP—V8**—Truck Equip Sch T1 | | | | | | |
| 1500 LTZ/SLT 6 1/2' | K39J | 35530 | 15950 | 16650 | 18650 | 22700 |
| 2WD | C | | (2650) | (2650) | (3535) | (3535) |
| V8, 6.0 Liter | Y | | 550 | 550 | 735 | 735 |
| **SILVERADO EXTENDED CAB PICKUP—V6**—Truck Equipment Sch T1 | | | | | | |
| 1500 Work Trk 6 1/2' | C19X | 23325 | 8600 | 9100 | 10400 | 12750 |
| 4WD | K | | 2600 | 2600 | 3465 | 3465 |
| V8, 4.8 Liter | C | | 525 | 525 | 700 | 700 |
| V8, 5.3 Liter | J | | 925 | 925 | 1235 | 1235 |
| **SIERRA EXTENDED CAB PICKUP—V8**—Truck Equipment Sch T1 | | | | | | |
| 1500 Work Trk 6 1/2' | C19C | 23430 | 9325 | 9825 | 11150 | 13650 |
| 4WD | K | | 2600 | 2600 | 3465 | 3465 |
| V6, 4.3 Liter | X | | (525) | (525) | (700) | (700) |
| V8, 5.3 Liter | J | | 325 | 325 | 435 | 435 |
| **SILVERADO/SIERRA EXTENDED CAB PICKUP—V8**—Truck Equipment Sch T1 | | | | | | |
| 1500 Work Trk 5 3/4' | C19C | 23975 | 9500 | 10050 | 11350 | 13950 |
| 1500 LS 4D 5 3/4' | C19C | 24125 | 11050 | 11600 | 13150 | 16050 |
| 1500 LS 4D 6 1/2' | C19C | 24425 | 10900 | 11450 | 12950 | 15850 |
| 1500 LS 4D 8' | C190 | 26295 | 10500 | 11050 | 12450 | 15250 |
| 1500 LT/SLE 4D 5 3/4' | C29C | 26935 | 11800 | 12400 | 14000 | 17100 |
| 1500 LT/SLE 4D 6 1/2' | C29C | 30035 | 11600 | 12200 | 13750 | 16800 |
| 2500 HD Wk Tk 6 1/2 | C49K | 28050 | 13350 | 14000 | 15450 | 18550 |
| 2500 HD Wrk Trk 8' | C49K | 29180 | 13250 | 13900 | 15350 | 18400 |
| 3500 HD Wrk Trk 8' | C79K | 29675 | 13600 | 14250 | 15750 | 18850 |
| 3500 HD LTZ/SLT 8' | C99K | 36885 | 16900 | 17650 | 19300 | 23100 |
| 4WD | K | | 2600 | 2600 | 3465 | 3465 |
| V6, 4.3 Liter | X | | (525) | (525) | (700) | (700) |
| V8, 5.3 Liter | J | | 325 | 325 | 435 | 435 |
| V8, 6.0 Liter | Y | | 550 | 550 | 735 | 735 |
| V8, 6.6L Turbo Dsl | 6 | | 4475 | 4475 | 5965 | 5965 |
| **SILVERADO/SIERRA EXTENDED CAB PICKUP 4WD—V8**—Truck Sch T1 | | | | | | |
| 2500HD LT/SLE 6 1/2' | K59K | 30750 | 18550 | 19400 | 21100 | 25300 |
| 2500 HD LT/SLE 8' | K59K | 31045 | 18250 | 19050 | 20800 | 24900 |
| 2500 HD LTZ/SLT 6' | K69K | 35425 | 19650 | 20500 | 22300 | 26700 |
| 2500 HD LTZ/SLT 8' | K69K | 35720 | 19450 | 20300 | 22100 | 26400 |
| 2WD | C | | (2650) | (2650) | (3535) | (3535) |
| V8, 6.6L Turbo Dsl | 6 | | 4475 | 4475 | 5965 | 5965 |
| **SILVERADO/SIERRA EXTENDED CAB 4WD—V8 Turbo Diesel**—Truck Sch T1 | | | | | | |
| 3500 HD LT/SLE 8' | K896 | 40005 | 23700 | 24600 | 26700 | 31900 |
| 2WD | C | | (2650) | (2650) | (3535) | (3535) |
| V8, 6.0 Liter | K | | (4475) | (4475) | (5965) | (5965) |
| **SILVERADO CREW CAB PICKUP—V8**—Truck Equipment Schedule T1 | | | | | | |
| 1500 Work Trk 5 3/4' | C130 | 31220 | 11900 | 12500 | 14100 | 17200 |
| 4WD | K | | 2600 | 2600 | 3465 | 3465 |
| V8, 4.8 Liter | C | | (325) | (325) | (435) | (435) |
| **SIERRA CREW CAB PICKUP—V8**—Truck Equipment Schedule T1 | | | | | | |
| 1500 Work Trck 5 3/4' | C13C | 28195 | 11550 | 12150 | 13700 | 16750 |
| 4WD | K | | 2600 | 2600 | 3465 | 3465 |
| V8, 5.3 Liter | J | | 325 | 325 | 435 | 435 |
| **SILVERADO/SIERRA CREW CAB PICKUP—V8**—Truck Equipment Sch T1 | | | | | | |
| 1500 LS/SL 5 3/4' | C13C | 30015 | 13150 | 13800 | 15600 | 19000 |
| 4WD | K | | 2600 | 2600 | 3465 | 3465 |
| **SILVERADO/SIERRA CREW CAB PICKUP—V8**—Truck Equipment Sch T1 | | | | | | |
| 1500 LT/SLE 5 3/4' | C23C | 29785 | 14150 | 14800 | 16700 | 20300 |
| 2500 HD Wk Tk 6 1/2 | C23K | 33280 | 15750 | 16450 | 18050 | 21600 |
| 2500 HD LT/SLE 8' | C23K | 33120 | 18150 | 18950 | 20700 | 24800 |
| 2500HD LTZ/SLT 8' | C23K | 37710 | 19150 | 20000 | 21800 | 26000 |
| 4WD | K | | 2600 | 2600 | 3465 | 3465 |
| V8, 6.0 Liter | Y | | 550 | 550 | 735 | 735 |
| V8, 6.6L Turbo Dsl | 6 | | 4475 | 4475 | 5965 | 5965 |
| **SILVERADO/SIERRA CREW CAB PICKUP 4WD—V8**—Truck Equip Sch T1 | | | | | | |
| 1500 LTZ/SLT 5 3/4' | K33J | 39620 | 19450 | 20300 | 22600 | 27500 |

SEE BACK PAGES FOR TRUCK EQUIPMENT

# 2008 CHEVROLET/GMC

| Body Type | VIN | List | Trade-In Good | Very Good | Pvt-Party Good | Retail Excellent |
|---|---|---|---|---|---|---|
| 2WD | C | | (2650) | (2650) | (3535) | (3535) |
| V8, 6.0 Liter | Y | | 550 | 550 | 735 | 735 |
| **SILVERADO CREW CAB—V8 Turbo Diesel**—Truck Equip Schedule T1 | | | | | | |
| 2500 HD Work Trk 8' | C436 | 40970 | 20400 | 21200 | 23100 | 27600 |
| 3500 HD Work Trk 8' | C736 | 39830 | 21000 | 21900 | 23800 | 28400 |
| 4WD | K | | 2600 | 2600 | 3465 | 3465 |
| V8, 6.0 Liter | | | (4475) | (4475) | (5965) | (5965) |
| **SILVERADO/SIERRA CREW CAB 4WD—V8 Turbo Diesel**—Truck Sch T1 | | | | | | |
| 2500HD LT/SLE 6 1/2' | K536 | 44320 | 26100 | 27200 | 29400 | 35000 |
| 2WD | C | | (2650) | (2650) | (3535) | (3535) |
| V8, 6.0 Liter | | | (4475) | (4475) | (5965) | (5965) |
| **SIERRA CREW CAB PICKUP—V8**—Truck Equipment Schedule T1 | | | | | | |
| 3500 Work Truck 8' | C73K | 31435 | 16400 | 17150 | 18800 | 22500 |
| 4WD | K | | 2600 | 2600 | 3465 | 3465 |
| V8, 6.6L Turbo Dsl | 6 | | 4475 | 4475 | 5965 | 5965 |
| **SILVERADO/SIERRA CREW CAB 4WD—V8 Turbo Diesel**—Truck Sch T1 | | | | | | |
| 2500HD LTZ/SLT 6' | K636 | 48910 | 27200 | 28300 | 30600 | 36400 |
| 3500 HD LT/SLE 8' | K836 | 43735 | 26400 | 27500 | 29700 | 35400 |
| 3500 HD LTZ/SLT 8' | K936 | 47455 | 27400 | 28500 | 30800 | 36700 |
| 2WD | C | | (2650) | (2650) | (3535) | (3535) |
| V8, 6.0 Liter | | | (4475) | (4475) | (5965) | (5965) |
| **SIERRA DENALI CREW CAB PICKUP AWD—V8**—Truck Equip Schedule T3 | | | | | | |
| 1500 4D 5 3/4' | K638 | 42120 | 25100 | 26100 | 27800 | 32800 |
| 2WD | C | | (875) | (875) | (1165) | (1165) |

## 2009 CHEVY/GMC—(1,2or3)(CorG)(A,B,CorN)—(L13F)-9-#

| Body Type | VIN | List | Trade-In Good | Very Good | Pvt-Party Good | Retail Excellent |
|---|---|---|---|---|---|---|
| **EQUINOX—V6**—Truck Equipment Schedule T1 | | | | | | |
| LS Sport Utility 4D | L13F | 24250 | 8450 | 8950 | 10000 | 12100 |
| LT Sport Utility 4D | L33F | 25170 | 9650 | 10200 | 11350 | 13700 |
| AWD | 2,4,6,8,0 | | 725 | 725 | 965 | 965 |
| **EQUINOX AWD—V6**—Truck Equipment Schedule T1 | | | | | | |
| LTZ Sport Utility 4D | L83F | 30700 | 12700 | 13300 | 14850 | 17900 |
| Sport SUV 4D | L037 | 31005 | 13100 | 13750 | 15300 | 18400 |
| FWD | 7 | | (775) | (775) | (1035) | (1035) |
| **TRAILBLAZER 4WD—6-Cyl.**—Truck Equipment Schedule T1 | | | | | | |
| LT Sport Utility 4D | T33S | 31165 | 10000 | 10550 | 11900 | 14550 |
| 2WD | S | | (1400) | (1400) | (1865) | (1865) |
| **TRAILBLAZER AWD—V8**—Truck Equipment Schedule T1 | | | | | | |
| SS Sport Utility 4D | T53H | 39165 | 19650 | 20500 | 21800 | 25500 |
| 2WD | S | | (1400) | (1400) | (1865) | (1865) |
| **ENVOY 4WD—6-Cyl.**—Truck Equipment Schedule T1 | | | | | | |
| SLE Sport Utility 4D | T33S | 32550 | 10850 | 11400 | 12900 | 15750 |
| SLT Sport Utility 4D | T43S | 36360 | 11900 | 12500 | 14050 | 17150 |
| 2WD | S | | (1400) | (1400) | (1865) | (1865) |
| **ENVOY DENALI 4WD—V8**—Truck Equipment Schedule T3 | | | | | | |
| Sport Utility 4D | T53M | 38460 | 18450 | 19250 | 20500 | 24000 |
| 2WD | S | | (1400) | (1400) | (1865) | (1865) |
| **ACADIA—V6**—Truck Equipment Schedule T1 | | | | | | |
| SLE Sport Utility 4D | R137 | 31685 | 11900 | 12500 | 13450 | 15850 |
| AWD | V | | 800 | 800 | 1065 | 1065 |
| **ACADIA AWD—V6**—Truck Equipment Schedule T1 | | | | | | |
| SLT Sport Utility 4D | V23D | 38085 | 16400 | 17150 | 18350 | 21500 |
| 2WD | R | | (775) | (775) | (1035) | (1035) |
| **TRAVERSE—V6**—Truck Equipment Schedule T1 | | | | | | |
| LS Sport Utility 4D | R13D | 28900 | 10500 | 11050 | 12200 | 14600 |
| AWD | V | | 1375 | 1375 | 1835 | 1835 |
| **TRAVERSE AWD—V6**—Truck Equipment Schedule T1 | | | | | | |
| LT Sport Utility 4D | V23D | 33545 | 13450 | 14100 | 15500 | 18500 |
| LTZ Sport Utility 4D | V33D | 41810 | 17250 | 18000 | 19600 | 23300 |
| 2WD | R | | (1400) | (1400) | (1865) | (1865) |
| **TAHOE—V8**—Truck Equipment Schedule T1 | | | | | | |
| LS XFE Sport Util | C133 | 39115 | 17550 | 18350 | 19500 | 22800 |
| LT XFE Sport Util | C233 | 40465 | 18250 | 19050 | 20200 | 23600 |
| **TAHOE—V8**—Truck Equipment Schedule T1 | | | | | | |
| LS Sport Utility 4D | C13C | 37915 | 16900 | 17650 | 18800 | 21900 |
| Third Row Seat | | | 550 | 550 | 735 | 735 |
| 4WD | K | | 1375 | 1375 | 1835 | 1835 |
| V8, 5.3 Liter | 0 | | 350 | 350 | 465 | 465 |
| **TAHOE 4WD—V8**—Truck Equipment Schedule T1 | | | | | | |
| LT Sport Utility 4D | K230 | 43115 | 21000 | 21900 | 23200 | 27000 |
| LTZ Sport Utility 4D | K320 | 52350 | 27200 | 28300 | 29100 | 33200 |
| Third Row Seat | | | 550 | 550 | 735 | 735 |
| 2WD | C | | (1400) | (1400) | (1865) | (1865) |

**DEDUCT FOR RECONDITIONING**

# 2009 CHEVROLET/GMC

| Body Type | VIN | List | Trade-In Good | Very Good | Pvt-Party Good | Retail Excellent |
|---|---|---|---|---|---|---|
| V8, 6.2 Liter | 2 | | 550 | 550 | 735 | 735 |
| **TAHOE 4WD—V8 Hybrid**—Truck Equipment Schedule T1 | | | | | | |
| Sport Utility 4D | K135 | 54210 | 24100 | 25000 | 26400 | 30800 |
| Third Row Seat | | | 550 | 550 | 735 | 735 |
| 2WD | C | | (1400) | (1400) | (1865) | (1865) |
| **YUKON—V8**—Truck Equipment Schedule T1 | | | | | | |
| SLE XFE Sport Util | C23C | 39855 | 19050 | 19900 | 21100 | 24600 |
| SLT XFE Sport Util | C330 | 44295 | 20100 | 20900 | 22100 | 25800 |
| **YUKON—V8**—Truck Equipment Schedule T1 | | | | | | |
| SLE Sport Utility 4D | C260 | 38405 | 18650 | 19500 | 20700 | 24100 |
| Third Row Seat | | | 550 | 550 | 735 | 735 |
| 4WD | K | | 1375 | 1375 | 1835 | 1835 |
| V8, 4.8 Liter | C | | (350) | (350) | (465) | (465) |
| **YUKON 4WD—V8**—Truck Equipment Schedule T1 | | | | | | |
| SLT Sport Utility 4D | K360 | 45700 | 22500 | 23400 | 24700 | 28800 |
| Third Row Seat | | | 550 | 550 | 735 | 735 |
| 2WD | C | | (1400) | (1400) | (1865) | (1865) |
| **YUKON 4WD—V8 Hybrid**—Truck Equipment Schedule T1 | | | | | | |
| Sport Utility 4D | K135 | 54680 | 24700 | 25700 | 27000 | 31500 |
| Third Row Seat | | | 550 | 550 | 735 | 735 |
| 2WD | C | | (1400) | (1400) | (1865) | (1865) |
| **YUKON DENALI AWD—V8**—Truck Equipment Schedule T3 | | | | | | |
| Sport Utility 4D | K032 | 52880 | 28600 | 29800 | 30600 | 35000 |
| 2WD | C | | (1400) | (1400) | (1865) | (1865) |
| **SUBURBAN 4WD—V8**—Truck Equipment Schedule T1 | | | | | | |
| K1500 LS Sport Util | K163 | 44165 | 20100 | 20900 | 22200 | 25900 |
| K1500 LT Sport Util | K263 | 45175 | 21900 | 22900 | 24100 | 28100 |
| K1500 LTZ Sport Util | K363 | 54410 | 26700 | 27800 | 28900 | 33300 |
| K2500 LS Sport Util | K46K | 45770 | 22200 | 23200 | 24400 | 28500 |
| K2500 LT Sport Util | K56K | 46065 | 23500 | 24400 | 25800 | 30100 |
| 2WD | C | | (1400) | (1400) | (1865) | (1865) |
| V8, 6.0 Liter | Y | | 550 | 550 | 735 | 735 |
| **YUKON XL 4WD—V8**—Truck Equipment Schedule T1 | | | | | | |
| 1500 SLE Sport Util | K263 | 40855 | 20700 | 21600 | 22900 | 26700 |
| 1500 SLT Sport Util | K363 | 47780 | 23100 | 24100 | 25400 | 29600 |
| 2500 SLE Sport Util | K56K | 46435 | 21700 | 22600 | 23900 | 27900 |
| 2500 SLT Sport Util | K66K | 50490 | 24100 | 25000 | 26400 | 30800 |
| 2WD | C | | (1400) | (1400) | (1865) | (1865) |
| V8, 6.0 Liter | Y | | 550 | 550 | 735 | 735 |
| **YUKON XL DENALI AWD—V8**—Truck Equipment Schedule T3 | | | | | | |
| 1500 Sport Utility 4D | K168 | 55605 | 29500 | 30700 | 31900 | 36700 |
| 2WD | C | | (1400) | (1400) | (1865) | (1865) |
| **EXPRESS/SAVANA VAN—V8**—Truck Equipment Schedule T1 | | | | | | |
| 1500 LS Passenger | G154 | 28760 | 10100 | 10650 | 11900 | 14400 |
| 1500 LT Passenger | G154 | 31305 | 10900 | 11450 | 12750 | 15450 |
| 2500 LS Passenger | G25K | 29865 | 10400 | 10950 | 12200 | 14800 |
| 2500 LT Passenger | G25K | 32410 | 11150 | 11700 | 13100 | 15850 |
| 3500 LS Passenger | G35K | 32160 | 11300 | 11900 | 13250 | 16050 |
| 3500 LT Passenger | G35K | 34310 | 12550 | 13200 | 14650 | 17700 |
| 3500 LS Extended | G39K | 34725 | 12600 | 13300 | 14750 | 17800 |
| 3500 LT Extended | G39K | 35095 | 13200 | 13850 | 15450 | 18650 |
| AWD | H | | 650 | 650 | 865 | 865 |
| **EXPRESS VAN—V6**—Truck Equipment Schedule T1 | | | | | | |
| 1500 Cargo Van | G15X | 25635 | 10100 | 10650 | 12000 | 14600 |
| AWD | H | | 650 | 650 | 865 | 865 |
| V8, 5.3 Liter | 4 | | 600 | 600 | 800 | 800 |
| **SAVANA VAN—V8**—Truck Equipment Schedule T1 | | | | | | |
| 1500 Cargo Van | G154 | 26340 | 10750 | 11300 | 12700 | 15450 |
| AWD | H | | 650 | 650 | 865 | 865 |
| V6, 4.3 Liter | X | | (550) | (550) | (735) | (735) |
| **EXPRESS/SAVANA VAN—V8**—Truck Equipment Schedule T1 | | | | | | |
| 2500 Cargo Van | G25C | 25520 | 11300 | 11900 | 13400 | 16300 |
| 2500 Extended | G29C | 28075 | 11650 | 12250 | 13750 | 16750 |
| 3500 Cargo Van | G35C | 28940 | 11600 | 12200 | 13700 | 16700 |
| 3500 Extended | G39C | 30520 | 12000 | 12600 | 14150 | 17200 |
| V8, 6.0L | K | | 475 | 475 | 635 | 635 |
| V8, 6.6L Turbo Dsl | 6 | | 4700 | 4700 | 6265 | 6265 |
| **COLORADO/CANYON REGULAR CAB PICKUP—4-Cyl.**—Truck Equip Sch T1 | | | | | | |
| Work Truck 2D 6' | S149 | 18000 | 8250 | 8750 | 9950 | 12200 |
| LT/SLE 2D 6' | S349 | 19125 | 8375 | 8875 | 10100 | 12400 |
| 4WD | T | | 1700 | 1700 | 2265 | 2265 |
| 5-Cyl, 3.7 Liter | E | | 200 | 200 | 265 | 265 |

SEE BACK PAGES FOR TRUCK EQUIPMENT

# 2009 CHEVROLET/GMC

| Body Type | VIN | List | Trade-In Good | Trade-In Very Good | Pvt-Party Good | Retail Excellent |
|---|---|---|---|---|---|---|
| **CANYON REGULAR CAB PICKUP—5-Cyl.**—Truck Equip Sch T1 | | | | | | |
| SLE 2D 6' | S34E | 20195 | 8700 | 9225 | 10450 | 12800 |
| 4WD | T | | 1700 | 1700 | 2265 | 2265 |
| 4-Cyl, 2.9 Liter | 9 | | (200) | (200) | (265) | (265) |
| **COLORADO/CANYON EXTENDED CAB PICKUP—4-Cyl.**—Truck Sch T1 | | | | | | |
| Work Truck 4D 6' | S199 | 23545 | 10400 | 10950 | 12350 | 15150 |
| 4WD | T | | 1700 | 1700 | 2265 | 2265 |
| 5-Cyl, 3.7 Liter | E | | 200 | 200 | 265 | 265 |
| **COLORADO/CANYON EXTENDED CAB—5-Cyl.**—Truck Equip Sch T1 | | | | | | |
| LT/SLE 4D 6' | S39E | 24000 | 10900 | 11450 | 12900 | 15800 |
| 4WD | T | | 1700 | 1700 | 2265 | 2265 |
| 4-Cyl, 2.9 Liter | 9 | | (200) | (200) | (265) | (265) |
| V8, 5.3 Liter | L | | 700 | 700 | 935 | 935 |
| **CANYON EXTENDED CAB PICKUP—5-Cyl.**—Truck Equip Schedule T2 | | | | | | |
| SLT 4D 6' | S59E | 21255 | 12300 | 12900 | 14550 | 17750 |
| 4WD | T | | 1700 | 1700 | 2265 | 2265 |
| V8, 5.3 Liter | L | | 775 | 775 | 1035 | 1035 |
| **COLORADO/CANYON CREW CAB PICKUP—5-Cyl.**—Truck Sch T2 | | | | | | |
| LT/SLE 4D 5 1/4' | S32E | 25830 | 13700 | 14350 | 16200 | 19750 |
| 4WD | T | | 1700 | 1700 | 2265 | 2265 |
| 4-Cyl, 2.9 Liter | 9 | | (200) | (200) | (265) | (265) |
| V8, 5.3 Liter | L | | 700 | 700 | 935 | 935 |
| **CANYON CREW CAB PICKUP—5-Cyl.**—Truck Equipment Schedule T2 | | | | | | |
| SLT 4D 5' | S53E | 24200 | 13900 | 14550 | 16400 | 20000 |
| 4WD | T | | 1700 | 1700 | 2265 | 2265 |
| V8, 5.3 Liter | L | | 775 | 775 | 1035 | 1035 |
| **AVALANCHE 4WD—V8**—Truck Equipment Schedule T1 | | | | | | |
| LS Spt Util Pickup | K120 | 39125 | 19050 | 19900 | 21200 | 24900 |
| LT Spt Util Pickup | K220 | 39125 | 20700 | 21600 | 23000 | 26900 |
| LTZ Spt Util Pickup | K320 | 46495 | 23300 | 24300 | 25700 | 30100 |
| 2WD | C | | (1400) | (1400) | (1865) | (1865) |
| **SILVERADO/SIERRA REGULAR CAB PICKUP—V8**—Truck Equipment Sch T1 | | | | | | |
| 1500 Work Trk 6 1/2' | C140 | 19620 | 9250 | 9775 | 10850 | 13100 |
| 4WD | K | | 2800 | 2800 | 3735 | 3735 |
| V6, 4.3 Liter | X | | (600) | (600) | (800) | (800) |
| V8, 5.3 Liter | J | | 350 | 350 | 465 | 465 |
| **SILVERADO REGULAR CAB PICKUP—V6**—Truck Equipment Sch T1 | | | | | | |
| 1500 Work Truck 8' | C14X | 19410 | 8050 | 8550 | 9500 | 11500 |
| 4WD | K | | 2800 | 2800 | 3735 | 3735 |
| V8, 4.8 Liter | C | | 600 | 600 | 800 | 800 |
| V8, 5.3 Liter | J | | 1000 | 1000 | 1335 | 1335 |
| **SIERRA REGULAR CAB PICKUP—V8**—Truck Equipment Sch T1 | | | | | | |
| 1500 Work Truck 8' | C14C | 21685 | 8750 | 9275 | 10250 | 12400 |
| 4WD | K | | 2800 | 2800 | 3735 | 3735 |
| V6, 4.3 Liter | X | | (600) | (600) | (800) | (800) |
| V8, 5.3 Liter | J | | 350 | 350 | 465 | 465 |
| **SILVERADO/SIERRA REGULAR CAB PICKUP—V8**—Truck Equipment Sch T1 | | | | | | |
| 1500 LS/SL 2D 6 1/2' | C14C | 20865 | 10300 | 10850 | 12000 | 14400 |
| 1500 LS/SL 2D 8' | C14C | 21255 | 10000 | 10550 | 11650 | 14050 |
| 1500 LT/SLE 6 1/2' | C24C | 26135 | 11450 | 12050 | 13300 | 16000 |
| 1500 LT/SLE 8' | C24C | 27220 | 10800 | 11350 | 12500 | 15050 |
| 2500 HD Work Trk 8' | C44K | 25890 | 11750 | 12350 | 13450 | 16050 |
| 2500 HD LT/SLE 8' | C54K | 25890 | 14050 | 14700 | 16050 | 19050 |
| 3500 Work Truck 8' | C74K | 26110 | 11850 | 12450 | 13600 | 16150 |
| 3500 SLE 2D 8' | C84K | 26135 | 14150 | 14800 | 16150 | 19150 |
| 4WD | K | | 2800 | 2800 | 3735 | 3735 |
| V6, 4.3 Liter | X | | (600) | (600) | (800) | (800) |
| V8, 5.3 Liter | J | | 350 | 350 | 465 | 465 |
| V8, 6.6L Turbo Dsl | 6 | | 4700 | 4700 | 6265 | 6265 |
| **SILVERADO REGULAR CAB 4WD—V8 Turbo Diesel**—Truck Equip Sch T1 | | | | | | |
| 3500 LT 2D 8' | K846 | 38220 | 22300 | 23300 | 24900 | 29500 |
| 2WD | C | | (2825) | (2825) | (3765) | (3765) |
| V8, 6.0 Liter | | | (4700) | (4700) | (6265) | (6265) |
| **SILVERADO EXTENDED CAB PICKUP—V6**—Truck Equip Sch T1 | | | | | | |
| 1500 Work Trk 6 1/2' | C19X | 40200 | 10850 | 11400 | 12600 | 15100 |
| 4WD | K | | 2800 | 2800 | 3735 | 3735 |
| V8, 4.8 Liter | C | | 600 | 600 | 800 | 800 |
| V8, 5.3 Liter | J | | 1000 | 1000 | 1335 | 1335 |
| **SIERRA EXTENDED CAB PICKUP—V8**—Truck Equipment Sch T1 | | | | | | |
| 1500 Work Trk 6 1/2' | C19C | 26710 | 11050 | 11600 | 12850 | 15450 |
| 4WD | K | | 2800 | 2800 | 3735 | 3735 |
| V6, 4.3 Liter | X | | (600) | (600) | (800) | (800) |
| V8, 5.3 Liter | J | | 350 | 350 | 465 | 465 |

**DEDUCT FOR RECONDITIONING**

## 2009 CHEVROLET/GMC

| Body Type | VIN | List | Trade-In Good | Very Good | Pvt-Party Good | Retail Excellent |
|---|---|---|---|---|---|---|
| **SILVERADO/SIERRA EXTENDED CAB PICKUP—V8—Truck Equip Sch T1** | | | | | | |
| 1500 Work Truck 4D 8' | C19J | 28835 | 11350 | 11950 | 13200 | 15850 |
| 1500 LT/SLE 4D 8' | C29J | 30710 | 13800 | 14450 | 15950 | 19100 |
| 1500 LTZ/SLT 5 3/4' | C39J | 34055 | 15700 | 16400 | 18000 | 21500 |
| 1500 LTZ/SLT 4D 8' | C39J | 34655 | 14050 | 14700 | 16200 | 19450 |
| 4WD | K | | 2800 | 2800 | 3735 | 3735 |
| V8, 6.0 Liter | Y | | 550 | 550 | 735 | 735 |
| **SILVERADO/SIERRA EXTENDED CAB PICKUP 4WD—V8—Truck Sch T1** | | | | | | |
| 1500 LTZ/SLT 6 1/2' | K39J | 37505 | 18050 | 18850 | 20600 | 24600 |
| 2WD | C | | (2825) | (2825) | (3765) | (3765) |
| V8, 6.0 Liter | Y | | 550 | 550 | 735 | 735 |
| **SILVERADO/SIERRA EXTENDED CAB PICKUP—V8—Truck Equip Sch T1** | | | | | | |
| 1500 Work Trk 5 3/4' | C19C | 25080 | 11700 | 12300 | 13600 | 16300 |
| 1500 LS/SL 4D 6 1/2' | C19C | 29780 | 13600 | 14250 | 15750 | 18850 |
| 1500 LT/SLE 4D 5 3/4' | C29C | 28150 | 14100 | 14750 | 16250 | 19500 |
| 1500 LTZ/SLT 6 1/2' | C29C | 28795 | 13850 | 14500 | 16000 | 19150 |
| 2500HD WrkTrk 6 1/2' | C49K | 29190 | 16700 | 17450 | 18900 | 22400 |
| 2500 HD Work Trk 8' | C49K | 29235 | 16400 | 17150 | 18550 | 22000 |
| 3500 Work Truck 8' | C79K | 30270 | 17000 | 17750 | 19200 | 22700 |
| 3500 LTZ/SLT 4D 8' | C99K | 37640 | 20400 | 21200 | 22800 | 27000 |
| 4WD | K | | 2800 | 2800 | 3735 | 3735 |
| V6, 4.3 Liter | X | | (600) | (600) | (800) | (800) |
| V8, 5.3 Liter | J | | 350 | 350 | 465 | 465 |
| V8, 6.0 Liter | Y | | 550 | 550 | 735 | 735 |
| V8, 6.6L Turbo Dsl | 6 | | 4700 | 4700 | 6265 | 6265 |
| **SILVERADO/SIERRA EXTENDED CAB PICKUP 4WD—V8—Truck Sch T1** | | | | | | |
| 2500HD LT/SLE 6 1/2 | K59N | 32000 | 22200 | 23200 | 24800 | 29300 |
| 2500 HD LT/SLE 8' | K59N | 32045 | 22000 | 23000 | 24600 | 29100 |
| 2500HD LTZ/SLT 6' | K69K | 37235 | 23300 | 24200 | 26000 | 30700 |
| 2500HD LTZ/SLT 8' | K69K | 37280 | 23100 | 24100 | 25800 | 30500 |
| 2WD | C | | (2825) | (2825) | (3765) | (3765) |
| V8, 6.6L Turbo Dsl | 6 | | 4700 | 4700 | 6265 | 6265 |
| **SILVERADO/SIERRA EXTENDED CAB PICKUP 4WD—V8 Turbo Diesel—Truck Sch T1** | | | | | | |
| 3500 LT/SLE 4D 8' | K896 | 44165 | 27400 | 28500 | 30400 | 35900 |
| 2WD | C | | (2825) | (2825) | (3765) | (3765) |
| V8, 6.0 Liter | K | | (4700) | (4700) | (6265) | (6265) |
| **SILVERADO/SIERRA CREW CAB PICKUP—V8—Truck Equipment Sch T1** | | | | | | |
| 1500 Wrk Trck 5 3/4' | C13C | 30030 | 14100 | 14750 | 16250 | 19500 |
| 1500 XFE 5 3/4' | C233 | 33080 | 16200 | 16900 | 18550 | 22200 |
| 1500 LS/SL 5 3/4' | C13C | 29685 | 16350 | 17100 | 18700 | 22400 |
| 1500 LT/SLE 5 3/4' | C23C | 32130 | 16650 | 17400 | 19050 | 22800 |
| 1500 HD Work Trk 6' | C43K | 34790 | 19150 | 20000 | 21500 | 25500 |
| 2500 HD LT/SLE 8' | C53K | 34155 | 21300 | 22200 | 23900 | 28200 |
| 2500 HD LTZ/SLT 8' | C63K | 39300 | 22600 | 23600 | 25300 | 29800 |
| 4WD | K | | 2800 | 2800 | 3735 | 3735 |
| V8, 6.0 Liter | Y | | 550 | 550 | 735 | 735 |
| V8, 6.6L Turbo Dsl | 6 | | 4700 | 4700 | 6265 | 6265 |
| **SIERRA CREW CAB PICKUP—V8—Truck Equipment Sch T1** | | | | | | |
| 2500 Work Truck 8' | C43K | 32385 | 18850 | 19700 | 21200 | 25100 |
| 3500 Work Truck 8' | C73K | 33640 | 19850 | 20700 | 22300 | 26400 |
| 4WD | K | | 2800 | 2800 | 3735 | 3735 |
| V8, Turbo Diesel, 6.6L | 6 | | 4700 | 4700 | 6265 | 6265 |
| **SILVERADO/SIERRA CREW CAB PICKUP 4WD—V8—Truck Equip Sch T1** | | | | | | |
| 1500 LTZ/SLT 5 3/4' | K33M | 41650 | 22000 | 22900 | 24800 | 29600 |
| 2WD | C | | (2825) | (2825) | (3765) | (3765) |
| V8, 6.0 Liter | Y | | 550 | 550 | 735 | 735 |
| **SILVERADO/SIERRA CREW CAB 4WD—V8 Turbo Diesel—Truck Sch T1** | | | | | | |
| 2500 HD LT/SLE 8' | K536 | 39080 | 29600 | 30800 | 32900 | 38800 |
| 2500 HD LTZ/SLT 6' | K636 | 47650 | 30900 | 32100 | 34300 | 40400 |
| 3500 HD LT/SLE 8' | K836 | 45230 | 30300 | 31500 | 33600 | 39700 |
| 3500 HD LTZ/SLT 8' | K936 | 50165 | 31500 | 32700 | 34900 | 41200 |
| 2WD | C | | (2825) | (2825) | (3765) | (3765) |
| V8, 6.0 Liter | K | | (4700) | (4700) | (6265) | (6265) |
| **SILVERADO CREW CAB PICKUP—V8 Turbo Diesel—Truck Equip Sch T1** | | | | | | |
| 2500 HD Work Trk 8' | C436 | 39080 | 23900 | 24800 | 26600 | 31500 |
| 3500 HD Work Trk 8' | C736 | 40025 | 24900 | 25900 | 27700 | 32700 |
| 4WD | K | | 2800 | 2800 | 3735 | 3735 |
| V8, 6.0 Liter | K | | (4700) | (4700) | (6265) | (6265) |
| **SILVERADO CREW CAB PICKUP—V8 Hybrid—Truck Equip Sch T1** | | | | | | |
| 1500 4D 5 3/4' | C135 | 38995 | 17800 | 18550 | 20300 | 24200 |
| 4WD | K | | 2800 | 2800 | 3735 | 3735 |
| **SIERRA CREW CAB PICKUP 4WD—V8 Hybrid—Truck Equip Sch T1** | | | | | | |
| 1500 4D 5 3/4' | K135 | 38995 | 20700 | 21600 | 23500 | 28000 |

SEE BACK PAGES FOR TRUCK EQUIPMENT

# 2009 CHEVROLET/GMC

| Body Type | VIN | List | Trade-In Good | Very Good | Pvt-Party Good | Retail Excellent |
|---|---|---|---|---|---|---|
| 2WD | C | | (2825) | (2825) | (3765) | (3765) |
| **SIERRA DENALI CREW CAB PICKUP AWD—V8**—Truck Equip Schedule T3 | | | | | | |
| 1500 4D 5 3/4' | K032 | 43665 | 27800 | 28900 | 30200 | 34900 |
| 2WD | C | | (1000) | (1000) | (1335) | (1335) |

# 2010 CHEVY/GMC — (1,2or3)(CorG)(A,B,CorN)-(LBEW)-A

| Body Type | VIN | List | Good | Very Good | Good | Excellent |
|---|---|---|---|---|---|---|
| **EQUINOX—4-Cyl.**—Truck Equipment Schedule T1 | | | | | | |
| LS Sport Utility 4D | LBEW | 23185 | 11100 | 11650 | 12650 | 15000 |
| AWD | C,E,N,G | | 800 | 800 | 1065 | 1065 |
| **EQUINOX—4-Cyl.**—Truck Equipment Schedule T1 | | | | | | |
| LT Sport Utility 4D | LDEW | 24105 | 12250 | 12850 | 13900 | 16450 |
| AWD | E,N | | 800 | 800 | 1065 | 1065 |
| V6, 3.0 Liter | Y | | 900 | 900 | 1200 | 1200 |
| **EQUINOX AWD—V6**—Truck Equipment Schedule T1 | | | | | | |
| LTZ Sport Utility | LGEY | 32040 | 15500 | 16200 | 17450 | 20600 |
| FWD | F | | (800) | (800) | (1065) | (1065) |
| 4-Cyl, 2.4 Liter | W | | (800) | (800) | (1065) | (1065) |
| **TERRAIN—4-Cyl.**—Truck Equipment Schedule T1 | | | | | | |
| SLE Sport Util 4D | LBEW | 24995 | 12850 | 13450 | 14500 | 16950 |
| SLT Sport Util 4D | LFEW | 28195 | 14900 | 15600 | 16650 | 19450 |
| AWD | C,E,G | | 800 | 800 | 1065 | 1065 |
| V6, 3.0 Liter | | | 550 | 550 | 735 | 735 |
| **ACADIA—V6**—Truck Equipment Schedule T1 | | | | | | |
| SL Sport Utility 4D | RKED | 32515 | 14500 | 15150 | 16150 | 18800 |
| SLE Sport Util 4D | RLED | 35090 | 15700 | 16400 | 17400 | 20200 |
| AWD | V | | 825 | 825 | 1100 | 1100 |
| **ACADIA AWD—V6**—Truck Equipment Schedule T1 | | | | | | |
| SLT Sport Utility 4D | VMED | 41360 | 20200 | 21000 | 22100 | 25700 |
| 2WD | R | | (825) | (825) | (1100) | (1100) |
| **TRAVERSE—V6**—Truck Equipment Schedule T1 | | | | | | |
| LS Sport Utility 4D | REED | 29999 | 12050 | 12650 | 13800 | 16450 |
| AWD | V | | 1475 | 1475 | 1965 | 1965 |
| **TRAVERSE AWD—V6**—Truck Equipment Schedule T1 | | | | | | |
| LT Sport Utility 4D | VFED | 34520 | 14850 | 15500 | 16900 | 20100 |
| LTZ Sport Utility 4D | VHED | 40760 | 19150 | 20000 | 21600 | 25600 |
| 2WD | R | | (1475) | (1475) | (1965) | (1965) |
| **TAHOE—V8**—Truck Equipment Schedule T1 | | | | | | |
| LS Sport Utility 4D | CAE0,3 | 38230 | 19050 | 19900 | 20900 | 24200 |
| Third Row Seat | | | 600 | 600 | 800 | 800 |
| 4WD | K | | 1475 | 1475 | 1965 | 1965 |
| **TAHOE 4WD—V8**—Truck Equipment Schedule T1 | | | | | | |
| LT Sport Utility 4D | KBE0 | 45930 | 23300 | 24300 | 25400 | 29300 |
| LTZ Sport Utility 4D | KCE0 | 54565 | 31000 | 32200 | 32800 | 37200 |
| Third Row Seat | | | 600 | 600 | 800 | 800 |
| 2WD | | | (1475) | (1475) | (1965) | (1965) |
| **TAHOE 4WD—V8 Hybrid**—Truck Equipment Schedule T1 | | | | | | |
| Sport Utility 4D | KDDJ | 54475 | 27000 | 28100 | 29300 | 33800 |
| Third Row Seat | | | 600 | 600 | 800 | 800 |
| 2WD | | | (1475) | (1475) | (1965) | (1965) |
| **YUKON—V8**—Truck Equipment Schedule T1 | | | | | | |
| SLE Sport Utility | CAE0,3 | 38970 | 20500 | 21300 | 22400 | 25900 |
| Third Row Seat | | | 600 | 600 | 800 | 800 |
| 4WD | K | | 1475 | 1475 | 1965 | 1965 |
| **YUKON 4WD—V8**—Truck Equipment Schedule T1 | | | | | | |
| SLT Sport Utility | KCE0 | 47615 | 24700 | 25700 | 26800 | 31000 |
| Third Row Seat | | | 600 | 600 | 800 | 800 |
| 2WD | | | (1475) | (1475) | (1965) | (1965) |
| **YUKON 4WD—V8 Hybrid**—Truck Equipment Schedule T1 | | | | | | |
| Sport Utility 4D | KFDJ | 54945 | 28000 | 29100 | 30300 | 35000 |
| Third Row Seat | | | 600 | 600 | 800 | 800 |
| 2WD | C | | (1475) | (1475) | (1965) | (1965) |
| **YUKON DENALI AWD—V8**—Truck Equipment Schedule T3 | | | | | | |
| Sport Utility 4D | KEEF | 56945 | 32600 | 33900 | 34500 | 39100 |
| Third Row Seat | | | 600 | 600 | 800 | 800 |
| 2WD | C | | (1475) | (1475) | (1965) | (1965) |
| **YUKON DENALI 4WD—V8 Hybrid**—Truck Equipment Schedule T3 | | | | | | |
| Sport Utility 4D | KGEJ | 62295 | 35700 | 37100 | 37600 | 42600 |
| Third Row Seat | | | 600 | 600 | 800 | 800 |
| 2WD | | | (1475) | (1475) | (1965) | (1965) |
| **SUBURBAN 4WD—V8**—Truck Equipment Schedule T1 | | | | | | |
| K1500 LS Sport Util | KHE0 | 44430 | 22200 | 23200 | 24200 | 28000 |
| K1500 LT Sport Util | KJE0 | 47940 | 24100 | 25000 | 26200 | 30200 |
| Third Row Seat | | | 600 | 600 | 800 | 800 |

**DEDUCT FOR RECONDITIONING**

# 2010 CHEVROLET/GMC

| Body Type | VIN | List | Trade-In Good | Trade-In Very Good | Pvt-Party Good | Retail Excellent |
|---|---|---|---|---|---|---|
| 2WD | C | | (1475) | (1475) | (1965) | (1965) |
| V8, 6.0 Liter | G | | 550 | 550 | 735 | 735 |
| **SUBURBAN 4WD—V8**—Truck Equipment Schedule T1 | | | | | | |
| K1500 LTZ Spt Util | KKE0 | 56575 | 31200 | 32400 | 33100 | 37700 |
| K1500 75th Anniv Dmnd | | 58740 | 32200 | 33400 | 34100 | 38800 |
| K2500 LS Spt Utl | KLEG | 46035 | 24400 | 25400 | 26500 | 30600 |
| 2WD | C | | (1475) | (1475) | (1965) | (1965) |
| V8, 6.0 Liter | G | | 550 | 550 | 735 | 735 |
| **SUBURBAN 4WD—V8**—Truck Equipment Schedule T1 | | | | | | |
| K2500 LT Spt Util | KMEG | 49530 | 25800 | 26900 | 28000 | 32300 |
| 2WD | C | | (1475) | (1475) | (1965) | (1965) |
| **YUKON XL 4WD—V8**—Truck Equipment Schedule T1 | | | | | | |
| 1500 SLE Sport Util | KHE0 | 43030 | 22800 | 23800 | 24800 | 28700 |
| 1500 SLT Sport Util | KKE0 | 47615 | 25400 | 26400 | 27500 | 31800 |
| 2500 SLE Sport Util | KNEG | 46900 | 23900 | 24800 | 25900 | 30000 |
| 2500 SLT Sport Util | KREG | 51305 | 26300 | 27400 | 28500 | 32900 |
| Third Row Seat | | | 600 | 600 | 800 | 800 |
| 2WD | C | | (1475) | (1475) | (1965) | (1965) |
| V8, Flex Fuel, 6.2 Liter | 2 | | 550 | 550 | 735 | 735 |
| **YUKON XL DENALI AWD—V8**—Truck Equipment Schedule T3 | | | | | | |
| 1500 Sport Util | KMEF | 59700 | 34100 | 35400 | 36100 | 41000 |
| Third Row Seat | | | 600 | 600 | 800 | 800 |
| 2WD | C | | (1475) | (1475) | (1965) | (1965) |
| **EXPRESS/SAVANA VAN—V8**—Truck Equipment Schedule T1 | | | | | | |
| 1500 LS Passenger | GBD4 | 29485 | 10900 | 11450 | 12650 | 15100 |
| 1500 LT Passenger | GCD4 | 31345 | 11700 | 12300 | 13500 | 16150 |
| 2500 LS Passenger | GPDG | 31000 | 11150 | 11750 | 12900 | 15500 |
| 2500 LT Passenger | GRDG | 32850 | 11900 | 12500 | 13750 | 16450 |
| 3500 LS Passenger | GXDG | 33295 | 12250 | 12850 | 14100 | 16850 |
| 3500 LT Passenger | GYDG | 34750 | 13200 | 13850 | 15250 | 18200 |
| 3500 LS Extended | GZDG | 35165 | 13850 | 14500 | 15950 | 19000 |
| 3500 LT Extended | G1DG | 35535 | 14050 | 14700 | 16150 | 19250 |
| AWD | H | | 725 | 725 | 965 | 965 |
| **EXPRESS VAN—V6**—Truck Equipment Schedule T1 | | | | | | |
| 1500 Cargo Van | GADX | 25840 | 11600 | 12200 | 13550 | 16400 |
| AWD | H | | 725 | 725 | 965 | 965 |
| V8, Flex Fuel, 5.3 Liter | 4 | | 575 | 575 | 765 | 765 |
| **SAVANA VAN—V8**—Truck Equipment Schedule T1 | | | | | | |
| 1500 Cargo Van | GAD4 | 25635 | 12250 | 12850 | 14250 | 17200 |
| AWD | H | | 725 | 725 | 965 | 965 |
| V6, 4.3 Liter | X | | (600) | (600) | (800) | (800) |
| **EXPRESS/SAVANA VAN—V8**—Truck Equipment Schedule T1 | | | | | | |
| 2500 Cargo Van | GFBA | 26755 | 12850 | 13450 | 15050 | 18100 |
| 2500 Extended | GGBA | 28615 | 13150 | 13800 | 15350 | 18500 |
| 3500 Cargo Van | GTBA | 30075 | 13200 | 13850 | 15400 | 18550 |
| 3500 Extended | GUBA | 30960 | 13550 | 14200 | 15800 | 19000 |
| V8, Flex Fuel, 6.0 Liter | K | | 500 | 500 | 665 | 665 |
| V8, 6.6L Turbo Dsl | 6 | | 5300 | 5300 | 7065 | 7065 |
| **EXPRESS/SAVANA VAN—V8 Turbo Diesel**—Truck Equipment Sch T1 | | | | | | |
| 2500 Cargo Van | GFBL | 38750 | 19650 | 20500 | 22100 | 26200 |
| 2500 Extended | GGBL | 40610 | 19950 | 20800 | 22400 | 26500 |
| 3500 Cargo Van | GTBL | 42070 | 20200 | 21000 | 22600 | 26800 |
| 3500 Extended | GUBL | 42955 | 20600 | 21400 | 23100 | 27300 |
| **COLORADO/CANYON REGULAR CAB PICKUP—4-Cyl.**—Truck Equip Sch T1 | | | | | | |
| Work Truck 2D 6' | SBD9 | 18860 | 8850 | 9375 | 10300 | 12400 |
| LT/SLE 2D 6' | SCD9 | 19985 | 9350 | 9875 | 10900 | 13100 |
| 4WD | T | | 1900 | 1900 | 2535 | 2535 |
| 5-Cyl, 3.7 Liter | E | | 200 | 200 | 265 | 265 |
| **CANYON REGULAR CAB PICKUP—5-Cyl.**—Truck Equipment Sch T1 | | | | | | |
| SLE 2D 6' | SCDE | 21055 | 9950 | 10500 | 11550 | 13850 |
| 4WD | T | | 1900 | 1900 | 2535 | 2535 |
| 4-Cyl, 2.9 Liter | 9 | | (200) | (200) | (265) | (265) |
| **COLORADO/CANYON EXTENDED CAB PICKUP—4-Cyl.**—Truck Sch T1 | | | | | | |
| Work Truck 4D 6' | SBD9 | 24405 | 11250 | 11850 | 13050 | 15600 |
| 4WD | T | | 1900 | 1900 | 2535 | 2535 |
| 5-Cyl, 3.7 Liter | E | | 200 | 200 | 265 | 265 |
| **COLORADO/CANYON EXTENDED CAB PICKUP—5-Cyl.**—Truck Sch T1 | | | | | | |
| LT/SLE 4D 6' | SCDE | 24860 | 12300 | 12900 | 14150 | 16950 |
| 4WD | T | | 1900 | 1900 | 2535 | 2535 |
| 4-Cyl, 2.9 Liter | 9 | | (200) | (200) | (265) | (265) |
| V8, 5.3 Liter | P | | 750 | 750 | 1000 | 1000 |
| **CANYON EXTENDED CAB PICKUP—5-Cyl.**—Truck Equipment Sch T2 | | | | | | |
| SLT 4D 6' | SFDE | 26410 | 13250 | 13900 | 15300 | 18250 |

**SEE BACK PAGES FOR TRUCK EQUIPMENT**

TRUCKS & VANS

# 2010 CHEVROLET/GMC

| Body Type | VIN | List | Trade-In Good | Very Good | Pvt-Party Good | Retail Excellent |
|---|---|---|---|---|---|---|
| 4WD | T | | 1900 | 1900 | 2535 | 2535 |
| V8, 5.3 Liter | | | 875 | 875 | 1165 | 1165 |
| **COLORADO/CANYON CREW CAB PICKUP—5-Cyl.—Truck Equip Sch T2** | | | | | | |
| LT/SLE 4D 5' | SCDE | 25865 | 14650 | 15350 | 16800 | 20000 |
| 4WD | T | | 1900 | 1900 | 2535 | 2535 |
| 4-Cyl, 2.9 Liter | 9 | | (200) | (200) | (265) | (265) |
| V8, 5.3 Liter | P | | 750 | 750 | 1000 | 1000 |
| **CANYON CREW CAB PICKUP—5-Cyl.—Truck Equipment Schedule T2** | | | | | | |
| SLT 4D 5' | SFDE | 27960 | 15300 | 16000 | 17500 | 20900 |
| 4WD | T | | 1900 | 1900 | 2535 | 2535 |
| V8, 5.3 Liter | P | | 875 | 875 | 1165 | 1165 |
| **AVALANCHE 4WD—V8—Truck Equipment Schedule T1** | | | | | | |
| LS Spt Util Pickup | KEE0 | 39725 | 20700 | 21600 | 22700 | 26400 |
| LT Spt Util Pickup | KFE0 | 42830 | 23350 | 24500 | 25700 | 29800 |
| LTZ Spt Util Pickup | KGE0 | 49815 | 26200 | 27300 | 28600 | 33100 |
| 2WD | C | | (1475) | (1475) | (1965) | (1965) |
| **SILVERADO REGULAR CAB PICKUP—V6—Truck Equipment Sch T1** | | | | | | |
| 1500 Work Truck 8' | CPEX | 22235 | 9350 | 9875 | 10850 | 13000 |
| 4WD | K | | 3000 | 3000 | 4000 | 4000 |
| V8, Flex Fuel, 4.8 Liter | A | | 725 | 725 | 965 | 965 |
| V8, Flex Fuel, 5.3 Liter | 0 | | 1050 | 1050 | 1400 | 1400 |
| **SIERRA REGULAR CAB PICKUP—V8—Truck Equipment Schedule T1** | | | | | | |
| 1500 Work Truck 8' | CTEA | 22235 | 10150 | 10700 | 11700 | 14000 |
| 4WD | K | | 3000 | 3000 | 4000 | 4000 |
| V6, 4.3 Liter | X | | (675) | (675) | (900) | (900) |
| V8, Flex Fuel, 5.3 Liter | 0 | | 375 | 375 | 500 | 500 |
| **SILVERADO/SIERRA REGULAR CAB PICKUP—V8—Truck Equipment Sch T1** | | | | | | |
| 1500 Wrk Trk 6 1/2' | CPEA | 21845 | 10650 | 11200 | 12250 | 14650 |
| 1500 LT/SLE 6 1/2' | CSEA | 27805 | 12100 | 12700 | 13900 | 16550 |
| 1500 LT/SLE 8' | CSEA | 27930 | 11600 | 12200 | 13350 | 15900 |
| 2500 Work Truck 8' | CVBG | 28460 | 12350 | 13000 | 14700 | 17350 |
| 2500 HD LT/SLE 8' | CXBG | 31255 | 15650 | 16350 | 17650 | 20800 |
| 3500 Work Truck 8' | CZBK | 28680 | 12950 | 13600 | 14800 | 17500 |
| 3500 SLE 2D 8' | C3BK | 31610 | 15750 | 16450 | 17750 | 21000 |
| 4WD | K | | 3000 | 3000 | 4000 | 4000 |
| V6, 4.3 Liter | X | | (675) | (675) | (900) | (900) |
| V8, Flex Fuel, 5.3 Liter | 0 | | 375 | 375 | 500 | 500 |
| V8, 6.6L Turbo Dsl | 6 | | 5300 | 5300 | 7065 | 7065 |
| **SILVERADO REGULAR CAB 4WD—V8 Turbo Diesel—Truck Equip Sch T1** | | | | | | |
| 3500 LT 2D 8' | K0B6 | 59590 | 24300 | 25200 | 26900 | 31700 |
| 2WD | C | | (3025) | (3025) | (4035) | (4035) |
| V8, 6.0 Liter | G,K | | (4900) | (4900) | (6535) | (6535) |
| **SILVERADO/SIERRA EXTENDED CAB—V6—Truck Equipment Sch T1** | | | | | | |
| 1500 Wrk Trk 6 1/2' | CPEX | 26390 | 11500 | 12100 | 13250 | 15800 |
| 4WD | K | | 3000 | 3000 | 4000 | 4000 |
| V8, Flex Fuel, 4.8 Liter | A | | 725 | 725 | 965 | 965 |
| V8, Flex Fuel, 5.3 Liter | 0,3 | | 1050 | 1050 | 1400 | 1400 |
| **SILVERADO/SIERRA EXTENDED CAB PICKUP—V8—Truck Equip Sch T1** | | | | | | |
| 1500 Work Truck 8' | CPE0 | 31580 | 12050 | 12650 | 13850 | 16500 |
| 1500 LT/SLE 8' | CSE0 | 31230 | 14800 | 15450 | 16850 | 20100 |
| 1500 LTZ/SLT 8' | CTE0 | 36575 | 15200 | 15900 | 17300 | 20600 |
| 4WD | K | | 3000 | 3000 | 4000 | 4000 |
| **SILVERADO/SIERRA EXTENDED CAB 4WD—V8—Truck Equip Sch T1** | | | | | | |
| 1500 LTZ/SLT 6 1/2' | KTE3 | 39425 | 20100 | 21000 | 22600 | 26800 |
| 2WD | C | | (3025) | (3025) | (4035) | (4035) |
| V8, Flex Fuel, 6.2 Liter | 2 | | 550 | 550 | 735 | 735 |
| **SILVERADO/SIERRA EXTENDED CAB PICKUP—V8—Truck Equip Sch T1** | | | | | | |
| 1500 LS/SL 6 1/2' | CREA | 20135 | 14600 | 15250 | 16650 | 19800 |
| 1500 LT/SLE 6 1/2' | CSEA | 30120 | 15000 | 15700 | 17100 | 20300 |
| 2500 HD WrkTrk 6' | CVBG | 30890 | 18200 | 19000 | 20400 | 24000 |
| 2500 HD Wrk Trk 8' | CVBK | 30935 | 18000 | 18800 | 20200 | 23800 |
| 3500 Wrk Trk 4D 8' | CZBG | 31970 | 18550 | 19400 | 20800 | 24500 |
| 3500 LTZ/SLT 8' | C1BG | 39590 | 22300 | 23300 | 24800 | 29200 |
| 4WD | K | | 3000 | 3000 | 4000 | 4000 |
| V8, 5.3L Flex Fuel | 0,3 | | 375 | 375 | 500 | 500 |
| V8, Flex Fuel, 6.2 Liter | 2 | | 550 | 550 | 735 | 735 |
| V8, 6.6L Turbo Dsl | 6 | | 5300 | 5300 | 7065 | 7065 |
| **SILVERADO/SIERRA EXTENDED CAB 4WD—V8—Truck Equip Sch T1** | | | | | | |
| 2500 HD LT/SLE 6' | KXBG | 33900 | 24400 | 25400 | 27000 | 31800 |
| 2500 HD LT/SLE 8' | KXBG | 33945 | 24200 | 25100 | 26800 | 31500 |
| 2500HD LTZ/SLT 6 | KYBG | 39185 | 25500 | 26600 | 28300 | 33300 |
| 2500HD LTZ/SLT 8' | KYBG | 39230 | 25400 | 26400 | 28100 | 33000 |
| 2WD | C | | (3025) | (3025) | (4035) | (4035) |

**DEDUCT FOR RECONDITIONING**

# 2010 CHEVROLET/GMC

| Body Type | VIN | List | Trade-In Good | Very Good | Pvt-Party Good | Retail Excellent |
|---|---|---|---|---|---|---|
| V8, 6.6L Turbo Dsl | 6 | | 5300 | 5300 | 7065 | 7065 |
| **SILVERADO/SIERRA EXTENDED CAB 4WD**—V8 Turbo Diesel—Truck Sch T1 | | | | | | |
| 3500 LT/SLE 8' | K0B6 | 46065 | 29500 | 30700 | 32600 | 38300 |
| 2WD | C | | (3025) | (3025) | (4035) | (4035) |
| V8, 6.0 Liter | G,K | | (4900) | (4900) | (6535) | (6535) |
| **SILVERADO/SIERRA CREW CAB PICKUP**—V8—Truck Equipment Sch T1 | | | | | | |
| 1500 XFE 5 3/4' | CSE3 | 34220 | 16850 | 17600 | 19100 | 22700 |
| **SILVERADO/SIERRA CREW CAB PICKUP 4WD**—V8—Truck Equip Sch T1 | | | | | | |
| 1500 LTZ/SLT 5 3/4' | KTE3 | 43570 | 23100 | 24000 | 25800 | 30500 |
| 2WD | C | | (3025) | (3025) | (4035) | (4035) |
| V8, Flex Fuel, 6.2 Liter | 2 | | 550 | 550 | 735 | 735 |
| **SILVERADO CREW CAB PICKUP**—V8 Hybrid—Truck Equip Sch T1 | | | | | | |
| 1500 4D 5 3/4' | CUEJ | 39335 | 19300 | 20100 | 21800 | 25800 |
| 4WD | | | 3000 | 3000 | 4000 | 4000 |
| **SIERRA CREW CAB PICKUP 4WD**—V8 Hybrid—Truck Equip Sch T1 | | | | | | |
| 1500 4D 5 3/4' | KYEJ | 39705 | 21700 | 22600 | 24300 | 28800 |
| 2WD | | | (3025) | (3025) | (4035) | (4035) |
| **SILVERADO/SIERRA CREW CAB PICKUP**—V8—Truck Equip Sch T1 | | | | | | |
| 1500 Wrk Trk 5 3/4' | CTEA | 30370 | 14750 | 15400 | 16800 | 20000 |
| 1500 LS/SL 5 3/4' | CREA | 31355 | 17050 | 17800 | 19300 | 22900 |
| 1500 LT/SLE 5 3/4' | CSEA | 32460 | 17650 | 18400 | 19950 | 23700 |
| 2500 HD WrkTrk 6' | CVBG | 35490 | 20900 | 21800 | 23300 | 27500 |
| 2500 HD LT/SLE 8' | CXBG | 36055 | 23300 | 24300 | 25900 | 30400 |
| 2500 HD LTZ/SLT 8' | CYBG | 41250 | 24800 | 25800 | 27500 | 32300 |
| 4WD | K | | 3000 | 3000 | 4000 | 4000 |
| V8, Flex Fuel, 5.3 Liter | 0,3 | | 375 | 375 | 500 | 500 |
| V8, Flex Fuel, 6.2 Liter | 2 | | 550 | 550 | 735 | 735 |
| V8, 6.6L Turbo Dsl | 6 | | 5300 | 5300 | 7065 | 7065 |
| **SILVERADO/SIERRA CREW CAB 4WD**—V8 Turbo Diesel—Truck Sch T1 | | | | | | |
| 2500 HD LT 6' | KXB6 | 47550 | 31900 | 33100 | 35100 | 41300 |
| 2500 HD LTZ/SLT 6' | KYB6 | 52750 | 33300 | 34600 | 36600 | 43000 |
| 2WD | C | | (3025) | (3025) | (4035) | (4035) |
| V8, 6.0 Liter | C | | (4900) | (4900) | (6535) | (6535) |
| **SIERRA CREW CAB PICKUP**—V8—Truck Equipment Sch T1 | | | | | | |
| 3500 Work Trk 8' | C2B6 | 33640 | 21500 | 22400 | 24000 | 28200 |
| 4WD | | | 3000 | 3000 | 4000 | 4000 |
| V8, 6.6L Turbo Dsl | 6 | | 5300 | 5300 | 7065 | 7065 |
| **SILVERADO CREW CAB**—V8 Turbo Diesel—Truck Equip Sch T1 | | | | | | |
| 2500 HD Wrk Trk 8' | CVB6 | 40780 | 25900 | 27000 | 28700 | 33700 |
| 3500 Work Truck 8' | CZB6 | 41725 | 27100 | 28200 | 30000 | 35200 |
| 4WD | K | | 3000 | 3000 | 4000 | 4000 |
| V8, 6.0 Liter | G,K | | (4900) | (4900) | (6535) | (6535) |
| **SILVERADO CREW CAB 4WD**—V8 Turbo Diesel—Truck Equip Sch T1 | | | | | | |
| 3500 LTZ 4D 8' | K1B6 | 51120 | 34100 | 35400 | 37500 | 44000 |
| 2WD | C | | (3025) | (3025) | (4035) | (4035) |
| V8, 6.0 Liter | G,K | | (4900) | (4900) | (6535) | (6535) |
| **SILVERADO/SIERRA CREW CAB 4WD**—V8 Turbo Diesel—Truck Sch T1 | | | | | | |
| 3500 LT/SLE 8' | K0B6 | 47130 | 32700 | 34000 | 36000 | 42300 |
| 2WD | C | | (3025) | (3025) | (4035) | (4035) |
| V8, 6.0 Liter | G,K | | (4900) | (4900) | (6535) | (6535) |
| **SIERRA CREW CAB PICKUP**—V8 Turbo Diesel—Truck Equip Sch T1 | | | | | | |
| 3500 SLT 4D 8' | C4B6 | 42265 | 30800 | 32000 | 34000 | 39900 |
| 4WD | K | | 3000 | 3000 | 4000 | 4000 |
| V8, 6.0 Liter | G,K | | (4900) | (4900) | (6535) | (6535) |
| **SIERRA DENALI CREW CAB PICKUP AWD**—V8—Truck Equip Schedule T3 | | | | | | |
| 1500 4D 5 3/4' | KXE2 | 47430 | 29400 | 30600 | 31500 | 36000 |
| 2WD | | | (1100) | (1100) | (1465) | (1465) |

## 2011 CHEVY/GMC — (1,2or3)(CorG)(A,B,CorN)–(LBEC)–B

| Body Type | VIN | List | Trade-In Good | Very Good | Pvt-Party Good | Retail Excellent |
|---|---|---|---|---|---|---|
| **EQUINOX—4-Cyl.**—Truck Equipment Schedule T1 | | | | | | |
| LS Sport Utility 4D | LBEC | 23490 | 12000 | 12600 | 13400 | 15650 |
| AWD | C | | 875 | 875 | 1165 | 1165 |
| **EQUINOX—4-Cyl.**—Truck Equipment Schedule T1 | | | | | | |
| LT Sport Utility 4D | LDEC | 24655 | 13050 | 13700 | 14600 | 17050 |
| AWD | E,N | | 875 | 875 | 1165 | 1165 |
| V6, Flex Fuel, 3.0 Liter | 5 | | 1000 | 1000 | 1335 | 1335 |
| **EQUINOX AWD—V6**—Truck Equipment Schedule T1 | | | | | | |
| LTZ Sport Utility 4D | LGE5 | 32315 | 16750 | 17500 | 18500 | 21500 |
| FWD | F | | (1025) | (1025) | (1365) | (1365) |
| 4-Cyl, 2.4 Liter | C | | (900) | (900) | (1200) | (1200) |
| **TERRAIN—4-Cyl.**—Truck Equipment Schedule T1 | | | | | | |
| SLE Sport Utility | LMEC | 24995 | 13800 | 14450 | 15650 | 18450 |
| SLT Sport Utility | LUEC | 28595 | 15900 | 16650 | 17900 | 21100 |

SEE BACK PAGES FOR TRUCK EQUIPMENT

# 2011 CHEVROLET/GMC

| Body Type | VIN | List | Trade-In Good | Trade-In Very Good | Pvt-Party Good | Retail Excellent |
|---|---|---|---|---|---|---|
| AWD | R | | 875 | 875 | 1165 | 1165 |
| V6, Flex Fuel, 3.0 Liter | 5 | | 650 | 650 | 865 | 865 |
| **ACADIA—V6—Truck Equipment Schedule T1** | | | | | | |
| SL Sport Util 4D | RKED | 32615 | 16450 | 17200 | 18000 | 20700 |
| SLE Sport Util 4D | RNED | 35240 | 17550 | 18300 | 19100 | 22000 |
| Denali Sport Util | RTED | 43995 | 26500 | 27600 | 28300 | 32200 |
| AWD | V | | 875 | 875 | 1165 | 1165 |
| **ACADIA AWD—V6—Truck Equipment Schedule T1** | | | | | | |
| SLT Sport Util 4D | VRED | 40960 | 21700 | 22600 | 23500 | 26900 |
| 2WD | R | | (875) | (875) | (1165) | (1165) |
| **TRAVERSE—V6—Truck Equipment Schedule T1** | | | | | | |
| LS Sport Utility 4D | REED | 29999 | 14300 | 14950 | 16050 | 18850 |
| AWD | V | | 1550 | 1550 | 2065 | 2065 |
| **TRAVERSE AWD—V6—Truck Equipment Schedule T1** | | | | | | |
| LT Sport Utility 4D | VGED | 34640 | 17500 | 18250 | 19450 | 22800 |
| LTZ Sport Utility 4D | VLED | 40750 | 20700 | 21500 | 22800 | 26700 |
| 2WD | R | | (1550) | (1550) | (2065) | (2065) |
| **TAHOE—V8—Truck Equipment Schedule T1** | | | | | | |
| LS Sport Util 4D | CAE0 | 38520 | 21800 | 22800 | 23500 | 26900 |
| Third Row Seat | | | 650 | 650 | 865 | 865 |
| 4WD | K | | 1550 | 1550 | 2065 | 2065 |
| **TAHOE 4WD—V8—Truck Equipment Schedule T1** | | | | | | |
| LT Sport Util 4D | KEE0 | 46220 | 26400 | 27500 | 28300 | 32400 |
| LTZ Sport Util 4D | KCE0 | 55110 | 32600 | 33900 | 34300 | 38700 |
| Third Row Seat | | | 650 | 650 | 865 | 865 |
| 2WD | C | | (1550) | (1550) | (2065) | (2065) |
| **TAHOE 4WD—V8 Hybrid—Truck Equipment Schedule T1** | | | | | | |
| Sport Utility 4D | KDFJ | 54490 | 31100 | 32300 | 33200 | 37900 |
| Third Row Seat | | | 650 | 650 | 865 | 865 |
| 2WD | C | | (1550) | (1550) | (2065) | (2065) |
| **YUKON—V8—Truck Equipment Schedule T1** | | | | | | |
| SLE Sport Utility 4D | 2AE0 | 39485 | 23400 | 24400 | 25100 | 28800 |
| Third Row Seat | | | 650 | 650 | 865 | 865 |
| 4WD | 2 | | 1550 | 1550 | 2065 | 2065 |
| **YUKON 4WD—V8—Truck Equipment Schedule T1** | | | | | | |
| SLT Sport Utility 4D | 2CE0 | 47855 | 27500 | 28600 | 29400 | 33700 |
| Third Row Seat | | | 650 | 650 | 865 | 865 |
| 2WD | 1 | | (1550) | (1550) | (2065) | (2065) |
| **YUKON 4WD—V8 Hybrid—Truck Equipment Schedule T1** | | | | | | |
| Sport Utility 4D | 2FFJ | 54960 | 31700 | 32900 | 33800 | 38600 |
| Third Row Seat | | | 650 | 650 | 865 | 865 |
| 2WD | 1 | | (1550) | (1550) | (2065) | (2065) |
| **YUKON DENALI AWD—V8—Truck Equipment Schedule T3** | | | | | | |
| Sport Utility 4D | 2EEF | 57185 | 34300 | 35600 | 36000 | 40600 |
| Third Row Seat | | | 650 | 650 | 865 | 865 |
| 2WD | 1 | | (1550) | (1550) | (2065) | (2065) |
| **YUKON DENALI 4WD—V8 Hybrid—Truck Equipment Schedule T3** | | | | | | |
| Sport Utility 4D | 2GEJ | 62310 | 37300 | 38700 | 39000 | 44000 |
| Third Row Seat | | | 650 | 650 | 865 | 865 |
| 2WD | 1 | | (1550) | (1550) | (2065) | (2065) |
| **SUBURBAN 4WD—V8—Truck Equipment Schedule T1** | | | | | | |
| K1500 LS Sport Util | KHE0 | 44720 | 23900 | 24800 | 25600 | 29300 |
| K1500 LT Sport Util | KJE0 | 48230 | 26100 | 27200 | 28000 | 31900 |
| K1500 LTZ Spt Utl | KKE0 | 57120 | 33300 | 34600 | 35000 | 39500 |
| K2500 LS Spt Utl | KLEG | 46325 | 26500 | 27500 | 28400 | 32400 |
| K2500 LT Spt Utl | KMEG | 49820 | 28600 | 29800 | 30600 | 35000 |
| Third Row Seat | | | 650 | 650 | 865 | 865 |
| 2WD | C | | (1550) | (1550) | (2065) | (2065) |
| **YUKON XL 4WD—V8—Truck Equipment Schedule T1** | | | | | | |
| 1500 SLE Sport Util | 2HE0 | 46205 | 24600 | 25600 | 26300 | 30100 |
| 1500 SLT Sport Util | 2KE0 | 50365 | 27400 | 28500 | 29300 | 33500 |
| 2500 SLE Sport Util | 2NEG | 47565 | 25900 | 27000 | 27800 | 31700 |
| 2500 SLT Sport Util | 2REG | 51695 | 29100 | 30300 | 31100 | 35500 |
| Third Row Seat | | | 650 | 650 | 865 | 865 |
| 2WD | C | | (1550) | (1550) | (2065) | (2065) |
| **YUKON XL DENALI AWD—V8—Truck Equipment Schedule T3** | | | | | | |
| 1500 Sport Utility | 2MEF | 59940 | 36200 | 37500 | 37900 | 42700 |
| Third Row Seat | | | 650 | 650 | 865 | 865 |
| 2WD | 1 | | (1550) | (1550) | (2065) | (2065) |
| **EXPRESS/SAVANA VAN—V8—Truck Equipment Schedule T1** | | | | | | |
| 1500 LS Passenger | GBF4 | 29690 | 12350 | 12950 | 13900 | 16350 |
| 1500 LT Passenger | GCF4 | 31540 | 13600 | 14250 | 15350 | 18000 |
| 2500 LS Passenger | GPFA | 30200 | 12650 | 13300 | 14250 | 16750 |

# 2011 CHEVROLET/GMC

| Body Type | VIN | List | Trade-In Good | Very Good | Pvt-Party Good | Retail Excellent |
|---|---|---|---|---|---|---|
| 2500 LT Passenger | GRFA | 32050 | 13900 | 14550 | 15650 | 18350 |
| AWD | H | | 800 | 800 | 1065 | 1065 |
| V8, Flex Fuel, 6.0 Liter | | | 525 | 525 | 700 | 700 |
| **EXPRESS/SAVANA VAN—V8 Flex Fuel—Truck Equipment Sch T1** | | | | | | |
| 3500 LS Passenger | GXFG | 33490 | 13800 | 14450 | 15550 | 18250 |
| 3500 LS Extended | GZFG | 34945 | 15100 | 15800 | 16900 | 19850 |
| 3500 LT Passenger | GYFG | 35380 | 15600 | 16300 | 17450 | 20400 |
| 3500 LT Extended | G1FG | 35730 | 15900 | 16600 | 17750 | 20800 |
| **EXPRESS/SAVANA VAN—V8 Turbo Diesel—Truck Equipment Sch T1** | | | | | | |
| 3500 LS Passenger | GXFL | 45485 | 19950 | 20800 | 22100 | 25800 |
| 3500 LS Extended | GZFL | 47355 | 21000 | 21900 | 23200 | 27200 |
| 3500 LT Passenger | GYFL | 46940 | 20800 | 21700 | 23000 | 26900 |
| 3500 LT Extended | G1FL | 47725 | 21600 | 22500 | 23900 | 27900 |
| **EXPRESS VAN—V6—Truck Equipment Schedule T1** | | | | | | |
| 1500 Cargo Van | GAFX | 26070 | 12950 | 13600 | 14800 | 17700 |
| AWD | H | | 800 | 800 | 1065 | 1065 |
| V8, Flex Fuel, 5.3 Liter | 4 | | 675 | 675 | 900 | 900 |
| **SAVANA VAN—V8—Truck Equipment Schedule T1** | | | | | | |
| 1500 Cargo Van | 7AF4 | 25840 | 13550 | 14200 | 15550 | 18550 |
| AWD | 8 | | 800 | 800 | 1065 | 1065 |
| V6, 4.3 Liter | X | | (625) | (625) | (835) | (835) |
| **EXPRESS/SAVANA VAN—V8—Truck Equipment Schedule T1** | | | | | | |
| 2500 Cargo Van | GFCB | 31275 | 14450 | 15100 | 16550 | 19700 |
| 3500 Cargo Van | GTCB | 31445 | 15400 | 16100 | 17550 | 20900 |
| V8, Flex Fuel, 4.8 Liter | A | | (525) | (525) | (700) | (700) |
| **EXPRESS/SAVANA VAN—V8—Truck Equipment Schedule T1** | | | | | | |
| 2500 Extended | GUCA | 28820 | 15000 | 15700 | 17150 | 20400 |
| 3500 Extended | UUCA | 31165 | 15600 | 16300 | 17750 | 21200 |
| 3500 Van Cab-Ch | G4CA | 27210 | 13800 | 14450 | 16200 | 19700 |
| V8, Flex Fuel, 4.8 Liter | A | | 0 | 0 | 0 | 0 |
| V8, Turbo Diesel, 6.6L | L | | 5100 | 5100 | 6800 | 6800 |
| **EXPRESS/SAVANA VAN—V8 Turbo Diesel—Truck Equipment Sch T1** | | | | | | |
| 2500 Cargo Van | GFCL | 38955 | 21600 | 22500 | 24100 | 28400 |
| 2500 Extended | GGCL | 40815 | 22000 | 23000 | 24600 | 28900 |
| 3500 Cargo Van | GTCL | 42275 | 22200 | 23200 | 24700 | 29100 |
| 3500 Extended | GUCL | 43160 | 22600 | 23600 | 25100 | 29600 |
| **COLORADO/CANYON REGULAR CAB PICKUP—4-Cyl.—Truck Equip Sch T1** | | | | | | |
| Work Truck 2D 6' | SBF9 | 18920 | 9900 | 10450 | 11350 | 13500 |
| LT 2D 6' | SCF9 | 20045 | 10600 | 11150 | 12100 | 14400 |
| 4WD | T | | 2200 | 2200 | 2935 | 2935 |
| 5-Cyl, 3.7 Liter | E | | 200 | 200 | 265 | 265 |
| **CANYON REGULAR CAB PICKUP—5-Cyl.—Truck Equip Sch T1** | | | | | | |
| SLE 2D 6' | 5MFE | 21115 | 10850 | 11400 | 12400 | 14700 |
| 4WD | 6 | | 2200 | 2200 | 2935 | 2935 |
| 4-Cyl, 2.9 Liter | 9 | | (200) | (200) | (265) | (265) |
| **COLORADO/CANYON EXTENDED CAB PICKUP—4-Cyl.—Truck Equip Sch T1** | | | | | | |
| Work Truck 4D 6' | SBF9 | 24465 | 12250 | 12850 | 13950 | 16550 |
| 4WD | T | | 2200 | 2200 | 2935 | 2935 |
| 5-Cyl, 3.7 Liter | E | | 200 | 200 | 265 | 265 |
| **COLORADO/CANYON EXTENDED CAB—5-Cyl.—Truck Equip Sch T1** | | | | | | |
| LT/SLE 4D 6' | SCFE | 24920 | 13400 | 14050 | 15300 | 18100 |
| 4WD | T | | 2200 | 2200 | 2935 | 2935 |
| 4-Cyl, 2.9 Liter | 9 | | (200) | (200) | (265) | (265) |
| V8, 5.3 Liter | P | | 800 | 800 | 1065 | 1065 |
| **COLORADO/CANYON CREW CAB PICKUP—5-Cyl.—Truck Equip Sch T2** | | | | | | |
| LT/SLE 4D 5' | SCFE | 27240 | 15750 | 16450 | 17750 | 21000 |
| 4WD | T | | 2200 | 2200 | 2935 | 2935 |
| 4-Cyl, 2.9 Liter | 9 | | (200) | (200) | (265) | (265) |
| V8, 5.3 Liter | P | | 800 | 800 | 1065 | 1065 |
| **CANYON CREW CAB PICKUP—5-Cyl.—Truck Equipment Schedule T2** | | | | | | |
| SLT 4D 5' | 5NFE | 28020 | 16600 | 17350 | 18700 | 22100 |
| 4WD | 6 | | 2200 | 2200 | 2935 | 2935 |
| V8, 5.3 Liter | P | | 975 | 975 | 1300 | 1300 |
| **AVALANCHE 4WD—V8—Truck Equipment Schedule T1** | | | | | | |
| LS Spt Util Pickup | KEE3 | 40110 | 23100 | 24100 | 24900 | 28500 |
| LT Spt Util Pickup | KFE3 | 43215 | 26000 | 27100 | 27900 | 32000 |
| LTZ Spt Util Pickup | KGE3 | 50260 | 28700 | 29900 | 30800 | 35200 |
| 2WD | C | | (1550) | (1550) | (2065) | (2065) |
| **SILVERADO/SIERRA REGULAR CAB PICKUP—V8—Truck Equipment Sch T1** | | | | | | |
| 1500 Work Trk 6 1/2' | CPEA | 23175 | 11600 | 12200 | 13200 | 15600 |
| 1500 Work Truck 8' | CPEA | 22235 | 10550 | 11100 | 12000 | 14200 |
| 1500 LT/SLE 6 1/2' | CSEA | 27805 | 12750 | 13350 | 14500 | 17100 |
| 1500 LT/SLE 8' | CSEA | 27930 | 12250 | 12850 | 13900 | 16400 |

SEE BACK PAGES FOR TRUCK EQUIPMENT

# 2011 CHEVROLET/GMC

| Body Type | VIN | List | Trade-In Good | Trade-In Very Good | Pvt-Party Good | Retail Excellent |
|---|---|---|---|---|---|---|
| 2500 HD Wrk Trk 8' | CVCG | 28960 | 14000 | 14650 | 15450 | 17800 |
| 2500 LT/SLE 8' | CXCG | 32155 | 17200 | 17950 | 18750 | 21600 |
| 3500 Work Truck 8' | CZCG | 29800 | 14350 | 15000 | 15800 | 18200 |
| 4WD | K | | 3200 | 3200 | 4265 | 4265 |
| V6, 4.3 Liter | | | (750) | (750) | (1000) | (1000) |
| V8, Flex Fuel, 5.3 Liter | 0 | | 400 | 400 | 535 | 535 |
| V8, Turbo Diesel, 6.6L | 8,L | | 5100 | 5100 | 6800 | 6800 |
| **SILVERADO/SIERRA REGULAR CAB 4WD—V8 Turbo Diesel— Truck Sch T1** | | | | | | |
| 3500 LT/SLE 8' | K0C8,L | 44335 | 26200 | 27300 | 28200 | 32300 |
| 2WD | C | | (3200) | (3200) | (4265) | (4265) |
| V8, 6.0 Liter | G | | (5100) | (5100) | (6800) | (6800) |
| **SILVERADO/SIERRA EXTENDED CAB PICKUP—V8—Truck Equip Sch T1** | | | | | | |
| 1500 LT/SLE 8' | CSE0 | 31230 | 15350 | 16050 | 17250 | 20300 |
| 1500 LTZ/SLT 8' | CTE0 | 36575 | 16500 | 17250 | 18500 | 21800 |
| 4WD | K | | 3200 | 3200 | 4265 | 4265 |
| **SILVERADO/SIERRA EXTENDED CAB PICKUP—V6—Truck Equip Sch T1** | | | | | | |
| 1500 Work Trk 6 1/2' | CPEA | 26390 | 12350 | 12950 | 14000 | 16500 |
| 4WD | K | | 3200 | 3200 | 4265 | 4265 |
| V8, Flex Fuel, 4.8 Liter | A | | 750 | 750 | 1000 | 1000 |
| V8, Flex Fuel, 5.3 Liter | 0,3 | | 1150 | 1150 | 1535 | 1535 |
| **SILVERADO/SIERRA EXTENDED CAB PICKUP—V8—Truck Equip Sch T1** | | | | | | |
| 1500 Work Truck 8' | CPE0 | 31580 | 12400 | 13050 | 14050 | 16550 |
| 4WD | K | | 3200 | 3200 | 4265 | 4265 |
| **SILVERADO/SIERRA EXTENDED CAB PICKUP 4WD—V8—Truck Equip Sch T1** | | | | | | |
| 1500 LTZ/SLT 6 1/2' | KTE3 | 39425 | 21300 | 22200 | 23600 | 27800 |
| 2WD | C | | (3200) | (3200) | (4265) | (4265) |
| V8, Flex Fuel, 6.2 Liter | 2 | | 550 | 550 | 735 | 735 |
| **SILVERADO/SIERRA EXTENDED CAB PICKUP—V8—Truck Equip Sch T1** | | | | | | |
| 1500 LS/SL 6 1/2' | CREA | 29135 | 15550 | 16250 | 17450 | 20600 |
| 1500 LT/SLE 6 1/2' | CSEA | 30120 | 15950 | 16650 | 17900 | 21000 |
| 2500 HD Wrk Trk 6' | CVCG | 31140 | 19150 | 20000 | 20800 | 23900 |
| 2500 HD Wrk Trk 8' | CVCG | 31335 | 18950 | 19800 | 20600 | 23700 |
| 3500 Work Truck 8' | CZCG | 33025 | 19650 | 20500 | 21300 | 24500 |
| 3500 LTZ/SLT 8' | C1CG | 40615 | 23800 | 24700 | 25600 | 29400 |
| 4WD | K | | 3200 | 3200 | 4265 | 4265 |
| V8, Flex Fuel, 5.3 Liter | 0,3 | | 400 | 400 | 535 | 535 |
| V8, Flex Fuel, 6.2 Liter | 2 | | 550 | 550 | 735 | 735 |
| V8, Turbo Diesel, 6.6L | 8 | | 5100 | 5100 | 6800 | 6800 |
| **SILVERADO/SIERRA EXTENDED CAB PICKUP 4WD—V8—Truck Equip Sch T1** | | | | | | |
| 2500 HD LT/SLE 6' | KXCG | 34480 | 26000 | 27100 | 28000 | 32100 |
| 2500 HD LT/SLE 8' | KXCG | 34645 | 25800 | 26900 | 27800 | 31900 |
| 2500 HD LTZ/SLT 6' | KYCG | 39185 | 27200 | 28300 | 29200 | 33500 |
| 2500 HD LTZ/SLT 8' | KYCG | 39380 | 27000 | 28100 | 29000 | 33300 |
| 2WD | C | | (3200) | (3200) | (4265) | (4265) |
| V8, Turbo Diesel, 6.6L | 8 | | 5100 | 5100 | 6800 | 6800 |
| **SILVERADO/SIERRA EXTENDED CAB 4WD—V8 Turbo Diesel—Truck Sch T1** | | | | | | |
| 3500 LT/SLE 8' | K0C8,L | 47770 | 31700 | 32900 | 33900 | 38900 |
| 2WD | C | | (3200) | (3200) | (4265) | (4265) |
| V8, 6.0 Liter | G | | (5100) | (5100) | (6800) | (6800) |
| **SILVERADO/SIERRA CREW CAB PICKUP—V8—Truck Equipment Sch T1** | | | | | | |
| 1500 XFE 5 3/4' | CSE3 | 34220 | 17950 | 18750 | 20000 | 23500 |
| **SILVERADO/SIERRA CREW CAB PICKUP 4WD—V8—Truck Equip Sch T1** | | | | | | |
| 1500 LTZ 4D 5 3/4' | KTE3 | 43550 | 24700 | 25700 | 27200 | 31900 |
| 1500 SLT 4D 5 3/4' | 2WE3 | 40120 | 24900 | 25900 | 27500 | 32200 |
| 2WD | C | | (3200) | (3200) | (4265) | (4265) |
| V8, Flex Fuel, 6.2 Liter | 2 | | 550 | 550 | 735 | 735 |
| **SILVERADO CREW CAB PICKUP—V8 Hybrid—Truck Equip Sch T1** | | | | | | |
| 1500 4D 5 3/4' | CUEJ | 39335 | 20800 | 21600 | 23000 | 27000 |
| 4WD | K | | 3200 | 3200 | 4265 | 4265 |
| **SIERRA CREW CAB PICKUP 4WD—V8 Hybrid—Truck Equip Sch T1** | | | | | | |
| 1500 4D 5 3/4' | 2YEJ | 46035 | 24000 | 24950 | 26500 | 31100 |
| 2WD | 1 | | (3200) | (3200) | (4265) | (4265) |
| **SILVERADO/SIERRA CREW CAB PICKUP—V8—Truck Equipment Sch T1** | | | | | | |
| 1500 Wrk Trk 5 3/4' | CPEA | 33520 | 16200 | 16900 | 18150 | 21400 |
| 1500 LS 4D 5 3/4' | CREA | 31355 | 18750 | 19600 | 20900 | 24600 |
| 1500 LT 4D 5 3/4' | CSEA | 32460 | 19450 | 20300 | 21700 | 25400 |
| 2500 HD Wrk Trk 6' | CVCG | 35995 | 21900 | 22900 | 23700 | 27200 |
| 2500 HD LT/SLE 8' | CXCG | 36900 | 25000 | 26000 | 26900 | 30800 |
| 2500 HD LTZ/SLT 8' | CYCG | 42100 | 27100 | 28200 | 29100 | 33400 |
| 3500 Work Truck 6 1/2' | CZCG | 34560 | 23800 | 24700 | 25600 | 29400 |
| 3500 LT/SLE 6 1/2' | C0CG | 37915 | 26500 | 27600 | 28500 | 32700 |
| 3500 LTZ/SLT 6 1/2' | C1CG | 42600 | 27700 | 28800 | 29700 | 34100 |
| 4WD | K | | 3200 | 3200 | 4265 | 4265 |

**DEDUCT FOR RECONDITIONING**

# 2011 CHEVROLET/GMC

| Body Type | VIN | List | Trade-In Good | Trade-In Very Good | Pvt-Party Good | Retail Excellent |
|---|---|---|---|---|---|---|
| V8, Flex Fuel, 5.3 Liter | 0,3 | | 400 | 400 | 535 | 535 |
| V8, Flex Fuel, 6.2 Liter | 2 | | 550 | 550 | 735 | 735 |
| V8, Turbo Diesel, 6.6L | 8 | | 5100 | 5100 | 6800 | 6800 |
| **SILVERADO/SIERRA CREW CAB 4WD**—V8 Turbo Diesel—Truck Sch T1 | | | | | | |
| 2500 HD LT/SLE 6' | KXC8 | 48250 | 34200 | 35500 | 36500 | 41800 |
| 2WD | C | | (3200) | (3200) | (4265) | (4265) |
| V8, 6.0 Liter | G | | (5100) | (5100) | (6800) | (6800) |
| **SIERRA CREW CAB PICKUP**—V8—Truck Equipment Sch T1 | | | | | | |
| 2500 Work Truck 8' | 1ZCG | 33235 | 22200 | 23200 | 24000 | 27500 |
| 3500 Work Truck 8' | 12CG | 34960 | 23000 | 23900 | 24800 | 28500 |
| 4WD | | | 3200 | 3200 | 4265 | 4265 |
| V8, 6.6L Turbo Dsl | 2 | | 5100 | 5100 | 6800 | 6800 |
| **SILVERADO CREW CAB**—V8 Turbo Diesel—Truck Equip Sch T1 | | | | | | |
| 2500 HD Wrk Trk 8' | CVC8,L | 41630 | 26500 | 27600 | 28500 | 32700 |
| 3500 Work Truck 8' | CZC8,6 | 42955 | 28900 | 30100 | 31100 | 35600 |
| 4WD | | | 3200 | 3200 | 4265 | 4265 |
| V8, 6.0 Liter | G | | (5100) | (5100) | (6800) | (6800) |
| **SILVERADO CREW CAB PICKUP 4WD**—V8 Turbo Diesel—Truck Sch T1 | | | | | | |
| 2500 HD LTZ/SLT 6' | KYC8 | 53450 | 35700 | 37000 | 38000 | 43500 |
| 3500 LT 4D 8' | K0C8,L | 49460 | 34900 | 36200 | 37200 | 42600 |
| 3500 LTZ 4D 8' | KNC8,L | 54145 | 36300 | 37600 | 38600 | 44200 |
| 2WD | C | | (3200) | (3200) | (4265) | (4265) |
| V8, 6.0 Liter | G | | (5100) | (5100) | (6800) | (6800) |
| **SIERRA DENALI CREW CAB PICKUP AWD**—V8—Truck Equip Schedule T3 | | | | | | |
| 1500 4D 5 3/4' | 2XE2 | 47430 | 30800 | 32000 | 32700 | 37200 |
| 2WD | | | (1200) | (1200) | (1600) | (1600) |
| **SIERRA DENALI CREW CAB PICKUP**—V8—Truck Equip Schedule T3 | | | | | | |
| 3500 4D 6 1/2' | 16CG | 44410 | 28800 | 30000 | 31000 | 35500 |
| 3500 4D 8' | 16CG | 44595 | 28600 | 29800 | 30800 | 35300 |
| 4WD | | | 3200 | 3200 | 4265 | 4265 |
| V8, Turbo Diesel, 6.6L | 2 | | 5100 | 5100 | 6800 | 6800 |
| **SIERRA DENALI CREW CAB 4WD**—V8 Turbo Diesel—Truck Equip Sch T3 | | | | | | |
| 2500 4D 6 1/2' | 25C8 | 55255 | 37200 | 38600 | 39600 | 45300 |
| 2WD | 1 | | (3200) | (3200) | (4265) | (4265) |
| V8, 6.0 Liter | G | | (5100) | (5100) | (6800) | (6800) |

# 2012 CHEVY/GMC — (1,2or3)(CorG)(A,B,CorN)-(L1EK)-C

| Body Type | VIN | List | Trade-In Good | Trade-In Very Good | Pvt-Party Good | Retail Excellent |
|---|---|---|---|---|---|---|
| **CAPTIVA SPORT**—4-Cyl.—Truck Equipment Schedule T1 | | | | | | |
| LS Sport Utility 4D | L1EK | 24245 | 11550 | 12150 | 13250 | 15700 |
| **CAPTIVA SPORT**—V6—Truck Equipment Schedule T1 | | | | | | |
| LT Sport Utility 4D | L3E5 | 27395 | 12450 | 13100 | 14200 | 16850 |
| **CAPTIVA SPORT AWD**—V6—Truck Equipment Schedule T1 | | | | | | |
| LTZ Sport Utility 4D | L4E5 | 32845 | 15000 | 15700 | 17000 | 20100 |
| **EQUINOX**—4-Cyl.—Truck Equipment Schedule T1 | | | | | | |
| LS Sport Utility 4D | LBEK | 24260 | 13200 | 13850 | 14800 | 17250 |
| AWD | C | | 950 | 950 | 1265 | 1265 |
| **EQUINOX**—V6—Truck Equipment Schedule T1 | | | | | | |
| LT Sport Utility 4D | LDEK | 25780 | 15000 | 15700 | 16650 | 19400 |
| AWD | C | | 950 | 950 | 1265 | 1265 |
| 4-Cyl, Flex Fuel, 2.4L | K | | (1000) | (1000) | (1335) | (1335) |
| **EQUINOX AWD**—V6—Truck Equipment Schedule T1 | | | | | | |
| LTZ Sport Utility | LGE5 | 33200 | 17800 | 18550 | 19600 | 22800 |
| FWD | F | | (1100) | (1100) | (1465) | (1465) |
| **TERRAIN**—4-Cyl.—Truck Equipment Schedule T1 | | | | | | |
| SLE Sport Utility | LMEK | 26290 | 15000 | 15700 | 16600 | 19300 |
| SLT Sport Utility | LUEK | 29240 | 17500 | 18250 | 19250 | 22300 |
| AWD | R,T | | 950 | 950 | 1265 | 1265 |
| V6, Flex Fuel, 3.0 Liter | 5 | | 700 | 700 | 935 | 935 |
| **ACADIA**—V6—Truck Equipment Schedule T1 | | | | | | |
| SL Sport Utility 4D | RNED | 33415 | 18000 | 18800 | 19400 | 22200 |
| SLE Sport Utility | RPED | 35890 | 19150 | 20000 | 20600 | 23500 |
| Denali Sport Util | RTED | 44690 | 29800 | 31000 | 31100 | 34800 |
| AWD | V | | 950 | 950 | 1265 | 1265 |
| **ACADIA AWD**—V6—Truck Equipment Schedule T1 | | | | | | |
| SLT Sport Utility | VRED | 41640 | 23500 | 24400 | 25100 | 28600 |
| 2WD | R | | (950) | (950) | (1265) | (1265) |
| **TRAVERSE**—V6—Truck Equipment Schedule T1 | | | | | | |
| LS Sport Utility 4D | REED | 30240 | 15650 | 16350 | 17450 | 20500 |
| AWD | V | | 1625 | 1625 | 2165 | 2165 |
| **TRAVERSE AWD**—V6—Truck Equipment Schedule T1 | | | | | | |
| LT Sport Utility 4D | VCED | 35340 | 18600 | 19400 | 20500 | 23900 |
| LTZ Sport Utility | VLED | 41615 | 21700 | 22600 | 23900 | 27900 |
| 2WD | R | | (1625) | (1625) | (2165) | (2165) |

SEE BACK PAGES FOR TRUCK EQUIPMENT

## 2012 CHEVROLET/GMC

| Body Type | VIN | List | Trade-In Good | Trade-In Very Good | Pvt-Party Good | Retail Excellent |
|---|---|---|---|---|---|---|
| **TAHOE—V8—Truck Equipment Schedule T1** | | | | | | |
| LS Sport Util 4D | CAE0 | 39400 | 23000 | 23900 | 24500 | 27700 |
| Third Row Seat | | | 700 | 700 | 935 | 935 |
| 4WD | K | | 1625 | 1625 | 2165 | 2165 |
| **TAHOE 4WD—V8—Truck Equipment Schedule T1** | | | | | | |
| LT Sport Util 4D | KBE0 | 47400 | 27500 | 28600 | 29200 | 33100 |
| LTZ Sport Util 4D | KGE0 | 56720 | 37000 | 38400 | 38300 | 42800 |
| Third Row Seat | | | 700 | 700 | 935 | 935 |
| 2WD | C | | (1625) | (1625) | (2165) | (2165) |
| **TAHOE 4WD—V8 Hybrid—Truck Equipment Schedule T1** | | | | | | |
| Sport Utility 4D | KDFJ | 55420 | 32900 | 34200 | 34700 | 39200 |
| Third Row Seat | | | 700 | 700 | 935 | 935 |
| 2WD | C | | (1625) | (1625) | (2165) | (2165) |
| **YUKON—V8—Truck Equipment Schedule T1** | | | | | | |
| SLE Sport Utility 4D | 1AE0 | 40730 | 24300 | 25200 | 25800 | 29200 |
| Third Row Seat | | | 700 | 700 | 935 | 935 |
| 4WD | 2 | | 1625 | 1625 | 2165 | 2165 |
| **YUKON 4WD—V8—Truck Equipment Schedule T1** | | | | | | |
| SLT Sport Utility 4D | 2CE0 | 49150 | 28600 | 29800 | 30300 | 34300 |
| Third Row Seat | | | 700 | 700 | 935 | 935 |
| 2WD | | | (1625) | (1625) | (2165) | (2165) |
| **YUKON 4WD—V8 Hybrid—Truck Equipment Schedule T1** | | | | | | |
| Sport Utility 4D | 2FFJ | 56005 | 33500 | 34800 | 35300 | 39900 |
| Third Row Seat | | | 700 | 700 | 935 | 935 |
| 2WD | | | (1625) | (1625) | (2165) | (2165) |
| **YUKON DENALI AWD—V8—Truck Equipment Schedule T3** | | | | | | |
| Sport Utility 4D | 2EEF | 58730 | 38100 | 39600 | 39500 | 44100 |
| 2WD | | | (1625) | (1625) | (2165) | (2165) |
| **YUKON DENALI AWD—V8 Hybrid—Truck Equipment Schedule T3** | | | | | | |
| Sport Utility 4D | 2GFJ | 63855 | 41900 | 43400 | 43300 | 48300 |
| Third Row Seat | | | 700 | 700 | 935 | 935 |
| 2WD | | | (1625) | (1625) | (2165) | (2165) |
| **SUBURBAN 4WD—V8—Truck Equipment Schedule T1** | | | | | | |
| K1500 LS Sport Util | KHE7 | 42885 | 26000 | 27700 | 28200 | 31900 |
| K1500 LT Sport Util | KJE2 | 46625 | 29200 | 30400 | 30800 | 34900 |
| K1500 LTZ Util | KKE7 | 55760 | 38100 | 39500 | 39400 | 44000 |
| K2500 LS Spt Utl | KLEG | 44475 | 29900 | 31100 | 31600 | 35800 |
| K2500 LT Spt Utl | KMEG | 48215 | 32100 | 33300 | 33900 | 38300 |
| Third Row Seat | | | 700 | 700 | 935 | 935 |
| 2WD | C | | (1625) | (1625) | (2165) | (2165) |
| **YUKON XL 4WD—V8—Truck Equipment Schedule T1** | | | | | | |
| 1500 SLE Sport Util | 2HE7 | 47115 | 29400 | 30600 | 31100 | 35200 |
| 1500 SLT Sport Util | 2KE7 | 51295 | 30400 | 31600 | 32100 | 36400 |
| 2500 SLE Sport Util | 2NEG | 48655 | 30100 | 31300 | 31800 | 36000 |
| 2500 SLT Sport Util | 2REG | 53035 | 32500 | 33700 | 34200 | 38700 |
| Third Row Seat | | | 700 | 700 | 935 | 935 |
| 2WD | | | (1625) | (1625) | (2165) | (2165) |
| **YUKON XL DENALI AWD—V8—Truck Equipment Schedule T3** | | | | | | |
| 1500 Sport Utility | 2MEF | 61530 | 40900 | 42400 | 42300 | 47200 |
| Third Row Seat | | | 700 | 700 | 935 | 935 |
| 2WD | 1 | | (1625) | (1625) | (2165) | (2165) |
| **EXPRESS/SAVANA VAN—V8—Truck Equipment Schedule T1** | | | | | | |
| 1500 LS Passenger | GBF4 | 29920 | 13450 | 14100 | 15100 | 17700 |
| 1500 LT Passenger | GCF4 | 31770 | 14650 | 15300 | 16350 | 19150 |
| 2500 LS Passenger | GPFA | 30710 | 13600 | 14250 | 15250 | 17850 |
| 2500 LT Passenger | GRFA | 32560 | 15050 | 15750 | 16800 | 19600 |
| AWD | H | | 875 | 875 | 1165 | 1165 |
| V8, Flex Fuel, 6.0 Liter | G | | 550 | 550 | 735 | 735 |
| **EXPRESS/SAVANA VAN—V8 Flex Fuel—Truck Equipment Sch T1** | | | | | | |
| 3500 LS Passenger | GXFA | 33025 | 14950 | 15650 | 16700 | 19500 |
| 3500 LT Passenger | GYFA | 34460 | 16200 | 16900 | 18000 | 21000 |
| 3500 LS Extended | GZFA | 34875 | 16800 | 17550 | 18650 | 21800 |
| 3500 LT Extended | G1FA | 35245 | 17400 | 18150 | 19300 | 22500 |
| **EXPRESS/SAVANA VAN—V8 Turbo Diesel—Truck Equipment Sch T1** | | | | | | |
| 3500 LS Passenger | GXFL | 45935 | 21700 | 22600 | 23800 | 27700 |
| 3500 LT Passenger | GYFL | 47400 | 22600 | 23500 | 24800 | 28800 |
| 3500 LS Extended | GZFL | 47815 | 22800 | 23700 | 25000 | 29100 |
| 3500 LT Extended | G1FL | 48185 | 23200 | 24100 | 25400 | 29500 |
| **EXPRESS VAN—V6—Truck Equipment Schedule T1** | | | | | | |
| 1500 Cargo Van | GAFX | 28195 | 14000 | 14650 | 15800 | 18650 |
| AWD | H | | 875 | 875 | 1165 | 1165 |
| V8, Flex Fuel, 5.3 Liter | 4 | | 675 | 675 | 900 | 900 |

**356 DEDUCT FOR RECONDITIONING**

# 2012 CHEVROLET/GMC

| Body Type | VIN | List | Trade-In Good | Trade-In Very Good | Pvt-Party Good | Retail Excellent |
|---|---|---|---|---|---|---|
| **SAVANA VAN—V8**—Truck Equipment Schedule T1 | | | | | | |
| 1500 Cargo Van | 7AF4 | 27080 | 14550 | 15200 | 16400 | 19300 |
| AWD | 8 | | 875 | 875 | 1165 | 1165 |
| V6, 4.3 Liter | X | | (650) | (650) | (865) | (865) |
| **EXPRESS/SAVANA VAN—V8**—Truck Equipment Schedule T1 | | | | | | |
| 2500 Cargo Van | GFCA | 27590 | 15350 | 16050 | 17250 | 20300 |
| 2500 Extended | GGCA | 29450 | 16700 | 17450 | 18700 | 22000 |
| 3500 Cargo Van | GFCA | 30790 | 17150 | 17900 | 19150 | 22500 |
| 3500 Extended | GGCA | 31675 | 18200 | 19000 | 20300 | 23800 |
| V8, Cmprsd NG, 6.0L | B | | 0 | 0 | 0 | 0 |
| V8, Flex Fuel, 6.0 Liter | G | | 550 | 550 | 735 | 735 |
| **EXPRESS/SAVANA VAN—V8 Turbo Diesel**—Truck Equipment Sch T1 | | | | | | |
| 2500 Cargo Van | GFCL | 39535 | 23000 | 24000 | 25200 | 29300 |
| 2500 Extended | GGCL | 41395 | 23400 | 24400 | 25600 | 29800 |
| 3500 Cargo Van | GFCL | 42735 | 23600 | 24500 | 25800 | 30000 |
| 3500 Extended | GGCL | 43620 | 24200 | 25100 | 26500 | 30800 |
| **EXPRESS/SAVANA COMMERCIAL CUTAWAY—V8**—Truck Equipment Sch T1 | | | | | | |
| 3500 Van Cab-Ch | G2CA | 27840 | 16700 | 17250 | 18850 | 22500 |
| V8, 6.0 Liter | G | | 550 | 550 | 735 | 735 |
| **COLORADO REGULAR CAB PICKUP—4-Cyl.**—Truck Equip Sch T1 | | | | | | |
| LT 2D 6' | SCF9 | 21100 | 12400 | 13050 | 13950 | 16350 |
| 4WD | T | | 2500 | 2500 | 3335 | 3335 |
| 5-Cyl, 3.7 Liter | E | | 200 | 200 | 265 | 265 |
| **COLORADO/CANYON REGULAR CAB PICKUP—4-Cyl.**—Truck Equip Sch T1 | | | | | | |
| Work Truck 2D 6' | SBF9 | 19300 | 11200 | 11800 | 12600 | 14800 |
| 4WD | T | | 2500 | 2500 | 3335 | 3335 |
| 5-Cyl, 3.7 Liter | E | | 200 | 200 | 265 | 265 |
| **CANYON REGULAR CAB PICKUP—5-Cyl.**—Truck Equipment Sch T1 | | | | | | |
| SLE 2D 6' | 5MEE | 23280 | 12700 | 13350 | 14250 | 16700 |
| 4WD | 6 | | 2500 | 2500 | 3335 | 3335 |
| 4-Cyl, 2.9 Liter | 9 | | (200) | (200) | (265) | (265) |
| **COLORADO/CANYON EXTENDED CAB—4-Cyl.**—Truck Equip Sch T1 | | | | | | |
| Work Truck 4D 6' | SBF9 | 24855 | 13950 | 14600 | 15650 | 18350 |
| 4WD | T | | 2500 | 2500 | 3335 | 3335 |
| 5-Cyl, 3.7 Liter | E | | 200 | 200 | 265 | 265 |
| **COLORADO/CANYON EXTENDED CAB PICKUP—5-Cyl.**—Truck Equip Sch T1 | | | | | | |
| LT/SLE 4D 6' | SCFE | 25985 | 16100 | 16850 | 17950 | 21000 |
| 4WD | T | | 2500 | 2500 | 3335 | 3335 |
| 4-Cyl, 2.9 Liter | 9 | | (200) | (200) | (265) | (265) |
| V8, 5.3 Liter | P | | 900 | 900 | 1200 | 1200 |
| **COLORADO/CANYON CREW CAB PICKUP—5-Cyl.**—Truck Equip Sch T1 | | | | | | |
| LT/SLE 4D 5' | SCFE | 27600 | 17350 | 18100 | 19250 | 22500 |
| 4WD | T | | 2500 | 2500 | 3335 | 3335 |
| 4-Cyl, 2.9 Liter | 9 | | (200) | (200) | (265) | (265) |
| V8, 5.3 Liter | P | | 900 | 900 | 1200 | 1200 |
| **CANYON CREW CAB PICKUP 4WD—5-Cyl.**—Truck Equipment Schedule T1 | | | | | | |
| SLT 4D 5' | 6NFE | 32520 | 19150 | 20000 | 21200 | 24800 |
| V8, 5.3 Liter | P | | 1000 | 1000 | 1335 | 1335 |
| **AVALANCHE 4WD—V8**—Truck Equipment Schedule T1 | | | | | | |
| LS Spt Util Pickup | KEE7 | 40722 | 24800 | 25800 | 26300 | 29700 |
| LT Sport Util Pickup | KFE7 | 44115 | 27600 | 28700 | 29200 | 33000 |
| LTZ Spt Util Pickup | KGE7 | 51175 | 32100 | 33300 | 33800 | 38200 |
| 2WD | C | | (1625) | (1625) | (2165) | (2165) |
| **SILVERADO REGULAR CAB PICKUP—V6**—Truck Equipment Schedule T1 | | | | | | |
| 1500 Work Truck 8' | CPEX | 23330 | 12100 | 12700 | 13700 | 16100 |
| 4WD | K | | 3300 | 3300 | 4400 | 4400 |
| V8, Flex Fuel, 4.8 Liter | A | | 800 | 800 | 1065 | 1065 |
| V8, Flex Fuel, 5.3 Liter | 0 | | 1200 | 1200 | 1600 | 1600 |
| **SIERRA REGULAR CAB PICKUP—V8**—Truck Equipment Schedule T1 | | | | | | |
| 1500 Work Truck 8' | 1TEA | 23330 | 12350 | 12950 | 14050 | 16550 |
| 4WD | 2 | | 3300 | 3300 | 4400 | 4400 |
| V6, 4.3 Liter | X | | (800) | (800) | (1065) | (1065) |
| V8, Flex Fuel, 5.3 Liter | 0 | | 400 | 400 | 535 | 535 |
| **SILVERADO/SIERRA REGULAR CAB PICKUP—V8**—Truck Equipment Sch T1 | | | | | | |
| 1500 Work Trk 6 1/2' | CPEA | 22940 | 12300 | 12900 | 14000 | 16500 |
| 1500 LT/SLE 6 1/2' | CSEA | 28295 | 13250 | 13900 | 15000 | 17650 |
| 1500 LT/SLE 8' | CSEA | 28420 | 12850 | 13450 | 14600 | 17150 |
| 2500 Work Truck 8' | CVCG | 29410 | 16100 | 16850 | 17600 | 20300 |
| 2500 LT 8' | CXCG | 32255 | 19850 | 20700 | 21500 | 24700 |
| 3500 Work Truck 8' | CZCG | 31155 | 16000 | 16750 | 17500 | 20200 |
| 3500 SLE 2D 8' | 13CG | 33905 | 18450 | 19250 | 20100 | 23100 |
| 4WD | K | | 3300 | 3300 | 4400 | 4400 |
| V6, 4.3 Liter | X | | (800) | (800) | (1065) | (1065) |

SEE BACK PAGES FOR TRUCK EQUIPMENT

# 2012 CHEVROLET/GMC

| Body Type | VIN | List | Trade-In Good | Very Good | Pvt-Party Good | Retail Excellent |
|---|---|---|---|---|---|---|
| V8, Flex Fuel, 5.3 Liter | 0 | | 400 | 400 | 535 | 535 |
| V8, Turbo Diesel, 6.6L | 8,L | | 5300 | 5300 | 7065 | 7065 |
| **SILVERADO REGULAR CAB PICKUP—V8—Truck Equipment Schedule T1** | | | | | | |
| 2500 Work Truck 8' | 1ZCG | 29795 | 16100 | 16850 | 17600 | 20300 |
| 2500 HD SLE 2D 8' | 10CG | 32815 | 19950 | 20800 | 21600 | 24900 |
| 3500 Work Truck 8' | 12CG | 31155 | 16000 | 16750 | 17500 | 20200 |
| 3500 SLE 2D 8' | 13CG | 33905 | 18450 | 19250 | 20100 | 23100 |
| 4WD | | | 3300 | 3300 | 4400 | 4400 |
| V8, 6.6L Turbo Dsl | 8,L | | 5300 | 5300 | 7065 | 7065 |
| **SILVERADO REGULAR CAB 4WD—V8 Turbo Diesel—Truck Sch T1** | | | | | | |
| 3500 LT 8' | K0CG | 45035 | 27400 | 28500 | 29400 | 33700 |
| 2WD | C | | (3300) | (3300) | (4400) | (4400) |
| V8, Flex Fuel, 6.0 Liter | G | | (5300) | (5300) | (7065) | (7065) |
| **SILVERADO/SIERRA EXTENDED CAB PICKUP—V8—Truck Equip Sch T1** | | | | | | |
| 1500 Work Truck 8' | 1TE0 | 29375 | 13000 | 13650 | 14750 | 17350 |
| 1500 LT/SLE 8' | CSE0 | 32160 | 16050 | 16750 | 17950 | 21100 |
| 1500 LTZ/SLT 8' | CTE0 | 37350 | 17550 | 18300 | 19550 | 22900 |
| 4WD | | | 3300 | 3300 | 4400 | 4400 |
| **SILVERADO/SIERRA EXTENDED CAB 4WD—V8—Truck Equip Sch T1** | | | | | | |
| 1500 LTZ/SLT 6 1/2' | KTE2 | 40200 | 22300 | 23300 | 24600 | 28800 |
| 2WD | C | | (3300) | (3300) | (4400) | (4400) |
| V8, Flex Fuel, 6.2 Liter | 2 | | 550 | 550 | 735 | 735 |
| **SILVERADO/SIERRA EXTENDED CAB PICKUP—V6—Truck Equipment Schedule T1** | | | | | | |
| 1500 Work Trk 6 1/2' | CPEX | 27335 | 13900 | 14550 | 15700 | 18450 |
| 4WD | K | | 3300 | 3300 | 4400 | 4400 |
| V8, Flex Fuel, 4.8 Liter | A | | 800 | 800 | 1065 | 1065 |
| V8, Flex Fuel, 5.3 Liter | 0,7 | | 1200 | 1200 | 1600 | 1600 |
| **SILVERADO/SIERRA EXTENDED CAB PICKUP—V8—Truck Equip Sch T1** | | | | | | |
| 1500 LS/SL 6 1/2' | CREA | 30525 | 16050 | 16750 | 17950 | 21100 |
| 1500 LT/SLE 6 1/2' | CSEA | 31050 | 16700 | 17450 | 18650 | 21900 |
| 2500 HD Wrk Trk 8' | CVCG | 31825 | 20200 | 21000 | 21800 | 25100 |
| 2500 HD Wrk Trk 8' | CVCG | 32020 | 19950 | 20800 | 21600 | 24900 |
| 3500 Work Truck 8' | CZCG | 34230 | 19950 | 20800 | 21600 | 24900 |
| 3500 LTZ/SLT 8' | C1CG | 41795 | 24600 | 25600 | 26500 | 30300 |
| 4WD | | | 3300 | 3300 | 4400 | 4400 |
| V8, Flex Fuel, 5.3 Liter | 0,7 | | 400 | 400 | 535 | 535 |
| V8, Flex Fuel, 6.2 Liter | 2 | | 550 | 550 | 735 | 735 |
| V8, Turbo Diesel, 6.6L | 8 | | 5300 | 5300 | 7065 | 7065 |
| **SILVERADO/SIERRA EXTENDED CAB PICKUP 4WD—V8—Truck Equip Sch T1** | | | | | | |
| 2500 HD LT/SLE 6' | KXCG | 34995 | 27100 | 28200 | 29100 | 33400 |
| 2500 HD LT/SLE 8' | KXCG | 35190 | 26900 | 28000 | 28900 | 33100 |
| 2500 HD LTZ/SLT 6' | KYCG | 40365 | 28200 | 29300 | 30300 | 34800 |
| 2500 HD LTZ/SLT 8' | KYCG | 40560 | 28000 | 29100 | 30100 | 34500 |
| 3500 LT/SLE 8' | K0CG | 48770 | 32700 | 34000 | 34900 | 40000 |
| 2WD | C | | (3300) | (3300) | (4400) | (4400) |
| V8, Turbo Diesel, 6.6L | 8 | | 5300 | 5300 | 7065 | 7065 |
| **SILVERADO/SIERRA CREW CAB PICKUP—V8—Truck Equipment Sch T1** | | | | | | |
| 1500 Work Trk 5 3/4' | CPEA | 34465 | 17000 | 17750 | 19000 | 22300 |
| 1500 LS 4D 5 3/4' | CREA | 32840 | 19550 | 20400 | 21700 | 25400 |
| 1500 LT 4D 5 3/4' | CSEA | 33390 | 19950 | 20800 | 22100 | 25900 |
| 4WD | K | | 3300 | 3300 | 4400 | 4400 |
| V8, Flex Fuel, 5.3 Liter | 0,7 | | 400 | 400 | 535 | 535 |
| V8, Flex Fuel, 6.2 Liter | 2 | | 550 | 550 | 735 | 735 |
| **SILVERADO CREW CAB PICKUP—V8 Hybrid—Truck Equipment Sch T1** | | | | | | |
| 1500 4D 5 3/4' | CUEJ | 40260 | 21500 | 22400 | 23800 | 27900 |
| 4WD | K | | 3300 | 3300 | 4400 | 4400 |
| **SIERRA CREW CAB PICKUP 4WD—V8 Hybrid—Truck Equipment Sch T1** | | | | | | |
| 1500 4D 5 3/4' | 2YEJ | 40630 | 24600 | 25600 | 27100 | 31600 |
| 2WD | 1 | | (3300) | (3300) | (4400) | (4400) |
| **SILVERADO/SIERRA CREW CAB PICKUP—V8 XFE—Truck Equipment Sch T1** | | | | | | |
| 1500 XFE 5 3/4' | CSE7 | 35145 | 19250 | 20100 | 21400 | 25100 |
| **SILVERADO/SIERRA CREW CAB PICKUP—V8—Truck Equipment Sch T1** | | | | | | |
| 2500 HD LT/SLE 8' | CXCG | 37345 | 26700 | 27800 | 28700 | 32900 |
| 2500 HD LTZ/SLT 8' | CYCG | 43230 | 29200 | 30400 | 31400 | 35900 |
| 3500 Work Trk 6 1/2' | CZCG | 35865 | 24700 | 25700 | 26600 | 30500 |
| 3500 LT/SLE 6 1/2' | C0CG | 38815 | 27800 | 28900 | 29800 | 34200 |
| 3500 LTZ/SLT 6 1/2' | C1CG | 43730 | 28500 | 29700 | 30600 | 35100 |
| 4WD | K | | 3300 | 3300 | 4400 | 4400 |
| V8, 6.6L Turbo Dsl | 8,L | | 5300 | 5300 | 7065 | 7065 |
| **SILVERADO/SIERRA CREW CAB PICKUP 4WD—V8—Truck Equip Sch T1** | | | | | | |
| 1500 LTZ 4D 5 3/4' | KTE7 | 43260 | 25700 | 26700 | 28200 | 33000 |
| 1500 SLT 4D 5 3/4' | 2WE7 | 40785 | 25800 | 26800 | 28300 | 33100 |
| 2WD | C | | (3300) | (3300) | (4400) | (4400) |

**358    DEDUCT FOR RECONDITIONING**

# 2012 CHEVROLET/GMC

| Body Type | VIN | List | Trade-In Good | Very Good | Pvt-Party Good | Retail Excellent |
|---|---|---|---|---|---|---|
| V8, Flex Fuel, 6.2 Liter | 2 | | 550 | 550 | 735 | 735 |
| **SILVERADO/SIERRA CREW CAB 4WD—V8 Turbo Diesel—V8—Truck Sch T1** | | | | | | |
| 2500 HD SLE 6 1/2' | 20C8 | 49650 | 35600 | 36900 | 37900 | 43400 |
| 2500 HD LTZ 6 1/2' | KYC8 | 53735 | 37500 | 38900 | 39900 | 45600 |
| 2500 HD SLT 6 1/2' | 21C8 | 55435 | 37100 | 38500 | 39500 | 45100 |
| 2WD | C | | (3300) | (3300) | (4400) | (4400) |
| V8, Flex Fuel, 6.0 Liter | G | | (5150) | (5150) | (6865) | (6865) |
| **SILVERADO/SIERRA CREW CAB 4WD—V8 Turbo Diesel—Truck Sch T1** | | | | | | |
| 3500 LT/SLE 8' | K0CG | 50555 | 36300 | 37600 | 38600 | 44200 |
| 3500 LTZ 8' | K1CG | 55275 | 37700 | 39100 | 40100 | 45800 |
| 2WD | C | | (3300) | (3300) | (4400) | (4400) |
| V8, Flex Fuel, 6.0 Liter | G | | (5300) | (5300) | (7065) | (7065) |
| **SILVERADO/SIERRA CREW CAB—V8—Truck Equipment Sch T1** | | | | | | |
| 2500 HD Wrk Trk 6' | CVCG | 34030 | 22400 | 23400 | 24200 | 27800 |
| 3500 Work Truck 8' | CZCG | 44455 | 29700 | 30900 | 31900 | 36500 |
| 4WD | K | | 3300 | 3300 | 4400 | 4400 |
| V8, Turbo Diesel, 6.6L | 8 | | 5300 | 5300 | 7065 | 7065 |
| **SIERRA CREW CAB PICKUP—V8—Truck Equipment Sch T1** | | | | | | |
| 2500 HD Work Truck 8' | 1ZC8 | 34020 | 23500 | 24400 | 25300 | 29000 |
| 4WD | K | | 3300 | 3300 | 4400 | 4400 |
| V8, 6.6L Turbo Dsl | 8 | | 5300 | 5300 | 7065 | 7065 |
| **SILVERADO/SIERRA CREW CAB—V8 Turbo Diesel—Truck Equip Sch T1** | | | | | | |
| 2500 HD Wrk Trk 8' | CVC8,L | 42620 | 27500 | 28600 | 29500 | 33800 |
| 3500 SLT Pickup 8' | 14CG | 52825 | 34200 | 35500 | 36500 | 41800 |
| 4WD | K | | 3300 | 3300 | 4400 | 4400 |
| V8, Flex Fuel, 6.0 Liter | G | | (5300) | (5300) | (7065) | (7065) |
| **SILVERADO CREW CAB 4WD—V8 Turbo Diesel—Truck Equip Sch T1** | | | | | | |
| 2500 HD LT 6 1/2' | KXC8 | 48695 | 35100 | 36400 | 37400 | 42800 |
| 2WD | C | | (3300) | (3300) | (4400) | (4400) |
| V8, Flex Fuel, 6.0 Liter | G | | (5150) | (5150) | (6865) | (6865) |
| **SIERRA DENALI CREW CAB PICKUP AWD—V8—Truck Equip Schedule T3** | | | | | | |
| 1500 4D 5 3/4' | 2XE2 | 49605 | 32600 | 33900 | 34600 | 39300 |
| 2WD | 1 | | (1500) | (1500) | (2000) | (2000) |

## 2013 CHEVY/GMC — (1,2or3)(CorG)(A,B,CorN)-(L1EK)-D

| Body Type | VIN | List | Trade-In Good | Very Good | Pvt-Party Good | Retail Excellent |
|---|---|---|---|---|---|---|
| **CAPTIVA SPORT—4-Cyl. Flex Fuel—Truck Equipment Schedule T1** | | | | | | |
| LS Sport Utility 4D | L1EK | 24580 | 12700 | 13350 | 14750 | 17750 |
| LT Sport Utility 4D | L3EK | 26955 | 13600 | 14250 | 15750 | 18900 |
| LTZ Sport Utility 4D | L4EK | 30440 | 15100 | 15800 | 17350 | 20800 |
| **EQUINOX—4-Cyl.—Truck Equipment Schedule T1** | | | | | | |
| LS Sport Utility 4D | LBEK | 24580 | 15200 | 15900 | 17200 | 20300 |
| AWD | C | | 1025 | 1025 | 1365 | 1365 |
| **EQUINOX—V6—Truck Equipment Schedule T1** | | | | | | |
| LT Sport Utility 4D | LDEK | 26225 | 17500 | 18250 | 19650 | 23200 |
| LTZ Sport Utility 4D | LFE3 | 31340 | 20800 | 21700 | 23300 | 27400 |
| AWD | E,N | | 1025 | 1025 | 1365 | 1365 |
| 4-Cyl., 2.4 Liter | K | | (1100) | (1100) | (1465) | (1465) |
| **TERRAIN—4-Cyl.—Truck Equipment Schedule T1** | | | | | | |
| SLE-1 Sport Utility | LMEK | 26660 | 15650 | 16350 | 17500 | 20500 |
| SLE-2 Sport Utility | LSEK | 28160 | 16900 | 17650 | 18850 | 22100 |
| SLT-1 Sport Utility | LUEK | 29710 | 18150 | 18950 | 20200 | 23600 |
| SLT-2 Sport Utility | LEEK | 32955 | 19600 | 20500 | 21800 | 25500 |
| Denali Sport Utility | LYEK | 35350 | 24700 | 25700 | 27200 | 31800 |
| AWD | R | | 1025 | 1025 | 1365 | 1365 |
| V6, 3.6 Liter | 3 | | 750 | 750 | 1000 | 1000 |
| **ACADIA—V6—Truck Equipment Schedule T1** | | | | | | |
| SLE-1 Sport Util | RNED | 34875 | 22200 | 23200 | 24000 | 27600 |
| SLE-2 Sport Util | RPED | 36765 | 24000 | 24900 | 25900 | 29700 |
| AWD | V | | 1025 | 1025 | 1365 | 1365 |
| **ACADIA AWD—V6—Truck Equipment Schedule T1** | | | | | | |
| SLT-1 Sport Util | VRED | 42605 | 28400 | 29600 | 30500 | 35000 |
| SLT-2 Sport Util | VSED | 44025 | 30700 | 31900 | 33000 | 37800 |
| Denali Sport Util | VTED | 48770 | 34500 | 35800 | 35800 | 40000 |
| 2WD | R | | (1025) | (1025) | (1365) | (1365) |
| **TRAVERSE—V6—Truck Equipment Schedule T1** | | | | | | |
| LS Sport Utility 4D | RFED | 31335 | 19750 | 20600 | 21200 | 24200 |
| AWD | V | | 1725 | 1725 | 2300 | 2300 |
| **TRAVERSE AWD—V6—Truck Equipment Schedule T1** | | | | | | |
| LT Sport Utility 4D | VGED | 36550 | 23200 | 24200 | 24800 | 28200 |
| LTZ Sport Utility | VLED | 43250 | 27200 | 28300 | 28900 | 32900 |
| 2WD | R | | (1725) | (1725) | (2300) | (2300) |
| **TAHOE—V8 Flex Fuel—Truck Equipment Schedule T1** | | | | | | |
| LS Sport Util 4D | KAE0 | 44135 | 25100 | 26100 | 26700 | 30400 |

SEE BACK PAGES FOR TRUCK EQUIPMENT

# 2013 CHEVROLET/GMC

| Body Type | VIN | List | Trade-In Good | Very Good | Pvt-Party Good | Retail Excellent |
|---|---|---|---|---|---|---|
| 4WD | K | | 1725 | 1725 | 2300 | 2300 |
| **TAHOE 4WD—V8 Flex Fuel**—Truck Equipment Schedule T1 | | | | | | |
| Commercial 4D | K4E0 | 42840 | | | | |
| LT Sport Util 4D | KBE0 | 48075 | 29200 | 30400 | 31100 | 35400 |
| LTZ Sport Util 4D | KCX0 | 57395 | 38000 | 39500 | 39300 | 43800 |
| Third Row Seat | | | 750 | 750 | 1000 | 1000 |
| 2WD | C | | (1725) | (1725) | (2300) | (2300) |
| **TAHOE 4WD—V8 Hybrid**—Truck Equipment Schedule T1 | | | | | | |
| Sport Utility 4D | KDEJ | 56095 | 34600 | 35900 | 36600 | 41600 |
| Third Row Seat | | | 750 | 750 | 1000 | 1000 |
| 2WD | C | | (1725) | (1725) | (2300) | (2300) |
| **YUKON 4WD—V8 Flex Fuel**—Truck Equipment Schedule T1 | | | | | | |
| Commercial 4D | 2BE0 | 42980 | | | | |
| SLE Sport Utility 4D | 2AE0 | 45440 | 25900 | 27000 | 27600 | 31400 |
| SLT Sport Utility 4D | 2CE0 | 49770 | 30300 | 31500 | 32200 | 36600 |
| Third Row Seat | | | 750 | 750 | 1000 | 1000 |
| 2WD | 1 | | (1725) | (1725) | (2300) | (2300) |
| **YUKON 4WD—V8 Hybrid**—Truck Equipment Schedule T1 | | | | | | |
| Sport Utility 4D | 2FEJ | 56625 | 35200 | 36500 | 37200 | 42200 |
| Third Row Seat | | | 750 | 750 | 1000 | 1000 |
| 2WD | 1 | | (1725) | (1725) | (2300) | (2300) |
| **YUKON DENALI AWD—V8 Flex Fuel**—Truck Equipment Schedule T3 | | | | | | |
| Sport Utility 4D | 2EEF | 59350 | 39200 | 40700 | 40500 | 45100 |
| Third Row Seat | | | 750 | 750 | 1000 | 1000 |
| 2WD | C | | (1725) | (1725) | (2300) | (2300) |
| **SUBURBAN 4WD—V8 Flex Fuel**—Truck Equipment Schedule T1 | | | | | | |
| K1500 Commercial | K5E0 | 45090 | | | | |
| K1500 LS Sport Util | KHE0 | 46385 | 28300 | 29400 | 29900 | 33700 |
| K1500 LT Sport Util | KJE0 | 50145 | 30900 | 32100 | 32500 | 36600 |
| K1500 LTZ Utility | KKE0 | 59435 | 39300 | 40800 | 40900 | 45800 |
| Third Row Seat | | | 750 | 750 | 1000 | 1000 |
| 2WD | C | | (1725) | (1725) | (2300) | (2300) |
| **SUBURBAN 4WD—V8**—Truck Equipment Schedule T1 | | | | | | |
| K2500 Commercial | K5EG | 46695 | | | | |
| K2500 LS Spt Util | KLEG | 47990 | 31700 | 32900 | 33300 | 37500 |
| K2500 LT Spt Util | KMEG | 51735 | 33900 | 35200 | 35500 | 40000 |
| 2WD | C | | (1725) | (1725) | (2300) | (2300) |
| **YUKON XL 4WD—V8 Flex Fuel**—Truck Equipment Schedule T1 | | | | | | |
| 1500 Commercial | S2JE7 | 45145 | | | | |
| 1500 SLE Sport Util | S2HE7 | 47690 | 31200 | 32400 | 32800 | 37000 |
| 1500 SLT Sport Util | S2KE7 | 51870 | 32200 | 33400 | 33800 | 38100 |
| Third Row Seat | | | 750 | 750 | 1000 | 1000 |
| 2WD | 1 | | (1725) | (1725) | (2300) | (2300) |
| **YUKON XL DENALI AWD—V8 Flex Fuel**—Truck Equipment Schedule T3 | | | | | | |
| 1500 Sport Utility | S2MEF | 62105 | 42200 | 43800 | 43800 | 49000 |
| Third Row Seat | | | 750 | 750 | 1000 | 1000 |
| 2WD | 1 | | (1725) | (1725) | (2300) | (2300) |
| **YUKON XL 4WD—V8**—Truck Equipment Schedule T1 | | | | | | |
| 2500 Commercial | W2PEG | 46765 | | | | |
| 2500 SLE Spt Util | W2NRG | 49230 | 31900 | 33100 | 33500 | 37800 |
| 2500 SLT Spt Util | W2REG | 53610 | 34300 | 35600 | 35900 | 40500 |
| Third Row Seat | | | 750 | 750 | 1000 | 1000 |
| 2WD | 1 | | (1725) | (1725) | (2300) | (2300) |
| **EXPRESS/SAVANA VAN—V8 Flex Fuel**—Truck Equipment Schedule T1 | | | | | | |
| 1500 LS Passenger | GBF4 | 29965 | 15350 | 16050 | 17100 | 19900 |
| 1500 LT Passenger | GCF4 | 32270 | 16300 | 17050 | 18100 | 21100 |
| 2500 LS Passenger | GPFA | 30860 | 15450 | 16150 | 17200 | 20000 |
| 2500 LT Passenger | GRFA | 33165 | 16900 | 17650 | 18700 | 21800 |
| 3500 LS Passenger | GXFA | 33155 | 16800 | 17550 | 18600 | 21700 |
| 3500 LT Passenger | GYFA | 35065 | 18000 | 18800 | 19850 | 23100 |
| 3500 LS Extended | GZFA | 35025 | 18600 | 19450 | 20600 | 23900 |
| 3500 LT Extended | G1FA | 35850 | 19200 | 20000 | 21200 | 24700 |
| AWD | H | | 950 | 950 | 1265 | 1265 |
| V8, Flex Fuel, 6.0 Liter | G | | 575 | 575 | 765 | 765 |
| **EXPRESS/SAVANA VAN—V8 Turbo Diesel**—Truck Equipment Sch T1 | | | | | | |
| 3500 LS Passenger | GXFL | 46095 | 23300 | 24200 | 25400 | 29600 |
| 3500 LT Passenger | GYFL | 48005 | 24100 | 25100 | 26400 | 30700 |
| 3500 LS Extended | GZFL | 47965 | 24300 | 25300 | 26600 | 30900 |
| 3500 LT Extended | G1FL | 48790 | 24700 | 25700 | 27000 | 31400 |
| **EXPRESS VAN—V6**—Truck Equipment Schedule T1 | | | | | | |
| 1500 Cargo Van | GAF4 | 26315 | 15700 | 16400 | 17450 | 20400 |
| AWD | H | | 950 | 950 | 1265 | 1265 |
| V8, Flex Fuel, 5.3 Liter | 4 | | 675 | 675 | 900 | 900 |

**DEDUCT FOR RECONDITIONING**

# 2013 CHEVROLET/GMC

| Body Type | VIN | List | Trade-In Good | Very Good | Pvt-Party Good | Retail Excellent |
|---|---|---|---|---|---|---|
| **SAVANA VAN—V8**—Truck Equipment Schedule T1 | | | | | | |
| 1500 Cargo Van | 7AF4 | 26315 | 16350 | 17100 | 18200 | 21200 |
| AWD | 8 | | 950 | 950 | 1265 | 1265 |
| V6, 4.3 Liter | X | | (675) | (675) | (900) | (900) |
| **EXPRESS/SAVANA VAN—V8 Flex Fuel**—Truck Equipment Schedule T1 | | | | | | |
| 2500 Cargo Van | GFCA | 27820 | 17150 | 17900 | 19000 | 22200 |
| 2500 Extended | GGCA | 29680 | 18450 | 19250 | 20400 | 23800 |
| 3500 Cargo Van | GTCA | 31140 | 19200 | 20000 | 21200 | 24700 |
| 3500 Extended | GUCA | 32025 | 20200 | 21100 | 22300 | 25900 |
| V8, CNG, 6.0 Liter | B | | 0 | 0 | 0 | 0 |
| V8, Flex Fuel, 6.0 Liter | | | 575 | 575 | 765 | 765 |
| **EXPRESS/SAVANA VAN—V8 Turbo Diesel**—Truck Equipment Sch T1 | | | | | | |
| 2500 Cargo Van | GFCL | 39765 | 24500 | 25500 | 26500 | 30600 |
| 2500 Extended | GGCL | 41625 | 24900 | 25900 | 26900 | 31100 |
| 3500 Cargo Van | GTCL | 43085 | 25100 | 26100 | 27100 | 31300 |
| 3500 Extended | GUCL | 43970 | 25700 | 26700 | 27800 | 32000 |
| **AVALANCHE 4WD—V8 Flex Fuel**—Truck Equipment Schedule T1 | | | | | | |
| Black Diamond LS | KEE7 | 40025 | 28100 | 29200 | 29900 | 34000 |
| Black Diamond LT | KFE7 | 42670 | 31000 | 32200 | 32900 | 37500 |
| Black Diamond LTZ | KGE7 | 48880 | 35500 | 36800 | 37500 | 42600 |
| 2WD | C | | (1725) | (1725) | (2300) | (2300) |
| **SIERRA REGULAR CAB PICKUP—V8**—Truck Equipment Schedule T1 | | | | | | |
| 1500 Work Truck 8' | 1TEA | 23980 | | | | |
| 4WD | 2 | | | | | |
| V6, 4.3 Liter | X | | | | | |
| V8, Flex Fuel, 5.3 Liter | 0 | | | | | |
| **SILVERADO/SIERRA REGULAR CAB—V8 Flex Fuel**—Truck Sch T1 | | | | | | |
| 1500 Work Trk 6 1/2' | CPEX | 23590 | 14500 | 15150 | 16200 | 18950 |
| 1500 LT/SLE 6 1/2' | CSEA | 28945 | 15100 | 15800 | 16850 | 19650 |
| 1500 LT/SLE 8' | CSEA | 29070 | 14800 | 15450 | 16500 | 19300 |
| 2500 Work Truck 8' | CVEG | 30295 | 17550 | 18300 | 18850 | 21600 |
| 2500 LT/SLE 2D 8' | CXEG | 33475 | 21800 | 22800 | 23400 | 26700 |
| 3500 Work Truck 8' | CZCG | 31790 | | | | |
| 3500 SLE 2D 8' | 13CG | 34640 | | | | |
| 4WD | K | | 3600 | 3600 | 4800 | 4800 |
| V8, Flex Fuel, 5.3 Liter | 0 | | 400 | 400 | 535 | 535 |
| V8, Turbo Diesel, 6.6L | 8,L | | 5500 | 5500 | 7335 | 7335 |
| **SILVERADO REGULAR CAB PICKUP 4WD—V8**—Truck Equipment Sch T1 | | | | | | |
| 3500 LT 8' | K0CG | 37325 | | | | |
| 2WD | C | | | | | |
| V8, Turbo Diesel, 6.6L | L,8 | | | | | |
| **SILVERADO/SIERRA EXTENDED CAB PICKUP—V8 Flex Fuel**—Truck Sch T1 | | | | | | |
| 1500 Work Truck 8' | CPE0 | 29775 | 15550 | 16250 | 17300 | 20200 |
| 1500 LS/SL 6 1/2' | CREA | 31520 | 17750 | 18500 | 19650 | 22900 |
| 1500 LT/SLE 8' | CSE0 | 32660 | 17650 | 18400 | 19550 | 22800 |
| 1500 LTZ/SLT 6 1/2' | CTE0 | 37125 | 23700 | 24600 | 25900 | 30200 |
| 1500 LTZ/SLT 8' | CTE0 | 37425 | 19250 | 20100 | 21300 | 24800 |
| 4WD | K | | 3600 | 3600 | 4800 | 4800 |
| V8, Flex Fuel, 6.2 Liter | | | 550 | 550 | 735 | 735 |
| **SILVERADO/SIERRA EXTENDED CAB—V6**—Truck Equipment Schedule T1 | | | | | | |
| 1500 Work Trk 6 1/2' | CPEX | 27735 | 15350 | 16050 | 17100 | 19950 |
| 4WD | K | | 3600 | 3600 | 4800 | 4800 |
| V8, Flex Fuel, 4.8 Liter | A | | 400 | 400 | 535 | 535 |
| V8, Flex Fuel, 5.3 Liter | 0,7 | | 400 | 400 | 535 | 535 |
| **SILVERADO/SIERRA EXTENDED CAB—V8 Flex Fuel**—Truck Equip Schedule T1 | | | | | | |
| 1500 LT/SLE 6 1/2' | CSEA | 31550 | 18350 | 19150 | 20300 | 23600 |
| 2500 HD Wrk Trk 6' | CVCG | 32325 | 21400 | 22300 | 23000 | 26300 |
| 2500 HD Wrk Trk 8' | CVCG | 32520 | 21300 | 22200 | 22800 | 26000 |
| 3500 Work Truck 8' | CZCG | 34965 | | | | |
| 3500 LTZ/SLT 8' | C1CG | 42630 | | | | |
| 4WD | K | | 3600 | 3600 | 4800 | 4800 |
| V8, Flex Fuel, 5.3 Liter | 0,7 | | 400 | 400 | 535 | 535 |
| V8, Flex Fuel, 6.2 Liter | | | 550 | 550 | 735 | 735 |
| V8, Turbo Diesel, 6.6L | 8,L | | 5500 | 5500 | 7335 | 7335 |
| **SILVERADO EXTENDED CAB PICKUP 4WD**—Truck Equip Schedule T1 | | | | | | |
| 2500 HD LT/SLE 6' | KXCG | 39345 | 28500 | 29700 | 30400 | 34600 |
| 2500 HD LT 8' | KXCG | 39540 | 28300 | 29400 | 30100 | 34400 |
| 2500 HD LTZ/SLT 6' | KYCG | 44470 | 30800 | 32000 | 32700 | 37200 |
| 2500 HD LTZ 8' | KYCG | 44665 | 30600 | 31700 | 32400 | 36900 |
| 3500 LT 8' | K0CG | 41210 | | | | |
| 2WD | C | | (3600) | (3600) | (4800) | (4800) |
| V8, Turbo Diesel, 6.6L | 8,L | | 5500 | 5500 | 7335 | 7335 |

SEE BACK PAGES FOR TRUCK EQUIPMENT

# 2013 CHEVROLET/GMC

| Body Type | VIN | List | Trade-In Good | Trade-In Very Good | Pvt-Party Good | Retail Excellent |
|---|---|---|---|---|---|---|
| **SIERRA EXTENDED CAB PICKUP—V8 Flex Fuel**—Truck Equip Schedule T1 | | | | | | |
| 2500 HD SLE 4D 8' | 10CG | 36635 | 25500 | 26500 | 27200 | 31000 |
| 2500 SLT 4D 8' | 11CG | 42040 | 27300 | 28400 | 29200 | 33300 |
| 4WD | 2 | | 3600 | 3600 | 4800 | 4800 |
| V8, Turbo Diesel, 6.6L | 8 | | 5500 | 5500 | 7335 | 7335 |
| **SIERRA EXTENDED CAB PICKUP 4WD—V8 Turbo Diesel**—Truck Sch T1 | | | | | | |
| 3500 SLE 4D 8' | 23C8 | 41655 | | | | |
| 2WD | 1 | | | | | |
| V8, Flex Fuel, 6.0 Liter | | | | | | |
| **SILVERADO/SIERRA CREW CAB PICKUP—V8 Flex Fuel**—Truck Equip Sch T1 | | | | | | |
| 1500 Wrk Trk 5 3/4' | CPEA | 31615 | 18650 | 19500 | 20600 | 24000 |
| 1500 LS/SL 4D 5 3/4' | CREA | 33290 | 20700 | 21500 | 22700 | 26500 |
| 1500 LT/SLE 4D 5 3/4' | CSEA | 34015 | 21300 | 22200 | 23400 | 27300 |
| 4WD | K | | 3600 | 3600 | 4800 | 4800 |
| V8, Flex Fuel, 5.3 Liter | 0,7 | | 400 | 400 | 535 | 535 |
| V8, Flex Fuel, 6.2 Liter | 2 | | 550 | 550 | 735 | 735 |
| **SILVERADO CREW CAB PICKUP 4WD—V8 Flex Fuel**—Truck Equip Sch T1 | | | | | | |
| 1500 LTZ 4D 5 3/4' | CTE0 | 44380 | 27000 | 28100 | 29500 | 34300 |
| 2WD | C | | (3600) | (3600) | (4800) | (4800) |
| V8, Flex Fuel, 6.2 Liter | 2 | | 550 | 550 | 735 | 735 |
| **SILVERADO CREW CAB PICKUP—V8 Hybrid**—Truck Equipment Schedule T1 | | | | | | |
| 1500 4D 5 3/4' | CUEJ | 40885 | 23100 | 24100 | 25300 | 29500 |
| 4WD | K | | 3600 | 3600 | 4800 | 4800 |
| **SIERRA CREW CAB PICKUP 4WD—V8 Hybrid**—Truck Equipment Sch T1 | | | | | | |
| 1500 4D 5 3/4' | 2YEJ | 44705 | 26200 | 27300 | 28600 | 33300 |
| 2WD | 1 | | (3600) | (3600) | (4800) | (4800) |
| **SILVERADO/SIERRA CREW CAB PICKUP—V8 Flex Fuel**—Truck Equip Sch T1 | | | | | | |
| 1500 XFE 5 3/4' | CSE7 | 35770 | 20600 | 21400 | 22600 | 26300 |
| **SIERRA CREW CAB PICKUP 4WD—V8 Flex Fuel**—Truck Equipment Sch T1 | | | | | | |
| 1500 SLT 4D 5 3/4' | 2WE7 | 44085 | 27100 | 28200 | 29600 | 34400 |
| 2WD | 1 | | (3600) | (3600) | (4800) | (4800) |
| V8, Flex Fuel, 6.2 Liter | 2 | | 550 | 550 | 735 | 735 |
| **SILVERADO CREW CAB PICKUP—V8 Turbo Diesel**—Truck Equip Sch T1 | | | | | | |
| 2500 HD Wrk Trk 8' | CVC8 | 42920 | 29700 | 30900 | 31700 | 36100 |
| 4WD | K | | 3600 | 3600 | 4800 | 4800 |
| V8, Flex Fuel, 6.0 Liter | G | | (5425) | (5425) | (7235) | (7235) |
| **SIERRA CREW CAB PICKUP—V8 Truck Equipment Schedule T1** | | | | | | |
| 2500 Work Truck 8' | 1ZCG | 34525 | 24300 | 25200 | 26000 | 29600 |
| 4WD | 2 | | 3600 | 3600 | 4800 | 4800 |
| V8, Turbo Diesel, 6.6L | 8 | | 5500 | 5500 | 7335 | 7335 |
| **SILVERADO/SIERRA CREW CAB PICKUP—V8**—Truck Equipment Sch T1 | | | | | | |
| 2500 HD Wrk Trk 6' | CVCG | 34330 | 23500 | 24400 | 25200 | 28700 |
| 2500 HD LT/SLE 8' | CXCG | 38100 | 27600 | 28700 | 29400 | 33500 |
| 2500 HD LTZ/SLT 8' | CYCG | 43860 | 30400 | 31600 | 32400 | 36900 |
| 3500 Work Trk 6 1/2' | CZCG | 36600 | 25800 | 26900 | 27600 | 31500 |
| 3500 Work Truck 8' | CZCG | 36795 | 26000 | 27100 | 27800 | 31700 |
| 3500 LT/SLE 6 1/2' | C0CG | 39650 | 28700 | 29900 | 30700 | 34900 |
| 3500 LTZ/SLT 6 1/2' | C1CG | 44440 | 33200 | 34500 | 35200 | 40100 |
| 4WD | K | | 3600 | 3600 | 4800 | 4800 |
| V8, Turbo Diesel, 6.6L | L,8 | | 5500 | 5500 | 7335 | 7335 |
| **SILVERADO CREW CAB PICKUP—V8 Turbo Diesel**—Truck Equip Sch T1 | | | | | | |
| 2500 HD Wrk Trk 8' | CVC8 | 42920 | 29700 | 30900 | 31700 | 36100 |
| 4WD | K | | 3600 | 3600 | 4800 | 4800 |
| V8, Flex Fuel, 6.0 Liter | G | | (5425) | (5425) | (7235) | (7235) |
| **SILVERADO CREW CAB PICKUP 4WD—V8 Turbo Diesel**—Truck Sch T1 | | | | | | |
| 2500 HD LT/SLE 6' | KXC8 | 49635 | 36100 | 37400 | 38200 | 43400 |
| 2500 HD LTZ/SLT 6' | KYCG | 55860 | 38700 | 40200 | 40900 | 46600 |
| 2WD | C | | (3600) | (3600) | (4800) | (4800) |
| V8, Flex Fuel, 6.0 Liter | G | | (5425) | (5425) | (7235) | (7235) |
| **SILVERADO CREW CAB PICKUP 4WD—V8 Flex Fuel**—Truck Equip Sch T1 | | | | | | |
| 3500 LT/SLE 8' | K0CG | 42995 | 32700 | 34000 | 34700 | 39500 |
| 3500 LTZ/SLT 8' | K1CG | 47785 | 37200 | 38600 | 39300 | 44700 |
| 2WD | C | | (3600) | (3600) | (4800) | (4800) |
| V8, Turbo Diesel, 6.6L | C | | 5500 | 5500 | 7335 | 7335 |
| **SIERRA CREW CAB PICKUP 4WD—V8 Turbo Diesel**—Truck Equip Sch T1 | | | | | | |
| 2500 HD SLE 4D 6 1/2' | 20C8 | 50750 | 36600 | 38000 | 38700 | 44000 |
| 2500 SLT 4D 6 1/2' | 21CG | 56360 | 38300 | 39800 | 40500 | 46100 |
| 2WD | C | | (3600) | (3600) | (4800) | (4800) |
| V8, Flex Fuel, 6.0 Liter | G | | (5425) | (5425) | (7235) | (7235) |
| **SIERRA DENALI CREW CAB PICKUP AWD—V8 Flex Fuel**—Truck Sch T3 | | | | | | |
| 1500 Denali 4D 5 3/4' | 2XE2 | 49630 | 34100 | 35400 | 36300 | 41500 |
| 2WD | | | (1400) | (1400) | (1865) | (1865) |

362    **DEDUCT FOR RECONDITIONING**    0414

# 1999 CHRYSLER

| Body Type | VIN | List | Trade-In Good | Very Good | Pvt-Party Good | Retail Excellent |
|---|---|---|---|---|---|---|

## CHRYSLER

### 1999 CHRYSLER — 1C4-(P55R)-X-#

**TOWN & COUNTRY—V6—Truck Equipment Schedule T3**

| | | | | | | |
|---|---|---|---|---|---|---|
| SX Minivan | P55R | 28855 | 750 | 825 | 1375 | 2125 |
| LX Minivan | P54R | 29130 | 650 | 725 | 1225 | 1900 |
| LXi Minivan | P64L | 31955 | 775 | 875 | 1400 | 2175 |
| Limited Minivan | P64L | 34345 | 1050 | 1175 | 1875 | 2925 |
| Air Conditioning, Rear | | | 100 | 100 | 135 | 135 |
| AWD | T | | 250 | 250 | 335 | 335 |

### 2000 CHRYSLER — 1C4-(J253)-Y-#

**VOYAGER—V6—Truck Equipment Schedule T1**

| | | | | | | |
|---|---|---|---|---|---|---|
| Minivan 4D | J253 | 20895 | 425 | 475 | 900 | 1375 |
| SE Minivan 4D | J653 | 23840 | 425 | 475 | 900 | 1375 |
| Grand Minivan 4D | J243 | 22545 | 425 | 475 | 900 | 1375 |
| SE Grand Minivan 4D | J443 | 24835 | 425 | 475 | 900 | 1375 |
| 5-Passenger Seating | | | (200) | (200) | (265) | (265) |
| Second Sliding Door | | | 50 | 50 | 65 | 65 |
| 4-Cyl, 2.4 Liter | B | | (300) | (300) | (400) | (400) |

**TOWN & COUNTRY—V6—Truck Equipment Schedule T3**

| | | | | | | |
|---|---|---|---|---|---|---|
| LX Minivan | P44R | 26950 | 700 | 775 | 1275 | 1950 |
| LXi Minivan | P54L | 31530 | 775 | 875 | 1475 | 2250 |
| Limited Minivan | P64L | 34855 | 1175 | 1300 | 2000 | 3075 |
| Air Conditioning, Rear | | | 100 | 100 | 135 | 135 |
| AWD | T | | 250 | 250 | 335 | 335 |

### 2001 CHRYSLER — 1C(4or8)-(J24G)-1-#

**VOYAGER—V6—Truck Equipment Schedule T1**

| | | | | | | |
|---|---|---|---|---|---|---|
| Minivan | J24G | 20770 | 550 | 625 | 1050 | 1625 |
| LX Minivan | J54G | 24165 | 575 | 650 | 1075 | 1675 |
| 5-Passenger Seating | | | (250) | (250) | (335) | (335) |
| 4-Cyl, 2.4 Liter | B | | (375) | (375) | (500) | (500) |

**TOWN & COUNTRY—V6—Truck Equipment Schedule T3**

| | | | | | | |
|---|---|---|---|---|---|---|
| LX Minivan | P44R | 26155 | 925 | 1025 | 1650 | 2525 |
| EX Minivan | P54L | 26830 | 1025 | 1125 | 1775 | 2725 |
| LXi Minivan | P64G | 30705 | 1175 | 1300 | 1975 | 3025 |
| Limited Minivan | P64L | 35490 | 1575 | 1725 | 2500 | 3825 |
| Quad Seating | | | 125 | 125 | 165 | 165 |
| Air Conditioning, Rear | | | 125 | 125 | 165 | 165 |
| AWD | T | | 300 | 300 | 400 | 400 |

### 2002 CHRYSLER — 1C(4or8)-(J15B)-2-#

**VOYAGER—4-Cyl.—Truck Equipment Schedule T1**

| | | | | | | |
|---|---|---|---|---|---|---|
| eC Minivan | J15B | 16995 | 600 | 675 | 1075 | 1575 |
| 5-Passenger Seating | | | (275) | (275) | (365) | (365) |

**VOYAGER—V6—Truck Equipment Schedule T1**

| | | | | | | |
|---|---|---|---|---|---|---|
| Minivan | J253 | 19995 | 825 | 925 | 1350 | 2000 |
| LX Minivan | J453 | 24060 | 775 | 875 | 1275 | 1925 |
| 5-Passenger Seating | | | (275) | (275) | (365) | (365) |
| 4-Cyl, 2.4 Liter | B | | (450) | (450) | (600) | (600) |

**TOWN & COUNTRY—V6—Truck Equipment Schedule T3**

| | | | | | | |
|---|---|---|---|---|---|---|
| eL Minivan | P343 | 24330 | 900 | 1000 | 1450 | 2150 |
| LX Minivan | P443 | 27065 | 1275 | 1400 | 2000 | 2975 |
| EX Minivan | P74L | 26830 | 1500 | 1650 | 2300 | 3400 |
| LXi Minivan | P543 | 30970 | 1550 | 1700 | 2350 | 3500 |
| Limited Minivan | P64L | 35990 | 2025 | 2225 | 2975 | 4375 |
| Quad Seating | | | 150 | 150 | 200 | 200 |
| Air Conditioning, Rear | | | 150 | 150 | 200 | 200 |
| AWD | T | | 350 | 350 | 465 | 465 |

### 2003 CHRYSLER — 1C(4or8)-(J453)-3-#

**VOYAGER—V6—Truck Equipment Schedule T1**

| | | | | | | |
|---|---|---|---|---|---|---|
| LX Minivan | J453 | 24025 | 1000 | 1100 | 1650 | 2500 |
| 5-Passenger Seating | | | (300) | (300) | (400) | (400) |
| 4-Cyl, 2.4 Liter | B | | (525) | (525) | (700) | (700) |

**TOWN & COUNTRY—V6—Truck Equipment Schedule T3**

| | | | | | | |
|---|---|---|---|---|---|---|
| eL Minivan | P343 | 24830 | 1150 | 1275 | 1825 | 2800 |
| Minivan | P24R | 25975 | 1075 | 1200 | 1825 | 2800 |

**TRUCKS & VANS**

# 2003 CHRYSLER

| Body Type | VIN | List | Trade-In Good | Very Good | Pvt-Party Good | Retail Excellent |
|---|---|---|---|---|---|---|
| LX Minivan | P443 | 27010 | 1475 | 1625 | 2350 | 3600 |
| EX Minivan | P74L | 27235 | 1850 | 2025 | 2875 | 4350 |
| LXi Minivan | P54L | 34080 | 1950 | 2150 | 3025 | 4550 |
| Limited Minivan | P64L | 36535 | 2650 | 2900 | 4025 | 5975 |
| Quad Seating | | | 150 | 150 | 200 | 200 |
| Air Conditioning, Rear | | | 175 | 175 | 235 | 235 |
| AWD | T | | 400 | 400 | 535 | 535 |

## 2004 CHRYSLER — (1or2)C(4or8)-(P45R)-4-#

**TOWN & COUNTRY—V6—Truck Equipment Schedule T3**

| Body Type | VIN | List | Good | Very Good | Good | Excellent |
|---|---|---|---|---|---|---|
| Minivan | P45R | 23520 | 1100 | 1225 | 1825 | 2750 |
| LX Minivan | P44R | 27490 | 1725 | 1900 | 2625 | 3950 |
| EX Minivan | P74L | 30110 | 2250 | 2475 | 3350 | 4975 |
| Touring Minivan | P54L | 33245 | 2350 | 2575 | 3500 | 5175 |
| Limited Minivan | P64L | 38380 | 3200 | 3525 | 4850 | 7025 |
| Quad Seating | | | 150 | 150 | 200 | 200 |
| Air Conditioning, Rear | | | 200 | 200 | 265 | 265 |
| AWD | T | | 450 | 450 | 600 | 600 |

**PACIFICA—V6—Truck Equipment Schedule T3**

| Minivan | M684 | 30410 | 3100 | 3400 | 4075 | 5625 |
|---|---|---|---|---|---|---|
| AWD | F | | 475 | 475 | 635 | 635 |

## 2005 CHRYSLER — (1or2)C(4or8)-(P45R)-4-#

**TOWN & COUNTRY—V6—Truck Equipment Schedule T3**

| Body Type | VIN | List | Good | Very Good | Good | Excellent |
|---|---|---|---|---|---|---|
| Minivan | P45R | 21185 | 1525 | 1700 | 2475 | 3525 |
| LX Minivan | P44R | 25640 | 2275 | 2525 | 3425 | 4800 |
| Touring Minivan | P54L | 27940 | 3250 | 3575 | 4800 | 6650 |
| Limited Minivan | P64L | 35940 | 4175 | 4525 | 5975 | 8225 |
| Quad Seating | | | 150 | 150 | 200 | 200 |
| Air Conditioning, Rear | | | 225 | 225 | 300 | 300 |
| Signature Series | | | 300 | 300 | 400 | 400 |

**PACIFICA—V6—Truck Equipment Schedule T3**

| Minivan | M48L | 24995 | 2425 | 2675 | 3500 | 4850 |
|---|---|---|---|---|---|---|
| Touring Minivan | M684 | 28525 | 3500 | 3825 | 4900 | 6600 |
| AWD | F | | 500 | 500 | 665 | 665 |

**PACIFICA AWD—V6—Truck Equipment Schedule T3**

| Limited Minivan | F784 | 36995 | 5125 | 5525 | 6875 | 8975 |
|---|---|---|---|---|---|---|

## 2006 CHRYSLER — (1or2)C(4or8)-(P45R)-6-#

**TOWN & COUNTRY—V6—Truck Equipment Schedule T3**

| Body Type | VIN | List | Good | Very Good | Good | Excellent |
|---|---|---|---|---|---|---|
| Minivan | P45R | 21735 | 2450 | 2700 | 3450 | 4700 |
| LX Minivan | P44R | 26100 | 3275 | 3600 | 4600 | 6175 |
| Touring Minivan | P54L | 28590 | 4400 | 4775 | 5950 | 7900 |
| Limited Minivan | P64L | 36465 | 5950 | 6375 | 8025 | 10600 |
| Quad Seating | | | 150 | 150 | 200 | 200 |
| Signature Series | | | 350 | 350 | 465 | 465 |

**PACIFICA—V6—Truck Equipment Schedule T3**

| Minivan | M484 | 25895 | 3025 | 3350 | 4300 | 5775 |
|---|---|---|---|---|---|---|
| Touring Minivan | M684 | 29095 | 4225 | 4575 | 5675 | 7475 |
| Signature Series | | | 300 | 300 | 400 | 400 |
| AWD | F | | 525 | 525 | 700 | 700 |

**PACIFICA AWD—V6—Truck Equipment Schedule T3**

| Limited Minivan | M784 | 37415 | 6150 | 6575 | 8175 | 10600 |
|---|---|---|---|---|---|---|
| FWD | | | (575) | (575) | (765) | (765) |

## 2007 CHRYSLER — (1or2)C(4or8)-(W58N)-7-#

**ASPEN 4WD—V8—Truck Equipment Schedule T1**

| Body Type | VIN | List | Good | Very Good | Good | Excellent |
|---|---|---|---|---|---|---|
| Limited Spt Util 4D | W58N | 34265 | 9250 | 9775 | 11450 | 14400 |
| 2WD | X | | (1225) | (1225) | (1635) | (1635) |
| V8, HEMI, 5.7 Liter | 2 | | 675 | 675 | 900 | 900 |

**TOWN & COUNTRY—V6—Truck Equipment Schedule T3**

| Minivan | P45R | 21985 | 3300 | 3625 | 4475 | 5875 |
|---|---|---|---|---|---|---|
| LX Minivan | P44R | 26350 | 4075 | 4425 | 5375 | 7000 |
| Touring Minivan | P54L | 28790 | 5525 | 5925 | 7275 | 9375 |
| Limited Minivan | P64L | 36860 | 8425 | 8925 | 10750 | 13750 |
| Quad Seating | | | 150 | 150 | 200 | 200 |
| Signature Series | | | 400 | 400 | 535 | 535 |

**PACIFICA—V6—Truck Equipment Schedule T3**

| Minivan | M48L | 24890 | 3925 | 4275 | 5325 | 7075 |
|---|---|---|---|---|---|---|
| Touring Minivan | M68X | 27980 | 5125 | 5500 | 6700 | 8775 |
| Signature Series | | | 350 | 350 | 465 | 465 |
| AWD | F | | 550 | 550 | 735 | 735 |

**DEDUCT FOR RECONDITIONING**

## 2007 CHRYSLER

| Body Type | VIN | List | Trade-In Good | Very Good | Pvt-Party Good | Retail Excellent |
|---|---|---|---|---|---|---|
| **PACIFICA AWD—V6**—Truck Equipment Schedule T3 | | | | | | |
| Limited Minivan | M78X | 36205 | 7375 | 7850 | 9575 | 12350 |
| FWD | | | (650) | (650) | (865) | (865) |

## 2008 CHRYSLER — (1or2)C(4or8)—(W58N)-8-#

| Body Type | VIN | List | Trade-In Good | Very Good | Pvt-Party Good | Retail Excellent |
|---|---|---|---|---|---|---|
| **ASPEN 4WD—V8**—Truck Equipment Schedule T1 | | | | | | |
| Limited Spt Util 4D | W58N | 35625 | 11800 | 12400 | 13750 | 16550 |
| 2WD | X | | (1300) | (1300) | (1735) | (1735) |
| V8, HEMI, 5.7 Liter | 2 | | 700 | 700 | 935 | 935 |
| **TOWN & COUNTRY—V6**—Truck Equipment Schedule T3 | | | | | | |
| LX Minivan | R44H | 23190 | 6225 | 6650 | 7800 | 9775 |
| Touring Minivan | R54P | 28430 | 8675 | 9175 | 10650 | 13250 |
| Limited Minivan | R64X | 36400 | 11100 | 11650 | 13500 | 16750 |
| Quad Seating | | | 200 | 200 | 265 | 265 |
| **PACIFICA—V6**—Truck Equipment Schedule T3 | | | | | | |
| Minivan | M48L | 27310 | 5100 | 5500 | 6725 | 8650 |
| Touring Minivan | M68X | 30435 | 6450 | 6875 | 8200 | 10450 |
| Signature Series | | | 400 | 400 | 535 | 535 |
| AWD | F | | 650 | 650 | 865 | 865 |
| **PACIFICA AWD—V6**—Truck Equipment Schedule T3 | | | | | | |
| Limited Minivan | M78X | 36925 | 9500 | 10050 | 11800 | 14850 |
| FWD | | | (725) | (725) | (965) | (965) |

## 2009 CHRYSLER — (1or2)C(4or8)—(W58P)-9-#

| Body Type | VIN | List | Trade-In Good | Very Good | Pvt-Party Good | Retail Excellent |
|---|---|---|---|---|---|---|
| **ASPEN 4WD—V8**—Truck Equipment Schedule T1 | | | | | | |
| Limited Sport Util | W58P | 37415 | 14100 | 14750 | 16250 | 19500 |
| 2WD | X | | (1400) | (1400) | (1865) | (1865) |
| V8, HEMI, 5.7 Liter | 2 | | 800 | 800 | 1065 | 1065 |
| **ASPEN 4WD—V8 Hybrid**—Truck Equipment Schedule T1 | | | | | | |
| Limited Sport Util | W18T | 45570 | 17750 | 18500 | 20200 | 24200 |
| **TOWN & COUNTRY—V6**—Truck Equipment Schedule T3 | | | | | | |
| LX Minivan | R44E | 26500 | 7900 | 8400 | 9600 | 11850 |
| Touring Minivan | R541 | 29665 | 10200 | 10750 | 12200 | 15000 |
| Limited Minivan | R64X | 37300 | 14050 | 14700 | 16700 | 20400 |
| Quad Seating | | | 250 | 250 | 335 | 335 |

## 2010 CHRYSLER — (1or2)C(4or8)—(R4DE)-A-#

| Body Type | VIN | List | Trade-In Good | Very Good | Pvt-Party Good | Retail Excellent |
|---|---|---|---|---|---|---|
| **TOWN & COUNTRY—V6**—Truck Equipment Schedule T3 | | | | | | |
| LX Minivan | R4DE | 25995 | 9950 | 10500 | 11750 | 14300 |
| Touring Minivan | R5D1 | 29245 | 11500 | 12050 | 13500 | 16400 |
| Limited Minivan | R6DX | 35880 | 16650 | 17400 | 19300 | 23300 |
| Quad Seating | | | 300 | 300 | 400 | 400 |

## 2011 CHRYLSER — (1or2)C(4or8)—(R5DG)-B-#

| Body Type | VIN | List | Trade-In Good | Very Good | Pvt-Party Good | Retail Excellent |
|---|---|---|---|---|---|---|
| **TOWN & COUNTRY—V6**—Truck Equipment Schedule T3 | | | | | | |
| Touring Minivan | R5DG | 29995 | 12800 | 13400 | 14800 | 17700 |
| Touring-L Minivan | R8DG | 32995 | 15900 | 16600 | 18150 | 21600 |
| Limited Minivan | R6DG | 39495 | 20400 | 21200 | 23000 | 27300 |

## 2012 CHRYLSER — (1,2or3)C(4or6)—(C1BG)-C-#

| Body Type | VIN | List | Trade-In Good | Very Good | Pvt-Party Good | Retail Excellent |
|---|---|---|---|---|---|---|
| **TOWN & COUNTRY—V6**—Truck Equipment Schedule T3 | | | | | | |
| Touring Minivan | C1BG | 30830 | 15050 | 15750 | 16800 | 19650 |
| Touring-L Minivan | C1CG | 33330 | 18250 | 19050 | 20200 | 23600 |
| Limited Minivan | C1GG | 39820 | 22600 | 23600 | 24800 | 28900 |

## 2013 CHRYLSER — (1,2or3)C(4or6)—(C1BG)-D-#

| Body Type | VIN | List | Trade-In Good | Very Good | Pvt-Party Good | Retail Excellent |
|---|---|---|---|---|---|---|
| **TOWN & COUNTRY—V6**—Truck Equipment Schedule T3 | | | | | | |
| Touring Minivan | C1BG | 30990 | 17200 | 17950 | 18700 | 21500 |
| Touring-L Minivan | C1CG | 34290 | 20700 | 21600 | 22400 | 25600 |
| S Minivan 4D | C1HG | 32990 | 19200 | 20000 | 20800 | 23900 |
| Limited Minivan | C1GG | 40990 | 24900 | 25900 | 26800 | 30600 |

# DODGE/PLYMOUTH

## 1999 DODGE/PLYM–(1,2,3or4)B4–(S28Y)-X-#

| Body Type | VIN | List | Trade-In Good | Very Good | Pvt-Party Good | Retail Excellent |
|---|---|---|---|---|---|---|
| **DURANGO 4WD—V8**—Truck Equipment Schedule T1 | | | | | | |
| SLT Sport Utility 4D | S28Y | 29030 | 575 | 650 | 1400 | 2350 |
| Third Row Seat | | | 200 | 200 | 265 | 265 |
| 2WD | R | | (575) | (575) | (765) | (765) |

# 1999 DODGE/PLYMOUTH

**TRUCKS & VANS**

| Body Type | VIN | List | Trade-In Good | Very Good | Pvt-Party Good | Retail Excellent |
|---|---|---|---|---|---|---|
| V6, 3.9 Liter | X | | (150) | (150) | (200) | (200) |
| V8, 5.9 Liter | Z | | 125 | 125 | 165 | 165 |
| **CARAVAN/VOYAGER—V6**—Truck Equipment Schedule T1 | | | | | | |
| Minivan 4D | P253 | 21185 | 925 | 1025 | 1575 | 2450 |
| SE Minivan 4D | P453 | 22460 | 1200 | 1325 | 1950 | 3025 |
| LE Minivan 4D | P55R | 26280 | 1300 | 1425 | 2075 | 3225 |
| Grand Minivan 4D | P243 | 22580 | 1125 | 1250 | 1850 | 2850 |
| SE Grand Minivan | P443 | 23455 | 900 | 1000 | 1550 | 2400 |
| LE Grand Minivan | P54R | 27275 | 1500 | 1650 | 2350 | 3650 |
| ES Grand Minivan | P54L | 29485 | 1775 | 1950 | 2850 | 4375 |
| 5-Passenger Seating | | | (200) | (200) | (265) | (265) |
| Second Sliding Door | | | 50 | 50 | 65 | 65 |
| AWD | T | | 250 | 250 | 335 | 335 |
| 4-Cyl, 2.4 Liter | B | | (275) | (275) | (365) | (365) |
| V6, 3.8 Liter | L | | 50 | 50 | 65 | 65 |
| **RAM WAGON—V8**—Truck Equipment Schedule T1 | | | | | | |
| 1500 Passenger Van | B15Y | 22000 | 1025 | 1125 | 1850 | 2950 |
| 2500 Passenger Van | B25Y | 23725 | 1175 | 1300 | 2075 | 3300 |
| 3500 Maxi Passenger | B35Y | 26430 | 1375 | 1525 | 2350 | 3775 |
| V6, 3.9 Liter | X | | (200) | (200) | (265) | (265) |
| V8, 5.9 Liter | Z | | 50 | 50 | 65 | 65 |
| **RAM VAN—V6**—Truck Equipment Schedule T1 | | | | | | |
| 1500 Cargo Van | B11X | 19685 | 625 | 700 | 1325 | 2175 |
| Maxi-Van | | | 50 | 50 | 65 | 65 |
| V8, 5.2 Liter | Y | | 100 | 100 | 135 | 135 |
| V8, 5.9 Liter | Z | | 200 | 200 | 265 | 265 |
| **RAM VAN—V8**—Truck Equipment Schedule T1 | | | | | | |
| 2500 Cargo Van | B21Y | 21620 | 925 | 1025 | 1775 | 2900 |
| 3500 Cargo Van | B31Y | 22790 | 1175 | 1300 | 2150 | 3525 |
| Maxi-Van | | | 50 | 50 | 65 | 65 |
| V8, 5.9 Liter | Z | | 50 | 50 | 65 | 65 |
| **DAKOTA PICKUP—4-Cyl.**—Truck Equipment Schedule T1 | | | | | | |
| Short Bed | L26P | 15545 | 1275 | 1400 | 2100 | 3275 |
| Long Bed | L26P | 16005 | 1175 | 1300 | 1950 | 3050 |
| R/T Short Bed | L26Z | 19745 | 1375 | 1525 | 2325 | 3650 |
| 4WD | G | | 400 | 400 | 535 | 535 |
| V6, 3.9 Liter | X | | 125 | 125 | 165 | 165 |
| V8, 5.2 Liter | Y | | 150 | 150 | 200 | 200 |
| V8, 5.9 Liter (ex R/T) | Z | | 250 | 250 | 335 | 335 |
| **DAKOTA PICKUP—V6**—Truck Equipment Schedule T1 | | | | | | |
| Club Cab | L22X | 18740 | 1775 | 1950 | 2925 | 4500 |
| R/T Club Cab | L22Z | 20215 | 2125 | 2325 | 3425 | 5250 |
| 4WD | G | | 400 | 400 | 535 | 535 |
| 4-Cyl, 2.5 Liter | P | | (100) | (100) | (135) | (135) |
| V8, 5.2 Liter | Y | | 100 | 100 | 135 | 135 |
| V8, 5.9 Liter (ex R/T) | Z | | 200 | 200 | 265 | 265 |
| **RAM REGULAR CAB PICKUP—V8**—Truck Equipment Schedule T1 | | | | | | |
| 1500 Short Bed | C16Y | 19485 | 1750 | 1925 | 2750 | 4150 |
| 1500 Long Bed | C16Y | 19770 | 1550 | 1700 | 2450 | 3750 |
| 2500 Long Bed | C26Z | 22145 | 1400 | 1550 | 2100 | 3150 |
| 3500 Long Bed | C36Z | 23935 | 1500 | 1650 | 2325 | 3475 |
| Work Special | | | (250) | (250) | (335) | (335) |
| 4WD | F | | 650 | 650 | 865 | 865 |
| V6, 3.9 Liter | X | | (350) | (350) | (465) | (465) |
| 6-Cyl, Turbo Diesel | 6 | | 1475 | 1475 | 1965 | 1965 |
| V8, 5.9 Liter (1500) | 5,Z | | 75 | 75 | 100 | 100 |
| V10, 8.0 Liter | W | | 100 | 100 | 135 | 135 |
| **RAM CLUB CAB PICKUP—V8**—Truck Equipment Schedule T1 | | | | | | |
| 1500 Short Bed | C12Y | 21515 | 2425 | 2650 | 3700 | 5525 |
| 1500 Long Bed | C12Y | 21795 | 2225 | 2450 | 3425 | 5125 |
| 4WD | F | | 650 | 650 | 865 | 865 |
| V8, 5.9 Liter | Z | | 75 | 75 | 100 | 100 |
| **RAM CLUB CAB PICKUP 4WD—6-Cyl. Turbo Diesel**—Truck Equip Sch T1 | | | | | | |
| 2500 Short Bed | F226 | 30395 | 5675 | 6075 | 8450 | 12000 |
| 2500 Long Bed | F226 | 30585 | 5575 | 5975 | 8300 | 11850 |
| 2WD | C | | (775) | (775) | (1035) | (1035) |
| V8, 5.9 Liter | Z | | (1550) | (1550) | (2065) | (2065) |
| V10, 8.0 Liter | W | | 100 | 100 | 135 | 135 |
| **RAM QUAD CAB PICKUP—V8**—Truck Equipment Schedule T1 | | | | | | |
| 1500 Short Bed | C13Y | 22310 | 2625 | 2875 | 3975 | 5925 |
| 1500 Long Bed | C13Y | 22590 | 2475 | 2725 | 3775 | 5625 |
| 4WD | F | | 650 | 650 | 865 | 865 |
| V8, 5.9 Liter | 5,Z | | 75 | 75 | 100 | 100 |

**DEDUCT FOR RECONDITIONING**

# 1999 DODGE/PLYMOUTH

| Body Type | VIN | List | Trade-In Good | Very Good | Pvt-Party Good | Retail Excellent |
|---|---|---|---|---|---|---|
| **RAM QUAD CAB PICKUP 4WD—6-Cyl. Turbo Diesel—Truck Equip Sch T1** | | | | | | |
| 2500 Short Bed | F236 | 31190 | 5925 | 6325 | 8775 | 12500 |
| 2500 Long Bed | F236 | 24315 | 5800 | 6200 | 8625 | 12250 |
| 3500 Long Bed | F336 | 33460 | 6025 | 6450 | 8925 | 12700 |
| 2WD | C | | (775) | (775) | (1035) | (1035) |
| V8, 5.9 Liter | 5,Z | | (1550) | (1550) | (2065) | (2065) |
| V10, 8.0 Liter | W | | 100 | 100 | 135 | 135 |

## 2000 DODGE/PLYM–(1,2,3or4)B4–(S28N)–Y–#

| Body Type | VIN | List | Trade-In Good | Very Good | Pvt-Party Good | Retail Excellent |
|---|---|---|---|---|---|---|
| **DURANGO 4WD—V8—Truck Equipment Schedule T1** | | | | | | |
| SLT Sport Utility 4D | S28N | 29060 | 800 | 900 | 1650 | 2725 |
| R/T Sport Utility 4D | S28Z | 33810 | 1100 | 1225 | 2125 | 3500 |
| Third Row Seat | | | 200 | 200 | 265 | 265 |
| 2WD | R | | (650) | (650) | (865) | (865) |
| V8, 5.9 Liter (ex R/T) | Z | | 125 | 125 | 165 | 165 |
| **CARAVAN/VOYAGER—V6—Truck Equipment Schedule T1** | | | | | | |
| Minivan 4D | P243 | 21905 | 1000 | 1100 | 1725 | 2675 |
| SE Minivan 4D | P443 | 23675 | 1225 | 1350 | 2025 | 3150 |
| Grand Minivan 4D | P243 | 22380 | 1150 | 1275 | 1925 | 3000 |
| SE Grand Minivan | P443 | 24670 | 950 | 1050 | 1650 | 2575 |
| LE Grand Minivan | P54R | 27785 | 1450 | 1600 | 2425 | 3800 |
| 5-Passenger Seating | | | (200) | (200) | (265) | (265) |
| Second Sliding Door | | | 50 | 50 | 65 | 65 |
| AWD | T | | 250 | 250 | 335 | 335 |
| 4-Cyl, 2.4 Liter | B | | (300) | (300) | (400) | (400) |
| V6, 3.8 Liter | L | | 50 | 50 | 65 | 65 |
| **CARAVAN—V6—Truck Equipment Schedule T1** | | | | | | |
| ES Grand Minivan | P54L | 29995 | 1800 | 1975 | 2950 | 4550 |
| Second Sliding Door | | | 50 | 50 | 65 | 65 |
| AWD | T | | 250 | 250 | 335 | 335 |
| **GRAND CARAVAN AWD—V6—Truck Equipment Schedule T1** | | | | | | |
| Sport Minivan 4D | T44L | 28670 | 1550 | 1700 | 2575 | 4000 |
| 5-Passenger Seating | | | (200) | (200) | (265) | (265) |
| **RAM WAGON—V8—Truck Equipment Schedule T1** | | | | | | |
| 1500 Passenger Van | B15Y | 22245 | 1375 | 1525 | 2350 | 3750 |
| 2500 Passenger Van | B25Y | 23670 | 1500 | 1650 | 2525 | 4025 |
| 3500 Maxi Passenger | B35Y | 26675 | 1725 | 1900 | 2875 | 4550 |
| V6, 3.9 Liter | X | | (200) | (200) | (265) | (265) |
| V8, 5.9 Liter | Z | | 50 | 50 | 65 | 65 |
| **RAM VAN—V6—Truck Equipment Schedule T1** | | | | | | |
| 1500 Cargo Van | B11X | 19575 | 875 | 975 | 1675 | 2700 |
| Maxi-Van | | | 50 | 50 | 65 | 65 |
| V8, 5.2 Liter | T,Y | | 100 | 100 | 135 | 135 |
| V8, 5.9 Liter | Z | | 200 | 200 | 265 | 265 |
| **RAM VAN—V8—Truck Equipment Schedule T1** | | | | | | |
| 2500 Cargo Van | B21Y | 21075 | 1175 | 1300 | 2100 | 3400 |
| 3500 Cargo Van | B31Y | 23260 | 1475 | 1625 | 2550 | 4125 |
| Maxi-Van | | | 50 | 50 | 65 | 65 |
| V8, 5.9 Liter | Z | | 50 | 50 | 65 | 65 |
| **DAKOTA PICKUP—4-Cyl.—Truck Equipment Schedule T1** | | | | | | |
| Short Bed | L26P | 15850 | 850 | 950 | 1400 | 2075 |
| R/T Short Bed | L26Z | 20090 | 1525 | 1675 | 2325 | 3500 |
| 4WD | G | | 400 | 400 | 535 | 535 |
| V6, 3.9 Liter | X | | 125 | 125 | 165 | 165 |
| V8, 4.7 Liter | Y | | 150 | 150 | 200 | 200 |
| V8, 5.9 Liter (ex R/T) | Z | | 300 | 300 | 400 | 400 |
| **DAKOTA PICKUP—V6—Truck Equipment Schedule T1** | | | | | | |
| Club Cab | L22X | 19045 | 1975 | 2175 | 2925 | 4350 |
| R/T Club Cab | L22Z | 22340 | 2175 | 2475 | 3325 | 4875 |
| Quad Cab | L2AX | 20290 | 2050 | 2250 | 3025 | 4475 |
| 4WD | G | | 400 | 400 | 535 | 535 |
| 4-Cyl, 2.5 Liter | P | | (125) | (125) | (165) | (165) |
| V8, 4.7 Liter | N | | 100 | 100 | 135 | 135 |
| V8, 5.9 Liter (ex R/T) | Z | | 225 | 225 | 300 | 300 |
| **RAM REGULAR CAB PICKUP—V8—Truck Equipment Schedule T1** | | | | | | |
| 1500 Short Bed | C16Y | 19695 | 1850 | 2025 | 2850 | 4300 |
| 1500 Long Bed | C16Y | 19980 | 1625 | 1800 | 2525 | 3850 |
| 2500 Long Bed | C26Z | 22570 | 1550 | 1700 | 2300 | 3400 |
| 3500 Long Bed | C36Z | 24330 | 1750 | 1925 | 2550 | 3750 |
| Work Special | | | (250) | (250) | (335) | (335) |
| 4WD | F | | 750 | 750 | 1000 | 1000 |
| V6, 3.9 Liter | X | | (350) | (350) | (465) | (465) |
| 6-Cyl, Turbo Diesel | 6 | | 1650 | 1650 | 2200 | 2200 |

SEE BACK PAGES FOR TRUCK EQUIPMENT

# 2000 DODGE/PLYMOUTH

| Body Type | VIN | List | Trade-In Good | Trade-In Very Good | Pvt-Party Good | Retail Excellent |
|---|---|---|---|---|---|---|
| V8, 5.9 Liter | Z,5 | | 75 | 75 | 100 | 100 |
| V10, 8.0 Liter | W | | 100 | 100 | 135 | 135 |
| **RAM CLUB CAB PICKUP—V8—Truck Equipment Schedule T1** | | | | | | |
| 1500 Short Bed | C12Y | 21890 | 2550 | 2800 | 3850 | 5700 |
| 4WD | F | | 750 | 750 | 1000 | 1000 |
| V8, 5.9 Liter | | | 75 | 75 | 100 | 100 |
| **RAM QUAD CAB PICKUP—V8—Truck Equipment Schedule T1** | | | | | | |
| 1500 Short Bed | C13Y | 22750 | 2800 | 3100 | 4200 | 6200 |
| 1500 Long Bed | C13Y | 23030 | 2625 | 2875 | 3950 | 5850 |
| 4WD | F | | 750 | 750 | 1000 | 1000 |
| V8, 5.9 Liter | Z,5 | | 75 | 75 | 100 | 100 |
| **RAM QUAD CAB PICKUP 4WD—6-Cyl. Turbo Diesel—Truck Equip Sch T1** | | | | | | |
| 2500 Short Bed | F236 | 31500 | 6950 | 7400 | 9875 | 13750 |
| 2500 Long Bed | F236 | 31690 | 6800 | 7250 | 9675 | 13500 |
| 3500 Long Bed | F336 | 34260 | 7000 | 7450 | 10050 | 14000 |
| 2WD | C | | (925) | (925) | (1235) | (1235) |
| V8, 5.9 Liter | Z,5 | | (1850) | (1850) | (2465) | (2465) |
| V10, 8.0 Liter | W | | 100 | 100 | 135 | 135 |

## 2001 DODGE—(1or2)B(4,7or8)—(S28N)—1—#

| Body Type | VIN | List | Trade-In Good | Trade-In Very Good | Pvt-Party Good | Retail Excellent |
|---|---|---|---|---|---|---|
| **DURANGO 4WD—V8—Truck Equipment Schedule T1** | | | | | | |
| SLT Sport Utility 4D | S28N | 30740 | 1000 | 1100 | 1825 | 2950 |
| R/T Sport Utility 4D | S28Z | 30990 | 1525 | 1675 | 2600 | 4175 |
| Third Row Seat | | | 250 | 250 | 335 | 335 |
| 2WD | R | | (725) | (725) | (965) | (965) |
| V8, 5.9 Liter | Z | | 150 | 150 | 200 | 200 |
| **CARAVAN—V6—Truck Equipment Schedule T1** | | | | | | |
| SE Minivan 4D | P44G | 19800 | 1300 | 1425 | 2125 | 3325 |
| Sport Minivan 4D | P64G | 24165 | 1375 | 1525 | 2225 | 3500 |
| SE Grand Minivan | P44G | 22440 | 1075 | 1200 | 1825 | 2850 |
| Sport Grand 4D | P64G | 24915 | 1500 | 1650 | 2500 | 3925 |
| 5-Passenger Seating | | | (250) | (250) | (335) | (335) |
| AWD | T | | 300 | 300 | 400 | 400 |
| 4-Cyl, 2.4 Liter | B | | (375) | (375) | (500) | (500) |
| V6, 3.8 Liter | L | | 300 | 300 | 400 | 400 |
| **CARAVAN—V6—Truck Equipment Schedule T1** | | | | | | |
| EX Grand Minivan | P44L | 26725 | 1625 | 1800 | 2700 | 4200 |
| ES Grand Minivan | P54L | 29750 | 2100 | 2300 | 3400 | 5200 |
| 5-Passenger Seating | | | (250) | (250) | (335) | (335) |
| AWD | T | | 300 | 300 | 400 | 400 |
| **RAM WAGON—V8—Truck Equipment Schedule T1** | | | | | | |
| 1500 Passenger Van | B15Y | 22615 | 1675 | 1850 | 2825 | 4425 |
| 2500 Passenger Van | B25Y | 24040 | 1825 | 2000 | 3050 | 4750 |
| 3500 Maxi Passenger | B35Y | 27055 | 2075 | 2275 | 3425 | 5300 |
| V6, 3.9 Liter | X | | (250) | (250) | (335) | (335) |
| V8, 5.9 Liter | Z | | 50 | 50 | 65 | 65 |
| **RAM VAN—V6—Truck Equipment Schedule T1** | | | | | | |
| 1500 Cargo Van | B11X | 19890 | 1175 | 1300 | 1975 | 3100 |
| 2500 Cargo Van | B21X | 21390 | 1475 | 1625 | 2400 | 3750 |
| Maxi-Van | | | 75 | 75 | 100 | 100 |
| V8, 5.2 Liter | Y | | 125 | 125 | 165 | 165 |
| V8, 5.9 Liter | Z | | 250 | 250 | 335 | 335 |
| **RAM VAN—V8—Truck Equipment Schedule T1** | | | | | | |
| 3500 Cargo Van | B31Y | 23575 | 1725 | 1900 | 2750 | 4300 |
| Maxi-Van | | | 75 | 75 | 100 | 100 |
| V8, 5.9 Liter | Z | | 50 | 50 | 65 | 65 |
| **DAKOTA PICKUP—4-Cyl.—Truck Equipment Schedule T1** | | | | | | |
| Short Bed | L26P | 16255 | 900 | 1000 | 1550 | 2325 |
| R/T Short Bed | L26Z | 20505 | 1550 | 1700 | 2375 | 3550 |
| 4WD | G | | 550 | 550 | 735 | 735 |
| V6, 3.9 Liter | X | | 150 | 150 | 200 | 200 |
| V8, 4.7 Liter | N | | 200 | 200 | 265 | 265 |
| V8, 5.9 Liter (ex R/T) | Z | | 325 | 325 | 435 | 435 |
| **DAKOTA PICKUP—V6—Truck Equipment Schedule T1** | | | | | | |
| Club Cab | L22X | 19580 | 2100 | 2300 | 3125 | 4600 |
| R/T Club Cab | L22Z | 22885 | 2400 | 2625 | 3525 | 5200 |
| Quad Cab | L23X | 21950 | 2175 | 2400 | 3225 | 4775 |
| 4WD | G | | 550 | 550 | 735 | 735 |
| 4-Cyl, 2.5 Liter | P | | (150) | (150) | (200) | (200) |
| V8, 4.7 Liter | N | | 125 | 125 | 165 | 165 |
| V8, 5.9 Liter | Z | | 250 | 250 | 335 | 335 |
| **RAM REGULAR CAB PICKUP—V8—Truck Equipment Schedule T1** | | | | | | |
| 1500 Short Bed | C16Y | 20145 | 1925 | 2125 | 2850 | 4225 |

**368 DEDUCT FOR RECONDITIONING**

# 2001 DODGE/PLYMOUTH

| Body Type | VIN | List | Trade-In Good | Very Good | Pvt-Party Good | Retail Excellent |
|---|---|---|---|---|---|---|
| 1500 Long Bed | C16Y | 20430 | 1675 | 1850 | 2525 | 3750 |
| 2500 Long Bed | C26Z | 23475 | 1900 | 2075 | 2675 | 3875 |
| 3500 Long Bed | C36Z | 25360 | 2200 | 2400 | 2825 | 4050 |
| Work Special | | | (300) | (300) | (400) | (400) |
| 4WD | F | | 900 | 900 | 1200 | 1200 |
| V6, 3.9 Liter | X | | (375) | (375) | (500) | (500) |
| 6-Cyl, Turbo Diesel | 6 | | 1875 | 1875 | 2500 | 2500 |
| 6-Cyl, HO Turbo Dsl | 7 | | 3325 | 3325 | 4435 | 4435 |
| V8, 5.9 Liter (1500) | Z | | 125 | 125 | 165 | 165 |
| V10, 8.0 Liter | W | | 125 | 125 | 165 | 165 |
| **RAM CLUB CAB PICKUP—V8**—Truck Equipment Schedule T1 | | | | | | |
| 1500 Short Bed | C12Y | 21465 | 2725 | 3025 | 3950 | 5750 |
| 4WD | F | | 900 | 900 | 1200 | 1200 |
| V8, 5.9 Liter | Z | | 125 | 125 | 165 | 165 |
| **RAM QUAD CAB PICKUP—V8**—Truck Equipment Schedule T1 | | | | | | |
| 1500 Short Bed | C13Y | 23375 | 3000 | 3300 | 4325 | 6275 |
| 1500 Long Bed | C13Y | 23655 | 2800 | 3100 | 4050 | 5900 |
| 4WD | F | | 900 | 900 | 1200 | 1200 |
| V8, 5.9 Liter | Z | | 125 | 125 | 165 | 165 |
| **RAM QUAD CAB PICKUP 4WD—6-Cyl. Turbo Diesel**—Truck Equip Sch T1 | | | | | | |
| 2500 Short Bed | F236 | 32390 | 8600 | 9100 | 11900 | 16300 |
| 2500 Long Bed | F236 | 32580 | 8450 | 8950 | 11700 | 16000 |
| 3500 Long Bed | C33Z | 35080 | 8650 | 9150 | 11950 | 16350 |
| 2WD | C | | (1050) | (1050) | (1400) | (1400) |
| 6-Cyl, HO Turbo Dsl | 7 | | 525 | 525 | 700 | 700 |
| V8, 5.9 Liter | Z | | (2125) | (2125) | (2835) | (2835) |
| V10, 8.0 Liter | W | | 125 | 125 | 165 | 165 |

## 2002 DODGE — 1B(4,7or8)-(S38N)-2-#

| Body Type | VIN | List | Trade-In Good | Very Good | Pvt-Party Good | Retail Excellent |
|---|---|---|---|---|---|---|
| **DURANGO 4WD—V8**—Truck Equipment Schedule T1 | | | | | | |
| Sport Utility 4D | S38N | 27595 | 1425 | 1575 | 2500 | 4000 |
| R/T Sport Utility 4D | S78Z | 37070 | 2125 | 2325 | 3600 | 5600 |
| Third Row Seat | | | 275 | 275 | 365 | 365 |
| 2WD | R | | (800) | (800) | (1065) | (1065) |
| V8, 5.9 Liter (ex R/T) | Z | | 150 | 150 | 200 | 200 |
| **CARAVAN—4-Cyl.**—Truck Equipment Schedule T1 | | | | | | |
| eC Minivan 4D | P15B | 16995 | 775 | 875 | 1400 | 2150 |
| 5-Passenger Seating | | | (275) | (275) | (365) | (365) |
| **CARAVAN—V6**—Truck Equipment Schedule T1 | | | | | | |
| SE Minivan 4D | P44R | 19795 | 1325 | 1450 | 2125 | 3300 |
| Sport Minivan 4D | P64G | 24060 | 1425 | 1600 | 2300 | 3575 |
| SE Grand Minivan | P44G | 22440 | 1250 | 1375 | 2025 | 3150 |
| eL Grand Minivan | P34R | 24175 | 1475 | 1625 | 2325 | 3625 |
| Sport Grand 4D | P64G | 24930 | 1675 | 1850 | 2725 | 4200 |
| 5-Passenger Seating | | | (275) | (275) | (365) | (365) |
| AWD | T | | 350 | 350 | 465 | 465 |
| V6, 3.8 Liter | L | | 350 | 350 | 465 | 465 |
| **CARAVAN—V6**—Truck Equipment Schedule T1 | | | | | | |
| EX Grand Minivan | P44L | 26725 | 1800 | 1975 | 2900 | 4475 |
| ES Grand Minivan | P54L | 30135 | 2400 | 2625 | 3800 | 5750 |
| 5-Passenger Seating | | | (275) | (275) | (365) | (365) |
| AWD | T | | 350 | 350 | 465 | 465 |
| **RAM WAGON—V8**—Truck Equipment Schedule T1 | | | | | | |
| 1500 Passenger Van | B15Y | 22035 | 2125 | 2325 | 3275 | 4925 |
| 2500 Passenger Van | B25Y | 24050 | 2275 | 2500 | 3500 | 5225 |
| 3500 Maxi Passenger | B35Y | 27055 | 2575 | 2825 | 3925 | 5825 |
| V6, 3.9 Liter | X | | (275) | (275) | (365) | (365) |
| V8, 5.9 Liter | Z | | 50 | 50 | 65 | 65 |
| **RAM VAN—V6**—Truck Equipment Schedule T1 | | | | | | |
| 1500 Cargo Van | B11X | 20050 | 1450 | 1600 | 2450 | 3925 |
| 2500 Cargo Van | B21X | 21595 | 1750 | 1925 | 3025 | 4800 |
| Maxi-Van | | | 100 | 100 | 135 | 135 |
| V8, 5.2 Liter | Y | | 150 | 150 | 200 | 200 |
| V8, 5.9 Liter | Z | | 275 | 275 | 365 | 365 |
| **RAM VAN—V8**—Truck Equipment Schedule T1 | | | | | | |
| 3500 Cargo Van | B31Y | 23780 | 1975 | 2175 | 3375 | 5300 |
| Maxi-Van | | | 100 | 100 | 135 | 135 |
| V8, 5.9 Liter | Z | | 50 | 50 | 65 | 65 |
| **DAKOTA PICKUP—4-Cyl.**—Truck Equipment Schedule T1 | | | | | | |
| Short Bed | L26P | 16370 | 1025 | 1125 | 1650 | 2425 |
| R/T Short Bed | L26Z | 21290 | 1725 | 1900 | 2500 | 3700 |
| 4WD | G | | 650 | 650 | 865 | 865 |
| V6, 3.9 Liter | X | | 175 | 175 | 235 | 235 |

0414     SEE BACK PAGES FOR TRUCK EQUIPMENT     369

# 2002 DODGE/PLYMOUTH

| Body Type | VIN | List | Trade-In Good | Trade-In Very Good | Pvt-Party Good | Retail Excellent |
|---|---|---|---|---|---|---|
| V8, 4.7 Liter | N | | 250 | 250 | 335 | 335 |
| V8, 5.9 Liter (ex R/T) | Z | | 350 | 350 | 465 | 465 |
| **DAKOTA PICKUP—V6**—Truck Equipment Schedule T1 | | | | | | |
| Club Cab | L22X | 19695 | 2325 | 2550 | 3300 | 4800 |
| R/T Club Cab | L22Z | 23585 | 2750 | 3050 | 4050 | 5775 |
| Quad Cab | L23X | 21985 | 2450 | 2700 | 3650 | 5250 |
| 4WD | G | | 650 | 650 | 865 | 865 |
| 4-Cyl, 2.5 Liter | P | | (175) | (175) | (235) | (235) |
| V8, 4.7 Liter | N | | 150 | 150 | 200 | 200 |
| V8, 5.9 Liter (ex R/T) | Z | | 275 | 275 | 365 | 365 |
| **RAM REGULAR CAB PICKUP—V8**—Truck Equipment Schedule T1 | | | | | | |
| 1500 Short Bed | C16Y | 19620 | 2100 | 2300 | 2900 | 4125 |
| 1500 Long Bed | C16Y | 19905 | 1850 | 2025 | 2575 | 3700 |
| 2500 HD Long Bed | C26Z | 23490 | 2125 | 2325 | 2875 | 4075 |
| 3500 Long Bed | C36Z | 25375 | 2250 | 2475 | 3050 | 4300 |
| 4WD | F | | 1100 | 1100 | 1465 | 1465 |
| V6, 3.7 Liter | K | | (400) | (400) | (535) | (535) |
| 6-Cyl, Turbo Diesel | 6 | | 2250 | 2250 | 3000 | 3000 |
| 6-Cyl, HO Turbo Dsl | 7 | | 3525 | 3525 | 4700 | 4700 |
| V8, 5.9 Liter (1500) | Z | | 175 | 175 | 235 | 235 |
| V10, 8.0 Liter | W | | 150 | 150 | 200 | 200 |
| **RAM QUAD CAB PICKUP—V8**—Truck Equipment Schedule T1 | | | | | | |
| 1500 Short Bed | C13Y | 23840 | 3300 | 3625 | 4600 | 6400 |
| 1500 Long Bed | C13Y | 24120 | 3100 | 3425 | 4350 | 6075 |
| 4WD | F | | 1100 | 1100 | 1465 | 1465 |
| V8, 5.9 Liter | Z | | 175 | 175 | 235 | 235 |
| **RAM QUAD CAB PICKUP 4WD—6-Cyl. Turbo Diesel**—Truck Equip Sch T1 | | | | | | |
| 2500 Short Bed | F236 | 32595 | 10250 | 10800 | 13650 | 18300 |
| 2500 Long Bed | F236 | 32785 | 9950 | 10500 | 13250 | 17800 |
| 3500 Long Bed | C33Z | 35470 | 10350 | 10900 | 13800 | 18500 |
| 2WD | C | | (1200) | (1200) | (1600) | (1600) |
| 6-Cyl, HO Turbo Dsl | 7 | | 600 | 600 | 800 | 800 |
| V8, 5.9 Liter | Z | | (2425) | (2425) | (3235) | (3235) |
| V10, 8.0 Liter | W | | 150 | 150 | 200 | 200 |

## 2003 DODGE — (1,2or3)D(3,4,7or8)–(S38N)-3-#

| Body Type | VIN | List | Trade-In Good | Trade-In Very Good | Pvt-Party Good | Retail Excellent |
|---|---|---|---|---|---|---|
| **DURANGO 4WD—V8**—Truck Equipment Schedule T1 | | | | | | |
| Sport SUV 4D | S38N | 29640 | 2025 | 2225 | 3200 | 4850 |
| SXT Sport Utility 4D | S38N | 30545 | 2050 | 2250 | 3225 | 4900 |
| SLT Sport Utility 4D | S48N | 33565 | 2200 | 2425 | 3450 | 5250 |
| R/T Sport Utility 4D | S78Z | 39240 | 3050 | 3350 | 4700 | 7000 |
| Third Row Seat | | | 300 | 300 | 400 | 400 |
| 2WD | R | | (900) | (900) | (1200) | (1200) |
| V8, 5.9 Liter (ex R/T) | Z | | 175 | 175 | 235 | 235 |
| **CARAVAN—V6**—Truck Equipment Schedule T2 | | | | | | |
| Cargo Minivan | P253 | 21965 | 975 | 1075 | 1675 | 2625 |
| Grand Cargo Minivan | P253 | 22850 | 1050 | 1150 | 1775 | 2775 |
| **CARAVAN—V6**—Truck Equipment Schedule T1 | | | | | | |
| SE Minivan 4D | P25R | 21440 | 1375 | 1525 | 2225 | 3475 |
| Sport Minivan 4D | P453 | 25110 | 1600 | 1750 | 2650 | 4100 |
| SE Grand Minivan | P24R | 22890 | 1400 | 1550 | 2350 | 3675 |
| eL Grand Minivan | P343 | 24425 | 1700 | 1875 | 2800 | 4325 |
| Sport Grand 4D | P44R | 28040 | 2100 | 2300 | 3375 | 5175 |
| 5-Passenger Seating | | | (300) | (300) | (400) | (400) |
| AWD | T | | 400 | 400 | 535 | 535 |
| 4-Cyl, 2.4 Liter | B | | (525) | (525) | (700) | (700) |
| V6, 3.8 Liter | L | | 375 | 375 | 500 | 500 |
| **CARAVAN—V6**—Truck Equipment Schedule T1 | | | | | | |
| EX Grand Minivan | P74L | 26400 | 2050 | 2250 | 3300 | 5075 |
| ES Grand Minivan | P54L | 33335 | 2725 | 3025 | 4325 | 6525 |
| 5-Passenger Seating | | | (300) | (300) | (400) | (400) |
| AWD | T | | 400 | 400 | 535 | 535 |
| **RAM VAN—V6**—Truck Equipment Schedule T1 | | | | | | |
| 1500 Cargo Van | B11X | 20540 | 2000 | 2200 | 3325 | 5175 |
| 1500 Ext Cargo | B11X | 21175 | 2075 | 2275 | 3450 | 5350 |
| 2500 Cargo Van | B21X | 21640 | 2100 | 2300 | 3475 | 5400 |
| Maxi-Van | | | 100 | 100 | 135 | 135 |
| V8, 5.2 Liter | Y | | 175 | 175 | 235 | 235 |
| V8, 5.9 Liter | Z | | 300 | 300 | 400 | 400 |
| **RAM VAN—V8**—Truck Equipment Schedule T1 | | | | | | |
| 3500 Cargo Van | B31Y | 24415 | 2450 | 2675 | 4025 | 6200 |
| Maxi-Van | | | 100 | 100 | 135 | 135 |
| V8, 5.9 Liter | Z | | 50 | 50 | 65 | 65 |

# 2003 DODGE/PLYMOUTH

| Body Type | VIN | List | Trade-In Good | Very Good | Pvt-Party Good | Retail Excellent |
|---|---|---|---|---|---|---|
| **DAKOTA REGULAR CAB PICKUP—V6**—Truck Equipment Sch T1 | | | | | | |
| 2D 6 1/2' | L16X | 17680 | 1150 | 1275 | 1750 | 2550 |
| SXT 2D 6 1/2' | L16X | 18420 | 1300 | 1425 | 1925 | 2800 |
| Sport 2D 6 1/2' | L36X | 19000 | 1250 | 1375 | 1875 | 2700 |
| SLT 2D 6 1/2' | L46X | 19000 | 1350 | 1500 | 2000 | 2875 |
| 4WD | G | | 800 | 800 | 1065 | 1065 |
| V8, 4.7 Liter | N | | 175 | 175 | 235 | 235 |
| **DAKOTA REGULAR CAB PICKUP—V8**—Truck Equipment Sch T1 | | | | | | |
| R/T 2D 6 1/2' | L76Z | 22800 | 2175 | 2400 | 3025 | 4325 |
| **DAKOTA CLUB CAB PICKUP—V6**—Truck Equipment Schedule T1 | | | | | | |
| 2D 6 1/2' | L12X | 19375 | 2225 | 2450 | 3075 | 4400 |
| SXT 2D 6 1/2' | L12X | 20825 | 2300 | 2550 | 3350 | 4750 |
| Sport 2D 6 1/2' | L32X | 20840 | 2450 | 2700 | 3525 | 5000 |
| SLT 2D 6 1/2' | L42X | 20840 | 2550 | 2800 | 3675 | 5175 |
| 4WD | G | | 800 | 800 | 1065 | 1065 |
| V8, 4.7 Liter | N | | 175 | 175 | 235 | 235 |
| V8, 5.9 Liter | Z | | 300 | 300 | 400 | 400 |
| **DAKOTA CLUB CAB PICKUP—V6**—Truck Equipment Schedule T1 | | | | | | |
| R/T 2D 6 1/2' | L72Z | 25100 | 3250 | 3575 | 4575 | 6375 |
| **DAKOTA QUAD CAB PICKUP—V6**—Truck Equipment Schedule T1 | | | | | | |
| Sport 4D 5' | L38X | 22550 | 2700 | 3000 | 3850 | 5450 |
| SXT 4D 5' | L18X | 23415 | 2850 | 3150 | 4050 | 5700 |
| SLT 4D 5' | L48X | 23025 | 2950 | 3250 | 4175 | 5875 |
| 4WD | G | | 800 | 800 | 1065 | 1065 |
| V8, 4.7 Liter | N | | 175 | 175 | 235 | 235 |
| V8, 5.9 Liter | Z | | 300 | 300 | 400 | 400 |
| **RAM REGULAR CAB PICKUP—V6**—Truck Equipment Schedule T1 | | | | | | |
| 1500 ST 2D 6 1/4' | A16K | 19635 | 2100 | 2300 | 2850 | 4025 |
| 4WD | N | | 1200 | 1200 | 1600 | 1600 |
| V8, 4.7 Liter | N | | 375 | 375 | 500 | 500 |
| V8, 5.9 Liter | Z | | 525 | 525 | 700 | 700 |
| V8, HEMI, 5.7 Liter | D | | 1050 | 1050 | 1400 | 1400 |
| **RAM REGULAR CAB PICKUP—V8**—Truck Equipment Schedule T1 | | | | | | |
| 1500 ST 2D 8' | A16N | 20510 | 2000 | 2200 | 2725 | 3850 |
| 1500 SLT 2D 6 1/4' | A16N | 23525 | 2900 | 3200 | 3850 | 5375 |
| 1500 SLT 2D 8' | A16N | 23810 | 2600 | 2850 | 3475 | 4875 |
| 1500 Laramie 6 1/4' | U16N | 30590 | 4075 | 4425 | 5500 | 7525 |
| 1500 Laramie 2D 8' | A16N | 27965 | 2500 | 2750 | 3350 | 4700 |
| 4WD | U | | 1200 | 1200 | 1600 | 1600 |
| V6, 3.7 Liter | K | | (425) | (425) | (565) | (565) |
| V8, 5.9 Liter | Z | | 150 | 150 | 200 | 200 |
| V8, HEMI, 5.7 Liter | D | | 625 | 625 | 835 | 835 |
| **RAM REGULAR CAB PICKUP 4WD—V8 HEMI**—Truck Equipment Sch T1 | | | | | | |
| 2500 ST 2D 8' | U26D | 27460 | 6775 | 7225 | 8850 | 11750 |
| 2500 SLT 2D 8' | U26D | 29115 | 7025 | 7475 | 9250 | 12250 |
| 2500 Laramie 2D 8' | U26D | 33350 | 7725 | 8200 | 10100 | 13400 |
| 2WD | A | | (1325) | (1325) | (1765) | (1765) |
| V10, 8.0 Liter | W | | 175 | 175 | 235 | 235 |
| 6-Cyl, Turbo Diesel | 6 | | 2600 | 2600 | 3465 | 3465 |
| 6-Cyl, HO Turbo Dsl | C | | 3725 | 3725 | 4965 | 4965 |
| **RAM REGULAR CAB PICKUP—V8 HEMI**—Truck Equipment Schedule T1 | | | | | | |
| 3500 ST 2D 8' | A36D | 26140 | 5575 | 5975 | 7375 | 9850 |
| 4WD | U | | 1200 | 1200 | 1600 | 1600 |
| 6-Cyl, Turbo Diesel | 6 | | 2600 | 2600 | 3465 | 3465 |
| 6-Cyl, HO Turbo Dsl | C | | 3725 | 3725 | 4965 | 4965 |
| V10, 8.0 Liter | W | | 175 | 175 | 235 | 235 |
| **RAM REGULAR CAB PICKUP—6-Cyl. Turbo Diesel**—Truck Equipment Sch T1 | | | | | | |
| 3500 SLT 2D 8' | A466 | 27890 | 8950 | 9450 | 11650 | 15400 |
| 3500 Laramie 2D 8' | A466 | 31450 | 8950 | 9450 | 11650 | 15400 |
| 4WD | U | | 1200 | 1200 | 1600 | 1600 |
| V8, HEMI, 5.7 Liter | D | | (2725) | (2725) | (3635) | (3635) |
| 6-Cyl, HO Turbo Dsl | C | | 675 | 675 | 900 | 900 |
| V10, 8.0 Liter | W | | (2525) | (2525) | (3365) | (3365) |
| **RAM QUAD CAB PICKUP—V8**—Truck Equipment Schedule T1 | | | | | | |
| 1500 ST 4D 6 1/4' | A18N | 26920 | 3650 | 3975 | 4950 | 6825 |
| 1500 ST 4D 8' | A18N | 27275 | 3500 | 3825 | 4600 | 6350 |
| 1500 SLT 4D 6 1/4' | A18N | 27325 | 4175 | 4525 | 5625 | 7675 |
| 1500 SLT 4D 8' | A18N | 27605 | 3900 | 4250 | 5275 | 7225 |
| 1500 Laramie 4D 8' | A18N | 31970 | 4450 | 4800 | 5975 | 8150 |
| 4WD | U | | 1200 | 1200 | 1600 | 1600 |
| V6, 3.7 Liter | K | | (425) | (425) | (565) | (565) |
| V8, HEMI, 5.7 Liter | D | | 625 | 625 | 835 | 835 |
| V8, 5.9 Liter | Z | | 150 | 150 | 200 | 200 |

SEE BACK PAGES FOR TRUCK EQUIPMENT

# 2003 DODGE/PLYMOUTH

| Body Type | VIN | List | Trade-In Good | Trade-In Very Good | Pvt-Party Good | Retail Excellent |
|---|---|---|---|---|---|---|
| **RAM QUAD CAB PICKUP 4WD—V8**—Truck Equipment Schedule T1 | | | | | | |
| 1500 Laramie 6 1/4' | U18N | 34435 | 5925 | 6325 | 8025 | 10900 |
| 2WD | A | | (1325) | (1325) | (1765) | (1765) |
| V6, 3.7 Liter | K | | (425) | (425) | (565) | (565) |
| V8, HEMI, 5.7 Liter | D | | 625 | 625 | 835 | 835 |
| V8, 5.9 Liter | Z | | 150 | 150 | 200 | 200 |
| **RAM QUAD CAB PICKUP 4WD—V8 HEMI**—Truck Equipment Sch T1 | | | | | | |
| 2500 ST 4D 6 1/4' | U28D | 29715 | 8150 | 8650 | 10650 | 14050 |
| 2500 Laramie 6 1/4' | U28D | 36280 | 9100 | 9600 | 11850 | 15650 |
| 3500 SLT 4D 8' | U48D | 29315 | 8075 | 8550 | 10550 | 13950 |
| 2WD | A | | (1325) | (1325) | (1765) | (1765) |
| 6-Cyl, Turbo Diesel | 6 | | 2600 | 2600 | 3465 | 3465 |
| 6-Cyl, HO Turbo Dsl | C | | 3725 | 3725 | 4965 | 4965 |
| **RAM QUAD CAB PICKUP 4WD—6-Cyl. Turbo Diesel**—Truck Equip Sch T1 | | | | | | |
| 3500 SLT 4D 8' | U486 | 37255 | 11550 | 12150 | 14950 | 19650 |
| 3500 Laramie 4D 8' | U486 | 41990 | 11200 | 11750 | 14500 | 19050 |
| 2WD | A | | (1325) | (1325) | (1765) | (1765) |
| 6-Cyl, HO Turbo Dsl | C | | 675 | 675 | 900 | 900 |
| V8, HEMI, 5.7 Liter | D | | (2725) | (2725) | (3635) | (3635) |
| V10, 8.0 Liter | W | | (2525) | (2525) | (3365) | (3365) |
| **RAM QUAD CAB PICKUP 4WD—V8 Turbo Diesel**—Truck Equipment Sch T1 | | | | | | |
| 2500 SLT 4D 6 1/4' | U286 | 35195 | 11600 | 12200 | 15000 | 19750 |
| 2WD | A | | (1325) | (1325) | (1765) | (1765) |
| V8, HEMI, 5.7 Liter | D | | (2725) | (2725) | (3635) | (3635) |
| V10, 8.0 Liter | W | | (2525) | (2525) | (3365) | (3365) |
| 6-Cyl, HO Turbo Dsl | C | | 675 | 675 | 900 | 900 |
| **RAM QUAD CAB PICKUP—V8 HEMI**—Truck Equipment Schedule T1 | | | | | | |
| 2500 SLT 4D 8' | A28D | 26790 | 6550 | 6975 | 8575 | 11400 |
| 2500 SLT 4D 8' | A28D | 29345 | 6925 | 7375 | 9125 | 12100 |
| 2500 Laramie 4D 8' | A28D | 33405 | 7650 | 8125 | 10000 | 13250 |
| 4WD | U | | 1200 | 1200 | 1600 | 1600 |
| 6-Cyl, Turbo Diesel | 6 | | 2600 | 2600 | 3465 | 3465 |
| 6-Cyl, HO Turbo Dsl | C | | 3725 | 3725 | 4965 | 4965 |
| V10, 8.0 Liter | W | | 175 | 175 | 235 | 235 |
| **RAM QUAD CAB PICKUP—6-Cyl. Turbo Diesel**—Truck Schedule T1 | | | | | | |
| 3500 ST 4D 6 1/2' | A386 | 32405 | 10450 | 11000 | 13500 | 17800 |
| 3500 SLT 4D 6 1/2' | A386 | 34305 | 11200 | 11750 | 14500 | 19050 |
| 3500 Laramie 4D 6 1/2' | A386 | 38365 | 11650 | 12250 | 15050 | 19800 |
| 4WD | U | | 1200 | 1200 | 1600 | 1600 |
| 6-Cyl, HO Turbo Dsl | C | | 275 | 275 | 365 | 365 |

## 2004 DODGE–(1,3orW)D(2,3,4,5,7or8)–(B38N)–4–#

| Body Type | VIN | List | Trade-In Good | Trade-In Very Good | Pvt-Party Good | Retail Excellent |
|---|---|---|---|---|---|---|
| **DURANGO 4WD—V8**—Truck Equipment Schedule T1 | | | | | | |
| ST Sport Utility 4D | B38N | 29745 | 3475 | 3800 | 5050 | 7200 |
| SLT Sport Utility 4D | B48N | 32160 | 3825 | 4150 | 5525 | 7825 |
| Limited Sport Utility | B58N | 35470 | 3900 | 4250 | 5150 | 6950 |
| Third Row Seat | | | 325 | 325 | 435 | 435 |
| 2WD | D | | (975) | (975) | (1300) | (1300) |
| V6, 3.7 Liter | K | | (400) | (400) | (535) | (535) |
| V8, 5.7 Liter | D | | 550 | 550 | 735 | 735 |
| **CARAVAN CARGO—V6**—Truck Equipment Schedule T2 | | | | | | |
| Minivan | P21R | 22585 | 1225 | 1350 | 2025 | 3175 |
| Grand Minivan | P23R | 23455 | 1225 | 1350 | 2025 | 3175 |
| **CARAVAN PASSENGER—4-Cyl.**—Truck Equipment Schedule T1 | | | | | | |
| SE Minivan 4D | P25B | 21795 | 1475 | 1625 | 2375 | 3700 |
| 5-Passenger Seating | | | (325) | (325) | (435) | (435) |
| **CARAVAN PASSENGER—V6**—Truck Equipment Schedule T1 | | | | | | |
| SXT Minivan 4D | P45R | 24850 | 1675 | 1850 | 2775 | 4300 |
| SE Grand Minivan | P24R | 24975 | 1675 | 1850 | 2775 | 4300 |
| 5-Passenger Seating | | | (325) | (325) | (435) | (435) |
| **CARAVAN PASSENGER—V6**—Truck Equipment Schedule T1 | | | | | | |
| EX Grand Minivan | P74L | 27225 | 2400 | 2625 | 3850 | 5875 |
| SXT Grand Minivan | P44L | 30335 | 2400 | 2625 | 3850 | 5875 |
| AWD | T | | 450 | 450 | 600 | 600 |
| **DAKOTA REGULAR CAB PICKUP—V6**—Truck Equipment Schedule T1 | | | | | | |
| Pickup 2D 6 1/2' | L16X | 18940 | 1425 | 1575 | 2125 | 3100 |
| SXT 2D 6 1/2' | L16X | 19205 | 1575 | 1725 | 2300 | 3375 |
| Sport 2D 6 1/2' | L36K | 19785 | 1550 | 1700 | 2275 | 3325 |
| SLT 2D 6 1/2' | L46K | 19785 | 1750 | 1925 | 2525 | 3675 |
| 4WD | G | | 900 | 900 | 1200 | 1200 |
| V8, 4.7 Liter | N | | 325 | 325 | 435 | 435 |
| **DAKOTA CLUB CAB PICKUP—V6**—Truck Equipment Schedule T1 | | | | | | |
| 2D 6 1/2' | L12K | 21610 | 2375 | 2625 | 3525 | 5050 |

**372**    DEDUCT FOR RECONDITIONING

# 2004 DODGE/PLYMOUTH

| Body Type | VIN | List | Trade-In Good | Very Good | Pvt-Party Good | Retail Excellent |
|---|---|---|---|---|---|---|
| SXT 2D 6 1/2' | L22X | 21610 | 2550 | 2800 | 3750 | 5350 |
| Sport 2D 6 1/2' | L32K | 21625 | 2725 | 3025 | 3975 | 5650 |
| SLT 2D 6 1/2' | L42K | 21625 | 2950 | 3250 | 4275 | 6050 |
| 4WD | G | | 900 | 900 | 1200 | 1200 |
| V8, 4.7 Liter | N | | 325 | 325 | 435 | 435 |
| **DAKOTA QUAD CAB PICKUP—V6—Truck Equipment Schedule T1** | | | | | | |
| Sport 4D 5 1/2' | L38K | 23810 | 3150 | 3475 | 4525 | 6425 |
| SXT 4D 5 1/2' | L23X | 23810 | 3400 | 3725 | 4850 | 6850 |
| SLT 4D 5 1/2' | L48K | 23810 | 3500 | 3825 | 5000 | 7025 |
| 4WD | G | | 900 | 900 | 1200 | 1200 |
| V8, 4.7 Liter | N | | 325 | 325 | 435 | 435 |
| **RAM REGULAR CAB PICKUP—V6—Truck Equipment Schedule T1** | | | | | | |
| 1500 ST 2D 6 1/4' | A16K | 20860 | 2525 | 2775 | 3350 | 4650 |
| 4WD | U | | 1300 | 1300 | 1735 | 1735 |
| V8, 4.7 Liter | N | | 425 | 425 | 565 | 565 |
| V8, Flex Fuel, 4.7 Liter | N | | 375 | 375 | 500 | 500 |
| V8, HEMI, 5.7 Liter | D | | 1025 | 1025 | 1365 | 1365 |
| **RAM REGULAR CAB PICKUP—V8—Truck Equipment Schedule T1** | | | | | | |
| 1500 ST 2D 8' | A16N | 22580 | 2475 | 2725 | 3275 | 4575 |
| 1500 SLT 2D 6 1/4' | A16N | 25685 | 3025 | 3675 | 4375 | 6000 |
| 1500 SLT 2D 8' | A16N | 25685 | 2975 | 3275 | 3900 | 5400 |
| 1500 Laramie 2D 8' | A16N | 28620 | 2975 | 3275 | 3900 | 5400 |
| 4WD | U | | 1300 | 1300 | 1735 | 1735 |
| V6, 3.7 Liter | K | | (450) | (450) | (600) | (600) |
| V8, HEMI, 5.7 Liter | D | | 675 | 675 | 900 | 900 |
| **RAM REGULAR CAB PICKUP 4WD—V8—Truck Equipment Schedule T1** | | | | | | |
| 1500 Laramie 6 1/4' | U16N | 32010 | 4950 | 5325 | 6525 | 8800 |
| 2WD | C | | (1675) | (1675) | (2235) | (2235) |
| V8, HEMI, 5.7 Liter | D | | 675 | 675 | 900 | 900 |
| **RAM REGULAR CAB PICKUP 4WD—V8 HEMI—Truck Equipment Schedule T1** | | | | | | |
| 2500 ST 2D 8' | U26D | 28825 | 8650 | 9150 | 10600 | 13450 |
| 2500 SLT 2D 8' | U26D | 30530 | 9050 | 9550 | 11100 | 14100 |
| 2500 Laramie 2D 8' | U26D | 34835 | 9800 | 10350 | 12000 | 15200 |
| 2WD | C | | (1675) | (1675) | (2235) | (2235) |
| 6-Cyl, Turbo Diesel | 6 | | 2950 | 2950 | 3935 | 3935 |
| 6-Cyl, HO Turbo Dsl | C | | 3900 | 3900 | 5200 | 5200 |
| **RAM REGULAR CAB PICKUP—V8 HEMI—Truck Equipment Schedule T1** | | | | | | |
| 3500 ST 2D 8' | A36D | 27975 | 7175 | 7625 | 8900 | 11350 |
| 4WD | U | | 1300 | 1300 | 1735 | 1735 |
| 6-Cyl, Turbo Diesel | 6 | | 2950 | 2950 | 3935 | 3935 |
| 6-Cyl, HO Turbo Dsl | C | | 3900 | 3900 | 5200 | 5200 |
| **RAM REGULAR CAB PICKUP—V8 Turbo Diesel—Truck Equipment Sch T1** | | | | | | |
| 3500 SLT 2D 8' | A466 | 29050 | 10650 | 11200 | 12950 | 16400 |
| 3500 Laramie 2D 8' | A466 | 32680 | 11100 | 11650 | 13550 | 17100 |
| 4WD | U | | 1300 | 1300 | 1735 | 1735 |
| V8, HEMI, 5.7 Liter | D | | (3000) | (3000) | (4000) | (4000) |
| 6-Cyl, HO Turbo Dsl | C | | 550 | 550 | 735 | 735 |
| **RAM REGULAR CAB PICKUP—V10—Truck Equipment Schedule T1** | | | | | | |
| 1500 SRT-10 2D 6 1/4' | A16H | 47635 | 12100 | 12700 | 14300 | 17750 |
| Manual, 6-Spd | | | 0 | 0 | 0 | 0 |
| **RAM QUAD CAB PICKUP—V8—Truck Equipment Schedule T1** | | | | | | |
| 1500 ST 4D 6 1/4' | A18N | 26455 | 4450 | 4800 | 5900 | 8000 |
| 1500 ST 4D 8' | A18N | 26735 | 4150 | 4500 | 5525 | 7500 |
| 1500 SLT 4D 6 1/4' | A18N | 28470 | 4925 | 5300 | 6475 | 8775 |
| 1500 SLT 4D 8' | A18N | 28750 | 4625 | 4975 | 6100 | 8275 |
| 1500 Laramie 8' | A18N | 31070 | 5225 | 5600 | 6850 | 9250 |
| 4WD | U | | 1300 | 1300 | 1735 | 1735 |
| V6, 3.7 Liter | K | | (450) | (450) | (600) | (600) |
| V8, HEMI, 5.7 Liter | D | | 675 | 675 | 900 | 900 |
| **RAM QUAD CAB PICKUP 4WD—V8—Truck Equipment Schedule T1** | | | | | | |
| 1500 Laramie 6 1/4' | U18N | 35965 | 7000 | 7450 | 9375 | 12550 |
| 2WD | C | | (1675) | (1675) | (2235) | (2235) |
| V8, HEMI, 5.7 Liter | D | | 675 | 675 | 900 | 900 |
| **RAM QUAD CAB PICKUP—V8 HEMI—Truck Equipment Schedule T1** | | | | | | |
| 2500 ST 4D 8' | A28D | 28660 | 8700 | 9200 | 10650 | 13550 |
| 2500 SLT 4D 8' | A28D | 30540 | 9100 | 9600 | 11150 | 14150 |
| 2500 Laramie 4D 8' | A28D | 33055 | 9750 | 10300 | 11900 | 15100 |
| 4WD | U | | 1300 | 1300 | 1735 | 1735 |
| 6-Cyl, Turbo Diesel | 6 | | 2950 | 2950 | 3935 | 3935 |
| 6-Cyl, HO Turbo Dsl | C | | 3900 | 3900 | 5200 | 5200 |
| **RAM QUAD CAB PICKUP 4WD—V8 HEMI—Truck Equipment Schedule T1** | | | | | | |
| 2500 SLT 4D 6 1/4' | U28D | 31115 | 10650 | 11200 | 12950 | 16400 |
| 2500 Laramie 6 1/4' | U28D | 37990 | 11550 | 12150 | 14100 | 17800 |

SEE BACK PAGES FOR TRUCK EQUIPMENT

# 2004 DODGE/PLYMOUTH

| Body Type | VIN | List | Trade-In Good | Very Good | Pvt-Party Good | Retail Excellent |
|---|---|---|---|---|---|---|
| 3500 ST 4D 8' | U48D | 33860 | 10550 | 11100 | 12850 | 16250 |
| 2WD |  |  | (1675) | (1675) | (2235) | (2235) |
| 6-Cyl, Turbo Diesel | 6 |  | 2950 | 2950 | 3935 | 3935 |
| 6-Cyl, HO Turbo Dsl | C |  | 3900 | 3900 | 5200 | 5200 |
| **RAM QUAD CAB PICKUP 4WD—6-Cyl. Turbo Diesel—Truck Sch T1** |||||||
| 2500 SLT 4D 6 1/4' | U286 | 38335 | 14350 | 15000 | 17450 | 22000 |
| 3500 SLT 4D 8' | U486 | 39660 | 14550 | 15200 | 17650 | 22300 |
| 3500 Laramie 4D 8' | U486 | 43850 | 12850 | 13450 | 15700 | 19850 |
| 2WD | C |  | (1675) | (1675) | (2235) | (2235) |
| 6-Cyl, HO Turbo Dsl | C |  | 550 | 550 | 735 | 735 |
| V8, HEMI, 5.7 Liter | D |  | (3000) | (3000) | (4000) | (4000) |
| **RAM QUAD CAB PICKUP—6-Cyl. Turbo Diesel—Truck Schedule T1** |||||||
| 3500 SLT 4D 6 1/4' | A386 | 35060 | 12750 | 13350 | 15600 | 19700 |
| 4WD | U |  | 1300 | 1300 | 1735 | 1735 |
| 6-Cyl, HO Turbo Dsl | C |  | 300 | 300 | 400 | 400 |
| **RAM QUAD CAB PICKUP 4WD—6-Cyl. Turbo Diesel—Truck Sch T1** |||||||
| 3500 SLT 4D 6 1/4' | U386 | 38120 | 14900 | 15600 | 18100 | 22800 |
| 3500 Laramie 6 1/4' | U386 | 42925 | 15600 | 16350 | 18950 | 23800 |
| 2WD | A |  | (1675) | (1675) | (2235) | (2235) |

## 2005 DODGE — (1,3orW)D(2,3,4,5,7or8)—(B38N)—5—#

| Body Type | VIN | List | Trade-In Good | Very Good | Pvt-Party Good | Retail Excellent |
|---|---|---|---|---|---|---|
| **DURANGO 4WD—V8—Truck Equipment Schedule T1** |||||||
| ST Sport Utility 4D | B38N | 30610 | 3650 | 4000 | 5175 | 7025 |
| SXT Sport Utility | B38N | 30900 | 3700 | 4050 | 5225 | 7100 |
| SLT Sport Utility | B48N | 33380 | 4000 | 4350 | 5825 | 7850 |
| Limited Sport Utility | B58N | 36560 | 5075 | 5475 | 6875 | 9000 |
| Third Row Seat |  |  | 350 | 350 | 465 | 465 |
| 2WD | D |  | (1050) | (1050) | (1400) | (1400) |
| V6, 3.7 Liter | K |  | (450) | (450) | (600) | (600) |
| V8, HEMI, 5.7 Liter |  |  | 600 | 600 | 800 | 800 |
| **CARAVAN CARGO—V6—Truck Equipment Schedule T2** |||||||
| Minivan | P21R | 20185 | 1425 | 1475 | 2450 | 3700 |
| Grand Minivan | P23R | 20885 | 1525 | 1700 | 2725 | 4100 |
| **CARAVAN PASSENGER—V6—Truck Equipment Schedule T1** |||||||
| Minivan 4D | P25R | 18995 | 1700 | 1900 | 2975 | 4425 |
| SXT Minivan 4D | P45R | 22485 | 2150 | 2375 | 3600 | 5325 |
| Grand Minivan 4D | P24R | 22185 | 2250 | 2500 | 3750 | 5525 |
| SXT Grand Minivan | P44L | 27185 | 2800 | 3100 | 4500 | 6600 |
| 5-Passenger Seating |  |  | (350) | (350) | (465) | (465) |
| 4-Cyl, 2.4 Liter | B |  | (650) | (650) | (865) | (865) |
| **DAKOTA CLUB CAB PICKUP—V6—Truck Equipment Schedule T1** |||||||
| ST 2D 6 1/2' | E22K | 21400 | 2875 | 3200 | 4100 | 5500 |
| SLT 2D 6 1/2' | E42K | 23155 | 3900 | 4250 | 5325 | 7075 |
| 4WD | W |  | 1000 | 1000 | 1335 | 1335 |
| V8, 4.7 Liter | N |  | 350 | 350 | 465 | 465 |
| V8, HO 4.7 Liter | J |  | 350 | 350 | 465 | 465 |
| **DAKOTA CLUB CAB PICKUP 4WD—V8—Truck Equipment Schedule T1** |||||||
| Laramie 2D 6 1/2' | W52N | 28619 | 5750 | 6175 | 7750 | 10200 |
| 2WD | E |  | (1125) | (1125) | (1500) | (1500) |
| V6, 3.7 Liter |  |  | (375) | (375) | (500) | (500) |
| **DAKOTA QUAD CAB PICKUP—V6—Truck Equipment Schedule T1** |||||||
| ST 4D 5 1/2' | E28K | 22800 | 3850 | 4200 | 5275 | 7000 |
| 4WD | W |  | 1000 | 1000 | 1335 | 1335 |
| V8, 4.7 Liter | N |  | 350 | 350 | 465 | 465 |
| **DAKOTA QUAD CAB PICKUP 4WD—V8—Truck Equipment Schedule T1** |||||||
| SLT 4D 5 1/2' | W48N | 28490 | 6175 | 6600 | 8350 | 10950 |
| Laramie 4D 5 1/2' | W58N | 30695 | 6600 | 7050 | 8875 | 11650 |
| 2WD |  |  | (1125) | (1125) | (1500) | (1500) |
| V6, 3.7 Liter | K |  | (375) | (375) | (500) | (500) |
| **RAM REGULAR CAB PICKUP—V6—Truck Equipment Schedule T1** |||||||
| 1500 ST 2D 6 1/4' | A16K | 22125 | 3550 | 3875 | 4800 | 6350 |
| 4WD | U |  | 1600 | 1600 | 2135 | 2135 |
| V8, 4.7 Liter | N |  | 450 | 450 | 600 | 600 |
| V8, Flex Fuel, 4.7 Liter | P |  | 425 | 425 | 565 | 565 |
| V8, HEMI, 5.7 Liter |  |  | 1125 | 1125 | 1500 | 1500 |
| **RAM REGULAR CAB PICKUP—V8—Truck Equipment Schedule T1** |||||||
| 1500 ST 2D 8' | A16N | 23520 | 3500 | 3825 | 4750 | 6275 |
| 1500 SLT 2D 6 1/4' | A16N | 26650 | 4500 | 4875 | 5925 | 7750 |
| 1500 SLT 2D 8' | A16N | 25935 | 4050 | 4400 | 5400 | 7100 |
| 1500 Laramie 8' | A16N | 30085 | 4550 | 4925 | 6000 | 7825 |
| 4WD | U |  | 1600 | 1600 | 2135 | 2135 |
| V6, 3.7 Liter | K |  | (450) | (450) | (600) | (600) |
| V8, HEMI, 5.7 Liter |  |  | 725 | 725 | 965 | 965 |

**DEDUCT FOR RECONDITIONING**

# 2005 DODGE/PLYMOUTH

**TRUCKS & VANS**

| Body Type | VIN | List | Trade-In Good | Very Good | Pvt-Party Good | Retail Excellent |
|---|---|---|---|---|---|---|
| **RAM REGULAR CAB PICKUP 4WD—V8—Truck Equipment Schedule T1** | | | | | | |
| 1500 Laramie 6 1/4' | U16N | 33120 | 6950 | 7400 | 9125 | 11800 |
| 2WD | A | | (1850) | (1850) | (2465) | (2465) |
| V6, 3.7 Liter | K | | (450) | (450) | (600) | (600) |
| V8, HEMI, 5.7 Liter | | | 725 | 725 | 965 | 965 |
| **RAM REGULAR CAB PICKUP 4WD—V8 HEMI—Truck Equipment Sch T1** | | | | | | |
| 2500 ST 2D 8' | S26D | 29790 | 10100 | 10650 | 12300 | 15250 |
| 2500 SLT 2D 8' | S26D | 31495 | 10650 | 11200 | 12950 | 16100 |
| 2500 Laramie 8' | S26D | 34040 | 10950 | 11500 | 13300 | 16500 |
| Power Wagon | | | 4450 | 4450 | 5935 | 5935 |
| 2WD | R | | (1850) | (1850) | (2465) | (2465) |
| 6-Cyl, HO Turbo Dsl | C | | 4100 | 4100 | 5465 | 5465 |
| **RAM REGULAR CAB PICKUP—V8 HEMI—Truck Equipment Schedule T1** | | | | | | |
| 3500 ST 2D 8' DR | R36D | 28720 | 9350 | 9875 | 11450 | 14250 |
| 4WD | S | | 1600 | 1600 | 2135 | 2135 |
| 6-Cyl, HO Turbo Dsl | C | | 4100 | 4100 | 5465 | 5465 |
| **RAM REGULAR CAB PICKUP—V8 Turbo Diesel—Truck Equip Sch T1** | | | | | | |
| 3500 SLT 2D 8' DR | R46C | 29795 | 13800 | 14450 | 16650 | 20600 |
| 3500 Laramie 8' DR | R46C | 33425 | 14450 | 15100 | 17350 | 21500 |
| 4WD | S | | 1600 | 1600 | 2135 | 2135 |
| V8, HEMI, 5.7 Liter | D | | (3300) | (3300) | (4400) | (4400) |
| **RAM REGULAR CAB PICKUP—V10—Truck Equipment Schedule T1** | | | | | | |
| 1500 SRT-10 2D 6 1/4' | A16H | 45850 | 12150 | 12750 | 15300 | 19500 |
| Manual, 6-Spd | | | 0 | 0 | 0 | 0 |
| **RAM QUAD CAB PICKUP—V8—Truck Equipment Schedule T1** | | | | | | |
| 1500 ST 4D 6 1/4' | A18N | 27305 | 5950 | 6375 | 7850 | 10200 |
| 1500 ST 4D 8' | A18N | 27560 | 5600 | 6000 | 7425 | 9650 |
| 1500 SLT 4D 6 1/4' | A18N | 29395 | 6450 | 6875 | 8425 | 10950 |
| 1500 SLT 4D 8' | A18N | 29675 | 6125 | 6550 | 8050 | 10450 |
| 1500 Laramie 8' | A18N | 31995 | 6550 | 7000 | 8650 | 11200 |
| 4WD | U | | 1600 | 1600 | 2135 | 2135 |
| V6, 3.7 Liter | K | | (450) | (450) | (600) | (600) |
| V8, HEMI, 5.7 Liter | D | | 725 | 725 | 965 | 965 |
| **RAM QUAD CAB PICKUP 4WD—V8—Truck Equipment Schedule T1** | | | | | | |
| 1500 Laramie 6 1/4' | U18N | 35925 | 9775 | 10300 | 12500 | 16050 |
| 2WD | A | | (1850) | (1850) | (2465) | (2465) |
| V6, 3.7 Liter | K | | (450) | (450) | (600) | (600) |
| V8, HEMI, 5.7 Liter | D | | 725 | 725 | 965 | 965 |
| **RAM QUAD CAB PICKUP—V10—Truck Equipment Schedule T1** | | | | | | |
| 1500 SRT-10 2D 6 1/4' | A18H | 50850 | 13600 | 14250 | 16300 | 20000 |
| **RAM QUAD CAB PICKUP—V8 HEMI—Truck Equipment Schedule T1** | | | | | | |
| 2500 ST 4D 8' | R28D | 29605 | 10050 | 10600 | 12250 | 15200 |
| 2500 SLT 4D 8' | R28D | 31485 | 10600 | 11150 | 12900 | 16000 |
| 2500 Laramie 8' | R28D | 35615 | 11350 | 11950 | 13750 | 17100 |
| 4WD | S | | 1600 | 1600 | 2135 | 2135 |
| 6-Cyl, HO Turbo Dsl | C | | 4100 | 4100 | 5465 | 5465 |
| **RAM QUAD CAB PICKUP 4WD—V8 HEMI—Truck Equipment Schedule T1** | | | | | | |
| 2500 Laramie 6 1/4' | S28D | 38765 | 13550 | 14200 | 16350 | 20300 |
| 2500 SLT 4D 8' | S28D | 32080 | 12350 | 12950 | 15000 | 18600 |
| 3500 SLT 4D 8' | S48D | 34825 | 12350 | 12950 | 15000 | 18600 |
| 2WD | R | | (1850) | (1850) | (2465) | (2465) |
| 6-Cyl, HO Turbo Dsl | C | | 4100 | 4100 | 5465 | 5465 |
| **RAM QUAD CAB PICKUP 4WD—6-Cyl. HO Turbo Diesel—Truck Sch T1** | | | | | | |
| 2500 SLT 4D 6 1/4' | S28C | 39345 | 17300 | 18050 | 20600 | 25500 |
| 3500 SLT 4D 8' | S48C | 41460 | 17700 | 18450 | 21100 | 26000 |
| 3500 Laramie 8' | S48C | 44105 | 18100 | 18900 | 21500 | 26600 |
| 2WD | R | | (1850) | (1850) | (2465) | (2465) |
| Power Wagon | | | 4450 | 4450 | 5935 | 5935 |
| V8, HEMI, 5.7 Liter | D | | (3300) | (3300) | (4400) | (4400) |
| **RAM QUAD CAB PICKUP 4WD—6-Cyl. HO Turbo Diesel—Truck Schedule T1** | | | | | | |
| 3500 SLT 4D 8' | R38C | 36500 | 14850 | 15500 | 17800 | 22000 |
| 4WD | S | | 1600 | 1600 | 2135 | 2135 |
| **RAM QUAD CAB PICKUP 4WD—6-Cyl. HO Turbo Diesel—Truck Sch T1** | | | | | | |
| 3500 SLT 4D 6 1/4' | S38C | 39820 | 17800 | 18550 | 21200 | 26100 |
| 3500 Laramie 6 1/4' | S38C | 42465 | 19200 | 20000 | 22800 | 28100 |
| 2WD | R | | (1850) | (1850) | (2465) | (2465) |

## 2006 DODGE — (1,3orW)D(2,3,4,5,7or8)-(B38N)-6-#

| Body Type | VIN | List | Good | Very Good | Good | Excellent |
|---|---|---|---|---|---|---|
| **DURANGO 4WD—V8—Truck Equipment Schedule T1** | | | | | | |
| SXT Sport Utility 4D | B38N | 31825 | 4800 | 5175 | 6725 | 8975 |
| SLT Sport Utility 4D | B48N | 34275 | 5400 | 5800 | 7450 | 9900 |
| Limited Sport Utility | B58N | 38155 | 6025 | 6450 | 7850 | 10050 |
| Third Row Seat | | | 375 | 375 | 500 | 500 |

SEE BACK PAGES FOR TRUCK EQUIPMENT

# 2006 DODGE/PLYMOUTH

**TRUCKS & VANS**

| Body Type | VIN | List | Trade-In Good | Trade-In Very Good | Pvt-Party Good | Retail Excellent |
|---|---|---|---|---|---|---|
| 2WD | D | | (1150) | (1150) | (1535) | (1535) |
| V6, 3.7 Liter | K | | (500) | (500) | (665) | (665) |
| V8, HEMI, 5.7 Liter | 2 | | 625 | 625 | 835 | 835 |
| **CARAVAN CARGO—V6**—Truck Equipment Schedule T2 | | | | | | |
| Minivan | P21R | 20645 | 1750 | 1950 | 2950 | 4125 |
| Grand Minivan | P23R | 21345 | 1975 | 2200 | 3150 | 4550 |
| **CARAVAN PASSENGER—V6**—Truck Equipment Schedule T1 | | | | | | |
| SE Minivan 4D | P25R | 19095 | 2100 | 2325 | 3325 | 4775 |
| SXT Minivan 4D | P45R | 23035 | 2625 | 2925 | 4000 | 5700 |
| Grand Minivan 4D | P24R | 23745 | 2850 | 3175 | 4475 | 6325 |
| SXT Grand Minivan | P44L | 27830 | 3500 | 3825 | 5325 | 7475 |
| 5-Passenger Seating | | | (375) | (375) | (500) | (500) |
| 4-Cyl, 2.4 Liter | B | | (700) | (700) | (935) | (935) |
| **DAKOTA CLUB CAB PICKUP—V6**—Truck Equipment Schedule T1 | | | | | | |
| ST 2D 6 1/2' | E22K | 21750 | 4025 | 4375 | 5300 | 6900 |
| SLT 2D 6 1/2' | E42K | 23685 | 5250 | 5650 | 6925 | 8950 |
| 4WD | W | | 1100 | 1100 | 1465 | 1465 |
| V8, 4.7 Liter | N | | 375 | 375 | 500 | 500 |
| V8, HO, 4.7 Liter | J | | 375 | 375 | 500 | 500 |
| **DAKOTA CLUB CAB PICKUP 4WD—V8**—Truck Equipment Schedule T1 | | | | | | |
| Laramie 2D 6 1/2' | W52N | 29450 | 7475 | 7950 | 9600 | 12300 |
| 2WD | E | | (1200) | (1200) | (1600) | (1600) |
| V6, 3.7 Liter | K | | (400) | (400) | (535) | (535) |
| **DAKOTA QUAD CAB PICKUP—V6**—Truck Equipment Schedule T1 | | | | | | |
| ST 4D 5 1/2' | E28K | 23150 | 5250 | 5650 | 6925 | 8950 |
| 4WD | W | | 1100 | 1100 | 1465 | 1465 |
| V8, 4.7 Liter | N | | 375 | 375 | 500 | 500 |
| **DAKOTA QUAD CAB PICKUP 4WD—V8**—Truck Equipment Schedule T1 | | | | | | |
| SLT 4D 5 1/2' | W58N | 28540 | 7875 | 8375 | 10100 | 12900 |
| Laramie 4D 5 1/2' | W58N | 31015 | 9450 | 9975 | 11900 | 15200 |
| 2WD | E | | (1200) | (1200) | (1600) | (1600) |
| V6, 3.7 Liter | K | | (400) | (400) | (535) | (535) |
| **RAM REGULAR CAB PICKUP—V6**—Truck Equipment Schedule T1 | | | | | | |
| 1500 ST 2D 6 1/4' | A16K | 22795 | 4150 | 4500 | 5425 | 7075 |
| 4WD | U | | 2000 | 2000 | 2665 | 2665 |
| V8, 4.7 Liter | N | | 450 | 450 | 600 | 600 |
| V8, Flex Fuel, 4.7 Liter | P | | 450 | 450 | 600 | 600 |
| V8, HEMI, 5.7 Liter | 2 | | 1225 | 1225 | 1635 | 1635 |
| **RAM REGULAR CAB PICKUP—V8**—Truck Equipment Schedule T1 | | | | | | |
| 1500 ST 2D 8' | A16N | 23865 | 4050 | 4400 | 5325 | 6925 |
| 1500 SLT 2D 6 1/4' | A16N | 26220 | 5100 | 5475 | 6550 | 8450 |
| 1500 SLT 2D 8' | A16N | 26505 | 4650 | 5025 | 6025 | 7800 |
| 1500 Laramie 6 1/4' | U16N | 34855 | 7800 | 8275 | 9975 | 12750 |
| 1500 Laramie 8' | A16N | 30505 | 5025 | 5425 | 6650 | 8600 |
| 4WD | U | | 2000 | 2000 | 2665 | 2665 |
| V6, 3.7 Liter | K | | (450) | (450) | (600) | (600) |
| V8, HEMI, 5.7 Liter | 2 | | 750 | 750 | 1000 | 1000 |
| **RAM REGULAR CAB PICKUP—V8 HEMI**—Truck Equipment Schedule T1 | | | | | | |
| 3500 ST 2D 8' DR | L36D | 29065 | 10800 | 11350 | 12850 | 15700 |
| 4WD | S,X | | 2000 | 2000 | 2665 | 2665 |
| 6-Cyl, HO Turbo Dsl | C | | 4300 | 4300 | 5735 | 5735 |
| **RAM REGULAR CAB 4WD—V8 HEMI**—Truck Equipment Schedule T1 | | | | | | |
| 2500 ST 2D 8' | S26D | 30460 | 11350 | 11950 | 13500 | 16550 |
| 2500 SLT 2D 8' | S26D | 32115 | 11850 | 12450 | 14050 | 17200 |
| 2500 Laramie 2D 8' | S26D | 34635 | 12450 | 13100 | 14750 | 18000 |
| Power Wagon | | | 4650 | 4650 | 6200 | 6200 |
| 2WD | R,L | | (2250) | (2250) | (3000) | (3000) |
| 6-Cyl, HO Turbo Dsl | C | | 4300 | 4300 | 5735 | 5735 |
| **RAM REGULAR CAB—6-Cyl. HO Turbo Diesel**—Truck Equipment Sch T1 | | | | | | |
| 3500 SLT 2D 8' DR | L46C | 30621 | 15650 | 16350 | 18400 | 22400 |
| 3500 Laramie 8' DR | L46C | 31615 | 16200 | 16950 | 19000 | 23200 |
| 4WD | S,X | | 2000 | 2000 | 2665 | 2665 |
| V8, HEMI, 5.7 Liter | D | | (3650) | (3650) | (4865) | (4865) |
| **RAM REGULAR CAB PICKUP—V10**—Truck Equipment Schedule T1 | | | | | | |
| 1500 SRT-10 6 1/4' | A16H | 48505 | 13950 | 14600 | 16350 | 19850 |
| Manual, 6-Spd | | | 0 | 0 | 0 | 0 |
| **RAM QUAD CAB PICKUP—V8**—Truck Equipment Schedule T1 | | | | | | |
| 1500 ST 4D 6 1/4' | A18N | 27650 | 7025 | 7475 | 9075 | 11600 |
| 1500 SLT 4D 8' | A18N | 28055 | 6700 | 7150 | 8600 | 11050 |
| 1500 SLT 4D 6 1/4' | A18N | 29710 | 7475 | 7950 | 9600 | 12250 |
| 1500 SLT 4D 8' | A18N | 29990 | 7175 | 7650 | 9250 | 11850 |
| 1500 Laramie 8' | A18N | 33700 | 7725 | 8200 | 9875 | 12550 |
| 4WD | U | | 2000 | 2000 | 2665 | 2665 |

**376 DEDUCT FOR RECONDITIONING**

# 2006 DODGE/PLYMOUTH

| Body Type | VIN | List | Trade-In Good | Very Good | Pvt-Party Good | Retail Excellent |
|---|---|---|---|---|---|---|
| V6, 3.7 Liter | K | | (450) | (450) | (600) | (600) |
| V8, HEMI, 5.7 Liter | 2 | | 750 | 750 | 1000 | 1000 |
| **RAM QUAD CAB PICKUP 4WD—V8 HEMI—Truck Equipment Schedule T1** | | | | | | |
| 1500 Laramie 6 1/4' | U18N | 37500 | 11150 | 11750 | 13900 | 17700 |
| 2WD | A | | (2250) | (2250) | (3000) | (3000) |
| V8, HEMI, 5.7 Liter | 2 | | 750 | 750 | 1000 | 1000 |
| **RAM QUAD CAB PICKUP—V10—Truck Equipment Schedule 2** | | | | | | |
| 1500 SRT-10 6 1/4' | A18H | 52710 | 16050 | 16750 | 18650 | 22500 |
| **RAM QUAD CAB PICKUP—V8 HEMI—Truck Equipment Schedule T1** | | | | | | |
| 2500 ST 4D 8' | R28D | 30245 | 11900 | 12500 | 14150 | 17300 |
| 2500 SLT 4D 8' | R28D | 32220 | 12400 | 13050 | 14700 | 17750 |
| 2500 Laramie 8' | R28D | 34825 | 13000 | 13650 | 15450 | 18900 |
| 4WD | S,X | | 2000 | 2000 | 2665 | 2665 |
| 6-Cyl, HO Turbo Dsl | C | | 4300 | 4300 | 5735 | 5735 |
| **RAM QUAD CAB PICKUP—V8 HEMI—Truck Equipment Schedule T1** | | | | | | |
| 2500 ST 4D 6 1/4' | S28D | 38600 | 14550 | 15200 | 17150 | 20900 |
| 2500 SLT 4D 6 1/4' | S28D | 37355 | 15550 | 16250 | 18250 | 22300 |
| 3500 SLT 4D 8' | X48B | 35915 | 14550 | 15200 | 17150 | 20900 |
| 2WD | R,L | | (2250) | (2250) | (3000) | (3000) |
| 6-Cyl, HO Turbo Dsl | C | | 4300 | 4300 | 5735 | 5735 |
| **RAM QUAD CAB 4WD—6-Cyl. HO Turbo Diesel—Truck Equipment Sch T1** | | | | | | |
| 3500 SLT 4D 8' | X48C | 42615 | 19850 | 20700 | 23100 | 28100 |
| 3500 Laramie 8' | X48C | 44950 | 20200 | 21000 | 23400 | 28500 |
| 2WD | R,L | | (2250) | (2250) | (3000) | (3000) |
| V8, HEMI, 5.7 Liter | D | | (3650) | (3650) | (4865) | (4865) |
| **RAM QUAD CAB 4WD—6-Cyl. HO Turbo Diesel—Truck Equipment Sch T1** | | | | | | |
| 2500 SLT 4D 6 1/4' | S28C | 40500 | 19550 | 20400 | 22800 | 27700 |
| Power Wagon | | | 4650 | 4650 | 6200 | 6200 |
| 2WD | R,L | | (2250) | (2250) | (3000) | (3000) |
| V8, HEMI, 5.7 Liter | D | | (3650) | (3650) | (4865) | (4865) |
| **RAM QUAD CAB PICKUP—6-Cyl. HO Turbo Diesel—Truck Schedule T1** | | | | | | |
| 3500 SLT 4D 6 1/4' | L38C | 37065 | 17150 | 17900 | 20100 | 24400 |
| 4WD | S,X | | 2000 | 2000 | 2665 | 2665 |
| **RAM QUAD CAB 4WD—6-Cyl. HO Turbo Diesel—Truck Schedule T1** | | | | | | |
| 3500 SLT 4D 6 1/4' | X38C | 41375 | 20600 | 21400 | 23900 | 29000 |
| 3500 Laramie 6 1/4' | X38C | 43710 | 20900 | 21800 | 24300 | 29500 |
| 2WD | R,L | | (2250) | (2250) | (3000) | (3000) |
| **RAM MEGA CAB PICKUP 4WD—V8 HEMI—Truck Equipment Schedule T1** | | | | | | |
| 1500 SLT 4D 6 1/4' | S19D | 35980 | 13150 | 13800 | 16350 | 20700 |
| 1500 Laramie 6 1/4' | S19D | 41075 | 13150 | 13800 | 16450 | 20900 |
| 2WD | R | | (2250) | (2250) | (3000) | (3000) |
| **RAM MEGA CAB 4WD—6-Cyl. HO Turbo Diesel—Truck Equipment Sch T1** | | | | | | |
| 2500 SLT 4D 6 1/4' | S29C | 40500 | 22300 | 23300 | 25800 | 31400 |
| 2500 Laramie 6 1/4' | S29C | 42835 | 22500 | 23400 | 26100 | 31700 |
| 2WD | R | | (2250) | (2250) | (3000) | (3000) |
| V8, HEMI, 5.7 Liter | D | | (3650) | (3650) | (4865) | (4865) |
| **RAM MEGA CAB 4WD—6-Cyl. HO Turbo Diesel—Truck Schedule T1** | | | | | | |
| 3500 SLT 4D 6 1/4' | X39C | 44595 | 22500 | 23500 | 26100 | 31700 |
| 3500 Laramie 6 1/4' | X39C | 49690 | 24000 | 24900 | 27700 | 33700 |
| 2WD | R | | (2250) | (2250) | (3000) | (3000) |

## 2007 DODGE — (1,2or3)D(2,3,4,5,7or8)—(U28K)—7—#

| Body Type | VIN | List | Trade-In Good | Very Good | Pvt-Party Good | Retail Excellent |
|---|---|---|---|---|---|---|
| **NITRO 4WD—V6—Truck Equipment Schedule T1** | | | | | | |
| SXT Sport Utility 4D | U28K | 22495 | 6625 | 7075 | 8250 | 10350 |
| SLT Sport Utility 4D | U58K | 24805 | 7450 | 7925 | 9250 | 11600 |
| R/T Sport Utility 4D | U586 | 25795 | 10100 | 10600 | 12250 | 15250 |
| 2WD | T | | (750) | (750) | (1000) | (1000) |
| **DURANGO 4WD—V8—Truck Equipment Schedule T1** | | | | | | |
| SXT Sport Util 4D | B38N | 29855 | 5775 | 6200 | 7500 | 9650 |
| SLT Sport Util 4D | B48N | 32675 | 6500 | 6950 | 8350 | 10700 |
| Limited Sport Util | B58N | 36670 | 8425 | 8925 | 10250 | 12700 |
| Third Row Seat | | | 400 | 400 | 535 | 535 |
| 2WD | D | | (1225) | (1225) | (1635) | (1635) |
| V6, 3.7 Liter | K | | (550) | (550) | (735) | (735) |
| V8, HEMI, 5.7 Liter | 2 | | 625 | 675 | 900 | 900 |
| **CARAVAN CARGO—V6—Truck Equipment Schedule T2** | | | | | | |
| Minivan | P21R | 20845 | 2750 | 3050 | 4075 | 5725 |
| Grand Minivan | P23R | 21545 | 2900 | 3200 | 4275 | 5975 |
| **CARAVAN PASSENGER—V6—Truck Equipment Schedule T1** | | | | | | |
| Minivan 4D | P25R | 19345 | 2975 | 3275 | 4350 | 6100 |
| SXT Minivan 4D | P45R | 23235 | 3425 | 3750 | 5100 | 7100 |
| Grand Minivan 4D | P24R | 23995 | 3675 | 4025 | 5425 | 7525 |
| SXT Grand Minivan | P44L | 28030 | 4625 | 5000 | 6625 | 9150 |

**SEE BACK PAGES FOR TRUCK EQUIPMENT**

# 2007 DODGE/PLYMOUTH

| Body Type | VIN | List | Trade-In Good | Very Good | Pvt-Party Good | Retail Excellent |
|---|---|---|---|---|---|---|
| 5-Passenger Seating | | | (400) | (400) | (535) | (535) |
| 4-Cyl, 2.4 Liter | B | | (750) | (750) | (1000) | (1000) |
| **DAKOTA CLUB CAB PICKUP—V6**—Truck Equipment Schedule T1 | | | | | | |
| ST 2D 6 1/2' | E22K | 20840 | 4150 | 4500 | 5400 | 6975 |
| SLT 2D 6 1/2' | E42K | 24630 | 5950 | 6375 | 7675 | 9800 |
| 4WD | W | | 1300 | 1300 | 1735 | 1735 |
| V8, 4.7 Liter | N | | 425 | 425 | 565 | 565 |
| V8, HO 4.7 Liter | J | | 425 | 425 | 565 | 565 |
| **DAKOTA CLUB CAB PICKUP 4WD—V8**—Truck Equipment Schedule T1 | | | | | | |
| Laramie 2D 6 1/2' | W52N | 29285 | 8300 | 8800 | 10450 | 13300 |
| 2WD | E | | (1650) | (1650) | (2200) | (2200) |
| V6, 3.7 Liter | K | | (425) | (425) | (565) | (565) |
| **DAKOTA QUAD CAB PICKUP—V6**—Truck Equipment Schedule T1 | | | | | | |
| SLT 4D 5 1/2' | E28K | 23540 | 5925 | 6350 | 7650 | 9775 |
| 4WD | W | | 1300 | 1300 | 1735 | 1735 |
| V8, 4.7 Liter | N | | 425 | 425 | 565 | 565 |
| **DAKOTA QUAD CAB PICKUP 4WD—V8**—Truck Equipment Schedule T1 | | | | | | |
| SLT 4D 5 1/2' | W48N | 29975 | 8950 | 9450 | 11300 | 14300 |
| 2WD | E | | (1650) | (1650) | (2200) | (2200) |
| V6, 3.7 Liter | K | | (425) | (425) | (565) | (565) |
| Laramie 4D 5 1/2' | W58N | 31070 | 9600 | 10150 | 12050 | 15250 |
| 2WD | E | | (1650) | (1650) | (2200) | (2200) |
| V6, 3.7 Liter | K | | (425) | (425) | (565) | (565) |
| **RAM REGULAR CAB PICKUP—V6**—Truck Equipment Schedule T1 | | | | | | |
| 1500 ST 2D 6 1/4' | A16K | 23375 | 5225 | 5625 | 6575 | 8400 |
| 4WD | U | | 2200 | 2200 | 2935 | 2935 |
| V8, 4.7 Liter | U | | 450 | 450 | 600 | 600 |
| V8, Flex Fuel, 4.7 Liter | P | | 450 | 450 | 600 | 600 |
| V8, HEMI, 5.7 Liter | 2 | | 1300 | 1300 | 1735 | 1735 |
| **RAM REGULAR CAB PICKUP—V8**—Truck Equipment Schedule T1 | | | | | | |
| 1500 ST 2D 8' | A16N | 24225 | 5025 | 5400 | 6350 | 8100 |
| 1500 SLT 2D 6 1/4' | A16N | 26750 | 6175 | 6600 | 7875 | 9975 |
| 1500 SLT 2D 8' | A16N | 27035 | 5675 | 6075 | 7300 | 9275 |
| 4WD | U | | 2200 | 2200 | 2935 | 2935 |
| V6, 3.7 Liter | K | | (450) | (450) | (600) | (600) |
| V8, HEMI, 5.7 Liter | 2 | | 800 | 800 | 1065 | 1065 |
| **RAM REGULAR CAB PICKUP—V8 HEMI**—Truck Equipment Schedule T1 | | | | | | |
| 3500 ST 2D 8' DR | L36D | 29425 | 11300 | 11900 | 13450 | 16500 |
| Power Wagon | | | 4825 | 4825 | 6435 | 6435 |
| 4WD | S,X | | 2200 | 2200 | 2935 | 2935 |
| 6-Cyl, HO Trb Dsl 5.9L | C | | 4500 | 4500 | 6000 | 6000 |
| 6-Cyl, Turbo Dsl 6.7L | A | | 4825 | 4825 | 6435 | 6435 |
| **RAM REGULAR CAB 4WD—V8 HEMI**—Truck Equipment Schedule T1 | | | | | | |
| 2500 ST 2D 8' | S26D | 30820 | 11950 | 12550 | 14200 | 17350 |
| 2500 SLT 2D 8' | S26D | 32520 | 12600 | 13250 | 14900 | 18200 |
| 2WD | C | | (2425) | (2425) | (3235) | (3235) |
| 6-Cyl, HO Trb Dsl 5.9L | C | | 4500 | 4500 | 6000 | 6000 |
| 6-Cyl, Turbo Dsl 6.7L | A | | 4825 | 4825 | 6435 | 6435 |
| **RAM REGULAR CAB—6-Cyl. Turbo Diesel**—Truck Equipment Sch T1 | | | | | | |
| 3500 SLT 2D 8' DR | L46A | 30570 | 15900 | 16650 | 18700 | 22800 |
| 4WD | S,X | | 2200 | 2200 | 2935 | 2935 |
| 6-Cyl, HO Trb Dsl 5.9L | C | | (275) | (275) | (365) | (365) |
| V8, HEMI, 5.7 Liter | D | | (4575) | (4575) | (6100) | (6100) |
| **RAM QUAD CAB PICKUP—V8**—Truck Equipment Schedule T1 | | | | | | |
| 1500 ST 4D 6 1/4' | A18N | 28010 | 8300 | 8800 | 10400 | 13100 |
| 1500 ST 4D 8' | A18N | 28585 | 7900 | 8400 | 9925 | 12550 |
| 1500 SLT 4D 6 1/4' | A18N | 30320 | 9000 | 9525 | 11200 | 14100 |
| 1500 SLT 4D 8' | A18N | 30600 | 8500 | 9000 | 10600 | 13400 |
| 4WD | U | | 2200 | 2200 | 2935 | 2935 |
| V6, 3.7 Liter | K | | (450) | (450) | (600) | (600) |
| V8, HEMI, 5.7 Liter | 2 | | 800 | 800 | 1065 | 1065 |
| **RAM QUAD CAB PICKUP 4WD—V8 HEMI**—Truck Equipment Schedule T1 | | | | | | |
| 1500 Laramie 6 1/4' | U182 | 37565 | 13350 | 14000 | 16400 | 20600 |
| 2WD | R | | (2425) | (2425) | (3235) | (3235) |
| **RAM QUAD CAB PICKUP—V8 HEMI**—Truck Equipment Schedule T1 | | | | | | |
| 2500 ST 4D 8' | R28D | 30530 | 12000 | 12600 | 14250 | 17400 |
| 2500 SLT 4D 8' | R28D | 32530 | 12550 | 13200 | 14850 | 18150 |
| 2500 Laramie 4D 8' | R28D | 35010 | 13300 | 13950 | 15800 | 19250 |
| 4WD | S,X | | 2200 | 2200 | 2935 | 2935 |
| 6-Cyl, HO Trb Dsl 5.9L | C | | 4500 | 4500 | 6000 | 6000 |
| 6-Cyl, Turbo Dsl 6.7L | A | | 4825 | 4825 | 6435 | 6435 |

**DEDUCT FOR RECONDITIONING**

# 2007 DODGE/PLYMOUTH

| Body Type | VIN | List | Trade-In Good | Trade-In Very Good | Pvt-Party Good | Retail Excellent |
|---|---|---|---|---|---|---|
| **RAM QUAD CAB PICKUP 4WD—V8 HEMI**—Truck Equipment Schedule T1 | | | | | | |
| 2500 ST 4D 6 1/4' | S28D | 37860 | 15200 | 15900 | 17900 | 21800 |
| 2500 Laramie 6 1/4' | S28D | 37860 | 16250 | 17000 | 19050 | 23200 |
| 3500 ST 4D 8' | X48D | 36275 | 15100 | 15800 | 17750 | 21700 |
| 2WD | R | | (2425) | (2425) | (3235) | (3235) |
| 6-Cyl, HO Trb Dsl 5.9L | C | | 4500 | 4500 | 6000 | 6000 |
| 6-Cyl, Turbo Dsl 6.7L | | | 4825 | 4825 | 6435 | 6435 |
| **RAM QUAD CAB 4WD—6-Cyl. Turbo Diesel**—Truck Equipment Schedule T1 | | | | | | |
| 3500 Laramie 8' | X48A | 45014 | 21500 | 22400 | 24900 | 30300 |
| 2WD | R | | (2425) | (2425) | (3235) | (3235) |
| 6-Cyl, HO Trb Dsl 5.9L | C | | (275) | (275) | (365) | (365) |
| V8, HEMI, 5.7 Liter | D | | (4575) | (4575) | (6100) | (6100) |
| **RAM QUAD CAB PICKUP—6-Cyl. Turbo Diesel**—Truck Schedule T1 | | | | | | |
| 3500 ST 4D 6 1/4' | L38A | 37425 | 17700 | 18450 | 20700 | 25200 |
| 4WD | S,X | | 2200 | 2200 | 2935 | 2935 |
| 6-Cyl, HO Trb Dsl 5.9L | C | | (300) | (300) | (400) | (400) |
| **RAM QUAD CAB 4WD—6-Cyl. Turbo Diesel**—Truck Equipment Sch T1 | | | | | | |
| 2500 SLT 4D 6 1/4' | S28A | 40985 | 20700 | 21600 | 24100 | 29300 |
| 3500 SLT 4D 6 1/4' | X38A | 41810 | 21200 | 22100 | 24600 | 29900 |
| 3500 SLT 4D 8' | X48A | 43100 | 21000 | 21900 | 24400 | 29700 |
| 3500 Laramie 6 1/4' | X38A | 48315 | 21700 | 22600 | 25200 | 30600 |
| Power Wagon | | | 4825 | 4825 | 6435 | 6435 |
| 2WD | R | | (2425) | (2425) | (3235) | (3235) |
| 6-Cyl, HO Trb Dsl 5.9L | C | | (275) | (275) | (365) | (365) |
| V8, HEMI, 5.7 Liter | D | | (4575) | (4575) | (6100) | (6100) |
| **RAM MEGA CAB PICKUP 4WD—V8 HEMI**—Truck Equipment Schedule T1 | | | | | | |
| 1500 SLT 4D 6 1/4' | S19D | 36845 | 15250 | 15950 | 18600 | 23300 |
| 1500 Laramie 6 1/4' | S19D | 42050 | 15900 | 16650 | 19350 | 24200 |
| 2WD | R | | (2425) | (2425) | (3235) | (3235) |
| **RAM MEGA CAB PICKUP 4WD—6-Cyl. Turbo Diesel**—Truck Equip Sch T1 | | | | | | |
| 2500 SLT 4D 6 1/4' | S29A | 44120 | 24500 | 25500 | 28300 | 34300 |
| 2WD | R | | (2425) | (2425) | (3235) | (3235) |
| 6-Cyl, HO Trb Dsl 5.9L | C | | (275) | (275) | (365) | (365) |
| V8, HEMI, 5.7 Liter | D | | (4575) | (4575) | (6100) | (6100) |
| **RAM MEGA CAB 4WD—6-Cyl. HO Turbo Diesel**—Truck Equipment Sch T1 | | | | | | |
| 2500 Laramie 6 1/4' | S29C | 49090 | 24700 | 25700 | 28500 | 34600 |
| 2WD | R | | (2425) | (2425) | (3235) | (3235) |
| 6-Cyl, Turbo Dsl 6.7L | A | | 275 | 275 | 365 | 365 |
| V8, HEMI, 5.7 Liter | D | | (4500) | (4500) | (6000) | (6000) |
| **RAM MEGA CAB 4WD—6-Cyl. HO Turbo Diesel**—Truck Schedule T1 | | | | | | |
| 3500 SLT 4D 6 1/4' | X39C | 46245 | 24300 | 25200 | 28000 | 34000 |
| 3500 Laramie 6 1/4' | X39C | 50515 | 25400 | 26400 | 29200 | 35500 |
| 2WD | L | | (2425) | (2425) | (3235) | (3235) |
| 6-Cyl, Turbo Dsl 6.7L | A | | 200 | 200 | 265 | 265 |

## 2008 DODGE — (1,3orW)D(2,3,4,5,7or8)−(U28K)−8−#

| Body Type | VIN | List | Trade-In Good | Trade-In Very Good | Pvt-Party Good | Retail Excellent |
|---|---|---|---|---|---|---|
| **NITRO 4WD—V6**—Truck Equipment Schedule T1 | | | | | | |
| SXT Sport Utility 4D | U28K | 21915 | 7400 | 7875 | 9050 | 11200 |
| SLT Sport Utility 4D | U58K | 25325 | 8500 | 9000 | 10250 | 12650 |
| R/T Sport Utility 4D | U586 | 28500 | 10900 | 11500 | 13050 | 16050 |
| 2WD | T | | (875) | (875) | (1165) | (1165) |
| **DURANGO 4WD—V8**—Truck Equipment Schedule T1 | | | | | | |
| SXT Sport Utility 4D | B38N | 30480 | 6850 | 7300 | 8675 | 10950 |
| Adventurer Spt Util | B68N | 35610 | 9050 | 9575 | 11250 | 14100 |
| Third Row Seat | | | 475 | 475 | 635 | 635 |
| 2WD | D | | (1300) | (1300) | (1735) | (1735) |
| V6, 3.7 Liter | K | | (675) | (675) | (900) | (900) |
| V8, HEMI, 5.7 Liter | 2 | | 700 | 700 | 935 | 935 |
| **DURANGO 4WD—V8 HEMI**—Truck Equipment Schedule T1 | | | | | | |
| SLT Sport Utility 4D | B482 | 34730 | 8700 | 9200 | 10850 | 13600 |
| Limited Sport Util | B582 | 38870 | 11450 | 12000 | 13400 | 16200 |
| 2WD | D | | (1300) | (1300) | (1735) | (1735) |
| V6, 3.7 Liter | K | | (1600) | (1600) | (2135) | (2135) |
| V8, Flex Fuel, 4.7 Liter | N | | (800) | (800) | (1065) | (1065) |
| **CARAVAN CARGO—V6**—Truck Equipment Schedule T2 | | | | | | |
| SE Grand Minivan | N11H | 22470 | 5175 | 5550 | 6725 | 8750 |
| **GRAND CARAVAN—V6**—Truck Equipment Schedule T1 | | | | | | |
| SE Minivan | N44H | 22470 | 6100 | 6525 | 8025 | 10400 |
| SXT Minivan | N54P | 27535 | 7175 | 7650 | 9375 | 12100 |
| **DAKOTA EXTENDED CAB PICKUP—V6**—Truck Equipment Schedule T1 | | | | | | |
| ST 4D 6 1/2' | E22K | 21215 | 5600 | 6000 | 7050 | 8850 |
| SLT 4D 6 1/2' | E42K | 25730 | 6900 | 7350 | 8600 | 10750 |
| SXT 4D 6 1/2' | E32K | 26730 | 7100 | 7575 | 8825 | 11000 |

SEE BACK PAGES FOR TRUCK EQUIPMENT

# 2008 DODGE

| Body Type | VIN | List | Trade-In Good | Very Good | Pvt-Party Good | Retail Excellent |
|---|---|---|---|---|---|---|
| Sport 4D 6 1/2' | E62K | 25780 | 7000 | 7450 | 8725 | 10900 |
| TRX 4D 6 1/2' | E72K | 26100 | 7300 | 7775 | 9050 | 11300 |
| 4WD | W | | 1500 | 1500 | 2000 | 2000 |
| V8, Flex Fuel, 4.7 Liter | N | | 475 | 475 | 635 | 635 |
| **DAKOTA EXTENDED CAB PICKUP 4WD—V8**—Truck Equipment Schedule T1 | | | | | | |
| Laramie 4D 6 1/2' | W52N | 33795 | 9850 | 10400 | 11950 | 14850 |
| 2WD | E | | (1675) | (1675) | (2235) | (2235) |
| **DAKOTA CREW CAB PICKUP—V6**—Truck Equipment Schedule T1 | | | | | | |
| SXT 4D 5 1/4' | E38K | 25420 | 9600 | 10150 | 11700 | 14500 |
| 4WD | W | | 1500 | 1500 | 2000 | 2000 |
| V8, Flex Fuel, 4.7 Liter | N | | 475 | 475 | 635 | 635 |
| **DAKOTA CREW CAB PICKUP 4WD—V6**—Truck Equipment Schedule T1 | | | | | | |
| ST 4D 5 1/4' | W28K | 25730 | 10350 | 10900 | 12500 | 15500 |
| 2WD | E | | (1675) | (1675) | (2235) | (2235) |
| V8, Flex Fuel, 4.7 Liter | N | | 475 | 475 | 635 | 635 |
| **DAKOTA CREW CAB PICKUP—V8 Flex Fuel**—Truck Equipment Schedule T1 | | | | | | |
| SLT 4D 5 1/4' | E48N | 27875 | 10450 | 11000 | 12650 | 15650 |
| 4WD | W | | 1500 | 1500 | 2000 | 2000 |
| V6, 3.7 Liter | | | (475) | (475) | (635) | (635) |
| **DAKOTA CREW CAB PICKUP 4WD—V8 Flex Fuel**—Truck Equipment Sch T1 | | | | | | |
| TRX 4D 5 1/4' | W78N | 31450 | 11800 | 12400 | 14250 | 17600 |
| Sport 4D 5 1/4' | W68N | 31180 | 12450 | 13100 | 14950 | 18500 |
| 2WD | E | | (1675) | (1675) | (2235) | (2235) |
| V6, 3.7 Liter | | | (475) | (475) | (635) | (635) |
| **DAKOTA CREW CAB PICKUP 4WD—V8**—Truck Equipment Schedule T1 | | | | | | |
| Laramie 4D 5 1/4' | W58N | 31745 | 11950 | 12550 | 14400 | 17800 |
| 2WD | E | | (1675) | (1675) | (2235) | (2235) |
| **RAM REGULAR CAB PICKUP—V6**—Truck Equipment Schedule T1 | | | | | | |
| 1500 ST 2D 6 1/4' | A16K | 23150 | 6250 | 6675 | 7800 | 9750 |
| 1500 SXT 2D 6 1/4' | A16K | 25095 | 6950 | 7400 | 8575 | 10700 |
| 4WD | U | | 2600 | 2600 | 3465 | 3465 |
| V8, 4.7 Liter | N | | 675 | 675 | 900 | 900 |
| V8, HEMI, 5.7 Liter | 2 | | 1400 | 1400 | 1865 | 1865 |
| **RAM REGULAR CAB PICKUP—V8**—Truck Equipment Schedule T1 | | | | | | |
| 1500 ST 2D 8' | A16N | 24480 | 6100 | 6525 | 7625 | 9550 |
| 1500 SXT 2D 8' | A16N | 26425 | 7025 | 7475 | 8675 | 10850 |
| 1500 SLT 2D 6 1/4' | A16N | 26570 | 7750 | 8225 | 9550 | 11900 |
| 1500 SLT 2D 8' | A16N | 26855 | 7225 | 7675 | 8900 | 11100 |
| 4WD | U | | 2600 | 2600 | 3465 | 3465 |
| V6, 3.7 Liter | K | | (525) | (525) | (700) | (700) |
| V8, HEMI, 5.7 Liter | 2 | | 875 | 875 | 1165 | 1165 |
| **RAM REGULAR CAB PICKUP—V8 HEMI**—Truck Equipment Schedule T1 | | | | | | |
| 2500 SXT 2D 8' | R26D | 29685 | 10250 | 10800 | 12000 | 14500 |
| 3500 ST 2D 8' DR | L36D | 29610 | 11700 | 12300 | 13650 | 16450 |
| 4WD | S,X | | 2600 | 2600 | 3465 | 3465 |
| 6-Cyl, Turbo Dsl 6.7L | A | | 5050 | 5050 | 6735 | 6735 |
| **RAM REGULAR CAB PICKUP—6-Cyl. Turbo Diesel**—Truck Equip Sch T1 | | | | | | |
| 3500 SLT 2D 8' DR | L46A | 31860 | 17800 | 18550 | 20400 | 24500 |
| 4WD | S,X | | 2600 | 2600 | 3465 | 3465 |
| V8, HEMI, 5.7 Liter | A | | (4925) | (4925) | (6565) | (6565) |
| **RAM REGULAR CAB 4WD—V8 HEMI**—Truck Equipment Schedule T1 | | | | | | |
| 3500 SXT 2D 8' DR | L46D | 31305 | 15100 | 15800 | 17450 | 21000 |
| 2WD | C | | (2650) | (2650) | (3535) | (3535) |
| 6-Cyl, Turbo Dsl 6.7L | C | | 5050 | 5050 | 6735 | 6735 |
| **RAM REGULAR CAB 4WD—V8 HEMI**—Truck Equipment Schedule T1 | | | | | | |
| 2500 ST 2D 8' | S26D | 32130 | 12700 | 13350 | 14750 | 17750 |
| 2500 SLT 2D 8' | S26D | 34725 | 13100 | 13750 | 15150 | 18250 |
| Power Wagon | | | 5025 | 5025 | 6700 | 6700 |
| 2WD | C | | (2650) | (2650) | (3535) | (3535) |
| 6-Cyl, HO Trb Dsl 5.9L | C | | 4725 | 4725 | 6300 | 6300 |
| 6-Cyl, Turbo Dsl 6.7L | A | | 5050 | 5050 | 6735 | 6735 |
| **RAM QUAD CAB PICKUP—V8**—Truck Equipment Schedule T1 | | | | | | |
| 1500 ST 2D 6 1/4' | A18N | 28365 | 9800 | 10350 | 11900 | 14800 |
| 1500 ST 4D 6 1/4' | A18N | 29900 | 9500 | 10050 | 11600 | 14400 |
| 1500 SLT 4D 6 1/4' | A18N | 30470 | 10500 | 11050 | 12700 | 15750 |
| 1500 SXT 4D 8' | A18N | 32005 | 10000 | 10550 | 12150 | 15050 |
| 1500 SLT 4D 6 1/4' | A18N | 30740 | 10650 | 11200 | 12850 | 15950 |
| 1500 SLT 4D 8' | A18N | 31410 | 10200 | 10750 | 12350 | 15350 |
| 4WD | U | | 2600 | 2600 | 3465 | 3465 |
| V6, 3.7 Liter | K | | (525) | (525) | (700) | (700) |
| V8, HEMI, 5.7 Liter | 2 | | 875 | 875 | 1165 | 1165 |
| **RAM QUAD CAB PICKUP 4WD—V8 HEMI**—Truck Equipment Schedule T1 | | | | | | |
| 1500 Laramie 6 1/4' | U182 | 40680 | 15500 | 16200 | 18500 | 22800 |

DEDUCT FOR RECONDITIONING

# 2008 DODGE

| Body Type | VIN | List | Trade-In Good | Trade-In Very Good | Pvt-Party Good | Retail Excellent |
|---|---|---|---|---|---|---|
| 2WD | R | | (2650) | (2650) | (3535) | (3535) |
| **RAM QUAD CAB PICKUP—V8 HEMI**—Truck Equipment Schedule T1 | | | | | | |
| 2500 ST 4D 8' | R28D | 30740 | 13250 | 13900 | 15450 | 18600 |
| 2500 SXT 4D 8' | R28D | 32860 | 14000 | 14650 | 16250 | 19550 |
| 2500 SLT 4D 8' | R28D | 34105 | 13850 | 14500 | 16100 | 19350 |
| 2500 Laramie 8' | R28D | 37235 | 14850 | 15550 | 17200 | 20700 |
| 3500 SXT 4D 8' | L48D | 35295 | 14150 | 14800 | 16400 | 19750 |
| 4WD | S | | 2600 | 2600 | 3465 | 3465 |
| 6-Cyl, Turbo Dsl 6.7L | A | | 5050 | 5050 | 6735 | 6735 |
| **RAM QUAD CAB PICKUP 4WD—V8 HEMI**—Truck Equipment Schedule T1 | | | | | | |
| 2500 ST 4D 6 1/4' | S282 | 34840 | 16600 | 17350 | 19100 | 23000 |
| 2500 Laramie 6 1/4' | S282 | 41575 | 18100 | 18900 | 20700 | 24900 |
| 3500 SLT 4D 6 1/4' | X48D | 36160 | 16500 | 17250 | 19000 | 22800 |
| 2WD | R | | (2650) | (2650) | (3535) | (3535) |
| 6-Cyl, Turbo Dsl 6.7L | A | | 5050 | 5050 | 6735 | 6735 |
| 6-Cyl, HO Trb Dsl 5.9L | | | 4725 | 4725 | 6300 | 6300 |
| **RAM QUAD CAB 4WD—6-Cyl. Turbo Diesel**—Equipment Schedule T1 | | | | | | |
| 2500 SXT 4D 6 1/4' | S28A | 36870 | 22500 | 23500 | 25600 | 30700 |
| 2500 SLT 4D 6 1/4' | S28A | 44765 | 22700 | 23700 | 25800 | 30900 |
| 3500 SLT 4D 8' | X48A | 45560 | 23100 | 24100 | 26200 | 31400 |
| 3500 Laramie 8' | X48A | 48665 | 23700 | 24700 | 26900 | 32200 |
| Power Wagon | | | 5025 | 5025 | 6700 | 6700 |
| 2WD | R | | (2650) | (2650) | (3535) | (3535) |
| V8, HEMI, 5.7 Liter | D | | (4925) | (4925) | (6565) | (6565) |
| **RAM QUAD CAB PICKUP—6-Cyl. Turbo Diesel**—Truck Equipment Sch T1 | | | | | | |
| 3500 ST 4D 6 1/4' | L38A | 38105 | 19450 | 20300 | 22200 | 26700 |
| 3500 SXT 4D 6 1/4' | L38A | 40545 | 19850 | 20700 | 22700 | 27200 |
| 4WD | X | | 2600 | 2600 | 3465 | 3465 |
| 6-Cyl, HO Trb Dsl 5.9L | C | | (300) | (300) | (400) | (400) |
| **RAM QUAD CAB 4WD—6-Cyl. Turbo Diesel**—Truck Equipment Sch T1 | | | | | | |
| 3500 SLT 4D 6 1/4' | X38A | 44645 | 23300 | 24300 | 26400 | 31700 |
| 3500 Laramie 6 1/4' | X38A | 48075 | 23600 | 24600 | 26800 | 32100 |
| 2WD | L,R | | (2650) | (2650) | (3535) | (3535) |
| **RAM MEGA CAB PICKUP—V8 HEMI**—Truck Equipment Schedule T1 | | | | | | |
| 1500 SXT 4D 6 1/4' | A19D | 33695 | 13950 | 14600 | 16750 | 20700 |
| 4WD | S,U | | 2600 | 2600 | 3465 | 3465 |
| **RAM MEGA CAB PICKUP 4WD—V8 HEMI**—Truck Equipment Schedule T1 | | | | | | |
| 1500 SXT 4D 6 1/4' | S19D | 38665 | 17050 | 17800 | 20300 | 25000 |
| 1500 Laramie 6 1/4' | S19D | 42250 | 18000 | 18800 | 21300 | 26300 |
| 2WD | A,R | | (2650) | (2650) | (3535) | (3535) |
| **RAM MEGA CAB 4WD—6-Cyl. Turbo Diesel**—Truck Equipment Schedule T1 | | | | | | |
| 2500 SXT 4D 6 1/4' | S29A | 45530 | 26400 | 27500 | 29900 | 35800 |
| 2500 SLT 4D 6 1/4' | S29A | 46315 | 26700 | 27800 | 30200 | 36200 |
| 2500 Laramie 6 1/4' | S29A | 49630 | 27100 | 28200 | 30700 | 36700 |
| 2WD | R | | (2650) | (2650) | (3535) | (3535) |
| V8, HEMI, 5.7 Liter | D | | (4925) | (4925) | (6565) | (6565) |
| **RAM MEGA CAB PICKUP 4WD—6-Cyl. Turbo Diesel**—Truck Equip Sch T1 | | | | | | |
| 3500 SXT 4D 6 1/4' | X39A | 47750 | 26700 | 27800 | 30200 | 36200 |
| 3500 SLT 4D 6 1/4' | X39A | 48260 | 26900 | 28000 | 30400 | 36400 |
| 3500 Laramie 6 1/4' | X39C | 51400 | 27400 | 28500 | 31000 | 37100 |
| 2WD | L | | (2650) | (2650) | (3535) | (3535) |

# 2009 DODGE — (1,3orW)D(2,3,4,5,7or8)-(U28K)-9-#

| Body Type | VIN | List | Trade-In Good | Trade-In Very Good | Pvt-Party Good | Retail Excellent |
|---|---|---|---|---|---|---|
| **NITRO 4WD—V6**—Truck Equipment Schedule T1 | | | | | | |
| SE Sport Utility 4D | U28K | 23795 | 9100 | 9625 | 10800 | 13150 |
| SLT Sport Utility 4D | U58K | 26115 | 10300 | 10850 | 12100 | 14700 |
| R/T Sport Utility 4D | U58X | 29290 | 12700 | 13300 | 14950 | 18050 |
| 2WD | T | | (1000) | (1000) | (1335) | (1335) |
| **JOURNEY—4-Cyl.**—Truck Equipment Schedule T1 | | | | | | |
| SE Sport Utility 4D | G47B | 19985 | 6750 | 7200 | 8400 | 10450 |
| **JOURNEY—V6**—Truck Equipment Schedule T1 | | | | | | |
| SXT Sport Utility 4D | G57V | 22985 | 7975 | 8475 | 9750 | 12100 |
| AWD | H | | 1000 | 1000 | 1335 | 1335 |
| **JOURNEY AWD—V6**—Truck Equipment Schedule T1 | | | | | | |
| R/T Sport Utility 4D | H67V | 26545 | 10850 | 11400 | 12900 | 15750 |
| FWD | G | | (1200) | (1200) | (1600) | (1600) |
| **DURANGO 4WD—V8**—Truck Equipment Schedule T1 | | | | | | |
| SE Sport Utility 4D | B38P | 31710 | 10150 | 10700 | 11950 | 14500 |
| Third Row Seat | | | 550 | 550 | 735 | 735 |
| 2WD | D | | (1400) | (1400) | (1865) | (1865) |
| V6, 3.7 Liter | K | | (800) | (800) | (1065) | (1065) |
| **DURANGO 4WD—V8 HEMI**—Truck Equipment Schedule T1 | | | | | | |
| SLT Sport Utility 4D | B48T | 35835 | 11800 | 12400 | 13850 | 16750 |

SEE BACK PAGES FOR TRUCK EQUIPMENT

# 2009 DODGE

**TRUCKS & VANS**

| Body Type | VIN | List | Trade-In Good | Very Good | Pvt-Party Good | Retail Excellent |
|---|---|---|---|---|---|---|
| Limited Sport Utility | B58T | 41075 | 15400 | 16100 | 17350 | 20500 |
| Third Row Seat | | | 550 | 550 | 735 | 735 |
| 2WD | D | | (1400) | (1400) | (1865) | (1865) |
| V6, 3.7 Liter | K | | (1700) | (1700) | (2265) | (2265) |
| V8, Flex Fuel, 4.7 Liter | P | | (850) | (850) | (1135) | (1135) |
| **DURANGO 4WD—V8 HEMI Hybrid**—Truck Equipment Schedule T1 | | | | | | |
| Limited Sport Utility | B18T | 45340 | 18000 | 18800 | 20100 | 23700 |
| Third Row Seat | | | 550 | 550 | 735 | 735 |
| **GRAND CARAVAN—V6**—Truck Equipment Schedule T1 | | | | | | |
| SE Minivan | N44E | 24300 | 7500 | 7975 | 9350 | 11700 |
| SXT Minivan | N541 | 28595 | 9000 | 9525 | 11100 | 13850 |
| **DAKOTA EXTENDED CAB PICKUP—V6**—Truck Equipment Schedule T1 | | | | | | |
| ST 4D 6 1/2' | E38K | 24515 | 7100 | 7575 | 8850 | 11050 |
| Big Horn/Lone Star | E32K | 24090 | 8200 | 8700 | 10100 | 12550 |
| 4WD | W | | 1700 | 1700 | 2265 | 2265 |
| V8, FFV, 4.7 Liter | P | | 550 | 550 | 735 | 735 |
| **DAKOTA EXTENDED CAB PICKUP 4WD—V6**—Truck Equipment Schedule T1 | | | | | | |
| Laramie 4D 6 1/2' | W52K | 29995 | 10850 | 11400 | 13100 | 16250 |
| 2WD | E | | (2200) | (2200) | (2935) | (2935) |
| V8, FFV, 4.7 Liter | P | | 550 | 550 | 735 | 735 |
| **DAKOTA EXTENDED CAB PICKUP 4WD—V6**—Truck Equipment Sch T1 | | | | | | |
| TRX 4D 6 1/2' | W72K | 30375 | 8950 | 9450 | 10950 | 13650 |
| V8, FFV, 4.7 Liter | P | | 550 | 550 | 735 | 735 |
| **DAKOTA CREW CAB PICKUP—V6**—Truck Equipment Schedule T1 | | | | | | |
| Big Horn/Lone Star | E38K | 26795 | 10750 | 11300 | 13000 | 16100 |
| 4WD | W | | 1700 | 1700 | 2265 | 2265 |
| V8, FFV, 4.7 Liter | P | | 550 | 550 | 735 | 735 |
| **DAKOTA CREW CAB PICKUP 4WD—V6**—Truck Equipment Schedule T1 | | | | | | |
| ST 4D 5 1/4' | W32K | 27440 | 11850 | 12450 | 14300 | 17750 |
| 2WD | E | | (2200) | (2200) | (2935) | (2935) |
| V8, FFV, 4.7 Liter | P | | 550 | 550 | 735 | 735 |
| **DAKOTA CREW CAB 4WD—V8 Flex Fuel**—Truck Equipment Schedule T1 | | | | | | |
| Laramie 4D 5 1/4' | W58N | 32530 | 13900 | 14550 | 16750 | 20700 |
| 2WD | E | | (2200) | (2200) | (2935) | (2935) |
| V6, 3.7 Liter | K | | (550) | (550) | (735) | (735) |
| **DAKOTA CREW CAB PICKUP 4WD—V8 Flex Fuel**—Truck Equipment Sch T1 | | | | | | |
| TRX 4D 5 1/4' | W78P | 31945 | 12850 | 13450 | 15550 | 19250 |
| V6, 3.7 Liter | K | | (550) | (550) | (735) | (735) |
| **RAM REGULAR CAB PICKUP—V6**—Truck Equipment Schedule T1 | | | | | | |
| 1500 ST 2D 6 1/4' | A16K | 22170 | 8250 | 8750 | 9700 | 11700 |
| 4WD | V | | 2800 | 2800 | 3735 | 3735 |
| V8, 4.7 Liter | P | | 675 | 675 | 900 | 900 |
| V8, HEMI, 5.7 Liter | T | | 1550 | 1550 | 2065 | 2065 |
| **RAM REGULAR CAB PICKUP—V8**—Truck Equipment Schedule T1 | | | | | | |
| 1500 ST 2D 8' | B16P | 23705 | 8050 | 8550 | 9500 | 11450 |
| 1500 SLT 2D 6 1/4' | B16P | 26615 | 10000 | 10550 | 11650 | 14000 |
| 1500 SLT 2D 8' | B16P | 26915 | 9400 | 9925 | 11000 | 13250 |
| 4WD | V | | 2800 | 2800 | 3735 | 3735 |
| V6, 3.7 Liter | K | | (600) | (600) | (800) | (800) |
| V8, HEMI, 5.7 Liter | T | | 950 | 950 | 1265 | 1265 |
| **RAM REGULAR CAB PICKUP—V8 HEMI**—Truck Equipment Schedule T1 | | | | | | |
| 2500 SXT 2D 8' | R26T | 31980 | 13350 | 14000 | 15200 | 17950 |
| 4WD | S | | 2800 | 2800 | 3735 | 3735 |
| 6-Cyl, Turbo Dsl 6.7L | L | | 5275 | 5275 | 7035 | 7035 |
| **RAM REGULAR CAB 4WD—V8 HEMI**—Truck Equipment Schedule T1 | | | | | | |
| 2500 SXT 2D 8' | S26T | 35185 | 15900 | 16650 | 17900 | 21100 |
| 2500 SLT 2D 8' | S26T | 35185 | 16500 | 17250 | 18550 | 21900 |
| 2WD | R,L | | (2825) | (2825) | (3765) | (3765) |
| 6-Cyl, Turbo Dsl 6.7L | L | | 5275 | 5275 | 7035 | 7035 |
| **RAM REGULAR CAB PICKUP—6-Cyl. Turbo Diesel**—Truck Equip Sch T1 | | | | | | |
| 3500 SLT 2D 8' DR | L36L | 39034 | 20500 | 21300 | 22800 | 26800 |
| 3500 SLT 2D 8' DR | L36L | 41284 | 21200 | 22100 | 23600 | 27800 |
| 4WD | X | | 2800 | 2800 | 3735 | 3735 |
| **RAM REGULAR CAB 4WD—6-Cyl. Turbo Diesel**—Truck Equip Sch T1 | | | | | | |
| 3500 SXT 2D 8' DR | L46L | 39654 | 24200 | 25100 | 26800 | 31500 |
| 2WD | | | (2825) | (2825) | (3765) | (3765) |
| **RAM QUAD CAB PICKUP—V8**—Truck Equipment Schedule T1 | | | | | | |
| 1500 ST 4D 6 1/4' | B18P | 27640 | 12600 | 13250 | 14550 | 17400 |
| 1500 SLT 4D 6 1/4' | B18P | 30625 | 13200 | 13850 | 15300 | 18300 |
| 4WD | V | | 2800 | 2800 | 3735 | 3735 |
| V6, 3.7 Liter | K | | (600) | (600) | (800) | (800) |
| V8, HEMI, 5.7 Liter | T | | 950 | 950 | 1265 | 1265 |

382  DEDUCT FOR RECONDITIONING

# 2009 DODGE

| Body Type | VIN | List | Trade-In Good | Very Good | Pvt-Party Good | Retail Excellent |
|---|---|---|---|---|---|---|
| **RAM QUAD CAB PICKUP 4WD—V8 HEMI**—Truck Equipment Schedule T1 | | | | | | |
| 1500 Laramie 6 1/4' | V18T | 42785 | 19150 | 20000 | 21800 | 26000 |
| 2WD | B | | (2825) | (2825) | (3765) | (3765) |
| **RAM QUAD CAB PICKUP—V8 HEMI**—Truck Equipment Schedule T1 | | | | | | |
| 2500 ST 4D 8' | R28T | 33125 | 16800 | 17550 | 18850 | 22200 |
| 2500 SXT 8' | R28T | 35155 | 17400 | 18150 | 19500 | 23000 |
| 2500 SLT 4D 8' | R28T | 36400 | 17200 | 17950 | 19300 | 22700 |
| 2500 Laramie 8' | R28T | 39830 | 18300 | 19100 | 20500 | 24100 |
| Power Wagon | S,V | | 5225 | 5225 | 6965 | 6965 |
| 4WD | B | | 2800 | 2800 | 3735 | 3735 |
| 6-Cyl, Turbo Dsl 6.7L | L | | 5275 | 5275 | 7035 | 7035 |
| **RAM QUAD CAB PICKUP 4WD—V8 HEMI**—Truck Equipment Schedule T1 | | | | | | |
| 2500 ST 4D 6 1/4' | S28T | 35000 | 20200 | 21000 | 22500 | 26400 |
| 2500 Laramie 6 1/4' | S28T | 42035 | 21600 | 22500 | 24000 | 28300 |
| 2WD | B,R | | (2825) | (2825) | (3765) | (3765) |
| 6-Cyl, Turbo Dsl 6.7L | L | | 5275 | 5275 | 7035 | 7035 |
| **RAM QUAD CAB 4WD—6-Cyl. Turbo Diesel**—Truck Equipment Sch T1 | | | | | | |
| 2500 ST 4D 6 1/4' | S28L | 44925 | 26400 | 27500 | 29200 | 34300 |
| 2500 SXT 4D 6 1/4' | S28L | 48165 | 26600 | 27700 | 29400 | 34500 |
| Power Wagon | B,R | | 5225 | 5225 | 6965 | 6965 |
| 2WD | B,R | | (2825) | (2825) | (3765) | (3765) |
| V8, HEMI, 5.7 Liter | T | | (5275) | (5275) | (7035) | (7035) |
| **RAM QUAD CAB PICKUP—6-Cyl. Turbo Diesel**—Truck Equipment Sch T1 | | | | | | |
| 3500 ST 4D 6 1/4' | L38L | 41429 | 23100 | 24100 | 25600 | 30100 |
| 3500 SXT 6 1/4' | L38L | 42334 | 23600 | 24500 | 26100 | 30700 |
| 3500 SLT 4D 8' | L38L | 43444 | 23400 | 24400 | 25900 | 30500 |
| 4WD | X | | 2800 | 2800 | 3735 | 3735 |
| **RAM QUAD CAB 4WD—6-Cyl. Turbo Diesel**—Truck Equipment Sch T1 | | | | | | |
| 2500 SLT 4D 6 1/4' | S28L | 44925 | 26400 | 27500 | 29200 | 34300 |
| 3500 ST 4D 8' | X48L | 42664 | 26000 | 27100 | 28800 | 33800 |
| 3500 SLT 4D 6 1/4' | X38L | 45915 | 27100 | 28200 | 29900 | 35100 |
| 3500 SLT 4D 8' | X48L | 46830 | 26900 | 28000 | 29700 | 34900 |
| 3500 Laramie 6 1/4' | X38L | 49530 | 27700 | 28800 | 30600 | 35900 |
| 3500 Laramie 8' | X48L | 50720 | 27300 | 28400 | 30100 | 35400 |
| Power Wagon | B,R | | 5225 | 5225 | 6965 | 6965 |
| 2WD | B,R | | (2825) | (2825) | (3765) | (3765) |
| V8, HEMI, 5.7 Liter | T | | (5275) | (5275) | (7035) | (7035) |
| **RAM CREW CAB PICKUP—V8**—Truck Equipment Schedule T1 | | | | | | |
| 1500 SLT 4D 5 1/2' | B13P | 32780 | 15200 | 15900 | 17450 | 20800 |
| 4WD | V,5 | | 2800 | 2800 | 3735 | 3735 |
| V8, HEMI, 5.7 Liter | T | | 950 | 950 | 1265 | 1265 |
| **RAM CREW CAB PICKUP 4WD—V8**—Truck Equipment Schedule T1 | | | | | | |
| 1500 SLT 4D 5 1/2' | V13P | 33040 | 17950 | 18750 | 20400 | 24400 |
| 2WD | B,R | | (2825) | (2825) | (3765) | (3765) |
| V8, HEMI, 5.7 Liter | T | | 950 | 950 | 1265 | 1265 |
| **RAM CREW CAB PICKUP 4WD—V8 HEMI**—Truck Equipment Schedule T1 | | | | | | |
| 1500 Laramie 5 1/2' | V13T | 44935 | 21200 | 22100 | 24000 | 28600 |
| 2WD | B,R | | (2825) | (2825) | (3765) | (3765) |
| **RAM MEGA CAB 4WD—6-Cyl. Turbo Diesel**—Truck Equipment Sch T1 | | | | | | |
| 2500 SXT 6 1/4' | S29L | 47165 | 29900 | 31100 | 33000 | 38700 |
| 2500 Laramie 6 1/4' | S29L | 51450 | 30900 | 32100 | 34000 | 39900 |
| 2WD | B,R | | (2825) | (2825) | (3765) | (3765) |
| V8, HEMI, 5.7 Liter | T | | (5275) | (5275) | (7035) | (7035) |
| **RAM MEGA CAB 4WD—6-Cyl. Turbo Diesel**—Truck Equipment Sch T1 | | | | | | |
| 3500 SXT 4D 6 1/4' | X39L | 50070 | 30200 | 31400 | 33300 | 39100 |
| 3500 Laramie 6 1/4' | X39L | 49530 | 31200 | 32400 | 34400 | 40300 |
| 2WD | B,R | | (2825) | (2825) | (3765) | (3765) |

## 2010 DODGE—(1,3orW)D(2,3,4,5,7or8)—(U2GK)—A—#

| Body Type | VIN | List | Good | Very Good | Good | Excellent |
|---|---|---|---|---|---|---|
| **NITRO 4WD—V6**—Truck Equipment Schedule T1 | | | | | | |
| SE Sport Util 4D | U2GK | 23995 | 10650 | 11200 | 12300 | 14700 |
| Heat Sport Util 4D | U4GK | 23995 | 11300 | 11900 | 13050 | 15650 |
| SXT Sport Util 4D | U5GK | 25640 | 11400 | 12000 | 13150 | 15750 |
| 2WD | T | | (1100) | (1100) | (1465) | (1465) |
| V6, 4.0 Liter | X | | 1450 | 1450 | 1935 | 1935 |
| **NITRO 4WD—V6**—Truck Equipment Schedule T1 | | | | | | |
| Detonator Spt Utl | U6GK | 28155 | 13000 | 13650 | 15000 | 17900 |
| Shock Sport Util | U7GK | 29155 | 13850 | 14500 | 15900 | 18950 |
| 2WD | T | | (1100) | (1100) | (1465) | (1465) |
| **JOURNEY—4-Cyl.**—Truck Equipment Schedule T1 | | | | | | |
| SE Sport Utility 4D | G4FB | 21165 | 8300 | 8800 | 9900 | 12050 |
| **JOURNEY—V6**—Truck Equipment Schedule T1 | | | | | | |
| SXT Sport Utility | G5FV | 24465 | 9450 | 9975 | 11200 | 13600 |

SEE BACK PAGES FOR TRUCK EQUIPMENT

# 2010 DODGE

## TRUCKS & VANS

| Body Type | VIN | List | Trade-In Good | Trade-In Very Good | Pvt-Party Good | Retail Excellent |
|---|---|---|---|---|---|---|
| AWD | H | | 1050 | 1050 | 1400 | 1400 |
| **JOURNEY AWD—V6**—Truck Equipment Schedule T1 | | | | | | |
| R/T Sport Utility | H6FV | 28870 | 12550 | 13200 | 14400 | 17200 |
| FWD | G | | (1175) | (1175) | (1565) | (1565) |
| **CARAVAN CARGO—V6**—Truck Equipment Schedule T2 | | | | | | |
| Grand Minivan | N1AE | 22620 | 7500 | 7975 | 9075 | 11150 |
| **GRAND CARAVAN—V6**—Truck Equipment Schedule T1 | | | | | | |
| SE Minivan | N4DE | 23995 | 9150 | 9675 | 10950 | 13400 |
| Hero Minivan | N3DI | 25675 | 9700 | 10250 | 11550 | 14100 |
| SXT Minivan | N5D1 | 27300 | 10350 | 10900 | 12250 | 15000 |
| 5-Passenger Seating | | | (600) | (600) | (800) | (800) |
| V6, 4.0 Liter | X | | 325 | 325 | 435 | 435 |
| **GRAND CARAVAN—V6**—Truck Equipment Schedule T1 | | | | | | |
| Crew Minivan | N6DX | 28795 | 10950 | 11500 | 13000 | 15850 |
| **DAKOTA EXTENDED CAB PICKUP—V6**—Truck Equipment Sch T1 | | | | | | |
| ST 4D 6 1/2' | E2BK | 23495 | 8250 | 8750 | 9825 | 11950 |
| Big Horn/Lone Star | E3BK | 24370 | 9850 | 10400 | 11600 | 14100 |
| 4WD | W | | 1900 | 1900 | 2535 | 2535 |
| V8, FFV, 4.7 Liter | P | | 625 | 625 | 835 | 835 |
| **DAKOTA CREW CAB PICKUP—V6**—Truck Equipment Schedule T1 | | | | | | |
| Big Horn/Lone Star | E3GK | 27065 | 12250 | 12850 | 14300 | 17300 |
| 4WD | W | | 1900 | 1900 | 2535 | 2535 |
| V8, FFV, 4.7 Liter | P | | 625 | 625 | 835 | 835 |
| **DAKOTA CREW CAB PICKUP 4WD—V6**—Truck Equipment Schedule T1 | | | | | | |
| ST 4D 5 1/4' | W5GE | 29075 | 13450 | 14100 | 15750 | 19000 |
| 2WD | E | | (2200) | (2200) | (2935) | (2935) |
| V8, FFV, 4.7 Liter | P | | 625 | 625 | 835 | 835 |
| **DAKOTA CREW CAB 4WD—V8 Flex Fuel**—Truck Equipment Sch T1 | | | | | | |
| Laramie 4D 5 1/4' | W5GP | 33795 | 15600 | 16300 | 18050 | 21800 |
| 2WD | E | | (2200) | (2200) | (2935) | (2935) |
| V6, 3.7 Liter | K | | (625) | (625) | (835) | (835) |
| **DAKOTA CREW CAB PICKUP 4WD—V8 Flex Fuel**—Truck Equipment Sch T1 | | | | | | |
| TRX 4D 5 1/4' | W7GP | 32105 | 13600 | 14250 | 15900 | 19200 |
| **RAM REGULAR CAB PICKUP—V6**—Truck Equipment Schedule T1 | | | | | | |
| 1500 ST 2D 6 1/3' | B1EK | 21510 | 9350 | 9875 | 10900 | 13050 |
| 4WD | W | | 3000 | 3000 | 4000 | 4000 |
| V8, Flex Fuel, 4.7 Liter | P | | 800 | 800 | 1065 | 1065 |
| V8, HEMI, 5.7 Liter | T | | 1700 | 1700 | 2265 | 2265 |
| **RAM REGULAR CAB PICKUP—V8**—Truck Equipment Schedule T1 | | | | | | |
| 1500 ST 2D 8' | B1EP | 21810 | 9050 | 9575 | 10550 | 12700 |
| 1500 SLT 2D 6 1/3' | B1EP | 25575 | 10950 | 11500 | 12650 | 15150 |
| 1500 SLT 2D 8' | B1EP | 26055 | 10400 | 10950 | 12000 | 14400 |
| 4WD | W | | 3000 | 3000 | 4000 | 4000 |
| V6, 3.7 Liter | K | | (675) | (675) | (900) | (900) |
| V8, HEMI, 5.7 Liter | T | | 1025 | 1025 | 1365 | 1365 |
| **RAM REGULAR CAB PICKUP—V8 HEMI**—Truck Equipment Schedule T1 | | | | | | |
| 2500 SLT 2D 8' | P2ET | 31310 | 16000 | 16750 | 17850 | 20900 |
| 4WD | T | | 3000 | 3000 | 4000 | 4000 |
| 6-Cyl, Turbo Dsl 6.7L | L | | 5475 | 5475 | 7300 | 7300 |
| **RAM REGULAR CAB PICKUP 4WD—V8 HEMI**—Truck Equipment Schedule T1 | | | | | | |
| 2500 ST 2D 8' | T2ET | 30475 | 18300 | 19100 | 20200 | 23600 |
| 2WD | T | | (3025) | (3025) | (4035) | (4035) |
| 6-Cyl, Turbo Dsl 6.7L | L | | 5475 | 5475 | 7300 | 7300 |
| **RAM REGULAR CAB PICKUP—6-Cyl. Turbo Diesel**—Truck Equip Sch T1 | | | | | | |
| 3500 ST 2D 8' DR | M4EL | 35630 | 23300 | 24300 | 25600 | 29800 |
| 3500 SLT 2D 8' DR | M4EL | 39270 | 23900 | 24800 | 26200 | 30500 |
| 4WD | Y | | 3000 | 3000 | 4000 | 4000 |
| **RAM QUAD CAB PICKUP—V8**—Truck Equipment Schedule T1 | | | | | | |
| 1500 SLT 4D 6 1/3' | B1GP | 29765 | 14200 | 14850 | 16300 | 19400 |
| 4WD | W | | 3000 | 3000 | 4000 | 4000 |
| V8, HEMI, 5.7 Liter | T | | 1025 | 1025 | 1365 | 1365 |
| **RAM QUAD CAB PICKUP 4WD—V8**—Truck Equipment Schedule T1 | | | | | | |
| 1500 ST 4D 6 1/3' | V1GP | 29975 | 17000 | 17750 | 19300 | 23000 |
| 2WD | E | | (3025) | (3025) | (4035) | (4035) |
| V6, 3.7 Liter | K | | (675) | (675) | (900) | (900) |
| V8, HEMI, 5.7 Liter | T | | 1025 | 1025 | 1365 | 1365 |
| **RAM QUAD CAB PICKUP—V8 HEMI**—Truck Equipment Schedule T1 | | | | | | |
| 1500 Laramie 6 1/3' | B1GT | 37780 | 16450 | 17200 | 18700 | 22300 |
| 4WD | W | | 3000 | 3000 | 4000 | 4000 |
| **RAM CREW CAB PICKUP—V8 HEMI**—Truck Equipment Schedule T1 | | | | | | |
| 1500 SLT 4D 5 1/2' | B1CT | 33230 | 18450 | 19250 | 20900 | 24900 |
| 4WD | T,V | | 3000 | 3000 | 4000 | 4000 |
| V8, Flex Fuel, 4.7 Liter | P | | (900) | (900) | (1200) | (1200) |

**384 DEDUCT FOR RECONDITIONING**

# 2010 DODGE

| Body Type | VIN | List | Trade-In Good | Very Good | Pvt-Party Good | Retail Excellent |
|---|---|---|---|---|---|---|
| **RAM CREW CAB PICKUP 4WD—V8 HEMI**—Truck Equipment Schedule T1 | | | | | | |
| 1500 ST 4D 5 1/2' | V1CT | 34880 | 20700 | 21600 | 23400 | 27700 |
| 1500 Laramie 5 1/2' | V1CT | 45470 | 23100 | 24100 | 25900 | 30800 |
| 2WD | B | | (3025) | (3025) | (4035) | (4035) |
| V8, Flex Fuel, 4.7 Liter | P | | (900) | (900) | (1200) | (1200) |
| **RAM CREW CAB PICKUP 4WD—V8 HEMI**—Truck Equipment Schedule T1 | | | | | | |
| 2500 ST 4D 6 1/3' | T2CT | 34085 | 22600 | 23600 | 24800 | 29000 |
| 2500 ST 4D 8' | T2CT | 31615 | 18950 | 19800 | 21000 | 24500 |
| 2500 SLT 4D 8' | T2CT | 36365 | 19750 | 20600 | 21800 | 25500 |
| 2500 Laramie 8' | T2CT | 40440 | 21300 | 22200 | 23500 | 27400 |
| 2WD | P | | (3025) | (3025) | (4035) | (4035) |
| 6-Cyl, Turbo Dsl 6.7L | L | | 5475 | 5475 | 7300 | 7300 |
| **RAM CREW CAB 4WD—6-Cyl. Turbo Diesel**—Truck Equipment Sch T1 | | | | | | |
| 2500 SLT 4D 6 1/3' | T2CL | 46245 | 29200 | 30400 | 31900 | 37200 |
| 2500 Laramie 6 1/3' | T2CL | 50950 | 30700 | 31900 | 33500 | 39000 |
| 2WD | P | | (3025) | (3025) | (4035) | (4035) |
| V8, HEMI, 5.7 Liter | T | | (5475) | (5475) | (7300) | (7300) |
| **RAM CREW CAB PICKUP—6-Cyl. Turbo Diesel**—Truck Equipment Sch T1 | | | | | | |
| 3500 ST 4D 6 1/3' | M3CL | 40775 | 26300 | 27400 | 28800 | 33500 |
| 3500 ST 4D 8' DR | M3CL | 40975 | 25900 | 27000 | 28400 | 33000 |
| 4WD | Y | | 3000 | 3000 | 4000 | 4000 |
| **RAM CREW CAB 4WD—6-Cyl. Turbo Diesel**—Truck Equipment Sch T1 | | | | | | |
| 3500 SLT 4D 6 1/3' | Y3CL | 48320 | 30000 | 31200 | 32800 | 38100 |
| 3500 SLT 4D 8' DR | Y3CL | 48520 | 29800 | 31000 | 32600 | 37900 |
| 3500 Laramie 6 1/3' | Y3CL | 52860 | 30800 | 32000 | 33600 | 39100 |
| 3500 Laramie 8' DR | Y3CL | 53060 | 30400 | 31600 | 33200 | 38600 |
| 2WD | P | | (3025) | (3025) | (4035) | (4035) |
| **RAM MEGA CAB 4WD—6-Cyl. Turbo Diesel**—Truck Equipment Sch T1 | | | | | | |
| 2500 SLT 6 4D 1/3' | S2HL | 46945 | 32700 | 34000 | 35600 | 41400 |
| 2WD | P | | (3025) | (3025) | (4035) | (4035) |
| V8, HEMI, 5.7 Liter | T | | (5475) | (5475) | (7300) | (7300) |
| **RAM MEGA CAB PICKUP—V8 HEMI**—Truck Equipment Schedule T1 | | | | | | |
| 2500 Laramie 6 1/3' | P2HT | 40940 | 24500 | 25500 | 26800 | 31300 |
| 4WD | T | | 3000 | 3000 | 4000 | 4000 |
| 6-Cyl, Turbo Dsl 6.7L | L | | 5475 | 5475 | 7300 | 7300 |
| **RAM MEGA CAB PICKUP—6-Cyl. Turbo Diesel**—Truck Equipment Sch T1 | | | | | | |
| 3500 Laramie 6 DR | M4HL | 48715 | 30500 | 31700 | 33300 | 38700 |
| 4WD | Y | | 3000 | 3000 | 4000 | 4000 |
| **RAM MEGA CAB 4WD—6-Cyl. Turbo Diesel**—Truck Equipment Sch T1 | | | | | | |
| 3500 SLT 6 1/3' DR | Y4HTL | 49020 | 33200 | 34500 | 36100 | 42000 |
| 2WD | M | | (3025) | (3025) | (4035) | (4035) |

## 2011 DODGE — 1D4—(U2GK)—B—#

| Body Type | VIN | List | Trade-In Good | Very Good | Pvt-Party Good | Retail Excellent |
|---|---|---|---|---|---|---|
| **NITRO 4WD—V6**—Truck Equipment Schedule T1 | | | | | | |
| SE Sport Utility 4D | U2GK | 24090 | 12600 | 13250 | 14350 | 17000 |
| Heat Sport Utility | U4GK | 24000 | 13350 | 14000 | 15250 | 18050 |
| SXT Sport Util 4D | U5GK | 25735 | 13400 | 14050 | 15300 | 18150 |
| 2WD | T | | (1200) | (1200) | (1600) | (1600) |
| V6, 4.0 Liter | X | | 1550 | 1550 | 2065 | 2065 |
| **NITRO 4WD—V6**—Truck Equipment Schedule T1 | | | | | | |
| Detonator Spt Util | U6GX | 28745 | 15800 | 16500 | 17850 | 21100 |
| Shock Sport Utility | U7GX | 29745 | 16250 | 17000 | 18350 | 21700 |
| 2WD | T | | (1200) | (1200) | (1600) | (1600) |
| **DURANGO AWD—V6**—Truck Equipment Schedule T1 | | | | | | |
| Express Sport Util | E2GG | 32045 | 16200 | 16900 | 18200 | 21500 |
| Heat Sport Utility | E3GG | 33145 | 16500 | 17250 | 18550 | 21800 |
| 2WD | D | | (1550) | (1550) | (2065) | (2065) |
| **DURANGO AWD—V6**—Truck Equipment Schedule T1 | | | | | | |
| Crew Sport Utility | E4GG | 36045 | 18350 | 19150 | 20600 | 24200 |
| 2WD | D | | (1550) | (1550) | (2065) | (2065) |
| V8, HEMI, 5.7 Liter | T | | 1975 | 1975 | 2635 | 2635 |
| **DURANGO AWD—V8 HEMI**—Truck Equipment Schedule T1 | | | | | | |
| R/T Sport Utility 4D | E6GT | 38715 | 22000 | 22900 | 24400 | 28700 |
| Citadel Sport Utl | E5GT | 44645 | 23100 | 24000 | 24900 | 28500 |
| 2WD | D | | (1550) | (1550) | (2065) | (2065) |
| V6, 3.6 Liter | G | | (1000) | (1000) | (1335) | (1335) |
| **JOURNEY—4-Cyl.**—Truck Equipment Schedule T1 | | | | | | |
| Express Sport Util | G4FB | 22995 | 9550 | 10100 | 11050 | 13200 |
| **JOURNEY—V6**—Truck Equipment Schedule T1 | | | | | | |
| Mainstreet Utility | G1FG | 23655 | 10700 | 11250 | 12350 | 14700 |
| Crew Sport Utility | G3FG | 29175 | 12900 | 13500 | 14600 | 17150 |
| AWD | H | | 1050 | 1050 | 1400 | 1400 |

SEE BACK PAGES FOR TRUCK EQUIPMENT

# 2011 DODGE

| Body Type | VIN | List | Trade-In Good | Very Good | Pvt-Party Good | Retail Excellent |
|---|---|---|---|---|---|---|
| **JOURNEY AWD—V6**—Truck Equipment Schedule T1 | | | | | | |
| R/T Sport Utility | G6FG | 28995 | 14000 | 14650 | 15750 | 18500 |
| LUX Sport Utility | G9PG | 33490 | 15750 | 16450 | 17600 | 20600 |
| FWD | G | | (1200) | (1200) | (1600) | (1600) |
| **CARAVAN CARGO—V6**—Truck Equipment Schedule T2 | | | | | | |
| Grand Minivan | N1AG | 23375 | 8800 | 9325 | 10300 | 12450 |
| **GRAND CARAVAN—V6**—Truck Equipment Schedule T1 | | | | | | |
| Express Minivan | N4DG | 25830 | 10800 | 11350 | 12550 | 15100 |
| Mainstreet Minivan | N3DG | 26830 | 11250 | 11850 | 13100 | 15750 |
| Crew Minivan | N5DG | 29530 | 12250 | 12850 | 14200 | 17050 |
| R/T Minivan | N7DG | 31430 | 14000 | 14650 | 16200 | 19400 |
| 5-Passenger Seating | | | (650) | (650) | (865) | (865) |

## 2012 DODGE — (1,2or3)C4–(DJAG)–C–#

| Body Type | VIN | List | Trade-In Good | Very Good | Pvt-Party Good | Retail Excellent |
|---|---|---|---|---|---|---|
| **DURANGO AWD—V6**—Truck Equipment Schedule T1 | | | | | | |
| SXT Sport Util 4D | DJAG | 31845 | 18150 | 18950 | 19800 | 22800 |
| 2WD | H | | (1625) | (1625) | (2165) | (2165) |
| **DURANGO AWD—V6**—Truck Equipment Schedule T1 | | | | | | |
| Crew Sport Utility | DJDG | 36545 | 20500 | 21300 | 22200 | 25500 |
| 2WD | H | | (1625) | (1625) | (2165) | (2165) |
| V8, HEMI, 5.7 Liter | T | | 1175 | 1175 | 1565 | 1565 |
| **DURANGO AWD—V8 HEMI**—Truck Equipment Schedule T1 | | | | | | |
| R/T Sport Utility 4D | DJCT | 38845 | 24200 | 25100 | 26100 | 29900 |
| Citadel Sport Util | DJET | 43845 | 26100 | 27200 | 27500 | 30900 |
| 2WD | H | | (1625) | (1625) | (2165) | (2165) |
| V6, 3.6 Liter | G | | (1100) | (1100) | (1465) | (1465) |
| **JOURNEY—4-Cyl.**—Truck Equipment Schedule T1 | | | | | | |
| American Value | DCAB | 19795 | 9750 | 10300 | 11200 | 13300 |
| SE Sport Utility 4D | DCAB | 21795 | 11250 | 11800 | 12850 | 15250 |
| **JOURNEY AWD—V6**—Truck Equipment Schedule T1 | | | | | | |
| SXT Sport Utility | DCBG | 25295 | 13100 | 13750 | 14950 | 17700 |
| Crew Sport Utility | DCDG | 29295 | 14950 | 15650 | 16750 | 19650 |
| R/T Sport Utility | DCEG | 30795 | 16050 | 16750 | 17900 | 21000 |
| FWD | C | | (1300) | (1300) | (1735) | (1735) |
| 4-Cyl., 2.4 Liter | B | | (1000) | (1000) | (1335) | (1335) |
| **GRAND CARAVAN—V6**—Truck Equipment Schedule T1 | | | | | | |
| SE Minivan | DGBG | 23830 | 12000 | 12600 | 13850 | 16600 |
| SXT Minivan | DGCG | 27330 | 12900 | 13500 | 14900 | 17850 |
| Crew Minivan | DGDG | 29330 | 14350 | 15000 | 16500 | 19700 |
| R/T Minivan | DGEG | 30830 | 16200 | 16950 | 18500 | 22100 |
| 5-Passenger Seating | | | (700) | (700) | (935) | (935) |

## 2013 DODGE — (1,2or3)C4–(DCAB)–D–#

| Body Type | VIN | List | Trade-In Good | Very Good | Pvt-Party Good | Retail Excellent |
|---|---|---|---|---|---|---|
| **JOURNEY—4-Cyl.**—Truck Equipment Schedule T1 | | | | | | |
| AVP Sport Utility | DCAB | 19990 | 11400 | 12000 | 13000 | 15350 |
| SE Sport Utility 4D | DCAB | 21990 | 13000 | 13650 | 14800 | 17450 |
| **JOURNEY AWD—V6**—Truck Equipment Schedule T1 | | | | | | |
| SXT Sport Utility | DDBG | 27390 | 15000 | 15700 | 16900 | 19900 |
| FWD | C | | (1400) | (1400) | (1865) | (1865) |
| 4-Cyl., 2.4 Liter | B | | (1100) | (1100) | (1465) | (1465) |
| **JOURNEY AWD—V6**—Truck Equipment Schedule T1 | | | | | | |
| Crew Sport Utility | DDDG | 30790 | 17450 | 18200 | 19100 | 22100 |
| R/T Sport Utility | DDEG | 31790 | 18550 | 19350 | 20300 | 23400 |
| FWD | C | | (1400) | (1400) | (1865) | (1865) |
| **DURANGO AWD—V6**—Truck Equipment Schedule T1 | | | | | | |
| SXT Sport Util 4D | DJAG | 32190 | 20900 | 21700 | 22500 | 25800 |
| 2WD | H | | (1725) | (1725) | (2300) | (2300) |
| **DURANGO AWD—V8 HEMI**—Truck Equipment Schedule T1 | | | | | | |
| Crew Sport Utility | DJDT | 37790 | 23400 | 24300 | 25200 | 28800 |
| Citadel Sport Util | DJET | 43190 | 27900 | 29000 | 29400 | 33200 |
| 2WD | H | | (1725) | (1725) | (2300) | (2300) |
| V6, 3.6 Liter | G | | (1200) | (1200) | (1600) | (1600) |
| **DURANGO AWD—V8 HEMI**—Truck Equipment Schedule T1 | | | | | | |
| R/T Sport Utility 4D | DJCT | 39590 | 27100 | 28200 | 29100 | 33200 |
| 2WD | H | | (1725) | (1725) | (2300) | (2300) |
| **GRAND CARAVAN—V6 Flex Fuel**—Truck Equipment Schedule T1 | | | | | | |
| AVP Minivan | DGBG | 20990 | 12100 | 12700 | 13850 | 16450 |
| SE Minivan | DGBG | 23990 | 13500 | 14150 | 15450 | 18350 |
| SXT Minivan | DGCG | 27490 | 14700 | 15400 | 16700 | 19850 |
| Crew Minivan | DGDG | 29490 | 15900 | 16650 | 18050 | 21400 |
| R/T Minivan | DGEG | 30990 | 18100 | 18900 | 20400 | 24100 |

**DEDUCT FOR RECONDITIONING**

## 1999 FORD

| Body Type | VIN | List | Trade-In Good | Very Good | Pvt-Party Good | Retail Excellent |
|---|---|---|---|---|---|---|

## FORD

### 1999 FORD–(1,2or3)F(B,MorT)–(U24X)–X–#

**EXPLORER 4WD—V6**—Truck Equipment Schedule T1

| | | | | | | |
|---|---|---|---|---|---|---|
| Sport Utility 2D | U24X | 24545 | 525 | 600 | 1175 | 1925 |
| XL Sport Utility 4D | U34X | 25310 | 775 | 875 | 1550 | 2550 |
| 2WD | 2 | | (575) | (575) | (765) | (765) |
| AWD | 5 | | 0 | 0 | 0 | 0 |
| V6, SOHC, 4.0 Liter | E | | 75 | 75 | 100 | 100 |
| V8, 5.0 Liter | P | | 100 | 100 | 135 | 135 |

**EXPEDITION 4WD—V8**—Truck Equipment Schedule T1

| | | | | | | |
|---|---|---|---|---|---|---|
| XLT Sport Util 4D | U18W | 32610 | 625 | 700 | 1350 | 2250 |
| Third Row Seat | | | 250 | 250 | 335 | 335 |
| 2WD | 7 | | (350) | (350) | (465) | (465) |
| V8, 5.4 Liter | L | | 75 | 75 | 100 | 100 |

**WINDSTAR—V6**—Truck Equipment Schedule T2

| | | | | | | |
|---|---|---|---|---|---|---|
| Cargo Minivan | A544 | 18955 | 675 | 750 | 1375 | 2225 |
| V6, 3.0 Liter | U | | (100) | (100) | (135) | (135) |

**WINDSTAR—V6**—Truck Equipment Schedule T1

| | | | | | | |
|---|---|---|---|---|---|---|
| Minivan | A51U | 21300 | 750 | 825 | 1475 | 2400 |
| LX Minivan | A514 | 24590 | 875 | 975 | 1675 | 2700 |
| SE Minivan | A524 | 28075 | 1100 | 1225 | 2000 | 3225 |
| SEL Minivan | A534 | 30995 | 1250 | 1375 | 2225 | 3600 |
| Second Sliding Door | | | 50 | 50 | 65 | 65 |

**ECONOLINE WAGON—V8**—Truck Equipment Schedule T1

| | | | | | | |
|---|---|---|---|---|---|---|
| E150 XL Passenger | E11W | 22710 | 825 | 925 | 1650 | 2725 |
| E350 XL Super Duty | S31L | 25595 | 900 | 1000 | 1775 | 2925 |
| E350 XL S.D. Ext | S31L | 27285 | 1050 | 1150 | 2000 | 3300 |
| V6, 4.2 Liter | 2 | | (200) | (200) | (265) | (265) |
| V8, 5.4 Liter (E150) | L | | 100 | 100 | 135 | 135 |
| V8, Turbo Diesel, 7.3L | F | | 1125 | 1125 | 1500 | 1500 |
| V10, 6.8 Liter | S | | 225 | 225 | 300 | 300 |

**ECONOLINE VAN—V6**—Truck Equipment Schedule T1

| | | | | | | |
|---|---|---|---|---|---|---|
| E150 Cargo Van | E142 | 20270 | 600 | 675 | 1350 | 2275 |
| E250 Extended | S24L | 21050 | 925 | 1025 | 1875 | 3150 |
| V8, 4.6 Liter | W,L | | 75 | 75 | 100 | 100 |
| V8, 5.4 Liter (E150) | L | | 100 | 100 | 135 | 135 |

**ECONOLINE VAN—V8**—Truck Equipment Schedule T1

| | | | | | | |
|---|---|---|---|---|---|---|
| E250 Cargo Van | E24L | 20350 | 650 | 725 | 1450 | 2400 |
| E350 Super Cargo | E34L | 23595 | 800 | 900 | 1675 | 2800 |
| E350 Ext SD Cargo | S34L | 24090 | 1100 | 1225 | 2175 | 3600 |
| V8, Turbo Diesel, 7.3L | F | | 1125 | 1125 | 1500 | 1500 |
| V10, 6.8 Liter | S | | 225 | 225 | 300 | 300 |

**RANGER PICKUP—4-Cyl.**—Truck Equipment Schedule T2

| | | | | | | |
|---|---|---|---|---|---|---|
| Short Bed | R10C | 11795 | 650 | 725 | 1225 | 1925 |
| Long Bed | R10C | 12265 | 550 | 625 | 1100 | 1700 |
| Super Cab 2D | R14C | 15250 | 1125 | 1250 | 1975 | 3100 |
| Super Cab 4D | R14X | 15910 | 1525 | 1675 | 2525 | 3950 |
| 4WD | 1,5 | | 400 | 400 | 535 | 535 |
| V6, Flex Fuel, 3.0 Liter | V | | 125 | 125 | 165 | 165 |
| V6, 4.0 Liter | X | | 150 | 150 | 200 | 200 |

**REGULAR CAB PICKUP—V8**—Truck Equipment Schedule T1

| | | | | | | |
|---|---|---|---|---|---|---|
| F150 Short Bed | F17W | 19205 | 1350 | 1500 | 2325 | 3725 |
| F150 Long Bed | F17W | 19505 | 1150 | 1275 | 2025 | 3250 |
| F250 Long Bed | F276,W | 20575 | 2000 | 2200 | 3200 | 4875 |
| Work Truck | | | (250) | (250) | (335) | (335) |
| 4WD | 6,8 | | 650 | 650 | 865 | 865 |
| V6, 4.2 Liter | 2 | | (350) | (350) | (465) | (465) |
| V8, 5.4 Liter | L | | 75 | 75 | 100 | 100 |

**REGULAR CAB PICKUP—V8 Supercharged**—Truck Schedule T1

| | | | | | | |
|---|---|---|---|---|---|---|
| F150 Lightning | F073 | 29355 | 4525 | 4875 | 6425 | 9050 |

**SUPER CAB PICKUP—V8**—Truck Equipment Schedule T1

| | | | | | | |
|---|---|---|---|---|---|---|
| F150 Short Bed | X17W | 21985 | 3000 | 3300 | 4550 | 6775 |
| F150 Long Bed | X17W | 22285 | 2650 | 2900 | 4050 | 6050 |
| F250 Short Bed | X276,W | 23355 | 1800 | 1975 | 2900 | 4450 |
| Work Truck | | | (250) | (250) | (335) | (335) |
| 4WD | 6,8 | | 650 | 650 | 865 | 865 |
| V6, 4.2 Liter | 2 | | (350) | (350) | (465) | (465) |
| V8, 5.4 Liter | L | | 75 | 75 | 100 | 100 |

SEE BACK PAGES FOR TRUCK EQUIPMENT

# 1999 FORD

**TRUCKS & VANS**

| Body Type | VIN | List | Trade-In Good | Trade-In Very Good | Pvt-Party Good | Retail Excellent |
|---|---|---|---|---|---|---|
| **SUPER DUTY REGULAR CAB—V8**—Truck Equipment Schedule T1 | | | | | | |
| F250 Long Bed | F20L | 21505 | 1650 | 1825 | 2675 | 4125 |
| F350 Long Bed | F30L | 22150 | 1750 | 1925 | 2825 | 4350 |
| 4WD | 1 | | 650 | 650 | 865 | 865 |
| V10, 6.8 Liter | S | | 250 | 250 | 335 | 335 |
| V8, Turbo Diesel, 7.3L | F | | 2425 | 2425 | 3235 | 3235 |
| **SUPER DUTY SUPER CAB—V8**—Truck Equipment Schedule T1 | | | | | | |
| F250 Short Bed | X20L | 23260 | 2525 | 2775 | 3975 | 6000 |
| F250 Long Bed | X20L | 23460 | 2375 | 2600 | 3750 | 5675 |
| F350 Short Bed | X30L | 24245 | 2675 | 2925 | 4200 | 6300 |
| F350 Long Bed | X30L | 24445 | 2600 | 2850 | 4075 | 6150 |
| 4WD | 1 | | 650 | 650 | 865 | 865 |
| V8, Turbo Diesel, 7.3L | F | | 2425 | 2425 | 3235 | 3235 |
| V10, 6.8 Liter | S | | 250 | 250 | 335 | 335 |
| **SUPER DUTY CREW CAB—V8**—Truck Equipment Schedule T1 | | | | | | |
| F250 Short Bed | W20L | 24985 | 3050 | 3350 | 4725 | 7100 |
| F250 Long Bed | W20L | 25185 | 2925 | 3225 | 4550 | 6825 |
| F350 Short Bed | W30L | 25835 | 3200 | 3500 | 4950 | 7400 |
| F350 Long Bed | W30L | 26035 | 3100 | 3400 | 4800 | 7200 |
| 4WD | 1 | | 650 | 650 | 865 | 865 |
| V8, Turbo Diesel, 7.3L | F | | 2425 | 2425 | 3235 | 3235 |
| V10, 6.8 Liter | S | | 250 | 250 | 335 | 335 |

## 2000 FORD—(1,2or3)F(B,MorT)—(U70X)—Y-#

| Body Type | VIN | List | Trade-In Good | Trade-In Very Good | Pvt-Party Good | Retail Excellent |
|---|---|---|---|---|---|---|
| **EXPLORER SPORT 4WD—V6**—Truck Equipment Schedule T1 | | | | | | |
| Utility 2D | U70X | 24690 | 550 | 625 | 1125 | 1775 |
| 2WD | 6 | | (650) | (650) | (865) | (865) |
| V6, SOHC, 4.0 Liter | E | | 100 | 100 | 135 | 135 |
| **EXPLORER 4WD—V6**—Truck Equipment Schedule T1 | | | | | | |
| XL Sport Utility 4D | U72X | 26790 | 925 | 1025 | 1650 | 2600 |
| Eddie Bauer Spt Util | U74F | 34470 | 1225 | 1350 | 2075 | 3275 |
| 2WD | 8 | | (650) | (650) | (865) | (865) |
| AWD | 8 | | 0 | 0 | 0 | 0 |
| V6, SOHC, 4.0 Liter | E | | 100 | 100 | 135 | 135 |
| V8, 5.0 Liter | P | | 100 | 100 | 135 | 135 |
| **EXPEDITION 4WD—V8**—Truck Equipment Schedule T1 | | | | | | |
| XLT Sport Utility 4D | U166 | 33165 | 800 | 900 | 1575 | 2575 |
| Eddie Bauer Spt Util | U186 | 40575 | 1300 | 1425 | 2325 | 3800 |
| Third Row Seat | | | 275 | 275 | 365 | 365 |
| 2WD | 5,7 | | (400) | (400) | (535) | (535) |
| V8, 5.4 Liter | L | | 75 | 75 | 100 | 100 |
| **EXCURSION 4WD—V10**—Truck Equipment Schedule T1 | | | | | | |
| XLT Sport Utility 4D | U41S | 38090 | 3350 | 3675 | 4750 | 6650 |
| Third Row Seat | | | 275 | 275 | 365 | 365 |
| 2WD | | | (400) | (400) | (535) | (535) |
| V8, 5.4 Liter | L | | (300) | (300) | (400) | (400) |
| V8, Turbo Diesel, 7.3L | F | | 2650 | 2650 | 3535 | 3535 |
| **WINDSTAR—V6**—Truck Equipment Schedule T2 | | | | | | |
| Cargo Minivan | A544 | 20395 | 950 | 1050 | 1775 | 2850 |
| **WINDSTAR—V6**—Truck Equipment Schedule T1 | | | | | | |
| Minivan | A504 | 23080 | 825 | 925 | 1575 | 2550 |
| LX Minivan | A514 | 25045 | 975 | 1075 | 1800 | 2900 |
| SE Minivan | A524 | 28195 | 1300 | 1425 | 2275 | 3675 |
| SEL Minivan | A534 | 31095 | 1400 | 1550 | 2425 | 3900 |
| Limited Minivan | A534 | 33990 | 1475 | 1625 | 2650 | 4250 |
| Second Sliding Door | 0 | | 50 | 50 | 65 | 65 |
| V6, 3.0 Liter | U | | (100) | (100) | (135) | (135) |
| **ECONOLINE WAGON—V8**—Truck Equipment Schedule T1 | | | | | | |
| E150 Passenger Van | E11L | 23810 | 1000 | 1100 | 1925 | 3100 |
| E350 Super Duty Van | E31L | 25900 | 1100 | 1225 | 2075 | 3325 |
| E350 Super Duty Ext | S31L | 27570 | 1250 | 1375 | 2300 | 3675 |
| V6, 4.2 Liter | 2 | | (200) | (200) | (265) | (265) |
| V8, Turbo Diesel, 7.3L | F | | 1125 | 1125 | 1500 | 1500 |
| V10, 6.8 Liter | S | | 250 | 250 | 335 | 335 |
| **ECONOLINE VAN—V6**—Truck Equipment Schedule T1 | | | | | | |
| E150 Cargo Van | E142 | 20950 | 650 | 725 | 1400 | 2325 |
| E250 Cargo Van | E242 | 22055 | 700 | 775 | 1500 | 2475 |
| E250 Extended | E242 | 22900 | 1150 | 1275 | 2200 | 3625 |
| V8, 4.6 Liter | W | | 75 | 75 | 100 | 100 |
| V8, 5.4 Liter | L | | 100 | 100 | 135 | 135 |
| **ECONOLINE VAN—V8**—Truck Equipment Schedule T1 | | | | | | |
| E350 Super Cargo | E34L | 24500 | 925 | 1025 | 1850 | 3050 |
| E350 Ext SD Cargo | S34L | 25475 | 1250 | 1375 | 2350 | 3900 |

**388   DEDUCT FOR RECONDITIONING**

# 2000 FORD

| Body Type | VIN | List | Trade-In Good | Very Good | Pvt-Party Good | Retail Excellent |
|---|---|---|---|---|---|---|
| V8, Turbo Diesel, 7.3L | F | | 1125 | 1125 | 1500 | 1500 |
| V10, 6.8 Liter | S | | 250 | 250 | 335 | 335 |
| **RANGER PICKUP—4-Cyl.—Truck Equipment Schedule T2** | | | | | | |
| Short Bed | R10C | 11995 | 675 | 750 | 1275 | 1975 |
| Long Bed | R10C | 12465 | 650 | 725 | 1225 | 1925 |
| Super Cab 2D | R14C | 15655 | 1175 | 1300 | 2050 | 3200 |
| Super Cab 4D | R14C | 16230 | 1825 | 2000 | 2975 | 4575 |
| 4WD | 1,5 | | 400 | 400 | 535 | 535 |
| V6, Flex Fuel, 3.0 Liter | V | | 125 | 125 | 165 | 165 |
| V6, 4.0 Liter | E | | 150 | 150 | 200 | 200 |
| **REGULAR CAB PICKUP—V8—Truck Equipment Schedule T1** | | | | | | |
| F150 Short Bed | F17W | 19510 | 1425 | 1575 | 2325 | 3625 |
| F150 Long Bed | F17W | 19810 | 1200 | 1325 | 2000 | 3150 |
| 4WD | 6,8 | | 750 | 750 | 1000 | 1000 |
| Work Truck | | | (250) | (250) | (335) | (335) |
| V6, 4.2 Liter | 2 | | (350) | (350) | (465) | (465) |
| V8, 5.4 Liter | L | | 75 | 75 | 100 | 100 |
| **REGULAR CAB—V8 Supercharged—Truck Equip Schedule T1** | | | | | | |
| F150 Lightning | F073 | 30895 | 5625 | 6025 | 7200 | 9400 |
| **SUPER CAB PICKUP—V8—Truck Equipment Schedule T1** | | | | | | |
| F150 Short Bed | X17W | 22195 | 3500 | 3825 | 4975 | 7150 |
| F150 Long Bed | X17W | 22495 | 2975 | 3275 | 4275 | 6175 |
| 4WD | 6,8 | | 750 | 750 | 1000 | 1000 |
| Work Truck | | | (250) | (250) | (335) | (335) |
| V6, 4.2 Liter | 2 | | (350) | (350) | (465) | (465) |
| V8, 5.4 Liter | L | | 75 | 75 | 100 | 100 |
| **SUPER CAB PICKUP—V8—Truck Equipment Schedule T1** | | | | | | |
| F150 Harley | X17L | 33800 | 5125 | 5500 | 6675 | 8950 |
| **SUPER DUTY REGULAR CAB PICKUP—V8—Truck Equip Schedule T1** | | | | | | |
| F250 Long Bed | F20L | 22450 | 2275 | 2500 | 3275 | 4775 |
| F350 Long Bed | F30L | 23175 | 2400 | 2625 | 3450 | 5000 |
| 4WD | 1 | | 750 | 750 | 1000 | 1000 |
| V8, Turbo Diesel, 7.3L | F | | 2650 | 2650 | 3535 | 3535 |
| V10, 6.8 Liter | S | | 275 | 275 | 365 | 365 |
| **SUPER DUTY SUPER CAB PICKUP—V8—Truck Equip Schedule T1** | | | | | | |
| F250 Short Bed | X20L | 24620 | 3300 | 3600 | 4650 | 6650 |
| F250 Long Bed | X20L | 24820 | 3125 | 3425 | 4425 | 6350 |
| F350 Short Bed | X30L | 25410 | 3475 | 3800 | 4900 | 6975 |
| F350 Long Bed | X30L | 25610 | 3375 | 3700 | 4750 | 6800 |
| 4WD | 1 | | 750 | 750 | 1000 | 1000 |
| V8, Turbo Diesel, 7.3L | F | | 2650 | 2650 | 3535 | 3535 |
| V10, 6.8 Liter | S | | 275 | 275 | 365 | 365 |
| **SUPER DUTY CREW CAB PICKUP—V8—Truck Equipment Schedule T1** | | | | | | |
| F250 Short Bed | W20L | 25930 | 3775 | 4100 | 5450 | 7750 |
| F250 Long Bed | W20L | 26130 | 3625 | 3950 | 5250 | 7475 |
| F350 Short Bed | W30L | 26590 | 3950 | 4300 | 5700 | 8075 |
| F350 Long Bed | W30L | 26790 | 3850 | 4200 | 5550 | 7900 |
| 4WD | 1 | | 750 | 750 | 1000 | 1000 |
| V8, Turbo Diesel, 7.3L | F | | 2650 | 2650 | 3535 | 3535 |
| V10, 6.8 Liter | S | | 275 | 275 | 365 | 365 |

# 2001 FORD — (1or2)F(B,MorT)–(U011)–1–#

| Body Type | VIN | List | Trade-In Good | Very Good | Pvt-Party Good | Retail Excellent |
|---|---|---|---|---|---|---|
| **ESCAPE—V6—Truck Equipment Schedule T1** | | | | | | |
| XLS Sport Utility 4D | U011 | 19975 | 925 | 1025 | 1525 | 2300 |
| 4WD | | | 450 | 450 | 600 | 600 |
| 4-Cyl, 2.0 Liter | B | | (325) | (325) | (435) | (435) |
| **ESCAPE 4WD—V6—Truck Equipment Schedule T1** | | | | | | |
| XLT Sport Utility 4D | U041 | 22815 | 1500 | 1650 | 2250 | 3400 |
| 2WD | | | (450) | (450) | (600) | (600) |
| 4-Cyl, 2.0 Liter | B | | (325) | (325) | (435) | (435) |
| **EXPLORER SPORT 4WD—V6—Truck Equipment Schedule T1** | | | | | | |
| Sport Utility 2D | U70E | 24435 | 675 | 750 | 1300 | 2075 |
| 2WD | 6 | | (725) | (725) | (965) | (965) |
| **EXPLORER 4WD—V6—Truck Equipment Schedule T1** | | | | | | |
| XLS Sport Utility 4D | U71E | 27570 | 1025 | 1125 | 1800 | 2850 |
| Eddie Bauer Spt Util | U74E | 34590 | 1325 | 1450 | 2225 | 3525 |
| 2WD | 6 | | (725) | (725) | (965) | (965) |
| AWD | 8 | | 0 | 0 | 0 | 0 |
| V8, 5.0 Liter | P | | 125 | 125 | 165 | 165 |
| **EXPLORER SPORT TRAC 4WD—V6—Truck Equipment Sch T1** | | | | | | |
| Utility Pickup 4D | U77E | 25010 | 2625 | 2875 | 4150 | 6275 |
| 2WD | | | (725) | (725) | (965) | (965) |

**SEE BACK PAGES FOR TRUCK EQUIPMENT**

# 2001 FORD

| Body Type | VIN | List | Trade-In Good | Trade-In Very Good | Pvt-Party Good | Retail Excellent |
|---|---|---|---|---|---|---|
| **EXPEDITION 4WD—V8**—Truck Equipment Schedule T1 | | | | | | |
| XLT Sport Util 4D | U16W | 33405 | 1100 | 1225 | 1975 | 3175 |
| Eddie Bauer Util | U18W | 41410 | 1725 | 1900 | 3050 | 4825 |
| Third Row Seat | | | 300 | 300 | 400 | 400 |
| 2WD | | | (450) | (450) | (600) | (600) |
| V8, 5.4 Liter | 5 | | 125 | 125 | 165 | 165 |
| **EXCURSION 4WD—V10**—Truck Equipment Schedule T1 | | | | | | |
| XLT Sport Utility 4D | U41S | 38925 | 4400 | 4750 | 6000 | 8275 |
| Third Row Seat | | | 300 | 300 | 400 | 400 |
| 2WD | 0,2 | | (450) | (450) | (600) | (600) |
| V8, 5.4 Liter | L | | (325) | (325) | (435) | (435) |
| V8, Turbo Diesel, 7.3L | F | | 2875 | 2875 | 3835 | 3835 |
| **WINDSTAR—V6**—Truck Equipment Schedule T2 | | | | | | |
| Cargo Minivan | A544 | 20540 | 1175 | 1300 | 2050 | 3250 |
| **WINDSTAR—V6**—Truck Equipment Schedule T1 | | | | | | |
| LX Minivan | A514 | 25320 | 1100 | 1225 | 1925 | 3075 |
| SE Sport Minivan | A574 | 27755 | 1475 | 1625 | 2475 | 3925 |
| SE Minivan | A524 | 28915 | 1550 | 1700 | 2700 | 4275 |
| SEL Minivan | A534 | 31435 | 1650 | 1825 | 2850 | 4500 |
| Limited Minivan | A584 | 34085 | 1775 | 1950 | 3050 | 4775 |
| Second Sliding Door | 0 | | 50 | 50 | 65 | 65 |
| **ECONOLINE WAGON—V8**—Truck Equipment Schedule T1 | | | | | | |
| E150 Passenger Van | E11W | 24060 | 1425 | 1575 | 2425 | 3825 |
| E350 Super Duty | E31L | 26350 | 1550 | 1700 | 2625 | 4100 |
| E350 Super Duty Ext | S31L | 27970 | 1700 | 1875 | 2850 | 4425 |
| V6, 4.2 Liter | 2 | | (250) | (250) | (335) | (335) |
| V8, 5.4 Liter (E150) | L | | 125 | 125 | 165 | 165 |
| V8, Turbo Diesel, 7.3L | F | | 1300 | 1300 | 1735 | 1735 |
| V10, 6.8 Liter | S | | 275 | 275 | 365 | 365 |
| **ECONOLINE VAN—V6**—Truck Equipment Schedule T1 | | | | | | |
| E150 Cargo Van | E142 | 21445 | 800 | 900 | 1625 | 2675 |
| E250 Cargo Van | E242 | 22565 | 850 | 950 | 1700 | 2800 |
| E250 Extended | S242 | 23410 | 1375 | 1525 | 2500 | 4125 |
| Crew Van Pkg | | | 175 | 175 | 235 | 235 |
| V8, 4.6 Liter | W | | 75 | 75 | 100 | 100 |
| V8, 5.4 Liter | L | | 125 | 125 | 165 | 165 |
| **ECONOLINE VAN—V8**—Truck Equipment Schedule T1 | | | | | | |
| E350 Super Cargo | E34L | 24995 | 1100 | 1225 | 2075 | 3425 |
| E350 Ext SD Cargo | S34L | 25970 | 1500 | 1650 | 2725 | 4450 |
| V8, Turbo Diesel, 7.3L | F | | 1300 | 1300 | 1735 | 1735 |
| V10, 6.8 Liter | S | | 275 | 275 | 365 | 365 |
| **RANGER PICKUP—4-Cyl.**—Truck Equipment Schedule T2 | | | | | | |
| Short Bed | R10C | 12400 | 800 | 900 | 1450 | 2275 |
| Long Bed | R10C | 13515 | 750 | 825 | 1375 | 2175 |
| Super Cab 2D | R14C | 16465 | 1250 | 1375 | 2175 | 3425 |
| Super Cab 4D | R14C | 20960 | 1925 | 2125 | 3175 | 4900 |
| 4WD | 1,5 | | 550 | 550 | 735 | 735 |
| V6, 3.0 Liter | U | | 150 | 150 | 200 | 200 |
| V6, 4.0 Liter | E | | 200 | 200 | 265 | 265 |
| **REGULAR CAB PICKUP—V8**—Truck Equipment Schedule T1 | | | | | | |
| F150 Short Bed | F17W | 20170 | 1525 | 1675 | 2400 | 3725 |
| F150 Long Bed | F17W | 20470 | 1325 | 1450 | 2125 | 3300 |
| Work Truck | | | (900) | (900) | (1200) | (1200) |
| 4WD | 6,8 | | 900 | 900 | 1200 | 1200 |
| V6, 4.2 Liter | 2 | | (375) | (375) | (500) | (500) |
| V8, 5.4 Liter | L,Z | | 125 | 125 | 165 | 165 |
| **REGULAR CAB PICKUP—V8 Supercharged**—Truck Schedule T1 | | | | | | |
| F150 Lightning | F073 | 32460 | 5875 | 6275 | 7575 | 9950 |
| **SUPER CAB PICKUP—V8**—Truck Equipment Schedule T1 | | | | | | |
| F150 Short Bed | X17W | 22855 | 3025 | 3325 | 4300 | 6175 |
| F150 Long Bed | X17W | 23155 | 3075 | 3375 | 4375 | 6275 |
| Work Truck | | | (300) | (300) | (400) | (400) |
| 4WD | 6,8 | | 900 | 900 | 1200 | 1200 |
| V6, 4.2 Liter | 2 | | (375) | (375) | (500) | (500) |
| V8, 5.4 Liter | L,Z | | 125 | 125 | 165 | 165 |
| **SUPERCREW PICKUP—V8**—Truck Equipment Schedule T1 | | | | | | |
| F150 Short Bed 4D | W07W | 26940 | 4400 | 4750 | 6300 | 8950 |
| F150 King Ranch | W07W | 31455 | 5500 | 5900 | 8025 | 11300 |
| 4WD | 8 | | 900 | 900 | 1200 | 1200 |
| V8, 5.4 Liter | L | | 125 | 125 | 165 | 165 |
| **SUPERCREW PICKUP—V8**—Truck Equipment Schedule T1 | | | | | | |
| F150 Harley | W07L | 34495 | 6925 | 7375 | 8850 | 11600 |

**DEDUCT FOR RECONDITIONING**

# 2001 FORD

| Body Type | VIN | List | Trade-In Good | Very Good | Pvt-Party Good | Retail Excellent |
|---|---|---|---|---|---|---|
| **SUPER DUTY REGULAR CAB—V8**—Truck Equipment Schedule T1 | | | | | | |
| F250 Long Bed | F20L | 23155 | 2850 | 3150 | 3825 | 5325 |
| F350 Long Bed | F30L | 23580 | 3000 | 3300 | 4000 | 5575 |
| 4WD | 1 | | 900 | 900 | 1200 | 1200 |
| V8, Turbo Diesel, 7.3L | F | | 2875 | 2875 | 3835 | 3835 |
| V10, 6.8 Liter | S | | 300 | 300 | 400 | 400 |
| **SUPER DUTY SUPER CAB—V8**—Truck Equipment Schedule T1 | | | | | | |
| F250 Short Bed | X20L | 25295 | 3900 | 4250 | 5300 | 7300 |
| F250 Long Bed | X20L | 25495 | 3700 | 4025 | 5050 | 6950 |
| F350 Short Bed | X30L | 26085 | 4125 | 4475 | 5575 | 7675 |
| F350 Long Bed | X30L | 26285 | 4000 | 4350 | 5425 | 7450 |
| 4WD | 1 | | 900 | 900 | 1200 | 1200 |
| V8, Turbo Diesel, 7.3L | F | | 2875 | 2875 | 3835 | 3835 |
| V10, 6.8 Liter | S | | 300 | 300 | 400 | 400 |
| **SUPER DUTY CREW CAB—V8**—Truck Equipment Schedule T1 | | | | | | |
| F250 Short Bed | W20L | 25295 | 4600 | 4950 | 6175 | 8450 |
| F250 Long Bed | W20L | 26805 | 4450 | 4800 | 6000 | 8200 |
| F350 Short Bed | W30L | 27265 | 4775 | 5150 | 6400 | 8750 |
| F350 Long Bed | W30L | 27465 | 4700 | 5075 | 6300 | 8625 |
| Platinum Edition | | | 75 | 75 | 100 | 100 |
| 4WD | 1 | | 900 | 900 | 1200 | 1200 |
| V8, Turbo Diesel, 7.3L | F | | 2875 | 2875 | 3835 | 3835 |
| V10, 6.8 Liter | S | | 300 | 300 | 400 | 400 |

## 2002 FORD — (1or2)F(B,MorT)–(U011)–2–#

| Body Type | VIN | List | Trade-In Good | Very Good | Pvt-Party Good | Retail Excellent |
|---|---|---|---|---|---|---|
| **ESCAPE—V6**—Truck Equipment Schedule T1 | | | | | | |
| XLS Sport Utility 4D | U011 | 20465 | 1050 | 1150 | 1725 | 2650 |
| 4WD | | | 500 | 500 | 665 | 665 |
| 4-Cyl, 2.0 Liter | B | | (350) | (350) | (465) | (465) |
| **ESCAPE 4WD—V6**—Truck Equipment Schedule T1 | | | | | | |
| XLT Sport Utility 4D | U041 | 23935 | 2125 | 2325 | 3325 | 5025 |
| 2WD | | | (500) | (500) | (665) | (665) |
| 4-Cyl, 2.0 Liter | B | | (350) | (350) | (465) | (465) |
| **EXPLORER SPORT 4WD—V6**—Truck Equipment Schedule T1 | | | | | | |
| Sport Utility 2D | U70E | 24785 | 1150 | 1275 | 2000 | 3175 |
| 2WD | 6 | | (800) | (800) | (1065) | (1065) |
| **EXPLORER 4WD—V6**—Truck Equipment Schedule T1 | | | | | | |
| XLS Sport Utility 4D | U72E | 27775 | 1525 | 1675 | 2650 | 4200 |
| Eddie Bauer Spt Util | U74E | 35135 | 1875 | 2050 | 3200 | 5000 |
| Third Row Seat | | | 275 | 275 | 365 | 365 |
| 2WD | 6 | | (800) | (800) | (1065) | (1065) |
| V8, 4.6 Liter | W | | 150 | 150 | 200 | 200 |
| **EXPLORER SPORT TRAC 4WD—V6**—Truck Equipment Schedule T1 | | | | | | |
| Utility Pickup 4D | U77E | 25410 | 3550 | 3875 | 5425 | 8075 |
| 2WD | 6 | | (800) | (800) | (1065) | (1065) |
| **EXPEDITION 4WD—V8**—Truck Equipment Schedule T1 | | | | | | |
| XLT Sport Utility | U16W | 33810 | 1225 | 1350 | 2125 | 3300 |
| Eddie Bauer Spt Ut | U18W | 41825 | 2150 | 2350 | 3450 | 5275 |
| Third Row Seat | | | 350 | 350 | 465 | 465 |
| 2WD | 5,7 | | (500) | (500) | (665) | (665) |
| V8, 5.4 Liter | L | | 175 | 175 | 235 | 235 |
| **EXCURSION 4WD—V10**—Truck Equipment Schedule T1 | | | | | | |
| XLT Sport Utility 4D | U41S | 38985 | 5200 | 5600 | 6875 | 9150 |
| Third Row Seat | | | 350 | 350 | 465 | 465 |
| 2WD | | | (500) | (500) | (665) | (665) |
| V8, 5.4 Liter | L | | (350) | (350) | (465) | (465) |
| V8, Turbo Diesel, 7.3L | F | | 3100 | 3100 | 4135 | 4135 |
| **WINDSTAR—V6**—Truck Equipment Schedule T2 | | | | | | |
| Cargo Minivan | A544 | 20905 | 1450 | 1600 | 2450 | 3850 |
| **WINDSTAR—V6**—Truck Equipment Schedule T1 | | | | | | |
| LX Minivan | A514 | 22995 | 1350 | 1500 | 2200 | 3450 |
| SE Minivan | A524 | 29280 | 1900 | 2075 | 3125 | 4825 |
| SEL Minivan | A534 | 31950 | 2000 | 2200 | 3275 | 5025 |
| Limited Minivan | A584 | 34360 | 2125 | 2325 | 3450 | 5300 |
| Second Sliding Door | 0 | | 50 | 50 | 65 | 65 |
| **ECONOLINE WAGON—V6**—Truck Equipment Schedule T1 | | | | | | |
| E150 Passenger Van | E112 | 24660 | 2000 | 2200 | 3100 | 4650 |
| V8, 4.6 Liter | W | | 150 | 150 | 200 | 200 |
| V8, 5.4 Liter | L | | 150 | 150 | 200 | 200 |
| **ECONOLINE WAGON—V8**—Truck Equipment Schedule T1 | | | | | | |
| E350 Super Duty | E31L | 26950 | 2175 | 2400 | 3350 | 5025 |
| E350 Super Duty Ext | S31L | 28370 | 2325 | 2550 | 3550 | 5325 |
| V8, Turbo Diesel, 7.3L | F | | 1475 | 1475 | 1965 | 1965 |

**SEE BACK PAGES FOR TRUCK EQUIPMENT**

## 2002 FORD

| Body Type | VIN | List | Trade-In Good | Very Good | Pvt-Party Good | Retail Excellent |
|---|---|---|---|---|---|---|
| V10, 6.8 Liter | S | | 350 | 350 | 465 | 465 |
| **ECONOLINE VAN—V6—Truck Equipment Schedule T1** | | | | | | |
| E150 Cargo Van | E142 | 21880 | 1175 | 1300 | 1925 | 3000 |
| E250 Cargo Van | E242 | 22750 | 1225 | 1350 | 2000 | 3100 |
| E250 Extended | E242 | 23960 | 1800 | 1975 | 2800 | 4325 |
| Crew Van Pkg | | | 175 | 175 | 235 | 235 |
| V8, 4.6 Liter | W | | 100 | 100 | 135 | 135 |
| V8, 5.4 Liter | L | | 150 | 150 | 200 | 200 |
| **ECONOLINE VAN—V8—Truck Equipment Schedule T1** | | | | | | |
| E350 Super Cargo | E34L | 25230 | 1525 | 1675 | 2400 | 3750 |
| E350 Ext SD Cargo | E34L | 26520 | 1875 | 2050 | 3025 | 4650 |
| Crew Van Pkg | | | 175 | 175 | 235 | 235 |
| V8, Turbo Diesel, 7.3L | F | | 1475 | 1475 | 1965 | 1965 |
| V10, 6.8 Liter | S | | 350 | 350 | 465 | 465 |
| **RANGER PICKUP—4-Cyl.—Truck Equipment Schedule T2** | | | | | | |
| Short Bed | R10C | 12725 | 925 | 1025 | 1600 | 2475 |
| Long Bed | R10C | 13655 | 850 | 950 | 1500 | 2325 |
| Super Cab 2D | R14C | 16400 | 1575 | 1725 | 2600 | 4025 |
| Super Cab 4D | R14C | 18075 | 2225 | 2450 | 3575 | 5425 |
| 4WD | 1,5 | | 650 | 650 | 865 | 865 |
| V6, 3.0 Liter | U | | 175 | 175 | 235 | 235 |
| V6, Flex Fuel, 3.0 Liter | U | | 175 | 175 | 235 | 235 |
| V6, 4.0 Liter | E | | 225 | 225 | 300 | 300 |
| **REGULAR CAB PICKUP—V8—Truck Equipment Schedule T1** | | | | | | |
| F150 Short Bed | F17W | 20640 | 1675 | 1850 | 2450 | 3700 |
| F150 Long Bed | F17W | 20940 | 1475 | 1625 | 2200 | 3300 |
| Work Truck | | | (350) | (350) | (465) | (465) |
| 4WD | 6,8 | | 1100 | 1100 | 1465 | 1465 |
| V6, 4.2 Liter | 2 | | (400) | (400) | (535) | (535) |
| V8, 5.4 Liter | L,Z | | 175 | 175 | 235 | 235 |
| V8, Flex Fuel, 5.4 Liter | M | | 175 | 175 | 235 | 235 |
| **REGULAR CAB PICKUP—V8 Supercharged—Truck Equipment Schedule T1** | | | | | | |
| F150 Lightning | F073 | 32490 | 6275 | 6700 | 8125 | 10750 |
| **SUPER CAB PICKUP—V8—Truck Equipment Schedule T1** | | | | | | |
| F150 Short Bed | X17W | 23290 | 3325 | 3650 | 4600 | 6525 |
| F150 Long Bed | X17W | 22840 | 3300 | 3600 | 4575 | 6475 |
| F150 King Ranch | X17W | 29735 | 4725 | 5100 | 6600 | 9225 |
| Work Truck | | | (350) | (350) | (465) | (465) |
| 4WD | 6,8 | | 1100 | 1100 | 1465 | 1465 |
| V6, 4.2 Liter | 2 | | (400) | (400) | (535) | (535) |
| V8, 5.4 Liter | L,Z | | 175 | 175 | 235 | 235 |
| **SUPERCREW PICKUP—V8—Truck Equipment Schedule T1** | | | | | | |
| F150 Short Bed 4D | W07W | 27660 | 4675 | 5050 | 6550 | 9150 |
| F150 King Ranch 4D | W07W | 32135 | 5900 | 6300 | 8375 | 11650 |
| 4WD | | | 1100 | 1100 | 1465 | 1465 |
| V8, 5.4 Liter | 8 | | 175 | 175 | 235 | 235 |
| **SUPERCREW PICKUP—V8 Supercharged—Truck Equipment Schedule T1** | | | | | | |
| F150 Harley | W073 | 36520 | 7425 | 7900 | 9300 | 11950 |
| **SUPER DUTY REGULAR CAB PICKUP—V8—Truck Equipment Schedule T1** | | | | | | |
| F250 Long Bed | F20L | 22725 | 3375 | 3700 | 4350 | 5925 |
| F350 Long Bed | F30L | 23985 | 3425 | 3750 | 4575 | 6225 |
| 4WD | 1 | | 1100 | 1100 | 1465 | 1465 |
| V8, Turbo Diesel, 7.3L | F | | 3100 | 3100 | 4135 | 4135 |
| V10, 6.8 Liter | S | | 325 | 325 | 435 | 435 |
| **SUPER DUTY SUPER CAB PICKUP—V8—Truck Equipment Schedule T1** | | | | | | |
| F250 Short Bed | X20L | 25715 | 4600 | 4950 | 6025 | 8100 |
| F250 Long Bed | X20L | 25915 | 4375 | 4725 | 5725 | 7725 |
| F350 Short Bed | X30L | 26505 | 4800 | 5175 | 6250 | 8425 |
| F350 Long Bed | X30L | 26705 | 4675 | 5050 | 6100 | 8225 |
| 4WD | 1 | | 1100 | 1100 | 1465 | 1465 |
| V8, Turbo Diesel, 7.3L | F | | 3100 | 3100 | 4135 | 4135 |
| V10, 6.8 Liter | S | | 325 | 325 | 435 | 435 |
| **SUPER DUTY CREW CAB PICKUP—V8—Truck Equipment Schedule T1** | | | | | | |
| F250 Short Bed | W20L | 27025 | 5375 | 5750 | 6975 | 9325 |
| F250 Long Bed | W20L | 27225 | 5175 | 5550 | 6725 | 9025 |
| F350 Short Bed | W30L | 27685 | 5400 | 5800 | 7200 | 9650 |
| F350 Long Bed | W30L | 27885 | 5325 | 5725 | 7125 | 9525 |
| 4WD | 1 | | 1100 | 1100 | 1465 | 1465 |
| V8, Turbo Diesel, 7.3L | F | | 3100 | 3100 | 4135 | 4135 |
| V10, 6.8 Liter | S | | 325 | 325 | 435 | 435 |

DEDUCT FOR RECONDITIONING

# 2003 FORD

| Body Type | VIN | List | Trade-In Good | Very Good | Pvt-Party Good | Retail Excellent |
|---|---|---|---|---|---|---|
| **2003 FORD — (1or2)F(B,D,MorT)–(U021)–3–#** | | | | | | |
| **ESCAPE—V6—Truck Equipment Schedule T1** | | | | | | |
| XLS Sport Utility 4D | U021 | 20925 | 1450 | 1600 | 2125 | 3150 |
| 4WD | | | 550 | 550 | 735 | 735 |
| 4-Cyl, 2.0 Liter | B | | (375) | (375) | (500) | (500) |
| **ESCAPE 4WD—V6—Truck Equipment Schedule T1** | | | | | | |
| XLT Sport Utility 4D | U931 | 25475 | 2525 | 2775 | 3650 | 5325 |
| Limited Spt Util 4D | U941 | 27475 | 2975 | 3275 | 4275 | 6150 |
| 2WD | | | (550) | (550) | (735) | (735) |
| **EXPLORER SPORT 4WD—V6—Truck Equipment Schedule T1** | | | | | | |
| XLS Sport Util 2D | U70E | 26055 | 1650 | 1825 | 2450 | 3650 |
| XLT Spt Util 2D | U70E | 27405 | 1950 | 2150 | 2850 | 4200 |
| 2WD | 6 | | (900) | (900) | (1200) | (1200) |
| **EXPLORER 4WD—V6 Flex Fuel—Truck Equipment Schedule T1** | | | | | | |
| XLS Sport Utility 4D | U72K | 29155 | 1850 | 2025 | 2725 | 4025 |
| XLT Utility 4D | U73K | 31695 | 2125 | 2325 | 3100 | 4555 |
| NBX Sport Utility | U73K | 32870 | 2325 | 2550 | 3375 | 4900 |
| Eddie Bauer 4D | U74K | 35970 | 2875 | 3175 | 4100 | 5925 |
| Limited Spt Util | U75K | 36645 | 3025 | 3325 | 4300 | 6200 |
| Third Row Seat | | | 300 | 300 | 400 | 400 |
| 2WD | 6 | | (900) | (900) | (1200) | (1200) |
| AWD | 8 | | 0 | 0 | 0 | 0 |
| V8, 4.6 Liter | W | | 175 | 175 | 235 | 235 |
| **EXPLORER SPORT TRAC 4WD—V6—Truck Equipment Schedule T1** | | | | | | |
| XLS Util Pickup 4D | U77E | 26285 | 3200 | 3525 | 4725 | 6750 |
| XLT Sport Pickup | U77K | 27880 | 4625 | 4975 | 6950 | 10100 |
| 2WD | 6 | | (900) | (900) | (1200) | (1200) |
| **EXPEDITION—V8—Truck Equipment Schedule T1** | | | | | | |
| XLT Sport Util 4D | U15W | 31295 | 2475 | 2725 | 3400 | 4800 |
| Third Row Seat | | | 400 | 400 | 535 | 535 |
| 4WD | 6,8 | | 550 | 550 | 735 | 735 |
| V8, 5.4 Liter | L | | 200 | 200 | 265 | 265 |
| **EXPEDITION 4WD—V8—Truck Equipment Schedule T1** | | | | | | |
| FX4 Off-Rd Spt Util | U16W | 38470 | 3375 | 3700 | 4700 | 6550 |
| Eddie Bauer Spt Ut | U18W | 42055 | 3750 | 4075 | 5175 | 7200 |
| Third Row Seat | | | 400 | 400 | 535 | 535 |
| 2WD | 5,7 | | (550) | (550) | (735) | (735) |
| V8, 5.4 Liter | L | | 200 | 200 | 265 | 265 |
| **EXCURSION 4WD—V10—Truck Equipment Schedule T1** | | | | | | |
| XLT Sport Utility 4D | U41S | 40340 | 6150 | 6575 | 7875 | 10250 |
| Eddie Bauer Spt Util | U45S | 44405 | 7650 | 8125 | 9750 | 12650 |
| Limited Spt Util 4D | U43S | 45465 | 7825 | 8300 | 9950 | 12950 |
| Third Row Seat | | | 400 | 400 | 535 | 535 |
| 2WD | 0,2,4 | | (550) | (550) | (735) | (735) |
| V8, 5.4 Liter | L | | (400) | (400) | (535) | (535) |
| V8, Turbo Diesel, 6.0L | P | | 2975 | 2975 | 3965 | 3965 |
| V8, Turbo Diesel, 7.3L | F | | 3325 | 3325 | 4435 | 4435 |
| **WINDSTAR—V6—Truck Equipment Schedule T2** | | | | | | |
| Cargo Minivan | A544 | 21360 | 1825 | 2000 | 3175 | 5025 |
| **WINDSTAR—V6—Truck Equipment Schedule T1** | | | | | | |
| LX Minivan | A514 | 23365 | 1625 | 1800 | 2875 | 4550 |
| SE Minivan | A524 | 29675 | 2300 | 2525 | 3950 | 6175 |
| SEL Minivan | A524 | 32405 | 2400 | 2625 | 4100 | 6400 |
| Limited Minivan | A584 | 35110 | 2550 | 2800 | 4325 | 6750 |
| Second Sliding Door | 0 | | 50 | 50 | 65 | 65 |
| **ECONOLINE WAGON—V6—Truck Equipment Schedule T1** | | | | | | |
| E150 XL Passenger | E112 | 24595 | 2325 | 2575 | 3325 | 4675 |
| E150 XLT Passenger | E112 | 27435 | 2825 | 3125 | 3950 | 5525 |
| E150 Chateau Pass | E112 | 29600 | 3225 | 3550 | 4450 | 6200 |
| V8, 4.6 Liter | W | | 100 | 100 | 135 | 135 |
| V8, 5.4 Liter | M,L | | 175 | 175 | 235 | 235 |
| **ECONOLINE WAGON—V8—Truck Equipment Schedule T1** | | | | | | |
| E350 XL Super Duty | E31L | 27635 | 2725 | 3025 | 3825 | 5350 |
| E350 XLT Passenger | E31L | 30440 | 3325 | 3650 | 4600 | 6350 |
| E350 Chateau Pass | E31L | 32240 | 3675 | 4000 | 5025 | 6950 |
| E350 XL SD Ext | S31L | 29055 | 3450 | 3775 | 4750 | 6575 |
| E350 XLT Extended | S31L | 30910 | 3600 | 3925 | 4925 | 6825 |
| V8, Turbo Diesel, 7.3L | F | | 1650 | 1650 | 2200 | 2200 |
| V10, 6.8 Liter | S | | 400 | 400 | 535 | 535 |
| **ECONOLINE VAN—V6—Truck Equipment Schedule T1** | | | | | | |
| E150 Super Cargo | E142 | 22420 | 1700 | 1875 | 2675 | 4125 |
| E250 Super Cargo | E242 | 23290 | 1750 | 1925 | 2750 | 4225 |

SEE BACK PAGES FOR TRUCK EQUIPMENT

# 2003 FORD

| Body Type | VIN | List | Trade-In Good | Very Good | Pvt-Party Good | Retail Excellent |
|---|---|---|---|---|---|---|
| E250 Extended SD | E242 | 24200 | 2300 | 2525 | 3675 | 5600 |
| Crew Van Pkg | | | 175 | 175 | 235 | 235 |
| V8, 4.6 Liter | W | | 100 | 100 | 135 | 135 |
| V8, 5.4 Liter | L,M | | 175 | 175 | 235 | 235 |
| **ECONOLINE VAN—V8**—Truck Equipment Schedule T1 | | | | | | |
| E350 Super Cargo | E34L | 25770 | 2125 | 2325 | 3425 | 5225 |
| E350 Extended SD | E34L | 26760 | 2700 | 2950 | 4250 | 6425 |
| Crew Van Pkg | | | 175 | 175 | 235 | 235 |
| V8, Turbo Diesel, 7.3L | F | | 1650 | 1650 | 2200 | 2200 |
| V10, 6.8 Liter | S | | 400 | 400 | 535 | 535 |
| **RANGER REGULAR CAB PICKUP—4-Cyl.**—Truck Equipment Schedule T2 | | | | | | |
| XL 2D 6' | R10D | 14620 | 1225 | 1350 | 1875 | 2850 |
| XL 2D 7' | R10D | 14655 | 925 | 1025 | 1500 | 2275 |
| XLT 2D 6' | R10D | 16280 | 1850 | 2025 | 2800 | 4200 |
| XLT 2D 7' | R10D | 17705 | 1400 | 1550 | 2100 | 3175 |
| 4WD | 1,5 | | 800 | 800 | 1065 | 1065 |
| V6, 3.0 Liter | U | | 200 | 200 | 265 | 265 |
| V6, 4.0 Liter | E | | 250 | 250 | 335 | 335 |
| **RANGER REGULAR CAB PICKUP—V6 4WD**—Truck Equipment Schedule T2 | | | | | | |
| Edge Plus 2D 6' | R11U | 20450 | 1850 | 2025 | 2800 | 4200 |
| V6, 4.0 Liter | E | | 250 | 250 | 335 | 335 |
| **RANGER SUPER CAB—4-Cyl.**—Truck Equipment Schedule T2 | | | | | | |
| XLT 4D 6' | R44D | 21645 | 2925 | 3225 | 4300 | 6275 |
| 4WD | 1,5 | | 800 | 800 | 1065 | 1065 |
| V6, 3.0 Liter | U | | 200 | 200 | 265 | 265 |
| V6, Flex Fuel, 3.0 Liter | U | | 200 | 200 | 265 | 265 |
| V6, 4.0 Liter | E | | 250 | 250 | 335 | 335 |
| **RANGER SUPER CAB—V6**—Truck Equipment Schedule T2 | | | | | | |
| XLT 2D 6' | R14C | 20560 | 2425 | 2650 | 3600 | 5325 |
| 4WD | 1,5 | | 800 | 800 | 1065 | 1065 |
| 4-Cyl, 2.3 Liter | D | | (225) | (225) | (300) | (300) |
| V6, 4.0 Liter | E | | 50 | 50 | 65 | 65 |
| **RANGER SUPER CAB—V6**—Truck Equipment Schedule T2 | | | | | | |
| XL 2D 6' | R14U | 18320 | 2125 | 2325 | 3200 | 4750 |
| XL 4D 6' | R44U | 18905 | 2325 | 2550 | 3475 | 5125 |
| Edge 2D 6' | R14U | 19235 | 2700 | 2950 | 3975 | 5850 |
| Edge 4D 6' | R44U | 21645 | 3000 | 3300 | 4400 | 6425 |
| Edge Plus 4D 6' | R44U | 20990 | 2625 | 2875 | 3875 | 5700 |
| Tremor 2D 6' | R14U | 19775 | 2425 | 2650 | 3600 | 5325 |
| Tremor Plus 4D 6' | R44U | 22075 | 2175 | 2400 | 3250 | 4850 |
| 4WD | 1,5 | | 800 | 800 | 1065 | 1065 |
| V6, 4.0 Liter | E | | 250 | 250 | 335 | 335 |
| **RANGER SUPER CAB—V6 4WD**—Truck Equipment Schedule T2 | | | | | | |
| XLT FX4 Off-Road 6' | R45E | 25425 | 5275 | 5650 | 7025 | 9550 |
| XLT FX4 Level II 6' | R44E | 25890 | 5175 | 5550 | 6900 | 9375 |
| **REGULAR CAB PICKUP—V8**—Truck Equipment Schedule T1 | | | | | | |
| F150 XL 2D 6 1/2' | F17W | 21450 | 2475 | 2725 | 3700 | 5450 |
| F150 XL 2D 8' | F17W | 21750 | 2300 | 2525 | 3450 | 5125 |
| F150 XL STX 6 1/2' | F17W | 22445 | 2675 | 2925 | 3975 | 5850 |
| F150 XL STX 2D 8' | F17W | 22745 | 2525 | 2775 | 3775 | 5550 |
| F150 XLT 2D 6 1/2' | F17W | 24120 | 2900 | 3200 | 4275 | 6275 |
| F150 XLT 2D 8' | F17W | 24415 | 2825 | 3125 | 4175 | 6150 |
| F150 XLT STX 6 1/2' | F17W | 25115 | 3000 | 3300 | 4425 | 6475 |
| F150 XLT STX 2D 8' | F17W | 25410 | 2925 | 3225 | 4325 | 6325 |
| 4WD | 8 | | 1200 | 1200 | 1600 | 1600 |
| V6, 4.2 Liter | 2 | | (425) | (425) | (565) | (565) |
| V8, 5.4 Liter | L | | 200 | 200 | 265 | 265 |
| V8, Flex Fuel, 5.4 Liter | Z | | 200 | 200 | 265 | 265 |
| **REGULAR CAB PICKUP—V8 Supercharged**—Truck Equipment Schedule T1 | | | | | | |
| F150 Lightning | F073 | 33255 | 7350 | 7825 | 9175 | 11750 |
| **SUPER CAB PICKUP—V8**—Truck Equipment Schedule T1 | | | | | | |
| F150 XL 4D 6 1/2' | X17W | 24100 | 3600 | 3925 | 4950 | 6850 |
| F150 XL 4D 8' | X17W | 24400 | 3450 | 3775 | 4600 | 6375 |
| F150 XL STX 6 1/2' | X17W | 25095 | 3650 | 3975 | 5000 | 6925 |
| F150 XL STX 4D 8' | X17W | 25395 | 3575 | 3900 | 4750 | 6575 |
| F150 XLT 4D 6 1/2' | X17W | 26965 | 3900 | 4250 | 5325 | 7350 |
| F150 XLT 4D 8' | X17W | 27265 | 3625 | 3950 | 4975 | 6875 |
| F150 XLT STX 6 1/2' | X17W | 29250 | 3950 | 4300 | 5400 | 7425 |
| F150 XLT STX 8' | X17W | 28040 | 3675 | 4000 | 5050 | 6975 |
| F150 Heritage 6 1/2' | X17W | 28165 | 3925 | 4275 | 5350 | 7375 |
| F150 Lariat 6 1/2' | X17W | 28690 | 4125 | 4475 | 5600 | 7725 |
| F150 King Ranch 4D | X07W | 31660 | 5325 | 5700 | 7125 | 9750 |
| 4WD | 8 | | 1200 | 1200 | 1600 | 1600 |

**394  DEDUCT FOR RECONDITIONING**

# 2003 FORD

| Body Type | VIN | List | Trade-In Good | Very Good | Pvt-Party Good | Retail Excellent |
|---|---|---|---|---|---|---|
| V6, 4.2 Liter | 2 | | (425) | (425) | (565) | (565) |
| V8, 5.4 Liter | L | | 200 | 200 | 265 | 265 |
| **SUPERCREW PICKUP—V8—Truck Equipment Schedule T1** | | | | | | |
| F150 XLT 4D 6 1/2' | W076 | 28965 | 5500 | 5900 | 7350 | 10050 |
| F150 Lariat 4D 6 1/2' | W076 | 31055 | 6550 | 6975 | 8900 | 12100 |
| F150 King Ranch 4D | W076 | 33115 | 6925 | 7375 | 9400 | 12750 |
| 4WD | | 1 | 1200 | 1200 | 1600 | 1600 |
| V8, 5.4 Liter | 8 | | 200 | 200 | 265 | 265 |
| **SUPERCREW PICKUP—V8 Supercharged—Truck Equipment Schedule T1** | | | | | | |
| F150 Harley 5 1/2' | W073 | 37295 | 8550 | 9050 | 10350 | 13100 |
| **SUPER DUTY REGULAR CAB PICKUP—V8—Truck Equipment Schedule T1** | | | | | | |
| F250 XL 4D 8' | F20L | 23335 | 3950 | 4300 | 5125 | 6875 |
| F250 XL 4D 8' | F20L | 26590 | 4250 | 4600 | 5500 | 7350 |
| F350 XL 4D 8' | F30L | 23790 | 4125 | 4475 | 5350 | 7150 |
| F350 XL 4D 8' | F30L | 27395 | 4425 | 4775 | 5700 | 7625 |
| 4WD | | 1 | 1200 | 1200 | 1600 | 1600 |
| V8, Turbo Diesel, 6.0L | P | | 2975 | 2975 | 3965 | 3965 |
| V8, Turbo Diesel, 7.3L | F | | 3325 | 3325 | 4435 | 4435 |
| V10, 6.8 Liter | S | | 350 | 350 | 465 | 465 |
| **SUPER DUTY SUPER CAB PICKUP—V8—Truck Equipment Schedule T1** | | | | | | |
| F250 XL 4D 6 3/4' | X20L | 25520 | 5250 | 5650 | 6925 | 9175 |
| F250 XL 4D 8' | X20L | 25720 | 5225 | 5600 | 6675 | 8850 |
| F250 XLT 4D 6 3/4' | X20L | 29510 | 5525 | 5925 | 7250 | 9600 |
| F250 XLT 4D 8' | X20L | 29710 | 5325 | 5725 | 7000 | 9300 |
| F250 Lariat 4D 6 3/4' | X20L | 31630 | 5700 | 6100 | 7450 | 9875 |
| F250 Lariat 4D 8' | X20L | 31830 | 5475 | 5875 | 7175 | 9525 |
| F350 XL 4D 6 1/2' | X30L | 26310 | 5450 | 5850 | 7150 | 9475 |
| F350 XL 4D 8' | X30L | 26510 | 5325 | 5725 | 7000 | 9300 |
| F350 XLT 4D 6 1/2' | X30L | 30655 | 5750 | 6150 | 7525 | 9950 |
| F350 XLT 4D 8' | X30L | 30855 | 5425 | 5825 | 7125 | 9450 |
| F350 Lariat 4D 6 1/2' | X30L | 32630 | 5950 | 6350 | 7750 | 10250 |
| F350 Lariat 4D 8' | X30L | 32830 | 5800 | 6200 | 7575 | 10050 |
| 4WD | | 1 | 1200 | 1200 | 1600 | 1600 |
| V8, Turbo Diesel, 6.0L | P | | 2975 | 2975 | 3965 | 3965 |
| V8, Turbo Diesel, 7.3L | F | | 3325 | 3325 | 4435 | 4435 |
| V10, 6.8 Liter | S | | 350 | 350 | 465 | 465 |
| **SUPER DUTY CREW CAB PICKUP—V8—Truck Equipment Schedule T1** | | | | | | |
| F250 XL 4D 6 1/2' | W20L | 26930 | 6125 | 6550 | 7975 | 10550 |
| F250 XL 4D 8' | W20L | 30005 | 5900 | 6300 | 7700 | 10200 |
| F250 XLT 4D 6 1/2' | W20L | 31430 | 6800 | 7250 | 8800 | 11600 |
| F250 XLT 4D 8' | W20L | 31630 | 6625 | 7050 | 8575 | 11300 |
| F250 Lariat 4D 6 1/2' | W20L | 33850 | 7000 | 7450 | 9050 | 11900 |
| F250 Lariat 4D 8' | W20L | 34050 | 6725 | 7150 | 8700 | 11500 |
| F250 King Ranch 6' | W20L | 36460 | 7200 | 7650 | 9375 | 12350 |
| F250 King Ranch 8' | W20L | 36660 | 7050 | 7500 | 9100 | 12000 |
| F350 XL 4D 6 1/2' | W30L | 27590 | 6350 | 6775 | 8250 | 10900 |
| F350 XL 4D 8' | W30L | 27790 | 6325 | 6750 | 8225 | 10850 |
| F350 XLT 4D 6 1/2' | W30L | 32440 | 7025 | 7475 | 9075 | 11950 |
| F350 XLT 4D 8' | W30L | 32640 | 6925 | 7375 | 8975 | 11800 |
| F350 Lariat 4D 6 1/2' | W30L | 34715 | 7250 | 7700 | 9425 | 12400 |
| F350 Lariat 4D 8' | W30L | 34915 | 7150 | 7600 | 9300 | 12250 |
| F350 King Ranch 6' | W30L | 37325 | 7625 | 8100 | 9875 | 13000 |
| F350 King Ranch 8' | W30L | 37525 | 7400 | 7875 | 9625 | 12650 |
| 4WD | | 1,3 | 1200 | 1200 | 1600 | 1600 |
| V8, Turbo Diesel, 6.0L | P | | 2975 | 2975 | 3965 | 3965 |
| V8, Turbo Diesel, 7.3L | F | | 3325 | 3325 | 4435 | 4435 |
| V10, 6.8 Liter | S | | 350 | 350 | 465 | 465 |

# 2004 FORD—(1or2)F(B,MorT)–(U021)–4–#

| Body Type | VIN | List | Good | Very Good | Pvt-Party Good | Retail Excellent |
|---|---|---|---|---|---|---|
| **ESCAPE—V6—Truck Equipment Schedule T1** | | | | | | |
| XLS Sport Utility 4D | U021 | 20890 | 2200 | 2425 | 3050 | 4375 |
| 4WD | | | 600 | 600 | 800 | 800 |
| 4-Cyl, 2.0 Liter | B | | (425) | (425) | (565) | (565) |
| **ESCAPE 4WD—V6—Truck Equipment Schedule T1** | | | | | | |
| XLT Sport Utility 4D | U931 | 24770 | 3450 | 3775 | 4675 | 6550 |
| Limited Sport Util | U941 | 26830 | 3825 | 4150 | 5325 | 7400 |
| 2WD | | 0 | (600) | (600) | (800) | (800) |
| **EXPLORER 4WD—V6 Flex Fuel—Truck Equipment Schedule T1** | | | | | | |
| XLS Utility 4D | U72K | 29620 | 2275 | 2500 | 3300 | 4825 |
| XLS "Sport" SUV | U72K | 30795 | 2425 | 2650 | 3500 | 5125 |
| XLT Sport Utility 4D | U73K | 32360 | 2800 | 3100 | 4025 | 5800 |
| XLT "Sport" 4D | U73K | 33535 | 2900 | 3200 | 4150 | 6000 |
| NBX Sport Utility | U73K | 33535 | 2875 | 3175 | 4275 | 6175 |

SEE BACK PAGES FOR TRUCK EQUIPMENT

# 2004 FORD

| Body Type | VIN | List | Trade-In Good | Very Good | Pvt-Party Good | Retail Excellent |
|---|---|---|---|---|---|---|
| Eddie Bauer Spt Util | U74K | 36435 | 3425 | 3750 | 5025 | 7200 |
| Third Row Seat | | | 325 | 325 | 435 | 435 |
| 2WD | 6 | | (975) | (975) | (1300) | (1300) |
| AWD | 8 | | 0 | 0 | 0 | 0 |
| V8, 4.6 Liter | W | | 200 | 200 | 265 | 265 |
| **EXPLORER 4WD—V8**—Truck Equipment Schedule T1 | | | | | | |
| Limited Sport Util | U75W | 37645 | 3850 | 4200 | 5600 | 7975 |
| 2WD | 6 | | (975) | (975) | (1300) | (1300) |
| AWD | 8 | | 0 | 0 | 0 | 0 |
| V6, Flex Fuel, 4.0 Liter | K | | (175) | (175) | (235) | (235) |
| **EXPLORER SPORT TRAC 4WD—V6 Flex Fuel**—Truck Equipment Schedule T1 | | | | | | |
| XLS Utility Pickup | U77K | 26460 | 3850 | 4200 | 5600 | 7975 |
| XLT Spt Util Pickup | U77K | 28185 | 5450 | 5850 | 8025 | 11400 |
| Adrenalin Util Pkup | U77K | 27380 | 5700 | 6100 | 8375 | 11850 |
| 2WD | 6 | | (975) | (975) | (1300) | (1300) |
| **EXPEDITION—V8**—Truck Equipment Schedule T1 | | | | | | |
| XLS Sport Utility | U15W | 32735 | 2525 | 2775 | 3525 | 4900 |
| XLT Sport Utility | U15W | 34560 | 3275 | 3600 | 4450 | 6125 |
| Third Row Seat | | | 450 | 450 | 600 | 600 |
| 4WD | 4,6,8 | | 600 | 600 | 800 | 800 |
| V8, 5.4 Liter | L | | 225 | 225 | 300 | 300 |
| **EXPEDITION 4WD—V8**—Truck Equipment Schedule T1 | | | | | | |
| XLT "Sport" SUV | U16W | 38485 | 4250 | 4600 | 5875 | 8000 |
| XLT NBX Spt Util | U16W | 39280 | 4500 | 4875 | 6200 | 8425 |
| Eddie Bauer Util | U18W | 42790 | 4850 | 5225 | 6625 | 9000 |
| Third Row Seat | | | 450 | 450 | 600 | 600 |
| 2WD | 3,5,7 | | (600) | (600) | (800) | (800) |
| V8, 5.4 Liter | L | | 225 | 225 | 300 | 300 |
| **EXCURSION 4WD—V10**—Truck Equipment Schedule T1 | | | | | | |
| XLS Sport Utility 4D | U41S | 40485 | 6700 | 7150 | 8550 | 11100 |
| XLT Sport Utility 4D | U41S | 41795 | 7550 | 8025 | 9550 | 12350 |
| Eddie Bauer Spt Util | U45S | 44985 | 9500 | 10000 | 11900 | 15350 |
| Limited Sport Util | U43S | 46050 | 9700 | 10250 | 12150 | 15650 |
| Third Row Seat | | | 450 | 450 | 600 | 600 |
| 2WD | 0,2,4 | | (600) | (600) | (800) | (800) |
| V8, 5.4 Liter | L | | (425) | (425) | (565) | (565) |
| V8, Turbo Dsl 6.0L | P | | 3225 | 3225 | 4300 | 4300 |
| **FREESTAR—V6**—Truck Equipment Schedule T2 | | | | | | |
| Cargo Minivan | A546 | 22070 | 1325 | 1450 | 2200 | 3400 |
| **FREESTAR—V6**—Truck Equipment Schedule T1 | | | | | | |
| S Minivan | A506 | 24460 | 1825 | 2000 | 2900 | 4425 |
| SE Minivan | A516 | 26930 | 2025 | 2225 | 3200 | 4850 |
| SES Minivan | A576 | 28750 | 2250 | 2475 | 3525 | 5325 |
| SEL Minivan | A522 | 29995 | 2425 | 2650 | 3775 | 5700 |
| Limited Minivan | A582 | 33630 | 2900 | 3200 | 4475 | 6675 |
| **ECONOLINE WAGON—V8**—Truck Equipment Schedule T1 | | | | | | |
| E150 XL Passenger | E11W | 25255 | 3100 | 3425 | 4400 | 6000 |
| E150 XLT Passenger | E11W | 28095 | 3625 | 3975 | 5050 | 6850 |
| E150 Chateau | E11W | 30095 | 4125 | 4475 | 5650 | 7650 |
| E350 XL Super Duty | E31L | 27995 | 3500 | 3825 | 4875 | 6650 |
| E350 XLT Passenger | E31L | 30800 | 4300 | 4650 | 5875 | 7925 |
| E350 Chateau | E31L | 32605 | 4750 | 5125 | 6425 | 8650 |
| E350 XL S.D. Ext | S31L | 29415 | 4275 | 4625 | 5850 | 7875 |
| E350 XLT Extended | S31L | 31270 | 4575 | 4950 | 6200 | 8375 |
| V8, 5.4 Liter (E150) | M | | 200 | 200 | 265 | 265 |
| V8, Turbo Dsl 6.0L | P | | 1800 | 1800 | 2400 | 2400 |
| V10, 6.8 Liter | S | | 450 | 450 | 600 | 600 |
| **ECONOLINE VAN—V8**—Truck Equipment Schedule T1 | | | | | | |
| E150 Super Cargo | E14W | 23060 | 2625 | 2875 | 3900 | 5725 |
| E250 Super Cargo | E24W | 24105 | 2875 | 3175 | 4250 | 6225 |
| E250 Ext SD Cargo | S24W | 25520 | 3625 | 3950 | 5275 | 7675 |
| E350 Super Cargo | E34L | 26110 | 3400 | 3725 | 4975 | 7225 |
| E350 Ext SD Cargo | S34L | 27705 | 3925 | 4275 | 5875 | 8500 |
| Crew Van Pkg. | | | 200 | 200 | 265 | 265 |
| V8, 5.4 Liter (ex E350) | L | | 200 | 200 | 265 | 265 |
| V8, Turbo Dsl 6.0L | P | | 1800 | 1800 | 2400 | 2400 |
| V10, 6.8 Liter | S | | 450 | 450 | 600 | 600 |
| **RANGER REGULAR CAB PICKUP—4-Cyl.**—Truck Equipment Schedule T2 | | | | | | |
| XL 2D 6' | R10D | 15385 | 2200 | 2425 | 3150 | 4550 |
| XL 2D 7' | R10D | 15135 | 1800 | 1975 | 2600 | 3825 |
| Edge 2D 6' | R10D | 17470 | 2600 | 2850 | 3675 | 5275 |
| XLT 2D 6' | R10D | 16850 | 2925 | 3225 | 4100 | 5825 |
| XLT 2D 7' | R10D | 18570 | 2400 | 2625 | 3400 | 4925 |

**DEDUCT FOR RECONDITIONING**

# 2004 FORD

| Body Type | VIN | List | Trade-In Good | Very Good | Pvt-Party Good | Retail Excellent |
|---|---|---|---|---|---|---|
| 4WD | 1,5 | | 900 | 900 | 1200 | 1200 |
| V6, 3.0 Liter | U | | 225 | 225 | 300 | 300 |
| V6, 4.0 Liter | E | | 275 | 275 | 365 | 365 |
| **RANGER SUPER CAB PICKUP—V6**—Truck Equipment Schedule T2 | | | | | | |
| XLT 2D 6' | R14U | 19365 | 3700 | 4025 | 5300 | 7475 |
| 4WD | 1,5 | | 900 | 900 | 1200 | 1200 |
| 4-Cyl, 2.3 Liter | D | | (225) | (225) | (300) | (300) |
| V6, 4.0 Liter | E | | 50 | 50 | 65 | 65 |
| **RANGER SUPER CAB PICKUP—V6**—Truck Equipment Schedule T2 | | | | | | |
| XL 2D 6' | R14U | 19120 | 3150 | 3475 | 4575 | 6500 |
| XL 4D 6' | R44U | 19405 | 3300 | 3625 | 4775 | 6775 |
| Edge 2D 6' | R14U | 19765 | 3875 | 4225 | 5525 | 7800 |
| Edge 4D 6' | R44U | 22905 | 4000 | 4350 | 5700 | 8025 |
| Tremor 2D 6' | R14U | 21055 | 3600 | 3925 | 5150 | 7300 |
| Tremor 4D 6' | R44U | 23030 | 4075 | 4425 | 5800 | 8150 |
| 4WD | 1,5 | | 900 | 900 | 1200 | 1200 |
| V6, 4.0 Liter | E | | 275 | 275 | 365 | 365 |
| **RANGER SUPER CAB PICKUP 4WD—V6**—Truck Equipment Schedule T2 | | | | | | |
| XLT FX4 Off-Road | R45E | 25970 | 5775 | 6175 | 7575 | 10000 |
| XLT FX4 Level II | R45E | 26515 | 5600 | 6000 | 7350 | 9750 |
| **HERITAGE REGULAR CAB PICKUP—V8**—Truck Equipment Sch T1 | | | | | | |
| F150 XL 2D 6 1/2' | F17W | 21765 | 2750 | 3050 | 3925 | 5675 |
| F150 XL 2D 8' | F17W | 22065 | 2350 | 2575 | 3400 | 4950 |
| F150 XL STX 6 1/2' | F17W | 22260 | 2925 | 3225 | 4175 | 6000 |
| F150 XL STX 8' | F17W | 22560 | 2525 | 2775 | 3625 | 5275 |
| F150 XLT 6 1/2' | F17W | 23935 | 3425 | 3750 | 4850 | 6925 |
| F150 XLT 8' | F17W | 24235 | 2800 | 3100 | 4000 | 5775 |
| F150 XLT STX 6 1/2' | F17W | 24930 | 3400 | 3725 | 4975 | 7125 |
| F150 XLT STX 8' | F17W | 25230 | 2900 | 3200 | 4125 | 5975 |
| Work Truck | | | (425) | (425) | (565) | (565) |
| 4WD | 8 | | 1300 | 1300 | 1735 | 1735 |
| V6, 4.2 Liter | 2 | | (450) | (450) | (600) | (600) |
| V8, Flex Fuel, 5.4 Liter | Z | | 225 | 225 | 300 | 300 |
| **HERITAGE REGULAR CAB PICKUP—V8 Supercharged**—Truck Equip Sch T1 | | | | | | |
| F150 Lightning 6 1/2' | F073 | 33560 | 9700 | 10250 | 12000 | 15350 |
| **HERITAGE SUPER CAB PICKUP—V8**—Truck Equipment Schedule T1 | | | | | | |
| F150 XL 4D 6 1/2' | X17W | 24415 | 5050 | 5425 | 6375 | 8400 |
| F150 XL 4D 8' | X17W | 24715 | 4775 | 5150 | 6050 | 7975 |
| F150 XLT 4D 6 1/2' | X17W | 26780 | 5550 | 5950 | 7175 | 9425 |
| F150 XLT 4D 8' | X17W | 27080 | 5425 | 5800 | 6825 | 8975 |
| Work Truck | | | (425) | (425) | (565) | (565) |
| 4WD | 8 | | 1300 | 1300 | 1735 | 1735 |
| V6, 4.2 Liter | 2 | | (450) | (450) | (600) | (600) |
| V8, Flex Fuel, 5.4 Liter | Z | | 225 | 225 | 300 | 300 |
| **REGULAR CAB PICKUP—V8**—Truck Equipment Schedule T1 | | | | | | |
| F150 XL 2D 6 1/2' | F12W | 22010 | 2850 | 3150 | 4075 | 5875 |
| F150 XL 2D 8' | F12W | 22310 | 2450 | 2675 | 3525 | 5125 |
| F150 STX 4D 6 1/2' | F12W | 22810 | 3125 | 3425 | 4450 | 6375 |
| F150 XLT 4D 6 1/2' | F12W | 25120 | 3400 | 3725 | 4975 | 7125 |
| F150 XLT 4D 8' | F12W | 25420 | 3150 | 3450 | 4475 | 6425 |
| 4WD | 4 | | 1300 | 1300 | 1735 | 1735 |
| V8, 5.4 Liter | 5 | | 225 | 225 | 300 | 300 |
| **REGULAR CAB PICKUP 4WD—V8**—Truck Equipment Schedule T1 | | | | | | |
| F150 FX4 4D 6 1/2' | F1W | 30635 | 5725 | 6125 | 8325 | 11700 |
| **SUPER CAB PICKUP—V8**—Truck Equipment Schedule T1 | | | | | | |
| F150 XL 4D 6 1/2' | X12W | 24660 | 5125 | 5500 | 6475 | 8525 |
| F150 XL 4D 8' | X12W | 24960 | 4875 | 5250 | 6175 | 8125 |
| F150 STX 4D 5 1/2' | X12W | 25010 | 5425 | 5800 | 6825 | 8975 |
| F150 XLT 4D 5 1/2' | X12W | 27665 | 5575 | 5975 | 7200 | 9475 |
| F150 Lariat 4D 5 1/2' | X12W | 30395 | 5975 | 6400 | 7700 | 10100 |
| F150 Lariat 4D 5 1/2' | X12W | 30695 | 6025 | 6450 | 7750 | 10150 |
| 4WD | 4 | | 1300 | 1300 | 1735 | 1735 |
| V8, 5.4 L (ex XLT 8') | 5 | | 225 | 225 | 300 | 300 |
| **SUPER CAB PICKUP 4WD—V8**—Truck Equipment Schedule T1 | | | | | | |
| F150 STX 4D 6 1/2' | X14W | 28845 | 7025 | 7475 | 8950 | 11700 |
| F150 XLT 4D 6 1/2' | X14W | 31300 | 7250 | 7700 | 9300 | 12150 |
| 2WD | 2 | | (1675) | (1675) | (2235) | (2235) |
| V8, 5.4 Liter | 5 | | 225 | 225 | 300 | 300 |
| **SUPER CAB PICKUP 4WD—V8**—Truck Equipment Schedule T1 | | | | | | |
| F150 XLT 4D 8' | X145 | 31600 | 6950 | 7400 | 8850 | 11600 |
| 2WD | 2 | | (1675) | (1675) | (2235) | (2235) |
| **SUPER CAB PICKUP 4WD—V8**—Truck Equipment Schedule T1 | | | | | | |
| F150 FX4 4D 5 1/2' | X12W | 32830 | 8175 | 8675 | 10400 | 13550 |

**SEE BACK PAGES FOR TRUCK EQUIPMENT**

# 2004 FORD

| Body Type | VIN | List | Trade-In Good | Trade-In Very Good | Pvt-Party Good | Retail Excellent |
|---|---|---|---|---|---|---|
| F150 FX4 4D 6 1/2' | X14W | 33130 | 8250 | 8750 | 10500 | 13700 |
| **SUPERCREW PICKUP—V8—Truck Equipment Schedule T1** | | | | | | |
| F150 XLT 4D 5 1/2' | W12W | 29815 | 7050 | 7500 | 8975 | 11750 |
| 4WD | 4 | | 1300 | 1300 | 1735 | 1735 |
| V8, 5.4 Liter | | | 225 | 225 | 300 | 300 |
| **SUPERCREW PICKUP 4WD—V8—Truck Equipment Schedule T1** | | | | | | |
| F150 Lariat 4D 5 1/2' | W14W | 36785 | 10650 | 11250 | 13450 | 17450 |
| 2WD | | | (1675) | (1675) | (2235) | (2235) |
| V8, 5.4 Liter | 5 | | 225 | 225 | 300 | 300 |
| **SUPERCREW PICKUP 4WD—V8—Truck Equipment Schedule T1** | | | | | | |
| F150 FX4 4D 5 1/2' | W12W | 35130 | 10250 | 10800 | 13000 | 16850 |
| **SUPER DUTY REGULAR CAB PICKUP—V8—Truck Equipment Schedule T1** | | | | | | |
| F250 XL 2D 8' | F20L | 24430 | 4200 | 4550 | 5400 | 7175 |
| F250 XLT 2D 8' | F20L | 27015 | 4975 | 5350 | 6325 | 8375 |
| F350 XL 2D 8' | F30L | 24885 | 4425 | 4775 | 5650 | 7525 |
| F350 XLT 2D 8' | F30L | 27820 | 5175 | 5550 | 6550 | 8675 |
| 4WD | 1 | | 1300 | 1300 | 1735 | 1735 |
| V8, Turbo Dsl 6.0L | P | | 3225 | 3225 | 4300 | 4300 |
| V10, 6.8 Liter | S | | 400 | 400 | 535 | 535 |
| **SUPER DUTY SUPER CAB PICKUP—V8—Truck Equipment Schedule T1** | | | | | | |
| F250 XL 4D 6 3/4' | X20L | 26615 | 5825 | 6225 | 7550 | 9950 |
| F250 XL 4D 8' | X20L | 26815 | 5550 | 5950 | 7225 | 9525 |
| F250 XLT 4D 6 3/4' | X20L | 29935 | 6575 | 7000 | 8450 | 11100 |
| F250 XLT 4D 8' | X20L | 30135 | 6375 | 6800 | 8225 | 10800 |
| F250 Lariat 4D 6 3/4' | X20L | 32105 | 6900 | 7350 | 8850 | 11600 |
| F250 Lariat 4D 8' | X20L | 32305 | 6575 | 7000 | 8450 | 11100 |
| F350 XL 4D 6 3/4' | X30L | 27405 | 5975 | 6400 | 7725 | 10150 |
| F350 XL 4D 8' | X30L | 27605 | 5825 | 6225 | 7550 | 9950 |
| F350 XLT 4D 6 3/4' | X30L | 30455 | 6475 | 6900 | 8325 | 10950 |
| F350 XLT 4D 8' | X30L | 30655 | 6300 | 6725 | 8125 | 10650 |
| F350 Lariat 4D 6 3/4' | X30L | 32480 | 6800 | 7250 | 8725 | 11450 |
| F350 Lariat 4D 8' | X30L | 32680 | 6650 | 7075 | 8550 | 11200 |
| 4WD | 1 | | 1300 | 1300 | 1735 | 1735 |
| V8, Turbo Dsl 6.0L | P | | 3225 | 3225 | 4300 | 4300 |
| V10, 6.8 Liter | S | | 400 | 400 | 535 | 535 |
| **SUPER DUTY SUPER CAB PICKUP 4WD—V8 Turbo Diesel—Truck Sch T1** | | | | | | |
| F250 Harley 6 3/4' | X20P | 39890 | 11950 | 12550 | 14250 | 17750 |
| F250 Harley 8' | X20P | 40090 | 11800 | 12350 | 14050 | 17500 |
| F350 Harley 6 3/4' | X31P | 40895 | 12150 | 12750 | 14500 | 18050 |
| F350 Harley 8' | X31P | 41095 | 11800 | 12350 | 14050 | 17500 |
| V10, 6.8 Liter | S | | (450) | (450) | (600) | (600) |
| **SUPER DUTY CREW CAB PICKUP—V8—Truck Equipment Schedule T1** | | | | | | |
| F250 XL 4D 6 3/4' | W20L | 28025 | 6825 | 7275 | 8750 | 11500 |
| F250 XL 4D 8' | W20L | 28225 | 6550 | 6975 | 8425 | 11050 |
| F250 XLT 4D 6 3/4' | W20L | 32265 | 7425 | 7900 | 9575 | 12550 |
| F250 XLT 4D 8' | W20L | 32465 | 7325 | 7775 | 9450 | 12400 |
| F250 Lariat 4D 6 3/4' | W20L | 34735 | 7850 | 8325 | 10100 | 13200 |
| F250 Lariat 4D 8' | W20L | 34935 | 7525 | 8000 | 9700 | 12700 |
| F250 KingRnch 6 3/4' | W20L | 37350 | 8125 | 8600 | 10400 | 13600 |
| F250 King Ranch 8' | W20L | 37550 | 7850 | 8325 | 10100 | 13200 |
| F350 XL 4D 6 3/4' | W30L | 28685 | 7050 | 7500 | 9125 | 11950 |
| F350 XL 4D 8' | W30L | 38415 | 6975 | 7425 | 9025 | 11850 |
| F350 XLT 4D 6 3/4' | W30L | 33275 | 7725 | 8200 | 9925 | 13000 |
| F350 XLT 4D 8' | W30L | 33475 | 7625 | 8100 | 9800 | 12850 |
| F350 Lariat 4D 6 3/4' | W30L | 35600 | 8025 | 8500 | 10300 | 13450 |
| F350 Lariat 4D 8' | W30L | 35800 | 8025 | 8500 | 10300 | 13450 |
| F350 KingRnch 6 3/4' | W30L | 38215 | 8400 | 8900 | 10750 | 14050 |
| F350 King Ranch 8' | W30L | 38415 | 8125 | 8600 | 10400 | 13600 |
| 4WD | 1 | | 1300 | 1300 | 1735 | 1735 |
| V8, Turbo Dsl 6.0L | P | | 3225 | 3225 | 4300 | 4300 |
| V10, 6.8 Liter | S | | 400 | 400 | 535 | 535 |
| **SUPER DUTY CREW CAB PICKUP 4WD—V8 Turbo Diesel—Truck Sch T1** | | | | | | |
| F250 Harley 6 3/4' | W21P | 42385 | 14150 | 14800 | 16850 | 21000 |
| F250 Harley 8' | W21P | 42585 | 14050 | 14700 | 16750 | 20800 |
| F350 Harley 6 3/4' | W35P | 43000 | 14350 | 15000 | 17100 | 21200 |
| F350 Harley 8' | W35P | 43200 | 14250 | 14900 | 16950 | 21100 |
| V10, 6.8 Liter | S | | (450) | (450) | (600) | (600) |
| **SUPER DUTY CAB-CHASSIS—6-Cyl. Turbo Diesel—Truck Equip Sch T1** | | | | | | |
| F450 Cab-Ch DR | F46P | 27830 | 8550 | 9050 | 10900 | 14250 |
| F450 Crew Ch DR | W46P | 31240 | 10550 | 11100 | 13400 | 17400 |
| F550 Cab-Ch | F56P | 30810 | 7425 | 7900 | 9575 | 12550 |
| F550 Crew Ch DR | W56P | 33655 | 10850 | 11400 | 13750 | 17900 |
| 4WD | 7 | | 1300 | 1300 | 1735 | 1735 |

**DEDUCT FOR RECONDITIONING**

# 2004 FORD

| Body Type | VIN | List | Trade-In Good | Very Good | Pvt-Party Good | Retail Excellent |
|---|---|---|---|---|---|---|
| V10, 6.8 Liter | S | | (3125) | (3125) | (4165) | (4165) |

## 2005 FORD — (1or2)F(B,MorT)–(U96H)–5–#

**ESCAPE 4WD—4-Cyl. Hybrid**—Truck Equipment Schedule T1
| | | | | | | |
|---|---|---|---|---|---|---|
| Sport Utility 4D | U96H | 28595 | 3400 | 3725 | 4725 | 6325 |
| 2WD | 0 | | (650) | (650) | (865) | (865) |

**ESCAPE—4-Cyl.**—Truck Equipment Schedule T1
| | | | | | | |
|---|---|---|---|---|---|---|
| XLS Sport Utility 4D | U02Z | 19995 | 2325 | 2575 | 3275 | 4475 |
| 4WD | 9 | | 650 | 650 | 865 | 865 |

**ESCAPE 4WD—V6**—Truck Equipment Schedule T1
| | | | | | | |
|---|---|---|---|---|---|---|
| XLT Utility 4D | U931 | 25545 | 3950 | 4300 | 5375 | 7150 |
| XLT "Sport" SUV | U931 | 26505 | 4300 | 4650 | 5800 | 7700 |
| Limited Sport Util | U941 | 27145 | 4400 | 4775 | 5925 | 7850 |
| 2WD | | | (650) | (650) | (865) | (865) |
| 4-Cyl, 2.3 Liter | Z | | (450) | (450) | (600) | (600) |

**FREESTYLE—V6**—Truck Equipment Schedule T1
| | | | | | | |
|---|---|---|---|---|---|---|
| SE Sport Utility 4D | K011 | 25595 | 1900 | 2100 | 2975 | 4250 |
| SEL Sport Utility 4D | K021 | 26995 | 2450 | 2700 | 3675 | 5175 |
| AWD | 4 | | 1050 | 1050 | 1400 | 1400 |

**FREESTYLE AWD—V6**—Truck Equipment Schedule T1
| | | | | | | |
|---|---|---|---|---|---|---|
| Limited Sport Utility | K061 | 30895 | 3600 | 3950 | 5300 | 7350 |
| 2WD | 3 | | (1050) | (1050) | (1400) | (1400) |

**EXPLORER 4WD—V6 Flex Fuel**—Truck Equipment Schedule T1
| | | | | | | |
|---|---|---|---|---|---|---|
| XLS Sport Utility 4D | U72K | 29880 | 2625 | 2925 | 3975 | 5525 |
| XLS "Sport" SUV | U72K | 31135 | 2825 | 3150 | 4225 | 5850 |
| XLT Sport Utility 4D | U73K | 32265 | 3250 | 3575 | 4775 | 6550 |
| XLT "Sport" 4D | U73K | 34265 | 3350 | 3675 | 4900 | 6725 |
| Eddie Bauer Spt Util | U74K | 36995 | 4200 | 4555 | 5950 | 8125 |
| Third Row Seat | | | 350 | 350 | 465 | 465 |
| 2WD | 6 | | (1050) | (1050) | (1400) | (1400) |
| V8, 4.6 Liter | W | | 200 | 200 | 265 | 265 |

**EXPLORER 4WD—V8**—Truck Equipment Schedule T1
| | | | | | | |
|---|---|---|---|---|---|---|
| Limited Sport Util | U75W | 38175 | 4550 | 4925 | 6625 | 9000 |
| 2WD | 6 | | (1050) | (1050) | (1400) | (1400) |
| V6, 4.0 Liter | K | | (200) | (200) | (265) | (265) |

**EXPLORER SPORT TRAC 4WD—V6 Flex Fuel**—Truck Equipment Sch T1
| | | | | | | |
|---|---|---|---|---|---|---|
| XLS Utility Pickup | U77K | 27125 | 4550 | 4925 | 6400 | 8725 |
| XLT Utility Pickup | U77K | 28685 | 6050 | 6475 | 8575 | 11650 |
| Adrenalin Utility | U77K | 31885 | 6475 | 6925 | 9200 | 12500 |
| 2WD | 6 | | (1050) | (1050) | (1400) | (1400) |

**EXPEDITION—V8**—Truck Equipment Schedule T1
| | | | | | | |
|---|---|---|---|---|---|---|
| XLS Sport Utility 4D | U135 | 33365 | 3250 | 3575 | 4625 | 6250 |
| XLT Sport Utility 4D | U155 | 35390 | 4050 | 4400 | 5600 | 7500 |
| Third Row Seat | | | 500 | 500 | 665 | 665 |
| 4WD | 0,4,6,8 | | 650 | 650 | 865 | 865 |

**EXPEDITION 4WD—V8**—Truck Equipment Schedule T1
| | | | | | | |
|---|---|---|---|---|---|---|
| XLT "Sport" SUV | U165 | 39320 | 5150 | 5550 | 7150 | 9525 |
| XLT NBX Sport Util | U165 | 39540 | 5350 | 5750 | 7400 | 9825 |
| Eddie Bauer Spt Util | U185 | 43725 | 6150 | 6575 | 8450 | 11200 |
| Limited Sport Util | U205 | 44835 | 6225 | 6650 | 8175 | 10600 |
| King Ranch Spt Util | U185 | 46560 | 7475 | 7950 | 9725 | 12600 |
| Third Row Seat | | | 500 | 500 | 665 | 665 |
| 2WD | 3,5,7,9 | | (650) | (650) | (865) | (865) |

**EXCURSION 4WD—V10**—Truck Equipment Schedule T1
| | | | | | | |
|---|---|---|---|---|---|---|
| XLS Sport Utility 4D | U41S | 41395 | 8200 | 8700 | 10400 | 13200 |
| XLT Sport Utility 4D | U41S | 42385 | 8750 | 9250 | 11050 | 14000 |
| Eddie Bauer Spt Util | U45S | 45315 | 10700 | 11250 | 13350 | 16850 |
| Limited Sport Util | U43S | 46640 | 10900 | 11450 | 13550 | 17150 |
| Third Row Seat | | | 500 | 500 | 665 | 665 |
| 2WD | 0,2,4 | | (650) | (650) | (865) | (865) |
| V8, 5.4 Liter | | | (450) | (450) | (600) | (600) |
| V8, Turbo Dsl 6.0L | P | | 3475 | 3475 | 4635 | 4635 |

**FREESTAR—V6**—Truck Equipment Schedule T1
| | | | | | | |
|---|---|---|---|---|---|---|
| Cargo Minivan | A546 | 22295 | 1950 | 2175 | 3225 | 4700 |

**FREESTAR—V6**—Truck Equipment Schedule T1
| | | | | | | |
|---|---|---|---|---|---|---|
| S Minivan | A506 | 24595 | 2475 | 2775 | 3925 | 5675 |
| SE Minivan | A516 | 27195 | 2675 | 2975 | 4200 | 6050 |
| SES Minivan | A576 | 28695 | 2750 | 3075 | 4475 | 6425 |
| SEL Minivan | A522 | 29695 | 2950 | 3275 | 4725 | 6800 |
| Limited Minivan | A582 | 33395 | 3450 | 3775 | 5400 | 7725 |

**ECONOLINE WAGON—V8**—Truck Equipment Schedule T1
| | | | | | | |
|---|---|---|---|---|---|---|
| E150 XL Super Duty | E11W | 25525 | 3525 | 3875 | 5150 | 6925 |
| E150 XLT S.D. | E11W | 28515 | 4325 | 4700 | 6125 | 8175 |

SEE BACK PAGES FOR TRUCK EQUIPMENT

# 2005 FORD

| Body Type | VIN | List | Trade-In Good | Very Good | Pvt-Party Good | Retail Excellent |
|---|---|---|---|---|---|---|
| E150 Chateau S.D. | E11W | 30515 | 4550 | 4925 | 6475 | 8650 |
| E350 XL Super Duty | E31L | 28265 | 4025 | 4375 | 5750 | 7700 |
| E350 XLT S.D. | E31L | 31220 | 4800 | 5200 | 6800 | 9025 |
| E350 Chateau S.D. | E31L | 33025 | 5200 | 5600 | 7275 | 9650 |
| E350 XL S.D. Ext | S31L | 30865 | 4750 | 5150 | 6725 | 8950 |
| E350 XLT S.D. Ext | S31L | 32490 | 5050 | 5450 | 7100 | 9425 |
| V8, 5.4 Liter (E150) | L | | 200 | 200 | 265 | 265 |
| V8, Turbo Dsl 6.0L | P | | 1950 | 1950 | 2600 | 2600 |
| V10, 6.8 Liter | S | | 500 | 500 | 665 | 665 |
| **ECONOLINE VAN—V8**—Truck Equipment Schedule T1 | | | | | | |
| E150 Super Cargo | E14W | 23330 | 3525 | 3850 | 5150 | 7250 |
| E250 Super Cargo | E24W | 24375 | 3725 | 4075 | 5575 | 7825 |
| E250 Extended SD | E24W | 25695 | 4600 | 4975 | 6725 | 9350 |
| E350 Super Cargo | E34L | 27160 | 4125 | 4475 | 6100 | 8525 |
| E350 Extended SD | E34L | 28295 | 5000 | 5375 | 7250 | 10050 |
| Crew Van Pkg | | | 200 | 200 | 265 | 265 |
| V8, 5.4L (E150/E250) | L | | 200 | 200 | 265 | 265 |
| V8, Turbo Dsl 6.0L | P | | 1950 | 1950 | 2600 | 2600 |
| V10, 6.8 Liter | S | | 500 | 500 | 665 | 665 |
| **RANGER REGULAR CAB PICKUP—4-Cyl.**—Truck Equipment Schedule T2 | | | | | | |
| XL 2D 6' | R10D | 15985 | 2500 | 2800 | 3625 | 5025 |
| XL 2D 7' | R10D | 17865 | 1925 | 2150 | 2900 | 4075 |
| STX 2D 6' | R10D | 16640 | 2625 | 2925 | 3925 | 5425 |
| XLT 2D 6' | R10D | 17700 | 3275 | 3600 | 4750 | 6500 |
| XLT 2D 7' | R10D | 18100 | 2625 | 2925 | 3925 | 5425 |
| Edge 2D 6' | R10U | 18050 | 3600 | 3950 | 5150 | 7025 |
| 4WD | 1,5 | | 1000 | 1000 | 1335 | 1335 |
| V6, 3.0 Liter (ex Edge) | U | | 250 | 250 | 335 | 335 |
| V6, 4.0 Liter | E | | 300 | 300 | 400 | 400 |
| **RANGER SUPER CAB PICKUP—V6**—Truck Equipment Schedule T2 | | | | | | |
| XL 2D 6' | R14W | 19110 | 4200 | 4550 | 5900 | 8000 |
| STX 2D 6' | R14U | 19680 | 4175 | 4525 | 5875 | 7950 |
| STX 4D 6' | R44U | 20845 | 5125 | 5525 | 7250 | 9775 |
| XLT 2D 6' | R14U | 19735 | 4500 | 4875 | 6475 | 8775 |
| XLT 4D 6' | R44U | 20900 | 5550 | 5950 | 7800 | 10500 |
| Edge 2D 6' | R14U | 20085 | 5200 | 5600 | 7350 | 9900 |
| Edge 4D 6' | R44U | 21250 | 4950 | 5350 | 7050 | 9500 |
| 4WD | 1,5 | | 1000 | 1000 | 1335 | 1335 |
| V6, 4.0 Liter | E | | 300 | 300 | 400 | 400 |
| **RANGER SUPER CAB PICKUP 4WD—V6**—Truck Equipment Schedule T2 | | | | | | |
| XLT FX4 Off-Road | R45E | 26365 | 6950 | 7300 | 9225 | 12050 |
| XLT FX4 Level II | R45E | 26825 | 6850 | 7300 | 9125 | 11900 |
| **REGULAR CAB PICKUP—V6**—Truck Equipment Schedule T1 | | | | | | |
| F150 XL 2D 6 1/2' | F122 | 21295 | 3200 | 3525 | 5175 | 6675 |
| F150 STX 4D 6 1/2' | F122 | 22135 | 3500 | 3825 | 5175 | 7175 |
| 4WD | 4 | | 1600 | 1600 | 2135 | 2135 |
| V8, 4.6 Liter | W | | 400 | 400 | 535 | 535 |
| V8, 5.4 Liter | 5 | | 650 | 650 | 865 | 865 |
| **REGULAR CAB PICKUP—V8**—Truck Equipment Schedule T1 | | | | | | |
| F150 XL 2D 8' | F12W | 21736 | 3225 | 3550 | 4825 | 6725 |
| F150 XLT 4D 6 1/2' | F12W | 25676 | 4450 | 4825 | 6400 | 8800 |
| F150 XLT 4D 8' | F12W | 25976 | 4050 | 4400 | 5875 | 8125 |
| 4WD | 4 | | 1600 | 1600 | 2135 | 2135 |
| V6, 4.2 Liter | | | (450) | (450) | (600) | (600) |
| V8, 5.4 Liter | 5 | | 250 | 250 | 335 | 335 |
| **REGULAR CAB PICKUP 4WD—V8**—Truck Equipment Schedule T1 | | | | | | |
| F150 FX4 4D 6 1/2' | F145 | 33086 | 7075 | 7550 | 10100 | 13750 |
| **SUPER CAB PICKUP—V8**—Truck Equipment Schedule T1 | | | | | | |
| F150 XL 4D 6 1/2' | X12W | 26060 | 4800 | 5175 | 6550 | 8625 |
| F150 XL 4D 8' | X12W | 26360 | 4500 | 4875 | 6200 | 8175 |
| F150 STX 4D 5 1/2' | X12W | 26410 | 5100 | 5500 | 6925 | 9075 |
| F150 XLT 4D 6 1/2' | X12W | 28285 | 5425 | 5825 | 7300 | 9575 |
| F150 Lariat 4D 6 1/2' | X12W | 31250 | 6100 | 6525 | 8100 | 10600 |
| 4WD | 4 | | 1600 | 1600 | 2135 | 2135 |
| V8, 5.4 Liter | 5 | | 250 | 250 | 335 | 335 |
| **SUPER CAB PICKUP 4WD—V8**—Truck Equipment Schedule T1 | | | | | | |
| F150 XL 4D 6 1/2' | X14W | 29840 | 7250 | 7725 | 9575 | 12450 |
| F150 XLT 4D 6 1/2' | X14W | 32225 | 7575 | 8050 | 9950 | 12950 |
| 2WD | | | (1850) | (1850) | (2465) | (2465) |
| V8, 5.4 Liter | 5 | | 250 | 250 | 335 | 335 |
| **SUPER CAB PICKUP—V8**—Truck Equipment Schedule T1 | | | | | | |
| F150 Lariat 4D 5 1/2' | X125 | 30950 | 6050 | 6475 | 8050 | 10500 |
| 4WD | 4 | | 1600 | 1600 | 2135 | 2135 |

**400**    DEDUCT FOR RECONDITIONING

# 2005 FORD

| Body Type | VIN | List | Trade-In Good | Very Good | Pvt-Party Good | Retail Excellent |
|---|---|---|---|---|---|---|
| **SUPER CAB PICKUP 4WD—V8**—Truck Equipment Schedule T1 | | | | | | |
| F150 XLT 4D 8' | X145 | 32505 | 7600 | 8075 | 9975 | 13000 |
| 2WD | | | (1850) | (1850) | (2465) | (2465) |
| **SUPER CAB PICKUP 4WD—V8**—Truck Equipment Schedule T1 | | | | | | |
| F150 FX4 4D 5 1/2' | X145 | 33300 | 9075 | 9600 | 11800 | 15300 |
| F150 FX4 4D 6 1/2' | X145 | 33800 | 9225 | 9750 | 12000 | 15550 |
| **SUPERCREW PICKUP—V8**—Truck Equipment Schedule T1 | | | | | | |
| F150 XLT 4D 6 1/2' | W12W | 30185 | 7175 | 7650 | 9475 | 12350 |
| F150 Lariat 4D 5 1/2' | W145 | 37760 | 11750 | 12350 | 15050 | 19450 |
| F150 KingRnch 5 1/2' | W145 | 40910 | 12800 | 13450 | 16500 | 21300 |
| 4WD | 4 | | 1600 | 1600 | 2135 | 2135 |
| V8, 5.4 Liter (XLT) | 5 | | 250 | 250 | 335 | 335 |
| **SUPER DUTY REGULAR CAB PICKUP—V8**—Truck Equipment Schedule T1 | | | | | | |
| F250 XL 4D 8' | F205 | 25525 | 4500 | 4875 | 5850 | 7575 |
| F350 XL 4D 8' | F305 | 26270 | 4600 | 4975 | 6175 | 7975 |
| 4WD | 1 | | 1600 | 1600 | 2135 | 2135 |
| V8, Turbo Dsl 6.0L | P | | 3475 | 3475 | 4635 | 4635 |
| V10, 6.8 Liter | Y | | 450 | 450 | 600 | 600 |
| **SUPER DUTY REGULAR CAB PICKUP 4WD—V8**—Truck Equipment Sch T1 | | | | | | |
| F250 XLT 2D 8' | F215 | 28270 | 7275 | 7750 | 9375 | 12000 |
| 2WD | | | (1850) | (1850) | (2465) | (2465) |
| V8, Turbo Dsl 6.0L | P | | 3475 | 3475 | 4635 | 4635 |
| V10, 6.8 Liter | Y | | 450 | 450 | 600 | 600 |
| **SUPER DUTY REGULAR CAB PICKUP 4WD—V8 Turbo Diesel**—Truck Sch T1 | | | | | | |
| F350 XLT 2D 8' | F31P | 29365 | 11550 | 12100 | 14450 | 18350 |
| 2WD | 0,2 | | (1850) | (1850) | (2465) | (2465) |
| V8, 5.4 Liter | 5 | | (3400) | (3400) | (4535) | (4535) |
| V10, 6.8 Liter | Y | | (2975) | (2975) | (3965) | (3965) |
| **SUPER DUTY SUPER CAB PICKUP—V8**—Truck Equipment Schedule T1 | | | | | | |
| F250 XL 4D 6 3/4' | X205 | 27710 | 6450 | 6875 | 8325 | 10700 |
| F250 XL 4D 8' | X205 | 27910 | 6125 | 6550 | 7950 | 10200 |
| F250 XLT 4D 8' | X205 | 31390 | 6975 | 7425 | 9025 | 11550 |
| F250 Lariat 4D 8' | X205 | 33560 | 7125 | 7600 | 9200 | 11800 |
| F350 XL 4D 8' | X305 | 28990 | 6550 | 7000 | 8425 | 10850 |
| F350 XLT 4D 8' | X305 | 32825 | 7275 | 7750 | 9375 | 12000 |
| F350 Lariat 4D 8' | X305 | 34850 | 7625 | 8100 | 9775 | 12500 |
| 4WD | 1 | | 1600 | 1600 | 2135 | 2135 |
| V8, Turbo Dsl 6.0L | P | | 3475 | 3475 | 4635 | 4635 |
| V10, 6.8 Liter | Y | | 450 | 450 | 600 | 600 |
| **SUPER DUTY SUPER CAB 4WD—V8**—Truck Equipment Schedule T1 | | | | | | |
| F250 XLT 4D 6 3/4' | X215 | 31190 | 9775 | 10300 | 12350 | 15700 |
| F350 XL 4D 6 3/4' | X315 | 28790 | 9225 | 9750 | 11700 | 14900 |
| F350 Lariat 4D 6 3/4' | X315 | 34650 | 10350 | 10900 | 12950 | 16500 |
| 2WD | 0 | | (1850) | (1850) | (2465) | (2465) |
| V8, Turbo Dsl 6.0L | P | | 3475 | 3475 | 4635 | 4635 |
| V10, 6.8 Liter | Y | | 450 | 450 | 600 | 600 |
| **SUPER DUTY SUPER CAB PICKUP 4WD—V8 Turbo Diesel**—Truck Sch T1 | | | | | | |
| F250 Lariat 4D 6 3/4' | X21P | 33360 | 13500 | 14150 | 16900 | 21400 |
| F350 Lariat 4D 6 3/4' | X31P | 32625 | 13500 | 14150 | 16900 | 21400 |
| 2WD | 0 | | (1850) | (1850) | (2465) | (2465) |
| V8, 5.4 Liter | 5 | | (3400) | (3400) | (4535) | (4535) |
| V10, 6.8 Liter | Y | | (2975) | (2975) | (3965) | (3965) |
| **SUPER DUTY CREW CAB PICKUP—V8**—Truck Equipment Schedule T1 | | | | | | |
| F250 XL 4D 6 3/4' | W205 | 29120 | 7675 | 8150 | 9825 | 12600 |
| F250 XL 4D 8' | W205 | 29320 | 7325 | 7800 | 9400 | 12050 |
| F250 XLT 4D 8' | W205 | 33720 | 8200 | 8700 | 10450 | 13350 |
| F250 King Ranch 8' | W205 | 37305 | 9225 | 9750 | 11700 | 14900 |
| F350 XL 4D 8' | W305 | 30270 | 7750 | 8225 | 9925 | 12700 |
| F350 Lariat 4D 8' | W305 | 37345 | 9225 | 9750 | 11700 | 14900 |
| 4WD | 1 | | 1600 | 1600 | 2135 | 2135 |
| V8, Turbo Dsl 6.0L | P | | 3475 | 3475 | 4635 | 4635 |
| V10, 6.8 Liter | Y | | 450 | 450 | 600 | 600 |
| **SUPER DUTY CREW CAB PICKUP 4WD—V8**—Truck Equipment Sch T1 | | | | | | |
| F350 XLT 4D 8' | W315 | 35020 | 11050 | 11650 | 13900 | 17650 |
| F350 King Ranch 8' | W315 | 38650 | 11450 | 12000 | 14350 | 18250 |
| 2WD | | | (1850) | (1850) | (2465) | (2465) |
| V8, Turbo Dsl 6.0L | P | | 3475 | 3475 | 4635 | 4635 |
| V10, 6.8 Liter | Y | | 450 | 450 | 600 | 600 |
| **SUPER DUTY CREW CAB PICKUP—V8 Turbo Diesel**—Truck Sch T1 | | | | | | |
| F350 XL 4D 6 3/4' | W30P | 30070 | 12200 | 12800 | 15200 | 19300 |
| 4WD | 1 | | 1600 | 1600 | 2135 | 2135 |
| V8, 5.4 Liter | 5 | | (3400) | (3400) | (4535) | (4535) |
| V10, 6.8 Liter | Y | | (2975) | (2975) | (3965) | (3965) |

SEE BACK PAGES FOR TRUCK EQUIPMENT

# 2005 FORD

| Body Type | VIN | List | Trade-In Good | Very Good | Pvt-Party Good | Retail Excellent |
|---|---|---|---|---|---|---|
| **SUPER DUTY CREW CAB PICKUP 4WD—V8 Turbo Diesel—Truck Sch T1** | | | | | | |
| F350 XLT 4D 6 3/4' | W31P | 34820 | 14800 | 15500 | 18400 | 23300 |
| F350 Lariat 4D 6 3/4' | W31P | 37145 | 15100 | 15800 | 18750 | 23800 |
| F350 KingRnch 6 3/4' | W31P | 38450 | 15500 | 16200 | 19200 | 24300 |
| 2WD | 0 | | (1850) | (1850) | (2465) | (2465) |
| V8, 5.4 Liter | 5 | | (3400) | (3400) | (4535) | (4535) |
| V10, 6.8 Liter | Y | | (2975) | (2975) | (3965) | (3965) |
| **SUPER DUTY CREW CAB PICKUP 4WD—V8 Turbo Diesel—Truck Sch T1** | | | | | | |
| F250 XLT 4D 6 3/4' | W21P | 33520 | 13850 | 14550 | 17300 | 21900 |
| F250 Lariat 4D 6 3/4' | W21P | 35990 | 14150 | 14850 | 17650 | 22400 |
| F250 Lariat 4D 8' | W21P | 36190 | 13950 | 14650 | 17400 | 22100 |
| F250 KingRnch 6 3/4' | W21P | 37105 | 14900 | 15600 | 18500 | 23500 |
| 2WD | 0 | | (1850) | (1850) | (2465) | (2465) |
| V8, 5.4 Liter | 5 | | (3400) | (3400) | (4535) | (4535) |
| V10, 6.8 Liter | Y | | (2975) | (2975) | (3965) | (3965) |
| **SUPER DUTY CREW CAB PICKUP 4WD—V8 Turbo Diesel—Truck Sch T1** | | | | | | |
| F250 Harley 6 3/4' | W215 | 41835 | 16350 | 17050 | 19050 | 23200 |
| F250 Harley 8' | W215 | 42035 | 16150 | 16850 | 18850 | 22900 |
| F350 Harley 6 3/4' | W315 | 42610 | 16600 | 17350 | 19350 | 23500 |
| F350 Harley 8' | W315 | 42810 | 16450 | 17150 | 19150 | 23300 |
| V10, 6.8 Liter | Y | | (475) | (475) | (635) | (635) |

# 2006 FORD — (1,2or3)F(D,MorT)-(U021)-6-#

| Body Type | VIN | List | Good | Very Good | Good | Excellent |
|---|---|---|---|---|---|---|
| **ESCAPE—4-Cyl.—Truck Equipment Schedule T1** | | | | | | |
| XLS Sport Utility 4D | U021 | 20685 | 2900 | 3225 | 4075 | 5425 |
| 4WD | 9 | | 700 | 700 | 935 | 935 |
| **ESCAPE 4WD—V6—Truck Equipment Schedule T1** | | | | | | |
| XLT Utility 4D | U931 | 25755 | 4550 | 4925 | 6225 | 8150 |
| XLT "Sport" SUV | U931 | 26550 | 5150 | 5550 | 6925 | 9050 |
| Limited Sport Util | U941 | 27295 | 5450 | 5850 | 7300 | 9500 |
| 2WD | Z | | (700) | (700) | (935) | (935) |
| 4-Cyl, 2.3 Liter | Z | | (475) | (475) | (635) | (635) |
| **ESCAPE 4WD—4-Cyl. Hybrid—Truck Equipment Schedule T1** | | | | | | |
| Sport Utility 4D | U96H | 29140 | 4300 | 4675 | 6125 | 8125 |
| 2WD | 5 | | (700) | (700) | (935) | (935) |
| **FREESTYLE—V6—Truck Equipment Schedule T1** | | | | | | |
| SE Sport Utility 4D | K011 | 25780 | 2725 | 3025 | 4050 | 5550 |
| SEL Sport Utility 4D | K021 | 27180 | 3325 | 3650 | 4775 | 6525 |
| AWD | | | 775 | 775 | 1035 | 1035 |
| **FREESTYLE AWD—V6—Truck Equipment Schedule T1** | | | | | | |
| Limited Sport Utility | K061 | 31280 | 4700 | 5075 | 6475 | 8725 |
| 2WD | 1,2,3 | | (700) | (700) | (935) | (935) |
| **EXPLORER—V6—Truck Equipment Schedule T1** | | | | | | |
| XLS Sport Utility 4D | U62E | 27175 | 3325 | 3650 | 4650 | 6250 |
| Third Row Seat | | | 375 | 375 | 500 | 500 |
| 4WD | 7 | | 1125 | 1125 | 1500 | 1500 |
| V8, 4.6 Liter | 8 | | 200 | 200 | 265 | 265 |
| **EXPLORER—V6—Truck Equipment Schedule T1** | | | | | | |
| XLT Sport Utility 4D | U73E | 31095 | 4875 | 5275 | 6750 | 8925 |
| Eddie Bauer Spt Util | U74E | 33070 | 5925 | 6350 | 8100 | 10700 |
| Third Row Seat | | | 375 | 375 | 500 | 500 |
| 2WD | 6 | | (1150) | (1150) | (1535) | (1535) |
| V8, 4.6 Liter | 8 | | 200 | 200 | 265 | 265 |
| **EXPLORER 4WD—V8—Truck Equipment Schedule T1** | | | | | | |
| Limited Sport Util | U75W | 36585 | 6775 | 7225 | 9125 | 12000 |
| Third Row Seat | | | 375 | 375 | 500 | 500 |
| 2WD | 6 | | (1150) | (1150) | (1535) | (1535) |
| V6, 4.0 Liter | E | | (200) | (200) | (265) | (265) |
| **EXPEDITION—V8—Truck Equipment Schedule T1** | | | | | | |
| XLS Sport Utility 4D | U135 | 34275 | 4025 | 4375 | 5650 | 7450 |
| XLT Utility 4D | U155 | 36325 | 4925 | 5325 | 6700 | 8800 |
| Third Row Seat | | | 550 | 550 | 735 | 735 |
| 4WD | 4 | | 700 | 700 | 935 | 935 |
| **EXPEDITION 4WD—V8—Truck Equipment Schedule T1** | | | | | | |
| XLT "Sport" SUV | U165 | 39030 | 6250 | 6675 | 8375 | 10950 |
| Eddie Bauer Spt Util | U185 | 42710 | 7300 | 7775 | 9625 | 12550 |
| Limited Sport Util | U205 | 44460 | 7500 | 7975 | 9500 | 12050 |
| King Ranch Spt Util | U185 | 46060 | 8825 | 9350 | 11150 | 14100 |
| Third Row Seat | | | 550 | 550 | 735 | 735 |
| 2WD | | | (700) | (700) | (935) | (935) |
| **FREESTAR—V6—Truck Equipment Schedule T2** | | | | | | |
| Cargo Minivan | A546 | 20380 | 2775 | 3100 | 4200 | 5825 |

**DEDUCT FOR RECONDITIONING**

# 2006 FORD

| Body Type | VIN | List | Trade-In Good | Very Good | Pvt-Party Good | Retail Excellent |
|---|---|---|---|---|---|---|
| **FREESTAR—V6—Truck Equipment Schedule T1** | | | | | | |
| SE Minivan | A516 | 24385 | 3525 | 3850 | 5150 | 7075 |
| SEL Minivan | A522 | 27345 | 4050 | 4400 | 5800 | 7950 |
| Limited Minivan | A582 | 30475 | 4575 | 4950 | 6675 | 9125 |
| **ECONOLINE WAGON—V8—Truck Equipment Schedule T1** | | | | | | |
| E150 XL Super Duty | E11W | 26170 | 5000 | 5400 | 6675 | 8650 |
| E150 XLT S.D. | E11W | 28945 | 5975 | 6400 | 7825 | 10100 |
| E150 Chateau S.D. | E11W | 31015 | 6500 | 6950 | 8525 | 11000 |
| E350 XL Super Duty | E31L | 28610 | 5350 | 5750 | 7075 | 9175 |
| E350 XLT S.D. | E31L | 31415 | 6650 | 7100 | 8700 | 11200 |
| E350 Chateau S.D. | E31L | 33220 | 7450 | 7925 | 9625 | 12400 |
| E350 XL S.D. Ext | S31L | 30600 | 6375 | 6800 | 8275 | 10650 |
| E350 XLT S.D. Ext | S31L | 32460 | 7125 | 7600 | 9250 | 11900 |
| V8, 5.4 Liter (E150) | L | | 200 | 200 | 265 | 265 |
| V8, Turbo Dsl 6.0L | P | | 2100 | 2100 | 2800 | 2800 |
| V10, 6.8 Liter | S | | 550 | 550 | 735 | 735 |
| **ECONOLINE VAN—V8—Truck Equipment Schedule T1** | | | | | | |
| E150 Super Cargo | E14W | 23975 | 4775 | 5150 | 6550 | 8800 |
| E250 Super Cargo | E24W | 24590 | 4900 | 5300 | 6925 | 9275 |
| E250 Extended SD | E24W | 25740 | 5800 | 6225 | 8025 | 10700 |
| E350 Super Cargo | E34L | 27380 | 5250 | 5650 | 7350 | 9825 |
| E350 Extended SD | S34L | 28310 | 6250 | 6675 | 8575 | 11450 |
| Crew Van Pkg | | | 200 | 200 | 265 | 265 |
| V8, 5.4L (E150/E250) | L | | 200 | 200 | 265 | 265 |
| V8, Turbo Dsl 6.0L | P | | 2100 | 2100 | 2800 | 2800 |
| V10, 6.8 Liter | S | | 550 | 550 | 735 | 735 |
| **RANGER REGULAR CAB PICKUP—4-Cyl.—Truck Equipment Schedule T1** | | | | | | |
| XL 2D 6' | R10D | 16245 | 3575 | 3925 | 4900 | 6500 |
| XLT 2D 6' | R10D | 18165 | 4475 | 4850 | 5950 | 7850 |
| 4WD | 1,5 | | 1100 | 1100 | 1465 | 1465 |
| V6, 3.0 Liter | U | | 250 | 250 | 335 | 335 |
| V6, 4.0 Liter | E | | 325 | 325 | 435 | 435 |
| **RANGER REGULAR CAB PICKUP—4-Cyl.—Truck Equipment Schedule T2** | | | | | | |
| XL 2D 7' | R10D | 16190 | 2775 | 3100 | 3950 | 5275 |
| 4WD | 1,5 | | 1100 | 1100 | 1465 | 1465 |
| V6, 3.0 Liter | U | | 250 | 250 | 335 | 335 |
| V6, 4.0 Liter | E | | 325 | 325 | 435 | 435 |
| **RANGER REGULAR CAB PICKUP—V6—Truck Equipment Schedule T2** | | | | | | |
| STX 2D 6' | R10U | 19905 | 3725 | 4075 | 5075 | 6725 |
| **RANGER REGULAR CAB PICKUP—V6—Truck Equipment Schedule T1** | | | | | | |
| Sport 2D 6' | R10U | 18870 | 4975 | 5350 | 6550 | 8600 |
| 4WD | 1,5 | | 1100 | 1100 | 1465 | 1465 |
| **RANGER REGULAR CAB PICKUP—V6—Truck Equipment Schedule T2** | | | | | | |
| XLT 2D 7' | R11U | 17935 | 4200 | 4550 | 5625 | 7450 |
| 4WD | 1,5 | | 1100 | 1100 | 1465 | 1465 |
| V6, 4.0 Liter | E | | 325 | 325 | 435 | 435 |
| **RANGER SUPER CAB PICKUP—4-Cyl.—Truck Equipment Schedule T1** | | | | | | |
| XL 2D 6' | R14D | 18745 | 5125 | 5525 | 6950 | 9100 |
| XLT 2D 6' | R14D | 20000 | 6050 | 6475 | 8050 | 10500 |
| 4WD | 1,5 | | 1100 | 1100 | 1465 | 1465 |
| V6, 3.0 Liter | U | | 250 | 250 | 335 | 335 |
| V6, 4.0 Liter | E | | 325 | 325 | 435 | 435 |
| **RANGER SUPER CAB PICKUP—V6—Truck Equipment Schedule T1** | | | | | | |
| STX 2D 6' | R14U | 19905 | 5450 | 5850 | 7325 | 9600 |
| STX 4D 6' | R44U | 21300 | 6850 | 7300 | 9100 | 11850 |
| Sport 2D 6' | R14U | 20705 | 6600 | 7050 | 8800 | 11450 |
| Sport 4D 6' | R44U | 22100 | 6975 | 7425 | 9250 | 12050 |
| XLT 4D 6' | R44U | 21600 | 6675 | 7125 | 8875 | 11600 |
| 4WD | 1,5 | | 1100 | 1100 | 1465 | 1465 |
| V6, 4.0 Liter | E | | 325 | 325 | 435 | 435 |
| **RANGER SUPER CAB PICKUP 4WD—V6—Truck Equipment Schedule T2** | | | | | | |
| XLT FX4 Level II 6' | R45E | 27305 | 8475 | 8975 | 10400 | 12950 |
| **RANGER SUPER CAB PICKUP 4WD—V6—Truck Equipment Schedule T1** | | | | | | |
| XLT FX4 Off-Rd 2D | R15E | 26225 | 7825 | 8300 | 9625 | 12000 |
| XLT FX4 Off-Rd 4D | R45E | 27620 | 8675 | 9175 | 10650 | 13200 |
| **REGULAR CAB PICKUP—V6—Truck Equipment Schedule T1** | | | | | | |
| F150 XL 4D 6 1/2' | F122 | 19805 | 3975 | 4325 | 5550 | 7475 |
| F150 STX 4D 6 1/2' | F122 | 22105 | 4325 | 4675 | 5975 | 8025 |
| 4WD | 4 | | 2000 | 2000 | 2665 | 2665 |
| V8, 4.6 Liter | W | | 450 | 450 | 600 | 600 |
| V8, 5.4 Liter | | | 700 | 700 | 935 | 935 |
| **REGULAR CAB PICKUP—V8—Truck Equipment Schedule T1** | | | | | | |
| F150 XL 4D 8' | F12W | 21945 | 3950 | 4300 | 5500 | 7425 |

SEE BACK PAGES FOR TRUCK EQUIPMENT 403

# 2006 FORD

| Body Type | VIN | List | Trade-In Good | Very Good | Pvt-Party Good | Retail Excellent |
|---|---|---|---|---|---|---|
| F150 XLT 4D 6 1/2' | F12W | 25095 | 5225 | 5625 | 7300 | 9750 |
| F150 XLT 4D 8' | F12W | 25390 | 4900 | 5275 | 6675 | 8950 |
| 4WD | 4 | | 2000 | 2000 | 2665 | 2665 |
| V6, 4.2 Liter | 2 | | (450) | (450) | (600) | (600) |
| V8, 5.4 Liter | 5 | | 275 | 275 | 365 | 365 |
| **REGULAR CAB PICKUP 4WD—V8**—Truck Equipment Schedule T1 | | | | | | |
| F150 FX4 4D 6 1/2' | F14W | 32020 | 8275 | 8775 | 11150 | 14750 |
| **SUPER CAB PICKUP—V8**—Truck Equipment Schedule T1 | | | | | | |
| F150 XL 4D 6 1/2' | X12W | 24985 | 5400 | 5800 | 7075 | 9050 |
| F150 XLT 4D 6 1/2' | X12W | 25280 | 5175 | 5575 | 6750 | 8625 |
| F150 STX 4D 6 1/2' | X12W | 26300 | 5750 | 6175 | 7500 | 9550 |
| F150 XLT 4D 8' | X12W | 28735 | 6200 | 6625 | 8000 | 10200 |
| F150 Lariat 4D 6 1/2' | X12W | 31630 | 6975 | 7425 | 8900 | 11300 |
| 4WD | 4 | | 2000 | 2000 | 2665 | 2665 |
| V8, 5.4 Liter | 5 | | 275 | 275 | 365 | 365 |
| **SUPER CAB PICKUP 4WD—V8**—Truck Equipment Schedule T1 | | | | | | |
| F150 STX 4D 6 1/2' | X14W | 29695 | 8125 | 8625 | 10200 | 12950 |
| F150 XLT 4D 6 1/2' | X14W | 32050 | 8600 | 9100 | 10800 | 13700 |
| 2WD | 2 | | (2250) | (2250) | (3000) | (3000) |
| V8, 5.4 Liter | 5 | | 275 | 275 | 365 | 365 |
| **SUPER CAB PICKUP 4WD—V8**—Truck Equipment Schedule T1 | | | | | | |
| F150 XLT 4D 8' | X145 | 32350 | 8450 | 8950 | 10650 | 13450 |
| 2WD | 2 | | (2250) | (2250) | (3000) | (3000) |
| **SUPER CAB PICKUP 4WD—V8**—Truck Equipment Schedule T1 | | | | | | |
| F150 Lariat 4D 5 1/2' | X125 | 31305 | 6875 | 7325 | 8775 | 11150 |
| F150 Harley 6 1/2' | X125 | 35645 | 10800 | 11400 | 13450 | 16900 |
| 4WD | 4 | | 2000 | 2000 | 2665 | 2665 |
| **SUPER CAB PICKUP 4WD—V8**—Truck Equipment Schedule T1 | | | | | | |
| F150 FX4 4D 5 1/2' | X145 | 34215 | 9800 | 10350 | 12300 | 15500 |
| F150 FX4 4D 6 1/2' | X145 | 34520 | 9900 | 10450 | 12400 | 15650 |
| **SUPERCREW PICKUP—V8**—Truck Equipment Schedule T1 | | | | | | |
| F150 XLT 4D 5 1/2' | W12W | 31335 | 8125 | 8625 | 10200 | 12950 |
| F150 XLT 4D 6 1/2' | W14W | 34500 | 10300 | 10850 | 12850 | 16200 |
| F150 KingRnch 6 3/4' | W125 | 37480 | 11400 | 12000 | 14250 | 17950 |
| 4WD | 4 | | 2000 | 2000 | 2665 | 2665 |
| V8, 5.4 Liter (XLT) | 5 | | 275 | 275 | 365 | 365 |
| **SUPERCREW PICKUP 4WD—V8**—Truck Equipment Schedule T1 | | | | | | |
| F150 XLT 4D 5 1/2' | W14W | 34500 | 10300 | 10850 | 12850 | 16200 |
| F150 Lariat 4D 5 1/2' | W145 | 37465 | 12450 | 13100 | 15450 | 19450 |
| F150 Lariat 4D 6 1/2' | W145 | 37785 | 12250 | 12900 | 15250 | 19150 |
| F150 KingRnch 5 1/2' | W145 | 40630 | 14050 | 14750 | 17300 | 21700 |
| 2WD | 2 | | (2250) | (2250) | (3000) | (3000) |
| **SUPERCREW PICKUP 4WD—V8**—Truck Equipment Schedule T1 | | | | | | |
| F150 FX4 4D 5 1/2' | W145 | 36510 | 11550 | 12150 | 14450 | 18150 |
| F150 FX4 4D 6 1/2' | W145 | 36810 | 11350 | 11950 | 14200 | 17900 |
| **SUPER DUTY REGULAR CAB PICKUP—V8**—Truck Equipment Schedule T1 | | | | | | |
| F250 XL 2D 6 3/4' | F205 | 24835 | 5050 | 5450 | 6550 | 8325 |
| F350 XL 2D 8' | F305 | 25565 | 5350 | 5750 | 6900 | 8750 |
| 4WD | 1 | | 2000 | 2000 | 2665 | 2665 |
| V8, Turbo Dsl 6.0L | P | | 3750 | 3750 | 5000 | 5000 |
| V10, 6.8 Liter | Y | | 475 | 475 | 635 | 635 |
| **SUPER DUTY REGULAR CAB 4WD—V8**—Truck Equipment Schedule T1 | | | | | | |
| F250 XLT 2D 8' | F215 | 28575 | 8450 | 8950 | 10550 | 13300 |
| 2WD | 0 | | (2250) | (2250) | (3000) | (3000) |
| V8, Turbo Dsl 6.0L | P | | 3750 | 3750 | 5000 | 5000 |
| V10, 6.8 Liter | Y | | 475 | 475 | 635 | 635 |
| **SUPER DUTY REGULAR CAB 4WD—V8 Turbo Diesel**—Truck Equip Sch T1 | | | | | | |
| F350 XLT 2D 8' | F31P | 29665 | 12050 | 12650 | 14900 | 18650 |
| 2WD | 0 | | (2250) | (2250) | (3000) | (3000) |
| V8, 5.4 Liter | 5 | | (3700) | (3700) | (4935) | (4935) |
| V10, 6.8 Liter | Y | | (3250) | (3250) | (4335) | (4335) |
| **SUPER DUTY SUPER CAB PICKUP—V8**—Truck Equipment Schedule T1 | | | | | | |
| F250 XL 4D 6 3/4' | X205 | 26965 | 7350 | 7825 | 9250 | 11700 |
| F250 XL 4D 8' | X205 | 27165 | 6950 | 7400 | 8800 | 11100 |
| F250 XLT 4D 8' | X205 | 31690 | 8200 | 8700 | 10200 | 12850 |
| F250 Lariat 4D 8' | X205 | 34130 | 8300 | 8800 | 10400 | 13100 |
| F350 XL 4D 6 3/4' | X305 | 28025 | 10050 | 10600 | 12450 | 15650 |
| F350 XL 4D 8' | X305 | 29065 | 7550 | 8025 | 9475 | 11950 |
| F350 XLT 4D 8' | X305 | 33135 | 8450 | 8950 | 10550 | 13300 |
| F350 Lariat 4D 8' | X305 | 35630 | 8700 | 9200 | 10850 | 13650 |
| 4WD | 1 | | 2000 | 2000 | 2665 | 2665 |
| V8, Turbo Dsl 6.0L | P | | 3750 | 3750 | 5000 | 5000 |
| V10, 6.8 Liter | Y | | 475 | 475 | 635 | 635 |

**DEDUCT FOR RECONDITIONING**

# 2006 FORD

| Body Type | VIN | List | Good | Trade-In Very Good | Pvt-Party Good | Retail Excellent |
|---|---|---|---|---|---|---|
| **SUPER DUTY SUPER CAB PICKUP 4WD—V8**—Truck Equipment Schedule T1 | | | | | | |
| F250 XLT 4D 6 3/4' | X215 | 31495 | 10650 | 11200 | 13150 | 16500 |
| F350 Lariat 4D 6 3/4' | X315 | 35425 | 11250 | 11800 | 13800 | 17300 |
| 2WD | 0 | | (2250) | (2250) | (3000) | (3000) |
| V8, Turbo Dsl 6.0L | P | | 3750 | 3750 | 5000 | 5000 |
| V10, 6.8 Liter | Y | | 475 | 475 | 635 | 635 |
| **SUPER DUTY SUPER CAB 4WD—V8 Turbo Diesel**—Truck Equipment Sch T1 | | | | | | |
| F350 XLT 4D 6 3/4' | X31P | 32930 | 14950 | 15650 | 18200 | 22700 |
| 2WD | 5 | | (2250) | (2250) | (3000) | (3000) |
| V8, 5.4 Liter | | | (3700) | (3700) | (4935) | (4935) |
| V10, 6.8 Liter | Y | | (3250) | (3250) | (4335) | (4335) |
| **SUPER DUTY SUPER CAB 4WD—V8 Turbo Diesel**—Truck Equipment Sch T1 | | | | | | |
| F250 Lariat 4D 6 3/4' | X21P | 34130 | 14900 | 15600 | 18150 | 22600 |
| 2WD | 0 | | (2250) | (2250) | (3000) | (3000) |
| V8, 5.4 Liter | 5 | | (3700) | (3700) | (4935) | (4935) |
| V10, 6.8 Liter | Y | | (3250) | (3250) | (4335) | (4335) |
| **SUPER DUTY CREW CAB PICKUP—V8**—Truck Equipment Schedule T1 | | | | | | |
| F250 XL 4D 6 3/4' | W205 | 28345 | 8800 | 9300 | 10950 | 13800 |
| F250 XL 4D 8' | W205 | 28540 | 8400 | 8900 | 10500 | 13200 |
| F250 XLT 4D 8' | W205 | 34020 | 9425 | 9950 | 11650 | 14650 |
| F250 King Ranch 8' | W205 | 40145 | 10050 | 10600 | 12450 | 15650 |
| F350 XL 4D 8' | W305 | 29475 | 8925 | 9425 | 11100 | 13950 |
| F350 Lariat 4D 8' | W305 | 38120 | 10150 | 10700 | 12600 | 15800 |
| 4WD | 1 | | 2000 | 2000 | 2665 | 2665 |
| V8, Turbo Dsl 6.0L | P | | 3750 | 3750 | 5000 | 5000 |
| V10, 6.8 Liter | Y | | 475 | 475 | 635 | 635 |
| **SUPER DUTY CREW CAB 4WD—V8**—Truck Equipment Schedule T1 | | | | | | |
| F350 XLT 4D 8' | W315 | 35325 | 11950 | 12550 | 14800 | 18500 |
| F350 King Ranch 8' | W315 | 41305 | 12750 | 13400 | 15700 | 19650 |
| 2WD | 0,2 | | (2250) | (2250) | (3000) | (3000) |
| V8, Turbo Dsl 6.0L | P | | 3750 | 3750 | 5000 | 5000 |
| V10, 6.8 Liter | Y | | 475 | 475 | 635 | 635 |
| **SUPER DUTY CREW CAB 4WD—V8 Turbo Diesel**—Truck Equipment Sch T1 | | | | | | |
| F250 XLT 4D 6 3/4' | W21P | 33825 | 15900 | 16650 | 19300 | 24100 |
| F250 Lariat 4D 6 3/4' | W21P | 36765 | 16300 | 17050 | 19750 | 24700 |
| F250 Lariat 4D 8' | W21P | 36960 | 16000 | 16750 | 19400 | 24200 |
| F250 KingRnch 6 3/4' | W21P | 39950 | 16800 | 17550 | 20300 | 25400 |
| F350 XL 4D 6 3/4' | W30P | 29275 | 13250 | 13900 | 16250 | 20300 |
| F350 XLT 4D 8' | W31P | 35130 | 16300 | 17050 | 19750 | 24700 |
| F350 Lariat 4D 6 3/4' | W31P | 37925 | 16700 | 17450 | 20200 | 25200 |
| F350 KingRnch 6 3/4' | W31P | 41110 | 17300 | 18100 | 20900 | 26100 |
| 2WD | 5 | | (2250) | (2250) | (3000) | (3000) |
| V8, 5.4 Liter | | | (3700) | (3700) | (4935) | (4935) |
| V10, 6.8 Liter | Y | | (3250) | (3250) | (4335) | (4335) |
| **SUPER DUTY CREW CAB PICKUP 4WD—V8 Turbo Diesel**—Schedule T1 | | | | | | |
| F250 Harley 6 3/4' | W21P | 50780 | 19200 | 20100 | 22100 | 26500 |
| F350 Harley 6 3/4' | W21P | 50985 | 19050 | 19900 | 21900 | 26300 |
| F350 Harley 6 3/4' | W31P | 51555 | 19650 | 20500 | 22500 | 27000 |
| F350 Harley 8' | W31P | 51760 | 19450 | 20300 | 22300 | 26800 |

# 2007 FORD—(1,2or3)F(D,MorT)-(U02Z)-7-#

| Body Type | VIN | List | Good | Trade-In Very Good | Pvt-Party Good | Retail Excellent |
|---|---|---|---|---|---|---|
| **ESCAPE—4-Cyl.**—Truck Equipment Schedule T1 | | | | | | |
| XLS Sport Utility 4D | U02Z | 20560 | 4125 | 4475 | 5200 | 6575 |
| 4WD | 5,9 | | 1000 | 1000 | 1335 | 1335 |
| **ESCAPE 4WD—4-Cyl. Hybrid**—Truck Equipment Schedule T1 | | | | | | |
| Sport Utility 4D | U59H | 27925 | 5600 | 6000 | 7350 | 9475 |
| 2WD | | | (750) | (750) | (1000) | (1000) |
| **ESCAPE 4WD—V6**—Truck Equipment Schedule T1 | | | | | | |
| XLT Sport Utility 4D | U931 | 25525 | 6050 | 6475 | 7550 | 9425 |
| XLT "Sport" SUV 4D | U931 | 26310 | 6500 | 6950 | 8050 | 10050 |
| Limited Sport Util | U941 | 27045 | 7200 | 7650 | 8825 | 11000 |
| 2WD | | | (750) | (750) | (1000) | (1000) |
| 4-Cyl, 2.3 Liter | Z | | (500) | (500) | (665) | (665) |
| **EDGE—V6**—Truck Equipment Schedule T1 | | | | | | |
| SE Sport Utility 4D | K36C | 25995 | 6600 | 7050 | 8325 | 10550 |
| SEL Sport Utility 4D | K38C | 27990 | 7950 | 8450 | 9950 | 12550 |
| SEL Plus Spt Util 4D | K39C | 29745 | 9425 | 9950 | 11700 | 14700 |
| AWD | 4 | | 550 | 550 | 735 | 735 |
| **FREESTYLE—V6**—Truck Equipment Schedule T1 | | | | | | |
| SEL Sport Utility 4D | K021 | 26245 | 4300 | 4650 | 5750 | 7600 |
| | 5,6 | | 800 | 800 | 1065 | 1065 |
| **FREESTYLE AWD—V6**—Truck Equipment Schedule T1 | | | | | | |
| Limited Sport Utility | K061 | 31405 | 5500 | 5900 | 7400 | 9675 |

SEE BACK PAGES FOR TRUCK EQUIPMENT

# 2007 FORD

| Body Type | VIN | List | Trade-In Good | Trade-In Very Good | Pvt-Party Good | Retail Excellent |
|---|---|---|---|---|---|---|
| 2WD | 2,3 | | (750) | (750) | (1000) | (1000) |
| **EXPLORER 4WD—V6—**Truck Equipment Schedule T1 | | | | | | |
| XLT Sport Utility 4D | U73E | 28290 | 6475 | 6925 | 8150 | 10250 |
| Eddie Bauer Spt Util | U74E | 31290 | 8150 | 8650 | 10100 | 12700 |
| Third Row Seat | | | 400 | 400 | 535 | 535 |
| 2WD | 6 | | (1225) | (1225) | (1635) | (1635) |
| V8, 4.6 Liter | 8 | | 200 | 200 | 265 | 265 |
| **EXPLORER 4WD—V8—**Truck Equipment Schedule T1 | | | | | | |
| Limited Spt Util | U758 | 35690 | 9425 | 9950 | 11600 | 14550 |
| Third Row Seat | | | 400 | 400 | 535 | 535 |
| 2WD | 6 | | (1225) | (1225) | (1635) | (1635) |
| V6, 4.0 Liter | E | | (200) | (200) | (265) | (265) |
| **EXPLORER SPORT TRAC—V6—**Truck Equipment Schedule T1 | | | | | | |
| XLT Utility Pickup | U31K | 24940 | 9650 | 10200 | 11650 | 14400 |
| 4WD | 5 | | 1225 | 1225 | 1635 | 1635 |
| V8, 4.6 Liter | 8 | | 200 | 200 | 265 | 265 |
| **EXPLORER SPORT TRAC 4WD—V6—**Truck Equipment Schedule T1 | | | | | | |
| Limited Util Pickup | U53K | 29270 | 11650 | 12250 | 14000 | 17200 |
| 2WD | 3 | | (1225) | (1225) | (1635) | (1635) |
| V8, 4.6 Liter | 8 | | 200 | 200 | 265 | 265 |
| **EXPEDITION 4WD—V8—**Truck Equipment Schedule T1 | | | | | | |
| XLT Sport Utility 4D | U165 | 32895 | 8725 | 9225 | 10900 | 13750 |
| Eddie Bauer Spt Util | U185 | 39295 | 11300 | 11850 | 13900 | 17500 |
| Limited Spt Util | U205 | 40745 | 11800 | 12400 | 14050 | 17250 |
| Third Row Seat | | | 600 | 600 | 800 | 800 |
| 2WD | 3,5,7,9 | | (750) | (750) | (1000) | (1000) |
| **EXPEDITION EL 4WD—V8—**Truck Equipment Schedule T1 | | | | | | |
| XLT Sport Utility 4D | K165 | 37345 | 9975 | 10500 | 12350 | 15550 |
| Eddie Bauer Spt Util | K185 | 41945 | 12050 | 12650 | 14800 | 18550 |
| Limited Sport Util | K205 | 43395 | 12650 | 13250 | 15100 | 18500 |
| Third Row Seat | | | 600 | 600 | 800 | 800 |
| 2WD | 5,7,9 | | (750) | (750) | (1000) | (1000) |
| **FREESTAR—V6—**Truck Equipment Schedule T2 | | | | | | |
| Cargo Minivan | A542 | 20480 | 4125 | 4475 | 5725 | 7725 |
| **FREESTAR—V6—**Truck Equipment Schedule T1 | | | | | | |
| SE Minivan | A512 | 24485 | 4700 | 5075 | 6650 | 8900 |
| SEL Minivan | A522 | 27445 | 5275 | 5675 | 7350 | 9825 |
| Limited Minivan | A582 | 30355 | 6125 | 6550 | 8400 | 11200 |
| **ECONOLINE WAGON—V8—**Truck Equipment Schedule T1 | | | | | | |
| E150 XL Super Duty | E11W | 26460 | 6150 | 6575 | 7875 | 10050 |
| E150 XLT S.D. | E11W | 29220 | 7200 | 7675 | 9175 | 11700 |
| E150 Chateau S.D. | E11W | 31290 | 8550 | 9050 | 10750 | 13600 |
| E350 XL Super Duty | E31L | 28485 | 6650 | 7100 | 8450 | 10800 |
| E350 XL S.D. | E31L | 32155 | 8875 | 9400 | 11100 | 14050 |
| E350 XL S.D. Ext | S31L | 31190 | 7650 | 8125 | 9700 | 12300 |
| E350 XLT Extended | S31L | 32635 | 9800 | 10350 | 12250 | 15450 |
| V8, 5.4 Liter (E150) | L | | 200 | 200 | 265 | 265 |
| V8, Turbo Dsl 6.0L | P | | 2250 | 2250 | 3000 | 3000 |
| **ECONOLINE VAN—V8—**Truck Equipment Schedule T1 | | | | | | |
| E150 Super Cargo | E14W | 24250 | 6325 | 6750 | 8175 | 10500 |
| E250 Super Cargo | E24W | 24865 | 6650 | 7100 | 8575 | 11000 |
| E250 Ext SD Cargo | E24W | 26550 | 7725 | 8200 | 9900 | 12700 |
| E350 Super Cargo | E34L | 27745 | 7025 | 7475 | 9100 | 11650 |
| E350 Ext SD Cargo | E34L | 29120 | 8375 | 8875 | 10650 | 13650 |
| Crew Van Pkg | | | 200 | 200 | 265 | 265 |
| V8, 5.4L (E150/E250) | L | | 200 | 200 | 265 | 265 |
| V8, Turbo Dsl 6.0L | P | | 2250 | 2250 | 3000 | 3000 |
| V10, 6.8 Liter | S | | 600 | 600 | 800 | 800 |
| **RANGER REGULAR CAB PICKUP—4-Cyl.—**Truck Equipment Schedule T2 | | | | | | |
| XL 2D 7' | R10D | 15700 | 3575 | 3925 | 4825 | 6325 |
| XLT 2D 7' | R10D | 16365 | 4875 | 5250 | 6350 | 8250 |
| 4WD | 1,5 | | 1300 | 1300 | 1735 | 1735 |
| V6, 3.0 Liter | U | | 250 | 250 | 335 | 335 |
| V6, 4.0 Liter | E | | 350 | 350 | 465 | 465 |
| **RANGER REGULAR CAB PICKUP—4-Cyl.—**Truck Equipment Schedule T1 | | | | | | |
| XL 2D 6' | R10D | 15495 | 4300 | 4650 | 5675 | 7400 |
| XLT 2D 6' | R10D | 16970 | 5225 | 5625 | 6750 | 8775 |
| 4WD | 1,5 | | 1300 | 1300 | 1735 | 1735 |
| V6, 3.0 Liter | U | | 250 | 250 | 335 | 335 |
| V6, 4.0 Liter | E | | 350 | 350 | 465 | 465 |
| **RANGER REGULAR CAB PICKUP—V6—**Truck Equipment Schedule T2 | | | | | | |
| STX 2D 6' | R10U | 15865 | 4425 | 4800 | 5825 | 7575 |
| 4WD | 1,5 | | 1300 | 1300 | 1735 | 1735 |

**DEDUCT FOR RECONDITIONING**

# 2007 FORD

| Body Type | VIN | List | Trade-In Good | Trade-In Very Good | Pvt-Party Good | Retail Excellent |
|---|---|---|---|---|---|---|
| 4-Cyl, 2.3 Liter | D | | (275) | (275) | (365) | (365) |
| **RANGER REGULAR CAB PICKUP—V6**—Truck Equipment Schedule T1 | | | | | | |
| Sport 2D 6' | R10U | 17605 | 5500 | 5900 | 7275 | 9425 |
| 4WD | 1,5 | | 1300 | 1300 | 1735 | 1735 |
| V6, 4.0 Liter | E | | 350 | 350 | 465 | 465 |
| **RANGER SUPER CAB PICKUP—4-Cyl.**—Truck Equipment Schedule T1 | | | | | | |
| XL 2D 6' | R14D | 16805 | 5850 | 6275 | 7700 | 9950 |
| 4WD | 1,5 | | 1300 | 1300 | 1735 | 1735 |
| V6, 3.0 Liter | U | | 250 | 250 | 335 | 335 |
| V6, 4.0 Liter | E | | 350 | 350 | 465 | 465 |
| **RANGER SUPER CAB PICKUP—V6**—Truck Equipment Schedule T1 | | | | | | |
| STX 2D 6' | R14U | 17835 | 6400 | 6825 | 8325 | 10750 |
| 4WD | 1,5 | | 1300 | 1300 | 1735 | 1735 |
| 4-Cyl, 2.3 Liter | D | | (275) | (275) | (365) | (365) |
| V6, 4.0 Liter | E | | 100 | 100 | 135 | 135 |
| **RANGER SUPER CAB PICKUP—V6**—Truck Equipment Schedule T1 | | | | | | |
| XLT 2D 6' | R14U | 18365 | 7050 | 7525 | 9200 | 11850 |
| XLT 4D 6' | R44U | 19820 | 7500 | 7975 | 9725 | 12500 |
| Sport 2D 6' | R14U | 19000 | 7325 | 7800 | 9500 | 12250 |
| Sport 4D 6' | R44U | 20255 | 8025 | 8525 | 10350 | 13300 |
| STX 4D 6' | R14U | 19045 | 7800 | 8275 | 10050 | 12950 |
| 4WD | 1,5 | | 1300 | 1300 | 1735 | 1735 |
| V6, 4.0 Liter | E | | 350 | 350 | 465 | 465 |
| **RANGER SUPER CAB PICKUP 4WD—V6**—Truck Equipment Schedule T2 | | | | | | |
| FX4 Off-Road 2D 6' | R15E | 22620 | 9150 | 9675 | 11100 | 13750 |
| FX4 Off-Road Lvl II | R45E | 24950 | 10050 | 10600 | 12100 | 15000 |
| **RANGER SUPER CAB PICKUP 4WD—V6**—Truck Equipment Schedule T1 | | | | | | |
| FX4 Off-Road 4D 6' | R45E | 24705 | 10300 | 10850 | 12400 | 15300 |
| **REGULAR CAB PICKUP—V6**—Truck Equipment Schedule T1 | | | | | | |
| F150 XL 2D 6 1/2' | F122 | 19200 | 5050 | 5425 | 6675 | 8775 |
| F150 XL 2D 8' | F122 | 19500 | 4650 | 5025 | 6175 | 8150 |
| 4WD | 4 | | 2200 | 2200 | 2935 | 2935 |
| V8, 4.6 Liter | W | | 500 | 500 | 665 | 665 |
| V8, 5.4 Liter | 5 | | 750 | 750 | 1000 | 1000 |
| **REGULAR CAB PICKUP—V8**—Truck Equipment Schedule T1 | | | | | | |
| F150 STX 4D 6 1/2' | F12W | 23750 | 5975 | 6400 | 7975 | 10450 |
| F150 XLT 4D 6 1/2' | F12W | 26050 | 6575 | 7025 | 8700 | 11350 |
| F150 XLT 4D 8' | F12W | 26350 | 6075 | 6500 | 8100 | 10600 |
| 4WD | 4 | | 2200 | 2200 | 2935 | 2935 |
| V6, 4.2 Liter | | | (450) | (450) | (600) | (600) |
| V8, 5.4 Liter | 5 | | 300 | 300 | 400 | 400 |
| **REGULAR CAB PICKUP 4WD—V8**—Truck Equipment Schedule T1 | | | | | | |
| F150 FX4 4D 6 1/2' | F145 | 30750 | 10950 | 11500 | 14100 | 18300 |
| **SUPER CAB PICKUP—V8**—Truck Equipment Schedule T1 | | | | | | |
| F150 XL 4D 6 1/2' | X12W | 24295 | 7175 | 7625 | 8825 | 11000 |
| F150 XL 4D 8' | X12W | 24595 | 6975 | 7425 | 8600 | 10750 |
| F150 STX 4D 5 1/2' | X12W | 25850 | 7400 | 7875 | 9150 | 11400 |
| F150 XLT 4D 5 1/2' | X12W | 28150 | 8100 | 8600 | 9950 | 12350 |
| 4WD | 4 | | 2200 | 2200 | 2935 | 2935 |
| V8, 5.4 Liter | 5 | | 300 | 300 | 400 | 400 |
| **SUPER CAB PICKUP 4WD—V8**—Truck Equipment Schedule T1 | | | | | | |
| F150 XLT 4D 6 1/2' | X14W | 29150 | 10250 | 10800 | 12400 | 15350 |
| F150 STX 4D 6 1/2' | X14W | 31450 | 10750 | 11300 | 12950 | 16050 |
| 2WD | 2 | | (2425) | (2425) | (3235) | (3235) |
| V8, 5.4 Liter | 5 | | 300 | 300 | 400 | 400 |
| **SUPER CAB PICKUP—V8**—Truck Equipment Schedule T1 | | | | | | |
| F150 Lariat 4D 5 1/2' | X125 | 30750 | 8700 | 9225 | 10600 | 13200 |
| F150 Lariat 4D 6 1/2' | X125 | 31050 | 9200 | 9725 | 11150 | 13850 |
| 4WD | 4 | | 2200 | 2200 | 2935 | 2935 |
| **SUPER CAB PICKUP 4WD—V8**—Truck Equipment Schedule T1 | | | | | | |
| F150 XLT 4D 8' | X145 | 31750 | 10750 | 11300 | 12950 | 16050 |
| 2WD | 2 | | (2425) | (2425) | (3235) | (3235) |
| **SUPER CAB PICKUP 4WD—V8**—Truck Equipment Schedule T1 | | | | | | |
| F150 FX4 4D 5 1/2' | X145 | 32850 | 11450 | 12050 | 13850 | 17100 |
| F150 FX4 4D 6 1/2' | X145 | 33150 | 11650 | 12250 | 14050 | 17400 |
| **SUPERCREW PICKUP—V8**—Truck Equipment Schedule T1 | | | | | | |
| F150 XLT 4D 5 1/2' | W12W | 30490 | 10400 | 10950 | 12550 | 15550 |
| F150 KingRnch 6 1/2 | W125 | 36590 | 13750 | 14400 | 16500 | 20400 |
| F150 Harley 5 1/2 | W125 | 37150 | 14900 | 15600 | 17800 | 22000 |
| 4WD | 4 | | 2200 | 2200 | 2935 | 2935 |
| V8, 5.4 Liter (XLT) | 5 | | 300 | 300 | 400 | 400 |
| **SUPERCREW PICKUP 4WD—V8**—Truck Equipment Schedule T1 | | | | | | |
| F150 XLT 4D 6 1/2' | W14W | 33850 | 12750 | 13400 | 15300 | 18900 |

SEE BACK PAGES FOR TRUCK EQUIPMENT

# 2007 FORD

| Body Type | VIN | List | Trade-In Good | Trade-In Very Good | Pvt-Party Good | Retail Excellent |
|---|---|---|---|---|---|---|
| 2WD | 2 | | (2425) | (2425) | (3235) | (3235) |
| V8, 5.4 Liter | 5 | | 300 | 300 | 400 | 400 |
| **SUPERCREW PICKUP 4WD—V8—Truck Equipment Schedule T1** | | | | | | |
| F150 Lariat 4D 5 1/2 | W145 | 36220 | 15750 | 16450 | 18750 | 23100 |
| F150 Lariat 4D 6 1/2 | W145 | 36450 | 15550 | 16250 | 18550 | 22800 |
| F150 KingRnch 5 1/2 | W145 | 39420 | 16900 | 17650 | 20100 | 24700 |
| 2WD | 2 | | (2425) | (2425) | (3235) | (3235) |
| **SUPERCREW PICKUP 4WD—V8—Truck Equipment Schedule T1** | | | | | | |
| F150 FX4 4D 5 1/2 | W125 | 35250 | 13850 | 14500 | 16650 | 20500 |
| F150 FX4 4D 5 1/2 | W125 | 35550 | 13650 | 14300 | 16400 | 20300 |
| **SUPER DUTY REGULAR CAB PICKUP—V8—Truck Equipment Schedule T1** | | | | | | |
| F250 XL 2D 8' | F225 | 25795 | 6050 | 6475 | 7575 | 9500 |
| F350 XL 2D 8' | F305 | 26525 | 6400 | 6825 | 7975 | 9975 |
| 4WD | 1 | | 2200 | 2200 | 2935 | 2935 |
| V8, Turbo Dsl 6.0L | P | | 4000 | 4000 | 5335 | 5335 |
| V10, 6.8 Liter | Y | | 500 | 500 | 665 | 665 |
| **SUPER DUTY REGULAR CAB 4WD—V8—Truck Equipment Schedule T1** | | | | | | |
| F250 XLT 2D 8' | F215 | 28685 | 9850 | 10400 | 12000 | 14900 |
| 2WD | 0 | | (2425) | (2425) | (3235) | (3235) |
| V8, Turbo Dsl 6.0L | P | | 4000 | 4000 | 5335 | 5335 |
| V10, 6.8 Liter | Y | | 500 | 500 | 665 | 665 |
| **SUPER DUTY REGULAR CAB 4WD—V8 Turbo Diesel—Truck Equip Sch T1** | | | | | | |
| F350 XLT 2D 8' | F31P | 29775 | 14000 | 14650 | 16850 | 20800 |
| 2WD | 0 | | (2425) | (2425) | (3235) | (3235) |
| V8, 5.4 Liter | | | (4000) | (4000) | (5335) | (5335) |
| V10, 6.8 Liter | Y | | (3825) | (3825) | (5100) | (5100) |
| **SUPER DUTY SUPER CAB PICKUP—V8—Truck Equipment Schedule T1** | | | | | | |
| F250 XL 4D 6 3/4' | X205 | 27925 | 8700 | 9225 | 10650 | 13250 |
| F250 XL 4D 8' | X205 | 28125 | 8250 | 8750 | 10150 | 12650 |
| F250 XLT 4D 8' | X205 | 31800 | 9550 | 10100 | 11650 | 14500 |
| F250 Lariat 4D 8' | X205 | 34445 | 9850 | 10400 | 12000 | 14900 |
| F350 XL 4D 6 3/4' | X315 | 28135 | 11700 | 12300 | 14150 | 17550 |
| F350 XL 4D 8' | X305 | 29175 | 8800 | 9325 | 10750 | 13400 |
| F350 XLT 4D 8' | X305 | 33245 | 9950 | 10500 | 12100 | 15050 |
| F350 Lariat 4D 8' | X305 | 35740 | 10250 | 10800 | 12450 | 15450 |
| 4WD | 1 | | 2200 | 2200 | 2935 | 2935 |
| V8, Turbo Dsl 6.0L | P | | 4000 | 4000 | 5335 | 5335 |
| V10, 6.8 Liter | Y | | 500 | 500 | 665 | 665 |
| **SUPER DUTY SUPER CAB PICKUP 4WD—V8—Truck Equipment Schedule T1** | | | | | | |
| F250 XLT 4D 6 3/4' | X215 | 31605 | 12500 | 13150 | 15050 | 18650 |
| F350 Lariat 4D 6 3/4' | X315 | 35740 | 13100 | 13750 | 15850 | 19600 |
| 2WD | 0 | | (2425) | (2425) | (3235) | (3235) |
| V8, Turbo Dsl 6.0L | P | | 4000 | 4000 | 5335 | 5335 |
| V10, 6.8 Liter | Y | | 500 | 500 | 665 | 665 |
| **SUPER DUTY SUPER CAB 4WD—V8 Turbo Diesel—Truck Equip Sch T1** | | | | | | |
| F250 Lariat 4D 6 3/4' | X21P | 34240 | 17050 | 17800 | 20300 | 25100 |
| F350 Lariat 4D 6 3/4' | X31P | 33040 | 17300 | 18050 | 20600 | 25400 |
| 2WD | 0 | | (2425) | (2425) | (3235) | (3235) |
| V8, 5.4 Liter | | | (4000) | (4000) | (5335) | (5335) |
| V10, 6.8 Liter | Y | | (3825) | (3825) | (5100) | (5100) |
| **SUPER DUTY CREW CAB PICKUP—V8—Truck Equipment Schedule T1** | | | | | | |
| F250 XL 4D 6 3/4' | W205 | 29305 | 10250 | 10800 | 12450 | 15450 |
| F250 XL 4D 8' | W205 | 29500 | 9850 | 10400 | 12000 | 14900 |
| F250 XLT 4D 8' | W205 | 33755 | 10900 | 11450 | 13250 | 16400 |
| F250 King Ranch 8' | W205 | 40255 | 11650 | 12250 | 14100 | 17500 |
| F350 XL 4D 8' | W305 | 30435 | 10300 | 10850 | 12500 | 15500 |
| F350 Lariat 4D 8' | W305 | 38230 | 11950 | 12550 | 14450 | 17900 |
| 4WD | 1 | | 2200 | 2200 | 2935 | 2935 |
| V8, Turbo Dsl 6.0L | P | | 4000 | 4000 | 5335 | 5335 |
| V10, 6.8 Liter | Y | | 500 | 500 | 665 | 665 |
| **SUPER DUTY CREW CAB PICKUP—V8 Turbo Diesel—Truck Equip Sch T1** | | | | | | |
| F350 XL 4D 6 3/4' | W30P | 30235 | 14900 | 15600 | 17850 | 22100 |
| 4WD | 1 | | 2200 | 2200 | 2935 | 2935 |
| V8, 5.4 Liter | 5 | | (4000) | (4000) | (5335) | (5335) |
| V10, 6.8 Liter | Y | | (3825) | (3825) | (5100) | (5100) |
| **SUPER DUTY CREW CAB PICKUP 4WD—V8—Truck Equipment Schedule T1** | | | | | | |
| F350 XLT 4D 8' | W315 | 34145 | 14100 | 14750 | 16950 | 21000 |
| F350 King Ranch 8' | W315 | 41415 | 14900 | 15600 | 17850 | 22100 |
| 2WD | 0 | | (2425) | (2425) | (3235) | (3235) |
| V8, Turbo Dsl 6.0L | P | | 4000 | 4000 | 5335 | 5335 |
| V10, 6.8 Liter | Y | | 500 | 500 | 665 | 665 |
| **SUPER DUTY CREW CAB 4WD—V8 Turbo Diesel—Truck Equip Sch T1** | | | | | | |
| F250 XLT 4D 6 3/4' | W21P | 33570 | 18550 | 19350 | 22000 | 27100 |

**DEDUCT FOR RECONDITIONING**

## 2007 FORD

| Body Type | VIN | List | Trade-In Good | Trade-In Very Good | Pvt-Party Good | Retail Excellent |
|---|---|---|---|---|---|---|
| F250 Lariat 4D 6 3/4' | W21P | 36740 | 19050 | 19900 | 22600 | 27900 |
| F250 Lariat 4D 8' | W21P | 36935 | 18400 | 19200 | 21800 | 26900 |
| F250 KingRnch 6 3/4' | W21P | 40060 | 19650 | 20500 | 23300 | 28700 |
| F350 XLT 4D 6 3/4' | W31P | 35240 | 18950 | 19800 | 22500 | 27700 |
| F350 Lariat 4D 6 3/4' | W31P | 38035 | 19550 | 20400 | 23200 | 28600 |
| F350 KingRnch 6 3/4' | W31P | 41220 | 20300 | 21100 | 24000 | 29500 |
| 2WD | 0 | | (2425) | (2425) | (3235) | (3235) |
| V8, 5.4 Liter | 5 | | (4000) | (4000) | (5335) | (5335) |
| V10, 6.8 Liter | Y | | (3825) | (3825) | (5100) | (5100) |

**SUPER DUTY CREW CAB PICKUP 4WD—V8 Turbo Diesel—Schedule T1**

| Body Type | VIN | List | Good | Very Good | Pvt-Party Good | Retail Excellent |
|---|---|---|---|---|---|---|
| F250 Harley 6 3/4' | W21P | 50890 | 22400 | 23300 | 25100 | 29700 |
| F250 Harley 8' | W21P | 51095 | 22200 | 23200 | 24900 | 29500 |
| F350 Harley 6 3/4' | W31P | 51665 | 22800 | 23800 | 25500 | 30200 |
| F350 Harley 8' | W31P | 51870 | 23600 | 24600 | 25300 | 30000 |

## 2008 FORD (1,2or3)F(D,MorT)–U02Z–8–#

**ESCAPE—4-Cyl.—Truck Equipment Schedule T1**

| Body Type | VIN | List | Good | Very Good | Pvt-Party Good | Retail Excellent |
|---|---|---|---|---|---|---|
| XLS Sport Utility 4D | U02Z | 20245 | 5700 | 6125 | 7150 | 8950 |
| 4WD | | | 1075 | 1075 | 1435 | 1435 |

**ESCAPE 4WD—4-Cyl. Hybrid—Truck Equipment Schedule T1**

| Sport Utility 4D | U59H | 27680 | 11550 | 12100 | 14050 | 17450 |
|---|---|---|---|---|---|---|
| 2WD | 0,4 | | (875) | (875) | (1165) | (1165) |

**ESCAPE 4WD—V6—Truck Equipment Schedule T1**

| XLT Sport Utility 4D | U931 | 24485 | 7650 | 8125 | 9400 | 11700 |
|---|---|---|---|---|---|---|
| Limited Sport Util | U941 | 26185 | 9800 | 10350 | 11850 | 14700 |
| 2WD | 0,4 | | (875) | (875) | (1165) | (1165) |
| 4-Cyl, 2.3 Liter | Z | | (600) | (600) | (800) | (800) |

**EDGE—V6—Truck Equipment Schedule T1**

| SE Sport Utility 4D | K36C | 26025 | 7950 | 8450 | 9675 | 11950 |
|---|---|---|---|---|---|---|
| SEL Sport Utility 4D | K38C | 28020 | 9500 | 10100 | 11450 | 14100 |
| Limited Spt Util 4D | K39C | 29775 | 11150 | 11700 | 13350 | 16400 |
| AWD | 4 | | 650 | 650 | 865 | 865 |

**TAURUS X—V6—Truck Equipment Schedule T1**

| SEL Sport Utility | K03W | 27365 | 5650 | 6050 | 7400 | 9525 |
|---|---|---|---|---|---|---|
| AWD | 5,8,6 | | 875 | 875 | 1165 | 1165 |

**TAURUS X AWD—V6—Truck Equipment Schedule T1**

| Eddie Bauer Spt Utl | K08W | 31955 | 9550 | 10100 | 12100 | 15400 |
|---|---|---|---|---|---|---|
| Limited Sport Util | K06W | 32935 | 9950 | 10500 | 12550 | 16000 |
| 2WD | 2,3,7 | | (875) | (875) | (1165) | (1165) |

**EXPLORER 4WD—V6—Truck Equipment Schedule T1**

| XLT Sport Utility 4D | U73E | 28785 | 8675 | 9175 | 10500 | 12950 |
|---|---|---|---|---|---|---|
| Eddie Bauer Spt Util | U74E | 31130 | 10300 | 10850 | 12300 | 15150 |
| Third Row Seat | | | 475 | 475 | 635 | 635 |
| 2WD | 6 | | (1300) | (1300) | (1735) | (1735) |
| AWD | 8 | | 0 | 0 | 0 | 0 |
| V8, 4.6 Liter | 8 | | 250 | 250 | 335 | 335 |

**EXPLORER 4WD—V8—Truck Equipment Schedule T1**

| Limited Sport Util | U758 | 36195 | 11650 | 12250 | 13900 | 17050 |
|---|---|---|---|---|---|---|
| Third Row Seat | | | 475 | 475 | 635 | 635 |
| 2WD | 6 | | (1300) | (1300) | (1735) | (1735) |
| AWD | 8 | | 0 | 0 | 0 | 0 |
| V6, 4.0 Liter | E | | (250) | (250) | (335) | (335) |

**EXPLORER SPORT TRAC—V6—Truck Equipment Schedule T1**

| XLT Utility Pickup | U31K | 25435 | 12150 | 12750 | 14000 | 16650 |
|---|---|---|---|---|---|---|
| 4WD | 5 | | 1300 | 1300 | 1735 | 1735 |
| V8, 4.6 Liter | 8 | | 250 | 250 | 335 | 335 |

**EXPLORER SPORT TRAC 4WD—V6—Truck Equipment Schedule T1**

| Limited Util Pickup | U53K | 29995 | 15350 | 16050 | 17400 | 20600 |
|---|---|---|---|---|---|---|
| 2WD | 3 | | (1300) | (1300) | (1735) | (1735) |
| AWD | | | 0 | 0 | 0 | 0 |
| V8, 4.6 Liter | 8 | | 250 | 250 | 335 | 335 |

**EXPEDITION 4WD—V8—Truck Equipment Schedule T1**

| XLT Sport Utility 4D | U165 | 34420 | 11400 | 12000 | 13300 | 16000 |
|---|---|---|---|---|---|---|
| Eddie Bauer Spt Util | U185 | 39665 | 14800 | 15450 | 17050 | 20500 |
| Limited Sport Util | U205 | 40800 | 16100 | 16850 | 17950 | 21000 |
| King Ranch Spt Util | U185 | 43765 | 17500 | 18250 | 19400 | 22700 |
| Third Row Seat | | | 700 | 700 | 935 | 935 |
| 2WD | 5,7,9 | | (875) | (875) | (1165) | (1165) |

**EXPEDITION EL 4WD—V8—Truck Equipment Schedule T1**

| XLT Sport Utility 4D | K165 | 37945 | 12550 | 13150 | 14650 | 17600 |
|---|---|---|---|---|---|---|
| Eddie Bauer Spt Util | K185 | 42325 | 15150 | 15850 | 17450 | 20900 |
| Limited Sport Util | K205 | 44475 | 18050 | 18850 | 20000 | 23400 |
| King Ranch Spt Util | K185 | 46415 | 18250 | 19050 | 20200 | 23600 |

SEE BACK PAGES FOR TRUCK EQUIPMENT

# 2008 FORD

| Body Type | VIN | List | Trade-In Good | Trade-In Very Good | Pvt-Party Good | Retail Excellent |
|---|---|---|---|---|---|---|
| Third Row Seat | | | 700 | 700 | 935 | 935 |
| 2WD | 5,7,9 | | (875) | (875) | (1165) | (1165) |
| **ECONOLINE WAGON—V8**—Truck Equipment Schedule T1 | | | | | | |
| E150 XL Super Duty | E11W | 26790 | 6950 | 7400 | 8725 | 10950 |
| E150 XLT S.D. | E11W | 29565 | 8475 | 8975 | 10450 | 13100 |
| E350 XL Super Duty | E31L | 30320 | 7600 | 8075 | 9475 | 11850 |
| E350 XLT S.D. | E31L | 33125 | 9875 | 10400 | 12100 | 15100 |
| E350 XL S.D. Ext | S31L | 32710 | 8900 | 9400 | 11000 | 13750 |
| E350 XLT Extended | S31L | 34470 | 10750 | 11300 | 13150 | 16400 |
| V8, 5.4 Liter (E150) | L | | 250 | 250 | 335 | 335 |
| V8, Turbo Dsl 6.0L | P | | 2500 | 2500 | 3335 | 3335 |
| **ECONOLINE VAN—V8**—Truck Equipment Schedule T1 | | | | | | |
| E150 Cargo Van | E14W | 24595 | 8650 | 9150 | 10500 | 13000 |
| E150 Extended | S14W | 25595 | 9450 | 9975 | 11450 | 14150 |
| E250 Cargo Van | E24W | 25925 | 9250 | 9775 | 11250 | 13900 |
| E250 Extended | E24W | 27075 | 10500 | 11050 | 12600 | 15600 |
| E350 Super Cargo | E34L | 28715 | 9800 | 10350 | 11850 | 14650 |
| E350 Extended SD | E34L | 29645 | 11100 | 11700 | 13300 | 16400 |
| Crew Van Pkg | | | 250 | 250 | 335 | 335 |
| V8, 5.4L (E150/E250) | L | | 250 | 250 | 335 | 335 |
| V8, Turbo Dsl 6.0L | P | | 2500 | 2500 | 3335 | 3335 |
| V10, 6.8 Liter | S | | 650 | 650 | 865 | 865 |
| **RANGER REGULAR CAB PICKUP—4-Cyl.**—Truck Equipment Schedule T2 | | | | | | |
| XL 2D 7' | R10D | 15925 | 5200 | 5600 | 6775 | 8650 |
| XLT 2D 7' | R10D | 17505 | 6250 | 6675 | 7975 | 10150 |
| 4WD | 1,5 | | 1500 | 1500 | 2000 | 2000 |
| V6, 3.0 Liter | U | | 300 | 300 | 400 | 400 |
| V6, 4.0 Liter | E | | 425 | 425 | 565 | 565 |
| **RANGER REGULAR CAB PICKUP—4-Cyl.**—Truck Equipment Schedule T1 | | | | | | |
| XL 2D 6' | R10D | 15655 | 5800 | 6225 | 7450 | 9500 |
| XLT 2D 6' | R10D | 17380 | 6850 | 7300 | 8750 | 11100 |
| 4WD | 1,5 | | 1500 | 1500 | 2000 | 2000 |
| V6, 3.0 Liter | U | | 300 | 300 | 400 | 400 |
| V6, 4.0 Liter | E | | 425 | 425 | 565 | 565 |
| **RANGER REGULAR CAB PICKUP—V6**—Truck Equipment Schedule T1 | | | | | | |
| Sport 2D 6' | R10U | 17915 | 7050 | 7525 | 8975 | 11400 |
| 4WD | 1,5 | | 1500 | 1500 | 2000 | 2000 |
| V6, 4.0 Liter | E | | 425 | 425 | 565 | 565 |
| **RANGER SUPER CAB PICKUP—4-Cyl.**—Truck Equipment Schedule T1 | | | | | | |
| XL 2D 6' | R14D | 17130 | 7650 | 8125 | 9675 | 12250 |
| 4WD | 1,5 | | 1500 | 1500 | 2000 | 2000 |
| V6, 3.0 Liter | U | | 300 | 300 | 400 | 400 |
| V6, 4.0 Liter | E | | 425 | 425 | 565 | 565 |
| **RANGER SUPER CAB PICKUP—V6**—Truck Equipment Schedule T1 | | | | | | |
| XLT 2D 6' | R14U | 18780 | 8550 | 9050 | 10700 | 13550 |
| 4WD | 1,5 | | 1500 | 1500 | 2000 | 2000 |
| 4-Cyl, 2.3 Liter | D | | (300) | (300) | (400) | (400) |
| V6, 4.0 Liter | E | | 425 | 425 | 565 | 565 |
| **RANGER SUPER CAB PICKUP—V6**—Truck Equipment Schedule T1 | | | | | | |
| Sport 2D 6' | R14U | 19570 | 9500 | 10050 | 11850 | 14950 |
| Sport 4D 6' | R44U | 20825 | 10000 | 10550 | 12400 | 15700 |
| XLT 4D 6' | R44U | 20235 | 9700 | 10250 | 12100 | 15250 |
| 4WD | 1,5 | | 1500 | 1500 | 2000 | 2000 |
| V6, 4.0 Liter | E | | 425 | 425 | 565 | 565 |
| **RANGER SUPER CAB PICKUP 4WD—V6**—Truck Equipment Schedule T2 | | | | | | |
| FX4 Off-Road 2D 6' | R15E | 23145 | 11750 | 12350 | 13900 | 16900 |
| **RANGER SUPER CAB PICKUP 4WD—V6**—Truck Equipment Schedule T1 | | | | | | |
| FX4 Off-Road 4D 6' | R45E | 25400 | 12650 | 13300 | 14850 | 18100 |
| **REGULAR CAB PICKUP—V6**—Truck Equipment Schedule T1 | | | | | | |
| F150 XL 2D 6 1/2' | F122 | 18270 | 5675 | 6075 | 7525 | 9800 |
| F150 XL 2D 8' | F122 | 18570 | 5375 | 5775 | 7175 | 9350 |
| 4WD | 4 | | 2600 | 2600 | 3465 | 3465 |
| V8, 4.6 Liter | W | | 525 | 525 | 700 | 700 |
| V8, 5.4 Liter | 5 | | 850 | 850 | 1135 | 1135 |
| **REGULAR CAB PICKUP—V8**—Truck Equipment Schedule T1 | | | | | | |
| F150 STX 2D 6 1/2' | F12W | 25960 | 7050 | 7525 | 9250 | 11950 |
| F150 XLT 2D 6 1/2' | F12W | 26120 | 7650 | 8125 | 9950 | 12850 |
| F150 XLT 2D 8' | F12W | 26420 | 7050 | 7525 | 9250 | 11950 |
| 4WD | 4 | | 2600 | 2600 | 3465 | 3465 |
| V6, 4.2 Liter | 2 | | (525) | (525) | (700) | (700) |
| V8, 5.4 Liter | 5 | | 325 | 325 | 435 | 435 |
| **REGULAR CAB PICKUP 4WD—V8**—Truck Equipment Schedule T1 | | | | | | |
| F150 FX4 2D 6 1/2' | F145 | 32665 | 12050 | 12650 | 15250 | 19000 |

**410    DEDUCT FOR RECONDITIONING**

# 2008 FORD

| Body Type | VIN | List | Trade-In Good | Very Good | Pvt-Party Good | Retail Excellent |
|---|---|---|---|---|---|---|
| **SUPER CAB PICKUP—V8**—Truck Equipment Schedule T1 | | | | | | |
| F150 XL 4D 6 1/2' | X12W | 24365 | 8100 | 8600 | 9650 | 11750 |
| F150 STX 4D 5 1/2' | X12W | 25920 | 8400 | 8900 | 10000 | 12150 |
| F150 XLT 4D 5 1/2' | X12W | 28220 | 8750 | 9275 | 10350 | 12600 |
| F150 XLT 60th 6 1/2' | X12W | 31500 | 8900 | 9425 | 10550 | 12800 |
| 4WD | 4 | | 2600 | 2600 | 3465 | 3465 |
| V8, 5.4 Liter | 5 | | 325 | 325 | 435 | 435 |
| **SUPER CAB PICKUP 4WD—V8**—Truck Equipment Schedule T1 | | | | | | |
| F150 STX 4D 6 1/2' | X14W | 29220 | 11350 | 11950 | 13350 | 16150 |
| F150 XLT 4D 6 1/2' | X14W | 31520 | 11850 | 12450 | 13900 | 16800 |
| 2WD | 2 | | (2650) | (2650) | (3535) | (3535) |
| V8, 5.4 Liter | 5 | | 325 | 325 | 435 | 435 |
| **SUPER CAB PICKUP—V8**—Truck Equipment Schedule T1 | | | | | | |
| F150 XL 4D 8' | X125 | 24665 | 7850 | 8325 | 9400 | 11450 |
| F150 Lariat 4D 5 1/2' | X125 | 30820 | 10050 | 10600 | 11850 | 14350 |
| F150 Lariat 4D 6 1/2' | X125 | 31120 | 10150 | 10700 | 11950 | 14500 |
| 4WD | 4 | | 2600 | 2600 | 3465 | 3465 |
| **SUPER CAB PICKUP 4WD—V8**—Truck Equipment Schedule T1 | | | | | | |
| F150 XLT 4D 8' | X145 | 31820 | 11850 | 12450 | 13900 | 16800 |
| 2WD | 2 | | (2650) | (2650) | (3535) | (3535) |
| **SUPER CAB PICKUP 4WD—V8**—Truck Equipment Schedule T1 | | | | | | |
| F150 FX4 4D 5 1/2' | X145 | 32920 | 12750 | 13350 | 14950 | 18100 |
| F150 FX4 4D 6 1/2' | X145 | 33220 | 12850 | 13450 | 15100 | 18250 |
| **SUPERCREW PICKUP—V8**—Truck Equipment Schedule T1 | | | | | | |
| F150 XL 4D 6 1/2' | W12W | 27820 | 11400 | 12000 | 13400 | 16250 |
| F150 XL 4D 6 1/2' | W12W | 28120 | 11200 | 11800 | 13200 | 15950 |
| F150 XLT 4D 5 1/2' | W12W | 31205 | 12000 | 12600 | 14050 | 17000 |
| F150 XLT 60th 5 1/2' | W12W | 33600 | 12300 | 12900 | 14350 | 17400 |
| F150 XLT 4D 6 1/2' | W12W | 33900 | 12000 | 12600 | 14050 | 17000 |
| 4WD | 4 | | 2600 | 2600 | 3465 | 3465 |
| V8, 5.4 Liter | 5 | | 325 | 325 | 435 | 435 |
| **SUPERCREW PICKUP 4WD—V8**—Truck Equipment Schedule T1 | | | | | | |
| F150 XLT 4D 6 1/2' | W14W | 33920 | 14600 | 15300 | 17000 | 20500 |
| 2WD | 2 | | (2650) | (2650) | (3535) | (3535) |
| V8, 5.4 Liter | 5 | | 325 | 325 | 435 | 435 |
| **SUPERCREW PICKUP—V8**—Truck Equipment Schedule T1 | | | | | | |
| F150 KingRnch 6 1/2' | W125 | 36720 | 15300 | 16000 | 17750 | 21400 |
| 4WD | 4 | | 2600 | 2600 | 3465 | 3465 |
| **SUPERCREW PICKUP 4WD—V8**—Truck Equipment Schedule T1 | | | | | | |
| F150 Lariat 5 1/2' | W145 | 36220 | 18300 | 19100 | 21000 | 25400 |
| F150 Lariat 5 1/2' | W145 | 36520 | 17700 | 18450 | 20400 | 24600 |
| F150 KingRnch 5 1/2' | W14V | 39420 | 17000 | 17750 | 19650 | 23700 |
| 2WD | 2 | | (2650) | (2650) | (3535) | (3535) |
| **SUPERCREW PICKUP 4WD—V8**—Truck Equipment Schedule T1 | | | | | | |
| F150 FX4 4D 5 1/2' | W145 | 35320 | 15500 | 16200 | 17950 | 21700 |
| F150 FX4 4D 5 1/2' | W145 | 35620 | 15350 | 16050 | 17800 | 21500 |
| **SUPERCREW PICKUP AWD—V8**—Truck Equipment Schedule T1 | | | | | | |
| F150 Harley 5 1/2' | W145 | 37425 | 17450 | 18200 | 20100 | 24300 |
| 2WD | | | (875) | (875) | (1165) | (1165) |
| **SUPER DUTY REGULAR CAB PICKUP—V8**—Truck Equipment Schedule T1 | | | | | | |
| F250 XL 2D 8' | F205 | 24795 | 8400 | 8900 | 10100 | 12350 |
| F350 XL 2D 8' | F305 | 25515 | 8750 | 9275 | 10450 | 12800 |
| 4WD | 4 | | 2600 | 2600 | 3465 | 3465 |
| V8, Turbo Dsl 6.4L | R | | 4225 | 4225 | 5635 | 5635 |
| V10, 6.8 Liter | Y | | 550 | 550 | 735 | 735 |
| **SUPER DUTY REGULAR CAB 4WD—V8**—Truck Equipment Schedule T1 | | | | | | |
| F250 XLT 2D 8' | F215 | 28480 | 12650 | 13300 | 14900 | 18150 |
| 2WD | 0,2 | | (2650) | (2650) | (3535) | (3535) |
| V8, Turbo Dsl 6.4L | R | | 4225 | 4225 | 5635 | 5635 |
| V10, 6.8 Liter | Y | | 550 | 550 | 735 | 735 |
| **SUPER DUTY REGULAR CAB 4WD—V8 Turbo Diesel**—Truck Equip Sch T1 | | | | | | |
| F350 XLT 2D 8' | F31R | 29535 | 17450 | 18200 | 20300 | 24600 |
| 2WD | 0,2 | | (2650) | (2650) | (3535) | (3535) |
| V8, 5.4 Liter | 5 | | (4225) | (4225) | (5635) | (5635) |
| V10, 6.8 Liter | Y | | (4025) | (4025) | (5365) | (5365) |
| **SUPER DUTY SUPER CAB PICKUP—V8**—Truck Equipment Schedule T1 | | | | | | |
| F250 XL 4D 6 3/4' | X205 | 26920 | 11200 | 11800 | 13300 | 16200 |
| F250 XL 4D 8' | X205 | 27115 | 10750 | 11300 | 12750 | 15600 |
| F350 XL 4D 8' | X305 | 28155 | 11300 | 11900 | 13400 | 16350 |
| F350 XLT 4D 8' | X305 | 32900 | 12850 | 13450 | 15200 | 18550 |
| F350 Lariat 4D 8' | X305 | 35420 | 13200 | 13850 | 15600 | 19000 |
| 4WD | 1,3 | | 2600 | 2600 | 3465 | 3465 |
| V8, Turbo Dsl 6.4L | | | 4225 | 4225 | 5635 | 5635 |

**SEE BACK PAGES FOR TRUCK EQUIPMENT**

# 2008 FORD

| Body Type | VIN | List | Trade-In Good | Trade-In Very Good | Pvt-Party Good | Retail Excellent |
|---|---|---|---|---|---|---|
| V10, 6.8 Liter | Y | | 550 | 550 | 735 | 735 |
| **SUPER DUTY SUPER CAB 4WD—V8**—Truck Equipment Schedule T1 | | | | | | |
| F250 XLT 4D 6 3/4' | X215 | 31320 | 15650 | 16350 | 18300 | 22200 |
| F250 XLT 4D 8' | X215 | 34545 | 15300 | 16050 | 17950 | 21800 |
| F250 Lariat 4D 8' | X215 | 35870 | 15600 | 16300 | 18250 | 22200 |
| F350 XLT 4D 6 3/4' | X315 | 32705 | 16000 | 16750 | 18700 | 22700 |
| F350 Lariat 4D 6 3/4' | X315 | 35220 | 16250 | 17000 | 19000 | 23100 |
| 2WD | 0,2 | | (2650) | (2650) | (3535) | (3535) |
| V8, Turbo Dsl 6.4L | R | | 4225 | 4225 | 5635 | 5635 |
| V10, 6.8 Liter | Y | | 550 | 550 | 735 | 735 |
| **SUPER DUTY SUPER CAB 4WD—V8 Turbo Diesel**—Truck Equip Sch T1 | | | | | | |
| F250 Lariat 4D 6 3/4' | X21R | 34200 | 21100 | 22000 | 24300 | 29500 |
| 2WD | 0,2 | | (2650) | (2650) | (3535) | (3535) |
| V8, 5.4 Liter | 5 | | (4225) | (4225) | (5635) | (5635) |
| V10, 6.8 Liter | Y | | (4025) | (4025) | (5365) | (5365) |
| **SUPER DUTY SUPER CAB—V8 Turbo Diesel**—Truck Equipment Sch T1 | | | | | | |
| F250 XL 4D 6 3/4' | X31R | 33825 | 19500 | 20400 | 22600 | 27400 |
| 4WD | 1,3 | | 2600 | 2600 | 3465 | 3465 |
| V8, 5.4 Liter | 5 | | (4225) | (4225) | (5635) | (5635) |
| V10, 6.8 Liter | Y | | (4025) | (4025) | (5365) | (5365) |
| **SUPER DUTY SUPER CAB 4WD—V8**—Truck Equipment Schedule T1 | | | | | | |
| F250 FX4 4D 6 3/4' | X215 | 36040 | 15900 | 16650 | 18600 | 22600 |
| F250 FX4 4D 8' | X215 | 36240 | 15750 | 16450 | 18400 | 22400 |
| F350 FX4 4D 6 3/4' | X315 | 37370 | 16300 | 17050 | 19050 | 23100 |
| F350 FX4 4D 8' | X315 | 30830 | 16100 | 16850 | 18800 | 22900 |
| V8, Turbo Dsl 6.4L | R | | 4225 | 4225 | 5635 | 5635 |
| V10, 6.8 Liter | Y | | 550 | 550 | 735 | 735 |
| **SUPER DUTY CREW CAB PICKUP—V8**—Truck Equipment Schedule T1 | | | | | | |
| F250 XL 4D 6 3/4' | W205 | 28280 | 12800 | 13400 | 15150 | 18450 |
| F250 King Ranch 8' | W205 | 40575 | 14750 | 15400 | 17300 | 21000 |
| F350 XL 4D 6 3/4' | W305 | 29400 | 12800 | 13400 | 15150 | 18450 |
| F350 XL 4D 8' | W305 | 35015 | 14500 | 15150 | 17050 | 20700 |
| F350 Lariat 4D 8' | W305 | 37825 | 15350 | 16050 | 17950 | 21800 |
| 4WD | 1,3 | | 2600 | 2600 | 3465 | 3465 |
| V8, Turbo Dsl 6.4L | R | | 4225 | 4225 | 5635 | 5635 |
| V10, 6.8 Liter | Y | | 550 | 550 | 735 | 735 |
| **SUPER DUTY CREW CAB 4WD—V8**—Truck Equipment Schedule T1 | | | | | | |
| F250 XL 4D 6 3/4' | W215 | 33755 | 17450 | 18200 | 20300 | 24600 |
| F350 King Ranch 8' | W315 | 41465 | 18500 | 19300 | 21500 | 26000 |
| 2WD | 0,2 | | (2650) | (2650) | (3535) | (3535) |
| V8, Turbo Dsl 6.4L | R | | 4225 | 4225 | 5635 | 5635 |
| V10, 6.8 Liter | Y | | 550 | 550 | 735 | 735 |
| **SUPER DUTY CREW CAB—V8 Turbo Diesel**—Truck Equipment Sch T1 | | | | | | |
| F250 Lariat 4D 8' | W20R | 28475 | 17050 | 17800 | 19850 | 24100 |
| F250 Lariat 4D 8' | W20R | 36935 | 19600 | 20500 | 22700 | 27500 |
| F350 XL 4D 6 3/4' | W30R | 29200 | 17800 | 18550 | 20700 | 25100 |
| 4WD | 1,3 | | 2600 | 2600 | 3465 | 3465 |
| V8, 5.4 Liter | 5 | | (4225) | (4225) | (5635) | (5635) |
| V10, 6.8 Liter | Y | | (4025) | (4025) | (5365) | (5365) |
| **SUPER DUTY CREW CAB 4WD—V8 Turbo Diesel**—Truck Equip Sch T1 | | | | | | |
| F250 XLT 4D 6 3/4' | W21R | 33570 | 22500 | 23400 | 25900 | 31300 |
| F250 Lariat 4D 6 3/4' | W21R | 36745 | 23400 | 24300 | 26900 | 32500 |
| F250 KingRnch 6 3/4' | W21R | 40385 | 23600 | 24600 | 27200 | 32900 |
| F350 Lariat 4D 6 3/4' | W31R | 37635 | 23700 | 24700 | 27300 | 33100 |
| F350 XLT 4D 6 3/4' | W31R | 34830 | 22900 | 23800 | 26300 | 31900 |
| F350 KingRnch 6 3/4' | W31R | 41275 | 23900 | 24900 | 27500 | 33300 |
| 2WD | 0,2 | | (2650) | (2650) | (3535) | (3535) |
| V8, 5.4 Liter | 5 | | (4225) | (4225) | (5635) | (5635) |
| V10, 6.8 Liter | Y | | (4025) | (4025) | (5365) | (5365) |
| **SUPER DUTY CREW CAB PICKUP 4WD—V8**—Truck Equipment Schedule T1 | | | | | | |
| F250 FX4 4D 8' | W215 | 38495 | 17800 | 18550 | 20700 | 25100 |
| F350 FX4 4D 6 3/4' | W315 | 39255 | 18400 | 19200 | 21300 | 25900 |
| F350 FX4 4D 8' | W315 | 39445 | 18200 | 19000 | 21100 | 25600 |
| V8, Turbo Dsl 6.4L | R | | 4225 | 4225 | 5635 | 5635 |
| V10, 6.8 Liter | Y | | 550 | 550 | 735 | 735 |
| **SUPER DUTY CREW CAB 4WD—V8 Turbo Diesel**—Truck Equip Sch T1 | | | | | | |
| F250 FX4 4D 6 3/4' | W21R | 38295 | 23100 | 24000 | 26500 | 32100 |
| V8, 5.4 Liter | 5 | | (4225) | (4225) | (5635) | (5635) |
| V10, 6.8 Liter | Y | | (4025) | (4025) | (5365) | (5365) |
| **SUPER DUTY CREW CAB 4WD—V8 Turbo Diesel**—Truck Schedule T1 | | | | | | |
| F250 Harley 6 3/4' | W21R | 52425 | 28400 | 29600 | 31300 | 36600 |
| F250 Harley 8' | W21R | 52620 | 28300 | 29400 | 31100 | 36400 |
| F350 Harley 6 3/4' | W31R | 53075 | 28800 | 30000 | 31700 | 37100 |

**DEDUCT FOR RECONDITIONING**

# 2008 FORD

| Body Type | VIN | List | Trade-In Good | Trade-In Very Good | Pvt-Party Good | Retail Excellent |
|---|---|---|---|---|---|---|
| F350 Harley 8' | W31R | 53270 | 28600 | 29800 | 31500 | 36900 |
| V10, 6.8 Liter | Y | | (575) | (575) | (765) | (765) |
| **SUPER DUTY CREW CAB—V8 Turbo Diesel**—Truck Equipment Schedule T1 | | | | | | |
| F450 4D 8' | W42R | 41620 | 21300 | 22300 | 23600 | 27600 |
| F450 XLT 4D 8' | W42R | 47395 | 22800 | 23800 | 25200 | 29600 |
| F450 King Ranch 8' | W42R | 53715 | 26000 | 27000 | 28600 | 33500 |
| 4WD | | | 2600 | 2600 | 3465 | 3465 |
| **SUPER DUTY CREW CAB 4WD—V8 Turbo Diesel**—Truck Equip Sch T1 | | | | | | |
| F450 Lariat 4D 8' | W43R | 50075 | 26200 | 27200 | 28800 | 33700 |
| 2WD | 0,2 | | (2650) | (2650) | (3535) | (3535) |

## 2009 FORD (1,2or3)F(D,MorT)—U027-9-#

| Body Type | VIN | List | Good | Very Good | Good | Excellent |
|---|---|---|---|---|---|---|
| **ESCAPE—4-Cyl.**—Truck Equipment Schedule T1 | | | | | | |
| XLS Sport Utility 4D | U027 | 21620 | 6500 | 6950 | 7825 | 9500 |
| 4WD | | | 1175 | 1175 | 1565 | 1565 |
| **ESCAPE 4WD—4-Cyl. Hybrid**—Truck Equipment Schedule T1 | | | | | | |
| Sport Utility 4D | U593 | 30750 | 14600 | 15250 | 16950 | 20400 |
| Limited Sport Util | U593 | 33080 | 15850 | 16550 | 18300 | 22000 |
| 2WD | 0,4 | | (1000) | (1000) | (1335) | (1335) |
| **ESCAPE 4WD—V6**—Truck Equipment Schedule T1 | | | | | | |
| XLT Sport Utility 4D | U93G | 26185 | 9100 | 9625 | 10700 | 12900 |
| Limited Sport Util | U94G | 27640 | 10300 | 10850 | 12000 | 14400 |
| 2WD | 0,4 | | (1000) | (1000) | (1335) | (1335) |
| 4-Cyl, 2.5 Liter | 7 | | (700) | (700) | (935) | (935) |
| **EDGE—V6**—Truck Equipment Schedule T1 | | | | | | |
| SE Sport Utility 4D | K36C | 26905 | 9550 | 10100 | 11100 | 13300 |
| SEL Sport Utility 4D | K38C | 29810 | 11450 | 12050 | 13200 | 15800 |
| Limited Sport Util | K39C | 32565 | 13150 | 13800 | 15150 | 18050 |
| Sport SUV 4D | K30C | 34020 | 15200 | 15900 | 17350 | 20600 |
| AWD | 4 | | 725 | 725 | 965 | 965 |
| **TAURUS X—V6**—Truck Equipment Schedule T1 | | | | | | |
| SEL Sport Utility | K03W | 28400 | 8100 | 8600 | 9800 | 12100 |
| AWD | 5,6 | | 1000 | 1000 | 1335 | 1335 |
| **TAURUS X AWD—V6**—Truck Equipment Schedule T1 | | | | | | |
| Eddie Bauer Spt Utl | K08W | 33310 | 11300 | 11900 | 13500 | 16550 |
| Limited Sport Util | K06W | 34305 | 11700 | 12300 | 13950 | 17050 |
| FWD | 2,3,7 | | (1200) | (1200) | (1600) | (1600) |
| **EXPLORER 4WD—V6**—Truck Equipment Schedule T1 | | | | | | |
| XLT Sport Utility 4D | U73E | 30130 | 10950 | 11500 | 12850 | 15500 |
| Eddie Bauer Spt Util | U74E | 33275 | 12900 | 13500 | 15100 | 18200 |
| Third Row Seat | | | 550 | 550 | 735 | 735 |
| 2WD | 6 | | (1400) | (1400) | (1865) | (1865) |
| AWD | 8 | | 0 | 0 | 0 | 0 |
| V8, 4.6 Liter | | | 400 | 400 | 535 | 535 |
| **EXPLORER 4WD—V8**—Truck Equipment Schedule T1 | | | | | | |
| Limited Sport Util | U75S | 38520 | 14250 | 14900 | 16550 | 19950 |
| 2WD | 6 | | (1400) | (1400) | (1865) | (1865) |
| AWD | 8 | | 0 | 0 | 0 | 0 |
| V6, 4.0 Liter | E | | (300) | (300) | (400) | (400) |
| **EXPLORER SPORT TRAC—V6**—Truck Equipment Schedule T1 | | | | | | |
| XLT Utility Pickup | U31E | 26810 | 15200 | 15900 | 17050 | 20000 |
| 4WD | 5 | | 1375 | 1375 | 1835 | 1835 |
| V8, 4.6 Liter | 8 | | 400 | 400 | 535 | 535 |
| **EXPLORER SPORT TRAC 4WD—V6**—Truck Equipment Schedule T1 | | | | | | |
| Limited Util Pickup | U53E | 34650 | 19250 | 20100 | 21400 | 25100 |
| 2WD | 2 | | (1400) | (1400) | (1865) | (1865) |
| AWD | 3 | | 0 | 0 | 0 | 0 |
| V8, 4.6 Liter | 8 | | 400 | 400 | 535 | 535 |
| **FLEX—V6**—Truck Equipment Schedule T1 | | | | | | |
| SE Sport Utility 4D | K51C | 28995 | 10300 | 10850 | 11800 | 14050 |
| SEL Sport Utility 4D | K52C | 32770 | 11200 | 12700 | 13800 | 16400 |
| Limited Sport Util | K53C | 35405 | 13750 | 14400 | 15650 | 18550 |
| AWD | 6 | | 725 | 725 | 965 | 965 |
| **EXPEDITION 4WD—V8**—Truck Equipment Schedule T1 | | | | | | |
| XLT Sport Utility 4D | U165 | 36645 | 14250 | 14900 | 16300 | 19450 |
| Eddie Bauer Spt Util | U185 | 41980 | 18900 | 19750 | 21400 | 25400 |
| Limited Sport Util | U205 | 46140 | 21100 | 22000 | 23100 | 26900 |
| King Ranch Spt Util | U185 | 46750 | 21700 | 22600 | 23800 | 27800 |
| Third Row Seat | | | 800 | 800 | 1065 | 1065 |
| 2WD | 5,7,9 | | (1000) | (1000) | (1335) | (1335) |
| **EXPEDITION EL 4WD—V8**—Truck Equipment Schedule T1 | | | | | | |
| XLT Sport Utility 4D | K165 | 40170 | 15600 | 16350 | 17800 | 21200 |
| Eddie Bauer Spt Util | K185 | 44630 | 20500 | 21400 | 23100 | 27400 |

SEE BACK PAGES FOR TRUCK EQUIPMENT

## 2009 FORD

**TRUCKS & VANS**

| Body Type | VIN | List | Trade-In Good | Very Good | Pvt-Party Good | Retail Excellent |
|---|---|---|---|---|---|---|
| Limited Sport Util | K205 | 48790 | 21700 | 22600 | 23800 | 27800 |
| King Ranch Spt Util | K185 | 49400 | 22200 | 23200 | 24400 | 28400 |
| Third Row Seat | | | 800 | 800 | 1065 | 1065 |
| 2WD | | 5,7,9 | (1000) | (1000) | (1335) | (1335) |
| **ECONOLINE WAGON—V8**—Truck Equipment Schedule T1 | | | | | | |
| E150 XL Super Duty | E11W | 29145 | 8700 | 9225 | 10150 | 12250 |
| E150 XLT S.D. | E11W | 31935 | 9850 | 10400 | 11450 | 13750 |
| E350 XL Super Duty | E31L | 31505 | 9500 | 10050 | 11100 | 13300 |
| E350 XLT S.D. | E31L | 35170 | 11050 | 11600 | 12800 | 15350 |
| E350 XLT S.D. Ext | S31L | 33895 | 10300 | 10850 | 11950 | 14300 |
| E350 XLT S.D. Ext | S31L | 36515 | 12250 | 12850 | 14100 | 16900 |
| V8, 5.4L (E150) | L | | 275 | 275 | 365 | 365 |
| V10, 6.8 Liter | S | | 675 | 675 | 900 | 900 |
| **ECONOLINE VAN—V8**—Truck Equipment Schedule T1 | | | | | | |
| E150 Cargo Van | E14W | 26040 | 10350 | 10900 | 12300 | 15050 |
| E150 Extended | S14W | 27040 | 11350 | 11900 | 13400 | 16350 |
| E250 Cargo Van | E24W | 27075 | 11050 | 11650 | 13100 | 16000 |
| E250 Extended | S24W | 28225 | 12250 | 12850 | 14500 | 17700 |
| E350 Super Cargo | E34L | 29865 | 11550 | 12150 | 13700 | 16750 |
| E350 SD Extended | S34L | 30795 | 12800 | 13450 | 15100 | 18400 |
| Crew Van Pkg | | | 275 | 275 | 365 | 365 |
| V8, 5.4L (E150/E250) | L | | 275 | 275 | 365 | 365 |
| V8, Turbo Dsl 6.0L | P | | 2750 | 2750 | 3665 | 3665 |
| V10, 6.8 Liter | S | | 675 | 675 | 900 | 900 |
| **RANGER REGULAR CAB PICKUP—4-Cyl.**—Truck Equipment Schedule T2 | | | | | | |
| XL 2D 7' | R10D | 18400 | 6400 | 6825 | 7975 | 10000 |
| XLT 2D 7' | R10D | 19525 | 6975 | 7425 | 8625 | 10800 |
| V6, 4.0 Liter | E | | 500 | 500 | 665 | 665 |
| **RANGER REGULAR CAB PICKUP—4-Cyl.**—Truck Equipment Schedule T1 | | | | | | |
| XL 2D 6' | R10D | 17555 | 7025 | 7475 | 8675 | 10850 |
| Sport 2D 6' | R10D | 19145 | 8050 | 8550 | 9925 | 12350 |
| XLT 2D 6' | R10D | 18820 | 7900 | 8400 | 9750 | 12150 |
| **RANGER SUPER CAB PICKUP—4-Cyl.**—Truck Equipment Schedule T1 | | | | | | |
| XL 2D 6' | R14D | 19045 | 8850 | 9375 | 10800 | 13450 |
| 4WD | 1,5 | | 1700 | 1700 | 2265 | 2265 |
| V6, 4.0 Liter | E | | 500 | 500 | 665 | 665 |
| **RANGER SUPER CAB PICKUP—V6**—Truck Equipment Schedule T1 | | | | | | |
| XLT 2D 6' | R14E | 20235 | 10500 | 11050 | 12750 | 15800 |
| 4WD | 1,5 | | 1700 | 1700 | 2265 | 2265 |
| 4-Cyl, 2.3 Liter | D | | (350) | (350) | (465) | (465) |
| **RANGER SUPER CAB PICKUP—V6**—Truck Equipment Schedule T1 | | | | | | |
| Sport 2D 6' | R14E | 21555 | 10600 | 11150 | 12850 | 15950 |
| Sport 4D 6' | R44E | 22825 | 11300 | 11900 | 13700 | 17000 |
| XLT 4D 6' | R44E | 22202 | 11150 | 11700 | 13500 | 16750 |
| 4WD | 1,5 | | 1700 | 1700 | 2265 | 2265 |
| **RANGER SUPER CAB PICKUP 4WD—V6**—Truck Equipment Schedule T2 | | | | | | |
| FX4 Off-Road 2D 6' | R15E | 25255 | 13700 | 14350 | 15800 | 18950 |
| **RANGER SUPER CAB PICKUP 4WD—V6**—Truck Equipment Schedule T1 | | | | | | |
| FX4 Off-Road 4D 6' | R45E | 26955 | 14350 | 15000 | 16500 | 19750 |
| **REGULAR CAB PICKUP—V8**—Truck Equipment Schedule T1 | | | | | | |
| F150 XL 2D 6 1/2' | F12W | 22965 | 8450 | 8950 | 10300 | 12800 |
| F150 XL 2D 8' | F12W | 23265 | 8050 | 8550 | 9850 | 12250 |
| F150 STX 2D 6 1/2' | F12W | 25765 | 9100 | 9625 | 11100 | 13750 |
| F150 XLT 2D 6 1/2' | F12W | 26935 | 9700 | 10250 | 11750 | 14550 |
| F150 XLT 2D 8' | F12W | 27235 | 9200 | 9725 | 11200 | 13850 |
| 4WD | 4 | | 2800 | 2800 | 3735 | 3735 |
| V8, 24V, 4.6 Liter (XL) | | | 175 | 175 | 235 | 235 |
| V8, 5.4 Liter | | | 350 | 350 | 465 | 465 |
| **SUPER CAB PICKUP—V8**—Truck Equipment Schedule T1 | | | | | | |
| F150 XL 4D 6 1/2' | X12W | 25670 | 10600 | 11150 | 12300 | 14800 |
| F150 STX 4D 5 1/2' | X12W | 27170 | 10800 | 11450 | 12650 | 15150 |
| F150 STX 4D 6 1/2' | X12W | 27470 | 11000 | 11550 | 12750 | 15300 |
| F150 XLT 4D 5 1/2' | X12W | 29160 | 12050 | 12650 | 13900 | 16650 |
| F150 XLT 4D 6 1/2' | X12W | 29460 | 12150 | 12750 | 14000 | 16800 |
| 4WD | 4 | | 2800 | 2800 | 3735 | 3735 |
| V8, 5.4 Liter | | | 350 | 350 | 465 | 465 |
| **SUPER CAB PICKUP—V8**—Truck Equipment Schedule T1 | | | | | | |
| F150 XL 4D 8' | X12V | 25970 | 10500 | 11050 | 12200 | 14650 |
| F150 XLT 4D 8' | X12V | 29760 | 10800 | 11350 | 12550 | 15050 |
| F150 Lariat 4D 5 1/2' | X12V | 33160 | 12950 | 13600 | 15000 | 17950 |
| F150 Lariat 4D 6 1/2' | X12V | 33460 | 13050 | 13700 | 15100 | 18050 |
| 4WD | 4 | | 2800 | 2800 | 3735 | 3735 |

**DEDUCT FOR RECONDITIONING**

# 2009 FORD

| Body Type | VIN | List | Trade-In Good | Trade-In Very Good | Pvt-Party Good | Retail Excellent |
|---|---|---|---|---|---|---|
| **SUPER CAB PICKUP 4WD—V8**—Truck Equipment Schedule T1 | | | | | | |
| F150 FX4 4D 5 1/2' | X14V | 34605 | 15900 | 16600 | 18150 | 21700 |
| F150 FX4 4D 6 1/2' | X14V | 34905 | 16100 | 16850 | 18400 | 22000 |
| **SUPERCREW PICKUP—V8**—Truck Equipment Schedule T1 | | | | | | |
| F150 XL 4D 5 1/2' | W12W | 29380 | 13450 | 14100 | 15500 | 18550 |
| F150 XL 4D 6 1/2' | W12W | 33340 | 13250 | 13900 | 15300 | 18300 |
| F150 XLT 4D 5 1/2' | W128 | 31820 | 14550 | 15200 | 16700 | 19950 |
| 4WD | 4 | | 2800 | 2800 | 3735 | 3735 |
| V8, 24V, 4.6 Liter (XL) | 8 | | 175 | 175 | 235 | 235 |
| V8, 5.4 Liter | V | | 350 | 350 | 465 | 465 |
| **SUPERCREW PICKUP 4WD—V8**—Truck Equipment Schedule T1 | | | | | | |
| F150 XLT 4D 6 1/2' | W148 | 35265 | 17650 | 18400 | 20100 | 23900 |
| 2WD | 2 | | (2825) | (2825) | (3765) | (3765) |
| V8, 5.4 Liter | 5 | | 350 | 350 | 465 | 465 |
| **SUPERCREW PICKUP—V8**—Truck Equipment Schedule T1 | | | | | | |
| F150 KingRnch 6 1/2' | W12V | 40115 | 19350 | 20200 | 21900 | 26100 |
| F150 Platinum 6 1/2' | W12V | 42185 | 19750 | 20600 | 22400 | 26600 |
| 4WD | 4 | | 2800 | 2800 | 3735 | 3735 |
| **SUPERCREW PICKUP 4WD—V8**—Truck Equipment Schedule T1 | | | | | | |
| F150 Lariat 5 1/2' | W14V | 38965 | 21200 | 22100 | 24000 | 28500 |
| F150 Lariat 6 1/2' | W14V | 39265 | 21100 | 21900 | 23700 | 28300 |
| F150 KingRnch 5 1/2' | W14V | 43260 | 23100 | 24100 | 26000 | 30900 |
| F150 Platinum 5 1/2' | W14V | 44560 | 23300 | 24200 | 26200 | 31200 |
| 2WD | 2 | | (2825) | (2825) | (3765) | (3765) |
| **SUPERCREW PICKUP 4WD—V8**—Truck Equipment Schedule T1 | | | | | | |
| F150 FX4 4D 5 1/2' | W14V | 37265 | 19350 | 20200 | 21900 | 26100 |
| F150 FX4 4D 6 1/2' | W14V | 37565 | 19150 | 20000 | 21700 | 25900 |
| **SUPER DUTY REGULAR CAB PICKUP—V8**—Truck Equipment Schedule T1 | | | | | | |
| F250 XL 2D 8' | F205 | 27060 | 10900 | 11450 | 12600 | 15050 |
| F350 XL 2D 8' | F305 | 27780 | 11150 | 11750 | 12900 | 15400 |
| 4WD | 1,3 | | 2800 | 2800 | 3735 | 3735 |
| V8, Turbo Dsl 6.4L | R | | 4450 | 4450 | 5935 | 5935 |
| V10, 6.8 Liter | Y | | 575 | 575 | 765 | 765 |
| **SUPER DUTY REGULAR CAB 4WD—V8**—Truck Equipment Schedule T1 | | | | | | |
| F250 XLT 2D 8' | F215 | 30610 | 15650 | 16350 | 17800 | 21200 |
| 2WD | 0,2 | | (2825) | (2825) | (3765) | (3765) |
| V8, Turbo Dsl 6.4L | R | | 4450 | 4450 | 5935 | 5935 |
| V10, 6.8 Liter | Y | | 575 | 575 | 765 | 765 |
| **SUPER DUTY REGULAR CAB 4WD—V8 Turbo Diesel**—Truck Equip Sch T1 | | | | | | |
| F350 XLT 2D 8' | F31R | 31665 | 20600 | 21400 | 23100 | 27500 |
| 2WD | 0,2 | | (2825) | (2825) | (3765) | (3765) |
| V8, 5.4 Liter | 5 | | (4450) | (4450) | (5935) | (5935) |
| V10, 6.8 Liter | Y | | (4250) | (4250) | (5665) | (5665) |
| **SUPER DUTY SUPER CAB PICKUP—V8**—Truck Equipment Schedule T1 | | | | | | |
| F250 XL 4D 6 3/4' | X205 | 29185 | 13950 | 14600 | 16000 | 19050 |
| F250 XL 4D 8' | X205 | 29380 | 13450 | 14100 | 15450 | 18400 |
| F250 Lariat 4D 8' | X215 | 38595 | 18950 | 19800 | 21400 | 25400 |
| F350 XL 4D 8' | X305 | 30420 | 13850 | 14500 | 15900 | 18950 |
| F350 XLT 4D 8' | X305 | 35030 | 15800 | 16500 | 17950 | 21400 |
| F350 Lariat 4D 8' | X305 | 38145 | 16200 | 16950 | 18450 | 21900 |
| 4WD | 1,3 | | 2800 | 2800 | 3735 | 3735 |
| V8, Turbo Dsl 6.4L | R | | 4450 | 4450 | 5935 | 5935 |
| V10, 6.8 Liter | Y | | 575 | 575 | 765 | 765 |
| **SUPER DUTY SUPER CAB PICKUP 4WD—V8**—Truck Equipment Schedule T1 | | | | | | |
| F250 XLT 4D 6 3/4' | X215 | 33450 | 18950 | 19800 | 21400 | 25400 |
| F250 XLT 4D 8' | X215 | 33450 | 18500 | 19300 | 20900 | 24900 |
| F350 XLT 4D 6 3/4' | X315 | 34835 | 19350 | 20200 | 21900 | 25900 |
| F350 Lariat 4D 6 3/4' | X315 | 37945 | 19950 | 20800 | 22500 | 26700 |
| 2WD | 0,2 | | (2825) | (2825) | (3765) | (3765) |
| V8, Turbo Dsl 6.4L | R | | 4450 | 4450 | 5935 | 5935 |
| V10, 6.8 Liter | Y | | 575 | 575 | 765 | 765 |
| **SUPER DUTY SUPER CAB—V8 Turbo Diesel**—Truck Equipment Sch T1 | | | | | | |
| F350 XL 4D 6 3/4' | X31R | 40025 | 22100 | 23100 | 24800 | 29400 |
| 4WD | 1,3 | | 2800 | 2800 | 3735 | 3735 |
| V8, 5.4 Liter | 5 | | (4450) | (4450) | (5935) | (5935) |
| V10, 6.8 Liter | Y | | (4250) | (4250) | (5665) | (5665) |
| **SUPER DUTY SUPER CAB 4WD—V8 Turbo Diesel**—Truck Equipment Sch T1 | | | | | | |
| F250 Lariat 4D 6 3/4' | X21R | 36925 | 24300 | 25200 | 27200 | 32200 |
| 2WD | 0,2 | | (2825) | (2825) | (3765) | (3765) |
| V8, 5.4 Liter | 5 | | (4450) | (4450) | (5935) | (5935) |
| V10, 6.8 Liter | Y | | (4250) | (4250) | (5665) | (5665) |
| **SUPER DUTY SUPER CAB PICKUP 4WD—V8**—Truck Equipment Schedule T1 | | | | | | |
| F250 FX4 4D 6 3/4' | X215 | 38720 | 19550 | 20400 | 22100 | 26200 |

**SEE BACK PAGES FOR TRUCK EQUIPMENT**

# 2009 FORD

| Body Type | VIN | List | Trade-In Good | Very Good | Pvt-Party Good | Retail Excellent |
|---|---|---|---|---|---|---|
| F250 FX4 4D 8' | X215 | 38920 | 19350 | 20200 | 21900 | 25900 |
| F350 FX4 4D 6 3/4' | X315 | 40050 | 20200 | 21000 | 22700 | 27000 |
| F350 FX4 4D 8' | X315 | 40235 | 19750 | 20600 | 22300 | 26500 |
| V8, Turbo Dsl 6.4L | R | | 4450 | 4450 | 5935 | 5935 |
| V10, 6.8 Liter | Y | | 575 | 575 | 765 | 765 |
| **SUPER DUTY CREW CAB PICKUP—V8**—Truck Equipment Schedule T1 | | | | | | |
| F250 XL 4D 6' | W205 | 30545 | 15550 | 16250 | 17700 | 21100 |
| F250 King Ranch 8' | W205 | 43055 | 18600 | 19450 | 21100 | 25000 |
| F350 XL 4D 8' | W305 | 31685 | 15550 | 16250 | 17700 | 21100 |
| F350 XL 4D 4D 8' | W305 | 37145 | 17650 | 18400 | 20000 | 23700 |
| F350 Lariat 4D 8' | W305 | 41240 | 18300 | 19100 | 20700 | 24600 |
| 4WD | 1,3 | | 2800 | 2800 | 3735 | 3735 |
| V8, Turbo Dsl 6.4L | R | | 4450 | 4450 | 5935 | 5935 |
| V10, 6.8 Liter | Y | | 575 | 575 | 765 | 765 |
| **SUPER DUTY CREW CAB PICKUP 4WD—V8**—Truck Equipment Schedule T1 | | | | | | |
| F250 XLT 4D 8' | W215 | 35885 | 20600 | 21400 | 23100 | 27500 |
| F350 King Ranch 8' | W315 | 45330 | 22400 | 23400 | 25100 | 29800 |
| 2WD | 0,2 | | (2825) | (2825) | (3765) | (3765) |
| V8, Turbo Dsl 6.4L | R | | 4450 | 4450 | 5935 | 5935 |
| V10, 6.8 Liter | Y | | 575 | 575 | 765 | 765 |
| **SUPER DUTY CREW CAB—V8 Turbo Diesel**—Truck Equipment Sch T1 | | | | | | |
| F250 XL 4D 8' | W20R | 30740 | 20200 | 21000 | 22700 | 27000 |
| F250 Lariat 4D 8' | W20R | 39660 | 23000 | 24000 | 25800 | 30600 |
| F350 XL 4D 6 3/4' | W30R | 31465 | 21100 | 22000 | 23800 | 28200 |
| 4WD | 1,3 | | 2800 | 2800 | 3735 | 3735 |
| V8, 5.4 Liter | 5 | | (4450) | (4450) | (5935) | (5935) |
| V10, 6.8 Liter | Y | | (4250) | (4250) | (5665) | (5665) |
| **SUPER DUTY CREW CAB 4WD—V8 Turbo Diesel**—Truck Equipment Sch T1 | | | | | | |
| F250 XLT 4D 6 3/4' | W21R | 35700 | 25800 | 26900 | 28900 | 34200 |
| F250 Lariat 4D 6 3/4' | W21R | 39470 | 26700 | 27800 | 29800 | 35300 |
| F250 KingRnch 6 3/4' | W21R | 42855 | 27500 | 28600 | 30700 | 36300 |
| F350 XLT 4D 6 3/4' | W31R | 36960 | 26200 | 27300 | 29300 | 34700 |
| F350 Lariat 4D 6 3/4' | W31R | 40360 | 26800 | 27900 | 29900 | 35500 |
| F350 KingRnch 6 3/4' | W31R | 43755 | 27700 | 28800 | 30900 | 36600 |
| 2WD | 0,2 | | (2825) | (2825) | (3765) | (3765) |
| V8, 5.4 Liter | 5 | | (4450) | (4450) | (5935) | (5935) |
| V10, 6.8 Liter | Y | | (4250) | (4250) | (5665) | (5665) |
| **SUPER DUTY CREW CAB 4WD—V8**—Truck Equipment Schedule T1 | | | | | | |
| F250 FX4 4D 8' | W215 | 41175 | 21100 | 22000 | 23800 | 28200 |
| F350 FX4 4D 6 3/4' | W315 | 41935 | 21900 | 22900 | 24600 | 29200 |
| F350 FX4 4D 8' | W315 | 42125 | 21500 | 22400 | 24200 | 28700 |
| V8, Turbo Dsl 6.4L | R | | 4450 | 4450 | 5935 | 5935 |
| V10, 6.8 Liter | Y | | 575 | 575 | 765 | 765 |
| **SUPER DUTY CREW CAB 4WD—V8 Turbo Diesel**—Truck Equipment Sch T1 | | | | | | |
| F250 FX4 4D 6 3/4' | W21R | 40975 | 26400 | 27500 | 29500 | 35000 |
| V8, 5.4 Liter | 5 | | (4450) | (4450) | (5935) | (5935) |
| V10, 6.8 Liter | Y | | (4250) | (4250) | (5665) | (5665) |
| **SUPER DUTY CREW CAB 4WD—V8 Turbo Diesel**—Truck Equipment Sch T1 | | | | | | |
| F250 Harley 6 3/4' | W21R | 55465 | 32200 | 33400 | 34800 | 40300 |
| F250 Harley 6 3/4' | W21R | 55660 | 32000 | 33200 | 34600 | 40000 |
| F350 Harley 6 3/4' | W31R | 56310 | 32800 | 34100 | 35400 | 41000 |
| F350 Harley 8' | W31R | 56115 | 32600 | 33900 | 35200 | 40700 |
| **SUPER DUTY CREW CAB—V8 Turbo Diesel**—Truck Equipment Sch T1 | | | | | | |
| F450 XL 4D 8' | W42R | 43785 | 24600 | 25600 | 26800 | 31000 |
| F450 XLT 4D 8' | W42R | 48370 | 26400 | 27400 | 28600 | 33100 |
| F450 King Ranch 8' | W42R | 56005 | 29600 | 30800 | 32100 | 37200 |
| 4WD | 3 | | 2800 | 2800 | 3735 | 3735 |
| **SUPER DUTY CREW CAB 4WD—V8 Turbo Diesel**—Truck Equipment Sch T1 | | | | | | |
| F450 Lariat 4D 8' | W43R | 51810 | 29800 | 31000 | 32300 | 37400 |
| 2WD | | | (2825) | (2825) | (3765) | (3765) |
| **SUPER DUTY CREW CAB 4WD—V8 Turbo Diesel**—Truck Equip Sch T1 | | | | | | |
| F450 Harley 8' | W43R | 60425 | 31800 | 33000 | 34400 | 39800 |

# 2010 FORD (1,2orN)(ForM)(0,D,MorT)—U027-A-#

| Body Type | VIN | List | Trade-In Good | Very Good | Pvt-Party Good | Retail Excellent |
|---|---|---|---|---|---|---|
| **ESCAPE—4-Cyl.**—Truck Equipment Schedule T1 | | | | | | |
| XLS Sport Utility 4D | U027 | 21240 | 8150 | 8650 | 9550 | 11500 |
| 4WD | 9,5 | | 1275 | 1275 | 1700 | 1700 |
| **ESCAPE 4WD—4-Cyl. Hybrid**—Truck Equipment Schedule T1 | | | | | | |
| Sport Utility 4D | U5K3 | | 15700 | 16400 | 17800 | 21100 |
| Limited Sport Util | U5K3 | 34735 | 17150 | 17900 | 19350 | 22900 |
| 2WD | 0,4 | | (1100) | (1100) | (1465) | (1465) |
| **ESCAPE 4WD—V6**—Truck Equipment Schedule T1 | | | | | | |
| XLT Sport Util 4D | U9DG | 27015 | 10950 | 11500 | 12600 | 15000 |

**416 DEDUCT FOR RECONDITIONING**

# 2010 FORD

| Body Type | VIN | List | Trade-In Good | Trade-In Very Good | Pvt-Party Good | Retail Excellent |
|---|---|---|---|---|---|---|
| Limited Sport Util | U9EG | 28745 | 12800 | 13400 | 14700 | 17500 |
| 2WD | 0,4 | | (1100) | (1100) | (1465) | (1465) |
| 4-Cyl, 2.5 Liter | 7 | | (800) | (800) | (1065) | (1065) |
| **EDGE—V6—Truck Equipment Schedule T1** | | | | | | |
| SE Sport Utility 4D | K3GC | 27695 | 11200 | 11800 | 12900 | 15350 |
| SEL Sport Utility 4D | K3JC | 30695 | 12650 | 13250 | 14550 | 17250 |
| Limited Sport Util | K3KC | 34695 | 14450 | 15100 | 16450 | 19500 |
| Sport SUV 4D | K3AC | 34695 | 17000 | 17750 | 19200 | 22700 |
| AWD | 4 | | 800 | 800 | 1065 | 1065 |
| **EXPLORER 4WD—V6—Truck Equipment Schedule T1** | | | | | | |
| XLT Sport Utility | U7DE | 32015 | 13200 | 13850 | 15050 | 17850 |
| Eddie Bauer Spt Utl | U7EE | 36015 | 17150 | 17900 | 19300 | 22800 |
| Third Row Seat | 6 | | 600 | 600 | 800 | 800 |
| 2WD | 6 | | (1475) | (1475) | (1965) | (1965) |
| AWD | 8 | | 0 | 0 | 0 | 0 |
| V8, 4.6 Liter | 8 | | 350 | 350 | 465 | 465 |
| **EXPLORER 4WD—V8—Truck Equipment Schedule T1** | | | | | | |
| Limited Sport Util | U758 | 40325 | 18100 | 18900 | 20300 | 23900 |
| 2WD | 6 | | (1475) | (1475) | (1965) | (1965) |
| AWD | | | 0 | 0 | 0 | 0 |
| V6, 4.0 Liter | E | | (350) | (350) | (465) | (465) |
| **EXPLORER SPORT TRAC—V6—Truck Equipment Schedule T1** | | | | | | |
| XLT Utility Pickup | U3BE | 28625 | 17200 | 17950 | 19000 | 22200 |
| 4WD | 5 | | 1475 | 1475 | 1965 | 1965 |
| **EXPLORER SPORT TRAC 4WD—V6—Truck Equipment Schedule T1** | | | | | | |
| Limited Util Pickup | U5DE | 36005 | 20500 | 21300 | 22500 | 26100 |
| 2WD | 3 | | (1475) | (1475) | (1965) | (1965) |
| AWD | 8 | | 0 | 0 | 0 | 0 |
| V8, 4.6 Liter | 8 | | 350 | 350 | 465 | 465 |
| **FLEX—V6—Truck Equipment Schedule T1** | | | | | | |
| SE Sport Utility 4D | K5BC | 29325 | 11200 | 11800 | 12900 | 15400 |
| SEL Sport Util 4D | K5CC | 32100 | 13100 | 13750 | 15050 | 17900 |
| Limited Sport Util | K5DC | 37995 | 15200 | 15900 | 17300 | 20500 |
| AWD | 6 | | 800 | 800 | 1065 | 1065 |
| V6, 3.5L, EcoBoost | T | | 1600 | 1650 | 2200 | 2200 |
| **EXPEDITION 4WD—V8—Truck Equipment Schedule T1** | | | | | | |
| XLT Sport Utility 4D | U1G5 | 38910 | 16850 | 17600 | 18850 | 22100 |
| Eddie Bauer Spt Util | U1J5 | 44715 | 21400 | 22300 | 23700 | 27700 |
| Limited Sport Util | U2A5 | 46485 | 24000 | 24900 | 25900 | 29800 |
| King Ranch Spt Util | U1J5 | 49015 | 24400 | 25400 | 26300 | 30300 |
| Third Row Seat | | | 900 | 900 | 1200 | 1200 |
| 2WD | F,H,K | | (1100) | (1100) | (1465) | (1465) |
| **EXPEDITION EL 4WD—V8—Truck Equipment Schedule T1** | | | | | | |
| XLT Sport Utility 4D | K1G5 | 42435 | 18550 | 19400 | 20700 | 24200 |
| Eddie Bauer Spt Util | K1J5 | 46895 | 23200 | 24100 | 25500 | 29900 |
| Limited Sport Util | K2A5 | 49135 | 24400 | 25400 | 26300 | 30300 |
| King Ranch Spt Util | K1J5 | 51665 | 24900 | 25900 | 26800 | 30900 |
| Third Row Seat | | | 900 | 900 | 1200 | 1200 |
| 2WD | F,H,K | | (1100) | (1100) | (1465) | (1465) |
| **TRANSIT CONNECT CARGO VAN—4-Cyl.—Truck Equipment Sch T2** | | | | | | |
| XL Cargo Van 4D | S6AN | 21475 | 11300 | 11900 | 13200 | 15900 |
| XLT Cargo Van 4D | S6BN | 22535 | 12300 | 12900 | 14250 | 17150 |
| **TRANSIT CONNECT PASSENGER VAN—4-Cyl.—Truck Equipment Sch T1** | | | | | | |
| XL Passenger Van | S9AN | 21830 | 11700 | 12300 | 13250 | 15600 |
| XLT Passenger Van | S9BN | 23045 | 12350 | 12950 | 14050 | 16500 |
| **ECONOLINE WAGON—V8—Truck Equipment Schedule T1** | | | | | | |
| E150 XL Super Duty | E1BW | 28450 | 10250 | 10800 | 11750 | 14000 |
| E150 XLT S.D. | E1BW | 31145 | 11400 | 12050 | 13100 | 15550 |
| E350 XL Super Duty | E3BL | 31545 | 10950 | 11500 | 12550 | 14900 |
| E350 XL S.D. Ext | S3BL | 33850 | 11850 | 12450 | 13550 | 16050 |
| E350 XLT S.D. | E3BL | 34265 | 12500 | 13150 | 14250 | 16900 |
| E350 XLT S.D. Ext | S3BL | 35565 | 13850 | 14500 | 15750 | 18700 |
| V8, 5.4 Liter (E150) | L | | 300 | 300 | 400 | 400 |
| **ECONOLINE VAN—V8—Truck Equipment Schedule T1** | | | | | | |
| E150 Cargo Van | E1EW | 26230 | 11600 | 12200 | 13500 | 16300 |
| E150 Extended | S1EW | 27195 | 12600 | 13250 | 14600 | 17550 |
| E250 Cargo Van | E2EW | 27230 | 12250 | 12850 | 14200 | 17100 |
| E250 Extended | S2EW | 28340 | 13550 | 14200 | 15750 | 18900 |
| E350 Super Cargo | E3EL | 29920 | 12900 | 13550 | 14900 | 17950 |
| E350 SD Extended | S3EL | 30820 | 14100 | 14750 | 16350 | 19600 |
| Crew Van Pkg | | | 300 | 300 | 400 | 400 |
| V8, 5.4L (E150/E250) | L | | 300 | 300 | 400 | 400 |
| V8, Turbo Dsl 6.0L | P | | 3000 | 3000 | 4000 | 4000 |

SEE BACK PAGES FOR TRUCK EQUIPMENT

## 2010 FORD

| Body Type | VIN | List | Trade-In Good | Trade-In Very Good | Pvt-Party Good | Retail Excellent |
|---|---|---|---|---|---|---|
| V10, 6.8 Liter | S | | 700 | 700 | 935 | 935 |
| **RANGER REGULAR CAB PICKUP—4-Cyl.**—Truck Equipment Schedule T2 | | | | | | |
| XL 2D 7' | R1AD | 19445 | 6900 | 7350 | 8450 | 10400 |
| V6, 4.0 Liter | E | | 550 | 550 | 735 | 735 |
| **RANGER REGULAR CAB PICKUP—4-Cyl.**—Truck Equipment Schedule T1 | | | | | | |
| XL 2D 6' | R1AD | 19160 | 7600 | 8075 | 9225 | 11350 |
| XLT 2D 6' | R1AD | 20300 | 8850 | 9350 | 10650 | 13050 |
| **RANGER SUPER CAB PICKUP—4-Cyl.**—Truck Equipment Schedule T1 | | | | | | |
| XL 2D 6' | R1ED | 20235 | 9700 | 10250 | 11600 | 14200 |
| 4WD | F | | 1900 | 1900 | 2535 | 2535 |
| V6, 4.0 Liter | E | | 550 | 550 | 735 | 735 |
| **RANGER SUPER CAB PICKUP—V6**—Truck Equipment Schedule T1 | | | | | | |
| XLT 2D 6' | R1EE | 23300 | 11200 | 11800 | 13350 | 16300 |
| 4-Cyl, 2.3 Liter | D | | (475) | (475) | (635) | (635) |
| **RANGER SUPER CAB PICKUP—V6**—Truck Equipment Schedule T1 | | | | | | |
| Sport 2D 6' | R1EE | 23875 | 12050 | 12650 | 14250 | 17400 |
| Sport 4D 6' | R4EE | 24940 | 12450 | 13100 | 14700 | 17950 |
| XLT 4D 6' | R4EE | 24205 | 12250 | 12850 | 14500 | 17700 |
| 4WD | F | | 1900 | 1900 | 2535 | 2535 |
| **REGULAR CAB PICKUP—V8**—Truck Equipment Schedule T1 | | | | | | |
| F150 XL 2D 6 1/2' | F1CW | 22355 | 10200 | 10750 | 11900 | 14350 |
| F150 XL 2D 8' | F1CW | 22655 | 10000 | 10550 | 11700 | 14100 |
| F150 STX 2D 6 1/2' | F1CW | 25380 | 11350 | 11900 | 13200 | 15900 |
| F150 XLT 2D 6 1/2' | F1CW | 26550 | 12100 | 12700 | 14050 | 16900 |
| F150 XLT 2D 8' | F1CW | 26850 | 11550 | 12150 | 13450 | 16150 |
| 4WD | E | | 3000 | 3000 | 4000 | 4000 |
| V8, 24V, 4.6 Liter | 8 | | 175 | 175 | 235 | 235 |
| V8, Flex Fuel, 5.4 Liter | V | | 375 | 375 | 500 | 500 |
| **SUPER CAB PICKUP—V8**—Truck Equipment Schedule T1 | | | | | | |
| F150 XL 4D 6 1/2' | X1CW | 26180 | 12950 | 13600 | 14700 | 17350 |
| F150 STX 4D 6 1/2' | X1CW | 27980 | 13450 | 14100 | 15250 | 17950 |
| 4WD | E | | 3000 | 3000 | 4000 | 4000 |
| V8, 24V, 4.6 Liter | 8 | | 175 | 175 | 235 | 235 |
| V8, Flex Fuel, 5.4 Liter | V | | 375 | 375 | 500 | 500 |
| **SUPER CAB PICKUP—V8**—Truck Equipment Schedule T1 | | | | | | |
| F150 XLT 4D 6 1/2' | X1C8 | 29970 | 14500 | 15150 | 16350 | 19250 |
| 4WD | E | | 3000 | 3000 | 4000 | 4000 |
| V8, Flex Fuel, 5.4 Liter | V | | 375 | 375 | 500 | 500 |
| **SUPER CAB PICKUP—V8**—Truck Equipment Schedule T1 | | | | | | |
| F150 XL 4D 8' | X1CV | 26480 | 12950 | 13600 | 14700 | 17350 |
| F150 XLT 4D 8' | X1CV | 30270 | 14400 | 15050 | 16250 | 19100 |
| F150 Lariat 4D 6 1/2' | X1CV | 34180 | 15800 | 16500 | 17700 | 20800 |
| 4WD | E | | 3000 | 3000 | 4000 | 4000 |
| **SUPER CAB PICKUP 4WD—V8**—Truck Equipment Schedule T1 | | | | | | |
| F150 FX4 4D 6 1/2' | X1EV | 36065 | 19650 | 20500 | 21900 | 25600 |
| F150 SVT Rptr 5 1/2' | X1EV | 38995 | 33600 | 34900 | 35500 | 40200 |
| V8, 6.2 Liter | 6 | | 900 | 900 | 1200 | 1200 |
| **SUPERCREW PICKUP—V8**—Truck Equipment Schedule T1 | | | | | | |
| F150 XL 4D 5 1/2' | W1CW | 29590 | 16350 | 17100 | 18300 | 21500 |
| F150 XLT 4D 5 1/2' | W1CV | 32330 | 16950 | 17700 | 18950 | 22300 |
| F150 Kng Rnch 6 1/2' | W1CV | 41475 | 22500 | 23500 | 24900 | 29200 |
| F150 Platinum 6 1/2' | W1CV | 43350 | 23100 | 24100 | 25550 | 29900 |
| F150 Harley 5 1/2' | W1CV | 43665 | 23900 | 24800 | 26400 | 30900 |
| 4WD | E | | 3000 | 3000 | 4000 | 4000 |
| V8, 24V, 4.6 Liter | 8 | | 175 | 175 | 235 | 235 |
| V8, Flex Fuel, 5.4L (XL) | V | | 375 | 375 | 500 | 500 |
| **SUPERCREW PICKUP—V8**—Truck Equipment Schedule T1 | | | | | | |
| F150 XL 4D 6 1/2' | W1CV | 33850 | 16050 | 16800 | 18000 | 21200 |
| 4WD | E | | 3000 | 3000 | 4000 | 4000 |
| V8, 16V, 4.6 Liter | W | | (350) | (350) | (465) | (465) |
| V8, 24V, 4.6 Liter | 8 | | (200) | (200) | (265) | (265) |
| **SUPERCREW PICKUP 4WD—V8**—Truck Equipment Schedule T1 | | | | | | |
| F150 XLT 4D 6 1/2' | W1EV | 35775 | 20600 | 21400 | 22800 | 26700 |
| F150 Lariat 4D 5 1/2' | W1EV | 39685 | 23900 | 24800 | 26400 | 30900 |
| F150 Lariat 4D 6 1/2' | W1EV | 39985 | 23700 | 24600 | 26200 | 30600 |
| F150 Kng Rnch 5 1/2' | W1EV | 44320 | 25900 | 27000 | 28600 | 33400 |
| F150 Platinum 5 1/2' | W1EV | 46195 | 26500 | 27600 | 29200 | 34200 |
| 2WD | C | | (3025) | (3025) | (4035) | (4035) |
| V8, 24V, 4.6 Liter | 8 | | (200) | (200) | (265) | (265) |
| **SUPERCREW PICKUP 4WD—V8**—Truck Equipment Schedule T1 | | | | | | |
| F150 FX4 4D 5 1/2' | W1EV | 38425 | 22200 | 23200 | 24600 | 28800 |
| F150 FX4 4D 6 1/2' | W1EV | 38725 | 22000 | 23000 | 24400 | 28500 |

DEDUCT FOR RECONDITIONING

# 2010 FORD

| Body Type | VIN | List | Trade-In Good | Very Good | Pvt-Party Good | Retail Excellent |
|---|---|---|---|---|---|---|
| **SUPER DUTY REGULAR CAB PICKUP—V8**—Truck Equipment Schedule T1 | | | | | | |
| F250 XL 2D 8' | F2A5 | 26275 | 12100 | 12700 | 13850 | 16500 |
| F350 XL 2D 8' | F3A5 | 26995 | 12500 | 13150 | 14300 | 17000 |
| 4WD | 1,3 | | 3000 | 3000 | 4000 | 4000 |
| V8, Turbo Dsl 6.4L | R | | 4675 | 4675 | 6235 | 6235 |
| V10, 6.8 Liter | Y | | 600 | 600 | 800 | 800 |
| **SUPER DUTY REGULAR CAB 4WD—V8**—Truck Equipment Schedule T1 | | | | | | |
| F250 XLT 2D 8' | F215 | 29820 | 17150 | 17900 | 19350 | 23000 |
| 2WD | 0,2 | | (3025) | (3025) | (4035) | (4035) |
| V8, Turbo Dsl 6.4L | R | | 4675 | 4675 | 6235 | 6235 |
| V10, 6.8 Liter | Y | | 600 | 600 | 800 | 800 |
| **SUPER DUTY REGULAR CAB 4WD—V8 Turbo Diesel**—Truck Equip Sch T1 | | | | | | |
| F350 XLT 2D 8' | F31R | 43240 | 22200 | 23200 | 24800 | 29400 |
| 2WD | 0,2 | | (3025) | (3025) | (4035) | (4035) |
| V8, 5.4 Liter | 5 | | (4675) | (4675) | (6235) | (6235) |
| V10, 6.8 Liter | Y | | (4450) | (4450) | (5935) | (5935) |
| **SUPER DUTY SUPER CAB PICKUP—V8**—Truck Equipment Schedule T1 | | | | | | |
| F250 XL 4D 6 3/4' | X2A5 | 29655 | 15200 | 15900 | 17250 | 20500 |
| F250 XL 4D 8' | X2A5 | 29850 | 14800 | 15450 | 16850 | 20000 |
| F350 XL 4D 8' | X2A5 | 34100 | 16850 | 17600 | 19050 | 22600 |
| F250 Lariat 4D 8' | X2A5 | 40555 | 23500 | 24400 | 26200 | 31000 |
| F350 XLT 4D 8' | X3A5 | 30890 | 15300 | 16000 | 17350 | 20600 |
| F350 XLT 4D 8' | X3A5 | 35500 | 17050 | 17800 | 19250 | 22800 |
| F350 Lariat 4D 8' | X3A5 | 38615 | 17750 | 18500 | 20000 | 23700 |
| 4WD | 1,3 | | 3000 | 3000 | 4000 | 4000 |
| V8, Turbo Dsl 6.4L | R | | 4675 | 4675 | 6235 | 6235 |
| V10, 6.8 Liter | Y | | 600 | 600 | 800 | 800 |
| **SUPER DUTY SUPER CAB PICKUP 4WD—V8**—Truck Equipment Schedule T1 | | | | | | |
| F350 XLT 4D 6 3/4' | X3B5 | 35300 | 21100 | 22000 | 23700 | 28000 |
| F350 Lariat 4D 6 3/4' | X3B5 | 38415 | 21300 | 22200 | 23900 | 28200 |
| 2WD | 0,2 | | (3025) | (3025) | (4035) | (4035) |
| V8, Turbo Dsl 6.4L | R | | 4675 | 4675 | 6235 | 6235 |
| V10, 6.8 Liter | Y | | 600 | 600 | 800 | 800 |
| **SUPER DUTY SUPER CAB 4WD—V8 Turbo Diesel**—Truck Equipment Sch T1 | | | | | | |
| F250 XLT 4D 6 3/4' | X2BR | 45010 | 25700 | 26800 | 28600 | 33800 |
| F250 Lariat 4D 6 3/4' | X2BR | 37395 | 26500 | 27600 | 29500 | 34800 |
| 2WD | 0,2 | | (3025) | (3025) | (4035) | (4035) |
| V8, 5.4 Liter | 5 | | (4675) | (4675) | (6235) | (6235) |
| V10, 6.8 Liter | Y | | (4450) | (4450) | (5935) | (5935) |
| **SUPER DUTY SUPER CAB—V8 Turbo Diesel**—Truck Equipment Sch T1 | | | | | | |
| F350 XL 4D 6 3/4' | X3BR | 40005 | 23900 | 24800 | 26600 | 31500 |
| 4WD | 1,3 | | 3000 | 3000 | 4000 | 4000 |
| V8, 5.4 Liter | 5 | | (4675) | (4675) | (6235) | (6235) |
| V10, 6.8 Liter | Y | | (4450) | (4450) | (5935) | (5935) |
| **SUPER DUTY CREW CAB PICKUP—V8**—Truck Equipment Schedule T1 | | | | | | |
| F250 XL 4D 6 3/4' | W2A5 | 31015 | 17150 | 17900 | 19350 | 23000 |
| F250 King Ranch 8' | W2A5 | 44120 | 20800 | 21700 | 23300 | 27600 |
| F350 XLT 4D 8' | W3A5 | 37615 | 19450 | 20300 | 21900 | 25900 |
| F350 XLT 4D 8' | W3A5 | 32135 | 17150 | 17900 | 19350 | 23000 |
| F350 Lariat 4D 8' | W3A5 | 41020 | 20100 | 20900 | 22500 | 26600 |
| 4WD | 1,3 | | 3000 | 3000 | 4000 | 4000 |
| V8, Turbo Dsl 6.4L | R | | 4675 | 4675 | 6235 | 6235 |
| V10, 6.8 Liter | Y | | 600 | 600 | 800 | 800 |
| **SUPER DUTY CREW CAB PICKUP 4WD—V8**—Truck Equipment Schedule T1 | | | | | | |
| F250 XLT 4D 8' | W2B5 | 36350 | 22100 | 23100 | 24700 | 29200 |
| F350 King Ranch 8' | W3B5 | 45010 | 26200 | 25100 | 27000 | 31900 |
| 2WD | 0,2 | | (3025) | (3025) | (4035) | (4035) |
| V8, Turbo Dsl 6.4L | R | | 4675 | 4675 | 6235 | 6235 |
| V10, 6.8 Liter | Y | | 600 | 600 | 800 | 800 |
| **SUPER DUTY CREW CAB—V8 Turbo Diesel**—Truck Equipment Sch T1 | | | | | | |
| F250 XL 4D 8' | W2AR | 31210 | 21900 | 22900 | 24500 | 29000 |
| F250 Lariat 4D 8' | W2AR | 40130 | 24700 | 25700 | 27500 | 32500 |
| F350 XL 4D 6 3/4' | W3AR | 42980 | 22900 | 23900 | 25600 | 30200 |
| 4WD | 1,3 | | 3000 | 3000 | 4000 | 4000 |
| V8, 5.4 Liter | 5 | | (4675) | (4675) | (6235) | (6235) |
| V10, 6.8 Liter | Y | | (4450) | (4450) | (5935) | (5935) |
| **SUPER DUTY CREW CAB 4WD—V8 Turbo Diesel**—Truck Equipment Sch T1 | | | | | | |
| F250 XLT 4D 8' | W2BR | 47265 | 27700 | 28800 | 30800 | 36300 |
| F250 Lariat 4D 6 3/4' | W2BR | 39940 | 28800 | 30000 | 32100 | 37800 |
| F250 KingRnch 6 3/4' | W2ZR | 43930 | 29600 | 30800 | 32900 | 38800 |
| F350 XLT 4D 6 3/4' | W3BR | 48300 | 28300 | 29400 | 31400 | 37100 |
| F350 Lariat 4D 6 3/4' | W3BR | 40830 | 28500 | 29700 | 31700 | 37500 |
| F350 King Ranch 6' | W3BR | 44820 | 29700 | 30900 | 33000 | 39000 |

SEE BACK PAGES FOR TRUCK EQUIPMENT

# 2010 FORD

| Body Type | VIN | List | Trade-In Good | Trade-In Very Good | Pvt-Party Good | Retail Excellent |
|---|---|---|---|---|---|---|
| 2WD | 0,2 | | (3025) | (3025) | (4035) | (4035) |
| V8, 5.4 Liter | 5 | | (4675) | (4675) | (6235) | (6235) |
| V10, 6.8 Liter | | | (4450) | (4450) | (5935) | (5935) |
| **SUPER DUTY CREW CAB PICKUP 4WD—V8**—Truck Equipment Schedule T1 | | | | | | |
| F250 CABELA'S 6' | W2B5 | 43630 | 31600 | 32800 | 33900 | 38900 |
| F250 CABELA'S 8' | W2B5 | 43830 | 31200 | 32400 | 33500 | 38400 |
| F350 CABELA'S 6' | W3B5 | 44500 | 32000 | 33200 | 34300 | 39300 |
| F350 CABELA'S 8' | W3A5 | 44780 | 31400 | 32600 | 33700 | 38600 |
| V8, Turbo Dsl 6.4L | R | | 4675 | 4675 | 6235 | 6235 |
| V10, 6.8 Liter | Y | | 600 | 600 | 800 | 800 |
| **SUPER DUTY CREW CAB 4WD—V8 Turbo Diesel**—Truck Equip Sch T1 | | | | | | |
| F250 Harley 6 3/4' | W2BR | 59390 | 35100 | 36400 | 37500 | 43000 |
| F250 Harley 8' | W2BR | 59585 | 34900 | 36200 | 37300 | 42700 |
| F350 Harley 6 3/4' | W3BR | 60040 | 35700 | 37100 | 38100 | 43700 |
| F350 Harley 8' | W3BR | 60235 | 35500 | 36800 | 37900 | 43500 |
| **SUPER DUTY CREW CAB—V8 Turbo Diesel**—Truck Equipment Schedule T1 | | | | | | |
| F450 XL 4D 8' | W4CR | 45120 | 26700 | 27800 | 28800 | 33000 |
| F450 XLT 4D 8' | W4CR | 50500 | 28600 | 29800 | 30800 | 35400 |
| F450 King Ranch 8' | W4CR | 57930 | 32200 | 33400 | 34500 | 39600 |
| 4WD | D | | 3000 | 3000 | 4000 | 4000 |
| **SUPER DUTY CREW CAB 4WD—V8 Turbo Diesel**—Truck Equipment Sch T1 | | | | | | |
| F450 Lariat 4D 8' | W4DR | 53940 | 32300 | 33500 | 34600 | 39700 |
| 2WD | C | | (3025) | (3025) | (4035) | (4035) |
| **SUPER DUTY CREW CAB 4WD—V8 Turbo Diesel**—Truck Equipment Sch T1 | | | | | | |
| F450 Harley 8' | W4DR | 63785 | 34700 | 36000 | 37100 | 42500 |

## 2011 FORD (1,2orN)(ForM)(0,D,MorT)–U027-B-#

| Body Type | VIN | List | Good | Very Good | Good | Excellent |
|---|---|---|---|---|---|---|
| **ESCAPE—4-Cyl.**—Truck Equipment Schedule T1 | | | | | | |
| XLS Sport Util 4D | U027 | 21785 | 9650 | 10200 | 11050 | 13050 |
| 4WD | 9 | | 1400 | 1400 | 1865 | 1865 |
| **ESCAPE 4WD—4-Cyl. Hybrid**—Truck Equipment Schedule T1 | | | | | | |
| Sport Utility 4D | U5K3 | 32340 | 18250 | 19050 | 20000 | 23200 |
| Limited Sport Util | U5K3 | 34850 | 19450 | 20300 | 21300 | 24600 |
| 2WD | 4 | | (1200) | (1200) | (1600) | (1600) |
| **ESCAPE 4WD—V6**—Truck Equipment Schedule T1 | | | | | | |
| XLT Sport Util 4D | U9DG | 26525 | 12900 | 13500 | 14600 | 17100 |
| Limited Sport Util | U9EG | 28105 | 13850 | 14500 | 15600 | 18250 |
| 2WD | 0 | | (1200) | (1200) | (1600) | (1600) |
| 4-Cyl, 2.5 Liter | 7 | | (900) | (900) | (1200) | (1200) |
| **EDGE—V6**—Truck Equipment Schedule T1 | | | | | | |
| SE Sport Util 4D | K3GC | 28195 | 13000 | 13650 | 14450 | 16750 |
| SEL Sport Util 4D | K3JC | 30995 | 15500 | 16200 | 17050 | 19700 |
| Limited Sport Util 4D | K3KC | 34495 | 17450 | 18200 | 19100 | 22000 |
| Sport SUV 4D | K3AK | 36995 | 20500 | 21400 | 22300 | 25700 |
| AWD | 4 | | 875 | 875 | 1165 | 1165 |
| **EXPLORER 4WD—V6**—Truck Equipment Schedule T1 | | | | | | |
| Sport Utility 4D | K8B8 | 30995 | 18100 | 18900 | 19650 | 22600 |
| XLT Sport Utility | K8D8 | 33995 | 21000 | 21900 | 22700 | 26000 |
| Limited Sport Util | K8F8 | 39995 | 23500 | 24400 | 25300 | 29000 |
| Third Row Seat | | | 650 | 650 | 865 | 865 |
| 2WD | 7 | | (1550) | (1550) | (2065) | (2065) |
| **FLEX—V6**—Truck Equipment Schedule T1 | | | | | | |
| SE Sport Util 4D | K5BC | 29850 | 13100 | 13750 | 14800 | 17400 |
| SEL Sport Util 4D | K5CC | 32650 | 15400 | 16100 | 17200 | 20200 |
| Limited Sport Util | K5DC | 38620 | 17500 | 18250 | 19450 | 22800 |
| AWD | 6 | | 875 | 875 | 1165 | 1165 |
| V6, EcoBoost, 3.5L | T | | 1725 | 1725 | 2300 | 2300 |
| **FLEX AWD—V6 EcoBoost**—Truck Equipment Schedule T1 | | | | | | |
| Titanium Spt Util | K6DT | 45960 | 22100 | 23000 | 24300 | 28400 |
| 2WD | 5 | | (875) | (875) | (1165) | (1165) |
| V6, 3.5 Liter | C | | (1725) | (1725) | (2300) | (2300) |
| **EXPEDITION 4WD—V8**—Truck Equipment Schedule T1 | | | | | | |
| XL Sport Utility 4D | U1G5 | 40485 | 20100 | 20900 | 21700 | 25000 |
| XLT Sport Utility 4D | U1J5 | 42025 | 21600 | 22500 | 23400 | 26800 |
| Limited Sport Util | U2A5 | 48695 | 26000 | 27000 | 27500 | 31200 |
| King Ranch Spt Util | U1J5 | 49965 | 26500 | 27600 | 28100 | 31900 |
| Third Row Seat | | | 975 | 975 | 1300 | 1300 |
| 2WD | H | | (1200) | (1200) | (1600) | (1600) |
| **EXPEDITION EL 4WD—V8**—Truck Equipment Schedule T1 | | | | | | |
| XL Sport Utility 4D | K1G5 | 43135 | 22200 | 23200 | 24000 | 27500 |
| XLT Sport Utility 4D | K1J5 | 44735 | 23000 | 24000 | 24800 | 28500 |
| Limited Sport Util | K2A5 | 51345 | 26300 | 27400 | 27900 | 31600 |
| King Ranch Spt Util | K1J5 | 52615 | 26800 | 27900 | 28400 | 32200 |

**DEDUCT FOR RECONDITIONING**

# 2011 FORD

| Body Type | VIN | List | Trade-In Good | Very Good | Pvt-Party Good | Retail Excellent |
|---|---|---|---|---|---|---|
| Third Row Seat | | | 975 | 975 | 1300 | 1300 |
| 2WD | H | | (1200) | (1200) | (1600) | (1600) |
| **TRANSIT CONNECT CARGO VAN—4-Cyl.**—Truck Equipment Sch T2 | | | | | | |
| XL Van 4D | S6AN | 21895 | 12800 | 13450 | 14550 | 17250 |
| XLT Van 4D | S6BN | 22955 | 13700 | 14350 | 15600 | 18450 |
| **TRANSIT CONNECT PASSENGER VAN—4-Cyl.**—Truck Equipment Sch T1 | | | | | | |
| XLT Van 4D | S9BN | 23745 | 13700 | 14350 | 15400 | 18050 |
| XLT Premium Van | S9CN | 23895 | 13900 | 14550 | 15600 | 18300 |
| **ECONOLINE WAGON—V8**—Truck Equipment Schedule T1 | | | | | | |
| E150 XL | E1BW | 28950 | 11650 | 12250 | 13250 | 15700 |
| E150 XLT | E1BW | 31405 | 12800 | 13400 | 14600 | 17200 |
| E350 XL Super Duty | E3BL | 32045 | 12350 | 12950 | 14000 | 16500 |
| E350 XL S.D. Ext | S3BL | 34350 | 13150 | 13800 | 14950 | 17650 |
| E350 XL S.D. | E3BL | 34525 | 13850 | 14500 | 15700 | 18500 |
| E350 XLT S.D. Ext | S3BL | 35825 | 15350 | 16050 | 17300 | 20400 |
| V8, 5.4L (E150/E150) | L | | 325 | 325 | 435 | 435 |
| V10, 6.8 Liter | S | | 725 | 725 | 965 | 965 |
| **ECONOLINE VAN—V8**—Truck Equipment Schedule T1 | | | | | | |
| E150 Cargo Van | E1EW | 26820 | 12900 | 13550 | 14850 | 17750 |
| E150 Extended | S1EW | 28035 | 13800 | 14450 | 15900 | 19050 |
| E250 Cargo Van | E2EW | 27820 | 13400 | 14050 | 15500 | 18500 |
| E250 Extended | S2EW | 29175 | 14850 | 15550 | 17050 | 20400 |
| E350 Super Cargo | E3EL | 30750 | 14000 | 14650 | 16100 | 19300 |
| E350 SD Extended | S3EL | 31650 | 16250 | 16250 | 17800 | 21200 |
| E350 Cab-Ch DR | E3FL | 26800 | 17100 | 17850 | 19350 | 22900 |
| V8, 5.4L (E150/E250) | L | | 325 | 325 | 435 | 435 |
| V10, 6.8 Liter | S | | 725 | 725 | 965 | 965 |
| **RANGER REGULAR CAB PICKUP—4-Cyl.**—Truck Equipment Schedule T2 | | | | | | |
| XL 2D 7' | R1AD | 19825 | 8000 | 8500 | 9575 | 11650 |
| V6, 4.0 Liter | E | | 600 | 600 | 800 | 800 |
| **RANGER REGULAR CAB PICKUP—4-Cyl.**—Truck Equipment Schedule T1 | | | | | | |
| XL 2D 6' | R1AD | 19655 | 9200 | 9725 | 10950 | 13300 |
| XLT 2D 6' | R1AD | 20795 | 10400 | 10950 | 12250 | 14850 |
| **RANGER SUPER CAB PICKUP—4-Cyl.**—Truck Equipment Schedule T1 | | | | | | |
| XL 2D 6' | R1ED | 21350 | 11250 | 11850 | 13250 | 16100 |
| 4WD | F | | 2200 | 2200 | 2935 | 2935 |
| V6, 4.0 Liter | E | | 600 | 600 | 800 | 800 |
| **RANGER SUPER CAB PICKUP—V6**—Truck Equipment Schedule T1 | | | | | | |
| XLT 2D 6' | R1EE | 22415 | 13200 | 13850 | 15500 | 18750 |
| 4-Cyl, 2.3 Liter | D | | (700) | (700) | (935) | (935) |
| **RANGER SUPER CAB PICKUP—V6**—Truck Equipment Schedule T2 | | | | | | |
| Sport 2D 6' | R1EE | 24100 | 13300 | 13950 | 15600 | 18900 |
| Sport 4D 6' | R4EE | 25170 | 14050 | 14700 | 16400 | 19850 |
| 4WD | F | | 2200 | 2200 | 2935 | 2935 |
| **RANGER SUPER CAB PICKUP—V6**—Truck Equipment Schedule T1 | | | | | | |
| XLT 4D 6' | R4EE | 24315 | 14000 | 14650 | 16350 | 19800 |
| **REGULAR CAB PICKUP—V8**—Truck Equipment Schedule T1 | | | | | | |
| F150 XL 2D 6 1/2' | F1CF | 23390 | 12050 | 12650 | 13900 | 16650 |
| F150 XL 2D 8' | F1CF | 23690 | 11650 | 12250 | 13450 | 16150 |
| F150 STX 2D 6 1/2' | F1CF | 27220 | 13550 | 14200 | 15600 | 18650 |
| F150 XLT 2D 6 1/2' | F1CF | 27840 | 13750 | 14400 | 15850 | 18900 |
| F150 XLT 2D 8' | F1CF | 28145 | 13150 | 13800 | 15200 | 18150 |
| 4WD | E | | 3200 | 3200 | 4265 | 4265 |
| V6, EcoBoost, 3.5L | T | | 1725 | 1725 | 2300 | 2300 |
| V6, Flex Fuel, 3.7 Liter | M | | (750) | (750) | (1000) | (1000) |
| **SUPER CAB PICKUP—V8**—Truck Equipment Schedule T1 | | | | | | |
| F150 XL 4D 6 1/2' | X1CF | 27215 | 15300 | 16000 | 17150 | 20100 |
| F150 XL 4D 8' | X1CF | 29390 | 15200 | 15900 | 17050 | 20000 |
| F150 STX 4D 6 1/2' | X1CF | 30005 | 16400 | 17150 | 18350 | 21500 |
| F150 XLT 4D 6 1/2' | X1CF | 30430 | 16800 | 17550 | 18750 | 22000 |
| F150 XLT 4D 8' | X1CF | 32800 | 16600 | 17350 | 18550 | 21800 |
| F150 FX2 4D 6 1/2' | X1CF | 34050 | 17100 | 17850 | 19100 | 22400 |
| F150 Lariat 4D 6 1/2' | X1CF | 35085 | 18300 | 19100 | 20300 | 23800 |
| Luxury Pkg | | | 500 | 500 | 665 | 665 |
| 4WD | E | | 3200 | 3200 | 4265 | 4265 |
| V6, EcoBoost, 3.5L | T | | 1725 | 1725 | 2300 | 2300 |
| V6, Flex Fuel, 3.7 Liter | M | | (750) | (750) | (1000) | (1000) |
| **SUPER CAB PICKUP 4WD—V8**—Truck Equipment Schedule T1 | | | | | | |
| F150 FX4 4D 6 1/2' | X1EF | 37600 | 21900 | 22900 | 24200 | 28300 |
| F150 SVT Raptor 5' | X1R6 | 42525 | 35100 | 36400 | 36800 | 41500 |
| Luxury Pkg | | | 500 | 500 | 665 | 665 |
| V6, EcoBoost, 3.5L | T | | 1725 | 1725 | 2300 | 2300 |

SEE BACK PAGES FOR TRUCK EQUIPMENT

# 2011 FORD

| Body Type | VIN | List | Trade-In Good | Very Good | Pvt-Party Good | Retail Excellent |
|---|---|---|---|---|---|---|
| **SUPERCREW PICKUP—V8**—Truck Equipment Schedule T1 | | | | | | |
| F150 XL 4D 5 1/2' | W1CF | 30755 | 18100 | 18900 | 20100 | 23600 |
| F150 XL 4D 6 1/2' | W1CF | 34810 | 17900 | 18650 | 19900 | 23300 |
| F150 XLT 4D 5 1/2' | W1CF | 32785 | 19550 | 20400 | 21700 | 25400 |
| F150 FX4 4D 5 1/2' | W1CF | 36410 | 20700 | 21500 | 22900 | 26800 |
| F150 FX4 4D 6 1/2' | W1CF | 36710 | 20500 | 21300 | 22700 | 26500 |
| F150 Kng Rnch 6 1/2' | W1CF | 43065 | 25000 | 26000 | 27300 | 32100 |
| F150 Platinum 6 1/2' | W1CF | 44875 | 25400 | 26400 | 27900 | 32600 |
| Luxury Pkg | | | 500 | 500 | 665 | 665 |
| 4WD | E | | 3200 | 3200 | 4265 | 4265 |
| V6, EcoBoost, 3.5L | T | | 1725 | 1725 | 2300 | 2300 |
| V6, Flex Fuel, 3.7 Liter | M | | (750) | (750) | (1000) | (1000) |
| V8, 6.2 Liter | 6 | | 400 | 400 | 535 | 535 |
| **SUPERCREW PICKUP 4WD—V8**—Truck Equipment Schedule T1 | | | | | | |
| F150 XLT 4D 6 1/2' | W1EF | 37170 | 22700 | 23700 | 25100 | 29300 |
| F150 Lariat 4D 5 1/2' | W1EF | 40590 | 26400 | 27500 | 29000 | 33900 |
| F150 Lariat 4D 6 1/2' | W1EF | 40890 | 26200 | 27300 | 28800 | 33700 |
| F150 Kng Rnch 5 1/2' | W1EV | 45910 | 28300 | 29400 | 31000 | 36200 |
| F150 Platinum 5 1/2' | W1EF | 47720 | 29200 | 30400 | 32100 | 37500 |
| 2WD | C | | (3200) | (3200) | (4265) | (4265) |
| V6, EcoBoost, 3.5L | T | | 1725 | 1725 | 2300 | 2300 |
| V8, 6.2 Liter | 6 | | 400 | 400 | 535 | 535 |
| **SUPERCREW PICKUP—V8**—Truck Equipment Schedule T1 | | | | | | |
| F150 Harley 5 1/2' | W1C6 | 48970 | 26700 | 27800 | 29300 | 34300 |
| 4WD | E | | 3200 | 3200 | 4265 | 4265 |
| **SUPERCREW PICKUP 4WD—V8**—Truck Equipment Schedule T1 | | | | | | |
| F150 Lariat Ltd 5' | W1E6 | 51315 | 30300 | 31500 | 33200 | 38800 |
| 2WD | C | | (3200) | (3200) | (4265) | (4265) |
| **SUPERCREW PICKUP 4WD—V8**—Truck Equipment Schedule T1 | | | | | | |
| F150 FX4 4D 5 1/2' | W1EF | 39960 | 24700 | 25700 | 27200 | 31800 |
| F150 FX4 4D 6 1/2' | W1EF | 40260 | 24500 | 25500 | 26900 | 31500 |
| F150 SVT Raptor 5' | W1R6 | 45290 | 39300 | 40800 | 41100 | 46400 |
| Luxury Pkg | | | 500 | 500 | 665 | 665 |
| V6, EcoBoost, 3.5L | T | | 1725 | 1725 | 2300 | 2300 |
| **SUPER DUTY REGULAR CAB PICKUP—V8**—Truck Equipment Schedule T1 | | | | | | |
| F250 XL 2D 8' | F2A6 | 28995 | 14650 | 15300 | 16250 | 18900 |
| F350 XL 2D 8' | F3A6 | 29715 | 14850 | 15500 | 16450 | 19150 |
| 4WD | B | | 3200 | 3200 | 4265 | 4265 |
| V8, Turbo Diesel, 6.7L | T | | 4900 | 4900 | 6535 | 6535 |
| **SUPER DUTY REGULAR CAB 4WD—V8**—Truck Equipment Schedule T1 | | | | | | |
| F250 XLT 2D 8' | F2B6 | 32275 | 19750 | 20600 | 21600 | 25100 |
| 2WD | A | | (3200) | (3200) | (4265) | (4265) |
| V8, Turbo Diesel, 6.7L | T | | 4900 | 4900 | 6535 | 6535 |
| **SUPER DUTY REGULAR CAB 4WD—V8 Turbo Diesel**—Truck Equip Schedule T1 | | | | | | |
| F350 XLT 2D 8' | F3BT | 44205 | 25500 | 26600 | 27700 | 32100 |
| 2WD | A | | (3200) | (3200) | (4265) | (4265) |
| V8, Flex Fuel, 6.2 Liter | 6 | | (4750) | (4750) | (6335) | (6335) |
| **SUPER DUTY SUPER CAB PICKUP—V8**—Truck Equipment Schedule T1 | | | | | | |
| F250 XL 4D 6 3/4' | X2A6 | 31120 | 17900 | 18650 | 19650 | 22800 |
| F250 XL 4D 8' | X2A6 | 31315 | 17500 | 18250 | 19250 | 22300 |
| F350 XL 4D 6 3/4' | X3B6 | 40035 | 21600 | 22500 | 23600 | 27300 |
| F350 XL 4D 8' | X3A6 | 32360 | 17700 | 18450 | 19450 | 22600 |
| F350 Lariat 4D 8' | X3A6 | 40600 | 19950 | 20800 | 21900 | 25300 |
| 4WD | B | | 3200 | 3200 | 4265 | 4265 |
| V8, Turbo Diesel, 6.7L | T | | 4900 | 4900 | 6535 | 6535 |
| **SUPER DUTY SUPER CAB PICKUP 4WD—V8**—Truck Equipment Schedule T1 | | | | | | |
| F250 XLT 4D 6 3/4' | X2B6 | 34885 | 23100 | 24100 | 25200 | 29100 |
| F250 XLT 4D 8' | X2B6 | 35070 | 22900 | 23900 | 25000 | 28900 |
| F250 Lariat 4D 8' | X2B6 | 38300 | 28500 | 29700 | 31000 | 35800 |
| F350 XLT 4D 6 3/4' | X3B6 | 36500 | 23500 | 24400 | 25600 | 29600 |
| F350 Lariat 4D 6 3/4' | X3B6 | 40400 | 23900 | 24800 | 26400 | 30100 |
| 2WD | A | | (3200) | (3200) | (4265) | (4265) |
| V8, Turbo Diesel, 6.7L | T | | 4900 | 4900 | 6535 | 6535 |
| **SUPER DUTY SUPER CAB—V8 Turbo Diesel**—Truck Equipment Schedule T1 | | | | | | |
| F350 XLT 4D 8' | X3AT | 36695 | 24600 | 25600 | 26700 | 30900 |
| 4WD | B | | 3200 | 3200 | 4265 | 4265 |
| V8, Flex Fuel, 6.2 Liter | 6 | | (4750) | (4750) | (6335) | (6335) |
| **SUPER DUTY SUPER CAB 4WD—V8 Turbo Diesel**—Truck Equipment Sch T1 | | | | | | |
| F250 Lariat 4D 8' | X2BT | 39580 | 32100 | 33300 | 34700 | 40100 |
| 2WD | A | | (3200) | (3200) | (4265) | (4265) |
| V8, Flex Fuel, 6.2 Liter | 6 | | (4750) | (4750) | (6335) | (6335) |
| **SUPER DUTY CREW CAB PICKUP—V8**—Truck Equipment Schedule T1 | | | | | | |
| F250 XL 4D 6 3/4 | W2AT | 32480 | 19850 | 20700 | 21800 | 25200 |

DEDUCT FOR RECONDITIONING

# 2011 FORD

| Body Type | VIN | List | Trade-In Good | Very Good | Pvt-Party Good | Retail Excellent |
|---|---|---|---|---|---|---|
| F250 King Ranch 8' | W2A6 | 46880 | 23200 | 24200 | 25300 | 29200 |
| F350 XL 4D 6 3/4' | W3A6 | 33400 | 20700 | 21600 | 22700 | 26300 |
| 4WD | B | | 3200 | 3200 | 4265 | 4265 |
| V8, Turbo Diesel, 6.7L | T | | 4900 | 4900 | 6535 | 6535 |
| **SUPER DUTY CREW CAB PICKUP 4WD—V8**—Truck Equipment Schedule T1 | | | | | | |
| F250 XLT 4D 8' | W2B6 | 37320 | 24900 | 25900 | 27000 | 31300 |
| F350 XLT 4D 8' | W3B6 | 41425 | 26000 | 27100 | 28300 | 32700 |
| F350 KingRnch 6 3/4' | W3B6 | 50385 | 27200 | 28300 | 29500 | 34100 |
| 2WD | A | | (3200) | (3200) | (4265) | (4265) |
| V8, Turbo Diesel, 6.7L | T | | 4900 | 4900 | 6535 | 6535 |
| **SUPER DUTY CREW CAB—V8 Turbo Diesel**—Truck Equipment Schedule T1 | | | | | | |
| F250 XL 4D 8' | W2AT | 40510 | 24000 | 24900 | 26100 | 30200 |
| F250 Lariat 4D 8' | W2AT | 49950 | 28600 | 29800 | 31100 | 35900 |
| F350 XL 4D 8' | W3AT | 41435 | 25100 | 26100 | 27200 | 31500 |
| F350 Lariat 4D 8' | W3AT | 38810 | 27100 | 28200 | 29400 | 34000 |
| 4WD | B | | 3200 | 3200 | 4265 | 4265 |
| V8, Flex Fuel, 6.2 Liter | | | (4750) | (4750) | (6335) | (6335) |
| **SUPER DUTY CREW CAB 4WD—V8 Turbo Diesel**—Truck Equipment Sch T1 | | | | | | |
| F250 XLT 4D 6 3/4' | W2BT | 48230 | 30400 | 31600 | 32900 | 38000 |
| F250 Lariat 4D 8' | W2BT | 41925 | 32100 | 33300 | 34700 | 40100 |
| F250 King Ranch 6 3/4' | W2BT | 46690 | 32600 | 33900 | 35200 | 40600 |
| F350 XLT 4D 8' | W3BT | 42815 | 32100 | 33300 | 34700 | 40100 |
| F350 Lariat 4D 8' | W3BT | 47670 | 31800 | 33000 | 34400 | 39700 |
| F350 Lariat 4D 8' | W3AT | 43005 | 28200 | 29300 | 30500 | 35300 |
| 2WD | A | | (3200) | (3200) | (4265) | (4265) |
| V8, Flex Fuel, 6.2 Liter | | | (4750) | (4750) | (6335) | (6335) |
| **SUPER DUTY CREW CAB 4WD—V8 Turbo Diesel**—Truck Equip Sch T1 | | | | | | |
| F450 XL 4D 8' | W4DT | 49325 | 31700 | 32900 | 33400 | 37800 |
| F450 XLT 4D 8' | W4DT | 54680 | 35700 | 37100 | 37500 | 42400 |
| F450 Lariat 4D 8' | W4DT | 58370 | 39200 | 40700 | 41100 | 46500 |
| F450 King Ranch 8' | W4DT | 63350 | 41300 | 42800 | 43200 | 48800 |

## 2012 FORD (1,2orN)(ForM)(0,D,MorT)-(U027)-C-#

| Body Type | VIN | List | Good | Very Good | Pvt-Party Good | Retail Excellent |
|---|---|---|---|---|---|---|
| **ESCAPE—4-Cyl.**—Truck Equipment Schedule T1 | | | | | | |
| XLS Sport Utility 4D | U027 | 21995 | 10800 | 11350 | 12200 | 14300 |
| 4WD | 9 | | 1475 | 1475 | 1965 | 1965 |
| **ESCAPE 4WD—4-Cyl. Hybrid**—Truck Equipment Schedule T1 | | | | | | |
| Sport Utility 4D | U5K3 | 33145 | 21600 | 22500 | 23400 | 26800 |
| Limited Sport Util | U5K3 | 35655 | 22800 | 23700 | 24600 | 28200 |
| 2WD | 4 | | (1500) | (1500) | (2000) | (2000) |
| **ESCAPE 4WD—V6**—Truck Equipment Schedule T1 | | | | | | |
| XLT Sport Utility | U9DG | 27245 | 14100 | 14750 | 15700 | 18300 |
| Limited Sport Util | U9EG | 28745 | 15550 | 16200 | 17000 | 19600 |
| 2WD | 0 | | (1500) | (1500) | (2000) | (2000) |
| 4-Cyl, 2.5 Liter | 7 | | (1000) | (1000) | (1335) | (1335) |
| **EDGE—V6**—Truck Equipment Schedule T1 | | | | | | |
| SE Sport Utility 4D | K3GC | 28465 | 14250 | 14900 | 15900 | 18500 |
| SEL Sport Utility 4D | K3JC | 31770 | 16950 | 17700 | 18750 | 21800 |
| Limited Sport Util | K3KC | 35625 | 19200 | 20000 | 21100 | 24500 |
| Sport SUV 4D | K3AK | 37800 | 22300 | 23200 | 24300 | 28200 |
| AWD | | | 950 | 950 | 1265 | 1265 |
| 4-Cyl, EcoBoost 2.0L | 9 | | 1100 | 1100 | 1465 | 1465 |
| **EXPLORER 4WD—V6**—Truck Equipment Schedule T1 | | | | | | |
| Sport Utility 4D | K8B8 | 30995 | 20200 | 21000 | 21600 | 24500 |
| XLT Sport Utility 4D | K8D8 | 34805 | 23300 | 24300 | 24800 | 28200 |
| Limited Sport Util | K8F8 | 40565 | 25700 | 26800 | 27300 | 31000 |
| Third Row Seat | | | 700 | 700 | 935 | 935 |
| 2WD | 7 | | (1625) | (1625) | (2165) | (2165) |
| **FLEX—V6**—Truck Equipment Schedule T1 | | | | | | |
| SE Sport Util 4D | K5BC | 29995 | 14750 | 15450 | 16500 | 19300 |
| SEL Sport Utility 4D | K5CC | 32625 | 16950 | 17700 | 18850 | 22000 |
| Limited Sport Util | K5DC | 38640 | 19150 | 20000 | 21200 | 24800 |
| Titanium Spt Util | K5DC | 45980 | 23600 | 24600 | 25900 | 30200 |
| AWD | 6 | | 950 | 950 | 1265 | 1265 |
| V6, EcoBoost, 3.5L | | | 1825 | 1825 | 2435 | 2435 |
| **EXPEDITION 4WD—V8**—Truck Equipment Schedule T1 | | | | | | |
| XL Sport Utility 4D | U1G5 | 41270 | 22500 | 23500 | 24100 | 27600 |
| XLT Sport Utility 4D | U1J5 | 42810 | 24000 | 24900 | 25700 | 29300 |
| Limited Sport Util | U2A5 | 48940 | 27900 | 29000 | 29600 | 33700 |
| King Ranch Spt Util | U1J5 | 50450 | 28500 | 29700 | 30300 | 34400 |
| Third Row Seat | | | 1050 | 1050 | 1400 | 1400 |
| 2WD | F | | (1500) | (1500) | (2000) | (2000) |

SEE BACK PAGES FOR TRUCK EQUIPMENT

## 2012 FORD

| Body Type | VIN | List | Trade-In Good | Trade-In Very Good | Pvt-Party Good | Retail Excellent |
|---|---|---|---|---|---|---|
| **EXPEDITION EL 4WD—V8**—Truck Equipment Schedule T1 | | | | | | |
| XL Sport Utility 4D | K1G5 | 43920 | 24600 | 25600 | 26300 | 30000 |
| XLT Sport Utility 4D | K1J5 | 45520 | 25500 | 26500 | 27200 | 31000 |
| Limited Spt Util 4D | K2A5 | 51590 | 28300 | 29400 | 30000 | 34100 |
| King Ranch Spt Util. | K1J5 | 53100 | 28900 | 30100 | 30800 | 34900 |
| Third Row Seat | | | 1050 | 1050 | 1400 | 1400 |
| 2WD | F | | (1500) | (1500) | (2000) | (2000) |
| **TRANSIT CONNECT CARGO VAN—4-Cyl.**—Truck Equipment Sch T2 | | | | | | |
| XL Van 4D | S6AN | 22525 | 14250 | 14900 | 15950 | 18700 |
| XLT Van 4D | S6BN | 23585 | 15250 | 15950 | 17000 | 19900 |
| **TRANSIT CONNECT PASSENGER VAN—4-Cyl.**—Truck Equipment Sch T1 | | | | | | |
| XLT Van 4D | S9BN | 24260 | 15000 | 15700 | 16600 | 19250 |
| XLT Premium Van | S9CN | 24410 | 15250 | 15950 | 16850 | 19550 |
| **ECONOLINE WAGON—V8**—Truck Equipment Schedule T1 | | | | | | |
| E150 XL | E1BW | 29165 | 13350 | 14000 | 15000 | 17500 |
| E150 XLT | E1BW | 31620 | 14550 | 15200 | 16250 | 18950 |
| E350 XL Super Duty | E3BL | 32260 | 14050 | 14700 | 15700 | 18350 |
| E350 XL S.D. Ext | S3BL | 34565 | 14850 | 15550 | 16550 | 19350 |
| E350 XLT S.D. | E3BL | 34740 | 15350 | 16050 | 17100 | 19950 |
| E350 XLT S.D. Ext. | S3BL | 36040 | 17500 | 18250 | 19350 | 22600 |
| V8, 5.4 Liter (E150) | L | | 330 | 330 | 465 | 465 |
| V10, 6.8 Liter | S | | 750 | 750 | 1000 | 1000 |
| **ECONOLINE VAN—V8**—Truck Equipment Schedule T1 | | | | | | |
| E150 Cargo Van | E1EW | 27510 | 14450 | 15100 | 16350 | 19350 |
| E150 Extended | S1EW | 28720 | 15600 | 16300 | 17600 | 20800 |
| E250 Cargo Van | E2EW | 28510 | 15300 | 16000 | 17250 | 20400 |
| E250 Extended | S2EW | 29865 | 16450 | 17200 | 18500 | 21900 |
| V8, Flex Fuel, 5.4 Liter | L | | 330 | 330 | 465 | 465 |
| V10, 6.8 Liter | S | | 750 | 750 | 1000 | 1000 |
| **ECONOLINE VAN—V8**—Truck Equipment Schedule T1 | | | | | | |
| E350 Super Cargo | E3EL | 31555 | 15900 | 16600 | 17900 | 21100 |
| E350 SD Extended | S3EL | 32455 | 17500 | 18250 | 19650 | 23200 |
| V10, 6.8 Liter | S | | 750 | 750 | 1000 | 1000 |
| **REGULAR CAB PICKUP—V8**—Truck Equipment Schedule T1 | | | | | | |
| F150 XL 2D 6 1/2' | F1CF | 24985 | 12700 | 13350 | 14350 | 16900 |
| F150 XL 2D 8' | F1CF | 25290 | 12500 | 13150 | 14100 | 16650 |
| F150 STX 2D 6 1/2' | F1CF | 28650 | 14450 | 15100 | 16300 | 19150 |
| F150 XLT 2D 6 1/2' | F1CF | 29685 | 15300 | 16000 | 17200 | 20200 |
| F150 XLT 2D 8' | F1CF | 29990 | 14600 | 15300 | 16450 | 19350 |
| 4WD | E | | 3300 | 3300 | 4400 | 4400 |
| V6, EcoBoost, 3.5L | T | | 1825 | 1825 | 2435 | 2435 |
| V6, Flex Fuel, 3.7 Liter | M | | (800) | (800) | (1065) | (1065) |
| **SUPER CAB PICKUP—V8**—Truck Equipment Schedule T1 | | | | | | |
| F150 XL 4D 6 1/2' | X1CF | 28810 | 16100 | 16800 | 17700 | 20400 |
| F150 XL 4D 8' | X1CF | 28110 | 16000 | 16700 | 17550 | 20300 |
| F150 STX 4D 6 1/2' | X1CF | 31435 | 19050 | 19900 | 20800 | 24000 |
| F150 XLT 4D 6 1/2' | X1CF | 32275 | 18100 | 18900 | 19750 | 22800 |
| F150 XLT 4D 8' | X1CF | 31575 | 17900 | 18650 | 19500 | 22600 |
| F150 FX2 4D 6 1/2' | X1CF | 34895 | 18400 | 19200 | 20100 | 23200 |
| F150 Lariat 4D 6 1/2' | X1CF | 36005 | 19450 | 20300 | 21200 | 24500 |
| Luxury Pkg | | | 500 | 500 | 665 | 665 |
| 4WD | E | | 3300 | 3300 | 4400 | 4400 |
| V6, EcoBoost, 3.5L | T | | 1825 | 1825 | 2435 | 2435 |
| V6, Flex Fuel, 3.7 Liter | M | | (800) | (800) | (1065) | (1065) |
| **SUPER CAB PICKUP 4WD—V8**—Truck Equipment Schedule T1 | | | | | | |
| F150 FX4 4D 6 1/2' | X1EF | 38475 | 25500 | 26500 | 27500 | 31700 |
| F150 SVT Raptor 5' | X1R6 | 43565 | 37800 | 39200 | 38900 | 43200 |
| Luxury Pkg | | | 500 | 500 | 665 | 665 |
| V6, EcoBoost, 3.5L | T | | 1825 | 1825 | 2435 | 2435 |
| **SUPERCREW PICKUP—V8**—Truck Equipment Schedule T1 | | | | | | |
| F150 XL 4D 5 1/2' | W1CF | 32470 | 18600 | 19400 | 20300 | 23400 |
| F150 XL 4D 6 1/2' | W1CF | 32685 | 18400 | 19200 | 20100 | 23200 |
| F150 XLT 4D 5 1/2' | W1CF | 34755 | 20800 | 21600 | 22600 | 26000 |
| F150 FX2 4D 5 1/2' | W1CF | 37380 | 22900 | 23900 | 24800 | 28600 |
| F150 FX2 4D 6 1/2' | W1CF | 37675 | 22600 | 23600 | 24500 | 28200 |
| F150 Kng Rnch 6 1/2' | W1CF | 43810 | 26300 | 27400 | 28400 | 32700 |
| F150 Platinum 6 1/2' | W1CF | 45620 | 26800 | 27900 | 28900 | 33300 |
| Luxury Pkg | | | 500 | 500 | 665 | 665 |
| 4WD | E | | 3300 | 3300 | 4400 | 4400 |
| V6, EcoBoost, 3.5L | T | | 1825 | 1825 | 2435 | 2435 |
| V6, Flex Fuel, 3.7 Liter | M | | (800) | (800) | (1065) | (1065) |
| V8, 6.2 Liter | 6 | | 400 | 400 | 535 | 535 |

# 2012 FORD

| Body Type | VIN | List | Trade-In Good | Trade-In Very Good | Pvt-Party Good | Retail Excellent |
|---|---|---|---|---|---|---|
| **SUPERCREW PICKUP 4WD—V8**—Truck Equipment Schedule T1 | | | | | | |
| F150 XLT 4D 6 1/2' | W1EF | 38265 | 23900 | 24800 | 25900 | 29800 |
| F150 Lariat 4D 6 1/2' | W1EF | 41760 | 28000 | 29100 | 30200 | 34700 |
| F150 Lariat 4D 6 1/2' | W1EF | 42060 | 27700 | 28800 | 29900 | 34400 |
| F150 Kng Rnch 5 1/2' | W1EF | 46785 | 30200 | 31400 | 32600 | 37400 |
| F150 Platinum 5 1/2' | W1EF | 48595 | 31200 | 32400 | 33600 | 38600 |
| 2WD | C | | (3300) | (3300) | (4400) | (4400) |
| V6, EcoBoost, 3.5L | | | 1825 | 1825 | 2435 | 2435 |
| V8, 6.2 Liter | 6 | | 400 | 400 | 535 | 535 |
| **SUPERCREW PICKUP—V8**—Truck Equipment Schedule T1 | | | | | | |
| F150 Harley 5 1/2' | W1C6 | 49715 | 28500 | 29700 | 30700 | 35300 |
| 4WD | E | | 3300 | 3300 | 4400 | 4400 |
| **SUPERCREW PICKUP 4WD—V8**—Truck Equipment Schedule T1 | | | | | | |
| F150 FX4 4D 5 1/2' | W1EF | 40955 | 29800 | 31000 | 32100 | 37000 |
| F150 FX4 4D 6 1/2' | W1EF | 41255 | 29300 | 30500 | 31600 | 36400 |
| F150 SVT Raptor 5 1/2' | W1R6 | 46465 | 42300 | 43900 | 43400 | 48100 |
| Luxury Pkg | | | 500 | 500 | 665 | 665 |
| V6, EcoBoost, 3.5L | T | | 1825 | 1825 | 2435 | 2435 |
| **SUPER DUTY REGULAR CAB PICKUP—V8**—Truck Equipment Schedule T1 | | | | | | |
| F250 XL 2D 8' | F2A6 | 29830 | 16700 | 17450 | 18300 | 21100 |
| 4WD | B | | 3300 | 3300 | 4400 | 4400 |
| V8, Turbo Dsl, 6.7L | | | 5100 | 5100 | 6800 | 6800 |
| **SUPER DUTY REGULAR CAB 4WD—V8**—Truck Equipment Schedule T1 | | | | | | |
| F250 XLT 2D 8' | F2B6 | 33160 | 21200 | 22100 | 23000 | 26500 |
| 2WD | A | | (3300) | (3300) | (4400) | (4400) |
| V8, Turbo Dsl, 6.7L | | | 5100 | 5100 | 6800 | 6800 |
| **SUPER DUTY REGULAR CAB PICKUP—V8**—Flex Fuel—Truck Equip Schedule T1 | | | | | | |
| F350 XL 2D 8' | F3A6 | 30550 | 16900 | 17650 | 18500 | 21400 |
| 4WD | B | | 3300 | 3300 | 4400 | 4400 |
| V8, Turbo Diesel, 6.7L | | | 5100 | 5100 | 6800 | 6800 |
| **SUPER DUTY REGULAR CAB 4WD—V8 Turbo Diesel**—Truck Equip Sch T1 | | | | | | |
| F350 XLT 2D 8' | F3BT | 45090 | 28100 | 29200 | 30200 | 34800 |
| 2WD | A | | (3300) | (3300) | (4400) | (4400) |
| V8, Flex Fuel, 6.2 Liter | 6 | | (5025) | (5025) | (6700) | (6700) |
| **SUPER DUTY SUPER CAB PICKUP—V8**—Truck Equipment Schedule T1 | | | | | | |
| F250 XL 4D 6 3/4' | X2A6 | 31955 | 20200 | 21000 | 21900 | 25300 |
| F250 XL 4D 8' | X2A6 | 32150 | 19850 | 20700 | 21600 | 24900 |
| F350 XL 4D 6 3/4' | X3B6 | 40840 | 23300 | 24300 | 25200 | 29000 |
| F350 XL 4D 8' | X3A6 | 33195 | 19150 | 20000 | 20900 | 24100 |
| F350 Lariat 4D 8' | X3A6 | 41630 | 21800 | 22800 | 23700 | 27200 |
| 4WD | B | | 3300 | 3300 | 4400 | 4400 |
| V8, Turbo Dsl, 6.7L | | | 5100 | 5100 | 6800 | 6800 |
| **SUPER DUTY SUPER CAB PICKUP 4WD—V8**—Truck Equipment Schedule T1 | | | | | | |
| F250 XLT 4D 6 3/4' | X2B6 | 35770 | 24700 | 25700 | 26700 | 30700 |
| F250 XLT 4D 8' | X2B6 | 35955 | 24500 | 25500 | 26400 | 30400 |
| F350 Lariat 4D 6 3/4' | X2B6 | 40410 | 30600 | 31800 | 32900 | 37800 |
| F350 XLT 4D 6 3/4' | X3B6 | 37385 | 25300 | 26300 | 27300 | 31400 |
| F350 Lariat 4D 6 3/4' | X3B6 | 41430 | 25700 | 26800 | 27800 | 31900 |
| 2WD | A | | (3300) | (3300) | (4400) | (4400) |
| V8, Turbo Dsl, 6.7L | | | 5100 | 5100 | 6800 | 6800 |
| **SUPER DUTY SUPER CAB PICKUP—V8 Turbo Diesel**—Truck Equip Sch T1 | | | | | | |
| F350 XLT 4D 8' | X3AT | 45145 | 26300 | 27400 | 28400 | 32700 |
| 4WD | B | | 3300 | 3300 | 4400 | 4400 |
| V8, Flex Fuel, 6.2 Liter | 6 | | (5025) | (5025) | (6700) | (6700) |
| **SUPER DUTY SUPER CAB 4WD—V8 Turbo Diesel**—Truck Sch T1 | | | | | | |
| F250 Lariat 4D 8' | X2BT | 40610 | 35200 | 36500 | 37600 | 43200 |
| 2WD | A | | (3300) | (3300) | (4400) | (4400) |
| V8, Flex Fuel, 6.2 Liter | 6 | | (5025) | (5025) | (6700) | (6700) |
| **SUPER DUTY CREW CAB PICKUP—V8**—Truck Equipment Schedule T1 | | | | | | |
| F250 King Ranch 8' | W2A6 | 48370 | 28800 | 30000 | 31100 | 35700 |
| 4WD | B | | 3300 | 3300 | 4400 | 4400 |
| V8, Turbo Diesel, 6.7L | T | | 5100 | 5100 | 6800 | 6800 |
| **SUPER DUTY CREW CAB PICKUP 4WD—V8**—Truck Equipment Schedule T1 | | | | | | |
| F250 XL 4D 6 3/4' | W2A6 | 33315 | 21100 | 22000 | 22900 | 26400 |
| F250 XLT 4D 8' | W2B6 | 42055 | 27400 | 28500 | 29500 | 33900 |
| F350 XLT 4D 6 3/4' | W3B6 | 42310 | 27700 | 28800 | 29800 | 34300 |
| F350 KingRnch 6 3/4' | W3B6 | 51295 | 29100 | 30300 | 31400 | 36100 |
| 2WD | A | | (3300) | (3300) | (4400) | (4400) |
| V8, Turbo Diesel, 6.7L | T | | 5100 | 5100 | 6800 | 6800 |
| **SUPER DUTY CREW CAB PICKUP—V8 Flex Fuel**—Truck Equip Sch T1 | | | | | | |
| F350 XL 4D 6 3/4' | W3A6 | 34235 | 22400 | 23400 | 24300 | 28000 |
| 4WD | B | | 3300 | 3300 | 4400 | 4400 |
| V8, Turbo Dsl, 6.7L | T | | 5100 | 5100 | 6800 | 6800 |

SEE BACK PAGES FOR TRUCK EQUIPMENT

# 2012 FORD

| Body Type | VIN | List | Trade-In Good | Trade-In Very Good | Pvt-Party Good | Retail Excellent |
|---|---|---|---|---|---|---|
| **SUPER DUTY CREW CAB—V8 Turbo Diesel**—Truck Equipment Sch T1 | | | | | | |
| F250 XL 4D 8' | W2AT | 41700 | 25300 | 26300 | 27300 | 31400 |
| F250 Lariat 4D 8' | W2AT | 51440 | 33700 | 35000 | 36100 | 41500 |
| F350 XL 4D 8' | W3AT | 42625 | 26700 | 27800 | 28800 | 33100 |
| F350 XLT 4D 8' | W3AT | 47530 | 28600 | 29800 | 30900 | 35500 |
| F350 Lariat 4D 8' | W3AT | 51870 | 32900 | 34200 | 35300 | 40500 |
| 4WD | | | 3300 | 3300 | 4400 | 4400 |
| V8, Flex Fuel, 6.2 Liter | B | | (5025) | (5025) | (6700) | (6700) |
| **SUPER DUTY CREW CAB PICKUP 4WD—V8 Turbo Diesel**—Truck Sch T1 | | | | | | |
| F250 XLT 4D 6 3/4' | W2BT | 49815 | 32500 | 33800 | 34900 | 40100 |
| F250 KngRnch 6 3/4' | W2BT | 59285 | 42200 | 43800 | 45000 | 51600 |
| F250 Lariat 4D 6 3/4' | W2BT | 54520 | 39600 | 41100 | 42300 | 48500 |
| F350 Lariat 4D 6 3/4' | W3BT | 55170 | 37200 | 38600 | 39700 | 45600 |
| F350 King Ranch 8' | W3BT | 59445 | 34200 | 35500 | 36600 | 42100 |
| 2WD | A | | (3300) | (3300) | (4400) | (4400) |
| V8, Flex Fuel, 6.2 Liter | | | (5025) | (5025) | (6700) | (6700) |

# 2013 FORD (1,2orN)(ForM)(0,D,MorT)–(U0F7)–D–#

| Body Type | VIN | List | Trade-In Good | Trade-In Very Good | Pvt-Party Good | Retail Excellent |
|---|---|---|---|---|---|---|
| **ESCAPE—4-Cyl.**—Truck Equipment Schedule T1 | | | | | | |
| S Sport Utility 4D | U0F7 | 23295 | 13650 | 14300 | 15300 | 17850 |
| **ESCAPE 4WD—4-Cyl. EcoBoost**—Truck Equipment Schedule T1 | | | | | | |
| SE Sport Utility 4D | U9GX | 27645 | 16350 | 17100 | 18150 | 21100 |
| Titanium Sport Utility | U9HX | 30445 | 17950 | 18750 | 19800 | 23100 |
| Titanium Sport Utility | U9J9 | 32945 | 19650 | 20500 | 21600 | 25200 |
| 2WD | | | (1400) | (1400) | (1865) | (1865) |
| **EDGE—V6**—Truck Equipment Schedule T1 | | | | | | |
| SE Sport Utility 4D | K3GC | 28350 | 15350 | 16050 | 17200 | 20100 |
| SEL Sport Utility 4D | K3JC | 31905 | 17600 | 18350 | 19550 | 22900 |
| Limited Sport Util | K3KC | 35765 | 19850 | 20700 | 22000 | 25700 |
| Sport SUV 4D | K3AK | 37935 | 23200 | 24200 | 25500 | 29800 |
| AWD | 4 | | 1025 | 1025 | 1365 | 1365 |
| 4-Cyl, EcoBoost, 2.0L | 9 | | 475 | 475 | 635 | 635 |
| **EXPLORER 4WD—V6**—Truck Equipment Schedule T1 | | | | | | |
| Sport Utility 4D | K8B8 | 31695 | 21300 | 22200 | 22900 | 26200 |
| XLT Sport Utility 4D | K8D8 | 35170 | 24500 | 25500 | 26200 | 29900 |
| Limited Sport Util | K8F8 | 40680 | 26900 | 28000 | 28700 | 32800 |
| Sport SUV 4D | K8GT | 41545 | 31300 | 32500 | 33300 | 37900 |
| Third Row Seat | | | 750 | 750 | 1000 | 1000 |
| 2WD | 7 | | (1725) | (1725) | (2300) | (2300) |
| 4-Cyl, EcoBoost 2.0L | 9 | | 575 | 575 | 765 | 765 |
| **FLEX—V6**—Truck Equipment Schedule T1 | | | | | | |
| SE Sport Util 4D | K5B8 | 31710 | 15650 | 16350 | 17150 | 19750 |
| SEL Sport Util 4D | K5C8 | 34050 | 18400 | 19200 | 20000 | 23000 |
| Limited Sport Util | K5D8 | 40055 | 20100 | 20900 | 21800 | 25000 |
| AWD | 6 | | 1025 | 1025 | 1365 | 1365 |
| V6, EcoBoost, 3.5L | | | 1900 | 1900 | 2535 | 2535 |
| **EXPEDITION 4WD—V8 Flex Fuel**—Truck Equipment Schedule T1 | | | | | | |
| XL Sport Utility 4D | U1G5 | 40825 | 25500 | 26500 | 27300 | 31300 |
| XLT Sport Utility 4D | U1J5 | 43925 | 26900 | 28000 | 28900 | 33000 |
| Power Third Row | | | 1125 | 1125 | 1500 | 1500 |
| 2WD | H | | (1400) | (1400) | (1865) | (1865) |
| **EXPEDITION 4WD—V8 Flex Fuel**—Truck Equipment Schedule T1 | | | | | | |
| Limited Sport Util | U2A5 | 50200 | 29600 | 30800 | 31300 | 35300 |
| King Ranch Spt Util | U1J5 | 51775 | 30400 | 31600 | 32100 | 36200 |
| 2WD | K | | (1400) | (1400) | (1865) | (1865) |
| **EXPEDITION EL 4WD—V8**—Truck Equipment Schedule T1 | | | | | | |
| XL Sport Utility 4D | K1G5 | 44350 | 27600 | 28600 | 29500 | 33700 |
| XLT Sport Utility 4D | K1J5 | 46635 | 28400 | 29600 | 30400 | 34800 |
| Limited Spt Util 4D | K2A5 | 52850 | 30500 | 31700 | 32200 | 36300 |
| King Ranch Spt Util | K1J5 | 54425 | 30800 | 32000 | 32500 | 36600 |
| 2WD | H | | (1400) | (1400) | (1865) | (1865) |
| **TRANSIT CONNECT CARGO VAN—4-Cyl.**—Truck Equipment Sch T2 | | | | | | |
| XL Van 4D | S7AN | 23200 | 15900 | 16600 | 17700 | 20600 |
| XLT Van 4D | S7BN | 24260 | 16850 | 17600 | 18700 | 21800 |
| **TRANSIT CONNECT PASSENGER VAN—4-Cyl.**—Truck Equipment Sch T1 | | | | | | |
| XLT Van 4D | S9BN | 24825 | 16450 | 17200 | 18000 | 20800 |
| XLT Premium Van | S9CN | 24975 | 16650 | 17400 | 18250 | 21000 |
| **ECONOLINE WAGON—V8**—Truck Equipment Schedule T1 | | | | | | |
| E150 XL | E1BW | 29925 | 15150 | 15850 | 17100 | 19900 |
| E150 XLT | E1BW | 32370 | 16300 | 17050 | 18200 | 21400 |
| V8, 5.4 Liter | L | | 375 | 375 | 500 | 500 |
| **ECONOLINE WAGON—V8**—Truck Equipment Schedule T1 | | | | | | |
| E350 XL Super Duty | E3BL | 33255 | 15850 | 16550 | 17700 | 20800 |

426 DEDUCT FOR RECONDITIONING

# 2013 FORD

| Body Type | VIN | List | Trade-In Good | Very Good | Pvt-Party Good | Retail Excellent |
|---|---|---|---|---|---|---|
| E350 XL S.D. Ext | S3BL | 35555 | 16600 | 17350 | 18550 | 21700 |
| E350 XLT S.D. | E3BL | 35715 | 17100 | 17850 | 19050 | 22300 |
| E350 XLT S.D. Ext | S3BL | 37015 | 19050 | 19900 | 21200 | 24800 |
| V10, 6.8 Liter | S | | 775 | 775 | 1035 | 1035 |
| **ECONOLINE VAN—V8**—Truck Equipment Schedule T1 ||||||| 
| E150 Cargo Van | E1EW | 27795 | 15650 | 16350 | 17500 | 20500 |
| E150 Extended | S1EW | 29010 | 16900 | 17650 | 18850 | 22100 |
| E250 Cargo Van | E2EW | 29780 | 16500 | 17250 | 18400 | 21600 |
| E250 Extended | S2EW | 31140 | 18700 | 19500 | 20700 | 24300 |
| V8, Flex Fuel, 5.4 Liter | L | | 375 | 375 | 500 | 500 |
| **ECONOLINE VAN—V8 Flex Fuel**—Truck Equipment Sch T1 ||||||| 
| E350 Super Cargo | E3EL | 31955 | 17600 | 18350 | 19600 | 22900 |
| E350 SD Extended | S3EL | 32855 | 19550 | 20400 | 21700 | 25400 |
| V10, 6.8 Liter | S | | 775 | 775 | 1035 | 1035 |
| **REGULAR CAB PICKUP—V8**—Truck Equipment Schedule T1 ||||||| 
| F150 XL 2D 6 1/2' | F1CF | 24665 | 14000 | 14650 | 15400 | 17700 |
| F150 XL 2D 8' | F1CF | 24965 | 13800 | 14450 | 15200 | 17500 |
| F150 STX 2D 6 1/2' | F1CF | 28180 | 16250 | 17000 | 17750 | 20400 |
| F150 XLT 2D 6 1/2' | F1CF | 29680 | 17050 | 17900 | 18550 | 21300 |
| F150 XLT 2D 8' | F1CF | 29985 | 16450 | 17200 | 17950 | 20600 |
| 4WD | E | | 3600 | 3600 | 4800 | 4800 |
| V6, EcoBoost, 3.5L | T | | 1900 | 1900 | 2535 | 2535 |
| V6, Flex Fuel, 3.7 Liter | M | | (850) | (850) | (1135) | (1135) |
| **SUPER CAB PICKUP—V8**—Truck Equipment Schedule T1 ||||||| 
| F150 XL 4D 6 1/2' | X1CF | 28490 | 16850 | 17600 | 18600 | 21600 |
| F150 XL 4D 8' | X1CF | 28790 | 16700 | 17450 | 18450 | 21400 |
| F150 STX 4D 6 1/2' | X1CF | 30965 | 20100 | 20900 | 22000 | 25500 |
| F150 XLT 4D 6 1/2' | X1CF | 32270 | 18750 | 19600 | 20600 | 23900 |
| F150 XLT 4D 8' | X1CF | 32570 | 18600 | 19400 | 20400 | 23700 |
| F150 FX2 4D 6 1/2' | X1CF | 36180 | 21000 | 21800 | 22900 | 26600 |
| F150 Lariat 4D 6 1/2' | X1CF | 36830 | 22800 | 23800 | 24900 | 28800 |
| Luxury Pkg | | | 500 | 500 | 665 | 665 |
| 4WD | E | | 3600 | 3600 | 4800 | 4800 |
| V6, EcoBoost, 3.5L | T | | 1900 | 1900 | 2535 | 2535 |
| V6, Flex Fuel, 3.7 Liter | M | | (850) | (850) | (1135) | (1135) |
| V8, 6.2 Liter | 6 | | 1200 | 1200 | 1600 | 1600 |
| **SUPER CAB PICKUP 4WD—V8**—Truck Equipment Schedule T1 ||||||| 
| F150 FX4 4D 6 1/2' | X1EF | 39760 | 28100 | 29200 | 30600 | 35400 |
| F150 SVT Raptor 5' | X1R6 | 44335 | 40700 | 42200 | 41300 | 45200 |
| Luxury Pkg | | | 500 | 500 | 665 | 665 |
| V6, EcoBoost, 3.5L | T | | 1900 | 1900 | 2535 | 2535 |
| **SUPERCREW PICKUP 4WD—V6 EcoBoost**—Truck Equipment Sch T1 ||||||| 
| F150 Limited 5 1/2' | W1CT | 53450 | 34600 | 35900 | 37300 | 43100 |
| 2WD | C | | (3600) | (3600) | (4800) | (4800) |
| **SUPERCREW PICKUP—V8**—Truck Equipment Schedule T1 ||||||| 
| F150 XL 4D 5 1/2' | W1CF | 32150 | 19850 | 20700 | 21800 | 25300 |
| F150 XL 4D 6 1/2' | W1CF | 33365 | 19650 | 20500 | 21600 | 25000 |
| F150 XLT 4D 5 1/2' | W1CF | 34750 | 21300 | 22200 | 23300 | 27000 |
| F150 FX2 4D 5 1/2' | W1CF | 38660 | 23600 | 24500 | 25700 | 29800 |
| F150 Kng Rnch 6 1/2' | W1CF | 44810 | 27000 | 28100 | 29300 | 33900 |
| F150 Platinum 6 1/2' | W1CF | 47395 | 27500 | 28600 | 29800 | 34500 |
| Luxury Pkg | | | 500 | 500 | 665 | 665 |
| 4WD | E | | 3600 | 3600 | 4800 | 4800 |
| V6, EcoBoost, 3.5L | T | | 1900 | 1900 | 2535 | 2535 |
| V6, Flex Fuel, 3.7 Liter | M | | (850) | (850) | (1135) | (1135) |
| V8, 6.2 Liter | 6 | | 400 | 400 | 535 | 535 |
| **SUPERCREW PICKUP 4WD—V8**—Truck Equipment Schedule T1 ||||||| 
| F150 XLT 4D 5 1/2' | W1EF | 39280 | 24600 | 25600 | 26700 | 31000 |
| F150 Lariat 4D 5 1/2' | W1EF | 42585 | 29100 | 30300 | 31600 | 36600 |
| F150 Lariat 4D 6 1/2' | W1EF | 42885 | 28400 | 29600 | 30800 | 35600 |
| F150 Kng Rnch 5 1/2' | W1EF | 47785 | 30900 | 32100 | 33500 | 38700 |
| F150 Platinum 5 1/2' | W1EF | 50370 | 31900 | 33100 | 34500 | 39900 |
| Luxury Pkg | | | 500 | 500 | 665 | 665 |
| 2WD | C | | (3600) | (3600) | (4800) | (4800) |
| V6, EcoBoost, 3.5L | T | | 1900 | 1900 | 2535 | 2535 |
| V8, 6.2 Liter | 6 | | 400 | 400 | 535 | 535 |
| **SUPERCREW PICKUP 4WD—V8**—Truck Equipment Schedule T1 ||||||| 
| F150 FX4 4D 5 1/2' | W1EF | 42240 | 30900 | 32100 | 33500 | 38700 |
| F150 FX4 4D 6 1/2' | W1EF | 42540 | 30400 | 31500 | 33000 | 38100 |
| Luxury Pkg | | | 500 | 500 | 665 | 665 |
| V6, EcoBoost, 3.5L | T | | 1900 | 1900 | 2535 | 2535 |
| V8, 6.2 Liter | 6 | | 400 | 400 | 535 | 535 |

SEE BACK PAGES FOR TRUCK EQUIPMENT

## 2013 FORD

| Body Type | VIN | List | Trade-In Good | Very Good | Pvt-Party Good | Retail Excellent |
|---|---|---|---|---|---|---|
| **SUPERCREW PICKUP 4WD—V8**—Truck Equipment Schedule T1 ||||||||
| F150 SVT Raptor 5' | W1R6 | 47235 | 43800 | 45400 | 44300 | 48500 |
| **SUPER DUTY REGULAR CAB PICKUP—V8**—Truck Equipment Schedule T1 ||||||||
| F250 XL 2D 8' | F2A6 | 30380 | 18200 | 19000 | 19750 | 22600 |
| F350 XL 2D 8' | F3A6 | 31280 | | | | |
| 4WD | B | | 3600 | 3600 | 4800 | 4800 |
| V8, Turbo Diesel, 6.7L | T | | 5300 | 5300 | 7065 | 7065 |
| **SUPER DUTY REGULAR CAB 4WD—V8**—Truck Equipment Schedule T1 ||||||||
| F250 XLT 2D 8' | F2B6 | 37215 | 22400 | 23400 | 24100 | 27600 |
| 2WD | A | | (3600) | (3600) | (4800) | (4800) |
| V8, Turbo Diesel, 6.7L | T | | 5300 | 5300 | 7065 | 7065 |
| **SUPER DUTY REGULAR CAB PICKUP 4WD—V8 Turbo Diesel**—Truck Sch T1 ||||||||
| F350 XLT 2D 8' | F3BT | 46032 | | | | |
| 2WD | A,C | | | | | |
| V8, Flex Fuel, 6.2 Liter | 6 | | | | | |
| **SUPER DUTY SUPER CAB PICKUP—V8**—Truck Equipment Schedule T1 ||||||||
| F250 XL 4D 6 3/4' | X2A6 | 32680 | 21200 | 22000 | 22800 | 26100 |
| F250 XL 4D 8' | X2A6 | 32780 | | | | |
| F350 XL 4D 8' | X3A6 | 33680 | 20900 | 21700 | 22500 | 25700 |
| F350 Lariat 8' | X3A6 | 43175 | | | | |
| 4WD | B | | 3600 | 3600 | 4800 | 4800 |
| V8, Turbo Dsl, 6.7L | T | | 5300 | 5300 | 7065 | 7065 |
| **SUPER DUTY SUPER CAB PICKUP—V8 Turbo Diesel**—Truck Sch T1 ||||||||
| F350 XLT 4D 8' | X3AT | 45975 | | | | |
| 4WD | B,D | | | | | |
| V8, Flex Fuel, 6.2 Liter | 6 | | | | | |
| **SUPER DUTY SUPER CAB PICKUP 4WD—V8**—Truck Equipment Schedule T1 ||||||||
| F250 XLT 4D 6 3/4' | X2B6 | 39715 | 25700 | 26800 | 27600 | 31500 |
| F250 XLT 4D 8' | X2B6 | 39915 | 25500 | 26600 | 27400 | 31300 |
| F250 Lariat 4D 6 3/4' | X2B6 | 45265 | 32100 | 33300 | 34100 | 39000 |
| F350 XL 4D 6 3/4' | X3B6 | 36480 | | | | |
| F350 XLT 4D 8' | X3B6 | 40615 | | | | |
| F350 Lariat 4D 6 3/4' | X3B6 | 46165 | | | | |
| 2WD | A | | (3600) | (3600) | (4800) | (4800) |
| **SUPER DUTY SUPER CAB PICKUP 4WD—V8 Turbo Diesel**—Truck Sch T1 ||||||||
| F250 Lariat 4D 8' | X2BT | 53425 | 37300 | 38700 | 39500 | 45100 |
| 2WD | A | | (3600) | (3600) | (4800) | (4800) |
| V8, Flex Fuel, 6.2 Liter | 6 | | (5300) | (5300) | (7065) | (7065) |
| **SUPER DUTY CREW CAB PICKUP—V8 Turbo Diesel**—Truck Equip Sch T1 ||||||||
| F250 Lariat 4D 8' | W2A6 | 52770 | 36300 | 37600 | 38500 | 44000 |
| 4WD | B | | 3600 | 3600 | 4800 | 4800 |
| V8, Flex Fuel, 6.2 Liter | 6 | | (5300) | (5300) | (7065) | (7065) |
| **SUPER DUTY CREW CAB PICKUP—V8 Flex Fuel**—Truck Equip Sch T1 ||||||||
| F250 King Ranch 8' | W2A6 | 50065 | 34700 | 36000 | 36900 | 42100 |
| F350 XL 4D 6 3/4' | W3A6 | 35080 | | | | |
| 4WD | B | | 3600 | 3600 | 4800 | 4800 |
| V8, Turbo Dsl, 6.7L | T | | 5300 | 5300 | 7065 | 7065 |
| **SUPER DUTY CREW CAB PICKUP—V8 Flex Fuel**—Truck Equip Sch T1 ||||||||
| F250 XLT 6 3/4' | W2B6 | 34465 | 23600 | 24500 | 25300 | 29000 |
| 4WD | B | | 3600 | 3600 | 4800 | 4800 |
| V8, Turbo Dsl, 6.7L | T | | 5300 | 5300 | 7065 | 7065 |
| **SUPER DUTY CREW CAB PICKUP 4WD—V8 Flex Fuel**—Truck Equip Sch T1 ||||||||
| F250 XLT 6 3/4' | W2B2 | 41815 | 29400 | 30600 | 31500 | 36000 |
| F250 Platinum 6 3/4' | W2B6 | 53750 | 38400 | 39800 | 40700 | 46400 |
| F250 Platinum 8' | W2B6 | 53950 | 38100 | 39600 | 40500 | 46200 |
| 2WD | A | | (3600) | (3600) | (4800) | (4800) |
| V8, Turbo Dsl, 6.7L | T | | 5300 | 5300 | 7065 | 7065 |
| **SUPER DUTY CREW CAB PICKUP 4WD—V8 Turbo Diesel**—Truck Sch T1 ||||||||
| F250 XLT 6 3/4' | W2BT | 49575 | 34900 | 36200 | 37100 | 42400 |
| 2WD | A | | (3600) | (3600) | (4800) | (4800) |
| V8, Flex Fuel, 6.2 Liter | 6 | | (5300) | (5300) | (7065) | (7065) |
| **SUPER DUTY CREW CAB—V8 Turbo Diesel**—Truck Equipment Schedule T1 ||||||||
| F350 XL 4D 8' | W3AT | 43040 | | | | |
| F350 XLT 4D 8' | W3AT | 47875 | | | | |
| F350 Lariat 4D 8' | W3AT | 53535 | | | | |
| 4WD | B,D | | | | | |
| V8, Flex Fuel, 6.2 Liter | 6 | | | | | |
| **SUPER DUTY CREW CAB 4WD—V8**—Truck Equipment Schedule T1 ||||||||
| F350 XLT 4D 6 3/4' | W3B6 | 42715 | | | | |
| F350 KingRnch 6 3/4' | W3B6 | 54155 | | | | |
| F350 Platinum 6 3/4' | W3B6 | 54850 | | | | |
| 2WD | A | | | | | |
| V8, Turbo Dsl, 6.7L | T | | | | | |

**428  DEDUCT FOR RECONDITIONING**  0414

# 2013 FORD

| Body Type | VIN | List | Trade-In Good | Very Good | Pvt-Party Good | Retail Excellent |
|---|---|---|---|---|---|---|
| **SUPER DUTY CREW CAB—V8 Turbo Diesel**—Truck Equipment Sch T1 | | | | | | |
| F250 XL 8' | W2BT | 43555 | 27200 | 28300 | 29100 | 33300 |
| 4WD | B | | 3600 | 3600 | 4800 | 4800 |
| V8, Flex Fuel, 6.2 Liter | 6 | | (5300) | (5300) | (7065) | (7065) |
| **SUPER DUTY CREW CAB 4WD—V8 Turbo Diesel**—Truck Equip Sch T1 | | | | | | |
| F350 Lariat 4D 6 3/4' | W3BT | 56525 | | | | |
| F250 King Ranch 8' | W3BT | 62115 | | | | |
| F250 Lariat 6 3/4' | W2BT | 55625 | 40700 | 42200 | 43100 | 49200 |
| F250 KingRnch 6' | W2BT | 61015 | 44000 | 45600 | 46500 | 53000 |
| F350 Platinum 8' | W3BT | 62810 | | | | |
| 2WD | A | | (3600) | (3600) | (4800) | (4800) |
| V8, Flex Fuel, 6.2 Liter | 6 | | (5300) | (5300) | (7065) | (7065) |
| **SUPER DUTY CREW CAB 4WD—V8 Turbo Diesel**—Truck Equip Sch T1 | | | | | | |
| F450 XL 8' | W4DT | 50580 | | | | |
| F450 XLT 4D 8' | W4DT | 55415 | | | | |
| F450 Lariat 4D 8' | W4DT | 61465 | | | | |
| F450 King Ranch 8' | W4DT | 66735 | | | | |
| F450 Platinum 8' | W4DT | 67550 | | | | |

# GMC — See CHEVROLET TRUCKS

# HONDA

## 1999 HONDA—(JHL,2HKor4S6)(RD174)-X-#

| Body Type | VIN | List | Good | Very Good | Good | Excellent |
|---|---|---|---|---|---|---|
| **CR-V 4WD—4-Cyl.**—Truck Equipment Schedule T2 | | | | | | |
| LX Sport Utility 4D | RD174 | 19365 | 2075 | 2275 | 3225 | 4875 |
| EX Sport Utility 4D | RD176 | 20865 | 2400 | 2625 | 3700 | 5550 |
| 2WD | 2 | | (275) | (275) | (365) | (365) |
| **PASSPORT 4WD—V6**—Truck Equipment Schedule T1 | | | | | | |
| LX Sport Util 4D | CM58V | 27015 | 1150 | 1275 | 2025 | 3150 |
| EX Sport Util 4D | CM58V | 29365 | 1575 | 1725 | 2600 | 4050 |
| 2WD | K | | (275) | (275) | (365) | (365) |
| **ODYSSEY—V6**—Truck Equipment Schedule T1 | | | | | | |
| LX Minivan 4D | RL184 | 23615 | 1825 | 2000 | 2625 | 3800 |
| EX Minivan 4D | RL186 | 26215 | 2125 | 2325 | 3000 | 4325 |

## 2000 HONDA—(JHL,2HKor4S6)(RD174)-Y-#

| **CR-V 4WD—4-Cyl.**—Truck Equipment Schedule T2 | | | | | | |
|---|---|---|---|---|---|---|
| LX Sport Utility 4D | RD174 | 19465 | 2500 | 2750 | 3600 | 5200 |
| EX Sport Utility 4D | RD176 | 20965 | 2975 | 3275 | 4225 | 6075 |
| SE Sport Utility 4D | RD187 | 23015 | 3475 | 3800 | 4900 | 7000 |
| 2WD | 2 | | (300) | (300) | (400) | (400) |
| **PASSPORT 4WD—V6**—Truck Equipment Schedule T1 | | | | | | |
| LX Sport Util 4D | CM58V | 27515 | 1475 | 1625 | 2350 | 3575 |
| EX Sport Util 4D | CM58V | 29465 | 1975 | 2175 | 3050 | 4575 |
| 2WD | K | | (300) | (300) | (400) | (400) |
| **ODYSSEY—V6**—Truck Equipment Schedule T1 | | | | | | |
| LX Minivan 4D | RL185 | 23815 | 2000 | 2200 | 2775 | 3950 |
| EX Minivan 4D | RL186 | 26415 | 2375 | 2600 | 3250 | 4600 |

## 2001 HONDA—(JHL,2HKor4S6)(RD174)-1-#

| **CR-V 4WD—4-Cyl.**—Truck Equipment Schedule T2 | | | | | | |
|---|---|---|---|---|---|---|
| LX Sport Utility 4D | RD174 | 19590 | 3050 | 3350 | 4125 | 5800 |
| EX Sport Utility 4D | RD176 | 21190 | 3600 | 3925 | 5000 | 6950 |
| SE Sport Utility 4D | RD187 | 23240 | 4075 | 4425 | 5600 | 7750 |
| 2WD | 2 | | (375) | (375) | (500) | (500) |
| **PASSPORT 4WD—V6**—Truck Equipment Schedule T1 | | | | | | |
| LX Sport Util 4D | CM58W | 27740 | 1900 | 2075 | 2800 | 4125 |
| EX Sport Util 4D | CM58W | 29690 | 2475 | 2725 | 3600 | 5225 |
| 2WD | K | | (375) | (375) | (500) | (500) |
| **ODYSSEY—V6**—Truck Equipment Schedule T1 | | | | | | |
| LX Minivan 4D | RL185 | 24340 | 2075 | 2275 | 2850 | 4025 |
| EX Minivan 4D | RL186 | 26840 | 2525 | 2775 | 3425 | 4800 |

## 2002 HONDA—(JHL,2HKor4S6)(RD784)-2-#

| **CR-V 4WD—4-Cyl.**—Truck Equipment Schedule T2 | | | | | | |
|---|---|---|---|---|---|---|
| LX Sport Utility 4D | RD784 | 19640 | 3700 | 4025 | 4850 | 6550 |
| EX Sport Utility 4D | RD788 | 21940 | 4750 | 5125 | 6125 | 8200 |
| 2WD | 2 | | (450) | (450) | (600) | (600) |

SEE BACK PAGES FOR TRUCK EQUIPMENT

# 2002 HONDA

| Body Type | VIN | List | Trade-In Good | Very Good | Pvt-Party Good | Retail Excellent |
|---|---|---|---|---|---|---|
| **PASSPORT 4WD—V6**—Truck Equipment Schedule T1 | | | | | | |
| LX Sport Util 4D | CM58W | 28040 | 2500 | 2750 | 3500 | 4975 |
| EX Sport Util 4D | CM58W | 29990 | 3050 | 3375 | 4375 | 6175 |
| 2WD | K | | (450) | (450) | (600) | (600) |
| **ODYSSEY—V6**—Truck Equipment Schedule T1 | | | | | | |
| LX Minivan 4D | RL185 | 24690 | 2150 | 2350 | 2950 | 4175 |
| EX Minivan 4D | RL186 | 27190 | 2550 | 2800 | 3600 | 5050 |

## 2003 HONDA—(Jor5)HorJ(L,Kor6)(YH272)-3-#

| Body Type | VIN | List | Trade-In Good | Very Good | Pvt-Party Good | Retail Excellent |
|---|---|---|---|---|---|---|
| **ELEMENT 4WD—4-Cyl.**—Truck Equipment Schedule T2 | | | | | | |
| DX Sport Utility 4D | YH272 | 18760 | 1800 | 1975 | 2475 | 3500 |
| EX Sport Utility 4D | YH285 | 21310 | 3100 | 3425 | 4250 | 5875 |
| 2WD | 1 | | (525) | (525) | (700) | (700) |
| **CR-V 4WD—4-Cyl.**—Truck Equipment Schedule T2 | | | | | | |
| LX Sport Utility 4D | RD774 | 19790 | 4375 | 4725 | 5625 | 7475 |
| EX Sport Utility 4D | RD788 | 22060 | 5600 | 6000 | 7300 | 9650 |
| 2WD | 2 | | (525) | (525) | (700) | (700) |
| **PILOT 4WD—V6**—Truck Equipment Schedule T1 | | | | | | |
| LX Sport Utility 4D | YF181 | 27360 | 2900 | 3200 | 3975 | 5475 |
| EX Sport Utility 4D | YF184 | 29730 | 3925 | 4275 | 5250 | 7150 |
| **ODYSSEY—V6**—Truck Equipment Schedule T1 | | | | | | |
| LX Minivan 4D | RL185 | 24860 | 2475 | 2725 | 3275 | 4550 |
| EX Minivan 4D | RL186 | 27360 | 2850 | 3150 | 3900 | 5375 |

## 2004 HONDA—(J,2or5)F,HorJ(K,L,Nor6)(YH183)-4-#

| Body Type | VIN | List | Trade-In Good | Very Good | Pvt-Party Good | Retail Excellent |
|---|---|---|---|---|---|---|
| **ELEMENT—4-Cyl.**—Truck Equipment Schedule T2 | | | | | | |
| LX Sport Utility 4D | YH183 | 18990 | 2325 | 2575 | 3200 | 4400 |
| 4WD | 2 | | 600 | 600 | 800 | 800 |
| **ELEMENT 4WD—4-Cyl.**—Truck Equipment Schedule T2 | | | | | | |
| DX Sport Utility 4D | YH272 | 17990 | 2275 | 2525 | 3125 | 4325 |
| EX Sport Utility 4D | YH285 | 20790 | 3750 | 4075 | 4925 | 6650 |
| 2WD | 1 | | (600) | (600) | (800) | (800) |
| **CR-V 4WD—4-Cyl.**—Truck Equipment Schedule T2 | | | | | | |
| LX Sport Utility 4D | RD774 | 19890 | 5000 | 5375 | 6350 | 8375 |
| EX Sport Utility 4D | RD788 | 22240 | 6300 | 6725 | 8100 | 10650 |
| 2WD | 2 | | (600) | (600) | (800) | (800) |
| **PILOT 4WD—V6**—Truck Equipment Schedule T1 | | | | | | |
| LX Sport Utility 4D | YF181 | 27590 | 3700 | 4025 | 4850 | 6550 |
| EX Sport Utility 4D | YF184 | 29960 | 4775 | 5150 | 6375 | 8525 |
| **ODYSSEY—V6**—Truck Equipment Schedule T1 | | | | | | |
| LX Minivan 4D | RL185 | 24980 | 2550 | 2800 | 3475 | 4775 |
| EX Minivan 4D | RL186 | 27480 | 3250 | 3570 | 4325 | 5875 |

## 2005 HONDA—(J,2or5)F,HorJ(K,L,Nor6)(YH283)-5-#

| Body Type | VIN | List | Trade-In Good | Very Good | Pvt-Party Good | Retail Excellent |
|---|---|---|---|---|---|---|
| **ELEMENT—4-Cyl.**—Truck Equipment Schedule T2 | | | | | | |
| LX Sport Utility 4D | YH283 | 18990 | 3950 | 4300 | 5500 | 7200 |
| 4WD | | | 650 | 650 | 865 | 865 |
| **ELEMENT 4WD—4-Cyl.**—Truck Equipment Schedule T2 | | | | | | |
| EX Sport Utility 4D | YH286 | 20790 | 5375 | 5775 | 7175 | 9325 |
| 2WD | 1 | | (650) | (650) | (865) | (865) |
| **CR-V 4WD—4-Cyl.**—Truck Equipment Schedule T2 | | | | | | |
| LX Sport Utility 4D | RD774 | 21710 | 5625 | 6025 | 7475 | 9725 |
| EX Sport Utility 4D | RD788 | 22865 | 6800 | 7250 | 8950 | 11600 |
| SE Sport Utility 4D | RD779 | 25565 | 7625 | 8100 | 9925 | 12850 |
| 2WD | 6 | | (650) | (650) | (865) | (865) |
| **PILOT 4WD—V6**—Truck Equipment Schedule T1 | | | | | | |
| LX Sport Utility 4D | YF181 | 27590 | 4525 | 4900 | 6200 | 8100 |
| EX Sport Utility 4D | YF184 | 30435 | 5825 | 6250 | 7725 | 10050 |
| **ODYSSEY—V6**—Truck Equipment Schedule T1 | | | | | | |
| LX Minivan 4D | RL382 | 25510 | 4025 | 4375 | 5650 | 7625 |
| EX Minivan 4D | RL384 | 28510 | 4600 | 4975 | 6575 | 8850 |
| Touring Minivan 4D | RL388 | 35010 | 6625 | 7075 | 9175 | 12250 |

## 2006 HONDA—(J,2or5)(F,HorJ)(J,K,L,Nor6)(YH283)-6-#

| Body Type | VIN | List | Trade-In Good | Very Good | Pvt-Party Good | Retail Excellent |
|---|---|---|---|---|---|---|
| **ELEMENT—4-Cyl.**—Truck Equipment Schedule T1 | | | | | | |
| LX Sport Utility 4D | YH283 | 19700 | 4650 | 5050 | 6200 | 7925 |
| 4WD | | | 700 | 700 | 935 | 935 |
| **ELEMENT 4WD—4-Cyl.**—Truck Equipment Schedule T2 | | | | | | |
| EX-P Sport Util 4D | YH277 | 22920 | 6500 | 6950 | 8325 | 10550 |
| EX Sport Utility 4D | YH285 | 21575 | 6325 | 6775 | 8125 | 10300 |
| 2WD | 1 | | (700) | (700) | (935) | (935) |

**430   DEDUCT FOR RECONDITIONING**

# 2006 HONDA

| Body Type | VIN | List | Trade-In Good | Very Good | Pvt-Party Good | Retail Excellent |
|---|---|---|---|---|---|---|
| **CR-V 4WD—4-Cyl.—Truck Equipment Schedule T2** | | | | | | |
| LX Sport Utility 4D | RD774 | 22145 | 6400 | 6850 | 8275 | 10550 |
| SE Sport Utility 4D | RD779 | 26000 | 9300 | 9825 | 11700 | 14800 |
| 2WD | 6 | | (700) | (700) | (935) | (935) |
| **CR-V 4WD—4-Cyl.—Truck Equipment Schedule T1** | | | | | | |
| EX Sport Utility 4D | RD788 | 24300 | 8075 | 8550 | 10250 | 13050 |
| 2WD | 6 | | (700) | (700) | (935) | (935) |
| **PILOT 4WD—V6—Truck Equipment Schedule T1** | | | | | | |
| LX Sport Utility 4D | YF181 | 28745 | 6050 | 6475 | 7850 | 10000 |
| EX Sport Utility 4D | YF184 | 31295 | 7325 | 7800 | 9325 | 11850 |
| EX-L Sport Utility 4D | YF185 | 33640 | 8550 | 9050 | 10800 | 13700 |
| 2WD | 2 | | (1150) | (1150) | (1535) | (1535) |
| **ODYSSEY—V6—Truck Equipment Schedule T1** | | | | | | |
| LX Minivan 4D | RL382 | 25895 | 4850 | 5225 | 6575 | 8600 |
| EX Minivan 4D | RL384 | 28945 | 5600 | 6025 | 7550 | 9850 |
| Touring Minivan 4D | RL388 | 37145 | 9500 | 10050 | 12250 | 15800 |
| **RIDGELINE 4WD—V6—Truck Equipment Schedule T1** | | | | | | |
| RT Short Bed | YK162 | 28325 | 6325 | 6775 | 7825 | 9650 |
| RTS Short Bed | YK164 | 30625 | 7400 | 7875 | 9000 | 11100 |
| RTL Short Bed | YK165 | 32040 | 9075 | 9600 | 11000 | 13500 |

## 2007 HONDA—(J,2or5)(F,HorJ)(J,K,L,Nor6)YH283-7-#

| Body Type | VIN | List | Trade-In Good | Very Good | Pvt-Party Good | Retail Excellent |
|---|---|---|---|---|---|---|
| **ELEMENT—4-Cyl. VTEC—Truck Equipment Schedule T1** | | | | | | |
| LX Sport Utility 4D | YH283 | 21695 | 6150 | 6575 | 7625 | 9525 |
| 4WD | | | 1000 | 1000 | 1335 | 1335 |
| **ELEMENT 4WD—4-Cyl. VTEC—Truck Equipment Schedule T1** | | | | | | |
| EX Sport Utility 4D | YH287 | 23705 | 7950 | 8450 | 9725 | 12050 |
| 2WD | 1 | | (750) | (750) | (1000) | (1000) |
| **ELEMENT—4-Cyl. VTEC—Truck Equipment Schedule T1** | | | | | | |
| SC Sport Utility 4D | YH189 | 24090 | 8550 | 9050 | 10400 | 12850 |
| **CR-V 4WD—4-Cyl. VTEC—Truck Equipment Schedule T2** | | | | | | |
| LX Sport Utility 4D | RE483 | 22395 | 8300 | 8800 | 10300 | 12900 |
| EX Sport Utility 4D | RE485 | 24645 | 9675 | 10200 | 11900 | 14900 |
| 2WD | 3 | | (750) | (750) | (1000) | (1000) |
| **PILOT 4WD—V6 VTEC—Truck Equipment Schedule T1** | | | | | | |
| LX Sport Utility 4D | YF181 | 28990 | 8200 | 8700 | 9925 | 12250 |
| EX Sport Utility 4D | YF184 | 31540 | 9450 | 9975 | 11350 | 14000 |
| EX-L Sport Utility 4D | YF185 | 33840 | 10700 | 11250 | 12800 | 15750 |
| 2WD | 2 | | (1225) | (1225) | (1635) | (1635) |
| **ODYSSEY—V6 VTEC—Truck Equipment Schedule T1** | | | | | | |
| LX Minivan 4D | RL382 | 26240 | 6375 | 6800 | 7975 | 10050 |
| EX Minivan 4D | RL384 | 29290 | 7250 | 7700 | 8975 | 11250 |
| Touring Minivan 4D | RL388 | 37490 | 11100 | 11700 | 13450 | 16750 |
| **RIDGELINE 4WD—V6 VTEC—Truck Equipment Schedule T1** | | | | | | |
| RT Short Bed | YK162 | 28395 | 9800 | 10350 | 11600 | 14150 |
| RTX Short Bed | YK163 | 28895 | 10300 | 10850 | 12150 | 14800 |
| RTS Short Bed | YK164 | 30870 | 10750 | 11300 | 12700 | 15450 |
| RTL Short Bed | YK165 | 33535 | 13000 | 13650 | 15300 | 18600 |

## 2008 HONDA—(J,2or5)(F,HorJ)(J,K,L,Nor6)YH283-8-#

| Body Type | VIN | List | Trade-In Good | Very Good | Pvt-Party Good | Retail Excellent |
|---|---|---|---|---|---|---|
| **ELEMENT—4-Cyl. VTEC—Truck Equipment Schedule T1** | | | | | | |
| LX Sport Utility 4D | YH283 | 21015 | 7250 | 7725 | 8725 | 10650 |
| 4WD | | | 1075 | 1075 | 1435 | 1435 |
| **ELEMENT 4WD—4-Cyl. VTEC—Truck Equipment Schedule T1** | | | | | | |
| EX Sport Utility 4D | YH287 | 23025 | 9350 | 9875 | 11050 | 13400 |
| 2WD | 1 | | (875) | (875) | (1165) | (1165) |
| **ELEMENT—4-Cyl. VTEC—Truck Equipment Schedule T1** | | | | | | |
| SC Sport Utility 4D | YH189 | 23410 | 9750 | 10300 | 11500 | 13950 |
| **CR-V 4WD—4-Cyl. VTEC—Truck Equipment Schedule T2** | | | | | | |
| LX Sport Utility 4D | RE483 | 22535 | 9250 | 9775 | 11100 | 13600 |
| EX Sport Utility 4D | RE485 | 24785 | 10750 | 11300 | 12750 | 15600 |
| 2WD | 3 | | (875) | (875) | (1165) | (1165) |
| **PILOT 4WD—V6 VTEC—Truck Equipment Schedule T1** | | | | | | |
| VP Sport Utility 4D | YF182 | 29630 | 10050 | 10600 | 11800 | 14250 |
| EX Sport Utility 4D | YF184 | 31780 | 11250 | 11850 | 13150 | 15900 |
| EX-L Sport Utility | YF185 | 34080 | 12550 | 13150 | 14700 | 17700 |
| SE Sport Utility 4D | YF183 | 33630 | 12150 | 12750 | 14150 | 17050 |
| 2WD | 2 | | (1300) | (1300) | (1735) | (1735) |
| **ODYSSEY—V6 VTEC—Truck Equipment Schedule T1** | | | | | | |
| LX Minivan 4D | RL382 | 26495 | 7450 | 7925 | 9000 | 11050 |
| EX Minivan 4D | RL384 | 29595 | 9000 | 9525 | 10750 | 13150 |
| Touring Minivan 4D | RL388 | 40645 | 12850 | 13450 | 15200 | 18450 |

# 2008 HONDA

| Body Type | VIN | List | Trade-In Good | Very Good | Pvt-Party Good | Retail Excellent |
|---|---|---|---|---|---|---|
| **RIDGELINE 4WD—V6 VTEC**—Truck Equipment Schedule T1 | | | | | | |
| RT Short Bed | YK162 | 28635 | 10200 | 10750 | 11850 | 14300 |
| RTX Short Bed | YK163 | 29135 | 11150 | 11750 | 13000 | 15600 |
| RTS Short Bed | YK164 | 31060 | 11850 | 12450 | 13750 | 16500 |
| RTL Short Bed | YK165 | 33725 | 14300 | 14950 | 16500 | 19750 |

## 2009 HONDA—(J,2or5)(F,HorJ)(J,K,L,Nor6)YH283-9-#

| Body Type | VIN | List | Trade-In Good | Very Good | Pvt-Party Good | Retail Excellent |
|---|---|---|---|---|---|---|
| **ELEMENT—4-Cyl. VTEC**—Truck Equipment Schedule T2 | | | | | | |
| LX Sport Util 4D | YH283 | 22145 | 10250 | 10800 | 11850 | 14150 |
| 4WD | | | 1175 | 1175 | 1565 | 1565 |
| **ELEMENT—4-Cyl. VTEC**—Truck Equipment Schedule T1 | | | | | | |
| EX Sport Utility 4D | YH287 | 24255 | 12350 | 12950 | 14250 | 17000 |
| 2WD | | 1 | (1000) | (1000) | (1335) | (1335) |
| **ELEMENT—4-Cyl. VTEC**—Truck Equipment Schedule T1 | | | | | | |
| SC Sport Utility 4D | YH189 | 24740 | 12750 | 13350 | 14700 | 17500 |
| **CR-V 4WD—4-Cyl. VTEC**—Truck Equipment Schedule T1 | | | | | | |
| LX Sport Utility 4D | RE483 | 23155 | 10850 | 11400 | 12700 | 15300 |
| EX Sport Utility 4D | RE485 | 25405 | 12100 | 12700 | 14100 | 16950 |
| EX-L Sport Utility | RE487 | 27955 | 13100 | 13750 | 15250 | 18400 |
| 2WD | | 3 | (1000) | (1000) | (1335) | (1335) |
| **PILOT 4WD—V6 VTEC**—Truck Equipment Schedule T1 | | | | | | |
| LX Sport Utility 4D | YF182 | 29985 | 13250 | 13900 | 15150 | 17950 |
| EX Sport Utility 4D | YF184 | 32765 | 14600 | 15300 | 16600 | 19650 |
| EX-L Sport Utility | YF485 | 36005 | 16550 | 17300 | 18700 | 22100 |
| Touring Sport Util | YF183 | 37565 | 18600 | 19400 | 20900 | 24600 |
| 2WD | | 2 | (1400) | (1400) | (1865) | (1865) |
| **ODYSSEY—V6 VTEC**—Truck Equipment Schedule T1 | | | | | | |
| LX Minivan 4D | RL382 | 27025 | 9550 | 10100 | 11100 | 13350 |
| EX Minivan 4D | RL384 | 30125 | 11100 | 11750 | 12900 | 15450 |
| Touring Minivan | RL388 | 41175 | 15350 | 16050 | 17500 | 20900 |
| **RIDGELINE 4WD—V6 VTEC**—Truck Equipment Schedule T1 | | | | | | |
| RT Short Bed | YK162 | 28970 | 14050 | 14700 | 15850 | 18600 |
| RTS Short Bed | YK164 | 31975 | 15650 | 16350 | 17500 | 20600 |
| RTL Short Bed | YK165 | 34850 | 18150 | 18950 | 20200 | 23700 |

## 2010 HONDA — 5(ForJ)(N,Por6)(YH2H3)-A-#

| Body Type | VIN | List | Trade-In Good | Very Good | Pvt-Party Good | Retail Excellent |
|---|---|---|---|---|---|---|
| **ELEMENT—4-Cyl. VTEC**—Truck Equipment Schedule T2 | | | | | | |
| LX Sport Util 4D | YH2H3 | 22485 | 12050 | 12650 | 13600 | 15950 |
| 4WD | | | 1275 | 1275 | 1700 | 1700 |
| **ELEMENT 4WD—4-Cyl. VTEC**—Truck Equipment Schedule T1 | | | | | | |
| EX Sport Util 4D | YH2F7 | 23795 | 14250 | 14900 | 16000 | 18800 |
| 2WD | | 1 | (1100) | (1100) | (1465) | (1465) |
| **ELEMENT—4-Cyl. VTEC**—Truck Equipment Schedule T1 | | | | | | |
| SC Sport Utility 4D | YH1H9 | 24230 | 14650 | 15300 | 16400 | 19200 |
| **CR-V 4WD—4-Cyl. VTEC**—Truck Equipment Schedule T2 | | | | | | |
| LX Sport Utility 4D | RE4H3 | 23505 | 12100 | 12700 | 13900 | 16550 |
| EX Sport Utility 4D | RE4H5 | 25805 | 13200 | 13850 | 15200 | 18100 |
| 2WD | | 3 | (1100) | (1100) | (1465) | (1465) |
| **PILOT 4WD—V6 VTEC**—Truck Equipment Schedule T1 | | | | | | |
| LX Sport Utility | YF4H2 | 30205 | 14750 | 15400 | 16550 | 19400 |
| EX Sport Utility | YF4H4 | 33505 | 16400 | 17150 | 18300 | 21400 |
| EX-L Sport Utility | YF4H5 | 36155 | 18750 | 19600 | 20800 | 24400 |
| Touring Sport Util | YF4H8 | 39355 | 20700 | 21600 | 22900 | 26800 |
| 2WD | | 2 | (1475) | (1475) | (1965) | (1965) |
| **ACCORD CROSSTOUR—V6 VTEC**—Truck Equipment Schedule T1 | | | | | | |
| EX Sport Utility 4D | TF1H3 | 30380 | 11600 | 12200 | 13250 | 15700 |
| EX-L Spt Utility 4D | TF1H5 | 33280 | 13050 | 13700 | 14900 | 17600 |
| 4WD | | | 1400 | 1400 | 1865 | 1865 |
| **ODYSSEY—V6 VTEC**—Truck Equipment Schedule T1 | | | | | | |
| LX Minivan 4D | RL3H2 | 27515 | 11050 | 11600 | 12700 | 15100 |
| EX Minivan 4D | RL3H4 | 30615 | 13100 | 13750 | 15000 | 17850 |
| EX-L Minivan 4D | RL3H6 | 34115 | 16400 | 17150 | 18550 | 22000 |
| Touring Minivan | RL3H9 | 41465 | 18950 | 19800 | 21300 | 25200 |
| **RIDGELINE 4WD—V6 VTEC**—Truck Equipment Schedule T1 | | | | | | |
| RT Short Bed | YK1F2 | 29160 | 16000 | 16750 | 17700 | 20600 |
| RTS Short Bed | YK1F4 | 32265 | 17400 | 18150 | 19200 | 22300 |
| RTL Short Bed | YK1F5 | 35140 | 20300 | 21100 | 22200 | 25800 |

## 2011 HONDA — (5orJ)(F,HorJ)(6,L,NorP)(YH2H3)-B-#

| Body Type | VIN | List | Trade-In Good | Very Good | Pvt-Party Good | Retail Excellent |
|---|---|---|---|---|---|---|
| **ELEMENT—4-Cyl. VTEC**—Truck Equipment Schedule T2 | | | | | | |
| LX Sport Util 4D | YH2H3 | 22855 | 14600 | 15250 | 16200 | 18850 |
| 4WD | | | 1400 | 1400 | 1865 | 1865 |

# 2011 HONDA

| Body Type | VIN | List | Trade-In Good | Very Good | Pvt-Party Good | Retail Excellent |
|---|---|---|---|---|---|---|
| **ELEMENT 4WD—4-Cyl. VTEC**—Truck Equipment Schedule T2 | | | | | | |
| EX Sport Util 4D | YH2H7 | 24965 | 16850 | 17600 | 18500 | 21400 |
| 2WD | | | (1200) | (1200) | (1600) | (1600) |
| **CR-V 4WD—4-Cyl. VTEC**—Truck Equipment Schedule T2 | | | | | | |
| LX Sport Utility | RE4H3 | 23725 | 13350 | 14000 | 15100 | 17700 |
| SE Sport Utility | RE4H4 | 24425 | 14150 | 14700 | 15800 | 18550 |
| EX Sport Utility | RE4H5 | 26025 | 14900 | 15600 | 16700 | 19600 |
| EX-L Spt Utility | RE4H7 | 28675 | 16700 | 17450 | 18650 | 21800 |
| 2WD | | | (1200) | (1200) | (1600) | (1600) |
| **PILOT 4WD—V6 VTEC**—Truck Equipment Schedule T1 | | | | | | |
| LX Sport Utility 4D | YF4H2 | 30425 | 17100 | 17850 | 18850 | 21900 |
| EX Sport Utility 4D | YF4H4 | 33275 | 18800 | 19600 | 20600 | 23900 |
| EX-L Sport Utility 4D | YF4H5 | 36375 | 21000 | 21900 | 23000 | 26700 |
| Touring Sport Util | YF4H9 | 41175 | 22900 | 23900 | 25000 | 28900 |
| 2WD | | 3 | (1550) | (1550) | (2065) | (2065) |
| **ACCORD CROSSTOUR—V6 VTEC**—Truck Equipment Schedule T1 | | | | | | |
| EX Sport Utility 4D | TF1H3 | 30570 | 13000 | 13650 | 14400 | 16650 |
| EX-L Sport Utility | TF1H5 | 33470 | 14650 | 15300 | 16150 | 18600 |
| 4WD | | 2 | 1525 | 1525 | 2035 | 2035 |
| **ODYSSEY—V6 VTEC**—Truck Equipment Schedule T1 | | | | | | |
| LX Minivan 4D | RL5H2 | 27585 | 14250 | 14900 | 16100 | 18950 |
| EX Minivan 4D | RL5H4 | 30685 | 16400 | 17150 | 18400 | 21600 |
| EX-L Minivan 4D | RL5H6 | 34185 | 20100 | 20900 | 22300 | 26100 |
| Touring Minivan | RL5H8 | 41535 | 23900 | 24800 | 26400 | 30900 |
| Touring Elite 4D | RL5H9 | 44030 | 25700 | 26800 | 28400 | 33200 |
| **RIDGELINE 4WD—V6 VTEC**—Truck Equipment Schedule T1 | | | | | | |
| RT Short Bed | YK1F2 | 29680 | 17500 | 18250 | 18950 | 21700 |
| RTS Short Bed | YK1F4 | 32385 | 19250 | 20100 | 20800 | 23800 |
| RTL Short Bed | YK1F5 | 35260 | 22200 | 23200 | 23800 | 27200 |

## 2012 HONDA — (5orJ)(F,HorJ)(6,L,NorP)(RM4H3)-C-#

| Body Type | VIN | List | Good | Very Good | Good | Excellent |
|---|---|---|---|---|---|---|
| **CR-V AWD—4-Cyl i-VTEC**—Truck Equipment Schedule T2 | | | | | | |
| LX Sport Utility | RM4H3 | 24355 | 15700 | 16400 | 17500 | 20400 |
| EX Sport Utility | RM4H5 | 26455 | 17500 | 18250 | 19400 | 22600 |
| EX-L Spt Utility | RM4H7 | 29105 | 19550 | 20400 | 21600 | 25200 |
| 2WD | | 3 | (1500) | (1500) | (2000) | (2000) |
| **PILOT 4WD—V6 i-VTEC**—Truck Equipment Schedule T1 | | | | | | |
| LX Sport Utility 4D | YF4H2 | 30880 | 19750 | 20600 | 21500 | 24800 |
| EX Sport Utility 4D | YF4H4 | 33730 | 21600 | 22500 | 23500 | 27000 |
| EX-L Sport Utility | YF4H5 | 36980 | 23800 | 24700 | 25700 | 29600 |
| Touring Sport Util | YF4H9 | 41630 | 26300 | 27400 | 28400 | 32700 |
| 2WD | | 3 | (1625) | (1625) | (2165) | (2165) |
| **CROSSTOUR—V6 VTEC**—Truck Equipment Schedule T1 | | | | | | |
| EX Sport Util 4D | TF1H3 | 31150 | 14100 | 14750 | 15600 | 18050 |
| EX-L Sport Utility | TF1H5 | 33800 | 16100 | 16800 | 17650 | 20400 |
| 4WD | | 2 | 1675 | 1675 | 2235 | 2235 |
| 4-Cyl, i-VTEC, 2.4 Liter | | | (1000) | (1000) | (1335) | (1335) |
| **ODYSSEY—V6 i-VTEC**—Truck Equipment Schedule T1 | | | | | | |
| LX Minivan 4D | RL5H2 | 29035 | 17100 | 17850 | 18800 | 21800 |
| EX Minivan 4D | RL5H4 | 32285 | 19450 | 20300 | 21300 | 24700 |
| EX-L Minivan 4D | RL5H6 | 35685 | 22700 | 23700 | 24700 | 28600 |
| Touring Minivan | RL5H8 | 41990 | 26900 | 28000 | 29100 | 33600 |
| Touring Elite 4D | RL5H9 | 44485 | 28700 | 29900 | 31100 | 35900 |
| **RIDGELINE 4WD—V6 VTEC**—Truck Equipment Schedule T1 | | | | | | |
| RT Short Bed | YK1F2 | 30060 | 20300 | 21100 | 21800 | 24900 |
| Sport Short Bed | YK1F7 | 30805 | 20600 | 21400 | 22100 | 25200 |
| RTS Short Bed | YK1F4 | 32765 | 21700 | 22600 | 23300 | 26600 |
| RTL Short Bed | YK1F5 | 35640 | 23700 | 24600 | 25300 | 28900 |

## 2013 HONDA — (5orJ)(F,HorJ)(6,L,NorP)(RM4H3)-D-#

| Body Type | VIN | List | Good | Very Good | Good | Excellent |
|---|---|---|---|---|---|---|
| **CR-V AWD—4-Cyl. i-VTEC**—Truck Equipment Schedule T2 | | | | | | |
| LX Sport Utility | RM4H3 | 24775 | 16900 | 17650 | 18400 | 21200 |
| EX Sport Utility | RM4H5 | 26875 | 19100 | 19950 | 20700 | 23800 |
| EX-L Sport Utility | RM4H7 | 29525 | 21500 | 22400 | 23200 | 26600 |
| 2WD | | 3 | (1500) | (1500) | (2000) | (2000) |
| **PILOT 4WD—V6 i-VTEC**—Truck Equipment Schedule T1 | | | | | | |
| LX Sport Utility 4D | YF4H2 | 31850 | 21700 | 22600 | 23500 | 27000 |
| EX Sport Utility 4D | YF4H4 | 34100 | 23600 | 24600 | 25500 | 29300 |
| EX-L Sport Utility | YF4H5 | 37350 | 25700 | 26800 | 27700 | 31800 |
| Touring Sport Util | YF4H9 | 42000 | 28300 | 29400 | 30400 | 34900 |
| 2WD | | 3 | (1725) | (1725) | (2300) | (2300) |

SEE BACK PAGES FOR TRUCK EQUIPMENT

# 2013 HONDA

| Body Type | VIN | List | Trade-In Good | Very Good | Pvt-Party Good | Retail Excellent |
|---|---|---|---|---|---|---|
| **CROSSTOUR—V6 i-VTEC**—Truck Equipment Schedule T1 | | | | | | |
| EX Sport Util 4D | TF1H3 | 31720 | 17100 | 17850 | 18650 | 21400 |
| EX-L Sport Util 4D | TF1H5 | 34370 | 19100 | 19950 | 20700 | 23800 |
| 4-Cyl, i-VTEC, 2.4 Liter | | | (1100) | (1100) | (1465) | (1465) |
| 4WD | | | 1800 | 1800 | 2400 | 2400 |
| **ODYSSEY—V6 i-VTEC**—Truck Equipment Schedule T1 | | | | | | |
| LX Minivan 4D | RL5H2 | 29405 | 19250 | 20100 | 20900 | 23900 |
| EX Minivan 4D | RL5H4 | 32555 | 21600 | 22500 | 23300 | 26700 |
| EX-L Minivan 4D | RL5H6 | 35905 | 24900 | 25900 | 26700 | 30500 |
| Touring Minivan | RL5H9 | 42260 | 29000 | 30200 | 31100 | 35500 |
| Touring Elite | RL5H9 | 44755 | 30900 | 32100 | 33000 | 37700 |
| **RIDGELINE 4WD—V6 VTEC**—Truck Equipment Schedule T1 | | | | | | |
| RT Short Bed | YK1F2 | 30180 | 21700 | 22600 | 23400 | 26800 |
| Sport Short Bed | YK1F7 | 30925 | 22700 | 23700 | 24400 | 27900 |
| RTS Short Bed | YK1F4 | 32885 | 24300 | 25200 | 26000 | 29800 |
| RTL Short Bed | YK1F5 | 35760 | 25800 | 26800 | 27600 | 31500 |

# HUMMER

## 1999 HUMMER — 137(YA82)--X-#

| Body Type | VIN | List | Good | Very Good | Good | Excellent |
|---|---|---|---|---|---|---|
| **H1 4WD—V8 DIESEL**—Truck Equipment Schedule T3 | | | | | | |
| Hard Top 2D | YA82 | 66522 | 18750 | 19550 | 21900 | 27100 |
| Open Top 4D | YA85 | 73580 | 19400 | 20200 | 22700 | 28100 |
| Hard Top 4D | YA83 | 79677 | 20000 | 20900 | 23400 | 28900 |
| Wagon 4D | YA84 | 83210 | 20600 | 21500 | 24100 | 29700 |
| GA Pkg | | | 1000 | 1000 | 1335 | 1335 |
| GC Pkg | | | 1600 | 1600 | 2135 | 2135 |
| Winch | | | 400 | 400 | 535 | 535 |

## 2000 HUMMER — 137(ZA89)--Y-#

| Body Type | VIN | List | Good | Very Good | Good | Excellent |
|---|---|---|---|---|---|---|
| **H1 4WD—V8 Turbo Diesel**—Truck Equipment Sch T3 | | | | | | |
| Hard Top 2D | ZA89 | 70819 | 22800 | 23700 | 25700 | 30900 |
| Open Top 4D | ZA90 | 80499 | 23500 | 24400 | 26500 | 31800 |
| Hard Top 4D | ZA83 | 89496 | 24100 | 25100 | 27200 | 32700 |
| Wagon 4D | ZA84 | 93414 | 24800 | 25800 | 28000 | 33700 |
| Slantback 4D | ZA91 | 95850 | 25000 | 26000 | 28200 | 33900 |
| GA Pkg | | | 1000 | 1000 | 1335 | 1335 |
| GC Pkg | | | 1725 | 1725 | 2300 | 2300 |
| Winch | | | 400 | 400 | 535 | 535 |

## 2001 HUMMER — 137(ZA82)--1-#

| Body Type | VIN | List | Good | Very Good | Good | Excellent |
|---|---|---|---|---|---|---|
| **H1 4WD—V8 Turbo Diesel**—Truck Equipment Sch T3 | | | | | | |
| Hard Top 2D | ZA82 | 76862 | 26400 | 27400 | 30000 | 36300 |
| Open Top 4D | ZA85 | 84608 | 27300 | 28400 | 31000 | 37500 |
| Hard Top 4D | ZA83 | 91553 | 28200 | 29300 | 32000 | 38700 |
| Wagon 4D | ZA84 | 95404 | 28800 | 29900 | 32800 | 39600 |
| GA Pkg | | | 1150 | 1150 | 1535 | 1535 |
| GC Pkg | | | 1850 | 1850 | 2465 | 2465 |
| Winch | | | 475 | 475 | 635 | 635 |

## 2002 HUMMER — 137(ZA85)--2-#

| Body Type | VIN | List | Good | Very Good | Good | Excellent |
|---|---|---|---|---|---|---|
| **H1 4WD—V8 Turbo Diesel**—Truck Equipment Schedule T3 | | | | | | |
| Open Top 4D | ZA85 | 98681 | 32100 | 33300 | 35900 | 43000 |
| Wagon 4D | ZA84 | 109834 | 34000 | 35200 | 38000 | 45400 |
| Winch | | | 550 | 550 | 735 | 735 |

## 2003 HUMMER — 5GR-(N23U)-3-#

| Body Type | VIN | List | Good | Very Good | Good | Excellent |
|---|---|---|---|---|---|---|
| **H2 4WD—V8**—Truck Equipment Schedule T3 | | | | | | |
| Sport Utility 4D | N23U | 50200 | 10500 | 11050 | 12600 | 15750 |
| Third Row Seat | | | 300 | 300 | 400 | 400 |
| Adventure Pkg | | | 175 | 175 | 235 | 235 |
| Lux Pkg | | | 175 | 175 | 235 | 235 |
| Air Suspension | | | 325 | 325 | 435 | 435 |
| **H1 4WD—V8 Turbo Diesel**—Truck Equipment Schedule T3 | | | | | | |
| Open Top 4D | A903 | 106185 | 38100 | 39500 | 42000 | 49800 |
| Wagon 4D | A843 | 117508 | 40000 | 41500 | 44000 | 52200 |
| Winch | | | 600 | 600 | 800 | 800 |

**434 DEDUCT FOR RECONDITIONING**

## 2004 HUMMER

| Body Type | VIN | List | Trade-In Good | Very Good | Pvt-Party Good | Retail Excellent |
|---|---|---|---|---|---|---|

### 2004 HUMMER — 5GR-(N23U)-4-#
**H2 4WD—V8**—Truck Equipment Schedule T3
| | | | | | | |
|---|---|---|---|---|---|---|
| Sport Utility 4D | N23U | 51395 | 12350 | 12950 | 14500 | 17750 |
| Limited Ed Spt Util | N23U | 59840 | 14100 | 14800 | 16450 | 20100 |
| Third Row Seat | | | 325 | 325 | 435 | 435 |
| Adventure Pkg | | | 200 | 200 | 265 | 265 |
| Lux Pkg | | | 200 | 200 | 265 | 265 |
| Air Suspension | | | 350 | 350 | 465 | 465 |

**H1 4WD—V8 Turbo Diesel**—Truck Equipment Schedule T3
| | | | | | | |
|---|---|---|---|---|---|---|
| Open Top 4D | A903 | 106185 | 44700 | 46300 | 48600 | 57000 |
| Wagon 4D | ZA84 | 117508 | 47300 | 49000 | 51400 | 60400 |
| Winch | | | 650 | 650 | 865 | 865 |
| Adventure Pkg | | | 200 | 200 | 265 | 265 |

### 2005 HUMMER — 5GR-(N23U)-5-#
**H2 4WD—V8**—Truck Equipment Schedule T3
| | | | | | | |
|---|---|---|---|---|---|---|
| Sport Utility 4D | N23U | 52000 | 15150 | 15850 | 17550 | 21200 |
| Third Row Seat | | | 350 | 350 | 465 | 465 |
| Adventure Pkg | | | 225 | 225 | 300 | 300 |
| Lux Pkg | | | 225 | 225 | 300 | 300 |
| Air Suspension | | | 375 | 375 | 500 | 500 |

**H2 SUT 4WD—V8**—Truck Equipment Schedule T3
| | | | | | | |
|---|---|---|---|---|---|---|
| Sport Utility Pickup | N22U | 53055 | 15050 | 15750 | 17450 | 21000 |
| Adventure Pkg | | | 225 | 225 | 300 | 300 |
| Victory Red Ltd Ed | | | 225 | 225 | 300 | 300 |
| Lux Pkg | | | 225 | 225 | 300 | 300 |
| Air Suspension | | | 375 | 375 | 500 | 500 |

### 2006 HUMMER — 5G(RorT)-(N136)-6-#
**H3 4WD—5-Cyl.**—Truck Equipment Schedule T3
| | | | | | | |
|---|---|---|---|---|---|---|
| Sport Utility 4D | N136 | 31195 | 10600 | 11150 | 12650 | 15500 |
| Adventure Pkg | | | 225 | 225 | 300 | 300 |
| Luxury Pkg | | | 225 | 225 | 300 | 300 |
| Off-Road Suspension | | | 375 | 375 | 500 | 500 |

**H2 4WD—V8**—Truck Equipment Schedule T3
| | | | | | | |
|---|---|---|---|---|---|---|
| Sport Utility 4D | N23U | 53855 | 17350 | 18100 | 19650 | 23400 |
| Third Row Seat | | | 375 | 375 | 500 | 500 |
| Adventure Pkg | | | 225 | 225 | 300 | 300 |
| Limited Edition | | | 225 | 225 | 300 | 300 |
| Luxury Pkg | | | 225 | 225 | 300 | 300 |
| Air Suspension | | | 375 | 375 | 500 | 500 |

**H2 SUT 4WD—V8**—Truck Equipment Schedule T3
| | | | | | | |
|---|---|---|---|---|---|---|
| Sport Utility Pickup | N22U | 53910 | 18500 | 19300 | 20900 | 24800 |
| Adventure Pkg | | | 225 | 225 | 300 | 300 |
| Limited Edition | | | 225 | 225 | 300 | 300 |
| Luxury Pkg | | | 225 | 225 | 300 | 300 |
| Air Suspension | | | 375 | 375 | 500 | 500 |

**H1 4WD—V8 Turbo Diesel**—Truck Equipment Schedule T3
| | | | | | | |
|---|---|---|---|---|---|---|
| Open Top 4D | PH90 | 129399 | 76500 | 79100 | 80600 | 92200 |
| Wagon 4D | PH84 | 140796 | 80700 | 83400 | 84900 | 97100 |
| Winch | | | 750 | 750 | 1000 | 1000 |
| Adventure Pkg | | | 225 | 225 | 300 | 300 |

### 2007 HUMMER — 5G(RorT)-(N13E)-7-#
**H3 4WD—5-Cyl.**—Truck Equipment Schedule T3
| | | | | | | |
|---|---|---|---|---|---|---|
| Sport Utility 4D | N13E | 31640 | 11900 | 12500 | 13950 | 16850 |
| Adventure Pkg | | | 250 | 250 | 335 | 335 |
| Luxury Pkg | | | 250 | 250 | 335 | 335 |
| H3X Pkg | | | 250 | 250 | 335 | 335 |
| Off-Road Suspension | | | 400 | 400 | 535 | 535 |

**H2 4WD—V8**—Truck Equipment Schedule T3
| | | | | | | |
|---|---|---|---|---|---|---|
| Sport Utility 4D | N23U | 54255 | 20700 | 21500 | 22900 | 26900 |
| Third Row Seat | | | 400 | 400 | 535 | 535 |
| Adventure Pkg | | | 250 | 250 | 335 | 335 |
| Luxury Pkg | | | 250 | 250 | 335 | 335 |
| Special Edition | | | 250 | 250 | 335 | 335 |
| Air Suspension | | | 400 | 400 | 535 | 535 |

**H2 SUT 4WD—V8**—Truck Equipment Schedule T3
| | | | | | | |
|---|---|---|---|---|---|---|
| Sport Utility Pickup | N22U | 54300 | 20600 | 21400 | 22800 | 26800 |
| Adventure Pkg | | | 250 | 250 | 335 | 335 |
| Luxury Pkg | | | 250 | 250 | 335 | 335 |

**SEE BACK PAGES FOR TRUCK EQUIPMENT**

# 2007 HUMMER

| Body Type | VIN | List | Trade-In Good | Trade-In Very Good | Pvt-Party Good | Retail Excellent |
|---|---|---|---|---|---|---|
| Special Edition | | | 250 | 250 | 335 | 335 |
| Air Suspension | | | 400 | 400 | 535 | 535 |

## 2008 HUMMER — 5G(RorT)–(N13E)–8–#

**H3 4WD—5-Cyl.**—Truck Equipment Schedule T3
| | | | | | | |
|---|---|---|---|---|---|---|
| Sport Utility 4D | N13E | 32390 | 13550 | 14200 | 15450 | 18300 |
| Adventure Pkg | 3 | | 300 | 300 | 400 | 400 |
| Luxury Pkg | 4 | | 300 | 300 | 400 | 400 |
| Off-Road Suspension | | | 400 | 400 | 535 | 535 |

**H3x 4WD—5-Cyl.**—Truck Equipment Schedule T3
| | | | | | | |
|---|---|---|---|---|---|---|
| Sport Utility 4D | N53E | 40685 | 16900 | 17650 | 19050 | 22500 |
| Luxury Pkg | 4 | | 300 | 300 | 400 | 400 |

**H3 ALPHA 4WD—V8**—Truck Equipment Schedule T3
| | | | | | | |
|---|---|---|---|---|---|---|
| Sport Utility 4D | N63L | 39260 | 16700 | 17450 | 18800 | 22200 |
| Luxury Pkg | 4 | | 300 | 300 | 400 | 400 |
| Off-Road Suspension | | | 400 | 400 | 535 | 535 |

**H2 4WD—V8**—Truck Equipment Schedule T3
| | | | | | | |
|---|---|---|---|---|---|---|
| Sport Utility 4D | N238 | 56410 | 31000 | 32200 | 33300 | 38300 |
| Third Row Seat | | | 475 | 475 | 635 | 635 |
| Adventure Pkg | 7 | | 300 | 300 | 400 | 400 |
| Luxury Pkg | 8 | | 300 | 300 | 400 | 400 |
| Air Suspension | | | 400 | 400 | 535 | 535 |

**H2 SUT 4WD—V8**—Truck Equipment Schedule T3
| | | | | | | |
|---|---|---|---|---|---|---|
| Sport Utility Pickup | N928 | 56455 | 30700 | 31900 | 33000 | 37900 |
| Adventure Pkg | | | 300 | 300 | 400 | 400 |
| Luxury Pkg | 0 | | 300 | 300 | 400 | 400 |
| Air Suspension | | | 400 | 400 | 535 | 535 |

## 2009 HUMMER — 5G(R,TorN)–(N13E)–9–#

**H3T 4WD—5-Cyl.**—Truck Equipment Schedule T3
| | | | | | | |
|---|---|---|---|---|---|---|
| Sport Utility Pickup | N13E | 33190 | 18500 | 19300 | 20700 | 24300 |
| Adventure Pkg | | | 350 | 350 | 465 | 465 |
| Luxury Pkg | | | 350 | 350 | 465 | 465 |
| Off-Road Suspension | | | 400 | 400 | 535 | 535 |

**H3T ALPHA—V8**—Truck Equipment Schedule T3
| | | | | | | |
|---|---|---|---|---|---|---|
| Sport Utility Pickup | N63L | 36760 | 20200 | 21000 | 22400 | 26300 |
| Adventure Pkg | | | 350 | 350 | 465 | 465 |
| Off-Road Suspension | | | 400 | 400 | 535 | 535 |

**H3 4WD—5-Cyl.**—Truck Equipment Schedule T3
| | | | | | | |
|---|---|---|---|---|---|---|
| Sport Utility 4D | N13E | 34785 | 16800 | 17550 | 18800 | 22100 |
| Adventure Pkg | | | 350 | 350 | 465 | 465 |
| Luxury Pkg | | | 350 | 350 | 465 | 465 |
| Off-Road Suspension | | | 400 | 400 | 535 | 535 |

**H3x 4WD—5-Cyl.**—Truck Equipment Schedule T3
| | | | | | | |
|---|---|---|---|---|---|---|
| Sport Utility 4D | N53E | 42830 | 20600 | 21400 | 22800 | 26800 |
| H3X Pkg | | | 350 | 350 | 465 | 465 |

**H3 ALPHA 4WD—V8**—Truck Equipment Schedule T3
| | | | | | | |
|---|---|---|---|---|---|---|
| Sport Utility 4D | N63L | 41405 | 20400 | 21200 | 22600 | 26500 |
| H3X Pkg | | | 350 | 350 | 465 | 465 |
| Off-Road Suspension | | | 400 | 400 | 535 | 535 |

**H2 4WD—V8**—Truck Equipment Schedule T3
| | | | | | | |
|---|---|---|---|---|---|---|
| Sport Utility 4D | N238 | 57590 | 41300 | 42800 | 43600 | 49600 |
| Third Row Seat | | | 550 | 550 | 735 | 735 |
| Adventure Pkg | | | 350 | 350 | 465 | 465 |
| Luxury Pkg | | | 350 | 350 | 465 | 465 |
| Air Suspension | | | 400 | 400 | 535 | 535 |

**H2 SUT 4WD—V8**—Truck Equipment Schedule T3
| | | | | | | |
|---|---|---|---|---|---|---|
| Sport Utility Pickup | N228 | 57635 | 40900 | 42400 | 43200 | 49100 |
| Adventure Pkg | | | 350 | 350 | 465 | 465 |
| Luxury Pkg | | | 350 | 350 | 465 | 465 |
| Air Suspension | | | 400 | 400 | 535 | 535 |

## 2010 HUMMER — 5G(R,TorN)–(NGDE)–A–#

**H3T 4WD—5-Cyl.**—Truck Equipment Schedule T3
| | | | | | | |
|---|---|---|---|---|---|---|
| Sport Util Pickup | NGDE | 33390 | 23400 | 24300 | 25600 | 29700 |
| Adventure Pkg | | | 400 | 400 | 535 | 535 |
| Luxury Pkg | | | 400 | 400 | 535 | 535 |
| Off-Road Suspension | | | 400 | 400 | 535 | 535 |

**H3T ALPHA 4WD—V8 Flex Fuel**—Truck Equipment Schedule T3
| | | | | | | |
|---|---|---|---|---|---|---|
| Sport Util Pickup | NKDP | 36460 | 26500 | 27600 | 28900 | 33500 |

**H3 4WD—5-Cyl.**—Truck Equipment Schedule T3
| | | | | | | |
|---|---|---|---|---|---|---|
| Sport Utility 4D | NGDE | 35865 | 21100 | 22000 | 23200 | 27000 |

**436    DEDUCT FOR RECONDITIONING**

# 2010 HUMMER

| Body Type | VIN | List | Trade-In Good | Trade-In Very Good | Pvt-Party Good | Retail Excellent |
|---|---|---|---|---|---|---|
| Adventure Pkg | | | 400 | 400 | 535 | 535 |
| Luxury Pkg | | | 400 | 400 | 535 | 535 |
| Off-Road Suspension | | | 400 | 400 | 535 | 535 |
| **H3 ALPHA 4WD—V8**—Truck Equipment Schedule T3 | | | | | | |
| Sport Utility 4D | NLDP | 42485 | 24800 | 25800 | 27000 | 31400 |
| Adventure Pkg | | | 400 | 400 | 535 | 535 |
| Off-Road Suspension | | | 400 | 400 | 535 | 535 |

# HYUNDAI

## 2001 HYUNDAI — KM8S(B72D)-1-#

| Body Type | VIN | List | Good | Very Good | Good | Excellent |
|---|---|---|---|---|---|---|
| **SANTA FE 4WD—V6**—Truck Equipment Schedule T2 | | | | | | |
| GL Sport Utility 4D | B72D | 20234 | 675 | 750 | 1175 | 1750 |
| GLS Sport Utility 4D | C72D | 21234 | 1275 | 1400 | 1925 | 2900 |
| LX Sport Utility 4D | C72D | 22434 | 1650 | 1825 | 2500 | 3750 |
| 2WD | 8 | | (375) | (375) | (500) | (500) |
| 4-Cyl, 2.4 Liter | B | | (250) | (250) | (335) | (335) |

## 2002 HYUNDAI — KM8S(B82B)-2-#

| | | | | | | |
|---|---|---|---|---|---|---|
| **SANTA FE—4-Cyl.**—Equipment Schedule T2 | | | | | | |
| Sport Utility 4D | B82B | 17694 | 1325 | 1450 | 1925 | 2825 |
| **SANTA FE 4WD—V6**—Truck Equipment Schedule T2 | | | | | | |
| GLS Sport Utility 4D | C72D | 21594 | 1850 | 2025 | 2675 | 3900 |
| LX Sport Utility 4D | C72D | 23794 | 2450 | 2675 | 3475 | 5000 |
| 2WD | 8 | | (450) | (450) | (600) | (600) |

## 2003 HYUNDAI — KM8S(B82B)-3-#

| | | | | | | |
|---|---|---|---|---|---|---|
| **SANTA FE—4-Cyl.**—Truck Equipment Schedule T2 | | | | | | |
| Sport Utility 4D | B82B | 17894 | 1550 | 1700 | 2250 | 3275 |
| **SANTA FE 4WD—V6**—Truck Equipment Schedule T2 | | | | | | |
| GLS Sport Utility 4D | C72D | 21894 | 2200 | 2425 | 3075 | 4400 |
| LX Sport Utility 4D | C72D | 24394 | 2875 | 3175 | 3950 | 5575 |
| 2WD | 8 | | (525) | (525) | (700) | (700) |
| V6, 3.5 Liter | | | 350 | 350 | 465 | 465 |

## 2004 HYUNDAI — KM8S(B82B)-4-#

| | | | | | | |
|---|---|---|---|---|---|---|
| **SANTA FE—4-Cyl.**—Truck Equipment Schedule T2 | | | | | | |
| Sport Utility 4D | B82B | 18589 | 1950 | 2150 | 2700 | 3850 |
| **SANTA FE 4WD—V6**—Truck Equipment Schedule T2 | | | | | | |
| GLS Sport Utility 4D | C72D | 23089 | 2700 | 2950 | 3650 | 5125 |
| LX Sport Utility 4D | C72E | 26089 | 3525 | 3850 | 4850 | 6725 |
| 2WD | 8 | | (600) | (600) | (800) | (800) |
| V6, 3.5 Liter | E | | 400 | 400 | 535 | 535 |

## 2005 HYUNDAI — KM8(SC73D)-5-#

| | | | | | | |
|---|---|---|---|---|---|---|
| **SANTA FE 4WD—V6**—Truck Equipment Schedule T2 | | | | | | |
| GLS Sport Util 4D | SC73D | 23594 | 3400 | 3725 | 4850 | 6600 |
| LX Sport Utility 4D | SC73E | 26594 | 4325 | 4675 | 6000 | 8075 |
| 2WD | 1 | | (650) | (650) | (865) | (865) |
| V6, 3.5 Liter (GLS) | E | | 425 | 425 | 565 | 565 |
| **TUCSON—4-Cyl.**—Truck Equipment Schedule T1 | | | | | | |
| GL Sport Utility 4D | JM123 | 18894 | 2825 | 3125 | 3700 | 4825 |
| 4WD | 6 | | 650 | 650 | 865 | 865 |
| **TUCSON 4WD—V6**—Truck Equipment Schedule T1 | | | | | | |
| GLS Sport Utility 4D | JN72D | 22094 | 4125 | 4475 | 5325 | 6850 |
| LX Sport Utility 4D | JN72D | 23344 | 5100 | 5500 | 6625 | 8475 |
| 2WD | 1 | | (650) | (650) | (865) | (865) |

## 2006 HYUNDAI — KM8(SC73D)-6-#

| | | | | | | |
|---|---|---|---|---|---|---|
| **SANTA FE 4WD—V6**—Truck Equipment Schedule T2 | | | | | | |
| GLS Sport Util 4D | SC73D | 23795 | 4800 | 5175 | 6325 | 8275 |
| Limited Sport Util | SC73E | 26495 | 6100 | 6525 | 8050 | 10500 |
| 2WD | 1 | | (700) | (700) | (935) | (935) |
| V6, 3.5 Liter (GLS) | E | | 475 | 475 | 635 | 635 |
| **TUCSON—4-Cyl.**—Truck Equipment Schedule T1 | | | | | | |
| GL Sport Utility 4D | JM12B | 19345 | 3675 | 4025 | 4700 | 5975 |
| 4WD | 7 | | 700 | 700 | 935 | 935 |
| **TUCSON 4WD—V6**—Truck Equipment Schedule T1 | | | | | | |
| GLS Sport Util 4D | JN72D | 22495 | 4900 | 5275 | 6075 | 7650 |

SEE BACK PAGES FOR TRUCK EQUIPMENT

# 2006 HYUNDAI

| Body Type | VIN | List | Trade-In Good | Very Good | Pvt-Party Good | Retail Excellent |
|---|---|---|---|---|---|---|
| Limited Sport Util | JN12D | 22845 | 5050 | 5450 | 6450 | 8100 |
| 2WD | 1 | | (700) | (700) | (935) | (935) |

## 2007 HYUNDAI — KM8(JM72B)-7-#

**TUCSON 4WD—4-Cyl.—Truck Equipment Schedule T1**
| GLS Sport Util 4D | JM72B | 18995 | 5475 | 5875 | 6875 | 8600 |
|---|---|---|---|---|---|---|
| 2WD | 1 | | (750) | (750) | (1000) | (1000) |

**TUCSON—V6—Truck Equipment Schedule T1**
| Limited Sport Util | JN12D | 22845 | 6125 | 6550 | 7600 | 9475 |
|---|---|---|---|---|---|---|
| 4WD | 7 | | 1000 | 1000 | 1335 | 1335 |

**TUCSON 4WD—V6—Truck Equipment Schedule T1**
| SE Sport Utility 4D | JN72D | 22995 | 6750 | 7200 | 8300 | 10350 |
|---|---|---|---|---|---|---|
| 2WD | 1 | | (750) | (750) | (1000) | (1000) |

**SANTA FE—V6—Truck Equipment Schedule T2**
| Limited Sport Util | SH13E | 26595 | 8125 | 8625 | 10100 | 12700 |
|---|---|---|---|---|---|---|
| Third Row Seat | | | 250 | 250 | 335 | 335 |
| AWD | 7 | | 800 | 800 | 1065 | 1065 |

**SANTA FE AWD—V6—Truck Equipment Schedule T1**
| GLS Sport Util 4D | SG73D | 24795 | 6475 | 6925 | 8150 | 10250 |
|---|---|---|---|---|---|---|
| Third Row Seat | | | 250 | 250 | 335 | 335 |
| 2WD | 1 | | (750) | (750) | (1000) | (1000) |

**SANTA FE AWD—V6—Truck Equipment Schedule T2**
| SE Sport Utility 4D | SH73E | 26295 | 7200 | 7675 | 9050 | 11400 |
|---|---|---|---|---|---|---|
| Third Row Seat | | | 250 | 250 | 335 | 335 |
| 2WD | 1 | | (750) | (750) | (1000) | (1000) |

**VERACRUZ—V6—Truck Equipment Schedule T1**
| GLS Sport Util 4D | NU13C | 28695 | 7000 | 7450 | 8400 | 10200 |
|---|---|---|---|---|---|---|
| SE Sport Util 4D | NU13C | 30395 | 7500 | 7975 | 8950 | 10850 |
| Limited Sport Util | NU73C | 34795 | 9150 | 9675 | 10800 | 13050 |
| AWD | 7 | | 550 | 550 | 735 | 735 |

**ENTOURAGE—V6—Truck Equipment Schedule T1**
| GLS Minivan | MC233 | 24495 | 4975 | 5350 | 6750 | 9025 |
|---|---|---|---|---|---|---|
| SE Minivan | MC233 | 26995 | 5125 | 5525 | 7150 | 9550 |
| Limited Minivan | MC233 | 29495 | 5750 | 6175 | 7925 | 10550 |

## 2008 HYUNDAI — KM8(JM12B)-8-#

**TUCSON—4-Cyl.—Truck Equipment Schedule T1**
| GLS Sport Util 4D | JM12B | 20195 | 6175 | 6600 | 7650 | 9525 |
|---|---|---|---|---|---|---|

**TUCSON—V6—Truck Equipment Schedule T1**
| Limited Sport Util | JN12D | 23545 | 7625 | 8100 | 9350 | 11600 |
|---|---|---|---|---|---|---|
| 4WD | 7 | | 1075 | 1075 | 1435 | 1435 |

**TUCSON 4WD—V6—Truck Equipment Schedule T1**
| SE Sport Utility 4D | JN72D | 23645 | 8075 | 8575 | 9850 | 12200 |
|---|---|---|---|---|---|---|
| 2WD | 1 | | (875) | (875) | (1165) | (1165) |

**SANTA FE—V6—Truck Equipment Schedule T2**
| Limited Sport Util | SH13E | 28945 | 9675 | 10200 | 11400 | 13850 |
|---|---|---|---|---|---|---|
| Third Row Seat | | | 300 | 300 | 400 | 400 |
| AWD | 7 | | 875 | 875 | 1165 | 1165 |

**SANTA FE AWD—V6—Truck Equipment Schedule T2**
| GLS Sport Util 4D | SG73D | 24995 | 7625 | 8100 | 9125 | 11150 |
|---|---|---|---|---|---|---|
| SE Sport Util 4D | SH73E | 26495 | 8875 | 9375 | 10550 | 12800 |
| Third Row Seat | | | 300 | 300 | 400 | 400 |
| 2WD | 1 | | (875) | (875) | (1165) | (1165) |

**VERACRUZ—V6—Truck Equipment Schedule T1**
| GLS Sport Util 4D | NU13C | 27595 | 8325 | 8825 | 9650 | 11550 |
|---|---|---|---|---|---|---|
| SE Sport Util 4D | NU13C | 29295 | 8850 | 9350 | 10250 | 12250 |
| Limited Sport Util | NU13C | 34745 | 10400 | 10950 | 11900 | 14150 |
| AWD | 7 | | 650 | 650 | 865 | 865 |

**ENTOURAGE—V6—Truck Equipment Schedule T1**
| GLS Minivan | MC233 | 24595 | 6550 | 7000 | 8375 | 10700 |
|---|---|---|---|---|---|---|
| Limited Minivan | MC233 | 30495 | 7425 | 7900 | 9450 | 12050 |

## 2009 HYUNDAI — KM8(JM12B)-9-#

**TUCSON—4-Cyl.—Truck Equipment Schedule T1**
| GLS Sport Util 4D | JM12B | 20695 | 7525 | 8000 | 9125 | 11250 |
|---|---|---|---|---|---|---|

**TUCSON—V6—Truck Equipment Schedule T1**
| Limited Sport Util | JN12D | 24645 | 9700 | 10250 | 11600 | 14200 |
|---|---|---|---|---|---|---|
| 4WD | 7 | | 1175 | 1175 | 1565 | 1565 |

**TUCSON 4WD—V6—Truck Equipment Schedule T1**
| SE Sport Utility 4D | JN72D | 24195 | 10400 | 10950 | 12350 | 15100 |
|---|---|---|---|---|---|---|
| 2WD | 1 | | (1000) | (1000) | (1335) | (1335) |

**DEDUCT FOR RECONDITIONING**

# 2009 HYUNDAI

| Body Type | VIN | List | Trade-In Good | Very Good | Pvt-Party Good | Retail Excellent |
|---|---|---|---|---|---|---|
| **SANTA FE—V6—Truck Equipment Schedule T2** | | | | | | |
| Limited Sport Util | SH13E | 29595 | 10550 | 11100 | 12300 | 14800 |
| Third Row Seat | | | 350 | 350 | 465 | 465 |
| AWD | | 7 | 1000 | 1000 | 1335 | 1335 |
| **SANTA FE AWD—V6—Truck Equipment Schedule T2** | | | | | | |
| GLS Sport Util 4D | SG73D | 25445 | 8875 | 9375 | 10450 | 12650 |
| SE Sport Utility 4D | SH73E | 27345 | 9850 | 10400 | 11500 | 13900 |
| Third Row Seat | | | 350 | 350 | 465 | 465 |
| 2WD | | 1 | (1000) | (1000) | (1335) | (1335) |
| **VERACRUZ—V6—Truck Equipment Schedule T1** | | | | | | |
| GLS Sport Util 4D | NU13C | 29595 | 10450 | 11100 | 12050 | 14400 |
| Limited Sport Util | NU13C | 36745 | 12900 | 13500 | 14850 | 17750 |
| AWD | | | 725 | 725 | 965 | 965 |

## 2010 HYUNDAI — KM8(JT3AC)-A-#

| Body Type | VIN | List | Good | Very Good | Good | Excellent |
|---|---|---|---|---|---|---|
| **TUCSON AWD—4-Cyl.—Truck Equipment Schedule T1** | | | | | | |
| GLS Sport Util 4D | JT3AC | 20790 | 10400 | 10950 | 11750 | 13800 |
| 2WD | | 3 | (1100) | (1100) | (1465) | (1465) |
| **TUCSON—V6—Truck Equipment Schedule T1** | | | | | | |
| Limited Sport Util | JU3AC | 25140 | 11650 | 12250 | 13150 | 15400 |
| AWD | | C | 1050 | 1050 | 1400 | 1400 |
| **SANTA FE—V6—Truck Equipment Schedule T2** | | | | | | |
| Limited Sport Util | SKDAG | 29390 | 13050 | 13700 | 15100 | 18000 |
| AWD | | D | 1050 | 1050 | 1400 | 1400 |
| 4-Cyl, 2.4 Liter | | B | (500) | (500) | (665) | (665) |
| **SANTA FE AWD—4-Cyl.—Truck Equipment Schedule T2** | | | | | | |
| GLS Sport Util 4D | SGDAB | 25490 | 11200 | 11800 | 13000 | 15550 |
| 2WD | | 3 | (1100) | (1100) | (1465) | (1465) |
| **SANTA FE AWD—V6—Truck Equipment Schedule T2** | | | | | | |
| SE Sport Util 4D | SHDAG | 28690 | 12150 | 12750 | 14000 | 16750 |
| 2WD | | 3 | (1100) | (1100) | (1465) | (1465) |
| **VERACRUZ—V6—Truck Equipment Schedule T1** | | | | | | |
| GLS Sport Util 4D | NU4CC | 30795 | 12250 | 12850 | 13800 | 16250 |
| Limited Sport Util | NU4CC | 36645 | 14950 | 15650 | 16750 | 19650 |
| AWD | | 7 | 800 | 800 | 1065 | 1065 |

## 2011 HYUNDAI — KM8(JT3AB)-B-#

| Body Type | VIN | List | Good | Very Good | Good | Excellent |
|---|---|---|---|---|---|---|
| **TUCSON AWD—4-Cyl.—Truck Equipment Schedule T1** | | | | | | |
| GL Sport Utility | JT3AB | 20540 | 11350 | 11950 | 12850 | 15150 |
| GLS Sport Util 4D | JTCAC | 24290 | 13600 | 14250 | 15350 | 18050 |
| 2WD | | 3 | (1200) | (1200) | (1600) | (1600) |
| **TUCSON—V6—Truck Equipment Schedule T1** | | | | | | |
| Limited Sport Util | JU3AC | 25490 | 13900 | 14550 | 15650 | 18400 |
| AWD | | C | 1050 | 1050 | 1400 | 1400 |
| **SANTA FE—V6—Truck Equipment Schedule T2** | | | | | | |
| Limited Sport Util | ZK4AG | 29790 | 15700 | 16400 | 17600 | 20700 |
| AWD | | D | 1050 | 1050 | 1400 | 1400 |
| 4-Cyl, 2.4 Liter | | B | (500) | (500) | (665) | (665) |
| **SANTA FE AWD—V6—Truck Equipment Schedule T2** | | | | | | |
| GLS Sport Util 4D | ZGDAG | 25490 | 13550 | 14200 | 15350 | 18100 |
| 2WD | | 3 | (1200) | (1200) | (1600) | (1600) |
| 4-Cyl, 2.4 Liter | | B | (500) | (500) | (665) | (665) |
| **SANTA FE AWD—V6—Truck Equipment Schedule T2** | | | | | | |
| SE Sport Util 4D | ZHDAG | 28690 | 14700 | 15350 | 16550 | 19500 |
| 2WD | | 3 | (1200) | (1200) | (1600) | (1600) |
| **VERACRUZ—V6—Truck Equipment Schedule T1** | | | | | | |
| GLS Sport Util 4D | NU4CC | 30840 | 13450 | 14100 | 15350 | 18200 |
| Limited Sport Util | NU4CC | 36690 | 16200 | 16950 | 18300 | 21600 |
| AWD | | 7 | 875 | 875 | 1165 | 1165 |

## 2012 HYUNDAI — 5(NMorXY)orKM8(JT3AB)-C-#

| Body Type | VIN | List | Good | Very Good | Good | Excellent |
|---|---|---|---|---|---|---|
| **TUCSON—4-Cyl.—Truck Equipment Schedule T1** | | | | | | |
| GL Sport Utility 4D | JT3AB | 20855 | 11900 | 12500 | 13400 | 15700 |
| **TUCSON—V6—Truck Equipment Schedule T1** | | | | | | |
| Limited Sport Util | JU3AC | 25705 | 15050 | 15750 | 16800 | 19650 |
| AWD | | D | 1250 | 1250 | 1665 | 1665 |
| **TUCSON AWD—4-Cyl.—Truck Equipment Schedule T1** | | | | | | |
| GLS Sport Utility | JUCAC | 24655 | 14650 | 15300 | 16400 | 19150 |
| 2WD | | 3 | (1500) | (1500) | (2000) | (2000) |
| **SANTA FE—4-Cyl.—Truck Equipment Schedule T2** | | | | | | |
| Limited Sport Util | ZK4AG | 30035 | 17450 | 18200 | 19300 | 22500 |
| AWD | | D | 1250 | 1250 | 1665 | 1665 |

SEE BACK PAGES FOR TRUCK EQUIPMENT

# 2012 HYUNDAI

| Body Type | VIN | List | Trade-In Good | Very Good | Pvt-Party Good | Retail Excellent |
|---|---|---|---|---|---|---|
| V6, 3.5 Liter | G | | 500 | 500 | 665 | 665 |
| **SANTA FE AWD—V6**—Truck Equipment Schedule T2 | | | | | | |
| GLS Sport Util 4D | ZGDAG | 27635 | 15150 | 15850 | 16900 | 19750 |
| 2WD | 3,4 | | (1500) | (1500) | (2000) | (2000) |
| 4-Cyl, 2.4 Liter | B | | (500) | (500) | (665) | (665) |
| **SANTA FE AWD—V6**—Truck Equipment Schedule T2 | | | | | | |
| SE Sport Util 4D | ZHDAG | 28920 | 16400 | 17150 | 18200 | 21300 |
| 2WD | 4 | | (1500) | (1500) | (2000) | (2000) |
| **VERACRUZ—V6**—Truck Equipment Schedule T2 | | | | | | |
| GLS Sport Util 4D | NU4CC | 29155 | 15450 | 16150 | 17200 | 20100 |
| Limited Sport Util | NU4CC | 35305 | 18250 | 19050 | 20200 | 23500 |
| AWD | D | | 950 | 950 | 1265 | 1265 |

## 2013 HYUNDAI — 5(NMorXY)orKM8(JT3AB)-D-#

| Body Type | VIN | List | Trade-In Good | Very Good | Pvt-Party Good | Retail Excellent |
|---|---|---|---|---|---|---|
| **TUCSON—4-Cyl.**—Truck Equipment Schedule T1 | | | | | | |
| GL Sport Utility 4D | JT3AB | 21070 | 12850 | 13450 | 14500 | 16950 |
| **TUCSON AWD—4-Cyl.**—Truck Equipment Schedule T1 | | | | | | |
| GLS Sport Utility | JU3AC | 24920 | 16100 | 16850 | 17850 | 20700 |
| Limited Sport Util | JUCAC | 27770 | 17600 | 18350 | 19400 | 22500 |
| 2WD | 3 | | (1400) | (1400) | (1865) | (1865) |
| **SANTA FE SPORT AWD—4-Cyl.**—Truck Equipment Schedule T2 | | | | | | |
| Sport Utility 4D | ZTDLB | 27025 | 17900 | 18650 | 19550 | 22500 |
| 2WD | 3 | | (1400) | (1400) | (1865) | (1865) |
| **SANTA FE SPORT AWD—4-Cyl. Turbo**—Truck Equipment Schedule T2 | | | | | | |
| 2.0T Sport Util 4D | ZUDLA | 30275 | 20100 | 21000 | 21900 | 25200 |
| 2WD | 3 | | (1400) | (1400) | (1865) | (1865) |
| **SANTA FE AWD—V6**—Truck Equipment Schedule T2 | | | | | | |
| GLS Sport Util | SMDHF | 30945 | 20200 | 21000 | 21400 | 24000 |
| FWD | 4 | | (1500) | (1500) | (2000) | (2000) |
| **SANTA FE—V6**—Truck Equipment Schedule T2 | | | | | | |
| Limited Sport Util | SR4HF | 33945 | 23000 | 23900 | 24100 | 26900 |
| AWD | D | | 1375 | 1375 | 1835 | 1835 |

# INFINITI

## 1999 INFINITI — JN6(AR05Y)-X-#

| Body Type | VIN | List | Trade-In Good | Very Good | Pvt-Party Good | Retail Excellent |
|---|---|---|---|---|---|---|
| **QX4 4WD—V6**—Truck Equipment Schedule T3 | | | | | | |
| Sport Utility 4D | AR05Y | 36075 | 2000 | 2200 | 3050 | 4550 |

## 2000 INFINITI — JNR(AR05Y)-Y-#

| **QX4 4WD—V6**—Truck Equipment Schedule T3 | | | | | | |
|---|---|---|---|---|---|---|
| Sport Utility 4D | AR05Y | 36075 | 2525 | 2775 | 3675 | 5375 |

## 2001 INFINITI — JNR(DR07Y)-1-#

| **QX4 4WD—V6**—Truck Equipment Schedule T3 | | | | | | |
|---|---|---|---|---|---|---|
| Sport Utility 4D | DR07Y | 36075 | 3450 | 3775 | 4750 | 6575 |
| 2WD | X | | (725) | (725) | (965) | (965) |

## 2002 INFINITI — JNR(DR07Y)-2-#

| **QX4 4WD—V6**—Truck Equipment Schedule T3 | | | | | | |
|---|---|---|---|---|---|---|
| Sport Utility 4D | DR07Y | 36095 | 4250 | 4600 | 5525 | 7425 |
| 2WD | X | | (800) | (800) | (1065) | (1065) |

## 2003 INFINITI — JNR(AS08W)-3-#

| Body Type | VIN | List | Trade-In Good | Very Good | Pvt-Party Good | Retail Excellent |
|---|---|---|---|---|---|---|
| **FX35 AWD—V6**—Truck Equipment Schedule T3 | | | | | | |
| Sport Utility 4D | AS08W | 36245 | 7550 | 8025 | 9025 | 11250 |
| Intelligent Cruise Ctrl | | | 275 | 275 | 365 | 365 |
| Sport Pkg | | | 800 | 800 | 1065 | 1065 |
| 2WD | U | | (900) | (900) | (1200) | (1200) |
| **FX45 AWD—V8**—Truck Equipment Schedule T3 | | | | | | |
| Sport Utility 4D | BS08W | 44770 | 8100 | 8575 | 9725 | 12150 |
| Intelligent Cruise Ctrl | | | 275 | 275 | 365 | 365 |
| **QX4 4WD—V6**—Truck Equipment Schedule T3 | | | | | | |
| Sport Utility 4D | DR09Y | 36695 | 4900 | 5275 | 6375 | 8375 |
| 2WD | X | | (900) | (900) | (1200) | (1200) |

## 2004 INFINITI — JNR(AS08W)-4-#

| **FX35 AWD—V6**—Truck Equipment Schedule T3 | | | | | | |
|---|---|---|---|---|---|---|
| Sport Utility 4D | AS08W | 36395 | 8675 | 9175 | 10300 | 12700 |

**440   DEDUCT FOR RECONDITIONING**

# 2004 INFINITI

| Body Type | VIN | List | Trade-In Good | Very Good | Pvt-Party Good | Retail Excellent |
|---|---|---|---|---|---|---|
| Intelligent Cruise Ctrl | | | 300 | 300 | 400 | 400 |
| Sport Pkg | | | 850 | 850 | 1135 | 1135 |
| 2WD | U | | (975) | (975) | (1300) | (1300) |
| **FX45 AWD—V8**—Truck Equipment Schedule T3 | | | | | | |
| Sport Utility 4D | BS08W | 44920 | 9700 | 10250 | 11450 | 14200 |
| Intelligent Cruise Ctrl | | | 300 | 300 | 400 | 400 |
| **QX56 4WD—V8**—Truck Equipment Schedule T3 | | | | | | |
| Sport Utility 4D | AA08C | 51080 | 8975 | 9475 | 10700 | 13300 |
| Intelligent Cruise Ctrl | | | 300 | 300 | 400 | 400 |
| 2WD | | | (975) | (975) | (1300) | (1300) |

## 2005 INFINITI — JNR(AS08W)-5-#

| Body Type | VIN | List | Good | Very Good | Good | Excellent |
|---|---|---|---|---|---|---|
| **FX35 AWD—V6**—Truck Equipment Schedule T3 | | | | | | |
| Sport Utility 4D | AS08W | 37060 | 9400 | 9925 | 11250 | 13800 |
| Adaptive Cruise Control | | | 325 | 325 | 435 | 435 |
| Sport Pkg | | | 900 | 900 | 1200 | 1200 |
| 2WD | U | | (1050) | (1050) | (1400) | (1400) |
| **FX45 AWD—V8**—Truck Equipment Schedule T3 | | | | | | |
| Sport Utility 4D | BS08W | 46060 | 10700 | 11250 | 12750 | 15650 |
| Adaptive Cruise Control | | | 325 | 325 | 435 | 435 |
| **QX56 4WD—V8**—Truck Equipment Schedule T3 | | | | | | |
| Sport Utility 4D | AA08C | 51700 | 10550 | 11100 | 12650 | 15500 |
| Adaptive Cruise Control | | | 325 | 325 | 435 | 435 |
| 2WD | | | (1050) | (1050) | (1400) | (1400) |

## 2006 INFINITI — JNR(AS08W)-6-#

| Body Type | VIN | List | Good | Very Good | Good | Excellent |
|---|---|---|---|---|---|---|
| **FX35 AWD—V6**—Truck Equipment Schedule T3 | | | | | | |
| Sport Utility 4D | AS08W | 40050 | 11200 | 11750 | 13300 | 16100 |
| Adaptive Cruise Control | | | 350 | 350 | 465 | 465 |
| Sport Pkg | | | 950 | 950 | 1265 | 1265 |
| 2WD | U | | (700) | (700) | (935) | (935) |
| **FX45 AWD—V8**—Truck Equipment Schedule T3 | | | | | | |
| Sport Utility 4D | BS08W | 50500 | 13050 | 13650 | 15300 | 18550 |
| Adaptive Cruise Control | | | 350 | 350 | 465 | 465 |
| **QX56 4WD—V8**—Truck Equipment Schedule T3 | | | | | | |
| Sport Utility 4D | AA08C | 53250 | 12050 | 12650 | 14250 | 17250 |
| Adaptive Cruise Control | | | 350 | 350 | 465 | 465 |
| 2WD | | | (700) | (700) | (935) | (935) |

## 2007 INFINITI — JNR(AS08W)-7-#

| Body Type | VIN | List | Good | Very Good | Good | Excellent |
|---|---|---|---|---|---|---|
| **FX35 AWD—V6**—Truck Equipment Schedule T3 | | | | | | |
| Sport Utility 4D | AS08W | 40000 | 12850 | 13450 | 14850 | 17800 |
| Adaptive Cruise Control | | | 375 | 375 | 500 | 500 |
| Sport Pkg | | | 1000 | 1000 | 1335 | 1335 |
| RWD | U | | (750) | (750) | (1000) | (1000) |
| **FX45 AWD—V8**—Truck Equipment Schedule T3 | | | | | | |
| Sport Utility 4D | BS08W | 50550 | 15950 | 16650 | 18100 | 21500 |
| Adaptive Cruise Control | | | 375 | 375 | 500 | 500 |
| **QX56 4WD—V8**—Truck Equipment Schedule T3 | | | | | | |
| Sport Utility 4D | AA08C | 53850 | 15500 | 16200 | 17650 | 21000 |
| Adaptive Cruise Control | | | 375 | 375 | 500 | 500 |
| 2WD | A | | (750) | (750) | (1000) | (1000) |

## 2008 INFINITI — JNR(AJ09E)-8-#

| Body Type | VIN | List | Good | Very Good | Good | Excellent |
|---|---|---|---|---|---|---|
| **EX35—V6**—Truck Equipment Schedule T3 | | | | | | |
| Journey Sport Util | AJ09E | 35665 | 12700 | 13300 | 14250 | 16650 |
| Adaptive Cruise Control | | | 375 | 375 | 500 | 500 |
| AWD | F | | 875 | 875 | 1165 | 1165 |
| **EX35 AWD—V6**—Truck Equipment Schedule T3 | | | | | | |
| Sport Utility 4D | AJ09F | 33415 | 12500 | 13100 | 14050 | 16400 |
| RWD | | | (875) | (875) | (1165) | (1165) |
| **FX35 AWD—V6**—Truck Equipment Schedule T3 | | | | | | |
| Sport Utility 4D | AS08W | 40365 | 15050 | 15750 | 16650 | 19350 |
| Adaptive Cruise Control | | | 375 | 375 | 500 | 500 |
| Sport Pkg | | | 1000 | 1000 | 1335 | 1335 |
| RWD | U | | (875) | (875) | (1165) | (1165) |
| **FX45 AWD—V8**—Truck Equipment Schedule T3 | | | | | | |
| Sport Utility 4D | BS08W | 50915 | 18750 | 19600 | 20700 | 24000 |
| Adaptive Cruise Control | | | 375 | 375 | 500 | 500 |
| **QX56 4WD—V8**—Truck Equipment Schedule T3 | | | | | | |
| Sport Utility 4D | AA08C | 56165 | 18850 | 19700 | 20900 | 24400 |
| Adaptive Cruise Control | | | 375 | 375 | 500 | 500 |

SEE BACK PAGES FOR TRUCK EQUIPMENT

# 2008 INFINITI

| Body Type | VIN | List | Trade-In Good | Very Good | Pvt-Party Good | Retail Excellent |
|---|---|---|---|---|---|---|
| 2WD | D | | (875) | (875) | (1165) | (1165) |

## 2009 INFINITI — JNR(AJ09E)-9-#

**EX35—V6—Truck Equipment Schedule T3**
| | | | | | | |
|---|---|---|---|---|---|---|
| Journey Sport Util | AJ09E | 36865 | 15600 | 16300 | 17200 | 20000 |
| Intelligent Cruise Ctrl | | | 400 | 400 | 535 | 535 |
| AWD | F | | 1000 | 1000 | 1335 | 1335 |

**EX35 AWD—V6—Truck Equipment Schedule T3**
| | | | | | | |
|---|---|---|---|---|---|---|
| Sport Utility 4D | AJ09F | 36065 | 15300 | 16000 | 16900 | 19600 |
| RWD | | | (1000) | (1000) | (1335) | (1335) |

**FX35 AWD—V6—Truck Equipment Schedule T3**
| | | | | | | |
|---|---|---|---|---|---|---|
| Sport Utility 4D | AS18W | 44465 | 20600 | 21400 | 22300 | 25600 |
| Premium Pkg | | | 750 | 750 | 1000 | 1000 |
| Adaptive Cruise Control | | | 400 | 400 | 535 | 535 |
| RWD | U | | (1000) | (1000) | (1335) | (1335) |

**FX50 AWD—V8—Truck Equipment Schedule T3**
| | | | | | | |
|---|---|---|---|---|---|---|
| Sport Utility 4D | BS18W | 59265 | 24400 | 25400 | 26300 | 30100 |
| Adaptive Cruise Control | | | 400 | 400 | 535 | 535 |
| Sport Pkg | | | 1000 | 1000 | 1335 | 1335 |

**QX56 4WD—V8—Truck Equipment Schedule T3**
| | | | | | | |
|---|---|---|---|---|---|---|
| Sport Utility 4D | AA08C | 59015 | 23900 | 24800 | 25800 | 29700 |
| Adaptive Cruise Control | | | 400 | 400 | 535 | 535 |
| 2WD | | | (1000) | (1000) | (1335) | (1335) |

## 2010 INFINITI — (5orJ)N(1,3or8)(AJ0HP)-A-#

**EX35—V6—Truck Equipment Schedule T3**
| | | | | | | |
|---|---|---|---|---|---|---|
| Journey Sport Util | AJ0HP | 36895 | 18000 | 18800 | 19500 | 22400 |
| Intelligent Cruise Ctrl | | | 425 | 425 | 565 | 565 |
| Premium Pkg | | | 800 | 800 | 1065 | 1065 |
| AWD | R | | 1050 | 1050 | 1400 | 1400 |

**EX35 AWD—V6—Truck Equipment Schedule T3**
| | | | | | | |
|---|---|---|---|---|---|---|
| Sport Utility 4D | AJ0HR | 36065 | 17800 | 18550 | 19300 | 22200 |
| Intelligent Cruise Ctrl | | | 425 | 425 | 565 | 565 |
| Premium Pkg | | | 800 | 800 | 1065 | 1065 |
| RWD | P | | (1100) | (1100) | (1465) | (1465) |

**FX35 AWD—V6—Truck Equipment Schedule T3**
| | | | | | | |
|---|---|---|---|---|---|---|
| Sport Utility 4D | AS1MW | 44715 | 23300 | 24300 | 24900 | 28400 |
| Premium Pkg | | | 800 | 800 | 1065 | 1065 |
| Adaptive Cruise Control | | | 425 | 425 | 565 | 565 |
| RWD | U | | (1100) | (1100) | (1465) | (1465) |

**FX50 AWD—V8—Truck Equipment Schedule T3**
| | | | | | | |
|---|---|---|---|---|---|---|
| Sport Utility 4D | BS1MW | 59265 | 28200 | 29300 | 30000 | 34100 |
| Adaptive Cruise Control | | | 425 | 425 | 565 | 565 |
| Sport Pkg | | | 1000 | 1000 | 1335 | 1335 |

**QX56 4WD—V8—Truck Equipment Schedule T3**
| | | | | | | |
|---|---|---|---|---|---|---|
| Sport Utility 4D | ZA0NE | 60015 | 27100 | 28200 | 28800 | 32700 |
| Adaptive Cruise Control | | | 425 | 425 | 565 | 565 |
| 2WD | F | | (1100) | (1100) | (1465) | (1465) |

## 2011 INFINITI — (5orJ)N(1or8)(AJ0HP)-B-#

**EX35—V6—Truck Equipment Schedule T3**
| | | | | | | |
|---|---|---|---|---|---|---|
| Journey Sport Util | AJ0HP | 37300 | 21200 | 22100 | 22600 | 25500 |
| Intelligent Cruise Ctrl | | | 450 | 450 | 600 | 600 |
| Premium Pkg | | | 850 | 850 | 1135 | 1135 |
| AWD | R | | 1050 | 1050 | 1400 | 1400 |

**EX35 AWD—V6—Truck Equipment Schedule T3**
| | | | | | | |
|---|---|---|---|---|---|---|
| Sport Utility 4D | AJ0HR | 36425 | 21000 | 21900 | 22300 | 25300 |
| Intelligent Cruise Ctrl | | | 450 | 450 | 600 | 600 |
| Premium Pkg | | | 850 | 850 | 1135 | 1135 |
| RWD | P | | (1200) | (1200) | (1600) | (1600) |

**FX35 AWD—V6—Truck Equipment Schedule T3**
| | | | | | | |
|---|---|---|---|---|---|---|
| Sport Utility 4D | AS1MW | 43925 | 26800 | 27900 | 28400 | 32200 |
| Adaptive Cruise Control | | | 450 | 450 | 600 | 600 |
| Premium Pkg | | | 850 | 850 | 1135 | 1135 |
| RWD | U | | (1200) | (1200) | (1600) | (1600) |

**FX50 AWD—V8—Truck Equipment Schedule T3**
| | | | | | | |
|---|---|---|---|---|---|---|
| Sport Utility 4D | BS1MW | 57275 | 32500 | 33800 | 33900 | 37900 |
| Adaptive Cruise Control | | | 450 | 450 | 600 | 600 |
| Sport Pkg | | | 1000 | 1000 | 1335 | 1335 |

**QX56 4WD—V8—Truck Equipment Schedule T3**
| | | | | | | |
|---|---|---|---|---|---|---|
| Sport Utility 4D | AZ2NE | 60665 | 38800 | 40300 | 40400 | 45200 |
| Adaptive Cruise Control | | | 450 | 450 | 600 | 600 |

**DEDUCT FOR RECONDITIONING**

# 2011 INFINITI

| Body Type | VIN | List | Trade-In Good | Very Good | Pvt-Party Good | Retail Excellent |
|---|---|---|---|---|---|---|
| 2WD | F | | (1200) | (1200) | (1600) | (1600) |

## 2012 INFINITI — (5orJ)N(1or8)(AJ0HP)-C-#

**EX35—V6—Truck Equipment Schedule T3**
| | | | | | | |
|---|---|---|---|---|---|---|
| Journey Sport Util | AJ0HP | 38850 | 24600 | 25600 | 25700 | 28800 |
| Intelligent Cruise Ctrl | | | 475 | 475 | 635 | 635 |
| Premium Pkg | | | 900 | 900 | 1200 | 1200 |
| AWD | R | | 1250 | 1250 | 1665 | 1665 |

**EX35 AWD—V6—Truck Equipment Schedule T3**
| | | | | | | |
|---|---|---|---|---|---|---|
| Sport Utility 4D | AJ0HR | 37895 | 24400 | 25400 | 25500 | 28600 |
| Intelligent Cruise Ctrl | | | 475 | 475 | 635 | 635 |
| RWD | P | | (1300) | (1300) | (1735) | (1735) |

**FX35 AWD—V6—Truck Equipment Schedule T3**
| | | | | | | |
|---|---|---|---|---|---|---|
| Sport Utility 4D | AS1MW | 45795 | 28700 | 29900 | 30300 | 34100 |
| Limited Edition | AS1MW | 52445 | 33200 | 34500 | 34800 | 39200 |
| Adaptive Cruise Control | | | 475 | 475 | 635 | 635 |
| Premium Pkg | | | 900 | 900 | 1200 | 1200 |
| RWD | U | | (1300) | (1300) | (1735) | (1735) |

**FX50 AWD—V8—Truck Equipment Schedule T3**
| | | | | | | |
|---|---|---|---|---|---|---|
| Sport Utility 4D | BS1MW | 60245 | 37100 | 38500 | 38300 | 42600 |
| Adaptive Cruise Control | | | 475 | 475 | 635 | 635 |
| Sport Pkg | | | 1000 | 1000 | 1335 | 1335 |

**QX56 4WD—V8—Truck Equipment Schedule T3**
| | | | | | | |
|---|---|---|---|---|---|---|
| Sport Utility 4D | AZ2NE | 62790 | 45500 | 47100 | 46500 | 51500 |
| Adaptive Cruise Control | | | 475 | 475 | 635 | 635 |
| 2WD | F | | (1500) | (1500) | (2000) | (2000) |

## 2013 INFINITI — (5orJ)N(1or8)(AL0MM)-D-#

**JX35 AWD—V6—Truck Equipment Schedule T1**
| | | | | | | |
|---|---|---|---|---|---|---|
| Sport Utility 4D | AL0MM | 42500 | 34000 | 35300 | 35400 | 39700 |
| FWD | N | | (1400) | (1400) | (1865) | (1865) |

**EX37—V6—Truck Equipment Schedule T3**
| | | | | | | |
|---|---|---|---|---|---|---|
| Journey Sport Util | BJ0HP | 39600 | 29300 | 30500 | 31100 | 35300 |
| Intelligent Cruise Ctrl | | | 500 | 500 | 665 | 665 |
| Premium Pkg | | | 950 | 950 | 1265 | 1265 |
| AWD | F,L,R | | 1375 | 1375 | 1835 | 1835 |

**EX37 AWD—V6—Truck Equipment Schedule T3**
| | | | | | | |
|---|---|---|---|---|---|---|
| Sport Utility 4D | BJ0HR | 38700 | 28900 | 30100 | 30700 | 34800 |
| Intelligent Cruise Ctrl | | | 500 | 500 | 665 | 665 |
| RWD | E,K,P | | (1400) | (1400) | (1865) | (1865) |

**FX37 AWD—V6—Truck Equipment Schedule T3**
| | | | | | | |
|---|---|---|---|---|---|---|
| Sport Utility 4D | CS1MW | 46700 | 30400 | 31600 | 31800 | 35700 |
| Limited Edition | CS1MW | 53700 | 34900 | 36200 | 36400 | 40800 |
| Adaptive Cruise Control | | | 500 | 500 | 665 | 665 |
| Premium Pkg | | | 950 | 950 | 1265 | 1265 |
| RWD | U,N,7,P | | (1400) | (1400) | (1865) | (1865) |

**FX50 AWD—V8—Truck Equipment Schedule T3**
| | | | | | | |
|---|---|---|---|---|---|---|
| Sport Utility 4D | BS1MW | 61600 | 40500 | 42000 | 41800 | 46500 |
| Adaptive Cruise Control | | | 500 | 500 | 665 | 665 |

**QX56 4WD—V8—Truck Equipment Schedule T3**
| | | | | | | |
|---|---|---|---|---|---|---|
| Sport Utility 4D | AZ2NE | 64740 | 48600 | 50400 | 50100 | 55600 |
| Adaptive Cruise Control | | | 500 | 500 | 665 | 665 |
| Technology Pkg | | | 475 | 475 | 635 | 635 |
| Touring Pkg | | | 950 | 950 | 1265 | 1265 |
| 2WD | D,F | | (1500) | (1500) | (2000) | (2000) |

# ISUZU

## 1999 ISUZU-(JAC,JR2,4S2or1GG)-(M57D)-X-#

**AMIGO 4WD—4-Cyl.—Truck Equipment Schedule T2**
| | | | | | | |
|---|---|---|---|---|---|---|
| S Sport Utility 2D | M57D | 18825 | 1100 | 1225 | 2000 | 3250 |
| Hard Top | | | 50 | 50 | 65 | 65 |
| 2WD | K | | (275) | (275) | (365) | (365) |
| V6, 3.2 Liter | W | | 350 | 350 | 465 | 465 |

**RODEO 4WD—V6—Truck Equipment Schedule T1**
| | | | | | | |
|---|---|---|---|---|---|---|
| S Sport Utility 4D | M58W | 26135 | 1100 | 1225 | 2000 | 3225 |
| LS Sport Utility 4D | M58W | 27985 | 1500 | 1650 | 2500 | 3900 |
| LSE Sport Util 4D | M58W | 31145 | 1850 | 2025 | 3025 | 4650 |
| 2WD | K | | (575) | (575) | (765) | (765) |
| 4-Cyl, 2.2 Liter | D | | (300) | (300) | (400) | (400) |

SEE BACK PAGES FOR TRUCK EQUIPMENT

# 1999 ISUZU

| Body Type | VIN | List | Trade-In Good | Very Good | Pvt-Party Good | Retail Excellent |
|---|---|---|---|---|---|---|
| **VEHICROSS 4WD—V6—Truck Equipment Schedule T1** | | | | | | |
| Sport Utility 2D | N57X | 29595 | 2600 | 2850 | 3725 | 5400 |
| **OASIS—4-Cyl.—Truck Equipment Schedule T1** | | | | | | |
| S Minivan 4D | J286 | 24175 | 1975 | 2175 | 3100 | 4700 |
| **TROOPER 4WD—V6—Truck Equipment Schedule T1** | | | | | | |
| S Sport Utility 4D | J58X | 27595 | 1100 | 1225 | 1975 | 3150 |
| Performance Pkg | | | 125 | 125 | 165 | 165 |
| **HOMBRE—4-Cyl.—Truck Equipment Schedule T2** | | | | | | |
| S Short Bed | S144 | 12040 | 1175 | 1300 | 2150 | 3525 |
| XS Short Bed | S144 | 12575 | 1225 | 1350 | 2225 | 3650 |
| XS Spacecab | S194 | 15695 | 1800 | 1975 | 3275 | 5250 |
| Third Door | | | 100 | 100 | 135 | 135 |
| 4WD | T | | 400 | 400 | 535 | 535 |
| V6, 4.3 Liter | X | | 125 | 125 | 165 | 165 |

## 2000 ISUZU — (JAC,4S2or1GG)-(M57D)-Y-#

| Body Type | VIN | List | Good | Very Good | Good | Excellent |
|---|---|---|---|---|---|---|
| **AMIGO 4WD—4-Cyl.—Truck Equipment Schedule T2** | | | | | | |
| S Sport Utility 2D | M57D | 20190 | 1475 | 1625 | 2500 | 4000 |
| Hard Top | | | 50 | 50 | 65 | 65 |
| 2WD | K | | (300) | (300) | (400) | (400) |
| V6, 3.2 Liter | W | | 375 | 375 | 500 | 500 |
| **RODEO 4WD—V6—Truck Equipment Schedule T1** | | | | | | |
| S Sport Utility 4D | M58W | 24935 | 1325 | 1450 | 2325 | 3725 |
| LS Sport Utility 4D | M58W | 27615 | 1800 | 1975 | 2750 | 4150 |
| LSE Sport Util 4D | M58W | 31760 | 2400 | 2625 | 3600 | 5325 |
| 2WD | K | | (650) | (650) | (865) | (865) |
| 4-Cyl, 2.2 Liter | D | | (300) | (300) | (400) | (400) |
| **VEHICROSS 4WD—V6—Truck Equipment Schedule T1** | | | | | | |
| Sport Utility 2D | N57X | 31045 | 3225 | 3525 | 4550 | 6525 |
| **TROOPER 4WD—V6—Truck Equipment Schedule T1** | | | | | | |
| S Sport Utility 4D | J58X | 29445 | 1225 | 1350 | 2150 | 3375 |
| LS Sport Utility 4D | J58X | 31145 | 1900 | 2075 | 3125 | 4850 |
| Limited Spt Utl 4D | J58X | 35193 | 2575 | 2850 | 4075 | 6025 |
| 2WD | | | (375) | (375) | (500) | (500) |
| **HOMBRE—4-Cyl.—Truck Equipment Schedule T2** | | | | | | |
| S Short Bed | S144 | 11855 | 1500 | 1650 | 2500 | 4000 |
| XS Short Bed | S144 | 13355 | 1725 | 1900 | 2850 | 4525 |
| S Spacecab | S194 | 14180 | 1875 | 2050 | 3200 | 5025 |
| XS Spacecab | S194 | 16005 | 2225 | 2450 | 3775 | 5875 |
| Third Door | | | 125 | 125 | 165 | 165 |
| 4WD | T | | 400 | 400 | 535 | 535 |
| V6, 4.3 Liter | W | | 125 | 125 | 165 | 165 |

## 2001 ISUZU — (JACor4S2)-(M57W)-1-#

| Body Type | VIN | List | Good | Very Good | Good | Excellent |
|---|---|---|---|---|---|---|
| **RODEO SPORT 4WD—V6—Truck Equipment Schedule T2** | | | | | | |
| Soft Top 2D | M57W | 20270 | 2125 | 2325 | 3350 | 5050 |
| Hard Top 2D | M57W | 20880 | 2175 | 2400 | 3425 | 5175 |
| 2WD | K | | (725) | (725) | (965) | (965) |
| 4-Cyl, 2.2 Liter | D | | (350) | (350) | (465) | (465) |
| **RODEO 4WD—V6—Truck Equipment Schedule T1** | | | | | | |
| S Sport Utility 4D | M58W | 26025 | 1625 | 1800 | 2775 | 4375 |
| LS Sport Utility 4D | M58W | 27480 | 2225 | 2450 | 3250 | 4725 |
| LSE Sport Util 4D | M58W | 31950 | 2900 | 3200 | 4150 | 5975 |
| 2WD | K | | (725) | (725) | (965) | (965) |
| 4-Cyl, 2.2 Liter | D | | (350) | (350) | (465) | (465) |
| **VEHICROSS 4WD—V6—Truck Equipment Schedule T1** | | | | | | |
| Sport Utility 2D | N57X | | 3775 | 4100 | 5275 | 7350 |
| **TROOPER 4WD—V6—Truck Equipment Schedule T1** | | | | | | |
| S Sport Utility 4D | J58X | 29690 | 1550 | 1700 | 2425 | 3675 |
| LS Sport Utility 4D | J58X | 31285 | 2375 | 2600 | 3600 | 5325 |
| Limited Spt Utl 4D | J58X | 35333 | 3100 | 3425 | 4675 | 6775 |
| 2WD | | | (425) | (425) | (565) | (565) |

## 2002 ISUZU — (JACor4S2)-(M57W)-2-#

| Body Type | VIN | List | Good | Very Good | Good | Excellent |
|---|---|---|---|---|---|---|
| **RODEO SPORT 4WD—V6—Truck Equipment Schedule T2** | | | | | | |
| Soft Top 2D | M57W | 22655 | 2375 | 2600 | 3450 | 5025 |
| Hard Top 2D | M57W | 22380 | 2625 | 2875 | 3775 | 5475 |
| 2WD | K | | (800) | (800) | (1065) | (1065) |
| 4-Cyl, 2.2 Liter | D | | (375) | (375) | (500) | (500) |
| **RODEO 4WD—V6—Truck Equipment Schedule T1** | | | | | | |
| S Sport Utility 4D | M58W | 25305 | 1950 | 2150 | 3050 | 4650 |
| LS Sport Utility 4D | M58W | 28355 | 2850 | 3150 | 3925 | 5575 |

**DEDUCT FOR RECONDITIONING**

# 2002 ISUZU

| Body Type | VIN | List | Trade-In Good | Very Good | Pvt-Party Good | Retail Excellent |
|---|---|---|---|---|---|---|
| LSE Sport Util 4D | M58W | 32340 | 3400 | 3725 | 4800 | 6750 |
| 2WD | K | | (800) | (800) | (1065) | (1065) |
| 4-Cyl, 2.2 Liter | D | | (375) | (375) | (500) | (500) |
| **AXIOM 4WD—V6**—Truck Equipment Schedule T1 | | | | | | |
| Sport Utility 4D | F58X | 29625 | 1900 | 2075 | 2950 | 4425 |
| XS Sport Utility 4D | F58X | 31945 | 2275 | 2500 | 3450 | 5125 |
| 2WD | | | (800) | (800) | (1065) | (1065) |
| **TROOPER 4WD—V6**—Truck Equipment Schedule T1 | | | | | | |
| S Sport Utility 4D | J58X | 30015 | 1975 | 2175 | 2900 | 4250 |
| LS Sport Utility 4D | J58X | 33300 | 2875 | 3175 | 4125 | 5950 |
| Limited Spt Util 4D | J58X | 37270 | 3700 | 4025 | 5425 | 7750 |
| 2WD | | | (475) | (475) | (635) | (635) |

## 2003 ISUZU — (4NUor4S2)-(K57D)-3-#

| Body Type | VIN | List | Good | Very Good | Good | Excellent |
|---|---|---|---|---|---|---|
| **RODEO SPORT—4-Cyl.**—Truck Equipment Schedule T2 | | | | | | |
| S Soft Top 2D | K57D | 14624 | 2500 | 2750 | 3525 | 5050 |
| **RODEO SPORT 4WD—V6**—Truck Equipment Schedule T1 | | | | | | |
| S Hard Top 2D | M57W | 20040 | 3675 | 4000 | 5225 | 7350 |
| 2WD | K | | (900) | (900) | (1200) | (1200) |
| 4-Cyl, 2.2 Liter | D | | (400) | (400) | (535) | (535) |
| **RODEO 4WD—V6**—Truck Equipment Schedule T1 | | | | | | |
| S Sport Utility 4D | M58W | 22004 | 2550 | 2800 | 3800 | 5625 |
| 2WD | K | | (900) | (900) | (1200) | (1200) |
| 4-Cyl, 2.2 Liter | D | | (400) | (400) | (535) | (535) |
| **AXIOM 4WD—V6**—Truck Equipment Schedule T1 | | | | | | |
| S Sport Utility 4D | F58X | 27620 | 2625 | 2875 | 3800 | 5550 |
| XS Sport Utility 4D | F58X | 30620 | 3050 | 3350 | 4375 | 6325 |
| 2WD | E | | (900) | (900) | (1200) | (1200) |
| **ASCENDER 4WD—6-Cyl.**—Truck Equipment Schedule T1 | | | | | | |
| S Sport Utility 4D | T16S | 31974 | 2600 | 2850 | 3700 | 5350 |
| LS | | | 375 | 375 | 500 | 500 |
| Limited | | | 650 | 650 | 865 | 865 |
| 2WD | S | | (550) | (550) | (735) | (735) |
| V8, 5.3 Liter | T | | 225 | 225 | 300 | 300 |

## 2004 ISUZU — (4NUor4S2)-(M58W)-4-#

| Body Type | VIN | List | Good | Very Good | Good | Excellent |
|---|---|---|---|---|---|---|
| **RODEO 4WD—V6**—Truck Equipment Schedule T1 | | | | | | |
| S Sport Utility 4D | M58W | 23479 | 3150 | 3475 | 4675 | 6750 |
| 2WD | K | | (975) | (975) | (1300) | (1300) |
| V6, 3.5 Liter | Y | | 375 | 375 | 500 | 500 |
| **AXIOM 4WD—V6**—Truck Equipment Schedule T1 | | | | | | |
| S Sport Utility 4D | F58X | 28149 | 3350 | 3675 | 4675 | 6675 |
| XS Sport Utility 4D | F58X | 31149 | 3750 | 4075 | 5350 | 7575 |
| 2WD | E | | (975) | (975) | (1300) | (1300) |
| **ASCENDER 4WD—6-Cyl.**—Truck Equipment Schedule T1 | | | | | | |
| S Sport Utility 4D | T16S | 31849 | 2850 | 3150 | 3975 | 5675 |
| Third Row Seat | 3 | | 725 | 725 | 965 | 965 |
| LS | | | 400 | 400 | 535 | 535 |
| Limited | | | 725 | 725 | 965 | 965 |
| 2WD | S | | (600) | (600) | (800) | (800) |
| V8, 5.3 Liter | P | | 250 | 250 | 335 | 335 |

## 2005 ISUZU — 4NU-(T16S)-5-#

| Body Type | VIN | List | Good | Very Good | Good | Excellent |
|---|---|---|---|---|---|---|
| **ASCENDER 4WD—6-Cyl.**—Truck Equipment Schedule T1 | | | | | | |
| S Sport Utility 4D | T16S | 32083 | 3075 | 3400 | 4575 | 6325 |
| Third Row Seat | 3 | | 775 | 775 | 1035 | 1035 |
| LS | | | 450 | 450 | 600 | 600 |
| Limited | | | 775 | 775 | 1035 | 1035 |
| 2WD | S | | (650) | (650) | (865) | (865) |
| V8, 5.3 Liter | M | | 275 | 275 | 365 | 365 |

## 2006 ISUZU — (1GGor4NU)-(S198)-6-#

| Body Type | VIN | List | Good | Very Good | Good | Excellent |
|---|---|---|---|---|---|---|
| **i280 EXTENDED CAB PICKUP—4-Cyl.**—Truck Equipment Schedule T2 | | | | | | |
| S Short Bed | S198 | 17649 | 4200 | 4575 | 5800 | 7600 |
| LS Short Bed | S198 | 19649 | 4850 | 5225 | 6550 | 8575 |
| **i350 CREW CAB PICKUP 4WD—5-Cyl.**—Truck Equipment Schedule T2 | | | | | | |
| LS Short Bed | T136 | 28018 | 6625 | 7075 | 8750 | 11350 |
| **ASCENDER 4WD—6-Cyl.**—Truck Equipment Schedule T1 | | | | | | |
| S Sport Utility 4D | T16S | 31878 | 3900 | 4250 | 5400 | 7225 |
| Third Row Seat | 3 | | 825 | 825 | 1100 | 1100 |
| LS | | | 475 | 475 | 635 | 635 |
| Limited | | | 850 | 850 | 1135 | 1135 |

SEE BACK PAGES FOR TRUCK EQUIPMENT

# 2006 ISUZU

| Body Type | VIN | List | Trade-In Good | Very Good | Pvt-Party Good | Retail Excellent |
|---|---|---|---|---|---|---|
| 2WD | S | | (700) | (700) | (935) | (935) |

## 2007 ISUZU — (1GGor4NU)–(S199)–7–#

| Body Type | VIN | List | Trade-In Good | Very Good | Pvt-Party Good | Retail Excellent |
|---|---|---|---|---|---|---|
| **i290 EXTENDED CAB PICKUP—4-Cyl.**—Truck Equipment Schedule T2 | | | | | | |
| S Short Bed | S199 | 17674 | 5200 | 5600 | 6925 | 9000 |
| LS Short Bed | S199 | 20613 | 6075 | 6500 | 7950 | 10300 |
| **i370 EXTENDED CAB PICKUP—5-Cyl.**—Truck Equipment Schedule T2 | | | | | | |
| LS Short Bed | S19E | 21763 | 6875 | 7325 | 8975 | 11600 |
| **i370 CREW CAB PICKUP—5-Cyl.**—Truck Equipment Schedule T2 | | | | | | |
| LS Short Bed | S13E | 28043 | 7575 | 8050 | 9800 | 12600 |
| 4WD | T | | 1300 | 1300 | 1735 | 1735 |
| **ASCENDER 4WD—6-Cyl.**—Truck Equipment Schedule T1 | | | | | | |
| S Sport Utility 4D | T13S | 28694 | 5125 | 5525 | 6850 | 8925 |
| LS | | | 500 | 500 | 665 | 665 |
| 2WD | S | | (750) | (750) | (1000) | (1000) |
| V8, 5.3 Liter | M | | 275 | 275 | 365 | 365 |

## 2008 ISUZU — (1GGor4NU)–(S199)–8–#

| Body Type | VIN | List | Trade-In Good | Very Good | Pvt-Party Good | Retail Excellent |
|---|---|---|---|---|---|---|
| **i290 EXTENDED CAB PICKUP—4-Cyl.**—Truck Equipment Schedule T2 | | | | | | |
| S Short Bed | S199 | 18084 | 5900 | 6325 | 7575 | 9675 |
| **i370 EXTENDED CAB PICKUP—5-Cyl.**—Truck Equipment Schedule T2 | | | | | | |
| LS Short Bed | S19E | 23084 | 7600 | 8075 | 9625 | 12200 |
| **i370 CREW CAB PICKUP—5-Cyl.**—Truck Equipment Schedule T2 | | | | | | |
| LS Short Bed | S13E | 25214 | 8400 | 8900 | 10550 | 13350 |
| 4WD | T | | 1500 | 1500 | 2000 | 2000 |
| **ASCENDER 4WD—6-Cyl.**—Truck Equipment Schedule T1 | | | | | | |
| S Sport Utility 4D | T13S | 29884 | 6200 | 6625 | 7725 | 9675 |
| LS | | | 500 | 500 | 665 | 665 |
| 2WD | S | | (875) | (875) | (1165) | (1165) |

# JEEP

## 1999 JEEP — 1J4–(Y29P)–X–#

| Body Type | VIN | List | Trade-In Good | Very Good | Pvt-Party Good | Retail Excellent |
|---|---|---|---|---|---|---|
| **WRANGLER 4WD—4-Cyl.**—Truck Equipment Schedule T2 | | | | | | |
| SE Sport Utility 2D | Y29P | 15670 | 2775 | 3075 | 4050 | 5925 |
| Rear Seat | | | 50 | 50 | 65 | 65 |
| Hard Top | | | 250 | 250 | 335 | 335 |
| **WRANGLER 4WD—6-Cyl.**—Truck Equipment Schedule T2 | | | | | | |
| Sport Utility 2D | Y19S | 18335 | 3325 | 3650 | 4825 | 6975 |
| Sahara Spt Util 2D | Y49S | 20495 | 3625 | 3950 | 5225 | 7550 |
| Rear Seat | | | 50 | 50 | 65 | 65 |
| Hard Top | | | 250 | 250 | 335 | 335 |
| **CHEROKEE 4WD—6-Cyl.**—Truck Equipment Schedule T1 | | | | | | |
| SE Sport Utility 2D | F27S | 20815 | 1725 | 1900 | 2900 | 4525 |
| SE Sport Utility 4D | F28S | 21850 | 1850 | 2025 | 3100 | 4825 |
| Sport 2D | F67S | 22540 | 2000 | 2200 | 3325 | 5150 |
| Sport 4D | F68S | 23575 | 2025 | 2225 | 3350 | 5200 |
| Classic Spt Ut 4D | F68S | 23945 | 2125 | 2325 | 3500 | 5425 |
| Limited Spt Ut 4D | F78S | 25505 | 2625 | 2875 | 4275 | 6550 |
| 2WD | T | | (575) | (575) | (765) | (765) |
| 4-Cyl, 2.5 Liter | P | | (300) | (300) | (400) | (400) |
| **GRAND CHEROKEE 4WD—6-Cyl.**—Truck Equipment Sch T1 | | | | | | |
| Laredo Sport Util 4D | W58S | 28225 | 1050 | 1150 | 1950 | 3175 |
| 2WD | 2 | | (575) | (575) | (765) | (765) |
| V8, 4.7 Liter | N | | 175 | 175 | 235 | 235 |
| **GRAND CHEROKEE 4WD—V8**—Truck Equipment Schedule T3 | | | | | | |
| Limited Sport Util | W68N | 35480 | 1700 | 1875 | 2975 | 4775 |
| 2WD | 2 | | (575) | (575) | (765) | (765) |
| 6-Cyl, 4.0 Liter | | | (150) | (150) | (200) | (200) |

## 2000 JEEP — 1J4–(A29P)–Y–#

| Body Type | VIN | List | Trade-In Good | Very Good | Pvt-Party Good | Retail Excellent |
|---|---|---|---|---|---|---|
| **WRANGLER 4WD—4-Cyl.**—Truck Equipment Schedule T2 | | | | | | |
| SE Sport Utility 2D | A29P | 16305 | 3175 | 3475 | 4450 | 6375 |
| Rear Seat | | | 50 | 50 | 65 | 65 |
| Hard Top | | | 250 | 250 | 335 | 335 |
| **WRANGLER 4WD—6-Cyl.**—Truck Equipment Schedule T2 | | | | | | |
| Sport Utility 2D | A49S | 18995 | 3800 | 4125 | 5275 | 7500 |
| Sahara Spt Util 2D | A59S | 20925 | 4100 | 4450 | 5850 | 8275 |
| Rear Seat | | | 50 | 50 | 65 | 65 |
| Hard Top | | | 250 | 250 | 335 | 335 |

## 2000 JEEP

| Body Type | VIN | List | Trade-In Good | Very Good | Pvt-Party Good | Retail Excellent |
|---|---|---|---|---|---|---|
| **CHEROKEE 4WD—6-Cyl.**—Truck Equipment Schedule T1 | | | | | | |
| SE Sport Utility 2D | F27S | 21285 | 2200 | 2425 | 3475 | 5250 |
| SE Sport Utility 4D | F28S | 22320 | 2325 | 2550 | 3650 | 5500 |
| Sport 2D | F47S | 21860 | 2550 | 2800 | 3975 | 5975 |
| Sport 4D | F48S | 22895 | 2600 | 2850 | 4050 | 6075 |
| Classic Spt Ut 4D | F58S | 23420 | 2825 | 3125 | 4375 | 6525 |
| Limited Spt Ut 4D | F68S | 25340 | 3300 | 3600 | 5050 | 7525 |
| 2WD | T | | (650) | (650) | (865) | (865) |
| 4-Cyl, 2.5 Liter | P | | (300) | (300) | (400) | (400) |
| **GRAND CHEROKEE 4WD—6-Cyl.**—Truck Equipment Sch T1 | | | | | | |
| Laredo Sport Util 4D | W48S | 29075 | 1300 | 1425 | 2175 | 3425 |
| 2WD | X | | (650) | (650) | (865) | (865) |
| V8, 4.7 Liter | | | 200 | 200 | 265 | 265 |
| **GRAND CHEROKEE 4WD—V8**—Truck Equipment Schedule T3 | | | | | | |
| Limited Spt Util 4D | 258N | 35950 | 1850 | 2025 | 3100 | 4800 |
| 2WD | X | | (650) | (650) | (865) | (865) |
| 6-Cyl, 4.0 Liter | S | | (150) | (150) | (200) | (200) |

## 2001 JEEP — 1J4-(A29P)-1-#

| Body Type | VIN | List | Good | Very Good | Pvt-Party Good | Retail Excellent |
|---|---|---|---|---|---|---|
| **WRANGLER 4WD—4-Cyl.**—Truck Equipment Schedule T2 | | | | | | |
| SE Sport Utility 2D | A29P | 16095 | 3450 | 3775 | 4675 | 6550 |
| Rear Seat | | | 75 | 75 | 100 | 100 |
| Hard Top | | | 275 | 275 | 365 | 365 |
| **WRANGLER 4WD—6-Cyl.**—Truck Equipment Schedule T2 | | | | | | |
| Sport Utility 2D | A49S | 19615 | 4150 | 4500 | 5750 | 7975 |
| Sahara Spt Util 2D | A59S | 22895 | 4850 | 5225 | 6650 | 9200 |
| Hard Top | | | 275 | 275 | 365 | 365 |
| **CHEROKEE 4WD—6-Cyl.**—Truck Equipment Schedule T1 | | | | | | |
| SE Sport Utility 2D | F27S | 21780 | 2750 | 3050 | 4025 | 5850 |
| SE Sport Utility 4D | F28S | 22815 | 2900 | 3200 | 4225 | 6150 |
| Sport 2D | F47S | 22410 | 3125 | 3425 | 4525 | 6575 |
| Sport Utility 4D | F48S | 23445 | 3175 | 3475 | 4600 | 6650 |
| Classic Spt Ut 4D | F58S | 23835 | 3425 | 3750 | 4925 | 7125 |
| Limited Spt Ut 4D | F68S | 23970 | 3900 | 4250 | 5750 | 8275 |
| 2WD | T | | (725) | (725) | (965) | (965) |
| **GRAND CHEROKEE 4WD—6-Cyl.**—Truck Equipment Schedule T1 | | | | | | |
| Laredo Sport Util 4D | W48S | 29855 | 1575 | 1725 | 2425 | 3750 |
| 2WD | X | | (725) | (725) | (965) | (965) |
| V8, 4.7 Liter | N | | 225 | 225 | 300 | 300 |
| **GRAND CHEROKEE 4WD—V8**—Truck Equipment Schedule T3 | | | | | | |
| Limited Spt Util 4D | W58N | 35870 | 2175 | 2400 | 3425 | 5175 |
| 2WD | X | | (725) | (725) | (965) | (965) |
| 6-Cyl, 4.0 Liter | S | | (225) | (225) | (300) | (300) |

## 2002 JEEP — 1J(4or8)-(A29P)-2-#

| Body Type | VIN | List | Good | Very Good | Pvt-Party Good | Retail Excellent |
|---|---|---|---|---|---|---|
| **WRANGLER 4WD—4-Cyl.**—Truck Equipment Schedule T2 | | | | | | |
| SE Sport Utility 2D | A29P | 16410 | 3900 | 4250 | 5100 | 6850 |
| Rear Seat | | | 100 | 100 | 135 | 135 |
| Hard Top | | | 300 | 300 | 400 | 400 |
| **WRANGLER 4WD—6-Cyl.**—Truck Equipment Schedule T2 | | | | | | |
| X Sport Utility 2D | A49S | 18595 | 4825 | 5200 | 6225 | 8300 |
| Sport Utility 2D | A49S | 20665 | 5200 | 5575 | 6675 | 8900 |
| Sahara Spt Util 2D | A59S | 24035 | 5650 | 6050 | 7425 | 9875 |
| Hard Top | | | 300 | 300 | 400 | 400 |
| **LIBERTY 4WD—V6**—Truck Equipment Schedule T1 | | | | | | |
| Sport Utility 4D | L48K | 21070 | 2150 | 2350 | 3275 | 4875 |
| Limited Utility 4D | L58K | 23305 | 2625 | 2875 | 3925 | 5800 |
| Renegade Utility 4D | L38K | 23855 | 2650 | 2900 | 3950 | 5850 |
| 2WD | K | | (800) | (800) | (1065) | (1065) |
| 4-Cyl, 2.4 Liter | 1 | | (325) | (325) | (435) | (435) |
| **GRAND CHEROKEE 4WD—6-Cyl.**—Truck Equipment Schedule T1 | | | | | | |
| Laredo Sport Util 4D | W48S | 27995 | 2025 | 2225 | 3050 | 4550 |
| Sport Utility 4D | W38S | 29140 | 2125 | 2325 | 3200 | 4750 |
| 2WD | X | | (800) | (800) | (1065) | (1065) |
| V8, 4.7 Liter | N | | 225 | 225 | 300 | 300 |
| **GRAND CHEROKEE 4WD—V8**—Truck Equipment Schedule T3 | | | | | | |
| Limited Spt Util 4D | W58N | 33300 | 2775 | 3075 | 4100 | 6000 |
| Overland Spt Utl 4D | W68N | 37430 | 2800 | 3100 | 4125 | 6050 |
| 2WD | X | | (800) | (800) | (1065) | (1065) |
| 6-Cyl, 4.0 Liter | S | | (300) | (300) | (400) | (400) |

**SEE BACK PAGES FOR TRUCK EQUIPMENT**

# 2003 JEEP

| Body Type | VIN | List | Trade-In Good | Very Good | Pvt-Party Good | Retail Excellent |
|---|---|---|---|---|---|---|
| **2003 JEEP** — 1J(4or8)-(A291)-3-# | | | | | | |
| **WRANGLER 4WD—4-Cyl.**—Truck Equipment Schedule T2 | | | | | | |
| SE Sport Utility 2D | A291 | 16910 | 4475 | 4825 | 5600 | 7325 |
| Rear Seat | | | 100 | 100 | 135 | 135 |
| Hard Top | | | 325 | 325 | 435 | 435 |
| **WRANGLER 4WD—6-Cyl.**—Truck Equipment Schedule T2 | | | | | | |
| X Sport Utility 2D | A39S | 19295 | 5450 | 5850 | 6950 | 9050 |
| "Sport" Spt Util 2D | A49S | 21930 | 6125 | 6550 | 7750 | 10050 |
| Sahara Spt Util 2D | A59S | 24695 | 6475 | 6900 | 8150 | 10550 |
| Rubicon Spt Utl 2D | A59S | 24995 | 6725 | 7175 | 8550 | 11050 |
| Hard Top | | | 325 | 325 | 435 | 435 |
| **LIBERTY 4WD—V6**—Truck Equipment Schedule T1 | | | | | | |
| Sport Utility 4D | L48K | 21880 | 2825 | 3125 | 3975 | 5700 |
| Limited Utility 4D | L58K | 24045 | 3325 | 3650 | 4650 | 6600 |
| Renegade Utility 4D | L38K | 24630 | 3350 | 3675 | 4675 | 6650 |
| 2WD | K | | (900) | (900) | (1200) | (1200) |
| 4-Cyl. 2.4 Liter | 1 | | (375) | (375) | (500) | (500) |
| **GRAND CHEROKEE 4WD—6-Cyl.**—Truck Equipment Schedule T1 | | | | | | |
| Laredo Sport Util 4D | W48S | 28640 | 2625 | 2875 | 3725 | 5375 |
| 2WD | X | | (900) | (900) | (1200) | (1200) |
| V8, 4.7 Liter | N | | 375 | 375 | 500 | 500 |
| **GRAND CHEROKEE 4WD—V8**—Truck Equipment Schedule T3 | | | | | | |
| Limited Sport Util 4D | W58N | 34920 | 3575 | 3900 | 5150 | 7325 |
| Overland Spt Util 4D | W68J | 37975 | 3600 | 3925 | 5200 | 7350 |
| 2WD | X | | (900) | (900) | (1200) | (1200) |
| 6-Cyl. 4.0 Liter | S | | (350) | (350) | (465) | (465) |
| **2004 JEEP** — 1J(4or8)-(A291)-4-# | | | | | | |
| **WRANGLER 4WD—4-Cyl.**—Truck Equipment Schedule T2 | | | | | | |
| SE Sport Utility 2D | A291 | 17515 | 5350 | 5750 | 6600 | 8425 |
| Rear Seat | | | 100 | 100 | 135 | 135 |
| Hard Top | | | 350 | 350 | 465 | 465 |
| **WRANGLER 4WD—6-Cyl.**—Truck Equipment Schedule T2 | | | | | | |
| X Sport Utility 2D | A39S | 19945 | 6525 | 6950 | 8025 | 10150 |
| "Sport" SUV 2D | A49S | 22755 | 7100 | 7550 | 8700 | 11000 |
| Unlimited Util LWB | A29S | 24995 | 7800 | 8275 | 9500 | 12000 |
| Sahara Spt Util 2D | A59S | 25520 | 7750 | 8225 | 9425 | 11900 |
| Rubicon Spt Utl 2D | A69S | 25695 | 7900 | 8375 | 9600 | 12100 |
| Hard Top | | | 350 | 350 | 465 | 465 |
| **LIBERTY 4WD—V6**—Truck Equipment Schedule T1 | | | | | | |
| Sport Utility 4D | L48K | 21855 | 3375 | 3700 | 4700 | 6550 |
| Limited Utility 4D | L58K | 24870 | 3875 | 4225 | 5325 | 7400 |
| Renegade Utility 4D | L38K | 25455 | 3900 | 4250 | 5375 | 7450 |
| 2WD | K | | (975) | (975) | (1300) | (1300) |
| 4-Cyl. 2.4 Liter | 1 | | (400) | (400) | (535) | (535) |
| **GRAND CHEROKEE 4WD—6-Cyl.**—Truck Equipment Schedule T1 | | | | | | |
| Laredo Sport Util 4D | W48S | 29875 | 3275 | 3600 | 4550 | 6325 |
| 2WD | X | | (975) | (975) | (1300) | (1300) |
| V8, 4.7 Liter | N,J | | 275 | 275 | 365 | 365 |
| **GRAND CHEROKEE 4WD—V8**—Truck Equipment Schedule T3 | | | | | | |
| Limited Spt Util 4D | W58N | 35655 | 4350 | 4700 | 5900 | 8125 |
| Overland Spt Util 4D | W68J | 39920 | 4800 | 5175 | 6475 | 8900 |
| 2WD | X | | (975) | (975) | (1300) | (1300) |
| 6-Cyl. 4.0 Liter | S | | (400) | (400) | (535) | (535) |
| **2005 JEEP** — 1J(4or8)-(A291)-5-# | | | | | | |
| **WRANGLER 4WD—4-Cyl.**—Truck Equipment Schedule T2 | | | | | | |
| SE Sport Utility 2D | A291 | 18510 | 6375 | 6825 | 7900 | 9775 |
| Rear Seat | | | 100 | 100 | 135 | 135 |
| 6-Cyl. 4.0 Liter | S | | 825 | 825 | 1100 | 1100 |
| **WRANGLER 4WD—6-Cyl.**—Truck Equipment Schedule T2 | | | | | | |
| X Sport Utility 2D | A39S | 20820 | 7850 | 8325 | 9525 | 11750 |
| "Sport" SUV 2D | A49S | 24725 | 9100 | 9625 | 10950 | 13500 |
| Unlimited Util LWB | A44S | 25480 | 9600 | 10150 | 11500 | 14150 |
| Rubicon Spt Util 2D | A69S | 27825 | 9900 | 10450 | 11850 | 14550 |
| Rubicon LWB Util 2D | A69S | 29025 | 11300 | 11900 | 13500 | 16550 |
| Unltd Rubicon LWB | A69S | 29195 | 9750 | 10300 | 11750 | 14550 |
| Hard Top | | | 375 | 375 | 500 | 500 |
| **LIBERTY 4WD—V6**—Truck Equipment Schedule T1 | | | | | | |
| Sport Utility 4D | L48K | 22985 | 3775 | 4125 | 5350 | 7250 |
| Renegade Utility 4D | L38K | 24920 | 4475 | 4850 | 6200 | 8375 |

**DEDUCT FOR RECONDITIONING**

# 2005 JEEP

| Body Type | VIN | List | Trade-In Good | Very Good | Pvt-Party Good | Retail Excellent |
|---|---|---|---|---|---|---|
| Limited Utility 4D | L58K | 25645 | 4400 | 4775 | 6125 | 8250 |
| 2WD | K | | (1050) | (1050) | (1400) | (1400) |
| 4-Cyl, 2.4 Liter | 1 | | (450) | (450) | (600) | (600) |
| 4-Cyl, 2.8L, Turbo Dsl | 5 | | 1575 | 1575 | 2100 | 2100 |
| **GRAND CHEROKEE 4WD—V6**—Truck Equipment Schedule T1 | | | | | | |
| Laredo Sport Util 4D | R48K | 28745 | 4825 | 5200 | 6750 | 9025 |
| 2WD | S | | (1050) | (1050) | (1400) | (1400) |
| V8, 4.7 Liter | N | | 275 | 275 | 365 | 365 |
| **GRAND CHEROKEE 4WD—V8**—Truck Equipment Schedule T3 | | | | | | |
| Limited Spt Util 4D | R58N | 34690 | 6325 | 6750 | 8600 | 11400 |
| 2WD | S | | (1050) | (1050) | (1400) | (1400) |
| V8, HEMI, 5.7 Liter | 2 | | 275 | 275 | 365 | 365 |

## 2006 JEEP — 1J(4or8)-(A291)-6-#

| Body Type | VIN | List | Trade-In Good | Very Good | Pvt-Party Good | Retail Excellent |
|---|---|---|---|---|---|---|
| **WRANGLER 4WD—4-Cyl.**—Truck Equipment Schedule T2 | | | | | | |
| SE Sport Utility 2D | A291 | 18730 | 7100 | 7575 | 8600 | 10550 |
| Rear Seat | | | 100 | 100 | 135 | 135 |
| 6-Cyl, 4.0 Liter | E | | 875 | 875 | 1165 | 1165 |
| **WRANGLER 4WD—6-Cyl.**—Truck Equipment Schedule T2 | | | | | | |
| X Sport Utility 2D | A39S | 21040 | 8900 | 9400 | 10600 | 12950 |
| "Sport" SUV 2D | A49S | 24725 | 9975 | 10500 | 11800 | 14350 |
| Unlimited LWB Util | A54S | 25480 | 10100 | 10650 | 12000 | 14600 |
| Rubicon Spt Util 2D | A69S | 28125 | 10700 | 11250 | 12650 | 15400 |
| Unltd Rubicon LWB | A69S | 29125 | 11100 | 11650 | 13300 | 16350 |
| Hard Top | | | 400 | 400 | 535 | 535 |
| **LIBERTY 4WD—V6**—Truck Equipment Schedule T1 | | | | | | |
| Sport Utility 4D | L48K | 23965 | 4625 | 5000 | 6400 | 8475 |
| Renegade Utility 4D | L38K | 25855 | 5425 | 5825 | 7375 | 9700 |
| Limited Utility 4D | L58K | 27405 | 5325 | 5725 | 7250 | 9550 |
| 2WD | K | | (1150) | (1150) | (1535) | (1535) |
| 4-Cyl, 2.8L, Turbo Dsl | 5 | | 1675 | 1675 | 2235 | 2235 |
| **COMMANDER 4WD—V6**—Truck Equipment Schedule T1 | | | | | | |
| Sport Utility 4D | G48K | 29985 | 5900 | 6325 | 7575 | 9550 |
| 2WD | H | | (1150) | (1150) | (1535) | (1535) |
| V8, 4.7 Liter | N | | 575 | 575 | 765 | 765 |
| **COMMANDER 4WD—V8**—Truck Equipment Schedule T1 | | | | | | |
| Limited Spt Util 4D | G58N | 38900 | 9350 | 9875 | 11550 | 14450 |
| 2WD | H | | (1150) | (1150) | (1535) | (1535) |
| V8, HEMI, 5.7 Liter | 2 | | 300 | 300 | 400 | 400 |
| **GRAND CHEROKEE 4WD—V6**—Truck Equipment Schedule T1 | | | | | | |
| Laredo Sport Util 4D | R48K | 29830 | 5825 | 6250 | 7675 | 9875 |
| 2WD | S | | (1150) | (1150) | (1535) | (1535) |
| V8, 4.7 Liter | N | | 300 | 300 | 400 | 400 |
| **GRAND CHEROKEE 4WD—V8**—Truck Equipment Schedule T3 | | | | | | |
| Limited Spt Util 4D | R58N | 36700 | 8650 | 9150 | 11050 | 14100 |
| 2WD | S | | (1150) | (1150) | (1535) | (1535) |
| V8, HEMI, 5.7 Liter | 2 | | 300 | 300 | 400 | 400 |
| **GRAND CHEROKEE 4WD—V8 HEMI**—Truck Equipment Schedule T3 | | | | | | |
| SRT8 Sport Util 4D | R783 | 39995 | 16800 | 17550 | 19200 | 22900 |
| Overland Spt Util 4D | R682 | 42925 | 9100 | 9625 | 11550 | 14750 |
| 2WD | S | | (1150) | (1150) | (1535) | (1535) |

## 2007 JEEP — 1J(4or8)-(F28W)-7-#

| Body Type | VIN | List | Trade-In Good | Very Good | Pvt-Party Good | Retail Excellent |
|---|---|---|---|---|---|---|
| **PATRIOT 4WD—4-Cyl.**—Truck Equipment Schedule T1 | | | | | | |
| Sport Utility 4D | F28W | 17785 | 5325 | 5725 | 6950 | 8900 |
| Limited Spt Util 4D | F48W | 22785 | 6800 | 7250 | 8725 | 11100 |
| 2WD | T | | (1225) | (1225) | (1635) | (1635) |
| **COMPASS 4WD—4-Cyl.**—Truck Equipment Schedule T1 | | | | | | |
| Sport SUV 4D | F47W | 17585 | 5075 | 5475 | 6500 | 8200 |
| Limited Utility 4D | F57W | 21740 | 6075 | 6500 | 7625 | 9575 |
| 2WD | T | | (1225) | (1225) | (1635) | (1635) |
| **WRANGLER 4WD—V6**—Truck Equipment Schedule T2 | | | | | | |
| X Sport Utility 2D | A241 | 19970 | 10650 | 11200 | 12550 | 15250 |
| Unlimited X Spt Util | A391 | 23235 | 12650 | 13250 | 14900 | 18000 |
| Sahara Spt Util 2D | A541 | 24785 | 12350 | 12950 | 14450 | 17500 |
| Unltd Sahara Util 4D | A591 | 27560 | 14100 | 14750 | 16450 | 19900 |
| Rubicon Spt Util 2D | A641 | 26750 | 13150 | 13800 | 15400 | 18650 |
| Unltd Rubicon 4D | A691 | 29720 | 16550 | 17300 | 18950 | 22700 |
| Hard Top | B | | 400 | 400 | 535 | 535 |
| 2WD | | | (1225) | (1225) | (1635) | (1635) |
| **LIBERTY 4WD—V6**—Truck Equipment Schedule T1 | | | | | | |
| Sport Utility 4D | L48K | 23460 | 5600 | 6000 | 7325 | 9450 |

SEE BACK PAGES FOR TRUCK EQUIPMENT

# 2007 JEEP

| Body Type | VIN | List | Trade-In Good | Very Good | Pvt-Party Good | Retail Excellent |
|---|---|---|---|---|---|---|
| Limited Utility 4D | L58K | 27045 | 6450 | 6875 | 8325 | 10700 |
| 2WD | K | | (1225) | (1225) | (1635) | (1635) |
| **COMMANDER 4WD—V6**—Truck Equipment Schedule T1 | | | | | | |
| Sport Utility 4D | G48K | 31080 | 7275 | 7750 | 9025 | 11300 |
| 2WD | H | | (1225) | (1225) | (1635) | (1635) |
| V8, 4.7 Liter | N | | 700 | 700 | 935 | 935 |
| **COMMANDER 4WD—V8**—Truck Equipment Schedule T1 | | | | | | |
| Limited Sport Util | G58N | 39215 | 10750 | 11300 | 13050 | 16200 |
| 2WD | H | | (1225) | (1225) | (1635) | (1635) |
| V8, HEMI, 5.7 Liter | 2 | | 550 | 550 | 735 | 735 |
| **COMMANDER 4WD—V8 HEMI**—Truck Equipment Schedule T1 | | | | | | |
| Overland Sport Util | G682 | 44545 | 12100 | 12700 | 14100 | 17000 |
| 2WD | H | | (1225) | (1225) | (1635) | (1635) |
| **GRAND CHEROKEE 4WD—V6**—Truck Equipment Schedule T1 | | | | | | |
| Laredo Sport Util 4D | R48K | 30205 | 7125 | 7600 | 8925 | 11200 |
| 2WD | S | | (1225) | (1225) | (1635) | (1635) |
| V8, 4.7 Liter | N | | 550 | 550 | 735 | 735 |
| **GRAND CHEROKEE 4WD—V8**—Truck Equipment Schedule T1 | | | | | | |
| Limited Spt Util 4D | R58N | 37890 | 10300 | 10850 | 12550 | 15700 |
| 2WD | S | | (1225) | (1225) | (1635) | (1635) |
| V6, Turbo Dsl 3.0L | M | | 950 | 950 | 1265 | 1265 |
| V8, HEMI, 5.7 Liter | 2 | | 550 | 550 | 735 | 735 |
| **GRAND CHEROKEE 4WD—V8 HEMI**—Truck Equipment Schedule T3 | | | | | | |
| SRT8 Sport Util | R783 | 40675 | 19250 | 20100 | 21800 | 25500 |
| Overland Spt Utl 4D | R682 | 43260 | 11300 | 11900 | 13800 | 17200 |
| 2WD | S | | (1225) | (1225) | (1635) | (1635) |
| V6, Turbo Dsl 3.0L | M | | 950 | 950 | 1265 | 1265 |

## 2008 JEEP — 1J(4or8)-(F28W)-8-#

| Body Type | VIN | List | Trade-In Good | Very Good | Pvt-Party Good | Retail Excellent |
|---|---|---|---|---|---|---|
| **PATRIOT 4WD—4-Cyl.**—Truck Equipment Schedule T1 | | | | | | |
| Sport SUV 4D | F28W | 18885 | 6400 | 6825 | 8050 | 10150 |
| Limited Util 4D | F48W | 23605 | 7900 | 8400 | 9825 | 12350 |
| 2WD | T | | (1300) | (1300) | (1735) | (1735) |
| **COMPASS 4WD—4-Cyl.**—Truck Equipment Schedule T1 | | | | | | |
| Sport SUV 4D | F47W | 20295 | 6575 | 7025 | 7925 | 9725 |
| Limited Util 4D | F57W | 24885 | 7975 | 8475 | 9550 | 11650 |
| 2WD | T | | (1300) | (1300) | (1735) | (1735) |
| **WRANGLER 4WD—V6**—Truck Equipment Schedule T2 | | | | | | |
| X Sport Utility 2D | A241 | 20195 | 12150 | 12750 | 13850 | 16400 |
| Unlimited X Spt Util | A391 | 24115 | 14450 | 15100 | 16350 | 19350 |
| Sahara Spt Util 2D | A541 | 25650 | 14300 | 14950 | 16200 | 19150 |
| Unltd Sahara Util 4D | A591 | 29025 | 16500 | 17250 | 18550 | 21900 |
| Rubicon Spt Util 2D | A641 | 27880 | 14750 | 15400 | 16700 | 19700 |
| Unltd Rubicon 4D | A691 | 31020 | 18650 | 19500 | 20900 | 24600 |
| Hard Top | | | 475 | 475 | 635 | 635 |
| 2WD | B | | (1300) | (1300) | (1735) | (1735) |
| **LIBERTY 4WD—V6**—Truck Equipment Schedule T1 | | | | | | |
| Sport Utility 4D | N28K | 23425 | 7800 | 8275 | 9725 | 12250 |
| Limited Utility 4D | N58K | 26785 | 9425 | 9950 | 11650 | 14550 |
| 2WD | P | | (1300) | (1300) | (1735) | (1735) |
| **COMMANDER 4WD—V6**—Truck Equipment Schedule T1 | | | | | | |
| Sport Utility 4D | G48K | 30095 | 8800 | 9300 | 10550 | 12850 |
| 2WD | H | | (1300) | (1300) | (1735) | (1735) |
| V8, 4.7 Liter | N | | 750 | 750 | 1000 | 1000 |
| **COMMANDER 4WD—V8**—Truck Equipment Schedule T1 | | | | | | |
| Limited Sport Util | G58N | 39620 | 12550 | 13150 | 14700 | 17850 |
| 2WD | H | | (1300) | (1300) | (1735) | (1735) |
| V8, HEMI, 5.7 Liter | 2 | | 650 | 650 | 865 | 865 |
| **COMMANDER 4WD—V8 HEMI**—Truck Equipment Schedule T1 | | | | | | |
| Overland Sport Util | G682 | 44545 | 14850 | 15500 | 16950 | 20100 |
| 2WD | H | | (1300) | (1300) | (1735) | (1735) |
| **GRAND CHEROKEE 4WD—V6**—Truck Equipment Schedule T1 | | | | | | |
| Laredo Sport Util | R48K | 31085 | 9250 | 9775 | 11000 | 13350 |
| 2WD | S | | (1300) | (1300) | (1735) | (1735) |
| V6, Turbo Dsl 3.0L | M | | 2150 | 2150 | 2865 | 2865 |
| V8, Flex Fuel, 4.7 Liter | N | | 750 | 750 | 1000 | 1000 |
| **GRAND CHEROKEE 4WD—V8 HEMI**—Truck Equipment Schedule T3 | | | | | | |
| Limited Spt Util 4D | R582 | 39930 | 12950 | 13600 | 15200 | 18400 |
| 2WD | S | | (1300) | (1300) | (1735) | (1735) |
| V6, Turbo Dsl 3.0L | M | | 275 | 275 | 365 | 365 |
| V8, Flex Fuel, 4.7 Liter | N | | (700) | (700) | (935) | (935) |
| **GRAND CHEROKEE 4WD—V8 HEMI**—Truck Equipment Schedule T3 | | | | | | |
| SRT8 Sport Util 4D | R783 | 41220 | 21700 | 22600 | 23700 | 27500 |

DEDUCT FOR RECONDITIONING

# 2008 JEEP

| Body Type | VIN | List | Trade-In Good | Very Good | Pvt-Party Good | Retail Excellent |
|---|---|---|---|---|---|---|
| Overland Sport Util | R682 | 44135 | 15050 | 15750 | 17500 | 21100 |
| 2WD | S | | (1300) | (1300) | (1735) | (1735) |
| V6, Turbo Dsl 3.0L | M | | 1000 | 1000 | 1335 | 1335 |

## 2009 JEEP — 1J(4or8)-(F28B)-9-#

**PATRIOT 4WD—4-Cyl.**—Truck Equipment Schedule T1
| Body Type | VIN | List | Good | Very Good | Good | Excellent |
|---|---|---|---|---|---|---|
| Sport SUV 4D | F28B | 20220 | 7650 | 8125 | 9325 | 11500 |
| Limited Spt Util 4D | F48B | 24910 | 9450 | 9975 | 11350 | 14000 |
| 2WD | T | | (1400) | (1400) | (1865) | (1865) |

**COMPASS 4WD—4-Cyl.**—Truck Equipment Schedule T1
| | | | | | | |
|---|---|---|---|---|---|---|
| Sport SUV 4D | F47B | 21945 | 8125 | 8625 | 9575 | 11600 |
| Limited Spt Util 4D | F57B | 26305 | 9625 | 10150 | 11250 | 13550 |
| 2WD | T | | (1400) | (1400) | (1865) | (1865) |

**WRANGLER 4WD—V6**—Truck Equipment Schedule T2
| | | | | | | |
|---|---|---|---|---|---|---|
| X Sport Utility 2D | A241 | 21385 | 13700 | 14350 | 15300 | 17850 |
| Unlimited X Spt Util | A391 | 24915 | 16250 | 16950 | 18000 | 20900 |
| Sahara Spt Util 2D | A541 | 27195 | 15900 | 16650 | 17600 | 20500 |
| Unltd Sahara Util 4D | A591 | 29845 | 20300 | 21200 | 22300 | 25800 |
| Rubicon Spt Utl 2D | A641 | 28890 | 17750 | 18500 | 19550 | 22700 |
| Unltd Rubicon 4D | A691 | 32990 | 22100 | 23100 | 24100 | 27800 |
| Hard Top | | | 550 | 550 | 735 | 735 |
| 2WD | B | | (1400) | (1400) | (1865) | (1865) |

**LIBERTY 4WD—V6**—Truck Equipment Schedule T1
| | | | | | | |
|---|---|---|---|---|---|---|
| Sport SUV 4D | N28K | 24520 | 9400 | 9925 | 11400 | 14150 |
| Limited Utility 4D | N58K | 27625 | 11200 | 11800 | 13500 | 16700 |
| 2WD | P | | (1400) | (1400) | (1865) | (1865) |

**COMMANDER 4WD—V6**—Truck Equipment Schedule T1
| | | | | | | |
|---|---|---|---|---|---|---|
| Sport Utility 4D | G48K | 32140 | 11250 | 11850 | 13100 | 15700 |
| 2WD | H | | (1400) | (1400) | (1865) | (1865) |
| V8, 4.7 Liter | P | | 800 | 800 | 1065 | 1065 |

**COMMANDER 4WD—V8**—Truck Equipment Schedule T1
| | | | | | | |
|---|---|---|---|---|---|---|
| Limited Sport Util | G58P | 41335 | 16150 | 16900 | 18500 | 22100 |
| 2WD | H | | (1400) | (1400) | (1865) | (1865) |
| V8, HEMI, 5.7 Liter | T | | 725 | 725 | 965 | 965 |

**COMMANDER 4WD—V8 HEMI**—Truck Equipment Schedule T1
| | | | | | | |
|---|---|---|---|---|---|---|
| Overland Sport Util | G68T | 45940 | 18450 | 19250 | 20600 | 24300 |
| 2WD | H | | (1400) | (1400) | (1865) | (1865) |

**GRAND CHEROKEE 4WD—V6**—Truck Equipment Schedule T1
| | | | | | | |
|---|---|---|---|---|---|---|
| Laredo Sport Util 4D | R48K | 33200 | 11850 | 12450 | 13650 | 16300 |
| 2WD | S | | (1400) | (1400) | (1865) | (1865) |
| V6, Turbo Dsl 3.0L | M | | 2275 | 2275 | 3035 | 3035 |
| V8, Flex Fuel, 4.7 Liter | P | | 725 | 725 | 965 | 965 |

**GRAND CHEROKEE 4WD—V8 HEMI**—Truck Equipment Schedule T3
| | | | | | | |
|---|---|---|---|---|---|---|
| Limited Spt Util 4D | R58T | 41435 | 17800 | 18550 | 20200 | 24000 |
| 2WD | S | | (1400) | (1400) | (1865) | (1865) |
| V6, Turbo Dsl 3.0L | M | | 250 | 250 | 335 | 335 |
| V8, Flex Fuel, 4.7 Liter | P | | (750) | (750) | (1000) | (1000) |

**GRAND CHEROKEE 4WD—V8 HEMI**—Truck Equipment Schedule T3
| | | | | | | |
|---|---|---|---|---|---|---|
| SRT8 Sport Util 4D | R78W | 43745 | 28100 | 29200 | 30200 | 34500 |

**GRAND CHEROKEE 4WD—V8 HEMI**—Truck Equipment Schedule T3
| | | | | | | |
|---|---|---|---|---|---|---|
| Overland Sport Util | R68T | 45625 | 18150 | 18950 | 20600 | 24500 |
| 2WD | S | | (1400) | (1400) | (1865) | (1865) |
| V6, Turbo Dsl 3.0L | M | | 1050 | 1050 | 1400 | 1400 |

## 2010 JEEP — 1J4-(F1GB)-A-#

**PATRIOT 4WD—4-Cyl.**—Truck Equipment Schedule T1
| | | | | | | |
|---|---|---|---|---|---|---|
| Sport SUV 4D | F1GB | 21176 | 9100 | 9625 | 10550 | 12550 |
| Limited Spt Util 4D | F4GB | 26280 | 10900 | 11450 | 12500 | 14850 |
| 2WD | T | | (1475) | (1475) | (1965) | (1965) |

**COMPASS 4WD—4-Cyl.**—Truck Equipment Schedule T1
| | | | | | | |
|---|---|---|---|---|---|---|
| Sport SUV 4D | F1FB | 18595 | 9950 | 10500 | 11600 | 13900 |
| Limited SUV | F5FB | 26865 | 11150 | 11700 | 12900 | 15500 |
| 2WD | T | | (1475) | (1475) | (1965) | (1965) |

**WRANGLER 4WD—V6**—Truck Equipment Schedule T2
| | | | | | | |
|---|---|---|---|---|---|---|
| "Sport" SUV 2D | A2D1 | 22680 | 15000 | 15700 | 16400 | 18900 |
| Unlimited "Sport" 4D | A3H1 | 26100 | 18850 | 19700 | 20500 | 23500 |
| Sahara Spt Util 2D | A5D1 | 27770 | 19350 | 20200 | 21000 | 24100 |
| Unltd Sahara Util 4D | A5H1 | 30420 | 21700 | 22600 | 23400 | 26800 |
| Rubicon Spt Utl 2D | A6D1 | 29525 | 19950 | 20800 | 21600 | 24800 |
| Unltd Rubicon 4D | A6H1 | 33565 | 23400 | 24300 | 25300 | 29000 |
| Hard Top | | | 600 | 600 | 800 | 800 |
| 2WD | | | (1475) | (1475) | (1965) | (1965) |

**SEE BACK PAGES FOR TRUCK EQUIPMENT**

# 2010 JEEP

## TRUCKS & VANS

| Body Type | VIN | List | Trade-In Good | Very Good | Pvt-Party Good | Retail Excellent |
|---|---|---|---|---|---|---|
| **LIBERTY 4WD—V6**—Truck Equipment Schedule T1 | | | | | | |
| Sport SUV 4D | N2GK | 25609 | 10800 | 11350 | 12600 | 15200 |
| Renegade Spt Util | N3GK | 28605 | 12250 | 12850 | 14200 | 17100 |
| Limited Util 4D | N5GK | 29480 | 12550 | 13150 | 14650 | 17650 |
| 2WD | P | | (1475) | (1475) | (1965) | (1965) |
| **COMMANDER 4WD—V6**—Truck Equipment Schedule T1 | | | | | | |
| Sport Utility 4D | G4GK | 34295 | 14000 | 14650 | 15700 | 18300 |
| 2WD | H | | (1475) | (1475) | (1965) | (1965) |
| V8, HEMI, 5.7 Liter | T | | 1000 | 1000 | 1335 | 1335 |
| **COMMANDER 4WD—V8 HEMI**—Truck Equipment Schedule T1 | | | | | | |
| Limited Sport Util | G5GT | 43610 | 20100 | 20900 | 22100 | 25700 |
| 2WD | H | | (1475) | (1475) | (1965) | (1965) |
| **GRAND CHEROKEE 4WD—V6**—Truck Equipment Schedule T1 | | | | | | |
| Laredo Sport Util | R4GK | 33460 | 13350 | 14000 | 15200 | 18000 |
| 2WD | S | | (1475) | (1475) | (1965) | (1965) |
| V8, HEMI, 5.7 Liter | T | | 800 | 800 | 1065 | 1065 |
| **GRAND CHEROKEE 4WD—V8 HEMI**—Truck Equipment Schedule T3 | | | | | | |
| Limited Sport Util 4D | R5GT | 42540 | 19450 | 20300 | 21800 | 25700 |
| 2WD | S | | (1475) | (1475) | (1965) | (1965) |
| V6, 3.7 Liter | K | | (825) | (825) | (1100) | (1100) |
| **GRAND CHEROKEE 4WD—V8 HEMI**—Truck Equipment Schedule T3 | | | | | | |
| SRT8 Sport Util | R7GW | 44105 | 30500 | 31700 | 32200 | 36400 |

## 2011 JEEP — 1J4–(F1GB)–B–#

| Body Type | VIN | List | Good | Very Good | Good | Excellent |
|---|---|---|---|---|---|---|
| **PATRIOT 4WD—4-Cyl.**—Truck Equipment Schedule T1 | | | | | | |
| Sport SUV 4D | F1GB | 19495 | 11250 | 11850 | 12650 | 14800 |
| Latitude X Spt Util | F4GB | 25695 | 13400 | 14050 | 15000 | 17500 |
| 2WD | T | | (1550) | (1550) | (2065) | (2065) |
| **COMPASS 4WD—4-Cyl.**—Truck Equipment Schedule T1 | | | | | | |
| Sport SUV 4D | F1FB | 22795 | 12050 | 12650 | 13700 | 16200 |
| Limited Spt Util | F5FB | 26695 | 13250 | 13900 | 15100 | 17800 |
| 2WD | T | | (1550) | (1550) | (2065) | (2065) |
| **WRANGLER 4WD—V6**—Truck Equipment Schedule T2 | | | | | | |
| "Sport" SUV 2D | A2DI | 23620 | 16250 | 17000 | 17650 | 20200 |
| Unlimited "Sport" 4D | A3H1 | 27120 | 20400 | 21300 | 21900 | 25000 |
| Sahara Spt Util 2D | A5D1 | 28820 | 20700 | 21600 | 22100 | 25300 |
| 70th Anniv Spt Util | A7D1 | 29805 | 21100 | 22000 | 22600 | 25800 |
| Rubicon Spt Util 2D | A6D1 | 29995 | 21400 | 22300 | 22900 | 26100 |
| Unltd Sahara Spt Util | A5H1 | 31520 | 23600 | 24600 | 25300 | 28800 |
| Unltd 70th Anniv Util | A7H1 | 32505 | 23600 | 24600 | 25300 | 28800 |
| Unltd Rubicon 4D | A6H1 | 34320 | 25400 | 26400 | 26800 | 30300 |
| Hard Top | | | 650 | 650 | 865 | 865 |
| **LIBERTY 4WD—V6**—Truck Equipment Schedule T1 | | | | | | |
| Sport SUV 4D | N2GK | 25610 | 12450 | 13100 | 14250 | 17000 |
| Renegade Spt Util | N3GK | 27995 | 14050 | 14700 | 16050 | 19100 |
| Limited Util 4D | N5GK | 28995 | 14300 | 14950 | 16350 | 19450 |
| 2WD | N | | (1550) | (1550) | (2065) | (2065) |
| **GRAND CHEROKEE 4WD—V6**—Truck Equipment Schedule T1 | | | | | | |
| Laredo Sport Util | R4GG | 32995 | 19350 | 20200 | 21400 | 25000 |
| 2WD | S | | (1550) | (1550) | (2065) | (2065) |
| V8, 5.7 Liter | T | | 875 | 875 | 1165 | 1165 |
| **GRAND CHEROKEE 4WD—V6**—Truck Equipment Schedule T3 | | | | | | |
| Limited Sport Util | R5GG | 39600 | 23900 | 24800 | 26200 | 30500 |
| 2WD | S | | (1550) | (1550) | (2065) | (2065) |
| V8, 5.7 Liter | T | | 875 | 875 | 1165 | 1165 |
| **GRAND CHEROKEE 4WD—V6**—Truck Equipment Schedule T3 | | | | | | |
| Overland Sport Util | R6GT | 41095 | 25800 | 26900 | 28300 | 32900 |
| 2WD | S | | (1550) | (1550) | (2065) | (2065) |
| V6, Flex Fuel, 3.6 Liter | G | | (925) | (925) | (1235) | (1235) |

## 2012 JEEP — (1,2or3)C4–(JPBB)–C–#

| Body Type | VIN | List | Good | Very Good | Good | Excellent |
|---|---|---|---|---|---|---|
| **PATRIOT—4-Cyl.**—Truck Equipment Schedule T1 | | | | | | |
| Sport SUV 4D | JPBB | 17875 | 10650 | 11200 | 12100 | 14200 |
| 4WD | R | | 1625 | 1625 | 2165 | 2165 |
| **PATRIOT 4WD—4-Cyl.**—Truck Equipment Schedule T1 | | | | | | |
| Latitude SUV 4D | JRFB | 23560 | 12850 | 13450 | 14500 | 17050 |
| Limited SUV 4D | JRCB | 26110 | 13950 | 14600 | 15650 | 18350 |
| 2WD | P | | (1625) | (1625) | (2165) | (2165) |
| **COMPASS 4WD—4-Cyl.**—Truck Equipment Schedule T1 | | | | | | |
| Sport SUV 4D | JDBB | 21825 | 12850 | 13450 | 14600 | 17250 |
| Latitude Spt Util 4D | JDEB | 24225 | 13950 | 14600 | 15750 | 18600 |
| Limited Spt Util 4D | JDCB | 26825 | 14600 | 15250 | 16450 | 19400 |

**452 DEDUCT FOR RECONDITIONING**

# 2012 JEEP

| Body Type | VIN | List | Trade-In Good | Very Good | Pvt-Party Good | Retail Excellent |
|---|---|---|---|---|---|---|
| 2WD | C | | (1625) | (1625) | (2165) | (2165) |
| **WRANGLER 4WD—V6—**Truck Equipment Schedule T2 | | | | | | |
| Sport SUV 2D | JWAG | 23970 | 17850 | 18600 | 19200 | 21900 |
| Unlimited Sport 4D | JWDG | 27470 | 22000 | 22900 | 23500 | 26700 |
| Sahara Spt Util 4D | JWBG | 29895 | 22800 | 23700 | 24300 | 27600 |
| Rubicon Spt Utl 2D | JWCG | 30795 | 23200 | 24100 | 24700 | 28000 |
| Hard Top | | | 700 | 700 | 935 | 935 |
| Call of Duty MW3 | | | 900 | 900 | 1200 | 1200 |
| **LIBERTY 4WD—V6—**Truck Equipment Schedule T1 | | | | | | |
| Sport SUV 4D | JMAK | 25770 | 13550 | 14200 | 15450 | 18250 |
| Limited Sport Util 4D | JMCK | 29155 | 15500 | 16200 | 17500 | 20700 |
| Limited Jet Ed SUV | JMFK | 29355 | 16300 | 17050 | 18400 | 21700 |
| 2WD | | | (1625) | (1625) | (2165) | (2165) |
| **GRAND CHEROKEE 4WD—V6—**Truck Equipment Schedule T1 | | | | | | |
| Laredo Sport Util | JFAG | 29820 | 20900 | 21800 | 23000 | 26700 |
| Limited Sport Util | JFBG | 40120 | 25500 | 26600 | 27900 | 32400 |
| 2WD | E | | (1625) | (1625) | (2165) | (2165) |
| V8, 5.7 Liter | T | | 950 | 950 | 1265 | 1265 |
| **GRAND CHEROKEE 4WD—V8—**Truck Equipment Schedule T1 | | | | | | |
| Overland Sport Util | JFCT | 42330 | 27700 | 28800 | 30200 | 35000 |
| 2WD | E | | (1625) | (1625) | (2165) | (2165) |
| V6, Flex Fuel, 3.6 Liter | G | | (975) | (975) | (1300) | (1300) |
| **GRAND CHEROKEE 4WD—V8 HEMI—**Truck Equipment Schedule T3 | | | | | | |
| SRT8 Sport Util 4D | JFDJ | 55295 | 40500 | 42200 | 41900 | 46800 |

## 2013 JEEP — (1,2or3)C4-(JRBB)-D-#

| Body Type | VIN | List | Trade-In Good | Very Good | Pvt-Party Good | Retail Excellent |
|---|---|---|---|---|---|---|
| **PATRIOT 4WD—4-Cyl.—**Truck Equipment Schedule T1 | | | | | | |
| Sport SUV 4D | JRBB | 18770 | 12750 | 13350 | 14300 | 16700 |
| Latitude SUV 4D | JRFB | 23805 | 13900 | 14550 | 15500 | 18100 |
| Limited SUV 4D | JRCB | 26355 | 14950 | 15650 | 16600 | 19350 |
| 2WD | P | | (1725) | (1725) | (2300) | (2300) |
| **COMPASS 4WD—4-Cyl.—**Truck Equipment Schedule T1 | | | | | | |
| Sport SUV 4D | JDBB | 23270 | 14350 | 15000 | 16100 | 18900 |
| Latitude Spt Util 4D | JDEB | 24370 | 15550 | 16250 | 17400 | 20400 |
| Limited Spt Util 4D | JDCB | 27070 | 16350 | 17100 | 18250 | 21400 |
| 2WD | C | | (1725) | (1725) | (2300) | (2300) |
| **WRANGLER 4WD—V6—**Truck Equipment Schedule T1 | | | | | | |
| Sport SUV 2D | JWAG | 23120 | 19350 | 20200 | 20600 | 23300 |
| Sport S SUV 2D | JWAG | 25320 | 20400 | 21200 | 21600 | 24300 |
| Sahara SUV 2D | JWBG | 28620 | 24200 | 25100 | 25500 | 28700 |
| Spt Freedom 2D | JWAG | 28990 | 24300 | 25200 | 25600 | 28800 |
| Rubicon Spt Utl 2D | JWCG | 31420 | 24500 | 25400 | 25800 | 29100 |
| Rubicon 10th Anniv | JWCG | 36990 | 31200 | 32300 | 32300 | 35900 |
| Sahara Moab 2D | JWBG | 33990 | 27500 | 28600 | 28600 | 31800 |
| Unlimited Sport 4D | JWDG | 26620 | 23400 | 24400 | 24700 | 27800 |
| Unlimited Sport S | JWDG | 29020 | 24400 | 25400 | 25700 | 28900 |
| Unltd Sahara Util | JWEG | 32120 | 26700 | 27800 | 28100 | 31600 |
| Unltd Spt Freedom | JWDG | 32490 | 26400 | 27500 | 27400 | 30500 |
| Unltd Rubicon 4D | JWFG | 34920 | 29500 | 30700 | 30600 | 34000 |
| Unltd Rubicon 10th | JWFG | 40490 | 34000 | 35300 | 35100 | 39000 |
| Unltd Sahara Moab | JWEG | 37490 | 28500 | 29700 | 29600 | 32900 |
| **GRAND CHEROKEE 4WD—V6 Flex Fuel—**Truck Equipment Schedule T1 | | | | | | |
| Laredo Sport Util | JFAG | 30420 | 22700 | 23700 | 24500 | 28000 |
| Laredo X Sport Util | JFAG | 31420 | 27600 | 28700 | 29600 | 33800 |
| Altitude Sport Util | JFAG | 37220 | 26600 | 27700 | 28500 | 32700 |
| Limited Sport Util | JFBG | 40220 | 27300 | 28400 | 29300 | 33500 |
| TrailHawk Spt Util | JFAG | 41191 | 27500 | 28600 | 29500 | 33700 |
| Overland Sport Util | JFCG | 46215 | 29700 | 30900 | 31800 | 36400 |
| Overland Summit | JFCG | 50215 | 30500 | 31700 | 32600 | 37300 |
| 2WD | E | | (1725) | (1725) | (2300) | (2300) |
| V8, 5.7 Liter | T | | 1025 | 1025 | 1365 | 1365 |
| **GRAND CHEROKEE 4WD—V8 HEMI—**Truck Equipment Schedule T3 | | | | | | |
| SRT8 Sport Util 4D | JFDJ | 60921 | 44200 | 45800 | 45400 | 50400 |
| SRT8 Alpine Spt Util | JFDJ | 63785 | 46200 | 47900 | 47300 | 52600 |
| SRT8 Vapor Spt Util | JFDJ | 63785 | 46200 | 47900 | 47300 | 52600 |

# KIA

## 1999 KIA — KNM(JA623)-X-#

| Body Type | VIN | List | Trade-In Good | Very Good | Pvt-Party Good | Retail Excellent |
|---|---|---|---|---|---|---|
| **SPORTAGE 4WD—4-Cyl.—**Truck Equipment Schedule T2 | | | | | | |
| Sport Util Conv 2D | JA623 | 14945 | 1225 | 1350 | 2050 | 3250 |

# 1999 KIA

| Body Type | VIN | List | Trade-In Good | Very Good | Pvt-Party Good | Retail Excellent |
|---|---|---|---|---|---|---|
| Sport Utility 4D | JA723 | 16745 | 1425 | 1575 | 2350 | 3700 |
| EX Sport Utility 4D | JA723 | 19045 | 1825 | 2000 | 3050 | 4725 |
| 2WD | | | (275) | (275) | (365) | (365) |

## 2000 KIA — KNM(JA623)-Y-#

**SPORTAGE 4WD—4-Cyl.**—Truck Equipment Schedule T2
| | | | | | | |
|---|---|---|---|---|---|---|
| Sport Util Conv 2D | JA623 | 14945 | 1375 | 1525 | 2275 | 3575 |
| Sport Utility 4D | JA723 | 16745 | 1500 | 1650 | 2550 | 4025 |
| EX Sport Utility 4D | JA723 | 19045 | 2025 | 2225 | 3350 | 5175 |
| 2WD | B | | (300) | (300) | (400) | (400) |

## 2001 KIA — KND(JB623)-1-#

**SPORTAGE 4WD—4-Cyl.**—Truck Equipment Schedule T2
| | | | | | | |
|---|---|---|---|---|---|---|
| Sport Util Conv 2D | JB623 | 15345 | 1550 | 1700 | 2450 | 3725 |
| Sport Utility 4D | JB723 | 17245 | 1800 | 1975 | 2800 | 4225 |
| EX Sport Utility 4D | JB723 | 19545 | 2350 | 2575 | 3575 | 5350 |
| Limited Spt Util 4D | JB723 | 20090 | 2500 | 2750 | 3800 | 5650 |
| 2WD | B | | (375) | (375) | (500) | (500) |

## 2002 KIA — KND(JA623)-2-#

**SPORTAGE 4WD—4-Cyl.**—Truck Equipment Schedule T2
| | | | | | | |
|---|---|---|---|---|---|---|
| Sport Util Conv 2D | JA623 | 15640 | 1850 | 2025 | 2800 | 4200 |
| Sport Utility 4D | JA723 | 18715 | 2150 | 2350 | 3225 | 4800 |
| 2WD | B | | (450) | (450) | (600) | (600) |

**SEDONA—V6**—Truck Equipment Schedule T1
| | | | | | | |
|---|---|---|---|---|---|---|
| LX Minivan | UP131 | 19590 | 475 | 525 | 1075 | 1725 |
| EX Minivan | UP131 | 21590 | 975 | 1075 | 1825 | 2925 |

## 2003 KIA — KND(UP131)-3-#

**SEDONA—V6**—Truck Equipment Schedule T1
| | | | | | | |
|---|---|---|---|---|---|---|
| LX Minivan | UP131 | 19965 | 525 | 600 | 1100 | 1750 |
| EX Minivan | UP131 | 22180 | 1050 | 1150 | 1850 | 2950 |

**SORENTO 4WD—V6**—Truck Equipment Schedule T1
| | | | | | | |
|---|---|---|---|---|---|---|
| LX Sport Utility 4D | JC733 | 21795 | 1975 | 2175 | 2875 | 4200 |
| EX Sport Utility 4D | JC733 | 24595 | 2725 | 3025 | 3875 | 5600 |
| 2WD | | | (550) | (550) | (735) | (735) |

## 2004 KIA — KND(UP131)-4-#

**SEDONA—V6**—Truck Equipment Schedule T1
| | | | | | | |
|---|---|---|---|---|---|---|
| LX Minivan | UP131 | 20615 | 775 | 875 | 1425 | 2250 |
| EX Minivan | UP131 | 22725 | 1250 | 1375 | 2200 | 3450 |

**SORENTO 4WD—V6**—Truck Equipment Schedule T1
| | | | | | | |
|---|---|---|---|---|---|---|
| LX Sport Utility 4D | JC733 | 23290 | 2625 | 2875 | 3725 | 5375 |
| EX Sport Utility 4D | JC733 | 25490 | 3450 | 3775 | 5000 | 7100 |
| 2WD | D | | (600) | (600) | (800) | (800) |

## 2005 KIA — KND(JE723)-5-#

**SPORTAGE 4WD—V6**—Truck Equipment Schedule T2
| | | | | | | |
|---|---|---|---|---|---|---|
| LX Sport Utility 4D | JE723 | 20290 | 4000 | 4350 | 5575 | 7525 |
| EX Sport Utility 4D | JE723 | 21990 | 4775 | 5150 | 6525 | 8775 |
| 2WD | F | | (650) | (650) | (865) | (865) |
| 4-Cyl, 2.0 Liter | 4 | | (350) | (350) | (465) | (465) |

**SEDONA—V6**—Truck Equipment Schedule T1
| | | | | | | |
|---|---|---|---|---|---|---|
| LX Minivan | UP131 | 20840 | 1225 | 1375 | 2350 | 3600 |
| EX Minivan | UP131 | 23240 | 1875 | 2075 | 3275 | 4925 |

**SORENTO 4WD—V6**—Truck Equipment Schedule T1
| | | | | | | |
|---|---|---|---|---|---|---|
| LX Sport Utility 4D | JC733 | 23840 | 3250 | 3575 | 4750 | 6525 |
| EX Sport Utility 4D | JC733 | 26140 | 4150 | 4500 | 5875 | 8000 |
| 2WD | D | | (650) | (650) | (865) | (865) |

## 2006 KIA — KND(JE723)-6-#

**SPORTAGE 4WD**—Truck Equipment Schedule T1
| | | | | | | |
|---|---|---|---|---|---|---|
| LX Sport Utility 4D | JE723 | 20890 | 4575 | 4950 | 6050 | 7775 |
| 2WD | F | | (700) | (700) | (935) | (935) |
| 4-Cyl, 2.0 Liter | 4 | | (375) | (375) | (500) | (500) |

**SPORTAGE 4WD—V6**—Truck Equipment Schedule T2
| | | | | | | |
|---|---|---|---|---|---|---|
| EX Sport Utility 4D | JE723 | 22590 | 5425 | 5825 | 7050 | 9000 |
| 2WD | F | | (700) | (700) | (935) | (935) |

**SEDONA—V6**—Truck Equipment Schedule T1
| | | | | | | |
|---|---|---|---|---|---|---|
| LX Minivan | MB233 | 23665 | 3125 | 3450 | 4775 | 6700 |

**454   DEDUCT FOR RECONDITIONING**

# 2006 KIA

| Body Type | VIN | List | Trade-In Good | Very Good | Pvt-Party Good | Retail Excellent |
|---|---|---|---|---|---|---|
| EX Minivan | MB233 | 26265 | 3875 | 4225 | 5750 | 8025 |
| **SORENTO 4WD—V6—Truck Equipment Schedule T1** | | | | | | |
| LX Sport Utility 4D | JC733 | 24225 | 4225 | 4575 | 5725 | 7625 |
| EX Sport Utility 4D | JC733 | 26770 | 4950 | 5350 | 6825 | 9000 |
| 2WD | D | | (700) | (700) | (935) | (935) |

## 2007 KIA — KND(JE723)-7-#

| Body Type | VIN | List | Trade-In Good | Very Good | Pvt-Party Good | Retail Excellent |
|---|---|---|---|---|---|---|
| **SPORTAGE 4WD—V6—Truck Equipment Schedule T1** | | | | | | |
| LX Sport Utility 4D | JE723 | 21790 | 5425 | 5825 | 6875 | 8675 |
| 2WD | F | | (750) | (750) | (1000) | (1000) |
| 4-Cyl, 2.0 Liter | 4 | | (400) | (400) | (535) | (535) |
| **SPORTAGE 4WD—V6—Truck Equipment Schedule T2** | | | | | | |
| EX Sport Utility 4D | JE723 | 23490 | 6475 | 6925 | 8075 | 10100 |
| 2WD | F | | (750) | (750) | (1000) | (1000) |
| **SEDONA—V6—Truck Equipment Schedule T1** | | | | | | |
| Minivan 4D | MB133 | 21195 | 3600 | 3950 | 5075 | 6875 |
| LX Minivan 4D | MB233 | 24295 | 4225 | 4575 | 5850 | 7850 |
| EX Minivan 4D | MB233 | 26895 | 5100 | 5475 | 6925 | 9250 |
| **SORENTO—V6—Truck Equipment Schedule T1** | | | | | | |
| Sport Utility 4D | JD736 | 20665 | 4575 | 4950 | 5925 | 7650 |
| **SORENTO 4WD—V6—Truck Equipment Schedule T1** | | | | | | |
| LX Sport Utility 4D | JC736 | 25265 | 5175 | 5575 | 6825 | 8775 |
| EX Sport Utility 4D | JC736 | 26865 | 6475 | 6925 | 8325 | 10700 |
| 2WD | D | | (750) | (750) | (1000) | (1000) |

## 2008 KIA — KND(JE723)-8-#

| Body Type | VIN | List | Trade-In Good | Very Good | Pvt-Party Good | Retail Excellent |
|---|---|---|---|---|---|---|
| **SPORTAGE 4WD—V6—Truck Equipment Schedule T1** | | | | | | |
| LX Sport Utility 4D | JE723 | 21970 | 6500 | 6950 | 8025 | 10000 |
| 2WD | F | | (875) | (875) | (1165) | (1165) |
| 4-Cyl, 2.0 Liter | 4 | | (475) | (475) | (635) | (635) |
| **SPORTAGE 4WD—V6—Truck Equipment Schedule T2** | | | | | | |
| EX Sport Utility 4D | JE723 | 23520 | 8400 | 8900 | 10250 | 12700 |
| 2WD | F | | (875) | (875) | (1165) | (1165) |
| **SEDONA—V6—Truck Equipment Schedule T1** | | | | | | |
| Minivan 4D | MB133 | 21420 | 4925 | 5325 | 6625 | 8650 |
| LX Minivan 4D | MB233 | 24320 | 5625 | 6025 | 7450 | 9700 |
| EX Minivan 4D | MB233 | 26920 | 6425 | 6850 | 8400 | 10900 |
| **SORENTO—V6—Truck Equipment Schedule T1** | | | | | | |
| Sport Utility 4D | JD735 | 21695 | 5475 | 5875 | 7000 | 8850 |
| **SORENTO 4WD—V6—Truck Equipment Schedule T1** | | | | | | |
| LX Sport Utility 4D | JC735 | 24895 | 6550 | 7000 | 8225 | 10350 |
| EX Sport Utility 4D | JC736 | 26895 | 7775 | 8250 | 9675 | 12150 |
| 2WD | D | | (875) | (875) | (1165) | (1165) |

## 2009 KIA — KND(JE723)-9-#

| Body Type | VIN | List | Trade-In Good | Very Good | Pvt-Party Good | Retail Excellent |
|---|---|---|---|---|---|---|
| **SPORTAGE 4WD—V6—Truck Equipment Schedule T1** | | | | | | |
| LX Sport Utility 4D | JE723 | 22670 | 8175 | 8675 | 9575 | 11500 |
| 2WD | F | | (1000) | (1000) | (1335) | (1335) |
| 4-Cyl, 2.0 Liter | 4 | | (550) | (550) | (735) | (735) |
| **SPORTAGE 4WD—V6—Truck Equipment Schedule T2** | | | | | | |
| EX Sport Utility 4D | JE723 | 24075 | 10500 | 11050 | 12150 | 14500 |
| 2WD | F | | (1000) | (1000) | (1335) | (1335) |
| **SEDONA—V6—Truck Equipment Schedule T1** | | | | | | |
| Minivan 4D | MB133 | 21995 | 6600 | 7050 | 8375 | 10550 |
| LX Minivan 4D | MB233 | 24995 | 7100 | 7575 | 8950 | 11250 |
| EX Minivan 4D | MB233 | 28495 | 9500 | 10050 | 11750 | 14700 |
| **SORENTO—V6—Truck Equipment Schedule T1** | | | | | | |
| Sport Utility 4D | JD735 | 22295 | 8850 | 9375 | 10550 | 12900 |
| **SORENTO—V6—Truck Equipment Schedule T1** | | | | | | |
| EX Sport Utility 4D | JD736 | 26095 | 11150 | 11750 | 13100 | 16000 |
| 4WD | C | | 1175 | 1175 | 1565 | 1565 |
| **SORENTO 4WD—V6—Truck Equipment Schedule T1** | | | | | | |
| LX Sport Utility 4D | JC735 | 25395 | 9750 | 10300 | 11550 | 14100 |
| 2WD | D | | (1000) | (1000) | (1335) | (1335) |
| **BORREGO—V6—Truck Equipment Schedule T1** | | | | | | |
| LX Sport Utility 4D | JJ741 | 26095 | 10700 | 11250 | 12400 | 14800 |
| EX Sport Utility 4D | JJ741 | 28745 | 11350 | 11950 | 13100 | 15650 |
| 4WD | H | | 1375 | 1375 | 1835 | 1835 |
| V8, 4.6 Liter | 2 | | 1650 | 1650 | 2200 | 2200 |
| **BORREGO 4WD—V8—Truck Equipment Schedule T1** | | | | | | |
| Limited Sport Util | JH742 | 40745 | 16500 | 17250 | 18750 | 22300 |
| 2WD | | | (1400) | (1400) | (1865) | (1865) |

# 2010 KIA

| Body Type | VIN | List | Trade-In Good | Very Good | Pvt-Party Good | Retail Excellent |
|---|---|---|---|---|---|---|
| **2010 KIA — KND(KGCA3)-A-#** | | | | | | |
| **SPORTAGE 4WD—V6**—Truck Equipment Schedule T1 | | | | | | |
| LX Sport Utility | KGCA3 | 23190 | 9700 | 10250 | 11450 | 13850 |
| 2WD | 3 | | (1100) | (1100) | (1465) | (1465) |
| 4-Cyl, 2.0 Liter | 2,4 | | (600) | (600) | (800) | (800) |
| **SPORTAGE 4WD—V6**—Truck Equipment Schedule T2 | | | | | | |
| EX Sport Utility | KHCA3 | 24190 | 11400 | 12000 | 13350 | 16150 |
| 2WD | 3 | | (1100) | (1100) | (1465) | (1465) |
| **SEDONA—V6**—Truck Equipment Schedule T1 | | | | | | |
| Minivan 4D | MF4A3 | 22990 | 8400 | 8900 | 10150 | 12500 |
| LX Minivan 4D | MG4A3 | 24990 | 8850 | 9350 | 10700 | 13150 |
| EX Minivan 4D | MH4A3 | 29490 | 11100 | 11700 | 13250 | 16300 |
| **2011 KIA — 5XYorKND(PA3A2)-B-#** | | | | | | |
| **SPORTAGE—4-Cyl.**—Truck Equipment Schedule T2 | | | | | | |
| Sport Utility 4D | PA3A2 | 18990 | 12300 | 12900 | 13750 | 16000 |
| **SPORTAGE—4-Cyl.**—Truck Equipment Schedule T2 | | | | | | |
| EX Sport Utility | PC3A2 | 23990 | 14150 | 14800 | 15750 | 18350 |
| AWD | C | | 1050 | 1050 | 1400 | 1400 |
| **SPORTAGE AWD—4-Cyl.**—Truck Equipment Schedule T2 | | | | | | |
| LX Sport Utility | PBCA2 | 22490 | 13050 | 13700 | 14600 | 17050 |
| 2WD | 3 | | (1200) | (1200) | (1600) | (1600) |
| **SPORTAGE AWD—4-Cyl. Turbo**—Truck Equipment Schedule T2 | | | | | | |
| SX Sport Utility | PECA6 | 27990 | 18350 | 19150 | 20200 | 23500 |
| 2WD | 3 | | (1200) | (1200) | (1600) | (1600) |
| **SORENTO—4-Cyl.**—Truck Equipment Schedule T1 | | | | | | |
| Sport Utility 4D | KT3A1 | 20790 | 11800 | 12400 | 13500 | 16000 |
| **SORENTO—V6**—Truck Equipment Schedule T1 | | | | | | |
| EX Sport Utility 4D | KU3A2 | 28190 | 14500 | 15150 | 16450 | 19500 |
| AWD | C,D | | 1050 | 1050 | 1400 | 1400 |
| 4-Cyl, 2.4 Liter | 1 | | (500) | (500) | (665) | (665) |
| **SORENTO AWD—V6**—Truck Equipment Schedule T1 | | | | | | |
| LX Sport Utility | KTCA2 | 27890 | 13250 | 13900 | 15150 | 17950 |
| SX Sport Utility | KWDA2 | 34490 | 17400 | 18150 | 19550 | 23100 |
| 2WD | 3 | | (1200) | (1200) | (1600) | (1600) |
| 4-Cyl, 2.4 Liter | 1 | | (500) | (500) | (665) | (665) |
| **SEDONA—V6**—Truck Equipment Schedule T1 | | | | | | |
| LX Minivan 4D | MG4A7 | 25390 | 10650 | 11200 | 12500 | 15200 |
| EX Minivan 4D | MH4A7 | 29990 | 12750 | 13350 | 15300 | 18150 |
| **2012 KIA — 5XYorKND(PA3A2)-C-#** | | | | | | |
| **SPORTAGE—4-Cyl.**—Truck Equipment Schedule T2 | | | | | | |
| Sport Utility 4D | PA3A2 | 19300 | 13250 | 13900 | 14800 | 17250 |
| **SPORTAGE—4-Cyl.**—Truck Equipment Schedule T2 | | | | | | |
| EX Sport Utility | PC3A2 | 24700 | 15100 | 15800 | 16750 | 19500 |
| AWD | C | | 1250 | 1250 | 1665 | 1665 |
| **SPORTAGE AWD—4-Cyl.**—Truck Equipment Schedule T2 | | | | | | |
| LX Sport Utility | PBCA2 | 23100 | 14000 | 14650 | 15600 | 18150 |
| 2WD | 3 | | (1500) | (1500) | (2000) | (2000) |
| **SPORTAGE AWD—4-Cyl. Turbo**—Truck Equipment Schedule T2 | | | | | | |
| SX Sport Utility 4D | PCCA6 | 29200 | 19550 | 20400 | 21500 | 24900 |
| 2WD | 3 | | (1500) | (1500) | (2000) | (2000) |
| **SORENTO—4-Cyl.**—Truck Equipment Schedule T1 | | | | | | |
| Sport Utility 4D | KTCA1 | 22050 | 13800 | 14450 | 15250 | 17600 |
| **SORENTO—V6**—Truck Equipment Schedule T1 | | | | | | |
| EX Sport Utility 4D | KU3A2 | 28750 | 17250 | 18000 | 18850 | 21700 |
| AWD | C,D | | 1250 | 1250 | 1665 | 1665 |
| 4-Cyl, GDI, 2.4 Liter | 6 | | (600) | (600) | (800) | (800) |
| **SORENTO AWD—V6**—Truck Equipment Schedule T1 | | | | | | |
| LX Sport Utility | KTCA1 | 26150 | 15500 | 16200 | 17000 | 19600 |
| SX Sport Utility | KWDA2 | 35650 | 20100 | 20900 | 21800 | 25000 |
| FWD | 3 | | (1300) | (1300) | (1735) | (1735) |
| 4-Cyl, GDI, 2.4 Liter | 6 | | (600) | (600) | (800) | (800) |
| **SEDONA—V6**—Truck Equipment Schedule T1 | | | | | | |
| LX Minivan 4D | MG4A7 | 25700 | 12400 | 13050 | 14250 | 17050 |
| EX Minivan 4D | MH4A7 | 29990 | 14650 | 15350 | 16800 | 20000 |
| **2013 KIA — 5XYorKND(PB3A2)-D-#** | | | | | | |
| **SPORTAGE—4-Cyl.**—Truck Equipment Schedule T2 | | | | | | |
| Sport Utility 4D | PB3A2 | 19800 | 14050 | 14700 | 15500 | 17900 |

**DEDUCT FOR RECONDITIONING**

# 2013 KIA

| Body Type | VIN | List | Trade-In Good | Very Good | Pvt-Party Good | Retail Excellent |
|---|---|---|---|---|---|---|
| **SPORTAGE AWD—4-Cyl.—Truck Equipment Schedule T2** | | | | | | |
| LX Sport Utility | PBCA2 | 23500 | 15150 | 15850 | 16650 | 19200 |
| EX Sport Utility | PCCA2 | 26500 | 16700 | 17450 | 18250 | 21100 |
| 2WD | 3 | | (1500) | (1500) | (2000) | (2000) |
| **SPORTAGE AWD—4-Cyl. Turbo—Truck Equipment Schedule T2** | | | | | | |
| SX Sport Utility 4D | PCCA6 | 29200 | 20400 | 21300 | 22100 | 25500 |
| 2WD | 3 | | (1500) | (1500) | (2000) | (2000) |
| **SORENTO AWD—V6—Truck Equipment Schedule T1** | | | | | | |
| LX Sport Utility | KTDA2 | 28200 | 17650 | 18400 | 19250 | 22200 |
| EX Sport Utility | KU3A2 | 28750 | 19350 | 20200 | 21100 | 24300 |
| SX Sport Utility | KWDA2 | 34200 | 22400 | 23400 | 24200 | 27900 |
| FWD | 3 | | (1400) | (1400) | (1865) | (1865) |
| 4-Cyl, GDI, 2.4 Liter | 6 | | (700) | (700) | (935) | (935) |

# LAND ROVER

## 1999 LAND ROVER — SAL(JY124)-X-#

| Body Type | VIN | List | Good | Very Good | Good | Excellent |
|---|---|---|---|---|---|---|
| **DISCOVERY 4WD—V8—Truck Equipment Schedule T3** | | | | | | |
| SD Sport Utility 4D | JY124 | 33625 | 1000 | 1100 | 1650 | 2525 |
| Rear Jump Seats | | | 200 | 200 | 265 | 265 |
| Dual Moon Roofs | | | 475 | 475 | 635 | 635 |
| **DISCOVERY SERIES II 4WD—V8—Truck Equipment Schedule T3** | | | | | | |
| Sport Utility 4D | TY124 | 36725 | 1225 | 1350 | 1950 | 3000 |
| Rear Jump Seats | | | 200 | 200 | 265 | 265 |
| Air Conditioning, Rear | | | 100 | 100 | 135 | 135 |
| Dual Moon Roofs | | | 475 | 475 | 635 | 635 |
| Performance Pkg | | | 300 | 300 | 400 | 400 |
| **RANGE ROVER 4WD—V8—Truck Equipment Schedule T3** | | | | | | |
| 4.0 Sport Util 4D | PA124 | 57625 | 1175 | 1300 | 1875 | 2800 |
| 4.0 S Sport Util 4D | PA124 | 57625 | 875 | 975 | 1500 | 2250 |
| 4.0 SE Spt Ut 4D | PV124 | 58625 | 1125 | 1250 | 1825 | 2725 |
| 4.6 HSE Spt Ut 4D | PV144 | 66625 | 2125 | 2325 | 3125 | 4600 |

## 2000 LAND ROVER — SAL(TY124)-Y-#

| Body Type | VIN | List | Good | Very Good | Good | Excellent |
|---|---|---|---|---|---|---|
| **DISCOVERY SERIES II 4WD—V8—Truck Equipment Schedule T3** | | | | | | |
| SD Spt Util 4D | TY124 | 36725 | 1075 | 1200 | 1975 | 3200 |
| SD7 Spt Util 4D | TY124 | 35725 | 1325 | 1450 | 2350 | 3800 |
| Sport Utility 4D | TY124 | 36725 | 1325 | 1450 | 2350 | 3800 |
| Rear Jump Seats | | | 200 | 200 | 265 | 265 |
| Air Conditioning, Rear | | | 125 | 125 | 165 | 165 |
| Dual Moon Roofs | | | 500 | 500 | 665 | 665 |
| Performance Pkg | | | 325 | 325 | 435 | 435 |
| **RANGE ROVER 4WD—V8—Truck Equipment Schedule T3** | | | | | | |
| County Spt Ut 4D | PA124 | 58925 | 1200 | 1325 | 1900 | 2800 |
| 4.0 Sport Util 4D | PA124 | 59625 | 1275 | 1400 | 1975 | 2950 |
| 4.0 SE Sport Util 4D | PV124 | 59625 | 1200 | 1325 | 1900 | 2800 |
| 4.6 HSK Spt Ut 4D | PF164 | 67625 | 1725 | 1900 | 2550 | 3775 |
| 4.6 HSE Spt Ut 4D | PV144 | 67925 | 2200 | 2425 | 3200 | 4650 |
| 4.6 Vitesse Util 4D | PF164 | 68625 | 2400 | 2650 | 3625 | 5250 |
| 4.6 Holland Holland | PV164 | 79625 | 3800 | 4125 | 5500 | 7825 |

## 2001 LAND ROVER — SAL(TY124)-1-#

| Body Type | VIN | List | Good | Very Good | Good | Excellent |
|---|---|---|---|---|---|---|
| **DISCOVERY SERIES II 4WD—V8—Truck Equipment Schedule T3** | | | | | | |
| SD Sport Util 4D | TY124 | 33975 | 1400 | 1550 | 2425 | 3925 |
| SD7 Sport Util 4D | TY124 | 35725 | 1525 | 1675 | 2625 | 4200 |
| LE Sport Util 4D | TY124 | 34975 | 1425 | 1575 | 2475 | 3975 |
| LE7 Sport Util 4D | TY124 | 36725 | 1725 | 1900 | 3050 | 4875 |
| SE Sport Util 4D | TY124 | 36975 | 2125 | 2325 | 3700 | 5825 |
| SE7 Sport Util 4D | TY124 | 38725 | 2600 | 2850 | 3775 | 5525 |
| Rear Jump Seats | | | 250 | 250 | 335 | 335 |
| Air Conditioning, Rear | | | 125 | 125 | 165 | 165 |
| Dual Moon Roofs | | | 550 | 550 | 735 | 735 |
| Performance Pkg | | | 375 | 375 | 500 | 500 |
| **RANGE ROVER 4WD—V8—Truck Equipment Schedule T3** | | | | | | |
| 4.6 SE Sport Util 4D | PV164 | 62625 | 1275 | 1400 | 1975 | 2925 |
| 4.6 HSE Sport Util | PV164 | 68625 | 2300 | 2525 | 3325 | 4825 |

## 2002 LAND ROVER — SAL(NM222)-2-#

| Body Type | VIN | List | Good | Very Good | Good | Excellent |
|---|---|---|---|---|---|---|
| **FREELANDER AWD—V6—Truck Equipment Schedule T3** | | | | | | |
| S Sport Utility 4D | NM222 | 25600 | 775 | 875 | 1500 | 2425 |

SEE BACK PAGES FOR TRUCK EQUIPMENT

# 2002 LAND ROVER

| Body Type | VIN | List | Trade-In Good | Trade-In Very Good | Pvt-Party Good | Retail Excellent |
|---|---|---|---|---|---|---|
| SE Sport Utility 4D | NY222 | 28400 | 1250 | 1375 | 2175 | 3500 |
| HSE Sport Util 4D | NE222 | 32200 | 1600 | 1750 | 2825 | 4500 |
| **DISCOVERY SERIES II 4WD—V8**—Truck Equipment Schedule T3 | | | | | | |
| SD Sport Util 4D | TL144 | 33995 | 1775 | 1950 | 2825 | 4325 |
| SD7 Sport Util 4D | TK144 | 34995 | 2125 | 2325 | 3350 | 5050 |
| SE Sport Util 4D | TY144 | 37795 | 2700 | 2950 | 4175 | 6275 |
| SE7 Sport Util 4D | TW124 | 38875 | 3025 | 3325 | 4300 | 6200 |
|   Rear Jump Seats | | | 275 | 275 | 365 | 365 |
|   Air Conditioning, Rear | | | 150 | 150 | 200 | 200 |
|   Dual Moon Roofs | | | 575 | 575 | 765 | 765 |
|   Performance Pkg | | | 400 | 400 | 535 | 535 |
| **RANGE ROVER 4WD—V8**—Truck Equipment Schedule T3 | | | | | | |
| 4.6 HSE Sport Util | PL162 | 68665 | 2275 | 2525 | 3400 | 4925 |

## 2003 LAND ROVER — SAL(NM222)-3-#

| Body Type | VIN | List | Trade-In Good | Trade-In Very Good | Pvt-Party Good | Retail Excellent |
|---|---|---|---|---|---|---|
| **FREELANDER AWD—V6**—Truck Equipment Schedule T3 | | | | | | |
| S Sport Utility 4D | NM222 | 25600 | 1200 | 1325 | 2025 | 3100 |
| SE3 Sport Util 2D | NY122 | 26995 | 1475 | 1625 | 2375 | 3650 |
| SE Sport Util 4D | NY222 | 28400 | 1675 | 1850 | 2650 | 4050 |
| HSE Sport Util 4D | NE222 | 32200 | 2325 | 2550 | 3700 | 5650 |
| **DISCOVERY 4WD—V8**—Truck Equipment Schedule T3 | | | | | | |
| S Sport Util 4D | TL144 | 34995 | 2125 | 2325 | 3150 | 4650 |
| SE Sport Util 4D | TY144 | 37795 | 3675 | 4000 | 5450 | 7850 |
| SE7 Sport Util 4D | TW124 | 39995 | 4100 | 4450 | 5675 | 7900 |
| HSE Sport Util 4D | TP144 | 40995 | 5075 | 5450 | 7175 | 9900 |
| HSE7 Spt Ut 4D | TR144 | 41995 | 5175 | 5575 | 7300 | 10100 |
|   Rear Jump Seats | | | 300 | 300 | 400 | 400 |
|   Air Conditioning, Rear | | | 175 | 175 | 235 | 235 |
|   Dual Moon Roofs | | | 600 | 600 | 800 | 800 |
|   Suspension Pkg | | | 450 | 450 | 600 | 600 |
| **RANGE ROVER 4WD—V8**—Truck Equipment Schedule T3 | | | | | | |
| HSE Sport Util 4D | MB114 | 71865 | 6025 | 6450 | 7925 | 10450 |

## 2004 LAND ROVER — SAL(NY222)-4-#

| Body Type | VIN | List | Trade-In Good | Trade-In Very Good | Pvt-Party Good | Retail Excellent |
|---|---|---|---|---|---|---|
| **FREELANDER AWD—V6**—Truck Equipment Schedule T3 | | | | | | |
| SE Sport Utility 4D | NY222 | 25995 | 2275 | 2500 | 3425 | 5075 |
| SE3 Spt Util 2D | NY122 | 28195 | 2475 | 2725 | 3700 | 5450 |
| HSE Sport Util 4D | NE222 | 28995 | 2875 | 3175 | 4425 | 6475 |
| **DISCOVERY 4WD—V8**—Truck Equipment Schedule T3 | | | | | | |
| S Sport Utility 4D | TL194 | 34995 | 2900 | 3200 | 4050 | 5750 |
| SE Sport Util 4D | TY194 | 39250 | 4975 | 5350 | 6925 | 9675 |
| SE7 Spt Util 4D | TW194 | 40350 | 5125 | 5500 | 6950 | 9375 |
| HSE Sport Util 4D | TP194 | 41250 | 6350 | 6775 | 8475 | 11350 |
| HSE7 Spt Util 4D | TR194 | 42250 | 6450 | 6875 | 8600 | 11550 |
| G4 Sport Utility 4D | TL194 | 39995 | 5025 | 5400 | 7000 | 9750 |
|   Rear Jump Seats | | | 325 | 325 | 435 | 435 |
|   Air Conditioning, Rear | | | 200 | 200 | 265 | 265 |
|   Dual Moon Roofs | | | 625 | 625 | 835 | 835 |
|   Suspension Pkg | | | 475 | 475 | 635 | 635 |
| **RANGE ROVER 4WD—V8**—Truck Equipment Schedule T3 | | | | | | |
| HSE Sport Util 4D | ME114 | 72250 | 7025 | 7475 | 8625 | 10900 |
| Westminister Util | MH114 | 84700 | 11250 | 11800 | 13550 | 17000 |
|   Luxury Pkg | | | 750 | 750 | 1000 | 1000 |

## 2005 LAND ROVER — SAL(NY222)-5-#

| Body Type | VIN | List | Trade-In Good | Trade-In Very Good | Pvt-Party Good | Retail Excellent |
|---|---|---|---|---|---|---|
| **FREELANDER AWD—V6**—Truck Equipment Schedule T3 | | | | | | |
| SE Sport Utility 4D | NY222 | 27495 | 2500 | 2800 | 4025 | 5750 |
| SE3 Sport Util 2D | NM122 | 27495 | 2350 | 2650 | 3825 | 5500 |
| **LR3 4WD—V8**—Truck Equipment Schedule T3 | | | | | | |
| SE Sport Util 4D | AD254 | 44995 | 8400 | 8900 | 10400 | 12950 |
|   Third Row Seat | | | 350 | 350 | 465 | 465 |
|   V6, 4.0 Liter | | | (1275) | (1275) | (1700) | (1700) |
| **LR3 4WD—V8**—Truck Equipment Schedule T3 | | | | | | |
| HSE Sport Util 4D | AF254 | 49995 | 9000 | 9525 | 11050 | 13800 |
|   Third Row Seat | | | 350 | 350 | 465 | 465 |
| **RANGE ROVER 4WD—V8**—Truck Equipment Schedule T3 | | | | | | |
| HSE Sport Util 4D | ME114 | 73760 | 9375 | 9900 | 11400 | 14500 |
| Westminister Util | MH114 | 86000 | 13000 | 13650 | 15800 | 19650 |
|   Luxury Pkg | | | 825 | 825 | 1100 | 1100 |

# 2006 LAND ROVER

| Body Type | VIN | List | Trade-In Good | Trade-In Very Good | Pvt-Party Good | Retail Excellent |
|---|---|---|---|---|---|---|

## 2006 LAND ROVER — SAL(AB244)-6-#

**LR3 4WD—V6—Truck Equipment Schedule T3**
Sport Utility 4D .............. AB244  38950  7150  7600  8800  10850
Third Row Seat ............... C,E            375   375   500   500
**LR3 4WD—V8—Truck Equipment Schedule T3**
SE Sport Utility 4D ......... AD254  45450  9075  9600  11000 13550
Third Row Seat ............... C,E            375   375   500   500
**LR3 4WD—V8—Truck Equipment Schedule T3**
HSE Sport Util 4D .......... AG254  53450  10250 10800 12450 15250
Third Row Seat ............... G              375   375   500   500
Luxury Pkg .....................                425   425   565   565
**RANGE ROVER SPORT 4WD—V8—Truck Equipment Schedule T3**
HSE Sport Util 4D .......... SF254  56750  12350 12950 14600 17750
Luxury Pkg .....................                875   875   1165  1165
**RANGE ROVER SPORT 4WD—V8 Supercharged—Truck Equipment Sch T3**
Sport Utility 4D .............. SD234  69750  14100 14800 16600 20100
Adaptive Cruise Control ..                    350   350   465   465
**RANGE ROVER 4WD—V8—Truck Equipment Schedule T3**
HSE Sport Util 4D .......... ME154  74950  12700 13300 15000 18250
Luxury Pkg .....................                875   875   1165  1165
**RANGE ROVER 4WD—V8 Supercharged—Truck Equipment Sch T3**
Sport Utility 4D .............. MF134  89950  17400 18200 20200 24500

## 2007 LAND ROVER — SAL(AD244)-7-#

**LR3 4WD—V8—Truck Equipment Schedule T3**
SE Sport Utility 4D ......... AD244  42150  11150 11750 13050 15800
Third Row Seat ...............                400   400   535   535
V6, 4.0 Liter ................... 4            (1500)(1500)(2000)(2000)
**LR3 4WD—V8—Truck Equipment Schedule T3**
HSE Sport Util 4D .......... AG254  53950  12800 13400 14950 18050
Luxury Pkg .....................                425   425   565   565
Third Row Seat ...............                400   400   535   535
**RANGE ROVER SPORT 4WD—V8—Truck Equipment Schedule T3**
HSE Sport Util 4D .......... SF254  57950  16400 17150 18550 21900
Luxury Pkg .....................                950   950   1265  1265
**RANGE ROVER SPORT 4WD—V8 Supercharged—Truck Equipment Sch T3**
Sport Utility 4D .............. SD234  71250  17300 18050 19500 23000
Adaptive Cruise Control ..                    375   375   500   500
**RANGE ROVER 4WD—V8—Truck Equipment Schedule T3**
HSE Sport Util 4D .......... ME154  77250  17700 18450 19900 23500
Luxury Pkg .....................                950   950   1265  1265
**RANGE ROVER 4WD—V8 Supercharged—Truck Equipment Schedule T3**
Sport Utility 4D .............. MF134  92750  22600 23600 25200 29700

## 2008 LAND ROVER — SAL(FP24N)-8-#

**LR2 AWD—6-Cyl.—Truck Equipment Schedule T3**
SE Sport Util 4D ............ FP24N  34700  8925  9425  10500 12700
HSE Sport Util 4D .......... FR24N  36150  10150 10700 11850 14300
**LR3 4WD—V8—Truck Equipment Schedule T3**
SE Sport Utility 4D ......... AE254  49300  13450 14100 15300 18050
HSE Sport Util 4D .......... AG254  54800  16500 17250 18550 21800
Third Row Seat ...............                475   475   635   635
Luxury Pkg .....................                450   450   600   600
**RANGE ROVER SPORT 4WD—V8—Truck Equipment Schedule T3**
HSE Sport Util 4D .......... SF254  58500  20400 21200 22300 25900
Luxury Pkg .....................                1000  1000  1335  1335
**RANGE ROVER SPORT 4WD—V8 Supercharged—Truck Equipment Sch T3**
Sport Utility 4D .............. SH234  71950  21300 22200 23300 27000
Adaptive Cruise Control ..                    375   375   500   500
**RANGE ROVER 4WD—V8—Truck Equipment Schedule T3**
HSE Sport Util 4D .......... ME154  77950  21900 22900 23900 27800
Luxury Pkg .....................                1000  1000  1335  1335
**RANGE ROVER 4WD—V8 Supercharged—Truck Equipment Schedule T3**
Sport Utility 4D .............. MF134  93600  27000 28100 29300 34000
Westminster Ed ............... MH134 105600  31000 32200 33600 38800

## 2009 LAND ROVER — SAL(FR24N)-9-#

**LR2 AWD—6-Cyl.—Truck Equipment Schedule T3**
HSE Sport Util 4D .......... FR24N  36150  13550 14200 15250 17850
**LR3 4WD—V8—Truck Equipment Schedule T3**
Sport Utility 4D .............. AE254  46750  23700 24600 25800 29800

SEE BACK PAGES FOR TRUCK EQUIPMENT

# 2009 LAND ROVER

| Body Type | VIN | List | Trade-In Good | Very Good | Pvt-Party Good | Retail Excellent |
|---|---|---|---|---|---|---|
| Third Row Seat | | | 550 | 550 | 735 | 735 |
| HSE Lux Pkg | | | 475 | 475 | 635 | 635 |
| **RANGE ROVER SPORT 4WD—V8**—Truck Equipment Schedule T3 | | | | | | |
| HSE Sport Util 4D | SF254 | 59150 | 25400 | 26400 | 27200 | 31200 |
| Luxury Pkg | | | 1000 | 1000 | 1335 | 1335 |

## 2010 LAND ROVER — SAL(FR2BN)-A-#

| Body Type | VIN | List | Trade-In Good | Very Good | Pvt-Party Good | Retail Excellent |
|---|---|---|---|---|---|---|
| **LR2 AWD—6-Cyl.**—Truck Equipment Schedule T3 | | | | | | |
| HSE Sport Util 4D | FR2BN | 36350 | 16950 | 17700 | 18600 | 21500 |
| **LR4 4WD—V8**—Truck Equipment Schedule T3 | | | | | | |
| Sport Utility 4D | AB2D4 | 48100 | 29800 | 31000 | 31400 | 35400 |
| Third Row Seat | | | 600 | 600 | 800 | 800 |
| HSE Pkg | | | 1625 | 1625 | 2165 | 2165 |
| HSE Lux Pkg | | | 3275 | 3275 | 4365 | 4365 |
| **RANGE ROVER 4WD—V8**—Truck Equipment Schedule T3 | | | | | | |
| HSE Sport Util 4D | SF2D4 | 60495 | 32300 | 33500 | 34000 | 38300 |
| Luxury Pkg | | | 1000 | 1000 | 1335 | 1335 |
| **RANGE ROVER SPORT 4WD—V8 Supercharged**—Truck Equipment Sch T3 | | | | | | |
| Sport Utility 4D | SH2E4 | 74195 | 37400 | 38800 | 39100 | 44100 |
| Adaptive Cruise Control | | | 425 | 425 | 565 | 565 |
| **RANGE ROVER SPORT 4WD—V8**—Truck Equipment Schedule T3 | | | | | | |
| HSE Sport Util 4D | ME1D4 | 79275 | 38400 | 39900 | 40200 | 45300 |
| Luxury Pkg | | | 1000 | 1000 | 1335 | 1335 |
| **RANGE ROVER 4WD—V8 Supercharged**—Truck Equipment Schedule T3 | | | | | | |
| Sport Utility 4D | MF1E4 | 95125 | 48500 | 50300 | 50800 | 57200 |

## 2011 LAND ROVER — SAL(FR2BN)-B-#

| Body Type | VIN | List | Trade-In Good | Very Good | Pvt-Party Good | Retail Excellent |
|---|---|---|---|---|---|---|
| **LR2 AWD—6-Cyl.**—Truck Equipment Schedule T3 | | | | | | |
| Sport Utility 4D | FR2BN | 36550 | 20200 | 21000 | 21800 | 25000 |
| **LR4 4WD—V8**—Truck Equipment Schedule T3 | | | | | | |
| Sport Utility 4D | AB2D4 | 48500 | 33900 | 35200 | 35200 | 39400 |
| Third Row Seat | | | 650 | 650 | 865 | 865 |
| HSE Pkg | | | 1725 | 1725 | 2300 | 2300 |
| HSE Lux Pkg | | | 3450 | 3450 | 4600 | 4600 |
| Metropolis Black Ltd Ed | | | 600 | 600 | 800 | 800 |
| Metropolis Limited Ed | | | 600 | 600 | 800 | 800 |
| **RANGE ROVER 4WD—V8**—Truck Equipment Schedule T3 | | | | | | |
| HSE Sport Util 4D | SF2D4 | 60495 | 37500 | 38900 | 38800 | 43200 |
| Luxury Pkg | | | 1000 | 1000 | 1335 | 1335 |
| **RANGE ROVER SPORT 4WD—V8 Supercharged**—Truck Equipment Sch T3 | | | | | | |
| Sport Utility 4D | SH2E4 | 75395 | 42900 | 44500 | 44200 | 49300 |
| Adaptive Cruise Control | | | 450 | 450 | 600 | 600 |
| **RANGE ROVER SPORT 4WD—V8**—Truck Equipment Schedule T3 | | | | | | |
| HSE Sport Util 4D | ME1D4 | 79685 | 45000 | 46600 | 46300 | 51600 |
| Luxury Pkg | | | 1000 | 1000 | 1335 | 1335 |
| **RANGE ROVER 4WD—V8 Supercharged**—Truck Equipment Schedule T3 | | | | | | |
| Sport Utility 4D | MF1E4 | 95465 | 55600 | 57600 | 57300 | 63800 |

## 2012 LAND ROVER — SAL(FR2BN)-C-#

| Body Type | VIN | List | Trade-In Good | Very Good | Pvt-Party Good | Retail Excellent |
|---|---|---|---|---|---|---|
| **LR2 AWD—6-Cyl.**—Truck Equipment Schedule T3 | | | | | | |
| Sport Utility 4D | FR2BN | 36550 | 24200 | 25100 | 25700 | 29100 |
| **LR4 4WD—V8**—Truck Equipment Schedule T3 | | | | | | |
| Sport Utility 4D | AB2D4 | 50600 | 41100 | 42600 | 42300 | 47100 |
| Third Row Seat | | | 700 | 700 | 935 | 935 |
| HSE Pkg | | | 1800 | 1800 | 2400 | 2400 |
| HSE Lux Pkg | | | 3650 | 3650 | 4865 | 4865 |
| **RANGE ROVER EVOQUE 4WD—4-Cyl. Turbo**—Truck Equipment Sch T3 | | | | | | |
| Sport Utility 4D | VN2BG | 43995 | 30000 | 31200 | 31600 | 35600 |
| Spt Util Coupe 2D | VN1BG | 44995 | 31300 | 32500 | 32900 | 37000 |
| Dynamic Spt Util | VS2BG | 58995 | 35900 | 37200 | 37500 | 42200 |
| Dynamic Coupe 2D | VS1BG | 60795 | 37300 | 38700 | 39000 | 43900 |
| Prestige Sport Util | VU2BG | 60795 | 38800 | 40300 | 40500 | 45600 |
| **RANGE ROVER 4WD—V8**—Truck Equipment Schedule T3 | | | | | | |
| HSE Sport Util 4D | SF2D4 | 61745 | 46000 | 47600 | 47200 | 52500 |
| Luxury Pkg | | | 1000 | 1000 | 1335 | 1335 |
| **RANGE ROVER SPORT 4WD—V8 Supercharged**—Truck Equipment Sch T3 | | | | | | |
| Sport Utility 4D | SH2E4 | 76945 | 52300 | 54200 | 53900 | 59900 |
| Adaptive Cruise Control | | | 475 | 475 | 635 | 635 |
| **RANGE ROVER SPORT 4WD—V8**—Truck Equipment Schedule T3 | | | | | | |
| HSE Sport Util 4D | ME1D4 | 81125 | 54600 | 56500 | 56200 | 62400 |
| Luxury Pkg | | | 1000 | 1000 | 1335 | 1335 |

**DEDUCT FOR RECONDITIONING**

# 2012 LAND ROVER

| Body Type | VIN | List | Trade-In Good | Very Good | Pvt-Party Good | Retail Excellent |
|---|---|---|---|---|---|---|
| **RANGE ROVER 4WD—V8 Supercharged**—Truck Equipment Schedule T3 | | | | | | |
| Sport Utility 4D | MH1E4 | 96520 | 65600 | 67900 | 67200 | 74600 |

## 2013 LAND ROVER — SAL(FP28G)-D-#

| Body Type | VIN | List | Good | Very Good | Good | Excellent |
|---|---|---|---|---|---|---|
| **LR2 AWD—4-Cyl. Turbo**—Truck Equipment Schedule T3 | | | | | | |
| Sport Utility 4D | FP2BG | 37250 | 28000 | 29100 | 29900 | 34200 |
| HSE Sport Util 4D | FR2BG | 39795 | 29900 | 31100 | 32000 | 36500 |
| HSE LUX Spt Utl | FT2BG | 42395 | 32900 | 34200 | 35000 | 40000 |
| **LR4 4WD—V8**—Truck Equipment Schedule T3 | | | | | | |
| Sport Utility 4D | AB2D4 | 49995 | 42500 | 44100 | 43700 | 48600 |
| HSE Sport Util 4D | AF2D4 | 54220 | 46000 | 47700 | 47200 | 52400 |
| HSE LUX Spt Util | AK2D4 | 59220 | 50200 | 52000 | 51400 | 57100 |
| **RANGE ROVER EVOQUE 4WD—4-Cyl. Turbo**—Truck Equip Schedule T3 | | | | | | |
| Pure Spt Util 4D | VN2BG | 41995 | 34600 | 35900 | 36000 | 40200 |
| Pure Plus Util 4D | VP2BG | 43995 | 35000 | 36300 | 36400 | 40600 |
| Pure Plus Cpe 2D | VP1BG | 44995 | 35400 | 36700 | 36800 | 41100 |
| Pure Premium 4D | VR2BG | 48195 | 37300 | 38700 | 38700 | 43300 |
| Pure Premium 2D | VR1BG | 49595 | 37800 | 39200 | 39200 | 43800 |
| Dynamic Spt 4D | VT2BG | 51695 | 39100 | 40600 | 40500 | 45300 |
| Prestige Spt Util | VV2BG | 52595 | 42100 | 43700 | 43500 | 48600 |
| Dynamic Spt 2D | VT1BG | 53095 | 41100 | 42600 | 42500 | 47500 |

# LEXUS

## 1999 LEXUS — JT6(HF10U)-X-#

| Body Type | VIN | List | Good | Very Good | Good | Excellent |
|---|---|---|---|---|---|---|
| **RX 300 4WD—V6**—Truck Equipment Schedule T3 | | | | | | |
| Sport Utility 4D | HF10U | 34980 | 2250 | 2475 | 3025 | 4225 |
| 2WD | G | | (325) | (325) | (435) | (435) |
| **LX 470 4WD—V8**—Truck Equipment Schedule T3 | | | | | | |
| Sport Utility 4D | HT00W | 56400 | 6975 | 7425 | 8925 | 11600 |

## 2000 LEXUS — JT6(HF10U)-Y-#

| Body Type | VIN | List | Good | Very Good | Good | Excellent |
|---|---|---|---|---|---|---|
| **RX 300 4WD—V6**—Truck Equipment Schedule T3 | | | | | | |
| Sport Utility 4D | HF10U | 35680 | 3250 | 3550 | 4100 | 5500 |
| 2WD | G | | (400) | (400) | (535) | (535) |
| **LX 470 4WD—V8**—Truck Equipment Schedule T3 | | | | | | |
| Sport Utility 4D | HT00W | 59500 | 7900 | 8375 | 9925 | 12750 |

## 2001 LEXUS — JTJ(HF10U)-1-#

| Body Type | VIN | List | Good | Very Good | Good | Excellent |
|---|---|---|---|---|---|---|
| **RX 300 4WD—V6**—Truck Equipment Schedule T3 | | | | | | |
| Sport Utility 4D | HF10U | 37430 | 3700 | 4025 | 4675 | 6175 |
| Silversport Edition | | | 150 | 150 | 200 | 200 |
| 2WD | | | (450) | (450) | (600) | (600) |
| **LX 470 4WD—V8**—Truck Equipment Schedule T3 | | | | | | |
| Sport Utility 4D | HT00W | 61950 | 9300 | 9825 | 11400 | 14450 |

## 2002 LEXUS — JTJ(HF10U)-2-#

| Body Type | VIN | List | Good | Very Good | Good | Excellent |
|---|---|---|---|---|---|---|
| **RX 300 4WD—V6**—Truck Equipment Schedule T3 | | | | | | |
| Sport Utility 4D | HF10U | 37580 | 4650 | 5000 | 5700 | 7375 |
| Coach Edition | | | 200 | 200 | 265 | 265 |
| 2WD | G | | (500) | (500) | (665) | (665) |
| **LX 470 4WD—V8**—Truck Equipment Schedule T3 | | | | | | |
| Sport Utility 4D | HT00W | 63051 | 11550 | 12100 | 13700 | 17000 |

## 2003 LEXUS — JTJ(HF10U)-3-#

| Body Type | VIN | List | Good | Very Good | Good | Excellent |
|---|---|---|---|---|---|---|
| **RX 300 4WD—V6**—Truck Equipment Schedule T3 | | | | | | |
| Sport Utility 4D | HF10U | 38800 | 4975 | 5350 | 6200 | 7925 |
| 2WD | G | | (550) | (550) | (735) | (735) |
| **GX 470 4WD—V8**—Truck Equipment Schedule T3 | | | | | | |
| Sport Utility 4D | BT20X | 45500 | 11000 | 11550 | 12900 | 15850 |
| Third Row Seat | | | 675 | 675 | 900 | 900 |
| **LX 470 4WD—V8**—Truck Equipment Schedule T3 | | | | | | |
| Sport Utility 4D | HT00W | 63700 | 14850 | 15550 | 17350 | 21200 |

## 2004 LEXUS — JTJ(HA31U)-4-#

| Body Type | VIN | List | Good | Very Good | Good | Excellent |
|---|---|---|---|---|---|---|
| **RX 330 AWD—V6**—Truck Equipment Schedule T3 | | | | | | |
| Sport Utility 4D | HA31U | 39195 | 8800 | 9300 | 10600 | 13250 |
| Dynamic Cruise Control | | | 300 | 300 | 400 | 400 |
| Performance Pkg | | | 1900 | 1900 | 2535 | 2535 |

# 2004 LEXUS

| Body Type | VIN | List | Trade-In Good | Trade-In Very Good | Pvt-Party Good | Retail Excellent |
|---|---|---|---|---|---|---|
| 2WD | G | | (600) | (600) | (800) | (800) |
| **GX 470 4WD—V8—Truck Equipment Schedule T3** | | | | | | |
| Sport Utility 4D | BT20X | 45700 | 12850 | 13450 | 14950 | 18200 |
| Third Row Seat | | | 700 | 700 | 935 | 935 |
| **LX 470 4WD—V8—Truck Equipment Schedule T3** | | | | | | |
| Sport Utility 4D | HT00W | 64800 | 17800 | 18550 | 20000 | 23900 |

## 2005 LEXUS — JTJ(HA31U)-5-#

| Body Type | VIN | List | Trade-In Good | Trade-In Very Good | Pvt-Party Good | Retail Excellent |
|---|---|---|---|---|---|---|
| **RX 330 AWD—V6—Truck Equipment Schedule T3** | | | | | | |
| Sport Utility 4D | HA31U | 37800 | 9600 | 10150 | 11750 | 14600 |
| Dynamic Cruise Control | | | 325 | 325 | 435 | 435 |
| Performance Pkg | | | 2050 | 2050 | 2735 | 2735 |
| 2WD | G | | (650) | (650) | (865) | (865) |
| **GX 470 4WD—V8—Truck Equipment Schedule T3** | | | | | | |
| Sport Utility 4D | BT20X | 46425 | 14500 | 15150 | 16800 | 20200 |
| Third Row Seat | | | 750 | 750 | 1000 | 1000 |
| **LX 470 4WD—V8—Truck Equipment Schedule T3** | | | | | | |
| Sport Utility 4D | HT00W | 65400 | 20400 | 21200 | 22900 | 27200 |

## 2006 LEXUS — JTJ(HA31U)-6-#

| Body Type | VIN | List | Trade-In Good | Trade-In Very Good | Pvt-Party Good | Retail Excellent |
|---|---|---|---|---|---|---|
| **RX 330 AWD—V6—Truck Equipment Schedule T3** | | | | | | |
| Sport Utility 4D | HA31U | 38420 | 10800 | 11350 | 12650 | 15300 |
| Dynamic Cruise Control | | | 350 | 350 | 465 | 465 |
| Performance Pkg | | | 2200 | 2200 | 2935 | 2935 |
| 2WD | G | | (700) | (700) | (935) | (935) |
| **RX 400h AWD—V6 Hybrid—Truck Equipment Schedule T3** | | | | | | |
| Sport Utility 4D | HW31U | 49060 | 11950 | 12550 | 14050 | 16950 |
| Dynamic Cruise Control | | | 350 | 350 | 465 | 465 |
| 2WD | G | | (700) | (700) | (935) | (935) |
| **GX 470 4WD—V8—Truck Equipment Schedule T3** | | | | | | |
| Sport Utility 4D | BT20X | 47185 | 16100 | 16800 | 18250 | 21600 |
| Third Row Seat | | | 775 | 775 | 1035 | 1035 |
| **LX 470 4WD—V8—Truck Equipment Schedule T3** | | | | | | |
| Sport Utility 4D | HT00W | 67945 | 24400 | 25400 | 26600 | 30800 |

## 2007 LEXUS — JTJ(HK31U)-7-#

| Body Type | VIN | List | Trade-In Good | Trade-In Very Good | Pvt-Party Good | Retail Excellent |
|---|---|---|---|---|---|---|
| **RX 350 AWD—V6—Truck Equipment Schedule T3** | | | | | | |
| Sport Utility 4D | HK31U | 39495 | 12850 | 13500 | 14750 | 17650 |
| Dynamic Cruise Control | | | 375 | 375 | 500 | 500 |
| Performance Pkg | | | 2350 | 2350 | 3135 | 3135 |
| 2WD | G | | (750) | (750) | (1000) | (1000) |
| **RX 400h AWD—V6 Hybrid—Truck Equipment Schedule T3** | | | | | | |
| Sport Utility 4D | HW31U | 43275 | 14850 | 15500 | 17000 | 20300 |
| Dynamic Cruise Control | | | 375 | 375 | 500 | 500 |
| 2WD | G | | (750) | (750) | (1000) | (1000) |
| **GX 470 4WD—V8—Truck Equipment Schedule T3** | | | | | | |
| Sport Utility 4D | BT20X | 47330 | 18500 | 19300 | 20400 | 23800 |
| Third Row Seat | | | 800 | 800 | 1065 | 1065 |
| **LX 470 4WD—V8—Truck Equipment Schedule T3** | | | | | | |
| Sport Utility 4D | HT00W | 68090 | 29000 | 30200 | 31600 | 36700 |

## 2008 LEXUS — JTJ(HK31U)-8-#

| Body Type | VIN | List | Trade-In Good | Trade-In Very Good | Pvt-Party Good | Retail Excellent |
|---|---|---|---|---|---|---|
| **RX 350 AWD—V6—Truck Equipment Schedule T3** | | | | | | |
| Sport Utility 4D | HK31U | 39565 | 14900 | 15600 | 16750 | 19700 |
| Dynamic Cruise Control | | | 375 | 375 | 500 | 500 |
| Performance Pkg | | | 2500 | 2500 | 3335 | 3335 |
| FWD | | | (875) | (875) | (1165) | (1165) |
| **RX 400h AWD—V6 Hybrid—Truck Equipment Schedule T3** | | | | | | |
| Sport Utility 4D | HW31U | 43345 | 18450 | 19250 | 20600 | 24200 |
| Dynamic Cruise Control | | | 375 | 375 | 500 | 500 |
| 2WD | G | | (875) | (875) | (1165) | (1165) |
| **GX 470 4WD—V8—Truck Equipment Schedule T3** | | | | | | |
| Sport Utility 4D | BT20X | 47580 | 23100 | 24100 | 25000 | 28700 |
| Third Row Seat | | | 800 | 800 | 1065 | 1065 |
| **LX 570 4WD—V8—Truck Equipment Schedule T3** | | | | | | |
| Sport Utility 4D | HY00W | 74565 | 40200 | 41700 | 42500 | 48400 |

## 2009 LEXUS — JTJ(HK31U)-9-#

| Body Type | VIN | List | Trade-In Good | Trade-In Very Good | Pvt-Party Good | Retail Excellent |
|---|---|---|---|---|---|---|
| **RX 350 AWD—V6—Truck Equipment Schedule T3** | | | | | | |
| Sport Utility 4D | HK31U | 42765 | 18150 | 18950 | 20000 | 23300 |
| Dynamic Cruise Control | | | 400 | 400 | 535 | 535 |

# 2009 LEXUS

| Body Type | VIN | List | Trade-In Good | Trade-In Very Good | Pvt-Party Good | Retail Excellent |
|---|---|---|---|---|---|---|
| Premium Pkg | | | 750 | 750 | 1000 | 1000 |
| Performance Pkg | | | 2500 | 2500 | 3335 | 3335 |
| FWD | G | | (1200) | (1200) | (1600) | (1600) |
| **GX 470 4WD—V8**—Truck Equipment Schedule T3 | | | | | | |
| Sport Utility 4D | BT20X | 48380 | 26300 | 27400 | 28100 | 32000 |
| Third Row Seat | | | 800 | 800 | 1065 | 1065 |
| **LX 570 4WD—V8**—Truck Equipment Schedule T3 | | | | | | |
| Sport Utility 4D | HY00W | 76530 | 43700 | 45300 | 45100 | 50200 |

## 2010 LEXUS — JT(Jor2)(BK1BA)-A-#

| Body Type | VIN | List | Trade-In Good | Trade-In Very Good | Pvt-Party Good | Retail Excellent |
|---|---|---|---|---|---|---|
| **RX 350 AWD—V6**—Truck Equipment Schedule T3 | | | | | | |
| Sport Utility 4D | BK1BA | 39025 | 23100 | 24100 | 24900 | 28600 |
| Premium Pkg | | | 800 | 800 | 1065 | 1065 |
| FWD | Z | | (1175) | (1175) | (1565) | (1565) |
| **RX 450h AWD—V6 Hybrid**—Truck Equipment Schedule T3 | | | | | | |
| Sport Utility 4D | BC1BA | 44125 | 27100 | 28200 | 29100 | 33400 |
| Premium Pkg | | | 800 | 800 | 1065 | 1065 |
| FWD | Z | | (1175) | (1175) | (1565) | (1565) |
| **GX 460 4WD—V8**—Truck Equipment Schedule T3 | | | | | | |
| Sport Utility 4D | BM7FX | 52845 | 32800 | 34100 | 34500 | 38900 |
| Premium Spt Util | JM7FX | 57640 | 35500 | 36800 | 37200 | 42000 |
| Power Third Row | | | 800 | 800 | 1065 | 1065 |
| **LX 570 4WD—V8**—Truck Equipment Schedule T3 | | | | | | |
| Sport Utility 4D | HY7AX | 77280 | 48100 | 49900 | 50300 | 56500 |

## 2011 LEXUS — (JTor2T)(Jor2)(BK1BA)-B-#

| Body Type | VIN | List | Trade-In Good | Trade-In Very Good | Pvt-Party Good | Retail Excellent |
|---|---|---|---|---|---|---|
| **RX 350 AWD—V6**—Truck Equipment Schedule T3 | | | | | | |
| Sport Utility 4D | BK1BA | 40250 | 25900 | 27000 | 27400 | 31000 |
| Premium Pkg | | | 850 | 850 | 1135 | 1135 |
| FWD | Z | | (1300) | (1300) | (1735) | (1735) |
| **RX 450h AWD—V6 Hybrid**—Truck Equipment Schedule T3 | | | | | | |
| Sport Utility 4D | BC1BA | 45700 | 31100 | 32300 | 32800 | 37100 |
| Premium Pkg | | | 850 | 850 | 1135 | 1135 |
| FWD | Z | | (1300) | (1300) | (1735) | (1735) |
| **GX 460 4WD—V8**—Truck Equipment Schedule T3 | | | | | | |
| Sport Utility 4D | BM7FX | 53220 | 34700 | 36000 | 35900 | 40000 |
| Premium Utility | JM7FX | 58015 | 37500 | 38900 | 38700 | 43100 |
| **LX 570 4WD—V8**—Truck Equipment Schedule T3 | | | | | | |
| Sport Utility 4D | HY7AX | 78630 | 53400 | 55300 | 54800 | 60700 |

## 2012 LEXUS — (JTor2T)(Jor2)(BK1BA)-C-#

| Body Type | VIN | List | Trade-In Good | Trade-In Very Good | Pvt-Party Good | Retail Excellent |
|---|---|---|---|---|---|---|
| **RX 350 AWD—V6**—Truck Equipment Schedule T3 | | | | | | |
| Sport Utility 4D | BK1BA | 41350 | 29300 | 30500 | 30900 | 34900 |
| Premium Pkg | | | 900 | 900 | 1200 | 1200 |
| FWD | Z | | (1350) | (1350) | (1800) | (1800) |
| **RX 450h AWD—V6 Hybrid**—Truck Equipment Schedule T3 | | | | | | |
| Sport Utility 4D | BC1BA | 47700 | 35100 | 36400 | 36800 | 41400 |
| Premium Pkg | | | 900 | 900 | 1200 | 1200 |
| FWD | Z | | (1350) | (1350) | (1800) | (1800) |
| **GX 460 4WD—V8**—Truck Equipment Schedule T3 | | | | | | |
| Sport Utility 4D | BM7FX | 54120 | 38200 | 39700 | 39500 | 43900 |
| Premium Spt Util | JM7FX | 58915 | 41700 | 43200 | 42900 | 47700 |

## 2013 LEXUS — (JTor2T)(Jor2)(BK1BA)-D-#

| Body Type | VIN | List | Trade-In Good | Trade-In Very Good | Pvt-Party Good | Retail Excellent |
|---|---|---|---|---|---|---|
| **RX 350 AWD—V6**—Truck Equipment Schedule T3 | | | | | | |
| Sport Utility 4D | BK1BA | 41585 | 33900 | 35200 | 35400 | 39700 |
| FWD | Z | | (1425) | (1425) | (1900) | (1900) |
| **RX 350 F SPORT AWD—V6**—Truck Equipment Schedule T3 | | | | | | |
| Sport Utility 4D | BK1BA | 47875 | 39900 | 41400 | 41500 | 46500 |
| **RX 450h AWD—V6 Hybrid**—Truck Equipment Schedule T3 | | | | | | |
| Sport Utility 4D | BC1BA | 48185 | 40300 | 41800 | 41900 | 46900 |
| FWD | Z | | (1425) | (1425) | (1900) | (1900) |
| **GX 460 4WD—V8**—Truck Equipment Schedule T3 | | | | | | |
| Sport Utility 4D | BM7FX | 54320 | 41900 | 43400 | 42900 | 47400 |
| Premium Spt Util | JM7FX | 59115 | 46800 | 48500 | 48100 | 53100 |
| **LX 570 4WD—V8**—Truck Equipment Schedule T3 | | | | | | |
| Sport Utility 4D | HY7AX | 81805 | 66500 | 68800 | 67800 | 75000 |

SEE BACK PAGES FOR TRUCK EQUIPMENT

# 1999 LINCOLN

| Body Type | VIN | List | Trade-In Good | Very Good | Pvt-Party Good | Retail Excellent |
|---|---|---|---|---|---|---|

## LINCOLN

### 1999 LINCOLN — 5LM-(U28L)-X-#

**NAVIGATOR 4WD—V8**—Truck Equipment Schedule T3
Sport Utility 4D ............ U28L 43800 **725 800 1450 2350**
  Air Conditioning, Rear .......... **100 100 135 135**
  2WD .......... 7 ...... **(350) (350) (465) (465)**

### 2000 LINCOLN — 5LM-(U28A)-Y-#

**NAVIGATOR 4WD—V8**—Truck Equipment Schedule T3
Sport Utility 4D ............ U28A 46500 **925 1025 1600 2500**
  Air Conditioning, Rear .......... **100 100 135 135**
  2WD .......... 7 ...... **(400) (400) (535) (535)**

### 2001 LINCOLN — 5LM-(U28A,R)-1-#

**NAVIGATOR 4WD—V8**—Truck Equipment Schedule T3
Sport Utility 4D ............ U28A,R 48085 **1175 1300 1900 2900**
  2WD .......... 7 ...... **(450) (450) (600) (600)**

### 2002 LINCOLN — 5LM-(U28R)-2-#

**NAVIGATOR 4WD—V8**—Truck Equipment Schedule T3
Sport Utility 4D ............ U28R 48680 **1875 2050 2825 4200**
  2WD .......... 7 ...... **(500) (500) (665) (665)**
**BLACKWOOD—V8**—Truck Equipment Schedule T3
Sport Util Pickup 4D ............ W05A 52500 **8375 8875 10300 13150**

### 2003 LINCOLN — 5LM-(U88H)-3-#

**AVIATOR AWD—V8**—Truck Equipment Schedule T3
Sport Utility 4D ............ U88H 42945 **3450 3775 4700 6475**
  2WD .......... 6 ...... **(550) (550) (735) (735)**
**NAVIGATOR 4WD—V8**—Truck Equipment Schedule T3
Sport Utility 4D ............ U28R 52425 **3800 4125 5150 7075**
  2WD .......... 7 ...... **(550) (550) (735) (735)**

### 2004 LINCOLN — 5LM-(U88H)-4-#

**AVIATOR AWD—V8**—Truck Equipment Schedule T3
Sport Utility 4D ............ U88H 43400 **4075 4425 5475 7475**
  2WD .......... 6 ...... **(600) (600) (800) (800)**
**NAVIGATOR 4WD—V8**—Truck Equipment Schedule T3
Sport Utility 4D ............ U28R 52775 **4925 5300 6550 8700**
  2WD .......... 7 ...... **(600) (600) (800) (800)**

### 2005 LINCOLN — 5LM-(U88H)-5-#

**AVIATOR AWD—V8**—Truck Equipment Schedule T3
Sport Utility 4D ............ U88H 44150 **4700 5075 6525 8675**
  2WD .......... 6 ...... **(650) (650) (865) (865)**
**NAVIGATOR 4WD—V8**—Truck Equipment Schedule T3
Sport Utility 4D ............ U285 53985 **6275 6700 8150 10500**
  2WD .......... 7 ...... **(650) (650) (865) (865)**

### 2006 LINCOLN — 5L(MorT)-(W165)-6-#

**MARK LT 4WD—V8**—Truck Equipment Schedule T3
Super Crew Pickup ............ W165 43595 **13500 14150 16000 19500**
  2WD .......... 6 ...... **(2250) (2250) (3000) (3000)**
**NAVIGATOR 4WD—V8**—Truck Equipment Schedule T3
Sport Utility 4D ............ U285 53075 **8250 8750 10300 12950**
  Limited Edition .......... **325 325 435 435**
  2WD .......... 7 ...... **(700) (700) (935) (935)**

### 2007 LINCOLN — 5L(MorT)-(U68C)-7-#

**MKX AWD—V6**—Truck Equipment Schedule T3
Sport Utility 4D ............ U68C 36445 **10450 11000 12150 14600**
  Elite Pkg .......... **350 350 465 465**
  FWD .......... **(650) (650) (865) (865)**
**MARK LT—V8**—Truck Equipment Schedule T3
Super Crew 6 1/2' ............ W165 42395 **13300 13950 15700 19150**
  4WD .......... 8 ...... **2200 2200 2935 2935**

**DEDUCT FOR RECONDITIONING**

# 2007 LINCOLN

| Body Type | VIN | List | Trade-In Good | Very Good | Pvt-Party Good | Retail Excellent |
|---|---|---|---|---|---|---|
| **MARK LT 4WD—V8**—Truck Equipment Schedule T3 | | | | | | |
| Super Crew 5 1/2' | W165 | 42095 | 16250 | 17000 | 19000 | 23100 |
| 2WD | 6 | | (2425) | (2425) | (3235) | (3235) |
| **NAVIGATOR 4WD—V8**—Truck Equipment Schedule T3 | | | | | | |
| Sport Utility 4D | U285 | 49475 | 14000 | 14650 | 16350 | 19800 |
| Elite Pkg | | | 350 | 350 | 465 | 465 |
| 2WD | 7 | | (750) | (750) | (1000) | (1000) |
| **NAVIGATOR L 4WD—V8**—Truck Equipment Schedule T3 | | | | | | |
| Sport Utility 4D | L285 | 52475 | 16350 | 17100 | 18950 | 22900 |
| Elite Pkg | | | 350 | 350 | 465 | 465 |
| 2WD | 7 | | (750) | (750) | (1000) | (1000) |

## 2008 LINCOLN — 5L(MorT)-(U68C)-8-#

| Body Type | VIN | List | Trade-In Good | Very Good | Pvt-Party Good | Retail Excellent |
|---|---|---|---|---|---|---|
| **MKX AWD—V6**—Truck Equipment Schedule T3 | | | | | | |
| Sport Utility 4D | U68C | 37845 | 12650 | 13300 | 14450 | 17200 |
| Limited Edition | | | 375 | 375 | 500 | 500 |
| FWD | 6 | | (725) | (725) | (965) | (965) |
| **MARK LT—V8**—Truck Equipment Schedule T3 | | | | | | |
| Super Crew 6 1/2' | W165 | 39565 | 16800 | 17550 | 19000 | 22500 |
| 4WD | 8 | | 2600 | 2600 | 3465 | 3465 |
| **MARK LT 4WD—V8**—Truck Equipment Schedule T3 | | | | | | |
| Super Crew 5 1/2' | W165 | 42365 | 19950 | 20800 | 22400 | 26500 |
| 2WD | 6 | | (2650) | (2650) | (3535) | (3535) |
| **NAVIGATOR 4WD—V8**—Truck Equipment Schedule T3 | | | | | | |
| Sport Utility 4D | U285 | 51555 | 17000 | 17750 | 19050 | 22400 |
| Elite Pkg | | | 375 | 375 | 500 | 500 |
| 2WD | 7 | | (875) | (875) | (1165) | (1165) |
| **NAVIGATOR L 4WD—V8**—Truck Equipment Schedule T3 | | | | | | |
| Sport Utility 4D | L285 | 54555 | 19450 | 20300 | 21700 | 25400 |
| Elite Pkg | | | 375 | 375 | 500 | 500 |
| 2WD | 7 | | (875) | (875) | (1165) | (1165) |

## 2009 LINCOLN — 5L(MorT)-(U68C)-9-#

| Body Type | VIN | List | Trade-In Good | Very Good | Pvt-Party Good | Retail Excellent |
|---|---|---|---|---|---|---|
| **MKX AWD—V6**—Truck Equipment Schedule T3 | | | | | | |
| Sport Utility 4D | U68C | 40035 | 15400 | 16100 | 17200 | 20200 |
| Limited Edition | | | 375 | 375 | 500 | 500 |
| FWD | 6 | | (775) | (775) | (1035) | (1035) |
| **NAVIGATOR 4WD—V8**—Truck Equipment Schedule T3 | | | | | | |
| Sport Utility 4D | U285 | 56265 | 22400 | 23400 | 24500 | 28400 |
| Elite Pkg | | | 375 | 375 | 500 | 500 |
| 2WD | 7 | | (1000) | (1000) | (1335) | (1335) |
| **NAVIGATOR L 4WD—V8**—Truck Equipment Schedule T3 | | | | | | |
| Sport Utility 4D | L285 | 57955 | 24800 | 25800 | 27000 | 31300 |
| Elite Pkg | | | 375 | 375 | 500 | 500 |
| 2WD | 7 | | (1000) | (1000) | (1335) | (1335) |

## 2010 LINCOLN — (2or5)LM-(J6JC)-A-#

| Body Type | VIN | List | Trade-In Good | Very Good | Pvt-Party Good | Retail Excellent |
|---|---|---|---|---|---|---|
| **MKX AWD—V6**—Truck Equipment Schedule T3 | | | | | | |
| Sport Utility 4D | J6JC | 41045 | 17250 | 18000 | 18950 | 21900 |
| Limited Edition | | | 400 | 400 | 535 | 535 |
| FWD | 6 | | (800) | (800) | (1065) | (1065) |
| **MKT—V6**—Truck Equipment Schedule T3 | | | | | | |
| Sport Utility 4D | J5FR | 44995 | 15800 | 16500 | 17400 | 20100 |
| AWD | A | | 800 | 800 | 1065 | 1065 |
| **MKT AWD—V6 EcoBoost Twin Turbo**—Truck Equipment Sch T3 | | | | | | |
| Sport Utility 4D | J5AT | 49995 | 18900 | 19750 | 20700 | 23900 |
| **NAVIGATOR 4WD—V8**—Truck Equipment Schedule T3 | | | | | | |
| Sport Utility 4D | J2J5 | 58225 | 25500 | 26500 | 27400 | 31300 |
| Elite Pkg | | | 400 | 400 | 535 | 535 |
| 2WD | H | | (1100) | (1100) | (1465) | (1465) |
| **NAVIGATOR L 4WD—V8**—Truck Equipment Schedule T3 | | | | | | |
| Sport Utility 4D | J3J5 | 60390 | 27700 | 28800 | 29800 | 34100 |
| Elite Pkg | | | 400 | 400 | 535 | 535 |
| 2WD | H | | (1100) | (1100) | (1465) | (1465) |

## 2011 LINCOLN — (2or5)LM-(J6JK)-B-#

| Body Type | VIN | List | Trade-In Good | Very Good | Pvt-Party Good | Retail Excellent |
|---|---|---|---|---|---|---|
| **MKX AWD—V6**—Truck Equipment Schedule T3 | | | | | | |
| Sport Utility 4D | J6JK | 41845 | 20400 | 21200 | 22000 | 25100 |
| Limited Edition | | | 400 | 400 | 535 | 535 |
| FWD | 6 | | (1025) | (1025) | (1365) | (1365) |
| **MKT—V6**—Truck Equipment Schedule T3 | | | | | | |
| Sport Utility 4D | J5FR | 44995 | 19450 | 20300 | 21500 | 25000 |

**SEE BACK PAGES FOR TRUCK EQUIPMENT**

# 2011 LINCOLN

| Body Type | VIN | List | Trade-In Good | Very Good | Pvt-Party Good | Retail Excellent |
|---|---|---|---|---|---|---|
| AWD | A | | 875 | 875 | 1165 | 1165 |
| **MKT AWD—V6 EcoBoost Twin Turbo**—Truck Equipment Schedule T3 | | | | | | |
| Sport Utility 4D | J5AT | 49995 | 21900 | 22900 | 24100 | 28000 |
| **NAVIGATOR 4WD—V8**—Truck Equipment Schedule T3 | | | | | | |
| Sport Utility 4D | J2J5 | 60980 | 28400 | 29600 | 30100 | 34000 |
| 2WD | H | | (1200) | (1200) | (1600) | (1600) |
| **NAVIGATOR L 4WD—V8**—Truck Equipment Schedule T3 | | | | | | |
| Sport Utility 4D | J3J5 | 63145 | 31100 | 32300 | 32800 | 37100 |
| 2WD | H | | (1200) | (1200) | (1600) | (1600) |

## 2012 LINCOLN — (2or5)LM-(J6JK)-C-#

| Body Type | VIN | List | Good | Very Good | Good | Excellent |
|---|---|---|---|---|---|---|
| **MKX AWD—V6**—Truck Equipment Schedule T3 | | | | | | |
| Sport Utility 4D | J6JK | 42140 | 24900 | 25900 | 26500 | 30200 |
| Limited Edition | | | 400 | 400 | 535 | 535 |
| FWD | 6 | | (1100) | (1100) | (1465) | (1465) |
| **MKT—V6**—Truck Equipment Schedule T3 | | | | | | |
| Sport Utility 4D | J5FR | 45095 | 20700 | 21500 | 22300 | 25500 |
| AWD | A | | 950 | 950 | 1265 | 1265 |
| **MKT AWD—V6 EcoBoost Twin Turbo**—Truck Equipment Schedule T3 | | | | | | |
| Sport Utility 4D | J5AT | 47090 | 23320 | 24200 | 24900 | 28500 |
| **NAVIGATOR 4WD—V8**—Truck Equipment Schedule T3 | | | | | | |
| Sport Utility 4D | J2J5 | 61670 | 34000 | 35300 | 35400 | 39600 |
| 2WD | H | | (1500) | (1500) | (2000) | (2000) |
| **NAVIGATOR L 4WD—V8**—Truck Equipment Schedule T3 | | | | | | |
| Sport Utility 4D | J3J5 | 63835 | 36500 | 37900 | 37900 | 42400 |
| 2WD | H | | (1500) | (1500) | (2000) | (2000) |

## 2013 LINCOLN — (2or5)LM-(J6JK)-D-#

| Body Type | VIN | List | Good | Very Good | Good | Excellent |
|---|---|---|---|---|---|---|
| **MKX AWD—V6**—Truck Equipment Schedule T3 | | | | | | |
| Sport Utility 4D | J6JK | 42270 | 27000 | 28100 | 28600 | 32400 |
| Elite Pkg | | | 400 | 400 | 535 | 535 |
| Limited Edition Pkg | | | 400 | 400 | 535 | 535 |
| FWD | 6 | | (1100) | (1100) | (1465) | (1465) |
| **MKT—V6**—Truck Equipment Schedule T3 | | | | | | |
| Sport Utility 4D | J5FK | 46160 | 23900 | 24900 | 25700 | 29500 |
| AWD | N,L | | 1025 | 1025 | 1365 | 1365 |
| **MKT AWD—V6 EcoBoost Twin Turbo**—Truck Equipment Schedule T3 | | | | | | |
| Sport Utility 4D | J5AT | 48155 | 26100 | 27200 | 28000 | 32100 |
| **NAVIGATOR 4WD—V8 Flex Fuel**—Truck Equipment Schedule T3 | | | | | | |
| Sport Utility 4D | J2J5 | 61670 | 37300 | 38700 | 39100 | 44200 |
| 2WD | H | | (1400) | (1400) | (1865) | (1865) |
| **NAVIGATOR L 4WD—V8 Flex Fuel**—Truck Equipment Schedule T3 | | | | | | |
| Sport Utility 4D | J3J5 | 63835 | 39700 | 41200 | 41700 | 47100 |
| 2WD | H | | (1400) | (1400) | (1865) | (1865) |

# MAZDA

## 1999 MAZDA — (JM3or4F4)-(R12C)-X-#

| Body Type | VIN | List | Good | Very Good | Good | Excellent |
|---|---|---|---|---|---|---|
| **B2500 PICKUP—4-Cyl.**—Truck Equipment Schedule T2 | | | | | | |
| SX Short Bed | R12C | 11795 | 725 | 800 | 1500 | 2425 |
| SE Short Bed | R12C | 14170 | 1075 | 1200 | 2025 | 3300 |
| Troy Lee Short Bed | R12C | 15130 | 1200 | 1325 | 2200 | 3625 |
| SE Cab Plus 2D | R16C | 16225 | 1425 | 1575 | 2550 | 4175 |
| SE Cab Plus 4D | R16C | 16885 | 1700 | 1875 | 3125 | 5050 |
| **B3000 PICKUP—V6**—Truck Equipment Schedule T2 | | | | | | |
| SE Cab Plus 2D | R16U | 16800 | 1650 | 1825 | 2925 | 4750 |
| SE Cab Plus 4D | R16U | 17460 | 1725 | 1900 | 3175 | 5125 |
| Troy Lee Cab Plus | R16U | 18955 | 1875 | 2050 | 3425 | 5500 |
| **B3000 PICKUP 4WD—V6**—Truck Equipment Schedule T2 | | | | | | |
| SE Short Bed | R13U | 18060 | 1575 | 1725 | 2800 | 4550 |
| SE Cab Plus 2D | R17U | 19715 | 1900 | 2075 | 3475 | 5550 |
| SE Cab Plus 4D | R17U | 20375 | 2075 | 2275 | 3750 | 6000 |
| **B4000 PICKUP—V6**—Truck Equipment Schedule T2 | | | | | | |
| SE Short Bed | R12X | 18090 | 1600 | 1750 | 2850 | 4625 |
| SE Cab Plus 2D | R16X | 20145 | 1800 | 1975 | 3300 | 5300 |
| SE Cab Plus 4D | R16X | 20805 | 2000 | 2200 | 3625 | 5800 |
| **B4000 PICKUP 4WD—V6**—Truck Equipment Schedule T2 | | | | | | |
| SE Cab Plus 2D | R17X | 22140 | 2050 | 2250 | 3700 | 5925 |
| SE Cab Plus 4D | R17X | 22800 | 2350 | 2575 | 4225 | 6725 |
| Troy Lee Cab Plus | R17X | 23995 | 2475 | 2725 | 4425 | 7025 |

# 2000 MAZDA

| Body Type | VIN | List | Trade-In Good | Trade-In Very Good | Pvt-Party Good | Retail Excellent |
|---|---|---|---|---|---|---|
| **2000 MAZDA–(JM3,4F2or4F4)–(LW28)–Y–#** | | | | | | |
| **MPV–V6**—Truck Equipment Schedule T1 | | | | | | |
| DX Minivan 4D | LW28 | 20475 | 1200 | 1325 | 2000 | 3150 |
| LX Minivan 4D | LW28 | 22530 | 1425 | 1575 | 2425 | 3800 |
| ES Minivan 4D | LW28 | 26030 | 1675 | 1850 | 2800 | 4350 |
| **B2500 PICKUP–4-Cyl.**—Truck Equipment Schedule T2 | | | | | | |
| SX Short Bed | R12C | 12005 | 950 | 1050 | 1775 | 2850 |
| SE Short Bed | R12C | 14315 | 1350 | 1500 | 2350 | 3825 |
| SE Cab Plus 2D | R16C | 16505 | 1700 | 1875 | 3025 | 4825 |
| **B3000 PICKUP–V6**—Truck Equipment Schedule T2 | | | | | | |
| SX Short Bed | R12V | 12400 | 1150 | 1275 | 2075 | 3325 |
| SE Short Bed | R12V | 14710 | 1350 | 1500 | 2350 | 3825 |
| SE Cab Plus 2D | R16V | 16975 | 1950 | 2150 | 3425 | 5425 |
| SE Cab Plus 4D | R16V | 17965 | 2100 | 2300 | 3675 | 5775 |
| TroyLee Cb Plus 4D | R16V | 19225 | 2275 | 2500 | 3950 | 6225 |
| **B3000 PICKUP 4WD–V6**—Truck Equipment Schedule T2 | | | | | | |
| SE Short Bed | R13V | 18235 | 1850 | 2025 | 3275 | 5175 |
| SE Cab Plus 4D | R17V | 20970 | 2475 | 2725 | 4275 | 6700 |
| **B4000 PICKUP–V6**—Truck Equipment Schedule T2 | | | | | | |
| SE Cab Plus 4D | R16X | 21390 | 2750 | 3050 | 4725 | 7350 |
| **B4000 PICKUP 4WD–V6**—Truck Equipment Schedule T2 | | | | | | |
| SE Cab Plus 4D | R17X | 23300 | 2800 | 3100 | 4800 | 7475 |
| TroyLee Cb Plus 4D | R17X | 24150 | 2975 | 3275 | 5075 | 7900 |
| **2001 MAZDA–(JM3,4F2or4F4)–(U061)–1–#** | | | | | | |
| **TRIBUTE 4WD–V6**—Truck Equipment Schedule T1 | | | | | | |
| DX Sport Utility 4D | U061 | 21055 | 900 | 1000 | 1475 | 2250 |
| LX Sport Utility 4D | U081 | 22535 | 1400 | 1550 | 2125 | 3225 |
| ES Sport Utility 4D | U081 | 23540 | 1700 | 1875 | 2500 | 3800 |
| 2WD | | | (450) | (450) | (600) | (600) |
| 4-Cyl, 2.0 Liter | B | | (275) | (275) | (365) | (365) |
| **MPV–V6**—Truck Equipment Schedule T1 | | | | | | |
| DX Minivan 4D | LW28 | 21155 | 1450 | 1600 | 2325 | 3550 |
| LX Minivan 4D | LW28 | 23280 | 1775 | 1950 | 2775 | 4200 |
| ES Minivan 4D | LW28 | 26760 | 2150 | 2350 | 3300 | 4975 |
| **B2300 PICKUP–4-Cyl.**—Truck Equipment Schedule T2 | | | | | | |
| SX Short Bed | R12D | 12930 | 1375 | 1525 | 2200 | 3375 |
| SE Short Bed | R12D | 15130 | 1750 | 1925 | 2825 | 4325 |
| **B2500 PICKUP–4-Cyl.**—Truck Equipment Schedule T2 | | | | | | |
| SX Short Bed | R12C | 12785 | 1275 | 1400 | 2050 | 3175 |
| SE Short Bed | R12C | 14985 | 1675 | 1850 | 2700 | 4175 |
| **B3000 PICKUP–V6**—Truck Equipment Schedule T2 | | | | | | |
| SE Short Bed | R12U | 15575 | 1925 | 2125 | 3075 | 4675 |
| Dual Spt Short Bed | R12U | 15315 | 1950 | 2150 | 3100 | 4725 |
| SE Cab Plus 2D | R16U | 17810 | 2400 | 2625 | 3775 | 5700 |
| SE Cab Plus 4D | R16U | 18100 | 2600 | 2850 | 4050 | 6125 |
| Dual Spt Cab + 2D | R16U | 17735 | 2675 | 2925 | 4175 | 6275 |
| **B3000 PICKUP 4WD–V6**—Truck Equipment Schedule T2 | | | | | | |
| 4WD SE Short Bed | R13U | 15575 | 2275 | 2500 | 3600 | 5450 |
| SE Cab Plus 2D | R13U | 20615 | 2800 | 3100 | 4350 | 6525 |
| **B4000 PICKUP–V6**—Truck Equipment Schedule T2 | | | | | | |
| Dual Sport Cab + 4D | R17X | 19935 | 3025 | 3325 | 4675 | 7000 |
| **B4000 PICKUP 4WD–V6**—Truck Equipment Schedule T2 | | | | | | |
| SE Cab Plus 4D | R17X | 22780 | 3350 | 3675 | 5150 | 7675 |
| **2002 MAZDA–(JM3,4F2or4F4)–(U061)–2–#** | | | | | | |
| **TRIBUTE 4WD–V6**—Truck Equipment Schedule T1 | | | | | | |
| DX Sport Utility 4D | U061 | 22575 | 1100 | 1225 | 1800 | 2750 |
| LX Sport Utility 4D | U081 | 23225 | 1575 | 1725 | 2425 | 3725 |
| ES Sport Utility 4D | U081 | 24455 | 1875 | 2050 | 2950 | 4500 |
| 2WD | | | (500) | (500) | (665) | (665) |
| 4-Cyl, 2.0 Liter | B | | (325) | (325) | (435) | (435) |
| **MPV–V6**—Truck Equipment Schedule T1 | | | | | | |
| LX Minivan 4D | LW28 | 22770 | 2225 | 2450 | 3375 | 5025 |
| ES Minivan 4D | LW28 | 27712 | 2800 | 3100 | 4175 | 6150 |
| **B2300 PICKUP–4-Cyl.**—Truck Equipment Schedule T2 | | | | | | |
| Short Bed | R12D | 13240 | 1750 | 1925 | 2675 | 4000 |
| **B3000 PICKUP–V6**—Truck Equipment Schedule T2 | | | | | | |
| Dual Spt Short Bed | R12U | 15870 | 2450 | 2675 | 3650 | 5375 |
| Dual Spt Cab + 2D | R16U | 18290 | 3350 | 3675 | 4900 | 7125 |

SEE BACK PAGES FOR TRUCK EQUIPMENT

## 2002 MAZDA

| Body Type | VIN | List | Trade-In Good | Very Good | Pvt-Party Good | Retail Excellent |
|---|---|---|---|---|---|---|
| **B3000 PICKUP 4WD—V6**—Truck Equipment Schedule T2 | | | | | | |
| Cab Plus 2D | R13U | 20775 | **3525** | 3850 | 5150 | 7475 |
| **B4000 PICKUP—V6**—Truck Equipment Schedule T2 | | | | | | |
| Dual Spt Cab + 4D | R17E | 20085 | **3450** | 3775 | 5200 | 7550 |
| **B4000 PICKUP 4WD—V6**—Truck Equipment Schedule T2 | | | | | | |
| Cab Plus 4D | R17E | 22830 | **3800** | 4125 | 5700 | 8250 |

## 2003 MAZDA–(JM3,4F2or4F4)–(Z92B)–3–#

| Body Type | VIN | List | Trade-In Good | Very Good | Pvt-Party Good | Retail Excellent |
|---|---|---|---|---|---|---|
| **TRIBUTE 4WD—4-Cyl.**—Truck Equipment Schedule T1 | | | | | | |
| DX Sport Utility 4D | Z92B | 20440 | **1375** | 1525 | 2025 | 3025 |
| 2WD | | 0 | **(550)** | (550) | (735) | (735) |
| **TRIBUTE 4WD—V6**—Truck Equipment Schedule T2 | | | | | | |
| LX Sport Utility 4D | Z941 | 22125 | **2100** | 2300 | 3075 | 4500 |
| ES Sport Utility 4D | Z961 | 24885 | **2425** | 2650 | 3525 | 5125 |
| 2WD | | 0 | **(550)** | (550) | (735) | (735) |
| **MPV—V6**—Truck Equipment Schedule T1 | | | | | | |
| LX S-V Minivan 4D | W28A | 21895 | **2525** | 2775 | 3575 | 5125 |
| LX Minivan 4D | LW28A | 23120 | **2875** | 3175 | 4025 | 5750 |
| ES Minivan 4D | LW28A | 26520 | **3300** | 3625 | 4750 | 6725 |
| **B2300 PICKUP—4-Cyl.**—Truck Equipment Schedule T2 | | | | | | |
| Short Bed | R12D | 13740 | **2425** | 2650 | 3400 | 4900 |
| SE Cab Plus | R16D | 17960 | **3425** | 3750 | 4725 | 6675 |
| **B3000 PICKUP—V6**—Truck Equipment Schedule T2 | | | | | | |
| Dual Spt Short Bed | R12U | 16590 | **3200** | 3500 | 4425 | 6275 |
| Dual Spt Cab + 2D | R16V | 18700 | **4125** | 4475 | 5800 | 8125 |
| SE Cab Plus 4D | R46V | 18935 | **4075** | 4425 | 5725 | 8050 |
| **B4000 PICKUP—V6**—Truck Equipment Schedule T2 | | | | | | |
| Dual Spt Cab + 4D | R17E | 20495 | **4375** | 4725 | 6125 | 8575 |
| **B4000 PICKUP 4WD—V6**—Truck Equipment Schedule T2 | | | | | | |
| Cab Plus 2D | R17X | 20260 | **4300** | 4650 | 6025 | 8450 |
| SE Cab Plus 4D | R17X | 21705 | **4625** | 4975 | 6450 | 9025 |
| | R17X | 23240 | **4800** | 5175 | 6675 | 9325 |

## 2004 MAZDA–(JM3,4F2or4F4)–(Z92B)–4–#

| Body Type | VIN | List | Trade-In Good | Very Good | Pvt-Party Good | Retail Excellent |
|---|---|---|---|---|---|---|
| **TRIBUTE 4WD—4-Cyl.**—Truck Equipment Schedule T2 | | | | | | |
| DX Sport Utility 4D | Z92B | 21087 | **1925** | 2125 | 2700 | 3875 |
| 2WD | | 0 | **(600)** | (600) | (800) | (800) |
| **TRIBUTE 4WD—V6**—Truck Equipment Schedule T1 | | | | | | |
| LX Sport Utility 4D | Z941 | 23972 | **2975** | 3275 | 4050 | 5725 |
| ES Sport Utility 4D | Z961 | 25562 | **3375** | 3700 | 4575 | 6400 |
| 2WD | | 0 | **(600)** | (600) | (800) | (800) |
| **MPV—V6**—Truck Equipment Schedule T1 | | | | | | |
| LX Minivan 4D | W28A | 23780 | **3550** | 3875 | 4875 | 6775 |
| ES Minivan 4D | W28A | 28750 | **4250** | 4600 | 5775 | 7950 |
| **B2300 PICKUP—4-Cyl.**—Truck Equipment Schedule T2 | | | | | | |
| Short Bed | R12D | 14840 | **3175** | 3475 | 4300 | 6000 |
| SE Cab Plus | R16D | 18980 | **4200** | 4550 | 5750 | 7975 |
| **B3000 PICKUP—V6**—Truck Equipment Schedule T2 | | | | | | |
| Dual Sport 6' | R12U | 17915 | **3925** | 4275 | 5400 | 7500 |
| Dual Sport Cab + 2D | R16V | 19871 | **5175** | 5550 | 7000 | 9625 |
| SE Cab Plus 4D | R46V | 20140 | **5275** | 5650 | 7125 | 9800 |
| **B4000 PICKUP—V6**—Truck Equipment Schedule T2 | | | | | | |
| Dual Sport Cab + 4D | R17E | 21865 | **5300** | 5700 | 7400 | 10150 |
| **B4000 PICKUP 4WD—V6**—Truck Equipment Schedule T2 | | | | | | |
| Cab Plus 2D | R17X | 20850 | **5400** | 5775 | 7300 | 10000 |
| SE Cab Plus 2D | R17X | 22350 | **5650** | 6050 | 7850 | 10750 |
| | R17X | 24090 | **5875** | 6275 | 8125 | 11150 |

## 2005 MAZDA–(JM3,4F2or4F4)–(Z02Z)–5–#

| Body Type | VIN | List | Trade-In Good | Very Good | Pvt-Party Good | Retail Excellent |
|---|---|---|---|---|---|---|
| **TRIBUTE—4-Cyl.**—Truck Equipment Schedule T1 | | | | | | |
| i Sport Utility 4D | Z02Z | 20515 | **1875** | 2075 | 2750 | 3775 |
| 4WD | | | **650** | 650 | 865 | 865 |
| **TRIBUTE 4WD—V6**—Truck Equipment Schedule T1 | | | | | | |
| s Sport Utility 4D | Z941 | 24980 | **3175** | 3500 | 4450 | 5975 |
| 2WD | | | **(650)** | (650) | (865) | (865) |
| **MPV—V6**—Truck Equipment Schedule T1 | | | | | | |
| LX-SV Minivan 4D | W28A | 22665 | **3775** | 4125 | 5450 | 7450 |
| LX Minivan 4D | W28A | 23485 | **4275** | 4625 | 6075 | 8300 |
| ES Minivan 4D | W28J | 29050 | **5000** | 5400 | 7200 | 9775 |
| **B2300 PICKUP—4-Cyl.**—Truck Equipment Schedule T2 | | | | | | |
| Short Bed | R12D | 15935 | **3575** | 3925 | 5000 | 6750 |

# 2005 MAZDA

| Body Type | VIN | List | Trade-In Good | Very Good | Pvt-Party Good | Retail Excellent |
|---|---|---|---|---|---|---|
| **B3000 PICKUP—V6**—Truck Equipment Schedule T2 | | | | | | |
| Extended Cab 4D | R46U | 19480 | 5625 | 6025 | 7725 | 10250 |
| Dual Sport 6' | R12U | 20120 | 4725 | 5100 | 6400 | 8550 |
| Dual Sport Ext 4D | R46U | 21870 | 6125 | 6550 | 8325 | 11050 |
| **B4000 PICKUP 4WD—V6**—Truck Equipment Schedule T2 | | | | | | |
| Extended Cab 4D | R47E | 22220 | 5975 | 6400 | 8150 | 10800 |
| SE Extended Cab 4D | R47E | 26765 | 7475 | 7950 | 10050 | 13300 |

## 2006 MAZDA—(JM1or3,4F2or4)(CR293)-6-#

| Body Type | VIN | List | Trade-In Good | Very Good | Pvt-Party Good | Retail Excellent |
|---|---|---|---|---|---|---|
| **MAZDA5—4-Cyl.**—Truck Equipment Schedule T1 | | | | | | |
| Sport Minivan 4D | CR293 | 18895 | 3900 | 4250 | 5450 | 7350 |
| Touring Minivan 4D | CR193 | 20410 | 4425 | 4800 | 6100 | 8200 |
| **TRIBUTE—4-Cyl.**—Truck Equipment Schedule T1 | | | | | | |
| i Sport Utility 4D | Z02Z | 21525 | 2125 | 2375 | 3150 | 4250 |
| 4WD | | 9 | 700 | 700 | 935 | 935 |
| **TRIBUTE 4WD—V6**—Truck Equipment Schedule T1 | | | | | | |
| s Sport Utility 4D | Z941 | 25290 | 4025 | 4375 | 5400 | 7100 |
| 2WD | | 0 | (700) | (700) | (935) | (935) |
| **MPV—V6**—Truck Equipment Schedule T1 | | | | | | |
| LX-SV Minivan 4D | W28A | 22675 | 4900 | 5275 | 6875 | 9350 |
| LX Minivan 4D | W28A | 23510 | 5225 | 5625 | 7500 | 10200 |
| ES Minivan 4D | W28J | 29075 | 6250 | 6675 | 8800 | 11900 |
| **B2300 PICKUP—4-Cyl.**—Truck Equipment Schedule T1 | | | | | | |
| Short Bed | R12D | 15690 | 4675 | 5050 | 6150 | 8075 |
| **B3000 PICKUP—V6**—Truck Equipment Schedule T2 | | | | | | |
| Extended Cab 4D | R46U | 19510 | 7025 | 7475 | 9250 | 12000 |
| Dual Sport 6' | R12U | 20145 | 6075 | 6500 | 8025 | 10450 |
| Dual Sport Ext 4D | R46U | 21900 | 7600 | 8075 | 9925 | 12850 |
| **B4000 PICKUP 4WD—V6**—Truck Equipment Schedule T2 | | | | | | |
| Extended Cab 4D | R47E | 22515 | 7425 | 7900 | 9725 | 12600 |
| SE Extended Cab 4D | R47E | 27060 | 9400 | 9925 | 12100 | 15600 |

## 2007 MAZDA—(JM1or3,4F2or4)(CR193)-7-#

| Body Type | VIN | List | Trade-In Good | Very Good | Pvt-Party Good | Retail Excellent |
|---|---|---|---|---|---|---|
| **MAZDA5—4-Cyl.**—Truck Equipment Schedule T1 | | | | | | |
| Sport Minivan 4D | CR193 | 19130 | 4800 | 5175 | 6425 | 8500 |
| Touring Minivan 4D | CR193 | 20645 | 5325 | 5725 | 7250 | 9575 |
| Grand Touring 4D | CR193 | 21895 | 5525 | 5925 | 7500 | 9875 |
| **CX-7—4-Cyl. Turbo**—Truck Equipment Schedule T1 | | | | | | |
| "Sport" SUV 4D | ER293 | 26010 | 4975 | 5350 | 6225 | 7925 |
| Touring Sport Util | ER293 | 27760 | 5450 | 5850 | 6975 | 8825 |
| AWD | | | 550 | 550 | 735 | 735 |
| **CX-7 AWD—4-Cyl. Turbo**—Truck Equipment Schedule T1 | | | | | | |
| Grand Touring Util | ER293 | 28560 | 6600 | 7050 | 8275 | 10450 |
| FWD | | | (650) | (650) | (865) | (865) |
| **CX-9**—Truck Equipment Schedule T1 | | | | | | |
| "Sport" SUV 4D | TB28Y | 30830 | 7500 | 7975 | 9050 | 11100 |
| Grand Touring Util | TB28Y | 34470 | 9500 | 10050 | 11300 | 13750 |
| AWD | | 3 | 550 | 550 | 735 | 735 |
| **CX-9 AWD**—Truck Equipment Schedule T1 | | | | | | |
| Touring Sport Util | TB38Y | 32930 | 9100 | 9625 | 10850 | 13250 |
| FWD | | | (650) | (650) | (865) | (865) |
| **B2300 PICKUP—4-Cyl.**—Truck Equipment Schedule T1 | | | | | | |
| Short Bed | R12D | 16170 | 5475 | 5875 | 7075 | 9000 |
| **B3000 PICKUP—V6**—Truck Equipment Schedule T2 | | | | | | |
| Extended Cab 4D | R46U | 19675 | 8300 | 8800 | 10400 | 13100 |
| Dual Sport 6' | R12U | 20310 | 7250 | 7725 | 9175 | 11650 |
| Dual Sport Ext 4D | R46U | 22065 | 9100 | 9625 | 11350 | 14350 |
| **B4000 PICKUP 4WD—V6**—Truck Equipment Schedule T2 | | | | | | |
| Extended Cab 4D | R47E | 22680 | 8675 | 9175 | 10800 | 13650 |
| SE Extended Cab 4D | R47E | 27225 | 10800 | 11600 | 13650 | 17150 |

## 2008 MAZDA—(JM1or3,4F2or4)(CR293)-8-#

| Body Type | VIN | List | Trade-In Good | Very Good | Pvt-Party Good | Retail Excellent |
|---|---|---|---|---|---|---|
| **MAZDA5—4-Cyl.**—Truck Equipment Schedule T1 | | | | | | |
| Sport Minivan 4D | CR293 | 19580 | 5725 | 6150 | 7400 | 9475 |
| Touring Minivan 4D | CR293 | 21245 | 6525 | 6975 | 8325 | 10600 |
| Grand Touring 4D | CR293 | 23000 | 6700 | 7150 | 8525 | 10850 |
| **TRIBUTE—4-Cyl. Hybrid**—Truck Equipment Schedule T1 | | | | | | |
| HEV Touring | Z49H | 28535 | 8200 | 8700 | 10050 | 12450 |
| 4WD | | | 1075 | 1075 | 1435 | 1435 |
| **TRIBUTE 4WD—4-Cyl. Hybrid**—Truck Equipment Schedule T1 | | | | | | |
| HEV Grand Touring | Z59H | 31045 | 11000 | 11550 | 13250 | 16400 |
| 2WD | | | (875) | (875) | (1165) | (1165) |

SEE BACK PAGES FOR TRUCK EQUIPMENT

# 2008 MAZDA

**TRUCKS & VANS**

| Body Type | VIN | List | Trade-In Good | Very Good | Pvt-Party Good | Retail Excellent |
|---|---|---|---|---|---|---|
| **TRIBUTE—4-Cyl.—Truck Equipment Schedule T1** | | | | | | |
| i Sport Utility 4D | Z02Z | 20910 | 5200 | 5600 | 6600 | 8250 |
| i Grand Touring Util | Z02Z | 23875 | 7250 | 7725 | 8975 | 11150 |
| 4WD | 9 | | 1075 | 1075 | 1435 | 1435 |
| **TRIBUTE 4WD—4-Cyl.—Truck Equipment Schedule T1** | | | | | | |
| i Touring Spt Util | Z92Z | 23435 | 7000 | 7450 | 8675 | 10800 |
| 2WD | 0 | | (875) | (875) | (1165) | (1165) |
| **TRIBUTE 4WD—V6—Truck Equipment Schedule T1** | | | | | | |
| s Sport Utility 4D | Z961 | 23900 | 7150 | 7625 | 8850 | 11000 |
| s Touring Spt Util | Z961 | 24675 | 7450 | 7925 | 9200 | 11450 |
| s Grand Touring Util | Z961 | 26865 | 8875 | 9400 | 10800 | 13350 |
| 2WD | 0 | | (875) | (875) | (1165) | (1165) |
| **CX-7—4-Cyl. Turbo—Truck Equipment Schedule T1** | | | | | | |
| "Sport" SUV 4D | ER293 | 24345 | 5800 | 6225 | 7225 | 8975 |
| Touring Sport Util | ER293 | 26095 | 6500 | 6950 | 8000 | 9925 |
| AWD | | | 650 | 650 | 865 | 865 |
| **CX-7 AWD—4-Cyl. Turbo—Truck Equipment Schedule T1** | | | | | | |
| Grand Touring Util | ER293 | 28595 | 7925 | 8425 | 9650 | 11950 |
| FWD | | | (725) | (725) | (965) | (965) |
| **CX-9—V6—Truck Equipment Schedule T1** | | | | | | |
| "Sport" SUV 4D | TB28A | 29995 | 9150 | 9675 | 10500 | 12450 |
| Grand Touring Util | TB28A | 33950 | 11100 | 11650 | 12650 | 14900 |
| AWD | 3 | | 650 | 650 | 865 | 865 |
| **CX-9 AWD—V6—Truck Equipment Schedule T1** | | | | | | |
| Touring Sport Util | TB38A | 32930 | 10700 | 11250 | 12200 | 14450 |
| FWD | | | (725) | (725) | (965) | (965) |
| **B2300 PICKUP—4-Cyl.—Truck Equipment Schedule T2** | | | | | | |
| Short Bed | R12D | 16170 | 6675 | 7125 | 8275 | 10350 |
| **B4000 PICKUP 4WD—V6—Truck Equipment Schedule T2** | | | | | | |
| Extended Cab 4D | R47E | 22680 | 10300 | 10850 | 12500 | 15500 |
| SE Extended Cab 4D | R47E | 27225 | 12800 | 13450 | 15400 | 19050 |

## 2009 MAZDA—(JM1or3,4F2or4)(CR293)-9-#

| Body Type | VIN | List | Trade-In Good | Very Good | Pvt-Party Good | Retail Excellent |
|---|---|---|---|---|---|---|
| **MAZDA5—4-Cyl.—Truck Equipment Schedule T1** | | | | | | |
| Sport Minivan 4D | CR293 | 19775 | 7275 | 7750 | 8950 | 11100 |
| Touring Minivan 4D | CR293 | 21590 | 8400 | 8900 | 10200 | 12600 |
| Grand Touring 4D | CR293 | 23345 | 8775 | 9300 | 10600 | 13100 |
| **TRIBUTE—4-Cyl.—Truck Equipment Schedule T1** | | | | | | |
| i Sport Utility 4D | Z027 | 22460 | 6100 | 6525 | 7325 | 8900 |
| i Grand Touring Util | Z027 | 25290 | 8750 | 9250 | 10300 | 12450 |
| 4WD | 9 | | 1175 | 1175 | 1565 | 1565 |
| **TRIBUTE 4WD—4-Cyl.—Truck Equipment Schedule T1** | | | | | | |
| i Touring Spt Util | Z927 | 25360 | 8600 | 9100 | 10150 | 12250 |
| 2WD | 0 | | (1000) | (1000) | (1335) | (1335) |
| **TRIBUTE 4WD—V6—Truck Equipment Schedule T1** | | | | | | |
| s Sport Utility 4D | Z96G | 23605 | 8400 | 8900 | 9875 | 11950 |
| s Touring Spt Util | Z96G | 26620 | 9050 | 9575 | 10650 | 12850 |
| s Grand Touring Util | Z96G | 28305 | 10350 | 10900 | 12050 | 14500 |
| 2WD | 0 | | (1000) | (1000) | (1335) | (1335) |
| **CX-7—4-Cyl. Turbo—Truck Equipment Schedule T1** | | | | | | |
| "Sport" SUV 4D | ER293 | 24550 | 6750 | 7200 | 8275 | 10200 |
| Touring Sport Util | ER293 | 26450 | 7850 | 8325 | 9500 | 11650 |
| AWD | | | 725 | 725 | 965 | 965 |
| **CX-7 AWD—4-Cyl. Turbo—Truck Equipment Schedule T1** | | | | | | |
| Grand Touring Util | ER293 | 29050 | 9050 | 9575 | 10850 | 13300 |
| FWD | | | (775) | (775) | (1035) | (1035) |
| **CX-9—V6—Truck Equipment Schedule T1** | | | | | | |
| "Sport" SUV 4D | TB28A | 30490 | 11300 | 11900 | 12800 | 15050 |
| Grand Touring Util | TB28A | 34475 | 13650 | 14300 | 15400 | 18050 |
| AWD | 3 | | 725 | 725 | 965 | 965 |
| **CX-9 AWD—V6—Truck Equipment Schedule T1** | | | | | | |
| Touring Sport Util | TB38A | 33785 | 13000 | 13650 | 14700 | 17250 |
| FWD | | | (775) | (775) | (1035) | (1035) |
| **B2300 PICKUP—4-Cyl.—Truck Equipment Schedule T2** | | | | | | |
| Short Bed | R12D | 16780 | 8100 | 8600 | 9700 | 11850 |
| SE-5 Pkg | | | 125 | 125 | 165 | 165 |
| **B4000 PICKUP 4WD—V6—Truck Equipment Schedule T2** | | | | | | |
| Extended Cab 4D | R47E | 22870 | 11850 | 12450 | 13950 | 16950 |

## 2010 MAZDA—(JM1or3,4F2or4)(CR293)-A-#

| Body Type | VIN | List | Trade-In Good | Very Good | Pvt-Party Good | Retail Excellent |
|---|---|---|---|---|---|---|
| **MAZDA5—4-Cyl.—Truck Equipment Schedule T1** | | | | | | |
| Sport Minivan 4D | CR293 | 18745 | 8175 | 8675 | 9750 | 11850 |

**470    DEDUCT FOR RECONDITIONING**

# 2010 MAZDA

| Body Type | VIN | List | Trade-In Good | Very Good | Pvt-Party Good | Retail Excellent |
|---|---|---|---|---|---|---|
| Touring Minivan 4D | CR293 | 22000 | 9375 | 9900 | 11100 | 13500 |
| Grand Touring 4D | CR293 | 23755 | 9775 | 10300 | 11550 | 14000 |
| **TRIBUTE—4-Cyl.—Truck Equipment Schedule T1** | | | | | | |
| i Sport Utility 4D | Y0C7 | 22880 | 7250 | 7725 | 8625 | 10450 |
| i Grand Touring Util | Y0C7 | 25895 | 9850 | 10400 | 11450 | 13700 |
| 4WD | 9 | | 1275 | 1275 | 1700 | 1700 |
| **TRIBUTE 4WD—4-Cyl.—Truck Equipment Schedule T1** | | | | | | |
| i Touring Spt Util | Y9C7 | 25780 | 9700 | 10250 | 11250 | 13500 |
| 2WD | 0 | | (1100) | (1100) | (1465) | (1465) |
| **TRIBUTE 4WD—V6—Truck Equipment Schedule T1** | | | | | | |
| s Grand Touring | Y9GG | 29350 | 11450 | 12050 | 13150 | 15700 |
| 2WD | 0 | | (1100) | (1100) | (1465) | (1465) |
| **CX-7—4-Cyl.—Truck Equipment Schedule T1** | | | | | | |
| i SV Sport Util 4D | ER2W5 | 22480 | 9850 | 10400 | 11600 | 14100 |
| i Sport SUV 4D | ER2W5 | 22300 | 9850 | 10400 | 11600 | 14100 |
| **CX-7—4-Cyl. Turbo—Truck Equipment Schedule T1** | | | | | | |
| s Grand Touring | ER2W3 | 33815 | 12650 | 13250 | 14850 | 17950 |
| AWD | | | 800 | 800 | 1065 | 1065 |
| **CX-7 AWD—4-Cyl. Turbo—Truck Equipment Schedule T1** | | | | | | |
| s Touring Spt Util | ER4W3 | 28250 | 11950 | 12550 | 14000 | 16900 |
| FWD | 2 | | (800) | (800) | (1065) | (1065) |
| **CX-9—V6—Truck Equipment Schedule T1** | | | | | | |
| "Sport" SUV 4D | TB28A | 29385 | 12850 | 13450 | 14750 | 17500 |
| Grand Touring Util | TB28A | 33395 | 15500 | 16200 | 17550 | 20800 |
| AWD | 3 | | 800 | 800 | 1065 | 1065 |
| **CX-9 AWD—Truck Equipment Schedule T1** | | | | | | |
| Touring Sport Util | TB38A | 32705 | 14450 | 15100 | 16450 | 19500 |
| FWD | | | (800) | (800) | (1065) | (1065) |

## 2011 MAZDA — (4F2orJM3)-(Y0C7)-B-#

| Body Type | VIN | List | Trade-In Good | Very Good | Pvt-Party Good | Retail Excellent |
|---|---|---|---|---|---|---|
| **TRIBUTE—4-Cyl.—Truck Equipment Schedule T1** | | | | | | |
| i Sport Utility 4D | Y0C7 | 23225 | 8800 | 9325 | 10100 | 11950 |
| i Grand Touring Util | Y0C7 | 26330 | 11150 | 11700 | 12600 | 14850 |
| 4WD | 9 | | 1400 | 1400 | 1865 | 1865 |
| **TRIBUTE 4WD—4-Cyl.—Truck Equipment Schedule T1** | | | | | | |
| i Touring Spt Util | Y9C7 | 26125 | 11000 | 11550 | 12450 | 14650 |
| 2WD | | | (1200) | (1200) | (1600) | (1600) |
| **TRIBUTE 4WD—V6—Truck Equipment Schedule T1** | | | | | | |
| s Grand Touring | Y9GG | 29695 | 13850 | 14500 | 15600 | 18250 |
| 2WD | 0 | | (1200) | (1200) | (1600) | (1600) |
| **CX-7—4-Cyl.—Truck Equipment Schedule T1** | | | | | | |
| i SV Sport Utility | ER2A5 | 22785 | 11100 | 11650 | 12500 | 14700 |
| i Sport Utility | ER2B5 | 23590 | 11900 | 12500 | 13400 | 15700 |
| i Touring Sport Util | ER2C5 | 27185 | 13550 | 14200 | 15200 | 17800 |
| **CX-7—4-Cyl. Turbo—Truck Equipment Schedule T1** | | | | | | |
| s Grand Touring | ER2D3 | 32435 | 15400 | 16100 | 17150 | 20000 |
| AWD | | | 875 | 875 | 1165 | 1165 |
| **CX-7 AWD—4-Cyl. Turbo—Truck Equipment Schedule T1** | | | | | | |
| s Touring Spt Util | ER4C3 | 28750 | 14500 | 15150 | 16200 | 18950 |
| FWD | 2 | | (1025) | (1025) | (1365) | (1365) |
| **CX-9 AWD—V6—Truck Equipment Schedule T1** | | | | | | |
| "Sport" SUV 4D | TB2BA | 31320 | 16400 | 17150 | 18000 | 20800 |
| Touring Sport Util | TB2CA | 33490 | 17800 | 18550 | 19450 | 22400 |
| Grand Touring Util | TB2DA | 35330 | 19150 | 20000 | 20900 | 24100 |
| FWD | 2 | | (1025) | (1025) | (1365) | (1365) |

## 2012 MAZDA — 4F(2or3)JM(2or3)-(W2BL)-C-#

| Body Type | VIN | List | Trade-In Good | Very Good | Pvt-Party Good | Retail Excellent |
|---|---|---|---|---|---|---|
| **MAZDA5—4-Cyl.—Truck Equipment Schedule T1** | | | | | | |
| Sport Minivan 4D | W2BL | 20990 | 10650 | 11200 | 12300 | 14700 |
| Touring Minivan 4D | W2CL | 21990 | 11700 | 12300 | 13450 | 16050 |
| Grand Touring 4D | W2DL | 24670 | 12300 | 12900 | 14200 | 16950 |
| **CX-7—4-Cyl.—Truck Equipment Schedule T1** | | | | | | |
| i SV Sport Utility | ER2A5 | 22985 | 13050 | 13700 | 14750 | 17350 |
| i Sport Utility | ER2B5 | 23790 | 13600 | 14250 | 15350 | 18050 |
| i Touring Sport Util | ER2C5 | 27185 | 15500 | 16200 | 17350 | 20300 |
| **CX-7—4-Cyl. Turbo—Truck Equipment Schedule T1** | | | | | | |
| s Grand Touring | ER2D3 | 32635 | 18100 | 18900 | 20100 | 23500 |
| AWD | 4 | | 950 | 950 | 1265 | 1265 |
| **CX-7 AWD—4-Cyl. Turbo—Truck Equipment Schedule T1** | | | | | | |
| s Touring Spt Util | ER4C3 | 28950 | 16250 | 17000 | 18150 | 21300 |
| FWD | 2 | | (1100) | (1100) | (1465) | (1465) |

SEE BACK PAGES FOR TRUCK EQUIPMENT

## 2012 MAZDA

| Body Type | VIN | List | Trade-In Good | Very Good | Pvt-Party Good | Retail Excellent |
|---|---|---|---|---|---|---|
| **CX-9 AWD—V6**—Truck Equipment Schedule T1 | | | | | | |
| "Sport" SUV 4D | TB2BA | 31570 | 17500 | 18250 | 19150 | 22100 |
| Touring Sport Util | TB2CA | 33490 | 18850 | 19700 | 20600 | 23800 |
| Grand Touring Util | TB2DA | 35580 | 20500 | 21300 | 22300 | 25700 |
| FWD | | | (1100) | (1100) | (1465) | (1465) |

## 2013 MAZDA — 4F(2or3)JM(2or3)-(CW2BL)-D-#

| Body Type | VIN | List | Trade-In Good | Very Good | Pvt-Party Good | Retail Excellent |
|---|---|---|---|---|---|---|
| **MAZDA5—4-Cyl.**—Truck Equipment Schedule T1 | | | | | | |
| Sport Minivan 4D | CW2BL | 21735 | 12100 | 12700 | 14200 | 17300 |
| Touring Minivan | CW2CL | 22865 | 13100 | 13750 | 15450 | 18700 |
| Grand Touring 4D | CW2DL | 25265 | 13800 | 14450 | 16200 | 19650 |
| **CX-5—4-Cyl. SKYACTIV**—Truck Equipment Schedule T1 | | | | | | |
| Sport SUV 4D | KE2BE | 22890 | 15450 | 16150 | 17150 | 20000 |
| Touring Sport Util | KE2CE | 24690 | 17450 | 18200 | 19250 | 22400 |
| Grand Touring | KE2DE | 27840 | 20300 | 21100 | 22200 | 25800 |
| AWD | | 4 | 1025 | 1025 | 1365 | 1365 |
| **CX-9 AWD—V6**—Truck Equipment Schedule T1 | | | | | | |
| "Sport" SUV 4D | TB3BA | 32170 | 18450 | 19250 | 20300 | 23600 |
| Touring Sport Util | TB3CA | 34615 | 19850 | 20700 | 21800 | 25300 |
| Grand Touring Util | TB3DA | 37170 | 21600 | 22500 | 23600 | 27400 |
| FWD | | 2 | (1100) | (1100) | (1465) | (1465) |

## MERCEDES-BENZ

### 1999 MERCEDES-BENZ — 4JG(AB54E)-X-#

| Body Type | VIN | List | Trade-In Good | Very Good | Pvt-Party Good | Retail Excellent |
|---|---|---|---|---|---|---|
| **ML-CLASS 4WD—V6**—Truck Equipment Schedule T3 | | | | | | |
| ML320 Spt Util 4D | AB54E | 39590 | 1275 | 1400 | 2075 | 3225 |
| Third Row Seat | | | 150 | 150 | 200 | 200 |
| **ML-CLASS 4WD—V8**—Truck Equipment Schedule T3 | | | | | | |
| ML430 Spt Util 4D | AB72E | 44345 | 1575 | 1725 | 2600 | 4025 |
| Third Row Seat | | | 150 | 150 | 200 | 200 |

### 2000 MERCEDES-BENZ — 4JG(AB54E)-Y-#

| Body Type | VIN | List | Trade-In Good | Very Good | Pvt-Party Good | Retail Excellent |
|---|---|---|---|---|---|---|
| **ML-CLASS 4WD—V6**—Truck Equipment Schedule T3 | | | | | | |
| ML320 Spt Util 4D | AB54E | 36895 | 1700 | 1875 | 2525 | 3725 |
| Third Row Seat | | | 175 | 175 | 235 | 235 |
| **ML-CLASS 4WD—V8**—Truck Equipment Schedule T3 | | | | | | |
| ML430 Spt Util 4D | AB72E | 44345 | 2375 | 2600 | 3425 | 5000 |
| ML55 Spt Util 4D | AB74E | 65495 | 4250 | 4600 | 5850 | 8100 |
| Third Row Seat | | | 175 | 175 | 235 | 235 |

### 2001 MERCEDES-BENZ — 4JG(AB54E)-1-#

| Body Type | VIN | List | Trade-In Good | Very Good | Pvt-Party Good | Retail Excellent |
|---|---|---|---|---|---|---|
| **ML-CLASS 4WD—V6**—Truck Equipment Schedule T3 | | | | | | |
| ML320 Spt Util 4D | AB54E | 38045 | 2350 | 2575 | 3325 | 4775 |
| Sport Pkg | | | 425 | 425 | 565 | 565 |
| Third Row Seat | | | 175 | 175 | 235 | 235 |
| designo Edition | | | 525 | 525 | 700 | 700 |
| **ML-CLASS 4WD—V8**—Truck Equipment Schedule T3 | | | | | | |
| ML430 Spt Util 4D | AB72E | 44445 | 3050 | 3375 | 4400 | 6225 |
| ML55 Spt Util 4D | AB74E | 66545 | 5250 | 5650 | 7100 | 9575 |
| Sport Pkg | | | 425 | 425 | 565 | 565 |
| Third Row Seat | | | 175 | 175 | 235 | 235 |
| designo Edition | | | 525 | 525 | 700 | 700 |

### 2002 MERCEDES-BENZ — WDCor4JG(AB54E)-2-#

| Body Type | VIN | List | Trade-In Good | Very Good | Pvt-Party Good | Retail Excellent |
|---|---|---|---|---|---|---|
| **ML-CLASS 4WD—V6**—Truck Equipment Schedule T3 | | | | | | |
| ML320 Spt Util 4D | AB54E | 36945 | 3150 | 3475 | 4250 | 5850 |
| designo Edition | | | 550 | 550 | 735 | 735 |
| Third Row Seat | | | 200 | 200 | 265 | 265 |
| Sport Pkg | | | 475 | 475 | 635 | 635 |
| **ML-CLASS 4WD—V8**—Truck Equipment Schedule T3 | | | | | | |
| ML500 Spt Util 4D | AB75E | 45595 | 3675 | 4000 | 4900 | 6700 |
| ML55 Spt Util 4D | AB74E | 66545 | 6850 | 7300 | 8875 | 11650 |
| Sport Pkg | | | 475 | 475 | 635 | 635 |
| Third Row Seat | | | 200 | 200 | 265 | 265 |
| designo Edition | | | 550 | 550 | 735 | 735 |
| **G-CLASS 4WD—V8**—Truck Equipment Schedule T3 | | | | | | |
| G500 Sport Util 4D | YR49E | 73145 | 19400 | 20200 | 22200 | 27000 |
| designo Edition | | | 550 | 550 | 735 | 735 |

**DEDUCT FOR RECONDITIONING**

# 2003 MERCEDES-BENZ

| Body Type | VIN | List | Trade-In Good | Very Good | Pvt-Party Good | Retail Excellent |
|---|---|---|---|---|---|---|

## 2003 MERCEDES-BENZ — WDCor4JG(AB54E)-3-#

**ML-CLASS 4WD—V6**—Truck Equipment Schedule T3
| | | | | | | |
|---|---|---|---|---|---|---|
| ML320 Spt Utl 4D | AB54E | 40315 | 2950 | 3250 | 3975 | 5450 |
| ML350 Spt Utl 4D | AB57E | 40665 | 3550 | 3875 | 4725 | 6400 |
| Sport Pkg | | | 500 | 500 | 665 | 665 |
| Inspiration Edition | | | 450 | 450 | 600 | 600 |
| designo Edition | | | 600 | 600 | 800 | 800 |
| Third Row Seat | | | 225 | 225 | 300 | 300 |

**ML-CLASS 4WD—V8**—Truck Equipment Schedule T3
| | | | | | | |
|---|---|---|---|---|---|---|
| ML500 Spt Utl 4D | AB75E | 46015 | 3875 | 4225 | 5325 | 7200 |
| ML55 Spt Utl 4D | AB74E | 66565 | 8750 | 9250 | 10900 | 14000 |
| Sport Pkg | | | 500 | 500 | 665 | 665 |
| Inspiration Edition | | | 450 | 450 | 600 | 600 |
| designo Edition | | | 600 | 600 | 800 | 800 |
| Third Row Seat | | | 225 | 225 | 300 | 300 |

**G-CLASS 4WD—V8**—Truck Equipment Schedule T3
| | | | | | | |
|---|---|---|---|---|---|---|
| G500 Spt Util 4D | YR49 | 74265 | 21100 | 22000 | 23900 | 28900 |
| G55 Spt Util 4D | YR46 | 90565 | 25700 | 26700 | 28500 | 33700 |
| designo Edition | | | 600 | 600 | 800 | 800 |

## 2004 MERCEDES-BENZ — WDCor4JG(AB57E)-4-#

**ML-CLASS 4WD—V6**—Truck Equipment Schedule T3
| | | | | | | |
|---|---|---|---|---|---|---|
| ML350 Sport Util | AB57E | 39720 | 4325 | 4675 | 5750 | 7625 |
| Inspiration Edition | | | 500 | 500 | 665 | 665 |
| designo Edition | | | 650 | 650 | 865 | 865 |
| Third Row Seat | | | 250 | 250 | 335 | 335 |

**ML-CLASS 4WD—V8**—Truck Equipment Schedule T3
| | | | | | | |
|---|---|---|---|---|---|---|
| ML500 Spt Util 4D | AB75E | 46470 | 4825 | 5200 | 6350 | 8400 |
| Inspiration Edition | | | 500 | 500 | 665 | 665 |
| designo Edition | | | 650 | 650 | 865 | 865 |
| Third Row Seat | | | 250 | 250 | 335 | 335 |

**G-CLASS 4WD—V8**—Truck Equipment Schedule T3
| | | | | | | |
|---|---|---|---|---|---|---|
| G500 Sport Util | YR49 | 76870 | 24900 | 25900 | 27600 | 32800 |
| G55 Sport Util | YR46 | 93420 | 29700 | 30800 | 32500 | 38100 |
| designo Edition | | | 650 | 650 | 865 | 865 |

## 2005 MERCEDES-BENZ — WDCor4JG(AB57E)-5-#

**M-CLASS 4WD—V6**—Truck Equipment Schedule T3
| | | | | | | |
|---|---|---|---|---|---|---|
| ML350 Sport Util | AB57E | 40370 | 6000 | 6425 | 7825 | 10050 |
| Special Edition | | | 525 | 525 | 700 | 700 |
| designo Edition | | | 700 | 700 | 935 | 935 |
| Third Row Seat | | | 275 | 275 | 365 | 365 |

**M-CLASS 4WD—V8**—Truck Equipment Schedule T3
| | | | | | | |
|---|---|---|---|---|---|---|
| ML500 Spt Util 4D | AB75E | 47120 | 6475 | 6925 | 8400 | 10750 |
| Special Edition | | | 525 | 525 | 700 | 700 |
| designo Edition | | | 700 | 700 | 935 | 935 |
| Third Row Seat | | | 275 | 275 | 365 | 365 |

**G-CLASS 4WD—V8**—Truck Equipment Schedule T3
| | | | | | | |
|---|---|---|---|---|---|---|
| G500 Sport Util 4D | YR49E | 78420 | 27900 | 29000 | 30700 | 35900 |
| G500 Grand Ed Util | YR49C | 80420 | 29300 | 30500 | 32200 | 37600 |
| designo Edition | | | 700 | 700 | 935 | 935 |

**G-CLASS 4WD—V8 Supercharged**—Truck Equipment Schedule T3
| | | | | | | |
|---|---|---|---|---|---|---|
| G55 Spt Util 4D | YR46E | 100620 | 32800 | 34100 | 35500 | 41100 |
| G55 Grand Ed Util | YR46C | 103720 | 34200 | 35500 | 37000 | 42700 |

## 2006 MERCEDES-BENZ — 4JG(BB86E)-6-#

**M-CLASS 4WD—V6**—Truck Equipment Schedule T3
| | | | | | | |
|---|---|---|---|---|---|---|
| ML350 Spt Util 4D | BB86E | 40525 | 9700 | 10250 | 11950 | 14800 |
| Premium Pkg | | | 725 | 725 | 965 | 965 |
| Sport Pkg | | | 650 | 650 | 865 | 865 |

**M-CLASS 4WD—V8**—Truck Equipment Schedule T3
| | | | | | | |
|---|---|---|---|---|---|---|
| ML500 Spt Util 4D | BB75E | 49275 | 10200 | 10750 | 12500 | 15450 |
| Premium Pkg | | | 725 | 725 | 965 | 965 |
| Sport Pkg | | | 650 | 650 | 865 | 865 |

**G-CLASS 4WD—V8**—Truck Equipment Schedule T3
| | | | | | | |
|---|---|---|---|---|---|---|
| G500 Sport Util 4D | YR49E | 78420 | 32000 | 33200 | 34800 | 40500 |

**G-CLASS 4WD—V8 Supercharged**—Truck Equipment Sch T3
| | | | | | | |
|---|---|---|---|---|---|---|
| G55 Sport Util 4D | YR71E | 100620 | 39600 | 41100 | 42800 | 49700 |

**R-CLASS AWD—V6**—Truck Equipment Schedule T3
| | | | | | | |
|---|---|---|---|---|---|---|
| R350 Sport Wagon | CB65E | 48775 | 7750 | 8225 | 9350 | 11400 |
| Premium Pkg | | | 725 | 725 | 965 | 965 |

SEE BACK PAGES FOR TRUCK EQUIPMENT

# 2006 MERCEDES-BENZ

| Body Type | VIN | List | Trade-In Good | Very Good | Pvt-Party Good | Retail Excellent |
|---|---|---|---|---|---|---|
| Sport Pkg | | | 500 | 500 | 665 | 665 |
| **R-CLASS AWD—V8—Truck Equipment Schedule T3** | | | | | | |
| R500 Sport Wagon | CB75E | 56275 | 9325 | 9850 | 11150 | 13550 |
| Premium Pkg | | | 725 | 725 | 965 | 965 |
| Sport Pkg | | | 500 | 500 | 665 | 665 |

## 2007 MERCEDES-BENZ — 4JG(BB22E)-7-#

**M-CLASS 4WD—V6 Turbo Diesel—Truck Equipment Schedule T3**
| | | | | | | |
|---|---|---|---|---|---|---|
| ML320 CDI Spt Util | BB22E | 44455 | 17900 | 18650 | 20200 | 24000 |
| P1 Pkg | | | 300 | 300 | 400 | 400 |
| P2 Pkg | | | 300 | 300 | 400 | 400 |
| P3 Pkg | | | 500 | 500 | 665 | 665 |
| Sport Pkg | | | 700 | 700 | 935 | 935 |
| Adaptive Cruise Control | | | 375 | 375 | 500 | 500 |

**M-CLASS 4WD—V6—Truck Equipment Schedule T3**
| | | | | | | |
|---|---|---|---|---|---|---|
| ML350 Spt Util 4D | BB86E | 43455 | 13050 | 13700 | 15050 | 17900 |
| P1 Pkg | | | 300 | 300 | 400 | 400 |
| P2 Pkg | | | 300 | 300 | 400 | 400 |
| P3 Pkg | | | 500 | 500 | 665 | 665 |
| Sport Pkg | | | 700 | 700 | 935 | 935 |
| Adaptive Cruise Control | | | 375 | 375 | 500 | 500 |

**M-CLASS 4WD—V8—Truck Equipment Schedule T3**
| | | | | | | |
|---|---|---|---|---|---|---|
| ML500 Spt Util 4D | BB75E | 49975 | 14500 | 15150 | 16600 | 19750 |
| P1 Pkg | | | 300 | 300 | 400 | 400 |
| P2 Pkg | | | 300 | 300 | 400 | 400 |
| P3 Pkg | | | 500 | 500 | 665 | 665 |
| Sport Pkg | | | 700 | 700 | 935 | 935 |
| Adaptive Cruise Control | | | 375 | 375 | 500 | 500 |

**M-CLASS 4WD—V8—Truck Equipment Schedule T3**
| | | | | | | |
|---|---|---|---|---|---|---|
| ML63 Sport Util 4D | BB77E | 86275 | 23000 | 23900 | 25300 | 29600 |

**G-CLASS 4WD—V8—Truck Equipment Schedule T3**
| | | | | | | |
|---|---|---|---|---|---|---|
| G500 Sport Util 4D | YR49E | 81675 | 37200 | 38600 | 39800 | 45800 |

**G-CLASS 4WD—V8 Supercharged—Truck Equipment Sch T3**
| | | | | | | |
|---|---|---|---|---|---|---|
| G55 Spt Util 4D | YR71E | 105275 | 47000 | 48700 | 50000 | 57500 |

**GL-CLASS 4WD—V6 Turbo Diesel—Truck Equipment Schedule T3**
| | | | | | | |
|---|---|---|---|---|---|---|
| GL320 CDI Spt Util | BF22E | 53175 | 19200 | 20000 | 21400 | 25100 |
| Premium Pkg | | | 725 | 725 | 965 | 965 |
| Adaptive Cruise Control | | | 375 | 375 | 500 | 500 |

**GL-CLASS 4WD—V8—Truck Equipment Schedule T3**
| | | | | | | |
|---|---|---|---|---|---|---|
| GL450 Spt Util 4D | BF71E | 55675 | 15800 | 16500 | 17700 | 20800 |
| Premium Pkg | | | 725 | 725 | 965 | 965 |
| Adaptive Cruise Control | | | 375 | 375 | 500 | 500 |

**R-CLASS 4WD—V6 Turbo Diesel—Truck Equipment Schedule T3**
| | | | | | | |
|---|---|---|---|---|---|---|
| R320 CDI Spt Wag | CB22E | 44775 | 12600 | 13200 | 14800 | 17950 |
| Premium Pkg 1 | | | 300 | 300 | 400 | 400 |
| Premium Pkg 2 | | | 300 | 300 | 400 | 400 |
| Adaptive Cruise Control | | | 375 | 375 | 500 | 500 |

**R-CLASS 4WD—V6—Truck Equipment Schedule T3**
| | | | | | | |
|---|---|---|---|---|---|---|
| R350 Sport Wagon | CB65E | 43775 | 9950 | 10500 | 11750 | 14250 |
| Premium Pkg 1 | | | 300 | 300 | 400 | 400 |
| Premium Pkg 2 | | | 300 | 300 | 400 | 400 |
| Sport Pkg | | | 550 | 550 | 735 | 735 |
| Adaptive Cruise Control | | | 375 | 375 | 500 | 500 |

**R-CLASS 4WD—V8—Truck Equipment Schedule T3**
| | | | | | | |
|---|---|---|---|---|---|---|
| R500 Sport Wagon | CB75E | 51275 | 11200 | 11800 | 13200 | 16000 |
| Premium Pkg 1 | | | 300 | 300 | 400 | 400 |
| Premium Pkg 2 | | | 300 | 300 | 400 | 400 |
| Sport Pkg | | | 550 | 550 | 735 | 735 |
| Adaptive Cruise Control | | | 375 | 375 | 500 | 500 |

**R-CLASS 4WD—V8—Truck Equipment Schedule T3**
| | | | | | | |
|---|---|---|---|---|---|---|
| R63 Sport Wagon | CB77E | 88175 | 30400 | 31600 | 33100 | 38400 |
| Premium Pkg | | | 750 | 750 | 1000 | 1000 |

## 2008 MERCEDES-BENZ — 4JG(BB22E)-8-#

**M-CLASS 4WD—V6 Turbo Diesel—Truck Equipment Schedule T3**
| | | | | | | |
|---|---|---|---|---|---|---|
| ML320 CDI Spt Utl | BB22E | 45425 | 19050 | 19900 | 21000 | 24400 |
| Premium Pkg 1 | | | 350 | 350 | 465 | 465 |
| Premium Pkg 2 | | | 325 | 325 | 435 | 435 |
| Premium Pkg 3 | | | 500 | 500 | 665 | 665 |
| Adaptive Cruise Control | | | 375 | 375 | 500 | 500 |

**M-CLASS 4WD—V6—Truck Equipment Schedule T3**
| | | | | | | |
|---|---|---|---|---|---|---|
| ML350 Spt Util 4D | BB86E | 44425 | 15800 | 16500 | 17550 | 20400 |

**474    DEDUCT FOR RECONDITIONING**

# 2008 MERCEDES-BENZ

| Body Type | VIN | List | Trade-In Good | Very Good | Pvt-Party Good | Retail Excellent |
|---|---|---|---|---|---|---|
| Premium Pkg 1 | | | 350 | 350 | 465 | 465 |
| Premium Pkg 2 | | | 325 | 325 | 435 | 435 |
| Premium Pkg 3 | | | 500 | 500 | 665 | 665 |
| Adaptive Cruise Control | | | 375 | 375 | 500 | 500 |
| **M-CLASS 4WD—V8**—Truck Equipment Schedule T3 | | | | | | |
| ML350 Edition Utl | BB86E | 52705 | 17000 | 17750 | 18800 | 21900 |
| **M-CLASS 4WD—V8**—Truck Equipment Schedule T3 | | | | | | |
| ML550 Spt Utl 4D | BB72E | 53175 | 19650 | 20500 | 21600 | 25200 |
| Premium Pkg 1 | | | 350 | 350 | 465 | 465 |
| Premium Pkg 2 | | | 325 | 325 | 435 | 435 |
| Premium Pkg 3 | | | 500 | 500 | 665 | 665 |
| Adaptive Cruise Control | | | 375 | 375 | 500 | 500 |
| **M-CLASS 4WD—V8**—Truck Equipment Schedule T3 | | | | | | |
| ML63 Spt Util 4D | BB77E | 87425 | 28600 | 29800 | 31000 | 35700 |
| **G-CLASS 4WD—V8**—Truck Equipment Schedule T3 | | | | | | |
| G500 Sport Utl 4D | YR49E | 86975 | 44800 | 46400 | 47000 | 53200 |
| **G-CLASS 4WD—V8 Supercharged**—Truck Equipment Sch T3 | | | | | | |
| G55 Spt Util 4D | YR71E | 110675 | 54800 | 56800 | 57500 | 65000 |
| **GL-CLASS 4WD—V6 Turbo Diesel**—Truck Equipment Schedule T3 | | | | | | |
| GL320 CDI Spt Utl | BF22E | 55975 | 22600 | 23600 | 24700 | 28600 |
| Premium Pkg 1 | | | 350 | 350 | 465 | 465 |
| Adaptive Cruise Control | | | 375 | 375 | 500 | 500 |
| **GL-CLASS 4WD—V8**—Truck Equipment Schedule T3 | | | | | | |
| GL450 Spt Utl 4D | BF71E | 58475 | 19550 | 20400 | 21500 | 24900 |
| GL550 Spt Utl 4D | BF86E | 77850 | 23500 | 24400 | 25600 | 29700 |
| Premium Pkg 1 | | | 350 | 350 | 465 | 465 |
| Premium Pkg 2 | | | 325 | 325 | 435 | 435 |
| Adaptive Cruise Control | | | 375 | 375 | 500 | 500 |
| **R-CLASS 4WD—V6 Turbo Diesel**—Truck Equipment Schedule T3 | | | | | | |
| R320 CDI Spt Wag | CB22E | 46175 | 17200 | 17950 | 19200 | 22600 |
| P1 Pkg | | | 350 | 350 | 465 | 465 |
| P2 Pkg | | | 325 | 325 | 435 | 435 |
| P3 Pkg | | | 500 | 500 | 665 | 665 |
| Distronic Cruise Control | | | 375 | 375 | 500 | 500 |
| **R-CLASS 4WD—V6**—Truck Equipment Schedule T3 | | | | | | |
| R350 Sport Wagon | CB65E | 45175 | 12600 | 13200 | 14350 | 16900 |
| P1 Pkg | | | 350 | 350 | 465 | 465 |
| P2 Pkg | | | 325 | 325 | 435 | 435 |
| P3 Pkg | | | 500 | 500 | 665 | 665 |
| Distronic Cruise Control | | | 375 | 375 | 500 | 500 |
| 2WD | | 56 | (875) | (875) | (1165) | (1165) |

# 2009 MERCEDES-BENZ — 4JG(BB25E)-9-#

| Body Type | VIN | List | Trade-In Good | Very Good | Pvt-Party Good | Retail Excellent |
|---|---|---|---|---|---|---|
| **M-CLASS 4WD—V6 Turbo Diesel**—Truck Equipment Schedule T3 | | | | | | |
| ML320 BLUETEC | BB25E | 48125 | 21600 | 22500 | 23300 | 26600 |
| Premium Pkg 1 | | | 400 | 400 | 535 | 535 |
| Premium Pkg 2 | | | 350 | 350 | 465 | 465 |
| **M-CLASS 4WD—V6**—Truck Equipment Schedule T3 | | | | | | |
| ML350 Sport Util | BB86E | 46625 | 19050 | 19900 | 20600 | 23600 |
| 2WD | | | (1125) | (1125) | (1500) | (1500) |
| Premium Pkg 1 | | | 400 | 400 | 535 | 535 |
| Premium Pkg 2 | | | 350 | 350 | 465 | 465 |
| **M-CLASS 4WD—V8**—Truck Equipment Schedule T3 | | | | | | |
| ML550 Sport Util | BB72E | 55325 | 22800 | 23800 | 24500 | 28000 |
| Premium Pkg 1 | | | 400 | 400 | 535 | 535 |
| Premium Pkg 2 | | | 350 | 350 | 465 | 465 |
| **M-CLASS 4WD—V8**—Truck Equipment Schedule T3 | | | | | | |
| ML63 Sport Util | BB77E | 89225 | 36500 | 37900 | 38400 | 43500 |
| **G-CLASS 4WD—V8**—Truck Equipment Schedule T3 | | | | | | |
| G550 Sport Utility | YR36E | 101125 | 55900 | 57900 | 57800 | 64500 |
| **G-CLASS 4WD—V8 Supercharged**—Truck Equipment Schedule T3 | | | | | | |
| G55 Sport Utility | YR71E | 120325 | 64000 | 66200 | 65900 | 73500 |
| **GL-CLASS AWD—V6 Turbo Diesel**—Truck Equipment Schedule T3 | | | | | | |
| GL320 BLUETEC | BF25E | 59755 | 28800 | 30000 | 30900 | 35300 |
| Premium Pkg 1 | | | 400 | 400 | 535 | 535 |
| Premium Pkg 2 | | | 350 | 350 | 465 | 465 |
| **GL-CLASS AWD—V8**—Truck Equipment Schedule T3 | | | | | | |
| GL450 Sport Util | BF71E | 60755 | 25400 | 26400 | 27200 | 31100 |
| Premium Pkg 1 | | | 400 | 400 | 535 | 535 |
| Premium Pkg 2 | | | 350 | 350 | 465 | 465 |
| **M-CLASS AWD—V8**—Truck Equipment Schedule T3 | | | | | | |
| GL550 Sport Util | BF86E | 80375 | 29600 | 30800 | 31700 | 36200 |

SEE BACK PAGES FOR TRUCK EQUIPMENT

# 2009 MERCEDES-BENZ

| Body Type | VIN | List | Trade-In Good | Very Good | Pvt-Party Good | Retail Excellent |
|---|---|---|---|---|---|---|
| **R-CLASS 4WD—V6—Truck Equipment Schedule T3** | | | | | | |
| R350 Sport Wagon | CB65E | 47325 | 20900 | 21800 | 22500 | 25800 |
| Premium Pkg 1 | | | 400 | 400 | 535 | 535 |
| Premium Pkg 2 | | | 350 | 350 | 465 | 465 |

## 2010 MERCEDES-BENZ — (4JGorWDC)(GG5GB)-A-#

| Body Type | VIN | List | Trade-In Good | Very Good | Pvt-Party Good | Retail Excellent |
|---|---|---|---|---|---|---|
| **GLK-CLASS—V6—Truck Equipment Schedule T3** | | | | | | |
| GLK350 Spt Util | GG5GB | 37225 | 18950 | 19800 | 20500 | 23500 |
| **GLK-CLASS AWD—V6—Truck Equipment Schedule T3** | | | | | | |
| GLK350 Spt Util | GG8HB | 39225 | 20600 | 21400 | 22200 | 25400 |
| **M-CLASS AWD—V6 Turbo Diesel—Truck Equipment Schedule T3** | | | | | | |
| ML350 BLUETEC | BB2FB | 50575 | 25800 | 26900 | 27600 | 31400 |
| Premium Pkg 1 | | | 450 | 450 | 600 | 600 |
| Premium Pkg 2 | | | 375 | 375 | 500 | 500 |
| **M-CLASS—V6—Truck Equipment Schedule T3** | | | | | | |
| ML350 Sport Util | BB5GB | 46575 | 20900 | 21800 | 22500 | 25700 |
| Premium Pkg 1 | | | 450 | 450 | 600 | 600 |
| Premium Pkg 2 | | | 375 | 375 | 500 | 500 |
| **M-CLASS 4MATIC AWD—V6—Truck Equipment Schedule T3** | | | | | | |
| ML350 Sport Util | BB8GB | 49075 | 22900 | 23800 | 24500 | 28000 |
| Premium Pkg 1 | | | 450 | 450 | 600 | 600 |
| Premium Pkg 2 | | | 375 | 375 | 500 | 500 |
| **M-CLASS—V6 Hybrid—Truck Equipment Schedule T3** | | | | | | |
| ML450 Sport Util | BB9FB | 55875 | 27200 | 28300 | 29000 | 33000 |
| Premium Pkg 1 | | | 450 | 450 | 600 | 600 |
| Premium Pkg 2 | | | 375 | 375 | 500 | 500 |
| Distronic Cruise Control | | | 425 | 425 | 565 | 565 |
| **M-CLASS AWD—V8—Truck Equipment Schedule T3** | | | | | | |
| ML550 Spt Util 4D | BB7CB | 57625 | 26600 | 27700 | 28400 | 32400 |
| Premium Pkg 1 | | | 450 | 450 | 600 | 600 |
| Premium Pkg 2 | | | 375 | 375 | 500 | 500 |
| **M-CLASS AWD—V8—Truck Equipment Schedule T3** | | | | | | |
| ML63 AMG SUV | BB7HB | 91925 | 44600 | 46200 | 46100 | 51500 |
| **R-CLASS 4MATIC AWD—V6 Turbo Diesel—Truck Equipment Sch T3** | | | | | | |
| R350 BLUETEC | CB2FE | 61575 | 26600 | 27700 | 28300 | 32200 |
| Premium Pkg 1 | | | 450 | 450 | 600 | 600 |
| Premium Pkg 2 | | | 375 | 375 | 500 | 500 |
| **R-CLASS 4MATIC AWD—V6—Truck Equipment Schedule T3** | | | | | | |
| R350 Sport Wagon | CB6FE | 50175 | 23300 | 24200 | 24900 | 28300 |
| Premium Pkg 1 | | | 450 | 450 | 600 | 600 |
| Premium Pkg 2 | | | 375 | 375 | 500 | 500 |
| **GL-CLASS AWD—V6 Turbo Diesel—Truck Equipment Schedule T3** | | | | | | |
| GL350 BLUETEC | BF2FB | 62725 | 33700 | 35000 | 35400 | 40000 |
| Premium Pkg 1 | | | 450 | 450 | 600 | 600 |
| **GL-CLASS AWD—V8—Truck Equipment Schedule T3** | | | | | | |
| GL450 Spt Util 4D | BF7BB | 63725 | 29800 | 31000 | 31500 | 35600 |
| GL550 Spt Util 4D | BF8BB | 83725 | 37200 | 38600 | 39000 | 44000 |
| Premium Pkg 1 | | | 450 | 450 | 600 | 600 |
| **G-CLASS AWD—V8—Truck Equipment Schedule T3** | | | | | | |
| G550 Sport Util 4D | YC3HF | 104875 | 63300 | 65500 | 65100 | 72600 |
| **G-CLASS AWD—V8 Supercharged—Truck Equipment Schedule T3** | | | | | | |
| G55 Sport Util | YC7BF | 123575 | 72000 | 74500 | 73500 | 81500 |

## 2011 MERCEDES-BENZ — (4JGorWDC)(GG5GB)-B-#

| Body Type | VIN | List | Trade-In Good | Very Good | Pvt-Party Good | Retail Excellent |
|---|---|---|---|---|---|---|
| **GLK-CLASS—V6—Truck Equipment Schedule T3** | | | | | | |
| GLK350 Spt Util | GG5GB | 36375 | 21700 | 22600 | 23200 | 26400 |
| Premium Pkg 1 | | | 900 | 900 | 1200 | 1200 |
| **GLK-CLASS AWD—V6—Truck Equipment Schedule T3** | | | | | | |
| GLK350 Spt Util | GG8HB | 38375 | 23000 | 24000 | 24500 | 27900 |
| Premium Pkg 1 | | | 900 | 900 | 1200 | 1200 |
| **M-CLASS AWD—V6 Turbo Diesel—Truck Equipment Schedule T3** | | | | | | |
| ML350 BLUETEC | BB2FB | 53145 | 29200 | 30400 | 31100 | 35300 |
| Premium Pkg 1 | | | 500 | 500 | 665 | 665 |
| Premium Pkg 2 | | | 400 | 400 | 535 | 535 |
| designo Edition | | | 900 | 900 | 1200 | 1200 |
| Distronic Cruise Control | | | 450 | 450 | 600 | 600 |
| **M-CLASS—V6—Truck Equipment Schedule T3** | | | | | | |
| ML350 Sport Util | BB5GB | 49145 | 24400 | 25400 | 26000 | 29600 |
| Premium Pkg 1 | | | 500 | 500 | 665 | 665 |
| Premium Pkg 2 | | | 375 | 375 | 500 | 500 |
| designo Edition | | | 900 | 900 | 1200 | 1200 |
| Distronic Cruise Control | | | 450 | 450 | 600 | 600 |

**476    DEDUCT FOR RECONDITIONING**

# 2011 MERCEDES-BENZ

| Body Type | VIN | List | Trade-In Good | Trade-In Very Good | Pvt-Party Good | Retail Excellent |
|---|---|---|---|---|---|---|
| **M-CLASS 4MATIC AWD—V6**—Truck Equipment Schedule T3 | | | | | | |
| ML350 Sport Util | BB8GB | 51645 | 26300 | 27400 | 28000 | 31800 |
| Premium Pkg 1 | | | 500 | 500 | 665 | 665 |
| Premium Pkg 2 | | | 375 | 375 | 500 | 500 |
| designo Edition | | | 900 | 900 | 1200 | 1200 |
| Distronic Cruise Control | | | 450 | 450 | 600 | 600 |
| **M-CLASS AWD—V6 Hybrid**—Truck Equipment Schedule T3 | | | | | | |
| ML450 Sport Util | BB9FB | 58445 | 31500 | 32700 | 33400 | 37900 |
| Premium Pkg 1 | | | 500 | 500 | 665 | 665 |
| Premium Pkg 2 | | | 375 | 375 | 500 | 500 |
| designo Edition | | | 900 | 900 | 1200 | 1200 |
| **M-CLASS AWD—V8**—Truck Equipment Schedule T3 | | | | | | |
| ML550 Spt Util 4D | BB7CB | 60245 | 31600 | 32800 | 33500 | 38000 |
| Premium Pkg 1 | | | 500 | 500 | 665 | 665 |
| Premium Pkg 2 | | | 375 | 375 | 500 | 500 |
| designo Edition | | | 900 | 900 | 1200 | 1200 |
| Distronic Cruise Control | | | 450 | 450 | 600 | 600 |
| **M-CLASS AWD—V8**—Truck Equipment Schedule T3 | | | | | | |
| ML63 AMG SUV | BB7HB | 93465 | 51700 | 53600 | 53200 | 59100 |
| **R-CLASS 4MATIC AWD—V6 Turbo Diesel**—Truck Equipment Schedule T3 | | | | | | |
| R350 BLUETEC | CB2FE | 52615 | 30300 | 31500 | 32100 | 36300 |
| Premium Pkg 1 | | | 500 | 500 | 665 | 665 |
| Premium Pkg 2 | | | 400 | 400 | 535 | 535 |
| **R-CLASS 4MATIC AWD—V6**—Truck Equipment Schedule T3 | | | | | | |
| R350 Sport Wagon | CB6FE | 51115 | 27000 | 28100 | 28600 | 32500 |
| Premium Pkg 1 | | | 500 | 500 | 665 | 665 |
| Premium Pkg 2 | | | 400 | 400 | 535 | 535 |
| **GL-CLASS AWD—V6 Turbo Diesel**—Truck Equipment Schedule T3 | | | | | | |
| GL350 BLUETEC | BF2FE | 63755 | 37200 | 38600 | 39000 | 44100 |
| Premium Pkg 1 | | | 500 | 500 | 665 | 665 |
| Premium Pkg 2 | | | 400 | 400 | 535 | 535 |
| Distronic Cruise Control | | | 450 | 450 | 600 | 600 |
| **GL-CLASS AWD—V8**—Truck Equipment Schedule T3 | | | | | | |
| GL450 Spt Util 4D | BF7BE | 64755 | 32900 | 34200 | 34700 | 39200 |
| GL550 Spt Util 4D | BF8GE | 85325 | 43000 | 44600 | 45000 | 50800 |
| Premium Pkg 1 | | | 500 | 500 | 665 | 665 |
| Premium Pkg 2 | | | 400 | 400 | 535 | 535 |
| Off-Road Pkg | | | 400 | 400 | 535 | 535 |
| Distronic Cruise Control | | | 450 | 450 | 600 | 600 |
| **G-CLASS AWD—V8**—Truck Equipment Schedule T3 | | | | | | |
| G550 Sport Util 4D | YC3HF | 106625 | 70100 | 72500 | 71300 | 78800 |
| **G-CLASS AWD—V8 Supercharged**—Truck Equipment Schedule T3 | | | | | | |
| G55 Sport Utility | YC7BF | 125325 | 79400 | 82100 | 80200 | 88300 |

# 2012 MERCEDES-BENZ — (4JGorWDC)(GG5HB)-C-#

| Body Type | VIN | List | Good | Very Good | Pvt-Party Good | Retail Excellent |
|---|---|---|---|---|---|---|
| **GLK-CLASS—V6**—Truck Equipment Schedule T3 | | | | | | |
| GLK350 Spt Util | GG5HB | 36775 | 24500 | 25500 | 26000 | 29400 |
| Premium Pkg 1 | | | 900 | 900 | 1200 | 1200 |
| **GLK-CLASS AWD—V6**—Truck Equipment Schedule T3 | | | | | | |
| GLK350 Spt Util | GG8HB | 38755 | 26100 | 27200 | 27700 | 31300 |
| Premium Pkg 1 | | | 900 | 900 | 1200 | 1200 |
| **M-CLASS 4MATIC AWD—V6 Turbo Diesel**—Truck Equipment Sch T3 | | | | | | |
| ML350 BLUETEC | DA2EB | 51365 | 40200 | 41700 | 41400 | 45900 |
| Premium Pkg 1 | | | 550 | 550 | 735 | 735 |
| Premium Pkg 2 | | | 400 | 400 | 535 | 535 |
| designo Edition | | | 900 | 900 | 1200 | 1200 |
| **M-CLASS 4MATIC AWD—V6**—Truck Equipment Schedule T3 | | | | | | |
| ML350 Sport Util | DA5HB | 49865 | 37300 | 38700 | 38400 | 42600 |
| Premium Pkg 1 | | | 550 | 550 | 735 | 735 |
| Premium Pkg 2 | | | 400 | 400 | 535 | 535 |
| designo Edition | | | 900 | 900 | 1200 | 1200 |
| **M-CLASS 4MATIC AWD—V8 Twin Turbo**—Truck Equip Sch T3 | | | | | | |
| ML550 Spt Util 4D | DA7DB | 58465 | 42800 | 44400 | 43900 | 48700 |
| Premium Pkg 1 | | | 550 | 550 | 735 | 735 |
| Premium Pkg 2 | | | 400 | 400 | 535 | 535 |
| designo Edition | | | 900 | 900 | 1200 | 1200 |
| **M-CLASS 4MATIC AWD—V8**—Truck Equipment Schedule T3 | | | | | | |
| ML63 AMG SUV | DA7EB | 95865 | 68100 | 70500 | 69400 | 76800 |
| **R-CLASS 4MATIC AWD—V6 Turbo Diesel**—Truck Equipment Sch T3 | | | | | | |
| R350 BLUETEC | CB2FE | 54715 | 38100 | 39600 | 39600 | 44400 |
| Premium Pkg 1 | | | 550 | 550 | 735 | 735 |
| Premium Pkg 2 | | | 400 | 400 | 535 | 535 |

**SEE BACK PAGES FOR TRUCK EQUIPMENT**

# 2012 MERCEDES-BENZ

| Body Type | VIN | List | Trade-In Good | Very Good | Pvt-Party Good | Retail Excellent |
|---|---|---|---|---|---|---|
| **R-CLASS 4MATIC AWD—V6—Truck Equipment Schedule T3** | | | | | | |
| R350 Sport Wagon | CB5HE | 53565 | 34800 | 36100 | 36300 | 40600 |
| Premium Pkg 1 | | | 550 | 550 | 735 | 735 |
| Premium Pkg 2 | | | 400 | 400 | 535 | 535 |
| **GL-CLASS AWD—V6 Turbo Diesel—Truck Equipment Schedule T3** | | | | | | |
| GL350 BlueTEC | BF2FE | 63320 | 44400 | 46000 | 45600 | 50600 |
| Premium Pkg 1 | | | 550 | 550 | 735 | 735 |
| Premium Pkg 2 | | | 400 | 400 | 535 | 535 |
| Distronic Cruise Control | | | 475 | 475 | 635 | 635 |
| **GL-CLASS AWD—V8—Truck Equipment Schedule T3** | | | | | | |
| GL450 Spt Util 4D | BF7BE | 64320 | 39900 | 41400 | 41100 | 45600 |
| GL550 Spt Util 4D | BF8GE | 87050 | 51000 | 52800 | 52500 | 58200 |
| Premium Pkg 1 | | | 550 | 550 | 735 | 735 |
| Premium Pkg 2 | | | 400 | 400 | 535 | 535 |
| Off-Road Pkg | | | 400 | 400 | 535 | 535 |
| Distronic Cruise Control | | | 475 | 475 | 635 | 635 |
| **G-CLASS AWD—V8—Truck Equipment Schedule T3** | | | | | | |
| G550 Spt Util 4D | YC3HF | 107975 | 75300 | 77900 | 77000 | 85600 |

# 2013 MERCEDES-BENZ — (4JGorWDC)(GG0EB)-D-#

| Body Type | VIN | List | Trade-In Good | Very Good | Pvt-Party Good | Retail Excellent |
|---|---|---|---|---|---|---|
| **GLK-CLASS 4MATIC AWD—4-Cyl. Turbo Diesel—Truck Equip Sch T3** | | | | | | |
| GLK250 BlueTec | GG0EB | 39495 | 27900 | 29000 | 29500 | 33300 |
| Premium Pkg 1 | | | 900 | 900 | 1200 | 1200 |
| **GLK-CLASS 4MATIC AWD—V6—Truck Equipment Schedule T3** | | | | | | |
| GLK350 Spt Util | GG5HB | 37995 | 26600 | 27700 | 28100 | 31700 |
| Premium Pkg | | | 900 | 900 | 1200 | 1200 |
| **GLK-CLASS 4MATIC AWD—V6—Truck Equipment Schedule T3** | | | | | | |
| GLK350 Spt Util | GG8JB | 39995 | 28200 | 29300 | 29800 | 33600 |
| Premium Pkg | | | 900 | 900 | 1200 | 1200 |
| **M-CLASS 4MATIC AWD—V6—Truck Equipment Schedule T3** | | | | | | |
| ML350 Sport Util | DA5JB | 48175 | 39700 | 41200 | 40200 | 43900 |
| Premium Pkg 2 | | | 900 | 900 | 1200 | 1200 |
| **M-CLASS 4MATIC AWD—V6 Turbo Diesel—Truck Equipment Schedule T3** | | | | | | |
| ML350 BLUETEC | DA2EB | 52175 | 46200 | 47900 | 46500 | 50800 |
| designo Edition | | | 900 | 900 | 1200 | 1200 |
| Premium Pkg 1 | | | 900 | 900 | 1200 | 1200 |
| **M-CLASS 4MATIC AWD—V6—Truck Equipment Schedule T3** | | | | | | |
| ML350 Sport Util | DA5HB | 50675 | 41700 | 43200 | 42100 | 46000 |
| designo Edition | | | 900 | 900 | 1200 | 1200 |
| Premium Pkg 1 | | | 900 | 900 | 1200 | 1200 |
| **M-CLASS 4MATIC AWD—V8 Twin Turbo—Truck Equipment Sch T3** | | | | | | |
| ML550 Sport Util | DA7DB | 59705 | 47300 | 49000 | 48000 | 52400 |
| designo Edition | | | 900 | 900 | 1200 | 1200 |
| Premium Pkg 1 | | | 900 | 900 | 1200 | 1200 |
| **M-CLASS 4MATIC AWD—V8—Truck Equipment Schedule T3** | | | | | | |
| ML63 AMG SUV | DA7EB | 97005 | 77800 | 80400 | 77000 | 84400 |
| **GL-CLASS 4MATIC AWD—V6 Turbo Diesel—Truck Equipment Sch T3** | | | | | | |
| GL350 BlueTEC | DF2EB | 63275 | 55100 | 57000 | 56000 | 61600 |
| Premium Pkg 1 | | | 575 | 575 | 765 | 765 |
| **GL-CLASS 4MATIC AWD—V8 Twin Turbo—Truck Equipment Sch T3** | | | | | | |
| GL450 Spt Util 4D | DF7CB | 64775 | 51800 | 53700 | 52800 | 58000 |
| GL550 Spt Util 4D | DF7DB | 88775 | 64300 | 66600 | 65200 | 71600 |
| GL63 AMG Spt Utl | DF7EE | 117800 | | | | |
| Premium Pkg 1 | | | 575 | 575 | 765 | 765 |
| **G-CLASS 4MATIC AWD—V8—Truck Equipment Schedule T3** | | | | | | |
| G550 Sport Utility | YC3HF | 113905 | 83900 | 86700 | 84800 | 93500 |
| G63 AMG Spt Util | YC7DF | 135205 | 102700 | 106100 | 103500 | 113500 |

# MERCURY

## 1999 MERCURY — 4M2-(U55P)-X-#

| Body Type | VIN | List | Trade-In Good | Very Good | Pvt-Party Good | Retail Excellent |
|---|---|---|---|---|---|---|
| **MOUNTAINEER AWD—V8—Truck Equipment Schedule T1** | | | | | | |
| Sport Utility 4D | U55P | 30015 | 1025 | 1125 | 1950 | 3175 |
| 2WD | 2 | | (575) | (575) | (765) | (765) |
| 4WD | 4 | | 0 | 0 | 0 | 0 |
| V6, 4.0 Liter | E | | (125) | (125) | (165) | (165) |
| **VILLAGER—V6—Truck Equipment Schedule T1** | | | | | | |
| Minivan 4D | V11T | 22995 | 1375 | 1525 | 2350 | 3700 |
| Sport Minivan 4D | V11T | 25595 | 1800 | 1975 | 2975 | 4625 |
| Estate Minivan 4D | V11T | 25595 | 1800 | 1975 | 2975 | 4625 |

**DEDUCT FOR RECONDITIONING**

# 2000 MERCURY

| Body Type | VIN | List | Trade-In Good | Very Good | Pvt-Party Good | Retail Excellent |
|---|---|---|---|---|---|---|

## 2000 MERCURY — 4M2-(U86P)-Y-#

**MOUNTAINEER AWD—V8—Truck Equipment Schedule T1**
| | | | | | | |
|---|---|---|---|---|---|---|
| Sport Utility 4D | U86P | 30360 | 1175 | 1300 | 2000 | 3150 |
| Premier | | | 325 | 325 | 435 | 435 |
| 2WD | 6 | | (650) | (650) | (865) | (865) |
| 4WD | 7 | | 0 | 0 | 0 | 0 |
| V6, 4.0 Liter | E | | (150) | (150) | (200) | (200) |

**VILLAGER—V6—Truck Equipment Schedule T1**
| | | | | | | |
|---|---|---|---|---|---|---|
| Minivan 4D | V11T | 22995 | 1575 | 1725 | 2625 | 4100 |
| Sport Minivan 4D | V12T | 25995 | 2125 | 2325 | 3450 | 5300 |
| Estate Minivan 4D | V14T | 27695 | 2200 | 2425 | 3575 | 5475 |

## 2001 MERCURY — 4M2-(U86P)-1-#

**MOUNTAINEER AWD—V8—Truck Equipment Schedule T1**
| | | | | | | |
|---|---|---|---|---|---|---|
| Sport Utility 4D | U86P | 30695 | 1275 | 1400 | 2150 | 3425 |
| Premier | | | 350 | 350 | 465 | 465 |
| 2WD | 6 | | (725) | (725) | (965) | (965) |
| 4WD | 7 | | 0 | 0 | 0 | 0 |
| V6, 4.0 Liter | E | | (150) | (150) | (200) | (200) |

**VILLAGER—V6—Truck Equipment Schedule T1**
| | | | | | | |
|---|---|---|---|---|---|---|
| Minivan 4D | V11T | 23140 | 1875 | 2050 | 2975 | 4525 |
| Sport Minivan 4D | V12T | 26365 | 2525 | 2775 | 3925 | 5900 |
| Estate Minivan 4D | V14T | 27840 | 2600 | 2850 | 4025 | 6050 |

## 2002 MERCURY — 4M2-(U86W)-2-#

**MOUNTAINEER AWD—V8—Truck Equipment Schedule T1**
| | | | | | | |
|---|---|---|---|---|---|---|
| Sport Utility 4D | U86W | 31310 | 1775 | 1950 | 3050 | 4775 |
| Premier | | | 400 | 400 | 535 | 535 |
| Third Row Seat | | | 625 | 625 | 835 | 835 |
| 2WD | 6 | | (800) | (800) | (1065) | (1065) |
| V6, 4.0 Liter | E | | (175) | (175) | (235) | (235) |

**VILLAGER—V6—Truck Equipment Schedule T1**
| | | | | | | |
|---|---|---|---|---|---|---|
| Minivan 4D | V11T | 19995 | 2150 | 2350 | 3200 | 4725 |
| Sport Minivan 4D | V12T | 24995 | 2975 | 3275 | 4325 | 6275 |
| Estate Minivan 4D | V14T | 26995 | 3050 | 3350 | 4425 | 6425 |

## 2003 MERCURY — 4M2-(U86W)-3-#

**MOUNTAINEER AWD—V8—Truck Equipment Schedule T1**
| | | | | | | |
|---|---|---|---|---|---|---|
| Sport Utility 4D | U86W | 32605 | 2475 | 2725 | 3575 | 5200 |
| Premier Sport Util | U86W | 34750 | 2850 | 3150 | 4075 | 5875 |
| Third Row Seat | | | 675 | 675 | 900 | 900 |
| 2WD | 6 | | (900) | (900) | (1200) | (1200) |
| V6, Flex Fuel, 4.0 Liter | K | | (200) | (200) | (265) | (265) |

## 2004 MERCURY — (2MRor4M2)-(A202)-4-#

**MONTEREY—V6—Truck Equipment Schedule T1**
| | | | | | | |
|---|---|---|---|---|---|---|
| Minivan | A202 | 29995 | 2550 | 2800 | 3950 | 5950 |
| Premier | | | 375 | 375 | 500 | 500 |

**MOUNTAINEER AWD—V8—Truck Equipment Schedule T1**
| | | | | | | |
|---|---|---|---|---|---|---|
| Sport Utility 4D | U86W | 32855 | 3025 | 3325 | 4475 | 6450 |
| Premier | | | 475 | 475 | 635 | 635 |
| Third Row Seat | | | 700 | 700 | 935 | 935 |
| 2WD | 6 | | (975) | (975) | (1300) | (1300) |
| V6, Flex Fuel, 4.0 Liter | K | | (225) | (225) | (300) | (300) |

## 2005 MERCURY — (2MRor4M2)-(A222)-5-#

**MONTEREY—V6—Truck Equipment Schedule T1**
| | | | | | | |
|---|---|---|---|---|---|---|
| Minivan | A222 | 29695 | 3125 | 3450 | 4975 | 7125 |
| Premier Minivan | A222 | 35665 | 3575 | 3925 | 5575 | 7950 |

**MARINER 4WD—V6—Truck Equipment Schedule T1**
| | | | | | | |
|---|---|---|---|---|---|---|
| Sport Utility 4D | U571 | 25245 | 3925 | 4275 | 5350 | 7125 |
| 2WD | 6 | | (650) | (650) | (865) | (865) |
| 4-Cyl, 2.3 Liter | Z | | (450) | (450) | (600) | (600) |

**MOUNTAINEER AWD—V8—Truck Equipment Schedule T1**
| | | | | | | |
|---|---|---|---|---|---|---|
| Sport Utility 4D | U86W | 33505 | 3650 | 4000 | 5275 | 7225 |
| Premier Sport Util | U86W | 39625 | 4175 | 4525 | 5925 | 8100 |
| Third Row Seat | | | 725 | 725 | 965 | 965 |
| 2WD | 6 | | (1050) | (1050) | (1400) | (1400) |
| V6, Flex Fuel 4.0L | E,K | | (250) | (250) | (335) | (335) |

**SEE BACK PAGES FOR TRUCK EQUIPMENT**

# 2006 MERCURY

| Body Type | VIN | List | Trade-In Good | Very Good | Pvt-Party Good | Retail Excellent |
|---|---|---|---|---|---|---|

## 2006 MERCURY — (1,2or3)ME–(A222)–6–#

**MONTEREY—V6—Truck Equipment Schedule T1**
| Minivan | A222 | 29325 | 4425 | 4800 | 6500 | 8875 |

**MARINER 4WD—4-Cyl. Hybrid—Truck Equipment Schedule T1**
| Sport Utility 4D | U98H | 29840 | 5250 | 5650 | 7050 | 9200 |

**MARINER 4WD—V6—Truck Equipment Schedule T1**
| Sport Utility 4D | U571 | 25650 | 4750 | 5125 | 6450 | 8450 |
| Premier Sport Util | U571 | 27400 | 5000 | 5400 | 6750 | 8825 |
| 2WD | 6 | | (700) | (700) | (935) | (935) |
| 4-Cyl, 2.3 Liter | Z | | (475) | (475) | (635) | (635) |

**MOUNTAINEER AWD—V6—Truck Equipment Schedule T1**
| Sport Utility 4D | U468 | 31995 | 5275 | 5675 | 7225 | 9550 |
| Third Row Seat | | | 750 | 750 | 1000 | 1000 |
| 2WD | 3 | | (1150) | (1150) | (1535) | (1535) |
| V8, 4.6 Liter | 8 | | 300 | 300 | 400 | 400 |

**MOUNTAINEER AWD—V8—Truck Equipment Schedule T1**
| Premier Sport Util | U38E | 36145 | 5875 | 6300 | 8050 | 10600 |
| Third Row Seat | | | 750 | 750 | 1000 | 1000 |
| 2WD | 3 | | (1150) | (1150) | (1535) | (1535) |

## 2007 MERCURY — (2MRor4M2)–(A222)–7–#

**MONTEREY—V6—Truck Equipment Schedule T1**
| Minivan | A222 | 29350 | 6000 | 6425 | 8250 | 11000 |

**MARINER 4WD—4-Cyl. Hybrid—Truck Equipment Schedule T1**
| Sport Utility 4D | U39H | 28615 | 7325 | 7800 | 9050 | 11250 |

**MARINER 4WD—V6—Truck Equipment Schedule T1**
| Sport Utility 4D | U901 | 25420 | 6250 | 6675 | 7750 | 9700 |
| Premier Spt Util | U901 | 27515 | 6800 | 7250 | 8375 | 10450 |
| 2WD | 8 | | (750) | (750) | (1000) | (1000) |
| 4-Cyl, 2.3 Liter | Z | | (500) | (500) | (665) | (665) |

**MOUNTAINEER AWD—V6—Truck Equipment Schedule T1**
| Sport Utility 4D | U478 | 30270 | 6925 | 7375 | 8650 | 10900 |
| Third Row Seat | | | 800 | 800 | 1065 | 1065 |
| 2WD | 3 | | (1225) | (1225) | (1635) | (1635) |
| V8, 4.6 Liter | 8 | | 325 | 325 | 435 | 435 |

**MOUNTAINEER AWD—V8—Truck Equipment Schedule T1**
| Premier Spt Util | U388 | 34740 | 7750 | 8225 | 9675 | 12150 |
| Third Row Seat | | | 800 | 800 | 1065 | 1065 |
| 2WD | 3 | | (1225) | (1225) | (1635) | (1635) |

## 2008 MERCURY — (2MRor4M2)–(U39H)–8–#

**MARINER 4WD—4-Cyl. Hybrid—Truck Equipment Schedule T1**
| Sport Utility 4D | U39H | 28370 | 9000 | 9525 | 10900 | 13550 |
| 2WD | 2 | | (875) | (875) | (1165) | (1165) |

**MARINER 4WD—V6—Truck Equipment Schedule T1**
| Sport Utility 4D | U911 | 24335 | 7200 | 7675 | 8900 | 11100 |
| Premier Spt Util 4D | U971 | 26235 | 7950 | 8450 | 9750 | 12100 |
| 2WD | 8 | | (875) | (875) | (1165) | (1165) |
| 4-Cyl, 2.3 Liter | | | (600) | (600) | (800) | (800) |

**MOUNTAINEER AWD—V6—Truck Equipment Schedule T1**
| Sport Utility 4D | U47E | 32850 | 9250 | 9775 | 11150 | 13750 |
| 2WD | | | (1300) | (1300) | (1735) | (1735) |
| Third Row Seat | | | 800 | 800 | 1065 | 1065 |

**MOUNTAINEER AWD—V8—Truck Equipment Schedule T1**
| Premier Spt Util 4D | U488 | 32410 | 9900 | 10450 | 11850 | 14600 |
| Third Row Seat | | | 800 | 800 | 1065 | 1065 |
| 2WD | 3 | | (1300) | (1300) | (1735) | (1735) |
| V6, 4.0 Liter | E | | (350) | (350) | (465) | (465) |

## 2009 MERCURY — (2MRor4M2)–(U393)–9–#

**MARINER 4WD—4-Cyl. Hybrid—Truck Equipment Schedule T1**
| Sport Utility 4D | U393 | 31195 | 10500 | 11050 | 12250 | 14750 |
| 2WD | 2 | | (1000) | (1000) | (1335) | (1335) |

**MARINER 4WD—V6—Truck Equipment Schedule T1**
| Sport Utility 4D | U91G | 25380 | 8950 | 9450 | 10550 | 12700 |
| Premier Spt Util 4D | U97G | 26485 | 9350 | 9875 | 10950 | 13200 |
| 2WD | | | (1000) | (1000) | (1335) | (1335) |
| 4-Cyl, 2.5 Liter | 7 | | (800) | (800) | (1065) | (1065) |

**MOUNTAINEER AWD—V6—Truck Equipment Schedule T1**
| Sport Utility 4D | U47E | 30360 | 11500 | 12100 | 13450 | 16250 |
| 2WD | | | (1400) | (1400) | (1865) | (1865) |

**DEDUCT FOR RECONDITIONING**

# 2009 MERCURY

| Body Type | VIN | List | Trade-In Good | Very Good | Pvt-Party Good | Retail Excellent |
|---|---|---|---|---|---|---|
| Third Row Seat | | | 800 | 800 | 1065 | 1065 |
| **MOUNTAINEER AWD—V8**—Truck Equipment Schedule T1 | | | | | | |
| Premier Spt Util 4D | U388 | 34535 | 12800 | 13400 | 15000 | 18100 |
| Third Row Seat | | | 800 | 800 | 1065 | 1065 |
| 2WD | 3 | | (1400) | (1400) | (1865) | (1865) |
| V6, 4.0 Liter | E | | (400) | (400) | (535) | (535) |

## 2010 MERCURY–(2MRor4M2)–(N3K3)–A–#

| | | | | | | |
|---|---|---|---|---|---|---|
| **MARINER 4WD—4-Cyl. Hybrid**—Truck Equipment Schedule T1 | | | | | | |
| Sport Utility 4D | N3K3 | 32470 | 13700 | 14350 | 15650 | 18600 |
| 2WD | 2 | | (1100) | (1100) | (1465) | (1465) |
| **MARINER 4WD—V6**—Truck Equipment Schedule T1 | | | | | | |
| Sport Utility 4D | N9BG | 26510 | 11150 | 11700 | 12800 | 15250 |
| Premier Sport Util | N9HG | 28580 | 12000 | 12600 | 13750 | 16350 |
| 2WD | 8 | | (1100) | (1100) | (1465) | (1465) |
| 4-Cyl, 2.5 Liter | 7 | | (875) | (875) | (1165) | (1165) |
| **MOUNTAINEER AWD—V6**—Truck Equipment Schedule T1 | | | | | | |
| Sport Utility 4D | N4HE | 32215 | 13900 | 14550 | 15800 | 18700 |
| 2WD | 3 | | (1475) | (1475) | (1965) | (1965) |
| **MOUNTAINEER AWD—V8**—Truck Equipment Schedule T1 | | | | | | |
| Premier Sport Util | N4J8 | 37995 | 17650 | 18400 | 19800 | 23400 |
| Third Row Seat | | | 800 | 800 | 1065 | 1065 |
| 2WD | 3 | | (1475) | (1475) | (1965) | (1965) |
| V6, 4.0 Liter | E | | (450) | (450) | (600) | (600) |

## 2011 MERCURY — 4M2–(N3K3)–B–#

| | | | | | | |
|---|---|---|---|---|---|---|
| **MARINER 4WD—4-Cyl. Hybrid**—Truck Equipment Schedule T1 | | | | | | |
| Sport Utility 4D | N3K3 | 32590 | 15100 | 15800 | 16800 | 19600 |
| 2WD | 2 | | (1200) | (1200) | (1600) | (1600) |
| **MARINER 4WD—V6**—Truck Equipment Schedule T1 | | | | | | |
| Sport Utility 4D | N9BG | 27040 | 12450 | 13100 | 14000 | 16450 |
| Premier Sport Util | N9HG | 29110 | 13300 | 13950 | 15000 | 17600 |
| 2WD | 8 | | (1200) | (1200) | (1600) | (1600) |
| 4-Cyl, 2.5 Liter | 7 | | (950) | (950) | (1265) | (1265) |

# MITSUBISHI

## 1999 MITSUBISHI — JA4–(S21G)–X–#

| | | | | | | |
|---|---|---|---|---|---|---|
| **MONTERO SPORT 2WD—4-Cyl.**—Truck Equipment Schedule T1 | | | | | | |
| ES Utility 4D | S21G | 19680 | 475 | 525 | 1025 | 1625 |
| **MONTERO SPORT 4WD—V6**—Truck Equipment Schedule T1 | | | | | | |
| LS Utility 4D | T31H | 27445 | 1200 | 1325 | 2050 | 3275 |
| XLS Utility 4D | T31H | 29355 | 1350 | 1500 | 2275 | 3600 |
| Limited Utility 4D | T41R | 33085 | 1725 | 1900 | 2950 | 4625 |
| 2WD | S | | (575) | (575) | (765) | (765) |
| **MONTERO 4WD—V6**—Truck Equipment Schedule T1 | | | | | | |
| Sport Utility 4D | R51R | 31825 | 2200 | 2425 | 3300 | 4900 |

## 2000 MITSUBISHI — JA4–(S21H)–Y–#

| | | | | | | |
|---|---|---|---|---|---|---|
| **MONTERO SPORT 2WD—V6**—Truck Equipment Schedule T1 | | | | | | |
| ES Utility 4D | S21H | 22982 | 800 | 900 | 1400 | 2175 |
| **MONTERO SPORT 4WD—V6**—Truck Equipment Schedule T1 | | | | | | |
| LS Utility 4D | T31H | 27262 | 1475 | 1625 | 2425 | 3725 |
| XLS Utility 4D | T31H | 29782 | 1650 | 1825 | 2675 | 4100 |
| Limited Utility 4D | T41R | 31812 | 2125 | 2325 | 3375 | 5100 |
| 2WD | S | | (650) | (650) | (865) | (865) |
| **MONTERO 4WD—V6**—Truck Equipment Schedule T1 | | | | | | |
| Sport Utility 4D | R51R | 32262 | 2550 | 2800 | 3600 | 5150 |
| Endeavor Pkg | | | 150 | 150 | 200 | 200 |

## 2001 MITSUBISHI — JA4–(T21H)–1–#

| | | | | | | |
|---|---|---|---|---|---|---|
| **MONTERO SPORT 4WD—V6**—Truck Equipment Schedule T1 | | | | | | |
| ES Utility 4D | T21H | 25487 | 1525 | 1675 | 2375 | 3575 |
| LS Utility 4D | T31H | 28177 | 2000 | 2200 | 3025 | 4475 |
| XS Sport Utility 4D | T31R | 29187 | 2125 | 2325 | 3200 | 4750 |
| XLS Utility 4D | T31H | 29827 | 2150 | 2350 | 3225 | 4800 |
| Limited Utility 4D | T41R | 33297 | 2700 | 2950 | 4000 | 5850 |
| 2WD | S | | (725) | (725) | (965) | (965) |
| **MONTERO 4WD—V6**—Truck Equipment Schedule T1 | | | | | | |
| XLS Spt Util 4D | W31R | 31817 | 2775 | 3075 | 3800 | 5350 |

SEE BACK PAGES FOR TRUCK EQUIPMENT

# 2001 MITSUBISHI

| Body Type | VIN | List | Trade-In Good | Very Good | Pvt-Party Good | Retail Excellent |
|---|---|---|---|---|---|---|
| Limited Spt Util 4D | W51R | 35817 | 3225 | 3550 | 4525 | 6350 |

## 2002 MITSUBISHI — JA4-(T21H)-2-#

**MONTERO SPORT 4WD—V6**—Truck Equipment Schedule T1
| | | | | | | |
|---|---|---|---|---|---|---|
| ES Utility 4D | T21H | 25647 | 1975 | 2175 | 2850 | 4125 |
| LS Utility 4D | T31H | 28337 | 2475 | 2725 | 3500 | 5050 |
| XLS Utility 4D | T31H | 30187 | 2650 | 2900 | 3750 | 5375 |
| Limited Utility 4D | T41R | 33447 | 3225 | 3550 | 4675 | 6625 |
| 2WD | S | | (800) | (800) | (1065) | (1065) |

**MONTERO 4WD—V6**—Truck Equipment Schedule T1
| | | | | | | |
|---|---|---|---|---|---|---|
| XLS Spt Util 4D | W31R | 32247 | 3350 | 3675 | 4475 | 6075 |
| Limited Spt Util 4D | W51R | 36357 | 4025 | 4375 | 5300 | 7150 |

## 2003 MITSUBISHI — JA4-(Z31G)-3-#

**OUTLANDER AWD—4-Cyl.**—Truck Equipment Schedule T1
| | | | | | | |
|---|---|---|---|---|---|---|
| LS Sport Utility 4D | Z31G | 19877 | 2475 | 2725 | 3550 | 5125 |
| XLS Sport Utility 4D | Z41G | 21370 | 2925 | 3225 | 4150 | 5950 |
| 2WD | | | (550) | (550) | (735) | (735) |

**MONTERO SPORT 4WD—V6**—Truck Equipment Schedule T1
| | | | | | | |
|---|---|---|---|---|---|---|
| ES Utility 4D | T21H | 25802 | 2550 | 2800 | 3575 | 5100 |
| LS Utility 4D | T21H | 28362 | 3000 | 3300 | 4325 | 6125 |
| XLS Utility 4D | T31H | 30212 | 3175 | 3500 | 4550 | 6425 |
| Limited Utility 4D | T41R | 33472 | 3900 | 4250 | 5500 | 7700 |
| 2WD | S | | (900) | (900) | (1200) | (1200) |

**MONTERO 4WD—V6**—Truck Equipment Schedule T1
| | | | | | | |
|---|---|---|---|---|---|---|
| XLS Spt Util 4D | W31S | 33272 | 4125 | 4475 | 5300 | 7075 |
| Limited Spt Util 4D | W51R | 37182 | 4700 | 5075 | 6225 | 8250 |
| 20th Annv Ed Spt Ut | | 39022 | 5350 | 5750 | 7000 | 9250 |

## 2004 MITSUBISHI — (Jor4)A4-(Z31G)-4-#

**OUTLANDER AWD—4-Cyl.**—Truck Equipment Schedule T1
| | | | | | | |
|---|---|---|---|---|---|---|
| LS Sport Utility 4D | Z31G | 20692 | 3075 | 3400 | 4475 | 6400 |
| XLS Sport Utility 4D | Z41G | 22792 | 3575 | 3900 | 5150 | 7300 |
| 2WD | X | | (600) | (600) | (800) | (800) |

**MONTERO SPORT 4WD—V6**—Truck Equipment Schedule T1
| | | | | | | |
|---|---|---|---|---|---|---|
| LS Utility 4D | T31R | 26392 | 3850 | 4200 | 5325 | 7400 |
| XLS Utility 4D | T31R | 28592 | 4075 | 4425 | 5625 | 7775 |
| 2WD | S | | (975) | (975) | (1300) | (1300) |

**ENDEAVOR AWD—V6**—Truck Equipment Schedule T1
| | | | | | | |
|---|---|---|---|---|---|---|
| LS Sport Utility 4D | N21S | 28192 | 2700 | 2950 | 3675 | 5200 |
| XLS Sport Utility 4D | N31S | 30492 | 3775 | 4100 | 5225 | 7250 |
| Limited Spt Util 4D | N41S | 33792 | 4175 | 4525 | 5725 | 7950 |
| 2WD | M | | (975) | (975) | (1300) | (1300) |

**MONTERO 4WD—V6**—Truck Equipment Schedule T1
| | | | | | | |
|---|---|---|---|---|---|---|
| Limited Spt Util 4D | W51S | 35624 | 5875 | 7050 | | 9250 |

## 2005 MITSUBISHI — (Jor4)A4(LZ31F)-5-#

**OUTLANDER AWD—4-Cyl.**—Truck Equipment Schedule T1
| | | | | | | |
|---|---|---|---|---|---|---|
| LS Sport Utility 4D | LZ31F | 21244 | 3650 | 4000 | 5350 | 7375 |
| XLS Spt Util 4D | Z41F | 23724 | 4325 | 4675 | 6200 | 8525 |
| Limited Sport Util | LZ81F | 25774 | 4900 | 5300 | 7150 | 9800 |
| 2WD | X | | (650) | (650) | (865) | (865) |

**ENDEAVOR AWD—V6**—Truck Equipment Schedule T1
| | | | | | | |
|---|---|---|---|---|---|---|
| LS Sport Utility 4D | MN21S | 28294 | 3300 | 3625 | 4650 | 6275 |
| XLS Sport Util 4D | MN31S | 30894 | 4325 | 4700 | 6100 | 8150 |
| Limited Sport Util | MN41S | 33794 | 4725 | 5100 | 6600 | 8775 |
| 2WD | M | | (1050) | (1050) | (1400) | (1400) |

**MONTERO 4WD—V6**—Truck Equipment Schedule T1
| | | | | | | |
|---|---|---|---|---|---|---|
| Limited Spt Utl | NW51S | 36424 | 7350 | 7825 | 9150 | 11500 |

## 2006 MITSUBISHI — (Jor4)A(3,4or7)(LX41F)-6-#

**OUTLANDER—4-Cyl.**—Truck Equipment Schedule T1
| | | | | | | |
|---|---|---|---|---|---|---|
| SE Sport Utility 4D | LX41F | 22624 | 4725 | 5100 | 6600 | 8775 |
| AWD | Z | | 775 | 775 | 1035 | 1035 |

**OUTLANDER AWD—4-Cyl.**—Truck Equipment Schedule T1
| | | | | | | |
|---|---|---|---|---|---|---|
| LS Sport Utility 4D | LZ31F | 22094 | 4675 | 5050 | 6550 | 8700 |
| Limited Sport Util | LZ81F | 26544 | 6275 | 6725 | 8575 | 11350 |
| 2WD | X | | (700) | (700) | (935) | (935) |

**ENDEAVOR AWD—V6**—Truck Equipment Schedule T1
| | | | | | | |
|---|---|---|---|---|---|---|
| LS Sport Utility 4D | MN21S | 28594 | 4075 | 4425 | 5450 | 7150 |
| Limited Sport Util | MN41S | 32894 | 5675 | 6100 | 7625 | 9925 |

**482 DEDUCT FOR RECONDITIONING**

# 2006 MITSUBISHI

| Body Type | VIN | List | Trade-In Good | Trade-In Very Good | Pvt-Party Good | Retail Excellent |
|---|---|---|---|---|---|---|
| 2WD | M | | (1150) | (1150) | (1535) | (1535) |
| **MONTERO 4WD—V6**—Truck Equipment Schedule T1 | | | | | | |
| Limited Spt Utl | MW51S | 36784 | 8725 | 9250 | 10800 | 13400 |
| **RAIDER EXTENDED CAB—V6**—Truck Equipment Schedule T1 | | | | | | |
| LS Short Bed | HC22K | 22400 | 3775 | 4125 | 5000 | 6525 |
| 4WD | T | | 1100 | 1100 | 1465 | 1465 |
| V8, 4.7 Liter | N | | 375 | 375 | 500 | 500 |
| **RAIDER EXTENDED CAB—V8**—Truck Equipment Schedule T1 | | | | | | |
| DuroCross Short | HC32K | 26085 | 5550 | 5975 | 7350 | 9475 |
| 4WD | T | | 1100 | 1100 | 1465 | 1465 |
| V6, 3.7 Liter | K | | (400) | (400) | (535) | (535) |
| **RAIDER DOUBLE CAB—V6**—Truck Equipment Schedule T1 | | | | | | |
| LS Short Bed | HC28K | 24325 | 5575 | 6000 | 7400 | 9525 |
| DuroCross Short | HC38K | 26010 | 5875 | 6300 | 7750 | 9950 |
| 4WD | T | | 1100 | 1100 | 1465 | 1465 |
| V8, 4.7 Liter | N | | 375 | 375 | 500 | 500 |
| **RAIDER DOUBLE CAB—V8**—Truck Equipment Schedule T1 | | | | | | |
| XLS Short Bed | HC48K | 31320 | 6700 | 7150 | 8700 | 11150 |
| AWD | T | | 1100 | 1100 | 1465 | 1465 |

# 2007 MITSUBISHI — (Jor4)A(3,4or7)(MS31X)-7-#

| Body Type | VIN | List | Trade-In Good | Trade-In Very Good | Pvt-Party Good | Retail Excellent |
|---|---|---|---|---|---|---|
| **OUTLANDER—V6**—Truck Equipment Schedule T1 | | | | | | |
| ES Sport Utility 4D | MS31X | 21995 | 5225 | 5625 | 6725 | 8725 |
| Third Row Seat | | | 250 | 250 | 335 | 335 |
| **OUTLANDER 4WD—V6**—Truck Equipment Schedule T1 | | | | | | |
| LS Sport Utility 4D | MT31X | 23033 | 6450 | 6875 | 8375 | 10800 |
| XLS Sport Util 4D | MT41X | 25635 | 7525 | 8000 | 9725 | 12500 |
| Third Row Seat | | | 250 | 250 | 335 | 335 |
| 2WD | X | | (750) | (750) | (1000) | (1000) |
| **ENDEAVOR AWD—V6**—Truck Equipment Schedule T1 | | | | | | |
| LS Sport Utility 4D | MN21S | 29624 | 5175 | 5575 | 6650 | 8400 |
| SE Sport Utility 4D | MN31S | 31374 | 7025 | 7475 | 8825 | 11100 |
| 2WD | M | | (1225) | (1225) | (1635) | (1635) |
| **RAIDER EXTENDED CAB—V6**—Truck Equipment Schedule T1 | | | | | | |
| LS Short Bed | HC22K | 23665 | 4425 | 4800 | 5875 | 7750 |
| **RAIDER DOUBLE CAB—V6**—Truck Equipment Schedule T1 | | | | | | |
| LS Short Bed | HC28K | 24650 | 6575 | 7025 | 8650 | 11250 |
| DuroCross Short | HC38K | 27395 | 7050 | 7525 | 9300 | 12100 |
| 4WD | T | | 1300 | 1300 | 1735 | 1735 |
| V8, 4.7 Liter | N,P | | 425 | 425 | 565 | 565 |
| **RAIDER DOUBLE CAB—V8**—Truck Equipment Schedule T1 | | | | | | |
| SE Short Bed | HC28N | 27355 | 7750 | 8225 | 10150 | 13150 |

# 2008 MITSUBISHI—(Jor4)A(3,4or7)(MS21W)-8-#

| Body Type | VIN | List | Trade-In Good | Trade-In Very Good | Pvt-Party Good | Retail Excellent |
|---|---|---|---|---|---|---|
| **OUTLANDER—4-Cyl.**—Truck Equipment Schedule T1 | | | | | | |
| ES Sport Utility | MS21W | 20640 | 5725 | 6150 | 7275 | 9175 |
| SE Sport Utility | MS31W | 23880 | 8175 | 8675 | 10100 | 12700 |
| Third Row Seat | | | 300 | 300 | 400 | 400 |
| 4WD | | | 1075 | 1075 | 1435 | 1435 |
| **OUTLANDER 4WD—V6**—Truck Equipment Schedule T1 | | | | | | |
| LS Sport Utility | MT31X | 24520 | 8750 | 9250 | 10850 | 13550 |
| XLS Sport Utility | MT41X | 25760 | 10150 | 10700 | 12400 | 15500 |
| Third Row Seat | | | 300 | 300 | 400 | 400 |
| 2WD | S | | (875) | (875) | (1165) | (1165) |
| **ENDEAVOR AWD—V6**—Truck Equipment Schedule T1 | | | | | | |
| LS Sport Utility 4D | MN21S | 29724 | 6100 | 6525 | 7525 | 9350 |
| SE Sport Utility 4D | MN31S | 31524 | 8225 | 8725 | 9975 | 12300 |
| 2WD | M | | (1300) | (1300) | (1735) | (1735) |
| **RAIDER EXTENDED CAB—V6**—Truck Equipment Schedule T1 | | | | | | |
| LS Short Bed | HC22K | 23735 | 5550 | 5950 | 7075 | 8925 |
| **RAIDER DOUBLE CAB—V6**—Truck Equipment Schedule T1 | | | | | | |
| LS Short Bed | HC28K | 25795 | 8200 | 8700 | 10150 | 12700 |
| 4WD | T | | 1500 | 1500 | 2000 | 2000 |

# 2009 MITSUBISHI—(Jor4)A(3,4or7)(MS21W)-9-#

| Body Type | VIN | List | Trade-In Good | Trade-In Very Good | Pvt-Party Good | Retail Excellent |
|---|---|---|---|---|---|---|
| **OUTLANDER—4-Cyl.**—Truck Equipment Schedule T1 | | | | | | |
| ES Sport Utility | MS21W | 20905 | 7325 | 7800 | 8800 | 10750 |
| SE Sport Utility | MS31W | 24305 | 9900 | 10450 | 11650 | 14150 |
| Third Row Seat | | | 350 | 350 | 465 | 465 |
| 4WD | | | 1175 | 1175 | 1565 | 1565 |
| **OUTLANDER 4WD—V6**—Truck Equipment Schedule T1 | | | | | | |
| XLS Sport Util | MT31X | 26325 | 11450 | 12050 | 13400 | 16250 |

SEE BACK PAGES FOR TRUCK EQUIPMENT

# 2009 MITSUBISHI

| Body Type | VIN | List | Trade-In Good | Trade-In Very Good | Pvt-Party Good | Retail Excellent |
|---|---|---|---|---|---|---|
| Third Row Seat | 4 | | 350 | 350 | 465 | 465 |
| 2WD | L | | (1000) | (1000) | (1335) | (1335) |
| **RAIDER EXTENDED CAB—V6**—Truck Equipment Schedule T1 | | | | | | |
| LS Short Bed | HC22K | 24950 | 6275 | 6700 | 7900 | 9975 |
| **RAIDER DOUBLE CAB—V6**—Truck Equipment Schedule T1 | | | | | | |
| LS Short Bed | HC28K | 27010 | 8925 | 9425 | 11050 | 13850 |
| 4WD | T | | 1700 | 1700 | 2265 | 2265 |

## 2010 MITSUBISHI—(Jor4)A4(AS2AW)-A-#

| Body Type | VIN | List | Good | Very Good | Pvt-Party | Retail |
|---|---|---|---|---|---|---|
| **OUTLANDER—4-Cyl.**—Truck Equipment Schedule T1 | | | | | | |
| ES Sport Utility | AS2AW | 21580 | 8775 | 9275 | 10300 | 12350 |
| SE Sport Utility | JS3AW | 23280 | 10700 | 11250 | 12400 | 14850 |
| Third Row Seat | | | 400 | 400 | 535 | 535 |
| 4WD | | | 1275 | 1275 | 1700 | 1700 |
| **OUTLANDER 4WD—V6**—Truck Equipment Schedule T1 | | | | | | |
| XLS Sport Utility | JT4AX | 27170 | 12450 | 13100 | 14300 | 17100 |
| GT Sport Util 4D | JT5AX | 30300 | 14000 | 14650 | 16050 | 19150 |
| Third Row Seat | | | 400 | 400 | 535 | 535 |
| 2WD | S | | (1100) | (1100) | (1465) | (1465) |
| **ENDEAVOR AWD—V6**—Truck Equipment Schedule T1 | | | | | | |
| LS Sport Utility 4D | JN2AS | 30239 | 9350 | 9875 | 11150 | 13600 |
| SE Sport Utility 4D | JN2AS | 32214 | 11200 | 11800 | 13250 | 16100 |
| 2WD | M | | (1475) | (1475) | (1965) | (1965) |

## 2011 MITSUBISHI—(Jor4)A4(AP3AU)-B-#

| Body Type | VIN | List | Good | Very Good | Pvt-Party | Retail |
|---|---|---|---|---|---|---|
| **OUTLANDER SPORT—4-Cyl.**—Truck Equipment Schedule T1 | | | | | | |
| ES Sport Utility | AP3AU | 20275 | 10050 | 10600 | 11650 | 13900 |
| **OUTLANDER SPORT 4WD—4-Cyl.**—Truck Equipment Schedule T1 | | | | | | |
| SE Sport Utility | AR4AU | 23775 | 12250 | 12850 | 14150 | 16900 |
| 2WD | P | | (1200) | (1200) | (1600) | (1600) |
| **OUTLANDER—4-Cyl.**—Truck Equipment Schedule T1 | | | | | | |
| ES Sport Utility | AS2AW | 22775 | 10400 | 10950 | 12000 | 14400 |
| **OUTLANDER—4-Cyl.**—Truck Equipment Schedule T1 | | | | | | |
| SE Sport Utility | AS3AW | 23775 | 10850 | 11400 | 12550 | 15000 |
| 4WD | T | | 1400 | 1400 | 1865 | 1865 |
| **OUTLANDER—V6**—Truck Equipment Schedule T1 | | | | | | |
| XLS Sport Utility | JS4AX | 26575 | 13550 | 14200 | 15600 | 18600 |
| **OUTLANDER 4WD—V6**—Truck Equipment Schedule T1 | | | | | | |
| GT Sport Utility | JT5AX | 28575 | 14450 | 15100 | 16550 | 19750 |
| **ENDEAVOR AWD—V6**—Truck Equipment Schedule T1 | | | | | | |
| LS Sport Utility 4D | JN2AS | 30279 | 11150 | 11750 | 12750 | 15100 |
| SE Sport Utility 4D | JN3AS | 34364 | 13200 | 13850 | 15050 | 17750 |
| 2WD | M | | (1550) | (1550) | (2065) | (2065) |

## 2012 MITSUBISHI—(4orJ)A4(AP3AU)-C-#

| Body Type | VIN | List | Good | Very Good | Pvt-Party | Retail |
|---|---|---|---|---|---|---|
| **OUTLANDER SPORT—4-Cyl.**—Truck Equipment Schedule T1 | | | | | | |
| ES Sport Utility | AP3AU | 20605 | 11300 | 11850 | 12800 | 15100 |
| **OUTLANDER SPORT 4WD—4-Cyl.**—Truck Equipment Schedule T1 | | | | | | |
| SE Sport Utility | AR4AU | 24105 | 14150 | 14800 | 15950 | 18700 |
| 2WD | P | | (1500) | (1500) | (2000) | (2000) |
| **OUTLANDER—4-Cyl.**—Truck Equipment Schedule T1 | | | | | | |
| ES Sport Utility | AS2AW | 23155 | 12150 | 12750 | 13650 | 16000 |
| **OUTLANDER—4-Cyl.**—Truck Equipment Schedule T1 | | | | | | |
| SE Sport Utility | AS3AW | 24155 | 12550 | 13150 | 14150 | 16600 |
| 4WD | T | | 1475 | 1475 | 1965 | 1965 |
| **OUTLANDER 4WD—V6**—Truck Equipment Schedule T1 | | | | | | |
| GT Sport Utility | AT5AX | 28705 | 17000 | 17750 | 18850 | 22000 |
| 2WD | S | | (1500) | (1500) | (2000) | (2000) |

## 2013 MITSUBISHI—(4orJ)A4(P3AU)-D-#

| Body Type | VIN | List | Good | Very Good | Pvt-Party | Retail |
|---|---|---|---|---|---|---|
| **OUTLANDER SPORT—4-Cyl.**—Truck Equipment Schedule T1 | | | | | | |
| ES Sport Utility | P3AU | 21195 | 11900 | 12500 | 13300 | 15550 |
| 4WD | R | | 1500 | 1500 | 2000 | 2000 |
| **OUTLANDER SPORT 4WD—4-Cyl.**—Truck Equipment Schedule T1 | | | | | | |
| SE Sport Utility | R4AU | 24520 | 15050 | 15750 | 16700 | 19450 |
| LE Sport Utility | R5AU | 25720 | 16100 | 16800 | 17800 | 20700 |
| 2WD | P | | (1400) | (1400) | (1865) | (1865) |
| **OUTLANDER—4-Cyl.**—Truck Equipment Schedule T1 | | | | | | |
| ES Sport Utility | S2AW | 23520 | 13200 | 13850 | 14750 | 17200 |
| **OUTLANDER—4-Cyl.**—Truck Equipment Schedule T1 | | | | | | |
| SE Sport Utility | T3AW | 24820 | 13750 | 14400 | 15350 | 17850 |
| 4WD | T | | 1500 | 1500 | 2000 | 2000 |

DEDUCT FOR RECONDITIONING

# 2013 MITSUBISHI

| Body Type | VIN | List | Trade-In Good | Very Good | Pvt-Party Good | Retail Excellent |
|---|---|---|---|---|---|---|
| **OUTLANDER 4WD—V6—Truck Equipment Schedule T1** | | | | | | |
| GT Sport Utility | T5AX | 29420 | 18500 | 19300 | 20400 | 23600 |
| 2WD | S | | (1400) | (1400) | (1865) | (1865) |

# NISSAN

## 1999 NISSAN — (1N6,4N2orJN8)(AR05Y)-X-#

| Body Type | VIN | List | Good | Very Good | Good | Excellent |
|---|---|---|---|---|---|---|
| **PATHFINDER 4WD—V6—Truck Equipment Schedule T1** | | | | | | |
| XE Sport Utility 4D | AR05Y | 27669 | 600 | 675 | 1300 | 2125 |
| SE Sport Utility 4D | AR05Y | 30769 | 850 | 950 | 1675 | 2750 |
| LE Sport Utility 4D | AR05Y | 33469 | 1175 | 1300 | 2175 | 3550 |
| 2WD | S | | (575) | (575) | (765) | (765) |
| **PATHFINDER 4WD (1999.5)—V6—Truck Equip Schedule T1** | | | | | | |
| XE Sport Utility 4D | AR07Y | 28819 | 550 | 625 | 1225 | 2000 |
| SE Sport Utility 4D | AR07Y | 30769 | 600 | 675 | 1300 | 2125 |
| LE Sport Utility 4D | AR07Y | 31719 | 950 | 1050 | 1825 | 3000 |
| 2WD | S | | (575) | (575) | (765) | (765) |
| **QUEST—V6—Truck Equipment Schedule T1** | | | | | | |
| GXE Minivan | XN11T | 22679 | 1650 | 1825 | 2750 | 4300 |
| SE Minivan | XN11T | 24419 | 1975 | 2175 | 3250 | 5025 |
| GLE Minivan | XN11T | 26819 | 2325 | 2550 | 3775 | 5800 |
| **FRONTIER—4-Cyl.—Truck Equipment Schedule T2** | | | | | | |
| XE Short Bed | DD21S | 12010 | 1800 | 1975 | 2500 | 3600 |
| XE King Cab | DD26S | 14010 | 2350 | 2575 | 3225 | 4550 |
| SE King Cab | DD26S | 15510 | 2875 | 3175 | 4050 | 5675 |
| 4WD | Y | | 400 | 400 | 535 | 535 |
| V6, 3.3 Liter | E | | 125 | 125 | 165 | 165 |

## 2000 NISSAN—(1N6,4N2,5N1orJN8)(ED28Y)-Y-#

| Body Type | VIN | List | Good | Very Good | Good | Excellent |
|---|---|---|---|---|---|---|
| **XTERRA 4WD—V6—Truck Equipment Schedule T1** | | | | | | |
| XE Sport Utility 4D | ED28Y | 22019 | 775 | 875 | 1450 | 2325 |
| SE Sport Utility 4D | ED28Y | 26069 | 1300 | 1425 | 2325 | 3675 |
| 2WD | D | | (300) | (300) | (400) | (400) |
| 4-Cyl, 2.4 Liter | | | (225) | (225) | (300) | (300) |
| **PATHFINDER 4WD—V6—Truck Equipment Schedule T1** | | | | | | |
| XE Sport Utility 4D | AR05Y | 28919 | 650 | 725 | 1325 | 2100 |
| SE Sport Utility 4D | AR05Y | 30869 | 1075 | 1200 | 1925 | 3100 |
| LE Sport Utility 4D | AR05Y | 31819 | 1325 | 1450 | 2300 | 3700 |
| 2WD | S | | (650) | (650) | (865) | (865) |
| **QUEST—V6—Truck Equipment Schedule T1** | | | | | | |
| GXE Minivan | XN11T | 22779 | 1875 | 2050 | 3075 | 4750 |
| SE Minivan | XN11T | 24919 | 2425 | 2650 | 3900 | 5950 |
| GLE Minivan | XN11T | 26919 | 2725 | 3025 | 4350 | 6600 |
| **FRONTIER—4-Cyl.—Truck Equipment Schedule T2** | | | | | | |
| XE Short Bed | DD21S | 12110 | 1850 | 2025 | 2550 | 3650 |
| XE King Cab | DD26S | 14060 | 2400 | 2625 | 3250 | 4600 |
| 4WD | Y | | 400 | 400 | 535 | 535 |
| V6, 3.3 Liter | E | | 125 | 125 | 165 | 165 |
| **FRONTIER—V6—Truck Equipment Schedule T2** | | | | | | |
| Desrt Rnr XE King | ED26S | 16260 | 2625 | 2925 | 3700 | 5175 |
| Desrt Rnr SE King | ED26S | 18410 | 3050 | 3375 | 4250 | 5900 |
| XE Crew Cab 4D | ED27S | 17810 | 3150 | 3475 | 4375 | 6075 |
| SE Crew Cab 4D | ED27S | 19110 | 3500 | 3825 | 4800 | 6650 |
| 4WD | Y | | 400 | 400 | 535 | 535 |
| **FRONTIER 4WD—V6—Truck Equipment Schedule T2** | | | | | | |
| SE King Cab | DD26Y | 21010 | 3075 | 3400 | 4275 | 5950 |

## 2001 NISSAN—(1N6,4N2,5N1orJN8)(ED28Y)-1-#

| Body Type | VIN | List | Good | Very Good | Good | Excellent |
|---|---|---|---|---|---|---|
| **XTERRA 4WD—V6—Truck Equipment Schedule T1** | | | | | | |
| XE Sport Utility 4D | ED28Y | 22569 | 1000 | 1100 | 1625 | 2450 |
| SE Sport Utility 4D | ED28Y | 26619 | 1575 | 1725 | 2450 | 3725 |
| 2WD | T | | (375) | (375) | (500) | (500) |
| 4-Cyl, 2.4 Liter | | | (250) | (250) | (335) | (335) |
| **PATHFINDER 4WD—V6—Truck Equipment Schedule T1** | | | | | | |
| XE Sport Utility 4D | DR07Y | 30169 | 1050 | 1150 | 1750 | 2675 |
| SE Sport Utility 4D | DR07Y | 30869 | 1400 | 1550 | 2200 | 3400 |
| LE Sport Utility 4D | DR07Y | 31819 | 1800 | 1975 | 2875 | 4375 |
| 2WD | X | | (725) | (725) | (965) | (965) |
| AWD | | | 0 | 0 | 0 | 0 |
| **QUEST—V6—Truck Equipment Schedule T1** | | | | | | |
| GXE Minivan | ZN15T | 22959 | 2150 | 2350 | 3375 | 5125 |

**SEE BACK PAGES FOR TRUCK EQUIPMENT** 485

# 2001 NISSAN

| Body Type | VIN | List | Trade-In Good | Very Good | Pvt-Party Good | Retail Excellent |
|---|---|---|---|---|---|---|
| SE Minivan | ZN16T | 24919 | 2875 | 3175 | 4425 | 6600 |
| GLE Minivan | ZN17T | 27569 | 3175 | 3475 | 4850 | 7225 |
| **FRONTIER—4-Cyl.—Truck Equipment Schedule T2** | | | | | | |
| XE Short Bed | DD21S | 12219 | 1925 | 2125 | 2650 | 3750 |
| XE King Cab | DD26S | 14169 | 2450 | 2675 | 3300 | 4650 |
| 4WD | | | 550 | 550 | 735 | 735 |
| V6, 3.3 Liter | E | | 150 | 150 | 200 | 200 |
| **FRONTIER—V6—Truck Equipment Schedule T2** | | | | | | |
| Desrt Rnr XE King | ED26T | 16469 | 2725 | 3025 | 3800 | 5325 |
| Desrt Rnr SE King | ED26T | 18619 | 3225 | 3550 | 4450 | 6150 |
| XE Crew Cab 4D | ED27T | 18569 | 3425 | 3750 | 4700 | 6475 |
| SE Crew Cab 4D | ED27T | 20719 | 3800 | 4125 | 5175 | 7100 |
| 4WD | Y | | 550 | 550 | 735 | 735 |
| **FRONTIER 4WD—V6—Truck Equipment Schedule T2** | | | | | | |
| SE King Cab | ED26Y | 21219 | 3200 | 3525 | 4400 | 6100 |
| **FRONTIER—V6 Supercharged—Truck Equipment Schedule T2** | | | | | | |
| King Cab | MD26T | 20519 | 3275 | 3600 | 4500 | 6225 |
| Crew Cab 4D | MD27T | 21969 | 3800 | 4125 | 5175 | 7100 |
| 4WD | | | 550 | 550 | 735 | 735 |

## 2002 NISSAN—(1N6,5N1orJN8)(ED28Y)-2-#

| Body Type | VIN | List | Trade-In Good | Very Good | Pvt-Party Good | Retail Excellent |
|---|---|---|---|---|---|---|
| **XTERRA 4WD—V6—Truck Equipment Schedule T1** | | | | | | |
| XE Sport Utility 4D | ED28Y | 22739 | 1475 | 1625 | 2175 | 3175 |
| SE Sport Utility 4D | ED28Y | 26739 | 2150 | 2350 | 3025 | 4375 |
| 2WD | T | | (450) | (450) | (600) | (600) |
| 4-Cyl, 2.4 Liter | D | | (275) | (275) | (365) | (365) |
| **XTERRA 4WD—V6 Supercharged—Truck Equipment Schedule T1** | | | | | | |
| XE S/C Spt Util 4D | MD28T | 26239 | 1875 | 2050 | 2675 | 3875 |
| SE S/C Spt Util 4D | MD28T | 28039 | 2625 | 2875 | 3650 | 5200 |
| 2WD | | | (450) | (450) | (600) | (600) |
| **PATHFINDER 4WD—V6—Truck Equipment Schedule T1** | | | | | | |
| SE Sport Utility 4D | DR07Y | 29189 | 1825 | 2000 | 2700 | 3975 |
| LE Sport Utility 4D | DR07Y | 32039 | 2475 | 2725 | 3575 | 5200 |
| 2WD | X | | (800) | (800) | (1065) | (1065) |
| **QUEST—V6—Truck Equipment Schedule T1** | | | | | | |
| GXE Minivan | ZN15T | 23279 | 2550 | 2800 | 3750 | 5475 |
| SE Minivan | ZN16T | 25039 | 3375 | 3700 | 4875 | 7025 |
| GLE Minivan | ZN17T | 27689 | 3575 | 3900 | 5300 | 7650 |
| **FRONTIER KING CAB—4-Cyl.—Truck Equipment Schedule T2** | | | | | | |
| Short Bed | ED27S | 13339 | 2475 | 2725 | 3350 | 4700 |
| XE Short Bed | DD26S | 14339 | 2525 | 2775 | 3400 | 4775 |
| 4WD | | | 650 | 650 | 865 | 865 |
| V6, 3.3 Liter | E | | 175 | 175 | 235 | 235 |
| **FRONTIER KING CAB—V6—Truck Equipment Schedule T2** | | | | | | |
| Desert Runner XE | ED26T | 16539 | 2850 | 3150 | 3975 | 5550 |
| Desert Runner SE | ED26T | 19739 | 3375 | 3700 | 4650 | 6425 |
| **FRONTIER KING CAB 4WD—V6—Truck Equipment Schedule T2** | | | | | | |
| SE Short Bed | ED26Y | 22339 | 3400 | 3725 | 4675 | 6450 |
| **FRONTIER CREW CAB—V6—Truck Equipment Schedule T2** | | | | | | |
| XE Short Bed | ED27T | 18739 | 3650 | 3975 | 4975 | 6875 |
| XE Long Bed | ED27T | 19299 | 3550 | 3875 | 4850 | 6700 |
| SE Short Bed | ED27T | 22239 | 4100 | 4450 | 5550 | 7625 |
| SE Long Bed | ED27T | 22799 | 3950 | 4300 | 5375 | 7375 |
| 4WD | Y | | 650 | 650 | 865 | 865 |
| **FRONTIER KING CAB—V6 Supercharged—Truck Equipment Schedule T2** | | | | | | |
| Short Bed | MD26T | 20889 | 3450 | 3775 | 4725 | 6550 |
| 4WD | | | 650 | 650 | 865 | 865 |
| **FRONTIER CREW CAB—V6 Supercharged—Truck Equipment Schedule T2** | | | | | | |
| Short Bed | MD27T | 23739 | 4025 | 4375 | 5450 | 7500 |
| Long Bed | MD27T | 24299 | 3875 | 4225 | 5275 | 7250 |
| 4WD | Y | | 650 | 650 | 865 | 865 |

## 2003 NISSAN—(1N6,5N1orJN8)(ED28Y)-3-#

| Body Type | VIN | List | Trade-In Good | Very Good | Pvt-Party Good | Retail Excellent |
|---|---|---|---|---|---|---|
| **XTERRA 4WD—V6—Truck Equipment Schedule T1** | | | | | | |
| XE Sport Utility 4D | ED28Y | 23939 | 2375 | 2600 | 3175 | 4450 |
| SE Sport Utility 4D | ED28Y | 27239 | 3125 | 3425 | 4125 | 5675 |
| 2WD | T | | (525) | (525) | (700) | (700) |
| 4-Cyl, 2.4 Liter | D | | (300) | (300) | (400) | (400) |
| **XTERRA 4WD—V6 Supercharged—Truck Equipment Schedule T1** | | | | | | |
| SE S/C Spt Util 4D | MD28T | 28539 | 3675 | 4000 | 4800 | 6600 |
| 2WD | | | (525) | (525) | (700) | (700) |

DEDUCT FOR RECONDITIONING

# 2003 NISSAN

| Body Type | VIN | List | Trade-In Good | Very Good | Pvt-Party Good | Retail Excellent |
|---|---|---|---|---|---|---|
| **MURANO AWD—V6**—Truck Equipment Schedule T1 | | | | | | |
| SL Sport Utility 4D | AZ08W | 30339 | 3225 | 3550 | 4250 | 5725 |
| SE Sport Utility 4D | AZ08W | 31139 | 3625 | 3950 | 4725 | 6350 |
| 2WD | T | | (550) | (550) | (735) | (735) |
| **PATHFINDER 4WD—V6**—Truck Equipment Schedule T1 | | | | | | |
| SE Sport Utility 4D | DR09Y | 29339 | 2500 | 2750 | 3500 | 5025 |
| LE Sport Utility 4D | DR09Y | 34339 | 3225 | 3525 | 4450 | 6300 |
| 2WD | X | | (900) | (900) | (1200) | (1200) |
| **FRONTIER KING CAB—4-Cyl.**—Truck Equipment Schedule T2 | | | | | | |
| Short Bed | ED27S | 13529 | 2775 | 3075 | 3700 | 5175 |
| XE Short Bed | DD26S | 14579 | 2875 | 3175 | 3825 | 5350 |
| 4WD | Y | | 800 | 800 | 1065 | 1065 |
| V6, 3.3 Liter | E | | 200 | 200 | 265 | 265 |
| **FRONTIER KING CAB—V6**—Truck Equipment Schedule T2 | | | | | | |
| Desert Runner XE | ED26T | 16709 | 3175 | 3500 | 4375 | 6050 |
| Desert Runner SE | ED26T | 21109 | 4225 | 4575 | 5700 | 7800 |
| **FRONTIER KING CAB 4WD—V6**—Truck Equipment Schedule T2 | | | | | | |
| SE Short Bed | ED26Y | 23709 | 4275 | 4625 | 5750 | 7875 |
| **FRONTIER CREW CAB—V6**—Truck Equipment Schedule T2 | | | | | | |
| XE Short Bed | ED27T | 18979 | 4000 | 4350 | 5400 | 7425 |
| XE Long Bed | ED27T | 19529 | 3900 | 4250 | 5275 | 7250 |
| SE Short Bed | ED27T | 22829 | 4700 | 5075 | 6500 | 8875 |
| SE Long Bed | ED27T | 23379 | 4700 | 5075 | 6300 | 8600 |
| 4WD | Y | | 800 | 800 | 1065 | 1065 |
| **FRONTIER KING CAB—V6 Supercharged**—Truck Equipment Schedule T2 | | | | | | |
| Short Bed | MD26T | 21359 | 3825 | 4150 | 5200 | 7125 |
| 4WD | X | | 800 | 800 | 1065 | 1065 |
| **FRONTIER CREW CAB—V6 Supercharged**—Truck Equipment Schedule T2 | | | | | | |
| Short Bed | MD27T | 24329 | 4625 | 5000 | 6425 | 8750 |
| Long Bed | MD27T | 24879 | 4625 | 4975 | 6200 | 8475 |
| 4WD | | | 800 | 800 | 1065 | 1065 |

# 2004 NISSAN—(1N6,5N1orJN8)(ED28Y)-4-#

| Body Type | VIN | List | Trade-In Good | Very Good | Pvt-Party Good | Retail Excellent |
|---|---|---|---|---|---|---|
| **XTERRA 4WD—V6**—Truck Equipment Schedule T1 | | | | | | |
| XE Sport Utility 4D | ED28Y | 22940 | 3350 | 3675 | 4300 | 5825 |
| SE Sport Utility 4D | ED28Y | 27240 | 3925 | 4275 | 5150 | 6950 |
| 2WD | T | | (600) | (600) | (800) | (800) |
| 4-Cyl, 2.4 Liter | D | | (275) | (275) | (365) | (365) |
| **XTERRA 4WD—V6 Supercharged**—Truck Equipment Schedule T1 | | | | | | |
| SE S/C Spt Util 4D | MD28T | 28540 | 4675 | 5050 | 6075 | 8125 |
| 2WD | | | (600) | (600) | (800) | (800) |
| **MURANO AWD—V6**—Truck Equipment Schedule T1 | | | | | | |
| SL Sport Utility 4D | AZ08W | 30340 | 3875 | 4225 | 5225 | 6975 |
| SE Sport Utility 4D | AZ08W | 31290 | 4350 | 4725 | 5800 | 7700 |
| 2WD | | | (600) | (600) | (800) | (800) |
| **QUEST—V6**—Truck Equipment Schedule T1 | | | | | | |
| S Minivan | BV28U | 24780 | 3675 | 4000 | 4850 | 6575 |
| SL Minivan | BV28U | 27280 | 4075 | 4425 | 5350 | 7225 |
| SE Minivan | BV28U | 32780 | 4675 | 5050 | 6075 | 8175 |
| **PATHFINDER 4WD—V6**—Truck Equipment Schedule T1 | | | | | | |
| SE Sport Utility 4D | DR09Y | 29440 | 3300 | 3600 | 4400 | 6100 |
| LE Sport Utility 4D | DR09Y | 34590 | 4050 | 4400 | 5500 | 7550 |
| 2WD | X | | (975) | (975) | (1300) | (1300) |
| **PATHFINDER ARMADA 4WD—V8**—Truck Equipment Schedule T1 | | | | | | |
| SE Sport Utility 4D | AA08B | 36750 | 6850 | 7300 | 8500 | 10850 |
| SE Off-Rd Spt Utl | AA08B | 39900 | 7625 | 8100 | 9400 | 11950 |
| LE Sport Utility 4D | AA08B | 41250 | 7650 | 8125 | 9425 | 12000 |
| 2WD | A | | (600) | (600) | (800) | (800) |
| **FRONTIER KING CAB—4-Cyl.**—Truck Equipment Schedule T2 | | | | | | |
| Short Bed | ED27S | 13830 | 3625 | 3950 | 4775 | 6550 |
| XE Short Bed | DD26S | 14880 | 3675 | 4000 | 4975 | 6850 |
| 4WD | Y | | 900 | 900 | 1200 | 1200 |
| V6, 3.3 Liter | E | | 225 | 225 | 300 | 300 |
| **FRONTIER KING CAB—V6**—Truck Equipment Schedule T2 | | | | | | |
| Desert Runner XE | ED26T | 17030 | 4100 | 4450 | 5525 | 7550 |
| **FRONTIER KING CAB 4WD—V6 Supercharged**—Truck Equip Sched T2 | | | | | | |
| Short Bed | MD26T | 23540 | 5025 | 5400 | 6675 | 9075 |
| **FRONTIER CREW CAB—V6**—Truck Equipment Schedule T2 | | | | | | |
| XE Short Bed | ED27T | 19360 | 5100 | 5475 | 6775 | 9200 |
| XE Long Bed | ED27T | 19910 | 4975 | 5350 | 6625 | 9000 |
| LE Short Bed | ED27T | 24900 | 5650 | 6050 | 7675 | 10400 |
| LE Long Bed | ED27T | 25450 | 5625 | 6025 | 7650 | 10350 |
| 4WD | | | 900 | 900 | 1200 | 1200 |

**SEE BACK PAGES FOR TRUCK EQUIPMENT**

TRUCKS & VANS

# 2004 NISSAN

| Body Type | VIN | List | Trade-In Good | Trade-In Very Good | Pvt-Party Good | Retail Excellent |
|---|---|---|---|---|---|---|
| **FRONTIER CREW CAB—V6 Supercharged—Truck Equipment Schedule T2** | | | | | | |
| Short Bed | MD27T | 24810 | 5650 | 6050 | 7675 | 10400 |
| Long Bed | MD27T | 25360 | 5525 | 5925 | 7525 | 10200 |
| 4WD | Y | | 900 | 900 | 1200 | 1200 |
| **TITAN KING CAB—V8—Truck Equipment Schedule T1** | | | | | | |
| XE Short Bed | AA06A | 23050 | 4525 | 4875 | 5625 | 7350 |
| SE Short Bed | AA06A | 25050 | 5150 | 5550 | 6575 | 8550 |
| LE Short Bed | AA06A | 29450 | 5400 | 5800 | 6875 | 8900 |
| 4WD | B | | 1300 | 1300 | 1735 | 1735 |
| **TITAN CREW CAB—V8—Truck Equipment Schedule T1** | | | | | | |
| XE Short Bed | AA07A | 25750 | 5850 | 6250 | 7400 | 9575 |
| SE Short Bed | AA07A | 27350 | 6475 | 6900 | 8125 | 10500 |
| LE Short Bed | AA07A | 31750 | 6775 | 7225 | 8575 | 11050 |
| 4WD | B | | 1300 | 1300 | 1735 | 1735 |

# 2005 NISSAN—(1N6,5N1orJN8)(AN08W)-5-#

| Body Type | VIN | List | Trade-In Good | Trade-In Very Good | Pvt-Party Good | Retail Excellent |
|---|---|---|---|---|---|---|
| **XTERRA 4WD—V6—Truck Equipment Schedule T1** | | | | | | |
| S Sport Utility 4D | AN08W | 24280 | 5050 | 5450 | 6800 | 8900 |
| Off-Road Spt Utl | AN08W | 27280 | 5725 | 6150 | 7600 | 9900 |
| SE Spt Utl 4D | AN08W | 27880 | 5925 | 6350 | 7850 | 10200 |
| 2WD | U | | (650) | (650) | (865) | (865) |
| **MURANO AWD—V6—Truck Equipment Schedule T1** | | | | | | |
| S Sport Utility 4D | AZ08W | 29180 | 4525 | 4900 | 5975 | 7675 |
| SL Sport Utility 4D | AZ08W | 30680 | 5725 | 6150 | 7350 | 9375 |
| SE Sport Utility 4D | AZ08W | 31630 | 6325 | 6775 | 8125 | 10300 |
| 2WD | T | | (650) | (650) | (865) | (865) |
| **QUEST—V6—Truck Equipment Schedule T1** | | | | | | |
| Minivan | BV28U | 23910 | 3100 | 3425 | 4525 | 6200 |
| S Minivan | BV28U | 25110 | 4000 | 4350 | 5650 | 7650 |
| SL Minivan | BV28U | 26810 | 4425 | 4800 | 6175 | 8350 |
| SE Minivan | BV28U | 32810 | 5000 | 5400 | 7100 | 9550 |
| **PATHFINDER 4WD—V6—Truck Equipment Schedule T1** | | | | | | |
| XE Spt Utl 4D | AR19V | 27300 | 4875 | 5275 | 6325 | 8775 |
| SE Spt Utl 4D | AR18W | 28500 | 5500 | 5900 | 7425 | 9725 |
| SE Off-Road Utl | AR18W | 31280 | 5775 | 6200 | 7750 | 10150 |
| LE Spt Utl 4D | AR18W | 35400 | 6425 | 6875 | 8600 | 11250 |
| 2WD | U | | (1050) | (1050) | (1400) | (1400) |
| **ARMADA—V8—Truck Equipment Schedule T1** | | | | | | |
| SE Sport Utility 4D | AA08A | 34670 | 7425 | 7900 | 9350 | 11800 |
| 4WD | B | | 650 | 650 | 865 | 865 |
| **ARMADA 4WD—V8—Truck Equipment Schedule T1** | | | | | | |
| SE Off-Rd Spt Utl | AA08B | 40420 | 9150 | 9675 | 11350 | 14300 |
| **ARMADA 4WD—V8—Truck Equipment Schedule T1** | | | | | | |
| LE Sport Utility 4D | AA08B | 42150 | 9250 | 9775 | 11500 | 14450 |
| 2WD | A | | (650) | (650) | (865) | (865) |
| **FRONTIER KING CAB—4-Cyl.—Truck Equipment Schedule T2** | | | | | | |
| XE Short Bed | BD06T | 16080 | 5300 | 5700 | 7100 | 9225 |
| **FRONTIER KING CAB—V6—Truck Equipment Schedule T2** | | | | | | |
| SE Short Bed | AD06U | 20130 | 6200 | 6625 | 8150 | 10600 |
| LE Short Bed | AD06U | 22880 | 7450 | 7925 | 9725 | 12550 |
| Nismo Short Bed | AD06U | 22680 | 7425 | 7900 | 9700 | 12550 |
| 4WD | W | | 1000 | 1000 | 1335 | 1335 |
| **FRONTIER CREW CAB—V6—Truck Equipment Schedule T2** | | | | | | |
| SE Short Bed | AD07U | 22180 | 7450 | 7925 | 9725 | 12550 |
| LE Short Bed | AD07U | 24480 | 8200 | 8700 | 10600 | 13700 |
| Nismo Short Bed | AD07U | 24630 | 9825 | 10350 | 12600 | 16200 |
| 4WD | W | | 1000 | 1000 | 1335 | 1335 |
| **TITAN KING CAB—V8—Truck Equipment Schedule T1** | | | | | | |
| XE Short Bed | AA06A | 23300 | 4950 | 5350 | 6575 | 8525 |
| SE Short Bed | AA06A | 25450 | 5975 | 6400 | 7775 | 10000 |
| LE Short Bed | AA07B | 30220 | 6775 | 7225 | 8800 | 11300 |
| 4WD | B | | 1600 | 1600 | 2135 | 2135 |
| **TITAN CREW CAB—V8—Truck Equipment Schedule T1** | | | | | | |
| XE Short Bed | AA07A | 26150 | 6525 | 6975 | 8500 | 10950 |
| SE Short Bed | AA07A | 27050 | 7400 | 7875 | 9525 | 12200 |
| LE Short Bed | AA07A | 32700 | 8075 | 8575 | 10300 | 13200 |
| 4WD | B | | 1600 | 1600 | 2135 | 2135 |

# 2006 NISSAN—(1N6,5N1orJN8)(AN08W)-6-#

| Body Type | VIN | List | Trade-In Good | Trade-In Very Good | Pvt-Party Good | Retail Excellent |
|---|---|---|---|---|---|---|
| **XTERRA 4WD—V6—Truck Equipment Schedule T1** | | | | | | |
| X Sport Utility 4D | AN08W | 23330 | 6350 | 6800 | 8175 | 10400 |
| S Sport Utility 4D | AN08W | 25530 | 6625 | 7075 | 8500 | 10800 |

488  DEDUCT FOR RECONDITIONING

# 2006 NISSAN

| Body Type | VIN | List | Trade-In Good | Trade-In Very Good | Pvt-Party Good | Retail Excellent |
|---|---|---|---|---|---|---|
| Off-Rd Spt Utl | AN08W | 27630 | 7075 | 7550 | 9025 | 11450 |
| SE Spt Utl 4D | AN08W | 28230 | 7375 | 7850 | 9375 | 11900 |
| 2WD | U | | (700) | (700) | (935) | (935) |
| **MURANO AWD—V6**—Truck Equipment Schedule T1 | | | | | | |
| S Sport Utility 4D | AZ08W | 29805 | 5700 | 6125 | 7275 | 9125 |
| SL Sport Utility 4D | AZ08W | 31355 | 6975 | 7425 | 8700 | 10900 |
| SE Sport Utility 4D | AZ08W | 32305 | 8550 | 9050 | 10550 | 13100 |
| 2WD | T | | (700) | (700) | (935) | (935) |
| **QUEST—V6**—Truck Equipment Schedule T1 | | | | | | |
| Minivan | BV28U | 24580 | 3850 | 4200 | 5375 | 7250 |
| S Special Edition | BV28U | 25880 | 4325 | 4700 | 6175 | 8275 |
| SL Minivan | BV28U | 27480 | 5200 | 5600 | 7250 | 9650 |
| SE Minivan | BV28U | 34080 | 6050 | 6475 | 8375 | 11150 |
| **PATHFINDER 4WD—V6**—Truck Equipment Schedule T1 | | | | | | |
| S Sport Utility 4D | AR18W | 27830 | 6025 | 6450 | 7700 | 9700 |
| SE Spt Utl 4D | AR18W | 29080 | 6800 | 7250 | 8575 | 10750 |
| SE Off-Road Util | AR18W | 31880 | 7975 | 8450 | 9950 | 12450 |
| LE Spt Utl 4D | AR18W | 36130 | 8900 | 9400 | 11000 | 13750 |
| 2WD | U | | (1150) | (1150) | (1535) | (1535) |
| **ARMADA—V8**—Truck Equipment Schedule T1 | | | | | | |
| SE Spt Utl 4D | AA08A | 35435 | 8325 | 8825 | 10300 | 12850 |
| 4WD | B | | 700 | 700 | 935 | 935 |
| **ARMADA 4WD—V8**—Truck Equipment Schedule T1 | | | | | | |
| SE Off-Road 4D | AA08W | 41505 | 9975 | 10550 | 12250 | 15200 |
| LE Spt Utl 4D | AA08W | 43270 | 10200 | 10750 | 12450 | 15500 |
| 2WD | A | | (700) | (700) | (935) | (935) |
| **FRONTIER KING CAB—4-Cyl**—Truck Equipment Schedule T2 | | | | | | |
| XE Short Bed | BD06T | 16480 | 6025 | 6450 | 7725 | 9825 |
| **FRONTIER KING CAB—V6**—Truck Equipment Schedule T1 | | | | | | |
| SE Short Bed | AD06U | 20730 | 6925 | 7375 | 8850 | 11250 |
| Nismo Short Bed | AD06U | 23030 | 9325 | 9850 | 11650 | 14700 |
| 4WD | W | | 1100 | 1100 | 1465 | 1465 |
| **FRONTIER KING CAB—V6**—Truck Equipment Schedule T2 | | | | | | |
| LE Short Bed | AD06T | 23230 | 9425 | 9950 | 11750 | 14850 |
| 4WD | Y | | 1100 | 1100 | 1465 | 1465 |
| **FRONTIER CREW CAB—V6**—Truck Equipment Schedule T1 | | | | | | |
| SE Short Bed | AD07U | 22580 | 9525 | 10050 | 11900 | 15000 |
| 4WD | W | | 1100 | 1100 | 1465 | 1465 |
| **FRONTIER CREW CAB—V6**—Truck Equipment Schedule T2 | | | | | | |
| LE Short Bed | AD07T | 24930 | 10100 | 10600 | 12500 | 15800 |
| Nismo Short Bed | AD07U | 25080 | 10650 | 11200 | 13150 | 16550 |
| 4WD | Y | | 1100 | 1100 | 1465 | 1465 |
| **TITAN KING CAB—V8**—Truck Equipment Schedule T1 | | | | | | |
| XE Short Bed | AA06A | 23920 | 5200 | 5600 | 6850 | 8825 |
| SE Short Bed | AA06A | 26070 | 6375 | 6825 | 8300 | 10650 |
| LE Short Bed | BA06A | 31085 | 6950 | 7400 | 8975 | 11500 |
| 4WD | B | | 2000 | 2000 | 2665 | 2665 |
| **TITAN CREW CAB—V8**—Truck Equipment Schedule T1 | | | | | | |
| XE Short Bed | AA07A | 26770 | 7150 | 7625 | 9200 | 11750 |
| SE Short Bed | AA07A | 28570 | 8100 | 8575 | 10350 | 13200 |
| LE Short Bed | BA07A | 33555 | 9100 | 9625 | 11500 | 14650 |
| 4WD | B | | 2000 | 2000 | 2665 | 2665 |

## 2007 NISSAN—(1N6,5N1orJN8)(AN08W)-7-#

| Body Type | VIN | List | Trade-In Good | Trade-In Very Good | Pvt-Party Good | Retail Excellent |
|---|---|---|---|---|---|---|
| **XTERRA 4WD—V6**—Truck Equipment Schedule T1 | | | | | | |
| X Sport Utility 4D | AN08W | 23505 | 8000 | 8500 | 9800 | 12200 |
| S Sport Utility 4D | AN08W | 25755 | 8400 | 8900 | 10250 | 12750 |
| Off-Road Spt Utl | AN08W | 27805 | 8850 | 9350 | 10800 | 13400 |
| SE Spt Utl 4D | AN08W | 28555 | 9100 | 9625 | 11100 | 13750 |
| 2WD | U | | (750) | (750) | (1000) | (1000) |
| **MURANO AWD—V6**—Truck Equipment Schedule T1 | | | | | | |
| S Sport Utility 4D | AZ08W | 30000 | 7050 | 7525 | 8525 | 10450 |
| SL Sport Utility 4D | AZ08W | 31550 | 8450 | 8950 | 10050 | 12250 |
| SE Sport Utility 4D | AZ08W | 32300 | 10050 | 10600 | 11850 | 14400 |
| 2WD | T | | (750) | (750) | (1000) | (1000) |
| **QUEST—V6**—Truck Equipment Schedule T1 | | | | | | |
| Minivan | BV28U | 25350 | 4950 | 5350 | 6700 | 8750 |
| S Minivan | BV28U | 26300 | 5725 | 6150 | 7625 | 9925 |
| SL Minivan | BV28U | 28500 | 6675 | 7125 | 8825 | 11500 |
| SE Minivan | BV28U | 35300 | 9175 | 9700 | 11850 | 15300 |
| **PATHFINDER 4WD—V6**—Truck Equipment Schedule T1 | | | | | | |
| S Sport Utility 4D | AR18W | 28250 | 7475 | 7950 | 9225 | 11500 |
| SE Sport Utility | AR18W | 29500 | 8375 | 8875 | 10250 | 12750 |

SEE BACK PAGES FOR TRUCK EQUIPMENT

# 2007 NISSAN

## TRUCKS & VANS

| Body Type | VIN | List | Trade-In Good | Very Good | Pvt-Party Good | Retail Excellent |
|---|---|---|---|---|---|---|
| SE Off-Rd Util | AR18W | 32300 | 9200 | 9725 | 11200 | 13900 |
| LE Spt Utl 4D | AR18W | 36650 | 10000 | 10550 | 12200 | 15000 |
| 2WD | U | | (1225) | (1225) | (1635) | (1635) |
| **ARMADA—V8—Truck Equipment Schedule T1** | | | | | | |
| SE Sport Utility 4D | AA08W | 35695 | 10200 | 10750 | 12200 | 14950 |
| 4WD | | | 1000 | 1000 | 1335 | 1335 |
| **ARMADA 4WD—V8—Truck Equipment Schedule T1** | | | | | | |
| LE Sport Utility 4D | AA08B | 43785 | 12200 | 12800 | 14500 | 17700 |
| 2WD | A | | (750) | (750) | (1000) | (1000) |
| **FRONTIER KING CAB—4-Cyl.—Truck Equipment Schedule T2** | | | | | | |
| XE Short Bed | BD06T | 16700 | 6500 | 6950 | 8050 | 10050 |
| **FRONTIER KING CAB—V6—Truck Equipment Schedule T1** | | | | | | |
| SE Short Bed | AD06U | 20785 | 7575 | 8050 | 9325 | 11600 |
| Nismo Short Bed | AD06U | 23305 | 10400 | 10950 | 12550 | 15550 |
| 4WD | W | | 1300 | 1300 | 1735 | 1735 |
| **FRONTIER KING CAB—V6—Truck Equipment Schedule T2** | | | | | | |
| LE Short Bed | AD06U | 23550 | 9900 | 10450 | 12000 | 14850 |
| 4WD | W | | 1300 | 1300 | 1735 | 1735 |
| **FRONTIER CREW CAB—V6—Truck Equipment Schedule T1** | | | | | | |
| SE Short Bed | AD07U | 22555 | 10300 | 10850 | 12450 | 15400 |
| SE Long Bed | AD09U | 23355 | 10200 | 10750 | 12300 | 15250 |
| 4WD | W | | 1300 | 1300 | 1735 | 1735 |
| **FRONTIER CREW CAB—V6—Truck Equipment Schedule T2** | | | | | | |
| LE Short Bed | AD07U | 25250 | 10900 | 11450 | 13100 | 16200 |
| LE Long Bed | AD09U | 25750 | 10800 | 11350 | 13000 | 16050 |
| Nismo Short Bed | AD07U | 25300 | 11700 | 12300 | 14100 | 17400 |
| 4WD | W | | 1300 | 1300 | 1735 | 1735 |
| **TITAN KING CAB—V8—Truck Equipment Schedule T1** | | | | | | |
| XE Short Bed | AA06A | 24435 | 5500 | 5900 | 7050 | 8925 |
| SE Short Bed | AA06A | 26585 | 6900 | 7350 | 8725 | 11000 |
| LE Short Bed | BA06A | 31395 | 7400 | 7875 | 9275 | 11700 |
| 4WD | B | | 2200 | 2200 | 2935 | 2935 |
| **TITAN CREW CAB—V8—Truck Equipment Schedule T1** | | | | | | |
| XE Short Bed | AA07A | 27285 | 7700 | 8175 | 9625 | 12100 |
| SE Short Bed | AA07A | 29085 | 8850 | 9350 | 11000 | 13800 |
| LE Short Bed | BA07A | 35855 | 9925 | 10450 | 12200 | 15300 |
| 4WD | B | | 2200 | 2200 | 2935 | 2935 |

## 2008 NISSAN—(J,1or5)N(1,6or8)(AS58V)-8-#

| Body Type | VIN | List | Trade-In Good | Very Good | Pvt-Party Good | Retail Excellent |
|---|---|---|---|---|---|---|
| **ROGUE AWD—4-Cyl.—Truck Equipment Schedule T1** | | | | | | |
| S Sport Utility 4D | AS58V | 21195 | 7975 | 8475 | 9275 | 11195 |
| SL Sport Utility 4D | AS58V | 22615 | 9200 | 9725 | 10650 | 12700 |
| 2WD | T | | (875) | (875) | (1165) | (1165) |
| **XTERRA 4WD—V6—Truck Equipment Schedule T1** | | | | | | |
| X Sport Utility 4D | AN08W | 24725 | 10050 | 10600 | 11800 | 14300 |
| S Sport Utility 4D | AN08W | 26425 | 10150 | 10700 | 11950 | 14450 |
| Off-Road Spt Utl | AN08W | 27075 | 10700 | 11250 | 12550 | 15200 |
| SE Spt Utl 4D | AN08W | 29375 | 11000 | 11550 | 12900 | 15550 |
| 2WD | U | | (875) | (875) | (1165) | (1165) |
| **QUEST—V6—Truck Equipment Schedule T1** | | | | | | |
| Minivan | BV28U | 25725 | 6300 | 6725 | 7850 | 9800 |
| S Minivan | BV28U | 26425 | 8125 | 8625 | 9975 | 12400 |
| SL Minivan | BV28U | 30325 | 9700 | 10250 | 11800 | 14650 |
| SE Minivan | BV28U | 35825 | 11550 | 12150 | 13950 | 17250 |
| **PATHFINDER 4WD—V6—Truck Equipment Schedule T1** | | | | | | |
| S Sport Utility 4D | AR18B | 28405 | 9750 | 10300 | 11400 | 13750 |
| SE Sport Utility 4D | AR18B | 31705 | 10650 | 11200 | 12450 | 14950 |
| SE Off-Road Util | AR18B | 34605 | 11200 | 11800 | 13050 | 15700 |
| LE Sport Utility 4D | AR18B | 37705 | 12150 | 12750 | 14050 | 16900 |
| 2WD | A | | (1300) | (1300) | (1735) | (1735) |
| V8, 5.6 Liter | B | | 300 | 300 | 400 | 400 |
| **ARMADA—V8—Truck Equipment Schedule T1** | | | | | | |
| SE Sport Utility 4D | AA08W | 36075 | 12800 | 13400 | 14850 | 17850 |
| 4WD | B | | 1075 | 1075 | 1435 | 1435 |
| **ARMADA 4WD—V8—Truck Equipment Schedule T1** | | | | | | |
| LE Sport Utility 4D | AA08C | 45295 | 15250 | 15950 | 17500 | 21000 |
| 2WD | D | | (875) | (875) | (1165) | (1165) |
| **FRONTIER KING CAB—4-Cyl.—Truck Equipment Schedule T2** | | | | | | |
| XE Short Bed | BD06T | 16895 | 6925 | 7375 | 8350 | 10250 |
| **FRONTIER KING CAB—V6—Truck Equipment Schedule T1** | | | | | | |
| SE Short Bed | AD06U | 20705 | 8400 | 8900 | 10050 | 12300 |
| Nismo Short Bed | AD06U | 23305 | 10750 | 11300 | 12650 | 15400 |
| 4WD | W | | 1500 | 1500 | 2000 | 2000 |

490    DEDUCT FOR RECONDITIONING

# 2008 NISSAN

| Body Type | VIN | List | Trade-In Good | Very Good | Pvt-Party Good | Retail Excellent |
|---|---|---|---|---|---|---|
| 4-Cyl, 2.5 Liter | B | | (250) | (250) | (335) | (335) |
| **FRONTIER KING CAB—V6**—Truck Equipment Schedule T2 | | | | | | |
| LE Short Bed | AD06U | 24095 | 10150 | 10700 | 12000 | 14650 |
| 4WD | W | | 1500 | 1500 | 2000 | 2000 |
| **FRONTIER CREW CAB—V6**—Truck Equipment Schedule T1 | | | | | | |
| SE Short Bed | AD07U | 22555 | 10700 | 11250 | 12600 | 15350 |
| SE Long Bed | AD09U | 23355 | 10450 | 11000 | 12350 | 15050 |
| 4WD | W | | 1500 | 1500 | 2000 | 2000 |
| **FRONTIER CREW CAB—V6**—Truck Equipment Schedule T2 | | | | | | |
| LE Short Bed | AD07U | 25795 | 11150 | 11750 | 13200 | 16050 |
| LE Long Bed | AD09U | 26295 | 11050 | 11600 | 13050 | 15900 |
| Nismo Short Bed | AD07U | 25495 | 12050 | 12650 | 14200 | 17250 |
| 4WD | W | | 1500 | 1500 | 2000 | 2000 |
| **TITAN KING CAB—V8**—Truck Equipment Schedule T1 | | | | | | |
| XE Short Bed | AA06A | 25135 | 7150 | 7625 | 8750 | 10800 |
| XE Long Bed | AA06E | 25545 | 7000 | 7450 | 8600 | 10600 |
| SE Short Bed | AA06A | 27395 | 8600 | 9100 | 10400 | 12850 |
| SE Long Bed | AA06E | 27805 | 8500 | 9000 | 10300 | 12700 |
| LE Short Bed | BA06A | 33365 | 9200 | 9725 | 11100 | 13650 |
| LE Long Bed | BA06E | 33775 | 9100 | 9625 | 10950 | 13500 |
| 4WD | C,F | | 2600 | 2600 | 3465 | 3465 |
| **TITAN KING CAB 4WD—V8**—Truck Equipment Schedule T1 | | | | | | |
| Pro-4X Short Bed | AA06C | 32725 | 11250 | 11850 | 13450 | 16450 |
| **TITAN CREW CAB—V8**—Truck Equipment Schedule T1 | | | | | | |
| XE Short Bed | AA07D | 28065 | 9600 | 10150 | 11500 | 14150 |
| XE Long Bed | AA07G | 28475 | 9450 | 9975 | 11350 | 13950 |
| SE Short Bed | AA07D | 29965 | 10850 | 11400 | 12950 | 15900 |
| SE Long Bed | BA07A | 30385 | 10650 | 11200 | 12750 | 15650 |
| LE Short Bed | BA07A | 35935 | 12150 | 12750 | 14450 | 17650 |
| 4WD | C,F | | 2600 | 2600 | 3465 | 3465 |
| **TITAN CREW CAB 4WD—V8**—Truck Equipment Schedule T1 | | | | | | |
| LE Long Bed | AA07B | 39275 | 14850 | 15500 | 17550 | 21400 |
| 2WD | A | | (2650) | (2650) | (3535) | (3535) |
| **TITAN CREW CAB 4WD—V8**—Truck Equipment Schedule T1 | | | | | | |
| Pro-4X Short Bed | BA07B | 34925 | 14300 | 14950 | 16900 | 20700 |
| Pro-4X Long Bed | BA07B | 35525 | 13950 | 14600 | 16550 | 20200 |

## 2009 NISSAN—(J,1or5)N(1,6or8)(AS58V)-9-#

| Body Type | VIN | List | Good | Very Good | Good | Excellent |
|---|---|---|---|---|---|---|
| **ROGUE AWD—4-Cyl.**—Truck Equipment Schedule T1 | | | | | | |
| S Sport Utility 4D | AS58V | 22200 | 9100 | 9625 | 10500 | 12450 |
| SL Sport Utility 4D | AS58V | 23790 | 10300 | 10850 | 11750 | 13900 |
| 2WD | T | | (1000) | (1000) | (1335) | (1335) |
| **XTERRA 4WD—V6**—Truck Equipment Schedule T1 | | | | | | |
| X Sport Utility 4D | AN08W | 25940 | 11900 | 12500 | 13650 | 16200 |
| S Sport Utility 4D | AN08W | 27640 | 12300 | 12900 | 14050 | 16700 |
| Off-Rd Spt Utl | AN08W | 30120 | 12700 | 13300 | 14450 | 17350 |
| SE Spt Utl 4D | AN08W | 30120 | 12950 | 13600 | 14850 | 17650 |
| 2WD | U | | (1000) | (1000) | (1335) | (1335) |
| **MURANO—V6**—Truck Equipment Schedule T1 | | | | | | |
| SL Sport Utility 4D | AZ18U | 28660 | 12650 | 13300 | 14300 | 16900 |
| AWD | W | | 1000 | 1000 | 1335 | 1335 |
| **MURANO AWD—V6**—Truck Equipment Schedule T1 | | | | | | |
| S Sport Utility 4D | AZ18W | 28675 | 11450 | 12050 | 13050 | 15450 |
| LE Sport Utility 4D | AZ18W | 36655 | 13650 | 14300 | 15500 | 18300 |
| 2WD | U | | (1000) | (1000) | (1335) | (1335) |
| **QUEST—V6**—Truck Equipment Schedule T1 | | | | | | |
| Minivan | BV28U | 26370 | 9100 | 9625 | 10800 | 13200 |
| S Minivan | BV28U | 27430 | 10400 | 10950 | 12250 | 14850 |
| SL Minivan | BV28D | 31330 | 12450 | 13050 | 14650 | 17800 |
| SE Minivan | BV28U | 36430 | 15000 | 15700 | 17450 | 21100 |
| **PATHFINDER 4WD—V6**—Truck Equipment Schedule T1 | | | | | | |
| S Sport Utility 4D | AR18B | 29990 | 12950 | 13600 | 14850 | 17650 |
| SE Sport Utility 4D | AR18B | 33290 | 14050 | 14700 | 16000 | 19000 |
| SE Off-Road Util | AR18B | 36190 | 14750 | 15400 | 16750 | 19900 |
| LE Sport Utility 4D | AR18B | 39290 | 15750 | 16450 | 17850 | 21100 |
| 2WD | A | | (1400) | (1400) | (1865) | (1865) |
| V8, 5.6 Liter | B | | 350 | 350 | 465 | 465 |
| **ARMADA—V8**—Truck Equipment Schedule T1 | | | | | | |
| SE Sport Utility 4D | AA08D | 36910 | 15600 | 16300 | 17600 | 20700 |
| 4WD | C | | 1175 | 1175 | 1565 | 1565 |
| **ARMADA 4WD—V8**—Truck Equipment Schedule T1 | | | | | | |
| LE Sport Utility 4D | AA08C | 47525 | 19150 | 20000 | 21400 | 25200 |
| 2WD | U | | (1000) | (1000) | (1335) | (1335) |

SEE BACK PAGES FOR TRUCK EQUIPMENT

# 2009 NISSAN

| Body Type | VIN | List | Trade-In Good | Trade-In Very Good | Pvt-Party Good | Retail Excellent |
|---|---|---|---|---|---|---|
| **FRONTIER KING CAB—4-Cyl.—Truck Equipment Schedule T2** | | | | | | |
| XE Short Bed | BD06T | 18240 | 7950 | 8450 | 9375 | 11300 |
| **FRONTIER KING CAB—V6—Truck Equipment Schedule T1** | | | | | | |
| SE Short Bed | AD06W | 22190 | 10050 | 10600 | 11700 | 14050 |
| 4WD | W | | 1700 | 1700 | 2265 | 2265 |
| 4-Cyl, 2.5 Liter | B | | (250) | (250) | (335) | (335) |
| **FRONTIER KING CAB—V6—Truck Equipment Schedule T2** | | | | | | |
| LE Short Bed | AD06U | 25620 | 11550 | 12150 | 13400 | 16050 |
| 4WD | W | | 1700 | 1700 | 2265 | 2265 |
| **FRONTIER KING CAB 4WD—V6—Truck Equipment Schedule T1** | | | | | | |
| Pro-4X Short Bed | AD06W | 28410 | 14350 | 15000 | 16500 | 19750 |
| 2WD | U | | (2200) | (2200) | (2935) | (2935) |
| **FRONTIER CREW CAB—V6—Truck Equipment Schedule T1** | | | | | | |
| SE Short Bed | AD07U | 24040 | 11950 | 12550 | 13800 | 16550 |
| SE Long Bed | AD09U | 24840 | 11850 | 12450 | 13700 | 16450 |
| LE Short Bed | AD07U | 27320 | 12650 | 13250 | 14700 | 17600 |
| LE Long Bed | AD09U | 27820 | 12550 | 13150 | 14550 | 17450 |
| 4WD | W | | 1700 | 1700 | 2265 | 2265 |
| **FRONTIER CREW CAB 4WD—V6—Truck Equipment Schedule T2** | | | | | | |
| Pro-4X Short Bed | AD07W | 29760 | 15650 | 16350 | 17900 | 21400 |
| 2WD | U | | (2200) | (2200) | (2935) | (2935) |
| **TITAN KING CAB—V8—Truck Equipment Schedule T1** | | | | | | |
| XE Short Bed | AA06A | 26930 | 9200 | 9725 | 10900 | 13200 |
| XE Long Bed | AA06E | 27530 | 9000 | 9525 | 10650 | 12950 |
| SE Short Bed | AA06A | 28930 | 10850 | 11400 | 12750 | 15400 |
| SE Long Bed | AA06E | 29530 | 10650 | 11200 | 12500 | 15150 |
| LE Short Bed | BA06A | 34405 | 11500 | 12100 | 13450 | 16300 |
| 4WD | C,F | | 2800 | 2800 | 3735 | 3735 |
| **TITAN KING CAB 4WD—V8—Truck Equipment Schedule T1** | | | | | | |
| Pro-4X Short Bed | AA06C | 34460 | 13600 | 14250 | 15850 | 19150 |
| **TITAN CREW CAB—V8—Truck Equipment Schedule T1** | | | | | | |
| XE Short Bed | AA07D | 29480 | 11700 | 12300 | 13700 | 16550 |
| XE Long Bed | AA07G | 30080 | 11600 | 12200 | 13600 | 16400 |
| SE Short Bed | AA07D | 31130 | 13000 | 13650 | 15200 | 18350 |
| SE Long Bed | BA07D | 31505 | 12800 | 13400 | 15000 | 18100 |
| LE Short Bed | BA07D | 36605 | 14600 | 15250 | 16950 | 20400 |
| 4WD | C,F | | 2800 | 2800 | 3735 | 3735 |
| **TITAN CREW CAB 4WD—V8—Truck Equipment Schedule T1** | | | | | | |
| LE Long Bed | AA07C | 39905 | 17500 | 18250 | 20100 | 24200 |
| 2WD | D | | (2825) | (2825) | (3765) | (3765) |
| **TITAN CREW CAB 4WD—V8—Truck Equipment Schedule T1** | | | | | | |
| Pro-4X Short Bed | BA07C | 36435 | 16850 | 17600 | 19400 | 23400 |
| Pro-4X Long Bed | BA07C | 37035 | 16450 | 17200 | 19000 | 22900 |

## 2010 NISSAN—(J,1or5)N(1,6or8)(AS5MV)—A—#

| Body Type | VIN | List | Trade-In Good | Trade-In Very Good | Pvt-Party Good | Retail Excellent |
|---|---|---|---|---|---|---|
| **ROGUE AWD—4-Cyl.—Truck Equipment Schedule T1** | | | | | | |
| S Sport Utility | AS5MV | 22340 | 10750 | 11300 | 12400 | 14750 |
| SL Sport Utility | AS5MV | 23930 | 11900 | 12500 | 13650 | 16200 |
| S Krom Ed Util | AS5MV | 26110 | 12350 | 12950 | 14100 | 16750 |
| 2WD | T | | (1100) | (1100) | (1465) | (1465) |
| **XTERRA 4WD—V6—Truck Equipment Schedule T1** | | | | | | |
| X Sport Utility 4D | AN0NW | 26100 | 13000 | 13650 | 14750 | 17400 |
| S Sport Utility 4D | AN0NW | 28270 | 13500 | 14150 | 15300 | 18050 |
| Off-Road Spt Util | AN0NW | 31200 | 14300 | 14950 | 16150 | 19000 |
| SE Sport Util 4D | AN0NW | 31200 | 14400 | 15050 | 16250 | 19150 |
| 2WD | N,U | | (1100) | (1100) | (1465) | (1465) |
| **MURANO—V6—Truck Equipment Schedule T1** | | | | | | |
| SL Sport Utility | AZ1MTU | 30400 | 14300 | 14950 | 16150 | 19000 |
| AWD | W | | 1050 | 1050 | 1400 | 1400 |
| **MURANO AWD—V6—Truck Equipment Schedule T1** | | | | | | |
| S Sport Utility 4D | AZ1MW | 30450 | 12850 | 13500 | 14500 | 17100 |
| LE Sport Utility | AZ1MW | 38980 | 16000 | 16750 | 17950 | 21100 |
| 2WD | N,U | | (1100) | (1100) | (1465) | (1465) |
| **PATHFINDER 4WD—V6—Truck Equipment Schedule T1** | | | | | | |
| S Sport Util 4D | AR1NB | 30240 | 14150 | 14800 | 15950 | 18700 |
| SE Sport Util 4D | AR1NB | 33410 | 15550 | 16250 | 17400 | 20400 |
| LE Sport Util 4D | AR1NB | 39910 | 19650 | 20500 | 21800 | 25500 |
| 2WD | N | | (1475) | (1475) | (1965) | (1965) |
| V8, 5.6 Liter | B | | 400 | 400 | 535 | 535 |
| **ARMADA—V8—Truck Equipment Schedule T1** | | | | | | |
| SE Spt Util 4D | AA0ND | 38310 | 18600 | 19400 | 20400 | 23700 |
| Titanium Spt Util | BA0ND | 43240 | 19550 | 20400 | 21500 | 24900 |
| 4WD | C,E | | 1275 | 1275 | 1700 | 1700 |

**492    DEDUCT FOR RECONDITIONING**

# 2010 NISSAN

| Body Type | VIN | List | Trade-In Good | Very Good | Pvt-Party Good | Retail Excellent |
|---|---|---|---|---|---|---|
| **ARMADA 4WD—V8—**Truck Equipment Schedule T1 | | | | | | |
| Platinum Spt Util | AA0NC | 52970 | 22300 | 23300 | 24300 | 28200 |
| 2WD | D,F | | (1100) | (1100) | (1465) | (1465) |
| **FRONTIER KING CAB—4-Cyl.—**Truck Equipment Schedule T2 | | | | | | |
| XE Short Bed | BD0CT | 18340 | 9850 | 10400 | 11300 | 13350 |
| **FRONTIER KING CAB—V6—**Truck Equipment Schedule T1 | | | | | | |
| SE Short Bed | AD0CU | 22290 | 12350 | 12950 | 14000 | 16550 |
| 4WD | V,W | | 1900 | 1900 | 2535 | 2535 |
| 4-Cyl, 2.5 Liter | B | | (275) | (275) | (365) | (365) |
| **FRONTIER KING CAB—V6—**Truck Equipment Schedule T2 | | | | | | |
| LE Short Bed | AD0CU | 25720 | 13550 | 14200 | 15400 | 18150 |
| 4WD | | | 1900 | 1900 | 2535 | 2535 |
| **FRONTIER KING CAB 4WD—V6—**Truck Equipment Schedule T1 | | | | | | |
| Pro-4X Short Bed | AD0CW | 28510 | 17100 | 17850 | 19150 | 22500 |
| 2WD | R,U | | (2200) | (2200) | (2935) | (2935) |
| **FRONTIER CREW CAB—V6—**Truck Equipment Schedule T1 | | | | | | |
| SE Short Bed | AD0EU | 24140 | 14200 | 14850 | 16050 | 18950 |
| SE Long Bed | AD0FU | 24940 | 14100 | 14750 | 15950 | 18800 |
| 4WD | V,W | | 1900 | 1900 | 2535 | 2535 |
| **FRONTIER CREW CAB—V6—**Truck Equipment Schedule T2 | | | | | | |
| LE Short Bed | AD0EU | 27420 | 15150 | 15850 | 17050 | 20100 |
| LE Long Bed | AD0FU | 27920 | 15050 | 15750 | 16950 | 20000 |
| 4WD | | | 1900 | 1900 | 2535 | 2535 |
| **FRONTIER CREW CAB 4WD—V6—**Truck Equipment Schedule T2 | | | | | | |
| Pro-4X Short Bed | AD0EW | 29860 | 18200 | 19000 | 20300 | 23900 |
| 2WD | R,U | | (2200) | (2200) | (2935) | (2935) |
| **TITAN KING CAB—V8—**Truck Equipment Schedule T1 | | | | | | |
| XE Short Bed | AA0CA | 27120 | 10900 | 11450 | 12500 | 14850 |
| SE Short Bed | AA0CA | 29120 | 12550 | 13150 | 14400 | 17050 |
| 4WD | C,J | | 3000 | 3000 | 4000 | 4000 |
| **TITAN KING CAB 4WD—V8—**Truck Equipment Schedule T1 | | | | | | |
| Pro-4X Short Bed | AA0CC | 34850 | 16350 | 17100 | 18450 | 21800 |
| **TITAN CREW CAB—V8—**Truck Equipment Schedule T1 | | | | | | |
| XE Short Bed | AA0ED | 29670 | 13550 | 14200 | 15450 | 18300 |
| SE Short Bed | AA0ED | 31320 | 14950 | 15650 | 16950 | 20100 |
| SE Long Bed | AA0FD | 31770 | 14750 | 15400 | 16750 | 19800 |
| LE Short Bed | AA0ED | 37220 | 16650 | 17400 | 18800 | 22200 |
| 4WD | C,J | | 3000 | 3000 | 4000 | 4000 |
| **TITAN CREW CAB 4WD—V8—**Truck Equipment Schedule T1 | | | | | | |
| Pro-4X Short Bed | AA0EC | 37050 | 19550 | 20400 | 21900 | 25900 |

## 2011 NISSAN—(J,1or5)N(1,6or8)(AF5MV)—B—#

| Body Type | VIN | List | Good | Very Good | Good | Excellent |
|---|---|---|---|---|---|---|
| **JUKE—4-Cyl. Turbo—**Truck Equipment Schedule T1 | | | | | | |
| S Sport Util 4D | AF5MV | 21260 | 11600 | 12200 | 12800 | 14700 |
| SV Sport Util 4D | AF5MV | 23060 | 12150 | 12750 | 13350 | 15350 |
| SL Sport Util 4D | AF5MV | 25350 | 12700 | 13350 | 13900 | 16000 |
| AWD | V | | 1075 | 1075 | 1435 | 1435 |
| **ROGUE AWD—4-Cyl.—**Truck Equipment Schedule T1 | | | | | | |
| S Sport Utility 4D | AS5MV | 22860 | 12150 | 12750 | 13600 | 15950 |
| SV Sport Utl 4D | AS5MV | 25270 | 13450 | 14100 | 15100 | 17600 |
| S Krom Ed Util | AS5MV | 26460 | 13850 | 14500 | 15500 | 18100 |
| 2WD | T | | (1200) | (1200) | (1600) | (1600) |
| **XTERRA 4WD—V6—**Truck Equipment Schedule T1 | | | | | | |
| X Sport Utility 4D | AN0NW | 26700 | 15500 | 16200 | 17250 | 20200 |
| S Sport Utility 4D | AN0NW | 28690 | 16050 | 16800 | 17850 | 20900 |
| Pro-4X Spt Util | AN0NW | 30900 | 16950 | 17700 | 18800 | 21900 |
| 2WD | N,U | | (1200) | (1200) | (1600) | (1600) |
| **MURANO—V6—**Truck Equipment Schedule T1 | | | | | | |
| SL Sport Util 4D | AZ1MU | 36275 | 17500 | 18250 | 19250 | 22400 |
| AWD | W,Y | | 1050 | 1050 | 1400 | 1400 |
| **MURANO AWD—V6—**Truck Equipment Schedule T1 | | | | | | |
| S Sport Util 4D | AZ1MW | 30900 | 14350 | 15000 | 15950 | 18550 |
| SV Sport Util 4D | AZ1MW | 34310 | 16000 | 16750 | 17700 | 20600 |
| LE Sport Util 4D | AZ1MW | 39940 | 19850 | 20700 | 21800 | 2520 |
| 2WD | N,U | | (1200) | (1200) | (1600) | (16 |
| **QUEST—V6—**Truck Equipment Schedule T1 | | | | | | |
| S Minivan | AE2KU | 28550 | 12800 | 13400 | 14600 | |
| SV Minivan | AE2KU | 31700 | 14450 | 15100 | 1635 | |
| SL Minivan | AE2KU | 35150 | 16850 | 17600 | 189 | |
| LE Minivan | AE2KU | 42150 | 19250 | 20100 | | |
| **PATHFINDER 4WD—V6—**Truck Equipment Schedule T1 | | | | | | |
| S Sport Utility 4D | AR1NB | 30640 | 15750 | 16450 | | |
| SV Sport Util 4D | AR1NB | 33990 | 17450 | 1820 | | |

0414  SEE BACK PAGES FOR TRUCK

# 2011 NISSAN

| Body Type | VIN | List | Trade-In Good | Very Good | Pvt-Party Good | Retail Excellent |
|---|---|---|---|---|---|---|
| Silver Ed Spt Util | AR1NB | 38290 | 19600 | 20500 | 21600 | 25200 |
| LE Sport Utility | AR1NB | 40470 | 20800 | 21700 | 22800 | 26600 |
| 2WD | N | | (1550) | (1550) | (2065) | (2065) |
| V8, 5.6 Liter | B | | 425 | 425 | 565 | 565 |
| **ARMADA—V8—Truck Equipment Schedule T1** | | | | | | |
| SL Spt Util 4D | AA0ND | 43835 | 21500 | 22400 | 23400 | 27000 |
| 4WD | C,E | | 1400 | 1400 | 1865 | 1865 |
| **ARMADA 4WD—V8—Truck Equipment Schedule T1** | | | | | | |
| SV Spt Util 4D | AA0NC | 44460 | 20700 | 21600 | 22600 | 26100 |
| Platinum Spt Util | AA0NC | 53840 | 24500 | 25500 | 26500 | 30600 |
| 2WD | D | | (1200) | (1200) | (1600) | (1600) |
| **FRONTIER KING CAB—4-Cyl.—Truck Equipment Schedule T2** | | | | | | |
| S Short Bed | BD0CT | 19600 | 10750 | 11300 | 12200 | 14300 |
| **FRONTIER KING CAB—V6—Truck Equipment Schedule T1** | | | | | | |
| SV Short Bed | AD0CU | 23370 | 13150 | 13800 | 14850 | 17400 |
| 4WD | V,W | | 2200 | 2200 | 2935 | 2935 |
| 4-Cyl, 2.5 Liter | | | (275) | (275) | (365) | (365) |
| **FRONTIER KING CAB 4WD—V6—Truck Equipment Schedule T1** | | | | | | |
| Pro-4X Short Bed | AD0CW | 29670 | 19250 | 20100 | 21300 | 24900 |
| 2WD | R,U | | (2800) | (2800) | (3735) | (3735) |
| **FRONTIER CREW CAB—V6—Truck Equipment Schedule T1** | | | | | | |
| S Short Bed | AD0EU | 23610 | 13800 | 14450 | 15500 | 18200 |
| SV Short Bed | AD0EU | 25040 | 15050 | 15750 | 16800 | 19700 |
| 4WD | V,W | | 2200 | 2200 | 2935 | 2935 |
| **FRONTIER CREW CAB—V6—Truck Equipment Schedule T2** | | | | | | |
| SV Long Bed | AD0FU | 25040 | 14950 | 15650 | 16700 | 19550 |
| SL Short Bed | AD0EU | 29230 | 16650 | 17400 | 18550 | 21700 |
| SL Long Bed | AD0FU | 29730 | 16350 | 17100 | 18200 | 21300 |
| 4WD | V,W | | 2200 | 2200 | 2935 | 2935 |
| **FRONTIER CREW CAB 4WD—V6—Truck Equipment Schedule T1** | | | | | | |
| Pro-4X Short Bed | AD0EW | 30410 | 20700 | 21600 | 22900 | 26700 |
| 2WD | R,U | | (2800) | (2800) | (3735) | (3735) |
| **TITAN KING CAB—V8—Truck Equipment Schedule T1** | | | | | | |
| S Short Bed | BA0CD | 27815 | 11500 | 12100 | 13050 | 15400 |
| 4WD | C,J | | 3200 | 3200 | 4265 | 4265 |
| **TITAN KING CAB 4WD—V8—Truck Equipment Schedule T1** | | | | | | |
| SV Short Bed | AA0CC | 32865 | 16400 | 17150 | 18350 | 21600 |
| 2WD | D,K | | (3200) | (3200) | (4265) | (4265) |
| **TITAN KING CAB 4WD—V8—Truck Equipment Schedule T1** | | | | | | |
| Pro-4X Short Bed | AA0CC | 35500 | 17750 | 18500 | 19800 | 23200 |
| **TITAN CREW CAB—V8—Truck Equipment Schedule T1** | | | | | | |
| S Short Bed | AA0ED | 30320 | 14150 | 14800 | 15950 | 18800 |
| SV Short Bed | BA0ED | 32015 | 15750 | 16450 | 17650 | 20700 |
| SV Long Bed | BA0FD | 32465 | 15550 | 16250 | 17450 | 20500 |
| SL Short Bed | BA0ED | 37915 | 17850 | 18600 | 19900 | 23400 |
| 4WD | C | | 3200 | 3200 | 4265 | 4265 |
| **TITAN CREW CAB 4WD—V8—Truck Equipment Schedule T1** | | | | | | |
| Pro-4X Short Bed | AA0EC | 37700 | 20700 | 21600 | 23000 | 26900 |

## 2012 NISSAN—(J,1or5)(NorB)(1,6,8orZ)(AF5MU)—C—#

| Body Type | VIN | List | Good | Very Good | Good | Excellent |
|---|---|---|---|---|---|---|
| **JUKE—4-Cyl. Turbo—Truck Equipment Schedule T1** | | | | | | |
| S Sport Utility 4D | AF5MU | 20530 | 12600 | 13200 | 13900 | 16000 |
| SV Sport Utility | AF5MU | 22340 | 13150 | 13800 | 14450 | 16600 |
| SL Sport Utility | AF5MU | 24660 | 13700 | 14350 | 15050 | 17250 |
| AWD | V | | 1125 | 1125 | 1500 | 1500 |
| **ROGUE AWD—4-Cyl.—Truck Equipment Schedule T1** | | | | | | |
| S Sport Utility 4D | AS5MV | 23590 | 13550 | 14200 | 15050 | 17500 |
| SV Sport Utility | AS5MV | 26030 | 14550 | 15200 | 16100 | 18650 |
| | T | | (1500) | (1500) | (2000) | (2000) |
| **—V6—Truck Equipment Schedule T1** | | | | | | |
| 4D | AN0NW | 27120 | 16450 | 17200 | 18250 | 21300 |
| | AN0NW | 29110 | 17000 | 17800 | 18900 | 22000 |
| | AN0NW | 31530 | 17900 | 18700 | 19850 | 23100 |
| | N,U | | (1500) | (1500) | (2000) | (2000) |
| **Equipment Schedule T1** | | | | | | |
| 4D | AZ1MU | 37635 | 19250 | 20100 | 21000 | 24200 |
| | W,Y | | 1250 | 1250 | 1665 | 1665 |
| **Equipment Schedule T1** | | | | | | |
| | AZ1MW | 31700 | 15750 | 16450 | 17300 | 19950 |
| | AZ1MW | 35270 | 17500 | 18250 | 19100 | 22000 |
| | AZ1MW | 40710 | 21800 | 22800 | 23600 | 27200 |
| | AZ1FW | 45350 | 21500 | 22400 | 23000 | 26200 |
| | N,P,U | | (1500) | (1500) | (2000) | (2000) |

CONDITIONING

0414

# 2012 NISSAN

| Body Type | VIN | List | Trade-In Good | Very Good | Pvt-Party Good | Retail Excellent |
|---|---|---|---|---|---|---|
| **QUEST—V6**—Truck Equipment Schedule T1 | | | | | | |
| S Minivan | AE2KU | 28560 | 13750 | 14400 | 15550 | 18300 |
| SV Minivan | AE2KU | 31860 | 15750 | 16450 | 17650 | 20700 |
| SL Minivan | AE2KU | 35310 | 18850 | 19700 | 21000 | 24600 |
| LE Minivan | AE2KU | 42160 | 20500 | 21300 | 22700 | 26600 |
| **PATHFINDER 4WD—V6**—Truck Equipment Schedule T1 | | | | | | |
| S Sport Utility 4D | AR1NB | 31380 | 16800 | 17550 | 18550 | 21500 |
| SV Sport Utility | AR1NB | 34730 | 18550 | 19350 | 20400 | 23600 |
| Silver Ed Spt Util | AR1NB | 38720 | 20700 | 21600 | 22600 | 26200 |
| LE Sport Utility | AR1NB | 42530 | 22700 | 23600 | 24700 | 28600 |
| 2WD | N | | (1625) | (1625) | (2165) | (2165) |
| V8, 5.6 Liter | B | | 450 | 450 | 600 | 600 |
| **ARMADA—V8**—Truck Equipment Schedule T1 | | | | | | |
| SL Sport Utility | AA0ND | 44935 | 23600 | 24500 | 25300 | 28900 |
| 4WD | C,E | | 1475 | 1475 | 1965 | 1965 |
| **ARMADA 4WD—V8**—Truck Equipment Schedule T1 | | | | | | |
| SV Sport Utility | AA0NC | 45065 | 22800 | 23800 | 24500 | 28000 |
| Platinum Spt Util | AA0NC | 54925 | 26500 | 27600 | 28400 | 32400 |
| 2WD | D,F | | (1500) | (1500) | (2000) | (2000) |
| **NV1500 CARGO—V6**—Truck Equipment Schedule T1 | | | | | | |
| S Van 2D | BF0KL | 25390 | 15150 | 15850 | 17000 | 20000 |
| SV Van 2D | BF0KL | 26990 | 16800 | 17550 | 18800 | 22000 |
| **NV2500 CARGO—V6**—Truck Equipment Schedule T1 | | | | | | |
| S Van 2D | BF0KX | 26390 | 16150 | 16850 | 18050 | 21200 |
| SV Van 2D | BF0KX | 27990 | 17600 | 18350 | 19600 | 23000 |
| V8, 5.6 Liter | A | | 550 | 550 | 735 | 735 |
| **NV3500 CARGO—V8**—Truck Equipment Schedule T1 | | | | | | |
| S Van 2D | AF0KX | 28990 | 18600 | 19450 | 20700 | 24300 |
| SV Van 2D | AF0KX | 30590 | 20000 | 20900 | 22200 | 26000 |
| **NV3500 PASSENGER VAN—V8**—Truck Equipment Schedule T1 | | | | | | |
| S Van 3D | AF0AA | 33585 | 21200 | 22100 | 23100 | 26600 |
| SV Van 3D | AF0AA | 35785 | 23400 | 24300 | 25300 | 29200 |
| V6, 4.0 Liter | B | | (650) | (650) | (865) | (865) |
| **NV3500 PASSENGER VAN—V8**—Truck Equipment Schedule T1 | | | | | | |
| SL Van 3D | AF0AA | 38385 | 25800 | 26800 | 27800 | 32000 |
| **FRONTIER KING CAB—4-Cyl.**—Truck Equipment Schedule T1 | | | | | | |
| S Short Bed | BD0CT | 20075 | 11750 | 12350 | 13200 | 15400 |
| **FRONTIER KING CAB—V6**—Truck Equipment Schedule T1 | | | | | | |
| SV Short Bed | AB0CU | 23845 | 14650 | 15300 | 16300 | 19000 |
| 4WD | V,W | | 2500 | 2500 | 3335 | 3335 |
| 4-Cyl, 2.5 Liter | B | | (300) | (300) | (400) | (400) |
| **FRONTIER KING CAB 4WD—V6**—Truck Equipment Schedule T1 | | | | | | |
| Pro-4X Short Bed | AD0CW | 30130 | 20500 | 21300 | 22400 | 26000 |
| **FRONTIER CREW CAB—V6**—Truck Equipment Schedule T1 | | | | | | |
| S Short Bed | AD0EU | 24085 | 15350 | 16050 | 17050 | 19850 |
| SV Short Bed | AD0EU | 25095 | 16700 | 17450 | 18450 | 21500 |
| 4WD | V,W | | 2500 | 2500 | 3335 | 3335 |
| **FRONTIER CREW CAB—V6**—Truck Equipment Schedule T2 | | | | | | |
| SV Long Bed | AD0FU | 25500 | 16500 | 17250 | 18250 | 21200 |
| SL Short Bed | AD0EU | 29690 | 17800 | 18550 | 19600 | 22800 |
| SL Long Bed | AD0FU | 30190 | 17250 | 18000 | 19050 | 22100 |
| 4WD | V,W | | 2500 | 2500 | 3335 | 3335 |
| **FRONTIER CREW CAB 4WD—V6**—Truck Equipment Schedule T2 | | | | | | |
| Pro-4X Short Bed | AD0EW | 29820 | 22000 | 23000 | 24100 | 27900 |
| **TITAN KING CAB—V8**—Truck Equipment Schedule T1 | | | | | | |
| S Short Bed | BA0CA | 28405 | 14100 | 14750 | 15700 | 18300 |
| 4WD | C,J | | 3300 | 3300 | 4400 | 4400 |
| **TITAN KING CAB—V8**—Truck Equipment Schedule T1 | | | | | | |
| SV Short Bed | AA0CC | 33255 | 18750 | 19600 | 20600 | 24000 |
| 2WD | A | | (3300) | (3300) | (4400) | (4400) |
| **TITAN KING CAB 4WD—V8**—Truck Equipment Schedule T1 | | | | | | |
| Pro-4X Short Bed | AA0CC | 36115 | 19750 | 20600 | 21700 | 25200 |
| **TITAN CREW CAB—V8**—Truck Equipment Schedule T1 | | | | | | |
| S Short Bed | AA0ED | 30935 | 17250 | 18000 | 19000 | 22100 |
| SV Short Bed | BA0ED | 32605 | 18200 | 19000 | 20100 | 23300 |
| SV Long Bed | BA0FD | 33055 | 18050 | 18850 | 19850 | 23100 |
| SL Short Bed | AA0ED | 38485 | 20300 | 21100 | 22200 | 25800 |
| 4WD | C | | 3300 | 3300 | 4400 | 4400 |
| **TITAN CREW CAB 4WD—V8**—Truck Equipment Schedule T1 | | | | | | |
| Pro-4X Short Bed | AA0EC | 38315 | 22800 | 23800 | 24900 | 28800 |

SEE BACK PAGES FOR TRUCK EQUIPMENT

## 2013 NISSAN

| Body Type | VIN | List | Trade-In Good | Very Good | Pvt-Party Good | Retail Excellent |
|---|---|---|---|---|---|---|

### 2013 NISSAN—(J,1or5)(NorB)(1,6,8orZ)(AF5MR)–D–#

**JUKE—4-Cyl. Turbo**—Truck Equipment Schedule T1
| S Sport Utility 4D | AF5MR | 20770 | 13350 | 14000 | 14850 | 17250 |
| SV Sport Utility | AF5MR | 22890 | 14150 | 14800 | 15700 | 18200 |
| NISMO Spt Util | AF5MR | 23780 | 15050 | 15750 | 16650 | 19300 |
| SL Sport Utility | AF5MR | 25780 | 15250 | 15950 | 16850 | 19550 |
| AWD | V | | 1200 | 1200 | 1600 | 1600 |

**ROGUE AWD—4-Cyl.**—Truck Equipment Schedule T1
| S Sport Utility 4D | AS5MV | 24435 | 14600 | 15300 | 16300 | 19050 |
| SV Sport Utility | AS5MV | 26875 | 16000 | 16750 | 17800 | 20800 |
| 2WD | T | | (1400) | (1400) | (1865) | (1865) |

**XTERRA 4WD—V6**—Truck Equipment Schedule T1
| X Sport Utility 4D | AN0NW | 25835 | 17500 | 18250 | 19250 | 22400 |
| S Sport Utility 4D | AN0NW | 27745 | 18100 | 18900 | 19900 | 23100 |
| PRO-4X Spt Util | AN0NW | 31135 | 19050 | 19900 | 20900 | 24300 |

**MURANO AWD—V6**—Truck Equipment Schedule T1
| S Sport Util 4D | AZ1MW | 32955 | 17800 | 18550 | 19400 | 22300 |
| SV Sport Util 4D | AZ1MU | 35305 | 19250 | 20100 | 20900 | 24100 |
| LE Sport Util 4D | AZ1MW | 41955 | 23800 | 24700 | 25600 | 29400 |
| CrossCabriolet 2D | AZ1FW | 45385 | 25600 | 26600 | 27200 | 30900 |
| 2WD | U,N,P | | (1500) | (1500) | (2000) | (2000) |

**MURANO—V6**—Truck Equipment Schedule T1
| SL Sport Util 4D | AZ1MW | 38515 | 20900 | 21700 | 22600 | 25900 |
| AWD | W,M,Y | | 1375 | 1375 | 1835 | 1835 |

**QUEST—V6**—Truck Equipment Schedule T1
| S Minivan | AE2KP | 26835 | 16950 | 17700 | 18700 | 21700 |
| SV Minivan | AE2KP | 30585 | 19050 | 19900 | 21000 | 24300 |
| SL Minivan | AE2KP | 34365 | 21900 | 22900 | 23900 | 27800 |
| LE Minivan | AE2KP | 43485 | 23600 | 24500 | 25700 | 29800 |

**PATHFINDER 4WD—V6**—Truck Equipment Schedule T1
| S Sport Utility 4D | AR2MM | 30695 | 18750 | 19600 | 20600 | 23800 |
| SV Sport Utility | AR2MM | 33955 | 20600 | 21400 | 22400 | 25900 |
| SL Sport Utility | AR2MM | 36895 | 22600 | 23600 | 24600 | 28400 |
| Platinum Spt Util | AR2MM | 41595 | 24700 | 25700 | 26800 | 30900 |
| 2WD | U,N,P | | (1725) | (1725) | (2300) | (2300) |

**ARMADA 4WD—V8**—Truck Equipment Schedule T1
| SV Sport Utility | AA0NC | 47205 | 24500 | 25500 | 26200 | 29900 |
| 2WD | D,F | | (1500) | (1500) | (2000) | (2000) |

**NV1500 CARGO—V6**—Truck Equipment Schedule T1
| S Van 2D | BF0KL | 26415 | 16400 | 17150 | 18050 | 20900 |
| SV Van 2D | BF0KL | 28055 | 18150 | 18950 | 19850 | 22900 |

**NV2500 HD CARGO—V6**—Truck Equipment Schedule T1
| S Van 2D | BF0KX | 27415 | 17400 | 18150 | 19050 | 22100 |
| SV Van 2D | BF0KX | 29055 | 19050 | 19900 | 20800 | 24100 |
| V8, 5.6 Liter | A | | 575 | 575 | 765 | 765 |

**NV3500 HD CARGO—V8**—Truck Equipment Schedule T1
| S Van 2D | AF0KX | 30015 | 19950 | 20800 | 21800 | 25100 |
| SV Van 2D | AF0KX | 31655 | 21100 | 22000 | 23000 | 26500 |

**NV3500 HD PASSENGER VAN—V8**—Truck Equipment Schedule T1
| S Van 3D | AF0AA | 33885 | 22700 | 23700 | 24200 | 27600 |
| SV Van 3D | AF0AA | 36085 | 24900 | 25900 | 26500 | 30100 |
| SL Van 3D | AF0AA | 38685 | 27200 | 28300 | 28900 | 32800 |
| V6, 4.0 Liter | | | (675) | (675) | (900) | (900) |

**FRONTIER KING CAB—4-Cyl.**—Truck Equipment Schedule T2
| S Short Bed | BD0CT | 20835 | 13750 | 14400 | 15550 | 18300 |

**FRONTIER KING CAB—V6**—Truck Equipment Schedule T2
| SV Short Bed | AD0CU | 23885 | 16700 | 17450 | 18700 | 22000 |
| Desert Runner | AD0CU | 24605 | 17550 | 18300 | 19600 | 23000 |
| 4WD | V,W | | 2800 | 2800 | 3735 | 3735 |
| 4-Cyl, 2.5 Liter | B | | (300) | (300) | (400) | (400) |

**FRONTIER KING CAB 4WD—V6**—Truck Equipment Schedule T2
| Pro-4X Short Bed | AD0CW | 31375 | 22600 | 23600 | 25000 | 29300 |

**FRONTIER CREW CAB—V6**—Truck Equipment Schedule T2
| S Short Bed | AD0EU | 23925 | 17600 | 18350 | 19650 | 23100 |
| SV Short Bed | AD0EU | 24835 | 19050 | 19900 | 21200 | 24900 |
| SV Long Bed | AD0FU | 25555 | 18850 | 19700 | 21000 | 24700 |
| Desert Runner 5' | AD0EU | 25855 | 18450 | 19250 | 20600 | 24200 |
| SL Short Bed | AD0EU | 31435 | 20100 | 20900 | 22300 | 26100 |
| SL Long Bed | AD0FU | 31935 | 19550 | 20400 | 21800 | 25500 |
| 4WD | V,W | | 2800 | 2800 | 3735 | 3735 |

**FRONTIER CREW CAB 4WD—V6**—Truck Equipment Schedule T2
| Pro-4X Short Bed | AD0EW | 31065 | 23800 | 24700 | 26300 | 30800 |

DEDUCT FOR RECONDITIONING

# 2013 NISSAN

| Body Type | VIN | List | Trade-In Good | Very Good | Pvt-Party Good | Retail Excellent |
|---|---|---|---|---|---|---|
| **TITAN KING CAB—V8**—Truck Equipment Schedule T1 | | | | | | |
| S Short Bed | AA0CA | 29815 | 15750 | 16450 | 17400 | 20200 |
| 4WD | C,J | | 3600 | 3600 | 4800 | 4800 |
| **TITAN KING CAB 4WD—V8**—Truck Equipment Schedule T1 | | | | | | |
| SV Short Bed | AA0CC | 35095 | 20900 | 21700 | 22800 | 26400 |
| 2WD | A,H | | (3600) | (3600) | (4800) | (4800) |
| **TITAN KING CAB 4WD—V8**—Truck Equipment Schedule T1 | | | | | | |
| Pro-4X Short Bed | AA0CC | 38035 | 21700 | 22600 | 23700 | 27400 |
| **TITAN CREW CAB—V8**—Truck Equipment Schedule T1 | | | | | | |
| S Short Bed | AA0ED | 32365 | 18450 | 19250 | 20300 | 23500 |
| SV Short Bed | AA0ED | 34445 | 20100 | 20900 | 22000 | 25400 |
| SV Long Bed | AA0FD | 34895 | 19850 | 20700 | 21700 | 25200 |
| SL Short Bed | AA0ED | 41035 | 21700 | 22600 | 23700 | 27400 |
| 4WD | | | 3600 | 3600 | 4800 | 4800 |
| **TITAN CREW CAB 4WD—V8**—Truck Equipment Schedule T1 | | | | | | |
| Pro-4X Short Bed | AA0EC | 40235 | 24600 | 25600 | 26700 | 30900 |

# OLDSMOBILE

## 1999 OLDSMOBILE — 1GH-(U03E)-X-#

| Body Type | VIN | List | Good | Very Good | Good | Excellent |
|---|---|---|---|---|---|---|
| **SILHOUETTE—V6**—Truck Equipment Schedule T1 | | | | | | |
| GS Minivan | U03E | 25370 | 1450 | 1600 | 2350 | 3675 |
| GL Extended | X03E | 24990 | 1525 | 1675 | 2550 | 4000 |
| GLS Extended | X03E | 28665 | 1725 | 1900 | 2850 | 4425 |
| Premiere Extended | X03E | 31580 | 1975 | 2175 | 3225 | 4950 |
| **BRAVADA AWD—V6**—Truck Equipment Schedule T3 | | | | | | |
| Sport Utility 4D | T13W | 31568 | 1650 | 1825 | 2900 | 4600 |

## 2000 OLDSMOBILE — 1GH-(X03E)-Y-#

| **SILHOUETTE—V6**—Truck Equipment Schedule T1 | | | | | | |
|---|---|---|---|---|---|---|
| GL Extended | X03E | 25530 | 1825 | 2000 | 2850 | 4300 |
| GLS Extended | X03E | 29220 | 2200 | 2425 | 3375 | 5050 |
| Premiere Extended | X03E | 32130 | 2375 | 2600 | 3625 | 5425 |
| **BRAVADA AWD—V6**—Truck Equipment Schedule T3 | | | | | | |
| Sport Utility 4D | T13W | 31923 | 2025 | 2225 | 3875 | 6275 |

## 2001 OLDSMOBILE — 1GH-(X03E)-1-#

| **SILHOUETTE—V6**—Truck Equipment Schedule T1 | | | | | | |
|---|---|---|---|---|---|---|
| GL Extended | X03E | 26920 | 2275 | 2500 | 3350 | 4925 |
| GLS Extended | X03E | 31035 | 2775 | 3075 | 4025 | 5875 |
| Premiere Extended | X03E | 33855 | 2925 | 3225 | 4250 | 6150 |
| **BRAVADA AWD—V6**—Truck Equipment Schedule T3 | | | | | | |
| Sport Utility 4D | T13W | 32335 | 2350 | 2575 | 4125 | 6500 |

## 2002 OLDSMOBILE — 1GH-(X23E)-2-#

| **SILHOUETTE—V6**—Truck Equipment Schedule T1 | | | | | | |
|---|---|---|---|---|---|---|
| GL Extended | X23E | 27560 | 2875 | 3175 | 4025 | 5750 |
| GLS Extended | X03E | 31635 | 3275 | 3600 | 4725 | 6675 |
| Premiere Extended | X13E | 33535 | 3425 | 3750 | 4925 | 6950 |
| AWD | V | | 350 | 350 | 465 | 465 |
| **BRAVADA AWD—6-Cyl.**—Truck Equipment Schedule T3 | | | | | | |
| Sport Utility 4D | T13W | 34967 | 1750 | 1925 | 2600 | 3850 |
| 2WD | S | | (800) | (800) | (1065) | (1065) |

## 2003 OLDSMOBILE — 1GH-(X23E)-3-#

| **SILHOUETTE—V6**—Truck Equipment Schedule T1 | | | | | | |
|---|---|---|---|---|---|---|
| GL Extended | X23E | 28510 | 3500 | 3825 | 5000 | 7050 |
| GLS Extended | X03E | 32175 | 4050 | 4400 | 5725 | 8050 |
| Premiere Extended | X13E | 34225 | 4350 | 4700 | 6125 | 8575 |
| AWD | V | | 400 | 400 | 535 | 535 |
| **BRAVADA AWD—6-Cyl.**—Truck Equipment Schedule T3 | | | | | | |
| Sport Utility 4D | T13S | 35145 | 2400 | 2625 | 3500 | 5100 |
| 2WD | S | | (900) | (900) | (1200) | (1200) |

## 2004 OLDSMOBILE — 1GH-(X23E)-4-#

| **SILHOUETTE—V6**—Truck Equipment Schedule T1 | | | | | | |
|---|---|---|---|---|---|---|
| GL Extended | X23E | 28790 | 4575 | 4925 | 6050 | 8175 |
| GLS Extended | X03E | 32450 | 4775 | 5150 | 6300 | 8500 |
| Premiere Extended | X13E | 34510 | 5150 | 5525 | 6750 | 9100 |

SEE BACK PAGES FOR TRUCK EQUIPMENT

# 2004 OLDSMOBILE

| Body Type | VIN | List | Trade-In Good | Very Good | Pvt-Party Good | Retail Excellent |
|---|---|---|---|---|---|---|
| AWD | V | | 450 | 450 | 600 | 600 |
| **BRAVADA AWD—6-Cyl.—Truck Equipment Schedule T3** | | | | | | |
| Sport Utility 4D | T13S | 36245 | 3325 | 3650 | 4700 | 6575 |
| 2WD | S | | (975) | (975) | (1300) | (1300) |

# PLYMOUTH — See DODGE TRUCKS

# PONTIAC

## 1999 PONTIAC — 1GM-(U03E)-X-#

**MONTANA—V6—Truck Equipment Schedule T1**
| | | | | | | |
|---|---|---|---|---|---|---|
| Minivan | U03E | 23455 | 950 | 1050 | 1650 | 2600 |
| Extended Minivan | X03E | 24455 | 1300 | 1425 | 2150 | 3350 |
| Second Sliding Door | | | 50 | 50 | 65 | 65 |

## 2000 PONTIAC — 1GM-(U03E)-Y-#

**MONTANA—V6—Truck Equipment Schedule T1**
| | | | | | | |
|---|---|---|---|---|---|---|
| Minivan | U03E | 24255 | 1250 | 1375 | 1975 | 3050 |
| Extended Minivan | X03E | 25365 | 1425 | 1575 | 2325 | 3550 |

## 2001 PONTIAC — (1GMor3G7)-(A03E)-1-#

**AZTEK—V6—Truck Equipment Schedule T1**
| | | | | | | |
|---|---|---|---|---|---|---|
| Sport Utility 4D | A03E | 21995 | 1200 | 1325 | 2075 | 3325 |
| GT Sport Utility 4D | A03E | 24995 | 1550 | 1700 | 2725 | 4300 |
| AWD | B | | 400 | 400 | 535 | 535 |

**MONTANA—V6—Truck Equipment Schedule T1**
| | | | | | | |
|---|---|---|---|---|---|---|
| Minivan 4D | U03E | 24810 | 1575 | 1725 | 2525 | 3900 |
| Ext Minivan 4D | X03E | 27150 | 2000 | 2200 | 3150 | 4775 |

## 2002 PONTIAC — (1GMor3G7)-(A03E)-2-#

**AZTEK—V6—Truck Equipment Schedule T1**
| | | | | | | |
|---|---|---|---|---|---|---|
| Sport Utility 4D | A03E | 20545 | 1525 | 1675 | 2550 | 3975 |
| AWD | B | | 425 | 425 | 565 | 565 |

**MONTANA—V6—Truck Equipment Schedule T1**
| | | | | | | |
|---|---|---|---|---|---|---|
| Minivan 4D | U03E | 24990 | 1900 | 2075 | 2925 | 4375 |
| Ext Minivan 4D | X03E | 27390 | 2275 | 2500 | 3450 | 5150 |

## 2003 PONTIAC — (1GMor3G7)-(A03E)-3-#

**AZTEK—V6—Truck Equipment Schedule T1**
| | | | | | | |
|---|---|---|---|---|---|---|
| Sport Utility 4D | A03E | 20870 | 1950 | 2150 | 3050 | 4625 |
| AWD | B | | 450 | 450 | 600 | 600 |

**MONTANA—V6—Truck Equipment Schedule T1**
| | | | | | | |
|---|---|---|---|---|---|---|
| Minivan 4D | U03E | 24845 | 2225 | 2450 | 3275 | 4825 |
| Ext Minivan 4D | X03E | 26645 | 2750 | 3050 | 4000 | 5800 |
| AWD | V | | 775 | 775 | 1035 | 1035 |

## 2004 PONTIAC — (1GMor3G7)-(A03E)-4-#

**AZTEK—V6—Truck Equipment Schedule T1**
| | | | | | | |
|---|---|---|---|---|---|---|
| Sport Utility 4D | A03E | 21595 | 2550 | 2800 | 3800 | 5600 |
| AWD | B | | 475 | 475 | 635 | 635 |

**MONTANA—V6—Truck Equipment Schedule T1**
| | | | | | | |
|---|---|---|---|---|---|---|
| Minivan 4D | U03E | 24845 | 2775 | 3075 | 3975 | 5750 |
| Ext Minivan 4D | X03E | 26220 | 3175 | 3500 | 4675 | 6725 |
| AWD | V | | 825 | 825 | 1100 | 1100 |

## 2005 PONTIAC — (1GMor3G7)-(A03E)-5-#

**AZTEK—V6—Truck Equipment Schedule T1**
| | | | | | | |
|---|---|---|---|---|---|---|
| Sport Utility 4D | A03E | 22060 | 2900 | 3225 | 4500 | 6375 |
| AWD | B | | 500 | 500 | 665 | 665 |

**MONTANA—V6—Truck Equipment Schedule T1**
| | | | | | | |
|---|---|---|---|---|---|---|
| Ext Minivan 4D | V23E | 26755 | 3500 | 3825 | 5250 | 7350 |

**MONTANA SV6 AWD—V6—Truck Equipment Schedule T1**
| | | | | | | |
|---|---|---|---|---|---|---|
| Minivan 4D | X23L | 28415 | 3225 | 3550 | 4775 | 6600 |
| 5-Passenger Seating | | | (350) | (350) | (465) | (465) |
| FWD | U | | (850) | (850) | (1135) | (1135) |

**DEDUCT FOR RECONDITIONING**

# 2006 PONTIAC

| Body Type | VIN | List | Trade-In Good | Very Good | Pvt-Party Good | Retail Excellent |
|---|---|---|---|---|---|---|

## 2006 PONTIAC — (1GMor3G7)–(L63F)–6–#

**TORRENT—V6**—Truck Equipment Schedule T1
Sport Utility 4D .................. L63F  22990   3875   4225   5750   8000
AWD ........................................... 7    ......    625    625    835    835
**MONTANA SV6 AWD—V6**—Truck Equipment Schedule T1
Minivan 4D .................. X23L  28760   3725   4075   5325   7250
4-Passenger Seating ................................. (375)  (375)  (500)  (500)
FWD ........................................... U    ......   (600)  (600)  (800)  (800)

## 2007 PONTIAC — (1GMor3G7)–(L63F)–7–#

**TORRENT—V6**—Truck Equipment Schedule T1
Sport Utility 4D .................. L63F  24395   4675   5050   6250   8275
AWD ........................................... 7    ......    650    650    865    865

## 2008 PONTIAC — (1GMor3G7)–(L33F)–8–#

**TORRENT—V6**—Truck Equipment Schedule T1
Sport Utility 4D .................. L33F  23470   5125   5525   6400   7925
GXP Sport Utility 4D .......... L537  27995   6200   6625   7575   9350
AWD ........................................ 4,7    ......    700    700    935    935

## 2009 PONTIAC — (1GMor3G7)–(L33F)–9–#

**TORRENT—V6**—Truck Equipment Schedule T1
Sport Utility 4D .................. L33F  24740   7425   7900   8575  10150
GXP Sport Utility 4D .......... L537  29340   8625   9125   9875  11650
AWD ........................................ 4,6    ......    725    725    965    965

# PORSCHE

## 2003 PORSCHE — WP1–(AB29P)–3–#

**CAYENNE AWD—V8**—Truck Equipment Schedule T3
S Sport Utility 4D ............ AB29P  56665   7400   7875   9025  11400
**CAYENNE AWD—V8 Turbo**—Truck Equipment Schedule T3
Sport Utility 4D ................ AC29P  89665  10350  10900  12300  15200

## 2004 PORSCHE — WP1–(AA29P)–4–#

**CAYENNE AWD—V6**—Truck Equipment Schedule T3
Sport Utility 4D ................ AA29P  43665   7175   7625   8775  11100
**CAYENNE AWD—V8**—Truck Equipment Schedule T3
S Sport Utility 4D ............ AB29P  56665   8425   8925  10250  12900
**CAYENNE AWD—V8 Twin Turbo**—Truck Equipment Schedule T3
Sport Utility 4D ................ AC29P  89665  11350  11950  13500  16650

## 2005 PORSCHE — WP1–(AA29P)–5–#

**CAYENNE AWD—V6**—Truck Equipment Schedule T3
Sport Utility 4D ................ AA29P  44995   8300   8800  10150  12550
**CAYENNE AWD—V8**—Truck Equipment Schedule T3
S Sport Utility 4D ............ AB29P  57195  10250  10800  12350  15250
**CAYENNE AWD—V8 Twin Turbo**—Truck Equipment Schedule T3
Sport Utility 4D ................ AC29P  90195  13550  14200  16050  19550

## 2006 PORSCHE — WP1–(AA29P)–6–#

**CAYENNE AWD—V6**—Truck Equipment Schedule T3
Sport Utility 4D ................ AA29P  46015  11000  11600  13050  15800
SportDesign ................................................. 1250   1250   1665   1665
Off-Road Tech ............................................. 1250   1250   1665   1665
Off-Road Design ......................................... 1250   1250   1665   1665
**CAYENNE AWD—V8**—Truck Equipment Schedule T3
S Sport Utility 4D ............ AB29P  58015  13400  14050  15650  18900
S Titanium Spt Util ........ AB29P  65715  19150  20000  22000  26400
SportDesign ................................................. 1250   1250   1665   1665
Off-Road Tech ............................................. 1250   1250   1665   1665
Off-Road Design ......................................... 1250   1250   1665   1665
**CAYENNE AWD—V8 Twin Turbo**—Truck Equipment Schedule T3
Sport Utility 4D ................ AC29P  91015  18150  18950  20500  24300
S Sport Utility 4D ........... AC29P 112415  28400  29500  31600  37400
SportDesign ................................................. 1250   1250   1665   1665
Off-Road Tech ............................................. 1250   1250   1665   1665
Off-Road Design ......................................... 1250   1250   1665   1665

**SEE BACK PAGES FOR TRUCK EQUIPMENT**

# 2007 PORSCHE

| Body Type | VIN | List | Trade-In Good | Very Good | Pvt-Party Good | Retail Excellent |
|---|---|---|---|---|---|---|

## 2007 PORSCHE — No Production

## 2008 PORSCHE — WP1(AA29P)-8-#

**CAYENNE AWD—V6**—Truck Equipment Schedule T3
| | | | | | | |
|---|---|---|---|---|---|---|
| Sport Utility 4D | AA29P | 47295 | 17900 | 18650 | 19800 | 23100 |
| SportDesign | | | 1375 | 1375 | 1835 | 1835 |
| Off-Road Tech | | | 1375 | 1375 | 1835 | 1835 |

**CAYENNE AWD—V8**—Truck Equipment Schedule T3
| | | | | | | |
|---|---|---|---|---|---|---|
| S Sport Utility 4D | AB29P | 58795 | 21200 | 22100 | 23300 | 27200 |
| GTS Sport Util 4D | AD29P | 73195 | 29600 | 30800 | 32300 | 37500 |
| SportDesign | | | 1375 | 1375 | 1835 | 1835 |
| Off-Road Tech | | | 1375 | 1375 | 1835 | 1835 |

**CAYENNE AWD—V8 Twin Turbo**—Truck Equipment Schedule T3
| | | | | | | |
|---|---|---|---|---|---|---|
| Sport Utility 4D | AC29P | 94595 | 29700 | 30900 | 31900 | 36600 |
| SportDesign | | | 1375 | 1375 | 1835 | 1835 |
| Off-Road Tech | | | 1375 | 1375 | 1835 | 1835 |

## 2009 PORSCHE — WP1(AA29P)-9-#

**CAYENNE AWD—V6**—Truck Equipment Schedule T3
| | | | | | | |
|---|---|---|---|---|---|---|
| Sport Utility 4D | AA29P | 48975 | 22200 | 23200 | 24000 | 27500 |
| SportDesign | | | 1450 | 1450 | 1935 | 1935 |
| Off-Road Tech | | | 1450 | 1450 | 1935 | 1935 |

**CAYENNE AWD—V8**—Truck Equipment Schedule T3
| | | | | | | |
|---|---|---|---|---|---|---|
| S Sport Utility 4D | AB29P | 60295 | 25800 | 26900 | 27800 | 31800 |
| GTS Sport Util 4D | AD29P | 75575 | 36200 | 37500 | 38500 | 44000 |
| SportDesign | | | 1450 | 1450 | 1935 | 1935 |
| Off-Road Tech | | | 1450 | 1450 | 1935 | 1935 |

## 2010 PORSCHE — WP1(AA2AP)-A-#

**CAYENNE AWD—V6**—Truck Equipment Schedule T3
| | | | | | | |
|---|---|---|---|---|---|---|
| Sport Utility 4D | AA2AP | 49475 | 25600 | 26700 | 27200 | 30800 |
| SportDesign | | | 1500 | 1500 | 2000 | 2000 |
| Off-Road Tech | | | 1500 | 1500 | 2000 | 2000 |

**CAYENNE AWD—V8**—Truck Equipment Schedule T3
| | | | | | | |
|---|---|---|---|---|---|---|
| S Sport Utility 4D | AB2AP | 61675 | 31800 | 33000 | 33600 | 38000 |
| GTS Sport Util 4D | AD2AP | 76375 | 43200 | 44800 | 45200 | 51100 |
| SportDesign | | | 1500 | 1500 | 2000 | 2000 |
| Off-Road Tech | | | 1500 | 1500 | 2000 | 2000 |

**CAYENNE AWD—V8 Twin Turbo**—Truck Equipment Schedule T3
| | | | | | | |
|---|---|---|---|---|---|---|
| Sport Utility 4D | AC2AP | 100875 | 55700 | 59100 | 58700 | 65200 |
| S Sport Utility 4D | AC2AP | 127275 | 67200 | 69600 | 68800 | 76500 |
| SportDesign | | | 1500 | 1500 | 2000 | 2000 |
| Off-Road Tech | | | 1500 | 1500 | 2000 | 2000 |

## 2011 PORSCHE — WP1(AA2A2)-B-#

**CAYENNE AWD—V6**—Truck Equipment Schedule T3
| | | | | | | |
|---|---|---|---|---|---|---|
| Sport Utility 4D | AA2A2 | 49475 | 35400 | 36700 | 36800 | 41200 |
| Full Leather | | | 625 | 625 | 835 | 835 |
| Premium Pkg | | | 1675 | 1675 | 2235 | 2235 |
| Premium Pkg Plus | | | 2600 | 2600 | 3465 | 3465 |

**CAYENNE AWD—V6 Hybrid Supercharged**—Truck Equipment Sch T3
| | | | | | | |
|---|---|---|---|---|---|---|
| S Sport Utility 4D | AE2A2 | 68675 | 47200 | 48900 | 48700 | 54400 |
| Full Leather | | | 625 | 625 | 835 | 835 |
| Premium Pkg | | | 1675 | 1675 | 2235 | 2235 |
| Premium Pkg Plus | | | 2600 | 2600 | 3465 | 3465 |

**CAYENNE AWD—V8**—Truck Equipment Schedule T3
| | | | | | | |
|---|---|---|---|---|---|---|
| S Sport Utility 4D | AB2A2 | 64675 | 44300 | 45900 | 45800 | 51200 |
| Full Leather | | | 625 | 625 | 835 | 835 |
| Premium Pkg | | | 1675 | 1675 | 2235 | 2235 |
| Premium Pkg Plus | | | 2600 | 2600 | 3465 | 3465 |

**CAYENNE AWD—V8 Twin Turbo**—Truck Equipment Schedule T3
| | | | | | | |
|---|---|---|---|---|---|---|
| Sport Utility 4D | AC2A2 | 105775 | 64000 | 66200 | 65400 | 72600 |
| Premium Pkg Plus | | | 2600 | 2600 | 3465 | 3465 |
| Sport Pkg | | | 1350 | 1350 | 1800 | 1800 |

## 2012 PORSCHE — WP1(AA2A2)-C-#

**CAYENNE AWD—V6**—Truck Equipment Schedule T3
| | | | | | | |
|---|---|---|---|---|---|---|
| Sport Utility 4D | AA2A2 | 49175 | 43300 | 44900 | 44100 | 48600 |
| Premium Pkg | | | 1725 | 1725 | 2300 | 2300 |
| Premium Plus Pkg | | | 2700 | 2700 | 3600 | 3600 |

**DEDUCT FOR RECONDITIONING**

# 2012 PORSCHE

| Body Type | VIN | List | Trade-In Good | Very Good | Pvt-Party Good | Retail Excellent |
|---|---|---|---|---|---|---|
| **CAYENNE AWD—V6 Hybrid Supercharged**—Truck Equipment Sch T3 | | | | | | |
| S Sport Utility 4D | AE2A2 | 69975 | 56200 | 58200 | 57200 | 63000 |
| Premium Pkg | | | 1725 | 1725 | 2300 | 2300 |
| Premium Plus Pkg | | | 2700 | 2700 | 3600 | 3600 |
| **CAYENNE AWD—V8**—Truck Equipment Schedule T3 | | | | | | |
| S Sport Utility 4D | AB2A2 | 65975 | 52400 | 54300 | 53500 | 58900 |
| Premium Pkg | | | 1725 | 1725 | 2300 | 2300 |
| Premium Plus Pkg | | | 2700 | 2700 | 3600 | 3600 |
| **CAYENNE AWD—V8 Twin Turbo**—Truck Equipment Schedule T3 | | | | | | |
| Sport Utility 4D | AC2A2 | 108075 | 74000 | 76500 | 74700 | 82100 |
| Premium Plus Pkg | | | 2700 | 2700 | 3600 | 3600 |
| Sport Pkg | | | 1400 | 1400 | 1865 | 1865 |

# RAM

## 2011 RAM — (1or3)D7-(E2BK)-B-#

| Body Type | VIN | List | Trade-In Good | Very Good | Pvt-Party Good | Retail Excellent |
|---|---|---|---|---|---|---|
| **DAKOTA EXTENDED CAB PICKUP—V6**—Truck Equipment Schedule T1 | | | | | | |
| ST 4D 6 1/2' | E2BK | 23850 | 11200 | 11750 | 12800 | 15200 |
| Big Horn/Lone Star | E3BK | 24725 | 12550 | 13200 | 14250 | 16900 |
| 4WD | W | | 2200 | 2200 | 2935 | 2935 |
| V8, Flex Fuel, 4.7 Liter | | | 800 | 800 | 1065 | 1065 |
| **DAKOTA CREW CAB PICKUP—V6**—Truck Equipment Schedule T1 | | | | | | |
| Big Horn/Lone Star | E3GK | 27420 | 15200 | 15900 | 17200 | 20300 |
| Laramie 4D 5 1/4' | E5GK | 31275 | 15600 | 16300 | 17600 | 20800 |
| 4WD | W | | 2200 | 2200 | 2935 | 2935 |
| V8, Flex Fuel, 4.7 Liter | | | 800 | 800 | 1065 | 1065 |
| **DAKOTA CREW CAB PICKUP 4WD—V8**—Truck Equipment Schedule T1 | | | | | | |
| TRX 4D 5 1/4' | W7BP | 32460 | 16550 | 17300 | 18650 | 22000 |
| **RAM REGULAR CAB PICKUP—V8**—Truck Equipment Schedule T1 | | | | | | |
| 1500 ST 2D 6 1/3' | B1EP | 21510 | 10550 | 11100 | 12100 | 14450 |
| 1500 ST 2D 8' | B1EP | 22185 | 10150 | 10700 | 11700 | 13950 |
| 1500 SLT 2D 6 1/3' | B1EP | 25755 | 11700 | 12300 | 13400 | 16000 |
| 1500 SLT 2D 8' | B1EP | 26055 | 11150 | 11700 | 12800 | 15250 |
| 4WD | | | 3200 | 3200 | 4265 | 4265 |
| V6, 3.7 Liter | K | | (750) | (750) | (1000) | (1000) |
| V8, HEMI, 5.7 Liter | T | | 1100 | 1100 | 1465 | 1465 |
| **RAM REGULAR CAB PICKUP—V8 HEMI**—Truck Equipment Schedule T1 | | | | | | |
| 1500 Sport 2D 6 1/3' | B1ET | 31440 | 13350 | 14000 | 15300 | 18150 |
| 2500 ST 2D 8' | P2ET | 28495 | 15750 | 16450 | 17200 | 19750 |
| 2500 SLT 2D 8' | P2ET | 31275 | 16500 | 17250 | 18000 | 20700 |
| 4WD | | | 3200 | 3200 | 4265 | 4265 |
| 6-Cyl, Turbo Dsl 6.7L | L | | 5700 | 5700 | 7600 | 7600 |
| **RAM REGULAR CAB PICKUP—6-Cyl. Turbo Diesel**—Truck Equip Sch T1 | | | | | | |
| 3500 SLT 2D 8' DR | M4EL | 36070 | 22900 | 23900 | 24700 | 28200 |
| 3500 SLT 2D 8' DR | M4EL | 39245 | 25200 | 26200 | 27000 | 30900 |
| 4WD | Y | | 3200 | 3200 | 4265 | 4265 |
| **RAM QUAD CAB PICKUP—V8**—Truck Equipment Schedule T1 | | | | | | |
| 1500 ST 4D 6 1/3' | B1GP | 25940 | 14550 | 15200 | 16550 | 19650 |
| 1500 SLT 4D 6 1/3' | B1GP | 29835 | 15100 | 15800 | 17150 | 20400 |
| 4WD | V | | 3200 | 3200 | 4265 | 4265 |
| V6, 3.7 Liter | K | | (750) | (750) | (1000) | (1000) |
| V8, HEMI, 5.7 Liter | T | | 1100 | 1100 | 1465 | 1465 |
| **RAM QUAD CAB PICKUP—V8**—Truck Equipment Schedule T1 | | | | | | |
| 1500 Sport 4D 6 1/3' | B1GT | 34800 | 17250 | 18000 | 19450 | 23100 |
| 1500 Laramie 6 1/3' | B1GT | 37580 | 18200 | 19000 | 20500 | 24300 |
| 4WD | | | 3200 | 3200 | 4265 | 4265 |
| **RAM CREW CAB PICKUP—V8**—Truck Equipment Schedule T1 | | | | | | |
| 1500 ST 4D 5 1/2' | B1CP | 29910 | 16400 | 17150 | 18550 | 22000 |
| 1500 SLT 4D 5 1/2' | B1CP | 32490 | 18200 | 19000 | 20500 | 24300 |
| 4WD | V | | 3200 | 3200 | 4265 | 4265 |
| V8, HEMI, 5.7 Liter | T | | 1100 | 1100 | 1465 | 1465 |
| **RAM CREW CAB PICKUP—V8 HEMI**—Truck Equipment Schedule T1 | | | | | | |
| 1500 Sport 4D 5 1/2' | B1CT | 36955 | 20400 | 21300 | 22900 | 27100 |
| 1500 Laramie 4D 5' | B1CT | 39340 | 21800 | 22700 | 24400 | 28800 |
| 1500 Laramie Lghrn | B1CT | 43160 | 22000 | 22900 | 24600 | 29000 |
| 2500 ST 4D 6 1/3' | P2CT | 31980 | 19850 | 20700 | 21500 | 24600 |
| 2500 ST 4D 8' | P2CT | 32180 | 19450 | 20300 | 21100 | 24200 |
| 2500 SLT 4D 6 1/3' | P2CT | 36135 | 21100 | 22000 | 22800 | 26100 |
| 2500 SLT 4D 8' | P2CT | 36335 | 20700 | 21500 | 22300 | 25600 |
| 2500 Laramie 6 1/3' | P2CT | 40770 | 22900 | 23900 | 24700 | 28200 |
| 2500 Laramie 8' | P2CT | 40970 | 22500 | 23500 | 24200 | 27800 |

SEE BACK PAGES FOR TRUCK EQUIPMENT

# 2011 RAM

| Body Type | VIN | List | Trade-In Good | Trade-In Very Good | Pvt-Party Good | Retail Excellent |
|---|---|---|---|---|---|---|
| 2500 Lrmie Lghrn 6' | P2CT | 45420 | 27700 | 28800 | 29700 | 33900 |
| 2500 Lrmie Lghrn 8' | P2CT | 45620 | 27900 | 29000 | 29900 | 34200 |
| 4WD | V | | 3200 | 3200 | 4265 | 4265 |
| 6-Cyl, Turbo Dsl 6.7L | L | | 5700 | 5700 | 7600 | 7600 |
| **RAM CREW CAB PICKUP 4WD—V8 HEMI**—Truck Equipment Sch T1 | | | | | | |
| 2500 Power Wagon 6' | T2CT | 45930 | 28200 | 29300 | 30200 | 34500 |
| **RAM CREW CAB PICKUP—6-Cyl. Turbo Diesel**—Truck Equipment Sch T1 | | | | | | |
| 3500 ST 4D 6 1/3' | M3CL | 39990 | 26600 | 27700 | 28500 | 32700 |
| 3500 ST 4D 8' DR | M3CL | 40190 | 26400 | 27500 | 28300 | 32400 |
| 3500 SLT 4D 6 1/3' | M3CL | 44765 | 27300 | 28400 | 29300 | 33500 |
| 3500 SLT 4D 8' DR | M3CL | 44965 | 27000 | 28100 | 28900 | 33100 |
| 3500 Laramie 6 1/3' | M3CL | 48730 | 29300 | 30500 | 31400 | 35900 |
| 3500 Laramie 8' DR | M3CL | 48930 | 28900 | 30100 | 31000 | 35500 |
| 3500 Lrmie Lghn 6' | M3CL | 53380 | 33700 | 35000 | 35900 | 41000 |
| 4WD | | | 33400 | 34700 | 35600 | 40700 |
| 4WD | Y | | 3200 | 3200 | 4265 | 4265 |
| **RAM MEGA CAB PICKUP—V8 HEMI**—Truck Equipment Schedule T1 | | | | | | |
| 2500 SLT 4D 6 1/3' | P2HT | 36835 | 24600 | 25600 | 26400 | 30200 |
| 2500 Laramie 6 1/3' | P2HT | 41470 | 25900 | 27000 | 27800 | 31800 |
| 2500 Laramie Lghrn | P2HT | 46120 | 28400 | 29600 | 30500 | 34900 |
| 4WD | | | 3200 | 3200 | 4265 | 4265 |
| 6-Cyl, Turbo Dsl 6.7L | L | | 5700 | 5700 | 7600 | 7600 |
| **RAM MEGA CAB PICKUP—6-Cyl. Turbo Diesel**—Truck Equipment Sch T1 | | | | | | |
| 3500 SLT 6 1/3' | M3HL | 45465 | 31200 | 32400 | 33300 | 38100 |
| 3500 Laramie 6 1/3' | M3HL | 49480 | 31800 | 33000 | 34000 | 38800 |
| 3500 Laramie Lghrn | M3HL | 55480 | 35400 | 36700 | 37600 | 43000 |
| 4WD | Y | | 3200 | 3200 | 4265 | 4265 |
| **RAM CAB-CHASSIS—V8 HEMI**—Truck Equipment Schedule T1 | | | | | | |
| 3500 Cab-Chassis | F3ET | 28550 | 15550 | 16250 | 17000 | 19550 |
| 3500 Cab-Chassis | F3ET | 28640 | 15450 | 16150 | 16900 | 19400 |
| 3500 Crew Cab-Ch | F3CT | 31760 | 16700 | 17450 | 18200 | 20900 |
| 4WD | Z | | 3200 | 3200 | 4265 | 4265 |
| 6-Cyl, Turbo Dsl 6.7L | L | | 5700 | 5700 | 7600 | 7600 |

## 2012 RAM — (1,2or3)C6-(DGAG)-C-#

| Body Type | VIN | List | Trade-In Good | Trade-In Very Good | Pvt-Party Good | Retail Excellent |
|---|---|---|---|---|---|---|
| **RAM C/V—V6**—Truck Equipment Schedule T2 | | | | | | |
| Van 4D | DGAG | 23975 | 12800 | 13400 | 15100 | 18350 |
| **RAM REGULAR CAB PICKUP—V8**—Truck Equipment Schedule T1 | | | | | | |
| 1500 ST 2D 6 1/3' | D6AP | 22470 | 12750 | 13350 | 14550 | 17200 |
| 1500 ST 2D 8' | D6BP | 22820 | 12350 | 12950 | 14000 | 16550 |
| 1500 Outdrsman 6' | D6BP | 29245 | 16100 | 16850 | 18100 | 21400 |
| 1500 Outdrsman 8' | D6EP | 29545 | 15850 | 16550 | 17850 | 21000 |
| 1500 SLT 2D 6 1/3' | D6BP | 26650 | 13800 | 14450 | 15650 | 18500 |
| 1500 SLT 2D 8' | D6EP | 26950 | 13200 | 13850 | 15000 | 17750 |
| Ram Box | | | 500 | 500 | 665 | 665 |
| 4WD | 7 | | 3300 | 3300 | 4400 | 4400 |
| V6, 3.7 Liter | K | | (800) | (800) | (1065) | (1065) |
| V8, HEMI, 5.7 Liter | T | | 1275 | 1275 | 1700 | 1700 |
| **RAM REGULAR CAB PICKUP—V8 Flex Fuel**—Truck Equipment Schedule T1 | | | | | | |
| 1500 Tradesman 6' | D6AT | 23335 | 14300 | 14950 | 16200 | 19100 |
| 1500 Tradesman 8' | D6DT | 23635 | 13950 | 14600 | 15800 | 18650 |
| 4WD | 7 | | 3300 | 3300 | 4400 | 4400 |
| Ram Box | | | 500 | 500 | 665 | 665 |
| V8, HEMI, 5.7 Liter | T | | 1275 | 1275 | 1700 | 1700 |
| **RAM REGULAR CAB PICKUP—V8**—Truck Equipment Schedule T1 | | | | | | |
| 2500 ST 2D 8' | D4AT | 29425 | 17800 | 18550 | 19150 | 21900 |
| 2500 Outdrsman 8' | D4BT | 34900 | 21600 | 22500 | 23100 | 26300 |
| 2500 SLT 2D 8' | D4BT | 32205 | 19450 | 20300 | 20900 | 23800 |
| 4WD | 5 | | 3300 | 3300 | 4400 | 4400 |
| 6-Cyl, Turbo Dsl. 6.7L | | | 5900 | 5900 | 7865 | 7865 |
| **RAM REGULAR CAB PICKUP—V8 HEMI**—Truck Equipment Schedule T1 | | | | | | |
| 1500 Express 6 1/3' | D6AT | 24075 | 14550 | 15200 | 16450 | 19400 |
| 1500 Tradesman HD | D4RT | 29900 | 17150 | 17900 | 19250 | 22700 |
| 1500 Sport 2D 6 1/3' | D6CT | 32335 | 16450 | 17200 | 18500 | 21800 |
| RamBox | | | 500 | 500 | 665 | 665 |
| 4WD | | | 3300 | 3300 | 4400 | 4400 |
| **RAM REGULAR CAB PICKUP—6-Cyl. Turbo Diesel**—Truck Equip Sch T1 | | | | | | |
| 3500 SLT 2D 8' | DPAL | 37795 | 24200 | 25100 | 25800 | 29300 |
| 3500 SLT 2D 8' DR | DPBL | 40570 | 26700 | 27800 | 28400 | 32300 |
| 4WD | R | | 3300 | 3300 | 4400 | 4400 |
| **RAM QUAD CAB PICKUP—V8**—Truck Equipment Schedule T1 | | | | | | |
| 1500 ST 4D 6 1/3' | D6FP | 26645 | 16050 | 16800 | 18050 | 21300 |
| 1500 Tradesman 6' | D6FP | 27630 | 16400 | 17150 | 18450 | 21700 |

**DEDUCT FOR RECONDITIONING**

# 2012 RAM

| Body Type | VIN | List | Trade-In Good | Trade-In Very Good | Pvt-Party Good | Retail Excellent |
|---|---|---|---|---|---|---|
| 1500 SLT 4D 6 1/3' | D6GP | 30865 | 16750 | 17500 | 18800 | 22200 |
| 1500 Outdoorsman | D6GP | 33660 | 16600 | 17350 | 18650 | 22000 |
| RamBox | | | 500 | 500 | 665 | 665 |
| 4WD | 7 | | 3300 | 3300 | 4400 | 4400 |
| V6, 3.7 Liter | K | | (800) | (800) | (1065) | (1065) |
| V8, HEMI, 5.7 Liter | | | 1275 | 1275 | 1700 | 1700 |
| **RAM QUAD CAB PICKUP—V8 HEMI—Truck Equipment Schedule T1** | | | | | | |
| 1500 Express 6 1/3' | D6FT | 29045 | 16550 | 17300 | 18600 | 21900 |
| 1500 Big Horn 6 1/3' | D6GT | 33015 | 19650 | 20500 | 21900 | 25800 |
| 1500 Lone Star 6 1/3' | D6GT | 33015 | 19650 | 20500 | 21900 | 25800 |
| 1500 Sport 4D 6 1/3' | D6HT | 35830 | 20600 | 21400 | 22900 | 26900 |
| 1500 Laramie 6 1/3' | D6JT | 39410 | 20700 | 21600 | 23100 | 27100 |
| RamBox | | | 500 | 500 | 665 | 665 |
| 4WD | 7 | | 3300 | 3300 | 4400 | 4400 |
| **RAM CREW CAB PICKUP—V8—Truck Equipment Schedule T1** | | | | | | |
| 1500 Tradesman 5' | D6LP | 30110 | 17200 | 17950 | 19300 | 22700 |
| 1500 ST 4D 5 1/2' | D6KP | 30640 | 17700 | 18450 | 19800 | 23300 |
| 1500 SLT 4D 5 1/2' | D6LP | 33220 | 19750 | 20600 | 22000 | 25900 |
| 1500 Outdoorsman | D6LP | 35215 | 20200 | 21000 | 22500 | 26400 |
| RamBox | | | 500 | 500 | 665 | 665 |
| 4WD | 7 | | 3300 | 3300 | 4400 | 4400 |
| V8, HEMI, 5.7 Liter | T | | 1275 | 1275 | 1700 | 1700 |
| **RAM CREW CAB PICKUP—V8 HEMI—Truck Equipment Schedule T1** | | | | | | |
| 1500 Express 5 1/2' | D6LT | 31205 | 18000 | 18800 | 20100 | 23700 |
| 1500 Big Horn 5 1/2' | D6LT | 34570 | 20800 | 21700 | 23200 | 27200 |
| 1500 Lone Star 5 1/2' | D6LT | 34570 | 20400 | 21200 | 22700 | 26700 |
| 1500 Sport 4D 5 1/2' | D6MT | 37685 | 22600 | 23600 | 25100 | 29500 |
| 1500 Laramie 5 1/2' | D6NT | 40870 | 26100 | 27200 | 28900 | 33900 |
| 1500 Laramie Lghrn | D6PT | 44120 | 25900 | 27000 | 28700 | 33600 |
| 1500 Laramie Ltd | D6NT | 45700 | 26400 | 27500 | 29200 | 34300 |
| 2500 ST 4D 6 1/3' | D4CT | 33140 | 21300 | 22200 | 22800 | 26000 |
| 2500 ST 4D 8' | D4HT | 33340 | 21000 | 21800 | 22400 | 25500 |
| 2500 SLT 4D 6 1/3' | D4DT | 37295 | 22600 | 23500 | 24100 | 27500 |
| 2500 SLT 4D 8' | D4JT | 37495 | 22500 | 23500 | 24100 | 27300 |
| 2500 Big Horn 6 1/3' | D4DT | 39090 | 23400 | 24400 | 25000 | 28400 |
| 2500 Big Horn 8' | D4JT | 39290 | 23600 | 24500 | 25200 | 28600 |
| 2500 Lone Star 6 1/3' | D4DT | 39090 | 23400 | 24400 | 25000 | 28400 |
| 2500 Lone Star 8' | D4JT | 39290 | 23600 | 24500 | 25200 | 28600 |
| 2500 Outdoorsmn 6' | D4DT | 39990 | 25200 | 26200 | 26800 | 30400 |
| 2500 Outdoorsmn 8' | D4JT | 40190 | 25400 | 26400 | 27000 | 30700 |
| 2500 Laramie 6 1/3' | D4FT | 42730 | 28700 | 29900 | 30500 | 34700 |
| 2500 Laramie 8' | D4KT | 42930 | 27900 | 29000 | 29500 | 33600 |
| 2500 Lrmie Lghrn 6' | D4GT | 46925 | 30800 | 32000 | 32700 | 37100 |
| 2500 Lrmie Lghrn 8' | D4LT | 47125 | 31000 | 32200 | 32900 | 37300 |
| 2500 LtdLrmLghn 6 | D4GT | 47980 | 31800 | 33000 | 33700 | 38200 |
| 2500 LtdLrmLghn 8 | D4LT | 48180 | 31900 | 33100 | 33800 | 38300 |
| RamBox | | | 500 | 500 | 665 | 665 |
| 4WD | 7 | | 3300 | 3300 | 4400 | 4400 |
| 6-Cyl, Turbo Dsl 6.7L | L | | 5900 | 5900 | 7865 | 7865 |
| **RAM CREW CAB PICKUP 4WD—V8 HEMI—Truck Equipment Sch T1** | | | | | | |
| 2500 Power Wagon 6' | D5ET | 46790 | 33700 | 35000 | 35600 | 40400 |
| **RAM 3500 CREW CAB PICKUP—6-Cyl. Turbo Diesel—Truck Equipment Sch T1** | | | | | | |
| ST 4D 6 1/3' | D2CL | 42285 | 29000 | 30200 | 30800 | 35000 |
| ST 4D 8' DR | D2PGL | 42890 | 28800 | 30000 | 30600 | 34800 |
| SLT 4D 6 1/3' | D2DL | 47040 | 30900 | 32100 | 32800 | 37200 |
| SLT 4D 8' DR | DPHL | 47665 | 30600 | 31800 | 32500 | 36900 |
| Big Horn 4D 6 1/3' | D2DL | 48135 | 31900 | 33100 | 33800 | 38300 |
| Big Horn 4D 8' | DPHL | 48760 | 32600 | 33900 | 34500 | 39100 |
| Lone Star 4D 6 1/3' | D2DL | 48135 | 31900 | 33100 | 33800 | 38300 |
| Lone Star 4D 8' | DPHL | 48760 | 32600 | 33900 | 34500 | 39100 |
| Outdoorsman 4D 6' | D2DL | 49335 | 33100 | 34400 | 35000 | 39700 |
| Outdoorsman 4D 8' | D2HL | 48665 | 32500 | 33800 | 34400 | 39000 |
| Laramie 4D 6' | D2EL | 51855 | 34000 | 35300 | 35900 | 40700 |
| Laramie 4D 8' DR | DPJL | 52480 | 33600 | 34900 | 35500 | 40300 |
| Laramie Longhorn 6' | D2FL | 54630 | 36300 | 37600 | 38200 | 43400 |
| Lrmie Longhrn 8' | DPKL | 55255 | 36000 | 37300 | 37900 | 43000 |
| Lrmie Lnghrn Ltd 6' | D2FL | 56535 | 39400 | 40700 | 41500 | 47000 |
| Lrmie Lnghrn Ltd 8' | DPKL | 57460 | 39600 | 41100 | 41700 | 47300 |
| RamBox | | | 500 | 500 | 665 | 665 |
| 4WD | 3 | | 3300 | 3300 | 4400 | 4400 |
| **RAM 2500 MEGA CAB PICKUP—V8 HEMI—Truck Equipment Schedule T1** | | | | | | |
| SLT 4D 6 1/3' | D4MT | 38065 | 26100 | 27200 | 27800 | 31600 |
| Big Horn 4D 6 1/3' | D4MT | 39860 | 24700 | 25700 | 26300 | 29900 |

SEE BACK PAGES FOR TRUCK EQUIPMENT

# 2012 RAM

| Body Type | VIN | List | Trade-In Good | Very Good | Pvt-Party Good | Retail Excellent |
|---|---|---|---|---|---|---|
| Lone Star 4D 6 1/3' | D4MT | 39860 | 24700 | 25700 | 26300 | 29900 |
| Outdoorsman 6 1/3' | D4MT | 40760 | 27000 | 28100 | 28700 | 32600 |
| Laramie 4D 6 1/3' | D4NT | 43500 | 30600 | 31800 | 32500 | 36900 |
| Lrmie Lnghrn Ltd 6' | D4PT | 48780 | 32800 | 34100 | 34700 | 39400 |
| RamBox | | | 500 | 500 | 665 | 665 |
| 4WD | 5 | | 3300 | 3300 | 4400 | 4400 |
| 6-Cyl, Turbo Dsl 6.7L | L | | 5900 | 5900 | 7865 | 7865 |

**RAM 3500 MEGA CAB PICKUP—6-Cyl. Turbo Diesel**—Truck Equip Sch T1

| Body Type | VIN | List | Good | Very Good | Good | Excellent |
|---|---|---|---|---|---|---|
| SLT 4D 6 1/3' DR | D2LL | 48465 | 33700 | 35000 | 35600 | 40400 |
| Outdoorsman 6 1/3' | D2LL | 49465 | 33700 | 35000 | 35600 | 40400 |
| Big Horn 6 1/3' | D2LL | 49560 | 33800 | 35100 | 35700 | 40500 |
| Lone Star 4D 6 1/3' | D2LL | 49560 | 33800 | 35100 | 35700 | 40500 |
| Laramie 4D 6 1/3' | D2ML | 53280 | 34300 | 35600 | 36200 | 41100 |
| Lrmie Longhorn 6' | D2NL | 56055 | 37400 | 38800 | 39400 | 44600 |
| Lrmie Lnghrn Ltd 6' | D2NL | 57960 | 40100 | 41600 | 42200 | 47800 |
| Lrmie Lnghrn Ltd 8' | DPKL | 57460 | 39600 | 41100 | 41700 | 47300 |
| RamBox | | | 500 | 500 | 665 | 665 |
| 4WD | | | 3300 | 3300 | 4400 | 4400 |

## 2013 RAM — (1,2or3)C6-(R6RG)-D-#

**RAM REGULAR CAB PICKUP—V6 Flex Fuel**—Truck Equipment Sch T1

| Body Type | VIN | List | Good | Very Good | Good | Excellent |
|---|---|---|---|---|---|---|
| 1500 HFE 2D 6 1/3' | R6RG | 29195 | 16800 | 17550 | 18800 | 22100 |

**RAM REGULAR CAB PICKUP—V8**—Truck Equipment Schedule T1

| | | | | | | |
|---|---|---|---|---|---|---|
| 1500 Tradesman 6' | R6AP | 22585 | 15650 | 16350 | 17550 | 20400 |
| 1500 Tradesman 8' | R6DP | 23970 | 15250 | 15950 | 17050 | 20000 |
| 1500 SLT 2D 6 1/3' | R6BP | 28445 | 16400 | 17150 | 18400 | 21600 |
| 1500 SLT 2D 8' | R6EP | 28745 | 15900 | 16650 | 17850 | 21000 |
| 4WD | | | 3600 | 3600 | 4800 | 4800 |
| V6, Flex Fuel, 3.6 Liter | G | | (850) | (850) | (1135) | (1135) |
| V8, HEMI, 5.7 Liter | T | | 1300 | 1300 | 1735 | 1735 |

**RAM REGULAR CAB PICKUP—V8 HEMI**—Truck Equipment Schedule T1

| | | | | | | |
|---|---|---|---|---|---|---|
| 1500 Express 6 1/3' | R6AT | 25820 | 16050 | 16750 | 17850 | 21000 |
| 4WD | | | 3600 | 3600 | 4800 | 4800 |

**RAM REGULAR CAB PICKUP—V8 HEMI**—Truck Equipment Schedule T1

| | | | | | | |
|---|---|---|---|---|---|---|
| 1500 R/T 2D 6 1/3' | R6CT | 33930 | 21100 | 22000 | 23400 | 27500 |

**RAM REGULAR CAB PICKUP—6-Cyl. Turbo Diesel**—Truck Equip Sch T1

| | | | | | | |
|---|---|---|---|---|---|---|
| 3500 ST Tradesman 8 | R2AL | 39195 | | | | |
| 3500 SLT 2D 8' | R2BL | 42905 | | | | |
| 4WD | 3,R | | | | | |
| V8, HEMI, 5.7 Liter | T | | | | | |

**RAM QUAD CAB PICKUP—V8 Flex Fuel**—Truck Equipment Schedule T1

| | | | | | | |
|---|---|---|---|---|---|---|
| 1500 Tradesman 6' | R6FP | 28180 | 16750 | 17500 | 18750 | 22000 |
| 1500 SLT 4D 6 1/3' | R6GP | 31900 | 18700 | 19500 | 20800 | 24400 |
| Ram Box | | | 525 | 525 | 700 | 700 |
| 4WD | 7 | | 3600 | 3600 | 4800 | 4800 |
| V6, Flex Fuel, 3.6 Liter | G | | (850) | (850) | (1135) | (1135) |
| V8, HEMI, 5.7 Liter | T | | 1300 | 1300 | 1735 | 1735 |

**RAM QUAD CAB PICKUP—V6 Flex Fuel**—Truck Equipment Sch T1

| | | | | | | |
|---|---|---|---|---|---|---|
| 1500 Outdoorsman | R6GG | 34555 | 18750 | 19600 | 20900 | 24500 |
| 4WD | 7 | | 3600 | 3600 | 4800 | 4800 |
| V8, HEMI, 5.7 Liter | T | | 1300 | 1300 | 1735 | 1735 |

**RAM QUAD CAB PICKUP—V8 HEMI**—Truck Equipment Schedule T1

| | | | | | | |
|---|---|---|---|---|---|---|
| 1500 Express 6 1/3' | R6FT | 30740 | 17900 | 18650 | 19950 | 23400 |
| 1500 Big Horn 6 1/3' | R6GT | 34205 | 20900 | 21800 | 23200 | 27200 |
| 1500 Lone Star 6 1/3' | R6GT | 34205 | 21400 | 22300 | 23700 | 27800 |
| 1500 Sport 6 1/3' | R6HT | 37425 | 21800 | 22800 | 24200 | 28300 |
| 1500 Laramie 6 1/3' | R6JT | 39610 | 22100 | 23100 | 24500 | 28700 |
| RamBox | | | 525 | 525 | 700 | 700 |
| 4WD | 7 | | 3600 | 3600 | 4800 | 4800 |

**RAM CREW CAB PICKUP—V6 Flex Fuel**—Truck Equipment Schedule T1

| | | | | | | |
|---|---|---|---|---|---|---|
| 1500 Outdrsman 5' | R6LG | 36710 | 22100 | 23100 | 24500 | 28700 |
| RamBox | | | 525 | 525 | 700 | 700 |
| 4WD | 7 | | 3600 | 3600 | 4800 | 4800 |
| V8, HEMI, 5.7 Liter | T | | 1300 | 1300 | 1735 | 1735 |

**RAM CREW CAB PICKUP—V8 Flex Fuel**—Truck Equipment Schedule T1

| | | | | | | |
|---|---|---|---|---|---|---|
| 1500 Tradesman 5' | R6KP | 30760 | 18200 | 19000 | 20400 | 23900 |
| 1500 Tradesman 6' | R6SP | 31370 | 17900 | 18650 | 19950 | 23400 |
| 1500 SLT 4D 5 1/2' | R6LP | 34515 | 21500 | 22400 | 23800 | 28000 |
| RamBox | | | 525 | 525 | 700 | 700 |
| 4WD | 7 | | 3600 | 3600 | 4800 | 4800 |
| V6, Flex Fuel, 3.6 Liter | G | | (850) | (850) | (1135) | (1135) |
| V8, HEMI, 5.7 Liter | T | | 1300 | 1300 | 1735 | 1735 |

**DEDUCT FOR RECONDITIONING**

## 2013 RAM

| Body Type | VIN | List | Trade-In Good | Very Good | Pvt-Party Good | Retail Excellent |
|---|---|---|---|---|---|---|
| **RAM CREW CAB PICKUP—V8 HEMI**—Truck Equipment Schedule T1 | | | | | | |
| 1500 Express 5 1/2' | R6KT | 32870 | 21500 | 22400 | 23800 | 28000 |
| 1500 Big Horn 5 1/2' | R6LT | 36360 | 23000 | 24000 | 25400 | 29800 |
| 1500 Big Horn 6 1/3' | R6LT | 37220 | 22000 | 23000 | 24400 | 28600 |
| 1500 Lone Star 5 1/2' | R6LT | 36360 | 21700 | 22600 | 24100 | 28200 |
| 1500 Lone Star 6 1/3' | R6TT | 37220 | 21700 | 22600 | 24100 | 28200 |
| 1500 Outdrsmn 6' | R6TT | 37570 | 21700 | 22600 | 24100 | 28200 |
| 1500 Sport 4D 5 1/2' | R6MT | 39280 | 25600 | 26600 | 28100 | 33000 |
| 1500 Sport 4D 6 1/3' | R6UT | 39890 | 25400 | 26400 | 28000 | 32700 |
| 1500 SLT 4D 5 1/2' | R7TT | 40045 | 25900 | 27000 | 28600 | 33400 |
| 1500 SLT 4D 6 1/3' | R7TT | 40045 | 25900 | 27000 | 28600 | 33400 |
| 1500 Laramie 5 1/2' | R6NT | 41465 | 29600 | 30800 | 32600 | 38100 |
| 1500 Laramie 6 1/3' | R6VT | 42075 | 27200 | 28300 | 29900 | 35000 |
| 1500 Lrmie Lghrn 5' | R6WT | 45270 | 28700 | 29900 | 31600 | 37000 |
| 1500 Lrmie Lghrn 6 | R6WT | 45880 | | | | |
| 1500 Laramie Ltd 5' | R6NT | 48675 | | | | |
| 1500 Laramie Ltd 6' | R6VT | 48975 | | | | |
| RamBox | | | 525 | 525 | 700 | 700 |
| 4WD | 7 | | 3600 | 3600 | 4800 | 4800 |
| **RAM CREW CAB PICKUP—V8 HEMI**—Truck Equipment Schedule T1 | | | | | | |
| 2500 Tradesman 6' | R4CT | 33640 | 21700 | 22600 | 23700 | 27500 |
| 2500 Tradesman 8' | R4HT | 33840 | 21900 | 22800 | 23900 | 27700 |
| 2500 SLT 4D 6 1/3' | R4DT | 37715 | 25200 | 26200 | 27400 | 31800 |
| 2500 SLT 4D 8' | R4JT | 37915 | 25400 | 26400 | 27600 | 32000 |
| 2500 Big Horn 6 1/3' | R4DT | 39550 | 26800 | 27800 | 29100 | 33700 |
| 2500 Lone Star 6 1/3' | R4DT | 39550 | | | | |
| 2500 Big Horn 8' | R4JT | 39750 | 27000 | 28100 | 29300 | 33900 |
| 2500 Lone Star 8' | R4JT | 39750 | | | | |
| 2500 Laramie 6 1/3' | R4FT | 43490 | 30200 | 31400 | 32800 | 37900 |
| 2500 Laramie 8' | R4KT | 43690 | 30400 | 31600 | 33000 | 38100 |
| 2500 Lrmie Lghrn 6' | R4GT | 48785 | | | | |
| 2500 Lrmie Lghrn 8' | R4LT | 48985 | | | | |
| 2500 LrmLghnLtd 6 | R4GT | 53675 | | | | |
| 2500 LrmLghnLtd 8 | R4LT | 53875 | | | | |
| RamBox | | | 525 | 525 | 700 | 700 |
| 4WD | 5 | | 3600 | 3600 | 4800 | 4800 |
| 6-Cyl Turbo Diesel 6.7L | L | | 6100 | 6100 | 8135 | 8135 |

## SAAB

### 2005 SAAB — 5S3E(T13S)-5-#

| Body Type | VIN | List | Good | Very Good | Good | Excellent |
|---|---|---|---|---|---|---|
| **9-7X AWD—6-Cyl.**—Truck Equipment Schedule T3 | | | | | | |
| Linear Sport Util 4D | T13S | 38990 | 2900 | 3225 | 4275 | 5850 |
| **9-7X AWD—V8**—Truck Equipment Schedule T3 | | | | | | |
| Arc Sport Utility 4D | T13M | 40990 | 4050 | 4400 | 5700 | 7700 |

### 2006 SAAB — 5S3-(T13S)-6-#

| **9-7X AWD—6-Cyl.**—Truck Equipment Schedule T3 | | | | | | |
|---|---|---|---|---|---|---|
| 4.2i Sport Utility 4D | T13S | 39240 | 3950 | 4300 | 5300 | 7000 |
| **9-7X AWD—V8**—Truck Equipment Schedule T3 | | | | | | |
| 5.3i Sport Utility 4D | T13M | 41240 | 4900 | 5300 | 6625 | 8675 |

### 2007 SAAB — 5S3-(T13S)-7-#

| **9-7X AWD—6-Cyl.**—Truck Equipment Schedule T3 | | | | | | |
|---|---|---|---|---|---|---|
| 4.2i Sport Utility 4D | T13S | 39735 | 5075 | 5450 | 6425 | 8225 |
| **9-7X AWD—V8**—Truck Equipment Schedule T3 | | | | | | |
| 5.3i Sport Utility 4D | T13M | 41735 | 6400 | 6825 | 8150 | 10350 |

### 2008 SAAB — 5S3-(T13S)-8-#

| **9-7X AWD—6-Cyl.**—Truck Equipment Schedule T3 | | | | | | |
|---|---|---|---|---|---|---|
| 4.2i Sport Utility 4D | T13S | 39935 | 6225 | 6650 | 7675 | 9525 |
| **9-7X AWD—V8**—Truck Equipment Schedule T3 | | | | | | |
| 5.3i Sport Util 4D | T13M | 42035 | 9525 | 10050 | 11450 | 14150 |
| Aero Sport Util 4D | T23H | 45750 | 10750 | 11300 | 12800 | 15750 |

### 2009 SAAB — 5S3-(T13S)-9-#

| **9-7X AWD—6-Cyl.**—Truck Equipment Schedule T3 | | | | | | |
|---|---|---|---|---|---|---|
| 4.2i Sport Utility 4D | T13S | 41710 | 8125 | 8625 | 9550 | 11500 |
| **9-7X AWD—V8**—Truck Equipment Schedule T3 | | | | | | |
| 5.3i Sport Util 4D | T13M | 44440 | 11500 | 12050 | 13300 | 15900 |
| Aero Sport Util 4D | T13H | 48200 | 12600 | 13200 | 14450 | 17300 |

SEE BACK PAGES FOR TRUCK EQUIPMENT

# 2011 SAAB

| Body Type | VIN | List | Trade-In Good | Trade-In Very Good | Pvt-Party Good | Retail Excellent |
|---|---|---|---|---|---|---|
| **2011 SAAB — 3G0-(NREY)-B-#** | | | | | | |
| **9-4X AWD—V6—Truck Equipment Schedule T3** | | | | | | |
| Sport Utility | NREY | 36700 | 16950 | 17700 | 18750 | 21800 |
| Prem Sport Utility | NTEY | 41070 | 20500 | 21300 | 22400 | 26100 |
| **9-4X AWD—V6 Turbo—Truck Equipment Schedule T3** | | | | | | |
| Aero Sport Utility | NUE6 | 48835 | 21900 | 22900 | 24000 | 27800 |

# SATURN

| Body Type | VIN | List | Good | Very Good | Good | Excellent |
|---|---|---|---|---|---|---|
| **2002 SATURN — 5GZ-(Z23D)-2-#** | | | | | | |
| **VUE—4-Cyl.—Truck Equipment Schedule T1** | | | | | | |
| Sport Utility 4D | Z23D | 17775 | 650 | 725 | 1525 | 2600 |
| AWD | 4,6 | | 425 | 425 | 565 | 565 |
| V6, 3.0 Liter | B | | 275 | 275 | 365 | 365 |
| **2003 SATURN — 5GZ-(Z23D)-3-#** | | | | | | |
| **VUE—4-Cyl.—Truck Equipment Schedule T1** | | | | | | |
| Sport Utility 4D | Z33D | 18295 | 1050 | 1150 | 2025 | 3350 |
| AWD | 4,6 | | 450 | 450 | 600 | 600 |
| V6, 3.0 Liter | B | | 300 | 300 | 400 | 400 |
| **2004 SATURN — 5GZ-(Z23D)-4-#** | | | | | | |
| **VUE—4-Cyl.—Truck Equipment Schedule T1** | | | | | | |
| Sport Utility 4D | Z33D | 19135 | 1225 | 1350 | 2250 | 3575 |
| AWD | 4,6 | | 475 | 475 | 635 | 635 |
| V6, 3.5 Liter | B | | 325 | 325 | 435 | 435 |
| **2005 SATURN — 5GZ-(Z23D)-5-#** | | | | | | |
| **VUE—4-Cyl.—Truck Equipment Schedule T1** | | | | | | |
| Sport Utility 4D | Z23D | 21190 | 2400 | 2650 | 3725 | 5350 |
| AWD | 4,6 | | 500 | 500 | 665 | 665 |
| V6, 3.5 Liter | 4 | | 350 | 350 | 465 | 465 |
| **RELAY—V6—Truck Equipment Schedule T1** | | | | | | |
| 2 Minivan | V03L | 24485 | 2600 | 2900 | 3900 | 5500 |
| 3 Minivan | V23L | 27580 | 3400 | 3725 | 5100 | 7100 |
| AWD | X | | 575 | 575 | 765 | 765 |
| **2006 SATURN — 5GZ-(Z23D)-6-#** | | | | | | |
| **VUE—4-Cyl.—Truck Equipment Schedule T1** | | | | | | |
| Sport Utility 4D | Z23D | 19345 | 2825 | 3150 | 4375 | 6175 |
| AWD | 4,6 | | 525 | 525 | 700 | 700 |
| V6, 3.5 Liter | 4 | | 375 | 375 | 500 | 500 |
| **RELAY—V6—Truck Equipment Schedule T1** | | | | | | |
| 2 Minivan | V03L | 23590 | 3450 | 3775 | 4975 | 6800 |
| 3 Minivan | V23L | 27490 | 4225 | 4575 | 5950 | 8075 |
| AWD | X | | 625 | 625 | 835 | 835 |
| **2007 SATURN — 5GZ-(Z33Z)-7-#** | | | | | | |
| **VUE—4-Cyl. Hybrid—Truck Equipment Schedule T1** | | | | | | |
| Sport Utility 4D | Z33Z | 22995 | 5025 | 5425 | 6825 | 8925 |
| **VUE—4-Cyl.—Truck Equipment Schedule T1** | | | | | | |
| Sport Utility 4D | Z23D | 19770 | 3825 | 4175 | 5175 | 6850 |
| AWD | 4,6 | | 550 | 550 | 735 | 735 |
| V6, 3.5 Liter | L | | 400 | 400 | 535 | 535 |
| **RELAY—V6—Truck Equipment Schedule T1** | | | | | | |
| Minivan | V531 | 22210 | 4425 | 4800 | 6025 | 8050 |
| 2 Minivan | V031 | 24540 | 5000 | 5400 | 6950 | 9225 |
| 3 Minivan | V231 | 28625 | 6625 | 7075 | 8925 | 11800 |
| **OUTLOOK—V6—Truck Equipment Schedule T1** | | | | | | |
| XE Sport Utility 4D | R137 | 27990 | 7150 | 7625 | 8800 | 10900 |
| XR Sport Utility 4D | R237 | 30290 | 9000 | 9525 | 10900 | 13450 |
| AWD | V | | 725 | 725 | 965 | 965 |
| **2008 SATURN — 5GZor3GS(L03Z)-8-#** | | | | | | |
| **VUE—4-Cyl. Hybrid—Truck Equipment Schedule T1** | | | | | | |
| Green Line Spt Util | L03Z | 24795 | 6175 | 6600 | 7550 | 9300 |
| **VUE—4-Cyl.—Truck Equipment Schedule T1** | | | | | | |
| XE Sport Utility 4D | L33P | 21395 | 5800 | 6225 | 7125 | 8800 |

**DEDUCT FOR RECONDITIONING**

## 2008 SATURN

| Body Type | VIN | List | Trade-In Good | Very Good | Pvt-Party Good | Retail Excellent |
|---|---|---|---|---|---|---|
| AWD | 4,7 | | 650 | 650 | 865 | 865 |
| V6, 3.5 Liter | N | | 475 | 475 | 635 | 635 |
| **VUE—V6**—Truck Equipment Schedule T1 | | | | | | |
| XR Sport Utility 4D | L93Z | 24895 | 6300 | 6725 | 7675 | 9475 |
| Red Line Spt Util | L937 | 27395 | 8350 | 8850 | 10000 | 12300 |
| AWD | 4,7 | | 650 | 650 | 865 | 865 |
| **OUTLOOK—V6**—Truck Equipment Schedule T1 | | | | | | |
| XE Sport Utility 4D | R137 | 28340 | 8225 | 8725 | 9900 | 12150 |
| XR Sport Utility 4D | R237 | 30640 | 10550 | 11100 | 12500 | 15300 |
| AWD | V | | 750 | 750 | 1000 | 1000 |

## 2009 SATURN — 5GZor3GS(L93Z)-9-#

| | | | | | | |
|---|---|---|---|---|---|---|
| **VUE—4-Cyl. Hybrid**—Truck Equipment Schedule T1 | | | | | | |
| Sport Utility 4D | L93Z | 27650 | 8850 | 9350 | 10100 | 11950 |
| **VUE—4-Cyl.**—Truck Equipment Schedule T1 | | | | | | |
| XE Sport Utility 4D | L33P | 22770 | 8275 | 8775 | 9475 | 11150 |
| AWD | 4,6,0 | | 725 | 725 | 965 | 965 |
| V6, 3.5 Liter | N | | 550 | 550 | 735 | 735 |
| **VUE—V6**—Truck Equipment Schedule T1 | | | | | | |
| XR Sport Utility 4D | L537 | 26095 | 9475 | 10000 | 10800 | 12700 |
| AWD | 6 | | 725 | 725 | 965 | 965 |
| 4-Cyl, 2.4 Liter | P | | (600) | (600) | (800) | (800) |
| **VUE—V6**—Truck Equipment Schedule T1 | | | | | | |
| Red Line Sport Util | L137 | 28595 | 10550 | 11100 | 12000 | 14100 |
| AWD | 4,6,0 | | 725 | 725 | 965 | 965 |
| **OUTLOOK—V6**—Truck Equipment Schedule T1 | | | | | | |
| XE Sport Utility 4D | R137 | 31055 | 10700 | 11250 | 12550 | 15200 |
| XR Sport Utility 4D | R237 | 34880 | 12900 | 13500 | 15150 | 18300 |
| AWD | V | | 800 | 800 | 1065 | 1065 |

## 2010 SATURN — 5GZor3GS(LAE1)-A-#

| | | | | | | |
|---|---|---|---|---|---|---|
| **VUE—4-Cyl.**—Truck Equipment Schedule T1 | | | | | | |
| XE Sport Utility 4D | LAE1 | 23580 | 10550 | 11100 | 12250 | 14650 |
| **VUE—V6**—Truck Equipment Schedule T1 | | | | | | |
| XR Sport Utility 4D | LEE7 | 26965 | 12250 | 12850 | 14200 | 16950 |
| XR-L Sport Util | LKE7 | 29430 | 13900 | 14550 | 15950 | 19000 |
| AWD | F | | 800 | 800 | 1065 | 1065 |
| 4-Cyl, 2.4 Liter | 1 | | (575) | (575) | (765) | (765) |
| **OUTLOOK—V6**—Truck Equipment Schedule T1 | | | | | | |
| XE Spt Util 4D | RTED | 31905 | 12350 | 12950 | 14050 | 16700 |
| XR-L Spt Util 4D | RVED | 37705 | 14750 | 15450 | 16750 | 19800 |
| AWD | V | | 825 | 825 | 1100 | 1100 |

# SUBARU

## 1999 SUBARU — JF1(SF615)-X-#

| | | | | | | |
|---|---|---|---|---|---|---|
| **FORESTER AWD—4-Cyl.**—Truck Equipment Schedule T1 | | | | | | |
| Sport Utility 4D | SF615 | 19190 | 475 | 525 | 875 | 1275 |
| L Sport Utility 4D | SF635 | 21290 | 950 | 1050 | 1450 | 2125 |
| S Sport Utility 4D | SF655 | 23790 | 1275 | 1400 | 1850 | 2700 |

## 2000 SUBARU — JF1(SF635)-Y-#

| | | | | | | |
|---|---|---|---|---|---|---|
| **FORESTER AWD—4-Cyl.**—Truck Equipment Schedule T1 | | | | | | |
| L Sport Utility 4D | SF635 | 21390 | 1350 | 1500 | 1925 | 2825 |
| S Sport Utility 4D | SF655 | 23890 | 1625 | 1800 | 2350 | 3425 |

## 2001 SUBARU — JF1(SF635)-1-#

| | | | | | | |
|---|---|---|---|---|---|---|
| **FORESTER AWD—4-Cyl.**—Truck Equipment Schedule T1 | | | | | | |
| L Sport Utility 4D | SF635 | 21590 | 1625 | 1800 | 2275 | 3250 |
| S Sport Utility 4D | SF655 | 24190 | 2125 | 2325 | 2900 | 4100 |

## 2002 SUBARU — JF1(SF635)-2-#

| | | | | | | |
|---|---|---|---|---|---|---|
| **FORESTER AWD—4-Cyl.**—Truck Equipment Schedule T1 | | | | | | |
| L Sport Utility 4D | SF635 | 21625 | 2150 | 2350 | 2900 | 4100 |
| S Sport Utility 4D | SF655 | 24220 | 2750 | 3050 | 3650 | 5100 |

## 2003 SUBARU—(JF1or4S4)(BorS)(G636)-3-#

| | | | | | | |
|---|---|---|---|---|---|---|
| **FORESTER AWD—4-Cyl.**—Truck Equipment Schedule T1 | | | | | | |
| X Sport Utility 4D | G636 | 21870 | 3025 | 3325 | 3975 | 5475 |

**SEE BACK PAGES FOR TRUCK EQUIPMENT**

# 2003 SUBARU

| Body Type | VIN | List | Trade-In Good | Very Good | Pvt-Party Good | Retail Excellent |
|---|---|---|---|---|---|---|
| XS Sport Utility 4D | G656 | 24220 | 3475 | 3800 | 4600 | 6250 |
| **BAJA AWD—4-Cyl.**—Truck Equipment Schedule T1 | | | | | | |
| Sport Util Pickup 4D | T61C | 24520 | 4575 | 4925 | 5975 | 8025 |

## 2004 SUBARU–(JF1or4S4)(BorS)(G636)-4-#

| Body Type | VIN | List | Good | Very Good | Good | Excellent |
|---|---|---|---|---|---|---|
| **FORESTER AWD—4-Cyl.**—Truck Equipment Schedule T1 | | | | | | |
| X Sport Utility 4D | G636 | 22245 | 3550 | 3875 | 4750 | 6475 |
| XS Sport Utility 4D | G656 | 24495 | 4400 | 4750 | 5700 | 7650 |
| **FORESTER AWD—4-Cyl. Turbo**—Truck Equipment Schedule T1 | | | | | | |
| XT Sport Utility 4D | G696 | 26320 | 5400 | 5800 | 7025 | 9250 |
| **BAJA AWD—4-Cyl.**—Truck Equipment Schedule T1 | | | | | | |
| "Sport" SUT | T61C | 22545 | 5350 | 5725 | 6825 | 9075 |
| **BAJA AWD—4-Cyl. Turbo**—Truck Equipment Schedule T1 | | | | | | |
| Sport Util Pickup 4D | T63C | 24545 | 5825 | 6225 | 7625 | 10100 |

## 2005 SUBARU–(JF1or4S4)(BorS)(G636)-5-#

| Body Type | VIN | List | Good | Very Good | Good | Excellent |
|---|---|---|---|---|---|---|
| **FORESTER AWD—4-Cyl.**—Truck Equipment Schedule T1 | | | | | | |
| X Sport Utility 4D | G636 | 22670 | 4275 | 4625 | 5925 | 7975 |
| XS Sport Utility 4D | G656 | 25070 | 4950 | 5350 | 6850 | 9075 |
| XS LL Bean Spt Util | G676 | 26770 | 6275 | 6700 | 8200 | 10600 |
| **FORESTER AWD—4-Cyl. Turbo**—Truck Equipment Schedule T1 | | | | | | |
| XT Sport Utility 4D | G696 | 27070 | 6650 | 7100 | 8750 | 11300 |
| **BAJA AWD—4-Cyl.**—Truck Equipment Schedule T1 | | | | | | |
| "Sport" SUT | T62C | 22770 | 6600 | 7050 | 8475 | 10750 |
| **BAJA AWD—4-Cyl. Turbo**—Truck Equipment Schedule T1 | | | | | | |
| Sport Util Pickup 4D | T63C | 24740 | 7450 | 7925 | 9450 | 12000 |

## 2006 SUBARU–(JF1or4S4)(B,SorW)(G636)-6-#

| Body Type | VIN | List | Good | Very Good | Good | Excellent |
|---|---|---|---|---|---|---|
| **FORESTER AWD—4-Cyl.**—Truck Equipment Schedule T1 | | | | | | |
| X Sport Utility 4D | G636 | 23220 | 5325 | 5725 | 6950 | 8875 |
| X LL Bean Spt Util | G676 | 27521 | 7400 | 7875 | 9100 | 11300 |
| **FORESTER AWD—4-Cyl. Turbo**—Truck Equipment Schedule T1 | | | | | | |
| XT Limited Spt Util | G696 | 29320 | 9600 | 10150 | 11400 | 13900 |
| **BAJA AWD—4-Cyl.**—Truck Equipment Schedule T1 | | | | | | |
| "Sport" SUT | T62C | 23920 | 8350 | 8850 | 10250 | 12800 |
| **BAJA AWD—4-Cyl. Turbo**—Truck Equipment Schedule T1 | | | | | | |
| Sport Util Pickup 4D | T63C | 26220 | 9425 | 9950 | 11600 | 14450 |
| **B9 TRIBECA AWD—H6**—Truck Equipment Schedule T1 | | | | | | |
| Sport Utility 4D | X82D | 31320 | 6375 | 6825 | 8050 | 10100 |
| Limited Sport Util | X82D | 32910 | 8075 | 8550 | 10050 | 12550 |
| Third Row Seat | | | 250 | 250 | 335 | 335 |

## 2007 SUBARU–(JF1or4S4)(B,SorW)(G636)-7-#

| Body Type | VIN | List | Good | Very Good | Good | Excellent |
|---|---|---|---|---|---|---|
| **FORESTER AWD—4-Cyl.**—Truck Equipment Schedule T1 | | | | | | |
| X Sport Utility 4D | G636 | 22620 | 6425 | 6850 | 7975 | 9975 |
| Sports X Spt Util | G636 | 22320 | 6450 | 6875 | 8000 | 10000 |
| X LL Bean Spt Util | G676 | 27320 | 10350 | 10900 | 12000 | 14400 |
| **FORESTER AWD—4-Cyl. Turbo**—Truck Equipment Schedule T1 | | | | | | |
| Sports XT Spt Util | G696 | 26620 | 10550 | 11100 | 12150 | 14550 |
| XT Limited Spt Util | G696 | 29320 | 11050 | 11650 | 12800 | 15300 |
| **B9 TRIBECA AWD—H6**—Truck Equipment Schedule T1 | | | | | | |
| Sport Utility 4D | X82D | 30620 | 7475 | 7950 | 9150 | 11350 |
| Limited Sport Util | X82D | 33120 | 9350 | 9875 | 11300 | 13900 |
| Third Row Seat | | | 250 | 250 | 335 | 335 |

## 2008 SUBARU–(JF1or4S4)(B,SorW)(G636)-8-#

| Body Type | VIN | List | Good | Very Good | Good | Excellent |
|---|---|---|---|---|---|---|
| **FORESTER AWD—4-Cyl.**—Truck Equipment Schedule T1 | | | | | | |
| X Sport Utility 4D | G636 | 22640 | 7225 | 7700 | 8675 | 10600 |
| Sports X Spt Util | G666 | 23140 | 8400 | 8900 | 9975 | 12100 |
| X LL Bean Spt Util | G676 | 27340 | 11050 | 11600 | 12950 | 15650 |
| **FORESTER AWD—4-Cyl. Turbo**—Truck Equipment Schedule T1 | | | | | | |
| Sports XT Spt Util | G696 | 28640 | 11200 | 11750 | 13150 | 15900 |
| XT Limited Spt Util | G696 | 29540 | 12150 | 12750 | 14200 | 17100 |
| **TRIBECA AWD—H6**—Truck Equipment Schedule T1 | | | | | | |
| Sport Utility 4D | X91D | 30640 | 9650 | 10200 | 11350 | 13700 |
| Limited Sport Util | X92D | 33240 | 11100 | 11650 | 12950 | 15650 |
| Third Row Seat | | | 300 | 300 | 400 | 400 |

## 2009 SUBARU–(JF1or4S4)(B,SorW)(G636)-9-#

| Body Type | VIN | List | Good | Very Good | Good | Excellent |
|---|---|---|---|---|---|---|
| **FORESTER AWD—4-Cyl.**—Truck Equipment Schedule T1 | | | | | | |
| X Sport Utility 4D | G636 | 20660 | 10350 | 10900 | 11900 | 14200 |

# 2009 SUBARU

| Body Type | VIN | List | Trade-In Good | Trade-In Very Good | Pvt-Party Good | Retail Excellent |
|---|---|---|---|---|---|---|
| X Limited Spt Util | G636 | 26660 | 12350 | 12950 | 14100 | 16800 |
| X LL Bean Spt Util | G676 | 26660 | 12100 | 12700 | 13850 | 16500 |
| **FORESTER AWD—4-Cyl. Turbo**—Truck Equipment Schedule T1 | | | | | | |
| XT Sport Utility 4D | G696 | 26860 | 12800 | 13450 | 14600 | 17350 |
| XT Limited Spt Util | G696 | 28860 | 13500 | 14150 | 15450 | 18350 |
| **TRIBECA AWD—H6**—Truck Equipment Schedule T1 | | | | | | |
| Sport Utility 4D | X91D | 30660 | 11800 | 12400 | 13350 | 15700 |
| Limited Sport Util | X92D | 33260 | 13200 | 13850 | 14900 | 17550 |
| Third Row Seat | | | 350 | 350 | 465 | 465 |

## 2010 SUBARU—(JF1or4S4)(B,SorW)(H6AC)-A-#

| Body Type | VIN | List | Trade-In Good | Trade-In Very Good | Pvt-Party Good | Retail Excellent |
|---|---|---|---|---|---|---|
| **FORESTER AWD—4-Cyl.**—Truck Equipment Schedule T1 | | | | | | |
| 2.5X Spt Utl 4D | H6AC | 20990 | 12150 | 12750 | 13600 | 15850 |
| 2.5X Prem Spt Util | H6CC | 23490 | 13600 | 14250 | 15200 | 17750 |
| 2.5X Limited Spt | H6DC | 26690 | 14400 | 15050 | 16050 | 18700 |
| **FORESTER AWD—4-Cyl. Turbo**—Truck Equipment Schedule T1 | | | | | | |
| 2.5XT Prem Spt Util | H6EC | 27190 | 14700 | 15350 | 16350 | 19050 |
| 2.5XT Ltd Spt Util | H6FC | 29190 | 15850 | 16550 | 17550 | 20400 |
| **TRIBECA AWD—H6**—Truck Equipment Schedule T1 | | | | | | |
| 3.6R Prem Sport Util | X9FD | 31190 | 14000 | 14650 | 15600 | 18200 |
| 3.6R Ltd Spt Util | X9GD | 33190 | 15700 | 16400 | 17400 | 20200 |
| 3.6R Tour Spt Util | X9GD | 36490 | 18350 | 19150 | 20200 | 23400 |
| Third Row Seat | | | 400 | 400 | 535 | 535 |

## 2011 SUBARU—(JF2or4S4)(B,SorW)(SHBAC)-B-#

| Body Type | VIN | List | Trade-In Good | Trade-In Very Good | Pvt-Party Good | Retail Excellent |
|---|---|---|---|---|---|---|
| **FORESTER AWD—4-Cyl.**—Truck Equipment Schedule T1 | | | | | | |
| 2.5X Sport Utility | SHBAC | 22420 | 14100 | 14750 | 15450 | 17750 |
| 2.5X Premium Util | HBCC | 23920 | 14950 | 15650 | 16350 | 18750 |
| 2.5X Ltd Spt Util | HBDC | 27220 | 15650 | 16350 | 17050 | 19550 |
| 2.5X Tour Spt Util | HBHC | 28720 | 17350 | 18100 | 18800 | 21500 |
| **FORESTER AWD—4-Cyl. Turbo**—Truck Equipment Schedule T1 | | | | | | |
| 2.5XT Premium Util | HGAC | 27720 | 16100 | 16850 | 17550 | 20100 |
| 2.5XT Tour Spt Util | HGGC | 30720 | 20700 | 21600 | 22300 | 25500 |
| **TRIBECA AWD—H6**—Truck Equipment Schedule T1 | | | | | | |
| 3.6R Prem Sport Utl | X9FD | 31220 | 17200 | 17950 | 18750 | 21500 |
| 3.6R Ltd Spt Util | X9HD | 33220 | 19150 | 20000 | 20800 | 23900 |
| 3.6R Tour Spt Util | X9GD | 36520 | 21100 | 22000 | 22800 | 26200 |
| Third Row Seat | | | 425 | 425 | 565 | 565 |

## 2012 SUBARU—(JF2or4S4)(B,SorW)(SHBAC)-C-#

| Body Type | VIN | List | Trade-In Good | Trade-In Very Good | Pvt-Party Good | Retail Excellent |
|---|---|---|---|---|---|---|
| **FORESTER AWD—4-Cyl.**—Truck Equipment Schedule T1 | | | | | | |
| 2.5X Sport Utility | SHBAC | 22570 | 15400 | 16100 | 16700 | 19050 |
| 2.5X Premium Util | HBCC | 24070 | 16900 | 17650 | 18250 | 20800 |
| 2.5X Ltd Spt Util | HBEC | 27370 | 17900 | 18650 | 19300 | 22000 |
| 2.5X Tour Spt Util | HBGC | 28670 | 20400 | 21300 | 21900 | 24900 |
| **FORESTER AWD—4-Cyl. Turbo**—Truck Equipment Schedule T1 | | | | | | |
| 2.5XT Premium Util | HGAC | 27870 | 18950 | 19750 | 20400 | 23200 |
| 2.5XT Tour Spt Util | HGGC | 30670 | 23200 | 24100 | 24700 | 28100 |
| **TRIBECA AWD—H6**—Truck Equipment Schedule T1 | | | | | | |
| 3.6R Prem Sport Util | X9FD | 31370 | 19450 | 20300 | 20700 | 23400 |
| 3.6R Ltd Spt Util | X9GD | 33370 | 21100 | 22000 | 22400 | 25300 |
| 3.6R Tour Spt Util | X9GD | 36670 | 23100 | 24000 | 24500 | 27600 |
| Third Row Seat | | | 450 | 450 | 600 | 600 |

## 2013 SUBARU—(JF2or4S4)(B,SorW)(GPABC)-D-#

| Body Type | VIN | List | Trade-In Good | Trade-In Very Good | Pvt-Party Good | Retail Excellent |
|---|---|---|---|---|---|---|
| **XV CROSSTREK AWD—4-Cyl.** | | | | | | |
| Premium Spt Util | GPABC | 23790 | 17300 | 18100 | 18200 | 20300 |
| Limited Spt Util | GPAGC | 25290 | 18650 | 19500 | 19550 | 21800 |
| **FORESTER AWD—4-Cyl.**—Truck Equipment Schedule T1 | | | | | | |
| 2.5X Sport Utility | SHAAC | 22090 | 16050 | 16750 | 17300 | 19650 |
| 2.5X Premium Util | SHADC | 25090 | 18000 | 18800 | 19300 | 21900 |
| 2.5X Ltd Spt Util | SHAEC | 27790 | 19450 | 20300 | 20800 | 23600 |
| 2.5X Tour Spt Util | SHAGC | 29190 | 21400 | 22200 | 22800 | 25800 |
| **FORESTER AWD—4-Cyl. Turbo**—Truck Equipment Schedule T1 | | | | | | |
| 2.5XT Premium | SHGAC | 28090 | 20100 | 20900 | 21400 | 24300 |
| 2.5XT Touring | SHGGC | 30790 | 24000 | 24900 | 25400 | 28800 |
| **TRIBECA AWD—H6**—Truck Equipment Schedule T1 | | | | | | |
| 3.6R Ltd Spt Util | WX9FD | 33390 | 23700 | 24600 | 25500 | 29100 |
| Third Row Seat | | | 475 | 475 | 635 | 635 |

SEE BACK PAGES FOR TRUCK EQUIPMENT

# 1999 SUZUKI

| Body Type | VIN | List | Trade-In Good | Very Good | Pvt-Party Good | Retail Excellent |
|---|---|---|---|---|---|---|

## SUZUKI

### 1999 SUZUKI — (Jor2)S3(TC52C)-X-#

**VITARA—4-Cyl.—Truck Equipment Schedule T2**
| | | | | | | |
|---|---|---|---|---|---|---|
| JS Convertible 2D | TC52C | 14719 | 825 | 925 | 1700 | 2800 |
| JS Hard Top 4D | TE52V | 15829 | 900 | 1000 | 1800 | 3000 |
| 4-Cyl, 1.6 Liter | | | (125) | (125) | (165) | (165) |

**VITARA 4WD—4-Cyl.—Truck Equipment Schedule T2**
| | | | | | | |
|---|---|---|---|---|---|---|
| JX Convertible 2D | TA52C | 16519 | 850 | 950 | 1725 | 2875 |
| JX Hard Top 4D | TD52V | 17429 | 1050 | 1150 | 2050 | 3400 |
| 4-Cyl, 1.6 Liter | | | (125) | (125) | (165) | (165) |

**GRAND VITARA—V6—Truck Equipment Schedule T1**
| | | | | | | |
|---|---|---|---|---|---|---|
| JS Utility 4D | TE62V | 19247 | 400 | 450 | 1025 | 1700 |

**GRAND VITARA 4WD—V6—Truck Equipment Schedule T1**
| | | | | | | |
|---|---|---|---|---|---|---|
| JLX Utility 4D | TD62V | 19929 | 600 | 675 | 1350 | 2225 |

### 2000 SUZUKI — (Jor2)S3(TC03C)-Y-#

**VITARA—4-Cyl.—Truck Equipment Schedule T2**
| | | | | | | |
|---|---|---|---|---|---|---|
| JS Convertible 2D | TC03C | 13939 | 900 | 1000 | 1775 | 2925 |
| JS Hard Top 4D | TE52V | 15949 | 975 | 1075 | 1900 | 3125 |
| JLS Convertible 2D | TC52C | 15439 | 1075 | 1200 | 2050 | 3375 |
| JLS Hard Top 4D | TE52V | 16749 | 1200 | 1325 | 2250 | 3700 |

**VITARA 4WD—4-Cyl.—Truck Equipment Schedule T2**
| | | | | | | |
|---|---|---|---|---|---|---|
| JX Convertible 2D | TA03C | 15739 | 925 | 1025 | 1825 | 3000 |
| JX Hard Top 4D | TD52V | 17549 | 1125 | 1250 | 2125 | 3500 |
| JLX Convertible 2D | TA52C | 17239 | 1200 | 1325 | 2250 | 3700 |
| JLX Hard Top 4D | TD52V | 18349 | 1300 | 1425 | 2400 | 3950 |

**GRAND VITARA—V6—Truck Equipment Schedule T1**
| | | | | | | |
|---|---|---|---|---|---|---|
| JLS Hard Top 4D | TE62V | 19749 | 625 | 700 | 1300 | 2125 |
| Ltd Hard Top 4D | TE62V | 22149 | 1075 | 1200 | 1975 | 3200 |

**GRAND VITARA 4WD—V6—Truck Equipment Schedule T1**
| | | | | | | |
|---|---|---|---|---|---|---|
| JLX Hard Top 4D | TD62V | 20749 | 875 | 975 | 1675 | 2725 |
| Ltd Hard Top 4D | TD62V | 23149 | 1225 | 1350 | 2200 | 3575 |

### 2001 SUZUKI — (Jor2)S3(TC03C)-1-#

**VITARA—4-Cyl.—Truck Equipment Schedule T2**
| | | | | | | |
|---|---|---|---|---|---|---|
| JS Convertible 2D | TC03C | 14369 | 1225 | 1350 | 2125 | 3425 |
| JS Hard Top 4D | TE52V | 16079 | 1300 | 1425 | 2250 | 3600 |
| JLS Convertible 2D | TC52C | 15869 | 1225 | 1350 | 2125 | 3425 |
| JLS Hard Top 2D | TE52V | 16869 | 1500 | 1650 | 2525 | 4050 |
| JLS Hard Top 4D | TE52V | 17079 | 1450 | 1600 | 2575 | 4100 |

**VITARA 4WD—4-Cyl.—Truck Equipment Schedule T2**
| | | | | | | |
|---|---|---|---|---|---|---|
| JX Convertible 2D | TA03C | 15969 | 1250 | 1375 | 2175 | 3475 |
| JX Hard Top 4D | TD52V | 17579 | 1450 | 1600 | 2450 | 3925 |
| JLX Convertible 2D | TA52C | 17469 | 1500 | 1650 | 2525 | 4050 |
| JLX Hard Top 2D | TD52V | 18469 | 2425 | 2650 | 3700 | 5525 |
| JLX Hard Top 4D | TD52V | 18579 | 1475 | 1625 | 2625 | 4175 |

**GRAND VITARA—V6—Truck Equipment Schedule T1**
| | | | | | | |
|---|---|---|---|---|---|---|
| JLS Hard Top 4D | TE62V | 19879 | 750 | 825 | 1450 | 2300 |
| Ltd Hard Top 4D | TE62V | 22279 | 1300 | 1425 | 2225 | 3550 |

**GRAND VITARA 4WD—V6—Truck Equipment Schedule T1**
| | | | | | | |
|---|---|---|---|---|---|---|
| JLX Hard Top 4D | TD62V | 21079 | 1100 | 1225 | 1950 | 3100 |
| Ltd Hard Top 4D | TD62V | 23479 | 1425 | 1575 | 2525 | 4025 |

**XL-7 4WD—V6—Truck Equipment Schedule T1**
| | | | | | | |
|---|---|---|---|---|---|---|
| Sport Utility 4D | TX92V | 21499 | 350 | 400 | 800 | 1225 |
| Plus Sport Util 4D | TX92V | 23999 | 625 | 700 | 1150 | 1775 |
| Touring Spt Util 4D | TX92V | 24999 | 850 | 950 | 1550 | 2400 |
| Limited Spt Util 4D | TX92V | 26499 | 950 | 1050 | 1700 | 2600 |
| 2WD | Y | | (725) | (725) | (965) | (965) |

### 2002 SUZUKI — (Jor2)S3(TC52C)-2-#

**VITARA—4-Cyl.—Truck Equipment Schedule T2**
| | | | | | | |
|---|---|---|---|---|---|---|
| JLS Convertible 2D | TC52C | 16089 | 1600 | 1750 | 2675 | 4150 |
| JLS Hard Top 4D | TE52V | 17299 | 1975 | 2175 | 3225 | 4975 |

**VITARA 4WD—4-Cyl.—Truck Equipment Schedule T2**
| | | | | | | |
|---|---|---|---|---|---|---|
| JLX Convertible 2D | TA52C | 17489 | 2000 | 2200 | 3250 | 5025 |
| JLX Hard Top 4D | TD52V | 18699 | 2000 | 2200 | 3250 | 5025 |

**GRAND VITARA—V6—Truck Equipment Schedule T1**
| | | | | | | |
|---|---|---|---|---|---|---|
| JLS Hard Top 4D | TE62V | 19099 | 1150 | 1275 | 1875 | 2925 |

**DEDUCT FOR RECONDITIONING**

# 2002 SUZUKI

| Body Type | VIN | List | Trade-In Good | Very Good | Pvt-Party Good | Retail Excellent |
|---|---|---|---|---|---|---|
| Ltd Hard Top 4D | TE62V | 22299 | 1700 | 1875 | 2750 | 4225 |
| **GRAND VITARA 4WD—V6**—Truck Equipment Schedule T1 | | | | | | |
| JLX Hard Top 4D | TD62V | 20299 | 1475 | 1625 | 2425 | 3750 |
| Ltd Hard Top 4D | TD62V | 23499 | 1950 | 2150 | 3100 | 4725 |
| **XL-7 4WD—V6**—Truck Equipment Schedule T1 | | | | | | |
| Sport Utility 4D | TX92V | 22319 | 625 | 700 | 1200 | 1825 |
| Plus Spt Util 4D | TX92V | 23819 | 975 | 1075 | 1650 | 2500 |
| Touring Spt Util 4D | TX92V | 25319 | 1125 | 1250 | 1850 | 2775 |
| Limited Spt Util 4D | TX92V | 26519 | 1475 | 1625 | 2300 | 3450 |
| 2WD | Y | | (800) | (800) | (1065) | (1065) |

## 2003 SUZUKI — (Jor2)S3(TA52C)-3-#

| Body Type | VIN | List | Good | Very Good | Good | Excellent |
|---|---|---|---|---|---|---|
| **VITARA 4WD—4-Cyl.**—Truck Equipment Schedule T2 | | | | | | |
| Convertible 2D | TA52C | 17509 | 2575 | 2825 | 3825 | 5650 |
| Hard Top 4D | TD52V | 18719 | 2675 | 2925 | 3975 | 5850 |
| | C,E | | (525) | (525) | (700) | (700) |
| **GRAND VITARA 4WD—V6**—Truck Equipment Schedule T1 | | | | | | |
| Hard Top 4D | TD62V | 20319 | 2425 | 2650 | 3475 | 5025 |
| 2WD | E | | (525) | (525) | (700) | (700) |
| **XL-7 4WD—V6**—Truck Equipment Schedule T1 | | | | | | |
| Touring Spt Util 4D | TX92V | 22339 | 1100 | 1225 | 1750 | 2575 |
| Limited Spt Util 4D | TX92V | 25399 | 1625 | 1800 | 2375 | 3500 |
| Third Row Seat | | | 225 | 225 | 300 | 300 |
| 2WD | Y | | (900) | (900) | (1200) | (1200) |

## 2004 SUZUKI — (Jor2)S3(TD52V)-4-#

| Body Type | VIN | List | Good | Very Good | Good | Excellent |
|---|---|---|---|---|---|---|
| **VITARA 4WD—V6**—Truck Equipment Schedule T2 | | | | | | |
| LX Hard Top 4D | TD52V | 17999 | 3450 | 3775 | 4675 | 6550 |
| 2WD | E | | (600) | (600) | (800) | (800) |
| **GRAND VITARA 4WD—V6**—Truck Equipment Schedule T1 | | | | | | |
| LX Hard Top 4D | TE62V | 18999 | 2400 | 2625 | 3375 | 4875 |
| 4WD | D | | 600 | 600 | 800 | 800 |
| **GRAND VITARA 4WD—V6**—Truck Equipment Schedule T1 | | | | | | |
| EX Hard Top 4D | TD62V | 22499 | 3500 | 3825 | 5200 | 7500 |
| 2WD | E | | (600) | (600) | (800) | (800) |
| **XL-7 4WD—V6**—Truck Equipment Schedule T1 | | | | | | |
| LX Sport Utility 4D | TX92V | 22899 | 2025 | 2225 | 2975 | 4400 |
| EX Sport Utility 4D | TY92V | 23699 | 1350 | 1500 | 2100 | 3125 |
| Third Row Seat | | | 325 | 325 | 435 | 435 |
| 2WD | Y | | (975) | (975) | (1300) | (1300) |

## 2005 SUZUKI — JS3(TE62V)-5-#

| Body Type | VIN | List | Good | Very Good | Good | Excellent |
|---|---|---|---|---|---|---|
| **GRAND VITARA—V6**—Truck Equipment Schedule T1 | | | | | | |
| LX Hard Top 4D | TE62V | 19994 | 2825 | 3150 | 4300 | 6000 |
| 4WD | D | | 650 | 650 | 865 | 865 |
| **GRAND VITARA 4WD—V6**—Truck Equipment Schedule T1 | | | | | | |
| EX Hard Top 4D | TD62V | 23194 | 4175 | 4525 | 6075 | 8400 |
| 2WD | E | | (650) | (650) | (865) | (865) |
| **XL-7 4WD—V6**—Truck Equipment Schedule T1 | | | | | | |
| LX Sport Utility 4D | TX92V | 25394 | 2525 | 2825 | 3825 | 5275 |
| EX Sport Utility 4D | TY92V | 24694 | 2050 | 2300 | 3225 | 4500 |
| Third Row Seat | | | 350 | 350 | 465 | 465 |
| 2WD | Y | | (1050) | (1050) | (1400) | (1400) |

## 2006 SUZUKI — JS3(TE944)-6-#

| Body Type | VIN | List | Good | Very Good | Good | Excellent |
|---|---|---|---|---|---|---|
| **GRAND VITARA—V6**—Truck Equipment Schedule T1 | | | | | | |
| XSport Spt Util 4D | TE944 | 21694 | 3825 | 4175 | 5100 | 6700 |
| 4WD | D | | 700 | 700 | 935 | 935 |
| **GRAND VITARA 4WD—V6**—Truck Equipment Schedule T1 | | | | | | |
| Sport Utility 4D | TD941 | 21794 | 4150 | 4450 | 5325 | 6900 |
| Premium Sport Util | TD943 | 22894 | 4400 | 4775 | 5775 | 7550 |
| Luxury Sport Util | TD947 | 25194 | 5175 | 5575 | 6900 | 8950 |
| 2WD | E | | (700) | (700) | (935) | (935) |
| **XL-7 4WD—V6**—Truck Equipment Schedule T1 | | | | | | |
| Sport Utility 4D | TX92V | 25494 | 2950 | 3275 | 4125 | 5500 |
| Premium Sport Util | TX92V | 27294 | 3500 | 3825 | 4775 | 6325 |
| Third Row Seat | | | 375 | 375 | 500 | 500 |
| 2WD | Y | | (1150) | (1150) | (1535) | (1535) |

SEE BACK PAGES FOR TRUCK EQUIPMENT

# 2007 SUZUKI

| Body Type | VIN | List | Trade-In Good | Very Good | Pvt-Party Good | Retail Excellent |
|---|---|---|---|---|---|---|

## 2007 SUZUKI — (2orJ)S3(TE944)-7-#

**GRAND VITARA—V6—**Truck Equipment Schedule T1
| XSport Spt Util 4D | TE944 | 22119 | 4325 | 4675 | 5625 | 7275 |
| 4WD | D | | 1000 | 1000 | 1335 | 1335 |

**GRAND VITARA 4WD—V6—**Truck Equipment Schedule T1
| Sport Utility 4D | TD941 | 22519 | 4650 | 5025 | 6000 | 7750 |
| Luxury Sport Util | TD947 | | 5950 | 6375 | 7700 | 9900 |
| 2WD | E | | (750) | (750) | (1000) | (1000) |

**XL7 4WD—V6—**Truck Equipment Schedule T1
| Sport Utility 4D | DA217 | 26584 | 3625 | 3975 | 4800 | 6225 |
| Special Sport Util | DA117 | 27999 | 3725 | 4075 | 4900 | 6375 |
| Luxury Sport Util | DA517 | 28199 | 3825 | 4175 | 5025 | 6525 |
| Limited Sport Util | DA717 | | 4425 | 4800 | 5725 | 7375 |
| Third Row Seat | | | 400 | 400 | 535 | 535 |
| 2WD | B | | (1225) | (1225) | (1635) | (1635) |

## 2008 SUZUKI — (2orJ)S3(TE944)-8-#

**GRAND VITARA—V6—**Truck Equipment Schedule T1
| XSport Util 4D | TE944 | 22999 | 5275 | 5675 | 6925 | 8900 |
| 4WD | D | | 1075 | 1075 | 1435 | 1435 |

**GRAND VITARA 4WD—V6—**Truck Equipment Schedule T1
| Sport Utility 4D | TD941 | 23099 | 5075 | 5475 | 6700 | 8625 |
| 2WD | E | | (875) | (875) | (1165) | (1165) |

**XL7—V6—**Truck Equipment Schedule T1
| Sport Utility 4D | DB117 | 22294 | 4275 | 4625 | 5375 | 6825 |

**XL7 4WD—V6—**Truck Equipment Schedule T1
| Premium Sport Util | DA217 | 25499 | 5800 | 6225 | 7275 | 9150 |
| Luxury Sport Util | DA317 | 27444 | 6575 | 7025 | 8150 | 10200 |
| Limited Sport Util | DA717 | 29844 | 7250 | 7725 | 9000 | 11250 |
| Third Row Seat | | | 475 | 475 | 635 | 635 |
| 2WD | B | | (1300) | (1300) | (1735) | (1735) |

## 2009 SUZUKI — (2orJ)S3(TE041)-9-#

**GRAND VITARA—4-Cyl.—**Truck Equipment Schedule T1
| Sport Utility 4D | TE041 | 20649 | 5425 | 5825 | 6650 | 8175 |

**GRAND VITARA 4WD—4-Cyl.—**Truck Equipment Schedule T1
| Premium Sport Util | TD041 | 22499 | 6900 | 7350 | 8350 | 10200 |
| 2WD | E | | (1000) | (1000) | (1335) | (1335) |

**GRAND VITARA—4-Cyl.—**Truck Equipment Schedule T1
| XSport Util 4D | TE144 | 22799 | 6275 | 6700 | 7575 | 9275 |
| 4WD | D | | 1175 | 1175 | 1565 | 1565 |
| V6, 3.2 Liter | 1,B | | 600 | 600 | 800 | 800 |

**GRAND VITARA 4WD—V6—**Truck Equipment Schedule T1
| Luxury Sport Util | TD149 | 27349 | 9500 | 10050 | 11250 | 13600 |
| 2WD | E | | (1000) | (1000) | (1335) | (1335) |
| 4-Cyl, 2.4 Liter | 0,A | | (550) | (550) | (735) | (735) |

**XL7 4WD—V6—**Truck Equipment Schedule T1
| Sport Utility 4D | DA217 | 27995 | 8600 | 9100 | 10100 | 12150 |
| Luxury Sport Util | DA317 | 29829 | 9700 | 10250 | 11300 | 13600 |
| Limited Spt Util | DA717 | 30430 | 10050 | 10600 | 11700 | 14050 |
| Third Row Seat | | | 550 | 550 | 735 | 735 |
| FWD | B | | (1400) | (1400) | (1865) | (1865) |

**EQUATOR EXTENDED CAB—4-Cyl.—**Truck Equipment Schedule T2
| Short Bed | BD09U | 17995 | 6250 | 6675 | 7525 | 9150 |
| Prem Short Bed | BD09U | 22450 | 8150 | 8650 | 9650 | 11700 |

**EQUATOR EXTENDED CAB—V6—**Truck Equipment Schedule T2
| Sport Short Bed | AD09U | 23670 | 8650 | 9150 | 10200 | 12350 |
| 4WD | | | 1700 | 1700 | 2265 | 2265 |

**EQUATOR CREW CAB—V6—**Truck Equipment Schedule T2
| Short Bed | AD07U | 23985 | 8800 | 9300 | 10400 | 12600 |
| Sport Short Bed | AD07U | 25150 | 10200 | 10750 | 11950 | 14400 |
| Sport Long Bed | AD09U | 25500 | 10000 | 10550 | 11700 | 14150 |
| 4WD | | | 1700 | 1700 | 2265 | 2265 |

**EQUATOR CREW CAB 4WD—V6—**Truck Equipment Schedule T2
| RMZ Short Bed | AD07W | 29325 | 12150 | 12750 | 14100 | 17000 |

## 2010 SUZUKI — (2orJ)S3or5Z6(TE0D1)-A-#

**GRAND VITARA—4-Cyl.—**Truck Equipment Schedule T1
| Sport Utility 4D | TE0D1 | 19794 | 5125 | 5525 | 6125 | 7325 |

**GRAND VITARA 4WD—4-Cyl.—**Truck Equipment Schedule T1
| Premium Spt Util | TD0D2 | 22794 | 8025 | 8525 | 9250 | 10950 |

# 2010 SUZUKI

| Body Type | VIN | List | Trade-In Good | Trade-In Very Good | Pvt-Party Good | Retail Excellent |
|---|---|---|---|---|---|---|
| 2WD | E | | (1100) | (1100) | (1465) | (1465) |
| **GRAND VITARA—4-Cyl.**—Truck Equipment Schedule T1 | | | | | | |
| XSport Util 4D | TE1D8 | 23244 | 7325 | 7800 | 8525 | 10100 |
| 4WD | D | | 1275 | 1275 | 1700 | 1700 |
| V6, 3.2 Liter | | | 650 | 650 | 865 | 865 |
| **GRAND VITARA 4WD—V6**—Truck Equipment Schedule T1 | | | | | | |
| Limited Sport Util | TD1D9 | 27794 | 10350 | 10900 | 11750 | 13850 |
| 2WD | E | | (1100) | (1100) | (1465) | (1465) |
| 4-Cyl, 2.4 Liter | 0 | | (625) | (625) | (835) | (835) |
| **EQUATOR EXTENDED CAB—4-Cyl.**—Truck Equipment Schedule T2 | | | | | | |
| Pickup 2D 6' | 2D0CT | 18315 | 7300 | 7775 | 8625 | 10350 |
| Premium 2D 6' | 2D0CT | 22870 | 9350 | 9875 | 10850 | 13000 |
| **EQUATOR EXTENDED CAB—V6**—Truck Equipment Schedule T2 | | | | | | |
| Sport 2D 6' | 1D0CT | 24040 | 9900 | 10450 | 11450 | 13700 |
| 4WD | V | | 1900 | 1900 | 2535 | 2535 |
| **EQUATOR CREW CAB—V6**—Truck Equipment Schedule T2 | | | | | | |
| Sport 4D 5' | 1D0EU | 25570 | 11500 | 12100 | 13250 | 15800 |
| Sport 4D 6' | 1D0FU | 25920 | 11150 | 11750 | 12850 | 15350 |
| 4WD | | | 1900 | 1900 | 2535 | 2535 |
| **EQUATOR CREW CAB 4WD—V6**—Truck Equipment Schedule T2 | | | | | | |
| RMZ 4D 5' | 1D0EV | 33500 | 14150 | 15500 | 18400 | |

## 2011 SUZUKI — JS3or5Z6(TE0D1)–B–#

| Body Type | VIN | List | Good | Very Good | Good | Excellent |
|---|---|---|---|---|---|---|
| **GRAND VITARA—4-Cyl.**—Truck Equipment Schedule T1 | | | | | | |
| SVE Sport Util | TE0D1 | 19794 | 6375 | 6800 | 7325 | 8625 |
| Sport Utility 4D | TE0D1 | 19994 | 6600 | 7050 | 7550 | 8900 |
| **GRAND VITARA 4WD—4-Cyl.**—Truck Equipment Schedule T1 | | | | | | |
| Premium Spt Util | TD0D2 | 23244 | 9250 | 9775 | 10450 | 12200 |
| Limited Sport Util | TD0D7 | 25644 | 11450 | 12050 | 12800 | 14900 |
| 2WD | E | | (1200) | (1200) | (1600) | (1600) |
| **EQUATOR EXTENDED CAB—4-Cyl.**—Truck Equipment Schedule T2 | | | | | | |
| Pickup 2D 6' | 2D0CT | 18390 | 8650 | 9150 | 9925 | 11750 |
| Premium 2D 6' | 2D0CT | 23174 | 10700 | 11250 | 12150 | 14350 |
| **EQUATOR EXTENDED CAB 4WD—V6**—Truck Equipment Schedule T2 | | | | | | |
| Sport 2D 6' | 1D0CV | 26574 | 11150 | 11750 | 12700 | 15000 |
| **EQUATOR CREW CAB—V6**—Truck Equipment Schedule T2 | | | | | | |
| Sport 4D 5' | 1D0EU | 25874 | 12800 | 13400 | 14550 | 17150 |
| **EQUATOR CREW CAB 4WD—V6**—Truck Equipment Schedule T2 | | | | | | |
| Sport 4D 6' | 1D0FW | 28874 | 12500 | 13200 | 14200 | 16700 |
| RMZ 4D 5' | 1D0EW | 29745 | 14850 | 15500 | 16700 | 19650 |

## 2012 SUZUKI — JS3or5Z6(TE0D1)–C–#

| Body Type | VIN | List | Good | Very Good | Good | Excellent |
|---|---|---|---|---|---|---|
| **GRAND VITARA—4-Cyl.**—Truck Equipment Schedule T1 | | | | | | |
| Sport Utility 4D | TE0D1 | 20314 | 7500 | 7975 | 8900 | 10800 |
| Ultimate Advntr | TE0D3 | 23114 | 11850 | 12450 | 13750 | 16500 |
| **GRAND VITARA 4WD—4-Cyl.**—Truck Equipment Schedule T1 | | | | | | |
| Premium Spt Util | TD0D2 | 23664 | 10150 | 10700 | 11800 | 14200 |
| Limited Sport Util | TD0D7 | 26064 | 13050 | 13700 | 15150 | 18150 |
| 2WD | E | | (1500) | (1500) | (2000) | (2000) |
| **EQUATOR EXTENDED CAB—4-Cyl.**—Truck Equipment Schedule T2 | | | | | | |
| Pickup 2D 6' | 2D0CT | 18714 | 9400 | 9925 | 10800 | 12800 |
| Comfort 2D 6' | 2D0CT | 20114 | 9900 | 10450 | 11300 | 13400 |
| Premium 2D 6' | 2D0CT | 23614 | 11400 | 12000 | 13000 | 15350 |
| **EQUATOR EXTENDED CAB 4WD—V6**—Truck Equipment Schedule T2 | | | | | | |
| Sport 2D 6' | 1D0CW | 27114 | 12200 | 12800 | 13800 | 16300 |
| **EQUATOR CREW CAB—V6**—Truck Equipment Schedule T2 | | | | | | |
| Sport 4D 5' | 1D0EU | 26514 | 14100 | 14750 | 15950 | 18750 |
| **EQUATOR CREW CAB 4WD—V6**—Truck Equipment Schedule T2 | | | | | | |
| Sport 4D 6' | 1D0FW | 29514 | 13600 | 14250 | 15400 | 18150 |
| RMZ 4D 5' | 1D0EW | 30365 | 16550 | 17300 | 18550 | 21800 |

## 2013 SUZUKI — JS3or5Z6(TE0D5)–D–#

| Body Type | VIN | List | Good | Very Good | Good | Excellent |
|---|---|---|---|---|---|---|
| **GRAND VITARA—4-Cyl.**—Truck Equipment Schedule T1 | | | | | | |
| Sport Utility 4D | TE0D5 | 20799 | 9150 | 9675 | 10600 | 12650 |
| **GRAND VITARA 4WD—4-Cyl.**—Truck Equipment Schedule T1 | | | | | | |
| Premium Spt Util | TD0D2 | 24649 | 11800 | 12400 | 13500 | 16000 |
| Limited Sport Util | TD0D7 | 26799 | 14950 | 15650 | 16950 | 20100 |
| 2WD | E | | (1500) | (1500) | (2000) | (2000) |

SEE BACK PAGES FOR TRUCK EQUIPMENT

# 1999 TOYOTA

| Body Type | VIN | List | Trade-In Good | Trade-In Very Good | Pvt-Party Good | Retail Excellent |
|---|---|---|---|---|---|---|

## TOYOTA

### 1999 TOYOTA—(4,5orJ)T(3,AorB)(YP10V)-X-#

**RAV4 4WD—4-Cyl.**—Truck Equipment Schedule T2
| | | | | | | |
|---|---|---|---|---|---|---|
| Sport Util Conv 2D | YP10V | 17508 | 1775 | 1950 | 2475 | 3550 |
| Sport Utility 4D | HP10V | 18198 | 1975 | 2175 | 2725 | 3875 |
| 2WD | G,X | | (275) | (275) | (365) | (365) |

**4RUNNER 4WD—4-Cyl.**—Truck Equipment Schedule T1
| | | | | | | |
|---|---|---|---|---|---|---|
| Sport Utility 4D | HM84R | 25443 | 1675 | 1850 | 2425 | 3550 |
| 2WD | G | | (575) | (575) | (765) | (765) |

**4RUNNER 4WD—V6**—Truck Equipment Schedule T1
| | | | | | | |
|---|---|---|---|---|---|---|
| SR5 Sport Util 4D | HN86R | 28773 | 2325 | 2550 | 3275 | 4725 |
| Limited Spt Ut 4D | HN87R | 36088 | 2975 | 3275 | 4125 | 5875 |
| 2WD | G | | (575) | (575) | (765) | (765) |

**LAND CRUISER 4WD—V8**—Truck Equipment Schedule T3
| | | | | | | |
|---|---|---|---|---|---|---|
| Sport Utility 4D | HT05J | 48718 | 7025 | 7475 | 9100 | 11950 |
| Third Row Seat | | | 225 | 225 | 300 | 300 |

**SIENNA—V6**—Truck Equipment Schedule T1
| | | | | | | |
|---|---|---|---|---|---|---|
| CE Minivan | GF19C | 22738 | 1175 | 1300 | 1825 | 2750 |
| LE Minivan | ZF13C | 24778 | 1425 | 1575 | 2150 | 3225 |
| XLE Minivan | ZF13C | 28009 | 1925 | 2125 | 2800 | 4200 |
| Second Sliding Door | | | 50 | 50 | 65 | 65 |

**TACOMA—4-Cyl.**—Truck Equipment Schedule T2
| | | | | | | |
|---|---|---|---|---|---|---|
| Short Bed | NL42N | 13388 | 2725 | 3025 | 3800 | 5275 |
| Xtra Cab | VL52N | 15288 | 3250 | 3575 | 4450 | 6150 |
| PreRunner Short | NM92N | 15188 | 3450 | 3775 | 4700 | 6475 |
| PreRunner Xtra | SM92N | 18028 | 4125 | 4475 | 5550 | 7600 |
| 4WD | 6,7 | | 400 | 400 | 535 | 535 |
| V6, 3.4 Liter | N | | 100 | 100 | 135 | 135 |

**TACOMA 4WD—V6**—Truck Equipment Schedule T2
| | | | | | | |
|---|---|---|---|---|---|---|
| Limited Xtra Cab | WN74N | 25108 | 4600 | 4975 | 6375 | 8675 |

### 2000 TOYOTA—(4,5orJ)T(3,AorB)(HP10V)-Y-#

**RAV4 4WD—4-Cyl.**—Truck Equipment Schedule T2
| | | | | | | |
|---|---|---|---|---|---|---|
| Sport Utility 4D | HP10V | 18558 | 2225 | 2450 | 2850 | 3875 |
| 2WD | G,X | | (400) | (400) | (535) | (535) |

**4RUNNER 4WD—4-Cyl.**—Truck Equipment Schedule T1
| | | | | | | |
|---|---|---|---|---|---|---|
| Sport Utility 4D | HM84R | 26046 | 1900 | 2075 | 2575 | 3625 |
| 2WD | G | | (650) | (650) | (865) | (865) |

**4RUNNER 4WD—V6**—Truck Equipment Schedule T1
| | | | | | | |
|---|---|---|---|---|---|---|
| SR5 Sport Util 4D | HN86R | 29786 | 2850 | 3150 | 3750 | 5200 |
| Limited Spt Ut 4D | HN87R | 36948 | 3400 | 3725 | 4600 | 6300 |
| 2WD | G | | (650) | (650) | (865) | (865) |

**LAND CRUISER 4WD—V8**—Truck Equipment Schedule T3
| | | | | | | |
|---|---|---|---|---|---|---|
| Sport Utility 4D | HT05J | 51308 | 8125 | 8600 | 10200 | 13200 |
| Third Row Seat | | | 275 | 275 | 365 | 365 |

**SIENNA—V6**—Truck Equipment Schedule T1
| | | | | | | |
|---|---|---|---|---|---|---|
| CE Minivan | ZF19C | 23338 | 1550 | 1700 | 2200 | 3250 |
| LE Minivan | ZF13C | 25378 | 1875 | 2050 | 2600 | 3825 |
| XLE Minivan | ZF13C | 27414 | 2350 | 2575 | 3250 | 4700 |
| Second Sliding Door | | | 50 | 50 | 65 | 65 |

**TACOMA—4-Cyl.**—Truck Equipment Schedule T2
| | | | | | | |
|---|---|---|---|---|---|---|
| Short Bed | NL42N | 12208 | 2875 | 3175 | 3875 | 5325 |
| Xtra Cab | VL52N | 14458 | 3500 | 3825 | 4650 | 6325 |
| PreRunner Short | NM92N | 14298 | 3725 | 4050 | 4925 | 6675 |
| PreRunner Xtra | SM92N | 17418 | 4500 | 4850 | 5875 | 7900 |
| 4WD | | | 400 | 400 | 535 | 535 |
| V6, 3.4 Liter | N | | 100 | 100 | 135 | 135 |

**TACOMA 4WD—V6**—Truck Equipment Schedule T2
| | | | | | | |
|---|---|---|---|---|---|---|
| Limited Xtra Cab | WN74N | 24758 | 5175 | 5575 | 6925 | 9275 |

**TUNDRA—V6**—Truck Equipment Schedule T2
| | | | | | | |
|---|---|---|---|---|---|---|
| Long Bed | JN321 | 15475 | 3975 | 4300 | 5275 | 7300 |

**TUNDRA 4WD—V8**—Truck Equipment Schedule T2
| | | | | | | |
|---|---|---|---|---|---|---|
| SR5 Long Bed | KT441 | 23190 | 4800 | 5175 | 6500 | 8900 |
| V6, 3.4 Liter | N | | (325) | (325) | (435) | (435) |

**TUNDRA—V8**—Truck Equipment Schedule T2
| | | | | | | |
|---|---|---|---|---|---|---|
| SR5 Access Cab 4D | RT341 | 22730 | 5175 | 5550 | 6975 | 9550 |
| Ltd Access Cab 4D | RT381 | 24975 | 5850 | 6250 | 7825 | 10700 |
| 4WD | 4 | | 750 | 750 | 1000 | 1000 |
| V6, 3.4 Liter | N | | (325) | (325) | (435) | (435) |

**DEDUCT FOR RECONDITIONING**

# 2001 TOYOTA

| Body Type | VIN | List | Trade-In Good | Very Good | Pvt-Party Good | Retail Excellent |
|---|---|---|---|---|---|---|

## 2001 TOYOTA–(4,5orJ)T(3,B,DorE)(HH20V)–1–#

**RAV4 4WD—4-Cyl.—Truck Equipment Schedule T2**
| | | | | | | |
|---|---|---|---|---|---|---|
| Sport Utility 4D | HH20V | 19175 | 2650 | 2900 | 3400 | 4625 |
| 2WD | G | | (450) | (450) | (600) | (600) |

**HIGHLANDER—V6—Truck Equipment Schedule T1**
| | | | | | | |
|---|---|---|---|---|---|---|
| Sport Utility 4D | GF21A | 25605 | 3975 | 4325 | 4825 | 6175 |
| 4WD | H | | 700 | 700 | 935 | 935 |
| 4-Cyl., 2.4 Liter | | | (275) | (275) | (365) | (365) |

**HIGHLANDER 4WD—V6—Truck Equipment Schedule T1**
| | | | | | | |
|---|---|---|---|---|---|---|
| Limited Spt Util 4D | HF21A | 30445 | 4700 | 5075 | 5850 | 7450 |
| 2WD | | | (725) | (725) | (965) | (965) |
| 4-Cyl., 2.4 Liter | D | | (275) | (275) | (365) | (365) |

**4RUNNER 4WD—V6—Truck Equipment Schedule T1**
| | | | | | | |
|---|---|---|---|---|---|---|
| SR5 Sport Util 4D | HN86R | 29375 | 3575 | 3900 | 4675 | 6300 |
| Limited Spt Ut 4D | HN87R | 38085 | 4275 | 4625 | 5525 | 7400 |
| 2WD | | | (725) | (725) | (965) | (965) |

**SEQUOIA—V8—Truck Equipment Schedule T1**
| | | | | | | |
|---|---|---|---|---|---|---|
| SR5 Sport Util 4D | ZT34A | 31330 | 3125 | 3450 | 4125 | 5575 |
| 4WD | B,4 | | 700 | 700 | 935 | 935 |

**SEQUOIA 4WD—V8—Truck Equipment Schedule T1**
| | | | | | | |
|---|---|---|---|---|---|---|
| Limited Spt Ut 4D | BT48A | 42755 | 4675 | 5050 | 6200 | 8250 |
| 2WD | | | (725) | (725) | (965) | (965) |

**LAND CRUISER 4WD—V8—Truck Equipment Schedule T3**
| | | | | | | |
|---|---|---|---|---|---|---|
| Sport Utility 4D | HT05J | 53575 | 9200 | 9700 | 11300 | 14350 |
| Third Row Seat | | | 300 | 300 | 400 | 400 |

**SIENNA—V6—Truck Equipment Schedule T1**
| | | | | | | |
|---|---|---|---|---|---|---|
| CE Minivan | ZF19C | 24385 | 1875 | 2050 | 2625 | 3850 |
| LE Minivan | ZF13C | 26235 | 2125 | 2325 | 3050 | 4425 |
| XLE Minivan | ZF13C | 28916 | 2600 | 2850 | 3675 | 5300 |

**TACOMA—4-Cyl.—Truck Equipment Schedule T2**
| | | | | | | |
|---|---|---|---|---|---|---|
| Short Bed | NL42N | 12325 | 3025 | 3325 | 4025 | 5450 |
| Xtra Cab | NL42N | 14965 | 3725 | 4050 | 4875 | 6550 |
| PreRunner Short | NM92N | 14215 | 3900 | 4250 | 5075 | 6825 |
| PreRunner Xtra | SM92N | 16815 | 4625 | 5000 | 6175 | 8250 |
| PreRunner 4D | GM92N | 18335 | 6075 | 6500 | 7750 | 10150 |
| PreRunner Ltd 4D | GM92N | 22690 | 6775 | 7200 | 8600 | 11200 |
| 4WD | | | 550 | 550 | 735 | 735 |
| V6, 3.4 Liter | N | | 175 | 175 | 235 | 235 |

**TACOMA—V6—Truck Equipment Schedule T2**
| | | | | | | |
|---|---|---|---|---|---|---|
| S-Runner Xtra Cab | VN52N | 18385 | 4000 | 4350 | 5200 | 6975 |

**TACOMA 4WD—V6—Truck Equipment Schedule T2**
| | | | | | | |
|---|---|---|---|---|---|---|
| Limited Xtra Cab | WN74N | 24895 | 5850 | 6250 | 7675 | 10150 |
| Double Cab 4D | HN72N | 22345 | 7375 | 7850 | 9400 | 12200 |
| Ltd Double Cab 4D | HN72N | 25840 | 7925 | 8400 | 10050 | 13050 |
| 4-Cyl., 2.7 Liter | M | | (275) | (275) | (365) | (365) |

**TUNDRA—V6—Truck Equipment Schedule T2**
| | | | | | | |
|---|---|---|---|---|---|---|
| Long Bed | JN321 | 16085 | 3950 | 4300 | 5350 | 7350 |

**TUNDRA 4WD—V8—Truck Equipment Schedule T1**
| | | | | | | |
|---|---|---|---|---|---|---|
| SR5 Long Bed | KT441 | 23885 | 5325 | 5700 | 7075 | 9650 |

**TUNDRA—V8—Truck Equipment Schedule T2**
| | | | | | | |
|---|---|---|---|---|---|---|
| SR5 Access Cab 4D | RT341 | 23455 | 5450 | 5825 | 7250 | 9850 |
| Ltd Access Cab 4D | RT381 | 26205 | 6025 | 6450 | 8200 | 11100 |
| 4WD | 4 | | 900 | 900 | 1200 | 1200 |
| V6, 3.4 Liter | | | (350) | (350) | (465) | (465) |

## 2002 TOYOTA–(4,5orJ)T(3,B,DorE)(HH20V)–2–#

**RAV4 4WD—4-Cyl.—Truck Equipment Schedule T1**
| | | | | | | |
|---|---|---|---|---|---|---|
| Sport Utility 4D | HH20V | 19485 | 3175 | 3500 | 4175 | 5625 |
| 2WD | G | | (500) | (500) | (665) | (665) |

**HIGHLANDER—V6—Truck Equipment Schedule T1**
| | | | | | | |
|---|---|---|---|---|---|---|
| Sport Utility 4D | GF21A | 25970 | 4500 | 4850 | 5525 | 7150 |
| Limited Spt Util 4D | GF21A | 29905 | 5025 | 5400 | 6325 | 8150 |
| 4WD | H | | 800 | 800 | 1065 | 1065 |
| 4-Cyl., 2.4 Liter | D | | (325) | (325) | (435) | (435) |

**4RUNNER—V6—Truck Equipment Schedule T1**
| | | | | | | |
|---|---|---|---|---|---|---|
| SR5 Sport Util 4D | HN86R | 29385 | 4450 | 4800 | 5625 | 7400 |
| Limited Spt Ut 4D | HN87R | 36615 | 5250 | 5625 | 6575 | 8600 |
| 2WD | G | | (800) | (800) | (1065) | (1065) |

**SEQUOIA—V8—Truck Equipment Schedule T1**
| | | | | | | |
|---|---|---|---|---|---|---|
| SR5 Spt Util 4D | ZT34A | 31780 | 4175 | 4525 | 5350 | 7100 |
| 4WD | B,4 | | 800 | 800 | 1065 | 1065 |

SEE BACK PAGES FOR TRUCK EQUIPMENT

## 2002 TOYOTA

| Body Type | VIN | List | Trade-In Good | Very Good | Pvt-Party Good | Retail Excellent |
|---|---|---|---|---|---|---|
| **SEQUOIA 4WD—V8**—Truck Equipment Schedule T1 | | | | | | |
| Limited Spt Util 4D | BT48A | 43235 | 6000 | 6425 | 7750 | 10150 |
| 2WD | Z | | (800) | (800) | (1065) | (1065) |
| **LAND CRUISER 4WD—V8**—Truck Equipment Schedule T3 | | | | | | |
| Sport Utility 4D | HT05J | 53105 | 10900 | 11450 | 13200 | 16600 |
| **SIENNA—V6**—Truck Equipment Schedule T1 | | | | | | |
| CE Minivan | ZF19C | 24415 | 2200 | 2425 | 3075 | 4400 |
| LE Minivan | ZF13C | 26265 | 2600 | 2850 | 3600 | 5100 |
| XLE Minivan | ZF13C | 28522 | 3100 | 3400 | 4250 | 5975 |
| **TACOMA—4-Cyl.**—Truck Equipment Schedule T2 | | | | | | |
| Short Bed | NL42N | 12410 | 3350 | 3675 | 4375 | 5900 |
| Xtra Cab | VL52N | 15050 | 4125 | 4475 | 5325 | 7100 |
| PreRunner Short | NM92N | 14400 | 4350 | 4700 | 5600 | 7450 |
| PreRunner Xtra | SM92N | 17000 | 5050 | 5425 | 6650 | 8800 |
| PreRunner 4D | GM92N | 18620 | 7100 | 7550 | 9000 | 11650 |
| 4WD | | | 650 | 650 | 865 | 865 |
| V6, 3.4 Liter | N | | 250 | 250 | 335 | 335 |
| **TACOMA—V6**—Truck Equipment Schedule T1 | | | | | | |
| S-Runner Xtra Cab | VN52N | 18570 | 4525 | 4875 | 5800 | 7725 |
| Limited 4D | GM92N | 23000 | 7900 | 8375 | 9950 | 12850 |
| **TACOMA 4WD—V6**—Truck Equipment Schedule T2 | | | | | | |
| Limited Xtra Cab | WN72N | 23655 | 6525 | 6950 | 8525 | 11200 |
| Double Cab 4D | HN72N | 24895 | 8075 | 8550 | 10150 | 13100 |
| Ltd Double Cab 4D | HN72N | 26150 | 9025 | 9525 | 11350 | 14600 |
| **TUNDRA—V6**—Truck Equipment Schedule T2 | | | | | | |
| Long Bed | JN321 | 16115 | 4200 | 4550 | 5625 | 7650 |
| **TUNDRA—V8**—Truck Equipment Schedule T2 | | | | | | |
| SR5 Long Bed | KT441 | 23915 | 5500 | 5900 | 7450 | 10100 |
| **TUNDRA—V8**—Truck Equipment Schedule T1 | | | | | | |
| SR5 Access Cab 4D | RT341 | 23485 | 5650 | 6050 | 7650 | 10350 |
| Ltd Access Cab 4D | RT381 | 27230 | 6700 | 7125 | 8975 | 12050 |
| 4WD | 4 | | 1100 | 1100 | 1465 | 1465 |
| V6, 3.4 Liter | | | (375) | (375) | (500) | (500) |

## 2003 TOYOTA—(4,5orJ)T(B,DorE)(HH20V)-3-#

| Body Type | VIN | List | Trade-In Good | Very Good | Pvt-Party Good | Retail Excellent |
|---|---|---|---|---|---|---|
| **RAV4 4WD—4-Cyl.**—Truck Equipment Schedule T2 | | | | | | |
| Sport Utility 4D | HH20V | 19515 | 3600 | 3925 | 4625 | 6150 |
| 2WD | G | | (550) | (550) | (735) | (735) |
| **HIGHLANDER—V6**—Truck Equipment Schedule T1 | | | | | | |
| Sport Utility 4D | GF21A | 26000 | 4700 | 5075 | 5975 | 7750 |
| Limited Spt Utl 4D | GF21A | 29935 | 5350 | 5750 | 6750 | 8700 |
| 4WD | H | | 875 | 875 | 1165 | 1165 |
| 4-Cyl., 2.4 Liter | | | (375) | (375) | (500) | (500) |
| **4RUNNER 4WD—V6**—Truck Equipment Schedule T1 | | | | | | |
| SR5 Sport Util 4D | BU14R | 29990 | 6100 | 6525 | 7675 | 9925 |
| Sport SUV 4D | BU14R | 31785 | 6325 | 6750 | 8025 | 10350 |
| Limited Spt Ut 4D | BU17R | 36190 | 7300 | 7750 | 9175 | 11800 |
| 2WD | | | (900) | (900) | (1200) | (1200) |
| V8, 4.7 Liter | T | | 200 | 200 | 265 | 265 |
| **SEQUOIA—V8**—Truck Equipment Schedule T1 | | | | | | |
| SR5 Spt Util 4D | ZT34A | 32170 | 5350 | 5750 | 6775 | 8800 |
| 4WD | B,4 | | 875 | 875 | 1165 | 1165 |
| **SEQUOIA 4WD—V8**—Truck Equipment Schedule T1 | | | | | | |
| Limited Spt Util 4D | BT48A | 44030 | 7325 | 7775 | 9175 | 11800 |
| 2WD | Z | | (900) | (900) | (1200) | (1200) |
| **LAND CRUISER 4WD—V8**—Truck Equipment Schedule T3 | | | | | | |
| Sport Utility 4D | HT05J | 53915 | 14600 | 15300 | 17050 | 20900 |
| **SIENNA—V6**—Truck Equipment Schedule T1 | | | | | | |
| CE Minivan | ZF19C | 24415 | 2975 | 3275 | 3850 | 5275 |
| LE Minivan | ZF13C | 26265 | 3400 | 3725 | 4375 | 5975 |
| XLE Minivan | ZF13C | 28522 | 3950 | 4300 | 5200 | 7050 |
| **TACOMA PICKUP—4-Cyl.**—Truck Equipment Schedule T1 | | | | | | |
| Short Bed | NL42N | 12410 | 3700 | 4025 | 4750 | 6325 |
| Xtra Cab | VL52N | 15250 | 4750 | 5125 | 6000 | 7925 |
| PreRunner Short | NM92N | 14525 | 4725 | 5100 | 5975 | 7900 |
| PreRunner Xtra | SM92N | 17200 | 5600 | 6000 | 7225 | 9500 |
| PreRunner 4D | GM92N | 18820 | 7550 | 8025 | 9425 | 12100 |
| 4WD | P | | 800 | 800 | 1065 | 1065 |
| V6, 3.4 Liter | N | | 325 | 325 | 435 | 435 |
| **TACOMA PICKUP—V6**—Truck Equipment Schedule T2 | | | | | | |
| PreRunner Ltd 4D | GN92N | 23430 | 8250 | 8750 | 10250 | 13100 |
| **TACOMA PICKUP 4WD—V6**—Truck Equipment Schedule T2 | | | | | | |
| Limited Xtra Cab | WN72N | 24085 | 7300 | 7750 | 9350 | 12200 |

**DEDUCT FOR RECONDITIONING**

# 2003 TOYOTA

| Body Type | VIN | List | Trade-In Good | Very Good | Pvt-Party Good | Retail Excellent |
|---|---|---|---|---|---|---|
| Double Cab 4D | HN72N | 22830 | 9000 | 9500 | 11150 | 14300 |
| Ltd Double Cab 4D | HN72N | 26580 | 9600 | 10100 | 11850 | 15150 |
| **TUNDRA—V6—**Truck Equipment Schedule T2 | | | | | | |
| Long Bed | JN321 | 17308 | 4275 | 4625 | 5550 | 7450 |
| **TUNDRA 4WD—V8—**Truck Equipment Schedule T2 | | | | | | |
| SR5 Long Bed | KT441 | 24265 | 5575 | 5975 | 7350 | 9775 |
| **TUNDRA—V8—**Truck Equipment Schedule T2 | | | | | | |
| SR5 Access Cab 4D | RT341 | 23865 | 6325 | 6750 | 8275 | 10950 |
| Ltd Access Cab 4D | RT381 | 27465 | 6875 | 7325 | 8950 | 11850 |
| 4WD | B,4 | | 1200 | 1200 | 1600 | 1600 |
| V6, 3.4 Liter | | | (400) | (400) | (535) | (535) |

## 2004 TOYOTA—(5orJ)T(B,DorE)(HD20V)-4-#

| Body Type | VIN | List | Good | Very Good | Good | Excellent |
|---|---|---|---|---|---|---|
| **RAV4 4WD—4-Cyl.—**Truck Equipment Schedule T2 | | | | | | |
| Sport Utility 4D | HD20V | 19940 | 4475 | 4850 | 5875 | 7750 |
| 2WD | G | | (600) | (600) | (800) | (800) |
| **HIGHLANDER—V6—**Truck Equipment Schedule T1 | | | | | | |
| Sport Utility 4D | GP21A | 25680 | 5875 | 6275 | 7225 | 9175 |
| Limited Spt Util 4D | GP21A | 30520 | 6725 | 7175 | 8275 | 10500 |
| Third Row Seat | | | 325 | 325 | 435 | 435 |
| 4WD | E,H | | 975 | 975 | 1300 | 1300 |
| 4-Cyl, 2.4 Liter | D | | (400) | (400) | (535) | (535) |
| **4RUNNER 4WD—V6—**Truck Equipment Schedule T1 | | | | | | |
| SR5 Sport Util 4D | BU14R | 29985 | 7300 | 7750 | 8975 | 11400 |
| Sport SUV 4D | BU14R | 31225 | 7900 | 8375 | 9675 | 12250 |
| Limited Spt Util | BU17R | 36260 | 9450 | 9975 | 11500 | 14550 |
| Third Row Seat | | | 225 | 225 | 300 | 300 |
| 2WD | Z | | (975) | (975) | (1300) | (1300) |
| V8, 4.7 Liter | T | | 225 | 225 | 300 | 300 |
| **SEQUOIA—V8—**Truck Equipment Schedule T1 | | | | | | |
| SR5 Spt Util 4D | ZT34A | 32170 | 6700 | 7150 | 8325 | 10650 |
| 4WD | B,4 | | 975 | 975 | 1300 | 1300 |
| **SEQUOIA 4WD—V8—**Truck Equipment Schedule T1 | | | | | | |
| Limited Spt Util 4D | BT48A | 44760 | 10000 | 10550 | 12300 | 15550 |
| 2WD | Z | | (975) | (975) | (1300) | (1300) |
| **LAND CRUISER 4WD—V8—**Truck Equipment Schedule T3 | | | | | | |
| Sport Utility 4D | HT05J | 54765 | 16450 | 17150 | 18850 | 22800 |
| **SIENNA—V6—**Truck Equipment Schedule T1 | | | | | | |
| CE Minivan | ZA23C | 23495 | 3900 | 4250 | 5125 | 6925 |
| LE Minivan | ZA23C | 24800 | 4375 | 4725 | 5700 | 7675 |
| XLE Minivan | ZA22C | 28800 | 5550 | 5950 | 7350 | 9825 |
| XLE Limited | ZA22C | 35020 | 6425 | 6850 | 8525 | 11350 |
| AWD | B | | 450 | 450 | 600 | 600 |
| **TACOMA PICKUP—4-Cyl.—**Truck Equipment Schedule T2 | | | | | | |
| Short Bed | NL42N | 12800 | 4350 | 4700 | 5575 | 7400 |
| Xtra Cab | VL52N | 15460 | 5750 | 6150 | 7450 | 9825 |
| PreRunner Short | NM92N | 14715 | 5450 | 5850 | 7100 | 9350 |
| PreRunner Xtra | SM92N | 17410 | 7250 | 7700 | 9350 | 12250 |
| PreRunner 4D | GM92N | 19030 | 8900 | 9400 | 10900 | 13800 |
| 4WD | W,H | | 900 | 900 | 1200 | 1200 |
| V6, 3.4 Liter | N | | 400 | 400 | 535 | 535 |
| **TACOMA PICKUP—V6—**Truck Equipment Schedule T2 | | | | | | |
| S-Runner Xtra Cab | VN52N | 20700 | 6375 | 6800 | 8200 | 10800 |
| PreRunner Ltd 4D | GN92N | 23640 | 9300 | 9825 | 11350 | 14350 |
| **TACOMA PICKUP 4WD—V6—**Truck Equipment Schedule T2 | | | | | | |
| Limited Xtra Cab | WN72N | 24295 | 9950 | 10500 | 12650 | 16500 |
| Double Cab 4D | HN72N | 23040 | 11050 | 11600 | 13400 | 16900 |
| Ltd Double Cab 4D | HN72N | 26790 | 11500 | 12050 | 13950 | 17550 |
| **TUNDRA—V6—**Truck Equipment Schedule T2 | | | | | | |
| Long Bed | JN321 | 17335 | 3950 | 4300 | 4875 | 6350 |
| **TUNDRA 4WD—V8—**Truck Equipment Schedule T2 | | | | | | |
| SR5 Long Bed | KT441 | 24415 | 5525 | 5925 | 6900 | 8850 |
| **TUNDRA—V8—**Truck Equipment Schedule T2 | | | | | | |
| SR5 Access Cab 4D | RN341 | 23995 | 6100 | 6525 | 7575 | 9675 |
| Ltd Access Cab 4D | RT381 | 27615 | 6950 | 7400 | 8550 | 10900 |
| SR5 Double Cab 4D | ET341 | 26185 | 7675 | 8150 | 9475 | 12050 |
| Ltd Double Cab 4D | BT481 | 33140 | 11750 | 12300 | 14300 | 18100 |
| 4WD | B,4 | | 1300 | 1300 | 1735 | 1735 |
| V6, 3.4 Liter | N | | (425) | (425) | (565) | (565) |

**SEE BACK PAGES FOR TRUCK EQUIPMENT**

## 2005 TOYOTA

| Body Type | VIN | List | Trade-In Good | Very Good | Pvt-Party Good | Retail Excellent |
|---|---|---|---|---|---|---|

### 2005 TOYOTA—(5orJ)T(B,DorE)(HD20V)-5-#

**RAV4 4WD—4-Cyl.—Truck Equipment Schedule T2**
| Sport Utility 4D | HD20V | 21565 | 6075 | 6500 | 7600 | 9550 |
| 2WD | G | | (650) | (650) | (865) | (865) |

**HIGHLANDER—V6—Truck Equipment Schedule T1**
| Sport Utility 4D | GP21A | 25705 | 6900 | 7350 | 8500 | 10500 |
| Limited Spt Util 4D | DP21A | 30545 | 8350 | 8850 | 10100 | 12450 |
| Third Row Seat | | | 350 | 350 | 465 | 465 |
| 4WD | E,H | | 1050 | 1050 | 1400 | 1400 |
| 4-Cyl, 2.4 Liter | D | | (450) | (450) | (600) | (600) |

**4RUNNER 4WD—V6—Truck Equipment Schedule T1**
| SR5 Sport Util 4D | BU14R | 30335 | 8375 | 8875 | 10250 | 12750 |
| Sport SUV 4D | BU14R | 31605 | 9350 | 9875 | 11400 | 14150 |
| Limited Spt Util | BU17R | 36610 | 10100 | 10650 | 12250 | 15150 |
| Third Row Seat | | | 250 | 250 | 335 | 335 |
| 2WD | Z | | (1050) | (1050) | (1400) | (1400) |
| V8, 4.7 Liter | T | | 225 | 225 | 300 | 300 |

**SEQUOIA—V8—Truck Equipment Schedule T1**
| SR5 Spt Util 4D | ZT34A | 33035 | 7875 | 8350 | 9825 | 12300 |
| 4WD | B,4 | | 1050 | 1050 | 1400 | 1400 |

**SEQUOIA 4WD—V8—Truck Equipment Schedule T1**
| Limited Spt Util 4D | BT48A | 45525 | 11200 | 11750 | 13800 | 17200 |
| 2WD | | | (1050) | (1050) | (1400) | (1400) |

**LAND CRUISER 4WD—V8—Truck Equipment Schedule T3**
| Sport Utility 4D | HT05J | 55990 | 18850 | 19700 | 21400 | 25400 |

**SIENNA—V6—Truck Equipment Schedule T1**
| CE Minivan | ZA23C | 23790 | 4425 | 4800 | 5975 | 7775 |
| LE Minivan | ZA23C | 25295 | 4975 | 5375 | 6625 | 8575 |
| XLE Minivan | ZA22C | 29590 | 6575 | 7025 | 8575 | 11050 |
| XLE Limited | ZA22C | 35860 | 9500 | 10050 | 12050 | 15400 |
| AWD | B | | 500 | 500 | 665 | 665 |

**TACOMA PICKUP—4-Cyl.—Truck Equipment Schedule T2**
| Short Bed | NX22N | 14880 | 5200 | 5600 | 6725 | 8575 |
| Access Cab | UX42N | 17925 | 8500 | 9000 | 10600 | 13350 |
| PreRunner Short | NX62N | 14850 | 6000 | 6425 | 7650 | 9700 |
| 4WD | P,4 | | 1000 | 1000 | 1335 | 1335 |
| V6, 4.0 Liter | U | | 475 | 475 | 635 | 635 |

**TACOMA PICKUP—V6—Truck Equipment Schedule T2**
| PreRunner Access | TU62N | 20515 | 9650 | 10200 | 11950 | 15000 |
| 4-Cyl, 2.7 Liter | M | | (525) | (525) | (700) | (700) |

**TACOMA PICKUP—V6—Truck Equipment Schedule T2**
| X-Runner Access | TU22N | 23650 | 10150 | 10700 | 12500 | 15750 |
| PreRunner Dbl 5' | JU62N | 22240 | 9850 | 10400 | 11950 | 14850 |
| PreRunner Dbl 6' | KU72N | 22740 | 9750 | 10300 | 11850 | 14700 |

**TACOMA PICKUP 4WD—V6—Truck Equipment Schedule T2**
| Double Cab 5' | LU42N | 22240 | 12650 | 13250 | 15300 | 18950 |
| Double Cab 6' | MU52N | 25815 | 12750 | 13350 | 15400 | 19050 |

**TUNDRA—V6—Truck Equipment Schedule T2**
| Long Bed | JU321 | 17360 | 3475 | 3800 | 4500 | 5750 |

**TUNDRA—V8—Truck Equipment Schedule T2**
| Work Truck Long | JT321 | 18995 | 4300 | 4650 | 5425 | 6875 |
| SR5 Access Cab 4D | RT341 | 24700 | 7100 | 7575 | 8850 | 11100 |
| Ltd Access Cab 4D | RT381 | 27640 | 6950 | 7400 | 8700 | 10900 |
| SR5 Double Cab 4D | ET341 | 26685 | 8600 | 9100 | 10600 | 13200 |
| Ltd Double Cab 4D | DT481 | 33640 | 11650 | 12250 | 14100 | 17500 |
| 4WD | 4 | | 1600 | 1600 | 2135 | 2135 |
| V6, 4.0 Liter | T | | (450) | (450) | (600) | (600) |

### 2006 TOYOTA—(3,5orJ)T(B,D,EorM)(BD33V)-6-#

**RAV4 4WD—4-Cyl.—Truck Equipment Schedule T1**
| SUV 4D | BD33V | 22345 | 7275 | 7750 | 8875 | 10950 |
| Sport SUV 4D | BD32V | 23920 | 7975 | 8475 | 9650 | 11900 |
| Limited SUV 4D | BD31V | 24600 | 9000 | 9525 | 10850 | 13350 |
| Third Row Seat | | | 250 | 250 | 335 | 335 |
| 2WD | Z | | (700) | (700) | (935) | (935) |
| V6, 3.5 Liter | K | | 625 | 625 | 835 | 835 |

**HIGHLANDER—V6—Truck Equipment Schedule T1**
| SUV 4D | GP21A | 26235 | 7650 | 8125 | 9175 | 11200 |
| Limited SUV 4D | DP21A | 31105 | 10500 | 11050 | 12300 | 14950 |
| Third Row Seat | | | 375 | 375 | 500 | 500 |
| 4WD | E,H | | 1125 | 1125 | 1500 | 1500 |

**518 DEDUCT FOR RECONDITIONING**

# 2006 TOYOTA

| Body Type | VIN | List | Trade-In Good | Very Good | Pvt-Party Good | Retail Excellent |
|---|---|---|---|---|---|---|
| 4-Cyl, 2.4 Liter | D | | (475) | (475) | (635) | (635) |
| **HIGHLANDER 4WD—V6**—Truck Equipment Schedule T1 | | | | | | |
| Sport SUV 4D | HD21A | 29840 | 10150 | 10650 | 11900 | 14450 |
| Limited SUV 4D | DP21A | 31105 | 10500 | 11050 | 12300 | 14950 |
| Third Row Seat | | | 375 | 375 | 500 | 500 |
| 2WD | D,G | | (1150) | (1150) | (1535) | (1535) |
| 4-Cyl, 2.4 Liter | D | | (475) | (475) | (635) | (635) |
| **HIGHLANDER 4WD—V6 Hybrid**—Truck Equipment Sch T1 | | | | | | |
| SUV 4D | EW21A | 34995 | 7100 | 7575 | 8875 | 11100 |
| Limited SUV 4D | EW21A | 39855 | 9275 | 9800 | 11450 | 14250 |
| Third Row Seat | | | 375 | 375 | 500 | 500 |
| 2WD | D,G | | (1150) | (1150) | (1535) | (1535) |
| **4RUNNER 4WD—V6**—Truck Equipment Schedule T1 | | | | | | |
| SR5 Sport Util 4D | BU14R | 30475 | 9975 | 10550 | 11950 | 14650 |
| Sport SUV 4D | BU14R | 32815 | 10700 | 11250 | 12750 | 15550 |
| Limited Spt Util | BU17R | 37190 | 11350 | 11950 | 13500 | 16450 |
| Third Row Seat | | | 250 | 250 | 335 | 335 |
| 2WD | Z | | (1150) | (1150) | (1535) | (1535) |
| V8, 4.7 Liter | T | | 250 | 250 | 335 | 335 |
| **SEQUOIA SPORT UTIL—V8**—Truck Equipment Schedule T1 | | | | | | |
| SR5 Spt Util 4D | ZT34A | 33465 | 9375 | 9900 | 11300 | 13850 |
| 4WD | B,4 | | 1125 | 1125 | 1500 | 1500 |
| **SEQUOIA 4WD—V8**—Truck Equipment Schedule T1 | | | | | | |
| Limited Spt Util 4D | BT48A | 45875 | 12250 | 12850 | 14550 | 17750 |
| 2WD | Z | | (1150) | (1150) | (1535) | (1535) |
| **LAND CRUISER AWD—V8**—Truck Equipment Schedule T3 | | | | | | |
| Sport Utility 4D | HT05J | 56680 | 22500 | 23500 | 24900 | 29300 |
| **SIENNA—V6**—Truck Equipment Schedule T1 | | | | | | |
| CE Minivan | ZA23C | 24190 | 5375 | 5775 | 7050 | 9000 |
| LE Minivan | ZA23C | 25695 | 5875 | 6300 | 7625 | 9700 |
| XLE Minivan | ZA22C | 29990 | 9450 | 9975 | 11800 | 14850 |
| XLE Limited | ZA22C | 36445 | 11000 | 11550 | 13600 | 17150 |
| AWD | B | | 525 | 525 | 700 | 700 |
| **TACOMA PICKUP—4-Cyl.**—Truck Equipment Schedule T1 | | | | | | |
| Short Bed | NX22N | 15325 | 5650 | 6050 | 7350 | 9425 |
| 4WD | P,4 | | 1100 | 1100 | 1465 | 1465 |
| **TACOMA PICKUP—4-Cyl.**—Truck Equipment Schedule T2 | | | | | | |
| PreRunner Short | NX62N | 15215 | 6450 | 6875 | 8275 | 10550 |
| **TACOMA PICKUP 4WD—4-Cyl.**—Truck Equipment Schedule T2 | | | | | | |
| Access Cab | UX42N | 21660 | 10350 | 10900 | 12900 | 16350 |
| 2WD | T,2 | | (1200) | (1200) | (1600) | (1600) |
| V6, 4.0 Liter | U | | 550 | 550 | 735 | 735 |
| **TACOMA PICKUP—V6**—Truck Equipment Schedule T1 | | | | | | |
| PreRunner Access | TU62N | 20920 | 10900 | 11450 | 13550 | 17150 |
| 4-Cyl, 2.7 Liter | X | | (550) | (550) | (735) | (735) |
| **TACOMA PICKUP—V6**—Truck Equipment Schedule T2 | | | | | | |
| X-Runner Access | TU22N | 24110 | 11450 | 12000 | 14250 | 18050 |
| PreRunner Dbl 5' | JU62N | 22605 | 11750 | 12350 | 13650 | 16400 |
| PreRunner Dbl 6' | KU72N | 23105 | 11650 | 12250 | 13550 | 16250 |
| **TACOMA PICKUP 4WD—V6**—Truck Equipment Schedule T1 | | | | | | |
| Double Cab 5' | LU42N | 25760 | 14550 | 15200 | 16750 | 20100 |
| **TACOMA PICKUP 4WD—V6**—Truck Equipment Schedule T2 | | | | | | |
| Double Cab 6' | MU52N | 26180 | 14350 | 15000 | 16550 | 19850 |
| **TUNDRA—V6**—Truck Equipment Schedule T1 | | | | | | |
| Long Bed | JU321 | 17640 | 4700 | 5075 | 6050 | 7650 |
| **TUNDRA—V8**—Truck Equipment Schedule T1 | | | | | | |
| SR5 Access Cab 4D | RT341 | 24957 | 8550 | 9050 | 10500 | 13100 |
| 4WD | B,4 | | 2000 | 2000 | 2665 | 2665 |
| V6, 4.0 Liter | U | | (475) | (475) | (635) | (635) |
| **TUNDRA—V8**—Truck Equipment Schedule T2 | | | | | | |
| Work Truck Long | JT321 | 19195 | 5300 | 5700 | 6725 | 8475 |
| Ltd Access Cab 4D | RT381 | 27820 | 8350 | 8800 | 10250 | 12750 |
| SR5 Double Cab 4D | ET341 | 27185 | 10000 | 10550 | 12150 | 15100 |
| Darrell Waltrip Ed | ET341 | 30260 | 10150 | 10700 | 12300 | 15300 |
| 4WD | 4 | | 2000 | 2000 | 2665 | 2665 |
| **TUNDRA 4WD—V8**—Truck Equipment Schedule T2 | | | | | | |
| Ltd Double Cab 4D | DT481 | 34220 | 13200 | 13850 | 15950 | 19700 |
| 2WD | E,3 | | (2250) | (2250) | (3000) | (3000) |

## 2007 TOYOTA—(3,5orJ)T(B,D,EorM)(BD33V)-7-#

| Body Type | VIN | List | Good | Very Good | Good | Excellent |
|---|---|---|---|---|---|---|
| **RAV4 4WD—4-Cyl.**—Truck Equipment Schedule T1 | | | | | | |
| SUV 4D | BD33V | 22855 | 7950 | 8450 | 9575 | 11750 |
| Sport SUV 4D | BD32V | 24470 | 8800 | 9325 | 10500 | 12900 |

# 2007 TOYOTA

**TRUCKS & VANS**

| Body Type | VIN | List | Trade-In Good | Very Good | Pvt-Party Good | Retail Excellent |
|---|---|---|---|---|---|---|
| Limited SUV 4D | BD31V | 25110 | 9775 | 10300 | 11650 | 14250 |
| Third Row Seat | | | 250 | 250 | 335 | 335 |
| 2WD | Z | | (750) | (750) | (1000) | (1000) |
| V6, 3.5 Liter | K | | 675 | 675 | 900 | 900 |
| **FJ CRUISER 4WD—V6—Truck Equipment Schedule T1** | | | | | | |
| Sport Utility 2D | BU11F | 24150 | 14050 | 14700 | 15900 | 18750 |
| TRD Special Edition | | | 1200 | 1200 | 1600 | 1600 |
| 2WD | Z | | (1225) | (1225) | (1635) | (1635) |
| **HIGHLANDER—V6—Truck Equipment Schedule T1** | | | | | | |
| SUV 4D | GP21A | 26585 | 8450 | 8950 | 10200 | 12550 |
| Limited SUV 4D | DP21A | 31455 | 11200 | 11750 | 13250 | 16200 |
| Third Row Seat | | | 400 | 400 | 535 | 535 |
| 4WD | E | | 1225 | 1225 | 1635 | 1635 |
| 4-Cyl, 2.4 Liter | | | (500) | (500) | (665) | (665) |
| **HIGHLANDER 4WD—V6—Truck Equipment Schedule T1** | | | | | | |
| Sport SUV 4D | HD21A | 30190 | 10850 | 11400 | 12850 | 15750 |
| Third Row Seat | | | 400 | 400 | 535 | 535 |
| 2WD | D,G | | (1225) | (1225) | (1635) | (1635) |
| **HIGHLANDER 4WD—V6 Hybrid—Truck Equipment Schedule T1** | | | | | | |
| Sport Utility 4D | EW21A | 34495 | 9050 | 9575 | 10800 | 13200 |
| Limited Utility 4D | EW21A | 36615 | 10950 | 11500 | 12950 | 15750 |
| Third Row Seat | | | 400 | 400 | 535 | 535 |
| 2WD | D,G | | (1225) | (1225) | (1635) | (1635) |
| **4RUNNER 4WD—V6—Truck Equipment Schedule T1** | | | | | | |
| SR5 Sport Util 4D | BU14R | 30515 | 11950 | 12550 | 13800 | 16500 |
| Sport SUV 4D | BU14R | 32855 | 12550 | 13150 | 14550 | 17400 |
| Limited Spt Utility | BU76R | 37230 | 13650 | 14300 | 15700 | 18800 |
| Third Row Seat | | | 250 | 250 | 335 | 335 |
| 2WD | Z | | (1225) | (1225) | (1635) | (1635) |
| V8, 4.7 Liter | T | | 250 | 250 | 335 | 335 |
| **SEQUOIA—V8—Truck Equipment Schedule T1** | | | | | | |
| SR5 Spt Util 4D | ZT34A | 33805 | 11500 | 12100 | 13400 | 16100 |
| 4WD | B,4 | | 1225 | 1225 | 1635 | 1635 |
| **SEQUOIA 4WD—V8—Truck Equipment Schedule T1** | | | | | | |
| Limited Spt Util 4D | BT48A | 46265 | 14800 | 15450 | 17050 | 20500 |
| 2WD | Z | | (1225) | (1225) | (1635) | (1635) |
| **LAND CRUISER AWD—V8—Truck Equipment Schedule T3** | | | | | | |
| Sport Utility 4D | HT05J | 56820 | 27400 | 28500 | 30100 | 35300 |
| **SIENNA—V6—Truck Equipment Schedule T1** | | | | | | |
| CE Minivan | ZK23C | 24800 | 6575 | 7025 | 8125 | 10100 |
| LE Minivan | ZK23C | 26325 | 7050 | 7525 | 8725 | 10850 |
| XLE Minivan | ZK22C | 30770 | 10650 | 11200 | 12800 | 15800 |
| XLE Limited | ZK22C | 36110 | 12100 | 12700 | 14500 | 17850 |
| AWD | B | | 550 | 550 | 735 | 735 |
| **TACOMA PICKUP—4-Cyl.—Truck Equipment Schedule T1** | | | | | | |
| Short Bed | NX22N | 15665 | 6275 | 6700 | 7850 | 9875 |
| 4WD | P4 | | 1300 | 1300 | 1735 | 1735 |
| **TACOMA PICKUP—4-Cyl.—Truck Equipment Schedule T2** | | | | | | |
| PreRunner Short | NX62N | 15555 | 6875 | 7325 | 8625 | 10800 |
| **TACOMA PICKUP 4WD—4-Cyl.—Truck Equipment Schedule T1** | | | | | | |
| Access Cab | TX22N | 21960 | 11050 | 11600 | 13450 | 16700 |
| 2WD | T | | (1650) | (1650) | (2200) | (2200) |
| V6, 4.0 Liter | U | | 600 | 600 | 800 | 800 |
| **TACOMA PICKUP—V6—Truck Equipment Schedule T2** | | | | | | |
| PreRunner Access | TX62N | 21220 | 11600 | 12200 | 14100 | 17500 |
| 4-Cyl, 2.7 Liter | X | | (600) | (600) | (800) | (800) |
| **TACOMA PICKUP 4WD—V6—Truck Equipment Schedule T2** | | | | | | |
| X-Runner Access | TU22N | 24450 | 12100 | 12700 | 14650 | 18200 |
| PreRunner Dbl 5' | JU62N | 22945 | 12700 | 13300 | 14600 | 17400 |
| PreRunner Dbl 6' | KU72N | 23445 | 12600 | 13200 | 14400 | 17150 |
| **TACOMA PICKUP 4WD—V6—Truck Equipment Schedule T1** | | | | | | |
| Double Cab 5' | LU42N | 26100 | 15800 | 16500 | 17950 | 21300 |
| **TACOMA PICKUP 4WD—V6—Truck Equipment Schedule T2** | | | | | | |
| Double Cab 6' | MU52N | 26520 | 15700 | 16400 | 17800 | 21200 |
| **TUNDRA PICKUP—V8—Equipment Schedule T1** | | | | | | |
| Short Bed | JT521 | 24075 | 9350 | 9875 | 11150 | 13600 |
| Long Bed | LT521 | 24405 | 9150 | 9675 | 10900 | 13350 |
| SR5 Double 6 1/2' | RT541 | 27495 | 12050 | 12650 | 14200 | 17250 |
| SR5 Double 8' | ST541 | 27825 | 11650 | 12250 | 13750 | 16700 |
| SR5 CrewMax 4D | ET541 | 42535 | 14700 | 15350 | 17200 | 20900 |
| 4WD | M | | 2200 | 2200 | 2935 | 2935 |
| V6, 4.0 Liter | U | | (500) | (500) | (665) | (665) |
| V8, 4.7 Liter | T | | (500) | (500) | (665) | (665) |

520    **DEDUCT FOR RECONDITIONING**

# 2007 TOYOTA

| Body Type | VIN | List | Trade-In Good | Very Good | Pvt-Party Good | Retail Excellent |
|---|---|---|---|---|---|---|
| **TUNDRA PICKUP 4WD—V8**—Equipment Schedule T1 | | | | | | |
| Ltd Double Cab 4D | DV581 | 39235 | 19750 | 20600 | 22800 | 27600 |
| Limited CrewMax | BV581 | 38185 | 22900 | 23900 | 26300 | 31800 |
| 2WD | E | | (2425) | (2425) | (3235) | (3235) |
| V8, 4.7 Liter | | | (500) | (500) | (665) | (665) |

## 2008 TOYOTA—(3,5orJ)T(B,D,EorM)(BD33V)-8-#

| Body Type | VIN | List | Good | Very Good | Good | Excellent |
|---|---|---|---|---|---|---|
| **RAV4 4WD—4-Cyl.**—Truck Equipment Schedule T2 | | | | | | |
| SUV 4D | BD33V | 23185 | 9050 | 9575 | 10600 | 12750 |
| Sport SUV 4D | BD32V | 24760 | 9975 | 10500 | 11650 | 14000 |
| Limited SUV 4D | BD31V | 25440 | 11100 | 11700 | 12900 | 15500 |
| Third Row Seat | | | 300 | 300 | 400 | 400 |
| 2WD | Z | | (875) | (875) | (1165) | (1165) |
| V6, 3.5 Liter | K | | 725 | 725 | 965 | 965 |
| **FJ CRUISER 4WD—V6**—Truck Equipment Schedule T1 | | | | | | |
| Sport Utility 2D | BU11F | 24820 | 15950 | 16700 | 17750 | 20700 |
| 2WD | | | (1300) | (1300) | (1735) | (1735) |
| **HIGHLANDER 4WD—V6**—Truck Equipment Schedule T1 | | | | | | |
| SUV 4D | ES41A | 29435 | 12800 | 13400 | 14900 | 17900 |
| Sport SUV 4D | ES43A | 32085 | 14500 | 15150 | 16750 | 20100 |
| Limited SUV 4D | ES42A | 34835 | 17350 | 18100 | 19850 | 23800 |
| Third Row Seat | | | 475 | 475 | 635 | 635 |
| 2WD | D | | (1300) | (1300) | (1735) | (1735) |
| **HIGHLANDER 4WD—V6 Hybrid**—Truck Equipment Schedule T1 | | | | | | |
| SUV 4D | EW41A | 34385 | 14050 | 14700 | 16250 | 19450 |
| Limited SUV 4D | EW44A | 40635 | 16500 | 17400 | 19050 | 22800 |
| Third Row Seat | | | 475 | 475 | 635 | 635 |
| **4RUNNER 4WD—V6**—Truck Equipment Schedule T1 | | | | | | |
| SR5 SUV 4D | BU14R | 30975 | 15000 | 15700 | 16850 | 19750 |
| Sport SUV 4D | BU14R | 31010 | 15850 | 16550 | 17750 | 20800 |
| Limited SUV 4D | BU17R | 35585 | 17400 | 18150 | 19400 | 22700 |
| Third Row Seat | | | 300 | 300 | 400 | 400 |
| 2WD | Z | | (1300) | (1300) | (1735) | (1735) |
| V8, 4.7 Liter | T | | 300 | 300 | 400 | 400 |
| **SEQUOIA 4WD—V8**—Truck Equipment Schedule T1 | | | | | | |
| SR5 Spt Util 4D | BT44A | 39185 | 19550 | 20400 | 21500 | 25000 |
| Limited Spt Util 4D | BY68A | 49135 | 22700 | 23700 | 24800 | 28800 |
| Platinum Spt Util | BY67A | 56285 | 28000 | 29100 | 30500 | 35400 |
| 2WD | Z | | (1300) | (1300) | (1735) | (1735) |
| **LAND CRUISER 4WD—V8**—Truck Equipment Schedule T3 | | | | | | |
| Sport Utility 4D | HY05J | 63885 | 34900 | 36200 | 36900 | 42000 |
| **SIENNA—V6**—Truck Equipment Schedule T1 | | | | | | |
| CE Minivan | ZK23C | 25025 | 8000 | 8500 | 9650 | 11850 |
| LE Minivan | ZK23C | 26550 | 8900 | 9400 | 10700 | 13100 |
| XLE Minivan | ZK22C | 30210 | 12550 | 13200 | 14800 | 18050 |
| XLE Limited | ZK22C | 36150 | 13900 | 14550 | 16400 | 19950 |
| AWD | B | | 650 | 650 | 865 | 865 |
| **TACOMA PICKUP—4-Cyl.**—Truck Equipment Schedule T1 | | | | | | |
| Short Bed | NX22N | 15980 | 6825 | 7275 | 8475 | 10550 |
| 4WD | P4 | | 1500 | 1500 | 2000 | 2000 |
| **TACOMA PICKUP—4-Cyl.**—Truck Equipment Schedule T1 | | | | | | |
| PreRunner Short | NX62N | 15835 | 7450 | 7925 | 9175 | 11400 |
| **TACOMA PICKUP 4WD—4-Cyl.**—Truck Equipment Schedule T2 | | | | | | |
| Access Cab | UX42N | 22240 | 12050 | 12650 | 14400 | 17800 |
| 2WD | T,2 | | (1675) | (1675) | (2235) | (2235) |
| V6, 4.0 Liter | U | | 700 | 700 | 935 | 935 |
| **TACOMA PICKUP—V6**—Truck Equipment Schedule T1 | | | | | | |
| PreRunner Access | TU62N | 21500 | 12600 | 13250 | 15200 | 18750 |
| 4-Cyl., 2.7 Liter | X | | (700) | (700) | (935) | (935) |
| **TACOMA PICKUP—V6**—Truck Equipment Schedule T2 | | | | | | |
| X-Runner Access | TU22N | 24730 | 12900 | 13550 | 15550 | 19150 |
| PreRunner Dbl 5' | JU62N | 23225 | 15050 | 15750 | 17000 | 20100 |
| PreRunner Dbl 6' | KU72N | 23725 | 14850 | 15500 | 16800 | 19850 |
| **TACOMA PICKUP 4WD—V6**—Truck Equipment Schedule T1 | | | | | | |
| Double Cab 5' | LU42N | 26415 | 18000 | 18800 | 20200 | 23800 |
| **TACOMA PICKUP 4WD—V6**—Truck Equipment Schedule T2 | | | | | | |
| Double Cab 6' | MU52N | 26800 | 17800 | 18550 | 19950 | 23500 |
| **TUNDRA PICKUP—V8**—Truck Equipment Schedule T1 | | | | | | |
| Short Bed | JT521 | 24115 | 9900 | 10450 | 11400 | 13600 |
| Long Bed | LT521 | 24445 | 9650 | 10200 | 11150 | 13300 |
| Double 6 1/2' | RU541 | 25545 | 12000 | 12600 | 13750 | 16350 |
| SR5 Double 6 1/2' | RT541 | 27535 | 13100 | 13750 | 15000 | 17850 |
| SR5 Double 8' | ST541 | 27865 | 12600 | 13250 | 14400 | 17100 |

SEE BACK PAGES FOR TRUCK EQUIPMENT

# 2008 TOYOTA

| Body Type | VIN | List | Trade-In Good | Very Good | Pvt-Party Good | Retail Excellent |
|---|---|---|---|---|---|---|
| SR5 CrewMax 4D | ET541 | 30360 | 15900 | 16600 | 18000 | 21300 |
| 4WD | K,M | | 2600 | 2600 | 3465 | 3465 |
| V6, 4.0 Liter | U | | (575) | (575) | (765) | (765) |
| V8, 4.7 Liter | T | | (500) | (500) | (665) | (665) |
| **TUNDRA PICKUP 4WD—V8**—Truck Equipment Schedule T1 | | | | | | |
| Double 8' | CV541 | 29910 | 14550 | 15200 | 16550 | 19650 |
| Ltd Double Cab 4D | CV581 | 39570 | 21900 | 22800 | 24400 | 28900 |
| CrewMax 4D | DV541 | 32735 | 19300 | 20100 | 21700 | 25700 |
| Limited CrewMax | DV581 | 42870 | 25000 | 26000 | 27900 | 32900 |
| 2WD | E | | (2650) | (2650) | (3535) | (3535) |
| V8, 4.7 Liter | | | (500) | (500) | (665) | (665) |

## 2009 TOYOTA—(3,5orJ)T(B,D,EorM)(BF33V)-9-#

| Body Type | VIN | List | Trade-In Good | Very Good | Pvt-Party Good | Retail Excellent |
|---|---|---|---|---|---|---|
| **RAV4 4WD—4-Cyl.**—Truck Equipment Schedule T2 | | | | | | |
| SUV 4D | BF33V | 23585 | 10700 | 11250 | 12250 | 14550 |
| Sport SUV 4D | BF32V | 25160 | 11800 | 12400 | 13500 | 16050 |
| Limited SUV 4D | BF31V | 25840 | 12850 | 13500 | 14600 | 17350 |
| Third Row Seat | | | 350 | 350 | 465 | 465 |
| 2WD | Z | | (1000) | (1000) | (1335) | (1335) |
| V6, 3.5 Liter | K | | 750 | 750 | 1000 | 1000 |
| **FJ CRUISER 4WD—V6**—Truck Equipment Schedule T1 | | | | | | |
| Sport Utility 2D | BU11F | 25710 | 18750 | 19600 | 20300 | 23300 |
| 2WD | Z | | (1400) | (1400) | (1865) | (1865) |
| **VENZA—4-Cyl.**—Truck Equipment Schedule T1 | | | | | | |
| Sport Utility 4D | ZE11A | 28145 | 13450 | 14100 | 14950 | 17350 |
| AWD | | | 725 | 725 | 965 | 965 |
| V6, 3.5 Liter | K | | 750 | 750 | 1000 | 1000 |
| **HIGHLANDER 4WD—V6**—Truck Equipment Schedule T1 | | | | | | |
| SUV 4D | ES41A | 29795 | 14500 | 15150 | 16300 | 19200 |
| Sport SUV 4D | ES43A | 32195 | 16850 | 17600 | 18800 | 22100 |
| Limited SUV 4D | ES42A | 35265 | 19900 | 20800 | 22100 | 25900 |
| Third Row Seat | | | 550 | 550 | 735 | 735 |
| 2WD | D | | (1400) | (1400) | (1865) | (1865) |
| 4-Cyl, 2.7 Liter | | | (700) | (700) | (935) | (935) |
| **HIGHLANDER 4WD—V6 Hybrid**—Truck Equipment Schedule T1 | | | | | | |
| SUV 4D | EW41A | 35445 | 17200 | 17950 | 19350 | 22800 |
| Limited SUV 4D | EW44A | 41765 | 19900 | 20800 | 22300 | 26300 |
| Third Row Seat | | | 550 | 550 | 735 | 735 |
| **4RUNNER 4WD—V6**—Truck Equipment Schedule T1 | | | | | | |
| SR5 Spt Util 4D | BU14R | 31660 | 18050 | 18850 | 19750 | 22800 |
| Sport SUV 4D | BU14R | 33970 | 19250 | 20100 | 21100 | 24300 |
| Limited SUV 4D | BU17R | 38345 | 20700 | 21600 | 22600 | 26100 |
| Third Row Seat | | | 350 | 350 | 465 | 465 |
| 2WD | Z | | (1400) | (1400) | (1865) | (1865) |
| V8, 4.7 Liter | T | | 350 | 350 | 465 | 465 |
| **SEQUOIA 4WD—V8**—Truck Equipment Schedule T1 | | | | | | |
| SR5 Spt Util 4D | BT44A | 39445 | 21500 | 22400 | 23400 | 27100 |
| Limited Spt Util 4D | BY68A | 49395 | 26400 | 27500 | 28600 | 33000 |
| Platinum Spt Util | BY67A | 56545 | 31000 | 32200 | 33400 | 38500 |
| 2WD | | | (1400) | (1400) | (1865) | (1865) |
| **LAND CRUISER 4WD—V8**—Truck Equipment Schedule T3 | | | | | | |
| Sport Utility 4D | HY05J | 65440 | 44700 | 46300 | 46500 | 52300 |
| **SIENNA—V6**—Truck Equipment Schedule T1 | | | | | | |
| CE Minivan | ZK23C | 25225 | 10500 | 11050 | 12200 | 14650 |
| LE Minivan | ZK23C | 26750 | 11200 | 11750 | 13050 | 15650 |
| XLE Minivan | ZK23C | 30410 | 15700 | 16400 | 18000 | 21500 |
| XLE Limited | ZK23C | 36350 | 18050 | 18850 | 20500 | 24500 |
| AWD | B | | 725 | 725 | 965 | 965 |
| **TACOMA PICKUP—4-Cyl.**—Truck Equipment Schedule T1 | | | | | | |
| Short Bed | NX22N | 16870 | 9100 | 9625 | 10800 | 13100 |
| 4WD | F4 | | 1700 | 1700 | 2265 | 2265 |
| **TACOMA PICKUP—4-Cyl.**—Truck Equipment Schedule T2 | | | | | | |
| PreRunner Short | NX22N | 16800 | 9800 | 10350 | 11550 | 14000 |
| **TACOMA PICKUP 4WD—4-Cyl.**—Truck Equipment Schedule T2 | | | | | | |
| Access Cab | UX42N | 23840 | 14350 | 14600 | 16250 | 19600 |
| 2WD | T,2 | | (2200) | (2200) | (2935) | (2935) |
| V6, 4.0 Liter | U | | 800 | 800 | 1065 | 1065 |
| **TACOMA PICKUP—V6**—Truck Equipment Schedule T1 | | | | | | |
| PreRunner Access | TX62N | 23100 | 14750 | 15400 | 17100 | 20600 |
| 4-Cyl, 2.7 Liter | X | | (800) | (800) | (1065) | (1065) |
| **TACOMA PICKUP—V6**—Truck Equipment Schedule T2 | | | | | | |
| X-Runner Access | TU22N | 26030 | 15300 | 16000 | 17700 | 21300 |
| PreRunner Dbl 5' | JU62N | 24245 | 16800 | 17550 | 18700 | 21900 |

**DEDUCT FOR RECONDITIONING**

# 2009 TOYOTA

| Body Type | VIN | List | Trade-In Good | Very Good | Pvt-Party Good | Retail Excellent |
|---|---|---|---|---|---|---|
| PreRunner Dbl 6' | KU72N | 24745 | 16600 | 17350 | 18500 | 21600 |
| **TACOMA PICKUP 4WD—V6**—Truck Equipment Schedule T1 | | | | | | |
| Double Cab 5' | LU42N | 27375 | 19750 | 20600 | 21800 | 25500 |
| **TACOMA PICKUP 4WD—V6**—Truck Equipment Schedule T2 | | | | | | |
| Double Cab 6' | MU52N | 27820 | 19550 | 20400 | 21600 | 25300 |
| **TUNDRA PICKUP—V8**—Truck Equipment Schedule T1 | | | | | | |
| Short Bed | JT521 | 24375 | 11400 | 12000 | 13100 | 15600 |
| Long Bed | LT521 | 24705 | 11200 | 11800 | 12900 | 15350 |
| Double 6 1/2' | RU541 | 25835 | 13650 | 14300 | 15600 | 18500 |
| SR5 Double 6 1/2' | RT541 | 27795 | 15450 | 15650 | 17000 | 20100 |
| SR5 CrewMax 4D | EV541 | 30620 | 19250 | 20100 | 21600 | 25600 |
| 4WD | | M | 2800 | 2800 | 3735 | 3735 |
| V6, 4.0 Liter | | U | (650) | (650) | (865) | (865) |
| V8, 4.7 Liter | | T | (500) | (500) | (665) | (665) |
| **TUNDRA PICKUP 4WD—V8**—Truck Equipment Schedule T1 | | | | | | |
| Double 8' | CV541 | 30240 | 16550 | 17300 | 18700 | 22200 |
| Ltd Double Cab 4D | BV581 | 39870 | 23400 | 24400 | 26100 | 30800 |
| CrewMax 4D | DV541 | 35085 | 21400 | 22300 | 24000 | 28300 |
| Limited CrewMax | DV581 | 42405 | 27100 | 28200 | 30100 | 35500 |
| 2WD | | E | (2825) | (2825) | (3765) | (3765) |
| V8, 4.7 Liter | | T | (500) | (500) | (665) | (665) |

## 2010 TOYOTA—(3,4,5orJ)T(D,E,ForM)(BF4DV)-A-#

| Body Type | VIN | List | Trade-In Good | Very Good | Pvt-Party Good | Retail Excellent |
|---|---|---|---|---|---|---|
| **RAV4 4WD—4-Cyl.**—Truck Equipment Schedule T2 | | | | | | |
| SUV 4D | BF4DV | 23700 | 11450 | 12050 | 13050 | 15450 |
| Sport SUV 4D | RF4DV | 25400 | 12600 | 13250 | 14250 | 16850 |
| Limited SUV 4D | DF4DV | 26680 | 13750 | 14400 | 15600 | 18400 |
| Third Row Seat | | | 400 | 400 | 535 | 535 |
| 2WD | | Z | (1100) | (1100) | (1465) | (1465) |
| V6, 3.5 Liter | | K | 800 | 800 | 1065 | 1065 |
| **FJ CRUISER 4WD—V6**—Truck Equipment Schedule T1 | | | | | | |
| Sport Utility 2D | BU4BF | 26070 | 20700 | 21600 | 22100 | 25000 |
| 2WD | | | | (1475) | (1475) | (1965) | (1965) |
| X-SP Pkg | | | 650 | 650 | 865 | 865 |
| Trail Team Special Ed | | | 1225 | 1225 | 1635 | 1635 |
| **VENZA—4-Cyl.**—Truck Equipment Schedule T1 | | | | | | |
| Sport Utility 4D | ZE11A | 28475 | 14850 | 15550 | 16400 | 19000 |
| AWD | | B | 800 | 800 | 1065 | 1065 |
| V6, 3.5 Liter | | K | 800 | 800 | 1065 | 1065 |
| **HIGHLANDER 4WD—V6**—Truck Equipment Schedule T1 | | | | | | |
| SUV 4D | BK3EH | 29850 | 16800 | 17550 | 18600 | 21700 |
| Sport SUV 4D | EK3EH | 32250 | 19250 | 20100 | 21200 | 24700 |
| SE SUV 4D | BK3EH | 34730 | 19950 | 20800 | 21900 | 25500 |
| Limited SUV 4D | DK3EH | 35320 | 22100 | 23100 | 24200 | 28100 |
| Third Row Seat | | | 600 | 600 | 800 | 800 |
| 2WD | | X,Y,Z | (1475) | (1475) | (1965) | (1965) |
| 4-Cyl, 2.7 Liter | | A | (800) | (800) | (1065) | (1065) |
| **HIGHLANDER 4WD—V6 Hybrid**—Truck Equipment Schedule T1 | | | | | | |
| SUV 4D | BW3EH | 35500 | 18550 | 19350 | 20500 | 23900 |
| Limited SUV 4D | JW3EH | 41820 | 21600 | 22500 | 23800 | 27700 |
| Third Row Seat | | | 600 | 600 | 800 | 800 |
| **4RUNNER 4WD—V6**—Truck Equipment Schedule T1 | | | | | | |
| SR5 Sport Util 4D | BU5JR | 31715 | 23100 | 24100 | 24400 | 27500 |
| Trail Sport Util | BU5JR | 36500 | 24500 | 25500 | 25800 | 29100 |
| Limited Spt Util | BU5JR | 40609 | 25500 | 26600 | 26900 | 30300 |
| Third Row Seat | | | 400 | 400 | 535 | 535 |
| 2WD | | Z | (1475) | (1475) | (1965) | (1965) |
| 4-Cyl, 2.7 Liter | | X | (800) | (800) | (1065) | (1065) |
| **SEQUOIA 4WD—V8**—Truck Equipment Schedule T1 | | | | | | |
| SR5 Spt Util 4D | BY5G1 | 43180 | 25100 | 26100 | 26800 | 30600 |
| Limited Spt Util | JY5G1 | 52665 | 30500 | 31700 | 32500 | 37000 |
| Platinum Spt Util | DY5G1 | 59705 | 34700 | 36000 | 36800 | 41900 |
| 2WD | | K,Y,Z | (1475) | (1475) | (1965) | (1965) |
| **LAND CRUISER 4WD—V8**—Truck Equipment Schedule T3 | | | | | | |
| Sport Utility 4D | HY7AJ | 66770 | 46300 | 48000 | 48400 | 54800 |
| **SIENNA—V6**—Truck Equipment Schedule T1 | | | | | | |
| CE Minivan | KK4CC | 25340 | 12550 | 13200 | 14350 | 17100 |
| LE Minivan | KK4CC | 26865 | 13300 | 13950 | 15300 | 18200 |
| XLE Minivan | YK4CC | 30525 | 19800 | 20700 | 22300 | 26500 |
| XLE Limited | YK4CC | 36465 | 21500 | 22400 | 24100 | 28600 |
| AWD | | J | 800 | 800 | 1065 | 1065 |
| **TACOMA PICKUP—4-Cyl.**—Truck Equipment Schedule T1 | | | | | | |
| Short Bed | NX4CN | 16880 | 10350 | 10900 | 12000 | 14400 |

**SEE BACK PAGES FOR TRUCK EQUIPMENT**

## 2010 TOYOTA

| Body Type | VIN | List | Trade-In Good | Very Good | Pvt-Party Good | Retail Excellent |
|---|---|---|---|---|---|---|
| 4WD | U,E | | 1900 | 1900 | 2535 | 2535 |
| **TACOMA PICKUP—4-Cyl.—Truck Equipment Schedule T2** | | | | | | |
| PreRunner Short | NX4GN | 16855 | 11150 | 11700 | 12900 | 15500 |
| **TACOMA PICKUP 4WD—4-Cyl.—Truck Equipment Schedule T2** | | | | | | |
| Access Cab | UX4EN | 23840 | 15450 | 16150 | 17700 | 21100 |
| 2WD | T,C | | (2200) | (2200) | (2935) | (2935) |
| V6, 4.0 Liter | U | | 900 | 900 | 1200 | 1200 |
| **TACOMA PICKUP—V6—Truck Equipment Schedule T1** | | | | | | |
| PreRunner Access | TU4GN | 23100 | 15950 | 16700 | 18250 | 21800 |
| 4-Cyl, 2.7 Liter | X | | (900) | (900) | (1200) | (1200) |
| **TACOMA PICKUP—V6—Truck Equipment Schedule T2** | | | | | | |
| X-Runner Access | TU4CN | 26085 | 16600 | 17350 | 18950 | 22600 |
| PreRunner Dbl 5' | JU4GN | 24300 | 18800 | 19600 | 20400 | 23500 |
| PreRunner Dbl 6' | KU4HN | 24800 | 18600 | 19400 | 20200 | 23300 |
| **TACOMA PICKUP 4WD—V6—Truck Equipment Schedule T1** | | | | | | |
| Double Cab 5' | LI4EN | 27385 | 21600 | 22500 | 23400 | 26900 |
| **TACOMA PICKUP 4WD—V6—Truck Equipment Schedule T2** | | | | | | |
| Double Cab 6' | LX4CN | 27875 | 20900 | 21700 | 22600 | 26000 |
| **TUNDRA PICKUP—V8—Truck Equipment Schedule T1** | | | | | | |
| Short Bed | JM5F1 | 25155 | 14800 | 15450 | 16450 | 19150 |
| Long Bed | LM5F1 | 25485 | 14500 | 15150 | 16150 | 18800 |
| Double Cab 6 1/2' | RM5F1 | 27890 | 17000 | 17750 | 18750 | 21800 |
| 4WD | U | | 3000 | 3000 | 4000 | 4000 |
| V6, 4.0 Liter | U | | (725) | (725) | (965) | (965) |
| V8, 4.6 Liter | M | | (500) | (500) | (665) | (665) |
| **TUNDRA PICKUP 4WD—V8—Truck Equipment Schedule T1** | | | | | | |
| Double Cab 8' | CY5F1 | 30800 | 21600 | 22500 | 23600 | 27400 |
| Ltd Double Cab 4D | BY5F1 | 40430 | 27900 | 29000 | 30200 | 35000 |
| CrewMax 4D 5 1/2' | DY5F1 | 33625 | 24500 | 25500 | 26700 | 31000 |
| Limited 4D 5 1/2' | HY5F1 | 42965 | 30300 | 31500 | 32800 | 38000 |
| 2WD | E | | (3025) | (3025) | (4035) | (4035) |
| V8, 4.6 Liter | M | | (500) | (500) | (665) | (665) |

## 2011 TOYOTA—(2,3,4,5orJ)T(3,D,E,ForM)(BF4DV)-B-#

| Body Type | VIN | List | Trade-In Good | Very Good | Pvt-Party Good | Retail Excellent |
|---|---|---|---|---|---|---|
| **RAV4 4WD—4-Cyl.—Truck Equipment Schedule T2** | | | | | | |
| SUV 4D | BF4DV | 24135 | 12900 | 13550 | 14500 | 17050 |
| Sport SUV 4D | RF4DV | 25835 | 14000 | 14650 | 15750 | 18500 |
| Limited SUV 4D | DF4DV | 27115 | 15350 | 16050 | 17200 | 20200 |
| Third Row Seat | | | 425 | 425 | 565 | 565 |
| 2WD | Z,K | | (1200) | (1200) | (1600) | (1600) |
| V6, 3.5 Liter | K | | 800 | 800 | 1065 | 1065 |
| **FJ CRUISER 4WD—V6—Truck Equipment Schedule T1** | | | | | | |
| Sport Utility 2D | BU4BF | 27690 | 22700 | 23700 | 24200 | 27400 |
| 2WD | Z | | (1550) | (1550) | (2065) | (2065) |
| **VENZA—4-Cyl.—Truck Equipment Schedule T1** | | | | | | |
| Sport Utility 4D | BA3BB | 28685 | 15700 | 16400 | 17150 | 19700 |
| AWD | B | | 875 | 875 | 1165 | 1165 |
| V6, 3.5 Liter | K | | 800 | 800 | 1065 | 1065 |
| **HIGHLANDER 4WD—V6—Truck Equipment Schedule T1** | | | | | | |
| Sport Utility 4D | BK3EH | 30805 | 19750 | 20600 | 21400 | 24600 |
| SE Spt Util 4D | BK3EH | 35410 | 21500 | 22400 | 23300 | 26700 |
| Limited Spt Util | DK3EH | 37155 | 24600 | 25600 | 26500 | 30300 |
| Third Row Seat | | | 650 | 650 | 865 | 865 |
| 2WD | Y,Z | | (1550) | (1550) | (2065) | (2065) |
| 4-Cyl, 2.7 Liter | A | | (900) | (900) | (1200) | (1200) |
| **HIGHLANDER 4WD—V6 Hybrid—Truck Equipment Schedule T1** | | | | | | |
| Sport Utility 4D | BC3EH | 38100 | 25200 | 26200 | 27600 | 32100 |
| Limited Spt Util | DC3EH | 43755 | 27700 | 28800 | 30300 | 35200 |
| Third Row Seat | | | 650 | 650 | 865 | 865 |
| **4RUNNER 4WD—V6—Truck Equipment Schedule T1** | | | | | | |
| SR5 Sport Util 4D | BU5J2 | 31725 | 24100 | 25000 | 25400 | 28700 |
| Trail Sport Util | BU5JR | 36510 | 25600 | 26700 | 27000 | 30500 |
| Limited Sport Util | BU5JR | 40610 | 26600 | 27700 | 28000 | 31600 |
| Third Row Seat | | | 425 | 425 | 565 | 565 |
| 2WD | Z | | (1550) | (1550) | (2065) | (2065) |
| **SEQUOIA 4WD—V8—Truck Equipment Schedule T1** | | | | | | |
| SR5 Spt Util 4D | BY5G1 | 44405 | 27600 | 28700 | 29200 | 33100 |
| Limited Spt Util | JY5G1 | 53890 | 33500 | 34800 | 35300 | 39900 |
| Platinum Spt Util | DY5G1 | 60930 | 37500 | 38900 | 39300 | 44500 |
| 2WD | Z | | (1550) | (1550) | (2065) | (2065) |
| V8, 4.6 Liter | M | | 425 | 425 | 565 | 565 |
| **LAND CRUISER 4WD—V8—Truck Equipment Schedule T3** | | | | | | |
| Sport Utility 4D | HY7AJ | 68180 | 47500 | 49200 | 49300 | 55500 |

**DEDUCT FOR RECONDITIONING**

# 2011 TOYOTA

| Body Type | VIN | List | Trade-In Good | Very Good | Pvt-Party Good | Retail Excellent |
|---|---|---|---|---|---|---|
| **SIENNA—4-Cyl.—Truck Equipment Schedule T1** | | | | | | |
| Minivan 4D | KA3DC | 25870 | 14150 | 14800 | 15950 | 18750 |
| **SIENNA—V6—Truck Equipment Schedule T1** | | | | | | |
| CE Minivan 4D | ZK3DC | 26310 | 14450 | 15100 | 16250 | 19100 |
| SE Minivan 4D | XK3DC | 31360 | 20900 | 21800 | 23200 | 27100 |
| LE Minivan 4D | KK3DC | 29710 | 16100 | 16850 | 18050 | 21200 |
| XLE Minivan 4D | YK3DC | 32975 | 22000 | 23000 | 24300 | 28500 |
| Limited Minivan | YK3DC | 39310 | 23800 | 24700 | 26200 | 30700 |
| AWD | J | | 875 | 875 | 1165 | 1165 |
| 4-Cyl, 2.7 Liter | A | | (1025) | (1025) | (1365) | (1365) |
| **TACOMA PICKUP—4-Cyl.—Truck Equipment Schedule T1** | | | | | | |
| Short Bed | NX4CN | 18075 | 11350 | 11950 | 13100 | 15650 |
| 4WD | E,P | | 2200 | 2200 | 2935 | 2935 |
| **TACOMA PICKUP—4-Cyl.—Truck Equipment Schedule T2** | | | | | | |
| PreRunner Dbl 5' | JU4GN | 24760 | 20700 | 21500 | 21900 | 24800 |
| 4WD | E,P | | 2200 | 2200 | 2935 | 2935 |
| **TACOMA PICKUP 4WD—4-Cyl.—Truck Equipment Schedule T2** | | | | | | |
| Access Cab | UX4EN | 24300 | 16700 | 17450 | 19000 | 22600 |
| 2WD | C,T | | (2800) | (2800) | (3735) | (3735) |
| V6, 4.0 Liter | X | | 1000 | 1000 | 1335 | 1335 |
| **TACOMA PICKUP 4WD—V6—Truck Equipment Schedule T2** | | | | | | |
| Double Cab 5' | LU4EN | 26735 | 23400 | 24400 | 24700 | 27900 |
| 2WD | C,J | | (2000) | (2000) | (2665) | (2665) |
| 4-Cyl, 2.7 Liter | X | | (1000) | (1000) | (1335) | (1335) |
| **TACOMA PICKUP—V6—Truck Equipment Schedule T2** | | | | | | |
| PreRunner Access | TU4GN | 23560 | 17200 | 17950 | 19500 | 23200 |
| 4-Cyl, 2.7 Liter | X | | (1000) | (1000) | (1335) | (1335) |
| **TACOMA PICKUP—V6—Truck Equipment Schedule T2** | | | | | | |
| X-Runner Acess | TU4CN | 26535 | 18000 | 18800 | 20400 | 24200 |
| PreRunner Dbl 6' | KU4HN | 25260 | 19850 | 20700 | 21100 | 23900 |
| **TACOMA PICKUP 4WD—V6—Truck Equipment Schedule T2** | | | | | | |
| Double Cab 6' | MU4FN | 28335 | 22600 | 23600 | 23900 | 27000 |
| **TUNDRA PICKUP—V8—Truck Equipment Schedule T2** | | | | | | |
| Short Bed | JM5F1 | 26110 | 15900 | 16650 | 17450 | 20200 |
| Long Bed | LY5F1 | 27385 | 15750 | 16450 | 17300 | 19950 |
| Double Cab 6 1/2' | RY5F1 | 28640 | 18650 | 19500 | 20400 | 23500 |
| 4WD | K | | 3200 | 3200 | 4265 | 4265 |
| V6, 4.0 Liter | U | | (800) | (800) | (1065) | (1065) |
| V8, 4.6 Liter | M | | (500) | (500) | (665) | (665) |
| **TUNDRA PICKUP 4WD—V8—Truck Equipment Schedule T2** | | | | | | |
| Double Cab 8' | CY5F1 | 31525 | 21900 | 22900 | 23800 | 27300 |
| Limited Dbl Cab | BY5F1 | 40730 | 28400 | 29600 | 30500 | 35100 |
| CrewMax | DY5F1 | 34350 | 24700 | 25700 | 26600 | 30600 |
| Limited CrewMax | HY5F1 | 43265 | 31800 | 33000 | 34100 | 39200 |
| 2WD | F | | (3200) | (3200) | (4265) | (4265) |
| V8, 4.6 Liter | M | | (500) | (500) | (665) | (665) |

## 2012 TOYOTA — (3,4,5orJ)T(3,D,E,ForM)(BF4DV)-C-#

| Body Type | VIN | List | Trade-In Good | Very Good | Pvt-Party Good | Retail Excellent |
|---|---|---|---|---|---|---|
| **RAV4 4WD—4-Cyl.—Truck Equipment Schedule T2** | | | | | | |
| SUV 4D | BF4DV | 24860 | 14750 | 15450 | 16450 | 19250 |
| Sport SUV 4D | RF4DV | 26560 | 16750 | 17500 | 18600 | 21700 |
| Limited SUV 4D | DF4DV | 27530 | 18150 | 18950 | 20100 | 23400 |
| Third Row Seat | | | 450 | 450 | 600 | 600 |
| 2WD | K,Z | | (1500) | (1500) | (2000) | (2000) |
| V6, 3.5 Liter | K | | 800 | 800 | 1065 | 1065 |
| **RAV4—AC—Equipment Schedule T2** | | | | | | |
| EV SUV 4D | YL4DV | 50610 | 26700 | 27800 | 29200 | 33900 |
| **FJ CRUISER 4WD—V6—Truck Equipment Schedule T1** | | | | | | |
| Sport Utility 2D | BU4BF | 28390 | 23700 | 24600 | 25000 | 28200 |
| | Z | | (1625) | (1625) | (2165) | (2165) |
| **VENZA—4-Cyl.—Truck Equipment Schedule T2** | | | | | | |
| LE Wagon 4D | ZA3BB | 29635 | 16400 | 17150 | 18150 | 21200 |
| XLE Wagon 4D | ZA3BB | 31985 | 18650 | 19450 | 20500 | 23900 |
| AWD | B | | 950 | 950 | 1265 | 1265 |
| V6, 3.5 Liter | K | | 800 | 800 | 1065 | 1065 |
| **HIGHLANDER 4WD—V6—Truck Equipment Schedule T1** | | | | | | |
| Sport Utility 4D | BK3EH | 31505 | 20900 | 21800 | 22300 | 25400 |
| SE Spt Util 4D | BK3EH | 36110 | 23400 | 24300 | 24900 | 28200 |
| Limited Spt Util | DK3EH | 37855 | 26500 | 27600 | 28100 | 31800 |
| 2WD | Y,Z | | (1625) | (1625) | (2165) | (2165) |
| 4-Cyl, 2.7 Liter | A | | (1000) | (1000) | (1335) | (1335) |
| **HIGHLANDER 4WD—V6 Hybrid—Truck Equipment Schedule T1** | | | | | | |
| Sport Utility 4D | BC3EH | 38950 | 28300 | 29400 | 30100 | 34400 |

SEE BACK PAGES FOR TRUCK EQUIPMENT

# 2012 TOYOTA

| Body Type | VIN | List | Trade-In Good | Very Good | Pvt-Party Good | Retail Excellent |
|---|---|---|---|---|---|---|
| Limited Spt Util | DC3EH | 44605 | 30800 | 32000 | 32800 | 37400 |
| **4RUNNER 4WD—V6**—Truck Equipment Schedule T1 | | | | | | |
| SR5 Sport Util 4D | BU5JR | 33640 | 25100 | 26100 | 26600 | 30000 |
| Trail Sport Util | BU5JR | 37565 | 27300 | 28400 | 28900 | 32600 |
| Limited Sport Util | BU5JR | 41440 | 28700 | 29900 | 30400 | 34300 |
| 2WD | | | (1625) | (1625) | (2165) | (2165) |
| **SEQUOIA 4WD—V8**—Truck Equipment Schedule T1 | | | | | | |
| SR5 Spt Util 4D | JY5G1 | 45765 | 28900 | 30100 | 30500 | 34500 |
| Limited Spt Util | JY5G1 | 55250 | 34900 | 36200 | 36600 | 41300 |
| Platinum Spt Util | DY5G1 | 62790 | 39500 | 41000 | 41300 | 46600 |
| 2WD | Z | | (1625) | (1625) | (2165) | (2165) |
| V8, 4.6 Liter | M | | 500 | 500 | 665 | 665 |
| **SIENNA—4-Cyl.**—Truck Equipment Schedule T1 | | | | | | |
| Minivan 4D | KA3DC | 25870 | 16400 | 17150 | 18350 | 21500 |
| V6, 3.5 Liter | K | | 600 | 600 | 800 | 800 |
| **SIENNA—V6**—Truck Equipment Schedule T1 | | | | | | |
| LE Minivan 4D | KK3DC | 30510 | 17800 | 18550 | 19800 | 23300 |
| SE Minivan 4D | XK3DC | 34250 | 22700 | 23700 | 25100 | 29300 |
| XLE Minivan 4D | YK3DC | 36967 | 23800 | 24700 | 26200 | 30700 |
| Limited Minivan | YK3DC | 40110 | 25500 | 26600 | 28100 | 32900 |
| AWD | J | | 950 | 950 | 1265 | 1265 |
| 4-Cyl, 2.7 Liter | | | (1100) | (1100) | (1465) | (1465) |
| **TACOMA PICKUP—4-Cyl.**—Truck Equipment Schedule T1 | | | | | | |
| Pickup 2D 6' | NX4CN | 18585 | 12800 | 13450 | 14400 | 16950 |
| 4WD | E,P | | 2500 | 2500 | 3335 | 3335 |
| **TACOMA PICKUP 4WD—4-Cyl.**—Truck Equipment Schedule T2 | | | | | | |
| Access Cab 4D 6' | UX4EN | 24310 | 18250 | 19050 | 20300 | 23700 |
| 2WD | C,T | | (3000) | (3000) | (4000) | (4000) |
| V6, 4.0 Liter | U | | 1100 | 1100 | 1465 | 1465 |
| **TACOMA PICKUP—V6**—Truck Equipment Schedule T2 | | | | | | |
| PreRunner Access | TU4GN | 23570 | 19000 | 19850 | 21100 | 24700 |
| 4-Cyl, 2.7 Liter | X | | (1100) | (1100) | (1465) | (1465) |
| **TACOMA PICKUP 4WD—V6**—Truck Equipment Schedule T2 | | | | | | |
| X-Runner Access | TU4CN | 27190 | 20700 | 21600 | 22900 | 26800 |
| PreRunner Dbl 6' | TU4GN | 25570 | 20400 | 21200 | 21600 | 24300 |
| **TACOMA PICKUP—V6**—Truck Equipment Schedule T2 | | | | | | |
| PreRunner Dbl 5' | JU4GN | 25070 | 21100 | 22000 | 22300 | 25100 |
| 4-Cyl, 2.7 Liter | X | | (1100) | (1100) | (1465) | (1465) |
| **TACOMA PICKUP 4WD—V6**—Truck Equipment Schedule T1 | | | | | | |
| Double Cab 4D 5' | LU4EN | 28845 | 24400 | 25400 | 25700 | 28900 |
| **TACOMA PICKUP 4WD—V6**—Truck Equipment Schedule T2 | | | | | | |
| Double Cab 4D 6' | MU4FN | 28645 | 23600 | 24600 | 24900 | 28000 |
| **TUNDRA PICKUP—V8**—Truck Equipment Schedule T1 | | | | | | |
| Short Bed | JM5F1 | 27340 | 17900 | 18650 | 19400 | 22300 |
| Long Bed | LY5F1 | 28615 | 17700 | 18450 | 19200 | 22000 |
| Double Cab 6 1/2' | RM5F1 | 29490 | 19950 | 20800 | 21600 | 24700 |
| 4WD | C,U | | 3300 | 3300 | 4400 | 4400 |
| V6, 4.0 Liter | U | | (875) | (875) | (1165) | (1165) |
| V8, 4.6 Liter | M | | (500) | (500) | (665) | (665) |
| **TUNDRA PICKUP 4WD—V8**—Truck Equipment Schedule T1 | | | | | | |
| Double Cab 8' | CY5F1 | 32365 | 23200 | 24200 | 24900 | 28500 |
| Limited Dbl Cab | BY5F1 | 41620 | 31000 | 32200 | 33100 | 37800 |
| CrewMax 4D | DY5F1 | 35190 | 27600 | 28700 | 29500 | 33800 |
| Limited CrewMax | HY5F1 | 44155 | 34900 | 36200 | 37100 | 42400 |
| 2WD | E | | (3300) | (3300) | (4400) | (4400) |
| V8, 4.6 Liter | M | | (500) | (500) | (665) | (665) |

## 2013 TOYOTA—(3,4,5orJ)T(3,D,E,ForM)(BFREV)–D–#

| Body Type | VIN | List | Trade-In Good | Very Good | Pvt-Party Good | Retail Excellent |
|---|---|---|---|---|---|---|
| **RAV4 AWD—4-Cyl.**—Truck Equipment Schedule T1 | | | | | | |
| LE SUV 4D | BFREV | 25545 | 18350 | 19150 | 20300 | 23600 |
| XLE SUV 4D | RFREV | 26535 | 20100 | 20900 | 22100 | 25700 |
| Limited SUV 4D | DFREV | 29255 | 22000 | 23000 | 24100 | 28100 |
| 2WD | Z | | (1500) | (1500) | (2000) | (2000) |
| **RAV4—AC Electric**—Truck Equipment Schedule T1 | | | | | | |
| EV SUV 4D | YL4DV | 50645 | 32600 | 33900 | 35400 | 41100 |
| **FJ CRUISER 4WD—V6**—Truck Equipment Schedule T1 | | | | | | |
| Sport Utility 2D | BU4BF | 29315 | 25300 | 26300 | 26200 | 29200 |
| 2WD | Z | | (1725) | (1725) | (2300) | (2300) |
| **VENZA—4-Cyl.**—Truck Equipment Schedule T1 | | | | | | |
| LE Wagon 4D | ZA3BB | 28510 | 17100 | 17850 | 19050 | 22300 |
| XLE Wagon 4D | ZA3BB | 32170 | 19550 | 20400 | 21700 | 25400 |
| AWD | B | | 1025 | 1025 | 1365 | 1365 |
| V6, 3.5 Liter | K | | 800 | 800 | 1065 | 1065 |

**526    DEDUCT FOR RECONDITIONING**

# 2013 TOYOTA

| Body Type | VIN | List | Trade-In Good | Trade-In Very Good | Pvt-Party Good | Retail Excellent |
|---|---|---|---|---|---|---|
| **VENZA—V6—Truck Equipment Schedule T1** | | | | | | |
| Limited Wagon 4D | ZK3BB | 38230 | 25100 | 26100 | 27500 | 32200 |
| AWD | | | 1025 | 1025 | 1365 | 1365 |
| **HIGHLANDER 4WD—V6—Truck Equipment Schedule T1** | | | | | | |
| Sport Utility 4D | BK3EH | 32540 | 21900 | 22900 | 23800 | 27400 |
| Plus Sport Util 4D | BK3EH | 33995 | 23200 | 24100 | 25100 | 29000 |
| SE Sport Utility | BK3EH | 36705 | 24800 | 25800 | 26800 | 30900 |
| Limited Sport Util | DK3EH | 40095 | 27900 | 29000 | 30100 | 34600 |
| 2WD | Z | | (1725) | (1725) | (2300) | (2300) |
| 4-Cyl, 2.7 Liter | A | | (1100) | (1100) | (1465) | (1465) |
| **HIGHLANDER 4WD—V6 Hybrid—Truck Equipment Schedule T1** | | | | | | |
| Sport Utility 4D | BC3EH | 40815 | 32700 | 34000 | 34400 | 38900 |
| Limited Sport Util | DC3EH | 47015 | 35300 | 36600 | 37100 | 41800 |
| **4RUNNER 4WD—V6—Truck Equipment Schedule T1** | | | | | | |
| SR5 Sport Utility 4D | | 34060 | 26700 | 27200 | 27800 | 31500 |
| Trail Sport Utility 4D | | 37850 | | | | |
| Limited Sport Utility 4D | | 41725 | 29800 | 31000 | 31600 | 35900 |
| 2WD | | | (1725) | (1725) | (2300) | (2300) |
| **SEQUOIA 4WD—V8—Truck Equipment Schedule T1** | | | | | | |
| SR5 Sport Util 4D | BY5G1 | 46175 | 30100 | 31300 | 31800 | 35900 |
| Limited Sport Util | JY5G1 | 55660 | 36100 | 37400 | 37800 | 42600 |
| Platinum Spt Util | DY5G1 | 63565 | 40700 | 42200 | 42500 | 47900 |
| 2WD | Z | | (1725) | (1725) | (2300) | (2300) |
| **SIENNA—V6—Truck Equipment Schedule T1** | | | | | | |
| L Minivan 4D | ZK3DC | 27280 | 17800 | 18550 | 19650 | 22900 |
| LE Minivan 4D | KK3DC | 29750 | 19750 | 20600 | 21800 | 25300 |
| SE Minivan 4D | XK3DC | 34420 | 24600 | 25600 | 26900 | 31200 |
| XLE Minivan 4D | YK3DC | 34205 | 24700 | 25700 | 27000 | 31300 |
| Limited Minivan | YK3DC | 40800 | 27400 | 28500 | 29900 | 34700 |
| AWD | J | | 1025 | 1025 | 1365 | 1365 |
| **LAND CRUISER 4WD—V8—Truck Equipment Schedule T3** | | | | | | |
| Sport Utility 4D | HY7AJ | 78940 | 60200 | 62000 | 62400 | 69900 |
| **TACOMA PICKUP—4-Cyl.—Truck Equipment Schedule T1** | | | | | | |
| Pickup 2D 6' | NX4CN | 19270 | 13850 | 14500 | 15550 | 18250 |
| 4WD | P | | 2800 | 2800 | 3735 | 3735 |
| **TACOMA PICKUP 4WD—4-Cyl.—Truck Equipment Schedule T2** | | | | | | |
| Access Cab 4D 6' | UX4EN | 24995 | 19350 | 20200 | 21400 | 25000 |
| 2WD | T | | (1200) | (1200) | (1600) | (1600) |
| V6, 4.0 Liter | U | | 1200 | 1200 | 1600 | 1600 |
| **TACOMA PICKUP—V6—Truck Equipment Schedule T2** | | | | | | |
| PreRunner Access | TU4GN | 24255 | 19750 | 20600 | 21800 | 25500 |
| 4-Cyl, 2.7 Liter | X | | (1200) | (1200) | (1600) | (1600) |
| **TACOMA PICKUP 4WD—V6—Truck Equipment Schedule T2** | | | | | | |
| X-Runner Access | TU4GN | 27520 | 21800 | 22800 | 24000 | 28000 |
| PreRunner Dbl 6' | KU4HN | 25855 | 21500 | 22400 | 22800 | 25800 |
| Limited Pkg | | | 475 | 475 | 635 | 635 |
| **TACOMA PICKUP—V6—Truck Equipment Schedule T2** | | | | | | |
| PreRunner Dbl 5' | JU4GN | 25355 | 22300 | 23300 | 23600 | 26700 |
| Limited Pkg | | | 475 | 475 | 635 | 635 |
| 4-Cyl, 2.7 Liter | X | | (1200) | (1200) | (1600) | (1600) |
| **TACOMA PICKUP 4WD—V6—Truck Equipment Schedule T1** | | | | | | |
| Double Cab 4D 5' | LU4EN | 28430 | 25600 | 26600 | 27000 | 30400 |
| Limited Pkg | | | 475 | 475 | 635 | 635 |
| 2WD | J | | (1400) | (1400) | (1865) | (1865) |
| 4-Cyl, 2.7 Liter | X | | (1200) | (1200) | (1600) | (1600) |
| **TACOMA PICKUP 4WD—V6—Truck Equipment Schedule T2** | | | | | | |
| Double Cab 4D 6' | MU4FN | 28930 | 24800 | 25800 | 26200 | 29500 |
| Limited Pkg | | | 475 | 475 | 635 | 635 |
| **TUNDRA PICKUP—V8—Truck Equipment Schedule T1** | | | | | | |
| Short Bed | JU5F1 | 27550 | 18850 | 19700 | 20700 | 24100 |
| Long Bed | LY5F1 | 28825 | 18650 | 19500 | 20500 | 23800 |
| Double Cab 6 1/2' | RY5F1 | 29950 | 21100 | 22000 | 23100 | 26800 |
| 4WD | U | | 3600 | 3600 | 4800 | 4800 |
| V6, 4.0 Liter | | | (950) | (950) | (1265) | (1265) |
| V8, 4.6 Liter | M | | (500) | (500) | (665) | (665) |
| **TUNDRA PICKUP 4WD—V8—Truck Equipment Schedule T1** | | | | | | |
| Double Cab 8' | CY5F1 | 33890 | 24400 | 25400 | 26500 | 30700 |
| Limited Dbl Cab | BY5F1 | 42255 | 32400 | 33700 | 35000 | 40500 |
| CrewMax 4D | DY5F1 | 35825 | 28900 | 30100 | 31400 | 36300 |
| Limited CrewMax | HY5F1 | 44790 | 35700 | 37000 | 38400 | 44400 |
| 2WD | T | | (3600) | (3600) | (4800) | (4800) |
| V8, 4.6 Liter | M | | (500) | (500) | (665) | (665) |

SEE BACK PAGES FOR TRUCK EQUIPMENT

# 1999 VOLKSWAGEN

| Body Type | VIN | List | Trade-In Good | Very Good | Pvt-Party Good | Retail Excellent |
|---|---|---|---|---|---|---|

## VOLKSWAGEN

### 1999 VOLKSWAGEN — WV2(KH270)-X-#

**EUROVAN—V6**—Truck Equipment Schedule T1
| | | | | | | |
|---|---|---|---|---|---|---|
| GLS Minivan | KH270 | 30465 | 2850 | 3150 | 4375 | 6500 |
| MV Minivan | MH270 | 31965 | 3100 | 3400 | 4725 | 7000 |
| Weekender Pkg | | | 7000 | 7000 | 9335 | 9335 |

### 2000 VOLKSWAGEN — WV2(KH270)-Y-#

**EUROVAN—V6**—Truck Equipment Schedule T1
| | | | | | | |
|---|---|---|---|---|---|---|
| GLS Minivan | KH270 | 31890 | 3800 | 4125 | 5475 | 7750 |
| MV Minivan | MH270 | 33390 | 4000 | 4350 | 5725 | 8125 |
| Weekender Pkg | | | 7000 | 7000 | 9335 | 9335 |

### 2001 VOLKSWAGEN — WV2(KH470)-1-#

**EUROVAN—V6**—Truck Equipment Schedule T1
| | | | | | | |
|---|---|---|---|---|---|---|
| Minivan | KH470 | 26815 | 4875 | 5250 | 6575 | 9025 |
| MV Minivan | MH470 | 28315 | 5075 | 5450 | 7050 | 9650 |
| Weekender Pkg | | | 7000 | 7000 | 9335 | 9335 |

### 2002 VOLKSWAGEN — WV2(KB470)-2-#

**EUROVAN—V6**—Truck Equipment Schedule T1
| | | | | | | |
|---|---|---|---|---|---|---|
| GLS Minivan | KB470 | 26815 | 5800 | 6200 | 7900 | 10700 |
| MV Minivan | MB470 | 28315 | 6225 | 6650 | 8425 | 11400 |
| Weekender Pkg | | | 7000 | 7000 | 9335 | 9335 |

### 2003 VOLKSWAGEN — WV2(KB470)-3-#

**EUROVAN—V6**—Truck Equipment Schedule T1
| | | | | | | |
|---|---|---|---|---|---|---|
| GLS Minivan | KB470 | 26815 | 6925 | 7375 | 9075 | 12000 |
| MV Minivan | MB470 | 28315 | 7375 | 7850 | 9625 | 12700 |
| Weekender Pkg | | | 7000 | 7000 | 9335 | 9335 |

### 2004 VOLKSWAGEN — WVG(BC67L)-4-#

**TOUAREG 4WD—V6**—Truck Equipment Schedule T3
| | | | | | | |
|---|---|---|---|---|---|---|
| Sport Utility 4D | BC67L | 35515 | 4775 | 5150 | 6200 | 8125 |
| 4-Corner Suspension | | | 1075 | 1075 | 1435 | 1435 |
| V8, 4.2 Liter | | | 1125 | 1125 | 1500 | 1500 |

**TOUAREG 4WD—V10 Turbo Diesel**—Truck Equipment Schedule T3
| | | | | | | |
|---|---|---|---|---|---|---|
| TDI Sport Util 4D | GH67L | 58415 | 11750 | 12350 | 13850 | 17000 |

### 2005 VOLKSWAGEN — WVG(BG77L)-5-#

**TOUAREG 4WD—V6**—Truck Equipment Schedule T3
| | | | | | | |
|---|---|---|---|---|---|---|
| Sport Utility 4D | BG77L | 37795 | 5825 | 6250 | 7625 | 9850 |
| 4-Corner Suspension | | | 1175 | 1175 | 1565 | 1565 |
| V8, 4.2 Liter | M | | 1225 | 1225 | 1635 | 1635 |

### 2006 VOLKSWAGEN — WVG(BG67L)-6-#

**TOUAREG 4WD—V6**—Truck Equipment Schedule T3
| | | | | | | |
|---|---|---|---|---|---|---|
| Sport Utility 4D | BG67L | 37975 | 7150 | 7625 | 9000 | 11300 |
| 4-Corner Suspension | | | 1250 | 1250 | 1665 | 1665 |
| V8, 4.2 Liter | | | 1325 | 1325 | 1765 | 1765 |

**TOUAREG 4WD—V10**—Truck Equipment Schedule T3
| | | | | | | |
|---|---|---|---|---|---|---|
| TDI Sport Util 4D | PT77L | 68420 | 15950 | 16700 | 18500 | 22300 |

### 2007 VOLKSWAGEN — WVG(BE77L)-7-#

**TOUAREG 4WD—V6**—Truck Equipment Schedule T3
| | | | | | | |
|---|---|---|---|---|---|---|
| Sport Utility 4D | BE77L | 38660 | 8850 | 9350 | 10850 | 13550 |
| 4-Corner Suspension | | | 1325 | 1325 | 1765 | 1765 |
| V8, 4.2 Liter | | | 1400 | 1400 | 1865 | 1865 |

**TOUAREG 4WD—V10 Turbo Diesel**—Truck Equipment Schedule T3
| | | | | | | |
|---|---|---|---|---|---|---|
| TDI Sport Util 4D | PT77L | 59690 | 19150 | 20000 | 21300 | 24900 |

### 2008 VOLKSWAGEN — WVG(BE77L)-8-#

**TOUAREG 2 4WD—V6**—Truck Equipment Schedule T3
| | | | | | | |
|---|---|---|---|---|---|---|
| Sport Utility 4D | BE77L | 49080 | 12600 | 13200 | 14550 | 17350 |
| 4-Corner Suspension | | | 1400 | 1400 | 1865 | 1865 |
| V8, 4.2 Liter | | | 1500 | 1500 | 2000 | 2000 |

**DEDUCT FOR RECONDITIONING**

# 2008 VOLKSWAGEN

| Body Type | VIN | List | Trade-In Good | Very Good | Pvt-Party Good | Retail Excellent |
|---|---|---|---|---|---|---|
| **TOUAREG 2 4WD—V10 Turbo Diesel—Truck Equipment Schedule T3** | | | | | | |
| TDI Sport Util 4D | PT77L | 69000 | 22400 | 23400 | 24200 | 27700 |
| 4-Corner Suspension | | | 1400 | 1400 | 1865 | 1865 |

## 2009 VOLKSWAGEN — WVG(AV75N)-9-#

| Body Type | VIN | List | Good | Very Good | Good | Excellent |
|---|---|---|---|---|---|---|
| **TIGUAN—4-Cyl. Turbo—Truck Equipment Schedule T3** | | | | | | |
| S Sport Utility 4D | AV75N | 24990 | 9300 | 9825 | 10650 | 12600 |
| SE Sport Utility 4D | AV75N | 29025 | 10350 | 10900 | 11750 | 13850 |
| SEL Sport Util 4D | AV75N | 31740 | 13650 | 14300 | 15400 | 18100 |
| Manual, 6-Spd | C | | (375) | (375) | (500) | (500) |
| **TIGUAN 4MOTION 4WD—4-Cyl. Turbo—Truck Equipment Sch T3** | | | | | | |
| SE Sport Utility 4D | BV75N | 29565 | 12300 | 12900 | 13900 | 16350 |
| SEL Sport Util 4D | BV75N | 33630 | 14450 | 15100 | 16250 | 19100 |
| **TOUAREG 2 4WD—V6—Truck Equipment Schedule T3** | | | | | | |
| Sport Utility 4D | BE77L | 39990 | 15150 | 15850 | 16850 | 19600 |
| 4-Corner Suspension | | | 1500 | 1500 | 2000 | 2000 |
| V8, 4.2 Liter | | | 1600 | 1600 | 2135 | 2135 |
| **TOUAREG 2 4WD—V6 Turbo Diesel—Truck Equipment Schedule T3** | | | | | | |
| TDI Sport Utility | AM77L | 43490 | 23600 | 24500 | 25500 | 29400 |
| 4-Corner Suspension | | | 1500 | 1500 | 2000 | 2000 |
| **ROUTAN—V6—Truck Equipment Schedule T3** | | | | | | |
| S Minivan 4D | HW441 | 25390 | 7450 | 7925 | 8950 | 10900 |
| SE Minivan 4D | HW341 | 30290 | 9100 | 9625 | 10800 | 13100 |
| SEL Minivan 4D | HW54X | 33890 | 10400 | 10950 | 12200 | 14800 |
| SEL Prem Minivan | HW64X | 39250 | 12200 | 12800 | 14250 | 17200 |

## 2010 VOLKSWAGEN — WVGor2V4(CV7AX)-A-#

| Body Type | VIN | List | Good | Very Good | Good | Excellent |
|---|---|---|---|---|---|---|
| **TIGUAN—4-Cyl. Turbo—Truck Equipment Schedule T3** | | | | | | |
| S Sport Utility 4D | CV7AX | 25050 | 10650 | 11200 | 12100 | 14300 |
| SE Sport Utility 4D | AV7AX | 29900 | 11800 | 12400 | 13350 | 15750 |
| Wolfsburg Edition | AV7AX | 28550 | 11400 | 12000 | 12900 | 15250 |
| SEL Sport Util 4D | AV7AX | 32015 | 15350 | 16050 | 17200 | 20200 |
| Manual, 6-Spd | C | | (400) | (400) | (535) | (535) |
| **TIGUAN 4MOTION AWD—4-Cyl. Turbo—Truck Equipment Sch T3** | | | | | | |
| S Sport Utility 4D | BV7AX | 27050 | 11200 | 11800 | 12700 | 15000 |
| SE Sport Utility 4D | BV7AX | 31250 | 13900 | 14550 | 15650 | 18400 |
| Wolfsburg Ed SUV | BV7AX | 30500 | 13000 | 13650 | 14700 | 17300 |
| SEL Sport Util 4D | BV7AX | 33965 | 16350 | 17100 | 18300 | 21400 |
| **TOUAREG AWD—V6—Truck Equipment Schedule T3** | | | | | | |
| VR6 Sport Utility | BF7A9 | 41190 | 18350 | 19150 | 20200 | 23400 |
| **TOUAREG AWD—V6 Turbo Diesel—Truck Equipment Schedule T3** | | | | | | |
| TDI Sport Utility | AK7A9 | 44710 | 24900 | 25900 | 26500 | 30100 |
| 4-Corner Suspension | | | 1600 | 1600 | 2135 | 2135 |
| **ROUTAN—V6—Truck Equipment Schedule T3** | | | | | | |
| S Minivan 4D | RW4D1 | 26650 | 8600 | 9100 | 10150 | 12250 |
| SE Minivan 4D | RW3D1 | 31250 | 10850 | 11400 | 12650 | 15250 |
| SEL Minivan 4D | RW5DX | 37250 | 12650 | 13250 | 14750 | 17750 |
| SEL Premium | RW6DX | 44300 | 15100 | 15800 | 17400 | 20900 |

## 2011 VOLKSWAGEN — WVGor2V4(AV7AX)-B-#

| Body Type | VIN | List | Good | Very Good | Good | Excellent |
|---|---|---|---|---|---|---|
| **TIGUAN—4-Cyl. Turbo—Truck Equipment Schedule T3** | | | | | | |
| S Sport Utility 4D | AV7AX | 25405 | 11250 | 11850 | 12750 | 15000 |
| SE Sport Utility 4D | AV7AX | 28765 | 12550 | 13150 | 14200 | 16700 |
| SEL Sport Util 4D | AV7AX | 33640 | 16850 | 17600 | 18750 | 21900 |
| Manual, 6-Spd | | | (475) | (475) | (635) | (635) |
| **TIGUAN 4MOTION AWD—4-Cyl. Turbo—Truck Equipment Sch T3** | | | | | | |
| S Sport Utility 4D | BV7AX | 27360 | 12050 | 12650 | 13600 | 15950 |
| SE Sport Utility 4D | BV7AX | 30720 | 14750 | 15400 | 16500 | 19350 |
| SEL Sport Util 4D | BV7AX | 35595 | 17650 | 18400 | 19600 | 22900 |
| **TOUAREG AWD—V6 Hybrid—Truck Equipment Schedule T3** | | | | | | |
| Sport Utility 4D | FG9BP | 61385 | 30000 | 31200 | 31900 | 36200 |
| **TOUAREG AWD—V6—Truck Equipment Schedule T3** | | | | | | |
| VR6 Sport Utility | FF9BP | 45270 | 23600 | 24500 | 25200 | 28600 |
| VR6 Lux Spt Util | FF9BP | 49120 | 24600 | 25600 | 26200 | 29800 |
| VR6 Exec Spt Utl | FF9BP | 54820 | 29200 | 30400 | 31100 | 35300 |
| **TOUAREG AWD—V6 Turbo Diesel—Truck Equipment Schedule T3** | | | | | | |
| TDI Sport Util | FK9BP | 48770 | 30400 | 31600 | 32200 | 36600 |
| TDI Lux Spt Util | FK9BP | 52620 | 32400 | 33700 | 34300 | 38800 |
| TDI Exec Spt Utl | FK9BP | 58320 | 35700 | 37000 | 37600 | 42600 |
| 4-Corner Suspension | | | 1700 | 1700 | 2265 | 2265 |
| **ROUTAN—V6—Truck Equipment Schedule T3** | | | | | | |
| S Minivan 4D | RW4DG | 26720 | 10300 | 10850 | 11700 | 13850 |

**SEE BACK PAGES FOR TRUCK EQUIPMENT**

# 2011 VOLKSWAGEN

| Body Type | VIN | List | Trade-In Good | Very Good | Pvt-Party Good | Retail Excellent |
|---|---|---|---|---|---|---|
| SE Minivan 4D | RW3DG | 31420 | 13200 | 13850 | 14950 | 17600 |
| SEL Minivan 4D | RW5DG | 37420 | 14750 | 15400 | 16600 | 19500 |
| SEL Premium | RW8DG | 43320 | 17150 | 17900 | 19150 | 22500 |

## 2012 VOLKSWAGEN — WVGor2C4(AV7AX)-C-#

**TIGUAN—4-Cyl. Turbo**—Truck Equipment Schedule T3
| | | | | | | |
|---|---|---|---|---|---|---|
| 2.0T S Sport Util | AV7AX | 25210 | 13250 | 13900 | 14850 | 17300 |
| 2.0T LE Sport Util | AV7AX | 25995 | 12800 | 13400 | 14350 | 16750 |
| 2.0T SE Sport Util | AV7AX | 29505 | 15000 | 15700 | 16650 | 19400 |
| 2.0T SEL Spt Util | AV7AX | 34845 | 19950 | 20800 | 21900 | 25400 |
| Manual, 6-Spd | C | | (450) | (450) | (600) | (600) |

**TIGUAN 4MOTION AWD—4-Cyl. Turbo**—Truck Equipment Sch T3
| | | | | | | |
|---|---|---|---|---|---|---|
| 2.0T S Sport Util | BV7AX | 27165 | 14400 | 15050 | 16050 | 18700 |
| 2.0T SE Sport Util | BV7AX | 31460 | 17150 | 17900 | 18950 | 22000 |
| 2.0T SEL Spt Util | BV7AX | 36800 | 20700 | 21500 | 22600 | 26300 |

**TOUAREG AWD—V6**—Truck Equipment Schedule T3
| | | | | | | |
|---|---|---|---|---|---|---|
| VR6 Sport SUV 4D | FF9BP | 44245 | 27100 | 28200 | 28700 | 32400 |
| VR6 Lux Spt Utl | FF9BP | 50265 | 29500 | 30700 | 31200 | 35300 |
| VR6 Exec Spt Utl | FF9BP | 55965 | 32800 | 34100 | 34500 | 39000 |

**TOUAREG AWD—V6 Hybrid**—Truck Equipment Schedule T3
| | | | | | | |
|---|---|---|---|---|---|---|
| Sport Utility 4D | FG9BP | 62865 | 36200 | 37500 | 38000 | 42900 |

**TOUAREG AWD—V6 Turbo Diesel**—Truck Equipment Schedule T3
| | | | | | | |
|---|---|---|---|---|---|---|
| TDI Sport SUV 4D | FK9BP | 47745 | 33700 | 35000 | 35800 | 40900 |
| TDI Lux Spt Utl | FK9BP | 53765 | 36700 | 38100 | 38900 | 44300 |
| TDI Exec Spt Utl | FK9BP | 59465 | 40600 | 42100 | 43000 | 49000 |

**ROUTAN—V6**—Truck Equipment Schedule T3
| | | | | | | |
|---|---|---|---|---|---|---|
| S Minivan 4D | RVAAG | 27840 | 12150 | 12750 | 13550 | 15800 |
| SE Minivan 4D | RVABG | 32830 | 15700 | 16400 | 17350 | 20100 |
| SEL Minivan 4D | RVACG | 38710 | 17450 | 18200 | 19200 | 22300 |
| SEL Premium | RVADG | 45100 | 19950 | 20800 | 21800 | 25300 |

## 2013 VOLKSWAGEN — WVGor2C4(AV7AX)-D-#

**TIGUAN—4-Cyl. Turbo**—Truck Equipment Schedule T3
| | | | | | | |
|---|---|---|---|---|---|---|
| 2.0T S Sport Util | AV7AX | 25525 | 14350 | 15000 | 16050 | 18700 |
| 2.0T SE Sport Util | AV7AX | 29985 | 17200 | 17950 | 19050 | 22200 |
| 2.0T SEL Spt Util | AV7AX | 35690 | 21500 | 22400 | 23600 | 27500 |
| Manual, 6-Spd | C | | (475) | (475) | (635) | (635) |

**TIGUAN 4MOTION AWD—4-Cyl. Turbo**—Truck Equipment Sch T3
| | | | | | | |
|---|---|---|---|---|---|---|
| 2.0T S Sport Util | BV7AX | 27480 | 15900 | 16650 | 17700 | 20600 |
| 2.0T SE Sport Util | BV7AX | 31940 | 19450 | 20300 | 21400 | 25000 |
| 2.0T SEL Spt Util | BV7AX | 37645 | 22100 | 23100 | 24200 | 28200 |

**TOUAREG AWD—V6**—Truck Equipment Schedule T3
| | | | | | | |
|---|---|---|---|---|---|---|
| VR6 Sport SUV 4D | EF9BP | 44300 | 29700 | 30900 | 31600 | 35800 |
| VR6 Lux Spt Utl | EF9BP | 50305 | 32200 | 33400 | 34100 | 38700 |
| VR6 Exec Spt Utl | EF9BP | 56030 | 35500 | 36800 | 37400 | 42500 |

**TOUAREG AWD—V6 Hybrid**—Truck Equipment Schedule T3
| | | | | | | |
|---|---|---|---|---|---|---|
| Sport Utility 4D | EG9BP | 62930 | 40700 | 42200 | 42800 | 48500 |

**TOUAREG AWD—V6 Turbo Diesel**—Truck Equipment Schedule T3
| | | | | | | |
|---|---|---|---|---|---|---|
| TDI Sport SUV 4D | EP9BP | 47800 | | | | |
| TDI Lux Spt Utl | EP9BP | 53805 | | | | |
| TDI Exec Spt Utl | EP9BP | 59530 | | | | |

# VOLVO

## 2003 VOLVO — YV1(CM59H)-3-#

**XC90 AWD—5-Cyl. Turbo**—Truck Equipment Schedule T3
| | | | | | | |
|---|---|---|---|---|---|---|
| Sport Utility 4D | CM59H | 35760 | 3700 | 4025 | 5000 | 6825 |
| Third Row Seat | | | 250 | 250 | 335 | 335 |
| FWD | N,Y | | (875) | (875) | (1165) | (1165) |

**XC90 AWD—6-Cyl. Twin Turbo**—Truck Equipment Schedule T3
| | | | | | | |
|---|---|---|---|---|---|---|
| T6 Sport Utility 4D | CM91H | 40660 | 3450 | 3775 | 4675 | 6425 |
| Third Row Seat | | | 250 | 250 | 335 | 335 |

## 2004 VOLVO — YV1(CM59H)-4-#

**XC90 AWD—5-Cyl. Turbo**—Truck Equipment Schedule T3
| | | | | | | |
|---|---|---|---|---|---|---|
| Sport Utility 4D | CM59H | 36875 | 4575 | 4925 | 6000 | 8075 |
| Third Row Seat | | | 250 | 250 | 335 | 335 |
| FWD | N,Y | | (950) | (950) | (1265) | (1265) |

**XC90 AWD—6-Cyl. Twin Turbo**—Truck Equipment Schedule T3
| | | | | | | |
|---|---|---|---|---|---|---|
| T6 Sport Utility 4D | CM91H | 41650 | 4375 | 4725 | 5750 | 7775 |

# 2004 VOLVO

| Body Type | VIN | List | Trade-In Good | Very Good | Pvt-Party Good | Retail Excellent |
|---|---|---|---|---|---|---|
| Third Row Seat | | | 250 | 250 | 335 | 335 |

## 2005 VOLVO — YV1(CM592)-5-#

**XC90 AWD—5-Cyl. Turbo**—Truck Equipment Schedule T3
| | | | | | | |
|---|---|---|---|---|---|---|
| Sport Utility 4D | CM592 | 37300 | 5025 | 5425 | 6850 | 9000 |
| Third Row Seat | Y | | 275 | 275 | 365 | 365 |
| FWD | N,Y | | (1025) | (1025) | (1365) | (1365) |

**XC90 AWD—6-Cyl. Twin Turbo**—Truck Equipment Schedule T3
| | | | | | | |
|---|---|---|---|---|---|---|
| T6 Sport Utility 4D | CM911 | 41700 | 4825 | 5200 | 6600 | 8700 |
| Third Row Seat | Y | | 275 | 275 | 365 | 365 |

**XC90 AWD—V8**—Truck Equipment Schedule T3
| | | | | | | |
|---|---|---|---|---|---|---|
| Sport Utility 4D | CM852 | 46080 | 5575 | 5975 | 7500 | 9850 |
| Third Row Seat | Z | | 275 | 275 | 365 | 365 |

## 2006 VOLVO — YV1(CM592)-6-#

**XC90 AWD—5-Cyl. Turbo**—Truck Equipment Schedule T3
| | | | | | | |
|---|---|---|---|---|---|---|
| 2.5T Sport Util 4D | CM592 | 38110 | 6700 | 7150 | 8625 | 11000 |
| Third Row Seat | Y | | 275 | 275 | 365 | 365 |
| FWD | N,Y | | (1125) | (1125) | (1500) | (1500) |

**XC90 AWD—V8**—Truck Equipment Schedule T3
| | | | | | | |
|---|---|---|---|---|---|---|
| Sport Utility 4D | CM852 | 46535 | 8200 | 8700 | 10400 | 13250 |
| Ocean Race Spt Utl | CM852 | 50555 | 10400 | 10950 | 13050 | 16500 |
| Third Row Seat | Z | | 275 | 275 | 365 | 365 |

## 2007 VOLVO — YV1(CN982)-7-#

**XC90—6-Cyl.**—Truck Equipment Schedule T3
| | | | | | | |
|---|---|---|---|---|---|---|
| 3.2 Sport Utility 4D | CN982 | 36830 | 8175 | 8675 | 10000 | 12400 |
| Third Row Seat | Y,Z | | 300 | 300 | 400 | 400 |
| AWD | M | | 1200 | 1200 | 1600 | 1600 |

**XC90 AWD—V8**—Truck Equipment Schedule T3
| | | | | | | |
|---|---|---|---|---|---|---|
| Sport Utility 4D | CT852 | 47120 | 10450 | 11000 | 12550 | 15500 |
| Sport SUV 4D | CZ852 | 49995 | 11800 | 12400 | 14150 | 17450 |
| Third Row Seat | T,Z | | 300 | 300 | 400 | 400 |

## 2008 VOLVO — YV4(CN982)-8-#

**XC90—6-Cyl.**—Truck Equipment Schedule T3
| | | | | | | |
|---|---|---|---|---|---|---|
| 3.2 Sport Utility 4D | CN982 | 36955 | 11400 | 12000 | 13200 | 15850 |
| Third Row Seat | Y,Z | | 350 | 350 | 465 | 465 |
| AWD | M | | 1200 | 1200 | 1600 | 1600 |

**XC90 AWD—V8**—Truck Equipment Schedule T3
| | | | | | | |
|---|---|---|---|---|---|---|
| Sport Utility 4D | CZ852 | 49250 | 16850 | 17600 | 19200 | 22900 |
| Sport SUV 4D | CT852 | 50615 | 18000 | 18800 | 20400 | 24400 |
| Third Row Seat | T,Z | | 350 | 350 | 465 | 465 |

## 2010 VOLVO — YV(1or4)(960DL)-A-#

**XC60—6-Cyl.**—Truck Equipment Schedule T3
| | | | | | | |
|---|---|---|---|---|---|---|
| 3.2 Sport Utility 4D | 960DL | 33245 | 17400 | 18150 | 18950 | 21800 |
| Adaptive Cruise Control | | | 425 | 425 | 565 | 565 |
| AWD | Z | | 1000 | 1000 | 1335 | 1335 |

**XC60 AWD—6-Cyl. Turbo**—Truck Equipment Schedule T3
| | | | | | | |
|---|---|---|---|---|---|---|
| T6 Sport Utility 4D | 992DZ | 38050 | 21500 | 22400 | 23100 | 26400 |
| R-Design Sport Util | 992DZ | 42400 | 21300 | 22200 | 22900 | 26200 |
| Adaptive Cruise Control | | | 425 | 425 | 565 | 565 |

**XC90—6-Cyl.**—Truck Equipment Schedule T3
| | | | | | | |
|---|---|---|---|---|---|---|
| 3.2 Sport Utility 4D | 982CY | 38550 | 19350 | 20200 | 21100 | 24400 |
| AWD | Z | | 1100 | 1100 | 1465 | 1465 |
| Third Row Seat | F,Y | | 450 | 450 | 600 | 600 |

**XC90 AWD—6-Cyl.**—Truck Equipment Schedule T3
| | | | | | | |
|---|---|---|---|---|---|---|
| 3.2 R-Design SUV | 982CT | 42350 | 22500 | 23500 | 24400 | 28100 |
| FWD | F | | (1200) | (1200) | (1600) | (1600) |

**XC90 AWD—V8**—Truck Equipment Schedule T3
| | | | | | | |
|---|---|---|---|---|---|---|
| Sport Utility 4D | 852CZ | 48350 | 25700 | 26800 | 27800 | 32000 |
| Third Row Seat | T,Z | | 450 | 450 | 600 | 600 |

## 2011 VOLVO — YV(1or4)(952DL)-B-#

**XC60—6-Cyl.**—Truck Equipment Schedule T3
| | | | | | | |
|---|---|---|---|---|---|---|
| 3.2 Sport Utility | 952DL | 33250 | 18700 | 19500 | 20000 | 22700 |
| 3.2 R-Design Util | 952DL | 38900 | 23000 | 23900 | 24300 | 27400 |
| Adaptive Cruise Control | | | 450 | 450 | 600 | 600 |
| AWD | Z | | 1200 | 1200 | 1600 | 1600 |

**SEE BACK PAGES FOR TRUCK EQUIPMENT**

# 2011 VOLVO

| Body Type | VIN | List | Trade-In Good | Very Good | Pvt-Party Good | Retail Excellent |
|---|---|---|---|---|---|---|
| **XC60 AWD—6-Cyl. Turbo—Truck Equipment Schedule T3** | | | | | | |
| T6 Sport Utility | 902DZ | 39250 | 23200 | 24100 | 24500 | 27600 |
| T6 R-Design Util | 902DZ | 42400 | 23800 | 24800 | 25200 | 28400 |
| Adaptive Cruise Control | | | 450 | 450 | 600 | 600 |

## 2012 VOLVO — YV4(952DL)-C-#

| Body Type | VIN | List | Trade-In Good | Very Good | Pvt-Party Good | Retail Excellent |
|---|---|---|---|---|---|---|
| **XC60—6-Cyl.—Truck Equipment Schedule T3** | | | | | | |
| 3.2 Sport Utility 4D | 952DL | 33775 | 20400 | 21200 | 21800 | 24800 |
| Adaptive Cruise Control | | | 475 | 475 | 635 | 635 |
| AWD | Z | | 1100 | 1100 | 1465 | 1465 |
| **XC60 AWD—6-Cyl. Turbo—Truck Equipment Schedule T3** | | | | | | |
| T6 Sport Utility | 902DZ | 39825 | 24800 | 25800 | 26400 | 30000 |
| T6 R-Design Util | 902DZ | 44025 | 26300 | 27400 | 28000 | 31800 |
| Adaptive Cruise Control | | | 475 | 475 | 635 | 635 |
| **XC90—6-Cyl.—Truck Equipment Schedule T3** | | | | | | |
| 3.2 Sport Utility | 952CY | 39275 | 25600 | 26700 | 27200 | 30700 |
| AWD | Z | | 1200 | 1200 | 1600 | 1600 |
| **XC90 AWD—6-Cyl.—Truck Equipment Schedule T3** | | | | | | |
| 3.2 R-Design Util | 952CT | 44075 | 28800 | 30000 | 30500 | 34500 |
| FWD | F | | (1200) | (1200) | (1600) | (1600) |

## 2013 VOLVO — YV4(952DL)-D-#

| Body Type | VIN | List | Trade-In Good | Very Good | Pvt-Party Good | Retail Excellent |
|---|---|---|---|---|---|---|
| **XC60—6-Cyl.—Truck Equipment Schedule T3** | | | | | | |
| 3.2 Sport Utility 4D | 952DL | 35245 | 21300 | 22200 | 22900 | 26200 |
| 3.2 Premier SUV | 952DL | 38195 | 23700 | 24700 | 25600 | 29400 |
| 3.2 Premier Plus | 952DL | 40095 | 25400 | 26400 | 27200 | 31100 |
| 3.2 Platinum SUV | 952DL | 42795 | 27700 | 28800 | 29600 | 33800 |
| Sensing Cruise Control | | | 500 | 500 | 665 | 665 |
| AWD | Z | | 1200 | 1200 | 1600 | 1600 |
| **XC60 AWD—6-Cyl. Turbo—Truck Equipment Schedule T3** | | | | | | |
| T6 Sport Utility 4D | 902DZ | 41545 | 26200 | 27200 | 28000 | 32000 |
| T6 Premier Plus | 902DZ | 43445 | 28300 | 29400 | 30300 | 34600 |
| T6 R-Design SUV | 902DZ | 45745 | 29800 | 30900 | 31800 | 36300 |
| T6 Platinum SUV | 902DZ | 46145 | 30800 | 32000 | 32900 | 37500 |
| T6 R-DsgnPrmr + | 902DZ | 47145 | 31700 | 32900 | 33800 | 38600 |
| T6 R-Dsgn Pltnm | 902DZ | 49845 | 33500 | 34800 | 35600 | 40700 |
| Sensing Cruise Control | | | 500 | 500 | 665 | 665 |
| **XC90 3.2—6-Cyl.—Truck Equipment Schedule T3** | | | | | | |
| Sport Utility 4D | 952CY | 40375 | 28000 | 29100 | 29700 | 33700 |
| AWD | Z | | 1200 | 1200 | 1600 | 1600 |

# NOTES

**TRUCKS & VANS**

# 1999-2007 TRUCK FACTORY EQUIPMENT

| Equipment | 99-01 | 02 | 03 | 04 | 05 | 06 | 07 |
|---|---|---|---|---|---|---|---|

## MODEL PACKAGES (Truck Schedules T1 & T2)
## (Add Only If Not Listed on Individual Vehicle Listing)

### CHEVROLET/GMC:

| Equipment | 99-01 | 02 | 03 | 04 | 05 | 06 | 07 |
|---|---|---|---|---|---|---|---|
| LTZ, SLT | 300 | 375 | — | — | — | — | — |
| LT, Xtreme | 125 | 150 | 200 | — | — | — | — |
| LS, SLE, ZR2 Suspension | 100 | 125 | 150 | 175 | — | — | — |

### DODGE:

| Equipment | 99-01 | 02 | 03 | 04 | 05 | 06 | 07 |
|---|---|---|---|---|---|---|---|
| SLT, SXT | 125 | 150 | — | — | — | — | — |

### FORD:

| Equipment | 99-01 | 02 | 03 | 04 | 05 | 06 | 07 |
|---|---|---|---|---|---|---|---|
| Limited, Chateau | 325 | 400 | — | — | — | — | — |
| Lariat, Adrenalin | 150 | 225 | 300 | 375 | — | — | — |
| XLT, XLT Sport, XLT NBX, FX4, Edge Plus, Amarillo | 125 | 150 | 200 | — | — | — | — |
| STX, EDGE | — | 125 | — | — | — | — | — |

### ALL MAKES:
(All Other Model Packages Not Listed)

| Equipment | 99-01 | 02 | 03 | 04 | 05 | 06 | 07 |
|---|---|---|---|---|---|---|---|
|  | 75 | 75 | 75 | 75 | 75 | 100 | 125 |

## TRUCK SCHEDULE T1 (Deduct For)

| Equipment | 99-01 | 02 | 03 | 04 | 05 | 06 | 07 |
|---|---|---|---|---|---|---|---|
| Manual Trans | (250) | (275) | (300) | (325) | (350) | (375) | (400) |

## TRUCK SCHEDULE T2 (Add For)

| Equipment | 99-01 | 02 | 03 | 04 | 05 | 06 | 07 |
|---|---|---|---|---|---|---|---|
| Auto Trans | 200 | 225 | 250 | 275 | 300 | 325 | 350 |
| w/o Pwr Steering | (75) | (75) | (75) | (75) | (75) | (75) | (75) |
| w/o Air Cond | (175) | (200) | (200) | (200) | (200) | (200) | (200) |

## TRUCK SCHEDULE T3 (This Equipment Only)

| Equipment | 99-01 | 02 | 03 | 04 | 05 | 06 | 07 |
|---|---|---|---|---|---|---|---|
| Premium Sound | 75 | 100 | 125 | 150 | 150 | 150 | 150 |
| Video/DVD | — | 100 | 100 | 150 | 175 | 200 | 200 |
| NavigationSystm | — | — | 300 | 300 | 350 | 375 | 400 |
| Grille Guard | 50 | 50 | 50 | 50 | 50 | 50 | 50 |
| Running Boards | 200 | 200 | 200 | 200 | 200 | 200 | 200 |
| Premium Wheels | 150 | 175 | 200 | 225 | 250 | 275 | 300 |
| Oversize Premium Wheels (20" Plus) | 350 | 375 | 425 | 450 | 450 | 450 | 450 |
| Towing Pkg | 125 | 150 | 175 | 200 | 200 | 200 | 200 |
| w/o Leather | (100) | (100) | (100) | (125) | (150) | (175) | (200) |

## OTHER OPTIONS (Truck Schedules T1 & T2)

| Equipment | 99-01 | 02 | 03 | 04 | 05 | 06 | 07 |
|---|---|---|---|---|---|---|---|
| w/o Pwr Windows | (75) | (100) | (100) | (100) | (100) | (100) | (100) |
| w/o Power Locks | (50) | (50) | (50) | (50) | (50) | (50) | (50) |
| w/o Tilt Wheel | (50) | (75) | (75) | (75) | (75) | (75) | (75) |
| Premium Sound | 50 | 50 | 50 | 50 | 50 | 50 | 50 |
| Video/DVD | — | 100 | 100 | 150 | 175 | 200 | 200 |
| NavigationSystm | — | — | 300 | 300 | 350 | 375 | 400 |
| Leather | 100 | 100 | 100 | 125 | 150 | 175 | 200 |

SEE PAGE 9 FOR PVT PARTY & RETAIL EQUIPMENT

# 1999-2007 TRUCK FACTORY EQUIPMENT

| Equipment | 99-01 | 02 | 03 | 04 | 05 | 06 | 07 |
|---|---|---|---|---|---|---|---|
| Quad Seating | | | | | | | |
| (4 Buckets) | 125 | 150 | 150 | 150 | 150 | 150 | 150 |
| Van Seating Pkgs | | | | | | | |
| (11/12 Pass) | 275 | 300 | 325 | 350 | 375 | 400 | 400 |
| (15 Passenger) | 525 | 550 | 575 | 600 | 625 | 650 | 650 |
| Privacy Glass (Vans/Wagons/Sport Utilities) | | | | | | | |
| | 50 | 50 | 50 | 50 | 50 | 50 | 50 |
| Sliding Rear Window (Pickups) | | | | | | | |
| | 25 | 25 | 25 | 25 | 25 | 25 | 25 |
| Roof Rack | 25 | 25 | 25 | 25 | 25 | 25 | 25 |
| Pickup Shell/Cap | 75 | 100 | 100 | 100 | 100 | 100 | 100 |
| Bed Liner | 50 | 50 | 50 | 50 | 50 | 75 | 100 |
| Grille Guard | 50 | 50 | 50 | 50 | 50 | 50 | 50 |
| Winch | 50 | 50 | 50 | 75 | 100 | 125 | 150 |
| Custom Bumper | 50 | 50 | 50 | 50 | 50 | 50 | 50 |
| Stepside | | | | | | | |
| (Short Bed PU) | 50 | 75 | 100 | 125 | 150 | 150 | 150 |
| (Long Bed PU) | (250) | (250) | (250) | — | — | — | — |
| Running Boards | 200 | 200 | 200 | 200 | 200 | 200 | 200 |
| Alloy Wheels | 75 | 100 | 125 | 150 | 150 | 150 | 150 |
| Premium Wheels | 150 | 175 | 200 | 225 | 250 | 275 | 300 |
| Oversize Premium Wheels (20" Plus) | | | | | | | |
| | 350 | 375 | 425 | 450 | 450 | 450 | 450 |
| Wide Tires or Oversize Off-Road Tires | | | | | | | |
| | 50 | 50 | 50 | 50 | 50 | 75 | 100 |
| Opt Fuel Tank | 50 | 50 | 50 | — | — | — | — |
| Towing Pkg | 125 | 150 | 175 | 200 | 200 | 200 | 200 |
| Dual Rear Wheels (Add Only on Models Not Listed as DR) | | | | | | | |
| (Pickups) | 600 | 650 | 700 | 725 | 750 | 775 | 800 |
| (Cab/Ch, Vans) | 225 | 250 | 275 | 300 | 300 | 300 | 300 |
| Single Rear Wheels (Deduct Only on Models Listed as DR) | | | | | | | |
| (Cab/Ch, Vans) | (225) | (250) | (275) | (300) | (300) | (300) | (300) |
| Snow Plow | 300 | 375 | 450 | 525 | 600 | 675 | 750 |
| Hydraulic Lift | 350 | 350 | 350 | 350 | 350 | 350 | 350 |
| Underbody Hoist/Dump Bed | | | | | | | |
| | 350 | 350 | 350 | 350 | 350 | 350 | 350 |
| Cab & Chassis Bodies | | | | | | | |
| 9' Stake | 450 | 475 | 500 | 525 | 550 | 575 | 600 |
| 12' Stake | 500 | 525 | 550 | 575 | 600 | 625 | 650 |
| 14' Stake | 550 | 575 | 600 | 625 | 650 | 675 | 700 |
| 16' Stake | 600 | 625 | 650 | 675 | 700 | 725 | 750 |
| 12' x 8' Box | 500 | 500 | 500 | 500 | 500 | 500 | 500 |
| 14' x 8' Box | 550 | 550 | 550 | 550 | 550 | 550 | 550 |
| 16' x 8' Box | 600 | 600 | 600 | 600 | 600 | 600 | 600 |
| Utility | 800 | 800 | 800 | 800 | 800 | 800 | 800 |
| Aluminum Box | 400 | 400 | 400 | 400 | 400 | 400 | 400 |

**SEE PAGE 9 FOR PVT PARTY & RETAIL EQUIPMENT**

TRUCKS & VANS

## 2008-2013 TRUCK FACTORY EQUIPMENT

| Equipment | 08 | 09 | 10 | 11 | 12 | 13 |
|---|---|---|---|---|---|---|
| **ALL MAKES:** | | | | | | |
| (All Other Model Packages Not Listed) | | | | | | |
| | 125 | 125 | 125 | 150 | 175 | 200 |
| **TRUCK SCHEDULE T1 (Deduct For)** | | | | | | |
| 5-Spd Manual | (475) | (550) | (600) | (650) | (700) | (750) |
| 6-Spd Manual | (300) | (350) | (400) | (475) | — | — |
| **TRUCK SCHEDULE T2 (Add For)** | | | | | | |
| Auto Trans | 400 | 450 | 500 | 550 | 600 | 650 |
| w/o Pwr Steering | (100) | (125) | (150) | (150) | (150) | (150) |
| w/o Air Cond | (250) | (300) | (350) | (400) | (450) | (475) |
| **TRUCK SCHEDULE T3 (This Equipment Only)** | | | | | | |
| Premium Sound | 200 | 250 | 300 | 325 | 350 | 375 |
| Video/DVD | 250 | 275 | 300 | 325 | 350 | 375 |
| NavigationSystm | 450 | 475 | 500 | 525 | 550 | 575 |
| Panorama Roof | 400 | 450 | 500 | 550 | 600 | 650 |
| Premium Wheels | 350 | 375 | 400 | 425 | 450 | 475 |
| Oversize Premium Wheels (20" Plus) | | | | | | |
| | 525 | 600 | 675 | 750 | 800 | 850 |
| Grille Guard | 75 | 75 | 75 | 75 | 75 | 75 |
| Parking Sensors | 50 | 75 | 100 | 125 | 150 | 175 |
| Backup Camera | 75 | 100 | 125 | 150 | 200 | 200 |
| Running Boards | 200 | 200 | 200 | 200 | 200 | 200 |
| Power Sliding Doors (Minivan) | | | | | | |
| Single | 25 | 25 | 25 | 25 | 50 | 75 |
| Dual | 50 | 75 | 100 | 125 | 150 | 175 |
| Towing Pkg | 225 | 250 | 275 | 300 | 300 | 300 |
| w/o Leather | (250) | (300) | (350) | (400) | (450) | (525) |
| **OTHER OPTIONS (Truck Schedules T1 & T2)** | | | | | | |
| w/o Pwr Windows | (125) | (150) | (175) | (200) | (225) | (250) |
| w/o Power Locks | (75) | (100) | (125) | (150) | (175) | (175) |
| w/o Tilt Wheel | (100) | (125) | (150) | (175) | (200) | (200) |
| Premium Sound | 100 | 125 | 150 | 175 | 200 | 225 |
| Video/DVD | 250 | 275 | 300 | 325 | 350 | 375 |
| NavigationSystm | 450 | 475 | 500 | 525 | 550 | 575 |
| Leather | 250 | 300 | 350 | 400 | 450 | 525 |
| Quad Seating | | | | | | |
| (4 Buckets) | 200 | 250 | 300 | 325 | 350 | 375 |
| Van Seating Packages | | | | | | |
| (11/12 Pass) | 450 | 500 | 550 | 600 | 650 | 700 |
| (14/15 Pass) | 800 | 950 | 1100 | 1225 | — | — |
| Power Sliding Doors (Minivans) | | | | | | |
| Single | 25 | 25 | 25 | 25 | 50 | 75 |
| Dual | 50 | 75 | 100 | 125 | 150 | 175 |
| Privacy Glass (Vans/Wagons/Sport Utilities) | | | | | | |
| | 75 | 100 | 100 | 100 | 100 | 100 |

SEE PAGE 9 FOR PVT PARTY & RETAIL EQUIPMENT

## 2008-2013 TRUCK FACTORY EQUIPMENT

| Equipment | 08 | 09 | 10 | 11 | 12 | 13 |
|---|---|---|---|---|---|---|
| Sliding Rear Window (Pickups) | | | | | | |
| | 50 | 75 | 75 | 75 | 75 | 75 |
| Power Sliding Rear Window (Pickups) | | | | | | |
| | 150 | 175 | 175 | 175 | 175 | 175 |
| Roof Rack | 50 | 75 | 100 | 100 | 100 | 100 |
| Panorama Roof | 400 | 450 | 500 | 550 | 600 | 650 |
| Pickup Shell/Cap | 150 | 175 | 200 | 225 | 250 | 275 |
| Hard Tonneau | 100 | 125 | 150 | 175 | 200 | 225 |
| Bed Liner | 100 | 100 | 100 | 125 | 150 | 175 |
| Grille Guard | 75 | 75 | 75 | 75 | 75 | 75 |
| Winch | 150 | 175 | 200 | 225 | 250 | 275 |
| Custom Bumper | 75 | 100 | 100 | 100 | 100 | 100 |
| Parking Sensors | 50 | 75 | 100 | 125 | 150 | 175 |
| Backup Camera | 75 | 100 | 125 | 150 | 200 | 200 |
| Custom Paint | 25 | 25 | 50 | 75 | 100 | 125 |
| Two-Tone Paint | 25 | 25 | 50 | 75 | 100 | 125 |
| Stepside Bed | 200 | 250 | 300 | 325 | 350 | 375 |
| Running Boards | 200 | 200 | 200 | 200 | 200 | 200 |
| Alloy Wheels | 175 | 200 | 225 | 250 | 275 | 300 |
| Premium Wheels | 350 | 375 | 400 | 425 | 450 | 475 |
| Oversize Premium Wheels (20" Plus) | | | | | | |
| | 525 | 600 | 675 | 750 | 800 | 850 |
| Wide Tires or Oversize Off-Road Tires | | | | | | |
| | 100 | 100 | 100 | 125 | 150 | 175 |
| Towing Pkg | 225 | 250 | 275 | 300 | 300 | 300 |
| Dual Rear Wheels (Add Only on Models Not Listed as DR) | | | | | | |
| (Pickups) | 925 | 1050 | 1175 | 1300 | 1425 | 1550 |
| (Cab/Ch, Vans) | 375 | 450 | 500 | 550 | 600 | 650 |
| Single Rear Wheels (Deduct Only on Models Listed as DR) | | | | | | |
| (Cab/Ch, Vans) | (375) | (450) | (500) | (550) | (600) | (650) |
| Snow Plow | 850 | 950 | 1050 | 1150 | 1250 | 1375 |
| Hydraulic Lift | 400 | 450 | 500 | 550 | 600 | 625 |
| Underbody Hoist/Dump Bed | | | | | | |
| | 400 | 450 | 500 | 550 | 600 | 625 |
| Cab & Chassis Bodies | | | | | | |
| 9' Stake | 700 | 800 | 900 | 975 | 1050 | 1125 |
| 12' Stake | 750 | 850 | 950 | 1050 | 1150 | 1225 |
| 14' Stake | 800 | 900 | 1000 | 1100 | 1200 | 1300 |
| 16' Stake | 875 | 1000 | 1100 | 1200 | 1300 | 1400 |
| 12' x 8' Box | 575 | 650 | 700 | 750 | 800 | 850 |
| 14' x 8' Box | 625 | 700 | 775 | 850 | 900 | 950 |
| 16' x 8' Box | 700 | 775 | 850 | 925 | 1000 | 1075 |
| Utility | 900 | 1000 | 1100 | 1200 | 1300 | 1400 |
| Aluminum Box | 500 | 575 | 650 | 725 | 800 | 875 |

**TRUCKS & VANS**

**SEE PAGE 9 FOR PVT PARTY & RETAIL EQUIPMENT**

# NOTES

**TRUCKS & VANS**